CHURCHILL

ANDREW ROBERTS

# Churchill

*Caminhando com o destino*

*Tradução*
Denise Bottmann
Pedro Maia Soares

*4ª reimpressão*

COMPANHIA DAS LETRAS

*Grafia atualizada segundo o Acordo Ortográfico da Língua Portuguesa de 1990, que entrou em vigor no Brasil em 2009.*

*Título original*
Churchill: Walking with Destiny

*Capa*
Carlos di Celio

*Foto de capa*
H. F. Davis/ Stringer/ Getty Images

*Preparação*
Alexandre Boide

*Índice remissivo*
Luciano Marchiori

*Revisão*
Jane Pessoa
Huendel Viana
Isabel Cury

Dados Internacionais de Catalogação na Publicação (CIP)
(Câmara Brasileira do Livro, SP, Brasil)

Roberts, Andrew
Churchill : Caminhando com o destino / Andrew Roberts ; tradução Denise Bottmann e Pedro Maia Soares. — 1ª ed. — São Paulo : Companhia das Letras, 2020.

Título original: Churchill : Walking with Destiny.
Bibliografia.
ISBN 978-85-359-3323-9

1. Churchill, Winston, 1874-1965 2. Churchill, Winston, 1874--1965 – Liderança militar 3. Estadistas – Grã-Bretanha – Biografia 4. Grã-Bretanha – Política e governo – Século 20 5. Grã-Bretanha – Relações internacionais – 1936-1945 6. Primeiros-ministros – Grã-Bretanha – Biografia I. Título.

20-33160 CDD-941.084092

Índice para catálogo sistemático:
1. Grã-Bretanha : Primeiro-ministro : Biografia 941.084092

Cibele Maria Dias – Bibliotecária – CRB-8/9427


EDITORA SCHWARCZ S.A.
Rua Bandeira Paulista, 702, cj. 32
04532-002 — São Paulo — SP
Telefone: (11) 3707-3500
www.companhiadasletras.com.br
www.blogdacompanhia.com.br
facebook.com/companhiadasletras
instagram.com/companhiadasletras
twitter.com/cialetras

*Para Henry e Cassia*
*De seu pai orgulhoso*

*Se puder conheça o Triunfo e o Desastre,*
*E trate esses dois impostores da mesmíssima maneira.*

Rudyard Kipling, "If"

*Estude história, estude história. Na história estão todos os segredos do estadismo.*

Churchill a um estudante norte-americano antes de um almoço de coroação no Westminster Hall, 27 de maio de 1953

# Sumário

# Lista de ilustrações

Todo o material do Churchill Arquives Centre foi reproduzido com a gentil permissão do diretor e dos demais membros e acadêmicos do Churchill College, em Cambridge. Foram feitos todos os esforços no intuito de contactar os detentores dos direitos autorais. Os editores prontificam-se a corrigir de bom grado quaisquer erros ou omissões de que forem notificados.

1. *Winston Churchill*, pintura de Sir William Orpen, 1916. © *National Portrait Gallery, Londres. Empréstimo do Churchill Chattels Trust*
2. Palácio de Blenheim, Oxfordshire. *DeAgostini/ Getty Images*
3. Lorde Randolph Churchill. *Alamy*
4. Jennie Churchill. *Alamy*
5. Elizabeth Everest. Coleção particular. *Bridgeman Images*
6. Churchill aos sete anos. *Churchill Archives Centre, Broadwater Collection, BRDW I Foto 2/6. Reproduzida com permissão de Curtis Brown, Londres, em nome de The Broadwater Collection.* © *Broadwater Collection*
7. Carta de Churchill, aos oito anos, à sua mãe, 1883. *Churchill Archives Centre, Broadwater Collection, CHAR 28/13/17.* © *Winston S. Churchill. Reproduzida com permissão de Curtis Brown, Londres, em nome de The Estate of Winston S. Churchill e de The Sir Winston Churchill Archive Trust. Direito autoral do texto* © *The State of Winston S. Churchill. Direito da reprodução* © *The Sir Winston Churchill Archive Trust*
8. Boletim escolar de Churchill da Escola Preparatória St. George, Ascot, 1884. *Churchill Archives Centre, Churchill Papers, CHAR 28/44/7*

9. Fotografia de grupo da Welldon's House, Harrow School, 1892. *Harrow School Archives*

10. Jennie e Jack Churchill no navio-hospital *Maine*, na África do Sul, 1899. *Churchill Archives Centre, Broadwater Collection, BRDW I Foto 2/25. Reproduzida com permissão de Curtis Brown, Londres, em nome de The Broadwater Collection. © Broadwater Collection*

11. Churchill de farda militar, 1899. *Churchill Archives Centre, Broadwater Collection, BRDW I Foto 2/22. Reproduzida com a permissão de Curtis Brown, Londres, em nome de The Broadwater Collection. © Broadwater Collection*

12. Churchill de volta a Durban, 1899. *Churchill Archives Centre, Broadwater Collection, BRDW I Foto 2/18. Reproduzida com permissão de Curtis Brown, Londres, em nome de The Broadwater Collection. © Broadwater Collection*

13. Churchill e o cáiser, Alemanha, 1906. *Ullstein-bild/ Getty Images*

14. Churchill e sua comitiva sentados no limpa-trilhos de um trem na África Oriental, de Winston S. Churchill, *My African Journey*, 1908. *Churchill Archives Centre © Winston S. Churchill. Reproduzida com a permissão de Curtis Brown, Londres, em nome de The Estate of Winston S. Churchill e do diretor e dos demais membros e acadêmicos do Churchill College, Cambridge*

15. Clementine Hozier, 1908. *Hulton Archive/ Getty Images*

16. Winston e Clementine Churchill deixam a igreja St. Margaret, Westminster, no dia de seu casamento, 1908. *Chronicle/Alamy*

17. Churchill interrompido por uma sufragista quando fazia campanha em Dundee, 1908. *Mirrorpix*

18. A bordo de iate do Almirantado, o HMS *Enchantress*, no Mediterrâneo, 1912. *Fremantle/ Alamy*

19. Pesqueiro do Almirantado, *c.* 1910. *Getty Images*

20. David Lloyd George, *c.* 1914. *Alamy*

21. Churchill, 1927, por Walter Richard Sickert. *© National Portrait Gallery, Londres*

22. Arthur Balfour, 1912. *Getty Images*

23. Lorde Kitchener, 1915. *Alamy*

24. Lorde Curzon, 1921. *Alamy*

25. F. E. Smith, *c.* 1922. *Granger/ Alamy*

26. Churchill pintando em Hartsbourne Manor, Hertfordshire. *Coleção do autor*

27. Winston e Clementine em Hartsbourne. *Coleção do autor*

28. *Bottlescape*, pintura de Winston S. Churchill, 1926. *Nacional Trust, Chartwell. Reproduzida com a permissão de Anthea Morton-Saner em nome de The Churchill Heritage Ltd. Copyright © Churchill Heritage Ltd.*

29. Carta de F. E. Smith a Winston S. Churchill, 1913. *Hulton Archive/ Getty Images*

30. Churchill chegando por via aérea a Hilsea, Hampshire, *c.* 1913. *Hulton Archive/ Getty Images*

31. Churchill com o 6º Batalhão, o dos Fuzileiros Reais Escoceses, perto de Ploegsteert, Bélgica. *Fremantle/ Alamy*

32. Winston Churchill usando capacete de aço de soldado da infantaria francesa, por Sir John Lavery, 1916. *National Trust, Chartwell © National Trust*

33. Em visita às Pirâmides durante a Conferência do Cairo, 1921. *Churchill Arquives Centre, Bradwater Collection, BRDW I Foto 2/83. Reproduzida com permissão de Curtis Brown, Londres, em nome de The Broadwater Collection. © Broadwater Collection*

34. Churchill num jogo de polo com lorde Londonderry, Roehampton, 1921. *TopFoto*

35. Chartwell, Westerham, Kent. *AP/TopFoto*

36. Primeira página de *The British Gazette*, 13 maio 1926. *Alamy*

37. Churchill e amigos tomando chá em Chartwell, fotografia de Donald Ferguson, *c.*1928. *© National Trust Images*

38. Capa do discurso da eleição de Devon-Gloucester, publicado pelo Partido Conservador, 1929. *© Bodleian Library, Universidade de Oxford, Conservative Party Archive* [*CPA PUB 229/5/10 fo73*]. *Reproduzida com a permissão do Partido Conservador*

39. Posse de Churchill como reitor da Universidade de Bristol, 1929. *Hulton Archive/ Getty Images*

40. Pinafore Room, Hotel Savoy. *Cortesia do Savoy Archive*

41. Churchill, esboço a lápis em cardápio do Other Club, por Sir Alfred Munnings, 1929. *Cortesia do Savoy Archive. Foto: Neville Mountford-Hoare. © DACS, Londres, 2018*

42. Churchill em trajes de bebê, esboço de Sir Alfred Munnings, 1936. *Cortesia do Savoy Archive © DACS, Londres, 2018*

43. *Winston Churchill*, retrato de David Jagger, 1939. *Coleção particular © Estate of David Jagger*

44. Notas comentadas para o discurso de Churchill de 5 out. 1938 em Munique. *Churchill Archives Centre, Churchill Papers, CHAR 9/130D/356. © Winston S. Churchill. Reproduzidas com permissão de Curtis Brown, Londres, em nome de The Estate of Winston S. Churchill e de The Sir Winston Churchill Archive Trust. Direito autoral do texto © The Estate of Winston S. Churchill. Direito autoral de reprodução © The Sir Winston Churchill Archive Trust*

45. *Quanto vale Churchill?*, cartaz na Strand, Londres, 1939. *Topical Press/ Getty Images*

46. Churchill de volta ao Almirantado, 1939. *Fox Photos/ Getty Images*

47. Gabinete de Guerra de Churchill, 1939. *Fox Photos/ Getty Images*

48. Visita ao rei George VI e à rainha Elizabeth depois do bombardeio sobre o Palácio de Buckingham, 1940. *Corbis/ Getty Images*

49. Churchill e amigos no Ditchley Park, 1940. *Coleção do autor*

50. Churchill em visita a uma loja bombardeada, Ramsgate, Kent, 1940. *Alamy*

51. Adesivo "Action This Day". *The Trustees for the Liddle Hart Centre for Military Archives, King's College, Londres*

52. Escrivaninha na Sala dos Mapas, Salas do Gabinete de Guerra, Londres. *TopFoto*

53. Gabinete de Guerra de Churchill, 1941. *Corbis/ Getty Images*

54. Churchill com o presidente Franklin D. Roosevelt em coletiva à imprensa no Salão Oval da Casa Branca, Washington, DC, 1941. *Cortesia de Barry Singer*

55. Churchill com o marechal Ióssif Stálin no Kremlin, 1942. *Coleção particular*

56. Churchill no Norte da África com o marechal Jan Christian Smuts, marechal do ar Sir Arthur Tedder e general Sir Alan Brooke, 1942. *Alamy*

57. Churchill e o almirante da Frota Sir Dudley Pound a bordo do SS *Queen Mary*, 1943. *Alamy*

58. Agenda de compromissos em janeiro de 1943. *The National Churchill Library and Center na Universidade George Washington*

59. *Guerra de nervos*, caricatura de "Vicky" (Victor Weisz) no *News Chronicle*, 4 fev. 1943. *© Solo Syndication*

60. *Torre da Mesquita Katoubia*, *c.*1943, pintura de Winston S. Churchill. *Coleção particular. Reproduzida com a permissão de Anthea Morton-Saner em nome de Churchill Heritage Ltd. © Churchill Heritage Ltd.*

61. Churchill fazendo o V da vitória para marinheiros no SS *Queen Mary*, 1943. *Popperfoto/ Getty Images*

62. *Winston Churchill*, pintura de Sir Oswald Birley, 1951. *Coleção particular. Com a permissão de Robin Birley*

63. Winston Churchill com o general Dwight D. Eisenhower perto de Hastings, Sussex, 1944. *IWM/ Getty Images*

64. O "Acordo de Percentuais". *Churchill Archives Centre, Churchill Papers, CHUR 4/356/174. © Winston S. Churchill. Reproduzido com a permissão de Curtis Brown, Londres, em nome de The Estate of Winston S. Churchill e de The Sir Winston S. Churchill Trust. Direito autoral do texto © The Estate of Winston S. Churchill. Direito autoral de reprodução © The Sir Winston Churchill Archive Trust*

65. Churchill com o general Charles de Gaulle e manifestantes nos Champs-Élysées, Paris, 1944. *Central Press/ Getty Images*

66. Churchill, Roosevelt e Stálin na Conferência de Ialta, 1945. *Coleção particular. US Army Signal Corps*

67. Atravessando o Reno, 1945. *IWM/ Getty Images*

68. Escritório particular de Churchill, número 10 da Downing Street. De Sir John Martin, *Downing Street: The War Years*, 1991.

69. Churchill com seus chefes de gabinete no jardim do número 10 da Downing Street, 1945. *IWM/ Getty Images*

70. Churchill discursando no Westminster College, Fulton, Missouri, 1946. *Popperfoto/ Getty*

71. Notas para o discurso sobre a "Cortina de Ferro" em Fulton, 1946. *Churchill Archives Centre, Churchill Papers, CHUR 5/4A/83. © Winston S. Churchill. Reproduzido com a permissão de Curtis Brown, Londres, em nome de The Estate of Winston S. Churchill e de The Sir Winston S. Churchill Trust. Direito autoral do texto © The Estate of Winston S. Churchill. Direito autoral de reprodução © The Sir Winston Churchill Archive Trust*

72. Churchill com Clementine e Sarah, Miami Beach, 1946. *Coleção particular*

73. Momento posterior ao discurso no Congresso Europeu, Haia, 1948. *Getty Images*

74. Churchill recebendo um charuto de presente, 1951. *Churchill Archives Centre, Baroness Spencer-Churchill Papers, CSCT 5/7/5*

75. Churchill palestrando na Conferência do Partido Conservador, Margate, 1953. *Getty Images*

76. Provas revisadas de *A History of the English-Speaking Peoples*, volume 2, de Churchill. *Churchill Archives Centre, Churchill Papers, CHUR 4/403A/79. © Winston S. Churchill. Reproduzido com a permissão de Curtis Brown, Londres, em nome de The Estate of Winston S. Churchill e de The Sir Winston S. Churchill Trust. Direito autoral do texto © The Estate of Winston S. Churchill. Direito autoral de reprodução © The Sir Winston Churchill Archive Trust*

77. Clementine, Randolph, Winston e Arabella Churchill, Monte Carlo, 1958. *Associated Press/ Rex Shutterstock*

78. Churchill a bordo do iate *Christina*, de Aristóteles Onassis, Capri, 1959. *Ullstein-bild/ Getty Images*

# Agradecimentos

Gostaria de agradecer pela gentil permissão de Sua Majestade, a rainha Elizabeth II, para o uso de materiais dos Arquivos Reais, localizados em Windsor, e especialmente por me possibilitar ser o primeiro biógrafo de Churchill a ter acesso irrestrito à totalidade dos diários de guerra de seu falecido pai, o rei George VI.

Utilizei muitos materiais que ainda não estão em domínio público, e gostaria de agradecer em particular a David Cameron por me permitir pesquisar os livros de visitas da Chequers nos períodos de 1940-5 e 1951-5; a George e Frances Osborne por me permitirem consultar os livros de visitas e o Golden Book of Corinthian Bagatelle em Dorneywood; a Sir Nicholas Soames por me possibilitar ser o primeiro biógrafo de Churchill depois de Sir Martin Gilbert a pesquisar os arquivos do Other Club; a Petronella Wyatt pela permissão para consultar os diários de Woodrow Wyatt; à família Walker pelos diários de guerra de Marian Holmes; a John Townsend pela permissão para consultar os papéis do duque de Birkenhead; ao marquês de Salisbury por suas memórias de Churchill e pela permissão para citar os papéis de Gascoyne-Cecil na Hatfield House, onde Robin Harcourt Williams foi de inigualável prestatividade. Hugo Vickers gentilmente me permitiu esmiuçar as transações de Churchill nos volumosos registros mantidos por seu avô, Cecil Vickers, fundador da corretora de valores Vickers da Costa; também me autorizaram: o juiz Richard Parkes a citar as memórias inéditas da Antuérpia e Galípoli de seu avô; Ben Strickland a citar o relato da Batalha de Omdurman do capitão Smyth; e Nick Thorne a citar os diários do tenente-comandante Vivian Cox. Agradeço ainda a Michael F. Bishop, da National Churchill Library and Center (NCLC) em Washington, DC — e também diretor da International Churchill Society —, e a Elizabeth Kaplan, da Gelman Library da Universidade George Washington, que me permitiram pesquisar a agenda mensal de Churchill durante a guerra antes mesmo da abertura oficial do NCLC.

Também gostaria de agradecer a Lady Williams of Elvel por suas lembranças da época em que trabalhou para Churchill; a Jerry del Missier por nossa viagem de ida e volta por cerca de oitocentos quilômetros à região central de Cuba, para ver onde Churchill ouviu seu primeiro disparo de guerra; a Joy Hunter por suas memórias de serviço na Secretaria de Planejamento Conjunto do Gabinete de Guerra; a Mervyn King por corrigir o trecho sobre a decisão de Churchill de aderir novamente ao padrão-ouro; a Laurence Geller e David Freeman da International Churchill Society; a Rodney Francis da Public Schools Fencing Competition; a Bill e Alex Roedy por me mostrarem o apartamento de Churchill em Morpeth Mansions; a Simon Ekins, da Churchill's Solicitors, Fladgate's; a Carrie Starren, do Hurlingham Club; a John Forster, Lady Henrietta Spencer-Churchill, Karen Wiseman e Michael Dey do Palácio de Blenheim; a Jeremy McIlwaine, da Weston Library na Bodleian Library, Oxford; a Bill Stockting e Allison Derrett, dos Arquivos Reais; a Jean Cannon, do Hoover Institute da Universidade Stanford; a Jane Fish, do Imperial War Museum; a Hal Kleepak e Ricardo Guardaramo Roman pela ajuda em Cuba; a Susan Scott, Corinne Conrath e Lady Williams of Elvel pela ajuda com os arquivos do Other Club; a Larry Arnn, Soren Geiger e a todo o pessoal responsável pelos documentos de Churchill em Hillsdale College, Michigan, pelo trabalho magnífico de registro do legado escrito de Churchill que vocês têm feito; a Clare Kavanagh e o pessoal dos Nuffield College Archives, Oxford; a Claire Batley, do Setor de Registros da Câmara dos Lordes, pela ajuda sobre a Liberdade de Informação; a Mark Foster-Brown pelas memórias de seu avô, o contra-almirante Roy Foster Brown, da visita de Churchill a Atenas em dezembro de 1944; a Tace Fox, dos Harrow School Archives; ao imã Ahmed Abdel-Rahman al Mahdi por suas opiniões sobre o avô, o Mahdi; a P. W. H. Brown, da British Academy; à dra. Kate Harris, dos Longleat Archives; ao dr. Rob Havers, da George C. Marshall Foundation; a Diana Manipud, dos Liddell Hart Archives do Departamento de Estudos da Guerra do King's College de Londres; a Rodney Melville e Francesca McCoy por meu dia de consulta aos livros de visitas da Chequers; a Janina Gruhner, da Universidade de Zurique, por me mostrar a tribuna onde Churchill discursou em 1946; a John Lee, por me levar ao local onde Churchill cruzou o Reno em março de 1945 e por nosso passeio pelas trincheiras do campo de batalha em Ploegstreet; a Rafael Serrano, por me apresentar ao velho prédio do Almirantado; a Lady Avon por me permitir pesquisar os papéis de Anthony Eden; a Timothy Shuttleworth, da Gray's, onde Churchill e Franklin Roosevelt se encontraram pela primeira vez; a Heather Johnson, do

Museu Naval Nacional; a Zöe Colbeck e Katherine Barnett, de Chartwell; ao capitão e à tripulação do USS *Winston Churchill*; ao dr. John Mather por nossas discussões sobre a saúde de Churchill; a Christopher Clement-Davies por suas reveladoras considerações sobre a relação de seu avô com Churchill; a Barnaby Lennon, por me convidar a palestrar no evento Churchill Songs da Harrow School; a Gregory Fremont-Barnes e ao dr. Anthony Morton, de Sandhurst, e a Geoffrey Partington por suas reminiscências. Donatella Flick muito gentilmente mostrou-me o número 28 de Hyde Park Gate, onde Churchill morreu.

As discussões com colegas historiadores sobre Churchill foram extremamente proveitosas. Gostaria de agradecer em particular a Jonathan Aitken, Larry Arnn, Wilfred Attenborough, Christopher M. Bell, John Bew, Paul Bew, Conrad Black, Jeremy Black, Jonathan Black, Robin Brodhurst, Stefan Buczacki, Michael Burleigh, dr. Peter Caddick-Adams, David Cannadine, Ronald I. Cohen, Paul Courtenay, Rodney Croft, Barry De Morgan, David Dilks, Warren Dockter, Lady Antonia Fraser, Marcus Frost, Soren Geiger, Richard Griffiths, Rafe Heydel-Mankoo, James Holland, Sir Michael Howard, John Hughes-Wilson, Sir Ian Kershaw, Warren Kimball, Albert Knapp, Jim Lancaster, Celia Lee, John Lee, Lewis E. Lehrman, Michael McMenamin, Allan Mallinson, John H. Maurer, William Morrissey, James Muller, Philip Reed, Kenneth Rendell, Larry Robinson, Kevin Ruane, Douglas Russell, Celia Sandys, Peter Saville, Richard W. Smith, Gillian Somerscales, Nicholas Stargardt, Cita Stelzer, Ben Strickland, Bradley P. Tolppanen e Curt Zoller. O renomado historiador Paul Addison, especialista em Churchill, leu os originais deste livro e agradeço-lhe muito por seus comentários.

Gostaria de agradecer também às equipes do Museu de Arroyo Blanco em Cuba; dos Arquivos Nacionais em Kew; da Biblioteca de Pesquisa Cadbury, da Universidade de Birmingham; da Biblioteca da Universidade de Cambridge; da Berg Collection da Biblioteca Pública de Nova York; do Museu Imperial da Guerra, em Duxford; das Salas de Guerra de Churchill; dos hotéis Inglaterra e Nacional em Havana por me mostrarem onde Churchill se acomodou em suas visitas de 1895 e 1946; do Hotel Mamounia, em Marrakesh; do Plug Street Experience Centre, em Ploegsteert, Bélgica; e ao pessoal do Centro Liddell Hart, do King's College de Londres.

Pela leitura do manuscrito antes de sua publicação e pelas alterações sugeridas, agradeço a Paul Addison, Gregg Berman, Michael F. Bishop, Robin Brodhurst, Rudy Carmenaty, Richard Cohen, Paul Courtenay, meu cunhado Paul Daly, Marc Feigen, Alan Hobson, Richard Langworth, John Lee, Jerry del Missier, Richard Munro, Stephen Parker, Lee Pollock, professor Elihu Rose, Peter Saville, Max Schapiro, Gilles Vauclair, Moshe Wander e Peter Wyllie. Também agradeço a outras formas de auxílio prestado por Merlin Armstrong, Richard Cohen, meu filho Henry Roberts, Matthew Sadler e Gabriel Whitwam.

Gostaria de agradecer especialmente a Allen Packwood e ao pessoal do Churchill Archives Centre, do Churchill College, em Cambridge, incluindo Katharine Thomson, Heidi Egginton, Sarah Lewery, Natasha Swainston e Andrew Riley. Esses maravilhosos arquivistas lidam com equipes de televisão, traduzem os verdadeiros hieróglifos que eram os manuscritos de Churchill, fornecem fotos e almoçam comigo há tempos, sempre mantendo a gentileza, a simpatia, a solicitude e a eficiência.

A família Churchill não poderia ter sido mais solidária e estimulante, em especial Randolph Churchill, Edwina Sandys, Celia Sandys, Minnie Churchill, Emma Soames e Sir Nicholas Soames, assim como a finada Mary, Lady Soames. Do mesmo modo, Michael F. Bishop foi de grande apoio.

Tenho uma grande dívida para com Richard Langworth, do magnífico Hillsdale Churchill Project, sem o qual este livro não teria sido escrito. Junto com Paul Courtenay, a quantidade de e-mails que trocamos desde longa data sobre cada aspecto plausível dos episódios que cercam a história de Churchill está na casa dos milhares, e seus conhecimentos estão presentes em cada página deste volume, embora discordemos sobre várias coisas. Meu contato com eles foi um dos grandes prazeres que este livro me proporcionou.

"Escrever um livro longo e denso é como ter um amigo e companheiro ao lado", escreveu Churchill em seu *A History of the English-Speaking Peoples*, "a quem se pode recorrer em busca de conforto e diversão, e cuja companhia se torna mais agradável à medida que floresce no espírito um novo e crescente campo de interesse." Meus agradecimentos a meus editores, Stuart Proffitt e Joy de Menil, à minha agente, Georgina Capel, a meu preparador de originais com seus olhos de lince, Peter James, assim como à minha editora de imagens, Cecilia Mackay, e a Richard Duguid e Ben Sinyor da Penguin, pela amizade, bom humor, diligência e magnífico profissionalismo. Stephen Ryan foi, mais uma vez, um excelente revisor de provas.

Não tenho como expressar gratidão suficiente à minha esposa, Susan, por visitar Galípoli, Cuba e Hiroshima comigo, e pela convivência com este livro por mais de quatro anos, oferecendo-me incansável auxílio, apoio e ânimo durante toda a jornada. Conforme Churchill disse ao final de *Minha mocidade*: "Eu fui feliz para sempre no final".

*Andrew Roberts*
Julho de 2018

## NOTA SOBRE A CONVERSÃO DE MOEDAS

Em valores atualizados, £1 não chegava a £80 quando Churchill nasceu, em 1874, £101 em 1900, £91 em 1914, £41 em 1920, £50 em 1930, £52 em 1940, £35 em 1945, £28 em 1950, e £16 quando ele morreu, em 1965. A libra esterlina valia US$ 4,86 até 1914, US$ 3,66 em 1920, US$ 4,80 em 1930, US$ 4,03 em 1940, US$ 4,00 em 1945, e US$ 2,80 de 1950 a 1965.

## Árvore genealógica da família de Churchill em sua época

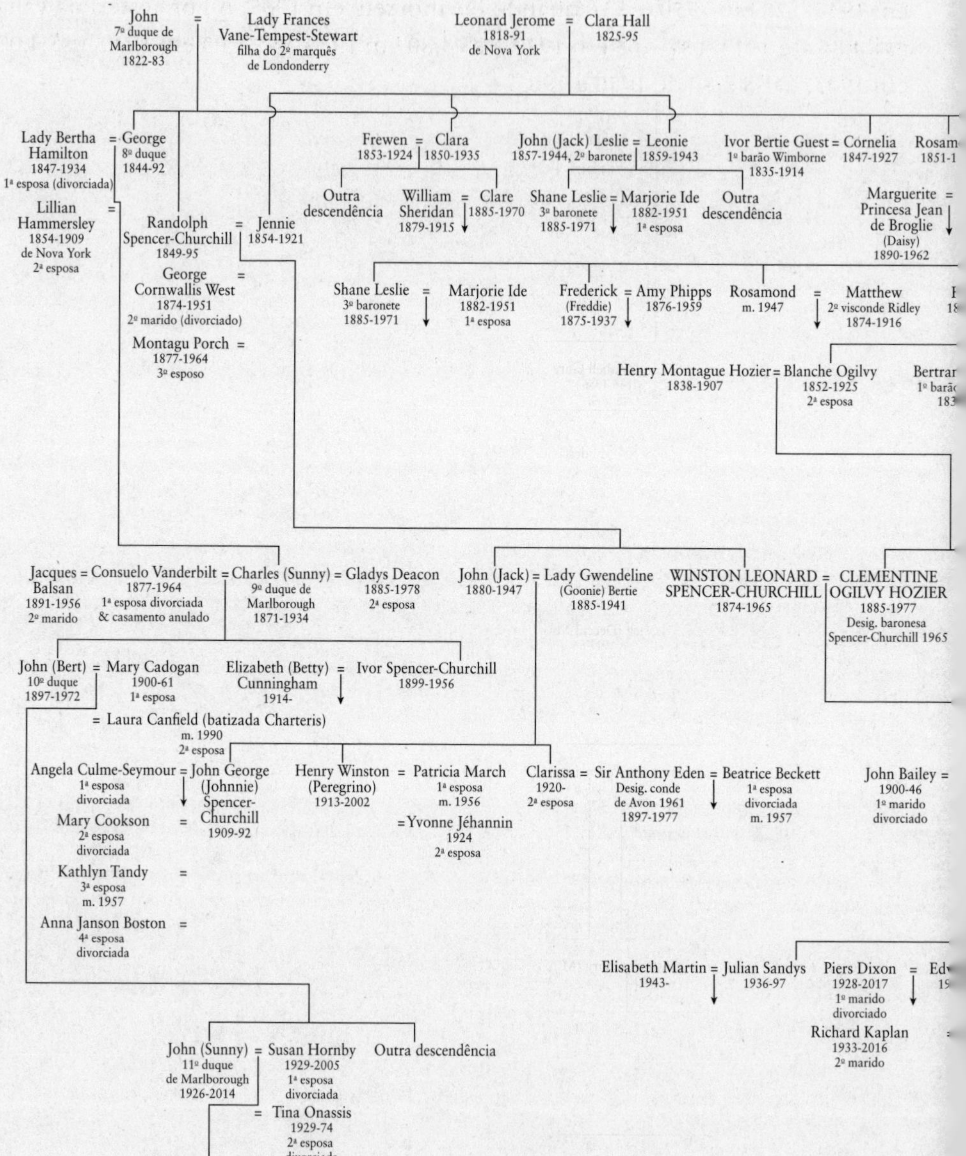

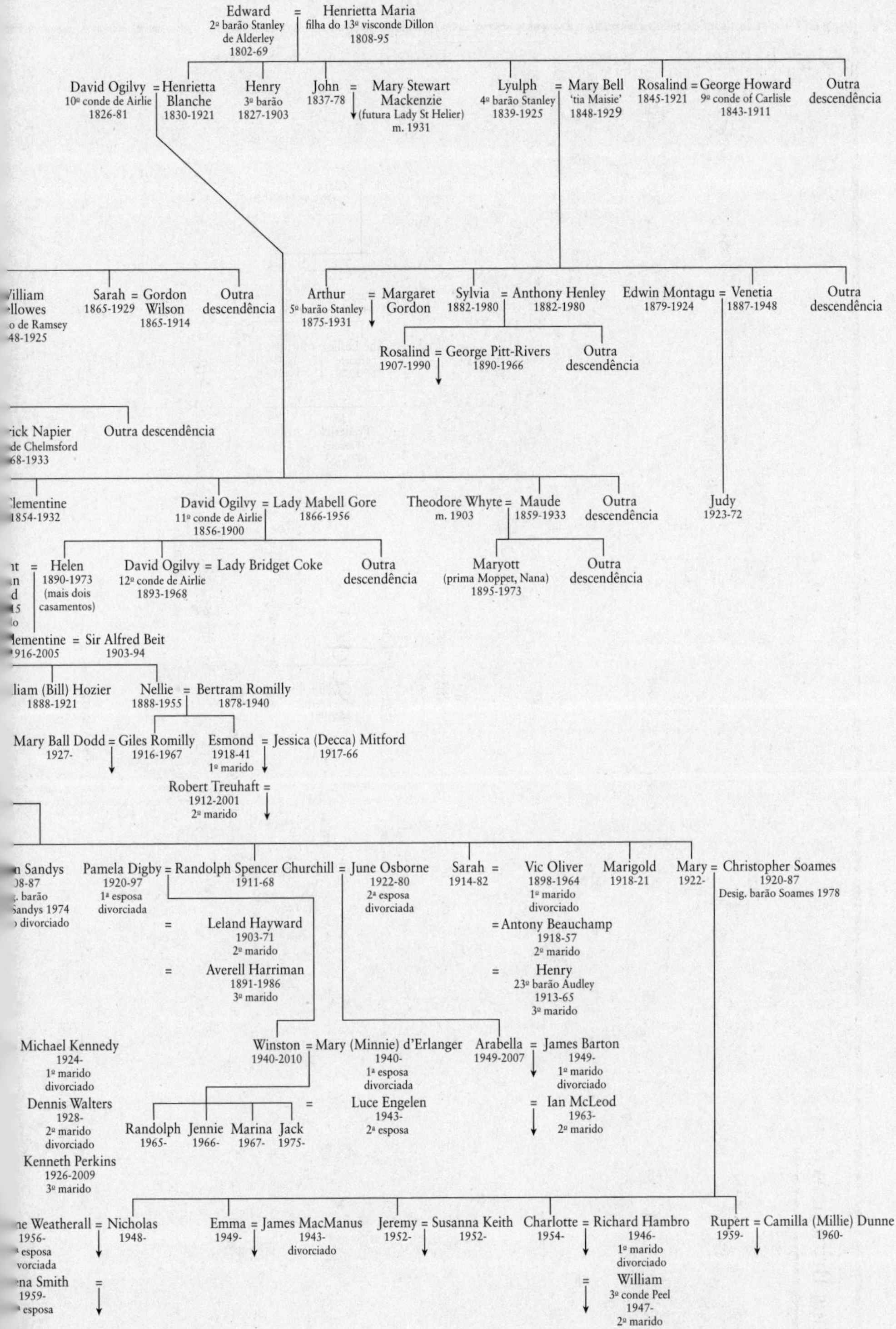

Edward
2º barão Stanley de Alderley
1802-69
Henrietta Maria
filha do 13º visconde Dillon
1808-95
David Ogilvy
10º conde de Airlie
1826-81
Henrietta Blanche
1830-1921
Henry
3º barão
1827-1903
John
1837-78
Mary Stewart Mackenzie
(futura Lady St Helier)
m. 1931
Lyulph
4º barão Stanley
1839-1925
Mary Bell
'tia Maisie'
1848-1929
Rosalind
1845-1921
George Howard
9º conde of Carlisle
1843-1911
Outra descendência
'illiam
llowes
o de Ramsey
48-1925
Sarah
1865-1929
Gordon Wilson
1865-1914
Outra descendência
Arthur
5º barão Stanley
1875-1931
Margaret Gordon
Sylvia
1882-1980
Anthony Henley
1882-1980
Edwin Montagu
1879-1924
Venetia
1887-1948
Outra descendência
Rosalind
1907-1990
George Pitt-Rivers
1890-1966
Outra descendência
rick Napier
de Chelmsford
68-1933
Outra descendência
lementine
1854-1932
David Ogilvy
11º conde de Airlie
1856-1900
Lady Mabell Gore
1866-1956
Theodore Whyte
m. 1903
Maude
1859-1933
Outra descendência
Judy
1923-72
Helen
1890-1973
(mais dois casamentos)
David Ogilvy
12º conde de Airlie
1893-1968
Lady Bridget Coke
Outra descendência
Maryott
(prima Moppet, Nana)
1895-1973
Outra descendência
lementine
1916-2005
Sir Alfred Beit
1903-94
liam (Bill) Hozier
1888-1921
Nellie
1888-1955
Bertram Romilly
1878-1940
Mary Ball Dodd
1927-
Giles Romilly
1916-1967
Esmond
1918-41
1º marido
Jessica (Decca) Mitford
1917-66
Robert Treuhaft
1912-2001
2º marido
n Sandys
08-87
. barão
Sandys 1974
divorciado
Pamela Digby
1920-97
1ª esposa
divorciada
Randolph Spencer Churchill
1911-68
June Osborne
1922-80
2ª esposa
divorciada
Sarah
1914-82
Vic Oliver
1898-1964
1º marido
divorciado
Marigold
1918-21
Mary
1922-
Christopher Soames
1920-87
Desig. barão Soames 1978
Leland Hayward
1903-71
2º marido
Antony Beauchamp
1918-57
2º marido
Averell Harriman
1891-1986
3º marido
Henry
23º barão Audley
1913-65
3º marido
Michael Kennedy
1924-
1º marido
divorciado
Winston
1940-2010
Mary (Minnie) d'Erlanger
1940-
1ª esposa
divorciada
Arabella
1949-2007
James Barton
1949-
1º marido
divorciado
Dennis Walters
1928-
2º marido
divorciado
Luce Engelen
1943-
2ª esposa
Ian McLeod
1963-
2º marido
Randolph
1965-
Jennie
1966-
Marina
1967-
Jack
1975-
Kenneth Perkins
1926-2009
3º marido
ne Weatherall
1956-
esposa
vorciada
Nicholas
1948-
Emma
1949-
James MacManus
1943-
divorciado
Jeremy
1952-
Susanna Keith
1952-
Charlotte
1954-
Richard Hambro
1946-
1º marido
divorciado
Rupert
1959-
Camilla (Millie) Dunne
1960-
na Smith
1959-
esposa
William
3º conde Peel
1947-
2º marido

Ilhas Britânicas
N
Rota Noroeste
Ilhas Orkney
Scapa Flow
Hébridas
Inverness
Aberdeen
Castelo de Balmoral
ESCÓCIA
Dundee
Perth
Estuário do Clyde
Inverkeithing
Rosyth
Estuário de Forth
Edimburgo
Glasgow
Mar do Norte
Lough Swilly
Lamlash
Ilha de Arran
Garron Tower
Tyne
Newcastle

IRLANDA
Mar da Irlanda
INGLATERRA
PAÍS DE GALES
Norfolk
Kent
Canal da Mancha
Dublin
Kingstown
Curragh
Cork
Berehaven
Blackpool
Burnley
Leeds
Hull
Humber
Grimsby
Bolton
Oldham
Manchester
Sheffield
Liverpool
Llandudno
Nottingham
Overstrand
Norwich
Oakham
Leicester
Birmingham
Coventry
Severn
Ashby St Ledgers
Cambridge
Bletchley Park
Abadia de Waltham
Ditchley Park
Woodstock
Palácio de Blenheim
Nazeing
Chequers
Bladon
Oxford
Theydon Bois
Vale Rhondda
Llanelli
Tonypandy
Tâmisa
Shoeburyness
Thanet
Swansea
Cardiff
Bristol
Lyneham
Londres
Margate
Bath
Sandhurst
Castelo de Walmer
Cantuária
Chartwell
Godalming
Dover
East Grinstead
Floresta de Ashdown
Southampton
Portsmouth
Wimborne
Brighton
Pevensey
Dungeness
Bournemouth
Cowes
Spithead
Solent
Ilha de Wight
Plymouth
Portland Bill
100 milhas
100 km

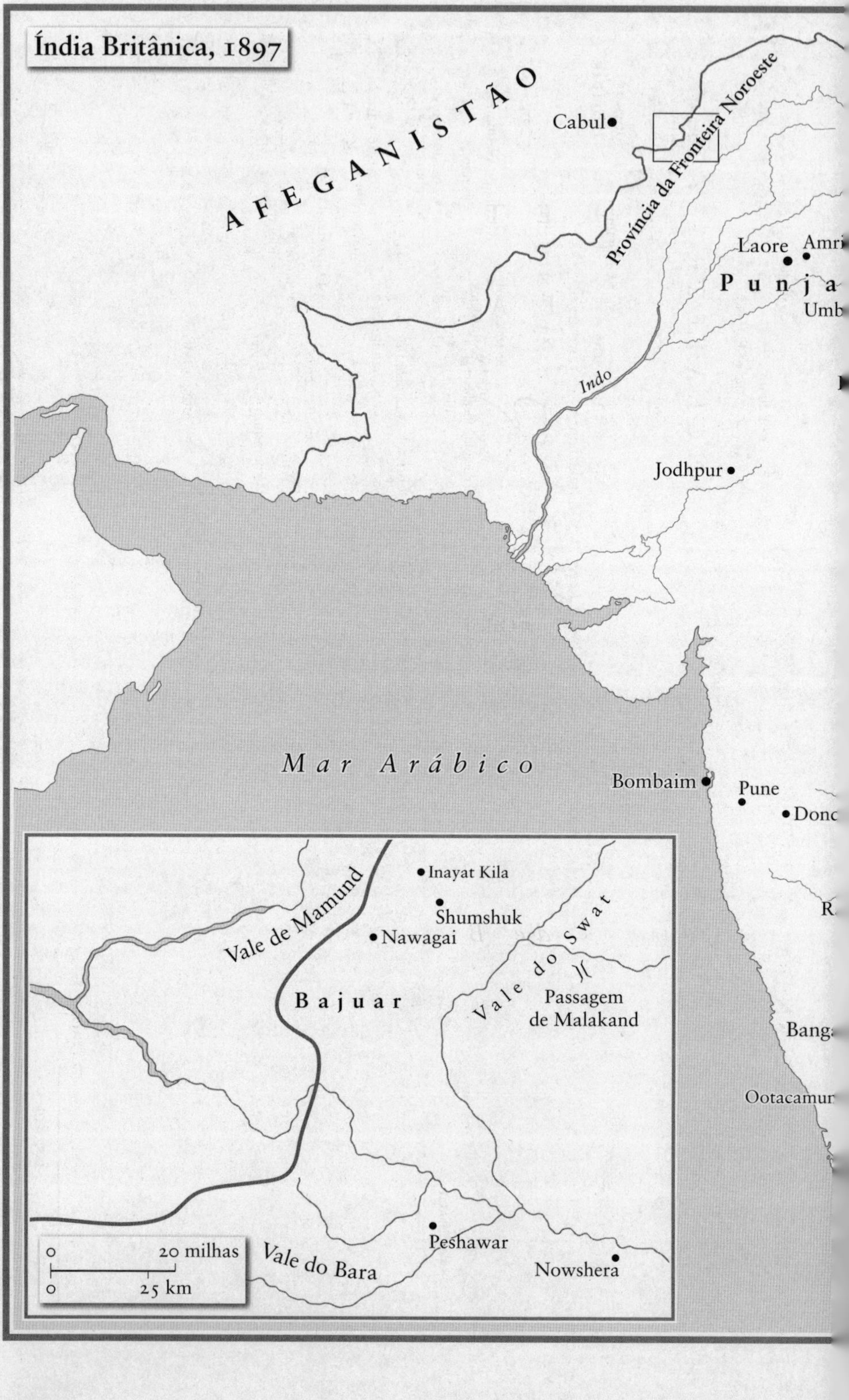
Índia Britânica, 1897
AFEGANISTÃO
Cabul
Província da Fronteira Noroeste
Laore
Punja
Umb
Indo
Jodhpur
Mar Arábico
Bombaim
Pune
Inayat Kila
Shumshuk
Nawagai
Vale de Mamund
Vale do Swat
Bajuar
Passagem de Malakand
Ootacamur
Peshawar
Nowshera
Vale do Bara
0 20 milhas
0 25 km

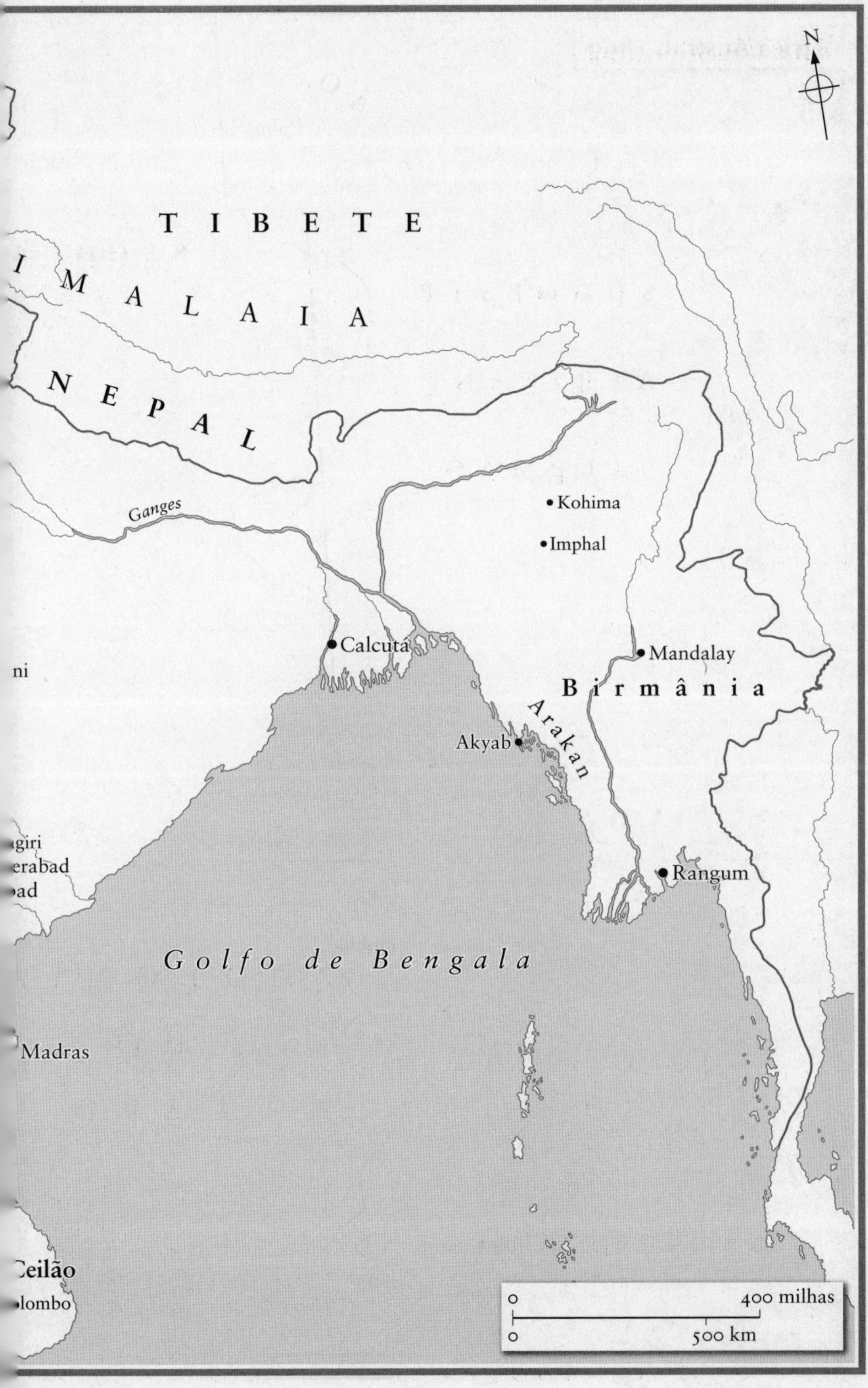

N
TIBETE
IMALAIA
NEPAL
Ganges
Kohima
Imphal
Calcutá
Mandalay
Birmânia
Arakan
Akyab
Rangum
agiri
erabad
bad
ni
Golfo de Bengala
Madras
Ceilão
olombo
0 400 milhas
0 500 km

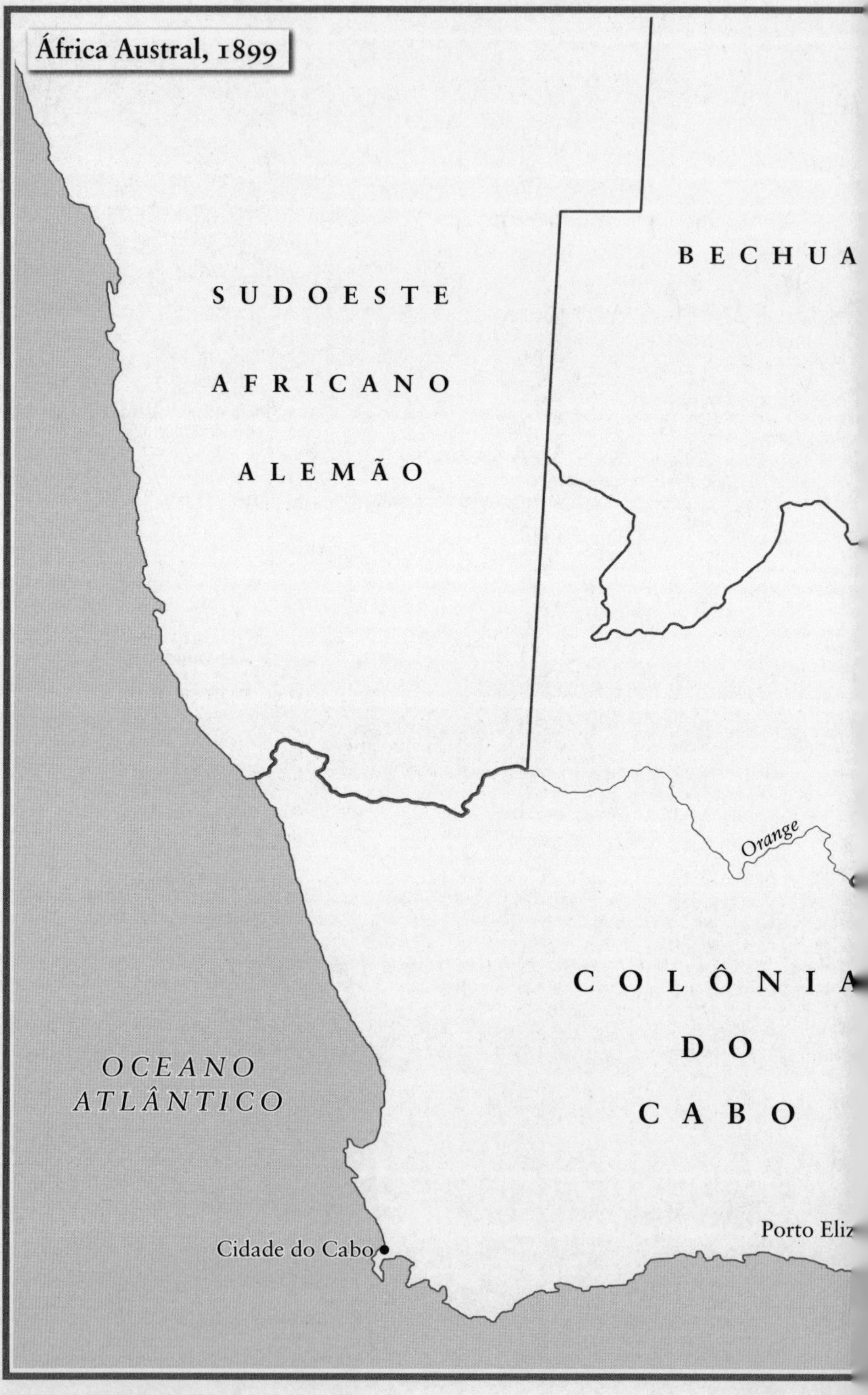
África Austral, 1899
SUDOESTE
AFRICANO
ALEMÃO
BECHUA
Orange
COLÔNIA
DO
CABO
OCEANO
ATLÂNTICO
Cidade do Cabo
Porto Eliz

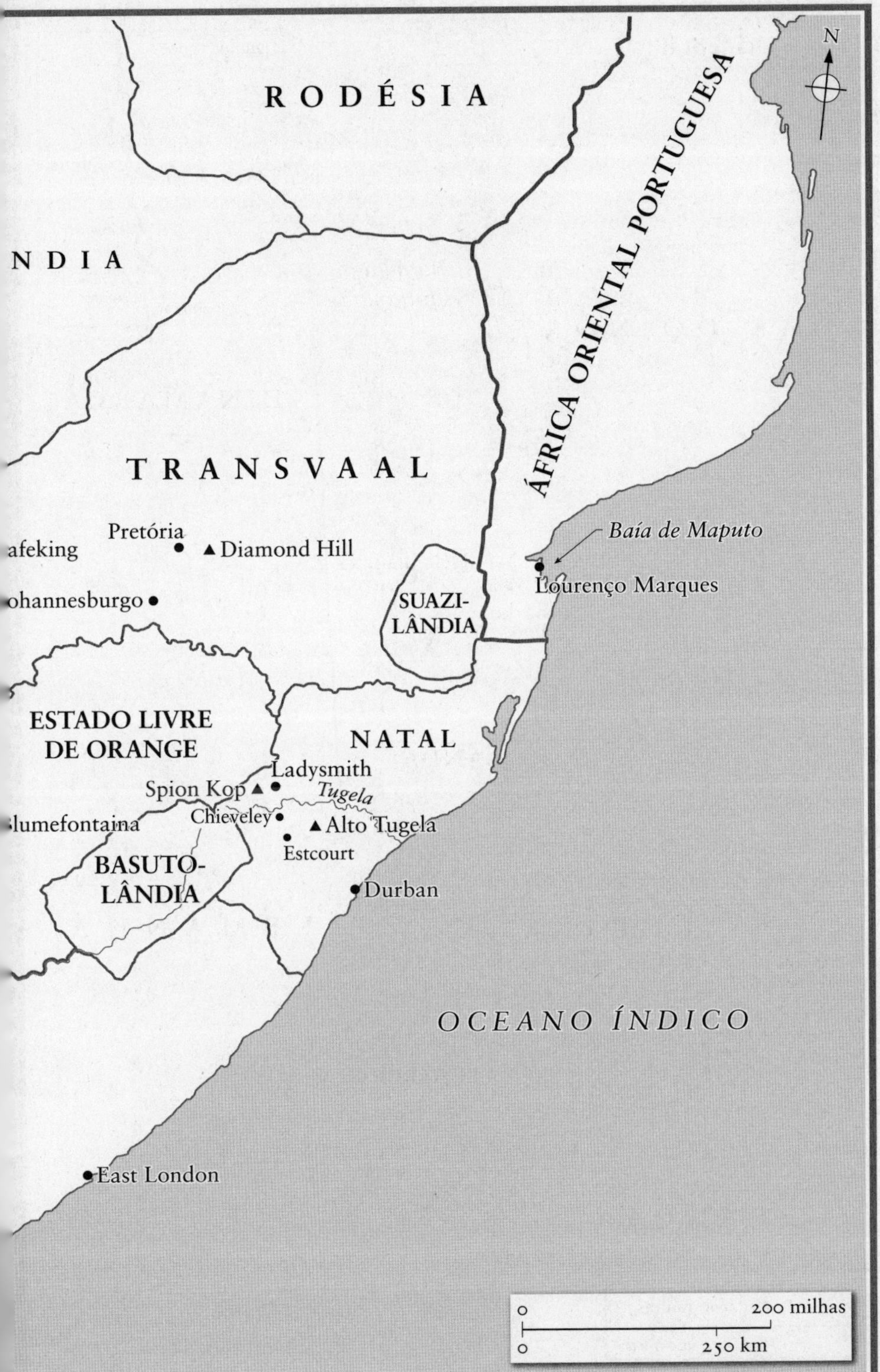

RODÉSIA
NDIA
TRANSVAAL
ÁFRICA ORIENTAL PORTUGUESA
Pretória
Diamond Hill
afeking
ohannesburgo
Baía de Maputo
Lourenço Marques
SUAZI-
LÂNDIA
ESTADO LIVRE
DE ORANGE
NATAL
Ladysmith
Spion Kop
Tugela
Chieveley
Alto Tugela
lumefontaina
Estcourt
BASUTO-
LÂNDIA
Durban
OCEANO ÍNDICO
East London
N
0
200 milhas
0
250 km

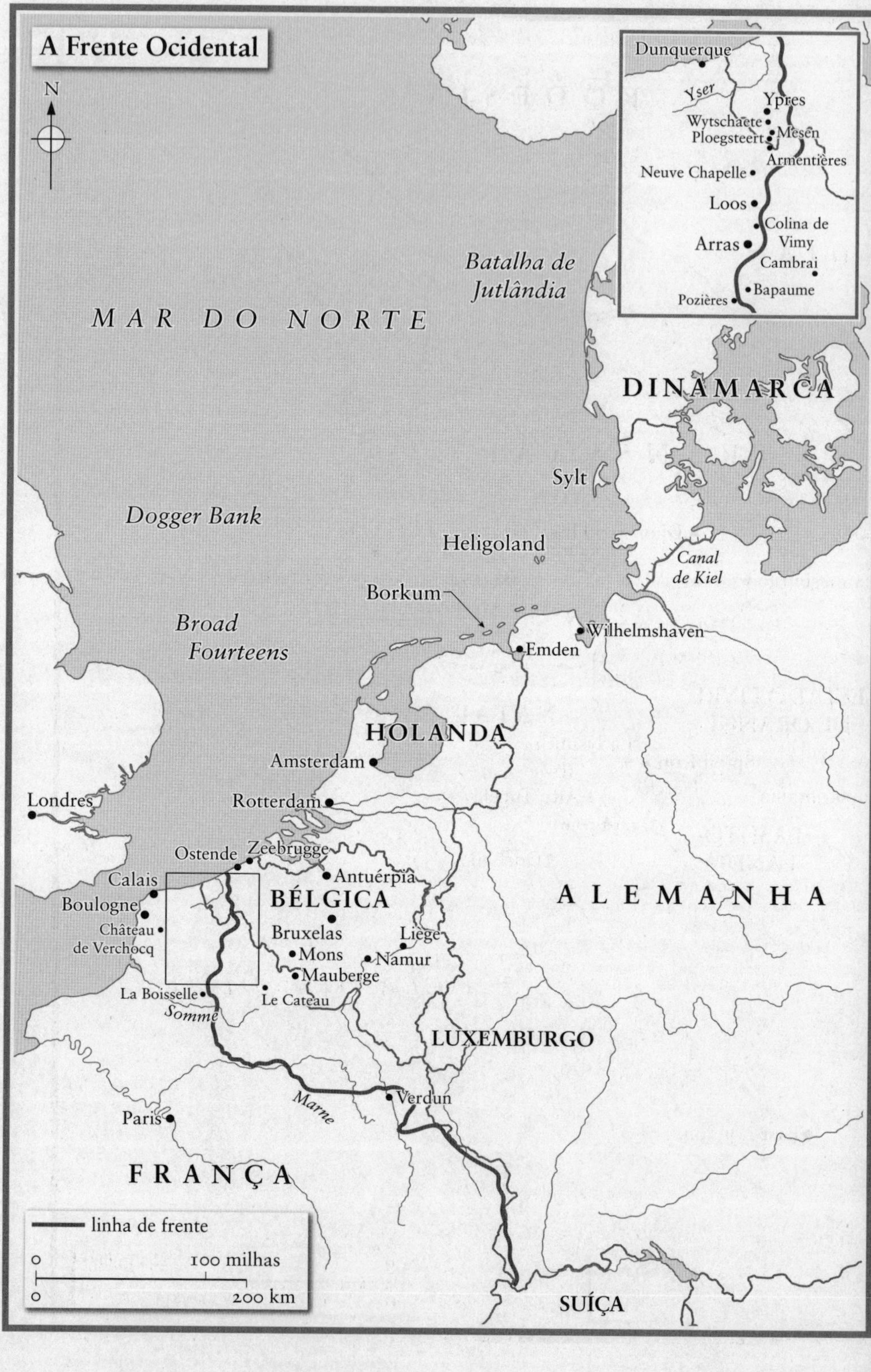

A Frente Ocidental
N
MAR DO NORTE
Batalha de Jutlândia
Dunquerque
Yser
Ypres
Wytschaete
Mesen
Ploegsteert
Armentières
Neuve Chapelle
Loos
Colina de Vimy
Arras
Cambrai
Bapaume
Pozières
DINAMARCA
Sylt
Dogger Bank
Heligoland
Canal de Kiel
Borkum
Broad Fourteens
Wilhelmshaven
Emden
HOLANDA
Amsterdam
Londres
Rotterdam
Ostende
Zeebrugge
Calais
Antuérpia
Boulogne
BÉLGICA
ALEMANHA
Château de Verchocq
Bruxelas
Liège
Mons
Namur
Mauberge
La Boisselle
Le Cateau
Somme
LUXEMBURGO
Verdun
Marne
Paris
FRANÇA
linha de frente
0
100 milhas
0
200 km
SUÍÇA

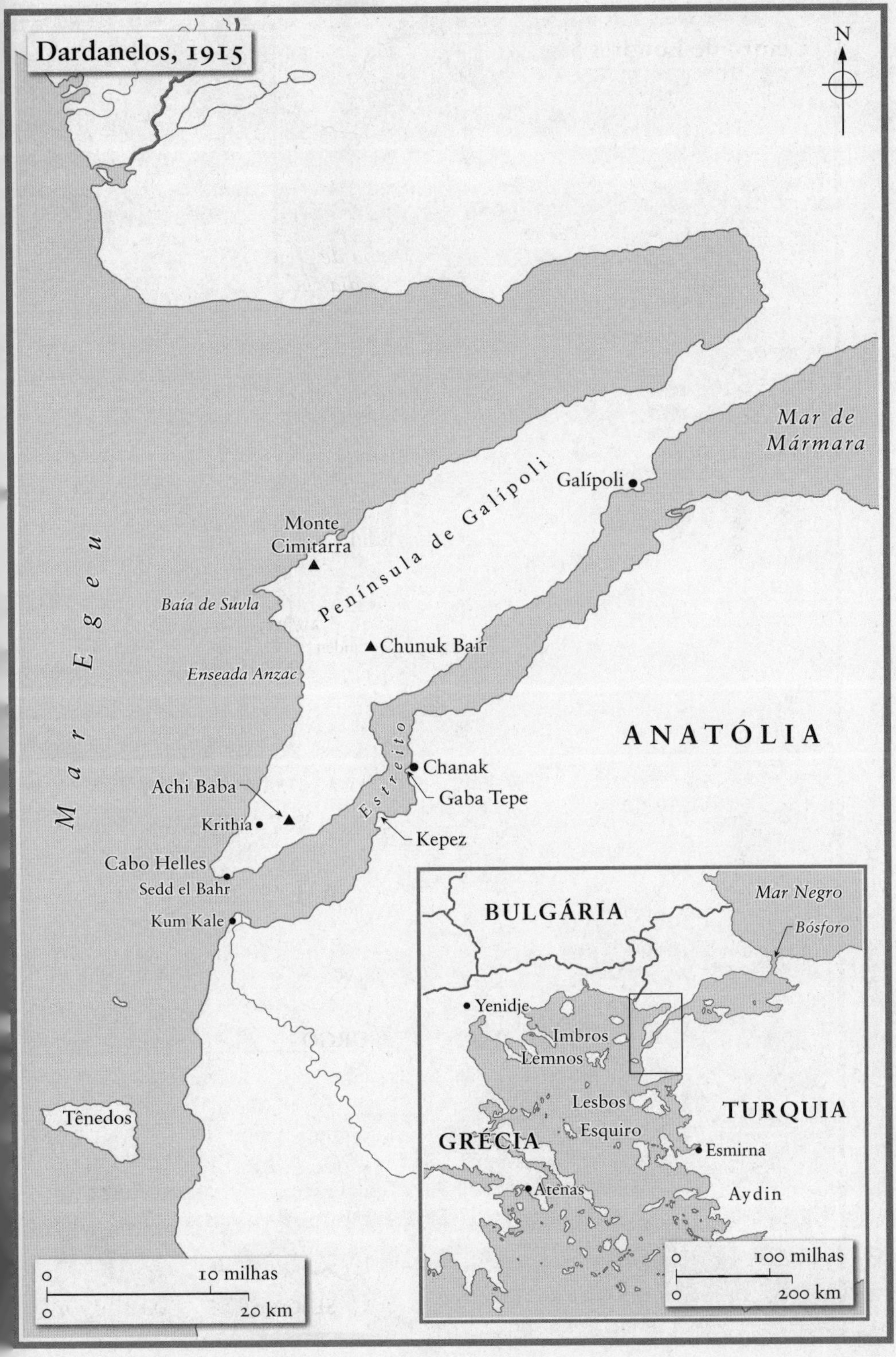
Dardanelos, 1915
N
Mar de
Mármara
Galípoli
Península de Galípoli
Monte
Cimitarra
Mar Egeu
Baía de Suvla
Chunuk Bair
Enseada Anzac
ANATÓLIA
Estreito
Chanak
Gaba Tepe
Achi Baba
Krithia
Kepez
Cabo Helles
Sedd el Bahr
Kum Kale
Tênedos
0
10 milhas
0
20 km
BULGÁRIA
Mar Negro
Bósforo
Yenidje
Imbros
Lemnos
Lesbos
TURQUIA
GRÉCIA
Esquiro
Esmirna
Atenas
Aydin
0
100 milhas
0
200 km

Centro de Londres
Residência de De Gaulle
HAMPSTEAD
N
Portland Place
Connaught Place
nº 35 da Great Cumberland Place
nº 2 da Sussex Square
Oxford Street
Claridge's
MAYFAIR
Hotel Savoy
nº 105 da Mount Street
Hyde Park
Hyde Park Corner
Royal Albert Hall
nº 28 de Hyde Park Gate
nº 41 da Cromwell Road
Eccleston Square

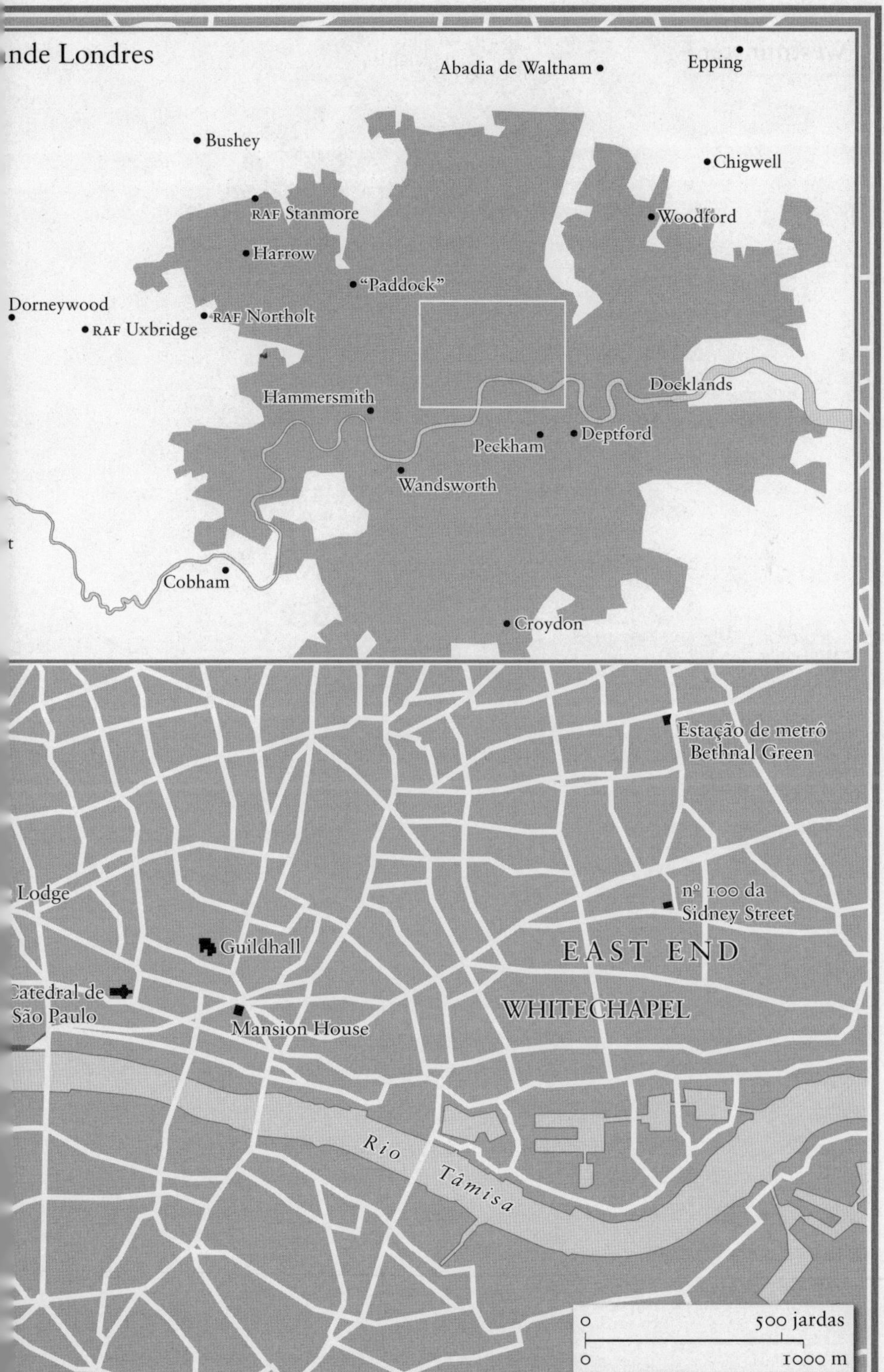

nde Londres
Abadia de Waltham
Epping
Bushey
Chigwell
RAF Stanmore
Woodford
Harrow
"Paddock"
Dorneywood
RAF Northolt
RAF Uxbridge
Docklands
Hammersmith
Peckham
Deptford
Wandsworth
t
Cobham
Croydon
Estação de metrô
Bethnal Green
Lodge
nº 100 da
Sidney Street
Guildhall
EAST END
Catedral de
São Paulo
WHITECHAPEL
Mansion House
Rio Tâmisa
0
500 jardas
0
1000 m

Westminster
nº 48 da Charles Street
nº 12 da Bolton Street
Hotel Ritz
nº 21 da Arlington Street
St James's Street
Piccadilly
Estação de metrô
Down Street
Green Park
Palácio de
Buckingham
Morpeth Terrace
Morpeth Mansions
0
250 jardas
0
250 m

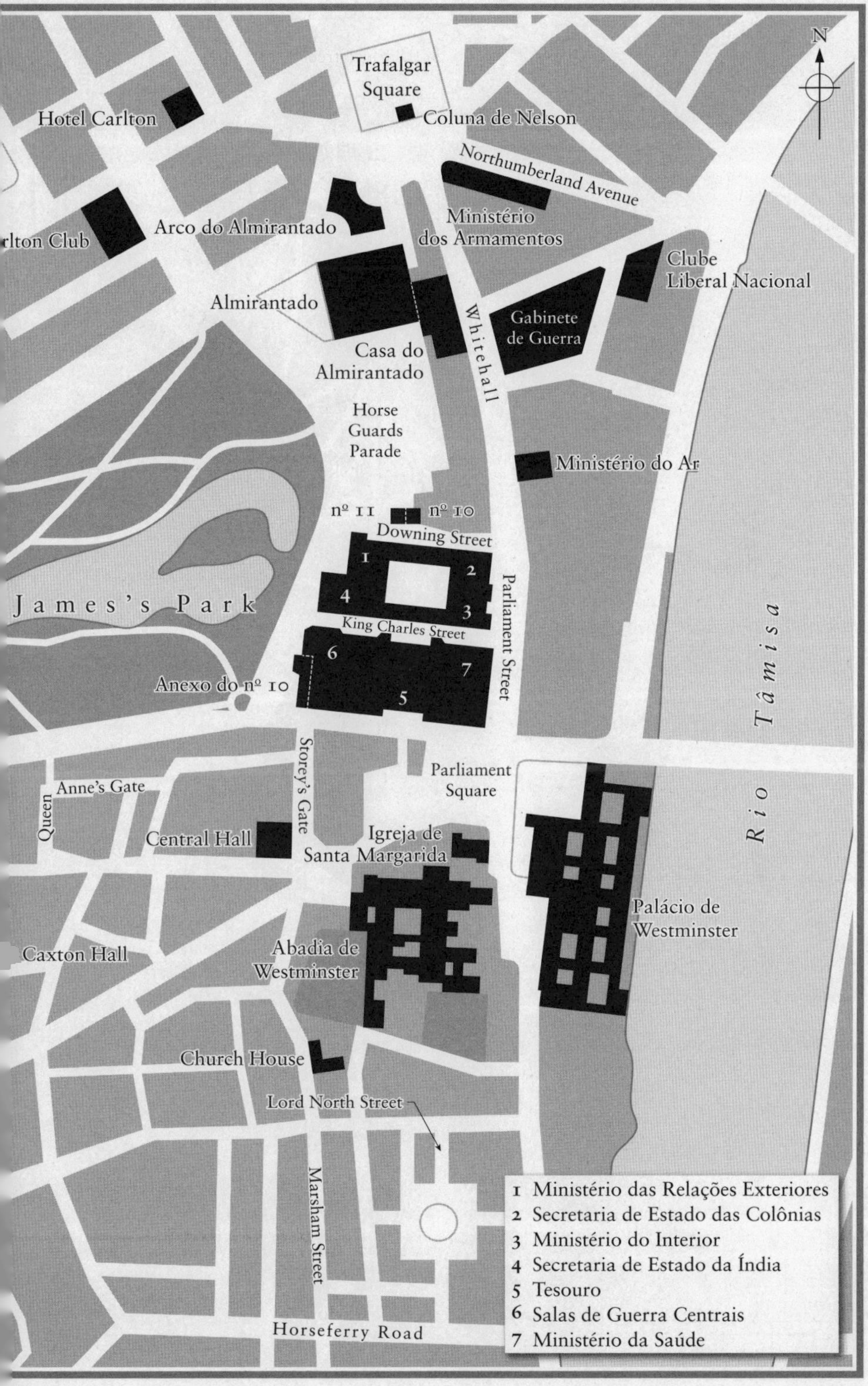

Trafalgar Square
Hotel Carlton
Coluna de Nelson
Northumberland Avenue
rlton Club
Arco do Almirantado
Ministério dos Armamentos
Clube Liberal Nacional
Almirantado
Gabinete de Guerra
Whitehall
Casa do Almirantado
Horse Guards Parade
Ministério do Ar
nº 11
nº 10
Downing Street
1
2
4
3
James's Park
Parliament Street
King Charles Street
6
7
5
Anexo do nº 10
Rio Tâmisa
Storey's Gate
Parliament Square
Anne's Gate
Queen
Central Hall
Igreja de Santa Margarida
Palácio de Westminster
Caxton Hall
Abadia de Westminster
Church House
Lord North Street
Marsham Street
Horseferry Road
1 Ministério das Relações Exteriores
2 Secretaria de Estado das Colônias
3 Ministério do Interior
4 Secretaria de Estado da Índia
5 Tesouro
6 Salas de Guerra Centrais
7 Ministério da Saúde

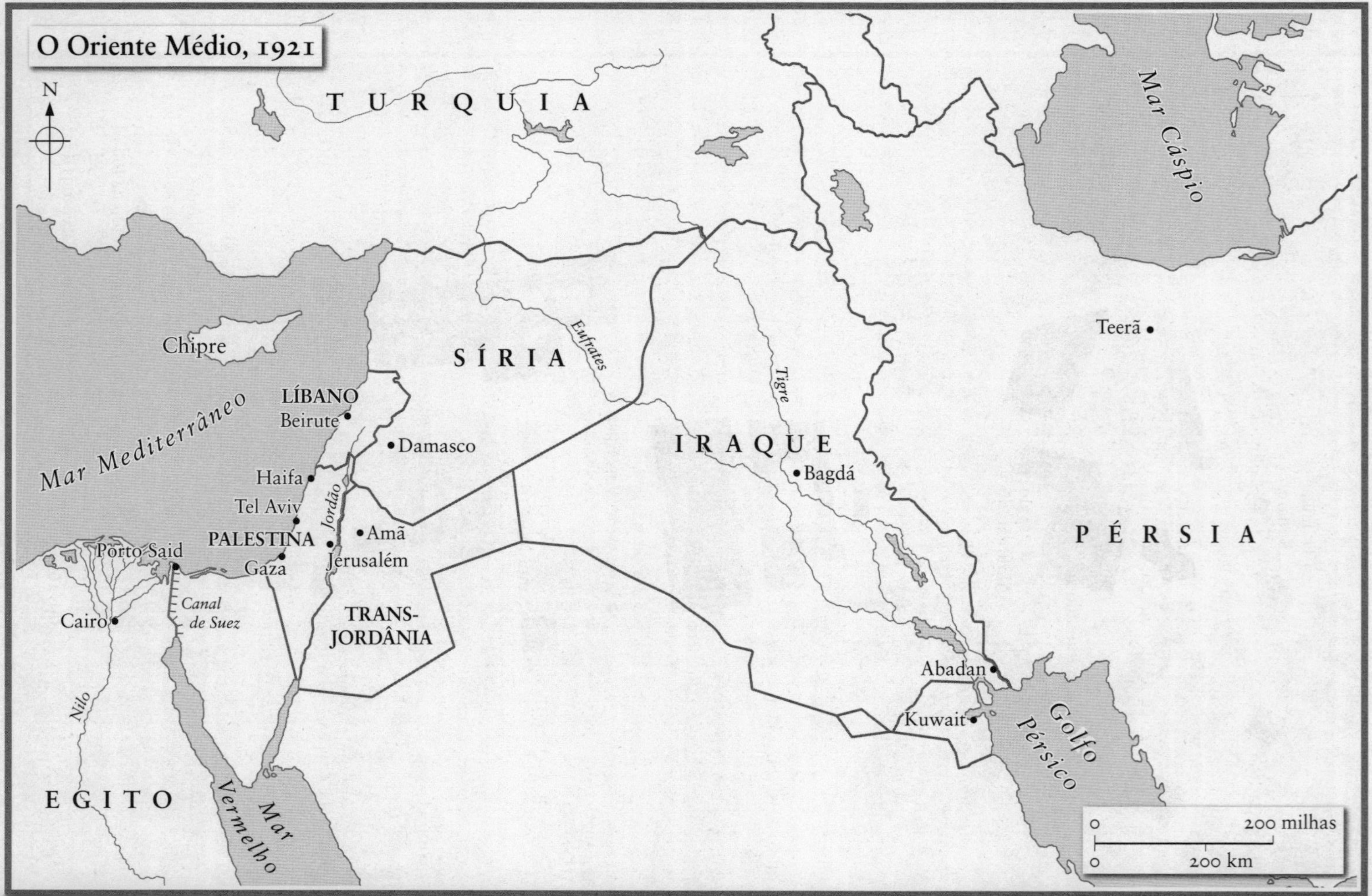
O Oriente Médio, 1921
N
TURQUIA
Mar Cáspio
Teerã
PÉRSIA
SÍRIA
Eufrates
Tigre
IRAQUE
Bagdá
Chipre
LÍBANO
Beirute
Damasco
Mar Mediterrâneo
Haifa
Tel Aviv
Jordão
PALESTINA
Amã
Jerusalém
Gaza
Porto Said
Canal de Suez
Cairo
TRANS-JORDÂNIA
Abadan
Kuwait
Golfo Pérsico
Nilo
EGITO
Mar Vermelho
0 200 milhas
0 200 km

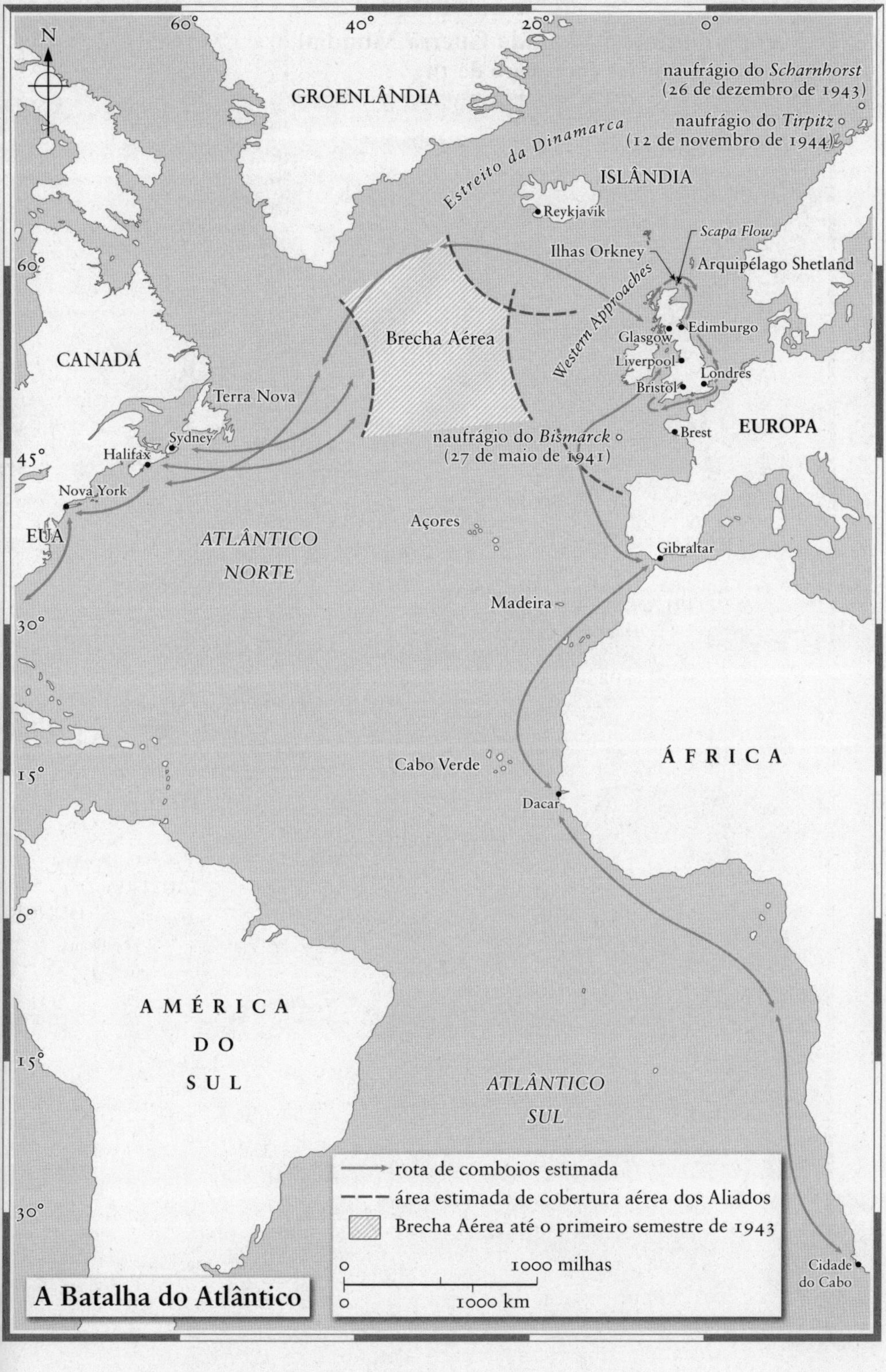

A Batalha do Atlântico

Europa durante a Segunda Guerra Mundial
fronteiras em janeiro de 1938
N
OCEANO ATLÂNTICO
Narvik
NORUEGA
SUÉCIA
Trondheim
Åndalsnes
Bergen
Oslo
Rjukan
Stavanger
Estocolmo
Fiorde Jösing
Skagerrak
ESCÓCIA
IRLANDA DO NORTE
Mar do Norte
DINAMARCA
Copenhague
Mar Báltico
IRLANDA
Dublin
GRÃ-BRETANHA
Sylt
Danzig
PAÍS DE GALES
INGLATERRA
Hamburgo
Lübeck
Stettin
HOLANDA
Bergen-Belsen
Lek
Amsterdam
Berlim
Potsdam
Londres
Nijmegen
Torgau
Breslau
BÉLGICA
ALEMANHA
Reno
Buchenwald
Elba
Paris
LUXEMBURGO
Viena
Danúbio
FRANÇA
ÁUSTRIA
SUÍÇA
Caríntia
Passagem de Ljubljana
Ljubljana
Pó
Trieste
Florença
Metauro
Mar Adriático
PORTUGAL
Madri
ESPANHA
Córsega
Ajaccio
ITÁLIA
Lácio
Roma
Âncio
Isérnia
Monte Cassino
Bari
Nápoles
Salerno
Sardenha
Mar Mediterrâneo
Gibraltar
Pantelária
Malta

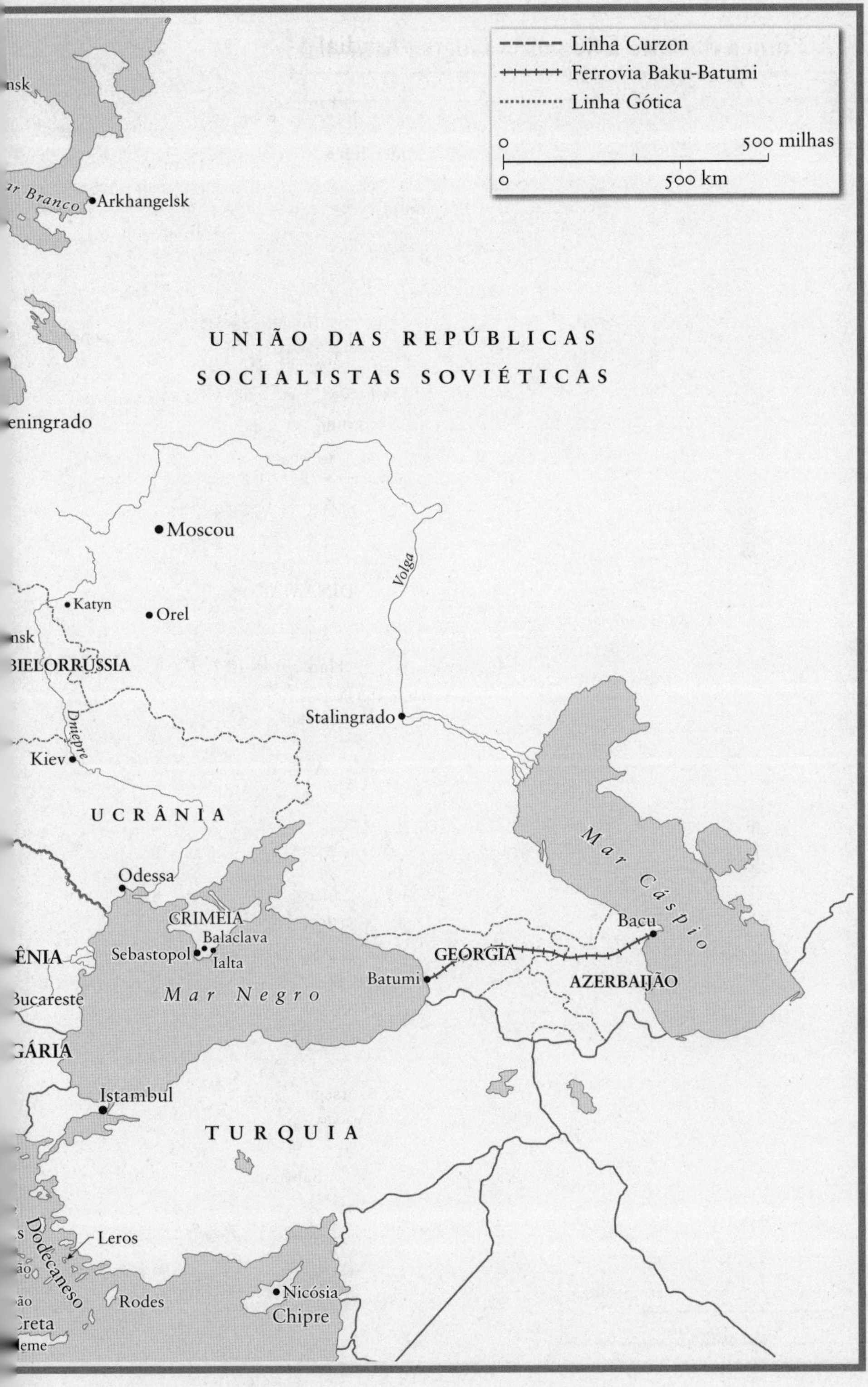

Linha Curzon
Ferrovia Baku-Batumi
Linha Gótica
0 500 milhas
0 500 km
nsk
ar Branco
Arkhangelsk
UNIÃO DAS REPÚBLICAS
SOCIALISTAS SOVIÉTICAS
eningrado
Moscou
Volga
Katyn
Orel
nsk
BIELORRÚSSIA
Dniepre
Stalingrado
Kiev
UCRÂNIA
Mar Cáspio
Odessa
CRIMEIA
Balaclava
Sebastopol
Ialta
Bacu
GEÓRGIA
ÊNIA
Batumi
AZERBAIJÃO
Mar Negro
Bucareste
GÁRIA
Istambul
TURQUIA
Dodecaneso
Leros
Rodes
Nicósia
Chipre
Creta

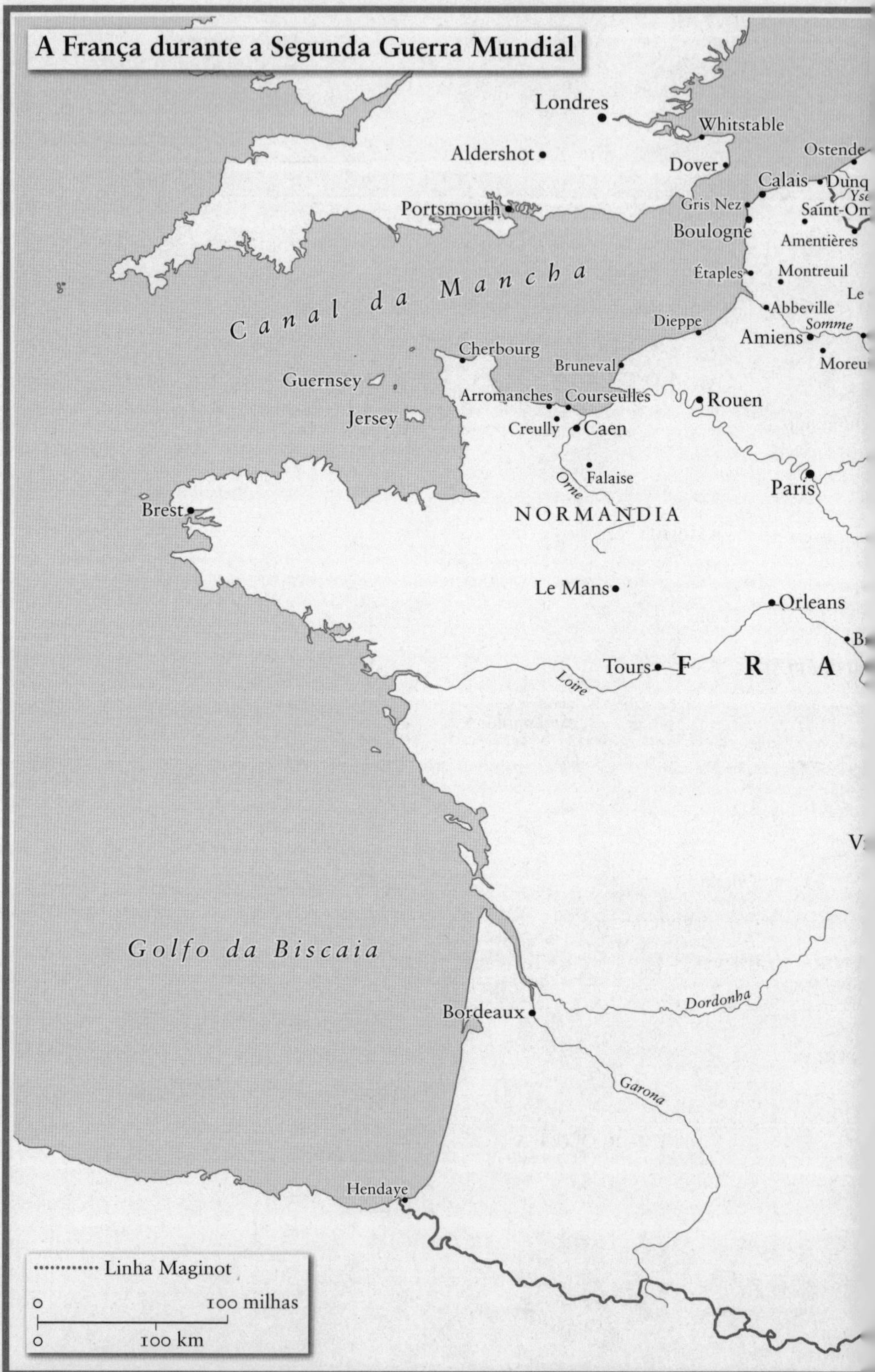
A França durante a Segunda Guerra Mundial
Londres
Whitstable
Aldershot
Ostende
Dover
Calais
Portsmouth
Gris Nez
Boulogne
Amentières
Étaples
Montreuil
Canal da Mancha
Abbeville
Dieppe
Somme
Amiens
Cherbourg
Bruneval
Guernsey
Arromanches
Courseulles
Rouen
Jersey
Creully
Caen
Falaise
Orne
Paris
Brest
NORMANDIA
Le Mans
Orleans
Tours
Loire
Golfo da Biscaia
Bordeaux
Dordonha
Garona
Hendaye
Linha Maginot
0 100 milhas
0 100 km

N
Arnhem
Wesel
RUHR
Waal
Eindhoven
Büderich
Wuppertal
Colônia
Remagen
Reno
Liège
Malmedy
Mosa
Mosela
Bastogne
Trier
Sedan
LUXEMBURGO
RENÂNIA
ALEMANHA
Leipzig
Dresden
Lídice
Praga
Würtzburg
Nuremberg
Blenheim
Linz
Munique
Estrasburgo
Reno
ÁUSTRIA
Sochaux
Maîche
Zurique
Berna
SUÍÇA
Lago Léman
Zermatt
Baveno
Lago Maggiore
Lago Como
Veneza
Lyon
Aix-les-Bains
Milão
Turim
Ródano
Gênova
ITÁLIA
Cap d'Ail
Roquebrune
Golfe-Juan
Monte Carlo
Cannes
Marselha
Toulon
Mar Mediterrâneo
Córsega

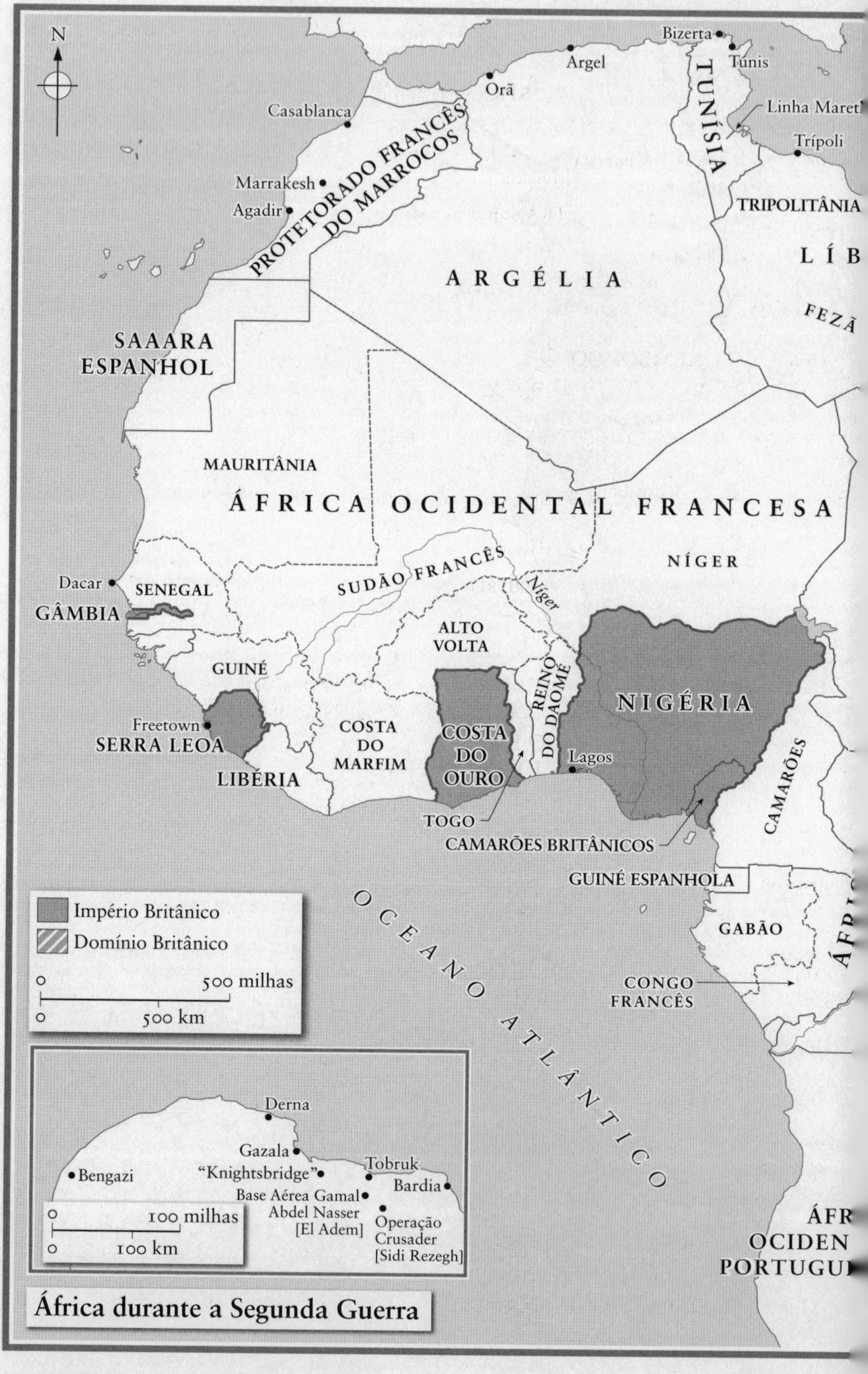


África durante a Segunda Guerra

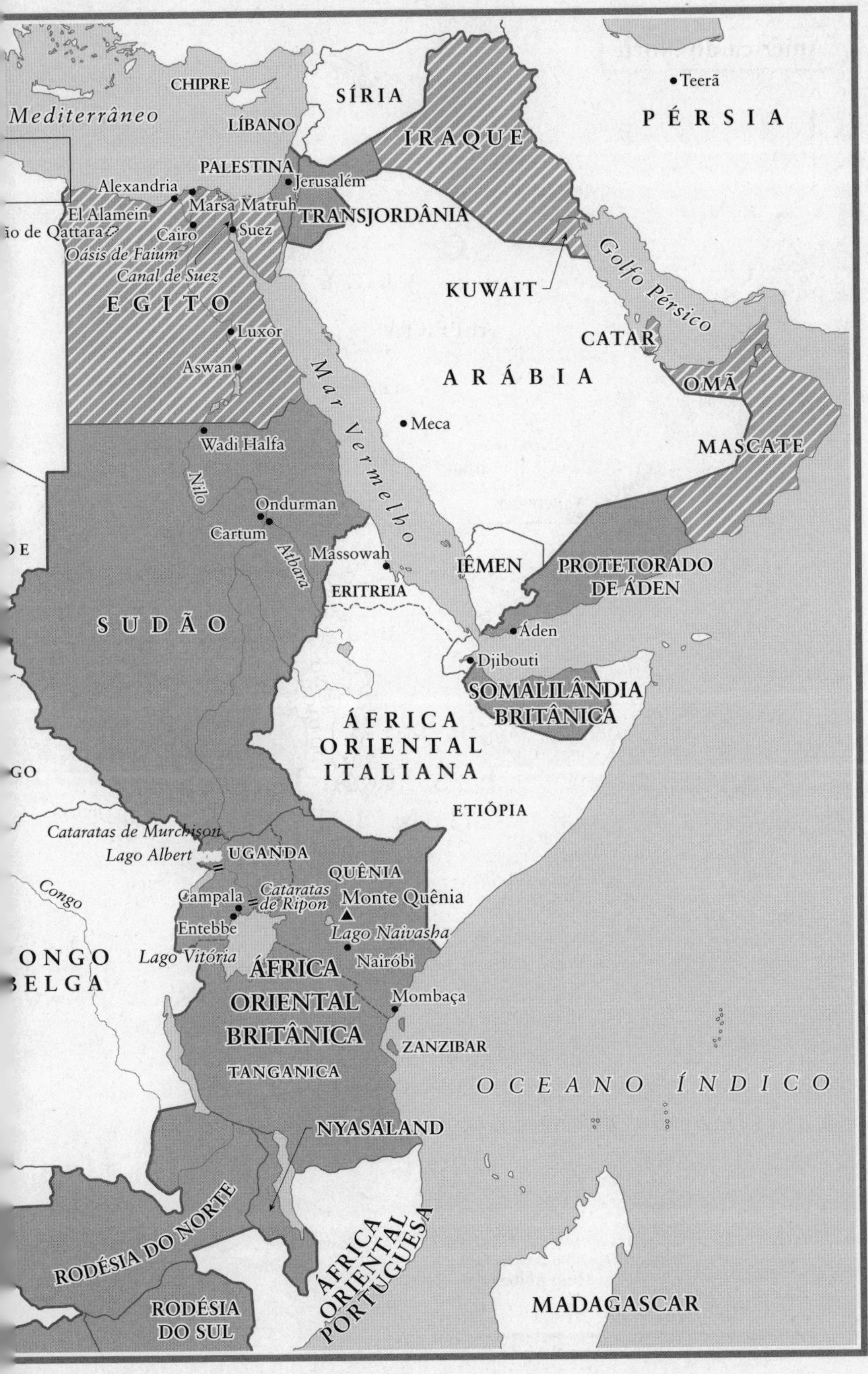
CHIPRE
Mediterrâneo
LÍBANO
SÍRIA
IRAQUE
Teerã
PÉRSIA
PALESTINA
Jerusalém
Alexandria
El Alamein
Marsa Matruh
TRANSJORDÂNIA
ão de Qattara
Cairo
Suez
Oásis de Faium
Canal de Suez
Golfo Pérsico
KUWAIT
EGITO
Luxor
CATAR
Aswan
Mar Vermelho
ARÁBIA
OMÃ
Meca
Wadi Halfa
MASCATE
Nilo
Ondurman
Cartum
Atbara
Massowah
IÊMEN
PROTETORADO DE ÁDEN
ERITREIA
SUDÃO
Áden
Djibouti
SOMALILÂNDIA BRITÂNICA
ÁFRICA ORIENTAL ITALIANA
ETIÓPIA
Cataratas de Murchison
Lago Albert
UGANDA
QUÊNIA
Congo
Campala
Cataratas de Ripon
Monte Quênia
Entebbe
Lago Naivasha
Lago Vitória
Nairóbi
ONGO BELGA
ÁFRICA ORIENTAL BRITÂNICA
Mombaça
ZANZIBAR
TANGANICA
OCEANO ÍNDICO
NYASALAND
RODÉSIA DO NORTE
ÁFRICA ORIENTAL PORTUGUESA
RODÉSIA DO SUL
MADAGASCAR

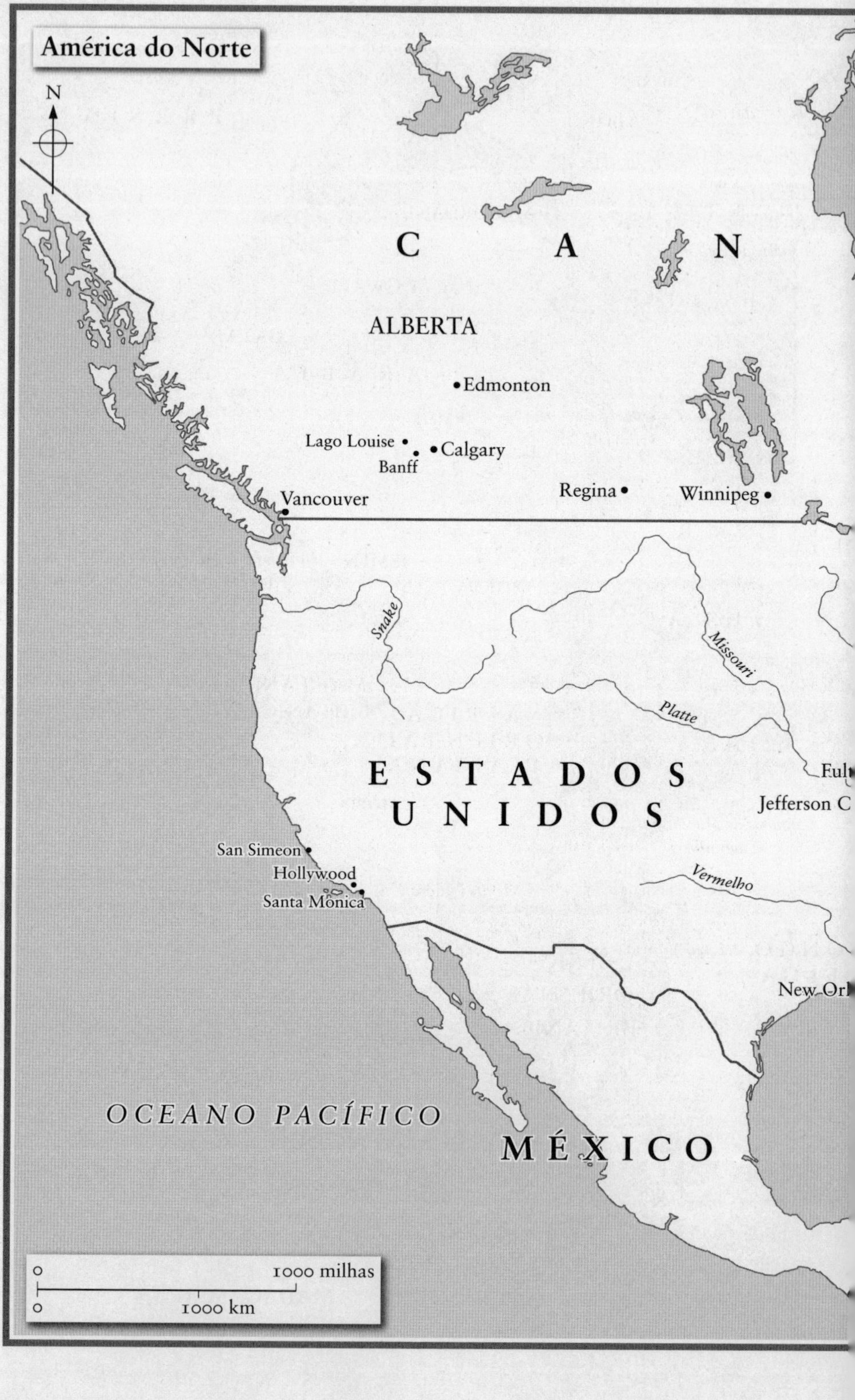
América do Norte
N
C A N
ALBERTA
Edmonton
Lago Louise
Calgary
Banff
Vancouver
Regina
Winnipeg
Snake
Missouri
Platte
E S T A D O S
U N I D O S
Jefferson C
San Simeon
Hollywood
Santa Mônica
Vermelho
New Or
OCEANO PACÍFICO
MÉXICO
0
1000 milhas
0
1000 km

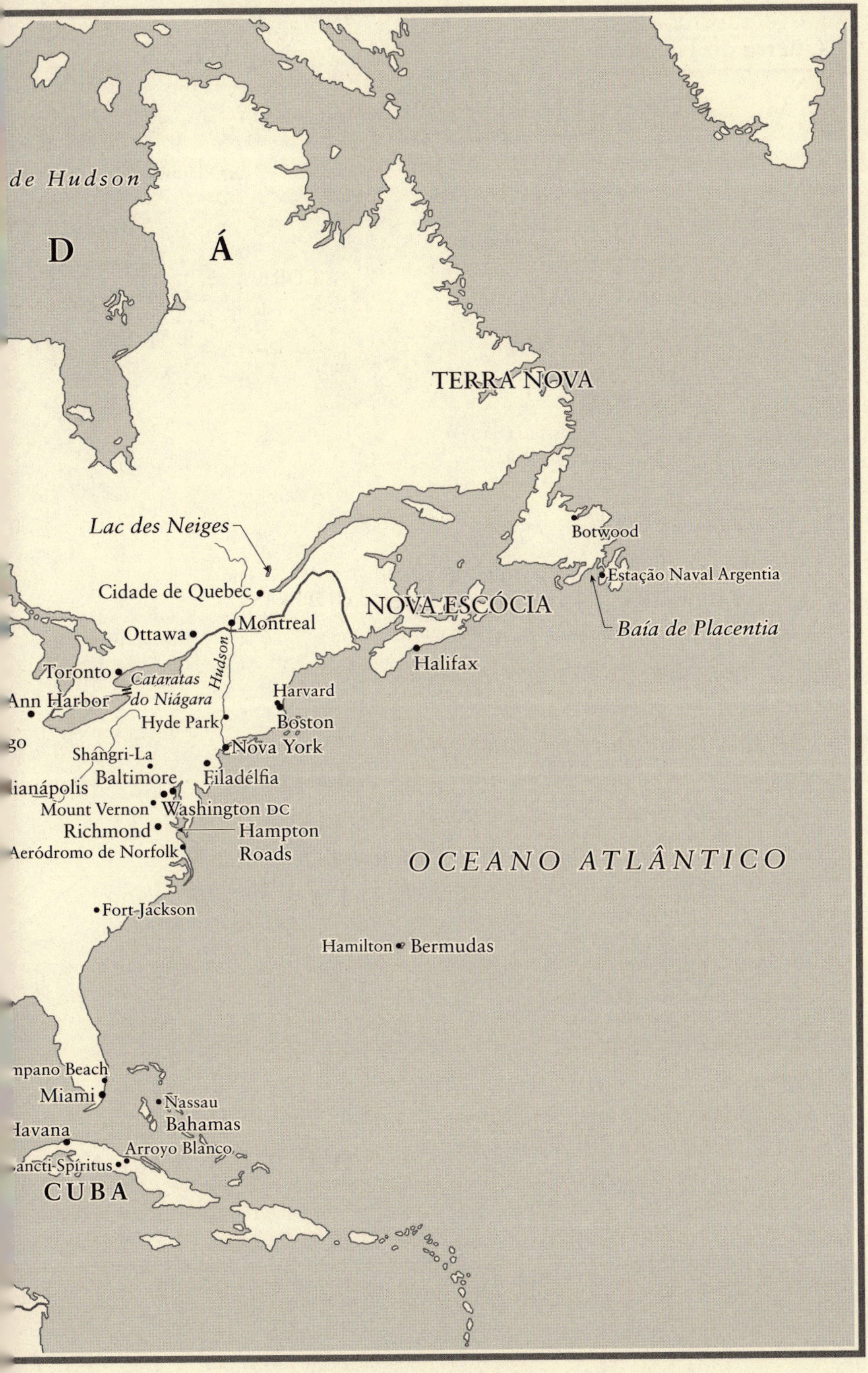
de Hudson
D
Á
TERRA NOVA
Lac des Neiges
Botwood
Estação Naval Argentia
Cidade de Quebec
NOVA ESCÓCIA
Montreal
Ottawa
Baía de Placentia
Hudson
Halifax
Toronto
Cataratas do Niágara
Harvard
Ann Harbor
Hyde Park
Boston
Nova York
Shangri-La
Baltimore
Filadélfia
Mount Vernon
Washington DC
Richmond
Hampton Roads
Aeródromo de Norfolk
OCEANO ATLÂNTICO
Fort Jackson
Hamilton
Bermudas
Miami
Nassau
Bahamas
Havana
Arroyo Blanco
CUBA

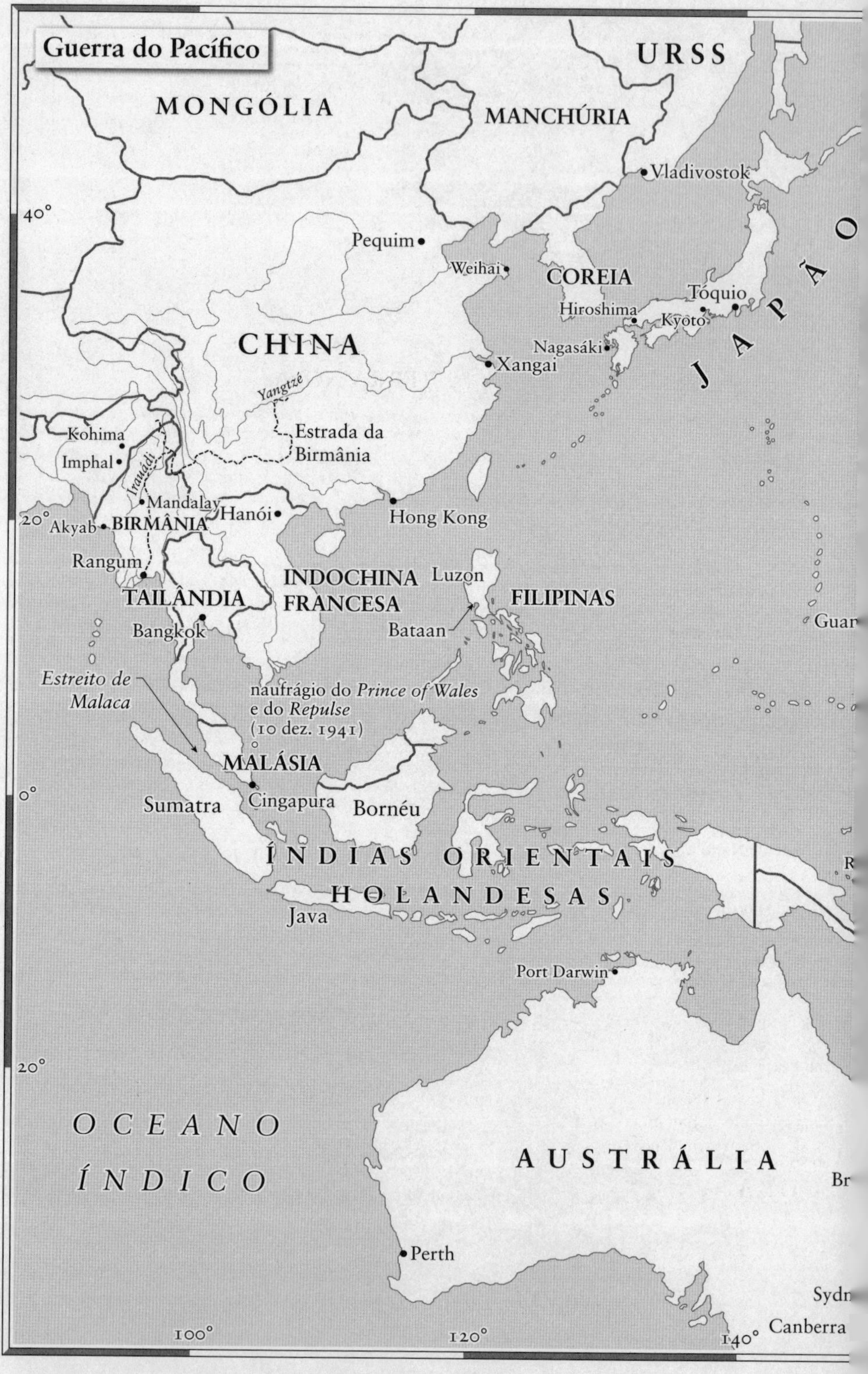
Guerra do Pacífico
URSS
MONGÓLIA
MANCHÚRIA
Vladivostok
Pequim
Weihai
COREIA
Tóquio
Hiroshima
Kyoto
Nagasáki
JAPÃO
CHINA
Xangai
Yangtzé
Estrada da Birmânia
Kohima
Imphal
Irauádi
Mandalay
Hanói
Hong Kong
Akyab
BIRMÂNIA
Rangum
INDOCHINA FRANCESA
Luzon
TAILÂNDIA
FILIPINAS
Bangkok
Bataan
Estreito de Malaca
naufrágio do Prince of Wales e do Repulse (10 dez. 1941)
MALÁSIA
Sumatra
Cingapura
Bornéu
ÍNDIAS ORIENTAIS HOLANDESAS
Java
Port Darwin
OCEANO ÍNDICO
AUSTRÁLIA
Perth
Canberra
40°
20°
0°
20°
100°
120°
140°

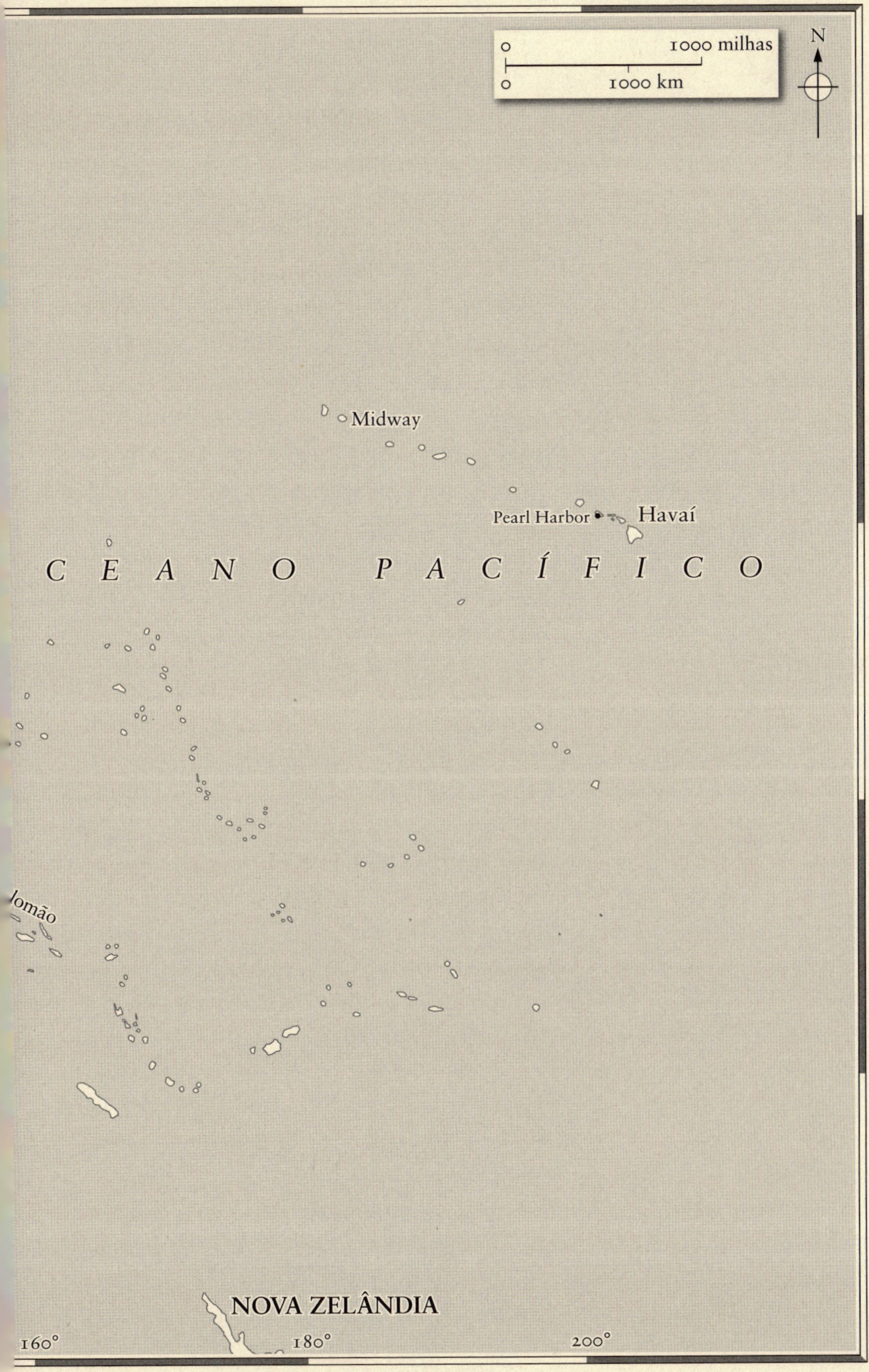

0 1000 milhas
0 1000 km
N
Midway
Pearl Harbor
Havaí
C E A N O P A C Í F I C O
lomão
NOVA ZELÂNDIA
160°
180°
200°

# Introdução

Em 20 de dezembro de 1945, uma quinta-feira, o editor do *Sunday Dispatch*, Charles Eade, almoçou com Winston Churchill e a esposa Clementine no novo lar do casal em Knightsbridge, em Londres. Eade estava editando os discursos de guerra do ex-primeiro-ministro para fins de publicação, e os dois discutiriam o volume mais recente.

Antes do almoço, Eade aguardara, segundo suas palavras, em "um belo aposento com estantes embutidas na parede carregadas de volumes magnificamente encadernados de livros franceses e ingleses", que Churchill dizia ser sua "biblioteca esnobe". As paredes eram decoradas com quadros do grande ancestral de Churchill, o 1º duque de Marlborough, e um retrato de Churchill pintado por Sir John Lavery durante a Primeira Guerra Mundial.

O almoço refletia o racionamento britânico do pós-guerra: ovos, peru frio e salada, pudim de ameixas e café. Tomaram uma garrafa de clarete que o prefeito de Bordeaux acabara de enviar. Churchill disse ao jornalista de confiança, com quem almoçara várias vezes durante a guerra, que na noite anterior "ficara muito bêbado" num jantar na embaixada francesa, acrescentando com uma risadinha: "Mais bêbado do que o habitual".

Ao longo de vários copos de conhaque e um charuto — cuja anilha Eade pegou como lembrança —, Churchill ficou debatendo a melhor maneira de publicar os discursos de guerra que havia apresentado nas sessões secretas da Câmara dos Comuns durante o conflito. Na conversa, que se estendeu por uma hora, mostrou a Eade os 68 volumes de minutas, mensagens e memorandos que enviara a diversos ministros do Gabinete e aos chefes de Estado-Maior entre 1940 e 1945, permitindo-lhe que os abrisse ao acaso.

Quando Eade naturalmente manifestou surpresa diante da quantidade de trabalho que Churchill conseguira realizar como primeiro-ministro, "ele me explicou que conseguiu lidar com o cerne de todos esses assuntos porque sua vida inteira fora um treinamento para o alto cargo que ocupou durante a guerra". Dois anos antes, Churchill expressara esse mesmo sentimento ao primeiro-ministro canadense, William Mackenzie King, durante a Conferência de Quebec em agosto de 1943. Quando King disse a Churchill que ninguém mais teria conseguido salvar o Império Britânico em 1940, ele respondeu que "tivera excepcional treinamento, tendo passado por uma guerra anterior e tendo ganhado grande experiência no governo". King comentou: "Sim, isso quase confirmava a velha ideia presbiteriana de predestinação ou preordenação; de ter sido ele o homem escolhido para essa tarefa". A ideia foi reiterada pelo político conservador lorde Hailsham, que fora ministro adjunto no governo de guerra de Churchill: "O único caso em que julgo ver o dedo de Deus na história contemporânea é a chegada de Churchill à posição de primeiro-ministro naquele exato momento em 1940".

Três anos depois, Churchill expressou seus comentários a King e Eade de uma maneira muito mais poética nas linhas finais de seu livro *The Gathering Storm* [A aproximação da tempestade], primeiro volume de suas memórias de guerra. Ao relembrar a noite de 10 de maio de 1940, a sexta-feira em que se tornara primeiro-ministro, poucas horas depois de Adolf Hitler ter iniciado sua Blitzkrieg no Ocidente, Churchill escreveu: "Senti como se eu estivesse caminhando com o destino, e que toda a minha vida pregressa não fora senão uma preparação para esta hora e para esta provação [...]. Não poderiam me recriminar por criar a guerra e tampouco por falta de preparo para ela. Pensava saber muito sobre tudo aquilo e tinha certeza de que não falharia".

Ele acreditava em seu destino pelo menos desde os dezesseis anos de idade, quando disse a um amigo que iria salvar a Grã-Bretanha de uma invasão estrangeira. Sua permanente admiração por Napoleão e por seu ancestral John Churchill, o 1º duque de Marlborough, avivava sua convicção de que ele também tinha um destino. Seu nascimento aristocrático, como detentor dos dois famosos sobrenomes de Spencer e Churchill, conferia-lhe uma imensa autoconfiança, o que significava que não se deixava ferir pessoalmente pelas críticas. Nas posições corajosas, e muitas vezes solitárias, que veio a tomar contra as ameaças totalitárias gêmeas do fascismo e do comunismo, preocupava-se muito mais com a boa opinião que imaginava que teria junto aos camaradas tombados da Grande Guerra do que com os comentários de seus colegas vivos nos assentos da Câmara dos Comuns.

A lembrança dos amigos mortos em guerra, em acidentes (como Lawrence da Arábia) ou por alcoolismo (como F. E. Smith), muitas vezes o comovia até as lágrimas, mas muitas outras coisas também tinham esse efeito, como se verá neste livro. Não raro, ele era tomado por suas paixões e emoções e nunca se furtou a chorar em público, mesmo como primeiro-ministro, numa época em que se admirava o autocontrole. Esse era apenas um entre muitos fenômenos que o tornavam um indivíduo extremamente invulgar.

Este livro explora em que extraordinário grau, em 1940, a vida anterior de Churchill havia sido, de fato, somente uma preparação para sua liderança na Segunda Guerra Mundial. Examina as inúmeras lições que ele aprendeu nos 65 anos anteriores a assumir o cargo de primeiro-ministro — anos de erros e tragédias, de trabalho árduo e liderança inspiradora — e observa como ele pôs tais lições em prática durante a hora e a provação mais difícil da civilização. Pois, embora realmente estivesse caminhando com o destino em maio de 1940, era um destino que vinha moldando de forma consciente durante toda a vida.

# PARTE I: A PREPARAÇÃO

# 1. Um nome famoso

## *Novembro de 1874 a janeiro de 1895*

*Dizem que os homens famosos são, geralmente, fruto de uma infância infeliz. A pressão severa das circunstâncias, as estocadas da adversidade, o aguilhão das desfeitas e dos escárnios nos primeiros anos são necessários para despertar a determinação implacável e a sensatez persistente sem as quais raramente se realizam grandes ações.*

Churchill, *Marlborough*[1]

*Metade aristocrata inglês, metade apostador norte-americano.*

Harold Macmillan sobre Churchill[2]

Winston Leonard Spencer-Churchill nasceu num pequeno aposento do andar térreo, o quarto mais próximo à entrada principal, do Palácio de Blenheim, em Oxfordshire, à uma e meia da madrugada de 30 de novembro de 1874, uma segunda-feira. O parto gerou preocupação porque foi prematuro, pelo menos um mês e meio antes da data prevista, e a mãe, a bela socialite norte-americana Jennie Jerome, sofrera uma queda havia poucos dias. Também enfrentara vários solavancos numa charrete puxada a cavalo no dia anterior ao nascimento, e foi então que começaram as contrações. Mas tudo transcorreu bem, e o pai do bebê, lorde Randolph Churchill, filho mais novo do 7º duque de Marlborough, logo descreveria o menino como "notavelmente bonito", com "cabelo e olhos escuros e muito sadio".[3] (O cabelo logo se tornou loiro-arruivado, e há grandes cachos, cortados aos cinco anos, que hoje podem ser vistos no quarto do palácio onde ele nasceu; depois, Churchill ficou ruivo.)

O nome "Winston" relembrava tanto Sir Winston Churchill, o antepassado do menino que lutara pelo rei Carlos I na Guerra Civil inglesa, como o irmão mais velho de lorde Randolph, que morrera aos quatro anos de idade. "Leonard" foi uma homenagem ao avô materno do bebê, um financista e proprietário de ferrovias norte-americano que gostava de correr riscos e já ganhara e perdera duas grandes fortunas em Wall Street. "Spencer" fora acoplado com um hífen a "Churchill" desde 1817, em decorrência de uma aliança matrimonial com a rica família Spencer de Althorp, em Northamptonshire, que naquela época detinha o título do condado de Sunderland e da qual, mais tarde, provieram os condes Spencer. Orgulhoso dos antepassados Spencer, ele assinava Winston S. Churchill, e em 1942 disse a um sindicalista norte-americano que "claro que seu nome verdadeiro era Spencer-Churchill e é assim que ele é descrito, por exemplo, nas Circulares da Corte quando vai ver o rei".[4]

O avô paterno do menino era John Winston Spencer-Churchill, proprietário do Palácio de Blenheim, descrito como o Versalhes inglês e também como "o maior memorial de guerra já construído".[5] Com um nome que aludia à mais gloriosa batalha vencida por John Churchill, 1º duque de Marlborough, na Guerra da Sucessão Espanhola em 1704, sua estrutura grandiosa, com tapeçarias, bustos, quadros e móveis magníficos, celebrava uma vitória num conflito que salvara a Grã-Bretanha do domínio de uma superpotência europeia — a saber, a França de Luís XIV —, mensagem essa que o jovem Winston não deixou de absorver. "Não temos nada que se iguale a isto", admitiu o rei George III ao visitar o Palácio de Blenheim em 1786.

Mais tarde, Winston Churchill diria: "Moldamos nossos edifícios e depois nossos edifícios nos moldam".[6] Embora nunca tenha morado em Blenheim, ele foi profundamente marcado pelo esplendor do palácio, com sua fachada de mais de 150 metros de extensão, quase 30 mil metros quadrados de área interna construída e mais de mil hectares de terreno. Embebia-se dessa grandiosidade durante as inúmeras férias e os finais de semana que passava lá, com seus primos. O palácio era — e ainda é — permeado do espírito do 1º duque, o maior estadista militar da história britânica, que, como Churchill afirmaria em sua biografia sobre o antepassado, era um duque "na época em que duques eram duques".[7]

Para seus coetâneos da era tardo-vitoriana, o nome de Winston Churchill evocava duas imagens: o esplendor do renome militar do 1º duque e do Palácio de Blenheim, claro, mas também a carreira aventurosa de lorde Randolph Churchill, pai do menino. Lorde Randolph fora eleito para o Parlamento nove meses antes do nascimento de Churchill e desde o sexto aniversário do menino tornou-se um dos líderes do Partido Conservador. Era polêmico, explosivo, oportunista, politicamente implacável, orador brilhante tanto em plataformas públicas como na Câmara dos Comuns e se destacava como possível futuro primeiro-ministro — desde que sua impulsividade inata não o prejudicasse. Em termos políticos, seguia os preceitos do líder conservador Benjamin Disraeli, que mesclavam o imperialismo no plano externo com um programa progressista de reformas sociais internas. Lorde Randolph deu à sua versão dessa política o nome de Democracia Tory, que seria plenamente absorvida por Winston. Seu lema, "Confie no povo", viria a ser utilizado muitas vezes na carreira do filho.

Embora filho de duque, lorde Randolph não era rico, pelo menos em comparação com a maioria dos outros integrantes de sua classe social. Como o filho homem mais novo de uma família aristocrática, na época em que vigoravam os direitos de primogenitura, não podia esperar uma grande herança paterna; ademais, embora o pai de sua esposa norte-americana, Jennie Jerome, tivesse sido riquíssimo algum tempo antes — a ponto de ser alcunhado "o rei de Nova York" —, sofrera reveses enormes com a quebra do mercado financeiro dos Estados Unidos em 1873. Mesmo assim, Leonard Jerome ainda morava numa casa que ocupava um quarteirão inteiro na Madison Avenue com a 26th Street, ostentando grandes estábulos e um teatro. Era dono da área onde hoje fica o Jerome Park Reservoir, fundador do Jockey Club e sócio proprietário do *New York Times*.

Na época do casamento de Jennie, porém, no ano seguinte à quebra da bolsa, Jerome só pôde oferecer uma pensão anual de 2 mil libras para a bela filha, enquanto o duque de Marlborough contribuiria com 1200 libras anuais para o filho. Isso, mais o aluguel de uma casa no número 48 da Charles Street, em Mayfair, por cortesia de Jerome, deveria ser suficiente para que o casal levasse uma vida confortável, caso não fossem ambos notórios esbanjadores. "Não éramos ricos", relembrou o filho durante a Segunda Guerra Mundial. "Creio que tínhamos umas 3 mil libras anuais e gastávamos 6 mil."[8]

Lorde Randolph conhecera Jennie em agosto de 1873, durante a Regata de Cowes, na Ilha de Wight. Em três dias pediu-a em casamento, e ela aceitou. Casaram-se na embaixada britânica em Paris, em 15 de abril de 1874, depois de sete meses de noivado. Embora tenham aprovado formalmente a união, os Marlborough não compareceram ao casamento, pois o duque — que enviara funcionários a Nova York e a Washington para se certificar do real valor da fortuna de Jerome — considerou que se tratava de uma *mésalliance* e que o norte-americano era "um homem de tipo vulgar", "um *mau*-caráter" da "classe dos especuladores".[9]

Para Churchill era um orgulho que os pais tivessem se casado por amor. Ao escrever em 1937 sobre uma ação por difamação que estava instaurando contra um livro que o apresentava como "o primeiro fruto do primeiro casamento famoso entre o esnobismo e o dólar", disse a um amigo:

> A referência ao casamento de meus pais é não só muito dolorosa para mim, mas, como você sabe, é totalmente desprovida de fundamento. Foi uma incontestável união por amor, com pouquíssimo dinheiro de ambas as partes. Com efeito, podiam viver apenas na mais extrema modéstia para quem pertencia à alta sociedade londrina. Se depois o casamento ficou famoso, foi porque meu pai, obscuro rebento da aristocracia, ganhou fama, e também porque minha mãe, como provam todas as suas fotografias, era no consenso geral uma das beldades da época.[10]

(Por fim, ele recebeu quinhentas libras do editor por danos morais pela difamação, mais 250 libras em custas, mas não a retratação que esperava.)

Winston Churchill nasceu numa casta que detinha imenso poder político e econômico no maior império da história mundial, e que ainda não fora acometida pela insegurança e dúvida sobre si mesma. A suprema autoconfiança e independência de Churchill brotavam diretamente da instintiva segurança a respeito de si e de suas origens. No obituário que escreveu para seu primo "Sunny",* o 9º duque de Marlborough, ele afirmou que nascera numa das "trezentas ou quatrocentas famílias que por trezentos ou quatrocentos anos haviam guiado os destinos da nação".[11] Sabia que pertencia ao topo da pirâmide social, e um dos atributos centrais dessa classe na época era não se importar demais com o que as pessoas em posições mais baixas pensavam a seu respeito. Como depois escreveria seu maior amigo, o advogado e parlamentar tory F. E. Smith, futuro lorde Birkenhead: "Ele tinha um escudo mental contra a falta de confiança em si próprio".[12] Isso se revelaria de valor inestimável para Churchill nos períodos — que foram muitos — em que ninguém mais parecia confiar nele.

A vida social da elite vitoriana e eduardiana consistia, em parte, em se hospedar nas casas de campo de amigos e conhecidos no final de semana prolongado "de sexta a segunda". Nos anos seguintes, Churchill ficaria com os Lytton em Knebworth, com os primos Londonderry em Mount Stewart, os Rothschild em Tring, os Grenfell em Taplow e Panshanger, os Rosebery em Dalmeny, os Cecil em Hatfield, o duque de Westminster em Eaton Hall e em seu iate *Flying Cloud*, os primos lorde e Lady Wimborne em Canford Manor, os John Astor em Hever e os Waldorf Astor em Cliveden, além de fazer visitas frequentes a Blenheim e a muitas outras casas desse porte. Ainda que passando algumas vezes por um ostracismo social, em razão de sua atuação política mais adiante, ele sempre man-

* Apelido derivado do primeiro título que recebeu, conde de Sunderland, e não por causa do temperamento, como pode sugerir o adjetivo "sunny" (alegre, radiante). (N. T.)

teve entre a mais alta elite uma extensa rede social com que podia contar. Esse casulo majoritariamente aristocrático de amizades e parentescos lhe serviria de sustentação nos tempos difíceis do futuro.

A aristocracia inglesa vitoriana constituía um clã à parte, com hierarquias, pronúncias, clubes, escolas, faculdades, carreiras, vocabulário, códigos de honra, rituais amorosos, lealdades, tradições, esportes e senso de humor muito próprios. Alguns desses traços eram muito complicados, quase impenetráveis para os de fora. Quando Churchill, como jovem subalterno, foi apresentado ao sistema de castas na Índia, entendeu-o de imediato. Suas opiniões políticas derivavam em grande parte do movimento da Jovem Inglaterra dos anos 1840, liderado por Disraeli, cujo senso de *noblesse oblige* pressupunha uma imutável superioridade, mas também valorizava instintivamente as obrigações dos privilegiados para com os menos favorecidos. Na interpretação de Churchill, as obrigações da aristocracia significavam que ele e sua classe tinham profunda responsabilidade em relação ao país, detentor do direito de esperar seus serviços em caráter permanente.

A elite britânica do último quartel do século XIX podia, às vezes, parecer totalmente alienada do resto da sociedade. Lorde Hartington, herdeiro do ducado de Devonshire, nunca ouvira falar, por exemplo, em argolas de guardanapo (pois supunha que as toalhas e os panos de mesa eram lavados após cada refeição); o estadista lorde Curzon, ao que constava, andara de ônibus apenas uma vez na vida, e se sentiu ultrajado quando o motorista não quis mudar a rota para levá-lo ao lugar que lhe ordenara. Da mesma forma, a primeira vez que Churchill pessoalmente discou um número de telefone foi aos 73 anos de idade.[13] (Foi para o Hora Certa, serviço automático ao qual agradeceu muito educadamente.) Não acreditava que fosse tão dependente da criadagem doméstica como de fato era. Certa vez, nos anos 1950, anunciou com orgulho à esposa: "Vou cozinhar eu mesmo. Sei ferver um ovo. Já vi fazerem".[14] (No final, não o fez.) Aos quinze anos, incluiu no pós-escrito de uma carta sua: "Milbanke está escrevendo esta carta para mim enquanto tomo banho".[15]* Dois anos depois, reclamou muito por ter de viajar num compartimento de segunda classe, escrevendo: "Não vou mais viajar de Segunda por Júpiter".[16] Com mais idade, raramente ia a algum lugar sem um valete, nem mesmo aos campos de batalha na Guerra dos Bôeres e na Segunda Guerra Mundial, e contava com os serviços de um profissional para lhe fazer a barba quando esteve preso na África do Sul. Pedia pratos no Savoy que não estavam no cardápio e, como primeiro-ministro, se quisesse matar um mosquito, mandava o secretário chamar seu valete para "torcer seu maldito

* Sir John "Jack" Milbanke foi posteriormente agraciado com a Cruz de Vitória na Guerra dos Bôeres.

pescoço".[17] Churchill era a enfática antítese da Era do Homem Comum que se aproximava.

Como verdadeiro aristocrata, não era esnobe. Queria perguntar a Adolf Hitler, a respeito dos judeus: "Que sentido tem ser contra um homem só por causa de seu nascimento?".[18] Seus amigos mais chegados provinham de um amplo círculo social; na verdade, ele sentia pelo menos uma espécie de queda por *parvenus*, como Brendan Bracken e Maxine Elliott. "Imbuído de um senso histórico da tradição, estava totalmente desvencilhado da convenção", escreveu um amigo próximo.[19] Isso se via em sua maneira excêntrica de se vestir, com macacões e sapatos de zíper, bem como em seus horários dos mais irregulares. Gostava de desrespeitar as regras hierárquicas, muitas vezes para a fúria alheia. "Sou arrogante", disse certa vez sobre si mesmo, numa análise perspicaz, "mas não presunçoso."[20] No mundo moderno, esse senso de direito aristocrático a toda e qualquer coisa é considerado repreensível, mas Churchill estava imbuído disso, o que afetava sua postura em relação a tudo — explicando, por exemplo, sua despreocupação ao gastar um dinheiro que não tinha. Levava uma vida de aristocrata, apesar de não ser capaz de sustentá-la, uma atitude aristocrática por si só. Ele exigia amplo crédito, apostava pesado nos cassinos e, tão logo saldou de fato suas dívidas — o que só veio a acontecer depois dos setenta anos de idade —, passou a comprar cavalos de corrida.

Existem muitas biografias que condenam Churchill por ser insensível às outras pessoas e suas opiniões, mas deixam de ver que essa couraça era essencial para uma pessoa tão afeita a controvérsias. "Você é um dos poucos que têm em seu poder a capacidade de enunciar juízos que respeito", escreveu ele a lorde Craigavon — que lutara na Guerra dos Bôeres e fora primeiro-ministro da Irlanda do Norte — em dezembro de 1938, numa das piores fases de sua vida.[21] Como o marquês de Lansdowne, que propôs a paz com a Alemanha durante a Primeira Guerra Mundial, ou o marquês de Tavistock, que a defendeu muito mais repreensivelmente durante a Segunda Guerra, o aristocrata em Churchill o incentivava a dizer com todas as letras o que pensava, sem se preocupar com as consequências.

Churchill passou os primeiros anos em Dublin, onde seus pais moravam em Little Lodge, perto da Residência Vice-Real* em Phoenix Park, onde lorde Randolph trabalhava como secretário particular do pai. O 7º duque fora nomeado vice-rei e lorde representante da Irlanda por Disraeli em janeiro de 1877; lorde Randolph teve de sair de Londres porque estava sendo submetido pelo príncipe

* Áras an Uachtaráin, onde hoje mora o presidente da Irlanda.

de Gales ao ostracismo social depois de tentar chantageá-lo, sem êxito, por causa de um escândalo envolvendo o irmão mais velho de Randolph, o marquês de Blandford, algumas cartas de amor comprometedoras e uma senhora casada, ex-amante do príncipe. Foi um dos inúmeros apuros pouco edificantes em que lorde Randolph se meteu durante a vida, que foi breve e instável, mas inegavelmente emocionante. O robusto príncipe tinha uma memória de elefante, e lorde Randolph passou mais de três anos sem ter permissão de voltar a Londres.

A primeira lembrança de Churchill foi adequadamente marcial: o avô desvelando em 1878 uma estátua de lorde Gough, o herói imperial anglo-irlandês, em Phoenix Park. O duque proferiu um discurso em que havia a frase "E com uma saraivada devastadora ele estraçalhou a linha do inimigo", que Churchill dizia ter entendido já aos três anos de idade.[22] Com o avô representando a rainha Vitória e cumprindo seus deveres cerimoniais na Irlanda, Churchill adquiriu pela monarquia uma profunda reverência, que conservaria até o final da vida. Sua lembrança seguinte é de março de 1879, quando montava um burrico no parque e topou com o que seria, aos olhos receosos de sua governanta, uma manifestação republicana irlandesa, mas que na verdade provavelmente era apenas um desfile da Brigada de Rifles, um regimento da infantaria. "Fui derrubado e tive concussão cerebral", relembrou mais tarde. "Foi minha primeira apresentação à política irlandesa!"[23] A seguinte é de 1882, quando Thomas Burke, subsecretário da Irlanda, que havia dado a Churchill um tambor de brinquedo, foi esfaqueado e morto em Phoenix Park por terroristas republicanos irlandeses, junto com lorde Frederick Cavendish, recém-nomeado secretário-chefe, provocando um abalo profundo em todos na casa.

Jack, o irmão mais novo de Churchill, nasceu — também prematuro — em fevereiro de 1880, quando a família ainda estava na Irlanda, mas em abril daquele ano o exílio social de lorde Randolph chegou ao fim, e a família voltou para fixar residência no número 29 da St. James's Place, em Londres. A lembrança política seguinte de Churchill foi a morte de Disraeli, em abril de 1881, quando estava com seis anos. "Acompanhei sua doença dia a dia com grande ansiedade", relembrou, "porque todos comentavam a perda que seria para o país, e que ninguém mais conseguiria impedir o sr. Gladstone de impor sua malévola vontade sobre todos nós."[24] William Gladstone, do Partido Liberal, vencera uma eleição geral no mês em que os Churchill voltaram a Londres, ocupando pela segunda vez o cargo de primeiro-ministro. Em 1883, lorde Randolph criou a Liga da Prímula, organização política de base do Partido Conservador que recebeu o nome da flor supostamente favorita de Disraeli. A razão principal de sua existência era promover a carreira de Randolph e o programa político da Democracia Tory, e aos doze anos Winston ingressou na seção de Brighton.

"Querida mamãe, espero que esteja bem", escreveu ele na primeira carta sua de que temos notícia, no Palácio de Blenheim, em janeiro de 1882, depois que os pais comemoraram o Natal em outro lugar. "Agradeço muito muito os lindos presentes aqueles Soldados Bandeiras e Castelo são muito bonitos foi muita bondade sua e do querido papai mando meu amor e muitos beijos, Seu amoroso Winston."[25] Muitos meninos tinham soldadinhos de brinquedo, mas um dos primos de Churchill recordou mais tarde que "o quarto de brinquedos dele era ocupado de uma ponta a outra por uma mesa de tábuas em cavaletes, sobre a qual havia milhares de soldadinhos de chumbo dispostos em ordem de batalha. Ele organizava guerras. Batalhões de chumbo faziam manobras e entravam em ação, ervilhas e pedrinhas realizavam grandes baixas, atacavam-se fortes, cargas de cavalaria arremetiam, destruíam-se pontes".[26] Essas batalhas eram "encenadas com um interesse que não era uma simples brincadeira infantil". A quantidade enorme de soldadinhos de chumbo indica a generosidade dos pais em relação ao menino, que na época a avó descrevia como "um pequeno buldogue desobediente, de pelagem cor de areia".[27] Todavia, o fato de terem passado o Natal longe indicava uma distância persistente, tanto física como emocional, que hoje seria considerada quase abusiva. Seu sobrinho Peregrine, filho de Jack, provavelmente tinha razão em crer que a displicência dos pais em relação a Winston não era maior do que a habitual entre as famílias da elite vitoriana da época, mas que a natureza sensível do menino o fazia se rebelar contra isso mais do que a maioria.

Devido à carreira política de lorde Randolph Churchill e à vida social intensa de Jennie, o casal dispunha de pouco tempo para dedicar ao filho. Certa vez, lorde Randolph apresentou um discurso em Brighton e nem se deu ao trabalho de visitar Winston na escola em Hove, a menos de três quilômetros de distância. Após um jantar, no final dos anos 1930, Winston diria ao próprio filho: "Esta noite mantivemos uma conversa ininterrupta por mais tempo do que o total que jamais tive com meu pai durante toda a vida dele".[28] Jennie registrou em seu diário cada uma das treze vezes em que viu os filhos entre janeiro e julho de 1882, comentando, por exemplo: "Achei as crianças bastante bem"; ou "Vi as crianças".[29] Ela também foi às compras onze vezes, pintou 25 vezes, almoçou ou tomou chá com sua amiga Lady Blanche Hozier 26 vezes e tomou chá com o parlamentar conservador Arthur Balfour dez vezes. Saía com tanta frequência à noite que os registros no diário tratavam das raríssimas vezes em que "não fui a nenhuma festa, estava sonolenta demais". Tirando isso, caçava, passava os fins de semana em festas no campo, mantinha ao chá "grandes pilhérias" com o famoso *beau* capitão Bay Middleton e "basicamente diversões frívolas" com amigos ao almoço, tocava piano, jantava no Café Royal, jogava bilhar, almoçava no St. James's Palace, assistia às apresentações de Sarah Bernhardt e Lilly Langtry, "ficava na cama até as duas da tarde", jogava tênis e, de modo geral, levava a vida agitada de uma requisitadíssima beldade da alta sociedade.[30]

"Fui à festa dos Salisbury", revela uma anotação típica do diário de Jennie, "depois ao baile de Cornelia. Príncipe e princesa estavam lá. Nada loucamente divertido."[31] Como Jennie decerto não achava o "Pequeno Win" loucamente divertido com seus sete anos de idade, ele precisava entrar na longa fila pela sua atenção e afeição, pois a mãe tinha a vida social movimentada, ainda que um tanto vazia, própria de uma esposa de um aristocrata e político vitoriano. Numa única vez, saiu com Consuelo, duquesa de Marlborough, "para dar mantas etc." aos pobres, dois dias depois que "passei a manhã toda fazendo compras".[32] Mais tarde, Winston escreveu sobre a mãe, numa descrição que ficou famosa: "Ela brilhava para mim como a estrela vespertina. Amava-a ternamente — mas à distância".[33]

As malcriações de Churchill nas diversas escolas a que foi enviado, e que estão bem documentadas, parecem em boa parte decorrer do desejo de chamar a atenção, pois, ao contrário do arquétipo da criança da era vitoriana, ele estava decidido a ser visto e ouvido. É raro que uma pessoa se apresente menos inteligente do que realmente é, mas foi o que Churchill fez na autobiografia *Minha mocidade*, em 1930, que precisa ser lida no contexto de um pitoresco mito pessoal, e não como documento histórico de rigorosa precisão. Os registros escolares o desmentem por completo em sua afirmação de que foi um aluno relapso. Os boletins da Escola Preparatória St. George, em Ascot, na qual ingressou um pouco antes de fazer oito anos, em 1882, mostram que, durante seis períodos seguidos, ele esteve entre a metade ou, com mais frequência, o terço da turma com melhor aproveitamento.[34]

Churchill recebia surras periódicas em St. George, mas não por causa dos deveres escolares — seus resultados em história eram sempre "bom", "muito bom" ou "ótimo" —, mas porque o diretor, H. W. Sneyd-Kinnersley, era um sádico que um ex-aluno descreveu como "sodomita inconsciente", que sentia prazer em golpear as nádegas nuas dos garotos até sangrarem.[35] A justificativa dada para esses espancamentos quinzenais derivava do mau comportamento de Churchill, descrito como "*muito* malcriado", "ainda importuno", "extremamente ruim", "muito vergonhoso" e assim por diante.[36] "Não é capaz de se comportar bem em lugar nenhum", escreveu Sneyd-Kinnersley em abril de 1884, mas declarou na frase seguinte: "Ele tem capacidades muito boas".[37]

"Corriam lendas espantosas sobre Winston Churchill", lembrou o escritor Maurice Baring, quase contemporâneo seu em St. George. "Sua desobediência parece ter ultrapassado todos os limites. Fora açoitado por pegar açúcar da despensa e, muito longe de se arrepender, pegara o sagrado chapéu de palha do diretor que estava pendurado na porta e o chutou até despedaçá-lo. Sua permanência nessa escola [foi] uma longa e ininterrupta disputa contra a autoridade. Os meninos pareciam não simpatizar com ele. Tinham um ponto de vista convencional e pedante."[38] (Essa falta de apoio de seus contemporâneos convencionais e pedantes perseguiria Churchill por quase toda a vida.)

A essa distância temporal, é impossível saber se os castigos de fato eram resultado do mau comportamento de Churchill ou se eram em maior medida consequência do gosto de Sneyd-Kinnersley em machucar as crianças, mas, antes mesmo que o menino chegasse aos dez anos, as surras vinham prejudicando tanto sua saúde que os pais o retiraram da St. George e o enviaram para uma escola muito menos rígida em Hove, dirigida por duas irmãs, ambas chamadas Miss Thomson.

Em *Minha mocidade*, Churchill chama St. George de "St. James", talvez por uma questão de tato, porém o mais provável é que tenha sensatamente excluído o local de sua memória por quase meio século.[39] A primeira pessoa a perceber as marcas das chibatadas que Sneyd-Kinnersley aplicava no menino foi a babá de Churchill, a solteirona Elizabeth Everest, de 52 anos de idade. "Minha babá era minha confidente", relembrou mais tarde Churchill. "Era com ela que eu desabafava meus vários problemas."[40] Não é preciso ser um estudioso freudiano para ver como são pungentes os apelidos — "Woom" e "Woomany" — que lhe foram dados por uma criança em busca de uma figura materna substituta, enquanto sua mãe deslumbrava o Círculo da Marlborough House* do príncipe de Gales com sua beleza, espirituosidade e sensualidade. Às vezes surgiam outras dessas figuras maternas: muitas vezes sua avó o hospedava em Blenheim, e sua tia, Lady Wimborne, irmã de lorde Randolph, recebia-o em Bournemouth nas férias escolares, entretanto a mulher incomparavelmente mais próxima de Winston era a sra. Everest. Quando estavam longe, ela escrevia a "Meu querido Winny" enviando "Montes de amor e beijos de sua afetuosa WOOM".[41] Os Churchill a demitiram sem a menor cerimônia quando Winston estava com dezenove anos e Jack com treze, deixando o primogênito transtornado. Quando ela contraiu uma peritonite, pouco tempo depois, ele pagou o tratamento e correu a seu leito quando estava para morrer, aos 62 anos. "Ela vivera uma vida tão inocente e amorosa de serviço aos outros e tinha uma fé tão singela", escreveu ele após sua morte, "que não sentia absolutamente medo nenhum e parecia não se importar muito. Havia sido minha mais querida e mais íntima amiga durante todos os vinte anos de minha vida."[42] Posteriormente, ele pagou pela manutenção de seu túmulo até o final da vida.** Muitos amigos próximos iriam precedê-lo na morte, mas poucos lhe foram mais próximos do que Elizabeth Everest.

Além das nádegas laceradas, Churchill saiu da St. George com uma grande memória fotográfica e fonográfica, talvez como forma de evitar as surras, deco-

* Assim chamado porque se reuniam na residência do príncipe em Londres, a Marlborough House.

** Hoje em dia, a tarefa está a cargo do Churchill Family Graves Trust.

rando coisas que não chegava propriamente a entender. Ele afirma em sua autobiografia que, como não conseguia dominar a primeira declinação do latim, "havia uma coisa que conseguia fazer: aprender de cor".[43] Essa capacidade de memorizar quantidades enormes de prosa e poesia foi conservada por toda a sua vida e continuou a assombrar os contemporâneos até a velhice. Foram muitas as ocasiões em que citava montes de versos, canções ou discursos cinquenta anos depois de tê-los aprendido. Seu ouvido mental era onívoro nas escolhas do que iria reter, incluindo longos solilóquios de Shakespeare, mas também muitas coisas pertencentes aos repertórios de artistas de teatro de variedades, como Marie Lloyd, George Robey, "Little Tich" e George Chirgwin ("o Cafre de Olho Branco").[44]

Em Hove, Churchill lia com voracidade, sobretudo narrativas épicas de aventuras heroicas, muitas vezes imperiais, como *A ilha do tesouro*, *As minas do rei Salomão* e as obras de G. A. Henty.[45] Em 1885, foi o primeiro da classe em estudos clássicos, terceiro lugar em francês e quarto em inglês, desmentindo ainda mais as alegações posteriores de que era uma nulidade como estudante, ainda que continuasse perto dos últimos da escola em comportamento.[46] A falta de pontualidade viria a ser uma característica constante em sua vida; mesmo como primeiro-ministro, chegava atrasado ou poucos minutos antes às reuniões com monarcas e gabinetes ministeriais e aos debates no Parlamento. Como diria a esposa, exasperada: "Winston sempre gosta de dar ao trem uma oportunidade justificada de ir embora".[47]

Desde pequeno, Churchill sabia que o pai era famoso e lhe pedia autógrafos para vender entre os colegas da escola.[48] Certa vez, enquanto assistia a uma pantomima em Brighton, o ator que interpretava lorde Randolph foi vaiado pela plateia; Churchill começou a chorar e se virou furioso para um homem atrás de si, gritando: "Pare com esse tumulto, seu Radical grosseirão!".[49] No início do segundo semestre de 1883, quando Churchill estava com oito anos, o pai o levou a Paris. Ao atravessar a Place de la Concorde, Churchill viu que um dos monumentos estava coberto de crepe preto e perguntou a razão. "Esses são monumentos das províncias da França", respondeu lorde Randolph, mas "a Alemanha tomou a Alsácia e a Lorena da França na última guerra [isto é, a Guerra Franco-Prussiana de 1870-1]. Os franceses estão muito tristes com isso e esperam algum dia recuperá-las." Churchill se lembrava "muito claramente de pensar comigo mesmo: 'Espero que recuperem'".[50] Foi sua primeira apresentação ao que chamaria de "a longa briga entre teutos e gauleses". Sua francofilia seria conservada por muito tempo após a devolução da Alsácia e da Lorena à França pelo Tratado de Versalhes, em 1919.

A escola de Hove era mais branda do que a St. George, mas lá ocorreram dois incidentes perigosos. O primeiro se deu em dezembro de 1884, quando Winston, com dez anos de idade, estava puxando a orelha de um menino, que o golpeou no peito com um canivete. O ferimento atingiu apenas a carne. O segundo se deu em março de 1886, quando ele contraiu pneumonia, ficou com mais de quarenta graus de febre e entrou em delírio, em estado tão sério que até os pais se sentiram instados a visitá-lo.[51] Uma parte do tratamento consistia em ministrar com regularidade doses relativamente altas de conhaque, por via oral e via retal.[52] "Meu menino na escola em Brighton quase morreu de inflamação dos pulmões* na semana passada", informou o pai ao 3º marquês de Salisbury, líder do Partido Conservador.[53] No geral, porém, Churchill estava contente em Hove, onde podia se entregar às atividades que o interessavam, que eram basicamente o estudo de francês e história, montaria, natação e memorização de uma imensidade de versos.[54]

Em junho de 1885, lorde Salisbury nomeou Randolph Churchill secretário de Estado da Índia. Foi mais um reconhecimento de seus talentos e de sua capacidade de criar problemas do que uma recompensa por uma eventual lealdade que tivesse demonstrado. Como líder do chamado Quarto Partido, agremiação minúscula de parlamentares tories, lorde Randolph volta e meia se rebelava contra a liderança do Partido Conservador na Câmara dos Comuns, fazendo pilhérias a suas custas. A esperança de Salisbury era que um cargo ministerial importante o disciplinasse.

Em fevereiro de 1886, lorde Randolph anexou a Alta Birmânia, país cinco vezes maior do que a Inglaterra, ao Império Britânico, que já tinha o triplo do tamanho do Império Romano em seu auge.[55] Anteriormente, opusera-se ao bombardeamento de Alexandria por Gladstone em 1882, por ser uma política imperialista de excessivo "Avanço"; no entanto, apenas quatro anos depois avançou ainda mais. Da mesma forma, em 1885 lorde Randolph assegurara a Charles Stewart Parnell, o líder nacionalista irlandês, que apoiaria o Governo Autônomo da Irlanda, compromisso que renegou totalmente em 1886, declarando que os protestantes do Norte prefeririam iniciar uma guerra civil a participar de uma Irlanda unificada. "Ulster lutará", afirmou em tom de provocação numa carta pública de 7 de maio de 1886, "e Ulster terá razão." Lorde Randolph também fez comentários em caráter privado a favor do "Justo Comércio" — código da época para o Protecionismo Imperial — antes de defender publicamente o livre-comércio. Seus princípios podiam ser maleáveis, mas o público que comparecia para ouvir seus discursos era enorme, às vezes dezenas de milhares de pessoas, pois se tratava de um orador eletrizante. No entanto, em razão de sua ambição e de seu oportunismo evidentes, lorde Salisbury e o establishment do Partido Conservador não confiavam nele.

* Na verdade, foi apenas o pulmão direito.

No início do segundo semestre de 1886, quando Winston estava com onze anos, lorde Randolph e Jennie se distanciaram um do outro e correram boatos de que se separariam oficialmente.[56] Ela estava passando cada vez mais tempo com o Círculo da Marlborough House, mantendo um caso com o elegante embaixador austríaco em Londres, príncipe Karl Kinsky, que se prolongou pelo menos até 1892, quando ela iniciou um relacionamento com lorde Wolverton, um bonitão a quem chamavam de Freddy.[57] Enquanto isso, lorde Randolph, quando não estava na Câmara dos Comuns ou no Carlton Club, passava boa parte do tempo em Paris, onde, presumia-se, tinha lá seus rabos de saia. "Diga a Mary que é uma tola por não perdoar Billy", escreveu certa vez a Jennie sobre um casal de amigos. "O que tem de mais uma criada ou uma cozinheira de vez em quando?"[58] Isso era indicativo de sua postura, mas, de todo modo, não deixa de ser surpreendente que a expusesse numa carta à esposa.

A eleição geral de julho de 1886 trouxe uma vitória esmagadora dos conservadores e seus aliados contra o Governo Autônomo da Irlanda, os unionistas liberais (a partir de então junto com os unionistas). Em reconhecimento pelo papel fundamental de lorde Randolph em infundir entusiasmo nas massas por todo o país e em atacar Gladstone com grande habilidade e eloquência, o primeiro-ministro, lorde Salisbury, nomeou-o chanceler do Tesouro e líder da Câmara dos Comuns. Como Salisbury era quase vinte anos mais velho e seu assento era na Câmara dos Lordes, lorde Randolph parecia ser o herdeiro legítimo do cargo de primeiro-ministro. Também estava em posição muito favorável para promover o conceito disraeliano de Democracia Tory que adotara como filosofia política. Em 1885, quando um amigo lhe pediu que explicasse o que era, a resposta foi em tom de brincadeira, mas nem tanto: "Creio que é principalmente oportunismo".[59] Obrigado a defini-la publicamente três anos depois, contornou a questão e desconversou: "Ela invoca a ideia de um Governo que [...] é animado por ideias elevadas e liberais".

Depois de meros cinco meses no cargo, lorde Randolph ameaçou renunciar ao cargo no Gabinete Ministerial por causa do orçamento militar (as Estimativas), que considerou alto demais, embora, quando estava na oposição, tivesse apoiado gastos maiores com a defesa. Por trás do gesto estava a tentativa de reduzir o poder do primeiro-ministro dentro do Gabinete. Em vez de recuar, como fizera tantas vezes no passado, lorde Salisbury simplesmente aceitou a renúncia. Nunca mais lorde Randolph voltaria a ocupar um cargo público. Passara anos se comportando como uma prima-dona e maltratando seus pares, por isso não teve o apoio de um único ministro do Gabinete.

Na biografia paterna que escreveria posteriormente, Churchill relacionou a renúncia ao início da misteriosa doença que, uma década depois, resultaria na morte de lorde Randolph: "Aquele corpo frágil, movido pela energia dos nervos, passara todos esses últimos cinco anos sob a máxima tensão. A boa sorte o sustivera; mas a desgraça, o opróbrio e a inatividade então recaíram subitamente sobre ele com uma força esmagadora, e o ferimento foi mortal".[60] O menino se sentiu profundamente afetado pela desgraça que o pai infligira a si mesmo e aprendeu com isso várias lições importantes. A mais importante era não ameaçar com uma renúncia a menos que estivesse preparado para tomar o rumo do desterro. Caso contrário, então que só ameaçasse renunciar junto com várias outras pessoas capazes de derrubar o governo.

Com o malogro fragoroso de sua tentativa de abocanhar o poder, lorde Randolph de fato começou a entrar num declínio político, mental e pessoal. Ainda havia algumas ocasiões sociais em que o casal Churchill aparecia junto em público — apesar da separação informal, continuavam a morar na mesma casa —, embora essas ocasiões se tornassem cada vez mais raras. Em 8 de agosto de 1887, o diário do príncipe George de Gales (futuro rei George v) registra que, durante o Jubileu de Ouro da rainha Vitória, "os Randolph Churchill & Winny e Jack" estiveram a bordo do Iate Real *Osborne* em Spithead.[61] Winston, com doze anos, teve a emoção de passar a bordo do Iate Real pela frota de combate com doze navios de guerra, comandada pelo vice-almirante Sir William Hewett, condecorado com a Cruz Vitória, e muitas das embarcações tinham nomes relembrando a história britânica, entre os quais HMS *Agincourt*, *Black Prince* e *Iron Duke*. Naquela noite os Churchill subiram a bordo da HMS *Collingwood*, a nau almirante revestida de ferro que acabava de ser inaugurada.

"Você frequentou Harrow ou Eton?", Churchill perguntou ao pai em outubro de 1887.[62] Parece surpreendente que não soubesse que o pai estudara em Eton, mas ele mesmo estava destinado a Harrow, em larga medida por causa dos supostos benefícios para a saúde propiciados pelos planaltos ensolarados de Harrow Hill, em oposição às baixadas úmidas e nevoentas de Eton. Fundada em 1572, Harrow era uma das grandes escolas públicas da Inglaterra, que entre seus edifícios antigos oferecia uma educação de elite, orientada em grande parte pelos moldes clássicos, com base em tradições igualmente antigas, aos futuros cavalheiros em tese destinados a comandar o país e o Império. Ele foi aprovado no exame de admissão em março de 1888, tendo como tema o segundo livro da *Eneida* de Virgílio.[63] Em setembro de 1941, Churchill comentou suas reminiscências de Harrow com seu secretário particular John "Jock" Colville, ele mesmo um ex-harroviano, dizendo que foi "onde havia passado os dias mais infelizes de sua vida".[64] Escreveu aos pais em novembro desse segundo ano: "Não pensem que sou feliz aqui". Apesar disso, voltou várias vezes a Harrow entre 1938 e 1962.

Em *Minha mocidade*, Churchill declarou que tinha ido muito mal no exame de admissão, e um de seus contemporâneos de escola, Sir Gerald Woods Wollaston (futuro Rei de Armas da Jarreteira), relembrou que "a inconveniência que provavelmente seria causada pela rejeição do filho de lorde Randolph Churchill" tivera seu papel para sua admissão em Harrow.[65] Churchill dizia: "Nos doze anos que passei na escola, nunca ninguém conseguiu me fazer escrever um verso em latim ou aprender qualquer coisa do grego, afora o alfabeto".[66] Não era verdade, como mostram seus boletins. Mesmo assim, ele lembrava os tempos de escola como "uma mancha escura no mapa de minha viagem", "uma época de desconforto, restrição e monotonia sem sentido".[67] No dia em que ingressou em Harrow, 17 de abril de 1888, o terceiro menino da lista, antes dele, era Archibald Campbell-Colquhoun, que morava em Chartwell Manor, em Westerham, Kent.[68]

Apesar de todas as suas negativas posteriores, na verdade Churchill foi, à sua maneira, um sucesso em Harrow. Aos catorze anos, ganhou um prêmio por recitar nada menos que 1200 versos de *Lays of Ancient Rome* [Cantos da Roma Antiga] de Macaulay sem nenhum erro, e um contemporâneo lembrou que "ele era capaz de citar cenas inteiras das peças de Shakespeare e não hesitava em corrigir os professores caso se enganassem".[69] Gostava muito dos contos heroicos de Macaulay ambientados no mundo antigo. "Se eu tivesse de fazer meu testamento literário e meus agradecimentos literários", disse a um conhecido em 1946, "teria de reconhecer que devo mais a Macaulay do que a qualquer outro escritor inglês."[70] O talentoso professor Robert Somervell deu aulas de gramática inglesa a Churchill em Harrow. "Assim absorvi até a medula a estrutura essencial do fraseado britânico comum", escreveu Churchill, "o que é uma coisa nobre."[71] Menos nobre foi sua única tentativa de escrever poesia, uma ode intitulada "Influenza". A quarta estrofe, entre as doze do poema, diz:

*On Moscow's fair and famous town,*
*Where fell the first Napoleon's crown,*
*It made a direful swoop;*
*The rich, the poor, the high, the low,*
*Alike the various symptoms know,*
*Alike before it droop.*[72]*

* "Na bela e famosa cidade de Moscou,/ Onde tombou a coroa do primeiro Napoleão,/ Sua queda foi medonha;/ Ricos, pobres, nobres, plebeus,/ Igualmente conhecem os vários sintomas,/ Igualmente antes que caísse." (N. T.)

Churchill se mantinha ocupado com os mais ecléticos passatempos. Fazia parte da equipe vencedora de natação de sua Casa; escrevia para a revista da escola, *Harrovian*; colecionava selos, ovos de passarinhos e autógrafos; construiu um teatro em miniatura; jogava xadrez; criava bichos-da-seda; desenhava paisagens e tocava violoncelo. Em abril de 1892, ganhou a Taça do Campeonato de Esgrima das Escolas Públicas, usando um florete. Embora fosse mais baixo e mais leve do que os outros competidores, ele ganhou, segundo o *Harrovian*, "sobretudo por causa de seu ataque rápido e enérgico, que pegava os oponentes totalmente de surpresa".[73]

Churchill também aprimorou o talento, importante para os anos futuros, de dar réplicas espirituosas. Quando um professor de Harrow, sr. Mayo, repreendeu retoricamente uma turma dizendo "Não sei o que fazer com vocês, meninos!", Churchill retrucou: "Ensine-nos, senhor!".[74] Mais tarde, quando o temível diretor dr. Welldon disse "Churchill, tenho seriíssimas razões para estar descontente com você", a resposta que recebeu foi menos espirituosa, mas igualmente corajosa: "E eu tenho seriíssimas razões para estar descontente com o senhor!".[75] Churchill demonstrou a mesma coragem quando desfilou com sua babá, a sra. Everest, por toda a Harrow, "para o imenso prazer dela", como relembrou Wollaston, "e, não contente com isso, percorreu a rua principal de braços dados com ela para quem quisesse ver".[76] A história de Churchill e a babá "se espalhou como um incêndio pela escola e, lamento dizer, não contribuiu favoravelmente para sua reputação como aluno", comentou seu primo Shane Leslie. "Enquanto caminhava com ela, alguns amigos zombeteiros o seguiram até a estação onde ele teve a coragem de beijá-la."[77] Churchill não permitiria que as galhofas de seus contemporâneos esnobes prejudicassem a felicidade da mulher que lhe mostrara durante toda a vida um amor incondicional. Como observou Leslie: "Ele devia grande parte da saúde e provavelmente a vida à devoção dela".

Churchill gostava das aulas sobre as batalhas de Waterloo e Sedan (onde a Alemanha selara o destino da França em 1870 e, depois, em 1940), sobre a escalada dos Alpes pelo famoso montanhista Edward Whymper de Zermatt e sobre a seleção natural das borboletas, do que provavelmente resultou o amor por esses bichos que manteve até o fim da vida. Quando lhe perguntavam que carreira pretendia seguir, respondia: "O Exército, claro, enquanto houver algum combate a travar. Quando terminar, vou tentar a política".[78] Nos Arquivos Harrow há um documento extraordinário redigido por Churchill aos catorze anos, um ensaio de 1500 palavras, ambientado no futuro, sobre uma invasão britânica da Rússia, que inclui seis páginas de planos de batalha. Escrito na primeira pessoa pelo "coronel Seymour" e datado de 7 de julho de 1914, traz inúmeras manobras militares, "baionetas faiscantes", "densas nuvens de cossacos", ações arrojadas e heroicas, ajudantes de campo arremetendo entre cenários de batalhas cobertos de corpos para levar e trazer ordens vitais dos comandantes. "Os campos que hoje de manhã eram verdes", escreveu Churchill, "agora estão tingidos com o sangue de 17 mil combatentes."[79] Vinte e cinco anos antes da Grande Guerra, ele entendia que isso resultava dos avanços na tecnologia militar: "A linha de frente agora não tinha lugar para a cavalaria". Apesar disso, o "coronel Seymour", tal como Napoleão, herói de Churchill, não abandonava seu cavalo. "Enquanto me afastei a galope obedecendo à ordem", narrou ele, "olhei por sobre o ombro para o local onde estava o general C., e enquanto olhava, uma granada de nove libras explodiu a três passos dele, exatamente no ponto onde eu estivera durante meia hora. 'Coincidência', dirão, porém foi mais do que coincidência."[80]

Numa ousada carga de cavalaria, em que o 17º Regimento dos Lanceiros e o 10º e o 11º Regimentos dos Hussardos atacam os regimentos de Odessa e Dnieper, os britânicos perdem um terço de seus homens, principalmente porque "Uma crepitação de mosquetes se soma aos canhonaços".[81] São inúmeros os comandos militares como "Com metralha a cem jardas, fogo", "Ação", "Fogo independente" e outras ordens que aprendera no Corpo Voluntário de Tiro da Escola Harrow. Seymour é capturado, mas, no caos da batalha, "Vendo minha oportunidade saltei num cavalo perdido e saí em disparada".[82] No resto da campanha: "O inimigo de início se retirou lenta e vagarosamente, mas no rio Volga se desbaratou e nossa cavalaria, ligeira e pesada, lançou-se a uma vigorosa carga que completou a confusão" e mostrou "a superioridade de John Bull* sobre o Urso Russo".[83] O herói da história, portanto, pôde "dormir à noite sob a influência da vitória, que é o melhor narcótico do mundo". Por fim, Churchill registra que o "coronel Seymour" morreu bravamente em 21 de setembro de 1914, "empenhando-se em ocupar uma fortificação nos altos de Woronzoff".[84]

A obra juvenil da adolescência de Churchill não pareceria digna de registro não fossem os fatos de que, mais tarde, ele participou de uma ofensiva de cavalaria do 21º Regimento dos Lanceiros (que depois foi unificado com o 17º Regimento mencionado na história), foi capturado por um inimigo e mais tarde escapou, supervisionou o destino de uma Força Expedicionária Britânica enviada à Rússia e quase morreu depois que uma granada atingiu o local onde estivera alguns momentos antes, durante uma guerra que estourou com um mês de diferença em relação à data inventada no episódio narrado 25 anos antes. Stalingrado, onde a invasão alemã da Rússia foi desbaratada em 1943, fica junto ao rio Volga. "Coincidência, dirão..."

Esse não foi seu único momento de extraordinária presciência. Em julho de 1891, num domingo à noite, num aposento do subsolo da casa de dr. Welldon, depois das vésperas na capela, ele conversava com o amigo Murland Evans sobre

* "John Bull": nome usado como protótipo do inglês e personificação da Inglaterra. (N. T.)

seus planos para o futuro. "Posso ver enormes mudanças sobrevindo num mundo agora pacífico", disse a Evans,

> grandes sublevações, lutas terríveis; guerras que nem se imaginam; e lhe digo, Londres correrá perigo — Londres será atacada e terei um papel muito importante na defesa de Londres. Enxergo mais à frente do que você. Vejo o futuro. Este país ficará de alguma maneira sujeito a uma tremenda invasão, por quais meios não sei, mas digo a você que estarei no comando das defesas de Londres e salvarei Londres e a Inglaterra da catástrofe [...] os sonhos do futuro são indistintos, mas o objetivo principal é claro. Repito: Londres estará em perigo e, na alta posição que estarei ocupando, caberá a mim salvar a capital e salvar o Império.[85]

Evans foi trabalhar no Ministério da Guerra e era um homem com uma memória na qual se pode confiar.

"Estou sempre disposto a aprender", diria Churchill em 1952, "embora nem sempre goste de ser ensinado."[86] Continuou a levar surras em Harrow porque, como relembrou um contemporâneo: "Ele infringia sistematicamente quase todas as regras estabelecidas pelos mestres ou pelos meninos, era totalmente incorrigível e tinha um vocabulário ilimitado de respostas malcriadas".[87] Em 25 de maio de 1891, por exemplo, foi "zunido" (açoitado) sete vezes no traseiro por "invadir a propriedade e causar danos" numa fábrica desativada em Harrow. Isso não era incomum; segundo o livro de castigos de Harrow, catorze meninos receberam sete chibatadas naquele mês. Churchill, contrariando as regras da escola, criava um buldogue e costumava passear com ele e um morador da cidade. Fazia serviços avulsos para Nugent Hicks, o chefe da classe, que lhe deu uma "tunda" por não cumprir suas obrigações. "Vou ser um homem mais importante do que você", disse-lhe Churchill durante uma dessas surras, no pior momento possível. Hicks, que depois se tornou bispo de Lincoln, respondeu: "Vai levar mais duas por causa disso".[88]

Não havia muita coisa capaz de induzir os pais a visitá-lo na escola. "Por favor venham venham venham venham venham venham me ver", suplicou ele em fevereiro de 1891. "Por favor venham fico tantas vezes tão desapontado por não virem."[89] Não foram. "Querido menino, não seja tão preguiçoso e desleixado ao escrever", respondeu-lhe Jennie numa de suas típicas cartas. "Parece que você só escreve direito quando quer alguma coisa — e então se torna muito prolífico com sua pena!"[90] Pode-se avaliar precisamente a hipocrisia materna: nos sete anos entre 1885 e 1892, Churchill escreveu aos pais 76 vezes; eles lhe responderam seis vezes. Na imensa maioria de suas cartas, Churchill não pedia nada, exceto, nas entrelinhas, amor e atenção. As cartas dos pais, por outro lado, continham reprimendas constantes. "Eu iria visitá-lo — mas são tantas coisas que tenho de organizar para a festa de Ascot na semana que vem que não vou conseguir", escreveu Jennie em junho de 1890. "Tenho muito a lhe dizer, e receio que não de natureza agradável [...] seu Pai está muito zangado com você" (por usar uma máquina datilográfica).[91] Quanto ao desempenho escolar: "Seu pai e eu estamos mais desapontados do que somos capazes de dizer [...]. Certamente você terá mil desculpas [...]. Você me entristece muito [...] sua produção é um insulto à sua inteligência [...]. É esse seu desleixo que é seu maior inimigo [...]. Devo dizer que você retribui pessimamente a bondade dele".[92]

Quando Churchill, aos dezessete anos, tentou não ser enviado para uma família francesa para aprender o idioma local no período natalino de 1891, Jennie escreveu: "Li apenas uma página de sua carta e remeto-a de volta a você, pois o estilo não me agrada".[93] "Minha querida mamãe", respondeu ele, "eu jamais poderia imaginar que você fosse tão insensível. Estou profundamente infeliz [...]. Não consigo lhe dizer quanto você me entristeceu [...]. Oh, minha mamãe! [...] Suponho que você estava ocupada demais com suas festas e preparativos para o Natal. Consolo-me com isso."[94] E acrescentou num pós-escrito: "Sinto-me mais desgraçado do que consigo dizer [...] seu filho amoroso, Winny".[95]

Houve muitas outras cartas assim. Em 18 de dezembro, ele escreveu: "Estou tão triste. Agora mesmo estou chorando. Por favor minha querida mamãe seja bondosa com o filho que a ama. Não se deixe zangar com minha carta tola. Deixe-me ao menos pensar que você me ama — Querida mamãe estou em desespero. Estou tão infeliz. Não sei o que fazer. Não fique brava sinto-me um desgraçado".[96] "Nem lhe conto o problema que tenho tido com Winston", escreveu Jennie ao marido, nem se dando ao trabalho de responder ao filho. "Claro que é uma grande decepção para ele não passar o Natal em casa, mas ele cria um tal alarde como se estivesse indo passar dois anos na Austrália [...]. Creio que resolvi tudo satisfatoriamente."[97] Jennie não queria o filho em Londres, pois iria atrapalhar seu romance com o conde Kinsky. A única pessoa que consolou e apoiou Winston em sua vontade de passar o Natal com a família foi a sra. Everest, que, claro, não podia fazer nada.

Os Hinos da Escola Harrow, que os departamentos e o conjunto da escola cantavam a cada semestre, todos os anos, eram escritos pelos professores para incentivar os alunos a se identificarem com a instituição, com seus ex-alunos famosos e com o passado glorioso da Grã-Bretanha. Um deles, "Stet Fortuna Domus", apresentado pela primeira vez em 1891, quando Churchill estudava lá, inclui a seguinte estrofe:

*Tonight we praise the former days*
*In patriotic chorus,*

*And celebrate the good and great*
*Who trod the Hill before us;*
*Where Sheridan and Peel began,*
*In days of Whig and Tory,*
*Where Ashley vow'd to serve the Crowd*
*And Byron rose to Glory.**

Outro hino, "When Raleigh Rose", associava a escola, fundada durante o reinado da rainha Elizabeth I, aos heróis que derrotaram a Armada espanhola. Em "Giants", os harrovianos eram incentivados a lembrar que "a raça de heróis pode vir e partir, / Mas não morre propriamente!... Pois todos nós, / Sejamos quem formos, / Alcançamos os gigantes de antanho". O hino mais famoso, "Forty Years On", escrito em 1872, trazia a seguinte estrofe:

*Routs and discomfitures, rushes and rallies,*
*Bases attempted and rescued and won,*
*Strife without anger, and art without malice —*
*How will it seem to you, forty years on?*
*Then, you will say, not a feverish minute*
*Strained the weak heart and the wavering knee,*
*Never the battle raged hottest, but in it,*
*Neither the last nor the faintest were we!*[98]**

"Ao ouvir aqueles meninos cantando todos aqueles hinos bem guardados na lembrança", disse Churchill ao filho depois de visitar a escola durante a Blitz de Londres em 1940, "vi-me cinquenta anos antes cantando com eles aquelas histórias de grandes proezas e grandes homens, e me perguntando fervorosamente como poderia algum dia fazer algo glorioso por meu país."[99] Segundo seu filho: "O inspirador patriotismo que esses versos evocavam permaneceu com ele para sempre e foi a fonte principal de sua conduta política".[100] A mensagem da escola e desses hinos era clara e vigorosa: cabia aos harrovianos se tornarem grandes homens. Churchill, depois de empurrar o coleguinha franzino Leopold Amery dentro da Ducker, a piscina da escola, sem perceber que, na verdade, Amery já

* "Hoje louvamos os dias de outrora / Em coro patriótico, / E celebramos os bons e grandes / Que galgaram o Monte antes de nós; / Onde Sheridan e Peel começaram, / Nos dias de Whigs e Tories, / Onde Ashley jurou servir ao Povo / e Byron ascendeu à Glória." (N. T.)

** "Debandadas e derrotas, investidas e reagrupamentos, / Bases atacadas, resgatadas e conquistadas, / Luta sem ódio e arte sem malícia — / Como te parecerá, quarenta anos depois? / Então, dirás, não um minuto febril / Abalou o coração fraco e as pernas cambaleantes, / Nunca a batalha grassou mais intensa, mas nela / Não os últimos nem os mais débeis fomos!" (N. T.)

estava no último ano, desculpou-se dizendo: "Meu pai, que é um grande homem, também é baixo".[101]

Churchill teve uma longa sucessão de doenças e acidentes durante o período em que esteve em Harrow, como dores de dentes, problemas no fígado (curados com Sal Eno), uma concussão decorrente da queda de uma bicicleta, "febre grave", sarampo e um começo de hérnia na virilha.[102] Em janeiro de 1893, aos dezoito anos, brincando de pega-pega com os primos na propriedade de Wimborne, saltou de uma pinguela na esperança de que as copas das árvores abaixo amortecessem a queda, o que não aconteceu. Caiu quase dez metros no chão duro, sofreu uma concussão que se prolongou por três dias e ficou preso ao leito por quase três meses, com rompimento de um dos rins e um osso quebrado no meio das costas, que só foi descoberto em 1962 num raio X. "Passei um ano olhando a vida encostado num canto", escreveu ele.[103]

Durante a convalescença, Churchill ia visitar o Parlamento. Ouvia e de vez em quando tinha a oportunidade de conhecer as principais figuras da política tardo-vitoriana, como Arthur Balfour, Joseph Chamberlain, lorde Rosebery, Herbert Asquith e John Morley, que seu pai lhe apresentava. "Naqueles dias, a política parecia muito vívida e importante a meus olhos", relembrou.[104] Em 21 de abril de 1893, estava na galeria assistindo ao debate parlamentar talvez mais importante daquela época, quando William Gladstone apresentou à Câmara dos Comuns o segundo projeto de lei para o Governo Autônomo da Irlanda. Como evento parlamentar de grande monta, a cena só viria a ser ultrapassada meio século depois, e pelo próprio Churchill. Seu plano era se distinguir como soldado antes de entrar na Câmara dos Comuns para dar prosseguimento ao legado democrata tory de seu pai.

Quando lorde Randolph autorizou o filho a ingressar no Exército britânico após Harrow, para Winston foi um sinal de que "meu pai com sua experiência e instinto discernira em mim as qualidades do gênio militar".[105] Manteve-se nessa ilusão por vários anos, até vir a saber que o pai, na verdade, pensava apenas que o filho não tinha inteligência suficiente para ser advogado, muito menos para auxiliá-lo em sua carreira política. "Se alguma vez eu começava a mostrar o mais leve ar de camaradagem", relembrava Churchill, "ele ficava imediatamente ofendido, e em certa ocasião, quando sugeri que poderia ajudar seu secretário particular a escrever algumas de suas cartas, ele me petrificou com o olhar." Churchill registrou que, no segundo semestre de 1892, "tive uma das três ou quatro longas conversas íntimas com ele, que é tudo de que posso me gabar". Considerava o pai fascinante, embora lorde Randolph costumasse encerrar a conversa de modo tipicamente egocêntrico: "Lembre-se, as coisas nem sempre vão bem comigo. Todas as minhas ações são julgadas equivocadamente e todas as palavras são distorcidas [...]. Então dê alguns descontos".[106] Mais tarde, o filho lamentou que não pudera sair antes de Harrow. "Viria a conhecer meu pai", escreveu ele, "o que teria sido uma alegria para mim."[107] Mas não foi o caso.

Churchill fez o exame para o Colégio Militar Real em Sandhurst em junho de 1893, recorrendo a um professor particular para prepará-lo para o exame, pois era muito fraco em matemática avançada. Passou na terceira tentativa, mas em 95º lugar entre 389 candidatos, o que significava que teria de entrar na cavalaria, e não na infantaria. "Meu caro Winston", escreveu o pai ao filho de dezoito anos, em 9 de agosto:

> Há dois modos de passar num exame, um honroso e o outro o contrário. Infelizmente, você escolheu o segundo método e parece estar muito satisfeito com o resultado. O primeiro fracasso extremamente desonroso de seu desempenho foi não entrar na infantaria, pois nesse fracasso se demonstra irrefutavelmente seu estilo de trabalho leviano e despreocupado pelo qual você tem se destacado em suas diferentes escolas. Nunca recebi de nenhum mestre ou tutor um boletim realmente bom sobre seu aproveitamento nos estudos [...]. Sempre atrás, nunca avançando na classe, reclamações incessantes sobre a total falta de dedicação [...]. Com todas as vantagens que teve, com todas as capacidades de que você tolamente se julga dotado [...] aí está o grandioso resultado em que você aparece na segunda e na terceira categoria, que só prestam para patentes num regimento de cavalaria [...]. Você me impôs uma carga extra de cerca de duzentas libras anuais. Não pense que vou me dar ao trabalho de lhe escrever longas cartas depois de todos os fracassos e desatinos que você comete e tolera [...] porque não dou mais o menor peso a qualquer coisa que você possa dizer sobre suas façanhas e realizações. Grave indelevelmente esta posição em seu espírito, de que, se sua conduta e ação for similar ao que tem sido nas outras instituições [...] então [...] minha responsabilidade para com você chegará ao fim. Deixarei que dependa de si mesmo dando-lhe meramente o auxílio que possa ser necessário para permitir uma vida respeitável. Pois tenho certeza de que, se não conseguir se abster de levar a vida ociosa inútil e imprestável que levou na escola e nos meses posteriores, você se tornará um mero vagabundo social, um entre as centenas de fracassos da escola pública, e degenerará numa existência vil, infeliz e fútil. Se assim for, você mesmo terá de arcar com toda a culpa por tais infortúnios.
>
> Seu pai amoroso, Randolph sc[108]

Nessa época, o juízo de lorde Randolph estava gravemente toldado pela deterioração mental.[109] Apresentava problemas de fala, audição, equilíbrio e concentração, resultando em crises de depressão e explosões violentas, devido a uma doença ainda não diagnosticada.[110] Mesmo assim, 37 anos depois, seu filho podia citar a carta de cor, mostrando a que ponto fora ferido pela mensagem de desprezo e desconfiança do homem a quem venerava. E não fora escrita num acesso de raiva, pois lorde Randolph também escrevera à sua mãe, a duquesa, quatro dias depois, em termos similares: "Tenho lhe dito com frequência, e você nunca acredita em mim, que ele tem pouco a mostrar em termos de inteligência, de conhecimento ou de qualquer capacidade de trabalho organizado. Tem grande talento para se exibir com exageros e fingimentos [...]. Não lhe ocultarei que é uma grande decepção para mim".[111] Jennie também escreveu para dizer: "Papai não está muito satisfeito por você ter entrado raspando e perdendo a infantaria por dezoito pontos. Não está tão satisfeito com suas realizações quanto você parece estar!".[112] Anos depois, o amigo mais próximo de Churchill observaria que lorde Randolph "não discerniu nada notável, nada singularmente promissor num menino muito notável e original".[113]

Naquele verão, antes de entrar em Sandhurst, Winston foi com o irmão Jack à Suíça, para fazer caminhadas pelo país acompanhados por um tutor. Depois de se instalarem em Zermatt, escalaram o Monte Rosa, com 4600 metros de altitude, em dezesseis horas, além do Wetterhorn. Percorreram extensamente o país até que Winston mais uma vez escapou à morte no lago Genebra, quando ele e alguém a quem se referia como um "companheiro" saíram de um barco no meio do lago para irem nadar sozinhos, e uma leve brisa começou a soprar e a afastar o barco. "Vi a Morte mais perto do que nunca", escreveu em *Minha mocidade*. "Ela nadava na água a nosso lado, sussurrando de tempos em tempos no vento que aumentava e continuava a afastar o barco de nós à mesma velocidade com que conseguíamos nadar. Não havia nenhuma ajuda por perto. Sem auxílio, jamais conseguiríamos chegar à margem [...]. Agora nadava tentando me salvar [...]. Eu me debatia e voltava até meu companheiro que, embora cansado, evidentemente não percebera o clarão do perigo mortal que nos cercara tão de súbito."[114] O companheiro mais jovem era Jack, de fato, mas é de supor que Churchill não quisesse que os leitores soubessem que havia submetido o irmão mais novo a um perigo tão mortal.

Churchill ingressou em Sandhurst em 1º de setembro de 1893. Media 1,69 metro de altura e a largura de seu tórax era de apenas 79 centímetros. Tinha pele delicada, olhos azuis bem claros levemente saltados e um rosto bonito. Gostou do período que passou na principal academia militar da Grã-Bretanha, sobretudo do estudo de táticas e fortificações, bem como das constantes atividades hípicas, em que adquiriu grande proficiência, praticando corridas de obstáculos, polo e, de vez em quando, turfe amador.[115] O tom da correspondência com os pais continuou o mesmo. "Lamento muitíssimo que Papai não aprove minhas cartas", escreveu à mãe em 17 de setembro. "Dedico grande esforço a elas e muitas vezes reescrevo páginas inteiras. Se faço um relato descritivo de minha vida aqui, vocês insinuam que meu estilo é sentencioso e empolado demais. Se por outro lado escrevo uma carta modesta e excessivamente simples, criticam-na por desleixo. Nunca consigo fazer nada direito."[116] Quando, sem querer, deixou cair num riacho um relógio de bolso que o pai lhe dera, ficou tão aterrorizado em confessar a perda que se lançou a uma operação desesperada de resgate. Ela envolveu a mobilização de 23 homens de uma companhia de infantaria para a busca, depois a contratação de um carro e equipamento de bombeiros para dragar o córrego, e então o desvio das águas da cabeceira até finalmente conseguir recuperar o relógio. Quando lorde Randolph soube pelo relojoeiro o que acontecera, sua reação foi previsivelmente furiosa e desdenhosa.[117]

Em 1894, lorde Randolph começava a agonizar de uma enfermidade que grande parte da opinião médica atual julga ter sido uma doença cerebral rara e incurável, mas que, por exibir alguns sintomas iguais aos da sífilis, foi diagnosticada como tal pelos seus médicos. Em junho, lorde Randolph partiu com Jennie numa viagem ao redor do mundo. Churchill relembrou mais tarde: "Nunca mais voltei a vê-lo, exceto como uma sombra se desfazendo rapidamente".[118] Depois de conversar com os médicos do pai, Robson Roose e Thomas Buzzard, e tomar conhecimento do provável diagnóstico, Churchill escreveu no começo de novembro de 1894 uma carta alarmada à mãe, que se encontrava então em Cingapura: "Perguntei ao dr. Roose e ele me contou tudo e me mostrou os relatórios médicos. Não contei a ninguém [...]. Não preciso lhe dizer como estou aflito. Nunca percebi a que ponto Papai estava doente e jamais acreditei até agora que fosse algo de sério [...]. Minha querida mamãe, quando você escrever diga-me *exatamente* o que pensa".[119]

Como seria de esperar, Churchill nunca falou nem escreveu sobre a possível causa da doença do pai e apenas numa ocasião chegou a mencioná-la. Em 1951 ou 1952, disse a seu secretário particular, Anthony Montague Browne: "Você sabe que meu pai morreu de ataxia locomotora, fruto da sífilis".[120] Na verdade, a ataxia locomotora é um termo descritivo geral que designa um distúrbio neurológico e de forma nenhuma é exclusiva da sífilis. É provável que Churchill tenha se afligido a vida toda pela vergonha com a morte do pai devido a uma doença da qual não sofrera de fato. Mesmo assim, isso nunca diminuiu sua veneração por esse homem orgulhoso, distante e desdenhoso a quem via como herói. "Ele encarnava aquela força, excentricidade e encanto que tão amiúde brotam da genialidade", escreveu Churchill sobre o pai.[121] Como diria a grande amiga de Churchill Violet Bonham Carter (*née* Asquith): "Ele prestava culto ao altar do pai desconhecido".[122]

Enquanto os pais estavam no outro lado do mundo, Churchill fez seu primeiro discurso público, na mais improvável das plataformas. Naquele verão, a sra. Ormiston Chant, integrante do Conselho do Condado de Londres, encabeçou uma campanha de castidade social dirigida contra o passeio do Empire Theatre, em Leicester Square, uma área de bar atrás do balcão do teatro onde os rapazes bebiam e se encontravam com moças desacompanhadas, algumas das quais eram damas de vida fácil. Indignada, a sra. Chant conseguira que fossem erguidos painéis de madeira e tela para separar homens e mulheres, os quais foram destruídos em 3 de novembro de 1894, em meio à arruaça de uma multidão em que se encontrava Churchill. Uma testemunha relembrou que ele e seus amigos "derrubaram as paliçadas que os separavam das damas da cidade e discursaram aos amotinados. Ele e um futuro general saíram num coche de aluguel brandindo troféus".[123] Infelizmente, o discurso que ele fez em cima dos escombros não ficou registrado, mas começava com um trocadilho: "Damas do Empire [Império], defendo a liberdade!".[124] Outra testemunha presente se lembrava dele "escapando e entrando no foyer", dando palmadas no traseiro das mulheres, tendo em seu encalço um leão de chácara a persegui-lo.[125] Foi uma excêntrica estreia na carreira de discursos públicos do maior orador do século seguinte.

Churchill se formou em Sandhurst em dezembro de 1894, em vigésimo lugar entre 130 cadetes,* e em segundo lugar na acirrada competição hípica. A essa altura, lorde Randolph estava doente demais para notar, quanto mais congratular o filho. "Meu pai morreu em 24 de janeiro de manhã cedo", rememorou Churchill, 35 anos depois. "Chamado numa casa próxima onde eu estava dormindo, atravessei correndo no escuro a Grosvenor Square, então envolta em neve. Seu fim foi totalmente indolor. Na verdade, fazia tempo que se encontrava em estado letárgico. Todos os meus sonhos de camaradagem com ele, de entrar no Parlamento a seu lado e em seu apoio, chegaram ao fim. Restou-me apenas prosseguir em suas metas e defender sua memória."[126] Meio século depois, disse à filha que a morte paterna o deixara totalmente prostrado de dor durante um dia e uma noite inteiros.[127]

Embora estivesse em larga medida separada do marido, Jennie cuidou fielmente de lorde Randolph em sua agonia final, atribuindo de maneira categórica, ainda que absurda, a responsabilidade por sua morte ao líder tory, lorde Salisbury. "Não há a mais leve dúvida de que a preocupação e o excesso de trabalho deram início à doença", disse a um amigo, "e sei que você concordará comigo que lorde S. tem muito a responder. Houve uma época, alguns anos atrás, em que uma generosa mão estendida teria salvado tudo e R agora estaria conosco como antes. Mas lorde S. e os outros o invejavam demais — sinto tudo isso profundamente — e espero que um dia desses se venha a saber disso."[128] Churchill teve sorte por seu pai morrer enquanto ainda era parlamentar. Se houvesse vivi-

* E não em oitavo entre 150, "com louvor", como afirmou em *Minha mocidade*.

do o suficiente para se retirar da Câmara dos Comuns após a eleição que se deu seis meses depois, é quase certo que receberia um título de nobreza, que logo seria passado para o filho primogênito — o que significa que Churchill não teria tido a carreira que teve na Câmara dos Comuns, praticamente eliminando sua chance de se tornar primeiro-ministro em 1940.

O funeral foi realizado na igreja paroquial do Palácio de Blenheim, no povoado vizinho de Bladon. A congregação cantou "Rock of Ages" [Rocha das Eras] e "Now the Labourer's Task is O'er" [Agora terminou a tarefa do trabalhador] e ouviu as palavras "Homem nascido de mulher tem curto tempo para viver, e é repleto de desgraça".[129] O 5º conde de Rosebery, que se tornara primeiro-ministro em março de 1894, fez o discurso fúnebre. A seguir, Churchill, Jennie e Jack ficaram junto ao túmulo coberto de neve e espalharam lírios-do-vale sobre o caixão. "Sobre a paisagem, brilhando à luz do sol, a neve estendera um pálio cintilante", rememorou mais tarde.[130]

A indiferença e a crueldade emocional dos pais, que teriam esmagado alguém de menor envergadura, deram a Churchill um desejo insaciável de se sair bem na vida, não só em termos gerais, mas na profissão escolhida pelo pai — a política. Sua veneração por ele o levou a decorar vários dos discursos mais famosos de lorde Randolph, a visitar amigos do pai, como lorde Rosebery e lorde Gerald FitzGibbon, juiz do Tribunal de Recursos, principalmente para ouvir histórias sobre ele, e a adotar sua atitude característica quando discursava, apoiando a palma da mão no quadril. Como veremos, também escreveu uma biografia filial em dois volumes, mencionava-o sistematicamente nos discursos, usava os mantos de chanceler do Tesouro do pai quando assumiu o mesmo cargo, deu ao filho o nome de Randolph e escreveu sobre seus devaneios de encontrar o pai mais de cinquenta anos após sua morte.

Churchill contou a A. G. Gardiner, jornalista que fazia a cobertura da atividade parlamentar, que adotara o costume paterno de fazer pausas enquanto falava e até de remexer nos bolsos procurando uma anotação que não queria ou da qual não precisava, a fim de concentrar a atenção dos ouvintes.[131] Seria compreensível se tivesse se rebelado contra o pai ríspido e distante, mas era parte de sua grandeza de caráter que, pelo contrário, considerasse como sua tarefa de vida promover as ideias disraelianas e democratas tories do pai, baseadas em *Imperium et Libertas*. "Tomei dele minha política quase sem questionamento", escreveu em 1931, dizendo que, embora o pai tivesse vivido e morrido como leal tory, "ele não via nenhuma razão pela qual as antigas glórias da Igreja e do Estado, do Rei e do País não pudessem se reconciliar com a democracia moderna, nem razão pela qual as massas de trabalhadores não pudessem se tornar as principais defensoras daquelas antigas instituições por meio das quais haviam alcançado seu progresso e suas liberdades".[132] Winston queria, se possível, desencadear uma terrível vingança sobre o que considerava ser um conluio do establishment do Partido Conservador, que responsabilizava pela derrocada do pai.

Dizia-se que o imperador Napoleão III portava um nome que era, ao mesmo tempo, sua sorte e sua desgraça. Winston Leonard Spencer-Churchill também ostentava um nome que o destacava entre os contemporâneos e criava expectativas que apenas uma pessoa de envergadura realmente notável conseguiria cumprir. "Uma medalha brilha", escreveu ele certa vez, "mas também cria uma sombra." A máxima se aplicava também a seu nome. É sabidamente difícil ser filho de pai famoso, e no entanto, entre suas múltiplas realizações, também nisso Churchill se saiu bem.

Churchill achava que teria uma vida breve e costumava se referir à morte do pai aos 45 anos de idade como justificativa para sua impulsividade. Os contemporâneos o consideravam demasiado insistente, o que de fato era, mas havia aí uma fria razão estatística. Três irmãos de seu pai tinham morrido aos dez meses, dois anos e quatro anos de idade, as irmãs faleceriam aos 45 e aos 51 anos, e o irmão mais velho, o 8º duque de Marlborough, aos 48. O receio constante de morrer em idade precoce sugere que, para Churchill, a morte paterna podia ter sido ocasionada por uma forma não sexual de ataxia locomotora. Qualquer que fosse a causa, ele achava que não dispunha de muito tempo para deixar no mundo as marcas de sua existência.

Se existiam condições ideais para a criação de um futuro herói do Império, no final de janeiro de 1895 Churchill já as preenchera. Nome famoso, pais egoístas e indiferentes, uma educação formal não exatamente exemplar, mas patriótica, que lhe ensinou como os grandes feitos dos grandes homens podem mudar a história, uma formação militar de primeira categoria, uma ambição nutrida desde menino de salvar o Império, uma renda insuficiente para viver na indolência, o gosto pela prosa inglesa e uma reverência pela história britânica que corria em seu sangue aristocrático. Acima de tudo, um pai famoso e distante que anexara a Birmânia aos 36 anos e morrera aos 45. Agora com vinte anos, livre da entorpecedora influência paterna, Churchill estava pronto para construir seu próprio nome. Poucos foram capazes de começar com uma deliberação mais firme de se tornar primeiro um herói e depois um Grande Homem.

# 2. Ambição sob fogo

## *Janeiro de 1895 a julho de 1898*

*As árvores solitárias, se chegam a crescer, crescem fortes: e um menino privado da atenção do pai, se escapa aos perigos da juventude, muitas vezes desenvolve uma independência e um vigor de pensamento que podem compensar em anos mais avançados a grande perda dos primeiros tempos.*

Churchill, *The River War*[1]

*A escola era a caserna; a universidade, o campo de batalha.*

A. G. Gardiner sobre Churchill
em *Prophets, Priests and Kings*[2]

"Para entender um homem", disse Napoleão certa vez, "veja o mundo quando ele tinha vinte anos." Quando Churchill tinha vinte anos, o Império Britânico cobria mais de um quinto da superfície terrestre do planeta, e sua Marinha — de longe a maior do mundo — dominava os oceanos. Londres era um grande porto e capital financeira, a Constituição britânica era inconteste internamente e, embora se avizinhassem disputas internacionais — sobretudo com os Estados Unidos em relação ao comércio e com a França e a Rússia em relação às distantes fronteiras coloniais —, as demais potências não eram consideradas ameaçadoras. Para Churchill, o mundo imperial tardo-vitoriano parecia seguro, estável e benevolente, desde que pessoas de sua estirpe se dedicassem a servi-lo. Ele foi formado por uma mentalidade para a qual uma vida de serviço e dever era o preço a pagar por uma grandeza sem precedentes na história.

"Agora eu era praticamente senhor de meu destino", escreveu Churchill sobre o período imediatamente posterior à morte do pai. Em *Minha mocidade*, afirmou que o patrimônio do pai "quase igualava as dívidas", mas não era verdade. Depois de quitados todos os principais débitos, a família ficou com 54 237 libras (cerca de 5,5 milhões de libras em valores atuais) em fideicomisso, com as rendas indo para Jennie em caráter vitalício e o capital pertencendo a Winston e Jack. Se Jennie voltasse a se casar, os administradores do espólio poderiam desviar metade das rendas para os filhos.[3] A curto prazo, portanto, Winston dependia da mãe. Agora que não era mais um menino maçante, a distância entre ambos se reduziu, e o relacionamento se tornou, como disse ele, "mais de irmão e irmã do que de mãe e filho".[4] Dinheiro em espécie era um problema: seu salário no Exército era de apenas 120 libras por ano, que mal davam para cobrir as contas da vida na caserna; eram necessárias pelo menos mais quinhentas libras anuais para outros acessórios, como a magnífica farda, um segundo cavalo de combate, selas, arreios e montarias de polo.

"Tive um período muito triste nesse último mês e meio aproximadamente", escreveu ele a um amigo de Sandhurst no começo de fevereiro de 1895, "mas agora que tudo terminou é possível retornar às atividades da vida e tentar deixar as dores para trás."[5] Em 1º de abril, o segundo-tenente Churchill foi oficializado no 4º Regimento dos Hussardos da Rainha, então sob o comando do carismático coronel John Brabazon, amigo de sua mãe. Criado em 1685, o regimento lutara na Guerra da Península e participara da Carga da Brigada Ligeira em 1854. Nos vários favores que Churchill viria a pedir nos dois ou três anos seguintes para obter acessos e promoções, em nada o prejudicaria o fato de ter se tornado, desde a morte do pai, o herdeiro direto do ducado de Marlborough, que manteria até o nascimento do futuro 10º duque, em setembro de 1897.

Logo após o ingresso nas Forças Armadas, Churchill sofreu uma distensão no músculo da coxa do qual depende o controle do ginete sobre o cavalo. "Em consequência disso, sofri horrores", relembrou depois. "Era preciso simplesmente continuar rasgando um músculo lacerado, sob a terrível pena de ser considerado um fracote se pedisse sequer um dia de afastamento."[6] Em outro acidente, durante uma corrida de obstáculos, Churchill foi derrubado da sela, quase quebrando a perna e sendo obrigado a passar três dias de repouso na cama. Ele prometeu à mãe que não correria mais; entretanto, cinco dias depois, o "sr. Spencer" terminou em terceiro lugar na Copa de Sandhurst, usando a montaria de um colega subalterno.[7] Churchill adorava a vida de oficial de cavalaria, mesmo os aspectos visivelmente enfadonhos. "A agitação dos cavalos, o retinir dos equipamentos, a emoção do movimento, a sensação de integração numa máquina viva, a agradável dignidade da farda", escreveu ele, "tudo se soma para tornar o treino de cavalaria uma coisa excelente em si mesma." Participou dos desfiles da guarnição de 25 mil soldados de Aldershot, marchando ao lado da rainha Vitória em sua carruagem e apresentando armas. Numa ocasião, foi treinado por um certo capitão Douglas Haig.

Embora Churchill gostasse do Exército, sempre foi apenas um meio para um fim: queria criar renome como soldado antes de se tornar um grande estadista, como em sua opinião fora seu pai. Depois que lorde Salisbury venceu a eleição geral de 1895, Churchill escreveu à mãe: "É um ótimo jogo para jogar — o jogo da política —, e vale a pena esperar uma boa mão antes de se entregar realmente a ele". Assim, determinou para si "quatro anos de existência saudável e agradável [...]. Quanto mais vejo a atividade militar, mais ela me agrada, porém mais me convenço de que não é meu métier".[8] Como seria de se prever, quatro anos depois de enviar essa carta, já se candidatava ao Parlamento. Mas, nesse meio-tempo, o que poderia fazer para ganhar medalhas e merecer distinção estando com seu regimento estacionado em Aldershot, e não em serviço ativo?

No início do segundo semestre de 1895, aproximando-se a licença de dez semanas e sem fundos suficientes para comprar um cavalo com a qualidade necessária para passar a temporada de caça à raposa na Inglaterra, Churchill fez uma pesquisa para descobrir onde haveria uma guerra da qual pudesse participar. Examinou minuciosamente o mapa-múndi em busca de um local onde pudesse ter o máximo de destaque e de aventura possível. Na época, os cubanos estavam engajados numa guerrilha contra seus senhores imperiais espanhóis, e ele persuadiu o tenente Reginald "Reggie" Barnes, irmão de armas no regimento, a ir com ele até Cuba, obtendo o credenciamento necessário para acompanhar as forças espanholas junto ao amigo de seu pai Sir Henry Drummond-Wolff, então embaixador em Madri. Antes de partirem, o coronel Edward Chapman, diretor da Inteligência Militar, pediu a Churchill e Barnes que descobrissem o que pudessem sobre o poder de impacto e penetração do novo tipo de projétil do Exército espanhol. Foi a estreia de Churchill no mundo dos serviços secretos.

Jennie pagou a passagem do transatlântico, mas, para ajudar a financiar o restante da expedição, Churchill persuadiu o *Daily Graphic*, para o qual seu pai escrevera cinco anos antes, a contratá-lo como correspondente de guerra por cinco guinéus o artigo. Desde que o oficial comandante autorizasse e não houvesse prejuízo a seus deveres militares, os oficiais eram autorizados a escrever sobre as campanhas para os jornais, ainda que não fosse uma atividade muito incentivada.

Quase sem um tostão, Churchill já aprendia a contornar os credores ou impor um prazo muito acima do normal para o pagamento, ao tradicional estilo aristocrático. Embora estivesse apenas a um passo ducal de ter a propriedade de Blenheim, ele precisava de uma fonte de renda como alternativa à generosidade materna. O jornalismo lhe oferecia essa opção — o que foi ótimo, porque Jennie começara a redecorar totalmente um novo apartamento nos Champs-Élysées e uma residência alugada de sete andares no número 35 da Great Cumberland Place, perto do Arco de Mármore, em Londres, onde tinha um discreto elevador instalado para levar seu amante, o obeso príncipe de Gales, do térreo até sua alcova.

Churchill tinha plena consciência da extravagância materna e de sua absoluta necessidade pessoal de independência financeira tão logo fosse possível. "Exceto por meu nome, por todo o resto tive de trabalhar, de lutar", relembrou anos depois. "Quando estava com 22 anos e meu pequeno soldo no Exército não cobria as despesas, percebi que era [...] incapaz de viver minha vida como queria. Queria aprender e queria fundos. Queria liberdade. Percebi que não havia liberdade sem fundos. Precisava receber para ter uma independência que era essencial; pois apenas com independência é possível deixar a própria vida se expressar naturalmente. Ficar preso à rotina de outra pessoa, fazer coisas que não se apreciam — isso não é vida — não para mim [...]. Então comecei a trabalhar. Estudava, escrevia, dava palestras [...]. Não consigo lembrar um único dia em que não tivesse algo para fazer."[9]

Seu ponto-chave era o fraseado "nobre" na língua inglesa. Depois que Churchill descobriu que sabia escrever com vivacidade, mantendo o texto no tamanho certo e dentro de prazos apertados nas zonas de conflito, passou a cobrar cada vez mais caro, e em cinco anos era o correspondente de guerra mais bem pago do mundo. Com isso, junto com os livros e as palestras sobre esses temas, em 1901 já amealhara uma fortuna hoje equivalente a 1 milhão de libras. Com o jornalismo, Churchill aprendeu a ser incisivo e a prender a atenção dos leitores. Essa clareza e vivacidade se fariam evidentes nos discursos políticos, assim como nos artigos, de leitura muito agradável. Mas, durante grande parte da vida, a questão financeira continuou problemática, obrigando-o a escrever regularmente para a imprensa até 1939.

No começo de novembro de 1895, a caminho de Cuba, Churchill embarcou para a cidade natal de sua mãe, Nova York, na primeira das catorze visitas que faria aos Estados Unidos nos 67 anos seguintes. No desembarque, foi recebido por Bourke Cockran, de 41 anos, congressista e admirador de Jennie, que hospedou Churchill e Reggie em sua luxuosa residência na Quinta Avenida. Cockran desempenhou papel importante na vida de Churchill nos dez anos subsequentes, como figura paterna e como modelo político, mas sobretudo como um homem de profunda influência sobre seu estilo não só oratório, mas também de conversação. "Nunca vi alguém como ele", escreveu Churchill no começo dos anos 1930, "ou em alguns aspectos igual a ele [...]. Era pacifista, individualista, democrata, capitalista e um '*Gold-Bug*'" (defensor do padrão-ouro). Era, acima de tudo, um defensor do livre-comércio e, como acrescentou Churchill, "assim se opunha igualmente a socialistas, inflacionistas e protecionistas, e resistia a eles em todas as ocasiões. Portanto, em sua vida não faltava luta".[10] Churchill nunca foi pacifista, mas viria a adotar todas as demais posições de Cockran em sua carreira política. Cockran mudou de partido quatro vezes, ainda mais volúvel em suas filiações do que o próprio Churchill viria a ser.

Cockran foi representante de Nova York no Congresso por cinco mandatos não sucessivos de 1887 até sua morte, em 1923, e era famoso pelas réplicas sagazes aos engraçadinhos que faziam perguntas impertinentes. Segundo seu biógrafo, os discursos de Cockran (que chegou a falar algumas vezes para mais de 20 mil pessoas no Madison Square Garden) eram os de "um consumado artífice literário".[11] Embora nunca tenha ouvido Cockran falar em público, Churchill leu todos os seus discursos e aprendeu suas técnicas oratórias. "Ele me ensinou a usar cada nota da voz humana como se tocasse órgão", escreveu Churchill. "Atingia todas as emoções e, quando falava, milhares de pessoas em grandes comícios políticos ficavam cravadas no chão."[12] E a conversa pessoal de Cockran, "em argumento, em vigor, em grandiloquência, em antítese e em abrangência, ultrapassava tudo o que eu já ouvira".[13] O jovem Churchill absorveu o uso de referências clássicas e históricas, o vocabulário extravagante, as expressões faciais e os ocasionais gestos teatrais de Cockran e décadas depois ainda citava suas frases. Cockran dissera dois anos antes sobre o projeto de lei sobre o Governo Autônomo da Irlanda: "Nunca na história do povo de língua inglesa houve uma vitória que fosse um triunfo tão grande quanto o alcançado pelo sr. Gladstone".[14] Churchill arquivou cadências e frases como essas em sua memória já espantosa. Em 1955, o político norte-americano Adlai Stevenson ficou assombrado quando Churchill começou a citar longos trechos de discursos feitos por Cockran sessenta anos antes e lhe disse: "Ele foi meu modelo".[15]

"Que povo extraordinário são os norte-americanos!", Churchill escreveu à mãe em 10 de novembro. "Sua hospitalidade é uma revelação para mim, e eles nos fazem sentir em casa e à vontade de uma maneira que nunca senti antes."[16] Ele e Barnes jantaram no Waldorf Astoria, visitaram West Point, assistiram a um julgamento por assassinato, viram o Departamento de Bombeiros de Nova York apagar um incêndio simulado apenas para eles e compareceram à abertura do Espetáculo Hípico de Nova York. "É um grande país, meu caro Jack", escreveu Churchill ao irmão. "Não bonito ou romântico, mas notável e utilitário. Parece não existir reverência ou tradição. Tudo é eminentemente prático e assim é avaliado de um ponto de vista direto."[17]

"Imagine o povo norte-americano como um jovem robusto e vigoroso", prosseguiu Churchill, "que pisa em todas as nossas sensibilidades, comete todos os horrores possíveis de falta de educação — a quem nem a idade nem a simples tradição inspiram reverência —, mas que cuida de seus assuntos com um frescor sincero que bem pode ser motivo de inveja de nações mais antigas da Terra."[18] Poderia ser uma descrição do próprio Churchill nessa fase da vida.

Em 17 de novembro, Churchill e Barnes tomaram um trem em Nova York para Tampa, na Flórida, e no dia seguinte foram de barco até Havana. "Ali estava um lugar onde certamente algo iria acontecer", escreveu mais tarde sobre Cuba. "Ali eu poderia deixar meus ossos."[19] Foram ao encontro do comandante-chefe espanhol, general Martínez Campos, que os autorizou a visitar a frente de batalha, primeiro indo de trem a Sancti Spiritus e depois acompanhando uma coluna militar, que chegou ao posto avançado do forte de Arroyo Blanco no dia 28. Churchill posteriormente criticaria a forma de movimentação do Exército espanhol, "como os comboios de Napoleão na Península", isto é, muito pesada. Tanto Napoleão como Campos combatiam guerrilhas, e fora de Arroyo Blanco estendia-se a selva, em condições muito semelhantes às que existem ainda hoje.

"Pode-se dizer que era uma tolice", escreveu ele sobre a expedição. "Viajar milhares de quilômetros com um dinheiro que mal tínhamos, e levantar às quatro da manhã na esperança de passar por apuros na companhia de totais desconhecidos, não é exatamente uma conduta racional, sem dúvida."[20] Mesmo assim, estavam testemunhando ação, enquanto os irmãos de armas na Inglaterra caçavam raposas. Churchill ganhou em Cuba a primeira de suas 37 condecorações, a Cruz Vermelha da Espanha por Mérito Militar de Primeira Classe, cortesia que mais tarde usaria numa transgressão faceira aos regulamentos do Ministério da Guerra.[21]

Churchill simpatizava com os rebeldes cubanos, mas não podia manifestar sua posição às claras, visto que seus anfitriões eram os espanhóis. Utilizou a expressiva analogia de que Cuba, para a Espanha, era "como um haltere na extremidade do braço estendido".[22] Embora alegasse ter ouvido os primeiros disparos furiosos no dia de seu aniversário de 21 anos, não era verdade; mas de fato os ouviu no dia seguinte, 1º de dezembro, no caminho de Arroyo Blanco para La Reforma.[23] "Soou uma áspera descarga na beira da floresta", escreveu mais tarde. "O cavalo logo a meu lado — não meu cavalo — deu um pinote."[24] O animal fora atingido nas costelas, e "não pude deixar de pensar que a bala que atingiu a castanheira certamente passara a trinta centímetros de minha cabeça. Então, de todo modo, estive 'sob fogo'. Já era alguma coisa. Mesmo assim, comecei a formar uma visão mais ponderada de nosso empreendimento da que tinha até aquele momento."[25] Esteve sob fogo cerrado por mais de dez minutos, e sob fogo mais esporádico durante um dia e meio. "Os sons à nossa volta às vezes pareciam um suspiro, às vezes um assobio e outras vezes o zumbido de um vespão ferido", mas era impossível proceder a alguma contramedida eficaz por causa da selva impenetrável.[26]

Foi durante essa campanha (se é que dezoito dias de turismo militar merecem tal designação) que Churchill mostrou gosto pelo desenho, que muito depois se transformou em amor pela pintura. Não é verdade, ao contrário do que lorde Mountbatten afirmaria mais tarde, que "ele saiu de Cuba com três grandes predileções para o resto da vida — serviço na ativa, *siestas* e charutos".[27] Churchill já fumava charutos* e só começou a tirar sonecas depois do almoço em 1914. Mas a viagem realmente abarcou várias novidades na vida de Churchill: a primeira vez fora da Europa, a primeira experiência em espionagem, os primeiros artigos publicados na imprensa nacional (assinados por "W.S.C.") e o batismo de fogo. Numa entrevista no cais em Nova York, antes de atravessar o Atlântico de volta em 14 de dezembro, divertiu os jornalistas ao gracejar sobre os rebeldes: "Não são bons soldados, mas, na corrida, seria difícil vencê-los".[28]

Antes que o 4º Regimento dos Hussardos fosse enviado à Índia, em setembro de 1896, Churchill passou o que descreveria como "o único tempo ocioso que já tive" — jogando polo, morando com a mãe, encontrando socialmente políticos importantes e arrancando uma promessa do general Sir Bindon Blood, comandante de uma recente expedição à Passagem de Malakand na Fronteira Noroeste da Índia, de que, se algum dia empreendesse outra expedição, permitiria que Churchill se juntasse a ela.[29] Afora isso, cumpria o circuito social que se esperava de um jovem inglês de elite com nome famoso. "Percebi que precisava ter o melhor comportamento possível", relatou mais tarde, "pontual, ameno, reservado; em suma, mostrar todas as qualidades de que sou menos dotado."[30]

A impulsividade absoluta de Churchill ficou evidente numa carta à mãe, de 4 de agosto de 1896, escrita de sua base militar em Hounslow, no oeste de Londres, quando se preparava para partir, em suas palavras, para "um exílio inútil e sem proveito" no "tedioso território da Índia".[31] Não queria desperdiçar a vida numa guarnição em Bangalore e, tendo descoberto que o 9º Regimento dos Lanceiros podia ser enviado para reprimir uma revolta em Matabelelândia, no sul da África, inscreveu-se para ir como subalterno supranumerário (isto é, sem soldo). Do contrário, "serei culpado de uma insensata indolência da qual me arrepende-

* Ele considerava os cigarros "coisas atrozes", embora às vezes abrisse uma exceção para os cigarros turcos (Murray, *Bodyguard*, p. 87).

rei pelo resto da vida. Alguns meses na África do Sul me renderiam a medalha AS e, com toda probabilidade, a Estrela da Companhia [Britânica da África do Sul].* Portanto, rápido para o Egito — para voltar com mais duas condecorações em um ou dois anos — e despachar minha espada numa caixa de ferro [...]. É inútil pregar o evangelho da paciência para mim. Outros da mesma idade estão agora na corrida e que chance tenho eu de alcançá-los algum dia".[32]

Muito inconvenientemente, porém, os matabeles se renderam cedo demais para que o plano de Churchill se materializasse, e assim, em 11 de setembro, ele partiu de Southampton com seu regimento para uma viagem de 23 dias até Bombaim (a atual Mumbai). Chegando lá, quando sua lancha se aproximava do Cais Sassoon, ele se estendeu para pegar uma argola de ferro presa num muro de pedra, e nesse exato momento uma onda de 1,5 metro virou o barco, causando um grave deslocamento no ombro direito de Churchill. "Consegui me pôr de pé", relembrou, "fiz alguns comentários de natureza geral, começando na maioria com as primeiras letras do alfabeto, agarrei o ombro e não pensei mais nisso."[33] Mais tarde constatou-se que a lesão fora permanente, o que significava que tinha de jogar polo com a parte superior do braço amarrada ao corpo. Ainda conseguia bater na bola, mas sem conseguir elevar o taco ao ponto mais alto, para trás ou para a frente. "Quando se comete algum grande erro", filosofou ele, "não raro isso se revela melhor do que a mais sensata decisão. A vida é um todo, e a sorte é um todo, e não é possível separar uma parte do resto."[34] Seu acidente em Bombaim demonstraria a verdade dessa afirmação.

Chegando a Bangalore, sede militar da Presidência de Madras (hoje Chennai), em 3 de outubro de 1896, Churchill, Barnes e o colega oficial Hugo Baring juntaram seus recursos e alugaram um bangalô confortável com valetes, cavalariços e mordomos. Era a primeira vez de Churchill no Império, e logo se apaixonou perdidamente, imbuindo-se de uma veneração que manteve até o fim da vida e que iria influenciá-lo várias vezes ao longo de sua carreira. Foi em Bangalore que aprendeu a admirar o que mais tarde definiu como a "grande obra que a Inglaterra estava fazendo na Índia e sua elevada missão de governar essas raças primitivas, mas encantadoras, para o bem-estar delas e nosso".[35] Disse a um amigo que o imperialismo, embora às vezes fosse um fardo para a Grã-Bretanha, "é justificado se empreendido com espírito altruísta para o bem das raças submetidas", coisa da qual não tinha dúvidas.[36] O total aproximado de 150 mil britânicos na Índia não poderia manter o Raj (literalmente, "domínio") sem a cooperação ativa de um grande número dos 300 milhões ou mais de indianos, e Churchill entendeu que isso só seria possível mantendo o prestígio e o poder dos governantes. "Não há nada tão admirável quanto a ascendência que o oficial britânico

* Ele ganhou a medalha, mas não a Estrela.

mantém sobre o soldado nativo", escreveu um ano depois. "Os *sowars* [soldados da cavalaria] escuros seguem com uma estranha devoção o jovem soldado inglês que os comanda [...]. Para salvarem a vida dele, sacrificam a própria."[37]

Hoje, claro, sabemos que o imperialismo e o colonialismo são conceitos nocivos e exploradores, mas não foi o que pareceu a Churchill em sua experiência pessoal com o Raj britânico. Admirava como seus compatriotas haviam trazido a paz interna pela primeira vez na história indiana, além de ferrovias, extensos projetos de irrigação, ensino de massa, jornais, possibilidades de amplo comércio internacional, padronização das unidades de troca, pontes, estradas, aquedutos, portos, universidades, um sistema jurídico incorrupto, avanços médicos, projetos coordenados de combate à fome, o inglês como primeira língua franca nacional, comunicações por telégrafo e proteção militar contra russos, franceses, afegãos, pashtuns e outras ameaças externas, ao mesmo tempo abolindo também o *suttee* (o costume de queimar as viúvas nas piras fúnebres), o *thugee* (o assassinato ritualizado de viajantes) e outras violências. Para Churchill, não era a opressão sinistra e paternalista que hoje sabemos ter sido. Pelo contrário, ele tomou a decisão firme e irrevogável de dedicar a vida à defesa do Império Britânico contra todos os seus inimigos, internos e externos. Constantemente, ao longo de toda a carreira política, Churchill colocaria sua lealdade a esse ideal do Império na frente de seus próprios interesses.

Segundo um de seus secretários, Churchill disse em 1944 que, "como jovem subalterno na Índia, muitas vezes se sentia perdido para entender as referências das conversas. Resolveu se informar melhor. Começou a ficar depois da sesta em seu *charpoy* [cama], lendo".[38] Harrow deixara grandes lacunas em sua formação, e por isso, no segundo semestre de 1896, Churchill lançou-se a um programa de leituras extremamente ambicioso que, em dois anos, iria facilmente torná-lo tão instruído quanto seus coetâneos que haviam frequentado Oxford ou Cambridge. "Tenho pena dos estudantes de graduação", escreveria mais tarde, "quando vejo a vida frívola que muitos levam em meio a oportunidades preciosas e fugazes. Afinal, a vida de um homem deve ser pregada a uma cruz ou do Pensamento ou da Ação."[39] Sua própria vida inclusive provaria que se pode cobrir de forma abrangente as duas possibilidades.

O programa de leitura de Churchill começou com *O declínio e queda do Império Romano*, obra de 4 mil páginas de Edward Gibbon — que releria mais duas vezes ao longo da vida, com trechos inteiros que sabia citar de cor. A seguir veio a autobiografia de Gibbon e então os seis volumes da *História da Inglaterra* de Macaulay, que muito apreciou (exceto os ataques ao 1º duque de Marlborough) e *Lays of Ancient Rome*.[40] Depois leu *República* de Platão na tradução de Jowett e os textos principais de Schopenhauer, Malthus, Darwin, Adam Smith, Henry Hallam, Samuel Laing, William Lecky, marquês de Rochefort e muitos outros — mas não romances. A amplitude dos temas já era assombrosa por si só e lhe deu uma enorme segurança intelectual para se somar às outras formas de autoconfiança que já possuía. Um amigo comentou que emprestara a Churchill a *Ética* de Aristóteles na tradução do dr. Welldon. Era muito bom, foi a resposta, "mas é extraordinário o quanto disso eu mesmo já tinha pensado sozinho".[41] Churchill disse à mãe que queria que suas leituras lhe proporcionassem "uma base de concepções lógicas e coerentes".[42] Jennie respondeu dizendo que o banco tinha devolvido um cheque de onze libras do filho, o qual ela, mesmo assim, honrou. O autodidatismo de Churchill significava que seriam inevitáveis as lacunas em seus conhecimentos. Ainda em 1906, nunca ouvira falar na "Ode a um rouxinol", de Keats, e confundia o poeta William Blake com o almirante Robert Blake. Mas, depois de lhe apontarem o fato, um amigo registrou que "na vez seguinte em que o encontrei, ele havia decorado não só essa, mas todas as odes de Keats — e recitou para mim, impiedosamente, do começo ao fim, sem me poupar uma sílaba!".[43]

Churchill também passou boa parte do tempo em Bangalore aprendendo sobre política. Pediu à mãe que lhe enviasse o maior número possível de volumes do almanaque político *The Annual Register*, que hoje se encontram nos Arquivos Churchill da Universidade de Cambridge, junto com suas extensíssimas anotações, que nos mostram um pouco como se instruía sobre o assunto. Ele escolheu os volumes que cobriam o período em que Benjamin Disraeli foi primeiro-ministro, de 1874 a 1880, lendo-os com extrema atenção, cobrindo as páginas com anotações às margens e ocasionais sublinhados, que destacavam aspectos ligados ao imperialismo, à política externa e ao programa de reformas sociais dos conservadores. Nos três volumes de 1874 a 1876, que compreendiam toda a legislação discutida no Parlamento na época de seu nascimento e de seus primeiros anos de vida, chegou inclusive a redigir os discursos que teria feito se atuasse naquela época, os quais depois colou nos livros.[44] O projeto de lei de Proteção à Igreja Escocesa, a Emenda à Lei das Escolas com Dotação, a Emenda de Lei da Magistratura: nada era obscuro demais para as reações e ponderações de Churchill. Sobre a epidemia de fome de 1873-4 na Índia, por exemplo, ele imaginou seu apoio a lorde Northbrook, então vice-rei da Índia, e sua posição de não suspender a exportação de trigo, nos seguintes termos: "Fico espantado que até se tenha recomendado tal proibição. Eu imaginaria que os preços durante a epidemia de fome atrairiam imediatamente o trigo sem ser necessária lei nenhuma. Sou contrário a qualquer interferência do governo no comércio privado".[45] Churchill criticou inclusive a linguagem do *Register*. Numa passagem em que se comparava uma declaração de Gladstone a "um raio trovejante caindo de um sereno empíreo", ele escreveu à margem: "Por que não dizer um raio caindo do céu?".[46] No volume de 1874 há trechos marcados a lápis, às vezes com cinco traços em passagens importantes, como a alfinetada de Disraeli em lorde Salisbury, definindo-o como "um grande mestre de escárnios, motejos e zombarias" — e referências a seu avô, o duque de Marlborough.[47]

No volume de 1875, os discursos do ministro do Interior R. A. Cross, defensor de reformas sociais, receberam anotações, bem como os do parlamentar Samuel Plimsoll — o reformador que fez campanha para que se pintasse uma linha no casco dos navios indicando o limite máximo de carga por razões de segurança, dizendo ao presidente da Câmara: "Vou desmascarar os patifes que enviaram homens valentes para a morte", e "Nunca recuarei; vou expor todos eles".[48] O comentário de Churchill foi: "Não posso imaginar um memorial melhor ou mais glorioso de uma vida nobre dedicada [ao] benefício da espécie humana do que 'a Linha Plimsoll'".[49] Incutia-se nele, com sua diligente leitura, uma atração pela política a partir de posições parlamentares bombásticas.

Quanto à política externa, Churchill fez anotações num ensaio sobre "a ideia do Estado-tampão", considerando sensato ter vários Estados separando os dois Impérios, o britânico e o russo.[50] A frase de Disraeli sobre a "determinação [britânica] de manter nosso império" recebeu uma nota de concordância, enquanto o questionamento do liberal Robert Lowe sobre o direito da Grã-Bretanha de governar a Índia foi riscado com as palavras "Discurso extremamente nefasto, W.S.C.", atravessando a página de uma ponta à outra.

As anotações incluídas nesses volumes dão uma clara ideia de suas concepções como pensador político neófito. "O progresso é o princípio da espécie humana", escreveu no volume de 1877 sobre a proposta de estender o direito de voto às classes trabalhadoras.[51] Sobre a Lei de Moradia dos Artesãos, que levou à aquisição compulsória dos cortiços para reforma habitacional, questionou: "Quem não prestaria assistência para apagar um incêndio do vizinho? Nem a caridade nem a piedade podem inspirar os atos de um governo. Os interesses da comunidade como um todo é que devem dirigi-los".[52] Apoiava a pena capital porque "neste mundo imperfeito é necessário fazer muitas coisas duras e não cristãs". Acreditava no efeito dissuasor da pena de morte. Porém admitiu: "Como a porta da esperança está definitivamente cerrada, a ideia de matar um homem a sangue-frio por meio de máquinas apela com horror à espécie humana".[53]

No volume de 1880, anotou que o pai fora descrito como um "franco-atirador extremado" na questão fundiária irlandesa, que "falava sarcasticamente", envolvia-se em "discussões raivosas" e fez um "discurso incisivo" para dar "apoio relutante" a um projeto de lei.[54] No volume de 1882, fez anotações extensas nas páginas referentes às reclamações dos bôeres contra os britânicos antes da Primeira Guerra Anglo-Bôer de 1881 e marcou maciçamente os discursos de Joseph

Chamberlain às margens, e no volume de 1885 anotou que o projeto de lei para a Habitação das Classes Trabalhadoras e o projeto de lei de Assistência Médica dos conservadores "indicam a propensão do novo toryismo para o socialismo de Estado".[55]

Churchill estava concluindo por si só, logo após a morte do pai, que a reforma social não era prerrogativa exclusiva dos liberais, mas podia ser apropriada pelo que chamava de "a Democracia Tory".[56] Para isso, era favorável a um imposto de renda progressivo, com isenção total para os pobres e uma alíquota para a renda fundiária ou proveniente do capital mais alta do que para os rendimentos provenientes do trabalho. Suas convicções não eram totalmente herdadas do pai, nascendo também de uma atenta leitura da história política recente.

Aqui também se evidenciam alguns exemplos do futuro senso de humor caracteristicamente churchilliano. O projeto de lei de Títulos Reais, com o qual a rainha Vitória se tornara imperatriz da Índia, fora criticado em 1875 por apelar aos "amantes de novidades e de títulos altissonantes", levando Churchill a anotar: "Devo me somar aos que 'amam títulos altissonantes', visto que nenhum título que não fosse altissonante valeria a pena [...]. Não haveria muita satisfação em ser designado 'Vossa Insignificância' ou 'Vossa Esqualidez'".[57] Sobre o voto feminino, o jovem Churchill era profundamente chauvinista, afirmando que "somente a classe mais indesejável de mulheres está ansiosa por esse direito" e que "aquelas mulheres que cumprem seu dever para com o Estado, vale dizer, casando-se e trazendo filhos ao mundo, são adequadamente representadas pelo marido", portanto "irei me opor inflexivelmente a esse movimento ridículo". Isso em parte porque "caso se conceda o voto às mulheres, depois será preciso autorizar que as mulheres tenham assento como membros do Parlamento" e, com isso, era inevitável que "todo o poder passará para as mãos delas".[58] Suas posições nem sempre se mantiveram assim, já que se casou com uma notória apoiadora do sufrágio feminino, porém mais surpreendente teria sido se um oficial aristocrático vitoriano defendesse posições diferentes dez anos antes que o voto feminino ocupasse o primeiro plano da agenda política.

Os volumes do *Annual Register* nos mostram que seus heróis já eram Gibbon como escritor e moralista, Disraeli como estadista e orador, e lorde Randolph Churchill, cujos discursos foram ciosamente marcados. Outro autor cuja obra teve grande efeito sobre Churchill, para o bem e para o mal, foi Charles Darwin. Como muitos de seus contemporâneos, ele estendeu as implicações das ideias de Darwin para a esfera humana e veio a acreditar que as diferentes raças evoluíam a diferentes velocidades, tal como os animais e as plantas ao longo dos milênios. O ponto em que ele se distinguia fundamentalmente de outros darwinistas sociais era em sua crença de que as raças mais fortes e mais "avançadas" — entre as quais incluía os anglo-saxões e os judeus — tinham uma responsabilidade moral mais profunda perante as que considerava mais fracas e menos evoluídas. Isso condizia com seu sólido senso de *noblesse oblige* e seus princípios da Democracia Tory.

Ao contrário de muitos outros imperialistas da época, o senso de responsabilidade moral dos governantes perante os governados tinha pouco a ver com o cristianismo. Ainda que, em idade mais avançada, sugerisse de vez em quando que acreditava na existência de um Ser Onipotente — cujo dever básico parece ter sido o de proteger Winston Churchill —, ele não reconhecia a divindade de Jesus Cristo. Nos 5 milhões de palavras que proferiu nos discursos, nunca mencionou o nome "Jesus" e apenas uma vez usou o termo "Cristo", e não num contexto que o reconhecesse como Salvador. Suas posições sobre a religião foram influenciadas pela leitura de Gibbon e de *Martyrdom of Man* [Martírio do homem], de Winwood Reade, publicado em 1872, sustentando que todas as religiões eram essencialmente iguais.

Churchill tinha sim um sistema de crenças, adquirido — entre todos os lugares improváveis — na caserna dos oficiais do 4º Regimento dos Hussardos em Bangalore. "No regimento, às vezes discutíamos questões como 'Vamos viver outra vez em outro mundo depois que este se acabar?' [e] 'Já vivemos antes?'", recorda ele em *Minha mocidade*. "Era consenso geral que, se você desse tudo de si para viver uma vida respeitável, cumprisse seu dever, fosse leal aos amigos e não cruel com os fracos e pobres, não importava muito em que você acreditava ou deixava de acreditar. Imagino que se chamaria, hoje em dia, 'A Religião da Disposição Sadia'."[59] A descrição sugeria uma espécie de deísmo gibboniano e certamente não era cristã em sentido nenhum.[60]

Embora não acreditasse em nenhuma religião revelada, Churchill sempre seguiu nominalmente o anglicanismo, como quase todos os políticos conservadores da época e fazia com frequência várias referências ao Todo-Poderoso em seus discursos da Segunda Guerra Mundial.[61] No entanto, como disse a seu secretário particular nos anos 1950, "não sou um pilar da Igreja, e sim um botaréu. Dou apoio, do lado de fora".[62] Certamente não se opunha a que os outros seguissem a fé cristã (ou de qualquer outra espécie) e reconhecia Jesus Cristo como o melhor moralista da história, mas suas crenças fundamentais eram de outra espécie. "Churchill substituiu a religião ortodoxa", escreveu um biógrafo perspicaz, "por uma crença secular no progresso histórico, com forte ênfase na missão civilizatória da Grã-Bretanha e do Império Britânico."[63] Essa crença de que a Grã-Bretanha e seu Império eram entidades não só políticas, mas também espirituais, teve papel central em muitas decisões fundamentais de sua vida; o imperialismo foi, de fato, um substituto da religião. De suas extensas leituras de Macaulay e dos historiadores whigs, Churchill absorveu uma teoria do progresso histórico que considerava a adoção da Magna Carta entre os povos de língua inglesa, a Declaração de Direitos, a Constituição norte-americana e as instituições parlamentares como o ápice do desenvolvimento civilizatório. Tais avanços iam sendo lenta e cautelosamente concedidos àquelas partes do mundo governadas por eles. Na ausência da fé cristã, portanto, o Império Britânico se tornou, em certo sentido, o credo de Churchill.

A vida de Churchill em Bangalore não se resumiu ao autodidatismo, à leitura política e à reflexão espiritual: jogava muitas partidas de polo. O 4º Regimento dos Hussardos ganhou a prestigiosa Taça Golconda em Hiderabade, dois meses depois de chegar lá e se empenhou em ganhar a Taça Inter-Regimental, embora nunca tivesse sido conquistada por um regimento de cavalaria do sul da Índia. Também colecionava borboletas. "Meu jardim está cheio de imperadores roxos, almirantes brancos e caudas de andorinha e muitos outros insetos belos e raros", disse a Jack — antes que um rato comesse toda a sua coleção.

Foi em Secunderabade, em 3 de novembro de 1896, que Churchill conheceu Pamela Plowden, de 22 anos de idade, filha de Sir Trevor Chichele Plowden, alto funcionário do Serviço Civil indiano e ex-parlamentar. Churchill escreveu à mãe no dia seguinte, comentando: "Devo dizer que é a moça mais bonita que já vi. Vamos percorrer a cidade de Hiderabade juntos num elefante".[64] A corte prosseguiu até o momento em que, em agosto de 1899, ele se sentiu em condições de dizer à mãe que, apesar dos outros ativos pretendentes, portadores de títulos de nobreza: "Agora ela me ama".[65] Mas não tinha dinheiro para se casar e, embora estivessem noivos, ainda que não oficialmente, Jack ficou sabendo que havia pelo menos outros três homens que se consideravam na mesma situação.[66]

Durante os debates dos anos 1930 sobre o governo autônomo indiano, dizia-se constantemente que Churchill não conhecia bem a Índia. De fato, fazia trinta anos que não ia para lá, mas não há dúvida de que percorreu extensamente o país em sua época de militar, escrevendo cartas de Bangalore, do Vale do Alto Swat, Poona, Trimulgherry no Decão, do Vale de Mamund, Seoni, Guindy, Dhond, Itarsi, Nawagai, Umbala, Inayat Kila, Bajaur, Hiderabade, Raichur, Mirat, Peshawar, Vale do Bara, Bombaim, Ootacamund, Madras, Jodhpur e Calcutá. "Dava para pegar o calor nas mãos", escreveu sobre o verão, "ele se assentava nas costas como uma mochila, pesava na cabeça como um pesadelo."[67]

Foi também na Índia que Churchill aprendeu a beber (basicamente uísque, diluído em grande quantidade de água com gás) e, sobretudo, a não ficar bêbado. Sempre gostou de se apresentar como grande beberrão, mas o notável é que raríssimas vezes alguém pensou que estivesse embriagado. (Houve apenas uma ocasião, durante toda a Segunda Guerra, com todas as suas pressões e tensões.)

"Fui criado e ensinado a nutrir o máximo desprezo por quem se embriagava", escreveu ele, "exceto em ocasiões muito excepcionais e em alguns aniversários."[68] Apesar de toda a propaganda nazista posterior e de seus próprios gracejos sobre seu consumo de bebidas, Churchill tinha uma tolerância extraordinária ao álcool, que quase nunca lhe afetava as faculdades. "Uma simples taça de champanhe desperta uma sensação de euforia", escreveria mais tarde. "Os nervos se fortalecem; a imaginação se aviva agradavelmente; o intelecto fica mais ágil. Uma garrafa provoca o efeito contrário. O excesso causa uma insensibilidade comatosa. O mesmo se dá com a guerra, e a qualidade de ambas se revela melhor em pequenas doses."[69] O que se evidencia com clareza é que Churchill gostava de álcool, que consumia com frequência em pequenas doses, tinha uma constituição resistente e apenas muito raramente a bebida o afetava.

Os acidentes continuavam a lhe acontecer. Em março, caiu de uma montaria e machucou o ombro esquerdo ao bater no chão duro feito pedra — mas continuou a jogar polo com as rédeas amarradas na cintura —, e no mês seguinte sua arma falhou ao disparar, deixando estilhaços de bala em sua mão. Em maio, quando embarcou para a Inglaterra para passar três meses de licença acumulada, estava satisfeito em partir, descrevendo a Índia como "essa terra ímpia de gente esnobe e enfadonha".[70] Entre acessos de enjoos "assustadores" a bordo, fez amizade com o coronel Ian Hamilton, encarregado do treinamento de mosqueteiros na Índia, e visitou Pompeia e Roma (para a sorte desta última, pois em 1944 ele não deu autorização para bombardearem a cidade).[71]

Em 26 de julho de 1897, Churchill fez seu primeiro discurso público oficial, perante uma centena de membros da Liga da Prímula em Claverton Down, perto de Bath. Após uma breve referência ao Jubileu de Diamante da rainha Vitória no mês anterior, ele discorreu sobre o projeto de lei de Remuneração dos Trabalhadores. "O trabalhador britânico tem mais a esperar da onda crescente da Democracia Tory do que da tubulação seca do Radicalismo", disse com verve.[72] Recebeu risos e aclamações e então fez alguns gracejos sobre os radicais e os liberais, terminando com uma peroração sobre o Império:

> Há [...] aqueles que dizem que neste ano do Jubileu nosso Império alcançou o auge de sua glória e poder, e que agora começaremos a declinar, como Babilônia, Cartago e Roma declinaram. Não acreditemos nesses corvos agourentos, mas desmintamos seus agouros sombrios mostrando com nossas ações que o vigor e a vitalidade de nossa raça continuam inalterados e que nossa determinação é preservar o Império que herdamos de nossos pais como ingleses, que nossa bandeira ondulará nas alturas sobre os mares, nossa voz será ouvida nos conselhos da Europa, nossa Soberana, apoiada pelo amor de seus súditos, e continuaremos a seguir o

curso determinado para nós por uma mão onisciente e cumpriremos nossa missão de levar a paz, a Civilização e o bom governo aos mais remotos confins da Terra.[73]

Era uma declaração típica do combativo imperialismo tardo-vitoriano. Churchill relembrou em *Minha mocidade* que o público "soltou aclamações em todos os pontos corretos quando eu fazia uma pausa deliberada para lhes dar chance para isso, e mesmo em outros pontos que eu não havia previsto. Ao final, aplaudiram sonoramente e por muito tempo. Então, afinal, consegui!".[74] O *Morning Post*, que apoiava os tories, enviara um jornalista e publicou uma breve nota anunciando uma nova presença no cenário político, ao passo que o *Eastern Morning News* torceu o nariz, escrevendo que "o talento político é a menos hereditária de nossas tendências". Na verdade, Churchill demonstrou um talento político muito maior do que o do pai, e o discurso de Claverton lhe deu a confiança de que, com a prática, viria a adquirir grande habilidade para falar em público.

Lorde Salisbury, reeleito em agosto de 1895, adotou uma política de "Avanço" como proteção ao Império, defendendo preventivamente suas fronteiras onde quer que estivessem ameaçadas. Churchill logo se viu em condições de cumprir uma missão para o Império nos "mais remotos confins da Terra". Em agosto de 1897, soube que, devido a uma revolta pashtun na Fronteira Noroeste, Sir Bindon Blood recebera o comando de uma Força de Campo de Malakand (MFF, na sigla em inglês), composta de três brigadas. Prontamente solicitou a Blood que o incluísse, embora o 4º Regimento dos Hussardos não fizesse parte, e recebeu a seguinte resposta: "Muito difícil; não há vaga; apareça como correspondente; tentarei encaixá-lo".[75] Assim, Churchill pediu mais seis semanas de licença de seu regimento, percorreu de trem mais de 3200 quilômetros em cinco dias de um calor sufocante, de Bangalore a Nowshera, o ponto de partida da MFF, e se apresentou ao comando. Também comprou um tordilho branco, num gesto de autopromoção potencialmente suicida. "Ambiciono uma fama de coragem física mais do que qualquer outra coisa no mundo", comunicou à mãe, que ajudou a negociar um contrato para ele com o *Daily Telegraph*, pagando cinco libras a coluna.[76] Mesmo assim, era em primeiro lugar um soldado, ostentando a farda do 4º Regimento dos Hussardos, e em segundo lugar jornalista.

Em 16 de setembro de 1897, a Força de Campo de Malakand, com 12 mil homens, entrou no Vale de Mamund. Era uma expedição punitiva para incendiar as plantações do inimigo, derrubar as árvores, entupir os poços, destruir os reservatórios e arrasar as aldeias como retaliação pelas repetidas incursões em áreas sob controle britânico. "Claro que é cruel e bárbaro", escreveu Churchill, "como tudo na guerra, mas apenas um intelecto não filosófico sustentaria que é legítimo tirar a vida de um homem e ilegítimo destruir sua propriedade."[77] Os membros da tribo às vezes realizavam contra-ataques súbitos e letais, e ser capturado significava ser torturado até a morte. Churchill, pessoalmente, não aprovava a expedição, embora não por motivos humanitários. Tinha estima e admiração por Blood, mas atribuiu a responsabilidade pelo empreendimento à política imperial de "Avanço" de lorde Salisbury. "Financeiramente é ruinoso", escreveu à mãe. "Moralmente é perverso. Militarmente é uma questão em aberto, e politicamente é um erro crasso. Mas não podemos parar agora."[78]

Churchill combateu com bravura, sendo mencionado nos despachos pela "coragem e resolução" e por ter "se feito útil num momento crítico", mas não ganhou a medalha de bravura a que aspirava.[79] "Percorri com meu tordilho toda a linha de escaramuças onde todos os demais estavam deitados para se esconder", gabou-se à mãe. "Tolice minha, talvez, mas minhas apostas são altas e, havendo um público, não há nada que seja ousado ou nobre demais. Sem galeria, as coisas são diferentes."[80] Anos depois, adotou uma visão mais fatalista dessa expedição. "Eles queriam atirar em nós e nós queríamos atirar neles. Assim muitos foram mortos, e de nosso lado as viúvas tiveram de receber pensão do Governo Imperial, e outros ficaram gravemente feridos, zanzando pelo resto da vida, e foi tudo muito emocionante e, para os que não morreram ou ficaram feridos, foi muito divertido."[81] Menos divertido para ele, na época, foi a morte do amigo tenente William Browne-Clayton, do Regimento Real de West Kent, que ficou "literalmente despedaçado numa padiola", como relatou à mãe. "Devo classificar como raridade o fato de ter chorado", escreveu ele.[82] No entanto, em idade mais avançada, Churchill viria a chorar com extrema facilidade.

De volta a Bangalore em outubro, começou a escrever seu primeiro livro, *The Story of the Malakand Field Force: An Episode of Frontier War* [A história da Força de Campo de Malakand: Um episódio da guerra de fronteiras], furioso por ter descoberto que o *Telegraph* publicara os artigos sob a autoria de "Um Jovem Oficial", e não com seu nome. Reclamou rispidamente com a mãe, dizendo que escrevera os artigos com a intenção "de apresentar minha personalidade ao eleitorado. Esperava que resultasse alguma vantagem política".[83] Ela respondeu que um oficial do Exército escrevendo artigos para a imprensa era algo "muito incomum e poderia lhe trazer problemas".[84] "Se eu for evitar fazer coisas 'incomuns', é difícil ver que chances tenho de ser mais do que um indivíduo mediano", respondeu Churchill. "Estava orgulhoso dos textos e ansioso em apostar minha reputação neles." O medo de se tornar um indivíduo mediano constituía quase um motivo de terror para o jovem Churchill, pois, se quisesse conquistar os eleitorados parlamentares, precisava desesperadamente ser visto como um notável: naquela época, as agremiações políticas tinham autonomia para decidir seus representantes, e os candidatos tories abastados, com condições de prometer contribuir para os cofres da agremiação, levavam vantagem sobre ele.

* * *

Em novembro de 1897, Churchill, então com 23 anos, escreveu um artigo chamado "The Scaffolding of Rhetoric" [Os esteios da retórica]. Até então, proferira apenas dois discursos, um dos quais perante um público de farristas e prostitutas durante um tumulto nos fundos de um teatro de variedades, mas o texto mostrou que ele dominava totalmente a teoria, se não ainda a prática, de falar em público. Muitas coisas que escreveu nessa idade ainda iriam se demonstrar verdadeiras várias vezes ao longo da vida:

> Entre todos os talentos concedidos aos homens, nenhum é tão precioso quanto o dom da oratória. Quem é dotado dele dispõe de um poder mais duradouro do que o de um grande rei. É uma força independente no mundo. Abandonado pelo partido, traído pelos amigos, removido das funções, quem é capaz de comandar esse poder continua a ser temível [...]. Um agrupamento de solenes cidadãos, protegidos por todo o ceticismo desses dias prosaicos, é incapaz de resistir à sua influência. Do silêncio passivo passam para uma aprovação relutante e, então, para a concordância total com o orador. As aclamações se tornam mais altas e mais frequentes; o entusiasmo aumenta a todo instante, até serem tomados por emoções que são incapazes de controlar e abalados por paixões que não mais comandam [...]. Constata-se que existem certos traços comuns a todos os discursos mais belos na língua inglesa [...]. O poder retórico não é inteiramente concedido nem inteiramente adquirido, e sim cultivado. O temperamento próprio e os talentos do orador devem ser seus por natureza, e o desenvolvimento deles é incentivado pela prática. O orador é real. O retórico é parcialmente artificial [...]. O orador é a personificação das paixões das multidões [...]. Antes de levá-las às lágrimas, deve ele mesmo entregar-se às suas. Para convencê-las, deve ele mesmo acreditar. Pode, muitas vezes, ser incoerente. Nunca é conscientemente insincero.[85]

A ninguém isso se aplicaria tão bem quanto a Churchill.

"Às vezes um gaguejo ou uma leve dificuldade de fala não desagradável ajudam a assegurar a atenção do auditório", escreveu Churchill nesse ensaio, "mas geralmente uma voz clara e ressoante dá expressão aos pensamentos." Desde novo, ele pronunciava a letra "s" como "ch". Fora atendido pelo médico da corte, Sir Felix Semon, segundo o qual somente a prática e a perseverança sanariam o problema, pois ele não tinha nenhum defeito orgânico na língua ou na boca. Assim, Churchill repetia constantemente a frase "*The Spanish ships I cannot see for they are not in sight*".[86] Em 1905, pediu a Semon que removesse o que pensava ser um ligamento estranho na língua, o que felizmente o médico se recusou a fazer.[87] Desde então, e por muito anos, seu "s" sibilante era claramente perceptível; ainda em 1913, um jornalista que cobria a atividade parlamentar escreveu: "Aquele problema de fala teria, por si só, destruído inúmeros homens. O sr. Churchill nos faz esquecê-lo graças à pura energia de seu intelecto e estilo".[88] Como mostra o ensaio, Churchill reconhecia esse problema, mas não o considerava obstáculo para uma carreira política.

Churchill acreditava que a grande oratória consistia em cinco "elementos". O primeiro era a "avaliação exata das palavras", isto é, "o emprego contínuo da melhor palavra possível". Deu como exemplo "teimosos" [*dour*] para descrever os escoceses. Defendia o uso de "palavras curtas, simples, de uso corrente". As palavras deviam ser curtas, mas as frases não precisavam, desde que seguissem determinado ritmo. O segundo elemento da oratória era o som: "A influência do som no cérebro humano é bastante conhecida", escreveu ele. "As sentenças do orador, quando recorre à sua arte, ficam longas, ressoantes e sonoras. O equilíbrio próprio das expressões gera uma cadência que se assemelha mais à do verso branco do que à da prosa."[89] A referência ao verso branco reflete seu amor duradouro por Shakespeare, cujas obras exerceram profundo efeito sobre ele, na oratória, no estilo de escrita e no senso da excepcionalidade britânica, vindo a influenciar seu hábito posterior de redigir as notas para os discursos em forma de verso branco. (Também desenvolveu por brincadeira um tipo de verso em código shakespeariano, que muitas vezes enganava os menos familiarizados com as peças do bardo.)

O terceiro elemento da oratória era a acumulação constante de argumentos. "Apresenta-se uma série de fatos, todos apontando na mesma direção", escreveu ele. "O público antecipa a conclusão, e as palavras finais caem em meio a uma ruidosa concordância."[90] O quarto era o uso de analogias, que conseguem "transpor uma verdade estabelecida para a linguagem simples", dando exemplos extraídos dos discursos de lorde Salisbury e Macaulay, além das palavras de seu pai, dizendo que: "Nosso governo na Índia é, por assim dizer, uma camada de óleo que protege de tempestades um vasto e profundo oceano de humanidade".[91] Churchill fazia uso constante de analogias em seus discursos de uma maneira que parecia muito natural, mas que, como mostra o ensaio, era altamente elaborada.

"Em muitas perorações é evidente a tendência a uma desenfreada extravagância da linguagem — extravagância tão desenfreada que a razão recua", escreveu ele sobre o quinto e último elemento de sua teoria oratória. "As emoções do orador e dos ouvintes são igualmente despertadas e é preciso encontrar uma expressão que represente tudo o que estão sentindo. Em geral, isso consiste em encarnar numa forma extrema os princípios que estão defendendo [...]. O efeito de tais extravagâncias numa luta política é tremendo. Tornam-se lemas de partidos e credos de nacionalidades."[92] Citou discursos de William Pitt, o Velho, e do grande orador norte-americano William Jennings Bryan, afirmando que o orador não consegue "resistir ao desejo de expressar suas opiniões numa forma extrema ou de conduzir seus argumentos ao ponto culminante".[93]

Ao longo de toda a carreira política, Churchill foi criticado por usar uma linguagem extrema e exagerada em seus discursos. Poucos notavam que na verdade era algo totalmente deliberado, parte integrante de sua técnica oratória. Essas "extravagâncias", como dizia, destinavam-se a lhe trazer fama e atenção e a mantê-lo no centro do debate, mas também provocariam controvérsias e despertariam forte desconfiança. Com a aproximação da Segunda Guerra Mundial, por fim, a ascensão de Hitler veio a justificar plenamente a hipérbole que viera empregando durante décadas em questões variadas e menos importantes.

Churchill também gostava de usar deliberadamente palavras antigas. Terminou uma carta à mãe em 1898: *"I end ere I weary you... Adieu"* [Termino antes que a canse... *Adieu*] — que mesmo para o período tardo-vitoriano já era uma linguagem arcaica. Muitas vezes usava, com grande efeito, um vocabulário anacrônico nos discursos durante a guerra, empregando palavras como *foe* em vez de *enemy* e expressões como *"as in the olden time"* [como de antanho].

Para Churchill, foi uma sorte que "The Scaffolding of Rhetoric" nunca fosse publicado, pois enfraqueceria o impacto de seus discursos futuros. Mas é extraordinário ver quantos de seus maiores discursos da Segunda Guerra seguem os cinco elementos desse ensaio fundamental, escrito mais de quarenta anos antes. Palavras bem escolhidas; frases cuidadosamente montadas; acumulação de argumentos; uso de analogias; recurso a extravagâncias: eram os cinco esteios da retórica do maior orador de sua época. Churchill concluía o ensaio com uma frase gibboniana: "O estudioso de retórica pode se entregar à esperança de que finalmente a natureza se renda à observação e à perseverança, chave para o coração dos homens".[94]

Percebe-se constantemente nas cartas de Churchill à mãe e a outras pessoas nessa época que já estava escrevendo para a posteridade. "Balas — para um filósofo querida mamãe — não merecem consideração", observou numa carta de Bangalore logo antes do Natal de 1897. "Ademais sou tão presunçoso que não acredito que os Deuses criariam um ser tão potente como eu para um fim tão prosaico. Em todo caso, pouco importa [...]. A fama, ridicularizada, melodramatizada, rebaixada, ainda é a melhor coisa do mundo."[95] Como tantas vezes em sua correspondência, é importante lembrar que Churchill estava, pelo menos em parte, fazendo um gracejo; frequentemente, os detratores ignoram que o objetivo de muitas coisas que dizia e escrevia era cativar e divertir, e não ser tomado ao pé da letra. Mas sua vaidade tinha a característica de zombar de si mesmo, o que a impedia de ser desagradável. Como afirmou em outra carta à mãe: "Claro — como você sabe faz algum tempo — que acredito em mim mesmo".[96]

"Dedicarei minha vida à preservação deste grande Império e a tentar manter o progresso do povo inglês", escreveu ele na mesma carta de dezembro de 1897. "E ninguém poderá dizer que a vulgar consideração pela segurança pessoal algum dia me influenciou. Conheço-me bastante bem e não sou cego ao lado lastimável e espalhafatoso de meu caráter, mas, se há uma situação em que não me sinto envergonhado de mim mesmo é no campo de batalha."[97] A covardia em batalha era "vulgar".

Em janeiro de 1898, Churchill tirou dez dias de licença natalina em Calcutá, onde se hospedou na casa do conde de Elgin, vice-rei da Índia, e aproveitou para pleitear um lugar numa nova expedição à Fronteira Noroeste, no Vale de Tirah, mexendo todos os pauzinhos que podia, inclusive chegando ao comandante-chefe. Teve grande ajuda de Ian Hamilton e do capitão Aylmer Haldane, ajudante de campo do comandante da expedição, mas, para grande pesar de Churchill, a expedição terminou numa negociação com os tribais. Não haveria uma *História da Força de Campo de Tirah*. "É uma época de investida e temos de avançar com os melhores", escreveu à mãe.[98] Os contemporâneos começavam a vê-lo, o que talvez não seja de admirar, como um caçador de medalhas dado à autopromoção. "Muitas vezes eu via um subalterno do 4º Regimento dos Hussardos, de rosto vivaz e cabelo loiro, que falava muito", recordava o capitão Huberg Gough.

> Era Winston Churchill. Acabara de voltar do conflagrado norte de Peshawar [...]. Tomava posição na frente do fogo [...] e fazia preleções a todos sobre a maneira de conduzir as operações com plena segurança [...]. Formado no 16º Regimento dos Lanceiros, eu desaprovava inteiramente essa atitude um tanto arrogante. Tal estilo jamais seria tolerado em nossa caserna, mas na caserna dos Artilheiros em Peshawar nem os vários generais lá reunidos nem ninguém mais tentava detê-lo. Eu me perguntava como os generais suportavam aquilo, mas mesmo então percebia vagamente que tinham certo medo dele e de sua pena.[99]

Gough e os demais detratores militares de Churchill não levavam muito em conta que ele estava sempre forçando caminho para se colocar em locais mortalmente perigosos, e não para se afastar deles.

Churchill voltou a Bangalore no final de janeiro, recebendo uma notícia nada tranquilizadora em termos financeiros. A fim de reestruturar suas finanças, Jennie queria tomar um empréstimo de 17 mil libras (cerca de 1,7 milhão de libras atuais) e para isso precisava da anuência dele — Jack ainda era menor de idade —, pois daria como garantia a herança em custódia de lorde Randolph. "Falando com toda a franqueza sobre o assunto", respondeu Churchill, "não há nenhuma dúvida de que nós dois, você e eu, somos igualmente imprudentes — gastadores e extravagantes. Ambos sabemos o que é bom — e ambos gostamos de tê-lo. A questão do pagamento fica para depois [...]. O nó do problema é que somos danadamente pobres."[100] Mesmo assim, assinou os documentos, escrevendo a Jack uma carta desalentada em que dizia: "A única coisa que me preocupa na vida é — o dinheiro".[101]

Em 15 de março, *The Story of the Malakand Field Force* foi publicada e teve excelentes resenhas, trazendo para o autor o equivalente a dois anos de remuneração. A revisão das provas tinha sido péssima — feita por Moreton Frewen, tio de Churchill, a quem depois deu o apelido de "Mortal Ruin" [Ruína Mortal] —, mas, apesar disso, o estilo augustano do texto continha inúmeras generalizações e epigramas churchillianos, como "A coragem é não só comum, mas também cosmopolita"; "Toda influência, todo motivo que desperta o espírito assassino entre os homens impele esses montanheses a atos de traição e violência"; "Melhor criar do que receber a notícia, melhor ser ator do que crítico"; ou "Nada na vida é tão divertido quanto levar um tiro sem nenhum resultado".[102]

O livro não se restringia às táticas usadas na campanha de Malakand, trazendo também as reflexões de Churchill sobre estratégias mais amplas e a natureza do inimigo enfrentado pelo Império Britânico onde hoje se encontra a fronteira afegã-paquistanesa. Criticava o generalato britânico, embora poupasse Bindon Blood. "O general que evita qualquer 'arremetida'", escreveu, "que nunca começa o dia procurando um combate e sem alguma intenção definida, que não se lança a feitos heroicos e fica de olho no relógio terá poucas baixas e pequena glória."[103] Também era extremamente crítico em relação aos talibs, tribo da qual o Talibã moderno deriva o nome; constituíam, segundo ele, "a raça mais degenerada como as que existem nas fímbrias da humanidade: feroz como um tigre, mas menos asseada; igualmente perigosa, não tão graciosa".[104] A seu ver, a insistência dos talibs numa forma rígida de islamismo mantinha o povo afegão sob "o domínio de uma sórdida superstição".[105] Para Churchill, a religião daquele povo, "que mais do que todas as outras foi fundada e difundida pela espada [...] incentiva um fanatismo frenético e impiedoso".[106] Afirmou ainda que o islã

> aumenta, em vez de diminuir, a fúria da intolerância. Difundiu-se originalmente pela espada, e desde então seus devotos estão sujeitos, mais do que os povos de todos os outros credos, a essa forma de loucura. Num instante, os frutos de trabalho paciente, as perspectivas de prosperidade material, o próprio medo da morte são jogados de lado. Os pashtuns mais emotivos são impotentes para resistir. Todas as considerações racionais são esquecidas. Tomando as armas, tornam-se Ghazis [fanáticos contra os infiéis] — tão perigosos e suscetíveis como cachorros loucos: cabe apenas tratá-los como tais.

"A civilização é confrontada pelo maometismo militante", concluía. "As forças do progresso se chocam com as da reação. A religião do sangue e da guerra está frente a frente com a da paz. Por sorte, a religião da paz geralmente é a mais bem armada."[107] Na Fronteira Noroeste, e logo depois no Sudão, Churchill viu de perto o fundamentalismo islâmico. Era uma forma de fanatismo com várias características centrais — a pura e simples implacabilidade, o desprezo pelo cristianismo, a oposição aos valores ocidentais liberais, o gosto pela violência, a exigência de absoluta lealdade, e assim por diante — que não se diferenciavam do fanatismo político que ele enfrentaria quarenta anos depois. Nenhum dos três primeiros-ministros britânicos dos anos 1930 — Ramsay MacDonald, Stanley Baldwin e Neville Chamberlain — jamais se deparara em primeira mão com tal extremismo na vida, e eles foram tragicamente morosos em perceber a natureza da ideologia nazista. Churchill combatera o fanatismo na juventude e reconheceu antes de qualquer outra pessoa seus traços principais.

Longe da Índia, vinha fermentando um conflito entre o Império Britânico e um poderio islâmico que não se resolveria pela negociação. Atingindo o auge em 1898, o Império Madista de Abdullah al-Taashi, conhecido como o Califa, abrangia o Sudão, o Sudão do Sul e algumas partes da Etiópia e da Eritreia. Treze anos depois que o predecessor do Califa, Muhammad Ahmad (o "Mádi"), capturara Cartum e matara o general britânico Charles Gordon, enfim o governo de lorde Salisbury se dispôs a enviar uma expedição anglo-egípcia comandada pelo general de divisão Sir Herbert Kitchener para impor represálias e proteger o sul do Egito, controlado pelos britânicos.

Churchill estava ansiosíssimo para lutar na campanha sudanesa que se avizinhava. "Redobre seus esforços nesse sentido", instruiu a mãe. "Isso terá grande influência em meus planos para o futuro."[108] Ele podia ser cáustico em relação a ela, que se empenhou consideravelmente em promover a carreira e negociar os contratos do filho, mas, após a morte de Jennie, reconheceu que: "Em meu interesse ela não deixou de mexer um único pauzinho, de mover todas as montanhas, de avivar todas as brasas".[109] Por fim seu instinto materno despertara, ao perceber os talentos e as ambições do filho. O problema de ambos era que tanto Kitchener como Douglas Haig, seu oficial de Estado-Maior, eram totalmente contrários à presença de jornalistas na expedição, em especial um tão impulsivo e conhecido como Churchill, com fama de criticar os generais na imprensa.[110] "Foi um caso de desamor à primeira vista", escreveu Churchill tempos depois.[111] Na verdade, porém, não foi uma decisão de caráter pessoal. Kitchener declarou a um correspondente do *Times* que Churchill não tinha nenhuma intenção de ficar no Exército, que no seu caso "era apenas uma conveniência", e por isso não deveria ocupar "o lugar de outros cuja profissão estava em jogo".[112]

De volta à Grã-Bretanha durante uma licença, Churchill recebeu uma carta do secretário particular de lorde Salisbury, convidando-o a visitar o primeiro-ministro em seu gabinete no Ministério de Relações Exteriores. "Ele me recebeu à porta", relembrou Churchill mais tarde, "e com um gracioso gesto de boas-vindas e continência, conduziu-me a um assento num pequeno sofá no centro do enorme aposento."[113] Salisbury destruíra a carreira política de lorde Randolph da noite para o dia, mas afirmou que gostaria de ajudar o filho. Talvez fossem simples palavras de cortesia, mas Churchill se aferrou prontamente a isso.[114] Salisbury escreveu a lorde Cromer, o alto-comissário do Egito, pedindo-lhe que escrevesse a Kitchener em favor de Churchill — mesmo assim Kitchener não cedeu. Ao fim e ao cabo, foi por intermédio de Lady Jeune, esposa de um amigo da família, que, por sua vez, era amigo de Sir Evelyn Wood, o ajudante general, que Churchill conseguiu um posto como tenente supranumerário vinculado ao 21º Regimento dos Lanceiros, e isso apenas porque um certo tenente P. Chapman tinha morrido, abrindo uma vaga. Foi o único regimento da cavalaria britânica no Exército Anglo-Egípcio de Kitchener.

Churchill recebeu ordens de se apresentar a toda a pressa ao quartel regimental no Cairo. "Está assente que você agirá a suas próprias expensas", declarava a carta do Ministério da Guerra, "e que, no caso de ser morto ou ferido nas operações iminentes, ou por qualquer outra razão, não recairá nenhuma cobrança de espécie alguma sobre os fundos do Exército britânico."[115] Por meio do amigo Oliver Borthwick, cujo pai era dono do *Morning Post*, Churchill combinou um contrato de quinze libras por artigo, o triplo do que recebera pelos textos sobre Malakand. Chegou ao Cairo em seis dias, tomando um vapor irregular em Marselha para uma parte da viagem, a fim de ficar incomunicável com o Exército indiano, junto ao qual solicitara mais outra licença. Chegando ao Egito, raciocinou, não seria fácil o chamarem de volta.

# 3. De Omdurman a Oldham, via Pretória

## *Agosto de 1898 a outubro de 1900*

*Quer subir no mundo? [...] Precisa trabalhar enquanto os outros se divertem. Deseja ter fama de coragem? Precisa arriscar a vida.*

Churchill, *Savrola*[1]

*Uma grande cena. Fez-me chorar e meu coração disparou loucamente. Os soldados hirsutos, sujos, encardidos pareciam bronzeados e duros como aço, e os defensores com uniformes asseados e rostos pálidos e descorados.*

Churchill a Sir George Riddel sobre a entrada dos soldados britânicos em Ladysmith[2]

Em 2 de agosto de 1898, Churchill estava na revista de tropas com sua farda cáqui, perneiras e cinto Sam Brown, com o revólver e óculos de campo, no Quartel de Abassia, no Cairo. De lá dirigiu-se para o quartel-general de Kitchener nos arredores de Cartum, passando por Luxor, Aswan, o Templo de Filas e Wadi Halfa, atravessando cerca de 650 quilômetros de deserto na ferrovia construída expressamente para a campanha. Quinze dias depois estava em Cartum, onde "as águas do poderoso Arbara se unem ao poderoso Nilo".[3] A viagem não foi isenta de perigos: o oficial que levara uma tropa de lanceiros do Cairo logo antes dele sofreu uma emboscada e foi morto junto com todos os seus homens.[4] Churchill passou uma noite difícil sem água nem alimento, perdido no deserto em pleno verão, quando se separou do comboio. Vagueou mais de 110 quilômetros antes de reencontrá-lo, graças ao uso da "gloriosa constelação de Órion. Nunca o gigante pareceu mais esplêndido", escreveu mais tarde. A constelação o conduzira para o Nilo e provavelmente salvou sua vida.[5]

Em 28 de agosto, o Exército Anglo-Egípcio deu início à sua marcha. "Sentíamos o sol pesando sobre nós e penetrando em nosso corpo com seus raios ardentes", relembrou Churchill.[6] Meros quatro dias depois, o coronel Rowland Martin, comandante do regimento, enviou-o à presença de Kitchener, para avisá-lo de que o exército do Califa, com pouco mais de 50 mil guerreiros dervixes, avançava rapidamente até eles, numa coluna com seis a oito quilômetros de comprimento. Churchill percorreu a trote largo quase dez quilômetros de deserto em quarenta minutos e encontrou o exército de Kitchener avançando em formação de batalha. Kitchener lhe perguntou quanto tempo achava que teria antes que se encontrassem. "O senhor tem pelo menos uma hora", calculou Churchill, "provavelmente uma hora e meia, mesmo que eles venham na velocidade em que estão agora."[7] Os dervixes, porém, suspenderam a marcha e aguardaram na manhã seguinte em Omdurman, nos arrabaldes de Cartum, enquanto os 25 800 homens de Kitchener tomavam posição de costas para o Nilo.

Churchill voltou a seu regimento e foi saudado pelo tenente David Beatty, oficial que comandava uma canhoneira no rio, o qual lhe atirou uma garrafa de champanhe. "Caiu nas águas do Nilo", contou Churchill, "mas felizmente num local que uma gentil Providência decretou que seria raso e de fundo macio. Entrei na água até os joelhos e, inclinando-me, peguei o precioso presente, que levamos de volta em triunfo até nossa Caserna."[8] No ano seguinte, Churchill contou a um norte-americano conhecido seu que, naquela noite, os jovens oficiais se divertiram muito, recitando rimas infantis das quais, aliás, ele mesmo tinha "um vasto sortimento, que recitava de maneira muito espirituosa quando a ocasião pedia".[9]

"O sol já não parecia ardente nem as horas longas", escreveu Churchill no ano seguinte. "Afinal, eles [os dervixes] estavam lá. Não tínhamos labutado numa missão infrutífera. O cansaço da marcha, o calor, os insetos, os desconfortos — tudo foi esquecido. Estávamos 'ligados', o que é algo glorioso de se estar, pois faz com que todos os traços da vida ganhem uma cor viva e brilhante de entusiasmo, que os prazeres da caça, da arte, do intelecto ou do amor jamais são capazes de superar e raramente se igualam."[10] Trinta anos depois, iria escrever: "Falam em Diversão! Onde é que há maior! A cavalo, ao romper do dia, ao alcance das armas do inimigo avançando, vendo tudo e fazendo a cobertura dos quartéis-generais".[11] Assim, pouco admira que, escrevendo frases como essas, Churchill adquirisse fama de gostar da guerra, embora sempre tivesse de ressaltar que os combates que descrevia constituíam um mundo muito distante dos horrores industrializados da

Primeira Guerra Mundial. No depoimento de primeira mão do capitão Robert Smyth sobre o período anterior à ação, o único outro relato direto de que se tem conhecimento, Churchill era chamado de "O Correspondente" e criticado por se expor, continuando montado enquanto os outros deixavam os cavalos durante uma missão de reconhecimento. "Os carabineiros no centro veem aquilo e disparam duas saraivadas", registrou Smyth. "Projéteis assobiando e batendo nas pedras muito perto."[12] Por sorte, receberam ordens de retirada imediata e, recebendo uma repreensão do ajudante do regimento por se expor sem necessidade, Smyth respondeu com toda a razão: "Foi culpa do Correspondente".

A carga do 21º Regimento dos Lanceiros na Batalha de Omdurman em 2 de setembro de 1898, uma sexta-feira, foi a maior carga da cavalaria britânica desde a Guerra da Crimeia, 44 anos antes. Houve algumas outras posteriores, na Guerra dos Bôeres e na Grande Guerra, mas a de Omdurman foi a última grande ofensiva de cavalaria na história britânica. Churchill, montando "um tordilho árabe de polo, hábil e de andadura firme", comandou uma tropa de 25 lanceiros. Quando o regimento investiu, muitos dos dervixes atacados estavam escondidos num riacho seco, e só depois de iniciada a carga o regimento percebeu que tinham uma superioridade numérica de cerca de dez para um.[13] "Estávamos indo num galope rápido, mas constante", Churchill escreveu mais tarde. "O barulho do tropel e dos disparos era alto demais para ouvirmos qualquer bala. Depois de olhar rapidamente à direita e à esquerda e meus homens, olhei de novo na direção do inimigo. A cena parecia totalmente transformada. Os homens de azul e preto ainda estavam disparando, mas atrás deles mostrou-se à vista uma depressão que parecia uma ravina rasa e baixa. Estava lotada e apinhada de homens que se erguiam do solo onde estavam escondidos. Bandeiras de cores vivas surgiram como que por mágica."

Ao se aproximar, Churchill percebeu rapidamente o que era preciso fazer.

> Pareciam ser dez ou doze dervixes na parte mais densa, uma grande massa cinzenta rebrilhando com o aço, enchendo o córrego seco. Num piscar de olhos, vi que nossa direita cobria a esquerda deles, que minha tropa pegaria a ponta da formação deles, e que a tropa à minha direita arremeteria no ar. Meu camarada subalterno à direita, Wormald do 7º Regimento dos Hussardos, também viu a situação; e nós dois aumentamos a velocidade no galope mais rápido possível e entramos em curva como as pontas de um crescente. De fato não dava tempo para sentir medo nem para pensar em qualquer outra coisa, a não ser nessas ações especialmente necessárias [...]. Elas ocupavam por completo a mente e os sentidos.[14]

Ao descer até o córrego, tendo perdido o ímpeto da carga em razão da necessária mudança de curso, Churchill chegou ao momento de máximo perigo pessoal. "Vi-me cercado por homens que pareciam ser às dúzias", relembrou.

> Logo diante de mim, um homem se atirou ao chão [...]. Vi o brilho de sua cimitarra quando a ergueu para trás a fim de dar um corte no tendão [das pernas do cavalo de Churchill]. Tive tempo e espaço suficiente para desviar meu cavalo e, inclinando-me de lado, dei dois tiros nele a cerca de três metros. Ao me endireitar na sela, vi diante de mim outra figura com a espada erguida. Levantei a pistola e disparei. Estávamos tão próximos que a própria pistola o atingiu. Homem e espada sumiram abaixo e atrás de mim. À minha esquerda, a dez metros de distância, estava um cavaleiro árabe com túnica de cores vivas e capacete de aço, com cota de malha. Disparei nele. Virou de lado.[15]

Churchill viu que os outros três soldados do esquadrão estavam retomando a formação ali perto. "De repente, no meio da tropa, surgiu um dervixe. Atirei nele a menos de um metro."[16] No combate próximo e tumultuado, ele matou quatro homens com a Mauser automática de dez tiros que, por sorte, estava usando em lugar da espada, por causa da lesão no ombro que sofrera em Bombaim.[17] Logo a seguir, os homens do Califa se dispersaram. "Então", recordou Churchill, "da direção do inimigo veio uma sucessão de aparições medonhas; cavalos jorrando sangue, lutando para se manter em três patas, homens cambaleando, homens sangrando com ferimentos terríveis, atravessados por lanças com ponta em gancho, braços e rostos feitos em pedaços, intestinos saindo, homens arfando, chorando, tombando, expirando."[18] Foi uma cena que invocaria mais tarde, quando queria lembrar às pessoas os horrores da guerra.

Dois dias depois, escrevendo à mãe sobre a investida, afirmou: "Em momento nenhum senti qualquer nervosismo e fiquei sereno como estou agora".[19] A importância de manter a calma e conservar o moral alto diante das imensas desvantagens se fez vividamente presente em Omdurman. Depois da ofensiva, ele encontrou mais de vinte lanceiros "tão retalhados e mutilados a ponto de ficarem quase irreconhecíveis".[20] Nos dois ou três minutos que durou a ação, o regimento perdeu cinco oficiais e 65 homens foram mortos ou feridos — quase um quarto dos participantes —, além de 120 cavalos. "Não houve nada de *dulce et decorum** nos dervixes mortos", escreveu mais tarde; "nada da dignidade da virilidade invencível; tudo era sórdida corrupção. No entanto, foram dos homens mais corajosos que já pisaram na terra [...] destruídos, não conquistados, por maquinismos."[21]

Na Batalha de Omdurman, o exército do Califa foi desbaratado pelas armas modernas do altamente disciplinado Exército Anglo-Egípcio, que incluíam nada menos que 52 metralhadoras Maxim, contra as lanças e espadas dos dervixes. Na

* Nas *Odes* de Horácio, "*Dulce et decorum est pro patria mori*" pode ser traduzido como "Doce e nobre é morrer pela pátria".

primeira edição de seu livro sobre a campanha, *The River War*, Churchill acusou Kitchener de ter ordenado após a batalha a profanação do túmulo do Mádi, que foi explodido depois de atirarem o corpo (exceto o crânio) ao Nilo. Churchill confidenciou suas suspeitas ao poeta Wilfrid Scawen Blunt em 1909, dizendo: "Kitchener se comportou como um salafrário naquela questão. Fingiu enviar a cabeça [do Mádi] de volta ao Sudão numa lata de querosene, mas podia haver qualquer coisa dentro da lata, talvez sanduíches de presunto. Ficou com a cabeça, e ainda está com ela [...]. Sempre detestei Kitchener, embora sem o conhecer pessoalmente [...] ele explodiu o corpo e ficou com a cabeça".[22] Quando descobriu que Kitchener proibira seus homens de lhe dar informações para o livro, Churchill definiu o general para sua mãe, com um esnobismo incomum, como "um plebeu vulgar".[23]

A lembrança do tratamento brutal dado aos inimigos feridos após Omdurman, quando muitos milhares foram mortos a sangue-frio, persistiria por muito tempo na memória de Churchill, ainda que, pessoalmente, não tivesse participado daquilo. Três anos depois, comentou com um amigo que vira os lanceiros do 21º Regimento "cravando a lança nos feridos e apoiando todo o peso do corpo sobre a lança depois da ofensiva, para atingir os pontos entre as roupas grossas que os dervixes feridos usavam, com eles no chão. Quando as pontas entravam, os dervixes agitavam os pés e as mãos. Um soldado se gabara de sua bondade por enfiar apenas dez centímetros de aço em seu homem. 'Ele deveria agradecer', disse, 'por estar nas mãos de um camarada bonzinho feito eu'".[24]*

Em 5 de setembro, o 21º Regimento dos Lanceiros iniciou a marcha de retorno. No Cairo, Churchill tomou conhecimento de que o major Richard Molyneux, filho do conde de Sefton, fora gravemente ferido por um corte de espada no pulso e precisava com urgência de um enxerto de pele. Churchill se prontificou a fornecer sua pele para salvar o irmão de armas. Churchill relembrou o médico irlandês lhe dizendo com pronúncia carregada: "Já ouviste falar em ser esfolado vivo? Pois bem, eis como é".[25] Retirou do antebraço esquerdo de Churchill um pedaço de pele do tamanho de uma moeda moderna de dez *pence*,** sem nenhuma anestesia, e pôs direto em cima do ferimento de Molyneux, que cicatrizou. "Minhas sensações enquanto ele recortava a pele com a navalha justificaram integralmente sua descrição", Churchill narrou mais tarde. Quando Molyneux morreu, em 1954, Churchill comentou: "Levará minha pele junto com ele, uma espécie de guarda avançada, para o próximo mundo".[26]

* Em contraposição, Churchill também viu lorde Tullibardine, de 27 anos, herdeiro do ducado de Atholl, extrair uma bala da perna de um dervixe "por meio de um abotoador", como disse num jantar presidido por Tullibardine em 1941 (*CS* II, p. 2221).

** De 2,45 cm de diâmetro. (N. T.)

Voltando a Londres, continuou a cortejar Pamela Plowden, pedindo para vê-la antes de retornar ao regimento na Índia. "Por que você diz que sou incapaz de afeição?", perguntou a ela numa carta que escreveu em 28 de novembro na casa materna em Great Cumberland Place. "Esqueça isso. Amo uma pessoa acima de todas as outras. E serei constante, não sou nenhum galanteador volúvel seguindo frivolamente o capricho do momento. Meu amor é forte e profundo. Nada jamais o mudará."[27] Quando escrevera antes, na mesma carta, que "outro dia, conheci uma jovem dama que — penso eu — julgo apenas do ponto de vista da razão — é quase tão inteligente e sensata quanto você", estava visivelmente tentando despertar seus ciúmes. Não funcionou.[28] "Vivi toda a minha vida vendo as mais belas mulheres que Londres produz", escreveu ele em março de 1899. "Então conheci você [...]. Fosse eu um grande sonhador, diria [...] 'Case-se comigo — e conquistarei o mundo e o porei a seus pés'. O casamento, porém, exige que se atenda a duas condições. Dinheiro e o consentimento de ambas as partes. Uma com certeza, e provavelmente as duas estão ausentes."[29] Embora a data do pedido formal de casamento seja discutível, está assente que foi feito num barco, quando estavam hospedados no Castelo de Warwick, e que ela recusou.[30] Pamela se casou com o 2º conde de Lytton em abril de 1902, e ela e Churchill continuaram bons amigos até o final da vida.

Tão logo a campanha do Sudão terminou, Churchill começou a trabalhar em *The River War*, escrevendo no Egito, em Londres e no navio de volta ao regimento na Índia, onde dedicou a maior parte do tempo à disputa do Torneio Inter-Regimental de Polo, antes de deixar o Exército, no mês de abril. Em carta ao capitão Haldane, que escreveu durante a viagem de trem entre Bombaim e Bangalore em meados de dezembro, mostrou-se preocupado que sua Medalha de Serviço Geral na Índia, com o broche "Fronteira do Punjab 1897-8", ainda não chegara. "Naturalmente quero usar minhas medalhas enquanto ainda tenho uma farda para usá-las", queixou-se. "Já me mandaram a egípcia. Não consigo imaginar por que a da Fronteira não chegou [...]. Tente pegá-la para mim o mais breve possível. Do contrário ela nunca será usada [...]. Tente que me enviem a medalha — é apenas o broche genérico —, o que não deveria ser muito difícil." E se despediu: "Escreva-me em Bangalore e faça o que puder quanto à medalha".[31]

Churchill chegou à Índia em 8 de fevereiro. Não muito depois, na véspera de sair de Johpur para os campeonatos em Meerut, à noite caiu de uma escada com degraus de pedra, deslocando mais uma vez o ombro direito e torcendo os dois tornozelos. "Confio que o infortúnio aplacará os deuses", comunicou à mãe, "talvez ofendidos com minha sorte e sucesso em outros lugares."[32] Viria a deslocar o ombro direito pela terceira vez num acidente de caça, e o mesmo quase aconteceu mais uma vez num amplo gesto que fez na Câmara dos Comuns.[33] Ele jogou na partida de 24 de fevereiro com a parte de cima do braço enfaixada, e o 4º Regimento dos Hussardos venceu o Torneio Inter-Regimental de Polo pela primeira vez nos 62 anos de história do certame. Apesar da lesão, Churchill marcou três dos quatro gols que asseguraram a vitória em 4 a 3.

Churchill renunciou ao posto no Exército no final de abril e voltou para Londres para entrar na política. A bordo do vapor ss *Carthage*, conheceu uma bela jovem norte-americana, Christine Conover, que recordou:

> A prancha estava prestes a ser erguida quando veio correndo pelo cais um rapaz ruivo e sardento com um terno amarrotado e carregando uma enorme lata de bolo. Embora quase tivesse perdido o embarque, parecia absolutamente tranquilo [...]. Durante o almoço, ou tira-gosto, como então se dizia, ficamos sentados bem na frente do sr. Churchill. Mal havia se sentado quando se inclinou por sobre a mesa e falou: "Vocês são americanos, não são?". Quando concordamos, ele exclamou: "Amo os americanos. Minha mãe é americana".

Relembrando a ocasião muito tempo depois, escreveu: "Embora estivesse longe de ser bonito, ele tinha um sorriso cativante e uma leve hesitação na fala".[34] A lata de bolo continha o manuscrito de *The River War*, em que Churchill continuou a trabalhar durante a viagem. "Talvez seu único defeito nessa época fosse ser um pouco seguro demais em relação a tudo", segundo a srta. Conover, "o que os outros jovens nem sempre apreciavam."[35]

*The River War: An Historical Account of the Reconquest of the Soudan* [A guerra do rio: Uma apresentação histórica da reconquista do Sudão] foi publicado em dois volumes pela Longmans sete meses depois, em 6 de novembro. Ao todo, somava mais de 950 páginas. O livro era dedicado a lorde Salisbury, que não lhe pedira que eliminasse nenhuma das referências negativas a Kitchener.[36] Churchill escolheu como epígrafe da obra uma passagem de um dos discursos de Salisbury sobre as guerras de fronteira — "Elas são a linha de rebentação que marca a beira e o avanço da onda da Civilização", analogia que escolhera para ilustrar o quarto elemento de sua arte da oratória em "The Scaffolding of Rhetoric".

Vê-se claramente a influência de Gibbon sobre o estilo de Churchill nos aforismos e nas generalizações espalhados em *The River War*. "Ao mesmo tempo desleixado e babão", escreveu ele sobre o soldado sudanês, "detestava seus treinamentos e amava suas esposas com igual intensidade."[37] Ou este outro, sobre a alegria das esposas do Califa diante de sua derrocada: "Como a partir de então estariam condenadas a uma castidade obrigatória e inviolável, a causa da satisfação que sentiram é tão obscura quão desnaturada foi sua manifestação".[38] Havia também alguns momentos poéticos, como a apresentação da noite africana: "Ali ficamos tristes e pesarosos no escuro, até brilharem as estrelas e nos lembrarem que sempre há algo além".[39] Comentou que, numa escola sudanesa, "a simplicidade do ensino era auxiliada pelo entusiasmo dos estudantes, e o aprendizado se desenvolvia sob as palmeiras talvez mais depressa do que nas mais grandiosas escolas da Civilização".[40] Às vezes, a utilização de expressões setecentistas para eventos ocorridos às vésperas do século XX soava levemente ridícula, como na referência à fumaça de uma máquina a vapor: "O mal odoroso incenso da Civilização foi ofertado aos atônitos deuses do Egito".[41] As frequentes referências de Churchill à civilização em seus escritos ressaltavam sua convicção de que, nessas guerras imperiais de fronteiras, os muçulmanos tribais representavam a barbárie, enquanto o Império Britânico era o sucessor direto das grandes civilizações da Grécia, de Roma e da cristandade.

Na primeira edição do livro, Churchill condenava Kitchener com um pálido e duvidoso elogio, afirmando que merecia "certamente o terceiro, e talvez até o segundo lugar" na lista dos britânicos responsáveis por destruir o Império Dervixe, após Salisbury e lorde Cromer. Na segunda edição, publicada num só volume em 1902, Kitchener foi promovido ao segundo lugar, e um terço do livro foi cortado, inclusive a passagem: "Por ordem de Sir Herbert Kitchener, a Tumba [do Mádi] fora profanada e totalmente destruída". A primeira edição recebeu, de modo geral, excelentes resenhas — embora a *Saturday Review* tenha comentado que "o traço irritante do livro é o irreprimível egotismo de seu autor". No Exército, referiam-se ao livro como "Sugestão de um subalterno aos generais".[42]

Churchill enalteceu a coragem do inimigo dervixe em defender seu modo de vida. "Espero que, se sobrevierem maus dias a nosso país", escreveu ele, "e o último exército que um Império em queda conseguir interpor entre Londres e o invasor se desbaratar e se dissolver [...] haveria alguns — mesmo nesses tempos modernos — que não se importariam em se acostumar a uma nova ordem das coisas e a sobreviver em submissão à catástrofe".[43] Churchill iria expressar exatamente os mesmos sentimentos a seus ministros ao discutir uma possível invasão nazista da Grã-Bretanha em 28 de maio de 1940. Outro trecho, eliminado da edição condensada de 1902, quando ele nutria a esperança de ocupar um cargo num império que abrangia dezenas de milhões de muçulmanos, dizia:

> Como são pavorosas as maldições que o maometismo lança sobre seus devotos! Além do fanatismo frenético, que é tão perigoso num homem quanto a hidrofobia num cão, há essa terrível apatia fatalista. Os efeitos são evidentes em muitos países. Existem hábitos improvidentes, sistemas desleixados de agricultura, métodos morosos de comércio e insegurança da propriedade em todos os locais onde governam ou vivem os seguidores do Profeta. Um vil sensualismo priva essa vida de elegância e refinamento; a seguir, de sua dignidade e santidade. O fato de que, na

> lei maometana, toda mulher deve *pertencer* a um homem como sua propriedade absoluta — como filha, esposa ou concubina — há de protelar a extinção definitiva da escravidão até o dia em que a fé do islã deixar de ser um Grande poder entre os homens. Os muçulmanos tomados individualmente podem mostrar qualidades magníficas [...] mas a influência da religião paralisa o desenvolvimento social de seus seguidores. Não existe força retrógrada mais forte no mundo. Longe de estar moribundo, o maometismo é uma fé militante e proselitista. Já se estendeu por toda a África Central, criando guerreiros destemidos a cada passo; não estivesse o cristianismo abrigado entre os braços fortes da ciência — a ciência contra a qual lutou em vão —, a civilização da Europa moderna sucumbiria, como sucumbiu a civilização da Roma antiga.[44]

De volta a Londres, Churchill estava preocupado com o futuro. Em 3 de maio, escreveu à sra. Robinson de Wimpole Street, quiromante da alta sociedade, enviando-lhe um cheque de dois guinéus e cumprimentando-a por sua "singular habilidade em quiromancia". A sra. Robinson lhe dissera que "ele iria passar por grandes dificuldades, mas alcançaria o topo de sua profissão", o que o levou a dizer à quiromante três dias depois: "Prefiro não ter minha mão divulgada ao mundo: embora confie que possa estar certa em sua previsão".[45] Dois dias depois, o parlamentar tory escocês Ian Malcolm, chefe do clã Malcolm e 17º *laird** de Poltalloch, organizou um almoço para que alguns outros parlamentares eleitos em 1895 conhecessem Churchill. Um deles, David Lindsay, futuro 27º conde de Crawford, anotou em seu diário: "Eis aí um homem promissor: combativo, obstinado e nervoso — não consegue ficar parado. Uma curiosa fala arrastada com pausa na voz, que deve dificultar que os ouvintes o ouçam [...]. Tem em si uma presunção que logo diminuirá [...]. Se aceitar ser modesto e obscuro por alguns anos não há por que não se torne uma força no país. Em alguns aspectos, assemelha-se muito ao pai".[46] Certamente Churchill não gostaria de ser modesto ou obscuro por um instante sequer, quem dirá por alguns anos, mas, apesar disso, a previsão do parlamentar se demonstrou tão exata quanto a da quiromante.

A situação política em que Churchill se viu ao voltar para a Grã-Bretanha era complicada. O Partido Conservador, liderado por lorde Salisbury, tinha criado uma aliança permanente com os unionistas liberais, liderados por Joseph Chamberlain e pelo duque de Devonshire. Os unionistas liberais tinham saído do Partido Liberal em 1886, para se opor ao projeto de lei para o Governo Autônomo da Irlanda, de Gladstone. Gladstone morrera em 1898, e o próprio Partido Liberal estava informalmente dividido entre os imperialistas liberais, dirigidos pelo ex-primeiro-ministro lorde Rosebery, e os radicais.

* Grande proprietário de terras na Escócia, designação às vezes comparada à de lorde, mas que não constitui título de nobreza. (N. T.)

Em 20 de junho, Churchill aceitara a proposta da Associação Conservadora de Oldham, em Lancashire, para disputar a vaga numa eleição suplementar pelos unionistas. O eleitorado fora representado no Parlamento anterior por dois conservadores, um dos quais falecera e o outro se aposentara. Churchill se empenhou muito entre o eleitorado, fazendo três ou quatro discursos por noite, mesmo tendo de borrifar a amígdala esquerda inflamada com uma mistura especial enviada pelo dr. Roose. Tinha clara consciência de seguir as pegadas do pai e falou dele em vários discursos. "O atual governo deve mais do que costuma lembrar", disse ele numa ocasião, a propósito do legado paterno, "ou, em todo caso, mais do que admite."[47] "Sem dúvida os radicais dirão que estou me aproveitando do nome de meu pai", admitiu no Salão da Cooperativa em Oldham. "Bom, e por que não? Vocês não acham que é um bom nome para se aproveitar?"[48]

A questão premente em Oldham era o projeto de lei de Dízimos Clericais, que beneficiava o clero anglicano em detrimento dos dissidentes e dos metodistas, que constituíam uma boa parcela do eleitorado. Três dias antes da eleição, Churchill declarou que, se estivesse na Câmara dos Comuns, votaria contra o projeto. Foi um gesto de puro oportunismo, mas que não persuadiu os dissidentes a lhe darem seu voto. Na verdade, levou Arthur Balfour, sobrinho de lorde Salisbury e velho amigo de Jennie, a troçar: "Eu pensava que era um rapaz promissor, mas parece que é um rapaz dado a promessas".[49] Churchill reconheceu que cometera um erro. "Não há a menor serventia em defender governos ou partidos", diria mais tarde, "a menos que se defenda a pior coisa pela qual são atacados."[50]

Em 6 de julho, Churchill recebeu 11 477 votos, perdendo por estreita margem para dois liberais radicais, Alfred Emmott e Walter Runciman, que receberam respectivamente 12 976 e 12 770 votos. "Todos jogaram a culpa em cima de mim", escreveu depois, um tanto jocoso. "Percebi que é o que quase sempre fazem. Imagino que é porque pensam que sou capaz de arcar melhor com ela."[51] Retornou a Londres, como colocou em suas memórias, "com aquela sensação de choco que uma garrafa de champanhe ou mesmo de água com gás bem representa quando está pela metade e passa a noite destampada".[52] Christine Conover, com quem manteve contato durante alguns meses, confiou a seu diário: "Embora estivesse profundamente desapontado, disse-me que pretendia tentar outra vez e esperava até ser algum dia o primeiro-ministro da Inglaterra".[53]

"Ele pode ter sido derrotado", publicou o *Manchester Courier*, "mas sabia que não sairia dessa luta em desgraça." Churchill concordou plenamente, agradecendo a lorde Northcliffe, proprietário do jornal, por seu apoio em artigo no *Daily Mail* e afirmando considerar que sua carreira não fora "seriamente prejudicada" pela derrota.[54] Desculpou-se com Balfour, que respondeu, encorajador: "Esse pequeno revés não terá nenhum efeito prejudicial permanente em seu destino político".[55] Churchill tinha então apenas 24 anos.

Como ocorreu tantas vezes na vida de Churchill, o que parecia um revés na época revelou-se com o tempo uma boa sorte. Se houvesse de fato conseguido a duras penas seu lugar na Câmara dos Comuns em 1899, não teria ido para a África do Sul, e portanto não teria surgido a ocasião para criar renome não só local ou nacional, mas também inegavelmente internacional.

Havia uma forte sensação de assunto inacabado na política de "Avanço" de lorde Salisbury na África. A Grã-Bretanha fora derrotada na África do Sul na Primeira Guerra dos Bôeres de 1880-1, pelas mãos dos africâneres descendentes de holandeses que controlavam as repúblicas independentes do Transvaal e do Estado Livre de Orange, ao norte de Natal e da Colônia do Cabo, sob domínio britânico. Joseph Chamberlain, ocupando o Ministério Colonial britânico, e lorde Milner, alto-comissário da Colônia do Cabo, já tinham avançado tanto nas repúblicas africâneres em outubro de 1899 que Paul Kruger, o líder delas, invadiu subitamente Natal e a Colônia do Cabo, esperando capturá-las antes que o Império Britânico pudesse reagir.

"Ele tem fama de presunçoso", Chamberlain avisou Milner após uma conversa com Churchill na Secretaria de Estado das Colônias. "Ponha-o na linha."[56] Se Churchill fosse fazer a cobertura de sua quarta guerra em quatro anos, precisaria de dinheiro. Conseguiu com o *Morning Post* um enorme salário de mil libras para os quatro primeiros meses do conflito, a que se seguiria um pagamento de duzentas libras mensais, mais as despesas, e marcou passagem no Navio Postal Real *Dunottar Castle*, que também estava levando o general Sir Redvers Buller, comandante-chefe britânico, à Cidade do Cabo. Como muitos outros comentaristas, Churchill não acreditava que os 250 mil bôeres resistiriam por muito tempo ao Império Britânico, com seus 350 milhões de súditos, e esperava estar de volta a tempo da corrida de cavalos do Derby, no final de maio.

Em 14 de outubro, três dias após a declaração de guerra, Churchill embarcou levando seis caixas de vinho tinto, champanhe e destilados. (Não era apenas para consumo pessoal: a bebida era uma moeda de grande utilidade em zonas de guerra.) A bordo estava também John Atkins, jornalista do *Manchester Guardian*, que assim o descreveu:

> esguio, levemente arruivado, pálido, jovial, frequentemente avançando pelo convés "com o pescoço espichado", como Browning imaginou Napoleão [...] quando se empolgava com as perspectivas de uma carreira como a do pai, lorde Randolph, então se desprendia dele um brilho que quase o transfigurava. Eu nunca vira antes esse tipo de ambição, descarada, francamente egotista, transmitindo seu entusiasmo e despertando simpatia.[57]

"Não que ele não tivesse capacidade de autocrítica", aduziu Atkins. "Até ria de seus sonhos de glória e tinha um humor travesso."[58] Esse tipo de ambição descarada podia ter despertado simpatia em Atkins, mas, numa cultura que promovia o culto do diletante inspirado, o que geralmente despertava era ressentimento.

Em 29 de outubro, o *Dunottar Castle* passou por um pequeno vapor irregular que saíra da Cidade do Cabo três dias antes. As notícias anotadas a giz num quadro-negro comprido, conforme o navio passou, diziam: "Bôeres derrotados — três batalhas — Penn Symons morto".[59] Apesar do ferimento mortal do general Sir William Penn Symons na Batalha do Monte Talana e da retirada dos soldados para a cidade de Ladysmith, em Natal, a principal preocupação de Churchill e dos demais passageiros era de que a guerra acabasse antes de desembarcarem na Cidade do Cabo, dois dias depois. Churchill não perdeu um minuto na chegada e tentou se dirigir imediatamente até Ladysmith, 230 quilômetros a noroeste de Durban. Àquela altura, os bôeres tinham interrompido a conexão ferroviária no rio Tugela e em 2 de novembro sitiaram a cidade. Mais uma vez, Churchill teve sorte em seu azar: se tivesse conseguido chegar a Ladysmith, ficaria confinado lá dentro e não poderia enviar seus despachos até a libertação da cidade, quase quatro meses depois. Ele resolveu ir para Estcourt, em Natal, onde aguardaria uma oportunidade de entrar em Ladysmith, onde o general Sir George White e o coronel Ian Hamilton, amigo de Churchill, estavam sitiados. Dividiu com Atkins uma barraca no pátio ferroviário de Estcourt. Mostrou-lhe seus artigos no *Morning Post* e perguntou: "O interesse se deve a qualquer mérito meu ou é apenas porque sou filho de Randolph?". Atkins respondeu que, se tivesse sido ele a escrever os artigos, não teriam despertado o mesmo interesse. "Veredito justo", replicou Churchill. "Mas por quanto tempo a memória de meu pai me ajudará?"[60] Atkins achava que por mais uns dois ou três anos, ao que Churchill disse: "Meu pai morreu muito novo. Preciso tentar realizar tudo o que puder até os quarenta anos".[61]

Na mesma conversa, Churchill afirmou que a tática e a estratégia militares eram "apenas uma questão de bom senso". "Ponham-se todos os elementos de um problema diante de um civil de ótima capacidade e imaginação suficiente, e ele chegará à solução correta, e aí qualquer soldado poderá formular sua solução em termos militares."[62] Essa sua convicção, somada aos erros crassos cometidos pelos generais britânicos na Guerra dos Bôeres, que presenciou ao vivo, teria profunda influência em suas ideias sobre as relações entre civis e militares nas guerras muitíssimo maiores que estavam por vir no século XX.

Em 15 de novembro de 1899, uma quarta-feira, uma dessas decisões militares idiotas iria mudar a vida de Churchill. Pouco depois do alvorecer, o coronel Charles Long, o comandante britânico da guarnição de Estcourt, enviou o capitão Aylmer Haldane em patrulha num trem blindado, com uma companhia de Fuzileiros de Dublin e a Infantaria Ligeira de Durham em três vagões, junto com um canhão naval de sete libras. Não havia ninguém a cavalo, decisão que Buller atribuiu depois a uma "inconcebível estupidez".[63] Churchill não precisava acompanhar a expedição, mas, como reconheceu depois, estava "ávido por encrencas", dizendo a Atkins: "Estou com uma sensação, uma espécie de intuição de que, se eu for, algo resultará disso. É irracional, eu sei".[64] Atkins dispensou a oportunidade, bem como o principal correspondente de guerra do *Times* na África do Sul, Leo Amery, contemporâneo de Churchill em Harrow.

O trem era um alvo absurdamente fácil para Louis Botha, o líder do destacamento bôer, que o deixou seguir para o norte rumo a Chieveley antes de colocar pedras nos trilhos, quando a composição se aproximava de uma curva perto do rio Blauuw Krantz, na viagem de volta.[65] Embora tivessem visto os homens de Botha quando seguiam para Chieveley, Churchill persuadiu Haldane a não dar meia-volta, de forma que teve sua parcela de responsabilidade em dar aos bôeres tempo suficiente para armar a emboscada.[66] Mais tarde, apresentou ao major-general H. J. T. Hildyard uma versão que ressaltava o húbris de ambos naquele dia, a sua e a de Haldane, admitindo que "prosseguiram confiantes até o raio de alcance dos bôeres, sem saber que tinham armas [artilharia] com eles, esperando dar-lhes uma lição".[67] Ao bater nas pedras, a locomotiva conseguiu se manter nos trilhos, mas os três vagões descarrilaram, e o da frente saiu totalmente da ferrovia. A artilharia e os atiradores bôeres lançaram granadas e atiraram nos vagões derrubados, e logo silenciaram o canhão.

Churchill demonstrou grande bravura e iniciativa ao conduzir alguns sobreviventes até o trilho e passar meia hora removendo da linha os dois vagões virados, para que a locomotiva, embora muito danificada, pudesse voltar para Estcourt com cinquenta sobreviventes, na maioria feridos, enquanto ele permanecia para reunir o restante dos soldados, que tinham sido vítimas da emboscada e estavam em inferioridade numérica.[68] Ao todo, passou cerca de uma hora e meia sob fogo quase ininterrupto. Os bôeres eram famosos pela pontaria certeira, e Churchill teve sorte em sobreviver. Em Estcourt, Atkins conversou com uma dúzia de fugitivos e juntou as peças do que havia acontecido. "Contaram-nos que Churchill ficou rodeando os escombros enquanto as balas atingiam as chapas blindadas, e chamou voluntários para desengatarem a locomotiva; que repetia 'Mantenham a calma, pessoal' e 'Isso vai ser interessante para meu artigo!'; e que, quando o maquinista levou um tiro de raspão na cabeça e estava prestes a fugir, ele pulou dentro da cabine para ajudá-lo e disse: 'Ninguém é atingido duas vezes no mesmo dia'."[69] (Onze anos depois, Churchill indicou o maquinista e o foguista para a Medalha Albert.) Os que conseguiram sair vivos da locomotiva concederam a Churchill, que ficou para trás com a maioria dos soldados, grande parte dos créditos pela fuga.

Depois da partida da locomotiva, com seis mortos e 35 feridos no destacamento de 120 homens (um índice de baixas de cerca de um terço, ainda mais alto do que na carga em Omdurman), aos demais não restou senão se renderem. Mais tarde, Churchill contou a Atkins que os bôeres tinham arrebanhado os prisioneiros "como gado! A maior indignidade de minha vida!".[70]* Mais tarde, Churchill afirmou que fora capturado por Louis Botha, que nem estava lá no momento, mas era um pequeno exagero num desempenho que, afora isso, foi excepcionalmente louvável. Por sorte, estava desarmado no momento da captura, pois deixara a Mauser na locomotiva durante o trabalho de remover os vagões. Mesmo assim, houve alguma discussão entre os bôeres se deviam matá-lo como espião, considerando que ele havia dito a Louis de Souza, o ministro da Guerra bôer, que, como jornalista, devia ser libertado.

O procurador de Estado africâner que o interrogou, Jan Christian Smuts, advogado formado em Cambridge, de início foi contrário à sua soltura. "Lembro-me de quando nos vimos", disse Churchill, passados mais de cinquenta anos. "Eu estava molhado e todo desmazelado. Ele me interrogava sobre o papel que eu desempenhara [...] um momento difícil."[71] Por ter se conduzido de forma instintiva como oficial militar combatente, e não como um correspondente de guerra fora de combate, Churchill foi preso.

O primeiro dos 66 telegramas e das 35 cartas de Churchill na guerra foi publicado no *Morning Post* em 16 de novembro, mas tão cedo não sairiam outros, pois Churchill estava a caminho da Prisão da Escola-Modelo Pública, em Pretória, instalada num colégio convertido às pressas. Em 18 de novembro, num pós-escrito a uma carta que escreveu para a mãe tão logo chegou, ele alertou: "[O banco de] Cox deve ser instruído a cobrir qualquer cheque que eu assinar".[72] Não via nenhum motivo para que a prisão interferisse em suas necessidades pessoais.

Foi nesse período de cárcere que Churchill veio a entender por que os bôeres tinham tamanha aversão ao domínio britânico, que atribuiu ao "permanente medo e ódio ao movimento que procura colocar o nativo no mesmo nível do homem branco".[73] Churchill não nutria nenhuma simpatia pelo agressivo supremacismo branco dos africâneres, do qual seus instintos paternalistas divergiam totalmente. Escreveu sobre uma futura sociedade sul-africana em que "o negro será proclamado igual ao branco [...] será constituído como seu igual jurídico,

* Em dezembro de 1902, ele escreveu um conto chamado "On the Flank of the Army" para a revista *Youth's Companion*, de Boston. Era uma narrativa emocionante sobre o tenente Henry Morelande, um lanceiro ex-harroviano de elite, que foi capturado por um Comando bôer, mas fugiu com a ajuda de um bôer por ter nobremente poupado a vida de seu filho. Morelande/Churchill ficou horrorizado com a captura. "A vergonha, a náusea e a fúria mergulharam o subalterno no mais profundo abatimento [...]. E perder todas as oportunidades da campanha — ser um mísero prisioneiro!, exclamou com um sonoro gemido" (*Windsor Magazine*, mar. 1903).

será dotado de direitos políticos", perspectiva que enfurecia os africâneres tal como "uma tigresa a quem roubassem os filhotes".

Como seria de esperar da parte de alguém tão ansioso em realizar o máximo no menor tempo possível, a perspectiva de ficar atrás das grades era desesperadora. "Hoje faço 25 anos", escreveu a Cockran em 30 de novembro. "É terrível pensar como resta pouco tempo."[74] Mais tarde escreveu: "As horas se arrastam como centopeias paralíticas. Nada nos entretém. Ler é difícil; escrever, impossível. Sem dúvida, odiei cada minuto do cativeiro mais do que odiei qualquer outra época de minha vida".[75] Fazia exercícios no presídio e se entregava a seu incipiente interesse por borboletas.* Também tinha autorização de escrever cartas, e começou logo pelo topo.

"Arrisco-me a pensar que Vossa Alteza Real se interessará em receber uma carta minha a partir deste endereço", escreveu Churchill ao príncipe de Gales, num papel muito fino, de prisão, "embora, claro, a censura me impeça de escrever livremente [...]. Considero uma desventura ter sido capturado tão cedo nas operações e gostaria de ter escrito algum relato geral da guerra. No entanto, já é alguma coisa estar vivo e com saúde e, quando vejo tantos soldados e voluntários mutilados por tantos horríveis ferimentos, não posso deixar de me sentir grato por ter sido preservado — ainda que como prisioneiro."[76] Disse que a desobstrução da ferrovia fora "muito arriscada e emocionante", acrescentando: "que estrondo espantoso fizeram os grandes projéteis explodindo e batendo entre os vagões de ferro".

Numa terça à noite, em 12 de dezembro de 1899, Churchill escalou a grade de ferro da prisão, atrás do banheiro, quando o sentinela estava de costas. "Eu tinha chegado à conclusão de que perderíamos a noite toda em hesitações, a menos que se decidisse a questão de uma vez por todas", escreveu depois a respeito dos colegas de fuga, Haldane e um certo sargento Brockie, que estavam em dúvida se aquele era o momento adequado para fugir.

> E quando o sentinela se virou para acender o cachimbo, saltei para a beirada do muro e em poucos segundos estava em segurança no jardim do outro lado. Ali me agachei e esperei os outros virem. Contava que chegassem a qualquer minuto. Minha posição no jardim era muito preocupante porque tinha atrás de mim apenas alguns arbustos baixos e desfolhados, havia pessoas passando constantemente nas duas direções e as luzes da casa estavam acesas. Ao todo, fiquei mais de uma hora e meia no jardim esperando que os outros se juntassem a mim. Duas vezes, um homem da casa percorreu uma trilha a sete ou oito metros de mim.[77]

* O especialista em borboletas Hugh Newman, mais tarde, descreveu Churchill como "se não um lepidopterologista pleno, ao menos um discípulo na área" (*FH*, n. 89, p. 35).

Como disse a Leo Amery trinta anos depois: "Ele deu todas as chances aos outros, mas não aproveitaram, insistiram que voltasse, o que ele não faria (conversaram através das grades), e assim lhe deram [...] sua bênção".[78]

Depois de esperar o quanto pôde, Churchill andou pela capital bôer à noite, na intenção de chegar à África Oriental Portuguesa (atual Moçambique), que era neutra. Teve de percorrer quase quinhentos quilômetros de território inimigo, sem mapa, sem bússola, sem comida, sem dinheiro, sem arma de fogo nem conhecimento do idioma africâner. Ao que parece, a falta de bússola não foi motivo de preocupação, pois se orientava pelas estrelas, uma delas em particular. "Órion brilhava muito", relembrou. "Mal fazia um ano que me guiara, quando estava perdido no deserto, até as margens do Nilo. Dera-me água. Agora ia me levar à liberdade."[79] As pessoas costumam acreditar nos astros de modo geral; Churchill especificava claramente qual era o seu.

Com soberba desfaçatez, deixou na cela uma carta para Souza, dizendo-lhe que considerava que o governo de Pretória não tinha nenhum direito de detê-lo e, por isso, "decidi escapar à sua custódia". Não hesitou em reconhecer, porém, que o tratamento que os bôeres davam aos prisioneiros era "correto e humano" e prometeu: "Quando eu voltar às linhas britânicas, farei uma declaração pública nesse sentido". Também agradeceu sua cortesia pessoal e manifestou a esperança "de que possamos nos reencontrar em Pretória dentro de não muito tempo e em outras circunstâncias".[80]

Um ano depois, Churchill resumiu sua rota de fuga num discurso no Hotel Waldorf Astoria, em Nova York: "Atravessei as ruas de Pretória sem ser visto e consegui embarcar num trem carvoeiro, onde me escondi entre os sacos de carvão. Quando descobri que o trem não estava indo na direção que eu queria, saltei".[81] Depois de saltar tanto para subir como para descer de um trem em movimento, agora estava com fome. Entrou num pequeno bosque ao lado de uma ravina funda, pretendendo esperar o amanhecer. "Eu tinha um único consolo", escreveu depois, "ninguém no mundo sabia onde eu estava — nem eu me reconhecia [...]. Minha única companhia era um abutre gigantesco, que manifestou um desmedido interesse por minha condição, e de tempos em tempos soltava gorgolejos sinistros e assustadores".[82] Seis anos depois, narrou ao público presente no Central Hall, em Manchester, entre sonoros aplausos e risos: "Viajei uma certa distância num vagão de carvão, do qual saltei na noite, de ponta-cabeça, e me refugiei numa moita. Foi nessa moita que encontrei o abutre. Ninguém vai acreditar em meu abutre. Pouco me importa se acreditam ou não. Era um abutre".[83] Mais tarde disse ao sobrinho que aquela fuga tinha sido a única vez na vida em que "rezei com toda a sinceridade".[84] "Vagueei sem destino por muito tempo, passando fome", relembrou, "e por fim resolvi que precisava procurar ajuda a qualquer custo. Bati à porta de uma *kraal* [cabana], esperando encontrar um bôer e, para minha alegria, descobri que era ocupada por um inglês chamado Herbert Howard, que no fim me ajudou a alcançar as linhas britânicas."[85]

John Howard — Churchill havia alterado levemente o nome dele, para protegê-lo — era um engenheiro de minas britânico que o escondeu em sua mina por três dias, entre ratazanas que corriam pelo rosto dele depois que as velas se derretiam e se apagavam, e então, junto com alguns outros corajosos britânicos que viviam lá, inclusive um certo sr. Dewsnap, ajudou-o a se esconder debaixo de um vagão de carvão com destino a Lourenço Marques (atual Maputo), capital da África Oriental Portuguesa. Na prisão, talvez não descobrissem tão cedo a ausência de Churchill se ao menos tivesse cancelado o horário com o barbeiro, que chegou para lhe fazer o cabelo e a barba e, não o encontrando, deu o alarme.[86] Pelo visto, nem lhe passou pela cabeça que poderia cuidar pessoalmente de sua toalete. Os bôeres deram início a uma caçada humana, cobrindo centenas de quilômetros, inclusive com revistas de casa em casa, mas de nada adiantou.*

Após sua chegada ao Consulado britânico em Lourenço Marques em 22 de dezembro, ingleses armados foram colocados de guarda para impedir que os bôeres locais o recapturassem. O cônsul britânico o levou para tomar um banho quente e mandou queimarem suas roupas imundas. "Que pena", disse Churchill quando soube; "queria para Madame Tussaud."[87] Tomou um navio para Durban, aonde chegou em 23 de dezembro como herói de grande popularidade. Sem que soubesse, sua fuga sensacional tinha sido o único momento de brilho numa fase calamitosa para o Império. O Exército britânico fora derrotado em nada menos que três batalhas, em Stromberg, Magersfontein e Colenso — a notória "Semana Negra" de 10 a 17 de dezembro, quando 2700 homens foram mortos, feridos ou capturados.

Uma grande multidão entusiasmada o recebeu nas docas, onde ele subiu num riquixá e fez um discurso improvisado. "Estamos no meio de uma luta feroz com uma grande potência militar", informou, "que está decidida a satisfazer sua imprudente ambição a qualquer custo, expulsando os britânicos da África do Sul." "Nunca", gritaram na multidão, e uma voz bradou: "Nunca, enquanto tivermos bons camaradas como você!". Churchill prosseguiu:

> Cabe ao povo da África do Sul, ao povo da Colônia do Cabo e ao povo de Natal dizer se a bandeira britânica será ou não baixada desse país. Quando vejo a meu

* Lamentavelmente, o famoso "cartaz vivo ou morto 25 libras" para a captura de Churchill era falso; não foi oferecida nenhuma recompensa do gênero; não foi emitido pela polícia bôer; o homem cuja assinatura aparecia no documento não ocupava na época a função que lhe foi atribuída; algumas versões do cartaz empregavam fontes tipográficas que só vieram a existir em 1928. Churchill nem sabia disso, porém, e se divertiu muito com essa história mais tarde.

redor uma tal multidão como esta, uma tal determinação e um tal entusiasmo, sinto a certeza de que, quaisquer que sejam as dificuldades, quaisquer que sejam os perigos e a força que podem trazer contra nós, ao final teremos sucesso.

Houve mais aclamações, e um senhor de idade gritou: "Deus o abençoe, meu menino".[88]

Nos anos subsequentes, surgiram tentativas de questionar o heroísmo de Churchill na fuga da prisão. Um processo por calúnia e difamação, em 1912, alegava que ele deixara deliberadamente Haldane e Brockie para trás. De fato, Brockie insultara Churchill devido à sua conduta pouco cavalheiresca depois de partir, mas Haldane assinalou em abril de 1931, depois da publicação de *Minha mocidade*, em que a fuga era narrada, que havia uma cláusula na Lei das Forças Armadas declarando que (na paráfrase de Haldane): "Se um oficial, um prisioneiro, vê a oportunidade de escapar e não a aproveita, pode ser punido".[89] Churchill vira sua oportunidade e aproveitara, ao passo que os outros não. Como reconheceu em *Minha mocidade*, a fuga e a imensa fama que lhe trouxe, tanto na Grã-Bretanha como no mundo todo, "iriam assentar os alicerces de minha vida posterior".[90]

Na manhã de 6 de janeiro de 1941, mesmo com diversos assuntos mais prementes na cabeça, Churchill disse a seu secretário particular que sempre se lembrava do aniversário daquela data em 1900, quando o general Buller lhe dera o posto de tenente na Cavalaria Ligeira Sul-Africana, de setecentos homens,* sem exigir que renunciasse ao serviço de correspondente de guerra.[91] Buller lhe dissera que não receberia soldo, mas não fazia mal, pois estava recebendo pagamento do *Morning Post*.

Muitos correspondentes de guerra não correriam mais outros riscos durante o conflito, e alguns voltaram para casa depois da fuga da prisão. Churchill foi para a frente de batalha mais uma vez, agora formalmente como soldado. Quatro dias depois, ofereceu-se como voluntário para levar uma mensagem de seu comandante, coronel Julian "Bungo" Byng, ao general Sir Francis Clery, a cerca de trinta quilômetros de distância. Byng "considerou a oferta corajosa, pois nem ele nem eu sabíamos se havia grupos de bôeres de tocaia nos arredores".[92] Churchill disse a Byng que queria ganhar a Ordem por Distinção de Serviços Prestados, "pois ficaria muito bonita nas togas de chanceler do Tesouro".[93] Byng falou que "precisaria antes entrar no Parlamento, se conseguisse que algum eleitorado o aceitasse!". Àquela altura, Churchill podia presumir com bastante exatidão que era ele quem escolheria seu eleitorado no retorno à Inglaterra.

* Chamados de "Passarinhos" por causa das plumas no alto do quepe.

"Ah, guerra horrível", escreveu no despacho para o *Morning Post* de 22 de janeiro de 1900, "mescla assombrosa entre o glorioso e o sórdido, o lastimável e o sublime, se os homens modernos de luzes e liderança vissem seu rosto mais de perto, o povo comum dificilmente chegaria a vê-lo."[94] Nos dois dias seguintes, Churchill viu uma boa dose do lado lastimável e sórdido da guerra, atuando como oficial de ligação entre o general Sir Charles Warren, um dos piores da Guerra dos Bôeres, e o coronel Alexander Thorneycroft, que comandou o ataque inicial — na colina errada — durante a Batalha de Spion Kop, horrorosamente mal conduzida, outro desastre militar britânico.* Churchill era novato demais como oficial para que recaísse qualquer culpa sobre ele, mas conheceu de perto a incompetência militar que infestava o Exército. No combate, escapou por um triz de vários projéteis, um dos quais cortou as longas plumas da cauda de viúva-rabilonga que lhe adornavam o quepe.[95] Como disse numa ocasião anterior: "A bala é brutalmente insensível a diferenciações e, diante dela, o cérebro de um herói e o lombo de um cavalo têm exatamente a mesma probabilidade de receber uma polegada quadrada vertical".[96] Em 12 de fevereiro, ele foi com seu irmão Jack, que se apresentara como voluntário para o serviço militar, numa missão de reconhecimento no monte Hussar, onde Jack foi atingido na perna.** "Foi seu batismo de fogo", disse Churchill mais tarde, "e desde então reflito sobre o estranho capricho que derruba um homem em sua primeira escaramuça e protege outro vez após vez. Mas imagino que, no final, todos os lançadores serão atingidos. Para manter as aparências compadeci-me do infortúnio de meu irmão [...] mas em segredo confesso-me bem contente que esse jovem cavalheiro tenha sido honrosamente afastado do perigo por um mês."[97] Para Atkins: "Era como se [Jack] tivesse pagado as dívidas do irmão".[98]

Ladysmith enfim foi libertada, em 28 de fevereiro de 1900, após 118 dias de um cerco esgotante, quando restavam para os defensores apenas três ou quatro dias de ração. Churchill estava presente, e aquele foi seu maior furo jornalístico da guerra. Em *Minha mocidade*, contou que galopara "pela planície pontilhada de arbustos" com dois esquadrões da Cavalaria Ligeira Sul-Africana e entrou em Ladysmith. "Seguimos e, no alto de uma ladeira com casas de telhado de lata, encontramos Sir George White a cavalo, trajado impecavelmente. Então entramos todos juntos na cidade longamente sitiada e quase morta de fome. Foi um momento emocionante. Naquela noite jantei com os membros do quartel-general."[99]***

* Em outra área do mesmo campo de batalha, Mohandas Gandhi servia como padioleiro.

** Jack teve de ficar por um mês no navio-hospital no qual sua mãe fora até a Cidade do Cabo e para o qual, numa dinâmica e patriótica iniciativa, conseguira doações para deixá-lo totalmente equipado.

*** Esse relato, que indica a presença de Churchill quando White foi liberado, às seis da tarde, e que

Depois de Ladysmith, Churchill prosseguiu impertérrito em suas aventuras na Guerra dos Bôeres: o cavalo em que estava montado foi atingido em final de abril; no fim de maio, à paisana, percorreu de bicicleta a cidade de Johannesburgo, ocupada pelos bôeres; encontrou Milner na Cidade do Cabo e caçou chacais em Table Mountain com seu ajudante de campo, o duque de Westminster.[100] Em 16 de maio, publicou um livro sobre essas aventuras, *London to Ladysmith via Pretoria* [De Londres a Ladysmith via Pretória], cuja tiragem inicial de 10 mil exemplares se esgotou rapidamente. Em 5 de junho de 1900, entrou em Pretória com a Cavalaria Ligeira Sul-Africana e libertou a prisão onde antes estivera preso, arrancando a bandeira bôer enquanto o major Cecil Grimshaw, seu ex-companheiro de cela, substituía por uma bandeira britânica que carregou entre os dentes enquanto escalava o mastro.

Seis dias depois, Churchill lutou na Batalha do Monte Diamond com "destacada bravura", nas palavras do comandante britânico Ian Hamilton.[101] Churchill guardou um grande fragmento de metralha que caíra durante a batalha entre ele e o primo Sunny, duque de Marlborough, e que depois daria ao duque, com uma inscrição em prata dizendo: "Este fragmento de uma metralha de trinta libras caiu entre nós e pode ter nos separado para sempre, mas agora é um símbolo de união". (Hoje está em exposição no Palácio de Blenheim.) Hamilton tentou que concedessem a Churchill um prêmio por bravura pelo valor que mostrara na batalha, mas a iniciativa foi bloqueada, provavelmente por Kitchener, com o argumento de que ele era sobretudo um correspondente de guerra e soldado apenas em segundo lugar.[102] Numa foto tirada nessa época, Churchill aparece com um fino bigode, que logo raspou por ser de um loiro claro demais, e sua medalha espanhola.[103] Ao todo, Churchill foi agraciado com nada menos que seis broches em sua Medalha Real da África do Sul: Diamond Hill, Johannesburgo, Libertação de Ladysmith, Estado Livre de Orange, Alto Tugela e Colônia do Cabo. As aventuras de Churchill na Guerra dos Bôeres lhe granjearam grande fama, deram-lhe várias oportunidades de demonstrar enorme coragem física,

---

os dois jantaram juntos na noite em que o cerco foi levantado, foi amplamente desmentido em 1954 pelo general Sir Hubert Gough, o qual escreveu em sua biografia *Soldiering On* [Continuando a servir] que Churchill e seu oficial de comando, o conde de Dundonald, só foram vistos em Ladysmith às oito da noite, depois de escurecer e quando a Cavalaria Ligeira Imperial e os Carabineiros de Natal já haviam levantado o cerco da cidade. Gough acrescentou que as observações de Churchill "talvez não o mostrem como rapaz muito simpático e agradável, mas pode-se reconhecer nelas a energia e a capacidade de entusiasmo emocional que o moviam profundamente e deram as bases para seu poder de liderança" (Gough, *Soldiering On*, p. 81). Churchill não seria o primeiro correspondente de guerra a exagerar a verdade, mas as autobiografias de Dundonald e do marechal de campo lorde Birdwood, ambos também testemunhas oculares, cujas memórias foram publicadas em 1934 e 1941, muito antes das de Gough, corroboram plenamente o relato de Churchill.

renderam-lhe um bom dinheiro como jornalista e lhe trouxeram vários amigos para toda a vida, como Hamilton e Westminster, de quem veio a ser padrinho de casamento em 1930.

Em fevereiro de 1900, saiu o romance *Savrola*, de 70 mil palavras, publicado em Boston e Londres. Churchill escrevera um quarto do texto na Índia, em 1897, mas precisou interromper para publicar antes seus dois outros livros. Foi sua única obra de ficção, dedicada a seus colegas oficiais do 4º Regimento dos Hussardos. Mais tarde, gracejaria: "Tenho insistido sistematicamente com meus amigos para que não o leiam", mas vale a pena examinar *Savrola* por oferecer uma ocasião, como disse muitos anos depois o romancista Sir Compton Mackenzie, "de ver os sonhos de um jovem promissor, não só sobre seu futuro pessoal, mas também sobre o futuro político de ditadores e comunistas".[104] Dizem que, em geral, o primeiro romance de um autor é pelo menos em parte autobiográfico, e *Savrola* não é exceção, embora o herói epônimo pareça ter também muitos traços do pai de Churchill. (A sra. Everest também aparece como Bettine, a governanta leal e devotada do protagonista.)

O romance se passa num país balcânico fictício chamado Laurânia, governado pelo ditador presidente Antonio Molara, cinco anos após uma brutal guerra civil. O Partido Nacional, favorável à democracia, é comandado por Savrola, um intelectual e também homem de ação, bem-educado e bem-apessoado, de 32 anos de idade. A história começa quando Molara está prestes a retirar o direito de voto de metade do eleitorado, a fim de assegurar sua vitória nas eleições seguintes. Savrola, que era muito instruído — "havia em sua escrivaninha um volume dos *Ensaios* de Macaulay" —, era o líder efetivo da oposição. "A ambição era a força motriz", lê-se, "e ele era incapaz de resistir a ela."[105] Lucile, a bela esposa de Molara, está saindo do palácio presidencial no exato momento em que Savrola chega para protestar contra o massacre de quarenta manifestantes no dia anterior, e surge uma forte atração mútua. Miguel, o odioso secretário de Molara, pérfido como um Iago, sugere que Savrola podia sofrer "um acidente" logo antes de ser eleito para o Senado, mas o ditador receia que isso desencadeie uma revolução. Prefere pedir a Lucile que descubra quais são os planos de Savrola.

Lucile assiste secretamente a um vigoroso discurso de Savrola perante 7 mil pessoas. Ele nota sua presença bem a tempo, salvando-a de ser esmagada pela multidão. Há então uma insurreição, uma invasão, a intervenção de um navio de guerra britânico e um beijo entre Savrola e Lucile, que é interrompido por Molara e Miguel. Sacam-se revólveres e segue-se um grande melodrama — inclusive com Molara batendo com o dorso da mão no rosto da esposa e referindo-se a ela como "meretriz".[106] Nas cenas finais, Molara morre, Miguel troca de lado duas vezes e Savrola é obrigado a se exilar com Lucile, mas, "depois de se aplacarem os tumultos, o coração das pessoas se voltou novamente para o ilustre exilado que lhes havia trazido a liberdade e a quem tinham desertado na hora da vitória".[107]

*Savrola* foi um grande sucesso comercial, rendendo setecentas libras para Churchill — cerca de seis anos de soldo militar. Trazia várias frases memoráveis como "A bravura cavalheiresca não está entre as características próprias da democracia exaltada", e "É difícil, se não impossível, censurar uma bela mulher; ela se mantém bela e a crítica recua". Churchill, porém, nunca mais escreveu outro romance.

A magnanimidade após a vitória era uma política que Churchill veio a adotar como uma constante ao longo da carreira. Numa carta ao *Natal Witness* em março de 1900, insistiu que os bôeres fossem tratados com leniência, argumentando que o espírito de vingança era errado, "em primeiro lugar porque é moralmente perverso, em segundo porque é pragmaticamente tolo. A vingança pode ser doce, mas é também muito cara [...]. Também precisamos facilitar que o inimigo aceite a derrota. Precisamos persuadir, além de obrigar".[108] Mal sabia ele que lhe caberia, ao fim, integrar o Transvaal e o Estado Livre de Orange ao Império Britânico.

Em 20 de julho de 1900, Churchill retornou à Grã-Bretanha como herói nacional. Recebeu propostas de nada menos que onze associações eleitorais dos conservadores para concorrer na eleição geral em fins de setembro, na qual lorde Salisbury pretendia capitalizar o apoio dado à Guerra dos Bôeres. Churchill escolheu disputar novamente o eleitorado de Oldham, com direito a dois membros, dizendo a Arthur Balfour que acreditava que sua fama poderia render um assento no Parlamento não só para si, mas também para seu companheiro de chapa tory: "Eu poderia ter escolhido outras vagas mais seguras, porém estou especialmente ansioso em reconquistar esses dois assentos para o partido e penso, de fato, que há uma chance bastante boa de sucesso".[109]

Nos discursos de comício, Churchill de fato empregava as analogias e extravagâncias que havia recomendado em "The Scaffolding of Rhetoric", chamando os liberais de "pedantes, santarrões e novidadeiros" e acusando-os de esconder sua ideologia "às vistas do público como um sapo num buraco, mas, ao se apresentar em toda a sua feiura, os tories terão de cortar a coisa imunda membro por membro".[110] Na disputa eleitoral, pela primeira vez refutou frontalmente a difamação. "Disseram que eu vivia bêbado", disse num comício em Oldham; "que fui expulso do Exército; que tive uma briga com meu colega [conservador, em Oldham], o sr. Crisp, e que me descontrolei a tal ponto que lhe dei um soco na cara. Para dar algumas tintas à mentira, um salafrário desavergonhado atirou um tijolo e cortou o rosto do sr. Crisp."[111]

Num dos comícios eleitorais, no Teatro Real de Oldham, Churchill elogiou Dan Dewsnap, um morador local que foi um de seus salvadores durante a fuga da prisão. "A esposa dele está na galeria!", gritou alguém da plateia, fato que despertou "júbilo geral".[112] Era o tipo de propaganda política que nenhum dinheiro conseguiria comprar. Aliás, grande parte de suas despesas eleitorais foi bancada pelo duque de Marlborough.[113] Churchill errara ao se vangloriar a Balfour de que sua fama ganharia os dois assentos para os conservadores. Em 1º de outubro, foi eleito com 12931 votos, logo atrás de Alfred Emmott, com 12947, assim tomando o lugar de Walter Runciman, que teve 12709 votos, à frente de Charles Crisp, com 12555. Era extraordinário que houvesse apenas 392 votos de diferença entre o primeiro e o último lugar, num total de 50 mil votos.

"Os números me mostraram claramente que foi apenas a popularidade pessoal resultante da recente guerra sul-africana que me elegeu", informou a lorde Salisbury. "Sem o voto pessoal — provavelmente apolítico —, eu teria ficado atrás do sr. Runciman."[114] A legenda de uma charge de "Spy"* na *Vanity Fair*, publicada logo em seguida, analisava muito bem a situação: "Ele é ambicioso; pretende avançar e ama seu país. Mas dificilmente pode ser visto como escravo de um partido". A vitória apertadíssima de Churchill fazia parte de uma votação maciça na coalizão unionista de lorde Salisbury, com 402 parlamentares conservadores e unionistas liberais eleitos para apoiar o governo, contra 184 liberais, dois parlamentares do novo Partido Trabalhista (formado em fevereiro daquele ano) e 82 nacionalistas irlandeses.

Antes mesmo de chegar ao Parlamento, o novo congressista combatera em quatro guerras, publicara cinco livros (o mais recente, *Ian Hamilton's March* [A marcha de Ian Hamilton], continuação de *From London to Ladysmith* [De Londres para Ladysmith], saiu doze dias após a eleição), escrevera 215 artigos para jornais e revistas, participara da maior ofensiva de cavalaria em cinquenta anos e realizara uma fuga espetacular da prisão. "Aos 25 anos, combatera em mais continentes do que qualquer outro soldado na história, à exceção de Napoleão", anunciaria um resumo biográfico da época, "e vira tantas campanhas quanto qualquer general em vida."[115]

Churchill era insistente, isso não havia como negar. Lançava mão de atalhos, empregava de propósito "extravagâncias" e exageros para efeitos políticos e fora criticado por forçar situações. Também aprendera a escrever e discursar magnificamente bem, demonstrava uma autoconfiança sem limites, desenvolvera uma grossa couraça contra críticas, sabia falar bem em público e atestara grande coragem não só física como moral. A fuga da prisão mostrou que sabia agarrar uma oportunidade quando surgia. Em suma, estava pronto para a vida política.

* "Spy" era o pseudônimo usado pelo retratista e caricaturista Leslie Ward. (N. T.)

# 4. Mudando de lado

## *Outubro de 1900 a dezembro de 1905*

*A Câmara dos Comuns [...] é uma espécie de faculdade ou de teatro onde os homens com nascente talento têm a chance de revelar não só sua capacidade para os assuntos parlamentares e públicos, mas também seu caráter e sua personalidade.*

Discurso de Churchill num almoço de jornalistas, fevereiro de 1940[1]

*Uma atenção razoável aos próprios interesses não é um vício público nem privado. É mera afetação fingir que estadistas e soldados que lograram fama na história eram indiferentes a seu avanço pessoal, incapazes de se ressentir das injúrias ou se guiavam em suas ações públicas apenas pelo altruísmo.*

Churchill, *Marlborough*[2]

Em 28 de julho de 1900, Jennie Churchill se casou com George Cornwallis-West, um oficial do Exército bem-apessoado, nascido quinze dias antes de seu primogênito, com poucos recursos financeiros. Churchill alertara a mãe no ano anterior de que "belos sentimentos e barriga vazia não combinam"; claro que, pouco depois, o casal ficou sem dinheiro.[3] Foi um matrimônio tempestuoso, que acabou com Cornwallis-West abandonando Jennie publicamente e com o divórcio em 1913. Ficou claro que Churchill não podia contar muito com seu fundo fiduciário. Como até 1911 os parlamentares não eram remunerados, ele precisava de um ganha-pão.

O Parlamento esteve em recesso até meados de fevereiro de 1901, e Churchill passou o período pós-eleitoral fazendo rentáveis palestras públicas na Grã-Bretanha e na América do Norte, especialmente sobre suas aventuras na África do Sul, ilustradas com slides projetados por uma "lanterna mágica". Teve o cuidado de não se gabar demais. Durante um jantar, gracejou: "Estive lendo um livro chamado *Twice Captured* [Duas vezes capturado], título extraordinário, pois é extremamente fácil ser capturado. Também seria muito fácil alguém dar a seu livro o nome de 'Duas vezes falido'".[4] A turnê britânica rendeu a Churchill 3782 libras por 29 apresentações. Ian Hamilton, que costumava visitá-lo no apartamento do número 105 da Mount Street em Mayfair (que Sunny Marlborough cedia gratuitamente a Churchill), relembrou "sua alegria ao me contar que descobrira que podia se afastar do discurso preparado e improvisar, como um passarinho saltando de um galho de árvore e voltando antes que conseguissem apanhá-lo".[5] Em novembro de 1900, Churchill foi eleito para o Carlton Club, quase um pré-requisito para os políticos conservadores, e por coincidência no mesmo dia de ingresso de outro novo parlamentar, o empresário Andrew Bonar Law, nascido no Canadá.

Churchill chegou a Nova York em 8 de dezembro de 1900, a bordo do vapor *Lucania*, da Cunard Line. "Desta vez venho aos Estados Unidos atrás de lucro, não de prazer", disse a Bourke Cockran, admitindo sentir "um nervosismo não desprezível ao embarcar no mar tempestuoso do pensamento e do debate norte-americanos".[6] "Não estou aqui para me casar com ninguém", declarou aos repórteres que o aguardavam no cais. "Não vou me casar e gostaria que isso ficasse muito claro."[7] Quando lhe perguntaram se foi a Providência ou uma jovem africâner que o ajudara a escapar da prisão, ele respondeu enigmaticamente: "Às vezes são a mesma coisa".[8] Naquela noite no Press Club, desfrutando o charuto e o conhaque depois do jantar, ele comentou: "Depois de ver muitas nações, depois de viajar pela Europa e depois de ter sido prisioneiro dos bôeres, vim a concluir que, no fim, a principal característica dos anglófonos, comparados a outros povos brancos, é que eles se lavam, e se lavam periodicamente. A Inglaterra e os Estados Unidos estão separados por um grande oceano de água salgada, mas unidos por uma eterna banheira de água e sabão".[9] Não era propriamente uma estreia muito nobre do conceito de "associação fraterna" entre os povos anglófonos de que se apropriaria mais tarde.

Em 10 de dezembro, Churchill se encontrou com o vice-presidente eleito Theodore Roosevelt em Albany, capital do estado de Nova York, mas não se deram muito bem. "Vi aqui o inglês* Winston Churchill", escreveu Roosevelt a um

* Para diferenciá-lo do conhecido romancista norte-americano de mesmo nome.

amigo; "embora não seja um sujeito atraente, fiquei interessado em algumas coisas que disse."[10] Mais tarde, a filha de Roosevelt concluiu com perspicácia que os dois não simpatizaram muito por serem parecidos demais. Foi ninguém mais, ninguém menos que Mark Twain quem apresentou Churchill em sua primeira palestra em Nova York, seis dias depois, dizendo: "O sr. Churchill é inglês por parte de pai e americano por parte de mãe, sem dúvida uma mistura que gera o homem perfeito".[11]

Como muitos norte-americanos, Twain fora contrário à Guerra dos Bôeres, e Churchill foi sonoramente vaiado e apupado numa turnê pela Universidade de Michigan em Ann Arbor. Depois, porém, arranjou um jeito esperto de desviar a hostilidade pró-bôer do público irlandês-americano em Chicago, que chegara cheio de animosidade e "de uísque" para apupá-lo sem dó nem piedade. Alterando a narrativa histórica estrita da batalha, Churchill apresentou os britânicos à beira de uma derrota esmagadora quando, "nessa situação desesperada, chegaram os Fuzileiros de Dublin! Os corneteiros soaram o toque de carga e o inimigo foi varrido do campo de batalha".[12] O público, dividido por um instante entre a anglofobia e a consanguinidade, seguiu o coração e aclamou a suposta vitória irlandesa.

"Fico muito orgulhoso com o fato de não existir um indivíduo em 1 milhão que, com minha idade, tenha recebido em menos de dois anos 10 mil libras [cerca de 1 milhão em valores atuais] sem nenhum capital", gabou-se Churchill à mãe no primeiro dia do novo século. "Mas às vezes é um trabalho muito desagradável. Por exemplo, na semana passada cheguei para uma palestra a uma cidade norte-americana e descobri que [o organizador major James B.] Pond não tinha organizado nenhuma palestra pública, mas que fui contratado por quarenta libras para me apresentar à noite numa reunião numa casa particular — como um conspirador."[13] O que Churchill embolsou foi investido com lucros por Sir Ernest Cassel, um financista amigo de seu pai.

A rainha Vitória morreu em 22 de janeiro de 1901, quando Churchill se apresentava em Winnipeg. Ironizou numa carta à mãe: "Estou curioso em saber sobre o rei", Eduardo VII, que acabara de ascender ao trono e era um dos ex-amantes de Jennie: "Isso vai revolucionar totalmente a vida dele? Venderá seus cavalos e dispersará seus judeus [como príncipe de Gales, ele tomara empréstimos vultosos junto aos financistas judeus] ou Reuben Sassoon ficará entesourado entre as joias da coroa e outras insígnias reais? Passará a ser irremediavelmente sério? Continuará a ser amigável com você? A Keppel* será nomeada 1ª Dama dos Aposentos Reais?".[14] No dia seguinte, ele apostou cem libras com James C. Young, industrial norte-americano de Minneapolis, segundo o qual o Império

* Alice Keppel era a amante favorita do novo rei, entre um amplo leque delas.

Britânico iria "se reduzir substancialmente" na década seguinte.[15] Churchill ganhou, claro, mas não se sabe se chegou a receber o dinheiro da aposta.

Ele embarcou para a Inglaterra em 2 de fevereiro; na volta, comprou um carro, um Mors francês (o único automóvel não britânico que teve na vida), embora ainda não soubesse dirigir. Anos depois, comentou com um amigo que "nunca pensara em aprender, mas simplesmente pegou a encomenda e saiu". Reconheceu que teve "um pequeno problema com um ônibus" em Hyde Park Corner, "resultando em alguns danos", mas "demos uma consertada" e no ano seguinte ele fez o percurso de Londres a York em um dia.[16] Churchill costumava dirigir depressa, não ligava para os sinais vermelhos e às vezes, quando o tráfego estava congestionado, passava pela calçada.[17] A impaciência ao volante e o descaso pelas regras de trânsito parecem de pleno acordo com sua postura geral diante da vida.

Churchill assumiu seu assento na Câmara dos Comuns em 14 de fevereiro de 1901. "Foi uma honra participar das deliberações dessa afamada assembleia", escreveria mais tarde, "que durante séculos havia guiado a Inglaterra por entre os inúmeros perigos presentes no caminho do Império."[18] Para sua surpresa, porém, as primeiras palavras que proferiu na Câmara não foram por iniciativa própria. O orador anterior, o ativista liberal David Lloyd George, havia proposto uma emenda de termos moderados ao projeto de lei que estava em discussão, mas com um implacável e vigoroso discurso contra os tories.[19] Assim, instigado pelo parlamentar tory Thomas Bowles, Churchill começou seu discurso de estreia em 18 de fevereiro dizendo: "Talvez tivesse sido melhor, como um todo, se o respeitável parlamentar, em vez de discursar sem apresentar sua emenda, tivesse apresentado sua emenda sem discursar".[20] Os tories riram com a tirada, e a Câmara percebeu que ali estava alguém que talvez fosse divertido e proveitoso ouvir. Mas não gostaram tanto do resto do discurso, que propunha leniência em relação aos bôeres após a derrota e incluía o trecho: "Se eu fosse um bôer lutando em campo — e, se eu fosse um bôer, espero que estivesse lutando em campo [...]".[21] A isso, ouviu-se Joseph Chamberlain comentar na primeira fila do governo: "Assim é que se perde o assento".[22] Churchill prosseguiu: "Pelo que vi da guerra — e algumas vezes vi algo dela —, creio que, comparada a outras guerras, principalmente aquelas com participação da população civil, essa guerra na África do Sul foi, de modo geral, empreendida com invulgar humanidade e generosidade". (O confinamento de civis bôeres em campos de concentração se destinava inicialmente à sua proteção, na ausência de maridos e irmãos; foi só mais tarde que surgiram as doenças que mataram 16 mil deles.)

Churchill afirmou esperar que, após a vitória britânica, os bôeres, "aqueles bravos e desventurados homens que estão lutando no campo de batalha", recebessem "plena garantia de preservação de sua religião e propriedades, a segurança de direitos iguais, a promessa de instituições representativas e, por último, mas não menos importante, aquilo que o Exército britânico muito prontamente concederia a um inimigo de bravura e resistência — todas as honras da guerra".[23] A peroração celebrava a consolidação da unidade do Império, resultante da guerra. "O que talvez tenhamos perdido de amizades duvidosas na Colônia do Cabo", disse ele, "ganhamos dez ou talvez vinte vezes mais no Canadá e na Austrália, onde as pessoas — até o mais humilde agricultor na mais remota província —, com sua efetiva participação no conflito, foram capazes de entender, como nunca haviam entendido antes, que pertencem ao Império e que o Império pertence a elas."[24] Ele encerrou com uma referência ao pai: "Não posso me sentar sem dizer o quanto sou grato pela gentileza e paciência com que a Casa me ouviu, e que me foram concedidas, bem sei, não por minha causa, mas por causa de certa magnífica lembrança que muitos respeitáveis parlamentares ainda conservam".[25] O discurso foi amplamente noticiado porque Churchill liberara previamente o texto para a imprensa — prática que, naqueles dias, era considerada desrespeitosa e, na verdade, quase inescrupulosa.

Quando lorde Randolph Churchill ingressara na Câmara dos Comuns, em 1874, unira-se a um grupo de rebeldes que veio a ser conhecido como Quarto Partido, devido à alta frequência com que se rebelavam contra a liderança conservadora. O filho fez algo muito parecido em seus primeiros anos no Parlamento, unindo-se a um pequeno grupo de rebeldes aristocratas, reunidos em torno de lorde Hugh "Linky" Cecil, filho do marquês de Salisbury, que receberam o apelido de "Hughligans".* Embora Cecil fosse reacionário e Churchill, um democrata tory, os Hughligans costumavam jantar e votar juntos, e eram vistos de modo geral como jovens promissores que estavam sendo rebeldes para atrair atenção na esperança de ganhar cargos. Por outro lado, não admira que fossem vistos com certa indignação por grande parte dos parlamentares tories, de berço menos nobre, mas de maior lealdade.

Churchill não precisou esperar muito por sua chance de se rebelar. Quando St. John Brodrick, ministro da Guerra, anunciou em março de 1901 um aumento de 50% no tamanho do Exército, Churchill viu aí uma oportunidade de fazer justiça à memória do pai. Fez um curso-relâmpago de economia ortodoxa com Sir Francis Mowatt, amigo seu no Tesouro, e defendeu uma redução na alíquota do imposto de renda, então de 5,8%, considerada perigosamente alta. Tal redução seria compensada por um corte, e não por um aumento, nos gastos militares. Churchill levou um mês e meio para preparar sua investida contra as Estimativas

* Trocadilho com *hooligans*, desordeiros, turbulentos etc. (N. T.)

Militares de Brodrick. Seu segundo discurso na Câmara, em 13 de maio, ocorreu quase três meses depois do inaugural. "Eu o decorara tão minuciosamente", disse a um jornalista, "que nem importava muito por onde comecei ou como o apresentei."[26] Durante a hora inteira de discurso, não recorreu uma única vez a suas anotações.*

Brodrick tinha planos ambiciosos para um Exército britânico de seis corpos, três dos quais estariam sempre de prontidão para ser enviados ao continente em caso de guerra. "Bastam para provocar", disse Churchill sobre os seis corpos, "não bastam para intimidar."[27] A seu ver, era a Marinha que protegia a Grã-Bretanha, ao passo que o Exército só precisava ser uma força policial do Império, e não algo que viesse a envolver a Grã-Bretanha em engajamentos militares continentais. Citou a carta que o pai escrevera alguns dias antes da renúncia a lorde Salisbury: "Declino ter parte em encorajar o círculo militar e militante do Ministério da Guerra e do Almirantado a entrar nas altas apostas desesperadas que outras nações parecem obrigadas a arriscar". Encerrou o discurso dizendo: "Fico muito contente que a Câmara tenha me permitido, após um intervalo de quinze anos, erguer novamente a bandeira esfarrapada da economia e redução de despesas".[28] Descreveu-se como "conservador por tradição, cujos destinos estão indissoluvelmente ligados ao partido tory", mas disposto a defender a causa impopular dos cortes da defesa, "pois esta é uma causa que herdei, e uma causa pela qual o finado lorde Randolph Churchill fez o maior sacrifício entre todos os ministros dos tempos modernos".[29]

"Uma guerra europeia não pode ser outra coisa senão uma luta cruel e dilaceradora", previu Churchill, "que, se algum dia viermos a ter os amargos frutos da vitória, exigirá, talvez por vários anos, a totalidade dos homens da nação, a suspensão completa das atividades de paz e a concentração de todas as energias vitais da comunidade para um único fim." Sustentou que a natureza da guerra havia sofrido transformações de caráter fundamental e abrangente desde os dias dos pequenos exércitos regulares de soldados profissionais travando ações limitadas. Em vez disso, afirmou com perspicácia, quinze anos antes do recrutamento e da Guerra Total de 1916, que "uma guerra europeia só pode terminar na ruína dos vencidos e no esgotamento e na desarticulação comercial não menos fatal dos vencedores. A democracia é mais vingativa do que os Gabinetes. As guerras de povos serão mais terríveis do que as de reis".[30]

Churchill escreveu esse discurso de extraordinária presciência nada menos do que seis vezes antes de memorizá-lo. Nas palavras de um correspondente

* Em seus onze primeiros meses na Câmara dos Comuns, Churchill fez apenas nove discursos na Casa, mas fez outros trinta na área rural e vinte na área urbana, indicando claramente que queria continuar conhecido em nível nacional. Naquele período, também passou doze dias jogando polo, catorze caçando, dois atirando e dezoito em férias no exterior. (*OB* II, p. 29.)

político, o discurso "eletrizou a Câmara com sua percepção dos problemas de defesa nacional". Apenas dezessete conservadores votaram contra o que Churchill definiu como um "aglomerado impensado de absurdos", mas, de todo modo, Brodrick retirou a proposta. Churchill fizera nome no Parlamento muito rapidamente — embora combatendo seu próprio lado.

Quando Brodrick apresentou novos planos de expansão para o Exército britânico, no começo de 1903, Churchill se lançou a novos ataques, recorrendo sempre que possível ao humor e ao ridículo. "Outro dia, andando por Whitehall", discursou perante uma plateia em Oldham em janeiro, "notei que o novo edifício do Ministério da Guerra vai ser erguido no terreno antes ocupado pela Diretoria dos Manicômios e pelos escritórios dos Comissários da Insânia."[31] Em lugar de um Exército permanente, grande e numeroso, Churchill defendia uma Marinha forte. Disse que "não defendia o despreparo, mas, com uma Marinha de excelência, o despreparo pode ser remediado; sem ela, todo preparo, por mais cuidadoso, meticuloso ou engenhoso que seja, não será de nenhuma valia".[32] Em abril, ele publicou um livro com seus discursos sobre o tema, chamado *Mr. Brodrick's Army*, coisa que faria regularmente sobre outros temas ao longo da carreira.

Nesse meio-tempo, Churchill escreveu a Joseph Chamberlain, ministro das Colônias, perguntando se "poderia receber alguma espécie de menção ou condecoração militar" por sua bravura na emboscada do trem. "Desconfio que as autoridades pensam que a coisa toda foi uma invencionice jornalística", escreveu ele, "o que não foi. Claro que, em comum com todos os outros Membros do Parlamento, pouco me importo com as cintilantes bugigangas de honra *por mim mesmo*: mas, como você sabe, tenho de 'pensar em meus eleitores' — e talvez deva considerar também os sentimentos de alguma possível esposa."[33] A única coisa que conseguiu foi reforçar sua fama de insistente. Corria também a história de que, quando o editor do *Morning Post* lhe enviou uma prova de um de seus discursos, que trazia a palavra "aclamações" entre parênteses depois de um comentário seu, Churchill devolveu a prova revista com o acréscimo "altos e prolongados aplausos".[34]

Churchill fazia discursos por todo o país para públicos cada vez mais numerosos, e sua confiança aumentava a cada evento bem-sucedido.[35] Também conseguiu, pelo menos por ora, controlar o rancor que sentia pelos altos políticos tories que haviam destruído a carreira política do pai. Afinal, dedicara *The River War* a lorde Salisbury e se juntara aos Hughligans, liderados pelo filho de Salisbury. O líder do Partido Conservador na Câmara dos Comuns, Arthur Balfour, era sobrinho e sucessor ungido de Salisbury (daí, segundo alguns, a origem da expressão "Bob's your uncle"*). Balfour fora amigo e ocasional aliado de lorde Randolph

* Expressão idiomática que significa "aí está", "simples assim", "é isso aí". (N. T.)

Churchill no final dos anos 1870 e começo da década de 1880, mas se alinhara decididamente com Salisbury no momento crítico da renúncia de lorde Randolph.

Em dezembro de 1901, Churchill já vinha adquirindo vigorosa consciência social, incentivada em larga medida pela leitura do livro *Poverty: A Study of Town Life* [Pobreza: Um estudo da vida urbana], de Benjamin Seebohm Rowntree. "Pouca glória vejo num Império capaz de comandar as ondas e incapaz de limpar seus esgotos", escreveu ele a J. Moore Bayley, amigo de seu pai. "O que é necessário é uma política equilibrada [...] que coordene o desenvolvimento e a expansão com o progresso da saúde e bem-estar social."[36] O livro de Rowntree, de quatrocentas páginas, que teve cinco edições em dois anos, era um exame detalhadíssimo da pavorosa pobreza e sordidez dos cortiços de York. "Nessa terra de riqueza abundante", concluía a obra, "numa época de prosperidade talvez sem precedentes, provavelmente mais de um quarto da população vive na pobreza."[37] Sua mensagem se ajustava com perfeição aos aspectos de reforma social da Democracia Tory que Churchill herdara do pai, e lorde Randolph, de Disraeli.

Churchill escreveu uma longa resenha não publicada sobre o livro de Rowntree. Depois das seções sobre as definições de pobreza, a desnutrição alimentar dos pobres, a indigência do trabalhador avulso e questões de aluguel e moradia, ele abordou o assunto que lhe parecia central — a saber, que a pobreza era "um sério obstáculo ao recrutamento" para o Exército e a Marinha — e lamentou o futuro que previa para o Império Britânico, "supondo que o povo comum terá o corpo tão mirrado e deformado que será incapaz de preencher as fileiras de que o corpo militar possa precisar. E assim — por estranho que possa parecer, excêntrico, quase inacreditável de se escrever — nossa reputação imperial está de fato envolvida na condição deles".[38] Churchill concluiu afirmando que os estadistas "devem ser em alguma medida responsabilizados se a virilidade da nação britânica deteriorar a tal ponto que não consiga mais fornecer recrutas em condições de se alinhar com nossos irmãos coloniais".[39] Longe de ser uma aberração dissociada de sua fé no Império, o interesse de Churchill pela reforma social estava, na verdade, intimamente vinculado a ela.

Devido a seu interesse pela reforma social e pelo combate à pobreza, Churchill foi apresentado a intelectuais de esquerda que, do contrário, talvez não viesse a conhecer. "Fui jantar com Winston Churchill", escreveu em seu diário em 8 de julho de 1903 a principal pensadora socialista britânica da época, Beatrice Webb. "Primeira impressão: inquieto, quase intoleravelmente, sem capacidade de trabalho paciente e continuado, egoísta, presunçoso, superficial e reacionário, mas com certo magnetismo pessoal, grande arrojo e certa originalidade, não do intelecto, mas do caráter. Tem mais do especulador americano do que do aristocrata inglês. Falou exclusivamente de si mesmo e de seus planos eleitorais [...]. 'Nunca faço nenhum trabalho cerebral que outra pessoa possa fazer por mim'."[40] (Era uma brincadeira, claro, mas a socióloga sem senso de humor levou a sério.) "Mas eu diria que ele tem um lado melhor, encoberto pelo usual cinismo barato de sua posição e carreira diante de alguém que se conhece casualmente durante um jantar", prosseguiu ela. "Nenhuma noção de pesquisa científica, filosofia, literatura ou arte, e menos ainda de religião. Mas o arrojo, a coragem, a desenvoltura e as grandes tradições podem levá-lo longe, a menos que se desfaça em pedaços como o pai."[41]

A avaliação de Webb era equivocada em vários aspectos — Churchill sem dúvida tinha uma noção da religião; apenas não a subscrevia —, mas fornecia alguns bons vislumbres de seu carisma e originalidade. Algo em que ela errou redondamente foi a capacidade de trabalho de Churchill; se algo lhe parecia importante, concentrava-se por completo naquilo e punha em ação sua memória colossal em busca de fatos, citações e estatísticas, para dominar de tal forma o assunto que nenhum jornalista, nenhum engraçadinho com perguntas impertinentes ou nenhum adversário do Parlamento conseguiriam levar a melhor.

O desenvolvimento da consciência social de Churchill veio acompanhado de um interesse pela ideia de um partido de centro que combinasse os melhores e mais moderados elementos do Partido Conservador e do Partido Liberal, removidas as alas extremas de ambos. Ele continuaria a alimentar esse sonho de uma grandiosa coalizão de políticos centristas sensatos e de espírito liberal, comandando um governo em caráter quase perpétuo, até o começo dos anos 1950. Quando o ex-primeiro-ministro lorde Rosebery fez um discurso mais ou menos nessa linha em Chesterfield, em dezembro de 1901, Hugh Cecil teve de lembrar a Churchill que "quanto a ingressar num Partido do Meio, talvez seja um curso muito adequado quando houver um Partido do Meio para ingressar. Atualmente não existe nenhum [...]. Se, por exemplo, oferecessem a você um cargo num governo Rosebery, seria loucura não se manter inequivocamente unionista".[42] Mesmo assim, Churchill continuou a desejar uma coalizão que excluísse os socialistas e ocupasse o campo de centro da política britânica. A dificuldade era que logo se saberia de qualquer maquinação para tal realinhamento e, com isso, seria compreensível que ele fosse visto como conspirador e traidor do partido.

Em 1902, Churchill começou as pesquisas para uma biografia paterna em dois volumes, o que teve o efeito de reacender os velhos antagonismos sobre as desfeitas que lorde Randolph teria supostamente sofrido nas mãos da hierarquia tory. Quando Salisbury renunciou, em julho de 1902, Balfour o sucedeu como primeiro-ministro, cargo que Churchill podia pensar que, em outras circunstâncias, teria sido concedido a seu pai. Em *Great Contemporaries*, publicado após a morte de Balfour, Churchill escreveu, depois de muitos comentários positivos sobre a inteligência e o charme do político, que "por baixo de tudo isso havia uma fria implacabilidade no que se referia aos assuntos públicos. Raramente permitia que o antagonismo político fosse uma barreira na vida privada; também não [...] deixava que a amizade pessoal, por mais selada e consolidada que fosse, interferisse em suas soluções para os problemas de Estado".[43]

Nas pesquisas para o livro, Churchill recorreu ao empréstimo da correspondência entre lorde Randolph e seus amigos, mas era com sua mãe que estavam as cartas mais ásperas. "A Democracia Tory, a genuína, está no fim", escreveu ele em 1891. "Nenhum poder na Terra me fará erguer a mão, o pé ou a voz em favor dos tories." "Suponho que cometi grandes erros; mas não houve nenhuma consideração, nenhuma indulgência, nenhuma lembrança ou gratidão — nada além de despeito, malícia e ofensa. Estou absolutamente farto e cansado de tudo isso e não prosseguirei mas na vida política."[44] Essas cartas de autocomiseração — afinal, por que haveria de esperar indulgência ou gratidão, se tentara derrubar o líder de seu partido? — deixaram em carne viva a relação de seu filho com Balfour e a liderança do Partido Conservador, embora estivessem na mesma bancada. Lorde Winterton, colega tory no Parlamento, comentou que naqueles primeiros tempos Churchill "parecia gostar de provocar indignação. Dava a impressão de ter, como se diz no linguajar moderno, 'um cavaco no ombro'".[45]*

"Gente ilustre muitas vezes me pergunta por que continuo citando meu pai", discursou Churchill à Associação Conservadora de Blackpool em janeiro de 1902, "e respondo que estou plenamente disposto a citar qualquer outro quando vir que suas opiniões publicadas expressam as concepções a que me sinto moral e mentalmente ligado. Mas hoje há uma grande necessidade de homens para conduzir este país. Claro que há velhos dos quais não se pode esperar que prestem muita atenção no que quer que seja, e jovens aos quais ninguém espera que se preste muita atenção."[46] A reação foram risos, assim como a muitos outros gracejos seus.

Quando lhe perguntaram numa entrevista em 1902 sobre as qualidades desejáveis num político, Churchill respondeu: "A capacidade de prever o que vai acontecer amanhã, na semana que vem, no mês que vem e no ano que vem — e

* *"A chip on his shoulder"*, no original. A origem da expressão é um pouco obscura. Consta que, no século XVIII, os trabalhadores nos estaleiros ingleses podiam sair do serviço levando ao ombro lascas, cavacos e aparas de madeira do trabalho realizado durante o dia. A partir de certa época, porém, a quantidade de aparas foi reduzida ao que pudessem carregar debaixo do braço, diminuindo muito a quantidade de madeira e gerando insatisfação entre os trabalhadores. Alguns anos depois, durante uma greve, um trabalhador teria saído com um cavaco de madeira ao ombro, desafiando o vigia dos portões do estaleiro a lhe tirar a carga. A partir disso, no século XIX entrou na linguagem corrente a expressão "a chip on one's shoulder" como forma de desafiar alguém para uma briga. (N. T.)

[...] explicar por que não aconteceu".[47] Sobre as tarefas de um parlamentar, brincou: "Pedem que se levante, ele quer se sentar e torcem para que estique as canelas".[48] O senso de humor era de grande importância para Churchill, e ele o converteu numa arma eficaz em seu arsenal político — para se esquivar de críticas, ridicularizar adversários e acalmar situações que ficassem tensas. Percebeu que, na era vitoriana dos longos discursos políticos, se quisesse instruir, persuadir e inspirar os ouvintes, teria de entretê-los. Como humorista, foi comparado a seus contemporâneos Hilaire Belloc, Noël Coward e P. G. Wodehouse, com um timing parecido com o de Groucho Marx. A. P. Herbert, o grande piadista do Parlamento, comentou que as palavras na página impressa não podiam fazer justiça a Churchill "sem algum conhecimento sobre a cena, as circunstâncias, a voz única e vibrante, a pausa, a risadinha, o ar de menino travesso no rosto".[49] Mesmo nos piores dias da Segunda Guerra Mundial, Churchill sempre conseguia injetar humor em seus discursos. Inversamente, premiês como Stanley Baldwin, Ramsay MacDonald e Neville Chamberlain raras vezes apresentavam alguma réplica espirituosa na Câmara, alguns por serem incapazes disso, outros por considerarem inapropriado. Churchill, pelo contrário, fazia uso frequente do humor, tanto sobre si mesmo quanto como forma de espicaçar a pomposidade de um adversário. Quando se levantava para falar, a Câmara toda ficava na expectativa de que se saísse com alguma tirada digna de citação.

Os sentimentos altamente ambivalentes de Churchill sobre os tories significava que suas atividades políticas na Câmara dos Comuns giravam em torno dos Hughligans, ligados apenas em parte ao Partido Unionista oficial. O livro de jantares dos Hughligans no Arquivo da Câmara dos Lordes é quase um *Quem é quem* do Partido Unionista eduardiano. Nas quintas-feiras à noite, o clube oferecia jantares em homenagem a ministros e parlamentares importantes, e Churchill comparecia a quase todos. Brindava-se à "Pureza, Parcimônia e Golfo Pérsico" ou à "Profligação, Personalidade e Imprensa". Os principais luminares depois de Cecil e Churchill eram o aristocrata escocês Ian Malcolm, Arthur Stanley, filho do 16º conde de Derby, e o conde Percy, primogênito do 7º duque de Northumberland. Entre os festejados pelos Hughligans em sua breve mas importante existência como grupo de pressão parlamentar estavam St. John Brodrick (apesar das farpas de Churchill contra ele), Joseph Grey, lorde Rosebery e o orador liberal John Morley.

Às vezes reuniam-se em Blenheim, porém a reunião mais importante dos Hughligans se deu na Câmara dos Comuns em 25 de abril de 1902. Foi realizada em homenagem a Joseph Chamberlain, que estava prestes a dividir o Partido Unionista por causa da Reforma Tarifária de maneira tão cabal como acontecera em 1884 com o Partido Liberal por causa do Governo Autônomo da Irlanda. Esse gigante da política do final do século XIX, ao sair, parou à porta, virou-se e disse calculadamente: "Vocês, jovens cavalheiros, receberam-me regiamente e, em troca, oferecerei a vocês um segredo inestimável. Tarifas! São a política do futuro, e do futuro próximo".[50] A reunião cristalizou a oposição de Churchill à Reforma Tarifária (também conhecida como Preferência Imperial), o que iria por fim afastá-lo do Partido Unionista. A revolução que Chamberlain estava para propor incluía a imposição de elevadas tarifas protecionistas sobre as importações de países que não pertencessem ao Império, o que incentivaria o comércio dentro da comunidade política britânica, mas também resultaria inevitavelmente no aumento do preço dos alimentos. Encarecer a alimentação das classes trabalhadoras era um anátema para tories liberais como Churchill. Ele escreveu a Rosebery sobre "a chance de uma coalizão de centro", caso Chamberlain falasse a sério, dizendo que "'Liberal Tory' era um nome muito melhor do que 'Democrata Tory' ou 'Imperialista Liberal' [...]. A única verdadeira dificuldade que devo enfrentar é a desconfiança de ser movido por mera e incansável ambição: e se surgir alguma questão como a Tarifa, essa dificuldade desapareceria".[51] Lorde Randolph não demonstrara escrúpulos sobre a questão, propondo na época o livre-comércio e a Preferência Imperial quase em simultâneo, e Churchill não citou na biografia filial as cartas evidenciando tal fato.

Fiel à sua palavra, Chamberlain começou a defender um amplo pacote de Reformas Tarifárias, e Churchill viu que era um bom momento para agir. Em 25 de maio, escreveu a Balfour alertando que os discursos recentes de Chamberlain em favor de tarifas preferenciais para as colônias "revelavam clara intenção protecionista". "Oponho-me totalmente a qualquer coisa que altere o caráter de livre-comércio deste país", avisou, "e considero tal questão de importância superior à de qualquer outra diante de nós. Tarifas preferenciais são perigosas e censuráveis [...]. Uma vez iniciada, essa política obriga à implantação de um sistema protetor completo, envolvendo o desastre comercial e a americanização da política inglesa."[52] É um exemplo especialmente histriônico do argumento do empurrãozinho-que-cria-uma-avalanche, que Churchill empregaria com frequência, porque havia, claro, inúmeros pontos intermediários entre as formas plenas de livre-comércio e protecionismo. A referência depreciativa à política norte-americana era um provável aceno ao que um historiador definiu como "o conchavo, a intriga, a corrupção gerada pelo sistema tarifário americano daquela época".[53] Churchill fez a referência apesar de sua admiração geral pelos Estados Unidos e de seu reconhecimento da importância cada vez maior dos norte-americanos no cenário mundial. Um mês mais tarde, em 22 de junho, declarou num debate sobre o orçamento que "sempre pensara que o fim principal do governo inglês deveria ser por muitos anos o cultivo de boas relações com os Estados

Unidos".[54] Isso se tornara mais fácil após a rendição dos bôeres e a assinatura da Paz de Vereeniging, em maio.

"Meu caro Winston", foi a resposta gélida de Balfour, "nunca entendi que Chamberlain defendesse a Proteção, embora, sem dúvida, ele esteja pronto e, na verdade, ansioso — por um imposto sobre os alimentos que possa eventualmente ter caráter protetor [...]. Mas sem dúvida a questão é de extrema dificuldade e requer o mais cauteloso andamento."[55] A tentativa de Balfour em trilhar esse caminho intermediário iria afundar seu exercício do cargo e atrair a ardente ira de Churchill, mas, retrospectivamente, é difícil ver o que mais poderia ter feito, considerando que seu partido estava rachado de cima a baixo. Anos depois, Churchill reconheceu que sentia tamanha antipatia pelo ríspido tratamento que o partido dera aos bôeres derrotados, pela reforma do Exército e pela exploração da recente vitória eleitoral que, quando "a questão da Proteção foi levantada, eu já estava disposto a ver todas as ações deles à mais crítica luz".[56] Em outras palavras, estava só esperando para comprar briga.

O conflito veio a público em 28 de maio de 1903. Churchill falou na Câmara logo após Chamberlain, depois que o ministro das Colônias defendera formalmente a Reforma Tarifária. Instruído sobre o tema por Mowatt, estudara a fundo a política comercial e se colocou como um dos líderes dos cerca de sessenta conservadores rebeldes conhecidos como os *Free Fooders*, defensores da isenção de impostos sobre os alimentos e contrários à Reforma Tarifária. "São questões que precisam ser tratadas no prolongado decurso daquela que será a maior controvérsia na história de nosso país", começou ele com deliberado exagero. Previu que, com a medida protecionista, "o velho Partido Conservador, com suas convicções religiosas e princípios constitucionais, desaparecerá e surgirá um novo partido, talvez como o Partido Republicano dos Estados Unidos da América — rico, materialista e secular —, cujas opiniões girarão sobre tarifas e farão com que os saguões fiquem repletos de palpiteiros das indústrias protegidas".[57]

A batalha dentro do Partido Unionista sobre a Reforma Tarifária se arrastou pelos trinta meses seguintes, com renúncias ministeriais de ambos os lados. Churchill comentou com Charles Eade que uma das razões da ascensão política de seu pai tinha sido o fato de "atacar Gladstone com mais dureza do que qualquer outro".[58] Era verdade, e os ataques de Churchill a Arthur Balfour, por ficar em cima do muro na Reforma Tarifária, pretendiam alcançar o mesmo resultado. No debate sobre o projeto de lei das Convenções do Açúcar, em 29 de julho de 1903, Churchill descreveu sua bancada nos seguintes termos: "Todos homens de bem, todos homens honestos, que estão dispostos a fazer grandes sacrifícios por suas opiniões, mas não têm opiniões. Estão dispostos a morrer pela verdade, se ao menos soubessem qual é a verdade. Suas opiniões estão apenas no 'estágio das provas finais' e serão cuidadosamente revistas e corrigidas pelo primeiro-ministro antes que venham realmente a público".[59] Tais alfinetadas logo começaram a despertar a reação dos tories. O coronel Claude Lowther disse recear que Churchill tivesse contraído beribéri na África do Sul, "porque ouvi dizer que a característica mais marcada da doença é um terrível inchaço na cabeça".[60]

Em agosto de 1903, Churchill estava convicto de que a eleição seguinte traria uma vitória esmagadora dos liberais. "O contentamento e a satisfação fátua do Governo consigo mesmo serão tomados de surpresa pelo que vão encontrar", escreveu a lorde Northcliffe, dono de *The Times*. "Com algum cuidado poderíamos montar um grande Governo de Centro nem protecionista, nem pró-bôer, isto é, liberal radical, que tratará da impressionante ineficiência administrativa que predomina."[61] No outono, ele pôs essa ideia por escrito na *Monthly Review*, afirmando que "a posição que muitas pessoas sensatas moderadas ocupam hoje é de grande dificuldade. Ficam a meio caminho de uma e outra organização partidária". Referindo-se aos termos duros que Salisbury e Chamberlain haviam imposto aos bôeres no tratado de paz, Churchill afirmou que as pessoas moderadas "sentem sincero orgulho e prazer pelo desenvolvimento e consolidação do Império, mas não estão preparadas para ver o Imperialismo explorado como mero artifício eleitoreiro [...]. A grande pergunta é: as organizações políticas são feitas para os homens ou os homens para as organizações políticas?".[62]

Em 24 de outubro, Churchill escreveu uma carta a Hugh Cecil, seu amigo mais próximo na política, um colega tory que estava empenhado em reformar internamente o Partido Unionista, dominado pelos conservadores. "Sou um liberal inglês", afirmou. "Odeio o partido tory, seus homens, suas palavras e seus métodos. Não sinto nenhum tipo de simpatia por eles — exceto por meu próprio pessoal em Oldham. Quero tomar uma posição prática clara que as massas do povo possam entender."[63] Churchill nunca enviou a carta, que, como muitas das outras que deixou de enviar ao longo dos anos, provavelmente deve ser entendida mais como uma forma de desabafo do que como uma análise racional de suas convicções; mas, de todo modo, indicava como vinha se posicionando politicamente.

"É um sujeito miúdo, de cabeça quadrada, sem nada de muito marcante na aparência, mas com senso de humor, inteligência e originalidade", comentou Wilfrid Scawen Blunt em 31 de outubro. "No intelecto e no estilo é uma estranha réplica do pai, com toda a intempestividade e segurança e, diria eu, uma capacidade maior que a do pai. Há exatamente a mesma *gaminerie* e indiferença pelas convenções, a mesma franqueza direta e envolvente e a mesma rapidez de entendimento."[64]

A coragem física de Churchill se mostrou em sua inteireza quando foi discursar na sede do governo municipal de Birmingham, no coração do território eleitoral de Chamberlain, em 11 de novembro. O chefe de polícia local mandou erguer barreiras especiais do lado de fora do edifício e usar um carro de bombeiros para dispersar a "multidão ululante" do lado de fora. "De repente, um coche puxado por dois cavalos entrou no meio da multidão hostil", noticiou um jornalista. "Trazia apenas o sr. Churchill; exposto, palpável, flagrante; um desafio que poderia resultar em linchamento. Por um instante, houve uma pausa: então a multidão, cativada pelo espírito da coisa, prorrompeu em aclamações."[65]

Dentro do salão, onde foi submetido a sonoras interrupções e brados de "Ponham ele pra fora!", Churchill disse: "Peço a essa grande reunião de ingleses, numa grande cidade na vanguarda do progresso e do esclarecimento, que ouçam imparcialmente a mim e a lorde Hugh Cecil".[66] Seu pedido foi atendido e, ao longo do discurso, Churchill ganhou pelo menos uma parte do recinto. "Vocês podem, por um ato de governo estéril e arbitrário", disse ele, "pois, lembrem, os governos não criam nada e não têm nada a dar que não tenham tomado antes — vocês podem pôr dinheiro no bolso de um grupo de ingleses, mas será dinheiro tomado aos bolsos de outro grupo de ingleses, e a maior parte se dissipará no caminho."[67] Terminou declarando que "tarifas protetoras elevadas, embora possam aumentar os lucros do capital, são para os pobres e os paupérrimos um abominável mecanismo de roubo e opressão".

Quando Balfour, em dezembro, sugeriu que se montasse uma comissão para examinar a Reforma Tarifária — clássica tática governamental de protelamento —, Churchill perguntou num comício público em Halifax: "Isso aqui foi nomeado pelo primeiro-ministro? Há algum primeiro-ministro?".[68] Quando os risos cessaram, Churchill, que a essa altura já dominava bem a arte de aproveitar as deixas cômicas, perguntou: "Onde está o sr. Balfour? Onde ele entra nisso? Qual é o papel dele nessa estranha encenação?".[69] Tal ataque contra o líder de seu próprio partido não deixaria de ter consequências e, dois dias depois, a Associação Conservadora de Oldham escreveu avisando que não confiava mais nele. Churchill se prontificou a renunciar e forçar uma eleição secundária, mas, receando perder, a associação concordou que ele continuasse como seu representante até a eleição seguinte. No final de janeiro de 1904, Churchill não estava mais na lista de chamada dos tories.

"Eles dizem que os manufatureiros protecionistas são favoráveis às propostas do sr. Chamberlain porque amam o trabalhador", disse Churchill em Manchester, em fevereiro. "Amam o trabalhador, e amam vê-lo trabalhar."[70] Ainda no mesmo discurso, declarou: "Pensar que é possível ficar mais rico impondo uma taxação é como pensar que é possível ficar dentro de um balde e se erguer pela alça".[71] Em 29 de março, no momento em que Churchill se levantou para falar na Câmara, Balfour deixou o recinto. Quando Churchill protestou por essa "falta de deferência e respeito", toda a bancada ministerial saiu em conjunto e, a seguir, também os parlamentares da situação se retiraram, mais de duzentos ao todo, alguns dos quais ficaram escarnecendo de Churchill no balcão da Câmara, numa atitude que Sir John Gorst, colega de lorde Randolph no Quarto Partido, definiu como "a descortesia mais flagrante que penso ter visto na vida".[72] Apenas um pequeno grupo de livre-cambistas unionistas permaneceu nos assentos, ao lado de Churchill.[73] "Foi o mais alto tributo já prestado a um orador parlamentar", escreveria depois um correspondente político. "Foi como se o inimigo fugisse à sua aparição."[74]

Churchill disse que as pessoas queriam saber o que "o primeiro-ministro realmente pensava sobre o assunto que estava atormentando o país, e não lhe parecia desarrazoado que quisessem saber, pois afinal havia uma diferença numa política quando era apresentada com base na convicção e honra de um homem público e quando era apresentada explicitamente como questão de uma tática política de conveniência".[75] Pouco mais de quinze dias depois, na inauguração da Liga do Livre-Comércio em Oldham, em 15 de abril de 1904, Churchill anunciou que "enquanto essa grande agitação protecionista não sossegar, espero que para sempre, não tenho nenhuma política a não ser o livre-comércio. Trabalharei com ou para qualquer livre-cambista, qualquer que seja sua política, qualquer que seja seu partido, e trabalharei contra qualquer protecionista, qualquer que seja sua política, qualquer que seja seu partido".[76]

Churchill memorizava seus discursos, mesmo os que duravam uma hora. Num debate sobre o projeto de lei de Disputas Comerciais em 22 de abril, depois de falar durante 45 minutos, esqueceu por completo o que pretendia dizer e se sentou abruptamente. O responsável oficial pelas atas parlamentares, Hansard, registrou: "O ilustre parlamentar aqui vacilou na conclusão de seu discurso e, entre aclamações solidárias, retomou seu assento, depois de agradecer à Câmara por tê-lo ouvido".[77] As manchetes no dia seguinte foram "Sr. Churchill sucumbe" e "Incidente comovente na Câmara".[78] O ocorrido era comovente porque algo semelhante acontecera ao pai de Churchill quando foi acometido pela doença. Churchill confidenciou a Cockran que "o lapso foi puramente mecânico", mas desde então tomou o cuidado de anotar as palavras-chave de cada frase, em forma de salmo, como costumava dizer. Não se sentiu humilhado com a situação, mas, como relembrou um amigo, aprendeu com o episódio.[79]

Churchill não queria entrar em disputa com os velhos camaradas de Oldham, portanto, uma semana depois, foi anunciado que a seção Noroeste de Manchester o adotara como candidato livre-cambista para a próxima eleição, com apoio dos liberais. Leslie Hore-Belisha, então um garoto de dez anos de idade, recordou o efeito disso sobre seu tio, um importante liberal local. Churchill era "uma figura imperiosa, levemente encurvada. O rosto rosado era encimado por um cabelo loiro-arruivado [...]. Estava com um fraque com lapela de seda e no pescoço um colarinho de aba larga e uma gravata-borboleta preta. Entrou na sala com seu inequívoco ceceio". Mas não foi o tio de Hore-Belisha que adotou Churchill, e sim o próprio tio de Churchill, o ex-ministro liberal lorde Tweedmouth, que era casado com Fanny, irmã de lorde Randolph. Com quase toda a certeza, em algum lugar Churchill, com sua fama, teria vaga garantida, mas Tweedmouth lhe garantiu um lugar no principal ninho do livre-comércio.

Em 13 de maio, Churchill fez uma apresentação marcante no Salão do Livre-Comércio de Manchester, descrevendo os unionistas como "um partido de grandes interesses próprios, reunidos numa poderosa confederação; corrupção interna, agressão no exterior para encobri-la; a trapaça dos malabarismos tarifários; a tirania de uma máquina partidária; sentimentalidade aos baldes; patriotismo às gotas; mão-aberta no Tesouro público, porta aberta no pub; comida cara para os milhões, mão de obra barata para os milionários". Entre calorosas aclamações, ele declarou: "Essa é a política de Birmingham, e ergueremos contra essa política de Birmingham a política de Manchester".[80] Continuou a repetir a mensagem perante milhares de pessoas em salões e auditórios por todo o país. Esses discursos tinham muitos elementos de efeito, mas também continham muitos argumentos fundamentados. As convicções livre-cambistas de Churchill se baseavam, em parte, na crença generalizada de que o livre-comércio promovia a paz mundial. "Os perigos que ameaçam a tranquilidade do mundo moderno não provêm daquelas Potências que se tornaram interdependentes, entrelaçadas pelo comércio com outros Estados", disse em março de 1905; "eles provêm daquelas Potências que estão mais ou menos separadas, que se mantêm mais ou menos distantes do intercâmbio geral da humanidade e são relativamente autônomas e independentes."[81] Infelizmente era um argumento especioso, pois o maior parceiro comercial da Grã-Bretanha em 1914 era a Alemanha imperial.

Em seu último discurso na bancada do governo, em 16 de maio, Churchill atacou Chamberlain e o que chamou de "Novo Imperialismo", fazendo uma clara distinção entre o imperialismo nobre do Exército britânico e o da "camarilha" política.* Ainda que seu pai tivesse vivido e morrido como tory, os outros dois grandes heróis de Churchill, então com 29 anos, haviam mudado bombasticamente de lado (e com grande êxito) no começo de carreira. O 1º duque de Marlborough tinha 38 anos quando traiu o rei Jaime II unindo-se a Guilherme de Orange, e Napoleão estava com trinta anos quando derrubou o Diretório e se fez primeiro cônsul. Eram bons precedentes para o que Churchill estava prestes a fazer.

* Muitas vezes ele utilizaria o termo [em inglês, *caucus*, a convenção fechada de um partido para a escolha de seus candidatos] de modo pejorativo, dizendo mais tarde que Hitler era "um sórdido chefe de camarilha e carnífice".

* * *

Em 31 de maio de 1904, uma terça-feira, no "crepúsculo de uma tarde chuvosa", como diria o *Manchester Guardian*, Churchill entrou no salão da Câmara dos Comuns, avançou alguns passos e se inclinou diante do assento do presidente da Casa. Mas, em vez de virar à esquerda e ir se sentar nas bancadas tories, "voltou-se subitamente para a direita" e tomou lugar entre os liberais, sentando-se ao lado de David Lloyd George, o parlamentar galês por Caernarvon Boroughs, a quem tanto desancara em seu discurso de estreia, pouco mais de três anos antes.[82]

Lloyd George era figura de destaque na ala radical do Partido Liberal e um de seus maiores oradores. Churchill não gostou dele no começo, dizendo que era "um sujeitinho grosseiro e vulgar, de falatório vazio".[83] Em julho de 1903, porém, já se afeiçoara o suficiente para convidá-lo a Blenheim, e em outubro de 1904 a amizade era sólida, pelo menos por parte de Churchill. "Muito ambicioso, muito inteligente", foi como Lloyd George o descreveu ao irmão naquela época.[84] Ao falar da "energia e coragem" de Lloyd George a seu eleitorado de Caernarvon Boroughs, Churchill o definiu como "o melhor general de combate nas fileiras liberais".[85] Apreciavam a companhia um do outro, mas não deixavam de reconhecer que algum dia poderiam se tornar rivais.

Churchill ocupou o cobiçadíssimo assento de canto no corredor que separava a situação da oposição, de onde seu pai passara anos despejando escárnios sobre Gladstone e as bancadas tories.[86] Logo depois, seus primos Ivor e Freddie Guest e seu amigo Jack Seeley se juntariam a ele. Embora os unionistas liberais já tivessem "mudado de lado" em massa durante a crise do Governo Autônomo da Irlanda, quase vinte anos antes, como iniciativa individual tratava-se de uma atitude raríssima e constituía um passo muito mais sério na política eduardiana do que na época vitoriana ou da Regência, quando as fronteiras entre os partidos eram mais fluidas. Churchill logo seria ainda mais odiado nas bancadas tories do que Lloyd George, cuja hostilidade, por ser dissidente galês radical, era mesmo de esperar. Se antes era tido como bombástico, presunçoso e insistente — "forçador", como diziam na época —, Churchill passou a ser visto como traidor do partido e, logo em breve, como traidor também de sua classe.

"Absorto em seus próprios assuntos", disse mais tarde um ajudante, "a muitos ele parecia brusco, vaidoso, intolerante e dominador."[87] Uma crítica habitual era a de que lhe faltava "uma certa percepção intuitiva que lhe dissesse o que os outros estavam pensando e (especialmente) sentindo".[88] Mas essa percepção nem seria muito necessária no início do segundo semestre de 1904, quando os unionistas não tiveram muitos pruridos em deixar o novo parlamentar saber exatamente o que pensavam e sentiam sobre ele. Muitos achavam que tinha "desertado", como disseram, em proveito próprio. Austen Chamberlain, chanceler do Tesouro e filho de Joseph Chamberlain, declarou que "a conversão [de Churchill] ao radicalismo coincidia com seus interesses pessoais". Alfred Lyttelton, outro ministro do governo, pensava que "ele ajusta suas velas a cada vento que passa". Leo Maxse, editor da *National Review*, escreveu que era "metade estrangeiro e totalmente indesejável", e o futuro primeiro-ministro Andrew Bonar Law — cujo discurso de estreia ficara totalmente obscurecido pelo de Churchill na mesma noite — chamou-o de "vira-casaca".[89] Essas opiniões não eram expressas apenas por trás de suas costas: um ano depois, ele disse que a mudança de lado levara a "todas as detestáveis ocasiões de insultos".[90]

Poderia levar também à sua morte política. Churchill, afinal, atacara furiosamente os liberais, e não havia nenhuma garantia de que viessem a gostar dele. Era impressão geral — inclusive sua — de que não havia mais nenhuma chance possível de que algum dia retornasse ao partido em que, como disse mais tarde, fora criado desde a infância e do qual faziam parte quase todos os seus parentes e amigos.[91] Além disso, seu grande amigo e parlamentar F. E. Smith disse depois que, se Churchill não tivesse mudado de lado, em 1914 ele "teria sido incontestavelmente, a meu ver, o líder do partido unionista".[92] Churchill pagara um alto preço por seus princípios livre-cambistas.

O 4º marquês de Salisbury, filho do ex-primeiro-ministro, quando cortou relações sociais com Churchill, escreveu-lhe explicando que "sinceramente penso que não foi seu gesto, mas sua postura ao agir assim que me levou a ser rude".[93] Churchill respondeu:

> Admito de bom grado que minha conduta é passível de crítica, não — graças aos céus — por causa de sua sinceridade, mas do ponto de vista do gosto. Tive de escolher entre lutar e me manter à parte. Sem dúvida, essa segunda era mais decorosa. Mas eu queria lutar — senti que podia lutar com todo o coração e alma —, então é isso [...]. Claro que a política é uma forma de torneio em que invectivar e atirar lama são armas aceitas. Mas participar de uma briga tão torpe, a meu ver, não prejudica as relações pessoais.[94]

A última frase expressa uma atitude que Churchill sempre manteve durante a vida. Sua excepcional capacidade de separar política e amizade pessoal — mantendo-se afável na esfera privada com quem em público trocava denúncias — era muitas vezes mal interpretada por pessoas que o imaginavam insincero na amizade ou então na política. Na verdade, não o era em nenhuma das duas instâncias.

No mesmo dia em que mudou de lado, Churchill publicou uma carta em *The Times*, *Manchester Guardian* e *Jewish Chronicle* denunciando o projeto de lei dos Estrangeiros do governo unionista, que pretendia restringir a imigração de judeus fugindo dos pogroms na Rússia tsarista para a Grã-Bretanha. "Espera-se que exercerá apelo aos preconceitos insulares contra os que vêm de fora", escreveu ele sobre o projeto de lei, "ao preconceito racial contra os judeus e ao preconceito da mão de obra contra a concorrência."[95] A população britânica nessa época era de 32,5 milhões de pessoas. Ele destacou que somente um cidadão a cada 140 não nascera na Grã-Bretanha. A imigração judaica somava apenas cerca de 7 mil indivíduos por ano.[96] Embora a carta em si fosse uma jogada eleitoral — um terço dos eleitores de seu novo eleitorado era de judeus, contra 0,7% da população como um todo —, também refletia uma curiosa anomalia desse vitoriano de elite: Churchill foi durante toda a vida um filossemita.

Como muitas de suas opiniões iniciais, o apreço de Churchill pelos judeus provinha do pai, que fora amigo de Nathaniel Meyer, 1º barão Rothschild, de Sir Felix Semon e Sir Ernest Cassel. "Como, lorde Randolph? Não trouxe seus amigos judeus?", perguntaram-lhe ironicamente num final de semana numa casa de campo. "Não", retrucou ele, "pensei que eles não se divertiriam muito com a companhia."[97] Pai e filho eram ambos admiradores de Disraeli. Quando jovem, Winston Churchill se hospedou em Paris na casa do barão Maurice de Hirsch, e nas férias de verão na Europa, em 1906, hospedou-se com Cassel, Lionel Rothschild e o barão de Forest, filho adotivo do barão de Hirsch.[98] "Bravo, Zola!", escrevera à mãe durante o Caso Dreyfus, seis dias depois da Batalha de Omdurman. "Estou encantado em ver a derrocada completa dessa conspiração monstruosa."[99]

Portanto, quando se opôs ao projeto de lei dos Estrangeiros, não estava agindo apenas por oportunismo político. Começou a contribuir para a Sopa dos Pobres judaica, para o Clube dos Meninos Judeus e para o Clube Judaico de Tênis e Críquete, além de visitar o Hospital Judaico, a escola religiosa Talmud Torah e o Clube de Trabalhadores Judeus, onde elogiou a ênfase da comunidade no auxílio mútuo.[100] "Embora nunca tenha sido defensor acrítico do sionismo", escreveu Sir Martin Gilbert, o biógrafo oficial de Churchill, "ele foi um de seus amigos e apoiadores mais persistentes. Num mundo onde os judeus eram frequentes objetos de desdém, desprezo, desconfiança e hostilidade, Churchill os tinha em alto apreço e queria que tivessem seu devido lugar no mundo."[101] Isso lhe foi útil nos anos 1930, conferindo-lhe a capacidade — negada a muitos antissemitas de todo o espectro político — de enxergar claramente e desde cedo que tipo de homem era Hitler. Como um dos raros filossemitas de sua classe e origem sociais, e representando um eleitorado maciçamente judaico por mais de um quarto de século antes que Hitler se tornasse chanceler da Alemanha, suas antenas estavam mais sintonizadas do que as de seus colegas de Parlamento.*

* Quando Gilbert, que era judeu, entrevistou o general Sir Louis Spears, colega de Churchill, ficou intrigado com sua declaração: "Mesmo Winston tinha um defeito". Inclinou-se ansioso em desco-

Churchill fez seu primeiro discurso na bancada da oposição em 8 de junho de 1904, posicionando-se contra o projeto de lei dos Estrangeiros. (*The Sun* alegou que foi em obediência às ordens de lorde Rothschild, a primeira de muitas acusações infundadas de que estava a soldo dos judeus.)[102] Churchill e outros três liberais foram tão persistentes na fase de trabalhos da comissão sobre o projeto (quando suas cláusulas são minuciosamente examinadas) que, de início, o governo o abandonou, mas optou por retomá-lo e aprová-lo no ano seguinte. Em dezembro de 1905, Churchill dividiu uma tribuna contra os pogroms tsaristas com o palestrante dr. Chaim Weizmann, químico nascido na Rússia e que mais tarde teria papel formador em suas concepções sobre o sionismo.

Quando um parlamentar tory chamado coronel William Kenyon-Slaney, em julho de 1904, acusou Churchill e Ivor Guest de serem "renegados e traidores" por suas posições lenientes em relação aos bôeres, Churchill viu aí uma oportunidade para uma de suas réplicas cáusticas. "Muitas vezes notei que, quando a controvérsia política se torna acalorada", disse ele, "pessoas de disposição colérica e inteligência limitada ficam propensas a se tornar rudes. Tive a honra de servir no campo de batalha a nosso país enquanto esse coronel brioso e esquentado se contentava em matar Kruger com a língua na confortável segurança da Inglaterra."[103] Era uma alusão ao segundo verso do poema "The Absent-Minded Beggar" [O mendigo distraído], de Rudyard Kipling — "Quando você acabar de matar Kruger com a língua" —, que os ouvintes de Churchill poderiam reconhecer instantaneamente. Era uma alfinetada impiedosa em Kenyon-Slaney, condecorado na Batalha de Tel-el-Kebir em 1882 e que se retirara do Exército dez anos depois, mas servia para lembrar às pessoas de que, se atacassem Churchill, deviam estar preparadas para uma réplica implacável.

No mês seguinte, Churchill comentou com desdém que "a liderança [de Balfour] na Câmara tem sido muito elogiada nos jornais a cujos editores conferiu títulos de nobreza ou promoções".[104] Não demorou muito para que os escárnios contra o primeiro-ministro se tornassem, ao que parecia, um de seus passatempos favoritos. "Meu conselho em política", disse ele em Manchester, em janeiro de 1905, sobre a Reforma Tarifária, "é: quando em dúvida sobre o que fazer, não faça nada. Em política, quando em dúvida sobre o que dizer, diga o que realmente pensa. Se o primeiro-ministro tivesse agido segundo esses princípios desde o início dessa controvérsia, teria sido muito melhor para o país, muito melhor para sua própria reputação e muito melhor para a organização do partido ao qual ele atribui tão extraordinária e indevida importância."[105] Ainda no mesmo mês, mui-

---

brir o calcanhar de aquiles de seu herói, e ouviu: "Gostava demais dos judeus" (Gilbert, *Churchill and the Jews*, p. xv). O próprio Spears era judeu, mas mudou o sobrenome original Spiers para esconder o fato.

tos acharam que ele ultrapassara os limites ao dizer: "Abdicações ocorreram na história do mundo, mas, se vocês observarem o curso da história, verão que geralmente foram feitas mais por monarcas masculinos do que por monarcas femininas. Reis abdicaram, mas rainhas nunca, e uma das atraentes qualidades do sr. Balfour é que sua natureza mostra certa feminilidade".[106] Tais ataques continuavam a lhe trazer atenção, mas também desapreço.

A primeira biografia de Churchill foi publicada pelo jornalista Alexander MacCallum Scott em 1905. "Os admiradores do jovem de trinta anos falam confiantes sobre ele como futuro primeiro-ministro", escreveu Scott, comparando o ataque de Churchill a Chamberlain a uma luta entre Davi e Golias e comentando que "o primeiro-ministro [Balfour] fugia à sua presença".[107] A avaliação de que Churchill "é da raça dos gigantes" parecia um exagero em 1905, e nem todos se mostravam tão impressionados. Em maio de 1905, ele foi banido do Clube Hurlingham em Londres, algo que, segundo ele disse ao vice-líder da bancada liberal, Mestre de Elibank,* era "quase sem precedentes na história do clube — pois os jogadores de polo são sempre bem-vindos. Não creio que você e seus amigos liberais entendam o intenso amargor político que sentem por mim no outro lado".[108] Ele deixara o Carlton Club no mês anterior, dizendo a seu primo lorde Londonderry que "velhas amizades foram rompidas e, por outro lado, novas obrigações foram contraídas".[109]

No final de julho, quando Balfour perdeu uma votação na Câmara dos Comuns por 200 a 196, mas se negou a renunciar, como era o costume consagrado pelo tempo, Churchill trovejou, indignado: "O poder concedido a lorde Salisbury fora assumido por um outro com quem a nação ainda não tivera nenhuma tratativa direta, e cujo caráter a Câmara viera a descobrir apenas gradual e tardiamente".[110] Ele ainda disparou contra a "ignorância crassa e imperdoável" de Balfour e sua "maneira desleixada, precipitada, improvisada de fazer as coisas". Disse gracejando que "não existe na dignidade de um primeiro-ministro, como na virtude de uma dama, uma diminuição parcial".[111] "Para continuar no cargo por mais algumas semanas e meses, não há princípio que o governo não esteja disposto a trair", acrescentou, "nem quantidade de lama e sujeira que não esteja disposto a engolir."[112] Churchill não acreditava de fato que o filósofo Balfour, membro da Academia Britânica, fosse ignorante ou que lhe coubesse algum outro dos epítetos que lhe dirigiu — para ele, todas essas extravagâncias faziam parte das vivas discussões do grande jogo da política. Estava totalmente preparado para qualquer "lama e sujeira" que os unionistas se dispusessem a lhe devolver. Todavia, para muitos sóbrios cavalheiros eduardianos, inclusive o próprio rei Eduardo VII, aquilo era inaceitável.

* Título de cortesia dado aos herdeiros do baronato escocês de Elibank.

"Disseram-me que Winston fez um dos discursos mais insolentes já ouvidos no Parlamento", escreveu o cortesão lorde Esher a seu filho.[113] Lorde Crawford anotou no diário: "O rei está extremamente zangado com o ataque de Winston Churchill a A.J.B., e não faz segredo de sua opinião de que Churchill é um grosseirão nato".[114] As duras invectivas políticas pareciam anunciar uma nova virulência no discurso parlamentar, embora os que tinham melhor conhecimento histórico soubessem que, na verdade, fazia séculos que tais investidas constituíam a norma.

Os discursos clamorosos continuaram. Um atrito na Índia entre o vice-rei lorde Curzon e o comandante-chefe lorde Kitchener sobre a reorganização do Exército levara à renúncia de Curzon em agosto de 1905. Foi uma oportunidade para Churchill se vingar de Kitchener. Num debate em outubro, comentou a respeito de Curzon: "A maneira desdenhosa como ele foi afastado do país praticamente erigiu o comandante-chefe em ditador militar, e o poder do vice-rei e o prestígio do poder civil foram gravemente, se não irreversivelmente, afetados".[115] Mais uma vez, Churchill empregava um exagero deliberado a fim de criar efeito — além de usar pela primeira vez a palavra "ditador" em sentido pejorativo.

Balfour finalmente renunciou em 4 de dezembro de 1905, ao que o rei mandou chamar Sir Henry Campbell-Bannerman, líder liberal da oposição, que formou um governo minoritário interino com o objetivo exclusivo de convocar uma eleição, marcada para 12 de janeiro de 1906. Sir Edward Grey foi nomeado ministro das Relações Exteriores, Asquith, chanceler do Tesouro, e Lloyd George, presidente do Conselho do Comércio. Campbell-Bannerman ofereceu a Churchill o cargo de secretário financeiro do Tesouro, o posto mais alto logo abaixo do Gabinete Ministerial, mas ele recusou educadamente, em favor do cargo inferior, pelo menos em termos nominais, de subsecretário de Estado das Colônias. Foi uma jogada astuciosa, que lhe permitiu representar esse importante departamento na Câmara dos Comuns, pois o secretário de Estado — conde de Elgin, ex-vice-rei da Índia (e neto do homem que comprara os Mármores do Partenon) — estava na Câmara dos Lordes.

Churchill convidou Eddie Marsh, escrevente no Departamento da África Ocidental na Agência Colonial e amigo de sua antiga namorada Pamela Plowden, agora condessa de Lytton, para ser seu secretário particular.* Marsh ocupou a função por mais de trinta anos em oito departamentos do governo. "Eu era dois anos mais velho do que meu patrão em potencial", relembrou, "e além disso

* Marsh era homossexual, e Churchill não tinha nenhum traço de preconceito em sua personalidade. Entre seus amigos havia homossexuais, bissexuais e assexuais como Rupert Brooke, Noël Coward, Harold Nicolson, Philip Sassoon, Ivor Novello, Bob Boothby e T. E. Lawrence.

tinha um pouco de medo dele [...]. Embora o considerasse o indivíduo mais brilhante que já conhecera, parecia-me um tanto truculento e dominador."[116] Antes de aceitar o emprego, Marsh pediu conselho a Lady Lytton. "Você vê todos os defeitos de Winston na primeira vez em que o encontra", ela disse, "e passa o resto da vida descobrindo suas virtudes."[117]

# 5. Imperialista liberal

## *Janeiro de 1906 a abril de 1908*

*Ele tinha o talento de um showman em atrair a atenção pública para tudo o que dizia ou fazia.*

Churchill sobre seu pai, 1906[1]

*Tenhamos um único critério para tratar os povos sob nosso domínio, e que esse critério seja o da justiça.*

Churchill sobre o Transvaal, julho de 1906[2]

No Ano-Novo de 1906, Churchill lançou seu manifesto eleitoral para os votantes da seção Noroeste de Manchester, denunciando com aliterações a ideia de "Mais sete anos de enganação, enrolação e embromação! Sete anos de impostos, imposturas e improvisações! Sete anos de truques, trapaças e tropeções! Não caiam novamente nessa".[3] Já no dia seguinte publicou a biografia do pai, pela qual recebera um vultoso adiantamento de 8 mil libras. Como em todas as suas obras, mesmo as históricas, trazia fortes elementos autobiográficos, conscientes ou inconscientes. "Nenhuma proteção lhe aplainou o caminho", escreveu. "Nenhuma refulgente roda de favores reais ajudou e acelerou seu percurso. O poder que adquiriu foi concedido com relutância e retirado às pressas. Como Disraeli, ele teve de lutar por cada milha em todas as suas marchas."[4]

Churchill até podia se sentir assim a respeito de si mesmo, mas dificilmente se aplicava a lorde Randolph, que nascera como filho de duque em Belgravia, fora educado em Eton e Oxford e na prática herdara seu assento parlamentar em Woodstock, perto de Blenheim, aos 25 anos de idade. Poderia inclusive ter gozado das rodas refulgentes dos favores reais se não tivesse tentado chantagear o príncipe de Gales. Em momento nenhum o livro de Churchill procurou explicar a antipatia e a desconfiança que seu pai despertava, ou sua falta de percepção delas, embora não estivessem entre as características menos flagrantes que compartilhava com o filho.

Roy Foster, biógrafo moderno de lorde Randolph, apontou com perspicácia que *Lord Randolph Churchill* "pretendia pelo menos em parte ser uma explicação das acrobacias políticas que o autor estava praticando na época em que escreveu o livro".[5] É de leitura agradável, mas não resistiu ao teste do tempo como obra histórica, não só pela falta de objetividade, mas também pela vontade e até sofreguidão do autor em ignorar qualquer indicação que contrariasse o quadro que montou. "Com grande frequência cedo à tentação de adaptar meus fatos às minhas frases", comentou com a mãe sobre seus artigos de jornal em dezembro de 1897, e isso também vale para a biografia que compôs.[6] A rudeza de lorde Randolph Churchill em relação a falecidos ex-colegas foi eliminada; as provas de oportunismo foram ignoradas; empregou-se em escala maciça um método seletivo das citações; e todas as críticas contemporâneas e posteriores à sua anexação da Birmânia ficaram de fora. As secretas simpatias paternas pelo Governo Autônomo da Irlanda em 1885 não receberam nenhuma menção. Compreensivelmente, Churchill passou por cima dos problemas conjugais dos pais e do boato de sífilis, mas também não citou figuras importantes como Nathaniel Rothschild, apesar de ter sido o confidente mais próximo de lorde Randolph no Tesouro.[7] Os negócios com o governo que lorde Randolph concedera ao banco de Rothschild e sua dívida de 12 758 libras com a instituição foram igualmente ignorados.[8]

Churchill não usou reticências no livro para indicar elipses nas frases e até alterou citações diretas, e assim "Vou tirar tudo de [Joseph Chamberlain]" virou "Vou me informar mais", e "Eu daria qualquer coisa para formar um governo" aparece como "Gostaria de formar um governo". Atitudes desabridas de oportunismo político em interesse próprio de lorde Randolph foram, de certa forma, apresentadas como posturas altruístas grandiosas, e nesse retrato pintado pelo filho ele aparentava ser muito mais centrista do que realmente era. Suas tentativas constantes de interferir na política externa de lorde Salisbury foram tratadas como mostras de camaradagem, coisa que não eram.[9] E não só: as intrigas e os vazamentos de lorde Randolph para jornalistas foram deixados de lado, e as circunstâncias supostamente intempestivas de sua renúncia contradiziam fatos que eram do conhecimento de Churchill.

Nos anos seguintes, Churchill não permitiu que terceiros tivessem acesso aos recursos de arquivo necessários para contradizê-lo. Segundo Foster, "os documentos passaram por um grande e meticuloso crivo antes de se tornarem disponíveis ao público", de forma que aquilo que emerge, ao fim e ao cabo, é um retrato em que "Churchill não só apresentou o pai, mas também o remodelou à sua imagem pessoal".[10] Não se permitiu que fatos incômodos atrapalhassem a elegante convocação do finado pai como seu mentor póstumo. A distância entre mito e realidade não passou despercebida. Ivor Guest comentou que "poucos pais haviam feito menos pelos filhos. Poucos filhos fizeram mais pelos pais".[11] Com essa biografia, que virou um best-seller da noite para o dia, Churchill finalmente obrigou o pai a lhe fazer algo de útil.

"Ele possuía a estranha qualidade, exercida inconscientemente e de forma alguma simulada, de atrair a atenção e de se fazer comentado", escreveu Churchill.[12] Ele devia saber que não havia nada de inconsciente nos colarinhos altos demais do pai, no basto bigode, no gesto de apoiar a palma da mão no quadril enquanto falava, nos ataques deliberados a seu próprio partido e na criação da facção do Quarto Partido dentro do Partido Conservador. Todas essas formas deliberadas de atrair a atenção eram, para Churchill, manobras plenamente aceitáveis junto a um eleitorado de massa, e também levou essa lição muito a sério. "Existe uma Inglaterra de homens sensatos que fitam sem ilusões as falhas e loucuras de ambos os partidos políticos", afirma o livro como conclusão, "de homens sérios e corajosos que não encontram em nenhuma das facções o justo escopo para o empenho que trazem dentro de si [...]. Foi a essa Inglaterra que lorde Randolph se dirigiu; foi essa Inglaterra que ele quase conquistou; é por essa Inglaterra que será julgado com justiça."[13] O livro teve uma acolhida crítica amplamente favorável, embora o resenhista anônimo do *Telegraph* não se sentisse de todo persuadido por esse retrato idealizado: "O tratamento que dava aos amigos era muitas vezes atroz, às vezes nem sequer honrado; era muito negligente com a verdade".[14]

Não foi por coincidência que Churchill publicou seu manifesto num dia e a biografia logo no seguinte. Estava no meio de uma campanha complicada, precisava justificar a deserção do partido e convencer os eleitores de Manchester de que lhes seria mais leal. Em 11 de janeiro de 1906, no discurso da véspera da votação, declarou a uma multidão em Manchester:

> Reconheço que mudei de partido. Não nego. Orgulho-me disso. Quando penso em todo o trabalho que lorde Randolph Churchill dedicou aos destinos do Partido Conservador e na ingratidão com que foi tratado pelos conservadores quando alcançaram o poder que nunca teriam se não fosse por ele, fico contente que as circunstâncias tenham me permitido romper com eles enquanto ainda sou jovem e ainda tenho as primeiras energias de minha vida para dar à causa popular.[15]

Ele sempre tinha em mente o fantasma do pai, mas sua incipiente consciência social também o incentivava a abrir um caminho próprio. Ao percorrer na semana anterior os cortiços de Manchester junto com Eddie Marsh, dissera: "Imagine viver numa dessas ruas, sem nunca ver nada bonito, nunca comer nada saboroso, *nunca dizer nada inteligente*!".[16]* O comentário tem sido tomado como esnobe e condescendente e, em certa medida, era mesmo, mas também mostra um pouco de suas ideias sobre a necessidade de uma legislação social para melhorar as condições de moradia e ensino, em lugar de uma tributação sobre os alimentos que empobreceria ainda mais os moradores dos cortiços.

Embora Churchill, em março de 1904, tivesse votado a favor de uma primeira medida sobre o sufrágio feminino na Câmara dos Comuns, com o destaque que tivera na eleição de 1906 tornou-se alvo específico das táticas de agitação das sufragistas cuja ala radical vinha adotando fazia vários meses. Durante um comício eleitoral em Manchester, uma jovem na galeria interrompeu seu discurso, e Churchill ofereceu lhe conceder cinco minutos para falar no final, prometendo responder a todas as perguntas que tivesse acerca do voto feminino. Ela recusou e, depois de meia hora de tumulto, Churchill frisou que o direito de reunião pública era um dos privilégios democráticos mais valiosos do povo, e que seria "absurdo admitir o direito de um único indivíduo de reduzi-lo a nada".[17] No final do comício, Churchill convidou outra ativista, Flora Drummond, porta-voz da Associação do Sufrágio das Mulheres, a subir na tribuna para defender sua causa, o que ela fez com grande vigor.

Então perguntaram a ele sobre suas posições. Churchill escolheu as palavras com cuidado. "Votei a favor do direito de voto para as mulheres na penúltima sessão", afirmou. "Embora eu considere essa questão muito difícil, estava avançando continuamente para a posição de um sincero apoiador da causa. Mas tenho sido muito tolhido pelo que vem acontecendo nos últimos meses." Não queria que considerassem que estivesse "cedendo diante das interrupções violentas que têm ocorrido em meus comícios".[18] Sempre desejava se mostrar magnânimo na vitória, mas, quando se sentia atacado, adotava instintivamente uma postura desafiadora. Em 5 de janeiro de 1906, seu comício em Cheetham Hill foi tumultuado por Adela Pankhurst, filha da líder sufragista Emmeline Pankhurst. Churchill também lhe ofereceu espaço na tribuna, dizendo à multidão presente:

> A jovem dama porta um nome que tem grande e merecido respeito em Manchester. Reconheço o zelo de consciência que a leva a fazer tais coisas, mas são totalmente antidemocráticas e, para quem deseja mostrar como as mulheres estão ap-

* Marsh esclareceu que o itálico era de Churchill, não seu, visto que "seria impossível haver uma melhor transposição do itálico na palavra oral" (Marsh, *Number*, p. 150).

tas a receber o direito de voto, não consigo imaginar um comportamento mais tolo. Não sou tão contrário à proposta quanto pensei ser correto dizer agora, mas não vou me deixar intimidar numa questão de tão grave importância pública.[19]

Quatro dias depois, quando houve mais tumultos em outro comício, ele insistiu que a mulher envolvida fosse tratada com "cortesia e cavalheirismo". Mas estava claramente irritado com as práticas das sufragistas. Na ocasião, a única coisa que teve a dizer sobre a questão do voto feminino foi: "Considerando os constantes tumultos nos comícios públicos nesta eleição, declino totalmente de me empenhar".[20]

Churchill foi eleito pela seção Noroeste de Manchester em 13 de janeiro de 1906, com 5639 votos, contra os 4398 do adversário conservador William Joynson-Hick. Houve um comparecimento de cerca de 89% dos votantes. Na eleição de 1900, os nove assentos de Manchester haviam sido ocupados por oito unionistas (entre eles Arthur Balfour) e um liberal, mas em 1906 os liberais ganharam sete assentos, e o Partido Trabalhista, os outros dois. A derrota de Balfour na eleição geral foi a mais esmagadora da época, e ele também perdeu seu lugar no Parlamento, proporcionando a Churchill uma dose mais do que suficiente de *Schadenfreude*. Como a votação se prolongou por várias semanas, Churchill foi discursar como celebridade em vários outros eleitorados. Os resultados finais só saíram em 7 de fevereiro. O novo Parlamento se formou com quatrocentos liberais, 157 unionistas, 83 nacionalistas irlandeses e trinta trabalhistas. "Essa eleição é o resgate da vida de meu pai", disse Churchill a um amigo da família, "e aponta para a moral de meu livro. A catástrofe suprema e irreversível que ele sempre temeu agora alcançou a velha turma e, com eles, o grande partido que dirigiram mal."[21] Churchill nem sempre era feliz na escolha dos momentos para agir, mas sua decisão de sair do Partido Conservador, bem no momento em que a agremiação ficaria na oposição por mais de dez anos, foi das mais inspiradas, ainda que lhe valesse por algum tempo, como relembrou lorde Winterton, "a distinção de ser a figura mais impopular na Câmara".[22] Os tories lhe infligiriam uma terrível vingança quando voltassem ao governo, mas por ora isso estava num futuro distante.

A primeira medida de Churchill ao ingressar na Secretaria de Estado das Colônias em dezembro do ano anterior fora colocar em sua escrivaninha um pequeno busto de bronze de Napoleão, mas sua política imperial era muito mais pacífica do que esse gesto poderia indicar. Quando a tribo munshi da Nigéria incendiou a estação da Companhia do Níger em Abinsi, em 31 de dezembro de 1905, o alto-comissário Sir Frederick Lugard propôs uma expedição punitiva.

Churchill estivera em tais expedições na Índia e considerava-as dispendiosas e muitas vezes ineficazes. "O crônico derramamento de sangue que mancha as estações da África Ocidental é odioso e desestabilizador", escreveu a lorde Elgin. "Além disso, é capaz que todo o empreendimento seja retratado por pessoas pouco familiarizadas com a terminologia imperial como matança dos nativos e roubo de suas terras."[23] Elgin concordou, mas a essa altura a expedição já avançara demais para que fosse detida. Churchill adotou posição semelhante em abril, quando condenou o governo de Natal, na África do Sul, por ter conduzido doze rebeldes zulus à corte marcial. (Aqui ele empregou um dos elementos que recomendava para os discursos públicos: "É claro que toda lei marcial é ilegal, e a tentativa de introduzir ilegalidades na lei marcial, que não é lei militar, é como tentar acrescentar água salgada ao mar".)[24] Sua política colonial frequentemente era simpática aos nativos do Império, mas, como subsecretário, nem sempre suas posições prevaleciam.

Com a volta de Campbell-Bannerman à Downing Street após a eleição, Churchill retomou o cargo na Secretaria de Estado das Colônias. Deram-lhe a questão espinhosa de lidar com a república bôer derrotada, que se rendera em 1902, e em 1906 parecia pronta para a implantação de um governo autônomo responsável. Era um problema complexo, e nos dois anos seguintes Churchill respondeu a quinhentas perguntas no Parlamento sobre assuntos relacionados à África do Sul. Em 16 de janeiro de 1906, encontrou-se com Jan Smuts, que o interrogara depois de ser capturado pelos bôeres em 1899. Smuts abandonara o direito e se tornara general de um Comando, com grande sucesso, mas fora favorável à Paz de Vereeniging, que pusera fim ao conflito em 1902. "Os funcionários do departamento estavam alarmados com a perspectiva de um ministro jovem e inexperiente se encontrando com aquele homem temível e sinistro", ironizou Churchill meio século depois, ao relembrar o encontro na Secretaria de Estado das Colônias. "Em vista disso, ergueram um grande biombo no canto da sala, atrás do qual instalaram Eddie Marsh — a ideia era que, se eu dissesse algo perigoso para o Estado, Eddie negaria que eu tivesse falado aquilo."[25]

Churchill e Smuts concordaram com um recomeço, baseado numa política de imparcialidade entre ingleses e bôeres, proposta que foi aceita pelo Gabinete Ministerial e, ao cabo de um ano, culminou com a autonomia interna das duas repúblicas. Isso, por sua vez, levou à formação de uma União da África do Sul independente em 1910, como Domínio do Império com o mesmo estatuto de Canadá, Austrália e Nova Zelândia. Quanto ao tratamento da população africana nativa, Churchill estava com as mãos totalmente amarradas pelos termos do Tratado de Vereeniging. "Não há dúvida de que os bôeres considerariam uma violação desse tratado se o direito de voto fosse estendido em primeira instância a quaisquer pessoas que não sejam homens brancos, em oposição às pessoas de cor", disse ele na Câmara dos Comuns. "Podemos deplorar tal decisão. Podemos deplorar que não haja no Transvaal e na Colônia do rio Orange nenhuma disposição de proceder a medidas que não se revelaram totalmente prejudiciais na Colônia do Cabo. Mas estamos presos a esse tratado."[26] Apesar disso, Churchill garantiu o controle da Grã-Bretanha sobre grandes áreas tribais, como Basutolândia (atual Lesoto), Bechuanalândia (Botswana) e Suazilândia (Essuatíni), onde as populações nativas eram tratadas de forma mais benevolente do que sob os bôeres.[27]

Apesar das acusações dos tories de que Churchill demonstrara fraqueza em relação ao antigo inimigo da Grã-Bretanha, o acordo foi saudado como uma extraordinária superação das animosidades de 1902. O fato de a África do Sul ter lutado posteriormente ao lado dos britânicos nas duas guerras mundiais era um tributo a Churchill, a Smuts e à amizade que se desenvolvera entre ambos.[28] Em outubro de 1942, o rei George VI relembrou que "Winston não entendia como um inimigo recente vinha pedir de volta seu país, passados apenas quatro anos desde a derrota, e perguntou a Smuts se isso já acontecera antes, ao que Smuts respondeu: 'Creio que não'".[29]

Foram encaminhados a Churchill, como subsecretário, vários problemas complicados. O pior deles era que os trabalhadores chineses, que somavam mais de 50 mil, estavam sendo explorados pelos proprietários de minas na África do Sul a um grau tamanho que vários jornais e políticos liberais não hesitavam em usar a expressão "escravidão chinesa". Churchill afirmou ao Parlamento em fevereiro que "na opinião do governo de Sua Majestade, não pode ser classificada como escravidão na acepção extrema do termo sem um certo risco de inexatidão terminológica".[30]* Apesar de sua insistência em não classificar a prática como escravidão, Churchill denunciou em termos inequívocos o tratamento dado à mão de obra chinesa na África do Sul, considerando-o "o mais degradante, medonho e patético de que essa nação civilizada e cristã se tornou responsável em tempos modernos".[31] Lorde Milner, quando ocupava o cargo de alto-comissário, autorizara o castigo físico dos trabalhadores braçais chineses quando os patrões achassem que estavam fazendo corpo mole ou entregues ao "vício contra a natureza" (isto é, a sodomia).[32] Milner alegou que tal autorização fora dada em

* Com essa expressão "inexatidão terminológica", Churchill mostrava saber até que ponto podia usar a palavra "mentira" sem ferir o decoro parlamentar. Por exemplo, referir-se aos adversários como tolos não era linguagem parlamentar, mas certa vez, quando foi interrompido por risos de escárnio, ele disse: "O crepitar dos gravetos sob o caldeirão não me incomoda", uma referência a Eclesiastes 7,6, que começava: "Pois, assim como os gravetos crepitam sob o caldeirão, tal é o riso dos insensatos".

conformidade com o código trabalhista local, mas os parlamentares liberais radicais discordaram e queriam que ele fosse processado. Em 21 de março de 1906, Churchill apresentou uma emenda do governo que dizia: "Esta Câmara, embora registre sua condenação ao açoitamento dos cules chineses por transgredir a lei, deseja, nos interesses da paz e da conciliação na África do Sul, abster-se de fazer censuras a indivíduos".

O discurso de Churchill durante a apresentação da emenda seria um de seus mais controversos, numa carreira que já não era estranha a polêmicas. Alfred Milner, que se afastara em abril de 1905, era um herói para muitos parlamentares unionistas, por sua firme defesa dos interesses britânicos na África do Sul antes, durante e depois da Guerra dos Bôeres, que esperavam por parte do governo uma defesa franca e direta contra o ataque dos radicais. Churchill tentou defendê-lo, mas ao mesmo tempo criticando sua política. "Tendo exercido grande autoridade, agora não exerce autoridade nenhuma", disse ele. "Tendo ocupado um alto cargo, agora não tem cargo nenhum. Tendo disposto os eventos que moldaram o curso da história, agora é incapaz de mudar minimamente a política atual [...]. Vale a pena um processo contra ele? [...] [Agora] vê os ideais, os princípios, as políticas pelos quais trabalhou totalmente desacreditados [...]. Lorde Milner deixou de ser um fator nos acontecimentos públicos."[33] A emenda passou por 355 a 135; Milner ficou a salvo.

Eddie Marsh comentou que, quando Churchill ensaiara previamente o discurso em sua sala, "[eu] ficara francamente comovido por sua generosidade de espírito! [...] Mas o efeito na Câmara foi totalmente diferente — algo saiu errado na entonação [...] e foi como se ele escarnecesse de um estadista desacreditado fazendo galhofa com os dias nefastos em que decaíra".[34] É difícil conciliar as justificativas de Marsh e as palavras que Churchill usou. Os unionistas ficaram absolutamente furiosos. "Seus inúmeros inimigos no Partido Conservador afirmavam exultantes que ele estava acabado", relembrou lorde Winterton.[35] Margot Asquith, a severa esposa do ministro do Interior, considerou o discurso "mesquinho, condescendente e sem tato".[36] A *National Review* escreveu sobre Churchill: "Ele sempre adula a galeria mais estridente. É um demagogo do tipo transatlântico".[37] O rei qualificou sua conduta de "simplesmente escandalosa".[38] Hilda, filha de Joseph Chamberlain, que estava na galeria, disse ao irmão Neville que "as maneiras de Churchill tornaram [o discurso] ainda mais insolente e insultante, se possível, do que as palavras" e notou que "houve apenas um levíssimo aplauso quando ele se sentou".[39] Com esse pano de fundo, não era de admirar que Churchill sofresse uma derrota fragorosa quando tentou obter apoio interpartidário para a concessão de autonomia às repúblicas sul-africanas em julho. "Com toda a nossa maioria podemos oferecê-la como presente de um partido", disse ele. "Eles [os unionistas] podem oferecê-la como presente da Inglaterra."[40] Os unionistas recusaram.

Em 1906, Churchill já detectara um problema que, em anos futuros, adquiriria gravidade muito maior: a Câmara dos Lordes, dominada pelos unionistas, estava usando cada vez mais seu poder de veto na legislação liberal. "Sou um homem de paz", disse ele em agosto aos ouvintes presentes em Canford Park, residência de sua tia, provocando muitas risadas. "Nada me causaria maior sofrimento do que entrarmos numa disputa feroz com aqueles povos senhoriais."[41] O fato de que sua frase "Sou um homem de paz" tenha causado riso mostra que Churchill já granjeara fama de agressivo ou, no mínimo, de truculento. "De minha parte, sempre achei que se deve julgar um político pelas animosidades que desperta entre seus adversários", declarou no jantar do Instituto de Jornalistas em novembro. "Sempre me empenhei não apenas em saborear, mas em merecer cabalmente a censura deles."[42] Começava a gostar de se apresentar na principal tribuna da Câmara, apesar das falhas iniciais com Milner. "Espero que você admire meu estilo ministerial ao fazer pronunciamentos coloniais", disse a J. A. Spender, editor da *Westminster Gazette*. "A vacuidade, a obscuridade, a ambiguidade e a pompa são tão difíceis de praticar quanto seus opostos."[43]

Churchill era oficial da reserva, com uma patente nos Hussardos de Oxfordshire da Rainha, no Exército Territorial, desde 1902. Usou sua farda ao visitar as manobras do Exército alemão em Breslau em setembro de 1906, a convite do cáiser Guilherme II, que falava inglês e com quem passou vinte minutos conversando. "Foi muito amigável e é sem dúvida uma personalidade extremamente fascinante", disse a lorde Elgin.[44] Churchill ficou impressionado com "a quantidade, a qualidade, a disciplina e a organização" do Exército alemão. Comentou com a tia Leonie Leslie que se sentia "grato por haver um mar entre aquele Exército e a Inglaterra".[45] Seu encontro com o cáiser em 1906 e depois em 1909 ajudou a resguardá-lo do erro, cometido por muitos políticos britânicos, de achar que Adolf Hitler era apenas uma outra versão do petulante imperador.

Num discurso em Glasgow em outubro de 1906, Churchill expôs sua filosofia política. Declarou que fora contrário ao socialismo durante toda a sua vida, mas que pensara melhor e concordava com a ideia de que "o Estado deve ocupar cada vez mais o papel como empregador de reserva da mão de obra".[46] Também apoiava "a implantação universal de padrões mínimos de vida e trabalho, e sua melhoria progressiva conforme permitam as crescentes forças produtivas".[47] Esse conceito de "padrão mínimo", que também estava sendo adotado na época por outros liberais importantes, como David Lloyd George e Charles Masterman, evoluiria mais tarde para o Estado moderno de bem-estar social. Churchill procurou acalmar os parlamentares liberais mais preocupados com o Partido Trabalhista, comparando-o a um balão "que sobe facilmente até certa altura, mas depois de certa altura recusa-se a subir mais, porque o ar é rarefeito demais para sustentá-lo e fazê-lo flutuar".[48] Churchill faria ao longo da carreira muitas previsões fragorosamente equivocadas, e essa foi uma delas.

Ainda considerava importante o apoio da Democracia Tory ao livre mercado e à livre concorrência. Como declarou a seus ouvintes em Glasgow:

> Não queremos derrubar as estruturas da ciência e da civilização, mas estender uma rede sobre o abismo; e tenho certeza de que, se algum dia a visão de uma justa Utopia que anima os corações e ilumina a imaginação das multidões trabalhadoras vier a adquirir realidade, será por meio de desenvolvimentos, modificações e aperfeiçoamentos da existente organização competitiva da sociedade [...]. Quando se vir que a empresa estatal será provavelmente ineficiente, que então se utilizem empresas privadas, e não se reclame que tenham lucros.[49]

A posição política de Churchill estava sempre em evolução, sob a influência de Bourke Cockran, Lloyd George, Beatrice Webb e até mesmo, em certa medida, de Clementine, liberal durante toda a vida. Mas o conceito central de suas ideias — essencialmente fundadas na Democracia Tory — era o de livre-iniciativa, do qual nunca se afastou.

Churchill travou duas de suas amizades mais importantes em 1906, com F. E. Smith (futuro lorde Birkenhead), parlamentar tory e um dos advogados mais brilhantes de sua geração, e com Violet Asquith (futura Lady Violet Bonham Carter), filha de Herbert Asquith. Ambas foram relações sinceras, profundas e duradouras, mas também tinham um aspecto prático. "F. E.", como todos o conheciam, era uma boa via de acesso ao Partido Conservador, e o pai de Violet era o chanceler do Tesouro e herdeiro da liderança liberal. Em meados de 1906, Churchill foi apresentado a Smith, dois anos mais velho do que ele, quando estava para entrar na Câmara dos Comuns antes de uma votação importante.[50] Smith bebia muito, mas, como explicaria a futura esposa de Churchill, "Winston está sempre disposto a ter a companhia daqueles dotados de consideráveis imperfeições".[51] Passaram juntos as férias de verão de 1907; em dezembro daquele ano, quando nasceu Freddie, o primeiro filho de F. E., o padrinho foi Churchill. Aquelas duas grandes inteligências se estimulavam constantemente, e mais tarde Churchill diria que Smith foi o amigo mais estimado que teve na vida.[52]

Churchill conheceu Violet Asquith num jantar no começo do segundo semestre de 1906, ao qual também estavam presentes outros nomes ilustres, como Balfour, George Wyndham e Hilaire Belloc. Mas ela só tinha olhos para Churchill e para "sua confiança imperturbável e resistência inquebrável, sua energia e seu instinto de tomar atalhos na vida, seu desdém pelo convencionalismo monótono".[53] Estava sentada a seu lado, e ele "me pareceu totalmente diferente de qualquer outro rapaz que conhecera na vida". Churchill perguntou sua idade e,

quando ela informou que tinha dezenove anos, ele respondeu que tinha 32.*
"Mais novo do que qualquer outro que *conte*, porém." E então acrescentou: "Maldito tempo impiedoso! Maldita mortalidade nossa! Como é cruelmente curto o tempo concedido para tudo o que temos de fazer caber dentro dele!".[54] A morte das duas tias paternas de Churchill — Fanny Tweedmouth em 1904, aos 51 anos, e Georgiana Howe em 1906, aos 45 — deixara-lhe mais claro do que nunca que não dispunha de muito tempo de vida. "Somos todos vermes", concluiu ele sem rodeios. "Mas eu me acredito um pirilampo."[55]**

Violet criou uma paixão intelectual e emocional por Churchill que durou por toda a vida. Como rememorou mais tarde:

> Quando anunciei minha descoberta a outras pessoas, vi que [...] minha avaliação de Winston Churchill não era recebida com simpatia. Na verdade, muitos zombaram de mim. A postura do público geral em relação a ele naquela época era, na melhor das hipóteses, de expectativa, curiosidade e tolerância divertida e, na pior, de desconfiança e cáustica desaprovação. Nos círculos sociais e tories, alguns anos antes ele tinha sido um pano vermelho que transformava as mais mansas das vacas em touros furiosos. Era um intruso, um cavador, invasivo, dado à autopromoção. Depois de mudar de partido, além disso, tornou-se um traidor, um vira-casaca, um arrivista e, o pior crime de todos, um arrivista que realmente chegou lá.[56]

Como jovem ministro, Churchill aprimorou sua capacidade de chegar ao cerne das questões, qualidade que se revelou inestimável em anos posteriores. Um de seus ofícios na Secretaria de Estado das Colônias, de janeiro de 1907, referente à delicada questão de convidar ou não os premiês australianos para a Conferência Colonial em Londres, começava com a frase: "A principal razão para convidar os premiês da Austrália para a Conferência colonial é que eles querem vir".[57] Reconhecia sem problemas que "dificilmente a Conferência levará a algum grande resultado prático", pois o novo governo era contrário à Preferência Imperial e os governos coloniais não haviam demonstrado interesse em contribuir de fato com as frotas e os exércitos imperiais.

Mas, mesmo que seu histórico o incentivasse a dirigir a atenção para os assuntos ultramarinos, Churchill sabia que era a agenda interna dos liberais que, em última análise, determinaria o destino eleitoral do partido. Quando a Câmara dos Lordes, dominada pelos unionistas, começou a obstruir o programa legislativo do governo eleito, Churchill mostrou até que ponto estava disposto a ir para que a agenda de seu novo partido prevalecesse sobre os antigos direitos le-

* Na verdade, 31; a memória dela às vezes falhava.

** Aqui Churchill faz um trocadilho entre *worm* e *glow-worm*. (N. T.)

gislativos de sua própria classe social. Como disse ele a um público ouvinte em Manchester, em fevereiro de 1907:

> Não tenho tempo hoje à noite para tratar dos francos absurdos na composição de nossa Câmara hereditária, na qual um homem adquire funções legislativas simplesmente em virtude de ter nascido, da qual a grande maioria dos membros nunca sequer chega perto do começo ao fim do ano, na qual, se enlouquecem, se são condenados por um crime, se ficam mentalmente incapacitados de gerir seus patrimônios ou se adquirem um insalubre convívio com bebidas alcoólicas, ainda assim são considerados plenamente capazes de exercer as mais altas funções legislativas. Passo por cima disso e não digo nada a respeito. Se o fizesse, poderia ser tentado a usar uma linguagem desrespeitosa, e tenho certeza de que todos vocês lamentariam muito.[58]

Churchill prosseguiu destacando que Balfour — o qual, embora tivesse perdido a eleição, voltara ao Parlamento representando outro eleitorado — estava com "a mão na válvula de obstrução", pois "tem o poder de escrever um bilhete em meia página de um papel de carta, entregá-la a um mensageiro e enviá-la a duzentos metros pelo corredor até a Câmara dos Lordes. E, ao escrever esse bilhete, ele é capaz de mutilar, rejeitar ou aprovar como lei qualquer cláusula ou qualquer projeto que a Câmara dos Comuns passou semanas discutindo".[59]

Em junho, Churchill atacou a Câmara dos Lordes, descrevendo-a como "unilateral, hereditária, inexpurgada, sem representatividade, irresponsável, absenteísta".[60] Questionou se a Casa tinha feito alguma coisa certa no passado, citando suas posições sistematicamente reacionárias sobre a Emancipação Católica, o direito dos judeus a ter assento no Parlamento, a ampliação do acesso ao processo eleitoral, o voto secreto, a compra de patentes militares, e assim por diante. "Desafio o partido contrário a apresentar um único exemplo de controvérsia solucionada em que a Câmara dos Lordes estivesse certa", provocou ele.[61] Se tais alfinetadas enfureciam os conservadores, tornavam-no benquisto a um Partido Liberal que ainda desconfiava do ingresso de Churchill em suas fileiras bem no momento em que estavam vencendo. "O aplauso da Câmara é o ar que ele respira", disse Lloyd George a seu irmão William em julho. "É exatamente como um ator. Gosta das luzes da ribalta e da aprovação da plateia."[62] Era verdade — embora fosse um tanto hipócrita da parte de Lloyd George criticar outro político por traços que ele mesmo esbanjava.

Naquele verão, Churchill assistiu às manobras militares da França e se apaixonou pelo Exército local. "Quando vi as grandes massas da infantaria francesa lançando-se ao ataque, enquanto as bandas tocavam a *Marselhesa*, senti que tinham sido aquelas valentes baionetas que conquistaram os Direitos do Homem e eram elas que protegiam lealmente os direitos e as liberdades da Europa."[63] Tinha razão, mas não calculou inteiramente o efeito que a proteção desses direitos e liberdades em pouco tempo traria para a nação e as Forças Armadas francesas.

Durante o recesso parlamentar de outono, do final de outubro de 1907 ao começo de janeiro de 1908, Churchill partiu numa viagem pelas possessões britânicas na África Oriental, percorrendo extensamente o Egito, o Sudão, a África Oriental Britânica (atuais Quênia e Tanzânia) e Uganda. Começou por Mombaça, onde tomou um navio de guerra britânico, e terminou em Alexandria. O itinerário incluiu Nairóbi, o monte Quênia, o lago Naivasha, Entebbe, Kampala, as cataratas de Murchison (por onde engatinhou de bruços "para realmente ver por baixo aquele colosso espumejante vindo do alto"), o lago Vitória e as cataratas de Ripon, além de Cartum e Cairo, o que lhe despertou um amor ainda maior e um entendimento muito melhor do Império, com seus problemas e suas vantagens.[64] Tomou providências para que a viagem fosse proveitosa em termos não só educativos e ideológicos, mas também financeiros, assinando um contrato para escrever cinco artigos para a *Strand Magazine*, a 150 libras cada um, e um livro, *My African Journey*, por quinhentas libras. Levou em sua companhia o coronel Gordon Wilson, marido de Sarah, irmã de lorde Randolph, seu valete George Scrivings e Eddie Marsh. Também incluiu na bagagem diversos livros sobre o socialismo, dizendo a um amigo: "Vou ver qual é de fato a causa socialista".[65] (Esses livros o fortaleceram em sua oposição ao socialismo.)

Chegando a Mombaça em outubro de 1907, o grupo de Churchill seguiu por "uma das ferrovias mais românticas e mais maravilhosas do mundo", segundo suas palavras, vendo durante a viagem bandos de gazelas e antílopes, um conjunto de dimensões atordoantes de quinhentas zebras, longas filas de gnus negros, manadas de vacas-do-mato e avestruzes silvestres, uma dúzia de girafas passeando ociosas, seis leões atravessando "tranquilamente os trilhos em plena luz do dia".[66] Em outro trecho, foram avistados bandos de babuínos "que pareciam do tamanho de um homem".

Além de ver coisas novas, outro aspecto importante da viagem era esportivo; embora os animais mortos por Churchill não pertencessem a espécies ameaçadas naquela época, foi uma quantidade enorme. Atirou em crocodilos (pelos quais parece ter adquirido uma aversão duradoura), num hipopótamo, "que se afundou com uma espécie de guincho rouco", quissemas, dois changos, "algumas" gazelas e duas palancas-vermelhas, "que desciam devagar até a água ao lado de nossa emboscada".[67] Também disparou contra um rinoceronte-branco com uma espingarda de dois canos calibre .450.[68] "A maneira de matar um rinoceronte ao aberto é cruelmente simples", escreveu Churchill; "você chega o mais perto possível dele por qualquer lado, exceto o do vento, e então atira na cabeça ou no coração [...]. Eu disparei. O estrondo de um projétil que bate com o impacto de uma tonelada, rasgando couraça, músculos e ossos com a medonha energia da cordite, repercutiu claramente."[69] O animal não morreu ao primeiro tiro e "veio diretamente para cima de nós num trote peculiar, quase tão rápido quanto o galope de um cavalo, com uma vivacidade surpreendente num animal tão enorme e um instinto de inequívoca finalidade. É grande o efeito moral de um adversário avançando. Todos abriram fogo".[70]

O respeito de Churchill pelo leão era ainda maior do que pelo rinoceronte. "Os membros quebrados, as mandíbulas partidas, o corpo crivado de balas de uma ponta a outra, pulmões perfurados de lado a lado, entranhas dilaceradas e saindo para fora — nada disso conta", escreveu ele. "Tem de ser a morte — total e imediata — para o leão, ou sucumbe o homem, rasgado por garras infectas e presas fétidas, esmagado e triturado e depois envenenado por dupla garantia."[71] Outro esporte — caçar javalis com chuços — era muito mais arriscado do que o polo, porque "o javali não pode ser alcançado e lanceado a não ser com um cavalo a pleno galope" e, se a pessoa caísse, "o javali certamente atacaria o cavaleiro desmontado".[72] A certa altura, "não consegui resistir a interferir" com a marcha de uma coluna de formigas-correição, e foi perseguido e afastado a "uma respeitosa distância".[73] Por outro lado, Churchill se encantou com as várias borboletas que viu e descobriu que "podia pegá-las delicadamente entre os dedos sem nenhuma necessidade de usar rede".[74]

O grupo usou os mais variados meios de transporte na viagem: trem, cavalo, riquixá, canoa, veleiro de aço. Algumas vezes se locomoveram em liteiras transportadas nos ombros dos carregadores, o que, segundo Churchill, era "tão desconfortável quanto parece", embora provavelmente ainda mais para os carregadores.[75] Para o reconhecimento do trecho da ferrovia entre o lago Alberto e o lago Vitória, foi necessário usar não menos que quatrocentos carregadores, que transportavam uma média de trinta quilos por dezesseis a dezoito quilômetros por dia.[76] Ele mandou amarrar uma poltrona ao limpa-trilhos da locomotiva até o lago Vitória, para poder apreciar plenamente a paisagem, pelo visto sem se preocupar com o que aconteceria se topasse com algum obstáculo ou animal vivo.

"Churchill chegou aqui ontem", anotou Henry Hesketh Bell, governador do Protetorado de Uganda, em 19 de novembro. "Desembarcou de uniforme branco e uma galáxia de medalhas."[77] Três dias depois, durante um percurso de três horas em riquixá, puxado e empurrado por três ugandeses, Churchill perguntou a Bell qual era sua idade. Ao saber que tinha 43 anos, Churchill, com 32, falou: "Pergunto-me onde estarei quando tiver sua idade". "Onde você imagina que estará?", perguntou Bell. "Primeiro-ministro", disse Churchill, "no tom próprio de uma firme determinação", segundo Bell.[78] Chegando à presença dos chefes ugandeses, com seus magníficos trajes de gala, Churchill foi "uma verdadeira praga, andando de um lado para outro com sua câmera o tempo inteiro, tirando fotos". Ao tentar explicar aos chefes que Churchill era o subsecretário de Estado das Colônias do rei-imperador, o tradutor lhes disse que era um *toto*, "um molequinho negro" que ajudava à mesa e recebia em pagamento os restos e as sobras.[79] "É um sujeito difícil de lidar, mas mesmo assim gosto dele", registrou Bell em seu diário. "Ele enxerga as coisas *en grand* e percebe as grandes possibilidades latentes neste país admirável."[80]

Se a Secretaria de Estado das Colônias acataria as recomendações de Churchill ao voltar, eram outros quinhentos. O funcionário mais graduado de lá, Sir Francis Hopwood, escreveu a Elgin em dezembro: "Ele é extremamente cansativo de se lidar e, temo eu, criará problemas — como o pai — em qualquer cargo a que possa ser chamado. Com sua energia incansável, o desejo incontrolável de notoriedade e a falta de percepção moral, ele é a própria encarnação da ansiedade!".[81] Mas mesmo Hopwood, com o tempo, passou a admirá-lo.

Eddie Marsh se divertiu com os gracejos e trocadilhos de Churchill durante a viagem toda. Quando um administrador falou sobre a lastimável difusão de doenças venéreas entre os nativos, Churchill passou a se referir a ela como "Pox Britannica".* Um de seus traços simpáticos era a disposição de troçar de sua própria loquacidade. Quanto à luta entre a civilização e a selva, disse ele: "Sobre isso falamos — ou pelo menos eu falei — enquanto avançávamos penosamente entre os tocos de árvores caídas ou vadeávamos as águas rasas num lusco-fusco esmeralda entre um raio de sol e outro".[82] Em outra ocasião, comentou: "Eu me sentia tão cansado de fazer discursos 'breves e apropriados' quanto meus companheiros deviam se sentir ao ouvi-los".[83]

Como seria de esperar naquele período da história e naquele estágio do desenvolvimento científico, o pressuposto de Churchill quanto à superioridade racial branca se fazia visível em todos os seus artigos e no livro *My African Journey*. "É sem dúvida uma vantagem que o negro africano oriental crie gosto pelo vestuário civilizado", escreveu no livro. "Sua vida se tornará gradualmente mais complexa, mais variada, menos cruamente animal, e ele mesmo se erguerá a um nível mais alto de utilidade econômica." Em outra passagem, escreveu: "Um governo corre riscos quando se intromete no campo da moda; mas, quando há um verdadeiro abismo de conhecimento e ciência entre os governantes e os governados, quando a autoridade está lidando com uma raça nativa ainda mergulhada em sua miséria de base, sem religião, sem roupas, sem princípios morais, mas disposta a emergir e capaz de emergir, pode-se muito bem aceitar tais riscos".[84] Não parece ter lhe passado pela cabeça que os povos locais tinham suas próprias religiões, suas vestes tribais e seus sistemas de moral e justiça. No Quênia, ele comentou: "Agora que suas lutas intertribais cessaram, os oficiais brancos per-

* *Pox*, sífilis, trocadilho com *Pax Britannica*. (N. T.)

correm livremente suas aldeias a cavalo sem carregar sequer uma pistola". Ficou impressionado com a capacidade de meia dúzia de britânicos em pacificar vastas extensões de terra. "Dois jovens oficiais brancos", escreveu, "presidem a partir desse centro de autoridade, longe dos telégrafos, a paz e a ordem de uma área do tamanho de um condado inglês, e regulam a conduta e os destinos de cerca de 75 mil nativos, que nunca antes conheceram ou reconheceram lei alguma, a não ser a violência ou o terror."[85]

Churchill tinha um genuíno e profundo senso de dever paternalista para com os nativos do Império Britânico. A seu ver, era obrigação do governo proteger os nativos contra "uma comunidade branca mesquinha, com as ideias rudes e egoístas que marcam o desconfiado contato racial e a exploração dos mais fracos", segundo disse.[86] Por isso agradou-lhe ver que os administradores britânicos locais "se consideram guardiães dos interesses e direitos nativos contra aqueles que só querem explorar o país e o povo".[87] "É impossível viajar, por pouco que seja, entre as tribos dos quicuios sem criar estima por essas crianças alegres e afáveis, ainda que selvagens, ou sem ter a sensação de que são capazes de ser instruídas e alçadas de sua atual degradação", escreveu. "Será um triste dia para essas raças nativas quando seus destinos forem retirados da administração imparcial e augusta da Coroa e abandonados ao feroz interesse próprio de uma pequena população branca."[88]

Embora usasse uma linguagem que hoje chocaria até o menos politicamente correto, Churchill acreditava na noção de progresso e potencial civilizatório. "Pergunto a mim mesmo se existe algum outro lugar no mundo onde os sonhos e esperanças do negrófilo, tantas vezes desmentidos pelos fatos teimosos e pelos resultados, tenham alcançado tão feliz materialização", escreveu.[89] Afirmou ainda que o reino de Uganda era "um conto de fadas", em que "todas as classes possuem uma elegância de maneiras que brota de uma simplicidade ingênua do caráter".[90]

O rei pedira a Churchill que lhe escrevesse sobre suas possessões na África Oriental, e grande parte da longa carta enviada discorria sobre a febre do carrapato e "a temida mosca tsé-tsé".[91] "Uganda é defendida por seus insetos", escreveu mais tarde.[92] Áreas inteiras sofriam despovoamento devido à doença do sono, então incurável, transmitida pela mosca tsé-tsé, uma das quais pousou no ombro nu de Churchill, que logo a espantou dali, provavelmente aumentando a lista já longa dos perigos a que ele havia escapado por um triz.

Em Cartum, Churchill presenciou a enorme mudança pela qual a cidade passara nos quase dez anos desde a campanha de Omdurman: a escravidão fora abolida, a ferrovia agora chegava à margem sul do Nilo Azul, as largas avenidas tinham iluminação elétrica, o ensino, a manufatura e a agricultura haviam se transformado, havia lojas europeias, bondes a vapor, balsas e o Gordon Memorial College para a formação de professores para o ensino primário — em suma, os benefícios do domínio imperial britânico.[93] Mas foi também em Cartum que sobreveio a tragédia. Scrivings teve morte súbita devido ao cólera asiático, uma violenta inflamação interna. Churchill providenciou um enterro com honras militares, cerimônia que Marsh considerou "comovente ao extremo", e registrou que, nove anos depois de enterrar seus camaradas de Omdurman, "vi-me novamente ao pé de uma sepultura aberta, enquanto o clarão amarelo do sol já posto ainda se estendia sobre o deserto e o som das salvas fúnebres rompia o silêncio".[94]

Churchill voltou à Inglaterra em 17 de janeiro de 1908 e, logo depois, discursou no Clube Liberal Nacional, defendendo a construção de uma ferrovia de 220 quilômetros em Uganda (que nunca se concretizou). Sustentou que os povos nativos jamais deveriam ser "transferidos do controle cioso e desinteressado dos funcionários britânicos para o mero interesse próprio de alguma pequena comunidade local".[95] Também defendeu ardorosamente que, para a preservação do Império, era necessária uma reforma social. "Se o povo britânico quer ter um grande Império", disse ao público, "para que alguma réstia de verdadeira glória recaia sobre ele, precisará de uma raça imperial que carregue o fardo. Nunca erguerá esse grande edifício sobre os ombros dos milhões de subnutridos apinhados nos cortiços das cidades, pisoteados na lama de ruas sombrias. Não é nesse rumo que se encontra o futuro da raça britânica."[96]

Churchill continuou a discursar em público por todo o país, às vezes criticando "aquele poderoso grupo de imprensa reunido sob o augusto comando do *Daily News* e do *Daily Express*". Disparava contra o socialismo tiradas mordazes como: "O socialismo da era cristã se baseava na ideia de que 'Tudo o que é meu é seu', mas o socialismo do sr. [Victor] Grayson [parlamentar do Partido Trabalhista Independente] se baseia na ideia de que 'Tudo o que é seu é meu'".[97]

Seus artigos sobre a viagem à África saíram em nove partes na *Strand*, em março. Seguiu-se *My African Journey* em dezembro. Em fevereiro, ele publicou outro livro de discursos, dessa vez sobre o livre-comércio, e no mesmo mês também falou no Clube dos Autores. "Poder trabalhar por prazer", disse ele, "é o único privilégio de classe do mundo pelo qual vale a pena lutar."[98] Quanto à alegria que sentia em escrever, falou: "Sentar-se à mesa numa manhã de sol, com quatro horas luminosas de segurança ininterrupta, um bom papel branco à vontade e uma caneta Squeezer* — essa é a verdadeira felicidade". Comentou ardorosamente como admirava a força e a expressividade da língua inglesa:

> Se um escritor inglês não consegue dizer o que tem a dizer em inglês, e em inglês simples, podem crer, é algo que provavelmente não vale a pena dizer [...]. Alguém**

* Caneta que usava borracha para absorver a tinta.

** William Hazlitt.

— esqueci quem foi — disse: "As palavras são as únicas coisas que duram para sempre". Esse é um pensamento, a meu ver, sempre maravilhoso. As mais duradouras estruturas erguidas em pedra pela força do homem, os mais grandiosos monumentos de seu poderio, desfazem-se em pó, enquanto as palavras ditas num sopro fugaz, expressão passageira das fantasias volúveis de seu espírito, perduram não como ecos do passado, não como meras curiosidades arqueológicas ou relíquias venerandas, mas com uma força e vitalidade tão novas e intensas, e às vezes muito mais intensas do que quando foram proferidas inicialmente, e saltando por sobre o fosso de 3 mil anos iluminam-nos o mundo hoje.[99]

Com discursos como esse, repleto de ecos shakespearianos, Churchill se destacava e se diferenciava dos políticos que se concentravam apenas no exercício do poder. Tornavam-no mais interessante para o público e lhe permitiam transpor as divisões políticas. Mais importante, porém, era que indicavam uma paisagem interior que lhe oferecia consolo quando a política ia mal para ele, coisa que, em vista de sua disposição — na verdade, sua sofreguidão — em romper com a ortodoxia partidária, ocorria com muita frequência.

Em 7 de março, Churchill escreveu uma longa carta ao editor da revista *Nation*, de centro-esquerda, que foi publicada com o título "The Untrodden Field in Politics" [O campo inexplorado na política]. Num texto que constituía um manifesto pessoal, Churchill defendia "o critério mínimo", apresentando as áreas em que gostaria de ver uma intervenção estatal. Entre elas estavam a criação de balcões de emprego, projetos de lei sobre venda de álcool e horário de funcionamento dos bares para restringir "o consumo excessivo de bebidas fortes", juntas trabalhistas em certos "setores industriais notoriamente exploradores", escolas técnicas, estatização das ferrovias, obras públicas para combater o desemprego ("para incentivar a marcha social"), tudo isso a ser custeado por um imposto sobre os dividendos.[100] Essas ideias eram, à exceção da estatização das ferrovias, advindas da Democracia Tory. A adoção churchilliana da reforma social ao estilo germânico tinha em sua origem o mesmo grau de socialismo ou igualitarismo de Otto von Bismarck. A adoção do modelo alemão foi deliberada. Por um lado, ele pretendia assumir as políticas mais populares da plataforma dos socialistas e cooptá-las para si; por outro, queria promover as ideias democratas tories que adotara durante toda a vida. "Sou a favor do governo do povo e para o povo, mas não pelo povo", gracejou ao parlamentar liberal Charles Masterman.[101] Nisso residia a diferença entre a Democracia Tory paternalista e o liberalismo ou socialismo.

"Winston só fala dos pobres, que acabou de descobrir", escreveu Masterman à esposa, Lucy, nessa mesma época. "Pensa que foi chamado pela Providência para fazer algo por eles." Citou também seu teatral apelo à reforma social:

"Por que fui poupado por um triz ao hálito da morte, senão para fazer algo assim? Não vou viver muito tempo".[102] O resumo de Masterman foi: "É apenas um menino excepcionalmente dotado, de grande gênio e assombrosa energia".[103] Quando Masterman zombou de seu gosto em falar a enormes multidões, Churchill respondeu: "Claro que gosto. Não amordaçarás o boi que debulha o grão.* Essa será minha justificativa no Dia do Juízo Final [...]. Às vezes me sinto como se fosse capaz de carregar o mundo todo sobre meus ombros".[104]

Em março de 1908, aos 33 anos de idade, Churchill foi a um jantar oferecido por uma amiga de sua mãe, Lady St. Helier, onde encontrou Clementine Hozier, uma jovem bonita, inteligente e voluntariosa de 23 anos. Antes disso, já tinham se encontrado uma vez, num baile dado pelo marquês e pela marquesa de Crewe, no verão de 1904. Nessa ocasião, ele pedira à mãe que o apresentasse à moça — a mãe de Clementine, Lady Blanche Hozier, tinha sido anos antes uma das melhores amigas de Jennie —, mas, pelo menos uma vez na vida, ficou sem palavras, não encontrando o que dizer. Outro homem tirou Clementine para dançar e comentou em voz baixa que ficara surpreso ao vê-la falando com "aquele sujeito horrível, Winston Churchill".[105]

Nos anos de entremeio, Clementine noivara duas vezes, primeiro com Sidney Peel, o terceiro filho do visconde Peel, e depois com Lionel Earle, um servidor público com quase o dobro de sua idade. Rompeu os noivados — um deles quando os presentes de casamento já começavam a chegar — ao perceber que não eram os homens certos para ela.[106] (Sua mãe também quis que ela se casasse com lorde Bessborough e "passara uma tarde inteira encantada com ele".)[107] Enquanto isso, Churchill noivara informalmente com Pamela Plowden e em 1906, depois de uma corte que descreveu à mãe como uma "*banalité* tranquila", pediu em casamento Muriel Wilson, filha de um rico armador de Hull, que o recusou por ser pobre demais. Também pediu a mão da atriz norte-americana Ethel Barrymore, que não se sentiu apta a "lidar com o grande mundo da política".[108] Nenhuma dessas relações foi muito mais do que um flerte ao estilo eduardiano formal, sem nenhuma sombra do grandioso caso de amor para toda a vida que agora lhe acenava.

Churchill e Clementine estavam ambos descomprometidos quando se reencontraram na casa de Lady St. Helier. Clementine fora convidada apenas de última hora, para não serem treze à mesa, e até pensou em recusar porque estava cansada e sem luvas brancas limpas no momento. Churchill passara o dia trabalhando na Secretaria de Estado das Colônias e também não se sentia muito dis-

* Deuteronômio 25,4.

posto a ir, mas Eddie Marsh lhe disse que seria grosseria desistir no último instante. Chegou atrasado, mas se sentiu imediatamente cativado por Clementine e ignorou por completo a dama sentada do outro lado.[109] Segundo as lembranças de Clementine, anos depois, a primeira coisa que ele falou, um tanto abruptamente, foi: "Leu meu livro?". Ela admitiu que não, ao que ele respondeu que lhe mandaria um exemplar no dia seguinte, num coche de aluguel.[110]

Quando os cavalheiros se juntaram às damas após o jantar, Clementine foi monopolizada por lorde Tweedmouth, marido de Fanny, irmã de lorde Randolph, que então era primeiro lorde do Almirantado. Churchill sugeriu a Tweedmouth que fosse olhar um retrato de Nelson no corredor e então "se apropriou imediatamente" da cadeira ao lado de Clementine. Passaram a noite conversando. Foram os últimos a sair, e ele a acompanhou até sua casa. Nunca chegou a lhe enviar um exemplar de *Lord Randolph Churchill*, mas se apaixonou por ela. Convidou Clementine e a mãe dela para passarem o final de semana de 11 e 12 de abril de 1908 em Salisbury Hall, a casa de campo de Jennie em St. Albans.

A política interveio, e não pela última vez.

# 6. Amor e liberalismo

## *Abril de 1908 a fevereiro de 1910*

*Não conseguiria me imaginar formando outra ligação a não ser esta na qual selei a felicidade de minha vida.*

Churchill a Clementine, novembro de 1909[1]

*Admito crer que estamos caminhando para dias melhores.*

Churchill, outubro de 1908[2]

Em 8 de abril de 1908, Sir Henry Campbell-Bannerman renunciou ao cargo de primeiro-ministro depois de sofrer um ataque cardíaco. Morreu duas semanas depois, na Downing Street. Seu sucessor, Herbert Asquith, ofereceu a Churchill o cargo de presidente do Conselho do Comércio, responsável pelas relações trabalhistas, onde estaria em posição de pôr em prática várias de suas ideias expostas no artigo "The Untrodden Field in Politics". (Ele se disse contente por não ter sido encaminhado ao Conselho Governamental Local, pois "recuso-me a ficar fechado numa cozinha de Sopa dos Pobres junto com a sra. [Beatrice] Webb".)[3] Aos 33 anos, Churchill era o ministro mais jovem do Gabinete em quatro décadas ou mais. Devido a um declínio econômico que levara a grandes reduções salariais, ele teve de lidar com greves de grande porte: dos trabalhadores em estaleiros em janeiro; dos maquinistas de trem em fevereiro; dos armadores Tyne, Clyde e Merseyside em maio; da indústria de roupas durante todo o verão. A era eduardiana é muitas vezes pintada como um período idílico de paz interna, mas foi uma época de enormes problemas nas fábricas e nos estaleiros, e Churchill se envolveu intensamente para tentar resolver os conflitos com justiça.

Mas, antes de poder fazer qualquer coisa, precisaria ser reeleito, visto que uma antiga norma constitucional exigia que um novo ministro do Gabinete precisava ter seu mandato renovado na Câmara dos Comuns. A oposição geralmente abria mão desse dispositivo, a fim de evitar os custos de uma disputa, porém no caso de Churchill os conservadores anunciaram que William Joynson-Hicks disputaria novamente a seção eleitoral do Noroeste de Manchester. Assim, o aguardado fim de semana com Clementine foi interrompido por uma série de comícios eleitorais.

Seus discursos em Manchester foram absolutamente exaustivos; um que ele proferiu no Grand Theatre em abril tinha 7600 palavras. Num outro, havia tanta gente que ele subiu em cima de um carro na rua, logo em frente ao local original, e o repetiu palavra por palavra. Havia momentos leves, respondendo aos engraçadinhos. "Quais seriam as consequências se o liberalismo e o livre-comércio perdessem esse assento?", perguntou retoricamente aos ouvintes. Alguém gritou "Cerveja!", e ele retrucou de imediato: "Cerveja pode ser a causa. Estou falando das consequências".[4] Depois que outro engraçadinho berrou "Bobagem!" sobre um de seus argumentos, Churchill retrucou: "Quando meu amigo na galeria diz 'Bobagem', sem dúvida expressa integralmente o que tem dentro da cabeça".[5] Essas tiradas faziam parte do que as pessoas esperavam ouvir; e a palavra "risos" apareceu mais de quarenta vezes numa matéria de jornal sobre um comício.

"Aproveito este fugaz momento de lazer para entrar em contato e dizer o quanto apreciei nossa longa conversa no domingo", escreveu ele a Clementine em 16 de abril, "e que conforto e prazer foi encontrar uma jovem com tão grande qualidade intelectual e tão sólidas reservas de sentimento nobre [...]. Podemos lançar as bases de uma amizade franca e cristalina que certamente eu valorizaria e estimaria com muitos sentimentos sérios de respeito."[6] Isso soava mais romântico na linguagem eduardiana do que soa hoje, e foi a primeira de nada menos que 1700 cartas, *billets-doux* e telegramas que Winston e Clementine trocariam ao longo da vida. "Não fosse pela emoção de ler todos os dias sobre Manchester nos jornais atrasados", respondeu Clementine, "eu me sentiria vivendo em outro mundo que não aquele prazenteiro que compartilhamos durante um dia em Salisbury Hall."[7] Comentou que estava lendo a biografia do pai dele (conseguira um exemplar por conta própria) e assinou, como ele, "Sinceramente sua".

Em 23 de abril, para grande decepção de Churchill, Joynson-Hicks saiu vencedor na seção Noroeste de Manchester com 5417 votos contra 4988, numa vantagem de 429 votos e diferença de 6,4%. Churchill atribuiu publicamente a derrota à "influência baixa e flagrante" da imprensa tory, mas, em particular, atribuiu-a "àqueles católicos irlandeses mal-humorados mudando de lado no último instante por pressão dos padres".[8] (O projeto de lei da Educação dos liberais parecia ameaçar as escolas de denominação católica.) Seus adversários políticos ficaram tremendamente satisfeitos com a derrota; Sir Edward Carson, parlamentar unionista nascido na Irlanda, disse a Lady Londonderry, casada com o primo de Churchill: "Penso que W. Churchill realmente degrada a vida pública mais do que qualquer pessoa de qualquer posição na política, e duvido que algum dia ele amadureça e se torne o tipo de político sério e fidedigno em que a maioria das pessoas deposita confiança".[9] O príncipe de Gales (futuro rei George v) anotou no diário: "Ficamos todos muito animados quando soubemos que Winston Churchill fora derrotado".[10] Pouco antes disso, o rei havia dito a seu filho que Churchill "é quase mais grosseiro num cargo do governo do que na oposição".[11]

"No sábado fiquei sob as pesadas nuvens de uma ressaca, depois de todo o esforço e agitação daquela eleição exaustiva", escreveu ele a Clementine em 27 de abril. Mas era tão grande sua popularidade no Partido Liberal que oito ou nove assentos assegurados lhe propuseram que ele os representasse. "A eleição talvez seja um mal que veio para o bem", comentou com Clementine. "Se eu tivesse ganhado Manchester agora, provavelmente iria perdê-la na eleição geral. Perdendo agora, tenho esperança de conseguir um assento que me dará segurança por muitos anos." "Como eu gostaria que você estivesse lá", comunicou no final da carta. "Escreva-me outra vez — sou uma criatura solitária no meio da multidão. Seja bondosa comigo."[12] Não era propriamente a despedida de alguém que quisesse apenas uma amizade franca e cristalina.

Churchill aceitou a proposta da Associação Liberal, oferecendo o eleitorado escocês maciçamente operário de Dundee, onde o perigo a longo prazo parecia residir mais no Partido Trabalhista do que nos tories. O parlamentar em exercício, Edmund Robertson, um assistente ministerial de saúde debilitada, recebera um título de nobreza como lorde Lochee a fim de abrir uma vaga, mais um sinal da importância de Churchill para o partido. No segundo dia de campanha em Dundee, no começo de maio, perguntaram a Churchill sobre um governo autônomo para a Escócia, ao que ele respondeu: "Não negaria à Escócia nenhuma liberdade dada à Irlanda, mas não tenho plena certeza de que a Escócia está muito ansiosa em renunciar à grande influência que exerce sobre o governo da Inglaterra".[13] O implícito de que a Irlanda não tinha "liberdade" foi o primeiro passo de Churchill no sentido de se afastar do legado paterno. "*The Times* ficou mudo de espanto e ocupa três colunas para manifestar sua mudez", declarou ele sobre o apoio do Partido Liberal ao Governo Autônomo da Irlanda, "e milhares de pessoas que nunca, em circunstância nenhuma, votaram nos liberais estão dizendo agora que nunca, em circunstância nenhuma, votarão de novo nos liberais."[14]

Em toda a campanha em Dundee, Churchill foi seguido por Mary Maloney, uma sufragista irlandesa que badalava um sino enorme sempre que ele se levantava para falar, encobrindo sua voz. A única coisa que ele fazia era tirar o chapéu para cumprimentá-la e logo partia, esperando poder terminar o evento seguinte antes que ela chegasse.[15] Quando finalmente conseguiu ser ouvido, falou sobre a Câmara dos Lordes: "Os velhos nobres cambaleantes estão lá, os magnatas financeiros espertos estão lá, os hábeis manipuladores estão lá, os grandes cervejeiros de nariz inchado estão lá. Todos os inimigos do progresso estão lá: os fracos, os egoístas e presunçosos que vivem na maciez e no conforto".[16] Seus ataques aos membros da elite que viviam na "maciez" e no "conforto" eram um pouco hipócritas: Churchill gastava nada menos que oitenta libras por ano (cerca de 8 mil libras atuais) em roupas íntimas de seda compradas nas Army & Navy Stores.[17] (Quando Violet Asquith ironizou a esse respeito, ele respondeu que "é essencial para meu ser. Tenho uma cutícula [epiderme] muito sensível e delicada que requer o mais fino revestimento".)[18] Era cliente apenas das melhores sapatarias de St. James e Oxford Street (Lobb's), dos melhores fabricantes de chinelos (Hook, Knowles & Co.; ele gostava de couro de chango), das melhores livrarias (Hatchard's), dos melhores tabaquistas (Robert Lewis), dos melhores chapeleiros (Scott's e Chapman & Moore), dos melhores alfaiates de uniformes (E. Tautz & Sons), dos melhores comerciantes de vinho (Berry Bros. e Randolph Payne & Sons) e das melhores papelarias (Smythson's).[19] "O sr. Churchill se satisfaz facilmente com o melhor", resumiu F. E. Smith.[20] Ele foi eleito por Dundee com 7079 votos em 9 de maio de 1908, com uma boa margem de 2709 votos a mais do que o candidato unionista. Em último lugar, com apenas 655 votos, ficou Edwin Scrymgeour, o candidato proibicionista, que, como veremos, não desanimou. Churchill explicou à mãe que via Dundee como "assento vitalício", mas não deixou de ter detratores.[21] Em sua visita seguinte a Dundee, em junho, nada menos que seis sufragistas tiveram de ser expulsas do comício em Kinnaird Hall, devido a suas "pantomimas provocadoras", como disse ele, embora insistisse, como sempre, que se empregasse o mínimo absoluto de força.[22]

Churchill e Clementine se viram várias vezes em junho e julho, em ocasiões sociais, sempre na presença de terceiros. Combinaram de se encontrar novamente em Salisbury Hall, com as respectivas mães, em meados de agosto.[23] Afora isso, ele se envolveu na questão do orçamento militar no Gabinete Ministerial, assunto bastante fora de sua alçada, discursou em favor das leis de temperança — embora longe de um proibicionismo em ampla escala, que não seria nada churchilliano — e foi empossado como membro da Antiga Ordem dos Druidas, na Loja de Albion.

Em 4 de agosto, seu irmão Jack se casou com Lady Gwendeline Bertie,* filha do 7º conde de Abingdon. Depois da cerimônia, Churchill e alguns amigos foram se hospedar em Burley Hall, perto de Oakham em Rutland — "uma das casas mais imponentes da Inglaterra" —, que fora alugada por seu primo Freddie Guest. À uma da manhã de 6 de agosto, quando todos já estavam recolhidos, uma criada descobriu que se iniciara um incêndio, por causa de um defeito no novo sistema de aquecimento. O fogo se espalhou para as vigas, e uma ala inteira da casa foi totalmente destruída. Os hóspedes saíram às pressas dos quartos com "pouca roupa"; Churchill salvou seus documentos ministeriais, mas F. E. Smith perdeu todo o seu guarda-roupa. "Winston tomou o capacete de um bombeiro e assumiu o comando das operações", relembrava Eddie Marsh, mas não conseguiram salvar os inestimáveis manuscritos elisabetanos.[24] "Enquanto Churchill carregava dois bustos de mármore para pô-los em segurança", informou *The Times*, "o telhado em chamas caiu logo atrás dele."[25] Felizmente, a única morte foi a de um canário.

Com irresponsável crueldade, um membro da família Dudley Ward disse a Clementine que Churchill morrera no incêndio, e então acompanhou-a até a agência do correio, onde ela pretendia obter mais notícias. Lá recebeu um telegrama do duque de Marlborough, informando que Churchill estava em segurança.[26] Telegrafou a ele expressando alívio e dizendo: "Meu caro, meu coração paralisou de terror". Assinou "Sua, Clementine H.".[27] Churchill respondeu, com os olhos ainda irritados pelo calor: "O Incêndio foi grande diversão e todos gostamos muito. Pena que tais ótimos entretenimentos sejam tão caros".[28] Sugeriu que ficassem em Blenheim naquele fim de semana, antes de irem a Salisbury Hall: "Encontraremos montes de lugares para conversar e montes de coisas para conversar [...]. Escreva e me diga [...] se alguma vez pensa em mim. Ah, se os jornais não cutucam sua memória! Você sabe a resposta que quero a isso".[29] E concluiu: "Sempre seu".

Em 11 de agosto de 1908, uma terça-feira, Winston pediu a mão de Clementine Hozier no cenário incrivelmente romântico do Templo de Diana, no parque do Palácio de Blenheim. Naquela manhã, Churchill ia levá-la para caminhar nos jardins depois do desjejum e pedi-la em casamento, mas dormiu demais e perdeu a hora. Magoada, Clementine pensou seriamente em voltar para Londres, mas Sunny Marlborough acompanhou-a num passeio de coche pela propriedade e disse a um criado para avisar Churchill sobre o *faux pas*. Ao voltarem, ele estava lá, e os dois foram ao Templo de Diana.[30] Prometeu que manteria o noivado em segredo até que ela contasse à mãe, mas, ao atravessar o gramado, poucos minu-

* Pronuncia-se Barty; seu apelido era "Goonie". [Em português, "pata" ou "patinha", pessoa meio desajeitada.]

tos depois, não se conteve e deixou escapar a notícia para Sunny e seus convidados.[31] "Não sou rico nem solidamente estabelecido", escreveu ele a Lady Blanche Hozier, "mas sua filha me ama, e com esse amor sinto-me forte o suficiente para assumir essa grande e sagrada responsabilidade; e penso que posso fazê-la feliz e lhe dar uma posição e uma carreira dignas de sua beleza e de suas virtudes."[32]

Ainda que Clementine fosse prima em primeiro grau do conde de Airlie, os Hozier eram bastante pobres, e na verdade Clementine precisava dar aulas de francês a dois xelins e seis *pennies* por hora para complementar sua pequena renda.[33] (Era fluente em francês, pois, com a separação dos pais quando tinha seis anos de idade, a mãe se mudara para Dieppe por razões financeiras.) Como relembrou Mary Soames, quando seu pai pediu Clementine em casamento, ela "estava com seu último vestido lavado e engomado e, por não contar com uma criada pessoal, teria que fazê-lo durar até a visita inesperada" a Blenheim.[34] Quando se casaram, os dois sabiam que não teriam muito dinheiro; nos primeiros seis meses, tiveram de morar no apartamento de solteiro de Churchill no número 12 da Bolton Street, antes de se mudarem para um apartamento bem maior no número 33 da Eccleston Square, na área mais popular de Pimlico.

"*Je t'aime passionnément*", escreveu Clementine dois dias após o noivado. "Sinto-me menos tímida em francês."[35] Churchill respondeu: "Não existem palavras que lhe transmitam os sentimentos de amor e alegria de que meu ser está possuído".[36] Dias depois, ela escreveu: "Anseio tanto por sua presença. Pergunto-me como vivi 23 anos sem você".[37] Churchill pediu a Hugh Cecil que fosse o padrinho e, quando lorde Salisbury escreveu lhe dando as congratulações pelo noivado, respondeu de sua sala no Conselho do Comércio: "Esse evento auspicioso, de uma maneira remota, conecta-me à sua família: e a união entre os Churchill e os Cecil, que foi tentada sem êxito em duas gerações na esfera política, talvez agora possa ter um futuro mais próspero pelo lado privado".[38] Nem mesmo naquele momento feliz Churchill conseguia se abster de mencionar a destruição política do pai pelas mãos do pai de Salisbury.

O casamento foi realizado na igreja St. Margaret, ao lado da Abadia de Westminster, em 12 de setembro de 1908, um sábado. Churchill falou de negócios com Lloyd George na sacristia, enquanto assinavam o registro, levando seu interlocutor a comentar com um amigo comum que "nunca conhecera ninguém com tal paixão pela política".[39] A igreja estava lotada, e havia uma grande multidão entusiasmada do lado de fora. O discurso foi feito por dr. Welldon, o ex-diretor de Churchill em Harrow e que, pouco tempo antes, tornara-se bispo de Calcutá, e 1300 convidados compareceram à recepção na casa de Lady St. Helier. A revista *Tailor & Cutter* descreveu a indumentária de Churchill como "um dos maiores fracassos como traje de casamento que já vimos, dando ao usuário uma espécie de aparência de cocheiro emproado".[40] O rei presenteou Churchill com uma bengala de Malaca com castão de ouro, e o Gabinete Ministerial lhe deu uma bandeja de prata autografada pelos colegas.* Naquele mesmo dia, o museu de Madame Tussaud colocou a estátua de cera de Churchill em exposição permanente, cumprindo assim a previsão que ele fizera quase dez anos antes ao cônsul britânico em Lourenço Marques.

O casal passou a lua de mel em Blenheim, a seguir viajou para Baveno no lago Maggiore, depois para Veneza e por fim voltou a Blenheim. Mas a política nunca abandonava os pensamentos de Churchill. Mesmo em Baveno, ele escreveu a Masterman, que era o secretário parlamentar no Conselho Governamental Local (CGL), pedindo que:

> me informe em caráter privado o que o CGL anda realmente fazendo e deixando de fazer. Já enviei uma vez circulares ao Gabinete sobre a situação da indústria e alertei sobre os apuros que o inverno traria aos pobres, mas a única coisa que Asquith disse foi que Burns** pensava de maneira diversa [...]. Informe-me como realmente estão as coisas por trás da máscara sorridente das declarações oficiais [...]. Mas é melhor que você escreva para mim "Confidencial" no C[onselho] do C[omércio].[41]

Isso é Churchill em sua quintessência: pedir a um amigo de outro departamento que o ajudasse secretamente a descobrir o que se passava de fato em Whitehall, e se preocupar com isso mesmo durante a lua de mel. "Estamos somente descansando e amando", escreveu ele de Veneza para a mãe, "ocupação boa e séria para a qual as histórias fornecem precedentes respeitáveis."[42]

Embora fosse uma autêntica união por amor, Churchill e Clementine, após a lua de mel, mantiveram durante toda a vida o hábito de passarem as férias separados. Uma das razões de terem trocado tantas cartas, *billets-doux* e telegramas era a de passarem bastante tempo um longe do outro, o que provavelmente foi bom para o casamento, pois Churchill era uma companhia exaustiva. Ele reconhecia isso e não se incomodava quando Clementine achava que precisava de umas férias. Logo criaram apelidos carinhosos um para o outro. "O pobre *pug* chora desconsolado", escreveu a ela. "Doce Gata — volto amanhã pelo trem das 6:15." Ele era "Amber Dog", "Puggy Wow", "little pug", então "Pug" e depois

* Ambas se encontram em exposição nos Aposentos de Guerra de Churchill.

** John Burns, presidente do Conselho Governamental Local, era naquela época "francamente hostil às pretensões agressivas de Lloyd George e Winston, aos quais chama de 'Irmãos Malabaristas'" (Thorpe e Toye [Orgs.], *Parliament*, p. 35).

"Pig"; ela era "Cat" ou "Kat", às vezes "Bird", "Clemmie Cat", "woo-Kat" e até "Clem Pussy Bird". Churchill desenhava porcos, pugs e gatos nas cartas para ela e, quando Clementine engravidou, as gatas seguiram o exemplo.[43]

Certa vez, nos primeiros tempos do casamento, Churchill disse que queria pato assado no jantar e Clementine tentou dissuadi-lo, dizendo que a ave custava caro demais, pois estava fora de época. Mas Churchill tinha lido nos jornais que os jacarés do zoológico estavam sendo alimentados com patos e respondeu que, se os jacarés comiam, não via por que ele não poderia comer também.[44] Clementine, na velhice, admitiu a Freddie Birkenhead que a situação financeira deles "não devia ter sido *realmente* ruim, pois tinham cinco criados, mas disse que isso [ter muitos criados] era algo corrente naqueles dias".[45] Quando Beatrice Webb almoçou com eles, um mês após o noivado, comentou sobre a noiva: "Uma dama encantadora, bem-criada e bonita, e além disso séria — mas não rica, de forma nenhuma um bom partido, o que depõe a favor de Winston".[46]

Clementine deu à luz a primeira filha do casal, Diana, em 11 de julho de 1909. Churchill a chamava de "gatinha dourada", "gatinha filhote" e "G.F.". Ao que consta, Lloyd George teria contado aos Masterman que perguntou a Churchill se Diana era bonita. "'A criança mais bonita que já se viu', respondeu Winston, radiante. 'Como a mãe, imagino.' 'Não', disse Winston em tom ainda mais sério, 'é exatamente igual a mim'."[47]*

"Em breve, muito em breve, nossas curtas vidas se acabarão", disse à sua audiência de Dundee em outubro.

> Gerações sem conta pisarão descuidadas sobre nossas tumbas. De que vale viver se não for para lutar por causas nobres e tornar este mundo desordenado um local melhor para os que viverão nele depois de partirmos? De que outra maneira podemos nos pôr em relação harmoniosa com as grandes verdades e consolações do infinito e do eterno? [...] A humanidade não se abaterá. Seguimos em frente — oscilando bravamente ao longo da grandiosa estrada — e logo atrás das montanhas distantes está a promessa do sol.[48]

Sua oratória elevada e alentadora durante a Segunda Guerra Mundial estava visivelmente prefigurada mais de trinta anos antes.

No ano de 1908, Churchill fez nada menos que 96 discursos, percorrendo mais de 8500 quilômetros, sobretudo de trem, por todo o país. Em 1899, fizera

* Nos extensos diários de Lucy Masterman, quase todas as vezes que Lloyd George mencionava Churchill era para depreciá-lo, de modo que é bem possível que essa história seja apócrifa.

catorze discursos (percorrendo cerca de 1200 quilômetros); em 1900, foram dez (2400 quilômetros); em 1901, 21 (2560 quilômetros); em 1902, treze (cerca de 1300 quilômetros). Esses números e distâncias eram normais para um parlamentar, que pelo menos de vez em quando precisava visitar seu eleitorado. Mas a quantidade de quilômetros percorridos a partir de 1903 disparou drasticamente, sinal não só de sua crescente ambição e maior confiança em suas capacidades oratórias, mas também do aumento incessante de convites que recebia de todo o país à medida que se espalhava sua fama de orador público envolvente, divertido e eletrizante. Esses discursos constituíam uma bela maneira de aumentar a boa vontade entre os parlamentares locais, cujo apoio talvez lhe fosse necessário algum dia, ao tentar a liderança. Assim, em 1903, ele fez 29 discursos (percorrendo mais de 3500 quilômetros); em 1904, foram 38 (8800 km); em 1905, 44 (6 mil km); em 1906, 59 (mais de 6 mil km); em 1907 (apesar da viagem à África Oriental), 42. Esses discursos, geralmente com mais de 5 mil palavras cada um, exigiam imensa concentração na hora de redigi-los — era muito raro que ele se repetisse — e uma prática constante. Churchill manteve esses níveis extraordinariamente altos de atividade mesmo após o pico de 1908, com 69 discursos em 1909, 77 em 1910 e 69 em 1911, percorrendo um total aproximado de 16 mil quilômetros para proferi-los. Quando eclodiu a Segunda Guerra Mundial, Churchill tinha feito cerca de 1700 discursos e percorrido cerca de 130 mil quilômetros — mais que o triplo da circunferência da Terra — para apresentá-los. Era uma demonstração excepcional de energia, muito maior do que a dos políticos normais, mesmo os da linha de frente. Tornara-se um orador público de enorme experiência e segurança, capaz de avaliar num átimo qualquer plateia.

Seu ataque aos unionistas, em especial a seu líder, não terminou com a vitória na eleição secundária de Dundee. "O sr. Balfour empregou uma linguagem muito forte sobre esse tema", disse a respeito do projeto de lei sobre o consumo de bebidas, que Churchill esperava ser capaz de reduzir o alcoolismo restringindo a quantidade de bares. "Ora, linguagem forte costuma ser usada por gente fraca e nunca é tão forte quanto numa causa fraca."[49] Por mais improvável que parecesse, Churchill se tornara um destacado defensor da temperança desde que ingressara no Partido Liberal, assim como abraçara o Governo Autônomo da Irlanda e outras medidas liberais pelas quais mostrara pouco ou nenhum interesse quando era tory. A indústria de bebidas mantivera durante décadas vínculos próximos com o Partido Conservador, o que explica em larga medida a irônica posição de Churchill, que apreciava muito o álcool (embora raramente em excesso), em atacá-la. Com a ameaça da Câmara dos Lordes de vetar o projeto de lei, ele acusou os tories de se tornarem "os paladinos ensandecidos da propriedade, os paladinos do direito privado a qualquer custo".[50]

Os ataques incessantes de Churchill à Câmara dos Lordes eram, pelo menos aos olhos dos liberais, ainda mais admiráveis devido ao grande número de parentes seus naquela Casa. Além do duque de Marlborough e do duque de Roxburghe (filho de Anne, irmã de lorde Randolph), seus primos em primeiro grau, outros parentes eram lorde Tweedmouth e lorde Wimborne, seus tios, o marquês de Londonderry, primo em segundo grau, o conde Howe, tio por afinidade, o conde de Airlie, primo em primeiro grau de Clementine, e o conde de Abingdon, sogro de Jack. Não admira que muitos deles não gostassem de sua posição contra a Câmara dos Lordes, o que chegou a gerar certa frieza por parte de Sunny Marlborough, seu primo, amigo e companheiro na Guerra dos Bôeres. Depois que a Câmara dos Lordes rejeitou o projeto de lei sobre o controle da venda de bebidas alcoólicas em novembro, Masterman registrou que Churchill "cravou a faca no pão, mal conseguiu falar" e então declarou: "Enviaremos a eles um Orçamento em junho que vai aterrorizá-los; eles começaram a guerra de classes, é melhor terem cuidado".[51] Parecia impermeável ao fato de que era sua própria classe social que ele estava ameaçando atacar.

Numa reunião em Nottingham em 30 de janeiro de 1909, Churchill fez um comentário que ficou vinculado a ele por anos a fio. Definiu os tories como "o partido dos ricos contra os pobres, das classes e seus dependentes contra as massas, dos afortunados, ricos, felizes e fortes contra os milhões de pobres e fracos, excluídos e desassistidos".[52] Ainda em 1944, jornalistas de esquerda citavam essas palavras contra ele.[53]

Em 1904, a Grã-Bretanha entrara numa Entente Cordiale (na prática, uma aliança) com a França, por sua preocupação com as tendências cada vez mais agressivas do Império Germânico, sobretudo em relação a seu programa de construção naval, que não podia ter outra razão senão ameaçar a Marinha Real. Apesar disso, Churchill manteve sua convicção impopular de que os gastos com a defesa deviam ser mantidos no patamar mais baixo possível. Em 9 de fevereiro, ele, Lloyd George, Sir Edward Grey e John Morley, o pacifista secretário de Estado para a Índia, ameaçaram apresentar sua renúncia a Asquith caso Reginald McKenna, primeiro lorde do Almirantado, fosse autorizado a construir os seis novos encouraçados que John "Jacky" Fisher, primeiro lorde dos mares, insistia serem necessários para se manter em pé de igualdade com o novo programa de construção naval da Alemanha. Com a combinação entre armas de calibre pesado e a propulsão com turbinas a vapor desses encouraçados, os demais navios de guerra ficavam obsoletos. Churchill aprendera com a experiência paterna que uma ameaça de renúncia por causa das Estimativas da Defesa deveria ser feita não individualmente, e sim em massa. "Não sou daqueles que admiram políticos que pensam valer a pena ganhar aplausos baratos por defenderem uma política arrogante e ostensiva de gastos com armamentos", disse a uma plateia em Manchester. "Sempre fui contra isso, como meu pai foi antes de mim."[54] No entanto, o restante do Gabinete se opôs aos quatro ministros e, como disseram os galhofeiros de Whitehall, McKenna queria seis encouraçados, Lloyd George e Churchill queriam quatro, e assim o governo fechou um acordo de oito.

Em parte para economizar, mas também por causa de seu intelecto inquieto por natureza, Churchill procurava constantemente inovações tecnológicas na esfera militar. Já em fevereiro de 1909, data muito prematura na história da aeronáutica, ele começou a pensar sobre a aplicação do poder aéreo para fins militares, dizendo ao subcomitê de navegação aérea do Comitê de Defesa Imperial: "O problema do uso de aeroplanos era muito importante e devíamos nos pôr em contato diretamente com o sr. Wright e aproveitar seus conhecimentos".[55] Churchill se manteria vigoroso defensor do poder aéreo, criando o Serviço Aéreo Naval Real tão logo se viu em condições de fazê-lo e insistindo em verbas adequadas para o Corpo de Aviação Real e seu sucessor, a Força Aérea Real.[56]

Em 24 de março, Churchill apresentou o projeto de lei sobre os Conselhos do Trabalho, sua primeira lei importante, visando estipular patamares mínimos de remuneração e condições de trabalho nas indústrias "exploradoras", em especial a têxtil. Era uma medida de perfil claramente fundado na Democracia Tory, dando ao governo o poder de multar os empregadores que maltratassem seus empregados e criando pela primeira vez um salário mínimo. Churchill aprendeu como conduzir um projeto até virar lei, com todo o esforço e domínio de inúmeros detalhes maçantes que isso exigia. Comitês e comissões especiais; a primeira, a segunda e a terceira leitura do projeto; emendas; procedimentos de debates; prazos de encerramento e todos os demais trâmites com que se faziam leis no Parlamento — tudo isso se tornou uma segunda natureza para ele nos anos de árduo trabalho legislativo.

Trabalhando muito próximos entre 1908 e 1911, Churchill e Lloyd George, agora chanceler do Tesouro, estabeleceram-se como os reformadores sociais mais avançados da época. O aumento do desemprego desde a recessão econômica de 1907-8 levou Churchill a criar os balcões de emprego, que punham os trabalhadores desempregados em contato com potenciais empregadores. Ele recrutou William Beveridge para implantá-los, e em março de 1910 havia 214 deles. Conseguiu para os artesãos meio dia de folga. A Lei de Pensões por Velhice, de 1908, criou pela primeira vez uma aposentadoria de cinco xelins por semana (cerca de 23 libras nos valores atuais) para 600 mil idosos, num total de 4 milhões de libras por ano. "Não é muito", disse ele sobre essa modestíssima pensão, "a menos que você não a tenha."[57] Lloyd George e Churchill criaram o primeiro seguro-desemprego nacional obrigatório em 1911, que em outubro de 1913 já atendera a 14,7 milhões de pessoas por meio de 236 comitês locais e 23 500 sociedades e seções. Juntos, criaram a Jurisdição do Porto de Londres e aprovaram a

Lei das Minas de Carvão (de Oito Horas) de 1908, que reduziu o número de horas de trabalho que poderiam ser impostas aos mineiros, e a Lei das Minas de Carvão de 1911, que aprimorou as normas de segurança das minas (e, por acréscimo, atenuou as duras condições de vida dos cavalos que trabalhavam no fundo dos poços). Também planejavam instituir um abatimento no imposto de renda para quem tivesse filhos, que logo recebeu o apelido de "Pirralho".

Churchill encontrou uma metáfora militar para o processo de auxiliar os pobres, comparando-o a "voltar para trazer a retaguarda". Todas essas medidas, a seu ver, eram evolucionárias e afinadas com a Democracia Tory, que fortaleceriam a Grã-Bretanha nas crises futuras, sobretudo em caso de guerra. O lado paternalista de Churchill, segundo a avaliação crítica mas essencialmente precisa de Masterman, queria "um estado de coisas em que uma classe superior benévola dispensava benefícios a uma classe trabalhadora industriosa, *bien-pensante* e agradecida".[58]

Essas e outras reformas em andamento eram extremamente dispendiosas. Quando se acrescentou o custo de oito novos encouraçados, tornou-se necessária uma fonte significativa de novas receitas para o Tesouro, a fim de financiá-los. Em abril de 1909, Lloyd George deflagrou a guerra de classes explícita que Churchill previra cinco meses antes, com seu projeto de lei das Finanças, que os liberais logo apelidaram de "Orçamento do Povo". A fim de arrecadar os 16 milhões de libras adicionais, o imposto de renda subiria de um xelim para um xelim e dois *dimes* por libra (isto é de 5% para 5,83%), seria criado um imposto adicional sobre rendimentos elevados, além de impostos sobre o tabaco, o álcool, os veículos motorizados e a gasolina, e um imposto de meio *penny* por libra sobre o valor da terra sem cultivo, com imposto de transmissão por morte de 25% sobre os bens de valor acima de 1 milhão de libras e um imposto de 20% sobre os ganhos de capital sobre a terra. Tais propostas constituíam uma redistribuição de riqueza numa escala sem precedentes na história britânica recente e sem dúvida levantariam a oposição dos unionistas na Câmara dos Lordes.* Se não conseguissem atenuar ou vencer essa oposição e a Câmara dos Lordes não aprovasse o Orçamento, haveria uma profunda crise constitucional.

"Amanhã é o dia da ira!", Churchill comunicou a Clementine em 28 de abril, antes de uma votação essencial do projeto das Finanças. "Tenho a impressão de

* Churchill fez uma gravação em vinil de três minutos em defesa do Orçamento do Povo, que teve ampla distribuição. Foi a primeira gravação de sua voz e, embora traga algumas cadências que se podem reconhecer nos famosos discursos da Segunda Guerra Mundial, era mais aguda, em tom mais cantado e tinha um ceceio sibilante bem mais perceptível. A pronúncia de algumas palavras era diferente do que viria a ser depois, como "pro-tective" [tônica no *pro*] e "systeem' [*ee* pronunciado em som de "i" e tônica no final]. Nos trinta anos subsequentes, a pronúncia e o timbre da voz amadureceram e ganharam um rasqueado áspero que não se notava aos seus trinta e poucos anos.

que esse Orçamento será do tipo que ou mata ou cura: ou obteremos amplos fundos para grandes reformas no ano que vem, ou a Câmara dos Lordes forçará uma Dissolução em setembro."[59] Churchill, como disse ao City Liberal Club em junho, considerava que "todos os impostos são ruins", mas julgava-os necessários.[60] A reação do rei à crise foi um chiste bastante juvenil, dizendo que "as iniciais [de Churchill] — W.C. — vêm bem a calhar!".[61]

"Esse Orçamento passará", Churchill assegurou a um público em Manchester, em maio, recebendo vivas aclamações. "Provará o poder da Câmara dos Comuns."[62] Afirmou que o projeto de lei era uma apólice de seguro contra riscos no país e no exterior, acrescentando:

> Se fosse por mim, eu escreveria a palavra "seguro" na porta de todos os casebres e no livro de mata-borrão de todos os homens públicos, pois estou convencido de que, com sacrifícios que são inconcebivelmente pequenos, todos eles ao alcance do mais pobre trabalhador com emprego regular, as famílias podem estar asseguradas contra catástrofes que, do contrário, iriam dividi-las para sempre [...] quando, por morte, doença ou invalidez do responsável pelo ganha-pão, o frágil barco em que se encontram os destinos da família se afundar e as mulheres e crianças tiverem de lutar desamparadas nas negras águas de um mundo inamistoso.[63]

Passada uma semana, depois de participar das manobras de campo do Exército Territorial com os Hussardos de Oxfordshire da Rainha e outros sete regimentos, Churchill disse a Clementine algo que decerto ela já adivinhava, isto é, que gostaria de ter sido general. "Tenho muita confiança em meus julgamentos sobre as coisas", afirmou, "que enxergo com clareza, mas não há nenhuma em que eu *sinta* a verdade mais do que nas formações táticas. É algo tolo e vaidoso de se dizer — mas *você* não rirá disso. Tenho certeza de trazer em mim a raiz da questão, mas temo que nunca, nessas condições de existência, ela terá chance de se desenvolver — numa flor intensamente vermelha."[64]

Anos depois, Clementine disse a Freddie Birkenhead que, naquele período, "Winston estava 'totalmente sob a influência de Lloyd George'. Estava totalmente fascinado por ele".[65] Já o chanceler, por sua vez, receava que os discursos constantes e de grande audiência de Churchill roubassem parte da publicidade de seu projeto do Orçamento. Indo a Brighton com Charles e Lucy Masterman, Lloyd George "comentou com certo desprezo a ideia de que Winston Churchill era o autor do Orçamento. 'Winston', disse ele, 'é contrário a praticamente todos os itens do Orçamento, exceto o 'Pirralho', e isso porque ele mesmo esperava ser pai em breve'".[66] Não era verdade — Lloyd George inclusive acabara de escrever a seu irmão comentando o apoio de Churchill ao Orçamento —, mas era sinal da preocupação de Lloyd George com o avanço de um rival, embora ainda muito atrás dele em termos de realizações legislativas.[67]

Em 4 de setembro, Churchill fez uma denúncia ainda mais incendiária da Câmara dos Lordes no Palace Theatre, em Leicester. Ao longo de um discurso de quase 7 mil palavras, afirmou: "Os ricos, longe de serem independentes, dependem da atenção e do serviço constantes de dezenas, às vezes centenas, de pessoas empregadas para atender a suas necessidades".[68] (Certamente esquecera os quatrocentos carregadores transportando sua bagagem na África Oriental.) A essa altura, o Orçamento consumira seiscentas horas de comitês na Câmara dos Comuns, em que o governo fizera algumas concessões, apesar dos ânimos estremecidos. Churchill prosseguiu em seu discurso de Leicester:

> A questão será se o povo britânico no ano da graça de 1909 vai [...] permitir ser mandado e dominado por uma ínfima minoria de pessoas com títulos de nobreza, que não representam ninguém, não respondem a ninguém e só dão um pulo até Londres para votar em seus interesses de partido, em seus interesses de classe e em seus próprios interesses.[69]

Ele queria que a Câmara dos Lordes fosse privada de sua posição de igualdade com a Câmara dos Comuns, perdendo, portanto, seu poder de veto sobre matérias legislativas enviadas pela câmara mais baixa, democraticamente eleita. Sua crítica à Câmara dos Lordes, porém, não significava que Churchill quisesse um legislativo unicameral ou uma segunda câmara eleita. Sua posição era algo que whigs setecentistas como Charles James Fox e lorde Melbourne teriam reconhecido de imediato.

O discurso de Churchill chocou muitos tories e despertou protestos tanto do rei como do primeiro-ministro. Lorde Knollys, secretário pessoal do rei, escreveu uma carta de protesto a *The Times*.[70] "Ele e o rei devem ter realmente enlouquecido", disse Churchill a Clementine. "A mim parece uma interferência real bastante notável e mostra o amargor que se sente nesses círculos. Vou desconsiderar."[71] Mesmo Asquith, porém, achou que Churchill tinha ido longe demais e, por se tratar de quem era, Churchill não pôde desconsiderar.

Ainda em setembro, Churchill e Marsh visitaram os campos de batalha da Guerra Franco-Prussiana, em especial Sedan, de importância decisiva, e novamente assistiram às manobras do Exército alemão como convidados do cáiser, dessa vez perto de Würzburg. Marsh considerou as explicações de Churchill "tão claras que, por um rápido instante, vi a campanha com o olhar límpido da História ou, pelo menos, da topografia".[72] O parlamentar conservador lorde Crawford anotou um boato sobre "a rude falta de tato de Churchill", segundo o qual Churchill pedira a um oficial francês que o ciceroneasse por Sedan.[73] Era totalmente falso. "Por mais que a guerra me atraia e fascine minha mente com suas tremendas situações", Churchill escreveu a Clementine do Hotel Kronprinz em Würzburg, "sinto mais profundamente a cada ano [...] a barbárie e loucura sórdida e cruel de tudo isso."[74]* Preocupava-o, já naquela época, o poder crescente da Marinha alemã. "Não era bom fechar os olhos aos fatos", disse ao embaixador alemão, conde Paul von Metternich, no começo de setembro, "e por mais que os governos e indivíduos se empenhassem em criar um espírito de verdadeira fé e confiança entre dois países, fariam pouquíssimos avanços enquanto houvesse na Alemanha uma política naval em contínuo crescimento."[75]

No mês seguinte, devido à ameaça germânica que se aproximava, Churchill, embora fosse presidente do Conselho do Comércio, sem nenhum *locus standi* formal em assuntos da inteligência, envolveu-se diretamente na criação da Agência do Serviço Secreto que, mais tarde, daria origem ao MI5 e ao MI6. Isso se deu sem que o Parlamento fosse informado, e em agosto de 1911, como ministro do Interior, ele também ajudou a acelerar habilmente a aprovação do projeto de lei dos Segredos Oficiais no Legislativo, quase sem debates. O registro ficou nas atas legislativas por 78 anos. Tais iniciativas — criadas com base num fascínio permanente pela espionagem, pela inteligência de sinais e pela inteligência de agentes — significavam que, nos anos 1920, ele havia estudado uma maior quantidade de documentos relacionados com a espionagem, por tempo mais prolongado e com maior atenção, do que qualquer outro político vivo.

Em outubro, o rei convocou Balfour e lorde Lansdowne, líder unionista na Câmara dos Lordes, ao Palácio de Buckingham. Insistiu que aprovassem o Orçamento e assim preservassem o direito de veto legislativo, mas eles lhe responderam que não conseguiriam controlar seus seguidores "inflexíveis". "Vejo-o como meu inimigo", disse Churchill sobre Balfour, mas também "o homem mais corajoso que existe. Creio que, se você pusesse uma pistola no rosto dele, não o amedrontaria".[76] Os liberais certamente pareciam estar com uma arma na cabeça da Câmara dos Lordes, mas Balfour não recuaria. Em outubro, Churchill atiçou ainda mais o fogo e disse a uma plateia em Dundee que era "uma coisa extraordinária" o fato de 10 mil indivíduos "possuírem praticamente toda a terra da Grã-Bretanha e todos os demais serem invasores no solo em que nasceram".[77]

No dia anterior, hospedado no Hotel Queen's em Dundee, estava comendo um arenque defumado "quando uma larva enorme saiu do meio dele e reluziu suas presas para mim!", segundo comentou com Clementine. "Tais são as provações que os bons e grandes sofrem a serviço de seu país!"[78] As finanças do casal eram outra provação. Depois de enviar a Clementine sessenta libras para as des-

* Churchill não se impressionou com os Tiepolo do forro no alto da escadaria da Residenz, considerando que faziam parte "do estilo de pintura meloso e açucarado" (*CV* II, parte 2, p. 911).

pesas domésticas em outubro, comentou que "o pug está *décassé* [sem dinheiro] no momento".[79] (Como a esposa, ele era visivelmente menos tímido em francês.) Teriam de passar as férias na Inglaterra mesmo, mas ele receberia cinquenta libras em novembro, quando saísse a publicação de outra coletânea de discursos seus, *Liberalism and the Social Problem* [O liberalismo e o problema social]. Isso mostrava a que ponto, em certas ocasiões, o jovem casal vivia da mão para a boca. Ela respondeu que poderiam ficar sem problemas em Eccleston Square e dispensar as férias juntos, pois "minha alegria suprema será quando eu realmente puder ser de ajuda em sua vida e um conforto para você nos desapontamentos e nas decepções".[80] No entanto, Clementine começara a desconfiar de que Churchill estava de alguma maneira sendo infiel, embora sem prova alguma. Na carta seguinte, ele acrescentou num pós-escrito: "Não falei com uma única mulher de qualquer tipo a não ser minha mãe!!!!!". E uma semana depois:

> Querida, preocupa-me muito que você pareça alimentar suspeitas tão absolutamente desvairadas que são muito desonrosas para todo o amor e lealdade que tenho por você, e praza a Deus terei enquanto for vivo — são indignas de você e de mim. Não vivemos num mundo de pequenas intrigas, mas de assuntos sérios e importantes [não eram propriamente as melhores palavras]. Você deve confiar em mim pois não amo e nunca amarei nenhuma mulher no mundo a não ser você [...]. Sua doçura & beleza lançam uma glória sobre minha vida.[81]

Era verdade e, sob o desenho do cachorrinho pug na carta, escreveu: "Saudoso mas impenitente". Relendo a carta meio século depois, Clementine nem conseguia lembrar a que podia se referir.

Em 4 de novembro de 1909, o Orçamento do Povo foi aprovado na Câmara dos Comuns por 397 a 156 votos. Mesmo depois de algumas concessões, o projeto manteve o aumento nos impostos fundiários e a introdução de um imposto adicional sobre rendas acima de 3 mil libras (cerca de 300 mil libras atuais). Asquith autorizou Churchill a deixar claro durante o debate que as consequências, caso a Câmara dos Lordes rejeitasse o projeto, seriam a eleição geral.[82] Dez dias depois, uma sufragista chamada Theresa Garnett atacou Churchill com um chicote de montaria na estação ferroviária de Bristol Temple Meads, mesmo estando ele cercado de policiais.[83] "Ele viu o golpe vindo e se atracou com a mulher", informou *The Times*. "Houve uma luta por uns instantes [...]. A mulher gritava freneticamente e ouviram-se as palavras 'Tome isto, seu bruto, seu bruto!'. O sr. Churchill arrancou o chicote das mãos de sua agressora."[84] Seguiu em frente e manteve seu comício no Colston Hall, ainda que com o grande tumulto armado por sufragistas, que tentavam interromper os comícios de todos os políticos liberais importantes, não só de Churchill. Garnett foi condenada a um mês de prisão por perturbação da ordem.

*Liberalism and the Social Problem* saiu em 26 de novembro. No mesmo dia, lorde Milner, um dos líderes da ala tory dos Inflexíveis, declarou sobre o Orçamento: "É nosso dever impedi-lo e danem-se as consequências".[85] Quatro dias depois, Clementine deu uma festa de aniversário pelos 35 anos de Churchill em Eccleston Square. Um dos convidados, lorde Esher, informou ao filho:

> Ele tem um aposento duplo encantador no andar térreo, só de livros [...]. Ganhou um bolo de aniversário com 35 velas. E *biscoitos*. Passou a noite com um chapéu de papel na cabeça, feito com o embrulho de um biscoito. Uma cena bizarra, se todos os milhares que vão a seus comícios pudessem tê-la visto [...]. Ele e ela ficam sentados no mesmo sofá, ele segurando a mão dela. Nunca vi duas pessoas mais apaixonadas. Se ele sair do cargo, fica sem um tostão. Precisaria ter um ganha-pão, mas ele diz que vale a pena quando se vive com a pessoa amada. Detestaria, mas está disposto a morar em um quarto de aluguel — apenas dois cômodos — com ela e o bebê![86]

O jantar terminou cedo para que o grupo pudesse ir à Câmara dos Lordes assistir à votação. O Orçamento foi rejeitado por 350 a 75 votos. O Parlamento foi dissolvido dois dias depois, e foi convocada uma eleição geral, para votação em 14 de janeiro de 1910, que os liberais iam disputar com o lema "Os Pares versus o Povo".

Durante a campanha, Churchill publicou às pressas *The People's Rights*, uma condensação de seus discursos sobre a reforma da Câmara dos Lordes, o Orçamento, o livre-comércio e a tributação. Lançou-se à campanha com uma enxurrada de chistes contra seu inimigo favorito. "O sr. Balfour, claro, é um líder que faz tudo o que seus seguidores lhe dizem", falou a uma plateia, "só que, quando sabe que seus seguidores estão errados, faz de má vontade."[87] Lorde Curzon, ex-vice-rei da Índia, fez uma defesa da aristocracia em Oldham, durante a qual perguntou — retoricamente — se Churchill devia algo a seu pai. "Ora, mas é claro. Devo tudo a meu pai", respondeu ele em Burnley alguns dias depois.

> Mas o que é toda essa defesa de uma câmara de legisladores hereditários? Meu pai foi parlamentar por Woodstock, mas nem por isso sugiro que eu deva ser parlamentar permanente por Woodstock, independentemente do que o povo de Woodstock possa pensar sobre mim. É verdade que se podem citar alguns exemplos de homens que se sucederam a pais de grande distinção e atingiram, eles mesmos, igual e até maior distinção. Mas quantos casos contrários podem ser mostrados? É quase possível contar nos dedos os exemplos hereditários. De fato, os exemplos que lorde Curzon citou não chegam ao número de dedos de suas

mãos. Mas considere-se apenas a enorme quantidade de exemplos contrários que ficam velados numa respeitável e misericordiosa obscuridade.[88]

Ele entendia muito bem como era raro que o filho de um pai ilustre se desse bem na vida.

Curzon citara Ernest Renan, o filósofo francês oitocentista segundo o qual "Todas as civilizações foram obra das aristocracias". "Gostaram disso em Oldham", disse Churchill sobre seu ex-eleitorado composto predominantemente de trabalhadores. "Não houve um duque, um conde, um marquês, um visconde em Oldham que não sentissem que lhes fora feito um elogio [...]. Ora, seria muito mais veraz dizer que a manutenção da aristocracia foi a árdua obra de todas as civilizações."[89] Curzon reclamou que Churchill tinha "os modos de um catador de lixo"; lorde Newton falou do "nauseante calão de Winston Churchill"; o duque de Beaufort disse que gostaria de ver Churchill e Lloyd George "no meio de vinte pares de sabujos". Logo depois, Churchill repetiu tudo isso, deliciado, a um público em Warrington.[90] A controvérsia teve cobertura tão ampla que, no dia seguinte, o *Washington Post* noticiou que Churchill estava sendo evitado no Turf Club e que os empregados só o serviam "com visível desagrado".[91]

Churchill recebeu muitos cartões-postais durante a eleição, com o título "A recompensa do rato"* e ilustrados com um ratinho vermelho comendo um pote de mel, ao lado da frase: "Salário do Presidente do Conselho do Comércio: 2 mil libras por ano".[92] Correram as mais variadas maledicências sobre os Churchill.** Mais tarde, Freddie Birkenhead registrou os comentários de Clementine sobre esse período, contando-lhe que "a atmosfera em que se moviam era de extrema hostilidade. Pessoas como Lady Londonderry os evitavam totalmente. Peggy [marquesa de] Crewe, embora fosse liberal, também se conduzia de maneira estranha e disse a ela que a ligação de Winston com Lloyd George lhe causava constrangimento e devia ser interrompida. Margot Asquith [...] era hostil e pouco amigável".[93] Clementine, porém, "tomava a antipatia por elogio". Quando Clementine se envolveu num acidente num táxi, derramando um pouco de sangue na calçada e na entrada da casa em Eccleston Square, "isso gerou imediata-

* "Rat", até então traduzido como "traidor", é aqui traduzido literalmente como "rato", em virtude da ilustração descrita no texto. (N. T.)

** Quando o conde Percy, um dos Hughligans, foi encontrado morto em circunstâncias misteriosas em Paris, em 30 de dezembro — estava no quarto de um hotel barato perto da Gare du Nord, que ocupara usando o nome de sr. Percy —, correu o boato de que tinha sido amante de Clementine e fora assassinado por Jack Churchill, enviado a Paris porque seu irmão era covarde demais para matá-lo pessoalmente (Birkenhead Papers 65/A3). O laudo da autópsia declarou que a causa da morte era pleurisia, mas também correram boatos de que morrera num duelo.

mente boatos de que Winston tinha o hábito de bater na esposa".[94] Churchill parou de ler os recortes de jornal a seu respeito. Quando visitou Harrow, foi vaiado.[95]

A votação na eleição geral começou em 14 de janeiro de 1910 e prosseguiu até 10 de fevereiro. Em 22 de janeiro, Churchill foi reeleito por Dundee com uma estreita margem de 10 747 votos contra 10 365 para o Partido Trabalhista, 4552 para o Partido Conservador, 4339 para o Partido Unionista Liberal e 1512 para o persistente proibicionista Edwin Scrymgeour. Em toda a nação, o resultado foi igualmente apertado, com a eleição de 275 liberais, 273 unionistas, 82 nacionalistas irlandeses e quarenta trabalhistas. Os liberais obtiveram 2,88 milhões de votos, e os trabalhistas, 505 mil, enquanto os unionistas conquistaram 3,13 milhões. Os liberais perderam 104 assentos e a grande maioria que tinham em 1906, passados apenas quatro anos de um mandato que seria de sete. Mesmo assim, continuavam a ser o maior partido, e Asquith se manteve no cargo; com o apoio dos nacionalistas irlandeses e dos trabalhistas, tinham votos suficientes para aprovar o Orçamento do Povo.

Dois dias após a apuração dos últimos resultados, Asquith ofereceu a Churchill o cargo de secretário-chefe da Irlanda. "Por mim, gostaria de ir ou para o Almirantado", respondeu com ousadia, "ou para o Ministério do Interior. É adequado, se me permite dizer, que os ministros ocupem uma posição no governo que corresponda em alguma medida à sua influência no país."[96] Asquith aquiesceu, e Churchill se tornou, aos 35 anos de idade, o mais jovem ministro do Interior desde Sir Robert Peel, em 1822. Era também o único ministro do Interior (até então) a ter sido posto numa prisão e ainda fugido de lá.

# 7. Ministro do Interior

## *Fevereiro de 1910 a setembro de 1911*

*Se tiver uma questão importante a colocar, não tente ser sutil ou esperto. Use um bate-estacas. Bata na questão uma vez. Então volte e bata outra vez. Então bata uma terceira vez.*

Conselho de Churchill ao príncipe de Gales
para falar em público, 1919[1]

*Minha consciência é uma boa menina. Sempre consigo me acertar com ela.*

Churchill ao general De Gaulle, agosto de 1942[2]

Em 21 de fevereiro de 1910, uma segunda-feira, faltando uma semana para assumir o cargo como ministro do Interior, Churchill assinou sua primeira ordem de execução capital. Como todos os condenados à morte tinham o direito de fazer um último pedido de clemência antes de serem enforcados, ele teve de rever todos os casos. Falando com Jean, esposa de Ian Hamilton, no jantar daquela noite, ficou claro que a decisão "lhe pesou". O homem em questão pegara uma menina num beco e a degolara de forma brutal. "'Pense numa sociedade', disse ele, um tanto colérico, 'que obriga um homem a fazer isso'." Jean ficou com a impressão de que ele estava num "estado de espírito sensível e agitado — intenso".[3] Churchill considerava "extremamente penoso" tomar decisões nesses casos. Como disse seu filho anos depois: "Ciente de sua responsabilidade direta, ele refletia muito e profundamente sobre cada caso".[4] Entre os 43 casos de pena capital que lhe foram apresentados, Churchill suspendeu a sentença em 21 deles, índice mais elevado do que os 40% suspensos por seus predecessores na década anterior.[5] Como disse a Wilfrid Blunt, "tornara-se um pesadelo ter de exercer seu direito de vida e morte no caso de criminosos condenados, à média de um por quinzena. Quase todos os casos de assassinato são uma combinação de amor e bebida".[6] Apesar disso, era favorável à pena de morte, dizendo a Sir Edward Grey: "Para muitos homens — inclusive todos os melhores — a prisão perpétua é pior do que a sentença de morte".[7] Isso refletia sua convicção pessoal e correspondia em larga medida à postura estoica tão comum aos militares. Ele também sustentava que, em determinadas circunstâncias, como "uma desgraça ou doença incurável", o suicídio era aceitável.[8] "Afinal", disse a Jean Hamilton, "damos demasiada importância à morte."[9]

Em 17 de agosto de 1909, Churchill conseguiu enxergar para além de seu amor pelo Raj e reconheceu a bravura do revolucionário indiano Madan Lal Dhingra, executado na prisão de Pentonville pelo assassinato de um ex-ajudante de campo do vice-rei, o tenente-coronel Sir Curzon Wyllie, promovendo uma campanha terrorista para obrigar os britânicos a saírem da Índia. "A única lição necessária na Índia hoje é aprender a morrer", dissera Dhingra logo antes de ser enforcado, "e a única maneira de ensiná-la é morrermos. Portanto morro e me glorio em meu martírio."[10] Churchill disse a Wilfrid Blunt que Dhingra seria lembrado em 2 mil anos "como lembramos Régulo, Caractato e os heróis de Plutarco" e declarou que as últimas palavras do homem eram "as mais belas já proferidas em nome do patriotismo".[11] A seu ver, "comutar a sentença [teria sido] uma tortura adicional". Uma característica atraente da personalidade de Churchill era seu explícito respeito pela bravura dos inimigos, fossem pashtuns, dervixes, bôeres, revolucionários indianos ou, mais tarde, o republicano irlandês Michael Collins e o general alemão Erwin Rommel.

Anos depois, Churchill declarou a um assistente que, durante seu período no Ministério do Interior, "seus nervos estavam em péssimo estado e vivia acometido de preocupações".[12] Descobriu que o melhor remédio era "pôr no papel todos os vários assuntos que estão me incomodando, e a partir disso ficará claro que alguns são meramente triviais, alguns são irremediáveis, e há assim apenas um ou dois sobre os quais é preciso concentrar as energias". Ao longo dos séculos, o Ministério do Interior se convertera num órgão responsável por tudo que não se encaixasse em outro lugar, de modo que a lista de coisas com que Churchill agora devia se preocupar incluía o policiamento, as prisões, as condicionais, a regulamentação das condições de mão de obra, os alvarás de bares e a indenização de trabalhadores por acidentes de trabalho.

Em 31 de março, Lloyd George apresentou um projeto de lei do Parlamento para acabar com o poder de veto da Câmara dos Lordes em qualquer legislação referente a questões financeiras, acompanhado simultaneamente de uma ameaça semipública de Asquith de criar quinhentos assentos na Casa da noite para o dia para isolar a oposição unionista caso o projeto não fosse aprovado. Diante disso, e tendo os unionistas perdido duas eleições seguidas, o Orçamento do Povo foi aprovado pela Câmara dos Lordes em abril, sem passar por votação. No entanto, isso não bastou para aplacar o governo liberal, que queria na prática alterar a Constituição e neutralizar a aristocracia como força política na Grã-Bretanha. Os Inflexíveis na Câmara dos Lordes não estavam propensos a ceder seus direitos de veto sem outra refrega, a qual Asquith, Lloyd George e Churchill estavam mais do que dispostos a travar. Apesar da aprovação do Orçamento, o projeto de lei do Parlamento não foi retirado.

Como ministro do Interior, Churchill tinha de desempenhar várias obrigações cerimoniais, e a súbita morte do rei Eduardo VII, em 6 de maio de 1910, deveria lhe dar oportunidade de estabelecer relações melhores com o rei George V. Não foi o que aconteceu. O novo rei, segundo lorde Crawford, tomou como afronta pessoal a conduta de liberais importantes como Churchill, que teriam supostamente quase ameaçado seu pai durante as crises do Orçamento e do projeto do Parlamento, embora não exista nenhum indício, mesmo que tivessem recorrido a intimidações, de que teriam afetado sua saúde. "Ele sentiu profundamente a afronta", registrou Crawford, "a tal ponto que o novo rei mal consegue disfarçar seus sentimentos sobre a questão. Cecil Manners* me diz que na ocasião em que Churchill, como ministro do Interior, foi chamado ao Palácio quando parecia iminente o passamento, ele foi deixado *no andar de baixo*; nem sequer admitido a uma antecâmara dos aposentos reais."[13] Crawford não resistiu a acrescentar: "Que Churchill não tem consciência nem escrúpulos, não tem nem sombra das cortesias da deferência e discrição pública, isso todos nós sabemos, e todos, mesmo seus amigos mais próximos, admitem". Na verdade, seus amigos mais próximos nunca fizeram tal admissão.

No breve período de trégua política durante as exéquias públicas, Churchill sugeriu a F. E. Smith que uma coalizão liberal-conservadora talvez chegasse a um consenso para a reforma da Câmara dos Lordes, o Governo Autônomo federativo da Irlanda, o Seguro Nacional obrigatório fornecido pelo Estado, a reforma fundiária e o serviço militar obrigatório.[14] Lloyd George apoiou essa ideia por um breve período, e Smith pressionou Balfour e Andrew Bonar Law para segui-la, no mínimo porque lorde Knollys, secretário particular do rei, também a apoiava, mas não resultou em nada. Charles Masterman, que ajudou Lloyd George a elaborar o Orçamento e era contrário a uma coalizão, acreditava que o

* Lorde Cecil Manners era um ex-parlamentar tory com ligações na corte real.

desejo "ardoroso" e constante de um governo centrista revelava "o tory primordial e imutável dentro de si", embora de fato apontasse mais especificamente para o imutável democrata tory.[15] Em junho, Churchill jantou com Lloyd George no Café Royal, onde, como informou a Clementine, "renovamos tratados de aliança por mais sete anos".[16]

Uma parte importante da nova função de Churchill era manter a ordem pública durante as várias greves combativas e prolongadas que marcavam esse período, em decorrência da fraca situação econômica geral e do crescente poder dos sindicatos. Em maio, houve agitação nos cais de Newport. Churchill atendeu à solicitação das autoridades locais para o fornecimento de 250 policiais a pé e cinquenta montados para a manutenção da ordem.[17] Sir Edward Troup, subsecretário permanente do Ministério do Interior, comentou que Churchill estava "muito ansioso" para que as Forças Armadas não fossem acionadas.[18] "Uma vez ou mais por semana", relembrou ele, "o sr. Churchill entrava no escritório trazendo alguns projetos arriscados ou impossíveis; mas, depois de meia hora de discussão, desenvolvera-se algo que ainda era arriscado, mas não impossível."[19]

Em julho, foi apresentado na Câmara um projeto de lei parlamentar sobre o Direito de Voto (das Mulheres). No primeiro semestre daquele ano, Churchill apoiara a criação de um Comitê de Conciliação com todos os partidos, com seu amigo lorde Lytton como presidente e Noel Brailsford como secretário, para tentar tirar a questão do campo da política partidária. O voto, na época, estava restrito a 6 milhões ou 7 milhões de homens pelo critério de serem proprietários de imóveis; se o mesmo pré-requisito fosse aplicado às mulheres, cerca de 1 milhão delas teriam qualificação para participar das eleições, o que se afigurou a muitos como base possível de um acordo.[20] Antes da discussão do projeto na Câmara dos Comuns, Churchill escreveu um ofício detalhando todas as suas conversas e reuniões sobre a questão do voto feminino e concluiu dizendo que não pretendia assumir uma posição contrária. Mas, dois dias antes do debate, mudou de ideia. Disse considerá-lo "profundamente pernicioso para a causa liberal" e, visto que Asquith e Lloyd George se opunham, concluiu que pareceria covarde se abster.[21] Brailsford então declarou que essa posição de Churchill era "traiçoeira", e Lytton o acusou de hipocrisia, mas Churchill respondeu que qualquer opinião pessoal que tivesse sustentado antes em favor do voto feminino deveria se submeter à posição dos servidores públicos do Ministério do Interior, justificativa não muito convincente, visto que, antes disso, ele nunca se escondera atrás dos conselhos de especialistas.[22]

Sem dúvida, ali estavam em ação considerações político-partidárias. E se as mulheres proprietárias votassem nos tories?* "Não creio que a grande massa das

* Como fizeram nas eleições de 1955, 1959 e 1970, nas quais o Partido Trabalhista teria saído vitorioso com sufrágio exclusivamente masculino.

mulheres queira o voto", disse Churchill no debate. "Penso como usaram com singular parcimônia as enormes oportunidades de governo local e municipal que lhes foram escancaradas. Embora existam muitas exceções brilhantes, essas exceções não alteram o fato concreto."[23] Nenhum dos lados se impressionou com sua posição e, embora o projeto tenha sido aprovado com uma margem de mais de cem votos numa eleição livre, não seguiu adiante porque o governo liberal orientaria sua bancada a votar contra ele.

"Winston é sufragista de modo um tanto morno (sua esposa é muito fervorosa) e ele veio ao Ministério do Interior pretendendo votar a favor do projeto", registrou Lucy Masterman. Quando seu marido, Charles, que era contrário, lançou algumas sugestões retóricas a Churchill, comentando que as divorciadas e algumas "mulheres decaídas" (prostitutas) teriam voto nos termos do projeto por serem donas de imóveis, enquanto uma irrepreensível mãe de família não teria, "Winston começou a ver a oportunidade de um discurso segundo essas linhas e, enquanto percorria a sala de um lado para outro, começou a desenvolvê-las em longas frases. No final da manhã, estava convencido de que sempre fora hostil ao projeto e de que ele mesmo já pensara em todos esses pontos. O resultado foi um discurso de tal violência e rispidez que Lady Maclean [esposa do parlamentar liberal Sir Donald] chorou na galeria e lorde Lytton o atalhou em público".[24] Embora devesse saber que isso se aplicaria apenas a um reduzido número de casos, Churchill disse à Câmara dos Comuns: "Não teriam fim os absurdos grotescos que se seguiriam à aprovação dessa medida. Uma mulher vivendo em estado de prostituição poderia ter voto; se ela se casasse e se tornasse uma mulher honesta, perderia esse voto, mas poderia reobtê-lo com o divórcio".[25] Uma crítica habitual a Churchill era que, como Asquith expôs à sua grande amiga Venetia Stanley,* "Winston pensa com a boca", querendo dizer que adotava políticas que soavam bem nos discursos.[26] (Essa crítica também foi levantada algumas vezes pelos chefes de Estado-Maior durante a Segunda Guerra Mundial.) Geralmente era injusta, mas não no caso do voto feminino. Churchill não há de ter se admirado quando as sufragistas, depois disso, redobraram o empenho em tumultuar seus comícios públicos.

Num contraste total, o discurso de Churchill sobre a reforma penitenciária de 10 de julho refletia um profundo liberalismo. Sua brevíssima experiência no cárcere lhe incutira o horror pelo cativeiro. Como disse na Câmara dos Comuns:

> O ânimo e a disposição do público em relação ao tratamento dado ao crime e aos criminosos são um dos testes mais infalíveis da civilização de um país. Um reconhe-

* Asquith escreveu várias cartas de amor a ela, mas provavelmente a relação entre os dois não se consumou.

> cimento calmo e desapaixonado dos direitos dos réus contra o Estado, e mesmo dos criminosos condenados contra o Estado, o constante exame interno de todos os encarregados do dever de punir, o desejo e anseio de reabilitar no mundo do trabalho todos os que pagaram suas dívidas com a dura moeda do castigo, o esforço incansável em descobrir processos de cura e regeneração e uma fé inabalável de que há no coração de todos os homens um tesouro, bastando apenas encontrá-lo — tais são os símbolos que, no tratamento do crime e dos criminosos, marcam e medem a força acumulada de uma nação e são o sinal e prova da virtude viva dentro dela.[27]

Em 1908 e 1909, havia mais de 180 mil pessoas nas prisões da Grã-Bretanha, cerca de metade por não pagar uma multa no prazo.[28] Churchill argumentou que devia ser concedido prazo maior para tais acertos, visto que o melhor princípio para um sistema prisional deveria ser o de "impedir que o maior número possível de pessoas ingressasse nele".[29] Ele pôs em andamento processos que, nos dez anos seguintes, levaram a uma redução do número de presos por não pagarem multa por embriaguez de 62 mil para 1600.[30]

Churchill também procurou penas alternativas para pequenos delitos, cometidos especialmente por menores, pois considerava a prisão um local de último recurso para perpetradores de crimes graves.[31] Visitando a penitenciária de Pentonville em outubro, liberou jovens presos por delitos menores e, embora não tenha ficado no Ministério do Interior tempo suficiente para reformar o sistema prisional como um todo, reduziu as sentenças de quase quatrocentas pessoas.[32] Também introduziu música e bibliotecas nas prisões, tentou melhorar as condições das sufragistas presas por perturbação da ordem pública e reduziu para trinta dias o tempo máximo de solitária para os prisioneiros.

Churchill foi malhado na imprensa e no Parlamento quando um pastor de ovinos de Dartmoor chamado David Davies, ladrão a quem comutara a sentença, foi apanhado arrombando uma casa logo após sua soltura.[33] Anos depois, Clementine relembrou que Davies "estava muito bem quando cuidava dos rebanhos de carneiros, mas, sempre que passava por dificuldades, saqueava a caixa dos pobres nas igrejas. Quando lhe perguntavam por que fazia isso, respondia que nas caixas estava escrito 'Para os pobres' e, como sem dúvida era pobre, obviamente o dinheiro era para ele".[34]

No início do segundo semestre de 1910, Churchill embarcou num cruzeiro de dois meses pelo Mediterrâneo a bordo do *Honor*, iate do barão de Forest, um colega parlamentar liberal que muitas vezes o hospedava e também tinha um precoce interesse pela aviação. "Você ficará contente em saber que visitei o Inferno de Apostas* de Monte Carlo em quatro ocasiões", escreveu de Nápoles a Marsh, "e em todas elas rapei mais de 160 libras."[35] Recebeu malotes oficiais do Ministério do Interior em Atenas e Esmirna e se aboletou no limpa-trilhos de um trem especial, na ferrovia construída pelos britânicos, durante o trajeto inteiro de mais de quatrocentos quilômetros até Aydin, na região turca do Egeu. Não havia "maneira melhor", disse a Sir Edward Grey, "de ver uma região num relance". Atravessaram o estreito dos Dardanelos até Constantinopla, onde Churchill se pôs a par dos sucessos da diplomacia germânica e das dificuldades das relações britânicas com a Turquia.[36]

"A única opinião que formei sobre essa parte do mundo de civilizações em ruínas e raças rudemente misturadas é a seguinte", disse ao ministro das Relações Exteriores: "por que a Inglaterra e a Alemanha não podem se unir numa ação firme e para a vantagem geral?"[37] Mas duvidava dessa possibilidade, explicando a Wilfrid Blunt durante as caçadas num fim de semana, em meados de outubro: "Deveríamos nos aferrar ao Egito como nos aferramos à Índia. Não que isso nos trouxesse alguma vantagem, mas era impossível recuar no que havíamos empreendido, uma necessidade do Império. O destino do Egito se decidiria pela questão da guerra vindoura com a Alemanha".[38]

Provavelmente por influência de suas leituras de Darwin, Churchill foi por breve tempo um eugenista convicto. Em outubro de 1910, comentou que havia pelo menos 120 mil "deficientes mentais à solta em nosso meio" na Grã-Bretanha, que em sua opinião deveriam ser "segregados em condições adequadas, para que sua desgraça morresse com eles e não fosse transmitida para gerações futuras".[39] Interessou-se pela possibilidade de esterilização, dizendo a Asquith em dezembro que a "multiplicação dos [mentalmente] incapazes" constituía "um perigo terrível para a raça".[40] Considerava a esterilização uma medida libertadora que protegeria os deficientes mentais contra o encarceramento, mas ela nunca foi adotada em solo britânico.

Além de ser membro (ausente) da primeira Conferência Internacional de Eugenia, em julho de 1912, Churchill foi um dos que fizeram a redação inicial da Lei de Deficiência Mental de 1913, que definia quatro níveis dos então chamados "deficientes mentais" que podiam ser encarcerados — a saber, "idiotas", "imbecis", "débeis mentais" e "deficientes morais" —, mas excluía a esterilização. Essa linha de pensamento era, naqueles dias, tão incontroversa em todos os partidos que o projeto de lei foi aprovado com apenas três votos contrários. Assim como suas concepções sobre a raça, o apoio de Churchill à eugenia precisa ser visto no contexto das crenças científicas da época, compartilhadas por pensadores da es-

* "Gambling Hell", no original, um trocadilho que se usava desde o século XIX para o Salão de Apostas, ou Gambling Hall, de Monte Carlo. (N. T.)

querda como H. G. Wells, Sydney Webb, John Maynard Keynes e William Beveridge, além de juristas renomados como Oliver Wendell Holmes.

No começo de novembro, 25 mil mineiros entraram em greve salarial no vale Rhondda, em Gales do Sul. O chefe de polícia de Glamorgan estava com 1400 policiais na área e mesmo assim pediu mais, além do envio de tropas das Forças Armadas. Churchill deslocou trezentos policiais metropolitanos e, embora tenha sido enviado um destacamento de soldados sob o comando do general Sir Nevil Macready, só foram posicionados depois de estourar um sério tumulto em 7 e 8 de novembro, em Tonypandy, no vale Rhondda, com saques e destruição de 63 lojas. Um grevista foi morto, embora a polícia tenha usado apenas capas impermeáveis, dobradas e enroladas em forma de tubo, para controlar a violência.[41] A decisão de Churchill de não acionar os militares foi criticada por *The Times* como mostra de fraqueza, mas elogiada pelo *Manchester Guardian* por ter "salvado muitas vidas".[42] Todavia, durante décadas, a mitologia do Partido Trabalhista considerou Churchill pessoalmente responsável pela repressão brutal dos inocentes trabalhadores de Tonypandy usando a força militar.

"Olhando retrospectivamente, é difícil ver o que mais um resoluto ministro do Interior poderia ter feito", admitiu George Isaacs, importante sindicalista na época e futuro presidente do Congresso dos Sindicatos. "Em ocasiões posteriores, pode-se dizer que Churchill foi propenso demais a usar as Forças Armadas, mas, naquela ocasião, sua influência parece ter sido moderadora."[43] Churchill, de fato, estava longe de ser um adversário ideológico da mão de obra organizada, como veio a ser representado. Àquela altura, mantinha boas relações com os sindicatos, dizendo ao Comitê Parlamentar do Congresso dos Sindicatos em março de 1911 que estava "profundamente impressionado com o enorme valor do trabalho que o organismo sindical vem fazendo [...]. É do máximo proveito para um órgão público como o Ministério do Interior que o estudo dessas questões [de relações trabalhistas] [...] seja suplementado pela experiência constante que somente vocês, cavalheiros [...] são capazes de trazer em relação aos problemas".[44]

Numa greve em Llanelli, em Gales do Sul, em agosto de 1911, os eventos saíram tanto do controle que Churchill realmente enviou tropas militares. Foram mortos dois amotinados que haviam atacado um trem sob proteção militar, tinham se recusado a dispersar e espancaram o maquinista até desfalecer. O motim em Monmouthshire e no leste do condado de Glamorgan adquiriu um aspecto mais sombrio e perturbador quando uma turba de 250 pessoas atacou lojas de propriedade de judeus num episódio que foi chamado de "pogrom de Tredegar". Churchill e lorde Haldane, ministro da Guerra, foram rápidos em enviar tropas para lá também, a fim de proteger os judeus. Houve ainda ação militar para abafar revoltas em Liverpool, inclusive com a cavalaria, que teve ordens de disparar para o alto em meio à multidão (não houve feridos).

Para enfrentar a primeira greve ferroviária nacional da Grã-Bretanha, em meados de agosto, Churchill enviou milhares de soldados para centros operacionais de ferrovias de todo o país, cada qual com munição para vinte disparos, e deu amplos poderes aos comandantes locais.[45] O líder do Partido Trabalhista, Ramsay MacDonald, qualificou a medida de "diabólica". "Aqui não é um Estado medieval e não é a Rússia", disse ele, "não é nem sequer a Alemanha." Até mesmo Masterman qualificou a atitude de Churchill de "lufada de metralha", numa referência à repressão de Napoleão sobre a turba parisiense em 1795.[46]

Churchill defendeu sua repressão à greve alegando que grande parte dos alimentos do país era transportada por trem. "Se [a greve] não tivesse sido interrompida, todo o conjunto daquela grande comunidade teria sido lançado num abismo de horror que nenhum homem ousaria fitar", disse com sua usual grandiloquência.[47] Apesar disso, eximiu os funcionários do sindicato da responsabilidade pelos distúrbios e conduziu na Câmara dos Comuns o projeto de lei dos Sindicatos, de 1913, que autorizava os sindicatos a utilizarem seus fundos para finalidades políticas. "A representação no Parlamento é absolutamente necessária para os sindicatos", disse ele. "Considero de bom alvitre que todo trabalhador ingresse num sindicato [...] para proteger os direitos e interesses da mão de obra."[48]

A greve nas docas de Londres, no final de julho, foi resolvida pacificamente em agosto. Ben Tillett, líder dos portuários, escreveu que Churchill exercera influência moderadora:

> Levemente encurvado, de fala hesitante, com maneiras quase de desculpas, um resto de juventude nos traços movediços, pronto para pilhérias joviais, as preocupações do cargo levemente pousadas numa larga fronte, olhos que cintilam com um anseio quase meigo — esse era o Nero moderno, cujo terrível poder fora ameaçado contra nós. A pessoa responsável pelos tumultos e tiroteios em Gales do Sul, que ao fim e ao cabo fora responsável pelo tiroteio em Llanelli.

Tillett aceitou que Churchill havia "feito ouvidos moucos aos clamores da covarde turma de trabalhadores que teria [...] exultado com a matança de seus semelhantes".[49]

Em 18 de novembro, 117 mulheres e um homem foram presos num enorme tumulto na Parliament Square e cercanias, em Londres, no que as sufragistas denominaram de "Sexta-Feira Negra". Churchill determinou a soltura delas, mas as líderes sufragistas o culparam pela brutalidade policial que ocorrera, inclusive, nas palavras de Brailsford a Masterman, de "golpeá-las por trás com o joelho entre as pernas, o que é perigoso e doloroso, além de repulsivo, e de retorcer ou apalpar os seios. Também, claro, dar gravatas e repuxar o polegar para trás".[50] Masterman anotou na carta "Visto pelo M[inistro de]/E[stado]". Isso não significa, como se tem alegado, que Churchill fizesse vistas grossas e muito menos aprovasse o ocorrido; na verdade, é bem capaz que tenha ficado tão desgostoso quanto Brailsford. Pensou em entrar com ação por difamação contra Christabel Pankhurst, por tê-lo acusado de comandar a brutalidade policial, mas foi dissuadido por Sir John Simon, o procurador-geral, por criar um precedente perigoso. Churchill repreendeu Sir Edward Henry, chefe da polícia metropolitana, dizendo que "ocorreram cenas muito lamentáveis. Era meu desejo evitar isso mesmo com certos riscos [...]. No futuro devo solicitar estrita adesão à política" de tratar as mulheres com respeito e o mínimo de violência.[51] Mas não determinou que se procedesse a um inquérito.

Quatro dias depois, Augustine Birrell, secretário-chefe da Irlanda, foi espancado por um grupo de sufragistas, ficando temporariamente manco e com risco de perder a patela. No mesmo dia, na Batalha da Downing Street, como veio a ser chamada, um grupo de sufragistas no qual se incluía Anne Cobden-Sanderson, que Churchill conhecia socialmente, atacou Asquith na frente da residência oficial e escritório do premiê. Por acaso Churchill estava presente. "Leve aquela mulher", disse a um policial, "ela é visivelmente uma das líderes do grupo."[52] Foi entreouvido por Hugh Franklin, estudante de graduação no Caius College, de Cambridge, e sufragista militante que também estivera na manifestação da Sexta-Feira Negra. Em 26 de novembro, depois de discursar num comício em Bradford, Churchill se dirigia ao vagão-restaurante no trem de volta para casa, quando Franklin o atacou com um chicote de montaria gritando: "Tome isto, seu patife nojento!".[53] Franklin foi detido e condenado a seis semanas de prisão por agressão. Churchill pensou em acioná-lo por difamação, por ter publicado uma declaração de que ele mandara "seus milhares de servidores treinados virarem um verdadeiro bando de rufiões", mas, tal como na difamação de Pankhurst, foi dissuadido por Simon, dessa vez porque isso daria publicidade gratuita aos adversários.

A legislatura foi dissolvida em novembro de 1910 para uma segunda eleição geral naquele ano, a ser realizada entre 2 e 19 de dezembro, a fim de decidir a importante questão dos poderes de veto da Câmara dos Lordes. O rei prometera a Asquith que, no caso de vitória dos liberais, nomearia uma quantidade de novos pares suficiente para aprovar o projeto do Parlamento (Churchill recomendou que dois deles fossem Ian Hamilton e Wilfrid Blunt). Durante a campanha, foi preciso expulsar sufragistas, tanto mulheres como homens, dos comícios de Churchill em 22, 26, 28 e 30 de novembro e 9 de dezembro. A eleição ofereceu a Churchill a oportunidade de deixar claro que sua razão para ser contrário ao voto feminino não era o gênero das mulheres, pois, como disse em Dundee em 2 de dezembro de 1910, era "a favor do princípio de extensão do direito de voto às mulheres". Mas acrescentou que "não votaria em favor de nenhum projeto que considerasse capaz de alterar injustamente o equilíbrio entre os partidos, ao dar inconteste preponderância ao voto censitário [isto é, tory]; e não votaria em favor de nenhum projeto a menos que estivesse convencido de que tinha por trás a genuína maioria dos eleitores".[54]

Churchill mantinha inabalável polidez para com as agitadoras femininas, mas era previsivelmente ríspido com os do sexo masculino, dizendo num discurso em Lambeth: "Dizem-me que os indivíduos se destacam pelas agressões ignóbeis. Se assim for, então só há uma palavra para isso, e é 'venham'. Se um homem público permitisse que seu curso fosse alterado por meras ameaças de violência pessoal, seria indigno do mais ínfimo respeito ou confiança".[55] No mesmo discurso, Churchill atacou Smith, seu amigo mais próximo, mas defensor tory do veto da Câmara dos Lordes, dizendo que "enquanto o sr. Lloyd George é invariavelmente arguto, o sr. F. E. Smith é invariavelmente vulgar".[56] Como sempre, a política nunca podia atrapalhar a amizade, mas o contrário também era verdadeiro.

O mesmo se aplicava a outros. Em 8 de dezembro, quando alguém mencionou Churchill a Lloyd George, Charles Masterman registrou que o chanceler "ficou um pouco indignado. É difícil saber se não havia aí um pequeno elemento de inveja." Lloyd George disse que tivera de lembrar a Churchill, que batia o pé na questão da tributação confiscatória dos ricos, "que nenhum homem pode desertar duas vezes. Ah, já, já ele vai dar uma guinada. É o que sempre faz quando vê para que lado está soprando o vento. A questão é quanto tempo ele demora e quanto dano causa nesse ínterim".[57] Churchill não percebia, mas a aliança política de Lloyd George com ele sempre fora apenas isto: política. "Se incluíssemos uma cláusula especial no Orçamento dando isenção de impostos a Sunny", comentou Lloyd George, "Winston nos deixaria fazer o que quiséssemos."[58] Era algo absolutamente falso e injusto, mas um chiste típico que faziam a suas costas. Churchill não tinha a menor ideia da antipatia pessoal de Lloyd George por ele e aceitava sua hospitalidade. Naquele ano, quando passeava com Lloyd George em sua casa em Criccieth, em Gales, Churchill caiu num riacho. "Não ficou minimamente aborrecido", relembrava outro hóspede, "e ao se levantar disse alegremente: 'Já que estou todo encharcado, mais vale aproveitar', e ficou meia hora espadanando no riacho e represando a água com pedras, enquanto a esposa ficou sentada na margem com uma saia muito curta, que tinha puxado bem acima dos joelhos. [Lloyd] George ficou ali parado, a observá-lo."[59]

Os resultados finais da eleição mostraram que os liberais e os unionistas levaram 272 assentos, cada um deles, junto com 84 nacionalistas irlandeses e 42 trabalhistas. Os unionistas haviam recebido 2,42 milhões de votos, os liberais, 2,3 milhões, e os trabalhistas, 372 mil. Asquith continuou no poder, mas dependendo do apoio nacionalista irlandês cujo preço era nada menos do que o Governo Autônomo.

Em 3 de janeiro de 1911 de manhã, em Eccleston Square, Churchill escreveu a Asquith. Julgava que os liberais deveriam fazer um acordo com os unionistas em amplas áreas de seu programa legislativo, mas desde que concordassem com uma mudança constitucional profunda, inclusive com o projeto de lei do Parlamento, que acabaria com o poder de veto da Câmara dos Lordes sobre a legislação. "Depois de restringir o veto", escreveu ele, "espero que possamos seguir *une politique d'apaisement*."* Incluiria uma Ordem do Mérito para Joseph Chamberlain, cargos de conselheiros privados para Bonar Law e Smith, "uma pródiga concessão de honrarias" para parlamentares unionistas importantes e proprietários de veículos de imprensa, uma proposta de "conferenciar" sobre a Irlanda, a Lei dos Pobres, o trabalho infantil e o Seguro Nacional, e o compromisso de que Balfour recebesse "pleno acesso a todas as informações do Almirantado". Por outro lado, os impostos por morte não recairiam sobre patrimônios fundiários mais do que uma vez em 25 anos.[60] Estava até disposto a permitir pequenas tarifas sobre os vinhos franceses e portugueses, recuo significativo de sua posição anterior de não conceder, como dissera num discurso, "a mais ínfima preferência ao mais ínfimo grão de pimenta".[61]

Enquanto Churchill redigia a carta, um mensageiro do Ministério do Interior chegou com a notícia de que, horas antes, naquela mesma manhã, três anarquistas terroristas russos, passando-se por ladrões de joias, armados com Mausers e liderados pelo misterioso Peter Straume (vulgo "Pedro, o Pintor"), nascido em Riga, haviam sido flagrados pela polícia numa casa da Sidney Street, no East End de Londres. Em 16 de dezembro, tinham matado três policiais e ferido outros dois, e em seguida a polícia descobrira uma pistola, 750 cartuchos, nitroglicerina e garrafas de ácido nítrico na casa que lhes servia de esconderijo na Gold Street, ali perto. Na mesma manhã de 3 de janeiro, houve mais trocas de tiros, e um sargento foi ferido.[62] Churchill foi até a Sidney Street observar a situação, que estava a cargo da polícia local.[63] Um jornalista registrou: "De vez em quando, um tiro de pistola, disparado, dir-se-ia, mais como desafio geral do que com alvo deliberado, saía de uma janela no sótão do número 100".[64]

Churchill não despachou nenhuma ordem, mas fez a sensata sugestão de trazerem placas de aço do Arsenal de Woolwich para servirem de proteção móvel para os atiradores.[65] (Ele era um dos poucos ali presentes que conheciam pes-

* Seu primeiro uso registrado da palavra "appeasement" [apaziguamento] tinha, portanto, sentido positivo, e foi em francês.

soalmente a eficiência das pistolas Mauser automáticas que os terroristas estavam usando.) Afora isso, suas únicas contribuições consistiram em chamar um pelotão de guardas escoceses, que estavam protegendo as Joias da Coroa na Torre de Londres, e aprovar a decisão de não fazer nada quando a casa sofreu um inesperado incêndio logo após as treze horas.[66] "Julguei melhor deixar a casa se incendiar do que desperdiçar boas vidas britânicas resgatando esses biltres ferozes", explicou depois a Asquith.[67]

Churchill foi fotografado com cartola e sobretudo orlado de pele e gola de astracã, abrigando-se na entrada de um armazém com os chefes do Departamento de Investigação Criminal, da Polícia Metropolitana e da Seção Política da Scotland Yard, de vez em quando espiando pelo canto para o número 100, na ocorrência que logo foi apelidada de Cerco da Sidney Street ou Batalha de Stepney. Foram encontrados dois corpos entre os restos carbonizados da casa, um com um ferimento à bala, o outro, asfixiado. Pedro, o Pintor, nunca foi apreendido.

Quando Masterman o criticou, de volta ao Ministério do Interior, por ter ido à Sidney Street, Churchill ciciou: "Ora, Charlesh. Não xeja chato. Foi tão engraxado!".[68] Na Eccleston Square, ele retomou a carta interrompida ao primeiro-ministro, fazendo-lhe um relato muito vívido — "disparos saindo de todas as janelas, projéteis tirando lascas dos tijolos, policiais e guardas escoceses portando armas carregadas, artilharia silvando etc.".[69] Porém, como não havia necessidade da presença física do ministro do Interior nessa operação, logo questionaram seu discernimento. Parecia se encaixar numa narrativa de autopromoção churchilliana, o que, em outro contexto, Lucy Masterman descreveu como "sua sede de aplausos, que é praticamente insaciável [...]. Não consegue resistir a nenhum tipo de holofote".[70] Mesmo o jornalista A. G. Gardiner, que geralmente lhe dava apoio, escreveria no ano seguinte: "Ele está sempre interpretando inconscientemente um papel — um papel heroico. E ele mesmo é seu mais pasmo espectador".[71]

Quando a imagem de Churchill apareceu no cinejornal Pathé com a notícia do Cerco nos cinemas, após o episódio, o público vaiou.[72] O Cerco também ofereceu a Balfour uma aguardadíssima chance de pilheriar; em 6 de fevereiro, ele disse na Câmara dos Comuns: "Ele estava, entendo eu, no que é conhecido na linguagem militar como zona de fogo — ele e um fotógrafo estavam ambos arriscando vidas valiosas. Entendo o que o fotógrafo estava fazendo, mas o que estava fazendo o ilustríssimo cavalheiro?".[73] Anos depois, Churchill reconheceu que foi um erro ter ido até lá, e que suas "convicções sobre o dever tiveram o apoio de um forte sentimento de curiosidade que talvez tivesse sido bom refrear".[74] Apesar disso, a longo prazo, sua disposição para ir ao palco da ação prestaria bons serviços ao país.

Além de comparecer a nascimentos e mortes da família real, um dos deveres remanescentes do ministro do Interior era escrever cartas regulares ao rei resumindo o que acontecia no Parlamento a cada dia. O tom empregado por

Churchill — mais chistoso do que era habitual nos ministros do Interior — agradara a Eduardo VII, mas não a George V. "Quanto aos vagabundos e mandriões, deviam existir colônias de trabalho apropriadas para onde fossem enviados", escreveu Churchill em 10 de fevereiro. "Não se pode esquecer, porém, que há vadios e mandriões nos dois extremos da escala social."[75] O rei considerava essas ideias "muito socialistas", o que levou a uma troca de correspondência entre Churchill e Knollys, em que Churchill sugeriu que outra pessoa, em vez do sempre atarefado ministro do Interior, poderia assumir a tarefa de repórter parlamentar diário, até que o rei cedeu e reconheceu que as cartas de Churchill eram "sempre muito interessantes".[76] Knollys, representando à perfeição o pensamento do establishment e o expressando com um previsível clichê, simplesmente achava que Churchill mais parecia "um elefante numa loja de porcelanas".[77]

Foi assim, sem dúvida, que ele se afigurou num debate sobre o projeto de lei dos Rendimentos, em 9 de março, depois que Hugh Cecil acusou o governo de quebrar sua palavra de uma maneira que, se fosse uma pessoa a se comportar da mesma forma em assuntos financeiros, teria ido para a prisão. "Estou muito acostumado aos métodos controversos do nobre lorde, que sempre negocia com insultos e escárnios", disse Churchill sobre seu próprio padrinho.[78] No dia seguinte, Crawford comentou que "Churchill conseguiu desagradar a amigos e inimigos indiscriminadamente. Que sujeito malcriado".[79] Mas as farpas que poderiam ferir uma figura menor nunca sequer arranharam a carapaça de Churchill. "Nunca reclamo de palavras ásperas trocadas na Câmara", disse num debate sobre o projeto do Parlamento em 4 de abril de 1911, "mas pleiteio ser autorizado a enfrentá-las com argumentos equivalentes ao ataque feito" — e sempre assim o fez.[80]

Um dos problemas que o Gabinete Ministerial enfrentava nesse período era a quantidade de álcool que Asquith andava consumindo (um de seus apelidos era "Bebinho"). Churchill contou a Clementine:

> Na quinta-feira à noite o PM estava muito mal, e me retorci de constrangimento. Mal conseguia falar, e muitas pessoas perceberam. Ele continua muito amistoso e benevolente e me confia tudo após o jantar. Até aquele momento ele está ótimo — mas depois! É uma tremenda lástima, e apenas a persistente maçonaria da C[âmara] dos C[omuns] impede um escândalo. Gosto do velho e admiro seu intelecto e caráter. Mas que riscos a correr. Na outra noite, tínhamos acabado de retirá-lo logo antes que Balfour começasse as negociações [sobre o projeto do Parlamento] que conduzi, mas as quais, do contrário, teriam ficado a cargo dele — com consequências calamitosas. No dia seguinte, ele estava sereno, eficiente, imperturbável.[81]

A Câmara dos Lordes finalmente aprovou o projeto de lei do Parlamento em 10 de agosto de 1911. Levou dois anos e custou duas eleições gerais, mas agora a Câmara dos Comuns eleita tinha autoridade acima da Câmara dos Lordes hereditária e nomeada. Churchill negociara grande parte do acordo a que se chegou. Com isso, tornou-se objeto de profunda desconfiança e desapreço entre o grupo tory dos Inflexíveis e entre muitos membros de sua própria classe, mas a Grã-Bretanha ficou mais próxima de se tornar uma democracia moderna plenamente operante.

Em 18 de maio de 1911, uma quinta-feira, o Other Club realizou sua primeira reunião. Com o tempo, viria a ser parte importante da vida social e da carreira política de Churchill, de uma maneira que nem sempre é plenamente reconhecida. É falso que o grupo deva sua existência à expulsão de Churchill e F. E. Smith do The Club, principal clube social do establishment na época. O Other Club tinha uma finalidade política muito clara — a de promover a cooperação interpartidária, e até de criar talvez algum dia a coalizão entre liberais e conservadores que Churchill sempre apregoara, permitindo que fossem centristas sensatos a governar, sem necessidade de conchavos com nacionalistas irlandeses, socialistas ou alas extremas dos unionistas e dos liberais.

Originalmente, o Other Club previa reuniões quinzenais no Pinafore Room do Hotel Savoy, sempre que o Parlamento estivesse em sessão. A mesa tinha apenas 75 centímetros de largura, o que incentivava o clima cordial pretendido pelos fundadores; embora a sala tenha sido reformada em 1925, desde então mantém-se exatamente a mesma.* A ideia era ter como membros doze parlamentares dos dois principais partidos, além de alguns nomes ilustres de fora. Para realçar o ideal não sectário que animava o clube, lorde Knollys presidiu o primeiro jantar, que contou também com a presença do vice-secretário particular do rei, Sir Arthur Bigge (futuro lorde Stamfordham).

Considerando que Bolton Eyres-Monsell e Freddie Guest, os dois secretários conjuntos responsáveis segundo as normas do clube por "todas as obrigações imprevistas", eram vice-líderes de seus partidos, era fácil combinar o arranjo de votos no Parlamento de forma que o jantar não fosse interrompido por divisões na Câmara dos Comuns. Entre os membros liberais iniciais estavam Charles Masterman, William Dudley Ward (cuja esposa, Freda, viria a ser amante do príncipe de Gales antes de Wallis Simpson) e Rufus Isaacs. Entre os conservadores estavam o almirante lorde Charles Beresford, áspero crítico de Churchill, Waldorf Astor e vários parlamentares adeptos da Democracia Tory com posições de reforma social, com quem Churchill trabalhara antes de mudar de partido. Lorde Winterton também era membro do clube, a despeito de fortes

* Os mictórios no corredor são os mesmos de 1911.

críticas ocasionais a Churchill, bem como seu amigo Jack Seely, herói da Guerra dos Bôeres e parlamentar liberal que mudara de partido junto com ele e assumira seu antigo cargo de subsecretário na Secretaria de Estado das Colônias. Insistiram para que o parlamentar liberal radical Arthur Ponsonby também participasse, mas ele desconfiava demais de Churchill e recusou o convite.

A filiação exigia uma robusta constituição física: a lista de pratos (termo que Churchill preferia a "menu") de um dos primeiros jantares anunciava seis pratos: *œuf pluvier*, *consommé*, salmão tailandês, medalhões de vitela, *farci anglais* Aylesbury e canapé Diane. Entre as normas do clube estava que "os nomes do Comitê Executivo ficarão envoltos em mistério impenetrável" e "nada nas regras ou nos contatos do Clube interferirá no rancor ou na aspereza da política partidária".[82] Todavia, ele fora criado justamente para amenizar os rancores e oferecer um espaço onde altos políticos liberais e conservadores pudessem se reunir socialmente, apenas três meses antes da Lei do Parlamento, divisionista ao extremo. Lloyd George e Bonar Law de início foram assíduos — os dois jantaram lá três vezes em maio e junho de 1911. Lloyd George também esteve três vezes em 1912-3, e Law mais três vezes até novembro de 1911. Depois disso, a aspereza partidária foi tamanha que Bonar Law só retornou na eclosão da Grande Guerra, quando o clube se reuniu apenas uma vez — em 5 de agosto de 1914, um dia depois da declaração da guerra — até março de 1916. Bonar Law (junto com Balfour) era a figura central para qualquer esperança de coalizão; quando Law deixou de comparecer, o principal objetivo de Churchill para o clube na prática morreu.

Somente depois que sua *raison d'être* imediata desapareceu, o clube começou a refletir as amizades pessoais de Churchill e Smith, embora sempre houvesse muitos outros aspectos além disso. Nas palavras de um dos membros: "O clube nunca foi uma mera reunião dos camaradas de Churchill. Era um tônico, não um simples acolchoado de plumas".[83] Entre os membros posteriores estavam seu irmão Jack, os primos visconde Castlereagh e Sunny Marlborough, além de poderosos homens da imprensa como J. L. Garvin, Sir George Riddell, lorde Northcliffe, lorde Beaverbrook e lorde Rothermere. Entre os não políticos havia uma ampla *galère* de amigos e conhecidos de Smith e Churchill ao longo dos anos, inclusive o ator-produtor Sir Herbert Beerbohm Tree, o arquiteto Sir Edwin Lutyens, o industrial Sir Harry McGowan e um grande número de escritores como H. G. Wells, P. G. Wodehouse, John Buchan e Anthony Hope, autor de *O prisioneiro de Zenda*. Havia diversos militares, como Sir John French, Jan Smuts e, talvez de forma um tanto surpreendente em vista de suas relações anteriores com Churchill, lorde Kitchener. Vários membros tinham experiência sobre o Oriente Médio: Sir Mark Sykes foi coautor do Tratado Sykes-Picot, que dividiu a região em zonas de influência após a Grande Guerra, e o marechal da aviação Sir John Salmond supervisionou o Iraque por ar em 1919. Havia também um parlamentar nacionalista irlandês, T. P. O'Connor, embora tenha sido provavelmente eleito pelos livros que escreveu, inclusive um sobre Napoleão. O clube tinha, como seria inevitável, suas ovelhas negras — lorde Kylsant foi preso por fraude e Sir Oswald Mosley, por fascismo.

O Livro de Apostas do clube indica a natureza eclética dos assuntos tratados. As apostas incluem datas de dissolução do Parlamento, resultados de ações judiciais e partidas de tênis, o destino dos pretensos assassinos de Lloyd George depois de ter sua casa de campo bombardeada por sufragistas, a extensão dos avanços militares nos campos de batalha, quem traduzia melhor certos versos gregos, se "o casamento de A e B em 1º de dezembro será fértil",* quem sucederia o primeiro-ministro,** o conteúdo de livros, os preços das ações durante a Grande Depressão, os vencedores do Grand National, a Regata, a idade de Sir Kenneth Clark, o novo presidente norte-americano e várias outras apostas de caligrafia altamente ilegível, em provável decorrência da bebida. Quando havia treze pessoas à mesa, Churchill mandava colocar um gato preto de madeira chamado Kaspar, de sessenta centímetros de altura, numa cadeira vazia.*** Amarravam um guardanapo no pescoço de Kaspar e lhe serviam a refeição inteira, prato após prato.

Churchill iria comparecer a mais de trezentos jantares do Other Club, superando de longe a quantidade de refeições que teve em qualquer outro lugar, a não ser com a própria família.[84] Clementine não reclamava de suas noites no clube, mesmo "chegando em casa muito tarde. Não me incomodo. Ele precisa ver os amigos".[85] No entanto, em se tratando de Churchill, sempre havia uma faceta política na amizade, como ficou flagrantemente visível em sua grande crise de 1940, quando um número extraordinário de membros do Other Club se uniu de várias maneiras diferentes para ajudar a torná-lo primeiro-ministro e, depois, para servi-lo em seu governo durante a guerra. O Other Club pode não ter conseguido contribuir para a formação de uma coalizão nacional antes da Primeira Guerra Mundial, mas, ao mantê-lo vivo por mais três décadas, Churchill criou algo que daria uma contribuição efetiva justamente para tal fim, na Segunda Guerra Mundial, muito tempo após a morte de vários de seus fundadores originais.

Em 28 de maio de 1911, Randolph Churchill, apelidado de "o Chumbolly" (termo persa para um recém-nascido sadio e gorduchinho), nasceu em Eccleston

* Lady Norah Spencer-Churchill, filha do duque de Marlborough, casou-se aos 45 anos com Francis Bradley-Birt, de 46 anos; de fato, a união teve prole.

** Birkenhead apostou com John Seely trezentas libras para dez que não seria ele mesmo.

*** Pode ser visto atualmente no saguão do Savoy.

Square. O nome do menino foi escolhido por devoção filial, e os nomes do meio, Frederick e Edward, em homenagem aos padrinhos F. E. Smith e Sir Edward Grey.[86] Randolph, na autobiografia que escreveu em janeiro de 1959, contava que foi um menino "muito malcriado", atirando o relógio de pulso da babá pela janela do último andar e cantando "A babá vai embora, a babá vai embora, viva! Viva!" à partida das sucessivas amas que, salvo algumas exceções, não ficavam muito tempo no serviço. "Diana era mais dócil do que eu", admitiu ele. "Nunca suportei autoridade nem disciplina."[87] O grande infortúnio de Randolph foi que, embora tivesse herdado toda a ambição, a autoconfiança e o anticonvencionalismo do pai, não tinha um grama de seu charme, sua autodisciplina ou sensibilidade. Desenvolveu uma relação especialmente ruim com a mãe, Clementine, que sempre tomava o lado do marido nas brigas entre pai e filho.[88]

Clementine estava com receio de não poder comparecer à coroação do rei George v, em 22 de junho, menos de um mês após o nascimento de Randolph, mas o rei lhe ofereceu um lugar em seu camarote pessoal e mandou uma das carruagens reais ir pegá-la em Eccleston Square, levá-la à Abadia de Westminster e depois fazer o retorno. (Tão logo soube disso, Jennie se assegurou de ficar com o lugar de Clementine ao lado de Winston, na abadia.)[89] Como ministro do Interior, Churchill foi num coche oficial, com a duquesa de Devonshire e a condessa de Minto. Foi aclamado e vaiado ao longo do percurso. "Foi bastante constrangedor para essas duas damas tories", disse ele a Clementine. "Ficaram tremendamente deprimidas quando as aclamações se fizeram muito sonoras, mas reagiram um pouco perto da Mansion House, onde havia manifestações mais hostis [...]. Não agradeci a nenhuma aclamação e não prestei a menor atenção nas multidões."[90] Como ministro do Interior, Churchill também desempenhou um papel importante na investidura de Edward como príncipe de Gales (futuro rei Eduardo VIII e então duque de Windsor) no Castelo de Caernarvon, em 14 de julho. "É um menino muito bonzinho", escreveu a bordo do Iate Real *Victoria & Albert*, "muito simples e extremamente comportado."[91] A amizade de Churchill com o príncipe, que afinal não se mostrou nada bonzinho quando o pai não estava mais lá para mantê-lo na linha, iria lhe trazer muitos problemas nos anos futuros.

Naquele mesmo mês, a Alemanha criou um pânico de guerra ao enviar a canhoneira *Panther* ao porto marroquino de Agadir. Era uma clara provocação à França, pois a cidade ficava na zona de influência francesa. O episódio causou profunda impressão em Churchill, convencendo-o de que era necessário, se quisessem impedir que a Alemanha dominasse o continente europeu, estabelecer uma aliança da Grã-Bretanha com a França e, esperava ele, também com a Rússia.[92] Apoiou a advertência de Lloyd George à Alemanha contra o aventureirismo e o envio de uma frota britânica ao Marrocos para acompanhar a evolução dos fatos. "Espero que sejamos firmes com aqueles alemães traiçoeiros", comunicou ele a Clementine.[93]

A Crise de Agadir levou Churchill a redigir um artigo ministerial intitulado "Military Aspects of the Continental Problem" [Aspectos militares do problema continental]. Esse documento admirável expunha o que, a seu ver, ocorreria nos estágios iniciais de uma guerra contra a Alemanha. "Os exércitos alemães avançando pela Bélgica para entrar na França estarão relativamente enfraquecidos", escreveu ele.

> Pelo quadragésimo dia, a Alemanha terá se estendido com pressão máxima tanto internamente como nas frentes de guerra, e essa pressão se tornará a cada dia mais severa e por fim esmagadora, a menos que seja aliviada por vitórias decisivas na França. Se o exército francês não tiver sido desperdiçado em ações precipitadas ou desesperadas, o equilíbrio de forças deve se tornar favorável após o quadragésimo dia e melhorará continuamente com o passar do tempo.[94]

O brigadeiro Henry Wilson, diretor de Operações Militares no Ministério da Guerra, descartou a ideia de que a Alemanha violaria a neutralidade belga e qualificou o documento como "ridículo e fantasioso". Porém, três anos depois, o quadragésimo dia da mobilização germânica caiu em 9 de setembro de 1914, exatamente quando a Força Expedicionária Britânica contra-atacou em Marne, ajudando assim a impedir que os alemães tomassem Paris. Àquela altura, os franceses tinham sofrido 210 mil baixas, inclusive 10% de seu corpo de oficiais.[95]

Em 23 de agosto de 1911, o Comitê de Defesa Imperial (CID, na sigla em inglês) manteve um dia inteiro de discussões, presididas por Asquith, sobre o que o Ministério da Guerra e o Almirantado planejavam fazer no caso de uma invasão germânica à França. Churchill fora convidado como ministro do Interior, como autor do texto sobre Agadir e também por ser o único ministro do governo — com exceção de lorde Pentland, secretário de Estado para a Escócia — que servira nas Forças Armadas. A reunião gerou uma crise tão grave que Churchill, depois de apenas vinte meses no cargo, teve de ser transferido do Ministério do Interior a fim de pôr ordem no caos das estratégias britânicas.

O brigadeiro Wilson, ao lado de um enorme mapa, examinou o provável plano alemão de lançar 110 divisões contra as 85 francesas no noroeste da França e explicou que era preciso enviar imediatamente uma Força Expedicionária Britânica (BEF, na sigla em inglês) de seis divisões para o extremo oeste francês, para ajudar a repelir a primeira onda germânica. O almirante Sir Arthur Wilson, primeiro lorde dos mares, oficial mais graduado da Marinha Real, expôs a seguir o princípio de um bloqueio cerrado dos portos inimigos, em que o papel do Exército se reduzia a lançar ataques no Báltico, após a derrota da Frota de Alto-Mar dos alemães. "Logo ficou patente que havia uma profunda diferença entre a posição do Ministério da Guerra e a do Almirantado", relembrou Churchill.[96]

Para o Almirantado, se em vez de ser enviada à França fosse usada para lançar contra-ataques na costa germânica, a BEF conseguiria remover da linha de combate alemã um número maior do que o de seus contingentes. A posição do almirante Wilson foi "violentamente combatida" pelo brigadeiro Wilson, e a reunião degenerou em "completa discórdia".[97] (Como era de prever, ficou conhecida como a Batalha dos Wilson.)[98] Quando o almirante Wilson se negou a garantir que, em caso de guerra, a Marinha transportaria seis divisões até a França, Churchill viu que seria preciso substituir o mais rápido possível tanto o almirante como Reginald McKenna, chefe político da Marinha e primeiro lorde do Almirantado. Em 31 de agosto, Asquith declarou a Haldane, ministro da Guerra, que adotariam o plano do Exército, pois o da Marinha lhe parecia "pueril e totalmente impraticável".[99] Churchill concordou. "Não consigo deixar de me sentir incomodado com o Almirantado", disse a Lloyd George. "São tão convencidos, negligentes e apáticos [...]. Não consigo sentir muita confiança na sagacidade de Wilson [o almirante] depois de seu desempenho outro dia."[100]

A reunião do CID expusera às claras o caos completo da estratégia britânica. O primeiro-ministro, depois de jogar uma partida de golfe com Churchill em sua residência escocesa em Archerfield, em 30 de setembro, perguntou a ele se gostaria de se tornar primeiro lorde do Almirantado, trocando de função com McKenna. "Gostaria, de fato", respondeu Churchill.

"Seu pai acaba de me oferecer o Almirantado", contou a Violet logo a seguir, enquanto "a luz declinante do final da tarde revelava ao longe as silhuetas de dois encouraçados que se afastavam lentamente do estuário do Forth. Pareciam investidos de uma nova significação para mim [...]. Veja as pessoas com quem tive de lidar até agora — juízes e condenados! Essa é a grande coisa — a maior coisa que já apareceu em meu caminho —, a chance que eu escolheria acima de qualquer outra. Vou pôr nisso tudo o que tenho". Violet comentou mais tarde: "Nunca, nem antes nem depois, vi-o mais profunda e plenamente feliz".[101]

# 8. Primeiro lorde do Almirantado

## *Outubro de 1911 a agosto de 1914*

*O mundo à beira da catástrofe era refulgente. Nações e impérios coroados de príncipes e potentados se erguiam majestosamente em todos os lados, envoltos nos tesouros acumulados da longa paz.*

Churchill, *The World Crisis*[1]

*A Alemanha avançava com estrépito, obstinada, imprudente, desengonçada, rumo ao abismo, e arrastava a todos nós junto com ela.*

Churchill, *The World Crisis*[2]

O período de Winston Churchill no Almirantado, de outubro de 1911 a maio de 1915, foi um dos tempos mais produtivos e turbulentos na longa história da instituição. Logo ele se tornaria seu primeiro lorde mais controverso. Ingressou no cargo com a tarefa de mudar a estratégia de guerra da Marinha mais poderosa do mundo, mas, além disso, alterou muitas outras coisas. A solidez de seu renome até 1940 baseava-se em larga medida no fato de ter "preparado a Marinha" para a eclosão da Grande Guerra. Todavia, ao longo do processo, criou também inimigos poderosos dentro de uma instituição com laços íntimos com o Partido Conservador e com grande influência em todo o establishment.

Os almirantes formavam uma casta poderosa na Grã-Bretanha pós-eduardiana, e alguns deles estavam entre as grandes celebridades da época. Mas, a certa altura, no final de 1913, todos os quatro lordes dos mares estavam pensando em renunciar.[3] Churchill sabia ser peremptório. Não mostrava pelos almirantes um respeito muito maior do que o dedicado aos generais, dizendo a um deles, que já estava na Marinha quando Churchill tinha dois anos de idade, que seus relatórios eram "meros apontamentos de impressões passageiras juntados às pressas e sem sequência", e discorrendo didaticamente para outro, 22 anos mais velho, sobre a importância dos exercícios navais.[4] Até então um pacífico defensor dos cortes de orçamento na defesa, Churchill passou a se alinhar com a ala agressiva e imperialista do Partido Liberal, antes comandada por lorde Rosebery e então por Sir Edward Grey, Foi acusado de oportunismo, claro, embora a situação internacional após a Crise de Agadir tenha passado a justificar integralmente a reviravolta. A Alemanha — que apoiara a Áustria-Hungria fomentando a insatisfação antirrussa nos Bálcãs, criara uma entente estratégica com a Turquia, constituíra uma Marinha poderosa para complementar seu Exército já formidável, armara escaramuças em Jerusalém e Agadir e formulara em segredo o Plano Schlieffen para capturar Paris atravessando sem cerimônia o território neutro da Bélgica com suas tropas — esperava dominar o continente europeu como não se via desde Napoleão, Luís XIV ou Filipe II. A Grã-Bretanha se opusera a esses três monarcas com vistas a preservar o equilíbrio do poder na Europa e negar a um inimigo poderoso de ambições continentais o uso dos portos do canal da Mancha para uma invasão das Ilhas Britânicas. Agora se opunha a um quarto.

Tradicionalmente, a função do primeiro lorde do Almirantado era defender os interesses da Marinha Real no Gabinete Ministerial e apresentar ao Parlamento as Estimativas Navais anuais. Esperava-se que acatasse as recomendações do Conselho do Almirantado sobre estratégias, nomeações, construções navais, artilharia, questões técnicas, treinamento, e assim por diante. Churchill se mostraria um primeiro lorde de tipo bem diverso, com amplos poderes constitucionais, dormentes durante décadas, que logo seriam revigorados, ampliados e continuamente exercidos.

Um dos aliados essenciais de Churchill era o carismático almirante lorde "Jacky" Fisher, ex-primeiro lorde dos mares, que em seu mandato de 1906 a 1910 fora o principal defensor do encouraçado, a categoria de navio de combate veloz, maciçamente armado e movido à turbina de vapor que já revolucionara a construção naval. Churchill conhecera Fisher em férias em Biarritz, em 1907. Segundo Fischer, "fiquei loucamente apaixonado" por Churchill, que considerou "sem dúvida o sujeito mais agradável que já conheci e um cérebro tão rápido que é uma delícia conversar com ele".[5] Viria a ser a relação profissional mais fecunda e, depois, mais nociva da vida de Churchill. "Ele me contou casos maravilhosos da Marinha e dos planos que tinha", relembrou Churchill dezesseis anos mais tarde, casos esses que abrangiam encouraçados, submarinos, um novo sistema de ensino para a Marinha, Horatio Nelson, a Bíblia e a ilha de Borkum, ao noroeste da costa alemã, que Fisher sonhava capturar e usar como base naval britânica.[6]

Em junho de 1912, Churchill pediu a Fisher que voltasse ao Almirantado como seu principal conselheiro. "Você precisa de um arado para puxar", disse-lhe ele, numa magnífica mistura de metáforas. "Seus propulsores estão girando no ar."[7] Fisher não retornou de forma oficial ao Almirantado, mas encabeçou uma Comissão Real para Churchill e com frequência o aconselhava sobre as mudanças necessárias no órgão.[8] O furacão que varreu o Almirantado entre 1912 e 1915, levantando rapidamente uma oposição indignada a quase tudo o que se fazia, foi um fenômeno conjunto Churchill-Fisher. Como outros que ajudaram Churchill na carreira, como John Brabazon, Bindon Blood e Bourke Cockran, Fisher era muito mais velho do que ele, com 33 anos de diferença de idade.

A primeira reforma de Churchill foi criar um Estado-Maior de Guerra Naval, dividido entre Operações, Inteligência e Mobilização. A oposição do almirante Wilson, argumentando que a nova instituição prejudicaria a atuação do Conselho em questões operacionais, deu a Churchill a oportunidade de forçá-lo a se retirar em dezembro de 1911, ainda que recebendo a Ordem do Mérito. Seu lugar de primeiro lorde dos mares foi ocupado por Sir Francis Bridgeman, que concordou com a necessidade de um Departamento de Guerra. Após uma reunião em 8 de janeiro de 1912, dia em que foi criado, o brigadeiro Wilson, diretor de Operações Militares no Ministério da Guerra, escreveu a respeito de Churchill: "Em todo caso, ele está atento ao perigo germânico".[9]

Uma vez montado e devidamente lotado, o Departamento de Mobilização traçou um plano com tonelagens, horários, embarques e desembarques, para o transporte da Força Expedicionária Britânica, atravessando o canal da Mancha, no caso de um ataque alemão à França, o que se temia já desde antes da Crise de Agadir, em 1911. O plano foi traçado em conjunto com Maurice Hankey, o secretário irascível, porém eficientíssimo, do Comitê de Defesa Imperial e protegido de Fisher.[10] A primeira impressão de Hankey a respeito de Churchill, em março de 1912, foi que ele era "um pouco impetuoso, mas extraordinariamente trabalhador".[11]

Churchill passou a construir novos navios de combate classe Queen Elizabeth, com canhão naval de quinze polegadas, o maior calibre até então existente a bordo.* Tinham velocidade de disparo de 2458 pés por segundo e alcance de 19 mil jardas, bem superior ao alcance máximo de qualquer canhão naval dos alemães. O orçamento naval passou de 39 milhões para 50 milhões de libras anuais, o que tornou Churchill impopular junto a outros ministros cujas despesas departamentais tiveram de ser reduzidas.[12] Ele insistiu numa política de construir navios de guerra em quantidade 60% superior aos da Alemanha. Escreveu a Fisher em fevereiro de 1912: "Sem dúvida, nada desanimaria mais a Alemanha do que a

* Hoje dois desses canhões podem ser vistos no Museu Imperial de Guerra em Lambeth.

prova inequívoca de que o resultado de todos os seus atuais e futuros esforços será apenas o de ficar irremediavelmente mais atrasada".[13]

Para alimentar esses novos "supercouraçados", Churchill insistia que a Marinha deveria mudar de combustível, passando do carvão para o petróleo. Os navios ficavam mais leves e, portanto, mais rápidos, e a Marinha Real estaria na dianteira do resto do mundo, porque era tarde demais para que os alemães realizassem a mesma modificação.[14] Os navios não precisariam mais ir de estação de carvão em estação de carvão, e poderiam ficar muito mais tempo no mar. Todavia, a mudança trouxe outras profundas implicações estratégicas para a Grã-Bretanha no Oriente Médio. Para garantir sem percalços o suprimento necessário de petróleo de alta qualidade, Churchill negociou significativos contratos de longo prazo com a Shell Oil e a Anglo-Persian Oil Company, e supervisionou a aquisição do governo britânico de 51% das ações na Anglo-Persian, garantindo sua posição de acionista majoritário, poucas semanas antes de estourar a guerra.[15] Lloyd George não se impressionou e reclamou com os Masterman de que Churchill "andava cada vez mais embevecido com as caldeiras".[16] Disse com um tanto de sarcasmo a Sir George Riddell, dono de jornais, que a única coisa em que Churchill conseguia pensar era como afundar a frota alemã tão logo estourasse a guerra.

A grande mudança estratégica de Churchill foi fortalecer a Frota do Mar do Norte em detrimento do Mediterrâneo com pelo menos seis navios de combate. Para que isso desse certo, ele precisava que os franceses concordassem em assumir mais responsabilidades pelo Mediterrâneo em troca da promessa de proteger os portos do canal da Mancha, enviar uma força expedicionária em caso de invasão e bloquear o avanço da Alemanha. Como não havia nenhum tratado oficial de defesa anglo-francês, isso demandava uma boa dose de confiança de ambos os lados. "Seu novo projeto de organização da frota é admirável", escreveu Fisher a Churchill em 5 de março de 1912. "Os franceses que cuidem do Mediterrâneo."[17] E acrescentou em maio: "É inútil ser forte no teatro subsidiário de guerra e não esmagadoramente supremo no teatro decisivo".[18]

Churchill procurou persuadir lorde Haldane, o influente lorde chanceler e ex-ministro da Guerra, dessa estratégia, dizendo-lhe em maio que a Grã-Bretanha não conseguiria manter o Mediterrâneo nem garantir os interesses britânicos na área enquanto os alemães não fossem derrotados no mar do Norte. "Seria muita tolice perder a Inglaterra salvaguardando o Egito. Claro que, se o Gabinete Ministerial e a Câmara dos Comuns quiserem construir outra frota de encouraçados para o Mediterrâneo, a postura do Almirantado será a de um gato diante de uma bela tigela de creme fresco. Mas não me parece uma política prática." Citou Clausewitz, invocando "a primeira de todas as leis da guerra — força superior no ponto decisivo".[19]

A nova estratégia encontrou oposição do Ministério de Relações Exteriores, do Ministério da Guerra, de importantes elementos no Almirantado e do comandante-chefe no Egito, lorde Kitchener, mas mesmo assim foi adotada e se revelou correta. Churchill manteve Balfour detalhadamente informado sobre as decisões do Comitê de Defesa Imperial, enviando-lhe documentos de altíssima confidencialidade (com a permissão de Asquith) na esperança de que suas providências não fossem revertidas caso o cargo saísse das mãos do governo.[20] Bonar Law, desconfiado, interpretou a aproximação de Churchill com Balfour como mais uma tentativa de promover uma coalizão interpartidária, o que dessa vez não era o caso.[21]

Mas a estratégia naval era apenas uma parte das mudanças que Churchill implantou no Almirantado. Também aumentou o soldo dos 136 mil homens da Marinha, embora Lloyd George tivesse cortado as verbas disponíveis de 750 mil para 350 mil libras. Além disso, foram ampliadas as perspectivas de promoção para os marinheiros que se mostrassem promissores. No escalão mais alto, os oficiais mais graduados que ele promoveu, como o príncipe Louis de Battenberg, David Beatty, Roger Keyes e Sir John Jellicoe, eram muito mais capazes do que os vários outros que foram dispensados ou aposentados precocemente.[22] Para os obstinados segundo os quais Churchill transgredia as tradições navais, consta que teria retrucado: "Tradição naval? Tradição naval? Absurdo. Nada além de rum, sodomia, rezas e açoite".[23] (Quando se cita essa lista famosa, às vezes as rezas são omitidas.)

Churchill criou o Serviço Aéreo Naval Real, que em 1914 tinha cinquenta aeroplanos, e introduziu o conceito de lançar bombardeios aéreos sobre os aeródromos de dirigíveis Zeppelin e as linhas de comunicação alemãs. O primeiro aeroplano a ser lançado do convés de um navio de combate decolou em janeiro de 1912, e alguns historiadores militares consideram Churchill o pai do porta-aviões moderno.[24] Fez o lançamento da revista *Naval Review* e nomeou um novo comodoro de destróieres e diretor do arsenal naval. "Ele acredita muito no submarino como a arma do futuro", anotou Wilfrid Blunt em outubro de 1912, "e está impulsionando esse ramo do serviço o máximo que pode."[25] Pensava que o submarino deveria ser usado apenas contra navios de guerra, dizendo a Fisher em janeiro de 1914 não crer que "o uso de submarinos para afundar navios mercantes [...] seria algum dia adotado por uma potência civilizada".[26]

Churchill também presidiu a criação da primeira agência de inteligência por interceptação de sinais, chamada Sala 40, nomeada de acordo com a sala do Almirantado onde teve início. Redigiu de próprio punho a carta patente da Sala 40, especificando que a circulação das decriptações devia se restringir a meia dúzia de oficiais mais graduados do Estado-Maior Naval. Gostava de receber pessoalmente os dados brutos, antes de serem processados pelo comitê.

Prosseguindo no hábito de querer ver tudo com os próprios olhos, Churchill, nos três anos anteriores a 1914, passou nada menos que oito meses a bordo do *Enchantress*, iate do Almirantado de 3800 toneladas e oitenta tripulantes, visitando docas, estaleiros, centros de treinamento, navios de guerra e submarinos, tanto em águas inglesas como no Mediterrâneo.[27] Depois de um exercício de fuzilaria noturna em Portland Bill, na costa sul, com a Frota Doméstica, que então consistia em dezessete encouraçados, Churchill fez várias perguntas no salão dos oficiais do navio de comando, indagando sobre todos os aspectos dos sistemas de controle e o desempenho dos canhões e holofotes.[28] Quando lhe disseram, em março de 1912, que as torres rotatórias elétricas do HMS *Invincible* precisavam ser trocadas por mecanismos hidráulicos ao enorme custo de 150 mil libras, ele foi se sentar numa delas e mandou que disparassem oito vezes as armas em rápida sucessão. Descreveu a experiência como "um quadro terrível e implacável da ira do Homem", ao mesmo tempo, obviamente, apreciando cada instante.[29]

Herbert, Margot e Violet Asquith se reuniram aos Churchill no *Enchantress* em maio de 1912, seguindo para Malta e assistindo aos exercícios navais no Mediterrâneo. Margot e Violet não se davam bem, mas, tirando isso, o clima a bordo era amistoso e familiar. "Quando estávamos apoiados lado a lado na balaustrada de popa, deslizando pela linha costeira sorridente e encantadora do Adriático, banhada pelo sol, e eu comentei: 'Que perfeição!'", relembrou Violet anos depois, "ele me surpreendeu com a resposta: 'Sim — alcance perfeito, visibilidade perfeita — se tivéssemos alguns canhões de seis polegadas a bordo, seria muito fácil bombardear...' etc. etc."[30] Algo que ilustrava bem a diferença entre o pai de Violet e o jovem que ela certa vez quisera desposar era a sofreguidão de Churchill por jornais e malotes oficiais a cada porto de parada, ao passo que lorde Asquith, embora fosse primeiro-ministro, se sentia aliviado sem eles.

Os Churchill só se mudaram para a Casa do Almirantado em Whitehall em abril de 1913, pois cabia ao primeiro lorde pagar os doze empregados da casa, muito mais do que os quatro ou cinco que o casal tinha em Eccleston Square. Além de passar férias com o primeiro-ministro, Churchill o mantivera intimamente informado com longos memorandos pormenorizados fazendo as vezes de cartas, algo que também manteria com o presidente Roosevelt durante a Segunda Guerra Mundial. Precisava do apoio de Asquith, pois havia muita resistência dentro do Almirantado em relação à maioria de suas reformas.

A dispensa do almirante Bridgeman, o primeiro lorde dos mares, em dezembro de 1912, foi mal encaminhada. Churchill invocou como pretexto a saúde do militar, apesar dos protestos indignados de Bridgeman afirmando que estava perfeitamente bem.[31] Bonar Law ficou ao lado de Bridgeman, e o rei se solidarizou com ele. Um dos críticos mais agressivos de Churchill quanto à dispensa de Bridgeman foi o parlamentar tory e almirante lorde Charles Beresford. "Não sou daqueles que levam o nobre lorde a sério demais", disse Churchill a seu respeito durante um debate. "É um daqueles oradores dos quais bem se dizia: 'Antes de se levantarem, não sabem o que vão dizer; quando estão falando, não sabem o que estão dizendo; e, quando se sentam, não sabem o que disseram'."[32] A demissão de Bridgeman foi um episódio desagradável. Durante o processo, Churchill se conduziu mal ao citar cartas particulares que não deveria ter aberto ao público, e a certa altura ameaçou revelar que Bridgeman só conseguira comparecer a três das seis reuniões do CID, e que fora obrigado a abandonar uma delas devido a um súbito desmaio.[33] "Winston Churchill parece ter armado uma grande confusão", anotou o rei em seu diário, o que, nesse caso, era uma avaliação correta. Em outro momento, Churchill enfrentou a ameaça de renúncia de todo o Conselho do Almirantado, por ter anunciado sua intenção de afastar o almirante Sir Richard Poore, comandante-chefe no Nore, indignado porque o primeiro lorde, em vez de acatar seus conselhos, seguia os de oficiais subordinados. Aqui também a questão se tornou política.[34] Ao fim e ao cabo, Churchill prevaleceu nessas e em muitas outras controvérsias, embora a um custo maior do que se apercebeu na época.

Em novembro de 1911, quando Andrew Bonar Law foi eleito líder do Partido Conservador, após a renúncia de Balfour, já exausto e três vezes derrotado, Churchill lhe escreveu uma carta amigável de congratulações. Bonar Law respondeu que aguardava ansiosamente vê-lo no Other Club, ao mesmo tempo que entrava em contato com Riddell dizendo que era preciso dissolver o clube.[35] Churchill, por sua vez, escrevera algumas linhas devastadoras sobre Bonar Law para usar na Câmara dos Comuns — "O tosco e turbulento subsecretário, a quem a pobreza da terra e as invejas de seus superiores promoveram à liderança do partido tory" —, que afinal não usou.[36] Também escreveu a Balfour, lamentando que precisasse ter ficado "numa relação política antagonista e desagradável com você: e sem dúvida minhas próprias falhas de caráter e de maneiras agravaram desnecessariamente esse estado de coisas nocivo", mas acrescentou que "algumas das conversas que tivemos estão entre as experiências mais agradáveis e memoráveis de minha vida".[37] Ele se referia aos diálogos sobre seu pai. Seria compreensível se Balfour não acreditasse muito nessa meia desculpa, em vista da quantidade e gravidade dos ataques de Churchill contra ele nos últimos sete anos.

Em 27 de novembro, Churchill apresentou os nomes dos quatro novos navios de combate — *Africa*, *Liberty*, *Assiduous* e *Oliver Cromwell* — e os encaminhou ao rei para aprovação.[38] O monarca concordou com *Africa*, mas não com os outros, e sugeriu *Delhi*, *Wellington* e *Marlborough*. Em vez de tomar o último como um elogio e não falar mais no assunto, Churchill não arredou pé. O rei também não. Passou-se um ano, e Churchill tentou novamente a aprovação do nome *Cromwell*, dessa vez para um dos quatro supercouraçados classe Queen Elizabeth para 1912, argumentando que "Oliver Cromwell foi um dos fundadores da Marinha e praticamente ninguém fez tanto por ela".[39] Apesar do legado de repressão deixado por Cromwell, Churchill o admirava também por ter readmitido os judeus na Grã-Bretanha e posto fim à ditadura monárquica. Em vez de acatar a insinuação de que o rei não estava disposto a homenagear um regicida, Churchill persistiu, tentando persuadir lorde Stamfordham de que "Sua Majestade é o herdeiro de todas as glórias da nação, e não há nenhum capítulo da história inglesa da qual ele deva se sentir apartado".[40]

Havia algo quase cômico na obstinação que Churchill mostrava e nos argumentos engenhosos que apresentava, mas nenhum deles serviu para alguma coisa. O rei e Stamfordham tinham seus contra-argumentos, e um dos mais relevantes era de que a escolha despertaria a fúria dos nacionalistas irlandeses, devido aos notórios massacres cromwellianos em Drogheda e Wesford em 1649. Em 1913, Churchill propôs os nomes *Ark Royal* e *Pitt*. O rei apresentou diversas objeções contra *Ark Royal*, por crer que logo seria apelidado de "Arca de Noé", mas *Pitt* ele rejeitou com base numa intuição decorrente dos longos anos que passara no mar, segundo a qual havia "sempre o perigo de os homens darem ao navio apelidos de palavras negativas rimando com o nome".[41] Churchill resmungou que tal comentário era "indigno da mente régia".[42] Os quatro navios acabaram indo para o mar com os nomes *Iron Duke* (que Churchill preferiu a *Wellington*), *Marlborough*, *Emperor of India* e *Benbow* (em homenagem ao grande almirante John Benbow, do final do século XVII). Com toda a probabilidade, Churchill teria continuado indefinidamente nessa disputa desigual se o almirante príncipe Louis de Battenberg, seu novo primeiro lorde dos mares, a quem admirava e em quem confiava, não o persuadisse a deixar a questão de lado.[43] Churchill teve de esperar 32 anos antes de conseguir batizar um tanque de peso médio com o nome de Cromwell.

Os encouraçados de 1913, os últimos do programa de construção do pré-guerra, ao final receberam os nomes de *Royal Sovereign*, *Royal Oak*, *Resolution*, *Revenge* e *Ramillies*, este mais um tributo a Marlborough, pois assim se chamava sua grande vitória de 1706.[44] Em maio de 1912, Churchill escreveu em carta particular a Clementine: "O rei falou sobre a Marinha de uma maneira mais obtusa do que eu jamais o ouvira falar antes. É realmente desalentador ouvir os disparates tolos e baratos com que ele se deixa entupir".[45]

Se brigava por causa dos nomes dos navios de combate, Churchill se lançava a águas muito mais traiçoeiras com sua viva defesa do Governo Autônomo da Irlanda. "Uma estrela guia constante do governo britânico", escreveu ele em dezembro de 1911, "deve sempre não só confederar o Império, como também se aproximar mais dos Estados Unidos com laços de amizade e associação. O caminho para a unidade dos povos anglófonos sem dúvida é longo, e não podemos ver onde termina. Mas é um caminho aberto, e um Parlamento irlandês, leal à Coroa e livre para fazer o melhor da Ilha Esmeralda, é seguramente o primeiro marco miliário nesse caminho."[46] Embora na verdade não houvesse nenhuma chance de que uma Irlanda independente se mantivesse leal à Coroa a longo prazo, os pensamentos de Churchill começavam a seguir numa linha que culminaria com a sugestão de dupla cidadania anglo-americana, proposta em Harvard, em 1943. Foi uma de suas primeiras declarações sobre a confederação dos povos de língua inglesa, conceito que iria explorar e tomar como essencial para que a Grã-Bretanha conservasse sua importância no mundo.

No entanto, seu apoio até mesmo a uma forma restrita de Governo Autônomo despertava profunda antipatia no norte protestante. Ele demonstrou grande coragem pessoal ao ir a Belfast em fevereiro de 1912, para falar sobre a questão. Clementine o acompanhou bravamente, embora depois sua atitude parecesse uma imprudência, quando manifestantes orangistas ocuparam o Ulster Hall no momento em que ele ia discursar — mesmo local onde seu pai declarara em 1886 que Ulster teria razão em lutar — e a situação ameaçou descambar para a violência. O Ministério da Guerra queria colocar três brigadas de prontidão para impedir tumultos, mas Churchill suspendeu a ordem, dizendo às autoridades que daria andamento ao discurso.[47] Acabaram transferindo o local para o estádio do Belfast Celtic Football Club, em Falls Road, na parte nacionalista de Belfast, enquanto a polícia instalava um cordão de isolamento entre as duas partes da cidade.[48]

No hotel, Churchill e Clementine sofreram ameaças de uma turba legalista hostil, e o carro deles quase foi virado a caminho de Falls Road, mas, depois de chegarem ao estádio, foram festejados por 5 mil nacionalistas sob uma chuva torrencial. "A subida de um Parlamento irlandês ao palco profusamente iluminado do mundo moderno não seria um enriquecimento e uma glória adicional nos tesouros do Império Britânico?", perguntou à multidão. "E todo esse palavrório tolo e vazio sobre a separação? A separação da Irlanda e da Grã-Bretanha é absolutamente impossível."[49] Ao voltarem, Clementine disse a Riddell que "Winston não estava apreensivo e que a oposição e as ameaças pareciam 'animá-lo'".[50] De fato, os sufragistas do sexo masculino causaram mais problemas do que os legalistas irlandeses, e "Winston ameaçou dar um soco na cara de um dos encrenqueiros que forçaram entrada no compartimento deles no trem".[51]

O projeto de lei do Governo Autônomo da Irlanda teve sua primeira leitura em 16 de abril. Anteriormente, Churchill dissera que um Parlamento irlandês em Dublin era "perigoso e impraticável", mas, como os nacionalistas irlandeses passaram a ser o fiel da balança do poder, ele deu uma guinada completa e passou a apoiar o projeto, como mostrou em seu discurso no estádio de futebol, embora julgando que os ulsterianos precisariam de "um prazo de vários anos antes de terem de ingressar".[52] Era uma posição não muito heroica, mas uma solução de compromisso sensata. Os unionistas nunca lhe deram reconhecimento por insistir em fazer aos protestantes de Ulster concessões que muitos radicais e nacionalistas irlandeses de seu próprio lado não queriam fazer.[53] "Nunca se pediu tão pouco", disse ele a respeito do projeto de lei, "nunca tantos pediram."

Na segunda leitura do projeto, em 30 de abril, Churchill fez ríspidas críticas a Bonar Law e a Sir Edward Carson, líder unionista de Ulster. Atacou suas "incitações dos orangistas", qualificando as declarações de Bonar Law de que Ulster se oporia ao Governo Autônomo recorrendo à força como "quase um ato de traição". A luta pelo Governo Autônomo se acirrou cada vez mais ao longo do ano. Em 11 de novembro, os conservadores venceram uma eleição de surpresa sobre uma emenda secundária e entoaram "Renunciem! Renunciem!", enquanto os ministros liberais deixavam o recinto aos gritos de "Adeus, adeus; peguem suas pensões; adeus!". A votação se inverteu no dia 13 e, quando Churchill e Jack Seely saíram da Câmara — aos gritos da oposição bradando "Traidores!" —, acenaram zombeteiramente seus lenços para as bancadas da Oposição, ao que Ronald McNeill, parlamentar conservador pelo eleitorado de Kent, nascido em Ulster e ex-harroviano, atirou um pequeno exemplar encadernado em couro das *Speaker's Standing Orders** em Churchill, atingindo-lhe o rosto e lhe tirando sangue.[54] (Ele se desculpou no dia seguinte.)

Embora em preparativos constantes para a guerra, Churchill também fez várias propostas gerais de paz à Alemanha. Em 18 de março de 1912, ao apresentar suas primeiras Estimativas Navais à Câmara dos Comuns, que estava lotada, ofereceu o que depois foi chamado de "férias navais", a suspensão temporária de todas as novas construções destinadas à Marinha nos dois países. Primeiramente afirmou que, para cada novo couraçado construído pela Alemanha, a Grã-Bretanha construiria 60% mais, "porque, quando avaliamos nossa força naval, não estamos pensando em nosso comércio, mas em nossa liberdade".[55] A seguir, veio sua promessa de que "qualquer adiamento ou redução na construção alemã [...] será prontamente seguido aqui [...] por grandes reduções inteiramente proporcionais".[56] Se a Alemanha não construísse os três couraçados que planejava para 1913, Churchill prometeu "cancelar" os cinco supercouraçados planejados pela Grã-Bretanha. "Essa aguda e onerosa rivalidade naval pode ser anulada a qualquer momento", anunciou ele.[57]

* Era, ironicamente, o manual de regras do Parlamento.

A Alemanha rejeitou a proposta. O cáiser escreveu uma mensagem "cortês", dizendo que isso "só seria possível entre aliados", mas, em caráter privado, comentou que o arrazoado de Churchill era "arrogante".[58] O chanceler alemão Theobald von Bethmann-Hollweg desconsiderou Churchill, tratando-o como um "agitador inconversável" e não deu nenhuma resposta pública. Churchill, sem se abalar, fez a proposta mais duas vezes em 1913, dizendo a Grey que não devia "ser abandonada só porque não é bem-vinda pelas classes dominantes na Alemanha".[59] Churchill sempre veio a considerar, como escreveu num artigo de setembro de 1937 no *Evening Standard*, que, "se tivesse sido aceita, teria aliviado imensamente a tensão europeia e talvez tivesse impedido a catástrofe".[60] Sem dúvida, isso o absolve de qualquer culpa pelos acontecimentos dos trinta meses seguintes: férias navais não costumam ser política de países em guerra.

O fato de terem retirado em primeiro lugar as mulheres e crianças do *Titanic* quando o navio naufragou, em 15 de abril de 1912, encheu Churchill de orgulho. A seu ver, como escreveu a Clementine, então convalescendo em Paris, isso "só lança honra sobre nossa civilização". Como de hábito, interpretou o acontecimento em termos históricos e extraiu conclusões raciais e políticas:

> Não posso deixar de sentir orgulho de nossa raça e de suas tradições, postas à prova por esse acontecimento. Botes carregados de mulheres e crianças oscilando sãs e salvas no mar — e o resto — silêncio. Honrada seja a memória deles. Apesar de todas as desigualdades e artificialidades de nossa vida moderna, em sua base — testada até seus alicerces, nossa civilização é humanitária, cristã e absolutamente democrática. A Roma Imperial ou a Grécia Antiga teriam encaminhado o problema de maneira muito diferente. Os figurões e potentados teriam partido com suas concubinas, escravos favoritos e guardas, e [...] quem conseguisse subornar a tripulação teria recebido preferência e o resto que fosse para o inferno. Mas tal ética não seria capaz de construir *Titanics* com ciência nem de perdê-los com honra.[61]

Clementine sofrera um aborto espontâneo no final de março de 1912, e sua saúde ficou abalada por alguns meses. Continuara a caçar como de hábito durante a gravidez, e a ida a Ulster pode ter contribuído para a tensão. "Minha querida, realmente espero que você não esteja aflita e que tudo esteja correndo bem", escreveu Churchill a bordo do *Enchantress*. "Provavelmente é melhor assim. Senti-me medonhamente culpado por lhe ter imposto uma tarefa tão pesada tão pouco tempo depois do resguardo.* Não admira que você não se sentisse bem no

* Mary Soames, na edição da correspondência entre seus pais, eliminou essa frase de Churchill sobre seu sentimento de culpa em ter engravidado a esposa tão pouco tempo depois do nascimento de Diana (Soames [Org.], *Speaking*, p. 61).

último mês. Pobre ovelhinha. Em todo caso, você poderá ter um ótimo ano e voltar a caçar no inverno. E tempo não falta."[62]

"É tão estranho ter todas as mesmas sensações que se tem depois de um bebê de verdade, mas sem nenhum resultado", respondeu Clementine com relativa franqueza. "Espero não voltar a ter outro acidente desses."[63] Apesar da dor e da decepção, ela recorreu a suas reservas de força interior e logo estava novamente em forma. Passada uma semana, escrevia uma carta bem-humorada a *The Times*, ridicularizando as pomposas cartas antissufragistas publicadas no jornal e sugerindo: "Ao que parece, a pergunta não é mais 'As mulheres devem ter voto?', e sim 'As mulheres não deveriam ser totalmente abolidas?'". E assinava "C.S.C. ('Uma das Condenadas')".[64] Embora inflexivelmente contrário ao voto feminino, Asquith considerou que era "de longe a melhor coisa" que havia lido sobre o tema. Infelizmente, já no dia seguinte seu marido se portou como aquele mesmo tipo de indivíduo que ela havia satirizado, ao dizer a Sir George Riddell: "A verdade é que temos suficientes eleitores ignorantes e não precisamos de mais".[65]

Em 13 de novembro, Churchill e Clementine foram atacados por sufragistas no teatro, embora Jennie, que também estava lá, tivesse "se dirigido às sufragistas e dito que deveriam ser alimentadas à força com bom senso!".[66] Em casa, não podiam abrir nenhum pacote que recebessem, com medo de que fossem bombas de sufragistas, que já haviam explodido na casa de Lloyd George em Surrey, sob o Trono de Coroação na Abadia de Westminster e em outros lugares. Quebravam-se centenas de vitrines a marteladas, cortavam-se quadros a navalhadas nas galerias de arte, despejava-se ácido em centenas de caixas de correio. "Essas harpias são bem capazes de tentar nos explodir", Churchill advertiu Clementine. Em razão das ameaças de sequestro dos filhos do casal, eles precisavam de proteção policial para passear no parque.[67]

A campanha pelo sufrágio feminino foi suspensa com a eclosão da Grande Guerra, e foi tão grande a contribuição dada pelas britânicas que, em fevereiro de 1918, finalmente as mulheres com mais de trinta anos obtiveram o direito de votar nas eleições parlamentares, contando inclusive com o apoio de Churchill. Em dezembro de 1919, Nancy, Lady Astor, foi a primeira mulher a tomar assento na Câmara dos Comuns. Sentiu que Churchill, a quem conhecia socialmente, estava agindo com frieza em relação a ela; quando lhe perguntou a razão, ele respondeu: "É como se você tivesse entrado em meu banheiro e eu tivesse apenas uma esponja para me defender".[68] (Às vezes, embora muito raramente, ele podia ser descortês: nos anos 1950, quando um amigo lhe falou que o hábito dos homens de ceder o assento no ônibus às mulheres estava desaparecendo, Churchill respondeu: "Certíssimo! Elas querem ser iguais. Que fiquem de pé!".)[69]

Mesmo na atmosfera tóxica da política pré-Grande Guerra, com profundos atritos em relação à Irlanda, ao voto feminino, ao rearmamento, à reforma social, ao veto da Câmara dos Lordes e às relações de trabalho, Churchill não abriu mão do sonho de um partido nacional de centro. Durante uma partida de golfe em campo molhado, em Walton Heath, em março de 1913, disse a George Riddell: "Logo o tempo estará maduro para uma fusão dos dois partidos". Os conservadores concordariam com um salário mínimo para os trabalhadores rurais e, em troca, os liberais aceitariam o serviço militar obrigatório. "Nos dois partidos há tolos num extremo e malucos no outro", argumentou ele, "mas o grande conjunto no meio é sensato e ajuizado."[70] Lloyd George não se interessava pelo projeto e não reconhecia nenhum mérito em Churchill em promovê-lo. "Não há nenhuma vantagem imaginável em falar de princípios ou qualquer coisa do gênero com Winston", reclamou com os Masterman no final de novembro de 1912. "Disse a ele sem rodeios: 'Vejo-o como se vê um advogado importante que não queremos como adversário numa ação, e por isso preferimos contratá-lo. Seus honorários me parecem excessivos, mas estou disposto a continuar com você enquanto puder, dentro do que for razoável'."[71] Isso explica por que Lloyd George veio a manter Churchill em ministérios futuros, muito mais do que razões de afeto, consideração ou concordância política. "Não conheço ninguém", prosseguiu ele, "que, tendo critérios bons e saudáveis nas relações pessoais, seja tão integralmente desprovido de qualquer princípio visível no que concerne às questões públicas."[72] Por muito tempo, Churchill considerou Lloyd George uma de suas amizades mais próximas em política; não era assim, porém, que Lloyd George via a relação entre eles.

A cisão entre os partidos se aprofundou no início do segundo semestre de 1912, com a revelação de que Lloyd George, ainda chanceler do Tesouro, e Sir Rufus Isaacs, procurador-geral, haviam comprado ações da empresa norte-americana Marconi Company, mantendo a operação em sigilo durante quatro meses inteiros depois de terem dito à Câmara dos Comuns que não tinham participações na empresa-irmã, a Marconi Company britânica, cujo diretor administrativo era o irmão de Isaacs. Um grande contrato do governo triplicara o valor das ações da empresa britânica, e correram insinuações de que os ministros haviam negociado com informações privilegiadas. Não havia uma corrupção efetiva, pois as duas empresas eram entidades oficialmente distintas, mas as circunstâncias pareciam condenatórias.[73]

Churchill deu apoio público e inequívoco aos amigos. Disse a Riddell que sentia "grande preocupação por LG e Rufus Isaacs em relação ao episódio Marconi e falou que lhe doía o coração por causa deles. Descreveu LG como 'aquele homenzinho valente e honesto, de quem tantas coisas dependiam'".[74] Riddell concluiu que Churchill era "um indivíduo leal e afetuoso", com o que concordava o irmão de Lloyd George. "Entre os amigos que se reuniram em torno dele naqueles dias de vigoroso ataque contra sua reputação", relembrou ele em suas

1. Entre seus vários retratos, Churchill considerava este, feito por Sir William Orpen, o mais parecido com ele. Foi pintado em 1916, após a derrota nos Dardanelos, quando não estava no governo.

2. A fachada do Palácio de Blenheim, em Oxfordshire, residência dos duques de Marlborough, onde Churchill nasceu em 1874. "Não temos nada que se equipare a isto", disse o rei George III ao visitá-lo.

3. Lorde Randolph Churchill, o pai altivo, distante e severo de Winston, a quem ele tentou agradar durante a vida toda.

4. Jennie Jerome, mãe de Winston, uma bela socialite americana voluntariosa e em geral ausente.

5. Elizabeth Everest, a querida ama de Churchill.

6. Pretensões aristocráticas numa pose aos sete anos.

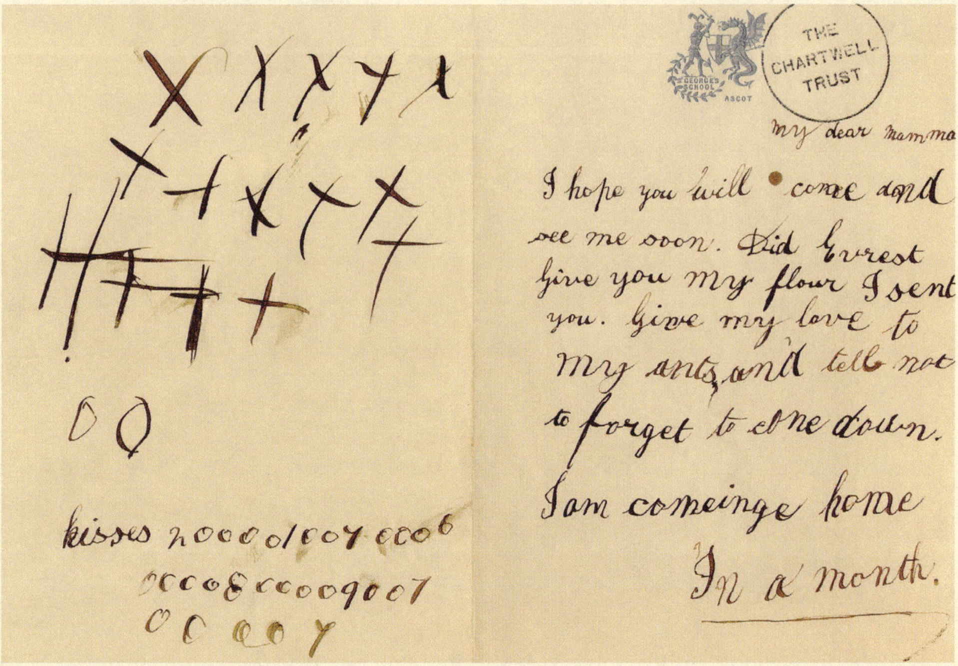



My dear Mamma

I hope you will come and see me soon. Did Everest give you my flour I sent you. Give my love to my ants and tell not to forget to come down.

I am comeinge home In a month.

kisses

7. As cartas de Winston aos oito anos, pedindo que a mãe fosse visitá-lo na escola, passaram em larga medida desatendidas.

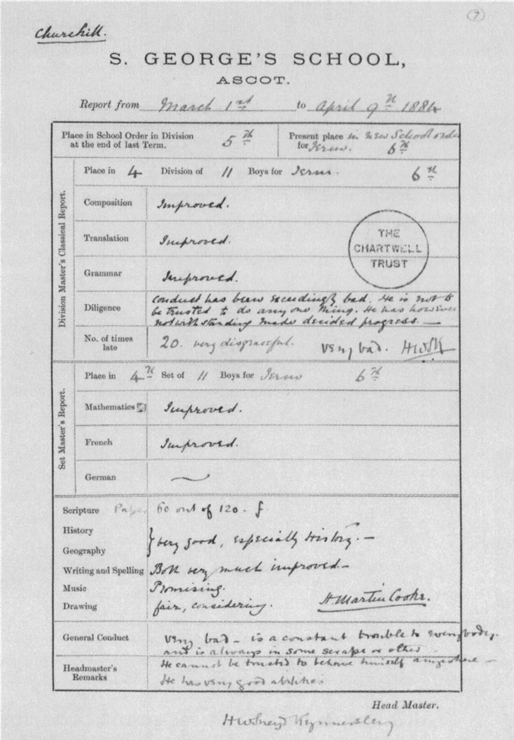

Churchill.

S. GEORGE'S SCHOOL,
ASCOT.

*Report from* March 1st *to* April 9th 1884

| Place in School Order in Division at the end of last Term. 5th | Present place in new School order for Term. 6th |
|---|---|

| Division Master's Classical Report. | | |
|---|---|---|
| | Place in 4 Division of 11 Boys for Term. 6th | |
| | Composition | Improved. |
| | Translation | Improved. |
| | Grammar | Improved. |
| | Diligence | Conduct has been exceedingly bad. He is not to be trusted to do any one thing. He has however notwithstanding made decided progress. — |
| | No. of times late | 20. very disgraceful. Very bad. HWSK |

| Set Master's Report. | | |
|---|---|---|
| | Place in 4th Set of 11 Boys for Term 6th | |
| | Mathematics | Improved. |
| | French | Improved. |
| | German | — |

| | |
|---|---|
| Scripture | Paper 60 out of 120. |
| History<br>Geography | very good, especially History. — |
| Writing and Spelling | Both very much improved. — |
| Music | Promising. |
| Drawing | fair, considering. H. Martin Cooke. |
| General Conduct | Very bad — is a constant trouble to everybody and is always in some scrape or other. |
| Headmaster's Remarks | He cannot be trusted to behave himself anywhere — He has very good abilities |

*Head Master.*

H. W. Sneyd Kynnersley

8. "Comportamento geral: Muito ruim — é um problema constante para todos e está sempre envolvido em algum entrevero. Observações do diretor: É impossível confiar que ele se comporte bem em qualquer lugar. Tem capacidades muito boas." Os boletins escolares de Churchill mostram que ele não era o aluno relapso que dizia ser em sua autobiografia, embora sempre estivesse entre os alunos mais travessos de todas as escolas que frequentou.

9. Foto de dr. Welldon em Harrow em 1892; Churchill está debruçado no corrimão. Atrás dele está George Hoare, que não resistiu aos ferimentos sofridos em 1915. Ao final da Primeira Guerra Mundial, onze dos meninos da foto tinham morrido.

10. Jack, irmão de Churchill, foi o primeiro oficial a dar baixa e embarcar no navio-hospital *Maine*, devidamente equipado e levado para a Guerra dos Bôeres por Jennie, a mãe deles.

11. Churchill na África do Sul em 1899. Usava sua medalha da Cruz Hispânica da Ordem do Mérito Militar, contra os regulamentos do Exército. Logo raspou o bigode, porque era claro demais.

12. Voltou como herói a Durban, depois de escapar de um campo de prisioneiros de guerra em Pretória, em novembro de 1899.

13. Com o cáiser Guilherme II, assistindo às manobras do Exército Imperial germânico em 1906.

14. Sentados no limpa-trilhos do trem na África Oriental (*da esquerda para a direita*): Eddie Marsh, coronel Gordon Wilson, tio de Churchill, Sir James Hayes Sadler (comissário de Uganda) e Churchill.

15. Clementine Hozier, pouco antes do casamento com Churchill.

16. O casal saindo de St. Margaret's, Westminster, após o casamento, em 12 de setembro de 1908.

17. A sufragista irlandesa Mary Maloney tocava uma sineta para abafar os discursos eleitorais de Churchill durante as eleições secundárias de maio de 1908, em Dundee.

18. A bordo do iate do Almirantado HMS *Enchantress*, no Mediterrâneo, em 1912 (*da esquerda para a direita*): Herbert Asquith, sua filha Violet (futura Lady Violet Bonham Carter), Churchill e seus secretários particulares James Masterton-Smith e Eddie Marsh.

19. Almirante lorde "Jacky" Fisher: genioso colega, amigo e arquirrival de Churchill.

20. David Lloyd George plantou com Churchill as sementes do Estado de bem-estar social, mas depois suas relações passaram a oscilar entre a cordialidade e a irascibilidade, até a morte de Lloyd George, em 1945.

memórias, "os principais foram o sr. Winston Churchill e o sr. C. P. Scott do *Manchester Guardian*. Sobre o primeiro, diz-se que parecia se preocupar com o assunto tanto quanto o próprio Lloyd George", e reconheceu o "auxílio que ele prestou para manter o fogo sob controle e impedir que se alastrasse".[75] Churchill persuadiu lorde Northcliffe a não permitir que *The Times* prosseguisse os ataques e F. E. Smith a representar Lloyd George e Sir Rufus Isaacs na exitosa ação por calúnia e difamação contra o jornal francês *Le Matin*. Também negociou os termos exatos do discurso de Asquith no debate sobre o relatório do Comitê Especial da Câmara dos Comuns, encarregado de investigar o assunto.

Quando uma testemunha sugeriu que o próprio Churchill estivera envolvido na compra das ações, ele recebeu uma intimação imediata para comparecer diante do Comitê Especial. "O sr. Churchill entrou na Sala do Comitê como um furacão", escreveu um observador, "sentou-se por um momento, mortalmente pálido de fúria, e foi imediatamente chamado para o banco de testemunhas", quando o presidente da comissão lhe perguntou se tinha mantido alguma negociação com as ações da Marconi.[76] A resposta de Churchill foi uma obra-prima de repúdio eloquente e indignado que despertou risos e aplausos na Sala do Comitê:

> Nunca tive em momento algum, em circunstância alguma, direta ou indiretamente, qualquer investimento ou qualquer participação de qualquer espécie, por mais vaga que possa ser sua descrição, nas ações de telegrafia da Marconi ou em qualquer outra ação dessa espécie, neste ou em qualquer outro país do globo habitado, e se alguém em algum momento disse isso, é um mentiroso e um caluniador, e se alguém repetiu essa declaração e disse não ter nenhuma prova e não acreditar que fosse verdade, mas que assim era, a única diferença entre esse alguém e um mentiroso e caluniador é que, além do mais, é um covarde.[77]

Quando lorde Robert Cecil, irmão de lorde Hugh e parlamentar tory, sugeriu que Churchill deveria agradecer pela oportunidade de limpar seu nome, ele respondeu que, como não fora apresentada nenhuma prova, a não ser um boato ouvido de terceiros e mencionado por um indivíduo que nem acreditava nisso, a intimação nem sequer poderia ser feita.[78] Os oito liberais do Comitê Especial venceram os seis conservadores na votação, e assim Rufus Isaacs e Lloyd George escaparam a repreensões oficiais. Churchill também aproveitou a ocasião de um discurso no Clube Liberal Nacional, em 1º de julho, para defender Lloyd George e Isaacs e para atacar Cecil, o perseguidor deles, por ter feito um discurso com insinuações "odiosas e desprezíveis [...] proferidas por alguém que se faz passar fraudulentamente por homem de espírito justo e imparcial e empresta uma afável aparência de cultura cavalheiresca ao trabalho sujo que decidiu empreender pessoalmente".[79] Foi um dos pontos mais baixos a que chegou a longa relação de amor e ódio entre Churchill e a família Cecil.

Um convite para caçar gamos no Castelo Balmoral no final de setembro — ocasião em que Churchill pareceu ao rei "sensato e bastante razoável" — deu-lhe oportunidade de manter contato com o príncipe de Gales, então com dezenove anos. Churchill examinou a correspondência oficial do príncipe junto com ele, dando-lhe conselhos sobre os documentos do governo contidos no malote.[80] "Ele é muito agradável, e ficamos bastante amigos", comentou com Clementine. "Precisa se apaixonar por uma bela gata, que o impedirá de trabalhar demais."[81] Não foi o que aconteceu.

Em Balmoral, passava-se grande parte do tempo em atividades campestres, e não em discussões políticas. Churchill ficou contente quando conseguiu matar um veado com "um tiro realmente difícil — colina abaixo, semiencoberto e correndo ligeiro". Já sua tentativa de persuadir outro convidado, Bonar Law, a aceitar o Governo Autônomo irlandês, mesmo mantendo Ulster com prerrogativas especiais fora da estrutura geral, teve menos sucesso.[82] "A história nos ensina que, nesses casos, o bom senso britânico costuma vencer", disse-lhe Churchill. Argumentou que a Irlanda católica não ia "ficar parada vendo a xícara, quase em seus lábios, ser jogada ao chão", mas Bonar Law não lhe deu ouvidos.[83]

Quando Churchill propôs pela terceira vez uma redução ou "férias" navais à Alemanha, num discurso no Salão do Livre-Comércio em Manchester, em outubro de 1913, passaram-se quatro meses antes que o almirante anglófobo Alfred von Tirpitz, o poderoso e perene ministro naval alemão, desse uma resposta formal no Reichstag, rejeitando explicitamente a proposta. O cáiser definiu as proposições britânicas de limitação das armas como "um grave insulto ao povo alemão e a seu imperador" acrescentando: "Estão mordendo pedra".[84] Churchill fez publicamente as propostas porque já tinham sido rejeitadas em plano privado, e queria mobilizar a opinião pública alemã em favor delas. Provavelmente, o cáiser ficou furioso em parte por ter percebido que, com tais sugestões, era ele quem aparecia inegavelmente como o beligerante na corrida armamentista naval. Um jornal conservador, *Deutsche Tageszeitung*, comentou que Churchill deveria tirar férias dos discursos.[85] E a imprensa britânica de oposição não foi muito mais receptiva à proposta. A *National Review* denunciou "o charlatão no Almirantado" que promovia "a loucura do desarmamento", que contribuía "para o enorme exército de anglófobos que pregam a *jihad* contra este país".[86] Não havia como saber que Churchill, certo de que viria a guerra, estava encomendando em reservado mais quatro supercouraçados e um grande reforço do orçamento para as despesas navais, em especial para submarinos.[87] Não era nenhuma hipocrisia ofertar publicamente a paz e se preparar para a guerra em nível ministerial. Diante do agressivo militarismo germânico, fazia sentido.

Churchill começara a tomar aulas de dança em 1912 e passou também a fazer aulas de voo. Disse a um amigo que "lhe haviam feito um grande bem e lhe dado um novo gosto pela vida".[88] Em 22 de outubro de 1913, um monoplano em que iria voar sofreu uma "glissada lateral" e ficou totalmente destruído, mas nem por isso ele se abalou.[89] No dia seguinte, voou durante uma hora num aeroplano Astra-Torres, inventado cinco anos antes. Depois de inspecionar hidroplanos no estaleiro de Sheerness, contou a Clementine: "Foi tão bom quanto um daqueles velhos dias na Guerra Sul-Africana, e vivi plenamente o momento, sem me preocupar com nenhuma daquelas políticas partidárias cansativas e jornais inquisitivos, com aquelas eleições secundárias canhestras, orangistas rabugentos, Cecils detestáveis e arrogantezinhos como Runciman".[90] Clementine escreveu em resposta: "Seja bonzinho e não voe mais por enquanto".[91] Churchill, egoistamente, não atendeu ao pedido, embora a aeronáutica ainda se encontrasse na primeira infância, como seus dois filhos com menos de cinco anos. "Não se zangue comigo", pediu a ela em 29 de novembro, alegando que voar não apresentava "um risco sério".[92] Três dias depois, seu instrutor, o capitão Gilbert Wildman-Lushington, morreu num acidente aéreo. Para o tenente-coronel Hugh Trenchard, comandante da Escola Central de Voo em Portsmouth, Churchill não era um piloto nato. "Parecia impaciente demais para ser bom aluno", lembrou ele. "Chegava inesperadamente [...], via o que queria ver e passava a noite — ou o que restava dela quando parava de falar. Para ele, tudo, inclusive voar, estava subordinado a uma única finalidade — preparar a Frota para uma guerra que teria a Alemanha como inimigo."[93]

Em 29 de maio de 1914, Churchill disse a Clementine que não escrevera antes porque estava praticando na Escola Central de Voo e não queria preocupá-la. Estivera havia seis dias no comitê de boas-vindas ao aviador alemão Gustav Hamel, que estava atravessando o canal da Mancha, mas fora vitimado *en route* quando o avião caiu no mar. Um tenente que levara Churchill num voo logo na semana anterior também morrera no mesmo aeroplano que tinham usado naquele outro voo, junto com o copiloto.[94] Clementine respondeu que ficar suplicando era "como ficar batendo com a cabeça numa parede".[95] Ele era obrigado a admitir que as seguradoras "tentam cobrar prêmios de seguro excessivos sobre minha vida — tensão política, família não longeva e, claro, voar".[96] Qualquer agente de seguros que avaliasse sua vida naquela altura — e principalmente se adivinhasse o que viria no futuro — seria insano se lhe oferecesse uma cobertura. Em 6 de junho, enfim Churchill prometeu que, embora estivesse prestes a receber seu brevê ou "emblema" de piloto, "renuncio decididamente a ele por muitos meses e talvez para sempre. Este é um presente — tão obtuso sou eu — que me custa mais do que qualquer coisa que se possa comprar com dinheiro".[97] Tinha feito quase 140 voos em sete meses, com muitos pilotos em muitos tipos de aeroplanos diferentes, e achou que agora sabia o suficiente "para entender todas as questões de linha política que surgirão no futuro próximo".[98]

A referência negativa de Churchill a Walter Runciman, ministro da Agricultura, decorria da briga do Gabinete Ministerial sobre o orçamento naval. Sua solicitação adicional de 3 milhões de libras enfrentara a oposição inflexível de Runciman, bem como do diretor-geral dos Correios, Herbert Samuel, do procurador-geral Sir John Simon, do ministro do Interior, Reginald McKenna, e de Lloyd George. Somente Asquith e o ministro da Guerra, Jack Seely, lhe deram apoio. O magnata da imprensa Max Aitken, futuro lorde Beaverbrook, resumiu incisivamente a atitude dos unionistas ao "líder do partido da Guerra no Gabinete": "Tinham ódio, desconfiança e medo dele".[99] Podia-se dizer quase o mesmo quanto à postura do próprio Gabinete em relação a Churchill.

No final, o apoio de Asquith levou o Gabinete a fornecer os 3 milhões adicionais. "Nunca esqueço o apoio que ele me deu", relembrou Churchill em 1950. "Tivemos mais de vinte reuniões do Gabinete Ministerial [sobre as Estimativas] e eu nunca teria sobrevivido como ministro se não fosse a autoridade decisiva dele."[100] Lloyd George tentou provocar Churchill numa entrevista ao *Daily Chronicle* no Ano-Novo de 1914, dizendo que as perspectivas de paz mundial nunca tinham sido melhores, que grandes gastos militares eram uma loucura e que um de seus antecessores como chanceler, lorde Randolph Churchill, preferira renunciar a aceitar orçamentos militares "inflados". Churchill, que entendeu corretamente que se tratava de uma provocação deliberada, negou-se a comentar "um assunto que está sendo avaliado pelo Gabinete".[101] Sua sorte foi que os adversários não conseguiram chegar a um acordo sobre um possível sucessor, caso fosse removido do cargo: McKenna duvidava que Herbert Samuel fosse bem-aceito no Almirantado, pois "não iriam gostar de um judeu".[102]

Em 31 de dezembro de 1913, Churchill assinou um contrato de longo prazo com a Shell Oil para fornecer anualmente 200 mil toneladas de combustível à Marinha Real. "Sempre se mostraram corteses, atenciosos, solícitos, desejosos de servir ao Almirantado e de promover os interesses da Marinha britânica e do Império Britânico — a um preço!", disse ele na Câmara dos Comuns.[103] Mais tarde, voltou a frisar esse aspecto: "A única dificuldade tem sido o preço. Nesse ponto, claro, temos sido tratados com todos os rigores do jogo". Isso lhe valeu o apoio das bancadas trabalhistas, mas seis dias depois, na reunião geral anual da Shell, Sir Marcus Samuel, que a presidiu, desmentiu as alegações de Churchill e o convidou a revelar o preço ou deixar que ele mesmo revelasse. Churchill negou as duas sugestões. Foi apenas em 1966, após a morte de Churchill, que finalmente as cifras vieram a público. Mostravam que, na verdade, a Shell tivera prejuízo como fornecedora da Marinha a um preço muito abaixo das tarifas vigentes no mercado e que a empresa chegara a oferecer ao Almirantado um assento em seu conselho diretor.[104]

No final de janeiro de 1914, vários ministros do Gabinete, liderados por McKenna, estavam dispostos a forçar a saída de Churchill devido à sua insistência em aumentar o orçamento da defesa. "Se eu renunciar", disse Churchill a Riddell em meados de fevereiro, "vou pegar uma casinha em Carnoustie, perto de Dundee, e fazer uma série de discursos expondo minhas ideias políticas. Essa será minha plataforma."[105] Quando Riddell lhe perguntou se voltaria aos tories, ele respondeu: "Não, claro que não! Em hipótese alguma. Sou um livre-cambista e não tenho a menor simpatia pela postura deles em relação às classes trabalhadoras".[106] Comentando sua recusa intransigente em diminuir o número de couraçados britânicos em águas territoriais para menos de 29 unidades — contra os 22 dos alemães —, declarou a Riddell: "LG está acostumado a lidar com gente que se deixa ameaçar e assustar, mas a mim não ameaçam nem assustam! Ele diz que alguns do Gabinete vão renunciar. Então que renunciem!".[107]

Em 17 de março, Churchill apresentou as novas Estimativas Navais numa maratona de duas horas e meia de discurso, em que falou sobre a importância das defesas aéreas com "armas que atiram para o alto e holofotes que percorrem o arco inteiro, mas a única segurança real sobre a qual se basearão sólidos princípios militares é sermos senhores de nosso próprio espaço aéreo".[108] Ele empregou uma imagem surpreendente para explicar por que o poder ofensivo dos navios de combate modernos se tornara totalmente desproporcional a seu poder defensivo: "Se vocês quiserem ter uma imagem verdadeira de uma batalha entre grandes couraçados modernos, não podem imaginá-la como se fossem dois homens de armadura trocando golpes com espadas pesadas", disse ele. "Parece mais uma batalha entre dois ovos, um dando marteladas na casca do outro."[109] Comentou também sobre "o poder do submarino e o papel decisivo que essa arma, talvez auxiliada em alguns aspectos pelo hidroavião, poderá desempenhar nas guerras navais do futuro".[110] Churchill manteria por toda a vida um interesse constante pela geração seguinte de armamentos, inclusive pela invenção da bomba atômica.

No primeiro semestre de 1914, desenrolou-se uma crise na Irlanda que quase levou à guerra civil geral. Quando um projeto de lei para o Governo Autônomo da Irlanda foi apresentado na Câmara dos Comuns — o terceiro desde 1886 —, o líder dos protestantes de Ulster, Sir Edward Carson, montou uma Força Voluntária paramilitar em Ulster (FVU, na sigla em inglês). Em resposta, logo surgiram os Voluntários Irlandeses no sul católico. Os unionistas, cuja *raison d'être* era evidente já no próprio nome oficial da agremiação — "Partido Conservador e Unionista" —, em 9 de março rejeitaram a solução de Asquith do compromisso com uma federação, e assim deixou de haver qualquer esperança de um acordo bilateral. Dois dias depois, Asquith nomeou um comitê ministerial presidido por lorde Crewe, com a participação de Churchill e Seely, para avaliar os riscos impostos pela Força Voluntária de Ulster.

O brigadeiro lorde Gleichen, comandante da 15ª Brigada de Infantaria em Belfast, informou que uma força legalista, armada com metralhadoras e 80 mil rifles, preparava-se para atacar os arsenais e sabotar as comunicações em Ulster.[111] Três dias depois, o general Sir Arthur Paget, que comandava o Exército na Irlanda, recebeu ordens do Ministério da Guerra para tomar "precauções especiais" contra "pessoas mal-intencionadas" atacando lojas de munições. Ele respondeu que dera instruções para proteger os arsenais, mas não propôs o envio de mais soldados para lá, ao que foi convocado a Londres para discutir a situação.

Em 14 de março, Churchill fez um discurso no St. George Hall, em Bradford, que foi como jogar gasolina numa situação de volatilidade já altíssima. Tinha autorização de Asquith para deixar claro que o governo estava preparado para enfrentar a rebelião em Ulster, mas provavelmente não era o momento certo para exibir suas deliberadas extravagâncias. "O sr. Bonar Law realmente é, em alguns aspectos, um perigo público", disse Churchill à numerosa plateia.

> Ele pensa muito sinceramente, a julgar por seus discursos, que basta continuar a aterrorizar o governo para acabar com o projeto de lei do Governo Autônomo e forçar caminho para participar dos conselhos do soberano [...]. Por trás de cada frase estridente que lança, pode-se sempre ouvir o sussurro do gerente do partido — "Precisamos ter uma eleição [...]. Ulster é nosso melhor trunfo. É nosso único trunfo" [...]. Verter sangue, meus senhores, sem dúvida é lamentável. Já vi um bom tanto — talvez mais do que muitos daqueles que falam com tanta leviandade sobre isso. Mas existem coisas piores do que verter sangue, mesmo em escala extrema. Um eclipse do Governo Central do Império Britânico seria pior. O abandono das metas honradas por parte de nossos homens públicos comprometidos com elas seria pior. A abdicação covarde da responsabilidade por parte do Executivo seria pior. O pisoteamento da lei e da ordem que, nas condições de um Estado civilizado, asseguram a vida, a liberdade e a busca da felicidade, tudo isso seria pior do que verter sangue.

Se não se desejava a paz e se desprezavam todas as concessões, concluiu Churchill, e especialmente se os legalistas tinham de fato "um objetivo sinistro e revolucionário — então, meus senhores, só lhes posso dizer que sigamos juntos em frente e coloquemos à prova esses graves assuntos".[112]* Leo Amery expressava a

* Era a segunda vez que Churchill usava a frase "sigamos juntos em frente"; a primeira vez foi em março de 1910, com referência ao projeto de lei do Parlamento. Mas, quando encontrava uma frase que funcionava — e essa recebeu "sonoras aclamações" em Bradford —, ele voltava a usá-la em outros contextos. Foi mencionada pelo menos dezenove vezes perante o público (e pelo menos

opinião de muitos conservadores quando escreveu que essa era a política do governo anunciada "em sua forma mais intransigente e ameaçadora".[113]

O general Paget chegou a Londres em 18 de março. Ouviu de Jack Seely, de Sir John French, chefe do Estado-Maior Imperial, e de Sir John Ewart, chefe de pessoal do Exército, que, embora não houvesse hipótese de um ataque do Exército britânico contra os ulsterianos, era preciso mandar tropas para lá, a fim de ajudar as autoridades civis em caso de emergência. No dia seguinte, Churchill ordenou que oito navios de combate da 3ª Esquadra de Batalha, então em manobras na Espanha, seguissem "imediatamente em velocidade normal" até Lamlash, na ilha de Arran, no estuário do Clyde, a cerca de cem quilômetros de Ulster. Em simultâneo, os HMS *Gibraltar* e *Royal Arthur* deviam "seguir imediatamente para Kingstown, na Irlanda, para embarcar amanhã 550 soldados da infantaria divididos igualmente e seguir para Dundalk", a meio caminho entre Dublin e Belfast.[114] Também colocou cinco destróieres em portos irlandeses de prontidão para o transporte de tropas, visto que os ferroviários legalistas estavam ameaçando fechar as ferrovias. As medidas foram aprovadas pelo Gabinete e tinham intenções preventivas, caso as FVU de Carson tentassem se estabelecer como governo provisório em Ulster. Muitos tories acreditavam, por mais errados que estivessem, que Churchill procurava deliberadamente provocar uma resistência armada no norte, que então seria esmagada e o Governo Autônomo se imporia à força em toda a ilha.[115]

A frota chegara apenas às Ilhas Scilly quando Asquith deu uma contraordem, em 21 de março. A essa altura, a situação se complicara muito, tendo o brigadeiro J. E. Gough e 57 dos setenta oficiais da 3ª Brigada de Cavalaria estacionada em Curragh, principal acampamento do Exército britânico na Irlanda, declarado que preferiam ser dispensados a servir em uma operação coercitiva em Ulster. Embora nenhum oficial, em momento algum, tenha se recusado a obedecer a alguma ordem efetivamente dada, o episódio passou a ser conhecido como o Motim de Curragh. "Winston alardeou muito que levaria os oficiais num navio de batalha a julgamento na corte marcial", relembrou Ewart. "Eu, porém, insisti que devíamos esperar para ver o que os altos oficiais envolvidos tinham a dizer."[116] Gough foi chamado ao Ministério da Guerra, onde ele e Seely concordaram que tudo fora apenas um mal-entendido, e um ofício de três parágrafos nesse sentido recebeu a concordância do Gabinete. Seely, depois, acrescentou dois parágrafos seus, afirmando que o Exército não seria utilizado para coagir os ulsterianos contrários ao Governo Autônomo. Com o vazamento para a imprensa, ficou parecendo que o motim obrigara o governo a admitir o erro.

---

uma vez para seu cão Rufus). Geralmente era empregada como um apelo à unidade, mas em março de 1914 entendeu-se que visava ao contrário, sendo um apelo provocador às armas.

Quando o Gabinete repudiou os dois parágrafos adicionais, Seely e French foram obrigados a renunciar.

Churchill estivera intimamente envolvido em toda essa situação, visitando Seely em sua casa na Chester Square em Londres e Asquith na Downing Street e no Palácio de Buckingham durante a crise, além de participar nos Gabinetes e dar ordens à frota. Sua participação, porém, gerou boatos que se ampliaram e se tornaram uma teoria da conspiração de proporções gigantescas. O chamado complô recebeu o nome de Pogrom de Ulster, embora não tenha ocorrido nenhum derramamento de sangue. Mesmo em 1954, o general Sir Hubert Gough, irmão de J. E. Gough, comentou: "Minhas impressões sobre aqueles poucos dias agitados são que a força propulsora por trás desses preparativos de tipo bélico contra Ulster foi Winston Churchill, que Seely foi mero instrumento em suas mãos, e Paget também".[117] Churchill teria supostamente dito a French "que, se Belfast lutasse, sua frota deixaria a cidade em ruínas em 24 horas".[118]

Lorde Crawford, que em 1912 era o primeiro vice-líder dos conservadores, naturalmente deu a pior interpretação possível ao envolvimento de Churchill. "Havia claros indícios de uma complexa conspiração", escreveu ele, "montada, não duvido eu, por Churchill e provavelmente não informada a Asquith e aos respeitáveis membros do Gabinete".[119] Crawford atribuiu à ascendência e aos traços hereditários "indo-mexicanos* no sangue de Churchill a causa dos inexplicáveis acessos de loucura".[120] F. E. Smith, que apoiava Carson, também acusou Churchill sem nenhum embasamento de "preparar habilmente o disparo do primeiro tiro" (que, claro nunca foi disparado).[121] Beresford, num comício unionista em Hyde Park, acusou Churchill de ser "um Napoleão liliputiano, um homem com desequilíbrio mental, um egomaníaco", e acrescentou: "Enquanto o sr. Winston Churchill permanecer no cargo, o Estado estará em perigo".[122]

A situação na Câmara dos Comuns ao longo de todas essas semanas era febril. Leo Armery perguntou a Churchill, em 1º de abril, "se tinha esperança e expectativa de que movimentos de pura precaução para cuidar das lojas levariam a combates e derramamento de sangue".[123] Churchill respondeu que era uma "insinuação diabólica", que o presidente da Câmara obrigou Amery a retirar. Com os conservadores gritando "Renuncie! Traidor! Saia!", Churchill piorou as coisas ao afirmar que Bonar Law queria "mostrar que, para os soldados, sempre é certo derrubar um radical ou um trabalhista". No entanto, em 27 de março, no meio desse furacão sobre Ulster, o parlamentar liberal Cecil Harmsworth encontrou "Winston cantando alegremente consigo mesmo no banheiro atrás do assento do presidente. Agradeço-lhe pela disposição tranquilizadora e ele me diz que tem o hábito de enfrentar as dificuldades aparentando serenidade externa".[124]

* Dizia-se (erroneamente) que os Jerome tinham ancestrais de povos nativos da América do Norte; de onde surgiu a ideia de uma ascendência mexicana, não se sabe.

Na Câmara dos Comuns, em 27 de abril, dois dias depois que os Voluntários de Ulster tinham desembarcado um grande lote de armas e munições, Churchill declarou que os ataques tories eram "sinistramente parecidos com um voto de censura das classes criminosas contra a polícia", o que levou Balfour a retrucar que havia apenas uma figura mais imoral do que o mais ignóbil criminoso, e era o *agent provocateur*.[125] A despeito da improbabilidade intrínseca de que Churchill quisesse arrasar Belfast, uma das grandes cidades do Império que amava, o mito do Pogrom de Ulster se fixou na memória tory, e desde então o discurso indubitavelmente inflamatório de Bradford tem sido usado para lançar dúvidas sobre o discernimento de Churchill. "Não é depreciar as extraordinárias qualidades de Winston dizer que seu discernimento não equivale propriamente a suas capacidades", anotou Sir Almeric Fitzroy, o Escrevente do Conselho Privado, em seu diário, "nem suas capacidades equivalem propriamente a suas ambições. Seu defeito é enxergar tudo pela lente de aumento da confiança em si mesmo."[126] De fato, foi um defeito durante grande parte da vida de Churchill, até o momento em que surgiu como uma tremenda força. Na verdade, sua política em relação a Ulster fazia muito mais concessões do que vários entenderam na época.[127]

O projeto de lei do Governo da Irlanda (conhecido como Terceiro Projeto de Lei do Governo Autônomo Irlandês) foi submetido a sua terceira e portanto última leitura na Câmara dos Comuns em 21 de maio de 1914, e recebeu o Assentimento Real em 18 de setembro, visto que a Lei do Parlamento não permitia uma terceira rejeição da Câmara dos Lordes. Mesmo assim, à eclosão da guerra, unionistas e liberais declararam trégua política enquanto durasse o conflito, e os dispositivos do projeto também foram suspensos, de forma que não se concretizou nenhuma das consequências ameaçadas pelos principais atores nos dois anos desde que fora introduzida no Parlamento. Inclusive, cerca de 200 mil irlandeses se uniram à luta contra a Alemanha.

"Nenhuma passagem da Grande Guerra é de interesse comparável ao de seu início", escreveu Churchill mais tarde. "A aproximação controlada e silenciosa de forças gigantescas, a incerteza sobre os movimentos e as posições, a quantidade de fatos desconhecidos e incognoscíveis transformaram a primeira colisão num drama jamais ultrapassado."[128] Em 17 de junho, ele assegurou o contrato da Shell fornecendo petróleo persa à Marinha Real. Onze dias depois, o arquiduque Francisco Ferdinando da Áustria foi assassinado em Sarajevo, desencadeando uma sucessão de eventos ao longo de julho que levou à eclosão da guerra. No começo do mês, os Churchill estavam passando férias no Pear Tree Cottage em Overstrand, perto de Cromer, em Norfolk, onde Churchill se divertia brincando com as crianças na praia. Mesmo assim, compareceu à Revista de Spithead de quatrocentos navios em 17 e 18 de julho, que descreveu como "a maior reunião de poder naval já presenciada na história do mundo".[129]

Em 25 de julho, o Gabinete discutia o Governo Autônomo da Irlanda quando Sir Edward Grey interrompeu o debate para ler em voz alta uma nota que recebera, anunciando as drásticas exigências da Áustria-Hungria sobre a Sérvia, que era acusada de abrigar terroristas envolvidos no assassinato do arquiduque. Viena tinha o total apoio da Alemanha, que viu aí uma oportunidade de provocar a protetora da Sérvia, a Rússia, que por sua vez era aliada da França. Ao ouvir Grey, Churchill compreendeu que

> Essa nota era claramente um ultimato; mas era um ultimato como jamais fora formulado nos tempos modernos. Enquanto prosseguia a leitura, parecia absolutamente impossível que qualquer Estado no mundo seria capaz de aceitá-lo, ou que qualquer aceitação, por degradante que fosse, seria capaz de satisfazer ao agressor. As paróquias de Fermanagh e Tyrone se esvaneceram nas brumas e ventanias da Irlanda, e uma estranha luz começou prontamente, mas em gradações perceptíveis, a incidir e aumentar sobre o mapa da Europa.[130]

Naquela reunião, Churchill apoiou Asquith e Grey na proposta de uma intervenção ativa dos britânicos na crise europeia em favor da França, caso a Alemanha declarasse guerra contra ela, não por beligerância de Churchill, mas porque uma posição firme poderia persuadir a Alemanha e a Áustria a recuarem da guerra. Em 25 de julho à noite, ele jantou com o magnata armador alemão Albert Ballin, que conhecia bem o cáiser, e lhe disse que uma guerra franco-germânica poderia gerar uma guerra anglo-germânica. Com lágrimas nos olhos, Churchill suplicou que Ballin fizesse de tudo em seu alcance para impedir uma guerra alemã contra a França.[131] No entanto, a maioria do Gabinete, liderada por John Morley e John Burns, queria que a Grã-Bretanha se mantivesse neutra. Morley escreveu em seu *Memorandum on Resignation* [Memorando sobre a renúncia], publicado de forma póstuma, que o argumento intervencionista "estava sendo claramente elaborado por Winston com sua mais passional energia".[132] Em certo momento entre 25 e 27 de julho, conta Morley, "dei um tapinha no ombro de Winston, quando tomou seu assento a meu lado. 'Winston, afinal derrotamos você'." Diz Morley que, em resposta, Churchill "sorriu alegremente".[133]

Lloyd George, que se opusera à Guerra dos Bôeres, estava, segundo seu irmão William, "extremamente relutante em se comprometer com uma política que envolveria o país na guerra [...]. O sr. Winston Churchill não tinha a menor hesitação sobre o assunto e fez vigorosos apelos pessoais a meu irmão para tomar seu lado, lembrando-lhe em termos enérgicos as íntimas associações que haviam mantido no passado. Pelo teor desses apelos, Churchill e Daffyd [David] tinham chegado à encruzilhada: a escolha que Churchill colocou a meu irmão era a de se tornarem 'camaradas ou adversários' pelo resto da vida."[134] Churchill mencionou em especial o papel de provocação que Lloyd George desempenhara durante a Crise de Agadir, "um tiro perspicaz que, sem dúvida, atingiu o alvo". Quando Lloyd George, no final de julho, se declarou favorável à guerra, Morley atribuiu o fato a Churchill, "o esplêndido *condottiere* no Almirantado". Na verdade, evidentemente Lloyd George era mais do que capaz de se decidir sozinho.

Em 26 de julho, um domingo, quando Churchill estava de volta a Overstrand, o príncipe Louis Battenberg, o primeiro lorde dos mares, decidiu suspender a dispersão da Frota após o término do ensaio das manobras de mobilização em Portland, na costa sul. A decisão teve o imediato endosso de Churchill, por iniciativa própria e sem a chancela do Gabinete. Tomou o trem seguinte para Londres. A Frota foi enviada ao Scapa Flow, ancoradouro natural nas Ilhas Orkney que oferecia proteção contra ataques-surpresa do mar do Norte. Sua travessia do estreito de Dover, sem luzes, deu origem a uma das passagens poéticas de *The World Crisis*, memórias de Churchill sobre a Primeira Guerra Mundial:

> Agora podemos imaginar essa grande Frota, com suas flotilhas e cruzadores, afastando-se lentamente do porto de Portland, esquadra por esquadra, dezenas de gigantescos castelos de aço seguindo seu rumo entre o mar enevoado e cintilante, como gigantes curvados em ansiosa reflexão. Podemos imaginá-los mais uma vez enquanto caía a escuridão, trinta quilômetros de navios de guerra, deslizando em alta velocidade e na treva total pelo apertado Estreito, levando consigo às extensas águas do Norte a salvaguarda de importantes assuntos [...]. Os navios do rei estavam ao mar.[135]

Em 28 de julho, a Áustria declarou guerra à Sérvia, e a Frota chegou no dia seguinte a seus postos de batalha em Orkney.

À meia-noite de 28 de julho, Churchill escreveu a Clementine. "Minha Única linda e querida", diz a carta:

> Tudo tende para a catástrofe e o colapso. Estou interessado, animado e feliz. Não é horrível ser assim? Os preparativos têm um fascínio medonho sobre mim. Rogo a Deus que me perdoe por essa assustadora disposição de leviandade. No entanto, eu faria de tudo pela paz e nada me levaria erroneamente a desferir o golpe — não consigo sentir que nós nesta ilha tenhamos algum grau sério de responsabilidade pela onda de loucura que varreu a mente da Cristandade [...]. Eu me perguntava se aqueles estúpidos reis e imperadores não poderiam se reunir e reavivar a Realeza salvando as nações do inferno, mas todos vagueamos numa espécie de transe cataléptico entorpecido. Como se fosse operação de outrem![136]

Os detratores de Churchill quase nunca citam além da quinta frase, mas a carta, lida na íntegra, faz muito mais sentido. Churchill era fascinado não só pelos preparativos, mas pela guerra em si, mesmo tendo também visto quatro conflitos em posição suficientemente próxima para saber como a guerra é obscena e, portanto, também para censurar seu fascínio por ela. Para ele, não era horrível ser assim, e para o Gabinete era uma sorte ter pelo menos um integrante de feitio marcial numa época daquelas. Chegou a propor a ideia de uma "conferência régia" ao Gabinete em 29 de julho, mas não resultou em nada.[137]

Após uma breve digressão na carta a Clementine, sobre o "querido cisnezinho" preto em St. James's Park (que recebeu quatro adjetivos: "cinzento, fofo, lindo e único"), Churchill prosseguiu com orgulho, agora tratando especificamente da Marinha: "Está tudo pronto como nunca esteve antes. E estamos alertas até a ponta dos dedos [...]. Porém tenho a certeza de que, se a guerra vier, daremos neles uma boa surra".[138] Pediu que Clementine telefonasse em horários fixos, porém avisando: "Mas fale em parábolas — pois estão todos ouvindo".[139] Referia-se aos operadores da mesa telefônica da Central dos Correios e não a agentes estrangeiros, mas era também um aviso para prestar atenção na segurança naquelas circunstâncias, e os Churchill já tinham uma linguagem cheia de apelidos que podiam usar. Também comentou sua preocupação de que Overstrand poderia apresentar riscos à família caso houvesse uma incursão alemã em Cromer, visto que "há ali perto um bom local de desembarque".[140]

Em 29 de julho, quarta-feira, Churchill ainda tentava trazer Lloyd George para seu lado no Gabinete. "Juntos podemos conduzir uma ampla política social", disse-lhe. "A guerra naval sairá barato."[141] Àquela altura, ele não sabia que a Força Expedicionária Britânica seria enviada para o continente: a força já estava pronta e os planos vinham sendo preparados desde 1911, mas o Gabinete ainda não decidira a natureza do envolvimento britânico num conflito europeu. Ainda em 3 de agosto, quando os alemães começavam a invadir a Bélgica, o general Sir John French, que iria comandar a BEF, recebeu da Downing Street o comunicado de que não havia hipótese de enviar um exército à França.[142] Se a Grã-Bretanha houvesse travado apenas uma guerra naval, teria saído mesmo barato, pelo menos em comparação ao que de fato se gastou. Naquela mesma reunião, Churchill passou um bilhete a Lloyd George por cima da mesa, dizendo: "Deixe livre sexta à noite [isto é, 31 de julho]. F .E. consultando".[143] F. E. Smith estava consultando Bonar Law, Max Aitken (futuro lorde Beaverbrook) e outros para formarem um governo de coalizão nacional com os liberais, porém Bonar Law, uma vez mais, rejeitou a ideia.

"Winston Churchill veio me ver", escreveu o rei em seu diário na sexta, 31 de julho; "toda a Marinha está pronta para a guerra, mas queira Deus que não venha."[144] Churchill concordava plenamente com tais sentimentos, como fica claro na carta que escreveu no Almirantado a Clementine naquele dia, a qual, recomendou ele, "não deixar à vista — mas trancar ou queimar". "Ainda há alguma esperança, embora as nuvens estejam cada vez mais negras."

> A Alemanha, penso eu, está entendendo como são grandes as forças contra ela e está tentando tardiamente conter sua idiota aliada. Estamos trabalhando para acalmar a Rússia. Mas todos estão se preparando rapidamente para a guerra e a qualquer momento pode ser desferido o golpe. Estamos prontos [...]. A Alemanha nos enviou uma proposta para ficarmos neutros se ela prometer não tomar território francês nem invadir a Holanda — ela precisa pegar colônias francesas e não pode prometer não invadir a Bélgica —, a qual é obrigada por tratado não só a respeitar, mas também a defender. Grey respondeu que essas propostas são impossíveis e vergonhosas. Tudo, portanto, aponta para uma colisão nessas questões. Ainda assim, a esperança não morreu.[145]

No fim da tarde de 1º de agosto, um sábado, a Alemanha declarou guerra à Rússia. Grey, Haldane e o marquês de Crewe, lorde do Selo Privado, foram levar a notícia à Downing Street, mas tiveram de esperar durante uma hora, até Asquith e as damas terminarem a partida de bridge que estavam jogando. (Crewe se referiu ao gesto como jogar em cima de um caixão.) Churchill, porém, mobilizou imediatamente a Marinha, mais uma vez sem a autorização do Gabinete. "Não estava deprimido, não estava animado; não estava surpreso", relembrou Aitken. "Saiu direto como um homem indo fazer um serviço a que está acostumado."[146] Informou Asquith, que não falou nada, mas parecia "bastante contente", e o Gabinete deu seu consentimento formal na manhã seguinte.[147]

"A notícia de hoje à noite restaura a esperança", escreveu Churchill a lorde Robert Cecil às dez e meia daquela noite, no Almirantado. "Parece haver uma perspectiva de que a Áustria e a Rússia retomem as negociações com uma fórmula proposta pela Alemanha: e serão feitos todos os esforços para esse fim. Mas pode surgir um choque entre os exércitos a qualquer momento por um incidente ou um acidente. E sustento em todas as circunstâncias que, se permitirmos que a neutralidade belga seja pisoteada pela Alemanha sem nos empenharmos em ajudar a França, estaremos numa posição muito melancólica em relação a nossos interesses e à nossa honra."[148]

Em 3 de agosto, segunda-feira à tarde, a Bélgica foi invadida por tropas alemãs seguindo o Plano Schlieffen de derrotar a França, existente desde 1905 e cujas principais cláusulas Churchill já adivinhara em 1911 com sobrenatural precisão. No Gabinete naquela manhã, Grey admitiu que não havia nenhum acordo assinado obrigando a Grã-Bretanha a partir em auxílio da França, ponto que reiterou às três da tarde na Câmara dos Comuns. Mesmo assim, considerava que estavam em jogo a honra, o prestígio e os interesses estratégicos da Grã-Bretanha, que, como a Alemanha, garantira a independência da Bélgica em 1839, e a Câmara concordou com ele, embora — fato extraordinário em vista da importância da decisão — não tenha ocorrido votação. Foi enviado um ultimato com prazo de 24 horas à Alemanha, que expiraria às onze da noite da terça-feira, dia 4 de agosto.

Churchill pediu autorização a Asquith e Grey para pôr em operação os planos de guerra naval anglo-francesa, a fim de proteger o canal da Mancha, antes de findar o prazo do ultimato. Disse-lhes que isso "não implica nenhuma ação ofensiva e nenhuma ação bélica a menos que sejamos atacados".[149] Na manhã seguinte, *The Times* declarou que Churchill era o único ministro "cujo entendimento da situação e cujos esforços para enfrentá-la estão acima de todos os louvores".[150] Em 4 de agosto, antes de expirar o ultimato britânico, o cruzador pesado alemão *Goeben* bombardeou Philippeville (atual Skikda) e o cruzador leve *Breslau* bombardeou Bône (atual Annaba), na Argélia francesa. Então as duas embarcações escaparam para o leste, rumo à Turquia, embora seguidas de perto pela Marinha Real. "Seria uma grande desventura perder esses navios, como é possível ocorrer no escuro", disse Churchill a Asquith e Grey, pedindo permissão para atacá-los.[151]

"Winston, que está todo pintado para a guerra, anseia por um combate marítimo amanhã de madrugada que resulte em afundar o *Goeben*", escreveu Asquith a Venetia Stanley. "A coisa toda me enche de tristeza." O Gabinete negou autorização para realizar uma ação ofensiva antes das onze da noite. Depois de jantar no Almirantado, Churchill foi consultado por uma delegação naval francesa, perguntando se podiam ter outra base naval no Mediterrâneo. "Usem Malta como se fosse Toulon", foi a resposta.[152]

Churchill estava no Almirantado às 23 horas de 4 de agosto, quando expirou o ultimato. "Da direção do Palácio, ao longo da Alameda, subiu o som de um imenso coro cantando 'God Save the King'", relembrou mais tarde. "Sobre essa onda profunda vibraram os sons do Big Ben; e, quando soou a primeira badalada da hora, um movimento farfalhante percorreu a sala. O telegrama de guerra, avisando 'Comecem hostilidades contra Alemanha', foi enviado a todos os navios e estabelecimentos costeiros sob a Insígnia Branca ao redor do mundo."[153]

O contra-almirante Troubridge, comandante da 1ª Esquadra de Cruzadores no Mediterrâneo, recebeu o telegrama enquanto ainda tinha contato com o *Goeben* e o *Breslau*, mas não conseguiu atacá-los, e escaparam ilesos pelos Dardanelos, passando a integrar a Marinha turca. Com isso, a Turquia, que cobiçava Chipre, possessão britânica, e odiava a Rússia, tornou-se uma aliada ainda mais sólida das Potências Centrais da Alemanha e da Áustria-Hungria. (O *Goeben* se tornou o *Yavuz* e se manteve como o principal navio de comando turco até 1950.)

Num jantar com os Hamilton logo depois, Churchill disse que "o almirante Troubridge está arruinado e provavelmente enfrentará a corte marcial e será executado — como o almirante Byng [o marinheiro setecentista que não conseguiu capturar Minorca]".[154] No caso, Troubridge foi absolvido na corte marcial, mas de fato sua carreira chegou ao fim.

Para evitar outro incidente parecido, Churchil enviou uma companhia do Regimento de Guardas-Florestais de Sherwood ao estaleiro Armstrong, no Tyne, e apreendeu um couraçado turco que estava quase pronto. O *Reshadieh* foi renomeado *Erin* e enviado a Scapa Flow. Um segundo navio de batalha turco em construção, o *Sultan Osman I*, tornou-se o *Agincourt*. Os turcos ficaram furiosos, apesar de uma generosa proposta financeira da Grã-Bretanha pelo uso dos navios enquanto durassem as hostilidades.[155] Os navios tinham sido adquiridos por subscrição pública — houve mulheres turcas que chegaram a vender o cabelo para arrecadar dinheiro —, e o país se revoltou por causa do confisco. McKenna, Lloyd George e muitos outros diriam depois que fora Churchill, com tais apreensões, que forçara a Turquia a se alinhar com as Potências Centrais, mas não era verdade: em 2 de agosto, os turcos já haviam prometido secretamente se unir à Alemanha e à Áustria, tão logo o momento estivesse maduro para isso.

Expirado o ultimato às 23 horas de 4 de agosto, Churchill foi à Downing Street, embora depois Lloyd George alegasse lembrar que estava sentado com Asquith na Sala do Gabinete, aguardando o prazo terminar, quando as portas duplas se abriram de repente e Churchill entrou para dizer que enviaria ordens à Frota para se dirigir aos postos de ação. "Winston irrompeu na sala, radiante, o rosto brilhante, as maneiras ágeis, despejando uma palavra depois da outra", narrou Lloyd George. "Notava-se que estava realmente feliz. Perguntei-me se aquele seria o estado de espírito adequado no início de uma guerra terrível como essa."[156] Sua exuberância naquela noite foi por muito tempo brandida contra ele, mas era a emoção intensa de alguém que não queria a eclosão do conflito e que oferecera três vezes férias navais à Alemanha. Mesmo assim, planejara meticulosamente o que seu departamento faria caso viesse a guerra.

Em 1913, A. G. Gardiner acusara Churchill de apresentar um "quadro horrendo da ameaça germânica. Ele acredita nisso só porque sua mente, depois de ser tomada por uma ideia, trabalha com enorme velocidade em torno dela, intensifica-a, aumenta-a, obscurece com ela todo o céu. Em seu teatro mental, é sempre a hora do destino e o prenúncio do Juízo Final [...]. Ele escreverá seu nome em grandes letras em nosso futuro. Tenhamos cuidado para que não o escreva com sangue".[157] Em outra passagem do mesmo ensaio, Gardiner escreveu: "Ele pensa em Napoleão; ele pensa em seu grande ancestral. Assim se conduziram eles; então, nessa dura e pavorosa crise, assim ele se conduzirá. Não é fingimento, não é insinceridade: é que, naquela imaginação ardente e vívida, há sempre grandes façanhas em ação com ele, lançado pelo destino ao papel de Agamêmnon".[158] Gardiner estava claramente espicaçando o primeiro lorde de 39 anos de idade naquele último ano inteiro de paz, mas, se Churchill tivesse morrido antes de 1939, seria conhecido acima de tudo como o homem que preparou a Marinha Real para a Grande Guerra.

# 9. "Essa gloriosa, deliciosa guerra"

## *Agosto de 1914 a março de 1915*

*A guerra será longa e sombria.*

Churchill, setembro de 1914[1]

*Críticas são sempre proveitosas. Tenho me beneficiado das críticas em todos os períodos de minha vida, e não me lembro de nenhum momento em que me tenham faltado.*

Churchill, Câmara dos Comuns, novembro de 1914[2]

Churchill se lançou à Grande Guerra feito um dínamo. Montou o Grupo de Guerra do Almirantado, com reuniões diárias — e às vezes com várias no mesmo dia —, cujos integrantes eram ele mesmo, o primeiro lorde dos mares (príncipe Louis de Battenberg), o segundo lorde dos mares (vice-almirante Sir Frederick Hamilton), o chefe do Estado-Maior de Guerra Naval (vice-almirante Sir Doveton Sturdee) e o secretário naval (contra-almirante Sir Horace Hood), retirando assim o poder executivo do Conselho do Almirantado, que tradicionalmente comandava a Marinha. Havia no Grupo de Guerra o consenso de que os principais objetivos estratégicos da Marinha Real deveriam ser o transporte da BEF até a França, o bloqueio à Alemanha, o confinamento da Frota Alemã do Alto-Mar a seus portos no mar do Norte e no mar Báltico, afundando navios que pudessem aparecer por lá, e a defesa operacional das rotas comerciais globais do

Império, que precisavam ser mantidas abertas. Churchill e Fisher — porém não muitos mais no Almirantado — também sonhavam em tomar pontos estratégicos como a ilha de Borkum, no estuário de Sem, ou a Heligolândia (objeto de constante fascínio de Fisher) ou, talvez, até desembarcar um exército no norte da Alemanha, depois que se estabilizasse a situação na França.

Fora do Almirantado, porém, a organização da guerra era ridiculamente improvisada. As decisões eram tomadas por uns poucos ministros convocados ad hoc para reuniões de emergência, sem ninguém tomando notas nem redigindo atas. Somente no final de novembro de 1914 formou-se um Conselho de Guerra, com oito membros, que se reunia em torno de uma mesa octogonal, tendo Hankey como secretário, mas que logo passou para treze membros. Em setembro, o Gabinete tinha 22 subcomitês, e em março de 1916 eram 38, e em vários deles havia membros e responsabilidades que se sobrepunham.[3] Asquith simplesmente não entendia, ao contrário de Churchill e uns pouquíssimos outros, que aquele conflito seria totalmente diferente de qualquer coisa que tinham visto antes.

Embora a Downing Street tivesse, dois dias antes, desdenhado da ideia de enviar a BEF à França, tudo mudou com a invasão da Bélgica naquele dia e a declaração britânica de guerra no dia seguinte. Numa reunião do Conselho de Guerra em 5 de agosto de 1914, Churchill argumentou que a BEF deveria ser enviada com a maior rapidez possível para a França e recebeu apoio geral. Ele não queria que a força expedicionária simplesmente se juntasse ao front francês em Mauberge, e defendeu que se concentrasse em Tours — a meio caminho entre Saint-Nazaire e Paris —, como reserva estratégica capaz de explorar os pontos fracos na linha germânica e travar uma guerra de manobras. No entanto, o novo ministro da Guerra, lorde Kitchener, que fora nomeado naquele dia por recomendação de Churchill, apoiou o plano do general de divisão Henry Wilson, diretor de Operações Militares no Ministério da Guerra — que já existia havia um bom tempo, mas era mantido em segredo, sem o conhecimento do Gabinete —, de posicionar a BEF à esquerda da linha francesa.

No Other Club naquela noite, Kitchener propôs que se escolhesse o almirante Jellicoe. Recém-nomeado, por insistência de Churchill, como comandante-chefe da Frota dentro do país, Jellicoe ficou responsável pela operação de levar as quatro divisões de infantaria e uma divisão de cavalaria da BEF à França entre 9 e 22 de agosto, missão na qual teve excepcional êxito. (No final de 1914 a Marinha havia transportado pelo canal da Mancha 809 mil homens, 203 mil cavalos e 250 mil toneladas de provisões, sem perdas.)[4] Encerrado o jantar, Churchill se levantou e disse que pretendia descumprir a regra contra qualquer brinde que não fosse o Brinde Real. Propôs que o clube brindasse ao "Sucesso das Armas Britânicas".

No dia seguinte, o general Wilson foi ao Almirantado para se despedir antes de seguir para a França. Irlandês de nascimento, Wilson encarava Churchill com desconfiança por causa do "Pogrom de Ulster", quando o general incentivara ativamente os amotinados de Curragh. Nesse dia, Wilson lhe disse que, embora "tivessem divergido muitas vezes e nunca tivessem receado terçar armas", ele havia "se conduzido como um herói na Downing Street no dia 5", ao insistir que a Grã-Bretanha desse apoio à França no continente. "Eu queria trocar um aperto de mãos em despedida", escreveu Churchill no diário. "Ele começou a me dizer que tinha certeza de que eu iria 'conduzir à vitória', e então desmoronou totalmente e chorou. Nunca gostei tanto dele."[5] Wilson posicionou a BEF em Mons, à esquerda da linha francesa, conforme o planejado.

O rei, Lloyd George e Kitchener prometeram solenemente que não consumiriam uma gota de álcool durante a guerra. Churchill, em decisão de caso pensado, não se somou a eles. A iniciativa não ajudava o esforço de guerra — afinal a França, aliada britânica, precisava manter as exportações —, mas mostrava um certo grau de sacrifício pessoal. O rei e Kitchener mantiveram a palavra, tornando-se um tanto irritadiços em decorrência disso. Lloyd George logo quebrou a promessa, embora fingisse que não. "Churchill assumiu ares grandiosos", contou Frances Stevenson, secretária e amante de Lloyd George, "e anunciou que não seria influenciado pelo rei e se negou a deixar a bebida — considerava tudo aquilo absurdo."[6] Em janeiro de 1919, ele elencou risonhamente a Riddell, que era um abstêmio radical, os "méritos de uma quantidade razoável de bebida forte [que] altera a perspectiva da pessoa sobre a vida. Ao final de um dia melancólico e problemático, faz com que as coisas pareçam mais alegres e é uma auxiliar inestimável na oratória e no contato social".[7]

Quando se constatou, em 16 de agosto, que restariam cerca de 20 mil a 30 mil reservistas da Marinha Real para os quais não haveria espaço nos navios, Churchill criou as três primeiras brigadas de uma nova Divisão Naval Real (RND, na sigla em inglês), nova força de infantaria sob comando não do Exército, e sim do Almirantado. A divisão viria a entrar em ação em vários dos combates mais sangrentos da guerra, inclusive Galípoli, Somme e a Terceira Batalha de Ypres (Passchendaele). Muitos amigos e conhecidos de Churchill serviram na RND — "salamandras nascidas na fornalha", como dizia ele — e diversos foram mortos, entre eles Rupert Brooke, Vere Harmsworth, Patrick Shaw-Stewart, Alan Campbell e William Ker. Dois dos sobreviventes, Arthur "Oc" Asquith, filho do primeiro-ministro, e Bernard Freyberg, sofreram mais de doze ferimentos, somando ambos.[8]

A RND manteve as patentes, os costumes, a linguagem e as tradições navais. Seus homens usavam barba, bebiam à saúde do rei sentados, tinham batalhões com nomes de almirantes como Nelson, Drake, Hawke e Hood, e assim por diante — diferenciando-se das divisões do Exército na BEF. Churchill, sempre atento à psicologia dos soldados, notou que era "estranho como homens [...] perante as mais cruéis provações e sob a constante ameaça quase equivalente à certeza da morte encontram estímulo e reconforto em pequenas coisas que para outros, livres de tais circunstâncias, vivendo numa esfera elevada e tranquila, parecem apenas triviais e, talvez, absurdas".[9] Perto do final da guerra, houve uma tentativa de dissolver a divisão. A iniciativa encontrou a resistência de Sir Edward Carson, então primeiro lorde do Almirantado, granjeando o respeito de Churchill pelo que este chamou, num tom de cômico lamento, de "amplos poderes de controvérsia". O prefácio de Churchill à história da divisão, de 1923, foi um de seus textos mais comoventes.

Seguindo seu hábito, àquela altura bem consolidado, de ver a situação com os próprios olhos, em 19 de agosto Churchill visitou os prefeitos de Calais e Dunquerque para conversar sobre os redutos que estavam construindo para manter os alemães à distância. Após a derrota dos Aliados em Namur e Mons, entre 22 e 24 de agosto, os portos de Dunquerque, Calais e Boulogne, de importância essencial para a invasão, tinham ficado "nus", na definição de Churchill. "Ninguém sabe para onde nos levará essa grande aventura", comentou com seu irmão Jack. "Não quero mais viver, a não ser que vençamos. Mas venceremos."[10]

Em 26 de agosto, os russos, aliados da Grã-Bretanha, capturaram os livros de códigos e cifras do cruzador leve alemão *Magdeburg*, que encalhara na costa estoniana. Com isso, os criptógrafos da Sala 40 começaram a decodificar os sinais alemães em tempo real. Churchill não comunicou o fato ao Gabinete, nem a ninguém que pudesse ser capturado no mar, e manteve o segredo restrito ao Grupo de Guerra do Almirantado.[11]

Enquanto o Segundo Corpo da BEF estava num combate desesperado na retaguarda em Le Cateau, em 26 de agosto, Roger Keyes, a quem Churchill nomeara comodoro dos submarinos em 1912, pôs em operação um plano para surpreender e destruir os cruzadores leves alemães na baía de Heligolândia. O plano consistia em montar uma armadilha e capturar os destróieres alemães na maré baixa, quando os couraçados não conseguiriam atravessar os bancos de areia da barra da baía de Jade, mas o Almirantado não autorizara a operação, por ser arriscada demais. Keyes levou o plano diretamente a Churchill, que o aprovou, e Jellicoe enviou Beatty para comandar a operação. Em 28 de agosto, três cruzadores leves alemães foram afundados e mais três ficaram avariados, e o filho de Tirpitz foi capturado. Depois Churchill subiu a bordo do navio de comando britânico em Sheerness, para saudar o que descreveu como "episódio brilhante".[12] "Winston tinha um pequeno esquema montado", revelou Asquith a Venetia. "Funcionou muito bem [...] e uma certa compensação para nossas tristes perdas em terra."[13]

Em 1º de setembro, Churchill escreveu a Sir Charles Douglas, o novo chefe do Estado-Maior Geral Imperial (CEGI), pedindo que o Ministério da Guerra e o Almirantado começassem "a examinar e elaborar um plano para a captura, por meio de um exército grego com a força adequada, da península de Galípoli, com vistas a receber uma frota britânica no mar de Mármara".[14] O estreito dos Dardanelos é uma passagem bastante apertada que separa o Mediterrâneo oriental do mar de Mármara e, portanto, a Ásia da Europa, e fora atravessado à força pela última vez pelo almirante Sir John Duckworth durante as Guerras Napoleônicas. Vale notar que, para Churchill, uma frota britânica só conseguiria atravessar depois de tomar a península de Galípoli pelo lado ocidental.

Entre 7 e 13 de setembro, o avanço alemão em direção a Paris enfim foi detido na Batalha do Marne. Em 1911, Churchill previra que isso aconteceria no quadragésimo dia da guerra, que caía em 13 de setembro. Mas, a essa altura, já surgira uma nova ameaça. Em 7 de setembro, o governo belga pedira uma força de 25 mil homens para defender Antuérpia do Exército alemão, que para lá avançava rapidamente. "O Almirantado considera a defesa firme e efetiva de Antuérpia como assunto de grande importância", disse Churchill a Asquith, Kitchener e Grey. "Preserva a vida da nação belga: salvaguarda um ponto estratégico que, capturado, seria uma extrema ameaça."[15] Ele propôs o envio de soldados a Antuérpia pelo rio Escalda, mas o Gabinete rejeitou a ideia; não se apresentou nenhuma outra proposta e não se avaliou nenhum outro plano de contingência.

"Entramos nessa guerra com relutância, depois de termos envidado todos os esforços compatíveis com a honra para evitar sermos arrastados a ela", declarou Churchill num discurso ao Clube Liberal Nacional em 11 de setembro, "e entramos nela com plena consciência dos sofrimentos, perdas, decepções, humilhações e ansiedades, e dos terríveis e contínuos esforços que nossa ação acarretará."[16] Ele não acreditava em minimizar os perigos ou os horrores da guerra. O lema paterno "Confie no povo" o convencera de que a população podia ouvir o pior, desde que não fosse apresentado de forma desmoralizadora. Também comparou o poderio marítimo britânico ao formato do "nariz do buldogue, inclinado para trás, de modo que consegue respirar bem sem largar" a presa.[17] O *Manchester Guardian* comentou que ele próprio parecia um buldogue, como o da comparação que usou.

Em meados de setembro, indo inspecionar as instalações navais nas Highlands escocesas, Churchill se viu envolvido num incidente sobre o qual, no futuro, escreveria um ensaio divertido, a que deu o nome de "My Spy Story" [Minha história de espião]. Estava acompanhado por três altos oficiais fardados, inclusive Sir Henry Oliver, diretor da Inteligência Naval, quando um deles viu que uma casa na costa tinha um farol no telhado e suspeitaram que sua função fosse enviar mensagens a submarinos alemães. "A suspeita e a curiosidade seguiam juntas", relembrou Churchill, "ambas atiçadas pela emoção da aventura."[18] Chegaram à porta de entrada da casa, armados com revólveres. A casa pertencia a Sir Arthur Bignold, respeitabilíssimo ex-parlamentar cujo mordomo "pareceu atônito com tal visita". No final, o farol servia para localizar animais de caça na colina, dando aos caçadores uma dianteira de vantagem, mas, mesmo assim, Churchill mandou que o desmontassem.[19] Embora criticado por ter "entrado totalmente na paranoia da espionagem" da época, o fato é que nada menos que 22 espiões alemães foram detidos quando a guerra eclodiu, e metade foi executada pelo pelotão de fuzilamento na Torre de Londres.[20] A maioria foi capturada pelos serviços secretos britânicos, com a interceptação da correspondência inimiga através de mandados do Ministério do Interior, sistema inaugurado por Churchill.[21]

Em 21 de setembro, falando num comício de recrutamento multipartidário diante de 15 mil pessoas no Tournament Hall, em Liverpool, Churchill cometeu um erro, embora não na linha de ação política. "Ainda que nossa esperança seja de que essa guerra se caracterize por uma decisão no mar", disse ele, e "que nossos homens possam resolver a questão com a Frota alemã, mesmo assim, se não saírem e lutarem em época de guerra, serão desentocados como ratos numa toca."[22] A expressão arrancou vivas aclamações no momento, mas o establishment não gostou do tom truculento. O rei a considerou "baixa e indigna", e o conde de Selborne, importante político tory, comentou que "o defeito fundamental do sistema dele é a afoiteza". Um ano e meio depois, quando lhe relembraram a declaração durante um debate, Churchill reconheceu: "Foi uma expressão muito tola, e lamento que tenha me escapado". Claro que as expressões retóricas de Churchill não lhe "escapavam" — eram ciosamente redigidas em forma de salmo, como todos os seus demais discursos. Provavelmente teria sido esquecida — ou, ao menos, perdoada — se, logo no dia seguinte, três cruzadores, os HMS *Aboukir*, *Hogue* e *Cressy*, não fossem afundados por um só submarino em plena luz do dia, acarretando a perda de 1459 homens. Com o apelido de "Esquadra Isca Viva", estavam patrulhando os Broad Fourteens, uma parte sul do mar do Norte. Quatro dias antes, Churchill escrevera a Battenberg: "Esses cruzadores não devem continuar nessa ronda", acrescentando que "qualquer serviço que esses navios possam prestar não justifica o risco".[23] O rei teria comentado sardonicamente que "os ratos saíram de vontade própria e a custo nosso". A imprensa tory, sempre pronta para atacar, vinha recebendo vazamentos dos inimigos de Churchill no Almirantado, e afiou suas garras. McKenna, que andara fazendo pesadas críticas a Churchill no plano privado, passou a ter mais munição no Gabinete.[24] (Ainda ressentido por ter sido obrigado a trocar de cargo com Churchill em 1911, McKenna disse a Riddell, mal decorridos dez dias desde a eclosão da guerra, que Churchill deixara o *Goeben* "escapar por entre nossos dedos", que não deveria ter capturado os navios turcos em construção e deveria ter colocado minas na costa alemã.)[25]

Em 28 de setembro, os morteiros Skoda de fabricação austríaca, que haviam esmagado Namur e também Liège, estavam se voltando contra Antuérpia, como previra Churchill. Três dias depois, o general Joseph Joffre, comandante-chefe das forças francesas no Front Ocidental, ofereceu duas divisões para socorrer a cidade, mas acabou enviando apenas seus fuzileiros navais, reduzindo a possibilidade de auxílio aliado de 53 mil para 22 mil homens. Sir John French, que se deslocava de Armentières para Ypres, também recuou de sua declaração original a Kitchener de que o socorro a Antuérpia era "de primeira importância".[26] Assim, Churchill sugeriu lançar a Divisão Naval Real em Antuérpia, até que a cidade pudesse ser reforçada por um novo corpo regular sob o comando de Sir Henry Rawlinson, que ainda não estava totalmente pronto para ser enviado a combate. Em conversas privadas, Asquith considerava que "seria um derramamento desnecessário de sangue mandar uma força como o pequeno exército de Winston para lá", mas não se opôs oficialmente à estratégia, apesar de o destacamento incluir seu filho Arthur, que segundo ele seria invejado por "ser mandado ao front após três dias".[27]

Nas primeiras horas de 3 de outubro, um sábado, como o primeiro-ministro estava em Gales, Grey e Kitchener decidiram que o próprio Churchill deveria ir a Antuérpia com a RND para avaliar a situação e reforçar a determinação dos belgas em defender a cidade. Obviamente, estava longe de ser praxe um ministro assumir o comando de tropas em uma zona de guerra. Churchill afirmou às autoridades belgas que 2 mil fuzileiros navais da Marinha Real chegariam naquele dia, reforçados por 8 mil homens da RND em mais três dias e um corpo regular inteiro (o de Rawlinson) dali a mais dez. Como as brigadas navais totalizavam apenas 6 mil homens na época, era clara a intenção de Churchill de enviar até mesmo recrutas que mal haviam passado pelo treinamento básico.[28] Asquith apoiou a ideia, comentando com Venetia Stanley que "só posso supor que ele vá revigorar [os belgas] ao máximo".[29] De fato, Churchill os reanimou à luta, persuadindo o primeiro-ministro da Bélgica a continuar a defender Antuérpia caso os Aliados conseguissem proteger a retirada do Exército de Campo belga da cidade.[30]

Pode-se ter uma ideia das dúvidas no Almirantado quanto às intenções de Churchill para a RND lendo as cáusticas anotações do capitão Herbert Richmond, diretor assistente de Operações Militares, em seu diário. No domingo, 4 de outubro, ele escreveu: "É uma tragédia que a Marinha esteja em mãos tão lunáticas neste momento". Beatty falou à esposa: "O homem devia estar louco ao pensar que poderia socorrer [Antuérpia] [...] pondo lá 8 mil soldados sem treinamento completo".[31] No entanto, Antuérpia tinha uma linha tripla de fortes e áreas de inundação e parecia altamente defensável.

"Estou disposto a renunciar ao cargo e a assumir o comando das forças de auxílio e defesa designadas para Antuérpia, em conjunto com o Exército belga", escreveu Churchill num ofício formal ao Gabinete na segunda-feira, 5 de outubro, "desde que me concedam a patente e a autoridade militar necessárias e plenos poderes de comandante de um destacamento em campo. Sinto ser meu dever oferecer meus serviços porque tenho certeza de que esse arranjo favorecerá as melhores perspectivas de um resultado vitorioso."[32] Ao ser lido para o Gabinete, o ofício despertou, como relatou Asquith a Venetia, uma risada "homérica" — isto é, a gargalhada sonora e incontrolada dos deuses.[33] Kitchener, por outro lado, considerou a sugestão bastante plausível e estava disposto a conceder a patente de tenente-general a Churchill enquanto Sir Henry Rawlinson estivesse preparando suas forças para Antuérpia.[34]

Churchill partiu imediatamente para Antuérpia, mas, em vez de uma farda militar, usava o uniforme de um Elder Brother da Trinity House, a entidade britânica responsável pelos faróis, criada em 1514 para proteger o bem-estar dos navegantes e viajantes marítimos, traje que consistia num quepe naval com distintivo e japona de peito duplo. Conta uma anedota que, quando um alto diplomata belga perguntou o que significava o uniforme, Churchill respondeu em seu execrável e inimitável francês: "*Moi, je suis un frère aîné de la Trinité*".* "*Mon Dieu!*", respondeu o belga. "*La Trinité?!*"[35] Em 7 de outubro, uma quarta-feira, enquanto Churchill estava em Antuérpia, nasceu sua terceira filha, Sarah, na Casa do Almirantado. Recebeu o nome da grande Sarah Churchill, duquesa de Marlborough, que construíra Blenheim, mas logo ganhou o apelido de "Abelhinha".

Naquele dia e no dia seguinte, 8 de outubro, o rei Alberto da Bélgica saiu de Antuérpia conduzindo seu Exército de Campo para o sul e o oeste, a fim de montar uma linha de defesa no rio Yser. A RND se juntou à defesa da linha e, com a 2ª Divisão e tropas de guarnição belgas, cobriu a retirada pelo rio Escalda.[36] Se é possível questionar a prudência de Churchill em ir para Antuérpia com soldados sem treinamento, sua coragem física em si foi incontestável. "Ele se expunha repetidamente na linha de fogo", informou o jornalista norte-americano E. Alexander Powell, "e numa ocasião, perto de Waelhem, escapou por pouco, após uma granada explodir bem a seu lado."[37]

"Pensei que seria minha grande oportunidade", disse ele anos depois sobre a expedição a Antuérpia.[38] No entanto, sem a manobra diversionária dos grandes

* "Sou um irmão mais velho da Trindade."

reforços franceses que Joffre prometera de início, os belgas estavam desanimando. Não havia esperança concreta de que Churchill, com apenas 8 mil soldados da RND dotados de coragem, mas não de treinamento militar, conseguisse impedir a queda de Antuérpia nas mãos dos alemães. Na verdade, foi surpreendente que resistisse o tanto que resistiu, por fim caindo em 10 de outubro. Houve cerca de 215 soldados britânicos mortos ou feridos, 936 foram feitos prisioneiros e 1500 ficaram o resto da guerra em campos de internamento dos holandeses, que permaneceram neutros no conflito.[39]

Churchill foi muito criticado pelo envio da RND a Antuérpia, mas vale lembrar que eram as únicas tropas então disponíveis na Grã-Bretanha. Contava-se com a rendição de Antuérpia em 3 de outubro: a cidade resistiu por mais uma semana, e boa parte desse adiamento pode ser atribuída à pronta ação de Churchill. "Essa última semana, que adiou a queda de Antuérpia em pelo menos sete dias", escreveu Asquith a Venetia Stanley, "e impediu que os alemães interligassem suas forças — não foi em vão e pode [...] até ter sido de valor vital."[40] Alguns historiadores militares consideram que essa semana adicional permitiu a Sir John French deter os alemães na Primeira Batalha de Ypres e, assim, impedir que Dunquerque e Calais caíssem.

Churchill voltou à Grã-Bretanha em 9 de outubro, na véspera da rendição de Antuérpia. Lloyd George lhe deu suas "congratulações" pelo "esforço brilhante". "Winston voltou", anotou Frances Stevenson em seu diário, "admitindo o fracasso e responsabilizando Kitchener e o Ministério da Guerra pela falta de antevisão."[41] Kitchener, por sua vez, responsabilizou Joffre.[42] Haldane, porém, declarou que foi "um episódio heroico e grandioso", e Grey afirmou sentir "um ardor ao pensar em me sentar ao lado de um herói".[43] Churchill pediu um comando militar a Asquith. "Ele fica com água na boca diante da ideia e da visão dos novos exércitos de Kitchener", escreveu o primeiro-ministro a Venetia Stanley:

> Devem esses "resplandecentes comandos" ser confiados a "rebotalhos desencavados"* criados nas táticas obsoletas de 25 anos atrás, "mediocridades que levam uma vida protegida mofando na rotina militar" etc. etc.? Ele passou cerca de quinze minutos despejando uma cascata incessante de invectivas e apelos, e muito lamentei que não houvesse por ali nenhum estenógrafo, pois algumas de suas expressões improvisadas eram realmente inestimáveis. Mas três quartos do que falou eram a sério e afirmou que, para ele, uma carreira política não era nada em comparação à glória militar [...]. É uma criatura notável, com uma curiosa mescla de simplicidade de um escolar [...] e o que alguém disse a propósito do gênio — o clarão de um relâmpago ziguezagueando no cérebro".[44]

* Usava-se a gíria "desencavados" para ex-oficiais remanejados para novas funções militares, além de designar os abrigos nas trincheiras. Churchill empregava o termo na primeira acepção.

Em poucos dias, ao se evidenciar a inexperiência da RND, a essa altura já de volta à Grã-Bretanha, a maré se virou contra Churchill quanto à expedição em Antuérpia, sobretudo na imprensa. "Winston está se tornando um grande perigo", comentou Lloyd George com Riddell. Comparou-o a um torpedo autodestruidor. Bonar Law escreveu: ele "parece ter uma mente totalmente desequilibrada que é um verdadeiro perigo num período como este".[45] Asquith agora acreditava que fora uma "cruel insensatez" de Churchill ter enviado "um bando bisonho dos mais inexperientes novatos, que na maioria nunca tinham disparado um fuzil", e confidenciou a Venetia Stanley: "Foi como enviar um rebanho de carneiros para o abatedouro".[46] O *Morning Post* definiu a iniciativa como "um erro crasso de alto custo"; para o *Daily Mail*, foi "um exemplo grosseiro de má organização". Em 19 de outubro, o *Morning Post* acrescentou: "Essa dura lição lhe deve ensinar que ele não é [...] um Napoleão, mas um ministro da Coroa sem tempo para organizar ou comandar exércitos em campo [...]. Ser fotografado e filmado sob fogo em Antuérpia é um acréscimo totalmente desnecessário aos riscos e horrores da guerra". Quatro dias depois, o jornal foi ainda mais longe: "Quando o sr. Churchill se tornou primeiro lorde, pôs-se mais diretamente a minar o poder do Conselho e a se estabelecer como ditador [...] a Marinha não é mais governada por um Conselho de especialistas, mas por um amador brilhante e errático".[47]

Em 1931, Churchill refletiu sobre todo o episódio em seu ensaio "A Second Choice" [Uma segunda escolha]: "Eu deveria, por exemplo, nunca ter ido a Antuérpia", escreveu ele. "Deveria ter ficado em Londres [...]. Os encarregados da condução dos mais altos assuntos devem ficar sentados no cimo das montanhas do controle; não devem jamais descer aos vales da ação pessoal e física direta."[48] Ele afirmaria algo muito parecido sobre sua presença na Sidney Street. Com sua ida a Antuérpia, Churchill mostrou a mesma falta de comedimento que revelara na Sidney Street e que demonstraria várias outras vezes no futuro, quando subiu no alto dos telhados durante a Blitz a Londres, quando tentou assistir no canal da Mancha ao Dia D, quando esteve na Operação Dragão num navio de guerra, quando visitou a linha de frente na Itália, quando cruzou o Reno numa barcaça militar, e assim por diante. Mas, além de gostar de descer aos vales, isso lhe permitia ter uma visão dos conflitos que não seria possível no alto das montanhas.

Churchill deu vazão a suas frustrações estratégicas num jantar com o capitão Richmond em 24 de outubro. Nas palavras do capitão, ele estava "abatido, oprimido pela impossibilidade de fazer o que quer que fosse. A postura de espera, ameaçada o tempo todo por submarinos, incapaz de revidar sobre a frota deles, que está atrás dos portões das docas do canal [de Kiel], Emden ou Wilhelmshaven, e a incapacidade do Estado-Maior em dar qualquer sugestão, parecem incomodá-lo. Nunca o vi tão desanimado".[49] Embora fosse uma estratégia pouco romântica, que não combinava com o espírito irrequieto de Churchill, o bloqueio deu certo, causando grandes privações à Alemanha. Cerca de 221 navios mercantes ficaram parados nos portos alemães, outros 245 foram detidos em portos dos Aliados e 1059 em portos neutros.

Três dias depois, o navio de combate HMS *Audacious* colidiu com uma mina em Lough Swilly durante um treino de tiros, mas não sofreu nenhuma baixa. Geralmente, o público era informado sobre a perda de embarcações, mas Churchill resolveu manter essa em segredo, pois parecia iminente uma declaração de guerra da Turquia. As operações costeiras belgas estavam em andamento, e ele não queria divulgar que a Grande Frota estava no norte da Irlanda e, portanto, sem condições de auxiliá-las. De vez em quando, era preciso temperar o "Confie no povo" com uma dose de bom senso.

Naquele mesmo dia, Churchill se incumbiu da desagradável tarefa de pedir a Battenberg que renunciasse ao cargo de primeiro lorde dos mares. A campanha dos murmúrios xenofóbicos contra o almirante nascido na Alemanha não foi a única razão, embora tenha sido manifestada em discursos públicos, numa campanha de cartas venenosas e em ataques na imprensa. (Lorde Crawford anotou em seu diário que Battenberg era "não só um alemão, mas um alemão *que emprega criados alemães*".)[50] Os ataques pessoais, as perdas no mar e talvez também o problema crônico de gota — seus desjejuns pantagruélicos, observou Henry Oliver, eram "suficientes para alimentar uma mesa inteira de oficiais" — o haviam deixado deprimido e fora de forma.[51] Churchill precisava proceder com cuidado, pois Battenberg era primo do rei por afinidade matrimonial. Os ânimos do almirante foram abrandados com sua nomeação, depois da renúncia, para o Conselho Privado.

Para o lugar de Battenberg, e enfrentando os protestos do rei e de outros, Churchill nomeou lorde Fisher, de 73 anos de idade, a quem descreveu como "um verdadeiro vulcão de conhecimento e de inspiração".[52] Mas, apesar do comentário de Churchill afirmando que "ele me deixou a impressão de um motor de tremenda energia mental e física ardendo e vibrando naquela antiga constituição", o próprio assistente naval de Fisher, comandante Dudley Pound, confidenciou a um amigo que, na realidade, Fisher era "um homem muito idoso e na prática dedicava apenas umas duas horas por dia ao trabalho no Almirantado".[53] Fisher iniciava suas cartas com "Amado Winston", vazava informações para os jornais, conspirava com a oposição tory, escrevia longas missivas cheias de sublinhados triplos e múltiplos pontos de exclamação, opunha-se abertamente a várias linhas de ação política de Churchill e, de modo geral, comportava-se como um linha-dura irascível e insuportável.[54] Teria sido um bom conselheiro, mas Churchill errou ao nomeá-lo para o cargo mais alto da Marinha, abaixo apenas do seu.

No dia em que Fisher assumiu o cargo, os novos navios turcos *Goeben* e *Breslau* bombardearam Odessa e Sebastopol, no mar Negro. O bloqueio turco do estreito dos Dardanelos significava que, mesmo que os Aliados tivessem reforços e armas para a Rússia no futuro, não conseguiriam enviá-los pelo Mediterrâneo. Julgava-se também que o prestígio dos Aliados fora afetado nos países neutros da região, incluindo a Itália, a Grécia, a Romênia e a Bulgária. Churchill ordenou que o vice-almirante Sackville Carden, comandante-chefe da esquadra britânica no Mediterrâneo, bombardeasse os Fortes Externos turcos de Sedd el Bahr e Kum Kale, nos Dardanelos, o que foi devidamente cumprido em 4 de novembro, um dia antes que a Grã-Bretanha e a França declarassem guerra à Turquia.[55] Iniciar hostilidades sem uma declaração formal de guerra era uma conduta de consequências graves, mas não foi a última vez que Churchill procedeu assim.

Por volta dessa mesma época, Lloyd George começou a prestar declarações deliberadamente contrárias a Churchill, e não mais no tom malicioso e semijocoso do passado. A aliança entre ambos, que já se enfraquecera muito antes da guerra por causa do orçamento da Defesa, a essa altura se esfacelara por completo. Se a guerra fosse vitoriosa no mar, a contribuição de Lloyd George no Tesouro dificilmente seria tão louvada como a de seu ex-amigo e suposto aliado no Gabinete Ministerial. "Churchill foi ao Front brandindo a espada", relatou Lloyd George a C. P. Scott, editor do *Manchester Guardian*, "mas o resultado final foi que se adiou a evacuação apenas por alguns dias, os belgas perderam 2 mil homens internados e nós cerca de 2 mil, e Antuérpia ficou semidestruída."[56] Scott perguntou se o adiamento resultara em algum ganho estratégico, e Lloyd George respondeu com uma inverdade: "Nenhum". "Em toda essa narrativa era evidente um forte antagonismo pessoal contra Churchill", Scott anotou para si mesmo. Os "tratados de aliança" de sete anos, acordados no Café Royal em junho de 1910, mal duraram a metade desse prazo.

Voltando a 1º de outubro, Churchill anotara a respeito de um telegrama do contra-almirante Sir Christopher Cradock, cujo esquadrão estava na costa ocidental da América do Sul: "Seria melhor manter entre os navios britânicos uma distância em que possam prestar apoio mútuo, seja no estreito [de Magalhães] ou nas Falklands, e adiar o percurso ao longo da costa ocidental até que se esclareça a atual incerteza sobre [o paradeiro de] *Scharnhorst* e *Gneisenau*".[57] Esses navios de combate, sob o comando do almirante Graf Maximilian von Spee, pegaram Cradock de surpresa em 1º de novembro, perto do porto chileno de Coronel. Foram afundados dois cruzadores britânicos, e Cradock foi morto. Fisher enviou dois cruzadores de combate modernos, HMS *Invincible* e HMS *Inflexible*, para perseguir Von Spee, o que conseguiram fazer na única batalha naval decisiva da guerra, nas Falklands, em 8 de dezembro. O esquadrão transoceânico alemão foi destruído, e Von Spee foi morto. A imprensa tory atribuiu amplamente a culpa da derrota em Coronel ao explícito intervencionismo de Churchill, mas não lhe dedicou nenhum reconhecimento pela vitória nas Falklands.[58]

"O povo britânico adotou para si este lema", declarou Churchill no Banquete do Lorde Prefeito no Guildhall em 9 de novembro: "'As atividades prosseguiram como sempre durante as alterações no mapa da Europa'".[59] A expressão "Atividades prosseguindo como sempre" viria a ser muito utilizada durante a Segunda Guerra Mundial, levantando o moral ao ser escrita com giz em estabelecimentos comerciais que pareciam totalmente destruídos durante a Blitz. Alguns dias depois, ainda em novembro de 1914, Churchill abordou com franqueza a perspectiva de lutar sem a França: "Mas, mesmo que estivéssemos sozinhos, como estivemos nos dias das Guerras Napoleônicas, não teríamos nenhuma razão para descrer de nossa capacidade — sem dúvida, sofreríamos incômodos, privações e perdas, mas não teríamos nenhuma razão para descrer de nossa capacidade de prosseguir indefinidamente".[60]

Na primeira reunião do novo Conselho de Guerra em 25 de novembro, Churchill trouxe à baila a ideia de forçar a passagem nos Dardanelos, prosseguir pelo mar de Mármara e ancorar nas águas de Constantinopla (atual Istambul), para então ocupar a cidade ou bombardeá-la até a rendição, ou as duas coisas. No entanto, não apresentou a ideia a princípio como uma operação de terra, como fizera na proposta inicial de forçar o estreito. Todos os três, Kitchener, Lloyd George e Hankey, gostaram da sugestão, mas não houve apoio suficiente no Conselho de Guerra para colocá-la em prática. Apesar disso, Churchill manteve uma esquadra em Suez para escoltar as tropas numa futura operação.

Em 16 de dezembro, uma esquadra da Marinha alemã comandada pelo almirante Franz von Hipper passou pelo bloqueio da Marinha Real no mar do Norte e bombardeou Hartlepool e Scarborough, o que configurou uma humilhação inexplicável para a maior potência naval do mundo, com mais de mil embarcações. Os navios de guerra alemães envolvidos, na verdade, quase vieram a lamentar seu destino nas mãos de Beatty, mas Churchill não podia revelar o fato sem trair segredos operacionais, e teve de enfrentar uma boa dose adicional de críticas da imprensa a sua atuação e ao Almirantado.

O front na França e em Flandres estava rapidamente se consolidando como uma guerra estática de trincheiras. "Julgo muito possível que nenhum dos lados tenha força para penetrar a linha do outro no teatro ocidental", escreveu Churchill a Asquith em 29 de dezembro. "É improvável que a posição dos dois exércitos tenha alguma mudança decisiva — embora sem dúvida se venha a perder várias centenas de milhares de homens para saciar a mente militar [...]. Não há alternativas além de mandar nossos exércitos irem mascar arame farpado em Flandres?"[61] Passados apenas quatro dias, apresentou-se uma alternativa que parecia perfeita.

Em 2 de janeiro de 1915, o grão-duque Nicolau da Rússia solicitou à Grã-Bretanha que empreendesse um ataque diversionário, uma simples "demonstração", nas palavras dele, contra a Turquia, que estava atacando em peso a Rússia no Cáucaso.[62] Quando Churchill e Kitchener debateram a questão, Kitchener falou que o Exército estava desfalcado demais e totalmente comprometido em outras frentes, o que impossibilitava qualquer operação significativa, mas relembrou a Churchill as discussões que tiveram no Conselho de Guerra e sugeriu que o estreito dos Dardanelos seria um bom alvo, "em especial se [...] fosse possível divulgar informes ao mesmo tempo que Constantinopla fosse ameaçada".[63]

O problema era que o estreito, com 66 quilômetros de extensão, tinha apenas 6,4 quilômetros na parte mais larga e menos de 1,6 quilômetro na parte mais estreita, semeado de minas submarinas e com fortalezas turcas nas duas margens, além de artilharia e morteiros móveis. Também havia correntezas fortes do mar Negro ao Mediterrâneo, o que causaria entraves para qualquer caça-minas que tentasse abrir caminho. Já em 1904, Fisher dissera que um eventual ataque aos Dardanelos seria "perigosíssimo".[64] Naquele mesmo ano, Haldane afirmara que "haveria grave risco de um revés".[65] O próprio Churchill escrevera em 1911: "Não é mais possível forçar passagem nos Dardanelos, e ninguém exporia uma frota moderna a tal perigo".[66] Indagado em 1914 se contribuiria para tal plano, Joffre respondeu que não podia retirar nenhum homem do Front Ocidental.

Mas, apesar de todos os problemas operacionais, o plano parecia oferecer enormes vantagens estratégicas se houvesse alguma maneira de executá-lo. A Marinha Real seria usada para outra coisa além da operação de bloqueio no mar do Norte; o Primeiro Exército otomano ficaria isolado na península de Galípoli; em tal circunstância poderia até haver um golpe de Estado em Constantinopla e a ascensão de um novo governo turco pró-Aliados; talvez até atraísse a Romênia e a Bulgária e, assim, ajudasse os sérvios contra os austríacos e incentivasse os italianos e os gregos a se somarem aos Aliados. Ademais, poderia abrir uma rota de água corrente para abastecer os russos, então sob dura pressão, caso os Aliados algum dia tivessem algum excedente para lhes fornecer.[67] Um dos soldados que combateram em Galípoli, capitão Clement Attlee do Regimento de South Lancashire, de 32 anos, acreditou durante toda a sua vida que "a concepção estratégica era correta", de acordo com suas próprias palavras.[68]

Em 3 de janeiro de 1915, Churchill telegrafou a Carden pedindo seu parecer. Carden respondeu que não seria possível atravessar rapidamente o estreito, mas que uma frota numerosa e uma campanha metódica poderiam ter êxito.[69] O plano de Carden era inutilizar os Fortes Externos, proceder à varredura de minas, destruir os Fortes Internos nos estreitos e somente então seguir pelo mar de Mármara, bombardear instalações otomanas vitais e avançar até Constantinopla. O principal arsenal turco ficava no Bósforo, e estaria bem ao alcance das armas britânicas. Churchill pediu à equipe de planejamento do Almirantado, que demonstrava sérias dúvidas sobre o projeto, um estudo sobre a possibilidade de forçar a passagem no estreito empregando alguns navios fora de uso, pré-couraçados, mas maciçamente blindados. Telegrafou a Carden: "Importância dos resultados justificaria perdas pesadas". Pode soar impiedoso — mas, se o resultado fosse realmente obrigar a Turquia a sair da guerra, era a pura verdade.[70]

O dia 4 de janeiro viu a primeira das várias ameaças de renúncia de Fisher — não por causa dos Dardanelos nem de seu plano de atacar a costa alemã no mar do Norte ou no Báltico, mas por causa da rejeição de sua ideia de tomar um refém alemão para cada britânico morto nos ataques dos Zeppelins. Churchill ignorou a ameaça de renúncia, e Fisher agiu como se nada tivesse acontecido.* Analisando em retrospecto, Churchill deveria ter aceitado uma das primeiras ameaças de renúncia de Fisher, mas ele admirava e gostava daquele marinheiro carismático, ainda que se mostrasse profundamente neurótico e viesse tornando sua oposição cada vez mais pública.

Em vez disso, no mesmo dia ele escreveu a Fisher: "Penso que seria melhor ouvirmos o que os outros têm a dizer sobre os planos turcos antes de adotar uma linha definida. Eu não reclamaria de 100 mil homens por causa dos grandes efeitos políticos na península Balcânica: mas o inimigo é a Alemanha, e é má prática de guerra procurar vitórias mais fugazes e antagonistas mais fáceis".[71] Já no dia seguinte, Carden enviou um telegrama com seu parecer: "Seria possível forçar os Dardanelos com operações extensas com grande número de navios".[72] As objeções que Churchill alimentava 24 horas antes se dissiparam, e ele respondeu: "Altas autoridades aqui concordam com sua opinião". Era uma afirmação um tanto enganosa; Churchill discutira a questão apenas de forma superficial com dois almirantes, que haviam respondido com extrema cautela, e ainda não a mencionara ao Grupo de Guerra do Almirantado.

Na época, os Dardanelos não constituíam o item mais importante na pauta de Churchill. No dia em que telegrafou a Carden, pressionou Asquith sobre uma invenção que, conforme esperava, romperia o impasse no Front Ocidental, onde àquela altura se estendia uma sólida linha de trincheiras e arame farpado desde o canal da Mancha até a Suíça, cobrindo uma distância de mais de 640 quilômetros. "Seria muito fácil montar em pouco tempo uma série de tratores movidos a vapor com pequenos abrigos blindados, onde se colocariam homens e metra-

* O Serviço Aéreo Naval Real continuou a bombardear os Zeppelins nos hangares e em locais de fabricação tão distantes quanto Friedrichshafen, no sul da Alemanha, destruindo seis deles no primeiro ano de guerra.

lhadoras, que seriam à prova de balas", sugeriu. "Usados à noite, não seriam de forma alguma afetados por fogo de artilharia. O sistema de lagarta permitiria transpor facilmente as trincheiras, e o peso da máquina destruiria todos os entrançados de arame."[73] Como escreveu mais tarde nas memórias de guerra: "Como não podíamos contornar as trincheiras, evidentemente era necessário passar por cima delas".[74] Ele destinou a enorme soma de 70 mil libras do orçamento do Almirantado para pesquisas sobre o conceito de tanque, embora fosse claramente um armamento terrestre. Devido ao sólido e constante apoio de Churchill a seu desenvolvimento desde o início, é plausível considerá-lo como o pai do tanque de guerra.

Apesar da distância da ilha até a Grã-Bretanha e da grande proximidade com a base naval alemã de Emden, em 7 de janeiro o Conselho de Guerra aprovou a proposta de Fisher de realizar um planejamento detalhado para a captura de Borkum, na Baixa Saxônia, iniciativa para a qual vinha acumulando força naval desde que se tornara primeiro lorde dos mares. Churchill lhe dera apoio em relação a Borkum, até que a aventura dos Dardanelos passou a oferecer a perspectiva de uma recompensa muito mais atraente. Grande parte do Almirantado foi inflexivelmente contrária à expedição de Borkum, e mais tarde Fisher se opôs à expedição de Galípoli em parte porque eclipsara esse seu projeto, que vinha promovendo durante anos e lhe era tão caro.

Em 8 de janeiro, Kitchener leu um relatório de seu departamento para o Conselho de Guerra. "Os Dardanelos se afiguraram como objetivo altamente adequado, em cooperação com a Frota", afirmava o documento.[75] Kitchener agora pensava que não deveria ser apenas uma operação naval, mas poderia ser realizada com 150 mil homens — força que certamente ainda não estava disponível. Lloyd George era da opinião de que seria necessário um número maior.[76] A posição de Sir John French, de que não se empreendesse um ataque no Oriente enquanto não se demonstrasse impossível o sucesso no Ocidente, foi voto vencido.[77] Mas a intenção original de Churchill de que os gregos respaldassem a operação com tropas terrestres era impraticável, perante a persistente neutralidade da Grécia.

Em 10 de janeiro, Churchill se sentou ao lado de Margot Asquith num jantar em Kent. Disse-lhe que não queria mais ser vice-rei da Índia, que era uma ambição provisória de tempos antes como um passo rumo ao cargo de primeiro-ministro. Àquela altura, a única coisa que lhe interessava era a guerra. "Meu Deus", disse a ela. "*Esta* é a História viva [...]. Será lida por mil gerações — pense *nisso*!! Ora, eu não ficaria de fora dessa gloriosa, deliciosa guerra por nada no mundo [...]. Bem, não comente que eu falei a palavra '*deliciosa*' — você entende o que quero dizer."[78] Ela confidenciou a respeito apenas com seu diário, mas era uma tolice dizer uma coisa dessas a alguém que desconfiava tanto dele. O marido dela e grande parte do establishment se sentiam tão afrontados pelos horrores morais da guerra que qualquer entusiasmo bélico — que dirá o tipo de jubilosa obsessão pela guerra personificado por Churchill — era considerado inconveniente e de mau gosto.

Em 11 de janeiro, Carden apresentou um plano operacional de quatro pontos para os Dardanelos, consistindo na destruição dos Fortes Externos, no ataque contra o estreito, no bombardeio dos Fortes Internos com bombas de alcance de nove quilômetros e na varredura de minas para abrir uma passagem na área minada.[79] Churchill endossou o plano com entusiasmo, dizendo mais tarde: "Tanto o primeiro lorde dos mares como o chefe do Estado-Maior [almirante Sir Henry Oliver] pareciam favoráveis. As quatro ou cinco grandes autoridades navais [...] qualificaram a proposta como extremamente interessante e promissora". Churchill acrescentou que o almirante Sir Henry Jackson, chefe do Estado-Maior de Guerra Naval, "aprovou os detalhes. Certo ou errado, era um plano do Serviço [...]. Não fui eu, e nem podia ser eu a criar o plano".[80] Na verdade, Jackson se mostrara cético ao extremo. Sir Percy Scott, o especialista em armamentos do Almirantado, considerou "uma tarefa impossível", e Fisher negou que tivessem pedido sua opinião na época. No dia seguinte, Churchill escreveu para o Conselho de Guerra um ofício favorável à passagem à força pelos Dardanelos, que concluía dizendo: "Devem-se elaborar planos definidos em conformidade com isso".[81] É difícil evitar a impressão de que, em 11 de janeiro, ele já adotara em sua plenitude a ideia da expedição, imaginando que pudesse ser a solução para romper o impasse ocidental.

Ao meio-dia de 13 de janeiro de 1915, uma quarta-feira, o Conselho de Guerra deu início a uma reunião crucial, que se estendeu por quatro horas. Asquith estava ladeado por Sir John French e Arthur Balfour (que fora convidado a comparecer às reuniões do Conselho de Guerra, embora fosse membro da oposição). Ao lado de French estava Kitchener, e a seguir vinham Fisher, Churchill e Sir Arthur Wilson (que, com 72 anos, fora chamado por Churchill para reintegrar o Almirantado e, na emergência da guerra, estava disposto a esquecer as divergências do passado); mais adiante, Crewe, Grey e Lloyd George. "Você não verá com muita frequência um grupo mais estranho de homens em volta de uma mesa", comentou Asquith com Venetia Stanley.[82] French começou expondo um plano para o avanço ao longo da costa do canal, que Lloyd George e Balfour rejeitaram. Houve longas discussões sobre a guerra de desgaste no Front Ocidental.

Ao que parecia ser o término de uma longa reunião infrutífera, Churchill leu a mensagem de Carden e apresentou o plano de um ataque exclusivamente naval aos Dardanelos. "A ideia pegou na hora", escreveu Hankey mais tarde.

> Toda a atmosfera mudou. Esqueceu-se o cansaço [...]. Churchill explicou seus planos [...] claramente, mas com serenidade e sem otimismo exagerado. O Conselho

> de Guerra passou avidamente da árida visão de um "árduo empate" no Front Ocidental para perspectivas mais alvissareiras, tais como se afiguravam, no Mediterrâneo. A Marinha, em que todos tinham confiança implícita e que até então tivera poucas e esporádicas oportunidades, avançaria para a linha de frente.[83]

Mais tarde, Hankey veio a desconfiar que Churchill tivesse forçado a mão com o plano dos Dardanelos a fim de se recuperar do desgaste que sua reputação sofrera em Antuérpia, mas na época aderiu com o mesmo ânimo dos demais.[84]

Churchill sugeriu que os bombardeios navais destruiriam os fortes turcos "em poucas semanas". As armas terrestres nas margens do estreito seriam "mera inconveniência". Depois de atravessar o estreito, a frota afundaria o *Goeben*. Como Churchill parecia estar apresentando a posição coletiva do Almirantado, nenhum dos políticos perguntou a opinião de Fisher ou de Wilson, que se mantiveram em silêncio durante toda a reunião. Supôs-se, portanto, que ambos eram favoráveis, o que não era o caso. Churchill escreveu posteriormente: "Os dois se abstiveram de comentários e sem dúvida pensei que estivessem de acordo".[85] Fisher se justificou depois: "Ele era meu chefe, e era ou o silêncio ou a renúncia". Como Churchill veio a enfatizar em novembro de 1915: "O Conselho de Guerra ficou impressionadíssimo com as vantagens políticas do plano se fosse possível executá-lo, e pressionou o Almirantado para encontrar uma maneira de pô-lo em prática. Ninguém falou contra os métodos propostos. Nenhum conselheiro especializado manifestou discordância".[86]

Kitchener avisou que não poderia retirar nenhum soldado do Front Ocidental. Apesar da avaliação anterior do Ministério da Guerra, segundo a qual a operação exigiria 150 mil homens, a opinião de Carden de que seria possível forçar a passagem pelos Dardanelos usando apenas navios persuadiu o Conselho de Guerra, cuja decisão foi de que o Almirantado "também deve se preparar para uma expedição naval em fevereiro, para bombardear e tomar a península de Galípoli, tendo Constantinopla como objetivo". No entanto, a formulação não fazia sentido: a Marinha não conseguiria "tomar" nem a península nem Constantinopla sem o apoio do Exército.[87] A ação por trás do verbo "se preparar" também foi interpretada de diferentes formas pelos vários participantes. Para Churchill, significava "se preparar para atacar", mas, para Asquith, "se preparar para estudar melhor a situação". A verdadeira razão pela qual Fisher e outras figuras do Almirantado permitiram que seu silêncio fosse tomado como endosso foi a de que, inicialmente, parecia ser um empreendimento de baixo risco. Imaginavam que seria possível reduzir as perdas se os navios pré-couraçados não conseguissem passar.[88] Eram embarcações que poderiam ser perdidas sem que ameaçassem a posição importantíssima da Marinha no mar do Norte. Em vista da recompensa, o custo parecia valer a pena.

"Todos pareciam cônscios de suas vantagens", escreveu Churchill sobre o plano em suas memórias de guerra. "Se tivesse sucesso, a operação abriria as comunicações com a Rússia, permitindo-lhe exportar trigo e receber munições."[89] Numa anotação cheia de entusiasmo, Balfour também frisou esse aspecto, assinalando que, se a Rússia conseguisse retomar as exportações de trigo, "isso iria restaurar o comércio russo", além de "cortar ao meio o Exército turco", "pôr Constantinopla sob nosso controle" e "abrir uma passagem até o Danúbio".[90] Todavia, os próprios Aliados, no primeiro semestre de 1915, estavam sofrendo uma grave escassez de explosivos no Front Ocidental. Se o fornecimento de munições aos russos era um dos motivos da operação, só poderia ser uma ideia de longuíssimo prazo.

No dia da reunião decisiva, Asquith, aos 62 anos, escreveu duas longas cartas de amor a Venetia Stanley, de 27 anos, além da que já escrevera na noite anterior, após a meia-noite. "E você — minha querida amada", escrevera ele, "a quem todos os dias e todas as noites dedico meus melhores pensamentos, minha mais íntima confiança, minha devoção incessante, meus temores e esperanças, minha força e fraqueza, meu passado meu presente meu futuro."[91] Uma das mensagens foi escrita às três e meia da tarde, durante a reunião do Conselho de Guerra, sobre a qual ele comentou: "Uma discussão muito interessante, mas tão confidencial e secreta que não colocarei nada por escrito, mas contarei integralmente a você amanhã".[92] Asquith leu a mais recente carta de amor de Venetia durante a reunião. Na segunda missiva, acrescentou: "O Conselho agora acabou, tendo chegado harmoniosamente a quatro conclusões sugeridas por mim, que manterão a Marinha e o Exército ocupados até março. Estou ansioso para lhe contar tudo a respeito e ver se você aprova [...]. Winston mostrou uma grande dose de vigorosa fluência".[93] As 300 mil palavras que Asquith escreveu a Venetia entre janeiro de 1913 e maio de 1915 nos oferecem uma visão única do que se passava na mente do primeiro-ministro na fase inicial da Grande Guerra, mas também nos lembram que ele não estava inteiramente concentrado na campanha de Galípoli, na qual logo estariam em jogo centenas de milhares de vidas.

Enquanto Asquith mantinha Venetia informada sobre operações militares secretas (numa contravenção direta da Lei dos Segredos Oficiais que seu próprio governo elaborara), Lloyd George contava a Frances Stevenson que "Churchill é favorável a um ataque pelo Kattegat, por envolver mais honra e glória para si mesmo".[94] Na verdade, o apoio de Churchill às operações de Fisher no Báltico e desembarques em Schleswig-Holstein havia definhado desde que o Conselho de Guerra mostrara preferência pela operação nos Dardanelos.

Mas, mesmo enquanto se davam tais reuniões, a razão original para a operação nos Dardanelos se evaporou com a derrota esmagadora da Turquia nas mãos dos russos na Batalha de Sarykamysh, no Cáucaso, sofrendo até 17 de janeiro 78 mil baixas de um total de 90 mil homens em combate.[95] A Rússia não corria mais perigo pelo lado da Turquia, mas, a essa altura, os Dardanelos haviam apresentado ao Conselho de Guerra, sob forte pressão, perspectivas mais promissoras do que o mero auxílio aos russos no Cáucaso, inclusive a alteração do equilíbrio de poder nos Bálcãs e a eliminação da presença turca na guerra. Em 19 de janeiro, Churchill escreveu ao grão-duque Nicolau: "Foi determinado que se tente forçar a passagem dos Dardanelos", o que não era rigorosamente verdadeiro, pois ele fora autorizado apenas a "se preparar" para tal expedição.[96]

Vendo que sua operação de Borkum fora posta de lado, Fisher então passou a reunir as posições contrárias à campanha dos Dardanelos. "Só existe uma saída, e é renunciar!", comunicou Fisher a Jellicoe em 19 de janeiro. "Não concordo com nenhum dos passos dados."[97] Dois dias depois, escreveu: "Simplesmente abomino a operação nos Dardanelos, a menos que se proceda a uma grande mudança e se decida que será uma operação militar com 200 mil [homens] em conjunto com a Frota".[98] Apesar disso, não renunciou. Churchill declarou ao comitê de inquérito oficial do governo sobre o desastre de Galípoli, conhecido como Comissão Dardanelos, que a primeira vez que soube da oposição de Fisher foi quando leu um memorando dele em 25 de janeiro. Trazia o título de "A posição da Frota britânica e sua política de pressão constante" e afirmava: "A pressão do poder naval [...] requer grande paciência [...] poupando nossos recursos".[99] Não se opunha ao ataque aos Dardanelos em si, mas desencorajava qualquer ataque puramente naval, afirmando: "Faremos o jogo da Alemanha se arriscarmos navios de combate em qualquer operação subsidiária, como bombardeios costeiros ou ataques a locais fortificados sem cooperação militar [...]. Nem mesmo os navios mais antigos devem ser arriscados, pois não é possível perdê-los sem perder homens, e são eles nossa única reserva por trás da Grande Frota".[100]

Fisher tinha razão: um enorme ataque-surpresa de operações combinadas em fevereiro teria uma chance de êxito muito maior do que o ataque exclusivamente naval que se deu em 18 de março, ao qual se seguiu a ofensiva do Exército em 25 de abril. Mas, naquele momento, Kitchener não dispunha de tais forças. "As pessoas estão começando a ficar bastante insatisfeitas com Winston", anotou Frances Stevenson no diário, repetindo as opiniões de seu amante. "Fisher diz que tentam argumentar com [Winston] no Almirantado, mas que ele simplesmente passa por cima deles e fala mais alto. Se continuar nesse seu curso dominador, temem que possa haver uma catástrofe."[101]

Churchill decidiu não fazer circular o memorando de Fisher entre o Conselho de Guerra, muito embora sua única menção direta aos Dardanelos fosse em favor de um ataque combinado das forças a fim de trazer a Marinha turca a campo aberto. Talvez as objeções de Churchill se referissem ao Apêndice que citava, sem dar nomes, um oficial naval no *New York Times* argumentando que o momento e "a política de espera vigilante" eram favoráveis aos Aliados, e que "aqueles estrategistas amadores que exigem que a Frota britânica arremeta loucamente por campos minados para chegar até os alemães estão simplesmente pedindo que a Inglaterra cometa suicídio".[102]

Fisher, porém, enviou o memorando a Asquith, que solicitou uma reunião com ele e com Churchill antes da reunião seguinte do Conselho de Guerra, às onze e meia da manhã de 28 de janeiro. Nessa ocasião, Fisher declarou a Asquith que preferia os planos alternativos no mar do Norte ao dos Dardanelos, mas um aspecto fundamental foi que, nas palavras do Relatório dos Dardanelos de 1917, elaborado depois dos fatos, ele "não criticou os méritos do ataque à península de Galípoli". Hankey informou que Churchill, ao apresentar então ao Conselho de Guerra uma explicação pormenorizada da operação proposta, usando um grande mapa do estreito, expôs em pormenores as propostas da Marinha, inclusive todos os potenciais riscos e reveses. "Ele explicou integralmente o plano", relembrou Hankey. "Explicou-o muito detalhadamente. Ali estava ele de pé, à ponta de uma mesa comprida com um mapa, e os membros reunidos ao seu redor [...]. Estava lendo um documento e explicando em detalhes a coisa toda."[103]

Fisher e Wilson estavam ambos presentes e se seguiu uma longa discussão em que, como Churchill assinalaria mais tarde, "mais uma vez não se manifestou nenhuma opinião contrária, e [...] lorde Fisher se contentou em dizer que manifestara sua opinião ao primeiro-ministro — a operação foi definitivamente aprovada e fomos orientados a executá-la".[104] Durante a reunião, Fisher se levantou da mesa, irritado, e foi até a janela. Kitchener se juntou a ele e o persuadiu a não renunciar.[105] Ainda no mesmo dia, Churchill e Fisher discutiram mais uma vez a operação, e o primeiro lorde dos mares concordou em apoiá-la. Como admitiu mais tarde à Comissão: "Meu envolvimento foi total, *cabus rabus*".[106]

"Outra questão pessoal que me preocupa bastante é o atrito crescente entre Winston e Fisher", comentou Asquith com Venetia Stanley.

> Vieram me ver hoje de manhã, antes do Conselho de Guerra, e deram vazão a suas queixas mútuas. Procurei conciliar suas divergências com um acordo, pelo qual Winston desistiria por ora de sua proposta de bombardear Zeebrugge e Fisher retiraria sua oposição aos Dardanelos. No Conselho, quando passamos a discutir o assunto — que foi apoiado calorosamente por Kitchener e Grey e entusiasmadamente por A.J.B[alfour], o velho "Jacky" manteve um silêncio agourento e obstinado. Está sempre ameaçando renunciar e quase diariamente escreve uma carta a Winston.

"Winston, muito ignorante, acredita que consegue capturar os Dardanelos sem tropas", escreveu o capitão Richmond em seu diário em 9 de fevereiro.[107] Em depoimento à Comissão, o almirante Wilson declarou que Churchill pensava que "conseguiria sem o Exército", quando menos porque "costumava minimizar os riscos das armas móveis".[108] Várias pessoas no Almirantado tentaram convencer Churchill quanto à importância vital de contar com um sólido apoio de forças terrestres no ataque naval, no mínimo para auxiliar a Fuzilaria Naval a ocupar qualquer forte que a Marinha tivesse destruído para seguir em frente, mas que não desejava ver recapturado pelo inimigo quando a frota tivesse inevitavelmente de voltar pela mesma rota outra vez. Pode ter sido uma das raras vezes em que o grande conhecimento histórico de Churchill o levou a se enganar. Em 1807, o almirante Sir John Duckworth conseguira forçar a passagem do estreito usando apenas navios, perdendo somente dez homens na ida e 29 na volta. Com a precisão nos armamentos militares e, acima de tudo, com o uso de minas submarinas, tudo mudara nos 108 anos transcorridos desde aquela época.

Apesar da posição de Richmond e do fato de que o Conselho de Guerra ainda não autorizara formalmente a expedição, o que restara da Divisão Naval Real foi enviado ao mar Egeu, montando uma base em Lemnos. Em 16 de fevereiro, ficou acordado que a 29ª Divisão de soldados regulares britânicos seria enviada da Grã-Bretanha para lá, e o Corpo do Exército Australiano e Neozelandês (Anzac, na sigla em inglês) no Egito também foi designado para envio posterior. As palavras que Kitchener disse a Churchill no Conselho de Guerra foram: "Você vá em frente! Os homens eu providencio".[109] Apenas quatro dias depois, porém, Kitchener mudou de ideia, e as ordens para a 29ª Divisão foram canceladas.

Em 19 de fevereiro, Carden deu início ao bombardeamento dos Fortes Externos ao sul dos Dardanelos, Kum Kale e Sedd el Bahr. Seguiu-se o bombardeio esporádico de outros fortes no estreito, até 16 de março. "Sei que deve haver alguma maldição em mim — pois *amo* essa guerra", Churchill confessou a Violet Asquith ao jantar no Almirantado em 22 de fevereiro. "Sei que ela está esmagando e destroçando a vida de milhares a cada momento — e mesmo assim — *não consigo* evitar — deleito-me com cada instante."[110] Quando a Divisão Naval Real entrasse "marchando [...] em Constantinopla [...]. Isso vai despertá-los", comentou em relação aos "porcos que grunhiram na Divisão Naval" durante a aventura de Antuérpia. "Essa reflexão parece lhe oferecer um bálsamo ainda maior do que a perspectiva da queda iminente do Império Otomano", concluiu Violet.[111]

"Com a devida cooperação militar e naval, e com as forças disponíveis, podemos ter certeza de tomar Constantinopla no final de março e capturar ou destruir todas as forças turcas na Europa", informou ele ao Conselho de Guerra em 25 de fevereiro. "O efeito sobre toda a região dos Bálcãs será decisivo. Eliminará a Turquia como fator militar."[112] Embora acreditasse implicitamente nisso, era uma tolice confiar tais previsões ao papel. No dia seguinte, Churchill declarou ao Conselho que não haveria necessidade de tropas para forçar a passagem pelo estreito, mas apenas para ocupar Constantinopla, "depois que a frota tivesse obtido o comando do mar de Mármara". Chegou a empregar a expressão "colher os frutos do sucesso naval".[113]

Churchill sem dúvida tinha bases sólidas de argumentação quando, mais tarde, tentou repartir a responsabilidade por Galípoli com Kitchener, que mudara de ideia nada menos que cinco vezes sobre o que fazer com a 29ª Divisão entre 7 de janeiro e meados de março.[114] A imagem propagandística do resoluto Kitchener ocultava um homem propenso a penosas vacilações. "Agora parece claro que, quando lorde Kitchener voltou atrás em sua decisão de enviar a 29ª Divisão para reforçar as tropas do Exército no Egito para a expedição dos Dardanelos e a protelou por quase três semanas", escreveu Churchill anos depois, "eu deveria ter tido então a prudência de lançar o ataque naval. Teria sido muito fácil e todos os preparativos haviam sido feitos sobre essa base. Não o fiz e, a partir daquele momento, tornei-me responsável por uma operação cujo controle vital fora transferido para outras mãos."[115]

Para o comando em Galípoli, Kitchener nomeou o maior amigo de Churchill dentro do Exército, o general Sir Ian Hamilton, que por sua vez escolheu Jack Churchill para integrar seu Estado-Maior. Hamilton estava longe de ser o velho caduco que vieram a pintar mais tarde. Era experimentadíssimo, muito culto, liberal em política (coisa muito rara entre os generais da Grande Guerra), poeta com obra publicada e um militar com capacidade de reflexão própria que conquistara vitórias na Guerra dos Bôeres. Se tinha algum defeito, era a tendência de ser cavalheiresco demais no trato com os generais incompetentes designados para servir sob seu comando.

Em 12 de março, os caça-minas britânicos alcançaram a extremidade do campo minado de Kephez Point, nos Dardanelos, mas o fogo da artilharia e dos morteiros os obrigou a recuar. Eram traineiras de casco de madeira do mar do Norte, tripuladas basicamente por pescadores que avançavam devagar: a vazão do mar Negro passando pelo estreito às vezes alcançava seis nós, e era difícil manobrar. Para piorar as coisas, Carden sofreu uma espécie de colapso mental. Dois dias antes do ataque, então remarcado para 18 de março, foi preciso substituí-lo pelo segundo no comando, o vice-almirante John de Robeck, que tinha suas dúvidas sobre a operação, embora contasse com o combativo Roger Keyes como imediato.[116] Um aspecto positivo era que a Frota Mediterrânea da França estava intimamente integrada à operação; depois do sucesso no bombardeio dos Fortes Externos em 25 de fevereiro, o almirante Émile Guépratte, comandante da esquadra francesa, declarou que fora "um dia excelente, permitindo-nos bons augúrios quanto ao êxito da campanha".[117]

O fator contrário era que os turcos já haviam colocado entre 350 e quatrocentas minas no estreito. Em 17 de março à noite, o lança-minas *Nusret* posicionou mais 26 artefatos explosivos paralelos à costa na baía de Eren Keui, designada pelos estrategistas aliados como o local em que a frota viraria a estibordo no estreito, antes de abrir fogo contra os fortes.[118] "Quanto menor o elemento surpresa", escreveria Churchill sobre os Dardanelos, "mais vital se tornava a intensidade."[119] Não havia nenhuma surpresa quando Carden bombardeou os Fortes Externos em novembro, mas tampouco havia dúvidas sobre a intensidade do poder de fogo da esquadra de De Robeck, com nove navios de combate, quando se preparava para atacar os Fortes Internos dos Dardanelos, em 18 de março. Bastaria?

# 10. Galípoli

## *Março a novembro de 1915*

*O almirante, dando sinal para manterem meia velocidade, escolheu cautelosamente a rota [...] para a foz do canal. Era tão apertado que um navio, ao passar, ficava exposto a um fogo cruzado dos canhões pesados nas baterias. A passagem em si tinha quase um quilômetro e meio de largura, mas o canal navegável era perigosamente estreito e extremamente difícil.*

Churchill, *Savrola*[1]

*Os políticos sobem com esforço e luta. Sabem que podem cair; esperam subir outra vez.*

Churchill, *Great Contemporaries*[2]

Em 18 de março de 1915, uma quinta-feira, a frota anglo-francesa do contra-almirante John de Robeck tentou forçar a passagem pelo estreito e falhou. Dois dos maiores pré-couraçados britânicos, HMS *Ocean* e HMS *Irresistible*, e um navio francês, *Bouvet*, foram a pique devido às minas. Três outras embarcações sofreram graves avarias antes que De Robeck suspendesse o ataque ao anoitecer. Os Fortes Internos foram bombardeados, mas, dos 176 canhões turcos em posição fixa, apenas quatro foram destruídos. Os navios aliados foram atingidos 139 vezes.[3] Conseguiram limpar uma linha de minas, mas restaram intactas outras nove.[4]

Em *The World Crisis*, Churchill se referiu com descaso à perda de "menos de trinta vidas britânicas e dois ou três navios sem valor", ignorando o afundamento do *Bouvet*, que matou quase toda a tripulação de 674 homens, à exceção de 35 deles.[5] Também alegou que, "se tivessem tentado outra vez, teriam descoberto que a porta estava aberta", mas não há como provar tal argumento, em parte por causa das áreas minadas e também porque (como demonstraram pesquisas recentes) havia restado muita munição aos turcos, e havia mais a caminho.[6]

No Conselho de Guerra, na manhã seguinte ao ataque, Hankey registrou que todos ficaram "bastante transtornados com Churchill lendo os telegramas [...]. Lorde F[isher] e eu na posição nada invejável de poder dizer 'Eu avisei'". Hankey disse que havia "implorado a Churchill para ter a colaboração das tropas, mas ele não ouviu".[7] O Conselho então discutiu por um bom tempo a partilha da Turquia, o que era, escreveu Hankey com um eufemismo, "prematuro, penso eu". Churchill queria que o almirante De Robeck — a quem, com sua incapacidade de resistir a um trocadilho, apelidaria mais tarde de "almirante Rowback" [remar para trás] — persistisse no ataque.[8] Fisher, Wilson e Jackson discordaram categoricamente. "Pela primeira vez desde o começo da guerra", relembrou Churchill, "usaram-se palavras pesadas em torno da mesa octogonal."[9]

O Conselho de Guerra decidiu que a infantaria dos Aliados devia capturar a península de Galípoli — com oitenta quilômetros de comprimento e de 6,4 a 19,2 quilômetros de largura — no lado europeu do estreito, a fim de dar à Marinha outra chance de passagem. Com a península nas mãos dos Aliados, poderiam remover do lado europeu a artilharia de campo turca, que havia causado aos navios tanto dano quanto os próprios fortes. Em seguida tentariam neutralizar a artilharia no lado asiático, e assim os caça-minas — que a essa altura seriam destróieres adaptados, e não mais traineiras manobradas por civis — teriam mais facilidade para abrir um caminho entre as áreas minadas.

Transposto o estreito, esperava-se que a poderosa frota de Roebuck conseguisse chegar a Constantinopla, onde o governo turco, se não tivesse evacuado e se transferido para o interior, poderia ser obrigado a renunciar à aliança com as Potências Centrais.[10]* Como Churchill escrevera em *The River War*, "vivemos num mundo de 'ses'".[11] Como a campanha, ao fim e ao cabo, iria custar ao Império Britânico 114 mil baixas de combate sem absolutamente nenhuma vantagem estratégica, hoje sabemos que o Conselho devia ter abandonado sua estratégia após os desastres desse primeiro dia. Mas Kitchener declarara no final de fevereiro: "O efeito de uma derrota no Oriente seria muito sério".[12] Considerava-se que a admissão de uma derrota pelas mãos de uma potência islâmica enfraqueceria o Império Britânico, que governava dezenas de milhões de muçulmanos — e o

* Em janeiro de 1916, o líder turco Enver Paxá declarou que, mesmo que uma frota britânica tivesse atravessado e aparecido em Constantinopla, seu plano de contingência "era transferir nosso exército para os montes ao redor e para a Ásia Menor" (*The Times*, 26 jan. 1916).

prestígio, principalmente na Índia, era mais importante do que o poderio militar. Visto que o Império era a religião secular de Churchill, tratava-se de um argumento de especial peso para ele. Assim, em vez de diminuir as perdas, o Conselho de Guerra planejou um engajamento ainda maior. Mas nada foi posto em votação, e o Conselho de Guerra tampouco examinou a campanha dentro do contexto geral dos recursos e objetivos imperiais.

Além de superestimar o poder de fogo dos canhões navais numa trajetória horizontal contra defesas terrestres, Churchill e outros, extrapolando a partir das derrotas turcas nas recentes Guerras Balcânicas e na Terra Santa, concluíram fatidicamente que "Johnnie Turk" pouco tinha de soldado.[13] O avesso da crença inabalável de Churchill sobre a grandeza da raça britânica — que tanto o fortaleceu na Segunda Guerra Mundial — era seu perigoso pressuposto sobre a inferioridade das outras raças, o que lhe prestou péssimos serviços diante dos turcos em 1915 e dos japoneses em 1942.

Hankey resumiu bem o que ocorreu a seguir: "Por trás de cada episódio, havia toda uma história de rumores, desmentidos, conjecturas, planejamentos, movimentos preliminares, discussões, decisões, indecisões, ordens, contraordens, antes de se alcançar o clímax, muitas vezes num caos de sangue e destruição".[14] Um historiador moderno apontou: "Havia quatro variantes distintas do conceito: um ataque apenas pela Marinha; depois, pela Marinha e então pelo Exército; pela Marinha e pelo Exército juntos; pelo Exército e então pela Marinha". Quanto aos objetivos últimos: "Os diferentes atores sustentavam ao mesmo tempo concepções diferentes desses objetivos, e praticamente todos eles mudavam de concepção ao longo do tempo".[15]

A edição de *Manual for Combined Naval and Military Operations* [Manual de operações navais e militares combinadas] de 1913 não previra em parte alguma a possibilidade de um ataque total a praias com linhas de defesa, mas, mesmo assim, Hamilton teve apenas 33 dias para planejar o primeiríssimo ataque anfíbio numa costa defendida por armamentos bélicos modernos. Suas tropas estavam então estacionadas em Alexandria, o que significava uma necessidade de ir até lá e voltar várias vezes, enquanto o comandante alemão na península, Liman von Sanders, estava com o 5º Exército turco trabalhando incansavelmente nos preparativos de defesa: construindo estradas, cavando trincheiras, estendendo cercas de arame farpado, escolhendo linhas de tiro para as metralhadoras, e assim por diante.[16] Em 6 de abril, Churchill ainda dizia a Hankey que "não previa nenhuma dificuldade em realizar um desembarque".[17]

Um problema subjacente era que a Grã-Bretanha simplesmente não tinha como sustentar duas grandes ofensivas em 1915. A BEF precisava de todos os homens, canhões e explosivos na França e na Bélgica. E, no entanto, Kitchener recebeu ordens do Gabinete de enviar tropas para Galípoli, ainda que isso envolvesse a Grã-Bretanha numa guerra em duas frentes, a mesmíssima situação que vinha esgotando a Alemanha. O Ministério da Guerra tentou reduzir os custos da campanha, enviando a Hamilton apenas 75 mil homens para uma operação que todos os relatórios anteriores diziam exigir de 150 mil a 200 mil.

O brigadeiro Herbert Studd, que servira no departamento de planejamento do Ministério da Guerra antes do conflito, escreveu a seu amigo Neville Chamberlain, lorde prefeito de Birmingham e filho mais novo de Joseph Chamberlain: "Receio que o empreendimento dos Dardanelos, com seu grande dispêndio de munição, imporá, mesmo que exitoso, uma grande desvantagem a nosso esforço principal na França e na Bélgica. Se falhar, será um assunto muito sério. Receio que foi iniciado sem reflexão suficiente devido a algum ato impulsivo de Winston Churchill, que não se resignou a aceitar as restritas oportunidades que os alemães oferecem à Frota".[18]

Seria possível que Churchill, a essa altura, estivesse apenas mantendo as aparências? "Churchill está muito preocupado com a questão toda, e parecendo muito adoentado", confidenciou Lloyd George à sua amante em 8 de abril. "Também está suscetível."[19] Certamente desistira de alardear que os Dardanelos tinham sido ideia exclusivamente sua, e foi mais moderado em seu endosso. Quando Balfour lhe expôs suas preocupações sobre o ataque planejado, Churchill respondeu:

> Você não deve ficar indevidamente apreensivo com a operação militar. Os soldados consideram que conseguem executá-la [...]. O ataque militar é um acréscimo, e não uma substituição ou desistência do ataque naval. Os dois ataques se auxiliam mutuamente, e cada qual seria decisivo para o êxito [...]. Penso que não resta senão dar andamento à questão, e não lamento de forma nenhuma que assim deva ser. Ninguém pode contar com a certeza em se tratando de uma batalha. Mas as chances estão a nosso favor e jogamos visando a ganhos vitais com apostas não vitais.[20]

Aumentavam as apreensões sobre a operação e, se ela não desse certo, poucos tinham dúvidas quanto a quem atribuir a responsabilidade. "Churchill é um sério perigo para o Estado", escreveu lorde Charles Beresford a Leo Maxse, o editor tory da *National Review*. "Depois de Antuérpia e agora dos Dardanelos, o governo realmente deveria se livrar dele."[21]

Em 23 de abril, o poeta Rupert Brooke morreu de septicemia após ser mordido por um mosquito infectado, a caminho de Galípoli, um mês antes que outro amigo seu, Julian Grenfell, também fosse morto. Churchill conhecera Brooke por intermédio de um amigo em comum, Eddie Marsh, e admirava sua poesia. "Rupert Brooke morreu", escreveu ele num necrológio em *The Times*.

> Um telegrama do almirante em Lemnos nos diz que essa vida se encerrou no momento em que parecia alcançar o auge. Uma voz se fizera audível, uma nota vibrara, mais autêntica, mais comovente, mais capaz do que qualquer outra de fazer justiça à nobreza de nossa juventude em armas engajada nessa guerra atual — mais capaz de expressar seus pensamentos de entrega pessoal e com um poder de oferecer reconforto aos que os observam tão atentos à distância. A voz foi rapidamente silenciada. Restam apenas os ecos e a lembrança; mas eles permanecerão.[22]

No primeiro rascunho do manuscrito original do obituário, redigido em papel do Almirantado, Churchill escrevera a palavra "pagã" numa frase em que louvava "a afinidade pagã entre corpo e espírito" de Brooke. Mudou para "clássica", provavelmente a fim de não ferir sentimentos religiosos.[23] Em 1923, Churchill escreveu sobre os oficiais da Divisão Naval Real que "na perfumada Ilha de Skyros, o pequeno grupo de amigos, praticamente todos eles também marcados para a morte, reuniu-se ao pé do túmulo em que enterraram Rupert Brooke e seu gênio que então se revelava".[24] Churchill passaria o resto da vida cercado pelos fantasmas da "Geração Perdida", o que afetou profundamente sua perspectiva durante os Anos no Desterro.

Em 25 de abril de 1915, um domingo, a 29ª Divisão, a Divisão Naval Real, duas divisões do Anzac e uma divisão francesa se alinharam contra seis divisões turcas, as quais sabiam estar expostas a um ataque iminente e defendiam seu território numa época em que estrategistas militares acreditavam que as tropas de assalto, para ser bem-sucedidas, precisavam ter o triplo do número dos defensores. Dos 9 mil homens da 29ª Divisão que desembarcaram em cinco praias, 3 mil foram mortos ou feridos, mesmo com o apoio de um maciço bombardeio naval.[25] As divisões do Anzac sofreram mais de 2 mil baixas naquele dia, e por um breve momento pensou-se numa evacuação, mas Hamilton ordenou: "Cavem, cavem, cavem, até ficarem a salvo".[26] Então cavaram-se trincheiras, numa réplica do Front Ocidental, que era exatamente o que a campanha pretendera evitar.

Hamilton teve êxito numa brilhante operação diversionária em Kum Kale, onde sua divisão francesa isolou duas divisões turcas. Uma finta naval em Bulair ocupou duas outras divisões turcas, com o neozelandês Bernard Freyberg nadando até terra firme e acendendo fogos de engodo para distrair o inimigo. Hamilton desembarcou quatro divisões em Cabo Helles e Gaba Tepe. A Marinha Real, porém, não conseguiu dominar as defesas turcas na praia com seu mortífero alcance de fogo. Os objetivos do primeiro dia — Achi Baba e Chunuk Bair — não foram capturados naquele dia, nem em momento algum.

Esse insucesso levou o *Morning Post*, de linha conservadora, a denunciar Churchill como "um perigo para o país".[27] Ao que parece, Churchill nunca se deu conta de que Fisher estava vazando para o jornal informações confidenciais sobre a campanha. Então, no começo de maio, o primeiro lorde dos mares fez algo quase pior do que violar a Lei dos Segredos Oficiais. Convidado por Clementine para um almoço, enquanto Churchill estava em Paris negociando a entrada da Itália na guerra, Fisher lhe disse que, na verdade, o marido estava lá com uma amante. Clementine tinha confiança suficiente na afeição de Churchill para não acreditar no comentário e respondeu: "Cale-se, seu velho tolo, e saia daqui".[28]

Churchill poderia sobreviver às investidas da imprensa tory se tivesse o apoio de Asquith e Lloyd George. Mas, em 8 de maio, Lloyd George disse a Margot Asquith: "Winston é um sujeito difícil: não é apenas que ele tenha pouco discernimento; não tem *nenhum*. Sua expedição dos Dardanelos deu aos turcos uma vantagem assustadora. Pôs-nos em guerra com os turcos, o que jamais precisaria ter feito [...]. Agora Fisher fica andando por todo lado, dizendo que era contra a expedição — e *era* mesmo, mas deveria ter falado [...]. Winston disse que faria a coisa sem navios".[29] Margot Asquith respondeu: "Winston não tem imaginação do coração", ao que Lloyd George concordou: "Não tem nenhuma".[30]

Quando o *Lusitania*, cruzeiro britânico de passageiros, sem armas, foi afundado por um torpedeiro alemão, em 7 de maio de 1915, com a perda de mais de 1400 vidas, inclusive as de 128 norte-americanos, Churchill foi acusado pelos teóricos da conspiração na época, nos anos 1930, nos anos 1970 e mesmo ainda hoje, de ter algum tipo de envolvimento, mas trata-se de uma absoluta inverdade.[31] Pelo contrário: depois que os alemães anunciaram a adoção irrestrita de submarinos de guerra, Churchill vislumbrara uma forma impiedosa de virar isso contra eles. "Meu caro Walter", escreveu em 12 de fevereiro a Runciman, presidente do Conselho de Comércio, "é extremamente importante atrair navegação neutra para nossas costas, na esperança, sobretudo, de criar confusão entre os Estados Unidos e a Alemanha [...]. Queremos tráfego — quanto mais, melhor; e, se surgir algum problema, melhor ainda."[32] Essa carta pouco judiciosa tem fornecido alimento para os teóricos da conspiração, segundo os quais Churchill teria instruído o *Lusitania* a navegar diretamente para o local onde ele sabia estar à espera um U-20 (muito embora jamais tenha dado tal ordem). Churchill lamentou, sem dúvida, que Woodrow Wilson não declarasse guerra à Alemanha por causa dessa afronta, e escreveu em *The World Crisis* que, se o presidente norte-americano houvesse entrado na guerra naquela altura em vez de esperar mais dois anos, "quanto se abreviaria o massacre; quanta agonia se pouparia; quantas ruínas, quantas catástrofes teriam sido evitadas; em quantos milhões de lares uma cadeira vazia hoje estaria ocupada; quão diferente [seria] o mundo agora estilhaçado em que vencedores e vencidos estão igualmente condenados a viver".[33]

Na segunda e terceira semanas de maio de 1915, um encadeamento de eventos criou uma crise ministerial que obrigou Churchill a deixar o Almirantado. Em 11 de maio, Venetia Stanley informou a Asquith que ia se casar com Edwin Montagu, um dos ministros de seu governo. O primeiro-ministro lhe respondeu que ficaria com o coração destroçado. Na manhã seguinte, Asquith entrou no quarto de sua esposa, Margot, em busca de consolo. "Solidarizei-me com ele", anotou ela no diário. "Saltei da cama e lhe dei um abraço", e, para consolá-lo, disse que talvez isso não acontecesse.[34] Mas o casamento se consumou, e ele passou semanas transtornado. Já no dia seguinte, Fisher tentou renunciar novamente, mas outra vez foi dissuadido. Houve muitos comentários na imprensa sobre um governo de coalizão que estaria se formando, do qual os conservadores participariam apenas sob a condição de que Churchill saísse do Almirantado.

"Que ironia se Winston não fizer parte do iminente governo de coalizão, no qual ele tanto insistia", gracejou Margot Asquith em seu diário em 13 de maio. "Sem dúvida, se Henry [o marido dela] quisesse se tornar extremamente benquisto por todos os partidos, *o nosso e os outros*, ele excluiria Winston."[35] Naquele mesmo dia, Churchill enviou um telegrama transferindo dois submarinos da esquadra em águas territoriais para a lista dos reforços no Mediterrâneo. Fisher objetou, dizendo a Churchill que aquilo constituía um "casus belli" entre ambos.[36] Churchill se viu obrigado a cancelar o telegrama e, em vez disso, enviou um aprovado por Fisher.

Em 14 de maio, o coronel Charles Repington, respeitadíssimo correspondente militar de *The Times*, informou que a BEF estava ficando sem explosivos, sugerindo com isso que havia soldados morrendo em razão da incompetência dos políticos, o que, como era de prever, causou grande comoção. Quem estava por trás dessa história era visivelmente o general Sir John French, coisa que, mais tarde, ele nem sequer se deu ao trabalho de negar.[37] Embora Churchill não tivesse nenhuma responsabilidade nessa questão, a crise decorrente contribuiu para sua queda.

O Conselho de Guerra se reuniu naquele dia num clima que, mais tarde, ele descreveu como "infernalmente acalorado".[38] Kitchener declarou que, em sua opinião, nunca cruzariam os Dardanelos e afirmou que fora enganado quanto ao número de homens necessários.[39] Quando o Conselho de Guerra informou a Fisher que "os grandes projetos nas águas do norte" (como a captura de Borkum) não se concretizariam por causa de Galípoli e de outros empreendimentos, ele concluiu que iria realmente renunciar, alegando ter sido contrário à operação desde o começo.[40] Diante disso, Churchill escreveu a Asquith assinalando que "o primeiro lorde dos mares concordou por escrito com todos os telegramas executivos por meio dos quais as operações foram conduzidas".[41]

Em 15 de maio, um sábado, Fisher por fim renunciou — sua oitava e última tentativa desde que assumira o Almirantado. Sumiu de vista e foi se refugiar em silêncio no Hotel Charing Cross, provavelmente após um período de meditação na Abadia de Westminster.[42] Quando o governo finalmente conseguiu localizá-lo, Asquith ordenou "em nome do rei" que ele voltasse ao Almirantado.[43] Em lugar disso, Fisher enviou ao primeiro-ministro uma longa lista de condições, entre elas a retirada do HMS *Queen Elizabeth* dos Dardanelos e a remoção de Churchill do Almirantado, acrescentando que o primeiro lorde era "um perigo maior do que os alemães".[44] Asquith comunicou ao rei que a carta "mostrava sinais de aberração mental".[45] O primeiro-ministro não estava disposto a aceitar chantagens e preferiu aceitar a renúncia de Fisher.

Quando Bonar Law soube do fato, foi à Downing Street, aparentemente para confirmar os rumores, mas na verdade para dizer a Asquith e a Lloyd George que a renúncia de Fisher significava que, a menos que Churchill fosse removido do Almirantado, a trégua política entre os partidos estava encerrada. Fora necessária uma guerra mundial para chegarem a essa trégua, então ameaçada num momento de extrema turbulência. Após vários dias de consultas, ainda mais tensas em razão do escândalo dos explosivos, Asquith, Lloyd George e Bonar Law concordaram em formar um novo governo de coalizão, desde que Churchill e lorde Haldane, lorde chanceler e amigo próximo de Asquith, que frequentara a universidade na Alemanha e sabidamente admirava a cultura germânica, fossem afastados de seus cargos. Ao fim, os únicos cargos importantes que ficaram com os conservadores foram o Almirantado e o Ministério Colonial. O que Asquith não tinha como saber, quando fez esse pacto mefistofélico, era que nunca mais um governo formado apenas por liberais voltaria a ocupar o poder na Grã-Bretanha.

Não foi exigido nenhum esforço de convencimento para que Lloyd George abandonasse o velho amigo e aliado. O preço para que os conservadores integrassem um governo nacional era que Churchill recebesse uma sinecura sem nenhuma pasta executiva sob sua égide. "É a Nêmesis do homem que lutou durante anos por essa guerra", comentou Lloyd George com Frances Stevenson naquele mesmo dia. "Quando veio a guerra, ele viu nela a chance de glória para si mesmo e, em conformidade com isso, lançou-se a uma campanha arriscada sem se importar minimamente com a miséria e as dificuldades que acarretaria para milhares de pessoas, na esperança de vir a ser o homem de grande destaque nessa guerra."[46] Era um comentário permeado de inveja e ressentimento, mas pouco lastreado nos fatos. Na época, Churchill acreditava ingenuamente que Lloyd George ainda continuava a apoiá-lo.

Os tories estavam prestes a se vingar por mais de uma década daquilo que consideravam uma traição. Havia as zombarias desferidas contra lorde Milner, os ataques à debilidade e à feminilidade de Balfour, a proximidade com Lloyd George, o Cerco na Sidney Street, o Orçamento do Povo e a Lei do Parlamento, as dispensas de Wilson e Bridgeman, as galhofas acenando o lenço durante os debates sobre o Governo Autônomo da Irlanda, o chamado Pogrom de Ulster, os discursos de Bradford e menções a "ratos numa toca", a aventura de Antuérpia, os Dardanelos e a Batalha de Coronel. Nenhum liberal de destaque se dispôs a defender a manutenção de Churchill no Almirantado; inclusive, McKenna disse a Asquith: "Winston é um verdadeiro perigo".[47]

"Winston é de longe o homem mais detestado por seus colegas em meu Gabinete", Asquith revelou à esposa. "Oh! Ele é insuportável! Barulhento, cansativo e cheio das perorações."[48] Também afirmou na mesma época: "É uma pena que Winston não tenha um melhor senso das proporções [...]. Ele nunca chegará ao topo da política britânica, apesar de todos os seus magníficos talentos".[49] A amante de Lloyd George observou: "Parece estranho que Churchill esteja na política todos esses anos e, mesmo assim, não tenha conquistado a confiança de um só partido no país ou de um só colega no Gabinete".[50] De fato, assim ele se manteria até o momento em que se tornou primeiro-ministro. Os arroubos de entusiasmo, as percepções brilhantes, as súbitas reviravoltas, a disposição em abraçar causas impopulares e a mesma intrepidez em rejeitar causas populares — tudo isso dificultava um apoio constante a Churchill. Somente o primo Freddie Guest e Jack Seely se mantiveram a seu lado. Sem seguidores na Câmara dos Comuns, Churchill era uma figura descartável.

"Um homem que é capaz de maquinar o Pogrom de Ulster, de planejar Antuérpia e de levar a cabo o fiasco dos Dardanelos merece ficar sob observação", escreveu Sir Henry Wilson a Bonar Law. "Ele e o Governo têm de encobrir seus rastros e os meios empregados não serão muito bonitos."[51] Naquela noite, Churchill e Clementine foram a The Wharf, a casa de campo de Asquith, em Oxfordshire. "À força de falar alto, ele conseguiu silenciar a mesa", anotou Margot, sempre cáustica, "e com a vivacidade de um escolar ficou discursando de sua maneira habitual, muito colorida e divertida."[52] Churchill sabia que estava lutando pela sobrevivência política, muito embora Violet Asquith achasse que ele fosse "impermeável à atmosfera como um mergulhador em seu escafandro".[53]

"Sou vigorosamente favorável a um governo nacional", escreveu Churchill a Asquith em 17 de maio, "e nenhuma pretensão ou interesse pessoal deve se interpor em seus rumos na crise atual." Também escreveu a Bonar Law e Fisher, na esperança de salvar o cargo que tanto amava. Enquanto isso, Fisher dizia a lorde Esher, como este registrou mais tarde: "Era impossível para ele continuar mais tempo no Almirantado com Churchill. Fora contrário às operações nos

Dardanelos desde o início; expôs na ocasião todas as suas razões ao primeiro-ministro, mas não foi ouvido".[54] No mesmo dia, Ian Hamilton apareceu com um plano para romper as cabeças de ponte, o qual exigia amplos reforços. Enviou um telegrama a Londres pedindo autorização, mas, com a crise ministerial, o Conselho de Guerra só foi analisar o plano três semanas depois. "Em decorrência disso, o envio dos reforços solicitados por Sir Ian Hamilton foi, em sua avaliação, adiado por seis semanas", concluiu um relatório oficial — período durante o qual morriam homens e os turcos fortaleciam suas posições.[55]

"Formarei um Governo de Coalizão", Asquith comunicou à esposa no dia 17. "Acabo de estar com Bonar Law. Ele gostou e ficou contente."[56] Quanto a Fisher e Churchill, Bonar Law afirmou apenas: "É melhor que os dois saiam".[57] Em certo momento, Bonar Law e Balfour ofereceram o cargo de primeiro-ministro a Lloyd George, mas ele recusou por lealdade a Asquith — ou, pelo menos, foi o que justificou à amante.[58] Ao que consta, ofereceram-lhe também o Ministério da Guerra, com a alegação de que Kitchener "enganara o governo sobre o assunto da munição — principalmente explosivos — e não tinha condições de ocupar o cargo".[59] A verdadeira responsabilidade pela escassez de explosivos cabia à falha do governo Asquith em mobilizar plenamente a economia de guerra — o que se agravava ainda mais devido às sérias demandas da grande ampliação do esforço de guerra no Front Ocidental e nos Dardanelos, bem como nas frentes menores no Oriente Médio e na África —, mas era bom ter um bode expiatório. Embora fosse autoritário, imprevisível e muito reservado dentro do Ministério da Guerra e não se dignasse a informar sequer o Conselho sobre as bases de suas decisões, Kitchener era estimadíssimo no país e incapaz de ser removido por quem quer que fosse. O fato de se saber praticamente irremovível do cargo tornava-o perigoso. Como figura ilustrando os cartazes de recrutamento, era grandioso, mas, como colega, beirava o insuportável.

Foi necessária a visão de alguém de fora da política e dos assuntos militares para avaliar sucintamente a situação. "O Gabinete se afundou!", escreveu Jean, esposa de Ian Hamilton, em seu diário em 18 de maio. "Derrubado, temo eu, pelo erro de Winston em bombardear o front dos Dardanelos com a Frota antes de ter o apoio das tropas, e aquele velho rato, lorde Fisher, cavou um buraco no navio que naufragava."[60] "Sinto-me como um homem atingido", disse Churchill a Lloyd George naquele dia. "Sei que fui ferido, mas ainda não sei a gravidade. Mais tarde descobrirei até que ponto vão as lesões, mas agora sinto apenas o impacto."[61] No dia seguinte, recuperara-se o suficiente para que Frances Stevenson escrevesse no diário: "Hoje Churchill parece pronto para partir para a briga".[62] Churchill mostrou a Lloyd George e Grey uma longa carta em que justificava sua conduta e pretendia publicá-la. Lloyd George comentou que seria o primeiro questionamento público sobre o êxito da expedição dos Dardanelos. Ao ver que ambos, Grey e Lloyd George, concordavam que ele teria de renunciar, Churchill "perdeu totalmente a calma".[63] A carta, como tantas outras que Churchill escreveu para dar vazão a seus sentimentos ao longo dos anos, nunca foi enviada.

"Você não se importa com o que vai ser de mim", disse ele a Lloyd George. "Nem se importa se meus inimigos me pisoteiam. Nem se importa com minha reputação pessoal." "Não", consta que Lloyd George teria respondido, "não me importo nem comigo mesmo neste momento. A única coisa com que me importo agora é ganharmos essa guerra."[64] Parecia mais uma briga de namorados do que uma discussão entre estadistas, mas o entrevero ensinou a Churchill que a amizade pouco valia nas esferas da alta política, como lorde Haldane também viria a aprender. Naquela noite, num gesto desesperado para salvar sua posição, Churchill ofereceu a Fisher um cargo no Gabinete Ministerial caso voltasse atrás na renúncia, embora não tivesse autoridade para tanto. Fisher comentou com Bonar Law em tom de galhofa: "Recusei as trinta moedas de prata para trair meu país".[65] Enquanto isso, o editor do *Morning Post* se dizia "entusiasmadíssimo" com a perspectiva da queda de Churchill.[66]

O rei ficou extremamente satisfeito com a formação de um governo nacional. "Somente assim conseguiremos nos livrar de Churchill no Almirantado", anotou no diário. "Ele também está tramando com French contra Kitchener, é ele o verdadeiro perigo."[67] O príncipe de Gales concordou, comentando com o pai: "É um grande alívio saber que Winston está deixando o Almirantado [...] percebe-se que ele lança o país em aventuras insensatas que são tremendamente caras tanto em homens quanto em munições e que não alcançam seus objetivos". Foi por esse rapaz fútil que Churchill mais tarde quase sacrificou sua carreira.

Em 20 de maio, Clementine escreveu uma carta emocionada e admirável ao primeiro-ministro, numa última tentativa desesperada de salvar o marido. "Meu prezado sr. Asquith", escreveu ela:

> Por quase quatro anos Winston tem se dedicado a dominar todos os detalhes da ciência naval. Não existe nenhum homem neste país que possua igual conhecimento, capacidade e vigor. Se ele sair, por muitos meses não será possível reparar o dano às atividades do Almirantado [...]. Por que se afastar de Winston? A menos que tenha realmente perdido a confiança no trabalho e na capacidade dele? Mas sei que não pode ser essa a razão. A razão não será a conveniência — "para restaurar a confiança pública"? Sugiro-lhe que a confiança pública será restaurada na *Alemanha* com a queda de Winston [...]. Caso se desfaça de Winston, estará cometendo um ato de fraqueza e seu Governo de Coalizão não será uma máquina de guerra poderosa como o governo atual. Winston pode ter defeitos a seus olhos e aos olhos daqueles com quem teve de trabalhar, mas possui a suprema qualidade que me

arrisco a dizer serem pouquíssimos em seu Gabinete atual ou futuro a possuir — o poder, a imaginação, a decisão implacável de combater a Alemanha. Se o enviar a outro local, ele não estará mais lutando — se desperdiçar esse valioso material de guerra, o senhor causará dano a este País.[68]

Asquith apresentou a carta a Margot. "Revela a alma de uma criada", confidenciou ela em seu diário. "Aquele toque de chantagem e insolência, e a revelação de uma negra ingratidão e falta de afeição confirmam tudo o que penso sobre esse casal superficial."[69] Quando Asquith tentou defendê-la como "carta de uma esposa", Margot retrucou: "De uma megera, você quer dizer!!".

Houve alguma discordância dentro da família quanto a Churchill ter visto a carta antes que Clementine a enviasse. Maurice Bonham Carter, secretário particular de Asquith (que depois se casou com Violet), qualificou a mensagem como "*bêtise*" e descobriu que, mesmo não tendo sido escrita por inspiração de Churchill, ele deixara que Clementine a enviasse. Asquith nunca se deu ao trabalho de responder, mas leu a missiva para os convidados à mesa do almoço "divertindo-se muito", e comentou com Venetia Stanley que era "a carta de uma louca".[70] Uma avaliação mais realista foi a do historiador que a considerou "uma defesa tão apaixonada, ainda que tão imprudente, que é impossível lê-la sem pensar que qualquer homem se alegraria em ter uma esposa que acreditasse tanto nele".[71]

O próprio Churchill, ainda trabalhando no Almirantado, disse a Riddell naquele mesmo dia: "Estou acabado!". Quando Riddell manifestou surpresa, argumentando que Churchill tinha apenas quarenta anos e ainda dispunha de "poderes admiráveis", ouviu como resposta: "Sim, acabado em relação a tudo o que me importa — travar guerra, derrotar os alemães".[72] Em 21 de maio, escreveu a Bonar Law, insistindo que não permitisse que "uma campanha da imprensa, inevitavelmente conduzida na ignorância e não isenta de preconceito", forçasse sua renúncia, mas que lhe permitisse ser "julgado com justiça, ponderação e conhecimento de causa".[73] Bonar Law respondeu que a renúncia àquela altura era inevitável.[74] Então Churchill escreveu a Asquith:

Minha responsabilidade é tremenda. Mas sei que sou capaz de arcar com ela, e sem o menor esmorecimento [...] posso conduzir essa vasta questão dos Dardanelos em segurança até o final [...]. Arthur Wilson e eu juntos somos capazes disso. Conhecemos toda a situação. Mas imagine meus sentimentos se, neste momento crítico — por mera hostilidade da imprensa desinformada —, todo o complexo assunto é retirado de nossas mãos e posto nas de um estranho sem o conhecimento ou, pior de tudo, nas mãos de um adversário implacável contrário a todo o plano. O que me move não é o apego ao cargo ou a este cargo em particular, nem meu interesse ou vantagem própria. Estou me apegando à minha *tarefa* e a meu *dever*.

> Estou me esforçando para levar a bom termo o enorme empreendimento em que nos engajamos; e o qual bem sei que sou — com Arthur Wilson — capaz de cumprir sozinho. Eu não acreditava ser possível suportar tal ansiedade [...] só posso recorrer a você. Deixe-me resistir ou cair por Dardanelos — mas não a tire de minhas mãos.[75]

Asquith se limitou a responder: "Tome por assente que não permanecerá no Almirantado [...]. Espero manter seus serviços como membro do novo Gabinete, sendo, como sou, sinceramente grato pelo excelente trabalho que tem feito antes e desde a guerra".[76] Se Asquith podia tratar Churchill com rispidez, era em parte porque o primeiro lorde dispunha de pouquíssimos apoios. Um deles era James Masterton Smith, secretário particular de Churchill, que demonstrou coragem ao dizer aos Asquith e a Bonham Carter que "ainda deseja vivamente que Churchill continue como primeiro lorde, devido à sua grande energia e capacidade de trabalho".[77]

"Espero que Balfour se torne primeiro lorde do Almirantado em lugar de Churchill, que se tornou impossível", escreveu o rei em seu diário em 22 de maio.[78] Foi o que aconteceu. Um fato admirável foi que o almirante Wilson, embora removido por Churchill antes da guerra, recusou-se a servir como primeiro lorde dos mares sob qualquer outro que não fosse ele, e assim o cargo coube ao almirante Jackson. O governo foi reconstituído como coalizão, tendo Asquith como primeiro-ministro, Lloyd George como ministro dos Armamentos (para lidar com a escassez de explosivos), Bonar Law como ministro das Colônias, McKenna como chanceler do Tesouro e Grey permanecendo no Ministério das Relações Exteriores. "Eu queria que fôssemos para os tories quando tínhamos força", confidenciou Churchill a Violet, "e não fazendo da necessidade virtude."[79]

Churchill nunca esqueceu a humilhação de maio de 1915, quando foi afastado do Almirantado, dizendo a seus auxiliares mesmo após muito tempo que o mês de maio nunca fora seu predileto. "Não posso esquecer que, quando deixei o Almirantado em maio de 1915, o primeiro e, salvo uma exceção, o único de meus colegas a me fazer uma visita de cerimônia foi o titã sobrecarregado de tarefas cuja reprimenda fora uma das experiências desconcertantes de minha juventude", escreveu Churchill a respeito de Kitchener, anos depois.[80] Naquele encontro, Kitchener, que não estivera envolvido nas maquinações para afastá-lo, disse a Churchill "naquela maneira imponente e quase majestosa que lhe era natural: 'Bem, em todo caso há uma coisa que não lhe podem retirar. A Frota estava pronta'".[81]

O Almirantado comemorou a saída de Churchill, pelo menos em âmbito privado. Jellicoe definiu Churchill como "um perigo público para o Império"; Beatty escreveu que "a Marinha respira mais desafogada agora que está livre do súcubo Churchill"; Richmond criticou a "vaidade pessoal" daquele "amador estridente".[82] A imprensa, da mesma forma, exultou com sua queda — com exceção de J.L. Garvin, que previu no *Observer*: "Chegará a hora de seu triunfo".[83]

Churchill, porém, não fora totalmente afastado. Conservou um cargo no Gabinete e no Conselho de Guerra, sem poder executivo. Após deixar de comandar os mil navios da Marinha Real e assumir seu novo cargo de chanceler do Ducado de Lancaster, cabia-lhe nomear juízes de paz nas zonas rurais. Seu salário caíra pela metade, reduzido a 2 mil libras. Sua função oficial como chanceler era supervisionar a administração da propriedade pessoal do rei (o Ducado de Lancaster), o que lhe tomava menos de um dia por semana; no restante do tempo, era um ministro sem pasta. Balfour autorizou que Churchill e Clementine continuassem na Casa do Almirantado até meados de junho, e depois (visto que haviam alugado o apartamento na Eccleston Square a Grey) se mudaram para o número 21 da Arlington Street, com Ivor Guest, e mais tarde para a casa de Jack no número 41 da Cromwell Road, quase em frente ao Museu de História Natural.

Após uma visita a Clementine na casa do Almirantado em 26 de maio, Edwin Montagu escreveu à noiva, Venetia Stanley: "Ela estava muito meiga, mas muito infeliz e chorando o tempo inteiro".[84] A campanha se imiscuíra em todos os aspectos da vida familiar dos Churchill, como se evidencia nas preces que Randolph, então com quatro anos, rezava à noite: "Deus abençoe mamãe e papai. Deus abençoe os Dardanelos e me faça um bom menino. Amém".[85]

Nos seis meses seguintes, Churchill continuou a comparecer a reuniões e a prestar consultoria, mas numa posição sem autoridade. Persuadiu Balfour a continuar financiando os trabalhos sobre o protótipo do "couraçado de terra" — isto é, o tanque — e até conseguiu forças adicionais para os Dardanelos. "Como um animal marinho recolhido das profundezas, ou como um mergulhador içado rápido demais", relembrou mais tarde, "minhas veias ameaçavam explodir pela queda de pressão. No momento em que todas as fibras de meu ser estavam dilatadas para a ação, fui obrigado a me manter como espectador da tragédia, cruelmente posto num assento da frente."[86]

Apesar da remoção do cargo, os conhecimentos especializados de Churchill sobre todos os aspectos da campanha significavam que o Gabinete ainda precisava dele, ainda mais porque seu sucessor, Balfour, tinha pouquíssima experiência em assuntos navais. "A posição nos Dardanelos é ao mesmo tempo arriscada e promissora", escreveu ele num memorando do Gabinete em 1º de junho. Após a Terceira Batalha de Krithia, no começo de junho, o Comitê dos Dardanelos, que consistia nos treze homens de maior poder no governo, decidiu conceder a Hamilton um reforço de mais seis divisões, em parte por insistência de Churchill.[87]

"No Estreito dos Dardanelos e ao longo dos espinhaços da Península de Galípoli", discursou ele num auditório em Dundee em 5 de junho, "estão alguns dos caminhos mais curtos para uma paz triunfal [...]. Adiante daqueles poucos quilômetros de espinhaços e capoeiras em que agora combatem nossos soldados, nossos camaradas franceses, nossos valorosos australianos e nossos companheiros súditos da Nova Zelândia, encontram-se a derrocada de um império hostil, a destruição da frota e do exército de um inimigo, a queda de uma capital de fama mundial e, provavelmente, a obtenção adicional de aliados poderosos."[88]

Em 9 de junho, ele comunicou ao amigo major Archie Sinclair, do 2º Regimento de Guarda-Costas:

> É preciso suportar o infortúnio com um sorriso [...]. Mas a hora é amarga: e a inatividade uma tortura. Aqui estou eu numa gorda sinecura, muito bem recebido e tratado pelo novo Gabinete que tem adotado minha política e dado todos os passos em que insisti, indo até além [...]. Mas agora tudo isso está assentado e não aguento ficar parado aqui esperando que os ventos políticos mudem. Não quero cargo, apenas condução da guerra: isso talvez nunca mais. Todo o resto — não. Pelo menos é como me sinto nos maus momentos [...]. Fisher é um mistério. Foi um colapso mental ou um *coup d'état*? Ou, o mais provável, os dois juntos. E, em sincronia com isso, Lloyd George lutando pelo poder em aliança com Northcliffe: e Asquith afetuoso, mas fraco e indolente e procurando se preservar a todo custo. Eu é que não estou assentado e não posso usar meus dotes [...]. Não considero que meu julgamento tenha sido refutado ou que a adoção decidida de minha linha de ação com todos os riscos necessários foi um erro [...]. Não me sinto minimamente atraído por uma perspectiva política e tenho aversão ao jogo político. Entre mim e LG *tout est fini*. Quero um hausto de ar fresco.[89]

A crise finalmente lhe permitira enxergar o verdadeiro Lloyd George. "Você é um sujeito esperto!", disse-lhe na cara. "Esteve maquinando tudo isso durante meses e não deixou pedra sobre pedra para conseguir o que queria."[90]

Antes de conseguir se dispor a deixar o governo e encontrar redenção nas trincheiras, Churchill precisou lutar para obter o máximo apoio para Ian Hamilton, na esperança de reverter a campanha dos Dardanelos e, com isso, acabar com a narrativa condenatória que levara à sua exclusão do Almirantado. Se a campanha de Galípoli desse certo, ele estaria justificado. Seus argumentos encontraram apoio nos terríveis eventos do Front Ocidental, onde a ofensiva de Joffre em maio resultara em quase 250 mil baixas e depois da qual, como disse Churchill aos colegas em 18 de junho, "das cerca de 18 500 milhas quadradas da França e da Bélgica nas mãos dos alemães, recuperamos aproximadamente oito".[91] Contra esse registro desalentador, ele continuava a defender o que chamava de "prêmio" de Constantinopla, "o prêmio, e o único prêmio, que está ao alcance neste ano. Sem dúvida pode ser conquistado, sem custos desarrazoados e em tempo relativamente curto".[92]

A família Churchill passava os fins de semana em Hoe Farm, em Surrey, uma sede de fazenda em estilo Tudor reformada que, em conjunto com Jack, foi alugada durante o verão de 1915. "O jardim rebrilha com as joias do verão", disse Churchill a Jack, que estava servindo com Hamilton. "Vivemos com muita simplicidade — mas com as coisas essenciais da vida bem definidas e bem atendidas — banhos quentes e champanhe frio, ervilhas frescas e conhaque envelhecido."[93] Foi lá que Churchill descobriu outra coisa essencial para sua vida. No começo de julho, ao observar a cunhada Goonie pintando, decidiu tentar também.[94] O que se iniciou como uma espécie de terapia pós-Almirantado — "Se não fosse a pintura, não conseguiria viver; não conseguiria suportar a tensão das coisas", revelou ele — logo se transformou numa paixão duradoura. Veio a pintar mais de 540 quadros e se tornou realmente muito bom nisso.[95] "Se tivesse escolhido a pintura em vez da política", disse uma não pequena autoridade no assunto, o pintor e seu professor Sir John Lavery, "acredito que ele teria sido um grande mestre do pincel."[96]

O considerável talento artístico inato de Churchill foi alimentado por Walter Sickert, sob cuja tutela desenvolveu suas habilidades técnicas. Sickert estudara na Slade School of Fine Art, fora aprendiz de J. A. Whistler e era amigo de Degas. Além de Lavery e Sickert, Churchill contou com os ensinamentos de Sir William Nicholson e do pintor anglo-francês Paul Maze. É comum que se desconsidere Churchill como artista, tomando-o como mero "pintor de fim de semana", mas ele alcançou um alto nível de proficiência técnica. Em 1925, um júri artístico composto de Sir Oswald Birley, lorde Duveen e Kenneth Clark julgou uma obra anônima, *Winter Sunshine*, num concurso público para amadores. Duveen não queria conceder o prêmio ao quadro pois, a seu ver, era evidente que fora pintado por um profissional. Clark retrucou que não deveriam suspeitar que houvesse trapaceiros entre os inscritos. O quadro fora pintado por Churchill.

"A pintura é completa como distração", escreveu ele. "Não conheço nada que, sem esgotar o corpo, absorva mais inteiramente o espírito."[97] Ele presenteava a maioria de seus "borrões", como dizia modestamente, a parentes e amigos, às vezes a integrantes de sua equipe e, durante a Segunda Guerra Mundial, a Franklin Roosevelt e Harry Truman, bem como ao general Eisenhower, ao general Montgomery e ao general Marshall. Explorava todos os gêneros — naturezas-mortas, flores, cenas arquitetônicas (inclusive as pirâmides), tapeçarias em Blenheim, paisagens, plantas aquáticas em Fontaine de Vaucluse e retratos — e ocasionalmente pintava a partir de fotografias. Quando um assistente o viu projetando uma imagem por lanterna mágica sobre a tela e disse: "Parece uma pequena trapaça", Churchill retrucou: "Se o produto acabado parece uma obra de arte, então é uma obra de arte!".[98] Quando lhe perguntaram por que preferia paisagens a retratos, ele respondeu: "Uma árvore não reclama que não lhe fiz justiça".[99]

"Não vou fingir que sou imparcial em relação às cores", escreveu ele em "Painting as a Pastime" [Pintura como passatempo], um artigo de 1921 publicado em livro em 1948. "Alegro-me com as cores vivas e fico genuinamente triste pelas pobres pardacentas. Quando for para o Céu, pretendo passar uma parte considerável de meu primeiro milhão de anos pintando e, assim, chegar ao fundo do tema."[100]* Quando ganhou de presente uma garrafa grande de conhaque nos anos 1930, mandou os filhos e o sobrinho Peregrine percorrerem a casa para juntar outras parecidas para um quadro, dizendo: "Arranjem-me garrafas companheiras e fraternas para formar um corpo de guarda para esse majestoso recipiente".[101] Logo encontraram mais onze garrafas e algumas caixas grandes de charutos, e ele deu ao quadro o nome de *Bottlescape*. Mas Churchill não se restringiu à pintura; quando Oscar Nemon fez uma escultura sua nos anos 1950, ele passou as sessões de pose esculpindo Oscar Nemon.

Kitchener pediu a Churchill que fosse visitar os Dardanelos em meados de julho de 1915, para perguntar a Ian Hamilton por que a campanha degenerara num impasse de trincheiras tão ruim quanto o que se dera no Front Ocidental. Antes de partir, Churchill escreveu uma carta a Clementine, para ser aberta caso ele morresse por lá. Estipulou o modestíssimo sustento financeiro que ela teria, cerca de 450 libras anuais. Pediu-lhe que "ficasse com todos os meus papéis, principalmente os que se referem à minha gestão no Almirantado", pois a esposa era sua executora literária, e ele queria que um livro fosse escrito:

> Gostaria que algum dia se soubesse a verdade. Randolph segurará a lâmpada. Não lamente demais por minha causa. Sou um espírito confiante em meus direitos. A morte é apenas um incidente, e não o mais importante, que nos acontece nesse estado do ser. No geral, principalmente desde que a conheci, minha querida, tenho sido feliz, e você me ensinou como o coração de uma mulher pode ser nobre. Se existir algum outro lugar, estarei à sua espera. Enquanto isso, olhe em frente, sinta-se livre [presumivelmente para se casar outra vez], cuide das crianças, guarde minha memória. Deus a abençoe.[102]

* Foi nesse ensaio que ele também escreveu: "Nada cria maior reverência num homem do que uma biblioteca" (WSC, *Painting*, p. 10).

Jean Hamilton almoçou com os Churchill na véspera da partida de Winston e anotou que ele "ainda garante que a Frota poderia ter atravessado o Estreito sem o auxílio das tropas".[103] Também estava "plenamente confiante de que virá uma grande vitória nos Dardanelos, e quer estar lá para vê-la — ele parte amanhã cedo". O Gabinete cancelou a viagem no último instante, não querendo que ele retornasse com razões adicionais para dar reforço a uma campanha derrotada. "Agora disponho de muito tempo e sinto profundamente cada fisgada", comentou com Archie Sinclair. "É uma experiência horrível ficar aqui no meio das coisas sabendo de tudo, acompanhando fervorosamente, consciente de ter capacidade para o serviço, mas quase sempre paralisado. É como estar num transe cataléptico enquanto tudo a que se dá valor está em risco." Enquanto a expedição de Galípoli ainda tinha alguma chance de sucesso, Churchill sabia que precisava ficar em Londres para defendê-la, mas também estava consciente sobre qual seria seu dever mais adiante, confidenciando a Sinclair: "Reconfortará minha alma sair por alguns meses e servir com meu regimento, e meu espírito, em seu mal-estar, volta-se cada vez mais para isso. Mas, até a vitória nos Dardanelos, meu lugar é claramente aqui".[104]

Muitos outros ministros anteriores e posteriores foram afastados ou dispensados diante do fracasso de seus principais planos. Mas, quando não estava na frente do cavalete, Churchill se sentia corroído pela dor da humilhação e pelo desespero em se ver justiçado. "Os Dardanelos o perseguiram pelo resto da vida", revelou Clementine a Martin Gilbert. "Sempre acreditou na campanha. Quando saiu do Almirantado, achou que estava acabado [...]. Pensei que ele nunca superaria os Dardanelos. Pensei que ia morrer de pesar."[105] Para Freddie Birkenhead, Clementine especificou como isso poderia se dar: "Winston estava tomado de um desespero tão profundo que ela achava que nunca se recuperaria e, numa época, até receou que ele se suicidasse".[106] Como os romanos, ele considerava que não havia nenhuma ignomínia em se suicidar para expiar a desgraça.

Em 11 de julho de 1911, Churchill jantara com seu primo Ivor Guest e a esposa dele, Alice. "Alice me interessou muito com seus comentários sobre seu médico na Alemanha", escreveu do Ministério do Interior a Clementine, que estava passando férias em Seaford, em East Sussex, "que curou totalmente a depressão dela. Creio que esse homem poderia ser útil para mim — se meu cão negro voltar. Agora parece bem distante. É um grande alívio. Todas as cores voltaram ao quadro. A mais brilhante delas, seu rosto amado, minha Querida."[107] Trata-se da única e exclusiva referência de Churchill ao chamado "cão negro" da depressão (expressão utilizada por babás vitorianas e eduardianas para descrever crianças irritadiças ou mal-humoradas de que cuidavam). Lorde Moran, o médico de Churchill, menciona-a apenas cinco vezes nas oitocentas páginas de seu livro sobre ele, e mesmo assim basicamente em termos especulativos. Os registros do diário publicados por Moran para 14 de agosto de 1944 e 2 de agosto de 1945, sobre os quais se baseiam quase todas as indicações do "cão negro" de Churchill, não correspondem às versões manuscritas em seus papéis pessoais.[108]

Churchill nunca perdeu um único dia de trabalho por causa dessa suposta depressão, ainda que sem dúvida às vezes se sentisse desanimado, como durante as derrotas na fase inicial da Segunda Guerra Mundial. Seus familiares e secretários particulares nunca o ouviram usar a expressão "cão negro", embora alguns de fato se dissessem apreensivos com o estado de espírito de Churchill em determinadas ocasiões, por exemplo, quando ficava "rabugento" antes de um discurso importante.[109] É improvável que ele fosse de fato depressivo, e menos ainda maníaco-depressivo, e essa única referência de julho de 1911 pode ser explicada como um autodiagnóstico incorreto, fruto da hipocondria de um indivíduo que todos os dias media sua temperatura e acreditava ter uma "pele sensível". (Os diagnósticos amadores mais recentes sobre sua bipolaridade podem ser igualmente descartados.) Quando acontecia algo catastrófico como o desastre de Dardanelos, Churchill se deprimia, como qualquer outra pessoa nas mesmas circunstâncias.

·

"Esse governo de homens capazes e partidos opostos não apresenta nenhuma das qualidades necessárias para a guerra", comentou Churchill com Archie Sinclair, passados apenas dois meses após a chegada da coalizão ao poder. "Os elementos pessoais e partidários se neutralizam mutuamente: e há muitas opiniões, muita polidez, imenso decoro — mas pouca ação. É muito acentuada a predisposição para o negativo. Enquanto isso, há movimentos incessantes que observo atentamente sem participar."[110] Claro que poderia ser porque todos na oposição ainda o consideravam tóxico demais para convidá-lo a participar. Demonstrando generosidade, Churchill escreveu que Lloyd George "é necessário para o Estado. Tem a qualidade bélica. Não pretendo permitir que algum sentimento pessoal me impeça de trabalhar com ele. Mas a desconfiança com base na experiência é uma barreira terrível. É estranho olhar para um ano atrás [...]. Minha participação nos eventos encolheu miseravelmente. Mas ainda penso que tenho um trabalho a fazer, embora não por muitos meses. A guerra precisa ser travada até o amargo fim. Qualquer meia medida de paz será apenas uma trégua. Precisamos ter a qualquer custo um resultado decisivo. Não estamos fazendo tudo o que deveríamos. Você nem acreditaria — passo os dias pintando. Traz paz a meu espírito [...]. Não deixe que minhas cartas caiam nas mãos dos alemães quando atacarem as trincheiras. Os porcos exultarão [...]. É melhor queimar as cartas".[111] Como em tantas outras ocasiões, era o tipo de recomendação que garantia a cuidadosa preservação das missivas.

O imaginativo plano de Hamilton de contornar o flanco turco na baía de Suvla e atacar a partir da área Anzac foi posto em prática em 6 de agosto, mas, apesar da grande bravura dos australianos e neozelandeses que tomaram a costa de assalto, a iniciativa malogrou. Naquela altura, os turcos tinham dezesseis divisões na península, enfrentando as catorze de Hamilton. As unidades aliadas foram desembarcadas no local errado, diante de penhascos escarpados e ravinas profundas, e se perderam por causa de mapas que continham erros. A qualidade dos altos oficiais era, de modo geral, simplesmente patética, porque o Front Ocidental sempre foi a prioridade máxima. (Um dos generais, ainda em 1912, era interno de um manicômio.) Quando havia algum avanço, o tenente-general Sir Frederick Stopford, comandante do IX Corpo, desperdiçava oportunidades que jamais voltaria a ter. Stopford foi removido do comando em 16 de agosto, mas então já era tarde demais: todas as frentes estavam bloqueadas.

Ainda que Churchill descrevesse o cargo de chanceler do Ducado de Lancaster, função que vinha desde o século XIV, como uma sinecura num lugar remoto, pelo menos permitiu-lhe integrar um poderoso comitê ministerial em meados de agosto, "para examinar os recursos deste país e de nossos aliados para o prosseguimento da guerra até o final de 1916". Em doze reuniões ao longo de três semanas, o comitê ouviu dezenas de altas figuras políticas e militares — incluindo metade do Gabinete Ministerial. Churchill fez perguntas incisivas a todos. Indagou a Balfour sobre a regulação da marinha mercante; solicitou dados mais precisos ao diretor de Recrutamento; questionou Lloyd George sobre os explosivos de dezoito libras e o serviço militar obrigatório; manifestou seu espanto ao ministro da Guerra ao saber que quase 250 mil britânicos tinham sido dispensados por incapacidade física para servir; perguntou a Walter Runciman como liberar uma parte dos 200 mil empregados nas redes ferroviárias e encaminhá-la para o serviço militar. Interrogou políticos e funcionários públicos sobre as estatísticas demográficas e as exportações francesas, e sabia de cor e salteado o total de homens entre dezessete e 45 anos trabalhando em marcenaria e carpintaria. Indagou ao contra-almirante Morgan Singer sobre os canhões Maxim nos navios, a Hotchkiss sobre as armas antiaéreas, detonadores automáticos, granadas, rifles e carabinas dos Estados Unidos, questionando: "Agora aceitam a cordite?".[112] Não havia tema ou assunto que lhe parecesse insignificante, e ele mostrou enorme prazer ao lidar com estatísticas.

No começo de setembro, quando ficou sabendo que haveria o cancelamento de um grande ataque francês no Front Ocidental e que as divisões seriam enviadas para os Dardanelos, Churchill passou um bilhete para Lloyd George no Gabinete: "Sinto-me como alguém que estava prestes a ser fuzilado e, em vez disso, recebe uma grande fortuna".[113] Infelizmente, as corajosas tentativas de Hamilton de romper Suvla não deram em nada. A essa altura, com o apoio de Clementine, que percebia a frustração do marido com a política, Churchill estava se prontificando a deixar o Gabinete e partir para a frente de batalha. Queria a patente de major-general e um corpo do Exército, o que Kitchener considerou "embaraçoso", sabendo que, se acatasse a solicitação, isso iria "ofender o Exército".[114]

Churchill não tinha nenhuma ilusão quanto ao papel de Lloyd George em sua remoção do Almirantado. "Prestei-lhe muitos favores", disse a ele em meados de setembro, provavelmente referindo-se ao escândalo Marconi; "você poderia ter dito a palavra que me manteria lá."[115] Lloyd George respondeu sem rodeios que os Dardanelos tinham sido um erro. No final de setembro, falava-se na total evacuação de Galípoli e na formação de um novo Conselho de Guerra sem Churchill. Apesar da cortesia demonstrada por ocasião de seu afastamento, Kitchener, em especial, passou a dizer que não trabalharia mais com Churchill; Hankey mais tarde comentou que o ministro estava "quase histérico", ameaçando renunciar se Churchill continuasse no Conselho de Guerra.[116] Os sentimentos nessa época eram inteiramente recíprocos: quando C. P. Scott, editor do *Manchester Guardian*, esteve na Downing Street numa visita a Churchill, em suas funções no Ducado, encontrou-o "tremendamente agastado por não ter quase trabalho nenhum a fazer e falou que talvez renunciasse e se juntasse a seu regimento". Quando Scott lhe perguntou "o que faria para ter uma verdadeira mudança para melhor, ele hesitou por um instante e então disse, com absoluta segurança, que a primeira coisa seria livrar-se de Kitchener".[117] Churchill deu a entender a Scott que os papéis de ministro da Guerra e grande estrategista geral seriam então divididos. A configuração então existente, segundo ele, "hoje se mostrou um erro e nunca se repetiria. Além disso, haveria um gabinete interno responsável pela condução da guerra, com reuniões diárias". Foi exatamente o que Churchill criou ao se tornar primeiro-ministro, em 1940.

A primeira quinzena de outubro de 1915 testemunhou a derrota britânica na Batalha de Loos, na França, e a decisão da Bulgária de integrar as Potências Centrais. Churchill não viu maneira melhor de remediar a situação a não ser renovar o ataque naval nos Dardanelos. "Creio que passamos todos esses meses na posição do prisioneiro espanhol", escreveu ele a Balfour em 6 de outubro, "que ficou vinte anos definhando numa masmorra até que um dia lhe veio a ideia de empurrar a porta, que estivera aberta aquele tempo todo."[118] Foi uma péssima analogia. Galípoli não era propriamente uma solução simples nem óbvia. A campanha por terra estava bloqueada por completo naquela fase. O que a artilharia turca faria aos navios que tentassem atravessar o estreito? Os fortes até poderiam ser tomados pela pura audácia de um ataque-surpresa, mas os turcos mantinham na época uma grande quantidade de artilharia na península e reagiriam com rapidez e agressividade a um eventual ataque naval. Qualquer navio que sobrevivesse a esse assalto logo em seguida enfrentaria as minas subaquáticas.

Em 14 de outubro, o Conselho de Guerra decidiu chamar de volta Sir Ian Hamilton e substituí-lo pelo general Sir Charles Monro, que logo recomendou a evacuação da península. "O general Monro era um oficial de decisões rápidas", Churchill gracejou alguns anos depois. "Chegou, viu, capitulou."[119] (E, num trocadilho com "Wolf", chamou o tenente-general Sir James Wolfe Murray, que concordara com Monro, de "Sheep" [Cordeiro] Murray.) "Nada leva mais infalivelmente ao desastre do que um plano militar executado com passos trôpegos e pouca disposição diante dos resmungos constantes dentro do círculo executivo", escreveu Churchill num ofício ministerial em resposta às demandas de Bonar Law para a evacuação. "Mesmo na política tais métodos são daninhos. Na guerra são um crime."[120]

Churchill prosseguiu, prevendo, de maneira um tanto hiperbólica até para seus padrões, que a evacuação proposta seria a pior decisão militar desde a perda das colônias na América do Norte. Bonar Law não se abalou e ameaçou renunciar caso não se procedesse à evacuação. A essa altura, sem dúvida tinha razão. Em 5 de novembro, um novo Conselho de Guerra fez sua primeira reunião, composto de Asquith, Balfour, Grey, Lloyd George, Bonar Law, McKenna, e Kitchener, mas não Churchill.[121] Lloyd George comentou com Frances Stevenson que Churchill "ficou aborrecidíssimo ao não ser incluído no pequeno Comitê de Guerra", mas àquela altura dos acontecimentos dificilmente teria sido uma surpresa para ele.[122]

Três dias depois, Asquith deu todo o respaldo à evacuação; em 11 de novembro de 1915, uma quinta-feira, Churchill renunciou e deixou o governo. "Estou em sincera concordância com a decisão de formar um pequeno Conselho de Guerra", escreveu ao primeiro-ministro.

> Não tenho nenhuma queixa quanto à mudança de seu esquema. Mas, com essa mudança, meu trabalho no governo chega naturalmente ao fim. Sabendo o que sei sobre a situação atual e o instrumento do poder executivo, não poderia aceitar uma posição de responsabilidade geral pela política de guerra sem uma parte efetiva em sua condução e controle [...]. Nem me sinto capaz, em tempos como estes, de permanecer numa inatividade bem remunerada. Assim, peço-lhe que submeta minha renúncia ao rei. Sou um oficial e coloco-me incondicionalmente à disposição das autoridades militares, observando que meu regimento está na França. Tenho uma consciência limpa que me permite arcar com minha responsabilidade por fatos passados com compostura. O tempo mostrará a justeza de minha administração do Almirantado e me atribuirá a devida parcela na imensa série de preparativos e operações que nos asseguraram o total comando dos mares. Com grande respeito e amizade pessoal inalterada, despeço-me.[123]

A última frase era insincera; o restante, sublime.

Houve algumas discussões sobre enviar Churchill para o comando das forças britânicas na África Oriental, sugestão que, surpreendentemente, teve o apoio de Bonar Law e Carson, mas foi barrada pelo Ministério da Guerra.[124] Hankey sugeriu que ele fosse para o norte da Rússia, a fim de incentivar a importação de munições.[125] Decerto não era um acaso que os dois locais ficassem a grande distância de Londres. Nesse meio-tempo, Violet Asquith enviou a Churchill o poema "Se", de Rudyard Kipling, provavelmente escolhido pela pertinência do verso sobre o encontro com o Triunfo e o Desastre, tratando "esses dois impostores da mesma maneira". E acrescentou: "Lembre que a Inglaterra confia e precisa de você".[126]

No discurso de renúncia na Câmara dos Comuns, em 15 de novembro, Churchill abordou a questão dos Dardanelos:

> Não aceitarei que se diga que foi um plano civil, impingido por um amador político a oficiais e especialistas relutantes. Não me lançarei a nenhuma censura nesta tarde, mas devo dizer que não recebi do primeiro lorde dos mares [Fisher] a orientação clara antes do fato nem o firme apoio posterior que eu tinha o direito de esperar. Se ele não aprovava a operação, deveria ter se manifestado no Conselho de Guerra. A guerra é uma coisa dura e brutal, e não há espaço nela para apreensões ou reservas [...]. Quando chega o momento da ação, a hora das apreensões passou. Amiúde, não é possível voltar atrás num curso que tenha sido adotado na guerra. Um homem deve responder "Sim" ou "Não" às grandes perguntas que são feitas e manter seu compromisso com aquela decisão.[127]

Mesmo assim, Churchill assumiu total responsabilidade pelas operações navais:

> Não houve uma linha, uma palavra, uma sílaba elaborada por inteligências navais e especialistas de alta competência, sem a menor interferência de não especialistas, que eu não tenha aprovado no plano; apoiei o plano; estava convicto de que em todas as circunstâncias que me eram conhecidas — militares, econômicas e diplomáticas — era um plano que se devia tentar, e então se tentou.[128]

Depois disso, veio a declaração fatídica: "Recomendei-o ao Conselho de Guerra e ao governo francês não como certeza, mas como aposta legítima de guerra, com lances que podíamos arriscar por um prêmio de valor inestimável — um prêmio que, na opinião dos mais altos especialistas, tínhamos uma chance bastante razoável de conquistar, prêmio que, naquela época, não poderia ser conquistado de nenhuma outra maneira".[129] O fato de se referir à expedição como "aposta legítima de guerra" permitiu, desde então, que seus detratores alegassem e continuem alegando que foi seu instinto de apostador que o levou a arriscar e dissipar vidas humanas; de fato, não há como minimizar as terríveis perdas. Os mortos e feridos do Império Britânico totalizaram 114 742 homens, dos quais 21 882 morreram em ação e 8899 no hospital. Os franceses tiveram 17 235 enterros registrados.

Churchill não era de forma alguma o único responsável pela decisão de ocupar Galípoli, mas foi o político associado de forma mais direta à catástrofe e, de fato, aceitou se tornar o principal bode expiatório. Isso se deu, em parte, porque o plano original era mesmo seu — independentemente do número de pessoas que, de início, deram seu apoio —, mas também porque ele insistiu em perseverar até o fim, por muito tempo depois que os outros haviam desistido. Se Ian Hamilton não fosse o comandante do Exército, talvez Churchill tivesse recuado antes que a campanha arruinasse sua carreira, mas mesmo isso é de duvidar. Na Segunda Guerra Mundial, sua teimosia de buldogue se demonstrou inestimável; durante a campanha de Galípoli, deixou-o pavorosamente vulnerável.

A catástrofe dos Dardanelos ensinou muito a Churchill, e lhe foi de enorme valia durante a Segunda Guerra Mundial. "Uma única e longa conferência entre os chefes aliados, civis e militares, em janeiro de 1915, poderia ter nos salvado de um incalculável infortúnio", escreveu em *The World Crisis*, e mais tarde presidiu muitas conferências desse gênero.[130] Aprendeu muito sobre suas limitações pessoais, nunca prevalecendo sobre seus chefes de Estado-Maior quando rejeitavam unanimemente seus planos, e não encorajou nem foi cúmplice do silêncio deles em caso de discordância, como fizera com Fisher. Churchill também aprendeu que às vezes mais valia reduzir as perdas do que apostar mais alto para obter ganhos maiores. Assim, na Noruega, em Dacar, na Grécia e em outros lugares — e em especial com as esquadrilhas de caças da Força Aérea na França, em meados de maio de 1940 —, manteve-se em alerta contra a gradual ampliação das missões, desvencilhando-se de algumas sem permitir que razões de prestígio o atraíssem para compromissos militares mais arriscados.

Acima de tudo, não iria no futuro permitir que comandantes militares ultrapoderosos concentrassem um poder que pertencia de fato a políticos eleitos. Churchill fazia uma diferenciação entre os "capacetes" dos militares e os "fraques" dos políticos, e considerava que, durante a Grande Guerra, os primeiros — valendo-se da imensa autoridade que detinham junto à imprensa e ao público — decidiam com excessiva frequência onde tais e quais batalhas e campanhas seriam travadas, enquanto os políticos eram obrigados com excessiva frequência a aceitar tais decisões. Nas memórias de guerra escritas após a Segunda Guerra Mundial, Churchill admitiu que, após o malogro do ataque naval de 18 de março de 1915, havia errado ao "tentar empreender uma grande e fundamental operação de guerra a partir de uma posição subordinada".[131] Assim, ao se tornar primeiro-ministro, em 1940, nomeou a si mesmo também para o novo cargo de ministro da Defesa. Mais tarde se oporia a alguns comandantes militares rígidos e até autoritários, como Alan Brooke, Andrew Cunningham e Arthur Harris, mas eles estavam sempre cientes de que ocupavam uma posição subordinada.

"Se não tivesse cometido erros, não teria feito nada", escreveu Churchill a Clementine logo após a renúncia.[132] Cometera erros colossais durante o desastre dos Dardanelos, mas as lições que ele extraiu a partir disso seriam de imensa valia dali a 25 anos. O desempenho do general Stopford na baía de Suvla, em especial, somou-se ao dos generais na Guerra dos Bôeres numa longa lista de incompetência militar. Uma das razões pelas quais Churchill demitiu tantos generais na Segunda Guerra Mundial foi o baixo apreço pela casta que viera a formar em sua ampla experiência pessoal até aquele momento.

Muitos e muitos anos se passariam antes que parassem de gritar "E os Dardanelos!?" nos comícios públicos de Churchill. Mesmo Randolph, com cinco anos de idade, tinha coleguinhas que lhe diziam: "Seu pai matou o meu nos Dardanelos".[133] ("Lamento dizer que aquilo me causava imenso orgulho", relembrou Randolph, "e percebi que meu pai era um figurão que podia mandar nos outros.")[134] Nos anos 1920, a condessa viúva de Longford, cujo marido morrera no monte Cimitarra lutando na 29ª Divisão, recusava-se a entrar numa casa se Clementine, e ainda mais Churchill, estivesse ali presente.[135]

O discurso de renúncia de Churchill marcou sua despedida na Câmara dos Comuns, antes de partir para o Front Ocidental dois dias depois. "Terminado o discurso, praticamente não havia nenhum parlamentar presente que não estivesse aplaudindo ruidosamente", informou *The Times*. "Pontuado por aclamações de todas as partes da Câmara e acompanhado por uma ovação ao final, o discurso foi um inconteste triunfo parlamentar."[136] Violet escreveu no dia seguinte: "Considerei seu discurso impecável. Poucas vezes me senti mais comovida. Foi um belo e generoso discurso. Como fico grata que você tenha dito o que disse sobre aquele velho lunático perverso [Fisher]". Em 18 de novembro, o major Churchill vestiu o uniforme de seu regimento da guarda pessoal real, os Hussardos de Oxfordshire da Rainha, e foi cumprir seu dever militar na França.

# 11. De Plug Street à vitória

## *Novembro de 1915 a novembro de 1918*

*Na guerra, que é uma forma intensa de vida, o Acaso retira todos os véus e disfarces e se apresenta nuamente a cada momento como árbitro direto de todas as pessoas e acontecimentos.*

Churchill, *Thoughts and Adventures* [Reflexões e aventuras][1]

*O ódio tem no governo o mesmo papel dos ácidos na química.*

Churchill, *The World Crisis*[2]

Churchill não tinha obrigação nenhuma de se juntar ao Exército e ir lutar nas trincheiras. O alistamento não abrangia homens casados até 41 anos de idade até maio de 1916, quando ele ingressava em seu 42º ano. Era simplesmente extraordinário que um ministro renunciasse por uma questão de princípio durante uma guerra e fosse lutar na linha de frente. Mesmo sem se considerar caído em desgraça por causa de sua posição sobre os Dardanelos, Churchill sabia qual era o caminho honroso. Estava no desterro político e julgou que, estando seu país em guerra e não podendo servi-lo na política, serviria combatendo.

Certamente também havia um profundo senso de redenção pessoal em sua decisão de se alistar e compartilhar os perigos das tropas na frente de batalha. (Quando um parlamentar caiu em desgraça durante a Segunda Guerra Mundial, Churchill sugeriu que ingressasse numa unidade de remoção de bombas como a melhor forma de reconquistar a estima do povo.) Mais tarde, escreveu que os soldados na linha de frente "e seus oficiais de regimento, armados de uma causa, com sua virtude acabariam por corrigir os erros e a ignorância de Estados-Maiores e Ministérios, de almirantes, generais e políticos — inclusive, sem dúvida, muitos de mim mesmo. Mas, infelizmente, a que custo desnecessário!".[3]

Desembarcando em Boulogne em 18 de novembro de 1915, Churchill foi visitar Sir John French em seu quartel-general em Saint-Omer, onde lhe foi proposta a escolha entre ser nomeado para o Estado-Maior e assumir o comando de uma brigada em campo. Ele escolheu animadamente o comando, solicitando apenas servir "um ou dois meses na linha para avaliar as novas condições".[4] Como general de brigada, não teria contato direto com o inimigo, e ele não queria ocupar um alto-comando sem isso. Sendo assim, o conde de Cavan, que comandava a Divisão de Guardas da BEF, colocou Churchill no 2º Batalhão dos Granadeiros, comandado pelo tenente-coronel George "Ma" Jeffreys, cujo batalhão seguiria para a frente de batalha em Neuve Chapelle no dia seguinte.

Churchill gostou, pois o primeiro regimento do duque de Marlborough tinha sido o dos Granadeiros. Um de seus oficiais, Harold Macmillan, recordou mais tarde: "Houve grande oposição ao 'maldito político', mas em dois dias ele conquistara todos".[5] Era o que sempre se daria nos períodos em que serviu nas Forças Armadas: a oposição inicial de oficiais — sobretudo tories — por ser político, por ser liberal e por ser Winston Churchill, à qual se seguia uma rápida aceitação graças a seu encanto pessoal, sua bravura e sua disposição para aprender.

"Espero ir para a frente de batalha no sábado por uma ou duas semanas", escreveu Churchill a Clementine. "Não se preocupe minimamente com isso. Não está prevista nenhuma ação e a única coisa que se deve prever é um risco muito genérico e usual [...]. Na verdade, é muito mais seguro do que ir para a linha com os [Hussardos de Oxfordshire] da Rainha [...]. Não imagine que eu vá me expor a algum risco tolo ou fazer alguma coisa que não seja visivelmente necessária."[6] Clementine dera total apoio à sua decisão de ir para a frente de batalha, apesar dos riscos óbvios. Ela mesma ingressou no Comitê Auxiliar dos Operários do setor de Armamentos, que organizava cantinas para os operários das fábricas de armamentos no norte de Londres.

"Embora sejam apenas alguns quilômetros de distância, você me parece tão longe quanto as estrelas", respondeu ela, "perdido entre 1 milhão de figuras fardadas."[7] Quando deixou o Exército, no começo de maio de 1916, Churchill havia escrito mais de cem cartas para a esposa, o que nos permite mais vislumbres de seus pensamentos do que em qualquer outro período de sua vida. "Estou muito feliz aqui", escreveu ele numa carta a Clementine em 19 de novembro de 1915. "Não sabia o que era libertar-se das preocupações. É uma paz abençoada."[8] E acrescentou, sobre o tempo que passara como chanceler do Ducado de Lancaster: "Não sei como consegui passar tantos meses numa infelicidade impotente, que poderiam ter sido passados na guerra".[9] Embora cerca de quinze granadeiros morressem ou fossem feridos todos os dias, "vou ficar muito zangado se você se deixar afligir por qualquer risco".[10] Tal risco só aumentava com o gosto de Churchill pela bebida, visto que o quartel-general de seu batalhão em Ebenezer Farm era estritamente abstêmio. "Como sempre acreditei no uso moderado e regular do álcool", escreveu anos depois, "sobretudo em condições de guerra durante o inverno, transferi alegremente meus pertences de Ebenezer Farm para uma companhia na frente de batalha."[11]

"Não queremos parecer pouco hospitaleiros", disse Jeffreys a Churchill, "mas julgo correto dizer que sua vinda foi uma questão sobre a qual não nos deram nenhuma escolha."[12] Ele acompanhava o tenente-coronel nas duas rondas diárias pelas trincheiras entre a neve e a lama, durante duas ou três horas, comentando sobre a perícia dos alemães quando os britânicos eram alvo de seus tiros, e em pouco tempo Churchill passou a ser tratado como qualquer outro oficial. Logo aprendeu muito sobre a guerra de trincheiras. O ajudante do regimento havia fornecido apenas uma muda de meias e um jogo de lâminas de barbear, o que o levou a escrever para casa pedindo um colete de couro quente, botas de cano alto, roupas impermeáveis, um periscópio, um saco de dormir de pele de carneiro, calças de sarja, sardinhas, chocolates e carnes em conserva, uma remessa a ser feita "com a máxima rapidez".[13] Depois também pediu Shakespeare, charutos grossos, uma máquina de escrever, queijo Stilton, uvas-passas e três garrafas de conhaque a cada dez dias, para dividir com os colegas oficiais.[14]

Não havia nenhuma ofensiva importante em andamento, mas as trincheiras viviam sob fogo incessante de uma ou outra espécie, e ninguém jamais ficava totalmente enxuto ou aquecido. "Tudo está muito calmo", Churchill informou a Clementine em 21 de novembro. "Alguns homens de vez em quando são atingidos por balas perdidas passando por cima das trincheiras ou disparadas com muita precisão. Mas conseguimos andar de pé dentro das trincheiras sem rastejar por uma sapa, e mesmo nas cinco trincheiras na linha de frente há uma grande tranquilidade."[15] Sua companhia estava sob o comando de Edward Grigg, que, como Harold Macmillan, do mesmo regimento, viria a se tornar ministro do governo de Churchill em tempos de guerra.

Em 23 de novembro, Kitchener recomendou ao Conselho de Guerra a evacuação da península de Galípoli. "Tenho profundo desprezo por Kitchener", Churchill confidenciou a Clementine. "Se a evacuação for um desastre — todos os fatos virão à tona. Serão inacreditáveis perante o mundo. O ajuste de contas será pesado e garantirei que seja cobrado."[16] Ledo engano. Ao contrário de grande parte da campanha, a evacuação realizada em dezembro e janeiro foi uma operação exemplar de retirada diante do inimigo e ainda hoje é ensinada em algumas escolas militares. A operação se deu sem perdas — na verdade, nada deu tão certo na operação de Galípoli quanto a saída da península. Às três e meia da tarde do dia 20 de dezembro, o capitão Clement Attlee, do 6º Batalhão do Regimento de South Lancashire, foi praticamente o último homem a deixar a baía de Suvla.[17] Attlee acreditava que a estratégia dos Dardanelos tinha sido audaciosa e correta, o que, segundo um biógrafo seu, "gerou sua admiração permanente por Churchill como estrategista militar, a qual contribuiu imensamente para a relação de trabalho entre eles na Segunda Guerra Mundial".[18]

"Graças a Deus saíram bem [do Cabo] de Helles", escreveu Churchill a Clementine quando a operação terminou. "Imagino que os turcos estivessem tão esgotados quanto nossos homens e simplesmente muito contentes em deixar que se retirassem. Talvez também tenha havido aí algum pagamento que tornou essa correria de 'imorredoura memória' menos arriscada do que parecia."[19] Sua mágoa e sua irritação eram perceptíveis, mas de qualquer forma se tratava de uma hipótese sem nenhuma comprovação, baseada na velha suposição imperialista de que o "Johnny Turk" era corrupto e facilmente subornável.

Churchill escreveu a Clementine no mesmo dia da importante decisão de Kitchener em proceder à evacuação. Mesmo com os cadáveres "despontando entre a terra, a água e a lama por todos os lados", narrou ele, "bandos de ratazanas enormes [...] e os malignos silvos e zunidos dos projéteis passando por cima, em meio a essas condições, ainda por cima com frio e umidade e todas as pequenas mazelas, senti uma alegria e uma felicidade que fazia muitos meses que não experimentava".[20]

Em 24 de novembro de 1914, uma quarta-feira, Churchill passou por uma experiência transformadora, que descreveu a Clementine, decerto para não a alarmar desnecessariamente, apenas como uma "coisa curiosa". Ele estava em seu abrigo quando recebeu uma mensagem de que o tenente-general Sir Richard Haking, comandante do XI Corpo, estava enviando um veículo para apanhá-lo às quatro e meia da tarde, e para isso ele teria de andar quase cinco quilômetros "entre atoleiros onde viviam caindo balas perdidas, por trilhas periodicamente bombardeadas". Ele e seu ordenança (seu "bagageiro") andaram durante uma hora e no fim foram avisados por um oficial do Estado-Maior de que o encontro fora cancelado. "Ah, não era nada especial", comentou o homem, com displicência. "Como ele estava vindo por esse caminho, achou que gostaria de falar com você."[21] Assim, Churchill foi obrigado a caminhar mais uma hora para fazer o trajeto de volta, entre "atoleiros agora mergulhados na escuridão", praguejando contra "a folga desse general" em arrastá-lo "entre chuva e lama a troco de nada".[22] Por fim, quando chegou a seu abrigo, um sargento lhe disse: "Melhor não entrar aí, senhor, está uma confusão medonha [...]. Uns cinco minutos depois de sua saída, uma *Whizzbang* [granada alemã de alta velocidade e explosividade] entrou pelo telhado e estourou a cabeça [do ordenança cozinheiro]".[23] A fúria de Churchill com o general Haking se dissipou na mesma hora. "Por aí dá para ver como é inútil se preocupar com as coisas", sugeriu a Clementine. "É tudo acaso ou destino e o melhor é darmos nossos passos incertos sem calcular demais. Temos de nos render com simplicidade e naturalidade ao espírito do jogo: e confiar em Deus, que é uma outra maneira de dizer a mesma coisa."[24] Escrevendo sobre esse episódio na *Pall Mall Gazette*, em 1927, ele comentou que teve "a forte sensação de que uma mão se estendera para me afastar no exato momento de um lugar fatal".[25]

Naquela mesma noite, nas trincheiras, Churchill encontrou um sentinela dormindo durante a vigia. "Passei-lhe uma reprimenda que o amedrontou muito, mas não o denunciei pelo crime", contou a Clementine. "Era apenas um rapazote [...] a punição é a morte ou pelo menos dois anos."[26] Pelo contrário, ele montava guarda para que os outros pudessem dormir. Num espírito similar, quando um jovem oficial, voltando de um audacioso ataque nas trincheiras, disparou o revólver sem querer, matando um de seus próprios granadeiros, os outros nove da companhia mantiveram segredo e fingiram que tinha sido obra do inimigo. "Homens assim você nunca viu", Churchill garantiu a Clementine, "esses extraordinários guerreiros, com colete de couro e capacete de aço com bastões ensanguentados na mão — como retratos da guerra inclemente — são de ficar na memória. É *très bon*."[27] Seus homens sabiam que podiam confiar que ele não interferiria num episódio tão infeliz (mas de forma nenhuma isolado) de fogo amigo e diria à família do soldado morto que o homem morrera heroicamente. Às vezes, na guerra, disse Churchill mais tarde, a verdade precisa ser defendida por um corpo de guarda de mentiras.

"Prevalece uma indiferença total à morte ou às baixas", revelou Churchill a Clementine sobre as 35 baixas que o batalhão sofrera em menos de uma semana.[28] Numa conversa durante o jantar no Almirantado, em fevereiro de 1915, Churchill comentara com Violet Asquith que, "quando a pessoa vê a maneira extremamente arbitrária e casual como a morte e a destruição são distribuídas pela Providência — aparentemente sem nenhum princípio de justiça ou conveniência em ação —, fica mais convencida do que nunca da irrelevância da vida. Estar vivo ou morto *não pode* importar tanto quanto se pensa. A *absoluta* gratuidade aqui nos leva a suspeitar de um plano maior em outro lugar".[29] Na guerra, ele passou a conviver entre outros homens igualmente fatalistas.

"Não sinto a menor revolta com a guinada dos acontecimentos", escreveu Churchill em 27 de novembro. Lloyd George, McKenna e "o velhote", como se referia a Asquith, estavam "muito distantes e parecem os mandarins de alguma província remota da China".[30] Mesmo assim pediu a Clementine: "Mantenha contato com o governo. Mostre plena confiança em nossa sorte. Siga de cabeça erguida [...]. Acima de tudo, não se preocupe comigo. Se meu destino ainda não se cumpriu, estarei protegido com segurança".[31] Ela respondeu que, se ele fosse morto por ter se exposto demais, "o mundo poderá pensar que você procurou a morte devido ao pesar por sua participação nos Dardanelos. É seu dever para com o país se manter vivo (e coerente com sua honra como soldado)".[32]

Entre os dias 1º e 10 de dezembro, de volta a Saint-Omer, Churchill passou bastante tempo com três pessoas que em anos posteriores seriam de extrema importância para ele: Louis Spears, Max Aitken e Archie Sinclair. Essas amizades criadas na guerra eram diferentes e mais sólidas do que as adquiridas em tempo de paz. "Nada num homem lhe criava impressão mais favorável do que a bravura no campo de batalha", escreveu mais tarde um de seus assistentes. Portanto, não era de admirar que Churchill estimasse Spears, o primeiro oficial britânico a chegar à frente de batalha, em agosto de 1914, que fora ferido várias vezes e recebera a Cruz Militar.[33]* Quando Spears foi ferido mais uma vez, em outubro de 1916, Churchill lhe escreveu: "Meu caro Louis, hoje de manhã li seu nome pela quarta vez na lista de baixas com viva emoção. Você é de fato um Paladino digno de se somar aos mais autênticos cavaleiros dos grandes dias dos épicos de cavalaria".[34] O termo "Paladino", na acepção de cavaleiro errante, tornou-se uma de suas designações favoritas para os vários amigos próximos que haviam mostrado bravura em guerra.

Sir Max Aitken (lorde Beaverbrook a partir de 1917) era um parlamentar tory, amigo de Bonar Law e, como ele, de New Brunswick. Tinha fama um pouco duvidosa em razão de suas práticas empresariais no país de origem, o Canadá, mas na Grã-Bretanha era dono do jornal *Globe*, tinha participação secreta no *Daily Express* (que logo viria a comprar totalmente) e tentara assumir o *Evening Standard* (que depois também acabou adquirindo). Churchill sempre mostrou grande solicitude para com os proprietários de jornais. Além de terem ambição política e interesse pela história, ele e Aitken concordavam que Asquith estava conduzindo mal a guerra.

Sir Archie Sinclar era um soldado e baronete escocês de 25 anos de idade que estivera nos Guardas desde 1910, mas que passara a servir no Regimento de

* Quando Churchill foi, com Spears, visitar o XXXIII Corpo francês, o comandante lhe deu o característico capacete *poilu*, que ele considerava superior à "tigela de sopa", o capacete redondo de aço dos britânicos, e que passou a usar desde então. "É bonito e talvez proteja meu precioso crânio", comentou com Clementine, dizendo que foi "motivo de muita inveja. Fico com um ar muito marcial — como um cromwelliano —, pretendo sempre usá-lo sob fogo, mas principalmente por causa da aparência" (Soames [Org.], *Speaking*, pp. 132, 129). O novo capacete ressaltava sua francofilia, bem como seu gosto permanente por chapéus excêntricos, o que, a seu ver, constituía um bom mote para os chargistas.

Metralhadoras, e que Churchill admirava pela bravura e pelo charme pessoal.[35] O serviço nas trincheiras aproximou os dois por toda a vida, e muitas das cartas mais viscerais que Churchill escreveu sobre política nessa época eram dirigidas a Sinclair, um liberal que depois veio a ser líder do partido.

Churchill estudou o aspecto da intendência no sistema de abastecimento em Saint-Omer: "Vou seguir o caminho de um biscoito desde a base até as trincheiras etc.", escreveu.[36] Mas não estava interessado apenas nos biscoitos. Um texto que apresentou ao Comitê de Defesa Imperial, com o título "Variantes da ofensiva", previa as táticas de tanque que trariam algumas vantagens à BEF a partir de 1916, mas também enormes vitórias aos alemães em 1940. "São capazes de transpor qualquer obstáculo comum, vala, barreira baixa ou trincheira", relatou a respeito das Lagartas, como ele ainda chamava os tanques. "Carregam dois ou três Maxim cada, e podem ser equipadas com lança-chamas. Nada, a não ser o impacto direto de um canhão terrestre, pode detê-las. Alcançando o arame do inimigo, viram à esquerda ou à direita e seguem paralelas à trincheira do inimigo, varrendo a borda com seu fogo."[37] Esperava que Sir John French pusesse essas ideias em prática quando os veículos estivessem prontos, mas comentou com Clementine: "Aquele detestável Asquith e seu bando de incompetentes e intrigantes estragam tudo". Acrescentou que beijava a foto da esposa todas as noites, antes de dormir.[38]

Lorde Cavan persuadira Churchill a comandar um batalhão (cerca de setecentos homens) antes de assumir uma brigada (2800 homens), mas em 4 de dezembro o general French, receando que Asquith o reconvocasse como comandante-chefe da BEF, fez Churchill retomar a ideia de liderar uma brigada. Clementine foi contrária, imaginando que muitos pensariam que ele não passara nas trincheiras tempo suficiente para justificar o posto. Ela estava certa e, de todo modo, Churchill precisava de uma experiência prática muito maior no Front Ocidental antes de assumir tarefa tão pesada. Apesar disso, ele acreditava que receberia o comando da 56ª Brigada da 19ª Divisão e queria nomear Spears como major e Sinclair como capitão. Respondeu a Clementine que não se importava que houvesse "críticas e censuras", pois, mesmo que assumisse um batalhão, iriam criticá-lo por estar usando o posto "meramente como trampolim etc.".[39] Em seguida, pediu a ela que comprasse os acessórios necessários para uma farda de general de brigada.

"Tenho dentro de mim a forte convicção de que meu maior trabalho ainda está por ser feito: e cavalgo serenamente entre o temporal", afirmou à esposa. "Aproxima-se a hora do castigo de Asquith e do desmascaramento de K. Os desgraçados praticamente acabaram com nossas chances. Talvez caiba a mim desferir o golpe. E farei isso sem a menor compunção."[40] Em 15 de dezembro, porém, French foi substituído pelo general Sir Douglas Haig, que anulou a nomeação de

Churchill como general de brigada por ordens de Asquith, o qual estava para ser questionado a esse respeito na Câmara dos Comuns. Quando soube, Churchill escreveu a Clementine: "De modo geral estou propenso a considerar que a conduta [de Asquith] atingiu o limite da vileza e da mesquinharia [...]. Pessoalmente, sinto todos os vínculos rompidos [...] qualquer relação deve cessar".[41] Em 20 de dezembro, registrou: "Para se manter no cargo, Asquith lançará qualquer um aos lobos".[42] Apesar dos sentimentos tão intensos, ele visitou o filho do primeiro-ministro, Raymond, nas trincheiras e esteve pessoalmente com Asquith em Londres, durante a licença natalina de três dias. Clementine continuara estrategicamente a receber pessoas, com vistas a uma futura reabilitação do marido, e o aconselhou a não "destruir nenhuma ponte", visto que o primeiro-ministro não o tratara pior do que Lloyd George. Quanto a este, ela comentou: "Garanto-lhe que ele é o descendente direto de Judas Iscariotes".[43]

Na véspera do Ano-Novo, Churchill foi visitar Haig em seu quartel-general, como viria a fazer várias vezes durante a guerra. Sempre se davam muito bem no contato direto, independentemente do que um escrevesse ou comentasse sobre o outro na esfera privada ao longo dos anos. (Certa vez, Haig agradeceu a Churchill um memorando, declarando que o leria "com grande interesse", mas no qual já anotara "Que lixo".)[44] Churchill pouco se abalava com a ênfase do general de brigada John Charteris, chefe de inteligência de Haig, em tentar defender as teorias preconcebidas de seu superior. "A tentação de dizer a um chefe em alta posição as coisas que ele mais gosta de ouvir é uma das versões mais comuns de política equivocada", escreveu depois em *The World Crisis*; "a perspectiva do líder de cujas decisões dependem eventos cruciais geralmente é muito mais otimista do que os fatos brutos permitem."[45]

No Ano-Novo, Churchill escreveu a Clementine uma carta admiravelmente esperançosa sobre 1916: "Penso que será melhor para nós do que o último ano — que nem foi muito ruim. Em todo caso, nossas sortes têm mais espaço para crescer e menos para diminuir do que em janeiro passado".[46] Mesmo depois daquele que foi, de longe, o pior ano de sua vida, Churchill mostrava enorme otimismo. "Sinto um anseio insopitável pelo poder de dar aquelas amplas diretrizes que ocuparam meus dias no Almirantado", admitiu. "Quanto à Marinha — está cochilando sob aquele gato velho [Balfour]." Pediu que Clementine mantivesse contato com Lloyd George, apesar da antipatia que a esposa nutria por ele: "A qualquer momento pode-se desenrolar uma situação em que estaremos inevitavelmente juntos. Nossas relações agora são boas — e assim devem se manter. Claro que eu não deixaria o exército em campo por um cargo que não me desse uma participação efetiva na condução da guerra".[47] Alguns dias depois, acrescentou: "Dependo de você para manter contato constante com os amigos e pseudoamigos que tenho".[48] Finalmente já não guardava nenhuma ilusão sobre a categoria em que Lloyd George se incluía.

Em 5 de janeiro de 1916, Churchill assumiu o comando do 6º Batalhão dos Fuzileiros Reais Escoceses, como tenente-coronel. Pediu a Clementine um livro de poemas de Robert Burns. "Vou acalmar e animar a disposição deles com suas citações. Preciso ter cuidado em não arremedar a pronúncia deles! Você sabe que sou grande admirador daquela raça. Uma esposa, um eleitorado e agora um regimento comprovam a sinceridade de minha escolha!"[49] O batalhão se reduzira muito na horrenda Batalha de Loos, perdendo quase metade dos homens e três quartos dos oficiais. Isso permitiu que Churchill nomeasse Sinclair como segundo no comando. Tinha sob sua defesa cerca de mil metros da linha de frente, um terreno plano e liso perto do povoado de Ploegsteert, ao norte de Armentières e logo abaixo de Messines, no extremo sul da Saliência de Ypres, a que os homens prontamente deram o apelido de "Plug Street" [Rua da Rolha]. Era um dos setores mais tranquilos da linha, de onde fora removida a maioria dos civis durante os ataques com gás no primeiro semestre do ano anterior. Churchill dividia o tempo entre o quartel-general de seu batalhão avançado em Laurent Farm, perto do vilarejo de Le Ghjeer, e o quartel-general de seu batalhão, aproximadamente quinhentos metros atrás da linha de frente, no hospital das Irmãs do Sião em Ploegsteert. Enquanto isso, Adolf Hitler servia no 16º Batalhão da Infantaria de Reserva bávara em Fromelles, a dezesseis quilômetros de distância.

As primeiras palavras de Churchill ao batalhão foram: "Está declarada a guerra, senhores — aos piolhos".[50] Andrew Dewar Gibb, um de seus oficiais, que escreveu uma magnífica memória de Churchill nas trincheiras, relembrava: "Com essas palavras iniciou-se um tal discurso sobre o *Pulex europaeus* [na verdade, um gênero de pulgas], sua natureza, origem e desenvolvimento, seu habitat e importância como fator em guerras antigas e modernas, que nos deixou boquiabertos de espanto diante da erudição e força de seu autor". Além do combate aos piolhos, Churchill frisou os outros aspectos práticos da vida militar — exercícios com gás, a manutenção dos rifles em bom estado, a disciplina e a rotina nas trincheiras, a precisão no treinamento e na marcha, e assim por diante. Implantou a prática de esportes, concertos e muitos cantos em coro quando não estavam na linha. Logo deixou sua parte da linha seca e enxuta, com drenos e revestimento de tábuas nas trincheiras, e forneceu a seus homens parapeitos largos, arame de boa qualidade e amplo campo de fogo. "Jamais houve oficial de comando mais benquisto", escreveu Gibb. "Deixou homens que sempre serão seus leais partidários e admiradores." Notando que Churchill incentivava o oficial médico do batalhão a falar sobre seus próprios temas, Gibb comentou também que "Winston tinha *pendor* para um bom homem de ciência".[51]

Churchill não estava atrás de uma Cruz Militar, mas tampouco era normal que um tenente-coronel participasse das patrulhas de oficiais nos trezentos metros de uma terra de ninguém, coisa que ele fez mais de trinta vezes. Em várias dessas rondas, ele chegava tão perto do inimigo que podia ouvir os alemães conversando. Um de seus jovens oficiais, Edmund Hakewill Smith, recordou: "Muitas vezes ele entrava na terra de ninguém. Acompanhá-lo era uma experiência de deixar os nervos à flor da pele. Ele falava com sua voz grossa e áspera — alto demais, parecia-nos —, 'Você vai por ali, eu vou por aqui [...]. 'Venha cá, encontrei uma falha no arame alemão. Venha cá, já!'. À noite parecia um bebê elefante na terra de ninguém".[52] O mesmo oficial escreveu: "Ele nunca se jogava ao chão quando explodia uma granada; nunca se abaixava quando um projétil passava estalando alto. Quando me via me abaixando, dizia: 'Não adianta nada se abaixar; o projétil agora já está lá longe'".[53] "Medo era uma coisa que ele não tinha", segundo Gibb.[54] Quando um general reclamou que uma parte da trincheira se tornara perigosa com as explosões recentes, Churchill respondeu, para o deleite dos fuzileiros que o ouviam: "Sim, senhor, mas, sabe, esta é uma guerra muito perigosa".[55]

Em seus quatro meses de comando, o batalhão de Churchill teve um total de baixas de quinze mortos e 123 feridos. Onze dos mortos jazem no Lancashire Cottage Cemetery, em Ploegsteert. Vinham de Ayr, Kilmarnock, Glasgow, Edimburgo, Leicester e Oldham. O soldado raso W. Russell tinha dezenove anos ao ser morto, em 7 de fevereiro de 1916. Embora cada perda fosse uma tragédia para a família, quinze baixas fatais constituíam um número bastante reduzido para um período tão longo no Front Ocidental e representaram um sucesso para o programa de treinamento intensivo de Churchill.

Em 17 de janeiro, Churchill e Jack Seely foram assistir a uma palestra para oficiais graduados sobre as lições da Batalha de Loos. Ao final, os organizadores perguntaram qual era o ensinamento a tirar do que fora ouvido. "Contive o impulso de responder 'Não façam isso de novo'", relatou ele a Clementine. "Mas farão — tenho certeza."[56] Sua absoluta oposição ao tipo de guerra de atrito que Haig adotara e que logo entraria em dolorosíssima operação no Somme foi a mais importante das várias lições que ele aprendeu com a guerra. "Todos os planos dos Aliados estão convergindo para uma vasta ofensiva para a qual ninguém ainda descobriu o método a ser usado", escreveu Churchill no Ano-Novo de 1916.[57] Em 1º de julho, o primeiro dia da Ofensiva de Somme, ainda não tinham descoberto qual seria.

Em 23 de janeiro, véspera de seu retorno à linha de frente, Churchill escreveu a "Meu querido Randolph", comunicando ao filho de quatro anos de idade:

> Estou morando aqui numa pequena propriedade. Não é bonita como a Hoe Farm, e não tem belas flores nem lago nem árvores para brincar de gorila [a brincadeira

da família Churchill], mas há três porcos bem gordos e enlameados. Como aqueles que vimos na mata [...]. Logo vamos chegar perto dos alemães e então vamos disparar de volta neles e tentar matá-los. Isso porque eles agiram mal e causaram toda essa guerra e sofrimento.[58]

"Riam um pouco e ensinem seus homens a rir", ordenava aos oficiais quando iam para a linha de frente; "a guerra é um jogo que se joga sorrindo. Se não conseguirem sorrir, finjam. Se não conseguirem fingir, fiquem fora das vistas até conseguirem."[59] Era a primeira vez na sua existência que convivia lado a lado com gente das classes trabalhadoras e admirava seus homens como soldados. Isso, porém, não significava que dependeria exclusivamente da ração de carne grosseira e insípida deles, e encomendava a Clementine "postas grossas de carne em conserva", creme de leite, queijo Stilton, presunto, sardinhas, frutas secas e "uma grande torta de carne, mas não perdiz em lata nem enlatados extravagantes".[60] Levava em conta as experiências militares dos combatentes quando se tratava de discipliná-los. "Descobriram que Winston, quando chamava um homem à sua presença por alguma contravenção, perguntava se ele havia lutado em Loos", registrou Gibb. "Se a resposta fosse afirmativa, o coronel anulava a acusação. Inevitavelmente a notícia se espalhou e não demorou para que todos no batalhão afirmassem ter combatido em Loos."[61]

Em 1º de fevereiro, enquanto vivia sob a explosão de granadas em Ploegsteert, Churchill antevia em detalhes o grande realinhamento que ocorreria na política britânica após a prenunciada queda de Asquith. "O grupo com que quero trabalhar e formar um instrumento eficiente de governo", escreveu a Clementine, seria composto de Lloyd George, Bonar Law, Carson, Smith e Curzon. "Tenha bem isso em mente. É o governo alternativo, quando o 'vamos esperar para ver'* terminar."[62] Smith e Curzon foram visitá-lo na França, mas Clementine ainda não se convencera em relação a Lloyd George, a quem descrevia como um "vira-latinha ordinário [...] sinto desprezo e quase pena por ele [...] Ismael!".[63]** Churchill começava a se agastar por estar distante das esferas de influência. "Por Deus, eu passaria por cima deles se tivesse o poder", escreveu ele, "nem que fosse por um mês."[64]

No começo de fevereiro, ocorreu outro lance de sorte, quando uma granada explodiu "não muito longe" dele, enquanto almoçava com Archie Sinclair e outros em Laurence Farm. Então, quando Sinclair propunha que fossem para o

* A frase ficou associada à política de governo de Asquith, depois que ele a repetiu quatro vezes durante o rebuliço em torno do projeto de lei do Parlamento, em abril de 1910.

** Sobre Ismael, na Bíblia anunciava-se: "Sua mão contra todos, a mão de todos contra ele" (Gênesis 16,12).

abrigo no celeiro ao lado, "houve um tremendo impacto, pó e lascas passaram voando pela sala, os pratos se estilhaçaram, as cadeiras se quebraram. Todos ficaram cobertos de destroços e o ajudante (tem apenas dezoito anos) foi atingido no dedo [...]. A sorte incrível foi que essa granada (um 4.2) [de artilharia] não explodiu — não conseguiu explodir como deveria".[65] Em outra ocasião, o que provavelmente salvou a vida de Churchill foi o que ele chamava de "a deusa Nicotina", pois, como contou anos depois aos leitores da revista *Strand*: "Se eu não tivesse voltado para pegar aquela caixa de fósforos que havia deixado em meu abrigo em Flandres, será que eu não teria seguido direto para a granada tão inofensivamente situada cem metros mais adiante?".[66] Em 14 de fevereiro, às seis da manhã, ele foi "saudado logo na porta por uma bala enfurecida".[67] Seis dias depois, uma granada de trinta libras entrou no dormitório que Churchill dividia com Sinclair, atravessou o aposento do teto ao chão e caiu no porão. "Esta é a terceira vez numa quinzena que nosso dormitório foi atingido por granadas", contou ele a Clementine. "Vive-se calmamente à beira do abismo."[68]

No começo de março, vários amigos de Churchill, entre eles J. L. Garvin, C. P. Scott, Max Aitken e Francis Hopwood, passaram a insistir que ele deixasse o Exército (o que, como parlamentar, poderia fazer), voltasse para Westminster e atuasse na oposição ao governo. Clementine discordava, ainda que vivesse constantemente preocupada com ele. Em licença, Churchill jantou no Other Club em 5 de março, com Masterman, Riddell, Aitken, Smith e Rufus Isaacs (agora marquês de Reading), e nenhum deles o dissuadiu de criticar o governo. Tampouco o chanceler, Lloyd George, que almoçou com ele no dia seguinte e informou ao irmão: "Ele está ansioso para voltar. Cansado das trincheiras".[69]

Na terça-feira, 7 de março de 1916, Churchill fez um discurso na Câmara dos Comuns que acabou com qualquer esperança de rápido retorno que pudesse ter e, com seus erros de avaliação, serviu para aumentar sua longa lista de inimigos. Churchill começou com um ataque contido, mas incisivo, ao Almirantado. "Vocês não podem se permitir nem pelo mais breve instante depor os remos", discursou ele. "Precisam conduzir incessantemente a enorme máquina à sua máxima velocidade. Perder impulso não é só parar, mas sim afundar."[70] Foi ouvido respeitosamente, mas, no final do discurso, ele fez a "proposta prática", como disse, de "chamar lorde Fisher de volta ao cargo como primeiro lorde dos mares". A Câmara ficou atônita, como também têm ficado os historiadores, visto que ele sabia como Fisher era inconstante, a despeito de todo o seu brilho em anos anteriores.

A proposta ridícula de recorrer ao homem que lhe destruíra a carreira deu a Balfour o ensejo de lançar um contra-ataque fulminante. O resultado foi politicamente desastroso para Churchill. O *Spectator* comentou "o egoísmo incansável do apostador político", e Margot Asquith declarou que o discurso era uma "loucura farsesca! […]. Ele é um maníaco perigoso". Lorde Charles Beresford se referiu à "maligna declaração" de Churchill; Geoffrey Dawson, do *Times*, escreveu que "a intriga toda foi um fiasco miserável, e na tarde seguinte o sr. Balfour acabou com o que restava de Winston num tremendo massacre dialético".[71]

Churchill se apercebeu do grande passo em falso que dera. Pediu a Violet que fosse naquela noite à casa da mãe dele em Marble Arch; ela o encontrou ali sozinho. "Nunca esquecerei a dor da conversa que se seguiu", escreveu ela.

> Ele estava pálido, com ar de desafio, na defensiva. Achei melhor não criticar, não censurar e nem mesmo fazer a pergunta que me roía por dentro — "O que deu em você? *Por que* fez isso?". Vi de imediato que, qualquer que fosse seu motivo, ele percebia que falhara irremediavelmente em conseguir o que pretendia. Sua lança se quebrara. O que ele havia imaginado ser um grande gesto de magnanimidade — o perdão dos males que Fisher lhe causara em nome de um objetivo maior, nossa supremacia naval — não fora interpretado dessa forma. Pelo contrário, foi visto como o lance de um jogador canhestro para seus próprios fins.[72]

Violet, que ainda nutria um amor platônico por Churchill, aconselhou-o com bondade e firmeza a retornar para a França, o que, segundo ela, foi "uma tarefa difícil e angustiante, porque eu não queria reforçar seu sentimento de fracasso ressaltando o fato de que ele enfraquecera fatalmente sua posição com o discurso e que, se deixasse o Exército agora, iria enfraquecê-la ainda mais. Mas muito pior era a horrível ideia de que, se minhas palavras viessem a surtir algum efeito, eu poderia estar insistindo para que ele voltasse para sua morte".[73] No dia seguinte, Churchill foi à Downing Street para ver Asquith, que lhe recomendou não seguir o exemplo do pai, que "cometera suicídio político ao agir com afoiteza".[74] Quando Churchill falou sobre seus apoiadores, Asquith foi franco: "No momento, você não conta com nenhum que tenha alguma importância". "Winston estava com lágrimas nos olhos ao se despedirem", relembrou Violet. Asquith também disse à filha: "Era estranho como Winston pouco sabia da postura dos outros em relação a ele mesmo".[75] No dia seguinte, Churchill voltou para as trincheiras.

"Na próxima vez em que o vir, espero que tenhamos um pouco de tempo só para nós dois", escreveu a esposa de 29 anos ao marido em 25 de março, numa de suas únicas referências ao aspecto físico do relacionamento. "Ainda somos jovens, mas o Tempo voa levando o amor embora e deixando apenas a amizade, que é muito pacífica, mas não estimulante nem aconchegante."[76] Era um pedido para arranjar tempo e fazerem amor em meio a toda a politicagem em que, ela sabia, Churchill se envolveria durante a licença seguinte. Ele respondeu: "Oh, minha querida, não escreva sobre 'amizade' comigo — amo você mais e mais a cada mês que se passa e sinto a necessidade de sua pessoa e de toda a sua beleza". Afirmou que queria muito ir a "algum lugar bonito" na Itália ou na Espanha, "e só pintar e passearmos juntos".[77]

Mostrou-se menos compassivo três dias depois, ao escrever que, ao escapar por pouco de uma explosão, visualizara a própria morte: "Sem nós a desfazer, sem ansiedades a encarar, sem ódios e injustiças a enfrentar: a alegria de todos os meus inimigos, o alívio daquele velho tratante [Asquith], um bom fim para uma vida variada, um último presente — sem preço — para um país ingrato, um empobrecimento do poder bélico da Grã-Bretanha que ninguém jamais conhecerá, avaliará ou lamentará".[78] Sem dúvida, havia aí um pouco de pena de si mesmo, mas também era uma análise objetiva, sobretudo na última frase. "Às vezes penso também que não me importaria muito em deixar de viver", confessou a ela. "Sou tão devorado pelo egoísmo que gostaria de ter outra alma em outro mundo e conhecer você em outro cenário e lhe render todo o amor e honra dos grandes romances."[79]

Clementine acreditava implicitamente no marido, tanto em termos pessoais como políticos, mas aconselhou-o vivamente a não voltar depressa demais das trincheiras, pois sem dúvida o fato seria objeto de interpretações equivocadas. "Sei (salvo algum acidente trágico) que você prevalecerá", escreveu em 6 de abril, "e que um dia, talvez logo, talvez não por cinco anos, terá uma alta posição de comando neste país. Terá o amor e o respeito das pessoas."[80] Mas, naquela altura, Churchill se sentia como na época em que esteve no campo de prisioneiros em Pretória e respondeu, ríspido: "Você está iludida se pensa que, ficando aqui sem fazer nada, vou recuperar minha influência nos assuntos de Estado".[81]

Mesmo assim, Clementine se manteve firme e deu a Churchill alguns dos melhores conselhos da vida dele, dizendo que iria parecer um aventureiro se retornasse cedo demais à Câmara dos Comuns, ao passo que, permanecendo no front, "você está numa posição honrosa, *compreensível* até o momento em que uma parte do país solicitar seus serviços ao Estado. Se voltar antes de ser chamado, pode se enfraquecer [...] meu Amor Querido — *Só por uma vez na vida* rogo que seja paciente. Chegará a hora, se você esperar [...]. Eu não suportaria que você perdesse sua aura militar [...]. Você é sempre uma figura interessante; seja uma figura grandiosa, meu querido".[82]

Churchill ficou. Então, no começo de maio, após pesadas perdas na divisão, vários batalhões tiveram de se amalgamar. Como um deles era o 6º Batalhão e outro coronel estava acima dele na hierarquia, Churchill pôde retornar honrosamente a Londres. "Foi, de fato, um desfecho muito feliz e natural", admitiu a Clementine, "e valeu muito a pena ter aguardado."[83] Claro que seus inimigos distorceram sua saída do Exército após meros seis meses nas trincheiras. "O Arquicharlatão já se mostrou muitas vezes um supremo grosseirão em seus métodos", escreveu Alan "Tommy" Lascelles, futuro integrante da corte, que estava na guarda montada de Bedfordshire, a um amigo seu. "Apenas o político-arlequim é capaz de deixar de lado a farda do rei no momento em que fica incômoda, endurecida com a lama das trincheiras [...]. Ele não é um ministro do Gabinete; não tem seguidores no país; foi julgado e considerado insuficiente entre os seus. Está em idade de serviço militar. Por que não se contenta em aprender a combater os alemães em carne e osso e refrear a língua?"[84]

Ele decidiu fazer exatamente o contrário. Dissera reservadamente ao irmão Jack que "Asquith reina inerte, indolente, impávido". E em público lançou-se a uma série de discursos, nos catorze meses subsequentes, que convenceram as pessoas — em especial Lloyd George — de que ele era muito mais perigoso fora do que dentro do governo. Em maio, Churchill defendeu a criação de um Ministério do Ar independente, argumentando que as defesas aéreas eram eficientes "mais de 95% do tempo. Essa verdade é irrefutável. O pânico pode desprezá-la, a ignorância pode ridicularizá-la, a malícia pode distorcê-la, mas ela está aí".[85] Como ficara pessoalmente encarregado das defesas aéreas britânicas na fase inicial da guerra, o reconhecimento caberia a ele. Uma semana depois, num debate sobre o Exército, Churchill juntou seus dois períodos históricos preferidos e observou: "Se é para impor uma derrota decisiva aos alemães, eles serão derrotados como foi derrotado Napoleão e como derrotados foram os Confederados — isto é, com superioridade numérica em frentes tão extensas que eles não conseguem mantê-las nem substituir as perdas ocorridas ao longo delas".[86] Ainda eram poucos os políticos em atividade tão familiarizados com a estratégia militar.

Na tarde e na noite de 31 de maio e na manhã de 1º de junho de 1916, foi travada a última batalha naval em alto-mar da história britânica, na Jutlândia. Para a Grã-Bretanha, foi uma vitória de Pirro, em que se perderam três cruzadores pesados, dois cruzadores afundaram, o cruzador blindado HMS *Warrior* ficou avariado e acabou abandonado, cinco destróieres foram perdidos e seis desapareceram — perdas maiores do que as dos alemães, tanto em homens como em embarcações. Todavia, a frota alemã foi obrigada a retornar ao porto e não voltou ao mar pelo resto da guerra. Mais tarde, Churchill disse a propósito do almirante Jellicoe: "Era o único homem nos dois lados capaz de perder a guerra numa tarde".[87] Embora se responsabilize o período de Churchill no Almirantado pelos problemas na Jutlândia, os três cruzadores de batalha que explodiram durante o combate, o HMS *Indefatigable*, o HMS *Queen Mary* e o HMS *Invincible*, tinham sido lançados antes que ele se tornasse primeiro lorde.

O Almirantado soltou um comunicado inicial sobre a batalha em 2 de junho e um segundo no dia seguinte, logo de manhã cedo. O anúncio das graves perdas causou consternação na Grã-Bretanha, o que levou Balfour a pedir a Churchill que redigisse uma avaliação mais animadora da situação, afirmando que a batalha fora "um passo decisivo para alcançar a vitória completa".[88]*

Por coincidência, em 1º de junho o governo anunciou a formação de uma grande Comissão de Inquérito que apuraria a derrota nos Dardanelos, coisa que Churchill passara meses solicitando, na esperança de limpar seu nome. Anunciou-se que seriam liberados todos os documentos oficiais referentes à questão, mas depois Asquith mudou de ideia, alegando razões de segurança. Churchill se empenhou com Ian Hamilton para mostrar que as constantes alterações do plano realizadas por Kitchener haviam prejudicado a operação, mais do que qualquer coisa que eles tivessem feito. "Winston agora parece agitado e desequilibrado", Jean Hamilton anotou em 29 de maio em seu diário, "mas ele tem iniciativa e visão e é inimigo da cautela e do 'Vamos Esperar para Ver' [...]. Andava pela sala, declamando, gritando, testando sua oratória sobre mim [...]. Ficava extremamente nervoso ao falar de lorde Kitchener, dizia que ele tinha no cérebro um sapo venenoso cuspindo mentiras, punha as mãos na cabeça e nos olhos para ilustrar a inútil canseira de tentar lidar com um louco daqueles."[89]

Em 6 de junho, Churchill e Hamilton estavam trabalhando em sua defesa no número 41 da Cromwell Road, na hora do almoço, quando "ouvimos", conforme relembrou Hamilton, "alguém na rua gritando o nome de Kitchener". Era um jornaleiro com um fardo de jornais debaixo do braço anunciando: "Kitchener naufragou! Nenhum sobrevivente!". O cruzador couraçado HMS *Hampshire*, que levava Kitchener à Rússia para discutir o fornecimento de munições e a estratégia militar com o tsar — tarefa muito similar à que Hankey sugerira para Churchill —, colidira contra uma mina e afundara no dia anterior. "Quando entramos na sala de jantar", relembrou Hamilton, "Winston fez sinal para que todos se sentassem e então, antes de tomar assento, citou muito solene: 'Aventurado ele na hora de sua morte!'." Churchill e Hamilton estavam montando o que acreditavam ser um caso irretorquível contra Kitchener, que não mais poderiam lançar contra um herói morto. "Foi um almoço de pesadelo — sem nenhuma conversa amena", relembrou Hamilton; "Winston disse que K ainda podia reaparecer, mas falei ao grupo que ele sempre tivera horror de água gelada."[90]

* A batalha fascinou Churchill por muito tempo; em janeiro de 1928, James Lees-Milne anotou em suas memórias que, depois da meia-noite em Chartwell, "o sr. Churchill passou duas felizes horas demonstrando com decantadores e taças de vinho como se travara a Batalha da Jutlândia. Foi uma experiência emocionante. Ele era fascinante. Ficou animado como um garoto, soltando ladridos para imitar os disparos e soprando a fumaça do charuto pela cena da batalha imitando o fumo das armas" (Gilbert, *A Life*, pp. 483-4).

* * *

A Batalha do Somme, que começou em 1º de julho, teria nas três primeiras semanas um número de baixas entre os Aliados que ultrapassava o de toda a campanha de Galípoli, com seus oito meses de duração.[91] Churchill não acreditou nos números elevados que o Ministério da Guerra apresentava em relação às perdas germânicas durante a batalha e reclamou: "Um governo tem direito a ser informado dos fatos por seus servidores".[92] Tinha razão, pois eram altos demais. Em novembro, depois que a tragédia ficou evidente para todos, ele fez circular no Gabinete Ministerial e no Comitê de Defesa Imperial um documento chamado "Maior aplicação de força mecânica para a execução de uma ofensiva por terra". Detalhou minuciosamente o que se alcançaria com o bombardeamento aéreo, o uso de gás mostarda e de outras variedades, os morteiros de trincheira, a artilharia em trilhos ferroviários, mas, principalmente, com o uso de tanques e outros veículos com lagartas. O documento foi ignorado e, assim, um ano depois ele redigiu uma versão resumida, com a recomendação de cessarem os dispendiosos ataques que Haig e o general Sir William Robertson, chefe do Estado-Maior Imperial, pareciam preferir só "porque era melhor do que não fazer nada".[93]*

Churchill também distribuiu um texto sobre as táticas do Somme nessa época. "Teríamos conseguido deter os alemães em nossa linha de frente simplesmente ameaçando uma ofensiva, tanto quanto lançando-nos a ela", argumentou ele. "Desde que um exército possua um grande poder ofensivo, ele prende a atenção dos adversários. Mas quando o impacto inicial se dissipa [...] a ansiedade do inimigo diminui e ele recupera sua liberdade de movimentos."[94] Na cópia de Asquith, alguém, provavelmente seu secretário particular Maurice Bonham Carter, rabiscou pontos de interrogação e anotou comentários como "Bobagem".[95] Em 15 de setembro, Raymond Asquith, filho do primeiro-ministro, foi morto. Mais tarde, Churchill escreveria a respeito do amigo: "Quando os granadeiros se lançaram ao calor da refrega no Somme, ele seguiu sereno, equilibrado, decidido, pragmático, afável para seu destino".[96] Escrevendo a Asquith, Churchill afirmou:

> Ele era tão íntegro e corajoso que não se contentaria com nada menos que o serviço mais arriscado e mais intensamente pessoal [...]. Tinha um caráter de singular encanto e distinção — tão dotado e, mesmo assim, tão despido de ambição pessoal, tão criteriosamente desapegado dos assuntos corriqueiros, mas capaz do mais pro-

* Os ataques em caráter privado a Churchill durante esse período eram pessoais e às vezes estapafúrdios. Depois que Churchill qualificou de "catastróficas" as perdas no Somme e de "estéreis" os ganhos territoriais, Haig escreveu ao rei: "Também suponho que Churchill perdeu a cabeça por causa do consumo de drogas" (Sheffield, *The Chief*, p. 91).

fundo sacrifício voluntário. Em geral parecia estar acima da substância terrena das coisas, mas plenamente capaz de gozá-las e ver finalidade nelas [...]. Pranteio consigo a cruel interrupção dessa rara e preciosa vida tão amada.[97]

A Batalha do Somme destruiu qualquer resquício de confiança que Churchill pudesse ter em Haig, a quem apreciava bastante no plano pessoal, mas queria que Lloyd George o demitisse, de preferência junto com Robertson. "Ganham-se as batalhas com massacres e manobras", escreveu ele em *The World Crisis*. "Quanto melhor o general, mais ele contribui para as manobras, menos exige de massacres."[98] Ao resenhar no *Daily Mail* a biografia de Haig escrita por Alfred Duff Cooper, em outubro de 1935, descreveu a inteligência de Haig como totalmente ortodoxa e convencional: "Ninguém consegue discernir uma centelha daquele gênio misterioso, visionário, muitas vezes sinistro que permite aos grandes capitães da história dominar os fatores materiais, evitar o massacre e confrontar os inimigos com o triunfo de novas aparições".[99]

A Comissão dos Dardanelos se reuniu em agosto de 1916 e, após 22 audiências, foi publicado um relatório provisório em fevereiro de 1917, que eximia Churchill de ter agido sozinho na tomada de decisões. "Tenho esperança de que a verdade possa vir a público", disse a Seely antes da primeira sessão. "Mas o que resta para dividir são apenas o fracasso e a tragédia."[100] Depois disso, a Comissão realizou mais 68 audiências, ouvindo 170 testemunhas, e apresentou o relatório final em 4 de dezembro de 1917. As duas verdades que Churchill queria ver incluídas no relato eram que Fisher, de início, não manifestara contrariedade e que Kitchener deixara de enviar tropas de apoio ao ataque naval.

Churchill rogou a Asquith que publicasse todos os telegramas que trocara com De Robeck e todas as discussões do Conselho de Guerra, mas, por recomendação de Hankey, alegando que esses documentos comprometeriam a segurança nacional, Asquith recusou. (Só muito mais tarde, sob enorme pressão política, é que ele cedeu.) Enquanto isso, Churchill prosseguia nos ataques ao governo na Câmara dos Comuns. "Não podemos continuar tratando a Guerra como se fosse uma emergência que pode ser atendida com improvisações", disse em agosto. "Enquanto não termina, ela é a única vasta atividade geral da nação e, enquanto não termina, é o único objetivo e propósito da vida de todos nós. Tudo no Estado agora deve ser concebido e organizado com vistas ao desenvolvimento e manutenção de nossa força bélica em seu nível máximo absoluto por tempo indeterminado. Se quiserem abreviar a Guerra, façam isso."[101] Em novembro, ele voltou a falar sem rodeios. "Esta nação em guerra é um exército", discursou aos parlamentares na Câmara dos Comuns; "precisa ser tratada como um exército; precisa ser organizada como um exército; precisa ser conduzida como um exército; e deve ter racionamento, abastecimento e fornecimento como um exército. Esse é o fato brutal ao qual estamos sendo implacavelmente empurrados por eventos sobre os quais não temos o menor controle."[102] Insistiu que o governo regulasse o preço dos alimentos para não deixar cair o moral entre a população civil, estatizasse a marinha mercante e impedisse "a acumulação de lucros extorsionários nas mãos de particulares".[103] Esse discurso foi sua primeira defesa das medidas do "Socialismo de Guerra"; não foram adotadas na Primeira Guerra Mundial, mas na Segunda sim.

"O Almirantado dorme um sono pesado e a letargia e a inércia estão na ordem do dia", escreveu ele a Bill Hozier, irmão de Clementine, em 30 de setembro. "No entanto, todo mundo parece gostar — e assim não há nada a dizer. Nenhum plano, nenhum empreendimento, nenhum esforço para ajudar a causa geral. Apenas ficar sentado na vastidão do trono e cochilar."[104] Suas críticas irritaram o establishment. Em 2 de setembro, o *Spectator* afirmou que "sua influência em nossa vida política é quase exclusivamente perniciosa porque é exclusivamente dissociada de algum motivo que não seja a promoção pessoal".[105] Churchill sempre foi, durante toda a vida, de uma ambição ferrenha, mas a ideia de que não tivesse nenhuma outra motivação é absurda: em suas cartas desse período, é evidente o ardoroso desejo de derrubar Asquith, com sua política protelatória, e ter em seu lugar um ministério que desse um andamento enérgico e mais eficiente à guerra. No final do ano, sobretudo após a carnificina no Somme, que terminou num impasse em meados de novembro, a maioria esmagadora dos parlamentares tories tinha essa mesma opinião de Churchill sobre Asquith.[106] Queriam uma mudança, mas não queriam que Churchill se beneficiasse com ela.

Em 5 de dezembro de 1916, foi por fim desferido o golpe tão longamente aguardado, quando cinco ministros do Gabinete, encabeçados por Lloyd George e Bonar Law, renunciaram por causa da condução da guerra pelas mãos de Asquith, obrigando-o também a deixar o cargo naquela mesma noite. Embora o rei tenha oferecido o cargo de primeiro-ministro a Bonar Law, este declinou em favor de Lloyd George, seguindo os termos do conluio. Assim, Lloyd George se tornou primeiro-ministro e Bonar Law, chanceler, levando para o Tesouro um parlamentar desconhecido, novato na política, chamado Stanley Baldwin.

"Uma característica visível da crise de dezembro de 1916 e seus desdobramentos", relembrou J. C. C. Davidson, secretário particular de Bonar Law, "foi a mostra do desapreço de Bonar por Winston. Era uma mescla de antipatia e desconfiança. O sentimento era mútuo."[107] Com o Inquérito dos Dardanelos ainda em andamento, Lloyd George e Bonar Law, mesmo que quisessem, não poderiam dar a Churchill um lugar no novo Governo de Coalizão, e não o fizeram. Lloyd George, a essa altura, já mudara sua avaliação anterior e perguntou a Bonar Law: "Ele é mais perigoso a favor do que contra você?", ao que Bonar Law respondeu: "Prefiro que ele fique sempre contra nós".[108] Quando foi anunciado o novo governo, *The Times* noticiou que soubera "com alívio e satisfação que o sr. Churchill não será convidado para nenhum cargo na nova administração". Churchill ficou abaladíssimo e, anos depois, consta que citou como o "momento mais duro de sua vida" a exclusão do poder que lhe fora imposta pelo pretenso aliado Lloyd George em dezembro de 1916.[109] O novo Conselho de Guerra era composto de Lloyd George, Bonar Law, Curzon, lorde Milner e Arthur Henderson, do Partido Trabalhista. Balfour ocupou o Ministério das Relações Exteriores, levando Churchill a escrever anos depois: "Ele passava de um gabinete para outro [...] como um gato resistente e gracioso atravessando com imaculada elegância uma rua lamacenta".[110]

O relatório provisório da Comissão dos Dardanelos, publicado em 12 de fevereiro de 1917, abordava as origens e a elaboração do ataque. Quanto às cruciais reuniões do Conselho de Guerra em 13 e 28 de janeiro de 1915, quando se dera a concepção, o relatório concluía com prudência:

> O sr. Churchill pensou que estava representando corretamente as visões coletivas dos especialistas do Almirantado. Mas, sem querer de maneira alguma impugnar sua boa-fé, parece claro que ele foi levado por seu temperamento impulsivo e sua firme crença no êxito da empreitada que defendia [...]. O sr. Churchill obtivera o apoio deles a um grau menor do que imaginava [...]. Outros membros do Conselho, especialmente o Presidente [Asquith], deveriam ter incentivado os especialistas a darem sua opinião e, inclusive, deveriam ter insistido para que o fizessem.[111]

Um "pensamento grupal" coletivo permeou a reunião de 13 de janeiro, promovendo o otimismo e desencorajando o questionamento incisivo, problema que ficou ainda pior com o censurável silêncio de Fisher e Jackson. "As posições mantidas pelo sr. Churchill na época quanto à perspectiva de êxito de uma operação exclusivamente naval eram um tanto mais otimistas do que autorizava a opinião dos especialistas", afirmou a Comissão. "Nessas circunstâncias, lorde Kitchener se agarrou, talvez com excessiva avidez, à proposta de proceder com a atuação apenas da Frota."

Tanto a Comissão dos Dardanelos como a história oficial da guerra, publicada em 1932-3, em larga medida isentaram Churchill, embora mantendo críticas à forma como fora "levado" por suas esperanças de sucesso, o que era justo. A crítica principal recaiu sobre Asquith, em razão de sua ausência nas reuniões do Conselho de Guerra entre 19 de março e 14 de maio e do "clima de vagueza e imprecisão que parece ter caracterizado os procedimentos do Conselho de Guerra".[112] Kitchener, concluíram os membros da Comissão, "não se valeu suficientemente dos serviços de seu Estado-Maior-General, com o resultado de ter tomado para si um volume de trabalho maior do que seria possível para um homem só, disso decorrendo confusão e falta de eficiência".[113]

Um dos grandes problemas foi que tanto Kitchener como seu secretário militar haviam se afogado no *Hampshire* e, como observou a Comissão de Inquérito, o general "raras vezes comunicou a alguém suas intenções ou razões para agir".[114] Churchill foi interrogado em 26, 28 e 29 de março, por mais tempo do que qualquer outro, mas estava bem preparado e se saiu bem. "Um quinto dos recursos, do esforço, da lealdade, da resolução, da perseverança inutilmente empregados na batalha do Somme para conquistar uns poucos vilarejos em escombros e uns poucos quilômetros quadrados de solo devastado", afirmou à Comissão, "se tivesse sido usado a tempo na península de Galípoli, teria unido os Bálcãs ao nosso lado, dado as mãos à Rússia e eliminado da guerra a Turquia."[115]

O relatório final, publicado em dezembro de 1917, concluiu que a campanha fora fatalmente comprometida por diversos fatores. As dificuldades de um ataque militar na península haviam sido gravemente subestimadas, e o volume de recursos desviados do Front Ocidental fora insuficiente para assegurar seu êxito. Os dois desembarques dos Aliados na península, em 25 de abril e 6 de agosto de 1915, tinham sido falhos. O relatório não considerou Churchill o principal responsável e foi muito mais duro com Hamilton, Kitchener e, sobretudo, Stopford.[116] No debate na Câmara dos Comuns sobre o relatório, Churchill comentou sobre os que criticavam os estrategistas: "A Comissão de vocês pode condenar os homens que tentaram forçar a passagem pelos Dardanelos, mas os filhos de vocês continuarão a condenar todos os que não acorreram em seu auxílio".[117]

Mesmo assim, a despeito da convicção categórica de Churchill, muitos de seus amigos mais próximos duvidavam dele. Após almoçar com os Hamilton, a memorialista Marie Belloc Lowndes, irmã mais velha de Hilaire Belloc, amigo de Churchill, anotou em seu diário: "Houve grande discussão sobre Winston Churchill. Ele está visivelmente retornando à vida pública. Falei que assim esperava eu [...] mas todos os demais se manifestaram receosos a esse respeito. Isso de pessoas que se diziam cordialmente ligadas a ele".[118] As perdas vultosas na campanha de Galípoli explicam grande parte da animosidade pessoal contra Churchill nessa época, embora fosse apenas o mais recente elemento numa longa sucessão de fatores. O fato puro e simples era que não confiavam mais em seu discernimento e já não acreditavam em suas explicações.

Os Estados Unidos entraram na guerra em 6 de abril de 1917, depois que a Sala 40 interceptara um telegrama de Arthur Zimmermann, ministro alemão das Relações Exteriores, incentivando os mexicanos a retomarem o Texas, o Arizona e o Novo México. Mais tarde, Churchill escreveu que, sem isso, a guerra "teria terminado com uma paz negociada ou, em outras palavras, com uma vitória germânica".[119] Esse triunfo decorreria da fome que grassaria com a ação dos submarinos alemães, visto que a Grã-Bretanha não tinha como alimentar a população apenas com a produção nacional. Foi somente em 26 de abril de 1917 que o Almirantado por fim adotou o sistema de comboio para proteger os navios mercantes. Churchill defendera longamente um sistema em que os navios mercantes se deslocariam apenas em grandes grupos, protegidos por embarcações de guerra, mesmo que assim atraíssem inevitavelmente uma atenção muito maior dos submarinos. "Nenhum relato da Grande Guerra é mais notável ou mais instrutivo do que este", escreveu Churchill numa resenha da história oficial da guerra naval publicada em 1931. "Foi uma luta longa, intensa, violenta entre políticos amadores, lançados pelas instituições parlamentares democráticas à frente dos assuntos de Estado, de um lado, e os especialistas competentes, treinados, experimentados do Almirantado e seus altos oficiais navais, de outro. O fato assombroso é que os políticos estavam certos e as autoridades do Almirantado estavam erradas."[120]

Apesar de seu otimismo geral de que a Grã-Bretanha acabaria ganhando a guerra, Churchill não acreditava que isso se daria a curto prazo. Em 21 de junho, no Other Club, o coronel Charles Sofer Whitburn apostou com ele cinquenta libras que, perto do Natal, os alemães já teriam recuado e atravessado o Reno de volta. Churchill escreveu embaixo: "Peço a Deus que sim. *Mas*".[121] Na verdade, nunca recuaram para além do Reno: quando a guerra terminou, todas as tropas alemãs ainda estavam estacionadas em solo aliado.

"Não é evidente que não deveríamos desperdiçar os exércitos restantes na França e na Grã-Bretanha em ofensivas precipitadas antes que a força norte-americana comece a se fazer sentir nos campos de batalha?", Churchill declarou numa sessão secreta da Câmara dos Comuns em 10 de maio, prevendo que, visto que "não temos a superioridade numérica necessária para que tal ofensiva tenha sucesso", novos ataques em 1917 seriam "aventuras sangrentas e desastrosas" e deveriam ser suspensos "para um esforço decisivo em ano posterior".[122] Não lhe deram ouvidos, e o massacre prosseguiu, especialmente entre julho e novembro na Terceira Batalha de Ypres, conhecida como Passchendaele. Registraram-se algumas vitórias, como a do general Plumer em Messines, porém a maior parte do ano decorreu num impasse sangrento.[123]

Churchill continuou a dedicar enorme empenho a seus discursos. "Nunca aparecia à mesa de sua hospedeira até a hora do chá", informou um jornalista. "Podia-se ouvi-lo o dia todo estrondeando no quarto, repetindo e ensaiando seus dados e seus floreios ao acompanhamento de sonoras pancadas nos móveis."[124] Saiu-se tão bem na sessão secreta — um debate durante o qual somente os parlamentares puderam entrar na Câmara, enquanto se discutia a estratégia — que sua carreira voltou aos trilhos. Em seguida, numa conversa distante dos ouvidos do presidente da Câmara, Lloyd George lhe disse que o traria de volta ao governo num remanejamento. Não porque Churchill tivesse um partido, uma facção ou amizades a oferecer, mas porque tinha voz própria.

Os rumores de que Churchill voltaria ao governo deixaram o establishment unionista num estado de descontrole. "O poder de Winston para o bem e para o mal é, diria eu, muito considerável", lorde Esher disse a Haig. "Tem um temperamento de cera e mercúrio."[125] Lorde Charles Beresford escreveu a Bonar Law afirmando dispor de provas para mostrar as "ordens [de Churchill] à Frota na época da Rebelião de Ulster [...] para abrir fogo em Belfast" (coisa que ele não podia ter, pois não existia).[126] Balfour escreveu a Bonar Law para lembrá-lo de que "alguns de nós entraram no governo com o claro entendimento de que W.C. não o integraria".[127] Sir George Younger, presidente do Partido Conservador, avisou a Bonar Law que o partido não toleraria a volta de Churchill.

Assim, quando Lloyd George o nomeou ministro dos Armamentos em 17 de julho de 1917 em decisão unilateral, a reação, como era de se prever, foi de fúria, muito embora a pasta não integrasse o Gabinete Ministerial. Cem parlamentares conservadores assinaram uma moção da Câmara dos Comuns deplorando a nomeação. "Embora ainda não tenhamos inventado o navio inaufragável, descobrimos o político inaufragável", fulminou o *Morning Post*. "Prevemos com segurança que ele continuará a cometer erros descomunais às custas da nação."[128] Lorde Curzon ficou furioso; o conde de Derby ameaçou renunciar ao Ministério da Guerra, considerando Churchill um "grande perigo" e prevendo interferências futuras.[129] Walter Long, ministro das Colônias, escreveu uma carta aflita a Bonar Law. O *Sunday Times* descreveu Churchill como "um grave perigo para o Governo e para o Império como um todo", e o Conselho Unionista Nacional, órgão voluntário do Partido Conservador, apresentou uma moção, sob sonoras aclamações, declarando que a nomeação era "um insulto à Marinha e ao Exército".[130] Mais tarde, Lloyd George escreveu: "Por breve tempo, a própria existência do governo ficou em risco", mas sabia que Bonar Law não recolocaria Asquith no poder, e por isso apresentou-lhe a nomeação como fato consumado, anunciou-a à imprensa e passou o resto do dia esquivando-se dele.[131] Enquanto isso, Churchill precisou reconquistar Dundee, onde obteve uma maioria de 5226 votos, embora o ferrenho proibicionista Edwin Scrymgeour tenha conseguido abocanhar 30% do eleitorado.

O Ministério dos Armamentos de Guerra, como se chamava formalmente, tinha sede no antigo Hotel Metropole, na Northumberland Avenue, saindo da Trafalgar Square, mobilizava uma mão de obra de 2,5 milhões de trabalhadores e era o maior empregador industrial e comercial do mundo. Ao assumi-lo, Churchill reorganizou por completo seu quadro de 12 mil servidores, dividindo-o em doze seções, e nomeou um Conselho Consultor geral, composto em sua maioria de empresários bem-sucedidos. Adotou medidas abrangentes para o abastecimento e a estratégia de guerra mecânica, com especial atenção a morteiros de trincheira, tanques e aeroplanos.[132] Ao final da guerra, o número de funcionários do ministério subira para 25 mil. Dez anos depois, Churchill comparou sua posição de ministro a estar montado "comodamente num elefante, cuja tromba podia apanhar um alfinete ou desenraizar uma árvore com a mesma facilidade, e de cujo dorso se tinha uma ampla visão".[133] Claro que se irritava por não estar no Gabinete — embora comparecesse às reuniões que tratavam de assuntos que se sobrepunham ao trabalho de seu departamento e conseguisse se imiscuir em muitos deles. A despeito das garantias de Lloyd George aos conservadores de que Churchill não iria interferir nos assuntos de outros ministros, ele participava das discussões gerais e, claro, nunca deixava de apresentar ideias para operações militares.

Em fevereiro, Churchill comprara Lullenden Manor, uma mansão em estilo Tudor em East Grinstead, West Sussex. Em julho convidou Hankey e a esposa, e ficaram "passeando por sua bela e agreste propriedade". Hankey relembrou: "No geral, seu estado de espírito se mostrava moderado. Admitiu para mim que fora 'um pouco presunçoso demais' no Almirantado e me surpreendeu ao dizer que, até o momento de sua nomeação, não fazia ideia de até que ponto a opinião pública era contrária a seu retorno à vida pública". Mas não se tornara moderado o suficiente para se abster de aproveitar a visita de Hankey para apresentar a ideia de um ataque naval ao porto mediterrâneo turco de Alexandretta (atual Iskenderun). Hankey notou que Churchill estava "entusiasmado" com a ideia, antes que o conviva expusesse todas as objeções e dificuldades.[134]

Foi o mesmo que o capitão Dudley Pound, chefe da seção de planejamento do Almirantado, teve de fazer uma semana depois, diante das detalhadas propostas de Churchill para um "bloqueio cerrado e agressivo" da costa germânica em volta da baía da Heligolândia, a fim de impedir a emersão de submarinos.[135] Os franceses e os norte-americanos julgaram a ideia inviável e se negaram a fornecer embarcações, mas estava claro que os Dardanelos não haviam dissuadido Churchill de defender projetos de ofensivas navais. Pound, que se distinguira na Jutlândia, apontou os perigos representados por submarinos e minas e a grande drenagem de recursos que isso acarretaria à Frota.[136] Foi quando aprendeu como era importante evitar simplesmente dizer "não" a Churchill, e sim explicar em detalhes todas as vantagens e implicações de um determinado curso de ação. "Churchill era um indivíduo imparcial em essência e na maioria das vezes preparado para aceitar uma opinião profissional, desde que não fosse derrotista", registrou o biógrafo do capitão naval. "Pound adotou a metodologia, que foi usada com grande frequência na guerra seguinte."[137] (Churchill também sugeriu a

Lloyd George a ideia de usar portos flutuantes artificiais para atacar as ilhas frísias de Borkum e Sylt em 1917, um projeto precursor do uso dos portos artificiais Mulberry na costa da Normandia no Dia D.)

A Terceira Batalha de Ypres começou em 31 de julho. Churchill ficou furioso com o fato de os generais britânicos continuarem a tomar a ofensiva mesmo após 26 de outubro, quando Haig lançou ao assalto quatro divisões canadenses. Mais tarde escreveu em *The World Crisis*: "Não se pode dizer que 'os Soldados', isto é, o Estado-Maior, não tenham feito o que queriam. Levaram até o fim sua sinistra experiência. Pegaram tudo o que exigiram da Grã-Bretanha. Dilapidaram os homens e as armas do Exército britânico quase até a destruição. Fizeram isso diante dos mais incisivos alertas e de argumentos a que eram incapazes de responder".[138] Em 1919, ele sugeriu que se preservasse para sempre a montanha de destroços em que se transformou o centro de Ypres, como monumento à devastação da guerra. A ideia não teve acolhida favorável, mas o Mercado Central medieval, que ficou destruído, não chegou a ser reformado enquanto Churchill era vivo.[139]

O novo ministro dos Armamentos supervisionou enormes aumentos na produção de tanques e metralhadoras, de aeronaves e gás mostarda. Enfrentou críticas, claro — um general se referiu ao tanque como "desatino de Winston"* —, o que não o afetou minimamente.[140] Foi nessa época que ele desenvolveu o hábito de pedir as informações "numa única folha de papel", o que também faria na Segunda Guerra Mundial.[141] Em outubro de 1917, concedeu aos trabalhadores do setor de munições um aumento salarial de 12,5% e, durante seu período no cargo, forneceu grandes quantidades de armas para a Força Expedicionária Americana, incluindo 164 armamentos pesados, 300 mil granadas, 11 milhões de projéteis, 4553 caminhões, 8100 automóveis e 452 aeroplanos.[142] Na Batalha de Cambrai, em novembro, 378 tanques britânicos ajudaram a capturar 10 mil prisioneiros alemães. Em seu último despacho em 1919, Haig reconheceu: "Somente em 1918 foi possível conduzir operações de artilharia independentemente de qualquer consideração de ordem restritiva, a não ser a do transporte".[143] A equipe de Churchill imprimiu essas palavras num gráfico, mostrando como a produção de canhões e carretas de canhão havia aumentado exponencialmente durante seu período no ministério.

Churchill continuou a visitar a frente de batalha, indo mais uma vez ao quartel-general de Haig em meados de setembro de 1917. Eddie Marsh escreveu mais tarde que, chegando a Wytschaete, "tão logo começamos a percorrer o espinhaço, granadas de seis polegadas passaram a explodir à nossa volta [...]. Er-

* "Winston's folly", no original. Na verdade, *folly* se aplica a qualquer disparate, exagero, extravagância, construção grande e dispendiosa (como o nosso "elefante branco"). (N. T.)

guiam-se do solo colunas de fumaça a cem metros de nós e estilhaços de bombas caíam muito perto — a cinco ou seis metros de distância".[144] No dia seguinte, na companhia do major Desmond Morton, ajudante de campo de Haig, foram visitar o quartel-general do I Corpo do Exército Australiano e Neozelandês, cujo comandante de campo era Jack Churchill. Morton, outro Paladino, fora condecorado alguns meses antes com a Cruz Militar na Batalha de Arras; apesar de ter sido atingido no coração, continuou a servir por mais dois anos, com a bala ainda alojada no corpo. Veio a se tornar um dos três assistentes pessoais de Churchill (com responsabilidade especial na área de inteligência) durante a Segunda Guerra Mundial. Marsh relembrou que viram naquela viagem um cemitério "abarrotado com, calculo eu, umas 2 mil cruzes e um lote de cruzes de reserva no lado de fora, aguardando a próxima remessa".[145]

No dia seguinte, em Pozières e La Boisselle, Churchill e Marsh viram "*por toda parte* as pequenas cruzes brancas e anônimas, isoladas ou em grupos, 'como flocos de neve', nas palavras de Winston".[146] Passaram pela enorme cratera de La Boisselle, onde começavam as linhas germânicas, seguiram até Bapaume e depois "por uma sucessão de acampamentos e aldeias estripadas até chegarmos a Arras [onde] não há praticamente uma casa incólume". Churchill discutiu os pedidos de gás com os especialistas do XV Corpo do Exército e, a seguir, foi visitar seu antigo regimento, os Fuzileiros Reais Escoceses, ali perto. Mais tarde, passou meia hora andando até o local de uma batalha — "explosivos assobiando sobre nossas cabeças". "O descaso de W pelo tempo, quando há algo que quer fazer", registrou Marsh, "é sublime — ele acredita convictamente que o tempo vai esperar."[147] Quando passou uma coluna de soldados em marcha que o aclamaram e lhe acenaram, indicando que a hostilidade contra Churchill não era de forma nenhuma unânime, "ele ficou feliz feito criança".[148]

Há um belo esboço de Churchill no final de setembro de 1917, feito pelo poeta Siegfried Sassoon, a quem tentou recrutar para o Ministério dos Armamentos. Relembrava Sassoon:

> Percorrendo a sala com um grande charuto na boca, ele me deu uma enfática justificativa do militarismo como instrumento de ação política e estimulador de gloriosas realizações individuais, não só no mecanismo da guerra, mas nas esferas do progresso social. A guerra atual, afirmou ele, gerara descobertas inventivas que melhoravam a condição da Humanidade. Por exemplo, haviam ocorrido enormes melhorias nas condições sanitárias.[149]

Ainda que a última frase fosse satírica, Churchill poderia acrescentar à lista a comunicação entre aeronaves em voo, os hidrofones, a cirurgia plástica, o uso transportável de raios X, a transfusão de sangue, o horário de verão, a emancipação feminina, o horário de fechamento dos bares e o começo do fim do colonialismo, ainda que não aplaudisse necessariamente os três últimos itens. "De tempos em tempos, ele vinha até mim", recordava Sassoon, "com a cabeça bem projetada para a frente e com as mãos cruzadas nas costas, para soltar o desfecho retumbante de alguma frase grandiloquente."[150] Sassoon não se deixava persuadir. "Ele me fazia sentir que era agradabilíssimo como ser humano", escreveu Sassoon. "Mas não havia dúvida de que eu discordava de quase todas as opiniões que ele enunciava."[151] Ao dizer que a guerra era "a ocupação normal do Homem", Churchill amenizou a declaração acrescentando "e a jardinagem".[152]

Em 7 de novembro, os bolcheviques tomaram o poder em Petrogrado, antiga São Petersburgo, que depois renomearam como Leningrado. "Entre todas as tiranias da história, a tirania bolchevique é a pior", afirmou Churchill logo após a guerra, "a mais destrutiva, a mais degradante [...] muito pior do que o militarismo alemão."[153] Era verdade, mas logo viria o momento em que Lloyd George o advertiria de que sua "obsessão" pelo bolchevismo estava "transtornando [seu] equilíbrio".[154] Para Churchill, a Revolução Russa era "uma onda de ruína na qual foram engolfados talvez 20 milhões de seres humanos. As consequências desses eventos [...] sombrearão o mundo para os filhos de nossos filhos".[155] A afirmação era ao mesmo tempo profética e numericamente precisa — pelo menos 20 milhões de pessoas morreram sob a tirania soviética —, mas, apesar disso, seu anticomunismo lhe cobraria um alto preço político. Lloyd veio a afirmar em 1939 que a postura de Churchill em relação aos bolcheviques era tingida por suas origens de classe: "Seu sangue ducal se revoltou contra a eliminação completa dos grão-duques na Rússia".[156] Todavia, essas suas origens não o haviam impedido de deixar o Partido Conservador, de endossar o Orçamento do Povo, de desancar a Câmara dos Lordes e de apoiar os impostos de transmissão por causa mortis, a tributação fundiária e o Governo Autônomo da Irlanda, posições que dificilmente seriam de esperar num homem de "sangue ducal"; tampouco era necessário ser da elite para se revoltar perante a execução do tsar, da tsarina e de sua jovem prole por ordens de Lênin. Churchill abominava o comunismo pelo ataque que perpetrava contra "o espírito humano e os direitos humanos", como explicou em julho de 1920. "Meu ódio ao bolchevismo e aos bolcheviques não se funda em seu tolo sistema econômico nem em sua absurda doutrina de uma igualdade impossível. Ele deriva do terrorismo sangrento e devastador que praticam em todas as terras que invadiram e que é a única maneira como conseguem manter seu regime criminoso."[157]

"Quanto mais a Grã-Bretanha e os Estados Unidos lutarem lado a lado", discursou Churchill na Bolsa de Cereais de Bedford em 10 de dezembro, "quanto mais encarniçada a luta, quanto maior o esforço que empreenderem juntos, quanto mais próximos ficarem esses dois ramos da família anglófona do mundo anglo-saxão, mais sincera será a camaradagem mútua e a luta será um elo entre eles [...]. É a isso que [...] podemos visar legitimamente como alicerce do futuro do mundo, quando a guerra terminar."[158] Apesar da entrada dos norte-americanos na guerra, disse ele a Hugh Trenchard, àquela altura comandante do Corpo Aéreo Real, era um conflito que se estenderia por muito tempo.[159]

Ao visitar Ploegsteert e Ypres no final de fevereiro com Reggie Barnes, então general no comando da 57ª Divisão, Churchill não viu senão "uma ruína total". Relatou a Clementine que não havia:

> absolutamente nada, exceto uns tocos de árvores em hectares de solo pardo marcado de buracos de bombas, um encostado no outro. Isso continua em todas as direções por doze ou treze quilômetros. Quase 800 mil de nossos homens britânicos derramaram o sangue ou perderam a vida durante 3½ anos de conflito incessante! Muitos amigos nossos e contemporâneos meus pereceram aqui. A morte e o coveiro parecem igualmente triviais e pouco alarmantes. Um fato comum e natural, que pode acontecer a qualquer um a qualquer momento.[160]

Sua reação foi redigir um documento ministerial defendendo o lançamento "não [de] cinco toneladas, mas quinhentas toneladas de bombas todas as noites nas cidades e fábricas" do inimigo, a fim de encerrar o conflito o mais rápido possível.[161] A guerra se encerrou antes que isso se tornasse tecnicamente possível, mas os germes da futura estratégia já eram claramente visíveis no espírito de Churchill.

Os alemães lançaram a pesadíssima Ofensiva de Ludendorff ao longo do Front Ocidental em 21 de março de 1918, na esperança de avançarem e finalmente vencerem a guerra antes que começasse a chegar um grande número de tropas norte-americanas. Tomaram 1100 quilômetros quadrados, capturaram 75 soldados britânicos e 1300 armas e entraram quase doze quilômetros em Amiens. Em maio, haviam chegado ao Marne, a meros setenta quilômetros de Paris. Em 19 de abril, Churchill pôde anunciar orgulhosamente ao rei "que todas as armas que foram perdidas nessa grande batalha haviam sido repostas".[162] Os alemães tomaram 27 quilômetros num único dia, em 27 de maio, recorde no Front Ocidental em toda a guerra. Churchill estava a apenas dez quilômetros da linha de frente do 5º Exército britânico. "Havia o troar do fogo de artilharia, em geral distante, e as explosões surdas dos ataques dos aeroplanos", relembrou mais tarde. "E então, tal como um pianista correndo os dedos nas teclas do agudo para o grave, em menos de um minuto ergueu-se o mais tremendo canhoneio que jamais ouvirei na vida. Envolveu-nos num amplo arco de chamas rubras."[163] As reminiscências da Ofensiva da Primavera permaneceriam com ele durante anos. Em março de 1945, Churchill apresentou aos ministros uma "vívida descrição" da operação.[164] A operação lhe incutiu um profundo respeito pela capacidade de contra-ataque dos alemães, mesmo quando estava aparentemente esgotada, e ajuda a explicar por que Churchill não ficou surpreso como os demais quando os alemães lançaram sua Ofensiva das Ardenas em dezembro de 1944.

Durante a Ofensiva de Ludendorff, Churchill estava em Paris coordenando a produção de munições com seus pares franceses, e em 30 de março discutiu a situação estratégica com Georges Clemenceau, o primeiro-ministro da França, com os altos generais franceses Ferdinand Foch, Philippe Pétain e Maxime Weygand e também com os generais Haig e Rawlinson. Churchill gostou muito de conhecer o grande Clemenceau, que ocupara a dupla pasta de primeiro-ministro e ministro da Defesa ao assumir o poder, em novembro. "O velho é muito afável comigo e fala da maneira mais confidencial", revelou a Clementine.[165] "É um personagem extraordinário [...]. Disposição e energia indômitas." Observando junto com ele o norte de Moreuil em combate, comentou Churchill, "finalmente persuadi o velho tigre a deixarmos o que ele chamou de '*un moment délicieux*'".[166]

Em *Great Contemporaries*, publicado em 1937, Churchill traçou um retrato magnífico. "Clemenceau encarnava e expressava a França", escreveu. "Na medida em que um ser humano, milagrosamente engrandecido, pode ser uma nação, ele era a França." A vida de Clemenceau foi "lutar, lutar, o tempo todo, sem nunca descansar", aguardando meio século para ter seu momento, precisando "ganhar o pão de cada dia como [...] jornalista". "Todos haviam sentido o látego de sua língua e de sua pena [...]. Raras vezes um homem público em tempos de paz foi mais cruelmente perseguido e caçado."[167] Apesar disso, mesmo no ponto mais baixo, Clemenceau não foi um "suplicante: jamais. Desafiador, invencível [...]. Tal era o homem que, armado com a experiência e sob o peso dos ódios de meio século, foi chamado ao leme da França no pior período da guerra [...]. Foi naquele momento [...] que o velho fogoso foi convocado para o que, de fato, era a ditadura da França. Voltou ao poder [...] com a dúvida de muitos, o medo de todos, mas enviado pelo destino, inevitável".[168]

Há nisso uma forte antecipação do que se passaria com Churchill 25 anos depois. Ao discursar no Congresso francês quando se tornou primeiro-ministro, em novembro de 1917, Clemenceau — na versão de Churchill — viu que "todos a seu redor compunham uma assembleia que faria qualquer coisa para não o ter ali, mas, tendo-o ali posto, sentia que devia obedecer [...]. Era preciso lançar a última aposta desesperada [...]. Com rosnados e rugidos, a besta-fera idosa e destemida entrou em ação. Assim se iniciou o corpo a corpo mortal com a Alemanha".[169] Numa conversa sobre as fábricas parisienses de munições e aeronaves que eram ameaçadas pelo avanço germânico, Clemenceau disse a Churchill:

"Lutarei na frente de Paris; lutarei em Paris; lutarei atrás de Paris".[170] Churchill escreveu em *Great Contemporaries*: "Paris podia ficar reduzida às ruínas de Ypres ou Arras. Não afetaria a resolução de Clemenceau. Ele se sentaria na válvula de segurança, até vencer ou até que todo o seu mundo explodisse. Não depunha esperanças num além; zombava da morte; estava em seu 77º ano de vida. Feliz a nação que, quando seu destino oscila na balança, é capaz de encontrar tal tirano e tal defensor".[171] Muitas vezes dizem que Churchill teve Marlborough, Lloyd George e William Pitt, o Jovem, como seus principais modelos, mas, à medida que precisava de algum, seu modelo era Georges Clemenceau.

Num ofício extraordinário de abril de 1918, Churchill sugeriu que a Grã-Bretanha tentasse persuadir Lênin a reingressar na guerra, mesmo depois de os bolcheviques terem assinado um tratado de paz com a Alemanha em Brest-Litovsk no mês anterior. Em troca, os Aliados os protegeriam de uma contrarrevolução. "Nunca esqueçamos que Lênin e Trótski estão lutando com a corda no pescoço", argumentou ele. "Sairão do cargo para o túmulo. Mostrem-lhes alguma chance real de consolidarem o poder [...] e eles não seriam humanos se não a agarrassem."[172] Tal como faria depois, estava disposto a deixar de lado seu encarniçado anticomunismo ideológico para derrotar a Alemanha, mas a proposta não foi feita e certamente teria sido rejeitada.

Em 23 de abril — dia de São Jorge —, o vice-almirante Roger Keyes comandou o espetacular Ataque de Zeebrugge, que bloqueou a entrada do canal de ligação entre o Porto de Zeebrugge e Bruges durante a maré baixa. Foram concedidas nada menos que oito Cruzes da Vitória, o maior número por um único empreendimento desde a Guerra dos Zulus. Churchill escreveu que o ataque iria "figurar como a maior proeza militar na Grande Guerra, e certamente como episódio insuperado na história da Marinha Real".[173] O episódio consolidou a consideração já elevada de Churchill por Keyes, que nutria especial apreço por operações anfíbias baseadas na surpresa e na audácia e que quisera renovar o ataque nos Dardanelos no dia seguinte à retirada de De Robeck.

Em maio, Haig cedeu o gracioso Château de Verchocq da era napoleônica, no Pas-de-Calais, para servir como quartel-general francês do Ministério dos Armamentos, local que Churchill descreveu de forma galhofeira como "uma pequena *maison tolérée*", isto é, uma casa de tolerância legalizada.[174] Atravessava regularmente o canal da Mancha por via aérea para visitar Verchocq e Paris, a que se referia como "essa cidade ameaçada, mas sempre encantadora". Às vezes ele mesmo pilotava o aeroplano na ida e na volta. "Na última vez pilotei a viagem inteira", disse a Sinclair em certa ocasião, "e por muito pouco não pus fim a uma vida agitada, mas decepcionante, nas águas salgadas do Canal. Conseguimos planar até a costa [...]. Leva apenas uma hora de Lullenden ao QG! Mas é preciso revisar cuidadosamente a máquina."[175] Em 6 de junho, quando a Ofensiva da Primavera se desenrolava a meros setenta quilômetros de distância, ele comentou com Clementine: "Está na balança o destino da capital".[176]

Em 1º de junho de 1918, a mãe de Churchill, Jennie, então com 64 anos, casou-se com Montagu Porch, sujeito rico e bonitão que, com seus 41 anos de idade, era dois anos mais novo do que Churchill. Jennie comentou: "Ele tem um futuro e eu tenho um passado, então dará certo".[177] Ela se divorciara de George Cornwallis-West quatro anos antes e retomara seu nome anterior, Lady Randolph Churchill.

Nessa época, Clementine estava grávida outra vez. Os Churchill tinham poucos recursos financeiros, mas, mesmo assim, foi realmente extraordinário que Clementine se expressasse da maneira como o fez em 21 de junho com Lady Hamilton, que não tinha filhos e estava para adotar um bebê chamado Harry. Segundo o diário de Jean Hamilton, Clementine "insistiu para que eu não adotasse Harry de forma nenhuma [...]. Perguntou se eu gostaria de ficar com o bebê dela; claro que eu disse que sim e [...] ofereci recebê-la aqui para [o nascimento], pois ela me dissera que a casa de repouso saía muito caro — 25 libras por um único quarto — e falou que não teria como arcar com as despesas. Disse que, se tivesse gêmeos, eu ficaria com um deles".[178] Churchill naquela altura já tinha salário de ministro, mas, depois de deixar o Exército, passara catorze meses vivendo do salário de parlamentar, de apenas quatrocentas libras anuais. Clementine andava cansada e abatida nesse período, que mais tarde revelou ser o ponto mais baixo de sua vida, e provavelmente sua proposta deve ser entendida em termos mais emocionais do que literais, embora Jean Hamilton pareça tê-la levado a sério. Foi talvez uma sorte para a amizade entre elas que Clementine não tenha tido gêmeos.

Num discurso comemorando o Quatro de Julho norte-americano em 1918, Churchill apresentou uma mensagem que viria a ter papel central em seu pensamento. "A Declaração de Independência não é apenas um documento norte-americano", disse ao público ouvinte no Salão Central de Westminster.

> Segue-se à Magna Carta e à Declaração de Direitos como o terceiro grande documento em que se fundam as liberdades do povo de língua inglesa. Com ela perdemos um Império, mas com ela também preservamos um Império. Ao aplicarmos seus princípios e aprendermos sua lição, mantivemos nossa comunhão com as poderosas Repúblicas que nossos filhos estabeleceram no além-mar [...]. No fundo do coração do povo dessas ilhas, no coração daqueles que, na linguagem da Decla-

ração de Independência, são chamados de "nossos irmãos britânicos", está o desejo de se reconciliar realmente, perante todos os homens e toda a história, com seus parentes do outro lado do oceano Atlântico, de apagar todas as censuras e redimir todos os erros de uma era passada, de permanecer mais uma vez em espírito com eles, de ficar mais uma vez a seu lado na batalha, de criar mais uma vez uma união dos corações, de escrever mais uma vez uma história em comum.[179]

Churchill falava frequentemente em liberdade, mas suas ideias sempre tinham raízes na história, na Magna Carta e no direito consuetudinário inglês, e se fundavam mais na política prática do que nas reflexões mais abstratas sobre a liberdade de filósofos como Locke, Hume e John Stuart Mill.

Em seu discurso no Dia da Independência dos Estados Unidos, Churchill chegou a comentar sobre a chegada de 1 milhão de soldados norte-americanos aos campos de batalha da França, sob o comando do general John Pershing: "Não há outro evento desde o começo da Era Cristã mais capaz de fortalecer e restaurar a fé do Homem na condução moral do universo".[180] Insistiu sob sonoras aclamações: "A Alemanha precisa ser derrotada. A Alemanha precisa saber que está derrotada, precisa sentir que está derrotada. Sua derrota precisa ser expressa em termos e fatos que impeçam para sempre que outros imitem seus crimes e impossibilitem que ela os repita".[181] Após o discurso, disse a Archie Sinclair: "Se tudo caminhar bem, a Inglaterra e os Estados Unidos poderão atuar juntos em caráter permanente. Nesse ritmo, estamos vivendo cinquenta anos em um só".[182]

Seis dias depois, Churchill nomeou Jack Seely, que voltara das trincheiras em virtude das sequelas de um ataque de gás, para o cargo de seu secretário parlamentar, o segundo em comando no ministério. Seely fora mencionado nada menos que cinco vezes em despachos, comandara uma brigada e, em certa ocasião, chegara a arrostar a ira de seus superiores por recrutar a infantaria de outro corpo para formar um grupo de combate ad hoc que capturou um bastião inimigo. Entre todos os Paladinos de Churchill, Seely, cujo primogênito, Reginald, fora morto em ação em 1917, ocupava o primeiro lugar.

O ataque alemão na Segunda Batalha do Marne, em 15 de julho, constituiu, na visão de Churchill, "a crise suprema" da guerra. Mais tarde, ele comentou que, vistos do alto de Montmartre, "os horizontes pareciam estar vivos com os clarões de artilharia".[183] Em 6 de agosto, porém, já ficara claro que o ataque falhara, deixando os alemães esgotados e desmoralizados ao ter de combater no Front Ocidental não só o Império Francês e o Império Britânico, mas também os norte-americanos. Dois dias depois, teve início a grande contraofensiva dos Aliados, que em cem dias de duração os levaria à vitória na guerra.

Uma semana antes, em 29 de julho de 1918, uma segunda-feira, Winston

Churchill se encontrou em Londres com Franklin D. Roosevelt, vice-ministro da Marinha dos Estados Unidos, num jantar no salão do Gray's Inn, uma das antigas escolas de direito. Era para ser um dos grandes encontros da história, mas a opinião que Roosevelt formou sobre Churchill não foi mais elevada do que a de seu primo Theodore. Apesar de toda a sua admiração pelos norte-americanos em geral, Churchill mostrou pouco interesse pelo vice-ministro, em parte talvez porque naquela noite estivessem presentes também F. E. Smith, Curzon, Smuts, Geddes, Long, Robert Borden (primeiro-ministro do Canadá), os duques de Marlborough, de Rutland e de Northumberland, Freddie Guest, Mark Sykes e outros amigos e figurões. Segundo Joseph P. Kennedy — fonte não de todo confiável —, mais tarde Roosevelt reclamou que Churchill "agiu como um grosseirão" naquela ocasião, "impondo-se a todos nós".[184]

Apesar da sorte em ter sido convidado a reintegrar o governo, Churchill não conseguia refrear sua mania de interferir nos departamentos dos demais ministros. Certo dia — 17 de agosto de 1918 —, por exemplo, conseguiu suscitar a ameaça de renúncia dos dois ministros mais importantes das Forças Armadas: precipitou uma briga com Sir Eric Geddes, o primeiro lorde do Almirantado, ao sugerir retirar os canhões de embarcações mais antigas (que poderiam ser deixadas de lado com a entrada dos Estados Unidos na guerra) e adaptá-los para fins militares, e outra com lorde Derby, ministro da Guerra, ao propor retirar alguns obuses de seis polegadas de Haig e enviá-los para as forças britânicas na Rússia.[185] "Que direito tem ele de expressar opinião?", indagou o 17º conde de Derby sobre o ministro dos Armamentos. "Não passa de um ferragista."[186]

"Estou tentando [...] arranjar para os alemães uma boa dose inicial de gás mostarda antes do final do mês", escreveu Churchill a Clementine em setembro, do Hotel Ritz, em Paris. "Haig está muito animado com isso e teremos, creio eu, o suficiente para produzir um efeito decisivo. É muito agradável ouvir seus gemidos na derrota."[187] O gás mostarda fora usado pelos alemães em Ypres em julho de 1917, e os britânicos responderam com a mesma substância em 28 de setembro de 1918. O mesmo ocorreu com o gás clorino, que era muito mais letal do que o mostarda (embora fosse mais fácil defender-se dele) e fora inicialmente usado pelos alemães na Segunda Batalha de Ypres, em abril de 1915, e pelos britânicos seis meses depois, em Loos. Era o décimo aniversário de casamento dos Churchill, e suas palavras subsequentes foram das mais amorosas: "Minha doce querida, rogo e espero que os anos futuros lhe possam trazer dias serenos e sorridentes". Ele era plenamente capaz de escrever sobre "esse veneno infernal" num momento e, logo a seguir, sobre os "dias serenos e sorridentes".

Apesar do envio de mais de 1 milhão de norte-americanos em maio para o

Front Ocidental, que inclinaram a balança de forma decisiva em favor dos Aliados, Churchill mesmo assim ficou surpreso com o término tão súbito da Grande Guerra. Depois da queda da Turquia e da Áustria, no final de outubro, ele escreveu a Marsh falando de "uma chuva de impérios voando pelos ares".[188] Com o repentino fim da efetividade da resistência alemã em novembro, os planos que Churchill vinha concebendo para uma intervenção contra os bolcheviques não tiveram tempo de se firmar. Mais tarde, ele comentou a possibilidade: "Se a Grande Guerra tivesse se prolongado até 1919, a Intervenção, que vinha ganhando impulso a cada semana, teria êxito militar".[189] Aí estava mais um dos "se" que ele tanto apreciava.

O Armistício significava que os Aliados não lutariam em defesa de um governo russo apoiando um Segundo Front contra as Potências Centrais; pelo contrário, a maioria dos governos dos países aliados queria sair o mais depressa possível da Rússia, de preferência sem prejudicar demais a causa antibolchevique dos chamados russos brancos. Churchill era um dos poucos que desejavam ampliar e aprofundar a luta antibolchevique, por acreditar que, do contrário, o comunismo representaria uma ameaça à Alemanha e ao Leste Europeu. "Poderíamos ter de reerguer o Exército alemão", disse ele, segundo as atas ministeriais, em 10 de novembro, véspera do Armistício, "pois era importante que a Alemanha se sustentasse nas próprias pernas por medo da difusão do bolchevismo."[190] Depois do Armistício, ele insistiu que se enviassem navios com alimentos para a Alemanha, mas não foi essa, de forma nenhuma, a política adotada por Lloyd George. O primeiro-ministro estava se preparando para uma eleição geral baseando-se em obrigar a Alemanha a pagar "até a última gota" (na expressão de Geddes), além de muita retórica propondo enforcar o cáiser pelos crimes de guerra. Entre os homens britânicos entre vinte e 45 anos de idade, 10% tinham morrido na guerra, cerca de 744 mil, além de 14 600 membros da marinha mercante e mil civis. Mais 150 mil britânicos pereceram na epidemia de gripe espanhola naquele inverno. Com esse pano de fundo, nenhum novo empreendimento militar seria visto com bons olhos. O governo estava sob enorme pressão financeira logo após a guerra, o que afetava tudo o que tentasse fazer. Dos 15 milhões de toneladas de cargas naufragadas durante o conflito, por exemplo, 9 milhões delas eram britânicas.

"Foi alguns minutos antes da última hora do último dia do último mês", escreveu Churchill sobre o momento em que terminou a Grande Guerra.

> Eu estava à janela de meu quarto olhando além da Northumberland Avenue para a Trafalgar Square, esperando o Big Ben avisar que a guerra terminara [...]. E então veio de repente o primeiro badalo do carrilhão. Olhei novamente a avenida abaixo de mim. Estava deserta. Pelos portais de um dos hotéis absorvidos por departa-

mentos do governo disparou a figura esguia de uma escriturária, gesticulando doidamente enquanto ressoava outro badalo do Big Ben. Então, de todos os lados, acorreram homens e mulheres para a rua. De todos os edifícios saíam torrentes de gente. Os sinos de Londres começaram a bater [...]. Bandeiras apareceram como num passe de mágica. Enxames de homens e mulheres afluíam do Embankment. Misturavam-se às torrentes que inundavam a Strand para ir aclamar o rei.[191]

"Na cúpula, a verdadeira política e a verdadeira estratégia são uma só", escreveu Churchill em *The World Crisis*. "A manobra que traz um aliado para o campo é tão útil quanto a que vence uma grande batalha. A manobra que ganha um ponto estratégico importante pode ser menos valiosa do que aquela que aplaca ou intimida um neutro perigoso."[192] Para Churchill, dois dos erros mais colossais da Alemanha foram a invasão da Bélgica, que precipitou o envolvimento da Grã-Bretanha, e o uso irrestrito da guerra de submarinos, que acarretou a participação dos Estados Unidos três anos mais tarde. A seu ver, os alemães deveriam ter ficado na defensiva no noroeste da Europa e se concentrado em derrotar as Potências Aliadas mais fracas, como a Itália e a Romênia. Tudo isso traria consequências importantes à sua estratégia para os Aliados na Segunda Guerra Mundial.[193]

Uma das várias grandes lições aprendidas durante a Primeira Guerra Mundial foi a importância da unidade do comando. "A guerra, que não conhece divisões rígidas entre Aliados franceses, russos e britânicos", escreveu ele, "entre terra, mar e ar, entre ganhar vitórias e conquistar alianças, entre suprimentos e combatentes, entre propaganda e maquinário, que é, de fato, a simples soma de todas as forças e pressões operantes num determinado período, foi tratada de maneira fragmentada. E foram necessários anos de cruel ensinamento antes que se chegasse às imperfeitas unificações entre estudo, reflexão, comando e ação."[194] Ele se mostrou admirado pela insistência do marechal Foch na unidade total entre os Aliados.

Tão logo findou a guerra, Churchill se pôs prontamente a escrever *The World Crisis*. A obra traria inúmeras lições para o futuro. "Nenhuma guerra é tão sanguinária quanto a guerra por exaustão", escreveu. "Nenhum plano é menos promissor do que o plano de ataque frontal. Todavia, foi com esses dois expedientes brutais que as autoridades militares da França e da Grã-Bretanha consumiram, durante três anos seguidos, a flor da juventude de seus países."[195]

# 12. A política de coalizão

## *Novembro de 1918 a novembro de 1922*

> *Bem ou mal, certo ou errado, na guerra é preciso saber o que se quer e o que se pretende, lançar toda a sua vida e todas as suas energias nisso e aceitar todos os riscos indissociáveis dela.*
>
> Churchill, *Illustrated Sunday Herald*, abril de 1920[1]

> *Se eu tivesse recebido o devido apoio em 1919, penso que poderíamos ter estrangulado o bolchevismo no berço, mas todos ergueram as mãos e exclamaram: "Que horror!".*
>
> Churchill ao Clube Nacional de Imprensa, Washington, DC, 1954[2]

"A Guerra Sul-Africana levou uma grande parcela não só de meus amigos, mas de minha companhia", escreveu Churchill sobre sua companhia de cadetes de Sandhurst em *Minha mocidade*; "e a Grande Guerra matou quase todos os outros."[3] Seu melhor amigo em Harrow, Jack Milbanke, condecorado com a Cruz da Vitória, fora morto, nas palavras de Churchill, "liderando um ataque desesperado na pavorosa batalha da baía de Suvla".[4] O major Cecil Grimshaw, seu colega de cela em Pretória, que erguera a bandeira britânica quando Churchill libertou a prisão, foi morto em Cabo Helles. John Morgan, colega em Harrow, tombou em Lala Baba. De fato, entre os 67 garotos em sua foto do internato em 1892, um total de 41 serviu ou na Guerra dos Bôeres ou na Grande Guerra, ou em ambas, e em 1918 onze deles estavam mortos.

O capitão Norman Leslie, da Brigada de Rifles, filho da irmã de Jennie Churchill, foi morto por um atirador alemão em Armentières, no norte da França, em outubro de 1917. Alastair Buchan, irmão de John Buchan, que fora ferido quando servia sob Churchill em Ploegsteert, morreu em ação em abril de 1917, aos 22 anos de idade. Eddie Marsh notou que, na data do Armistício, muitos dos jovens oficiais e administradores que haviam escoltado a ele e a Churchill na viagem de 1907 na África Oriental não estavam mais entre os vivos.[5] No Other Club, a regra vigente contra brindes fora ignorada em novembro de 1917, quando ergueram os copos em silêncio "À Memória dos Bravos". O filho de lorde Rosebery, o parlamentar liberal e capitão Neil Primrose, dos Hussardos Reais de Buckinghamshire, condecorado com a Cruz Militar, falecera em decorrência de ferimentos sofridos ao comandar um ataque desmontado contra os turcos na Terceira Batalha de Gaza. Outro parlamentar liberal, Thomas Agar-Robartes, fora morto por um atirador quando resgatava um camarada ferido na Batalha de Loos. E, claro, havia Kitchener, que se afogara. Churchill escreveu necrológios para Rupert Brooke e Valentine Fleming, e conhecia dezenas de outros que não sobreviveram à guerra, inclusive Auberon Herbert, Raymond Asquith e três membros do Other Club. "São poucos os lares na Grã-Bretanha em que não há uma cadeira vazia e dor no coração", disse ele num discurso em julho de 1918, e o clima em seu próprio lar também estava pesado pelas sombras de parentes e amigos.[6]

Em 15 de novembro, quatro dias após o Armistício, nasceu a terceira filha de Churchill e Clementine, a ruivinha Marigold Frances, que ganhou o apelido de "Patinha". No mês seguinte, como ocorrera tantas outras vezes, a política interrompeu a vida familiar. Na eleição geral em dezembro, Churchill fez campanha em Dundee como um dos liberais da Coalizão, buscando se diferenciar dos liberais asquithianos que não haviam se reconciliado com o governo de Lloyd George em dezembro de 1916. Ele recebeu tanto de Lloyd George como de Bonar Law uma mensagem de endosso, a que chamavam de "cupom", de valor eleitoral inestimável, tamanha era a popularidade do primeiro-ministro no momento da vitória na guerra. (Na verdade, como os candidatos portadores do cupom se deram muito bem nas urnas e os demais se deram correspondentemente mal, essa eleição ficou conhecida como Eleição do Cupom.) A plataforma nacional de Churchill era muito similar ao programa liberal do período anterior à guerra, com propostas como a estatização das linhas ferroviárias e a jornada de trabalho de quarenta horas semanais, embora dessa vez ele defendesse uma tributação pesada sobre os lucros de guerra, proposta que era bem-vista pelo povo e também consonante com sua aversão pessoal aos aproveitadores. Sugeriu a Lloyd George um imposto de 100% sobre os lucros superiores a 10 mil libras (cerca de 910 mil libras em valores atuais) obtido graças ao conflito, para ajudar a diminuir a Dívida de Guerra. "Por que alguém *haveria* de fazer grande fortuna com a guerra?", perguntou ao primeiro-ministro. "Enquanto todos estavam servindo o país, os aproveitadores, fornecedores e especuladores da marinha mercante ganharam fabulosas fortunas. Por que haveríamos de arcar com a impopularidade de defender os ganhos desonestos do velho Runciman?"[7]*

O discurso de Churchill em 26 de novembro, sob uma saraivada de interrupções incômodas de agitadores pró-bolcheviques, prenunciava uma famosa fala proferida durante a Segunda Guerra Mundial, adotando um tom vigoroso. "Consertem os estragos", disse. "Reconstruam as ruínas. Curem as feridas. Coroem os vencedores. Reconfortem os alquebrados e os de coração partido. Essa é a batalha que agora precisamos travar. Essa é a vitória que agora precisamos ganhar. Avancemos juntos."[8] Mais tarde, arrependeu-se de mencionar os alemães que passavam fome: "Todos eles estavam envolvidos, e todos eles devem sofrer por isso".[9] Admitiu num livro, anos depois: "Não posso fingir que não fui influenciado pelas correntes eleitorais no que se referia ao palavreado".[10] Ele resumiu com admirável concisão para Violet Asquith sua verdadeira política, a de defender a remessa de grandes cargas de cereais para a Alemanha : "Matar o Bolche; beijar o Huno".[11]

Em 30 de novembro, Churchill comemorou seu aniversário de 43 anos. Seria nessa idade que se tornaria primeiro-ministro, segundo a previsão que fizera a Hesketh Bell em Uganda, e no entanto nem sequer estava no Gabinete. A eleição se deu em 14 de dezembro, realizada pela primeira vez num dia só, mas a apuração foi anunciada apenas em 28 de dezembro, visto que os votos do serviço público e militar precisaram ser remetidos de todo o mundo. O resultado foi uma enfática aprovação de Lloyd George — popularmente conhecido como "o Homem que Venceu a Guerra" — e de sua coalizão, mas foi Bonar Law quem obteve superioridade numérica no Parlamento. Os unionistas da Coalizão ficaram com 335 assentos no novo Parlamento, os liberais da Coalizão com 133 e os trabalhistas da Coalizão com dez (somando 478 apoiadores da Coalizão num total de 707 parlamentares). Opondo-se à Coalizão, foram eleitos 73 parlamentares do Sinn Féin, 63 trabalhistas, 28 liberais asquithianos (sendo que Asquith, pessoalmente, perdeu o assento em East Fife), 25 unionistas irlandeses, 23 conservadores contrários à Coalizão e sete nacionalistas irlandeses. O escrutínio tivera 3,5 milhões de votos para os unionistas da Coalizão, 1,46 milhão para os li-

* Quando Runciman, que a essas alturas se tornara lorde, morreu em 1937, deixou no testamento uma fortuna de 2,4 milhões de libras, cerca de 130 milhões de libras em valores atuais.

berais da Coalizão, 2,38 milhões para os trabalhistas, 1,29 milhão para os liberais asquithianos e 487 mil para o Sinn Féin. Os partidários do Sinn Féin se recusaram a assumir seus postos em Westminster e montaram sua própria assembleia alternativa em Dublin, à qual deram o nome de Dáil Éireann. Exigiam a independência, enquanto o Exército Republicano Irlandês (IRA) começava uma campanha violenta contra a polícia e o governo.

Em parte como decorrência do cupom, Churchill fora reeleito por Dundee com a ampla maioria de 15 365 votos. O governo estava em vias de constituir um Ministério do Ar e, no dia seguinte ao da eleição, Lloyd George lhe ofereceu a escolha entre o Almirantado e os dois ministérios, o da Guerra e o do Ar. Ele pediu outra combinação — o Almirantado e o Ministério do Ar —, argumentando que "embora os aeroplanos nunca venham a substituir os exércitos, serão um substituto para muitas categorias de navios de guerra".[12] Em lugar disso, e para o desgosto quase unânime da imprensa, em 10 de janeiro de 1919 Churchill se tornou ministro da Guerra e do Ar. "Caráter é destino", entoou o *Morning Post*; "há alguma falha trágica no sr. Churchill que o leva em todas as ocasiões a estar no curso errado."[13]

Churchill enfrentou problemas enormes para desmobilizar um exército de 2,5 milhões de homens. Sua tarefa básica era trazer de volta para casa e para o mercado de trabalho o maior número de homens no menor tempo possível, mas também precisava encontrar tropas suficientes para policiar a zona de ocupação alemã, Constantinopla e os Dardanelos, a Palestina e o Iraque, e para reforçar um pequeno contingente enviado em 1918 para ajudar os chamados russos brancos a combater os bolcheviques. Ele persuadiu o Gabinete a abandonar o critério de prioridade das necessidades industriais e, em vez disso, adotar a liberação com base nos ferimentos, na idade e no tempo de serviço. Esse sistema mais justo do "primeiro a entrar, primeiro a sair" prolongou o serviço dos recrutas recentes até abril de 1920, mas permitiu a desmobilização imediata dos veteranos de guerra. "De quatro, liberar três", propôs ele, resumindo sua linha de ação em março de 1919, "e pagar dobrado ao quarto."[14]

Deu certo, apesar de alguns distúrbios desagradáveis, entre eles o incêndio da Prefeitura de Luton em julho, por obra de ex-soldados protestando contra a situação de desemprego em que se viam. Antes, no mesmo ano, houvera uma greve geral em Glasgow, que foi sufocada com a prisão de seus líderes. Quando Churchill disse ao Gabinete em agosto que, "militarmente, estamos em boa posição para combater a Tríplice Aliança", não estava falando de uma trinca de potências estrangeiras inimigas, mas dos sindicatos de mineradores, ferroviários e portuários. Churchill admitiu a Riddell que ficava "muitas vezes absorto e melancólico pensando nas coisas", mas em política "dar essa impressão não funciona. Agora é a época sorridente. Antigamente, os estadistas eram representados como indivíduos solenes, imponentes [...]. Hoje, a moda é sorrir".[15] Comentou com Riddell que "tivera uma vida feliz no geral", mas que fora "uma briga e luta constante".

Em 1919, quando faltavam poucos meses para a implantação da Lei Seca nos Estados Unidos, houve uma grande parada militar em Londres. O comandante da Força Expedicionária Americana, general John Pershing, inspecionou as tropas com o rei, seguidos por Churchill e George C. Marshall, ajudante de campo de Pershing. Havia 3 mil norte-americanos na parada, todos com mais de 1,80 metro de altura, ostentando todo tipo de condecorações. Marshall fez várias observações a Churchill enquanto percorriam as filas, mas não obteve nenhuma resposta. Por fim, depois de terem percorrido a retaguarda e voltado pelo flanco, Churchill lhe disse: "Que corpo magnífico de homens, e vão ficar todos abstêmios!".[16]

Churchill se sentia fascinado pela aplicação militar do poder aéreo desde 1909. Quando estava no Ministério do Ar, a ideia foi fomentada por Sir Hugh Trenchard, outro amigo Paladino. Quando Trenchard quase morreu durante a epidemia de gripe espanhola de 1919, Churchill recusou seus diversos pedidos de renúncia, dizendo que queria vivamente trabalhar com ele quando se recuperasse. Em 1919, Trenchard persuadiu Churchill de que a Mesopotâmia (atual Iraque) poderia ser policiada por meio do espaço aéreo, liberando assim várias divisões do Exército e poupando 40 milhões de libras por ano. Na acirrada disputa departamental entre Sir Henry Wilson, então chefe do Estado-Maior Imperial no Ministério da Guerra, o almirante Beatty, o novo primeiro lorde dos mares no Almirantado, e Trenchard, chefe do Estado-Maior Aéreo no incipiente Ministério do Ar, quanto à proposta de reduzir custos dissolvendo a Força Aérea Real, criada apenas em 1º de abril de 1918 com a fusão entre o Corpo Aéreo Real e o Serviço Aéreo Naval Real, Churchill defendeu energicamente Trenchard.[17] Denunciou "a mais perniciosa agitação interdepartamental" que tentava agregar e subordinar a nova força aérea.[18] "Nenhuma concessão é viável", declarou ele. "Temos de criar um verdadeiro serviço aéreo, não necessariamente grande, mas de alta eficiência."[19] Se a Força Aérea britânica sobreviveu como força independente, foi em larguíssima medida graças a Churchill.[20] Na "maior briga do século entre as Forças Armadas", como a definiu um historiador, a avaliação de Churchill estava correta.[21] Se hoje Trenchard é conhecido com justiça como "o pai da RAF", o padrinho foi Churchill, protegendo a então recém-nascida organização e impedindo que fosse asfixiada no berço pelos ciúmes de seus dois irmãos muito mais velhos.

Quando Churchill ingressou no Ministério da Guerra, em janeiro de 1919, seu predecessor lorde Milner já tomara a decisão de deixar por ora o contingente britânico na Rússia. Havia 30 mil soldados dos Aliados — mais da metade britânicos — sob o comando do general Ironside em Murmansk e Archangel, e responsáveis por 600 mil toneladas de munições. A Marinha Real estava bloqueando o mar Báltico e o mar Negro; forças britânicas ocupavam a ferrovia Baku-Batumi no sul, com mais homens na Pérsia (atual Irã) e Salônica capazes de entrar na Rússia, se tais fossem as ordens, para apoiar a intervenção britânica na Guerra Civil Russa. O governo Branco da Rússia, estabelecido pelo almirante Koltchak em Omsk, fora oficialmente reconhecido pelo governo britânico, e estavam sendo entregues suprimentos ao comandante do Exército Branco, general Deníkin. Embora Lloyd George não quisesse que a Grã-Bretanha entrasse em guerra direta com os bolcheviques, reconhecendo que o público, sobretudo a esquerda, não receberia bem a ideia, o Conselho de Guerra — que continuava a existir — não queria deixar os brancos na mão. "Winston totalmente contra o bolchevismo", Wilson anotou em seu diário em 15 de janeiro, "e portanto, nisso, contra Lloyd George."[22] Em 24 de janeiro, quando o primeiro-ministro sugeriu convidar os russos para conversações em Prinkipo, na Turquia, Churchill comentou acidamente: "Tanto vale legalizar a sodomia ou reconhecer os bolcheviques".[23]

A posição antibolchevista de Churchill tinha o apoio — em momentos diversos e em diversos graus — de Milner, Balfour, Curzon e Wilson no Conselho de Guerra e, fora do Gabinete, de parlamentares tories como o coronel Claude Lowther, o tenente-coronel Walter Guinness e o brigadeiro Henry Page Croft.[24] Contra ela estavam Lloyd George, Austen Chamberlain e outros ministros da opinião de que a Grã-Bretanha não faria grande diferença na Guerra Civil Russa e não queriam se ver sugados em outro conflito bélico tão pouco tempo depois de encerrado um.

Em meados de fevereiro, Churchill foi a Paris tentar persuadir o presidente Woodrow Wilson em pessoa de que a suspensão do apoio aos brancos traria ao Ocidente "uma paisagem interminável de violência e miséria", mas não teve êxito.[25] Churchill não se abalara com a posição de Wilson de manter os Estados Unidos fora da guerra por todo aquele tempo, quase dois anos após o naufrágio do *Lusitania*, e pensava que o tratamento arrogante que o presidente dispensara aos republicanos em 1919 não era a melhor maneira de construir o consenso necessário em Washington para que o país integrasse o novo organismo internacional criado em Versalhes, a Liga das Nações. Portanto, sua avaliação de Wilson em *The World Crisis* foi dura. "A abrangente filantropia que ele disseminava pela Europa cessava muito bruscamente nas costas de seu próprio país", escreveu ele. "Ele fixava o olhar com igual intensidade sobre o destino da humanidade e a sorte dos candidatos de seu partido. Paz e boa vontade entre todas as nações no exterior, mas nenhuma relação com o Partido Republicano dentro do país. Essa era sua divisa e essa foi sua ruína e a ruína de muitas outras coisas também. É difícil que um homem faça grandes coisas quando tenta combinar uma caridade radiante envolvendo o mundo inteiro e as formas mais corrosivas de disputa partidária populista."[26]

Mas a falta de apoio norte-americano na Rússia não deteve Churchill. "A ajuda que podemos dar àqueles exércitos russos agora engajados em combater a torpe brutalidade do bolchevismo pode se dar com armas, munições, equipamentos e serviços técnicos", disse ele na Mansion House em fevereiro.[27] As extravagâncias de Churchill em seu palavreado anticomunista serviram para enfraquecer suas previsões bastante acuradas sobre o grande número de russos que os bolcheviques acabariam matando — seus ouvintes se concentravam em expressões como "torpe brutalidade" em vez de se deterem na essência dos argumentos. Churchill tinha razão sobre os horrores do comunismo, que, ao fim e ao cabo, foi responsável por cerca de 100 milhões de mortes no século xx, inclusive na China do presidente Mao, mas entre 1919 e 1922, quando seus companheiros de percurso alardeavam as virtudes do bolchevismo, poucos quiseram ouvir suas previsões. Mesmo assim, o simples fato de continuar a expor as incômodas verdades sobre essa ideologia mortalmente totalitária foi um bom preparo para Churchill nos anos 1930, quando fez o mesmo em relação ao irmão ideológico do bolchevismo, o nazismo.

Em março, uma campanha de "Tirem as mãos da Rússia" nos sindicatos e no Partido Trabalhista, além da postura dos Estados Unidos e de certo descontentamento no Exército contra a intervenção, levou Austen Chamberlain, chanceler do Tesouro, a defender um acordo com os bolcheviques que permitiria a evacuação das tropas britânicas em segurança no norte da Rússia. Era um anátema para Churchill, que, pelo contrário, queria enviar oficiais não comissionados britânicos para ajudar no treinamento dos contingentes de Deníkin. No mês seguinte, Churchill se referiu ao bolchevismo como "aquela torpe combinação de criminalidade e bestialidade".[28] Entre janeiro de 1920 e julho de 1927, ele qualificou os bolcheviques e a Rússia como "os inimigos confessos da civilização", "crocodilos maquinadores de mente criminosa", "uma Rússia infectada, uma Rússia portadora da peste", "os tiranos tingidos de sangue de Moscou", "um monte de vergonha e degradação", "carniceiros imundos de Moscou", "conspiradores cosmopolitas do submundo", "os sombrios conspiradores no Kremlin" e muito mais.[29] Tudo isso lhe seria jogado na cara quando firmou aliança com a União Soviética em junho de 1941, mas ele não retirou uma única palavra.[30] Deixou claro que seu ódio ao comunismo não diminuíra simplesmente por precisar da ajuda russa para derrotar um inimigo mais próximo e ainda mais imediato.

Eram tão fortes as convicções anticomunistas de Churchill que ele pôs sua carreira em grande risco ao enviar apoio a uma legião tcheca que servia na Sibéria em junho de 1919, mesmo depois que o Gabinete rejeitara a ideia.[31] Com o

Exército Branco apenas a 650 quilômetros de Moscou, ele acreditava que o êxito justificaria suas ações. "O bolchevismo não é uma linha política", disse Churchill num discurso em 29 de maio; "é uma doença. Não é um credo; é uma pestilência. Apresenta todas as características de uma pestilência. Irrompe de maneira muito súbita; é violentamente contagioso; lança as pessoas num frenesi de agitação; espalha-se com extraordinária rapidez; a mortalidade é terrível."[32] A partir de meados de junho, porém, o exército do almirante Koltchak começou a sofrer uma sucessão de derrotas na Rússia central. Churchill, sem se abalar, começou a assinalar alguns sucessos de Deníkin no sul da Rússia.

Em 27 de junho, Churchill e Henry Wilson insistiram que o general Ironside fosse autorizado a empregar 13 mil soldados britânicos e 22 mil soldados do Exército Branco para atacar 33 700 bolcheviques em Kotlas, no norte da Rússia, pois, como argumentou Churchill, "ele não julga que possamos sair furtivamente do país [...] se agora dermos meia-volta e formos embora, nossa reputação sofrerá danos irreversíveis".[33] Era o mesmo argumento baseado no prestígio que fora usado para justificar a manutenção do ataque a Galípoli. Da mesma forma, Churchill subestimou o potencial de luta do inimigo, dizendo ao Conselho de Guerra: "Todas as experiências mostraram que os bolcheviques nunca foram capazes de reunir coragem suficiente para oferecer qualquer resistência prolongada". Ao final, um amotinamento entre as forças de Ironside pôs termo ao plano de Kotlas.

Apesar de sobrecarregado com o comando de dois ministérios — "Você quer ser estadista", lembrou Clementine, "não malabarista" —, Churchill não recebia dois salários. A situação financeira do casal ficou tão apertada que venderam Lullenden a Sir Ian e Lady Hamilton.[34] Então, em março de 1919, a encantadora babá escocesa Isabelle morreu de gripe espanhola. "Ela falava alto e depressa numa voz sobrenatural como um cântico por horas a fio", como descreveu Clementine, desolada, ao marido. Ela mesma estava com gripe e uma febre de 39 graus.[35]

Em 13 de abril de 1919, o general de brigada Reginald Dyer determinou que abrissem fogo contra uma manifestação política ilegal em Amritsar, no Punjab, matando 379 indianos e ferindo mais de mil. Dyer foi desautorizado, punido pelas autoridades britânicas e obrigado a se reformar; em 8 de julho de 1920, seu destino foi tema de discussão no Parlamento. Edwin Montagu, secretário de Estado para a Índia, e Churchill, falando pelo Exército, justificaram o tratamento dado a ele perante uma direita tory furiosa e inflamada, encabeçada por Sir Edward Carson, que estava convencido de que Dyer servira de bode expiatório por usar medidas implacáveis, porém defensáveis, para prevenir uma revolução no Punjab. Montagu, que era judeu, foi alvo de farpas antissemitas da bancada tory e também de Carson. Churchill veio em seu socorro. Medindo cuidadosamente as palavras, ele provou que Dyer não se restringira ao uso mínimo da força no massacre. "Em Amritsar, a multidão não estava armada nem atacando", assinalou. "São testes simples, e não é demais esperar que os oficiais nessas circunstâncias difíceis conduzam de maneira adequada." Declarou a seguir que Dyer andara se entregando ao "terrorismo" e à "imposição de medo", e que "temos de deixar absolutamente claro, de uma ou outra maneira, que não é essa a maneira britânica de tratar os assuntos".[36] Definiu o Massacre de Amritsar como "um episódio que se me afigura sem precedente nem paralelo na história moderna do Império Britânico. É um evento de ordem totalmente diversa de qualquer uma daquelas trágicas ocorrências que se dão quando as tropas entram em choque com a população civil. É um evento extraordinário, um evento monstruoso, um evento que se mantém em singular e sinistra posição isolada".[37] Quando Page Croft tentou justificar as ações de Dyer alegando que houvera "imposição de medo do outro lado" em outra parte do Punjab, Churchill retorquiu: "Não podemos admitir essa doutrina de forma nenhuma. A imposição de medo não é um remédio conhecido na farmacopeia britânica".[38]

Detratores têm usado um ofício departamental que Churchill escreveu no Ministério da Guerra em 12 de maio de 1919 para sugerir que ele na verdade considerava a imposição de medo como prática aceitável, e aqui também usam as citações de maneira seletiva. "Não entendo esses melindres com o uso de gás", escreveu ele sobre a política britânica no Iraque. "Adotamos claramente a posição de defender na Conferência de Paz a preservação do gás como método permanente de guerra."[39] Mas a sequência do ofício, que muitas vezes não é citada, deixa claro que Churchill se referia ao gás lacrimogêneo, não ao gás clorino nem a gases letais. "É pura afetação lacerar um homem com o maligno fragmento de uma bomba explodindo e hesitar em fazê-lo chorar com o uso de gás lacrimogêneo", argumentou Churchill. "Sou vigorosamente favorável ao uso de gás tóxico contra tribos não civilizadas. O efeito moral seria tão bom que a perda de vidas se reduziria a um mínimo. Não é necessário usar apenas os gases mais letais: podem-se usar gases que causam grande incômodo e espalham vivo terror, mas não deixam nenhum efeito sério permanente na maioria dos atingidos."

Como Lloyd George estava em Paris para a Conferência de Paz de Versalhes, Bonar Law presidiu muitas reuniões do Gabinete no primeiro semestre de 1919. Não gostava da loquacidade e das costumeiras extravagâncias retóricas de Churchill e, em 14 de maio, finalmente explodiu, dizendo "muito incisivo, que, enquanto estivesse presidindo, não permitiria discursos como os que Churchill estava fazendo e que, se Churchill não gostasse do sistema atual, podia se retirar".[40] O episódio foi relembrado mais tarde por Lawrence Burgis, o estenógrafo das reuniões do Gabinete e o único a assistir às reuniões ministeriais de guerra durante os dois grandes conflitos mundiais afora Churchill e Smuts. "A única vez em que vi Bonar Law perder a calma foi quando presidia o Gabinete e Winston fez algum comentário exorbitante e 'BL' perdeu totalmente as estribeiras", relembrou Burgis. "Mas Winston, naqueles dias, podia ser muito irritante; com efeito, sua estenógrafa [no Ministério da Guerra] [...] ficou tão irritada com ele que lhe atirou o caderno de taquigrafia. Desnecessário dizer que foi demitida."[41]

O Tratado de Versalhes foi assinado em 28 de junho de 1919. Churchill lamentou as duras cláusulas econômicas e financeiras impostas à Alemanha por insistência de Clemenceau, mas não estava em posição de fazer alguma coisa a respeito. Mais tarde, definiu essas cláusulas do tratado como "malignas e tolas a um grau que as tornava obviamente inúteis" e "um triste caso de idiotice complicada".[42] Defendia, pelo contrário, um tratamento humanitário à Alemanha, alertando sobre as "graves consequências para o futuro", caso algum dia os russos e os alemães se unissem.[43]

Churchill voara muito durante a Grande Guerra e retomou as aulas de pilotagem após o Armistício. Finalmente parou com elas quando, mais uma vez, escapou por um triz da morte em 18 de julho de 1919. Decolou com seu instrutor, o coronel A. J. L. "Jack" Scott, do Aeródromo Croydon, subiu a trinta metros, deslizou de lado e caiu. Scott desligou a ignição segundos antes de baterem no solo, evitando uma explosão e provavelmente salvando a vida de ambos.[44] Churchill saindo andando, com hematomas e um arranhão na testa. Scott quebrou a perna. Mesmo assim, naquela noite presidiu um jantar na Câmara dos Comuns em homenagem ao general Pershing. "Você sabe que a nação não pode abrir mão de seus serviços", escreveu-lhe Spears a seguir, "ninguém pode lhe dar uma ordem, mas certamente você entende que é seu dever não correr esses riscos desnecessários."[45] Trenchard frisou que um ministro que concordava com suas posições sobre a RAF lhe era muito mais útil vivo do que morto.[46] Por fim, Churchill se curvou aos pedidos da família e dos colegas e deixou definitivamente de voar, embora de vez em quando gostasse de manobrar os comandos dos aviões na Segunda Guerra Mundial.

Segundo as atas do Gabinete, diante da insistência de Lloyd George em retirar todas as forças britânicas da Rússia, Churchill declarou: "Todo o episódio foi muito penoso e, para recuar na história, relembrei-lhe nossas operações em Toulon e nossa deserção dos catalães".[47] Tais referências — à evacuação da Marinha Real de Toulon em 1793 e à malograda tentativa britânica de abrir uma segunda linha de frente contra Napoleão no leste espanhol em 1813 — eram exemplos típicos do recurso constante de Churchill ao passado para instruir e, esperava ele, influenciar o presente. Nesse caso, porém, de nada serviram. Em setembro, a briga com Lloyd George atingiu o ponto culminante. "Estou em franco desespero", escreveu-lhe o primeiro-ministro. Acusou Churchill, com razão, de induzir o Gabinete a erro sobre a expedição de Kotlas. "Dificilmente se pode dizer que fosse uma operação de retirada para dar cobertura à retirada das tropas de Ironside", afirmou. "Consistia em tomar um atalho para se juntar a Koltchak." O primeiro-ministro destacou que a Grã-Bretanha não estava em condições de custear os 100 milhões ou 150 milhões de libras que a intervenção já custara, indagando: "Pergunto-me se adianta alguma coisa eu fazer um último esforço para levá-lo a abandonar essa obsessão que, desculpe-me dizer, está afetando seu equilíbrio [...] como você sabe que não encontrará nenhuma outra pessoa responsável em toda a Terra que adote sua posição, por que desperdiçar sua energia e utilidade nessa amofinação vã que o paralisa totalmente para outros trabalhos?".[48]

Churchill deu uma longa resposta três dias depois. Começou declarando que achava "as sugestões de sua carta muito indelicadas e penso que também são injustas".[49] Expôs todas as outras iniciativas que estavam custando uma fortuna, além dos custos de desmobilização que declarou serem necessários "para reconduzir um exército do amotinamento para o contentamento". Assinalou que, quando assumiu o Ministério da Guerra, seu predecessor lorde Milner já enviara tropas britânicas para Arkhangelsk e a Marinha para o Báltico: "Certamente não fui eu que as enviei para lá". Alegou com certa insinceridade que as únicas operações que havia proposto eram as recomendadas pelo Estado-Maior-General "como essenciais para a retirada segura das tropas", e "não me parece justo apresentar operações assim exigidas por militares de sua própria escolha como se fossem confeitos dados para me agradar".[50] "Posso me livrar de minha 'obsessão'", prosseguiu Churchill, "ou você pode se livrar de mim: mas não se livrará da Rússia nem das consequências de uma política que, por quase um ano, tem sido impossível de definir [...]. Não posso evitar um senso de responsabilidade muito grande e sempre presente. Estou errado? Seria muito fácil para mim dar de ombros e dizer que cabe ao Gabinete ou à Conferência de Paris. Não posso fazer isso." Em referência a suas várias longas cartas a Lloyd George sobre a questão, acrescentou: "E certamente não estou errado em escrever com franqueza e sinceridade a meu principal e mais antigo amigo político, para avisá-lo que as coisas não vão bem nem vão ficar bem por esse rumo. Certamente é minha obrigação fazê-lo".[51]

No dia seguinte, Churchill apresentou um ofício ministerial intitulado "Contribuição final ao general Deníkin", sustentando que, visto que a maior parte dos suprimentos militares no valor nominal de 14 milhões de libras que propunha gastar valia na verdade apenas 2,5 milhões, pois eram "restos excedentes das requisições militares britânicas e não são de caráter comercial", tal contribuição devia ser feita por razões militares e também constituía um bom investimento. Se fossem doados ao longo do tempo, permitiriam ao governo britânico "guiá-los numa direção não reacionária".[52] (Os russos brancos realizavam pogroms antissemitas com a mesma frequência dos vermelhos, e Churchill tentava estabelecer como condição do auxílio militar a Deníkin que "evite por todos os meios possíveis os maus-tratos à população judaica inocente".)[53]

No mesmo dia, numa discussão com H. A. L. Fisher, historiador e ministro da Educação, Lloyd George disse que Churchill "é como o advogado que um procurador contrata não porque é o melhor, mas porque seria perigoso no outro lado".[54] Churchill passou o mês de outubro num otimismo absurdamente exagerado sobre a Rússia, fazendo declarações à imprensa em que descrevia os brancos como as "forças vitoriosas que logo reconstituirão a Nação russa" e se referia ao governo soviético usando os verbos no passado.[55] Mesmo assim, os últimos soldados britânicos deixaram Arkhangelsk e Murmansk em 29 de outubro de 1919.

Churchill continuou a fazer discursos inflamatórios sobre o comunismo, afirmando num debate na Câmara dos Comuns, em 5 de novembro: "Na Rússia, um homem é chamado de reacionário quando objeta que lhe roubem os bens e assassinem sua mulher e seus filhos".[56] Duas semanas depois, ele relembrou que os alemães, em 1917, haviam autorizado que Lênin atravessasse seu território para chegar a São Petersburgo, "tal como se enviaria um frasco contendo uma cultura de tifo ou de cólera para ser despejada nos reservatórios de água de uma grande cidade, e funcionou com precisão assombrosa".[57] Dez anos depois, ainda falaria de Lênin com a mesma ferocidade:

> Vingança implacável, brotando de uma piedade gélida num tegumento tranquilo, sensato, prático, bem-humorado! Sua arma, a lógica; sua disposição, oportunista. Suas simpatias geladas e amplas como o oceano Ártico; seus ódios firmes como o nó do carrasco. Seu propósito, salvar o mundo; seu método, explodi-lo. Princípios absolutos, mas presteza em mudá-los [...] mas bom marido, conviva afável; feliz, asseguram-nos seus biógrafos, em lavar os pratos ou embalar o bebê; divertindo-se amenamente em seguir um tetraz-grande ou em assassinar um imperador.[58]*

Ele não facilitava a vida dos leitores, esperando que soubessem (ou descobrissem) que tegumento significa casca ou crosta, e que o tetraz-grande é um galináceo silvestre.

O Exército Vermelho, comandado por Liev Trótski, mantinha os brancos

* Quando ele soube que sua imprevisível prima irlandesa Clare Sheridan fora a Moscou para esculpir um busto de Lênin, avisaram-na que "Winston nunca mais vai falar comigo" (Sheridan, *Nuda Veritas*, p. 196). Na verdade, ele voltou a falar com ela um ano depois e, logo a seguir, ajudou-a a conseguir serviço em Nova York.

em constante recuo. Em março de 1920, Deníkin controlava apenas a Crimeia. "Assim termina em desastre concreto mais uma das tentativas militares de Winston", anotou Henry Wilson em seu diário, "Antuérpia, Dardanelos, Deníkin".[59] A ajuda ao Exército Branco custara 100 milhões de libras à Grã-Bretanha (cerca de 4,1 bilhões em valores atuais). Churchill não se arrependeu. "Desde o Armistício", disse a Lloyd George em 24 de março, "minha política seria 'Paz com o povo alemão, guerra à tirania bolchevique'. Querendo ou não, você adotou praticamente o contrário."[60] Churchill nunca foi um subordinado fácil. Em novembro, faltando três semanas para completar 46 anos, chegou à idade com que seu pai morrera. Em *Minha mocidade*, viria a admitir que (em 1930) passara a ver o pai "a uma luz um tanto diferente dos dias em que escrevi a biografia dele [...]. Entendo plenamente o caráter fatal de seu ato de renúncia".[61] Não estava disposto a cometer o mesmo erro, mas, devido à linguagem desabrida que às vezes utilizava para com o primeiro-ministro, talvez a decisão não estivesse em suas mãos.

Em 19 de dezembro, lorde French escapou por pouco de morrer assassinado pelo IRA, num atentado planejado pelo comandante Michael Collins. Foi o ponto culminante de dezoito assassinatos em 67 ataques realizados naquele ano. Em encontro presidido por Sir Henry Wilson, o Other Club enviou a French um telegrama manifestando "sincero regozijo por sua providencial sobrevivência".[62] Três dias depois, o projeto de lei do Governo da Irlanda propunha a repartição da ilha entre 26 condados sulinos basicamente católicos, a serem governados por Dublin, e os seis condados de Ulster ao norte, em sua maioria protestantes, a serem governados por Belfast. Era a solução óbvia para a divisão sectária existente na Irlanda desde o século XVII. No sul, o Exército Republicano Irlandês recorrera à violência para obter a independência de toda a ilha frente à Coroa, tendo como ponta de lança sua ala política, o Sinn Féin ("Só Nós").

Enquanto se discutia o projeto de lei do Governo da Irlanda, Churchill tentou esmagar a rebelião no sul usando duas forças paramilitares. A primeira era uma Polícia Especial de Emergência, com 1500 homens, na maioria ex-soldados, operando como unidade dentro da Polícia Irlandesa Real (RIC), apelidados de "Black and Tans" por causa das túnicas escuras, dos cintos pretos e das calças cáqui. A segunda era a Divisão Auxiliar da RIC, ou "Auxis". Churchill comparou essas forças às unidades dos departamentos policiais de combate à máfia de Nova York e Chicago e escreveu sobre "sua inteligência, seu caráter e seu histórico de guerra". Defendeu que fossem enviadas para abater "na escuridão os que abatem entre a escuridão" — ou seja, para enfrentar o terror com o terror.[63] Mas os dois grupos eram tão violentos e indisciplinados que tiveram o efeito contrário do pretendido.

Churchill foi acusado de tentar usar aeroplanos para bombardear manifestantes irlandeses pacíficos. Isso deriva da citação incompleta daquilo que ele realmente escreveu a Trenchard em 1º de julho de 1920, cujo conteúdo deixa claro que ele pretendia atacar revolucionários republicanos treinando ataques, e não protestos legítimos de cidadãos inocentes. "Levando em conta a informação recebida de que os Sinn Feiners estão acostumados a treinar números consideráveis em algum local determinado", escreveu ele,

> com ou sem armas, devem ser vistos como uma agremiação rebelde. Se podem ser claramente localizados e identificados a partir do espaço aéreo, não vejo nenhuma objeção do ponto de vista militar, e naturalmente a critério do governo irlandês e das autoridades no local, ao envio de aeroplanos com ordens definidas em cada caso particular para dispersá-los com bombas ou fogo de metralhadoras, utilizando, claro, força não superior à necessária para dispersá-los e debandá-los.[64]

Em dezembro de 1920, os Black and Tans atearam fogo a uma ampla área da cidade de Cork, levando os moderados irlandeses a se lançarem nos braços do Sinn Féin, sem sufocar a rebelião do IRA contra a Coroa.[65] "Esmagá-los a ferro e força irrestrita ou tentar dar-lhes o que querem": foi como Churchill definiu a opção que se colocou ao governo no começo de 1921. "Eram as únicas alternativas", escreveu alguns anos depois, "e, embora cada qual tivesse ardentes defensores, muita gente não estava preparada para nenhuma das duas. Ali, de fato, estava o Espectro Irlandês — horrendo e impossível de exorcizar!"[66] Quando ficou claro que sua tentativa de esmagar o IRA malograra fragorosamente, Churchill foi o primeiro a defender uma oferta ampla e generosa ao sul, a despeito da oposição tanto da direita tory, que a considerou excessiva, como do Sinn Féin, que a considerou insuficiente.

Em 8 de fevereiro de 1920, Churchill publicou um artigo no *Illustrated Sunday Herald* com o título "Zionism versus Bolshevism". "Alguns gostam dos judeus, outros não", escreveu ele, "mas nenhum indivíduo ponderado há de duvidar do fato de serem, para além de qualquer contestação, a raça mais formidável e mais admirável que já surgiu no mundo." No artigo, ele apontava o grande número de judeus nos mais altos escalões do movimento bolchevique — "essa confederação sinistra [...] essa conspiração mundial para a derrubada da civilização" —, definindo-os como "judeus terroristas". Argumentava a seguir que os bolcheviques eram "repudiados com veemência pela grande massa da raça judaica", acrescentando o elogio: "Devemos aos judeus um sistema de ética que, mesmo que fosse totalmente dissociado do sobrenatural, seria incomparavelmente o bem mais precioso da humanidade, correspondendo, de fato, aos frutos somados de toda sabedoria e conhecimento. Sobre esse sistema e por essa fé construiu-se sobre a ruína do Império Romano a totalidade de nossa civilização existente".[67]

Já em novembro de 1917, Churchill apoiara a Declaração de Balfour em favor de uma terra para os judeus na Palestina. "Se, como bem pode acontecer", escreveu então no artigo de 1920, "fosse criado ainda em nossa vida, às margens do rio Jordão, um Estado judaico sob a proteção da Coroa britânica, que poderia abrigar 3 milhões ou 4 milhões de judeus, ocorreria na história do mundo um acontecimento que seria benéfico de todos os pontos de vista e estaria em especial harmonia com os mais legítimos interesses do Império Britânico."[68] Na época, havia na Palestina 80 mil judeus e 600 mil árabes, o que fazia a possibilidade de uma nação judaica parecer muito remota.[69]

Quando se descobriu em novembro que o Sinn Féin pretendia sequestrar Lloyd George, Churchill e outros ministros, Churchill recebeu um guarda-costas. O detetive policial Walter H. Thompson ficou encarregado de sua segurança, a intervalos, entre 1921 e 1932, e novamente durante toda a Segunda Guerra Mundial. "No começo, quando me tornei o guarda-costas pessoal do sr. Churchill", relembrou Thompson, repetindo o que disseram muitas outras pessoas que trabalharam com ele ou para ele, "suas maneiras me pareceram bruscas, estouvadas e até, como pensava então, empedernidas. Mas logo comecei a ver por trás da fachada rude, a aguardar que a sisudez se desfizesse naquele sorriso de menino. Não demorou muito para me afeiçoar a ele. Em pouco tempo, passei a amá-lo."[70]

Não era apenas por causa dos terroristas irlandeses que Churchill precisava da proteção de Thompson. "O que eram alguns Churchills ou Curzons pendurados em postes de luz, em comparação ao massacre de milhares em Amritsar ou às represálias contra centenas de irlandeses na Irlanda?", declarou o parlamentar comunista Cecil Malone num comício do movimento "Tirem as mãos da Rússia", no Royal Albert Hall, em 7 de novembro de 1920. "O que eram as punições desses criminosos de guerra em comparação à miséria que estavam causando a milhares de homens, mulheres e crianças na Rússia?"[71] Quando a polícia invadiu o apartamento de Malone, depois de detê-lo por acusações de sedição, encontrou dois bilhetes do guarda-volumes da estação ferroviária, correspondendo a um pacote de folhetos de treinamento militar para um "Exército Vermelho" britânico clandestino. Além de instruções para os insurretos sobre assaltos a bancos, "Treino com metralhadoras", "Uso de bombas", "Uso de revólveres", também encontraram informações ensinando como interceptar intercâmbios postais e telefônicos e propagandas com frases como "Abaixo nossos inimigos, os Churchills, os Capitalistas, os Imperialistas e todos os seus lacaios. Viva o Exército Vermelho!".[72]

Churchill, em 18 de novembro, perdeu uma votação fundamental no Gabinete sobre a retomada das relações comerciais com a Rússia, à qual se opunha energicamente. "Ficou tão nervoso com a decisão que se declarou sem condições de discutir os itens da pauta referentes ao Exército. Estava mortalmente pálido e não voltou a falar durante a reunião", relembrou Hankey, que teve de se incumbir de um dos itens da pauta a princípio destinado ao colega.[73] Depois de constar em ata que nenhum ministro do Gabinete seria impedido de fazer discursos antibolchevistas, Churchill foi naquela noite à Sociedade de Debates de Oxford para fazer justamente um discurso assim. "A política que sempre defenderei é a derrubada e a destruição daquele regime criminoso", disse aos estudantes, acrescentando que "nem sempre conseguira dar a essa clara visão todo o efeito que gostaria". Após esse gesto de divergência pública, Lloyd George começou a pensar em transferir Churchill para o Ministério Colonial. Logo depois, estabeleceram-se relações comerciais com a Rússia soviética, o que, na prática, significava um reconhecimento *de facto* do regime.

Em 10 de agosto de 1920, foi assinado o Tratado de Sèvres com o governo turco, o que desencadeou uma nova briga com Lloyd George. A Trácia fora concedida à Grécia, e Istambul ficou numa "zona neutra". O general Mustafá Kemal (mais tarde conhecido como Kemal Atatürk) se distinguira em Galípoli e passara a liderar um movimento nacionalista em Ankara, que rejeitava os termos duros e humilhantes do tratado. Churchill, impressionado com o antibolchevismo de Kemal, encabeçou o grupo pró-turco no Gabinete, enquanto Lloyd George era pró-grego. "Lamento muito ver como estamos nos afastando na política externa", escreveu Churchill a Lloyd George no começo de dezembro.

> Sinto que devo a você e a sua longa amizade e inúmeras gentilezas enviar um aviso solene sobre o dano que sua política — uma política em tão larga medida pessoal — está causando à unidade e à coesão entre vários elementos importantes da opinião pública com a qual pôde até agora contar. Além disso, parece-me extremamente pernicioso que nós, o maior Império maometano do mundo, pareçamos estar nos tornando a potência mais antiturca e mais pró-bolchevique do mundo: ao passo que, a meu juízo, devemos ser o exato contrário [...]. Quando se chega ao ápice do poder após superar tantos obstáculos, há o perigo de que a pessoa se creia capaz de fazer o que quiser e que qualquer posição pessoal forte é necessariamente aceitável para a nação e pode ser imposta a seus subordinados.[74]

Churchill prosseguiu com uma típica analogia militar: "Nunca esquecerei o serviço que você me prestou ao me trazer um novo cavalo quando eu estava desmontado na guerra e desejando intensamente participar de fato da luta. O cargo agora não tem a mesma atração para mim, e tenho outros interesses novos aos quais posso voltar.* Portanto, os conselhos que ofereço são os de um amigo, e de um amigo sincero — mas um amigo que não pode abrir mão de sua independência".[75] O alerta ao primeiro-ministro contra a arrogância trazia o claro risco de indispor seu único benfeitor na política.

Em 26 de janeiro de 1921, lorde Harry Vane-Tempest, irmão do 6º marquês de Londonderry, morreu num acidente de trem. Era solteiro e, como a bisavó de Churchill, Frances, duquesa de Marlborough, era filha do 3º marquês de Londonderry, o testamento de Vane-Tempest legava a Churchill suas propriedades de Garron Towers no Condado Antrim — com rendimento de 4 mil libras anuais (cerca de 164 mil libras em valores atuais). Clementine resumiu concisamente o efeito do Garron Estate na vida deles: "A preocupação constante desapareceu para sempre de nossas vidas".[76] Fazia algum tempo que ela sentia que os textos jornalísticos de Churchill, embora muitíssimo bem remunerados, estavam sendo "discutidos trivialmente" e toldavam suas chances de chegar ao cargo de primeiro-ministro. "Tenho uma espécie de sensação de que o 'Altíssimo' [lorde Curzon] se rejubila a cada vez que você escreve um Artigo e pensa que assim *ele* é que se aproxima do cargo de primeiro-ministro."[77] Churchill não renunciara àquele prêmio, escrevendo-lhe em 6 de fevereiro de Chequers, em Buckinghamshire, a bela casa de campo em estilo Tudor que fora recentemente ofertada à nação para o uso dos primeiros-ministros: "Você gostaria de ver esse lugar. Talvez veja algum dia! É exatamente o tipo de casa que você admira — um museu apainelado repleto de história, repleto de tesouros, mas sem aquecimento suficiente".[78]

As chances de Churchill de ter o direito de ocupar Chequers aumentaram de forma significativa no dia seguinte, quando ele ocupou o Ministério Colonial, e ao longo de uma semana, durante o remanejamento, quando teve em mãos os sinetes de três Ministérios de Estado — da Guerra, do Ar e Colonial, o que pensava ser um recorde.** Aceitou o Ministério Colonial sob a condição de poder montar um novo departamento que incorporasse a responsabilidade por Iraque, Transjordânia (atual Jordânia) e o Mandato da Palestina, concedido à Grã-Bretanha após a guerra pelo Artigo 22 da Convenção da Liga das Nações. A votação no Gabinete Ministerial foi de oito a cinco a favor, com duas abstenções, o que naturalmente irritou Curzon, o ministro das Relações Exteriores, segundo o qual

* Referência a *The World Crisis*.

** Erroneamente, porém, pois o duque de Wellington, durante seu período como ministro interino em novembro e dezembro de 1834, foi ao mesmo tempo primeiro-ministro, ministro das Relações Exteriores, ministro do Interior, ministro da Guerra, ministro das Colônias e líder na Câmara dos Lordes.

Churchill tentava se tornar "uma espécie de ministro das Relações Exteriores Asiáticas".[79] Churchill não alimentava nenhuma ilusão. "Curzon me causará montes de problemas e precisa ser em parte adulado, em parte dominado", relatou ele a Clementine. "Nossos papéis se sobrepõem de uma maneira horrível. Não creio que ele seja muito bom [...]. Pessoalmente estamos em ótimos termos. Vou ter muitos problemas para mantê-lo a meu lado."[80]

Uma das primeiras providências de Churchill no Ministério Colonial foi recrutar T. E. Lawrence ("da Arábia"), o lendário oficial de ligação britânico junto aos líderes da Revolta Árabe contra os turcos na Grande Guerra, como seu principal consultor sobre o Oriente Médio. "Peguei Lawrence com rédea e coleira", afirmou Churchill.[81] A intenção dos dois era empossar emires árabes como reis-satélites do Iraque e da Transjordânia para assegurar o fornecimento de petróleo ao Ocidente (em especial à Marinha Real) e cortar os custos de administrar os novos mandatos. Como disse Churchill a Spears, "seria possível empossar um governo sharifiano,* permitindo que um Protetorado britânico operasse a baixo custo".[82]

Churchill fez um resumo eloquente da situação no Oriente Médio em seu capítulo sobre Lawrence em *Great Contemporaries*:

> Havíamos sufocado pouco tempo antes uma rebelião extremamente perigosa e sangrenta no Iraque, e eram necessários mais de 40 mil soldados ao custo de 30 milhões ao ano para preservar a ordem. Isso não podia prosseguir. Na Palestina, a rixa entre os árabes e os judeus ameaçava assumir a qualquer momento a forma de violência efetiva. Os líderes árabes, expulsos da Síria [pelos franceses] com muitos de seus seguidores — todos eles nossos aliados recentes —, estavam furiosos à espreita no deserto adiante do Jordão. O Egito fermentava. Assim, todo o Oriente Médio apresentava um quadro muito melancólico e alarmante.[83]

A fim de acalmar a situação, criar novos emirados como reinos-satélites da Grã-Bretanha e traçar as novas fronteiras necessárias, Churchill convocou uma conferência no Cairo em março de 1921, para consultar os administradores britânicos da região.

Em 2 de março, ele, Archie Sinclair, Trenchard, Lawrence e um grupo de servidores públicos saíram de Londres num trem com destino a Marselha, onde Churchill buscou Clementine para embarcar num vapor francês para Alexandria. Lá ele foi recebido no porto por um oficial da RAF de 26 anos de idade, Maxwell Coote, seu ajudante de campo temporário para a Conferência do Cairo.[84] Como muitos outros, Coote de início antipatizou com Churchill, mas logo pas-

* Sharif Husayn ibn Ali fora o líder da Revolta Árabe.

sou a gostar dele, divertindo-se com expressões como a que usava para descrever o Gabinete Ministerial — um grupo de "víboras revivificantes".[85] Uma noite, antes de ir se deitar, Churchill perguntou-lhe se era "realmente feliz, feito um passarinho".[86] Ao chegar ao terminal central no Cairo, em 10 de março, o grupo se esquivou de uma grande manifestação estudantil que bradava "Abaixo Churchill!", saindo às pressas e tomando ruas secundárias para irem até o Hotel Semiramis, onde se realizava a conferência.[87] (O governador de Áden e o da Somalilândia estavam presentes, sendo que o último levara dois filhotes de leão, que ficavam no jardim do hotel.)

Churchill presidiu a conferência nas nove manhãs subsequentes, dedicando-se a pintar e a trabalhar em *The World Crisis* quase todas as tardes. (Quando estava indo pintar a Esfinge, caiu do camelo que montava, e um beduíno lhe ofereceu um cavalo. "Comecei num camelo e vou terminar num camelo", respondeu, pomposo.)[88] A ligação com as delegações árabes se deu por intermédio de Lawrence e da admirável Gertrude Bell, a única agente da inteligência britânica naquela época, que era benquista entre os árabes e falava fluentemente o árabe e o persa.

Churchill frisou que manteria o espírito totalmente aberto até ouvir as posições dos administradores britânicos locais, sobretudo as de Sir Percy Cox, o alto-comissário do Iraque. Na realidade, os dois filhos do emir Sharif Husayn ibn Ali, em Meca, tinham sido favorecidos antes mesmo que Churchill saísse de Londres. Faisal foi escolhido para governar o Iraque e seu irmão Abdullah para governar a Transjordânia. "O emir Abdullah está na Transjordânia", anos depois gabou-se Churchill, "onde o coloquei num domingo à tarde em Jerusalém."[89] Na prática era verdade, e o atual Estado árabe moderado da Jordânia foi criado por Churchill. Entre 1921 e 1928, foi possível retirar todas as tropas britânicas do Iraque. Ao conceder poder a esses dirigentes locais, a Grã-Bretanha não precisaria implantar um controle direto que, como bem compreendeu Churchill, não teria condições de manter.*

Menos realista era a ideia de Churchill de uma confederação pan-árabe encabeçada por Ibn Saud, o primeiro rei da Arábia Saudita, uma espécie de ampla federação médio-oriental em que haveria espaço para uma nação judaica. Embora também quisesse criar uma pátria para os curdos no norte iraquiano — "para

* É uma completa inverdade que a seção abruptamente côncava da fronteira oriental da Jordânia com a Arábia Saudita tenha sido traçada arbitrariamente por Churchill após ingerir grande quantidade de líquido, como sugere o apelido árabe da fronteira, "Soluço de Churchill". Segundo uma anedota, ele estava desenhando o mapa quando foi acometido de soluços, o que gerou o grande zigue-zague na fronteira, mas isso é invenção (Dockter, *Churchill and the Islamic World*, pp. 157-8). Na verdade, as fronteiras foram traçadas, após muita reflexão, por administradores que conheciam bem a região.

proteger os curdos de algum futuro opressor no Iraque", segundo suas palavras —, esse plano não foi aprovado pelo Ministério das Relações Exteriores. Os judeus, como preço por poderem migrar entre o Mediterrâneo e o rio Jordão, foram impedidos de avançar a leste do rio. "Executamos mais trabalho em quinze dias do que foi feito em todo um ano", escreveu Bell a Cox. Lawrence afirmou mais tarde: "Devo registrar minha certeza de que a Inglaterra saiu da questão com as mãos limpas".[90]

Quando Sinclair foi hospitalizado com uma febre de quase 41 graus, Coote anotou que Churchill "ficou medonhamente transtornado, pois tem enorme afeição por Sinclair. Winston também é visivelmente um tanto pessimista no que se refere a doenças e se mostrou propenso a um extremo nervosismo".[91] Coote não sabia que, da última vez em que Churchill estivera naquela parte da África, seu criado morrera de febre. Durante o jantar naquela noite, "a conversa não fluiu de início nem mesmo com o champanhe que Winston insistiu em servir".

Em 23 de março, Churchill deixou o Cairo de trem, depois de jantar na Residência Diplomática britânica com um vice-rei da Índia, três altos-comissários, um ministro de Estado e vários governadores e generais. "Tive, claro, de empurrar Winston para dentro do vagão, pois foi, naturalmente, o último a entrar e manteve o trem esperando", relembrou Coote, que àquela altura já se acostumara com a falta de pontualidade de Churchill.[92] Pararam em Gaza, onde uma multidão palestina aclamou Churchill e a Grã-Bretanha. Como registrou Coote: "O principal lema que os levava a um grande frenesi era 'Abaixo os judeus', 'Cortem a garganta deles' [...]. Winston e Herbert [Sir Herbert Samuel, alto-comissário judeu da Palestina] também ficaram encantados com a acolhida que tiveram, sem entender nada do que diziam".[93] Numa cerimônia fúnebre no cemitério militar em Jerusalém pelos mortos britânicos na Grande Guerra, Churchill "ficou profundamente emocionado enquanto falava" e lhe vieram lágrimas aos olhos.[94] "Esses soldados veteranos jazem aqui onde repousa o pó dos califas, dos cruzados e dos macabeus", discursou. "Paz às suas cinzas, honra à sua memória, e possamos nós concluir a obra que eles iniciaram."[95] Uma guarda de honra disparou três salvas e soou o toque de clarim do "Last Post".

Em Jerusalém, o Comitê Executivo do Congresso dos Árabes Palestinos de Haifa lhe pediu que abandonasse a ideia de uma nação para os judeus. "É evidentemente correto que os judeus dispersos devem ter um centro nacional e um lar nacional onde possam se reunificar", disse-lhes Churchill, "e onde mais senão na Palestina, com que os judeus estão íntima e profundamente associados há 3 mil anos? Pensamos que é bom para o mundo, bom para os judeus e bom para o Império Britânico, e também é bom para os árabes que moram na Palestina, e pretendemos que assim seja. Passo a passo, desenvolveremos instituições representativas, levando a um governo totalmente autônomo, mas os filhos de nossos filhos já terão falecido antes que isso se complete."[96] No ano seguinte, quando sugeriram que os judeus não eram necessários para que a Palestina se desenvolvesse, Churchill retrucou: "Entregues a si mesmos, os árabes da Palestina nem em mil anos dariam passos efetivos para a irrigação e a eletrificação da Palestina. Ficariam plenamente satisfeitos em morar — um punhado de gente filosófica — em planícies desoladas, ressequidas de sol, deixando as águas do Jordão correrem livres e inaproveitadas até o Mar Morto".[97]

Ele retornou do Oriente Médio na segunda semana de abril, via Alexandria e Gênova. Quis voltar rapidamente para Londres, pois soubera que Austen Chamberlain estava prestes a renunciar como chanceler do Tesouro, mas descobriu durante a viagem que o nomeado fora Robert Horne, presidente do Conselho do Comércio; o cargo de Horne fora ocupado por Stanley Baldwin, que ingressava no Gabinete pela primeira vez. Churchill ficou profundamente desapontado e ressentido com Lloyd George por ter sido preterido, mas havia pelo menos o consolo de que, aparentemente, Bonar Law se retirara da política aos 62 anos de idade. Chamberlain se tornou o novo líder tory, comentando que Churchill estava "mal-humorado como um urso rabugento e acha que o mundo saiu dos eixos".[98] Depois de sua volta, Churchill não foi visitar Lloyd George e passou a tratá-lo nas cartas como "Prezado primeiro-ministro" em vez do anterior "Caro Ll.G." ou mesmo "Meu caro David".[99] Frances Stevenson registrou que o sentimento era recíproco: "D está farto de C. Creio que não se importará se ele sair. Horne diz que Churchill anda criticando o governo na área das finanças e da Irlanda nos clubes e nos grupos de influência".[100]

Churchill permaneceu mais um mês e meio como titular do Ministério do Ar e, ao mesmo tempo, como ministro das Colônias, até encontrarem um substituto adequado, que acabou sendo Freddie Guest. Quando Churchill transferiu o cargo, no começo de abril, o *Times*, como era de se prever, fez duras críticas a seu comando da pasta: "Galões dourados e metais reluzentes, hectares de acantonamentos, estatutos imitando o Exército, tais são os frutos de seu comando bem-intencionado e laborioso, mas totalmente inadequado, do Ministério do Ar". Na verdade, os galões dourados que ele criou para os uniformes dos marechais da aviação, bem como a implantação de patentes distintas das do Exército, evitavam cuidadosamente imitar as duas outras forças, enquanto os hectares de acantonamentos viriam, vinte anos depois, a demonstrar valor inestimável. Quando Churchill deixou o ministério, a RAF tinha esquadrilhas no Iraque, no Egito, na Palestina, na Índia e na Irlanda.

Como resultado do remanejamento, Edward Wood (então lorde Halifax e futuro lorde Irwin) se tornou vice-ministro no Ministério Colonial, fato que também desagradou a Churchill, pois não fora ele a nomeá-lo, já que preferia ter Guest em seu lugar. Quando Churchill começou a tratá-lo com frieza, Wood irrompeu em seu escritório e falou: "Estou preparado para renunciar e deixar o cargo amanhã, mas, enquanto eu estiver aqui, espero ser tratado como cavalheiro".[101] Churchill o convidou a se sentar, desculpou-se, ofereceu-lhe uma bebida e, a partir daí, passou a se comportar melhor, levando Wood a comentar sem rebuços: "Ele detesta capachos". Foi o começo de uma das mais importantes relações políticas da vida de Churchill.

Cinco dias depois que o casal Churchill voltou do Cairo, Bill Hozier, irmão de Clementine, matou-se aos 34 anos de idade no quarto de um hotel em Paris. Tal como a mãe e a irmã gêmea Nellie, era viciado no jogo, o que lhe causou problemas financeiros.[102] Churchill foi a Paris para acompanhar o funeral e tentar — sem êxito — obter mais detalhes sobre o que ocorrera. Bill lhe deixou uma bengala de teca com castão de ouro, que Churchill usou pelo resto da vida.

Outra tragédia se abateu sobre a família em 29 de junho, quando Jennie, mãe de Churchill, morreu com apenas 67 anos. No final de maio, ela caíra da escada em Dorset e fraturara o quadril esquerdo. A perna gangrenou e precisou ser amputada em 10 de junho. Parecia recuperada da cirurgia, mas então teve uma súbita e violenta hemorragia. Ao tomar conhecimento do fato, Churchill foi correndo de sua casa na Sussex Square até Clifton Place, ali perto, mas não conseguiu chegar a Westbourne Street antes que ela entrasse em coma. Jennie morreu logo a seguir. "Gostaria que você pudesse tê-la visto jazendo em repouso", escreveu ele a um amigo, "depois de findos todos os raios de sol e temporais da vida. Estava com uma bela e esplêndida aparência. Desde a manhã, com suas dores, seu rosto havia rejuvenescido trinta anos."[103] Ela teria gostado disso; como disse certa vez: "Nunca vou me acostumar a não ser a mulher mais bonita na sala".[104] Foi sepultada ao lado de lorde Randolph, em Bladon. "Corria-lhe nas veias o vinho da vida", comentou Churchill com Curzon, que lhe escrevera uma carta comovente. "Foi, em geral, uma vida ensolarada."[105]

Foi por volta dessa época, quando Randolph estava com dez anos de idade e era aluno da Escola Sandroyd, em Cobham, Surrey, que um professor chamado Wrixon "desabotoou a calça e me fez manipular seu órgão".[106] Quando Churchill, que então estava jogando polo com seu primo lorde Wimborne em Ashby St. Ledgers, descobriu o que se passara, relembrou Randolph, "penso que nunca o vi tão zangado nem antes, nem depois. Pulou da cama num salto, mandou chamar o carro e atravessou todo o campo" por mais de 320 quilômetros, para confrontar o diretor da escola, que no fim já demitira Wrixon por outras razões. "Nunca deixe ninguém lhe fazer isso outra vez", disse o pai a Randolph.[107]

No começo de agosto, morreu Thomas Walden, o fiel criado de Churchill, que já trabalhara antes para seu pai e que o acompanhara na Guerra dos Bôeres.

"Oh, minha querida, dói-me ter perdido esse humilde amigo sincero e devotado que eu conhecia desde menino", escreveu Churchill a Clementine após o funeral, durante o qual "chorei amargamente" junto com os demais do lar de Sussex Square.[108] Pouquíssimos outros aristocratas da época se refeririam a um criado como amigo e o pranteariam.

Mas aquele ano de perdas e dores ainda não atingira o ponto mais baixo. Em 23 de agosto, Marigold, a filha caçula de Winston e Clementine, morreu em decorrência de uma infecção na garganta com apenas dois anos e nove meses. Os pais culparam a si mesmos por terem confiado em sua prima Maryott Whyte, que cuidava das crianças e as levara de férias a Broadstairs, em Kent, e não notara os sintomas a tempo. Clementine passou muitos anos sem conseguir se consolar, pois, quando Marigold adoeceu, ela estava em Eaton Hall, em Cheshire, jogando tênis com os Westminster.[109] Marigold já tivera antes tosses e dores de garganta, por isso ninguém se preocupou muito quando a inflamação apareceu. Ela ficou realmente mal em 14 de agosto, mas Miss Whyte e Mademoiselle Rose, a jovem governanta francesa das crianças, só chamaram Clementine dois dias depois. Clementine deixou Eaton Hall tão logo foi avisada de que Marigold não passava bem, Churchill veio de Londres, um especialista foi chamado, mas, numa época anterior aos antibióticos, já era tarde demais e não foi possível fazer nada.

Churchill e Clementine estavam com Marigold quando ela morreu. Tomados de dor e de sentimento de culpa, sepultaram-na três dias depois em Kensal Green. Numa carta que escreveu no Dunrobin Castle para Clementine em 18 de setembro, e que em outros aspectos era jovial, Churchill admitiu: "Ai, continuo sentindo dor pela Patinha".[110] Em questão de quatro meses, somando-se a todos os outros fantasmas em sua vida, Churchill perdera a mãe, a filha, o cunhado e o leal criado. "Quantas mudanças num ano! Quantas lacunas! Que sensação de sombras fugazes!", escreveu a Clementine. "Mas seu doce amor e companheirismo são uma luz que arde mais e mais conforme se passam nossos breves anos."[111]

Não foi de maneira nenhuma uma compensação pelas perdas de 1921, mas em agosto daquele ano Churchill conheceu o professor Frederick Lindemann, recém-nomeado para a cátedra Professor Lees de Filosofia Experimental (ou seja, física) e diretor do Laboratório Clarendon em Oxford, por ocasião de um campeonato beneficente de tênis em que jogaram como parceiros. Não ganharam, embora Lindemann já tivesse jogado em Wimbledon, mas travaram pronta amizade.[112] O pai de Lindemann, um empresário bem-sucedido, fugira de sua Alsácia natal quando se tornou alemã em 1871, e a mãe era metade norte-americana, metade russa. O professor tinha doutorado em física na Universidade de Berlim, estudara física quântica e fora eleito membro da Royal Society em 1920. Einstein o chamava de amigo.

Lindemann não fumava, era abstêmio convicto e vegetariano, posições que em nada atraíam Churchill. Por outro lado, em 1917 aprendera a voar exclusivamente para testar sua teoria aerodinâmica de recuperação do equilíbrio quando os aeroplanos entravam em parafuso, coisa que, até então, quase sempre era fatal. Era exatamente o tipo de comportamento audacioso dos Paladinos que Churchill tanto apreciava.[113] "Parecia morte certa", lembrou mais tarde. "Mas a teoria dele funcionou. Realmente eu o admirava muitíssimo."[114]

"Sua aparência externa era convencionalmente desagradável", comentou Sarah Churchill a respeito de Lindemann, "o crânio em ponta, o cabelo cinza-escuro cortado rente que apresentava as entradas como se tivesse sido invadido pelo cérebro, o bigode cinza-escuro, a pele pálida, a leve fungadela que substituía o que normalmente seria uma risada; mas, mesmo assim, ele emanava uma cordialidade que dissolvia o que havia de intimidador no pensamento científico".[115] O homem que a família chamava de "Prof" mostrava total lealdade a Churchill e de vez em quando se incumbia das despesas, sobretudo nas férias da família, para as quais o rico cientista solteiro era quase sempre convidado. Explicou a Churchill que não tinha nenhuma formação científica, mas se interessava muito por ciência, pela física por trás do funcionamento das armas e muitas outras coisas. O grande talento de Lindemann era conseguir condensar assuntos científicos complicados na tal "uma folha só" de Churchill. Certa vez, explicou a teoria quântica em cinco minutos, com palavras curtas, para a satisfação de todos os presentes, inclusive das crianças, que prorromperam num aplauso espontâneo. Lindemann era agressivo, sarcástico, arrogante, de direita (mas profundamente antifascista), e, segundo seu biógrafo, sua vida era regida pela "absoluta lealdade e amor aos amigos e rancor duradouro aos inimigos".[116] Em abril de 1924, Churchill pediu a Lindemann que se informasse sobre "um raio que mata a uma certa distância" e supostamente capaz de matar camundongos. "Pode ser mera invencionice, mas em geral não sou de aceitar negativas."[117] Era mesmo invencionice, mas o episódio indica o interesse de Churchill por novas armas científicas.

Em 8 de julho de 1921, chegou-se a uma trégua com a Irlanda, permitindo que se iniciassem negociações dali a três dias entre os líderes do IRA e o governo britânico. Como ministro das Colônias, Churchill podia contar que teria um papel central nas negociações, junto com F. E. Smith (agora lorde Birkenhead), Austen Chamberlain e Lloyd George. "Realmente acho que, embora ele seja primeiro-ministro, é melhor acompanhá-lo na caçada do que ficar na moita, roendo-me de inveja ao vê-lo correr na dianteira", comentou ele com Clementine.[118] Passaram-se três meses antes que começassem as negociações prévias com a delegação irlandesa na Downing Street, o que se deu em 11 de outubro. Churchill ameaçou "uma guerra de verdade — não só assaltos de bandoleiros" caso os irlandeses não assinassem o tratado que repartia a ilha, e que estava pronto para ser discutido desde dezembro do ano anterior.[119]*

A delegação irlandesa era encabeçada pelo político Arthur Griffith, mas incluía também o líder guerrilheiro do IRA, Michael Collins. Churchill pusera a cabeça dele a prêmio. Quando Collins lhe recordou o fato, Churchill retrucou: "De todo modo, a recompensa era boa — 5 mil libras. Olhe para mim — 25 libras, vivo ou morto. O que acha disso?".[120] As negociações concretas chegaram a um ponto dramático na noite de 5 de dezembro, quando Lloyd George deu um ultimato à delegação irlandesa. O tratado foi assinado às 2h20 da madrugada do dia seguinte. O tratado criava o Estado Livre da Irlanda com os 26 condados do sul (que veio a se tornar a República da Irlanda) e mais tarde foi aprovado pelo Dáil irlandês por 64 a 57 votos. Churchill relembrou que, após a assinatura, "os ministros britânicos tomados de um forte impulso deram a volta e pela primeira vez trocaram um aperto de mãos".[121]

O Estado Livre irlandês conquistara total independência interna e, na prática, independência na política externa, mas concordou em permanecer na Comunidade Britânica de Nações com o mesmo estatuto de Domínio do Canadá e da Austrália. Isso significava que os ministros irlandeses jurariam lealdade, pelo menos em teoria, ao rei George V. A Grã-Bretanha também conservava os três chamados "portos do Tratado" — Berehaven, Lough Swilly e Queenstown — para serem usados pela Marinha Real. Quando Éamon de Valera, o astucioso e oportunista presidente do Dáil, rejeitou o tratado, em 7 de dezembro, a consequência foi a selvageria, em uma guerra civil que se arrastou por dez meses.

Em janeiro de 1922, Churchill conseguiu juntar na mesma sala do Ministério Colonial o primeiro-ministro da então recém-criada Irlanda do Norte, Sir James Craig (membro do Other Club), e Michael Collins para negociar os ajustes finais do tratado. "Ambos estavam de carranca fechada", relembrou ele, mas chegaram a um acordo depois de serem deixados a sós por várias horas.[122] Ao recomendar o projeto de lei do Estado Livre irlandês na Câmara dos Comuns em 16 de fevereiro, Churchill declarou que desde a Grande Guerra:

> Todo o mapa da Europa mudou. A posição dos países se alterou violentamente. Os modos de pensar dos homens, a perspectiva toda dos assuntos de Estado, o agru-

* Na época, Churchill se mostrou igualmente combativo perante as reivindicações chinesas do porto de Wei-hei-wei (atual Weihai) e as indenizações pela Revolta Boxer de 1900. "Por que haveríamos de dissipar o capital moral acumulado por nossos antepassados para agradar a um bando de pacifistas?", indagou ele numa reunião do Gabinete. "Eu enviaria um telegrama começando 'Nada por nada e bem pouco por dois tostões'" (Middlemas [Org.], *Whitehall Diary*, v. I, p. 181).

> pamento de partidos, todos se depararam com violentas e enormes mudanças no dilúvio mundial, mas, quando o dilúvio cede e as águas baixam, vemos os tristes campanários de Fermanagh e Tyrone emergindo novamente. A rixa entre eles, em toda a sua inteireza, é uma das poucas instituições que se mantiveram inalteradas no cataclismo que se alastrou pelo mundo.[123]

Naquele mês de agosto, Collins foi morto numa emboscada por forças contrárias ao tratado. Pouco antes, pedira a um amigo que estava indo a Londres: "Diga a Winston que nunca conseguiríamos ter feito coisa alguma sem ele".[124]

Churchill rapidamente se envolveria em outra crise que acabaria por afetar toda a Coalizão. No mesmo mês da assinatura do tratado, ele insistiu com Lloyd George que encerrasse o que chamava de "essa vendeta contra os turcos".[125] Referia-se à atitude belicosa de Lloyd George em relação às forças nacionalistas de Mustafá Kemal, que haviam começado a ameaçar os enclaves britânicos em Istambul e no porto de Chanak (atual Çanakkale). Contra o conselho de Churchill, o Tratado de Sèvres concedera amplos direitos aos britânicos no território turco, os quais passaram a ser ameaçados pelo exército turco de Kemal, sobretudo em Chanak. A Crise de Chanak é muitas vezes apresentada como exemplo da afoiteza de Churchill, mas ele nunca quis que esses enclaves vulneráveis pertencessem à Grã-Bretanha e, no começo, combateu vivamente o apoio, este sim afoito, de Lloyd George à Grécia, em razão da existência de numerosa população de língua grega no oeste da Turquia. "Neste mundo tão dilacerado por lutas, receio vê-lo liberar os exércitos gregos", disse ele a Lloyd George.[126] Mas, conforme as forças turcas se mostravam mais e mais ameaçadoras em Chanak, Churchill se viu obrigado a abandonar sua posição com uma avaliação realista dos desfechos prováveis, à semelhança do que fizera em relação à Irlanda.

Em 22 de junho de 1922, Sir Henry Wilson foi assassinado na frente de sua casa, no número 36 da Eaton Place, no distrito londrino de Belgravia, por combatentes do IRA contrários ao tratado. Como erraram o primeiro tiro, ele poderia ter se refugiado dentro de casa, mas, em vez disso, sacou por instinto da espada e foi mortalmente atingido. Sua brava esperança de derrotar dois atiradores com uma espada era, em essência, a mesma estratégia que Churchill o acusara de adotar no Front Ocidental, com resultado muito similar. Na suposição de que o alvo seguinte seria Churchill, designaram-lhe mais dois guarda-costas além de Walter Thompson.

Em julho, a Coalizão foi abalada por um escândalo financeiro, quando ficou claro que Maundy Gregory, um escusíssimo assessor do primeiro-ministro, andara vendendo títulos honoríficos em troca de contribuições para o Fundo Lloyd George, criado para a disputa eleitoral. Sir John Robinson, milionário sul-africano do ramo da mineração que lucrara na guerra como especulador, pagara 30 mil libras por um título, mas, com todo o alarido que então se ergueu no Parlamento, não o recebeu. "O debate sobre os títulos honoríficos foi absolutamente sórdido e não servirá senão para prejudicar o governo no país e o país no Império", Churchill relatou a Clementine. "O primeiro-ministro foi deplorável e considera-se unanimemente que fez o pior discurso de sua carreira. É, de fato, um declínio."[127] Em 22 de julho, Churchill escreveu a Lloyd George: "Não se deixe torpedear, pois, se eu ficar sozinho, seus colegas vão me devorar".[128] Todavia, ele próprio não estava de todo isento de culpa pela situação. Já em 1906, recomendara o nome de Robinson a Campbell-Bannerman para o título de baronete, recebido por ajudar o governo no trabalho "escravo" de chineses no Transvaal. Churchill escrevera a Campbell-Bannerman dizendo que Robinson queria um título "(de baronete, suponho). Confio que sua solicitação receberá um parecer altamente favorável".[129]

Em agosto, quando o Parlamento suspendeu as atividades para o recesso de verão, grassava o descontentamento entre os parlamentares conservadores. Fazia décadas que o desemprego não atingia níveis tão altos; o Tratado Irlandês parecia ter premiado o IRA; o marechal de campo Wilson fora assassinado em Belgravia; o reconhecimento *de facto* da Rússia soviética parecia aprofundar uma política de conciliação; os cortes da política de austeridade haviam prejudicado o sistema educacional e reduzido as pensões de guerra; o escândalo dos títulos honoríficos desagradara profundamente a muitos parlamentares, que perderam a confiança em Lloyd George. Com as iminentes derrotas nas eleições secundárias, a Coalizão parecia frágil, e começaram a chegar informações de que as forças de Kemal estavam avançando sobre a população grega e seus protetores britânicos em Chanak. Em 15 de setembro, Churchill defendeu que o Império enviasse uma robusta força militar para impedir que os kemalistas retomassem a península de Galípoli, "estando lá os túmulos de tantos soldados imperiais".[130] Redigiu um pedido de apoio aos primeiros-ministros dos Domínios e, ao mesmo tempo, um belicoso comunicado à imprensa para forçar o recuo do comandante kemalista em Chanak. Num desastroso erro de cálculo, o apelo aos premiês foi parar nas mãos da imprensa antes de chegar aos próprios primeiros-ministros, aumentando ainda mais a má vontade inicial. A sugestão de Churchill de que a França e a Itália apoiavam a posição britânica foi desmentida pelos dois países. Pode-se dizer em sua defesa que Churchill talvez não estivesse totalmente concentrado na questão por causa de dois acontecimentos domésticos: no mesmo dia em que se discutia um ultimato à Turquia, nascia sua quinta e última filha, Mary. Como comentou mais tarde com seu secretário, o bom era ter quatro filhos: "Um para a Mãe, outro para o Pai, outro para os Acidentes, outro para a Descendência".[131] Ainda no mesmo dia, Churchill comprou a propriedade de Chartwell Manor, em Kent, por 5500 libras — sem comunicar a Clementine, que estivera lá e desistira da aquisição por não saber de onde tirariam dinheiro para as reformas. Apesar da herança de Londonderry, os Churchill ainda viviam acima de suas posses, já que Winston parecia congenitamente incapaz de conter suas despesas.

Bem no momento em que seria essencial uma sólida união de todo o Gabinete para que sua política no Oriente Próximo desse certo, lorde Derby, o eminente ex-ministro conservador da Guerra, retirou seu apoio à Coalizão. Em 18 de setembro, Lloyd George rejeitou desdenhosamente as objeções de lorde Curzon, seu orgulhoso ministro das Relações Exteriores, que expressava sérias dúvidas sobre a política antiturca. Churchill presidiu um comitê ministerial em 22 de setembro, no qual ficou acordado que qualquer navio kemalista que tentasse atravessar os Dardanelos seria posto a pique.[132] Diante do risco de uma guerra, Churchill e Austen Chamberlain persuadiram Lloyd George a não levar a disputa à Liga das Nações, que poderia obrigar a Grã-Bretanha a evacuar Chanak. Em 27 de setembro, Lloyd George teve o apoio de Churchill, Birkenhead, Horne e Freddie Guest no Gabinete contra a evacuação de Chanak, mas encontrou a oposição dos turcófilos Austen Chamberlain, Curzon e vários outros ministros de menor influência, entre eles Stanley Baldwin. A essa altura, Churchill era um dos turcófobos mais ardorosos no Gabinete, ao lado de Lloyd George. Mas não fomentava a ideia de uma guerra, pois tinha certeza de que Kemal recuaria se o Império Britânico se unisse contra ele.

Dois dias depois, o Gabinete deu instruções a Sir Charles Harington, o comandante britânico do Exército de Ocupação na Turquia, para entregar um ultimato ao comandante kemalista em Chanak, alertando que, se não retirasse suas forças em 48 horas, todas as tropas britânicas na região partiriam para o ataque. O Gabinete permaneceu em sessão corrida nos dias 29 e 30, aguardando resposta. Curzon solicitou uma prorrogação, mas foi negada. Ele e Baldwin consideravam aquela atitude uma temeridade irresponsável, que conduziria a Grã-Bretanha a uma nova guerra sem nenhuma razão aparente, a não ser a de impedir que os turcos reivindicassem seu próprio território. Kemal estava rasgando o Tratado de Sèvres de 1920 ao marchar sobre zonas desmilitarizadas, tal como Hitler faria na Renânia em março de 1936, quando Baldwin também não quis tomar uma providência a respeito.

O general Harington não entregara o ultimato e continuava a negociar com o comandante turco. Após a reunião ministerial de 30 de setembro, Curzon comentou com lorde Crawford, então ministro dos Transportes: "Talvez Churchill queira recuperar um prestígio estratégico já perdido em Galípoli".[133] No dia seguinte, finalmente Harington telegrafou ao Gabinete avisando que os turcos haviam se retirado do perímetro britânico delimitado com arame farpado em Chanak e que estava indo se encontrar com Kemal. O alívio foi imenso. Em 7 de outubro, do local para onde se retirara da vida pública, Bonar Law escreveu uma carta ao *Times* afirmando que a Grã-Bretanha não podia mais ser "a polícia do mundo". Essa sua declaração foi corretamente interpretada como uma crítica à temeridade de Lloyd George e Winston Churchill e um incentivo aos parlamentares tories para desestabilizar a Coalizão.

Na manhã do dia 16 de outubro, uma segunda-feira, em um momento crucial de crise do governo, Churchill contraiu uma apendicite aguda, doença de extrema gravidade naqueles tempos, que matava mais de 1600 pessoas por ano na Grã-Bretanha.[134] Foi operado num hospital no dia seguinte. A cirurgia foi um sucesso, mas os médicos disseram que ele precisaria se manter em repouso durante várias semanas. Finda a operação, a primeira coisa que fez foi ouvir o resultado da eleição secundária de Newport, em que o candidato conservador contrário à Coalizão venceu com uma maioria de 2 mil votos e o candidato da Coalizão ficou em terceiro lugar. Numa reunião matinal do Partido Conservador no Carlton Club, em 19 de outubro, Chamberlain e Balfour se pronunciaram favoráveis à manutenção da Coalizão, enquanto Bonar Law e Baldwin se manifestaram pela dissolução. Baldwin inclusive fez um ataque devastador e extremamente pessoal contra Lloyd George. A votação resultou em 185 a 88 em favor de disputar a eleição seguinte como partido independente. "Pobre Austen", comentou Churchill mais tarde a respeito de Chamberlain. "Ele sempre jogou e sempre perdeu."[135]

Lloyd George foi ao Palácio naquela tarde para apresentar sua renúncia e aconselhou o rei a chamar Bonar Law, que compôs o que Churchill chamou de "o Governo do Time Reserva". Churchill deixou claro que "nunca me sufocaria num tal sepulcro moral e intelectual".[136] Tal declaração ignorava o fato de que ele seria a última pessoa do mundo que chamariam para o novo governo. Churchill chegou a fazer um comentário arrogante sobre Bonar Law, que estava doente: "Como vai nosso ambicioso inválido? O que anda fazendo nosso negociante endinheirado?".[137] (Law fizera fortuna na indústria do ferro.)

O Parlamento foi dissolvido e convocou-se uma eleição geral para 15 de novembro. Embora, na esfera privada, descrevesse o Gabinete Ministerial de Bonar Law como "esse governo de trastes e inúteis", Churchill não estava em posição sólida em Dundee, mergulhada numa depressão econômica.[138] Recebeu alta e foi para casa em Sussex Square em 1º de novembro, mas teve de redigir de lá seu discurso eleitoral, durante a convalescença. "Candidato-me como liberal e livre-cambista", escreveu, "mas deixo muito claro que não vou abandonar o sr. Lloyd George nem os generosos conservadores que ficaram a seu lado."[139]

Clementine foi para Dundee em 6 de novembro, levando Mary, com sete semanas de vida. Hospedou-se na avenida com o nome quase profético de Dudhope Terrace* e proferiu discursos vigorosos em grandes comícios, embora te-

* Algo como "Ladeira da Esperança Perdida", em tradução bastante livre. (N. T.)

nha até levado cusparadas durante uma campanha que foi especialmente desagradável.[140] "A ideia contra você parece ser a de que é um 'Promotor da Guerra'", informou ao marido, "mas estou apresentando-o como um Querubim da Paz com asinhas fofas em torno de sua carinha redonda."[141] Birkenhead, mesmo sendo tory, também foi até lá para falar em favor de Churchill.

Por causa da operação, Churchill ficou impedido de ir a Dundee até 11 de novembro, o Dia do Armistício, apenas quatro dias antes da data da eleição. Ainda fraco, mas portando suas onze medalhas, teve de falar sentado, um pouco grogue devido aos analgésicos. "Fiquei chocado com a expressão de ódio ardente no rosto dos homens e das mulheres mais jovens", relembrou, mencionando os comunistas que apoiavam seu oponente William Gallacher. "Na verdade, não fosse meu estado indefeso, tenho certeza de que teriam me atacado."[142] Apesar das 5 mil pessoas que foram ouvi-lo, o comício teve de ser suspenso por causa da violência. Brandindo o punho aos cem ou mais manifestantes comunistas, Churchill disse: "Quem não tem cérebro não tem voz; só acabam com um comício aqueles que não têm inteligência para falar. Os eleitores saberão como lidar com um partido cuja única arma é o clamor idiota".[143]

A extrema impopularidade da Coalizão devido à Crise de Chanak e ao escândalo dos títulos honoríficos, mas sobretudo em razão do alto desemprego e da estagnação econômica que se prolongavam, teve como resultado que a ampla maioria de Churchill em 1918 fosse derrubada por Edwin Scrymgeour, em sua quinta tentativa — o único parlamentar em toda a história a ser eleito com uma plataforma proibicionista, vencedor com uma maioria de mais de 10 mil votos. A votação de Churchill foi inferior à do candidato trabalhista. "Se você visse o tipo de vida que o povo de Dundee tem de levar, reconheceria que eles têm muitas justificativas", escreveu pouco depois a um amigo.[144] No total, os conservadores obtiveram 345 assentos, os trabalhistas, 142, os liberais nacionais, 62, e os liberais asquithianos, 54. Os conservadores receberam 5,5 milhões de votos, os trabalhistas, 4,24 milhões, os liberais asquithianos, 2,52 milhões, e os liberais nacionais, 1,67 milhão. Mais tarde Churchill comentaria: "Num piscar de olhos vi-me sem cargo, sem assento, sem partido e sem apêndice".[145]

# 13. Redenção

## *Novembro de 1922 a maio de 1926*

*Nas finanças, tudo o que é agradável é incorreto e tudo o que é correto é desagradável.*

Discurso de Churchill no Hotel Waldorf, Londres, março de 1926[1]

*Todos diziam que fui o pior chanceler do Tesouro de todos os tempos. E agora me sinto propenso a concordar com eles. Então agora o mundo é unânime.*

Churchill a Sir Oswald Falk em 1930[2]

Churchill tinha sido parlamentar por 22 anos e ministro por dezessete, com apenas duas breves interrupções. Agora decidia levantar acampamento e ir com a família para a Villa Rêve d'Or, onde ficou por seis meses, pintando e concluindo o primeiro volume e grande parte do segundo tomo de *The World Crisis*. O Other Club caiu na inatividade sem a presença de Churchill no Parlamento, e ele só voltou à Grã-Bretanha em três breves ocasiões: para levar e pegar os filhos na escola, para supervisionar as reformas em Chartwell e para conversar com seus editores. Os detratores o acusam de negligência paterna, mas, como Randolph escreveu em sua autobiografia: "Meu pai e minha mãe, embora fossem pessoas ocupadas, sempre se dedicavam a nós, principalmente nas férias. Desde meus doze anos, íamos para o exterior quase todos os verões. Geralmente percorríamos a França numa limusine Wolseley velha e sacolejante".[3]* Churchill, que nunca bateu nos filhos, ia visitá-los na escola e lhes escrevia com frequência.[4] Era mais um exemplo mostrando que ele aprendia com os erros — no caso, os erros de seus pais.

O primeiro dos cinco volumes de *The World Crisis*, as memórias de Churchill com mais de 3 mil páginas sobre a Grande Guerra, foi lançado em Londres em 10 de abril de 1923; o último só saiu em 1931. Vendeu imediatamente 10 mil exemplares, e a reimpressão saiu um mês depois. Ele pensara em "Within the Flag" ou "The Meteor Flag" antes de se decidir pelo título final.[5] "Não cabe a mim, com meu testemunho e ponto de vista específico, anunciar uma conclusão definitiva", escreveu no prefácio do segundo volume, que abrangia Galípoli; era meramente "uma contribuição à história".[6] O tom defensivo acerca de seu testemunho revela com clareza que se tratava dos escritos de um político de primeiro plano que pretendia retornar em breve. Como assinalou David Reynolds, o biógrafo da obra historiográfica de Churchill, o livro estava repleto de "verdades, semiverdades e afirmações dúbias".[7] Segundo Balfour, era "a brilhante autobiografia de Winston, disfarçada de história universal".[8] No entanto, as partes autobiográficas mostravam que ele começava a conhecer a si mesmo. "Olhando retrospectivamente com um conhecimento posterior e o passar dos anos", escreveu no primeiro volume, "parece que fui demasiado propenso a assumir tarefas arriscadas ou mesmo desesperadas."[9]

O primeiro volume apresentava a história do planejamento bélico, do desenvolvimento armamentista e da tentativa agressiva da Alemanha imperial de dominar a Europa, obrigando os países vizinhos a formarem uma aliança de defesa. Bonar Law reclamou que o livro, ao revelar comentários de ministros feitos em caráter reservado, violava o juramento de Churchill como conselheiro privado; Lloyd George comentou com Frances Stevenson que era "magnificamente escrito — mas apologético demais para ser de valor geral", acrescentando: "Nem sempre ele é justo comigo".[10] O semanário *New Statesman*, porém, considerou-o "honesto" e afirmou que "certamente sobreviverá a ele". As resenhas, de modo geral, foram extremamente favoráveis, ao contrário das outras matérias da imprensa a seu respeito.[11] O crítico literário Sir Herbert Read, porém, fez severas críticas ao livro por razões estilísticas, comentando a propósito de uma passagem sobre a queda e a morte do tsar e a entrada dos Estados Unidos na guerra: "Tal eloquência é falsa porque artificial: trata-se de uma das armadilhas em que um escritor pode cair se sua concepção da 'boa escrita' não se apoiar numa estrutura interna de boa reflexão [...] o escritor, suspeitando da insignificância do tema,

* Churchill teve cinco Wolseleys entre 1923 e 1931, nenhum em modelo limusine. Randolph provavelmente devia estar pensando no carro que tiveram em 1926, o único Wolseley fechado.

procura engrandecê-lo com frases imponentes, esperando com isso conferir a suas reflexões medíocres a qualidade dessa grandiosidade".[12] Churchill, claro, não considerava que a queda do Império russo ou o ingresso dos Estados Unidos na Grande Guerra fossem temas insignificantes. O Comitê do Prêmio Nobel citou a obra como uma das razões pelas quais Churchill recebeu o Nobel de literatura em 1953 e, sem dúvida, o texto resiste bem a uma releitura cem anos após seu lançamento.

No segundo volume, Churchill afirmou que, depois do ataque de 18 de março de 1915, os fortes otomanos haviam ficado quase sem munição; os campos de minas não eram mais uma ameaça permanente; as vacilações de Kitchener quanto à 29ª Divisão foram calamitosas; não era a Rússia, e sim a Turquia, que estava em colapso; as semanas desperdiçadas enquanto se reconstituía o governo em maio de 1915 deram aos turcos tempo para reforçar a defesa da península; ele poderia ter salvado milhões de vidas vencendo a guerra anos antes, se seus colegas poltrões não o tivessem deixado na mão.[13] Algumas dessas afirmativas eram inequivocamente verdadeiras, outras muito questionáveis, mas era uma narrativa com força suficiente para repelir os importunos que ainda gritavam "E os Dardanelos?" nos comícios públicos. Ademais, do começo até meados dos anos 1920, o público estava muito mais receptivo ao argumento de que qualquer risco capaz de evitar as carnificinas do Somme e de Passchendaele teria valido a pena.

O major-general Sir James Edmonds, editor da História Oficial da Guerra do governo, ajudou Churchill em *The World Crisis*. Deixou registrado que enviava a Chartwell a súmula dos dados para cada capítulo, com os respectivos mapas e documentos. A partir dessas informações, Churchill ditava o relato a seu secretário, percorrendo o aposento de um lado para outro. "Eu ouvia algo que parecia uma voz sobrenatural sussurrando a ele", relembrou Edmonds, "mas os sussurros eram dele mesmo; murmurava cada frase até o fim para ver como soava antes de ditá-la. Tinha imenso trabalho em dar polimento à sua prosa; depois de duas ou três versões datilografadas, encomendava quatro ou cinco primeiras provas — coisa dispendiosa para os editores [...]. Ele tem a alma de um artista."[14]

O acervo documental de Edmonds contém pastas cheias de perguntas que Churchill lhe fazia desde janeiro de 1923, sobre questões como a violação germânica da neutralidade holandesa, a Sérvia em 1914, as ações do general francês Maurice Sarrail em Salônica, o efeito sobre os alemães da "assombrosa tenacidade de nosso ataque" no Somme, quem realmente inventou a "barragem rastejante", a reação germânica à Batalha de Armentières, o uso dos serviços secretos pelo marechal Foch, a campanha alemã na Romênia, as diferenças na forma de quantificar as baixas e perdas britânicas e germânicas, a Batalha de Lemberg e inúmeras outras questões. Algumas eram triviais ou técnicas, como: "As tendas em que ficávamos na Índia eram '*double-ply*' ou '*double-fly*'?". Edmonds passou vários finais de semana em Chartwell, e comentou que o anfitrião "nunca deixava de dormir à tarde num leito napoleônico com guarnições de seda verde e abelhas douradas por cima".[15]

Churchill enviava as provas para Edmonds, contando com seu "lápis vigilante" para riscar as imprecisões.[16] Quando Edmonds comentava com Churchill sua impressão de que ele estava sendo duro demais — sobretudo com Haig —, recebia respostas como: "Claro que os sarcasmos e as asperezas podem ser todos eliminados ou atenuados. Muitas vezes anoto as coisas para ver como ficam na letra impressa".[17] Quanto ao Somme, Churchill não usou de rodeios: "Quero resgatar minha avaliação da posição na época e, claro, meu argumento geral contra essas ofensivas".[18] Também leu todos os livros existentes sobre Galípoli. "A intervenção de Mustafá Kemal em 25 de abril [de 1915, dia dos desembarques anfíbios] é novidade para mim", confessou a Ian Hamilton depois de ler um deles, "e extremamente interessante. O destino esteve muito ativo em nossos assuntos."[19]

Durante um almoço em maio de 1923, Robert Horne lhe perguntou sobre sua posição política no momento, visto que os liberais nacionais tinham perdido a *raison d'être* com o fim da Coalizão. "Sou o que sempre fui", respondeu Churchill, "um democrata tory. A força das circunstâncias me obrigou a servir em outro partido, mas minhas posições nunca mudaram e gostaria de pô-las em prática voltando aos conservadores."[20] De súbito isso se fez possível com a renúncia de Bonar Law, em 20 de maio, ao cargo de primeiro-ministro e à liderança do Partido Conservador, induzida pelo câncer que o vitimou em outubro. "Entre todos os primeiros-ministros que conheci", dizia Churchill citando Hilaire Belloc, "o menos notável foi Bonar Law."[21] Por breve tempo cogitou-se o nome de Curzon, mas foi vetado por Balfour e por lorde Stamfordham, secretário particular do rei, e os dois cargos foram ocupados por Stanley Baldwin. Churchill sempre subestimara sistematicamente aquele que se tornara o novo premiê. "Reúna seus baldwins! Reúna seus baldwins!", dissera certa vez a Asquith quando este estava colocando seus peões no tabuleiro antes de começarem uma partida de xadrez.[22] Mesmo assim, tinha esperanças de que Baldwin lhe permitisse reingressar no Partido Conservador. Apesar da visível ambição de Churchill, Baldwin se tornara primeiro-ministro depois de apenas 26 meses no Gabinete, enquanto ele não estava sequer no Parlamento quinze anos depois de ocupar seu primeiro cargo de nível ministerial.

Churchill venceu dois processos por difamação em 1923, um por suposto desperdício do dinheiro dos contribuintes na Conferência do Cairo e o outro contra lorde Alfred Douglas, ex-amante de Oscar Wilde, que escrevera um folheto acusando-o de faturar na Bolsa de Valores de Nova York por intermédio de Sir Ernest Cassell, manipulando as notícias da Batalha da Jutlândia.[23] (De forma igualmente ridícula, Douglas também alegou que o afogamento de lorde Kitchener fora orquestrado pela comunidade judaica internacional.) Sob agressiva inquirição, Churchill despertou risos no Supremo Tribunal quando lhe perguntaram: "Lorde Fisher se recusou a vê-lo e renunciou?", e ele respondeu: "Não, ele renunciou e se recusou a me ver".[24] A única testemunha de defesa, um certo capitão Spencer, despertou no tribunal outra espécie de gargalhadas com suas flagrantes invencionices.* O júri levou oito minutos para decidir que o réu era culpado, e Douglas foi condenado a seis meses de prisão. (Durante a Segunda Guerra Mundial, Douglas escreveu um soneto em homenagem a Churchill, que agradeceu cortesmente: "Diga-lhe de minha parte que o tempo põe fim a tudo".)[25] Em 1924, o romancista irlandês Frank Harris afirmou em sua autobiografia *My Life and Loves* que lorde Randolph morrera de sífilis. A alegação não pôde ser contestada em tribunal, porém alimentou mais teorias sobre a suposta instabilidade e falta de discernimento de Churchill. Seu sobrinho Peregrine, com onze anos de idade, ouviu de um colega seu na escola preparatória: "Meu pai diz que todos vocês Churchill têm doenças repugnantes e são totalmente loucos".[26]

Como não estava no Parlamento, Churchill, na condição de cidadão livre, podia atuar em nome da Royal Dutch Shell e da Burmah Oil em favor da fusão com a Anglo-Persian Oil Company, controlada pelo Estado. Isso teria implicações positivas para assegurar um fornecimento contínuo de combustível barato para a Marinha Real e sem dúvida atendia aos interesses estratégicos da Grã-Bretanha. Ele tentou influenciar pessoalmente Baldwin em agosto de 1923, embora seu ex-secretário particular, Sir James Masterton-Smith, fosse muito contrário ao envolvimento de Churchill "por amplas razões políticas".[27] Churchill entrou na Downing Street pela entrada do Tesouro para evitar comentários da imprensa, fato que, segundo ele relatou a Clementine, "Baldwin achou muito divertido".[28] Em caráter privado (e de forma equivocada), Churchill havia descartado Baldwin como uma nulidade, mas comentou com a esposa que o encontro foi "muito agradável. Ele declarou ter todo o tempo disponível e me recebeu com a máxima cordialidade".

A conversa entre ambos cobriu um amplo leque de assuntos. Falaram sobre o Ruhr, o Almirantado, questões do Ministério do Ar, as indenizações de guerra, a dívida com os Estados Unidos e a política em geral. Churchill constatou que o

* Inclusive a de que descobrira o plano de Lênin para assassinar os Románov, mas fora preso e levado numa ambulância do Exército para os Bálcãs, de onde fugiu vestindo por cima do pijama o uniforme de uma enfermeira da Cruz Vermelha e indo de bicicleta até o cônsul norte-americano.

novo primeiro-ministro era totalmente favorável à fusão das empresas de petróleo. "Tenho certeza de que sairá", garantiu Churchill à esposa. "A única coisa que me intriga é meu [próprio papel no] assunto."[29] O diretor administrativo da Shell, Sir Robert Waley-Cohen, pagou 5 mil libras (cerca de 205 mil libras em valores atuais) a Churchill pelos quatro meses de trabalho de consultoria e de intermediações que exercera na negociação; tratava-se de uma soma enorme, mas não era incomum que ex-ministros após o mandato no governo passassem para o setor privado.

Mesmo com a herança de Garron Estate, Churchill precisava do dinheiro, pois não recebia mais salário de ministro nem de parlamentar, estava sustentando a casa de Londres em Sussex Square e também pagando as reformas em Chartwell. Situada numa área de 32 hectares, a menos de quarenta quilômetros de Westminster, a casa do período de Henrique VIII, com várias ampliações modernas, ficava numa colina, com vistas grandiosas para o Kentish Weald. De início, Clementine fora favorável à compra, escrevendo em julho de 1921: "Não consigo pensar em outra coisa a não ser naquela colina com sua coroa celestial de árvores [...]. Realmente espero que fiquemos com ela. Se ficarmos, sinto que viveremos muito aqui e seremos muito felizes".[30] Ao perceber em visitas posteriores que a residência estava dilapidada e cheia de problemas cujo conserto seria caríssimo, ela mudou de ideia. Mas era tarde demais, pois o marido se apaixonara loucamente pela casa e pelo restante do terreno, num amor que duraria por toda a vida.[31] "Um dia fora de Chartwell é um dia desperdiçado", diria ele.[32] "Quando entrávamos na propriedade" chegando de carro, relembrou sua secretária Grace Hamblin, "ele deixava tudo de lado. Todos os papéis saíam voando [...] o cachorro era empurrado de lado, a secretária empurrada de lado, tudo empurrado de lado, pronto para descer num salto. E dizia: 'Ah, Chartwell'."[33] Era ali, em seu escritório com o busto de Napoleão em cima da escrivaninha, que Churchill trabalhava melhor do que em qualquer outro lugar. "Não atrapalhe seu pai", dizia Clementine a Mary, "ele está com um discurso."[34]

Os custos para reformar e manter Chartwell eram elevadíssimos. Como sempre, Churchill decidiu resolver o problema tentando ganhar mais dinheiro em vez de gastar menos, por mais que dissesse a Clementine que precisavam diminuir as despesas. As obras incluíam a troca da extensa fiação, uma grande ampliação, telhados novos, um pomar, um quiosque para Mary, um sofisticado jardim aquático de vários níveis para suas carpas douradas (que às vezes ele mostrava a totais desconhecidos parados no lado de fora dos portões, e que de vez em quando eram devoradas por lontras), dois lagos grandes e uma piscina com água aquecida a 24 graus. Nos anos 1930, havia oito empregados domésticos, dois secretários, um motorista e três jardineiros na propriedade. Assim, os salários de catorze pessoas dependiam da renda que Churchill auferia com os livros, artigos para a imprensa e roteiros de cinema (nunca filmados). "Na verdade, eu vivia da mão para a boca", escreveu ele.[35]

Chartwell era um ótimo lugar para receber hóspedes. O livro de visitas, que apresenta 2316 assinaturas de 780 pessoas que se hospedaram na casa, mostra que Lindemann esteve lá 86 vezes, Bernard Montgomery, 46, e Brendan Bracken, 31; seus amigos F. E. Smith, Beaverbrook e Eddie Marsh também iam com muita frequência. Os registros mostram ainda os nomes de Balfour, Lloyd George, T. E. Lawrence — que era uma das poucas pessoas que Churchill ouvia atentamente e sem (muitas) interrupções — e Charlie Chaplin.[36] Lá estiveram muitos outros nos anos 1930, mas não assinaram o livro por razões de privacidade e segurança, inclusive políticos e militares alemães antinazistas, informantes do Ministério do Ar, renegados contrários à política de apaziguamento do Ministério das Relações Exteriores e agentes de inteligência de Desmond Morton.

Em 1923, Churchill escreveu para Clementine "Uma dissertação sobre as cadeiras da sala de jantar", que especificava: "A cadeira da sala de jantar tem alguns requisitos muito definidos". Precisava ser confortável, firme, com braços, e o espaldar precisava ser "quase perpendicular às pernas".[37] Também não podiam ser menos que vinte. As refeições em torno da mesa circular na sala de jantar de Chartwell se prolongavam por duas ou, às vezes, três horas enquanto se dardejavam argumentos e réplicas de um lado e outro ou se despejavam torrentes de famosas citações em verso e prosa. "Ah, Clemmie", dizia ele quando a esposa fazia menção de deixar a mesa. "Está tão bom [...]. Não saia. Ordenemos ao tempo que ele pare."[38]

Ao descobrir, no fim de maio de 1928, que a lagoa mais baixa no jardim aquático em Chartwell ficava três metros acima da água do novo lago, Churchill pediu a Lindemann que explicasse como usar a gravidade para regular os níveis em ambos e ver qual a largura que a tubulação devia ter.[39] Além de físico experiente em visores de bombardeio, teórico musical, preparador de debates e especialista em armas de raios, Churchill esperava que Lindemann fosse também paisagista. "Supondo que esses 7½ galões [por minuto] fossem despejados no cano de 1 polegada ou 1½ polegada com um comando de dez pés a duzentas jardas de distância", perguntou Churchill, "qual seria o volume de abastecimento na saída? Espero que esses problemas não estejam fora do alcance da matemática de Oxford!"[40] Não estavam. No começo do mês seguinte, Churchill telegrafou para Lindemann em Christ Church: "Água corre lindamente segundo seus cálculos, Winston".[41]

Em Chartwell também havia muitos animais. Ao longo dos anos, houve dois fiéis poodles arruivados, Rufus e Rufus II (originalmente, Churchill queria ser enterrado a seu lado); cisnes negros da Austrália; um ganso canadense chamado de "o Tenente do Estandarte" (pois lembrava a Churchill um oficial naval que conhecera no passado) que "ficava dois ou três passos atrás de seu dono e marchava orgulhosamente ao fazer o giro pela propriedade"; outro ganso para o qual gritava da varanda "Ah-hua-hua" para ouvir a distante resposta de um "honk honk" no lago; um belo gato ruivo chamado Jock* e outro com o nome não muito criativo de Cat. (Quando ele fugiu, Churchill pôs um cartaz na janela dizendo: "Se Cat quiser voltar, está tudo perdoado"; dez dias depois, o gato voltou.)[42] Quando o pug de Mary adoeceu, Churchill ficou "muito transtornado" e compôs um poema para ela e Sarah recitarem:

*Oh, what is the matter with poor Puggy-wug?*
*Pet him and kiss him and give him a hug,*
*Run and fetch him a suitable drug,*
*Wrap him up tenderly all in a rug,*
*That is the way to cure Puggy-wug.*[43]**

Estava longe de ser um Keats, mas mostrava o espírito brincalhão e a afeição de Churchill pelas filhas. (Puggy-wug se recuperou.)

Também havia porcos, e Churchill tinha uma escova de aço presa numa vara comprida para coçar as costas deles. "Os cães nos olham de baixo", disse a um assistente em 1952, "os gatos nos olham de cima. Prefiro um porco. Ele nos olha de frente e nos trata como iguais."[44] Após a Segunda Guerra Mundial, também passou a criar peixes tropicais e o periquito australiano azul Toby, que ficava solto em seu escritório e expunha secretários e visitantes, nas palavras de Mary, "ao risco das indiscrições da ave".[45] Ele construiu um viveiro de borboletas, mas às vezes deixava a porta aberta, dizendo: "Não consigo suportar esse cativeiro".[46] Sarah relembrou: "Meu pai tinha ideias muito firmes sobre como não matar nenhum animal para comer depois que lhe tivesse dito 'Bom dia'".[47] Sobre um determinado ganso, ele disse: "Trinche você, Clemmie. Ele era amigo meu".[48]

Em 1934, os Churchill começaram a criar abelhas, para que a família pudesse usar seu próprio mel no chá, e Clementine foi membro da Associação dos Criadores de Abelhas de Kent por muitos anos.[49] Vinte anos depois, Churchill determinou que os morangos de Chartwell vendidos aos comerciantes de Covent Garden fossem todos embalados com a ponta para baixo, para ressaltar o frescor das frutas.[50]

Churchill acreditava convictamente que seus patos o conheciam. Tentou demonstrá-lo a Hastings Ismay, seu secretário militar durante a Segunda Guerra

* Existe a tradição de que sempre haja um gato ruivo em Chartwell; o atual é Jock VI.

** Oh, o que houve com Puggy-wug, 'tadinho?/ Dê-lhe um beijo, um abraço e muito carinho,/ Arranje e vá logo buscar um bom remedinho,/ Envolva-o com meiguice num paninho,/ E assim você vai curar Puggy-wug, 'tadinho. (N. T.)

Mundial, "soltando arrulhos aliciantes até que um marreco solitário saiu dos caniços e se aproximou nadando devagar, para receber sua recompensa em migalhas de pão da mão do primeiro-ministro". Desafiado por Churchill a ver se conseguia o mesmo resultado, Ismay imitou o "curioso chamado [de Churchill] e dali a pouco o mesmo marreco veio nadando em sua direção". Churchill "o fitou com o olhar mais-de-dor-do-que-de-raiva de um homem abandonado por um prezado amigo e então, numa voz carregada de emoção, disse com tristeza: '*Realmente* gostaria que ele não tivesse feito isso'".[51]

No final dos anos 1920, Churchill aprendeu o ofício de pedreiro e ergueu um muro em volta da horta e também uma grande parte de dois chalés. (Por razões políticas, e com singular falta de senso de humor, a executiva nacional do Sindicato Unido dos Trabalhadores da Construção Civil cancelou o cartão de filiado que a seção local lhe concedera.) Nas matas do terreno comunal, acima da propriedade de Chartwell, morava um casal romeno, o sr. e a sra. "Donkey" Jack. Churchill custeou o funeral de "Donkey" Jack em 1933, poupando-o de uma vala de indigente; quando a viúva foi expulsa pelo conselho local, ele se ofereceu para lhe arranjar um lugar e custear sua moradia numa casa. Todavia, ela preferiu ficar numa cabana na mata de Chartwell pelo resto da vida, o que Churchill autorizou.[52] Esses gestos pessoais de generosidade, que na época eram conhecidos apenas pela família, vinham-lhe naturalmente.

"Que sujeito imundo é esse Mussolini", escreveu Churchill a Clementine em setembro de 1923. "Vejo que Rothermere lhe dá apoio! Sou totalmente a favor de irmos à Liga das Nações."[53] Teria sido melhor para sua reputação se Churchill houvesse mantido essa mesma opinião sobre o ditador italiano que pouco tempo antes tomara o poder em Roma, mas, com o passar do tempo, começou a considerá-lo um baluarte contra o comunismo, que Churchill tanto temia que se alastrasse pela Europa Ocidental no pós-guerra.

Em outubro, Baldwin prometeu que reintroduziria medidas protecionistas na esperança de combater o desemprego, acabando com qualquer possível esperança de Churchill em ser readmitido nas fileiras dos tories. Ele voltou à sua velha lealdade liberal e montou um forte ataque ao governo na disputa da eleição geral. Logo antes de se iniciar a campanha, em 8 de novembro, conheceu o jovem Brendan Bracken, de 22 anos de idade, que se tornaria seu conselheiro mais próximo, seu mais fiel seguidor e, junto com Lindemann, seu melhor amigo após a morte de F. E. Smith. Bracken mantinha seu passado envolto em deliberado mistério, incentivando os rumores, em parte motivados por seu cabelo ruivo, de ser filho ilegítimo de Churchill, os quais, para a mágoa de Clementine, seu marido nada fez para desmentir. Quando Clementine sondou mais a fundo, ele respondeu com uma provocação: "Dei uma examinada, mas as datas não batem".[54] (Ele passara na África do Sul a maior parte do ano anterior ao nascimento de Bracken.) O fato de se afeiçoar a um descarado aventureiro como Bracken era um sinal do apreço que Churchill sentia por pessoas interessantes, inteligentes e divertidas, bem como da pouca importância que atribuía à linhagem genealógica. Clementine, muito mais convencional, demorou bem mais para vir a gostar dele.

Nascido no condado de Tipperary, filho de um próspero construtor integrante da Fraternidade Feniana, organização antibritânica e pró-republicana, Bracken foi enviado para a Austrália durante a Grande Guerra e voltou de lá em 1919. Em 1921, aos dezenove anos, fez-se passar por australiano órfão, cujos pais tinham morrido no incêndio de um matagal, para conseguir vaga como aluno na escola pública Sedbergh, em Cumbria.[55] Depois de um semestre de estudos, passou um ano dando aulas em escolas preparatórias, ainda alegando ser proveniente de Sydney.[56] Aos 25 anos, Bracken fazia parte da diretoria de uma empresa jornalística. Então enriqueceu em meados dos anos 1920, revitalizando a atividade editorial da família Crosthwaite-Eyre, que era incompetente em termos financeiros e limitada em termos intelectuais, o que culminou com a fusão do *Financial News* e do *Financial Times* em 1945. Tornou-se parlamentar do Partido Conservador por Paddington Norton em 1929. Era um interesseiro, claro, mas também criativo, e Churchill apreciava tanto sua lealdade incondicional como sua capacidade de lhe devolver o ânimo. Tendo se feito totalmente sozinho, Bracken era também grande defensor da livre-iniciativa e do individualismo competitivo.[57]

Baldwin dizia que Bracken era o "fiel *chela*" — palavra indiana que significa discípulo devotado — de Churchill. (Havia outros epítetos menos amigáveis: o parlamentar tory John Davidson se referia a ele como "pau-mandado de Winston", e Gladwyn Jebb, do Ministério das Relações Exteriores, chamava-o de "mero moleque de rua", embora não na frente dele.)[58] Bracken, porém, era muito mais do que um discípulo. Além de amigo e conselheiro de confiança, cuidava de sua imagem pública e não recuava diante do verdadeiro trator que era Churchill. "Ele tinha os bate-bocas mais fantásticos com Winston", relembrou Harold Macmillan. "Brigavam feito marido e mulher, mas isso já era esperado da parte de Churchill — e as brigas nunca duravam muito nem afetavam a real harmonia entre eles."[59] Macmillan reconhecia que Bracken "às vezes ajudava a mantê-lo nos trilhos, principalmente na guerra".

Bracken também era a única pessoa que podia entrar durante qualquer reunião de Churchill sem bater à porta, e uma das pouquíssimas com plena licença para caçoar dele. Quando Churchill lhe contou que os parisienses condecorados com a Médaille Militaire, que lhe fora concedida em maio de 1947, podiam ir de táxi para casa por conta do Estado francês caso estivessem embriagados, Bracken comentou: "Você deve ter economizado um bom tanto em corridas de táxi em

Paris". Mais tarde, quando Churchill nomeou um ex-harroviano para um cargo no governo, Bracken lhe disse: "Você só o quer porque ele estava naquele reformatório desgraçado de vocês".[60] Numa vez em que Bracken, na maior desfaçatez, acendeu seu cigarro na ponta do charuto do primeiro-ministro, Churchill disse ao líder da bancada: "Já matei por menos".[61] Mas, apesar de todas as brigas e brincadeiras, quando a política de apaziguamento com os nazistas estava no auge, Brendan Bracken foi o único parlamentar sem vínculos de parentesco que falou em favor de Churchill, defendeu seus interesses, atacou seus inimigos e o acompanhou por todos os corredores do Parlamento, ficando a seu lado, noite após noite, mês após mês.

Dias depois, naquele mesmo mês, Bracken escreveu à sua (irreprochável) mãe: "Estamos aqui ameaçados com outra eleição geral e tenho de trabalhar muito para Churchill, que está concorrendo a um assento". Tão surpreendente quanto a ascensão de Baldwin ao cargo de primeiro-ministro e sua adoção do protecionismo fora sua convocação de uma eleição geral antecipada em quatro anos, num momento em que contava com ampla maioria no Parlamento, mas achava que precisava de um novo mandato para acabar com o livre-comércio. Também surpreendente foi a escolha de Churchill em concorrer por Leicester West, disputando como livre-cambista liberal nacional, já que lhe haviam oferecido vários assentos por Manchester, onde poderia ganhar. Mais tarde, ele explicou sua decisão como "algum obscuro complexo" que o levou "a sair e lutar contra um socialista em Leicester, onde, sendo também atacado pelos conservadores, evidentemente fui derrotado".[62] Sua decisão de se posicionar mais como antitrabalhista do que como anticonservador lhe seria favorável a longo prazo, bem como o fato de estar ausente do Parlamento em 1923 e, assim, não ficar atrelado à bancada liberal.

Foi uma campanha difícil, aos gritos de "E Antuérpia?" quando ele estava no palanque, além de atirarem um tijolo em seu carro. "O sr. Baldwin, nosso primeiro-ministro, é um homem muito honesto", disse ao auditório, para gargalhada geral. "Eu, por exemplo, estaria plenamente disposto a crer nisso, mesmo que ele não nos repetisse tantas vezes. É uma boa coisa ser honesto, mas para um primeiro-ministro também é muito importante estar correto."[63] Três dias antes da eleição, ele disse: "O sr. Baldwin não sabe sequer o que é matéria-prima. Não sabe se a tarifa que propõe deve ser alta ou baixa".[64] Como Baldwin, antes de ingressar na política, tinha sido empresário de sucesso na indústria de ferro e de aço, era um ataque um tanto estranho a um homem que, três meses antes, Churchill esperava que o recebesse de volta no Partido Conservador.

Churchill perdeu por 4 mil votos para Frederick Pethick-Lawrence, o candidato trabalhista, numa eleição em que os conservadores ficaram com 258 assentos; os trabalhistas, com 191; os liberais, com 159. Os conservadores receberam

5,54 milhões de votos; os trabalhistas, 4,44 milhões; e os liberais, 4,31 milhões. Foi a primeira vez que os trabalhistas foram mais votados do que os liberais, o que passou a se repetir desde então. Após a eleição, segundo Churchill, "os liberais, de forma muito imprudente e equivocada, colocaram pela primeira vez a minoria socialista no poder, assim selando sua própria ruína".[65] Depois da eleição, os liberais asquithianos preferiram apoiar um governo trabalhista, enquanto os da Coalizão preferiram um governo conservador, e Churchill se tornou o principal porta-voz destes últimos, mesmo não estando no Parlamento. Declarara num comício em Manchester durante a eleição que "o Livre-Comércio está para ser julgado em rito sumário e executado ao amanhecer", e não poderia recuar em seu apoio.[66] Tampouco poderia reingressar nas fileiras dos conservadores enquanto abraçassem o protecionismo.

Churchill expôs sua posição numa carta ao *Times*, publicada em 18 de janeiro de 1924. "O empossamento de um governo socialista será um grave infortúnio nacional, como o que costuma recair sobre grandes Estados somente após uma derrota na guerra", escreveu ele.[67] Afirmava que o Partido Trabalhista, que queria estabelecer plenas relações diplomáticas com a Rússia, era companheiro de percurso do bolchevismo, muito embora fosse evidente que Ramsay MacDonald, líder do partido, não era nenhum Lênin ou Trótski. Em 22 de janeiro, MacDonald se tornou o primeiro premiê trabalhista, com o apoio dos liberais asquithianos.

Churchill manteve uma longa conversa amistosa com Baldwin após a eleição e em 23 de fevereiro comentou com Clementine que o líder tory "claramente quer muito assegurar minha volta e cooperação".[68] Assim, decidiu concorrer na eleição secundária pelo principal eleitorado londrino de Westminster, na Abbey Division, como antissocialista independente, assinalando a primeira vez desde 1906 em que a palavra "liberal" não constava de sua nomenclatura eleitoral. Os conservadores locais lançaram um candidato contra ele, o capitão O. W. Nicholson, sobrinho do homem cuja morte levara à eleição secundária e, ademais, grande contribuinte das finanças do partido. "Tenho certeza de que você não quer ser obrigado por detalhes técnicos a abrir fogo contra os reforços que trago em seu auxílio", escreveu Churchill a Baldwin, pedindo seu apoio em 7 de março; no entanto, mesmo querendo Churchill no Parlamento, Baldwin não passaria por cima da associação conservadora local.[69]

Em seu discurso eleitoral em 10 de março, Churchill escreveu: "Sou um liberal que deseja trabalhar com o Partido Conservador numa firme resistência contra o ataque que nos ameaça", referindo-se ao socialismo. "O sr. Baldwin tem solicitado publicamente a cooperação dos liberais. Apoio-o em sua política de colocar o país à frente do partido."[70] No mesmo dia, Clementine distribuiu um panfleto dizendo: "Com a única exceção do sr. Lloyd George, nenhum homem público vivo foi responsável por decretos de legislação social mais importantes do que o sr. Churchill". Deu como exemplos a Constituição do Transvaal; "a Lei das Juntas Trabalhistas tratando da exploração da mão de obra"; os balcões de empregos; o seguro-desemprego; a Lei de Regulamentação das Minas de Carvão de 1910; a abolição de longos confinamentos em solitária nas prisões; a Lei de 1911 com meio expediente de folga no comércio; o horário de verão; "a preparação da Marinha contra a ameaça germânica"; a preservação de Dunquerque com a defesa de Antuérpia; a conclusão da Comissão dos Dardanelos isentando-o de "qualquer espécie de culpa"; a "encomenda dos primeiros tanques"; a criação de um reino árabe independente na Mesopotâmia ("poupando 40 milhões à Grã-Bretanha") e o fato de ele ser signatário do tratado irlandês.[71]

Era uma boa listagem das atividades do marido até aquele momento, mas o candidato trabalhista, Fenner Brockway, fez sua própria versão, com o título "Ficha negra de Winston: Como ele votou contra os trabalhadores", enumerando os 14 milhões de libras enviados a Deníkin (sugerindo que foi em dinheiro e não em munição); o voto de Churchill contra uma moção dos trabalhistas pedindo um inquérito sobre os lucros de guerra com o carvão; um voto em julho de 1920 contra a rejeição das tarifas protecionistas de McKenna; "as aventuras na Mesopotâmia cujos únicos beneficiários foram os milionários do petróleo que se aproveitaram dos lucros de guerra"; o envio do Exército às estações ferroviárias em 1911 e o voto contra uma moção condenando os Black and Tans em novembro de 1920.[72] "Ele é um aventureiro político", afirmou Brockway, "com grande talento para ações de perniciosa irresponsabilidade."[73]

Trinta parlamentares conservadores apoiaram Churchill, e apenas um tory importante, Leo Amery, fez um apelo público para votarem contra ele. Em decorrência disso, Baldwin divulgou uma carta de apoio de Balfour que havia guardado até aquele momento. Num típico surto de entusiasmo, Churchill percorreu o eleitorado não num veículo motorizado, e sim num coche puxado por quatro cavalos. Nicholson recebeu 8187 votos, Churchill, 8144, Brockway, 6156, e J. S. Duckers (liberal), 291. Não era fácil engolir uma derrota por 43 votos num eleitorado com mais de 22 mil votantes, mas Churchill mostrara seu intenso magnetismo pessoal e não custara um assento aos tories. Além disso, como declarou em 1932, havia "reconquistado, pelo menos por algum tempo, a boa vontade daqueles fortes elementos conservadores que têm entre suas mais profundas convicções algumas com as quais concordo e posso manifestar em momentos críticos, embora nunca tenham me estimado nem confiado em mim".[74] Em 1946, pilheriou: "Disputei mais eleições acirradas do que qualquer outro, e a mais empolgante e dramática foi a eleição de Westminster [...]. Foi uma eleição não partidária porque naquela Eleição todos os partidos concordaram em fazer oposição a mim".[75]*

* Os desempenhos eleitorais de Churchill não foram especialmente brilhantes em suas doze primeiras eleições até 1924. Obteve o terceiro lugar em 1899 e o segundo em 1900 em Oldham; o

Passados apenas dois meses, Churchill adotou uma plataforma tory pela primeira vez em vinte anos, dizendo em 7 de maio de 1924 à Associação Conservadora dos Trabalhadores no Sun Hall, em Liverpool, que, como estivera "trabalhando em íntimo acordo dentro ou fora do Gabinete" com os tories por quase uma década, "não creio, portanto, que minha presença neste comício precise ser vista como indicação de qualquer afastamento especial ou excepcional de meu público ou de mim mesmo".[76] Quando Baldwin, em junho, renunciou a seu compromisso de criar barreiras tributárias, Churchill começou a procurar um assento conservador para disputar a eleição seguinte.

Em setembro, Churchill publicou um artigo de excepcional clarividência na *Pall Mall Gazette*, chamado "Shall We All Commit Suicide?" [Vamos todos nos suicidar?], redigido com o auxílio de Lindemann. Sir Ernest Rutherford dividira o átomo em 1917, e Churchill procurou explicar aos leitores a importância militar desse fato. "A humanidade nunca esteve antes nessa posição", escreveu ele.

> Sem se ter aprimorado muito em virtude e sem dispor de mais prudência para guiá-la, pela primeira vez ela tem em mãos os instrumentos que lhe permitem executar seu próprio extermínio [...]. A morte aguarda em expectativa, atenta, obediente, pronta para servir, pronta para liquidar os povos em massa; pronta, se for chamada, para pulverizar, sem esperança de recuperação, o que resta da Civilização [...]. Não se poderá descobrir que uma bomba não muito maior do que uma laranja possui um poder secreto de destruir um quarteirão inteiro de edifícios — mais que isso, de concentrar a força de mil toneladas de cordite e explodir um distrito de uma só vez? Os explosivos, mesmo do tipo atual, não poderão ser guiados automaticamente em máquinas voadoras por rádio ou outros raios, sem um piloto humano, numa sequência ininterrupta sobre uma cidade, um arsenal, ou acampamento ou um estaleiro hostil?[77]

Esse artigo antecipava em quinze anos a carta de Albert Einstein ao presidente Roosevelt sobre a possibilidade de uma bomba nuclear e, com antecedência ainda maior, os mísseis autopropelidos V-1 e V-2 dos nazistas.

"Não se pense nem por um instante que o perigo de outra explosão na Europa passou", escreveu Churchill no mesmo artigo. "Por ora, a letargia e o colapso que se seguiram à Guerra Mundial garantem uma sinistra inércia, e o horror da guerra, com sua carnificina e suas tiranias, entranhou-se na alma, dominando

---

primeiro em 1906 e o segundo em 1908 em Manchester North West; então venceu todas as cinco eleições subsequentes em Dundee de 1908 a 1918; depois, obteve o quarto lugar em Dundee em 1922 e o segundo lugar tanto em Leicester West como em Westminster Abbey. Mas venceu todas as outras nove eleições seguintes.

o espírito de todas as classes em todas as raças. Mas as causas da guerra não foram removidas, de maneira nenhuma; na verdade, foram agravadas em alguns aspectos pelos ditos tratados de paz."[78] Sendo tão recente o final da guerra, para os leitores era chocante ler tais declarações sobre Versalhes e seus tratados-satélites de Trianon, Sèvres, San Remo e outros.

Churchill foi formalmente adotado pela Associação Conservadora de Epping em 22 de setembro, para a eleição geral remarcada para 29 de outubro. Era a terceira eleição em dois anos, em razão da retirada do apoio liberal ao governo trabalhista, passados apenas dez meses depois de assumir. Ele concorreu oficialmente como candidato constitucionalista e antissocialista, mas enfim estava de volta às fileiras tories e num dos assentos mais seguros do país, no qual — embora o distrito mais tarde tenha mudado de nome para Woodford e, depois, para Wanstead e Woodford — ele viria a se manter durante quarenta anos ininterruptos. Em seu discurso eleitoral, Churchill escreveu: "Esta famosa ilha é o lar da Liberdade e do governo representativo. Temos liderado o mundo por tais vias e não temos nenhuma necessidade de procurar nossa inspiração em Moscou ou em Munique".[79] A referência ao Putsch da Cervejaria, tentado por Erich Ludendorff e Adolf Hitler em Munique em novembro do ano anterior, mostrava que Churchill vinha acompanhando atentamente os eventos na Alemanha.

Churchill venceu com uma maioria de 9763 votos nessa eleição, e no resultado geral os conservadores ficaram com 419 assentos; os trabalhistas, com 151; e os liberais, com quarenta, o que mostrava a que ponto ia o descontentamento com o Partido Trabalhista em seu primeiro mandato no governo. O sufrágio popular deu aos conservadores 8,04 milhões de votos, aos trabalhistas; 5,49 milhões; e aos liberais, 2,93 milhões. Assim se encerrou a sequência de três derrotas sucessivas de Churchill em dois anos, e Baldwin assumiu o cargo de primeiro-ministro pela segunda vez. "É muito improvável que eu venha a ser convidado para integrar o governo", escreveu Churchill a um apoiador, visto que a ampla maioria parlamentar significava que o governo seria composto "apenas de irrepreensíveis conservadores".[80] Não podia estar mais equivocado: dois dias depois, Baldwin lhe ofereceu nada menos que o cargo de chanceler do Tesouro. Neville Chamberlain, que era meio-irmão de Austen, declinara do cargo para poder se dedicar a grandes reformas no Ministério da Saúde, ao que Baldwin lhe falou que Churchill "estaria mais sob controle dentro do que fora".[81]

Mais tarde, Churchill contou que, quando Baldwin lhe perguntou se aceitaria o cargo, tido cada vez mais como o segundo de maior importância no governo, "fiquei com vontade de responder: 'Pato não nada?'. Mas, como era uma ocasião formal e importante, respondi: 'Preenche integralmente minha ambição. Ainda tenho os mantos de chanceler de meu pai. Terei orgulho em servi-lo nesse magnífico cargo'".[82] O fato de sua primeira resposta ao primeiro-ministro mencionar não o estado da economia, a tributação, o padrão-ouro, a indústria do carvão nem algum dos problemas que iriam preocupá-lo nos próximos anos, e sim seu pai, mostra claramente como a memória paterna ainda persistia com força, quase trinta anos após a morte de lorde Randolph. (Sua mãe havia "preservado ciosamente" os mantos, caso o filho precisasse deles.)[83] Ao contar a notícia a Clementine, "tive grande dificuldade em convencer minha esposa de que não estava apenas brincando com ela".[84] John Singer Sargent presenteou Churchill com um desenho em seu manto de chanceler, um dos últimos que fez. "Eu queria apontar a concavidade horrorosa na face direita", comentou Churchill. "Mas a quadro dado não se olham os dentes."[85]

A declaração de que o cargo de chanceler "preenche integralmente minha ambição" era uma promessa implícita de que não faria intrigas cobiçando o cargo de Baldwin, mas, com Churchill às vésperas de completar cinquenta anos de idade, nenhum dos dois acreditava realmente nisso. "Cabe a ele ser leal", disse Baldwin a Tom Jones, vice-secretário do Gabinete e seu conselheiro de confiança, "se ele for capaz de lealdade."[86] A verdadeira intenção de Baldwin era afastar Churchill de Lloyd George, que ainda liderava sua facção de liberais, objetivo que a oferta tão generosa foi capaz de alcançar — e, como se viu depois, em caráter definitivo. O cargo também obrigaria Churchill a moderar sua posição sobre o livre-comércio, coisa que ele se disporia a fazer, segundo imaginou corretamente Baldwin em sua perspicácia, em vista do grande desemprego que continuava a assolar a economia do pós-guerra.[87] A nomeação também deu peso a um Gabinete que, afora isso, era bastante insípido. Asquith comentou que Churchill se elevava como "um Chimborazo [a montanha mais alta do Equador] ou um Everest entre as áridas colinas do Gabinete de Baldwin".[88] Tal como em julho de 1917, a carreira política de Churchill fora salva — e promovida — por um primeiro-ministro cuja motivação básica era o receio de que ele erguesse sua voz poderosa no Parlamento em oposição ao governo.

É muito usual que os chanceleres do Tesouro briguem com seus primeiros-ministros — em parte, talvez, por serem vizinhos na Downing Street, vivendo ao lado da pessoa que, quase invariavelmente, esperam vir a substituir —, mas Churchill e Baldwin se deram muitíssimo bem em termos pessoais nos cinco anos do Gabinete. Viviam perseguidos por falsos boatos, inventados por gente mal-intencionada, de que Churchill estava conspirando contra Baldwin, alegações essas que o primeiro-ministro tratava com admirável serenidade.[89] "Reconheço como verdadeira a observação de Disraeli de que as vicissitudes da política são infindáveis", disse Churchill aos convivas num jantar comemorativo em dezembro, em Liverpool.[90] Tal como em 1904, quando mudou de lado e passou para as fileiras dos liberais, a decisão de Churchill não podia ter se dado em hora melhor, pois assim como, a partir de 1906, os liberais vieram a ocupar o governo durante dezesseis anos seguidos, da mesma forma os conservadores, a partir de

1924, comandariam o governo pelos 21 anos seguintes, à exceção apenas de dois anos. Os liberais nunca voltaram a formar outro governo. "Qualquer um pode virar a casaca", argumentou Churchill ao comentar sua volta aos tories, "mas é preciso uma certa engenhosidade para desvirar e revirar a casaca."[91]

Em 1924, Birkenhead publicou um livro chamado *Contemporary Personalities*, no qual afirmava que lorde Randolph "morreu na total ignorância de que gerara um filho intelectualmente maior do que ele mesmo".[92] Em seu breve esboço, Birkenhead sugeriu que Winston Churchill "anda pelos corredores da Câmara dos Comuns com um ar próprio de Napoleão Bonaparte na manhã da crise do Dezoito Brumário".[93]* Por mais que as pessoas considerassem Churchill "insolente e mesmo autoritário", Birkenhead atestou que os amigos próximos sabiam que ele possuía "na intimidade da amizade pessoal uma qualidade que é quase feminina em seu encanto afetuoso. E, em toda a sua vida, ele nunca faltou a um amigo, por mais embaraçosas que fossem as obrigações".[94]

Lorde Randolph Churchill fora um chanceler do Tesouro bastante apagado, que se referia às casas decimais como "aquelas vírgulas danadas". A economia também não era o forte do filho. (Como admitiu em outubro de 1943, dizendo à Câmara dos Comuns que os prejuízos com as greves e interrupções não haviam ultrapassado dois terços da metade de 1%: "Sempre corremos grandes riscos nesses assuntos — dois terços de 0,5%. Meu pai e eu nunca fomos bons em aritmética".)[95] "O que todos eles falam é persa para mim", comentou a respeito de seus conselheiros no Tesouro — mas, como mais tarde escreveu Percy Grigg, seu secretário particular na Chancelaria: "Ele se dispunha a conhecer e entender qualquer assunto que lhe fosse apresentado".[96]** Em 1924, Churchill herdou no Tesouro uma economia muito disfuncional, em decorrência da Grande Guerra. A inflação estava alta, e o desemprego afetava mais de 1 milhão de pessoas — 10% da força de trabalho — numa distribuição geográfica irregular. O imposto de renda estava num patamar historicamente muito elevado de cinco xelins por libra, ou seja, 25%. A indústria carvoeira — a maior do país — empregava mais de 1 milhão de homens, mas, se a Grã-Bretanha exportara 73 milhões de toneladas de carvão em 1913, em 1921 não passava de 25 milhões.[97] O setor têxtil, tam-

* O dia do golpe de Estado de Napoleão, em 1799.

** Um aspecto tributário que Churchill entendia plenamente era o que se referia à sua própria tributação. Para reduzir o imposto de renda sobre seus rendimentos como escritor, ele se aposentou oficialmente como autor durante dezoito meses, para que seus royalties fossem tratados como ganhos de capital isentos de tributação. E voltaria a fazer isso após o início da Segunda Guerra Mundial.

bém entre os mais fortes da indústria britânica, que empregava meio milhão de pessoas, começava a enfrentar a dura concorrência dos japoneses. Meses antes, ainda em 1924, Philip Snowden, o chanceler trabalhista, revogara as Tarifas de McKenna de 1915, último pilar remanescente da política protecionista.

Numa ironia para o filho do perseguidor de Gladstone, Churchill nos anos 1920 era essencialmente um liberal gladstoniano ortodoxo nas finanças, acreditando na redução de despesas, no equilíbrio orçamentário, no livre-comércio e no corte de gastos públicos supérfluos onde fosse possível. Em 28 de novembro, comunicou a Tom Jones sua intenção de que o governo se concentrasse na moradia e nas pensões, principalmente para as viúvas de guerra. "Creio que vejo uma maneira de ajudar nas duas questões se conseguir que os departamentos parem de gastar em outras direções", disse ele. "Antigamente eu era totalmente favorável às medidas liberais de reforma social, e quero agora implantar o mesmo tipo de medidas [...]. Não podemos ter um monte de pequenos cruzadores simplórios, que aliás não têm serventia nenhuma."[98]

Uma das grandes críticas ao mandato de Churchill na chancelaria do Tesouro é a de que procedeu a cortes tão grandes nos gastos da defesa, sobretudo no programa de cruzadores da Marinha e na nova base naval em Cingapura, que teria sido em larga medida responsável pela fraqueza da Inglaterra contra as potências do Eixo — isto é, Alemanha, Itália e Japão — nos anos 1930. Inclusive, seu próprio secretário particular parlamentar no Tesouro, Bob Boothby, alegava que ele foi um "péssimo chanceler do Tesouro [...]. Todo o seu objetivo se resumia a diminuir o imposto de renda em um xelim [...] [o que] foi a base de nossa fraqueza nos anos 1930. Churchill desarmou o país [...] como nunca ninguém antes desarmara".[99] Em meados dos anos 1920, porém, a Alemanha e o Japão não eram considerados inimigos futuros — na verdade, o Tratado de Locarno em 1925 possibilitara o reingresso da Alemanha no cenário diplomático internacional. A construção de cruzadores continuou durante o período do Churchill no Tesouro, mas de fato ele resistiu às demandas do Almirantado para um programa maciço de expansão naval. Conforme escreveu em dezembro a Baldwin: "Tenho certeza de que tal política não só levará o governo à ruína, mas é bem possível que afete a segurança do Estado".[100] Temia "iniciar uma corrida armamentista total no mundo inteiro e estabelecer a rota para uma nova vasta guerra. Não consigo imaginar nenhum outro curso mais capaz de resultar numa vitória socialista".[101] Baldwin disse quase exatamente a mesma coisa em 1936, explicando por que não fizera pressão em favor do rearmamento. Isso lhe valeria uma réplica ferina de Churchill em suas memórias de guerra, acusando-o de "pôr o partido na frente do país".* A grande diferença entre os argumentos análogos dos dois

* O comentário não era justo para com Baldwin, que se referia a uma hipotética eleição em 1934, não à efetiva eleição geral de 1935, mas Churchill nunca retificou sua declaração.

era que, em dezembro de 1924, Adolf Hitler não passava de um conspirador malogrado definhando na prisão de Landsberg, e o partido nazista recebera apenas 2,3% dos votos nas eleições alemãs de 1923, ao passo que, em meados dos anos 1930, Hitler era o Führer da Alemanha e um evidente perigo à paz mundial. Em setembro de 1939, a Grã-Bretanha e seu Império entraram na guerra com 56 cruzadores, quase o mesmo número de Alemanha, Itália e Japão somados, muitos dos quais construídos durante o período de Churchill no Tesouro.

Churchill disse a Baldwin que a política expansionista do Almirantado no Extremo Oriente era "uma provocação" ao Japão, que fora aliado britânico na Grande Guerra. Pediu a Austen Chamberlain, o ministro das Relações Exteriores, que geralmente lhe dava apoio, que fizesse uma declaração do Gabinete "excluindo a guerra contra o Japão das possibilidades razoáveis a serem levadas em conta nos próximos dez, quinze e vinte anos".[102] A briga com o Almirantado — comandado por lorde Bridgeman* como primeiro lorde e lorde Beatty como primeiro lorde dos mares — sobre o orçamento naval de 1925 e 26 foi longa e desgastante, e terminou com uma solução que contemplava um meio-termo. Durante a controvérsia, Churchill fez comentários que se demonstrariam clamorosamente equivocados. "Por que haveria uma guerra com o Japão?", escreveu em dezembro de 1924. "Creio que não há a mais remota possibilidade disso em meu tempo de vida."[103] De todo modo, Churchill destacou que a Grã-Bretanha tinha 43 cruzadores com menos de dez anos de uso, deslocando mais de 236 mil toneladas, contra os vinte cruzadores do Japão, que totalizavam 109 mil toneladas.[104]

Em janeiro de 1925, Churchill previu uma "longa paz, como se segue na esteira das grandes guerras".[105] Não teria como liberar os 90 milhões de libras necessários para um grande programa de rearmamento, ao mesmo tempo mantendo o equilíbrio orçamentário, reduzindo o desemprego, ampliando a assistência social, revigorando o comércio e cortando impostos para incentivar o crescimento econômico.[106] Beatty, à beira da renúncia em janeiro de 1925, escreveu: "Aquele sujeito extraordinário Winston ficou louco, economicamente louco, e nenhum sacrifício é excessivo para obter o que, em sua miopia, é a panaceia de todos os males, diminuir o Imposto de Renda em um xelim".[107] Todavia, o Ministério das Relações Exteriores concordava com Churchill, considerando altamente improvável um futuro ataque japonês e sugerindo que seria como um "haraquiri nacional".[108]

Churchill cortou os gastos com a nova base naval em Cingapura reduzindo os 12 milhões das estimativas orçamentárias para 8 milhões de libras.[109] Se de fato eclodisse uma guerra, a Marinha Real, a seu ver, deveria ficar na defensiva ao

* Sem nenhuma relação com o ex-primeiro lorde dos mares Sir Francis Bridgeman, felizmente.

redor de Cingapura, proteger as rotas comerciais para a Índia e a Australásia e aguardar até a retomada da construção naval. No primeiro caso, a Grã-Bretanha deveria "posicionar uma esquadra de cruzadores de batalha ou uma divisão de navios de combate velozes ou, se possível, ambas, em Cingapura durante o período de tensão ou o mais rápido possível depois qùe se iniciasse a guerra".[110] Foi o que tentou fazer com a Força Z em dezembro de 1941.

Seus detratores costumam afirmar que Churchill sempre tendia a promover os interesses de qualquer departamento que estivesse representando na época. No entanto, sua oposição aos cortes navais muito maiores defendidos pela equipe de assessores no Tesouro — por exemplo, por Sir George Barstow — desmente tal versão.[111] Qualquer outro chanceler — Neville, Austen Chamberlain e, sem dúvida, qualquer trabalhista ou liberal — teria sido, nesse aspecto, muito mais duro do que Churchill. Além disso, sua resistência às exigências do Almirantado contava com o apoio de Baldwin e da grande maioria do Gabinete. O orçamento naval durante o período de Churchill no Tesouro, considerado como um todo, aumentou de 105 milhões para 113 milhões de libras.[112]

Em janeiro de 1925, Churchill foi a Paris para uma conferência internacional de negociação e reestruturação das dívidas e indenizações de guerra. A dívida de guerra da Grã-Bretanha para com os Estados Unidos se aproximava de 1 bilhão de libras, mas os britânicos tinham a seu crédito 2 bilhões de libras que lhes eram devidos por França, Japão, Bélgica e Itália, entre outros, sem contar a Alemanha. O presidente Coolidge foi intransigente em relação à dívida britânica: "Eles pegaram o dinheiro, não pegaram?". Não era uma posição desarrazoada, mas havia o receio de que a restituição total e imediata prejudicasse a economia britânica e assim sufocasse o comércio transatlântico, o que, em última análise, não beneficiaria ninguém.[113] "A esperança voa alto", escreveu Churchill, "e as conferências internacionais se arrastam penosamente por trilhas empoeiradas."[114] Depois de sete dias de detalhadas discussões, chegou-se ao acordo de que a Inglaterra reembolsaria os Estados Unidos na proporção em que recebesse seus créditos. "Tive brigas tremendas com os ianques para conseguir que recuassem centímetro por centímetro até uma cifra razoável", informou a Clementine. "Todavia nunca houve nenhuma má vontade."[115]

Foi sua primeira grande negociação financeira internacional. No retorno, o Gabinete manifestou oficialmente "sua elevada apreciação do sucesso da missão do chanceler do Tesouro".[116] Em 11 de março, Churchill persuadiu os ministros a incluírem a Alemanha nas conversações que resultariam no Tratado de Locarno de dezembro de 1925, consolidando a inviolabilidade da fronteira oriental da Alemanha. "As guerras de Frederico, o Grande, bem como as de Pedro, o Grande, nasceram de causas e ambições profundas que, longe de terem desaparecido", observou ele, "agora estavam associadas a grandes memórias históricas."[117] Assim, Churchill foi um dos arquitetos do acordo do entreguerras que trouxe a Alemanha de volta ao sistema internacional — e instalou os estopins fronteiriços que Hitler viria a detonar mais tarde.

Com a libra esterlina flutuando nos mercados financeiros internacionais numa variação de 2,5% do valor de 4,86 libras-ouro do pré-guerra, houve um forte movimento no governo, no Banco da Inglaterra, na Bolsa de Valores e no Tesouro para tentar restaurar o sistema monetário e comercial anterior, e em 17 de março de 1925, uma terça-feira, Churchill ofereceu um pequeno jantar no número 11 da Downing Street que traria pesadas consequências para a economia britânica e para sua própria reputação. "Não é exagero dizer que o mundo inteiro está assistindo aos esforços deste país em restaurar o Padrão-Ouro", proclamara o *Times* onze dias antes. "Todos esperam que tenhamos êxito."[118] A Grã-Bretanha havia abandonado o padrão-ouro ao estourar a guerra, em 1914, e em 1918 o Comitê Cunliffe, presidido pelo diretor do Banco da Inglaterra, recomendara um eventual retorno ao sistema, com a libra esterlina ao valor de 4,86 libras-ouro. Em 1920 a inflação já fora contida, e em julho de 1922 as taxas de juro haviam se reduzido para um índice historicamente baixo de 3%. No começo de 1923, a libra esterlina estava sendo negociada a 4,63 libras-ouro. Montagu Norman, o poderoso novo diretor do Banco da Inglaterra, queria o retorno ao padrão-ouro, bem como Otto Niemeyer, o inspetor financeiro do Tesouro e quase todos os altos funcionários da instituição. A expectativa era de que essa retomada estabilizaria os preços. Os conservadores, os liberais e mesmo o Partido Trabalhista haviam se comprometido com esse retorno. No começo de 1925, inclusive, tanto a Alemanha como os Estados Unidos retomaram o padrão-ouro.

Churchill sabia que não era nenhum especialista financeiro e, embora Bourke Cockran lhe tivesse apresentado vários argumentos apoiando o padrão-ouro, de início seus instintos não se revelaram favoráveis. "Vamos ficar à mercê de um bando de negras esgaravatando a lama do Zambeze com os dedos dos pés?", perguntou à sua equipe.[119] No entanto, em dezembro escrevera na carta a Baldwin: "Será fácil alcançar o padrão-ouro e, na verdade, é quase impossível evitar essa decisão".[120]

Assim, em 17 de março Churchill convidou John Maynard Keynes, o economista de Cambridge que fora voz divergente no Comitê Cunliffe, Reginald McKenna, ex-chanceler do Tesouro, lorde Bradbury, especialista em indenizações, e Niemeyer para jantarem no Tesouro e discutirem a questão. Também estava presente Percy Grigg, que definiu o encontro como "uma espécie de Truste de

Cérebros", em referência ao popular programa de rádio.* Mais tarde, Grigg comentou que Niemeyer e Bradbury apoiaram o projeto, ao passo que Keynes e McKenna foram contrários. "A reunião se prolongou até a meia-noite ou além", contou ele.

> Naquela época achei que os "sim" tinham razão. A tese de Keynes, apoiada em todos os detalhes por McKenna, consistia em que a discrepância entre os preços americanos e os britânicos não era de 2,5%, conforme as bolsas indicavam, e sim de 10%. Se voltássemos ao ouro na antiga paridade, portanto, teríamos de deflacionar os preços internos numa faixa daquela ordem. Isso significava desemprego, ajustes com reduções salariais e greves prolongadas nas indústrias pesadas, ao fim das quais se constataria que essas indústrias haviam sofrido uma retração permanente. Assim, era muito melhor tentar manter estáveis os preços internos e os índices salariais nominais e deixar que as bolsas flutuassem.[121]

Bradbury argumentou que o padrão-ouro era "à prova de malandros", já que os políticos não podiam manipular o valor da libra esterlina para finalidades políticas, porque a moeda estava diretamente ligada ao ouro.[122] Acreditava-se que a vantagem da estabilidade dos preços, e portanto de ausência de inflação, superava a desvantagem da falta de liquidez no sistema. À sugestão de que a Grã-Bretanha voltasse numa paridade menor, Bradbury declarou que "era uma tolice abalar a confiança e arriscar nossa reputação internacional por um alívio tão pequeno e efêmero". Depois de muita discussão, McKenna teve a última palavra: "Não há escapatória; vocês terão de voltar, mas vai ser um inferno".

Keynes, que atacara as cláusulas financeiras do Tratado de Versalhes em seu *As consequências econômicas da paz*, publicado em 1919, escreveu três artigos criticando também o retorno ao ouro, que saíram no *Evening Standard* em julho de 1925 e foram republicados num livreto de 32 páginas intitulado *As consequências econômicas do sr. Churchill*. Nesse opúsculo, o economista sustentava que, como o padrão-ouro supervalorizava a libra esterlina, o que fora feito para "satisfazer a impaciência dos pais da Bolsa", os salários iriam cair. Explicava que a decisão de Churchill fora tomada "em parte, talvez, porque ele não tem um discernimento instintivo que o impeça de cometer erros; em parte porque, não tendo esse discernimento instintivo, ficou ensurdecido pela voz clamorosa das finanças convencionais; e, acima de tudo, porque foi seriamente enganado por especialistas".[123] Churchill não se incomodou com o ataque ad hominem, que, a seu ver, fazia parte das mútuas concessões da política. E tampouco discordava necessaria-

* *Brains Trust* era o nome de um programa radiofônico da BBC que reunia cinco especialistas num determinado assunto para responder às perguntas dos ouvintes. (N. T.)

mente da avaliação de Keynes, comentando com Niemeyer que, no geral, "preferiria ver a Finança menos orgulhosa e a Indústria mais contente", sendo que ocorreria o contrário caso se retomasse o padrão-ouro.[124]

Mais tarde, Churchill se arrependeu profundamente de ter, mesmo assim, aceitado os conselhos de Montagu Norman, lorde Bradbury e Philip Snowden de restaurar o antigo sistema sem ajustar a política salarial e tributária às novas exigências da libra esterlina com lastro no ouro. Um dos resultados foi que os custos de produção do carvão britânico ficaram altos demais em relação ao volume produzido, num momento em que, com o fim da ocupação francesa do Ruhr, quantidades enormes de carvão alemão mais barato desaguavam num mercado internacional cada vez mais competitivo. "Dizem-nos com frequência que o padrão-ouro vai nos acorrentar aos Estados Unidos", disse Churchill num debate na Câmara dos Comuns. "Digo-lhes que vai acorrentar a nós também. Vai acorrentar-nos à realidade."[125] Já em junho, porém, os proprietários das minas avisaram à Federação dos Mineiros que seria preciso cortar os salários e aumentar a jornada de trabalho. Churchill financiou um subsídio temporário de nove meses para comprar a paz nas relações trabalhistas, até o Orçamento de abril de 1926. O subsídio começou custando 10 milhões de libras, e depois acabou chegando a 23 milhões. O Comitê de Abastecimento e Transporte do Gabinete não estava preparado para uma greve total na indústria do carvão, portanto se tratava de uma conciliação estratégica, enquanto Churchill argumentava que "o padrão-ouro é tão responsável pelo estado de coisas na indústria do carvão quanto a Corrente do Golfo".[126]

As dificuldades de Churchill decorriam, em parte, do ambiente deflacionário que tolhia o crescimento econômico global. Embora a Grã-Bretanha estivesse entre os vencedores da guerra, não se encontrava numa boa posição para colher os benefícios da vitória, em boa parte porque vários de seus melhores mercados do pré-guerra tinham sido devastados pelo conflito. Poucos países prosperaram entre 1913 e 1929, e a incapacidade britânica de ingressar em novos mercados no pós-guerra levou a um crescimento menor do que o alcançado por seus concorrentes europeus.[127] O carvão, a construção naval e os têxteis continuavam a ser suas principais indústrias de exportação, mas no novo contexto tinham de enfrentar uma concorrência maior. A França e outros países industriais renovaram suas fábricas e maquinários em conformidade com linhas tecnológicas mais modernas, o que não se deu na Grã-Bretanha. A retomada do padrão-ouro acabou com a facilidade de crédito necessária para essa modernização, sem resolver nenhum de seus problemas econômicos subjacentes, que eram muito mais graves do que as questões fiscais e monetárias.

A desvalorização teria sido um curso de ação melhor e teria simplificado a transição para o lastro em ouro, mas o governo considerou que, na prática, isso significava admitir que a Grã-Bretanha não conseguiria voltar a seu nível anterior de grandeza como superpotência.[128] "Sem o desenvolvimento de novas indústrias e sem um espírito empreendedor diferente", conclui um estudo das ações de Churchill, "nenhuma política monetária traria a diferença decisiva."[129] Isso não impediu que Churchill fizesse na época vários gracejos políticos sobre o padrão-ouro. "Sem dúvida poderíamos manter nosso comércio exportador prosperando ininterruptamente no prejuízo", disse em certa ocasião; em outra feita, comparou os que queriam voltar a uma menor paridade a partir de 1914 aos merceeiros que "tiram uma onça da libra" e aos alfaiates que "surripiam uma polegada da jarda". Em outro discurso, acusou Keynes e seus adeptos de quererem implantar um padrão-mercúrio.[130] As tiradas, na época, eram divertidas, mas o futuro mostraria que Keynes tinha razão.

Em 1945, Churchill reconheceu em caráter privado: "O erro mais crasso de minha vida foi o retorno ao padrão-ouro".[131] A unanimidade quase completa dos especialistas financeiros em favor da retomada, somada às posições dos almirantes sobre o sistema de comboio e às dos generais sobre a forma de conduzir a Guerra dos Bôeres e a Grande Guerra, levou Churchill a duvidar seriamente da capacidade dos especialistas. Sua presteza em atacar as posições de todo o establishment quanto à política de apaziguamento com a Alemanha nazista talvez não fosse tão convicta se não tivesse visto com tanta frequência os equívocos cometidos por seus especialistas e não tivesse sido obrigado, no caso do padrão-ouro, a assumir a responsabilidade final.

Em 28 de abril de 1925, Churchill apresentou o primeiro de seus cinco Orçamentos, sob os olhos de Clementine, Randolph e Diana, então com quinze anos, que estavam na galeria da Câmara. Diminuiu o imposto de renda em 6 *pennies* em vez do xelim que desejava (reduzindo a alíquota de 25% para 22,5%), anunciou o retorno ao padrão-ouro, reduziu a idade de aposentaria de setenta para 65 anos e introduziu o primeiro sistema de contribuição previdenciária amparado pelo Estado, abrangendo 15 milhões de pessoas, ao mesmo tempo abolindo as odiadas exigências para receber cestas básicas do governo, conhecidas como Exame dos Recursos. "Não são", disse ele, "as robustas tropas marchando que precisam de indulgência e remuneração adicional. É para os soldados perdidos, os fracos, os feridos, os veteranos, as viúvas e órfãos que as ambulâncias do Estado devem se dirigir."[132] Era a Democracia Tory em ação.

Churchill também implantou algumas modestas medidas de Preferência Imperial para o açúcar das Índias Ocidentais, o tabaco do Quênia e da Rodésia, o vinho da África do Sul e da Austrália e as frutas secas do Oriente Médio. Como se essa reviravolta não bastasse, impôs tarifas a importações de artigos de luxo, como carros, sedas, relógios e filmes. Explicou essa renúncia a seu constante princípio do livre-comércio simplesmente em termos das necessidades do Tesouro, num mundo onde outros países também estavam adotando medidas protecionistas. "Para alguns são um prazer", comentou a propósito das tarifas na Câmara dos Comuns, "para outros, um alvo de críticas e para mim uma receita [...]. Não podemos nos permitir desperdiçar uma receita dessas."[133] Baldwin informou ao rei que, "durante todo o discurso, ele mostrou que é dotado não só de consumada habilidade como parlamentar, mas também de toda a versatilidade de um ator".[134]

Como era de se prever, Lloyd George atacou o Orçamento, dizendo a respeito do chanceler do Tesouro: "Admiro sua mente ofuscante, sua mente brilhante, tão brilhante que ofusca seu discernimento. De fato, um de seus problemas é que suas luzes mentais são cegantes — e para ele é difícil manter um curso reto na estrada e evitar batidas no trânsito".[135] Outro cético, Percy Grigg, fez um comentário desleal a Tom Jones: "No prazo de um ano, Winston terá cometido algum erro irremediável que, se não colocar o governo em risco, derrubará Winston".[136] Mas, com os antigos aliados saindo de cena, surgia espaço para o aparecimento de novos. Anthony Eden, um jovem parlamentar tory recém-eleito, escreveu em seu diário que a apresentação do Orçamento de Churchill tinha sido "uma performance magistral de duas horas e meia".[137] Dez anos antes, Eden elogiara Churchill em seus escritos pessoais por ser um dos ministros votando a favor de entrarem na guerra em 1914, sem a qual, segundo sua opinião, a Grã-Bretanha não poderia prosseguir "sem perder todo o seu prestígio como Potência de primeira categoria".[138]

"Creio que é indiscutível que ele tem sido fonte de maior influência e prestígio para o governo como um todo", escreveu Neville Chamberlain a Baldwin em agosto. A carta apresenta, mais do que a maioria das outras, a explicação dos vínculos entre Churchill e Chamberlain na fase inicial das longas e complexas relações de ambos. "Que indivíduo brilhante é ele", prosseguia Chamberlain. "Mas há, de certa forma, um grande abismo entre ele e mim que, creio, nunca transporei. Gosto dele, gosto de seu humor e vitalidade. Gosto de sua coragem [...]. Mas nem em troca de todos os prazeres do paraíso eu seria membro de sua equipe."[139]

Em 20 de março de 1925, lorde Curzon teve morte súbita devido a uma hemorragia na bexiga. "Não me parece que os tributos tenham sido muito generosos", comentou Churchill logo após o funeral. "*Eu* não me sentiria grato com tal coisa. Mas ele não inspirava afeição nem representava grandes causas."[140] Churchill ainda estava irritado com a defecção de Curzon da Coalizão, embora tenha sido mais gentil no livro *Great Contemporaries*, em 1937.

O Other Club, que passara quase três anos sem se reunir no período em que Churchill não estava no Parlamento, foi revivido em 12 de abril. Compareceram doze membros, entre eles Sinclair, Seely, Waldorf Astor e o duque de Marlborough. A partir daí, retomou regularmente suas reuniões, com a presença de Churchill sempre que estava em Londres. Como Lloyd George saíra definitivamente do grupo, o clube deixou de ser um espaço político de reaproximações e se converteu em ocasião para que os amigos de Churchill e Birkenhead se reunissem. Naquela noite de abril, os dois fundadores assinaram como "Fundatores pii" (pios fundadores), numa homenagem de brincadeira a si mesmos. Entre os novos membros estavam James de Rothschild, um parlamentar liberal condecorado com a Medalha por Distinção de Conduta servindo no Batalhão Judaico dos Fuzileiros Reais na Palestina; Sir Hugh Trenchard; Edward Hilton Young, que recebera a Ordem e a faixa por Distinção de Conduta, a Cruz por Distinção de Serviço e a Croix de Guerre e perdera um braço ao operar um canhão de popa no Ataque de Zeebrugge; e Oliver Locker-Lampson, que financiara pessoalmente a Divisão de Veículos Blindados do Serviço Aéreo Naval Real em 1914. Outros eleitos para o clube eram J. H. Thomas, ex-ministro das Colônias do Partido Trabalhista, e Sir William Berry (futuro lorde Camrose), cuja família era proprietária do *Daily Telegraph*. Um membro posterior, o jornalista Colin Coote, relembrou que, quando faziam o Brinde Real, Churchill "sempre acrescentava um toque original à veneranda cerimônia. Depois de 'O Rei', ele acrescentava baixinho: 'E *sem guerra*!'".[141]

Churchill reingressou no Partido Conservador e também no Carlton Club no final de 1925. No Grand Theatre em Bolton, de população majoritariamente trabalhadora, ele desancou com gosto os socialistas. "Eles que abandonem a absoluta falácia", discursou, "o erro crasso, grotesco, fatal de crer que, limitando a iniciativa do homem, impondo os grilhões de uma falsa igualdade nos esforços de todas as diversas formas e diversas classes de iniciativa humana, aumentarão o bem-estar do mundo."[142] Essa firme ideologia da liberdade foi maculada quando, seis dias depois, Churchill se pronunciou sobre a Itália, que liquidara suas dívidas de guerra com a Grã-Bretanha, com palavras das quais se arrependeria mais tarde: "Ela possui um governo sob a poderosa liderança do Signor Mussolini, que não recua perante as consequências lógicas dos fatos econômicos e tem a coragem de impor os remédios financeiros necessários para assegurar e estabilizar a recuperação nacional".[143]* No entanto, quando lorde Rothermere, no começo de março, sugeriu que um líder ao estilo mussoliniano poderia ser bom para a Grã-Bretanha, Churchill disse num almoço das Câmaras de Comércio em Belfast: "Nossa sociedade tem alicerces muito amplos e muito profundos. Não estamos em posição de precisar escolher entre extremos inconstitucionais diversos".[144]

Em março, Clementine e sua cunhada Goonie foram passar quinze dias em Roma e conheceram o Duce, que lhes deu uma foto com a dedicatória "devota-

* Ao assinar a liquidação da dívida, Churchill disse: "A melhor prova da justeza de qualquer acerto é o fato de que não satisfaz inteiramente a nenhuma das partes" (*CS* IV, p. 3827).

mente, Mussolini", a qual ficou exposta por breve tempo na sala de visitas em Chartwell. Clementine informou ao marido: "Ele lhe enviou recados amigáveis e disse que gostaria de conhecê-lo". E acrescentou: "Tenho certeza de que é um grande indivíduo".[145] "Sem dúvida, é um dos homens mais admiráveis de nossa época", respondeu Churchill com uma ponta de ceticismo.[146] Três dias depois, retomou: "Tenho certeza de que você tem razão em considerá-lo um prodígio", mas em seguida citou o político Augustine Birrell, que escrevera: "É melhor ler sobre uma figura mundial do que viver sob seu domínio!".[147]

O segundo Orçamento de Churchill foi apresentado em 27 de abril de 1926. O subsídio ao carvão estava chegando ao fim, trazendo transtornos ao setor de mineração, e todos os departamentos do governo foram instados a poupar. As verbas do Ministério do Ar foram reduzidas de 18 milhões para 16 milhões de libras, por exemplo, e as Estimativas Navais ficaram em 57,5 milhões de libras. Embora Churchill e Baldwin tentassem evitar a crise na extração de carvão, os mineiros que foram trabalhar no dia 1º de maio não puderam entrar, pois os patrões disseram que simplesmente não poderiam continuar a pagar os mesmos salários devido à retração dos lucros. A. J. Cook, secretário-geral da União Nacional dos Mineiros (NUM), reagiu com o lema "Nem um centavo a menos, nem um minuto a mais". O Congresso dos Sindicatos (TUC) então anunciou uma greve geral — de todos os setores em todo o país — iniciando-se às 23h59 do dia 3 de maio, informando na véspera suas intenções ao governo.

No Gabinete Ministerial, Churchill era praticamente o único mais solidário com os mineiros, mas mesmo assim somou-se à votação unânime de encerrar as negociações infrutíferas com o TUC em 2 de maio. Como democrata tory, não gostava da versão do laissez-faire capitalista adotada pelos proprietários das minas. Não tinha em alto apreço nem sequer seu primo lorde Londonderry, dono de minas carboníferas em Durham, que rejeitara as propostas de conciliação do governo. Churchill se solidarizava com os homens que se arriscavam em longas jornadas perigosas no subsolo, mas também sabia que o governo eleito não podia ceder à ameaça de uma greve geral. "É um conflito que, se for levado a cabo", disse ele na Câmara dos Comuns quando a greve começou, "só pode terminar na derrubada ou na vitória definitiva do governo parlamentar. Não existe meio-termo [...]. Nenhuma porta está fechada, mas, por outro lado, enquanto a situação permanecer como está, não temos alternativa a não ser prosseguir inflexivelmente e cumprir nossa obrigação."[148]

No primeiro dia da greve, 3 de maio de 1926, uma segunda-feira, Baldwin designou Churchill para cuidar do jornal do governo, a *British Gazette*, o que os biógrafos do então primeiro-ministro explicam como uma forma de "mantê-lo ocupado e impedir que fizesse coisas piores".[149] Utilizando os escritórios e equipamentos gráficos do *Morning Post* (oferecidos pelos proprietários, e não requisitados, como logo alegariam as lendas), Churchill lançou oito edições diárias* do jornal e ele mesmo redigiu grande parte do material publicado. Seus editoriais mais belicosos foram amenizados por John Davidson, que Baldwin enviara para supervisioná-lo, o que naturalmente gerou muitos atritos.[150] A fim de assegurar a continuidade das publicações, foram encomendadas 450 toneladas de papel da Holanda, sendo designada uma companhia de Engenheiros Reais para proteger a carga.

Devido às ações de Churchill quando as tropas entraram em conflito com os mineiros em Llanelli, em 1911, e a seu envolvimento nos eventos de Tonypandy no ano anterior, a esquerda não teve dificuldades em pintá-lo como inimigo dos trabalhadores e da mão de obra organizada. A *British Gazette* oferecia farta munição (um historiador moderno definiu o jornal como "incendiário"), mas também dava ao ex-jornalista uma boa oportunidade de divulgar nacionalmente a voz do governo.[151] Churchill não queria que fosse um mero tabloide propagandístico; queria convertê-lo num jornal propriamente dito (embora subsidiado, com preço de capa de um *penny*), e sua circulação aumentou de 232 mil exemplares em 5 de maio para mais de 2,2 milhões em 13 de maio.[152] Publicava artigos ponderados de estadistas como Asquith e Grey, mas também materiais de explícita propaganda contra a greve, a despeito de sua propalada imparcialidade. Em 11 de maio, foi publicado um texto com a manchete "Notícias falsas", que recomendava: "Não acredite em nada enquanto não ler num jornal abalizado como *The British Gazette*".

"Esta grande nação", lia-se no editorial da primeira edição, "que como um todo é a comunidade mais forte que a Civilização pode mostrar, no momento está reduzida, nesse aspecto, ao nível dos nativos africanos que dependem apenas de rumores que são repassados de um lugar para outro."[153] O artigo não era assinado, mas a autoria era óbvia. Em outras partes da *Gazette*, os grevistas eram apresentados como "o inimigo", a notável solidez inicial da paralisação era minimizada, e a greve era apresentada como "um desafio direto ao governo empossado". Citava-se um jornal francês segundo o qual os bolcheviques estavam por trás da greve. Um editorial no quarto número afirmava que o governo apoiaria as Forças Armadas caso precisassem tomar alguma iniciativa que não tivesse sido previamente autorizada, opinião essa que até o rei julgou irresponsável.[154] O político trabalhista George Lansbury foi pintado como "um socialista desvairado, ardoroso e estridente".

* Houve também duas edições matutinas, às três da manhã, em 11 e 13 de maio.

Churchill e Baldwin desempenharam papéis opostos durante a greve, com o primeiro-ministro mostrando moderação e consideração pelo outro lado, enquanto Churchill, por meio da *Gazette*, exigia nada menos do que uma vitória incondicional. Davidson reclamou com lorde Irwin, então vice-rei da Índia, que Churchill "via a greve como um inimigo a ser destruído", e com Baldwin que "ele pensa que é Napoleão".[155] Para o cunhado de Irwin, o parlamentar tory George Lane-Fox, Churchill era "extremamente beligerante e inoportuno".[156] Em contrapartida, antes que a greve acabasse, foram instaurados 1389 processos por violência, mais de cem por dia, o que representava uma genuína beligerância de tipo não retórico.

Em 9 de maio, quando a greve atingiu seu estágio decisivo, Churchill quis requisitar a BBC — o que era desnecessário, visto que, de todo modo, a emissora apoiava discretamente o governo —, mas com isso ganhou a inimizade do diretor-geral, Sir John Reith, pelo resto da vida. Posteriormente, Reith manteve Churchill fora das transmissões da BBC durante grande parte dos anos 1930, além de registrar em seus diários a aversão que sentia por ele, mesmo quando esteve servindo em seu governo durante a guerra. "Ele foi realmente muito estúpido", escreveu Reith durante a greve, no estilo típico de suas anotações.[157] A apreensão ilegal de grandes volumes de papel do *Times* enfureceu o editor Geoffrey Dawson, que fez duras reclamações e durante anos usou esse fato contra Churchill.

"Ele simplesmente se esbalda com essa questão", disse Neville Chamberlain, desdenhoso, em 4 de maio, "que *irá* tratar e comentar constantemente como se fosse 1914."[158] Tom Jones relembrou que, ao propor um termo de conciliação com o TUC em 7 de maio, Churchill "me afogou sob uma cascata de ardorosa eloquência", dizendo-lhe: "Estávamos em guerra. As questões tinham mudado desde domingo de manhã [...]. Precisávamos prosseguir. Era preciso ter coragem".[159] Churchill reconheceu que só seria possível fazer uma proposta generosa em termos de emprego e remuneração dos mineiros depois que fosse eliminada a ameaça constitucional ao governo, e achava que isso não se daria com meros quatro ou cinco dias de greve. Chegou ao ponto de negar a publicação de um apelo à conciliação, escrito pelo arcebispo da Cantuária.

"Winston está se divertindo como editor da *British Gazette*", o procurador-geral Thomas Inskip comentou com Irwin. "Já não se interessa muito por seu Orçamento de 820 milhões. Não digo que seu tino para perceber a questão dominante do momento esteja errado, mas ele está se regalando com esse embevecimento com a 'publicidade'."[160] As relações públicas através da mídia ainda eram uma espécie de tabu nos anos 1920, considerada indigna de políticos. Mas, a despeito das críticas de importantes conservadores, perante a obstinação de Churchill em não dar sinal algum de transigência e a dura reação de Baldwin, em 11 de maio, a greve começou a arrefecer. Churchill escreveu prontamente um bilhete a Baldwin que dizia: "Rendição hoje, magnanimidade amanhã".[161] Era a mesma postura adotada com os bôeres, as sufragistas e os alemães após as duas guerras mundiais. Também tentara aplicá-la aos republicanos irlandeses, mas — como ocorria com tanta frequência — a Irlanda se demonstrou um caso à parte.

O TUC encerrou a greve geral em 13 de maio, mas a NUM prosseguiu sozinha na luta. Num número posterior do *New Statesman*, no mesmo mês, o editor escreveu satiricamente sob a chamada "Devemos ou não enforcar o sr. Churchill?": "O sr. Churchill foi o vilão da história. Consta que teria comentado que, a seu ver, seria bom 'derramar um pouco de sangue'".[162] Churchill consultou Sir Douglas Hogg, o procurador-geral britânico, sobre a possibilidade de instaurar um processo, pois "certamente não me sinto propenso a permitir que tal mentira entre em circulação geral no rol das recriminações trabalhistas".[163] Hogg respondeu que não valia a pena, mas, mesmo assim, a greve geral imprimiu em Churchill a marca difamante de repressor de greves e inflexível inimigo ideológico dos sindicalistas, coisa que não era. Ele só se decidiu a acabar com a greve quando a NUM tentou forçar o governo a continuar pagando enormes subsídios.

Durante a Segunda Guerra Mundial, Churchill fez questão de nomear sindicalistas importantes para cargos essenciais em seu governo, e no cargo de premiê durante o período de paz adotou uma política de total conciliação com os sindicatos. Mas eram tais os antagonismos da política que, após a greve geral, seus adversários socialistas parecem tê-lo perdoado pela vitória com maior rapidez do que seus críticos no establishment do Partido Conservador, como Davidson, Inskip, Reith, Dawson, Lane-Fox, Crawford e Neville Chamberlain, que supostamente deveriam estar a seu lado.

# 14. A Quebra

## *Junho de 1926 a janeiro de 1931*

*Era um governo capaz e sereno.*

Churchill sobre o Gabinete conservador de 1924-9[1]

*Gosto que as coisas aconteçam e, se não acontecem, gosto de fazê-las acontecer.*

Churchill ao parlamentar Arthur Ponsonby, 1929[2]

Em 7 de junho de 1926, Churchill estava indo de Chartwell para Londres em meio à neblina no carro dirigido por seu motorista, Alexander Aley, quando o veículo bateu no furgão de um peixeiro, que quebrou duas costelas. Churchill lhe ofereceu 77 libras (cerca de 3500 libras atuais) como indenização, mas o homem levou o caso ao tribunal. O júri absolveu Churchill, mas, mesmo assim, ele enviou 25 libras ao acidentado.[3] Alguns anos antes, em fevereiro de 1920, Churchill sobrevivera a um acidente automobilístico em Whitehall; em outro episódio, seu motorista foi multado em três libras por excesso de velocidade, mesmo declarando que fora por insistência de Churchill, para chegar mais depressa ao Ministério da Guerra.[4] Churchill tinha tendência de ignorar os semáforos e os limites de velocidade; só diminuiu sua periculosidade nas estradas quando se tornou primeiro-ministro e tinha um "tinidor" (isto é, um sino) para avisar aos outros motoristas que estava se aproximando.[5] Alimentava um gosto compulsivo por riscos na guerra e na paz, nas mesas de jogo e nas bolsas de valores, e o mesmo valia para sua atitude de tudo ou nada ao se locomover por ruas e estradas e ao apostar todas as fichas para vencer a greve geral. De vez em quando, isso resultava em alguma colisão, mas, no caso da greve, ajudara a obter a vitória.

"Recuso-me totalmente a ser imparcial entre o corpo de bombeiros e o incêndio", proclamou ele ao defender a cobertura enviesada da *British Gazette* num debate sobre a greve na Câmara dos Comuns, em 7 de julho. "Quando as pessoas estão diante de uma grande dificuldade e nesse tipo de luta, é absolutamente inútil, por mais penoso que seja, fingirem que não sabem de que lado estão."[6] No entanto, como fez várias vezes em sua carreira, desviou-se das críticas sérias com um gracejo de momento, dizendo à bancada trabalhista: "Tenham muito claro que, se algum dia lançarem contra nós outra greve geral, lançaremos contra vocês outra *British Gazette*".[7] A força dos chistes de Churchill residia em sua magnífica percepção do momento adequado para soltar alguma tirada, e era uma característica essencial de seu intelecto.

Churchill também entendia o poder da propaganda em todas as suas formas. Em 15 de agosto, o Escritório Central do Partido Conservador gravou imagens suas no Tesouro para um filme internacional, do qual participavam todos os ministros do Gabinete. Vários não gostaram nada de ser filmados, mas não foi o caso de Churchill. Neville Chamberlain foi visitá-lo durante a gravação e comentou com lorde Irwin: "Por Zeus, quanto burburinho naquele escritório! A mesa gemia sob o peso de montanhas de livros, secretários entravam e saíam o tempo inteiro. Ronald McNeill* lhe ofereceu assento numa atitude de respeitosa atenção e então, acendendo um charuto de proporções brobdingnaguianas,** Winston fazia caretas, esbravejava, gesticulava, discursava, até a hora em que o cinegrafista ficou paralisado ou o rolo de filme arrebentou".[8]

Depois do trecho humorístico da carta, Chamberlain retomou as críticas usuais a seu pretenso rival como sucessor de Baldwin. "Winston fortalece constantemente sua posição na Câmara e no partido", informou ao vice-rei.

> Seus discursos são excepcionalmente brilhantes e os homens acorrem aos bandos para ouvi-lo como se estivessem indo a um entretenimento da mais alta categoria no teatro. É o melhor espetáculo de Londres, dizem eles, e esse é o ponto fraco. Até onde consigo ver, eles o consideram um espetáculo e por ora não estão preparados para confiar em seu caráter e menos ainda em seu discernimento. Pessoalmente, quanto mais o vejo, não consigo deixar de estimá-lo e admirá-lo cada vez mais, mas isso vem sempre acompanhado de uma diminuição de meu respeito in-

* Aquele mesmo que havia arremessado um livro em Churchill na Câmara dos Comuns, em 1912, agora era seu secretário financeiro no Tesouro.

** Referência a Brobdingnag, a terra dos gigantes de *Viagens de Gulliver*. (N. T.)

telectual por ele. Percebi que, em todas as disputas de caráter departamental que mantivemos, ele acabava cedendo porque seus argumentos não eram muito bem fundamentados.[9]

Outra explicação possível para que Churchill cedesse era que Baldwin tinha apreço e confiança em Chamberlain, a quem via como seu sucessor natural como líder tory, e assim se mostrava propenso a apoiá-lo contra seu chanceler do Tesouro. Em outra carta, Chamberlain comentou com Irwin: "É grande demais a diferença entre nossas naturezas para que eu me sinta à vontade com ele ou o veja com afeto. É um menino caprichoso e brilhante que desperta admiração, mas cansa seus tutores com a pressão constante que lhes impõe".[10]

Baldwin, sofrendo de lumbago, partiu em 24 de agosto para passar três semanas de férias em Aix-les-Bains, no leste da França, e deixou Churchill encarregado das negociações envolvendo o carvão. Churchill aproveitou a oportunidade para pressionar os donos das minas carboníferas a fazer um acordo. "Mãos britânicas estão infligindo a pescoços britânicos terríveis ferimentos mútuos", lamentou ele na Câmara dos Comuns.[11] No caso, e para sua grande frustração, Churchill não conseguiu encontrar nenhuma solução. A greve estava prejudicando os cálculos financeiros do Tesouro, até porque a chancelaria tinha de enviar semanalmente benefícios sociais no valor de 250 mil libras aos distritos afetados. Em 15 de setembro, véspera do retorno de Baldwin, o Gabinete rejeitou a proposta de Churchill para que o governo coagisse os proprietários das minas com a instituição de um salário mínimo para os mineiros.

Em outubro, 100 mil mineiros voltaram ao subsolo, e no final de novembro a greve havia se encerrado. Quando lorde Londonderry, o primo de Churchill que era proprietário de minas, escreveu-lhe argumentando que os donos de minas mereciam apoio porque estavam "combatendo o socialismo", recebeu uma resposta categórica: "Os dois lados estão representados por seus piores e mais desarrazoados elementos e por pessoas escolhidas por sua obstinação e combatividade. Não cabe aos donos de minas, no papel de donos de minas, combater o socialismo. Se alegam que isso cabe a eles, como podem censurar a Federação dos Mineiros por perseguir fins políticos?".[12]

Em 1927, o governo Baldwin obteve a aprovação da Lei dos Sindicatos e Disputas Trabalhistas, que proibia ações secundárias — assim tornando as greves gerais ilegais — e acabava com o sistema de contribuição sindical automática e obrigatória para os trabalhadores dos setores industriais, o que levou posteriormente a uma queda significativa no financiamento sindical do Partido Trabalhista. Para o jornalista político C. E. Bechhofer Roberts, foi graças ao apoio do então chanceler do Tesouro a essa medida que "se sanou a profunda cisão entre Churchill e o Partido Conservador".[13] A lei era extremamente impopular junto à mão de obra organizada, mas só foi revogada em 1947.

* * *

No segundo semestre de 1926, Churchill elaborou uma lista de catorze formas de economizar em Chartwell. Com suas subcláusulas especificadas uma a uma, mais parecia um ofício do Tesouro do que uma carta à esposa amada:

> a) Não se comprará mais champanhe. Salvo orientação específica, no almoço ou no jantar só se servirá vinho branco ou tinto, ou uísque com soda. O Livro do Vinho deve ser apresentado a mim semanalmente. Não se abrirá mais nenhum Porto sem instrução específica.
>
> b) Os charutos serão reduzidos a quatro por dia. Nenhum ficará sobre a mesa, mas será retirado apenas de minha charuteira. É plenamente normal oferecer apenas cigarros.
>
> c) Não se encomendará nenhuma fruta para lançar nas contas de casa; serão compradas e pagas por você e por mim em ocasiões especiais.
>
> d) Creme fresco somente com autorização específica.
>
> e) Estando só nós dois, não precisamos de peixe. Bastam dois pratos e um doce no jantar, e um no almoço [...][14]

Churchill também quis cortar as despesas de lavanderia e racionar as latas de graxa de sapatos. Não se fez praticamente nada a respeito de coisa nenhuma. "Não me lembro de ter faltado comida ou bebida", escreveu Mary anos depois, "nem de meu pai usando camisas sujas e amassadas."[15] O livro de visitas em Chartwell teve nada menos que onze assinaturas naquele Natal, e não se percebe nenhuma diminuição na frequência com que o casal recebia visitas.

Em janeiro de 1927, Churchill, seu irmão Jack e o filho Randolph, que então estava em Eton, fizeram uma viagem juntos pelo Mediterrâneo. Viram uma erupção do Vesúvio, visitaram Gênova, Pompeia e Herculaneum (onde o adolescente Randolph, de quinze anos, não foi autorizado a ver os afrescos indecorosos) e fizeram um piquenique no Partenon em Atenas. Hospedando-se em Malta na casa do almirante Keyes, que então era o comandante-chefe da Frota Mediterrânea, Churchill, com 52 anos, jogou sua última partida de polo. Em Roma, tiveram uma audiência com o papa Pio XI no Vaticano. "A parte inicial da conversa foi um pouco canhestra", relembrou Randolph. "Mas aí meu pai e o papa entraram no tema dos bolcheviques e passaram uma animada meia hora dizendo o que pensavam sobre eles."[16]

Churchill também se encontrou com Mussolini em Roma e soltou uma declaração à imprensa, afirmando que o movimento fascista italiano "prestava um serviço ao mundo inteiro".[17] Pior ainda, acrescentou: "Se eu fosse italiano, tenho certeza de que estaria de todo o coração com você do começo ao fim em sua luta vitoriosa contra os apetites e as paixões bestiais do leninismo".[18] Claro que, mais tarde, essa declaração se tornaria extremamente constrangedora, ainda mais porque os detratores citam de forma sistemática as 23 palavras iniciais, mas não as oito finais. Mussolini ainda não invadira a Abissínia (atual Etiópia), mas o anticomunismo sem dúvida deixara Churchill cego por algum tempo à brutalidade do fascismo. Esse anticomunismo aflorou em fevereiro, quando Churchill apoiou uma decisão do Gabinete de advertir o governo soviético, o qual andara semeando secretamente a sedição comunista na Grã-Bretanha por meio do Comintern, que, se continuasse a interferir nos assuntos internos e imperiais britânicos, haveria o rompimento de relações. Foi um tremendo erro. Churchill fizera excelente uso dos Serviços Secretos durante a Guerra Civil Russa, apoiando ativamente o trabalho de agentes competentíssimos, como Sidney Reilly e Boris Savinkov. Mas, em 1927, para provar a Moscou que sabia que o Comintern estava conduzindo operações subversivas na Grã-Bretanha e na Índia, o Gabinete revelou que as agências de serviço secreto haviam decifrado os códigos soviéticos, o que levou Moscou a adotar um novo e indecifrável sistema, ganhando assim uma efêmera vantagem política. Churchill ficou apavorado e aprendeu a lição: em assuntos de inteligência, era melhor não deixar o inimigo ter conhecimento sobre o que se sabia.

Em janeiro de 1927, o Other Club teve o maior ingresso de novos membros em sua história, entre eles Lindemann, Keynes (mais uma prova da tolerância de Churchill à dissidência de alto nível) e o crítico literário Desmond MacCarthy. Seis meses depois, o político tory Oliver Stanley e o pintor tradicionalista Alfred Munnings também se associaram. Churchill não era apreciador da arte moderna.* Anthony Eden declinou o convite para entrar, dizendo que não gostava desse tipo de reuniões privativas. O almirante Keyes também foi convidado e, diante da recusa dele em tomar conhecimento da taxa de ingresso de cinco libras, Churchill destacou um aspecto implícito do clube: "Ele o manterá em contato com muitas pessoas importantes que estão ativas no centro ou perto do centro das coisas".[19] Keyes se filiou.

O terceiro volume de *The World Crisis* começou a sair, de forma serializada, em fevereiro. Haig ainda era muito estimado na Grã-Bretanha, e a crítica de Churchill à sua estratégia de atrito no Front Ocidental despertou muitas polêmicas. "Em todas as ofensivas britânicas", observou Churchill, "as baixas britânicas nun-

* Certa vez, Churchill perguntou a Munnings: "Alfred, se você visse Picasso vindo na rua, iria junto comigo lhe dar um pontapé no traseiro?". "Iria, sim, senhor", respondeu Munnings (Gilbert, *Other Club*, p. 93).

ca foram inferiores a três para dois e muitas vezes atingiram quase o dobro das perdas alemãs correspondentes."[20] Isso foi atribuído corretamente ao fato de que a Alemanha passara grande parte do conflito na defensiva. No livro, Churchill fez a principal pergunta da época e, na verdade, de todo o século XX na Europa: "Uma nova geração será imolada, por sua vez, para acertar as tenebrosas contas de teutos e gauleses? Nossos filhos sangrarão e arfarão novamente em terras devastadas? Ou das próprias chamas do conflito surgirá aquela reconciliação dos três colossais combatentes, unificando sua índole e garantindo a cada um deles, em segurança e liberdade, uma parte na reconstrução da glória europeia?".[21]

Apesar da popularidade de Haig — no ano seguinte, quando sucumbiu a um ataque cardíaco, 1 milhão de pessoas compareceram a seu funeral* —, as resenhas, de modo geral, foram elogiosas. Keynes escreveu em *Nation and Athenaeum*: "Um tratado contra a guerra — mais eficaz do que a obra de um pacifista poderia ser".[22] Keynes interpretara bem a atitude de Churchill. Ao comentar as provas do novo livro de Beaverbrook, *Politicians and the War*, Churchill fulminou: "Pense em todas essas pessoas — decentes, educadas, a história do passado descortinando-se diante delas — O que evitar — o que fazer etc., patriotas, leais, íntegras — dando o melhor de si — Que mixórdia terrível fizeram! *Incapaz de aprender do berço ao túmulo* — Tal é a primeira e a principal característica da humanidade [...]. Sempre a seu dispor, W [P.S.] Chega de Guerra".[23]

Nessa época, a fama de Churchill como orador era tão grande que, quando apresentou seu terceiro Orçamento, em 11 de abril de 1947, compararam a disputa de ingressos para a galeria da Câmara dos Comuns à correria pelos bilhetes de um grande evento esportivo. O príncipe de Gales compareceu, e Baldwin informou ao rei: "A cena foi mais do que suficiente para mostrar que o sr. Churchill como astro principal tem um poder de atração que ninguém na Câmara dos Comuns é capaz de superar".[24] As Estimativas Navais sofreram mais uma redução, para 56 milhões de libras, e os impostos sobre o álcool e o tabaco aumentaram, mas, como a greve geral e o conflito do carvão haviam deixado um rombo de 30 milhões de libras nas finanças públicas, o chanceler do Tesouro não podia fazer muita coisa para ajudar na recuperação industrial. Mesmo assim, a imprensa elogiou a austeridade do Orçamento. Dois dias depois, ele declarou: "Isso só mostra que o público britânico e a grande nação que reside nesta ilha enevoada são menos propensos à gratidão pelos benefícios recebidos do que pelos males evitados".[25]

Depois de um dos debates orçamentários, lorde Monsell cumprimentou Churchill por uma réplica devastadora e perguntou como chegara a tal resposta.

* Isso levou Churchill a dizer a seu filho que, embora a idade de 66 anos não fosse muito avançada, "mesmo assim é o melhor passamento" (CAC RDCH, 1/3/1).

"Com paciência, Bobby", respondeu Churchill. "Esperei dois anos para soltá-la."[26] Numa discussão sobre o projeto de lei das Finanças, em 19 de maio, ele destacou a questão ideológica: "Se vocês atacarem a poupança, imediatamente estarão divulgando a ideia de 'Vamos comer, beber e nos divertir, pois amanhã morreremos'. Essa é a inspiração e, ao mesmo tempo, a doença mortal que afetam a filosofia socialista".[27] Na esfera privada, ele criticava a tendência das burocracias ao crescimento se não fossem mantidas sob freio constante. "É realmente intolerável como esses departamentos administrativos se alastram feito um bando de gafanhotos daninhos", comentou com Clementine.[28]

Embora Churchill, no Tratado Naval de Washington de 1922, tivesse apoiado a ideia de que a Marinha Real devesse manter paridade com os Estados Unidos em termos de navios de combate e porta-aviões, os Estados Unidos, cinco anos depois, após um enorme programa de construção naval, quis também paridade nos cruzadores. "Não pode haver realmente nenhuma paridade entre uma potência cuja Marinha constitui sua vida e uma potência cuja Marinha constitui apenas prestígio", escreveu Churchill num ofício do Gabinete em junho de 1927. "Parece que sempre se supõe que é obrigação nossa ceder aos Estados Unidos e agradar à sua vaidade. Eles não fazem nada por nós em troca, a não ser cortar até o osso."[29] Em julho foi além, escrevendo que, embora fosse "plenamente correto no interesse da paz", continuar repetindo o mantra de que a guerra com os Estados Unidos era "impensável",

> todos sabem que isso não é verdade. Por mais tola e desastrosa que fosse tal guerra, ela é, de fato, a única base sobre a qual as discussões navais [britânico-americanas] [...] estão avançando. Não queremos nos colocar sob o poder dos Estados Unidos. Não sabemos o que eles poderiam fazer se, em alguma data futura, estivessem em posição de nos dar ordens sobre nossa política na Índia, digamos, ou no Egito ou no Canadá [...]. Além disso, a paridade em tonelagem significa que qualquer decreto norte-americano pode obrigar a Grã-Bretanha a obedecer impondo-lhe a fome. É evidente que, com base na superioridade naval norte-americana, especiosamente disfarçada de paridade, pairam enormes perigos sobre o futuro do mundo.[30]

Churchill fora presidente da União Anglófona desde 1921, mas, para ele, os interesses do Império prevaleciam mesmo sobre sua defesa da união fraterna dos povos de língua inglesa. No ano seguinte, ele "falou com muita liberdade sobre os Estados Unidos" com o político conservador James Scrymgeour-Wedderburn, após um jantar em Chartwell. "Considera que são arrogantes, essencialmente hostis a nós e que querem dominar a política mundial", observou o futuro parlamentar. "Pensa que a conversa deles sobre a 'Grande Marinha' é um blefe que deveríamos pagar para ver."[31] Churchill teve a sensatez de restringir esses comentários inegavelmente antiamericanos à esfera privada. Em fevereiro de 1928, chegou a propor ao Gabinete que, para manterem a concorrência com os Estados Unidos, "poderíamos acrescentar, se necessário, mais 20 milhões ou 30 milhões de libras às Estimativas Navais".[32] Era algo muito diferente do que andara dizendo três anos antes sobre o Japão. Olhando em retrospecto, talvez pareça incrível, mas a conversão de Churchill à ideia de se tornar o que se chamava de "Grande Froteiro" resultou não de ameaças germânicas ou japonesas, mas sim de um sentimento de rivalidade com os Estados Unidos.[33]

"Winston continua a ser uma figura interessantíssima para o público geral", escreveu Chamberlain a Irwin em agosto. "Melhorou significativamente sua posição dentro do Partido, e em toda parte reconhece-se que não há quem se lhe iguale na Câmara dos Comuns. Seu trato com a Oposição é tão bem-humorado que, mesmo que o interrompam várias vezes, aguardam ansiosos seus discursos como o melhor entretenimento que a Câmara é capaz de oferecer."[34] Na terceira leitura do projeto de lei dos Sindicatos, por exemplo, Churchill foi interrompido por parlamentares trabalhistas durante sua peroração, ao que declarou: "Claro que é plenamente possível que os respeitáveis membros impeçam minha fala, e claro que não quero atirar minhas pérolas aos..." — longa pausa — "... que não as querem". Chamberlain registrou que houve "uma gargalhada estrepitosa", prolongada por vários minutos. Mais tarde, na mesma carta, Chamberlain não resistiu a observar: "Os maiores admiradores de Winston ainda não confiam em seu discernimento".[35] O próprio Baldwin escreveu na ocasião: "A posição de Winston é curiosa. Os nossos gostam dele. Adoram ouvi-lo na Câmara; veem-no como astro principal e se sentam nas primeiras filas já com um sorriso de antecipação. Mas, para a liderança, todas as vezes rejeitam seu nome. Se acontecesse algo comigo, os melhores seriam Neville e Hogg".[36] Douglas Hogg era procurador-geral e pessoa de confiança, mas Chamberlain sempre foi o herdeiro legítimo.

Churchill forçou, na prática, a renúncia de lorde Cecil de Chelwood (ex-lorde Robert Cecil) ao cargo de chanceler do Ducado de Lancaster em outubro, quando encabeçou a resistência do Gabinete às propostas norte-americanas na Conferência de Genebra sobre o desarmamento naval, que se iniciara em fevereiro. Cecil queria restringir o tamanho da frota de cruzadores britânicos, que já era a maior do mundo, mas Churchill foi contrário. "Discordamos totalmente na questão principal", escrevera-lhe Cecil já em julho. "Você crê que a futura guerra é praticamente certa, que a melhor maneira de evitá-la é a velha recomendação de estar preparado para ela e que, de todo modo, a primeira obrigação do governo é reunir os armamentos que possam ser necessários para evitar a derrota."[37]

Era, de fato, uma avaliação precisa da posição de Churchill. Cecil, por seu lado, sustentava que a melhor maneira de preservar a paz era a segurança coletiva, por intermédio da Liga das Nações. O 4º marquês de Salisbury, irmão mais velho de Cecil, escreveu a Irwin: "Chegou-se à crise quando Winston votou expressamente numa determinada proposição (que foi apresentada no Gabinete), por pensar que derrotaria a Conferência. Bob explodiu e disse que, se inviabilizassem a Conferência, ele renunciaria. E renunciou".[38] Cecil não voltou a ocupar nenhum outro cargo. Quatro décadas após a renúncia de lorde Randolph, enfim um Cecil caíra vítima de um Churchill. A Conferência se encerrou sem chegar a um acordo, para o alívio de Churchill.

Em meados de dezembro, Churchill apresentou ao Gabinete uma proposta radical de mudança completa na tributação interna, cortando em 75% os impostos industriais e abolindo por completo as taxas comerciais e agrícolas, enquanto o Governo Central tomava para si o restante da carga. Sua esperança era de que a reforma reduzisse o desemprego, aliviasse a taxação proibitiva sobre as pequenas empresas em dificuldades e incentivasse o crescimento de novos empreendimentos industriais. Chamberlain escreveu que o projeto era "característico de Winston em sua engenhosidade, ousadia e vagueza".[39] As discussões entre ambos ficaram tensas. "Acusei Winston de fazer a defesa imprudente de esquemas cujos efeitos ele próprio não entendia", Chamberlain informou a Irwin. "Ele me acusou de formalismo, de inexplicável frieza perante ideias que não fossem minhas e de inveja dele. Algumas vezes, as emoções se acaloraram bastante."[40] Após muitas deliberações, concordou-se que seria mantido um terço dos impostos comerciais e agrícolas, o que Churchill aceitou estoicamente, dizendo a Baldwin que o Gabinete estava "desfigurando a pureza clássica da concepção em favor de uma transição mais fácil".[41]

Em 12 de fevereiro, Clementine passou por duas cirurgias de câncer de mama, uma realizada no número 11 da Downing Street às duas e meia da tarde e a outra à meia-noite. "Se você vier a ser — coisa de que não duvido — um homem destemido, já sabe a quem puxou", escreveu Churchill a Randolph no dia seguinte.[42]* Churchill leu passagens dos Salmos para ela, e mais tarde Mary comentou que a doença aproximara muito seus pais.[43] Em abril, Clementine já estava totalmente recuperada, e Churchill lhe escreveu sobre o caráter de Randolph. Contou

* No mês anterior, Churchill escrevera a Randolph em Eton comentando sua letra ou, como disse, as "elucidações caligráficas" nas cartas do filho: "Nos primeiros anos da idade adulta, uma letra realmente ruim e enganosa será uma grave desvantagem para você. Sua letra é distorcida. Em geral se consegue adivinhar o que quer dizer, mas os nomes próprios são indecifráveis". (A palavra "caligráficas" em sua carta era, ela mesma, praticamente indecifrável.) Uma semana depois, ele retomou: "Alguns bobos têm até a assinatura ilegível. Muitas vezes podem ser punidos, com suas cartas sendo postas de lado até decidirem escrever outra vez" (CAC RDCH, 1/3/1).

de uma discussão sobre a existência de Deus que o filho tivera com Percy Grigg, em que Randolph "mais do que defendeu sua lamentável posição. A força lógica de seu intelecto, a coragem de seu pensamento e o caráter brutal e por vezes repulsivo de suas réplicas me causaram forte impressão. Ele é muito mais avançado do que eu era nessa idade e totalmente fora do comum — para o bem ou para o mal".[44] Infelizmente, seria com demasiada frequência para o mal. Randolph começou a beber demais aos vinte e poucos anos e suas réplicas "de caráter brutal e às vezes repulsivo" muitas vezes se dirigiam contra um pai dotado de talentos que, conforme sabia, nunca viria a ter nem de longe. Para Randolph, era difícil ser filho de uma figura pública brilhante, claro, mas seu pai também enfrentara e vencera essa mesma dificuldade. Clementine respondeu com uma previsão acertada: "Sem dúvida ele será motivo de interesse, preocupação e perturbação em nossa vida", acrescentando: "Espero que ele sempre se importe conosco".[45] Tragicamente, não foi esse o caso.

No começo de abril, Churchill encontrou uma nova paixão que se somaria à nutrida pela pintura e à qual dedicaria um tempo consideravelmente maior durante a Segunda Guerra Mundial. "Estou virando fã de cinema", disse a Clementine, "e na semana passada fui ver *A última ordem*, um ótimo filme antibolchevique, e *Asas* [o primeiro a ganhar o Oscar de Melhor Filme], só sobre combates aéreos, absolutamente maravilhoso."[46] Era o começo de um duradouro caso de amor com a tela, e que responderia por uma boa parte dos rendimentos que teve escrevendo roteiros — infelizmente, porém, para filmes que nunca foram rodados. Esse amor decorria de sua personalidade romântica e imaginativa e de seus interesses ecléticos, bem como do fascínio pela história, pela política e pela propaganda. Viria a ser mais tarde sua principal forma de relaxar.*

O quarto discurso do Orçamento de Churchill, em 23 de abril de 1928, tinha nada menos que 15 mil palavras de extensão (mais do que este capítulo). Aumentava o valor do salário-família, dizendo que era "outra aplicação de nossa política geral de ajudar o produtor".[47] Também foi possível anunciar o projeto de desoneração tributária, que os ouvintes não sabiam que fora alterado para incorporar as ressalvas de Chamberlain. ("A carta de Neville é tirânica, mas ele que se pavoneie em paz", escreveu Churchill a Grigg, comentando uma das listas de obje-

* O capitão (futuro catedrático Sir) Michael Howard, que fez sua segurança em Chequers, lembra-se de quando Churchill estava assistindo a um filme de gângsteres. "Pelo barulho da torcida que vinha do fundo da poltrona, ficava claro que ele estava se divertindo imensamente. 'Vai, vai... acerte nele', dizia. 'Cuidado! Ele está atrás da porta! Ah, seu tonto!'" (Howard, *Captain Professor*, p. 59).

ções.)[48] A imprensa considerou o Orçamento um grande sucesso, e lorde Derby lhe escreveu dizendo que era "o Orçamento não meramente de um eleitoreiro, e sim de um estadista".[49] Freddie Guest foi ainda mais enfático: "Parece-me que você deu um firme passo rumo ao cargo de primeiro-ministro".[50]

Em agosto de 1919, Churchill apoiara a implantação da chamada Norma dos Dez Anos, decretando que as Estimativas da Defesa se basealiam a partir daquela data no pressuposto de que "o Império Britânico não se engajará em nenhuma grande guerra nos próximos dez anos e que não é necessária nenhuma Força Expedicionária para esse fim".[51] Concebida para render dividendos de paz, causou grandes danos por incentivar a complacência nos ministérios do Tesouro e das Forças Armadas. Em julho de 1928, Churchill cometeu outro erro de julgamento ao persuadir o Comitê de Defesa Imperial a conferir validade automática à Norma dos Dez Anos, sem necessidade de renovação anual, "como pressuposto permanente de que, em qualquer data determinada, não haverá nenhuma grande guerra por dez anos contados a partir de então".[52] Apesar das objeções de Balfour, o Gabinete ratificou a alteração, que só foi finalmente abolida em março de 1932, antes que Adolf Hitler chegasse ao poder, mas bem antes que decorressem dez anos até estourar a guerra seguinte.

Churchill passou o verão em Chartwell terminando o quarto volume de *The World Crisis* e escrevendo uma autobiografia que se chamaria *My Early Life*.* Atribuiu o fato de não o escolherem para representar Baldwin no Gabinete durante suas longas férias de verão à "séria [...] desvantagem com que tenho de arcar no partido por alertá-los contra a questão protecionista [...]. Metade do partido tory está religiosamente convicta das tarifas. Realmente me sinto muito independente de todos eles".[53] Escreveu a Baldwin: "Tenho passado um mês delicioso construindo um chalé e ditando um livro. Duzentos tijolos e 2 mil palavras por dia".[54] Porém, a despeito de toda a independência que professava e da vida longe da política, os Churchill não haviam desistido de sua ambição suprema. "Se algum dia você virar primeiro-ministro, creio que incorrerá em grande desprazer aqui se Charley não for incluído no Gabinete", escreveu Clementine de Mount Stewart, em Ulster, referindo-se ao marquês de Londonderry. "Enquanto isso, sinto saudades de meu Pig. Habituei-me a ele, por mais detestável que às vezes seja, e não consigo aguentar esses rebentos inatos do *ancien régime*!"[55]** Quando Churchill veio de fato a ser primeiro-ministro, Londonderry já se tornara inviável como candidato a qualquer cargo ministerial por se recusar a

* Nos Estados Unidos, *A Roving Commission*. [No Brasil, *Minha mocidade*.]

** Londonderry explicava o sucesso de Churchill na vida atribuindo-o exclusivamente ao sangue dos Vane-Tempest-Stewart herdado da avó paterna, ignorando os vários membros da família que tinham morrido loucos.

condenar Hitler, com quem se encontrara diversas vezes e por quem nutria grande admiração, mesmo após a eclosão da guerra.[56]

Em setembro de 1928, quando caçava gamos e tetrazes com o rei em Balmoral, Churchill comentou com Clementine sobre a filha do duque e da duquesa de York, a princesa Elizabeth, então com dois anos e meio de idade. Disse que ela "é uma figura e tanto. Tem um ar de autoridade e reflexão espantoso numa criança pequena".[57] Elizabeth, naquela época, era a terceira na linha sucessória do trono, mas, como o príncipe de Gales ainda não se casara, Churchill não teria como imaginar que ela viria a ser rainha e muito menos que ele viria a ser seu primeiro premiê. O outro comentário de Churchill em Balmoral, em resposta às preocupações de Clementine com "assuntos domésticos", veio diretamente do aristocrata vitoriano que tinha dentro de si: "Tudo vai se acertar. Os criados existem para nos poupar de problemas, e nunca deveríamos permitir que perturbem nossa paz interior. Sempre teremos comida para nos alimentar e o sono virá mesmo que as camas não estejam arrumadas. Não há nada pior do que se preocupar com ninharias".[58] Seu antiamericanismo também continuava o mesmo. "S. M. também partilha de minhas opiniões sobre os ianques", escreveu em 27 de setembro, "e as expressou num linguajar pitoresco."[59]

A vitória de Herbert Hoover na eleição presidencial em 7 de novembro parecia deixar as coisas ainda piores, devido à sua intransigência em relação ao pagamento das dívidas de guerra. "Pobre Inglaterra", escreveu Churchill a Clementine, que estava internada numa clínica de repouso por causa de uma intoxicação sanguínea causada por uma amigdalite, "está sendo empurrada aos poucos, mas inexoravelmente, para a sombra."[60] Aí estava outro sinal de sua crescente percepção de que a Grã-Bretanha — Churchill usava sem diferenciação "Inglaterra" ou "Grã-Bretanha", para a fúria de alguns escoceses — vinha sendo eclipsada em força e poderio pela "Grande República", de acordo com suas palavras. "Por que não nos deixam em paz? Arrancaram da Europa cada centavo devido…", escreveu ele a Clementine; "certamente podiam nos deixar cuidar de nossos próprios assuntos."[61] Clementine respondeu que ele deveria ser ministro das Relações Exteriores, "mas receio que sua sabida hostilidade aos Estados Unidos iria atrapalhar. Seria necessário entender e conhecer bem os Estados Unidos e fazer com que gostassem de você".[62] Essa hostilidade aos Estados Unidos, na verdade, não era fato sabido, pois ele se abstinha sistematicamente de expô-la em seus discursos para o público e para a Câmara dos Comuns.

Alfred Duff Cooper, parlamentar conservador que recebera em 1918 uma Ordem por Distinção de Serviço por bravura, foi eleito para o Other Club no primeiro semestre de 1928, bem como Esmond Harmsworth, filho de lorde Rothermere, e o marechal de campo Sir Claud Jacob, comandante-chefe do Exército britânico no Reno. Em julho, Boothby e o romancista satírico P. G. Wodehouse também ingressaram no clube. "Eu apreciava imensamente os jantares", relembrou Wodehouse, "embora ficasse extenuado em tal companhia."[63]* Em 31 de janeiro de 1929, Keynes apostou vinte libras contra dez de Churchill, no Other Club, que após a eleição seguinte os conservadores não passariam de metade dos parlamentares na Câmara dos Comuns. Esmond Harmsworth e Sir William Berry (futuro lorde Camrose), proprietário do *Daily Telegraph*, apostaram quinhentas libras contra 25 que os conservadores não ultrapassariam a metade dos parlamentares por cinquenta ou mais assentos na Câmara dos Comuns.[64] O alto desemprego que se mantinha, o legado da greve geral e da Lei dos Conflitos Trabalhistas e o longo período no poder tinham enfraquecido o governo Baldwin, cabendo a Churchill uma parcela de responsabilidade. Uma vez mais, porém, ele teve sorte na derrota: não iria gostar de ser o chanceler do Tesouro na Quebra de Wall Street, que ocorreria alguns meses depois.

No começo de março, Churchill publicou *The Aftermath* [Os desdobramentos], quarto volume de *The World Crisis*, pelo qual recebera um adiantamento de 2 mil libras, mais do que suficiente para cobrir as sessenta libras que logo teria de pagar a Keynes, Harmsworth e Berry. "A história da humanidade é a Guerra", escreveu numa passagem final da obra. "Salvo breves e precários interlúdios, nunca houve paz no mundo; e, antes que se iniciasse a História, a luta sangrenta era universal e incessante. Mas os desenvolvimentos modernos certamente exigem séria e ativa atenção."[65] Em 1º de março, deu um exemplar para Chamberlain, que anotou no verso "junho de 1929", sugerindo que o lera durante aqueles três meses.

Churchill então firmou contrato para escrever uma biografia do 1º duque de Marlborough, em vários volumes, recebendo um enorme adiantamento de 20 mil libras (1 milhão de libras em valores atuais). "Como é estranho que o passado seja tão pouco compreendido e tão rapidamente esquecido", escreveu ele a Katharine, viúva de Raymond Asquith. "Vivemos no mais irrefletido dos tempos. Todos os dias, manchetes e vistas curtas. Procurei aproximar um pouco mais a história para nossa época, caso possa servir como guia nas atuais dificuldades."[66]

No quinto e último Orçamento de Churchill, apresentado em 15 de abril de 1929 (somente Walpole, Pitt, Peel e Gladstone haviam apresentado tantos), o aumento da taxação sobre o álcool foi menor do que antes, mas o do imposto de transmissão por morte foi maior. "A decaída da cerveja foi compensada pela colheita da morte", afirmou ele.[67] Investiu contra o desperdício dizendo: "A mania de desperdiçar [...] é a política [...] de comprar um biscoito de manhã cedo e

* Depois que Wodehouse, um ingênuo inofensivo, fez cinco programas de rádio (apolíticos) para os alemães em 1941, Churchill disse: "Ele que vá para o inferno — tão logo tenha uma vaga na fila" (Diário de Marian Holmes, p. 17).

andar o dia todo procurando um cachorro para lhe dar de comer". O Orçamento aboliu a tarifa sobre o chá e reduziu a tarifa das apostas, mas, apesar da eleição que se aproximava, em 30 de maio, isso foi o máximo que ele pôde fazer de maneira responsável. Chamberlain teve de admitir a Irwin que o discurso de Churchill "fascinou e cativou a Câmara com sua força, ousadia, franqueza e inteligência".[68] Baldwin escreveu: "Nunca ouvi você falar tão bem, e isso significa muito".[69]

Em abril de 1929, Churchill fez sua primeira transmissão radiofônica, recomendando ao público que "fujam de cortes e mudanças de política; fujam de trapaceiros e vigaristas; fujam de todos os empréstimos desnecessários; acima de tudo, fujam das guerras de classe e das lutas políticas violentas como fugiriam da varíola".[70] Com seu talento natural para o meio, ele reconheceu imediatamente a capacidade dos programas radiofônicos em levar sua mensagem a milhões de lares, sem as distorções das reportagens de jornal e a tendenciosidade dos editoriais.

Churchill publicou seu discurso eleitoral em 10 de maio, com uma foto grande na capa em que aparece sentado com sobretudo de astracã e bengala na mão. "Avaliados por todos os testes disponíveis", segundo o discurso, "somos uma comunidade mais forte, mais rica, mais confortável, mais numerosa, com mais emprego do que éramos em 1924 [...]. Afirmamos que conduzimos os assuntos deste país de maneira íntegra, honesta e desinteressada, promovemos a paz no plano externo, preservamos a paz e a liberdade no plano interno."[71] A greve geral foi qualificada como "ofensa inconstitucional" e tida como "claramente derrotada", mas "roubou ao Tesouro 400 milhões de libras que poderiam ter sido usados como salário para os desempregados".[72]

Foi enaltecida também sua Lei de Pensões a Viúvas, Órfãos e Idosos de 1925, que foi a primeira a criar benefícios para as viúvas. "Quando penso no destino das idosas pobres, tantas delas sem ninguém que as atenda e sem nada para viver no final da vida, fico contente em ter contribuído para toda aquela estrutura de seguros e pensões que nenhum outro país é capaz de igualar e que é, acima de tudo, uma assistência a elas."[73] Pela primeira vez na história, todas as mulheres acima de 21 anos poderiam votar. Churchill logo se adaptou à nova situação. Em janeiro de 1931, escreveu a Lindemann expondo uma ideia para um artigo que indagaria: "A que altura chegará a ascendência das mulheres? Haverá uma primeira-ministra? [...]. Um mundo controlado por mulheres?".[74]

Na noite da eleição, Churchill se sentou a uma escrivaninha na Downing Street, acompanhando a contagem com uma caneta de tinta vermelha, conforme os resultados apareciam no papel da registradora. Tom Jones descreveu sua figura: "Bebericando uísque com soda, ficando cada vez mais rubro, levantando-se várias vezes e indo olhar pessoalmente a máquina, encurvando os ombros, avançando a cabeça como um touro pronto para arremeter [...]. Conforme anunciavam as vitórias trabalhistas, uma após a outra, Winston ficava cada vez mais vermelho de fúria, deixava a cadeira e encarava a máquina no corredor; com os ombros encurvados fitava os números, rasgava as folhas de papel, com o ar de que, se aparecesse mais alguma vitória trabalhista, iria arrebentar o aparelho todo. Suas exclamações diante da equipe presente eram totalmente impublicáveis".[75] Seriam ainda piores se soubesse a que ponto seria devastador aquele momento, um divisor de águas para ele. Passara mais de quatro quintos dos doze anos anteriores no governo e, no entanto, passaria os dez seguintes sem ocupar cargo nenhum.

Na eleição geral de 1929, os trabalhistas conquistaram 288 assentos, os conservadores, 260, e os liberais, 59. Os conservadores receberam 8,66 milhões de votos no sufrágio popular, os trabalhistas, 8,39 milhões, e os liberais ficaram atrás com 5,31 milhões. Pela primeira vez, mais de 50 mil britânicos votaram nos comunistas. Churchill, concorrendo como conservador constitucionalista, venceu em Epping com uma maioria de 4967 votos sobre o candidato liberal. Durante alguns dias após a eleição, ele e Baldwin tentaram montar uma aliança com os liberais para manter MacDonald de fora, mas foram impedidos tanto por Lloyd George como pelos protecionistas tories. Assim, em 8 de junho, quando MacDonald assumiu mais uma vez o cargo de primeiro-ministro, Churchill se viu pela primeira vez na vida na bancada dos líderes partidários da Oposição.

Decidiu usar o longo recesso parlamentar de verão para fazer uma grandiosa turnê de três meses por Canadá e Estados Unidos, levando Randolph, Jack e Johnny, filho de Jack, mas não Clementine, que precisou passar por mais uma operação nas amígdalas. Partiram em 3 de agosto no navio *Empress of Australia*. Leo Amery, o ex-ministro dos Domínios que Churchill conhecia desde Harrow, também estava a bordo. "A verdadeira questão é se livrar da praga de Winston no Tesouro", escrevera Amery a Chamberlain três meses antes. "Você não consegue convencer Stanley de que é impossível haver uma política imperial se a posição central no Estado é ocupada por alguém que é decididamente hostil ao Império?"[76] Desnecessário dizer que Churchill estava longe de ser hostil ao Império; apenas não acreditava que os alimentos mais caros provenientes da Preferência Imperial ajudariam a encarecer o Império aos olhos dos britânicos.

Churchill convidou Amery para jantar. Conversaram sobre "temas tais como se a pessoa realmente sente medo da morte quando ela se aproxima, e se de fato enfrenta impassível um pelotão de fuzilamento".[77] Churchill disse a Amery que seu único consolo no desastre dos Dardanelos "foi que Deus quis que as coisas se prolongassem a fim de que a Humanidade desenvolvesse aversão à guerra e foi por isso que Ele interferiu num projeto que traria um desfecho mais rápido à guerra".[78] Também afirmou que era possível deduzir a existência do Todo-Poderoso a partir da "existência de Lênin e Trótski, para os quais [é] necessário um Inferno".[79] Falando mais a sério, Churchill disse a Amery, protecionista convicto, que, se o partido tory adotasse a Preferência Imperial, ele deixaria a política e iria tratar de ganhar dinheiro. Caso contrário, "proponho ficar com vocês com toda a lealdade de um carrapato".[80] Afirmou que "tinha sido tudo o que sempre quis ser, exceto o cargo mais alto para o qual não via nenhuma perspectiva de vir a ocupar, e de todo modo as opiniões políticas não eram mais o que haviam sido. O nível estava mais baixo".[81] Já não existiam grandes homens da estatura de Gladstone, Salisbury ou Morley. Ao final da conversa, que prosseguira na cabine de Churchill depois de deixarem o restaurante, os dois se levantaram, Amery para sair e Churchill para pôr a roupa de dormir, vestindo "um longo camisolão de seda e por cima uma faixa de lã na barriga". Amery concluiu: "A chave para Winston é entender que ele é um homem de meados do período vitoriano, embebido na política dos tempos de seu pai e incapaz de captar o ponto de vista moderno".[82] Na verdade, eram as políticas econômicas pan-imperiais de Amery que já estavam ultrapassadas e logo estariam condenadas ao desaparecimento.

Os Churchill chegaram a Quebec em 9 de agosto e se hospedaram no imponente Hotel Château Frontenac, com suas grandiosas vistas do rio St. Laurent. De lá, Churchill insistiu que os acolhedores dignitários locais reencenassem a Batalha de Quebec de 1759 no campo de golfe, que ficava no topo das colinas de Abraham. Mandou Randolph e Johnny escalarem os montes como haviam feito os soldados do general James Wolfe, enquanto ele ocupava a posição do marquês de Montcalm no alto. O grupo então iniciou a longa viagem pelo continente, indo de Quebec a Vancouver. Viajaram em grande estilo graças à generosidade das Ferrovias do Pacífico canadenses e de um admirador norte-americano, Charles Schwab, da Bethlehem Steel Corporation, que lhes providenciou uma cabine na primeira classe, com leitos largos, um ambiente com amplas janelas e um vagão-restaurante. "Imaginem cortar aquelas belas árvores que vimos hoje à tarde", disse Churchill saindo de Quebec, "para fazer celulose para aqueles malditos jornais e chamar isso de Civilização."[83] Depois de Montreal foram para Ottawa, onde conheceram o primeiro-ministro, William Lyon Mackenzie King, "extremamente afável e cordial". (Churchill também reconheceu o corneteiro do 4º Regimento dos Hussardos, de seus tempos na Índia, que o presenteou com uma caixa de charutos.)[84] Em seguida atravessaram Toronto, as cataratas do Niágara, Winnipeg, Regina, Banff, Edmonton, Calgary e os campos petrolíferos de Alberta. Randolph comentou que os barões do petróleo não eram cultos a ponto de saberem gastar suas imensas riquezas de maneira adequada. "Gente culta", respondeu o pai, "é meramente a espuma cintilante que flutua sobre as águas profundas da produção."[85] Visitaram também o lago Louise, onde Churchill pintou a bela paisagem, protegendo a ponta do nariz contra o sol prendendo um pedaço de gaze, que retirava quando havia fotógrafos presentes.[86] Fez onze discursos para plateias numerosas e muito acolhedoras por todo o Canadá.

"Os Estados Unidos estão estendendo seus tentáculos em todas as direções", informou ele a Clementine em 15 de agosto, "mas a personalidade e o espírito nacional canadenses estão se tornando tão poderosos e independentes que não creio que tenhamos de temer pelo futuro."[87] "Querida, sinto-me grandemente atraído por este país", acrescentou doze dias depois. "Há imensos desenvolvimentos em curso. Há fortunas a fazer em muitas atividades." Também estava refletindo sobre a política e sua carreira pessoal. Se Chamberlain se tornasse líder do Partido Conservador, "ou mais alguém desse tipo, saio da política e vejo se não consigo dar um pouco mais de conforto a vocês e às crianças antes de morrer. Só um objetivo ainda me atrai [...]. Mas ainda não é tempo de tomar decisões".[88] (Em vista dessa sua atração por "só um objetivo", talvez tenha sido por brio que Churchill ficou longe da Grã-Bretanha durante três meses inteiros, enquanto os conservadores decidiam sem ele as futuras diretrizes da política de oposição, principalmente sobre questões importantes, como a Índia e o protecionismo.)

Depois de Vancouver, onde viram um urso pedindo biscoitos, entraram nos Estados Unidos da Lei Seca e ganharam uma garrafa de champanhe de um gentil funcionário da alfândega que fiscalizou a bagagem deles.[89] "Faturamos 100 milhões de libras esterlinas por ano com nossos impostos sobre bebidas", declarou Churchill ao jornal *Appleton Post-Crescent*, "que, pelo visto, vocês entregam a seus contrabandistas." De Seattle atravessaram de carro as florestas de sequoias-gigantes da Califórnia e se hospedaram com o magnata da imprensa William Randolph Hearst, e Churchill ficou encantado ao ver a abundância de borboletas. Foram recebidos em San Simeon pela esposa de Hearst e depois, em Los Angeles, por sua amante, a atriz Marion Davies. "Duas moradas magníficas, duas esposas encantadoras", Churchill informou a Clementine. "Total indiferença pela opinião pública, sólida posição liberal e democrática; circulação diária de 15 milhões, hospitalidade oriental, extrema cortesia pessoal (pelo menos conosco), aparência de um patriarca quacre."[90] Quando foram pescar nas águas da ilha Santa Catalina no iate de Hearst, Churchill pegou um marlim que pesava 85 quilos, que conseguiu içar em menos de vinte minutos.[91]

Em 21 de setembro, Churchill conheceu Charlie Chaplin numa grande festa em sua homenagem, oferecida por Marion Davies em sua Ocean House, de 110 cômodos, em Santa Monica. Na época, Chaplin era provavelmente o ator mais famoso do mundo e, embora se tratasse de um defensor do comunismo, Churchill se deu muito bem com ele — mais um exemplo de seu hábito de não permitir que a política prejudicasse a amizade. Mais tarde, Chaplin relembrou a cena: Churchill se mantinha à parte, "com ar napoleônico, a mão enfiada no colete, observando as danças".[92] Lá pelas três da manhã, já tinham combinado que, se

Chaplin interpretasse Napoleão, Churchill escreveria o roteiro. "Pense nas possibilidades cômicas", disse Chaplin. "Napoleão está na banheira discutindo com o irmão arrogante, todo fardado, enfeitado de galões dourados, aproveitando a oportunidade para deixar Napoleão numa posição de inferioridade. Mas Napoleão, com raiva, espirra água de propósito na bela farda do irmão, que tem de se afastar humilhado. Não é só inteligente em termos psicológicos. É ação e comédia."[93] Os dois se encontraram várias outras vezes, inclusive no estúdio do ator, onde Chaplin mostrou a Churchill o copião de seu novo filme, *Luzes da cidade*. Churchill o considerava "um comediante maravilhoso — bolche [bolchevique] na política e encantador na conversa".[94]*

O grupo então atravessou o país de proporções continentais, passando pelo Parque Nacional Yosemite e por Chicago antes de chegar finalmente a Nova York, em 5 de outubro, onde ficaram na casa de Bernard Baruch, na Quinta Avenida, com quem Churchill fizera amizade quando o financista ocupava a presidência do Conselho das Indústrias de Guerra, em 1918. Depois disso, visitaram Washington, onde encontraram o presidente Hoover, e foram a Richmond, Filadélfia e vários campos de batalha da Guerra Civil. Baruch tentou organizar um encontro no final de outubro entre Churchill e Franklin Roosevelt, então governador de Nova York, mas este declinou o convite e não convidou Churchill para visitá-lo em Albany.[95] As esquivas de Roosevelt talvez decorressem de suas lembranças do primeiro encontro com Churchill, porém o mais provável era que andasse muito ocupado com o impacto da "Quinta-Feira Negra", 24 de outubro de 1929, quando se deu a quebra do mercado financeiro dos Estados Unidos.

Em 19 de setembro, Churchill escrevera a Clementine expondo os rendimentos consideráveis que vinha tendo desde junho, quando deixara o cargo. Na lista constavam 7700 libras por adiantamentos editoriais, 1875 libras por artigos de jornal, trezentas libras por discursos apresentados, além do valor de 2750 libras por artigos ainda não escritos sobre o Canadá e os Estados Unidos e 9200 libras de lucros de investimentos em ações. A soma dava 21 825 libras (cerca de 1,09 milhão de libras em valores atuais) em apenas três meses e meio.[96] "Então realmente recuperamos uma pequena fortuna em poucas semanas", comunicou a ela. "Essa 'massa de manobra'** é da máxima importância e não pode ser dissipada."[97] Apesar da restrição imposta, Churchill lhe pediu na mesma carta que iniciasse a cons-

* Quando Chaplin foi visitar Chartwell, em 1931, as crianças conseguiram convencê-lo a fazer seu número de chapéu-coco-e-bengala. Churchill perguntou qual seria seu papel seguinte e Chaplin respondeu que seria Jesus Cristo. Churchill então perguntou: "Conseguiu comprar os direitos?" (Churchill, *Tapestry*, p. 35).

** Termo estratégico de Napoleão designando uma grande reserva essencial de tropas.

trução de outra ala em Chartwell. Seis dias depois, contrariando os conselhos de Baruch, investiu 3 mil libras no mercado financeiro norte-americano, afirmando à esposa que o investimento tinha "as melhores chances possíveis de sucesso".[98] Mais tarde, colocaria a culpa pela Quebra de Wall Street no que descreveu como "uma orgia de especulação". Nesse caso, orgia da qual ele mesmo participara com entusiasmo, aliás.[99] Certa vez, em 1945, Winston Churchill escreveu a um editor de jornal: "Sou membro de sua profissão. Nunca tive dinheiro nenhum a não ser o que resultou de minha pena".[100] Jactou-se com orgulho, e em larga medida era verdade, mas se tratava também de uma confissão involuntária de que suas atividades de especulação financeira costumavam malograr.

Os livros de registro do escritório de corretagem Vickers da Costa, do qual se valeu no mercado financeiro, mostram que Churchill investiu num amplo leque de títulos, ações e divisas. No começo dos anos 1920, por exemplo, seus investimentos incluíam minas de ouro da África do Sul e da Rodésia, a empresa marítima Cunard, títulos chineses com juros de 4,5%, debêntures de empresas hoteleiras, francos franceses, a British Cellulose Company, a British American Tobacco, a Eagle Oil, a Burma Corporation, títulos húngaros a 7,5% e a Empresa de Eletricidade de Shanghai. Interrompeu suas atividades na Bolsa durante o período em que esteve na Chancelaria — embora Clementine continuasse a comprar pequenos lotes de ações ordinárias de procedência norte-americana —, mas, logo após a renúncia, em junho de 1929, comprou papéis de empresas como Western Union Telegraph, British Oxygen, Pennroad Corporation, Sherwood Star Goldmining, Canadian Pacific Railways e International Nickel Corporation.[101] Nesse ponto deixou de ser um investidor de longo prazo e chegou a comprar e vender as ações quatro vezes numa quinzena; como disse a seu corretor canadense de commodities sobre um investimento na empresa American Rolling Mills em 1929: "Não penso em ficar com essas ações mais do que algumas semanas".[102]*

Seu corretor em Londres, Cecil Vickers, insistiu que ele parasse de apostar em "ações de risco" naquele ano, mas Churchill não lhe deu ouvidos, embora uma empresa como a Strike Oil, em que detinha uma participação acionária de 2 mil libras, tenha claramente falhado em fazer jus ao nome e entrou em liquidação. Churchill era um apostador — em 1923, perdeu em Biarritz 2 mil libras, mais do que os custos da nova ala em Chartwell — e via a especulação do mercado financeiro como um jogo de azar em escala muito maior.[103] Quando dava ouvidos a amigos como Sir Ernest Cassel, Bernard Baruch e Sir Abe Bailey, costumava ter bom retorno, e o mesmo ocorria quando apostava em lances seguros, como a compra maciça de ações da Shell Oil e da Shell Transport & Trading Co.,

* Em março de 1931, ele negociou ações da empresa norte-americana de vendas a varejo por correio Montgomery Ward dezesseis vezes em quatro dias, usando dinheiro que tomara emprestado.

no começo de 1924, na época em que prestou consultoria à empresa sobre a aquisição da Anglo-Persian, que a tornaria a maior companhia petrolífera do mundo (transação que, naquela época, não era ilegal nem imoral).[104] Mas, tirando isso, sua sorte na bolsa de valores não era maior do que nos cassinos de Monte Carlo e Biarritz.

Com sua capacidade sobrenatural de se colocar no centro dos acontecimentos enquanto a história se fazia, Churchill inclusive estava em Wall Street na Quinta-Feira Negra. No dia seguinte, logo debaixo de sua janela no Hotel Savoy Plaza, um homem se atirou do 15º andar na calçada, causando, como relatou Churchill, "uma enorme comoção e a vinda do corpo de bombeiros".[105] O próprio Churchill perdeu cerca de 10 mil libras (por volta de 500 mil libras em valores atuais) praticamente da noite para o dia. Na Grande Depressão que tomou conta do mundo industrializado nos três anos subsequentes, o comércio internacional caiu em dois terços, o desemprego aumentou drasticamente em todo o Ocidente e foram criadas na Alemanha as condições para a ascensão de Adolf Hitler. Churchill, porém, antes mesmo de deixar Nova York em 30 de outubro com destino a Southampton — onde Clementine foi encontrá-lo na plataforma e soube da catastrófica notícia financeira familiar[106] —, descreveu a Quebra num artigo de jornal como "apenas um episódio passageiro na marcha de um valoroso e prestimoso povo que, com profundo empenho, está abrindo novos caminhos para os homens e mostrando a todas as nações muitas coisas que deveriam tentar e muitas coisas que deveriam evitar".[107] Quando alguém se compadeceu de suas perdas no mercado de ações, Churchill retrucou: "Sim, teria sido muito melhor se eu tivesse gastado. Para que serve o dinheiro, a não ser para gastar?".[108]

Essa viagem de Churchill, na qual se encontrou com o presidente, senadores, governadores, congressistas e grande número de cidadãos comuns, dissipou totalmente seu antiamericanismo, que nunca mais ressurgiria, apesar das ocasionais frustrações com alguns cidadãos do país, tomados individualmente, durante a Segunda Guerra Mundial. "Vocês são os amigos que gostaríamos de ver muito bem armados", disse em 25 de outubro num jantar do Instituto do Ferro e do Aço em Nova York. "Recebemos com satisfação todos os avanços e desenvolvimentos de todas as armas da Marinha norte-americana."[109] Desnecessário dizer que isso agradou aos presentes, que eram fornecedores da Marinha dos Estados Unidos, mas Churchill estava sendo sincero.

Quando ele voltou para a Inglaterra, em 5 de novembro, seus prejuízos eram de tal monta que seria necessário economizar. Chartwell foi fechada, e a mobília, coberta com lençóis para evitar o pó. Mary ficou num chalé da propriedade junto com a babá, e seus pais alugaram um apartamento mobiliado em Londres, pois tinham vendido a residência da Sussex Square, número 2, em janeiro de 1925. Antes, Jack Churchill, que era sócio na Vickers da Costa, às vezes cobria os prejuízos do irmão, mas estes de agora eram muito grandes, e no início do segundo semestre de 1930 a lista de contas a pagar aos comerciantes ocupava duas páginas.[110] Também era maior do que Churchill conseguiria cobrir com o que recebia por seus artigos de jornal, ainda que regiamente pagos. Seus amigos intercederam: Ivor Guest serviu como avalista de um empréstimo, Bailey arranjou 2 mil libras e Cassel também ajudou. Mesmo assim, no final de 1930 Churchill devia 22 mil libras (cerca de 1,1 milhão de libras em valores atuais) a diversos bancos e seguradoras, como a Commercial Union, o que o obrigou a pôr Chartwell à venda pelo altíssimo preço de 30 mil libras, sem encontrar comprador. Em janeiro de 1931, quando Jack conseguiu 2 mil libras para ajudar na caução do irmão, Cecil Vickers deu a Churchill o excelente conselho de se afastar do mercado financeiro até que dias melhores voltassem.[111]

Como antes, Churchill saiu das dificuldades financeiras trabalhando ainda mais e assegurando que seus editores pagassem o máximo possível por seus livros (o que não é exatamente um pecado mortal). Em certo sentido, podemos agradecer ao insucesso de suas especulações no mercado financeiro o fato de ele ter escrito tantos bons livros na década de 1930. Também criou roteiros para os irmãos Korda, um deles sobre Napoleão, e, quando os vencimentos que obtinha com sua pena chegaram a 35 mil libras, Churchill reabriu Chartwell. Não havia nenhuma hipocrisia de sua parte em defender o trabalho árduo e o empreendedorismo individual. Após a morte de Lady Sarah Wilson, irmã do lorde Randolph Churchill, em outubro, aos 64 anos de idade, restavam em vida apenas dois dos onze filhos do 7º duque de Marlborough, reforçando ainda mais a convicção de Churchill de que não tinha muito tempo de vida e precisava prover à esposa e aos filhos.

Churchill estava no navio de volta à Inglaterra quando lorde Irwin, o vice-rei, anunciou que o governo britânico iria conceder o estatuto de Domínio à Índia. Haveria uma Conferência da Mesa-Redonda em Londres, com a presença de indianos, para discutir como se daria o processo. O estatuto de Domínio, de que já gozavam Canadá, Austrália, África do Sul, Nova Zelândia, Labrador e o Estado Livre Irlandês, na prática significava um governo autônomo e, em última instância, a independência e a retirada da joia da coroa do Império Britânico.

Churchill não tinha nenhuma simpatia pela — nem confiança na — classe média intelectual e profissional liberal majoritariamente hinduísta das cidades grandes que constituía a força motriz por trás do movimento de independência, tendo o Congresso Nacional Indiano (CNI) como ponta de lança. Ele resolveu se opor tanto ao governo trabalhista quanto a lorde Irwin, um tory, sobre a concessão do estatuto de Domínio. Onze anos depois, Irwin alegou ter dito a Churchill na ocasião: "Você tem as ideias de um subalterno da geração passada. Há vários indianos interessantes vindo para a Conferência, e realmente creio que seria muito bom se você falasse com alguns deles para atualizar suas ideias". Consta que Churchill teria replicado: "Estou muito satisfeito com minhas posições sobre a Índia e certamente não quero que sejam perturbadas por nenhum maldito indiano".[112] Como Baldwin concordava com Irwin, Churchill tinha pouco apoio no Parlamento para a campanha que planejava, mas contava com grande respaldo entre as fileiras do Partido Conservador — embora não da maioria.[113] Quando Irwin herdou o título de visconde Halifax em 1934, a família Churchill lhe deu o apelido de "Holy Fox" [Raposa Sagrada], aludindo a sua habilidade política, além de a suas preferências pela Igreja anglicana e ao gosto pela caça.

"É dever dos homens públicos e dos partidos políticos", escreveu Churchill no *Daily Mail* em novembro, "deixar claro, sem delongas, que a outorga do Estatuto de Domínio à Índia não é exequível no momento e que qualquer tentativa de obtê-lo encontrará a enérgica resistência da nação britânica." O artigo foi além, qualificando a ideia de um Governo Autônomo para a Índia como "criminosamente perniciosa". Seus argumentos eram mais sutis do que a suposta defesa de uma supremacia branca inventada por seus detratores, tanto na época como depois, embora o palavreado deliberadamente extravagante de Churchill lhes tenha facilitado muito a tarefa de caricaturarem suas posições. Em certo momento, ele declarou que o projeto de lei do Governo da Índia, que se seguiu à Mesa-Redonda, era "uma catástrofe que abalará o mundo".[114] A seu ver, o que a maioria dos indianos na verdade queria não era um governo representativo, e sim um bom governo, sob o primado da lei. Pensava também que, para os indianos, mais importante do que a independência e a soberania era terem bons padrões de saneamento e saúde pública, comunicações modernas, a proteção das minorias, como a casta dos intocáveis e os muçulmanos, diante da dominação da maioria hinduísta, além do equilíbrio entre os interesses das várias religiões e regiões rivais. Duvidava — e com razão, como se viu depois — que os príncipes indianos (entre marajás, rajás, nababos e outros), que governavam 70 milhões dos 300 milhões que compunham a população indiana, conseguissem conservar sua posição de semiautonomia num subcontinente em regime parlamentar. Churchill nunca entendeu que, como todos os outros povos imbuídos de respeito próprio, os nacionalistas indianos queriam acima de tudo um governo autônomo, do qual conseguiriam obter — ou, neste caso, manter — um bom governo. "As chances estão em grande medida contra nós", escreveu ele sobre a luta na Câmara dos Comuns contra o projeto de lei. "Mas sinto claramente que estou cumprindo meu dever e expressando minhas convicções sinceras."[115]

Só é possível entender a posição de Churchill em relação à Índia, que o levou a abrir mão com plena consciência daquela que parecia ser sua última chance de chegar a primeiro-ministro, à luz da religião secular a partir da qual entendia o Império Britânico e de sua convicção herdada dos whigs de que a instituição imperial era fundamental para a missão histórica da Grã-Bretanha de promover o progresso. Tais posições tinham ganhado um reforço em 1927, com *Mother India*, livro da socióloga norte-americana Katherine Mayo, que apresentava um subcontinente submetido ao casamento forçado antes da puberdade, à medicina nativa, ao banditismo, a uma ginecologia primitiva e a uma agricultura atrasada, problemas que os britânicos tinham dificuldade em superar por causa do obscurantismo religioso enraizado.[116]

Tendo combatido na Fronteira Noroeste, Churchill tinha pleno conhecimento das atividades militares do Exército britânico, desde a década de 1840, para proteger o norte da Índia contra os russos e as tribos afegãs, ao mesmo tempo mantendo a paz entre muçulmanos, sikhs e hinduístas, os quais, na opinião de Churchill, poderiam massacrar uns aos outros em tumultos entre suas respectivas comunidades, caso os britânicos deixassem a Índia. (Nisso, também, ele se demonstrou não totalmente equivocado.) Como livre-cambista, Churchill não demorou a se deixar convencer pela detalhada argumentação de Mayo, baseada num grande número de dados, sustentando que a Grã-Bretanha estava longe de drenar os recursos econômicos da Índia e que o comércio, na verdade, havia sido vantajoso para ambas as partes.[117] O fato de que os indivíduos mais ricos da Índia eram, quase todos, príncipes ou mercadores indianos parecia-lhe mais uma prova de que o Império Britânico não se conduzia como os colonialistas exploradores de outros impérios europeus na Ásia e na África.

Os louvores de Mayo às tentativas britânicas de instruir a casta dos intocáveis, de impedir a crueldade com os animais e de melhorar as práticas médicas locais — projetos valiosos sistematicamente tolhidos por líderes religiosos hinduístas — reforçaram a antipatia de Churchill pela independência indiana.[118] "Se perdermos a confiança em nossa missão no Oriente", disse ele em dezembro, num debate sobre a reforma constitucional egípcia — e naturalmente suas reflexões se aplicavam também à Índia —, "se rejeitarmos nossas responsabilidades para com os estrangeiros e as minorias, se nos sentirmos incapazes de cumprir com destemor e serenidade nossos deveres com enormes populações desamparadas, nossa presença nesses países perderá então qualquer fundamento moral e, baseando-se apenas em interesses egoístas ou em exigências militares, se tornará uma presença que não resistirá por muito tempo."[119]

Em junho de 1930, pouco depois de Mohandas Gandhi, o líder do CNI conhecido pelos seguidores como "Mahatma" (Grande Alma), ter sido detido e preso por transgredir deliberadamente as leis tributárias sobre o sal na Índia, foi publicado o relatório da Comissão Estatutária Indiana, nomeada pelo governo trabalhista para examinar a reforma constitucional e presidida por Sir John Simon. Para a grande fúria de Churchill, a comissão recomendava que fosse dado um passo significativo rumo ao governo autônomo indiano. Foi isso, e não a política de apaziguamento com os nazistas, que levou Churchill a romper com a liderança tory e deu início aos longos anos que passou no desterro político.

Embora a Índia e a quebra do mercado financeiro dominassem os noticiários e os pronunciamentos públicos de Churchill, não eram de forma alguma seus únicos interesses. Ele também aceitou, pela primeira e última vez na vida, um cargo de diretoria não executiva muito bem remunerado numa subsidiária da Peninsular & Oriental, empresa de navegação de lorde Inchcape, e durante oito anos compareceu metodicamente às reuniões do conselho diretor. Continuou a escrever artigos para jornais e revistas, fez leituras de pesquisa para sua biografia de Marlborough e ditou o texto de *Minha mocidade*. Em novembro de 1931, alugou um amplo duplex no quarto e quinto andares das Morpeth Mansions, no número 11 do Morpeth Terrace, a oito minutos a pé da Câmara dos Comuns, com uma espaçosa sala de visitas e uma ampla sala de jantar, no quarto andar, com vista para a Catedral de Westminster. Tinha um grande terraço na cobertura, com vista panorâmica, de onde é possível ver as duas Câmaras parlamentares. O andar da suíte dá diretamente para um grande solar, com o ano de sua construção — "1886" — gravado com destaque num brasão. Assim, a cada vez que Churchill olhava pela janela do quarto, via o ano da renúncia de seu pai, o início de um período no desterro — nove anos — que seria quase idêntico ao seu.

Em 22 de abril de 1930, foi assinado o Tratado Naval de Londres entre a Grã-Bretanha, o Japão, a França, a Itália e os Estados Unidos, que regulamentava a guerra com submarinos e restringia a construção de navios. A Grã-Bretanha abriu mão da reivindicação de um número maior de navios de proteção nas rotas comerciais do que o das outras potências marítimas e concordou em limitar a futura produção naval em certos setores. Churchill denunciou o Tratado: "Que instrumento calamitoso, tolhendo nosso extraordinário conhecimento naval e nos obrigando a gastar nosso dinheiro na construção de navios errados ou indesejáveis".[120] Em maio, queixou-se: "Nunca, desde o reinado de Carlos II, este país se mostrou tão indefeso quanto ficará com esse tratado".[121] Houve quem criticasse a hipocrisia dessa declaração, o que não foi surpresa, tendo em vista os cortes que fizera, quando chanceler do Tesouro, no programa do Almirantado para a construção de cruzadores, mas logo ele passou a ser visto como o porta-voz da direita tory sobre as questões da Índia e da defesa.[122] Também fez jus à sua fama de crítico mordaz no Parlamento, congratulando William Graham, presidente da Câmara de Comércio, por seus "excelentes discursos, discursos muito extensos, muito cuidadosos e muito lúcidos, proferidos sem anotações e muitas vezes sem argumentos".[123]

Em junho, Churchill apresentou a Aula Magna no Sheldonian Theatre da Universidade de Oxford, "O governo parlamentar e o problema econômico", em que propunha uma forma de retirar a questão do Livre-Comércio versus Protecionismo no âmbito da política partidária. Propunha um subparlamento econômico composto de um quinto de parlamentares, além de economistas e outros especialistas técnicos, que decidiriam as políticas fiscais no lugar da Câmara dos Comuns. "Winston está terrivelmente nervoso com a Aula", disse Clementine ao economista oxfordiano Roy Harrod. "Está apavorado com a ideia de se dirigir a todos aqueles eruditos."[124] (Ele nunca se apavorou com a ideia de se dirigir a quem quer que fosse, mas Harrod deve ter gostado do elogio.) "Não acredito que nossas instituições eleitorais e parlamentares possam descobrir os verdadeiros princípios, nem que uma imprensa conscienciosa e enérgica possa guiá-los", disse Churchill durante a preleção. "Tenho dúvidas, porém, se a Democracia ou o Governo Parlamentar ou mesmo uma Eleição Geral dariam uma contribuição decisivamente proveitosa [...]. Cabe observar que os problemas econômicos, à diferença das questões políticas, não podem ser resolvidos por uma expressão, por veemente que seja, da vontade nacional, mas apenas empreendendo a ação correta. Não se cura o câncer com uma maioria."[125] Era uma demonstração certeira de entendimento da natureza da economia, mas sua proposta nunca avançou e chegou a ser erroneamente interpretada por seus críticos, na época dos ditadores, como uma tentativa de se desvencilhar da democracia parlamentar. Na verdade, ao retirar da arena política partidária o tema mais espinhoso da época, ele esperava que sua proposta pavimentasse o caminho para o governo centrista que sempre apregoara.[126]

Havia quem estivesse perdendo a fé no capitalismo durante a Depressão, mas não era o caso de Churchill. Em agosto, um jovem convidado de Chartwell comentou que o capitalismo estava desmoronando. "Conversa fiada!", retrucou ele. "O capitalismo vai se endireitar sozinho. O que é o capitalismo? É simplesmente a observância dos contratos, só isso. É por isso que vai sobreviver."[127] Ele literalmente apostou no que dizia, investindo uma boa parte do retorno bruto de seus investimentos na bolsa de valores entre 1929 e 1937, que haviam rendido mais de 100 mil libras, comprando quase 3 mil libras de papéis da Marks & Spencer em 1930 e 6760 libras de ações da General Motors em 1931, e dizendo em julho de 1932 a Cecil Vickers, seu corretor financeiro: "Não creio que os Estados Unidos quebrem. Pelo contrário, acredito que logo, logo começarão a se recuperar".[128]

Nas eleições alemãs de 14 de setembro de 1930, o Partido Nazista recebeu 6,4 milhões de votos, obtendo 107 assentos e se tornando, com 18% dos votos, o segundo maior partido no Reichstag. Os sociais-democratas conquistaram 143 assentos, os comunistas, 77, e o Partido do Centro, 68. Um mês depois, Churchill disse ao príncipe Otto von Bismarck, neto do grande chanceler, que estava "convicto de que Hitler ou seus seguidores [vão] agarrar a primeira oportunidade para recorrer à força armada".[129] Isso não requeria grande capacidade divinatória — eles já haviam tentado fazer isso em Munique em 1923 —, mas mostrava que as atividades de Hitler já eram motivo de preocupação para ele.

Balfour morreu em 19 de março. "Enquanto eu o observava encarando a aproximação da Morte com um olhar calmo, firme e bem-disposto", escreveu Churchill, "vi como os estoicos eram tolos ao fazer tanto alarde sobre um acontecimento tão natural e tão indispensável para a Humanidade."[130] (Churchill organizara uma arrecadação entre os amigos de Balfour para lhe comprar um Rolls-Royce como presente de aniversário por seus oitenta anos de idade, em julho de 1928, e puxou um coro de três vivas na comemoração.) F. E. Smith, o lorde Birkenhead, grande amigo de Churchill, morreu de cirrose hepática em 30 de setembro, com apenas 58 anos. "Ele era uma rocha", disse Churchill no Other Club, "um homem que se podia amar, com quem se podia brincar e passar ótimos momentos. Nessa mesa estreita à qual se sentou tantas vezes entre nós, agora sentimos sua falta [...]. Creio que ninguém o conheceu melhor do que eu, e afinal foi meu mais caro amigo [...]. Bem no momento em que sentimos a falta de homens públicos capazes de dominar os acontecimentos, ele nos é tirado. Era esta a ocasião e eram estes os anos para o pleno aproveitamento de seus serviços a nosso país."[131] Cinco anos depois, Churchill escreveu no *News of the World*: "Ele possuía em grau admirável todas as virtudes caninas: coragem, fidelidade, vigilância, amor à caça [...]. F. E. foi o único de meus contemporâneos com quem tive o mesmo prazer e proveito que tenho com Balfour, Morley, Asquith, Rosebery e Lloyd George [...]. Ele parecia ter uma dose dupla de natureza humana [...]. F. E. depositou seu tesouro no coração de seus amigos e eles cuidarão de sua memória até lhes chegar a hora".[132]

Para Churchill, foi um golpe não só pessoal, mas também político: Birkenhead o apoiara dentro do Partido Conservador nas questões da Índia, da Rússia, da Marinha norte-americana e em muitas outras. Se não tivesse se entregado à bebida até morrer, poderia ter sido de grande auxílio para Churchill na luta contra a política de apaziguamento com a Alemanha nazista. Durante a Segunda Guerra Mundial, Churchill comentou várias vezes com seus assistentes: "Como sinto falta de F. E.", julgando que sua "presença teria feito uma enorme diferença no peso do fardo que precisava carregar".[133] Jock Colville disse a Freddie Birkenhead, filho de F. E.: "Nenhuma das relações pessoais posteriores de Churchill, nem mesmo com Max, Brendan e o Prof, se comparava à que ele tinha com seu pai".[134]

Em 9 de outubro, Baldwin anunciou que os conservadores queriam "carta branca" para reintroduzir o protecionismo na próxima eleição. "Você verá nosso programa", escreveu ele na semana seguinte a lorde Irwin na Índia. "Julgo provável que Winston renuncie por causa disso."[135] Talvez até uma das intenções fosse mesmo a de obrigar Churchill a se retirar do Comitê Empresarial conservador (precursor do Gabinete Paralelo), desobstruindo o caminho de Neville Chamberlain, o candidato preferido de Baldwin para sucedê-lo. Mas Churchill não renunciou de imediato, talvez relembrando o destino do pai.[136]

A primeira edição de *Minha mocidade*, com tiragem de 17 mil exemplares, foi publicada em 20 de outubro de 1930 e se esgotou imediatamente. Dedicado "A uma nova geração", hoje em dia é o livro de um único volume mais vendido de Churchill, traduzido para dezenove línguas. O literato Harold Nicolson, futuro parlamentar trabalhista nacional, descreveu-o "como uma grande taça de champanhe". *The Times* elogiou seu "encanto e vivacidade", bem como "o humor, a impetuosidade, a ironia serena, a nostalgia melancólica por glórias e costumes do passado, o amor ao esporte, os prazeres da amizade", mas não deixou de dar uma alfinetada: "O material, claro, é cheio de esplendor, como o sr. Churchill há de concordar".[137] O general Sir Hubert Gough, que lutara em duas campanhas junto com Churchill, fez às margens de seu exemplar anotações questionando a precisão dos fatos: "desconsideração pela verdade estrita", "pura invenção", "bobagem", e assim por diante.[138] Os acontecimentos narrados haviam se passado trinta anos antes, e o tempo tende a embelezar os episódios. Houve também reclamações mais inusitadas. Ao expor suas frustrações com a expedição de Tirah em 1897-8, Churchill concluía um capítulo dizendo: "Então o castor constrói sua barragem e então, quando está prestes a começar sua pesca, vem a inundação que leva embora o trabalho, a sorte e os peixes. Assim precisa recomeçar". Mais tarde, recebeu uma carta de um canadense informando que o castor "tem uma dieta vegetariana estrita e nunca apanha nem come peixes".[139] Mas, embora houvesse alguns pequenos embelezamentos, havia também cenas magníficas, um belo texto e verdades que sobrevivem ao teste de nove décadas. "Nunca, nunca, nunca acredite que alguma guerra será fácil e tranquila", observou ele, "nem que aquele que embarca nessa estranha viagem é capaz de prever as correntes e os furacões que enfrentará."[140] Em outra passagem de *Minha mocidade*, escreveu: "Praticamente nada de sólido ou estabelecido que fui ensinado a crer que era permanente ou vital perdurou. Tudo de que eu tinha certeza ou fui ensinado a ter certeza de que era impossível aconteceu".[141] Uma grande parte do livro, que é repleto de aventuras, discorre sobre o que constitui uma boa morte. Na época em que escreveu o livro, já quinquagenário, Churchill testemunhara uma enorme quantidade de mortes, e o livro, embora apresente a juventude como tema, traz inúmeras reflexões como: "Muitos jovens têm se arruinado por possuírem cavalos ou por apostarem em cavalos, mas nunca por cavalgá-los: a menos, claro, que quebrem o pescoço, o que, estando a galope, é uma forma muito boa de morrer".[142]

"Agora venham, jovens, todos vocês, do mundo inteiro", exortava ele nas linhas mais famosas do livro:

> Vocês são mais necessários do que nunca para preencher a lacuna de uma geração dilacerada pela Guerra. Não têm um minuto a perder. Ocupem seus lugares na linha de batalha da vida. Dos vinte aos 25! Estes são os anos! Não se contentem com as coisas como são. "A Terra em sua plenitude é sua." Recebam sua herança, aceitem suas responsabilidades. Não se satisfaçam com uma negativa. Nunca se submetam ao fracasso. Não se deixem enganar pelo mero sucesso ou aceitação pessoal. Vocês cometerão todos os tipos de erros; mas, enquanto forem generosos e sinceros, e também audazes, não ferirão a Terra e nem mesmo lhe causarão séria aflição. Ela foi feita para ser cortejada e conquistada pela juventude. Vive e prospera apenas pelas reiteradas subjugações.[143]

O que permeava *Minha mocidade* era o pressuposto — equivocado, como se viu depois — de que a história de Churchill seria de interesse para as gerações futuras basicamente por causa das glórias do Império Britânico. "Eu fui uma criança da era vitoriana", escreveu ele, "quando a estrutura de nosso país parecia assente, quando sua posição no comércio e nos mares não tinha rival e quando a percepção da grandeza de nosso Império e de nosso dever em preservá-lo se tornava cada vez mais profunda."[144] Nenhum leitor de *Minha mocidade* duvidaria do ponto a que Churchill se dispunha a chegar para preservar o Império de figuras como Ramsay MacDonald, lorde Simon, "Mahatma" Gandhi, lorde Irwin e, se necessário fosse, Stanley Baldwin.

Em 12 de novembro de 1930, a Conferência da Mesa-Redonda se reuniu na Galeria Real da Câmara dos Lordes e se manteve em sessão por mais de dois meses. Incluía uma delegação indiana, embora Gandhi estivesse preso e tenha sido libertado uma semana depois do encerramento. Ainda que Churchill desdenhasse das reivindicações dos indianos como "pretensões absurdas e perigosas", Baldwin estava decidido a defender o estatuto de Domínio para a Índia como forma de concessão efetiva da autonomia de governo, mas conservando-a dentro do Império.[145] Havia um grupo de oposição com cerca de sessenta parlamentares conservadores "obstinados". J. H. Morgan, seu conselheiro constitucional, registrou a posição dos líderes, lordes Salisbury, Wolmer e Lloyd, e dos parlamentares John Gretton e Sir Henry Page Croft: "*Todos* eles desconfiavam de Churchill".[146] Isso porque julgavam que Churchill, nas palavras de Wolmer, "não tem convicções; ele só se juntou a nós pelo que pode extrair disso".[147] Não era verdade; Churchill não tinha nada a extrair da campanha, a não ser impedir a perda prematura da Índia para o Império. Dificilmente seria uma rota para a promoção política. Mesmo que a decisão acabasse por levar à queda de Baldwin, como mais tarde torceria para que acontecesse, Churchill sabia que não era o candidato alternativo preferido para a liderança tory. Essa campanha foi empreendida por convicção, em defesa do Império que amava.

"Winston está na mais profunda tristeza", informou Baldwin a Davidson em 13 de novembro. "Ele quer que a Conferência fracasse logo e que o partido tory volte ao pré-guerra e governe com pulso forte. Ele voltou a ser mais uma vez o subalterno dos hussardos de 1896."[148] Isso também era uma injustiça, mas, como linha de ataque, tinha sua força. Outra, usada por Davidson, repetia a crítica que já lhe faziam tantas vezes: "Os tories obstinados que se opuseram a nós em relação à Índia nunca viram Churchill como um conservador, mas sim como um liberal renegado que mudou de lado. Era visto como politicamente instável", afirmou ele. "Era um homem brilhante, mas considerava-se que esse próprio brilho indicava princípios e discernimento instáveis."[149]

Em 27 de janeiro de 1931, uma terça-feira, Churchill renunciou ao Comitê Empresarial Conservador e, com isso, à linha de frente da bancada tory, devido ao apoio do partido ao estatuto de Domínio para a Índia. O Comitê fora instituído apenas em março do ano anterior, de modo que não parecia ser uma renúncia tão relevante, e inclusive lhe permitiu falar abertamente contra a política do partido. O establishment do Partido Conservador ficou igualmente satisfeito com sua saída, embora não o tivesse obrigado a isso; a escolha fora de Churchill. Conforme escrevera na biografia de seu pai: "Ele renunciou no momento errado, pela questão errada e não fez nenhuma tentativa de reunir apoio" — e o mesmo se poderia dizer do filho. Até então, Churchill sempre fora inflexivelmente contrário a renúncias, dizendo a Violet Asquith que Curzon errara ao renunciar ao cargo de vice-rei da Índia em 1905, por causa de seus desentendimentos com Kitchener. "Eu *nunca* teria renunciado", disse. "Teria esperado minha hora e o atacaria em alguma outra questão e o derrotaria. Renunciar, nunca."[150]

Já em 1924, o candidato trabalhista na eleição secundária da Abadia de Westminster, Fenner Brockway, publicara um panfleto em que Churchill era retratado andando ao lado de marcos na estrada que indicavam "Leicester West" e "Dundee", e então seguindo um poste com uma placa que apontava para o "Desterro".[151] Agora chegara lá. Muitas vezes argumenta-se que Churchill deveria ter poupado seu capital político abstendo-se de combater o governo autônomo indiano, que era fato consumado por ter o apoio das lideranças das duas bancadas, e em vez disso ter esperado para lutar na Câmara contra a política de apaziguamento com os nazistas. Todavia, apesar de todas as suspeitas de que Hitler poderia tentar outro putsch, Churchill não tinha como saber que ele chegaria ao poder em 1933, ao passo que era possível ver claramente que aquilo que considerava a realização mais gloriosa na história da Grã-Bretanha, a dominação do Império sobre a Índia, estava prestes a ser entregue sem resistência.

O imenso capital político de Churchill em anos posteriores se baseava na percepção pública de que, quando via verdades desagradáveis, ele falava, seguia seu coração, defendia sua posição, mesmo que fosse o único, e não fazia cálculos pessoais; pelo contrário, fazia o que julgava ser correto no momento. O conflito sobre o projeto de lei do Governo da Índia, na verdade, foi uma preparação para dificuldades futuras, tanto quanto as batalhas em que esteve do lado vitorioso. O público confiou nele em 1940 não porque acreditasse que Churchill sempre, ou de modo geral, estava certo — era evidente que não —, mas porque sabia que ele lutara corajosamente pelas coisas em que acreditava, ao contrário de muitos outros políticos, mais interesseiros.

# 15. No desterro

## *Janeiro de 1931 a outubro de 1933*

> *Todo profeta tem de provir da Civilização, mas todo profeta tem de ir para o deserto. Precisa ter em si uma sólida impressão de uma sociedade complexa e tudo o que ela tem a dar, e então precisa cumprir períodos de isolamento e meditação. Esse é o processo pelo qual se cria dinamite psíquica.*
>
> Churchill, *The Sunday Chronicle*, novembro de 1931[1]

> *Forças poderosas estavam à deriva. O vazio estava aberto e nesse vazio, após uma pausa, entrou um louco de gênio feroz, o repositório e a expressão dos mais virulentos ódios que já corroeram o peito humano — o cabo Hitler.*
>
> Churchill, *The Gathering Storm*[2]

Apesar de estar agora no desterro político, as apresentações parlamentares de Churchill continuavam a atrair multidões e despertar risos. Em 28 de janeiro de 1931, durante um debate sobre o projeto de lei de Disputas Trabalhistas, ele proferiu o que Harold Nicolson classificou de "o discurso mais espirituoso de sua vida".[3] Churchill comentou

> a maravilhosa habilidade [de Ramsay MacDonald] de cair sem se machucar. Ele cai, mas se levanta outra vez, sorrindo, um pouco descabelado, mas ainda sorrindo [...]. Lembro que, quando criança, levaram-me ao famoso Circo de Barnum, que

tinha uma exibição de aberrações e monstruosidades, mas a exibição do programa que eu mais queria ver era a que chamavam de "O Prodígio sem Ossos". Meus pais julgaram que esse espetáculo seria repugnante e desmoralizante demais para meus olhos infantis, e esperei cinquenta anos para ver o prodígio sem ossos na bancada do Tesouro.[4]

Churchill manteve sua enxurrada de discursos por todo o país, além de Westminster, em quantidade muito maior do que os políticos de oposição, atestando assim sua energia e ambição. Proferiu 61 discursos importantes em 1930, 48 em 1931, 28 em 1932, 41 em 1933, 39 em 1934, 54 em 1935, 23 em 1936, 55 em 1937, 39 em 1938 e 36 em 1939, sem contar as centenas de intervenções menores em Westminster e dezenas de artigos. Por mais que os líderes da bancada partidária conseguissem evitá-lo na Câmara dos Comuns, seus comícios públicos, muitas vezes com alto comparecimento de pessoas, mostravam que ele constituía uma força na política britânica que não poderia ser ignorada em hipótese alguma. Os comícios políticos de massa constituíam uma espécie de entretenimento noturno gratuito numa época em que a televisão ainda não existia, e eram poucos os apresentadores famosos com tal estatura ou qualidade.

Sem dúvida, Churchill se manifestava ardorosamente sobre a questão da Índia. Mas, apesar de seu desejo sincero de proteger príncipes, muçulmanos, minorias e a casta dos intocáveis da maioria hinduísta, era inegável que também pretendia montar uma coalizão contra o Partido do Congresso. Havia um profundo senso vitoriano de superioridade racial em suas convicções de que seis países comandados por brancos tinham condições de um governo autônomo, mas que, como disse num discurso em Manchester, "exceto como meta visionária final, não haverá na Índia o estatuto de Domínio como o do Canadá ou da Austrália em período algum que possamos sequer remotamente prever".[5] Ele deu voz ao preconceito bastante comum de que "nunca é possível fazer concessões aos orientais quando pensam que somos fracos ou que temos medo deles".[6] Era por isso que, em última análise, Churchill condenava Irwin. "Sua atitude em relação à Índia tem sido constantemente a de pedir desculpas." Retomou o tema três dias depois, em Liverpool:

> O leão britânico, tão audaz e valente em dias passados, tão invencível durante toda a agonia do Armagedom, agora pode ser expulso dos campos e florestas de sua antiga glória por meros coelhos. Não que nossa força esteja seriamente prejudicada. Estamos sofrendo um colapso psicológico. Basta mantermos a postura firme e enfrentarmos nossas dificuldades como outrora para que essas mesmas dificuldades se reduzam pela metade.

21. Winston Churchill no retrato pintado por seu amigo Walter Sickert em 1927, quando Churchill era chanceler do Tesouro.

22. Arthur Balfour em 1912. Foi alvo de zombarias de Churchill durante cinco anos, mas depois ficaram amigos.

23. Marechal de campo lorde Kitchener em 1915. Saiu-se melhor em batalha do que como ministro da Guerra.

24. Lorde Curzon em 1921. A família Churchill lhe deu o apelido de "Suprema Alteza", por causa de seu senso de superioridade.

25. O político e advogado tory F. E. Smith, melhor amigo de Churchill e um dos poucos que o superavam nas tiradas espirituosas.

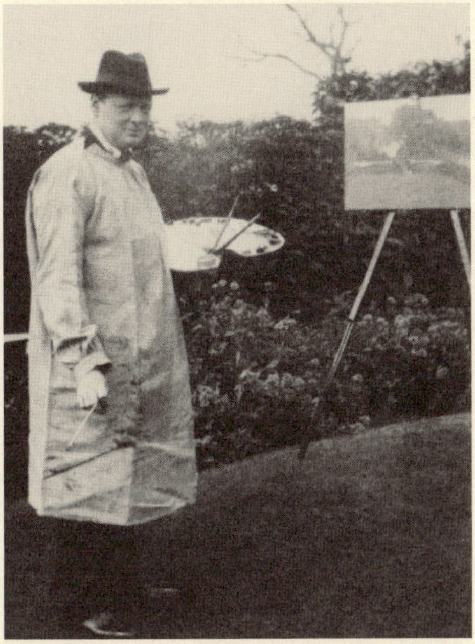

26-7. Churchill passou a pintar na pior fase de sua vida, após o desastre nos Dardanelos. Aqui, ele e Clementine estavam em Hartsbourne Manor, em Hertfordshire, residência da atriz norte-americana Maxine Elliott.

28. Churchill mandou os filhos revirarem Chartwell para juntar os objetos para esta pintura, *Bottlescape*, em 1926.

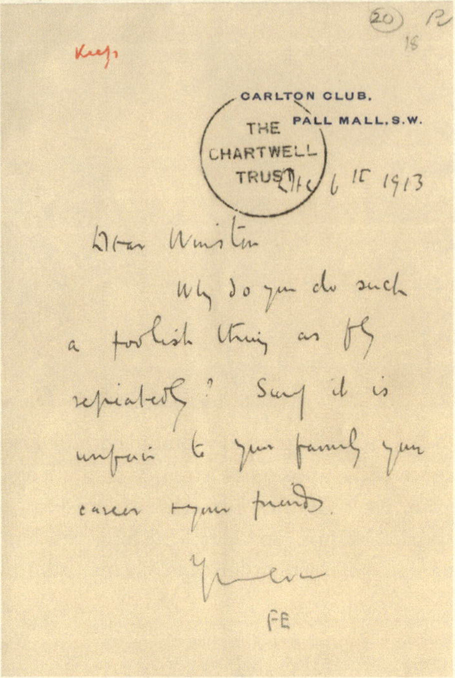

CARLTON CLUB,
PALL MALL, S.W.

THE CHARTWELL TRUST

Dear Winston

Why do you do such a foolish thing as fly repeatedly? Surely it is unfair to your family your career & your friends.

Yours ever

FE

29. F. E. Smith repreendeu Churchill em dezembro de 1913, por arriscar constantemente a vida aprendendo a voar.

30. Churchill chegou de aeroplano a Hilsea em Hampshire com o piloto major Gerard, em 1915.

31. Tenente-coronel Churchill do 6º Batalhão, os Fuzileiros Reais Escoceses, nas linhas atrás de Ploegsteert, na Bélgica. À sua esquerda está seu amigo e subordinado imediato, major Archie Sinclair, futuro líder do Partido Liberal.

32. Churchill usou um capacete de aço francês, o *poilu*, nas trincheiras e neste retrato pintado por Sir John Lavery em 1916.

33. Churchill visitou as Pirâmides durante a Conferência do Cairo, em 20 de março de 1921. As cinco primeiras figuras a camelo são (*da esquerda para a direita*) Clementine Churchill, Churchill, Gertrude Bell, Lawrence da Arábia e o policial detetive Walter Thompson.

34. Churchill jogando polo com seu primo, marquês de Londonderry, que se tornaria um dos principais defensores da política de apaziguamento, no Clube de Polo de Roehampton em maio de 1921.

35. Chartwell Manor, em Kent, que Churchill comprou em 1922, vindo a criar um profundo amor pelo local.

PLEASE PASS ON THIS COPY OR DISPLAY IT

# The British Gazette

Published by His Majesty's Stationery Office.

No. 8 LONDON, THURSDAY, MAY 13, 1926 ONE PEN

## GENERAL STRIKE OFF

### UNCONDITIONAL WITHDRAWAL OF NOTICES BY T.U.C.

Men To Return Forthwith.

SURRENDER RECEIVED BY PREMIER IN DOWNING STREET.

Negotiations To Be Resumed In The Coal Dispute.

**The General Strike, which began at midnight on Monday, May 3, ended yesterday in an unconditional withdrawal of the strike notices by the General Council of the Trades Union Congress. The news of the settlement was conveyed to the public in the following official communiqué :—**

WHITEHALL, May 12.

It was intimated to the Prime Minister that the Trades Union Council desired to come and see him at Downing-street, and they arrived soon after 12 noon. Mr. Pugh made a statement, in which he stated that the Trades Union Council had decided to call off the strike notices forthwith.

The Prime Minister then spoke briefly. He stated that he was very glad to hear what Mr. Pugh had said, and he would report it to his colleagues in the Cabinet.

As regards the coal industry, the Prime Minister said that negotiations would be resumed, and the Government would consider as to what steps should be taken.

The whole proceedings lasted a very few minutes.

### THE DECISION OF THE T.U.C.

The following is from the official shorthand note of the conversation :—

THE PRIME MINISTER : Mr. Pugh, will you be good enough to make a statement?

### NO RESUMPTION BY MINERS.

Mr. Cook And End Of The General Strike.

"Nothing To Do With Us."

### THE KING TO THE NATION.

Appeal For Lasting Peace.

DIFFICULTIES STILL AHEAD.

"Let Us Forget Elements of Bitterness."

The King last night issued the following message from Buckingham Palace :—

TO MY PEOPLE.

The Nation has just passed through a period of extreme anxiety. It was to-day announced that the General Strike had been brought to an end.

At such a moment it is supremely important to bring together all my people to confront the difficult situation which still remains. This task requires the co-operation of all able and well-disposed men in the country. Even with such help it will be difficult, but it will not be impossible.

Let us forget whatever elements of bitterness the events of the past few days may have created, only remembering how steady and how orderly the country has remained, though severely tested, and forthwith address ourselves to the task of bringing into being a peace which will be lasting because, forgetting the past, it looks only to the future with the hopefulness of a united people.—GEORGE R.I.

### REINSTATEMENT. No Obligations Incurred.

The following official statement was issued yesterday from Downing Street :—

### CIVIC SERVICE.

Home Secretary And Volunteer Labour.

### "British Gazette" Circulation.

| | |
|---|---|
| May 5 | 232,000 |
| May 6 | 507,000 |
| May 7 | 655,000 |
| May 8 | 836,000 |
| May 10 | 1,127,600 |
| May 11 | 1,801,400 |
| May 12 | 2,209,000 |

### MR. BALDWIN ON THE FINISH.

Victory Of Common Sense.

STATEMENT IN PARLIAMENT.

NATURE OF THE PEACE.

### THE NEWS IN PARIS.

Profound Relief In British Circles.

RESUMPTION OF RACING.

### THE BIRTH AND LIFE OF T[HE] "BRITISH GAZETTE"

An Unexampled Achievement [in] Journalism.

HOW AN IMPROVISED NEWSPA[PER] REACHED A CIRCULATION OF 2,209,000.

THE GOVERNMENT AR[...]

A FAMOUS LETTER.

A CRUCIAL TES[T]

### VOLUNTARY SERVICES.

### POSTAL SERVICES.

Delivery Of Parcels To Be Resumed.

### APRIL TRADE RESULTS.



36. O oitavo e último número de *The British Gazette*, que Churchill editou durante a greve geral de 1926.

37. Chá em Chartwell em agosto de 1927 (*da esquerda para a direita*): Thérèse Sickert, Diana Mitford (futura Mosley), Eddie Marsh, professor Frederick Lindemann, Randolph Churchill, Diana Churchill, Clementine, Walter Sickert e Churchill.

38. Churchill com casaco de astracã para seu discurso nas eleições gerais de 1929.

39. Churchill foi nomeado chanceler da Universidade de Bristol em 1929. Nas cerimônias, usou o manto de chanceler do Tesouro que foi de seu pai.

40. O Other Club realiza seus jantares no Pinafore Room no Savoy Hotel desde 1911, quando foi fundado por Churchill e F. E. Smith, até a data de hoje.

41-2. Sir Alfred Munnings, membro do Other Club, fez estes desenhos em julho de 1929 e no Natal de 1934.

Ele deu como exemplo a necessidade de incentivar a indústria e a agricultura, de desenvolver controles mais rigorosos sobre as finanças, de promover a unidade econômica imperial. "E, como preliminar indiscutível para todas essas árduas tarefas, temos de pôr na rua esse governo infame, esbanjador, mexeriqueiro, rastejante."[7]

Por volta dessa época, Churchill escreveu a Lindemann expondo a ideia para um artigo sobre "Grandes combatentes de causas perdidas". Concentrou-se em Aníbal, Vercingetórix, Harold Godwinson, Carlos I e Robert E. Lee, sugerindo: "Caberia desenvolver tanto a causa perdida como a grandeza do combate e do combatente".[8] Lindemann sugeriu que ele lesse um romance apocalíptico chamado *Last and First Men*, de W. Olaf Stapledon, que levou Churchill a abordar o ordenamento do universo pela primeira vez desde que o 4º Regimento dos Hussardos endossara a Religião da Mente Sadia no final dos anos 1890. Escrevendo a Lindemann sobre a Humanidade em termos abstratos, ele comentou: "Depois que terminarmos toda essa história, espero que se passe muito tempo até que alguma semente vá parar em alguma estrela inocente e inofensiva. Sem a explicação de um ser espiritual Supremo, todas essas peregrinações são vazias. Em todo caso, é ótimo saber que há muita coisa a fazer".[9]

Em 23 de fevereiro de 1931, uma segunda-feira, falando perante o conselho da associação de seu distrito eleitoral na Winchester House, em Epping, Churchill fez talvez o discurso mais notório de sua vida, explicando por que renunciara à bancada da liderança tory. "Eu não seria capaz de servir num governo cuja política para a Índia não me transmitisse segurança", disse ele.[10]

> É alarmante e também nauseante ver o sr. Gandhi, um advogado sedicioso do Middle Temple, agora posando de faquir de um tipo muito conhecido no Oriente, subindo seminu os degraus do palácio do Vice-Rei, ao mesmo tempo que ainda organiza e conduz uma campanha ostensiva de desobediência civil, para conferenciar em pé de igualdade com o representante do Rei-Imperador. Tal espetáculo só há de aumentar o descontentamento na Índia e o perigo ao qual estão expostos os brancos que vivem lá.[11]

Em outra passagem, referiu-se a Gandhi como "esse maligno fanático subversivo".[12]*

* Numa carta de 1944, que não foi entregue, Gandhi respondeu a Churchill em tom de pilhéria: "Há tempos venho tentando ser faquir e isso (também) nu — tarefa mais difícil. Portanto, considero a expressão um elogio, embora não intencional [...]. Seu amigo sincero, M. K. Gandhi" (*CIHOW*, p. 343).

Suas palavras na associação receberam uma moção de confiança e concordância aprovada por unanimidade, e Churchill comentou com Clementine que sua acolhida fora "carinhosa, ardente e unânime".[13] Não se pode dizer o mesmo do veredito da história, em especial porque Gandhi se converteu num santo secular após ser assassinado, em 1948. Hoje é até difícil expressar a medida em que os imperialistas britânicos do começo dos anos 1930 consideravam Gandhi uma fraude, alguém que se expressava com comentários muitas vezes ambíguos e opacos. Eles simplesmente não acreditavam em sua santidade ou sinceridade e o viam como um revolucionário de motivação política no mais alto grau, ainda que muitos apreciassem sua doutrina da não violência. As extravagâncias retóricas de Churchill nos ataques a Gandhi, tal como a maneira como se referia ao bolchevismo, vinham começando a se voltar contra ele, passando a ser vistas mais como número de um teatro de variedades do que como discurso político sério. Seu tom estava se tornando quase retórico demais para o bem de suas causas.

Em 4 de março, Churchill escreveu um artigo na *Strand Magazine* chamado "A Second Choice", sobre todas as guinadas que tivera na vida e como as coisas poderiam ter sido diferentes: "Se olharmos nossa vida passada, veremos que uma de suas experiências mais usuais é a de termos sido ajudados por nossos erros e prejudicados por nossas decisões mais sagazes".[14] Ele só saberia vários anos depois, mas sua decisão de renunciar ao Gabinete Paralelo sobre a Índia logo lhe seria de enorme ajuda, por isentá-lo de responsabilidade por toda e qualquer decisão que levou à política de apaziguamento com a Alemanha. Sentindo-se elegíaco, como muitas vezes acontece quando a pessoa termina sua autobiografia, ele concluiu o artigo da seguinte maneira: "Reconciliemo-nos com o ritmo misterioso de nosso destino, tal como deve ser neste mundo do tempo e do espaço. Valorizemos nossas alegrias, mas não lamentemos nossas dores. A glória da luz não pode existir sem suas sombras. A vida é um todo, e é preciso aceitar o bem e o mal juntos. A jornada foi agradável e valeu a pena. Outrora".[15]

Mas, embora estivesse olhando para o passado, no que concernia à política, Churchill continuava a se concentrar no futuro. "É espantosa, revendo as últimas seis semanas, a mudança que ocorreu em minha posição", comentou com Clementine. "Agora pode acontecer qualquer coisa, se a opinião [pública] tiver tempo de se desenvolver."[16] O apoio dos veículos de imprensa de Rothermere e Beaverbrook — em especial o *Daily Mail*, o *Daily Express* e o *Evening Standard* — em favor dos Obstinados contra o estatuto de Domínio para a Índia, além de uma revolta entre as bases tories a esse respeito, prejudicou gravemente a posição de Baldwin como líder do partido. Baldwin manteve plena compostura. (Churchill admitiu com um respeito um tanto pesaroso: "Combater Baldwin era como combater um edredom. Você lhe dava o que imaginava ser um golpe arrasador, e aí descobria que não deixara marca nenhuma".)[17] No entanto, o primeiro-ministro pensara seriamente em renunciar em 1º de março, e só não o fez porque foi dissuadido por dois de seus amigos mais próximos em política, John Davidson e William Bridgeman.

A sobrevivência de Baldwin dependia do resultado de uma eleição secundária em St. George's Westminster, na qual o candidato tory Alfred Duff Cooper enfrentou Sir Ernest Petter, conservador independente contrário ao estatuto de Domínio que contava com o vigoroso apoio dos jornais de Rothermere e Beaverbrook. Inspirado no primo Rudyard Kipling,* Baldwin repreendeu os barões da imprensa com as famosas palavras: "O que os proprietários desses jornais almejam é o poder, e o poder sem responsabilidade — a prerrogativa da meretriz ao longo dos tempos". No dia seguinte, Churchill falou à Sociedade do Império Indiano no Royal Albert Hall:

> Abandonar a Índia ao governo dos brâmanes seria um ato de cruel e maligna negligência. Envergonharia para sempre os que carregassem tal culpa. Esses brâmanes que repetem e papagueiam os princípios do liberalismo ocidental, e posam de políticos filosóficos e democráticos, são os mesmos brâmanes que negam os direitos básicos de existência a quase 60 milhões de seus conterrâneos a quem chamam de "Intocáveis" e a quem de fato ensinaram, ao longo de milênios de opressão, a aceitar essa triste posição [...]. E então, num instante, mudam e começam a falar de lógica com John Stuart Mill ou a defender os direitos do homem com Jean-Jacques Rousseau.[18]

Em seguida ele alertou que a saída do Exército britânico levaria a massacres coletivos em todo o norte da Índia.[19]

Em 19 de março de 1931, Duff Cooper venceu em St. George's por 17 242 a 11 532, numa maioria bastante sólida, e a campanha de Churchill contra o projeto de lei da Índia sofreu um sério revés. Mesmo assim, resolveu continuar na luta. "Tenho certeza de que sabe que não tenho nenhum sentimento pessoal de hos-

* Churchill sempre foi um grande apreciador da obra de Rudyard Kipling, muito embora o escritor nunca o tenha tido em grande apreço. Em novembro de 1937, Churchill declarou no jantar do Kipling Memorial Fund, no Grosvenor House Hotel em Londres: "Dois trechos ou poemas imortais em inglês suscitam admiração sem distinção de partido ou estado de espírito. Todo bom inglês deveria em algum momento aprender de cor o hino 'Recessional' sobre o Jubileu de Diamante e aquela regra de vida contida nos versos chamados 'Se'" (*CS* VI, p. 5905). "Recessional" era um alerta pessimista sobre o fim próximo da grandeza imperial britânica, quando: "Longe nossas esquadras se dissolvem; / Em dunas e cabos desaparece o fogo: / Eis que toda a nossa pompa de ontem / Se iguala a Nínive e Tiro!".

tilidade por você", escreveu a Irwin, vice-rei da Índia. "Sinto a mais profunda dor com o curso dos acontecimentos na Índia e com o impulso que você lhe deu. Ficaremos, temo eu, vários anos presos nessa controvérsia, e creio que se tornará a linha divisória na Inglaterra. Em todo caso, você começará com os grandes batalhões a seu lado."[20] Churchill tinha razão, e ficava cada vez mais isolado em sua oposição à reforma constitucional na Índia. Apesar disso, não abrandou em nenhum aspecto sua mensagem sobre as circunstâncias políticas dominantes. "Deixa-me doente ouvir o secretário de Estado dizendo sobre a Índia: 'Ela fará isto, ela fará aquilo'", declarou uma semana depois no Clube Constitucional. "A Índia é uma personalidade política tanto quanto a Europa. Índia é um termo geográfico. É uma nação unitária tanto quanto a linha do equador."[21]

A despeito de todo o seu isolamento, Churchill continuou a divertir a Câmara. No debate do Orçamento em abril, quando alguns parlamentares liberais o elogiaram pelo exercício do cargo de chanceler do Tesouro, ele respondeu: "Suponho que é sempre de se estimar um veredito favorável, mesmo quando vem de um juiz injusto ou de um árbitro trapaceado".[22] Em outro debate, quando Churchill disse: "Todos nós ouvimos falar que o dr. Guillotin foi executado pelo instrumento que inventou", Sir Herbert Samuel gritou: "Não foi, não!", e Churchill retrucou: "Bom, deveria ter sido".[23] E escreveu num artigo sobre charges políticas na *Strand Magazine* de junho: "Assim como, imagina-se, as enguias se acostumam a ser esfoladas, da mesma forma os políticos se acostumam a ser caricaturados".* Na verdade, "A bem dizer, eles ficam muito melindrados e abatidos quando as charges cessam [...]. Murmuram: 'Não somos mais malhados e maltratados como éramos antes. Acabaram-se os grandes tempos'".[24]

Como a Quebra de Wall Street se transformara numa inequívoca Grande Depressão, finalmente Churchill adotou pela primeira vez o conceito de tarifas gerais. Concordou com Chamberlain, então chanceler do Gabinete Paralelo, que a necessidade de arrecadação se sobrepunha a tudo e iria, como disse Churchill, "dar ocasião para fechar aqueles novos negócios com países estrangeiros que são necessários e, encaminhados de maneira sensata, podem desempenhar um papel importante para fundir a produção e o consumo de nosso Império, antes que o atual processo de dispersão e desintegração chegue a seu fatídico fim".[25] Era o final da longa campanha que o levara a mudar de lado em 1904, mas, com o desemprego atingindo 2,5 milhões de pessoas em junho, Churchill colocou a realidade à frente dos dogmas econômicos. Com isso aproximou-se ainda mais da direita tory, que concordava com ele sobre a Índia.

Uma grave crise financeira em julho de 1931, causada pelo recrudescimento da Grande Depressão, pôs fim no mês seguinte ao governo exclusivamente tra-

* As enguias, claro, não se acostumam a ser esfoladas; elas morrem.

balhista de Ramsay MacDonald, e um Governo Nacional assumiu o poder, ainda com MacDonald como primeiro-ministro e Philip Snowden como chanceler do Tesouro, mas também com a presença de conservadores — Baldwin como lorde presidente do Conselho, Neville Chamberlain na Saúde e Samuel Hoare como secretário para a Índia — e de liberais — lorde Reading como ministro das Relações Exteriores e Sir Herbert Samuel como ministro do Interior. Churchill não recebeu nenhum convite.

"Que transformação extraordinária da cena política! Fico contente por não ser responsável por ela", ele comentou com Eddie Marsh.[26] "Posso afirmar com sinceridade que em momento algum fiquei ressentido e menos ainda magoado por ser tão categoricamente descartado num cenário de tensão nacional", escreveu Churchill em suas memórias, dezessete anos depois.[27] Mais uma vez, buscou consolo nas estranhas voltas que a Fortuna dá. "Às vezes, quando está de carranca muito fechada", escreveu ele no *Sunday Pictorial* em 30 de agosto, "ela está preparando suas dádivas mais deslumbrantes."[28] Era verdade. Devido à sua oposição a um ponto central da política do governo — no caso, o estatuto de Domínio para a Índia —, Churchill se viu no desterro político durante a década em que os sucessivos governos deixaram, como disse ele mais tarde, "os gafanhotos comerem".[29]

No mesmo mês, uma visita de nove dias de George Bernard Shaw (de quem Churchill pessoalmente gostava) e Nancy Astor (de quem não gostava) à Rússia, de onde voltaram com profusos elogios a Stálin e ao comunismo, levou-o a uma previsível indignação. "Os russos sempre gostaram de circos e espetáculos itinerantes", declarou aos leitores da *Pall Mall Gazette*; "[...] ali estava o bufão e palhaço intelectual mais famoso do mundo e a encantadora Colombina* da pantomima capitalista", para os quais "o arquicomissário Stálin [...] abriu os santuários ciosamente protegidos do Kremlin e, afastando sua provisão matinal de sentenças de morte e *lettres de cachet*, recebeu seus convidados com sorrisos de esfuziante camaradagem."[30] No encontro, quando Stálin perguntou a Lady Astor sobre a carreira de Churchill, ela respondeu: "Oh, ele está liquidado!".[31]

Em 21 de setembro, o novo Governo Nacional suspendeu o padrão-ouro e impôs tarifas sobre todos os artigos importados, sem encontrar oposição nem sequer dos liberais. Também anunciou uma eleição geral para 27 de outubro, a fim de obter novo mandato. "Nessa grave emergência pública, apresento-me como candidato nacional e conservador", escreveu Churchill em seu panfleto eleitoral para os votantes de Epping. "Sempre os alertei sobre os males que o gover-

* "Amante de Arlequim", segundo o *Shorter Oxford Dictionary*.

no socialista traria a nosso país [...]. Mostrou-se uma indevida tolerância para com esse evangelho da inveja, do ódio e da malícia, tomado de empréstimo a escritos estrangeiros e incessantemente soprado do exterior. A nação britânica percebeu o perigo somente à borda do precipício para o qual fora atraída."[32] Então, numa reviravolta surpreendente, declarou: "Como conservadores, estamos convencidos da necessidade de que uma medida eficaz de proteção da indústria britânica e da agricultura britânica ocupe papel central em qualquer projeto de recuperação nacional [...]. Apenas caminhando em conjunto é que as raças e Estados do Império Britânico podem preservar sua glória e sobrevivência".[33] Era quase exatamente a mesma coisa que ele ridicularizara durante décadas, em centenas de plataformas públicas, nas posições da família Chamberlain, de Leo Amery e dos livre-cambistas imperiais, mas a Grande Depressão estava atingindo o nadir, e a preocupação de Churchill com o sofrimento imediato do povo passou a prevalecer sobre seus ideais de longo prazo. Também criticou "a política indecisa e incoerente dos socialistas na Índia", por trazer "discórdia e sofrimento" aos indianos e prejudicar a Grã-Bretanha aos olhos do mundo — muito embora Irwin tivesse sido durante toda a vida um conservador.

Ao concorrer como conservador — pela quarta vez em sete anos, mas a última —, Churchill dobrou sua maioria em Epping. Foi um dos 473 conservadores eleitos, ao lado de 35 liberais nacionais e treze trabalhistas nacionais — dando ao Governo Nacional um total de 554 parlamentares numa Câmara de 615 assentos. Na oposição, os trabalhistas ficaram com 52 assentos, e os liberais independentes, com quatro. O sufrágio popular deu 11,98 milhões de votos aos conservadores, 6,65 milhões aos trabalhistas, 1,4 milhão aos liberais e 0,81 milhão aos liberais nacionais. Em vista de sua oposição ao projeto de lei da Índia, e tendo o governo uma maioria tão esmagadora, não havia hipótese de oferecerem algum cargo a Churchill.

Ele publicou *The Eastern Front* [O fronte oriental], quinto e último volume de *The World Crisis*, no começo de novembro. A essa altura, os volumes anteriores já haviam modificado as ideias de muitas pessoas sobre a guerra e sobre sua participação nela. Costuma-se dizer que o jornalismo é o primeiro rascunho da história, mas as memórias de Churchill das duas guerras mundiais foram os verdadeiros rascunhos iniciais desses dois conflitos, estabelecendo por décadas os termos de referência de ambos. Mais uma vez, ele enviou um exemplar assinado a Neville Chamberlain, cuja anotação "janeiro de 1932" ao final sugere que, mais uma vez, foi lido imediatamente. Os adversários nunca negaram as capacidades autorais de Churchill. Como diria Baldwin em 1933: "Se eu tivesse — Deus não permita — de lhe fazer um discurso, diria 'Leia *Marlborough*'".[34]*

* Churchill ditava discursos, livros, artigos e cartas enquanto percorria a largos passos seu escritório em Chartwell e nos Anos de Desterro usava uma escrivaninha rústica alta, feita por um marceneiro

Em novembro de 1931, Churchill também publicou um artigo chamado "Fifty Years Hence" [Daqui a cinquenta anos] na *Maclean's Magazine*, em que fazia algumas previsões absurdas — que criaríamos apenas as partes do frango que desejássemos comer, por exemplo —, mas algumas de precisão assombrosa.[35] "Televisões e telefones sem fio", escreveu ele muito antes que começassem a ser produzidos comercialmente, "prosseguindo naturalmente em seu atual caminho de desenvolvimento, permitirão que o usuário se conecte com qualquer local com instalações similares, e ouça e participe da conversa como se estivesse falando pela janela." E acrescentou: "A congregação de homens em cidades se tornaria supérflua".[36] Afirmou ainda: "A energia nuclear é incomparavelmente maior do que a energia molecular que usamos hoje. O carvão que um homem obtém num dia pode facilmente realizar quinhentas vezes mais o trabalho que o homem faz. A energia nuclear é pelo menos 1 milhão de vezes ainda mais potente [...]. Não há dúvida entre os cientistas de que essa fonte gigantesca de energia existe. O que falta é o fósforo para acender o fogo".[37]

O artigo trazia uma série de reflexões de Churchill sobre a natureza da humanidade e reiterava sua convicção de que o aprimoramento da natureza humana nem de longe seguia na mesma velocidade em que avançava o conhecimento tecnológico. Isso, ao fim e ao cabo, poderia ser calamitoso. "Certo é que, embora os homens venham acumulando conhecimento e poder numa velocidade desmedida e sempre crescente", escreveu ele,

> suas virtudes e sua sabedoria não têm mostrado nenhum aprimoramento notável com o decurso dos séculos. O cérebro de um homem moderno não difere na essência do cérebro dos seres humanos que lutaram e viveram aqui milhões de anos atrás. A natureza do homem tem permanecido até agora praticamente inalterada. Sob certo grau de pressão — fome, terror, paixão beligerante ou mesmo um frio frenesi intelectual —, o homem moderno que conhecemos tão bem praticará as mais terríveis ações e sua mulher moderna lhe dará respaldo.[38]

Pelo menos igualmente preocupante era o problema que ele já identificara em sua Aula Magna: a saber, que as instituições representativas que serviam de base para a democracia não atraíam mais pessoas com a qualidade necessária para que funcionassem como deveriam. "Sabe-se de longa data que a democracia é incompetente como guia ou motivo para o progresso", escreveu ele. "Nenhuma das assembleias legislativas dos grandes Estados modernos representa no voto universal nem sequer uma fração da força ou sabedoria da comunidade [...].

---

local, para trabalhar de pé, sobre a qual espalhava os documentos. Em 1949, a família lhe deu de presente de aniversário uma bela versão em mogno (Singer, *Churchill Style*, p. 134; *FH* n. 94, p. 11).

Os governos democráticos seguem à deriva na linha de menor resistência, adotando visões míopes, pagando pedágio com propinas e esmolas e aplainando o caminho com banalidades que soam agradáveis."[39] Por vezes toma-se isso como sinal de que Churchill perdera a fé na democracia e estava pensando em abraçar a ditadura.[40] Na realidade, o inverso é que era verdadeiro; ele conclamava a um revigoramento da democracia e sustentava: "Portanto, a coisa mais importante de todas é que a filosofia moral e as concepções espirituais dos homens e das nações resistam [...]. Sem igual desenvolvimento da Misericórdia, da Piedade, da Paz e do Amor, a própria Ciência pode destruir tudo o que torna a vida humana majestosa e tolerável".[41]

No livro de ensaios sobre história contrafactual *If It Had Happened Otherwise* [Se tivesse acontecido de outra maneira], de J. C. Squire, publicado em 1931, Churchill escreveu o capítulo chamado "If Lee Had Not Won the Battle of Gettysburg" [Se Lee não tivesse vencido a Batalha de Gettysburg], no qual imagina uma vitória dos Confederados na Guerra Civil americana; a partir daí, Robert E. Lee substitui Jefferson Davis e termina com a escravidão na Confederação, uma associação entre os povos de língua inglesa impede que se deflagre a Grande Guerra e o cáiser Guilherme se torna o chefe titular de um movimento pacífico por uma Europa Unida. É um conto divertido e mostra até que ponto Churchill desenvolvera suas reflexões sobre o tema dos povos de língua inglesa.

Para reabastecer seus cofres após a Quebra de Wall Street, Churchill embarcou com Clementine e Diana no cruzeiro *Europa* com destino a Nova York, para uma turnê de quarenta palestras pelos Estados Unidos. Foi acompanhado também por Walter Thompson, o detetive guarda-costas, em razão de ameaças de morte da organização terrorista punjabi-sikh Ghadar, que teria, ao que se julgava, células em atividade na América do Norte. Os temas de suas palestras eram "O caminho dos povos de língua inglesa" e "A crise econômica". Como disse a Archie Sinclair: "A deflação cruel e criminosa dos serviços e commodities que tem caracterizado os dois últimos anos e a valorização artificial do ouro receberão minhas críticas explícitas".[42]

Em 13 de dezembro de 1931, um domingo, depois de jantar no hotel em que estava hospedado, o Waldorf Astoria, na Park Avenue com a 49th Street, Churchill pegou um táxi para uma corrida de três quilômetros até a casa de Bernard Baruch no número 1055 da Quinta Avenida, entre a 86th Street e a 87th Street. Durante a corrida, deu-se conta de que não sabia o endereço de Baruch, mas se hospedara lá em 1929 e achava que reconheceria o edifício. Pagou o táxi no Central Park, no lado da Quinta Avenida, entre a 76th Street e a 77th Street, dez quarteirões ao sul da casa de Baruch. Naqueles dias, a Quinta Avenida tinha tráfego nos dois sentidos.* Churchill, que vestia um sobretudo pesado com gola e guarnição de pele, começou a atravessar a rua, mas, quando estava no meio, esquecendo momentaneamente que não estava na Inglaterra, olhou para a esquerda em vez da direita e foi atingido por um carro que seguia para o norte.[43]

O motorista, Mario Constasino (ou Contasino — as versões variam), de Yonkers, estava andando a uns 55 quilômetros por hora. Tentou frear, mas era tarde demais. "Houve um instante — não sei quanto durou", escreveu Churchill pouco depois,

> de um mundo ofuscante, de um homem aterrorizado. Sem dúvida pensei com rapidez suficiente para me ocorrer a ideia "Vou ser atropelado e decerto vou morrer". Então veio a pancada. Senti na testa e nas coxas. Mas, além da pancada, houve um impacto, um choque, uma concussão indescritivelmente violenta. Apagou-se tudo, mesmo o pensamento. Não entendo como não fiquei despedaçado como uma casca de ovo, nem esmagado como uma groselha [...]. Decerto devo ser muito resistente ou muito sortudo, ou ambos.

A seguir, sentiu "ondas e mais ondas de sensações convulsivas e dolorosas".[44]

"Um homem morreu atropelado!", gritou um passante.[45] Chegou um policial, a quem Churchill ainda conseguiu informar que a culpa tinha sido exclusivamente sua.[46] Levaram-no ao Lenox Hill Hospital, que felizmente ficava a apenas duas quadras de distância, deitado no assoalho de um táxi. Churchill percebeu que não conseguia mover as mãos e os pés, mas logo sentiu "violentas alfinetadas e agulhadas". Trataram a concussão, deram pontos nas contusões sofridas no nariz e na testa, cuidaram dos graves esfolamentos no braço, no peito e na perna do lado direito, o que exigiu mais de uma semana de internação no hospital.[47] O sr. Constasino foi visitá-lo e ganhou de presente um exemplar assinado de *The Eastern Front*.

"Foi um tremendo baque", escreveu a Sinclair no dia 30, "e nem consigo imaginar como não fui esmagado ou despedaçado. Também tive muita sorte em escapar às rodas, que só passaram por cima e quebraram a ponta dos dedos de meus pés."[48] Lindemann explicou a física da coisa num telegrama, baseando-se nos noventa quilos de Churchill: "Encantado boa notícia. Colisão equivalente queda dez metros na calçada** [...]. Equivalente deter tijolo 4,5 quilos atirado 180 metros ou duas descargas chumbo grosso na horizontal [...]. Corpo transferido durante impacto equivalente a 8 mil cv. Parabéns por bom estofo e capacidade de absorver baque".[49]

* Aqui há um mistério nunca esclarecido: se Churchill estava vindo do centro da cidade, por que não desceu no lado residencial da Quinta Avenida, a leste, em vez de descer no lado do Central Park, a oeste?

** Por coincidência, a mesma altura de sua queda da árvore em Wimborne, em 1893.

Negociado por nada menos que quinhentas libras (cerca de 25 mil libras em valores atuais), o artigo de Churchill sobre seu acidente saiu no *Daily Mail* em 4 de janeiro de 1932, com o título "My New York Misadventure" [Meu infortúnio em Nova York]. "Comigo o transe de gás hilariante geralmente assume essa forma", escreveu sobre a concussão, "o santuário é ocupado por potências alienígenas."[50] A continuação do relato se chamava "Estive consciente o tempo todo". Churchill foi com a família para as Bahamas na véspera do Ano-Novo, sendo que o programado era passar lá o Natal.[51] O governador local, Sir Bede Clifford, notou "que ele ainda tinha na testa a marca de um ferimento bem feio".[52] (A marca permaneceu por muitos anos, e testemunhas comentam que, durante a Segunda Guerra Mundial, ela ficava vermelha quando ele se zangava.) A família se hospedou na Residência do Governo em Nassau. Churchill "gostava de boiar de bruços na água, reemergindo periodicamente para respirar" e, quando a filha Diana comentou que achava que tinha visto um rodovalho [*turbot*], Churchill respondeu rimando: "Bem, não lhe dê trabalho [*don't disturb it*]".[53]*

Quando Churchill voltou aos Estados Unidos da Lei Seca, o dr. Otto Pickhardt, do Lenox Hill Hospital, lhe deu um atestado geral, afirmando: "Atesto que a convalescença do Exmo. Winston S. Churchill após o acidente requer o uso de bebida alcoólica principalmente no horário das refeições. A quantidade é naturalmente indeterminada, mas a exigência mínima é de 250 centímetros cúbicos".[54] Churchill escreveu a lápis: "Manter à mão". Em 28 de janeiro de 1932, retomou a turnê de palestras que fora adiada e pôde honrar 35 dos quarenta compromissos originais, uma prova da capacidade de recuperação de um homem de 57 anos que mais uma vez escapara à morte por um triz. Recebeu mais de 7500 libras naquele mês e meio, numa época em que o primeiro-ministro recebia 5 mil libras por ano.[55]

"Um povo amante da paz, de coração bondoso, de passos leves, andou tão ocupado desarmando os povos de língua inglesa que desenvolveu uma nova potência naval no Extremo Oriente", disse Churchill no Clube da Liga da União em Chicago, em 2 de fevereiro. "Se os Estados Unidos quiserem construir um navio novo, direi: 'Construam e que Deus os abençoe'."[56] Era evidente que sua postura diante de uma Marinha norte-americana poderosa tinha mudado por completo desde 1927. Entre 28 de janeiro e 10 de março de 1932, ele fez uma maratona de palestras percorrendo em 41 dias quinze estados e 28 cidades, num total de 19 mil quilômetros. A cidade mais ao norte que visitou foi Toronto, a mais ao leste foi

* Ele disse a Clifford que não alimentava o usual preconceito contra trocadilhos e se gabou do melhor que fizera, quando estava em Port Said e um grupo de árabes subira a bordo de seu navio, procurando o vizir. "Vi sim, um minuto atrás", disse-lhes Churchill, "mas agora não vi mais" (Clifford, *Proconsul*, p. 189).

Boston, a mais a oeste foi Minneapolis e a mais ao sul foi New Orleans, mais uma vez evidenciando que era, de longe, o político britânico da época mais viajado pela América do Norte. Em Gettysburg, um dos presentes observou que "ele surpreendeu o guia ao corrigi-lo sobre a disposição das tropas e das armas. Feita uma verificação posterior, constatou-se que o sr. Churchill tinha plena razão".[57]

Em 9 de março, Churchill foi entrevistado pela rádio CBS em Nova York. "Penso que na vida da maioria das pessoas a sorte e o azar acabam empatando", disse ele. "Às vezes, o que parece azar pode se revelar sorte, e vice-versa [...]. Fiz montes de coisas tolas que deram certo e montes de coisas sensatas que deram errado. O infortúnio de hoje pode levar ao sucesso de amanhã."[58] Em seu caso, era verdade, mas então ele fez uma previsão equivocadíssima: "Não creio que veremos outra grande guerra em nossa época. A guerra, hoje, é nua — nua de proveitos e despida de todo o seu fascínio. A velha pompa e circunstância desapareceram. A guerra agora não passa de labuta, sangue, morte, miséria e propaganda mentirosa.* Além disso, como os franceses têm um Exército forte e a Grã-Bretanha e os Estados Unidos têm boas forças navais, não é provável que ocorra alguma grande guerra".[59] Quanto aos povos de língua inglesa, Churchill argumentou: "Precisa haver alguma força organizadora na cúpula dos assuntos humanos, alguma presidência no Conselho das Nações, com força suficiente para retirá-los de sua atual confusão e reconduzi-los à prosperidade". A prosperidade mundial e a paz mundial, segundo ele, viriam das "duas nações credoras mundiais atuando juntas", e acrescentou: "Minha confiança no Império Britânico é inabalável".[60] Também tinha confiança nos Estados Unidos. "Se o mundo inteiro, exceto os Estados Unidos, se afundasse no oceano, esta comunidade sobreviveria. Tiraram sustento da pradaria e das florestas. Vão ter no futuro próximo um sólido ressurgimento nacional."[61]

Ao chegar de Southampton à estação de Paddington, em 18 de março, Churchill foi presenteado com uma magnífica limusine Daimler de 2 mil libras, ofertada por 140 amigos, numa iniciativa organizada por Bracken e tendo Sinclair como tesoureiro, para comemorar o fato de ter escapado à morte. Os contribuintes formavam uma lista dos amigos mais próximos de Churchill, entre eles Beaverbrook, Boothby, Camrose, Carson, Chaplin, Duff e Diana Cooper, Grey, Horne, Keynes, Macmillan, Londonderry, Moyne, Lutyens, Riddell, Spears, lorde Weir, Esmond Harmsworth, o duque de Westminster e o príncipe de Gales.[62] Entre os que foram convidados a participar, somente os Lytton não puderam arcar com a contribuição de quinze libras.[63] "Nem consigo lhe dizer o prazer que me deu o presente desse carro maravilhoso", disse Churchill a Ian Hamilton, outro contribuinte, "sobretudo por causa da amizade que o inspirou."[64]

* Um de seus discursos mais famosos em maio de 1940 trazia uma variante dessa formulação.

Seus Anos no Desterro podem ter sido solitários em termos políticos, mas nunca em termos sociais. Vários contribuintes para o Daimler eram membros do Other Club, aos quais se somaram naquele ano, entre outros, Bracken, Sir John Lavery, Sir Edward Grigg e Eddie Marsh. Em março, foram feitas apostas sobre quem sucederia a MacDonald no cargo de primeiro-ministro, com menções aos nomes de Neville Chamberlain, Stanley Baldwin, Robert Horne (que estava presente e apostou que não seria ele), Walter Runciman, Sir John Simon e Herbert Samuel, mas não ao do "pio fundador" do clube.[65]

Em 13 de março de 1932, enquanto Churchill estava voltando para casa no meio do Atlântico a bordo do *Majestic*, Adolf Hitler recebeu 11 milhões de votos nas eleições alemãs, contra 18 milhões para Paul von Hindenburg, de 84 anos de idade. No segundo turno da votação, em 10 de abril, quando Hindenburg foi reeleito para a Presidência com 19 milhões de votos, a votação em Hitler aumentou para 13 milhões. Em 11 de julho, Churchill fez sua primeira referência pública a Hitler. Ramsay MacDonald voltara da Conferência de Lausanne, na qual a França e a Grã-Bretanha haviam reduzido enormemente as cláusulas de indenização de Versalhes contra a Alemanha, embora os Estados Unidos não tivessem suspendido as dívidas de guerra britânicas ou francesas que lhes eram devidas. "Claro que qualquer coisa que elimine o atrito entre a Alemanha e a França é para o bem", reconheceu Churchill na Câmara dos Comuns.

> Sim, há 3 bilhões de marcos a serem pagos pela Alemanha, mas observo que Herr Hitler, que é o impulso por trás do governo alemão e muito em breve pode ser mais do que isso, aproveitou para afirmar ontem que, dentro de poucos meses, esse montante não valerá três marcos. É uma declaração assustadora de se fazer enquanto a tinta no pergaminho do Tratado ainda nem secou. Portanto, digo que a Alemanha foi praticamente liberada de todas as indenizações. Não foi uma paz cartaginesa.* E tampouco os vencedores sangraram a Alemanha até a última gota. O que houve foi o exato contrário. Os empréstimos que a Grã-Bretanha e os Estados Unidos em especial, e também outros países, despejaram no colo da Alemanha desde o cessar-fogo ultrapassam em muito o total de indenizações que ela pagou; na verdade, são quase o dobro. Se a situação da Alemanha é difícil — e a situação de todos os países é difícil neste momento —, não é porque tenha ocorrido qualquer drenagem de seu sangue vital ou de commodities valiosas da Alemanha para os vencedores.[66]

* Uma paz impiedosa como a que Roma impôs a Cartago em 146 a.C.

Essa verdade não impediu que os nazistas se tornassem o maior partido nas eleições do Reichstag, vinte dias depois.

Churchill estivera na Alemanha só duas vezes na vida, e apenas de passagem, para manobras do Exército antes da guerra. Não era versado na cultura alemã e anos antes dissera: "Nunca aprenderei [essa] língua brutal enquanto o cáiser não marchar sobre Londres!".[67] Em agosto de 1932, percorreu os campos de batalha de Marlborough no Danúbio, inclusive a própria Blenheim, com sua bela filha Sarah, então com dezessete anos, o historiador militar coronel (e futuro major-general) Ridley Pakenham-Walsh, que servira em Galípoli, e Lindemann (que pagou as contas no Hotel Continental). O grupo encontrou marcas de tiros e artilharia num celeiro em Ramillies e sinais perceptíveis de trincheiras em Schellenberg. "Consegui repovoá-los com exércitos espectrais, porém reluzentes", disse Churchill ao historiador oxfordiano Keith Feiling.[68] Conforme comentara com George Harrap, editor de sua biografia de Marlborough, que sairia em breve: "Sou mais feliz no século XVIII".[69]

No final de agosto, Churchill quase se encontrou com Hitler em Munique, quando Ernst "Putzi" Hanfstaengl, assessor de imprensa do Partido Nazista, formado em Harvard, tentou combinar um contato entre os dois.[70] "Herr Hitler", disse-lhe Hanfstaengl em seu apartamento, "não percebe que os Churchill estão sentados no restaurante? [...] Esperam-no para o café e tomarão isso como um insulto deliberado." Hitler não tinha feito a barba e estava ocupado demais no momento. "E eu falaria com ele sobre o quê?", perguntou.[71] Provavelmente não seria uma conversa muito frutífera, já que Churchill mandou um recado oral por intermédio de Hanfstaengl: "Diga de minha parte a seu chefe que o antissemitismo pode ter uma boa arrancada, mas a aderência é ruim".* "Por que seu chefe é tão violento em relação aos judeus?", perguntou ele a Hanfstaengl. "Posso entender plenamente a raiva a judeus que agiram mal ou que são contra o país, e entendo a resistência contra eles se tentarem monopolizar o poder em qualquer situação; mas qual é o sentido de ser contra um homem só por causa de seu nascimento? Como alguém pode evitar nascer de tal ou tal maneira?" E concluiu seu relato do quase encontro com um gracejo: "Assim Hitler perdeu sua única chance de me conhecer".[72] Hanfstaengl alegou que Churchill teria perguntado: "O que seu chefe acha de uma aliança entre seu país, a França e a Inglaterra?". Isso estaria de acordo com os interesses de Churchill num bloco antissoviético, mas teria de se dar sob a condição de uma mudança na natureza essencial do regime de Hitler. De todo modo, Churchill não estava em posição de oferecer coisa nenhuma na época. Afinal, foi uma sorte que não se encontrasse com Hitler, pois vários dos britânicos que tiveram tal contato, como Lloyd George, o

* Mais tarde, ao contar esse episódio, Churchill trocou "aderência" por "resistência" (*CIHOW*, p. 12).

duque de Windsor e lorde Londonderry, primo de Churchill, viram-se depois em situação constrangedora.

Nas memórias de guerra publicadas dezesseis anos mais tarde, Churchill escreveu: "Nessa época, eu não tinha nenhum preconceito nacional contra Hitler. Conhecia pouco de sua doutrina ou histórico e nada de seu caráter. Admiro homens que se erguem em defesa de seu país na derrota, mesmo que eu esteja do outro lado. Ele tinha pleno direito de ser um alemão patriota, se assim quisesse".[73] Em 23 de novembro de 1932, dois meses antes da chegada de Hitler ao poder, Churchill fez seu primeiro grande discurso sobre o rearmamento alemão. Declarou que a preservação das fronteiras da Polônia, Romênia, Tchecoslováquia e Iugoslávia dependia da observância do Tratado de Versalhes e fez referência à Juventude Hitlerista:

> Tenho respeito e admiração pelos alemães e desejo que vivamos em bons termos e em relações frutíferas com eles, mas devemos observar que cada concessão [...] tem sido prontamente seguida por uma nova solicitação [...]. A solicitação agora é que a Alemanha seja autorizada a se rearmar. Não se iludam. Não deixem que o governo de Sua Majestade acredite [...] que a Alemanha está apenas pedindo estatuto de igualdade [...]. Não é o que a Alemanha está procurando. Todos esses grupos de robustos jovens teutônicos, marchando pelas ruas e estradas da Alemanha, tendo nos olhos a luz do desejo de sofrer pela Pátria, não estão atrás de status. Estão em busca de armas e, quando tiverem as armas, creiam-me, então vão pedir a devolução dos territórios perdidos e das colônias perdidas e, quando essa solicitação for feita, não deixará de abalar e provavelmente fragmentar os alicerces de todos os países que mencionei e alguns outros que não mencionei.[74]

O discurso mal se fez notar na imprensa ou na política britânica. O problema era que fazia décadas que as pessoas o ouviam falar esse tipo de coisa. Desde 1897, quando recomendara o uso de extravagâncias como elemento importante da oratória, passara a criá-las insistentemente. O povo britânico lembrava — com graus variados de precisão — que Churchill previra a guerra civil na Irlanda, o bolchevismo na Polônia e na Alemanha, a guerra contra a Turquia kemalista, o derramamento de sangue na greve geral, o colapso da lei e da ordem no norte da Índia, coisas que, em sua maioria, realmente haviam se verificado até o momento. Assim, quando de fato surgiu a maior ameaça à civilização no século XX, o público estava tão acostumado a ver Churchill no papel de Cassandra que não acreditou nele. Pior, muitos parlamentares que não confiavam em seu discernimento e desprezavam suas ambições julgaram que tais advertências nasciam de um interesse próprio e não de uma genuína preocupação. "Winston está fazendo de longe os melhores discursos neste Parlamento", observou o parlamentar liberal nacional Robert Bernays em dezembro, "e, apesar disso, o *Times* não para de insistir que são de mau gosto e vão contra o interesse público."[75] Bernays também duvidava de sua sinceridade. Em fevereiro de 1933, quando Churchill se delongou durante dez minutos num ataque a Neville Chamberlain sobre a questão do desemprego, Bernays comentou que fora "a denúncia mais corrosiva do governo que ouvi neste Parlamento. Winston estava realmente emocionado, embora talvez fosse a emoção da atriz que se prepara com tal fervor que não consegue contê-la nem mesmo no camarim".[76]

Em 30 de janeiro de 1933, o presidente Von Hindenburg nomeou Hitler como chanceler da Alemanha. Algumas semanas depois, Churchill declarou na Câmara dos Comuns: "Graças a Deus que existe o Exército francês", que ele considerava o melhor do mundo e o baluarte mais confiável contra o revanchismo alemão.[77] Viria a fazer muitas previsões e declarações que se demonstrariam erradas nos seis anos seguintes, como fizera nos trinta anos anteriores, mas permanece o fato de que foi o primeiro, o mais eloquente, o mais bem informado e, por muito tempo, o único político britânico importante a alertar sobre a ameaça que, cada vez mais, Hitler vinha representando à paz, à civilização e ao Império Britânico. Além disso, como veremos, ele ofereceu respostas e soluções práticas — e foi por isso que, quando Roosevelt lhe perguntou em 1943 o nome que se deveria dar ao conflito, Churchill respondeu: "A Guerra Desnecessária".[78]

Logo Churchill começou a receber em Chartwell a visita de especialistas em vários campos do conhecimento, que o abasteciam de informações sobre as forças e os planos militares alemães e também sobre a fraqueza militar britânica. Muitas vezes essas visitas eram coordenadas por Desmond Morton — seu principal consultor na área de inteligência, ex-agente do MI5 e, na ocasião, membro do subcomitê do CID sobre guerra econômica —, que morava ali perto. Entre os visitantes estavam Sir Robert Vansittart e Ralph Wigram, do Ministério das Relações Exteriores, Heinrich Brüning, antinazista e chanceler da Alemanha entre 1930 e 1932, os oficiais da RAF Tor Anderson (comandante aéreo) e Lachlan Maclean (coronel aviador) e os políticos da Frente Popular francesa Pierre Cot e Léon Blum. Esses homens valorosos forneciam a Churchill fatos, números, argumentos e percepções, às vezes arriscando a própria carreira, ajudando-o a montar um amplo quadro da ameaça nazista e da reação inadequada do governo britânico.

Churchill também fez contato com os principais defensores da guerra ofensiva com tanques — o jornalista Basil Liddell Hart e o historiador militar major-general J. F. C. Fuller —, correspondendo-se e encontrando-se com eles durante os Anos do Desterro, pelo menos até o momento em que as tendências fascistas de Fuller se fizeram evidentes. "Um aspecto positivo apresentado foi a extensão de uma divisão mecanizada", escreveu ele a Liddell Hart em meados de fevereiro, depois de um encontro que tiveram. "Mas, sem dúvida, o verdadeiro teste é a velocidade deles em passar um determinado ponto."[79] Como sempre, Churchill se mantinha tão atualizado quanto possível em relação ao desenvolvimento da tecnologia bélica. Em meados dos anos 1930, não havia outro político importante na Grã-Bretanha que estivesse tão bem informado sobre as capacidades e as limitações das Forças Armadas britânicas e germânicas.

Em 9 de fevereiro de 1933, a sociedade de debates da União de Oxford aprovou por 275 votos a 152 uma moção afirmando "que esta Casa não lutará em nenhuma circunstância pelo Rei e pelo País". Para Churchill, foi "uma declaração abjeta, sórdida, infame".[80] Randolph voltou à sua alma mater para tentar reverter a moção num tumultuado debate, três semanas depois, mas foi derrotado por 750 votos a 138. Churchill escreveu a Hugh Cecil, comentando com orgulho a posição do filho: "Não existe nada mais lancinante do que a hostilidade de um milhar de contemporâneos seus, e ele não se sentiu de forma alguma oprimido por isso".[81] Oito dias depois, num discurso à União Antissocialista e Anticomunista em Londres, Churchill declarou que o voto de Oxford era "um sintoma muito inquietante e desagradável. Quase se consegue perceber o muxoxo de desdém nos lábios dos homens da Alemanha, Itália e França ao lerem a mensagem enviada pela Universidade de Oxford em nome da Jovem Inglaterra".[82] Foi nesse discurso que Churchill se referiu a Mussolini como "o maior legislador entre os homens".[83] Fez outros comentários quase igualmente infelizes sobre o Japão, que invadira a Manchúria em 1931: "Espero que tentemos na Inglaterra entender um pouco a posição do Japão, um Estado antigo, com o mais elevado sentimento oficial de patriotismo e honra nacional e com uma população fervilhante e uma energia admirável. De um lado, eles veem a ameaça sombria da Rússia soviética. Do outro lado, o caos da China, agora com quatro ou cinco províncias sob a tortura do domínio soviético".[84] Tal como em relação a Mussolini, Churchill permitiu que seu anticomunismo lhe toldasse o discernimento.

Em 27 de fevereiro, o Reichstag ardeu num incêndio de circunstâncias misteriosas, aumentando a sensação de crise na Alemanha. Seis dias depois, os nazistas receberam 17 milhões de votos, correspondendo a 44% da votação popular. Churchill reagiu em março com seu primeiro discurso na Câmara dos Comuns sobre a necessidade vital de aumentar maciçamente o contingente da RAF no prazo mais curto possível, uma fala que foi, talvez, sua mensagem mais importante à Grã-Bretanha pelos seis anos seguintes. "O discurso inteiro", concluiu Bernays, "embora fosse um apelo ao realismo, foi realmente a ressurreição da mentalidade de guerra."[85] Era nessa aparente contradição que residia o grande problema de Churchill num país e império que sofrera tão dolorosamente na Grande Guerra.

"Quando lemos sobre a Alemanha", disse ele em 24 de março, dia em que se instituiu a Lei de Concessão de Plenos Poderes a Hitler, "quando vemos com surpresa e pesar o tumultuoso surgimento da ferocidade e do espírito belicoso, os impiedosos maus-tratos das minorias, a recusa das proteções normais da sociedade civilizada a grandes números de indivíduos por razões exclusivamente raciais [...] é impossível não nos sentirmos contentes que as paixões ferozes que estão grassando na Alemanha ainda não tenham encontrado vazão senão sobre os alemães."[86]

Em 1º de abril, iniciou-se a sério a perseguição aos judeus na Alemanha, com um boicote nacional orquestrado pelo governo contra todo comércio e exercício de profissões liberais dos judeus, imposto pelos camisas pardas nas ruas que atacavam e humilhavam sadicamente os judeus a toda oportunidade. O filossemitismo de Churchill, tão raro nas fileiras tories, foi de valor inestimável por lhe permitir enxergar antes de qualquer outra pessoa a verdadeira natureza do regime nazista. "Lembro-me das lágrimas correndo pelo rosto dele um dia antes da guerra na Câmara dos Comuns", comentou Attlee muitos anos depois, "quando me contava o que estavam fazendo aos judeus na Alemanha."[87] Em 13 de abril, Churchill condenou "a pavorosa ditadura [de Hitler]. Temos essas manifestações marciais ou beligerantes, e também essa perseguição aos judeus [...] quando vejo o espírito que lá se manifesta e leio os discursos dos principais ministros, só posso me alegrar que os alemães não tenham os canhões pesados, os milhares de aeroplanos militares e os tanques de vários tamanhos pelos quais têm pressionado a fim de se porem em condições de igualdade com os outros países".[88] E alertou: "À medida que a Alemanha alcança plena igualdade militar com seus vizinhos, enquanto continua com suas queixas desatendidas e com a disposição de espírito que infelizmente temos visto, sem dúvida encontramo-nos a uma distância mensurável do ressurgimento da guerra europeia geral".[89]

Era natural que as pessoas não gostassem de ouvir presságios tão sombrios, sobretudo as que haviam perdido pais, filhos, maridos e irmãos na última guerra. Na época predominava o pacifismo — 11,6 milhões de britânicos assinaram o "Voto da Paz" da Liga das Nações em 1934-5 — e, psicologicamente, era muito mais fácil retratar Churchill como belicista do que encarar o terrível fato de que os 750 mil soldados do Império Britânico mortos em 1914-8 talvez não tivessem, afinal, travado "a guerra para terminar com todas as guerras". Enquanto isso, Churchill defendia Versalhes e os outros tratados do pós-guerra, afirmando que "foram fundados no mais sólido princípio hoje existente no mundo, o princípio do nacionalismo ou, como disse o presidente Wilson, da autodeterminação [...]. A política externa britânica deveria ter como primeira regra enfatizar o respeito a esses grandes Tratados e permitir que as nações cuja existência nacional nasce e depende dos Tratados sintam que sua segurança não se encontra sob nenhuma ameaça".[90] Muita gente na Grã-Bretanha passou a achar que o Tratado de Versalhes fora duro demais com a Alemanha e que Hitler queria apenas rever seus termos.

Em abril, falando à Royal Society of St. George, Churchill observou:

> Ao longo de todos os séculos, uma peculiaridade do povo inglês tem lhe custado caro. Sempre abrimos mão, após uma vitória, da maioria das vantagens que ganhamos na luta. As piores dificuldades que sofremos não vêm de fora. Elas vêm de dentro [...] do espírito de injustificável auto-humilhação a que somos lançados por uma parte expressiva de nossos próprios intelectuais. Elas vêm da aceitação de doutrinas derrotistas por uma grande parcela de nossos políticos [...]. Nada pode salvar a Inglaterra se ela não salvar a si mesma. Se perdemos a fé em nós mesmos, em nossa capacidade de guiar e governar, se perdemos nossa vontade de viver, então, de fato, nossa história chega ao fim.[91]

Não era isso também o que as pessoas queriam ouvir, embora tenha se tornado um refrão ao qual Churchill recorreria várias vezes. Muita gente pensava que, em vista das terríveis perdas sofridas na Primeira Guerra Mundial, deveriam ser oferecidas concessões de toda espécie à Alemanha para evitar uma segunda guerra, mas Churchill discordava por completo. Para ele, era exatamente *porque* as perdas tinham sido tão terríveis que não se podia permitir que Hitler desonrasse tais sacrifícios com seus projetos de dominação continental, que era o mesmo objetivo de um regime germânico anterior, contra o qual tantas vidas se perderam.

"Pode ser que os capítulos mais gloriosos de nossa história ainda estejam por ser escritos", disse ele à Royal Society. "Na verdade, os próprios problemas e perigos que cercam a nós e a nosso país devem alegrar ingleses e inglesas desta geração por estarem aqui em tal momento. Devemos regozijar-nos com as responsabilidades com as quais o destino nos honrou e orgulhar-nos de sermos guardiões de nosso país num momento em que sua vida está em jogo."[92] Àquela altura, Hitler ainda não invadira nenhum território, o que levaria cerca de três anos para acontecer. O discurso de Churchill também era notável por suas concepções sobre a anglicidade. "Sou grande admirador dos escoceses", afirmou. "Dou-me muito bem com os galeses, com um deles em especial", acrescentou, referindo-se a Lloyd George.

> Devo admitir uma certa ternura pela Velha Irlanda, apesar da máscara desagradável que ela tenta usar. Mas hoje não é a noite deles. Nesta única noite do ano inteiro podemos usar uma palavra esquecida, quase proibida. Podemos mencionar o nome de nosso país, referir-nos a nós mesmos como "ingleses" e podemos até levantar o lema "São Jorge pela Alegre Inglaterra" [...]. Há algumas coisas que me arriscarei a mencionar sobre a Inglaterra. São ditas sem nenhum sentido hostil. Aqui dificilmente passaria pela cabeça de alguém que os bancos fechassem as portas a seus depositantes. Aqui ninguém questiona a imparcialidade dos tribunais da lei e da Justiça. Aqui ninguém pensa em perseguir um homem por causa de sua religião ou de sua raça. Aqui todos, exceto os criminosos, veem o policial como

> amigo e servidor do público. Aqui provemos à pobreza e ao infortúnio com mais compaixão, apesar de todos os nossos fardos, do que qualquer outro país. Aqui podemos afirmar os direitos do cidadão contra o Estado ou criticar o governo do momento sem faltar a nosso dever para com a Coroa ou à nossa lealdade ao Rei.[93]

A superioridade do comportamento inglês em comparação ao nazista era uma posição instintiva de Churchill, e em agosto ele gracejou no Salão de Fumantes da Câmara: "Agora falar do maldito huno combina plenamente com o pensamento progressista".[94]

Em maio, o marquês de Linlithgow, ex-presidente do Partido Conservador que agora era presidente do Comitê Especial sobre a Reforma Constitucional Indiana, acusou Churchill de querer "recriar a Índia de 1900". Churchill lhe escreveu uma enérgica resposta sobre o adensamento das nuvens da guerra, coisa que ninguém mais percebia, porém lhe era cada vez mais óbvia. Na carta, ele estabeleceu uma ligação entre a posição dos liberais sobre a Índia e a guerra contra os nazistas que então se avizinhava. "Você supõe que o futuro é um mero prolongamento do passado", escreveu Churchill,

> ao passo que eu vejo a história cheia de retrocessos e guinadas inesperadas. O liberalismo brando e vago dos anos iniciais do século xx, a onda de ilusões e esperanças fantásticas que se seguiu ao armistício da Grande Guerra já foram suplantados por uma reação violenta contra os procedimentos parlamentares e eleitorais e pela instauração de ditaduras explícitas ou veladas em quase todos os países [...]. O tempo todo, você e seus amigos continuam a enunciar as amenas platitudes de uma era triunfante fácil e segura que já passou, sendo que a maré virou e vocês serão engolfados por ela. A meu ver, a Inglaterra está iniciando agora um novo período de combate e luta pela própria vida [...]. Desde que estejamos certos de não impor pretensão alguma sobre a Índia que não seja de seu real interesse, estamos justificados em usar nosso inconteste poder em favor do bem-estar dela e do nosso. Seus planos têm um atraso de vinte anos.[95]

No banquete de aniversário dos 21 anos do Other Club, em julho, com 49 pessoas presentes, Jan Smuts, que fora primeiro-ministro da África do Sul de 1919 a 1924, fez um discurso dizendo que Birkenhead e Churchill deviam ter sido premiês da Grã-Bretanha. "Permitam-me dizer — se meu velho amigo for cuidadoso, ainda chegará lá. Ainda é inaufragável, mas terá de ser cuidadoso."[96] Em resposta, Churchill disse: "Discordo [...] quanto aos indescritíveis deleites que, com certo conhecimento de causa, ele ainda crê existirem no cargo de primeiro-ministro!".[97] É de se duvidar que algum dos presentes tenha acreditado em suas palavras. A seguir, ele falou emocionado sobre os membros do clube já falecidos.

"Lerei uma lista para vocês, porque trará de volta o rosto de amigos desaparecidos, o eco de risos muito queridos, o brilho de um olhar contendo em si a alegria à mesa, a amizade e o encorajamento. Sir Henry Wilson pereceu sob a bala de um assassino", disse Churchill. "Lorde Kitchener se afogou às mãos do inimigo. Lorde Lucas foi morto lutando a milhares de metros de altitude no ar. Tommy Robartes e Neil Primrose foram mortos na França e na Palestina." Relembrou também outros dois membros, Sir John Cowans e Sir Laming Worthington-Evans, falecidos aos 59 e aos 62 anos respectivamente, devido à tensão do trabalho de guerra, e acrescentou: "É difícil crer que se foram, e o simples fato de pensar neles é renovar a esperança e sentir que, de algum modo e em algum lugar, todas as reais unidades de amizade encontrarão sua reencarnação. Não consigo sentir que tenham tido uma morte infeliz".[98] Lloyd George fez uma rara aparição no jantar e relembrou os epítetos e os humores partidários e rancorosos de 1911: "Eu não poderia repetir neste clube altamente respeitável as coisas que se diziam sobre Winston em algumas ocasiões".[99]*

Sam Howes, motorista de Churchill, comentou que ele "sempre se divertia lá, sempre saindo por volta das duas da madrugada, uma hora a mais, uma hora a menos, com disposição muito alegre".[100] Certa vez, fez uma serenata aos andares de cima do Savoy com toda a letra e o coro de "A Policeman's Lot Is Not a Happy One", canção da ópera cômica *Pirates of Penzance* de Gilbert e Sullivan — o que era bastante apropriado, aliás, visto que acabara de jantar no Pinafore Room —, até que o porteiro reclamou que o ex-chanceler do Tesouro estava "sendo importuno".[101] Outra vez, voltando à uma e meia da madrugada, Churchill apontou a constelação de Órion para Howes, dizendo-lhe que, no deserto egípcio em 1898, "aquele grupo de estrelas salvou minha vida".

No começo de outubro, Churchill publicou o primeiro volume de *Marlborough: His Life and Times*. A pesquisa e a escrita do livro, com 1 milhão de palavras e publicado em quatro volumes entre 1933 e 1938, tomaram-lhe o mesmo tempo que Marlborough levou lutando na Guerra da Sucessão Espanhola. Churchill narrou a história de seu antepassado numa bela prosa setecentista, mas também descobriu novas fontes, corrigiu erros de historiadores anteriores, familiarizou-se com documentos em língua estrangeira e, de modo geral, criou uma admirável obra histórica e literária, que atraía tanto os estudiosos como o público leitor em geral.[102] (Tudo isso vindo de alguém cujo pai dizia: "Ele tem pouco [a mos-

* Dificilmente seriam tão desagradáveis quanto o que ele mesmo falou sobre Churchill em fevereiro do ano seguinte, dizendo à sua amante: "Ele é capaz de pegar o couro da própria mãe e fazer um tambor para tocar louvores a si mesmo" (Taylor [Org.], *Lloyd George Diary*, p. 253).

trar] de inteligência, de conhecimento ou de qualquer capacidade de trabalho organizado".)[103] Churchill se enganou quanto ao local de nascimento de Marlborough — Great Trill, em Devon, e não Ashe House, a um quilômetro e meio de distância —, mas, tirando isso, o tempo que passou devorando todos os livros publicados sobre seu ancestral ilustre fez com que sua biografia tivesse notável precisão.[104]

Harold Macmillan, ao fazer o elogio fúnebre de Churchill no Other Club em fevereiro de 1965, afirmou que "seus dez anos fora do governo, quando estava escrevendo a biografia de seu grande antepassado, Marlborough, lançaram as bases de sua grandeza".[105] O jovem historiador oxfordiano Maurice Ashley, pesquisador de fontes primárias para Churchill, escreveu que as experiências pessoais de Churchill até aquela data tiveram um papel essencial no livro porque "ele pôde perceber como operava a mente de estadistas e comandantes naqueles tempos distantes".[106]

Churchill defendeu vigorosamente o renome do antepassado contra os "sarcasmos, calúnias e graves acusações" de historiadores como Thomas Babington Macaulay, chegando a declarar: "Só podemos esperar que logo venha a Verdade afixar o rótulo de 'Mentiroso' à sua distinta casaca".[107] A principal acusação de Macaulay a Marlborough era que ele agia exclusivamente em interesse próprio, acusação que foi constante também na vida de Churchill.

Ao redigir *Marlborough*, Churchill também expôs suas visões estratégicas, já profundamente afetadas pela Grande Guerra, ao avaliar como o antepassado tratara a guerra de coalizão. "Foi uma guerra da circunferência contra o centro", comentou sobre a Guerra de Sucessão Espanhola.[108] Até 1710, Marlborough era capitão-general do Exército e líder da aliança entre as nações contrárias à hegemonia francesa. Churchill admirava a maneira como ele criara uma estratégia única, acima das "intrigas, contradições e meias medidas de uma vasta aliança canhestra tentando guerrear".[109] Politicamente, considerava Marlborough "o maior servidor, que se manteve servidor, de qualquer soberano da história".[110] Dando uma visível aguilhoada contra os ditadores, escreveu sobre Marlborough: "Não [eram] para ele os prêmios de Napoleão ou, em tempos mais recentes, os de indivíduos mais vulgares".[111] Tudo isso serviu perfeitamente como preparação intelectual para o papel que ele mesmo desempenharia mais tarde.

Churchill também criticou "nossos generais recentes", para os quais "não há nenhum incômodo físico: não há nenhum perigo: não há nenhuma pressa. Quase sempre há tempo livre para uma conferência, mesmo na mais grave crise". Marlborough, por outro lado, estava "muitas vezes no fogo mais aceso, tendo em mente as posições e destinos de cada unidade de seu exército, de minuto a minuto, e gritando suas ordens".[112] O livro continha vários bons epigramas, como na passagem em que o jovem Marlborough teve a ousadia de dormir com a poderosa amante do rei, a duquesa de Cleveland: "O desejo e a oportunidade seguiam a par, e ambos foram atendidos".[113] Ou em sua descrição do amor de Marlborough pela esposa Sarah: "Durou para sempre; nenhum dos dois veio a amar outrem em toda a sua vida, embora Sarah odiasse muitos".[114] Marlborough aperfeiçoou tanto "a arte da conquista" com sua magnanimidade na vitória que "os vencidos [se sentiam] gratos pelo elogio".[115]

Churchill apresentou a avareza de Marlborough — diziam que não punha pingos nos "i" para economizar na tinta — como louvável parcimônia, e pintou sua traição a Jaime II em 1688 como um gesto baseado em profundos princípios que ajudou a alterar a trajetória geopolítica da Grã-Bretanha, afastando-a de uma tirania católica pró-francesa, impulsionando "a ascensão da Grã-Bretanha ao topo da Europa, dobrando e quebrando [...] o arrogante poderio da França".[116] A influência de Luís XIV na Europa continental era indiscutível, mas Churchill retratou Marlborough "avançando à frente dos exércitos para a destruição daquele domínio prepotente. Talvez até tenha enxergado desde esse primeiro momento a edificação de uma grandiosidade britânica sobre as ruínas do esplendor francês, que se espalharia amplamente por todo o mundo e imprimiria seu selo sobre o futuro".[117]

Aquilo que outros, como Macaulay,* consideravam uma sórdida traição de Marlborough, Churchill reformulou como início de um período glorioso de ascensão nacional. Todavia, não nutria nenhuma ilusão sobre a facilidade com que seu antepassado transigia. "Que pássaro ladino ele era!", escreveu Churchill a Clementine em 1935. "Sempre se dobra para vencer. Seu longo aprendizado como cortesão o ensinara a se curvar e se insinuar, e a se conformar com a segunda ou terceira opção se não conseguisse coisa melhor." Resumiu-o como "esse herói, sujeito intrépido, valente, orgulhoso, benigno, paciente e, se necessário, rastejante".[118] Churchill não era paciente nem rastejava, mas, tirando isso, Marlborough era, ao lado de Clemenceau, seu grande modelo.

Churchill descreveu como Marlborough reconstituíra as Forças Armadas inglesas, criando grandes avanços no treinamento e na disciplina e amealhando vitórias. Então caiu em desgraça junto ao rei Guilherme III e, a certa altura, ficou encarcerado na Torre de Londres. "Dez anos, quando as chances de uma vida pareciam finalmente morrer [...] iriam se passar antes que ele voltasse a exercer um comando militar", escreveu Churchill.[119] "Enquanto refletia sobre essas oportunidades perdidas", acrescentou, "enquanto certamente se sentia capaz de remodelar a cena com rapidez e segurança, e no entanto se via tão cuidadosamente manietado, podemos imaginar a raiva que se apoderava de sua alma? Não havia

* Que usou termos como "culpa e desonra", "torpeza" e "arquitrapaceiro" (Macaulay, *History of England*, vol. II, cap. IX).

nenhum espírito profético sussurrando a seu lado: 'Paciência! Você ainda terá sua oportunidade'. A paciência dele é quase proverbial. Precisava de toda ela."[120]

"Você é realmente assombroso!", escreveu-lhe Baldwin. "Às vezes olho a fila de livros em minha pequena biblioteca, e não consigo imaginar como encontrou tempo de enfrentar tão só a labuta física de escrevê-los. Este último livro significa anos de trabalho mesmo para um indivíduo cuja única ocupação fosse escrever história."[121] Para Churchill, escrever história era um acréscimo natural a fazer história. Como todas as suas obras, *Marlborough* nos fala não só sobre o tema, mas também sobre seu autor.[122] Ali Churchill comentou que, no começo da década de 1690, Marlborough "se reduzira agora à posição secundária e desagradável de criticar a má condução de assuntos com os quais concordava em sua intenção principal".[123]

Churchill publicou o segundo volume de *Marlborough* em outubro de 1934. Tratava da amizade política e da criação de alianças, sobretudo a relação essencial entre Marlborough e o príncipe Eugênio de Saboia. Para alguém acusado de anglocentrismo gratuito, Churchill mostrou admirável imparcialidade ao permitir que Eugênio dividisse as glórias com seu antepassado. Os dois começaram uma amizade exclusivamente epistolar em 1701 e só se encontraram em 1704, mas então, escreveu Churchill: "Iniciou-se de imediato aquela gloriosa irmandade em armas que nem a vitória nem o infortúnio conseguiriam afetar, perante a qual a inveja e a incompreensão eram impotentes, e da qual não se encontra na história nenhum exemplo igual".[124] Pelo menos até a também essencial afinidade do próprio Churchill com o presidente Roosevelt, 240 anos depois.

O cientista político norte-americano Leo Strauss considerava *Marlborough* a maior obra historiográfica do século xx. Um historiador moderno apresentou uma avaliação perspicaz, dizendo que foi "o grande remate da educação política" do próprio Churchill.[125] Com seu amplo leque de interesses variados para além da política, ele podia encará-la com mais distanciamento do que os políticos profissionais em geral e, assim, não precisava fazer as mesmas concessões para ganhar ou manter cargos.

Talvez tenha sido por causa de *Marlborough* que Franklin Roosevelt, eleito presidente em novembro de 1932, começou a sentir apreço por Churchill, muito antes do segundo encontro entre ambos.* Ao saber que o filho do presidente, James, estava na Inglaterra, Churchill o convidou a Chartwell em 8 de outubro e lá, depois do jantar, pediu a cada conviva que expusesse seu mais profundo desejo. Chegando sua vez, Churchill disse: "Quero ser primeiro-ministro e manter comunicação próxima e diária com o presidente dos Estados Unidos. Nada seria impossível se estivéssemos juntos".[126] Então pegou uma folha de papel e dese-

* Ver pp. 321-2.

nhou os símbolos do dólar e da libra entrelaçados, chamando a composição de "esterlina-dólar" e dizendo ao rapaz: "Peço que leve a seu pai, de minha parte. Diga a ele que esta deve ser a moeda do futuro". Em resposta, James perguntou: e se seu pai preferisse chamar de dólar-esterlino? Churchill sorriu: "É a mesma coisa, estamos juntos".[127] Entregou um exemplar de *Marlborough* a James, para dar ao pai, com uma dedicatória sobre o New Deal: "A Franklin D. Roosevelt, de Winston Churchill. Com votos sinceros de sucesso para a maior cruzada dos tempos modernos". Dois meses depois, soube por terceiros que o presidente estava lendo o livro "com prazer genuíno".[128]

# 16. Soando o alarme

## *Outubro de 1933 a março de 1936*

*Onde um bando de homens ferozes sobe das profundezas para as ditaduras, não há garantia de vida, de lei ou de liberdade.*

Discurso de Churchill a seus eleitores de Wanstead,
7 de julho de 1934[1]

*Quando a luz solar britânica se esvanece, a selva se agita com criaturas poderosas procurando suas presas.*

Panfleto eleitoral de Churchill, novembro de 1935[2]

A Alemanha se retirou da Conferência de Desarmamento de Genebra em 14 de outubro de 1933 e, uma semana mais tarde, também virou as costas à Liga das Nações. Passados onze dias, um candidato trabalhista pacifista venceu a eleição secundária de Fulham East com uma grande virada de 29,3%, depois que o líder trabalhista George Lansbury dissera aos eleitores: "Eu fecharia todos os postos de recrutamento, dissolveria o Exército e dispensaria a Força Aérea. Aboliria todos os pavorosos equipamentos de guerra e diria ao mundo: 'Façam o pior que conseguirem'".[3] Quando Lansbury sugeriu que o Partido Trabalhista nunca consentiria que Hitler se rearmasse, Churchill reagiu com sarcasmo na Câmara dos Comuns: "O excelentíssimo cavalheiro tem certeza de que os alemães virão lhe pedir consentimento antes de se rearmarem? Ele não crê que poderiam omitir essa formalidade e seguir em frente sem sequer ter um voto do Congresso dos Sindicatos?".[4]

O receio de Baldwin, provavelmente acertado, era de que qualquer movimento explícito rumo ao rearmamento em grande escala seria o fim do Governo Nacional nas urnas. Em caráter privado, Churchill previu depois de Fulham que "os trabalhistas são capazes de abocanhar a próxima eleição".[5] Alguns dias depois, comentou num jantar que via a Liga das Nações como a única esperança de criar uma "frente coletiva contra a Alemanha". Quando Robert Cecil lhe perguntou por que não apoiara as sanções contra o Japão após a invasão da Manchúria, Churchill respondeu que a China ficava longe demais e que a Liga resistiria ou cairia "dependendo da atitude da Europa. A guerra agora é uma coisa bestial. Perdeu todo o fascínio. Uma mera questão de um funcionário puxando uma alavanca".[6]

Um mês depois da retirada da Alemanha, Churchill criticou as tentativas do governo de reavivar a Conferência de Desarmamento Mundial conduzida em Genebra desde 1932, declarando que os holandeses, os dinamarqueses e os suíços estavam se rearmando porque "todos eles vivem em volta da Alemanha, o povo mais intimidador do mundo, e agora o mais perigoso, um povo que inculca uma espécie de sede de sangue em seus filhos e estabelece a doutrina de que toda fronteira deve ser o ponto de partida para a invasão".[7] Em Whitehall, um novo Comitê de Exigências da Defesa, formado por altos oficiais militares e servidores civis, examinou o problema de ter de lutar ao mesmo tempo contra o Japão e a Alemanha e decidiu que, embora a ameaça japonesa fosse mais iminente, os alemães eram o "inimigo maior". O comitê concluiu (com notável clarividência) que seria necessário dedicar o restante dos anos 1930 ao rearmamento em grande escala, para que o país estivesse pronto para a guerra no final da década.[8] Mas Neville Chamberlain, temeroso de que o custo do rearmamento ameaçasse o precário crescimento pós-Depressão, negou a verba para os gastos nesse sentido.

Em 7 de fevereiro de 1934, Churchill insistiu que seus colegas parlamentares enfrentassem o lamentável despreparo da Grã-Bretanha no setor aéreo. Seu argumento central era de que o país precisava começar a reorganizar as fábricas civis, para ser possível convertê-las rapidamente em produção bélica:

> Isso está sendo feito em toda a Europa, e a um grau extraordinário [...]. O que temos feito? Não há um instante a perder. Essas coisas não podem ser feitas num minuto [...]. Essa maldita, demoníaca invenção e evolução da guerra aérea revolucionou nossa posição. Não somos mais o mesmo país de quando éramos uma ilha, apenas vinte anos atrás [...]. É uma questão de segurança e independência. É isso que está em jogo, como nunca esteve antes.[9]

"Criou-se uma nova situação", reiterou ele, "em larga medida nestes últimos anos, em parte nos últimos três ou quatro anos, em larga medida, temo eu, por ficarmos esfregando essa ferida da Conferência do Desarmamento até virar um câncer, e também pelo súbito aumento do nazi-ismo* na Alemanha, com os tremendos armamentos secretos que hoje prosseguem por lá." Nesse discurso de fevereiro, Churchill descreveu o pesadelo de receber um ultimato da Alemanha com prazo de "pouquíssimas horas; e, se a resposta não for satisfatória, poucas horas depois o estrondo de bombas explodindo em Londres e cascatas de pedras e colunas de fogo e fumaça nos informarão de eventuais insuficiências que tenham sido permitidas em nossas defesas aéreas. Estamos vulneráveis como nunca antes".[10] Ele defendeu a formação de "uma Força Aérea pelo menos tão forte quanto a de qualquer Potência que possa nos atingir".[11] Bernays, que apoiava o desarmamento e ouvira previamente o ensaio de algumas partes do discurso no Salão de Fumantes e percebeu que Churchill esfregava uma ferida imaginária no dedo ao fazer a analogia com o câncer, escreveu: "Winston estava magnífico [...]. A despeito de minha opinião, não pude deixar de pensar que podia haver alguma verdade naquilo".[12]

Eram poucos, porém, os que concordavam. Dias depois, ainda em fevereiro, quando Churchill declarou na Associação Conservadora da Universidade de Oxford que o rearmamento era necessário "para ficarmos em segurança na Ilha que é nosso lar", sua declaração foi recebida com risos de deboche.[13] Em março, na Câmara dos Comuns, ele continuou a insistir na necessidade de defesas aéreas mais fortes, dizendo: "Toda a história prova o perigo de depender de um Estado estrangeiro para a defesa interna, em vez de confiar no próprio braço direito [...]. Temo pelo dia em que os meios de ameaçar o coração do Império Britânico passem para as mãos dos atuais governantes da Alemanha [...]. Esse novo fato terrível ocorreu. A Alemanha está se armando; está se armando rapidamente e ninguém a deterá".[14] Como registrou Bernays, Churchill "vagueia de um lado para outro, se mexe inquieto no assento e está febril de impaciência para se levantar. Parece um pugilista aguardando pelo soar do gongo no ringue".[15]

Em abril de 1934, Churchill descobriu que, em novembro do ano anterior, lorde Derby e Samuel Hoare haviam manipulado ilicitamente os dados fornecidos pela Câmara de Comércio de Manchester (MCC) ao Comitê Parlamentar Especial sobre a Índia, pressionando os membros da MCC para mudarem suas decla-

* Ele pronunciava "narzis" e "narzismo", uma maneira muito diferente do que pronunciamos hoje. "Quando ele falava dos 'narzis'", escreveu Leslie Hore-Belisha após a guerra, "o próprio alongamento da vogal transmitia sua mensagem de desprezo. Com isso, ele pode, quando quer, dar peso significativo não só a cada expressão, mas a cada palavra" (Eade [Org.], *Contemporaries*, p. 395). O escritor Peter Fleming fazia elogios a Churchill por sua "firme recusa em dar a palavras estrangeiras como 'nazi' qualquer coisa que não fosse a mais insular das pronúncias" (Fleming, *Invasion*, p. 141).

rações sobre o impacto que o governo autônomo indiano exerceria sobre o comércio. Decidiu então levar a questão ao Comitê Parlamentar dos Privilégios. Como a posição dos industriais têxteis de Lancashire tinha papel central em seu argumento sobre os efeitos negativos do governo autônomo indiano no comércio britânico, no dia seguinte, num discurso à Câmara dos Comuns, ele acusou bombasticamente Derby e Hoare de terem cometido um "grave crime".[16] Churchill se baseava apenas em boatos e conjecturas; nenhum integrante da MCC estava disposto a declarar em caráter oficial que Derby ou Hoare houvessem feito pressão direta sobre os membros do comitê para que modificassem suas declarações, atenuando os efeitos perniciosos que o governo autônomo indiano provavelmente teria sobre o setor têxtil de Manchester. Visto que Derby e Hoare estavam com sua reputação em jogo, a questão se tornou motivo de forte tensão, muito embora os conservadores contassem com sólida maioria nos dois comitês.[17]

Hoare, em suas memórias, declarou que as acusações de que ele e Derby haviam adulterado os dados da MCC eram "tão infundadas e irresponsáveis que um tribunal daria risada e as anularia rapidamente".[18] Quando houve a reunião do Comitê de Privilégios, com dez membros, Churchill teve apoio de apenas um deles, lorde Hugh Cecil (que era seu padrinho de casamento e amigo íntimo). Vários outros — entre eles Baldwin, MacDonald, Thomas Inskip, Clement Attlee, Sir Herbert Samuel e o importante político trabalhista Arthur Greenwood — eram proponentes destacados do projeto de lei sobre a Índia, o qual ficaria muito prejudicado se Hoare, o secretário para a Índia, fosse obrigado a renunciar. O comitê realizou dezesseis sessões, ouviu os depoimentos de quinze membros da MCC e, como Churchill não conseguiu apresentar elementos materiais suficientes para provar suas alegações, Hoare e Derby foram totalmente eximidos de qualquer irregularidade.

Todavia, o presidente da seção indiana da Câmara de Comércio de Manchester admitiu o tráfico de influência. Em carta a um membro da MCC, Derby afirmava: "Você há de entender plenamente que o papel que devo desempenhar é [o de um] observador inocente que não sabe nada sobre o assunto", e o primeiro-ministro ofereceu um cargo a Churchill se deixasse a questão de lado. O governo se recusou a publicar os dados na íntegra e interferiu na votação sobre o relatório do Comitê.[19] Churchill não se saiu melhor no debate da Câmara sobre o tema, em junho. Sobre sua alegação, Leo Amery disse: "Ele [Churchill] teve de ser fiel a todo custo a seu lema favorito: *fiat justitia ruat caelum*".* "Traduza", pediu Churchill. "Vou traduzir em vernáculo", respondeu Amery. "'Se eu der uma rasteira em Sam, o governo acaba.'" A Câmara caiu na gargalhada.[20] Depois Churchill admitiu, um tanto pesaroso, no Salão de Fumantes: "Eu não devia ter

* "Faça-se justiça, mesmo que caiam os céus" (lema de Ferdinando I da Áustria).

feito aquilo; foi um erro crasso".[21] "A cotação de Churchill nunca esteve tão baixa", informou Lady Willingdon, esposa do vice-rei da Índia, a Sir Miles Lampson, o alto-comissário do Egito, em 13 de agosto, "em larga medida por causa de sua atitude idiota de tentar desacreditar Derby na questão da Índia."[22]

Churchill disse a Cyril Asquith que havia "ficado com uma péssima impressão do tratamento que recebi e espero algum dia pregar essa desfeita num quadro, tal como os guarda-caças pregam arminhos e doninhas".[23] Foi apenas nos anos 1970, anos depois da morte de Churchill, que seu biógrafo oficial, Martin Gilbert, descobriu no arquivo da Secretaria da Índia uma carta estritamente confidencial de Hoare a lorde Willingdon, com a data de 3 de novembro de 1933. "Derby tem sido extremamente bondoso com a Câmara de Comércio de Manchester", afirmava a carta. "Induziu-os a retirarem um ofício agressivo e perigoso que tinham enviado ao Comitê e que felizmente eu impedira de circular. Agora substituíram por um documento bem inofensivo."[24] Churchill nunca soube, mas sempre esteve certo nessa questão. O efeito a curto prazo, porém, foi o de desgastar sua posição no Parlamento e prejudicar sua capacidade de convencer os colegas parlamentares sobre a seriedade do que se passava na Alemanha.

Em 30 de junho de 1934, num expurgo que se tornou conhecido como a Noite das Facas Longas, Hitler determinou a prisão e a execução sumária de centenas de indivíduos que considerava adversários políticos, fossem reais ou potenciais. "Herr Hitler, pense-se o que se pensar sobre seus métodos", opinou *The Times*, "está genuinamente tentando transformar o fervor revolucionário num empenho moderado e construtivo e impor um elevado padrão de serviço público aos funcionários nacional-socialistas."[25] Churchill, por sua vez, disse uma semana depois a seu eleitorado de Wanstead:

> O espírito se sente oprimido com os horríveis acontecimentos que ocorreram na Alemanha [...]. É difícil entender como uma nação grandiosa, altamente culta e científica, tendo atrás de si todos os seus tesouros em literatura, erudição e música, apresente-se ao mundo sob traços tão medonhos. Estamos na presença de uma tirania sustentada pela propaganda da imprensa e do rádio e pelo impiedoso assassinato dos adversários políticos.[26]

Defendeu que se dobrasse o tamanho da RAF e se reservasse verba maior "o mais rápido possível para redobrar a Força Aérea", mais uma vez. Foi ridicularizado por Herbert Samuel, que o comparou a "um malaio ensandecido".[27]

Nesse mesmo dia, 30 de junho, Sunny, o 9º duque de Marlborough, morreu. Tinha dois filhos, e o título coube ao primogênito, mas, caso houvesse morrido sem deixar herdeiros diretos, passaria para Churchill, que perderia o assento na Câmara dos Comuns e, com quase toda a certeza, a chance de se tornar primeiro-ministro, visto que, até 1958, não era possível renunciar aos títulos de nobreza. Apesar de ele ter conseguido sobreviver a uma facada na escola, a uma queda de dez metros, à pneumonia, a um lago suíço, a balas cubanas, a pashtus tribais, a lanças de dervixes, à artilharia e a sentinelas bôeres, a moscas tsé-tsé, a um incêndio em casa, a dois acidentes aéreos e a três colisões de carro, a franco-atiradores e peças de artilharia altamente explosivas da Alemanha e, mais recentemente, a um motorista de Nova York, a Constituição britânica era elaborada de tal forma que também precisava contar com um duque e uma duquesa que gerassem meninos em vez de meninas para poder prosseguir em sua carreira na Câmara dos Comuns.

O Parlamento aprovou certa ampliação da RAF em julho, mas ao preço de cortes nos orçamentos do Exército e da Marinha. Enquanto isso, Chamberlain queria diminuir em um terço os gastos com a defesa, por meio de um tratado com a Alemanha que limitaria a Marinha germânica a um terço do tamanho da Marinha Real e reduzindo gradualmente qualquer compromisso de fornecer uma Força Expedicionária Britânica à França em caso de guerra.[28] A Grã-Bretanha, portanto, de fato começou a se rearmar em 1934, mas de maneira relutante e fragmentária nos moldes ditados pelo Tesouro, tendo a publicidade reduzida ao mínimo para não "provocar" Hitler ou, igualmente importante, o público britânico. O governo ainda não levava a mal o papel de Churchill em cutucar e exigir mais. Suas fontes de informação não estavam sob a Lei dos Segredos Oficiais, embora o MI5 tivesse conhecimento de muitas delas e tenha grampeado o telefone dele.[29]

Em meados de julho, Churchill e Austen Chamberlain — que era contrário à política de apaziguamento com a Alemanha — declararam-se favoráveis a relações de amizade com a União Soviética e a seu ingresso na Liga das Nações.[30] Era um grande passo para um anticomunista tão doutrinário como Churchill, e seus inimigos logo apontaram aí mais uma reviravolta, mas isso indicava até que ponto lhe parecia imprescindível criar um mecanismo coletivo de segurança contra Hitler. Em 1935, Churchill se encontrou com o embaixador soviético em Londres, Ivan Maisky, e lhe disse que a ascensão dos nazistas ameaçava reduzir a Grã-Bretanha a "um fantoche nas mãos do imperialismo alemão". Ele suspendeu sua posição antirrussa, dizendo-lhe crer que a União Soviética não representaria ameaça à Grã-Bretanha ao menos pelos dez anos seguintes.[31] Dessa vez, a previsão foi admiravelmente acertada: seu discurso sobre a Cortina de Ferro se deu onze anos depois. Em 2 de agosto de 1934, o presidente Von Hindenburg morreu. Após dezessete dias, a nomeação de Hitler como Führer, com poderes executivos exclusivos, foi aprovada em plebiscito com 38,4 milhões de votos, contra

4,3 milhões. Os nazistas passaram a ter total poder para transformar a Alemanha numa cruel ditadura totalitária, o que se puseram a fazer com a maior rapidez possível. "Fiquei contente que tantos tivessem coragem de votar contra converter aquele bandido em autocrata vitalício", Churchill comentou com Clementine, pensando nesses corajosos 4,3 milhões de eleitores.[32]

Ainda em agosto, Churchill, Lindemann e Randolph foram passar alguns dias no Château de l'Horizon, em Golfe-Juan, perto de Cannes, a grande mansão litorânea art déco* construída pela atriz e socialite norte-americana Maxine Elliott, que recebia a alta sociedade em grande estilo. Nascida com o nome de Jessie Dermott em 1868,** em Rockland, no Maine, essa bela e espirituosa filha de um capitão naval irlandês emigrado para os Estados Unidos trabalhou em musicais populares de sucesso, teve um filho aos quinze anos com um homem dez anos mais velho, tornou-se amante de J. P. Morgan e se divorciou pelo menos duas vezes (de um político irlandês alcoólatra e de um comediante igualmente alcoólatra). Também fez grande fortuna como empresária e deu assistência como voluntária aos refugiados belgas na Grande Guerra, na qual seu amante, muito mais novo do que ela, fora morto em combate. Portanto, tivera exatamente o tipo de vida que agradava e impressionava Churchill, que a conhecia desde 1905, quando ela morava em Hartsbourne Manor em Hertfordshire e recebia celebridades eduardianas. "Ela era adorável, gorda, oh, tão gorda, espirituosa e graciosa", escreveu o parlamentar tory Henry "Chips" Channon quando de sua morte, em 1940, incluindo Eduardo VII e lorde Curzon na lista de seus ex-amantes.[33]

As férias no Château de l'Horizon eram divertidas: nas brincadeiras de mímica, certa vez Churchill se fez de urso debaixo de um tapete.[34] Um hóspede recordou-se de Maxine reclinada numa espreguiçadeira, "com um guarda-sol sombreando sua beleza desgastada, e ela dirigia palavras ríspidas a um jovem lacaio inglês, alto e bronzeado, que piscava nervoso à sua frente. 'Você *precisa* se lembrar, Robert, de pôr açúcar nos morangos da macaquinha. Veja, ela não comeu nada'".[35] Clementine não gostava da Riviera e foi ao Château apenas uma vez, por curto tempo. "Deus, é um lugar horroroso!", teria dito. "Imagino que seja bom se você for garçom ou tiver uma floricultura."[36] Seu marido passou as férias pintando e trabalhando nas provas do segundo volume de *Marlborough*. Na volta, foi de Golfe-Juan para Grenoble pela Route Napoléon. "Foi um episódio espantoso", comentou com Clementine. "Preciso realmente tentar escrever um Napo-

* Hoje de propriedade do rei da Arábia Saudita.

** Ou por volta dessa data; ela mentia desbragadamente sobre o ano em que nasceu, até mesmo na lápide do túmulo.

leão antes de morrer. Mas o trabalho se acumula e me pergunto se terei tempo e energia para isso."[37] Não teve, infelizmente. Churchill, Randolph e Lindemann pararam em Aix-les-Bains, onde Baldwin estava passando uma de suas férias de seis semanas, para incentivá-lo a criar um comitê de pesquisas aéreas, a fim de impedir que os bombardeiros alemães cruzassem o espaço aéreo até Londres, o que "sempre" faziam, conforme alertara na Câmara dos Comuns. Depois Baldwin comentou que Churchill "nunca tinha visto o Mont Blanc, de forma que estava indo até lá para que as montanhas pudessem dar uma espiada nele".[38]

Churchill sempre praticara esportes, mas, perto de se tornar sexagenário, começou a ficar mais indolente e a engordar. Não gostava de tênis — e Clementine adorava —, pois, com o problema no ombro, não tinha força no saque, e tampouco apreciava o outro esporte favorito da esposa, o esqui. Jogara polo até a casa dos cinquenta e, até os setenta anos, de vez em quando ainda ia caçar, mas só jogava golfe porque as partidas lhe permitiam passar longo tempo com Asquith e Lloyd George, e desistiu depois que os dois deixaram o poder. (Em 1915, dissera que jogar golfe era "como perseguir um comprimido de quinino num pasto de vacas".)[39] Nadava na piscina aquecida em Chartwell — que Diana Cooper chamava de "delicioso brinquedo de Winston" —, atirava, pescava e caçava javalis. Não eram coisas que podia fazer na companhia de Clementine, assim como suas caçadas a grandes animais na África ou suas pescarias de grandes peixes na Califórnia. No final de setembro de 1934, os dois passaram quase trinta dias de férias juntos, o que era um fato raro. Embarcaram no iate *Rosaura*, antiga balsa de passageiros, de lorde Moyne, e velejaram durante quase um mês, indo de Marselha a Nápoles, Grécia, Alexandria, Beirute, Síria e Palestina, e voltando apenas em 21 de outubro. Moyne — que fora ferido e recebera menção em despachos durante a Guerra dos Bôeres, condecorado com uma faixa e a Ordem por Distinção de Serviço por combater em Galípoli e Passchendaele — ingressou no Other Club. Acabou em meio a uma situação levemente constrangedora porque outro membro, Oswald Mosley, que integrava o clube desde 1931, andava dormindo com Diana, a mulher de Moyne. O extraordinário foi que Mosley continuou a frequentar o clube até maio de 1935, apesar de seu fascismo franco e explícito. Foi formalmente expulso apenas em 1945.

Em novembro, Churchill empreendeu uma guerrilha parlamentar contra o projeto de lei da Índia, intervindo em questões de ordem, emendas e um eficiente trabalho de obstrução com o apoio de cerca de trinta parlamentares. "É difícil pensar que o sr. Churchill foi outrora chanceler do Tesouro", bradou o "furioso" capitão David Margesson, vice-líder da bancada do Governo Nacional, que, conforme observou Bernays, "desancava" qualquer parlamentar tory que apoiasse a rebelião.[40] A operação de controle partidário do Governo Nacional foi de extrema eficácia, e o mais duro e mais impiedoso foi Margesson, com suas feições de traços marcados, embora reconhecesse a total inutilidade de tentar intimidar ou bajular Churchill. (Margesson era uma *bête noire* na opinião de Clementine, e Mary achava que ele parecia Mefistófeles.)[41]

Em 16 de novembro, John Reith finalmente permitiu que Churchill fosse ao ar numa transmissão radiofônica da BBC chamada "As causas da guerra", em que Churchill alertou enfaticamente que a Grã-Bretanha estava "em perigo mortal".[42] Afirmou que as nações da Europa estavam diante da "velha e inevitável escolha que nossos antepassados tiveram de enfrentar, a saber, se nos submeteremos à vontade de uma nação mais forte ou nos prepararemos para defender nossos direitos, nossas liberdades e, na verdade, nossa vida". Ninguém "que não estivesse num manicômio", segundo ele, iria querer dar início a uma outra guerra, mas "há uma nação que abandonou todas as suas liberdades a fim de aumentar seu poderio coletivo. Há uma nação que, com todas as suas forças e virtudes, está sob o controle de um grupo de homens implacáveis pregando um evangelho de intolerância e orgulho racial, sem o freio da lei, do Parlamento ou da opinião pública".[43] Era a mais dura advertência que Churchill podia fazer, mas teve pouco ou nenhum efeito numa nação que não queria ouvir nem pensar nas consequências de suas palavras, caso se mostrassem acertadas.

Em 28 de novembro, ele fez um dos discursos mais importantes dos Anos de Desterro, ao alertar que a Alemanha alcançaria a paridade aérea com a Grã-Bretanha em 1935. Enviou o discurso a Baldwin com cinco dias de antecedência, como prova de suas intenções construtivas.[44] Apresentou o bombardeio como "a única forma de guerra que vimos no mundo em que o predomínio completo não oferece nenhuma possibilidade de recuperação".[45] A seu ver, uma semana de bombardeio resultaria em 30 mil a 40 mil londrinos mortos ou mutilados. "Mais vale encarar esses fatos enquanto há tempo para tomar as medidas adequadas para enfrentá-los."[46]

"Insistir na preparação da defesa não é afirmar a iminência da guerra", disse ele. "Pelo contrário, se a guerra fosse iminente, já seria tarde demais para os preparativos de defesa." Mas reiterou sua mensagem central: "Qual é o grande fato novo que se apresentou a nós nos últimos dezoito meses? O rearmamento da Alemanha. Esse é o grande fato novo que prende a atenção de todos os países na Europa, na verdade de todo o mundo, e que coloca praticamente todas as outras questões em segundo plano".[47] Mesmo ciente de que estava em ínfima minoria no Parlamento, sustentou: "De que serviria uma divisão? Pode-se passear pela Câmara um ano inteiro ostentando uma maioria, mas isso não vai alterar os fatos que temos diante de nós".[48]

Para comemorar seu sexagésimo aniversário, dois dias depois, Venetia Montagu — uma das múltiplas amizades femininas de Churchill — deu um jantar em sua homenagem. Foram convidadas várias beldades da alta sociedade, como Lady Castlerosse e Phyllis de Janzé. "É o tipo de companhia que eu gostaria de ter no paraíso", disse ele, agradecendo a Venetia. "Maculada talvez — maculada, mas positiva. Não aquelas flácidas anêmonas-do-mar virtuosas que mal conseguem mover uma antena nas túrgidas águas da negatividade."[49]

Em 18 de dezembro, então com 49 anos de idade, Clementine partiu com lorde Moyne numa viagem de quatro meses pelas Índias Orientais Holandesas (atual Indonésia), a bordo do *Rosaura*, numa expedição com vistas a trazer pela primeira vez para a Inglaterra espécimes vivos do lagarto gigante conhecido como dragão-de-komodo. Atravessaram o canal de Suez e o oceano Índico e chegaram ao Pacífico passando por Índia, Birmânia, Tailândia, Malásia, Indonésia, Bornéu, Papua-Nova Guiné, Austrália e Nova Zelândia (segundo seus nomes atuais). Capturaram dois dragões-de-komodo, um dos quais, com 1,80 metro de comprimento, manteve-se vivo no Zoológico de Londres até 1946. Além dos lagartos que estavam caçando na Indonésia, havia outro passageiro lagarteando a bordo — Terence Philip, um indolente celibatário. Philip era um negociante de arte agradável, bonito, culto e airoso de 42 anos de idade, fluente em russo e muito valorizado pelas anfitriãs da alta sociedade londrina como "peça de reserva" para os jantares. "Durante os meses dessa viagem, não admira que ela tenha se apaixonado romanticamente por ele", escreveu Mary Soames sobre a mãe. "Foi um clássico romance de férias."[50]

Clementine sabia que Philip não estava realmente "apaixonado" por ela, mas, como disse, "fez-me gostar dele". Resumiu a ligação de maneira indireta, "com um dito que parece emanar o mundo eduardiano de sua juventude: *C'était une vraie connaissance de ville d'eau*".[51] "Embora eu goste do que tenho visto do sr. Philip", escreveu Clementine ao marido no início da viagem, "não o conheço bem, de forma alguma, e dez dias tête-à-tête com um estranho é mais extenuante (imagino eu, pois nunca experimentei) do que a completa solidão."[52] "Estou com muitas saudades suas e me sinto muito desprotegido", respondeu ele. "Mas achei que não devia tentar dissuadi-la de uma viagem maravilhosa que você visivelmente desejava de todo o coração."[53] Depois de retornarem, Philip visitou Chartwell algumas vezes, mas a essa altura Clementine já voltara à vida real.[54] Até hoje, a dimensão física do romance e as suspeitas de Churchill continuam envoltas num mistério mais impenetrável do que o segredo em torno dos integrantes do comitê executivo do Other Club.

Se, de um lado, Churchill manifestava sua preocupação de que Clementine contraísse malária no Ceilão (atual Sri Lanka), por outro também pôde lhe dizer que as finanças familiares, pela primeira vez desde a Quebra da Bolsa, estavam melhorando. Desde setembro, havia escrito vários roteiros de cinema para Alexander Korda, e "devemos estar em boa situação a esta altura do ano que vem. É algo importante para você caso aconteça alguma coisa comigo ou com minha capacidade de sustento".[55] Se tivesse ido junto com ela, Churchill poderia ter notado a fragilidade das defesas terrestres de Cingapura quando o *Rosaura* atracou, em janeiro; no caso, teve de confiar na descrição dos estaleiros que lhe fez Clementine.

Quer se desenrolassem ou não relações sexuais ilícitas nos Mares do Sul, em Chartwell o incesto era inegável. "Todos os cisnes negros estão se acasalando", comentou Churchill com a esposa, "não só pai e mãe, mas irmãos e irmãs têm se cruzado. Os Ptolomeus sempre fizeram isso e o resultado foi Cleópatra. Em todo caso, não considerei que fosse meu dever interferir."[56] Ele lhe escreveu cartas apaixonadas durante todo o tempo em que ela esteve fora, mas eram ditadas. "Quase perdi a arte de pensar com uma caneta na mão", afirmou.[57] Ao mesmo tempo, Churchill escrevia em *News of the World* que seu casamento "era em grande medida o acontecimento mais alegre e afortunado que me ocorreu em toda a minha vida, pois o que pode ser mais glorioso do que estar unido no caminho da vida a um ser incapaz de um pensamento ignóbil?".[58]

Um dos frutos dessa união feliz, porém, estava causando consternação a Churchill. Randolph decidira concorrer como independente na eleição secundária de Wavertree em Liverpool, contra o candidato tory oficial, tendo como plataforma a oposição ao projeto de lei do Governo da Índia. "É um salto precipitado e irrefletido", Churchill comentou com Clementine. A iniciativa do filho lhe trouxe um profundo constrangimento político, pois ameaçava dividir o eleitorado tory e dar aos trabalhistas um assento que costumava ser ocupado pelos conservadores — e foi exatamente o que aconteceu.[59] "Estou aborrecido e preocupado com isso", disse Churchill, mas Randolph não deu ouvidos ao conselho.[60] Mesmo assim, Churchill doou duzentas libras para a campanha, um sexto do total permitido, enquanto o duque de Westminster contribuiu com quinhentas libras, mas estava num dilema se iria ou não a Liverpool para apoiar o filho, como fizeram Sarah e Diana. Claro que, no final, o sangue falou mais alto e prevaleceu sobre a ameaça da retirada da liderança tory, e Churchill foi até lá pouco antes do dia da votação, dizendo reservadamente que a candidatura de Randolph era uma "aventura corajosa".[61]

Ao voltar, em 2 de maio de 1935, Clementine trouxe uma pomba bege rosada de Bali, onde passara em abril "dois dias extasiantes".[62] Quando a ave morreu, ela a enterrou debaixo do relógio de sol no jardim murado de Chartwell, sob uma lápide com a inscrição de alguns versos do poeta W. P. Ker, que lhe foram sugeridos por Freya Stark, autora de relatos de viagem:

*Here Lies the Bali Dove*
*It does not do to wander*
*Too far from sober men*
*But there's an island yonder,*
*I think of it again.**

Há quem interprete esses versos como referência aos meses que ela passou com Terence Philip, embora a menção a "homens sóbrios" não pareça uma descrição exatamente adequada do marido de quem se afastara por breve tempo.

Alega-se que, em 1933, Churchill, então com 58 anos, começou um caso de quatro anos de duração com Doris, Lady Castlerosse (*née* De le Vingne),** então com 32 anos. Lady Castlerosse era separada do marido, visconde Castlerosse (futuro 6º conde de Kenmare), e se envolvera com Randolph em 1932.[63] Em 1985, meio século após o pretenso relacionamento, Jock Colville alegou que os rumores eram verdadeiros, mas ele só se tornou secretário particular de Churchill em 1940, vários anos após o suposto acontecimento. Na mesma entrevista, o septuagenário Colville também afirmou que "Winston Churchill não era [...] de forma alguma um homem muito sexual [...]. Nunca correu atrás de mulheres".[64] Lady Castlerosse, por sua vez, disse à irmã e à sobrinha que tinha sido amante de Churchill.

As cartas e os telegramas trocados entre Churchill e Lady Castlerosse, outra habituée do espalhafatoso Château de l'Horizon, são plenamente consoantes mais com uma amizade do que com um caso amoroso, até porque ela convidava não só Churchill, mas também Clementine para seus jantares e porque ele, numa correspondência à esposa, mencionava a presença de Doris na casa de Maxine Elliott.[65] (Numa carta de 1937, Lady Castlerosse pede que Churchill lhe telefone e dá seu número de quatro dígitos, que, se ela tivesse sido sua amante durante quatro anos, seria de supor que ele já tivesse.) Churchill gostava da vivacidade de Doris, e faz-se um grande alarde sobre o fato de tê-la pintado quatro vezes, mas ele também retratou várias outras mulheres, entre as quais Thérèse, esposa de Walter Sickert; Blanche Dugdale, sobrinha de Arthur Balfour; Hazel, esposa de Sir John Lavery; sua própria cunhada Lady Gwendeline Churchill; sua secretária Cecily Gemmell; Maryott Whyte, prima de Clementine; e Lady Kitty Somerset. Não existe indicação alguma de que estivesse dormindo com qualquer uma delas. Pintou Clementine três vezes. (Os Churchill tinham tanta fama de serem muito apegados que a revista *Punch* lhes deu o apelido de "os Pombinhos".)[66]

* Aqui jaz a Pomba de Bali / Não é recomendável se afastar / Em excesso dos homens sóbrios, / Mas existe uma ilha distante, / Penso nela de novo. (N. T.)

** Tia-avó da supermodelo Cara Delevingne, o que explica em parte a cobertura que a imprensa dá a essa história.

É sabidamente difícil provar uma negativa, sobretudo referente a um acontecimento de mais de oitenta anos atrás, mas é impossível acreditar que Churchill tenha de fato mantido um caso com Lady Castlerosse ou com alguma outra mulher.[67] Ainda amava ardorosamente Clementine; era seu rochedo emocional, a conselheira mais próxima, a mãe de seus cinco filhos e seu maior e mais sólido ponto de apoio em todos os reveses imagináveis da vida, bem como a destinatária de muitas centenas de cartas de amor sinceras — uma delas, escrita no Château de l'Horizon em setembro de 1936, quando Doris também estava lá, termina com: "Terno amor minha doce Clemmie, Seu marido sempre amoroso e devotado Winston".[68]

Afora as razões emocionais que depõem contra a hipótese de um caso extraconjugal, havia também uma infinidade de motivos práticos. Churchill ainda acreditava que seria primeiro-ministro; lorde Castlerosse trabalhava para Beaverbrook e era um colunista de fofocas empobrecido, alcoólatra e às vezes violento; Randolph dormira com ela em 1932 (quase resultando numa briga com Castlerosse); não existe nenhuma carta de amor; no Château, sempre havia a presença de outros hóspedes — inclusive jornalistas e escritores — e de inúmeros criados, além da própria Maxine, extremamente dada a mexericos. O escritor Vincent Sheean, sobrinho por afinidade de Maxine, descreveu Lady Castlerosse como uma "cabeça-oca sem igual" obcecada pela própria aparência que, "coçando o interior das belas pernas nuas, perguntou numa voz aguda e anasalada: 'Winston, por que parece que estão sempre indo a *Genebra* para suas reuniões?'". Churchill respondeu: "Porque, minha cara, Genebra vem a ser a sede da Liga das Nações. Já ouviu falar, não?".[69]

A ignorância de Lady Castlerosse só encontrava paralelo no caráter semiletrado de suas cartas, sendo que apenas uma delas poderia estar sujeita a uma interpretação dúbia. Em julho de 1937, ela escreveu a Churchill: "Eu ia gostar tanto de ver você. Não sou mais perigosa. Volto na terça, me ligue alguma hora, Mayfair 3731. Com meu amor, Doris".[70] A interpretação mais provável é que ela desistira de flertar com ele, mais um indicador de que não mantiveram nenhuma relação física.[71] Lady Castlerosse alegou o contrário porque, segundo sugeriu um biógrafo de Churchill, "ela se fiava em atrair amantes ricos para financiar sua extravagância, e pode muito bem ter tentado aumentar seu fascínio como *femme fatale* espalhando o rumor de que Churchill, notadamente monogâmico, era uma de suas conquistas".[72] Churchill tinha inúmeras boas amigas com quem não mantinha relações sexuais, entre elas Violet Bonham Carter, Venetia Montagu (*née* Stanley), Ava Waverley, Wendy Reves, Ettie Desborough, Maxine Elliott, Pamela Lytton, Daisy Fellowes e Muriel Wilson. Doris Castlerosse — que morreu de uma overdose de barbitúricos no Hotel Dorchester em dezembro de 1942, quando se encontrava sob investigação policial por venda ilegal de diamantes —

se somaria a essa lista.[73] É o próprio Churchill quem oferece o melhor prisma para examinar essas alegações frívolas e circunstanciais contra si, ao escrever no capítulo sobre Clemenceau em *Great Contemporaries*: "A Musa da História não deve ter melindres. Deve ver tudo, tocar tudo e, se possível, cheirar tudo. Não precisa recear que esses detalhes íntimos lhe retirem o romantismo e o culto ao herói. Ninharias e mexericos podem — e, na verdade, devem — eliminar os de pequena envergadura. Não têm nenhum efeito duradouro sobre os que ocuparam com honra as posições mais avançadas nas mais violentas tempestades".[74]

Em 4 de março de 1935, o governo publicou seu Documento Oficial da Defesa, na intenção de preparar o público para um aumento de 10 milhões de libras nos gastos com armamentos. Chamberlain atenuou as referências do documento à Alemanha, no que foi apoiado por Baldwin, o qual disse a Sir Robert Vansittart, o vice-ministro permanente das Relações Exteriores e vigoroso antinazista, que não considerava "prudente indiciar somente a Alemanha, visto que não era a única potência se rearmando".[75] Era verdade, mas as outras estavam se rearmando por causa da Alemanha. No debate sobre o documento, Clement Attlee disse: "Negamos a proposição de que uma maior Força Aérea britânica contribuirá para a paz do mundo e rejeitamos totalmente o projeto de paridade". Outro importante trabalhista, Stafford Cripps, declarou: "Homens indômitos como sr. Churchill forçaram a mão do governo". No ano seguinte, Cripps diria não "acreditar que seria ruim para a classe trabalhadora britânica se a Alemanha nos derrotasse".[76] Archie Sinclair, que então era líder do Partido Liberal, denunciou "a loucura, o perigo e o desperdício dessa acumulação constante de armamentos".[77] Com uma eleição que se aproximava tendo como pano de fundo um pacifismo tão desprezível, a recomendação do próprio Baldwin em favor de seu documento foi tíbia, ao argumentar que "nos assuntos internacionais não se trata de fazer o que é idealmente o melhor, mas sim de fazer o que é o melhor nas circunstâncias dadas".[78]

"O governo, de maneira tardia, tímida e inadequada, por fim despertou para o perigo alemão que aumenta rapidamente", Churchill comentou com Clementine. Mas despertara mesmo?[79] Em 16 de março, Hitler repudiou as cláusulas de desarmamento de Versalhes e anunciou a criação da Luftwaffe, que era proibida pelo Tratado, bem como a constituição de um Exército com o recrutamento de meio milhão de homens, sendo que o Tratado estipulava o limite máximo de 100 mil soldados. A partir dos relatos sobre o ritmo do rearmamento alemão fornecidos por seus informantes, três dias mais tarde Churchill pôde dizer à Câmara dos Comuns:

> Vêm-se gastando somas enormes na aviação alemã e em outros armamentos [...]. Deixamos de ser a nação menos vulnerável de todas e, com os desenvolvimentos aéreos, passamos a ser a mais vulnerável, e apesar disso, mesmo agora, não estamos tomando as providências realmente proporcionais a nossas necessidades. O governo propôs esses aumentos. Precisam enfrentar a tempestade. Terão de fazer frente a todas as formas de ataques injustos. Seus motivos serão apresentados de forma distorcida. Serão caluniados e chamados de beligerantes. Sofrerão os mais variados ataques desferidos por muitas forças poderosas, numerosas e extremamente estridentes neste país. É o que receberão, de todo modo. Por que, então, não lutar por algo que nos dê segurança?[80]

A Câmara ouviu educadamente, mas não houve nenhuma resposta. "Quanto a Winston, faz muitos bons discursos, consideravelmente fortalecido por coquetéis e conhaques envelhecidos", escreveu Chamberlain à sua irmã Hilda. "Alguns são discursos muito bons ao velho estilo, mas não convencem mais."[81]

Churchill percebia que falava no vazio e anos depois escreveu sobre aquele debate: "Tive uma sensação de desespero. Estar tão plenamente convicto e justificado numa questão de vida e morte para o país e não conseguir que o Parlamento e a nação seguissem o alerta ou se curvassem à prova passando para a ação foi uma experiência extremamente dolorosa".[82] Durante o debate, ele se lembrou de alguns versos da revista *Punch* sobre um acidente ferroviário vitoriano em Hampshire, que aprendera na adolescência:

> *Who is in charge of the clattering train?*
> *The axles creak, and the couplings strain,*
> *And the pace is hot, and the points are near,*
> *And Sleep has deadened the driver's ear;*
> *And signals flash through the night in vain,*
> *For Death is in charge of the clattering train.*[83]*

Não recitou os versos durante o debate, mas o fez várias vezes durante a Blitz.[84]

A posição de Churchill sobre o rearmamento aéreo se demonstrou justificada logo a seguir, quando Hitler declarou a Anthony Eden, em 25 de março, que a Luftwaffe alcançara a paridade com a RAF. No fim não era verdade, mas a afirmação deu crédito ao que Churchill estivera declarando.[85] A posição de Baldwin, afirmando na Câmara em novembro do ano anterior que a Alemanha alcançara

* "Quem está a cargo do ruidoso trem?/ Os eixos rangem, os engates envergam,/ E o ritmo é intenso, e as agulhas dos trilhos estão próximas,/ E o Sono ensurdeceu o ouvido do condutor;/ E os sinais piscam em vão na noite,/ Pois a Morte está a cargo do ruidoso trem." (N. T.)

apenas metade da força da linha de frente britânica, agora parecia inequivocamente errônea. Churchill comentou com Clementine que foi uma "sensação política [...]. Invalida completamente tudo o que Baldwin tem dito e, de passagem, confirma todas as asserções que fiz".[86] Entre 10 e 14 de abril, o governo tentou negociar uma frente comum com a França e a Itália contra a Alemanha em Stresa, à beira do lago Maggiore, na Itália, o que Churchill apoiou como forma de dividir os governos fascistas.

Em abril, Churchill decidiu que tentaria modificar seu estilo oratório, para deixá-lo menos bombástico e vitoriano e evitar que parecesse pomposo aos ouvintes mais jovens. Com sessenta anos, era cavalo velho aprendendo truque novo, mas, como explicou a Clementine, agora iria "falar na Câmara dos Comuns num fluxo constante e improvisado".[87] Tentou uma ou duas vezes, e "parecem encantados. Mas como é misteriosa essa arte de falar em público! Tudo consiste em meu discernimento (maduro) de escolher três ou quatro argumentos absolutamente sólidos e apresentá-los da maneira mais coloquial possível. É evidente que não há absolutamente nada no estilo literário que busquei por quarenta anos!".[88] O estilo declamatório de Gladstone e Morley — e, na verdade, de seu pai — viria a ser substituído por uma retórica que soava muito mais genuína, e que mais tarde ele pôde empregar durante a Segunda Guerra Mundial.

"Não há nada de novo nisso", disse Churchill em maio, na Câmara, sobre a incapacidade britânica de se rearmar. "É tão velho quanto os Livros Sibilinos.* Entra naquele longo e triste rol do caráter infecundo da experiência e da comprovada incapacidade da Humanidade de aprender. Falta de antevisão, inércia para agir quando a ação seria simples e eficaz, ausência de clareza mental, assessoramento confuso até chegar a emergência, até vir a autopreservação bater seu gongo desafinado — essas são as características que constituem a repetição infindável da história."[89] A história que ele tinha em mente era a política externa da Grã-Bretanha durante quatrocentos anos, formando alianças com nações europeias para enfrentar a potência continental mais forte do momento, fosse ela a Espanha, a França ou a Alemanha. "Não tenho nenhuma dúvida sobre qual é ela agora", acrescentou. "É assim que, ao longo dos séculos, temos preservado nossas liberdades e conservado nossa vida e nosso poderio."[90]

Churchill recebeu uma réplica sarcástica do tenente-coronel Thomas Moore, o parlamentar conservador do distrito eleitoral de Ayr: "Embora detestemos criticar alguém no crepúsculo de seus dias, nada permite escusar o excelentíssimo representante de Epping de ter permeado todo o seu discurso da atmosfera

* Oráculos que o rei Tarquínio de Roma comprou de uma sibila, isto é, uma vidente.

de que a Alemanha está se armando para a guerra".[91] E prosseguiu dizendo que "certamente é impossível visualizar uma situação em que os vencidos ou os vencedores voltem alguma vez, pelo menos durante nossa vida, a embarcar num conflito tão catastrófico".

Em 22 de maio, Baldwin admitiu na Câmara dos Comuns que estivera "completamente errado [...] completamente enganado" em novembro do ano anterior, quando preparou sua estimativa da futura construção de aeronaves germânicas. Naquele debate, Churchill previra que, pelas tendências do momento, "no final deste ano" a Luftwaffe "terá provavelmente o triplo e até o quádruplo de nossa força".[92] Apesar de sua sombria advertência, ainda foi capaz de fazer gracejos sobre o Baldwin de 1930: "Naqueles dias, o lorde presidente era mais sensato do que é agora; costumava aceitar frequentemente meu conselho". A mensagem central de Churchill foi: "Às vezes é muito melhor ter previamente uma sensação de pânico e depois grande calma quando as coisas acontecem do que ter previamente uma extrema calma e entrar em pânico quando as coisas acontecem".

Churchill via a história britânica como um continuum, em que o dever da Grã-Bretanha era manter o equilíbrio de poder na Europa. Depois que Hitler escrevera a Rothermere, no começo de maio, afirmando que uma aliança anglo-germânica protegeria "os interesses da raça branca", Churchill relembrou a fábula do tigre e do chacal, que foram caçar juntos e depois o tigre devorou o chacal, sugerindo que, se aceitassem a proposta de Hitler, mais cedo ou mais tarde ele trairia o aliado britânico. E deu uma aula de história a Rothermere.[93] "Se a proposta dele significa que deveríamos entrar num entendimento com a Alemanha para dominar a Europa, penso que isso iria em sentido contrário a toda a nossa história", disse Churchill ao maior barão da imprensa da Grã-Bretanha. "Sempre fomos, em todas as ocasiões, amigos da segunda potência mais forte na Europa e nunca nos rendemos à potência mais forte. Assim Elizabeth resistiu a Filipe II da Espanha", reiterou. "Assim Guilherme III e Marlborough resistiram a Luís XIV. Assim Pitt resistiu a Napoleão, e assim todos nós resistimos a Guilherme II da Alemanha. Somente por essa via e procedimento preservamos a nós mesmos e a nossas liberdades e alcançamos nossa posição atual. Pessoalmente, não vejo nenhuma razão para nos afastarmos dessa visão tradicional."[94]

Nessa ocasião, lorde Crawford estava presente num jantar do clube parlamentar Grillions no Hotel Grosvernor House e percebeu que os ministros do Gabinete William Ormsby-Gore e lorde Eustace Percy (a quem Churchill apelidara de lorde "Useless" [Inútil] Percy) estavam sentados na outra ponta da mesa, longe de Churchill, o qual estava "declamando com a voz a todo o volume e monopolizando a conversa ininterruptamente. Além disso, ele é belicoso precisamente sobre aqueles assuntos que os ministros não querem discutir numa companhia mista [isto é, com os que não apoiavam o governo] à mesa de jantar; mas ele é muito divertido se a pessoa se rende a seu domínio".[95]

Em 5 de junho, a longa e desgastante disputa sobre o projeto de lei do Governo da Índia finalmente terminou com a aprovação da terceira leitura por 386 votos contra 122, concedendo aos governos provinciais indianos um amplo grau de autonomia administrativa sob a égide geral da Grã-Bretanha. Cerca de quarenta parlamentares trabalhistas votaram contra o projeto por entenderem que era insuficiente. Depois da aprovação, Churchill convidou um amigo indiano de Gandhi, G. D. Birla, para visitá-lo em Chartwell. "Diga ao sr. Gandhi para utilizar os poderes que são concedidos para obter sucesso", disse-lhe. "Sinto uma genuína simpatia pela Índia. Tenho receios concretos quanto ao futuro [...]. Mas agora vocês têm as coisas; obtenham sucesso e, se o fizerem, defenderei que vocês recebam muitas mais."[96] Quando Birla transmitiu devidamente a mensagem de Churchill, Gandhi respondeu: "Tenho uma boa recordação do sr. Churchill quando ele estava no Ministério Colonial e, de uma maneira ou de outra, desde então sou da opinião de que sempre posso contar com sua simpatia e boa vontade". Isso era um tanto exagerado, mas de fato Churchill declarou que seu apreço por Gandhi aumentara desde que ele "se ergueu em favor dos intocáveis".[97]

Aprovada a Lei da Índia, Ramsay MacDonald, doente e cansado aos 69 anos de idade, renunciou ao cargo de premiê em 7 de junho de 1935, em favor de Stanley Baldwin, que não convidou Churchill para o governo no remanejamento subsequente. Como ambos divergiam tanto sobre a escala como sobre o ritmo do rearmamento, seria mesmo improvável que o fizesse, ainda mais com uma eleição geral dali a pouco tempo, na qual essa questão muito sensível teria grande destaque. Onze dias depois, o governo anunciou os termos de um Acordo Naval Anglo-Germânico, assinado sem a aprovação francesa, que estipulava a tonelagem da Marinha alemã em 35% da tonelagem da Marinha Real, porcentagem muito mais alta do que o permitido pelo Tratado de Versalhes — rompido, portanto, com a cumplicidade da Grã-Bretanha. O Acordo, ao qual Churchill se referiu no Parlamento como "o cúmulo da credulidade", logo foi quebrado pelos alemães, mas deu ao Governo Nacional, antes da eleição em 14 de novembro, a aparência de estar falando a sério sobre a redução das armas.[98]

"A Liga das Nações ficou enfraquecida com nossa ação", disse Churchill no debate sobre o Acordo Naval, "o princípio de segurança coletiva foi prejudicado [...]. A influência britânica em certa medida se dissipou, e nossa posição moral ou, em todo caso, nossa posição lógica em certa medida se obscureceu. Impossível haver um exemplo mais perfeito e rematado de como não proceder."[99] Mesmo assim, ele votou com o governo, na esperança de ser convidado a integrá-lo após a eleição, no mínimo como um alerta à Alemanha de que a Grã-Bretanha pretendia mesmo conter o ímpeto de Hitler em conquistar a hegemonia na Europa. No entanto, ressaltou que os alemães tinham conseguido converter os navios de 10 mil toneladas permitidos pelo Tratado de Versalhes em embarcações de guerra de 26 mil toneladas "com um sigilo que o Almirantado foi absolutamente incapaz de penetrar".[100]

Tempos antes, em abril de 1925, Hankey convidara Lindemann para integrar o Subcomitê de Pesquisas de Defesa Aérea, do Comitê de Defesa Imperial. Em novembro de 1928 Baldwin suspendeu esse comitê, que só veio a ser retomado depois que Hitler chegou ao poder. Em julho de 1935, Baldwin pediu a Churchill que integrasse o então reconstituído Subcomitê, o qual mais tarde ficou conhecido como Comitê Tizard, em razão de seu novo presidente, o químico e inventor Sir Henry Tizard. Iria se tornar palco de uma série de atritos entre Tizard e Lindemann sobre a melhor maneira de impedir a entrada de bombardeiros alemães, uma disputa que foi descrita como "talvez a briga científica mais notória dos tempos modernos".[101] Churchill dava invariavelmente seu apoio a Lindemann nesse embate, embora hoje saibamos que, na maioria das vezes, era Tizard quem estava correto em suas avaliações científicas. Apesar disso, as fontes revelam que Lindemann escreveu a Churchill em fevereiro de 1936 "elogiando o sucesso de [Robert] Watson-Watt na detecção" — como se referia ao radar —, declarando "acreditar entusiasticamente" em seu trabalho.[102] Quando se iniciou a guerra, já havia vinte estações de radares entre Portsmouth e Scapa Flow, capazes de detectar aeronaves desde oitenta até 190 quilômetros de distância e voando acima de 3 mil metros. Para Churchill e Lindemann, o Comitê Tizard não empreendia experiências suficientes sobre o aumento da duração efetiva das explosões de peças de artilharia, nem sobre os balões-papagaio, nem sobre os métodos infravermelhos para visualizar aeroplanos inimigos. Nem todos esses campos se demonstraram viáveis, mas pelo menos eles estavam tentando pensar de maneira construtiva para além dos parâmetros convencionais.[103]

Quando o governo anunciou em 24 de agosto que, caso a Itália invadisse a Abissínia (atual Etiópia), a Grã-Bretanha cumpriria suas obrigações junto à Liga das Nações, Churchill não quis criar antagonismo com os italianos ameaçando sanções.[104] A seu ver, um embargo do petróleo destruiria a frágil Frente de Stresa (da Grã-Bretanha, França e Itália contra a Alemanha) e obrigaria Mussolini a se bandear para o lado de Hitler, e tudo isso só para impedir a ocupação de uma parte da África Oriental que nenhuma outra potência europeia queria. Aqui, a posição de Churchill foi mais de Realpolitik do que de ideologia, destoando dos princípios dos direitos humanos, da democracia, da autodeterminação e dos direitos dos países pequenos que invocaria mais tarde.

Em 2 de outubro de 1935, Mussolini de fato invadiu a Abissínia, e com isso a Liga das Nações impôs sanções econômicas à Itália, porém sem a adesão da Alemanha, Áustria e Hungria. A Grã-Bretanha não reforçou as medidas mais importantes — aquelas referentes ao petróleo —, levando os trabalhistas e os liberais a dizerem que a Liga estava sendo traída para não contrariar a Itália, o que era mesmo verdade. "Não podemos permitir que o nazismo em sua fase atual de crueldade e intolerância, com todos os seus ódios e todas as suas armas reluzentes, adquira no momento presente a supremacia na Europa", disse Churchill em 24 de outubro na Câmara dos Comuns, abstendo-se significativamente de defender que as sanções contra a Itália incluíssem o petróleo.[105] E acrescentou: "Arrisco-me a declarar à Câmara que não podemos ter nenhuma preocupação comparável àquela causada pelo rearmamento alemão".[106] Arthur Greenwood acusou Churchill de "querer as duas coisas. Não duvido que talvez tenha conseguido justificar sua nomeação para um alto cargo caso aconteça o pior e o Governo Nacional retorne".[107]

Durante a campanha eleitoral, Baldwin falou ao povo britânico: "Dou-lhes minha palavra de que não haverá grandes rearmamentos". Em seu panfleto eleitoral, Churchill louvou os "quatro anos [anteriores] de governo firme e estável" e afirmou: "Na última vez, vocês votaram pela Solvência Nacional. Agora o que está em jogo é a Segurança Nacional [...]. Ficamos numa grave desvantagem na Aviação, e agora precisamos fazer um grande esforço para ter uma Força Aérea tão boa e firme quanto a de qualquer país que possa nos atingir".[108] Sobre as ditaduras, escreveu: "O mundo está dividido entre governos que são donos do povo e povos que são donos do governo. A Democracia e os Parlamentos livres têm sido pisoteados na maioria dos grandes países europeus. Voltaram ao despotismo e às ditaduras; e todo o aparato da ciência e da Civilização pode ser deturpado para a propaganda da tirania".[109]*

O Governo Nacional obteve outra vitória esmagadora em 14 de novembro de 1935, conquistando 432 assentos, contra 154 dos trabalhistas e vinte dos liberais. No todo, os defensores do Governo Nacional (na maioria conservadores) receberam 11,81 milhões de votos, os trabalhistas, 8,32 milhões, e os liberais, 1,42 milhão. Duncan Sandys, marido de Diana, formado em Oxford, ex-aluno de Eton e ex-diplomata, foi reeleito por Norwood, e Churchill foi reconduzido por Epping com uma margem maior. Tendo atenuado suas críticas ao governo, esperava um cargo ministerial na coordenação das defesas britânicas. Mais uma vez, porém, Baldwin não o convidou. Na época, ele ficou profundamente desapontado, mas escreveu mais tarde: "Agora vejo a sorte que tive. Sobre mim batem as asas invisíveis".[110] No fim, essas asas pertenciam a ninguém menos que o próprio Baldwin, que disse a Davidson: "Se houver guerra — e ninguém pode dizer que não haverá —, precisamos mantê-lo em forma para ser nosso primeiro-ministro da guerra".[111]

* O conceito de deturpação científica tinha força e ressurgiu num discurso fundamental de 1940.

Num artigo chamado "The Truth about Hitler" [A verdade sobre Hitler], que saiu na *Strand Magazine* em novembro de 1935, Churchill procurou ser o mais imparcial possível em relação ao Führer. "Os que encontraram Herr Hitler frente a frente em assuntos públicos ou em termos sociais viram um funcionário competentíssimo, sereno, bem informado, com maneiras agradáveis e um sorriso afável, e poucos deixaram de sentir um sutil magnetismo pessoal", escreveu Churchill em palavras que foram por muito tempo usadas contra ele — ainda que "funcionário" não fosse exatamente um elogio. "Assim o mundo vive com esperanças de que o pior terminou e que ainda viveremos para ver Hitler como uma figura mais bondosa numa era mais feliz. Enquanto isso, ele faz discursos às nações que, por vezes, se caracterizam pela franqueza e pela moderação."[112] A expressão determinante é "por vezes". Os detratores de Churchill também quase nunca citam as outras partes do artigo, como a seguinte: "Em época recente ele tem oferecido muitas palavras tranquilizadoras, que são avidamente aceitas por aqueles que estiveram tão tragicamente errados sobre a Alemanha no passado. Apenas o tempo mostrará, mas, enquanto isso, as grandes rodas giram; os fuzis, os canhões, os tanques, as balas e as peças de artilharia, as bombas aéreas, os cilindros de gases tóxicos, os aeroplanos, os submarinos e, agora, os inícios de uma frota, fluem em correntes cada vez mais largas que saem das fábricas e arsenais da Alemanha, já amplamente mobilizados para a guerra".[113] Como seus outros artigos sobre Hitler, Churchill o submeteu com antecedência ao Ministério das Relações Exteriores, que lhe pediu que abrandasse o tom. Ele fez isso — até certo ponto. O ministério continuou a reclamar da dureza das críticas, mas Churchill o publicou mesmo assim.

Em 19 de dezembro, o ministro das Relações Exteriores, Samuel Hoare, foi forçado a renunciar devido a um pacto que assinara com seu correspondente francês, Pierre Laval, fazendo concessões à Itália na Abissínia que provocaram protestos no Parlamento. O cargo foi ocupado por Anthony Eden, lorde presidente do Conselho. A essa altura, não havia nenhum sinal daquilo que se tornaria uma aliança extremamente próxima: "A nomeação de Eden não me inspira confiança", escreveu Churchill a Clementine. "Espero que a grandeza do cargo traga à tona suas capacidades."[114] Um pouco depois, comentou com ela: "Creio que agora você verá como Eden é inofensivo".[115] Mesmo assim, Churchill pediu a Randolph que não atacasse Eden em seus artigos e acrescentou: "Do contrário, não poderei confiar em sua lealdade e afeto por mim. Seu pai amoroso, Winston S. Churchill".[116]

Randolph fora derrotado na seção West Toxteth de Liverpool na eleição geral e depois disso criou mais problemas para o pai, concorrendo numa eleição secundária pelo assento escocês de Ross e Cromarty contra o candidato trabalhista nacional, Malcolm MacDonald, filho de Ramsay. "Você entende como essa disputa é infeliz e inconveniente para mim", Churchill apontou a Clementine. "Ficaria muito difícil que Baldwin me convidasse para assumir o Almirantado ou o trabalho de coordenação."[117] Suas relações com Randolph eram turbulentas; durante uma das brigas familiares — que muitas vezes terminavam em gritaria e um dos dois pisando duro e saindo —, Churchill disse exasperado ao filho: "Randolph, não me interrompa quando estou interrompendo".[118] Randolph não ganhou nenhuma recompensa por sua falta de devoção filial, chegando em terceiro lugar em Ross e Cromarty com 2427 votos contra os 8949 de Malcolm MacDonald.

Churchill estava passando férias com lorde Rothermere no Hotel Mamounia, em Marrakesh,* entretendo-se com seu jogo de baralho favorito, o besigue, trabalhando no volume seguinte de *Marlborough* e pintando as montanhas da cordilheira do Atlas, quando surgiu na imprensa uma história sobre sua filha Sarah, de 21 anos de idade. Ela era atriz e estava dançando na comédia de teatro de revista *Follow the Sun*, em Manchester, quando se apaixonou pelo astro principal, o comediante Vic Oliver (*né* Victor Oliver von Samek), judeu, nascido na Áustria e divorciado de 37 anos.[119] Descreviam-no de várias maneiras: comediante, violinista, pianista, contorcionista, trapezista e até tocador de banjo.[120] Nos três primeiros casos, era verdade; nos outros três, não. Assim como o 7º duque de Marlborough enviara funcionários seus para se informar melhor sobre Leonard Jerome antes que lorde Randolph Churchill se casasse com Jennie, Churchill mandou um advogado a Viena para descobrir tudo o que conseguisse sobre as origens de Vic Oliver. "Por favor, escreva a Sarah — (mas não com severidade)", pediu Clementine ao marido. "Porém mais importante do que escrever é obter [...] o dossiê do sr. Vic Oliver."[121] Churchill se encontrou com ele em fevereiro e informou a Clementine: "Ele não me pareceu um mau sujeito; mas totalmente comum [...]. Uma boca horrível: uma fala arrastada austro-ianque medonha. Não ofereci um aperto de mãos, mas o submeti a um longo exame".[122] Obteve de Oliver a promessa de adiar o noivado por um ano, período em que o casal não se veria, com o que, segundo Churchill, Oliver concordou "de forma até digna".[123]

* Quando 1935 terminou, Churchill contou à esposa que Rothermere lhe fizera duas propostas, uma de 2 mil libras se não tomasse uma gota de álcool durante todo o ano seguinte — "Recusei, pois penso que a vida não valeria a pena" —, e a outra de seiscentas libras se não bebesse nenhum conhaque ou nenhum destilado puro em 1936. Essa ele aceitou — e venceu (Soames [Org.], *Speaking*, p. 405).

"Imagino que qualquer possibilidade de que eu integrasse o governo se fechou com a hostilidade que a campanha de Randolph despertou", Churchill informou a Clementine em 15 de janeiro de 1936. "*Kismet!*" [Destino!][124] Na verdade, Baldwin não tinha a menor intenção de reintegrar Churchill em qualquer situação que não fosse uma guerra mundial. Menos de uma semana depois, a morte do rei George v em 20 de janeiro obrigou Churchill a interromper suas férias. A carta que enviou ao novo monarca, seu amigo Eduardo VIII, era untuosa até pelos exagerados padrões do monarquismo romântico de Churchill. "O nome de Vossa Majestade refulgirá na história como o mais corajoso e o mais amado de todos os soberanos que conquistaram a Coroa da Ilha", escreveu.[125]

Em fevereiro de 1935, o Gabinete Ministerial aprovou a construção de sete novos navios de combate e de quatro porta-aviões entre 1937 e 1942, além da ampliação da RAF para 1500 aeronaves, com a possibilidade de um número maior se a Luftwaffe continuasse a se expandir.[126] Os gastos com a defesa para 1935-6 aumentaram para 137 milhões de libras, a proporção mais alta do PIB desde antes do período de Churchill como chanceler do Tesouro. Mas a efetiva entrega dos equipamentos aéreos encomendados pelo Ministério do Ar ficou para 1936 devido a problemas de fornecimento. Fazia-se tremendamente necessária uma agência de coordenação central, e Churchill queria comandá-la.

Em 7 de março de 1936, um sábado, o Exército alemão entrou de repente, sem nenhum aviso, na zona desmilitarizada da Renânia, numa flagrante violação dos tratados de Versalhes e Locarno. Hitler pusera-se em marcha.

# 17. A apoteose do apaziguamento

## *Março de 1936 a outubro de 1938*

*Como são poucos os homens com força suficiente para se levantarem contra as opiniões dominantes!*

Churchill, *London to Ladysmith via Pretoria*[1]

*Libertemos o mundo da aproximação de uma catástrofe, que traz calamidades e tribulações para as quais não há palavras que descrevam.*

Churchill, Câmara dos Comuns, abril de 1936[2]

Em 7 de março de 1936, o sábado em que os soldados alemães entraram na Renânia, Adolf Hitler declarou: "Pode-se considerar encerrada a luta por direitos germânicos iguais [...]. Não temos nenhuma reivindicação territorial a fazer sobre a Europa".[3] Foi um lance deliberado para agradar à opinião britânica e francesa, na esperança de que não houvesse retaliação militar por essa clara ruptura do acordo de Versalhes. Após o discurso, Hitler dissolveu o Reichstag. Ele dera a seus generais a ordem de se retirarem caso houvesse qualquer oposição ativa do Exército francês, mas, apesar dos apelos de Churchill a Pierre Flandin, ministro das Relações Exteriores da França, não houve nenhuma. Mesmo que Baldwin e Eden estivessem preparados para arriscar a guerra, coisa que disseram a Flandin que não estavam, não havia nada que pudessem fazer sem os franceses.[4]

"As guerras nem sempre esperam todos os combatentes estarem preparados", observou Churchill num debate sobre o rearmamento, três dias após a remilitarização da Renânia. "Às vezes vêm sem que nenhum deles esteja preparado, às vezes quando uma nação se julga menos despreparada do que outra, ou quando uma nação julga provável que se torne não mais forte, e sim mais fraca com o passar do tempo. Receio, na verdade, que se possa chegar a um ponto culminante na história da Europa [...]. Não sei quando será alcançado. Certamente será alcançado durante a existência do atual Parlamento."[5] Aquele Parlamento deveria se encerrar no segundo semestre de 1940.

Numa reunião do Comitê de Relações Exteriores da Câmara dos Comuns, Churchill defendeu que se criasse um "plano coordenado", tendo à frente a Liga das Nações, para persuadir a França a enfrentar a Alemanha. Disseram-lhe que os principais integrantes da Liga eram "totalmente despreparados do ponto de vista militar", o que foi tomado como bom argumento para não se fazer nada.[6] Na verdade, àquela altura a França estava muito mais bem armada do que a Alemanha, e a Itália, pelo menos teoricamente, ainda estava no campo antigermânico estabelecido na Conferência de Stresa, e a Marinha Real era hegemônica — mas nenhuma medida foi tomada, na esperança de que Hitler estivesse falando a verdade.[7]

Em 10 de março, Churchill alertou a Câmara de que a Alemanha estava gastando 1,5 bilhão de libras "com preparativos bélicos, direta ou indiretamente [...]. Essas cifras são espantosas. Nunca se viu nada parecido em tempo de paz".[8] Reconheceu que o governo britânico dera início ao rearmamento, mas declarou que não bastava. "A Alemanha nos ultrapassará cada vez mais depressa, mesmo que nossos novos programas sejam aceitos", disse, "e estaremos em posição pior no final deste ano do que estamos agora, apesar de todos os nossos empenhos."[9] Suas advertências foram absolutamente inúteis. Flandin lhe revelou que Baldwin não queria sequer que houvesse uma reunião do Conselho da Liga para discutir sanções contra a Alemanha.[10] A imprensa, a oposição e todos os primeiros-ministros do Império eram contrários a que se tomasse uma atitude em relação à Renânia, de modo que Churchill deixou de pressionar por uma causa já perdida.

Mesmo assim, ficou decepcionadíssimo quando Baldwin, em 12 de março, anunciou não os novos ministérios da Defesa e do Abastecimento que ele defendia desde longa data, mas apenas um novo ministro para a coordenação da defesa, num papel de consultoria, basicamente, mais do que numa função executiva, que viria a ser o procurador-geral Sir Thomas Inskip, um burocrata sem nenhum carisma. Baldwin disse a Davidson que "não queria ter um ministro da Defesa que ateasse fogo ao Tâmisa", o que, como depois se evidenciou, foi uma expressão realmente infeliz. O próprio Davidson considerava Inskip "um tanto moroso e não muito ativo na tomada de decisões", com "uma certa rigidez nos pontos de vista".[11] Dez dias antes, Churchill informara a Clementine: "Não pretendo ficar desolado, aconteça o que acontecer. O destino tem seu papel. Se eu levar, trabalharei lealmente pela paz perante Deus e os homens e não permitirei que o orgulho ou a agitação dominem meu espírito".[12] Ele pensara em nove nomes que poderiam ser escolhidos para o cargo, mas Inskip em momento algum figurou na lista.

Churchill viu a nomeação de Inskip como mais uma oportunidade perdida de alertar os nazistas sobre a firmeza dos britânicos e escreveu mais tarde: "Certamente era óbvio que Hitler não gostaria que eu fosse nomeado".[13] Neville Chamberlain percebia que a nomeação de Inskip poderia não despertar entusiasmo, mas pelo menos "não nos envolveria em novas perplexidades". Chamberlain escreveu à sua irmã Ida, que morava com Hilda, dizendo: "Sou grato, nessas circunstâncias, por não termos Winston como colega. Está em sua habitual agitação que lhe vem quando sente cheiro de guerra, e se estivesse no Gabinete estaríamos gastando todo o nosso tempo em contê-lo em vez de dar andamento a nossos assuntos".[14]

Mais tarde, ainda no mesmo mês, Harold Nicolson anotou em seu diário: "Winston reuniu um grupo no Salão de Fumantes e falou sobre o medo versus a honra nacional e nosso dever para com as gerações futuras".[15] No debate sobre a Alemanha, em 26 de março, Churchill insistiu mais uma vez que a Liga tomasse alguma medida, mas, no plano privado, passava a desdenhá-la cada vez mais, e a crise da Renânia o incentivou a pensar mais em termos de um pacto de segurança coletiva capaz de cercar e conter o Terceiro Reich e que, portanto, deveria incluir os soviéticos.[16] "Seríamos completos idiotas se fôssemos negar auxílio à União Soviética no momento presente", disse ele a Ivan Maisky em 8 de abril, "por causa de um hipotético perigo do socialismo de vir a ameaçar nossos filhos e netos."[17] Em razão dessa mudança de posição, Churchill deixou de ser visto como inimigo na Rússia, e sua efígie foi discretamente retirada do estande de tiro ao alvo no Parque de Cultura e Lazer de Moscou.[18]

Churchill não acreditou nas declarações de Hitler. "Essa questão da Renânia é apenas um passo, é apenas um estágio, é apenas um episódio nesse processo", alertou na Câmara dos Comuns.[19] Disse ser favorável a negociar com Hitler, mas apenas numa posição de força: "Não permitamos parecer que somos uma ralé fugindo diante de forças a que não ousamos resistir". Como sempre, baseava seus argumentos nas experiências do passado. "Toda a história do mundo se resume no fato de que as nações, quando são fortes, nem sempre são justas e, quando querem ser justas, muitas vezes já não são fortes", disse ele. "Desejo ver as forças coletivas do mundo investidas de um poder avassalador. Se vocês forem conduzir essa coisa com margem estreita [...] terão guerra."[20] Uma das razões pelas quais Churchill chegou ao cargo de premiê em 1940 foi que, embora poucos tivessem agido de acordo com seus discursos, muitos outros lembravam que ele os fizera.

Churchill não era ideologicamente contrário a atender às reclamações da Alemanha em relação ao Tratado de Versalhes. Estava disposto a avaliar a devolução de suas colônias na África Ocidental — aspecto que não foi abordado no primeiro volume de suas memórias de guerra, *The Gathering Storm*, mas que se encontra claramente no registro parlamentar oficial, o Hansard.[21] "Sustento que está chegando a hora de um acordo amistoso final e duradouro com a Alemanha", declarou no começo de abril. "O tempo disponível é curto." Ainda em dezembro de 1937, continuava a propor que se discutisse a devolução das possessões coloniais germânicas como parte de um acordo sobre a segurança coletiva e o rearmamento da Europa Ocidental. "Acredito que ainda temos um ano para somar e reunir forças superiores em defesa da Liga e de seu Pacto", disse em abril de 1936 a lorde Cecil de Chelwood, o principal defensor da Liga na Grã-Bretanha.[22] Convidou Cecil a uma visita a Chartwell para discutirem a revogação das sanções da Liga contra a Itália (e ofereceu "lhe mostrar minha piscina: é límpida e tépida").[23] Enquanto estavam todos *en famille* em Chartwell, Churchill surpreendeu os filhos com declarações altissonantes que atravessavam o gramado, por exemplo: "Em vinte curtos minutos o inimigo, ao deixar a costa da França, pode estar sobre nós, ameaçando de uma maneira nunca antes imaginada a segurança de nossa Ilha!".[24]

Churchill passou a ruminar estratégias que pudessem intimidar Hitler, por mais excêntricas que fossem. No mesmo mês em que convidou Robert Cecil a Chartwell, remeteu a Inskip uma versão de um antigo plano de Fisher para enviar uma esquadra da Marinha Real até uma base russa no Báltico.[25] Hankey reclamou com Inskip que era uma ideia "fantástica" (nesse caso, não como um termo de aprovação). Churchill disse a Wallis Simpson, a amante do rei, durante um almoço oferecido por Sibyl Colefax: "Nossas comunicações [no Mediterrâneo] não podem ser deixadas à mercê de algo tão inconfiável como a amizade italiana. Precisamos manter o comando do Mediterrâneo originalmente estabelecido por Marlborough, meu ilustre antepassado".[26] Seus alertas na Câmara prosseguiram. Em 23 de abril, ele falou de "uma explosão e uma catástrofe cujo curso nenhuma imaginação é capaz de avaliar e para além da qual nenhum olhar humano é capaz de enxergar".[27] Em 3 de abril, Eden prometera ao Parlamento que nenhum "plano militar" seria posto em operação — mesmo que a Alemanha se recusasse inclusive a participar de conversas sobre o golpe da Renânia.[28]

Em maio, em Grillions, Churchill pareceu a Crawford "muito ruidoso e loquaz demais ao denunciar o governo".[29] Todavia, não vinha fazendo ataques a Baldwin, adotando em público mais um tom de repreensão do que uma franca oposição. "Winston está tentando ganhar o Ministério dos Armamentos", escreveu Chips Channon um tanto especulativamente, "mas Baldwin o odeia tanto que duvido que consiga."[30] Em 21 de maio, Churchill disse na Câmara dos Comuns que a Grande Guerra ensinara a importância de eximir o ministro da Guerra da responsabilidade pelo abastecimento de suas munições, acrescentando que, ao fim e ao cabo, Kitchener se sentira grato ao abrir mão desse controle. "Essa é uma das lições que todos nós tivemos de aprender com sangue e lágrimas. Será que precisaremos realmente aprender todas elas de novo?"[31] Quanto aos argumentos dos defensores da política de apaziguamento, segundo os quais um gasto muito alto na defesa prejudicaria o comércio britânico, ele declarou: "Como esses argumentos soarão fracos e irrisórios se formos apanhados daqui a um ou dois anos, gordos, opulentos, desbocados — e indefesos".[32]

Entre todas as críticas a Churchill, a mais danosa continuava a ser a acusação geral de que lhe faltava discernimento. "Um dia desses vou fazer alguns comentários informais sobre Winston", disse Baldwin a seu secretário particular, Tom Jones, em 22 de maio. "Já tenho tudo pronto. Vou dizer que, quando Winston nasceu, desceram montes de fadinhas sobre seu berço [trazendo] dons — imaginação, eloquência, capacidade de trabalho, habilidade — e então veio uma fada que disse: 'Ninguém tem direito a tantos dons'; levantou-o e lhe deu um tal abanão que, mesmo com todos esses dons, lhe foram negados o discernimento e o bom senso. E é por isso que temos prazer em ouvi-lo nesta Câmara, mas não adotamos seus conselhos."[33]*

Baldwin nunca fez tal discurso, mas essa era a principal linha de ataque dos líderes e vice-líderes do Governo Nacional no Parlamento, e tinha a vantagem de constituir uma narrativa que abarcava Sidney Street, Tonypandy, Antuérpia, Galípoli, o padrão-ouro, a autonomia indiana e, dentro em breve, o extraordinário dano que Churchill causou a si mesmo na Crise da Abdicação. Era um tremendo rol de acusações. O que a narrativa ignorava, claro, era a verdade sobre Tonypandy e Antuérpia, a trivialidade do episódio da Sidney Street, a sinceridade de sua posição sobre a Índia e o fato de que a decisão sobre o padrão-ouro contara com o integral e sincero apoio de Baldwin, de Chamberlain e dos líderes de bancada do governo na época.

Quatro dias depois, Churchill deixou igualmente claras suas opiniões sobre Baldwin. "Ele nunca se afastará de vontade própria!", disse a Maisky, a quem passou a ver com frequência, buscando o auxílio soviético para criar um *cordon sanitaire* em volta da Alemanha. "Ele quer ficar não só até a Coroação, mas depois também, se puder. Baldwin precisa ser *expulso* — é a única maneira de se livrar dele."[34] Comparou o primeiro-ministro a "um homem que se segura no cesto de

* A ideia não era original: fora retirada do livro *Contemporary Personalities* de Birkenhead (1924), no qual aparecia numa formulação mais amável.

um balão. Se ele se soltar quando o balão estiver a apenas cinco ou seis metros* de altura, ele cairá, mas não quebrará os ossos. Quanto mais se segurar, mais certa será sua morte quando inevitavelmente cair". A analogia era criativa, mas como previsão falhou.** Diante disso, Maisky relembrou a resposta de Churchill à sua pergunta anterior sobre a longa demora de Baldwin para nomear Inskip: "Ora, Baldwin está procurando um indivíduo menor do que ele para ministro da Defesa, o que não é fácil encontrar".[35]

Outra crítica dirigida a Churchill na época era que ficava preso demais a recriminações contra erros anteriores do governo. Num debate sobre a questão da defesa, em 29 de maio, Inskip lhe perguntou abertamente de que servia se deter no passado, ao que Churchill retrucou: "Direi à Câmara de que serve recriminar o passado. Serve para levar a uma ação eficaz no presente".[36] Sentia-se frustrado em especial com a inexistência de avanços no Subcomitê de Supervisão Científica da Defesa Aérea (sucessor do Subcomitê de Pesquisas de Defesa Aérea) na análise de sugestões para deter os bombardeiros. Na área de detecção por radar, havia progressos espetaculares, mas em 22 de junho Churchill disse a lorde Swinton, o titular da pasta do Ministério do Ar, que não eram suficientes, e que a situação ainda era pior com a animosidade de Tizard contra Lindemann (que era recíproca). "O que me surpreende e me aflige é sua postura e que pareça estar satisfeito com o andamento desse trabalho. Nos dez meses em que estive no Comitê, fiquei estarrecido com a lentidão com que são feitas todas as análises", reclamou ele. "As experiências não são grandiosas nem caras, mas precisam ser numerosas e só podem avançar com repetidos ensaios e erros."[37] O Comitê se reunia apenas uma vez por mês, e Churchill disse a Swinton que tinha "certeza de que nada resultará antes que chegue o período de máximo perigo para a Europa e para o nosso país", o que o ministro certamente considerou uma típica hipérbole churchilliana.[38] Em 3 de setembro, depois de receber três renúncias, inclusive a de Tizard, Swinton dissolveu o Comitê.[39] Foi reconstituído dois meses depois, mais uma vez com Tizard na presidência e os mesmíssimos integrantes, exceto Lindemann, que foi excluído.

Em junho, num almoço no Savoy Grill em homenagem ao ex-diplomata alemão antinazista Albrecht von Bernstorff*** com a presença de Duff Cooper, Bob Boothby e Harold Nicolson, Churchill perguntou a Bernstorff como impedir uma segunda guerra protagonizada pela Alemanha. "Um cerco avassalador",

* Churchill, com quase toda a certeza, referiu-se à medida em jardas, mas os soviéticos utilizavam o sistema métrico.

** No Other Club no final de maio, Churchill apostou 25 libras com "Crinks" Johnstone que "o sr. Baldwin não será primeiro-ministro em 2 de julho de 1938".

*** Bernstorff foi assassinado pelos nazistas em 1945.

foi a resposta.[40] Churchill concordou. Num discurso ao Comitê de Relações Exteriores da Câmara dos Comuns, em julho, ele argumentou que a Grã-Bretanha deveria defender, além do Império, também a fronteira renana, "uma tarefa gigantesca", mas, se deixassem Hitler fazer o que quisesse no Leste, a Alemanha, "num único ano, se tornaria dominante de Hamburgo ao mar Negro, e estaríamos diante de uma confederação como nunca mais se viu desde Napoleão".[41] O Parlamento continuou a ignorá-lo, embora Eleanor Rathbone, parlamentar independente pelas Combined English Universities, tenha dito naquele mesmo mês durante um curso de verão de política de orientação esquerdista: "Observem esse homem com atenção. Podem desconfiar. Eu desconfiei. Ainda não tenho muita certeza. Mas peço que deixem de lado os preconceitos e considerem os fatos. Churchill passou três anos apontando os amplos rearmamentos alemães. Os fatos posteriores confirmaram suas estimativas".[42]

Em 17 de julho de 1936, uma seção do Exército espanhol se revoltou contra o governo da Frente Popular em Madri, fazendo eclodir uma enorme guerra civil. A antipatia de Churchill pelos republicanos espanhóis se explicava em parte pelo apreço que sentia pelo ex-rei Alfonso XIII, que eles haviam derrubado em 1931. Conhecera Alfonso em 1914, gostara dele e veio a escrever com simpatia a seu respeito em *Great Contemporaries*, em parte atribuindo a responsabilidade de sua queda à "propaganda de Moscou".[43] Num artigo no *Evening Standard* intitulado "The Spanish Tragedy" [A tragédia espanhola], publicado em 10 de agosto, Churchill comentou que receava uma "Espanha comunista estendendo seus tentáculos traiçoeiros a Portugal e França".[44] Guiado por seu anticomunismo perene e seu monarquismo romântico, Churchill simpatizou com os nacionalistas na fase inicial da guerra, quando parecia se tratar de um levante de aristocratas, católicos, monarquistas, conservadores e militares. Distanciou-se dessa posição lentamente em 1937, quando se evidenciou que, na verdade, era um movimento falangista-fascista que contava com o apoio, inclusive militar, de Hitler e Mussolini. Churchill respaldou a política não intervencionista, pouco heroica, mas pragmática, do governo Chamberlain, que evitava pôr em risco Gibraltar e os importantíssimos estreitos por onde a Marinha Real navegava para entrar e sair do mar Mediterrâneo.

Ao longo do verão, ele passou a criticar cada vez mais publicamente o aparato de defesa e, em especial, a atuação de Inskip. "Ele se permitiu se tornar a vítima inocente de responsabilidades tão estranhamente, desarmoniosamente e distorcidamente reunidas", declarou aos parlamentares em 20 de julho, "dotado de poderes tão cerceados e restritos, que ninguém, nem mesmo o próprio Napoleão, conseguiria se desincumbir disso de maneira satisfatória."[45] Nesse debate, Churchill também destroçou um argumento utilizado por Inskip (e, desde então, por muitos historiadores), segundo o qual, se a Grã-Bretanha tivesse se rearmado antes, a RAF teria construído aviões inferiores aos que fabricou depois:

> Se nossas fábricas de aeronaves tivessem começado a funcionar três anos atrás, mesmo que com o modelo antigo de máquinas, isso não impediria a substituição do modelo antigo pelo modelo novo na mesma data em que agora está operante [...]. Caso as fábricas tivessem entrado em atividade, caso se tivessem contratado aprendizes, caso se tivessem ampliado e desenvolvido as instalações e as equipes, teriam sido muito mais capazes de adotar os novos modelos, a transferência teria sido feita com recursos muito melhores e a entrega dos aparelhos prontos teria sido feita num volume muito maior em data anterior.[46]

Além disso, as aeronaves mais antigas poderiam ter sido usadas para treinar novos pilotos. Churchill calculou que a Alemanha gastou 800 milhões de libras em 1935 em preparativos para a guerra, e talvez 900 milhões em 1936. "Eu suportaria com paciência o clamor de exultação que se ergueria quando se demonstrasse que eu estava errado", declarou na Câmara a respeito dessas cifras, "porque tiraria um peso de meu coração e do coração de muitos colegas da Casa. Que importância tem quem é desmentido ou derrotado? Se o país está a salvo, quem se importa individualmente com os políticos, dentro ou fora do governo?".[47] Ao ganhar a Renânia sem disparar um único tiro, afirmou, "o regime nazista obteve uma imensa vitória".[48]

Em 5 de agosto, Churchill convidou William S. Griffin, o editor isolacionista do *New York Enquirer*, de William Randolph Hearst, para uma visita a Morpeth Mansions. Segundo Griffin, Churchill disse: "Os Estados Unidos deveriam ter cuidado da própria vida e ter ficado de fora da Guerra Mundial".[49] Em 1939, ao saber que tais palavras lhe foram atribuídas e estavam sendo repetidas no Congresso e em rádios alemãs, Churchill garantiu que era "uma mentira pérfida", o que levou Griffin a processá-lo, exigindo 1 milhão de dólares por danos morais e solicitando aos tribunais norte-americanos que bloqueassem seus proventos apurados nos Estados Unidos com seus livros e os direcionassem para a indenização pleiteada. A ação só foi julgada em outubro de 1942 e foi anulada, em grande parte porque àquela altura Churchill era primeiro-ministro e aliado dos Estados Unidos, ao passo que Griffin estava em prisão domiciliar por sedição.

Em 14 de outubro, a família Churchill se viu mergulhada numa crise constrangedora e de grande repercussão pública, quando Sarah, com 22 anos, fugiu para Nova York para se casar com Vic Oliver, o noivo que os pais não aprovavam e tinham pedido à filha que deixasse de ver durante um ano. "Querida mamãe", escreveu ela depois de partir, "não tenho como me desculpar, mas as coisas não pareciam estar indo muito bem [...]. Peço mil e mil desculpas por agir dessa maneira. Não gosto de 'dar para trás', mas creio que é a melhor solução. A bênção e a 'permissão' que receberíamos em janeiro seriam muito vazias — e como poderia ser de outra forma se vocês são tão contrários a isso."[50] O pós-escrito dizia: "Por favor faça papai entender que não esperei até que ele estivesse fora do país — foi uma decisão de momento. Simplesmente tenho de ir — desculpe-me".* Randolph embarcou no primeiro cruzeiro para Nova York entre uma enxurrada de especulações da imprensa — a certa altura, havia cem repórteres cobrindo o caso —, mas não conseguiu que Sarah mudasse de ideia.

Na carta seguinte à mãe, escrita no Hotel Lombardy, em Nova York, Sarah dizia como era penoso "estar apaixonada e [...] perceber [...] que o homem é desprezado por aqueles que dizem que amam você — vê-lo contínua e constantemente insultado e tratado como aventureiro indigno — fazerem você se sentir como se tivesse cometido um erro de mau gosto e, por fim, ter até sua própria sinceridade questionada [...]. Tive uma sensação de que papai não estava jogando limpo conosco".[51] Era verdade; Churchill contratara advogados na Áustria e nos Estados Unidos para verificar se Oliver não estava prestes a cometer bigamia.[52] Depois que os dois se casaram, no Natal de 1936, tanto as especulações da imprensa como a oposição dos pais se aplacaram.

A tarefa de Churchill de alertar o povo britânico sobre a ameaça representada por Hitler se fazia ainda mais difícil por causa dos vários britânicos em posição de destaque que adulavam publicamente o líder germânico. Em setembro, Lloyd George escreveu ao embaixador alemão em Londres, Joachim von Ribbentrop, para informar que, mesmo antes de conhecer Hitler, "eu tinha a maior admiração por seu maravilhoso Führer", mas que, desde então, "essa admiração se aprofundou e se intensificou. Ele é a melhor sorte que coube a seu país desde Bismarck e, diria eu pessoalmente, desde Frederico, o Grande".[53] Em outubro de 1937, Churchill escreveu a lorde Londonderry, que elogiava Hitler em público e privadamente, avisando que a Grã-Bretanha não podia "concordar que, no que nos diz respeito, [os alemães] tenham carta branca na Europa Central e Meridional. Isso significa que devorariam a Áustria e a Tchecoslováquia como ação preliminar para criar um gigantesco bloco médio-europeu. Certamente não é de nosso interesse ter conivência com tais políticas de agressão".[54] Ele apontara os dois alvos seguintes de Hitler, mas ninguém lhe deu ouvidos.

Num jantar no All Souls College em 6 de outubro de 1936, por ocasião da inauguração de um monumento a T. E. Lawrence em Oxford, perguntaram a Churchill se haveria uma guerra. "Sem dúvida", respondeu, "uma guerra pavo-

* Ela pediu à mãe que queimasse todas as suas cartas, que foram ciosamente preservadas e se encontram no Churchill Archives Centre, em Cambridge.

rosa na qual Londres será bombardeada e o Palácio de Buckingham será totalmente arrasado e os leões e tigres escaparão do Zoológico e vaguearão pelas ruas de Londres atacando as pessoas."[55]* Lawrence, outro bom amigo de Churchill que teve morte prematura, morrera num acidente de motocicleta perto de seu bangalô em Dorset, em 19 de maio de 1935, com apenas 47 anos de idade. "Ele era um genuíno habitante dos cimos montanhosos onde o ar é frio, cortante e rarefeito, e onde a vista nos dias límpidos de inverno abrange todos os Reinos do mundo em sua glória", escreveu Churchill no obituário. "Assim como um aeroplano voa apenas com a velocidade e a pressão contra o ar, ele também voava mais e melhor no furacão. Não estava em plena harmonia com o normal. O furor da Grande Guerra elevou o clímax da vida ao nível de Lawrence. As multidões foram impelidas até igualarem seus passos aos dele. Nesse período heroico, ele se encontrava numa relação perfeita com os homens e com os acontecimentos."[56] Como costumava acontecer quando escrevia sobre os outros, o elogio fúnebre de Churchill trazia várias notas de referências pessoais. Vinte anos após o necrológio, depois de reveladas as invenções e os exageros de *Os sete pilares da sabedoria* e exposta a homossexualidade masoquista de Lawrence — sobre a qual "manifestou forte desagrado" —, Churchill comentou a respeito do amigo: "Ele tinha a arte de recuar incomodado sob a luz da notoriedade. Era um personagem admirável e muito cioso disso".[57]

Em 1937, quando Alexander Korda escolheu o ator Leslie Howard para interpretar Lawrence, Churchill teve várias conversas com ele, as quais, segundo Howard, foram-lhe de grande ajuda.[58] Churchill trabalhava para o estúdio de Korda desde setembro de 1934, numa série de ideias para projetos de filmes como "Voltarão as monarquias?", "A ascensão do Japão", "Leis e costumes matrimoniais" e o "Jubileu de Prata do rei George v". Pediu 2 mil libras para trabalhar no roteiro do longa-metragem sobre Lawrence da Arábia, mas não reclamou quando recebeu apenas 250 libras.[59] Uma das pequenas mudanças que sugeriu em *Lawrence da Arábia* foi: "Não dá para falar em mobilizar os árabes para uma Cruzada, que eram coisas instituídas para enquadrá-los. O termo mesmo é *jihad*".[60] Churchill fez questão de que o heroísmo e a presteza de Lawrence em ignorar as convenções militares ganhassem o máximo destaque. "Certamente você deveria explodir meia dúzia de trens de diversas maneiras!", escreveu a Korda. "A aproximação ao longe; a cena no vagão ferroviário; a expectativa tensa da

* O palácio de Buckingham foi de fato bombardeado, mas não totalmente arrasado. O Zoológico de Londres inclusive permaneceu aberto, embora os répteis peçonhentos e os animais perigosos tenham sido abatidos, e os grandes felinos, transferidos para o Zoológico de Whipsnade. A única fuga durante a Blitz foi a de uma zebra com sua cria, recapturadas quando se dirigiam para Camden Town.

emboscada; a tremenda explosão; a destruição da locomotiva etc., e o fato de estar cortado o único meio de comunicação de um exército — tudo muito bonito!"[61] Uma crítica foi feita: "Temos umas vagas galoparias [galopes] de cavaleiros lançando-se a cargas impossíveis, ao estilo de alguns dos absurdos de *Lanceiros da Índia*".[62] Mas havia uma pessoa que não achava o épico imperial britânico *Lanceiros da Índia* absurdo: Adolf Hitler, que o tinha como seu filme favorito.

"Não existe erro maior do que supor que banalidades, palavras mansas, políticas tímidas oferecem hoje um caminho para a segurança", disse Churchill em 12 de novembro de 1936, durante um debate na Câmara dos Comuns sobre a segurança coletiva. "Somente com uma firme adesão a princípios corretos [...] é possível afastar e superar os perigos que avançam de modo tão sistemático sobre nós e sobre a paz da Europa."[63] Ele solicitou um inquérito parlamentar sobre as condições das defesas britânicas, que foi facilmente rejeitado pela enorme maioria governista, como era de esperar. Nesse discurso, embora criticasse a intervenção soviética na Guerra Civil espanhola, Churchill concluiu descrevendo "outra Rússia, que deseja apenas ser deixada em paz". Esperava, por meio da segurança coletiva, que a União Soviética tivesse um papel na preservação da paz, embora ainda não estivesse disposto a defender uma aliança completa, por sentir que a opinião pública não estava pronta para isso.[64] Suas noções sobre o papel que a Rússia poderia desempenhar na segurança coletiva variavam, pois a ligação com a União Soviética significava afastar países como a Polônia, além de criar indisposição em muitos conservadores e católicos britânicos.[65] Também faltava certa coerência em outros aspectos de suas propostas para evitar a guerra. Em novembro de 1936, ele refutou o que dissera seis meses antes sobre a possibilidade de atender às reclamações da Alemanha, e em dezembro de 1937 voltou atrás outra vez, declarando que poderiam ceder "conquistas de guerra" aos alemães como parte de um acordo geral. No fim, só veio a defender uma aliança formal franco-anglo-russa pouco antes da crise da Tchecoslováquia, no segundo semestre de 1938.* Churchill, na segunda metade da década de 1930, variou muito mais em suas posições do que deixou registrado em *The Gathering Storm*; no livro, ele descrevia sua postura como se tivesse entendido de imediato o que era o fascismo e se erguido inflexivelmente contra qualquer tentativa de conciliação. Apesar disso, Churchill se manteve como o adversário mais ferrenho da Alemanha nazista e do apaziguamento entre os políticos britânicos.

* Também não estava muito clara a utilidade de ter a Rússia como aliada. No Other Club, em novembro de 1937, o financista Norman Holden apostou cem libras com Brendan Bracken que, "em caso de guerra entre a Rússia e a Alemanha, a Rússia será a primeira a pedir um armistício" (Livro de Apostas do Other Club). O jornalista Colin Coorte, Bob Boothby e o conde De La Warr também entraram na aposta, com a "decisão final a ser dada pelo Presidente do Clube na primeira reunião após o armistício". Muitos anos depois, "o sr. Winston Churchill, como presidente, decidiu que o sr. Norman Holden havia perdido a aposta".

No debate sobre a segurança coletiva, Churchill citou Samuel Hoare, então primeiro lorde do Almirantado, falando sobre um futuro Ministério da Abastecimento: "Estamos sempre revendo a posição". "O governo simplesmente não consegue se decidir", disse numa de suas alfinetadas mais espirituosas:

> ou não consegue fazer com que o primeiro-ministro se decida. Assim prosseguem num estranho paradoxo, decididos apenas a ser indecisos, resolvidos a ser irresolutos, inflexíveis na oscilação, sólidos na liquidez, onipotentes na impotência. Assim prosseguimos preparando mais meses e anos — preciosos, talvez vitais, para a grandeza da Grã-Bretanha — para os gafanhotos comerem. Todos me dirão: "Não é necessário um ministro do Abastecimento, pois tudo vai bem". Discordo. "A posição é satisfatória." Não é verdade. "Tudo segue conforme os planos." Sabemos o que isso significa.[66]

As tripulações com luzes de busca estavam treinando sem luz de busca, o Corpo de Tanques não estava recebendo os tanques mais recentes e "a menos que a Câmara resolva descobrir a verdade por si mesma, cometerá um ato de abdicação do dever sem paralelo em sua longa história".[67] Algumas das frases ele afiara durante uma "altercação violenta" com Alfred Munnings, no Other Club, sobre as declarações de Hitler dizendo que alcançara a paridade aérea.[68] "A era da procrastinação, de meias medidas, de expedientes para confundir e acalmar, de postergações, está chegando ao fim", avisou Churchill em sua peroração. "Em lugar dela, estamos ingressando num período de consequências."[69] Baldwin deu uma réplica cortante:

> Apresento a toda a Câmara minhas posições próprias com terrível franqueza [...]. Supondo que eu tivesse ido à zona rural e [...] dito que a Alemanha estava se rearmando e que devíamos nos rearmar, alguém pensa que essa democracia pacífica teria atendido a esse chamado? Não consigo pensar em nada que, de meu ponto de vista, garantisse com maior certeza a perda da Eleição.[70]

No dia seguinte, escrevendo a Sir Archibald Boyd-Carpenter, velho amigo de escola, Churchill comentou: "Nunca ouvi uma confissão tão sórdida de um homem público como a que Baldwin nos ofereceu ontem".[71] Como vimos, após a guerra Churchill teve sua vingança secreta por essa "terrível franqueza": no índice remissivo de *The Gathering Storm*, na entrada sobre "Baldwin" ele colocou "confessa pôr o partido à frente do país".[72] Era uma profunda injustiça. Usando citações seletivas — provavelmente reunidas por Randolph, que editou essa seção —, Churchill deu a entender que Baldwin falava sobre a eleição ocorrida em 1935, ao passo que, na verdade, estava se referindo a uma hipotética eleição de

1934, que nunca se realizou. Na eleição de 1935, Baldwin na verdade defendeu maiores gastos com a defesa, embora nem de longe fosse o mesmo tanto que Churchill queria e de que a Grã-Bretanha (como se viu) precisava.

Nessa ocasião Rudolf Hess, o vice-Führer, da Alemanha perguntou a lorde Castlereagh, o primogênito de lorde Londonderry: "Por que vocês não colocam Winston Churchill em seu Gabinete britânico, e assim saberíamos que estão falando sério?".[73] Ele não tinha como saber que o governo Baldwin logo ganharia um grande impulso e Churchill, por outro lado, veria sua posição gravemente debilitada em razão de uma crise nascida, entre todos os lugares mais improváveis, num sermão do bispo de Bradford. No discurso de 12 de novembro, Churchill falara sobre o Parlamento que abdicava de suas responsabilidades; tragicamente, porém, enquanto ele desferia alguns duros golpes no governo de Baldwin, o povo começava a se concentrar numa abdicação bem diferente.

Logo depois que o bispo Blunt mencionara a "necessidade de graça" por parte do rei num sermão em 1º de dezembro de 1936, veio a público o caso do relacionamento de Eduardo VIII com a norte-americana Wallis Simpson, casada e já duas vezes divorciada. Churchill, que sabia do romance fazia algum tempo, andara excogitando formas de contornar o problema e deu a ideia de um casamento morganático do rei com a sra. Simpson, que se tornaria a duquesa da Cornualha, mas sem título de realeza, aos moldes de alguns matrimônios da realeza europeia, como o do arquiduque Francisco Ferdinando da Áustria. "Max me ligou para dizer que tinha visto o fulano", escreveu ele enigmaticamente para Clementine em 27 de novembro, "e lhe disse que o plano da Cornualha era ideia minha. O fulano foi decididamente favorável. Agora depende do que dirá o Gabinete. Não vejo nenhuma outra saída."[74] Na verdade, o plano da Cornualha não tinha a menor chance de êxito, mas Churchill, com seu monarquismo romântico e a longa amizade com o rei, viu-se levado a defender a causa de Eduardo VIII, que no fim teve um desfecho desastroso. Foram esses seus motivos genuínos, e não uma esperança cínica de se valer da crise para derrubar Baldwin com a formação de um "Partido do Rei", como supuseram seus detratores. (Lorde Crawford, por exemplo, escreveu que Churchill via "os frutos do cargo numa proximidade tentadora diante de seus olhos. Seu discernimento quase sempre se engana, por mais sonora que seja sua prosa — ele é um mau conselheiro".)[75]

Churchill se enganara desde o início sobre a importância de Wallis Simpson para o rei. "As mulheres têm um papel apenas transitório em sua vida", dissera convictamente à romancista Marie Belloc Lowndes. "Ele vive se apaixonando e desapaixonando. Sua ligação atual seguirá o curso de todas as outras."[76] Também interpretou de maneira equivocada sua relação pessoal com o rei, o que tornava ainda mais ridícula a posição de defendê-lo durante a crise. Como Sir Alan "Tommy" Lascelles, secretário assistente pessoal do rei, escreveu em seu diário anos depois: "A lealdade sentimental de Winston para com o D[uque] de W[indsor] se baseava numa falsa premissa trágica — a saber, que ele realmente *conhecia* o D. de W. — o que nunca foi um fato".[77] Essa lealdade sentimental ficou bem sintetizada no comentário de Churchill a Duff Cooper: "O princípio hereditário não pode ficar entregue à mercê de políticos ajustando suas doutrinas 'ao sabor do momento'". Mais tarde perguntou: "Que crime o rei cometeu?"; quanto à reunião do Conselho Privado sobre a ascensão ao trono, indagou: "Não juramos lealdade a ele? Não estamos presos por esse juramento?".[78]

A ideia de um casamento morganático, sugerida por Churchill, pelo qual a sra. Simpson não se tornaria rainha e seus filhos não herdariam o trono, era um conceito desconhecido no direito britânico, em que a esposa assumia automaticamente o nível e a posição do marido, e a Câmara dos Comuns, a Câmara dos Lordes e a Igreja jamais o aceitariam. Era uma solução imaginativa, mas no fundo inexequível, para um problema complicado, e Churchill continuou a insistir nisso em dezembro, esgotando todo o seu capital político. Anos depois, quando lhe perguntaram se de fato estivera disposto a aceitar Wallis Simpson como rainha da Inglaterra, ele respondeu: "Nunca, nem sequer por um momento, considerei essa pavorosa possibilidade".[79] Era verdade, mas na época muita gente entendeu de outra maneira.

Pesquisas recentes demonstraram que milhões de britânicos comuns pensavam que o monarca deveria, sim, ser autorizado a desposar a sra. Simpson, mas o establishment foi unânime em sua oposição, encabeçada pelo *Times*, pelo arcebispo da Cantuária, pelos premiês dos Domínios e por todo o Gabinete Ministerial, à exceção de Duff Cooper. O rei teve o apoio apenas dos veículos de imprensa de Beaverbrook e Rothermere, do Partido Comunista, da União Fascista Britânica de Sir Oswald Mosley e de Churchill.[80]

Churchill o aconselhou a adiar o casamento até depois da Coroação (planejada para 1937) e lutar até o fim, sabendo como seria difícil em termos constitucionais que Baldwin obrigasse um monarca reinante a deixar o trono contra sua vontade. Mas como Beaverbrook avisou a Churchill: "Nosso chefe não vai lutar".[81] A essa altura, porém, Churchill já deixara claro que ele, pessoalmente, iria lutar.

*The Gathering Storm* não é um bom guia para esse período; Churchill alegou ter feito uma declaração sobre a questão do rei num comício sobre "Armas e a Aliança" no Royal Albert Hall em 3 de dezembro de 1936, mas isso não aconteceu.[82] No dia seguinte, de fato falou na sessão de Perguntas ao Primeiro-Ministro e, como observou Chips Channon, "levantou-se com a voz embargada e, com lágrimas nos olhos, disse que esperava que não se fizesse nada de irrevogável sem reflexão, ou palavras nesse sentido, e o estrépito das aclamações foi impressionante".[83] Na verdade, Churchill apenas pedira que o Parlamento se mantivesse informado dos acontecimentos e, caso tenha tomado as aclamações como apoio, logo se desiludiria amargamente. No dia seguinte, apresentou uma declaração pública insistindo em "tempo e paciência", mas o tempo do rei se esgotara, e a paciência do governo também. Mesmo assim, escreveu a Eduardo VIII naquela noite, em Morpeth Mansions:

> Sir, Notícias de todas as frentes! Nenhuma pistola apontada à cabeça do rei. Sem dúvida essa solicitação de tempo será atendida. Portanto — nenhum projeto de lei ou decisão final até o Natal — provavelmente em fevereiro ou março. *O rei não deve deixar o país em hipótese nenhuma.* O Castelo de Windsor é seu *poste de commandement*. Quando há tanto em jogo, não se tolerará nenhuma pequena indiscrição [...]. Max [...] é um tigre para lutar. Dei a ele a mensagem do rei — mas, *por favor*, telefone ou escreva — melhor telefonar [...]. Um tigre *devotado*! Espécie muito rara [...]. Resumo. Bons avanços em todos os pontos proporcionando perspectivas de obter boas posições e reunindo grandes forças por trás.[84]

É palpável a entusiástica convicção de Churchill, com termos militares em francês e tudo o mais, de que estava prestes a manter o rei no trono.

Na verdade, a opinião pública já passara a ser decisivamente contra o rei. Os membros do establishment, como colocou Lascelles, "não admitiriam que seu monarca tomasse como esposa sua e como rainha deles uma americana avariada, com dois maridos vivos e uma voz que parece uma serra enferrujada".[85] James Stuart, vice-líder da bancada tory, atribuiu a mudança de humor na Câmara aos 123 parlamentares de Lancashire e Yorkshire que tinham voltado do final de semana a seus eleitorados "inflexíveis contra o casamento do rei".[86] As alas defensoras da respeitabilidade no establishment britânico passaram a clamar a todo o volume contra o adiamento da Abdicação. Churchill se enganara totalmente na avaliação da situação. Em 7 de dezembro à tarde, uma segunda-feira, durante a sessão de Perguntas ao Primeiro-Ministro na Câmara dos Comuns, tentou fazer com que concedessem mais tempo ao rei, mas teve a voz abafada aos gritos.

Em *Minha mocidade*, Churchill escrevera que a Câmara dos Comuns "é sempre indulgente para os que se orgulham de ser seus servidores".[87] Certamente não foi o caso com ele naquela segunda-feira. Nos registros do Hansard constam gritos de "Ordem" e "Não" contra ele, enquanto outros presentes se lembram de berros de "Deixe isso!" e "Intriga!".[88] O presidente da Câmara lhe retirou a palavra por questão de ordem, embora Churchill estivesse tentando fazer uma pergunta. Lorde Winterton descreveu o episódio como "uma das manifestações mais furiosas que já vi contra alguém na Câmara dos Comuns".[89] Churchill se retirou pomposamente da Câmara, gritando para Baldwin: "Você não vai se dar por satisfeito enquanto não o destruir, não é?".[90] Ele foi até a registradora num corredor ao lado do saguão e leu os resultados com Davidson. "Ele disse que sua carreira política estava acabada", relembrou Davidson. "Pergunto-me às vezes se é o lado americano de suas origens que o faz tão insensível ao que os britânicos de verdade sentiam até a medula em relação a tais questões."[91] Harold Nicolson comentou: "Winston desmoronou totalmente na Câmara [...]. Em cinco minutos desfez todo o paciente trabalho de reconstrução de dois anos".[92]

Como o rei, a essa altura, na prática já estava decidido a se curvar à vontade do governo e do establishment e abdicar, foi ainda mais trágico que Churchill tivesse gastado seu capital político da maneira que fez, queimando seus cartuchos com uma causa totalmente perdida. Mesmo assim, às seis da tarde daquele dia, Churchill discorreu sobre assuntos da defesa na Sala 14 do Comitê para 150 membros do Comitê 1922 da bancada tory, o maior comparecimento naquele ano. Mencionou — cinco anos antes do dia do ataque a Pearl Harbor — "nossa fraqueza diante do Japão em águas do Extremo Oriente" e pôs especial ênfase na importância da base em Cingapura.[93] Discorreu em detalhes sobre a fragilidade militar britânica, respondendo a perguntas de vários parlamentares. As atas registram que, mais de uma hora depois, "o sr. Churchill recebeu agradecimentos pelo discurso". Não que tenham sido agradecimentos "cordiais" ou "muito cordiais", como registram as atas de quase todos os outros oradores naquele ano. Três dias depois, porém, após a aprovação do projeto de Abdicação, recebeu sonoros aplausos na Câmara ao recuar dignamente. "Devemos acatar as exortações do primeiro-ministro para seguirmos em frente", disse, só então se mostrando disposto a admitir a derrota.[94] Encerrada a questão, explicou a Bernard Baruch: "Eu não agiria de outra maneira. Como você sabe, em política sempre prefiro aceitar meu coração como guia a seguir os cálculos do sentimento público".[95]

Churchill almoçou com o rei em Fort Belvedere em 11 de dezembro, dia da Abdicação. Ele inseriu pelo menos duas passagens na última transmissão radiofônica de Eduardo VIII como rei — "criado por meu pai na tradição constitucional" e "uma dádiva inigualável, da qual tantos de vocês desfrutam e que não me foi concedida: um lar feliz com esposa e filhos".[96] Em suas memórias, o duque de Windsor relembrou que "Deixei de ser rei" naquele almoço. Ao se despedir de Churchill, escreveu: "Havia lágrimas em seus olhos. Ainda posso vê-lo de pé à porta; o chapéu numa das mãos, a bengala na outra. Algo lhe deve ter vindo à mente; marcando o compasso solene com sua bengala, começou a recitar, como que para si mesmo: 'Nada de vulgar fez ou disse ele / Naquele palco memorável'. Sua voz ressonante parecia conferir especial pungência àqueles versos da ode de Andrew Marvell sobre a decapitação de Carlos I".[97] Naquela noite, Churchill disse ao comandante aéreo Anderson: "Pobre cordeirinho, foi mais maltratado do que qualquer mecânico de avião, e aceitou deitando-se".[98]

Clementine brincava dizendo que o marido era o último fiel a acreditar no Direito Divino dos Reis, mas em dezembro de 1936 isso não tinha mais graça nenhuma: a Crise da Abdicação prejudicou sua posição na luta sobre o rearmamento, de consequências muito mais graves.[99] O episódio se somou imediatamente à longa lista dos supostos erros de avaliação de Churchill, afetando assim a percepção pública sobre sua posição diante de Hitler. Ainda em julho de 1940, três secretários particulares de Churchill concordavam que sua "excessiva lealdade aos amigos e uma aversão natural a ferir os sentimentos alheios [...] já haviam lhe custado muito, levando-o a apoiar o rei Eduardo VIII; com isso, perdeu a confiança da Câmara dos Comuns e do país".[100] Os Churchill, no entanto, continuaram leais a seus amigos, os Windsor, que tinham ido morar na França. Três meses depois da Abdicação, quando lorde Granard criticou a sra. Simpson durante um jantar, Clementine se virou para ele e, numa réplica esmagadora, perguntou: "Se é assim que você se sente, por que convidou a sra. Simpson a sua casa e lhe ofereceu o assento à sua direita?". Chips Channon registrou: "Seguiu-se uma longa pausa constrangedora".[101]

A Crise da Abdicação também prejudicou a relação de Churchill com Bob Boothby, que lhe escreveu após a cena na Câmara no dia 7: "O que aconteceu hoje à tarde me faz sentir que é quase impossível que aqueles que são os mais devotados a você pessoalmente o sigam cegamente (como gostariam) na política. Porque nunca conseguem saber direito a que raio de posição serão lançados a seguir".[102] Churchill levou cinco dias para responder e, depois disso, nunca voltaram a ter a mesma intimidade. Mais tarde, Boothby alegou que a humilhação de 7 de dezembro foi a única vez em que viu Churchill bêbado em público, mas, a essa altura, Boothby estava profundamente amargurado e era uma testemunha nada fidedigna.[103] Os seguidores de Churchill no Parlamento agora eram apenas três: Freddie Guest, Duncan Sandys e Brendan Bracken, dois deles parentes seus.[104]

Embora a duquesa de Windsor não tivesse recebido a honra de ser tratada como Alteza Real, o que causava grande mágoa a ela e ao marido, Churchill lhe inclinava a cabeça de bom grado e Clementine lhe fazia uma vênia quando se encontravam, embora isso só tenha acontecido quatro ou cinco vezes pelo resto da vida deles.[105] No dia seguinte à Abdicação, Churchill prometeu ao duque que iria "zelar por seus interesses no que se refere ao Parlamento e ao Gabinete", o que não foi chamado a fazer.[106] Em abril, escreveu ao novo rei, George VI, com toda a dignidade que pôde reunir: "Servi ao avô, ao pai e ao irmão de Vossa Majestade por muitos e muitos anos, e faço sinceros votos de que o reinado de Vossa Majestade seja abençoado pela Providência e acrescente nova força e brilho à nossa ancestral Monarquia".[107]

A esse triunfo público do amor proibido seguiu-se, uma quinzena depois, o casamento de Sarah e Vic Oliver em Nova York. Os Churchill não enviaram congratulações. "O Natal e o Ano-Novo foram bastante quietos em Chartwell", relembrou Mary. O estado de espírito se tornou ainda mais sombrio com a morte de Ralph Wigram, de 46 anos, devido a um câncer no pulmão, na véspera do Ano-Novo.* Junto com Michael Creswell, Wigram fornecera a Churchill informações internas do Ministério das Relações Exteriores sobre os planos dos defensores da política de apaziguamento, e haviam se tornado amigos.[108] "Eu admirava muito a coragem, a integridade de objetivos, a elevada visão abrangente dele", escreveu Churchill a Ava, viúva de Wigram. "Era um daqueles — tão raros — que protegem a vida da Grã-Bretanha. Agora ele partiu — e na véspera desse ano fatídico. De fato, é um golpe para a Inglaterra e para tudo o que a Inglaterra representa."[109] Para Clementine, descreveu Wigram como "uma chama firme e brilhante ardendo numa lâmpada quebrada, que nos guiava para a segurança e a honra".[110]

Apesar da frieza inicial, Sarah e o marido foram convidados para ficar em Chartwell em janeiro de 1937. Churchill chamou o genro para uma conversa no escritório e lhe perguntou sobre seus trabalhos no teatro de variedades, para apurar o montante de seus rendimentos. "É uma grande coisa, o trabalho", disse. "Cuide de mantê-lo."[111] Mais tarde Churchill passaria a chamá-lo de Victor e o apresentou aos cisnes negros Plutão e Perséfone e aos cisnes brancos Juno e Júpiter, a um bode que lhe deu uma chifrada e ao enorme peixe dourado que subia à superfície do lago quando Churchill chamava "Hike! Hike!".[112] Oliver se espantou com a capacidade de Churchill de citar provérbios, poemas e frases de estadistas, escritores e atores, além das respectivas fontes e datas. Comentou em suas memórias que, ao longo dos anos, foi apresentado a muitos homens e mulheres ilustres em Chartwell e Chequers e que "nunca houve nenhum traço de esnobismo ou discriminação no que se referia ao genro deles".[113] Churchill chegou a lhe dar a coleção dos quatro volumes autografados de *Marlborough*. "Quando ele falava da família ou do país com especial emoção", relembrou Oliver, "era com lágrimas indisfarçadas nos olhos."[114] Durante a guerra, Oliver tocava ao piano as músicas favoritas de Churchill em Chequers, como "Daisy, Daisy" e "Lily of Laguna", enquanto o sogro cantava "numa voz rouca e desafinada".[115]

Embora Churchill fosse receber 15 mil libras (cerca de 780 mil libras em valores atuais) em 1937, e ganhasse na época o significativo valor de 400 libras por artigo para os jornais, no começo de fevereiro as despesas para manter Chart-

* Não foi suicídio, como alguns alegam; o relatório do médico-legista é conclusivo.

well estavam tão altas que ele disse a Clementine, então esquiando em Zürs, que, se lhe oferecessem 25 mil libras pela casa, aceitaria, "tendo em vista o fato de que nossos filhos já quase saíram do lar e minha vida está provavelmente em sua última década".[116]

Na biografia de Marlborough, Churchill acusara o célebre 2º conde de Sunderland de ser "um daqueles seres perigosos que, com muitos dotes mentais, não têm princípios de ação, que não se importam com o que é feito, desde que estejam no centro, para os quais a agitação, a excitação, a intriga são o sopro da vida, e cuja dança passando de um delírio a outro parece quase indispensável para sua sanidade".[117] No início de 1937, era assim que muitos britânicos — talvez, na verdade, a maioria — viam o próprio Churchill. Sua campanha contra o rearmamento aéreo germânico, levando em conta sua cruzada contra a autonomia indiana, sua atuação durante a Crise da Abdicação e muitas outras coisas, parecia só mais uma maneira de desgastar o governo Baldwin e de promover a si mesmo.

"Baldwin viceja como o loureiro verde", queixou-se Churchill com Sir Percy Grigg em 25 de janeiro. "Ergueu-se quase como a Fênix [...] da pira em que o finado monarca cometeu o *sati*".[118] Agora concentrando seu fogo nas questões da defesa, Churchill atacou Inskip na Câmara dos Comuns por ter prometido que cem das 124 esquadrilhas projetadas para a defesa aérea ficariam prontas no final de março de 1937, porém reconheceu mais tarde que apenas 22 estariam prontas, e as demais, somente no final de julho.[119] "Mesmo que o programa completo das 124 tivesse sido concluído até 31 de março, ainda não nos daria paridade com a força alemã nessa data, nem nada parecido", apontou Churchill. "A paridade foi-nos solenemente prometida. Não alcançamos a paridade [...]. Nem a alcançaremos durante o ano de 1937 e duvido que a teremos ou que teremos algo próximo disso durante 1938."[120]

Além de se opor aos nazistas, Churchill queria ajudar suas vítimas. Desde o final dos anos 1920, o governo britânico estava cada vez mais preocupado com a migração judaica em massa para a Palestina, que estava desestabilizando o território do Mandato que recebera para administrar. Em maio de 1936, o governo criara uma Comissão Real, presidida por lorde Peel, para avaliar essa questão e também a partilha da Terra Santa entre árabes e judeus. Ao prestar testemunho à Comissão em março de 1937, Churchill deixou claro que a decisão dos palestinos de pegar em armas em favor de seus senhores imperiais, os turcos, e a recusa em participar da Revolta Árabe tinham destruído qualquer simpatia que pudesse ter sentido por eles. "Quanto a esses árabes, é um povo pobre, vencido, que vive bastante bem sob os turcos", declarou à Comissão.

> Viviam bastante à vontade numa miséria constante típica das províncias do Império turco do pré-guerra, e então, quando veio a guerra, viraram nossos inimigos e encheram os exércitos contra nós e dispararam seus fuzis e atiraram em nossos homens [...]. Mas nossos exércitos avançaram e eles foram derrotados [...]. Foram vencidos e ficaram à nossa disposição. A misericórdia pode impor muitas restrições [...]. Foram derrotados em campo aberto. Não é uma questão de conquista gradual. Foram vencidos e expulsos do local. Não havia o que reclamar. E então, durante o processo da conquista desses povos, decidimos fazer certas promessas aos judeus.[121]

Churchill se mostrou de uma fria intransigência na conclusão: "Não reconheço que o cachorro no cocho tenha o direito final ao cocho, mesmo que esteja deitado ali há muito tempo".[122] Seu comentário seguinte fere as sensibilidades modernas, mas, na época, era um pensamento dos mais ortodoxos:

> Não reconheço, por exemplo, que tenha sido feita uma grande injustiça aos peles-vermelhas da América ou aos negros da Austrália. Não reconheço que tenha sido feita uma injustiça a esses povos pelo fato de que uma raça* mais forte, uma raça de nível mais elevado ou, enfim, uma raça mais sofisticada, por assim dizer, tenha chegado e tomado o lugar deles. Não reconheço isso. Não penso que os peles-vermelhas têm algum direito de dizer que "o Continente americano pertence a nós e não vamos deixar nenhum desses colonos europeus entrar aqui". Não tinham o direito, nem tinham o poder.

Entre os papéis de Churchill encontra-se um artigo antissemita de 1937, escrito por Adam Marshall Diston, que às vezes redigia as versões iniciais de seus textos, com o título "Como os judeus podem combater a perseguição". Foi escrito para ser publicado com o nome de Churchill. Como não tem nenhuma anotação em vermelho e nunca veio a público — na verdade, quando lhe sugeriram publicá-lo, três anos depois, Churchill não aceitou —, pode-se supor com segurança que, de início, ele não o lera e depois, quando finalmente o fez, não o aprovou. No entanto, os detratores continuam a apresentá-lo como prova de que ele era um antissemita enrustido.[123]

"Tentei sinceramente adotar uma posição de neutralidade mental na disputa espanhola", declarou na Câmara. "Recuso-me a tomar partido por qualquer um dos lados. Não vou fingir que, se tivesse de escolher entre o comunismo e o nazi-ismo, eu escolheria o comunismo. Espero que não me caiba sobreviver num mundo sob o governo de um desses dois regimes."[124] Como acontece com tanta

* Churchill usava o termo "raças" tal como hoje usamos "povos".

frequência, deixa-se de citar a última frase.[125] Num artigo no *Sunday Chronicle*, publicado logo depois com o título "The Creeds of the Devil" [Os credos do demônio], ele deu livre vazão a seu gosto pelas metáforas, comentando que o comunismo e o fascismo o faziam pensar no "Polo Norte e Polo Sul. Estão nos extremos opostos da Terra, mas, se acordarmos amanhã num dos dois polos, não vamos saber qual dos dois é. Talvez haja mais pinguins num e mais ursos-polares no outro, mas ao redor só há gelo, neve e a rajada de um vento cortante".[126] Churchill foi um dos primeiros a reconhecer que o fascismo e o comunismo apresentavam mais semelhanças do que diferenças e eram, em seu totalitarismo, credos irmãos.

"Ao que parece, estamos avançando numa contínua deriva, contra nossa vontade, contra a vontade de todas as raças, de todos os povos e de todas as classes, rumo a uma catástrofe medonha", prosseguiu em seu discurso de abril na Câmara. "Todos querem detê-la, mas não sabem como."[127] "Winston Churchill fez um magnífico discurso", observou Channon, "brilhante, convincente, irretorquível, e sua 'cotação' disparou, e hoje as pessoas estão [...] dizendo mais uma vez que ele devia estar no governo."[128] Churchill, sem dúvida, precisava melhorar sua cotação: em 28 de abril, seu grupo de apoio na Câmara se reduziu a dois parlamentares após a morte de seu primo Freddie Guest, aos 61 anos, devido a um câncer. Já moribundo, Freddie jogara uma partida de gamão com ele. "Nunca vi ninguém mostrar um desprezo tão completo pela morte e fazer tão pouco alarde a respeito", Churchill comentou com Marsh.[129] Não havia nada no mundo que lhe despertasse maior admiração.

Perdera um aliado, mas no mês seguinte ganhou outro. Aproveitando sua ligação como filho de um dos coronéis de Churchill no 4º Regimento dos Hussardos, o contra-almirante Bertram Ramsay teve em maio um diálogo "absolutamente franco" com Churchill. Alertou-o sobre a complacência do Almirantado, bem como sobre "a administração, as praxes e as concepções antiquadas que nos trazem grandes desvantagens diante de nações eficientes como a Alemanha".[130] Afirmou que lorde Chatfield, que assumira o lugar de Inskip como ministro da coordenação da defesa em janeiro, era "um absoluto desastre", a mesma avaliação que Churchill começava a formar.[131] Churchill disse que não podia fazer muita coisa pois estava fora do governo, e Ramsay se aposentou da Marinha no ano seguinte. Quando explodiu a guerra, Churchill o chamou de volta, disse-lhe que estivera coberto de razão e lhe atribuiu várias funções essenciais, como a de supervisionar a evacuação de Dunquerque e a parte naval dos desembarques do Dia D.

A coroação do rei George VI se deu em 12 de maio de 1937. No momento em que a rainha consorte Elizabeth foi coroada, Churchill, com lágrimas nos olhos, virou-se para Clementine e disse: "Você tinha razão; agora vejo que a outra [a sra. Simpson] não teria servido".[132] Comentou com o próprio duque de Windsor que a cerimônia fora "um magnífico sucesso".[133] (O duque ouvira na França a transmissão da Coroação pelo rádio, enquanto tricotava um suéter azul para sua noiva.) Quando os Windsor se casaram na França, no mês seguinte, os Churchill enviaram um presente, desejando a "Vossa Alteza Real e à sua noiva [uma hábil maneira de não precisar usar o tratamento de Alteza Real para a duquesa] muitos dias de agradável sol na terra que amam" — mas não compareceram à cerimônia.[134] Em outubro, Churchill avisou os Windsor, que tinham ido visitar Hitler no começo do mês, que, se cruzassem o Atlântico no cruzeiro alemão *Bremen* em vez do francês *Normandie*, arriscavam ofender milhões de judeus.[135] Os Windsor escolheram o *Bremen*.

Em meados de maio, Churchill entrou com uma ação por difamação contra Geoffrey Dennis, um funcionário da Liga das Nações que o descrevera em seu livro *Coronation Commentary* [Comentários sobre a Coroação] como "um político ambicioso instável, pulando de partido em partido, reacionário extremado, o primeiro fruto do primeiro casamento famoso entre o esnobismo e o dólar, 'meio estrangeiro e totalmente indesejável', como se disse muito tempo atrás".[136] Em sua defesa, Dennis sustentou que a expressão "meio estrangeiro" fora extraída de um texto de 1905 da *National Review*, uma citação que, segundo ele, fora muito lembrada durante a Crise da Abdicação. O processo levou dois anos, mas Churchill ao fim teve ganho de causa.

Com o sucesso da Coroação, Baldwin se retirou da política aos setenta anos, e — algo raríssimo para os premiês britânicos — no momento que ele próprio escolheu. Em 1929, Churchill comentara com Clementine que seria capaz de ir morar numa fazenda no Canadá se algum dia Neville Chamberlain se tornasse primeiro-ministro.[137] Mas em 31 de maio de 1937, durante uma reunião especial de toda a hierarquia do partido em Caston Hall, em Westminster, foi ele quem defendeu formalmente a moção pela eleição de Chamberlain como líder do Partido Conservador e, portanto, como premiê. "Não há rivalidade, não há concorrência de pretensões", garantiu Churchill. "O sr. Chamberlain se destaca sozinho como o único homem a quem, nessa conjuntura, deve ser confiada essa elevada e solene função." Prosseguiu enumerando as "credenciais de memoráveis realizações" de Chamberlain.[138] A eleição foi aprovada por aclamação. Chamberlain, por outro lado, comentou sobre Churchill: "Se eu o levar para o Gabinete, ele o dominará". "Não dará aos outros uma chance sequer de falar."[139] Assim, a despeito do importante papel de Churchill para sua eleição, Chamberlain não o chamou para o governo. (Algumas semanas antes, citara em reservado uma observação de lorde Haldane, segundo a qual discutir com Churchill "é como discutir com uma orquestra de metais".)[140] Foi nesse momento que Clementine finalmente deixou de acreditar que o marido de 63 anos voltaria algum dia ao governo, mas não disse nada a ele.[141] Pouco depois, ao ver Baldwin no Salão de Fumantes, Churchill pilheriou: "Bom, enfim a luz saiu de cima daquele camarada".[142]

Churchill ganhou mais liberdade para denunciar o governo, e não só em relação à escala e ao ritmo do rearmamento. Afirmando sentir "um afável interesse" pelo novo governo, mesmo assim atacou a proposta de uma Taxa sobre Lucros Excessivos, que o Tesouro reconhecera que não arrecadaria grande coisa. "A taxa mais saudável é aquela que incide apenas sobre o rendimento", argumentou Churchill. "A tributação para atender a alguma finalidade política ou mesmo para inculcar algum princípio moral geralmente fica aquém dos padrões mais elevados da economia financeira."[143] Para ser justo, Churchill também disse: "Sei que é socialista a ideia de que lucrar é um mal e que obter grandes lucros é algo de que o indivíduo deveria se envergonhar. Sustento a outra posição. Considero que o verdadeiro mal é gerar prejuízos".[144] Chamberlain retirou a proposta da taxa.

As obrigações parlamentares de Churchill agora tomavam três dias por semana. Também estava trabalhando em nada menos que três livros em simultâneo: escrevia o quarto volume de *Marlborough*, lia e pesquisava para uma história dos povos de língua inglesa, para a qual assinara em 1932 um contrato de 20 mil libras, e revisava as provas de *Great Contemporaries*. "Realmente não sei como encontro tudo de que preciso, mas a fonte corre livremente", escreveu em 25 de julho a Clementine, que então estava num balneário austríaco: "Só é preciso o tempo para tirar a água".[145] Naquele mês, ele ditou 20 mil palavras de *Marlborough* numa única semana, e desenhou para Clementine a figura de um porco carregando dez toneladas nas costas. Como método de trabalho, lia todas as fontes primárias que lhe traziam seus assistentes de pesquisa, entre os quais, na época, incluía-se William Deakin, formado em Oxford, e então ditava o texto para um secretário ou secretária em seu escritório em Chartwell.

*Great Contemporaries* foi publicado em 4 de outubro, tendo grande saída e recebendo resenhas que em geral foram positivas. Consistia em essência de uma reedição (embora com alterações consideráveis em alguns casos) de ensaios, artigos e elogios fúnebres publicados originalmente em outro lugar, e trazia inúmeros comentários dele sobre 21 estadistas e soldados que conhecera. A mente de Asquith "se abria e se fechava como a culatra de uma arma", Lawrence da Arábia era "um dos maiores príncipes da Natureza" e "Pode-se dizer que lorde Rosebery sobreviveu por dez anos a seu futuro e por mais de vinte a seu passado". Sobre a vida de lorde Curzon, escreveu: "A manhã fora de ouro, a tarde de bronze e a noite de chumbo. Mas todos eram sólidos, e cada qual polido até brilhar segundo sua natureza".[146] Todos os britânicos tratados no livro estavam mortos, e o tema da obra era a amizade que transcende as gerações e os partidos políticos, em particular sua relação pessoal com Birkenhead e Lawrence, e a de seu pai com lorde Rosebery e Joseph Chamberlain.[147] O ensaio sobre Chamberlain era quase hagiográfico; certamente ele não queria fechar as portas à possibilidade de servir sob seu filho.

"Pode-se pensar o que se queira sobre o governo democrático", escreveu Churchill em seu retrato de lorde Rosebery, que nunca estivera na Câmara dos Comuns, "mas é bom ter experiência prática de suas bases toscas e desleixadas. Não existe parte mais indispensável da educação de um político do que a disputa de eleições."[148] Ele retratou Arthur Balfour como "um ser elevado acima da grei".[149] O ex-cáiser foi apresentado como "um homem muito trivial, vaidoso, mas no geral bem-intencionado", sem "nenhuma grandeza de mente ou de espírito", que mesmo assim se julgava "muito acima do comum dos mortais".[150] Aqui também Churchill tocava num aspecto contemporâneo: o de que o povo alemão "adora o Poder e se deixa conduzir cegamente".[151]

Churchill incluiu um ríspido ataque a George Bernard Shaw em *Great Contemporaries* — o único no livro que não era militar nem político — em razão de seu enaltecimento da Rússia stalinista. "Aqui temos um Estado [...] com quase meio milhão de seus cidadãos", escreveu ele, "reduzidos à servidão por causa de suas opiniões políticas, que estão apodrecendo e congelando na noite ártica; matando-se de trabalhar em florestas, minas e pedreiras, muitos deles somente por se permitirem aquela liberdade de pensamento que veio a elevar pouco a pouco o homem acima dos animais."[152] Isso foi registrado mais de vinte anos antes que Aleksandr Soljenítsin começasse a escrever *O arquipélago Gulag*.

A segunda edição, um ano depois, trouxe mais quatro capítulos, inclusive um sobre Franklin Roosevelt. Churchill visivelmente esquecera que tinham chegado a se encontrar uma vez, mas sabia que Roosevelt apreciara a leitura de *Marlborough*. "Um só homem que o acaso, o destino ou a Providência colocou à frente de 120 milhões", escreveu ele sobre o presidente, "lançou-se a essa importante expedição", e profetizou que "seu sucesso não deixará de conduzir o mundo inteiro à luz de uma era mais tranquila e mais agradável".[153] Parecia uma carta de amor, além de uma análise objetiva, apesar de algumas farpas ocasionais; numa passagem, Churchill comentou que "as políticas do presidente Roosevelt são, em muitos aspectos, concebidas da perspectiva estreita de um interesse próprio dos norte-americanos". Como era frequente nos textos de Churchill, havia também um elemento de autorreferência, como na descrição de um homem "treinado para os assuntos públicos, ligado à [...] história por um nome famoso [...] disputou eleições: discursou para a multidão [...]. Procurou, recebeu e deixou cargos de enorme trabalho e da mais alta importância".

O que Churchill via e admirava em Roosevelt era, acima de tudo, a coragem. Aos 42 anos, idade em que Churchill estava servindo nas trincheiras, Roosevelt foi "atingido por uma paralisia infantil. Os membros inferiores se recusavam a cumprir suas funções. Havia necessidade de muletas ou de auxílio para o menor deslocamento de um lugar para outro". Churchill também o admirava pela sorte e afirmou (equivocadamente, porém) que a indicação de Roosevelt como candidato democrata em 1932 estivera por um momento "oscilando por um fio". Isso o levou a recorrer a uma de suas mais desbragadas extravagâncias: "Veio a Fortuna, não apenas como amiga ou mesmo amante, mas como adoradora". Não fez esforço algum em ocultar sua apreciação do vigor e da rapidez com que o presidente norte-americano impôs o New Deal: "Embora a Ditadura esteja envolta em formas constitucionais, mesmo assim ela é efetiva. Foram feitas grandes coisas e tentaram-se outras ainda maiores". Seu incontido elogio ao "renascimento do esforço criativo a que sempre estará associado o nome de Roosevelt" lhe foi de bom proveito dois anos depois, quando se iniciou a correspondência pessoal entre os dois.

Churchill, numa iniciativa controversa, incluiu um retrato de Hitler no livro, moderando as palavras por instâncias do Ministério das Relações Exteriores. "Em mais de uma ocasião fiz meu apelo em público para que o Führer da Alemanha se tornasse agora o Hitler da paz", escreveu ele. "O sucesso deve trazer um clima brando e agradável, alterando a disposição de espírito para se adaptar às novas circunstâncias, para preservar e consolidar como tolerância e boa vontade aquilo que foi obtido por meio do conflito."[154] Era ingênuo, talvez, mas também estratégico, e o ensaio não deixava de trazer críticas à "feroz" perseguição de Hitler aos judeus. Por outro lado, o texto desculpava Hindenburg por "abrir as comportas do mal sobre a civilização alemã e talvez europeia" porque estava senil.[155]

Quando o *News of the World* serializou o capítulo sobre Hitler, na semana seguinte ao lançamento do livro, Churchill acrescentou duas linhas de um artigo que publicara na *Strand* em 1935, afirmando que cabia a Hitler escolher "se estará no Valhala com Péricles, com Augusto e com Washington, ou se chafurdará no inferno do desprezo humano com Átila e Tamerlão".[156] A única coisa que a Grã-Bretanha e a França precisavam fazer, afirmou ele em outubro num artigo no *Evening Standard* intitulado "The War Is Not Imminent" [A guerra não é iminente], era deixar claro para Hitler que qualquer alteração no mapa da Europa transgredindo o Tratado de Versalhes era inaceitável. Mas quando lorde Halifax (antes lorde Irwin, que sucedera ao pai como visconde) — então lorde presidente do Conselho, líder da Câmara dos Lordes e voz importante nas relações exteriores devido à proximidade com Chamberlain — foi no mês seguinte visitar Hitler no Berghof, a residência do Führer em Berchtesgaden, nos Alpes bávaros, nenhum desses limites foi estabelecido.

Nem mesmo em outubro de 1937 Churchill chegara a aceitar plenamente que a União Soviética, cujo regime lhe era abominável, teria de ser parte integrante do sistema de segurança coletiva para cercar a Alemanha. Ele manteve durante os Anos do Desterro uma coerência admirável na avaliação da verdadeira natureza do regime nazista e da necessidade de rearmamento, mas, quando analisava qual seria a melhor maneira para deter Hitler, limitava-se a pensar a que ponto poderiam recorrer à Liga das Nações ou aos soviéticos e como deveriam lidar com Mussolini e com o general Francisco Franco, o ditador fascista espanhol. Foi somente com a crise tcheca de 1938 que passou a se opor em termos inequívocos a qualquer tipo de política de apaziguamento e aceitou claramente a necessidade de estabelecer uma aliança com a Rússia.

No Dia da Lembrança de 1937, Churchill publicou um artigo no *Evening Standard*. "Os ditadores andam de um lado para outro montados em tigres dos quais não se atrevem a desmontar", escreveu. "E os tigres estão ficando famintos."[157] Naquele ano, Churchill escreveu 64 artigos, sendo um pouco mais da metade para o *Evening Standard*, mas suas posições sobre a política de apaziguamento haviam se afastado tanto do que pensava Beaverbrook que seu contrato não foi renovado. O público não queria ler seus alertas de Cassandra, assim como os parlamentares não desejavam ouvi-los. Quando ele se levantava para falar, em vez de afluírem aos magotes como faziam pouco tempo antes, em 1935, alguns passaram a abandonar o recinto. Naquele Natal, Churchill presenteou lorde Blandford, seu afilhado de onze anos de idade e futuro 11º duque de Marlborough, com um relógio de ouro e o conselho: "Nunca confunda liderança com popularidade".[158]

Em dezembro, lorde Cranborne, vice-ministro das Relações Exteriores e futuro 5º marquês de Salisbury, neto do primeiro-ministro que destruíra lorde Randolph Churchill, foi eleito para ingressar no Other Club. "Não me lembro de um único jantar enfadonho", comentou ele sobre os encontros, "desde o momento em que a pessoa chegava até o momento em que, tarde da noite, decidia com relutância ir para casa."[159] Churchill, relembrou ele, "chegava, radiante, benevolente, muito catita em seu smoking. A conversa corria com grande liberdade [...]. Não se vetava nenhum assunto — menos ainda a política [...]. Raríssimas vezes vi alguém perder a calma, mesmo em discussões sobre assuntos altamente controvertidos".[160] No mês anterior, lorde Mottistone, vigoroso defensor da política de apaziguamento, apostara com Churchill, Duff Cooper e Boothby cem libras contra dez que "não cairá nenhuma bomba hostil no solo da Grã-Bretanha por vinte anos".[161] Naquele ponto, à exceção de Walter Elliot, Munnings e Holden, todo o resto da mesa com 21 pessoas entrou na aposta. A guerra estava no ar.

A última sugestão de Churchill para conter o furor dos nazistas com a devolução das colônias alemãs — e apenas se todos os demais aliados vitoriosos da Grande Guerra concordassem — foi feita em 21 de dezembro de 1937. "Teria de ser parte de um acordo geral", explicou ele, o qual incluiria também que Hitler procedesse a um certo grau de desarmamento e renunciasse a qualquer reivindicação territorial futura.[162] "Embora haja um grande número de pessoas neste país que estariam dispostas a fazer sacrifícios para atender aos desejos alemães em relação às colônias, desde que lhes fosse assegurado que isso significaria uma genuína paz duradoura na Europa", disse Churchill aos parlamentares, "nenhuma delas cederia um centímetro de território só para manter o fogo nazista aceso." Segundo seus cálculos, a Marinha Real, com seu controle do Atlântico, poderia supervisionar, caso fosse necessário, a reconquista dessas colônias situadas sobretudo na África Ocidental.

Fazia cinco anos que Churchill pleiteava vivamente a ampliação do poderio aéreo britânico, mas sua previsão, apresentada num artigo de 7 de janeiro de 1938, de que "a ameaça aérea contra navios devidamente armados e protegidos no mar não será de caráter decisivo", foi um erro de avaliação.[163] Todavia, no mesmo mês, Chamberlain cometeu um erro muito pior ao declinar a proposta do presidente Roosevelt para uma conferência internacional em Washington, a fim de ajudar a resolver as divergências na Europa. Mesmo que não desse certo, o evento poderia ter atraído os Estados Unidos para os assuntos europeus e exposto publicamente a atitude irracional de Hitler, sobretudo caso ele se negasse a participar. "Que o sr. Chamberlain, com sua perspectiva limitada e sua inexperiência do palco europeu", escreveu Churchill dez anos depois, "tenha mostrado a arrogância de afastar a mão estendida que se oferecia do outro lado do Atlântico é algo que, ainda hoje, é de deixar qualquer um boquiaberto de espanto."[164]

Em janeiro de 1938, Churchill foi passar doze dias de férias no Château de l'Horizon. Ao retornar, sua secretária Violet Pearman comentou com Lindemann: "Ao contrário de nossas expectativas, ele não perdeu nada em suas andanças sozinho e está muito contente".[165] A anfitriã, Maxine Elliott, ofereceu um jantar a Churchill, ao duque e à duquesa de Windsor e a Lloyd George. Churchill lhe disse: "Esta noite você tem aqui um grupo estranho, minha cara. Consiste inteiramente em *ci-devant*. Ex-reis, ex-premiês, ex-políticos".[166] Vincent Sheean relembrou a ocasião como "uma noite estranha, *surréaliste*", em que as conversas ao jantar giraram em torno da questão da obrigatoriedade de chuveiros nos poços de minas de carvão de Gales do Sul. "Na saleta requintada, cintilando de cristais e pratas, por sobre as flores e as garrafas de champanhe [...] o que arranjaram como tema de conversa, a não ser a sujidade no pescoço de um mineiro?"[167]

"Os W[indsor] são muito comoventes, mas também muito felizes", Churchill comentou com Clementine. "Ela me causou excelente impressão, e parece ser um casamento muito feliz."[168] Por essa época dedicou-se penosamente à tarefa de enxugar o quarto volume de *Marlborough*, passando de 750 para 650 páginas, a pedido dos editores, fazendo uma compreensível comparação com "cortar fora os próprios dedos das mãos e dos pés".[169] (Hoje, muitos leitores gostariam que Churchill tivesse ignorado a solicitação.) Depois de perder 18 mil libras no mercado financeiro norte-americano desde a Quebra, Churchill precisava muito que o livro alcançasse boa vendagem. Chartwell teve de ser posta de novo à venda, mas não por muito tempo e felizmente sem atrair muitos interessados.

Em 20 de fevereiro de 1938, Anthony Eden renunciou ao Ministério das Relações Exteriores, em protesto contra as propostas privadas de Chamberlain a Mussolini e a recusa à oferta de Roosevelt para a realização de uma conferência. "Eu ficava deitado na cama da meia-noite ao amanhecer, consumido por emoções de tristeza e medo", escreveu Churchill em *The Gathering Storm*. "Parecia surgir um vulto jovem e forte de pé contra longas ondas sombrias e arrastadas de entrega e rendição, de medidas erradas e impulsos débeis [...]. Então ele se foi. Fiquei olhando a luz do dia se insinuar lentamente pelas janelas e vi diante de mim com os olhos da mente a visão da Morte."[170] Se esse relato for verídico, deve ter sido um dos pontos mais baixos a que chegou nos Anos do Desterro. Mas Eden, quando foi ministro das Relações Exteriores, pouco fizera para merecer tal encômio, que só apareceu uma década depois, quando ele era vice de Churchill fazia oito anos. Em 18 de março, numa carta coletiva de congratulações a Chamberlain pelo aniversário de 69 anos, com 150 assinaturas de parlamentares tories que lhe asseguravam "sua profunda e sincera confiança", o nome de Churchill aparecia em quarto lugar.[171] Embora tivesse renunciado por causa da política de apaziguamento com a Itália, e não com a Alemanha, era inquestionável que Eden também estava frustrado e irritado com os pró-germânicos no Gabinete de Chamberlain, como o ministro da Saúde, Sir Kingsley Wood, que, conforme escreveu ele, "estava sempre reclamando que eu não conseguia fazer amizade com Hitler".[172] Em 1941, Churchill repreendeu Eden porque não "escolheu uma questão mais importante para a renúncia, mas reconheceu [...] que o ministro das Relações Exteriores não é um agente livre nesses assuntos".[173]

Em maio de 1937, Churchill dissera durante um almoço na casa de Lady Colefax que "era realmente o Líder da Oposição, pois o pessoal trabalhista é muito ineficaz, fraco e inculto".[174] Essa posição, porém, estava para ser usurpada por Eden, que, aos quarenta anos, parecia representar um futuro vigoroso, assim como Churchill representava um passado que carregava uma bagagem pesada. O número dos parlamentares que apoiavam Eden superava em muito o dos apoiadores de Churchill. Jocosamente chamados de "Glamour Boys" pelo líder e vice-líder da bancada, o Grupo de Eden se mantinha à distância de Churchill.[175] Em março, mais uma vez Eden declinou o convite para ingressar no Other Club. "Decidimos que não nos anunciaremos como grupo", escreveu Harold Nicolson, um dos apoiadores de Eden, "e nem sequer nos denominaremos como grupo."[176] Suas reuniões se davam em Queen Anne's Gate, na casa do parlamentar conservador Ronald Tree, milionário nascido nos Estados Unidos, sem pauta formal e, por determinação de Eden, sem registro em ata. Entre os participantes estavam os parlamentares do Governo Nacional Leo Amery, Ronald Cartland, Duff Cooper, Anthony Crossley, Hubert Duggan, Paul Emrys-Evans, Sir Derrick Gunston, Richard Law, Harold Macmillan e Louis Spears, mas no debate sobre a renúncia de Eden, quando Churchill lhe deu seu apoio, apenas 25 tories se abstiveram, e os demais apoiaram o governo. Na esfera privada, Churchill passava a desprezar a maioria do Partido Conservador. Naquele mês, escrevendo a Marsh sobre suas revisões no último volume de *Marlborough*, no qual seu antepassado era derrubado por traidores covardes e indignos que o esfaquearam pelas costas, Churchill afirmou: "Espero que isso traga aos leitores modernos a vida e o drama daquela grande época. Como os tories modernos são parecidos com seus predecessores!".[177]

Em 12 de março de 1938, tropas alemãs cruzaram a fronteira austríaca e no dia seguinte Hitler anunciou a Anschluss (a anexação da Áustria ao Reich alemão). Era imensa a gravidade desses acontecimentos, disse Churchill na Câmara dos Comuns em 14 de março. "A Europa está diante de um programa de agressão, cuidadosamente calculado e cronometrado, desdobrando-se etapa por etapa, e há apenas uma escolha, não só para nós, mas para outros países que estão lamentavelmente envolvidos — ou nos submetemos, como a Áustria, ou tomamos medidas efetivas enquanto resta tempo para afastarmos o perigo e, se não for possível afastá-lo, para enfrentá-lo."[178] Ele previu que a Wehrmacht em 1940 "certamente será muito maior do que o Exército francês [...]. Por que ficar cercado e ser empurrado ladeira abaixo entre uma multidão de Estados consternados que se perdem entre expostulações desordenadas? Por que não marcar posição enquanto ainda há um bom grupo de países poderosos e unidos que compartilham nossos perigos e aspirações?".

Churchill tentou instruir os parlamentares sobre o país que, segundo o que suspeitava fazia tempo, seria o próximo alvo de Hitler. "Aos ouvidos ingleses, o nome Tchecoslováquia soa distante", disse. "Sem dúvida são apenas um pequeno Estado democrático, sem dúvida têm um Exército apenas duas ou três vezes maior do que o nosso, sem dúvida têm um estoque de munições apenas três vezes maior do que o da Itália, mas mesmo assim são um povo viril; têm seus direitos pelos tratados, têm uma linha de fortalezas e têm uma vontade energicamente manifesta de viver em liberdade."[179] A França estabelecera uma aliança defensiva com a Tchecoslováquia, mas a Grã-Bretanha não, e assim Churchill propôs o que nomeou de "uma Grandiosa Aliança", abrangendo a Grã-Bretanha, a França, a União Soviética e os países da Pequena Entente, isto é, a Tchecoslováquia, a Romênia e a Iugoslávia — com isso, "vocês poderiam agora mesmo deter essa guerra que se aproxima".[180] (A Polônia teve de ser excluída da Grandiosa Aliança por recusar se unir à Rússia e por reivindicar território tcheco.)

Em um jantar no Pratt's Club, em St. James's, em 16 de março, Churchill comentou com Nicolson que nutria certa simpatia pela posição de Chamberlain, o qual considerava Baldwin o responsável pela fraqueza britânica e argumentava que a situação de então era materialmente pior do que em 1914. Mas admitia: "No entanto, se tomarmos medidas fortes, em meia hora Londres se transforma num matadouro".[181] Uma semana depois, esteve com Maisky num almoço no apartamento de Randolph, provavelmente porque queria que o encontro fosse secreto. Não era impossível que o MI5 estivesse não só grampeando o telefone, mas também vigiando o apartamento do próprio criador da agência em Morpeth Terrace.[182]

Churchill pareceu a Maisky "muito agitado" com a liquidação de mais de três quartos do Alto-Comando do Exército Vermelho, determinada por Stálin, chegando até o nível de coronel. E indagou: "Por favor, poderia me dizer o que está se passando em seu país?". Afirmou que os soviéticos precisavam ingressar na Grandiosa Aliança, mas que os recentes expurgos mostravam que "a Rússia, falando em termos amplos, deixou de existir como fator sério em política externa".[183] Diante da negativa de Maisky, Churchill prosseguiu com "um sorriso astucioso", segundo o diplomata: "Claro, você é embaixador e é preciso entender suas palavras *cum grano salis*".[184] Quando Maisky perguntou o que estava acontecendo na Grã-Bretanha, Churchill admitiu: "Nesses últimos cinco ou seis anos, o grupo de liderança do partido de fato mostrara uma covardia e uma falta de visão numa escala com raros precedentes, ou nenhum precedente, na história".[185] Quanto a si mesmo, Churchill "comentou maliciosamente [que] é muito mais agradável ler livros ou escrever artigos do que tentar convencer nulidades ministeriais de que dois mais dois são quatro".[186] Embora não se possa acreditar em tudo o que Maisky escreveu, não há por que duvidar que Churchill lhe tenha dito, conforme reportado, que Eden não entraria em atrito com o Partido Conservador, pois "já se acostumara ao poder e à sua alta posição. Isso pode estragar um homem".[187] Churchill previu que alguma hora Hitler invadiria a União Soviética, "com seus imensos territórios e incontáveis riquezas naturais". A essa altura, já lera uma tradução de *Mein Kampf*, em que Hitler expunha a necessidade de *Lebensraum* para a Alemanha no Leste Europeu.

Churchill falou sem rodeios a Maisky:

> Hoje, a maior ameaça ao Império Britânico é o nazismo alemão, com sua ideia de hegemonia global de Berlim. É por isso que, atualmente, não poupo esforços na luta contra Hitler. Se um belo dia desaparecer a ameaça fascista alemã ao Império e a ameaça comunista se erguer outra vez, então — digo-lhe com franqueza — levantarei de novo a bandeira da luta contra vocês. No entanto, não prevejo a possibilidade de que isso aconteça num futuro próximo ou, pelo menos, durante minha vida.[188]

Era instrutivo que, embora a única parte do Império Britânico ao alcance imediato dos bombardeiros alemães se limitasse praticamente às Ilhas Britânicas, Churchill considerasse que era o Império como um todo que se via ameaçado.

Em 24 de março de 1938, uma quinta-feira, Churchill fez um dos discursos mais poderosos de sua vida, sobre a ameaça que os nazistas representavam à Tchecoslováquia. O Tratado de Versalhes deixara 3,5 milhões de alemães étnicos dentro das fronteiras da Tchecoslováquia, então recém-criada, a maioria nos Sudetos, e Hitler estava exigindo que fossem incorporados ao Terceiro Reich. Isso tornaria a Tchecoslováquia estrategicamente indefensável. Chamberlain alertara que, se eclodisse uma guerra entre a Alemanha e a Tchecoslováquia, "seria totalmente impossível dizer onde terminaria e quais governos se envolveriam".[189] No debate, Churchill insistiu na criação de um Ministério do Abastecimento e de um Ministério da Defesa:

> Coloquei a questão perante a Câmara em termos que não se esquivam à realidade dos fatos. Quase todos os oradores têm dito que, se não enfrentarmos os ditadores agora, estaremos apenas preparando o dia em que teremos de enfrentá-los em condições muito mais adversas. Dois anos atrás era seguro, três anos atrás era fácil, e quatro anos atrás um simples despacho poderia ter retificado a situação. Mas onde estaremos daqui a um ano? Onde estaremos em 1940?[190]

Ele usou imagens vívidas e palavras bem escolhidas: "Tenho visto esta famosa Ilha descer sem moderação nem prudência pela escada que leva a um abismo tenebroso. No começo, é uma bela escadaria larga, mas, um pouco depois, termina o tapete. Um pouco mais adiante, só há as lajes do pavimento. E ainda um pouco mais adiante elas se quebram sob os pés de vocês".[191] "Você bem pode imaginar isso apresentado numa Câmara lotada e lúgubre", escreveu Robert Bernays à sua irmã. "Parecia nosso relógio da sala batendo a hora do juízo final."[192]

Churchill prosseguiu:

> Revejam os últimos cinco anos, no sentido de que a Alemanha começou a se rearmar a sério e de maneira explícita para ter sua revanche. Se estudarmos a história de Roma e Cartago, entenderemos o que e por que aconteceu. Não é difícil formar uma ideia inteligível sobre as três Guerras Púnicas; mas, se a Nação britânica e o Império Britânico forem engolidos pela catástrofe mortal, daqui a um milênio os historiadores ainda continuarão perplexos com o mistério da condução de nossos assuntos de governo. Nunca entenderão como foi que uma nação vitoriosa, com tudo nas mãos, tolerou ser subjugada e que se jogasse fora tudo o que ganhara com imensurável sacrifício e absoluta vitória — e o vento levou!* Agora os vencedores

* O romance de Margaret Mitchell, publicado em 1936, estava sendo adaptado para o cinema, num

são os vencidos, e os que depuseram armas no campo de batalha e pediram um armistício avançam em largos passos para dominar o mundo. Esta é a situação — esta é a terrível transformação que vem se operando aos poucos [...]. Agora é finalmente a hora de despertar a nação. Talvez seja a última vez que poderá ser despertada com alguma chance de impedir a guerra ou com alguma chance de chegar à vitória, caso malogrem nossos esforços em impedir a guerra. Temos de pôr de lado todos os obstáculos e, unindo toda a força e espírito de nosso povo, empenhar-nos em erguer mais uma vez uma grande nação britânica perante todo o mundo; pois tal nação, levantando-se em seu antigo vigor, pode, mesmo nesta hora, salvar a Civilização.[193]

Chamberlain, numa carta à irmã, comentou que Churchill lhe dissera antes do debate que não estava mais em busca de cargos e que manteria postura "afável" em relação ao governo. "É impossível não gostar de Winston, embora eu pense que quase sempre ele está errado e como colega é insuportável. Todos na Câmara gostam de ouvi-lo e estão sempre prontos para aclamar e rir de suas tiradas, mas ele não tem nenhum seguidor de alguma importância."[194] Era uma reação totalmente inadequada. Churchill estava explicando as ações de Hitler de modo eloquente e preciso, rogando que a Grã-Bretanha agisse a tempo para detê-lo, mas foi desconsiderado com a maior petulância.

Em maio, o governo Chamberlain, em parte para mostrar à Alemanha que estava disposto a rever os tratados, abriu mão unilateralmente dos direitos do Reino Unido sobre os três portos irlandeses — Berehaven, Queenstown e Lough Swilly — que lhe haviam sido concedidos pelo Tratado negociado por Churchill em 1921. Churchill denunciou asperamente a medida, que qualificou de "esse exemplo imprevidente de apaziguamento", e destacou que o gesto iria piorar gravemente a posição estratégica da Marinha Real no Atlântico oriental, caso o Estado Livre da Irlanda, na eventualidade de uma guerra com a Alemanha, optasse pela neutralidade. Acusou o governo de "jogar fora meios efetivos e importantes de segurança e sobrevivência em troca de sombra e comodidade".[195] Os portos eram locais essenciais de onde era possível perseguir submarinos inimigos e proteger comboios, segundo ele, que os descreveu como "as torres de vigia das águas do lado ocidental, por onde chega o alimento estrangeiro do qual os 45 milhões de habitantes desta ilha dependem tão imensamente para o pão de cada dia".

Anos depois, Churchill relembrou "os olhares de incredulidade, as zombarias, as troças e risadas que tive de enfrentar por todos os lados, quando falei que o sr. De Valera poderia declarar a neutralidade da Irlanda".[196] "Winston é contra

---

filme que ganharia o Oscar, com Clark Gable, Vivien Leigh, atriz favorita de Churchill, e seu amigo Leslie Howard.

até o Tratado Irlandês", anotou Chips Channon em seu diário sobre a revisão do acordo. "Será Winston, aquele orador gordo, ilustre, desequilibrado, incoerente, mais do que apenas isso?"[197] Churchill foi praticamente o único a se opor a tal cessão e sofreu ataques de Leo Amery, entre vários outros, por sua posição contrária. Mais tarde, o Almirantado calculou que a cessão dos portos do Tratado — pela qual a Grã-Bretanha não recebeu nada em troca, a não ser uma certa boa vontade dúbia — levou diretamente à perda de 368 navios aliados e de 5070 vidas durante a Segunda Guerra Mundial.[198] Como Amery teve de reconhecer em sua autobiografia, "as apreensões imediatas de Churchill eram amplamente justificadas".[199] Depois de se abster nessa votação, Churchill passou a fazê-lo sistematicamente nas decisões sobre política externa. Porém não votava contra o governo, que tinha maioria de mais de duzentos parlamentares e poderia muito lhe retirar o lugar de vice-líder de bancada e excluí-lo da eleição seguinte. Naquele mês, ele apostou seis libras contra quatro com Duff Cooper que ocorreria uma eleição antes do final de fevereiro de 1939.[200]

"Repudiamos todas as ideias de derrotismo sórdido ou preguiçoso", disse Churchill a uma plateia de Manchester em maio. "Queremos tornar nosso país forte e seguro — só pode estar seguro se for forte — e queremos que desempenhe seu papel com outras democracias parlamentares dos dois lados do oceano Atlântico em afastar da Civilização, enquanto ainda resta tempo, os horrores devastadores e aniquiladores de outra guerra mundial."[201] Nesse mesmo dia, expôs suas concepções sobre o tema de uma confederação europeia, na esperança de instilar vida nova numa ideia capaz de contribuir para a segurança coletiva. Em artigo no *News of the World* intitulado "The United States of Europe" [Os Estados Unidos na Europa], utilizou uma referência bíblica, de 2Reis 4,13, para dizer: "Estamos com a Europa, mas não somos da Europa. Estamos ligados, mas não compromissados. Estamos em sociedade e parceria, não em absorção. E se os estadistas europeus se dirigissem a nós nas palavras que eram usadas antigamente, 'Queres que eu interceda por ti junto ao rei ou ao chefe do exército?', responderíamos como a mulher sunamita: 'Vivo no meio do meu povo'".[202]

Como Churchill explicou seis dias depois em outro artigo no *News of the World*: "São os povos de língua inglesa que, quase sozinhos, mantêm acesa a tocha da liberdade. Essas coisas são um grande incentivo à colaboração. Entre as nações, tal como entre os indivíduos, caso se dê profunda importância às mesmas coisas e essas coisas são ameaçadas, é natural trabalhar em conjunto para preservá-las".[203] Então discorreu sobre o poder das palavras ao comentar que, entre os povos de língua inglesa, como o próprio nome sugere: "O maior laço de todos é a língua [...]. As palavras são as únicas coisas que duram para sempre. Os mais grandiosos monumentos ou os maiores prodígios de engenharia desmoronam sob a mão do tempo. As pirâmides se esfarelam, as pontes enferrujam, os canais entopem, o trilho do trem se recobre de mato; mas as palavras ditas dois ou três milênios atrás permanecem conosco, não como meras relíquias do passado, mas com toda a sua prístina força vital".[204] Infelizmente, não chegaram a nós as palavras que ele usou quando, ainda no mesmo mês, o time de futebol da Inglaterra, por solicitação do Ministério das Relações Exteriores, fez a saudação nazista durante a execução do hino nacional alemão no Estádio Olímpico em Berlim.

Em 25 de maio de 1938, Chamberlain recusou formalmente a solicitação dos trabalhistas e de Churchill para um exame das defesas aéreas e a criação de um Ministério do Abastecimento. "Por que meu excelentíssimo Amigo resiste tão obstinadamente a esse plano?", perguntou Churchill ao primeiro-ministro, comparando-o a santo Antão, o Eremita, que "foi muito condenado pelos Pais da Igreja porque se negava a agir corretamente quando o Demônio o instava a isso. Meu excelentíssimo Amigo deveria se libertar dessa inibição irracional, pois estamos apenas no início de nossas inquietações".[205] "Se tudo vai bem, por que há tantas deficiências? Por que, por exemplo, as Guardas estão treinando com bandeiras em vez de metralhadoras?" Ele queria saber por que era impossível equipar o Exército Territorial em simultâneo com o Exército Regular, e encerrou em termos combativos: "Assevero que o Ministério do Ar e o Ministério da Guerra são absolutamente incompetentes para produzir o grande fluxo de armas agora requeridas à indústria britânica".[206] (Uma vez, quando lhe perguntaram qual era o departamento que mais odiava, o Ministério das Relações Exteriores ou a Chancelaria do Tesouro, Churchill respondeu: "O Ministério da Guerra".)[207]

Em meados de junho, Duncan Sandys enviou a minuta de um questionamento parlamentar a Leslie Hore-Belisha, ministro da Guerra, sobre as defesas aéreas de Londres, o qual só poderia ter sido feito com base em informações secretas. Negando-se a revelar o nome do informante, Sandys sofreu a ameaça de um processo judicial, mas teve o apoio do Comitê de Privilégios da Câmara dos Comuns. O comentário de Churchill sobre a tentativa do procurador-geral de levar Sandys a juízo sob a Lei dos Segredos Oficiais foi que esse dispositivo, como se destinava a proteger a defesa nacional, não deveria ser utilizado para blindar ministros que a haviam negligenciado.[208] "Claro que Sandy foi apenas um títere", explicou Chamberlain à sua irmã. "Era Winston quem estava realmente por trás e viu ou pensou ver uma oportunidade de dar uma boa chacoalhada no governo. Um pessoal que passa os finais de semana em festas de mansões no campo onde ele também é convidado me diz que ele causa tédio no grupo inteiro monopolizando a conversa e denunciando o governo durante o dia todo [...]. Não creio que seja uma inimizade pessoal por mim; é apenas sua incansável ambição que o faz criticar incessantemente qualquer governo do qual não faça parte."[209] Pelo visto, a ideia de que Churchill pudesse agir por genuína convicção nem passou pela cabeça de Chamberlain, que tendia a ver a política em termos intensamente pessoais, característica que acabaria levando à sua derrocada.

Churchill tentou alertar Sir Maurice Hankey, secretário do Gabinete Ministerial, sobre o teor das informações que ele e Sandy haviam recebido sobre as defesas aéreas britânicas, mas Hankey se limitou a repreendê-lo durante duas horas por solicitar dados secretos e por dizer ao Subcomitê de Supervisão Científica da Defesa Aérea que "nunca vira antes algo tão vagaroso quanto o trabalho deste comitê".[210] Hankey avisou a Churchill que seu comportamento era "errado", "infeccioso", "constrangedor" e constituía uma "subversão da disciplina". Churchill, surpreso com tal reação, respondeu numa carta: "Meu caro Maurice, certamente não esperava receber de você um extenso sermão quando me empenhei em lhe fornecer, em estrita confiança, informações pertinentes ao interesse público. Agradeço-lhe por me devolver os papéis, e pode ter certeza de que não voltarei a incomodá-lo com tais assuntos".[211] Anos depois, ele comentou com Eden que a tentativa posterior de Hankey de retomar a amizade era como "a carícia de um verme".[212]

*Arms and the Covenant* [As armas e as convenções], o livro de discursos de Churchill sobre o rearmamento, publicado em 24 de junho, vendeu apenas 4 mil exemplares, apesar das resenhas favoráveis, o que indicava o escasso interesse do público pelo tema. Com a piora da situação nos Sudetos, Churchill escreveu a Lloyd George: "Penso que nas próximas semanas teremos de escolher entre guerra e vergonha, e não tenho muitas dúvidas sobre qual será a decisão".[213] No mesmo mês, o alemão antinazista Ewald von Kleist esteve em Chartwell e assegurou a Churchill que pelo menos metade do Alto-Comando da Wehrmacht "estava convencida de que um ataque à Tchecoslováquia envolveria a Alemanha numa guerra com a França e a Grã-Bretanha e que a Alemanha não duraria três meses".[214] Churchill transmitiu a mensagem a Halifax, mas isso simplesmente levou Sir Horace Wilson, um dos principais defensores da política de apaziguamento e conselheiro mais próximo de Chamberlain, a comentar que Churchill estava sendo "pernicioso".[215]

Churchill continuou, sem dúvida, dado a inúmeros equívocos e previsões incorretas — em 1º de setembro, por exemplo, escreveu um artigo em que constava uma frase sobre "a inconteste obsolescência do submarino como arma decisiva de guerra" —, mas, de modo geral, sua convicção de que Hitler sonhava em conquistar a hegemonia na Europa, baseada em dados colhidos de diversas fontes, como Bernstorff, Kleist, Konrad Henlein, o líder dos Sudetos (que ele conhecera em maio, mas não conseguira persuadi-lo a abandonar sua militância pela unificação com o Reich), e de seus informantes nas Forças Armadas e no serviço público civil, estava muito mais próxima da verdade do que pensavam Chamberlain e Halifax, apesar de terem à sua disposição todo o aparato dos serviços secretos.[216]

Os pronunciamentos cada vez mais beligerantes de Hitler sobre os Sudetos passaram a contemplar claramente a perspectiva do conflito armado. Em 15 de setembro de 1938, Chamberlain tomou um avião até a Alemanha, para se encontrar com o Führer em Berchtesgaden. Ao voltar, comentou com suas irmãs que Hitler era "um homem no qual se podia confiar quando dava sua palavra".[217] Diante dos pareceres dos chefes de Estado-Maior de que a Grã-Bretanha não poderia fazer nada para impedir a destruição da Tchecoslováquia caso houvesse resistência, e que, se a Grã-Bretanha entrasse em guerra com a Alemanha, então a Itália e o Japão também poderiam entrar no conflito com a intenção de desmembrar o Império Britânico e, ademais, sem nenhum desejo de guerra por parte dos franceses, da imprensa,* do mercado financeiro de Londres, do governo, do Parlamento e do público em geral, Chamberlain decidiu pressionar o presidente tcheco Edward Benes para aceitar as exigências de Hitler. A disposição dos premiês dos Domínios a entrar em guerra contra a Alemanha em setembro de 1938 não era maior do que sua intenção de entrar em guerra contra a Turquia em setembro de 1922.

Ao retornar, em 17 de setembro, Chamberlain comunicou ao Gabinete Ministerial, segundo as notas do diário de Inskip, que Hitler era "o sujeitinho mais comum que já vira na vida", que em Berchtesgaden "havia inúmeros quadros de mulheres totalmente nuas" e que "chegara à conclusão de que — embora Hitler fosse determinado, seus objetivos eram estritamente limitados [...]. O primeiro-ministro nos disse mais de uma vez que ele estava correndo contra o tempo".[218] Tirando seu esnobismo e sua pudicícia, estava claro que Chamberlain acreditou nas palavras de Hitler, segundo o qual, depois da Renânia, da Áustria e agora dos Sudetos, os alemães não tinham mais nenhuma reivindicação territorial na Europa. Dois dias depois, Chamberlain comentou com as irmãs: "Sou o homem mais popular na Alemanha!".[219] Na verdade, devido a seu empenho, havia um homem que logo seria muito mais popular, depois de dar o golpe — sob a forma do Acordo de Munique — de incorporar ao Reich 3,5 milhões de alemães dos Sudetos sem disparar um único tiro.

Há defensores de Chamberlain e detratores de Churchill que sustentam que, considerando que as Forças Armadas britânicas naquele momento estavam muito fracas, Churchill foi irresponsável em criticar o Acordo de Munique e Chamberlain procedeu corretamente ao conseguir uma pausa de um ano para respirar, prazo no qual a Grã-Bretanha poderia se rearmar antes da eclosão da

* O *Times* sustentara num artigo de fundo em 7 de setembro que os Sudetos deviam ser absorvidos pelo Reich — que era precisamente a exigência de Hitler.

Segunda Guerra Mundial. Quanto a isso, cumpre lembrar e cabe objetar que Chamberlain realmente acreditava ter obtido a paz e não apenas um adiamento. Além disso, a Rússia e a Tchecoslováquia (com suas sólidas fortificações, um exército de 1,5 milhão de homens e fábricas de armamentos Skoda), que em 1938 se opunham à Alemanha, em 1939 não se opunham mais. No final de setembro, ocorreram a mobilização parcial do Exército francês e a mobilização integral da Marinha britânica, o que levou Hitler a observar a Göring que "a frota inglesa afinal poderia atacar" e adiar a mobilização alemã.[220]

Um premiê britânico forte e enérgico, decidido a impedir que Hitler intimidasse pequenos países eslavos, talvez conseguisse levar uma França relutante a respeitar mais seu compromisso com os termos do Tratado. O ano a mais que Munique "ganhou" para se manter em paz foi bem empregado pela Alemanha; um terço dos tanques usados na invasão da França era de fabricação tcheca. Sobre esse tema, portanto, ambos os lados dispõem de bons argumentos, mas não há dúvida alguma de que, caso se tivesse prestado atenção nos inúmeros alertas eloquentes e detalhados de Churchill ao longo de seis anos sobre a real natureza da ameaça germânica, as Forças Armadas britânicas não teriam se colocado nas condições incertas e arriscadas em que agora se encontravam. Essa avaliação precisa ser feita a partir do momento em que Hitler chegou ao poder, e não só quando ameaçou deflagrar a guerra pelos Sudetos, cinco anos mais tarde.

Em 22 de setembro, Chamberlain viajou até Bad Godesberg para prosseguir nas negociações com Hitler sobre a extensão geográfica da absorção dos Sudetos ao Reich, um assunto de importância estratégica vital. Churchill comentou com Bob Boothby que o governo era "incapaz de conduzir fosse uma paz ou uma guerra".[221] Em 27 de setembro, Chamberlain falou ao povo britânico pela rádio: "Como é horrível, absurdo, inacreditável que tenhamos de cavar trincheiras e usar máscaras de gás aqui por causa de uma briga num país distante entre povos sobre os quais nada sabemos". A Grã-Bretanha fora um dos principais signatários do Tratado que criara a Tchecoslováquia em Versalhes e conhecia muito bem o povo no outro lado da briga. Quanto às trincheiras cavadas em parques londrinos como rudimentares abrigos antiaéreos e contra aterrissagens de planadores alemães, logo se encheram de água e foi necessário criar barreiras de proteção para a população londrina não cair dentro delas.

No dia seguinte, 28 de setembro, Chamberlain discursava na Câmara dos Comuns quando um assistente lhe transmitiu o convite de Hitler para se encontrarem em Munique no dia 29. Sentindo-se triunfante, ele disse que iria, e a Câmara o aplaudiu de pé. Somente Eden, Amery, Nicolson e Churchill permaneceram sentados, enquanto os parlamentares em volta gritavam: "Levantem! Levantem!". Quando Chamberlain deixou a Câmara, Churchill se levantou, apertou-lhe a mão e lhe desejou "Boa viagem".[222] Segundo outra versão, ele disse: "Congratulo-o por sua boa fortuna. Você teve muita sorte".[223] Quando Anthony Crossley lhe contou que alguns parlamentares tories num clube londrino estavam acusando-o de "intrigas desonrosas", Churchill respondeu com uma típica displicência aristocrática: "Agradeço muito sua carta. Sou totalmente indiferente a tais opiniões como as que menciona. A última palavra ainda não foi dita".[224]

Em 29 de setembro, Chamberlain foi se encontrar em Munique com Hitler, Mussolini e o premiê francês Édouard Daladier — mas não Benes, que não fora convidado. Quase todo o Gabinete Ministerial, inclusive Duff Cooper, foi ao Aeródromo de Heston para se despedir do primeiro-ministro. Um almoço no Mikado Room, no Savoy, naquele mesmo dia, organizado por um grupo de pressão contrário à política de apaziguamento chamado Focus, que trabalhava em grande proximidade com Churchill, reuniu 23 pessoas, incluindo Liddell Hart, Violet Bonham Carter, Louis Spears, Megan Lloyd George, Archie Sinclair, Arthur Henderson, Harold Nicolson, lorde (George) Lloyd, lorde Cecil de Chelwood e Clementine.[225] "Winston estava com o rosto sombrio de presságios", recordou Bonham Carter anos depois. "Via-se que ele receava o pior, assim como eu."[226] Durante o almoço, Churchill tentou organizar um telegrama conjunto de altos parlamentares, para ser enviado a Chamberlain em Munique: "Rogando que não fizesse mais nenhuma concessão em detrimento dos tchecos". Lloyd, Cecil de Chelwood e Sinclair concordaram em assinar, mas, quando telefonaram a outros líderes, Eden não quis dar a impressão de que estaria numa vendeta contra Chamberlain, e Attlee achou que não poderia aceitar ser signatário sem a aprovação da Executiva Nacional do Partido Trabalhista.

"O telegrama não foi enviado e, um a um, nossos amigos foram embora — derrotados", escreveu Violet Bonham Carter anos depois.

> Winston ficou sentado na cadeira, imóvel, congelado, como um homem de pedra. Vi as lágrimas em seus olhos. Podia sentir a lâmina de ferro penetrando-lhe a alma. Sua última tentativa de resgatar o que restara de honra e boa-fé havia fracassado. Falei com amargura sobre aqueles que haviam se recusado até mesmo a apor seu nome a princípios e políticas que professavam. Então Winston falou: "Do que eles são feitos? Não está longe o dia em que não serão assinaturas que teremos de dar, mas vidas — milhões de vidas. Podemos sobreviver? Merecemos sobreviver quando não há coragem em parte alguma?".[227]

Em maio, Churchill escrevera um artigo no *News of the World* em que afirmava: "As linhas costeiras da História estão semeadas de destroços de impérios. Pereceram porque foram considerados indignos. Estaríamos cortejando — e merecendo — a mesma sina se, nos anos vindouros, assim negássemos nosso destino e nosso dever".[228] O destino e o dever ocuparam o primeiro plano no espírito de Churchill durante toda a Crise dos Sudetos e, mais do que nunca, em 29 de setembro.

Naquela noite, 32 membros do Other Club jantaram no Pinafore Room do Savoy, a pequena distância do recinto onde Churchill almoçara. Estavam presentes dois ministros do governo, Duff Cooper e Walter Elliot, bem como diversos parlamentares e nomes ilustres de fora da política, como Trenchard, Munnings, Gordon Selfridge, Donald Somervell, H. G. Wells e Ewin Lutyens. Também estavam presentes os amigos de Churchill, Moyne, Lloyd, Marsh, Keyes, Bracken, Lindemann e Boothby, além de Jack Churchill; mas também defensores da política de apaziguamento como Garvin e Mottistone e os magnatas da imprensa Astor e Rothermere. "Churchill estava numa fúria intensa e numa profunda tristeza", relembrou Colin Coorte, que saiu para pegar a edição vespertina de um jornal no Strand, que trazia o resumo do Acordo de Munique.[229] A matéria afirmava que Chamberlain concordara que as áreas dos Sudetos, interpretadas nos aspectos étnicos e geográficos em termos mais do que vantajosos para a Alemanha, passassem quase de imediato para as mãos do Reich, deixando com isso a Tchecoslováquia totalmente indefesa contra Hitler e transformando boa parte do Tratado de Versalhes em letra morta. "Winston esbravejou e se encolerizou", segundo o diário de lorde Moyne, "despejando sua bile sobre os dois ministros do governo presentes e querendo saber como podiam apoiar uma política que era 'sórdida, miserável, sub-humana e suicida'."[230]

Duff Cooper arrancou o jornal das mãos de Coorte e leu os termos em voz alta, "com evidente fúria e asco. Abateu-se um silêncio como se todos tivessem emudecido. Duff se levantou e saiu sem dizer uma palavra".[231] Em sua autobiografia *Old Men Forget* [Os velhos se esquecem], Duff Cooper escreveu que, à medida que chegavam os detalhes do Acordo, "os membros do grupo mais loquazes os condenavam, e eu ouvia com um pesar crescente. A discussão ficou raivosa e acalorada. Um jornalista idoso muito ilustre [com quase toda a certeza, era Garvin, já septuagenário] declarou que fora insultado e saiu do edifício. Eu ainda era membro do governo e me senti por lealdade na obrigação de defender sua política. Fiz isso pela última vez".[232] Churchill saiu logo depois de Duff Cooper, parando com Richard Law no lado de fora de uma das salas para ouvir as risadas sonoras enquanto um palhaço animava uma festa de aniversário. "Quando nos afastamos", recordou Law, "ele murmurou: 'Coitados! Mal sabem o que terão de enfrentar'."[233]

Chamberlain voltou de Munique no dia seguinte, 30 de setembro de 1938, acenando uma folha de papel no Aeródromo de Heston, na qual ele e Hitler haviam registrado o mútuo desejo de que seus respectivos povos nunca mais voltassem a guerrear. "PAZ", dizia a manchete do *Daily Express* sob a chamada "O *Daily Express* declara que a Grã-Bretanha não se envolverá numa guerra europeia neste ano nem no próximo". Voltando para Londres de carro, lorde Halifax tentou persuadir Chamberlain a ampliar o governo com nomes do Partido Trabalhista e do Partido Liberal, mas o primeiro-ministro não viu nenhuma vantagem nisso, pois se convencera de que de fato obtivera a paz. O rei, com solene desconsideração pela imparcialidade monárquica determinada pela Constituição — os dois partidos de oposição eram contrários ao Acordo e ainda haveria o debate e a votação no Parlamento —, convidou Chamberlain para aparecer na sacada do Palácio de Buckingham ao seu lado e da rainha, para acenar às multidões que aclamavam vivamente. Chamberlain então seguiu de carro por entre as celebrações populares até a Downing Street, onde anunciou de uma janela no alto para a densa aglomeração na rua: "Esta é a segunda vez em nossa história que se retorna da Alemanha a Downing Street com uma paz honrosa. Creio que é a paz para nossos tempos".[234] (A primeira vez foi quando Disraeli e lorde Salisbury voltaram do Congresso de Berlim com uma genuína paz honrosa em 1878.) Churchill não se somou às celebrações, por julgar que os tchecos haviam sido traídos numa tramoia da qual os britânicos logo se envergonhariam.

Em 2 de outubro, Duff Cooper renunciou ao cargo de primeiro lorde do Almirantado, apresentando suas razões no dia seguinte, no início de um debate sobre o Acordo que se estendeu por quatro dias. "O primeiro-ministro acredita em se dirigir a Herr Hitler por meio da linguagem da gentil sensatez", disse ele. "De minha parte, creio que ele seja mais receptivo à linguagem do punho armado." Declarou que não tinha a mesma confiança de Chamberlain nas promessas de Hitler e encerrou: "Arruinei, talvez, minha carreira política. Mas isso pouco importa; conservei algo que, para mim, é de grande valor — ainda posso andar pelo mundo de cabeça erguida".[235] "Meu caro Duff", escreveu-lhe Churchill, "seu discurso foi uma das melhores apresentações parlamentares que ouvi na vida. Foi admirável na forma, denso no argumento e rebrilhou de coragem e espírito público."[236]

Mas essa avaliação estava longe de ser unânime. No debate na Câmara dos Lordes, no dia seguinte, Baldwin comentou sobre o convite de Hitler para Chamberlain ir encontrá-lo em Munique: "Foi como se o dedo de Deus tivesse mais uma vez traçado o arco-íris no céu e ratificado novamente Sua Aliança com os filhos do homem".[237] Lorde Ponsonby, um pilar do establishment cujo pai fora secretário particular da rainha Vitória, disse: "Tenho a maior admiração possível pelas capacidades parlamentares do sr. Churchill, por suas habilidades literárias e artísticas, mas sempre considerei que, numa crise, ele é um dos primeiros que deveriam ser internados".[238]

Em 5 de outubro de 1938, uma quarta-feira, o terceiro dia do debate na Câmara dos Comuns, Churchill falou logo depois de saber que Benes renunciara e seguira para o exílio. Vários parlamentares tories haviam elogiado "a coragem, a sinceridade e o habilidoso comando" de Chamberlain. Um chegara ao ponto de dizer que "nosso líder entrará para a história como o maior estadista europeu desta ou de qualquer outra época". Um parlamentar liberal até perguntou: "O que é Tchecoslováquia?". Perante uma audiência hostil, que o apupava sonoramente, Churchill fez o maior discurso de sua vida até aquele momento. Fazia tempo que se afastara do partido; amigos como Jack Mottistone, Ian Hamilton, o duque de Windsor, Charlie Londonderry, Bendor Westminster e David Lloyd George haviam, sem exceção, louvado a política de apaziguamento, e alguns deles chegaram a elogiar o próprio Führer. Fazia nove anos que Churchill não ocupava nenhum cargo no governo, fora preterido em quatro ocasiões e agora falava a uma Câmara que logo iria aprovar o Acordo de Munique, com 366 votos a favor e 144 contra. Ainda assim, ele criou algo sublime.

"Se hoje à tarde não inicio rendendo os tributos habituais e, na verdade, quase invariáveis ao primeiro-ministro pela maneira como tem lidado com essa crise, certamente não é por falta de consideração pessoal", começou ele. "Mas estou seguro de que é muito melhor dizer exatamente o que pensamos sobre os assuntos públicos, e agora certamente não é o momento adequado a ninguém para cortejar a popularidade política." Elogiou os discursos de Duff Cooper e Richard Law, comentando sobre o primeiro: "Ele mostrou aquela firmeza de caráter que se mantém de todo inabalada pelas correntes de opinião, por mais velozes e violentas que sejam".[239] Deixando de lado uma lenta construção do discurso com que tentava angariar simpatia e apoio dos ouvintes, Churchill foi direto ao ponto: "Quero, portanto, começar dizendo a coisa mais impopular e mais indesejável. Começarei dizendo o que todos gostariam de ignorar ou esquecer, mas que mesmo assim precisa ser declarado, a saber, que sofremos uma total e absoluta derrota, e que a França sofreu ainda mais do que nós". "Absurdo!", gritou Nancy Astor. "Quando a Nobre Dama grita 'Absurdo'", rebateu Churchill, "certamente não ouviu o chanceler do Tesouro reconhecer agora mesmo em seu amplo e esclarecedor discurso que Herr Hitler ganhou em recursos, nesse avanço específico, tudo o que decidira ganhar".* E prosseguiu: "O máximo que meu excelentíssimo Amigo o primeiro-ministro foi capaz de assegurar com todos os seus imensos esforços… o máximo que ele foi capaz de ganhar…", mas foi

* Era verdade: John Simon admitira o que chamou de "o fato de que o Reich agora está adquirindo o território que ele [Hitler] reivindicava, não por invasão ou guerra, mas por cessão — cessão que os franceses e britânicos pressionaram os tchecos a fazer" (Hansard, v. 339, col. 340).

interrompido por vários parlamentares gritando: "É a paz!". Quando finalmente lhe permitiram terminar a frase, Churchill complementou: "... foi que o ditador alemão, em vez de agarrar suas vitualhas da mesa, contentou-se em recebê-las servidas num prato após o outro".[240]

Ao tentar explicar a diferença entre os termos que Chamberlain obtivera em Berchtesgaden, em Godesberg e em Munique, Churchill mudou de metáfora. "Exigiu-se uma libra sob a mira de pistola. Quando foi dada, exigiram-se duas libras sob a mira de pistola. Finalmente, o ditador concordou em pegar uma libra, dezessete xelins e seis *dime* [isto é, 93,75% de duas libras] e o resto em promessas de boa vontade para o futuro."[241] Sobre o país que estava no centro da crise, ele declarou: "Acabou-se. Silenciosa, pesarosa, abandonada, alquebrada, a Tchecoslováquia recua para a escuridão. Sofreu sob todos os aspectos com sua associação com as democracias ocidentais e com a Liga das Nações, das quais sempre foi obediente servidora".[242] Poucos dias depois das multidões que se apinhavam nas ruas de Londres para comemorar o Acordo, ele disse:

> Estamos diante de um desastre de primeira magnitude que recaiu sobre a Grã-Bretanha e a França. Não sejamos cegos a isso. Agora é preciso aceitar que todos os países da Europa Central e da Oriental tentarão os melhores termos possíveis com a Potência nazista triunfante. O sistema de alianças na Europa Central, no qual a França se baseou para sua segurança, foi totalmente desmontado e não vejo nenhum meio pelo qual possa ser reconstituído.[243]

Já profetizara antes que, num "prazo de tempo que pode ser medido em anos, mas pode ser medido apenas em meses, a Tchecoslováquia será engolfada pelo regime nazista".[244] Era uma coisa extraordinária de se prever, e praticamente nenhum ouvinte a considerou plausível.

Quando Churchill criticou Chamberlain por descrever a Tchecoslováquia como um país distante sobre o qual os britânicos nada sabiam, Nancy Astor gritou "Grosseiro!", o que levou Churchill a retorquir, para muitos risos na sala: "Ela ainda deve estar acabando de concluir seu curso de etiqueta".[245] Churchill também atacou o Governo Nacional por desperdiçar desde 1933 uma série de oportunidades para "deter o aumento do poderio nazista", permitindo que a Alemanha se rearmasse sem fazer o mesmo na Grã-Bretanha, brigando com a Itália sem ajudar a Etiópia, desacreditando a Liga das Nações, negligenciando a formação de alianças, com o resultado de que "nos deixaram na hora da provação sem defesa nacional adequada nem segurança internacional efetiva".[246]

"Jamais poderá haver amizade entre a democracia britânica e a Potência nazista", prosseguiu ele,

> aquela Potência que despreza a ética cristã, que comemora seu avanço com um paganismo bárbaro, que alardeia o espírito de agressão e conquista, que extrai força e um prazer pervertido das perseguições e usa, como vimos, a ameaça da força assassina com impiedosa brutalidade. Essa Potência jamais poderá ser amiga de confiança da democracia britânica. O que considero intolerável é a sensação de que nosso país está caindo sob o poderio, a órbita e a influência da Alemanha nazista.[247]

Ele entendia bem a "explosão natural, espontânea de alegria e alívio" do povo britânico naquela semana,

> mas eles deveriam saber a verdade. Deveriam saber que tem havido uma grosseira negligência e deficiência em relação a nossas defesas; deveriam saber que sofremos uma derrota sem guerra, cujas consequências seguirão conosco por muito tempo ao longo de nosso caminho; deveriam saber que passamos por um marco assustador em nossa história, quando todo o equilíbrio da Europa se desmontou e que agora estão sendo pronunciadas contra as democracias ocidentais estas terríveis palavras: "Fostes pesadas na balança e consideradas insuficientes". E não imaginem que este é o fim. Este é apenas o começo da avaliação. Este é apenas o primeiro sorvo, o primeiro antegosto de um amargo cálice que nos será ofertado ano após ano, a menos que, por uma suprema recuperação da saúde moral e do vigor marcial, ergamo-nos novamente e tomemos nossa posição em defesa da liberdade como nos tempos de outrora.[248]

Quatro décadas antes, ele escrevera sobre a oratória: "Abandonado pelo partido, traído pelos amigos, destituído dos cargos, aquele que é capaz de exercer esse poder ainda é um adversário temível". Agora ele encarnava essa verdade. Mesmo detratores como Amery ficaram "realmente impressionados" com o discurso, e Channon admitiu que "consternou a bancada da frente", mas um eleitor de peso e ex-apoiador de Churchill, Sir Harry Goschen, disse a Sir James Hawkey, presidente da Associação Conservadora de Epping: "Foi uma pena que ele tenha rompido a harmonia da Câmara com o discurso que fez [...]. Penso que teria sido muitíssimo melhor se tivesse ficado quieto e não fizesse discurso nenhum".[249] Além de Churchill, trinta conservadores se abstiveram, entre eles Eden, Duff Cooper, Amery, Macmillan e Sandys, sendo que treze permaneceram sentados, como forma adicional de reforçar sua desaprovação aos vice-líderes.[250]

A abstenção de Churchill despertou fúria na Associação do Eleitorado de Epping. O presidente da seção de Chigwell considerou o discurso "um escárnio e uma vergonha", e o presidente de outra seção afirmou que Churchill era "uma ameaça no Parlamento".[251] No final de outubro, a seção de Buckhurst Hill declarou: "Sentimo-nos cada vez mais desconfortáveis com a hostilidade crescente do sr. Churchill ao governo e ao primeiro-ministro em particular".[252] A seção de Harlow demonstrou o mesmo descontentamento. Com uma eleição geral dali a menos de dois anos, os vice-líderes começaram a examinar se Churchill poderia ser impedido de se candidatar.

"Devo dizer que achei o debate de quatro dias na Câmara um suplício muito penoso", queixou-se Chamberlain com suas irmãs em 9 de outubro, "especialmente porque tive de lutar o tempo todo contra a defecção de irmãos mais fracos, e Winston estava empreendendo uma conspiração sistemática contra mim com a ajuda de [Jan] Masaryk, o ministro tcheco. É claro que eles não fazem a menor ideia de que estou a par de seus procedimentos. Estive sempre a par do que faziam e diziam, o que demonstrou pela enésima vez como Winston é capaz de se iludir cabalmente quando quer."[253] A decisão do MI5 de espionar os contatos legítimos de um parlamentar com o embaixador de um país amigo e possível aliado ressalta até que ponto era difícil para Churchill ganhar alguma dianteira em relação ao governo.

No ensaio sobre Clemenceau em *Great Contemporaries*, ele enaltecera o francês, "lutando, lutando até o fim" em toda a sua vida.[254] Nos cinco meses seguintes, Churchill teve de enfrentar os vice-líderes da bancada do governo, o primeiro-ministro, a imprensa (sobretudo *The Times*), a executiva central do Partido Conservador, os colegas de bancada, os Serviços de Segurança e sua própria associação eleitoral. Em algumas discórdias parlamentares, esteve à frente de um grupo de três, às vezes de duas pessoas. Mas foi nesse mesmo período desolado que ele mostrou a maior coragem moral de sua vida e lançou as bases para sua futura liderança durante a guerra.

# 18. Reparação

## *Outubro de 1938 a setembro de 1939*

*Despojado de seus cargos, ele foi alvo de todas as calúnias que uma facção furiosa despejava ou que uma aristocracia invejosa aplaudia, enquanto tudo o que fizera era depreciado e suas vitórias eram menosprezadas ou olvidadas.*

Churchill sobre o 1º duque de Marlborough[1]

*Faremos um supremo esforço adicional para permanecermos uma Grande Potência ou nos permitiremos escorregar para aqueles cursos que parecem mais fáceis, mais suaves, menos laboriosos, menos incômodos, com todas as tremendas renúncias que essa decisão envolve?*

Churchill, Câmara dos Comuns, 17 de novembro de 1938[2]

Em 16 de outubro de 1938, Churchill foi autorizado a fazer uma transmissão radiofônica para os Estados Unidos. Como Sir John Reith, o diretor-geral da BBC que odiava Churchill, manteve-o deliberadamente, o quanto pôde, longe da rádio nos anos 1930, seu domínio nesse meio de comunicação não resultava da prática. Ele tinha uma afinidade natural com o microfone, sem dificuldade em passar dos modos expansivos de um discurso público para o estilo íntimo, quase coloquial, de um discurso radiofônico. Aproveitou a ocasião para dizer aos norte-americanos: "A ditadura — o culto fetichista a um indivíduo — é uma fase passageira. Uma sociedade em que os homens não podem dizer o que pensam, em que os filhos denunciam os pais à polícia, em que um empresário ou um pequeno comerciante arruínam o concorrente inventando histórias sobre suas opiniões pessoais — tal sociedade não consegue durar muito quando entra em contato com o mundo exterior saudável".[3] Não está no poder dos ditadores "tolher e agrilhoar o avanço da marcha do destino humano. As forças preponderantes do mundo estão de nosso lado; basta apenas congregá-las para serem obedecidas. Devemos nos armar. A Grã-Bretanha deve se armar. Os Estados Unidos devem se armar".[4]

Recuando na história, como tantas vezes fazia em seus discursos, Churchill disse: "Alexandre, o Grande, observou que os povos da Ásia eram escravos porque não tinham aprendido a dizer a palavra 'Não'. Não permitamos que este seja o epitáfio dos povos de língua inglesa, da democracia parlamentar, da França ou dos vários Estados liberais sobreviventes na Europa".[5] Declarou ainda que, a despeito de toda a pompa e aparente poder dos totalitários, "no coração deles há um medo não declarado. Temem palavras e pensamentos: palavras ditas externamente, pensamentos se agitando internamente — tanto mais poderosos por serem proibidos — despertam-lhes terror".[6] E desafiou os norte-americanos: "Vão esperar até que a liberdade e a independência britânicas sucumbam e então abraçarão a causa, quando três quartos dela estiverem destruídos e vocês, sozinhos?".[7]

Embora Churchill fosse sistematicamente descrito na Grã-Bretanha como um beligerante fomentador da guerra, foi apenas em 6 de novembro que Adolf Hitler o tratou nesses termos, durante um discurso num comício.[8] Churchill respondeu na Câmara dos Comuns com uma fala que costuma ser citada apenas em parte, como forma de insinuar que ele ainda admirava Hitler. "Fico surpreso que o chefe de um grande Estado se ponha a atacar membros do Parlamento britânico que não ocupam nenhuma posição oficial e não são sequer líderes de partido", disse Churchill.

> Sempre afirmei que, se a Grã-Bretanha fosse derrotada em guerra, eu esperava que encontrássemos um Hitler para nos reconduzir à nossa devida posição entre as nações. Lamento, porém, que ele não tenha se abrandado com o grande sucesso que o acompanha. O mundo inteiro se regozijaria em ver o Hitler da paz e da tolerância, e nada adornaria tanto seu nome na história mundial quanto gestos de magnanimidade, misericórdia e piedade para com os abandonados e desamparados, para com os fracos e pobres.[9]

Isso não era senão o que já fora escrito em *Great Contemporaries* e em artigos de jornal, mas dessa vez ele prosseguiu: "Que esse grande homem examine seu coração e sua consciência antes de acusar qualquer outro de fomentar a guerra. Os povos do Império Britânico e da República francesa desejam sinceramente conviver em paz lado a lado com a nação germânica. Mas também estão decididos a tomar posição para defender seus direitos e civilizações estabelecidas desde longa data. Não pretendem ficar sob o poder de ninguém".[10] As referências de Churchill a um Hitler que liderasse a Grã-Bretanha e a "esse grande homem", vistas dentro de seu contexto, faziam apenas parte de uma mensagem mais ampla de desafio.

Hitler respondeu dois dias depois: "Churchill pode ter atrás de si 14 mil, 20 mil ou 30 mil votos — não estou tão bem informado sobre isso —, mas eu tenho atrás de mim 40 milhões de votos [...]. Se esses defensores ingleses da democracia mundial afirmam que em um ano destruímos duas democracias, só posso perguntar — Oh, céus, o que é, afinal, a democracia? Quem a define? Terá o Todo-Poderoso entregado a chave da democracia a pessoas como Churchill?".[11] Mais tarde, ainda disse que Churchill "parece viver no mundo da lua".[12] O notável era que Hitler escolhesse como alvo um parlamentar britânico que não ocupava nenhum cargo ministerial e cuja influência sobre o governo, nessa época, era insignificante.

O fato de ser criticado por Hitler, e citado de forma nominal, em nada prejudicou a posição de Churchill na Grã-Bretanha, pois isso desmentia a impressão de muitos políticos e jornalistas de que àquela altura ele não passava de uma relíquia do passado. Em 9 de novembro, Harold Nicolson escreveu à esposa, Vita Sackville-West, contando-lhe sobre uma "reunião secreta" dos edenistas. Empenhou-se em ressaltar que eram "distintos do grupo Churchill", pois eram ciosos em não "fazer nada impetuoso ou violento" e "não dão a impressão (que Churchill dá) de ser mais implacáveis do que decididos, mais dispostos a uma luta do que à reforma".[13] Naquela noite no Grillions Club, Churchill disse julgar que o ataque que lhe era feito na imprensa germânica e por outros ministros nazistas "deve ser algum *arrière-pensée* — como se fosse o prelúdio de alguma nova campanha contra nós".[14]

Com efeito, a campanha que os nazistas desencadearam naquela mesma noite — que ficou conhecida na história como Kristallnacht [Noite dos Cristais] — tinha como alvo os judeus. Oito mil lojas judaicas e 1688 sinagogas foram saqueadas, 267 sinagogas foram incendiadas, quase cem judeus foram assassinados, milhares foram espancados e 30 mil acabaram enviados a campos de concentração. Supostamente, tratava-se de uma retaliação espontânea pelo assassinato de um diplomata alemão, Ernst vom Rath, por um judeu polonês nascido na Alemanha, refugiado em Paris.[15] Nos dias subsequentes, a imprensa nazista tentou associar Churchill, Duff Cooper e Clement Attlee ao assassinato de Vom Rath, incluindo fotos com a legenda "Assassinos judeus e seus instigadores!".[16] Apesar de todo o júbilo do público britânico com o Acordo de Munique, a natureza do regime nazista continuava absolutamente inalterada.

Churchill ainda integrava o Subcomitê de Supervisão Científica da Defesa Aérea do CID e, por sugestão de Lindemann, propôs em 14 de novembro que se examinasse a possibilidade de um "colar" de balões de barragem a 35 mil pés de altitude, com cabos explosivos pendendo dos artefatos inflados e "enfileirados como uma cortina em volta da costa desde a ilha de Wight até o Tyne a intervalos de 150 metros aproximadamente".[17] Era uma ideia inviável, claro, e seria absurdamente dispendiosa, mas mostrava que Churchill estava pensando nesses problemas.

Quando Churchill pediu a cinquenta parlamentares tories que se somassem a ele na oposição aos planos do governo de entregar ao Ministério da Guerra e ao Ministério do Ar a responsabilidade de produzirem seus próprios armamentos, em vez de criar um Ministério de Abastecimento, somente Bracken e Macmillan acederam. Boothby se absteve, e o governo obteve uma maioria de 196 votos. Era a primeira vez que Churchill votava contra o Governo Nacional desde o projeto de lei da Índia, em 1935. Em 17 de novembro, ele responsabilizou a bancada tory pela situação dos armamentos britânicos, dizendo-lhes sem rodeios que:

> Os apoiadores sempre compromissados, leais e fiéis do governo de Sua Majestade não devem imaginar que podem transferir totalmente seu ônus para os ministros da Coroa. Eles detêm muito poder. Bastaria um único rosnado dessas bancadas três anos atrás, e como hoje seria diferente todo o esquema de nossa produção de armamentos! Infelizmente, não se prestou tal serviço. Ficamos vagando na afável aquiescência geral durante três anos inteiros [...] três anos inteiros com os fatos escancarados na nossa frente.[18]

Chamberlain aproveitou a oportunidade para zombar de Churchill em sua resposta. "Se me perguntassem se o discernimento é a primeira das muitas qualidades admiráveis de meu excelentíssimo Amigo, eu teria de pedir à Câmara dos Comuns que não me pressionasse demais", comentou ele. A tirada foi recebida entre sonoras risadas às custas de Churchill.[19] Churchill respondeu para seu eleitorado, alguns dias depois: "Submeterei de bom grado meu discernimento sobre as relações exteriores e a defesa nacional nos últimos cinco anos à comparação com o dele".[20] Então citou a declaração do primeiro-ministro em fevereiro, dizendo que as tensões europeias tinham se dissolvido em larga medida, sendo que,

> poucas semanas depois, a Alemanha nazista capturou a Áustria. Previ que ele repetiria essa declaração tão logo passasse o choque da pilhagem da Áustria. Repetiu nas mesmíssimas palavras no final de julho. Em meados de agosto, a Alemanha estava se mobilizando para aquelas manobras espúrias que, depois de levar todos nós à beira de uma guerra mundial, terminaram com a total destruição e absorção

> da república da Tchecoslováquia. No Banquete do Lorde Prefeito, em novembro, no Guildhall, ele nos disse que a Europa estava se assentando numa condição mais pacífica. Tais palavras mal tinham sido proferidas quando as atrocidades nazistas contra a população judaica ressoaram por todo o mundo civilizado.

Chamberlain escreveu à sua irmã Hilda: "Vejo que Winston tem feito um longo e cruel ataque contra mim. Isso mostra que o deixei irritado como pretendia, quando sugeri que lhe faltava discernimento. Ele sabe que é verdade e não suporta ouvi-la".[21] Sobre os pontos específicos mencionados por Churchill, Chamberlain não teve nada a dizer.

Randolph escolheu esse momento tenso para iniciar uma aberta desavença com o pai. "Você sempre me trata com grande desconfiança e muitas vezes, quando há outras pessoas presentes, permite que se veja quão pouco confia em meu entendimento", queixou-se. "No futuro, vou me esforçar em ocultar meus sentimentos e aguentar em silêncio suas violentas reprimendas."[22] Churchill respondeu no dia seguinte: "Fiquei muito surpreso quando, em meio à minha explicação sobre os detalhes de uma transação empresarial privada, você sugeriu de repente abrir a questão no 'Londoner's Diary'", escreveu ele referindo-se à coluna de fofocas do *Evening Standard*. "Pedi-lhe que não o fizesse com extrema veemência [...] mas você se zangou — o que é infeccioso." E prosseguiu: "Você está totalmente errado ao pensar que o prejudico junto a desconhecidos. Pelo contrário, sempre digo: 'Você pode falar com R com plena confiança, desde que deixe claro se é para ser publicado ou não'". Despediu-se com um "Sempre seu pai amoroso", acrescentando um pós-escrito: "Penso que tenho dado muitas provas de minha confiança em você".[23] Randolph respondeu no mesmo dia agradecendo "sua carta amável. Sei que você não quis ser indelicado comigo e foi bobagem minha ficar nervoso".[24] O relacionamento entre pai e filho raramente era menos que tempestuoso, e para Churchill foi motivo de sofrimento quando se evidenciou que não teriam a relação de trabalho próxima que ele tanto sonhara ter com o próprio pai. Em outra carta, que por uma grande ironia foi escrita no Dia de São Valentim, Churchill escreveu: "Meu caro Randolph: Não entendo por que você não pediu desculpas em sua carta, ao ver que me senti ofendido. Mas, mesmo assim, eu o perdoo. Seu pai amoroso, Winston S. Churchill".[25]

Depois que a duquesa de Atholl, uma parlamentar tory, renunciou à função de vice-líder do partido em abril de 1938 e então criticou o Acordo de Munique, a Associação Conservadora de Kinross e Western Perthshire excluiu seu nome das eleições, o que a levou a renunciar ao assento e concorrer como independente na eleição secundária seguinte. Churchill poderia apoiá-la? Ou isso o deixaria vulnerável à exclusão das eleições, risco sempre presente para ele em Epping? Enviou a ela uma carta aberta, publicada no *Times*, em que formulou seu apoio em termos de um precedente constitucional. "Este é o curso que sempre me propus seguir, se as circunstâncias o exigissem", escreveu. "Portanto, tenho a máxima solidariedade por você na atual conjuntura."[26] Prosseguiu afirmando que a derrota da duquesa "agradaria muito aos inimigos da Grã-Bretanha e da liberdade" e seria "amplamente aceita como mais um sinal de que a Grã-Bretanha [...] não possui mais o espírito e a força de vontade para enfrentar as tiranias e as cruéis perseguições que sombreiam o presente". Apesar disso, ela perdeu para o candidato tory oficial por 10 495 votos a 11 808.

Em 15 de dezembro, Leo Amery ocupou uma sala de comitê na Câmara dos Comuns para montar outro grupo de pressão majoritariamente tory, o Grupo de Estudos Políticos, que, apesar do nome anódino, atrairia cerca de quarenta parlamentares, embora apenas quinze tenham aparecido na primeira reunião.[27] O rol dos parlamentares do Governo Nacional vinculados ao Grupo fornecia uma boa lista dos políticos contrários à política de apaziguamento, entre os quais estavam Vyvyan Adams, Harold Nicolson, Duff Cooper, lorde Cranborne, Louis Spears, Ronald Cartland, Godfrey Nicholson, Paul Emrys-Evans, Harold Macmillan e Roger Keyes. Os apoiadores de Churchill estavam representados por Brendan Bracken, Bob Boothby e Duncan Sandys, secretário do Grupo. Churchill, pessoalmente, não foi convidado, pois até os opositores do apaziguamento pensavam que sua presença daria munição aos vice-líderes do governo no Parlamento. O grupo realizava as reuniões na Câmara dos Comuns, escrevia artigos sobre diretrizes políticas, procurava incentivar o governo a ser mais duro com a Alemanha e a Itália e defendia o rearmamento até o ponto em que as condições econômicas permitissem, ao mesmo tempo que tentava envolver os Estados Unidos e a Rússia nos assuntos europeus. Entre os papéis de Sandys há uma lista dos que se abstiveram em diversas votações da Câmara, incluindo Churchill, Eden, lorde Wolmer, Macmillan, Nicolson, Keyes e outros, além de uma relação dos "Traidores", entre os quais figuravam Sir Edward Grigg, A. P. Herbert e Ronald Tree, que não se abstiveram.[28]

No final de 1938, Churchill estava assentando os tijolos do Chalé do Pomar, nos fundos do pomar de Chartwell, que, segundo Mary, era "destinado a ser um 'refúgio' fora da casa grande em época de crise" (isto é, serviria também de abrigo antiaéreo).[29] Além disso, vinha ditando 1500 palavras por dia para sua história dos povos de língua inglesa* e comparecendo aos debates parlamentares, ao mesmo tempo que cuidava do eleitorado para evitar a exclusão das eleições. "Não creio que a guerra seja iminente para *nós*", escreveu a Clementine, que

* Ele chegara ao período medieval e comentou com Clementine sobre o tema de Joana d'Arc: "Penso que é ela a vencedora em toda a história francesa. As principais mulheres daqueles tempos eram mais admiráveis e mais vigorosas do que os homens" (Soames [Org.], *Speaking*, pp. 443-4).

passava férias no iate de lorde Moyne no Caribe. "Só mais humilhações, e alegra-me que não me caiba nenhuma parte nelas."[30] Perguntou se o mar e o descanso estavam "recarregando suas baterias. É isso o que quero saber: e mais ainda — Você me ama?".[31]

A morte de Sidney Peel aos 68 anos, com quem Clementine noivara secretamente duas vezes aos dezoito anos de idade, despertou compaixão em Churchill. "Agora estão morrendo muitos que conheci quando éramos jovens", escreveu ele. "É espantoso chegar ao final de vida e se sentir como se sentia cinquenta anos antes. Deve-se sempre torcer por um fim repentino, antes que as faculdades decaiam."[32] Durante os Anos do Desterro, Churchill perdera lorde Birkenhead aos 58 anos em 1930, T. E. Lawrence aos 46 em 1935, Ralph Wigram também aos 46 em 1936, e Freddie Guest aos 61 em 1937, além de todos os que tinham morrido na Guerra dos Bôeres, na Grande Guerra e na década de 1920. Assim, ao escrever em 26 de dezembro a lorde Craigavon (anterior Sir James Craig), que também fora capturado pelos bôeres em 1900 e agora era o primeiro-ministro da Irlanda do Norte, além de membro do Other Club desde 1916, certamente foi sincero ao afirmar: "Você é um dos poucos que têm em seu poder a capacidade de enunciar juízos que respeito".[33] Outro era Reggie (então major-general Sir Reginald) Barnes, que lhe escreveu em dezembro de 1938: "Bom, meu caro chapa, entro em contato para enviar meu amor e lhe garantir que eu — e muitos outros — talvez não tão tontos! — acreditamos em você".[34] No início do ano de 1939, Churchill reduzira a quantidade de pessoas — que nunca foi muito grande — cujas opiniões tinham alguma importância para ele. Era um pré-requisito para se manter no rumo diante de tantos opositores. Importava-se mais com a aprovação das sombras do pai e dos amigos, vivos e mortos, do que com o que chamava desdenhosamente de "correntes de opinião, por mais velozes e violentas que sejam".[35]

Também em 1939, aqueles que haviam prejudicado a carreira de Churchill e os amigos que tinham se tornado grandes rivais seus — como Bonar Law, Curzon, MacDonald, Balfour, Carson, Fisher, Kitchener e Austen Chamberlain —, em sua maioria, já eram falecidos. Baldwin se aposentara, e Lloyd George mantinha uma postura amigável, pelo menos em público. Churchill estava no limbo entre o político sem cargo e o estadista de outrora, mas o fundamental era que não renunciara às esperanças de vir a ser primeiro-ministro, por mais improvável que parecesse, com uma quantidade de seguidores na Câmara que somava pouco mais do que os dedos de uma mão. Claro que havia muita gente poderosa que considerava obrigação sua prejudicar as perspectivas futuras de Churchill, mas Chamberlain, Simon, Halifax e Hoare não tinham o calibre das figuras com quem ele passara a vida combatendo, contra e a favor. (Chamberlain ainda sentia tanto orgulho pelo Acordo de Munique que seu cartão de Natal daquele ano continha a ilustração do aeroplano bimotor Lockheed-Electra que usara para ir até a Alemanha.)

Há uma dicotomia fascinante no fato de que, embora o movimento pelo apaziguamento tivesse como objetivo impedir a eclosão de outra guerra, a maioria de seus líderes não estivera em ação na Grande Guerra, enquanto a maioria dos que eram contrários à conciliação participara do conflito. Ramsay MacDonald, Stanley Baldwin, Neville Chamberlain, John Simon, Samuel Hoare, Kingsley Wood e R. A. "Rab" Butler não serviram na Grande Guerra, ao passo que os principais antiapaziguadores, como Churchill, Anthony Eden MC [condecorado com a Cruz Militar], Alfred Duff Cooper DSO [condecorado com a Ordem de Distinção por Serviço], Roger Keyes DSO e CC [Cavaleiro-Comendador], Louis Spears MC, George Lloyd DSO e Harold Macmillan, que sofrera muitos ferimentos, haviam, todos eles, servido.

Em 30 de dezembro, Churchill escreveu um artigo no *Daily Telegraph* intitulado "The Spanish Ulcer" [A úlcera espanhola], nome que Napoleão dera à Guerra Peninsular de 1808-14. Afirmava no artigo: "Se Franco vencesse, seus patrocinadores nazistas o levariam ao mesmo tipo de eliminação brutal que é praticado nos Estados totalitários". Franco não precisou do incentivo de Hitler para massacrar 100 mil de seus inimigos republicanos quando de seu triunfo, em março de 1939. Quando o artigo saiu, Churchill o enviou a Halifax opinando: "Uma derrota de Franco atende claramente a nossos interesses".[36] A conversão era tardia, mas sincera.

Em 7 de janeiro de 1939, Kingsley Martin, editor do *New Statesman*, publicou uma entrevista com Churchill. "Não vejo por que as democracias não seriam capazes de se defender sem sacrificar valores fundamentais", declarou ele.[37] Não considerava necessário um recrutamento geral, mas não hesitaria em aumentar o Exército Territorial por votação. Afirmou que "os líderes [do Governo Nacional] deixaram de avaliar a necessidade [de rearmar] e de alertar o povo, ou ficaram com medo de cumprir seu dever [...]. A guerra é horrível, mas a escravidão é pior, e pode ter certeza de que o povo britânico prefere cair lutando a viver na servidão".[38] Churchill retomaria sistematicamente esse refrão nos seis anos seguintes, amparado em seu profundo conhecimento da história, mas, no começo de 1939, o povo britânico estava mostrando muito pouco dessa disposição de lutar que ele lhe atribuíra. Nos seis anos seguintes, reiterou várias vezes que estava apenas dando voz ao profundo orgulho e belicosidade dos britânicos, mas, na verdade, boa parte desse espírito provinha da reação visceral do povo à visão de Churchill do que deles mesmos.

Em janeiro de 1939, Churchill foi com Lindemann para as plagas ensolaradas do Château de l'Horizon, onde ficou pintando e trabalhando em sua história dos povos de língua inglesa. Tinha esperança de transformar sua situação financeira publicando o livro até o final de 1939, supondo que não ocorreria nada muito significativo antes disso. "É uma trabalheira enorme", escreveu a Clementine, que ainda estava no Caribe, "mas colocará as coisas em bases muito satisfatórias."[39] Passando por Paris, almoçou com Paul Reynaud, o ministro das Finanças da França, e também se encontrou com Léon Blum, primeiro-ministro por três vezes, e com o ex-ministro das Relações Exteriores Yvon Delvos, que apareceu "*deshabillé*", pois morava no prédio de Blum. Delbos disse que o general Maurice Gamelin e o general Alphonse Georges, caso a França tivesse entrado em guerra para defender a aliada Tchecoslováquia, teriam rompido a linha germânica no 15º dia.

"Creio que não seria muito divertido pôr em minhas costas esses fardos e omissões", comentou ele com Clementine em 8 de janeiro, referindo-se à falta de precauções de defesa antiaérea, "certamente não sem poderes que eles [o governo] não sonham em conceder."[40] Então ponderou que, se algum dia se tornasse primeiro-ministro, teria de ser com poderes muito ampliados no campo da defesa. Nesse meio-tempo, Chamberlain contou às irmãs que recebera uma carta de um engenheiro mecânico chamado Neville Gwynne, pedindo-lhe que não visitasse Roma, mas, em vez disso, formasse uma ampla aliança de potências europeias contra Hitler. "Em outras palavras, melhor abandonar minha linha política e adotar a de Winston! Felizmente, minha natureza é, como diz Ll G, extremamente 'obstinada' e me recuso a mudar."[41]

Chamberlain e Halifax visitaram Mussolini em 11 de janeiro de 1939, mas não conseguiram afastá-lo da órbita de Hitler. A Anschluss trouxera o Reich à fronteira norte italiana. "A visita de Chamberlain a Roma foi inócua", comentou Churchill com Clementine. "É o máximo que podemos dizer sobre ela."[42] Quando Molly, a duquesa de Buccleuch, disse-lhe que Chamberlain iria discursar para os tories locais no Castelo de Drumlanrig e indagou onde seria melhor colocar a tribuna, ele respondeu: "Tanto faz onde a coloque, desde que o sol bata nos olhos e o vento na boca".[43]

Churchill jantou com o duque e a duquesa de Windsor em Antibes, em janeiro. O duque, usando um kilt com o padrão xadrez dos Stuart, pronunciou-se energicamente contra os artigos recentes de Churchill, opondo-se a Franco e defendendo uma aliança com a Rússia. "Sentamos junto à lareira", relembrou Vincent Sheean, sobrinho de Maxine Elliott por afinidade, "o sr. Churchill de cenho franzido fitando o assoalho diante de si, sem medir palavras [...] declarando francamente que a nação enfrentava o mais grave perigo de sua longa história." O duque ficava "interrompendo sofregamente sempre que podia, contestando cada ponto, mas recebendo — em termos da máxima polidez no que se referia às palavras — uma lição prática de sabedoria política e espírito público.

Os demais ficamos sentados em silêncio: havia algo dramaticamente definitivo, irrevogável nessa disputa".[44] Churchill descobrira para além de qualquer dúvida como o ex-rei era essencialmente insensato em relação aos nazistas. Manteve-se respeitoso durante toda essa "prolongada discussão", mas assinalou: "Quando nossos reis estão em conflito com nossa Constituição, mudamos nossos reis".[45] Cinco dias depois, em mais um jantar do outro lado do Atlântico, em Barbados, Vera, a amante de lorde Moyne, Lady Broughton* e outros declararam aprovar uma transmissão da BBC que atacara os antiapaziguadores. Clementine se registrou prontamente no SS *Cuba* e no dia seguinte embarcou de volta para a Inglaterra, para ocupar seu lugar ao lado do marido.

Em 30 de janeiro, no Reichstag, Hitler qualificou Churchill, Duff Cooper e Eden de "apóstolos da guerra".[46] Também prometeu expressamente "a destruição da raça judaica na Europa", caso estourasse o conflito. Churchill continuava preocupado com o ritmo do rearmamento na Grã-Bretanha, que finalmente aumentava, embora Chamberlain continuasse convencido de que havia assegurado a paz na devida hora. A produção mensal de Hurricanes passou de 26 em outubro de 1938 para 44 em setembro de 1939, e a de Spitfires, de treze para 32, enquanto a produção mensal de armas antiaéreas aumentou de 56 para 85. O número de esquadrilhas com esses novos modelos de aviões de combate aumentou de seis para 26. Às vezes, apresentam-se esses dados para justificar o Acordo de Munique, mas isso é ignorar o que se passava na Alemanha. Enquanto a Grã-Bretanha se concentrava em melhorar suas defesas aéreas, o Exército alemão tinha um crescimento exponencial em comparação ao britânico, mesmo depois que a Grã-Bretanha implantou o alistamento militar obrigatório em abril de 1939. O Ministério da Guerra calculou que, na época do Acordo, o Exército alemão tinha 690 mil homens em 51 divisões. Um ano depois, aumentara para 2,82 milhões em 106 divisões totalmente equipadas. O Exército britânico, nesse ínterim, passou de apenas duas divisões totalmente equipadas para cinco adequadamente equipadas.

Em 2 de março de 1939, Jim Thomas, amigo de Eden, escreveu a seu aliado político mais próximo, "Bobbety", o lorde Cranborne, avisando que David Margesson aventara "a ideia de Halifax como o próximo primeiro-ministro — ou desvesti-lo** da Câmara dos Lordes durante aquele período ou mantê-lo lá desde que houvesse alguém de estatura suficiente e que ele conhecesse e confiasse para comandar a Câmara dos Comuns. A[nthony] sem dúvida é a pessoa [...]. A cota-

* A esposa separada de Sir Delves Broughton, que mataria o conde de Erroll no Quênia em 1941 e se suicidaria em 1942.

** Expressão escolar que significa tirar as calças de alguém, mas aqui significando destituí-lo do título de nobreza.

ção de Halifax está em alta e sua política externa mais firme ganha reforço com os seguidores de A[nthony] tanto na Câmara quanto no país".[47] A crítica relativamente discreta de Eden ao governo, no começo de 1939, torna-se mais compreensível nessas circunstâncias. Não foi o único esquema adotado pelo establishment do Partido Conservador para silenciar as vozes contrárias à política de apaziguamento.

Entre novembro de 1938 e meados de março de 1939, o Escritório Central do Partido Conservador fez uma elaborada tentativa conjunta para impedir que Churchill saísse como candidato conservador por Epping. Colin Thornton--Kemsley, de 35 anos, tesoureiro honorário da Área Provincial de Essex e Middlex da União Nacional de Associações Conservadoras e Unionistas, tentou uma jogada para assumir o controle de comitês secionais importantes da zona eleitoral de Epping. Seu objetivo maior era obter maioria no Conselho Central daquela área a fim de desabilitar Churchill para a eleição geral prevista para o ano seguinte.[48] "Ficou claro para mim que a revolta crescente na Divisão de Epping foi bem recebida em altas esferas", Thornton-Kemsley contou mais tarde.[49] Como mostrou o destino da duquesa de Atholl, isso poderia resultar na saída de Churchill do Parlamento no exato momento em que sua presença era mais necessária. Muitas vezes o acusam de ter sido contrário à política de apaziguamento porque não tinha nada a perder com isso, mas, na verdade, ele quase perdeu algo a que dava grande valor: o assento na Câmara dos Comuns.

Havia 26 seções no distrito eleitoral, e Thornton-Kemsley e seus confederados recrutaram novos membros para a Associação nas seções que eram sub-representadas no Conselho Central do distrito. De repente, cidadezinhas e vilarejos de Essex se transformaram em campos de batalha entre as forças contrárias e favoráveis a Churchill. A paróquia de Matching, por exemplo, com apenas 384 eleitores, enviou cinco representantes ao Conselho. Em locais como Theydon Bois e Chigwell, começou a filiação de um grande número de pessoas sem nenhuma necessidade de provar que eram conservadoras para obterem direito de voto e assim desbancar os antigos funcionários pró-Churchill do distrito. Churchill reagiu ameaçando formar comitês secionais separados, mas isso violava os regulamentos da Associação. Nesse meio-tempo, Thornton-Kemsley escrevia à imprensa local exigindo que Churchill renunciasse ao papel de vice-líder conservador e se colocasse como independente, por sua oposição ao Acordo de Munique.

Nas memórias que escreveu em 1974, Thornton-Kemsley procurou compreensivelmente minimizar suas tentativas de silenciar Churchill, descartando-as como "muito infantis e impertinentes" e como uma "fútil insurreição", mas, na época, foram muito mais sérias do que isso. Ele reconheceu que "um candidato conservador forte, respaldado pela máquina partidária, poderia dar a vitória aos liberais devido à divisão dos votos", o que certamente era a expectativa das autoridades pró-apaziguamento do partido. Nas seções locais, Waltham Abbey e Nazeing eram "conhecidas por serem contra o Membro", relembrou Thornton-Kemsley. Somando-se a Theydon Bois, Chigwell e a própria Epping, onde seus apoiadores desbancaram os de Churchill, "parecia que a reunião do Conselho poderia [...] se revelar 'uma coisa danada de apertada'".[50]

Thornton-Kemsley trabalhou incansavelmente. Em 25 de janeiro, elegeu-se presidente da seção de Chigwell, devido a um "forte sentimento em Chigwell favorável à política de apaziguamento do sr. Chamberlain e contrária à atitude do sr. Churchill", segundo a explicação do jornal local.[51] Numa declaração à imprensa, ele condenou o que disse ser "a inútil atitude do sr. Churchill em relação ao homem no comando".[52] Depois disso, a seção de Loughton aprovou uma moção exigindo que Churchill apoiasse o primeiro-ministro, e Theydon Bois se declarou "esmagadoramente" favorável a Chamberlain.[53] A seção de Chigwell votara contra Churchill, por catorze membros a quatro, e a seção de Loughton por 31 a catorze.

A oposição veio à tona num jantar da Associação Unionista de Nazeing em 4 de março, quando os funcionários da zona eleitoral de Epping denunciaram Churchill, que estava ausente, e Thornton-Kemsley disse que ele "não deve mais se abrigar sob a boa vontade" do Partido Conservador. Um certo capitão Jones se saiu com a velha tirada "Admiro sua inteligência e capacidade mental, mas desconfio de seu discernimento", e um certo major Bury falou que "minha paciência se esgotou" com ele. Um orador afirmou que "o sr. Chamberlain é um dos maiores primeiros-ministros que a Inglaterra já teve" e declarou que Munique fora "um dos maiores atos da história".[54] Alguém empregou a palavra "expulsão" em relação a Churchill, e ninguém se manifestou em contrário.[55]

Churchill já deixara claro na carta pública à duquesa de Atholl que o único caminho honroso após a proibição de concorrer seria renunciar e lutar pelo assento como independente. Nenhuma zona eleitoral conservadora com chances de ganhar aceitaria seu nome depois de Munique, e seria difícil para ele se eleger como conservador independente naquele ambiente político. Praticamente qualquer outro político, diante de tamanha revolta em seu distrito eleitoral a poucos meses de uma eleição geral, teria feito concessões ou atenuado os discursos para evitar um desfecho com potencial para se tornar desastroso. Mas Churchill foi a Chigwell, a própria seção de Thornton-Kemsley, passados apenas seis dias da reunião de Nazeing, e declarou: "Não retiro uma única palavra", acrescentando: "Só reli isso hoje à tarde, e fiquei assombrado ao ver como tudo se tornara pavorosamente verdadeiro".[56] "Muitas pessoas na época da crise de setembro pensavam que estavam rifando apenas os interesses da Tchecoslováquia", disse ele em 14 de março a outra seção, Waltham Abbey, "mas, a cada mês que se passa, vocês verão que estavam rifando também os interesses da Grã-Bretanha e os interesses da paz e da justiça."[57] E perguntou, a respeito dos esforços em inabilitá-lo como candidato:

> Qual é a utilidade do Parlamento senão como o lugar onde é possível apresentar declarações verdadeiras às pessoas? Qual é a utilidade de enviar Membros à Câmara dos Comuns que dizem apenas as coisas em voga no momento, e meramente se empenham em satisfazer aos vice-líderes do governo aclamando sonoramente qualquer banalidade ministerial e andando pelos corredores indiferentes às críticas que ouvem? As pessoas falam de nossas instituições parlamentares e de nossa democracia parlamentar; mas, se vierem a sobreviver, não será porque os eleitorados enviam membros mansos, dóceis, subservientes, e tentam esmagar qualquer forma de juízo independente.[58]

Ao amanhecer do dia seguinte, todo o cenário geopolítico mudou, quando a Alemanha invadiu o restante da Tchecoslováquia. Um dia depois, no Castelo de Praga, Hitler proclamou a fundação de um novo "Protetorado da Boêmia e Morávia". Todos os anos de argumentações segundo as quais Hitler queria apenas incorporar os alemães étnicos ao Terceiro Reich foram desmentidos da noite para o dia, e descobriu-se que os apaziguadores que acreditavam nele tinham sido feitos de tolos — bem-intencionados, talvez, mas ainda assim tolos. As únicas figuras políticas de destaque que não tinham se deixado enganar eram Churchill e posteriormente, em menor medida, Eden, Leo Amery, Duff Cooper e lorde Lloyd. Naquele dia, Churchill almoçou com Maisky no apartamento de Randolph Churchill, onde "deu seu parecer de que o avanço de Hitler contra a Tchecoslováquia não significava de maneira alguma uma guinada para o Leste Europeu. Antes de desferir um sério golpe na Europa Ocidental, Hitler simplesmente precisava garantir sua retaguarda".[59] Era mais uma brilhante amostra de uma análise e uma visão de longo alcance que iam contra o senso comum.

Em 31 de março, Chamberlain garantiu a independência da Polônia e da Romênia. A Grã-Bretanha e a França não podiam fazer nada em termos militares para defendê-las, mas a promessa foi feita para soar como alerta, caso Hitler se empenhasse em outras tentativas de dominar a Europa. O governo também anunciou que dobraria o tamanho do Exército Territorial, como Churchill passara meses solicitando. Enquanto isso, Churchill defendia publicamente "a máxima cooperação possível" com a União Soviética.[60] Em 3 de abril, mais uma vez recorreu à história para alertar que "nada do que Napoleão ameaçou fazer à Inglaterra foi, nem pela metade, tão profundo ou direto quanto a destruição e o sofrimento que recairiam sobre este país se nos envolvêssemos numa guerra moderna".[61]

Em nenhum momento ele procurou minimizar os horrores que se desencadeariam no caso de um futuro conflito.

Harold Macmillan estava almoçando em Chartwell em 7 de abril de 1939, a Sexta-Feira Santa daquele ano, quando chegou a notícia de que Mussolini invadira a Albânia. "Foi uma cena em que tive minha primeira imagem de Churchill trabalhando", relembrou ele. "Trouxeram-se mapas, convocaram-se secretários, telefones começaram a tocar. 'Onde estava a frota britânica?' Essa era a pergunta mais urgente." Macmillan escreveu: "Sempre guardarei uma imagem daquele dia de primavera e a sensação de poder e energia, o grande fluxo de ação, que emanava de Churchill, embora naquela época não ocupasse nenhum cargo público. Só ele parecia estar no comando, enquanto todos os outros estavam pasmos e hesitantes".[62] Chamberlain queixou-se dois dias depois a Ida de estar sendo "atormentado" pelos partidos de oposição para uma reunião do Parlamento, e por "Winston, que é o pior de todos, telefonando quase a cada hora do dia".[63] Na verdade, Churchill telefonou duas vezes e enviou um mensageiro com sugestões para as providências da Marinha Real no Mediterrâneo, entre elas a de montar uma base naval e aérea britânica na ilha grega (neutra) de Corfu.

Em 13 de abril, Churchill deu apoio à reintrodução do recrutamento militar obrigatório. "Quando aspiramos a conduzir toda a Europa, tirando-a da beira do abismo para as terras altas da lei e da paz", declarou, "nós mesmos devemos dar o exemplo mais elevado. Não podemos reter nada."[64] Depois do debate, ele convidou David Margesson para jantar e "o informou francamente de sua grande vontade de ingressar no governo".[65] Chamberlain admitiu prontamente que Churchill "sem dúvida ajudaria na bancada do Tesouro na Câmara dos Comuns", mas, quanto à sugestão de Corfu, questionou: "Ele vai esgotar minha resistência a sugestões temerárias dessa espécie?".[66]

Uma semana depois, Chamberlain confirmou a criação de um Ministério do Abastecimento, mas então brincou com a Câmara, fazendo uma pausa antes de anunciar o nome do ministro que comandaria a pasta. Channon observou que a Câmara ficou "na expectativa, meio esperançosa, meio receosa, de que seria Winston".[67] Em vez disso, Chamberlain disse: "Com a aprovação do rei, posso anunciar que o ministro encarregado do novo Ministério será meu ilustríssimo amigo, o atual ministro dos Transportes".[68] Leslie Burgin era uma figura tão apagada quanto Thomas Inskip, lorde Swinton e lorde Chatfield; mais uma ocasião de enviar uma mensagem inequívoca a Hitler e Mussolini fora teimosamente desperdiçada. Quanto a um debate sobre o recrutamento militar em 27 de abril, Channon escreveu que "o discurso da tarde era sem dúvida de Winston, um esforço magnífico". Durante a discussão, Chamberlain foi visto fazendo profusas anotações em folhas de papel da Câmara. Descobriu-se depois que estava redigindo observações sobre a pesca de salmão para o parlamentar tory Anthony Crossley, que estava escrevendo um livro sobre o assunto.[69]

Num artigo do *Daily Telegraph* chamado "The Russian Counterpoise" [O contrapeso russo], publicado em 4 de maio, Churchill abordou a compreensível relutância da Polônia em somar forças com a Rússia, país que invadira e partilhara várias vezes o território polonês, e sua decorrente oposição a uma Grande Aliança. "Deve ficar vividamente impresso no governo da Polônia", escreveu ele, que a Rússia "pode ser decisiva para evitar a guerra e, de todo modo, será necessária para o sucesso final [...]. A partir do momento em que se faz evidente a malignidade nazista, torna-se indispensável uma clara associação entre a Polônia e a Rússia."[70] Infelizmente, o governo britânico abordou a ideia de uma aliança russa com hesitação e lentidão, demorando-se demais para decidir. O Ministério das Relações Exteriores levou semanas para enviar um funcionário de baixo escalão a Moscou. Stálin, temendo as intenções de Hitler a longo prazo, mesmo assim tentou propor uma tríplice aliança com a Grã-Bretanha e a França, a fim de deter a Alemanha.

A essa altura, não se ouvia mais nada sobre a tentativa de golpe de Thornton-Kemsley em Epping. (O Escritório Central do partido lhe deu um assento escocês e ele continuou como parlamentar até 1964.) Pode-se ver a que ponto a opinião pública sobre Churchill havia mudado após a anexação por Hitler do restante da Tchecoslováquia pelos resultados de uma pesquisa Gallup de maio de 1939, na qual se perguntou aos entrevistados se eram favoráveis à volta de Churchill ao Gabinete Ministerial: 56% responderam "sim", 26% "não" e 18% ficaram indecisos.[71] Mas, para os chamberlainistas, ele continuava a ser o inimigo interno. "Winston e seus amigos", escreveu Davidson, "estão empregando todos os truques de publicidade e persuasão e, se houver outra Munique sobre a Polônia para nos dar um espaço para respirar, virá um ataque ao primeiro-ministro."[72] Para Davidson, a ideia de que a Polônia poderia ser abandonada e desmembrada como ocorrera com a Tchecoslováquia era menos chocante do que o fato de que "a imprensa parece estar totalmente aberta a Winston e aos críticos; para colocar em termos muito francos, a situação não poderia ser pior".[73] (A menos, claro, para quem era polonês.) Os discursos de Churchill causaram impressão semelhante em George VI, que disse ao primeiro-ministro canadense William Lyon Mackenzie King que "gostaria de nunca nomear Churchill para nenhum cargo, a menos que fosse absolutamente necessário, em tempo de guerra".[74] Mackenzie King anotou em seu diário: "Devo dizer que fiquei contente em ouvi-lo dizer isso, porque penso que Churchill é um dos homens mais perigosos que já conheci".

Em 9 de maio, diante da impressão de que Chamberlain e Halifax não só estavam em dúvida quanto à proposta russa de uma tríplice aliança com a Grã-Bretanha e a França, mas na verdade prontos a recusá-la, preferindo manter a proximidade com a Polônia, Churchill estourou na Câmara dos Comuns:

> Se o governo de Sua Majestade, tendo descuidado de nossas defesas por muito tempo, tendo descartado a Tchecoslováquia com tudo o que a Tchecoslováquia significava em termos de poderio militar, tendo criado um compromisso nosso, sem examinar os aspectos técnicos, com a defesa da Polônia e da Romênia, agora rejeitar e descartar a ajuda indispensável da Rússia e assim nos conduzir pelo pior de todos os caminhos para a pior de todas as guerras, não terá merecido a confiança e, acrescento eu, a generosidade com que tem sido tratado por seus conterrâneos.[75]

Então Churchill foi à Bolsa de Cereais em Cambridge para fazer um discurso lembrando ao público qual poderia ser em breve o inimigo a combater. "Eles não podem seguir seu curso de agressão sem criar uma guerra geral de imensa devastação", disse a respeito de Hitler e Mussolini. "Submeter-se a suas invasões seria condenar uma grande parcela da Humanidade a seu domínio; resistir a eles, seja na paz ou na guerra, será duro, perigoso e doloroso. A esta altura, é inútil ocultar esses fatos nus e crus a quem quer que seja. Ninguém deveria prosseguir nesse assunto sem perceber claramente quais podem ser os custos e quais são as questões em jogo."[76] Demonstrando sua habilidade em introduzir um pouco de humor mesmo nos momentos mais sérios, acrescentou que, depois da ocupação de Praga, "essa abominável afronta abriu os olhos dos cegos, fez os surdos ouvirem e até, em alguns casos, os mudos falarem".[77]

Enquanto pressionava o governo a firmar uma aliança capaz de manter a paz ameaçando Hitler com uma guerra em duas frentes — a razão central que levara a Alemanha à derrota na Grande Guerra —, Churchill também estava pensando no que poderia acontecer no caso de uma catástrofe na Europa Ocidental. Em junho, ele compareceu a um jantar oferecido por Kenneth Clark, diretor da National Gallery, no qual estavam presentes Walter Lippmann, o importante colunista norte-americano, e o biólogo Julian Huxley. Lippmann comentou que Joseph P. Kennedy, o embaixador norte-americano em Londres, dissera que a guerra era inevitável, e a Grã-Bretanha seria derrotada.[78] Churchill respondeu:

> Supondo (o que não suponho nem por um instante) que o sr. Kennedy estivesse correto em sua declaração extremamente trágica, eu, de minha parte, de bom grado daria minha vida em combate em vez de, por medo da derrota, render-me às ameaças desses homens absolutamente sinistros. Então caberá a vocês, aos americanos, preservar e manter a grande herança dos povos de língua inglesa. Caberá a vocês pensar imperialmente, o que significa sempre pensar em algo mais elevado e mais amplo do que os interesses nacionais próprios. E também não morreria feliz na grande luta que vejo à frente, se não tivesse a convicção de que, se nesta cara, caríssima ilha sucumbirmos à ferocidade e ao poderio de nossos inimigos, lá em seu continente distante e imune a tocha da liberdade arderá intocada e (confio e espero) inabalada.[79]

Era um mero jantar, mas Churchill já começava visivelmente a reunir as ideias e frases dos grandes discursos dos anos seguintes.*

Em julho, depois de publicar *Step by Step* [Passo a passo], uma coletânea de discursos sobre as relações exteriores, Churchill ficou em Chartwell, chegando a 480 mil palavras de sua história dos povos de língua inglesa, programada para ter 530 mil palavras, e continuando a construção de seu chalé e abrigo antiaéreo. Kathleen Hill, que fora contratada como datilógrafa em 1937 e se tornou sua secretária particular durante a guerra, relembra que, enquanto Churchill assentava tijolos, "levávamos nossos cadernos de notas e subíamos a escada — mesmo lá ele ditava [...]. Muitas vezes íamos correndo para a Câmara dos Comuns, ele ditando enquanto estávamos no carro e então datilografávamos o texto na Câmara. Às vezes levávamos as folhas enquanto ele discursava".[80]

Naquele verão, um cartaz enorme apareceu na Strand, em Londres, trazendo apenas as palavras "Quanto vale Churchill?". Foi pago por um agente publicitário, J. M. Beable, que declarou ao *Advertisers' Weekly*: "Eu estava mais ansioso para levar as pessoas a pensar na volta de Churchill ao governo do que necessariamente em defender aquela política".[81] Muito embora a causa da reintegração de Churchill fosse, naquele mês, abraçada por *Daily Telegraph*, *Star*, *Sunday Graphic*, *Observer*, *Yorkshire Post Mirror*, *Evening News*, *Daily Mail* e até pelo comunista *Daily Worker*, e 375 membros dos corpos docentes de todas as universidades britânicas apelassem a Chamberlain, nada que não fosse a guerra persuadiria o primeiro-ministro a reintegrar ao Gabinete uma força capaz de gerar tanta perturbação. Maisky anotou o conselho de Anne Chamberlain ao marido: "Um convite a Churchill para entrar no Gabinete equivaleria a seu suicídio político".[82] O próprio Chamberlain explicou à irmã Ida: "Quanto mais se afasta a guerra, menos provável que ela venha [...]. É isso o que Winston & Cia. parecem nunca entender".[83] Ele convidou lorde Camrose, proprietário do *Daily Telegraph*, para uma visita à Downing Street e lhe disse que, embora mantivesse relações pessoais "muito cordiais" com Churchill, este "era propenso a perder a calma numa discussão e vários colegas seus achavam mais fácil não se opor a ele".[84] Também comentou com Camrose sobre a sugestão de Churchill sobre Corfu, alegando que, quando Mussolini invadira a Albânia, Churchill "se postava todos os dias à porta de entrada".[85] Em 27 de julho, lorde Kemsley, irmão de Camrose e editor-chefe do *Sunday Times*, visitou Hitler no festival wagneriano anual em Bayreuth, no norte da Baviera, e quando o Führer falou sobre o perigo que as capacidades

* A geopolítica não foi o único tema dessa vez. Depois de se conhecerem no jantar, Huxley levou Churchill ao Zoológico de Londres para ver o panda gigante. "Superou todas as minhas expectativas", disse Churchill acenando a cabeça em aprovação, "e eles eram muito altos" (Addison, "Three Careers", p. 199).

oratórias de Churchill impunham ao governo Chamberlain, Kemsley o tranquilizou dizendo que "o sr. Churchill fora infeliz em suas campanhas pelo menos em quatro ocasiões passadas", de modo que o chanceler alemão na verdade não tinha com que se preocupar.[86]

Num debate em 2 de agosto de 1939, Churchill sustentou que o Parlamento deveria se reunir novamente em 21 de agosto, e não na data designada pelo governo, em 3 de outubro, porque acreditava que Hitler estava se preparando para invadir a Polônia. "Ao longo de toda a fronteira polonesa de Danzig até Cracóvia há maciças concentrações de tropas", alertou ele aos parlamentares, "e estão se fazendo todos os preparativos para um rápido avanço." Havia cinco divisões alemãs em posição de grande mobilidade em volta de Breslau, segundo informou, e estavam desocupando edifícios públicos na Boêmia para receber os feridos.[87] Poucos lhe deram crédito. Quando Chamberlain converteu a votação numa moção de confiança em si mesmo, a qual venceu por 116 votos, a Câmara dos Comuns entrou em recesso. "São tempestades de verão, as dele", escreveu Chamberlain a Ida, "violentas, mas de curta duração, e muitas vezes o sol depois volta a brilhar. Mas, com isso, ele se torna uma pessoa especialmente difícil com quem trabalhar."[88] Pelo visto, Eden concordava e perguntou a seus assistentes, lorde Cranborne e Richard Law, o que fariam na eleição que todos supunham que se daria em novembro: "Saímos como conservadores independentes? Tentamos criar um novo partido? Quais serão nossas relações com Winston?".[89]

Churchill usou do sarcasmo em sua transmissão radiofônica para os Estados Unidos, em 8 de agosto, ao comentar o anúncio de que 2 milhões de alemães entrariam "em manobras" em setembro: "Afinal, os Ditadores precisam treinar seus soldados. É o mínimo que podem fazer segundo as regras da prudência, visto que os dinamarqueses, os holandeses, os suíços, os albaneses e, claro, os judeus podem pular em cima deles a qualquer momento e lhes roubar seu espaço vital".[90] Conforme transcorria o mês de agosto, Stálin desistiu da aliança que propusera, mas que Chamberlain mal começara tibiamente a negociar, e convidou Joachim von Ribbentrop, ministro das Relações Exteriores do Reich, para uma visita a Moscou, a fim de negociar um pacto com seu correspondente soviético, V. I. Mólotov, que logo daria à União Soviética os Países Bálticos e a metade oriental da Polônia e garantiria à Alemanha uma guerra contra as potências capitalistas da Grã-Bretanha e França, da qual a Rússia se manteria afastada.

Enquanto Chamberlain foi pescar na Escócia durante o longo recesso parlamentar do qual fizera tanta questão, Churchill e Louis Spears visitaram as fortificações de defesa da Linha Maginot, onde conversaram até altas horas da noite com o general Gamelin, comandante-chefe do Exército francês, sobre o uso de neblina artificial e as possibilidades de atrapalhar o trânsito pelo Reno com minas fluviais.[91] Numa refeição em Malmedy com o general Georges, comandante do

Exército de Campo francês, "o rosto [de Churchill] deixou de sorrir", relembrou Spears, "e abanou a cabeça de uma maneira aziaga ao observar [...] que seria muito imprudente pensar que as Ardenas eram intransponíveis para forças poderosas [...]. 'Lembre-se', disse ele, 'de que estamos diante de um novo armamento, blindagem de grande força, no qual os alemães estão certamente se concentrando, e que as florestas serão especialmente tentadoras para essas forças, pois lhes permitirão se ocultar à vista aérea'".[92] O ceticismo dos franceses quanto à possibilidade de tal ataque relembrou a Spears uma ocasião em 1915, quando Churchill tentara explicar sua teoria dos "cruzadores terrestres" (isto é, os tanques) a um general francês, que a considerou absurda e, depois que Churchill saiu, disse a Spears: "Os políticos de vocês são ainda mais engraçados do que os nossos".[93]

"Não acontecerá nada até [...] começos ou meados de setembro", previu Churchill ao escrever a Clementine em 14 de agosto, no Hotel Ritz em Paris, "o que ainda deixaria a Hitler dois meses para negociar com a Polônia, antes da estação da lama naquele país."[94] Suas férias a trabalho foram interrompidas em 23 de agosto com o anúncio do pacto nazi-soviético. Ele voltou imediatamente para Londres, reconhecendo que a aliança da Rússia com a Alemanha significava que agora a guerra era uma questão a poucos dias de distância. "Até onde a estratégia, a linha política, a antevisão e a competência são os árbitros da questão", escreveu mais tarde, "Stálin e seus comissários se mostraram nesse momento os trapalhões mais completamente ludibriados."[95] O Parlamento foi reconvocado para 24 de agosto.

Churchill foi recebido no Aeródromo de Croydon por seu ex-guarda-costas, o inspetor detetive Walter Thompson, que fora seu segurança a intervalos intermitentes de 1921 a 1932. Thompson se aposentara da Seção Especial em 1936 e se tornara merceeiro, mas Churchill o recontratou por conta própria, a cinco libras por semana, depois que um político francês o alertou de que sua vida podia estar em perigo.[96] "Os alemães acreditam que sou um de seus terríveis inimigos", Churchill explicou a Thompson. "Não se deterão antes de um assassinato."[97] Com 48 anos de idade, alto, forte, em boa forma, Thompson ficou com Churchill pelos seis anos seguintes. "Se o Velho me queria de novo", escreveu ele mais tarde, "estava mais do que bom."[98] Sobre o retorno de Churchill a Croudon, ele recordou: "Estava com a aparência boa e cheia de energia como de costume, mas com uma expressão fechada no rosto".[99] Quando chegaram a Chartwell, Churchill lhe deu uma Colt automática. "Ele é excelente atirador", relembrou Thompson, "e tem um cioso orgulho de seu arsenal pessoal."[100] Com a eclosão da guerra, Thompson passou a receber do governo e andava com um Webley calibre .32 de produção padrão. Churchill insistia que seus acompanhantes andassem armados nas viagens ao exterior, e certa vez repreendeu um secretário particular por não andar com um revólver. Anos depois, Thompson comentou sobre o patrão, que era dezesseis anos mais velho do que ele: "A impulsividade e a energia incansável do sr. Churchill sempre me dificultaram cumprir minha tarefa. Não podia impedi-lo de rumar direto para o perigo — ninguém no mundo conseguiria —, mas precisava me esforçar para conseguir acompanhá-lo".[101]

Quando o Parlamento voltou a se reunir, Eleanor Rathbone disse aos parlamentares o que todos sabiam ser verdade, embora até o momento ninguém tivesse falado abertamente — que Churchill "profetizou o tempo todo que essas coisas iriam acontecer, mas seu conselho não foi ouvido".[102] Uma semana depois, no dia 1º de setembro de 1939, um sexta-feira, Hitler invadiu a Polônia. Chamberlain montou uma lista para um Gabinete de Guerra com seis nomes, entre os quais estava Churchill, como ministro sem pasta. Todavia, ele não declarou guerra, como prometera em março que a Grã-Bretanha faria.

No sábado, 2 de setembro, a Grã-Bretanha ainda não fizera a declaração de guerra, provavelmente porque Sir Neville Henderson, o embaixador britânico em Berlim, alertara que havia um ataque aéreo a Londres já planejado e que se seguiria imediatamente. A evacuação de 1,2 milhão de crianças da cidade para o campo estava bastante adiantada. Os franceses queriam adiar a declaração, por temer um bombardeio imediato, e Chamberlain comentou com Inskip sobre "as centenas de milhares de crianças na França que seriam mortas se viesse a guerra".[103] O primeiro-ministro convidou Churchill à Downing Street para lhe oferecer um cargo no Gabinete de Guerra, que Churchill aceitou de imediato, na expectativa de uma iminente declaração de guerra.[104]

Às 19h45, porém, em seu primeiro discurso público desde a invasão da Polônia, Chamberlain disse à Câmara dos Comuns: "Se o governo alemão concordar em retirar suas forças, o governo de Sua Majestade estará disposto a considerar que a situação é a mesma que era antes que as forças alemãs cruzassem a fronteira polonesa". Quando Arthur Greenwood, vice-líder do Partido Trabalhista desde 1935, ergueu-se na bancada da Oposição para responder pelos trabalhistas, Leo Amery exclamou: "Fale pela Inglaterra, Arthur!". "Ocorreu um ato de agressão 38 horas atrás", disse Greenwood. "Pergunto-me por quanto tempo estamos dispostos a vacilar num momento em que a Grã-Bretanha, e tudo o que a Grã-Bretanha representa, e a civilização humana estão em perigo."[105] Foi o grande discurso de sua vida, e Churchill, se não tivesse ido para o Gabinete, certamente lhe faria coro.

Naquela noite, em Morpeth Mansions, Churchill recebeu a visita de Eden, Boothby, Bracken, Sandys e Duff Cooper, todos num estado de "fúria desnorteada", como anotou Cooper em seu diário, com a inação de Chamberlain. Boothby queria que Churchill atacasse o primeiro-ministro no dia seguinte "e tomasse seu lugar", sugestão que foi sensatamente rejeitada, já que a grande maioria do Partido Conservador ainda apoiava Chamberlain.[106]

Em vez disso, ele escreveu a Chamberlain após a meia-noite, insistindo que era preciso fazer mais uma tentativa de incluir os liberais no governo, mesmo que os trabalhistas ficassem "afastados". Foi ignorado. Naquela noite, Churchill também telefonou para Charles Corbin, o embaixador francês, para dizer que se a França traísse os poloneses como fizera com os tchecos, ele, um francófilo convicto durante toda a sua vida, ficaria totalmente indiferente ao destino da França. Quando Corbin tentou falar das "dificuldades técnicas" em declarar guerra, Churchill retrucou: "Suponho que você diria a um polonês, se uma bomba alemã caísse na cabeça dele, que foi uma dificuldade técnica!".[107]

Às 11h15 do domingo, 3 de setembro, tendo expirado naquela manhã um ultimato de duas horas, Neville Chamberlain anunciou pelo rádio a notícia de que a Grã-Bretanha estava em guerra. Começaram a soar sirenes aéreas sobre Londres, um som que Churchill descreveu mais tarde como "aqueles uivos de *banshees* [assombrações]".[108] Walter Thompson contou que "o sr. Churchill se aproximou da entrada do prédio e olhou para o céu como um cavalo de batalha farejando o combate. Demorou algum tempo para persuadi-lo a ir para o abrigo antiaéreo. Só se moveu depois de perceber que devia dar o exemplo". Como Churchill disse mais tarde: "Fomos para o abrigo que nos foi designado, munidos de uma garrafa de conhaque e outros reconfortos médicos adequados".[109] Uma vez lá, "ficou andando como um animal enjaulado", escreveu seu guarda-costas, "mas eu via que ele estava gostando desse momento. Tão logo soou o sinal de Liberado, o sr. Churchill saiu em disparada, voltando para a rua e subindo direto para o alto do prédio, de onde ficou perscrutando o céu atrás de aeroplanos".[110] Em seguida foi com seu Daimler até a Câmara dos Comuns, onde recebeu um bilhete de Chamberlain pedindo para vê-lo depois dos pronunciamentos dos líderes dos partidos e outros mais.

No pronunciamento de abertura da sessão, Chamberlain disse que tinha a esperança de ver a destruição do hitlerismo. Arthur Greenwood então manifestou seu alívio em ver que "a intolerável agonia do suspense [...] acabou". Muito embora Churchill estivesse fora do governo fazia uma década e falasse para ouvidos moucos, o presidente da Casa lhe deu a palavra logo depois de Archie Sinclair, líder do Partido Liberal. Churchill elogiou generosamente o trabalho de Chamberlain em evitar a guerra. "Nesta hora solene, é um consolo relembrarmos e nos determos em nossos reiterados esforços de paz", disse ele.

> Todos foram malfadados, mas todos foram leais e sinceros. Isso é do mais alto valor moral — e não só valor moral, mas também valor prático — no momento atual

> porque a concordância sincera de dezenas de milhões de homens e mulheres, cuja cooperação é indispensável e cuja camaradagem e fraternidade são indispensáveis, é a única base sobre a qual a provação e a tribulação da guerra moderna podem ser enfrentadas e vencidas.[111]

Então elevou a luta a um plano mais alto:

> Não é uma questão de lutar por Danzig [atual Gdańsk] ou de lutar pela Polônia. Estamos lutando para salvar o mundo inteiro da pestilência da tirania nazista e em defesa de tudo o que há de mais sagrado para o homem. Não é uma guerra de dominação, de engrandecimento imperial ou de ganho material; não é uma guerra para excluir algum país de seu espaço ao sol e de seus meios de progresso. É uma guerra, vista em sua qualidade intrínseca, para estabelecer num rochedo inexpugnável os direitos do indivíduo, e é uma guerra para estabelecer e reviver a estatura do Homem.[112]

Boothby e Amery observaram que aquele havia sido o discurso de um autêntico líder de guerra, ao contrário da fala de Chamberlain, uma diferença que muitos outros notariam nos oito meses seguintes. Depois de uma semana desde o início da guerra, Chamberlain escreveu de Chequers para Ida: "Minha esperança não é uma vitória militar — duvido muito dessa possibilidade —, mas uma derrocada do front interno alemão".[113] Não era exatamente a mentalidade correta para o homem que estava conduzindo a Grã-Bretanha para a guerra.

Depois dos discursos finais em 3 de setembro, Churchill visitou Chamberlain em sua sala atrás da tribuna do presidente da Casa. Alguém — talvez David Margesson — assinalara a Chamberlain que Churchill "seria um membro muito perigoso do Gabinete se o deixassem perambular a esmo pela política [isto é, como ministro sem pasta], e seria muito mais seguro lhe dar uma tarefa".[114] Assim, Chamberlain lhe ofereceu o cargo de primeiro lorde do Almirantado com lugar no Gabinete de Guerra, o que Churchill se declarou "muito contente" em aceitar. Apesar dos Dardanelos, o cargo no Almirantado era o mais óbvio, por já tê-lo ocupado e, além disso, porque o 7º conde Stanhope, que também era líder da Câmara dos Lordes, estava no posto fazia menos de um ano e seria mais fácil de substituir do que Leslie Hore-Belisha no Ministério da Guerra ou Sir Kingsley Wood no Ministério do Ar. Stanhope ficou com o cargo de lorde presidente do Conselho, para ceder lugar a Churchill.

Churchill, claro, não sabia de nenhum desses cálculos por trás de sua nomeação. "Senti serenidade de espírito e a consciência de um elevado desprendimento dos assuntos humanos e pessoais", escreveria mais tarde. "A glória da Velha Inglaterra, amante da paz e mal preparada como estava, mas pronta e destemida ao chamado da honra, emocionava meu ser e parecia elevar nosso destino àquelas esferas muito distantes dos fatos terrenos e da sensação física."[115] Voltando ao carro, disse a Clementine: "É o Almirantado, muito melhor do que pensei!".[116] O casal foi almoçar com Vic e Sarah Oliver e Duncan e Diana Sandys no apartamento dos Oliver na Marsham Street, em Westminster, onde ergueram um brinde de champanhe à "Vitória".[117] "Ninguém ouviu meus alertas", Churchill falou para Vic, que o achou "triste como jamais o vi antes", com a concretização de todas as suas pavorosas previsões.[118] Ele mandara avisar no Almirantado que iria até lá à tarde para assumir o cargo, e assim o Conselho enviou sinais para comunicar a Frota: "WINSTON VOLTOU". Para alguns capitães, como lorde Louis Mountbatten comandando o destróier HMS *Kelly*, a mensagem foi inspiradora, enquanto para outros adquiria mais o sentido de um alerta de que estava para explodir sobre eles um canhonaço de energia.*

Depois do almoço, Churchill tirou calmamente sua soneca da tarde, na cama dos Oliver, e às cinco horas foi à primeira reunião do recém-constituído Gabinete de Guerra, formado por Chamberlain, Halifax (ministro das Relações Exteriores), Sir John Simon (chanceler do Tesouro), Sir Kingsley Wood (titular da pasta do Ministério do Ar), Samuel Hoare (lorde do Selo Privado), lorde Chatfield (ministro da Coordenação da Defesa), lorde Hankey (ministro sem pasta), Leslie Hore-Belisha (ministro da Guerra) e ele próprio. Em vez de um Gabinete de Guerra enxuto, com seis membros, havia nada menos que nove, com uma média etária de 64 anos — a idade de Churchill. Todos tinham sido destacados defensores da política de apaziguamento, com exceção de Churchill, e ninguém, talvez à exceção de Hore-Belisha, tinha o tipo de sede pela ofensiva que seria necessária numa grande guerra. Lorde Crawford comentou com Inskip sobre a "quantidade de observações críticas sobre a entrada de Churchill no Almirantado" que já estava circulando no Carlton Club e na Câmara dos Lordes.[119] O fato de que a maioria dos conservadores se demonstrara tão clamorosamente equivocada sobre Hitler não diminuiria o antagonismo em relação a Churchill; na verdade, pode tê-lo agravado ainda mais.

Depois da reunião do Gabinete de Guerra, Churchill foi para o Almirantado às seis da tarde. Um fotógrafo da revista *Life* capturou a imagem do primeiro lorde pouco antes de entrar pela porta da frente. Segurando um charuto, um jornal e a bengala, com duas pastas de documentos oficiais e a máscara antigás aos pés, Churchill estava com uma longa corrente que chegava quase aos joelhos e na qual mantinha as chaves de suas maletas.[120] (Nunca havia como se enganar porque, numa outra invenção pessoal sua, ele tinha uma longa corrente de prata

* A mensagem não se encontra no livro de sinais do Almirantado, mas sua informalidade sugere que foi enviada oficiosamente.

que lhe contornava as costas e, passando pelas laterais das braçadeiras, permitia-lhe guardar os molhos de chaves nos dois bolsos da calça.)[121] Estava sorrindo. "Assim foi que voltei à sala que eu deixara com dor e mágoa quase 25 anos antes", escreveu mais tarde. "Mais uma vez devemos lutar pela vida e pela honra contra todo o poderio e fúria da valente, disciplinada e impiedosa raça germânica. Mais uma vez! Que assim seja."[122] Ele ficou no Almirantado até o amanhecer do dia seguinte, familiarizando-se com as posições da Frota, e mandou trazerem mapas do mar do Norte, comentando: "Foram os que usei da última vez".[123] Também pediu uma mesa octogonal que costumava usar, feita pelo zelador do escritório.

Alguns dias depois, Churchill recebeu uma carta do parlamentar Colin Thornton-Kemsley, escrita em seu acampamento militar. "Opus-me a você com toda a força que podia", informava a mensagem. "Só quero dizer o seguinte. Você nos alertou repetidamente sobre o perigo alemão e tinha razão [...]. Por favor, nem pense em responder — você está com toda a certeza muito atarefado num cargo que alegra a todos nós que o ocupe neste momento de perigo da Grã-Bretanha."[124] Claro que Churchill respondeu, aceitando as desculpas e acrescentando: "Certamente penso que os ingleses devem se manter leais uns com os outros desde o começo numa luta tão atroz e, no que me diz respeito, o passado está morto e enterrado".[125]

# 19. "Winston voltou"

## *Setembro de 1939 a maio de 1940*

*Homens e reis devem ser julgados pelos momentos de maior provação de sua vida. A coragem é corretamente considerada a primeira das qualidades humanas porque* [...] *é a qualidade que assegura as outras.*

Churchill sobre o rei Alfonso XIII da Espanha
em *Great Contemporaries*[1]

*Claro que sou egocêntrico. O que você consegue se não for?*

Churchill a Attlee, sem data[2]

Quando Churchill se tornou primeiro lorde do Almirantado, em 3 de setembro de 1939, um domingo, a Marinha Real era a maior do mundo, com doze navios de combate, seis porta-aviões, 56 cruzadores leves e pesados e mais de 180 destróieres.[3] Mas a natureza da guerra naval se transformara drasticamente nos 24 anos desde que ele estivera no cargo. "Pela primeira vez na história", escreveu depois o almirante William James, vice-comandante do Estado-Maior Naval, "não haveria grandes armadas se encarando frente a frente em mares estreitos e entrando majestosamente em combate, e sim confrontos entre embarcações de alta velocidade com severas restrições à liberdade de movimento impostas pelo aeroplano."[4] Os submarinos iriam criar obstáculos às linhas de comunicação oceânica da Grã-Bretanha ainda maiores do que na Grande Guerra — com efeito, naquela mesma noite de 3 de setembro, o navio de passageiros *Athenia*, indo de Glasgow para Montreal, foi torpedeado por um submarino alemão, afogando 112 passageiros, entre eles 28 norte-americanos, poucas horas depois da declaração de neutralidade dos Estados Unidos.

Churchill também voltava a um Almirantado muito diferente do que deixara em 1915. O Departamento de Guerra que instituíra agora tinha grandes divisões de Operações e Planejamento, chefiadas por oficiais que havia muito vinham se preparando para aquela guerra. O almirante James ficou impressionado com o admirável entendimento de Churchill sobre a guerra marítima, em especial suas numerosas minutas sobre a formação de unidades de busca para perseguir os agressores alemães nos oceanos, o projeto de navios para combater submarinos, a criação de uma barragem de minas entre a Escócia e a Noruega, modificando o sistema de comboio, e muitas outras questões.[5]

Churchill suspendeu imediatamente a autorização de construção de todos os cruzadores que estavam sendo montados em conformidade com o Acordo Naval anglo-germânico, pois agora seria possível instalar novos armamentos em navios existentes, capazes de enfrentar os cruzadores alemães de canhões de oito polegadas. Alguns dias depois, ele suspendeu os trabalhos em todos os navios de combate que seriam lançados antes de 1942, para que os estaleiros se concentrassem na construção de destróieres para combater a ameaça dos submarinos, que via se avultar desde o primeiro semestre de 1940. Insistiu numa redução da tonelagem dos destróieres, para que mantivessem a agilidade, determinou a instalação de radares em todas as embarcações e, como na Grande Guerra, solicitou que todos os navios mercantes navegassem armados.[6] Também modificou as rotinas para permitir mais descanso às tripulações dos destróieres e cancelou a regulamentação referente à obrigatoriedade de uma corte marcial a cada vez que algum navio fosse atingido, coisa que, a seu ver, desencorajava a iniciativa pessoal.

Como em 1911-5, Churchill se interessava pessoalmente por todos os aspectos da Marinha, por mais secundários que fossem. Suas minutas abrangiam temas variados, desde a destruição de informações confidenciais, o fornecimento de velas de emergência nos ataques aéreos, a condecoração para os varredores de minas, o número "lamentável" de "casacos felpudos" de lã grossa por navio, se os marinheiros deviam jogar gamão ou baralho (ele preferia o gamão, porque as partidas eram mais demoradas) até a remoção de lixo que podia bloquear os exaustores da "Cidadela" junto à House Guards Parade, que abrigava o Centro de Inteligência Operacional. Fez questão de que todos os escalões tivessem oportunidade de chegar ao grau de oficial em todas as áreas da Marinha, pois, como disse numa menção indireta ao improvável início de carreira de Hitler: "Se um telegrafista pode subir, por que não um pintor? Pelo visto, para os pintores não há nenhuma dificuldade em subirem na Alemanha".[7]

Não era de forma alguma inevitável que Churchill se entendesse bem com o primeiro lorde dos mares, o almirante Sir Dudley Pound, que fora o assistente naval adicional de lorde Fisher na Grande Guerra. Churchill, em caráter privado, criticara sua utilização da Frota Mediterrânea durante a crise albanesa em junho, e Pound vira Churchill de perto durante a derrota de Dardanelos. No entanto, os dois logo criaram apreço mútuo, que veio a se tornar um forte laço afetivo. Mesmo assim, Pound manteve a prerrogativa de rejeitar com frequência as propostas de Churchill, mas apenas quando estivesse em plena posse dos fatos. Sempre chamava Churchill de "Sir", em vez de "primeiro lorde" ou, mais tarde, "primeiro-ministro".[8] Como lembrou um colaborador próximo de ambos, "o temperamento de Pound, calmo e impassível como era necessário — nunca entrando em discussões acaloradas —, contribuía para a paz".[9] Churchill, que a essas alturas aprendera a lição dos Dardanelos, apreciava esse equilíbrio e força de caráter. "Pound [tem] o melhor cérebro na Marinha", iria dizer, "embora o mais cauteloso."[10] Com um primeiro lorde do Almirantado com instinto natural para ofensivas ousadas, um primeiro lorde dos mares cauteloso vinha bem a calhar. "O primeiro lorde dos mares normalmente concordava com o que Winston propunha", relembrou o almirante Sir Guy Grantham sobre o método de trabalho dos dois. "Depois de sair da Sala de Mapas, Pound ia ver com o Estado-Maior Naval o que era possível fazer e enviava os sinais com as ordens operacionais necessárias. Estava sempre pronto para enfrentar depois qualquer reclamação de Winston por ter mudado alguma coisa."[11] Era um sistema de relações entre um civil e um militar que funcionava muito bem, mas que dependia inteiramente do respeito mútuo entre Churchill e Pound. Quatro meses depois de começarem a trabalhar juntos, e a despeito das pequenas e grandes intervenções de Churchill, o primeiro lorde dos mares escreveu ao comandante-chefe da Frota Nacional, o almirante Sir Charles Forbes: "Tenho a maior admiração por W.S.C., e suas boas qualidades são tais e seu desejo de atingir o inimigo é tão grande que sinto que devemos hesitar em rejeitar qualquer proposta dele".[12]

Churchill não se contentava com um Plano de Guerra baseado em proteger comboios e manter um bloqueio cerrado à Alemanha e estava sempre procurando formas de fazer frente ao inimigo. Meros três dias depois do começo da guerra, ele propôs a Operação Catherine, um plano "para forçar uma passagem no Báltico e manter lá uma força naval".[13] A intenção era cortar o fornecimento de minério de ferro à Alemanha por parte da Suécia e, talvez, interferir na política de neutralidade da Rússia. Ele queria converter navios de combate mais velhos para servirem nas águas estreitas do Skagerrak, conferindo-lhes bojos largos antitorpedo, conveses blindados mais fortes e uma quantidade maior de baterias antiaéreas.

Pound não levantou objeção direta ou imediata a esse plano excepcionalmente arriscado, mas pediu ao almirante conde de Cork e Orrery que fizesse um exame completo da proposta com o Estado-Maior Naval. Então foi minando o plano por fases, insistindo que não deviam envolver a Rússia, pedindo uma "cooperação ativa" da Suécia (que sabia que nunca viria), destacando o perigo do gelo de inverno e apontando que uma invasão alemã da Dinamarca isolaria a frota estacionada no Báltico. Também relembrou a Churchill a quantidade de destróieres necessários para a proteção dos comboios.[14]

"Eu jamais poderia ser responsável por uma estratégia naval que excluísse o princípio da ofensiva e nos relegasse a manter abertas as linhas de comunicação e a conservar o bloqueio", escreveu Churchill a Pound em 11 de dezembro, mas a Operação Catherine estabeleceu o padrão do tipo de abordagem de Pound, utilizando cuidadosas análises técnicas para afastar Churchill de planos inviáveis, sem precisar em momento algum usar a palavra "não".[15] Depois de quatro meses de discussão, Churchill finalmente concordou em arquivar a ideia. Em suas memórias, alegou que várias figuras do alto escalão do Almirantado, como Tom Phillips, vice-comandante do Estado-Maior Naval, e Bruce Fraser, terceiro lorde dos mares, haviam manifestado "forte apoio" ao plano, sendo que, na verdade, tinham sido tão contrários quanto Pound, bem como o vice-almirante John Godfrey, diretor da Inteligência Naval.[16]

Naquele primeiro dia, ao determinar que o capitão Richard Pim organizasse a Sala de Mapas de Churchill, Pound admitiu: "Não vai ser fácil".[17] Conforme o esperado, já no dia seguinte, Churchill deu apenas 48 horas ao alto e perspicaz irlandês para deixá-la pronta para uso. Foi o que ele fez, e a partir de então Pim e sua equipe marcavam a posição de todos os navios, submarinos e esquadrões aéreos britânicos, aliados, neutros ou do Eixo que fossem significativos nas cartas náuticas e nos mapas afixados em quadros cercando toda a Antiga Biblioteca do Primeiro Lorde, que dava para a Horse Guards Parade. "Muito bom, muito bom", disse Churchill ao ver a sala na primeira vez, "mas os mapas terão de ser substituídos. Quando você me conhecer melhor, saberá que só pinto em tons pastel. Essas cores fortes sob as lâmpadas iriam causar a você e a mim fortes dores de cabeça."[18] Foram providenciados novos mapas, além de iluminação especial e outras linhas telefônicas. Onde sobrou algum espaço na parede, Churchill pendurou seus próprios quadros.

Uma carta náutica mostrava posição, velocidade, composição e destino de cada comboio. Churchill também queria saber o nome de todos os comandantes de escolta e as condições climáticas que enfrentavam. Quando recebiam o aviso de um temporal, afixavam no quadro um golfinho de papelão.[19] O mapa incluía as datas de saída dos comboios e detalhes do desembarque. Sir John Gilmour, ministro da marinha mercante, certa vez recebeu um telefonema no meio da noite; era Churchill, comentando: "Parece-me que aqueles navios que estão carregando no rio da Prata já devem ter saído. Por favor, envie-me um relatório".[20] Ao tomar conhecimento de um navio que cruzava o Atlântico com 7 mil toneladas de ovos, mandou Pim perguntar ao Ministério da Agricultura quantos ovos havia por tonelada e, ao receber a resposta, exclamou: "Você se dá conta de que essa carga representa um ovo para cada duas pessoas nas Ilhas Britânicas?".[21]

Todo dia às sete da manhã, Churchill ia até a Sala de Mapas, em seu camisolão de dormir, para ter um resumo dos relatórios noturnos. Costumava voltar durante o dia e realizar reuniões no local, especialmente durante as crises, e ia mais uma vez até lá antes de se deitar. Uma vez, quando topou com Pim de quatro no chão, trabalhando num mapa enorme, tendo ao seu lado o quepe virado para cima, Churchill tirou do bolso uma moeda de seis *pence* e largou no quepe.[22]

Em setembro, os Churchill desfizeram o contrato de aluguel de Morpeth Mansions e se mudaram para os dois andares de cima da Casa do Almirantado, onde tinham morado de 1911 a 1915. Um secretário particular comentou "a simpática sala de visitas com sua mobília feia e estranha decorada com golfinhos" e um aposento reservado com a escrivaninha de Churchill, tendo uma mesa próxima "forrada de garrafas de uísque etc.". Sobre ela havia palitos de dente, medalhas de ouro usadas como peso de papel, "incontáveis pílulas e pós" e punhos especiais para proteger as mangas do casaco e não deixar que se sujassem, parecidos com os usados pelos criados para polir pratarias.[23] Brendan Bracken se tornou o secretário particular parlamentar de Churchill, seus olhos e ouvidos em Westminster, função na qual era excelente. O "Prof" Lindemann se tornou um "Consultor Pessoal do Primeiro Lorde em Desenvolvimento Científico" não remunerado e se instalou no Hotel Carlton, ali próximo, podendo assim se reunir a Churchill depois do jantar, para trabalharem e conversarem até tarde da noite.[24] Lindemann criou sua Seção de Estatística no Almirantado, que fornecia a Churchill dados próprios, independentes de outros departamentos.

Todas as terças à noite, quando estava no Almirantado, Churchill dava jantares para catorze pessoas. Começavam com um ponche de leite sueco que, segundo um de seus assistentes, era "um grande sucesso como 'aperitivo da festa'".[25] Os jantares reuniam ministros, servidores civis de alto escalão e membros do Conselho do Exército, do Conselho da Aviação e da Junta do Almirantado numa atmosfera informal e descontraída.

O capitão de corveta C. R. "Tommy" Thompson, assistente pessoal de Churchill na Junta do Almirantado, fora-lhe apresentado por Bracken, a quem conhecera no *Enchantress* quando Duff Cooper era primeiro lorde. Thompson tinha 45 anos e deixaria a ativa dali a poucas semanas. Passara treze anos comandando submarinos, mas não foi promovido porque encalhara com o *Oberon* num banco de areia durante algumas horas, no começo dos anos 1930, na densa cerração do Tâmisa. Mais tarde, disse que foi "a maior sorte que tive na vida" porque foi convidado a trabalhar como assistente pessoal de Churchill durante toda a guerra. Não dava consultoria, mas estava encarregado de organizar o cotidiano de Churchill e sobretudo a logística de suas inúmeras viagens ultramarinas. Portanto, muitas vezes essas viagens tinham Tommy Thompson como organizador e Walter Thompson como oficial de segurança.

A volta ao governo deu a Churchill uma oportunidade para restaurar relações desgastadas e criar contatos valiosos. "Winston Churchill veio me ver", anotou o rei no diário, em 5 de setembro. "Muito satisfeito em estar outra vez em serviço. Queria mais destróieres. Gostou da Junta do Almirantado."[26] As relações de Churchill com o rei, que não confiava nele por causa da Crise da Abdicação e de seus ataques à política de apaziguamento, foram melhorando de forma ininterrupta e constante. Para isso contribuía o monarquismo de Churchill; mesmo em conversas pessoais e informais, Churchill se referia a ele como "nosso nobre rei".[27] O rei ingressara na Marinha em 1909 e servira na Batalha da Jutlândia; assim, os dois tinham as Forças Navais como elemento em comum e começaram a tentar criar um vínculo que, ao fim, veio a ser dos mais sólidos da vida pública de Churchill. No primeiro ano da guerra, porém, o rei estava mais próximo de lorde Halifax, por temperamento e posição política, e Lady Halifax era uma das damas de companhia da rainha.

Logo que assumiu o cargo, Churchill começou a escrever regularmente a Chamberlain, somando treze cartas nas seis primeiras semanas, cobrindo todos os aspectos da guerra, o que, como membro do Gabinete de Guerra, tinha todo direito de fazer. O primeiro-ministro reclamou da extensão das mensagens e disse: "Entendo, claro, que as cartas se destinam a ser citadas no livro que escreverá a partir de agora".[28] Talvez Chamberlain não estivesse totalmente errado, mas com certeza não era essa a finalidade básica dessa comunicação. Em 18 de setembro, para tomarmos apenas um exemplo entre dezenas, Churchill escreveu a Chamberlain informando o número de civis necessários para produzir 2 mil aviões de guerra por mês, assinalando que o Exército devia chegar a 55 divisões em dois anos (contra noventa em 1918) e demonstrando que, com um "encaixe atento", era possível garantir que a produção de aço e explosivos não concorreria com a produção de aviões.[29]

A nova relação mais importante que Churchill criou como primeiro lorde, porém, não foi por iniciativa sua. Em 11 de setembro de 1939, o presidente Franklin Roosevelt inaugurou uma correspondência com Churchill que viria a ter uma importância histórico-mundial e que abriu uma segunda linha de comunicação com o governo britânico, independente de Chamberlain, embora com seu conhecimento. "Meu caro Churchill", começava o presidente. "É porque nós dois ocupamos posições semelhantes na [Primeira] Guerra Mundial que quero que você saiba como me alegra que esteja de volta ao Almirantado [...]. Quero que você e o primeiro-ministro saibam que sempre acolherei bem se me mantiverem pessoalmente em contato qualquer coisa que queiram me dar a saber."[30] Terminava a carta com uma nota pessoal: "Fico contente que você tenha feito os volumes de Marlboro antes que essa coisa começasse — e gostei muito de lê-los". Churchill agarrou a oportunidade, escolhendo "Indivíduo Naval" como um codinome não propriamente indecifrável. (Ao se tornar primeiro-ministro, trocou para "Ex-Indivíduo Naval".) Ao longo dos cinco anos seguintes, enviou 1161 mensagens a Roosevelt e recebeu 788 respostas, numa média de uma carta a cada dois ou três dias pelo resto da vida do presidente norte-americano. Esses quase dois anos de amizade epistolar prepararam ambos para o histórico encontro de agosto de 1941.

Em 11 de setembro no Other Club, Churchill e Chatfield propuseram um brinde a lorde Gort, membro do clube que recebera a Cruz Vitória na Batalha do Canal du Nord em 1918 e estava de partida para a França, para assumir o comando da Força Expedicionária Britânica, enviada para lá no início da guerra. Também foi enviado um telegrama de congratulações a outro membro, o general Jan Smuts, pela votação parlamentar de oitenta votos a 67 que aprovou o ingresso da África do Sul na guerra ao lado dos Aliados, com o que ele voltara a ocupar o cargo de primeiro-ministro. Se a África do Sul não tivesse se unido aos Aliados — ou pior, se tivesse se unido ao Eixo, como queriam alguns nacionalistas africâneres —, provavelmente seria impossível proceder ao fundamental reabastecimento da Índia e do Egito.[31]

Naquela noite, lorde Trenchard propôs aos colegas do clube que a RAF devia bombardear a Alemanha a partir de suas bases francesas. O chefe do Comando de Bombardeiros, marechal do ar Sir Edgar Ludlow-Hewitt, participou da discussão, bem como o almirante da Frota Sir Roger Keyes. Churchill reunia à volta de sua mesa de jantar no Savoy um volume de experiência e de altas patentes na ativa que empatava ou até superava o que Chamberlain tinha no próprio Comitê de Chefes do Estado-Maior. Durante toda a guerra, esses jantares no Other Club renderam a Churchill ideias, argumentos e estatísticas que pôde utilizar com proveito.

No Gabinete de Guerra, Churchill sempre adotava a posição mais agressiva. Quando os demais membros, no início do conflito, foram contrários a iniciar o bombardeio da Alemanha, ele disse que "não via por que o repugnante sono estentóreo dos boches devia permanecer imperturbado".[32] Quando a discussão girava em torno do melhor tamanho de bomba a ser usada, Churchill queria as maiores possíveis, do contrário, como disse ele, "tanto valia soltar castanhas assadas".[33] O cúmulo do absurdo na chamada Guerra de Mentirinha — o período de oito meses desde o início do conflito, mas antes que se iniciasse qualquer combate terrestre entre os britânicos e os alemães — aconteceu quando a RAF foi impedida de atingir alvos na Floresta Negra porque grande parte dela era de propriedade privada.[34] "Até o presente, não posso dizer que julgo que W.C. tenha sido especialmente útil", foi a avaliação de Chamberlain em 17 de setembro, "embora certamente fosse se mostrar um espinho muito problemático em nossa carne se tivesse ficado de fora."[35] Dois dias depois, Churchill sugeriu pela primeira vez a possibilidade de comprar vinte destróieres velhos dos norte-americanos e pedir de volta o porto de Berehaven a De Valera pelo período de duração da guerra. Também queria interromper o fluxo de minério de ferro de Narvik para a Alemanha, infringindo a soberania da Noruega, que era neutra, e criando áreas minadas que obrigariam os navios germânicos a deixarem as águas territoriais norueguesas e irem para o mar aberto. Devido à oposição do Gabinete e do Ministério das Relações Exteriores, as minas só foram postas nas águas da Noruega em abril de 1940, os norte-americanos não enviaram nenhum destróier até setembro de 1940 e Berehaven nunca foi usado para salvar a vida de marinheiros britânicos.[36]

Em 14 de setembro, Chips Channon anotou em seu diário: "Disseram-me que Winston já está criando dispersão no Almirantado com sua interferência e energia".[37] Churchill colocava três tipos de etiquetas nas minutas e memorandos que saíam de seu escritório. Uma estipulava "Ação hoje", outra "Relatório em três dias" e a outra "Relatório o mais breve possível".[38] Tommy Thompson comentou que a segunda e a terceira raramente eram usadas, e logo saíram de circulação. A etiqueta de "Ação hoje", que era vermelha, desencadeava uma visível atividade nos destinatários. Quando Sir James Lithgow, inspetor dos Estaleiros de Navios Mercantes, surripiou algumas etiquetas do escritório de Churchill, ficou "extremamente entusiasmado com os resultados que produziam"; mas logo foi pego e teve de devolver o restante.[39] Em 18 de outubro de manhã, o ministro adjunto de Churchill no Almirantado, Sir Geoffrey Shakespeare, chegou a seu escritório e encontrou uma minuta na mesa, com a etiqueta "Ação hoje", dizendo: "Estou preocupado com a falta de peixes [...]. Precisamos de uma política de 'máximo de peixes'. O secretário parlamentar trará seu relatório a mim à meia-noite com suas propostas. W.S.C.".[40]

Shakespeare providenciou que o Ministério da Agricultura convocasse uma reunião com os donos de traineiras de Hull, Grimsby e outros locais e representantes da Marinha para explicar a proteção que teriam contra os submarinos. Criou-se um novo Conselho de Promoção à Pesca, e Ernest Bevin, o poderoso secretário-geral do Sindicato de Trabalhadores Gerais e de Transportes, foi convidado ao Almirantado para ajudar a fomentar a política de "máximo de peixes". Churchill lhe disse: "Precisamos lutar por essa parte de nosso abastecimento alimentar com o mesmo vigor com que lutamos contra os submarinos".[41] Em janeiro, Churchill pediu a Bevin uma cópia de um discurso que ele proferira no Instituto de Transportes, defendendo um único órgão encarregado dos transportes pelo período de duração da guerra. Churchill e Bevin vinham de origens bem distintas, tinham interesses diferentes e, claro, haviam ocupado lados opostos durante a greve geral, mas a admiração entre eles foi mútua, imediata e genuína.

Churchill teve a sorte de ficar encarregado do único setor envolvido plenamente com a guerra desde que as hostilidades começaram, em 3 de setembro. O Exército estava estacionado na fronteira franco-belga, enquanto a RAF sobrevoava a Alemanha soltando panfletos de propaganda. Os oito meses a partir de setembro podem ter ganhado os apelidos de "Guerra de Mentirinha" e de "Guerra Enfadonha", mas não havia nada de mentirinha nem de tedioso na guerra por mar.

O primeiro comboio transatlântico partiu em 6 de setembro. Churchill e o Almirantado haviam aprendido a lição da Grande Guerra: a maneira mais segura de transportar suprimentos era em grupo, com vários navios mercantes navegando juntos e protegidos por uma barragem de navios de guerra. Seria melhor utilizar os navios de combate engajados em "grupos de caça" em missões de busca e destruição de submarinos para a escolta de comboios. Apesar disso, a escolta de proteção nunca foi garantia de sobrevivência: em 17 de setembro, um dos seis porta-aviões britânicos, o HMS *Courageous*, carregando 52 aeroplanos, foi afundado por um submarino a oeste da Irlanda, embora estivesse escoltado por quatro destróieres. Churchill cometera o erro de pensar que a invenção do sonar neutralizaria a ameaça dos submarinos.[42] Mas, como aprendia rápido, logo pôde informar aos colegas que, graças às informações colhidas entre os sobreviventes de um submarino, "estamos aumentando a profundidade de nossos ataques subaquáticos".[43]

A energia de Churchill era, de fato, inesgotável. Num único dia, tomado quase aleatoriamente entre todo esse período — quinta-feira, 21 de setembro de 1939 —, ele persuadiu o Gabinete de Guerra a aprovar a construção de mais 200 mil toneladas de navios, "com a ideia de manter uma produção anual de pelo menos 1,1 milhão de toneladas brutas"; contribuiu para o debate do Gabinete sobre a defesa aérea; visitou instalações navais em Portsmouth e arredores; escreveu onze cartas, inclusive uma a Chamberlain sobre o Gabinete de Guerra, uma a Pound sobre o aperfeiçoamento de porta-aviões e redes de torpedos, uma a Phillips sobre a colocação de minas em correntes fortes e minas magnéticas lançadas por aeroplanos, uma ao almirante Little sobre um navio com cinema em Scapa Flow, uma ao contra-almirante Geoffrey Arbuthnot, quarto lorde dos mares, sobre a estocagem subterrânea de combustível, uma a Sir Archibald Carter, secretário permanente do Almirantado, sobre o naufrágio do *Athenia*, e a outros mais sobre navios em portos disparando contra os atacantes alemães.[44] Os dias geralmente produziam uma quantidade análoga de ideias e de "interferências", na definição de Channon.

Em 26 de setembro, Churchill fez seu primeiro discurso na mesa da Câmara depois de dez anos. Chamberlain o precedeu, e Harold Nicolson registrou que, enquanto o primeiro-ministro falava, "sente-se a confiança e o ânimo da Câmara diminuindo pouco a pouco. Quando ele se senta, não há praticamente nenhum aplauso. Durante todo o discurso, Winston Churchill ficara sentado a seu lado, encurvado, parecendo o deus chinês da abundância sofrendo de uma indigestão aguda. Só fica ali sentado, sombrio, encurvado e rotundo, e então se levanta. É saudado com uma sonora aclamação de todas as bancadas, e começa a nos falar sobre a posição naval". Começou com um gracejo,* comentando como era estranho se encontrar na mesma sala no Almirantado, com os mesmos mapas, enfrentando o mesmo inimigo e lidando com os mesmos problemas. Então, sorrindo e baixando os olhos para Chamberlain, disse: "Não faço ideia de como ocorreu essa curiosa mudança em meu destino".[45] Nicolson anotou: "Toda a Câmara soltou gargalhadas sonoras e Chamberlain não teve a decência sequer de esboçar um pálido sorriso. Parecia apenas mal-humorado".[46]** E era mesmo o caso, pois essa foi a primeira de uma longa série de apresentações parlamentares num tom quase perfeito de propaganda, em que Churchill mostrava seus méritos como futuro sucessor de Chamberlain.

Nicolson, claro, era um antichamberlainista militante, mas mesmo um dos maiores apoiadores de Chamberlain, Chips Channon, manifestou admiração pelo discurso de Churchill. "O primeiro-ministro fez seu nobre discurso usual: infelizmente, a ele se seguiu Winston, que realizou um tour de force, uma atuação e exposição brilhante, descrevendo detalhadamente o trabalho do Almirantado. Divertiu e impressionou a Câmara [...] deve ter tido um imenso trabalho nesse discurso, o qual fez um grande contraste, que muitos notaram, com a declaração insípida do primeiro-ministro."[47] Lorde Crawford, crítico de Churchill por mais de quarenta anos, notou que no Grillions Club, onde os ministros haviam se afastado dele durante os Anos de Desterro, agora "todos aplaudiram o discurso vigoroso de Churchill descrevendo a situação naval — proveitoso, esperançoso, decidido; o exato tônico de que a Câmara dos Comuns precisava e um verdadeiro contraste com o seco resumo de Chamberlain, sem luz nem sombra. Churchill deu um baile em Chamberlain, e creio que o fez com gosto".[48] De fato, Churchill tivera muito trabalho para preparar o discurso, mas, até aí, não havia

* Não registrado no Hansard.

** Não à toa Bracken apelidou Chamberlain de "o Legista". O industrial Baldwin era "o Ferrageiro".

nisso nada de especial, pois sempre ele se dedicava muito a todos, reescrevendo e ensaiando várias vezes.

Churchill apresentou as várias atividades em forma narrativa; quanto à guerra de submarinos já em andamento, disse que era "dura, generalizada e penosa, uma guerra de investidas e naufrágios, uma guerra de emboscadas e estratagemas, uma guerra de ciência e habilidade marítima".[49] Como observou Nicolson:

> Sua apresentação foi realmente estupenda e ele fez vibrar todas as cordas, da grave preocupação à frivolidade, da resolução à pura criancice. Podia-se sentir o ânimo da Câmara se avivando a cada palavra. A partir daí ficou muito evidente que a inadequação e falta de inspiração do primeiro-ministro ficaram patentes mesmo para seus mais calorosos apoiadores. Naqueles vinte minutos, Churchill chegara mais perto do cargo de primeiro-ministro do que jamais estivera antes. Depois, havia nos corredores até chamberlainistas dizendo: "Agora encontramos nosso líder". Velhos parlamentares confessaram que, em sua experiência, nunca tinham visto um único discurso mudar tanto o estado de espírito da Câmara.[50]

Antes de poder se tornar primeiro-ministro, Churchill precisava parecer um, e foi o que fez, numa série de discursos desse gênero nos oito meses seguintes. Seu maior rival na sucessão, lorde Halifax, não estava na Câmara dos Comuns e nada tinha de orador. Se Margesson, como muitos suspeitavam, insistira que se desse o Almirantado a Churchill porque "precisava ser 'dopado' tendo um departamento que ocupasse todo o seu tempo", o tiro saíra pela culatra de forma espetacular. Churchill passara a ter liberdade de fazer discursos animadores sobre questões de vida ou morte, os quais, com seu senso de humor e de finalidade, colocavam sistematicamente os outros rivais à sombra.[51] (Ele eliminou um gracejo do discurso de setembro, por ser frívolo demais; iria dizer: "Nossos destróieres então atraíram aquele submarino específico, e tudo o que se viu dele depois foram uma grande mancha de óleo e uma porta que subiu à superfície, trazendo minhas iniciais".)[52]

John Reith saiu da BBC no final de 1938 e, assim, não havia mais nada a impedir que Churchill falasse via rádio. Em sua primeira transmissão radiofônica durante a guerra, em 1º de outubro, ele disse: "A defesa heroica de Varsóvia mostra que a alma da Polônia é indestrutível e que se reerguerá como uma rocha, que uma onda pode fazer submergir por algum tempo, mas continua a ser uma rocha".[53] "A Rússia adotou uma fria política de interesse próprio", acusou Churchill, e admitiu francamente: "Não sou capaz de prever para vocês qual será a ação da Rússia. É uma charada envolta em mistério dentro de um enigma: mas talvez haja uma chave. Essa chave é o interesse nacional russo. Não pode ser do interesse ou da segurança da Rússia que a Alemanha se instale nas costas do mar

Negro, ou que domine os países balcânicos e submeta os povos eslavos do sudeste europeu. Isso contrariaria os interesses vitais históricos da Rússia".[54] Afirmou que a guerra duraria enquanto Hitler "e seu grupo de homens cruéis, cujas mãos estão manchadas de sangue e enlameadas de corrupção, conseguirem manter o controle sobre o povo alemão dócil e infeliz". A seguir, sua velha amiga Ettie, Lady Desborough, escreveu para dizer que a transmissão foi "uma pedra de toque animando nossos corações. Você me fez sentir que tudo o que mais importa é invencível, abrigado serenamente em algum lugar — mantermo-nos todos unidos".[55] Ela perdera dois filhos na Grande Guerra, mas se sentiu fortalecida pelas palavras de Churchill, bem como milhões de britânicos, quando os lares e pubs ligaram o rádio no noticiário das nove da noite, e ele imbuiu os ouvintes de uma disposição combativa que a fraseologia digna mas pouco heroica de Chamberlain simplesmente era incapaz de despertar.

Na noite seguinte, o rei elogiou Churchill pela transmissão. Registrou em seu diário: "Em resposta à minha pergunta se não deveríamos ajudar a Alemanha a impedir que o bolchevismo entrasse na Alemanha, ele disse que o nazismo e o bolchevismo eram igualmente ruins e não havia muita escolha entre eles".[56] Parece espantoso que, quando a Grã-Bretanha estava de fato em guerra contra a Alemanha nazista, Churchill precisasse explicar ao rei que o bolchevismo não era a pior ameaça. E essa não seria a única conversa dos dois sobre a questão. À primeira vista, a postura de Churchill em relação à Rússia parece das mais incoerentes.[57] Ele começou tentando ajudar os russos nos Dardanelos em 1915; a seguir declarou uma profunda inimizade com os bolcheviques; no final dos anos 1930 defendeu uma aliança com eles; em 1939-40 apoiou a Finlândia na guerra contra o Exército Vermelho; em 1941 firmou da noite para o dia uma aliança da Grã-Bretanha com a União Soviética; em 1946, passou a denunciá-la e apenas nos anos 1950 procurou estabelecer uma *détente* com os soviéticos. Churchill trocou duas vezes de partido na Câmara dos Comuns, mas mudou de posição em relação à União Soviética nada menos que seis vezes. A explicação não consiste tanto numa falta de coerência, como se alega muitas vezes, e sim numa avaliação dos "interesses vitais históricos" do Império Britânico em cada contexto.

Num jantar do Grupo de Eden no Carlton Club em 3 de outubro, Waldorf Astor afirmou ser essencial que Churchill se tornasse primeiro-ministro. Harold Nicolson então sugeriu que, depois que Chamberlain declinara a esperada proposta de paz de Hitler, "quando a guerra realmente começar, haverá uma tal explosão de indignação pública que será necessário formar uma Coalizão. É evidente que nenhum dos líderes da oposição ingressará num Gabinete que tenha Chamberlain, Simon e Hoare, e que, portanto, a remoção desses três se dará quase automaticamente".[58] Duff Cooper e Leo Amery acrescentaram que não havia tempo a perder.

Tais discussões entre parlamentares e outras figuras importantes desmentem a ideia de que os políticos contrários ao apaziguamento não tinham nenhum plano em maio de 1940 e que a nomeação de Churchill como primeiro-ministro se deu por uma combinação mágica de sorte e circunstâncias.[59] Na verdade, os rebeldes tories e do Governo Nacional vinham discutindo por sete meses inteiros exatamente o cenário que então se apresentou. Mesmo numa reunião edenista, o nome que aflorava era o de Churchill, e não o do próprio líder deles, que até então, em seu cargo secundário de ministro dos Domínios, não fizera nenhum discurso inspirador.

Aos 28 anos de idade, Randolph, que se juntara ao 4º Regimento dos Hussardos com a eclosão da guerra, casou-se com Pamela Digby, a bela e extrovertida filha do 11º barão Digby, na St. John's Smith Square, em 4 de outubro de 1939. À cerimônia seguiu-se um bufê de almoço para sessenta pessoas na Casa do Almirantado. Quando alguém comentou que Randolph não tinha dinheiro suficiente para se casar, Churchill retrucou: "Do que eles precisam? Charutos, champanhe e uma cama de casal".[60] A congregação aclamou o pai do noivo ao entrar na igreja, o que não é de forma alguma um costume britânico, mas fazia apenas três dias que ele apresentara sua inspiradora transmissão via rádio. Segundo Maud Russell, que estava entre os presentes, Churchill "chorou muito durante a cerimônia".[61] Ela também comentou com certa malícia o casamento de Randolph: "Não tenho a menor dúvida de que ele está se casando porque acha que é a hora e que é certo que Winston tenha um neto. Nesses últimos meses, ele pediu em casamento quatro ou cinco mulheres". Randolph cometeu um erro ao se casar com Pamela, de dezenove anos, pouco antes de partir em longas missões no exterior. Ele até podia estar pronto para a vida matrimonial, mas a noiva certamente não estava.

Dois dias depois, Maisky recebeu um chamado para ir a uma reunião no Almirantado às dez da noite. "Não é propriamente a hora usual para receber embaixadores na Inglaterra, mas a situação atual está longe de ser usual e o homem que me convidou também está longe de ser usual!".[62] Ele comentou que as paredes do escritório de Churchill estavam forradas com uma coleção dos mais variados mapas de todos os cantos do mundo, marcadas com uma profusão de rotas marítimas. "Uma lâmpada com um quebra-luz largo e escuro pende do teto, oferecendo uma luz suave muito agradável."[63]* Churchill disse que ficaria "feliz em filosofar sobre a singular aventura romanesca de meu retorno a esta sala depois de um quarto de século, não fosse a diabólica tarefa atual de destruir navios e vidas humanas".[64]

* Era a mesma que estivera lá em 1911-5, depois foi retirada e reposta quando Churchill voltou.

Os dois discutiram os termos de paz que Hitler (como previra o Grupo de Eden) anunciara naquele dia no Reichstag, nos quais mencionou três vezes o nome de Churchill — "Se, porém, prevalecerem as opiniões do sr. Churchill e de seus seguidores", avisou o Führer a certa altura, "esta terá sido minha última declaração" — e nenhuma vez o de Chamberlain. Hitler propusera paz desde que fosse autorizado a manter a Polônia e a Tchecoslováquia e as colônias da Alemanha fossem devolvidas, e com isso a Grã-Bretanha teria permissão para conservar seu império. Quando Maisky expôs os termos, Churchill "se pôs de pé num salto e começou bruscamente a percorrer a sala de um lado para outro", dizendo: "De minha parte, considero-as absolutamente inaceitáveis. São os termos de um vencedor! Mas ainda não fomos vencidos! Não, não, ainda não fomos vencidos! [...] Alguns de meus amigos conservadores aconselham a paz. Temem que a Alemanha se torne bolchevique durante a guerra. Mas sou inteiramente a favor da guerra até o final. Hitler precisa ser destruído. O nazismo precisa ser esmagado de uma vez por todas. A Alemanha que vire bolchevique. Isso não me assusta. Melhor o comunismo do que o nazismo".[65]

Churchill continuou a deixar clara sua antipatia pelo comunismo mesmo nessas circunstâncias e perante o embaixador soviético, mas também estava preparado para ser firme e pragmático, dizendo a Maisky que os interesses britânicos e soviéticos "não colidem em nenhum ponto".[66] Em outubro de 1939, a União Soviética obrigara os três Estados Bálticos — Lituânia, Letônia e Estônia, até então independentes — a aceitarem bases do Exército Vermelho em seus territórios, e iria ocupá-los e anexá-los em maio e junho do ano seguinte. "Em essência", disse Churchill, "as últimas ações do governo soviético no Báltico correspondem aos interesses britânicos, pois diminuem o potencial *Lebensraum* de Hitler. Se os Países Bálticos têm de perder a independência, é melhor para eles serem incluídos no sistema estatal soviético do que no alemão."[67] Não havia como saber que os Estados Bálticos, depois disso, ficariam sob controle soviético por meio século. Mas esse extravagante enlace com a Rússia era um expediente temporário, nascido da guerra. Ele tomou providências para que a Grã-Bretanha nunca reconhecesse as anexações, salvaguardasse o ouro báltico em Londres e continuasse a conceder reconhecimento diplomático aos países anexados.

Em 9 de outubro, o rei mencionou em seu diário um Churchill cansado, aos bocejos, "ocupado em fazer os rascunhos da resposta [de Chamberlain] a Hitler. Ele queria uma resposta muito mais dura [do que a proposta pelo Ministério das Relações Exteriores], mas eu disse: nesta fase deixe a porta aberta. Hitler não tem como conseguir tudo o que quer em seu país. É difícil conversar com Winston, mas com o tempo conseguirei a técnica correta, espero".[68] Como Churchill estava se empenhando para que o Gabinete de Guerra batesse a porta na cara de qualquer proposta de paz de Hitler, embora Halifax considerasse que "a negociação não [era] impossível", não causa admiração que o rei achasse difícil conversar com ele.[69]

Apesar do grande esforço de Rab Butler, vice-ministro das Relações Exteriores, em fazer todo o possível "para manter a porta ligeiramente entreaberta", em 12 de outubro Chamberlain finalmente anunciou uma explícita rejeição da proposta de paz de Hitler.[70] Channon, que era o secretário particular parlamentar e amigo íntimo de Butler, comentou que Churchill, "sentado do outro lado (não havia espaço na bancada do governo para seu traseiro barroco), somou-se à aclamação".[71] Naquele mesmo dia, prevendo que a agressão alemã redobraria, Churchill redigiu uma minuta a Pound, alertando: "Esses próximos dias são muito perigosos". Conforme esperado, aos 58 minutos da madrugada de 14 de outubro, o navio de combate HMS *Royal Oak* foi torpedeado quando estava ancorado na base da Marinha Real em Scapa Flow, nas Ilhas Orkney, afundando com 833 homens. Churchill atribuiu a responsabilidade pelas defesas precárias ao pão-durismo do Tesouro, assim como a culpa pela escassez de destróieres à parcimônia de Sir John Simon como chanceler do Tesouro.[72]

"Foi como um tremendo soco para Winston", relembrou o inspetor detetive Thompson. "Não pela primeira vez naqueles dias terríveis, ouvi-o murmurar: 'Se pelo menos tivessem dado atenção a mim alguns anos atrás, isso não aconteceria'."[73] Ainda na véspera, Churchill redigira um comunicado dizendo que a sexta-feira 13 seria dia de azar para os submarinos alemães, o que àquela altura parecia de uma arrogância absurda.[74] (Ele era muito supersticioso e atribuía "grande importância" ao fato de que o navio de combate fora afundado num dia em que, como disse a um assistente, "colocara por engano uma gravata preta em vez da usual com bolinhas".)[75] "Pobres sujeitos, pobres sujeitos", disse Churchill ao oficial que lhe trouxe a notícia do *Royal Oak*, "presos naquelas escuras profundezas." Mary relembrou que o pai "sentia tremendamente a perda de vidas. Percebia o que tudo aquilo significava, a perda dos grandes navios, a perda dos homens".[76] Demorou quase um mês — período em que o HMS *Belfast** e o HMS *Nelson* sofreram a explosão de minas — até que Churchill conseguisse persuadir o Almirantado a afundar os navios de bloqueio (em posição ainda hoje), a instalar canhões antiaéreos e as novas redes antitorpedo necessárias para melhorar as defesas em Scapa Flow. (Numa visita ao local, ele determinou que atirassem do falso navio de combate e do porta-aviões comida ao mar para que as gaivotas ficassem rodeando o local, e assim emprestassem verossimilhança a qualquer missão alemã de reconhecimento.)[77] "Sempre veja por si mesmo", recomendou Churchill a Hore-Belisha. "Quando você vê uma coisa funcionando, fica sabendo como ela funciona."[78]

* Hoje ancorado no Tâmisa.

Para Chamberlain, o destino do *Royal Oak* trouxe uma súbita percepção tardia, embora logo deixada de lado. "Como odeio e abomino essa guerra", disse a Ida em 15 de outubro. "Nunca pretendi ser ministro da Guerra e a imagem de todos aqueles lares destruídos com o *Royal Oak* me dá vontade de transferir minhas responsabilidades para outra pessoa."[79] Quanto a essa "outra pessoa", Chamberlain estava pensando em lorde Halifax, um dos poucos integrantes do governo com propensões ainda menos marciais do que ele próprio, e foi Churchill quem continuou a insistir numa ação urgente no Gabinete de Guerra. Avisou aos membros no final de outubro que "provavelmente se iniciarão ações decisivas" na primavera, e defendeu que se enviasse antes disso o maior número possível de soldados para a linha de frente.[80] Também queria "examinar as possibilidades de um desembarque alemão, principalmente agora que as noites estão ficando mais longas". Inskip reagiu a esse alerta reclamando que Churchill "sempre [demonstrara] uma imaginação fértil".[81] Em novembro, Churchill defendeu a Operação Marinha Real, plano para colocar milhares de minas fluviais ao longo do Mosela e outros afluentes franceses do Reno, o que resultaria, segundo esperava, na destruição de pontes alemãs e interrupção do tráfego fluvial.[82] De avião seriam lançadas outras bombas flutuantes no Ruhr. (Quando discutia o assunto com o comandante aéreo John Slessor, Churchill disse: "Esta é uma daquelas raras e felizes ocasiões em que pessoas respeitáveis como você e eu podemos gozar de prazeres normalmente reservados ao Exército Republicano Irlandês".)[83] A proposta enfrentou rígida resistência no Ministério das Relações Exteriores e "apavorou" Daladier e Gamelin, com o temor de que atrairia represálias alemãs contra a França.[84] Foi nesse momento que Lloyd George resolveu discursar em favor das negociações de paz. "Não sei o que [Lloyd] George está pensando", disse Churchill exasperado ao jornalista W. P. Crozier. "Pelo amor de Deus, nada de fraquejar agora; seria nossa total e absoluta derrota."[85]

Em 13 de novembro, Maisky almoçou com Churchill e Bracken na casa deste último, no número 8 da Lord North Street, em Westminster. "Por fora, uma casa pequena e muito simples", registrou o embaixador; "por dentro, um apartamento moderno magnificamente mobiliado, adequado a um representante da intelectualidade burguesa."[86] Churchill chegou atrasado, vindo de uma reunião do Gabinete de Guerra, mas "em ótima forma: vivaz, rejuvenescido, cheio de energia, com andar ágil". Dando uma tragada no charuto, disse a Maisky: "Seu pacto de não agressão com a Alemanha desencadeou a guerra, mas não guardo rancor por vocês. Fico até contente. Faz muito tempo que sinto que uma guerra com a Alemanha era *necessária*. Sem o pacto de vocês, teríamos hesitado e empurrado as coisas, até procrastinarmos a ponto de não podermos mais vencer a guerra. Mas venceremos, mesmo que nos custe muito caro".[87] Resumindo as observações de Churchill, Maisky concluiu: "Em tempos de paz, os britânicos muitas vezes parecem uns sibaritas glutões e mimados, mas em tempos de guerra e extremos viram uns buldogues bravos, agarrando a presa num aperto mortal".[88]

Em 23 de novembro, Churchill ficou empolgado com uma inovação importante na guerra contra as minas magnéticas. Um aeroplano alemão soltara uma nos alagadiços de Shoeburyness, logo ao norte do estuário do Tâmisa, que não explodira, mas ficava visível na maré baixa. Voltando do jantar no Other Club, ele convocou uma reunião imediata de todos os funcionários que serviam no Almirantado e de oitenta a cem dos diretores de todas as divisões e departamentos, para ouvir na íntegra o relato do primeiro-tenente Roger Lewis, que horas antes desarmou a mina com um martelo, uma chave de fenda e seu canivete enquanto a maré começava a subir. "Temos nossa recompensa", disse Churchill ao maravilhado público. O conhecimento assim obtido significava que a Marinha poderia desmagnetizar seus navios passando um cabo de cobre em volta deles.[89] Quando perguntaram a Lewis: "Você ficou com medo?", Pound interveio comentando que não era pergunta que se fizesse a um oficial da Marinha Real: "Com medo? Claro que ele não ficou com medo!".

Em 13 de dezembro, o primeiro-tenente Edward Bickford, capitão do submarino HMS *Salmon*, torpedeou dois cruzadores alemães, *Nürnberg* e *Leipzig*, os dois no mesmo dia, pelo que Churchill o condecorou imediatamente com uma Ordem de Distinção por Serviço e o promoveu a comandante. Tornaram-se amigos, e Churchill convidava com frequência o marinheiro de trinta anos, quando estava de licença, para jantar na Casa do Almirantado. No primeiro semestre de 1940, quando sua família percebeu o ar exausto e esgotado do rapaz bonitão e recém-casado, Churchill tentou convencê-lo a se afastar por algum tempo das operações ativas, mas Bickford respondeu que não poderia desertar de seus companheiros de navio.[90] Em 9 de julho de 1940, o HMS *Salmon* foi destruído e perdeu todos os seus homens num campo minado alemão nas águas do sudoeste da Noruega. Mais outro jovem Paladino morria. "É difícil me dar conta de que ele não existe mais", escreveu Mary no diário, "e que em algum lugar as ondas frias do mar estão arremetendo e desfazendo seu cadáver."[91]

Em 17 de setembro, a Rússia invadiu a Polônia pelo leste, em conformidade com as cláusulas secretas do Pacto Mólotov-Ribbentrop, e esmagou rapidamente toda a resistência, tomando um grande número de soldados locais como prisioneiros. Em meados do mês seguinte, como ainda não havia nenhuma atividade militar na Europa Ocidental, a ação principal se passava no mar, com a Marinha Real tentando afundar os inimigos alemães que atacavam os navios aliados no Atlântico. Durante a Batalha do Rio da Prata, em meados de dezembro de 1939, quando os três cruzadores do comodoro Henry Harwood, HMS *Ajax*, HMS *Achilles* e HMS *Exeter*, atacavam o cruzador blindado alemão *Graf Spee* (que Churchill pronunciava como "*Schpeee*" em vez de "*Schpay*"), o primeiro lorde do Almirantado quase não saiu da Sala de Mapas e ouviu pelo rádio o relato de uma testemunha ocular de nacionalidade norte-americana contando que o cruzador saiu às carreiras de Montevidéu ("*Monty-viddy-oh*"), capital do Uruguai, em 17 de dezembro. Ele quis enviar ordens a Harwood baseando-se no relato que estava escutando, em vez de aguardar os sinais que estavam sendo transmitidos por uma rede de estações nas Falklands, em Serra Leoa, em Gibraltar e decodificados em Whitehall, o que podia demorar até seis horas. Pound foi enérgico ao lhe dizer que ele não podia determinar o posicionamento dos navios da Marinha Real com base numa transmissão radiofônica norte-americana e devia deixar as decisões a cargo do comandante que estava no local.[92] Depois que o *Graf Spee* foi posto para correr, Churchill promoveu Harwood a contra-almirante e lhe concedeu o título de cavaleiro.

O retorno do HMS *Exeter* à Grã-Bretanha ofereceu a Churchill uma excelente oportunidade para incluir suas proezas no grandioso conjunto contínuo da história britânica. Foi a Plymouth e disse aos tripulantes:

> Quando vocês subiram o rio hoje de manhã, quando entraram no porto e viram as multidões aclamando às margens, seria quase de se pensar que havia outros espectadores nas grandes sombras do passado, levando-nos de volta aos dias de Drake e Raleigh, aos lobos do mar dos tempos de outrora. Se seus espíritos refletissem sobre essa cena, vocês poderiam lhes dizer: "Nós, seus descendentes, ainda travamos guerra e não esquecemos as lições que vocês nos ensinaram".[93]

Uma das Canções da Escola de Harrow se chama "When Raleigh Rose".

Churchill, sem dúvida, também se via contemplado pelas "grandes sombras do passado". Em fevereiro, as tripulações do HMS *Exeter* e do HMS *Ajax* (o HMS *Achilles* ainda estava no mar) foram convidadas para um almoço no Guildhall. Lá ele prosseguiu com o tema histórico: "Os heróis combatentes do passado podem baixar os olhos, assim como o monumento de Nelson agora baixa os olhos sobre nós, sem nenhum sentimento de que a raça insular tenha perdido sua ousadia ou que os exemplos que eles deram em séculos passados tenham esmaecido com o decurso das gerações".[94] Durante o ataque, Harwood citara a frase "A Inglaterra espera que todo homem cumpra seu dever", o sinal de Nelson na Batalha de Trafalgar. "Nem a nova ocasião, nem a conduta de todos os postos e graduações, nem o resultado final foram considerados indignos", declarou Churchill.[95] A seguir, Walter Thompson se mostrou preocupado com as dezenas e dezenas de marinheiros que o cercaram, escrevendo: "Os rapazes que chegaram perto de Winston lhe apertavam os braços e lhe batiam vigorosamente nas costas com sincero entusiasmo. O sr. Churchill é rijo, mas já não era jovem e alguns dos rapazes punham uma tremenda força nos afagos! Vi-o se retrair uma ou duas vezes, mas levou tudo aquilo com a maior disposição, abrindo imensos sorrisos".[96]

A Rússia atacou a Finlândia em 30 de novembro. Com isso, Churchill mais uma vez insistiu que a Grã-Bretanha e a França cortassem o abastecimento de minério de ferro à Alemanha, ocupando a extensa área de extração de Gällivare na Suécia e o porto norueguês de Narvik, de onde a matéria-prima era exportada para a Alemanha nos meses de inverno, quando o golfo de Bothnia ficava congelado. No mínimo, pressionou ele, a Marinha deveria obter autorização para colocar minas nas águas em torno de Narvik. Em 16 de dezembro, o Gabinete, guiado por Halifax, se manifestou contrariamente a tal violação da soberania de dois países neutros. Churchill reagiu apelando à moral acima da legalidade. "O tribunal final é nossa consciência", argumentou ele.

> Estamos lutando para restabelecer o primado da lei e para proteger os direitos de pequenos países. Nossa derrota significaria uma era de violência bárbara e seria fatal não só para nós, mas para a vida independente de todos os países pequenos da Europa [...]. As nações pequenas não devem amarrar nossas mãos quando estamos lutando pelos direitos e pela liberdade delas. A letra da lei não pode, numa emergência suprema, obstruir os que estão encarregados de sua proteção e aplicação [...]. Nosso guia deve ser a humanidade, mais do que a legalidade.[97]

O Gabinete o rechaçou outra vez.

Todavia, Churchill nunca se deixou derrotar por tais reveses. Leslie Hore-Belisha afirmou depois que seu sucesso na política se devia, em parte, à sua postura nas reuniões, totalmente diversa da demonstrada por outros políticos. "Quando entra numa reunião de Gabinete ou de comitê, ele sabe o que quer que seja feito. Tem um esquema, um plano, uma solução. Ficar ouvindo com paciência os outros exporem suas ideias não é de seu feitio. Ele toma a iniciativa com uma proposta sua para que os outros apoiem ou, se assim quiserem, ataquem."[98] Churchill sempre procurava garantir que as discussões sobre as linhas de ação se dessem em torno de sua pauta e de suas propostas. Também empregava gráficos, tabelas estatísticas e mapas para falar à imaginação visual dos ouvintes. "Se não consegue o que quer numa discussão, provavelmente proporá o adiamento da reunião para outro dia", observou Hore-Belisha, "quando virá outra vez, com o reforço de novos dados, fatos e informações de mais peso, e renovará o ataque."[99] As reuniões se destinavam a promover sua pauta e anular a dos rivais, não a chegar a conclusões objetivas após a devida consideração de todas as alternativas.

Em 16 de janeiro, o rei disse ao primeiro-ministro que o plano de Churchill para impedir que o minério de ferro saísse de Narvik "cheirava demais a um segundo Dardanelos, e ele concordou".[100] Quatro dias depois, porém, o Supremo Conselho de Guerra, que fora montado em setembro de 1939 para coordenar as ações militares anglo-francesas e que incluía o Alto-Comando francês, sofreu uma reviravolta e concordou em desembarcar uma força em Narvik em 20 de março, que então capturaria os campos de minério de Gällivare e seguiria para leste a fim de ajudar a Finlândia contra a Rússia. A concordância sueca e norueguesa teria de ser obtida simplesmente por *force majeure*. A despeito das apreensões que prosseguiam nos círculos mais altos de Londres, o plano de Churchill estava de volta.

Naquela noite, ele fez uma transmissão extremamente controversa via rádio para os países neutros, que foi muito malvista em algumas áreas do governo e de Whitehall, em especial no Ministério das Relações Exteriores. Ele não acreditava que os Países Bálticos poderiam na prática enfrentar a Rússia, por razões geográficas, ao passo que a Finlândia sim. E elogiou a resistência finlandesa à União Soviética: "Apenas a Finlândia — soberba, e mais que isso, sublime — nas fauces do perigo — a Finlândia mostra de que são capazes os homens livres. O serviço prestado pela Finlândia à Humanidade é magnífico [...]. Todos podem ver como o comunismo apodrece a alma de uma nação; como a faz sórdida e faminta na paz e a mostra vil e abominável na guerra".[101] A resistência da Finlândia mudou de forma perceptível o parecer que ele apresentara a Maisky sobre o alinhamento dos interesses britânicos e soviéticos. Quanto aos neutros, que Churchill sempre tratou numa escala entre vacilantes e francamente covardes, ele declarou: "Cada um deles espera que, se alimentar o crocodilo em grau suficiente, será o último a ser comido por ele. Todos acreditam que a tempestade passará antes que chegue seu momento de ser devorado. Mas receio — receio muito — que a tempestade não passe. Ela vai aumentar e vai trovejar sempre mais alto, sempre mais longe".[102]

Halifax ficou furioso, dizendo a Chamberlain que, com isso, as relações com os neutros haviam retrocedido três meses e que se tratava de um "dano incalculável".[103] Ele enviou a Churchill um bilhete a esse respeito, no Gabinete, que só serviu para provocar a seguinte resposta: "Pedir-me que não faça um discurso é como pedir a uma centopeia que ande sem pôr sequer uma pata no chão".[104] A passagem ofensiva sobre o "crocodilo" não foi retirada no Gabinete nem na Downing Street, o que levou Chamberlain a obrigar Churchill a se desculpar com Halifax. "É um alto preço que temos de pagar por nosso Winston", disse o primeiro-ministro a Ida, "e os espíritos simplórios cujos ouvidos tanto se divertem com as transmissões dele pelo rádio não param para pensar se o prazer que sentem ao ouvir em público as coisas que todos nós sentimos e dizemos em privado não tem um preço alto demais".[105] O que não se podia quantificar, claro, era o número de suíços, irlandeses, belgas ou suecos que, ouvindo as transmissões, decidiam apoiar os Aliados. "Magnífica a transmissão de papai", escreveu Mary no diário. "Sinto-me ao mesmo tempo orgulhosa e humilde por ter um pai tão grande."[106]

Apesar de todas as reclamações de que fora uma ofensa aos neutros, foi mais um dos discursos que mostravam com muita clareza ao povo britânico qual era a postura de Churchill diante da guerra. "Sem dúvida é verdade que estamos em desvantagem numérica", admitiu ele prontamente, "mas isso não é novidade em nossa história. Pouquíssimas guerras foram conquistadas apenas pelo mero número. A qualidade, a força de vontade, as vantagens geográficas, os recursos naturais e financeiros, o comando do mar e, acima de tudo, uma causa que estimula os grandes impulsos espontâneos do espírito humano em milhões de corações — tais têm se demonstrado os fatores decisivos na história humana."[107] E prosseguiu com uma visão do possível desfecho da guerra. "Que as grandes cidades de Varsóvia, de Praga, de Viena expulsem o desespero mesmo em meio à agonia. Sua libertação é certa. Virá o dia em que os sinos da alegria novamente tocarão em toda a Europa, e em que as nações vitoriosas, senhoras não só de seus inimigos, mas de si mesmas, planejarão e construirão na justiça, na tradição e na liberdade uma casa de muitos solares onde haverá espaço para todos."[108] Nessas cidades citadas e, mais tarde, em toda a Europa ocupada, tornou-se crime capital ouvir as transmissões de Churchill via rádio, mas mesmo assim as pessoas escutavam, porque ele podia oferecer a coisa de que mais precisavam aquelas populações torturadas: a esperança.

Churchill também falou sobre "a primeira campanha com submarinos sendo pela primeira vez totalmente derrotada, com a ameaça das minas sob controle, com nossos navios praticamente sem nenhuma redução".[109] Lorde Halifax comentou com Lady Alexandra "Baba" Metcalfe, grande amiga sua e filha de lorde Curzon: "É inacreditável que um homem na posição dele cometa tais gafes. A cada vez que ele se jacta da guerra no mar, seguem-se perdas pavorosas". Churchill disse na transmissão: "Hoje à noite parece bastante certo que metade dos submarinos com que a Alemanha começou a guerra foi afundada, e que a construção de novos ficou muito atrás do que imaginávamos".[110] Na verdade, apenas nove dos 57 submarinos tinham sido destruídos, ou seja, 15%, segundo as estimativas do próprio Departamento de Inteligência Naval. Churchill chegara a seus 50% acrescentando dezesseis "provavelmente afundados" aos nove "sabidamente afundados", mais oito adicionais que a Seção Estatística de Lindemann havia acrescentado por algum motivo. Quando o capitão A. G. Talbot, diretor da Divisão de Guerra Antissubmarinos do Almirantado, apontou que o número de fato apurado não tinha nada a ver com a quantidade citada na transmissão radiofônica, Churchill respondeu com uma minuta em 22 de janeiro: "Trinta e cinco é o número mais baixo que se pode aceitar" quanto à quantidade de submarinos afundados e avariados, "e é praticamente reconhecido pelos próprios alemães", o que de forma nenhuma era verdade.[111] "Há duas pessoas que afundam submarinos nesta guerra, Talbot", disse ele. "Você os afunda no Atlântico e eu os afundo na Câmara dos Comuns. O problema é que você está afundando exatamente a metade do que eu."[112] No mesmo espírito, Churchill instruiu ao capitão Pim: "Nossos submarinos, infelizmente, às vezes são afundados, mas lembre-se, por favor, de que os submarinos alemães são *destruídos*".[113]

No começo de abril de 1940, Talbot calculou que tinham sido destruídos dezenove (e o número correto era, de fato, dezenove), 43 estavam ao largo e dois em reparos. A lista geral de perdas de submarinos, compilada em 2014 a partir da Marinha alemã e de outras fontes oficiais, confirma a análise dos números feita por Talbot e Godfrey e desmente a de Churchill, Pound e Lindemann. Apenas três submarinos foram de fato afundados em setembro de 1939, quatro em outubro, um em novembro e um em dezembro. O começo de 1940 não foi muito melhor, com dois em janeiro, cinco em fevereiro, três em março, quatro em abril e um no final de maio, num total de 23 durante o comando de Churchill no Almirantado. Entre eles, dez foram afundados por navios, cinco por causas ignoradas, três por minas, um por navios junto com aeroplanos alocados nas áreas costeiras, um apenas por aeroplanos baseados em embarcações, um por baterias antiaéreas em navio, um por outro submarino e um por colisão.[114]

Se assinalamos que o número de submarinos que Churchill alegava terem sido afundados sob sua supervisão não tinha relação alguma com os 23 realmente afundados, isso de forma nenhuma desvaloriza a grande coragem demonstrada pela Marinha Real. Quando os métodos de destruição se aperfeiçoaram, os números tiveram um aumento muito expressivo — apenas 24 foram afundados em 1940, mas em 1941 foram 37; em 1942, 89; em 1943, 272; em 1944, 291; e 141 antes do começo de maio de 1945, quando a imensa maioria dos 355 submarinos restantes foi posta para correr.[115] Devido à pouca disposição de Talbot em aceitar os grandes exageros do primeiro lorde, em 25 de abril Churchill teve de escrever a Pound para dizer: "Seria uma boa coisa se o capitão Talbot fosse para o mar o mais cedo possível".[116] Talbot foi, e teve uma destacada carreira comandando o porta-aviões HMS *Furious* e se tornando contra-almirante, mas nunca voltou a ocupar um cargo no Almirantado.

"Sua preferência em seguir suas próprias ideias é, afinal, um atributo dos grandes homens", escreveu o almirante Godfrey (que foi o modelo do personagem "M" nas histórias de James Bond, escritas por seu assistente Ian Fleming) sobre Churchill no rascunho de suas memórias.

> Em Churchill, isso levava ao caráter implacável de sua oposição às ideias alheias que julgasse atrapalharem o caminho. Usava todos os expedientes para obter o que queria e concentrava toda a bateria de seu intelecto engenhoso, incansável e alta-

mente político sobre o aspecto em questão. Sua bateria de armas incluía a persuasão, a fúria real ou simulada, a zombaria, a vituperação, os acessos de raiva, a ridicularização, a derrisão, a ofensa e as lágrimas, que dirigia a qualquer um que se opusesse a ele ou expressasse uma posição contrária à que já adotara, às vezes em questões muito triviais.[117]

Era verdade, era fundamental para os combates de Churchill e foi a razão pela qual Chamberlain o mantivera afastado do governo pelo máximo de tempo que pôde. Godfrey nunca se reconciliou com os métodos do primeiro lorde do Almirantado. Vários críticos têm acusado Churchill de mentir sobre o afundamento dos submarinos a fim de promover suas ambições ao cargo de primeiro-ministro, mas a questão de levantar o moral, que evidentemente era o que ele estava tentando fazer, é um componente essencial para travar uma guerra. "Tudo isso que nos diz é verdade?", perguntou um jovem marujo a Churchill a bordo de um navio de combate em 1940. "Meu jovem", respondeu Churchill, "já falei muitas mentiras por meu país e falarei muitas mais."[118] Mesmo tempos depois de se tornar primeiro-ministro, ele continuaria a exagerar as boas-novas para fins de propaganda.

Num discurso em Manchester em 27 de janeiro, Churchill convocou 1 milhão de mulheres para ajudarem no esforço de guerra nas fábricas de munições, liberando os homens para o combate.[119] Em seu entender, as pessoas não se importavam que lhes pedissem sacrifícios, se soubessem que eram necessários. "Não é hora de facilidade e conforto", disse ele sobre a prorrogação do racionamento. "É hora de ousar e resistir. É por isso que estamos racionando a nós mesmos, muito embora nossos recursos estejam aumentando. É por isso que pretendemos regular cada tonelada transportada pelo mar e garantir que seja transportada exclusivamente com vistas à vitória."[120] A intenção de Churchill era que as pessoas não aceitassem a morte de marinheiros mercantes na importação de supérfluos de luxo. Também falou sobre as torturas infligidas aos poloneses, as execuções em lotes numerados, o terror. Contou o caso de um polonês que foi arrastado para fora de uma botica para completar o total que o oficial nazista exigira para uma execução em massa.

"Vamos, pois", exortou Churchill, "vamos à tarefa, à batalha, à labuta — cada qual em seu papel, cada qual em sua posição. Lotemos os exércitos, comandemos o ar, despejemos as munições, acabemos com os submarinos, desativemos as minas, aremos a terra, construamos os navios, protejamos as ruas, socorramos os feridos, reanimemos os abatidos, honremos os bravos. Avancemos juntos em todas as partes do Império, em todas as partes da Ilha. Não há uma semana, um dia, uma hora a perder." Um ouvinte escreveu mais tarde: "Ninguém naquele salão naquele dia pôde deixar de se emocionar com as frases históricas que se erguiam por todo o mundo livre como um chamado à ação".[121] Randolph e Mary tinham ido com ele; no trem de volta para Londres, durante o jantar em família, Tommy Thompson observou que "ele estava feliz e à vontade como não o viam fazia algum tempo".[122] Lorde Crawford escreveu em 26 de janeiro: "Se Chamberlain tivesse algum problema, Churchill seria levado à Downing Street pela opinião pública".[123]

Churchill era um membro leal do governo, e não tentava desgastar Chamberlain, nem permitia que Bracken o fizesse. Em 4 de fevereiro, compareceu a uma reunião do Supremo Conselho de Guerra em Paris. No trajeto de trem de Charing Cross para embarcar num destróier em Dover, com o primeiro-ministro, Halifax e Sir Alec Cadogan, que fora trazido de Vansittart como vice-ministro permanente no Ministério das Relações Exteriores, Chamberlain, "a título de tentativa", mostrou a Churchill os telegramas trocados com Washington sobre a indesejada perspectiva de uma missão de paz na Europa da forma expressada por Sumner Welles, o vice-secretário de Estado norte-americano, que descartava conversações diretas de paz com Hitler. Cadogan observou que "Winston — depois de um segundo xerez — leu-os por inteiro e, com lágrimas nos olhos, disse: 'Orgulha-me estar com vocês!'".[124]

Em 16 de fevereiro, por ordens de Churchill, um grupo do HMS *Cossack* subiu a bordo do *Altmark*, navio de suprimentos do *Graf Spee*, no fiorde Jösing na Noruega, libertando 299 marinheiros mercantis britânicos que haviam sido capturados. A frase "A Marinha está aqui!", gritada aos prisioneiros, tornou-se um lema nacional de grande orgulho. Os noruegueses obstruíram a operação, protestaram contra a violação de sua neutralidade e permitiram que o *Altmark* retornasse à Alemanha, acabando com qualquer esperança de que pudessem concordar com a ocupação de Narvik. Halifax, porém, não se opusera à operação *Cossack*. "Aquilo foi *grande* por parte de Halifax", Churchill reconheceu mais tarde.[125]

Voltando de Clydeside após o lançamento do HMS *Duke of York* naquele mês, Churchill se queixou ao rei da frequência com que os ministros e servidores civis do Almirantado lhe diziam que ele estava errado e que os projetos não podiam ser executados. "Pode ser que às vezes tenham razão", comentou o rei, sorrindo. "Nove vezes em dez", respondeu Churchill sem se abalar.[126] Era verdade, e Pound e equipe tinham se especializado em descobrir a única ideia boa e descartar as outras nove. "Viríamos a descobrir que o sr. Churchill precisava de uma dieta consistindo nas carcaças de operações intempestivas e malogradas", escreveu o almirante Godfrey em tom reprovador no rascunho de suas memórias, mas o primeiro lorde do Almirantado, como aconteceu ainda naquele ano com seu plano para capturar a ilha de Pantelária, podia ser dissuadido.[127] Da mesma forma, quando se soube que o dr. Hjalmar Schacht, ministro sem pasta de Hitler e ex-presidente do Reichsbank, estava a bordo de um transatlântico italiano ancorado em Gibraltar, Churchill queria mandar tirá-lo do navio e prendê-lo. Mas Halifax não queria entrar em antagonismo com Mussolini, ainda neutro, e portanto nada foi feito.[128]

Depois de uma reunião do Gabinete no final de fevereiro, quando Chamberlain disse que os norte-americanos e os neutros não aprovariam o plano de Churchill de pôr minas nas águas norueguesas, este foi a um alegre almoço em sua homenagem, oferecido por jornalistas parlamentares no Hotel Victoria, com a presença de Chamberlain. Disse-lhes: "Sou — e digo com a devida modéstia — um ingrediente constante — um ingrediente quase indispensável — no conjunto daquele processo constitucional que os senhores realizam".[129] Sobre os Anos do Desterro, comentou, apontando Chamberlain: "Passei sob o que poderíamos chamar de Carranca do Poder".[130] Depois de falar de si mesmo por quarenta minutos, "prometeu lealmente servir ao 'Capitão' durante toda a viagem", ao que o primeiro-ministro se curvou em agradecimento.[131]

"As pessoas dizem que Churchill não tem tato", escreveu lorde Crawford três dias depois do almoço no Guildhall oferecido às tripulações do *Exeter* e do *Ajax*,

> que seus juízos são estranhos, que ele sai pela tangente, que tem uma vontade ardente de invadir o domínio do estrategista naval — tudo isso pode ser verdade em maior ou menor medida, mas ele continua a ser a única figura no Gabinete com a virtude da busca agressiva constante e inflexível da vitória. Anuncia o grande golpe mortal, encoraja o país, inspira a frota — quanto mais o vejo e o ouço, mais confiante fico de que ele representa o partido da completa… vitória![132]

Se há algo que explique como Churchill se tornou primeiro-ministro, é um elogio como esse, vindo de um velho antagonista. O 27º conde de Crawford (título criado em 1398) e 10º conde de Balcarres (criado em 1651) era um pilar do establishment. Frequentou Eton e Oxford, serviu com destaque na Grande Guerra, diziam que declinara o cargo de vice-rei da Índia, fora o vice-líder da bancada de Bonar Law na Câmara dos Comuns e estivera com Churchill no mesmo Gabinete de 1916 a 1922. "Bal" Crawford já descrevera Churchill como "grosseirão nato", de sangue indo-mexicano, com propensões lunáticas, e desde o Pogrom de Ulster espalhara os mais diversos boatos malévolos sobre ele. Todavia, começara a mudar de opinião depois do discurso de Churchill na Câmara dos Comuns em setembro do ano anterior, e no final de fevereiro de 1940 já o considerava a única figura no Gabinete capaz de trazer a vitória completa. Essa foi a última anotação de Crawford em seu diário, pois ele morreu pouco depois e não chegou a ver Churchill na Downing Street, cumprindo sua previsão.

O diário de Crawford revela que, em fevereiro e março, a postura das bancadas conservadoras em relação a Churchill estava começando a mudar, embora ainda houvesse desconfiança. Archie Sinclair deixou claro num discurso à Câmara em 6 de março que podiam contar com o apoio do Partido Liberal caso as circunstâncias mudassem: "Todos nós estamos decididos a vencer essa guerra. Todos nós temos certeza de que podemos vencer. É apenas quando olho a bancada da frente na ausência do primeiro lorde do Almirantado que sinto o arrepio da dúvida".[133] Os anos de amizade desde que Churchill nomeara Sinclair como seu vice de confiança nas trincheiras, onde diariamente dividiam a mesa de refeições e arriscavam a vida, logo trariam enorme retorno.

A Finlândia assinou um armistício com a Rússia em 13 de março, acabando com o pretexto que Grã-Bretanha e França pretendiam usar para violar a soberania norueguesa e sueca. Mesmo assim, Churchill ainda queria prosseguir com a operação Narvik, com a oposição de todo o Gabinete de Guerra. "Estou profundamente preocupado com o rumo que a guerra está tomando", escreveu a Halifax no dia seguinte. O conflito estava custando ao Tesouro 6 milhões de libras por dia num "sorvedouro de dinheiro". Ele observou ainda que "não há nenhuma intimidade efetiva com os franceses", "os alemães são os senhores do norte", e então concluiu: "O leal desencargo da obrigação não é desculpa para ministros: temos de conseguir e conquistar a vitória".[134] Três dias depois, num almoço com Eden, Halifax se disse "preparado para encarar" a possibilidade de ter Churchill como ministro da Defesa, representando as três Forças Armadas no Gabinete. "Há apenas três homens no Gabinete que [têm] apoio no país", respondeu Eden — Churchill, Chamberlain e o próprio Halifax —, enquanto "os demais eram servidores civis e políticos mais ou menos desacreditados".[135] Eden desqualificou a si mesmo provavelmente por ser jovem demais — tinha apenas 42 anos de idade.

Em 28 de março, em Londres, depois que Paul Reynaud substituíra Daladier como premiê da França, o sexto Supremo Conselho de Guerra finalmente aprovou o plano de Churchill de encher o Reno com minas fluviais, embora o gabinete francês tenha indeferido Reynaud três dias depois.[136] O Conselho, porém, lançou um comunicado conjunto garantindo: "Os dois governos se comprometem mutuamente que, durante a atual guerra, não negociarão nem concluirão um armistício ou tratado de paz exceto de mútuo acordo".[137] No dia seguinte, Churchill deu vazão a suas frustrações em conversa com Crozier. Avisou que precisava de mais cinquenta ou sessenta destróieres e explicou que gostaria de interditar o minério de ferro sueco, "mas sempre há gente demais a persuadir nesses assuntos".[138] Churchill comentou com Crozier que se dava bem com Chamberlain. "Não tenho absolutamente nenhuma vontade de ser eu o primeiro-ministro", disse, "e qualquer antiga suspeita [de Chamberlain] de que eu podia representar um perigo para ele agora desapareceu. Decidi — evidentemente era o que me cabia — que devo trabalhar bem com ele e trabalho, e creio que agora ele gosta de mim."[139] Pelo menos a parte final era verdade: Chamberlain e Churchill se davam bem, fosse o que fosse que um comentasse sobre o outro na esfera privada. Tal era a atmosfera de cooperação na política britânica naquela época, sobretudo durante a guerra, assim como a incessante capacidade de Churchill de não permitir que "o rancor e a aspereza da política" prejudicassem as relações pessoais.

Embora não houvesse atividades no Front Ocidental, Churchill acreditava que essa situação não duraria muito tempo. "Mais de 1 milhão de soldados alemães, incluindo todas as suas divisões ativas e divisões blindadas, estão reunidos e prontos para atacar em poucas horas depois de receberem ordem, em toda a extensão das fronteiras de Luxemburgo, da Bélgica e da Holanda", avisou Churchill numa transmissão via rádio em 30 de março. "A qualquer momento, esses países neutros podem ser submetidos a uma avalanche de aço e fogo; e a decisão está nas mãos de um ser mórbido e obcecado que os povos alemães desnorteados têm cultuado, para sua eterna vergonha, como um deus."[140] Então referiu-se ao forte movimento pacifista da Grã-Bretanha: "Embora o destino da Polônia esteja escancarado diante deles, há diletantes irrefletidos ou indivíduos mundanos e obtusos que às vezes nos perguntam: 'Pelo que a Grã-Bretanha e a França estão lutando?'. A isso eu respondo: 'Se deixarmos de lutar, vocês logo descobrirão'".[141] Quatro dias depois, 1500 pacifistas, fascistas, membros do Partido Trabalhista Independente e comunistas, reunidos num comício de massa em Kingsway Hall, em Holborn, aplaudiram e aclamaram o marquês de Tavistock, que acusava Churchill de tentar "açular a guerra" contra a Alemanha e elogiava Hitler pelo que fizera em favor do operariado alemão.[142]

Churchill não foi consultado sobre o remanejamento do Gabinete em 3 de abril, quando Samuel Hoare e Kingsley Wood trocaram de lugar e o Ministério de Coordenação da Defesa foi extinto. Nas palavras de Eden, ficou "entristecido e desgostoso" por não ter sido informado, e também porque o escorregadio Sam Hoare acabara no Ministério do Ar e o inexpressivo Oliver Stanley se manteve no Ministério da Guerra, o qual Churchill esperava que ficasse com Eden, que permaneceu como ministro dos Domínios. Eden disse que Chamberlain "só aceitara W e a mim porque não teve como evitar", ao que "Winston afirmou que haveria mais chances, muitas mais nessa difícil viagem, e dessa maneira procurou se animar e certamente a mim também. Mas estava aborrecido e deprimido, o que não é de admirar".[143] Churchill, permanecendo no Almirantado, mesmo assim ocupou também a presidência de um novo Comitê de Coordenação Militar, que consistia nos comandantes das três Forças Armadas e seus ministros, com reuniões diárias. Isso gerava inevitável atrito com Stanley e Hoare, pois ainda não era superior a eles e não detinha nenhum poder oficial para dar uma direção ou contribuição, nem mesmo ao que os chefes de Estado-Maior estivessem planejando. "O cargo", como observou o parlamentar trabalhista coronel Josiah Wedgwood a Bracken, "se é que se pode usar esse termo, aumenta as responsabilidades dele, mas não lhe concede nenhum poder efetivo."[144] Em todo caso, se as coisas saíssem errado, Churchill ficaria ainda mais diretamente exposto na linha de fogo.

Um aspecto positivo do remanejamento foi que Churchill herdou o major-general Hastings Ismay, de 53 anos, como uma espécie de chefe de Estado-Maior particular. Depois de Sandhurst e uma colocação na Índia, "Pug" Ismay servira na Somalilândia, fora secretário militar do vice-rei da Índia e secretário do Comitê de Defesa Imperial (sucedendo Hankey) em 1938. Maud Russell o descrevia como "um simpático soldado moreno de olhos saltados", mas ele era muito mais do que isso.[145] Era um franco admirador de Churchill (citava de cor passagens inteiras de *The World Crisis*), mas sabia muito bem qual era sua obrigação no papel de ligação entre os comandantes militares do Estado-Maior e Churchill. Logo no começo, depois que Ismay tentou interpretar um documento dos chefes de Estado-Maior que não agradou a Churchill, este lhe perguntou o que ele "*realmente*" pensava a respeito. "Você quer que eu seja de algum proveito ou não?", perguntou Ismay. "Naturalmente", respondeu Churchill, "claro que quero." "Então", retomou Ismay, "nunca mais me fará essa pergunta."[146] Em pouquíssimo tempo Churchill criou uma relação de trabalho excepcionalmente próxima com ele, e os chefes do Estado-Maior também tinham tácita confiança em Ismay. Logo se tornou uma figura de grande valia para os dois lados.

Em 4 de abril, Chamberlain fez um discurso sobre a situação da guerra, com um comentário um tanto claudicante sobre Hitler: "Uma coisa é certa; ele perdeu o bonde".[147] No dia seguinte, em Paris, Churchill disse aos franceses que a Grã-Bretanha seguiria em frente com a colocação de minas em Narvik, e que a Operação Wilfred, como se chamava, estava marcada para a noite de 8 de abril. Como se viu depois, foi apenas uma questão de horas antes que Hitler lançasse a Operação Weserübung, que consistia na invasão da Dinamarca e da Noruega, em 9 de abril ao amanhecer, seguindo um plano que fora longamente preparado. Sua execução foi brilhante: os alemães ocuparam sem demora Oslo, Stavanger, Bergen, Trondheim e Narvik, assegurando todos os principais portos e campos de aviação. O valoroso porém reduzido Exército norueguês foi tomado de surpresa. Bastaram apenas seis companhias de paraquedistas alemães para capturar a capital do país, antes que os aviões de transporte Junkers 52 trouxessem 29 mil soldados em 3 mil surtidas.[148] Estava claro que Hitler não perdera o bonde.

Quase tudo o que podia dar errado nas oito semanas da Campanha da Noruega deu errado, e grande parte disso deve ter recaído sobre os ombros de Churchill, visto que era ele o primeiro lorde do Almirantado e aquela fora uma campanha basicamente naval, com a participação de metade da Frota Doméstica. Em 9 de abril, às seis e meia da manhã, antes que o Gabinete soubesse da queda de Narvik perante os alemães, Churchill dissera: "Nossas mãos agora [estão] livres e [podemos] empregar nosso enorme poder naval na costa norueguesa. Poderíamos concluir esses desembarques em uma ou duas semanas".[149] Ele não acreditava sequer que os nazistas estivessem se encaminhando para Narvik.[150] Portanto tem sido acusado, com certa razão, de empurrar um Chamberlain relutante para uma campanha sem possibilidade de vitória, mostrando que pouco aprendera com o passado.[151]

Um grande problema era a falta de direção central. Nas palavras do almirante James, a campanha "foi em grande medida conduzida separadamente pelas três Forças Armadas, sem guia nem direção dada pelo primeiro-ministro, e sem um efetivo representante do poder executivo supremo". Tudo isso foi culpa de Chamberlain, e constituiu uma lição que Churchill sem dúvida aprendeu.[152] Se o Comitê de Coordenação Militar tivesse poderes para fazer o que seu nome sugeria, Churchill poderia ter tomado o controle da campanha, mas Hoare e Stanley se viam, corretamente em termos constitucionais, como agentes independentes.

A lista de erros era humilhante.[153] O major-general Mackesy não capturou Narvik porque as ordens que vieram do Ministério da Guerra eram diferentes das instruções que o comandante naval, almirante lorde Cork, recebera do Almirantado.[154] ("Se esse oficial aparenta difundir um espírito negativo entre os escalões mais altos das forças terrestres", disse Churchill a Cork a certa altura, "não hesite em dispensá-lo ou em colocá-lo sob ordem de prisão.")[155] Quando os chefes do Estado-Maior deram ordens claras para tomar Narvik e Trondheim, os alemães já tinham superioridade aérea nos dois locais. "Os Chefes do Estado-Maior", queixou-se Churchill mais tarde, "trabalharam como corpo separado e em larga medida independente, sem guia nem direção do primeiro-ministro", e muito menos dele próprio.[156] O almirante Roger Keyes queria comandar uma força especial para tomar Trondheim, mas Pound foi contrário ao ataque (Operação Martelo), e Churchill mais de uma vez mudou de posição a respeito. Também enviou ordens a Cork sem informar o almirante Forbes, a quem Cork servia.

Narvik foi por fim capturada em 13 de abril, mas só foi mantida por tempo suficiente para destruir as instalações portuárias. Os navios de abastecimento tinham sido carregados de tal forma que, embora conseguissem desembarcar os armamentos, a munição estava distribuída entre diversos navios; o Exército britânico dispunha de um número demasiado pequeno de canhões de 25 libras e canhões antitanques, enquanto os aviões de reconhecimento alemães tinham a vantagem de vinte horas de luz por dia. Na evacuação final, o cruzador de batalha HMS *Glorious* e seus destróieres foram afundados pelo navio de combate *Scharnhorst*. Não é de causar surpresa que, mais tarde, Churchill tenha se referido à ação como "essa campanha destrambelhada".[157]

Os alemães tomaram a iniciativa na Campanha da Noruega e nunca chegaram a perdê-la de fato, e não cometeram praticamente nenhum erro grave, enquanto os britânicos e os franceses incorreram em muitos.[158] Havia falhas na inteligência naval britânica, e depois que a Dinamarca caiu num único dia, em 9 de abril, os bombardeiros da Luftwaffe fecharam os estreitos de Skagerrak, que ligavam o mar do Norte e o Báltico, permitindo que os alemães levassem facilmente suas forças para a Noruega. Quando os britânicos capturaram os dois portos de Namsos e Åndalsnes, em 14 de abril, os bombardeiros de mergulho Stuka conseguiram liquidar ambos. A campanha acabava de ser iniciada, e já no dia seguinte Churchill brigou com o titular do Ministério do Ar. "Winston", anotou Eden no diário em 10 de abril, "está indignado com Sam H[oare], desconfiando de que está ansioso para se livrar dele e a quem considera incapaz de inspirar a Força Aérea num momento como este. 'Uma víbora' e alguns qualificativos mais fortes."[159]

A "promoção" de Churchill havia despertado invejas e ressentimentos. Inskip (outra víbora, ressentido porque Churchill estava no cargo em que ele havia falhado) queixou-se amargamente de que "agora ele se torna quase igual em poder ao primeiro-ministro", uma alegação ridícula.[160] Num debate sobre a Noruega em 11 de abril, Churchill utilizou uma infausta analogia histórica, dizendo na Câmara dos Comuns: "Considero que a ação de Hitler ao invadir a Escandinávia é um erro político e estratégico tão crasso quanto o que Napoleão cometeu em 1807, quando invadiu a Espanha* [...]. Tomaremos agora tudo o que quisermos dessa costa norueguesa, com um enorme aumento na facilidade e na eficiência de nosso bloqueio".[161] Era uma declaração quase tão infeliz quanto dizer que Hitler perdera o bonde. Maisky, que estava presente, anotou em seu diário: "Eu nunca o tinha visto naquele estado. Era evidente que fazia várias noites que não dormia. Estava pálido, não conseguia encontrar as palavras certas, falava com hesitação e sempre se confundindo. Não havia nenhum vestígio de seu habitual brilho parlamentar [...]. Churchill apresentou argumentos bastante trôpegos para explicar o avanço alemão: o mau tempo, a vastidão do mar, a impossibilidade de controlar tudo, e assim por diante".[162]

* Um raro erro histórico: em 1807, Napoleão foi convidado a entrar e passar pela Espanha a caminho de Portugal; ele invadiu a Espanha em 1808.

Churchill se lamentou com o rei que, com o Comitê de Coordenação, o Gabinete de Guerra, os debates na Câmara dos Comuns e trinta ou quarenta mensagens navais importantes chegando todos os dias, "que têm de ser joeiradas e cuidadosamente avaliadas antes de enviar novas instruções para a Frota na costa da Noruega", achava difícil continuar com seu trabalho no Almirantado.[163] Ainda assim, encontrava tempo para ver o monarca e também conseguia de alguma maneira prosseguir à noite no manuscrito de sua *History of the English-Speaking Peoples.** Mesmo em plena Campanha da Noruega, certa vez, às onze da noite no final de abril, Churchill ainda foi capaz de discutir a invasão normanda da Inglaterra de 1066 com William Deakin e Freddie Birkenhead. Deakin recordava que, mesmo com almirantes trazendo sinais navais à medida que a batalha progredia,

> a conversa girou em torno das sombras espraiadas da invasão normanda e da figura de Eduardo, o Confessor, que, como escreveu Churchill, "desce sobre nós tênue, enevoada, frágil". Ainda vejo o mapa na parede, com os pontos de disposição da frota britânica na costa da Noruega e ouço a voz do primeiro lorde, enquanto captava com sua usual perspicácia a posição estratégica em 1066. Mas não era falta de atenção à questão do momento. Era a capacidade do homem com supremo olhar histórico. Os episódios distantes eram tão próximos e reais quanto os grandes eventos em curso.[164]

Em 20 de abril, a atmosfera no Comitê de Coordenação já se tornara tão acrimoniosa que Churchill pediu que Chamberlain o presidisse, dizendo: "Eles tirarão de você o que não tirariam de mim".[165] O primeiro-ministro comentou com Hilda que havia "uma convicção geral de que Winston esmagara a máquina que havíamos construído tão cuidadosamente para assegurar que todos os projetos fossem avaliados e examinados por completo [...] a pressão que ele exerce sobre sua equipe é mais intensa do que se percebe. O resultado é que ficam acuados num silêncio mal-humorado". Depois que Chamberlain assumira a presidência do comitê, porém, "o resultado foi mágico. Sempre somos unânimes".[166] Unânimes talvez, mas não vitoriosos.

Em meados de setembro de 1939, Clement Davies, parlamentar liberal galês que renunciara à liderança de sua bancada, criou o Grupo de Ação Suprapartidário (também conhecido como Vigilantes), que reunia seus poucos membros às quintas-feiras no Reform Club, tendo Boothby como secretário. Em abril de 1940, o 4º marquês de Salisbury lançou o Comitê de Observação de parlamenta-

* Prevendo que, com a volta ao governo, teria uma queda de 75% em seus rendimentos, Churchill mais uma vez se afastou oficialmente das atividades de autor por questões tributárias, em setembro de 1939, tal como havia feito quando estava no Tesouro.

res tories das duas Câmaras, cujos encontros aconteciam em sua casa na Arlington Street, em St. James's. Havia uma grande sobreposição na composição desses grupos avulsos e informais — Focus, Policy Study Group, Glamour Boys, All-Party Action Group e Watching Committee — e todos tinham críticas, maiores ou menores, a Chamberlain, mas de forma alguma eram todos pró-Churchill.

Churchill disse a lorde Salisbury em 23 de abril que "a imprensa exagerara muito seu papel como coordenador da Defesa [...]. Ele não tinha o direito de propor sugestões nem de tomar decisões".[167] Quando Salisbury mencionou os nomes de seu novo Comitê de Observação, que monitoraria o governo e exerceria pressão para uma condução agressiva da guerra, "ele ronronou como um gato feliz". No dia seguinte, Churchill reclamou ao rei que, na Noruega, "nada vai bem para nós. Não temos supremacia aérea, e é difícil encontrar lugar para nossos aeroplanos por causa da neve".[168] Dois dias depois, no Other Club, ele revelou a Camrose que "temia que chegassem outras más notícias da Noruega e estava muito pessimista sobre nossas chances no sul daquele país".[169] Provavelmente era mais do que deveria confiar a um homem da imprensa, mas Camrose era um amigo pessoal e ninguém jamais vazou comentário algum feito no clube. Um dos membros mais recentes, Duncan Sandys, cunhado de Churchill, fora ferido quando servia na Força Expedicionária na Noruega, tornando-se manco de forma permanente e irreversível.

No final de abril, Chamberlain estava pensando em usar Churchill como bode expiatório pela derrota que claramente se avizinhava na Noruega. Lorde Dunglass, seu secretário particular parlamentar (futuro Sir Alec Douglas Home, primeiro-ministro), perguntou a Chips Channon se "eu achava que Winston devia ser desprestigiado [...]. Devia sair do Almirantado?". Channon concluiu: "Evidentemente é nisso que Neville está pensando. Claro que deve sair, mas quem colocaríamos em seu lugar?".[170] Se Churchill tivesse sido dispensado ou afastado de modo humilhante pela falta de controle da campanha, muito dificilmente poderia se tornar primeiro-ministro quinze dias depois.

Em 26 de abril, o Comitê de Coordenação Militar e, depois, o Gabinete de Guerra concordaram em preparar a evacuação de todas as forças da Noruega, para a fúria de Reynaud, contrariando o plano de continuarem a lutar por lá, acordado com o Supremo Conselho de Guerra apenas três dias antes. "A postura assumida por Winston foi muito difícil", observou Chamberlain, "contestando tudo o que os chefes de Estado-Maior sugeriam e se comportando de modo geral como uma criança mimada e mal-humorada."[171] Após a reunião do Comitê às seis da tarde, Churchill pediu a Chamberlain que o colocasse como ministro da Defesa.

"Os líderes de bancada estão espalhando que é tudo culpa de Winston", anotou Harold Nicolson em 30 de abril, no dia subsequente à evacuação de Åndalsnes, "que cometeu outro fracasso desesperado."[172] O registro de George VI em seu diário nesse dia de abril também sugere que estavam armando contra Churchill para levar a culpa pela Noruega e proteger Chamberlain num momento em que se aventava cada vez mais o nome de Lloyd George como salvador nacional, como havia sido em 1916. "Parece que Winston ainda está causando muitos problemas, segundo o primeiro-ministro", anotou o rei depois da audiência semanal que concedia a Chamberlain.

> Perguntei se era Winston o responsável pela mudança de planos quando a força da [Operação] Martelo não atacou Trondheim. O primeiro-ministro me disse que sim. W estava temendo que perdêssemos alguns navios grandes, e seus consultores no Almirantado também, e por isso fez com que os chefes de Estado-Maior concordassem com ele. Daí a demora em desembarcar mais tropas em Namsos e Åndalsnes. O primeiro-ministro vai ter outra conversa com W hoje à noite, expondo o que ele pode e o que não pode fazer sem a aprovação do Gabinete de Guerra.[173]

Na verdade, Churchill não estava em posição de "fazer" com que os chefes de Estado-Maior concordassem com ele no que quer que fosse.

Na ocasião, Chamberlain ficou ao lado de Churchill, decidindo torná-lo ministro da Defesa para todos os aspectos, exceto no nome. Quando Hoare e Stanley ameaçaram que preferiam renunciar a responder formalmente a Churchill, Chamberlain reagiu ameaçando sua própria renúncia "e deixar W.C. ser primeiro-ministro, além de ministro da Defesa [...] eles disseram que seria calamitoso demais e fariam o que eu lhes pedia".[174] Chamberlain redigiu uma carta com as novas disposições, que davam a Churchill a função efetiva que pedira a Lloyd George no começo dos anos 1920 e que insistira que fosse criada desde meados dos anos 1930.

Churchill aceitou imediatamente, em 30 de abril, distribuindo um memorando ao Gabinete de Guerra no qual afirmava que "será responsável em nome do Comitê [de Coordenação Militar] em fornecer orientação e diretrizes ao Comitê dos Chefes de Estado-Maior e para esse fim poderá convocar aquele Comitê para consulta pessoal a qualquer momento que considerar necessário".[175] A despeito da derrota na Noruega, pela qual fora em parte responsável, Churchill conquistara mais poder para si. Na Câmara dos Comuns, que pouco sabia do que se passava, Channon registrou que "há mais falatórios de uma conspiração contra o pobre Neville. 'Eles' estão dizendo que é uma repetição de 1915, que Winston devia ser primeiro-ministro, pois tem mais vigor e o respaldo do país".[176]

A evacuação de Namsos começou em 1º de maio e prosseguiu por 48 horas. Quando uma súbita chuva torrencial alagou a Horse Guards Parade, Churchill gracejou com Jock Colville, então secretário particular de Chamberlain: "Se eu fosse o dia 1º de maio, sentiria vergonha de mim mesmo". Colville, que nessa época admirava Chamberlain e era cético em relação a Churchill, fez uma cáustica anotação em seu diário: "Pessoalmente, penso que ele devia sentir vergonha de si mesmo em qualquer hipótese".[177] Channon também não se deixou impressionar ao ver Churchill brincando e bebendo no Salão de Fumantes junto com os trabalhistas A. V. Alexander e Archie Sinclair, definindo-os como "o novo Gabinete Paralelo". "David Margesson diz que estamos às vésperas da maior crise política desde 1931", anotou Channon.[178] "Para ganhar tempo, ele [Chamberlain] deu mais corda a Winston."[179]

Chamberlain, no entanto, estava ficando sem corda para dar. A evacuação de Trondheim, em 2 de maio, deixou claro para todos que a Grã-Bretanha sofrera uma derrota em uma campanha importante: diante de um fato tão grave, o primeiro-ministro em última análise era obrigado a assumir toda a responsabilidade. Como lorde Lloyd escreveu ao filho David, que estava alocado na Palestina: "O público parece ter percebido os resultados nus e crus de nossa falta de preparação prévia, da qual imagino que você tenha me ouvido falar um bocado nos últimos sete ou oito anos".[180] Se a opinião pública vinculasse o fracasso na Noruega ao despreparo generalizado dos anos anteriores, em vez de entendê-lo como um resultado das decisões tomadas durante a campanha, a culpa recairia sobre Chamberlain, e não sobre Churchill.

Apesar da sucessão de erros, a campanha da Noruega trouxe alguns consolos. Enquanto a Marinha Real perdera um porta-aviões, dois cruzadores, uma chalupa e nove destróieres, a Alemanha se vira destituída de três cruzadores e dez de seus 22 destróieres, e seus únicos dois navios de combate operacionais foram avariados, com perdas muito maiores em termos proporcionais, comparando o tamanho de sua força naval ao da Marinha britânica.[181] Uma Marinha alemã intacta combatendo em Dunquerque no mês seguinte provavelmente teria sido uma força decisiva, mas no começo de maio os nazistas tinham apenas um cruzador grande, dois cruzadores leves e sete destróieres prontos para serviço imediato, o que não era suficiente sequer para saírem do porto.

Chamberlain comentou com Hilda em 3 de maio que "Winston mudou quatro vezes de ideia sobre Trondheim [...]. Não critico W.C. por essas oscilações muito naturais [...]. Apenas não condizem com o retrato do supremo Senhor da Guerra que a imprensa sensacionalista e os 'Amigos' de W.C. tentam pintar".[182] E concluiu: "É um mundo vil, mas não acho que meus inimigos conseguirão me derrubar desta vez".[183]

# 20. Agarrando o cargo de primeiro-ministro

*Maio de 1940*

*Os homens que têm um destino não aguardam ser chamados; eles vêm quando sentem que sua hora chegou. Não pedem para ser reconhecidos, eles se anunciam; vêm como sina; são inevitáveis.*

Alexander MacCallum Scott,
*Winston Spencer Churchill in Peace and War*[1]

*Ele tinha aquele lado implacável sem o qual não é possível lidar com as grandes questões.*

Churchill sobre H. H. Asquith em *Great Contemporaries*[2]

O Debate da Noruega na terça-feira, 7 de maio, e na quarta-feira, 8 de maio de 1940, na Câmara dos Comuns foi definido por um de seus participantes, Sir Stafford Cripps, como "o mais importante que já ocorreu na história do Parlamento".[3] Embora a proposta oficial de debate fosse apenas "que agora esta Casa suspenda" — isto é, encerre a sessão —, acabou se convertendo num voto de confiança no governo Chamberlain, abrangendo muito mais do que a recente campanha. Churchill teve de mostrar sua plena lealdade ao homem a quem servia, assim como Brendan Bracken, que, em circunstâncias normais, teria imenso gosto em votar na queda de Chamberlain. Pouco antes do debate, numa avaliação totalmente equivocada dos fatos, o primeiro-ministro dissera a lorde Halifax que duvidava que aquilo tudo "resultaria em grande coisa".[4]

Embora Churchill, como alto integrante do Gabinete, tivesse o compromisso de apoiar Chamberlain no debate, vários dos que desferiram os golpes mais pesados contra o governo eram sabidamente seus amigos mais próximos, o que gerava entre os chamberlainistas a forte suspeita de que Churchill estaria incentivando a rebelião em segredo. A única coisa que se pode afirmar com certeza, enquanto esteve ali sentado ao lado de Chamberlain, é que manteve uma aparência de absoluta lealdade, fosse lá o que ocorresse em seu espírito e se passasse em seu coração. Se estava apenas encenando, foi uma atuação digna dos maiores atores.

Um parlamentar da bancada tory, John Moore-Brabazon, tirou sub-repticiamente fotografias do debate com sua minúscula câmera Minox, ferindo as regras da Câmara dos Comuns. Pelas imagens, podemos ver que, quando Chamberlain se levantou para defender o desempenho de seu governo, a Câmara e as galerias estavam lotadas. Ele fez uma enfadonha enumeração dos acontecimentos na Noruega, dizendo com um toque de autopiedade: "É de esperar, claro, que os ministros levem a culpa por tudo", ao que parlamentares trabalhistas gritaram: "Eles perderam o bonde!". O presidente da Casa teve de intervir para aquietar a Câmara. Chamberlain então entrou numa longa e monótona defesa, justificando seu governo e a si mesmo. "Não creio que as pessoas deste país tenham entendido em que grau é iminente a ameaça que pesa sobre nós", comentou ele, ao que um parlamentar gritou: "Dissemos isso cinco anos atrás!".[5]

O debate abordou tanto a Noruega como a política de apaziguamento, tanto o passado quanto o futuro, complicando ainda mais a posição de Churchill. Chamberlain anunciou que dera maiores poderes a Churchill presidindo o Comitê de Coordenação Militar, mas só quando a campanha estava praticamente no fim. "A mudança teria sido feita de todo modo", alegou. Ao descrever sua posição como líder de guerra, só conseguiu se sair com a insípida frase: "De minha parte, procuro manter o meio-termo".[6]

Falando a seguir, Clement Attlee, líder do Partido Trabalhista, declarou que Chamberlain e Churchill tinham sido otimistas demais em relação à Noruega. Repassou para a Câmara dos Comuns os reveses e desastres da campanha, citando os discursos de Chamberlain contra si, comentando o duplo trabalho de Churchill no Almirantado e no Comitê de Coordenação Militar: "O primeiro lorde do Almirantado tem grandes capacidades, mas não é justo para com ele ser colocado numa posição impossível como essa".[7] Attlee atacou Chamberlain por não ter "energia, intensidade, ímpeto e resolução" necessários, acrescentando a respeito dos defensores da política de apaziguamento: "Eles perderam todos os bondes da paz, mas tomaram o bonde da guerra". Ao encerrar sua fala, disse explicitamente que, "para ganhar a guerra, precisamos no leme de pessoas diferentes das que nos conduziram a ela". O discurso de Attlee abriu caminho para que outros oradores atacassem o governo sobre o abastecimento, a produção de munições, o racionamento, o recrutamento, a política industrial, a organização militar e civil e outros aspectos vitais da guerra, em relação aos quais a atuação do governo fora objeto de severas críticas de Churchill durante muitos anos. O colega de Attlee, Arthur Greenwood, retomou mais tarde sua conclusão, declarando: "Não se vencem guerras com evacuações magistrais" e "na suprema condução de nosso esforço de guerra é preciso mais antevisão e energia, e uma vontade de vencer mais forte e intransigente".[8]

Depois que Sir Henry Page apoiou Chamberlain e o coronel Josiah Wedgwood o atacou agressivamente, levantou-se o almirante Sir Roger Keyes, parlamentar representando Portsmouth North, trajando sua farda de almirante da Frota, com seis fileiras de faixas com medalhas. Quase todos os numerosos relatos daquele dia mencionam as acusações de Keyes contra Chamberlain em relação à Noruega, que classificou como "um caso chocante de inépcia". Citou um discurso de Chamberlain da semana anterior sobre a importância estratégica de capturar Trondheim e o comparou com a debacle que ocorrera. Muito embora Churchill o tivesse impedido de comandar o ataque a Trondheim, Keyes o elogiou, descrevendo Galípoli como "uma concepção brilhante do primeiro lorde do Almirantado para contornar o impasse na França e na Bélgica" e atribuindo totalmente a derrota a Fisher.[9] "Anseio em ver suas grandes capacidades postas em devido uso", afirmou Keyes. "Ele tem a confiança da Marinha e, na verdade, de todo o país, que está contando com ele para ajudar a vencer a guerra."[10] Foi a única vez em todo o debate que se sugeriu que Churchill assumisse o lugar de Chamberlain, e mesmo assim foi velada, pelo receio de provocar uma reação dos chamberlainistas. Mais adiante, um parlamentar liberal nacional, George Lambert, disse: "Pergunto aos excelentíssimos membros quem sugerem como primeiro-ministro, afora meu excelentíssimo amigo, o primeiro-ministro aqui presente". Claro que ninguém mencionou Churchill.

Leo Amery fez o discurso mais eletrizante do debate, apesar de sua fama de orador geralmente enfadonho. Questionou o momento da promoção de Churchill de uma forma que pegou bem para Churchill e mal para Chamberlain, e concluiu uma vigorosa acusação contra o papel do primeiro-ministro na liderança da guerra com as famosas palavras de Oliver Cromwell em 1653 ao que ainda restara do Parlamento depois do expurgo promovido cinco anos antes na instituição (Rump Parliament): "Você está sentado aqui demasiado tempo para qualquer bem que esteja fazendo. Parta, digo eu, e encerremos o assunto com você. Em nome de Deus, vá embora".[11] Embora fossem as palavras de um ditador militar dissolvendo um Parlamento eleito de forma legítima, o efeito foi dramático. A seguir falaram dois chamberlainistas, mas, como Churchill era um ministro leal, não puderam atacá-lo. Então lorde Winterton, que, como Attlee e Josiah

Wedgwood, combatera em Galípoli, repreendeu o governo por não pedir maiores sacrifícios à nação, acrescentando: "Desejo excluir expressamente de minha condenação o primeiro lorde do Almirantado".[12]

Oliver Stanley, ministro da Guerra, empenhou-se ao máximo em salvar a situação, e uns dois apoiadores do Governo Nacional saíram em defesa de Chamberlain, mas, ao final do primeiro dia de debate, ficou claro que o julgamento não se resumia apenas à condução da campanha norueguesa, e sim ao próprio governo. No segundo dia, 8 de maio, uma quarta-feira, o importante trabalhista Herbert Morrison reclamou que Churchill ia ser o último orador no debate, "quando não é mais possível comentar suas declarações", comparando-o com "a testemunha principal que se recusa a subir ao banco das testemunhas".[13] Ele levantou uma série de questões a Churchill sobre o envio de metralhadoras à Noruega sem canos sobressalentes, a falta de calçados de neve para os soldados, o atraso de uma semana na chegada de canhões antiaéreos, e assim por diante, na primeira saraivada de críticas sérias a Churchill até aquele momento no debate. "Por fim", perguntou ele, "será que o excelentíssimo cavalheiro, o primeiro lorde do Almirantado, está sendo usado como uma espécie de escudo pelo primeiro-ministro, quando assim lhe parece conveniente?" Morrison anunciou que o Partido Trabalhista pretendia dividir a Câmara ao término do debate naquela noite — o que teoricamente se referia ao encerramento das sessões, mas na verdade tratava de Chamberlain no cargo de premiê. Chamberlain recebeu o que o *Times* chamou de "um grande rugido de aclamações" ao responder: "Digo o seguinte a meus amigos na Câmara — e tenho amigos na Câmara [...]. Aceito o desafio. Na verdade, aceito-o com prazer [...] e conclamo meus amigos a nos apoiarem na Votação hoje à noite".[14] Essa declaração logo foi caracterizada como um ostensivo apelo a uma lealdade de motivação pessoal e partidária num momento de perigo nacional, e causou um efeito desastroso.

Sir Samuel Hoare, titular do Ministério do Ar e o grande defensor da política de apaziguamento dos anos 1930, tomou a palavra em seguida e foi tremendamente malhado, com uma série de intervenções, pelo almirante Keyes, pelo trabalhista Hugh Dalton e nada menos que outros sete parlamentares. Foi obrigado a admitir que a RAF "nem de longe era suficiente", comentário muito danoso vindo de um ministro de um governo que ocupara o poder durante quase toda a década anterior. Então Lloyd George fez um discurso devastador contra o primeiro-ministro, a quem odiava desde que Chamberlain ajudara a derrubá-lo, em 1922. "Em termos estratégicos, estamos infinitamente pior" do que em 1914, afirmou, numa análise bastante realista vinda do premiê da Grande Guerra.[15] Destacou que Churchill estivera certo nos anos 1930 quanto ao rearmamento germânico. Então, quando ele disse: "Não penso que o primeiro lorde tenha sido inteiramente responsável por tudo o que aconteceu lá [isto é, na Noruega]",

Churchill se levantou para intervir: "Assumo plena responsabilidade por tudo o que tem sido feito pelo Almirantado, e assumo todo o ônus que me cabe". Lloyd George continuou com sua investida arrasadora: "O excelentíssimo cavalheiro não deve se permitir ser usado como abrigo antiaéreo para impedir que os estilhaços atinjam seus colegas".[16] Lady Alexandra Metcalfe contou a Halifax que, ao ouvir o gracejo de Lloyd George, Churchill ficou "feito um bebê gorducho balançando as pernas na bancada da frente, segurando o riso".[17] A seguir, Lloyd George passou para Chamberlain: "Não é uma questão de quem são os amigos do primeiro-ministro. É um problema muito maior [...]. Declaro solenemente que o primeiro-ministro deveria dar um exemplo de sacrifício, porque não há nada que possa contribuir mais para a vitória nesta guerra do que ele sacrificar os selos do cargo".[18] Então sentou-se, depois de esperar dezoito anos por essa suculenta vingança.

Duff Cooper retomou o tema de que Churchill estava sendo usado para proteger Chamberlain. "Ele defenderá com sua eloquência aqueles que por tanto tempo se negaram a ouvir seus conselhos", disse Cooper, "que trataram seus alertas com desdém e se recusaram a recebê-lo em confiança [...]. Peço a meus colegas parlamentares que não se deixem levar hoje à noite pelo fascínio de sua eloquência e pela força de sua personalidade."[19] Duff Cooper foi o primeiro parlamentar conservador a dizer que votaria contra o governo. Naquela manhã, lorde Salisbury insistira que o Comitê de Observação não fizesse isso, pois achava que não dispunham do número de votos necessários, mas mudou de ideia quando ficou claro que nada menos que trinta parlamentares do Governo Nacional votariam contra e que um número ainda maior iria se abster.[20]

O problema de Churchill foi bem sintetizado por Harold Nicolson, que escreveu: "Por um lado, ele tem de defender as Forças Armadas; por outro, tem de ser leal ao primeiro-ministro. A impressão era de que seria impossível fazer isso depois do debate sem perder parte de seu prestígio, mas ele consegue, com uma personalidade de força extraordinária, fazer as duas coisas com absoluta lealdade e patente sinceridade, ao mesmo tempo demonstrando com seu brilho que, na verdade, ele não tem nada a ver com esse bando tímido e atrapalhado".[21] "Todos estavam na dúvida", registrou Channon, "se Winston seria leal. Por fim ele se levantou e se viu na hora que estava de ânimo belicoso, vivaz, e se divertindo, gostando da posição irônica em que se encontrava, isto é, a de defender seus inimigos e uma causa na qual não acreditava [...]. Até que ponto aquele ardor era real, até que ponto era um simulacro, nunca saberemos."[22]

Àquela altura, os amigos de Churchill tinham criado um bom cordão de isolamento, de forma que a Câmara não sabia o que ele ia dizer. Não foi uma de suas clássicas apresentações. Fez uma defesa muito habilidosa do governo e da Campanha da Noruega, mas, quando o trabalhista Emanuel Shinwell o interrompeu, seguiu-se uma irritada troca de palavras. Churchill disse "Ele se encafua num canto" e se recusou a retirar o comentário. Então veio a pergunta se "se encafua" era linguagem parlamentar, e Neil Maclean, um parlamentar trabalhista de Glasgow que estava bêbado, falou que tinha entendido "se enfatua" [*skunks*] em vez de "se encafua" [*skulks*].[23] Com isso Churchill perdeu a paciência, o que não acontecera no debate sobre Munique, quando defendera uma causa em que acreditava fervorosamente.

"O dia todo tivemos linguagem ofensiva", disse Churchill em seu discurso de 45 minutos, "e agora os excelentíssimos membros da oposição nem sequer ouvem."[24] Quando a Câmara se acalmou um pouco, ele afirmou que a superioridade aérea dos alemães fora o principal problema na Noruega. "Fizeram objeções porque o primeiro-ministro disse que apelava aos amigos", falou Churchill. "Ele pensava que tinha alguns amigos, e espero que tenha alguns amigos. Certamente tinha muitos quando as coisas iam bem. Penso que seria muito mesquinho e indigno do caráter britânico e do Partido Conservador mudar num momento de dificuldade sem que se façam todos os procedimentos de sério debate que deveriam ser adotados."[25] Churchill terminou pleiteando: "Morram as rixas anteriores à guerra, esqueçam-se as brigas pessoais e reservemos nosso ódio para o inimigo comum".

"Foi interessante, foi brilhante, mas não convincente", pensou Maisky, que assistia da galeria.[26] John Reith, que àquela altura era ministro da Informação além de parlamentar, foi previsivelmente mais duro: "Senti durante o tempo todo que Churchill era um grande hipócrita, pois estava amando as críticas contra o governo, sabendo que tudo aquilo estava ajudando a colocá-lo no poder. Nauseante".[27] Mas nem todos foram tão implacáveis. Attlee, no rascunho de suas memórias, comentou: "Um esforço muito leal de Churchill em virar a maré".[28] Leo Amery relembrou: "O realmente importante foi que fortaleceu a posição de Churchill junto aos defensores do governo, sem a enfraquecer aos olhos dos que o viam como o óbvio sucessor de Chamberlain".[29] O rei não estava presente, claro, mas lhe disseram que "Winston encerrou e fez um discurso muito bom, que deteve a degringolada".[30] Mas não foi isso o que aconteceu.

Clementine e Mary estavam na galeria. "A Câmara estava num humor muito incerto, desagradável, sensível e inquieto", escreveu Mary em seu diário. "As interrupções foram frequentes — e também muitas aclamações. Papai lidou com o assunto em pauta e com a Câmara de uma maneira simplesmente *soberba*. Ouvi ansiosa, com orgulho, apreensão e desejo. Ergueu-se uma tempestade de interrupções [de Shinwell, Maclean e outros], fazendo papai se sentar, e o discurso terminou entre vaias dos dois lados da Câmara. Sentia-se intensamente um clima de crítica e ferocidade. Forte oposição a Chamberlain e a muitos membros do Gabinete, mesmo entre as fileiras do partido tory."[31]

Tirando o furor do final, dificilmente o debate poderia ser melhor para Churchill. Chamberlain se referira a seus "amigos na Câmara", porém seis das sete intervenções mais vigorosas no debate foram feitas por membros do Other Club — Sinclair, Wedgwood, Keyes, Winterton, Lloyd George e Duff Cooper —, todos amigos próximos de Churchill, alguns de décadas.* O sétimo discurso, e o mais vigoroso de todos, o de Amery, não foi hostil a Churchill de forma nenhuma. O Partido Trabalhista, de modo geral, fora respeitoso, e os parlamentares tories não tentaram lhe transferir a culpa do primeiro-ministro em relação à Noruega. Na verdade, nos dois longos dias de debate, ninguém pôs a culpa de uma campanha quase toda ela naval no ministro responsável pela Marinha. Como assinalara Morrison, Churchill foi o último a falar e, portanto, não havia como contestar suas declarações. Foi uma extrema ironia que Chamberlain tenha sido criticadíssimo pela derrota na Noruega e que o responsável mais direto — Churchill — tenha se beneficiado tanto.

Quando os parlamentares começaram a percorrer os corredores de votação, Maisky teve a impressão de que "a Câmara zumbia como uma colmeia perturbada".[32] O resultado foi de 281 para "Sim" e 200 para "Não". Uma maioria de apenas 81 a favor do governo, em vista de sua teórica maioria de mais de duzentos, constituía uma séria derrota moral para Chamberlain. Quando Margesson leu os números, "rugidos triunfais irromperam como tempestade nos bancos da Oposição", escreveu Maisky. "Chamberlain ficou sentado em seu lugar, da cor do giz."[33] Quarenta e um parlamentares do Governo Nacional tinham votado contra ele e, igualmente importante, cerca de cinquenta se abstiveram. Entre os rebeldes estavam Lady Astor, Bob Boothby, Harold Macmillan, Quintin Hogg, Duff Cooper, John Profumo, Louis Spears, lorde Wolmer, Harold Nicolson, Leslie Hore-Belisha e, evidentemente, Leo Amery e o almirante Keyes. Foi uma balbúrdia quando Harold Macmillan e lorde Winterton tentaram cantar "Rule, Britannia", até serem silenciados por tories furiosos. Parlamentares trabalhistas gritavam para Chamberlain: "Você perdeu o bonde!" e "Saia, saia, saia, saia!".[34] Os chamberlainistas respondiam aos rebeldes, gritando "Seus Quislings!"** e "Traidores!", e os rebeldes devolviam "Capachos!".[35] Channon escreveu: "Parecia um hospício".

Sete meses depois, Churchill disse a Jock Coville que o debate fora "uma magnífica oportunidade para ele: o alinhamento das estrelas estava a seu lado.

* Pouco tempo antes, em abril de 1939, Harold Nicolson já comentara: "Quando Winston fala com Lloyd George, é curioso aquele jeitinho seu de chamá-lo de 'meu caro'" (Nicolson [Org.], *Diary and Letters* I, p. 394).

** Referindo-se ao traidor norueguês Vidkun Quisling, cujos seguidores fascistas tinham auxiliado os alemães.

Pudera defender seu chefe ao máximo e, ao fazê-lo, ganhara apreço e estima. Ninguém poderia dizer que fora desleal ou fizera intrigas contra Chamberlain".[36]

Naquela noite, Bracken, a quem Attlee avisara que os trabalhistas participariam num governo Halifax, fez com que Churchill lhe prometesse que não seria o primeiro a falar quando se encontrasse com Chamberlain no dia seguinte na Downing Street para discutir a situação.[37] Beaverbrook, que gostava de criar uma aura mitológica para si mesmo, disse ao historiador John Grigg que o encontro entre Bracken e Churchill se dera em seu apartamento na Stornoway House, em Green Park, e que Churchill "estava propenso a pôr o dever acima das considerações pessoais" e a servir como ministro da Defesa sob Halifax, mas que "foi Bracken quem teve a influência decisiva sobre Churchill".[38] Os membros do Partido Trabalhista estavam de saída para a conferência anual do partido em Bournemouth, e Rab Butler conversava tanto com Hugh Dalton como com Herbert Morrison, que lhe disseram oficiosamente que o Partido Trabalhista participaria de um governo comandado por Halifax, sendo que Dalton acrescentou: "Churchill deve se ater à guerra".[39] Butler passou de imediato a informação a Halifax.

Em 9 de maio de 1940, uma quinta-feira, o dia foi claro e límpido, com doze horas de sol e 18 graus de temperatura. Os administradores do governo, liderados por lorde Dunglass na Downing Street e David Margesson no Departamento das Lideranças Partidárias, tentavam determinar com precisão as consequências da votação para o primeiro-ministro, na esperança de conter os danos e permitir que se mantivesse no cargo. "Digo-lhe o seguinte, seu merdinha absolutamente desprezível", declarou Margesson a John Profumo, soldado de 25 anos que fora eleito para o Parlamento apenas dois meses antes, "toda manhã, pelo resto de sua vida, quando você se levantar, sentirá vergonha pelo que fez ontem à noite."[40] Por outro lado, Alec Dunglass e Sir Horace Wilson, em uma medida paliativa, convidaram parlamentares tories importantes à Downing Street, para ouvir suas queixas e lhes dizer que Sir John Simon e Sir Samuel Hoare, ambos impopulares, poderiam ser afastados do governo (coisa que ninguém contou a Simon e Hoare). Às nove da manhã, Chamberlain ofereceu a Amery qualquer cargo que quisesse no governo, exceto o de primeiro-ministro. Amery recusou, dizendo a ele que deveria renunciar. Diante do fracasso da consagrada prática de atirar os colegas leais aos lobos, Chamberlain chamou Halifax à Downing Street às 10h15, sem lhe contar que havia oferecido seu cargo a Amery.

Enquanto isso, Churchill ganhara a lealdade de alguém que até então se mantivera um tanto distante e que agora se unia a ele. Anthony Eden foi ao Almirantado às 9h30 da manhã e o encontrou fazendo a barba. Churchill lhe disse que "achava que Neville não conseguiria trazer os trabalhistas e que era preciso formar um Governo Nacional".[41] Durante o almoço naquele dia, Churchill e Sir Kingsley Wood, o atarracado lorde do Selo Privado e ex-fiel chamberlainista, revelou a Eden que "Neville decidira sair. Kingsley achava que o sucessor devia ser W e insistiu que, se lhe perguntassem, deveria deixar bem clara sua disposição". Wood, que Eden considerava "perspicaz, amistoso e limitado", ou ficara ressentido por ser removido do Ministério do Ar em 3 de abril ou estava simplesmente agindo por oportunismo, mas sua intervenção no dia seguinte se mostraria essencial. Antes da guerra, Wood fora o ministro mais pró-germânico do governo Chamberlain; agora estava disposto a apoiar Churchill para o cargo de primeiro-ministro.[42]

Ao se encontrarem às 10h15, Chamberlain e Halifax concordaram que deviam trazer para o governo os dois partidos, o Liberal e o Trabalhista, coisa que Halifax defendia desde o dia em que voltaram de carro do Aeródromo de Heston, no retorno de Munique. Na eventualidade muito provável de que os trabalhistas se recusassem a servir sob Chamberlain, o primeiro-ministro perguntou ao ministro das Relações Exteriores se ele não se disporia a formar um governo, comprometendo-se a participar dele. "Expus todos os argumentos que me ocorreram contra mim mesmo", anotou Halifax em seu diário, principalmente o da "difícil posição de um primeiro-ministro incapaz de estabelecer contato com o centro de gravidade na Câmara dos Comuns".[43] Chamberlain respondeu com o óbvio argumento de que, em se tratando de uma coalizão, de todo modo não era de esperar uma grande oposição na Câmara.

A conversa teve um efeito psicossomático em Halifax, causando-lhe dor de estômago. Quando voltou ao Ministério das Relações Exteriores, disse a Rab Butler que "se sentia capaz de assumir a tarefa. Também achava que Churchill precisava de uma influência que o refreasse. Poderia refreá-lo melhor se ele mesmo se tornasse primeiro-ministro ou se ocupasse um ministério no governo de Churchill? Mesmo que escolhesse a primeira alternativa, as qualidades e a experiência de Churchill sem dúvida garantiriam que ele estaria 'de qualquer maneira conduzindo a guerra' e a posição de Halifax rapidamente se converteria na de um primeiro-ministro honorário, vivendo numa espécie de penumbra do lado de fora das coisas que realmente importavam".[44] Halifax sabia que sua falta de conhecimento dos assuntos militares era inaceitável num premiê em tempo de guerra. O que se afigura agora é que todos, de Dalton a Halifax, davam por certo que, apesar da Noruega, Churchill logo teria o controle completo das atividades bélicas britânicas como ministro plenipotenciário na coordenação da defesa.

Com o apoio do rei, do primeiro-ministro de saída, da liderança trabalhista e de um número suficiente de parlamentares conservadores para formar uma maioria expressiva na Câmara dos Comuns, o cargo de primeiro-ministro teoricamente iria para Halifax, caso tivesse insistido nisso ou houvesse colocado a ambição pessoal à frente do interesse nacional. Chamberlain não consultara Churchill sobre o remanejamento anterior em abril; se, da mesma forma, simplesmente tivesse ido até o Palácio na manhã de 9 de maio e recomendado ao rei a nomeação de Halifax, não haveria nada que Churchill pudesse fazer, a não ser prometer que o serviria lealmente. Ainda em março de 1940, Chamberlain escrevera: "Prefiro que Halifax, e não Winston, suceda a mim".[45] Claro que Churchill não poderia se negar a servir no governo em meio a um conflito militar só por saber que seria um líder de guerra melhor. Ele reconheceu isso em 26 de julho, ao dizer a W. P. Crozier enquanto retirava o gelo de seu uísque com soda e jogava no cesto de carvão: "Devo algo a Chamberlain, sabe. Quando renunciou, ele poderia ter aconselhado o rei a chamar Halifax e não o fez".[46] Em muitos aspectos, o encontro a sós entre Chamberlain e Halifax na manhã do dia 9 de maio, quando Halifax não insistiu de pronto em aceitar o cargo caso o Partido Trabalhista declinasse o convite de ingressar no governo sob Chamberlain, foi mais importante do que o encontro da tarde, com a presença de Churchill.

Depois de almoçar com Wood e Eden, Churchill foi à Downing Street para se somar a Chamberlain e Halifax no pedido a Attlee e Arthur Greenwood para que persuadissem o Comitê Executivo Nacional do Partido Trabalhista em Bournemouth a se unir a um governo de coalizão. Vindos diretamente de um almoço no Reform Club, oferecido pelo extremado antichamberlainista Clement Davis, que os alertara de que o primeiro-ministro tinha esperança de continuar aferrado ao poder, Attlee e Greenwood entraram no Salão Ministerial e se sentaram à mesa diante de Chamberlain, ladeado por Churchill e Halifax.[47] "Chamberlain nos pressionou muito para entrarmos em seu governo e teve o enérgico apoio de Winston", escreveu Attlee mais tarde.[48] Quando Churchill tentou lhes expor as encantadoras qualidades de Chamberlain como colega, Greenwood atalhou, dizendo: "Não viemos aqui para ouvir sua oratória, Winston".[49]

Attlee e Greenwood concordaram em ir a Bournemouth para expor duas perguntas à Executiva Nacional, que Attlee, estranhamente, precisou anotar, a saber: "1) Eles entrariam num governo sob o atual primeiro-ministro? 2) Entrariam sob outra pessoa?". Attlee telefonaria no dia seguinte para transmitir as respostas.[50] Foi avisado a Chamberlain que era muito improvável que o partido se dispusesse a servir sob ele — o que não constituía uma grande surpresa, visto que Attlee, em seu discurso durante o Debate da Noruega, falara da necessidade de ter "ao leme pessoas diferentes".

O rei se solidarizou com seu primeiro-ministro. "É muito injusto que Chamberlain seja tratado assim depois de todo o seu bom trabalho", anotou em seu diário. "Os rebeldes conservadores como Duff Cooper e outros deviam se envergonhar por abandoná-lo neste momento."[51] (Talvez não por coincidência, Duff Cooper fora o único membro do Gabinete a apoiar Eduardo VIII durante a Crise da Abdicação.)

Com um número relativamente pequeno de parlamentares, o Partido Trabalhista não tinha poder para escolher o conservador que assumiria o cargo, o que, considerando as posições pró-Halifax apresentadas na noite anterior por Attlee, Morrison e Dalton, era bom para Churchill. (Apesar de ser um visconde hereditário nascido num castelo, Halifax defendera o estatuto de Domínio para a Índia e mantinha boas relações pessoais com a liderança trabalhista.) Depois que Attlee e Greenwood foram embora, Chamberlain recebeu Margesson para discutir com Churchill e Halifax quem se tornaria primeiro-ministro caso os trabalhistas se negassem a participar do governo sob seu comando.

O que se passou na reunião entre os quatro às 16h30 de 9 de maio, da qual não houve nenhuma ata, precisa ser reconstituído a partir de várias fontes, com diferentes graus de fidedignidade. A versão mais plausível se encontra no diário de Alec Cadogan, com quem Halifax esteve logo a seguir. "O primeiro-ministro, Winston e eu discutimos as possibilidades", disse-lhe Halifax.

> O primeiro-ministro disse que eu era o homem mencionado como o mais aceitável. Falei que seria uma posição insustentável. Se eu não estava a cargo [das operações] de guerra e não liderava a Câmara, seria uma nulidade. Considerava Winston uma escolha melhor. Winston *não* objetou. Foi muito gentil e educado, mas mostrou que pensava ser esta [a] solução correta. O líder da bancada e outros pensam que o sentimento na Câmara tem se inclinado para ele. Se N.C. permanecer — como está disposto a fazer — seu conselho e discernimento estabilizariam Winston.[52]

Halifax tinha sido vice-rei da Índia e íntimo confidente de dois primeiros-ministros. Em tempo de paz, conseguiria manter Churchill mais ou menos sob controle, tal como Lloyd George e Baldwin haviam feito, mas — como admitira a Butler no dia anterior — ele sabia que, em tempo de guerra, logo seria lançado às sombras. Portanto, a abnegação pessoal de Halifax tinha bons fundamentos.

A versão de Churchill sobre o encontro foi escrita oito anos depois, com um engano na data e na hora do encontro e omitindo qualquer menção à presença de Margesson. "Tive muitas conversas importantes em minha vida pública", escreveu ele, "e essa certamente foi a mais importante. Geralmente falo muito, mas nessa ocasião fiquei em silêncio."[53] Churchill afirmou que foi somente após uma "pausa muito longa", que pareceu ainda mais comprida do que os dois minutos de silêncio no Dia do Armistício, que Halifax, quase constrangido, se saiu com a alegação de que seu título de nobreza o desqualificava para o cargo, ao que, acrescentou Churchill, "ficou claro que o dever recairia sobre mim — recaíra de fato sobre mim". Nessa versão, Churchill não fez absolutamente nada para se tornar primeiro-ministro, exceto ficar em silêncio. Margesson, que muito tempo depois da guerra revisou as provas do livro de um amigo sobre 1940, não alterou uma frase que dizia: "Segundo Margesson, na verdade o silêncio foi curto, rompido quase imediatamente por Halifax, insistindo na maior adequação de Churchill para a condução da guerra".[54]

O papel de Margesson é mencionado num relato de Beaverbrook escrito à mão, mas sem data, sobre uma reunião à qual ele não estava presente, claro, mas da qual tivera conhecimento por intermédio de alguém, provavelmente Churchill. "Margesson foi chamado", diz o texto. "A pergunta foi feita na forma de uma declaração de C depreciando a posição de Ch com o Partido Trabalhista. Então, o Grande Silêncio."[55] Mais tarde Beaverbrook escreveu: "Foi Margesson quem descobriu que a maioria dos parlamentares tories queria Halifax como primeiro-ministro".[56] Isso contradizia o que Halifax falou a Cadogan. Mesmo que fosse verdade, não despertaria um injustificado desânimo em Churchill, que sabia muitíssimo bem que era menos benquisto do que Halifax entre os parlamentares dos dois principais partidos. Churchill — o terror de Tonypandy na mitologia trabalhista — estava estremecido com o Partido Trabalhista desde antes da greve geral, e isso ressurgira no contratempo com Shinwell apenas na noite anterior.

O diário de Eden registra a informação, presumivelmente colhida também junto a Churchill, de que este "deixara claro" no encontro que esperava que Chamberlain se tornasse o líder da Câmara dos Comuns e continuasse a comandar o Partido Conservador, enquanto Churchill se tornava primeiro-ministro e ministro da Defesa.[57] Era uma posição astuta: Churchill não queria que os parlamentares tories, irritados com a queda de seu líder, se sentissem livres para atacar seu governo. Por mais impopular que Chamberlain começasse a se tornar no país, por ter defendido a política de apaziguamento, ainda detinha grande influência sobre a bancada tory no Parlamento.

Então como foi? O cargo de premiê caiu no colo de Churchill, foi-lhe entregue por Halifax ou ele agarrou a oportunidade no momento em que teve a chance? Em 2001, uma edição dos papéis pessoais de Joseph P. Kennedy trouxe nova luz aos fatos. Em 19 de outubro de 1940, Neville Chamberlain, já ciente de que estava morrendo de câncer, que na época do debate ainda não fora diagnosticado, convidou Kennedy para uma despedida em sua casa de campo. A conversa se estendeu àquela crucial reunião de maio, e Chamberlain revelou a Kennedy que, depois da saída dos líderes do Partido Trabalhista, "ele então quis indicar Halifax para primeiro-ministro e disse que serviria em seu governo. Edward, como [é] seu jeito, começou dizendo 'Talvez eu não possa porque estou na C[âmara] dos Lordes' e Finalmente Winston disse 'Creio que você não poderia'. E ele não estaria disponível e isso resolveu a questão".[58] Nessa formulação — a única fornecida por Chamberlain sobre o que ocorrera cinco meses antes — não há nenhum longo silêncio de Halifax como na versão de Churchill redigida oito anos mais tarde, visto que o "Finalmente" (com "F" maiúsculo) veio depois, e não antes da declaração de Halifax.

Vale a pena considerar outras versões que surgiram ao longo dos anos, com a evidente ressalva de que a história foi sendo bastante exagerada à medida que era contada. Em março de 1942, em Washington, depois de comentar o encontro com Beaverbrook, Halifax anotou no diário: "Winston não tinha dúvidas de que deveria ser ele, e estava muito preocupado em decidir quais seriam suas melhores táticas quando todos nós discutíssemos a questão. Pelo visto, ele concluiu que mais valia que essas táticas fossem de completo silêncio. Lembro-me dele seguindo muito esse tipo de linha na época".[59] Também em 1942, no Cairo, Cadogan apresentou uma versão levemente diferente da história a Sir Miles Lampson, segundo a qual Churchill se aproveitou do recato cavalheiresco de Halifax. Nessa versão, Lampson observou que Chamberlain dissera que Halifax "tinha o melhor título. Halifax que realmente queria o cargo [...] respondeu com sua usual e decorosa modéstia que, embora se sentisse muito lisonjeado, não tinha certeza se não era Winston, talvez, quem possuía melhores qualificações. A isso, Neville se virou para Winston, o qual prontamente e para grande espanto de Halifax respondeu que, sem dúvida, pensava ter melhores qualificações e o cargo deveria ser oferecido a ele!".[60]

Churchill se manteve firme em sua versão da história. Em 1947, comentou com seu médico, lorde Moran: "Pelo que o primeiro-ministro disse, eu podia ver que ele queria que Halifax o sucedesse. Olhou-me do outro lado da mesa, mas não falei nada e houve uma pausa muito longa. Então Halifax disse que seria muito difícil se o primeiro-ministro fosse um nobre. Deu para ver que ele desistira".[61] Foi basicamente a mesma narrativa que Churchill publicou no ano seguinte, em suas memórias de guerra. Nos anos 1950, Churchill disse ao líder de sua bancada na Câmara: "Ao menos uma vez não tive sequer de defender minha causa".[62] Tommy Thompson, em suas lembranças de guerra publicadas em 1963, afirmou que Churchill lhe disse logo após o encontro: "Foi a única vez em minha vida em que fiquei de boca fechada".[63] Entre as seis versões mais ou menos contemporâneas do encontro — a anotação contemporânea de Halifax em seu diário; o relato contemporâneo de Halifax a Cadogan; o informe de Chamberlain a Kennedy; o informe de Halifax a Cadogan repassado a Lampson; o relato de Churchill a Moran; as memórias de Churchill —, em todas, exceto nas duas últimas (do final dos anos 1940), ele não teria aguardado que lhe concedessem o cargo, e sim o teria tomado para si.*

* Existe outra versão do encontro, apresentada por Jock Colville em seus diários, *The Fringes of Power* [As fímbrias do poder], publicados em 1985: "Winston me falou várias vezes que Chamberlain, quando convocou lorde Halifax e ele próprio para o Salão Ministerial, olhou-o incisivamente e perguntou: 'Você vê alguma razão, Winston, pela qual um Par nesses dias não possa ser primeiro-ministro?'. Winston viu aí uma armadilha. Seria difícil responder pela afirmativa sem dizer francamente que a escolha deveria recair sobre ele. Se respondesse pela negativa ou contornasse a

Parece extraordinário que, numa emergência de guerra, o primeiro-ministro e o ministro das Relações Exteriores considerassem o fato de que um premiê pertencente à nobreza não poderia ter lugar na Câmara dos Comuns como um problema constitucional insuperável e permitissem que um enigmático aspecto constitucional decidisse quem deveria ser o líder de guerra da Grã-Bretanha num momento de tanto perigo. Se o Parlamento aprovou uma Lei de Execução condenando expressamente lorde Strafford à morte em 1641, também poderia aprovar trezentos anos depois uma Lei do Parlamento de uma só cláusula a fim de permitir que Halifax falasse na Câmara dos Comuns. O rei, que em princípio era o guardião da Constituição, perguntou a Chamberlain se o título de nobreza de Halifax não poderia ficar simplesmente, em suas palavras, "em suspenso".[64] Aí estava outra oportunidade perfeita — uma sugestão feita pelo guardião da Constituição não escrita da Grã-Bretanha — para Chamberlain barrar uma eventual tentativa de Churchill de tomar o cargo.

Podia ser que todos estivessem usando o título de nobreza como uma desculpa conveniente para disfarçar o fato de que, na verdade, Halifax não queria o cargo de premiê — pelo menos não naquela ocasião, pois sabia que logo ficaria, talvez de modo humilhante, à sombra de Churchill. Parecia evidente a todos os principais atores que era chegada a hora para a liderança do único homem que, desde o início, entendera corretamente Hitler e os nazistas, e não para sermões de alguém que, embora fosse uma pessoa decente e dedicada, os compreendera erroneamente quase até o fim. Embora os discursos de Halifax na época fossem cuidadosos e generosos, não tinham nenhum traço do ardor e da poeticidade das falas de Churchill.

Ao afirmar sem rodeios que julgava que Halifax não poderia exercer a função a partir da Câmara dos Lordes, quer tenha dito isso imediatamente ou após um silêncio (ou mesmo um Grande Silêncio), fica claro que Churchill *de fato* agarrou o cargo, que na verdade não lhe tinha sido ofertado, como ele preferiu narrar em suas memórias. Isso estaria em plena conformidade com a maneira como se comportou durante toda a vida, sempre se lançando por impulso pró-

---

questão, tinha certeza de que o sr. Chamberlain se viraria para lorde Halifax e diria: 'Bem, visto que Winston concorda, tenho certeza de que, se o rei me perguntar, devo sugerir que ele mande chamar você'. Portanto, Winston virou as costas e ficou olhando a Horse Guards Parade lá fora sem responder nada. Houve uma pausa constrangedora, depois da qual o próprio Halifax apresentou a sugestão de que, se o rei pedisse a opinião do sr. Chamberlain sobre seu sucessor, ele deveria propor o sr. Churchill" (Colville, *Fringes*, p. 125). Segundo essa versão (muito posterior), Chamberlain aparece tentando uma artimanha com Churchill, que teria ficado com o cargo sobretudo por causa do impedimento social de lorde Halifax. É uma versão que Churchill pode ter contado "várias vezes" a Colville, mas não é por repetir uma história que ela se torna verdadeira; é mais provável que aconteça o inverso.

prio na arena e sem sentir nenhum embaraço ou constrangimento ao exigir o que julgava lhe ser devido. A ida ao Sudão sem autorização regimental em 1898, a fuga da prisão em Pretória em 1899, a visita a Sidney Street em 1911, a mobilização da Grande Frota sem autorização do Gabinete em julho de 1914, a tomada dos navios de guerra turcos em agosto de 1914, a defesa de Antuérpia em outubro de 1914, a ordem de atacar Kotlas sem permissão do governo em 1919, a pacificação com Michael Collins em 1921 a despeito dos parlamentares tories, a compra de Chartwell em 1922 sem combinar com Clementine, a ordem para o *Cossack* subir a bordo do *Altmark* em fevereiro de 1940 — todas foram oportunidades que ele não deixou passar, agindo primeiro e deixando as consequências para depois. Seu herói Napoleão acreditava que o sucesso justificava a si mesmo. Fazia trinta anos que Churchill tinha "prática", como diziam na época, em forçar a obtenção de cargos; por que agora haveria de ser diferente em relação ao cargo mais alto de todos, que cobiçava fazia ainda mais tempo?

Churchill vinha forçando a mão de uma maneira considerada quase não britânica, e estava em profundo desacordo com o culto ao diletantismo inspirado, que fora inculcado em tantos contemporâneos seus, segundo o qual os prêmios da vida simplesmente caíam no colo da pessoa. Rejeitando essa postura, Churchill recusara a proposta de Campbell-Bannerman para ser o secretário financeiro do Tesouro a fim de representar a Secretaria de Estado das Colônias na Câmara dos Comuns, e recusara a proposta de Asquith para a chefia da secretaria da Irlanda, preferindo o Ministério do Interior. Oferecera-se como primeiro lorde do Almirantado a Asquith em 1911 e como ministro da Defesa a Lloyd George em 1919, a quem também manifestou vigorosamente seu desgosto em não ser nomeado chanceler do Tesouro em 1921. Deixara clara sua vontade de ser ministro do Abastecimento a Baldwin e a Chamberlain, e em abril de 1939 levara Margesson para jantar e informá-lo "frontalmente sobre seu grande desejo de ingressar no governo".[65] Em 1940, pressionara para ser ministro da Defesa *de facto*, ainda que não *de jure*. Agora que o cargo de primeiro-ministro estava a seu alcance, pela primeira e também provavelmente pela última vez, não iria cedê-lo a um conciliador hesitante e, a seu ver, sem qualificação militar. Ademais, Churchill acreditava de verdade que sua liderança pessoal teria muito mais condições de preservar a Grã-Bretanha e o Império do que a de Halifax.

Ainda que Clementine tivesse enfim perdido a esperança, em junho de 1937, de que o marido algum dia se tornasse primeiro-ministro, ele mesmo nunca a abandonara. Essa esperança lhe dera ânimo e motivação mesmo quando parecia não existir nenhum caminho que o levasse à Downing Street. Dissera a Murland Evans, quando tinha dezesseis anos de idade: "Na alta posição que ocuparei, caberá a mim salvar a capital e salvar o Império".[66] Na época da renúncia de Eden, anunciara-se como líder informal da Oposição, e até oito meses antes nunca se incomodara — e nisso talvez fosse imprudente — em ocultar sua grande ambição. Teve sorte de haver tal escassez de talentos na política britânica que, quando se evidenciou que Chamberlain precisava sair, não havia praticamente ninguém além de Halifax para disputar o cargo. Eden, Cranborne e Duff Cooper eram os únicos ministros que haviam renunciado por causa da política de apaziguamento, e nenhum deles tinha peso suficiente para ser considerado de estofo para o cargo, e tampouco Leo Amery, John Anderson ou lorde Chatfield. Aos 44 anos, Oliver Stanley era jovem demais. Lloyd George estava com 77 anos, era favorável à paz e ainda mais impopular do que Churchill junto ao establishment. Também saudara Hitler como o "Soldado Desconhecido renascido". Além disso, nenhum deles mostrava sinal algum do fascínio de Churchill pela guerra e pelas estratégias grandiosas — e tampouco de sua sede pelo cargo. Ademais, Churchill era alguém de dentro, que havia sido chanceler do Tesouro e ministro do Interior, e ao mesmo tempo também de fora, que só voltara ao governo nos últimos quatro meses da década de 1930. Seus 65 anos de idade não representavam impedimentos, pois ele transpirava energia e estava substituindo um septuagenário.

A reunião das 16h30, portanto, terminou com o acordo de que Chamberlain aconselharia o rei a convidar Churchill caso o Partido Trabalhista telefonasse no dia seguinte negando-se a entrar num governo chamberlainista. Então Churchill e Halifax se sentaram juntos por alguns momentos no jardim do número 10 da Downing Street. Bob Boothby, que passara o dia na Câmara dos Comuns, escreveu a Churchill naquela noite dando os nomes dos que se oporiam a Halifax. "É um grupo bastante poderoso", escreveu, sem saber que Halifax não estava mais na disputa.[67] Na verdade, os catorze parlamentares que Boothby citou formavam um pequeno e heterogêneo grupo, composto em sua maioria de nomes obscuros — era tudo, menos poderoso.

Não havia tempo suficiente para um apelo público conjunto defendendo Churchill como sucessor de Chamberlain. Coube a ele agarrar o prêmio pela pura força de sua personalidade e pelo impulso decorrente de seus acertos sobre Hitler. Naquela noite, jantando com Eden e Sinclair, Churchill, que pareceu a Eden "calmo e sereno", informou que, caso os trabalhistas se negassem a servir sob Chamberlain, o primeiro-ministro "ia aconselhar o rei a chamá-lo. Edward [Halifax] não quis sucedê-lo. Posição parlamentar difícil demais".[68] Churchill ofereceu o Ministério da Guerra a Eden, que aceitou de bom grado.

Em nossa época mais igualitária, pode ser indigesto admitir, mas Churchill se tornou primeiro-ministro por um processo que estava longe de ser democrático. Foi escolhido não por uma votação do Gabinete, não por uma eleição nacional, e nem mesmo por uma convenção ou um comitê parlamentar, mas pelo eleitorado autonomeado mais restrito possível: Chamberlain, Churchill, Halifax e Margesson. Os quatro haviam frequentado escolas particulares: dois estudaram em Harrow (Churchill e Margesson), um em Rugby (Chamberlain) e um em Eton (Halifax). Três desses quatro ingleses passando da meia-idade provinham da aristocracia (Margesson era sobrinho de um conde), e o pai de Chamberlain, um dos maiores estadistas da Grã-Bretanha vitoriana, certamente teria recebido título de conde ou visconde, se não sucumbisse a um derrame. Não só o Partido Trabalhista e o Partido Liberal não foram consultados, como a única pessoa solicitada a ratificar a escolha feita por esse grupo minúsculo, nem de longe representativo do povo britânico, foi um monarca hereditário não eleito, o rei George VI. Se praticamente qualquer outro corpo político maior tivesse sido consultado — o Gabinete Ministerial, o Conselho Privado, o Partido Conservador, a Câmara dos Lordes —, é muito provável que o escolhido tivesse sido Halifax, sobretudo caso fossem levadas em conta as posições da City londrina, da BBC, do *Times*, da Igreja da Inglaterra, e assim por diante. Churchill se tornara aceitável pelos discursos e transmissões via rádio, pelo rápido entendimento da ameaça nazista e pela tenacidade em insistir que seus conterrâneos ficassem de prontidão, mas em maio de 1940 grandes setores do establishment britânico ainda não tinham confiança em seu discernimento.

Ao amanhecer do dia seguinte, 10 de maio de 1940, uma sexta-feira, Hitler invadiu Luxemburgo, a Holanda e a Bélgica. Desencadeava-se o ataque que Churchill previra corretamente que ocorreria na primavera, embora ninguém pudesse prever que se daria no meio de uma crise política de grandes proporções na Grã-Bretanha. O Gabinete se reuniu às 8h e tomou conhecimento da tentativa alemã de flanquear a Linha Maginot francesa. Churchill propôs tentar semear a dissensão na Alemanha oferecendo asilo britânico ao antigo cáiser, que estava vivendo no exílio na Holanda.[69] (Na verdade, Guilherme II estava se deliciando com as conquistas de Hitler.) Na reunião, Chamberlain não fez nenhuma menção a suas intenções de renunciar, e às 11h30 concluiu que a situação militar era tão séria que justificava adiar por completo a renúncia. Pediu a Attlee uma declaração de apoio ao governo, mas, quando isso foi feito, a declaração mencionava apenas o esforço de guerra, sem nenhuma alusão de apoio ao governo em geral ou a primeiro-ministro em particular.

Sir Horace Wilson, secretário permanente do Tesouro e chefe do Serviço Civil, a quem Chamberlain enviara para encontrar Hitler durante a Crise de Munique, ficou "especialmente indignado" com a posição dos trabalhistas. Mas Kingsley Wood comunicou de maneira inequívoca ao Gabinete que o ataque de Hitler significava que a pressão para a renúncia imediata de Chamberlain, em vez de diminuir, agora aumentara. Hoare apoiou o primeiro-ministro, mas, como observou mais tarde, "ninguém disse nada no Gabinete, exceto eu. Edward [Halifax] totalmente insensível".[70] Eden pode ter minimizado Wood como "um útil tipo de advogado de família", mas foi essa nulidade política baixa e atarracada quem realmente tirou Chamberlain do cargo.[71] Logo seria recompensado com a chancelaria do Tesouro, assim como a presteza de Margesson na reunião das 16h30 anterior lhe assegurou a recompensa de um alto cargo.

Attlee se reuniu às 15h40 com o Comitê Executivo Nacional do Partido Trabalhista em Bournemouth, cuja resposta unânime foi que o partido deveria entrar no governo, mas não sob Chamberlain.[72] Attlee e Greenwood encontraram uma cabine telefônica de um hotel, e de lá telefonaram às 16h45 para dar a notícia à Downing Street, e então pegaram o trem das 17h15 para a estação de Waterloo, em Londres.

Naquela tarde, os leais ao primeiro-ministro fizeram mais uma tentativa de persuadir Halifax a mudar de ideia. O secretário parlamentar particular de Chamberlain, lorde Dunglass, ligou para Chips Channon no Ministério das Relações Exteriores, dizendo-lhe que pedisse a Rab Butler que conversasse com Halifax. "Persuadi Rab a ir à sala de Halifax para uma última tentativa", anotou Channon no diário; "ele descobriu que Halifax tinha saído para ir ao dentista sem que Rab o visse — e Valentine Lawford [secretária particular de Halifax] [...] que deixou de avisar Halifax que Rab estava à espera, pode ter desempenhado um papel decisivamente negativo na história."[73] Channon "se sentou aflito e atordoado".[74] Se Halifax realmente tivesse algum interesse em se tornar primeiro-ministro àquela altura, não parece muito provável que fosse ao dentista.

Chamberlain então se dirigiu ao Palácio de Buckingham. "Vi o primeiro-ministro depois do chá", anotou o rei em seu diário.

> Ele [...] me disse que queria renunciar para permitir que um novo primeiro-ministro formasse um governo. Aceitei a renúncia e lhe disse como me parecia totalmente injusta a maneira como fora tratado e que lamentava profundamente toda a controvérsia que ocorrera. Então tivemos uma conversa informal sobre seu sucessor.* Eu, claro, sugeri Halifax, mas ele me disse que H não ficou entusiasmado, pois estando na Câmara dos Lordes só poderia agir como sombra ou fantasma na Câmara dos Comuns, onde se dava todo o verdadeiro trabalho. Fiquei desapontado com essa declaração, pois achava que H era o nome óbvio e que seu título de nobreza poderia por ora ficar em suspenso. Então vi que havia apenas uma pessoa com a confiança do país que eu poderia chamar para formar um governo, e essa pessoa era Winston. Pedi conselho a Chamberlain e ele me falou que Winston era o homem a ser chamado.[75]

* É difícil imaginar o que seria uma conversa formal, caso uma discussão entre o rei e seu primeiro-ministro de saída sobre quem deveria ser o próximo premiê durante uma guerra mundial não fosse.

Por essa versão, Chamberlain nem precisou sugerir Churchill ao rei, que, a despeito de suas ressalvas, já percebera que ele era a única alternativa.

Assim, Churchill foi convocado, às 18h daquele dia. "Sua Majestade me recebeu com grande cortesia e me convidou a sentar", Churchill escreveu mais tarde. "Ele me fitou com olhar penetrante e misterioso por alguns momentos e então disse: 'Suponho que você não sabe por que o mandei chamar'. Adotando seu tom, respondi: 'Sir, simplesmente não consigo imaginar'. Ele riu e disse: 'Quero lhe pedir que forme um governo'. Respondi que certamente o faria."[76] Essa cena simpática, em que o rei leva na brincadeira a extrema importância de nomear um premiê em tempo de guerra, enquanto os alemães estavam atacando, sempre foi encarada exatamente como isso, uma anedota. Mas o próprio diário do rei mostra que realmente pensava que Churchill não sabia por que fora chamado, e levou a sério a resposta, que imaginava tratar-se de um gracejo. "Chamei Winston e lhe pedi que formasse um governo", escreveu o rei no diário. "Isso ele aceitou e me disse que não pensara ser essa a razão pela qual eu o chamara. Pensara que era possível, claro, e me deu alguns nomes de pessoas que convidaria para participar do governo. Estava cheio de ardor e determinação para cumprir os deveres de primeiro-ministro."[77]

De volta ao Almirantado — Chamberlain levaria algum tempo até sair do número 10 da Downing Street —, o inspetor detetive Thompson congratulou Churchill, dizendo que sua tarefa era enorme. "Só Deus sabe como é grande", respondeu o novo primeiro-ministro com lágrimas nos olhos. "Só espero que não seja tarde demais. Receio muito que seja. A única coisa que podemos fazer é nos empenharmos ao máximo."[78] Chegando ao Almirantado vindos da estação de Waterloo, Attlee e Greenwood não pressionaram Churchill quanto ao número de pastas que o Partido Trabalhista receberia na coalizão. De todo modo, Churchill foi generoso, nomeando os dois para o Gabinete de Guerra de cinco membros, no qual também estariam Chamberlain e Halifax.

"Ele estava ansioso em ter as [notícias sobre] o Gabinete de Guerra e os ministros das Forças Armadas o mais depressa possível", recordou Attlee. "Também discutimos outras nomeações e resolvemos bastante bem as coisas no sábado, com uma ou duas reuniões."[79] Churchill admirava a autoridade, a prestimosidade, a agilidade e a ausência de oportunismo de Attlee; relembrou por anos esses traços, que selaram seu respeito por ele. Alguns dias depois, a Conferência do Partido Trabalhista endossou a decisão da Executiva Nacional de entrar no governo por 2,41 milhões de votos contra 170 mil.

Foi sorte de Churchill que Chamberlain estivesse disposto a ingressar em seu governo, embora a perspectiva de ter o ex-premiê como líder da Câmara dos Comuns houvesse despertado entre os parlamentares trabalhistas e os tories contrários à política de apaziguamento uma oposição tão grande que, em vez disso, ele ficou como presidente do Conselho. Churchill lhe escreveu naquela noite: "Estou em larga medida em suas mãos" e lhe pediu que permanecesse como líder do Partido Conservador. Muitos tories ficaram furiosos por terem vencido o Debate da Noruega por 81 votos e, apesar disso, perderem seu primeiro-ministro. Chamberlain poderia se mostrar um colega capaz de atrair dissidências perigosas, mas ele e Churchill trabalhavam bem juntos, e Churchill não perdia oportunidade de lhe mostrar consideração e até afeição. Isso não significava que os chamberlainistas convictos mostrassem alguma consideração, e muito menos afeição, por Churchill. Às 19h15, Alec Dunglass e Jock Colville saíram do número 10 da Downing Street a foram ao Ministério das Relações Exteriores para ver Rab Butler e Chips Channon. "Tomamos champanhe brindando à saúde do 'Rei sobre a água' (não o rei Leopoldo,* mas o sr. Chamberlain)", escreveu Colville.[80] Esse brinde jacobita da Rebelião de 1715 unia a lealdade ao Antigo Pretendente, o filho do rei Jaime II, à oposição secreta ao novo regime hanoveriano. Churchill teria de se esforçar muito para vencer esses três parlamentares tories chamberlainistas e seu próprio novo secretário-assistente particular, Colville.

Naquela penosa sessão de brindes, Rab Butler disse:

> A boa e íntegra tradição da política inglesa, a de [William] Pitt [o Jovem] contra [Charles James] Fox, fora vendida ao maior aventureiro da história política moderna. Ele tentara seriamente e por longo tempo persuadir Halifax a aceitar o cargo de primeiro-ministro, mas falhara. Acreditava que esse súbito golpe de Winston e de sua gentalha era um desastre grave e desnecessário: o "passe fora vendido" — por Chamberlain, Halifax e Oliver Stanley. Haviam se rendido covardemente a um mestiço americano cujo principal apoio era o de gente ineficiente, mas falante, da mesma laia, dissidentes americanos como Lady Astor e Ronnie Tree.[81]**

Esse antiamericanismo não se restringia aos inimigos políticos de Churchill; Hilaire Belloc, quando soube que seu antigo amigo se tornaria primeiro-ministro, perguntou: "Vamos ser governados por aquele carreirista ianque?".[82]

Para Channon, ele próprio um norte-americano, 10 de maio de 1940 foi "talvez o dia mais sombrio na história inglesa", não porque Hitler estivesse devastando países neutros e prestes a atacar a França, mas por causa da queda de seu herói Neville Chamberlain.[83] "Todos estávamos tristes, zangados e nos sentíamos enganados e ludibriados", escreveu.[84] Halifax disse a Butler naquele dia: "Os gângsteres logo terão total controle".[85]

* O rei Leopoldo III da Bélgica, então combatendo a invasão germânica.

** Embora tivesse votado "Não" após o Debate da Noruega, Nancy Astor não apoiava Churchill, e Tree era edenista.

* * *

Quase da noite para o dia, o ataque de Hitler converteu traços antes encarados como fraquezas de Churchill em qualidades inestimáveis. Seu evidente interesse pela guerra já não era beligerância gratuita, mas um elemento do mais alto valor. O estilo oratório, que muitos haviam ridicularizado como canastrice de um mau ator, mostrava-se sublime quando a situação passou a corresponder à sua retórica. Sua obsessão imperial ajudaria a unir os povos do Império quando este se encontrasse sob uma pressão inimaginável, e seu chauvinismo lhe dava a certeza de que, se conseguissem atravessar aquela crise do momento, os britânicos derrotariam os alemães. Mesmo sua incapacidade em se adequar de fato a qualquer partido político era um valor inestimável no líder de um governo de unidade nacional.

Às 21h, Chamberlain anunciou sua renúncia numa transmissão radiofônica para a nação e instou que todos apoiassem o sucessor. A princesa Elizabeth, então com catorze anos, disse à mãe que se comovera até as lágrimas. Naquela noite, Margot Asquith foi se solidarizar com Chamberlain na Downing Street. "Ele disse que ninguém poderia ter sido mais gentil do que Winston", anotou ela, "que agora nada tinha importância alguma quanto a *ele* — ou quanto a *qualquer* pessoa — a única coisa que importava é que deviam ficar *unidos*." Claro que Lady Asquith não resistiu a um comentário mordaz, escrevendo: "Olhei seu físico magro e seus olhos perspicazes e foi inevitável compará-lo à complacente rotundidade de Winston".[86]

Churchill trabalhou noite adentro montando seu novo governo. "Estava ciente de uma profunda sensação de alívio", escreveu mais tarde. "Finalmente eu tinha a autoridade para imprimir uma direção a toda a cena. Senti como se estivesse caminhando com o destino, e que toda a minha vida passada não fora senão uma preparação para essa hora e essa provação [...]. Pensava conhecer muito sobre tudo aquilo e tinha certeza de que não falharia. Portanto, embora impaciente pelo amanhecer, dormi profundamente e não precisei de sonhos animadores. Fatos são melhores do que sonhos."[87] Conversando com lorde Moran em 1947, ele expressou a determinação e a ansiedade daquele dia de tão grande importância em termos mais coloquiais do que em suas memórias: "Finalmente eu podia controlar a maldita situação. Não tive nenhuma sensação de inadequação pessoal, nem nada desse gênero. Fui deitar às três da madrugada e de manhã disse a Clemmie: 'Só há um homem que pode me pôr para fora, e esse homem é Hitler'".[88]

# PARTE II: A PROVAÇÃO

# 21. A queda da França

## *Maio a junho de 1940*

*Quando um país sofre uma catástrofe tão assustadora como a da França, todos os outros males caem sobre ele como corvos sobre a carniça.*

Churchill para Clementine, janeiro de 1943[1]

*Mostrei o semblante sorridente e o ar confiante que se consideram adequados quando as coisas estão muito ruins.*

Churchill, *Their Finest Hour*, junho de 1940[2]

Churchill certamente conhecia "muito sobre tudo aquilo" quando se tornou primeiro-ministro, uma vez que havia ocupado todos os cargos estatais mais importantes, exceto o Ministério das Relações Exteriores. Com 65 anos, estava muito bem preparado — em termos de experiência, condições psicológicas e capacidade de antevisão — para a provação que estava por vir. Aos 23 anos, identificara os cinco aspectos da retórica que comoviam o coração humano e, nas quatro décadas seguintes, os aperfeiçoara. Aos 25, escrevera que se a Grã-Bretanha fosse invadida "haveria alguns — mesmo nesses tempos modernos — que não se importariam em se acostumar a uma nova ordem de coisas e a sobreviver em submissão à catástrofe" e, em outubro de 1912, começou a especular onde os alemães poderiam desembarcar uma força invasora.[3] Já em maio de 1901, havia advertido que uma guerra europeia seria "uma luta cruel e dilaceradora que, se algum dia viermos a ter os frutos amargos da vitória, exigirá, talvez por vários anos, a totalidade dos homens da nação, a suspensão completa das atividades de paz e a concentração de todas as energias vitais da comunidade para um único fim".[4]

No debate sobre a Lei das Finanças de 1903, Churchill tinha dito: "Sempre pensara que o principal objetivo do governo inglês deveria ser por muitos anos o cultivo de boas relações com os Estados Unidos", e perguntara: "Em tempos de guerra, que maior garantia poderia ter de suprimento de alimentos do que o outro lado do Atlântico?".[5] Em 1907, visitara a África Oriental, onde, entre junho de 1940 e novembro de 1941, a Grã-Bretanha obteria sua primeira vitória terrestre estratégica da guerra. Em 1909, havia instado seus colegas de governo a contatar Orville Wright para "aproveitar seu conhecimento".[6] Em março de 1913, num debate sobre o orçamento da Marinha, ele imaginara um bombardeio aéreo da Câmara dos Comuns e, apenas um ano depois, previu que "o avião de guerra voando em seu próprio país, sem entraves [...] e perto de sua base, deve ser um instrumento de combate muito mais eficiente do que qualquer embarcação semelhante que possa cruzar os mares".[7] A Batalha da Grã-Bretanha e a Blitzkrieg o encontrariam mentalmente preparado. Sobre seu antigo interesse pela guerra aérea, ele escreveria com razão em suas memórias de guerra: "Embora eu nunca tenha tentado ser especialista em questões técnicas, esse campo mental estava bem iluminado para mim".[8]

O fascínio de Churchill pela ciência e por novos armamentos — dentre os quais o aeroplano e o tanque eram os maiores destaques — foi outra preparação fundamental para o posto de primeiro-ministro, assim como sua exigência, em agosto de 1917, de que lhe fosse enviado um relatório sobre a produção de tanques "numa única folha de papel".[9] Churchill havia adquirido boa parte de seu conhecimento científico com o professor Lindemann e, em setembro de 1924, escrevera um artigo sobre bombas nucleares no *Pall Mall Gazette*, antecipando em quinze anos a carta de Albert Einstein ao presidente Roosevelt sobre a possibilidade de produzir esse tipo de artefato. "Não se poderá descobrir que uma bomba não muito maior que uma laranja possui o poder secreto", perguntara ele, "de explodir um distrito de uma só vez?" Também previra os mísseis V-1 e V-2: "Os explosivos, mesmo do tipo atual, não poderão ser guiados automaticamente em máquinas voadoras por raios ou outros raios, sem um piloto humano, numa sequência ininterrupta sobre uma cidade, um arsenal, ou acampamento ou um estaleiro hostil?".[10]

Durante a Grande Guerra, a criação por Churchill da unidade de decifração de códigos da Sala 40 do Almirantado, primeira agência desse tipo em setenta anos, ensinara-lhe o valor de receber dados brutos e não processados de inteligência, em vez de fazê-los passar por comitês. Isso foi muito útil na Segunda Guerra Mundial, e ele também aprendera, ao observar o Departamento de Inteligência de Sir Douglas Haig, que "a tentação de dizer a um chefe em alta posição as coisas que ele mais gosta de ouvir é uma das versões mais comuns de política equivocada. Desse modo, a perspectiva do líder de cujas decisões dependem eventos cruciais é geralmente muito mais otimista do que os fatos brutos permitem".[11]

Como ministro dos Armamentos na Grande Guerra, Churchill dirigira o que tinha descrito com precisão como "o maior empregador industrial e comercial do mundo".[12] Suas visitas frequentes ao front e à sede da BEF pressagiavam a maneira como viria a se familiarizar com a situação no conflito subsequente. "A guerra será longa e sombria", advertira ao Clube Liberal Nacional em setembro de 1914, por não acreditar na utilidade de dourar a pílula.[13] "Confie no povo", havia sido o lema de seu pai e, em novembro de 1914, ele considerou a possibilidade de continuar a luta se a França caísse, e disse à Câmara dos Comuns que "mesmo que estivéssemos sozinhos, como estivemos nos dias das guerras napoleônicas, não teríamos nenhuma razão para descrer de nossa capacidade de [...] prosseguir indefinidamente".[14] Já em 1932, antes mesmo de Hitler chegar ao poder, Churchill dissera aos parlamentares: "Digam a verdade ao povo britânico. É um povo firme, um povo robusto. Pode ficar um pouco ofendido no momento, mas, se lhe disserem exatamente o que está acontecendo, os senhores se garantem contra reclamações e reprovações que são muito desagradáveis quando chegam no dia seguinte a alguma desilusão".[15] Suas atitudes e convicções durante a Segunda Guerra Mundial tinham raízes profundas.

A estratégia da Grande Guerra de cercar, bloquear, atacar e sempre manter um contingente mais numeroso em relação ao do inimigo fora explicada por Churchill num discurso de maio de 1916, quando disse: "Se é para impor uma derrota decisiva aos alemães, eles serão derrotados como Napoleão e como derrotados foram os Confederados — isto é, com superioridade numérica em frentes tão extensas que eles não conseguem mantê-las nem substituir as perdas ocorridas ao longo delas".[16] Ele viria a dizer a mesma coisa ao dar seguimento a suas estratégias na África, no Mediterrâneo e nos Bálcãs nas conferências aliadas de 1943 e 1944. "Foi uma guerra da circunferência contra o centro", escrevera sobre a estratégia de Marlborough, e assim seria a estratégia dos Aliados ocidentais 240 anos depois.[17] Da mesma forma, seu memorando extraordinário de abril de 1918, sugerindo que Lênin fosse persuadido a reingressar na guerra — "Nunca esqueçamos que Lênin e Trótski estão lutando com a corda no pescoço" —, significava que não houve nenhuma hesitação de sua parte quando precisou aliar-se a Stálin depois que Hitler traiu o pacto nazi-soviético.[18]

Quando fora primeiro lorde do Almirantado antes da Grande Guerra, Churchill mantivera Asquith informado dos acontecimentos e de seus pensamentos com cartas periódicas que, com razão, foram descritas como "documentos longos, convincentes, bem fundamentados e informativos".[19] Ele era um mestre da minuta departamental, preparação que lhe seria muito útil em sua correspondência em tempos de guerra com o presidente Roosevelt. Essa relação crucial foi ainda mais importante durante a escrita de *Marlborough*, no qual elogiou seu grande ancestral pela maneira como perseguia seus objetivos, apesar de todas as "intrigas, contradições e meias medidas de uma vasta aliança canhestra que tentava guerrear".[20]

Churchill estava prestes a entrar na meia década mais extenuante de sua vida, porém chegou lá fortalecido por 65 anos de preparação consciente ou inconsciente. Ele havia dito à Royal Society of St. George, em abril de 1933, com a retórica que seria característica de sua oratória de guerra: "Pode ser que os capítulos mais gloriosos de nossa história ainda estejam por ser escritos. Na verdade, os próprios problemas e perigos que cercam a nós e nosso país devem alegrar ingleses e inglesas desta geração por estarem aqui em tal momento. Devemos regozijar-nos com as responsabilidades com as quais o destino nos honrou e orgulhar-nos de sermos os guardiões de nosso país num momento em que sua vida está em jogo".[21]

Em maio de 1940, a personalidade de Churchill já estava moldada tão completamente por suas experiências que não mudaria de forma perceptível pelo resto de sua vida. A determinação para se concentrar em um único propósito estava lá, misturada com uma inegável capacidade de ser impiedoso quando a ocasião exigia — o que viria a acontecer com frequência. Em contrapartida, demonstrava uma tranquilidade sob pressão e um senso de humor que lhe permitia continuar fazendo suas piadas por mais que a situação estivesse ruim. Suas experiências sob fogo em campos de batalha distantes como Spion Kop, na Guerra dos Bôeres, e na frente ocidental da Grande Guerra não o deixaram com uma opinião muito elevada sobre os especialistas militares, o que também se mostrou útil na série de derrotas que as Forças Armadas britânicas estavam prestes a sofrer. Ele havia cometido muitos erros catastróficos em sua longa carreira, mas, como veremos, aprendera com eles.

Um dos conselhos que Churchill dera a Georges Clemenceau durante a Grande Guerra tinha sido "esquecer velhas desavenças. [...] Na Inglaterra [...] arrumamos muitas confusões, mas sempre nos mantemos mais ou menos juntos".[22] Em 11 de maio de 1940, um sábado, Churchill começou a nomear o resto de seu governo, um delicado exercício de equilíbrio entre os três principais partidos e suas facções internas. Ele teria de contrabalançar as expectativas conflitantes de seus amigos e apoiadores com os inconformados chamberlainistas que compunham a maioria na Câmara dos Comuns. Clement Attlee recebeu o cargo sem pasta de lorde do Selo Privado, mas também se tornou vice-líder da Câmara dos Comuns, enquanto Neville Chamberlain era nomeado presidente de vários comitês importantes do Gabinete que lidavam com questões internas. Arthur Greenwood, o vice-líder do Partido Trabalhista, tornou-se ministro sem pasta, com um assento no Gabinete de Guerra. "Eu não gostava de ter ministros desatrelados ao meu redor", escreveu Churchill mais tarde. "Preferia lidar com chefes de organizações em vez de conselheiros. Todos devem cumprir suas obrigações e ser responsáveis por alguma tarefa definida, e então não criam problemas só por criar ou para impressionar."[23]

Sir John Anderson, que sempre esteve mais para um competentíssimo funcionário público do que para um político, permaneceu como ministro do Interior, e Kingsley Wood foi nomeado chanceler do Tesouro. Os ministros das Forças Armadas foram calibrados cuidadosamente entre os partidos: o conservador Anthony Eden tornou-se secretário para a guerra, o líder do Partido Liberal Archie Sinclair tornou-se titular do Ministério do Ar, e o trabalhista A. V. Alexander sucedeu Churchill no posto de primeiro lorde do Almirantado. Embora Halifax não pudesse ser tirado do Ministério das Relações Exteriores, os outros principais defensores da política de apaziguamento foram cuidadosamente retirados de posições de poder. Hoare recebeu um posto no qual sua propensão para o diálogo com os ditadores fascistas poderia fazer bem ao país: embaixador na Espanha de Franco. Simon foi "promovido" a lorde chanceler pelo resto da guerra, e Hankey foi transferido do Gabinete de Guerra para a chancelaria do Ducado de Lancaster, a sinecura ministerial que o próprio Churchill tanto desprezara em 1915.

"Devo dizer que Winston foi muito generoso em sua apreciação da minha disposição para ajudar e de minha capacidade de fazê-lo", escreveu Chamberlain para Ida em 11 de maio. "Sei que ele confia em Halifax e em mim."[24] Era verdade, mas isso não significava que os sequazes de Churchill tivessem de respeitar Chamberlain. Naquela manhã, Sir Horace Wilson, o conselheiro mais próximo de Chamberlain — a quem Churchill permitiu, de forma magnânima, que retivesse seus dois altos cargos na administração pública, apesar de ter sido um destacado defensor da política de apaziguamento —, apareceu para trabalhar no número 10 da Downing Street como de costume. Churchill ordenou que esvaziasse sua escrivaninha e deixasse o local até as duas da tarde. Na hora do almoço, Wilson mandou uma mensagem pedindo mais tempo, e Churchill disse a Bracken: "Diga a esse homem que se a sala não estiver liberada às duas da tarde farei dele embaixador na Islândia".[25] (A Grã-Bretanha ocupara a Islândia no dia anterior, para impedir a invasão dos alemães.) Quando Wilson voltou do almoço, encontrou Bracken sentado à sua mesa e Randolph em seu sofá, ambos fumando grandes charutos.[26] Seus pertences estavam empilhados no corredor. Wilson partiu sem dizer uma palavra, e sua carreira terminou aos sessenta anos, assim que atingiu a idade de aposentadoria do serviço público, em 1942.

A nomeação de lorde Beaverbrook para ministro da Produção de Aeronaves levou o rei a escrever uma nota manuscrita de protesto, mas, apesar do monarquismo romântico que alimentava, Churchill insistiu firmemente em seu direito de nomear o homem que durante a Batalha da Grã-Bretanha viria a ter o segundo cargo mais importante no governo.[27] Da mesma forma, quando Churchill pediu a Bracken que participasse do Conselho Privado, surgiram reclamações do Palácio de Buckingham por causa de seu passado nebuloso. As relações entre Churchill e o rei eram boas, e estavam prestes a se tornar excelentes, mas ainda havia rusgas ocasionais, e isso poderia causar mais uma. "O sr. Bracken é um parlamentar de distinta reputação e capacidade excepcional", escreveu Churchill a Sir Alec Hardinge, secretário particular do rei. "Em certas ocasiões, foi quase que meu único apoiador nos anos em que me esforcei para que este país fosse devidamente defendido, em especial pelo ar. Como eu, ele sofreu toda forma de hostilidade oficial. Se tivesse se juntado às fileiras dos oportunistas e carreiristas que asseguravam ao público que nossa Força Aérea era maior que a da Alemanha, não tenho dúvida de que teria alcançado um alto cargo há muito tempo."[28] Bracken foi nomeado imediatamente para o Conselho Privado, um sinal de sucesso político, embora o órgão fosse, em grande parte, honorífico.

Beaverbrook era um aliado errático, mas sempre enérgico e estimulante. No mês de novembro do ano anterior, Máiski havia observado que Beaverbrook, certo dia, "podia elogiar [Churchill] como o maior estadista da Grã-Bretanha, e em outro podia chamá-lo de 'trapaceiro', 'vira-casaca' ou 'prostituto político'".[29] O novo ministro almoçou com Churchill no Almirantado em 10, 11 e 12 de maio. Estava tão contente por estar de volta ao círculo churchilliano que, como comentou o parlamentar tory Beverley Baxter, "ele é como a meretriz da cidade que no fim se casou com o prefeito!".[30] Moran percebeu corretamente que Beaverbrook era "quase o último daqueles que conviveram com ele durante choques e tensões da Primeira Guerra Mundial [...] era um consolo para o primeiro-ministro conversar com ele e comparar seus problemas com os que tiveram de superar na Primeira Guerra Mundial".[31]* Beaverbrook o estimulava — "Algumas pessoas usam drogas", explicou certa vez; "eu uso Max".[32] Churchill calculava que ele se dedicaria por inteiro à tarefa vital de produzir o máximo de aeronaves de combate nos meses seguintes. O tempo mostrou que tinha razão.[33] Quando Randolph se queixou de que David Margesson havia mantido seu cargo de líder partidário, apesar de ter orquestrado a oposição a seu pai, Churchill respondeu: "Não creio que haja alguém que possa me aconselhar melhor sobre todos aqueles elementos do Partido Conservador que foram tão hostis a nós nos últimos anos. Preciso

* Os outros eram Smuts, Spears e Keyes, embora nenhum deles fosse tão próximo de Churchill quanto Beaverbrook nessa ocasião.

pensar na unidade, e preciso de toda a ajuda que puder obter".[34] Falando a Eden, ele "consolou-se com a reflexão de que M lideraria com tanta energia para nós como fazia contra nós!".[35] Bracken escreveu um bilhete a Churchill avisando que Margesson (a quem apelidara de "o paraquedista", possivelmente porque, como os alemães na Noruega, aterrissara com sucesso no território inimigo) "não gostava de vários de nossos amigos", mas isso não impediu o primeiro-ministro de convidá-lo para ajudar a preencher os cargos secundários do governo, algo que não tinha tempo para fazer sozinho. Margesson serviu ao seu novo superior com louvável lealdade, tornando-se secretário da Guerra antes do final do ano.

Duff Cooper tornou-se ministro da Informação, substituindo Sir John Reith, que confidenciou a seu diário: "Que tratamento imundo — e que governo *podre*".[36] Não obstante, Reith aceitou de imediato o Ministério dos Transportes oferecido por Churchill, que não parecia conhecer a dimensão do desprezo que o novo ministro nutria pelo chefe do governo. Para Ernest Bevin, foi providenciado um assento no Parlamento, e ele foi nomeado ministro do Trabalho, posto vital que controlava os recursos humanos e as relações trabalhistas do país, no qual se manteve durante toda a guerra.

Oliver Stanley, que se desentendeu com Churchill durante a campanha na Noruega, recusou a chefia do gabinete dos Domínios porque não gostou do tom de voz do primeiro-ministro ao oferecê-lo.[37] (Churchill, no entanto, deu-lhe outra chance quando o nomeou ministro das Colônias em novembro de 1942.) Hore-Belisha recusou tanto o Ministério da Informação como o Conselho do Comércio, e então Churchill grunhiu: "Se você me atacar, eu revidarei, e lembre-se, enquanto você tem uma arma de 3,7 polegadas, eu tenho uma de doze polegadas".[38]

Churchill trouxe pessoas da Câmara dos Comuns, como Lloyd George fizera na Grande Guerra. Além de Reith e Beaverbrook, deu ministérios para os empresários: Sir Andrew Duncan no Conselho do Comércio e lorde Woolton para ministro da Alimentação; e, mais tarde, Oliver Lyttelton, um banqueiro que se tornou ministro da Produção de Guerra. Bob Boothby, ministro adjunto de Woolton, estava insatisfeito com sua posição subalterna. Clement Davies não ganhou nenhum posto, apesar de seu papel na derrubada de Chamberlain, e Boothby se queixou de que Churchill "não tratava bem seus amigos".[39] Isso não era verdade de forma nenhuma. Churchill não podia colocar todos em seu governo, e seu cultivo de amizades durante os anos de adversidade significava que, em 1940, estava em condições de nomear pessoas de confiança para cargos-chave. Boothby simplesmente não era um deles. Lindemann tornou-se o principal conselheiro do governo para questões científicas (embora seu papel fosse muito além disso), lorde Lloyd foi nomeado ministro das Colônias e lorde Cranborne para tesoureiro-geral, enquanto lorde Moyne e Harold Macmillan se tornavam secretários parlamentares na Agricultura e no Ministério do Abastecimento, respectivamente. Mais adiante, Churchill encontrou vagas de adjuntos para seu genro Duncan Sandys e seu amigo James de Rothschild.

A mais importante de todas as designações de Churchill, porém, foi a de si mesmo para o novo cargo de ministro da Defesa. "O ministro da Defesa representa os ministros das Forças Armadas no Gabinete de Guerra", explicou ele à Câmara dos Comuns, "e ele, em nome do Gabinete de Guerra e sujeito à sua concordância, comanda a condução da guerra. O ministro da Defesa é também primeiro-ministro e pode, portanto, exercer sua função geral de superintendência e direção sem interferir nas responsabilidades constitucionais dos ministros das Forças Armadas."[40] Churchill propusera um ministério da Defesa a Lloyd George em julho de 1919, mas o gesto fora mal interpretado como uma tentativa de apropriar-se do poder.[41] O ministério em si só ganhou existência própria em 1964, mas a autonomeação para o posto de ministro da Defesa em maio de 1940 foi uma declaração clara sobre quem estava no comando. Churchill administrara grandes organismos estatais antes, então sabia como funcionava a máquina do governo. O Almirantado, o Ministério da Guerra e o Tesouro estavam entre os maiores ministérios de Whitehall e, como ministro dos Armamentos, ele fora responsável pela supervisão de 2,5 milhões de trabalhadores. Em cada caso, exceto no ultraconservador Tesouro, instituiu novas estruturas organizacionais, energizando os departamentos. Fez o mesmo como primeiro-ministro, colocando-se inequivocamente no centro do governo, pronto para fundir ministérios ou criar outros, se necessário.

Churchill criou de imediato um poderoso Comitê de Defesa (Operações) do Gabinete, presidido por ele e por meio do qual as recomendações do Comitê dos Chefes de Estado-Maior eram canalizadas para o Gabinete de Guerra. Churchill ou Attlee presidiriam as reuniões de que participavam os três ministros das Forças Armadas, os três chefes do Estado-Maior, o ministro das Relações Exteriores e quaisquer outros ministros considerados necessários ad hoc. "Foram os políticos que comandaram a guerra", escreveu Averell Harriman, agente diplomático de Roosevelt, de forma sucinta em suas memórias.[42] Os chamberlainistas intransigentes desaprovaram. "Churchill como ministro da Defesa, bem como primeiro-ministro", anotou Reith. "Que os céus nos ajudem."[43]

A nova organização era a culminação do pensamento de uma vida inteira sobre as relações entre civis e militares. "Em 1915, eu caí em desgraça por um tempo em razão dos Dardanelos", explicou Churchill em suas memórias de guerra, "e um empreendimento supremo foi rejeitado, através de minha tentativa de realizar uma importante e essencial operação de guerra a partir de uma posição subordinada. Os homens são imprudentes ao tentar tais empreendimentos. Essa lição foi absorvida em minha natureza."[44] "Foi preciso o Armagedão para me tornar primeiro-ministro", disse ele a Boothby. "Mas agora estou decidido a não permitir que o poder esteja em outras mãos além das minhas. Não haverá mais Kitcheners, Fishers ou Haigs."[45] Felizmente, Clement Attlee, que admirava Churchill como estrategista, aprovou essa postura. "Minha própria experiência da Primeira Guerra Mundial e minhas leituras de história", ele escreveu mais tarde, "convenceram-me de que o primeiro-ministro deveria ser um homem que soubesse o que a guerra significava, em termos do sofrimento pessoal do homem na linha de frente, em termos de alta estratégia e em termos de uma questão crucial — como os generais se relacionam com seus chefes civis."[46] Os dois logo estabeleceram uma relação de trabalho descontraída e confiante.*

O secretário militar adjunto do Gabinete de Guerra, coronel Ian Jacob (filho do marechal de campo Sir Claud Jacob, membro do Other Club), tornou-se uma figura fundamental no grupo disciplinado, bem-humorado, inteligente e eficientíssimo que Churchill montou em torno de si. Jacob trabalhava diretamente com Ismay e descreveu o impacto da nova organização. "Anteriormente, havíamos visto esse dínamo discutindo à toa, desatrelado e descentrado, deslocando e interrompendo, até mesmo destruindo de tempos em tempos", escreveu ele. "Agora, com o dínamo no lugar certo, era outra história [...]. Depois que o primeiro-ministro passou a estar mais ou menos integrado ao maquinário, os efeitos foram ótimos. As coisas começaram a funcionar e funcionaram até o fim da guerra. É impossível pôr em palavras a mudança que sentimos. Sua energia parecia estar presente o tempo todo."[47] Chamberlain tentara delegar a condução da guerra, mas Churchill não faria isso. "Quase não parece necessário enfatizar", acrescentou Jacob tempos depois, "que o primeiro-ministro não pode delegar suas atividades a um ministro da Defesa ou a outros ministros. A tarefa de conduzir a guerra em seus aspectos civis e militares deve ser levada a cabo pelo primeiro-ministro."[48]

Esse aumento de poder não significava que Churchill se tornara um ditador, como seus detratores tentaram apresentá-lo na época e desde então. O primeiro-ministro precisava da anuência dos chefes do Estado-Maior, e vice-versa, e jamais rejeitou conselhos profissionais de caráter unânime sobre alguma questão operacional em todo o decorrer da guerra. "Não posso dizer que nunca diferimos entre nós", registrou ele num eufemismo verdadeiramente notável em suas memórias, "mas um tipo de entendimento cresceu entre mim e os chefes do Estado-Maior britânicos de que deveríamos convencer e persuadir, em vez de tentar nos impor uns sobre os outros. Isso foi evidentemente ajudado pelo fato de que dominávamos a mesma linguagem técnica e possuíamos um grande corpo comum de dou-

* Quando Attlee caiu sobre um banco na Câmara dos Comuns, Churchill brincou: "Levante-se, levante-se, lorde do Selo Privado! Não é momento para brincadeiras" (*CIHOW*, p. 321).

trina militar e experiência de guerra [...]. Não havia divisão, como na guerra anterior, entre políticos e soldados, entre os 'Frocks' e os 'Brass Hats'* — termos odiosos que obscureciam o entendimento."[49]

A Constituição britânica estava cheia de poderes constituídos muitas vezes por razões históricas, mas nunca eram usados. Em teoria, os monarcas poderiam se recusar a sancionar leis, por exemplo, ou declarar guerra sem a aprovação do Parlamento, mas não o faziam desde muito antes da época de George VI. A capacidade de Churchill como ministro da Defesa de prevalecer sobre os chefes do Estado-Maior, prerrogativa que nunca exerceu, era um desses poderes. Houve muitas reuniões tensas nos cinco anos seguintes, tanto que se pode ver onde o anel de sinete de Churchill fez um sulco no braço de sua poltrona no Centro de Guerra, quando ele o esfregava e golpeava contra o móvel, mas as tensões não foram além do limite de divergências aceitáveis entre cavalheiros (embora os aparelhos telefônicos precisassem ser trocados periodicamente, pois Churchill os batia na escrivaninha quando as ligações eram ruins).

"Passei o dia com um terno azul-brilhante da Alfaiates Cinquenta-Xelins", escreveu Jock Colville em 13 de maio, "de aparência barata e sensacional, que achei adequado ao novo governo."[50] A princípio, os Churchill duvidaram de Colville tanto quanto Colville em relação a eles. Mary disse que inicialmente "suspeitei — com razão, em ambos os casos! — que ele seria 'chamberlainista' e 'Municheer'".[51]** No entanto, Colville já vinha admitindo em seu diário que o governo, com Eden, Duff Cooper, lorde Lloyd e Morrison, "deveria ser capaz de fazer as coisas. Além disso, o governo tem a total confiança do país". Colville logo se tornou um churchilliano convicto, permaneceu assim pelo resto da vida e foi uma das principais testemunhas de muito do que o primeiro-ministro falou e pôs em prática durante a Segunda Guerra Mundial.

A partir de 10 de maio, o Exército francês e a Força Expedicionária Britânica (BEF) avançaram até o rio Dyle, na região central da Bélgica, para enfrentar o ataque alemão que atravessava os territórios neutros da Holanda e da Bélgica. No entanto, o general Erich von Manstein conseguiu executar uma manobra denominada "corte de foice" e, em 12 de maio, colunas blindadas alemãs em rápido avanço, com o apoio de bombardeiros Stuka, emergiram subitamente das densas florestas montanhosas das Ardenas, antes consideradas intransponíveis, e ruma-

* *Frocks* e *Brass Hats* (literalmente sobrecasacas e capacetes de metal), termos usados para se referir a políticos importantes e altos oficiais, respectivamente. (N. T.)

** *Municheer* ou *Munichite* eram termos para se referir um defensor da política de apaziguamento com a Alemanha nazista. (N. T.)

ram direto para a costa do canal da Mancha. "Pobre gente", disse Churchill a Ismay enquanto caminhavam do Almirantado para a Downing Street naquele dia, quando chegou a notícia do surpreendente ataque alemão. "Eles confiam em mim e não posso lhes dar nada além de desastre por um bom tempo."[52]

Na tarde seguinte, às 14h45 de 13 de maio, uma segunda-feira, Churchill fez seu primeiro discurso como primeiro-ministro. A Câmara dos Comuns se encontrava agitada em relação ao novo governo, cujos membros ainda estavam sendo anunciados. Channon registrou que Ernest Brown, um parlamentar liberal nacional, rebaixado de ministro do Trabalho para ministro para a Escócia, apesar de ser inglês, "atacou Winston; outros também fizeram o mesmo".[53] Quando Chamberlain entrou na Câmara, os membros do Parlamento se levantaram, aplaudiram, acenaram suas agendas e lhe deram o que um deles descreveu como "uma recepção fantástica". Isso mostrava como Churchill estava certo ao incluí-lo no governo.[54] A entrada do próprio primeiro-ministro foi muito mais silenciosa, como ele e outros comentariam várias vezes nos meses seguintes.[55] A bancada trabalhista se limitou ao que Máiski descreveu como "aplausos relativamente débeis", enquanto "a maioria dos tories permanecia em silêncio. Mas Churchill não pareceu se importar".[56] Na Câmara dos Lordes, o anúncio do novo governo por lorde Halifax foi recebido com silêncio mortal.[57] "Não creio que Winston venha a ser um bom primeiro-ministro", escreveu Halifax em seu diário naquele dia, "embora ache que o país pensará que ele lhe dá um certo impulso."[58]

O discurso de Churchill durou apenas sete minutos, porém foi um dos melhores já feitos na Câmara dos Comuns e um dos triunfos de sua oratória:

> Eu diria à Câmara, como disse àqueles que aderiram a este governo: "Não tenho nada a oferecer além de sangue, labuta, lágrimas e suor". Temos diante de nós uma provação das mais dolorosas. Temos diante de nós muitos, muitos e longos meses de luta e sofrimento. Vocês me perguntam: qual é a nossa política? Eu direi: é fazer a guerra, por mar, terra e ar, com toda a nossa capacidade e com toda a força que Deus possa nos dar; travar uma guerra contra uma tirania monstruosa jamais superada no catálogo sinistro e lamentável dos crimes humanos. Essa é a nossa política. Vocês perguntam: qual é o nosso objetivo? Posso responder com uma única palavra: é a vitória, a vitória a todo custo, a vitória apesar de todo o terror, a vitória, por mais longa e difícil que seja a estrada; pois sem a vitória não há sobrevivência. Que isso seja compreendido: sem a sobrevivência do Império Britânico, sem a sobrevivência de tudo que o Império Britânico sempre defendeu, sem a sobrevivência do anseio e o impulso das eras, a Humanidade não avançará em direção ao seu objetivo. Mas eu assumo minha tarefa com animação e esperança. Tenho certeza de que nossa causa não há de fracassar entre os homens. Neste momento, sinto-me

> no direito de reivindicar a ajuda de todos, e digo: "Venham então, vamos avançar juntos com nossa força unida".[59]

Era um tom que Churchill repetiria muito nos meses e anos seguintes: gravemente desafiador, evocativo do Império, sem nunca minimizar os perigos e dificuldades à frente, procurando inspirar coragem e mantendo a perspectiva final de vitória sobre Hitler. Para uma população ansiosa por direcionamento num momento desconcertante, quando havia um forte movimento pacifista, bem como um vácuo de liderança no alto escalão da política, as palavras de Churchill foram um toque de clarim, que desencadeou uma resposta imediata e avassaladoramente positiva.*

Depois que ele se sentou, Lloyd George fez um discurso em apoio a Churchill falando da amizade entre os dois, durante o qual Nicolson observou: "Winston chora levemente e enxuga os olhos".[60] Ao sair da Câmara, Churchill disse a Desmond Morton: "Aquilo pegou de jeito os imbecis, não é?".[61] Mas a verdade era outra. "O novo primeiro-ministro falou bem, até mesmo dramaticamente", escreveu Channon, "mas não foi bem recebido."[62] Dois parlamentares tories expressaram raiva e lamentação por Chamberlain ter perdido o cargo de primeiro-ministro. Sir Stafford Cripps disse de maneira um tanto sinistra: "Não desejo fazer nenhuma crítica ao honorável cavalheiro ou ao seu governo, favorável ou não".[63] A resolução afirmando que "Esta Câmara saúda a formação de um governo que representa a determinação unida e inflexível da nação para prosseguir a guerra com a Alemanha até uma conclusão vitoriosa" foi aprovada por 381 votos a zero, mas a ausência de entusiasmo verdadeiro foi inequívoca.

Depois do debate, Churchill ofereceu a Lloyd George o Ministério da Agricultura, oferta que repetiu várias vezes naquele mês; Lloyd George recusou-a todas as vezes, alegando que não podia se sentar à mesa do Gabinete com Chamberlain, mas o verdadeiro motivo era porque já estava calculando suas chances de suceder Churchill caso ele fracassasse. Em outubro, ele comentou com seu secretário particular A. J. Sylvester: "Vou esperar até que Winston seja preso".[64] Ao longo da guerra, foi se tornando cada vez mais amargo. "Lloyd George está com

* A frase mais memorável do discurso tivera uma longa e elaborada gênese. Uma carta ao *Manchester Guardian* apontou que Lívio, Cícero e Pizarro haviam escrito sobre sangue, suor e trabalho — embora as lágrimas fossem um acréscimo caracteristicamente churchilliano. Porém, em 1611, John Donne mencionara "lágrimas ou suor ou sangue" de forma entusiasmada em um de seus sonetos religiosos, e a sequência de poemas de A. E. Housman, *Um rapaz de Shropshire*, contém "Lágrimas [...] Suor [...] sangue" (Weidhorn, *Rhetoric*, p. 134, n. 22). A expressão "sangue e suor e lágrimas" apareceu em um dos discursos de Theodore Roosevelt em 1897, e Churchill usara "sangue e suor" em *London to Ladysmith*. Também mencionara "sangue, suor e lágrimas" em um artigo publicado no *Daily Telegraph* sobre o general Franco (*CIHOW*, pp. 4, 33).

um humor irritável e queixoso", escreveu Máiski depois de visitá-lo em Churt, em maio de 1943. "Principalmente quando se trata de Churchill. Lloyd George encontra alguma coisa sombria e sinistra em tudo o que Churchill faz. Será porque o velho ficou de braços cruzados durante esta guerra e agora está descontando tudo em Churchill?"[65]

No início da noite do dia seguinte, 14 de maio, chegou a notícia de que os alemães estavam prestes a romper as linhas defensivas do exército francês em Sedan, nas Ardenas, ao sul da fronteira franco-belga. Às 19h, o Gabinete de Guerra se reuniu para examinar o pedido urgente de Paul Reynaud de que mais esquadrilhas de caça da RAF fossem enviadas para a França de imediato. "Reunião muito lúgubre e desagradável", observou Cadogan.[66] A RAF obtivera alguns êxitos excepcionais no primeiro dia do ataque, quando os Aliados abateram 353 aviões alemães, um sexto do total, mas nos primeiros quatro dias de ataque tinham perdido 260 aeronaves de uma força operacional com uma linha de frente de 474 aviões.[67] "Nós deveríamos hesitar antes de desnudarmos ainda mais o coração do Império", foi a resposta inicial de Churchill.[68]

Como todos os seus colegas e os comandantes aliados, Churchill foi surpreendido pela velocidade com que a Blitzkrieg — um novo tipo de guerra que combinava poderio aéreo e terrestre — atravessou o exército francês e a BEF. Em janeiro de 1939, ele escrevera que, embora os tanques tivessem dado uma contribuição "gloriosa" à vitória em 1918, duvidava que "desempenhassem um papel decisivo na próxima guerra [...] hoje em dia, o fuzil antitanque e o canhão antitanque evoluíram tanto que o pobre tanque não é capaz de carregar uma carapaça grossa o suficiente para aguentá-los".[69] Também avaliou mal o papel do poderio aéreo ao escrever: "No que diz respeito às tropas de combate, parece que os aviões são uma complicação adicional, em vez de uma arma decisiva".[70] Estava errado em ambos os casos, porém, mais uma vez, aprenderia rapidamente.

Às 7h30 da manhã seguinte, Reynaud telefonou a Churchill para dizer que os *Panzers* alemães haviam rompido as defesas em Sedan, que a estrada para Paris estava aberta e que a França precisava desesperadamente de esquadrilhas de combate da RAF para salvar a capital, além de bombardear o Ruhr. Mais tarde naquela manhã, a Holanda se rendeu. O chefe do Comando de Caças, marechal do ar Sir Hugh "Stuffy" Dowding, fez um pedido especial para participar da reunião do Comitê de Defesa às 10h15, na qual Beaverbrook, o marechal do ar Charles Portal, chefe do Comando de Bombardeiros, e o marechal Sir Cyril Newall, chefe do Estado-Maior Aéreo, também estavam presentes. Dowding mostrou-lhes um gráfico descrevendo as perdas que suas esquadrilhas de caça estavam sofrendo. Havia agora apenas 36, em vez das 56 prometidas quando a guerra eclodira e as 58 que o Conselho do Ar havia estimado como o mínimo necessário para defender a Grã-Bretanha.[71] E isso se baseava na suposição de que a Grã-Bretanha seria atacada a partir da Alemanha, e não da França.

"Se a proporção atual de perdas continuar por mais quinze dias", informou Dowding ao Comitê de Defesa, "não teremos um único Hurricane na França ou neste país."[72] Ele colocou uma ênfase especial nas últimas três palavras. Ao seu relatório seguiu-se um silêncio total. Mais tarde, Beaverbrook afirmou que Dowding havia largado o lápis com irritação e ameaçara renunciar, embora ninguém mais se lembrasse disso. Os relatos também diferem sobre os números passados por Dowding quanto às esquadrilhas restantes — Churchill afirmou em suas memórias que ele mencionara 25, não 36 — e sobre o momento decisivo ter ocorrido no Comitê de Defesa às 10h15 ou no Gabinete de Guerra às 11h30.[73] O que é indiscutível, no entanto, é que Churchill e seus assessores precisaram decidir quantos aviões deveriam alocar para a França e para a Grã-Bretanha, e não tinham dúvidas sobre as estimativas de Dowding a respeito.[74]

Imediatamente após a reunião, Dowding escreveu uma carta a Harold Balfour, o subsecretário de Estado do Ar, resumindo o que havia dito ao Comitê de Defesa: que, nos dias anteriores, o equivalente a dez esquadrilhas havia sido enviado à França, e Hurricanes remanescentes na Grã-Bretanha estavam em quantidade bastante reduzida, restando apenas 25 aeronaves em todo o país. "Devo, portanto, solicitar que, por uma questão de suprema urgência", escreveu ele, "o Ministério do Ar considere e decida que nível de força deve ser deixado ao Comando de Caças para as defesas deste país, e me assegure que, quando esse nível for alcançado, nenhum caça será enviado para o outro lado do canal da Mancha, por mais urgentes e insistentes que sejam os apelos por ajuda [...]. Se a Força de Defesa Interna for drenada em tentativas desesperadas de remediar a situação na França, a derrota na França envolverá a derrota final, completa e irremediável deste país."[75]

Apesar da advertência de Dowding, às 11h30, o Gabinete de Guerra concordou em enviar imediatamente mais quatro esquadrilhas para a França. Foram feitos também preparativos para que mais duas fossem disponibilizadas no curto prazo, embora os franceses fossem informados apenas sobre as quatro iniciais.[76] Acordou-se também que o Comando de Bombardeiros deveria atacar as ferrovias e refinarias de petróleo no Ruhr e outros alvos militares a leste do Reno, em ataques de até cem aeronaves. Cadogan escreveu em seu diário: "Agora começa a guerra total!".[77]

"Como o senhor sem dúvida está ciente", telegrafou Churchill ao presidente Roosevelt naquele dia, "o cenário degenerou rapidamente. O inimigo tem uma acentuada preponderância no ar, e sua nova técnica está causando uma profunda impressão também nos franceses."[78] Era evidente que a Blitzkrieg causara impacto nos britânicos, mas Churchill não admitiria isso ainda. "Os pequenos países são simplesmente esmagados, um a um, como fósforos", continuou ele, acrescentando que em breve Mussolini "se apressará em dividir a pilhagem da

Civilização. Esperamos ser atacados aqui, tanto pelo ar como de paraquedas e tropas transportadas pelo ar no futuro próximo, e estamos nos preparando para isso. Se necessário, continuaremos a guerra sozinhos e não temos medo disso. Mas confio que o senhor perceba, presidente, que a voz e a força dos Estados Unidos podem não contar para nada se forem retidas por demasiado tempo. O senhor pode ter uma Europa nazificada e completamente subjugada com espantosa rapidez, e o peso pode ser maior do que podemos suportar."[79]

Ele instou que os Estados Unidos ajudassem a armar o Reino Unido, pedindo em particular "o empréstimo de quarenta ou cinquenta de seus destróieres mais antigos para preencher a lacuna entre o que temos agora e a grande construção nova que iniciamos no começo da guerra".[80] Também queria "várias centenas dos mais recentes tipos de aeronaves", as quais "podem ser reembolsadas por aquelas que estão sendo construídas nos Estados Unidos para nós. Em terceiro lugar, equipamentos antiaéreos e munições, dos quais também haverá abundância no ano que vem, se estivermos vivos para vê-los". Churchill queria comprar aço, já que o suprimento de minérios da Suécia, da África e da Espanha estava "comprometido". "Continuaremos pagando em dólares enquanto pudermos, mas eu gostaria de me sentir razoavelmente seguro de que, quando não pudermos pagar mais, o senhor nos dará as coisas do mesmo jeito." O primeiro-ministro britânico queria que um esquadrão naval norte-americano fizesse uma visita prolongada à Irlanda do Norte para dissuadir os ataques de paraquedistas alemães à região, e, "em sexto lugar, espero que o senhor mantenha aquele cão japonês quieto no Pacífico".[81] Era um pedido grande demais. Roosevelt apenas concordou de imediato com as armas antiaéreas e com o aço, e acrescentou em sua resposta que, para atender ao último pedido, a frota dos Estados Unidos estava sendo concentrada em Pearl Harbor, no Havaí.

Em 16 de maio, o rei anotou em seu diário que, em vez de ir vê-lo, Churchill tinha voado para Paris "para 'segurar' a mão de Reynaud".[82]* Foi o primeiro dos cinco voos que Churchill faria à França entre 16 de maio e 13 de junho, nenhum deles sem perigo. "Winston chegou cheio de fogo e fúria", escreveu Oliver Harvey, um diplomata graduado da embaixada britânica em Paris, "dizendo que os franceses eram covardes e precisavam lutar."[83] "Depois da conferência com Paul Reynaud", observou Harvey, "ele assumiu um ponto de vista mais sério." Encontrou o estafe masculino da embaixada ocupado em queimar arquivos, e as mu-

* Embora os cortesãos do Palácio de Buckingham se queixassem de que Churchill mudava ocasionalmente os horários de suas audiências com o rei, ou as cancelava em cima da hora, seus cartões mensais de compromisso mostram que ele em geral os adiava por apenas meia hora e quase nunca os cancelava. Churchill ia ao Palácio de Buckingham como a tradição ditava, apesar do fato óbvio de que era de longe o mais ocupado dos dois homens.

lheres se preparando para partir para Le Havre.* Churchill disse a Lady Campbell, esposa do embaixador, em tom "consolador" que "este lugar em breve se tornará um cemitério". "Do lado de fora, no jardim do Quai d'Orsay", recordou em suas memórias de guerra, falando do Ministério das Relações Exteriores francês, "nuvens de fumaça surgiram de grandes fogueiras e vi da janela veneráveis funcionários empurrando carrinhos de mão com arquivos para o fogo."[84]

Churchill supunha que os franceses lutariam pela capital do país. Levara consigo Sir John Dill, vice-chefe do Estado-Maior Imperial, além de Ismay, e em Paris se encontraram com Louis Spears, seu oficial de ligação com o governo francês. "Embora essa reunião tenha sido de fato crucial", lembrou o tenente-coronel Sir Harold Redman, do Ministério da Guerra, "e embora tenha sido dignificada com o título de Conselho Supremo de Guerra, na verdade foi apenas uma reunião apressada de pessoas em posição de comando, convocada por instigação de um primeiro-ministro excessivamente otimista, corretamente determinado a ir e descobrir por si mesmo, no principal ponto de perigo, o estado exato das coisas."[85] Qualquer otimismo que Churchill pudesse sentir foi eliminado por completo quando o general Gamelin explicou que os blindados alemães tinham rompido uma frente de 65 quilômetros de largura na área de Hirson-Montcornet-Neufchâtel, a apenas 170 quilômetros do centro de Paris. Quando Churchill perguntou: "*Où est la masse de manœuvre?*" ("Onde estão suas massas de manobra?"), Gamelin disse "*Aucune*" ("Nenhuma"). Quando perguntou a Gamelin sobre seus planos para um contra-ataque, o comandante das forças francesas apenas encolheu os ombros.[86] Spears escreveu que "de início, a mente de Churchill simplesmente não conseguiu entender, aquilo parecia tão incrível, mas, quando compreendeu, foi como uma mão fria colocada sobre seu coração".[87] Todas as suas suposições estratégicas desde 1918 tinham desaparecido com um único gesto.

Gamelin disse que os alemães tinham "*supériorité de nombres, supériorité d'armes, supériorité de méthodes*" ("superioridade em números, armas e táticas").[88] Não era verdade: em maio de 1940, a Wehrmacht era inferior em efetivos e armamentos ao Exército francês, embora fosse muito superior em termos de estratégia e tática. Para explicar a rápida derrota do numerosíssimo Nono Exército francês, um dos oficiais de Gamelin apontou que o total de homens "mobilizados" incluía um grande contingente de carteiros, ferroviários e funcionários municipais que exerciam funções civis e estavam disponíveis para combate apenas no papel, deixando Churchill ainda mais horrorizado.[89]

Não obstante, os franceses prometeram um contra-ataque a partir do sul, embora os britânicos presentes não tenham dado muita importância a isso. Às nove da noite Churchill telegrafou de Paris para instruir o Gabinete de Guerra

* Que Churchill pronunciava de modo a rimar com "carver" (entalhador).

em Londres a se reunir imediatamente. "Situação grave no último grau." Ele pedira a Chamberlain que "cuidasse da lojinha" e solicitava a liberação de mais seis esquadrilhas da RAF, além das quatro que já estavam a caminho. "A Alta Direção Francesa da guerra está a uma distância palpável de ser batida", relatou Dill ao Gabinete de Guerra.[90] "Devemos lembrar que a Força Expedicionária Britânica talvez tenha de empreender uma operação muitíssimo difícil e perigosa: a retirada diante do inimigo."[91] Newall informou que sete esquadrilhas de caça estavam então no norte da França e três no sul. "Só restavam no Reino Unido seis esquadrilhas completas de Hurricanes", informou ele, as quais estavam sendo transferidas para Kent.[92] Era irônico que o angustiante debate sobre a alocação das escassas esquadrilhas da RAF — comprometê-las com a Batalha da França ou preservá-las para uma possível Batalha da Grã-Bretanha — fosse presidido pelo homem que, para começo de conversa, poderia ter evitado esse dilema se não tivesse promovido cortes tão severos dos recursos para a defesa por meia década, durante o período em que fora chanceler do Tesouro e primeiro-ministro.

Por volta da meia-noite, o Gabinete de Guerra concordou com o pedido de Churchill para que seis esquadrilhas fossem disponibilizadas o quanto antes "para operações na França", mas sem permitir que estacionassem no continente. As quatro esquadrilhas já prometidas ficariam na França, e as seis extras teriam como base o sul da Inglaterra, protegidas por radar, mas sujeitas a tempos de combate bastante reduzidos, pois teriam de atravessar o canal e voltar. Três voariam pela manhã, três à tarde, somente à luz do dia, e três cobriam efetivamente a BEF e o exército francês. O brigadeiro Arthur Cornwall-Jones, funcionário do setor administrativo do Gabinete Ministerial, usou o idioma hindi para comunicar essa aprovação restrita a Ismay, a fim de confundir a inteligência alemã.* O Comando dos Caças tentara proporcionar a melhor proteção possível, mas mesmo assim ficou com apenas 25 esquadrilhas baseadas na Grã-Bretanha. "Se enviarmos os caças e os perdermos", observou Tom Phillips no Almirantado, "então este país ficará à mercê de um ataque aéreo alemão concentrado e dificilmente poderá evitar a destruição."[93]

A mensagem de Churchill, que mencionava "a gravidade mortal da hora", não provocou grande impacto nas autoridades civis. Arthur Rucker, secretário particular de Chamberlain, comentou: "Ele ainda está pensando em seus livros", e até Eric Seal, o principal secretário particular de Churchill, reclamou da "maldita retórica" de seu chefe.[94] Em certo sentido, Churchill estava de fato de olho na história. As dez esquadrilhas eram necessárias, afirmou ele ao Gabinete de Guerra, para "dar a última chance ao Exército francês de reunir sua bravura e força. Não seria bom do ponto de vista histórico se seus pedidos fossem negados e disso resultasse sua ruína".[95]

* O chefe do Estado-Maior Aéreo [Chief of the Air Staff] era chamado de "CAS Sahib".

Quando Churchill retornou ao Aeródromo de Hendon, no dia seguinte, Colville considerou que "ele parecia muito alegre, tendo dormido e tomado um bom café da manhã na embaixada".[96] O primeiro-ministro disse que os franceses precisavam lutar "sob um céu limpo", mas estavam "se encolhendo tão completamente quanto os poloneses".[97] Para o aspirante a salvador de Antuérpia em 1914, a situação na Bélgica não era tão surpreendente quanto o colapso da França. "Nossas forças na Bélgica inevitavelmente terão que se retirar para manter contato com os franceses", informou ele a Colville. "Há, é claro, o risco de a BEF ficar isolada se os franceses não acorrerem a tempo."[98]

Ele ordenou que o Almirantado e o Ministério dos Transportes Marítimos começassem a planejar a ação de uma frota de resgate caso a BEF precisasse ser evacuada de Boulogne, Calais ou Dunquerque. O Almirantado tinha o registro de centenas de embarcações civis de todos os tipos, e Churchill conhecia bem a região: o Château Verchocq, onde passara grande parte da Grande Guerra, ficava em Pas-de-Calais.[99] Ele também pediu aos chefes de Estado-Maior que informassem sobre como planejariam continuar a guerra no que eufemisticamente denominou como "uma certa eventualidade" — ou seja, a capitulação da França.

"Os franceses estão evidentemente cedendo, e a situação é terrível", Churchill informou ao Gabinete de Guerra em seu retorno.[100] Uma boa notícia, pelo menos na aparência, era que Gamelin fora substituído no comando supremo francês por um general mais vigoroso, Maxime Weygand, mas na verdade isso não fez nenhuma diferença.[101] Durante todo esse período de uma tensão extraordinária, Churchill encontrou tempo para telefonar ao seu amigo Harold Nicolson, convidando-o a se tornar um ministro adjunto. "Harold, acho que seria muito bom se você entrasse para o governo e ajudasse Duff no Ministério da Informação", disse ele. "Não há nada de que eu gostaria mais", respondeu Nicolson. "Então venha amanhã", pediu Churchill.[102]

Chamberlain ficou impressionado. "Devo dizer que Winston apareceu bem até agora", comentou ele com Hilda.[103] E depois acrescentou: "Houve muito ressentimento entre aqueles que me são pessoalmente devotados, tanto em relação ao meu tratamento como à maneira como a 'Bancada da Traição'* ganhou cargos. Isso teria certamente irrompido se houvesse alguma mudança na liderança [do Partido Conservador]".[104]

Churchill perguntou se Chamberlain se importaria em ocupar o mesmo Gabinete que Lloyd George, a quem ainda estava tentando nomear ministro da

* A bancada dos ministros do governo, que ocupava o banco da frente no Parlamento, era oficialmente chamada de "Bancada do Tesouro"; o trocadilho [em inglês entre *treason* e *treasury*] destinava-se aos membros do Parlamento que haviam votado contra Chamberlain no Debate da Noruega. (N. T.)

Agricultura com amplos poderes para aumentar a produção de alimentos, embora admitisse "que ele próprio não confiava em Ll.G.". Quando Chamberlain informou que se aposentaria em breve, Churchill recuou e parou de convidar Lloyd George. Reconheceu que Chamberlain estava lhe dando uma "ajuda esplêndida" e afirmou não querer que seu governo "fosse malhado".[105] Às 22h30, teve sua audiência semanal com o rei, o qual observou com certa trivialidade: "A situação estava séria, e ele teme que algumas tropas francesas não tenham lutado tão bem quanto poderiam ter feito". Depois acrescentou: "O Exército francês não foi derrotado, pois ainda não lutou".[106] Mas, para Churchill, a rápida desmoralização do Exército francês, com pouquíssimas e notáveis exceções, foi a mais chocante de todas as surpresas de maio e junho de 1940, pois o primeiro-ministro britânico lhe atribuíra grande valor no entreguerras. Ele falhara em avaliar em que extensão as perdas da Grande Guerra e as crises sociais e políticas dos anos 1930 haviam minado o moral das Forças Armadas.

Às 17h30 do dia 18 de maio, o Gabinete de Guerra concordou que, no caso de uma invasão da Grã-Bretanha, o governo declararia estado de emergência e assumiria poderes drásticos em relação a propriedades, negócios, mão de obra e serviços, e planejaria uma legislação em conformidade com isso. Quando A. V. Alexander sugeriu o envio de tropas para a ilha grega de Creta, que contava com excelentes portos e aeródromos de onde a RAF poderia bombardear campos de petróleo romenos, Churchill refutou a ideia. "Nossas mãos estavam ocupadas demais em outros lugares."[107] Temia-se também que isso pudesse levar a Itália a declarar guerra. "Declaro que nunca fui inimigo da grandiosidade italiana, nem, em essência, inimigo do legislador italiano", Churchill havia escrito de forma um tanto bajuladora a Mussolini no dia 16, mas, como informou a Roosevelt, considerava apenas uma questão de tempo para que a Itália declarasse guerra.[108] Naquela noite, na Sala da Guerra da Casa do Almirantado, Colville registrou: "Winston estava de excelente humor", porque "está cheio de espírito e luta e cresce nas crises e adversidades".[109]

Em 19 de maio, os alemães se dirigiram para o noroeste a fim de tentar chegar a Abbeville, na costa do canal da Mancha, e se posicionar entre a BEF, que ainda estava enfrentando as forças nazistas ao norte, e o grosso do exército francês, mais ao sul. "Exército francês não está lutando", observou Cadogan, repetindo o que Churchill havia comunicado ao rei. "BEF ameaçada de extinção. O Gabinete instruiu o general lorde Gort, comandante-chefe da BEF, a tentar abrir caminho para o sul ao longo da costa."[110] Sir Edmund Ironside, o chefe do Estado-Maior Imperial (CIGS), ordenou que Gort recuasse por sua linha de suprimento para Amiens. Gort se recusou, dizendo ao general Henry Pownall, no Departamento de Guerra, que "o Primeiro Exército Francês à sua direita tinha desaparecido e que ele se propunha a estabelecer sua base em Dunquerque, segurar uma linha semicircular [...] e lutar de costas para o mar".[111] Colville, que apenas no dia anterior havia criticado o "amor pela ação precipitada e espetaculosa" de Churchill em seu diário, admitia: "É revigorante trabalhar com alguém que se recusa a ficar deprimido mesmo diante do perigo mais notável que já ameaçou este país".[112]

Naquela manhã, o Domingo da Santíssima Trindade, Clementine saiu do serviço religioso em St. Martin-in-the-Fields, na Trafalgar Square, revoltada com o sermão pacifista. "Você deveria ter gritado 'vergonha', profanar a Casa de Deus com mentiras!", disse seu marido em tom de aprovação. Ele pediu a Colville que comunicasse a Duff Cooper, o Ministro da Informação, "com vistas a ridicularizar o sujeito". Depois do almoço, chegou a notícia de que as forças francesas ao sul da posição da BEF haviam simplesmente desaparecido, abrindo uma grande lacuna no flanco direito. Churchill foi convocado de volta de Chartwell, onde estava escrevendo sua primeira transmissão radiofônica como primeiro-ministro, a fim de examinar a demanda urgente de Gort de se retirar na direção do mar e formar uma cabeça de ponte em torno de Dunquerque.[113] O Gabinete se reuniu às 16h30 e decidiu que a BEF deveria continuar a lutar e recuar para o sul em direção a Amiens, para tentar recuperar o contato com o resto do exército francês.

Naquela noite, Churchill falou ao rádio:

> Este é um dos períodos mais espantosos da longa história da França e da Grã-Bretanha. É também sem dúvida o mais sublime. Lado a lado, sem ajuda, exceto de seus amigos e familiares nos grandes domínios e dos amplos impérios que repousam sob seu escudo — lado a lado, os povos britânico e francês avançaram para resgatar não só a Europa, mas a Humanidade da tirania mais horrível e mais destruidora da alma que já obscureceu e manchou as páginas da história. Atrás deles, atrás de nós — atrás dos exércitos e frotas da Grã-Bretanha e da França — reúne-se um grupo de Estados destroçados e raças abatidas: os tchecos, os poloneses, os noruegueses, os dinamarqueses, os holandeses, os belgas, sobre os quais a longa noite da barbárie cairá, sem ser interrompida nem mesmo por uma estrela de esperança, a menos que conquistemos, como conquistar devemos, como conquistar iremos. Hoje é o Domingo da Santíssima Trindade. Séculos atrás, escreveram-se palavras para serem um chamado e um estímulo aos servos fiéis da Verdade e da Justiça: "Armem-se, e sejam homens de valor, e estejam prontos para o conflito; pois é melhor para nós perecer em batalha do que olhar para o ultraje de nossa nação e nosso altar. Tal como a vontade de Deus está no céu, que assim seja".[114]*

* Paráfrase de I Macabeus 3,58-60 (versos que na versão do rei Jaime começam com "E Judas disse, armai-vos, e sede homens corajosos").

A nação assim soube que estava sendo liderada com vigor, e gostou disso. Era inimaginável que Chamberlain, Halifax ou praticamente qualquer outra pessoa empregasse uma linguagem tão instigante como Churchill fazia nessas mensagens radiofônicas quase poéticas, que soavam muito mais formidáveis, graças a seus grunhidos e suas pausas dramáticas, do que transparece na página impressa. O Departamento de Inteligência Interna do Ministério da Informação de Duff Cooper compilava relatórios diários sobre o moral da nação, coletados a partir de uma ampla gama de pessoas e organizações. O movimento de Observação da Massa escutava as conversas de pessoas em lugares como cinemas e filas de alimentos, enquanto a unidade semioficial de Pesquisas Sociais de Guerra (logo apelidada de os "Enxeridos de Cooper" [Cooper's Snoopers]) realizava uma forma primitiva de pesquisa de opinião. Os relatórios diários também se baseavam nos dados da Divisão Especial da Scotland Yard, em interceptações de correspondência, em pesquisas da revista *BBC Listener*, em documentos dos censores militares e questionários preenchidos pela varejista W. H. Smith & Son, pelo Conselho de Transporte de Passageiros de Londres e pelos Gabinetes de Apoio aos Cidadãos. "Todos os comentários foram favoráveis", informavam os relatórios sobre a fala de Churchill, "um bom discurso de luta", "faz você sentir que ele confia em você", "ele não está escondendo coisas".[115]

"Mais um dia glorioso", refletiu Cadogan em 20 de maio. "Só o homem é vil."[116] As mensagens do embaixador Kennedy a Roosevelt de que a Grã-Bretanha estava liquidada talvez tenham sido o motivo que levou o presidente norte-americano a convocar lorde Lothian, embaixador britânico em Washington, e dizer-lhe que considerações políticas internas tornavam impossível a curto prazo vender à Grã-Bretanha os cinquenta destróieres. "Entendo suas dificuldades", disse Churchill ao presidente ao receber a notícia, "mas lamento muito pelos destróieres. Se estivessem aqui em seis semanas, desempenhariam um papel inestimável. A batalha na França está cheia de perigo para os dois lados. Embora tenhamos causado um grande estrago ao inimigo no ar e estejamos derrubando dois ou três de seus aviões para um dos nossos, eles ainda têm uma formidável superioridade numérica. Nossa necessidade mais vital é, portanto, a entrega na data mais próxima possível do maior número possível de caças Curtiss P40 que estão sendo entregues ao seu Exército."[117]

Churchill escreveu então sobre uma possível invasão alemã da Grã-Bretanha de tal forma que não sairia da mente de Roosevelt nos meses seguintes. "Os membros do atual governo provavelmente cairão durante esse processo, se o resultado for adverso", avisou ele, "mas em nenhuma circunstância imaginável consentiremos em nos render."[118] E depois acrescentou:

> Se os membros do governo atual forem derrotados e outros entrarem para parlamentar entre as ruínas, o senhor não deve fechar os olhos para o fato de que o

único balcão de barganha remanescente com a Alemanha seria a Frota, e, se este país fosse abandonado pelos Estados Unidos à sua sorte, ninguém teria o direito de culpar os responsáveis se conseguissem as melhores condições que pudessem para os habitantes sobreviventes. Desculpe-me, senhor presidente, por expor tal pesadelo sem rodeios. Evidentemente, eu não posso responder por meus sucessores, que, em total desespero e desamparo, bem poderiam ter de se acomodar à vontade alemã.[119]

Churchill sabia que era fundamental que Roosevelt compreendesse a iminência e a imensidão do perigo e da possibilidade de o problema ser levado às suas próprias praias. A Marinha Real era a maior do mundo e, caso se aliasse à alemã, e possivelmente também às forças navais francesa e italiana, superaria a Marinha norte-americana e seria capaz de destruir as cidades ao longo da costa leste dos Estados Unidos. "Considerando as palavras tranquilizadores que sempre usa para a América", observou Colville, "e, em particular, para o presidente, fiquei um pouco surpreso quando ele me disse: 'Aqui está um telegrama para os malditos ianques. Mande-o esta noite'."[120]

Quando as colunas alemãs chegaram a Amiens, em 21 de maio, e estavam a caminho de Boulogne, Ironside avisou Churchill que as linhas de comunicação da BEF estavam em grave perigo. A possibilidade de enviar mais esquadrões da RAF para ajudar o Exército francês, "desprotegendo assim nossas defesas em casa", deixava de existir.[121] O Alto-Comando Britânico estava chocado com o fato de a França ter "até agora mostrado menos resistência à invasão do que a Polônia, a Noruega ou Holanda".[122] "Em toda a história da guerra", comentou Churchill com Colville enquanto tentava contato com Reynaud por telefone, "nunca vi tamanha má administração."[123]

Churchill voou para Paris às 8h30 de 22 de maio a fim de tentar encorajar Reynaud e Weygand a contra-atacar. "Ele partiu sob chuva cerrada e as nuvens estavam baixas", escreveu Clementine a Beaverbrook, depois de vê-lo decolar.[124] De início, achou Weygand "magnífico", mas os relatos sobre o espírito de luta dos franceses não eram nada animadores. "Os franceses lutarão?", perguntou-se Cadogan. "Nossos homens provavelmente lutarão, pois é sua única chance de sair de lá!"[125] Ismay temia que os franceses usassem a recusa britânica de enviar mais divisões de infantaria, para não falar das quinze esquadrilhas de caça que passaram a pedir, como um pretexto para aceitar termos de paz generosos dos alemães.

No mesmo dia, com base em um relatório enviado ao Gabinete de Guerra sobre a "Ameaça da Quinta-Coluna", que detalhava como os fascistas noruegueses, belgas e holandeses haviam auxiliado na invasão alemã de seus países, a Câmara dos Comuns aprovou a Regulamentação 18B (1A) — uma emenda à Lei de

Defesa do Reino, que permitia a prisão e internação sem julgamento de "estrangeiros inimigos e pessoas suspeitas". O pedido do governo foi auxiliado pela prisão dois dias antes, com o apoio dos Estados Unidos, de Tyler Kent, um funcionário da embaixada norte-americana especializado em criptografia que havia copiado pelo menos seis telegramas entre Roosevelt e Churchill e enviado pelo menos um deles à embaixada italiana com a ajuda de fascistas britânicos. Assim que a regulamentação foi aprovada, começou uma grande blitz contra fascistas estrangeiros e britânicos, com a detenção sem julgamento do historiador militar J. F. C. Fuller, de George Pitt-Rivers, um dos homens mais ricos da Grã-Bretanha, do parlamentar tory Archibald Maule Ramsay e do líder da União Britânica de Fascistas Sir Oswald Mosley, além de sua esposa, Diana, que, como Pitt-Rivers, era prima de Clementine. Isso foi, como Colville recordou, "um fato que provocou Winston e causou muito júbilo entre seus filhos!".[126] Churchill afirmou que tais medidas eram "odiosas no mais alto grau", ainda que uma ação de emergência justificável, considerando que a Grã-Bretanha estava sob ameaça iminente de invasão.[127] Nos dois meses seguintes, 753 fascistas e 28 mil alemães e austríacos foram confinados primeiro em prisões e depois em uma série de campos improvisados pelo país, embora a vasta maioria não tivesse simpatia por Hitler. O campo de Ascot foi montado nos alojamentos de inverno do Bertram Mills Circus, e vários outros foram estabelecidos na ilha de Man.[128]*

Também naquele mesmo dia — 22 de maio de 1940 — os criptógrafos aliados que trabalhavam em Bletchley Park, Buckinghamshire, quebraram o código da Luftwaffe da máquina de criptografia Enigma. Eles decifrariam o código naval alemão em junho de 1941, e o código da Wehrmacht três meses depois.[129] Durante grande parte da guerra, esse trabalho de decifração, conhecido por sua classificação especial de segurança Ultra, possibilitou que os Aliados lessem muitas das comunicações enviadas e recebidas entre o Alto-Comando, o Alto-Comando do Exército, a Wehrmacht, a Luftwaffe, a Kriegsmarine, a SS, a Abwehr (inteligência) e a Reichsbahn (ferrovias) da Alemanha. No total, milhões de comunicados foram interceptados e decodificados, da correspondência do próprio Führer até a do capitão do porto de Olbia na Sardenha (quando os códigos italianos foram decifrados, em julho de 1941). Os decodificadores de Bletchley — até o final da guerra foram cerca de 10 mil homens e mulheres — eram, nas palavras de Churchill, "os gansos que puseram os ovos de ouro" e "nunca cacarejaram", o que era igualmente importante. Tamanha era a seriedade com que levaram sua obrigação de silenciar que muitos deles se recusaram a falar sobre o que haviam

* Depois que acabou a ameaça imediata, Churchill tomou a frente entre seus colegas a fim de pressionar para que os confinamentos fossem aliviados. No final de 1941, apenas duzentos membros da União Britânica de Fascistas ainda estavam detidos; os Mosley foram libertados em 1943.

feito em Bletchley mesmo depois que a existência da Ultra se tornou de conhecimento público, no início dos anos 1970.

Churchill sempre fora fascinado por todos os aspectos do serviço secreto de inteligência. Como secretário do Interior e primeiro lorde do Almirantado, fora importante na criação do MI5, MI6 e da Sala 40 antes da Grande Guerra e reconheceu de imediato a importância vital do material da Ultra. Autorizou o Comitê Conjunto de Inteligência (JIC) a contatá-lo a qualquer hora do dia ou da noite, com base nas informações recebidas de Bletchley.[130] Em setembro de 1940, ordenou que Sir Stewart Menzies, o chefe do Serviço Secreto de Inteligência, conhecido como "C", lhe enviasse "diariamente todas as mensagens do Enigma", para que pudesse ler a decodificação bruta, mesmo antes da avaliação do JIC.[131] Eram entregues em caixas de cor caramelo, das quais Churchill tinha a única chave existente em Whitehall. Ele atribuiu às informações o codinome de Bonifácio, de modo que, se a notícia a respeito vazasse, o inimigo pensaria que tudo provinha de um único agente colocado em posição privilegiada, e assegurou-se de que apenas 31 pessoas do lado dos Aliados soubessem que a Grã-Bretanha contava com uma fonte de informações de tão alto nível. O rei tinha conhecimento do fato, mas os franceses e russos livres nunca foram informados, e tampouco o presidente Roosevelt antes de os Estados Unidos entrarem na guerra. Mesmo então, ele se queixou de que "essa vasta congregação que é convidada a estudar essas questões" era grande demais.[132]

No entanto, em meados de 1940, os acontecimentos na França avançavam com tanta rapidez que a Ultra não teve utilidade prática. Em 23 de maio, sem nenhum sinal do contra-ataque francês prometido pelo sul, os blindados alemães já estavam perto de Étaples, Montreuil, Boulogne e Calais. A BEF estava com a linha de suprimentos cortada e não podia mais avançar para o sul e unir-se aos franceses.[133] Às seis da tarde Churchill falou com Weygand, cuja resposta foi que seus planos precisavam de mais tempo para dar frutos. Ironside e Dill estavam inclinados a estimular Weygand a continuar suas operações em torno de Amiens, Albert e Péronne, mais por acreditarem que, se a BEF se retirasse para os portos do canal da Mancha, não mais do que uma pequena proporção poderia ser trazida para casa.[134]

Weygand afirmou que os franceses haviam recapturado Amiens e Péronne, o que mais tarde se revelou falso. Na reunião do Gabinete de Guerra das sete da noite, Churchill disse que estava pensando a respeito de uma observação que Attlee havia feito alguns dias antes sobre o perigo de fracassar por vacilação, e por que seria melhor para a BEF recuar em direção a Dunquerque. Mais tarde, o capitão Pim relembrou uma reunião do Comitê de Defesa na Sala de Guerra Superior do Almirantado, na qual "o primeiro-ministro levantou-se e, com a mão enfiada na parte de trás das calças, andou de um lado para outro: 'Não podemos deixar nosso exército ser massacrado ou se render. Não, isso nunca! Temos de tirá-los de lá'".[135] Se todo o Exército Regular e metade de seus equipamentos fossem perdidos, especulou ele, "substituiríamos os últimos, mas se perdermos os homens, perderemos a guerra. Nossos homens devem lutar até Dunquerque. Quando eles chegarem, a Marinha os tirará de lá".[136]

"O primeiro-ministro chegou às 10h30", observou o rei naquela noite. "Ele me disse que [...] teria que mandar a BEF voltar para a Inglaterra. Essa operação significaria a perda de todos os canhões, tanques, munições e todas as provisões na França. A questão era se conseguiríamos tirar as tropas de Calais e Dunquerque. O próprio pensamento de ter de ordenar essa medida é terrível, já que a perda de vidas será provavelmente imensa."[137]

"Não consigo entender a situação em torno de Calais", confessou Churchill a Ismay em 24 de maio.

> Por que lorde Gort não os ataca na retaguarda ao mesmo tempo que executamos uma retirada de Calais? [...] Temos um general com nove divisões prestes a morrer de fome, e mesmo assim ele não pode enviar uma força para abrir suas comunicações. O que mais pode ser tão importante quanto isso? [...] Aparentemente, os alemães podem ir a qualquer lugar e fazer qualquer coisa, e seus tanques podem agir em pares e trios por toda a nossa retaguarda, e mesmo quando estão estacionados não são atacados. Também nossos tanques recuam diante de seus canhões de campo, mas nossos canhões de campo não gostam de atacar os tanques deles [...]. É evidente que, se um lado luta e o outro não, a guerra pode se tornar um tanto desigual.[138]

A raiva e o espanto de Churchill eram palpáveis. Era o início de uma suspeita secreta, mais tarde confirmada pelos acontecimentos, porém obviamente impossível de expressar em público, de que a liderança britânica e as táticas no campo de batalha não foram inicialmente tão ousadas e eficientes quanto as alemãs. "Fiquei chocado com o fracasso total em lutar contra os blindados alemães", escreveu ele em suas memórias de guerra, "que, com alguns milhares de veículos, estavam provocando a destruição total de poderosos exércitos."[139]

No dia 24, os alemães chegaram aos arredores de Calais. O brigadeiro Claude Nicholson recebeu ordens para dispor sua 30ª Brigada numa linha interna de defesa e "lutar na cidade e se empenhar para enfrentar os alemães em combates de rua, que eles estariam muito ansiosos para evitar, se possível".[140] Churchill comunicou a Nicholson: "Os olhos do Império estão voltados para a defesa de Calais, e o governo de Sua Majestade está confiante de que você e seu valente regimento realizarão uma façanha digna do nome britânico".[141] No dia 25 Churchill, Ironside e Eden instruíram o brigadeiro: "Temos a maior admiração possível por sua esplêndida posição. A evacuação não (*repetimos*, não) ocorrerá e a habilidade necessária para o propósito acima é retornar a Dover". Mais tarde, Churchill relembrou: "A pessoa precisa comer e beber na guerra, mas não pude deixar de me sentir fisicamente mal quando sentamos depois à mesa, em silêncio".[142] Foi ainda mais difícil para Eden, cujo antigo regimento fazia parte da brigada. Nos três dias seguintes, Nicholson recusou repetidas propostas alemãs para se render e salvar sua vida. Ele lutou até que toda a resistência desmoronasse e o que restava de seu comando fosse capturado. Posteriormente, morreu em cativeiro. Em agosto, Churchill comentou sobre a 30ª Brigada: "Os soldados de Calais foram a pitada de coragem que nos salvou ao detê-los, como Sidney Smith deteve Napoleão em Acre".[143]

O que Churchill não sabia era que ao meio-dia daquele mesmo dia Hitler tinha pessoalmente emitido uma ordem para que os tanques alemães parassem nas proximidades de Dunquerque por várias razões operacionais, um comando que não foi alterado até às 13h30 de 26 de maio. Isso deu a Gort o tempo necessário para montar uma defesa perimetral em torno da cidade e organizar uma evacuação em larga escala da BEF através do canal da Mancha. Enquanto sobrevoava Dunquerque, em setembro de 1944, Churchill disse a um diplomata belga: "Nunca entenderei por que o exército alemão não acabou com o Exército britânico em Dunquerque".[144]

Em 25 de maio, Churchill colocou Dill no lugar de Ironside, que assumiu as Forças Internas. Afirmou que se tratava de uma "oferta briosa e altruísta" do próprio Ironside, mas é improvável que tenha sido o caso: o primeiro-ministro viria a transferir muitos generais durante a guerra, impaciente com qualquer um cujo desempenho considerasse abaixo do esperado. Naquele dia, os chefes do Estado-Maior apresentaram o relatório ultrassecreto que Churchill havia solicitado, intitulado "Estratégia britânica em uma certa eventualidade". O documento previa que os alemães tentariam subjugar a Grã-Bretanha através de "ataques aéreos irrestritos visando destruir o moral público, matar de fome o país mediante ataques a navios e portos e ocupá-lo por invasão", e concluía, ameaçadoramente: "É impossível dizer se o Reino Unido poderá resistir em todas as circunstâncias". A vitória final dependia do socorro econômico e financeiro dos Estados Unidos, "sem o qual não achamos que poderemos continuar essa guerra com alguma chance de sucesso".[145]

O Ministério das Relações Exteriores fora contatado pelo adido de imprensa italiano Gabriele Paresci para discutir as condições de neutralidade da Itália. Churchill e o Gabinete de Guerra "não viram objeção a um contato com o personagem sugerido", desde que fosse mantido em segredo. Como o diário de Cadogan deixou claro, as discussões seriam sobre as reivindicações "razoáveis" da Itália, que poderiam ser consideradas em uma futura conferência de paz.[146] Na tarde de 25 de maio, Halifax encontrou-se no Ministério das Relações Exteriores com Giuseppe Bastianini, o "bem-educado e conciliatório" embaixador italiano, e desviou a conversa da neutralidade para a questão muito mais séria: a possibilidade de Mussolini mediar um cessar-fogo com a Alemanha. Não era de forma nenhuma o que Churchill e o Gabinete de Guerra haviam autorizado.

Em 26 de maio, Paul Reynaud foi a Londres para almoçar com Churchill, que relatou depois ao Gabinete que, embora o primeiro-ministro francês não houvesse dito que a França capitularia, "toda a conversa vai na direção de mostrar que ele não vê alternativa".[147] Como Cadogan registrou, Churchill "parecia pensar que quase poderíamos estar em melhor situação se a França *desistisse* e pudéssemos nos concentrar na nossa defesa aqui", o que certamente era a opinião de Dowding e outros.[148] Também registrou que Churchill era "contrário a fazer um apelo final, como Reynaud quer, a Musso".[149] Se a Itália pudesse ser persuadida a permanecer neutra, pensava Reynaud, os franceses poderiam trazer até dez divisões que àquela altura guardavam o sul do país para participar da luta contra os alemães. Isso parecia fazer sentido estratégico.

Churchill estava prestes a entrar numa área turva de discussões que acabaria por ser usada para tentar manchar sua reputação. Naquela tarde, no Gabinete de Guerra, Halifax perguntou a Churchill "se, caso estivesse satisfeito com o fato de que questões vitais para a independência deste país não seriam afetadas, estaria disposto a discutir condições". Em resposta à pergunta hipotética, Churchill disse que "seria grato por sair de nossas dificuldades presentes com tais condições, desde que mantivéssemos o essencial e os elementos de nossa força vital, mesmo à custa de algum território".[150] Nas palavras de Chamberlain, Churchill colocou as coisas de maneira bem mais coloquial, especificamente dizendo: "Se pudéssemos sair dessa enrascada desistindo de Malta, Gibraltar e algumas colônias africanas, ele toparia logo".[151] Essa observação, tal como registrada nas atas do Gabinete e anotada por Chamberlain em seu diário, costuma ser usada pelos detratores de Churchill para sugerir que ele não queria continuar a luta em 1940. No entanto, eles não levam em conta o contexto político — Churchill não queria que seus colegas o vissem como obstinado ou impossível de persuadir —, nem a frase seguinte fundamental: "Mas a única maneira segura era convencer Hitler de que ele não poderia nos vencer".[152] A única maneira de fazer isso era continuar lutando, o que Churchill propôs fazer, e assim aconteceu. Attlee e Greenwood o apoiaram nessa política, e Chamberlain também acabou fazendo o mesmo.[153]

Churchill não acreditava que Hitler ofereceria termos de paz que pudessem ser aceitáveis para a Grã-Bretanha, mas, o que era tão importante quanto, entendia que o próprio ato de tentar descobri-los, via Mussolini ou qualquer outra pessoa, seria tão desmoralizante para os britânicos se a notícia vazasse (e teria sido do interesse dos nazistas divulgá-la) que a tentativa não valia a pena. Em suas memórias de guerra, nove anos depois, ele escreveu: "As futuras gerações podem considerar digno de nota que a questão suprema sobre se deveríamos continuar lutando sozinhos nunca encontrou lugar na agenda do Gabinete de Guerra. Isso era dado por certo e como parte da rotina por esses homens de todos os partidos do Estado, e estávamos ocupados demais para desperdiçar tempo com questões acadêmicas e irreais".[154] Foi para proteger a reputação da Grã-Bretanha (e, em menor medida, provavelmente também a de lorde Halifax) que Churchill fez essa afirmação descaradamente falsa. Na verdade, o assunto foi discutido não menos que oito vezes nas reuniões do Gabinete durante quatro dias, enquanto Halifax, cada vez mais frustrado, era levado à beira da renúncia por um Churchill inflexível, que não concordava em fazer sondagens de paz. No decorrer dessas discussões, Halifax falou de "certas diferenças bastante profundas de pontos de vista que ele gostaria de deixar claras".[155] Mão teria precisado fazê-lo se Churchill estivesse de algum modo disposto a aceitar sua busca pela paz.

O primeiro-ministro francês retornou à sua embaixada em Londres às quatro da manhã de 27 de maio, sem ter conseguido persuadir os britânicos a se envolver com os italianos ou deixar a França chegar a uma paz separada com a Alemanha. "Ele nos disse que Halifax foi o único a mostrar alguma compreensão", escreveu seu ajudante, o tenente-coronel Paul de Villelume, em seu diário. "Churchill, prisioneiro da atitude de fanfarrão que sempre assume diante de seus ministros, foi decididamente negativo."[156]

Mais tarde naquele mesmo dia, Halifax disse ao Gabinete que Churchill teria afirmado "que ficaria agradecido por sair de nossas atuais dificuldades em termos tais que pudéssemos manter a essência e os elementos de nossa força vital, mesmo à custa de algum território". Mas então se queixou: "O primeiro-ministro parecia sugerir que sob nenhuma condição poderíamos contemplar algum caminho a não ser lutar até o fim".[157] Na verdade, essa foi sempre a linha de Churchill, o que fica claro se as discussões de todos os quatro dias forem lidas juntas, e a frase crucial do diário de Chamberlain também. Na reunião do Gabinete de Guerra, às quatro da tarde de 27 de maio, Churchill abriu um precedente e convidou Archie Sinclair para participar das deliberações, no papel de líder do Partido Liberal. Sinclair também o apoiou.

Em 26 de maio, o cruzador ligeiro HMS *Curlew* foi afundado por bombardeiros alemães em Ofotfjord, a caminho de Narvik. O *Curlew* estava navegando a quinze nós em águas muito confinadas, com pouco espaço para manobras evasivas, mas era equipado com radar e canhões antiaéreos. Seu afundamento deveria ter causado ondas de choque na Downing Street e no Almirantado, mas isso não aconteceu, talvez porque apenas nove tripulantes foram mortos. Fazia muito tempo que Churchill e muitos outros acreditavam que conveses espessos blindados e canhões antiaéreos impossibilitavam aos aviões afundar navios, mas o *Curlew* mostrou que ataques diretos de bombas Stuka de tamanho médio podiam perfurar conveses e que, às vezes, o fogo antiaéreo era ineficaz. Era surpreendente que um defensor de primeira hora e tão convicto da importância do poderio aéreo como Churchill tivesse se agarrado por tanto tempo à crença de que os navios de guerra modernos eram quase invulneráveis aos ataques de aeronaves. Como se confirmou no mesmo dia em Dunquerque, certamente não era o caso.

A Operação Dínamo, o plano do vice-almirante Bertram Ramsay para evacuar a BEF e tantas tropas francesas e belgas quanto possível das praias de Dunquerque com o que Churchill mais tarde chamou de "tapete mágico" marinho, começou às sete horas daquela noite. No primeiro dia, Cadogan manifestou as opiniões de muitos quando escreveu que "a posição da BEF é das mais terríveis, e não vejo esperança para mais do que uma pequena fração deles, agora que a Bélgica capitulou".[158] Embora em termos políticos fosse conveniente a Churchill culpar Leopoldo III, 38 anos, pelo desastroso momento da capitulação, o rei belga avisara seu oficial de ligação, o almirante Keyes, já no dia 20 de maio que isso poderia acontecer, e dissera ao rei George VI no dia 25 que não era mais capaz de resistir, e ambos passaram a mensagem adiante.[159]

Reynaud culpou Leopoldo com veemência pela lacuna que se abrira na linha aliada em 28 de maio, mas em 30 de maio o rei George escreveu em seu diário: "O verdadeiro motivo da pressão da imprensa contra [Leopoldo] é reforçar o moral francês. Os franceses precisam de um bode expiatório estrangeiro".[160] Ele se recusou a despojar o rei Leopoldo de seu coronelato britânico ou remover seu estandarte da Jarreteira da Capela Real de Windsor (no entanto, o rei belga não foi convidado para o casamento da princesa Elizabeth, em 1947). Em 1º de julho, Colville admitiu em seu diário que "Leopold foi o bode expiatório", assim como Churchill ao arquiduque Otto von Habsburg depois da guerra.[161]

No Gabinete, em 27 de maio, Halifax ameaçou renunciar se não fosse autorizado a buscar negociações de paz. Churchill assumiu a mesma posição de dois dias antes, dizendo "acreditar que a questão que o Gabinete de Guerra era chamado a resolver era difícil o suficiente sem que se envolvesse na discussão de uma questão que era bastante irreal e muito improvável que surgisse. Se Herr Hitler estava disposto a fazer a paz nos termos da restauração das colônias alemãs e da suserania da Europa Central, isso era uma coisa. Mas era bastante improvável que ele fizesse essa oferta".[162] Da mesma forma, ele não permitiria que Halifax fizesse uma.

Colville, que não comparecia às reuniões do Gabinete e obtinha suas informações através de Churchill, escreveu em seu diário naquele dia: "O Gabinete está examinando freneticamente nossa capacidade de continuar a guerra em tais circunstâncias, e há sinais de que Halifax está sendo derrotista. Ele diz que nosso objetivo não pode mais ser esmagar a Alemanha, mas preservar nossa própria integridade e independência".[163] Halifax disse a Cadogan que, depois da reunião do Gabinete, Churchill tinha sido "muito carinhoso!".[164] Cadogan aconselhou Halifax a não renunciar, afirmando que também estava "enfadado" com as "fanfarronices" de Churchill.

Mais tarde naquele dia, Churchill recebeu um telegrama de Lothian informando que Roosevelt sugerira que, se as Ilhas Britânicas fossem invadidas com sucesso pela Alemanha, a Marinha Real deveria navegar para o Canadá, e a futura sede do governo britânico deveria ser Bermuda, e não Ottawa, pois a monarquia não poderia voltar ao continente americano.[165] Era uma declaração extraordinária naquele momento, e Churchill certamente não admitiria que o rei não tivesse o direito de residir em seu próprio domínio se assim o desejasse. Ele nem sequer respondeu a Roosevelt. "Sirva-me um uísque e soda, muito fraco, meu bom menino", pediu Churchill a Colville antes de ir para a cama à meia-noite.[166]

Em 28 de maio, a situação em Dunquerque ainda era desesperadora, mas a evacuação havia começado com sucesso. Muita coisa dependia da possibilidade de os bombardeiros de mergulho alemães destruírem o único píer que se estendia mar adentro, usado pela Marinha para transportar homens para longe da praia; a estrutura sobreviveu milagrosamente nos seis dias seguintes. Não obstante, o almirante Keyes chegou a Londres pela manhã para dizer que Gort não via muita chance de salvar a BEF. Churchill preparou a Câmara dos Comuns para "notícias duras e pesadas".[167] "A ideia de perder Gort e seu grupo, toda a flor e juventude de nosso país, a espinha dorsal do Exército, em oficiais e homens é verdadeiramente trágica", escreveu o rei depois da audiência com Churchill.[168] Quando Halifax voltou à questão das negociações de paz no Gabinete naquele dia, Churchill deixou sua posição ainda mais clara: "O Signor Mussolini, se aparecesse como mediador, tiraria sua lasquinha de nós", registram as atas do Gabinete.

> Era impossível imaginar que Herr Hitler seria tão tolo que nos permitisse continuar o nosso rearmamento. Com efeito, suas condições nos colocariam completamente à sua mercê. Não teríamos condições piores se continuássemos lutando, mesmo que fôssemos derrotados, das que estavam abertas para nós agora. Se, no entanto, continuássemos a guerra e a Alemanha nos atacasse, sem dúvida deveríamos sofrer alguns danos, mas eles também sofreriam perdas severas. Seus suprimentos de petróleo poderiam ser reduzidos. Poderia chegar um momento em que sentíssemos que precisávamos pôr fim à luta, mas as condições não seriam então mais mortais do que aquelas que nos são oferecidas agora.[169]

Assim como suas declarações anteriores, era uma tentativa de parecer razoável, mas também de deter a ação de Halifax, o que conseguiu fazer. Nenhuma votação oficial foi feita, mas Chamberlain e os dois membros do Partido Trabalhista apoiaram a posição do primeiro-ministro. Halifax declarou que não era possível saber quais seriam as condições de Hitler, a menos que perguntassem. Churchill, em vez disso, baseou-se em seu profundo conhecimento histórico para dizer que "as nações que tombaram lutando ressurgiram, mas aquelas que se renderam foram liquidadas".[170] Em 26 de maio, Cadogan considerou Churchill "demasiado digressivo, romântico, sentimental e temperamental" e concluiu que "o velho Neville ainda é o melhor de todos".[171] Contudo, foi precisamente esse temperamento que impediu a Grã-Bretanha de tomar o caminho das negociações de paz com Hitler. Se Halifax tivesse se tornado primeiro-ministro dezesseis dias antes, as tratativas quase certamente teriam começado naquele momento.

É provável que Churchill estivesse errado ao supor que os termos de Hitler seriam duros em excesso; provavelmente teriam sido bastante razoáveis, a julgar pelo que ele ofereceu em outubro de 1939 e mais uma vez em agosto de 1940. O ditador alemão considerava que sua tarefa histórica era destruir o comunismo, o judaísmo e os eslavos e estabelecer um *Lebensraum* mais a leste para o povo ariano. Para isso precisava travar uma guerra de frente única contra a União Soviética. Não havia de sua parte grande hostilidade ideológica contra os anglo-saxões ou o Império Britânico, pelo menos até parecer que eles estavam bloqueando seus planos. Seu ataque à Rússia teria recebido uma ajuda enorme caso não tivesse precisado invadir a Iugoslávia e a Grécia, aliadas da Grã-Bretanha, em abril de 1941: isso teria lhe dado mais dois meses nas cercanias de Moscou antes que o tempo virasse naquele outono.

Naquela tarde, Churchill enviou um memorando a todos os ministros e altos funcionários em que pedia:

> Nestes dias sombrios, o primeiro-ministro ficaria grato se todos os seus colegas [...] mantivessem um moral alto em seus círculos, sem minimizar a gravidade dos eventos, mas mostrando confiança em nossa capacidade e determinação inflexível para continuar a guerra até fazermos cair por terra a vontade do inimigo de pôr toda a Europa sob seu domínio. Nenhuma tolerância deve ser dada à ideia de que a França fará uma paz separada; mas, o que quer que possa acontecer no Continente, não podemos duvidar do nosso dever e certamente usaremos toda a nossa energia para defender a Ilha, o Império e nossa Causa.[172]

Durante a militarmente desastrosa Semana Negra da Guerra dos Bôeres, a rainha Vitória dissera: "Não estamos interessados nas possibilidades da derrota; elas não existem". Churchill mandou fazer três cópias dessa citação, que deixou sobre a mesa do Gabinete.[173]

O objetivo de fazer cair por terra a vontade do inimigo de conquistar toda a Europa estava um pouco aquém da "vitória a todo custo" de seu discurso de 13 de maio, mas desde então os Aliados haviam sofrido derrotas cada vez mais catastróficas — embora, no momento, a França ainda estivesse lutando.[174] Se conseguisse sobreviver aos meses seguintes, raciocinou Churchill, a Grã-Bretanha poderia pensar em como vencer a guerra depois.

No quarto dia de demandas de Halifax por negociações de paz, Churchill reuniu o Gabinete Ministerial mais amplo — excluindo o Gabinete de Guerra — e fez um discurso não escrito ou ensaiado de antemão, o que era muito incomum em seu caso. Como se tratava de uma reunião informal, não foi feita uma ata, mas Hugh Dalton, o ministro da Guerra Econômica, um socialista que não concordava com Churchill em nada em tempo de paz, anotou o que foi dito em seu diário. O primeiro-ministro começou fazendo "um relato completo, franco e totalmente calmo dos eventos na França" e concluiu dizendo:

> Pensei cuidadosamente nestes últimos dias se fazia parte do meu dever considerar entrar em negociações com Aquele Homem. Mas era inútil pensar que, se tentássemos fazer as pazes agora, poderíamos obter condições melhores do que se continuássemos lutando. Os alemães exigiriam nossa frota — isso seria chamado de "desarmamento" —, nossas bases navais e muito mais. Nós deveríamos nos tornar um Estado escravo, embora um governo britânico fantoche de Hitler fosse montado sob o comando de Mosley ou de alguma pessoa desse tipo. E onde estaríamos no final de tudo isso? Por outro lado, tínhamos imensas reservas e vantagens. E estou convencido de que cada um de vocês se levantaria e me arrancaria do meu lugar se por um momento eu contemplasse a negociação ou a rendição. Se esta longa história de nossa ilha tiver de terminar, que acabe somente quando cada um de nós jazer sufocado em seu próprio sangue no chão.[175]

Não era mera bravata. Churchill vira muitas pessoas morrendo sufocadas em seu próprio sangue depois de tombar em batalha e sabia o que estava oferecendo aos seus ministros, assim como ordenara que Nicholson lutasse até a morte em Calais. Como disse seu guarda-costas Walter Thompson: "Ele não praticava tiros no campo de Chequers apenas para se divertir".[176] O primeiro-ministro fez com que uma metralhadora Bren fosse colocada em seu carro oficial para que pudesse revidar se fosse atacado e, quando viajava por mar, ordenou que seu bote salva-vidas levasse uma dessas armas para que pudesse enfrentar um eventual submarino que afundasse seu navio. Também levava seu revólver em suas viagens à França, dizendo a Thompson: "Nunca se sabe; não pretendo ser levado vivo".[177] Quando questionado, na velhice, se já havia pensado em suicídio, respondeu: "Não. Bem, apenas filosoficamente". E se tivesse perdido a guerra e enfrentado a captura? "Certamente não!", ele se apressou em dizer.[178] Quando o Ministério da Guerra produziu um discurso para o primeiro-ministro usar em caso de invasão, Churchill descartou-o, por "usar adjetivos convencionais, ligados a substantivos convencionais, meramente por causa do efeito". Afirmou que, se algum dia tivesse de fazer esse tipo de discurso, terminaria com as palavras: "A hora chegou: matem os hunos".[179] E também pretendia usar a frase: "Você sempre pode levar alguém junto".[180] Havia planos feitos em Whitehall para que a família real viajasse com as reservas de ouro da Grã-Bretanha ao Canadá a fim de continuar a resistência a partir de lá. Não havia uma contingência desse tipo para Churchill. Quando disse a seus ministros que pretendia lutar até a morte, não se tratava de uma de suas extravagâncias oratórias.

Seus colegas ministros, em sua maioria, veteranos das trincheiras que viram a morte de perto, sabiam o que estava em jogo e também as consequências. Não obstante, no final de seu discurso, eles se levantaram para aplaudi-lo e saudá-lo, contornando a mesa do Gabinete para apertar sua mão e lhe dar um tapinha nas costas. "Ele foi de fato magnífico", registrou Dalton. "O homem, e o único homem que temos, para esta hora." Ao relembrar o incidente em suas memórias, Churchill afirmou acreditar que os ministros naquele dia "representavam a Câmara dos Comuns e quase todo o povo. Coube a mim nos dias e meses seguintes expressar seus sentimentos em ocasiões adequadas. Pude fazer isso porque também eram os meus. Havia uma luz branca, irresistível, sublime, que percorria nossa ilha de ponta a ponta".[181] "Quase todo o povo" — mas não Halifax. Quando Churchill relatou a reunião ao Gabinete de Guerra, o Secretário do Exterior soube que havia perdido totalmente o jogo.*

Mais tarde naquela noite, o capitão Pim, que estava de serviço havia 36 horas ininterruptas, pediu a Churchill cinco dias de licença para comandar uma flotilha de pequenas embarcações na Operação Dínamo. "Deus o abençoe", disse Churchill. "Eu também gostaria de ir."[182] Os vinte barcos de Pim transportaram cerca de 3500 homens das praias para os destróieres, sob artilharia e bombardeio aéreo quase contínuos. Quando ele voltou, em 2 de junho, Churchill disse simplesmente: "Então você está de volta ao trabalho".[183] Pim viu o brilho nos olhos do primeiro-ministro. Naquele momento o capitão passava a ser um dos Paladinos.

Em 29 de maio, Churchill telegrafou a Reynaud e Weygand para informá-los de que 50 mil soldados haviam sido evacuados de Dunquerque com sucesso

* Em 30 de maio, quando Desmond Morton descobriu que Stanley Bruce, o alto-comissário australiano em Londres, escrevera um memorando formal propondo uma conferência internacional "para formular um acordo de paz", porque "o derramamento adicional de sangue e a continuação do sofrimento hediondo são desnecessários", Churchill escreveu a palavra "besteira" no relatório de Morton (*OB* VI, p. 436).

e ele esperava outros 30 mil naquela noite. Deixou claro que a operação era precária ao extremo. "A frente pode ser batida a qualquer hora, ou píeres, praias e navios podem ser inutilizados por ataques aéreos e também por fogo de artilharia do sudoeste", revelou. "Ninguém pode dizer por quanto tempo o atual fluxo favorável durará, ou o quanto podemos economizar para o futuro."[184] Os navios estavam levando o maior número possível de soldados franceses e belgas, com igual prioridade aos britânicos, e havia planos para enviar uma segunda BEF a Saint-Nazaire para continuar a luta. O primeiro-ministro também assegurou a Reynaud que forças regulares estavam sendo solicitadas da Índia, da Palestina, da Austrália e do Canadá para se juntarem à luta na França. Naquele mesmo dia, perguntou a Ismay se os canhões alemães tomados como troféus na Grande Guerra poderiam ser recondicionados para uso, e se era possível fornecer cera às tropas para abafar o estrépito da batalha.[185] Em 30 de maio, comunicou a Gort que, tendo em vista que nenhuma outra resistência organizada era possível em Dunquerque, o general tinha ordens para "capitular formalmente e evitar um massacre inútil".[186] O medo de que os franceses pudessem se render a qualquer momento levou Churchill, Attlee, Dill e Ismay a voar a Paris em 31 de maio; eles chegaram tarde porque o avião precisou fazer um grande desvio para evitar a Luftwaffe, que já estava patrulhando os céus ao norte da cidade. Durante o almoço na embaixada britânica, Churchill ouviu que 150 mil homens tinham sido retirados das praias de Dunquerque, sendo 15 mil franceses. "O primeiro-ministro disse que não se contentaria com nada menos que 200 mil", anotou Harvey.[187] "Seu único tópico de conversa era a possibilidade de um número substancial de soldados ser retirado das praias", lembrou Walter Thompson. "Pela primeira vez, seu rosto, grave e tenso, mostrou a ansiedade que sentia."[188]

Naquela tarde, o Conselho Supremo de Guerra reuniu-se no Ministério da Guerra francês. Weygand disse a Churchill que um grande número de soldados estava sendo retirado da Linha Maginot, àquela altura já sem função, para defender Paris, mas avisou também que, se a Grã-Bretanha não enviasse várias esquadrilhas da RAF aos combates que aconteciam ao sul do Somme, a situação era irremediável. Churchill comentou com Spears depois da reunião que os franceses se consideravam derrotados.[189] O comandante Tommy Thompson descreveu o marechal Philippe Pétain, um herói da Grande Guerra, como "um espectador impassível e distante, não demonstrando nenhum sinal de interesse ou entusiasmo quando Churchill delineou os planos britânicos".[190]

No dia 1º de junho, um sábado, o número de evacuados de Dunquerque subiu para 200 mil, como Churchill esperava. "Winston ficou muito otimista com isso", observou Harvey, "e diz que pode ser capaz de fazer mais pelos franceses no Somme."[191] Churchill retornou a Londres a tempo de realizar uma reunião do Gabinete às 13h20. Todos os integrantes se levantaram para aplaudir

Gort, o comandante da BEF, quando ele voltou de Dunquerque. Gort relatou que, afora duas divisões sob o comando do general Benoît de La Laurencie, os franceses tinham sido "mais do que inúteis".[192]

Quando Morton apresentou os planos do Ministério das Relações Exteriores para evacuar a família real e certas instâncias do governo em caso de invasão, Churchill disse: "Acredito que vamos fazê-los lamentar o dia em que tentarem invadir nossa ilha. Nenhuma discussão desse tipo pode ser permitida".[193] De modo semelhante, ao pedido do diretor da National Gallery, Sir Kenneth Clark, de que os tesouros de arte britânicos fossem enviados ao Canadá, o primeiro-ministro respondeu: "Não, enterre-os em porões e adegas. Nada deve ir embora. Vamos vencê-los".[194] As obras-primas foram devidamente enviadas a uma mina de ardósia desativada em Manod Mawr, no País de Gales. Com o tempo, parte das reservas de ouro da Grã-Bretanha foi transferida pelo Banco da Inglaterra para um cofre em Toronto, numa operação estressante durante a qual alguns submarinos no meio do Atlântico poderiam ter levado a Grã-Bretanha quase à falência.

Em 2 de junho, Churchill começou a tentar formar uma segunda BEF para ser enviada à Bretanha o quanto antes. Deixou claro aos chefes do Estado-Maior que não fazia isso porque achava que poderia alterar o destino da luta, mas como uma tentativa desesperada para manter a França na guerra. "Devemos ter planos em andamento que mostrem aos franceses que há uma saída se eles forem firmes."[195] "Como seria maravilhoso", escreveu Churchill a Ismay, "se pudéssemos fazer os alemães se perguntarem por onde seriam atacados em seguida, em vez de nos forçarem a tentar nos emparedar na ilha e cobri-la com um telhado. Deve-se fazer um esforço para nos livrarmos da prostração mental e moral à vontade e iniciativa do inimigo de que sofremos."[196] A Segunda BEF, inicialmente formada por uma brigada da 52ª Divisão das Terras Baixas, desembarcou na Normandia em 7 de junho, sob o comando do general Alan Brooke, com a previsão de que 1ª Divisão do Canadá viesse apoiá-la.

Na reunião do Gabinete de Guerra das 11h30 de 3 de junho, o marechal Dowding, que dispunha àquela altura somente de 331 aviões de caça, pediu que a RAF não fosse enviada para lutar adiante do Somme, e seu conselho foi finalmente acatado. No dia seguinte, o último militar britânico deixou as praias de Dunquerque: o general Harold Alexander. Ele havia sido precedido por nada menos que 338 225 homens da BEF e dos exércitos francês e belga. A BEF sofrera mais de 40 mil baixas entre mortos, feridos ou capturados na campanha, e o mesmo número de soldados franceses foi feito prisioneiro quando Dunquerque caiu. A RAF realizara 2779 incursões em nove dias para proteger o exército e perdera 116 pilotos; somente o Comando de Bombardeiros fora desfalcado em 76 aeronaves. No total, desde 10 de maio, a RAF havia perdido 1067 aviões e 1127 pilotos e tripulantes.[197] Dos 933 navios britânicos que participaram da Operação Dínamo, 236 afundaram e 61 foram postos fora de combate. A BEF destruiu o máximo possível de seus armamentos, mas foi devastador abrir mão de 60 mil veículos, 2 mil canhões de campo, 90 mil fuzis, 600 mil toneladas de combustível, centenas de tanques e quatrocentos canhões antiaéreos.[198] No início de junho de 1940, a única unidade nas Ilhas Britânicas que estava com todas as suas armas intactas era a 1ª Divisão Canadense, em Aldershot. Se houvesse uma invasão, esse teria sido o único corpo organizado e equipado de tropas regulares entre as praias da costa sul e Londres. Quando Pound trouxe a lista de todos os navios da Marinha Real danificados e fora de ação, Churchill brincou: "Pelo que estou vendo, sobrou apenas o *Victoria & Albert*".[199] (O *Victoria & Albert* era o Iate Real.)

Em 4 de junho, Churchill se incumbiu da tarefa excepcionalmente difícil de explicar à Câmara dos Comuns o que havia acontecido. Produziu um discurso que pode ser classificado, ao lado dos proferidos por Péricles e Abraham Lincoln, como um dos maiores da história. Começou contando com calma a história factual do avanço alemão, o rompimento das linhas de comunicação da BEF através de Amiens e Abbeville e a natureza da Blitzkrieg, atrás da qual "se arrastava comparativamente lenta a massa bruta do Exército alemão comum".[200] E então, de maneira cruel e talvez repreensível, repetiu a acusação de Reynaud contra o rei Leopoldo: "De repente, sem consulta prévia, com o menor aviso possível, sem o conselho de seus ministros e num ato pessoal, ele enviou um plenipotenciário ao Comando Alemão, rendeu seu Exército e expôs todo o nosso flanco e nosso meio de retirada".[201] Churchill classificou a atitude como um "episódio lamentável", mas é revelador que essa frase não tenha chegado às suas memórias. Quando questionado sobre isso depois da guerra, disse que estava relatando a situação como acreditava que fosse na época, o que (devido às advertências que recebera de Keyes e do rei) era verdadeiro apenas em parte.

"Um milagre de libertação, alcançado pela bravura, pela perseverança, pela disciplina perfeita, pelo serviço impecável, pela engenhosidade, pela habilidade, pela fidelidade inconquistável, é evidente para todos nós", disse Churchill em seguida.[202] Ecoando a observação de Arthur Greenwood no Debate da Noruega, de que "as guerras não são ganhas em evacuações magistrais", Churchill continuou: "Devemos ser muito cuidadosos para não atribuir a essa libertação os atributos de uma vitória. Guerras não são vencidas por evacuações. Mas houve uma vitória dentro desse resgate, que deve ser assinalada".[203] Foi a vitória da RAF, sobre a qual comentou:

Nunca houve, suponho, em todo o mundo, em toda a história da guerra, uma oportunidade assim para a juventude [...]. Esses jovens, saindo a cada manhã para guardar sua terra natal e tudo o que representamos, segurando em suas mãos esses instrumentos de poder colossal e destruidor, dos quais se pode dizer que "Toda manhã trouxe uma nobre chance/ E cada chance trouxe à luz um nobre cavaleiro",* merecem nossa gratidão, assim como todos os bravos homens que, de tantas maneiras e em tantas ocasiões, estão prontos, e continuam prontos, para dar a vida e tudo por sua terra natal. Não obstante, nossa gratidão pela escapada de nosso exército e de tantos homens, cujos entes queridos passaram por uma semana angustiante, não deve nos cegar para o fato de que o que aconteceu na França e na Bélgica é um desastre militar colossal [...]. Devemos esperar outro golpe quase imediato em nós ou na França. Dizem-nos que Herr Hitler tem um plano para invadir as Ilhas Britânicas. Isso já foi muitas vezes pensado antes. Quando Napoleão ficou em Boulogne por um ano com seus barcos de fundo chato e seu Grande Exército, alguém lhe disse: "Há ervas amargas na Inglaterra". Há certamente muito mais delas desde que a Força Expedicionária Britânica retornou.[204]

Depois de advertir que Hitler usaria "a originalidade da malícia, a engenhosidade da agressão" para invadir a Grã-Bretanha, ele prosseguiu:

Pessoalmente tenho plena confiança de que, se todos cumprirem o seu dever, se nada for negligenciado, e se as melhores providências forem tomadas, à medida que forem tomadas, provaremos a nós mesmos mais uma vez a capacidade de defender a ilha que é nosso lar, resistir à tempestade da guerra e sobreviver à ameaça da tirania, se necessário por anos, se necessário, sozinhos. De qualquer forma, é isso que vamos tentar fazer. Essa é a resolução do governo de Sua Majestade — de cada um de seus homens. Essa é a vontade do Parlamento e da nação [...]. Embora vastas extensões da Europa e muitos Estados antigos e famosos tenham caído ou possam cair nas garras da Gestapo e de todo o aparato odioso do domínio nazista, não devemos enfraquecer ou fracassar.

Fez então sua peroração:

Iremos até o fim, lutaremos na França, lutaremos nos mares e oceanos, lutaremos com cada vez mais confiança e cada vez mais força no ar. Defenderemos nossa ilha, qualquer que seja o custo. Lutaremos nas praias, lutaremos nos terrenos de desembarque, lutaremos nos campos e nas ruas, lutaremos nas colinas. Nunca nos renderemos. E mesmo se — o que não acredito nem por um momento — esta ilha ou

* Versos de Tennyson em "Morte d'Arthur".

grande parte dela fosse subjugada e passasse fome, então nosso império de além-mar, armado e guardado pela Frota Britânica, continuaria a luta, até que, na boa hora de Deus, o Novo Mundo, com toda a sua força e poder, desse um passo em frente para o resgate e a libertação do Velho.[205]*

Chips Channon, que estava sentado logo atrás de Churchill, registrou em seu diário: "Ele foi eloquente e retórico e usou um inglês magnífico; vários membros do Partido Trabalhista choraram".[206] Harold Nicolson escreveu para sua esposa, Vita Sackville-West: "Hoje à tarde, Winston fez o melhor discurso que eu já ouvi. A Câmara ficou profundamente comovida".[207] Ela respondeu: "Ele provocou arrepios (não de medo) na minha espinha. Acho que uma das razões pelas quais alguém é estimulado por suas frases elisabetanas é que se sente todo o maciço apoio de energia e resolução por trás delas, como uma grande fortaleza: nunca são palavras por palavras".[208]** Ron Golding, que era líder de esquadrilha da RAF em 1940 e foi guarda-costas de Churchill no pós-guerra, lembrou: "Depois daqueles discursos, *queríamos* que os alemães viessem".[209]

Nas duas semanas seguintes, em junho de 1940, os franceses inundaram Churchill com pedidos de mais apoio aéreo, embora houvesse 144 caças britânicos em ação na França em 6 de junho e números semelhantes todos os dias até a capitulação. "Reynaud rugindo por todos os nossos caças", foram as palavras de Cadogan.[210] Newall e Dowding se opuseram com veemência ao envio de mais esquadrilhas de caça para a França para participar do que o Gabinete, os chefes de Estado-Maior e os governantes civis estavam cada vez mais convencidos que se tratava de uma batalha perdida.

Não obstante, Churchill queria usar um número limitado de soldados para atacar os alemães ao longo da costa europeia na Dinamarca, Holanda e Bélgica. "Precisamos estar preparados", ele disse a Ismay em 5 de junho, "com tropas especialmente treinadas como um pelotão de caçadores, que podem criar um reinado de terror ao longo dessas costas, primeiro na política de ataques punitivos e recuos imediatos, porém mais tarde [...] devemos surpreender Calais ou

* Uma referência à bazófia do secretário do Exterior britânico George Canning perante a Câmara dos Comuns em 1826: "Eu trouxe o Novo Mundo à existência, para corrigir o equilíbrio do Velho".

** Quase toda a peroração de 141 palavras era composta de monossílabos ou palavras curtas, e quase todas derivavam do inglês antigo, embora "confiança" venha do latim e "rendição" do francês. Alegou-se que o ator Norman Shelley se passou por Churchill ao fazer o discurso no rádio às nove da noite. Na verdade, o locutor leu longos extratos textuais como parte de um extenso relatório parlamentar. O discurso em si não foi gravado na época: o que ouvimos hoje é a voz de Churchill gravada para a Decca Records em Chartwell, em 1949.

Boulogne, matar e capturar as guarnições dos Hunos e manter o lugar até que todos os preparativos para subjugá-las por cerco ou assalto tenham sido feitos, e depois cair fora".[211] O primeiro-ministro também queria unidades blindadas leves para "rastejar em terra, fazer um ataque profundo no interior cortando uma comunicação vital, e depois voltar deixando um rastro de cadáveres alemães para trás".[212] Apesar dos reveses das sete semanas anteriores, seu instinto de ataque continuava inalterado. Em 6 de junho, apenas dois dias depois de as últimas tropas terem deixado Dunquerque, ele pediu aos estrategistas do Departamento de Guerra "propostas para transportar e entrar com tanques na praia". Isso foi precisamente quatro anos antes do Dia D. Em 20 de junho, sugeriu a formação de "um corpo de pelo menos 5 mil paraquedistas".[213]

Mussolini declarou guerra à Grã-Bretanha e à França em 10 de junho. Quando Colville acordou Churchill de sua sesta da tarde para dar a notícia, o primeiro-ministro resmungou: "As pessoas que vão à Itália para ver ruínas não precisarão ir até Nápoles e Pompeia no futuro".[214] A nova ameaça no Mediterrâneo exigia alguns reposicionamentos de navios, mas a notícia era esperada havia meses, em especial depois que Churchill se recusara a negociar a paz, no final de maio. O Exército britânico cruzou a fronteira com a Líbia em 11 de junho para iniciar operações ofensivas que duraram dois meses, até que os italianos o obrigassem a voltar ao Egito. Entre 5 e 19 de agosto, os italianos também forçaram os britânicos a evacuar a Somalilândia Britânica, para grande desgosto de Churchill. No dia em que a guerra anglo-italiana começou, ele aprovou uma proposta para retirar a Ordem da Jarreteira do rei Vítor Emanuel III da Itália, que não resistira ao ímpeto belicoso de Mussolini, dizendo: "Acho que deveria haver a máxima ignomínia e publicidade no caso desse fantoche miserável".[215]

No mesmo dia, Churchill foi forçado a adiar sua visita à França quando o governo francês fugiu de Paris para Briare, cerca de cem quilômetros a sudeste de Orleans, a caminho de Tours. Na verdade, sentiu-se estimulado por isso, pois parecia mostrar que havia uma intenção de continuar lutando. Ele voou a Briare às três da tarde de 11 de junho, numa aeronave Flamingo da Imperial Airways, escoltada por nove Spitfires, o máximo que a Esquadrilha 609 do capitão de grupo Stephen Beaumont conseguiu reunir de imediato. Em Briare, o quartel-general de Weygand no castelo de Muguet só poderia acomodar Churchill: Eden, Dill, Ismay e Spears tiveram de dormir em um trem nas proximidades. No castelo, havia apenas um telefone antigo de parede na despensa do mordomo, conectado à agência dos correios do vilarejo, que não funcionava em período integral.[216] Em uma reunião do Conselho Supremo da Guerra de duas horas de duração no dia 11, que ainda se estendeu por várias horas no dia 12, Churchill encontrou-se com Reynaud, Pétain, Weygand, o general Alphonse Georges, comandante-chefe da frente nordeste, e o novo ministro da Guerra, o general Charles de Gaulle, de 49 anos, um herói da Grande Guerra de 1,95 metro de altura.

Paris estava prestes a cair a qualquer momento, e as duas delegações discutiram cada aspecto do conflito. Churchill disse que a 1ª Divisão Canadense chegaria à França para aumentar para quatro o número de divisões prontas para lutar na segunda BEF, com uma quinta a caminho a fim de formar um reduto defensivo na Bretanha que os alemães não seriam capazes de transpor. Também enfatizou que as longas linhas de comunicação alemãs haviam se tornado muito vulneráveis aos ataques aéreos. Dill ofereceu a Weygand o comando geral das tropas britânicas, para usá-las como bem entendesse. A única resposta de Weygand foi que o colapso da França àquela altura já poderia ser medido em horas, em vez de dias.[217]

O general Georges disse na reunião que os Aliados haviam perdido 35 de suas 103 divisões. Também informou em conversa reservada com Britney que o governo francês estava se preparando em segredo para pedir a Hitler um armistício e, nas palavras que Churchill usou mais tarde, que "nós deveríamos dar nossos passos nesse sentido".[218] Churchill falou do "Reduto Bretão" durante o encontro, mas os franceses apontaram que, como 70% de seu parque industrial estava localizado na área de Paris, não havia solução de longo prazo para a situação da França. Quando Churchill argumentou que assim ganharia tempo até que os norte-americanos entrassem na guerra, Pétain, em uma de suas poucas intervenções, disse que isso também significaria a destruição da França. E então falou abertamente da necessidade de um armistício.[219] De Gaulle, em contraste total com os demais, afirmou estar disposto a travar uma "guerra de colunas", valendo-se de unidades móveis para enfrentar os tanques alemães. Nenhum dos outros franceses expressou entusiasmo por essa ideia ou pela continuação da guerra nas possessões francesas no Norte da África.[220]

Churchill teve de instar "veementemente" Reynaud a permitir que continuassem os ataques dos bombardeiros Wellington da RAF a Turim e Milão. (Reynaud temia represálias italianas no sul da França.) No fim, as ações precisaram ser abandonadas quando a Força Aérea francesa vazou os planos para os moradores de Salon-de-Provence, que arrastaram arados e outras obstruções para o caminho do aeródromo a fim de evitar a decolagem de aviões britânicos.[221] O almirante François Darlan, ministro da Marinha da França, prometeu que, se houvesse um armistício, a poderosa frota francesa — que, se aliada à Marinha alemã, poderia sobrepujar a Marinha Real — não cairia nas mãos dos nazistas e iria para o Canadá.[222]

Weygand delineou a situação do Exército francês. "Esta é a questão decisiva", disse ele. "Agora é o momento decisivo. Os britânicos não devem manter um único caça na Inglaterra. Todos deveriam ser enviados para a França."[223] Em seguida, houve uma longa pausa, provocando preocupação nos conselheiros de Churchill, os quais temiam que a generosidade, a velha francofilia, a coragem e o otimismo do primeiro-ministro o levassem a prometer mais apoio aéreo, apesar das advertências de Newall e Dowding. Falando muito devagar, Churchill respondeu: "Esta não é a questão decisiva. Este não é o momento decisivo. O momento decisivo virá quando Hitler lançar sua Luftwaffe contra a Grã-Bretanha. Se pudermos manter o comando do ar sobre a nossa ilha — isso é tudo o que peço —, então vamos ganhar tudo de volta para vocês [...]. O que quer que aconteça aqui, estamos decididos a continuar a lutar por todo o sempre".[224] A decisão de não comprometer o restante das forças aéreas britânicas com a França, apesar da fortíssima pressão de seu aliado e de sua própria simpatia pelos franceses, foi uma das decisões mais cruciais que ele tomou na vida.

Quando Reynaud perguntou o que aconteceria quando os alemães tentassem invadir a Grã-Bretanha, Churchill respondeu: "Não pensei nisso com muito cuidado, mas, em linhas gerais, eu proporia afogar o maior número possível deles no caminho e, depois, '*frapper sur la tête*' [bater na cabeça] de quem conseguisse rastejar para a costa".[225] Manter o senso de humor e o otimismo, mesmo numa situação tão aterradora, era bastante característico de Churchill. Felizmente, ele já havia deixado a conferência quando Weygand previu em um comentário para Reynaud que dentro de um mês a Grã-Bretanha teria "o pescoço torcido como o de uma galinha".[226] No caminho de volta, seu avião teve que voar a cem pés de altura, pouco acima do nível do mar, para evitar dois caças alemães que atiravam em barcos pesqueiros.[227]

Durante a viagem de volta para casa, Ismay sugeriu que, como as divisões destinadas à Segunda BEF teriam que ser evacuadas quase que de imediato, sua utilização deveria ser retardada de maneira discreta. "De forma nenhuma", respondeu Churchill. "A história nos julgaria muito mal se fizéssemos algo assim."[228] Àquela altura, ele não deveria ter se preocupado com a história e deveria se guiar por considerações puramente militares. Contrariando o aconselhamento de Dill e Ismay, embora os dois não tivessem manifestado nenhuma oposição mais direta, outras unidades da Segunda BEF foram enviadas para a França. Seu comandante, o general Brooke, denunciou em particular o plano a Eden e Dill como um gesto político inútil, o que de fato era. Quando Ismay disse que estava contente que os britânicos continuariam lutando sozinhos, bem como "venceria a Batalha da Grã-Bretanha", Churchill olhou para ele e respondeu: "Você e eu estaremos mortos daqui a três meses".[229] Apesar de toda a aparentemente constante e total certeza de vitória e da inabalável altivez em público — com os franceses, no Gabinete, na Câmara dos Comuns, na imprensa e nas ondas do rádio —, às vezes ele era capaz de admitir aos colegas que talvez não houvesse motivo para tanto. Mais tarde, Churchill declarou que teria preferido ficar na França por dez dias "e deixar Neville cuidar das coisas em casa", mas é improvável que conseguisse manter uma França totalmente desmoralizada na guerra por um momento a mais que fosse.[230] A partir de então, como ele disse ao rei em seu retorno no dia 12, "a invasão deste país vem em seguida no programa alemão".[231]

Pouco depois da meia-noite Reynaud pediu a Churchill que voltasse à França. Dessa vez, o encontro seria na sede da prefeitura de Tours, às 15h45 do dia 13. Churchill considerou a convocação "um mau presságio", já que Reynaud prometera consultá-lo pessoalmente antes de a França se render, e ficou furioso porque o primeiro-ministro francês havia mencionado a hora e o local da reunião por uma linha telefônica aberta.[232] Ele partiu no começo da manhã do dia 13 de junho, com Halifax, Beaverbrook, Cadogan e Ismay, protegidos por doze Spitfires da Esquadrilha 609 de Beaumont. Decolaram sem saber exatamente onde pousariam. "Estávamos na verdade voando às cegas à espera de instruções sobre onde poderíamos encontrar o gabinete francês", recordou Walter Thompson.[233] Churchill lhe pedira que trouxesse seu revólver Colt .45, dizendo: "Se formos atacados pelo caminho, talvez eu consiga matar pelo menos um alemão".[234]*

Houve uma tempestade de raios e chuva forte quando sobrevoaram as Ilhas do Canal e aterrissaram no aeródromo de Tours, com crateras de bombas que ninguém havia preenchido em dez dias. Em sua autobiografia não publicada, o capitão do Grupo Beaumont registrou que "o campo de aviação de Tours devia ser um bom exemplo da desintegração em que a França havia afundado. Ali estávamos nós, com o primeiro-ministro da Grã-Bretanha. De início, não havia ninguém para recebê-lo. O aeródromo de Tours com sua grama comprida e sem cortes, prédios surrados parecendo um clube de aviação falido [...] era totalmente diferente de nossas estações impecáveis da RAF".[235]

Por fim o comandante Tommy Thompson encontrou dois oficiais da Força Aérea francesa comendo sanduíches. "Eles pareceram surpresos ao nos ver", lembrou. "Todos tinham ido almoçar. Eles se ofereceram para nos levar a Tours em seus dois carros minúsculos. Embarcamos e nos apertamos com alguma dificuldade." Thompson viu-se sentado no colo de lorde Beaverbrook.[236] "Caos completo", lembrou Cadogan. Eles passaram por longas filas de refugiados que iam para o sul. Depois que chegaram a Tours, foram ao Hotel Grande Bretagne, encontraram Paul Baudouin, subsecretário de Estado do primeiro-ministro, e conseguiram o que Cadogan descreveu como um "almoço muito bom com W.S.C. em muito boa forma".[237]

Enquanto comiam, Baudouin, que se opusera à declaração de guerra contra a Alemanha, tentou persuadir Churchill a liberar a França da promessa feita em 28 de março de não concordar com uma paz separada. Nas palavras do comandante Thompson, "o sr. Churchill não lhe deu nenhum incentivo".[238] En-

* O general Brooke observou que "ele teria certamente vendido caro sua vida se alguma vez tivesse chegado a esse ponto" (Bryant, *Turn of the Tide*, p. 263).

quanto isso, escreveu Thompson, os refugiados "sacudiam as portas e olhavam com inveja pelas janelas". A comitiva britânica chegara ao hotel por uma entrada dos fundos, mas Churchill insistiu em sair pela porta principal "para que a multidão nas ruas pudesse ver que seus aliados não a haviam abandonado".[239] Muitos veículos da fila interminável que atravessava em fuga a cidade, com pertences pessoais amarrados nas capotas, tinham para-brisas quebrados e carroçarias crivadas de fogo de metralhadora.[240]

Weygand e Pétain se recusaram a comparecer à reunião na sede da prefeitura, alegando que continuar resistindo aos alemães era inútil. Reynaud e Baudouin, que Cadogan descreveu como "um cobertor molhado", pediram a Churchill que entrasse em negociação com os nazistas ou que liberasse a França de sua obrigação de não concordar com uma paz separada. Churchill (com Spears traduzindo quando seu francês altamente anglicizado se mostrava ininteligível) tentou persuadir os franceses a fazer outro apelo a Washington e instou-os a continuar a guerra. "Eu conheço o povo britânico", disse Churchill aos líderes franceses,

> sua capacidade infinita de suportar e persistir e de revidar. E ele atacará até que o inimigo seja abatido. Vocês precisam nos dar tempo. Pedimos que lutem pelo maior tempo possível, se não em Paris, pelo menos além de Paris, nas províncias, no mar e, se necessário, no Norte da África. A alternativa é a destruição da França [...]. A França deve continuar a lutar. Ainda tem sua excelente Marinha, seu grande império. Com o que resta de seu Exército, pode fazer a guerra de guerrilha em grande escala e travar uma guerra contra as comunicações do inimigo.[241]

E acrescentou: "Este era certamente o momento mais sombrio para a causa dos Aliados. Não obstante, sua confiança de que o hitlerismo seria esmagado e de que o poderio nazista não podia e não iria dominar a Europa permanecia absolutamente inabalável".[242] Churchill estava sentado diante de Reynaud numa poltrona, "agarrando os braços e falando com tanta paixão que levava todos que o ouviam à emoção mais profunda".[243] Mais tarde, Beaverbrook relembraria essa fala como "o mais impressionante de todos os seus discursos".[244] Mas apenas De Gaulle reagiu de forma favorável à exortação. Churchill, com gratidão e de forma profética, descreveu-o, para que ele e todos ouvissem, como "*L'homme du destin*".[245]

Churchill recusou-se a liberar os franceses de seu compromisso. Para aumentar o caráter dramático do dia, a condessa Hélène de Portes, amante de Reynaud, fez repetidas tentativas de entrar na reunião final do Conselho Supremo da Guerra, até que um oficial da Marinha francesa gritou para Baudouin: "Tire esta mulher daqui, pela dignidade da França!".[246] No ano seguinte, Clementine diria que seu marido "foi praticamente atacado por madame de Portes, que queria arranhar-lhe o rosto [...]. Ela gritou e ficou histérica e exigiu ser admitida na sala".[247] O governo francês estava se desintegrando, e Churchill tinha lágrimas nos olhos quando se despediu de Reynaud na porta da sede da prefeitura.[248]

Em 14 de junho, os alemães entraram em Paris. Weygand informou a Alan Brooke, o comandante da Segunda BEF na Bretanha, que toda a resistência organizada logo cessaria. Churchill ligou para Brooke em seu quartel-general em Le Mans e, através de uma linha telefônica ruim, disse, nas palavras de Brooke: "Fui enviado à França para fazer os franceses sentirem que os estávamos apoiando. Eu respondi que era impossível fazer um cadáver sentir, e que o Exército francês estava, para todos os efeitos, morto e certamente incapaz de registrar o que havia sido feito por ele".[249] Era a primeira vez que os dois conversavam. Brooke precisou convencer o primeiro-ministro de que sua força não poderia fazer nada, e que estava correndo sérios riscos de captura a cada hora que permanecesse. Depois de meia hora de uma discussão difícil, Churchill deu sua permissão para fazer a Segunda BEF recuar de volta à Grã-Bretanha. Seu dever para com a história havia sido cumprido, ainda que ninguém tivesse prestado muita atenção nisso.[250]

Os Simon finalmente saíram do número 11 da Downing Street em 14 de junho, e Chamberlain conseguiu se mudar para lá, permitindo assim que os Churchill se instalassem no número 10. Churchill já havia saído do Almirantado para dar lugar a A. V. Alexander, então ele e sua família vinham morando temporariamente no Hotel Carlton, no final da Haymarket. Os Churchill levaram consigo o feroz gato preto Nelson do Almirantado, que logo brigou com o gato da Downing Street, conhecido como "Caçador de Munique".[251] (Não é difícil adivinhar qual animal Churchill apoiou nas brigas que se seguiram. "Nelson é o gato mais corajoso que já conheci", disse ele. "Eu o vi expulsar um cachorro enorme do Almirantado.")[252] Depois que Goonie morreu, em 1941, Jack Churchill, que sempre manteve relações boas e próximas com seu irmão, também foi morar no número 10, fazendo suas refeições com os secretários particulares e saindo em várias viagens de inspeção com ele.

Em 15 de junho, a Austrália e a Nova Zelândia reiteraram ao Reino Unido seu apoio incondicional, não importava o que acontecesse. Por outro lado, Cadogan anotou naquele dia que os "Estados Unidos parecem bem inúteis. Bem, precisamos morrer sem eles".[253] Naquela noite, Churchill disse a Colville, em Chequers: "A guerra está fadada a se tornar sangrenta para nós agora [...] que tragédia que nossa vitória na última guerra tenha sido arrancada de nós por um monte de molengas!".[254] Depois do jantar, ele foi caminhar com Duncan Sandys entre as roseiras do jardim. Quando Colville trouxe mais notícias ruins da França, ele respondeu: "Diga-lhes que, se nos deixarem ficar com a frota deles, jamais esqueceremos, mas que, se eles se renderem sem nos consultar, jamais perdoaremos. Poremos os nomes deles na lista negra por mil anos!". Então, meio com medo de que Colville o levasse literalmente a sério, acrescentou: "Obviamente, não faça isso ainda".[255] Apesar das notícias da França, Colville disse que Churchill estava "de bom humor, recitou poesias, estendeu-se sobre o drama da situação atual, afirmou que ele e Hitler só tinham uma coisa em comum — o horror a assobios —, ofereceu charutos a todos e murmurava espasmodicamente: 'Bang, Bang, Bang, faz a arma do fazendeiro, corra, coelho, corra, coelho, corra, corra, corra'".[256]* Ele recebeu um telefonema do embaixador Kennedy e disse que os Estados Unidos "seriam motivo de riso no palco da história" se oferecessem somente ajuda econômica e nenhuma ajuda militar à Grã-Bretanha; à uma da madrugada, deitou-se no sofá do Salão Principal, fumou seu charuto, discutiu como aumentar a força de combate da linha de frente da RAF e então — o que era muito incomum para ele — "contou uma ou duas piadas sujas" antes de dizer "boa noite, meus filhos" e ir para a cama.[257]

Às 7h30 de 16 de junho, um domingo, Colville bateu na porta do quarto de Churchill em Chequers para informar que Reynaud estava prestes a ser substituído pelo marechal Pétain. Encontrou-o "com a aparência de um porco bastante bonito, vestido com um colete de seda".[258] Churchill convocou uma reunião do Gabinete para as 10h15 da manhã e depois do desjejum foi levado de carro para Londres, desconsiderando os semáforos e acelerando pelo Mall para chegar em cima da hora. Durante o encontro, souberam que Pétain ordenara ao Exército francês que depusesse as armas. "Depois da reunião do Gabinete, o primeiro-ministro andou de um lado para outro no jardim, sozinho", escreveu Colville, "com a cabeça baixa e as mãos atrás das costas. Ele, com certeza, permanecerá destemido."[259] Em outra reunião do Gabinete, às três da tarde, foi apresentado um plano para uma Declaração de União, pela qual Grã-Bretanha e França se fundiriam em um só país. A ideia fora concebida pelo diplomata francês René Pleven para justificar a evacuação em massa do exército francês para a Grã-Bretanha, e desenvolvida por Robert Vansittart, pelo chefe da Comissão Interaliada Jean

* A aversão de Churchill ao assobio foi provocada naquele verão: ele estava andando pela King Charles Street, em Whitehall, quando se deparou com um adolescente que caminhava na direção contrária, de mãos nos bolsos, assobiando alto e alegremente. "Pare de assobiar", repreendeu Churchill com aspereza. "Por que eu deveria parar?", retrucou o garoto. "Porque eu não gosto disso e é um barulho horrível." Sem interromper o passo, o rapazote disse: "Ora, você pode tapar os ouvidos, não pode?". E continuou andando, sem parar de assobiar. Churchill achou isso muito engraçado e repetia "você pode tapar os ouvidos, não pode?" enquanto atravessava o jardim do Ministério das Relações Exteriores, rindo para si mesmo (Thompson, *Shadow*, p. 40). Foi um incidente bobo, dificilmente digno de nota — mas não se pode imaginá-lo sendo repetido em Berlim se um garoto irritasse o chefe do governo alemão da mesma maneira.

Monnet, pelo funcionário Sir Arthur Salter, por lorde Lloyd e Charles de Gaulle, que estava em Londres para uma visita de 24 horas. "Tive muito pouco a ver com isso", explicou Churchill mais tarde. "Foi uma onda de comoção do Gabinete."[260] Chamberlain foi pôr o rei a par "do que está sendo feito com seu império", e a bandeira tricolor foi hasteada na Abadia de Westminster pela única vez na história. "Quem sabe", brincou Colville, "ainda possamos ver as 'fleurs de lys' restauradas no Pavilhão Real!"[261]* Ele achava que o novo país poderia chamar-se "Franglaterra".

Quando Pétain foi informado da ideia, ridicularizou-a como uma "fusão com um cadáver" (notavelmente, a mesma metáfora usada por Brooke dois dias antes). Na ocasião, porém, Colville escreveu: "Todo mundo está dando tapinhas nas costas de De Gaulle e dizendo que ele deverá ser o comandante-chefe (Winston murmurando '*Je l'arrangerai*')".[262] O fato de figuras tão eminentes estarem dispostas a considerar uma proposta tão bizarra era um sinal de que os britânicos estavam desesperados para não permitir que a quarta maior frota do mundo caísse nas mãos dos alemães. De Gaulle voou de volta a Bordeaux naquela noite, mas logo depois do desembarque descobriu que havia sido demitido.

Na manhã de segunda-feira, 17 de junho, chegou a notícia de que o marechal Pétain, o novo chefe do governo francês, estava se preparando para assinar um armistício com os alemães. A inominável "certa eventualidade" era agora uma certeza. Churchill telegrafou a Pétain para dizer que não podia acreditar que ele e Weygand "lesariam seu aliado entregando ao inimigo a ótima frota francesa. Tal ato escarificaria** seus nomes por mil anos de história".[263] Baudouin, o novo ministro das Relações Exteriores, confirmou que a Frota iria de Toulon para a colônia francesa da Argélia a fim de mantê-la fora das mãos dos alemães. Depois de marcar reuniões na França naquela tarde, a fim de enganar qualquer pétainista que o estivesse vigiando, De Gaulle acompanhou Spears ao aeroporto de Bordeaux e, no momento em que o avião decolava, subiu a bordo e voou para Londres, com apenas a farda que vestia. Sua esposa e seus filhos partiram no dia seguinte de Brest. Ele só voltaria a pisar no solo da França continental quatro anos depois.

Naquele dia, o transatlântico da Cunard *Lancastria*, cheio de soldados da Segunda BEF e civis que retornavam à Grã-Bretanha, foi afundado no estuário do Loire pela Luftwaffe. Quatro mil pessoas morreram afogadas, mais do que no *Titanic* e no *Lusitania* juntos; ainda hoje trata-se da maior perda de vidas em um único navio da história marítima britânica. A Segunda BEF não estava fazendo o tipo de história que Churchill pretendia. Ele tentou manter a notícia em sigilo

* Os reis da Inglaterra haviam reivindicado o trono da França até o reinado de George III.

** No sentido de "causar dor com crítica severa" (*Shorter Oxford Dictionary*).

proibindo sua divulgação, mas ela vazou através dos Estados Unidos e no final de julho já era conhecida na Grã-Bretanha.*

Em 17 de junho, Rab Butler encontrou por acaso o embaixador sueco Björn Prytz no Parque St. James. Voltaram juntos ao Ministério das Relações Exteriores, onde Butler transmitiu a Prytz um recado de lorde Halifax dizendo que "bom senso e não bravata ditariam a política do governo britânico".[264] Prytz enviou a mensagem ao Ministério das Relações Exteriores sueco em inglês, assim como a anotara, e acrescentou que os parlamentares estavam dizendo que "se e quando a perspectiva de negociações [de paz] surgir [...] Halifax pode suceder a Churchill".[265] A frase sobre o bom senso era uma insinuação clara de que, caso a situação militar se deteriorasse ainda mais, um novo governo liderado por Halifax consideraria ofertas de paz da Alemanha. Quando leu a mensagem — nove dias depois, graças à vigilância do tráfego diplomático sueco pela inteligência britânica —, Churchill pediu uma explicação. Halifax alegou que a mensagem de Butler havia sido mal interpretada por Prytz. (Isso era improvável, já que Prytz, um anglófilo de ascendência britânica educado no Dulwich College, falava inglês fluentemente e não traduzira a mensagem para o idioma sueco.) Butler era um homem charmoso, inteligente e amigável que mais tarde, ainda durante a guerra, reformou o sistema educacional britânico. No entanto, na maior crise da vida de seu país, seu julgamento lamentavelmente deixou muito a desejar. Com magnanimidade, Churchill não destruiu a carreira dele em razão do que definiu como sua "linguagem singular" e permitiu que permanecesse em seu cargo por mais treze meses. Já Halifax não duraria tanto tempo. Churchill ainda tinha seus críticos na bancada tory. Mesmo após o inspirador discurso "Lutaremos nas praias", Euan Wallace, ministro dos Transportes no governo de Chamberlain, observou que houve depois "alguma controvérsia no Salão de Fumantes sobre sua dupla referência a lutar sozinho", e Walter Elliot, ex-ministro da Saúde de Chamberlain, concluiu que o período de lua de mel do governo estava chegando ao fim.[266]

"O primeiro-ministro me deu um boa-noite muito gentil e humano quando subiu para dormir à uma hora desta madrugada", relatou John Martin, um dos secretários particulares de Churchill, a seus pais em 17 de junho, "pôs a mão no meu braço e pediu desculpas por não ter tido tempo em toda a correria daqueles dias de me conhecer."[267] Na "correria" daquele dia a França abandonara a guerra, com todos os perigos que isso implicava. Contudo, havia aqueles que preferiam

* Às vezes, graves perdas de vida eram impedidas de chegar aos jornais para não abalar o moral, como o desastre na estação do metrô de Bethnal Green, que custou 173 vidas em março de 1943, e os erros cometidos durante o treinamento para a invasão da Normandia em Slapton Sands, que levaram à perda de oitocentas vidas em abril de 1944.

que fosse assim. Nos dez dias anteriores, o Comando de Caças perdera 250 aviões na França e, quando Dowding ficou sabendo da rendição francesa, caiu de joelhos e agradeceu a Deus que mais nenhum avião pudesse ser enviado. "Será quase um alívio quando ficarmos sozinhos para lutar contra o Diabo", escreveu Cadogan em seu diário, "e ganharmos ou morrermos."[268] John Martin escreveu em seu diário: "Nossa virada será agora".[269]

# 22. A Batalha da Grã-Bretanha

## *Junho a setembro de 1940*

> *Hitler podia fazer o que quisesse onde não havia água salgada para atravessar, mas de nada lhe valeria chegar à Grande Muralha da China se esta ilha continuasse invicta.*
>
> Churchill, julho de 1940[1]

> *Em seus discursos ele resume a história de uma raça e faz dela história atual* [...] *Desse modo, redime a tradição aristocrática e restaura a liderança aristocrática.*
>
> Dorothy Thompson no *Washington Post*, setembro de 1940[2]

Em 18 de junho de 1940, uma terça-feira, Charles de Gaulle transmitiu um apelo pela BBC para que seus compatriotas viessem a Londres e se juntassem aos Franceses Livres: "Eu digo a vocês que nada está perdido para a França. Os mesmos meios que nos venceram podem nos levar a um dia de vitória". Churchill passou a defender De Gaulle na liderança do movimento Franceses Livres para animar a resistência à ocupação alemã e garantiu que o general tivesse acesso às ondas de rádio. Depois da guerra, quando o líder de seu partido, James Stuart, perguntou por que havia sido um francófilo tão ardente, ele respondeu: "Por causa da necessidade de mão de obra francesa contra a Alemanha".[3] Sua francofilia tinha sido genuína e emocional, nada parecida com o cinismo que essa resposta implica, mas a verdade era que, em junho de 1940, a mão de obra francesa não podia mais ser usada contra a Alemanha. Churchill admirava a bravura de De Gaulle por ter fugido da França e, em meio a todas as vicissitudes futuras da relação extremamente tempestuosa entre os dois, nunca abandonou a crença de que ele era o maior francês depois de seu herói pessoal, Clemenceau. "Ele teve de ser rude com os britânicos para provar aos olhos franceses que não era um fantoche britânico", escreveu. "Certamente levou a cabo essa política com perseverança. Um dia, até explicou essa técnica para mim [...]. Sempre admirei sua imensa força."[4] Reconhecendo a determinação de De Gaulle de continuar lutando contra a Alemanha, o Ministério de Obras deu aos novos "Franceses Livres" um escritório na Trafalgar House, no número 11 da praça Waterloo.[5]

Churchill voltou a falar em 18 de junho, fazendo um discurso na Câmara dos Comuns (repetido numa transmissão radiofônica) que se tornou um dos seus mais célebres. Começou por condenar aqueles que perseguiam Chamberlain e os defensores da política de apaziguamento: "Se abrirmos uma discussão entre o passado e o presente, descobriremos que perdemos o futuro".[6] Depois discutiu a probabilidade de uma invasão aérea da Grã-Bretanha, e deu esperança de que "o inverno imporá uma pressão sobre o regime nazista". Não era um plano para a vitória, mas ele lembrou a seus ouvintes que na Grande Guerra "nos perguntamos repetidamente 'como vamos vencer?', e ninguém conseguia responder com muita precisão, até que, no final, de repente, inesperadamente, nosso terrível inimigo desmoronou diante de nós. E estávamos tão empanturrados de vitória que, em nossa loucura, a jogamos fora".[7]

A Marinha italiana tivera um desempenho ruim na Grande Guerra, dando margem para Churchill brincar que "há uma curiosidade geral na Frota Britânica para descobrir se os italianos estão no nível em que estavam na última guerra ou se afundaram de vez".[8] Era extraordinário que recorresse a piadas mesmo num discurso tão importante sobre um assunto tão sério, mas era algo que sempre fizera. O escritor Peter Fleming, ao analisar as razões pelas quais essa frase foi tão bem recebida pelo Parlamento e pelo público, sugeriu: "Se ele tivesse terminado com 'ou se estão ainda piores', teria feito sucesso e agradado à plateia; ao dar um toque mais sutil de difamação, conferiu à frase aquele tom característico de alegria e evocou em seus ouvintes a agradável sensação de estar a par de um código pessoal de humor".[9]

A peroração de Churchill será lembrada enquanto a língua inglesa for falada. "O que o general Weygand chamou de Batalha da França acabou", disse ele.

> Presumo que a Batalha da Grã-Bretanha esteja prestes a começar. Desta batalha depende a sobrevivência da civilização cristã. Dela dependem nossa própria vida britânica e a longa continuidade de nossas instituições e nosso Império. Toda a fúria e poder do inimigo devem muito em breve se voltar contra nós. Hitler sabe

> que terá que nos dobrar nesta ilha ou perder a guerra. Se conseguirmos resistir, toda a Europa poderá ser livre e a vida do mundo poderá avançar para terras altas e iluminadas pelo sol. Mas, se fracassarmos, então o mundo inteiro, inclusive os Estados Unidos, inclusive tudo o que conhecemos e nos importa, afundará no abismo de uma nova Idade das Trevas, tornada mais sinistra, e talvez mais prolongada, pelas luzes da Ciência pervertida. Vamos, portanto, nos preparar para os nossos deveres, e nos comportar de tal modo que, se o Império Britânico e sua Comunidade durarem mil anos, os homens ainda dirão: "Esse foi o momento mais grandioso deles".[10]*

Quando evocou a distopia de uma era nazista "prolongada pelas luzes da Ciência pervertida", estava provavelmente se referindo a explosivos novos, submarinos aperfeiçoados e gás venenoso mais do que fazendo uma menção velada que inferimos hoje ao uso militar da fissão nuclear, apesar de saber que cientistas alemães estavam pesquisando a respeito em Berlim. A referência aos Estados Unidos também foi deliberada. Churchill estava muito consciente em 1940 e 1941 que se dirigia ao público norte-americano, além do britânico, pois somente quando os Estados Unidos entrassem na guerra a Grã-Bretanha poderia realmente esperar vencer, em vez de apenas sobreviver.

"O discurso de hoje de Churchill levantou o moral", observou Máiski. "Sua declaração firme [...] foi recebida com muitos aplausos de todas as bancadas."[11] Quando Harold Nicolson, do Ministério da Informação, "intimou" Churchill a reprisar o discurso naquela noite numa transmissão de rádio, o que o primeiro-ministro não queria fazer porque estava ocupado demais, Nicolson registrou que ele "apenas ficou amuado e leu novamente o discurso feito na Câmara dos Comuns. Ora, tal como feito na Câmara dos Comuns, aquele discurso era magnífico, especialmente as sentenças finais. Mas soou medonho no rádio. Todo o grande vigor que pôs nele pareceu evaporar-se".[12] Talvez Nicolson tivesse razão e a potência da declaração original não estivesse lá, mas essa não é certamente a impressão que se tem hoje ao ouvir essas palavras sublimes na versão radiofônica.

* Churchill usara a construção verbal "mil anos" em 1907, 1909, 1911, 1920, 1934, 1937 e 1939 para descrever a duração de tempo em que a Grã-Bretanha estivera construindo instituições livres de invasões — desde que "havia visto os fogos do campo de um invasor", como dissera numa ocasião memorável. Em 1922, ele previu que os árabes não irrigariam e eletrificariam a Palestina nem em mil anos, um período de tempo que atraía sua sensibilidade histórica. (É claro que Hitler também usou a expressão para descrever seu "Reich de mil anos".) Na verdade, o Império Britânico não sobreviveria por muito mais tempo ao nazismo de Hitler. A palavra "britânica" foi retirada do nome da Comunidade das Nações em abril de 1949, então "o Império Britânico e sua Comunidade" duraram menos de uma década após o discurso.

Depois do discurso, Churchill compareceu a uma audiência no Palácio de Buckingham. "Ele parecia cansado e estava deprimido com a França", observou o rei em seu diário. "Mas estava cheio de espírito de luta por este país. Falei com ele sobre o fato de E[lizabeth] e M[argaret] R[ose] serem um inconveniente em caso de invasão. Ele disse 'não'."[13] Achava que mandar as princesas para o Canadá seria prejudicial ao moral. Naquela noite, quando Colville lhe levou um telegrama enquanto ele se preparava para o jantar, Churchill disse: "Outro maldito país que se foi para o ocidente, aposto".[14] Quando Colville perguntou a que horas gostaria de ver o general Władysław Sikorski, o líder polonês, no dia seguinte, disse que ao meio-dia "e em seguida, fez uma citação inteiramente falsa sobre aquela hora do dia, que fingia ter sido dita pela ama em *Romeu e Julieta*".[15] O fato de inventar uma frase pseudoshakespeariana era uma indicação de como conhecia de fato o original. Ele continuava brincalhão, mesmo em circunstâncias desesperadoras.

Em 21 de junho, Halifax sugeriu que Gibraltar deveria ser oferecido à Espanha depois da guerra em troca da neutralidade. "Os espanhóis saberão que, se vencermos, a discussão não será frutífera; e se perdermos, eles não seriam necessários", respondeu Churchill. "Isso só mostra fraqueza e falta de confiança em nossa vitória, o que os encorajará ainda mais."[16] Em vez disso, autorizou o agente secreto capitão Alan Hillgarth a pagar um suborno de 100 mil libras esterlinas em dinheiro (aproximadamente 5,2 milhões de libras em dinheiro de hoje) para um dos generais de Franco num campo de golfe. Diante da exigência de uma quantia maior, aprovou em tinta vermelha: "Sim. Efetivamente. W.S.C.".[17]

No mesmo dia, enquanto a Grã-Bretanha se preparava para a campanha de bombardeios alemã que inevitavelmente precederia uma invasão, Churchill chamou o dr. R. V. Jones, um cientista de 28 anos, ex-aluno de Lindemann em Oxford e então vice-diretor de Pesquisas de Inteligência no Ministério do Ar, a fim de explicar seu plano para se contrapor ao desenvolvimento pelo inimigo dos feixes direcionais dos radares *Knickebein* (literalmente "perna torta" em alemão) e *X-Gerät*. Esses dispositivos eram capazes de guiar bombardeiros alemães "como um holofote invisível", como definiu Churchill, mesmo com neblina e nuvens, onde os caças da RAF não podiam localizá-los.[18] Jones havia descoberto uma maneira de entortar os feixes para deixá-los descentralizados. Quando recebeu a convocação do primeiro-ministro, supôs de início que fosse uma brincadeira, mas não havia nada de divertido na reunião que se seguiu, que Churchill mais tarde revelou a Jones ter ocorrido em "um dos momentos mais sombrios da guerra".[19] "A respeito do nosso encontro", Jones escreveu mais tarde,

> é claro que senti a euforia de um jovem por ser notado pelo primeiro-ministro, mas de alguma forma era muito mais do que isso. Era a mesma coisa sempre que nos

43. *Winston voltou*: David Jagger pintou este retrato extremamente churchilliano no Almirantado em 1939.

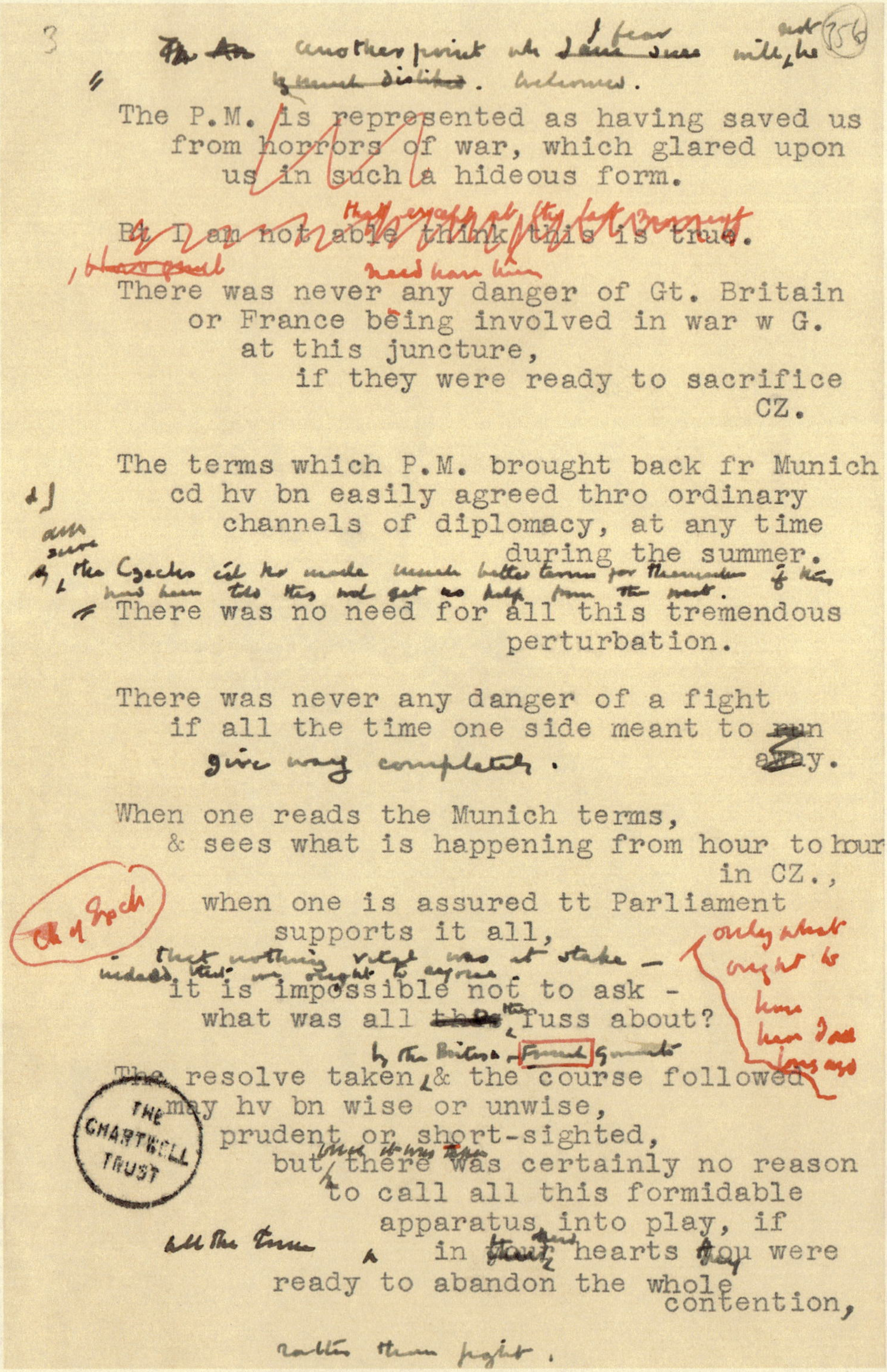
The P.M. is represented as having saved us
from horrors of war, which glared upon
us in such a hideous form.

But I am not able think this is true.

There was never any danger of Gt. Britain
or France being involved in war w G.
at this juncture,
if they were ready to sacrifice
CZ.

The terms which P.M. brought back fr Munich
cd hv bn easily agreed thro ordinary
channels of diplomacy, at any time
during the summer.

There was no need for all this tremendous
perturbation.

There was never any danger of a fight
if all the time one side meant to run
away.

When one reads the Munich terms,
& sees what is happening from hour to hour
in CZ.,
when one is assured tt Parliament
supports it all,
it is impossible not to ask -
what was all this fuss about?

The resolve taken & the course followed
may hv bn wise or unwise,
prudent or short-sighted,
but there was certainly no reason
to call all this formidable
apparatus into play, if
in your hearts you were
ready to abandon the whole
contention,

44. Página do discurso de Munique de Churchill, de 5 de outubro de 1938, mostrando o formato de "salmo" que ele adotava nas anotações para seus discursos.

45. Em julho de 1939, este cartaz gigante apareceu na Strand de Londres, perguntando quanto custaria reconduzir Churchill ao governo, diante da ameaça nazista.

46. Churchill voltou ao Almirantado como primeiro lorde na noite em que foi declarada a guerra, 3 de setembro de 1939, com charuto, luvas, jornal, bengala, duas maletas de documentos oficiais, máscara antigás e uma longa corrente em que mantinha as chaves das maletas.

47. Os altos membros do governo Chamberlain em 4 de setembro de 1939, sob os retratos de William Gladstone e lorde Salisbury. *De pé, da esquerda para a direita*: Sir John Anderson, Maurice Hankey, Leslie Hore-Belisha, Winston Churchill, Sir Kingsley Wood, Anthony Eden e Sir Edward Bridges. *Sentados, da esquerda para a direita*: lorde Halifax, Sir John Simon, Neville Chamberlain, Sir Samuel Hoare e lorde Chatfield.

48. Churchill com o rei George VI e a rainha Elizabeth, inspecionando animadamente os danos do bombardeio sobre o Palácio de Buckingham em setembro de 1940.

49. Um final de semana "com a lua alta" no Ditchley Park, em dezembro de 1940. *Da esquerda para a direita*: Brendan Bracken, lorde Cranborne, Richard Law, Winston Churchill, Clementine Churchill, Lady Cranborne, Ronald Tree (quase escondido) e Nancy Tree (futura Lancaster).

50. Churchill fez muitas visitas a áreas bombardeadas durante a Blitz, para levantar o moral. Aqui, do lado de fora de uma loja em Ramsgate, em 1940.

51. Churchill colocava etiquetas como esta nos memorandos importantes que queria que fossem imediatamente tratados por seus ministros.

52. Escrivaninha na Sala dos Mapas do Anexo do número 10 da Downing Street, para onde Churchill se transferiu durante a Blitz.

53. O Gabinete de Guerra de Churchill em outubro de 1941, fotografado no jardim do número 10 da Downing Street. *Sentados, da esquerda para a direita*: Sir John Anderson, Winston Churchill, Clement Attlee, Anthony Eden. *De pé, da esquerda para a direita*: Arthur Greenwood, Ernest Bevin, lorde Beaverbrook e Sir Kingsley Wood.

54. Churchill e o presidente Franklin Roosevelt numa coletiva de imprensa na Casa Branca, em 23 de dezembro de 1941. Churchill estava com uma anilha de charuto no dedo como anel, enquanto Roosevelt usava uma braçadeira na manga em memória à mãe, Sara, que falecera em setembro.

55. Uma "visita ao ogro em sua toca": Churchill encontrou o marechal Ióssif Stálin no Kremlin em agosto de 1942.

56. Na embaixada britânica no Cairo, em 5 de agosto de 1942, sentado com seu amigo e conselheiro próximo marechal de campo Jan Christian Smuts. O brigadeiro Sir Arthur Tedder (*à esquerda*) e o general Sir Alan Brooke (*à direita*) estão de pé, atrás deles.

57. A bordo do *Queen Mary* com o almirante da Marinha Sir Dudley Pound, primeiro lorde dos mares, a caminho da Conferência Trident em maio de 1943.

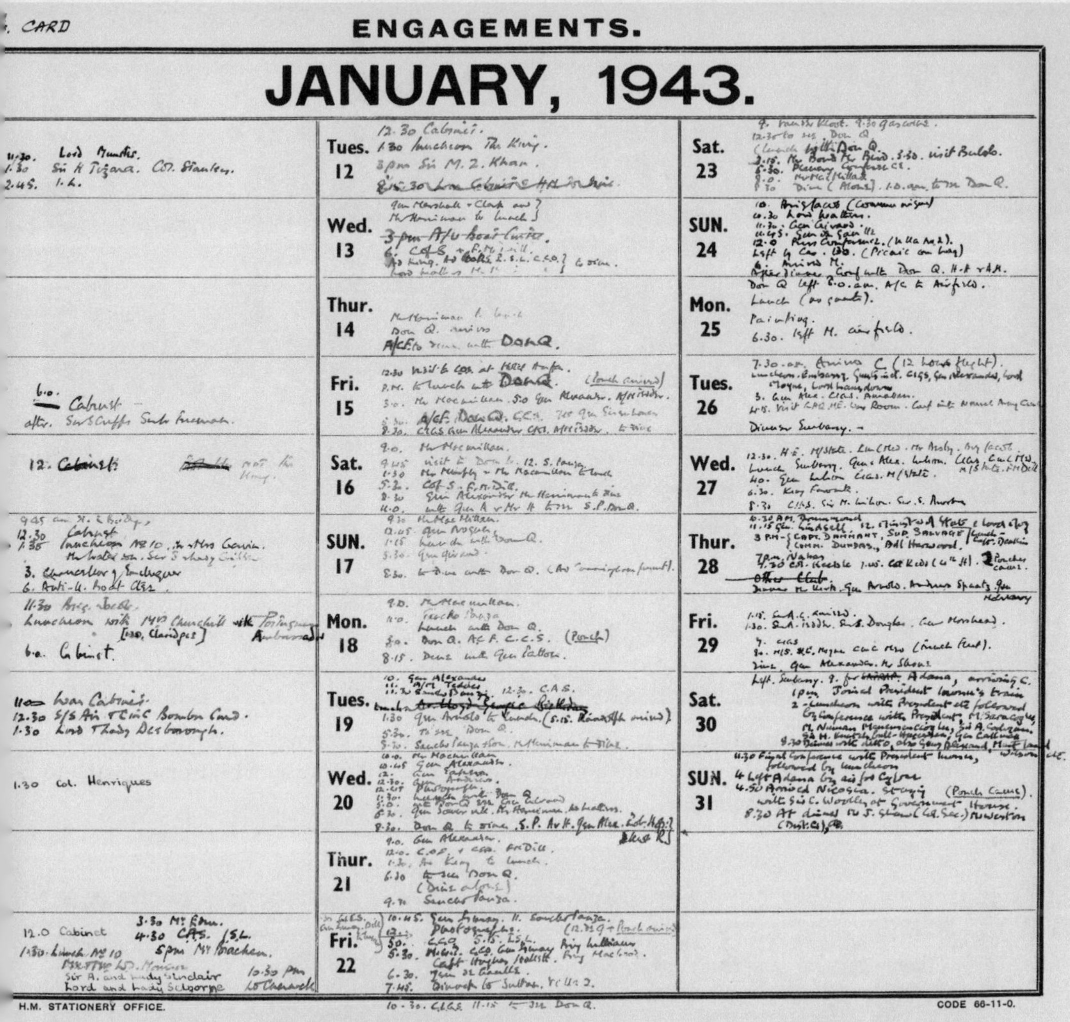

CARD

ENGAGEMENTS.

JANUARY, 1943.

Tues. 12

Wed. 13

Thur. 14

Fri. 15

Sat. 16

SUN. 17

Mon. 18

Tues. 19

Wed. 20

Thur. 21

Fri. 22

Sat. 23

SUN. 24

Mon. 25

Tues. 26

Wed. 27

Thur. 28

Fri. 29

Sat. 30

SUN. 31

H.M. STATIONERY OFFICE.

CODE 66-11-0.

58. Churchill manteve uma agenda de compromissos em todos os meses da guerra. Esta mostra a Conferência de Casablanca, em que o presidente Roosevelt aparece com o codinome “Dom Q”, de “Dom Quixote”, apelido que lhe fora dado pela família Churchill.

59. Charge de Vicky (Victor Weisz) da *News Chronicle*, em fevereiro de 1943, mostra Hitler ficando louco com a ubiquidade de Churchill.

60. Churchill mostrou a Roosevelt esta cena em Marrakesh e depois lhe ofertou sua versão — único quadro que pintou durante a guerra antes do Dia da Vitória na Europa, chamado *A torre da Mesquita de Katoubia*.

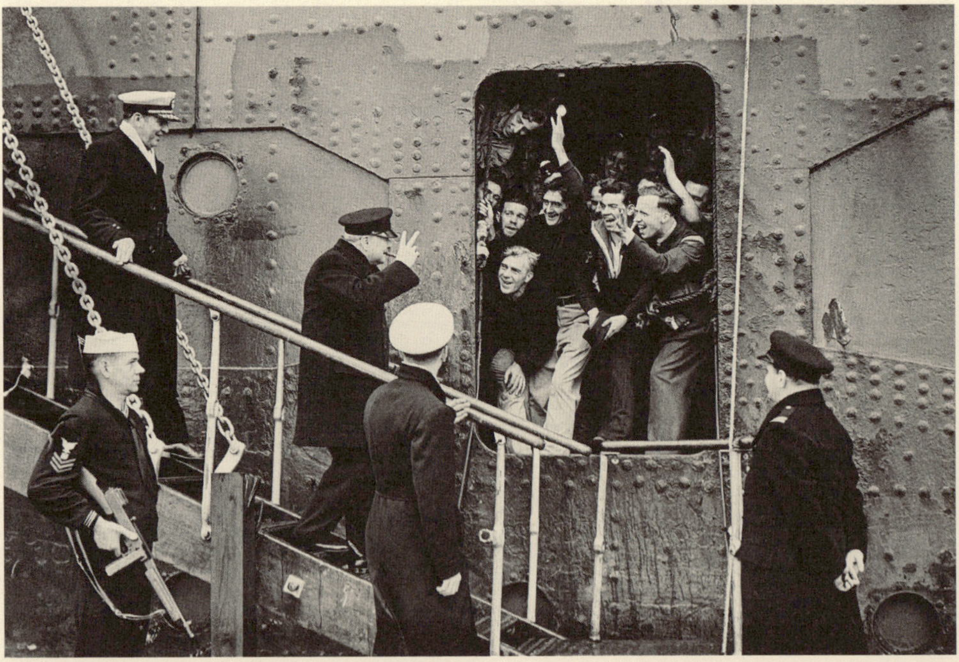

61. Churchill faz seu gesto, agora famoso, do V da Vitória para os marinheiros que o aclamam ao desembarcar do *Queen Mary* em Nova York, em maio de 1943.

encontrávamos durante a guerra — eu me sentia recarregado pelo contato com uma fonte de energia viva. Ali estavam a força, a resolução, o humor, a disposição para ouvir, fazer a pergunta penetrante e, quando convencido, para agir. Ele raramente elogiava na ocasião, por mais belos que seus elogios pudessem ser depois, pois fora criado em dias mais duros. Em 1940, era elogio suficiente ser convocado por ele numa crise; mas suportar a sua saraivada de questionamentos e depois convencê-lo era a maior euforia de todas.[20]

As contramedidas de Jones entortaram os feixes direcionais dos radares alemães o suficiente para numa ocasião salvar Derby, onde a fábrica Rolls-Royce construía os motores Merlin para Hurricanes e Spitfires.[21] Churchill o trazia de volta ao nº 10 sempre que os alemães desenvolviam uma nova ameaça (como as armas terroristas V-1 e V-2 em 1943 e 1944) e deu-lhe a responsabilidade de desenvolver o "Window" (ou "Chaff") para proteger o Comando de Bombardeiros da detecção dos radares dos nazistas.

Em suas memórias de guerra, Churchill se referiu às medidas e contramedidas tomadas por ambos os lados de "batalha dos feixes". Entre elas estavam aparelhos X (uma forma de radar instalada em bombardeiros britânicos), Gee (uma versão britânica do *Knickebein*), um instrumento de navegação chamado H2S, disparos chamarizes de Starfish para confundir bombardeiros alemães e o "projétil não rotacionado", um pequeno foguete antiaéreo. Lindemann estava envolvido em todos esses projetos e foi o coinventor do fusível de proximidade responsável pela destruição de uma em cada seis bombas voadoras V-1 antes que chegassem a Londres.[22] Outro feixe direcional alemão recebeu dos britânicos o codinome de Headache, e Churchill apelidou uma nova técnica para interceptar bombardeiros noturnos de Smeller [farejador].[23] Ele tinha um interesse próximo e cientificamente bem informado em cada uma dessas invenções.

O marechal Pétain assinou formalmente o armistício com a Alemanha em 22 de junho. A França foi dividida entre seu governo, centrado em Vichy, que administrava o sudeste e grande parte do centro do país, e a Alemanha, que mandava no norte, na região de Paris, em parte do centro e em toda a costa ocidental. O Artigo 8 do Acordo declarava que a Frota Francesa seria desmobilizada sob controle alemão ou italiano. Churchill manifestou tristeza e assombro com essas condições numa declaração oficial emitida naquele dia, e acrescentou que "não faltarão nem paciência nem convicção em quaisquer medidas [que o governo britânico] possa achar correto tomar para a segurança do Império".[24] O primeiro-ministro já estava contemplando um dos mais cruéis ataques contra um antigo aliado da história da guerra moderna. "Acho que ele é o homem certo neste momento", reconheceu Baldwin naquele dia em caráter privado, para em seguida fazer uma crítica previsível e complacente: "Sempre achei que a guerra seria sua oportunidade. Ele prospera nesse ambiente".[25] Eric Seal, principal secretário particular de Churchill, comentou com Colville durante o almoço como ele havia mudado desde que se tornara primeiro-ministro. "Ficou mais sério, tornou-se menos violento, menos selvagem, menos impetuoso."[26] No entanto, continuava exigente ao extremo com todos que o cercavam, esperando que estivessem prontos para fazer de imediato qualquer coisa que lhes pedisse, dia e noite, e era capaz de ser rude ou até grosseiro se a ordem não fosse cumprida.

Pouco depois, Churchill teve uma longa audiência com o rei e a rainha. Disse-lhes que o *Richelieu*, o mais novo navio de guerra da França, havia zarpado de Dakar, e "o seu destino seria Plymouth ou o fundo do mar". "Ele está furioso com a França", anotou o rei. "Por que devemos ser educados com eles depois de seu comportamento para conosco? Romperam sua palavra e sua aliança e sua frota em todo lugar. Estamos agora sozinhos no mundo, esperando. Três meses críticos e depois o inverno [...]. Ele disse que o Gabinete de Guerra representava os três partidos como se fossem um só, todos a favor de lutar."[27]

Depois discutiram a questão do duque de Windsor, que fora com a esposa de Paris para o sul da França, a caminho da Espanha. Churchill considerou isso uma decisão potencialmente calamitosa, por colocar o duque em perigo de ser capturado pelos alemães.[28] Se retornasse à Grã-Bretanha, acrescentou, o duque não teria "seguidores aqui". "Devemos nos proteger contra a ideia de ele se tornar o defensor dos descontentes", observou o rei em seu diário. "Nós dissemos a ele que não poderíamos nos encontrar com 'ela'", numa referência à duquesa. O rei e seu primeiro-ministro também discutiram outra vez a questão das princesas. "Winston não era a favor da evacuação agora, e eu disse, mas tome providências agora, para o caso de se tornarem necessárias."[29]*

À 1h10 da manhã de 26 de junho, uma sirene de ataque aéreo disparou durante uma reunião do Gabinete de Guerra, e Attlee, Greenwood e Sir John Anderson se juntaram à família Churchill no abrigo antiaéreo do número 10 da Downing Street. "Todos nos amontoamos no abrigo", observou Mary Churchill em seu diário, "exceto, é claro, papai e alguns funcionários, que ficaram e trabalharam."[30] Na manhã seguinte, Colville foi ao quarto de Churchill por volta das dez e o encontrou sentado na cama, vestido com um roupão vermelho (a maior parte da grande variedade de seus roupões chineses de seda exibia dragões), fumando um

* No início de julho, o rei anotou que Ironside estava "planejando uma coluna móvel para E[lizabeth, a rainha] e para mim neste país e que o outro plano era para mais longe" (isto é, o Canadá).

charuto, ditando a Kathleen Hill que estava sentada à máquina de escrever ao pé da cama. Ao seu lado havia um cinzeiro cromado de quase um metro de altura. "Seu gato negro Nelson [...] estava estendido ao pé da cama e, de vez em quando, Winston olhava carinhosamente para ele e dizia 'gato, querido'."[31]

Churchill não era tão carinhoso com sua equipe. Naquele dia, Clementine escreveu sua única carta de 1940 para o marido, na qual se lia:

> Um dos homens de seu séquito (um amigo devotado) esteve comigo e me disse que existe o perigo de você ser malquisto por seus colegas e subordinados em geral por causa de seus modos ásperos, sarcásticos e arrogantes. Ao que parece seus secretários particulares concordaram em se comportar como colegiais e "aguentar o que vier para eles" e depois fugir da sua presença encolhendo os ombros [...]. Devo confessar que notei uma deterioração em seu comportamento e você não é tão gentil quanto costumava ser. Seu papel é dar as ordens e, se foram mal executadas, você pode — com exceção do rei, do arcebispo de Cantuária e do presidente da Câmara dos Comuns — demitir qualquer um e todos. Portanto, a esse poder fantástico você deve combinar urbanidade, bondade e, se possível, uma calma olímpica. Você costumava citar "*On ne règne sur les âmes que par le calme*".* Não posso suportar que aqueles que servem ao país e a você não devam amá-lo, admirá-lo e respeitá-lo.[32]

Ela incluiu na carta o desenho de um gato. Escrevera-a em Chequers no fim de semana anterior, rasgara-a e depois a reescrevera e entregara, embora morassem na mesma casa. Não há registro de resposta.

Colville não viu a carta, mas concordava com os sentimentos expressos na mensagem. Em sua própria avaliação, escrita após a guerra, ele acrescentou algumas notas essenciais de redenção:

> Nunca normalmente considerado, exceto com os que sentiam dor ou estavam em dificuldades, ele estava mais do que normalmente rude e exigente durante os últimos meses de 1940. Reclamava de atrasos quando não havia nenhum; mudava no último minuto planos cuidadosamente estabelecidos; cancelava reuniões e compromissos sem se importar com o inconveniente de ninguém, exceto o seu [...]. O som de marteladas, muitas vezes causadas por atividades de construção que ele próprio havia posto em andamento, causava-lhe explosões de fúria [...]. Se, no entanto, ficara injustamente com raiva, raramente deixava de fazer as pazes, não dizendo que lamentava, mas elogiando generosamente a parte lesada por alguma virtude que não vinha ao caso [...]. A fase mal-humorada de Churchill foi passageira, e também não foi constante. Constantes eram o respeito, a admiração e o afeto

* "Somente se reina sobre os corações com calma."

que quase todos aqueles com quem mantinha contato sentiam por ele, apesar de suas idiossincrasias envolventes, mas às vezes enfurecedoras.[33]

Ele também observou que nunca viu Churchill bêbado.

Há algo digno de nota no fato de que, num momento particularmente perigoso de uma guerra pela continuação da independência da nação, o primeiro-ministro britânico pudesse ser censurado por sua mulher por ter pavio curto; podemos estar certos de que ninguém estava dizendo isso ao equivalente de Churchill na Chancelaria do Reich. No dia em que Clementine entregou a carta, o Gabinete fora informado de que as autoridades francesas na Síria e na Argélia permaneceriam leais ao governo de Pétain. "Esta é uma notícia trágica, pois entrega o Norte da África, com seus vastos suprimentos, às mãos do inimigo", escreveu Colville, "e nossa boia de salvamento no Oriente Próximo está ameaçada."[34] Apesar de todas as queixas feitas pelas costas, ninguém do círculo mais próximo de Churchill teria desejado estar em outro lugar — não havia nenhum pedido de transferência. Seus ataques de raiva eram tempestades de verão que desapareciam com a mesma velocidade com que surgiam. Colville escreveu em outro lugar sobre Churchill: "Quando ele estava no número 10 da Downing Street, sempre havia risos nos corredores, mesmo nos momentos mais difíceis e mais sombrios".[35]

Apesar de toda a sua perspicácia e moderação, a própria Clementine podia às vezes ser muito azeda. Colville observou que ela "considera que uma de suas missões na vida é pôr as pessoas em seus lugares e se orgulha de ser sincera".[36] Dez dias antes de escrever sua carta, havia sido muito áspera com David Margesson durante o almoço no nº 10, acusando-o de ter colocado os interesses do Partido Conservador acima das necessidades do país durante o período da política de conciliação. De acordo com Violet Bonham Carter: "Winston interveio várias vezes dizendo: 'Clemmie, você realmente não pode dizer isso', mas ela disse, e quando Margesson se ofereceu para sair, Churchill sugeriu que Clemmie terminasse seu almoço na pequena sala de jantar ao lado; ao que Clemmie se levantou orgulhosamente e disse: 'Na pequena sala de jantar? Certamente não. Vamos ao Ritz'".[37] Ela então saiu da mesa com Mary. Mais tarde, escreveu a Margesson para pedir desculpas: "Espero que você saiba como me sinto mal em relação ao passado; mas não deveria ter me comportado como me comportei".[38] Em 1946, disse a Halifax que, se ele tivesse sido primeiro-ministro em vez de seu marido, a Grã-Bretanha teria perdido a guerra. E, dessa vez, não se desculpou.

Em 21 de junho; Churchill pedira a Ismay uma lista de todos os suprimentos militares que haviam chegado à Grã-Bretanha dos Estados Unidos. Ismay respondeu "nada".[39] Também não se esperava que chegasse algo nas duas semanas seguintes. A resposta dos norte-americanos a um pedido urgente de compra de 250 mil fuzis parecia ter sido postergada. "Até abril, eles tinham tanta certeza de que os Aliados ganhariam que não achavam necessário ajudar", disse Churchill a Lothian em Washington. "Agora têm tanta certeza de que perderemos que não acham que isso seja possível [...]. Na verdade, até agora não tivemos nenhuma ajuda dos Estados Unidos que valha a pena ser mencionada. Sabemos que o presidente é nosso amigo, mas não adianta tentar marcar presença nas convenções republicana e democrata [...]. Seu estado de espírito deve ser brando e fleumático."[40] Numa paráfrase de outra observação da rainha Vitória na Semana Negra durante a Guerra dos Bôeres, ele concluiu: "Aqui, ninguém está desanimado". Apesar de todos os reveses dos dias anteriores, sua determinação não fora afetada. Em 28 de junho, quando Eliot Crawshay-Williams, um ex-assistente de seu secretário particular, sugeriu a Churchill que a Grã-Bretanha usasse sua "capacidade de incomodar" para obter "os melhores termos de paz possíveis" de Hitler, ele respondeu: "Querido Eliot, tenho vergonha de você por ter escrito essa carta. Eu a devolvo, para ser queimada e esquecida".[41]

A capitulação francesa extinguiu qualquer esperança de que a Alemanha pudesse ser levada a passar fome por um bloqueio naval, como ocorrera na Grande Guerra, de modo que os pensamentos de Churchill se voltaram para um ataque aéreo avassalador, incentivado por Lindemann, que sempre foi um poderoso defensor do bombardeio estratégico. "Quando olho em volta para ver como poderemos vencer a guerra, vejo que há apenas um caminho seguro", escreveu Churchill a Beaverbrook em 8 de julho.

> Não temos nenhum exército continental que possa derrotar o poderio militar do inimigo — o bloqueio foi rompido e Hitler tem a Ásia e provavelmente a África como fonte de suprimentos. Caso ele seja repelido aqui ou não tente a invasão, recuará para o leste, e não temos nada para detê-lo. Mas há uma coisa que o trará de volta e o derrubará, e isso é um ataque absolutamente devastador de bombardeiros muito pesados deste país contra a pátria nazista. Devemos ser capazes de dominá-los por esse meio, sem o qual eu não vejo uma saída.[42]

Os alemães iniciaram o bombardeio diurno no início de julho, tendo como alvo inicial a produção de aviões e fábricas de munições e outras instalações na costa sul britânica, mas também em lugares tão distantes quanto Norwich, Newcastle e Newport. Em 29 de junho, alertado de que os bombardeiros poderiam estar passando perto de Chequers, Churchill disse: "Aposto um macaco contra uma ratoeira [gíria para quinhentas libras esterlinas contra um soberano, ou uma libra] que eles não atingem a casa"; em seguida, saiu apressadamente para ver se conseguia avistar alguma coisa, enquanto gritava para um sentinela perplexo: Amigo — Tofrek* — primeiro-ministro!".[43] No dia seguinte, quando lhe contaram que seis pessoas haviam morrido de ataque cardíaco durante os avisos de ataque aéreo, afirmou que ele próprio estava mais propenso a morrer por comer demais, mas esperava que isso não ocorresse "quando tantas coisas interessantes estavam acontecendo".[44]

No almoço do dia seguinte, Randolph disse que em sua opinião Chamberlain e os principais defensores da política de apaziguamento deveriam ser "punidos", o que levou Churchill a responder: "Não queremos castigar ninguém agora — exceto o inimigo".[45]** Depois do almoço, o general Sir Andrew Thorne, que comandava o XII Corpo em Kent, comunicou a Churchill sua suspeita de que os alemães desembarcariam 80 mil homens entre Thanet e Pevensey, na costa sul da Inglaterra. (Júlio César havia desembarcado em Pevensey em 55 a.C.) Churchill respondeu que a Marinha "terá muito a dizer sobre isso", mas não considerava possível resguardar "toda a extensão de praias" da costa meridional inteira.[46] Thorne argumentou que, mesmo que o flanco esquerdo dos alemães pudesse ser detido na floresta de Ashdown, em East Sussex, o flanco direito ainda poderia avançar através de Cantuária para Londres, especialmente se sua 3ª Divisão fosse enviada a Ulster para treinamento. Churchill deu ordens para impedir que isso acontecesse.[47]

Por outro lado, o Almirantado recusou o pedido de Churchill de estacionar os navios maiores ao sul do Wash, na costa leste da Inglaterra. Como já havia ficado claro na Noruega e em Dunquerque, os aviões representavam um perigo muito maior para os navios do que o previsto, e os almirantes Pound e Forbes estavam corretos em manter a Marinha em Scapa Flow. Nenhuma quantidade de comentários ácidos por parte do primeiro-ministro poderia induzi-los a mudar suas disposições. Pound estava guardando com razão suas forças para a verdadeira hora da invasão.

Em 1º de julho, Churchill pediu a Ismay que investigasse a hipótese de "encharcar" as praias com gás mostarda no caso de uma invasão. "Eu não tenho escrúpulos", escreveu ele, "exceto o de fazer alguma coisa desonrosa."[48] E com certeza não considerava que usar gases venenosos contra invasores fosse desonroso,

* Tofrek — uma vitória britânica sobre as forças mahdistas no Sudão em 1885 — era a senha do dia.

** Churchill nunca criticou Chamberlain, que além de leal era acometido pelo câncer, mas, quando foi informado de que os alemães haviam bombardeado a fábrica da família Baldwin em Gales do Sul, observou: "Muito ingrato da parte deles" (Colville, *Fringes*, p. 179). Não obstante, em fevereiro de 1943, quando Churchill soube que Baldwin estava sendo insultado em público e que haviam jogado pedras em seu carro, ele o convidou publicamente para almoçar no nº 10. "A fornalha da guerra fundiu todos os metais básicos dele", disse Baldwin de Churchill depois (Nicolson [Org.], *Diaries and Letters*, v. II, p. 307).

especialmente porque ouvira de Máiski que os alemães pretendiam usar esse tipo de arma. Quando alguém no Gabinete questionou essa medida, Churchill protestou: "Não podemos fazer o que quisermos com nossas próprias praias?".[49] Nesse meio-tempo, chegaram da Noruega relatórios da inteligência informando que haveria ataques diversionistas na costa leste, enquanto a verdadeira ameaça viria através do canal da Mancha. Naquele mês e no seguinte, Churchill visitou quase todos os trechos do litoral onde seria possível uma invasão. Sua equipe o informara sobre quais tropas, armas e equipamentos estavam posicionados em cada local, de modo que, quando chegasse, pudesse fazer perguntas inquisitivas. Nessas excursões de inspeção, que também tinham o objetivo de elevar o moral, o primeiro-ministro não mostrava nenhum sinal externo da apreensão que sentia pelo estado das defesas britânicas, depois que a BEF deixara todas as suas armas pesadas para trás em Dunquerque.[50] Só demonstrava sua preocupação nas reuniões com os chefes de Estado-Maior e com cada comandante em particular.

Em uma dessas incursões, encontrou-se com o general de brigada Bernard Montgomery em seu quartel-general em Sussex, e ouviu a queixa de que, embora comandasse uma das poucas divisões totalmente equipadas da Inglaterra, não dispunha de ônibus para torná-la móvel.[51] Churchill ficou impressionado com a franqueza de Montgomery e providenciou rapidamente os veículos.* Em uma visita ao 3º Batalhão da Brigada de Granadeiros de Louth, o major de brigada pediu desculpas por estar atrasado para o almoço, relatando que precisou prender um soldado por falar em um desfile. Churchill perguntou o que o homem havia dito. O major respondeu: "Logo depois de o senhor ter inspecionado a fileira, ouviram claramente esse homem dizer: 'Esse velho desgraçado é bom de briga, hein?'". É desnecessário dizer que Churchill ficou satisfeitíssimo.[52] Esse tipo de reconhecimento era generalizado; em julho de 1940, ele recebeu da organização Gallup uma classificação de aprovação de seu trabalho de 88%, com apenas 7% de desaprovação.[53] Ele falou a seus convidados do jantar que "não conseguia entender por que parecia tão popular. Afinal, desde que chegara ao poder, tudo dera errado, e ele não tivera nada além de desastres para anunciar".[54] Contudo, a

* No mês de fevereiro seguinte, Churchill ficou menos impressionado quando soube que o general Montgomery estava obrigando toda a sua equipe a fazer corridas habituais de onze quilômetros, dispensando apenas os oficiais com mais de cinquenta anos. "Será que ele mesmo corre os onze quilômetros?", escreveu para o secretário da Guerra. "Nesse caso, ele pode ser mais útil para o futebol do que para a guerra. Poderia Napoleão ter corrido onze quilômetros pelo campo em Austerlitz? Talvez ele tenha feito correr o oponente [...]. Na minha experiência, baseada em muitos anos de observação, oficiais com altas qualificações atléticas geralmente não são bem-sucedidos nos escalões mais elevados" (WSC, TSSW III, p. 647). Poucos dias depois, ele disse ao general Sikorski: "Talvez a única exceção seja o Exército italiano, onde um general pode achar útil ser um bom corredor" (Kennedy, *Business*, p. 79).

popularidade continuou em alta; ao longo de 1940, permaneceu em mais de 80% e se manteve na faixa dos 80% até julho de 1942, quando caiu para 78%.[55]

Em 2 de julho, o general Wilhelm Keitel, chefe do Alto-Comando das Forças Armadas alemãs, emitiu uma ordem intitulada "A guerra contra a Inglaterra", que começava assim: "O Führer e Supremo Comandante decidiram que adentrar a Inglaterra é possível, desde que se possa alcançar superioridade aérea e que certas outras condições necessárias sejam cumpridas".[56] No Berghof, nos Alpes da Baviera, Hitler aprovara o plano do adjunto de Keitel, general Alfred Jodl, para que a Luftwaffe destruísse a RAF e as fábricas de aviões na Grã-Bretanha, enquanto ataques aéreos e marítimos destruiriam a frota britânica. As cidades seriam então bombardeadas para criar o máximo de terror, culminando numa invasão em agosto ou setembro, depois que o moral do país desmoronasse.[57] Hermann Göring, que comandava a Luftwaffe, assegurou ao Führer que o Comando de Caças da RAF poderia ser derrotado em menos de uma semana.

Foi nesse momento periclitante que o duque e a duquesa de Windsor decidiram estabelecer precondições antes de se dignarem a voltar de Madri para a Grã-Bretanha. Eles exigiram uma audiência com o rei e a rainha para sinalizar sua aceitabilidade social, e indenização do governo se perdessem o status de isenção de impostos do qual desfrutavam na França. Como o casal real não os queria de volta à Grã-Bretanha, Churchill ofereceu ao duque o governo das Bahamas, lembrando-lhe que, como oficial em serviço, ele teria de obedecer a ordens, e advertindo-o a jamais expressar qualquer opinião "sobre a guerra, sobre a Alemanha, sobre o hitlerismo, que seja diferente daquela adotada pela nação britânica e pelo Parlamento".[58] No Gabinete, na noite em que fez a oferta, ele perguntou a Beaverbrook: "Você acha que ele vai aceitar?". "Claro que sim", respondeu Beaverbrook, "e vai considerar um grande alívio." "Mas nem metade do que vai ser para o irmão", comentou Churchill, empurrando metodicamente para o lugar com a barriga cada uma das cadeiras em volta da mesa do Gabinete.[59]

O duque aceitou o cargo, como Beaverbrook havia previsto, embora não sem explosões ocasionais de temperamento, como uma entrevista imprudente dada para uma revista norte-americana em março de 1941, que Churchill corretamente descreveu como "derrotista e pró-nazista" e afirmou que "só podia ter o significado de contemplar uma paz negociada com Hitler".[60] O duque respondeu que era difícil para ele "acreditar que você ainda seja o amigo que era".[61] Na verdade, Churchill tinha sido um amigo muito melhor do que o duque merecia, protegendo a reputação dele e constantemente (embora sem sucesso) tentando promover uma reconciliação familiar. O rei ficou aliviado com a nomeação do irmão, mas escreveu em seu diário: "Não creio que as damas das Bahamas ficarão muito satisfeitas!". A rainha sugeriu ao ministro das Colônias, lorde Lloyd, que elas pensariam que a duquesa era "a mais baixa entre os baixos".[62]

* * *

Dois dos navios de guerra mais poderosos do mundo, os franceses *Dunkerque* e *Strasbourg*, estavam ancorados em Mers-el-Kébir no final de junho, o grande ancoradouro ao largo de Orã, na Argélia, acompanhados pelos encouraçados *Provence* e *Bretagne*, vários cruzadores ligeiros, destróieres e submarinos. O vice-almirante Sir James Somerville recebeu ordens de ir até lá com a Força H, uma frota ainda mais poderosa, que incluía os HMS *Hood*, *Valiant*, *Resolution* e *Ark Royal*, e dar ao almirante francês Marcel Gensoul quatro opções: ele poderia levar sua frota para um porto britânico e servir junto com os Aliados; ir para um porto britânico e ser repatriado para a França; desmilitarizar os navios em Mers-el-Kébir e depois navegar para as Antilhas Francesas; ou então afundar a frota.

Enquanto Gensoul recebia instruções do almirante Darlan de Vichy, o Almirantado interceptou uma ordem do almirante Maurice Le Luc, chefe do Estado-Maior da Marinha francesa, instruindo todos os seus navios de guerra no Mediterrâneo ocidental a zarparem para ajudar Gensoul. Tragicamente, o Almirantado não interceptou também as ordens em que Darlan instruía Gensoul a não permitir que a frota caísse nas mãos dos alemães e, em vez disso, a fugir para os Estados Unidos ou afundar os navios; tampouco captou uma declaração feita por Vichy, ainda que não confirmada, segundo a qual os alemães haviam concordado com a desmilitarização da frota francesa no Norte da África.[63] Gensoul informou ao emissário de Somerville sobre essas duas mensagens, mas um colapso nas comunicações telegráficas fez com que o relatório do vice-almirante britânico não fosse recebido pelo Almirantado de forma inteligível.

Na noite de 1º de julho, Churchill concluiu que não poderia correr nenhum risco em relação à frota francesa. "Já eram duas horas da manhã quando [Churchill] chegou a sua decisão", recordou Beaverbrook. "Ele tinha de decidir sozinho. Não podia buscar apoio — e não fez isso [...]. Imediatamente depois de tomar a resolução, saiu da sala do Gabinete para o jardim, no número 10 da Downing Street. Andou para lá e para cá no gramado e soprava um vento forte — um vento muito forte. A noite estava escura. Não havia luzes em nenhum lugar e ele caminhava pelo gramado porque conhecia completamente o terreno [...]. Estava terrivelmente perturbado e só se recuperou depois de alguns minutos de exercício vigoroso."[64]

"O senhor está encarregado de uma das tarefas mais desagradáveis e difíceis com que um almirante britânico já se deparou", telegrafou Churchill a Somerville em 2 de julho, "mas lhe dedicamos plena confiança e contamos com o senhor para executá-la de forma implacável."[65] Mais tarde, Churchill descreveu sua ordem de afundar a frota francesa em Orã e tomar navios franceses em Portsmouth como uma "decisão odiosa, a mais antinatural e dolorosa em que jamais me envolvi".[66] A operação Catapult, em 3 de julho de 1940, resultou no naufrágio do *Bretagne*, na danificação e no encalhe do *Provence* e do *Dunkerque*, além de três destróieres franceses danificados e um encalhado. O *Strasbourg* escapou para Toulon. Ao todo, 1297 marinheiros franceses e dois britânicos foram mortos. Numa reunião do Estado-Maior durante a ação, Churchill observou ironicamente que "os franceses estavam agora lutando com todo o vigor pela primeira vez desde o início da guerra".[67] Afirmou que não podia ver como a guerra em grande escala contra a França poderia ser evitada a partir dali. "É terrível demais que sejamos forçados a atirar em nossos antigos aliados", observou Mary em seu diário. "Papa está *chocado* e profundamente triste que essa ação tenha sido necessária."[68]

O discurso de Churchill na Câmara dos Comuns de 4 de julho, explicando o "triste dever" que se sentiu compelido a cumprir provocou suspiros audíveis de surpresa.[69] "Foi um dia muito triste para papai", escreveu Mary. "Sua declaração foi pesarosa, sombria, mas resoluta e encorajadora. Ele explicou a situação e a ação do governo para uma Câmara sombria, lotada e atenta. Quando, depois de quase uma hora, a Câmara começou a aplaudir, os aplausos aumentaram e cresceram até que todos estivessem de pé — conservadores, liberais e trabalhistas (exceto os do ILP*)."[70] Era a mesma Câmara dos Comuns que bradara para derrubar Churchill durante a crise da abdicação. "O *grand finale* termina em uma ovação", registrou Nicolson, "com Winston sentado e lágrimas escorrendo por seu rosto."[71] Enquanto a ovação continuava, o grande francófilo disse a Leslie Hore-Belisha: "Isso é de partir o coração para mim".[72]

Ao mesmo tempo que mostrava essa determinação a respeito da frota francesa, Churchill foi forçado a apaziguar o Japão fechando a Estrada da Birmânia, que ligava a colônia britânica à fronteira da China, cortando assim suprimentos de material bélico das forças nacionalistas chinesas sob o comando de Chiang Kai-shek, que estavam lutando contra os japoneses.[73] Churchill acreditava que, sem o apoio diplomático norte-americano, era impossível fazer qualquer outra coisa sem arriscar uma guerra com o Japão. "Estamos com falta de tudo", disse ele a lorde Lloyd, "exceto de inimigos."[74] Ele não queria, segundo as palavras eufemísticas de Cadogan, "todos os inconvenientes de uma guerra contra o Japão" e, de qualquer maneira, a estação das chuvas estava prestes a tornar a estrada intransitável.[75] O governo, embora não Churchill pessoalmente, estava recebendo críticas, e não apenas por se dobrar ao Japão. Em 5 de julho, quando Boothby, secretário do Ministério da Alimentação, enviou um memorando reclamando que "não estamos dando continuidade à guerra, especialmente ao recru-

* Os três representantes do Partido Trabalhista Independente.

tamento de trabalhadores", o primeiro-ministro explodiu e "disse-lhe que, se não cuidasse de seus próprios assuntos, talvez não viesse a ter nenhum assunto para cuidar!".[76] Churchill não estava disposto a permitir que ministros adjuntos interferissem em outros departamentos, da maneira como ele próprio fizera durante décadas.

Entre 9 e 31 de julho, nos termos de um acordo do tipo pague e leve com o presidente Roosevelt, enormes carregamentos de armamentos de fabricação norte-americana enfim chegaram a uma série de portos britânicos, com meio milhão de fuzis com as respectivas munições e mais de trezentos canhões de 75 milímetros. Churchill garantiu que trens especiais estivessem esperando para transportar as cargas para os Voluntários Locais de Defesa (mais tarde Guarda Nacional) e o Exército, a começar pelas unidades costeiras, que ficaram acordadas durante a noite para recebê-las; depois, como recordou Churchill, "homens e mulheres trabalharam noite e dia, deixando-as prontas para o uso. No final de julho, éramos uma nação armada, no que dizia respeito a pousos de paraquedas ou aterrissagens aéreas. Nós nos tornamos um 'ninho de vespas'".[77]

Havia então muita especulação sobre o dia específico em que ocorreria a invasão e, portanto, os armamentos norte-americanos não poderiam ter chegado em melhor hora. "Dizem que a invasão e o grande ataque ocorrerão na quinta-feira", escreveu Colville em seu diário em 9 de julho, uma terça-feira.[78] No dia 10, o rei registrou que Churchill estava "em muito boa forma e muito mais alegre do que nos últimos tempos. Ele não estava com medo da invasão; montaremos uma resistência robusta por toda parte".[79]

Hitler tinha 2670 bombardeiros e caças posicionados no teatro ocidental, o que não bastava para uma invasão em grande escala da Grã-Bretanha, a menos que conseguisse uma rápida e decisiva superioridade aérea e então atacasse a Marinha Real do ar, o que, como já fora mostrado, poderia ser uma estratégia eficaz. Embora houvesse sobreposições constantes entre as ações, a Batalha da Grã-Bretanha pode ser dividida em quatro fases gerais, tal como o plano de Jodl foi posto em execução. No período de 26 de junho a 16 de julho, ocorreram ataques aéreos dispersos, em geral de pequena escala, contra alvos específicos, especialmente no período posterior a 4 de julho, quando se realizaram ataques diurnos contra navios britânicos. Depois, de 17 de julho a 12 de agosto, os ataques se intensificaram nos portos e campos de pouso da costa sul, com pesadas incursões noturnas às fábricas de aviões. A Operação Adlerangriff (Ataque de Águia), que começou em 13 de agosto, foi um assalto em massa à luz do dia destinado a destruir a RAF em combates aéreos no sul da Inglaterra, acompanhado por bombardeio e metralha de aeródromos e pistas. Em seguida, a partir de 19 de agosto, somou-se à estratégia o bombardeio noturno de portos e cidades, inclusive as docas e os subúrbios londrinos após 25 de agosto. Em 7 de setembro, Londres passou a ser o principal alvo daquilo que ficou conhecido como Blitz. Esses foram os meses sobre os quais Mary declararia mais tarde que, embora tivesse havido outros momentos de ansiedade depois de 1940, "nunca mais, creio eu, sentimos que mal podíamos respirar. Passávamos os dias indo de boletim de notícias em boletim de notícias e temendo o que cada um poderia trazer".[80] John Martin concordou: "Pode ter sido 'o melhor momento'", escreveu ele depois, "mas quando estávamos vivendo no meio daquilo, foi uma época de agonia em cima de agonia [...]. Na época, nenhum motivo sólido para confiança estava visível".[81]

Os noticiários de rádio alemães previam de forma convicta que a invasão — de codinome Operação Leão-Marinho — estava próxima e ocorreria no final de junho. Joseph Goebbels, ministro da Propaganda de Hitler, alegava que Churchill estava sendo subornado pelos judeus para continuar a guerra, mas que uma quinta-coluna logo o tiraria do poder. Goebbels incentivou os britânicos a escrever correntes de cartas pela paz, a assoviar e vaiar as aparições de Churchill nos noticiários cinematográficos e a agredi-lo sempre que aparecesse em público.[82]

Em 11 de julho, durante sua visita às defesas costeiras, casamatas e tropas ao longo da costa sudeste, de Dover a Whitstable, Churchill entrou nas profundezas dos túneis subterrâneos sob o Castelo de Dover. Também inspecionou um canhão de catorze polegadas que queria usar para bombardear a costa francesa. Os militares descartaram a ideia por se tratar de "puro truque", mas ele sabia que aquilo daria pelo menos a impressão de que estavam contra-atacando.[83] Churchill viu a costa da França e patrulhas de Spitfires "brilhando ao sol a 10 mil pés acima de nós", mas ficou desapontado porque, como Colville registrou, "todo o objetivo de sua jornada fora, de fato, ver um ataque aéreo!".[84]

"O primeiro-ministro estava corajoso e confiante", observou a esposa de Duff Cooper, a bela Lady Diana Cooper, depois que almoçaram juntos em 12 de julho, "e disse que a produção era esplêndida e com a ajuda dos Estados Unidos — que estava chegando em massa — não seremos derrotados e ainda salvaremos o mundo".[85] Naquela noite, usando a farda de comodoro aéreo honorário, ele assistiu à decolagem de doze Hurricanes para uma patrulha em Kenley, em Surrey, sob chuva torrencial. "Em nenhum momento odiei os alemães na última guerra", disse ele ao general Sir Bernard Paget, comandante-chefe do Comando Sudeste, e ao general Sir Claude Auchinleck, comandante-chefe do Comando Sul, no jantar daquela noite, "mas agora eu os odeio como... bem, como uma lacrainha."[86] Ele avisou que não esperava ver a vitória chegar antes de 1942, altura em que esperava ter um exército de 55 divisões, mas os três meses seguintes seriam simplesmente dedicados a aguentar até que o tempo no canal da Mancha ficasse ruim demais para que os alemães se arriscassem a uma invasão. O inverno seria terrível para os povos da Europa ocupada, afirmou ele, pois "Hitler vai tirar o doce dos filhos dos outros" — ou seja, confiscar seus suprimentos de comida.[87]

Paget e Auchinleck acreditavam que a frota pesqueira norueguesa poderia ser requisitada pelos alemães para uma manobra diversionista na costa leste, enquanto tropas transportadas por planadores e paraquedistas capturariam um porto na costa sul para o ataque de fato. Os britânicos não precisariam necessariamente "combatê-los nas praias", porque Churchill planejava concentrar as tropas em divisões móveis mais para o interior, prontas para convergir quando ficasse claro onde os alemães haviam desembarcado. No entanto, a decodificação de mensagens e o reconhecimento aéreo indicavam que ainda não estavam em andamento as preparações enérgicas necessárias para invadir o Reino Unido a curto prazo. "Ele enfatizou que o medo da grande invasão [...] está servindo a um propósito extremamente útil", registrou Colville, "está prestes a nos proporcionar o melhor Exército ofensivo que já possuímos e está mantendo todos os homens e mulheres sintonizados num alto nível de prontidão. Portanto, não deseja que o medo diminua e, apesar de pessoalmente duvidar que a invasão seja uma ameaça séria, pretende dar essa impressão e falar sobre vigílias longas e perigosas etc., quando falar ao rádio no domingo."[88]

A população deveria ser encorajada a lutar? Paget acreditava que as pessoas comuns seriam massacradas se o fizessem, e que o público em geral deveria, portanto, receber ordens para ficar em casa. Churchill discordou e foi "suficientemente impiedoso para salientar que se dá quartel na guerra, não por motivos de compaixão, mas a fim de desencorajar o inimigo a lutar até o amargo fim", anotou Colville. "Mas aqui queremos que todos os cidadãos lutem desesperadamente e eles o farão ainda mais se souberem que a alternativa é o massacre. Os Voluntários de Defesa Local devem estar armados e preparados [...] e até as mulheres devem, se assim o desejarem, se alistar como combatentes."[89]

Em 13 de julho, embora fosse primeiro-ministro havia somente nove semanas, Churchill disse a Colville que "isso lhe dava confiança para poder ver com clareza como essa guerra poderia e deveria ser ganha [...]. Neste fim de semana, ele se sentiu mais alegre do que em qualquer outro momento desde que assumiu o cargo".[90] Pois "mesmo que 'aquele homem' (como ele sempre chama Hitler) estivesse no Cáspio — e não havia nada que o impedisse de ir até lá — deveríamos trazê-lo de volta 'para encontrar um incêndio em seu próprio quintal, e nós faremos da Alemanha um deserto, sim, um deserto'".[91] Churchill presumiu que Hitler se voltaria contra a União Soviética muito antes de as decodificações da Ultra começarem a sugerir isso, e também que os alemães esmagariam os russos nos estágios iniciais do ataque. No dia seguinte, refletindo sobre a situação estratégica da Inglaterra, ele afirmou: "Hitler deve invadir ou fracassar. Se fracassar, está fadado a ir para o leste, e fracassará".[92]

Naquela noite — quando era comemorado o dia da queda da Bastilha — Churchill transmitiu uma mensagem pelo rádio que foi ouvida por quase dois terços da população adulta do Reino Unido.[93] "Nossa dolorosa tarefa agora está completa", disse ele sobre Orã, prevendo com confiança que "uma França liberada se regozijará novamente com sua grandeza e sua glória".[94] Agora

> estamos lutando sozinhos por nós mesmos; mas não estamos lutando sozinhos para nós mesmos. Aqui nesta fortaleza de refúgio que preserva as escrituras do progresso humano e é de profunda consequência para a Civilização Cristã; aqui, cercados pelos mares e oceanos onde a Marinha reina; protegidos de cima pela coragem e devoção de nossos aviadores — nós esperamos impávidos o ataque iminente. Talvez venha esta noite. Talvez venha na próxima semana. Talvez não venha nunca. Devemos nos mostrar igualmente capazes de enfrentar um choque súbito e violento ou — o que talvez seja um teste mais difícil — uma vigília prolongada. Mas, se a dificuldade for aguda ou prolongada, ou ambas, não buscaremos acordos, não toleraremos conversações; podemos mostrar misericórdia — não pediremos nenhuma.

E acrescentou: "Hitler ainda não enfrentou a resistência de uma grande nação com uma força de vontade igual à dele".[95]

"Se o invasor vier para a Grã-Bretanha", continuou,

> o povo não se curvará submisso diante dele, como vimos, infelizmente, em outros países. Defenderemos todas as aldeias, todas as vilas e todas as cidades. A vasta massa da própria Londres, defendida rua a rua, poderia facilmente devorar todo um exército hostil; e preferiríamos ver Londres em ruínas e cinzas a vê-la escravizada de forma submissa e abjeta. Sou obrigado a declarar esses fatos porque é necessário informar nosso povo sobre nossas intenções e, desse modo, tranquilizá-lo.[96]

A Inteligência Interna registrou aprovação universal ao discurso em todas as regiões do país. A garantia de que não haveria discussões de paz foi considerada "bem-vinda e encorajadora". Segundo um comentário típico, vindo de Bristol: "Esse é o tipo de coisa que queremos, e ele é o sujeito que podemos seguir".[97] Harold Nicolson escreveu para sua esposa, citando as *Odes* de Horácio: "Que discurso! *Si fractus illabatur orbis, / Impavidum ferient ruinae*.* Agradeço a Deus por ele".[98]

"Sinto-me melhor", disse Churchill a Beaverbrook por telefone em 16 de julho, no momento em que ficou claro que a RAF sobrevivera à primeira fase do ataque alemão e retaliara contra a Luftwaffe de acordo com o esperado. "Os rapazes do ar fizeram a coisa. Vivemos em suas asas."[99] Sempre um admirador da coragem e da juventude, emocionava-se com a combinação desses dois atributos

* "Se o mundo rachasse e desmoronasse ao seu redor, / Suas ruínas o feririam sem assustá-lo." (N. T.)

que via nos pilotos. "É uma coisa muito notável que os jovens sejam tão mais corajosos do que os velhos", Churchill comentou com Mary naquele mês de outubro, "pois eles têm muito mais a perder — mas é assim."[100] Porém, em meados de julho era cedo demais para celebrar a vitória: os ataques diurnos estavam começando para valer e haveria combates no sul da Inglaterra por mais dois meses. Como relatou Colville, Dowding estava alertando que "cada lado deve, mais cedo ou mais tarde, começar uma corrida pela destruição da indústria de produção de aeronaves do outro, e isso, é claro, implicará bombardear a população civil. Então o verdadeiro teste começará: quem tem o moral mais elevado entre os civis, nós ou os alemães?".[101]

Em 17 de julho, durante um almoço com Edgar Mowrer, jornalista do *Chicago Daily News* vencedor do prêmio Pulitzer, Churchill ressuscitou sua visão de um futuro distópico para os Estados Unidos após uma invasão alemã bem-sucedida da Grã-Bretanha: "Eu pessoalmente nunca farei a paz com [os] alemães. Não é de forma nenhuma para isso que estou aqui".[102] Mas, se Oswald Mosley entregasse a Frota, a Marinha dos Estados Unidos teria então de enfrentar uma combinação das frotas alemã, italiana, britânica e do que restava da francesa, "reunidas numa única armada". "Não se enganem: se ele nos derrubar, irá atrás de vocês imediatamente." A melhor maneira de evitar esse "risco terrível", argumentou ele, era vender à Grã-Bretanha "seus destróieres — os obsoletos", bem como permitir que "seus jovens aventureiros se alistem conosco, se quiserem", pois "que coisa mais gloriosa pode um jovem corajoso experimentar do que encontrar um oponente a mais de seiscentos quilômetros por hora, com 1200 ou 1500 cavalos-vapor em suas mãos, e poder ofensivo ilimitado?".[103] "Às vezes, quisera eu que viessem de imediato", comentou ele sobre os alemães. "Atingimos um alto nível de expectativa e é uma pena deixar nossa chama diminuir."[104] Quando Bracken viu um rascunho da reportagem, declarou que era "terrível", horrorizado pela referência a uma eventual ascensão de Mosley ao cargo de primeiro-ministro. Ele persuadiu Mowrer a apagar aquilo, negando que Churchill tivesse alguma vez sugerido tal possibilidade.

Hitler fez o que definiu como seu "último apelo à razão" em 19 de julho, dizendo que nunca planejara "destruir ou mesmo danificar" o Império Britânico. "Churchill afirma que vai continuar lutando", disse ele, acrescentando aos londrinos: "Uma terrível vingança cairá sobre eles. Não, é claro, sobre Churchill, que fugirá para o Canadá, mas sobre o povo. Farei uma grande profecia. Um grande império será destruído, um império que nunca pretendi destruir".[105] O próprio Oráculo Delfos não poderia ter produzido uma ironia mais sutil. "Não pretendo dizer nada em resposta ao discurso de Herr Hitler", disse Churchill a Robert Vansittart, do Ministério das Relações Exteriores, "pois não falo com ele."[106] Quando a Luftwaffe lançou panfletos sobre a Inglaterra com o discurso de Hitler, a popularidade de Churchill só aumentou.

Em 22 de julho, Churchill mudou o nome dos Voluntários Locais de Defesa para "Guarda Nacional", contra o conselho do Ministério da Guerra e de muitos de seus oficiais superiores, mas Eden registrou: "Ele insistiu".[107] Mais tarde trocou o nome dos Centros de Alimentação Comunal, que considerava "sugestivos do comunismo e de asilos para pobres", para "Restaurantes Britânicos", dizendo a Woolton: "Todo mundo associa a palavra 'restaurante' a uma boa refeição, e eles podem pelo menos ter o nome, se não puderem obter qualquer outra coisa".[108] O general Alexander relembrou que, quando usou os termos "fortaleza europeia de Hitler", Churchill "virou-se para mim com raiva e disse: 'Nunca mais use esses termos. Nunca use esses termos novamente'. Winston tinha uma noção muito aguçada do significado das palavras".[109] E isso não se aplicava apenas em relação ao significado dos termos, mas também ao seu impacto emocional. No primeiro semestre de 1941, ele se queixou a Duff Cooper da mensagem "*Stay put*" [Fiquem a postos], que seria enviada pelo Ministério da Informação no caso de uma invasão alemã. "Primeiro de tudo, é uma gíria norte-americana; em segundo lugar, não expressa o fato. As pessoas não foram 'postas' em nenhum lugar. Qual é o problema com '*Stand fast*' ou '*Stand firm*'? Dos dois eu prefiro o último. É uma expressão inglesa e diz exatamente o que se pretende."[110]

No mesmo dia em que cunhou o nome Guarda Nacional, 22 de julho, o Gabinete criou a Executiva de Operações Especiais (SOE), após semanas de disputas interdepartamentais, "para coordenar toda ação, por meio de subversão e sabotagem, contra o inimigo". "E agora", disse Churchill a Hugh Dalton, seu primeiro diretor, "vá incendiar a Europa!"[111] Pessoalmente, Churchill não gostava de Dalton, mas o achava eficaz e o apelidou de "Ministro da Guerra Descortês".[112] Nos anos seguintes, Dalton e seu sucessor, lorde Selborne (um membro do Other Club), obtiveram alguns sucessos notáveis, embora a um alto custo para o bravo pessoal da SOE. A Executiva foi formada a partir de dois corpos diferentes. O MI(R) eram os "*boffins*" (cientistas) e os projetistas de bombas, apelidados de "Loja de Brinquedos de Churchill", que inventaram armas como a mina lapa* e duas armas antitanque, a Blacker Bombard e a PIAT. Enquanto isso, a Seção D infiltrava agentes na Europa ocupada pelos nazistas. Sua força motriz, o coronel Colin Gubbins, afirmou ter recolhido dicas úteis de Al Capone para o que chamou de "métodos de guerra até então impensáveis".[113]

Entre as forças poderosas em Whitehall que desaprovavam com veemência a SOE — que frequentemente era chamada de "o bando" ou "a máfia" — estavam o MI6, o Ministério das Relações Exteriores e a RAF. Charles Portal considerava

* Chamada em inglês de *limpet mine*, era um dispositivo explosivo feito para ser grudado no alvo, semelhante a um gastrópode marinho chamado lapa que costuma se agarrar nas rochas. (N. T.)

que "o lançamento de homens vestidos em trajes civis com o propósito de tentar matar membros das forças oponentes não é uma operação com a qual a Força Aérea Real deveria estar associada".[114] Mas Churchill achava que não era hora para delicadezas. A proeza mais importante e bem-sucedida da SOE foi a Operação Gunnerside, em fevereiro de 1943, na qual especialistas noruegueses em explosivos treinados por membros da Executiva destruíram a usina de água pesada Norsk Hydro, em Rjukan, o que ajudou a impedir que a Alemanha construísse a bomba atômica. Essa operação sozinha justifica a criação da SOE.[115] Outros sucessos foram a destruição da usina elétrica de Pessac, perto de Bordeaux, e da fábrica da Peugeot em Sochaux, a captura de um transatlântico italiano, a explosão de um viaduto estratégico na Grécia e de várias pontes albanesas, uma operação de suborno na Espanha, a escolta do imperador Hailé Selassié de volta ao seu trono em Adis Abeba, o sequestro do general Kreipe em Creta, a organização do assassinato de Reinhard Heydrich e da sabotagem de estradas e ferrovias em junho de 1944, fazendo com que a divisão Panzer Das Reich demorasse dezessete dias para chegar à Normandia após o Dia D.[116] A SOE entregou durante a guerra 10 mil toneladas de armas na França por meios clandestinos e 18 mil na Iugoslávia ocupada, onde os partisans as usaram para conter várias divisões alemãs em 1944. A guerra não ortodoxa atraía Churchill, de opinião de que a Grã-Bretanha deveria empenhar tropas em combates militares diretos e dispendiosos somente quando os alemães estivessem severamente enfraquecidos e, embora as populações locais tenham suportado sofrimentos terríveis com as represálias nazistas, a SOE manteve acesa a chama da resistência na Europa.

Em 2 de agosto, Churchill levou Beaverbrook para o Gabinete de Guerra. No posto de ministro da Produção de Aeronaves, Beaverbrook estivera constantemente envolvido em brigas interdepartamentais — com Sir Stafford Cripps, embaixador em Moscou, com Bevin por mão de obra, com Sinclair por causa do treinamento de pilotos, e assim por diante. Mesmo assim aumentara a produção de aviões de combate, ainda que ocasionalmente se valendo de práticas piratas, e Churchill considerava um aliado político o homem a quem chamava de "O Demônio da Garrafa".[117] Ele não se importava com o fato de Beaverbrook ser odiado por muita gente pela maneira como seus jornais defenderam durante anos causas anti-establishment, como a Preferência Imperial e a posição de Eduardo VIII durante a crise da abdicação. "Eu fiquei revoltado com a maneira grosseira dele de enfiar a mão na tigela para pegar cubos de gelo", escreveu o general Brooke durante um fim de semana em Chequers naquele mês. "Quanto mais o via ao longo da guerra, menos eu gostava e mais desconfiava dele. Um gênio do mal que exercia a pior influência sobre Winston."[118] Para Eden, Halifax "manifestou preocupação quanto ao julgamento de Winston" ao indicar Beaverbrook.[119] Clementine não tinha tais receios. "Fico feliz que você está vindo para o Gabinete de Guerra", escreveu. "Winston precisa muito de sua ajuda."[120] Isso não quer dizer que Churchill sempre apoiasse Beaverbrook acima dos outros membros do Gabinete — e certamente não acima de Bevin, a quem admirava.*

Em 3 de agosto, chegaram os relatórios do Departamento de Inteligência Interna de catorze regiões do país. Era de esperar que, à medida que os bombardeios se intensificassem, o moral caísse, mas, de forma extraordinária, vinha acontecendo o contrário. "Não há nervosismo diante das ameaças de invasão", dizia uma resposta típica. "As tropas inimigas podem desembarcar, mas Hitler vai lamentar tê-las mandado."[121] Durante uma reunião do Gabinete, ouviu-se o boato de que paraquedistas alemães haviam de fato desembarcado na Inglaterra. "O primeiro-ministro ficou muito empolgado com isso e sugeriu que se desse uma recompensa de mil libras para quem apreendesse um paraquedista alemão", relembrou Lawrence Burgis, estenógrafo do Gabinete. A quantia foi reduzida para cem libras, e Churchill mandou John Anderson descobrir o que estava acontecendo. Quando ele passou por trás da cadeira do primeiro-ministro, Churchill disse: "Daremos a você cem libras se pegar um deles".[122] Desprovido de senso de humor, Anderson respondeu que não precisava de uma recompensa monetária para cumprir seu dever.

Charles de Gaulle afirmou em suas memórias que, em agosto de 1940, encontrou Churchill em Chequers sacudindo os punhos para o céu e gritando: "Então eles não virão!". Quando perguntou ao anfitrião por que queria provocar o bombardeio das cidades britânicas, Churchill respondeu: "Veja, o bombardeio de Oxford, Coventry, Cantuária, causará tal onda de indignação nos Estados Unidos que eles entrarão na guerra!".[123] Ele estava errado: apesar de toda a sua indignação, os norte-americanos só observaram o bombardeio de cidades britânicas por dezesseis meses antes que Hitler, de forma totalmente desnecessária, lhes declarasse guerra. Na noite de 9 de agosto, um bombardeiro alemão sobrevoou Chequers, e todos correram para o jardim para dar uma olhada. Quando Pound tropeçou e caiu de dois degraus no escuro, Churchill brincou com ele: "Tente lembrar que você é um almirante da frota e não um aspirante!".[124]

O taciturno e pensativo general Sir Archibald Wavell, comandante-chefe do Oriente Médio, também era hóspede naquela noite. Churchill não se mostrava

* Quando Bevin ficou em Chequers naquele mês — chocando Colville pela maneira de comer mel com a faca —, Churchill disse que "Bevin era um bom e velho sujeito e tinha 'a coisa certa' — nenhuma tendência derrotista" (Colville, *Fringes*, p. 220).

nada impressionado com sua personalidade discreta. "Winston considera que ele é um bom coronel médio", observou Eden, "e seria um bom presidente de uma associação conservadora."[125] Wavell estava diante da perspectiva de um ataque de alemães e italianos — como Churchill advertira ao rei em meados de julho — ao Egito, Quênia, Somalilândia, Palestina e Iraque, onde poderiam ter até meio milhão de homens, cinco vezes mais do que o número de soldados da Comunidade Britânica.[126] Então, em agosto, foram enviados 154 tanques a Wavell, no Egito, por insistência de Churchill, um enorme risco que o primeiro-ministro não teria corrido se de fato esperasse uma invasão da Grã-Bretanha. Ele acreditava que A. V. Alexander e Pound estavam sendo "excessivamente cautelosos" ao enviar os tanques pela rota que circundava a África, em vez de tentar "atravessar" o Mediterrâneo (infestado de submarinos italianos).[127] É impossível saber o que teria acontecido se tivessem feito isso, mas era uma medida do espírito agressivo e impaciente que Churchill queria que os dois demonstrassem.

Em 11 de agosto, durante o chá em Chequers, ele mandou os secretários privados telefonarem constantemente ao Comando de Caças para descobrir "o mais recente placar" de aviões abatidos. Depois disso, foi para um campo de tiro próximo a fim de disparar com seu fuzil de repetição Mannlicher M1895 a cem, duzentos e trezentos metros do alvo. "Ele também atirou com seu revólver, ainda fumando um charuto, com precisão louvável", lembrou Colville. "Apesar de sua idade, tamanho e falta de prática, ele se saiu bem. Falou o tempo todo sobre o melhor método de matar hunos. Balas de ponta oca eram a coisa a usar e ele precisava de algumas." Quando Randolph lembrou que as balas dundum tinham sido proibidas pela Convenção de Haia, seu pai disse que "os alemães o liquidariam sem demora se o pegassem e assim não via por que deveria ter piedade deles. Ele sempre visualizava a possibilidade de ter de se defender pessoalmente contra tropas alemãs!".[128] (Com efeito, a SS tinha Chartwell em sua *Sonderfahndungsliste*, ou lista de busca especial, embora Churchill provavelmente não estaria esperando por eles quando batessem na porta.)

O dia 13 de agosto foi o *Adlertag* (Dia da Águia) dos alemães. Nada menos que 1485 incursões foram feitas contra os campos de pouso e a infraestrutura do Comando de Caças no sul da Inglaterra. "Como a maior das coisas pode pender de um fio tão fino!", disse Churchill, ecoando uma frase de Napoleão.[129] No terceiro dia da Operação Dia da Águia, ocorreu uma enorme batalha aérea. Churchill, "consumido pela excitação", dirigiu-se ao quartel-general do Comando de Caças, no RAF Bentley Priory, em Stanmore, noroeste de Londres.[130] "As aventuras audazes dos pilotos de caça na Batalha da Grã-Bretanha despertaram nele um instinto infantil latente de adoração de heróis", relembrou Colville. "Quando eu mesmo fui fazer treinamento de piloto [em 1944], ele me disse com emoção que eu estava entrando para 'a cavalaria da guerra moderna'."[131] O homem que atacara Omdurman nunca estava muito abaixo da superfície.* No seu retorno de Stanmore, Churchill pediu que Chamberlain fosse informado de que mais de cem aviões alemães haviam sido abatidos. "É típico de W fazer de uma coisa pequena como essa uma fonte de tamanho prazer", observou Colville.[132] Churchill disse-lhe que havia sido "um dos maiores dias da história", com 161 perdas alemãs confirmadas contra 34 da RAF, pelo menos de acordo com fontes oficiais britânicas.[133] O aviso precoce de radares, a capacidade de manobra dos Spitfires, pilotos bem treinados e corajosos lutando acima do seu próprio solo e a ajuda de pilotos poloneses, da Comunidade Britânica e de outros lugares estavam entre os fatores que contribuíram para a vitória.** Mary estava fazendo compras na Harrods quando as sirenes do ataque aéreo dispararam, ao meio-dia e meia do dia seguinte. "Quisera que Hitler tivesse visto a calma total da grande multidão reunida no térreo", escreveu em seu diário.[134] Três dias depois, em Chequers, Churchill estava "irritadiço, preocupado com a sra. Churchill, que ficara em Londres, onde havia ameaça de ataques aéreos", anotou seu secretário particular John Martin. "Por fim, ele decidiu retornar a Londres depois do jantar e voltamos no escuro."[135] Viagens como essa, no Humber do primeiro-ministro, que tinha um sino anexado, podiam ser estimulantes para a comitiva de Churchill. "É divertido dirigir no cortejo do primeiro-ministro", escreveu Colville: "não se dá nenhuma atenção aos semáforos ou aos limites de velocidade."[136]

A vitória na Batalha da Grã-Bretanha ainda não estava garantida em 20 de agosto de 1940, uma terça-feira na qual Churchill fez um de seus melhores discursos da guerra. "Se depois das histórias sobre britânicos em pânico esmagados em seus buracos, amaldiçoando o plutocrático Parlamento que os levou a tal situação — se depois de tudo isso, seu ataque aéreo inteiro foi forçado depois de algum tempo a submissamente se esvair, a reputação do Führer de falar a verdade pode ser seriamente contestada", declarou.[137] Ele prometeu ao povo britânico que o bombardeio das indústrias e comunicações militares da Alemanha, além de bases aéreas e depósitos de armazenamento, "continuarão numa escala cada vez maior até o fim da guerra", e que essa era "uma das mais certas, se não a mais

* "Você sabe por que eu odeio os nazistas?", perguntou Churchill ao correspondente de guerra Quentin Reynolds. "Eu os odeio porque eles franzem o cenho quando lutam. Eles são tristes e emburrados. Agora, veja nossos magníficos rapazes da Força Aérea — eles sorriem quando lutam. Eu gosto de um homem que sorri quando luta" (Reynolds, *All About*, p. 152).

** Um subproduto da Batalha da Grã-Bretanha foi a renovação da admiração pelos poloneses, que serviram em grande número na RAF depois de terem escapado pela Romênia da invasão alemã. "Quando abolirmos a Alemanha", disse Churchill a Gort e Dowding em setembro, "com certeza estabeleceremos a Polônia e faremos dela uma coisa permanente na Europa." Ele sugeriu que um polonês valia por três franceses; Gort e Dowding sugeriram dez (Colville, *Fringes*, pp. 245-6).

curta, de todas as estradas para a vitória".[138] Também elogiou os esforços heroicos dos pilotos do Comando de Caças: "A gratidão de todos os lares em nossa ilha, em nosso Império e, com efeito, em todo o mundo, exceto nos domicílios dos culpados, vai para os aviadores britânicos, que, destemidos diante de todas as disparidades, infatigáveis em seu constante desafio e perigo mortal, estão virando a maré da guerra mundial com sua bravura e sua devoção. Nunca no campo do conflito humano tantos deveram tanto a tão poucos".[139]*

Churchill também prestou homenagem aos homens do Comando de Bombardeiros e a De Gaulle, que depois da fuga fora condenado *in absentia* à morte por traição pelo governo de Vichy. Depois, voltou-se novamente para os Estados Unidos, argumentando que seu destino e o das nações da Comunidade Britânica estavam inevitavelmente interligados. "Essas duas grandes organizações das democracias de língua inglesa, o Império Britânico e os Estados Unidos, terão de se misturar de algum modo em alguns de seus assuntos para obter vantagens mútuas e generalizadas [...]. Eu não poderia deter esse movimento se quisesse; ninguém pode detê-lo. Tal como o Mississippi, ele simplesmente continua rolando.** Deixem-no rolar. Deixem-no rolar em plena enchente, inexorável, irresistível, benigno, para terras mais amplas e dias melhores."[140]

Os versos que emocionaram as pessoas comuns que os escutaram às nove da noite em bares de todo o país e que se tornaram alguns dos mais famosos da língua inglesa nem sempre comoveram outros membros da classe política, especialmente aqueles que se opunham a Churchill havia tantos anos. Chips Channon "não se impressionou". Ivan Máiski considerou que "Churchill não estava em seu melhor momento hoje".[141] "Tenho certeza de que hoje ele está totalmente embriagado pela guerra", zombou Megan, a filha de Lloyd George, também membro do Parlamento. "Ele só pensa nisso, se interessa somente por isso."[142]

"O segredo de seus grandes discursos era que ele mesmo ditava tudo o que ia dizer", explicou Leslie Rowan, seu secretário particular, depois da guerra. "Não aceitava, nem mesmo em questões técnicas, os textos oficiais submetidos a

* A frase mais famosa do discurso estava na cabeça de Churchill havia algum tempo, nem sempre no contexto de uma causa tão nobre. Em 1936, ele escreveu, referindo-se ao RMS *Queen Mary* num artigo publicado na *Strand Magazine*: "Nunca em toda a história das viagens atlânticas foram feitas provisões tão fartas para aqueles que viajam 'turista'" (WSC, *CE*, p. 332). Sir John Moore comentara sobre sua campanha na Córsega em 1793: "Nunca houve tanto trabalho feito por tão poucos homens".

** A frase sobre o Mississippi "rolando" vinha da canção "Ol' Man River"'de *Show Boat*, musical de sucesso da Broadway de 1927, com letras de Oscar Hammerstein II, que Churchill cantou (fora de tom) no carro durante a curta viagem de volta à Downing Street.

ele."[143] Contudo, havia também razões técnicas para que funcionassem tão bem durante a Segunda Guerra Mundial, além da extraordinária quantidade de oportunidades que tivera de falar em público nas quatro décadas anteriores. Já em setembro de 1904, Churchill havia adotado um recurso estilístico que viria a reprisar com frequência: o uso de quatro adjetivos aliterantes consecutivos antes de um substantivo. Falando de um governo local eficiente que tivera recursos recusados por um incompetente Whitehall, ele discursou ao Reform Club de Manchester: "Como Oliver Twist, eles pedem mais; e Bumbledom e Beadledum* podem apenas fitar e responder com um soturno, insensato, sólido e estúpido 'não'".[144]** Sua técnica discursiva também adotava de forma deliberada vários outros recursos retóricos similares. Quando Charles Eade o parabenizou pelo clímax de seu discurso em Manchester, em 27 de janeiro de 1940, Churchill revelou, de artífice da palavra para artífice da palavra, "que havia usado palavras quase todas monossilábicas".[145]

"Palavras curtas são as melhores e as antigas, quando curtas, são as melhores de todas", explicou Churchill depois da guerra.[146] Ele também fazia pleno uso da anáfora, a repetição das mesmas palavras ou expressões em frases sucessivas: "Lutaremos [...] lutaremos [...] lutaremos" — uma fórmula oratória comprovada que remontava a Demóstenes. Em *Kim*, de Rudyard Kipling, um dos autores preferidos de Churchill, havia uma cena em que filhotes de focas estão "lutando nas praias, lutando nas ondas". (Em contraste total com Churchill, Hitler praticamente deixou de discursar via rádio depois que a guerra começou a desandar. Durante todo o ano de 1944, por exemplo, falou na rádio alemã apenas uma vez.)

Em seu discurso de 20 de agosto de 1940, a escolha do termo *benignant* que vem do francês antigo, em vez de *benign*, mais comum no uso corrente inglês, é outro exemplo do artifício deliberado de Churchill de se valer de palavras obscuras e arcaicas para fortalecer sua mensagem. Depois que seus discursos eram pronunciados, seus secretários particulares revisavam o relatório oficial de Hansard, no qual os estenógrafos poderiam ter registrado as palavras erroneamente, e alteravam o texto em alguns lugares para melhorar o estilo e a gramática. Como esclareceu Colville, "os discursos do primeiro-ministro são essencialmente obras-primas de oratória e, ao falar, ele insere muita coisa que soa bem e cai mal no texto escrito".[147] Isso explica por que os textos impressos dos discursos de Churchill não correspondem de maneira exata ao que seus ouvintes acreditavam ter ouvido.

* Bumble é o nome do sacristão (*beadle*) em *Oliver Twist*, de Charles Dickens. A expressão refere-se ao mundo dos funcionários mesquinhos e incompetentes. (N. T.)

** Em inglês, a aliteração fica bem clara: "*sullen, senseless, solid, stupid*". (N. T.)

* * *

Depois do jantar de 21 de agosto, Churchill confidenciou a Eden que estava recebendo "pouca ajuda dos colegas do Gabinete [...]. Ele, eu e Max temos que carregar o governo nas costas [...]. Às vezes, sentia-se cansado e nunca se sentira tão sozinho".[148] Seu amigo Ian Hamilton escrevera sobre "a solidão ártica do comando", e Churchill a sentia com toda a força. Ele sondou Eden a respeito de assumir o Ministério das Relações Exteriores, percebendo que Halifax tinha pouco apoio no país. Chamberlain estava claramente morrendo de câncer e, embora Churchill tenha dito que ele renunciaria diante das circunstâncias, achava que não poderia pedir-lhe que o fizesse.[149]

Àquela altura da guerra, a situação financeira da Grã-Bretanha era terrível. A lei de Inadimplência da Dívida, proposta pelo senador Hiram Johnson e aprovada pelo Congresso norte-americano em 1934, proibia as nações estrangeiras que não haviam pagado suas dívidas de guerra da Primeira Guerra Mundial (como a Grã-Bretanha) de comercializar emissões de títulos nos Estados Unidos. Para piorar as coisas, a Lei da Neutralidade de 1939 instituiu uma base rigorosa de "pague e leve" para compras de armas. Tomadas em conjunto, as medidas significavam que a Grã-Bretanha não tinha de onde tirar dólares e ouro para comprar as munições de que precisava para sobreviver. "Nossas reservas de ouro e moedas estrangeiras estão desesperadamente baixas e só podemos nos manter por mais alguns meses", informou Colville. Não obstante, Churchill persuadiu o Gabinete a continuar encomendando armamentos nos Estados Unidos, na crença de que, após as eleições de novembro, Roosevelt pudesse agir com mais generosidade. Como último recurso, havia o plano de requisitar alianças de casamento e joias "para constranger os americanos", embora se estimasse que isso levantaria apenas uns 20 milhões de libras esterlinas.[150]

"Se a posição militar se deteriorar inesperadamente", disse Churchill ao Gabinete, "devemos nos comprometer a dar tudo o que temos em nome da vitória, oferecendo aos Estados Unidos, se necessário, uma garantia sobre toda e qualquer parte da indústria britânica."[151] Seus cinco anos no Tesouro e a derrocada do padrão-ouro, que ele — e muitos economistas e especialistas — havia entendido tão mal, o colocavam agora em boa posição e lhe davam forças para enfrentar os funcionários do governo que queriam reduzir as encomendas de armamentos norte-americanos. "Se não resistirmos aos ataques da Alemanha", argumentou ele com o rei, "nossas reservas não nos servirão de nada, mas, se pudermos resistir, os Estados Unidos deverão vir em nosso auxílio."[152] O governo Roosevelt presumia que os astutos britânicos estavam exagerando sua pobreza a fim de que as duas leis fossem revogadas para que pudessem comprar armamentos a crédito. Na verdade, a Grã-Bretanha estava escondendo a verdadeira extensão de sua penúria, mas o objetivo disso não era influenciar a legislação norte-americana, mas evitar que sua fraqueza se tornasse tão evidente a ponto de provocar uma corrida especulativa à libra esterlina.

Em meados de agosto, o Gabinete foi informado de que a Grã-Bretanha ficaria sem dólares até o Natal. A menos que os norte-americanos pudessem ser convencidos a revogar ou alterar essas duas leis, a falência nacional parecia uma possibilidade genuína. Beaverbrook queixou-se a Churchill de que o governo dos Estados Unidos "está pedindo a Lua e não parece estar disposto a pagar um tostão", e J. M. Keynes usou a expressão "empobrecer meu vizinho" para descrever tal atitude.[153] Sob forte pressão de Roosevelt, o governo britânico conseguiu um empréstimo de 300 milhões de dólares do governo belga no exílio, que tinha grandes ativos africanos, e seu governo logo enviaria ouro britânico de Simonstown, na África do Sul, para Nova York, em troca de armamentos, além de retirá-lo do banco onde estava sendo mantido, em Toronto.[154] Quando Sir Kingsley Wood sugeriu que a Grã-Bretanha poderia ser recompensada pelo apoio financeiro que dera à Holanda alterando as cotas de propriedade da Royal Dutch Shell — 60% holandesa e 40% britânica — para uma divisão meio a meio, Churchill disse que nunca mais queria ouvir propostas para aproveitar-se das desgraças de um país aliado.[155] Embora a Grã-Bretanha estivesse em dificuldades financeiras, Churchill não queria saquear os bens de países que sofriam com a ocupação nazista. (As frotas mercantes holandesas e belgas tinham navegado para a Grã-Bretanha na época de Dunquerque.) Em vez disso, esperava que o governo Roosevelt revogasse a legislação que o impedia de emprestar dinheiro aos britânicos para a compra de armamentos e munições.

Entre 24 de agosto e 6 de setembro, ocorreram mais de mil incursões alemãs à Grã-Bretanha a cada 24 horas, numa tentativa de destruir as estações de comando e controle da RAF. Num período de dez dias, a RAF perdeu 154 pilotos e 213 aeronaves, e somente 67 pilotos recém-treinados e menos de 150 caças chegaram para substituí-los. Em um aspecto, os britânicos tinham uma vantagem considerável: os pilotos alemães que pularam de paraquedas no solo da ilha foram mantidos prisioneiros pelo resto da guerra, enquanto os pilotos da RAF que faziam o mesmo podiam voltar ao ar no mesmo dia.[156] No entanto, no início de setembro, os ataques do Luftflotte 2 do general Kesselring ao Grupo de Caças 11 do vice-marechal do ar Keith Park ameaçavam romper o sistema de comando e controle da RAF no sul da Inglaterra.

"Agora que começaram a molestar a capital, quero que você os acerte com força", comunicou Churchill ao marechal-chefe do ar Newall, "e Berlim é o lugar para atingi-los."[157] Na noite de 25 de agosto, a RAF bombardeou fábricas de armamentos em Berlim e o aeroporto de Tempelhof, também na capital alemã. Mais tarde naquele mês, ele disse: "Que eles tenham o que merecem. Lembrem-se disso. Nunca maltratem o inimigo pela metade".[158] Naquele estágio da guerra, e por algum tempo depois, a RAF bombardeava alvos militares e industriais em vez de centros urbanos. Em meados de outubro, quando um parlamentar lhe disse que o público exigia o bombardeio total de civis alemães, especialmente em Berlim, Churchill respondeu: "Meu caro senhor, esta é uma guerra militar e não civil. Você e outros podem desejar matar mulheres e crianças. Nós desejamos (e tivemos sucesso em nosso desejo) destruir objetivos militares alemães. Eu aprecio muito o seu argumento. Mas meu lema é 'negócios antes do prazer'".[159]

No final de agosto, enquanto orientava sobre quais cidades bombardear e trabalhava para evitar uma crise financeira em grande escala, Churchill também inspecionava as defesas do sudeste. À noite, voltava para a Downing Street, a fim de dormir no abrigo antiaéreo com Clementine e a família.[160] Às 21h30 do dia 27, quando as sirenes estavam soando, "Winston, para seu óbvio remorso, recusou o conhaque e pediu água com gás gelada, dizendo que tinha vergonha da vida fácil que levava e que nunca vivera com tamanho luxo".[161]

Em 30 de agosto, em Chequers, fortificado pelo champanhe safra 1911 — o puritanismo da água com gás durara exatos três dias —, Churchill anunciou que "somente três coisas o preocupavam": a proporção de perdas no ar era alta demais; as perdas de transporte nas entradas noroeste do Atlântico "poderiam ser mortais"; e as baterias de canhões em Gris Nez, no Pas-de-Calais, podiam fechar o canal da Mancha e deixar Dover "em cinzas".[162] Todos os três problemas foram finalmente resolvidos com sucesso. "Meu objetivo é preservar a máxima energia de iniciativa", afirmou Churchill. "Todas as noites, eu me submeto à corte marcial para ver se fiz alguma coisa eficaz durante o dia. Não me refiro apenas a patear o chão — qualquer um pode fazer isso —, mas algo realmente efetivo."[163] Ele levou a Equipe Conjunta de Planejamento a Chequers para discutir possíveis ações futuras, como a recaptura de Oslo, uma invasão anfíbia da Itália, incursões nas Ilhas do Canal, tomar Casablanca e Dakar, isolar a península de Cherbourg, aterrissar nos Países Baixos e tomar o Ruhr, com forças de 100 mil a 120 mil homens envolvidas em algumas dessas supostas operações.[164] Todos esses planos estavam muito além das capacidades britânicas de então e se tornaram possíveis somente depois que os Estados Unidos entraram na guerra.

Em 31 de agosto, um sábado, o Comando de Caças perdeu 39 aviões e catorze pilotos foram mortos, mas a Luftwaffe estava sofrendo baixas muito maiores. Os alemães também superestimaram os danos que infligiam à RAF. Churchill visitou os pilotos de combate do quartel-general do Grupo nº 11 na RAF Uxbridge (que ainda pode ser visitado hoje) e assistiu a uma batalha aérea em andamento. A sala de operações subterrânea — a quinze metros de profundidade, com o pessoal da Força Aérea Auxiliar Feminina movendo esquadrões em mapas enormes com luzes coloridas e atualizações em tempo real — era o lugar perfeito para assistir ao desenrolar da Batalha da Grã-Bretanha.[165] Na hora do almoço em Chequers, pouco antes da viagem a Uxbridge, enquanto se servia de um copo de conhaque "e olhava-nos com benevolência", como lembrou Colville, Churchill observou que "era curioso, mas nessa guerra ele não tivera nenhum sucesso, mas recebera apenas elogios, enquanto na última guerra ele fizera várias coisas que achara que eram boas e não conseguira nada além de insultos por elas".[166] Depois, permitiu-se uma alfinetada contra os norte-americanos, dizendo que "o moral deles era muito bom — em aplaudir as façanhas valentes dos outros!".[167]

Churchill discutiu com Dowding durante o jantar sobre ser ou não aceitável atirar nos pilotos inimigos que pulavam de paraquedas, "Dowding sustentando que era uma coisa a ser feita e o primeiro-ministro dizendo que um piloto em fuga era como um marinheiro que se afoga". Exceto por esse desejo de não exterminar aviadores desarmados, registrou Colville, o primeiro-ministro "estava num estado de espírito muito cruel".[168] Depois do jantar, Pound ligou do Almirantado para relatar que, pela movimentação dos navios inimigos, "a invasão pode ser iminente". Isso teria desencadeado a Operação Cromwell, com os sinos da igreja até então silenciados no sul da Inglaterra tocando como um sinal para a Guarda Nacional entrar em ação.

"É terrível — terrível — que o Império Britânico tenha apostado nisso", comentou Churchill sobre a política de apaziguamento adotada em relação a Hitler quando foi novamente a Uxbridge no dia seguinte.[169] Em seu retorno a Chequers, disseram-lhe que o novíssimo cruzador HMS *Fiji* tinha sido torpedeado no norte dos Western Approaches das Ilhas Britânicas.* Já eram três os grandes navios perdidos no local, inclusive um cheio de crianças que estavam sendo evacuadas para Nova York, o que o "deixara particularmente angustiado". "O Almirantado é agora o ponto fraco", identificou Churchill, "o ar está bem."[170] No jantar, ele contou a dois oficiais da tropa de elite Coldstream Guards que estavam de serviço em Chequers (um dos quais, John Sparrow, foi depois diretor do All Souls College, de Oxford) "que não poderíamos ter esperança de acumular homens e armamentos suficientes para superar os alemães. Essa era uma guerra de ciência, uma guerra que seria vencida com armas novas".[171]**

* Western Approaches é o nome dado a uma área aproximadamente retangular do oceano Atlântico a oeste da Irlanda e da Grã-Bretanha cujo controle era fundamental para a Marinha britânica. (N. T.)

** Colville observou de forma bem-humorada que Clementine "não fazia nada senão professar sentimentos democráticos e radicais", mas ao mesmo tempo adiou convidar para jantar qualquer um dos oficiais em Chequers, "até que a guarda passasse a consistir dos Coldstream" (Colville, *Fringes*, p. 238). (N. T.)

Desde agosto, Churchill estava negociando um acordo para conseguir cinquenta destróieres dos Estados Unidos em troca de 99 anos de arrendamento para bases norte-americanas em possessões britânicas na Terra Nova, em Bermudas, nas Bahamas, em várias ilhas do oeste da Índia e na Guiana Inglesa. Para os críticos preocupados com a perda de soberania, Churchill destacou que o acordo, além de se destinar a obter o material em si, serviria para aumentar o moral e atrair os Estados Unidos para a guerra. "Se a proposta fosse aprovada", argumentou ele com o Gabinete, "os Estados Unidos estariam dando um grande passo para entrar na guerra do nosso lado. Vender destróieres a uma nação beligerante não é certamente um ato neutro."[172] Churchill pediu ao embaixador Kennedy que dissesse a Roosevelt que, "na longa história do mundo, esta é uma coisa a fazer agora". Ele mesmo disse ao presidente: "Todo destróier que o senhor possa nos ceder é medido em rubis".[173] No primeiro aniversário da eclosão da guerra, Churchill anunciou o acordo da troca dos destróieres por bases. Embora soubesse que alguns dos cinquenta navios norte-americanos desse tipo estavam praticamente obsoletos, eles assumiriam os deveres de patrulha de outros destróieres, que podiam passar a ser usados em batalha num momento em que a Grã-Bretanha estava perigosamente com escassez de embarcações de escolta. O valor propagandístico de qualquer apoio norte-americano era imenso.[174] "Depois de um ano de guerra", comentou o rei sobre Churchill, "ele se sentia mais confiante em relação à nossa posição hoje. Na batalha aérea pela Grã-Bretanha, ele achava que a Alemanha estava usando uma porcentagem maior de sua força aérea do que nós. Estamos usando um terço de nossa força de combate".[175] Duas semanas depois, Churchill pronunciou ao Gabinete, repetindo sua visão do caminho a seguir: "Os caças são nossa salvação [...] mas só os bombardeiros proporcionam os meios para a vitória [...]. De nenhuma outra forma visível neste momento podemos esperar superar o imenso poderio militar da Alemanha".[176]

Em 4 de setembro, Hitler falou no Sportpalast de Berlim, anunciando que, como "Herr Churchill" prometera intensificar os ataques às cidades alemãs, "apagaremos suas cidades da Terra".[177] Churchill discursou na Câmara dos Comuns naquele mesmo dia, informando que 1075 civis tinham sido mortos nos ataques aéreos de agosto, que destruíram oitocentas casas. "Nossos sentimentos aos feridos e para aqueles que estão enlutados", disse ele, "mas ninguém pode fingir que, de 45 milhões de pessoas, mesmo se multiplicadas, como podem ser, por dois ou três, essas perdas sejam graves se comparadas às majestosas questões mundiais que estão em jogo."[178] As perdas seriam multiplicadas por cinquenta até o final da guerra, mas o argumento permanecia válido.

Naquela noite, no Other Club, Churchill ganhou uma caixa de rapé de prata com as seguintes palavras gravadas: "Esta caixa, que já foi de Nelson, nós agora confiamos a você, Winston Churchill".[179] Ele sentou-se ao lado de Keynes, que contou à sua mãe que o encontrara "em perfeitas condições, extremamente bem, sereno, cheio de sentimentos humanos normais e completamente desinflado. Talvez este momento seja o auge de seu poder e glória, mas nunca vi ninguém menos infectado com ares ditatoriais ou arrogância. Não havia o menor indício da insolência que Lloyd George, por exemplo, adquiriu tão rapidamente".[180]

# 23. A Blitz

## *Setembro de 1940 a janeiro de 1941*

*Nada supera 1940.*

Churchill, *Their Finest Hour*[1]

*Este foi um momento em que era igualmente bom viver ou morrer.*

Churchill, *Their Finest Hour*[2]

Era bom que Churchill estivesse em "perfeitas condições": dentro de 48 horas, ele seria testado como nunca o fora em sua longa e agitada vida. Em 7 de setembro de 1940, um sábado, três dias após o discurso de Hitler no Sportpalast de Berlim, a Blitz de Londres começou com um ataque repentino de duzentos bombardeiros, matando trezentos londrinos. A Luftwaffe atacaria a capital por quatro meses terríveis e, nessa primeira carga, os bombardeiros voltaram por 57 noites consecutivas. Holofotes, sirenes e explosões de bombas perseguiriam a vida cotidiana de milhões de moradores da capital. Em 1934, Churchill havia previsto o caos quando, "sob a pressão do ataque contínuo a Londres, 3 milhões ou 4 milhões de pessoas seriam expulsas para o campo aberto ao redor da metrópole".[3] No caso, um quarto da população da cidade — 3 milhões de pessoas que não eram essenciais para o esforço de guerra — já havia sido evacuada com calma e segurança para o resto do país, e não houve pânico na cidade.

A mudança dos ataques da Luftwaffe dos bombardeios diurnos às instalações da RAF no sul da Inglaterra para incursões noturnas a Londres foi um grande erro estratégico porque permitiu que o Comando de Caças reconstruísse suas pistas, hangares e estações de comando e controle. "De início, não podíamos fazer nada, exceto sofrer nossa punição", relembrou Ismay, mas Churchill criou então o Comitê de Defesa Aérea Noturna, que reuniu artilheiros antiaéreos, cientistas e aviadores para discutir como combater o perigo da Luftwaffe. "Logo aumentou o número de aeronaves destruídas, e a altitude em que voavam também se elevou, diminuindo sua precisão." Alguns dias depois do início da Blitz, Churchill visitou as docas no East End de Londres. "Os incêndios ainda se propagavam por todo o lugar", escreveu Ismay, "alguns dos edifícios maiores eram meros esqueletos, e muitas das casas menores haviam sido reduzidas a escombros. A visão de minúsculas bandeiras do Reino Unido de papel que já haviam sido plantadas em duas ou três dessas pilhas patéticas provocava um nó na garganta das pessoas."[4]

A primeira parada foi num abrigo antiaéreo onde quarenta pessoas haviam sido mortas e muitas outras feridas por um ataque direto na noite anterior. Lá, relembrou Ismay,

> encontramos uma grande multidão, homens e mulheres, jovens e velhos, mas todos aparentemente muito pobres. Era de esperar que estivessem ressentidos contra as autoridades responsáveis pela sua proteção, mas, quando Churchill saiu do carro, eles literalmente o cercaram. "Bom e velho Winnie", gritaram. "Achamos que você viria nos ver. Podemos aguentar isso. Dê a eles o troco." Churchill desmoronou, e enquanto eu lutava para chegar até ele através da multidão, ouvi uma velha dizer: "Veja, ele realmente se importa: ele está chorando".[5]

Enquanto Hitler nunca visitou um local de bombardeio, passando por cenas como essa com as cortinas de sua Mercedes-Benz fechadas, Churchill foi muitas vezes ao East End durante a Blitz para levantar o moral. Nessas visitas de inspeção, percorria quilômetros de terreno a um ritmo notavelmente rápido, apesar de não ter o costume de se exercitar e, com frequência, ser conduzido de carro até mesmo na distância muito curta entre a Downing Street e a Câmara dos Comuns. (Walter Thompson perdeu doze quilos por ter de acompanhá-lo.) Essas visitas a locais bombardeados foram extraordinárias para o moral público. Em suas memórias, Churchill escreveu sobre uma visita a Peckham, no sul de Londres, onde a multidão gritou: "Que eles tenham também o que merecem". Ele escreveu: "Tratei imediatamente de cuidar que seus desejos fossem realizados; e essa promessa certamente foi mantida".[6] Em poucas ocasiões, houve gritos furiosos contra Churchill pela devastação causada, em comparação com as centenas de vezes em que foi aplaudido; da mesma forma, algumas pessoas saquearam casas e lojas vazias e destruídas dos vizinhos, mas esses casos de oportunismo foram poucos e de forma nenhuma ofuscaram os muitos milhares de atos diários de heroísmo, altruísmo e solidariedade comunal.[7]* Tendo assistido a muitas batalhas aéreas e, nas palavras de Colville, "muito afetado pela situação daqueles cujas casas foram destruídas ou seriamente danificadas pelos ataques", Churchill tentou fazer com que a indenização pelos lares destruídos subisse para mil libras esterlinas (aproximadamente 52 mil libras em dinheiro de hoje).[8]

Além de se preocupar com a questão da moradia, Churchill dedicou muita atenção ao racionamento durante toda a guerra, reconhecendo que a comida estava intimamente ligada ao moral. Ele inundava lorde Woolton, o ministro da Alimentação, com perguntas e sugestões sobre todos os aspectos do racionamento, opondo-se a todas as regras que considerasse desnecessárias.[9] Por exemplo, em meados de julho, escreveu a Woolton: "Quase todos os fanáticos por modismos alimentares que conheci, comedores de nozes e coisas assim, morreram jovens depois de um longo período de decadência senil. É mais provável que o soldado britânico esteja mais certo do que os cientistas. Tudo com o que ele se preocupa é carne [...]. A maneira de perder a guerra é tentar forçar o povo britânico a fazer uma dieta de leite, aveia, batatas etc., regada em ocasiões de gala com um pouco de suco de lima".[10] Churchill organizou reuniões para garantir que fogões e outras comodidades fossem providenciadas para os abrigos antiaéreos.[11]

Em 10 de setembro, ele compareceu ao primeiro dos almoços que se tornaram habituais às terças-feiras com o rei. Em razão da seriedade dos assuntos discutidos, eles se serviam sozinhos de um aparador deixado ao lado da mesa para que nenhum criado precisasse estar presente. Churchill confiava ao rei todos os segredos de guerra, inclusive a Ultra e os atômicos, sabendo que não haveria vazamentos e que se tratava de uma pessoa que não estava interessada em roubar seu cargo. Observando esse relacionamento na perspectiva da história, como costumava fazer (e ignorando as reivindicações da rainha Vitória e Benjamin Disraeli), Churchill disse que não havia precedentes para "a graciosa intimidade" entre monarca e primeiro-ministro "desde os dias da rainha Ana e Marlborough

* Mesmo durante a Batalha da Grã-Bretanha e a Blitz, com tantas outras coisas em mente, os eventos traumáticos de 1886 nunca foram esquecidos. Lorde Cranborne (que se tornou o quinto marquês de Salisbury em 1947) lembrou que, em setembro de 1940, durante o jantar, "Churchill, como às vezes fazia, mergulhou num devaneio silencioso e sombrio. Então, de repente, virou-se para mim e disse, a propósito de nada: 'Eu sempre considero que seu avô tratou meu pai de maneira ignominiosa'". Cranborne, que era tesoureiro-geral do reino, ficou perplexo e murmurou algum comentário que pôs panos quentes sobre a questão. "A conversa morreu aí", disse ele, "e o jantar voltou às questões mais importantes de bombardeiros e caças, e Hitler e Goering" (Blake, "Conservative", p. 2). Porém, sua ascendência não afetou a carreira de Cranborne; ele foi promovido a ministro dos Domínios no mês seguinte.

durante os anos dele no poder".[12] Ele foi o único dos quatro primeiros-ministros do rei a ser tratado pelo primeiro nome.[13] Como o casal real viajava muito pelo país, Churchill também conseguia obter dos dois impressões sobre as condições e o moral da população.

Em 11 de setembro de 1940, uma quarta-feira, Churchill lembrou aos britânicos em um discurso no rádio que eles já haviam estado muitas vezes em situação de perigo mortal, e que primeiro sobreviveram e depois triunfaram em todos os casos. "Devemos considerar a próxima semana como um período muito importante de nossa história", disse ele.

> É semelhante aos dias em que a Armada Espanhola se aproximava do canal da Mancha, e Drake estava terminando seu jogo de bocha; ou quando Nelson se ergueu entre nós e o Grande Exército de Napoleão, em Boulogne. Lemos tudo sobre isso nos livros de história; mas o que está acontecendo agora é numa escala muito maior e de muito mais consequências para a vida e o futuro do mundo e sua Civilização do que esses bravos velhos tempos do passado. Todo homem e toda mulher, portanto, se prepararão para cumprir seu dever, seja ele qual for, com especial orgulho e cuidado.[14]

"Esses bombardeios cruéis, gratuitos e indiscriminados de Londres fazem parte, naturalmente, dos planos de invasão de Hitler", continuou ele.

> Ele espera, ao matar um grande número de civis, mulheres e crianças, aterrorizar e acuar o povo desta poderosa cidade imperial, tornando-o um fardo e uma ansiedade para o Governo e assim desviar a atenção indevidamente do feroz e brutal ataque que está preparando. Ele pouco sabe do espírito da nação britânica, ou da fibra resistente dos londrinos, cujos antepassados desempenharam um papel importante no estabelecimento de instituições parlamentares e que foram criados para valorizar a liberdade muito acima de suas vidas. Esse homem perverso, repositório e encarnação de muitas formas de ódio destruidor de almas, esse produto monstruoso de antigos erros e vergonhas, resolveu agora tentar quebrar a espinha de nossa famosa raça insular mediante um processo de matança e destruição indiscriminada. O que ele fez foi acender um fogo nos corações britânicos, aqui e em todo o mundo, que brilhará muito depois de todos os vestígios da conflagração que ele causou em Londres terem sido removidos. Ele acendeu um fogo que queimará com uma chama constante e consumidora até que os últimos vestígios da tirania nazista tenham sido expulsos da Europa, e até que o Velho e o Novo Mundo possam dar as mãos para reconstruir os templos da liberdade do Homem e da honra do Homem sobre alicerces que não serão rápida ou facilmente derrubados.[15]

O diplomata canadense Charles Ritchie anotou em seu diário: "Ele os faz sentirem que estão vivendo sua história".[16] Churchill era capaz de fazer isso porque as batalhas e lutas das guerras elisabetana e napoleônica eram então ensinadas nas escolas, de modo que as histórias de Drake e Nelson eram bem conhecidas de seus ouvintes. O embaixador soviético notou o efeito que a oratória e a liderança de Churchill tinham sobre o povo britânico. "É precisamente o caráter decidido e definitivo da postura do governo britânico que fez tanto para ajudar as massas a superar seu temor inicial", escreveu Máiski. "Não há pânico no país e Churchill pretende lutar com unhas e dentes."[17] O primeiro-ministro disse várias vezes durante a guerra e depois que tudo o que fez foi refletir e articular a determinação do povo britânico de continuar lutando até a vitória, mas ele também fez muito para criá-la, sustentá-la e direcioná-la.

Àquela altura, entretanto, a única estratégia de Churchill era tentar sobreviver ao ataque alemão no dia a dia e manter a Grã-Bretanha na guerra até que um plano para uma eventual vitória pudesse ser formulado assim que a sobrevivência fosse certa. Em 15 de setembro de 1940, um domingo, houve o último ataque aéreo em massa à luz do dia na Grã-Bretanha. Kesselring enviou mais de quatrocentos caças para escoltar cem bombardeiros. A batalha aérea gigantesca que se desenrolou sobre o sudeste da Inglaterra veio a ser uma das mais decisivas da guerra. Churchill acompanhou tudo da RAF Uxbridge e deixou um relato memorável da batalha:

> Um após o outro chegaram os sinais, "mais de quarenta", "mais de sessenta"; houve até um "mais de oitenta" [...]. No momento, as lâmpadas vermelhas mostravam que a maioria dos nossos esquadrões estava em batalha [...]. Dei-me conta da ansiedade do comandante, que agora estava parado atrás da cadeira de seu subordinado. Até aquele momento eu assistira em silêncio. Perguntei então: "Que outras reservas temos?". "Não há nenhuma", disse o vice-marechal do ar Park.* Em um relato que escreveu depois, ele disse que "eu estava com uma aparência preocupada". É bem possível. Que perdas não sofreríamos se nossos aviões de reabastecimento fossem apanhados no solo por outros ataques de "mais de quarenta" ou "mais de cinquenta"! Os riscos eram grandes; nossas margens, pequenas; as apostas, infinitas.[18]

"Foi somente mais tarde daquele dia, em Chequers, que percebemos a magnitude da vitória britânica", escreveu John Martin.[19] Na época, a RAF acreditava (ou pelo menos afirmou) que 186 aviões alemães haviam sido derrubados, embora

* Park queria dizer que não havia reservas naquele momento no Grupamento nº 11. Havia mais de 350 aviões de combate em outras partes do Reino Unido, mas eles estavam defendendo outras áreas vitais.

hoje saibamos que o número verdadeiro foi 56. Martin pôde acordar Churchill de sua sesta da tarde com as palavras: "Tudo está salvo pelo ar".[20] Dois dias depois, Hitler adiou a Operação Leão-Marinho e, em 12 de outubro, a invasão foi formalmente cancelada, segundo as palavras de Hitler, "até a primavera seguinte".[21]

Churchill não ficou sabendo disso imediatamente; em 17 de setembro, convocou uma sessão secreta da Câmara dos Comuns para informar aos parlamentares as medidas que estavam sendo tomadas para repelir a esperada invasão. Nenhum visitante ou jornalista foi autorizado a entrar. No momento em que estava prestes a falar, os observadores da Precaução contra Ataques Aéreos que estavam no telhado sopraram seus apitos para avisar que bombardeiros estavam a caminho, então os parlamentares desceram para os abrigos até que fosse seguro reassumirem suas posições. Quando voltaram para seus assentos, Churchill advertiu que o bombardeio seria intensificado, que o Palácio de Westminster era "o mais fácil de todos os alvos" e que os alemães tinham transporte suficiente pronto para meio milhão de homens atravessarem o canal da Mancha. "Esperamos, evidentemente, afogar muitos deles no caminho", disse ele, continuando a explicação, "e destruir uma grande parcela de seus navios."[22] Acrescentou que, com a exploração da neblina verdadeira, ou o emprego de neblina artificial, pelos alemães ao longo da costa britânica, "devemos esperar que muitos pontos de apoio ou tentativas de pontos de apoio sejam estabelecidos simultaneamente em nossa ilha".[23] Harold Nicolson escreveu em seu diário: "Devo dizer que ele não tenta nos animar com promessas vãs".[24]

Quando Colville voltava ao número 10 da Downing Street, houve uma "grande explosão. Encontrei o primeiro-ministro, que jurou ter visto, da janela do seu quarto, uma bomba atingir o Palácio de Buckingham. Todo mundo foi levado para o abrigo".[25] O Palácio de Buckingham foi atingido nove vezes durante a guerra — e, naquela ocasião, por uma bomba-relógio jogada em seus jardins. Churchill discursou à Câmara dos Comuns pouco depois:

> Os deliberados e repetidos ataques ao Palácio de Buckingham e às pessoas de nossos queridos rei e rainha também pretendem, além de sua barbárie geral, ter um efeito perturbador sobre a opinião pública. Eles têm, obviamente, o efeito oposto. Eles unem o rei e a rainha ao seu povo por novos e sagrados laços de perigo comum, e endurecem o coração de todos para a dura e implacável perseguição da guerra contra um inimigo tão imundo.[26]

No dia seguinte, 18 de setembro, uma mina de paraquedas quebrou as janelas do número 10 da Downing Street e do Ministério das Relações Exteriores e incrustou firmemente um estilhaço de bomba nos painéis do escritório dos secretários particulares, ao lado do gabinete de Churchill, o que Martin considerou um lembrete para "levar a sério nossa campainha de alarme".[27] Enquanto isso, Churchill escrevia para Alexander dizendo: "Primeiro lorde, com certeza o senhor pode conseguir uma nova bandeira para o Almirantado. Entristece-me ver o atual objeto encardido todos os dias. W.S.C.".[28] Insinuações de que ele estava se rebaixando a trivialidades com ordens sobre miudezas desse tipo não percebem que ele entendia que o moral era um aspecto vital da guerra.

Apesar de adiar a invasão, Hitler continuou a bombardear a Grã-Bretanha intensamente, tanto na esperança de abalar o moral dos civis, para que uma nova tentativa de invasão pudesse ser feita no futuro, como por vingança contra o bombardeio de Berlim e outras cidades, fato que o Führer e Göring haviam garantido ao povo alemão se tratar de uma impossibilidade militar. Nos quatro meses seguintes, Churchill visitou mais de sessenta cidades e aeródromos submetidos a bombardeios pesados. O desafio que ouvira em suas viagens a Peckham e às docas nos estágios iniciais ficou mais forte à medida que o bombardeio se tornava mais violento. "Podemos aguentar, podemos aguentar", foi o grito que Walter Thompson registrou, "mas retribuam na mesma moeda."[29] Churchill respondeu: "Vamos retribuir dez vezes mais, porém primeiro temos de produzir os aviões. Dê-nos um pouco mais de tempo e prometo-lhes reembolso — reembolso com juros compostos".[30] Em 19 de setembro, ordenou a Portal, no Comando de Bombardeiros, que atingisse Berlim assim que as condições climáticas permitissem, acrescentando que "como os alemães estavam lançando indiscriminadamente essas minas de paraquedas, devemos dizer que vamos lançar duas para cada uma deles".[31] No final, mais de meio milhão de alemães morreram em consequência de bombardeios aéreos durante a guerra, em comparação com 58 mil britânicos. Depois de ver a devastação causada por uma mina terrestre lançada de paraquedas em Wandsworth, no sul de Londres, no início de outubro, Colville registrou que Churchill estava "ficando cada vez menos benevolente com os alemães e vem falando sobre castrá-los. Ele diz que não haverá tolices como uma 'paz justa'".[32] Naquela noite, o primeiro-ministro descreveu a Guerra dos Bôeres como "a última guerra divertida".[33]

Em 20 de setembro, a inteligência da Ultra levou Churchill a dizer a Colville, sem revelar a fonte, que estava "em dúvida se a invasão seria tentada em um futuro próximo".[34] Não obstante, preocupou-se com a espessa neblina de North Foreland a Dungeness, que poderia impedir um alerta precoce à Guarda Nacional, e telefonava com frequência ao Almirantado para perguntar sobre o tempo no canal da Mancha.[35] Como naquele momento ainda eram necessários alguns dias para decifrar as mensagens da Enigma, e houve, em todo caso, um intervalo de tempo entre a decisão de Hitler de adiar a Operação Leão-Marinho e alguma redução perceptível de forças na costa do canal da Mancha, Churchill não pode ser acusado de enganar o Parlamento sobre a probabilidade de uma invasão e, de qualquer modo, queria que os britânicos continuassem acreditando que estavam sob ameaça constante, como um estímulo à unidade e à produtividade. No final de setembro, um temor de invasão foi desencadeado por Roosevelt, que alegava ter informações de uma "fonte muito confiável" em Berlim de que a ação era iminente.[36] No geral, porém, Churchill acreditava que os alemães haviam perdido sua oportunidade. "Hitler poderia e deveria ter invadido este país depois de Dunquerque", disse ele ao rei em 1º de outubro, "deixando o avanço em direção a Paris para mais tarde. Os franceses não poderiam ter impedido a Alemanha de fazê-lo."[37]

Em 23 de setembro, quando os nazistas expandiram seus ataques a Coventry, Birmingham e Liverpool, os Franceses Livres sofreram um sério revés em Dakar quando tentaram arrancar o Senegal de Vichy.[38] De início, Churchill apoiara a operação, de codinome Menace, apesar de os chefes de Estado-Maior terem muitas dúvidas a respeito. "Deixemos que sigam em frente", dissera ele. "Uma vez iniciada a batalha, deixemos que sigam em frente."[39] A Marinha Real transportara o general De Gaulle e seu pequeno destacamento francês livre para Dakar, mas infelizmente as forças petainistas estavam preparadas para o ataque e o repeliram com facilidade. De Gaulle esperara que a pura *force majeure* conquistaria a população local, mas não queria que franceses lutassem contra seus compatriotas, uma preferência que o rebaixou na estima de Churchill. Vichy então retaliou, bombardeando Gibraltar. Churchill, que havia desautorizado De Gaulle e o vice-almirante Sir John Cunningham e insistira para que a operação fosse adiante, decidiu que a princípio não deveria dar nenhuma explicação ao Parlamento ou à nação, mas seu silêncio minou a confiança em seu governo. O *Daily Mirror* publicou um artigo intitulado "O toque de Galípoli?". "O sentimento no Carlton Club está forte contra ele", registrou Channon.[40] Ao comentar sobre a ausência de uma reprimenda a Cunningham, que comandou a parte da Marinha Real na operação, Churchill escreveu em suas memórias: "Era uma das minhas regras que *erros em relação ao inimigo* deviam ser julgados com leveza".[41] "Não houve nenhuma disparada",[42] Churchill disse ao rei sobre a expedição a Dakar. "É muito deprimente que não possamos ter sucesso em nenhum lugar."[43] Não era totalmente verdade; a RAF realizara um ataque de 120 bombardeiros contra Berlim na noite anterior. "Nós só bombardeamos objetivos militares, evidentemente", explicou Churchill, "mas se o inimigo persistir no bombardeio indiscriminado de moradias civis, teremos de fazer o mesmo."[44]

Em 27 de setembro de 1940, Alemanha, Itália e Japão assinaram um Pacto Tripartite de dez anos. As três potências fascistas estavam formalmente aliadas, reconhecendo uma "Nova Ordem" na Europa e no Extremo Oriente. Churchill pareceu "pensativo" quando ouviu a notícia, mas não desanimado, já que uma cooperação mais próxima entre as potências do Eixo era esperada e, como ele observou, uma das cláusulas era "dirigida diretamente aos Estados Unidos".[45]

* * *

Chamberlain estava na fase terminal do câncer. "Não suporto pensar que Neville está sob esse contínuo bombardeio em Londres", escrevera Churchill a Anne, esposa de Chamberlain, em 20 de setembro. "Ele deve se dar uma chance decente de recuperar a eficiência plena. Preocupei-me muito com vocês dois durante esses últimos dez dias."[46] Quando ficou claro que a recuperação não aconteceria, Chamberlain renunciou, em 1º de outubro, e recusou as ofertas de Churchill de um título de nobreza e a Ordem da Jarreteira, dizendo: "Prefiro morrer como simples sr. Chamberlain, como meu pai antes de mim, sem nenhum título".[47] Churchill ofereceu a Eden a escolha de um cargo "inteiramente doméstico" de lorde presidente do Conselho dentro do Gabinete de Guerra, presidindo as comissões que diziam respeito à frente interna, ou continuar de fora como ministro da Guerra com responsabilidade sobre o Exército, porque ele também não podia ter também os ministros da Marinha e da RAF dentro do Gabinete. Eden optou pela segunda oferta. Churchill teria gostado de transferir Eden para o Ministério das Relações Exteriores, mas não podia arriscar que Halifax deixasse o governo ao mesmo tempo que Chamberlain.[48] "Ele reiterou que era agora um homem velho", confidenciou Eden ao seu diário, "que não cometeria o erro de LG de continuar depois da guerra, que a sucessão deve ser minha — John Anderson não seria um obstáculo nesse quesito."[49] Foi o primeiro dos quinze anos de promessas semelhantes a Eden, das quais a melhor coisa que se pode dizer é que Churchill falava sério na ocasião.

Na reforma do Gabinete realizada três dias depois, que Churchill admitiu a Chamberlain ter sido parcialmente projetada para desviar a atenção do fiasco de Dakar, Anderson tornou-se lorde presidente do Conselho e Herbert Morrison assumiu o Ministério do Interior, enquanto Ernest Bevin e Kingsley Wood entravam no Gabinete de Guerra em seus cargos de ministro do Trabalho e chanceler do Tesouro.[50] "O povo não está pronto para prestar atenção nos bons conselhos", escreveu Lloyd George a Frances Stevenson. "Eles ainda nutrem ilusões de 'vitória completa'. Talvez Hitler não esteja pronto para concordar com a única paz que um governo britânico pode aceitar."[51]

Ao mesmo tempo que remodelava o Gabinete, Churchill promoveu mudanças nas Forças Armadas. Sir Charles Portal causara boa impressão em Churchill e tornou-se chefe do Estado-Maior Aéreo, com apenas 47 anos, no lugar de Sir Cyril Newall. Houve mudanças nos altos escalões do Almirantado; havia muito tempo que Churchill queria promover os almirantes de combate Phillips, Harwood e Tovey, embora Pound permanecesse como primeiro lorde dos mares, e o general John Kennedy se tornasse diretor de operações do Ministério da Guerra. "Ele é extraordinariamente obstinado", Kennedy logo escreveu sobre o primeiro-ministro. "É como uma criança que põe na cabeça algum brinquedo proibido. Não adianta explicar que vai cortar os dedos ou se queimar. Quanto mais você explica, mais aquilo se torna uma ideia fixa."[52] Kennedy nunca entendeu que Churchill gostava de submeter ideias impossíveis à Equipe de Planejamento a fim de descobrir em sua própria mente as poucas que eram praticáveis, ou poderiam vir a se tornar nos meses ou anos vindouros. Isso era obviamente exaustivo e frustrante para os estrategistas, mas, em última análise, era para essa função que eles estavam lá. "Para lidar adequadamente com a situação", escreveu Kennedy, "quase valeria a pena ter duas equipes: uma para lidar com o primeiro-ministro, outra com a guerra."[53]

Wavell manteve seu posto de comandante-chefe no Oriente Médio, apesar da falta de entusiasmo de Churchill. No final de setembro, numa reunião do Comitê de Defesa, o primeiro-ministro criticara severamente as ações de Wavell no Egito. Eden defendeu o general com veemência, apontando que ele foi prejudicado pela falta de equipamentos, em especial aviões. Depois, Churchill reclamou que Eden "não deveria ser tão violento com ele", mas Eden simplesmente respondeu que o primeiro-ministro estava sempre atacando o Exército injustamente. "Ele replicou que era muito mais duro com a Marinha", o que não era uma justificativa das melhores.[54] Quando Churchill descreveu Dill como "apenas um velho cavalheiro agradável", Eden também saiu em defesa dele. Em 22 de setembro, em Chequers, Churchill disse que esperava que Wavell vencesse os italianos no Egito, "a menos, é claro, que nossos homens lutem como boçais (*skunks*)* e os italianos como heróis", porém achava que o contrário era o mais provável.[55]

Churchill não foi receptivo quando, em dezembro, Wavell reclamou que refugiados judeus haviam conseguido desembarcar na Palestina, num momento em que as autoridades britânicas locais lhes negavam permissão de entrada, o que significava uma sentença de morte para aqueles que tentavam fugir da Europa ocupada pelos nazistas. Churchill condenara com eloquência o famigerado Livro Branco de 1939, que restringira severamente a emigração judaica para a Palestina. "Ora, há a ruptura", disse ele ao Parlamento, "há uma violação do compromisso; há o abandono da Declaração Balfour; há o fim da visão, da esperança do sonho [...]. O que pensarão aqueles que têm incitado esses agitadores árabes? Não serão encorajados pela nossa confissão de recuo? Eles não serão tentados a dizer: 'Eles estão fugindo novamente. Esta é outra Munique'."[56] Como primeiro-ministro, ele se viu mais uma vez incapaz de ajudar os judeus. Eden registrou em seu diário o telefonema veemente de Churchill, denunciando Wa-

* O uso da palavra *skunk* faz com que nos perguntemos o que ele havia de fato dito sobre Shinwell no Debate da Noruega, quatro meses antes. Ver cap. 20, p. 571.

vell e todos no Oriente Médio como perseguidores de judeus. "Por que W[avell] não pode deixar de se meter?" Eden retrucou que, de fato, Wavell teria de se meter "se os árabes causassem problemas por causa dos migrantes". Churchill respondeu: "Nada me induziria a modificar meu ponto de vista".[57] Entretanto, tamanha era a oposição política e burocrática dentro de Westminster e Whitehall que Churchill não conseguiu fazer com que a visão sionista fosse adotada pelas autoridades britânicas na Palestina. Era mais uma indicação de que, por mais poderoso que fosse, ainda precisava convencer os colegas e estava longe de ser o onipotente ditador britânico que alguns de seus detratores viriam a retratar.

Se fosse autoritário, Churchill certamente não teria tolerado as críticas da imprensa às quais foi submetido durante quase toda a guerra. Em outubro, iniciou um discurso no Gabinete contra o jornal esquerdista *Daily Mirror*, avisando que queria suspendê-lo. "Winston assustadoramente empolgado com isso", Halifax escreveu em seu diário, "vendo no tom do jornal uma prova clara da atividade de quinta-coluna." No entanto, Churchill rapidamente mudou de ideia, e a liberdade de expressão e de imprensa sobreviveu à guerra notavelmente bem. No dia seguinte, declarou aos parlamentares: "Nosso povo não se importa que se lhe conte o pior". Na semana anterior, 180 londrinos haviam sido mortos por 250 toneladas de bombas. Ele extrapolou essa estatística para afirmar que, nesse ritmo, levaria dez anos para demolir metade das casas de Londres, e que "muitas coisas vão acontecer com Herr Hitler e o regime nazista antes que dez anos sejam concluídos. E até mesmo o Signor Mussolini tem algumas experiências pela frente que ele não previra na época em que achou seguro e lucrativo apunhalar a república francesa, ferida e prostrada, pelas costas. Também por danos materiais ou por massacre o povo do Império Britânico não será desviado de seu objetivo solene e inexorável".[58] "Winston fez um de seus melhores discursos na Câmara", escreveu Eden em seu diário. "Um desempenho muito notável, mesmo para ele. Por enquanto, as críticas sobre Dakar foram silenciadas."[59]

Em 8 de outubro, Churchill viveu um momento emocionante quando apresentou Randolph, que havia sido eleito parlamentar por Preston sem oposição, à Câmara. Houve muitos aplausos, que eram, como Colville se esforçou para salientar, mais para o pai que para o filho. "Temos um profundo amor animal um pelo outro", comentou Churchill sobre sua relação com Randolph, "mas, toda vez que nos encontramos, temos uma briga sangrenta."[60] Randolph fez seu discurso inaugural na Câmara dos Comuns em novembro. Seu orgulhoso pai estava presente, mas, em flagrante contraste com a política de Churchill de nunca atacar os antigos defensores da política de apaziguamento em público — eles ainda constituíam a maioria dos parlamentares tories —, Randolph disse: "Olhando ao redor desta Câmara — digo isso com toda a deferência — pode-se ver certo número de honrados e justos cavalheiros que, em maior ou menor grau, têm alguma responsabilidade pelo estado de nossas Forças e por qualquer escassez de equipamentos que possa talvez prejudicar aqueles que planejam nossa estratégia. Não tenho o desejo de recriminar o passado".[61] As alegações de deferência e ausência de recriminação com certeza podem ser refutadas, mas o ponto principal, apesar de verdadeiro, era algo que seu pai considerava autocomplacente e inútil. O serviço militar de Randolph na África e na Iugoslávia fez com que ele pronunciasse apenas três discursos parlamentares em sua carreira, o que provavelmente foi melhor.

A doença de Chamberlain obrigou-o a renunciar à liderança do Partido Conservador, além de seu posto no Gabinete. Churchill foi convidado para sucedê-lo. Clementine e alguns outros achavam que ele não deveria assumir o cargo, mas, lembrando-se da forma como os tories haviam derrubado Lloyd George em 1922, quando era primeiro-ministro, mas não líder do partido, decidiu aceitar. "Eu acharia impossível conduzir a guerra", afirmou em suas memórias, "se tivesse de obter o acordo [...] não somente dos líderes dos dois partidos minoritários, mas do líder da maioria conservadora [...]. Não sinto que poderia ter suportado essa provação com sucesso na guerra."[62] Em 9 de outubro, Halifax propôs seu nome na reunião do Partido no Caxton Hall, em Westminster, embora tenha comentado em particular como era difícil para ele evitar uma comparação entre Neville e Winston enquanto tentava dizer coisas simpáticas sobre cada um. Ainda considerava Chamberlain o melhor primeiro-ministro, entre outras coisas em virtude de sua liderança mais clara e eficiente nas reuniões do Gabinete, nas quais Churchill costumava falar longamente, rememorar e brincar.

Como havia apenas dezesseis anos que Churchill era tory e, em sua época de liberal, condenara o Partido Conservador com todo o ardor de um convertido, ele precisava escolher cuidadosamente suas palavras de aceitação. "Não tentarei nenhuma justificativa", afirmou; "brota mais profundamente das convicções do meu coração, que em todos os momentos, de acordo com minhas luzes e através dos cenários cambiantes pelos quais todos nós temos de passar às pressas, eu sempre servi fielmente duas causas públicas que considero supremas: a manutenção da duradoura grandeza da Grã-Bretanha e seu Império e a continuidade histórica de nossa vida insular."[63] Desse modo, ele aceitou a liderança "solenemente, mas também jubilosamente", admitindo que "tenho uma tendência contra a qual talvez deveria estar de guarda, a nadar contra a corrente". Ainda bem que não havia enviado a carta que escrevera a Hugh Cecil 37 anos antes, na qual afirmava: "Odeio o partido tory, seus homens, suas palavras e seus métodos. Não sinto nenhum tipo de simpatia por eles".[64] Considerando a fúria tamanha que havia despertado tantas vezes na bancada conservadora no passado, era um tributo à sua estatura naquele momento, bem como à sua perseverança e à mensagem que transmitia, que fosse eleito por unanimidade para líder do Partido.

No dia seguinte, em Chequers, Pamela Churchill deu à luz um filho que ela e Randolph batizaram de Winston, numa bela homenagem. O avô visitou Chequers no dia seguinte. "Eles provavelmente não acham que eu seja tão tolo a ponto de vir aqui", disse ele sobre os alemães, "mas corro o risco de perder muito, três gerações de uma só vez."[65]* Naquele fim de semana, fumando um imenso charuto na hora do almoço, ele manifestou sua crença de que os ataques aéreos produziam "o tipo de guerra que convinha ao povo inglês depois que ele se acostumasse. Eles prefeririam estar todos na linha de frente, participando da Batalha de Londres, a ficar olhando, impotentes, massacres em massa como Passchendaele".[66] No jantar com Attlee e Randolph, compartilhando histórias sobre eleições, contou que "aprendera uma grande lição com seu pai: nunca ter medo da democracia britânica".[67] Ele brincou com Attlee no dia seguinte: "Um huno vivo é uma guerra em potencial".[68]

Em 13 de outubro, Pound, Portal e Dowding estavam hospedados em Chequers quando Churchill lhes deu boa-noite. "Ele disse que estava certo de que venceríamos a guerra, mas confessou não ver claramente como isso seria alcançado."[69] Queria um grande exército no Oriente Médio em janeiro e divisões móveis para operações anfíbias, embora isso não envolvesse de forma direta planos para a vitória sobre uma Europa controlada pelos nazistas. "O bombardeio de objetivos militares parece ser, atualmente, nosso principal caminho para onde queremos", escreveu a Halifax.[70] Parte da genialidade de Churchill em 1940 não foi apenas manter a Grã-Bretanha na guerra, mas infundir no país uma crença na vitória final sem ter nenhum argumento convincente — além de uma crença geral no bombardeio aéreo — sobre como isso aconteceria. Embora admirasse e gostasse de Dowding pessoalmente, concordou no mês seguinte com sua substituição na chefia do Comando de Caças por Sholto Douglas, porque Portal e Sinclair achavam que o marechal não estava conseguindo lidar com os ataques noturnos alemães e se opunha às novas formações em "Grande Asa" que o Ministério do Ar queria empregar para combater a ameaça alemã. Era mais um exemplo de que Churchill não permitia que considerações pessoais afetassem a política.

* Churchill era uma companhia divertida para o jovem Winston. Quando tinha três anos e meio, ele ganhou um trenzinho em miniatura. "Meu avô ficou no chão do quarto comigo e, juntos, montamos a pista circular", relembrou. "Para sua grande satisfação, ele notou que havia duas locomotivas mecânicas. Dando uma para mim e ficando com a outra para si, exclamou: 'Você dá corda numa, Winston, eu dou corda na outra! Vamos colocá-las de costas uma para a outra. Vamos fazer uma colisão!'" (Langworth [Org.], *Dream*, p. 56). Churchill gostava de brinquedos infantis; durante a Grande Guerra, ele e seu sobrinho Johnnie de nove anos montaram um guindaste de 4,5 metros de comprimento e 2,5 metros de altura com peças de Meccano, na sala de jantar do nº 41 da Cromwell Road. "Os criados foram proibidos de removê-lo", relembrou Johnnie, "e meu tio olhava carinhosamente para sua criação durante as refeições" (Churchill, *Crowded Canvas*, p. 33).

Em 14 de outubro, de volta ao número 10 da Downing Street, ele já estava na metade do jantar no porão revestido em aço quando teve o que mais tarde chamou de "impulso providencial".[71] Levantou-se e foi dizer a Georgina Landemare, sua cozinheira, bem como ao mordomo e à ajudante de cozinha, que deixassem a comida nos pratos quentes e fossem imediatamente para o abrigo antiaéreo. Retornou então à mesa. Três minutos depois, uma bomba caiu entre a Downing Street e o Tesouro, provocando "um estrondo realmente muito forte, bem perto, e um choque violento mostrou que a casa tinha sido atingida".[72] Walter Thompson veio verificar se o primeiro-ministro estava bem e informar a seus convidados — Archie Sinclair, John Moore-Brabazon (o novo ministro dos Transportes), Oliver Lyttelton (o novo ministro de Indústria e Comércio) e Sir Stewart Menzies, o chefe do MI6 — que havia danos consideráveis. "A bagunça na casa era indescritível", contou John Martin a seus pais, "janelas quebradas em todas as direções, tudo coberto de fuligem, portas fora das dobradiças e cortinas e móveis jogados numa massa confusa [...]. A guarita dos soldados que protegem a Downing Street foi completamente demolida: felizmente eles haviam se refugiado em outro lugar."[73] Churchill disse a Thompson: "Pena que não tenha caído um pouco mais perto para testar nossas defesas".[74] Na verdade, ainda bem que não aconteceu isso, pois a explosão da bomba devastou a cozinha e a despensa quando a grande janela de vidro explodiu para dentro.[75] Não obstante, Churchill e seus colegas continuaram o jantar e depois subiram ao telhado do Ministério do Ar para observar o ataque. Lorde Lloyd, que estava na Secretaria de Estado das Colônias, bem próximo da explosão, escreveu a seu filho na mesma noite para dizer: "Winston está bem, jantando muito bem e muito alegre".[76]

No dia seguinte, na hora do almoço, Churchill disse ao rei "que salvara sua cozinheira e os que estavam na cozinha".[77] Como vimos, às vezes Churchill podia ser descuidado e brusco em relação a seus colaboradores, mas naquela noite seu senso natural de *noblesse oblige* e o que acreditava ser as "asas invisíveis" que bateram sobre ele salvaram pelo menos três vidas. O rei, que tinha sido informado sobre a subida ao telhado do Ministério do Ar, apelou para que o primeiro-ministro não corresse tais riscos, refletindo em seu diário: "Não posso me dar ao luxo, nem o país, de perdê-lo neste momento".[78]*

Em outra ocasião, John Peck, o secretário particular de Churchill, salvou o número 10 da Downing Street, jogando na rua uma bomba incendiária que entrou diagonalmente pela janela superior e incendiou alguns lençóis.[79] Apesar do imediatismo desses perigos, Churchill não gostava de se abrigar no número 10.

* O Carlton Club, na Pall Mall, foi destruído em 14 de outubro e, quando Churchill visitou suas ruínas no dia seguinte, encontrou um busto de mármore esmagado de Pitt, o Jovem, e os chinelos de quarto do líder partidário (Martin, *Downing Street*, p. 31).

Peck tinha de usar sua autoridade de vigilante de ataques aéreos da rua para mandá-lo entrar. "Eu não vou", avisava Churchill. "Sinto muito, senhor", respondia Peck, "estou no comando aqui. O senhor também deve ir. Todo mundo precisa entrar."[80] Churchill, "achando um tanto engraçado, mas ainda resmungando", fez o que lhe mandaram. Quando nada acontecia, dizia: "Isso é ridículo", e ia embora, seguido pelo resto da equipe.* Não que subestimasse os perigos: em 1940, pensava com frequência em sua própria morte, dizendo a Colville que "não acreditava muito na sobrevivência pessoal após a morte, pelo menos não da memória".[81]

Em 15 de outubro, em um dos piores ataques da guerra, quatrocentas toneladas de explosivos e milhares de bombas incendiárias foram lançadas sobre Londres. Churchill aceitou o conselho do rei e passou a noite no "Celeiro", a estação subterrânea deserta de Down Street, em Mayfair, onde o Comitê Executivo das Ferrovias mantinha escritórios. Ele odiava o lugar: como Tommy Thompson relembrou, "ele se sentia inquieto e sem contato com os eventos".[82] No dia 17, outra bomba caiu a menos de quarenta metros do número 10 da Downing Street, matando quatro pessoas no subsolo do Tesouro.[83] No dia seguinte, quando uma mina não detonada foi encontrada no St. James's Park, Churchill se recusou a deixar sua residência oficial "e estava preocupado principalmente com o destino 'daquelas pobres avezinhas'" do lago.[84] (A mina foi desativada com sucesso.)

Ignorando esses perigos, Churchill costumava caminhar por Whitehall à noite. Às quatro e meia de uma manhã de outubro, depois de uma longa reunião discutindo os estragos dos ataques aéreos, acompanhou o comandante da defesa antiaérea britânica, general Sir Frederick Pile, do Ministério da Guerra à Downing Street em busca de Bovril** e sardinhas. Ele bateu na famosa porta preta com sua bengala, gritando: "Goering e Goebbels chegando para se apresentar", acrescentando ao porteiro que a abriu para eles: "Eu *não* sou Goebbels".[85]

O grau em que aqueles que conviviam com Churchill esperavam que ele fosse exigente e idiossincrático é destacado por um trote que John Peck passou por volta dessa época. Ele redigiu um memorando falso em papel oficial da Downing Street com instruções para que fossem montados escritórios especiais para o primeiro-ministro na loja de departamentos Selfridge's, na residência do arcebis-

* Churchill sabia que Peck era o único dos quatro secretários particulares que tinha uma esposa fazendo trabalho de guerra em Londres, e que eles estavam casados havia apenas um ano, então o levava para Chequers muito menos que os outros três, e estava "genuina e gentilmente preocupado" (Peck, *Dublin from Downing Street*, p. 70).

** Bovril é a marca comercial registrada de um extrato salgado de carne bovina. (N. T.)

po de Cantuária no palácio Lambeth, na RAF Stanmore, no teatro Palladium e nos subúrbios londrinos de Tooting Bec e Mile End Road, todos com acomodações suficientes para a sra. Churchill, duas taquígrafas, três secretários e Nelson, o gato, "e um lugar para eu assistir a ataques aéreos do telhado".[86] As horas de trabalho deveriam ser entre sete da manhã e três da madrugada, e tudo deveria estar pronto dentro de três dias. Peck então forjou as iniciais de Churchill na parte inferior e anexou uma das etiquetas vermelhas "Ação deste dia", garantindo que o memorando circulasse rapidamente pelo gabinete. A paródia convenceu completamente Desmond Morton, Ian Jacob, Eric Seal e Pug Ismay.

As alternativas ao número 10 da Downing Street eram, no entanto, genuinamente necessárias. Nenhuma alteração estrutural importante havia sido feita no prédio desde a época de Robert Walpole, dois séculos antes, e a construção não era nada robusta. Em uma ocasião, a fim de tranquilizar alguns ministros do Gabinete, Churchill cutucou um dos tetos baixos com sua bengala e, "para surpresa de todos, ela atravessou direto para a passagem do Tesouro acima. Apenas sete centímetros de ripas e gesso em desintegração cobriam a sala em que estavam".[87] Havia um pequeno abrigo antiaéreo no canto do jardim, ao lado do muro do Tesouro, mas ficara óbvio que não seria suficiente para um ataque de grande escala.[88] Com o Almirantado, o Ministério do Interior, a Secretaria de Estado das Colônias e o Tesouro atingidos por bombas em meados de outubro, e Whitehall e Trafalgar Square cheias de crateras causadas por explosões, em 19 de outubro, a família Churchill se mudou da Downing Street para o "Anexo do número 10", um apartamento no piso térreo do que era então o Departamento de Obras (hoje o Tesouro) na Storey's Gate, de frente para o St. James's Park. Trinta a quarenta membros das equipes do Gabinete de Guerra e Planejamento foram alojados nas Salas de Guerra Centrais e, no andar de cima, os escritórios de Morton e Lindemann.

Abaixo do Anexo (onde estão hoje as Salas de Guerra Churchill) havia um bunker revestido de concreto espesso, instalado especialmente para esse fim em 1938, com um sistema de bombeamento de água, já que ficava sob o nível do Tâmisa, não muito longe dali.* Churchill dormiu no bunker apenas três vezes nas 1562 noites da guerra, preferindo confiar no robusto edifício de pedra mais acima e em suas persianas de aço deslizantes sobre as janelas.** Tapetes navais anticolisão estavam originalmente pendurados sobre elas, mas ele passou a detestá-los e logo foram substituídos.[89] "É triste deixar o prédio antigo", comentou

* O ofício de pedreiro, que Churchill aprendera como hobby, mostrou-se útil quando ele falou com conhecimento aos operários que trabalhavam nas Salas de Guerra Centrais e a outros que estavam instalando abrigos antiaéreos Morrison para os londrinos.

** Ainda é possível ver onde as venezianas foram fixadas na pedra.

Churchill sobre o número 10, "especialmente porque temo que ele não sobreviva à Batalha de Londres."[90] Durante o dia, ele passava o máximo de tempo possível na Downing Street. À noite, Clementine insistia em cumprir seu turno de observação e alerta de incêndios no telhado do Anexo.[91]

Nada que alguém pudesse dizer, nem mesmo o rei, impediria Churchill de ir ao telhado do Anexo durante os ataques aéreos, usando seu capacete de aço, *siren suit* [macacão] e sobretudo da RAF e, como relembrou Walter Thompson, "fumando um charuto e observando atentamente as explosões e os incêndios que iluminavam a cidade bombardeada".[92] Em resposta aos protestos de Thompson e Clementine, Churchill limitou-se a dizer: "Quando chegar minha hora, ela virá".[93] Ele costumava citar o que disse o presidente francês Raymond Poincaré durante a Grande Guerra: "Refugio-me sob o arco impenetrável da probabilidade".[94] Thompson tinha um abrigo de sacos de areia no telhado, no qual Churchill só se refugiava "quando ouvia os estilhaços de bomba espalhando-se sobre os cabos de eletricidade". Em certa ocasião, estava de pé na porta do Anexo, observando as explosões de morteiros e seguindo os holofotes, quando Thompson subitamente se jogou sobre o primeiro-ministro. "'Não faça isso', ele rugiu para mim", relembrou Thompson. "Pode ter sido sorte que eu tenha feito isso, pois alguns estilhaços voaram através da porta aberta e atingiram um colega meu que estava mais atrás no grupo [...]. Esse foi apenas um dos muitos incidentes de que lembro em que Winston Churchill assumiu riscos deliberados durante a Blitz. Ele insistia em ver por si mesmo o que estava acontecendo."[95] Churchill não deixava o número 10 da Downing Street para voltar ao bunker das Salas de Guerra Centrais até que as armas antiaéreas tivessem começado a disparar. Em uma ocasião, uma bomba de 450 quilos caiu no local onde ele estivera parado um minuto antes.[96] "Ele costumava retornar ao número 10 antes do amanhecer, enquanto o ataque ainda continuava", recordou Thompson.[97]

Churchill pediu ao capitão Pim que montasse uma sala de mapas no complexo do Anexo, com um enorme mapa do oceano Atlântico em uma das paredes e, mais tarde, um mapa da frente russa na parede oposta e, tempos depois, um mapa do Extremo Oriente. As cores dos alfinetes usados eram vermelha para os britânicos, marrom para os franceses, amarela para os holandeses, branca para os alemães, e assim por diante. Os telefones coloridos para as diferentes Forças Armadas foram apelidados de "o coro da beleza". Uma escada ligava as dependências privativas de Churchill no Anexo à sala de mapas. Entre os VIPs que foram levados pelo primeiro-ministro até lá nos anos seguintes estavam o rei, Charles de Gaulle, o premiê australiano Robert King, o rei Haakon da Noruega, o general russo Filipp Golikov, Wendell Willkie e Averell Harriman, enviado especial do presidente Roosevelt. John Peck lembrou que "as expedições até o telhado do Anexo tornaram-se um item da recepção de Churchill aos convidados".[98]

Churchill insistiu que o governo permanecesse em Whitehall durante toda a Blitz. "O sr. Churchill adotou a opinião", registrou Thompson, "de que era essencial que eles tivessem no mínimo as mesmas chances que o restante da população de Londres."[99] Em caso de invasão, o governo fugiria por onze quilômetros até o Paddock, codinome dado a um bunker subterrâneo de quarenta quartos em Brook Road, no subúrbio de Dollis Hill, a noroeste de Londres, para comandar a resistência. Nessas circunstâncias, instruiu Churchill, os ministros "deveriam se acostumar a ser trogloditas" ou, como ele os chamava, "*trogs*".[100] Embora àquela altura a família real já devesse ter se mudado para o Canadá, Churchill pretendia combater em Dollis Hill. A longa história da Grã-Bretanha como uma grande potência terminaria num sangrento *Götterdämmerung* na improvável localização do distrito londrino de Brent.

O Gabinete de Guerra se reuniu 919 vezes entre o dia em que Churchill se tornou primeiro-ministro e o fim da Coalizão, em 28 de maio de 1945, uma média de uma vez a cada dois dias, porém foi convocado 193 vezes na crise permanente entre maio e dezembro de 1940, mais do que em qualquer ano civil subsequente. Em geral, as reuniões eram no número 10 da Downing Street ou nas Salas de Guerra Centrais, mas em raras ocasiões realizaram-se na estação subterrânea do metrô de Down Street, no bunker da Rotunda em Horseferry Road, na Church House, em Westminster, e uma vez no Paddock (para testá-lo), em 3 de outubro de 1940.

"Quando assumiu o lugar de Neville Chamberlain, ele pôs uma bomba em Whitehall", lembrou o marechal Charles Portal. "Desde então até o fim da guerra, ele instou, dirigiu e sondou constantemente, numa busca inquieta por novas maneiras de atingir o inimigo. Telefonava a qualquer hora do dia ou da noite e você precisava estar sempre alerta, sempre procurando em sua mente os meios de melhorar o trabalho que estava designado para fazer."[101] Chamberlain tinha um único telefone em Chequers, que ficava na cozinha. Churchill instalou toda um arsenal de linhas em seu escritório, que Portal recordou estar "em uso constante".[102] "A confiança e a energia do primeiro-ministro são incríveis", concordou seu secretário particular, John Martin, que contou aos pais durante a Batalha da Grã-Bretanha: "Foi dito sobre Pitt [o Velho] que 'ninguém deixava sua presença sem se sentir um homem mais corajoso', mas isso não é menos verdade a respeito de Churchill".[103] Tendo trabalhado para ambos os primeiros-ministros, Colville observou que "Chamberlain tinha energia, mas não a mente indagadora e inquieta de Winston: esperava que seus subordinados trabalhassem com a mesma dedicação e eficiência que ele mostrava, mas nunca questionava a capacidade deles de fazê-lo. Winston, por outro lado, está sempre procurando defeitos e inspirando os outros a serem tão diligentes quanto ele mesmo".[104]

"Em poucos dias criou-se um senso de urgência, e respeitáveis funcionários públicos foram vistos correndo pelos corredores", relembrou Colville mais tarde. "Nenhum atraso era aceito; centrais telefônicas quadruplicaram sua eficiência; os chefes de Estado-Maior e a Equipe Conjunta de Planejamento estavam em sessão quase constante; o horário regular de trabalho deixou de existir, e os finais de semana desapareceram junto."[105] Reuniões do Gabinete de Guerra eram convocadas em feriados bancários e, durante as crises, às vezes aconteciam até 1h45 da manhã. Ismay, Jacob e o terceiro membro da Secretaria do Gabinete de Guerra, coronel Leslie Hollis, trabalhavam quinze horas por dia, sete dias por semana, e, quando o primeiro-ministro estava preparando um discurso importante, a secretária de plantão costumava ficar acordada até as seis da manhã, e esperava-se que estivesse de volta à sua escrivaninha às dez.[106] Ninguém se queixava: todos sabiam que estavam no centro de acontecimentos históricos mundiais.

Norman Brook, que entrou para o Secretariado do Gabinete em 1941, descreveu que "tudo o que ele queria tinha de ser feito de imediato: todas as exigências, por mais duras e irracionais, tinham de ser cumpridas [...] o trabalho era pesado e o ritmo era quente".[107] James Stuart, um líder tory, lembrou que Churchill "não era um homem fácil de se trabalhar ou servir: longe disso. Ele era contestador; queria as coisas do seu jeito [...] e era um pouco opressor".[108] Entre outras coisas, esperava que suas secretárias soubessem quantas palavras ele ditara por página. Todas tinham de ser capazes de escrever exatamente o que ele estava dizendo quando rosnava com um charuto na boca e caminhava de costas para elas. Também precisavam acostumar-se com seu vocabulário e modos idiossincráticos. "Acho que ser tratada aos gritos era uma das piores coisas para aceitar", declarou Grace Hamblin, que não obstante, como quase todas as suas secretárias, acabou por adorá-lo. "Eu vinha de uma família pacata. Nunca haviam gritado comigo."[109] Ela recordou a vez em que ele deu uma ordem a Kathleen Hill: "Traga-me Klop". Hill voltou orgulhosamente com os catorze volumes da obra do professor Onno Klopp, *Der Fall des Hauses Stuart und die Sucession des Hauses Hannover* (1875-88). "Meu Deus!", rugiu Churchill. Ele queria apenas seu furador, que apelidara de "Klop" por uma questão de onomatopeia. (Ele desprezava grampos e clipes de papel; feixes de papel tinham de ser "klopados" e depois juntados com etiquetas metálicas com barbantes do Tesouro.) No entanto, depois que percebeu que havia ferido os sentimentos de Hill, Churchill elogiou a caligrafia dela. Suas secretárias precisavam avaliar as emoções dele a todo momento. "Uma expressão de compaixão que surgia de forma repentina ou uma menção ao desastre enquanto ditava um discurso trazia lágrimas a seus olhos", lembrou Mary Shearburn; "às vezes ele quase soluçava, com lágrimas escorrendo por suas bochechas ao final de uma frase comovente".[110]

Os memorandos ditados por Churchill eram apelidados de "orações" por sua equipe, porque muitas vezes começavam com "*pray*, explique" ou "*pray*, me dê sua opinião". Naquela época, esse sinônimo de "por favor" já se tornara obsoleto (como *prithee*), e Churchill o usava deliberadamente. O esteta Sir Harold Acton observou que, da mesma forma, ninguém usava a palavra *foe* para se referir a "inimigo", exceto Churchill. Para tentar persuadir o povo britânico a relembrar momentos semelhantes de perigo nacional ocorridos havia centenas de anos, Churchill considerou útil adotar uma linguagem propositalmente arcaica. Seu modo de falar era antiquado, mas não digressivo. Insistia sempre na concisão em documentos oficiais, acreditando que não houvesse questão tão complexa que seus fundamentos não pudessem ser condensados em poucas páginas, e muitas vezes mandava que fosse resumida em apenas uma.* "É pura preguiça não comprimir o pensamento num espaço razoável", afirmou ele.[111] Sempre defensor da clareza e da precisão linguística, Churchill enviou um memorando a Sinclair em maio de 1940, queixando-se de que alguns aviões inimigos eram declarados "fora de ação" e outros "destruídos" e perguntando: "Há alguma diferença real entre os dois, ou é simplesmente para evitar a tautologia? Nesse caso, isso não está de acordo com as melhores autoridades em língua inglesa. O sentido não deveria ser sacrificado em relação ao som".[112] Como Colville disse mais tarde: "Nada o irritava mais do que a complicação excessiva de questões ou o uso de linguagem obscura por aqueles que se achavam espertos por se tornarem incompreensíveis para as pessoas comuns".[113]

Durante a guerra, o horário diário de Churchill variava, mas, em geral, acordava às oito da manhã e pegava os jornais, que lia durante vinte minutos, seguidos de um café da manhã substancial, durante o qual se informava dos boletins de notícias oficiais. Depois do desjejum, sentado na cama, apoiado em travesseiros e usando cotoveleiras, acendia um charuto e começava a trabalhar, lendo, ditando e falando ao telefone até pouco antes da uma da tarde. Chefes das Forças Armadas eram às vezes recebidos em seu quarto. Depois se levantava e ia ao banheiro para tomar um banho quente,** gargarejar e pingar uma solução salina nasal para limpar as narinas. Ele foi um pioneiro no uso de barbeadores elétricos, que só passaram a ser produzidos em massa em 1937. Também estava satisfeito com o que chamou de "a excelência de seu aparelho elétrico de limpeza de dentes, que jorra água em sua boca e remove o gosto dos charutos".[114] Depois,

* Não eram somente as exigências do tempo de guerra que exigiam brevidade. "Este documento do Tesouro, simplesmente por sua extensão, defende-se contra o risco de ser lido", escreveu ele num relatório dos anos 1950 (Moran, *Struggle*, p. 746).

** Ele só entrava na banheira quando estava dois terços cheia e a 37 graus. A temperatura era então aumentada para quarenta graus, e o nível da água se tornava quase transbordante.

vestia-se com a ajuda de seu criado Frank Sawyers e almoçava, seguido por uma hora de sono em sua cama. Seus cochilos diurnos continuaram durante toda a guerra, estendendo o dia de trabalho das nove da manhã até uma ou duas da madrugada.[115] "É preciso dormir algum tempo entre o almoço e o jantar", explicou ele, "e não há medidas intermediárias. Tire suas roupas e vá para a cama. Não pense que estará fazendo menos trabalho porque dorme durante o dia. Essa é uma ideia tola de gente que não tem imaginação. Você será capaz de realizar mais. Você trabalha dois dias em um — bem, pelo menos um dia e meio, tenho certeza."[116] Churchill começara a dormir por uma hora à tarde quando estava no Almirantado, durante a Grande Guerra, pois "descobri que podia acrescentar quase duas horas ao meu esforço de trabalho indo dormir por uma hora depois do almoço".[117] "Para facilitar os cochilos durante as viagens, Walter Thompson levava uma venda de cetim preto para os olhos aonde quer que fossem, bem como um travesseiro especial.[118] Após a sesta, Churchill costumava tomar um segundo banho, caso contrário, nas palavras de Thompson, "era um inferno". (Em 1921, quando estava no Egito e não havia água para o banho em seu trem, ele mandou pará-lo, e a água foi aquecida na caldeira da locomotiva.)[119] Normalmente, o jantar era servido às oito, e depois ele trabalhava até tarde da noite. Churchill dormia bem durante a guerra: "Nos momentos mais sombrios, nunca tive problemas para dormir", lembrou. "Sempre pude cair na cama e dormir depois de feito o trabalho do dia [...]. Eu dormia profundamente e acordava revigorado, e não tinha nenhum sentimento, exceto apetite para lidar com o que as caixas postais da manhã seguinte pudessem trazer."[120]

Naquele mês de setembro, em Chequers, Churchill usou pela primeira vez um macacão de sua invenção, inicialmente feito de tecidos diferentes, como veludo, por Turnbull & Asser, alfaiates da Jermyn Street, que ele chamou de "*sirene suit*", embora todos se referissem a essas peças como "*romper*s" [macacão infantil]. Tinham bolsos no peito e nas laterais, eram bem largos, com punhos dobráveis e vinham em várias cores, como bordô, azul e verde-garrafa.[121] "O primeiro-ministro estava vestido com seu macacão da força aérea azul com zíper que ele amarra firmemente em torno de sua barriga e com o qual ele se parece com um esquimó", registrou Colville.[122] Tal como seu barbeador elétrico e o chaveiro com corrente de um metro, era uma medida para economizar tempo, assim como os sapatos, que ele às vezes usava com fechos de correr em vez de cadarços.[123] O tempo gasto em se vestir e se despir era, teoricamente, menos minutos dedicados à guerra, embora ele tendesse a falar com secretários particulares ou ditar para eles enquanto se vestia, se despia, se barbeava e até às vezes enquanto tomava banho. "Normalmente, o secretário particular ficava no quarto do primeiro-ministro enquanto ele se despia, se coçava entre as omoplatas com uma escova de cabelos longa e vestia a roupa de dormir", relembrou Peck anos depois, "uma camiseta com aproximadamente o mesmo comprimento da menor das minissaias."[124]

Esses hábitos domésticos notavelmente abertos também transpareciam de outras maneiras. Chequers e a Downing Street tinham uma segurança bastante descuidada contra tentativas de assassinato e terrorismo. John Martin relembrou que havia uma competição no Ministério das Relações Exteriores para ver quem conseguia entrar no número 10 com as credenciais menos adequadas. Um passe de trem temporário e um cartão de sócio do clube de golfe disputaram o segundo lugar, pois "o grande prêmio foi para um homem que passou confiantemente pela entrada segurando uma fatia de bolo".[125] Um major, enviado para testar a segurança em Chequers, conseguiu subir ao andar superior, onde uma criada o conduziu ao quarto do primeiro-ministro, e ele voltou para a porta da frente sem ser detectado.

Churchill falou via rádio para a França em 21 de outubro (demonstrando certa falta de tato, pois era o dia da derrota da esquadra francesa para o almirante Nelson na batalha de Trafalgar), primeiro em francês — *"Français! c'est moi, Churchill, qui vous parle"* — e em seguida em inglês. Depois do que acontecera em Orã, ele teria muito trabalho para convencer os franceses de que era francófilo, mas não queria agravar as relações com a França de Vichy mais do que o estritamente necessário. "Por mais de trinta anos, na paz e na guerra, marchei com vocês e ainda estou marchando pelo mesmo caminho", discursou ele. "Herr Hitler não está pensando apenas em roubar os territórios de outros povos, ou oferecer pedaços deles para seu pequeno confederado [Mussolini]. Eu lhes digo uma verdade em que precisam acreditar quando afirmo que esse homem perverso, esse monstruoso aborto de ódio e derrota, está decidido a realizar nada menos que a completa eliminação da nação francesa e a desintegração de toda a sua vida e seu futuro."[126] Jacques Duchesne, chefe da seção francesa da BBC, ajudou Churchill a fazer essa transmissão, que ocorreu enquanto bombas caíam. Por razões técnicas, tiveram de gravar no número 10 da Downing Street e não nas Salas de Guerra e, quando Duchesne fez um comentário a respeito da pouca proteção, Churchill riu e respondeu: *"Si une bombe tombe sur la maison, nous mourons ensemble comme deux braves gens!"* (Se uma bomba cair na casa, vamos morrer juntos como dois homens valentes!).[127] O primeiro-ministro já havia cometido uma gafe ao entrar na sala, quando perguntou: "Onde está meu discurso para os sapos?".[128]* Duchesne fez cara de aflito. Hitler estava prestes a encontrar Pétain em Montoire, no centro da França, o que levou Churchill a dizer do regime de Vichy: "Devido à nossa resistência inesperada, eles conseguiram vender sua traição a um preço ligeiramente superior ao que teria sido possível".[129] Mesmo assim,

* Em inglês, *frog*, termo pejorativo para "francês". (N. T.)

deteve as tentativas do MI6 de subornar Pierre Laval, o premiê de Vichy, para deixar a França, argumentando: "Não vale mais a pena comprá-lo".[130]

No dia seguinte à transmissão do discurso de Churchill, um escândalo de corrupção derrubou um amigo e firme defensor seu. "Os sistemas políticos podem, até certo ponto, ser avaliados pelo teste de seus principais representantes serem ou não capazes de tomar decisões com base em seus méritos", escrevera ele em 1929, "contrariando seus interesses e muitas vezes os de seus melhores amigos."[131] Bob Boothby, secretário particular de Churchill no Tesouro na década de 1920 e contrário à política de apaziguamento na década de 1930, além de membro do Other Club, foi forçado a renunciar ao cargo de secretário parlamentar no Ministério dos Alimentos em 22 de outubro, em consequência de um escândalo financeiro. Ele havia defendido publicamente o descongelamento de 240 mil libras esterlinas de ativos tchecos que pertenciam à esposa de um sócio comercial seu em negócios locais sem informar ao Parlamento que, se isso acontecesse, receberia 10%. Boothby presumiu que Churchill o protegeria, mas nunca mais ocuparia um cargo ministerial de novo. "Ele foi um dos meus amigos pessoais", disse Churchill aos parlamentares, "com frequência um aliado em momentos solitários e difíceis, e sempre lhe nutri uma calorosa consideração pessoal. Se é doloroso para nós, também é uma perda para todos. É uma perda para o governo de Sua Majestade."[132] No entanto, o primeiro-ministro não estava disposto a arriscar a reputação de seu governo num período tão perigoso, permitindo que o amigo permanecesse no cargo. Reservadamente, observou que Boothby "deveria entrar para um esquadrão de desarmamento de bombas como a melhor maneira de reabilitar-se aos olhos de seus semelhantes. Afinal de contas, as bombas podem não explodir".[133] Parecia cruel, mas não era muito diferente do que ele próprio fizera em 1915, quando a expectativa média de vida de seis semanas para novos oficiais na Frente Ocidental não era muito diferente daquela dos esquadrões de desarmamento de bombas na Segunda Guerra Mundial. Mas também comentou com Colville, a respeito dos perseguidores de Boothby: "Se havia uma coisa no mundo que ele achava odiosa era a perseguição de um homem".[134] Nisso havia também um reflexo de 1915.

No final de outubro, Churchill levou seu trem especial para a Escócia a fim de inspecionar as forças do general Sikorski e os estaleiros de Rosyth.* "Muita

* O trem havia sido doado pela London, Midland & Scottish Railway Company e tinha dois vagões de luxo, quartos, banheiros, escritórios, compartimentos VIP, um vagão-restaurante e outro para bagagem. Era uma maneira confortável de viajar e transportar secretárias, guarda-costas e fotógrafos. Onde quer que parasse, o vagão do primeiro-ministro era conectado à linha telefônica mais

gente falava um monte de bobagens com essa conversa de que as guerras nunca resolviam nada", disse Churchill no caminho para o norte; "nada na história jamais foi resolvido a não ser por guerras."[135] Ele também afirmava acreditar que todos os candidatos a oficiais do Exército deveriam ler as *Vidas* de Plutarco. Em seu retorno a Londres, enquanto era aplaudido por uma multidão a caminho da Downing Street, comentou com Colville: "Eu represento para eles algo que apoiam de todo o coração: a determinação de ganhar. Por um ano ou dois, eles me aplaudirão".[136] Um reconhecimento, portanto, de que seu tempo para produzir vitórias era finito.

A Itália invadiu a Grécia em 28 de outubro, e o primeiro-ministro grego Ioannis Metaxas pediu imediatamente ajuda a Churchill, dizendo que "a guerra que enfrentamos hoje é somente uma guerra por honra".[137] Era difícil ver como uma ajuda à Grécia beneficiaria os interesses estratégicos britânicos, mas, ao ser informado de que Atenas havia sido bombardeada, Churchill respondeu sem hesitação: "Então devemos bombardear Roma".[138] ("Roma não será destruída em um dia", comentou com um parlamentar tory.)[139] Já em 2 de novembro, tropas britânicas começaram a chegar à Grécia, vindas do Egito. "Um fato evidente saltou aos nossos olhos", escreveu Churchill em suas memórias. "Creta! Os italianos não devem tê-la."[140] Suas últimas palavras para Dill enquanto ele saía de Chequers na hora do chá foram: "Não esqueça: o máximo possível para a Grécia".[141] O deslocamento de tropas para a Grécia foi apoiado pelo Comitê de Defesa, inclusive por Eden e Dill, mas foi principalmente uma iniciativa de Churchill. Tal como a campanha da Noruega, foi um erro que custou caro, por tirar de Wavell o suficiente para enfraquecê-lo quando ele estava prestes a atacar os italianos em Mersa Matruh, no Egito, mas sem beneficiar a Grécia a ponto de poder influenciar o resultado do conflito no país.

Churchill aguardava ansiosamente o resultado da eleição presidencial norte-americana em novembro, confiante de que os Estados Unidos entrariam na guerra depois que Roosevelt vencesse seu adversário republicano Wendell Willkie. Nesse meio-tempo, comentou com Colville que "entendia muito bem a exasperação que tantos ingleses sentem em relação à postura americana de crítica combinada com assistência ineficaz; mas devemos ser pacientes e esconder nossa irritação".[142] (Ele disse isso junto com surtos de cantoria da canção infantil "Under the Spreading Chestnut Tree" [Debaixo da grande castanheira].) Em Boston, no dia 30 de outubro, o presidente Roosevelt disse a seus compatriotas: "Eu direi novamente e quantas vezes fossem necessárias: seus filhos não serão enviados para guerras estrangeiras".[143] Por mais desanimadoras que essas pala-

---

próxima e, quando a operadora solicitava "*Rapid Falls 8833*", Churchill era conectado ao número 10 da Downing Street.

vras fossem para os britânicos, eram um pré-requisito para a reeleição de Roosevelt: apesar da enorme simpatia pelos Aliados, um número comparativamente pequeno de norte-americanos queria participar da luta.

Um total de 1733 aviões da Luftwaffe foi abatido sobre a Inglaterra entre 10 de julho e 31 de outubro de 1940, ao custo de 915 caças da RAF. A estimativa feita por Churchill para Roosevelt em maio, de uma proporção de "dois ou três para um", quase se confirmara.[144] "Somente cerca de 30% dos pilotos da RAF vieram de escolas secundárias particulares", comunicou ele ao novo ministro do Interior, o trabalhista Herbert Morrison, que havia abandonado os estudos para ir trabalhar como contínuo aos catorze anos, "o restante é produto de escolas primárias e das classes profissionais. É notável que nenhum aristocrata tenha escolhido a RAF — eles a deixaram para a classe média baixa". O relato de Colville sobre a conversa continuou: "O primeiro-ministro foi bem eloquente sobre o desaparecimento da aristocracia do palco e sua substituição por esses excelentes filhos da classe média baixa. Ele prestou uma homenagem ao que eles haviam feito pela Inglaterra".[145] Mas Churchill não abandonara inteiramente sua classe: em dezembro, ofereceu um pariato ao seu velho amigo lorde Hugh Cecil, reitor do Eton College e filho mais moço do terceiro marquês de Salisbury, dizendo-lhe que "seria bom tê-lo na Câmara dos Lordes [...] para sustentar o moral aristocrático e repreender os bispos quando eles erram [...]. Agora que li nos jornais que o bloco de açoite de Eton foi destruído pela ação do inimigo, você pode ter mais tempo livre e força".[146]

Em 4 de novembro, Londres teve sua primeira noite livre de ataques aéreos em oito semanas. A Luftwaffe decidiu estender seus ataques a centros industriais e portos de todo o país. Londres continuou a ser bombardeada depois disso, mas não de forma contínua. Quando aviões italianos participaram do bombardeio, Churchill avisou que bombardearia Roma assim que houvesse Wellingtons suficientes estacionados em Malta, de onde as operações de bombardeio contra Nápoles já estavam decolando. Quando Colville disse que esperava que poupassem o Coliseu, ele respondeu que não prejudicaria o monumento "ter mais alguns tijolos arrancados", e citou os versos de Byron em *A peregrinação de Childe Harold*: "Enquanto o Coliseu estiver de pé, Roma ficará de pé/ Quando o Coliseu cair, Roma cairá".[147] No entanto, nesse caso, seu amor pela história protegeu o centro de Roma da devastação da qual poderia ter sido alvo fácil. "Devemos ter cuidado para não bombardear o papa", avisou a Sir Richard Peirse, o novo comandante-chefe do Comando de Bombardeiros; "ele tem muitos amigos influentes!"[148] Naquele mesmo mês, quando foi informado de que oito aviões italianos haviam sido abatidos em uma incursão sobre Londres, deu um grito de alegria.[149]

No dia 5 de novembro, fez um discurso na Câmara dos Comuns que ditara na Sala Hawtrey, em Chequers, acompanhado por valsas de Strauss no gramofone de Mary. "O rei grego, seu governo e o povo grego resolveram lutar pela vida e pela honra, para que o mundo não seja facilmente acorrentado", proclamou.[150] Nicolson observou que Churchill "esfrega as palmas das mãos com cinco dedos estendidos para cima e para baixo na frente de seu casaco, procurando a frase certa, indicando uma seleção cautelosa, mostrando uma conduta quase medicinal". Depois do discurso, "entra na sala de fumar e lê o *Evening News* atentamente, como se fosse a única fonte de informação disponível para ele".[151]

A notícia que Churchill queria desesperadamente ouvir chegou mais tarde, naquele mesmo dia: Roosevelt derrotara Willkie por 449 a 82 votos no colégio eleitoral. Havia vencido em 38 estados contra dez e tornou-se o primeiro presidente a se eleger para um terceiro mandato. A margem na votação popular foi menor do que a vitória no colégio eleitoral fazia parecer: ele havia recebido 27,2 milhões de votos, contra 22,3 milhões de Willkie. Churchill sentiu um "alívio indescritível". Willkie não era isolacionista, mas Mary resumiu o sentimento na casa dos Churchill quando escreveu em seu diário: "*Glória Aleluia!!* Uma deliciosa cutucada na fuça de Hitler".[152] Com a reeleição de Roosevelt garantida, Churchill enviou-lhe um telegrama em 16 de novembro que mais tarde descreveu como "um dos mais importantes que já escrevi", pedindo o empréstimo ou arrendamento de armas para a Grã-Bretanha de acordo com um plano pelo qual os britânicos pagariam aos Estados Unidos em um prazo bem longo.[153] (Nem ele poderia ter adivinhado que a parcela final do empréstimo, de 83,25 milhões de dólares, só seria reembolsada em 2006.) Harry Hopkins, o confidente mais próximo de Roosevelt, comunicou mais tarde a Churchill que o presidente "leu e releu esta carta sentado sozinho em sua espreguiçadeira" enquanto navegava no Caribe a bordo do navio de guerra norte-americano *Tuscaloosa*, e "por dois dias não parecia ter chegado a uma conclusão clara".[154] No entanto, uma ideia extraordinária estava se formando na mente do presidente dos Estados Unidos.

Em novembro, pela primeira vez, a Câmara dos Comuns se reuniu na Church House, em Westminster, considerada mais segura que o Palácio de Westminster. Em sua última aparição na Câmara antes da mudança, Churchill pôde anunciar, sob grandes aplausos, a vitória decisiva da Frota do Mediterrâneo sobre a Marinha italiana na Batalha de Taranto, na noite do dia 11. "Dessa vez, demos um pouco de açúcar para os passarinhos", disse ele a Channon, sorrindo.[155] Era a primeira vez que a Câmara se reunia em outro lugar desde o incêndio de 1834, e Channon anotou que "Winston se divertiu com a confusão que observou".[156] "Os parlamentares estão reclamando abertamente que Winston tira proveito de sua posição", acrescentou Channon, "de seu número imenso de seguidores no país, embora sua popularidade esteja em declínio: mas ainda é alta."[157]

Channon estava enganado; a popularidade de Churchill era mais alta do que nunca, mas muitos parlamentares tories ainda não haviam se reconciliado com ele. Portanto, quando Chamberlain morreu, em 9 de novembro, aos 71 anos, Churchill teve de pisar em ovos em seu panegírico na Abadia de Westminster.

A maioria dos políticos teria contemporizado em uma homenagem fúnebre a um antecessor a cuja política central haviam se oposto resolutamente por anos, a quem substituíram num polêmico golpe e cujos partidários ainda não reconciliados compunham a maioria da Câmara dos Comuns. Churchill, no entanto, usou o púlpito no funeral de Chamberlain, no dia 14 de novembro, na gelada abadia — com os vitrais removidos para serem guardados em segurança e as aberturas das janelas mal vedadas — como uma oportunidade para uma oratória magnífica.

"Ao prestar um tributo de respeito e consideração por um homem eminente que nos foi tirado", disse Churchill a uma congregação lotada, "ninguém é obrigado a alterar as opiniões que formou ou expressou sobre questões que se tornaram parte de história; mas no pórtico do cemitério todos nós podemos revisar minuciosamente nossa própria conduta e nossos próprios julgamentos. Não é dado aos seres humanos, felizmente para eles, pois de outra forma a vida seria intolerável, prever ou predizer em maior medida o desenrolar dos acontecimentos. Numa fase, os homens parecem estar certos, em outra parecem estar errados." Chamberlain estivera errado a respeito de tentar o apaziguamento com Hitler, mas, como observou Churchill, ele tinha "os instintos benevolentes do coração humano [...] mesmo sob grande perigo e, certamente, com total desdém pela popularidade ou pelo clamor", esforçando-se "ao máximo de sua capacidade e autoridade, que eram poderosas, para salvar o mundo da terrível e devastadora luta na qual estamos agora engajados".[158]

"A história, com sua lamparina bruxuleante", continuou Churchill,

> cambaleia pela trilha do passado, tentando reconstruir suas cenas, reviver seus ecos e acender com clarões pálidos a paixão de dias passados. Qual é o valor de tudo isso? O único guia para um homem é sua consciência; o único escudo para sua memória são a retidão e a sinceridade de suas ações. É muito imprudente andar pela vida sem esse escudo, porque muitas vezes somos ridicularizados pelo fracasso de nossas esperanças e pela frustração de nossos cálculos: mas com esse escudo, quaisquer que sejam as jogadas do destino, marchamos sempre nas fileiras da honra.[159]

Channon, sentado ao lado de Rab Butler no segundo banco, notou que "Winston teve a decência de chorar ao ficar ao lado do caixão".[160]

Churchill reprisou esse discurso na Câmara dos Comuns na Church House para ser registrado de forma oficial no Hansard, falando pela primeira vez no local. Colville "não achou que a fala do primeiro-ministro esteve à altura da magnificência de sua linguagem", principalmente por causa do recinto apertado, da tosse dos membros do Parlamento e do rangido do tablado quando as pessoas o pisavam.[161] Quando Kathleen Hill o elogiou pelo discurso, Churchill disse: "Bem, é claro que eu poderia ter feito o inverso".[162] Afinal, ele não mudara sua opinião sobre a política de apaziguamento. Para Nicolson, ele observou que o elogio fúnebre "não era uma tarefa impossível, já que admirava muitas das grandes qualidades de Neville. Mas peço a Deus em sua infinita misericórdia que eu não tenha de fazer um discurso semelhante sobre Baldwin. Isso, sim, seria difícil de fazer".[163] (Ele foi poupado disso.) Para James Stuart, um parlamentar adepto de Chamberlain, Churchill disse: "O que farei sem o pobre Neville? Eu estava confiando nele para cuidar da frente interna para mim".[164] A partir dali teria de confiar em Attlee, Morrison e Anderson, que não tinham de forma nenhuma as mesmas posições políticas de Churchill.

O parlamentar tory Ronnie Tree perguntou a Churchill se ele gostaria de ficar em sua casa de campo, Ditchley Park, em Oxfordshire, durante as luas cheias, depois que aviões de reconhecimento alemães voaram sobre Chequers, lançando bombas nas proximidades e deixando alarmada a chefia do Estado-Maior Aéreo com a possibilidade de um ataque pesado.[165] "Embora eu esteja sempre preparado para o martírio", ele explicou, "não há sentido em desafiar a Providência."[166] Ele achava que as acomodações alternativas do governo oferecidas em Worcestershire eram muito distantes, enquanto Ditchley ficava a apenas 120 quilômetros de Whitehall.* Tree e sua esposa, Nancy (mais tarde Nancy Lancaster), recebiam com "os padrões e a atmosfera de uma festa de antes da guerra", escreveu Martin.[167] "É, sem dúvida, a casa mais bonita que já vi", observou Mary, e Churchill costumava se reunir com generais e almirantes na sala chinesa da construção.[168] Na tarde do funeral de Chamberlain, quando Churchill partiu para Ditchley, John Martin entregou-lhe a caixa amarelada com as decodificações do Enigma. Após poucos minutos de viagem, ao chegar a Kensington Gardens, Churchill ordenou ao motorista que voltasse para a Downing Street. Os documentos informavam que uma grande incursão, cujo codinome era Sonata ao Luar, estava prestes a acontecer e, embora Bletchley Park não conseguisse identificar o destino visado, o posicionamento dos raios *X-Gerät* sugeria que o alvo era Londres.[169] Segundo Martin, Churchill "não dormiria tranquilamente no

* O título do livro de memórias de Tree sobre os anos de guerra, *When the Moon Was High* [Quando a lua estava cheia], afirma que Churchill ia para lá toda vez que a lua cheia caía num fim de semana; na verdade, como os livros dos visitantes de Chequers atestam, os Churchill ficaram em Chequers em onze noites de lua cheia durante a guerra e receberam a visita de dezenas de ilustres convidados.

campo enquanto Londres estivesse sob o que se esperava que fosse um ataque pesado".[170] Bracken enviou a equipe feminina do primeiro-ministro para casa e para o bunker de Dollis Hill. A coragem natural de Churchill e seu desejo de estar no centro da ação fizeram com que ele se dirigisse para o telhado do Ministério do Ar com seu binóculo.[171]

Na verdade, o ataque daquela noite foi à cidade de Coventry, nas Midlands, onde 544 pessoas morreram e 420 ficaram feridas, e apenas uma das 515 aeronaves alemãs foi abatida.[172] Criou-se o mito de que Churchill sabia que Coventry seria bombardeada e permitiu que isso acontecesse para proteger o sigilo da Ultra; mas, na verdade, o local não fora apontado como o alvo.[173] Incursões pesadas a Birmingham entre 19 e 22 de novembro, a Southampton no dia 23 e Bristol no dia 24 fizeram Churchill comentar sobre o "fracasso total de todos os nossos métodos". Hurricanes e canhões antiaéreos haviam sido enviados para as Midlands depois do ataque a Coventry, mas mesmo assim a Luftwaffe conseguia chegar lá, embora tivesse passado a promover bombardeios principalmente à noite e, portanto, com menos precisão.[174]

Contudo, até a ameaça aérea, como Churchill observou em 22 de novembro, não era "nada como a dos submarinos".[175] Ele voltou à questão do tratado irlandês dos portos, e queixou-se a lorde Cranborne, o ministro dos Domínios, que Sir John Maffey, o embaixador britânico em Dublin, "não deve ser encorajado a pensar que sua única tarefa é acalmar Valera e fazer tudo, inclusive a nossa ruína, transcorrer de modo agradável".[176] No início de dezembro, ele especulou se o Estado Livre Irlandês não poderia ser coagido por sanções a mudar sua postura. No entanto, nada faria o primeiro-ministro de Valera permitir que a Marinha Real usasse os portos irlandeses na luta contra o fascismo.

Em 30 de novembro, dia em que completava 66 anos, Churchill escreveu a Roosevelt uma carta de quinze páginas em que resumia a situação estratégica e mais uma vez o pressionava por apoio. A correspondência passou por várias revisões e só foi despachada em 7 de dezembro. "A decisão de 1941 está nos mares", dizia a carta;

> a menos que possamos assentar nossa capacidade de alimentar esta ilha, importar armamentos de todos os tipos de que necessitamos, a menos que possamos levar nossos exércitos para os vários teatros onde Hitler e seu confederado Mussolini devem ser enfrentados, e mantê-los lá [...] podemos tombar pelo caminho e o tempo necessário para que os Estados Unidos completem seus preparativos defensivos pode, portanto, não estar próximo. É, portanto, na navegação e no poder de transportar através dos oceanos, em particular o oceano Atlântico, que se encontrará em 1941 o momento decisivo de toda a guerra.[177]

Ele pediu mais remessas, mais destróieres, pressão sobre Valera para abrir bases irlandesas e embarcações de guerra para escoltar os navios mercantes norte-americanos. A carta terminava: "Se [...] está convencido, senhor Presidente, de que a derrota da tirania nazista e fascista é uma questão de grande importância para o povo dos Estados Unidos e para o hemisfério ocidental, o senhor considerará esta carta não como um pedido de ajuda, mas como uma declaração da ação mínima necessária para alcançar nosso objetivo comum". Ao discutir como pagar por tudo isso, havia declarado anteriormente na correspondência: "Eu não estarei disposto, mesmo no auge desta luta, a despojar a Grã-Bretanha de todos os ativos possivelmente vendáveis, de modo que, depois que a vitória fosse obtida com nosso sangue e suor, a civilização salva e o tempo ganho para que os Estados Unidos estivessem totalmente armados contra todas as eventualidades, tudo fosse arrancado de nós".[178] Contudo, era difícil ver como isso poderia ser evitado.

Churchill escreveu a Sinclair e Portal em dezembro, pedindo um informe com "não mais do que duas ou três páginas", com estimativas do tamanho que a Luftwaffe teria entre o final de março e junho de 1941. As estatísticas que recebia do Ministério do Ar, do Ministério da Economia de Guerra, do Ministério da Produção de Aeronaves e de seu próprio Departamento de Estatística eram, às vezes, muitíssimo divergentes. O primeiro-ministro tentou impor a organização de Lindemann aos demais ministérios, mas seus ministros não estavam dispostos a desistir da coleta e apresentação de estatísticas independentes. Então Churchill "deixou a discussão correr de forma saudável entre os departamentos", como escreveu mais tarde. "Essa é uma boa maneira de descobrir a verdade."[179] No fim do ano, Sinclair e Portal concluíram que a preponderância alemã era agora de aproximadamente quatro para três, enquanto durante a Batalha da França tinha sido de dois para um, e em abril seria ainda melhor. Churchill reconheceu que os dias mais negros da Batalha da Grã-Bretanha e a ameaça imediata de invasão haviam ficado para trás. Em dezembro, Eden anotou em seu diário: "Winston estava cansado, mas alegre. Falamos dos dias negros do verão. Disse a ele que Portal e eu havíamos confessado um ao outro que, em nossos corações, nós dois nos desesperamos ao mesmo tempo. Ele comentou: 'Sim, normalmente eu acordo animado para encarar o novo dia. Naquela época, acordava com pavor no coração'".[180] No entanto, nada que qualquer um desses homens fizesse ou dissesse em público — para a imprensa, no Parlamento, para suas próprias equipes ou mesmo para suas esposas — deixava transparecer nem sequer por um instante que tivessem alguma dúvida sobre a vitória final. Era a quintessência da liderança.

No início de dezembro, Churchill estava frustradíssimo. Além da teimosia de Valera, ele ficou irritado porque o plano do almirante Keyes para a Operação

Workshop, a tomada da pequena ilha de Pantelária, não fora aprovado pelos chefes do Estado-Maior. Contudo, os problemas envolvidos em manter e abastecer a pequena ilha a apenas cem quilômetros a sudoeste da Sicília, com seu porto precário e campo de pouso inadequado, superavam em muito os benefícios, e os chefes de Estado-Maior estavam certos em vetar a operação. O almirante Sir Andrew Cunningham, comandante-chefe do Mediterrâneo, se opusera com tanto vigor que Churchill dissera: "Certamente, sentimentos assim não deveriam existir entre velhos camaradas".[181] Enquanto isso, Keyes condenara de modo tão agressivo os "conselheiros covardes" de Churchill que o primeiro-ministro, como sempre não querendo desautorizar a cúpula militar, viu-se forçado a dizer: "Você e seus Comandos terão de obedecer a ordens como outras pessoas e isso é tudo o que há para ser dito a esse respeito".[182]

Churchill também achava que Wavell estava atrasado no lançamento da Operação Compass [Bússola] contra a Itália no Egito e, embora os italianos estivessem sendo batidos pela feroz resistência grega nos Bálcãs, em 3 de dezembro Dill perguntou: "O que a Alemanha está fazendo?". Tratava-se de um fato que ele deveria esclarecer, não questionar, ao qual Churchill respondeu: "Eles estão preparando algo terrível".[183] Depois de uma reunião do Comitê de Defesa em 5 de dezembro, Churchill propôs a Eden que assumisse o comando de Wavell, usando o precedente do duque de Wellington, que era um membro do Parlamento antes de lutar na Guerra Peninsular. "Eu recusei, com muita firmeza!", anotou Eden.[184] Wavell deu início à Operação Compass no Deserto Ocidental em 9 de dezembro. Nas seis semanas seguintes, ele avançou 320 quilômetros e capturou 113 mil prisioneiros. No almoço com o rei no dia 10, "Winston continuou repetindo que devemos ter um sucesso", mas agora finalmente estava acontecendo, e no dia seguinte ele pôde telefonar ao monarca para anunciar a primeira vitória em terra desde o início da guerra.[185] Churchill contou a Lindemann que "ele estava vivendo de esperança havia cinco semanas e que estava aterrorizado que alguma tempestade de areia desse aos homens no local uma chance de recuar" — uma indicação do quanto duvidava do espírito de luta dos generais.[186] Três meses depois da Operação Compass, Churchill já havia incumbido Wavell de mais cinco campanhas para executar na Grécia, Síria, Iraque, Etiópia e Eritreia, mas não os amplos reforços necessários para a vitória em qualquer um desses lugares, exceto nos menos importantes.

No dia em que se iniciou a Operação Compass, o Claustro de Santo Estevão, uma construção do século XIV no Palácio de Westminster, foi duramente atingido num ataque aéreo, justificando acima de qualquer dúvida a decisão de Churchill de transferir o Parlamento para a Church House. Channon encontrou no lavatório dos parlamentares "uma cena de devastação; confusão, destroços, vidros quebrados por toda parte, e a parte mais bela e antiga do vasto prédio numa bagunça. De repente, topei com Winston Churchill usando um casaco de gola de pele e fumando um charuto [...]. 'É horrível', ele comentou comigo sem tirar o charuto da boca; e vi que estava muito comovido, pois ama Westminster [...] Onde Cromwell assinou a sentença de morte do rei Carlos', ele grunhiu".[187]

Em 12 de dezembro, lorde Lothian morreu em Washington de uremia depois de cinco dias de doença, com apenas 58 anos.* O panegírico de Lothian feito por Churchill em Westminster foi mais uma vez, em parte, autorreferente: "Não posso deixar de sentir que morrer no auge da carreira, no ponto mais alto de seu esforço aqui neste mundo, universalmente honrado e admirado, morrer enquanto grandes questões ainda exigem todo o seu interesse, ser tirado de nós em um momento em que ele já podia ver o sucesso final em vista, não é o mais invejável dos destinos".[188] Mais tarde na guerra, depois que a Rússia e os Estados Unidos já estavam no conflito e a vitória era certa, Churchill afirmou várias vezes que, se ele próprio tombasse durante a guerra, seria uma morte invejável.

Churchill pensou inicialmente em nomear Lloyd George para suceder a Lothian na embaixada de Washington, mas não tinha certeza se poderia confiar nele. Por fim, fez a oferta, que foi recusada por motivos de saúde. Cripps não podia ser transferido de Moscou, pois "ele é um lunático em um país de lunáticos, e seria uma pena removê-lo de lá".[189] Os lordes Cranborne e Vansittart foram considerados, antes de o primeiro-ministro enfim decidir por Halifax, abrindo assim o caminho para Eden voltar ao Ministério das Relações Exteriores. Em outubro, ele dissera: "O que se quer nesse departamento é uma aplicação substancial da bota", tarefa que em sua opinião Eden era capaz de dar conta.[190] Além disso, afastaria Halifax, que considerava uma influência restritiva na melhor das hipóteses e, na pior, mais uma vez um possível apoiador das negociações de paz, caso a guerra andasse mal. Churchill usou astutamente os cargos no exterior para remover oponentes em potencial e substituí-los por apoiadores; além de Halifax, Hoare e Malcolm MacDonald (enviado ao Canadá no posto de alto-comissário), ele mandou cinco outros ex-ministros de Chamberlain para o exterior, para ocupar cargos de governador na Birmânia e em Bombaim, de ministro residente na África Ocidental e de altos-comissários na Austrália e na África do Sul. Vários outros foram afastados da Câmara dos Comuns através do velho expediente da concessão de títulos de nobreza.

* Um tratamento com antibióticos teria curado Lothian caso ele não se recusasse a consultar um médico por ser adepto da Ciência Cristã. No dia seguinte, ao jantar, Churchill perguntou se alguém ao redor da mesa era cientista cristão. "Bem", disse Lindemann, "eu sou, se você separar as duas palavras, um cristão e um cientista." Churchill então respondeu: "Estou disposto a admitir que você possa ter alguma pretensão de ser a segunda coisa". "Aliás é a única das duas que você tem alguma qualificação para julgar", retrucou Lindemann (Colville, *Fringes*, p. 312).

Em 12 de dezembro, Churchill disse a Jock Colville que, depois da vitória, "ele não queria liderar uma luta partidária ou uma luta de classes contra os líderes trabalhistas que agora o serviam tão bem". Em vez disso, se retiraria para Chartwell e escreveria um livro sobre a guerra, que já havia estruturado em sua mente, capítulo por capítulo.[191] O fato de a luta já estar sendo vista a essa altura em termos de seu potencial literário explica em parte por que todas as ordens e comunicações tinham de ser postas no papel. E, mais importante ainda, Churchill recusava-se a assumir a responsabilidade pelo que quer que fosse, a menos que estivesse registrado por escrito, o que se tornou um aspecto fundamental nos procedimentos adotados em Whitehall.*

Em qualquer discussão sobre os objetivos de guerra britânicos durante a Batalha da Grã-Bretanha, Churchill era inflexivelmente claro. "Havia apenas um objetivo", segundo ele: "destruir Hitler." O primeiro-ministro acreditava que, depois que a guerra fosse ganha, "surgiria uns Estados Unidos da Europa, e esta ilha seria o elo entre essa Federação e o Novo Mundo e capaz de manter o equilíbrio entre os dois". Quando questionado se isso significava um novo equilíbrio do poder, esclareceu: "Não, o equilíbrio da virtude".[192] Falando sobre o que chamava de aquele "tonto" do Thomas Inskip, acrescentou: "Vamos vencer, mas não merecemos; ou melhor, nós merecemos graças a nossas virtudes, mas não a nossa inteligência".[193] Em meados de dezembro, já estava voltando seus pensamentos para o mundo do pós-guerra. Disse a Colville que haveria quatro confederações — a do norte, a do centro do continente, a do Danúbio e a dos Bálcãs (incluindo a Turquia) — que se reuniriam em um Conselho da Europa. "O mundo de língua inglesa estaria separado, mas intimamente ligado a isso", previu.[194] Em geral, no entanto, evitava conversas sobre a reconstrução após o conflito e "objetivos de guerra". "Não deixe que planos abrangentes para um novo mundo desviem suas energias de salvar o que resta do antigo", aconselhou ele a lorde Reith, o ministro de Obras e Construções.[195] Era uma boa metáfora para sua visão como um todo.

Embora Churchill tenha tirado apenas oito dias de férias entre a eclosão da

* A família Churchill sabia que Colville vinha mantendo um diário: Churchill o teria deliberadamente usado como seu Boswell, transmitindo-lhe seus melhores comentários e lhe permitindo participar de eventos que ele sabia que seriam históricos? O próprio Colville pode ter suspeitado disso, ao escrever que quando disse a Churchill que o povo britânico não permitiria que ele se aposentasse, "isso não era apenas boswelliano; não havia atualmente nenhum homem do calibre certo" (Colville, *Fringes*, p. 310). Em 1º de janeiro de 1941, Churchill escreveu um memorando que proibia os funcionários de escrever diários, o que deixou Colville "com crise de consciência". Felizmente para os historiadores, ele e todos os demais ao redor do primeiro-ministro decidiram ignorar a ordem.

guerra e a rendição da Alemanha,* às vezes conseguia fugir por um momento. Em 15 de dezembro, por exemplo, depois do almoço em Ditchley, foi a Blenheim. "Passamos muito tempo de quatro na biblioteca", recordou um membro de sua equipe de secretários, "enquanto ele reconstruía a batalha de Blenheim para nós com soldados de lata."[196] Naquela noite, assistiu a ... *E o vento levou*, o que o deixou "reduzido a pó pela força de seus sentimentos e emoções" e gerou uma *tendresse* que duraria pelo resto da vida por Vivien Leigh, a quem posteriormente presenteou com uma pintura.[197] Naquela noite, às três da manhã, jogando-se numa cadeira em seu quarto, ele desabou entre o móvel e um banco, nas palavras de Colville, "terminando na posição mais absurda no chão, com os pés no ar. Não tendo falsa dignidade, tratou o acidente como uma piada total e repetiu várias vezes: 'Um verdadeiro Charlie Chaplin!'".[198]

Poucos dias depois, Churchill levou quatro ministros, além de Colville e seu irmão Jack, à antiga escola deles para ouvir as Canções da Escola de Harrow e falar para os alunos.** Uma estrofe extra em sua homenagem fora inserida em "Stet Fortuna Domus". "Ele cantou vigorosamente, como todos nós, e parecia lembrar-se da maioria das palavras sem recorrer ao livro", relembrou Colville. "Nós cantamos 'os maravilhosos gigantes de outrora'", disse Churchill aos meninos,

> mas pode alguém duvidar que esta geração é tão boa e tão nobre quanto qualquer outra que a nação já produziu, e que seus homens e mulheres podem resistir a todos os testes? [...] Hitler, em um de seus recentes discursos, declarou que a luta era entre aqueles que passaram pelas Escolas Adolf Hitler e aqueles que estiveram em Eton. Hitler esqueceu-se de Harrow, e também ignorou a vasta maioria dos jovens deste país que nunca desfrutaram da vantagem de frequentar essas escolas, mas que por sua habilidade e destreza conquistaram a admiração de todo o mundo.

Pensando talvez nos 70% dos pilotos de caça da RAF que tinham frequentado escolas públicas, acrescentou: "Quando a guerra for vencida por esta nação, como certamente será, deve ser um dos nossos objetivos trabalhar para estabelecer um estado da sociedade em que as vantagens e os privilégios até agora desfrutados apenas pelos poucos sejam muito mais amplamente compartilhados pelos muitos

* Dois dias em Pompano, na Flórida (10 e 11 de janeiro de 1942), e mesmo assim recebeu cabogramas em ambos os dias; além de seis dias pescando no Canadá, após a Conferência de Quebec, em 1943.

** No começo daquele ano, ao ser questionado como as escolas públicas estavam se saindo na guerra, Churchill havia dito: "Como sempre: Harrow tem a Amery, a Gort e a mim, Eton tem o rei dos belgas e o capitão Ramsay, e Winchester tem Oswald Mosley em seu crédito" (Rose [Org.], *Baffy*, p. 174). Foi uma boa piada — os dois últimos estavam presos por fascismo — e ressalta que em grande medida ele não culpava lorde Gort pela derrota no continente.

e pela juventude da nação como um todo".[199] Depois de seu discurso, os alunos mais velhos se aglomeraram em torno dele. "Eles perdiam toda a timidez", lembrou-se Colville de tais ocasiões, "e ele lhes falava de forma absolutamente igualitária."[200] Churchill se dava bem com os jovens, fossem alunos de Harrow, marinheiros, amigos de seus filhos, os guardas de Chequers ou seus próprios netos.

Com o Natal se aproximando, Churchill comunicou a Halifax que o enviaria para Washington como embaixador, embasado em pesquisas da Inteligência Interna revelando que o então ministro das Relações Exteriores herdara um pouco da impopularidade do falecido Neville Chamberlain devido à defesa da política de apaziguamento. Quando Halifax protestou, Churchill disse que ele "nunca superaria a reputação de apaziguadores que ele e o Ministério das Relações Exteriores haviam conquistado por suas ações. Por outro lado, tinha uma oportunidade gloriosa nos Estados Unidos, porque, a menos que os norte-americanos entrassem na guerra, não poderíamos vencer, ou pelo menos não poderíamos obter uma paz realmente satisfatória".[201] Era verdade, mas mesmo assim uma constatação das mais sérias a fazer, mesmo em particular. Halifax ameaçou se afastar em definitivo da política, e Lady Halifax censurou Churchill por exilá-los. Mas no fim foi, e o rei abrandou o baque da partida, garantindo que "se alguma coisa acontecesse a Winston [...] ele poderia ser chamado de volta".[202] Como parte da missão do novo embaixador, em 20 de dezembro Churchill enviou a Halifax um memorando em que dizia: "Não recebemos nada dos Estados Unidos pelo qual não pagamos e o que tivemos não desempenhou um papel essencial em nossa resistência".[203] O principal dever de Halifax era garantir que o Congresso norte-americano aprovasse o quanto antes uma legislação que permitisse à Grã-Bretanha comprar armas pelas quais não precisasse pagar imediatamente.

A aquiescência relutante de Halifax fez com que Churchill enfim pudesse dizer a Eden que o "queria muito" de volta ao Ministério das Relações Exteriores.[204] Eden era 23 anos mais moço do que o primeiro-ministro e, em muitos aspectos, o filho que ele desejara ter. Depois da guerra, Colville escreveu sobre o "afeto quase paternal" que Churchill sentia por Eden, contrastando-o com os sentimentos frustrados que considerava impossível conferir inteiramente a Randolph.[205] Churchill nunca conseguira realizar o que chamara de "seu mais querido desejo" de trabalhar em estreita colaboração com o próprio pai, mas agora poderia fazer isso com aquele que era quase um filho substituto (embora tivesse de tempos em tempos discussões inflamadas com ele também). No mês seguinte, explicou a Eden que sua passagem de ministro da Guerra para ministro das Relações Interiores era comparável a saltar da quarta para a sexta série na escola* — talvez mais uma prova de favorecimento excepcional e da postura de pai por

* Em termos do sistema educacional norte-americano, saltar do segundo para o quarto ano do ensino médio.

parte de Churchill.[206] Ele pediu a Margesson que assumisse o lugar de Eden no Ministério da Guerra e James Stuart substituísse Margesson como líder do partido. Embora ambos tivessem sido entusiastas dos acordos de Munique, eram totalmente leais a Churchill. O primeiro-ministro avisou Stuart que parte de seu trabalho seria proteger Beaverbrook dos parlamentares do baixo clero.*

Quando Eric Seal, seu principal secretário particular, requisitou uma semana de folga no Natal para a equipe da Downing Street, Churchill respondeu de Chequers que o pedido "me surpreende. Nenhum período de férias pode ser dado no Natal, mas todo esforço deve ser feito para permitir que os membros da equipe participem do Serviço Divino no dia de Natal, seja de manhã ou à tarde. Meus próprios planos serão trabalhar aqui ou em Londres continuamente, e espero que o recesso possa ser usado não apenas para pôr em dia o que está atrasado, mas também para tratar de problemas novos de forma mais detalhada".[207] Mais tarde, ele desejou à sua equipe "um Natal atarefado e um frenético Ano-Novo".[208] Como disse a Colville: "a continuidade do trabalho nunca prejudicou ninguém".[209]

Em Chequers, a família Churchill comeu o maior peru que John Martin já vira, um presente póstumo de lorde Rothermere, que morrera um mês antes. Depois, todos ouviram o discurso do rei no rádio e cantaram até a meia-noite, e "o primeiro-ministro cantou vigorosamente, embora nem sempre no tom, e quando Vic [Oliver] tocou valsas vienenses, deu passos extraordinariamente brincalhões de sua autoria no meio da sala".[210] "Este foi um dos natais mais felizes de que me lembro", Mary escreveu em seu diário. "Apesar de todos os terríveis eventos que aconteciam ao nosso redor. Não foi feliz de uma maneira *ostensiva*. Mas eu nunca vi a família tão feliz, tão unida, tão cordata. Pergunto-me se todos estaremos juntos no próximo Natal. Eu rezo para que estejamos."[211] Por sua vez, numa atitude um tanto excêntrica, Churchill deu ao rei um macacão de presente natalino, e para a rainha, um exemplar de *Modern English Usage*, de Fowler.[212]

No Ano-Novo de 1941, inspecionando as vigas acima das Salas de Guerra usando apenas a lanterna no cabo da bengala, Churchill afundou os pés até os tornozelos em cimento fresco. Quando Colville brincou dizendo que ele encontrara seu Waterloo, Churchill reagiu: "Como você se atreve! De qualquer modo,

* Ao receber uma das ameaças periódicas de renúncia de Beaverbrook, em razão de suas más relações com o Ministério do Ar, Churchill lhe disse em dezembro: "É mais do interesse público que haja fortes críticas e réplicas entre os dois departamentos do que eles entregarem um ao outro buquês cerimoniosos" (Colville, *Fringes* p. 317). Sua resposta a outra ameaça de renúncia terminou com a invocação da coragem do radical revolucionário francês: "Danton, sem fraqueza" (ibid., p. 330).

Blenheim, não Waterloo".[213] Naquela noite, Wood e Eden conversaram com Churchill sobre a terrível situação financeira do país. Uma Lei de Empréstimo e Arrendamento que estava no Congresso norte-americano permitiria que a Grã-Bretanha comprasse armamentos, mas só pagasse por eles depois da guerra. Porém, conforme Colville resumiu a opinião de Churchill, o temor era de que "o amor dos americanos por bons negócios pudesse levá-los a nos privar de todos os nossos recursos realizáveis antes que mostrassem qualquer inclinação para serem o Bom Samaritano".[214]

Do ponto de vista militar, a situação na Líbia continuava boa contra os italianos, com a queda da cidade de Bardia em 4 de janeiro. Churchill estava de bom humor dois dias depois, quando escreveu ao rei: "Suas Majestades são mais amadas por todas as classes e condições do que qualquer um dos príncipes do passado. Estou realmente orgulhoso por minha sorte, e meu dever é estar ao lado de Sua Majestade como primeiro-ministro neste clímax da história britânica".[215] Com sua extraordinária memória para aniversários, também escreveu naquele dia para Ian Hamilton, 41 anos após a vitória dele sobre os bôeres: "Estou pensando em você e na [batalha de] Waggon Hill quando outro dia 6 de janeiro traz notícias de um belo feito de armas".[216]

No fim de 1940, as interceptações do Enigma revelaram que as forças alemãs estavam se concentrando nos Bálcãs, em especial na Bulgária, indicando que Hitler pretendia invadir a Iugoslávia e também ir à guerra contra a Grécia, que até então estava indo bem em sua luta contra a Itália.[217] "Nada serviria melhor ao nosso interesse do que o adiamento de algum avanço alemão nos Bálcãs para a primavera", disse Churchill aos chefes de Estado-Maior no dia 6 de janeiro. "Por isso mesmo, é preciso entender que começará mais cedo."[218] O Ministério da Guerra achava que o ataque aconteceria em março, mas Churchill viu numa decifração de mensagens codificadas a ordem de que os destacamentos de retaguarda estivessem prontos em 20 de janeiro, e com base somente nisso convenceu o Comitê de Defesa de que Wavell, que vinha perseguindo duramente os italianos no Norte da África, deveria voar para Atenas a fim de oferecer assistência imediata. Hitler pretendia apenas tomar o território grego até Salônica, a fim de proteger seu flanco direito durante a planejada invasão da Rússia naquele verão, mas a chegada das forças britânicas o persuadiu a tomar o país inteiro.[219] Churchill queria ser um bom aliado para a Grécia, mas também esperava fazer crescer o prestígio britânico aos olhos dos búlgaros, turcos e talvez até dos russos (cujo pacto de não agressão com os alemães ainda estava em vigência) e dos americanos.[220]

Em um almoço oferecido pela Sociedade dos Peregrinos Anglo-Americanos em homenagem a Halifax, em 9 de janeiro, antes de sua partida para Washington, Churchill expressou sua crença:

> A identidade de firmeza e persistência de determinação que prevalece em todo o mundo de língua inglesa irá, mais do que qualquer outro fato, determinar o modo de vida que será aberto às gerações, e talvez aos séculos, que virão depois do nosso [...]. Sempre fui da opinião de que a sorte da Humanidade em sua tremenda jornada é decidida principalmente para o bem ou para o mal — mas sobretudo para o bem, pois o caminho é ascendente — por seus maiores homens e seus maiores episódios. Eu, portanto, saúdo como um acontecimento muito afortunado que neste clima estarrecedor nos assuntos mundiais esteja à frente da República Americana um famoso estadista, muito versado e experiente no trabalho do governo e da administração, em cujo coração arde o fogo da resistência à agressão e à opressão, e cujas simpatias e natureza fazem dele o sincero e indiscutível defensor da justiça e da liberdade, e das vítimas do delito onde quer que residam.[221]

No dia seguinte, com esse encômio impresso nos jornais, Churchill encontrou-se com Harry Hopkins, o enviado pessoal de Roosevelt, que se tornaria crucial para aplainar o caminho entre o primeiro-ministro e o presidente. Hopkins, de 49 anos, havia administrado várias agências de socorro do New Deal e fora secretário de Comércio dos Estados Unidos de 1938 a 1940; Churchill o apelidou carinhosamente de "Sancho Pança" por sua lealdade a Roosevelt, e a franqueza da conversa de Hopkins o levou a brincar que ele daria o título de "Lorde Cerne da Questão".[222] O primeiro almoço dos dois, em 10 de janeiro, durou até as quatro da tarde, apesar de três quartos do estômago de Hopkins terem sido removidos em 1939 em consequência de um câncer. Churchill fez todo o possível não apenas para encantar Hopkins, mas também para lhe comunicar tanto o estado robusto do moral britânico como a necessidade urgentíssima de ajuda imediata dos norte-americanos. "O presidente está convicto de que venceremos a guerra juntos", era a mensagem oral de Hopkins para Churchill. "Não se enganem a respeito disso. Ele me enviou aqui para lhe dizer que a todo custo e por todos os meios o apoiará, não importa o que aconteça com ele — não há nada que não fará enquanto tiver força humana."[223] O comandante Thompson registrou que Churchill ficou "profundamente comovido" com isso (o que com muita probabilidade significa com os olhos cheios de lágrimas).[224] Hopkins também trouxe para seu anfitrião um verso de um poema de Longfellow, "A construção do navio", de 1849, que o próprio presidente copiara à mão.

Hopkins viajou com Churchill para Ditchley no dia seguinte e, naquela noite, na sala de jantar iluminada por velas, revelou aos presentes que Roosevelt mandara buscar um rádio durante uma reunião de seu gabinete para poder ouvir o discurso de Churchill. Isso deixou o primeiro-ministro "tocado e gratificado".[225] Churchill disse que mal conseguia lembrar o que dissera no verão anterior, mas que "seria melhor para nós sermos destruídos do que ver o triunfo daquele impostor".[226] "O socialismo é ruim", argumentou ele, "o jingoísmo é pior, e os dois combinados numa espécie de fascismo italiano degradado é o pior credo já concebido pelo homem."[227] Naquele fim de semana, Hopkins observou que Churchill "sempre parecia estar em seu posto de comando na precária cabeça de ponte e os canhões continuavam a disparar em sua conversa; onde quer que estivesse, havia uma frente de batalha — e ele estava envolvido nas batalhas não só da guerra atual, mas de todo o passado, de Canas a Galípoli".[228] Parece surpreendente que Churchill tenha mencionado esta última ao tentar impressionar esse visitante tão importante, mas ele o fez.

Um sinal da irritação de Churchill com os Estados Unidos podia ser perceptível na única pergunta meio brincalhona que fez a Hopkins no jantar da noite seguinte. Ele "perguntou o que os americanos fariam quando tivessem acumulado todo o ouro do mundo e os outros países decidissem que o ouro não tinha valor a não ser para obturar dentes".[229] "Bem", respondeu o fragilizado mas cordato Hopkins, "poderemos usar nossos desempregados para vigiá-lo!"[230] Naquela noite, fumando "um charuto fenomenalmente grande", Churchill ofereceu a Hopkins uma visão geral da guerra. "A Alemanha tinha 60 milhões com que poderia contar; o restante [isto é, os italianos e romenos] eram no mínimo um peso e potencialmente um perigo", afirmou ele.

> O Império Britânico tinha mais habitantes brancos do que isso e se os Estados Unidos estivessem conosco — como ele parecia supor neste discurso que estariam ativamente — haveria outros 120 milhões [...]. Ele não acreditava que os japoneses entrariam [...] e achava mais do que provável que os alemães fossem obrigados a ocupar toda a França, fazendo com que os franceses pegassem em armas novamente no Norte da África [...]. Ele acreditava que Orã havia sido o ponto de virada em nossa sorte: isso fez o mundo perceber que estávamos empenhados em nossa intenção de continuar.

Colville escreveu: "Acho que Hopkins deve ter ficado impressionado".[231] Naquela noite, enquanto assistia ao filme *Gestapo* com Hopkins em Chequers, Churchill recebeu a notícia de que o cruzador ligeiro HMS *Southampton* havia sido afundado em Malta por bombardeiros de mergulho da Luftwaffe. Ele culpou a abortada Operação Workshop, admitindo: "Eu hesitei, e agora tenho motivos para me arrepender".[232]

Em 14 de janeiro de 1941, Churchill levou Hopkins, Clementine, Ismay, Martin e seu médico Sir Charles Wilson (mais tarde lorde Moran) a Scapa Flow para se despedir de lorde e Lady Halifax, que estavam partindo no recém-lançado navio de guerra HMS *King George V*. Ao ouvir que o príncipe regente Paulo da Iugoslávia se opunha a que os britânicos montassem uma frente em Salônica, temendo que isso encorajasse os alemães a atacar seu país, Churchill disse aos chefes de Estado-Maior: "A postura do príncipe Paulo parece a de um infeliz numa jaula com um tigre, esperando não provocá-lo enquanto a hora do jantar se aproxima".[233] Não demorou muito para ficar claro que Paulo, a quem Churchill apelidara de "Príncipe Paralisia", estava certo.

Em 16 de janeiro, depois de jantar e dormir a bordo do HMS *Nelson* na noite anterior, Churchill e sua comitiva compareceram a um teste de novos foguetes disparados da torre do navio de guerra, um projetor múltiplo que lançava bombas e arame no céu para combater os bombardeiros de mergulho. Infelizmente, não foi considerada a questão do vento e "um dos projéteis se emaranhou no cordame", escreveu Martin. "Houve uma forte explosão e um objeto parecido com um pote de geleia voou em direção à ponte de comando, onde estávamos. Todos se abaixaram e houve um forte estrondo, mas não causou nenhum dano sério."[234] Depois de levantar-se, Churchill observou secamente: "Acho que há alguma coisa não muito certa no modo como vocês estão usando essa nova arma".[235]

Churchill levou então Hopkins e o grupo para visitar a base naval de Rosyth, os estaleiros de Inverkeithing ("onde o primeiro-ministro foi recebido com imenso entusiasmo") e as instalações da defesa civil em Glasgow.[236] Naquela noite, num grande jantar municipal na cidade escocesa, Harry Hopkins fez um discurso curto que foi ainda mais impressionante pela forma gentil como foi proferido. Ele transmitiu ao público uma ideia da enorme ajuda que em breve viria do outro lado do Atlântico assim que a Lei de Empréstimo e Arrendamento fosse aprovada pelo Congresso. E concluiu com palavras do Livro de Rute: "Para onde fores, irei também; onde for tua moradia, será também a minha; teu povo será o meu povo e teu Deus será meu Deus". Hopkins então acrescentou baixinho: "Até o fim".[237] Churchill chorou.

# 24. "Continuem persistindo"

## *Janeiro a junho de 1941*

*A maioria das guerras são principalmente histórias de trapalhadas.*

Churchill, *Marlborough*[1]

*Napoleão podia mandar, mas Marlborough nunca podia fazer mais do que persuadir ou convencer. É difícil vencer batalhas nessa base.*

Churchill ao general Edmonds, 1934[2]

Em 22 de janeiro de 1941, quando o estrategicamente importante porto líbio de Tobruk foi tomado por Wavell, Churchill tinha boas notícias para dar aos parlamentares. "Com certeza há muita coisa que poderia ser mais bem-feita", disse ele, "e não me ofendo de forma nenhuma com críticas, mesmo quando, por uma questão de ênfase, durante algum tempo se afastam da realidade."[3] Quando ele usou a expressão latina *primus inter pares* (primeiro entre iguais), os parlamentares trabalhistas gritaram: "Traduza!". "Certamente vou traduzir, para o bem de qualquer ex-etoniano que possa estar presente", respondeu ele.[4] Colville observou que "a Câmara se divertia com seus gracejos e seu domínio da arte do anticlímax".[5] Ele também aproveitou a oportunidade para elogiar Beaverbrook, "um velho invasor do mar, que é o método eufemístico de descrever um pirata", descrevendo-o como "um homem de excepcional força e genialidade, que está no seu melhor quando as coisas estão no seu pior".[6]

Naquele mesmo dia, Churchill escreveu a Eden sobre sua indignação com o fato de que a carga tributária no Egito estava recaindo desproporcionalmente sobre os ombros dos *fellaheen* (camponeses), em vez de sobre "os ricos paxás e latifundiários e outros pretensos nacionalistas", acrescentando: "Um pouco do malho democrático radical é necessário no Delta [do Nilo], onde tantos interesses de classe e partidos gordos e insolentes cresceram sob nossa proteção tolerante".[7] Isso ia ao cerne do que ele considerava ser o Império Britânico — a proteção dos mais pobres da rapacidade de seus compatriotas — embora não fosse o momento ideal para se indispor com o Egito. Para muita gente, Churchill personificava o Império que amava. Ao inspecionarem juntos a bateria de Dover, Hopkins ouviu um trabalhador dizer: "Lá vai o maldito Império Britânico".[8] Quando Hopkins lhe contou, "o rosto de Winston se contorceu em sorrisos e, voltando-se para [Colville], ceceou: '*Muito* simpático'". Churchill a essa altura já sabia que uma invasão alemã era improvável. Ele relatou que acordava de manhã, "como quase sempre, sentindo como se tivesse uma garrafa de champanhe dentro de si e feliz pela chegada de outro dia".[9] O povo britânico, que, ao contrário do primeiro-ministro, não tinha acesso às decodificações da Ultra, ainda acreditava que uma invasão era provável; naquele mês, 62% disseram à organização Gallup que achavam que os alemães tentariam realmente uma operação do tipo. Mas, quando questionados sobre quem venceria a guerra, 82% achavam que seria a Grã-Bretanha, 10% achavam que haveria um impasse, 8% não tinham opinião e 0% respondeu Alemanha.[10]

Quando Jack perguntou a Churchill como a Grã-Bretanha iria recapturar a Somália britânica, invadida pelos italianos, Churchill disse que a Líbia precisava ser libertada primeiro, de acordo com a máxima de Napoleão: "*Frappez la masse et le reste vient par surcroît*" (ataque o corpo principal e o resto vem por extensão).[11] Ele redigiu um telegrama para Wavell perguntando por que, dos 300 mil soldados alocados no Norte da África, apenas 45 mil estavam efetivamente em campo. Foi uma queixa constante sua durante a guerra. Quando Dill lhe solicitou que não enviasse o telegrama, Churchill disse que "falar de forma clara era necessário na guerra e ele não via por que Wavell deveria querer ainda mais jovens da ACM etc. atrás das linhas".[12] Mesmo assim, o telegrama não foi enviado.

Churchill compreendeu que as visitas de Harry Hopkins, amigo de Roosevelt, eram sua melhor oportunidade para atrair os Estados Unidos para um envolvimento ativo na guerra. Se a Grã-Bretanha tivesse negociado a paz com Hitler em 1940, comentou com Hopkins, isso só adiaria o "salto do tigre" por alguns anos. "Nunca desista e nunca se arrependerá", disse ele.[13] A implacável ofensiva de charme funcionou. "A sua ex-pessoa naval não é apenas o primeiro-ministro", relatou Hopkins a Roosevelt. "Também é a força motriz por trás da estratégia e da condução da guerra em todos os seus aspectos essenciais. Ele tem um domínio incrível do povo britânico de todas as classes [...]. O espírito desse povo e sua determinação em resistir à invasão estão além do elogio. Não importa quão feroz o ataque possa ser, pode ter certeza de que eles resistirão, e com eficácia."[14] Joseph Kennedy, que havia renunciado à sua embaixada após a reeleição em novembro, comunicara ao presidente que Churchill era antiamericano e não gostava de Roosevelt, uma ficção completamente dissipada pela visita de Hopkins.[15]

Em 26 de janeiro, um domingo, diante da lareira do Salão Principal, em Chequers, Churchill expôs algumas de suas opiniões sobre a história moderna a Hopkins, Portal, Lindemann, Jack e Colville. Acusou Joseph Chamberlain de fomentar a Guerra dos Bôeres, que, segundo ele, estimulara a Alemanha a construir sua frota de alto-mar, e criticou Baldwin por ter "tornado possível o ressurgimento da Alemanha e a decadência de nossa própria força".[16] Ressaltou que, embora o Tratado de Versalhes houvesse arrancado 1 bilhão de libras esterlinas em reparações da Alemanha, Grã-Bretanha e Estados Unidos emprestaram ao país o dobro disso. Depois que a guerra tivesse sido ganha, em cerca de vinte meses, segundo sua previsão, haveria "mais uma vez aqueles que desejariam ajudar a Alemanha a ficar de pé. "Apenas uma coisa na história é certa: a Humanidade não aprende."[17] E acrescentou que "não odiava ninguém e não achava que tivesse inimigos, exceto os hunos, e isso era profissional!".[18]

Depois que a paz fosse conquistada, acreditava Churchill, o mundo teria uma breve "oportunidade de estabelecer alguns princípios básicos". Ele achava que as relações internacionais futuras poderiam se basear mais na ética cristã, "e quanto mais de perto seguirmos o Sermão da Montanha, maior a probabilidade de termos sucesso em nossos empenhos". Mas uma abordagem desse tipo era "absurda" em tempos de guerra, e o primeiro-ministro censurou o comitê do Gabinete quanto à questão dos objetivos de guerra, o qual teria apresentado até agora somente "um documento vago, quatro quintos dos quais eram do Sermão da Montanha e o restante, um discurso eleitoral".[19] Quando Hopkins previu que o Japão traria os Estados Unidos para a guerra, Churchill apressou-se em dizer que "a vantagem de ter a América como aliada para a desvantagem de ter o Japão como inimigo era de dez para um". Seus respectivos dados de produção de aço provavam isso, pois "a guerra moderna é travada com aço".[20] Ele especulou que os japoneses deveriam ter ficado chocados com o destino da Marinha italiana, atacada pelo ar em Taranto. "O destino guarda terríveis castigos para aqueles que apostam em certezas", filosofou.[21] Na verdade, o Japão havia aprendido muito com aquele ataque.

Hopkins assegurou a seu anfitrião que Roosevelt "conduziria a opinião pública americana, não a seguiria". Disse que o presidente "estava convencido de que, se a Inglaterra perdesse, os Estados Unidos também seriam cercados e derrotados [...]. Ele não queria guerra [...], mas não se esquivaria dela".[22] Finalmente Churchill estava recebendo garantias de que a Grã-Bretanha não seria deixada na mão. Colville achou-o "mais comunicativo e bem-disposto" antes de ir dormir naquela noite, explicando os perigos que os alemães teriam enfrentado se tivessem invadido a Grã-Bretanha sem superioridade aérea, em especial se suas linhas de comunicação tivessem sido cortadas pela Marinha Real. Churchill foi para a cama ler *Tour das Hébridas* de Boswell e, "sorrindo docemente", desejou boa noite ao *seu* Boswell.[23]

Em 29 de janeiro, Roosevelt deu o passo encorajador de autorizar negociações secretas anglo-americanas em Washington, a fim de examinar vários cenários de guerra nos quais os dois países poderiam derrotar as potências do Eixo.[24] Foram chamadas de conversações ABC-1 e formaram a base de futuros planos dos Aliados para a guerra e de interações mútuas entre as autoridades dos dois países. Churchill não descartou a possibilidade de que a Alemanha pudesse atacar Túnis e Bizerta a partir da Sicília, "e tentar a invasão do Reino Unido ao mesmo tempo", provavelmente acompanhada de ataques a gás aos aeródromos. Acreditava que "os pilotos mais eficientes [da RAF] destruiriam e dispersariam qualquer ataque aéreo em massa que o inimigo pudesse montar, exceto se usasse gás". Em 30 de janeiro, recomeçaram os grandes ataques aéreos, pela primeira vez em semanas. Quando ouviu bombas caírem no Desfile da Guarda Montada, logo depois que o capitão Pim partira naquela direção, Churchill telefonou para o Almirantado a fim de verificar se Pim estava ileso. Estava.[25]

No Norte da África, Wavell, que havia avançado oitocentos quilômetros contra os italianos ao custo de apenas 2 mil mortos e feridos, advertiu que não poderia montar um ataque a Benghazi antes do fim de fevereiro. Churchill passou a considerar que o esforço principal da Grã-Bretanha deveria ser desviado para a Grécia.[26]*

A situação grega complicou-se com a morte de Metaxas em 29 de janeiro, aos setenta anos de idade, em consequência de uma infecção na garganta, mas que os alemães (sem fundamento) alegaram ter sido consequência de um assassinato ordenado por Churchill. Em 4 de fevereiro, ele avisou ao rei que "a Alemanha entrará na Bulgária e bagunçará os Bálcãs", que "Hitler deve reforçar a Itália" contra os gregos e que "teremos um mau momento aqui com bombardeios", mas àquela altura havia 1200 aviões de combate na Grã-Bretanha.[27] Naquele dia,

* A um general que falara demais aos repórteres sobre o futuro ataque a Benghazi, Churchill disse: "Esses senhores da imprensa estavam ouvindo atentamente cada palavra que você dizia, todos ansiosos por um minúsculo pedaço de queijo que pudessem publicar. E você deu a eles um maldito Stilton inteiro!" (Eade [Org.], *Contemporaries*, pp. 147-8).

a morte de lorde Lloyd, vítima de leucemia, com apenas 61 anos, significou a perda de um amigo, um membro do Other Club e um colega que pedira rearmamento contra a Alemanha antes de Churchill e que lutara firmemente contra o autogoverno indiano ao seu lado. "Lorde Lloyd e eu fomos amigos por muitos anos e colaboradores políticos próximos durante os últimos doze anos", disse Churchill em seu panegírico na Câmara dos Comuns.

> Defendemos juntos várias causas que não receberam o aplauso de grandes maiorias; mas é justamente nesse tipo de causa, em que se nada contra a corrente, que se aprende o valor e a qualidade de um camarada e amigo. [...] Às vezes se diz que homens bons são escassos. Talvez seja porque a torrente de eventos com os quais tentamos lidar e que nos esforçamos para controlar superou em muito, nesta era moderna, os antigos limites, que incharam até proporções gigantescas, enquanto, o tempo todo, a estatura e o intelecto do homem permanecem imutáveis.[28]

Em 1931, Churchill expressara esse pensamento em seu ensaio "Daqui a cinquenta anos", e voltaria a fazê-lo várias vezes, inclusive em seu discurso de aceitação do prêmio Nobel. A ideia de que o intelecto humano e a decência não estavam acompanhando os avanços científicos também preocuparia a mente de Churchill enquanto a bomba atômica era desenvolvida.

A morte de Lloyd exigiu um remanejamento. Entre outras mudanças, lorde Moyne foi transferido da Agricultura para o lugar de Lloyd como ministro das Colônias. Churchill queria um duque no governo, então o lugar de Moyne no Ministério da Agricultura foi ocupado pelo 16º duque de Norfolk, ajudado pelo fato de quatro outros duques — Buccleuch, Westminster, Bedford e Manchester — terem se oposto à guerra em seu início. Quando Eden se compadeceu dele pelo tempo gasto e pelos problemas envolvidos na reorganização, Churchill revelou que gostava de montar gabinetes.[29]

Em 9 de fevereiro, quando Hopkins visitava Chequers para se despedir de Churchill, chegou a notícia de que o Congresso norte-americano havia aprovado a Lei de Empréstimo e Arrendamento por 260 votos a 165. Depois da aprovação pelo Senado e da sanção pelo presidente, a Grã-Bretanha poderia comprar dos Estados Unidos 3 bilhões de libras esterlinas em armas e fazer reembolsos ao longo de muitas décadas. No dia seguinte, a fala noturna pelo rádio de Churchill foi, nas palavras de Colville, "dirigida em grande parte aos ouvidos americanos".[30] Ele zombou de Mussolini: "Um dos dois ditadores — o astuto italiano de sangue-frio e perverso que pensou em ganhar um império a preço de banana ao apunhalar pelas costas a França caída — está encrencado".[31] Ele descreveu Wavell com seus habituais adjetivos quádruplos como "um mestre da guerra: sábio, meticuloso, ousado e incansável".[32] E no momento mais memorável, citou versos do poema de Henry Longfellow "The Building of the Ship" [A construção do navio]. "O presidente Roosevelt", disse ele,

> escreveu, com sua própria caligrafia, versos de Longfellow, que ele disse que "se aplicam a vocês como a nós". Eis os versos:
>
> *Sail on, O Ship of State!*
> *Sail on, O Union, strong and great!*
> *Humanity with all its fears,*
> *With all the hopes of future years,*
> *Is hanging breathless on thy fate!**
>
> Qual é a resposta que darei, em nome de vocês, a esse grande homem, o chefe escolhido três vezes de uma nação de 130 milhões? Eis a resposta que darei ao presidente Roosevelt: deposite sua confiança em nós. Dê-nos sua fé e sua bênção e, sob os cuidados da Providência, tudo ficará bem. Não falharemos, nem hesitaremos; não fraquejaremos nem nos cansaremos. Nem o choque súbito da batalha, nem as provações de longa duração de vigilância e esforço vão nos desgastar. Dê-nos as ferramentas, e terminaremos o trabalho.[33]

Wavell tomou Benghazi em 6 de fevereiro. De início, Dill queria que ele tivesse permissão para perseguir os italianos até Trípoli e, assim, expulsá-los do Norte da África, mas Churchill acreditava que agora havia uma oportunidade para as forças britânicas chegarem ao norte da Grécia a tempo de se contrapor ao avanço alemão, o que tinha maior prioridade. Ele comunicou ao rei que a captura de Benghazi três semanas antes do previsto significava que muito mais homens e muito mais material poderiam ser enviados para a Grécia, "pois os gregos se saíram muito bem".[34] Em uma reunião ministerial realizada em 11 de fevereiro, pouco antes de Eden e Dill partirem para o Cairo a fim de discutir a expedição grega com Wavell, soube-se que a "Inteligência Especial" (isto é, a Ultra) indicava que a Alemanha invadiria a Grécia em meados de março e deveria tomar Atenas com dez divisões até meados de abril.

A aventura na Grécia foi mais tarde defendida por Churchill como um ato de cavalheirismo exigido por considerações de honra, mas na verdade tinha motivos estratégicos concretos para empregar nada menos que 55 mil homens no país: queria fortalecer o "bloco dos Bálcãs" formado por Iugoslávia, Romênia, Bulgária, Grécia e Turquia, praticamente o mesmo que teve em vista na expedi-

* "Navegue, ó Navio do Estado! / Navegue, ó União, forte e grande! / A humanidade com todos os seus medos, / Com todas as esperanças de anos futuros, / Aguarda sem fôlego teu destino!" (N. T.)

ção de Dardanelos, em 1915. No entanto, a Turquia estava em uma sólida posição de neutralidade, e era improvável que Romênia ou Bulgária alterassem sua postura em consequência do aparecimento de uma Força Expedicionária Britânica na Grécia. E a situação no Norte da África foi alterada por completo pela chegada a Trípoli, em 12 de fevereiro, do general Erwin Rommel à frente das divisões alemãs do recém-formado Afrika Korps. Os britânicos deveriam ter retirado as tropas enviadas à Grécia para se concentrar nessa nova e poderosa ameaça ao Egito e ao canal de Suez, fundamental para a conexão com a Índia e as possessões da Grã-Bretanha no Extremo Oriente.

Em 20 de fevereiro, Churchill telegrafou a Eden e Dill no Cairo: "Não se considerem obrigados a uma empreitada grega, se acharem que será apenas outro fiasco norueguês. Se não for possível fazer um bom plano, por favor digam. Mas é claro que vocês sabem que seria um sucesso valioso".[35] Os três comandantes-chefes no Oriente Médio também recomendaram a expedição à Grécia, mesmo depois que o almirante Sir Andrew Cunningham disse que não podia mais prometer que poderia capturar Rhodes para ser a principal base aérea. No processo que hoje é chamado pensamento de grupo, surgiu uma perigosa unanimidade em apoio à aventura grega. Entre os proponentes estavam Churchill, Eden, Dill e os chefes de Estado-Maior, os comandantes-chefes locais e, pelo menos a princípio, Wavell.

Churchill concordava com o comandante polonês, general Sikorski, que os turcos só entrariam na guerra quando decidissem que seu interesse nacional exigia, mas argumentou, ainda que em boa dose com base na esperança, que os norte-americanos estavam "entrando na guerra por sentimento".[36] "O senhor joga pôquer?", perguntou Churchill a Sikorski em Ditchley, em 16 de fevereiro. "Aqui está a mão que vai ganhar a guerra: um royal flush — Grã-Bretanha, o Mar, o Ar, o Oriente Médio, a ajuda americana."[37] Assim, ele menosprezava a necessidade de um grande engajamento continental, para não falar de uma marcha sobre Berlim. Lady Diana Cooper deixou um relato encantador sobre aquele fim de semana em Ditchley em uma carta para seu filho John Julius: "Assistimos a dois adoráveis filmes depois do jantar — um deles chamava-se *Escape* [Fuga] e o outro era uma comédia muito leve chamada *Quiet Wedding* [Casamento tranquilo]. Vimos também vários curtas do ministério de papai.* Winston conseguiu chorar em todos eles, inclusive na comédia".[38] Ela disse a Churchill que a melhor coisa que ele fizera fora dar coragem ao povo britânico. "Eu nunca lhes dei coragem", retrucou ele. "Consegui dar foco à coragem deles."[39]

Com Eden no Cairo avaliando a expedição grega ao lado de Dill e Wavell, coube ao próprio Churchill conduzir uma entrevista com o embaixador japonês

* O marido de Lady Diana Cooper (Duff Cooper) foi ministro da Informação em 1940-1. (N. T.)

Mamoru Shigemitsu em 24 de fevereiro, após a qual lhe pediram que fornecesse um registro da conversa ao Ministério das Relações Exteriores. Ele teve de admitir que "conseguia lembrar de suas próprias observações, mas achava difícil se recordar do outro lado da conversa".[40] Máiski, que não estava presente, comentou com Lloyd George que ouvira dizer que Churchill tinha lágrimas nos olhos quando disse a Shigemitsu que a Grã-Bretanha prevaleceria sobre a Alemanha. "Sim, isso acontece com Winston", respondeu Lloyd George. "Ele é um homem muito emotivo. E daí? Agora ele se enche de lágrimas porque quer esmagar Hitler. Dentro de um ano, podem ser lágrimas causadas pelo choque dos horrores da guerra [...]. As coisas mudam."[41] Uma coisa que não havia mudado eram o cinismo e a inimizade de Lloyd George.

"Winston e Eden sabem que lutar no continente europeu contra a Alemanha é uma aposta arriscada", escreveu o rei em seu diário depois de ver Churchill em 25 de fevereiro, "mas a Grécia lutou tão bem, e a Turquia e a Iugoslávia podem ser fortalecidas pela ideia e pelo conhecimento de que as tropas britânicas vão lutar nos Bálcãs."[42] Mas elas não estavam presentes em grande número. Muitos australianos, neozelandeses, sul-africanos e poloneses que estavam prestes a ser enviados para a Grécia reclamaram mais tarde que não havia britânicos suficientes engajados na operação, sobre a qual os governos da Comunidade Britânica nem sequer foram consultados. Churchill sabia que a grande estratégia não podia ser decidida por um comitê da Comunidade, mas poderia ter usado de muito mais habilidade ao administrar questões como essa, particularmente no que dizia respeito aos australianos, que estariam em breve sob ameaça do Japão em seu território, perderiam milhares de homens em Cingapura e estavam sendo usados em massa na África e agora na Europa.

"Estamos preparados para correr o risco de fracassar", telegrafou Eden do Cairo, "achando melhor sofrer com os gregos do que não tentar ajudá-los." Naquela noite, chegou a notícia de que um comboio transatlântico fora praticamente destroçado. Bracken sugeriu a Colville que só contasse ao primeiro-ministro no dia seguinte, para não afetar seu sono. Quando, às três horas da manhã, Churchill perguntou se havia alguma notícia sobre o Almirantado, Colville achou que precisava dar a informação, que o deixou "muito pensativo". Colville comentou que eram notícias muito angustiantes. "Angustiantes!", retrucou Churchill. "É aterrorizante. Se continuar assim, será o nosso fim."[43]

Apesar dessas lutas pela vida da nação, os parlamentares insistiram em 27 de fevereiro que Churchill debatesse a esotérica questão constitucional da Lei de Desqualificação da Câmara dos Comuns (Disposições Temporárias), sobre ter permissão para manter seus assentos no Parlamento enquanto serviam no exterior. Churchill concluiu que "cinco ou dez anos de experiência como membro desta Casa é uma boa educação geral em assuntos públicos que qualquer homem pode obter", e argumentou que eles não deveriam perder o mandato (tornando assim mais fácil continuar enviando chamberlainistas para cargos honoríficos em todo o Império).[44] Depois, jantou no Other Club, do qual David Margesson, o ministro da Guerra, era agora membro, demonstrando novamente a pouca disposição de Churchill de buscar vingança.*

No momento em que as tropas da Comunidade Britânica estavam embarcando para a Grécia em grande número, Margesson decidiu que não gostava da ideia. Disse que concordara porque "o primeiro-ministro achou que o nosso prestígio na França, na Espanha e nos Estados Unidos não resistiria à nossa deserção da Grécia".[45] O prestígio político estava ganhando precedência sobre os imperativos estratégicos. Eden simplesmente declarou que era "a proposta mais dura de que já tive notícia".[46] Cunningham repetiu que seus recursos estavam muito sobrecarregados, e agora Dill também se opunha. Tudo isso provocou desdém em Churchill: "Os pobres chefes de Estado-Maior ficarão sem fôlego em seu afã de fugir".[47] Em 6 de março, Colville registrou que "o primeiro-ministro passou um sermão nos chefes de Estado-Maior na Downing Street sem intervalos das 11h30 às 13h30".[48] No entanto, como os acontecimentos logo mostrariam, eles tinham razão — ao menos na manifestação mais recente de seus pontos de vista —, e Churchill estava errado. As sombras de Galípoli, depois que Churchill também repreendera os chefes militares que vacilavam a entrar numa aventura arriscada nos Bálcãs, estavam crescendo.

O almoço naquele dia foi com Clementine, Lindemann, a condessa de Portarlington (uma prima distante de Churchill), o jornalista Charles Eade e James B. Conant, o reitor de Harvard e presidente do Comitê de Pesquisa de Defesa Nacional norte-americano, no porão do número 10 da Downing Street, agora reforçado por vigas de aço.[49] Comeram uma torta de peixe, tournedos com cogumelos, aipo refogado, pêssegos e queijo, e tomaram xerez antes do almoço, vinho branco, vinho do Porto, conhaque e café, além de consumirem de cigarros e charutos. Churchill falou "com considerável satisfação" sobre um ataque de um Comando às ilhas Lofoten, perto de Narvik, dois dias antes, que destruíra 800 mil galões de óleo de peixe destinado a vitaminas alemãs, mas naturalmente

* Mais de vinte outros membros do Other Club serviram no governo Churchill durante a Segunda Guerra Mundial; com efeito, em julho de 1945, mais de um quarto de todo o governo era membro do clube. Ao moldá-lo desde o seu renascimento, em 1925, para incluir pessoas talentosas que poderia encontrar socialmente, Churchill estava, na verdade, preparando um futuro governo, sem que ele ou os outros suspeitassem. Comparecer aos jantares podia ser perigoso durante a Blitz; em abril de 1941, uma bomba explodiu do lado de fora do canto sudoeste do Hotel Savoy, danificando as duas salas imediatamente à esquerda da Sala Pinafore. No entanto, durante a guerra, os jantares eram mais concorridos do que nunca. "Não há notícia de que o clube tenha tido que se abrigar ou querido isso", registrou um membro, o jornalista Colin Coote (Gilbert, *Other Club*, p. 173).

não mencionou que também foram capturados as rodas do rotor e o livro de códigos de uma máquina Enigma, que já estava sendo estudado em Bletchley Park. Sobre os ataques aéreos, Churchill disse: "Embora seja sempre bom arriscar, não se deve nunca oferecer um alvo fácil".[50] Quando a conversa se voltou para relatos de que mulheres inglesas estavam dando xícaras de chá a pilotos alemães abatidos, Clementine comentou a incapacidade dos ingleses de odiar seus inimigos. "Enquanto a guerra não acabar, com certeza devemos odiar nossos inimigos", recomendou Churchill.[51]

Lady Portarlington declarou que simpatizava com os isolacionistas norte-americanos segundo os quais nada era pior que a guerra. "A escravidão é pior que a guerra", interrompeu Churchill. "A desonra é pior que a guerra."[52] Fumando um charuto que reacendeu pelo menos dez vezes e bebendo "bastante vinho do Porto e conhaque", ele ressaltou que os alemães haviam rejeitado Hitler duas vezes em eleições livres, a segunda por uma maioria maior que a primeira. Eade ficou impressionado com a informalidade do almoço. Quando terminou seu prato principal, Churchill levou o próprio prato ao aparador. Discutindo questões científicas, provavelmente para agradar a Conant, Churchill perguntou ao professor por que "ainda existe urânio na Terra, se ele está constantemente se dividindo?".[53] Então apresentou um curioso argumento baseado na ciência para a existência de Deus: "O Sol é muito mais quente que a Terra, o que mostra que a Terra deve ter sido aquecida separadamente em data muito posterior ao Sol".[54] O almoço, que durou das 13h35 às 15h20, ganhou a companhia de Bracken, que surpreendeu Eade ao chamar o primeiro-ministro de "Winston".

Em 4 de março, quando o rei questionou os direitos que os norte-americanos viriam a ter sobre suas bases nas Índias Ocidentais Britânicas, questão que Churchill estava negociando com John G. "Gil" Winant, o charmoso e bonito embaixador de 51 anos de idade dos Estados Unidos, o primeiro-ministro respondeu "que a Lei de Empréstimo e Arrendamento teria de ser aprovada primeiro, pois sem ela não poderíamos continuar a guerra e vencê-la".[55] Quatro dias depois, a lei passou no Senado norte-americano por sessenta votos a 31. A quinta carta do *royal flush* se encaixara. Em novembro, em seu discurso na Mansion House, Churchill elogiaria a Lei de Empréstimo e Arrendamento, afirmando que 3 bilhões de libras esterlinas haviam sido disponibilizados "para a causa da liberdade mundial sem — anotem isso, pois é excepcional — a abertura de nenhuma conta em dinheiro. Nunca mais vamos ouvir o insulto de que o dinheiro é o pensamento dominante ou o poder no coração da democracia americana. A Lei de Empréstimo e Arrendamento deve ser considerada, sem dúvida, a lei menos sórdida de toda a história".[56]

As primeiras grandes unidades de soldados da Comunidade Britânica desembarcaram na Grécia em 9 de março. Embora Dill tivesse concluído que os riscos haviam aumentado depois que as tropas alemãs entraram na Bulgária, que aderiu ao Eixo em 1º de março, Wavell (de início), Cunningham (com reservas), o marechal-chefe do Estado-Maior do Ar Arthur Longmore, comandante-chefe da RAF no Oriente Médio, Cadogan e agora também o general Smuts eram todos a favor da expedição, assim como o Gabinete de Guerra, especialmente Eden. O desastre que estava por acontecer não pode, portanto, ser todo atribuído a Churchill, embora, como primeiro-ministro e animador de torcida, ele devesse assumir a responsabilidade final (e, de fato, nunca tentou negá-la).

Naquele fim de semana, o general Sir Alan Brooke, o duro e pragmático comandante-chefe das Forças Internas, herdeiro da família "Fighting Brookes" de Ulster, foi jantar e dormir em Chequers. "Ele estava em ótima forma", escreveu o general a respeito de Churchill em seu diário, "e depois do jantar mandou buscar seu fuzil para dar uma demonstração do '*long port*', que queria substituir pelo '*slope*'.* Depois fez alguns exercícios de baioneta! [...] Felizmente, o primeiro-ministro decidiu ir para a cama cedo e, à meia-noite, eu estava confortavelmente enfiado numa cama de dossel elisabetana datada de 1550!" Depois da guerra, Brooke escreveu: "Essa noite continua muito vívida em minha mente, pois foi uma das primeiras ocasiões em que vi Winston num estado de espírito realmente despreocupado. Fiquei impressionado ao observá-lo fazer essa exibição de exercícios de baioneta, vestido com seu macacão e de pé no salão ancestral de Chequers. Lembro-me de imaginar o que Hitler teria feito dessa demonstração de habilidade com armas".[57] (Mais tarde, um Brooke mais ressentido descreveria as reuniões de fim de noite de Churchill como "as Loucuras da Meia-Noite", nome de uma trupe de dança popular.)

No almoço da terça-feira da semana seguinte, Churchill disse ao rei que "sentia pesadamente a responsabilidade por ter concordado em enviar ajuda aos gregos, quando todas as desvantagens estavam em primeiro plano, e que qualquer coisa poderia acontecer antes de chegarmos lá".[58] Naquele dia, ele teve uma vitória para comemorar quando a Lei de Empréstimo e Arrendamento foi sancionada pelo presidente Roosevelt. Mais de 30 bilhões de dólares em material bélico produzido nos Estados Unidos seriam enviados aos britânicos nos quatro anos seguintes, muito mais do que o país poderia pagar. Um preço para isso foi que a Grã-Bretanha foi forçada a abandonar o sistema de Preferência Imperial, que desde 1932 impunha tarifas sobre bens e produtos de fora do Império Britânico. Cadogan considerou isso "uma chantagem bastante impertinente" dos norte-americanos. Churchill estava voltado para os objetivos muito maiores de evitar a bancarrota nacional e adquirir as armas necessárias para não perder a

* No *slope*, o fuzil é apoiado no ombro esquerdo, inclinado a 45 graus; no *port*, o fuzil é segurado de forma muito mais cansativa na frente do corpo, a 45 graus.

guerra.[59] A Grã-Bretanha chegara ao fim de suas reservas em dólares antes de o Congresso norte-americano aprovar a lei. As primeiras alocações de verbas foram feitas somente treze dias depois.[60] Na Câmara dos Comuns, Churchill descreveu a Lei de Empréstimo e Arrendamento como uma segunda Carta Magna. Durante a Operação Compass, alguns congressistas norte-americanos tinham sido convidados para almoçar em Chequers, e um deles perguntou: "O que acontecerá se os alemães estabelecerem neste país uma cabeça de ponte e vocês forem invadidos?". Churchill respondeu: "Com mãos agonizantes, passaremos adiante a tocha para vocês", acrescentando que a Marinha Real continuaria a luta a partir de novas bases no exterior.[61] A ameaça implícita de que a frota pudesse ser entregue aos alemães por um governo Mosley não precisava mais ser feita, agora que os armamentos norte-americanos estavam chegando através do Atlântico.*

Em 18 de março, Cadogan descreveu Churchill andando pelo local da fortaleza que estava sendo construída em Whitehall Gardens para proteger o Ministério da Guerra: "Com seu charuto, subia e descia escadas, pisava em cimento ainda fresco, conversava com operários sobre assuntos particulares, fazia para qualquer pequena plateia a pergunta 'Estamos desanimados?', e estava realmente se divertindo muito".[62] "Trabalhar para o sr. Churchill era estar atrelado a um redemoinho em miniatura", escreveu um assessor do Almirantado.[63] Walter Thompson, que nunca ia para a cama antes dele, concordava, observando que seu chefe trabalhava em geral 120 horas por semana. Tinha audição aguçada, e seu oftalmologista relatou que sua visão era a de um homem dez anos mais novo.[64] Estava acima do peso, mas, afora isso, em boa forma. "Fiquei impressionado com a velocidade com que esse homem de 65 anos andava por passagens e escadas íngremes", comentou Charles Eade, observação que foi repetida por muitos outros.[65]

No dia seguinte à sua visita à fortaleza do Ministério da Guerra, Churchill encontrou-se com Averell Harriman, representante de Roosevelt para transportes e suprimentos. Jogador internacional de polo, administrador do New Deal e herdeiro da Union Pacific Railroad Company, Harriman era um membro da aristocracia norte-americana, e Churchill logo se deu muito bem com ele; naquela noite, levou-o ao teto do Ministério do Ar durante um ataque aéreo "para assistir

* Churchill tentava manter-se informado sobre a política norte-americana e, em fevereiro de 1944, quis convidar, para visitá-lo na Downing Street, Isaiah Berlin, o professor de Oxford que escrevia da embaixada em Washington relatórios perspicazes sobre o tema. No entanto, ele o confundiu com o cantor e compositor norte-americano Irving Berlin, que estava na Grã-Bretanha a fim de arrecadar dinheiro para instituições de caridade. Durante o almoço, Churchill bombardeou o compositor de "White Christmas" e "Alexander's Ragtime Band" com perguntas do tipo: "Quando o senhor acha que a guerra vai acabar?". O artista respondeu da melhor forma que pôde, e só mais tarde o erro foi reconhecido (Colville, *Fringes*, p. 472).

à diversão", citando "os prescientes versos de Tennyson sobre a guerra aérea".[66]* "O sr. Harriman era alto, moreno e bonito", lembrou um ajudante, "com uma postura modesta e gentil, mas sempre impressionante."[67] Logo depois de conhecer Pamela (que achou "formidável"), Harriman começou um caso com ela em sua suíte no Hotel Dorchester, enquanto Randolph estava servindo no Norte da África e se desentendia com a esposa por causa de dinheiro. (Ele não foi de maneira nenhuma o único parceiro sexual dela durante a guerra.) No primeiro semestre de 1942, Winston Churchill comentou com a nora que tinha ouvido "muito" sobre ela e Harriman, mas Pamela "deu pouca importância", e parece que não voltaram a discutir o assunto.[68]

Clementine parece ter tomado conhecimento do caso, mas não fez nada para desencorajá-lo. Os livros dos visitantes de Chequers mostram que os dois — que por fim se casaram em 1971, após a morte da segunda esposa de Harriman — costumavam ficar em Chequers com Winston e Clementine, junto com Kathleen, filha de Harriman, que também sabia da relação. Os Churchill foram acusados de colocar o bem das relações anglo-americanas acima da sobrevivência do casamento de seu filho, na pior das hipóteses facilitando e, na melhor, fechando os olhos para o que acontecia sob seu teto. O próprio Randolph ficou sabendo disso quando voltou para casa de licença, em novembro de 1942.

O casamento de Sarah com Vic Oliver também desmoronou no segundo semestre de 1941, embora não esteja claro se ela já havia começado seu caso com Gil Winant, o embaixador norte-americano. Ela só conseguiu o divórcio em 1945. Segundo o registro que ela deixou de sua conversa com o pai quando pediu um posto nas forças militares, Churchill disse: "Espero que ele seja um cavalheiro e lhe dê o divórcio". "Claro que não", respondeu Sarah. "Sou eu que o estou deixando." "Sua cadelinha atrevida", brincou Churchill, "eu deixaria você me deixar!"[69] Ela entrou para a Força Aérea Auxiliar Feminina e serviu na RAF Medmenham, a meio caminho entre Chequers e Londres, fazendo relatórios sobre fotografias aéreas.[70]

No início de 1941, havia uma sensação de que os eventos ocorriam um após o outro sem algo que os unificasse a não ser a mera sobrevivência, de que a Grã-

* De "Locksley Hall": "*Saw the heavens fill with commerce, argosies of magic sails,/ Pilots of the purple twilight, dropping down with costly bales;/ Heard the heavens fill with shouting, and there rain'd a ghastly dew/ From the nations' airy navies grappling in the central blue*". [Em tradução livre: "Vi os céus se encherem de comércio, frotas de velas mágicas de navegação,/ Pilotos do crepúsculo roxo, caindo com fardos caros;/ Ouvi os céus se encherem de gritos, e de lá choveu um orvalho medonho/ Das marinhas aéreas das nações lutando no azul central".]

-Bretanha se manteria na guerra pelo maior tempo possível até que algo aparecesse para virar a maré contra a Alemanha, embora naquele momento houvesse pouco para sugerir o que isso poderia ser. As próprias esperanças de Churchill de que os Estados Unidos declarassem guerra, ou que Hitler exagerasse na dose e atacasse a Rússia, ou que houvesse uma vitória britânica decisiva no Norte da África, ou que acontecesse uma revolta na Europa ocupada, tudo parecia improvável em diferentes graus, e a melhor definição da política estratégica britânica na época era a máxima do próprio primeiro-ministro: "Continuem persistindo". Ele passara o dia 28 de fevereiro presidindo a Executiva de Importação, que estava tentando resolver a crise do transporte marítimo provocada pelo fato de os afundamentos superarem em muito as compras e a construção de novos navios. No ano de 1940, perderam-se cerca de 2,73 milhões de toneladas de navios britânicos e 0,82 milhão de toneladas de embarcações aliadas, enquanto foram construídas apenas 221 935 toneladas de novos navios de guerra. "Precisamos elevar esse negócio ao mais alto nível, acima de tudo", disse ele a Pound.[71] Seis meses antes, havia superado as objeções do Almirantado e estabelecera um comando dos Western Approaches em Liverpool, que agora se mostrava extremamente útil na guerra contra os submarinos. No início de março, montou o Comitê da Batalha do Atlântico para coordenar ministros, funcionários públicos, construtores navais, consultores científicos e as Forças Armadas. "A Batalha do Atlântico já começou", anunciou. "Devemos tomar a ofensiva contra os submarinos e os Focke-Wulf* onde e sempre que pudermos. O submarino no mar deve ser caçado, o submarino no estaleiro ou no cais deve ser bombardeado. Os Focke-Wulf e outros bombardeiros empregados contra nossos navios devem ser atacados no ar e em seus ninhos."[72] Ele iniciou a equipagem de todos os navios mercantes com armas antiaéreas aperfeiçoadas e mandou instalar catapultas em embarcações maiores para lançar Hurricanes do convés. Em suas memórias de guerra, escreveu que "a única coisa que realmente me assustou durante a guerra foi o perigo do submarino [...]. Eu fiquei ainda mais preocupado com essa batalha do que com a gloriosa luta aérea chamada Batalha da Grã-Bretanha".[73]

Quando o Comitê da Batalha do Atlântico se reuniu pela primeira vez, em 19 de março, havia uma média de afundamentos de 10% por comboio. Como a Grã-Bretanha dependia das importações de metade de seus alimentos e da maioria de suas matérias-primas, a situação logo se tornaria gravíssima. "Eu não tenho medo do ar, não tenho medo de invasão, tenho menos medo dos Bálcãs", declarou Churchill ao Gabinete no dia seguinte, "mas estou preocupado em relação ao Atlântico."[74] Em doze semanas, grupos de submarinos foram responsáveis pelo afundamento de 142 embarcações dos Aliados, enquanto dois navios de

* O avião Condor FW 200.

guerra alemães no Atlântico, o *Scharnhorst* e o *Gneisenau*, afundaram ou capturaram 80 mil toneladas de cargas aliadas em meados de março.[75] Havia também 2,63 milhões de toneladas de navios nos portos britânicos precisando de reparos, em docas cada vez mais congestionadas, já que os danos ultrapassavam os recursos necessários. "Eu teria trocado de muito bom grado esse perigo sem forma e sem medida, expresso em gráficos, curvas e estatísticas, por uma tentativa de invasão em grande escala!", escreveu Churchill depois da guerra.[76]

Os eventos na Iugoslávia avançaram com muita rapidez depois que o príncipe regente Paulo assinou um pacto com Hitler em Berlim, em 25 de março. No dia seguinte, Churchill escreveu a Sir Ronald Campbell, o embaixador britânico em Belgrado. "Continue a importunar, reclamar e morder. Exija audiências. Não aceite não como resposta", instou. "Este não é o momento para meras expressões de reprovação ou despedidas dignas."[77] No dia seguinte, Paulo foi derrubado por um golpe de Estado, apoiado pelos britânicos, por seu sobrinho de dezessete anos, o rei Pedro. Em um discurso feito duas semanas depois, Churchill disse: "Uma jiboia que já tivesse coberto sua presa com sua saliva repugnante e depois fosse arrancada de repente de seu enrosco seria comparável de forma bem-humorada a Hitler, Goering, Ribbentrop e o resto da gangue nazista quando experimentaram essa amarga decepção".[78]

"O primeiro-ministro está muito feliz", registrou Colville a respeito do golpe. "O país inteiro está em êxtase."[79] Em discurso daquele dia, Churchill declarou: "No início desta manhã, a nação iugoslava encontrou sua alma".[80] Num segundo discurso, em almoço em homenagem a Winant, ele disse que o embaixador norte-americano "nos transmite a mesma sensação que todos os homens do presidente Roosevelt, de que prefeririam ser mortos a tiros a ver essa causa abandonada".[81] Especulando em voz alta sobre como a Grã-Bretanha poderia vencer a guerra, Churchill relembrou seu tempo no Ministério dos Armamentos, quando lhe "diziam que estávamos ficando sem isto ou aquilo, que estávamos ficando sem bauxita e aço, e assim por diante; mas nós continuamos, e no final a única coisa de que ficamos em falta foi de hunos".[82]

Na batalha do cabo Matapão, travada nos dias 28 e 29 de março, a frota do almirante Sir Andrew Cunningham afundou três cruzadores pesados italianos e dois destróieres. Cerca de 2300 marinheiros inimigos foram mortos, ao custo de quatro cruzadores leves danificados e três marinheiros mortos.[83] A notícia "foi recebida com gritos de prazer" em Chequers. Churchill descreveu o ataque como "a destruição da frota de papel da Itália".[84] No geral, pensava ele, "as pessoas estavam muito mais felizes na guerra do que se poderia esperar". Colville relatou que até mesmo Rab Butler, "de modo um pouco relutante, passou a admirar o primeiro-ministro".[85] Churchill enviou um telegrama alertando os franceses de que, se continuassem a bombardear Gibraltar, o que faziam esporadicamente havia alguns meses, "bombardearemos Vichy e os perseguiremos por toda parte". Depois avisou Mussolini que, se afundasse navios em Massowah (atual Massawa, na Eritreia), bloqueando assim os portos, "não alimentaremos nenhum italiano na África".[86] (Alguns navios foram atacados e foram a pique no local muito mais tarde, porém os prisioneiros de guerra italianos continuaram a ser alimentados.)

Quando descobriu que o general Brooke andara simulando os efeitos do desembarque de cinco divisões alemãs na costa de Norfolk que abrissem caminho para o interior, Churchill enviou-lhe catorze perguntas, tais como: "Que escolta naval eles tinham?"; "O desembarque neste ponto foi protegido por formações diurnas de caças do inimigo superiores?"; e "Supôs-se que quantos homens e veículos desembarcaram nas primeiras doze horas, e que porcentagem de perda lhes foi debitada?". E concluiu dizendo: "Eu ficaria muito feliz se os mesmos oficiais elaborassem um esquema para desembarcarmos uma força exatamente similar na costa francesa, na mesma faixa de proteção de nossos caças, e supondo que os alemães tivessem superioridade naval no canal da Mancha".[87] Brooke respondeu uma semana depois fornecendo todos os números solicitados, explicando que se supuseram 10% de perdas na travessia e mais 5% a 10% no desembarque. Depois, iniciou uma correspondência de cinco semanas com Churchill sobre questões do tipo: como os alemães poderiam encontrar combustível e comida na Grã-Bretanha?[88]

Rommel lançou seu ataque às posições de Wavell no Deserto Ocidental em 31 de março. Em apenas dez dias chegou a Tobruk, que sitiou. "O avanço alemão nos pegou de surpresa e uma brigada blindada ficou isolada", anotou Colville, acrescentando: "O primeiro-ministro confidenciou-me que achava que Wavell etc. foram muito tolos no Norte da África e deveriam ter se preparado para enfrentar um ataque ali".[89] Ele ordenou a Wavell que segurasse Tobruk a todo custo e que o almirante Cunningham bloqueasse o porto de Trípoli. Cunningham considerou isso um suicídio, apesar de ter bombardeado o porto e afundado vários navios inimigos.[90] Cunningham também foi instruído a reabastecer a ilha de Malta, vital em termos estratégicos e que estava efetivamente sitiada pelo ar, e a cortar as comunicações do Eixo entre a Itália e a África.

Nesse meio-tempo, Wavell recebeu ordens para usar as forças que haviam recapturado a Somália britânica para invadir a Etiópia, reforçando sua vantagem por lá. Mais tarde, ele se queixou de que Churchill o deixava constantemente sobrecarregado, o que era verdade, e que o primeiro-ministro "nunca percebeu a necessidade de equipamento completo antes de comprometer tropas em batalha". Houve relatos dele "argumentando que, devido ao número comparativamente pequeno de bôeres montados que havia detido uma divisão britânica em 1899 ou 1900, era desnecessário que a Brigada Sul-Africana tivesse muito mais equipamento do que fuzis antes de entrar em campo".[91] Em 2 de abril, Churchill enviou a Wavell uma decifração da Enigma mostrando que Berlim havia recusado apoio aéreo a Rommel em razão das necessidades de outros teatros de guerra, e ele recebera ordem de não avançar mais para leste no Egito por enquanto.[92] Ainda assim, no dia seguinte Benghazi teve de ser evacuada por Wavell, severamente enfraquecido pela retirada de um grande número de soldados para a expedição grega. "O primeiro-ministro está muito preocupado", anotou Colville.[93] Uma visita a Liverpool e Manchester foi cancelada por essa notícia.

Naquele mesmo dia, Churchill enviou a Cripps, para repassar a Stálin, informações da Ultra — afirmando que vinham de "um agente de confiança" no alto-comando nazista — de que três divisões blindadas alemãs tinham recebido ordens para se mudar dos Bálcãs para Cracóvia, na Polônia, no final de março, instrução que havia sido revogada após o golpe de Belgrado. Ao contrário dos chefes do Estado-Maior e da maioria dos serviços de inteligência, Churchill suspeitava que isso significava que Hitler planejava invadir a Rússia assim que seu flanco sul estivesse garantido na Iugoslávia e na Grécia. Stálin desconsiderou a advertência, julgando-a mera "provocação inglesa", do mesmo modo que havia ignorado aviso semelhante de Churchill, em junho de 1940, de que a Alemanha se voltaria para o leste. Stálin não recebeu a comunicação de imediato, pois Cripps só conseguiu uma reunião com um membro menor do Politburo semanas depois, tão pouca credibilidade os soviéticos davam aos britânicos em relação aos alemães naquela época.[94]

A Iugoslávia foi invadida pelo Exército alemão em 6 de abril. Seu território foi atacado de três lados simultaneamente, e Belgrado foi destruída pelos bombardeios. A Grécia também sofreu agressões naquele dia. "Tivemos que ajudar a Grécia, mas ao fazê-lo liberamos os cães de guerra nos Bálcãs", comunicou Churchill ao rei. "Esperávamos poder ajudar tanto a Grécia como a Iugoslávia, mas a máquina de guerra alemã, uma vez posta em movimento, é muito difícil de parar." Depois refletiu: "Nos saímos muito bem contra a Itália, mas o inimigo é a Alemanha".[95] Ele terminou voltando-se para o teatro de guerra em que mais pensava na época: "A Batalha do Atlântico é a única que importa", disse ele ao rei, "e a América está do nosso lado".

A notícia de que os alemães haviam entrado em Salônica em 9 de abril levou "a um silencioso estremecimento de dor em toda a Câmara", registrou Harold Nicolson.[96] Churchill aliviou o clima três dias depois ao anunciar que "dez cúteres da Receita dos Estados Unidos, navios rápidos de cerca de 2 mil toneladas de deslocamento, com um bom armamento e uma gama muito ampla de resistência, já foram colocados à nossa disposição pelo governo dos Estados Unidos e em breve estarão em ação. Essas embarcações, originalmente projetadas para reforçar a Lei Seca, servirão agora a um propósito ainda elevado".[97] Ele também demonstrou bom humor dois dias depois ao levar Winant e Harriman a Swansea, onde foi tão assediado por várias centenas de estivadores que colocou seu característico chapéu-coco de copa quadrada na bengala e acenou para os que estavam na parte de trás da multidão e não podiam vê-lo. Naquela noite, dormiu em seu trem, num desvio perto do túnel Severn, de onde seu grupo podia ver um pesado bombardeio ocorrido em Bristol.

Churchill fora eleito reitor da Universidade de Bristol em junho de 1929. Levava suas responsabilidades a sério, entregando diplomas e proferindo ocasionalmente discursos importantes; viria a ser o reitor mais longevo entre todas as universidades britânicas.[98] "Eu sempre gosto de vir aqui", disse ele ao seu médico, até porque lhe dava a chance de usar de novo a beca de seu pai de chanceler do Tesouro. Mas seus poderes eram limitados; no final da década de 1930, escreveu ao vice-reitor pedindo que fosse dado um lugar na universidade a um estudante de odontologia judeu cujos pais queriam tirá-lo da Alemanha nazista. O vice-reitor recusou. (O estudante sobreviveu e foi morar no Meio-Oeste norte-americano.)[99] Em meados de abril, quando Churchill foi a Bristol conferir títulos honorários a Winant e ao primeiro-ministro australiano Robert Menzies, ataques aéreos mataram ou feriram centenas de pessoas na cidade. Nas palavras de Colville, Churchill e seu grupo "andaram e passaram de carro por uma devastação que eu nunca imaginara possível".[100] No entanto, as casas bombardeadas tinham bandeiras britânicas tremulando nas ruínas, e a multidão que se reuniu em torno de Churchill acenou e aplaudiu. "Ele não parava de murmurar para si mesmo: 'Povo maravilhoso... povo maravilhoso'".[101] (Quando acenava, explicou a Tommy Thompson em outra ocasião, ele "tentava captar a atenção de uma pessoa, pois isso dava uma comunicação direta com o indivíduo".)[102] Algumas construções perto da Torre Wills, onde a cerimônia aconteceu, ainda estavam em chamas, e vários dos catedráticos usavam as vestes acadêmicas sobre o uniforme sujo da Defesa Civil, depois de trabalhar durante a noite para tirar pessoas dos escombros. "Durante toda a cerimônia", recordou Thompson, "o cheiro acre de queimado continuou entrando pelas janelas quebradas do salão."[103] Churchill estava orgulhoso porque a universidade conduzira a cerimônia "com um ritual impecável e decoro apropriado" e nenhuma parte fora omitida.[104]

"Que vocês se reúnam desta forma é uma marca de fortaleza e fleuma", disse Churchill à sua plateia,

> de uma coragem e um desapego pelos assuntos materiais dignos de tudo o que aprendemos a acreditar a respeito da Roma antiga ou da Grécia moderna. Eu viajo pelo país sempre que posso escapar por algumas horas ou por um dia do meu dever no quartel-general, e vejo o dano causado pelos ataques inimigos; mas vejo também, ao lado da devastação e em meio às ruínas, olhos silenciosos, confiantes, brilhantes e sorridentes, radiantes com a consciência de estarem associados a uma

> causa muito maior e mais ampla do que qualquer questão humana ou pessoal. Vejo o espírito de um povo invencível. Vejo um espírito criado em liberdade, nutrido numa tradição que chegou até nós através dos séculos, e que certamente neste momento, neste momento decisivo da história mundial, nos capacita a fazer a nossa parte de tal maneira que ninguém de nossa raça que venha depois de nós terá alguma razão para censurar seus progenitores.[105]

Depois, Tom Harrisson, do movimento de Observação de Massa, viu "grandes lágrimas de tristeza irada em seus olhos. Ele estava visivelmente comovido com o sofrimento que viu, mas também visivelmente determinado a ver que aquilo não significava derrota, mas vitória".[106] Quando o trem partiu da estação de Bristol, Churchill, ainda lacrimoso, disse ao comandante Thompson: "Eles têm tamanha fé — é uma grave responsabilidade".[107] Naquela noite, Roosevelt anunciou que, mesmo sem um estado de guerra entre o seu país e a Alemanha, a Marinha dos Estados Unidos estenderia suas patrulhas contra submarinos de quinhentos quilômetros da costa norte-americana, área que vinha patrulhando desde outubro de 1939, até o meridiano 25, que passa pela Groenlândia e pelas ilhas de Cabo Verde, liberando assim mais navios da Marinha Real para combater submarinos próximos às águas britânicas. Nesse meio-tempo, o Comitê de Defesa decidiu empreender a arriscadíssima Operação Tigre, com 238 tanques sendo enviados para Alexandria através do Mediterrâneo, em vez de usar a rota do sul do continente africano. Churchill enfatizou fortemente o tamanho do risco que seria assumido, mas no final da reunião declarou: "Se alguém é bom em rezar, agora é a hora".[108] A decisão revelou-se acertada: somente um navio de transporte foi afundado.

Tratava-se, de fato, de um "ponto de virada na história do mundo", mas de forma nenhuma estava claro na época para onde a história viraria. Rommel tomou Bardia em 13 de abril. O "Golpe do Quadrado de Ouro" do político iraquiano Rashid Ali al-Gaylani, em Bagdá, ameaçava entregar seu país ao Eixo, e a oposição iugoslava à Alemanha acabou em 18 de abril. Naquela semana, nos maiores ataques aéreos da guerra, 2 mil londrinos e 3 mil moradores de Liverpool foram mortos. Em Londres, o West End, Piccadilly, a St. James's Street, o Pall Mall, a Lower Regent Street e o Almirantado foram todos muito atingidos. Sobre o último, Churchill observou que "isso lhe dava uma visão melhor da Coluna de Nelson" de seu assento à mesa do Gabinete.[109]

Em 18 de abril, Alexandros Koryzis, o novo primeiro-ministro grego, se suicidou. Depois que os exércitos locais que vinham lutando contra os italianos na Albânia desde outubro de 1940 capitularam, em 20 de abril, e a Alemanha estabeleceu uma superioridade aérea total sobre a Grécia, o Comitê de Defesa tomou a decisão de evacuar o país. Era Galípoli, Namsos, Narvik, Dunquerque e

Dacar de novo, com pessoas brincando que "BEF" [Força Expedicionária Britânica] significava "Back Every Friday" [recuo toda sexta-feira]. No entanto, o rei registrou após seu almoço semanal com Churchill que o "primeiro-ministro estava em boa forma e não deprimido com a situação na Grécia [...] a evacuação está sendo organizada".[110]

A Grécia capitulou em 24 de abril. "A Câmara dos Comuns está inquieta e a popularidade do governo encontra-se em declínio", anotou Channon, "mas a posição do primeiro-ministro parece segura."[111] Embora o apoio de Churchill ao golpe iugoslavo e à intervenção na Grécia parecesse um fiasco na época, mais tarde foi tido como inspirado, mas não por algum motivo ligado às armas britânicas. Em agosto de 1941, o primeiro-ministro já dizia a Colville que o golpe iugoslavo "pode ter desempenhado um papel vital na guerra", pois levara Hitler a "trazer de volta suas divisões Panzer do norte e adiar por seis semanas o ataque à Rússia".[112] Após a guerra, essa interpretação ganhou a confirmação do oficial superior alemão general Günther Blumentritt, segundo o qual "o incidente balcânico adiou a abertura da campanha [russa] por cinco semanas e meia", e outro estrategista de alta patente, o general Siegfried Westphal, calculou esse adiamento em seis semanas.[113] Em consequência, os alemães não conseguiram chegar a Moscou antes do outono, quando a estação chuvosa da Rússia se transformou num inverno tão frio que a gasolina congelava. A Wehrmacht ficou detida nos arredores de Moscou, dando aos russos a chance de um contra-ataque vigoroso em dezembro que recapturou Kaluga no dia 30 desse mês. A lei de ferro das consequências não intencionais agiu mais uma vez em favor de Churchill.

Em seu programa de rádio de 27 de abril, Churchill discorreu sobre o apoio do Império Britânico aos gregos como uma questão mais moral do que estratégica. "Por garantia solene dada antes da guerra, a Grã-Bretanha lhes prometera ajuda", explicou ele.

> Eles declararam que lutariam pelo seu solo nativo, mesmo que nenhum de seus vizinhos se aliasse a eles, e mesmo que nós os abandonássemos ao seu destino. Mas não poderíamos fazer isso. Existem regras contra esse tipo de coisa; e romper essas regras seria fatal para a honra do Império Britânico, sem a qual não poderíamos sequer esperar merecer vencer esta difícil guerra. Derrotas militares ou erros de cálculo podem ser redimidos. As fortunas da guerra são inconstantes e mudam. Mas um ato vergonhoso nos privaria do respeito de que agora desfrutamos em todo o mundo, e isso minaria as partes vitais de nossa força.[114]*

* Mas não se pode esquecer que a Grã-Bretanha não ajudara a Polônia militarmente, apesar da garantia igualmente solene oferecida antes da guerra.

Churchill admitiu abertamente a "gravidade [...] da situação da guerra" em seu discurso, mas disse que deixar Whitehall "para ir ao fronte, com o que quero dizer as ruas e cais de Londres ou Liverpool, Manchester, Cardiff, Swansea ou Bristol, é como sair de uma estufa para o passadiço de um navio de combate. É um tônico que eu recomendaria a qualquer um que esteja sofrendo de impaciência que o tome em doses fortes quando precisar".[115] Depois de afirmar que os guardas aéreos, membros da Guarda Nacional e operários fabris estavam "orgulhosos de sentir que eles estão juntos com nossos combatentes", acrescentou: "Este é, com efeito, o grandioso período heroico de nossa história, e a luz da glória brilha sobre todos".[116]

Um dos elementos constantes dos discursos de Churchill de então era a referência desdenhosa a Mussolini, e não seria daquela vez que o deixaria de lado. "Esse chacal molengão, Mussolini", disse ele, "que para salvar sua própria pele fez de toda a Itália um Estado vassalo do império de Hitler, vem saltando ao lado do tigre alemão com ganidos não só de apetite — que podem ser compreendidos —, mas até de triunfo."[117] Contudo, nem Hitler nem Mussolini acabariam por triunfar, o primeiro-ministro assegurou aos seus ouvintes, em parte porque "há menos de 70 milhões de hunos malignos — alguns curáveis e outros matáveis —, muitos dos quais já estão empenhados em conter austríacos, tchecos, poloneses, franceses e as muitas outras raças antigas que eles agora intimidam e saqueiam".[118] Ao saudar o efeito que a Lei de Empréstimo e Arrendamento já estava tendo no rearmamento da Grã-Bretanha, Churchill terminou com versos do poema de Arthur Hugh Clough "Say Not the Struggle Naught Avalieth" [Não diga que a luta é inútil]:

> *And not by eastern windows only,*
> *When daylight comes, comes in the light;*
> *In front the sun climbs slow, how slowly!*
> *But westward, look, the land is bright.*[119]*

Com Rommel às portas de Tobruk, a menos de quatrocentos quilômetros da fronteira com o Egito, Churchill escreveu em 28 de abril uma diretriz do Gabinete de Guerra intitulada "A Defesa do Egito", ordenando que todos os planos de evacuação do país e de bloqueio do canal de Suez deveriam ser mantidos sob o controle estrito do quartel-general do Cairo. "Nenhum sussurro a respeito desses planos deve ser permitido." Ademais, nenhuma rendição de unidades seria permitida, a menos que "tenham sofrido pelo menos 50% de baixas". E acrescen-

* Em tradução livre: "E não somente pelas janelas do leste,/ Quando o sol nasce, a luz entra;/ Na frente o sol sobe devagar, ó quão devagar!/ Mas para o oeste, veja, a terra brilha". (N. T.)

tou: "De acordo com a máxima de Napoleão, 'quando um homem é apanhado sozinho e desarmado, pode render-se'. Mas os generais e oficiais do Estado-Maior surpreendidos pelo inimigo devem usar suas pistolas em autodefesa. A honra de um homem ferido é segura. Qualquer um que possa matar um huno ou mesmo um italiano prestou um bom serviço. O Exército do Nilo deve lutar sem pensar em recuar ou retirar-se".[120]

Tratava-se de um discurso aguerrido. Menos impressionante era a previsão de Churchill, na mesma diretriz, de que "é improvável que o Japão entre na guerra, a menos que os alemães sejam bem-sucedidos em uma invasão à Grã-Bretanha". Concluía disso que "não há necessidade no momento de tomar nenhuma outra medida para a defesa da Malásia e de Cingapura, além dos modestos arranjos que estão em andamento".[121] Uma vez que um eventual ataque do Japão no Extremo Oriente provocaria a intervenção norte-americana, não havia necessidade de priorizar a fortificação de Cingapura ou de Hong Kong.

Em maio, Leslie Rowan entrou para o que Churchill chamava de seu "Círculo Secreto", o grupo interno com permissão para ver tudo, exceto as datas das operações e o conteúdo das caixas amarelas contendo decodificações da Ultra.[122] Em sua breve entrevista para o cargo de secretário particular, Churchill perguntou a Rowan se seu trabalho no Tesouro envolvera a tentativa de cortar gastos navais. "Sim, senhor", Rowan respondeu, "faço o meu melhor." Foi um teste; pois, como Rowan escreveu mais tarde, Churchill "odiava sobretudo o que chamava de 'a cara lavada oficial', nome que dava aos comentários educados mas insinceros dos funcionários públicos destinados a agradar".[123] Rowan conseguiu o emprego ao admitir honestamente que estivera empenhado em fazer cortes no amado "Serviço Sênior" de Churchill. "Ele era muitas vezes imprudente", Rowan relatou sobre Churchill em seu papel de chefe. "Mas todos nós sentíamos, com razão, que estávamos servindo a um verdadeiro líder; uma pessoa assim só se produz uma vez em cada século, se tanto."[124] Certa vez, quando estava em Chequers, Rowan tentou se retirar do jantar porque era o aniversário de Clementine, imaginando que o casal gostaria de jantar sozinho, mas Churchill lhe disse: "Você não fará isso; Clemmie e eu gostaríamos que jantasse conosco".[125] Churchill não reconhecia nenhuma fronteira entre seu escritório e seus aposentos. "Podíamos nos ver trabalhando com Churchill em seu escritório ou em seu quarto", lembrou Edward Bridges, o secretário do Gabinete, "ou sermos chamados para receber algumas ordens urgentes enquanto ele estava fazendo uma refeição com sua família. Em pouco tempo, ele nos fez sentir que, de alguma forma, nos tornamos membros honorários de sua família."[126]

Em todos os momentos da guerra, Churchill mantinha pelo menos um de seus quatro secretários particulares pronto para estar fisicamente presente ao lado de sua escrivaninha ou à sua cabeceira em questão de minutos. Certa ocasão, em 1943, ele rosnou para John Peck "me dê a lua", e demorou algum tempo para Peck adivinhar que estava pedindo as datas nos meses de verão de 1944 em que haveria lua cheia, para a invasão da Normandia.[127]

Em 15 de fevereiro de 1941, Beaverbrook de novo ameaçara renunciar, dessa vez devido a seus desentendimentos com Ernest Bevin sobre vários aspectos da Executiva de Produção. "Toda a performance dura uma hora e meia", observou um exausto Eden em seu diário.[128] Em 1º de maio, Churchill enfim tirou Beaverbrook do Ministério de Produção de Aeronaves, substituindo-o por John Moore-Brabazon, embora "o Castor" tenha permanecido no Gabinete de Guerra como ministro de Estado, um título novo inventado especialmente para ele. Sem deveres departamentais específicos, sua principal tarefa era aconselhar o primeiro-ministro e não se bandear para a oposição ao governo. Churchill também nomeou Frederick Leathers para ministro do Transporte de Guerra. Ele logo inventou a piada de que Leathers, que tinha sido presidente ou diretor de mais de cinquenta empresas, subiria um degrau na nobreza a cada milhão adicional de toneladas de suprimentos que trouxesse para o país. Quando Leathers chegava com um bom relatório mensal, Churchill dizia: "Nesse ritmo, você logo será conde — talvez duque até o final do ano", enquanto números ruins o levavam a dizer: "Se continuar assim, terei de reduzi-lo a baronete". Leathers não achava a brincadeira tão engraçada e apenas respondia: "Como o senhor queira, primeiro-ministro".[129]*

No início de maio, Lady Astor mostrou a Churchill e Harriman seu distrito eleitoral de Plymouth, que havia sido destruído em cinco ataques durante nove dias. Eles viram um ônibus arremessado ao telhado de um prédio a 130 metros de distância, e ouviram o martelar dos pregos nos caixões na sala ao lado de onde estavam "em torno de quarenta homens ligeiramente feridos".[130] "Nunca vi coisa assim", repetia Churchill. Colville escreveu que o primeiro-ministro estava na "pior tristeza que eu já vi". Em grande medida para o bem de Harriman, Churchill imaginou um mundo em que a Alemanha era vitoriosa em todo o Oriente Médio, dizendo: "A nova ordem robô de Hitler receberia a inspiração que poderia lhe dar vida real".[131] Ele esperava que Tobruk pudesse "desempenhar o mesmo papel que Acre contra Napoleão". Em 1799, a defesa anglo-turca da cidade (a atual Akko) forçou Napoleão a abandonar sua campanha na Síria. "Era um grão de areia no deserto que poderia arruinar todos os cálculos de Hitler", afirmou ele.[132] Mas que não fosse o caso, com Hitler no controle do petróleo iraquiano e o trigo ucraniano já sendo fornecido a ele pelos russos, até mesmo a firme resolução que encontraram em Plymouth não "encurtaria a provação".[133] No dia seguinte, Churchill estava taciturno por uma razão diferente: descobrira que Cle-

* Seja como for, ele recebeu sua promoção, tendo iniciado a guerra como barão e terminado como visconde.

mentine havia usado um pouco de seu mel favorito de Queensland para adoçar o ruibarbo dela.[134]

Foi durante esse período que Churchill fez uma viagem a Chartwell, para onde às vezes se dirigia se tinha um discurso importante para escrever. Durante o almoço no chalé que havia construído, ensaiou em voz baixa o discurso que planejava fazer ao povo polonês, enquanto contava a Jock, o gato ruivo: "Querido gato, é muito triste em tempo de guerra que eu não possa lhe dar creme de leite".[135] No dia 3 de maio, ele transmitiu o discurso:

> Por toda a Europa, raças e Estados cuja cultura e história fizeram deles parte da vida geral da cristandade em séculos em que os prussianos não passavam de uma tribo bárbara, e o Império Alemão era não mais do que um aglomerado de principados de pão preto, estão agora prostrados sob o escuro e cruel jugo de Hitler e sua gangue nazista. Toda semana seus esquadrões de fuzilamento estão ocupados em uma dúzia de terras. Na segunda-feira, ele atira nos holandeses: na terça, em noruegueses; quarta, franceses ou belgas são encostados na parede; na quinta são os tchecos que devem sofrer. E agora há os sérvios e os gregos para preencher sua repulsiva lista de execuções. Mas sempre, todos os dias, lá estão os poloneses. As atrocidades cometidas por Hitler contra os poloneses, a devastação de seu país, a dispersão de seus lares, as afrontas à sua religião, a escravização de sua força de trabalho, superam em gravidade e em escala as vilanias perpetradas por Hitler em qualquer outra terra conquistada.[136]

Ele tinha razão: a destruição da Polônia pelas mãos dos nazistas e dos soviéticos foi cataclísmica. Entre 1939 e 1945, a população polonesa declinou 17,2%, mais do que a de qualquer outro país europeu.

Hitler retrucou no dia seguinte, dizendo que o discurso de Churchill "era sintomático de uma doença paralítica, ou dos delírios de um bêbado". Nos dois anos seguintes, chamaria Churchill de "lunático", "tagarela", "bêbado", "louco", "político inescrupuloso", "criminoso", "estrategista amador sedento de sangue", "belicista", "sujeito hipócrita" e, estranhamente, de "preguiçoso".[137] A secretária de Hitler, Christa Schroeder, relembrou que "a emoção tomava conta" quando ele lhe ditava sobre três temas: Roosevelt, Churchill e o bolchevismo. Em consequência disso, "sua voz muitas vezes falhava em algumas partes". "Nessas ocasiões, sua escolha de palavras não era tão exigente", escreveu ela.

> De minha parte, se ele mencionava o "beberrão de uísque" [...] muitas vezes, eu simplesmente omitia algumas das referências. Curiosamente, ao ler o rascunho, ele nunca notava esses cortes, um sinal de como estava exaltado. Nessas situações, sua voz se erguia ao volume máximo, acima do tom, por assim dizer, e ele fazia gestos

agitados com as mãos. Seu rosto ficava corado e a raiva brilhava em seus olhos. Ele ficava paralisado no lugar, como se estivesse encarando o inimigo em particular que estava imaginando.[138]

Churchill ficaria encantado em saber o efeito que estava causando no Führer.

Wavell já estava recebendo ordens para lutar em Tobruk, na Grécia e na Etiópia. No início de maio, Churchill também insistiu em novas intervenções no Iraque e na Síria, ainda que com forças esqueléticas. Ele conhecia bem a geografia iraquiana, tendo criado o país quando fora secretário de Estado das Colônias e depois organizado seu patrulhamento aéreo. Quando Wavell sugeriu um "acordo" no Iraque, em vez da expulsão de Rashid Ali, Churchill disse ao rei que o comandante das tropas "estava ficando cansado e poderia querer um descanso", e que o general Auchinleck poderia substituí-lo.[139] O rei fez uma comparação entre Wavell e Churchill, observando que "tem havido algumas críticas que Winston faz coisas demais, mas ele precisa fazer e está cheio de energia e iniciativa. Quem dera que tivéssemos mais pessoas de seu calibre".[140] No fim das contas, as operações britânicas realizadas contra Vichy na Síria e Rashid Ali no Iraque foram pouco dispendiosas, importantes e bem-sucedidas.[141]

Em 7 de maio de 1941, uma quarta-feira, Churchill foi forçado a justificar o desastre na Grécia num voto de confiança da Câmara dos Comuns exigido por Lloyd George e Hore-Belisha. A moção apresentada por Eden dizia: "Que esta Câmara aprove a política do governo de Sua Majestade em enviar ajuda à Grécia e declare sua confiança de que nossas operações no Oriente Médio e em todos os outros teatros de guerra serão empreendidas pelo governo com o máximo vigor". Lloyd George acusou Churchill de estar rodeado de "puxa-sacos" e que falar sobre invadir a Europa um dia era "tolice". Em sua resposta, Churchill comentou que esse "não era o tipo de discurso que se poderia esperar do grande líder guerreiro de outros tempos [...]. Era o tipo de discurso com o qual, imagino, o ilustre e venerável marechal Pétain poderia muito bem ter avivado os últimos dias do Gabinete de M. Reynaud".[142] Foi um golpe baixo, mas bem merecido. Sobre insistência de Hore-Belisha para que o aparato de inteligência fornecesse um relato completo e preciso das prováveis intenções do inimigo, Churchill retorquiu: "Esse é um daqueles vislumbres do óbvio e do obsoleto que abundam em seu poderoso discurso".[143] Como acontecia com frequência, Churchill procurou colocar a situação atual da Grã-Bretanha em seu contexto histórico. "Alguns compararam as conquistas de Hitler com as de Napoleão", disse ele.

Pode ser que a Espanha e a Rússia forneçam em breve novos capítulos para esse tema. Devemos lembrar, no entanto, que os exércitos de Napoleão carregavam consigo os ventos ferozes, libertadores e igualitários da Revolução Francesa, enquanto o Império de Hitler não tem nada por trás exceto autoafirmação racial, espionagem, pilhagem, corrupção e a bota prussiana. Ainda assim, o império de Napoleão, com todos os seus defeitos e todas as suas glórias, caiu e desapareceu como a neve na Páscoa, até que não restasse nada além do navio de Sua Majestade *Bellerophon*, que aguardava seu refugiado suplicante.[144]

Ele teve o cuidado de fazer uma distinção entre dois tipos distintos de erros militares: "Há o erro que vem da ousadia, o que chamo de erro no combate ao inimigo, no qual é preciso sempre apoiar seus comandantes, por mar, terra ou ar. Há erros do primeiro princípio da segurança, erros de dar as costas ao inimigo, que exigem uma consideração muito mais ácida".[145] Noruega, Dacar e Grécia — e, talvez por implicação, Galípoli — estavam na primeira categoria. "Quando olho para trás, para os perigos que foram superados", disse em conclusão, "sobre as grandes ondas montanhosas que o galhardo navio atravessou, quando me lembro de tudo que deu errado, e lembro também de tudo que deu certo, tenho certeza de que não precisamos temer a tempestade. Deixem-na rugir e deixem-na enfurecer-se. Nós vamos superá-la."[146] Ele ganhou o voto de confiança por 447 votos a três e, ao sair da Câmara, houve uma explosão espontânea de aplausos, que foi depois retomada no saguão dos membros do Parlamento. Colville anotou que "ele foi para a cama exultante com seu sucesso forense".[147]

A máxima de Churchill para enfrentar situações de guerra — "Continuem persistindo" — proporciona um resumo útil de sua estratégia militar no período entre Dunquerque e a entrada da Rússia na guerra, um ano depois. No início de maio, para o embaixador sueco Björn Prytz, ele também usou uma fábula inventada à maneira de Esopo:

> Havia dois sapos, um otimista e um pessimista. Certa noite, eles estavam pulando sobre a grama e detectaram o cheiro maravilhoso de leite fresco que emanava de um laticínio próximo. Os sapos não resistiram à tentação e saltaram para o laticínio através de uma janela aberta. Eles calcularam mal o salto e caíram num enorme pote de leite. O que fazer? [....] O pessimista olhou ao redor e, vendo que as paredes do jarro eram altas e íngremes e que não era possível subir, caiu em desespero. Ele virou de costas, cruzou as pernas e afundou. O otimista não queria perecer de forma tão terrível. Ele também viu as paredes altas e íngremes, mas decidiu debater-se enquanto podia. Durante toda a noite ele nadou, bateu o leite energicamente com as pernas e exibiu várias formas de atividade [...]. Quando a manhã chegou, o sapo otimista havia, inadvertidamente, batido um grande pedaço de manteiga e desse modo salvou sua vida. O mesmo acontecerá com o Império Britânico.[148]

Confiante nas decodificações da Ultra de que isso aconteceria logo, Churchill disse a Prytz que o pedaço de manteiga era "o confronto iminente entre a URSS e a Alemanha". Nessa eventualidade, disse, "a fim de esmagar a Alemanha, estou preparado para entrar em aliança com qualquer um, até mesmo com o diabo!".[149]

A assembleia da velha Câmara dos Comuns foi destruída num grande ataque aéreo três dias depois, em 10 de maio de 1941, primeiro aniversário da chegada de Churchill ao poder. Dois mil incêndios iniciaram-se naquela noite e 3 mil londrinos acabaram mortos ou feridos.[150] A face da torre do relógio Big Ben ficou cheia de furos e marcas quando uma bomba a atravessou. Churchill deu a William Brimson, o porteiro-chefe da Câmara dos Comuns, uma caixa de rapé de prata gravada para substituir a que se perdeu no incêndio subsequente.

Naquela noite, o duque de Hamilton telefonou para Valentine Lawford, secretário particular de Anthony Eden, com a notícia de que Rudolf Hess, o segundo na linha de sucessão de Hitler, havia saltado de paraquedas em sua propriedade na Escócia, em busca de "elementos amigáveis" com quem discutir um armistício, apesar de não ter autorização do Führer para fazer essa oferta. Lawford contou a Colville, que telefonou para Churchill em Ditchley. O primeiro-ministro assistia a um filme dos irmãos Marx e reagiu de início: "Conte isso aos irmãos Marx!". Mas Colville explicou calmamente que a história era verdadeira. Churchill deu ordens para que Hamilton fosse de avião ao aeródromo de Northolt e depois levado para Ditchley, mas só depois de Colville ter estabelecido que "se tratava realmente do duque e não de um lunático".[151] Antes de desligar o telefone, ele disse: "Hess ou não Hess, vou assistir aos irmãos Marx".[152]

Depois que Hess foi reconhecido por Ivone Kirkpatrick, ex-primeiro-secretário em Berlim, Churchill permitiu que apenas Eden, Attlee e Beaverbrook vissem a transcrição da entrevista de Hess a Kirkpatrick (em si mesma, uma revelação de sua visão da estrutura governamental da época). "Está claro que Hess não é um traidor, mas acredita genuinamente que pode nos persuadir de que não podemos vencer e que uma paz de compromisso é possível", era a essência da fala. "Seu pré-requisito essencial é a queda do governo de Churchill."[153] Churchill se divertiu quando Hamilton, que não conhecia Hess, disse que o alemão decidira voar até ele porque era o lorde comissário da Casa de Sua Majestade, título que o adjunto do Führer imaginou que fosse real e não honorífico e que dessa forma poderia apresentar suas ideias ao rei. "Suponho que ele pensa que o duque destrinche o frango e consulte o rei para saber se ele prefere peito ou coxa", sugeriu Churchill.[154] As consequências não eram tão engraçadas, evidentemente: Churchill não queria ninguém na Inglaterra, nos Estados Unidos ou na Rússia suspeitando que ele ou seu governo estavam interessados em negociações de paz. Por isso, disse ao público a verdade: que se tratava de um ato demente de um homem próximo a um colapso mental; de fato, Hess tentou suicídio em 16 de junho.[155] Depois de um extenso interrogatório na Torre de Londres, passou boa parte do restante da guerra num campo de prisioneiros perto de Abergavenny, no País de Gales.

"Meu lorde administrador, Hamilton, só foi nomeado há um ano", anotou o rei em seu diário. "Tive de pedir a Walter [o oitavo duque de] Buccleuch, seu antecessor, que saia devido à sua simpatia pelos nazistas. Talvez o posto de lorde administrador esteja enfeitiçado ou germanizado."[156] No almoço, Churchill brincou com o rei dizendo que "ficaria muito zangado se Beaverbrook ou Anthony Eden subitamente saíssem daqui e voassem para a Alemanha sem aviso prévio".[157] Ele contou da oferta de paz de Hess — "Hitler ter liberdade na Europa, mas sem negociar com o atual governo britânico" — e provocativamente perguntou ao rei se "tinha certeza de que não desejava que ele renunciasse logo agora que as coisas pareciam mais promissoras para nós".[158]

"Parece que Hitler está se concentrando contra a Rússia", Churchill informou ao general Smuts em 16 de maio. "Um movimento incessante de tropas, forças blindadas e aeronaves para o norte dos Bálcãs e para o leste da França está em andamento."[159] Ele havia avisado Stálin duas vezes e fora ignorado em ambas. Churchill lia melhor a mente de Hitler do que os chefes do Estado-Maior, que até 31 de maio não acreditavam que a Alemanha atacaria a Rússia.

Em 20 de maio, o XI Corpo Aéreo alemão atacou as tropas da Comunidade Britânica em Creta, que estavam sob o comando do general neozelandês Bernard Freyberg, e capturaram o vital aeroporto de Máleme. Após oito dias de combates ferozes, a ilha teve de ser evacuada pelas forças aliadas, em grande parte por falta de apoio aéreo. A frota do Mediterrâneo perdeu três cruzadores e seis destróieres na evacuação de 16 mil dos 26 mil soldados que estavam na ilha.[160] Depois da operação, a frota ficou reduzida a dois encouraçados, três cruzadores e dezessete destróieres.[161] Colville manifestara consternação com as perdas dos HMS *Gloucester* e *Fiji* na batalha de Creta. "Para o que você acha que construímos os navios?", retrucou Churchill, depreciando o modo de "tratar os navios da Marinha como se fossem preciosos demais para ser colocados em risco."[162]

Churchill culpou Wavell por não enviar tanques suficientes para Creta, embora ele e os chefes do Estado-Maior acreditassem que o ataque alemão à ilha era um embuste para mascarar um ataque real à Síria ou a Chipre. Na noite de 10 de maio, Churchill discutira informalmente a substituição de Wavell pelo general Claude Auchinleck, mas só recebera apoio de Beaverbrook, enquanto Eden, Attlee e Margesson se opunham.[163] Mais tarde, contou a seu grupo próximo — ecoando sua atitude em relação a Antuérpia — que, se pudesse ser colocado no comando no Oriente Médio, ele "de bom grado largaria seu atual cargo — sim, e até renunciaria a charutos e bebidas alcoólicas!".[164]

Em 21 de maio, o Comando Costeiro informou que o encouraçado alemão *Bismarck*, o navio de guerra mais poderoso à tona, com uma tripulação de 2200 homens, e seu cruzador de escolta *Prinz Eugen* tinham sido avistados no estreito da Dinamarca, entre a Islândia e a Groenlândia, indo em direção ao Atlântico. Parte da Frota Nacional do almirante Sir John Tovey, que incluía o HMS *Hood*, o maior cruzador de batalha da Marinha Real Britânica, com uma tripulação de 1418 pessoas, foi enviada para interceptá-los. Quando Churchill acordou na manhã de sábado, 24 de maio, em Chequers, foi informado de que o *Hood* havia sido afundado pelo *Bismarck*, com a perda, como se soube mais tarde, de todos, exceto três membros de sua tripulação. Catorze anos depois, a lembrança disso ainda podia trazer lágrimas aos seus olhos.[165]

Após a perda catastrófica do *Hood*, seguiu-se uma perseguição de 2700 quilômetros, em meio a ventos fortes, altas ondas e uma nevasca, enquanto a Frota Nacional liderada pelo encouraçado *King George V* tentava retaliar. Churchill passou o fim de semana em "suspense agonizante" em Chequers, temeroso de que o *Bismarck* pudesse interceptar um grande comboio de tropas aliadas ao sul escoltado apenas por destróieres, ou escapar por completo para um porto francês do Atlântico, como Brest.[166] Ficou grudado nas cartas náuticas constantemente atualizadas na Sala Hawtrey; conforme lembrou o comandante Thompson, "mais e mais relatos de avistamento eram seguidos por sinais de que os cruzadores em perseguição haviam perdido o *Bismarck* mais uma vez".[167] Vic Oliver recordava-se do sogro naquele fim de semana "com ar inexpressivamente sombrio" e que em determinado momento gritou para ele, que tocava piano: "Pare! Não toque isso! Ninguém toca a 'Marcha fúnebre' em minha casa".[168] (Na verdade, era a "Appassionata" de Beethoven.)

O dia seguinte, um domingo, também se passou em "tristeza temerosa". Churchill não conseguia entender por que o HMS *Prince of Wales* não insistira num ataque e continuava dizendo "é a pior coisa desde que Troubridge se afastou do *Goeben* em 1914".[169] Mais tarde, pensou em submeter à corte marcial seu capitão, mas Tovey o impediu de fazer isso, ameaçando depor para a defesa. Antes de ir dormir, Churchill opinou que os três dias anteriores haviam sido os piores da guerra até então — principalmente se o *Bismarck* chegasse em segurança a Brest, a 1100 quilômetros de distância. "Pobre Winston, muito sombrio", observou Cadogan depois da reunião do Gabinete em Londres, no dia 26, "devido, claro, ao *Hood* e Creta." Ele descreveu as discussões como "cansativas e muito acrimoniosas".[170] Eden concordou. "Um dia muito sombrio — parece que perdemos de vista o *Bismarck*", escreveu em seu diário. "A pior reunião do Gabinete que já tivemos — Winston estava nervoso e irracional e todos os demais no limite."[171] Numa situação muito incomum para essas reuniões, houve longos períodos de completo silêncio.

Churchill passou a maior parte da noite na sala de mapas do Anexo do número 10. "Sob essas luzes cintilantes que brilham em todos os mapas da sala, onde as marcações continuavam hora a hora", lembrou o capitão Pim, "as fases da grande batalha marítima eram registradas."[172] A certa altura, Churchill e Pound sinalizaram para Tovey que, embora o HMS *King George V* estivesse ficando sem combustível, a perseguição não deveria ser abandonada, e a nau capitânia poderia ser rebocada para casa, se necessário. Era uma manobra excepcionalmente perigosa até mesmo para imaginar, num oceano cheio de submarinos. Naquela noite, um avião Swordfish do porta-aviões HMS *Ark Royal* mutilou o *Bismarck* com ataques de torpedos, e antes da meia-noite o navio alemão estava à deriva. Continuou à tona por mais dez horas, enquanto os HMS *Rodney* e *King George V* o bombardeavam.

Churchill tinha acabado de se sentar depois de fazer uma declaração sobre Creta na apertada Church House na manhã seguinte, quando Bracken lhe entregou um pedaço de papel. "Clamo por sua indulgência, sr. presidente", disse Churchill, interrompendo um parlamentar trabalhista. "Acabei de receber a notícia de que o *Bismarck* foi afundado." Torpedos do cruzador HMS *Dorsetshire* e a debandada por parte de seu capitão finalmente o destruíram às 10h40. Apenas 114 homens de sua tripulação sobreviveram. Nicolson relatou "aplausos entusiásticos" ao anúncio de Churchill, e John Martin, "grande júbilo".[173] Quando Churchill almoçou com o rei, "estava satisfeitíssimo com o naufrágio do *Bismarck*, que melhorou nossa posição no Atlântico, pois agora só temos que lidar com o *Tirpitz* [...]. O *Bismarck* era certamente inafundável por artilharia".[174]

No dia 2 de junho, Churchill foi a Chartwell, teoricamente para descansar um pouco e, de fato, o primeiro-ministro se deitou no chão da sala de jantar por um tempo enquanto Clementine jogava gamão com Colville, mas depois ficou acordado até a uma e meia da manhã ditando correspondências e voltou para Londres no dia seguinte. "Há uma tempestade de críticas a respeito de Creta, e estou sendo pressionado para dar explicações sobre muitos pontos", escreveu a Wavell. "Não se preocupe com isso agora. Simplesmente fique de olho na Exporter [a campanha da Síria] e, acima de tudo, na Bruiser [o alívio de Tobruk]. Somente estas podem fornecer respostas a críticas justas ou injustas [...]. Como disse Napoleão: '*La bataille répondra*' [A batalha dará a resposta]."[175] Três dias depois, o rei anotou sobre seu primeiro-ministro: "Ele tem grandes esperanças na Líbia, pois temos as tropas, tanques e os aviões prontos para o ataque. Ele quer que Wavell faça um avanço implacável contra os alemães e realmente os pressione muito, não lhes dando tempo para descansar ou dormir".[176] Sobre a Grécia, Churchill disse ao rei: "Nossa saída de lá não é um grande desastre. É uma batalha travada numa campanha e deve ser tratada como tal". De qualquer forma, ele teve a sorte de a moção de confiança ter sido apresentada três semanas antes da evacuação, e não durante ou depois dela.

"Por todos os lados, ouvem-se críticas crescentes a Churchill", anotou Channon em 6 de junho. "Ele está sofrendo uma queda perceptível na popularidade e muitos de seus inimigos, há muito tempo silenciados por sua popularidade pessoal, estão de novo vociferando. Creta foi um grande golpe para ele."[177] No entanto, Churchill foi capaz de esclarecer isso na reunião seguinte do Gabinete. "As pessoas criticam este governo", disse o primeiro-ministro, "mas sua grande força — e ouso dizer isso diante de vocês — é que não há alternativa! Não acho que seja um governo ruim. Pensem bem, é muito bom. Eu tenho total confiança nisso. Com efeito, nunca houve um governo ao qual eu tenha sentido lealdade tão sincera e incondicional!"[178]

Churchill defendeu a expedição grega e a evacuação de Creta em um discurso de noventa minutos na Câmara dos Comuns quatro dias depois, apesar de comentar com o rei naquele dia que "considerava um sistema ruim permitir um debate toda vez que as coisas davam errado para nós".[179] Durante seu discurso, ele disse sobre o povo britânico: "É o único povo que gosta de saber que as coisas estão ruins, que gosta de ouvir o pior, e gosta de ouvir que é muito provável que fiquem muito piores no futuro e deve se preparar para novos reveses". Sobre Creta, declarou: "A derrota é amarga. Não adianta tentar explicar a derrota. As pessoas não gostam de derrotas e não gostam das explicações oferecidas a elas, por mais elaboradas ou plausíveis que possam ser. Para a derrota, há apenas uma resposta. A única resposta para a derrota é a vitória".[180] Dois dias depois, ele admitiu numa fala pelo rádio: "Ainda não podemos ver como a libertação virá, ou quando virá, mas nada é mais certo do que isto: todos os vestígios dos passos de Hitler, todas as manchas de seus dedos infectados e corroídos serão lavadas e purgadas e, se necessário, expelidas da face da Terra".[181] O elemento-chave dessa libertação estava a essa altura a apenas dez dias de distância. No entanto, mesmo que a Alemanha invadisse a União Soviética, muitos supunham que a Wehrmacht continuaria sua longa série de vitórias, agora contra um Exército Vermelho tão enfraquecido pelos expurgos de seu Alto-Comando no final da década de 1930 que mal conseguira dominar a Finlândia no ano anterior. No dia 16 de junho, todos ao redor da mesa de refeições, exceto Bracken e Tommy Thompson, "pensavam que a Rússia abriria passagem à Alemanha sem resistência".[182]

Churchill vinha encorajando Wavell a atacar Rommel desde 9 de maio, com base nas descrições da Enigma que pareciam mostrar que o Exército alemão naquele teatro de guerra estava exausto e incapaz de tomar a ofensiva até a chegada da 15ª Divisão Panzer, prevista para o fim daquele mês.[183] É possível que ele tenha subestimado a força de Rommel por ler com frequência demais os constantes pedidos enviados a Berlim por mais tropas, aviões e suprimentos. Wavell lançou a Operação Battleaxe (anteriormente conhecida pelo codinome Bruiser) em 15 de junho. Foi a primeira vez no conflito que as tropas britânicas encontraram as alemãs sem inferioridade aérea. Mas, no final do segundo dia da ofensiva, pouco progresso havia sido feito, em parte porque Wavell ainda dependia de tanques com canhões de duas libras. Churchill achou que a incapacidade de Wavell romper a linha de Rommel no segundo dia era "quase insuportável".[184] Wavell perdeu mais de cem tanques, e Cadogan escreveu: "Nossa grande ofensiva na Líbia terminou num nariz sangrando — para nós".[185] "Winston me telefonou muito triste", registrou Eden em 18 de junho.[186]

Como nenhum dos secretários adjuntos do Other Club, Brendan Bracken e o parlamentar liberal Harcourt "Crinks" Johnstone, conseguiu chegar ao Savoy na noite de 19 de junho devido a bombas não detonadas e fechamento de ruas, Churchill e H. G. Wells constituíram seu Comitê de Segurança Pública e decidiram que os dois deveriam pagar pelo jantar dos dezoito membros que compareceram, como uma "obrigação imprevista".[187] Churchill foi para Chequers dois dias depois, e Winant, Eden e Bridges foram para lá jantar e dormir. No jantar, ele previu que "um ataque alemão à Rússia é certo e a Rússia certamente será derrotada".[188] Acrescentou que, mesmo assim, "faria de tudo para ajudar a Rússia". Caminhando pelo gramado depois do jantar, disse a Colville "que tinha apenas um único objetivo — a destruição de Hitler — e que isso simplifica muito sua vida".[189]

Quando a Operação Barbarossa, a invasão da União Soviética por Hitler, com 161 divisões e 3 milhões de homens, se iniciou pouco antes do amanhecer de 22 de junho de 1941, um domingo — pegando Stálin de surpresa, apesar dos muitos avisos —, Churchill já tinha preparado a resposta da Grã-Bretanha, transmitida às nove da noite daquele dia. A notícia da invasão trouxe "um sorriso de satisfação aos rostos do primeiro-ministro, de Eden e de Winant", registrou Colville.[190] Pois, mesmo que os alemães ganhassem militarmente, como a maioria das pessoas, inclusive os chefes de Estado-Maior, supunham, teriam imensas extensões de território para assegurar e ocupar contra uma população grande e recalcitrante. Da noite para o dia, os russos deixaram de ajudar os alemães com comida e petróleo para combatê-los até a morte.* A fala só ficou pronta vinte minutos antes de ele transmiti-la, talvez deliberadamente, pois isso significou

* Em 29 de março, Churchill havia dado a seus ouvintes da hora do almoço em Chequers uma breve palestra sobre os vários invasores da Rússia ao longo dos séculos, especialmente o rei Carlos XII da Suécia, cuja invasão acabara em desgosto na Batalha de Poltava, um século antes da campanha de 1812 de Napoleão. Churchill reconhecia a enormidade do que Hitler havia empreendido e descreveu-a como "o quarto climatério" da guerra, sendo os três primeiros a Queda da França, a Batalha da Grã-Bretanha e a aprovação da Lei de Empréstimo Arrendamento. "Pode confiar nele para encontrar uma palavra de que ninguém jamais tenha ouvido falar", escreveu Elizabeth Layton (mais tarde Nel), uma secretária que começara a trabalhar para Churchill em abril (Nel, *Personal Secretary*, p. 71).

que Eden e Cadogan não puderam examiná-la. "Às quatro da manhã, Hitler atacou e invadiu a Rússia", começou Churchill.

> Todas as suas formalidades costumeiras de perfídia foram observadas com técnica escrupulosa [...]. Hitler é um monstro de maldade, insaciável em seu desejo de sangue e pilhagem. Não contente em ter toda a Europa sob seu jugo, ou então aterrorizada com várias formas de submissão, ele deve agora levar seu trabalho de carnificina e desolação para as vastas multidões da Rússia e da Ásia. A terrível máquina militar, que nós e o resto do mundo civilizado, de forma tão estúpida, tão supina, tão insensata, permitimos que os bandidos nazistas montassem, ano após ano, a partir de quase nada, não pode ficar ociosa para não enferrujar ou cair aos pedaços. Deve estar em movimento contínuo, moendo vidas humanas e atropelando os lares e os direitos de centenas de milhões [...]. Portanto, agora esse bronco sanguinário deve lançar seus exércitos mecanizados sobre novos campos de matança, pilhagem e devastação [...]. Vejo também as massas embotadas, treinadas, dóceis e brutais de soldados hunos arrastando-se como um enxame de gafanhotos rastejantes.[191]

A última frase era um bom exemplo de seu uso de quatro adjetivos — embora gafanhotos saltem e voem em vez de rastejarem.

Ao passar a defender uma aliança total com a Rússia, Churchill fez outra reviravolta rápida depois de uma vida sendo o antibolchevique mais vociferante da política britânica. "Ninguém foi um oponente mais consistente do comunismo do que eu nos últimos 25 anos", admitiu. "Não desdirei nenhuma palavra que falei sobre isso. Mas tudo isso se apaga diante do espetáculo que está se desdobrando agora. O passado com seus crimes, suas loucuras e suas tragédias desaparece."[192]* Olhando para o futuro, ele disse: "Temos apenas um propósito e um único objetivo irrevogável. Estamos decididos a destruir Hitler e todos os vestígios do regime nazista [...]. Qualquer homem ou Estado que lutar contra o reino nazista terá nossa ajuda. Qualquer homem ou Estado que marchar com Hitler é nosso inimigo".[193] Também houve um apelo ao interesse próprio do Ocidente. "A invasão da Rússia não é mais do que um prelúdio para uma tentativa de invasão das Ilhas Britânicas", afirmou ele. "O perigo russo é, portanto, nosso perigo e o perigo dos Estados Unidos, assim como a causa de qualquer russo que lute por sua pátria e seu lar é a causa dos homens livres e povos livres em todos os quadrantes do globo."[194]

* Quase certamente um eco consciente da descrição que Gibbon fez da história como "pouco mais do que o registro dos crimes, loucuras e infortúnios da Humanidade".

Churchill anunciou essa aliança total com a Rússia soviética após brevíssimas consultas com seus colegas. Até Eden teve pouca participação nessa decisão. Também não conversara com os próprios russos. Naquela noite, durante o jantar em Chequers, Eden e Cranborne argumentaram, do ponto de vista conservador, que a aliança deveria "confinar-se ao aspecto puramente militar, já que politicamente a Rússia era tão ruim quanto a Alemanha, e metade do país se oporia a uma associação muito próxima". Contudo, a opinião de Churchill "era de que a Rússia estava agora em guerra; camponeses inocentes estavam sendo massacrados; e devemos esquecer os sistemas soviéticos ou o Comintern e estender a mão a outros seres humanos em sofrimento". Colville relembrou que esse argumento "era extremamente veemente".[195] Churchill mais uma vez via o contexto mais amplo; era o líder do Partido Conservador, mas não passara toda a vida nele, ao contrário de Eden e Cranborne.

A veemência da discussão remontava à política de apaziguamento, quando Churchill censurou lorde Chatfield, que como primeiro lorde dos mares não se opusera à cessão dos portos do tratado irlandês em 1938, e outros apaziguadores cujo desejo de "auto-humilhação absurda nos levou à beira da aniquilação". Pela primeira vez desde o início da guerra, também criticou Chamberlain, a quem definiu como "o mais estreito, mais ignorante e mais mesquinho dos homens". Era uma descrição bem distante do panegírico que fizera em novembro, ainda que talvez mais próximo do que ele sentia no momento. Ao ir para a cama naquela noite, Churchill "repetia como é maravilhoso o fato de a Rússia estar contra a Alemanha quando poderia estar tão facilmente ao lado dela".[196] No dia seguinte, ordenou que os chefes de Estado-Maior investigassem as possibilidades de grandes incursões através do canal da Mancha. "Agora que o inimigo está ocupado na Rússia é a hora de 'criar o inferno enquanto o sol brilha'."[197]

Churchill começou imediatamente a procurar formas de enviar suprimentos para a Rússia pelo norte da Noruega e de trem, do golfo Pérsico para o mar Cáspio. Ele inventou uma analogia brilhante para descrever a perspectiva estressante de ter a Rússia soviética como aliada, explicando a Eddie Marsh: "Em suas florestas nativas, o gorila é objeto de reverência e terror: em nossos jardins zoológicos, inspira curiosidade vulgar: na cama de nossa esposa, é uma causa *potencial* de constrangimento e preocupação".[198] Quando o embaixador na União Soviética, Stafford Cripps, o primeiro-ministro da Nova Zelândia, Peter Fraser, e os lordes Cranborne e Beaverbrook vieram almoçar no dia 22, Churchill provocou o esquerdista Cripps, dizendo que os russos eram bárbaros e que "nem mesmo o fio mais fino conectava os comunistas ao tipo mais vulgar de humanidade".[199] Contudo, eles seriam aliados da Grã-Bretanha pelos quatro anos seguintes e, em cada cinco soldados alemães mortos em combate durante a Segunda Guerra Mundial, quatro morreriam na Frente Oriental.

# 25. "Tendo se reunido"

## *Junho de 1941 a janeiro de 1942*

> *Ele estava lutando o tempo todo, tivesse exércitos para atacar ou apenas pensamentos.*
>
> Churchill sobre o marechal Foch em *Great Contemporaries* [1]

> *Quanto mais conversavam sobre o que tinham de fazer, mais entendiam e gostavam um do outro.*
>
> Churchill, em *Marlborough*, sobre o encontro do duque com o príncipe Eugênio de Saboia em 1704[2]

Dois dias depois de Hitler ter desencadeado a Operação Barbarossa contra a Rússia, Churchill disse ao rei: "Que chance para os Estados Unidos de entrar na guerra agora; uma oportunidade enviada pelos céus". Contou também que iria substituir o general Wavell pelo general Auchinleck no posto de comandante-chefe do Oriente Médio. "Acho que quando Winston se decide sobre alguém ou algo, nada mudará sua opinião", anotou o rei. "Os sentimentos pessoais não são nada para ele, embora tenha um lado muito sentimental em seu caráter. Ele tem um objetivo e um objetivo somente: vencer a guerra. Sem meias medidas."[3]

Chips Channon descreveu a transferência de seu amigo Wavell para o posto de comandante-chefe do Exército indiano como "um sacrifício à antipatia pessoal de Winston. Nenhum general em toda a história teve um papel tão difícil, lutando em cinco frentes e assediado diariamente por cabogramas contraditórios".[4] Embora Dill desaprovasse a mudança, sabia que não adiantava continuar defendendo Wavell diante da óbvia perda de confiança do primeiro-ministro. No dia seguinte, Churchill enviou Oliver Lyttelton para ser ministro residente no Oriente Médio, nomeou Beaverbrook para o poderoso cargo de ministro do Abastecimento e trouxe o empresário Sir Andrew Duncan para presidir a Câmara de Comércio.

Naquela noite, Churchill contou, numa sessão secreta da Câmara dos Comuns, que havia mudado da Church House para a Câmara dos Lordes, que, com 4,6 milhões de toneladas de navios perdidos no ano anterior, os dados não poderiam mais ser publicados. Não que duvidasse da capacidade de seus conterrâneos de receber más notícias, mas, como disse à Câmara: "Não podemos dar ao inimigo nenhuma vantagem em termos de informação naval, nem podemos nos permitir pintar nossos negócios nas cores mais escuras diante dos olhos dos neutros e desencorajar nossos amigos e encorajar nossos inimigos em todo o mundo".[5] Falou dos terríveis desafios que havia pela frente, dizendo que nada que acontecera na Grande Guerra "era comparável aos perigos e dificuldades que agora nos acossam". "Todas as altas autoridades que conheço, se questionadas a sangue-frio há um ano como deveríamos superar isso, teriam julgado impossível dar uma resposta favorável."[6] Ele admitiu que cutucava e importunava constantemente seus ministros, dizendo que, longe de ser "uma sociedade de admiração mútua", como sugerira Lloyd George, na verdade era mais crítico com eles até do que os oponentes do governo: "Inclusive, eu me pergunto se muitos de meus colegas ainda me dirigem a palavra". Mesmo assim, "é dever do primeiro-ministro usar o poder que o Parlamento e a nação lhe deram para conduzir outros e, numa guerra como esta, o poder tem de ser usado independentemente dos sentimentos de alguém. Se vencermos, ninguém se importará. Se perdermos, não haverá ninguém para se importar".[7]

Em março de 1940, o físico nuclear austríaco Otto Frisch e seu colega alemão Rudolph Peierls, ambos cidadãos britânicos e refugiados do nazismo, escreveram um memorando ultrassecreto para o governo sobre a possível construção de "superbombas" baseadas numa reação em cadeia nuclear do urânio que, ao contrário da maioria dos cientistas da área, afirmavam ser viável. (Niels Bohr, Enrico Fermi e o falecido Sir Ernest Rutherford haviam descartado a possibilidade.) O documento de Frisch e Peierls levou Sir Henry Tizard, que presidia o esforço do governo de aplicar a ciência à guerra, a criar o Comitê MAUD (sigla sem nenhum sentido específico) de cientistas para investigar o assunto, estimulado por um artigo publicado no *Times* no início de maio sugerindo que os alemães estavam trabalhando num projeto similar.[8] Muito mais do que qualquer outro político preeminente da época, com exceção de Sir John Anderson, que escrevera uma tese sobre a química do urânio na Universidade de Leipzig, Churchill estava bem situado para considerar as possibilidades estratégicas levantadas pela fissão nuclear. Ele lera e relera toda a ficção científica de H. G. Wells, previra a criação de uma bomba poderosa "não maior que uma laranja" já em setembro de 1924, lera um livro sobre teoria quântica em 1926, escrevera sobre a perspectiva da fissão nuclear durante a década de 1930 e a discutira bastante com Lindemann.[9] Trata-se de uma das grandes coincidências da história o fato de que, assim que a ciência tornou possível um artefato que significaria a vitória na guerra e uma mudança no mundo, o mais bem versado em ciência de todos os envolvidos no debate batesse à porta do número 10 da Downing Street.

Em julho de 1941, o comitê MAUD de cientistas informou que era teoricamente possível construir uma bomba atômica com um potencial de força imenso, e que poderia estar pronta para o combate em dois anos; se assim fosse, seria provavelmente decisiva. O comitê recomendava uma cooperação estreita com os norte-americanos e advertia que a Alemanha quase com certeza estaria trabalhando em sua própria versão da bomba.[10] Apesar de sua importância, o relatório corria o risco de acabar natimorto. O presidente do MAUD, Sir Henry Tizard, temia que um "empreendimento industrial tão grande e altamente especulativo" como aquele cortasse o financiamento de outros projetos de tecnologia militar, enquanto o diretor de pesquisa científica do Ministério da Produção de Aeronaves achava que não demoraria dois anos, mas uma década para construir a bomba. Essa opinião ganhou a concordância do membro do Comitê Patrick Blackett, da Universidade de Oxford. Foi preciso que Lindemann inflamasse o projeto Tube Alloys [Ligas de Tubo] — codinome escolhido por ser o mais sem graça possível — e excitasse Churchill com suas perspectivas.

Há muitas críticas justificáveis ao Prof — sua combatividade, germanofobia, egomania, e assim por diante —, mas foi um golpe de sorte que acabasse ganhando a atenção de um primeiro-ministro que se interessava muito por ciência. Os artigos e as conversas de Churchill com Lindemann em torno da mesa de Chartwell sobre física foram mais relevantes do que qualquer um dos dois poderia ter adivinhado na época. Em agosto, Churchill escreveu aos chefes de Estado-Maior comunicando que concordava com os argumentos apresentados por Lindemann de que o Reino Unido deveria começar a construir sua própria bomba nuclear. Lindemann não minimizou os custos ou a dificuldade do processo, mas escreveu: "Seria imperdoável que deixássemos os alemães desenvolverem um processo à nossa frente, por meio do qual poderiam nos derrotar na guerra, ou reverter o veredito depois que tivessem sido derrotados [...]. Quem possuir essa arma será capaz de ditar as condições para o resto do mundo".[11] Churchill nomeou Anderson, lorde presidente do Conselho, para chefiar a nova Diretoria de Ligas de Tubo, fazendo dele o ministro da bomba. Anderson era um ex-servidor público escocês de confiança, ainda que nem um pouco cativante, que havia sido governador de Bengala em meados da década de 1930.

Em 30 de junho, quando Auchinleck assumiu o comando do teatro da guerra no Oriente Médio, o Eixo dominava toda a costa oriental da Líbia, exceto a sitiada Tobruk, embora a rendição dos remanescentes italianos na África Oriental tivesse aberto o mar Vermelho ao transporte marítimo norte-americano. Auchinleck mal havia assumido o comando quando começaram as discussões sobre o momento apropriado para a Operação Crusader, sua grande ofensiva destinada a aliviar o cerco. Auchinleck queria de quatro a cinco meses para se preparar, enquanto Churchill gostaria que a ação acontecesse muito antes, de modo a capitalizar a preocupação da Alemanha com a Frente Oriental.[12] Auchinleck insistiu que não poderia lançar a Crusader antes que o Oitavo Exército Britânico tivesse tempo para se reagrupar, se reequipar, se reorganizar, se suprir e treinar suas forças blindadas. Churchill ficou impressionado com o quase metro e noventa de atitude e personalidade de Auchinleck, mas já não estava convencido de sua habilidade militar, apesar de tê-lo nomeado para substituir Wavell.*

Quando Jock Colville pediu permissão para entrar para a RAF, no início de julho, Churchill concordou, dizendo que um piloto de caça "experimentava mais excitação do que um jogador de polo e um caçador de grandes animais juntos".[13] (Ele tinha sido ambos, então sabia.) Archie Sinclair estava hospedado em Chequers, e Churchill disse que depois da vitória "deveria haver um fim de todo o derramamento de sangue, embora ele quisesse ver Mussolini, o falso imitador da Roma Antiga, estrangulado como Vercingetórix à velha moda romana".[14] Hitler e os líderes nazistas seriam enviados para uma ilha remota, embora não a Santa Helena, pois isso "profanaria" a memória de Napoleão. Ele também investiu contra o derrotismo e disse: "Se a invasão viesse, seria melhor tornar esta ilha um mar de sangue do que se render".[15]

Em 14 de julho, após uma revista das unidades da Defesa Civil em Hyde Park, Churchill fez um discurso no County Hall, relembrando a Blitz do inverno anterior: "Quando, naquele momento, o gemido lúgubre da sirene indicava a aproximação dos bombardeiros alemães, confesso a vocês que meu coração sangrava por Londres e pelos londrinos".[16] Ele disse que o resto da Grã-Bretanha havia suportado tão bem quanto Londres e previu que na próxima campanha da Luftwaffe:

* Sobre suas próprias capacidades militares, porém, Churchill comentou em tom de brincadeira com Eden na época: "Lembre-se de que no meu peito tenho medalhas pelos Dardanelos, Antuérpia, Dacar e Grécia" — e poderia ter acrescentado a Noruega à contagem (Keegan, *Second World War*, p. 312).

> Londres estará pronta. Londres não vacilará, Londres pode aguentar tudo de novo. Não pedimos favores ao inimigo. Não queremos deles compunção. Pelo contrário, se hoje à noite o povo de Londres fosse convidado a votar sobre a realização de um acordo para impedir o bombardeio de todas as cidades, a esmagadora maioria gritaria: "Não, nós infligiremos aos alemães o mesmo tanto, e até mais do que o mesmo tanto que eles nos infligiram [...]. Não teremos nenhuma trégua ou negociação com vocês ou com a gangue sinistra que executa sua vontade maligna. Vocês fazem o seu pior e nós faremos o nosso melhor". Talvez seja a nossa vez em breve; talvez seja a nossa vez agora.[17]

A aliteração de "*grisly gang who works your wicked will*" quase soou como um floreio de musical, mas funcionou.

Em 18 de julho, Stálin fez um apelo urgente a Churchill para que abrisse o que ficou popularmente conhecido como uma Segunda Frente no noroeste da França, para tirar a pressão da Rússia.* Churchill respondeu que faria "qualquer coisa sensata e eficaz" que pudesse para ajudar os russos, mas: "Tentar um pouso forçado seria encontrar uma reação sangrenta, e pequenas investidas só levariam a fiascos, causando muito mais mal do que bem para nós dois".[18] Não obstante, prometeu levar em consideração operações aéreas e navais na região do Ártico. (Seus secretários observaram que Churchill usava a palavra "russos" quando desejava conferir aprovação, mas "soviéticos" quando era pejorativo.) Máiski visitou Chequers em 19 de julho. "Devemos bombardear a Alemanha sem piedade", disse Churchill. "Dia após dia, semana após semana, mês após mês! [...] No final, vamos suplantar a Alemanha com bombas. Vamos quebrar o moral da população."[19] Harry Hopkins entrou então na sala e prometeu amenizar os problemas de suprimentos que vinham tendo.** Máiski partiu com a visão de que "todo o fardo de lutar contra a máquina de guerra está sobre nossos ombros".

Churchill realizou uma grande reforma do governo no dia seguinte. Foi uma medida dolorosa para ele, porque precisou rebaixar Alfred Duff Cooper, um amigo e membro do Other Club que havia renunciado por causa de Munique e fora um grande defensor no Debate da Noruega. Ele já sabia havia algum

* A expressão Segunda Frente era um termo da propaganda soviética, pois a Grã-Bretanha já vinha combatendo a Alemanha em pelo menos cinco frentes antes de a União Soviética ser forçada pela invasão a abandonar sua neutralidade pró-germânica: no norte da França, no ar, no Atlântico, no Norte da África e no Mediterrâneo.

** Harry Hopkins voltara à Grã-Bretanha naquele dia trazendo consigo presunto, queijo e charutos para Churchill, artigos que eram dificílimos de conseguir. Como um símbolo significativo dos laços de amizade anglo-americanos, foi convidado a comparecer ao Gabinete. "Precisamos nos livrar dele antes do fim com o pretexto de que discutiríamos assuntos domésticos", recordou Cadogan, "e então conversamos sobre os Estados Unidos e o Extremo Oriente!" (Dilks [Org.], *Cadogan*, p. 393).

tempo que não era um ministro da Informação bem-sucedido, e dissera a Bracken, na presença dele: "Nunca arreie um puro-sangue numa carroça de estrume".[20]* A campanha contra os Enxeridos de Cooper também o enfraquecera, e Churchill não podia permitir que ele fosse um peso em seu governo. Ele deu a Cooper o lugar de Hankey de chanceler do Ducado de Lancaster, enquanto Brendan Bracken assumia o Ministério da Informação e se revelava um grande sucesso.

Churchill nomeou o brigadeiro George Harvie-Watt para o lugar de Bracken como secretário particular parlamentar, seus olhos e ouvidos na Câmara dos Comuns. Harvie-Watt fez um excelente trabalho, enviando relatos detalhados sobre quaisquer potenciais problemas entre os parlamentares do baixo clero. Esses relatórios podiam às vezes ser cáusticos. Ele informou ao primeiro-ministro que um discurso de Attlee sobre a aviação civil havia sido "chato" e que Wavell tinha sido "um tanto tedioso" ao falar com os parlamentares. Ocasionalmente, Churchill anotava neles "para a sra. C[hurchill] ver", ainda que alguns não tivessem conexão óbvia com ela, mas a intenção era mantê-la plenamente informada sobre os acontecimentos. Harvie-Watt investigava o que ocorria nas reuniões entre parlamentares trabalhistas e os sindicalistas e mantinha um olho nos grupos de pressão que estavam sendo criados pelos parlamentares conservadores.[21] Churchill vira a influência sobre o governo de Chamberlain dos vários grupos tories antes do Debate da Noruega e não queria ser vítima do mesmo fenômeno. Quando Harvie-Watt revelou a Churchill que Sir Douglas Hacking, presidente do Partido Conservador, "não é forte o suficiente para lidar com problemas políticos modernos", ele logo foi substituído (conferindo a Churchill a "aversão intensa" de Hacking pelo resto da guerra).[22]

Rab Butler foi tirado do Ministério das Relações Exteriores e promovido a presidente do Conselho de Educação, onde em 1944 aboliu as taxas para as escolas secundárias estatais com uma lei histórica. Em seu lugar como subsecretário de Relações Exteriores, Churchill queria colocar seu genro Duncan Sandys, mas Eden gostaria que o cargo fosse para Richard Law, então Sandys tornou-se secretário financeiro do Ministério da Guerra. Em meio a uma profusão de acusações de nepotismo, John Peck ofereceu a Colville cinco libras se ele ousasse sugerir a

* A atuação de Duff Cooper ainda foi dificultada pela nomeação de Frank Pick, ex-presidente do Conselho de Transporte de Passageiros de Londres, como diretor-geral do Ministério da Informação em agosto de 1940. Ao ficar sabendo que Pick fizera uma objeção moral à ideia de publicar um jornal clandestino para propósitos subversivos, pois considerava antiético mentir, Churchil segurou a mão de Atlee e gritou: "Aperte a mão dele! Aperte a mão dele! Pode inclusive dizer a são Pedro que conheceu o homem perfeito". Pick foi demitido depois de quatro meses no cargo, e Churchill comentou: "Nunca mais deixem aquele motorista de ônibus de conduta impecável aparecer na minha porta de novo" (Halle, *Irrepressible*, pp. 175-6).

Churchill que a melhor escolha para o ministro da Informação seria Vic Oliver, mas a oferta não foi aceita.[23]

A prática ocasional de Churchill de fazer com os dedos um sinal em forma de V, para significar a palavra "vitória", fora adotada pela Europa ocupada, onde o V estava sendo marcado e pintado nas paredes como um sinal de desafio. O governo lançou então uma campanha oficial de propaganda no dia 20 de julho, quando Churchill disse pelo rádio que "o sinal de V é o símbolo da inquebrantável vontade dos territórios ocupados e um presságio do destino que aguarda a tirania nazista. Enquanto os povos da Europa continuarem a recusar qualquer colaboração com o invasor, é certo que a causa dele perecerá e que a Europa será libertada".[24] O uso por Churchill do sinal era natural para um político da era vitoriana que compreendia o poder dos símbolos. Seus charutos, gravatas-borboleta, chapéus-coco e bengalas eram imagens poderosas que ele usava de forma consciente e que o tornavam reconhecível de imediato em charges e ilustrações de jornais. Seu pai usara colarinhos altos e bigode retorcido, e Joseph Chamberlain, monóculo e orquídea, pela mesma razão. Um problema com o sinal do V era que estava a apenas um girar do pulso de se tornar um gesto hostil, e Churchill nem sempre se lembrava disso.* A consequência mais séria, porém, foi que os russos de alguma forma o interpretaram como um sinal de que ele estava prestes a abrir uma Segunda Frente.[25]

Ao assistir ao filme *Cidadão Kane* na noite da reestruturação, Churchill "ficou tão entediado que saiu antes do fim", embora o motivo disso talvez fosse o fato de a obra difamar seu amigo e antigo anfitrião William Randolph Hearst.[26] Ele ficou acordado até as três horas daquela manhã, quando finalmente Attlee e Harriman bocejavam tanto que Hopkins insistiu que o primeiro-ministro, que ainda mantinha um "ânimo irreprimível", fosse para a cama.[27] "Não me surpreende que todos eles o deixem, pela maneira como você trabalha", Hopkins provocou Churchill, referindo-se à decisão de Colville de entrar para a RAF e à de Seal de assumir um cargo nos Estados Unidos.** (O lugar de Seal de principal secretário particular havia sido ocupado por John Martin.)

* Com a palma da mão virada para a pessoa que faz o gesto, o sinal do V é considerado uma expressão obscena — equivalente a mostrar o dedo do meio — no Reino Unido e em países da Comunidade Britânica como Índia, Paquistão, Austrália, Nova Zelândia e África do Sul. (N. E.)

** Quando Colville contou ao primeiro-ministro sobre as provas de matemática e outros testes de inteligência aos quais fora submetido antes de ser aceito na RAF, Churchill "disse que, se esse fosse o padrão, Nelson e Napoleão teriam sido considerados inaptos. Qual era a utilidade, ele perguntou, de recrutar um bando de 'jogadores de xadrez que teriam uma morte precoce por epilepsia?'" (Colville, *Fringes*, p. 428). (Na verdade, tanto Nelson como Napoleão tinham extensos conhecimentos matemáticos e provavelmente teriam se saído muito bem nesses exames.)

Pouco depois, no almoço no Anexo, ao ver como os franceses de Vichy estavam resistindo fortemente contra as forças de Auchinleck na Síria, Churchill disse que "era uma pena não terem lutado com a mesma coragem e espírito contra os alemães na França".[28] Ele acreditava que o "melhor e mais nobre sangue" da França havia sido derramado na Grande Guerra. Quando Lady Wimborne sugeriu — presumivelmente como piada — que eles exterminassem todos os bebês alemães depois que o conflito fosse vencido, Charles Eade registrou que "Winston riu e disse: 'Precisamos esperar tanto assim?'".[29] Ele se referiu à Operação Barbarossa como um "presente do céu" e disse que achava que os russos ainda estariam lutando dentro de doze meses, o que no mínimo atrasaria uma eventual tentativa de invasão da Grã-Bretanha. O defensor da política de apaziguamento Geoffrey Dawson deixara pouco tempo antes o cargo de editor do *Times*. Churchill observou cruelmente que era "o último movimento de um Quisling", mas acrescentou que "a raiva é um desperdício de energia. O vapor que é usado para explodir uma válvula de segurança seria mais bem utilizado para acionar um motor".[30] Dawson foi substituído por outro ex-apaziguador e crítico de Churchill, Robert Barrington-Ward.

Hopkins trouxera consigo a importante notícia de que Roosevelt gostaria de se encontrar com Churchill, um grande avanço no projeto do primeiro-ministro de aprofundar o envolvimento dos Estados Unidos com a guerra. Antes disso, Hopkins ia se encontrar com Stálin. Na noite em que ele foi embora, ficou caminhando com Churchill para lá e para cá no gramado dos fundos de Chequers, e o britânico lhe pediu que"assegurasse a Stálin que a Grã-Bretanha lhe daria todo o apoio possível".[31] Churchill já pensava em um eventual ataque ao outro lado do canal da Mancha, e em julho instou Roosevelt a começar a construir embarcações de desembarque para tanques, quase três anos antes do Dia D — embora os Estados Unidos ainda não fossem uma das nações beligerantes.

No final de julho, o rei anotou em seu diário que o primeiro-ministro "não acha que o Japão entrará em guerra conosco ou com os Estados Unidos. Nosso congelamento combinado de ativos e o rompimento de tratados comerciais foram um choque para o Japão".[32] Em 17 de agosto, ele acrescentou que Churchill "disse a Menzies para não se preocupar com o Japão. Roosevelt está enviando ao Japão uma nota forte e vamos apoiá-lo". Em 12 de setembro, Churchill ainda afirmava que os japoneses recuariam diante do embargo do petróleo ocidental, ao passo que, na verdade, talvez tenha sido a necessidade de combustível que levou os elementos mais belicosos do governo japonês a colocar seu império no caminho da guerra total.

Já se arrastavam fazia muito tempo os pedidos generalizados por um novo cargo de ministro da Produção, com assento no Gabinete de Guerra e poderes para exercer o controle sobre as três seções de suprimento do Almirantado, do

Ministério da Guerra e do Ministério da Aeronáutica. Para se contrapor a esse claro ataque a sua autoridade, Churchill trabalhou num discurso durante todo o fim de semana em Chequers, ficando acordado até as 4h50 da manhã para deixá-lo como queria. "Onde está a superpersonalidade", perguntou sarcasticamente na Câmara dos Comuns, em 29 de julho,

> que, como um dos membros do Gabinete de Guerra, dominará a vasta, consolidada, estabelecida e preparada organização do Almirantado, a cujos esforços bem-sucedidos devemos nossas vidas? Onde está o ministro da Guerra que ensinará ao atual ministro da Produção de Aeronaves como fazer aviões mais rápidos e melhores do que estão sendo feitos agora? [...] Quando tiverem decidido sobre esse homem, digam-me seu nome, porque eu ficaria muito feliz em servi-lo, desde que estivesse convencido de que possuía de fato todas as qualidades napoleônicas e cristãs que lhe foram atribuídas.[33]

Na tarde seguinte, o Tratado Soviético-Polonês foi assinado no Ministério das Relações Exteriores, com quinze minutos de atraso porque o cochilo de Churchill havia durado mais do que a habitual uma hora. Eden fora o mediador das duras negociações entre russos e poloneses, que se odiavam mutuamente. Máiski registrou que "Churchill tinha acabado de sair da cama" para a cerimônia. "Era possível ver isso em seu rosto flácido, olhos avermelhados e lacrimosos e na aparência em geral sonolenta."[34] Ainda assim, o primeiro-ministro "inspecionou a sala com um sorriso furtivo". O tratado permitia que 78 mil prisioneiros de guerra saíssem da União Soviética para formar o grosso do II Corpo Polonês, que lutou com grande destaque na Itália em 1944 e 1945. Para indignação dos poloneses, no entanto, ele deixou a fronteira do pós-guerra indefinida. Se os representantes da Polônia soubessem que os russos haviam executado mais de 14 mil oficiais poloneses a sangue-frio na floresta de Katyn no ano anterior, poderia não haver tratado nenhum, mas na época nem eles nem o governo britânico haviam sido informados dessa terrível verdade.

A perspectiva de encontrar Roosevelt ao largo da costa da Terra Nova deixou o primeiro-ministro, nas palavras de Colville, "empolgado como um colegial no último dia do semestre".[35] Os dois vinham trocando telegramas em ritmo acelerado, mas seu primeiro encontro cara a cara desde 1918 estava fadado a ser um momento climático, para o bem ou para o mal. A importância da viagem para Churchill foi ressaltada pelo número de pessoas que ele levou consigo, entre elas Dill, Pound, Lindemann, Cadogan, o vice-chefe do Estado-Maior do Ar, Sir Wilfrid Freeman, Tommy Thompson e John Martin. "O primeiro-ministro partiu para o norte com um séquito que daria inveja ao cardeal Wolsey", anotou Colville.[36]

Em 3 de agosto, no trem do meio-dia e meia que saía da estação ferroviária de Marylebone, vestido com seu macacão azul da Força Aérea e seu boné de iate, Churchill "lamentou a erupção de casas modernas" pelos subúrbios de Londres. Cadogan comentou "que elas poderiam ser vistas como o acampamento das hostes antibolcheviques", o que o aplacou.[37] Ele calculou que nos 48 anos anteriores consumira meia garrafa de champanhe por dia e queria saber até que altura do vagão isso chegaria.[38] O Prof, com a ajuda da régua de cálculo que sempre levava consigo, estimou que o líquido alcançaria menos de metade da altura do vagão-restaurante, o que deixou o primeiro-ministro decepcionado.[39]

Em 4 de agosto, uma segunda-feira, o grupo embarcou no encouraçado HMS *Prince of Wales*, em Scapa Flow, onde encontraram um Harry Hopkins recém-chegado de Moscou e exausto. Havia trazido "amplo suprimento" de caviar de Stálin, e Churchill observou que "era muito bom ter esse caviar, mesmo que isso significasse lutar ao lado dos russos para obtê-lo".[40] Ele planejou todos os detalhes do entretenimento que se seguiu, encomendando perdiz, sopa de tartaruga e uma banda. Seus aposentos originais estavam acima das hélices, mas, com ventos fortes, a popa estremecia, então se mudou para a cabine do almirante no passadiço.[41] "Acabamos de sair", Churchill telegrafou a Roosevelt ainda naquele dia. "Hoje faz 27 anos que os hunos começaram sua última guerra. Devemos fazer um bom trabalho desta vez. Duas vezes deve ser o suficiente. Aguardo muito o nosso encontro. Saudações afetuosas."[42] Naquela noite, Churchill e sua comitiva visitaram a Sala de Mapas, momento em que, pela única vez em toda a viagem, todas as luzes se apagaram.[43]

Nos dias seguintes, enquanto caminhavam pelo convés frio e ventoso, Churchill e Cadogan passaram em revista todos os prováveis pontos de discussão — uma declaração das aspirações anglo-americanas no pós-guerra, uma cooperação mais próxima das equipes, armamentos específicos necessários dentro do escopo da Lei de Empréstimo e Arrendamento, e assim por diante — com Cadogan desempenhando o papel de Roosevelt.[44] Isso permitiu que Churchill exercitasse argumentos e estivesse pronto para redarguir às respostas do presidente americano. Ele lia o romance *Captain Hornblower*, de C. S. Forester, ambientado nas guerras napoleônicas, e a comitiva assistia a filmes todas as noites no alojamento dos oficiais, como *Caça à raposa*, do Pato Donald, e *Marujos improvisados*, com Laurel e Hardy — que "encantou" Churchill — e, é claro, *Lady Hamilton, a divina dama*, que, como recordou o comandante Thompson, "nunca deixava de comovê-lo, embora já o tivesse visto muitas vezes antes".[45] "Senhores", disse Churchill a sua comitiva, "achei que esse filme lhes interessaria, mostrando grandes eventos semelhantes àqueles de que vocês têm participado."[46] Foi um dos poucos filmes que sua equipe não achou péssimos, e fez Churchill chorar. Há uma cena em que o almirante Nelson, interpretado por Laurence Olivier, diz ao

Conselho do Almirantado: "Senhores, vocês nunca farão as pazes com Napoleão! Napoleão não pode ser o dono do mundo até que tenha nos esmagado, e acreditem em mim, senhores, ele pretende ser o dono do mundo! Não se pode fazer as pazes com ditadores. É preciso destruí-los, eliminá-los!". Churchill também assistiu a "um filme particularmente banal sobre o amor em uma loja de departamentos de Nova York com evidente prazer". Ele considerou o filme *Queijo suíço*, de Laurel e Hardy, "uma performance brilhante, embora inconsequente".[47] Enquanto os rolos estavam sendo trocados, pediu que tocassem no gramofone "Mad Dogs and Englishmen", de Noël Coward, e uma música dançante popular, "Franklin D. Roosevelt Jones". Conhecia de cor todos os versos das duas canções.

O navio manteve o rádio em silêncio durante a viagem de seis dias; assim, pela primeira vez em quase dois anos, Churchill se viu isolado da responsabilidade direta pelo curso diário dos acontecimentos e não podia enviar mensagens, embora tenha escrito cartas que foram despachadas assim que atracaram na Terra Nova. No segundo dia eles tiveram que deixar a escolta de destróieres para trás devido ao mar agitado. Mais tarde, uma mudança drástica de trajeto foi necessária quando avistaram um submarino. Em 5 de agosto, o mar estava tão revolto que o café da manhã foi cancelado, levando Churchill — um glutão matinal à maneira eduardiana — a declarar: "*Tout au contraire*" [Tudo está contra nós].[48] No tempo ruim, Churchill passava a maior parte do tempo em seus aposentos ou no passadiço. "Todo esse ozônio está me deixando preguiçoso", comentou. "Eu costumava querer ver caixas vermelhas o tempo todo. Agora, tenho dificuldade em me levar para duas horas de trabalho por dia."[49] Ao desafiá-lo para uma partida de gamão, Hopkins alertou Churchill de que jogava bem. "Tudo bem", respondeu Churchill. "Eu jogo sujo."[50] No dia seguinte, quando Hopkins recusou um segundo conhaque na hora do almoço, o primeiro-ministro disse: "Espero que, ao nos aproximarmos dos Estados Unidos, você não vá se tornar mais moderado".[51] O *Prince of Wales* pegou outra escolta de destróieres no dia 6 de agosto e, na noite anterior à chegada à Terra Nova, foi exibido de novo *Lady Hamilton, a divina dama* — a quinta vez em um mês que Churchill via o filme.[52] Hopkins ainda arrancou dele sete guinéus no gamão (cerca de 380 libras em dinheiro de hoje).

Ao amanhecer de 9 de agosto de 1941, um sábado, o navio estava próximo da Estação Naval de Argentia, perto da costa de Terra Nova. "A estibordo, era possível ver vales densamente arborizados, cheios de névoa cinzenta", relembrou Thompson.[53] Às nove da manhã, entraram na baía de Placentia e ancoraram ao lado do cruzador USS *Augusta*, a nau capitânia presidencial. Roosevelt também trouxera o encouraçado *Arkansas* e o cruzador *Tuscaloosa*. A banda do *Prince of Wales* tocou o hino americano e, através das ondas, podia-se ouvir o hino britânico. Às onze horas, o presidente Roosevelt estava à frente do passadiço do *Augusta*, apoiando-se no braço de seu filho Elliott, e apertou a mão de Churchill, Pound, Dill, Cadogan, Lindemann e Martin, dando-lhes as boas-vindas a bordo para a primeira reunião da conferência cujo codinome era Riviera. Estava acompanhado pelo general George C. Marshall, chefe do Estado-Maior do Exército, almirante Harold Stark, da Marinha, general Henry "Hap" Arnold, da Força Aérea do Exército, Sumner Welles, subsecretário de Estado, e por Franklin Roosevelt Jr., outro de seus filhos. Churchill entregou ao presidente uma carta do rei, embora a solenidade da ocasião houvesse sido um tanto diminuída pela participação da equipe de filmagem, que o obrigou a fazer isso duas vezes mais, para as câmeras.

A primeira interação social entre o presidente e o primeiro-ministro foi infeliz. Roosevelt disse que já havia conhecido Churchill antes, durante a Grande Guerra, e guardara "apreciadas lembranças", mas seu convidado teve de admitir "francamente que havia esquecido esse encontro!"[54] (Roosevelt estava sendo diplomático; na época, havia considerado Churchill "um grosseirão".)* Embora o primeiro-ministro tivesse dito aos premiês dos Domínios antes de partir para a Terra Nova que nunca vira Roosevelt, em *The Gathering Storm* ele escreveria: "Eu o encontrara apenas uma vez na guerra anterior. Foi num jantar no Gray's Inn, e fiquei impressionado com sua presença magnífica em toda a sua juventude e força".[55] A lisonja de Churchill em *Great Contemporaries* e em discursos recentes havia apagado a impressão ruim deixada no Gray's Inn em 1918. Naquele mesmo dia, Roosevelt escreveria a Margaret "Daisy" Suckley, sua prima distante e amiga íntima: "Ele é uma pessoa cheia de vitalidade e sob muitos aspectos é um prefeito LaGuardia inglês!** Não comente que eu disse isso! Eu gosto dele — e almoçar sozinho quebrou o gelo nos dois sentidos".[56] No total, Churchill e Roosevelt passaram nada menos que 113 dias juntos durante a Segunda Guerra Mundial, em nove ocasiões diferentes.

"Ninguém pode compreender os movimentos que levaram à batalha de Blenheim, a menos que perceba que Eugênio e Marlborough estavam trabalhando como dois lóbulos do mesmo cérebro", escrevera Churchill em *Marlborough*. "Estavam em constante contato um com o outro."[57] Muitas das amizades políticas de Churchill não haviam terminado bem, como nos casos de Asquith, Baldwin e agora Lloyd George, mas dessa vez precisava ser diferente. Portanto, ele não poupou esforços para se dar bem com Roosevelt, reconhecendo nele um aristocrata, democrata e reformador social. Viria a declarar que "nenhum amante jamais estudou todos os caprichos de sua amante como fiz com os do presidente Roosevelt".[58] Eles passaram o almoço do primeiro dia conhecendo um ao

* Ver p. 322.

** Fiorello LaGuardia era o prefeito de Nova York e, a despeito de seu mero 1,57 metro de altura, era um homem extremamente enérgico.

outro, mas havia naturalmente muitas coisas concretas a que ambos os governantes visavam para essa reunião na baía de Placentia, como conversas mais profundas entre suas equipes, uma declaração pública para desencorajar a agressão japonesa, o acordo sobre as patrulhas navais norte-americanas em torno da Islândia, controlada pelos britânicos, a aceleração dos pedidos de fornecimento dentro da Lei de Empréstimo e Arrendamento e uma declaração conjunta de princípios universais com o objetivo de fazer com que os povos de língua inglesa e neutros reconhecessem que a guerra estava sendo travada em nome de valores em muito superiores aos dos nazistas.

A capacidade de Churchill de compartimentar sua mente era tamanha que, ao voltar ao *Prince of Wales*, entre o almoço e o jantar, ele enviou um telegrama a Sir John Anderson reclamando que os motoristas que recebiam cupons extras de gasolina estavam sendo obrigados a prestar contas de todas as viagens às autoridades: "Criar e multiplicar delitos que não são condenados pela opinião pública, que são difíceis de detectar e só podem ser punidos de maneira aleatória, não é uma boa prática política".[59] No jantar daquela noite a bordo do *Augusta*, desta vez com Cadogan, Marshall e outros presentes, a discussão se voltou para a lucratividade e os problemas dos pinheiros de Natal que Roosevelt cultivava em sua propriedade rural de Hyde Park, no norte do estado de Nova York. "Mais tarde, claro", anotou Cadogan, "o grupo começou a tratar de assuntos sérios."[60]

Na manhã seguinte bem cedo Churchill estava "agitado no convés" e pediu a Cadogan que redigisse uma declaração de princípios comuns que constituiria a base do que veio a ser a Carta do Atlântico. Roosevelt foi depois ao *Prince of Wales* com várias centenas de militares e fuzileiros navais da Marinha norte-americana para um culto dominical no tombadilho. Churchill escolheu os hinos "Para aqueles em perigo no mar", "Avante, soldados cristãos" e "Ó Deus, nossa ajuda em eras passadas". "Cada palavra parecia estimular o coração", escreveu ele mais tarde. "Foi uma grande hora para estar vivo."[61] Ele coreografou a cerimônia para que fosse, em suas palavras, "inteiramente coral e inteiramente fotográfica".[62] As bandeiras britânica e norte-americana estavam lado a lado no altar; os capelães de ambos os lados do oceano compartilharam as leituras da Bíblia do rei Jaime; marinheiros das duas nações estavam misturados. Churchill também aproveitou a oportunidade para dar a Roosevelt o rascunho da declaração conjunta para discussão com seus assessores. O presidente ordenou que todos os marinheiros presentes recebessem duzentos cigarros, bem como algumas frutas e queijos.

Churchill pedira que trouxessem duas dúzias de perdizes para a viagem, comidas no almoço com os chefes de Estado-Maior britânicos e norte-americanos. Depois que o presidente partiu naquela tarde, Churchill foi à praia, e Cadogan registrou que ele "se divertiu como um colegial em férias, insistindo em rolar pedras de um penhasco íngreme".[63] Martin viu-o coletar um punhado de flores. Naquela noite, Churchill e sua comitiva jantaram no *Augusta* com oito norte-americanos e Fala, o terrier escocês do presidente. O capitão Pim escreveu depois: "Acho que todos os presentes sentiram que da reação mútua desses dois grandes líderes, talvez os maiores em muitas gerações, e da sabedoria de seus conselheiros, a liberdade do mundo poderia muito bem depender".[64]

No dia seguinte, 11 de agosto, realizaram-se as primeiras discussões sérias sem uma agenda fixa, num ambiente que Thompson descreveu como de "informalidade tranquila".[65] Foram abrangentes e incluíram o uso dos Açores como base aliada, no caso de uma entrada alemã na península Ibérica, e um futuro desembarque aliado na Europa, de codinome Roundup. Eles concordaram em realizar futuras conversas detalhadas das equipes em Washington. No dia seguinte, chegou Beaverbrook, e a Lei de Empréstimo e Arrendamento foi acrescentada à pauta. Acima de tudo, alcançou-se um acordo sobre o texto da Carta do Atlântico, bem como de uma mensagem conjunta a Stálin e um comunicado sobre as conversações. Não houve desentendimentos sobre nenhuma questão substancial, e todos os objetivos de Churchill foram alcançados na Conferência, além de terem sido estabelecidas relações amigáveis entre as equipes britânica e americana, principalmente entre Dill e Marshall.

A Carta começava assim: "O presidente dos Estados Unidos e o primeiro-ministro, sr. Churchill, tendo se reunido, consideram certo tornar conhecidos alguns princípios comuns nas políticas nacionais de seus respectivos países nas quais baseiam suas esperanças de um futuro melhor para o mundo". O primeiro desses princípios era: "Seus países não procuram engrandecimento, territorial ou de outro tipo". O segundo: "Eles não querem ver mudanças territoriais que não estejam de acordo com os desejos livremente expressos dos povos envolvidos"; em terceiro lugar, declaravam: "Respeitam o direito de todos os povos de escolher a forma de governo sob a qual viverão, e desejam que os direitos soberanos e o autogoverno sejam restituídos àqueles que foram privados disso pela força". Embora os Estados Unidos não estivessem na iminência de declarar guerra à Alemanha, como alguns britânicos de forma nada realista esperavam, o sexto artigo da Carta — que começava dizendo: "Após a destruição final da tirania nazista..." — deixava bem clara em sua linguagem a opinião daquela potência ainda neutra.

Seguiam-se depois princípios relativos ao acesso de todos os Estados ao comércio e às matérias-primas em igualdade de condições, à mais ampla cooperação econômica de todas as nações, ao direto de viver sem privações e medos em todas as terras, à travessia dos mares e oceanos sem impedimentos e ao desarmamento geral e ao abandono do uso da força. A Carta foi subsequentemente assinada pelos governos no exílio de Bélgica, Tchecoslováquia, França Livre, Grécia, Luxemburgo, Holanda, Noruega, Polônia, Iugoslávia e, um tanto cinicamente, pela União Soviética. Era espantoso que um imperialista tão convicto como Churchill tivesse aposto seu nome ao Artigo Três, mas havia uma enorme necessidade de estabelecer um objetivo comum com os Estados Unidos. A Carta do Atlântico foi anunciada em 14 de agosto, data em que o mundo soube pela primeira vez que Roosevelt e Churchill haviam se reunido e que estavam em total concordância sobre os princípios subjacentes ao mundo que queriam construir após a extirpação do nazismo. O documento proporcionou um poderoso grito mobilizador para as forças da liberdade, para que as pessoas pudessem sentir que tinham uma inspiração para lutar, e não apenas um inimigo maligno para combater.

Às cinco da tarde de 12 de agosto, o *Prince of Wales* partiu com sua escolta de destróieres para a Islândia. Do convés de ré, Churchill agitava o boné para cada navio norte-americano, e ali permaneceu até quase sumirem de vista. Dois dias depois, o encouraçado precisou alterar a rota porque submarinos inimigos foram avistados na área. No dia seguinte, eles se juntaram a um comboio de 72 navios, alguns dos quais levando ostensivamente aviões no convés, o que Churchill descreveu como "uma visão deleitável".[66]* O comboio era formado por doze colunas separadas por cerca de quinhentos metros, e o *Prince of Wales* conseguiu fazer duas passagens por ele. Os homens enfileirados no convés de cada embarcação aplaudiram freneticamente quando viram Churchill no passadiço, fazendo o V de vitória.

No dia seguinte, ele se encontrou com o primeiro-ministro islandês em Reykjavik e, em 18 de agosto, após um vendaval que reduziu a visibilidade (e, portanto, o perigo de submarinos e aviões inimigos), o *Prince of Wales* chegou a Scapa Flow sob um sol radiante, às nove da manhã. No trem de volta para Londres, Churchill pediu um licor Bénédictine e, dez minutos depois, um conhaque. Lembrado pelo atendente de que já tomara um Bénédictine, disse: "Eu sei; quero um pouco de conhaque para cortar o efeito".[67]

Na manhã seguinte, Churchill almoçou com o rei e compartilhou seus pensamentos sobre Roosevelt. "W. ficou fascinado por ele", anotou o rei, "e voltou sentindo que o conhece. Teve várias conversas a sós com ele, quando W. colocou nossa posição sem rodeios. Se, na primavera, a Rússia estiver na pior e a Alemanha estiver renovando sua Blitzkrieg aqui, todas as nossas esperanças de vitória e ajuda dos Estados Unidos serão frustradas se a América ainda não nos tiver enviado massas de aviões etc., ou se não tiver entrado na guerra. F.D.R. tem 3 bilhões de libras para gastar conosco aqui [...]. Ele acha que o Japão permanecerá quieto."[68]

* Durante esse período, havia sempre por volta de quinze comboios atravessando o Atlântico.

Apesar de seu largo sorriso em King's Cross naquela manhã e do sucesso indubitável do encontro com Roosevelt, Churchill continuava a achar que a situação era muito grave. Os alemães se aproximavam rapidamente de Moscou e Leningrado; a produção de guerra enfrentava problemas, inclusive gargalos e — o mais chocante — greves.[69] Mas em 21 de agosto, contra o aconselhamento de seus generais, Hitler decidiu desacelerar o avanço para o leste e enviar uma grande parte de seus blindados em direção a Kiev, a fim de tomar os recursos agrícolas da Ucrânia. Foi um erro monumental, que enfraqueceu fatalmente o importantíssimo ataque a Moscou que, se bem-sucedido, teria forçado Stálin e o governo soviético a recuarem para além dos Urais.

Nesse mesmo dia, o primeiro comboio do Ártico chegou ao norte da Rússia, carregado com duas esquadrilhas de Hurricanes. Em seguida foram enviados tanques, apesar do prejuízo para a posição da Grã-Bretanha no Deserto Ocidental. Até o fim da guerra, a Grã-Bretanha enviaria 720 navios para a União Soviética em quarenta comboios e entregaria mais de 4 milhões de toneladas de suprimentos, 5 mil tanques e 7 mil aeronaves. Esses comboios desviaram frotas que, em condições normais, teriam sido usadas para proteger as águas nacionais ou comboios atlânticos.[70] Um clima terrível, com gelo no convés no inverno, luz do dia quase perene no verão, a proximidade dos campos de pouso da Luftwaffe e fiordes bem escondidos de onde os inimigos espreitavam — tudo isso dava aos alemães enormes vantagens sobre os comboios que passavam ao norte da Noruega. No entanto, Churchill mal recebeu uma palavra de agradecimento de Stálin, apenas reclamações amargas de que não estava enviando recursos suficientes. No discurso que fez no 24º aniversário da Revolução de Outubro, Stálin disse a seu público: "Nosso país está travando uma guerra de libertação sem ajuda militar de ninguém". Além disso, marinheiros britânicos foram maltratados em Murmansk e Arkhangelsk.

Apesar da ingratidão de Stálin, Churchill ficou horrorizado com o que estava acontecendo ao povo russo. "À medida que seus exércitos avançam", disse Churchill sobre Hitler numa transmissão radiofônica do dia 24 de agosto com foco na Carta do Atlântico, mas também abordando os terríveis massacres de civis ocorridos na Rússia, especialmente judeus e comunistas,

> distritos inteiros estão sendo exterminados. Dezenas de milhares — literalmente dezenas de milhares — de execuções a sangue-frio estão sendo perpetradas pelas tropas policiais alemãs contra os patriotas russos que defendem seu solo nativo. Desde as invasões mongóis da Europa, no século XVI, nunca houve uma carnificina metódica e impiedosa em tamanha escala, ou se aproximando dessa escala. E isso é apenas o começo. A fome e a peste ainda estão por vir nos sulcos sangrentos dos tanques de Hitler. Estamos na presença de um crime inominável.[71]

Através das máquinas Enigma, os *Einsatzgruppen* (esquadrões da morte) alemães enviavam relatórios a Berlim cheios de números enormes, mas misteriosos, e Bletchley deu-se conta de que se tratava do número de pessoas massacradas.[72] Muitos países neutros não acreditaram em Churchill, achando que ele estava apenas espalhando propaganda aliada. Alguns veículos de imprensa, como o *New York Times*, esconderam a notícia em notas de extensão reduzidíssima em suas páginas internas.

"Não se desesperem", disse Churchill, dirigindo-se aos povos da Europa ocupada, "sua terra será limpa [...]. Mantenham sua alma livre de todo contato com os nazistas; façam-nos sentir mesmo em sua hora fugaz de triunfo brutal que eles são os párias da humanidade. A ajuda está chegando; forças poderosas estão se armando em seu favor. Tenham fé. Tenham esperança. A libertação é certa."[73] Milhares de pessoas que viveram sob a ocupação nazista durante a guerra testemunharam que os discursos de Churchill lhes davam esperança quando poucas coisas mais tinham esse efeito. Elas o ouviam ilegalmente em aparelhos de rádio escondidos, embora isso pudesse ser um crime capital. Em novembro, em mensagem para o jornal *Jewish Chronicle*, que comemorava seu centenário, Churchill escreveu: "Ninguém sofreu mais cruelmente que o judeu os males indescritíveis causados ao corpo e espírito dos homens por Hitler e seu regime vil. O judeu suportou o peso do primeiro ataque dos nazistas às cidadelas da liberdade e da dignidade humana [...]. Mais uma vez, na hora marcada, verá redimidos os princípios de justiça que foi a glória de seus antepassados proclamar ao mundo".[74]

Em 25 de agosto, com os alemães nos arredores de Kiev, a Grã-Bretanha e a Rússia invadiram o Irã com uma pequena força conjunta. Alcançaram a vitória em três dias, e o filho do xá foi instalado no lugar do pai no Trono do Pavão. A partir de então a Grã-Bretanha podia suprir a Rússia por terra e proteger os campos petrolíferos da Companhia de Petróleo Anglo-Iraniana em Abadan. "Fizemos algo para o qual tínhamos justificativa, mas nenhum direito", admitiu Churchill em conversa particular.[75]

Cinco dias depois, enquanto bebia conhaque, Churchill fez um apelo apaixonado a Winant ao fim do jantar em Chequers, com Halifax e Eden presentes. Ele argumentou que, depois de assinarem a Carta do Atlântico, "os Estados Unidos não poderiam se manter honrosamente de fora. Não podiam lutar com mercenários [...]. Se entrassem, a convicção de uma vitória aliada teria fundamento em uma dúzia de países [...]. Precisamos ter uma declaração de guerra americana, ou então, embora não possamos ser derrotados agora, a guerra pode se arrastar por mais quatro ou cinco anos, e a civilização e a cultura serão aniquiladas". No entanto, se os Estados Unidos se juntassem aos Aliados, "sua beligerância poderia significar a vitória em 1943".[76] Winant sugeriu que seu país poderia entrar na guerra em março, mas isso proporcionou "pouca satisfação" ao primeiro-ministro, até porque era um mero palpite.[77] Para aliviar o clima depois disso, ele fez "um interessante relato sobre a vida amorosa do ornitorrinco".[78] (É um animal polígino.)

Churchill foi ao Hotel Dorchester no dia 4 de setembro para um jantar de despedida de Mary, agora com dezenove anos, que iria servir numa bateria antiaérea perto de Enfield, pois era membro do Serviço Territorial Auxiliar, o ramo feminino do Exército britânico. Ele foi aplaudido desde a porta da frente do hotel até o seu lugar no restaurante. Mas precisava estar de volta à Downing Street até as 22 horas, para receber uma carta de Stálin, entregue por Máiski. Stálin exigia uma Segunda Frente na França ou nos Bálcãs, para tirar trinta ou quarenta divisões alemãs da Frente Oriental. Também solicitava 30 mil toneladas de alumínio e pelo menos quatrocentos aviões e quinhentos tanques por mês. Sem isso, advertiu, a Rússia poderia ser eliminada da guerra.

"Não tenho dúvidas de que Hitler ainda deseja seguir sua antiga política de vencer seus inimigos um a um", respondeu Churchill, conforme relato de Máiski. "Eu estaria pronto para sacrificar a vida de 50 mil ingleses se, ao fazê-lo, conseguisse tirar nem que fosse vinte divisões alemãs de sua frente!"[79] Mas acrescentou que, assim como o canal da Mancha "impede a Alemanha de saltar para a Inglaterra, também impede a Inglaterra de saltar para a França ocupada". Também não havia tropas, aviões ou tonelagem de navios para uma campanha nos Bálcãs. Churchill salientou que foram necessárias sete semanas para transferir quatro divisões britânicas do Egito para a Grécia, que era um país amigo, e concluiu: "Não! Não! Não podemos caminhar para uma derrota certa nem na França nem nos Bálcãs!".[80]

Sobre a questão dos suprimentos, Churchill disse a Máiski: "Nós também estamos com falta de armas. Mais de 1 milhão de soldados britânicos ainda estão desarmados!". Ele apontou que a produção total de tanques da Grã-Bretanha não chegava a quinhentos por mês. Máiski relembrou suas palavras: "Em 1942, a situação vai mudar. Tanto nós como os americanos poderemos dar-lhe um monte deles em 1942. Mas por ora [...] somente Deus, em quem o senhor não acredita, pode ajudá-lo nas próximas seis a sete semanas".[81] Quando Máiski perguntou sobre seus planos para o futuro, o primeiro-ministro respondeu que era evitar a invasão da pátria; manter o vale do Nilo e o Oriente Médio; reconquistar a Líbia; garantir suprimentos para a União Soviética via Irã e outras rotas; "atrair a Turquia para o nosso lado"; "bombardear a Alemanha incessantemente"; levar adiante uma guerra submarina implacável; aumentar o número de tropas no Oriente Médio de 600 mil para 750 mil até o final de 1941 e para 1 milhão no primeiro semestre de 1942.[82] Máiski sensatamente não transmitiu a Moscou a reação de Churchill ao "ar subjacente de ameaça" do apelo: depois do pacto nazi-soviético, "aconteça o que acontecer e o que o senhor fizer, o senhor, mais do que ninguém, não tem o direito de nos fazer censuras".[83] À luz da carta de Stálin, Churchill cancelou uma viagem a Dover. Colville concluiu: "Parece que estamos diante de uma decisão do mesmo tipo da ocorrida nos estágios finais da Batalha da França: apostar tudo para salvar nossos aliados ou reservar nossa força para o caso de o pior acontecer. Felizmente, neste caso, nosso armário não está tão vazio".[84] Enquanto isso, em Moscou, Cripps ainda era ignorado por Mólotov e queria voltar para casa. "O peito de Sir Stafford deve estar ferido e gelado", disse Churchill à sua equipe. "Bem, infelizmente ele tem que sujar as mãos como o resto de nós."[85] Ele telefonou a Cadogan para dizer que Cripps "deve ser impedido" de retornar, acrescentando que não queria que a mensagem partisse dele.[86]

Eden relatou que Churchill estava "muito animado" quando eles almoçaram sozinhos naquele dia. O primeiro-ministro disse-lhe que, embora pudesse ajudar o Partido Conservador eleitoralmente no mundo que emergiria do conflito, "não sentia nenhum entusiasmo pelos problemas do pós-guerra". Eden respondeu que precisavam de novos candidatos jovens, já que "ninguém votaria nos homens de Munique". "Winston, como de hábito, estava muito belicoso", relatou Eden.[87] Mais uma vez, Churchill tinha dado motivos para Eden acreditar que poderia assumir a liderança dos tories depois que a guerra fosse ganha. Ele nunca era um homem cruel, mas a maneira como tratou a ambição de Eden pelo cargo de primeiro-ministro era insensível.

Naquela noite, depois de concordar com Máiski a respeito de um pacote de 30 mil toneladas de ajuda, Churchill levou Beaverbrook e Eden ao Ritz para um jantar regado a ostras, perdizes e nostalgia. "Winston disse que gostaria de ter F. E. de volta para ajudá-lo", observou Eden. Não o F. E. Smith de seus "últimos anos encharcados", mas o de 1914 ou 1915. Depois dele, queria ter Balfour. Quando Beaverbrook disse que "se ele tivesse jogado bem suas cartadas quando estava no Almirantado no começo da última guerra, especialmente com o Partido Conservador, poderia ter sido o primeiro-ministro em vez de [Lloyd] George", Churchill concordou. Descreveu a ocasião em que soube que Lloyd George não pretendia incluí-lo em seu Gabinete em dezembro de 1916 como o "momento mais difícil de sua vida".[88] Depois, trabalhou até as três da manhã na resposta para Stálin, adiando sua partida para Ditchley. "Eu sinto o mundo vibrante de novo", comentou com Martin.[89] Fora necessário o grande erro de Hitler para que isso acontecesse.

Em 11 de setembro, o rei viu "Winston muito mais otimista e, pela primeira vez, ele me disse que achava que a Alemanha poderia em algum momento desmoronar a partir de dentro".[90] Tratava-se de uma previsão estranha num momento em que Kiev estava prestes a cair, mas Churchill também achava que os generais de Hitler poderiam impedi-lo de usar gás no campo de batalha se considerassem que estavam perdendo. Desmond Morton disse-lhe acreditar que Stálin dera ordens aos comunistas britânicos para derrubá-lo quando o momento fosse propício.[91] Especulações e boatos corriam soltos.

Em 18 de setembro, o dia da capitulação de Kiev, Churchill acedeu às exigências do governo australiano de que suas tropas fossem retiradas do comando de Auchinleck. Era frustrante, mas Churchill conseguia enxergar o quadro político mais amplo e disse ao Gabinete de Guerra que "é preciso fazer concessões a um governo com uma maioria de um que enfrenta uma oposição encarniçada, parte da qual pelo menos é de mentalidade isolacionista. É imperativo que não haja disputa pública entre a Grã-Bretanha e a Austrália. Todos os sentimentos pessoais devem, portanto, ser subordinados à aparência de unidade. Os problemas surgiram em grande parte devido ao fato de não termos nenhuma divisão de infantaria britânica nas várias ações, fazendo com que o mundo suponha que estamos lutando apenas com as tropas do Domínio".[92] Como aprendera a lição de Galípoli, ele assegurou a Canberra que, "qualquer que seja o custo, suas ordens sobre suas próprias tropas serão obedecidas".[93]

Churchill se assegurava de que os governos dos Domínios recebessem relatórios semanais do Estado-Maior (diariamente, no caso de operações em andamento), bem como resumos das decisões do Gabinete, e enviou muitos telegramas pessoais.[94] Sempre que os primeiros-ministros dos Domínios visitavam a Inglaterra, eram convidados para as reuniões do Gabinete de Guerra. No entanto, ele impediu a instalação de um Gabinete de Guerra Imperial e não entrava em detalhes sobre operações iminentes. No fim de maio de 1944, quando Mackenzie King perguntou quando seria o Dia D, Churchill disse que poderia ser até 21 de junho, quando, na verdade, estava planejado para 5 de junho.[95] Considerando a extraordinária contribuição que os Domínios e colônias deram para a guerra — só no Exército, 21 das 55 divisões que Churchill planejava não seriam britânicas —, e tendo em vista que Churchill acreditava no Império, é extraordinária a pouca participação que lhes deu na elaboração da estratégia como um todo.

Em 22 de setembro, Churchill enviou Beaverbrook a Moscou para negociar planos de envios de suprimentos à Rússia. Enquanto esteve lá, Beaverbrook tornou-se um defensor tão ferrenho da Segunda Frente que começou a minar Churchill politicamente. Mesmo antes de sua partida, seus jornais criticavam com frequência membros do governo do qual ele era um membro preeminente. "No geral, ele é um colega agradável, tranquilo e leal!", anotou Eden com sarcasmo pesado em seu diário naquele mês.[96]

Como um sinal especial de sua aprovação, o rei nomeou Churchill para o antigo e prestigioso posto de lorde administrador dos Cinco Portos, em 23 de setembro. Churchill era atraído pelas conexões históricas — Pitt, o Jovem, Wellington e Palmerston haviam ocupado o cargo, criado no século XII —, mas se assustou com o custo da manutenção do castelo de Walmer, construído por Henrique VIII. Lorde Reading, que ocupara o posto em meados da década de 1930, empregara catorze criados e cinco jardineiros na propriedade.[97] O lorde administrador tinha direito a todas as baleias encalhadas na praia dentro dos limites de sua jurisdição, o que em outros tempos era um benefício, mas àquela altura na verdade constituía uma desvantagem, pois também tinham de ser enterradas às suas custas. Quando a bandeira do lorde administrador chegou a Chartwell depois da guerra, foi hasteada com orgulho, e Churchill reagiu com uma citação levemente modificada do poema "The Jabberwocky": "*Calloo! Callay! O frabjous day! And so he chortled in his joy*".[98]* Ele mandou fazer uma versão em miniatura da bandeira para colocar na frente de seu carro oficial.** Quando os Churchill visitaram o Castelo de Walmer, dois dias depois de sua nomeação, Clementine o achou "sombrio e desajeitado".[99] "Duvido muito que me seja possível morar no Castelo de Walmer", comentou ele com o ministro de Obras, "ou, na verdade, que alguém poderá morar em tão belas casas depois da guerra."[100]

No dia seguinte, os Churchill foram de Walmer para Coventry de trem. O notoriamente impontual primeiro-ministro não estava vestido quando a composição chegou à plataforma, onde o comissário regional das Midlands, o conde de Dudley, o prefeito e um comitê de boas-vindas o aguardavam. Isso porque, embora acreditasse que poderia tomar banho, fazer a barba e se vestir em quinze minutos, na verdade levava vinte. "Consequentemente, ele se atrasa para tudo", anotou Colville, e "a sra. C. fervia de raiva."[101] Churchill e a esposa foram levados a um passeio pela cidade, durante o qual viram a catedral bombardeada e o cemitério comunal, onde as vítimas do ataque aéreo de novembro de 1940 estavam enterradas. Na fábrica de aeronaves e torpedos Armstrong Siddeley, os homens de cada setor bateram seus martelos numa recepção entusiasmada, mas ensurdecedora. Da mesma forma, na fábrica de bombardeiros Whitley, que era um criadouro de comunistas, a aparição de Churchill com charuto e chapéu-coco "cativou bastante a força de trabalho, que o recebeu com aplausos vociferantes". Churchill fez o V, segundo Colville, apesar "das representações repetidamente feitas a ele de que esse gesto tem outro significado bem diferente".[102]

No dia seguinte, em Birmingham, onde um Spitfire voou de cabeça para baixo sobre a cabeça dos Churchill a apenas doze metros do chão, o casal atravessou de carro a cidade por vários quilômetros, passando por multidões animadas até a estação ferroviária. "Vi o primeiro-ministro ter muitas recepções entusiásti-

* "Oh dia fremular! Bravooh! Bravarte! Ele se ria jubileu", na tradução para o português de Augusto de Campos, em que o poema de Lewis Carroll recebeu o título de "Jaguadarte". Em sua citação, Churchill inverteu a ordem em que as interjeições aparecem no verso. (N. E.)

** Atualmente em posse deste autor.

cas", escreveu Colville, "mas nunca uma igual a essa."[103] No caminho de casa, Tommy Thompson perguntou-lhe como ele podia ter feito três ou quatro longos discursos em sucessão sem se repetir, usando o que Churchill chamava de seu "Speechform" [formulário de discursos] com anotações de títulos de assuntos. "Não é tão difícil quanto você pensa", respondeu o primeiro-ministro. "Eu apenas aciono minha boca e a deixo correr solta."[104]

Em 28 de setembro, enquanto se vestia para o jantar, Churchill disse a Colville que, "até agora, o governo só cometeu um erro de julgamento: a Grécia".[105] Ele passara a atribuir aquela campanha a Sir John Dill. Colville sabia que a campanha grega tinha sido ideia de Churchill, à qual Dill se opusera a princípio, mas o primeiro-ministro "enfiou agora sua faca em Dill e frequentemente o deprecia".[106] (Dill segundo consta retribuiu a falta de consideração: suas opiniões sobre Churchill foram retiradas dos rascunhos das memórias de Reith antes da publicação, a pedido do Gabinete.)[107] Um desacordo anterior entre o primeiro-ministro e o chefe do Estado-Maior Imperial ilustra o abismo entre suas personalidades. Entre os documentos do general Sir John Dill encontra-se uma carta de Churchill datada de 19 de outubro de 1940 com a etiqueta vermelha "Ação para hoje", apoiando a nomeação do general de brigada Sir Percy "Hobo" Hobart para treinar a 11ª Divisão Blindada. Dill se opusera com vigor a isso, alegando que Hobart, aposentado por Wavell e na ocasião servindo como cabo na Guarda Nacional, era "difícil de trabalhar [...] seus julgamentos eram impetuosos e inconsistentes [...] não quer ouvir a opinião dos outros [...] antipático [...] tinha uma consideração apegada demais aos interesses de sua própria formação [...] presunçoso, carece de estabilidade, e não executa as instruções de seus superiores [...] sua personalidade não contribuiu para um funcionamento harmonioso e [...] mostrou pouca consideração pelos outros".[108] Presume-se que Dill, antes de enviar seu memorando ao primeiro-ministro, não pensara que ele pudesse ser lido como um resumo de muitas das críticas feitas ao próprio Churchill. Não obstante, Dill teve de reconhecer que Hobart também era "um excelente instrutor e tinha um conhecimento de primeiro nível da organização, armamento e manutenção de formações de tanques".

"Esses preconceitos são frequentemente associados a pessoas de personalidade forte e visão original", respondeu Churchill.

> Estamos agora em guerra, lutando por nossa vida, e não podemos nos dar ao luxo de confinar as nomeações do Exército a pessoas que não provocaram comentários hostis em suas carreiras [...] Cromwell, Wolfe, Clive, Gordon e em uma esfera diferente [T. E.] Lawrence, todos tinham uma semelhança muito próxima a essas

características. Tinham outras qualidades além dessas, portanto sou levado a acreditar que o general Hobart também as tem. Este é um momento para experimentar homens de força e visão e não de se limitar exclusivamente àqueles que são julgados seguros pelos padrões convencionais.[109]

Àquela altura, ele passara a ver Dill como a personificação deste último tipo. Depois do jantar com lorde Rosebery, filho do falecido primeiro-ministro, e do comissário regional da Escócia, em Dalmeny House, no estuário do rio Forth, Churchill censurou Dill por sua relutância em empregar Hobart. "Lembrem-se, não são apenas os bons rapazes que vencem as guerras; são os dissimulados e os grosseirões também."[110] Hobart foi designado, e suas ideias contrárias e independentes produziram novas armas, apelidadas de "Gracinhas de Hobart", que se revelaram inestimáveis no Dia D.

Em 28 de setembro de 1941, Colville observou que na opinião de Churchill uma Segunda Frente prematura no continente "só poderia ter um resultado. O Ministério da Guerra não faria o trabalho corretamente; com efeito, era injusto pedir-lhes que se colocassem contra a organização, a experiência e os recursos alemães. Não tinham os meios nem a informação".[111] Era quase uma admissão de que os alemães eram melhores do que os britânicos na guerra, um conceito excepcionalmente perigoso para mencionar até mesmo em particular, mas ao qual ele às vezes voltaria, e que era compartilhado por várias outras figuras militares e diplomáticas experientes, pelo menos na primeira metade do conflito.

Em discurso feito em 30 de setembro, Churchill brincou sobre os políticos que se importavam tanto com a opinião pública para falharem em demonstrar a liderança que deveriam exercer. "Nada é mais perigoso em tempo de guerra do que viver na atmosfera temperamental de uma pesquisa do Gallup", ele disse, "sempre medindo o próprio pulso e tirando a própria temperatura. No fim de semana, um palestrante disse que essa era uma época em que os líderes deveriam manter seus ouvidos no chão. Tudo o que posso dizer é que a nação britânica vai achar muito difícil se espelhar nos governantes que forem pegos nessa postura um tanto indigna."[112]

Em 4 de outubro, Churchill teve que demitir um terceiro velho amigo e membro do Other Club (depois de Boothby e Duff Cooper). Ele escreveu ao almirante Roger Keyes, diretor de Operações Combinadas: "Tenho de levar em conta meu primeiro dever para com o Estado, que está acima da amizade pessoal. Em todas as circunstâncias, não tenho escolha senão providenciar sua dispensa".[113] Churchill nomeara Keyes, de 68 anos, em julho, mas havia sido uma de suas piores decisões pessoais desde Fisher. Na batalha por recursos, Keyes conseguia repetidamente contrariar todos os três chefes de Estado-Maior, o que era desastroso para alguém cujo trabalho era uni-los para operações ofensivas. Ele questionava o julgamento de todos os demais e agia como se fosse o único que tinha algum espírito ofensivo. Churchill admirava Keyes, e lhe devia muito por iniciar a avalanche contra Chamberlain no Debate da Noruega, mas era o homem errado para o cargo. É provável que tivesse sido demitido mais cedo, mas, nas palavras de Martin, "os constantes ataques contra ele apenas despertaram a lealdade do primeiro-ministro".[114] Para o lugar de Keyes, Churchill nomeou um primo do rei, lorde Louis Mountbatten, capitão com apenas quatro anos de senioridade, e atualizou seu título para chefe de operações combinadas.

Em 7 de outubro, o rei anotou que Churchill estava "preocupado com a situação russa, que é grave, pois os alemães iniciaram outro avanço no setor central".[115] A Wehrmacht havia chegado às estações de metrô de Moscou, e ao que parecia o inverno não chegaria a tempo para salvar os russos. Stálin insistia agora que trinta divisões britânicas fossem desembarcadas em Arkhangelsk, outro pedido inviável, como ele devia saber. Churchill ganhou outra preocupação naquele dia, quando John Curtin, do Partido Trabalhista Australiano, tornou-se primeiro-ministro e mostrou-se intransigente a respeito do controle de Canberra sobre suas tropas no Oriente Médio, independentemente do perigo que isso pudesse representar para a ofensiva da Crusader de ajuda a Tobruk, um risco que Churchill enfatizou da forma mais eloquente que pôde, mas sem sucesso.[116]

Quando Auchinleck sinalizou que queria adiar a Operação Crusader por mais uma quinzena, e os chefes de Estado-Maior se opuseram aos planos de Churchill de atacar Trondheim ou a Sicília, ele observou, amargurado: "Às vezes acho que alguns dos meus generais não querem lutar contra os alemães".[117] Naquele mês, enviou a Auchinleck três decodificações da Ultra que mostravam o relativo despreparo de Rommel.[118] No dia 7 de outubro, Roosevelt declarou publicamente que a reunião do Atlântico não aproximara os Estados Unidos da guerra.

Apesar dessas preocupações, Eden teve "uma noite muito agradável" com Churchill no dia seguinte em Chequers. Discutindo questões do Partido Conservador, Churchill disse que "com o tempo, todos os homens de Munique seriam colocados para fora. Neville teve sorte de já ter morrido. Edward [Halifax] não poderia ter ficado no Ministério das Relações Exteriores. O público que esquecera seus próprios erros só se lembraria de seus ex-líderes e se vingaria".[119] Eden defendeu Dill, afirmando se tratar de um excelente oficial que fizera boas designações, como se isso bastasse em um conflito global. No dia seguinte, Churchill acendeu pessoalmente a lareira no quarto de Eden, levando o ministro das Relações Exteriores a escrever em seu diário: "Não conheço ninguém com maneiras tão perfeitas de anfitrião, em especial quando está nesse espírito!".[120] Beaverbrook, que retornara pouco tempo antes da Rússia, veio para ficar em Chequers e disse a Churchill e Eden que Stálin continuaria lutando e que odiava Hitler "com uma fúria gelada".[121] Na frente de Eden, ele trouxe à baila a questão de quem seria o primeiro-ministro "se alguma coisa acontecesse a Winston". Churchill respondeu que seria Eden, mas Beaverbrook sugeriu que os chamberlainistas iriam querer David Margesson. Churchill "discordou fortemente. Disse que ele não tinha a cabeça, nem compreensão, nem qualquer qualificação necessária [...]. John Anderson teria mais chance". Eden, por sua vez, especulou que Beaverbrook também estaria na disputa, e Churchill concordou.[122] Comeram então o caviar que Beaverbrook trouxera da Rússia e foram dormir às três da manhã.

Em 11 de outubro, Roosevelt escreveu a Churchill uma carta importante entregue em mãos por Frederick Hovde, chefe do escritório de Londres do Comitê de Pesquisa de Defesa Nacional dos Estados Unidos. "Parece desejável que nos correspondamos ou conversemos sobre o assunto que está sendo estudado pelo seu comitê MAUD, e pela organização do dr. Bush neste país", sugeriu Roosevelt, referindo-se ao Comitê de Urânio de Vannevar Bush, "a fim de que qualquer esforço seja coordenado ou mesmo conduzido em conjunto."[123] Essa cooperação oferecia benefícios aos dois países, porque, embora a Grã-Bretanha estivesse mais adiantada no que dizia respeito à ciência naquele estágio, os Estados Unidos dispunham de muito mais recursos, tanto em termos de verbas como de laboratórios, e estavam a milhares de quilômetros de distância do mais longínquo ponto de alcance da Luftwaffe.[124] No entanto, Churchill respondeu com cautela, e somente algumas semanas depois, pois se preocupava com o fato de que revelar segredos nucleares aos Estados Unidos poderia não ser prudente enquanto o país permanecesse neutro. O primeiro-ministro só discutiu questões nucleares com Roosevelt em junho de 1942, numa reunião no Hyde Park. Ao longo da guerra, manteve tudo que dizia respeito à bomba como seu feudo particular, separado do Gabinete: somente ele, Lindemann e Anderson conheciam em detalhes todos os aspectos do que estava sendo feito.[125] Como ele diria mais tarde, "os cientistas deveriam estar disponíveis, mas não no comando", e em questões nucleares sentia o mesmo em relação a seus ministros.[126]

Em meados de outubro, Churchill pediu aos chefes de Estado-Maior urgência para a Operação Júpiter, um desembarque no norte da Noruega para dar segurança às rotas do norte para a União Soviética.[127] A iniciativa estaria exposta ao contra-ataque alemão e seria muito difícil de reabastecer, além de se tornar uma ferida aberta entre o primeiro-ministro e os chefes de Estado-Maior durante muitos meses, minando ainda mais sua confiança em Dill. "Winston nunca gostou de Dill", escreveu Alan Brooke depois da guerra. "Eles tinham personalidades completamente distintas e nunca conseguiriam trabalhar juntos em harmonia. Dill era a essência da franqueza absoluta, abençoado com os mais altos princípios e uma integridade inatacável de caráter. Não creio que alguma dessas características atraísse Winston, muito pelo contrário; acho que não gostava delas, pois acentuavam suas próprias falhas nesse sentido."[128] Ao escrever sobre Dill, Brooke assinalou que "os métodos de Winston eram frequentemente repulsivos para ele". (Brooke sentia desprezo pela maioria dos políticos, inclusive Churchill, com exceção apenas de Stálin e Smuts, os quais tinha em alta conta.)

Em 21 de outubro, quatro dos decodificadores mais qualificados de Bletchley Park, entre eles Alan Turing e Gordon Welchman, escreveram diretamente a Churchill para reclamar sobre os gargalos de pessoal que estavam pondo em perigo a produção de "bombas", os dispositivos elétricos necessários para suas máquinas de computação. A carta foi entregue em mãos ao brigadeiro Harvie-Watt no número 10 da Downing Street por Stuart Milner-Barry, do lendário Hut 6, onde boa parte do melhor trabalho de decodificação foi feito. Churchill escreveu de imediato um memorando de "Ação para hoje" para Ismay, ordenando que os criptógrafos de Bletchley deveriam receber tudo de que precisavam "com extrema prioridade" e pedindo-lhe que informasse quando isso fosse feito.[129] Em poucos dias, os criptógrafos foram atendidos, e a burocracia do Ministério da Guerra compreendeu a influência que eles tinham junto ao primeiro-ministro, facilitando futuras alocações de recursos.

Um movimento para convencer Churchill a adotar uma Segunda Frente ganhou força no fim de outubro, liderado por Beaverbrook e Cripps. Ambos estavam de olho na possibilidade de sucedê-lo se a oportunidade surgisse. Houve cartas na imprensa, reuniões públicas e campanhas com cartazes sugerindo que a Grã-Bretanha estava combatendo a guerra "até a última gota do sangue russo". Máiski coordenou os esforços, queixando-se a Harold Nicolson que Churchill não daria mais ajuda à Rússia porque "estava dominado pela ideia de que a guerra duraria seis ou sete anos".[130] Quando mostraram a Churchill um panfleto do Partido Comunista afirmando que "na Grã-Bretanha nós [...] ainda acreditamos que os outros lutarão e morrerão enquanto extraímos os lucros" e "é hora de abrir uma Segunda Frente", ele disse a Harvie-Watt que "a resposta era 'Que saco!'".[131]

"As coisas estão muito difíceis aqui, agora que a temporada de asma chegou e Max [que era asmático] luta contra todos e renuncia todos os dias", ele escreveu para Randolph, então servindo no Cairo, em 30 de outubro. "Os comunistas estão posando de únicos patriotas do país. Os almirantes, generais e marechais do ar cantam seu imponente hino de 'Segurança em primeiro lugar'. Os Shinwells, Wintertons e Hore-Belishas fazem o possível para nos manter dentro do que nos é exigido. No meio de tudo isso, tenho de reprimir minha combatividade natural, sufocando minha própria cabeça. Que droga!"[132]

Churchill voltou às Canções da Escola de Harrow no fim do mês e ouviu a nova estrofe acrescentada a "Stet Fortuna Domus", que começava com: *"Nor less* *we praise in darker days / The leader of our nation / And Churchill's name shall win acclaim / From each new generation"*.* Em seu discurso, ele disse do ano de 1941: "Esta é a lição: nunca desista. Nunca desista. Nunca, nunca, nunca, nunca — em nada, grande ou pequeno, importante ou insignificante. Nunca ceda, exceto às convicções de honra e bom senso. Nunca ceda à força bruta; nunca ceda ao poder aparentemente avassalador do inimigo".[133] Ele então anunciou que gostaria de alterar uma palavra na estrofe em sua homenagem: "Obtive permissão do diretor para alterar 'mais escuros' para 'mais duros' [...]. Não falemos de dias mais escuros; falemos de dias mais duros. Os dias de hoje não são dias escuros: são grandes dias — os maiores dias que nosso país já viveu — e todos devemos agradecer a Deus que nos foi permitido, a cada um de nós de acordo com nossa posição social, desempenhar um papel em tornar esses dias memoráveis na história de nossa raça".[134] As reiteradas referências de Churchill à história durante toda a oratória de guerra sublinham como o passado era essencial para seu pensamento. Como historiador praticante, ele via tudo o que estava acontecendo na Grã-Bretanha através das lentes de um passado heroico que em sua visão o país experimentara por mais de mil anos, e sobre o qual já havia começado a escrever em sua história dos povos de língua inglesa, em 1939. "Quanto maior for o alcance de seu olhar para trás, mais alcance terá sua visão para a frente", disse ele na Escola Real de Médicos em março de 1944. "Não se trata de um argumento filosófico ou político — qualquer oculista lhes dirá que isso é verdade."[135] Evidentemente, tratava-se de fato de um argumento filosófico-político, como ficou claro a partir do que ele falou em seguida: "Quanto maior o período, quanto maior a continuidade, maior é o senso de dever incutido em homens e mulheres como indivíduos, cada qual contribuindo com o trabalho de sua breve vida para a preservação e o progresso da terra em que vivem". Churchill usou a Segunda Guerra Mundial para lembrar ao povo britânico sua história, e o fez enquanto lhes garantia que estavam escrevendo suas páginas mais gloriosas.

Em novembro, Churchill concedeu um título de nobreza a Lindemann, que se tornou lorde Cherwell. Isso provocou boatos infundados na Câmara dos Comuns a respeito de uma suposta ascendência alemã, e ele foi apelidado de "Barão de Berlim". Quando um parlamentar tory** fez uma pergunta a Churchill sobre o trabalho, o salário e o número de assistentes de Lindemann, o primeiro-ministro respondeu respeitosa e factualmente, mas depois partiu para a contraofensiva no

* "Nem menos louvamos em dias mais escuros / O líder de nossa nação / E o nome de Churchill ganhará aclamação / De cada nova geração." (N. T.)

** Channon afirmou que foi Sir Waldron Smithers, mas de acordo com os registros do Hansard foi Sir George Broadbridge.

Salão de Fumantes, "berrando para ele como um touro enfurecido". "Por que diabos você fez essa pergunta?", rugiu. "Você não sabe que ele é um dos meus maiores e mais antigos amigos?" Channon registrou que "foi uma cena extraordinária", mas concluiu: "A lealdade quase cega de Winston a seus amigos é uma de suas qualidades mais cativantes".[136] A lealdade de Churchill para com seus amigos não era cega — como Boothby, Duff Cooper e Keyes descobriram —, mas era ferrenha quando, como no caso de Lindemann, eles não haviam feito nada de errado. No dia seguinte, Churchill menosprezou as críticas, dizendo aos seus colegas parlamentares: "Havia um costume na China Imperial de que quem quisesse criticar o governo tinha o direito de fazer isso [...] e, contanto que cometesse suicídio depois, muito respeito era dado às suas palavras, e nenhum outro motivo lhe era atribuído. Parece-me que era, de muitos pontos de vista, um costume sábio, mas eu com certeza seria o último a sugerir que deveria ser feito retroativamente".[137]

Em 16 de novembro, Churchill enfim substituiu Dill, a quem passara a chamar de "Dilly-Dally", por Sir Alan Brooke na chefia do Estado-Maior Imperial (CIGS). Já em julho de 1940, ele se queixara a Eden de que Dill "me parece muito cansado, desanimado e excessivamente impressionado com o poderio da Alemanha".[138] Longe de nomear um puxa-saco para ocupar seu lugar, como outros políticos poderiam ter feito, Churchill escolheu alguém que sabia que não recuaria, a não ser diante de um argumento que o convencesse por completo. "Quando eu bato na mesa e o encaro de perto, o que ele faz?", comentou Churchill sobre Brooke. "Bate na mesa com mais força e me encara de volta. Eu conheço esses Brooke — gente obstinada de Ulster e não há tipos piores para lidar do que esses!"[139]

Os "Fighting Brookes" de Colebrooke e Fermanagh serviam no Exército britânico desde a Guerra Civil Inglesa: nada menos que 26 deles haviam combatido na Grande Guerra e 27 lutariam na Segunda Guerra Mundial. Churchill fora amigo de Victor Brooke, irmão mais velho de Alan, quando ambos eram subalternos de cavalaria em meados da década de 1890, e servira como adjunto assistente na Cavalaria Leve da África do Sul sob o comando de outro de seus irmãos, Ronnie. O primeiro marido da esposa de Alan Brooke morrera em decorrência de ferimentos sofridos em Galípoli, de modo que Brooke conhecia bem os pontos fortes e fracos de Churchill muito antes de sua primeira conversa pela linha telefônica de Le Mans, em junho de 1940.

Como vimos, uma das percepções mais úteis que Churchill ganhou da Grande Guerra foi o fenômeno que havia visto no Departamento de Inteligência de Haig. "A tentação de dizer a um chefe numa alta posição as coisas que mais gosta de ouvir é uma das explicações mais comuns dos equívocos políticos", escrevera. "Desse modo, a perspectiva do líder de cujas decisões os eventos fatais dependem é geralmente muito mais otimista do que os fatos brutais admitem."[140] Era por isso que Churchill nomeava homens como Brooke e o almirante Sir Andrew Cunningham, que lhe diziam exatamente o que pensavam que ele precisava ouvir. Brooke não procurava confronto com o primeiro-ministro, mas também não se esquivava disso. Ele tendia a escolher com cautela suas batalhas, não levantando objeções em assuntos triviais. Como diria a Moran, "todo mês" de trabalho com Churchill "é um ano perdido da minha vida".[141] No início de 1941, lorde Vansittart havia comentado com o editor de jornal W. P. Crozier que "Churchill precisa de pessoas ao seu lado que possam dizer com firmeza 'não' quando ele quer fazer algo errado e insistir que não deve fazê-lo".[142] Esse homem era Brooke, a quem Churchill respeitava e com certeza não permitiria que erros como Galípoli ou Grécia fossem repetidos.

O que Churchill não sabia era a força das críticas que Brooke revelava a seu diário todas as noites — publicado em 1957, gerando grande mágoa em Churchill — a respeito de sua falta de senso estratégico. Churchill e Brooke nunca se tornaram amigos; ele não foi convidado para participar do Other Club, por exemplo, embora Portal já fosse membro quando Brooke se tornou CIGS. O nome de Brooke não consta do livro dos visitantes de Chartwell, que registra todos os convidados que pernoitaram lá depois de 1922.[143] Os embates entre os dois podiam assumir proporções titânicas. Brooke sentava-se do lado oposto de Churchill na mesa do Gabinete e recusava-se a ceder em questões de política militar, às vezes partindo seu lápis ao meio, e Churchill por sua vez era extremamente rude com ele de vez em quando. "Aqueles seus malditos planejadores não planejam nada senão dificuldades", disse certa vez, definindo a Equipe Conjunta de Planejamento como "derrotistas recitadores de salmos".[144] O verdadeiro problema era que Churchill acreditava que os chefes de Estado-Maior eram institucionalmente avessos ao risco. "Você pode pegar o marinheiro mais valente, o aviador mais intrépido ou o soldado mais audacioso", disse ele a Harold Macmillan em novembro de 1943, "mas ponha-os numa mesa juntos, e o que você ganha? *A soma total de seus medos*!"[145]* Não era verdade — Brooke era um mestre da estratégia —, mas a constante tensão criativa entre um primeiro-ministro inclinado à ofensiva e um CIGS igualmente decidido a esperar o momento certo para atacar funcionou de forma notável, por mais desgastante que fosse para o último.

Auchinleck lançou a Operação Crusader no Deserto Ocidental na madrugada de 18 de novembro, após uma violenta tempestade que segurou os aviões de reconhecimento do inimigo nos campos de pouso inundados. "A batalha na Líbia começou", anotou Martin. "Primeiro-ministro muito impaciente com a ausência de notícias de seu progresso."[146] O objetivo era recapturar a Cirenaica e

* Macmillan assinalou que ele disse isso "com uma ênfase efusiva e sibilante".

destruir os blindados do Eixo. A força da Comunidade Britânica era equivalente à de Rommel no solo, e "o Auk" tinha imensa supremacia aérea. O Oitavo Exército do general Sir Alan Cunningham se beneficiou do elemento surpresa de sua tática, mas na tarde de 19 de novembro os ferozes combates blindados em Sidi Rezegh desaceleraram seu avanço. Auchinleck partiu do Cairo de avião para assumir em pessoa o controle da batalha. "Essa luta intensa não pode continuar indefinidamente", disse Churchill ao Gabinete em 24 de novembro. "Se pudermos mantê-los em movimento, eles não conseguirão resistir." Ainda assim, reconheceu que os "alemães lutam com coragem e habilidade".[147] Em 27 de novembro, Rommel já havia contido o ataque, mas em meados de dezembro foi forçado a recuar, tendo perdido 33 mil homens (principalmente capturados) e trezentos tanques, destruição pela qual a RAF, sob o comando do marechal do ar Arthur Tedder, mereceu grande parte do mérito.

Churchill acompanhou a batalha de perto, mas, mesmo em seu auge, foi capaz de almoçar com velhos amigos no porão do número 10 da Downing Street. O general Sir Reginald Barnes lá esteve em 19 de novembro. Charles Eade ficou surpreso ao ouvir Churchill chamá-lo de "Reggie", enquanto Barnes se referiu a Churchill como "velho querido".[148] Churchill se divertiu ao saber que um bispo norte-americano que conhecera havia sido acusado de incendiar sua própria igreja para receber o dinheiro do seguro.[149] A conversa voltou-se para a Marinha japonesa. "No que diz respeito a seus aviões", disse Churchill, "éramos da opinião de que eles não eram bons." Mais uma vez, a capacidade do Japão era subestimada; o Mitsubishi A6M Zero era na época o melhor caça lançado de porta-aviões do mundo.[150] Quando Eade sugeriu que os agentes de compras britânicos nos Estados Unidos estavam adquirindo armamentos pelos quais os norte-americanos não seriam pagos, Churchill, "com um lampejo de vigor", respondeu: "Eles serão pagos. Serão pagos com a vitória".[151] Usando uma analogia peculiar até para ele, "comparou-se então a um gato morto, boiando no mar, mas que acabaria sendo conduzido às praias da vitória".[152] (Ele concordou com Eade que não queria que ninguém mais dissesse isso a seu respeito.) Em 30 de novembro, dia em que Churchill completava 67 anos, foi obrigado a dar a Clementine a notícia de que Esmond Romilly, o filho de 23 anos de sua irmã Nellie, desaparecera em ação num bombardeio da Força Aérea canadense sobre a Alemanha. Mais tarde, descobriu-se que ele havia sido abatido quando retornava, sobrevoando o mar do Norte. O número de amigos íntimos, familiares e colegas dos Churchill que perderam filhos na Segunda Guerra Mundial acabou se tornando tão alto quanto na Primeira, trazendo o horror do conflito o tempo todo para dentro da casa deles.

Em uma reunião do Comitê de Defesa realizada às dez horas da noite de 4 de dezembro, com Eden prestes a ir a Moscou e esperando oferecer a Stálin dez esquadrilhas de aeronaves, Churchill perdeu a paciência com os chefes de Estado-Maior que não queriam assumir um compromisso de forma tão categórica. Brooke escreveu sobre a "mais terrível explosão de cólera de Churchill; ele nos disse que não fazíamos nada senão obstruir suas intenções, não tínhamos ideias próprias, e sempre que ele produzia ideias nós só produzíamos objeções etc. etc.! Attlee o pacificou uma vez, mas ele irrompeu novamente, então Anthony Eden o acalmou temporariamente, mas sem sucesso. Por fim, ele olhou seus papéis por uns cinco minutos, depois os juntou subitamente, encerou a reunião e saiu da sala!".[153] Com Dill, esse comportamento poderia ter funcionado, mas não com Brooke. "Foi patético e totalmente desnecessário", observou. "Nós estávamos apenas tentando salvá-lo de fazer promessas definitivas que ele poderia achar difícil cumprir mais tarde. É tudo resultado do excesso de trabalho e de manter-se acordado até tarde demais. Que pena. Deus sabe onde estaríamos sem ele, mas Deus sabe para onde iremos com ele!"

Em 7 de dezembro de 1941, um domingo, os japoneses atacaram a base da Marinha norte-americana em Pearl Harbor, no Havaí, afundando ou danificando seriamente sete dos oito navios de guerra estacionados no porto. Nos dias seguintes, o Japão iniciou invasões na Malásia, nas Filipinas, em Bornéu, na Tailândia, em Hong Kong e nas Índias Orientais Holandesas. Churchill estava em Chequers dando um jantar para comemorar o aniversário de 24 anos de Kathleen Harriman. Quando estavam terminando, Frank Sawyers trouxe um rádio para a sala de jantar para que Churchill e seus convidados pudessem ouvir o noticiário das nove da noite da BBC, como de costume. Num exemplo notável de péssima prática de edição jornalística, o fato de os japoneses terem atacado navios norte-americanos no Havaí só foi revelado no fim do programa. Churchill foi imediatamente ao seu escritório com Winant a fim de telefonar para Roosevelt. "Sr. presidente, o que houve com o Japão?", perguntou. "Eles nos atacaram em Pearl Harbor", respondeu Roosevelt. "Agora, estamos todos no mesmo barco."[154]

Em seu discurso anual na Mansion House, feito em 10 de novembro, Churchill renovara em público a promessa que fizera em particular a Hopkins em Ditchley, em janeiro: "Se os Estados Unidos se envolverem numa guerra com o Japão, a declaração britânica se seguirá dentro de uma hora".[155] Desse modo, na mesma noite em que falou com Roosevelt após o ataque a Pearl Harbor, à uma da madrugada de 8 de dezembro, Churchill escreveu ao encarregado de Negócios japonês em Londres declarando guerra. A carta terminava assim: "Tenho a honra de ser, com alta consideração, meu senhor, seu servo obediente, Winston S. Churchill".[156] Depois da guerra, ele observou: "Algumas pessoas não gostavam desse estilo cerimonial. Mas afinal, quando se tem de matar um homem, não custa nada ser educado".[157] Ele também disse a Eade, anos depois, que os japoneses deveriam ter sido "recebidos em Hong Kong por um inglês vestido com traje formal matinal de cartola que lhes diria: 'Ao desembarcarem nesta ilha, vocês cometeram um ato de guerra contra o Império Britânico, e ninguém que tenha feito isso jamais sobreviveu'".[158]

Embora a Alemanha e os Estados Unidos ainda não estivessem em guerra, Churchill descreveu em suas memórias de guerra sua euforia naquela noite:

> Nenhum americano pensará mal de mim se eu afirmar que ter os Estados Unidos ao nosso lado foi para mim a maior alegria [...]. Então, nós ganhamos afinal! Sim, depois de Dunquerque, depois da queda da França, depois do horrível episódio de Orã; depois da ameaça de invasão [...]. Nós vencemos a guerra. A Inglaterra viveria; A Grã-Bretanha viveria; a Comunidade das Nações e o Império viveriam [...]. Mais uma vez, na longa história de nossa Ilha, emergiríamos, ainda que estropiados ou mutilados, seguros e vitoriosos. Nós não seríamos aniquilados. Nossa história não chegaria ao fim [...]. Lembrei de uma observação que Edward Grey me fizera havia mais de trinta anos: que os Estados Unidos são como "uma gigantesca caldeira. Uma vez que o fogo é aceso sob ela, não há limite para a energia que ela pode gerar". Saturado e saciado de emoção e sensação, fui para a cama e dormi o sono dos salvos e agradecidos.[159]

Sobre o povo norte-americano, ele escreveu: "Alguns disseram que eram moles, outros que nunca seriam unidos. Que brincariam à distância. Que nunca chegariam aos finalmentes. Que nunca suportariam derramamento de sangue. Sua democracia e seu sistema de eleições frequentes paralisariam seu esforço de guerra. Eles seriam apenas um vago borrão no horizonte para amigos ou inimigos. Agora veríamos a fraqueza desse povo numeroso, mas distante, rico e comunicativo. Mas eu havia estudado a Guerra Civil Americana, travada desesperadamente até o último centímetro".[160] E, ao contrário de Hitler, de Mussolini ou do primeiro-ministro japonês, o general Hideki Tojo, ele havia visitado os Estados Unidos muitas vezes, cruzando o país de costa a costa e conhecido 28 dos 48 estados da União, então sabia do que norte-americanos furiosos e motivados eram capazes.

Na manhã seguinte ao ataque, Churchill retornou a Londres para uma reunião ministerial de emergência. Na semana anterior, previra numa conversa privada com o jornalista norte-americano John Gunther que, em caso de guerra, os japoneses "se dobrariam como os italianos", porque eram "os carcamanos do Extremo Oriente".[161] Mais uma vez, o recurso aos estereótipos raciais o levou a subestimar seriamente um inimigo determinado. Por sorte, Gunther não usou a citação que lhe fora dada. Churchill assumiu seu equívoco em 15 de fevereiro de

1942, quando disse num discurso pelo rádio: "Ninguém mais deve subestimar a gravidade e a eficiência da máquina de guerra japonesa. Seja no ar ou no mar, ou homem contra homem em terra, eles já provaram ser antagonistas temíveis, mortais e, lamento dizer, bárbaros".[162] Depois de Pearl Harbor, com dez navios de guerra japoneses em operação no Pacífico contra dois dos Estados Unidos, Churchill passou a admitir que havia "um grave perigo de que os Estados Unidos pudessem se dedicar à guerra contra o Japão no Pacífico e nos deixar lutando contra a Alemanha e a Itália na Europa, na África e no Oriente Médio".[163]

O Departamento de Guerra norte-americano ameaçou suspender os embarques para o Oriente Médio dos armamentos adquiridos segundo a Lei de Empréstimo e Arrendamento imediatamente após Pearl Harbor, e Beaverbrook precisou trabalhar duro para garantir que isso fosse evitado. Churchill convenceu-se de que sua presença pessoal era necessária em Washington o mais rápido possível para assegurar que aquilo que ficou conhecido como a política da "Alemanha Primeiro" — segundo a qual a potência mais poderosa do Eixo tinha de ser derrotada antes do Japão — permanecesse como prioridade estratégica do governo Roosevelt, apesar de o Japão ter atacado os Estados Unidos, e a Alemanha não. Na verdade, não precisava se preocupar a respeito, porque a política da Alemanha Primeiro vinha sendo adotada pelo Departamento de Guerra desde muito antes de Pearl Harbor, uma diretriz reconhecida como fundamental para vencer a guerra por estrategistas norte-americanos como o general Marshall e o então quase novato no planejamento de guerra general Dwight D. Eisenhower.

Em 9 de dezembro, Churchill escreveu a Roosevelt sugerindo uma visita a Washington para "revisar todo o plano de guerra à luz da realidade e de novos fatos, bem como dos problemas de produção e distribuição".[164] Naquela época, o primeiro-ministro precisava de permissão do rei para deixar o país. "Precisamos ter cuidado", avisou ele ao soberano na carta em que pedia permissão para ir aos Estados Unidos, "para que nossa parcela de armamentos e outras ajudas que estamos recebendo dos Estados Unidos não sofram mais do que é, receio, inevitável."[165] E acrescentou que esperava que a Alemanha e a Itália declarassem guerra aos Estados Unidos, "pois estão obrigadas a fazê-lo por tratado. Devo adiar a minha visita ao presidente até que essa situação esteja mais clara".[166] Churchill interpretara mal os termos do Pacto do Eixo — a Alemanha não tinha obrigação de declarar guerra —, mas estava claro que uma reunião pessoal com o presidente norte-americano passara a ser de primeira importância.

Churchill fez uma declaração formal à Câmara dos Comuns dois dias depois do ataque a Pearl Harbor. "Winston entra na Câmara com os ombros curvados e uma expressão soturna de determinação no rosto", registrou Nicolson. "A Câmara esperava júbilo com a entrada dos Estados Unidos na guerra e está um pouco desconcertada. Ele faz um discurso tedioso e trivial."[167] Dificilmente se poderia esperar de Churchill que se regozijasse pela morte de quase 3 mil norte-americanos. Alguns parlamentares chamberlainistas viram o desastre militar no Pacífico principalmente em termos de política britânica. Geoffrey Lloyd comentou aos sussurros com Chips Channon "como Winston era sortudo. Agora a Líbia será esquecida. A Rússia salvou o governo em julho; agora o Japão fará o mesmo".[168]*

No almoço com o rei daquele dia, Churchill criticou o posicionamento que o almirante Stark adotara para os navios de guerra em Pearl Harbor. "Na prática há apenas dois navios americanos no Pacífico", revelou ele, "o que significa que os Estados Unidos já perderam o comando do mar no Pacífico. Uma situação muito séria para os nossos navios, o *Prince of Wales* e o *Repulse*, que estão naquela região. A reação dos americanos será provavelmente um ataque ao governo de FDR por não estar preparado, nem mesmo sua frota. Imagine que a frota americana estava ancorada quando as autoridades deveriam saber que o Japão já se encontrava em pé de guerra."[169] No mês de janeiro do ano seguinte, a situação ainda era crítica; em carta ao rei que discutia a possibilidade de uma invasão da Austrália pelos japoneses, o primeiro-ministro escreveu: "A frota americana teria impedido que isso acontecesse se estivesse em alto-mar, em vez de estar no fundo de Pearl Harbor, onde se encontra agora".[170] Isso se tornou um tema recorrente de crítica aos Estados Unidos que Churchill repetia em suas audiências particulares com o rei, dizendo coisas sobre Roosevelt e a aliança que não poderia expressar a ninguém, exceto Clementine, sabendo que nunca vazariam. Sua irritação, e até ocasionais demonstrações de raiva, em relação a seu novo aliado e parceiro ficam claras nos registros de George VI dos almoços das terças-feiras. Churchill usava essas ocasiões como uma maneira de desabafar suas frustrações com a política norte-americana, da mesma forma que Alan Brooke se valia de seu diário para expressar suas ressalvas ao primeiro-ministro.

Em 10 de dezembro de 1941, o encouraçado HMS *Prince of Wales*, que levara Churchill à baía de Placentia, e o cruzador HMS *Repulse* foram afundados por bombardeiros japoneses e por torpedos nas águas da Malásia. Churchill conhecia o comandante da flotilha da Força Z, o vice-almirante Sir Tom Phillips, que fora vice-chefe do Estado-Maior da Marinha quando ele era o primeiro lorde do Almirantado, e o admirava muito. Agora Phillips e 840 marinheiros estavam mortos.[171] Churchill foi criticado pelas perdas, mas fora Phillips, e não o primeiro-ministro, que optara por fugir de Cingapura sem cobertura aérea, na esperança de

* Churchill e Roosevelt foram acusados por adeptos de teorias conspiratórias de saber com antecedência do ataque a Pearl Harbor e não fazer nada para impedir, mas é consenso entre os historiadores sérios que não há evidências concretas para comprovar essa alegação, que implicaria uma atitude completamente dissonante com todas as demonstrações de patriotismo e honra tanto do primeiro-ministro britânico como do presidente norte-americano.

atrapalhar os desembarques japoneses na Malásia. Os estudos modernos praticamente absolveram Churchill da responsabilidade pelo desastre.

A situação naval àquela altura era crítica. O porta-aviões HMS *Ark Royal* e o encouraçado HMS *Barham* tinham sido afundados por submarinos alemães em novembro de 1941 no Mediterrâneo; o cruzador ligeiro HMS *Neptune* foi afundado por uma mina ao largo de Trípoli em 19 de dezembro, quando os cruzadores *Penelope* e *Aurora* também foram danificados; o cruzador ligeiro HMS *Galatea* foi afundado nas proximidades de Alexandria por um submarino em 14 de dezembro, e os encouraçados HMS *Valiant* e *Queen Elizabeth* foram gravemente avariados por homens-rã italianos no porto de Alexandria em 19 de dezembro. No Natal de 1941, tudo o que restava da frota do Mediterrâneo do almirante Cunningham eram três cruzadores e alguns destróieres. Não havia naus capitânias da Marinha Real em todo o teatro de guerra do Extremo Oriente.

Ainda assim, Churchill esperava que Cingapura resistisse por seis meses. A guarnição de 130 mil soldados britânicos, indianos e australianos sob o comando do tenente-general Arthur Percival parecia forte o suficiente para lidar com qualquer incursão japonesa. Após a rendição humilhante da guarnição, dois meses depois, Churchill admitiu que tinha muito pouco conhecimento das defesas terrestres da cidade. "Nunca havia entrado na minha cabeça que não havia nenhum círculo de fortes individuais de caráter permanente para proteger a retaguarda da famosa fortaleza", escreveu mais tarde em suas memórias de guerra. "Não consigo entender como eu não sabia disso. [...] Meus conselheiros deveriam saber e eu deveria ter sido informado, e eu deveria ter perguntado."[172]

Em 11 de dezembro, a Câmara ouviu a declaração do primeiro-ministro sobre o ataque à Força Z "em silêncio lúgubre".[173] Churchill se disse "honrado por ter estabelecido amizade pessoal" com o vice-almirante Phillips e declarou: "Em toda a minha experiência não lembro de nenhum golpe naval tão pesado ou tão doloroso quanto o afundamento do *Prince of Wales* e do *Repulse* [...]. Esses dois navios imensos e poderosos constituíam um elemento essencial em nossos planos para enfrentar o novo perigo japonês que pairava contra nós nos últimos meses".[174] Posteriormente, fez o mesmo discurso pelo rádio. Poucos dias depois, Harvie-Watt lhe informou que no Parlamento "a opinião geral era que você foi mal-aconselhado a empreender aquela tarefa, pois pareceu aos parlamentares — e eles haviam recebido manifestações semelhantes de opinião dos eleitores — que você estava muito cansado e, em consequência, seu discurso pode não ter surtido todo o efeito que poderia".[175] Churchill marcou com um círculo vermelho as palavras "muito cansado", acrescentando "sim" e "daí, quem me forçou? E por que não tenho permissão para um registro de gramofone de uma declaração na Câmara?".[176] A tradição impedia que o discurso do primeiro-ministro fosse transmitido do Parlamento, ou mesmo gravado para transmissão posterior.

Naquele mesmo dia, chegou a notícia havia muito esperada de que Alemanha e Itália tinham declarado guerra aos Estados Unidos (o único país contra o qual Hitler fez uma declaração formal de beligerância). Quando Churchill soube, disse a John Martin: "Os astros em seu curso estão lutando por nós".[177] E telegrafou a Roosevelt para dizer: "A adesão dos Estados Unidos compensa tudo e, com tempo e paciência, levará certamente à vitória".[178] Para Hitler, foi uma decisão literalmente suicida.

Em 12 de dezembro, Churchill almoçou com o rei, em cujos registros aparecem as expectativas do primeiro-ministro em relação a si mesmo e a Roosevelt: "Juntos, eles devem fazer um plano para o futuro, pois são as únicas duas pessoas que podem fazer isso".[179] No mesmo dia, ele saiu de trem de Londres para o Clyde com Beaverbrook, Pound, Harriman, Moran, o brigadeiro Hollis, o coronel Jacob, o comandante Thompson e John Martin. Dill também foi, pois seria o oficial de ligação britânico com o Estado-Maior Conjunto norte-americano. Os eventos no Extremo Oriente estavam avançando com tanta rapidez que Churchill decidiu deixar Brooke em Londres para supervisioná-los. Ao meio-dia e meia de 13 de dezembro, o grupo partiu a bordo do novo encouraçado de 45 mil toneladas HMS *Duke of York*, embarcação irmã do *Prince of Wales*, para aquilo que recebera o codinome de Conferência de Arcádia.

Com ventos fortes no Atlântico, foi uma viagem desconfortável e perigosa. "O enorme navio chacoalhou e oscilou", lembrou o subtenente Vivian Cox, um dos assistentes da Sala de Mapas de Pim, "e o mesmo aconteceu com a maioria dos passageiros."[180] "Por 36 horas permanecemos a oitocentos ou mil quilômetros de Brest", Churchill escreveu para Clementine, "com seus esquadrões de bombardeiros, e tivemos muita sorte de nenhum Focke Wulf nos ter visto através das brechas entre as nuvens."[181] Clementine tornara-se presidente do Fundo de Ajuda à Rússia da Cruz Vermelha em outubro e arrecadara 1 milhão de libras. Como parte da campanha de desinformação sobre a Operação Arcádia, os jornais mostravam Churchill comprando um distintivo da Ajuda à Rússia de sua esposa no dia 16 de dezembro, em Londres, quando ele estava, na verdade, no mar. "O mundo está um horror neste momento", Clementine comentou com o marido, "a Europa invadida pelos porcos nazistas e o Extremo Oriente pelos piolhos amarelos japoneses."[182]

Durante grande parte da viagem, o HMS *Duke of York* não pôde navegar a mais de seis nós por medo de perder sua escolta de três destróieres. Por fim, na tarde do dia 17, tomaram a decisão de deixar para trás os HMS *Faulknor*, *Foresight* e *Matabele*. A fim de minimizar a detecção por submarinos, o navio avançou obliquamente através das ondas, fazendo-o balançar muito. "No entanto, quando você se acostuma com o movimento", escreveu Churchill, "não liga nem um pouco para isso."[183] Havia uma atmosfera sufocante abaixo do convés, sem ventilação depois que as portas estanques eram fechadas. Beaverbrook brincou dizendo que nunca havia viajado num submarino tão grande.[184] Os alertas sobre submarinos por perto eram constantes, e Churchill "falou esperançosamente de bater em um deles".[185]

Churchill não sofria de enjoo no mar, o que atribuía a uma dose dupla do remédio Mothersill no início das viagens. "O primeiro-ministro estava sempre de bom humor e nunca se perturbava", anotou Cox em seu diário. "Ele era onipresente [...]. Deve ter andado quilômetros durante a viagem, e tudo isso com um rosto radiante e a aparência rosada e branca de qualquer menino de escola preparatória."[186] Assistia a filmes todas as noites; seu preferido era *Sangue e areia*, com Tyrone Power, sobre touradas. "O cinema é uma forma maravilhosa de entretenimento e afasta a mente de outras coisas", escreveu.[187] Não parava de comentar sobre os filmes, fossem faroestes ou dramas históricos. "No alojamento dos oficiais onde se exibiam os filmes, ninguém duvidava que Winston Churchill era tão divertido quanto a maioria das películas", registrou Cox.[188] Ele leu dois romances durante a viagem: *Brown on Resolution* [Brown na ilha de Resolution] (1929), de C. S. Forester, e *Forty Centuries, Look Down* [Quarenta séculos vos contemplam] (1936), de Frederick Britten Austin, sobre Napoleão no Egito; e, agora que Oliver Lyttelton havia introduzido o racionamento de roupas, escreveu para Clementine prometendo comprar-lhe alguns pares de meias.

Os quatro memorandos que Churchill escreveu para os chefes de Estado-Maior a bordo do HMS *Duke of York* entre 16 e 20 de dezembro, com 7 mil palavras, esboçaram a estratégia que os Aliados ocidentais seguiriam na próxima fase da guerra. Depois de não ter um plano além da mera sobrevivência, tornou-se possível, com os russos e americanos na guerra, ver com clareza o caminho à frente. Os alemães haviam sido barrados na porta de entrada de Moscou no início daquele mês e perderam o ímpeto, ainda que estivessem avançando mais ao sul e tivessem capturado Kiev em outubro. "O fracasso e as perdas de Hitler na Rússia são o principal fato da guerra neste momento", começava o primeiro memorando, intitulado "A Frente Atlântica". "A Grã-Bretanha e os Estados Unidos não têm nenhum papel a desempenhar nesse evento, exceto garantir o envio, sem falta e na data marcada, dos suprimentos prometidos. Só assim manteremos nossa influência sobre Stálin e poderemos entretecer o poderoso esforço russo na textura geral da guerra."[189] Embora Hitler não tivesse de forma nenhuma "fracassado" até aquele momento, Churchill reconhecia que, ao não tomar Moscou, ele sofrera um importante revés estratégico, e a disparidade de população entre os dois países significava que as perdas alemãs não poderiam ser sustentadas da mesma maneira que as russas. Mesmo assim, previu corretamente que os alemães poderiam tomar a Crimeia.

Para os Aliados ocidentais, Churchill comunicou que, se Vichy não cooperasse no Marrocos, na Argélia e na Tunísia, "uma campanha deve ser travada em 1942 para obter a posse ou conquistar toda a costa norte-africana, incluindo os portos atlânticos do Marrocos". Ele mencionava "locais convenientes de desembarque na Argélia e em Túnis". Também previu o dia em que "os alemães assumiriam toda a França e a governariam como território ocupado", o que acabou por acontecer em novembro de 1942.[190] Ele queria que três divisões norte-americanas e uma divisão blindada fossem enviadas para a Irlanda do Norte como "um poderoso fator de dissuasão adicional de uma tentativa de invasão da Alemanha", além de vinte "esquadrilhas de bombardeiros americanos para entrar em ação a partir das Ilhas Britânicas contra a Alemanha", produzindo "um bombardeio cada vez mais severo e mais preciso de suas cidades e portos".[191] E acrescentou: "Parece provável que os espanhóis não darão aos alemães uma passagem livre pela Espanha para atacar Gibraltar e invadir o Norte da África".[192]

Em seu segundo memorando, "A Frente do Pacífico", Churchill previu que os japoneses "atacariam a Birmânia e a Rota da Birmânia, isolando assim a China. Nenhum alívio é possível para Hong Kong.* Deve-se esperar que os japoneses se estabeleçam em ambos os lados do estreito de Malaca".[193] No terceiro memorando, intitulado "1943", ele previa que no início de 1943 toda a costa norte-africana e o Levante "estariam em mãos anglo-americanas".[194] (Isso aconteceu em maio daquele ano.) Mais tarde, no mesmo ano, "a posição russa seria fortemente estabelecida" e "talvez já se tenha instalado uma cabeça de ponte na Sicília e na Itália, com repercussões dentro da Itália que podem ser altamente favoráveis. Mas tudo isso não chegaria a encerrar a guerra".[195] Esse objetivo só poderia ser alcançado "pela libertação dos países cativos da Europa Ocidental e Meridional pelo desembarque em pontos adequados, sucessiva ou simultaneamente, de exércitos britânicos e americanos fortes o suficiente para permitir que as populações conquistadas se revoltem".

Churchill mencionou também "as costas do canal da Mancha na França e as costas do Atlântico francês" como lugares onde isso poderia acontecer durante o verão de 1943.[196] A princípio, escreveu, "os desembarques deveriam ser feitos [...] não em portos, mas em praias, seja por meio de embarcações de desembarque ou de navios oceânicos especialmente adaptados". No último memorando, "Notas sobre o Pacífico", previu: "Devemos esperar ser privados de uma por uma de nossas possessões e postos de defesa no Pacífico", mas o objetivo dos Aliados ocidentais deve ser ter "uma frota de batalha definitivamente superior no Pacífico, e devemos mirar o mês de maio como a data em que isso será alcançado".[197] (A batalha de Midway ocorreu em junho de 1942.)

* Cujas defesas eram frágeis e capitularam em uma quinzena.

Embora tenha feito algumas previsões incorretas nesses memorandos — ele achava que Cingapura não cairia nos seis meses seguintes, por exemplo, e que a guerra poderia ser vencida em 1944 —, juntos eles constituem uma obra-prima de previsão e de pensamento estratégico claro. Em algumas de suas projeções, ele não acertou por apenas um ou dois meses o que realmente aconteceu. Atribui-se com razão a Churchill uma presciência sobre o nazismo na década de 1930 e o stalinismo nos anos 1940, mas ele também merece grande crédito por mapear o curso da Segunda Guerra Mundial com extraordinária precisão enquanto cruzava o Atlântico em dezembro de 1941. Embora Brooke o criticasse em seus diários, esse caminho para a vitória — do Norte da África a Trípoli, à Sicília, à Itália continental e às praias da costa francesa — era o mesmo que ele próprio queria adotar. A retirada da força alemã da África e do Mediterrâneo antes do grande golpe na Normandia era a estratégia de Churchill, com total apoio de Brooke e de todo o Estado-Maior. Em operações isoladas, Brooke frequentemente se opunha a Churchill; quanto ao conceito estratégico maior da guerra na Europa, eles concordavam por completo.

Pouco antes de chegar à costa da Virgínia, Churchill disse ao capitão Cecil Harcourt que gostaria de ver o *Duke of York* navegar a toda a velocidade, desdenhoso da objeção de que a água era rasa e provocaria uma imensa onda. A 28 nós, criou-se uma enorme onda de popa e, como alguém deixara as escotilhas abertas, ela inundou vários recintos entre os conveses, inclusive a cabine do almirante, que Churchill estava usando, obrigando-o a fazer a barba com as calças enroladas acima dos joelhos, "cantarolando uma pequena melodia para si mesmo", recordou Vivian Cox. "Ele sabia que tinha sido bastante impertinente."[198] Às 14h15 de 22 de dezembro, o navio atracou em Hampton Roads, na Virgínia. Churchill e sua comitiva foram levados para o aeródromo de Norfolk e, cinquenta minutos depois, eram recebidos pelo presidente Roosevelt no Aeroporto Nacional de Washington, um sinal incomum e inconfundível de respeito. Depois de três anos de luzes apagadas nas noites de Londres, Churchill achou estranho ver as decorações de Natal iluminando as ruas. Testou o conforto das camas em vários cômodos e escolheu o Quarto Rosa (hoje Quarto da Rainha) no segundo andar da Casa Branca, no mesmo andar do presidente e do outro lado do corredor daquele que hoje é chamado de Quarto de Lincoln, onde Harry Hopkins vivia desde maio de 1940.[199]

Churchill permaneceu na Casa Branca por três semanas. A vizinha Sala Monroe foi reservada para ser sua Sala de Mapas. Depois que foi anunciado que ele estava em Washington, começou a chegar um grande número de presentes de simpatizantes norte-americanos — incluindo centenas de caixas de charutos — que foram radiografados pelo Serviço Secreto, e somente os pacotes enviados por pessoas liberadas pelo serviço de segurança puderam entrar.* Uma homenagem que conseguiu chegar ao quarto do primeiro-ministro foi um sinal do V de 1,80 metro feito de lírios, cravos e íris.

Embora Churchill tomasse o café da manhã sozinho, como de costume, almoçou e jantou com Roosevelt e Hopkins na maioria dos dias. Eles logo começaram a se chamar pelo primeiro nome e passaram longas horas juntos na Sala de Mapas falando sobre estratégia. Foi lá que Churchill garantiu o deslocamento de mais de 60 mil soldados norte-americanos para guarnecer a Irlanda do Norte e disse a Cox a respeito de Roosevelt: "É uma grande bênção para a Humanidade que ele tenha sido chamado para seu alto cargo neste momento da história".[200] O presidente preparava martínis à base de gim à noite, mas não para seu hóspede, que os achava "nojentos".[201] Churchill empurrava Roosevelt em sua cadeira de rodas até o elevador para levá-lo ao jantar, o que comparou a Sir Walter Raleigh jogando a capa no chão para a rainha Elizabeth I.[202] Eles até entraram e saíram dos quartos e banheiros um do outro, e Patrick Kinna, estenógrafo de Churchill, viu seu chefe "nu e desinibido" brincando com Roosevelt enquanto lhe passava a toalha depois de um banho: "O primeiro-ministro da Grã-Bretanha não tem nada a esconder do presidente dos Estados Unidos".[203] Mas, de vez em quando, tinha, sim; por exemplo, não revelou a Roosevelt que os HMS *Queen Elizabeth* e *Valiant* haviam sido seriamente danificados por homens-rã italianos no porto de Alexandria em 19 de dezembro.

A primeira das oito principais conversas entre Churchill, Roosevelt, os chefes de Estado-Maior britânicos e do Estado-Maior Conjunto norte-americano realizou-se em 23 de dezembro. Churchill se reencontrou com o general George C. Marshall, o mais poderoso dos três chefes de Estado-Maior dos Estados Unidos e, na prática, seu presidente, apesar de não se tratar de um posto formal. "Sempre tive um grande respeito por suas qualidades realmente notáveis", escreveria Churchill a Clementine em 1947, "se não como estrategista, como organizador de exércitos, estadista e, acima de tudo, homem."[204] A opinião desfavorável que tinha de Marshall como estrategista era igual à de Brooke em relação a ambos.

Na véspera de Natal, a gigantesca Árvore de Natal Nacional estava iluminada no gramado da Casa Branca, e milhares de pessoas se reuniram para ouvir discursos e entoar canções natalinas. "Passei este aniversário e as festas de fim de ano longe do meu país, longe da minha família, mas não posso dizer com sinceridade que me sinto longe de casa", disse Churchill em seu discurso, transmitido ao vivo.

* Na Inglaterra, lorde Rothschild, do Serviço Secreto, fazia a verificação dos charutos recebidos de presente fumando um de cada caixa.

> Seja em razão dos laços de sangue do lado de minha mãe, ou às amizades que cultivei aqui ao longo de muitos anos de vida ativa, ou ao sentimento dominante de camaradagem na causa comum de grandes povos que falam a mesma língua [...] não consigo me sentir um estranho aqui no centro e no topo dos Estados Unidos [...]. Esta é uma estranha noite de Natal. Quase todo o mundo está envolvido numa luta mortal e, com as armas mais terríveis que a ciência pode conceber, as nações avançam umas sobre as outras [...]. Que as crianças tenham sua noite de diversão e riso. Que os presentes do Papai Noel alegrem suas brincadeiras. Que nós, adultos, compartilhemos plenamente de seus prazeres incansáveis, antes de voltarmos à severa tarefa e aos terríveis anos que se apresentam diante de nós, determinados a que, por nosso sacrifício e ousadia, esses mesmos filhos não sejam roubados de sua herança ou tenham negado o direito de viver em um mundo livre e decente. E assim, com a misericórdia de Deus, um feliz Natal para todos vocês.[205]

Hong Kong rendeu-se aos japoneses no dia de Natal, enquanto os chefes de Estado-Maior britânicos e norte-americanos se sentavam juntos, procurando maneiras de reforçar o Extremo Oriente mediante o deslocamento de comboios. Quando lorde Halifax, o embaixador britânico em Washington, visitou Churchill naquela noite, encontrou-o sentado em seu roupão preparando seu discurso para uma reunião conjunta do Congresso "cercado de charutos, uísques, refrigerantes e secretárias!".[206] (Anna Boettiger, filha de Roosevelt, contou que os espirros de Churchill após o uso generoso de rapé "balançam as fundações da casa e ele então assoa o nariz três vezes como uma sirene de nevoeiro".)[207] Na história norte-americana houvera apenas duas reuniões conjuntas do Congresso, em 1874 e 1934: tratava-se de uma tremenda honra.

Churchill começou seu discurso em 26 de dezembro com uma piada: "Não posso deixar de refletir que, se meu pai fosse americano e minha mãe britânica, em vez do contrário, eu poderia ter chegado aqui por conta própria".[208]* Houve risos e uma ovação imediata, mesmo de isolacionistas. "Eu sou filho da Câmara dos Comuns", continuou ele.

> Fui criado na casa de meu pai para acreditar na democracia. "Confie no povo" — era sua mensagem. Eu costumava vê-lo ser aplaudido em comícios e nas ruas por multidões de trabalhadores nos tempos vitorianos aristocráticos, quando, como disse Disraeli, o mundo era para os poucos, e para os muito poucos. Portanto, durante toda a minha vida estive em plena harmonia com as marés que avançaram nos dois lados do Atlântico contra o privilégio e o monopólio, e me conduzi com

* Churchill sempre achou que se daria bem na política norte-americana. "Eu saberia nadar nessas águas, sim", disse a Charles Eade (CAC EADE 2/2).

confiança para o ideal de Gettysburg de "governo do povo, pelo povo, para o povo" [...]. Em meu país, como no de vocês, os homens públicos têm orgulho de ser servos do Estado e teriam vergonha de ser seus senhores.[209]

Churchill prosseguiu dizendo: "Para mim, a melhor notícia é que os Estados Unidos, unidos como nunca antes, sacaram da espada pela liberdade e jogaram fora a bainha".[210] Ele falou que, levando em conta os recursos do Reino Unido e dos Estados Unidos, "torna-se ainda mais difícil conciliar a ação japonesa com a prudência ou mesmo com a sanidade. Que tipo de povo eles acham que somos?". Isso lhe rendeu outra ovação de pé, com vivas. "É possível que não percebam que jamais cessaremos de perseverar até que lhes tenhamos dado uma lição que eles e o mundo jamais esquecerão?"[211]

Naquela noite, enquanto usava "força considerável" para abrir uma janela de guilhotina emperrada em seu quarto, Churchill sentiu uma dor no coração e no braço esquerdo e ficou sem fôlego. "Seus sintomas eram de insuficiência coronária", registrou seu médico Charles Moran. "O tratamento clássico para isso era de pelo menos seis semanas na cama. Isso significaria divulgar para o mundo [...] que o primeiro-ministro estava inválido, com um coração avariado e um futuro duvidoso."[212] Moran, portanto, "adotou uma política de 'espera vigilante'". Embora acreditasse que Churchill havia sofrido um infarto do miocárdio — na prática um ataque cardíaco —, não informou Churchill e seus colegas norte-americanos a esse respeito. Em vez disso, deu-lhe o conselho, que aliás era impossível seguir, de que "deveria tentar reduzir um pouco a pressão em seu trabalho". Quando retornou a Londres, Moran pediu uma segunda opinião do dr. John Parkinson, que assegurou a Churchill que ele não havia sofrido um ataque cardíaco. Análises médicas modernas sugerem que pode ter sido um estiramento muscular ou um estiramento da parede óssea e cartilaginosa do peito.[213] No entanto, era uma preocupação para alguém que ainda acreditava que não viveria para ver a velhice.

A Conferência de Arcádia terminou em 14 de janeiro de 1942. Ficou acordado que tropas norte-americanas deveriam ser enviadas para a Irlanda do Norte, para treinar e para impedir a invasão. Criaram-se comissões mistas de produção e expedição de armamentos. Concordou-se com a cooperação na coleta de informações. Estabeleceram-se comandos conjuntos no noroeste da Europa, no Sudeste Asiático e nos teatros de guerra do Mediterrâneo.[214] O comando do Sudeste Asiático foi chamado de ABDA — americano-britânico-holandês-australiano — e posto sob a direção do general Wavell. Hopkins e Beaverbrook foram designados para chefiar o novo Conselho Conjunto de Atribuição de Armamentos. A estratégia da Alemanha Primeiro foi explicitamente reafirmada por escrito.[215] Churchill explicou o pensamento por trás dessa política em sua declaração ao

Congresso norte-americano no ano seguinte: "Era evidente que, enquanto a derrota do Japão não significaria a derrota da Alemanha, a derrota da Alemanha significaria infalivelmente a ruína do Japão".[216]

A outra grande conquista da Conferência de Arcádia foi a inauguração de um Comitê Combinado de Chefes de Estado-Maior (CCS) em Washington, com a última palavra sobre a grande estratégia da guerra. Esse comando aliado integrado não tinha precedentes e era um desdobramento de fato revolucionário. Na Grande Guerra, o planejamento e a execução haviam sido deixados para exércitos autônomos em setores separados, embora sob o comando geral do marechal Foch, para o qual não haveria equivalente na Segunda Guerra Mundial. Em *The World Crisis* Churchill escrevera: "Uma guerra que não conhece divisões rígidas entre aliados franceses, russos e britânicos, entre terra, mar e ar, entre conquistas e alianças, entre suprimentos e combatentes, entre propaganda e maquinário, que é, na prática, simplesmente a soma de todas as forças e pressões que operam em um determinado período, foi tratada de forma fragmentada. E anos de ensinamentos cruéis foram necessários antes mesmo que unificações imperfeitas de estudo, pensamento, comando e ação fossem alcançadas".[217] O CCS, com seu controle unificado sobre todos os teatros de guerra, foi em grande medida produto das opiniões de longa data de Churchill sobre esses assuntos, que remontavam à Grande Guerra, e foi imposto apesar das suspeitas do ausente Brooke, que defendia ciosamente a independência britânica na elaboração de estratégias. A estreita amizade de Marshall e Dill, que permaneceu em Washington como elo entre o CCS e os chefes do Estado-Maior britânicos, ajudou a garantir que houvesse o mínimo de atrito. Como os chefes britânicos e norte-americanos só se reuniam em conferências, a independência britânica foi salvaguardada na prática, e o estabelecimento do aparato do CCS em Washington não a afetou.

Em 27 de dezembro, o premiê australiano John Curtin anunciou que "a Austrália se mira nos Estados Unidos, livre de qualquer remorso em relação aos nossos laços tradicionais ou de parentesco com o Reino Unido".[218] Churchill ficou furioso. Moran afirmou que Churchill disse que os australianos vinham de "má ascendência", embora a observação — uma referência clara às frotas de condenados enviadas para aquele continente no século XVIII — não possa ser verificada. Afinal, as anotações do diário de Moran não foram todas escritas na época dos acontecimentos e muitas vezes não correspondem à versão publicada em 1966, denunciada como mentirosa por muitos membros do círculo mais próximo de Churchill.[219] Ainda assim, a declaração de Curtin marcou o início da movimentação da Austrália para sair da órbita da Grã-Bretanha, que não podia protegê-la efetivamente, para a dos Estados Unidos, que logo estariam em condições de fazer isso. No final de 1941, a Grã-Bretanha estava gastando mais da metade de seu Produto Interno Bruto na guerra, mas essa quantia logo seria superada em muito pela contribuição norte-americana. Em 1940, os Estados Unidos produziam menos da metade dos armamentos produzidos pelo Reino Unido; em 1941 eram dois terços, em 1942, o dobro, em 1943, quase três vezes e, em 1944, quase quatro vezes mais. Enquanto em 1942 um décimo dos armamentos da Grã-Bretanha vinha dos Estados Unidos, em 1943-4, era mais de um quarto, e em certas áreas importantes, até a metade.[220] Isso significava que, com o passar do tempo, a voz dos norte-americanos em conselhos estratégicos se tornou mais forte, e a dos britânicos, consequente e proporcionalmente mais fraca. A Austrália escolhera o protetor mais forte, e Churchill não podia fazer muita coisa a respeito.

Em 28 de dezembro, Churchill partiu para Ottawa, onde ficou com o conde de Athlone, governador-geral do Canadá, e dois dias depois falou no Parlamento canadense. Deixou a redação do discurso para tão em cima da hora que a última página datilografada precisou ser colocada em sua mão por seu secretário particular depois que ele começou a falar.[221] "Nós não viajamos através dos séculos, através dos oceanos, através das montanhas, através das pradarias porque somos feitos de açúcar", disse ele aos parlamentares canadenses.[222] "Nunca desceremos ao nível alemão e japonês, mas se querem jogar duro também podemos jogar duro. Hitler e sua gangue nazista semearam o vento; que colham a tempestade."

Sobre o Gabinete de Reynaud, ele disse: "Quando eu os avisei que a Grã-Bretanha lutaria sozinha, independentemente do que eles fizessem, seus generais disseram ao seu primeiro-ministro e seu gabinete dividido: 'Em três semanas a Inglaterra terá seu pescoço torcido como um frango'. Que frango! Que pescoço!".[223] Colin Coote se referiu mais tarde a essa piada como vulgarismo, e A. P. Herbert, como piada de salão, mas provocou uma gargalhada generosa entre os parlamentares.[224]

Imediatamente após o discurso, Churchill foi levado à sala do presidente da Casa por Mackenzie King, onde o jovem fotógrafo armênio-canadense Yousuf Karsh estava esperando para tirar sua fotografia. O primeiro-ministro parecia relutante, pois não havia sido avisado de que isso aconteceria, mas admitiu que Karsh poderia tirar uma única foto. "Eu ofereci um cinzeiro para seu charuto, mas ele o ignorou explicitamente, com seus olhos perfurando os meus", lembrou Karsh. "Na câmera, me certifiquei de que tudo estava em foco, fechei a lente e me levantei, com a mão pronta para fechar o disparador, quando algo me fez hesitar." Karsh então disse "com licença, senhor", e sem permissão retirou o charuto da boca de Churchill. "Sua mandíbula se apertou, beligerante, seus olhos fuzilaram. Eu cliquei o obturador."[225] O resultado foi o melhor de todos os milhares de imagens de Churchill, capturando sua determinação, seu espírito desafiador e sua solidez e, como Karsh observou, também sua capacidade de beligerância. Não foi a única foto de Churchill tirada por Karsh naquele dia — ele foi autorizado a capturar pelo menos outras oito, e uma com Mackenzie King depois que Churchill "assumira uma postura mais apaziguada" —, mas é a primeira que merece o rótulo tão desgastado de "icônica". Foi capa da revista *Life* em maio de 1945 e se tornou a imagem definidora de Churchill.

Naquela noite, Churchill conheceu o ás da aviação canadense, vice-marechal Billy Bishop, ganhador de muitas condecorações e honrarias, num jantar oferecido por Mackenzie King. Bishop havia abatido 72 aeronaves inimigas na Grande Guerra, e o costumeiro fascínio de Churchill pelos paladinos causou consternação ao seu destacamento de segurança quando ele entrou no carro de Bishop no fim da noite, trocando histórias de guerra com o aviador no caminho para a casa dele, a fim de tomar uma saideira, em vez de voltar para o Palácio do Governo.[226] Antes de partir para Washington no trem especial do presidente, na véspera de Ano-Novo, Churchill ganhou de presente um boné de pele de foca da Columbia Britânica. Disse numa entrevista coletiva que era "uma coisa muito estranha que, quando acordei bem cedo esta manhã, pensei que era uma pena eu não ter conseguido um daqueles adoráveis chapéus canadenses [...]. Ele se encaixa lindamente e é grande o suficiente para permitir qualquer inchaço que possa acontecer".[227] No Ano-Novo de 1942, Churchill, Roosevelt, Maksim Litvínov, embaixador russo em Washington, e o embaixador chinês assinaram a Declaração Conjunta das Nações Unidas, que comprometia a Rússia e a China com os princípios da Carta do Atlântico. O documento foi então firmado por 22 outras nações no dia seguinte, que também prometeram não fazer tratados de paz em separado com as potências do Eixo. Roosevelt escolheu o título "Nações Unidas" porque temia que a palavra "Aliança" pudesse causar dificuldades constitucionais com os isolacionistas do Senado, e Churchill achava que "Potências Associadas" soava "insosso". Em apoio à escolha do presidente, Churchill mostrou-lhe os versos de Byron em *Childe Harold*: *"Here, where the sword United Nations drew/ Our contrymen were warring on that day!"*.[228]* Era mais uma ocasião em que sua memória fenomenal para a poesia lhe permitia citar as palavras mais apropriadas para o que precisava expressar.

Churchill desfrutava de um bom relacionamento com a imprensa norte-americana desde que voltara de Cuba, em 1895. Embora soubessem que ele nunca entregaria detalhes operacionais — e não os publicariam, mesmo que tivesse feito isso —, o primeiro-ministro britânico sempre proporcionava boas matérias. Durante a entrevista, fez vários gracejos e frases memoráveis, como "a posição do Signor Mussolini é realmente invejável; o tocador de realejo ainda segura a

* Em tradução livre: "Aqui, onde a espada das Nações Unidas foi sacada/ Nossos compatriotas estavam em guerra naquele dia!". (N. T.)

coleira do macaco".[229] Questionado por que o Canadá não havia expulsado o embaixador de Vichy, ele respondeu: "Um pátio gosta de ter uma janela". Sobre Rudolf Hess, declarou: "Ele nos diz que Hitler ama a Inglaterra, e que seu coração sangraria por nós se a Alemanha tivesse de invadir a Grã-Bretanha". Foi cuidadoso quando questionado se era vital para o esforço de guerra que Roosevelt permanecesse no cargo: "Depois de uma longa experiência de vida pública, cheguei à conclusão de que pouquíssima gente entende a política de seu próprio país — e ninguém, a política de outros países".[230]

Em 10 de janeiro de 1942, Churchill viajou para Pompano, na Flórida, 48 quilômetros ao sul de Palm Beach, para passar dois dias descansando numa mansão isolada de propriedade de Edward R. Stettinius, o administrador da Lei de Empréstimo e Arrendamento e depois secretário de Estado dos Estados Unidos. Usou o pseudônimo de "sr. Lobb" (nome quase certamente inspirado em Lobb, seu sapateiro da St. James's Street), um "inválido que precisava de tranquilidade", com John Martin se passando por mordomo inglês.[231] Ele trabalhava antes do almoço — malotes eram enviados diariamente para Washington de avião — e nadava nu no mar todos os dias, "rolando e mergulhando na água morna como um golfinho contente".[232] O guarda-costas principal do Serviço Secreto de Roosevelt, designado para Churchill, contou depois ao presidente que numa ocasião o primeiro-ministro fora "derrubado pelo mar agitado. Ele então se levantou e sacudiu o punho para o mar, e foi derrubado de novo, e reduziu-se a um estado de grande indignação".[233]

À noite, Churchill se sentava na varanda para observar os navios. No espírito do racionamento em vigor na Grã-Bretanha, no café da manhã, comia o bife que sobrara da noite anterior. Houve confusão na cozinha quando recusou uma sopa de mariscos e pediu Bovril. Em 11 de janeiro, ao falar a Roosevelt pelo telefone sobre sua viagem de volta, disse: "Não devo lhe dizer numa linha aberta como viajaremos, mas chegaremos de puf-puf".[234]

Churchill deixou Washington em 14 de janeiro, depois do jantar, e Roosevelt foi até a estação de trem para se despedir. Posteriormente, Hopkins "confessou" a Dean Acheson, o secretário adjunto de Estado, "que ter Winston aqui mais do que duas vezes por ano seria muito cansativo", porque "os dias terminariam às duas ou três da madrugada, e às 6h45 da manhã Churchill abriria a porta, sem chinelos, e perguntaria se ele fizera alguma coisa a respeito do que haviam discutido na noite anterior".[235]

A ideia original era viajar de volta no HMS *Duke of York* das Bermudas, mas as más notícias da Malásia e as agitações da oposição política em Londres significavam que era preciso retornar rapidamente, então ele fez seu primeiro voo através do Atlântico, a bordo do hidroavião *Berwick*, um Boeing 314A Clipper com pintura camuflada verde-oliva.[236] Primeiro, foi às Bermudas e falou para a Casa da Assembleia em Hamilton, brincando sobre as "fundações rústicas e desleixadas" da democracia, mas reafirmando sua fé nessa forma de governo. Depois voltou para casa num voo de dezoito horas e 23 minutos. "Nesses voos longos, segui minha regra de que as refeições devem ser reguladas pelo tempo do estômago", escreveu mais tarde. (Ele também chamava esse sistema de "hora da barriga".) "Quando se acorda depois da luz do dia, deve-se tomar o café da manhã; cinco horas depois disso, almoço. Seis horas depois do almoço, jantar. Assim, a pessoa se torna independente do sol, que, de outra forma, se intromete demais nos nossos assuntos e perturba a rotina de trabalho."[237]

Ele chegou a Plymouth às 9h45 de 17 de janeiro de 1942. Tinha sido uma jornada longa, mas extremamente produtiva. Não houve desentendimentos dignos de nota com os norte-americanos, que depois de meses de conversas não oficiais pareciam ver a grande estratégia geral da guerra da mesma maneira que os britânicos, e também se mostraram úteis em todos os outros aspectos. Além disso, a declaração de guerra de Hitler e o compromisso de Roosevelt e Marshall com a política da Alemanha Primeiro significavam que Churchill não era mais o suplicante que fora em 1940 e 1941. Em resposta ao conselho que lhe recomendava que continuasse a usar linguagem cautelosa ao falar à nação norte-americana, respondeu: "Oh! Era assim que conversávamos com ela enquanto a estávamos cortejando; agora que está no harém, falamos com ela de maneira bem diferente!".[238]

# 26. Desastre

## *Janeiro a junho de 1942*

> *Não sofri de nenhum desejo de me livrar de minhas responsabilidades. Tudo o que eu queria era o cumprimento dos meus desejos depois de uma discussão razoável.*
>
> Churchill a respeito de fevereiro de 1942[1]

> *Quando as coisas estão indo bem, ele é bom; quando as coisas estão indo mal, ele é soberbo; mas, quando as coisas estão indo meio bem, meio mal, ele é o inferno na Terra.*
>
> Ismay sobre Churchill, agosto de 1942[2]

Em 18 de janeiro de 1942, Churchill relatou ao Gabinete de Guerra — que àquela altura era formado por Anderson, Attlee, Wood, Eden, Morrison, Beaverbrook, Bevin, Greenwood e Lyttelton — o resultado da Conferência de Arcádia. De acordo com as notas estenografadas por Lawrence Burgis, revelou que a "última coisa" que o presidente norte-americano havia dito quando "veio se despedir" fora "até o amargo fim — confie em mim".[3] E acrescentou que os Estados Unidos estavam "começando a guerra com grande vigor" e "entraram de cabeça", demonstrando seu "senso de determinação para lutar". Os norte-americanos entenderam que "Hitler é o inimigo". Eles fariam "o que pudessem em relação ao Japão, mas [...] nada se sobreporia à ideia de derrotar Hitler". Apesar de estarem "ansiosos para entrar em combate com o inimigo", havia "uma calma olímpica na Casa Branca".[4] Depois de fazer uma pausa para relembrar seu voo de volta — "pilotei o avião por um pouco [...]. Os motores ronronavam como gatinhos felizes" —, ele deu então uma visão geral da guerra. Lembrando que a Grã-Bretanha "não sobreviveria se não fosse pela Rússia", defendeu o envio de tudo o que fosse possível para os soviéticos. Aviões e tanques britânicos deveriam ser "postos à disposição com o melhor de nossa capacidade" onde quer que sejam mais necessários. Portanto, muita coisa precisava ser enviada para o Front Oriental. Disse que Roosevelt havia aprovado ataques na costa norte-africana e que a vitória sobre a Alemanha viria, "se fizermos a coisa direito [...] em 43, se nos atrapalharmos, em 44 ou 45. Os suprimentos de materiais e homens são imensos".[5] Brooke foi quem fez a pior previsão do encontro, quando questionado sobre o reforço de Cingapura, dizendo que "se pudermos continuar pondo coisas lá, tudo ficará bem".[6]

"Winston me disse em particular que agora estava confiante numa vitória final", anotou o rei em seu diário no dia seguinte, "pois os Estados Unidos da América ansiavam por enfrentar o inimigo e estavam começando uma mobilização de homens e materiais a todo vapor. O Reino Unido e os Estados Unidos estão agora 'casados' depois de muitos meses de 'namoro'."[7] Naquele mesmo dia, os japoneses invadiram a Birmânia, um país que o pai de Churchill anexara ao Império Britânico em 1886. Foi outro duro golpe. Não demorou para que Sir William Beveridge, o reformador social liberal, conclamasse Churchill a liderar "um governo diferente". O *Manchester Guardian* declarou que "a inquietação pública em relação aos nossos lamentáveis fracassos no Oriente e ao ritmo de nossa produção de guerra precisa ser enfrentada com franqueza e sem levar em conta os fatores pessoais envolvidos"; e as críticas da bancada chamberlainista subiram de tom, com cada vez mais exigências de que Churchill desistisse de ser ministro da Defesa e designasse um ministro da Produção com poderes próximos aos seus.[8] Quando o primeiro-ministro australiano John Curtin disse publicamente que a evacuação de Cingapura seria "uma traição indesculpável", Churchill, nas palavras de Cadogan, "finalmente perdeu a paciência" no Gabinete de Guerra, na presença do ex-premiê da Austrália Earle Page.[9] Mas continuou civilizado por telegrama, transmitindo a esperança de Wavell de que "um contra-ataque será possível em fevereiro".[10] Um incentivo naquele momento difícil foi um telegrama de Roosevelt, enviado em 30 de janeiro, cujo pós-escrito fugia da formalidade ao dizer: "É divertido estar na mesma década que você".[11]*

Ao entrar na Câmara dos Comuns pela primeira vez em três semanas, Churchill recebeu uma recepção mais para civilizada do que para entusiasmada.

* Comentário muitas vezes entendido erroneamente como uma referência aos anos 1940; na verdade Roosevelt estava comemorando seu sexagésimo aniversário naquele dia.

"Ele parecia gordo e irritado", observou o malicioso Chips Channon; "era óbvio que estava decepcionado com sua recepção."[12] Randolph, em casa de licença, reclamou que "não foi nada como a recepção que Chamberlain recebeu quando voltou de Munique".[13] Os problemas de Churchill aumentaram muito quando Rommel lançou uma nova ofensiva em 21 de janeiro, o que levou à evacuação de Benghazi no dia 28 e de Derna em 3 de fevereiro, e empurrou o Oitavo Exército de volta à Linha Gazala, que defendia Tobruk. Além disso, Churchill foi obrigado a comunicar ao Comitê de Defesa que "era evidente que não podíamos considerar Cingapura uma fortaleza, pois parecia que não haviam preparado defesas terrestres apropriadas [...]. Numa visão mais ampla, a Birmânia era mais importante que Cingapura. Era o nosso último terminal de comunicações com a China, que era essencial manter abertas". Quanto a reforçar a Malásia, "não queríamos jogar homens bons atrás de maus".[14] A essa altura, Brooke concordou.

Eden anotou que Churchill parecia cansado e deprimido e estava resfriado. "Ele inclinava-se a ser fatalista em relação à Câmara", observou, "sustentava que a maioria dos tories o odiava, que fazia tudo o que podia e ficaria feliz em ceder o lugar a outro, que a Malásia, a intransigência do governo australiano e a 'chateação' na Câmara eram mais do que qualquer homem poderia suportar."[15] Churchill ficou ainda mais frustrado quando os parlamentares rejeitaram sua moção para permitir que seus discursos fossem gravados na Câmara dos Comuns, obrigando-o a repeti-los palavra por palavra no rádio, o que considerava exaustivo. "As lealdades que se concentram no Número Um são enormes", escreveu Churchill mais tarde a respeito dos primeiros-ministros. "Se viaja, precisa ser sustentado. Se comete erros, devem ser encobertos. Se dorme, não deve ser arbitrariamente perturbado. Se não é bom, deve ser abatido. Mas este último processo extremo não pode ser realizado todos os dias; e de jeito nenhum nos dias imediatamente posteriores à sua eleição."[16] Diante da oposição que passou a enfrentar, Churchill decidiu transformar o debate seguinte sobre a guerra numa moção de confiança em seu governo. Harvie-Watt informou em 23 de janeiro que apenas "um punhado" de parlamentares votaria contra o governo, "embora alguns, um número maior", pudessem se abster.[17] Tendo em vista que as abstenções haviam derrubado Chamberlain, a decisão não era isenta de riscos.

"É porque as coisas correram mal, e o pior está por vir, que peço um voto de confiança", disse Churchill em 27 de janeiro, no início de um debate de três dias numa Casa tão lotada que os parlamentares tiveram de se sentar nos degraus do trono (os parlamentares estavam agora na Câmara dos Lordes).[18] Observando da galeria estavam Clementine — "agora de cabelos grisalhos", anotou Channon —, Diana, Pamela, Jack e sua filha Clarissa. Churchill foi desconcertantemente sincero, admitindo que "enquanto encaramos a Alemanha e a Itália aqui e no vale do Nilo, nunca tivemos nenhum poder de prover efetivamente a defesa do Extremo Oriente".[19] "Ninguém precisa ser evasivo no debate", declarou, "e ninguém deve ser covarde no voto. Votei contra governos que fui eleito para apoiar e, olhando para trás, por vezes me senti muito feliz por ter feito isso. Nestes tempos difíceis, cada um deve fazer o que acha que é seu dever."

Um grande número de parlamentares se manifestou no debate, e as maiores críticas a Churchill vieram dos tories chamberlainistas, um dos quais, Sir Archibald Southby, remontou ao Debate da Noruega, perguntando: "Qual foi a origem do governo?". Sir Alexander Erskine-Hill falou de "ansiedade" em relação à situação da guerra; Herbert Williams disse que "houve erros demais" e que Churchill não deveria ser ministro da Defesa; Sir James Henderson Stuart falou de um "profundo desconforto geral" da nação, e Thomas Sexton disse que "o povo deste país está desnorteado", enquanto Stephen Davies acusou o governo de ter uma postura "criminosa" em relação à Índia, e vários membros do Parlamento pediram a criação de um novo ministério da Produção.[20] No entanto, embora alguns ameaçassem, ninguém estava disposto a votar para derrubar o primeiro-ministro. "Em dois anos e meio de luta, só conseguimos manter nossa cabeça acima da água", admitiu Churchill. "Quando fui chamado para ser primeiro-ministro, há quase dois anos, não havia muitos candidatos ao cargo. Desde então, o mercado talvez tenha melhorado. Apesar da negligência vergonhosa, das confusões grosseiras, da incompetência flagrante, da complacência e da falta de poder de organização que nos são atribuídas diariamente — e de cujas reprimendas procuramos tirar proveito —, estamos começando a ver a saída. Parece que passamos por um momento muito ruim, mas desde que todos nós permaneçamos juntos, e desde que utilizemos o último espasmo de nossa força, parece também, mais do que nunca, que vamos ganhar."[21] Ele acrescentou, sem citar Curtin ou a Austrália, que, "de ouvir algumas pessoas falarem, se poderia pensar que a maneira de vencer a guerra é fazer com que cada potência que contribui com forças armadas e todos os ramos dessas forças armadas estejam representados em todos os conselhos e organizações que precisam ser criados, e que todos sejam consultados antes que qualquer coisa seja feita. Essa é, na verdade, a maneira mais segura de perder uma guerra".[22]

Ele passou a falar da estratégia geral no Norte da África. "Temos um oponente muito ousado e habilidoso contra nós", disse sobre Rommel, "e, permitam-me comentar em meio ao caos da guerra, um grande general."[23] Ele foi muito criticado por esse encômio, mas o republicou em suas memórias de guerra; lembrava seu discurso inaugural elogiando os bôeres e suas observações de admiração sobre a bravura dos dervixes em *The River War*. O código militar do soldado Churchill o ensinara a admirar seu inimigo, se o considerasse merecedor, embora isso em nada diminuísse sua determinação de destruí-lo. Seu principal argumento no debate era que as decisões estratégicas e políticas para ajudar a Rússia, partir para a ofensiva na Líbia e aceitar a fraqueza do Extremo Oriente como consequência "desempenharão um papel útil no curso geral da guerra", apesar do que ele descreveu como "os inesperados infortúnios navais e as pesadas penalidades que pagamos, e teremos de pagar, no Extremo Oriente".[24]

Como Churchill explicara em seu discurso de abertura, era importante que aqueles que criticavam seu governo recebessem uma resposta:

> Sinto-me no direito de vir à Câmara dos Comuns, da qual sou servo, e pedir-lhes [...] que me deem seu incentivo e me deem sua ajuda. Nunca me aventurei a prever o futuro. Continuo firme com meu programa original de sangue, labuta, lágrimas e suor, que é tudo que eu já ofereci, ao qual acrescentei, cinco meses depois, "muitas falhas, erros e decepções". Mas é porque vejo a luz brilhando atrás das nuvens e se ampliando em nosso caminho que me atrevo agora a pedir uma declaração de confiança da Câmara dos Comuns como arma adicional no arsenal das Nações Unidas.[25]

Churchill venceu por 464 votos a um — o do parlamentar trabalhista independente Jimmy Maxton. Durante o debate, Sir Archibald Southby, o parlamentar tory de Epsom, referira-se a Randolph como "meu honorável e valente amigo — honorável em virtude das circunstâncias da guerra que o trouxeram a esta Casa completamente intocado, e talvez de um posto militar" — antes que fosse calado pelo presidente da Câmara.* Depois, Southby se aproximou do primeiro-ministro para lhe pedir que parabenizasse Randolph por sua rápida promoção. "Winston brandiu o punho na cara dele", relembrou um espectador. "'Não fale comigo', gritou. 'Você chamou meu filho de covarde. Você é meu inimigo. Não fale comigo.'"[26] Churchill era capaz de aceitar críticas pessoais com equanimidade, mas ataques a sua família ou seus amigos sempre traziam à tona o tigre que havia dentro dele.

O primeiro-ministro teve sorte no momento da votação. Durante os procedimentos, chegou a notícia de que os alemães haviam capturado Benghazi. Os japoneses estavam a trinta quilômetros de Cingapura e, após o debate, foi por fim trazida a público uma declaração revelando que o encouraçado HMS *Barham* fora afundado no Egito em novembro, com a perda de 862 vidas. (A notícia do dano causado aos HMS *Queen Elizabeth* e *Valiant* por homens-rã italianos no porto de Alexandria em dezembro permaneceu sob sigilo.) Já fazia vinte meses desde que

* Os parlamentares tradicionalmente se referem uns aos outros como "honoráveis", e o termo "valente" é acrescentado quando o membro do Parlamento em questão já serviu nas Forças Armadas. A alfinetada de Southby está em sua explicação de uma linguagem que, se usada por qualquer outro parlamentar, seria mera questão de decoro.

Churchill havia sido escolhido por menos de um punhado de pessoas para governar o país. No início de 1942, com toda a Cirenaica ocidental nas mãos do Eixo, estava mais do que consciente da urgente necessidade política e militar de uma vitória inequívoca no deserto. No dia 1º de fevereiro, os alemães acrescentaram uma quarta roda de rotor às máquinas de codificação Enigma de seus submarinos. Isso mergulhou no caos a decodificação Ultra dos códigos navais alemães "Shark" por quase um ano, até que por fim Bletchley conseguisse quebrar o código de novo, em dezembro. Por consequência, as perdas no transporte marítimo aumentaram de forma alarmante, porque os grupos de submarinos não eram localizados, e a esperança de um ataque ao outro lado do canal da Mancha teve de ser adiada até que a Batalha do Atlântico tivesse sido ganha. Em janeiro, um total de 419 907 toneladas de carregamentos britânicos, aliados e neutros foi afundado, mas em fevereiro foram 679 532 toneladas e, em março, 834 164 toneladas. Ao todo, no ano de 1942, perderam-se quase 8 milhões de toneladas.[27] "Pobre Winston, muito desesperado", anotou Cadogan.[28]

No início de fevereiro, Brooke informou ao Gabinete que as forças remanescentes da Comunidade Britânica na Malásia haviam se retirado para dentro de Cingapura, onde tinham quatro meses de suprimento de comida e água. Churchill disse que era a "vontade do Gabinete defendê-los até o fim".[29] Ele telegrafou a Wavell: "Neste estágio, não se deve pensar em salvar as tropas ou poupar a população. A batalha deve ser travada até seu amargo desfecho, a todo custo".[30] "O primeiro-ministro está preocupado e irritado com os eventos no Extremo Oriente", anotou o rei em 3 de fevereiro. "Cingapura não foi fortificada do lado terrestre, nem mesmo com armadilhas para tanques e casamatas escondidas na selva. Isso poderia ter sido feito pelas próprias tropas. Canhões de quinze polegadas apontando para o mar não são uma forma de defesa."[31]

Em 5 de fevereiro, Churchill propôs ao Gabinete ir pessoalmente à Índia fazer uma oferta de independência ao Partido do Congresso no pós-guerra com a condição de que fosse suspensa a campanha de desobediência civil adotada em outubro de 1940 e, em vez disso, houvesse cooperação com os britânicos na defesa da Índia contra os japoneses. Cadogan considerou o plano "brilhantemente imaginativo e ousado", mas, com a situação na Malásia, "ele deve permanecer aqui para lidar com o baque", caso Cingapura, na extremidade sul da península, caísse.[32] "Devemos lutar contra os japoneses pela honra de nossa raça, do Império e do Exército sem pensar em salvar nossas tropas ou poupar a população de 700 mil", disse Churchill ao rei na hora do almoço, em 10 de fevereiro. "Quando os japas desembarcarem, devemos matá-los nos pântanos e na selva. Não podemos permitir que a reputação de nosso país e de nossa raça decaia enquanto os russos lutam com afinco e as tropas americanas em Luzon, nas Filipinas, estão se defendendo de forma obstinada." No entanto, ele reconhecia que tinha poucas reservas para investir na luta, e que a situação era perigosa. "Winston está preparado para uma série de infortúnios no Extremo Oriente se Cingapura cair, já que não podemos obter reforços lá rapidamente no momento, e não sabemos onde colocá-los", observou o rei.[33]

Enquanto a preocupação em relação a Cingapura crescia, os alemães deflagraram com sucesso a humilhante Operação Cerberus, que ficou conhecida pelos britânicos como a "Estocada do Canal". Entre 11 e 13 de fevereiro, os cruzadores *Scharnhorst*, *Gneisenau* e *Prinz Eugen* partiram de Brest e subiram pelo canal da Mancha sem que o Almirantado pudesse fazer algo a respeito, pois não dispunha de embarcações de porte na costa sul para enfrentá-los. "Infelizmente preciso informá-lo, senhor", telefonou Pound para um incrédulo e consternado Churchill, "que os cruzadores de guerra inimigos já devem ter chegado à segurança de suas águas nacionais." Churchill ficou em silêncio e depois perguntou: "Por quê?". E desligou antes que Pound tivesse a oportunidade de desfiar a ladainha de erros cometidos.[34] Cadogan descreveu-o como "o dia mais negro da guerra até agora".[35] Ataques da RAF, do Fleet Air Arm,* da Marinha Real e da artilharia da costa não conseguiram produzir mais do que arranhões nos navios inimigos. Harold Nicolson achou que o povo ficou mais preocupado com o fato de o *Scharnhorst* e o *Gneisenau* terem conseguido escapar do que com a possível perda de Cingapura: "Eles não suportam a ideia de que os alemães passaram bem diante de nossa porta da frente".[36]

Beaverbrook, a quem Churchill nomeara pouco tempo antes para o novo posto de ministro da Produção de Guerra, logo entrara em grave confronto com Bevin e outros membros do governo, e seus jornais estavam promovendo abertamente a Segunda Frente e minando membros importantes do Gabinete. Churchill acabou brigando com Clementine por causa da nomeação. "Meu querido", ela escreveu ao marido quando Beaverbrook estava no cargo fazia apenas oito dias, "tenho vergonha de, por minha postura violenta, provavelmente ter aumentado suas angustiantes preocupações; por favor, me perdoe. Peço-lhe que reflita se não seria melhor deixar lorde Beaverbrook inteiramente fora de sua Reconstrução [...]. A hostilidade do lado de fora não é melhor do que a intriga, a traição e o chocalho** do lado de dentro? [...] Penso que o temperamento e comportamento que você descreve (em lorde B) são causados pelo potencial de uma nova personalidade que talvez o iguale em capacidade e certamente em intelecto. Meu querido, tente se livrar desse micróbio que algumas pessoas temem que esteja em seu sangue. Exorcize esse diabo da garrafa e veja se o ar não se torna

* Fundado em 1924, o Fleet Fair Arm era uma espécie de reedição do Serviço Aéreo Naval Real criado por Churchill em 1914.

** Ou seja, o comportamento de uma cascavel.

mais claro e puro."[37] A "nova personalidade" era Sir Stafford Cripps, que enfim retornara de Moscou e era imensamente popular, por ser associado aos grandes sacrifícios do Exército Vermelho. Fora do governo, era o foco de todas as esperanças daqueles, em especial no espectro da esquerda, que se consideravam sem voz porque os trabalhistas estavam na Coalizão. Ele recusou a oferta de Churchill para o Ministério do Abastecimento, preferindo esperar para ver se não poderia ficar em posição de tomar o lugar do próprio chefe do Gabinete. E não era o único candidato. "Todo mundo está furioso com o primeiro-ministro", escreveu Chips Channon sobre a Estocada do Canal. "Ira; frustração. Este não é o sentimento pós-Dunquerque, e sim a RAIVA [...] se os londrinos fossem latinos, haveria tumultos. Eu nunca soube de uma explosão tão violenta [...] há algumas conversas sobre a formação de um chamado 'Partido do Centro', composto de liberais, conservadores descontentes etc., com Beaverbrook na sua chefia."[38]

No dia seguinte, Churchill ordenou que o novo chefe do Comando de Bombardeiros, Sir Arthur "Bert", ou "Bomber" Harris, destruísse o moral dos civis alemães, tarefa que Harris realizou com prazer. Grandes bombardeiros de quatro motores estavam entrando em produção no início de 1942, mas Lindemann havia verificado que o bombardeio noturno estava causando poucos danos a alvos específicos em comparação com o diurno, muito mais preciso, porém mais custoso. Churchill queria mostrar a Stálin que a Grã-Bretanha estava ajudando ativamente a tirar recursos alemães da Frente Oriental e mostrar ao povo britânico que eles estavam reagindo, então os critérios para o que constituía um alvo legítimo se ampliaram. Fábricas, pátios ferroviários, instalações portuárias e áreas industriais foram então incluídos. Houve pouco debate, pelo menos nesse estágio da guerra, sobre a possibilidade de "des-habitar" o inimigo, bombardeando as casas dos trabalhadores, ser um potencial crime de guerra. A defesa da Alemanha contra os bombardeiros de Harris exigiu uma grande quantidade de recursos, aviões da Luftwaffe e homens e, embora a produção alemã de armas continuasse a aumentar até o primeiro semestre de 1943, isso não aconteceu no ritmo que normalmente teria.[39]

Às quatro da tarde de domingo, 15 de fevereiro de 1942, chegou ao Ministério da Guerra a notícia de que o general Percival havia rendido Cingapura aos japoneses. Mais de 80 mil soldados da Comunidade, entre eles muitos australianos, foram feitos prisioneiros. "A Índia está nua", observou o general John Kennedy. "O Ceilão, base principal da frota, muito descoberto. A luta está acontecendo perto de Rangum [...]. A Austrália (e a base em Port Darwin) também está relativamente indefesa."[40] Em sua fala pelo rádio à nação das nove da noite, Churchill não fez nenhuma tentativa de minimizar a catástrofe. "Falo com todos vocês sob a sombra de uma derrota militar pesada e de amplo alcance", disse. "É uma derrota britânica e imperial. Cingapura caiu. Toda a península Malaia foi invadida."[41] Ainda assim, comemorou o fato de que os Estados Unidos estavam agora na guerra:

> Foi isso que sonhei, almejei e pelo qual trabalhei, e agora aconteceu. Mas há outro fato, de certa forma, mais imediatamente efetivo. Os exércitos russos não foram derrotados, não foram despedaçados. O povo russo não foi conquistado ou destruído. Leningrado e Moscou não foram tomadas. Os exércitos russos estão no campo de batalha [...]. Temos aqui dois tremendos fatos fundamentais que, no final, dominam a situação mundial e tornam a vitória possível sob uma forma nunca antes possível.[42]

Havia nisso a admissão implícita de que a Grã-Bretanha não poderia ganhar de outra forma.

"Esta noite, os japoneses triunfaram", continuou. "Eles gritam sua exultação ao redor do mundo. Nós sofremos. Estamos perplexos. Estamos duramente pressionados. Mas tenho certeza, mesmo nesta hora negra, de que 'loucura criminosa' será o veredito que a história pronunciará sobre os autores da agressão japonesa, depois que os acontecimentos de 1942 e 1943 forem inscritos em suas páginas sombrias."[43] "Ninguém deve subestimar mais a gravidade e a eficiência da máquina de guerra japonesa", afirmou Churchill, algo que ele mesmo sem dúvida havia feito.[44] Ao encerrar a fala, tentou revigorar o espírito da Blitz de 1940-1. "Este é, portanto, um daqueles momentos em que a raça e a nação britânicas podem mostrar sua qualidade e seu gênio [...] quando pode tirar do cerne do infortúnio os impulsos vitais da vitória. Eis o momento de mostrar a calma e o equilíbrio combinados com a determinação inflexível que há não muito tempo nos tirou das garras da morte."[45]

"Sua fala", na visão de Nicolson, "não foi muito apreciada. O país está nervoso e irritável demais para ser engambelado com frases bonitas. Porém o que mais ele poderia ter dito?"[46] Na Câmara dos Lordes, Hankey e Chatfield atacaram Churchill por concentrar demais o poder em suas mãos. "É errado depender tanto de um homem tão temperamental", escreveu o general Kennedy depois de ouvir o discurso de Churchill, "tão carente de conhecimento estratégico e de juízo, apesar de suas outras grandes qualidades."[47] O primeiro-ministro subestimara lamentavelmente os japoneses e fizera muito pouco para proteger o Império que amava, mas isso significava que seria deposto? Goebbels anotou em seu diário na época: "A Inglaterra não tem ninguém para pôr em seu lugar".[48] Isso não era bem verdade. Cripps e Beaverbrook manobravam às claras para ganhar o cargo, mas nenhum deles estava pronto para atacar logo após a última moção de confiança.

Apesar do voto quase unânime no final do debate parlamentar, as críticas infindáveis enfim atingiram Churchill. O comandante Thompson percebeu "um crescente sentimento de frustração e depressão. Para alguns de seu círculo mais próximo, ele insinuou que estava pensando seriamente em entregar suas responsabilidades".[49] Ao capitão Pim, disse que estava "cansado de tudo" e pensando em renunciar. "Por Deus", exclamou Pim. "o senhor não pode fazer isso!"[50] Contudo, não se arrependia das prioridades que definira. Se os 450 aviões enviados pela Grã-Bretanha à Rússia em setembro de 1941 tivessem ido para Cingapura, argumentara Kennedy, poderiam ter retardado o avanço japonês.[51] Não obstante, Churchill disse a Attlee: "Se a península Malaia ficou à míngua em prol da Líbia e da Rússia, ninguém é mais responsável do que eu, e eu faria exatamente o mesmo de novo".[52] Ele era capaz de diferenciar o importante, mas na prática periférico, do estrategicamente vital, e manter a Rússia na guerra era fundamental. No Other Club, H. G. Wells apostou com lorde Camrose cem libras "que os britânicos não recuperarão Cingapura em três anos".[53] De fato isso não aconteceu, mas não era importante que o fizessem ou não, em comparação com a importância vital de ajudar os soviéticos a combater os nazistas.

Churchill manifestou ao rei sua frustração pelas críticas à sua liderança. "Ele estava muito irritado com tudo", anotou o rei, "e compara a situação a caçar um tigre com vespas furiosas ao seu redor."[54] Mal sabia o primeiro-ministro que o próprio rei era um pouco vespa. Após a queda de Cingapura e da Estocada do Canal, ele disse a Sir Alec Hardinge, seu secretário particular, para "descobrir o que está na mente das pessoas a respeito de tudo isso, a fim de me dar uma linha a seguir quando encontrar o primeiro-ministro". Hardinge esteve com Eden e Cranborne. "Ambos concordam, assim como todos os demais, que Winston é a pessoa certa e, na verdade, a única para liderar o país durante a guerra", relatou Hardinge. "Mas há um sentimento crescente de que, devido a suas inúmeras preocupações, pode haver aspectos da defesa que não recebem toda a atenção que deveriam. Esse sentimento está se transformando em exasperação, enquanto nossos reveses continuam [...]. A extensão da guerra no Pacífico está impondo um fardo grande demais para qualquer indivíduo carregar sozinho."[55]

Em 17 de fevereiro, Churchill foi recebido em silêncio quando entrou na Câmara para anunciar a queda de Cingapura e explicar a Estocada do Canal. "Os parlamentares foram cáusticos e desdenhosos", relatou Máiski. "Deram a Churchill uma má recepção e despedida. Nunca vi nada parecido."[56] Channon concordou. "Nunca vi a Câmara rosnar para um primeiro-ministro. Será que ele pode recuperar seu prestígio decrescente? [...] Certamente nada em que tenha tocado — Dardanelos, Abdicação, Lei da Índia — deu certo."[57] A expedição dos Dardanelos ocorrera 27 anos antes, mas, sempre que se percebia que Churchill cometera um erro, reaparecia imediatamente no rol da vergonha. "Por mais tentador que possa parecer para alguns, quando há muitos problemas pela frente", disse Churchill aos parlamentares, "esquivar-se com habilidade e pôr outra pessoa para levar as pancadas, os golpes pesados e repetidos que estão chegando, não pretendo adotar esse caminho covarde, mas, ao contrário, vou me manter em meu posto e perseverar de acordo com meu dever tal como o vejo."[58] No mês seguinte, durante um almoço, ele disse a Robert Barrington-Ward, editor do *Times*: "Sou um homem idoso. Não como Lloyd George, saindo da última guerra com 56 anos ou coisa assim. Poderei estar com setenta antes que esta guerra termine [...]. Nenhum homem da minha idade teve de suportar tamanhos desastres quanto eu".[59] Barrington-Ward observou que ele não parecia velho quando disse isso.

Para aplacar a opinião pública, manter seu cargo de ministro da Defesa e talvez também desviar a atenção da torrente de más notícias recentes, Churchill instituiu outra ampla reforma governamental em 19 de fevereiro. Cripps foi persuadido a entrar para o governo como lorde do Selo Privado e líder da Câmara dos Comuns. Beaverbrook, preparando-se para ser o mais sincero crítico do governo e, de acordo com sua expectativa, tornar-se primeiro-ministro, pediu demissão do Ministério da Produção de Guerra "por motivos de saúde" depois de apenas quinze dias no cargo, e foi substituído pelo empresário Oliver Lyttelton. "As pessoas não renunciam na guerra", disse Churchill a Beaverbrook. "Ou morrem ou são demitidas!"[60] Mas Beaverbrook renunciou, assim como Churchill se demitira em novembro de 1915. O secretário do Gabinete Edward Bridges falou mais tarde sobre como "raramente em sua vida ficara tão chocado como na última entrevista entre Beaver e Winston [...] eles agrediram um ao outro como duas vendedoras de peixe".[61] Como observou Ian Jacob: "Churchill podia se dar ao luxo de perder Beaverbrook, mas não podia se dar ao luxo de perder Bevin".[62] Ainda assim, ofereceu a Beaverbrook a embaixada em Washington no mês seguinte — sem contar a Halifax. A proposta foi recusada.

Por ser o ministro da Guerra durante os desastres, Margesson teve de assumir a responsabilidade pelos acontecimentos. A carta de Churchill para ele foi exemplar: "Meu caro David, lamento muito informar que a reconstrução do governo que a pressão dos acontecimentos e das opiniões tornou necessária me levou a desejar ter o Ministério da Guerra à minha disposição [...]. Penso que você se saiu extremamente bem [...]. Espero que continue em contato comigo e me deixe ter o benefício de seus conselhos de vez em quando".[63] Margesson respondeu de forma igualmente gentil: "Espero que minha saída lhe facilite as coisas e, de certo modo, alivie sua carga quase insuportável. Detesto deixar o Ministério da Guerra; mas o que importam os sentimentos pessoais em dias como estes?".[64] O competentíssimo Sir James Grigg o substituiu e permaneceu no cargo pelo resto do conflito.

Attlee ganhou o recém-criado posto de vice-primeiro-ministro e também se tornou ministro dos Domínios. Isso significava que presidiria todas as reuniões do Gabinete quando Churchill estivesse fora. O Ministério da Guerra Econômica foi tirado de Dalton e entregue a lorde Wolmer (que herdou o condado de Selborne uma semana depois), e lorde Cranborne tornou-se ministro das Colônias e líder da Câmara dos Lordes, duas medidas que Nicolson descreveu como "a reintegração da classe alta".[65] Com a aposentadoria de Greenwood e Kingsley Wood deixando o Gabinete de Guerra, o órgão foi reduzido de nove para sete membros: Churchill, Attlee, Eden, Cripps, Anderson, Bevin e Lyttelton. Reith deixou o governo completamente, feliz por escapar daquilo a que em seu diário se referiu como "Churchill e sua gangue podre".[66]

"Ele estava desanimado em relação ao futuro", anotou o rei depois de almoçar com Churchill em 24 de fevereiro, "pois não consegue ver como podemos reforçar suficientemente qualquer parte do mundo. A posição dos navios nos impede de movimentar mais de três divisões por ano, gostaríamos de mover dez [...]. Birmânia, Ceilão, Calcutá e Madras na Índia e parte da Austrália podem cair em mãos inimigas. Podemos nos manter unidos diante de toda essa adversidade? De algum modo, devemos. Posso ver que Winston está sentindo a tensão [...]. Eu lhe disse que o país estava com ele. Ele acha que é porque não há mais ninguém."[67]

No início de março, Churchill designou Brooke para ocupar o lugar de Pound na presidência do Comitê dos Chefes de Estado-Maior. Pound havia se saído mal no caso da Estocada do Canal e estava começando a sofrer de narcolepsia, embora não tivesse sido removido do cargo de primeiro lorde dos mares.[68] Churchill encontrou uma maneira de dar a notícia de forma gentil. "Você está numa posição diferente da dos outros dois chefes de Estado-Maior, porque está conduzindo a guerra naval em toda a sua extensão em contato direto com o inimigo e é, na prática, um supercomandante-chefe", escreveu. "Você sabe que tenho a maior confiança em seu julgamento e em sua direção da Frota."[69]

"Pobre primeiro-ministro de mau humor e em má situação", observou Cadogan em 4 de março. "Não acho que esteja bem e ouvi dizer que ele está esgotado."[70] No dia seguinte, acrescentou: "O pobre e velho Winston, sentindo profundamente a situação atual e o ataque a ele, receio que esteja perdendo o controle". No jantar do Hotel Claridge naquela noite, o general Kennedy, Robert Skelton, editor-chefe do *Daily Telegraph*, e Sir Archibald Rowlands, subsecretário permanente do Ministério da Produção de Aeronaves, concordaram que "Winston estava acabado". Skelton, de forma impatriótica, acrescentou que "quase desejava outro grande desastre porque liquidaria com Winston".[71] Hankey, em seu último dia no governo, disse a Kennedy: "Todos achavam que Winston era um jogador cujas apostas não davam certo".[72] Churchill estava ciente da precariedade de sua posição e comentou com Malcolm MacDonald, filho do ex-primeiro-

-ministro: "Sou como um piloto de bombardeiros. Saio noite após noite e sei que uma noite não voltarei".[73]

Portanto, é errado pensar que o establishment apoiou de todo o coração a liderança de Churchill nos dias mais sombrios da Segunda Guerra Mundial: tolerou-o por falta de uma alternativa viável e porque ele ainda era aclamado pela opinião pública. Também se recusou a reconhecer que muitas das derrotas pelas quais estava sendo culpado eram diretamente atribuíveis ao fato de não darem ouvido a suas advertências e não terem adotado suas propostas de rearmamento na década de 1930. Em um nível mais profundo, Churchill não podia ser perdoado, pois o tempo revelou que tinha razão quanto à principal política britânica da década anterior: a do apaziguamento.

Em 7 de março, Rangum caiu, e a ameaça japonesa à Índia tornou-se muito séria. A Austrália, que havia perdido um grande número de soldados em Cingapura, se recusou a mandar mais tropas para a Birmânia e exigiu o retorno das que estavam no Oriente Médio, temendo uma ameaça direta ao seu continente depois que o porto setentrional de Darwin foi bombardeado, em 19 de fevereiro. Àquela altura parecia que Malta não aguentaria por muito mais a campanha constante de bombardeios do Eixo. Auchinleck continuava a recusar os pedidos de Churchill por uma renovação antecipada da ofensiva no deserto, havia uma desesperada escassez de navios, e Roosevelt parecia questionar a política da Alemanha Primeiro em seus telegramas e duvidar da sabedoria do ataque proposto por Churchill à África do Norte francesa, de codinome Operação Gymnast.

Foi nesse momento que o primeiro-ministro britânico decidiu publicar um artigo no *Sunday Dispatch* intitulado "Are There Men on the Moon?" [Há homens na Lua?], escrito antes da guerra. Ele previa "viagens pelo espaço em embarcações que levariam suprimentos de comida e oxigênio para a Lua e os planetas mais próximos". Churchill escreveu que não estava "tão imensamente impressionado com o sucesso que estamos fazendo com nossa civilização aqui para pensar que somos o único lugar neste imenso universo que contém criaturas vivas e pensantes, ou que somos o tipo mais elevado de desenvolvimento mental e físico que já apareceu no vasto perímetro do espaço e do tempo.[74] Ninguém parece ter perguntado por que, em meio a uma conjuntura crítica de guerra, Churchill publicava textos sobre planetas extrassolares e a possibilidade de existência de vida inteligente em outras partes do universo. Ele era, sob muitos aspectos, uma pessoa profundamente excêntrica e imprevisível.

Churchill estava tão preocupado com "as pessoas que enviam mensagens que causam desespero, alarme e confusão" que, em março de 1942, pensou na imposição de alguma forma de censura interna, a começar pelo *Daily Mirror*, cuja especulação sobre futuras operações chegou perto de prejudicar a segurança nacional. "Temos de encarar isso", Churchill falou aos seus colegas. "Censura que lida com manifestações de opinião prejudiciais ao moral nacional [...]. O Parlamento deve nos dar mais poderes — muito poucos votariam contra. Agora estamos sendo desintegrados em moral."[75] Cripps concordou, e Grigg disse que deveria haver censura de mensagens que pudessem prejudicar o moral do Exército, mas Brooke disse que via propostas desse tipo "com o maior alarme", já que poderiam alienar a imprensa.[76] Churchill acrescentou que queria "um controle mais efetivo sobre a imprensa" e de "mensagens que entravam e saíam do país". Nada resultou disso, mas era um sinal de sua profunda preocupação quanto à fragilidade do moral nacional na época.

Churchill logo percebeu que não poderia ir pessoalmente à Índia para persuadir o Partido do Congresso a abandonar sua campanha antibritânica e se concentrar em ajudar a defender o subcontinente contra os japoneses. Em vez disso, Cripps foi enviado para conversações com Mohandas Gandhi. O Partido do Congresso rejeitou qualquer proposta que desse à Grã-Bretanha alguma conexão constitucional com a Índia e, em 9 de agosto, Gandhi e os líderes do partido tiveram de ser presos, enquanto os exércitos britânico e indiano lutavam para impedir os japoneses de entrar na Índia. O rei nunca estivera lá, mas estava profundamente preocupado com a situação. "É como um banquinho de três pernas", explicou Churchill. "Hindustão, Paquistão e Princestão. Os dois últimos, sendo minorias, permanecerão sob nosso domínio."[77] Esse não era o plano de Gandhi. Em 24 de maio, ele declarou: "Deixem a Índia nas mãos de Deus, no jargão moderno, para a anarquia, e essa anarquia pode levar a uma guerra interna por um tempo, ou a *dacoities* [gangues de bandidos] agindo sem restrição. Disso, uma verdadeira Índia se erguerá no lugar da falsa que vemos".[78] Churchill não estava disposto a condenar o subcontinente à prescrição bizarra de Gandhi. Tampouco estava de acordo com o conselho do líder indiano para os britânicos durante a Blitz de Londres: "Convidem Hitler e Mussolini a pegar o que quiserem dos países que vocês chamam de suas possessões. Deixem que tomem posse de sua bela ilha com seus muitos e belos edifícios. Vocês darão tudo isso, mas não sua mente nem sua alma".[79]

Embora os britânicos se sentissem pouco inclinados a concordar com a proposta do Mahatma, poderiam ao menos ter reconhecido que era consistente com suas sugestões anteriores aos etíopes de "se deixarem massacrar" pelos italianos, já que, "afinal, Mussolini não queria um deserto", e com suas propostas aos judeus alemães após a atrocidade da Noite dos Cristais, de que se adotassem sua filosofia de ação não violenta, "o que hoje se tornou uma degradante caça ao homem poderia se transformar numa postura calma e determinada oferecida por homens e mulheres desarmados e possuidores da capacidade de sofrer que lhes foi dada por Jeová", pois isso levaria as ss "a uma apreciação da dignidade humana".[80] Em maio de 1940, Gandhi disse a um amigo: "Não considero que Hitler seja tão ruim quanto o representam. Ele está mostrando uma capacidade que é incrível e parece estar conquistando suas vitórias sem muito derramamento de sangue".[81] Em sua última carta a Hitler, em dezembro de 1941, Gandhi elogiou a "bravura [e] devoção à sua pátria" do Führer e acrescentou: "Também não acreditamos que o senhor seja o monstro descrito por seus oponentes".[82] Gandhi teve a sorte de ser o vice-rei quem governava a Índia, em vez de Hitler; o conselho do Führer a lorde Halifax, quando se encontraram em Berchtesgaden, em 1937, havia sido: "Fuzilem Gandhi".[83]

Em 10 de março, o rei registrou a alegria de Churchill ao saber que os norte-americanos estavam enviando divisões para a Austrália e a Nova Zelândia "o mais depressa possível, de modo que as divisões australianas e neozelandesas existentes possam permanecer no Oriente Médio e assim economizar transporte. Trata-se de um grande passo por parte dos Estados Unidos".[84] Sobre a designação do general Douglas MacArthur para a Austrália, Churchill acrescentou: "Podemos agora deixar aquela parte da área do Pacífico para os americanos, enquanto nos concentramos na área do oceano Índico e do Ceilão [...]. A coisa mais importante a lembrar é que nós e os Estados Unidos não devemos brigar por causa de detalhes de estratégia".[85]

Em 15 de março, ele convidou Máiski para o almoço de domingo em Chequers, a fim de que pudesse receber uma mensagem em que Stálin previa que 1942 deveria ser o ano decisivo da guerra. "O primeiro-ministro, vestido com seu macacão habitual, cumprimentou-me de maneira jovial e amistosa e pediu desculpas por sua aparência tão doméstica", escreveu Máiski. "Tendo passado hoje por uma pequena operação,* ele não pôde voltar à cidade e foi obrigado a me receber em casa."[86] Eden estava presente, e juntos os três discutiram os Estados Bálticos à luz da recusa dos Estados Unidos em reconhecer sua anexação pela União Soviética. Quando Máiski perguntou o que ele achava da declaração de Stálin sobre 1942, "o semblante de Churchill se fechou imediatamente. Ele encolheu os ombros e disse com ligeira irritação: 'Não vejo como 1942 pode se tornar o ano decisivo'".[87] Ele ressaltou que, enquanto a Rússia se sentia mais forte em 1942 do que em 1941, "eu me sinto mais fraco. No ano passado, tivemos de lutar contra duas grandes potências; neste ano, contra três". Ele então levantou questões sobre a imprensa, o Parlamento e a produção. "Seguiu-se uma longa, anima-

* Cadogan mencionou uma "operaçãozinha" e Oliver Harvey, uma "misteriosa operação de pequeno porte" em seus diários nesse dia também. Não sabemos qual foi esse procedimento.

da e, às vezes, até acalorada" troca de opiniões sobre a abertura da Segunda Frente, com relação à qual "o primeiro-ministro evitou resolutamente assumir compromissos específicos".[88]

Quando o tema da conversa voltou a ser a Índia, Máiski escreveu que seu anfitrião

> reagiu com considerável raiva e irritação. "Cripps não poderá fazer nada lá", ele disse secamente [...]. "Em geral, os indianos não são uma nação histórica. Quem não os conquistou? Quem quer que tenha vindo do norte para a Índia tornou-se seu senhor. Ao longo de sua história, os indianos quase nunca desfrutaram de verdadeira independência [...]. Estou preparado para deixar a Índia neste exato momento [...]. Mas o que aconteceria então? [...] Se formos embora, lutas irromperão por toda parte, haverá uma guerra civil. Por fim, os muçulmanos se tornarão senhores, porque eles são os guerreiros, enquanto os hindus são falastrões. Sim, falastrões!"[89]

Máiski achou que Churchill parecia estar "num humor crepuscular", e o registrou dizendo: "Não ficarei por muito tempo neste mundo [...]. Serei cinzas em breve".[90]

Máiski também contou a Churchill que a Rússia esperava que os alemães usassem gás em sua próxima ofensiva. Em resposta, o primeiro-ministro disse ao Gabinete de Guerra que em sua opinião a Grã-Bretanha deveria "tratar o uso de gás contra a Rússia como se fosse contra nós — retaliaríamos contra a Alemanha — seríamos solidários com a Rússia nesse aspecto [...] consideraríamos que poderíamos deter a Alemanha, fazendo um anúncio — se [...] Stálin quisesse que o fizéssemos, precisamos dar vários avisos. Contemplem uma situação com a máscara de gás. Restaurem-nas e as deixem boas para usar todos os dias".[91] Brooke considerava necessário "calcular com cuidado quais são nossas reservas. Devem chegar a 100% se começarmos". Na verdade, a Grã-Bretanha nunca fez tal ameaça, e o gás não foi usado nos campos de batalha da Segunda Guerra Mundial.

"Eis um pensamento deste estrategista amador", Roosevelt telegrafou a Churchill no dia 18 de março. "Não adianta dar mais atenção a Cingapura ou às Índias Orientais Holandesas. Elas se foram. A Austrália deve ser mantida e [...] estamos dispostos a assumir isso. A Índia deve ser mantida e vocês devem fazer isso [...] e acho que vocês podem segurar o Ceilão. [...] Vocês precisam manter o Egito, o Canal, a Síria, o Irã e a rota para o Cáucaso."[92] Na prática, Roosevelt queria que Churchill concordasse, a princípio, que os britânicos assumissem a responsabilidade por tudo o que ficava a oeste de Cingapura, "a Gibraltar do Oriente", como já fora chamada, enquanto os Estados Unidos se concentrariam no Pacífico.[93] "Sei que você não se importa com minha franqueza brutal quando lhe digo que me considero capaz de lidar pessoalmente com Stálin melhor do que o seu Ministério das Relações Exteriores, ou meu Departamento de Estado", continuou o presidente. "Stálin sente um ódio visceral de toda a gente da sua cúpula. Acha que gosta mais de mim, e espero que continue assim."[94] Na verdade, Stálin via os dois líderes capitalistas da mesma maneira.

"Agora estou passando por um momento muito difícil", disse Churchill a Smuts, "mas precisamos nos lembrar de que as coisas estão melhores do que há um ano, quando estávamos sozinhos. Não devemos perder nossa faculdade de ousar, particularmente em dias sombrios."[95] Naquele dia, Malta, que estava à míngua e sofrera seu milésimo ataque aéreo em dezembro, foi enfim socorrida por dois navios mercantes, o *Talabot* e o *Pampas*, que escaparam de bombardeiros alemães e forneceram suprimentos que permitiam que a ilha continuasse a lutar, embora as 5 mil toneladas que chegaram fossem apenas uma fração das 26 mil toneladas que haviam saído do Egito. "A recompensa justifica o preço exigido", escreveu Churchill em suas memórias de guerra. "Reaprovisionada e reabastecida com munições e mantimentos, a força de Malta reviveu, recuperando a posição dominante no Mediterrâneo Central."[96]

Em 30 de março, Brooke informou ao Gabinete de Guerra que a invasão alemã da Rússia poderia resultar em 2 milhões de baixas alemãs. "Isso veio de Deus — não fizemos nada a respeito", comentou Churchill. "A guerra não pode terminar em 1942 — com otimismo, em 1943."[97] Nunca faltaram críticas a Churchill no Ministério da Guerra, mas as opiniões sobre a natureza exata de sua suposta incompetência estratégica eram muitas vezes conflitantes. Brooke confidenciou a seu diário em 1º de abril sua "crescente convicção de que perderemos essa guerra a menos que a controlemos de maneira muito diferente e lutemos com mais determinação".[98] A culpa estava no fato de que todos os políticos eram maus estrategistas e, tendo "um governo com apenas um grande homem, e esse homem sendo um grave perigo em muitos aspectos", as coisas pioravam. O general John Kennedy criticou Churchill por reforçar Cingapura em vez de Rangum e escreveu que "todos os nossos problemas atuais no Mediterrâneo teriam sido evitados se tivéssemos ido para Trípoli em vez de para a Grécia". Contudo, cinco dias depois, anotou que Rangum não podia ser defendida na ausência de cobertura naval e que "a Grécia pode ter atrasado as operações alemãs na Rússia o suficiente para virar a balança contra eles no outono passado".[99]

Em 2 de abril, num almoço com Eden, Harriman e Ismay, alguém sugeriu a Churchill que desistisse do Ministério da Defesa por motivos de saúde. "Winston deixou claro" que não faria isso, relembrou Eden, porque "ele se vê na posição de Roosevelt como único condutor da guerra".[100] Eden anotou em particular: "Não é o que o país quer, nem produz bons resultados". Se até mesmo esses três defensores leais estavam discutindo a possibilidade de sua renúncia à condução da guerra, a ameaça política era obviamente séria. "Não há condução da guerra no dia a dia, exceto a dos chefes de Estado-Maior e Winston", escreveu Eden em seu diário, "e os chefes de Estado-Maior estão dispostos demais a ceder quando as questões deveriam ser decididas e o julgamento descontrolado de Winston não é de forma nenhuma infalível." Isso era injusto: os chefes de Estado-Maior costumavam recusar as ideias mais mal avaliadas de Churchill, mas Eden pensou em conspirar com Lyttelton e Cripps quando este retornou da Índia. Queria tentar forçar Churchill a ouvir mais no processo de tomada de decisões, porém aceitava que a "dificuldade é que é provável que Winston seja constitutivamente incapaz de trabalhar de outra maneira".[101]

Eden era o braço direito de Churchill, o aliado mais próximo e herdeiro político, mas é evidente que até ele estava muito frustrado com a dificuldade do primeiro-ministro de delegar poder. "A verdade é que estou muito preocupado com os métodos atuais de conduzir a guerra, e tenho alguma dúvida sobre o que devo fazer", queixou-se Eden a Cranborne, seu amigo mais próximo na política.

> Não há verdadeira melhoria, não há maior ordem desde a mudança. Winston continua a manter o lado militar inteiramente em suas mãos em contato com os chefes de Estado-Maior. Ninguém se espantaria se os resultados fossem bons, mas não são! [...] O que me incomoda é que suponho que outros membros do Gabinete de Guerra sejam vistos pelo público como aqueles que estão comandando essa guerra, e não estamos nem um pouquinho. Até mesmo o Comitê de Defesa não comanda [...]. Ainda acredito que o caminho correto para conduzir esta guerra seja por meio de um pequeno Gabinete de quatro ou cinco que se reúnam diariamente, mas não creio que Winston aceitaria isso. Considerando tudo, estou muito infeliz [...]. Mas meus colegas parecem perfeitamente contentes e, de qualquer maneira, eu não queria falar com eles a esse respeito sem antes conversar com Winston, o que me proponho a fazer na semana que vem. Acho realmente que preferiria estar fora do governo a aceitar continuamente a responsabilidade por decisões sobre as quais não sei nada.[102]

Portanto, até mesmo Eden estava pensando ativamente em transformar-se num crítico sincero fora do governo, vacinando-se assim contra a culpa por novas derrotas e se mantendo entre os principais candidatos a primeiro-ministro, caso Churchill caísse.

Em março e abril, Churchill usou as informações que extraiu da decodificação da Ultra fornecida por Bletchley Park, que ainda era capaz de decifrar códigos alemães não navais, para tentar convencer Auchinleck de que Rommel tinha muito menos tanques do que seu pessoal de inteligência afirmava. Mas ele interpretou mal as decodificações: os números se referiam a tanques em certas áreas, não no total, e no final de abril admitiu isso para Auchinleck.[103] Aparentemente sentindo-se tolhido, Churchill não fez nenhuma tentativa de usar decifrações no Deserto Ocidental nos sete meses seguintes, mas a experiência não o fez rever sua visão cada vez mais crítica de Auchinleck como estrategista, por mais que o admirasse como pessoa. Começara a pensar em substituí-lo pelo general Harold Alexander, um colega aristocrata, antigo aluno de Harrow e pintor amador, que ganhara galardões na Grande Guerra e se distinguira nas campanhas de Dunquerque e da Birmânia.

Em 9 de abril, 35 mil soldados norte-americanos foram capturados na península de Bataan, nas Filipinas, a maior rendição da história dos Estados Unidos. Grandes reveses desse tipo preocupavam Churchill, porque poderiam fazer com que os norte-americanos abandonassem a política da Alemanha Primeiro e se concentrassem em derrotar o Japão. George Marshall e Harry Hopkins chegaram a Londres no dia seguinte, trazendo o que ficou conhecido como o Memorando Marshall. Longe de desistir da Alemanha Primeiro, o documento continha propostas para a Operação Roundup [Arrebanhamento], o grande ataque anglo-americano através do canal da Mancha preparado para algum momento de 1943 (e que se tornou a Operação Overlord [Soberano], lançada no Dia D, em 1944), e para a Operação Sledgehammer [Malho], um desembarque menor, composto em sua maior parte de britânicos, no noroeste da França — para tomar Cherbourg ou Brest — em 1942, que seria lançada como uma emergência se a Rússia parecesse estar prestes a capitular. Havia também a Operação Bolero, de acordo com a qual uma grande força norte-americana seria enviada à Grã-Bretanha como um pré-requisito para os demais planos.

Churchill e Brooke tinham sérias reservas quanto à conveniência da Sledgehammer, pois acreditavam que qualquer ataque à península de Cherbourg poderia ser reprimido com facilidade e não atrairia o número de divisões alemãs da Rússia que os norte-americanos esperavam e de que os russos precisavam. Em vez disso, Churchill queria empreender a Operação Júpiter na Noruega ou a Gymnast no Norte da África. Porém, os britânicos não podiam simplesmente recusar as ideias de Marshall porque estavam ansiosos para que os norte-americanos enviassem homens para proteger o Reino Unido, como previsto na Operação Bolero, e precisavam proteger a política da Alemanha Primeiro. Churchill e Brooke queriam realizar a Roundup num estágio muito posterior. Portanto, eram necessárias negociações delicadas. A estratégia ocidental seria por fim decidida através da interação dos mestres da política, Roosevelt e Churchill, e seus dois oficiais mais graduados, Marshall e Brooke, e grande parte dela pode ser vista através do prisma do modo como esses quatro homens trabalhavam uns com os outros, em especial em relação às suas opiniões inconstantes sobre o momento do ataque decisivo através do canal. Naquele momento, Churchill e Brooke sabiam que, embora Marshall quisesse que essa grande ofensiva acontecesse o quanto antes, não era esse o desejo de Roosevelt.[104]

Hopkins foi convidado para ir a Chequers no fim de semana de 11 e 12 de abril. Às três horas da manhã de domingo chegou um telegrama de Roosevelt criticando o rompimento das conversações entre Cripps e Gandhi: "O impasse foi causado pela relutância do governo britânico em conceder aos indianos o direito ao autogoverno [...] durante a guerra".[105] Roosevelt sugeriu que Churchill deveria imediatamente "estabelecer um governo nacionalista similar em essência a nossa própria forma de governo conforme os Artigos da Confederação" de 1781. Churchill percebeu isso como uma interferência injustificada em assuntos do Império Britânico. De acordo com as notas rabiscadas por Hopkins, "Churchill recusou-se a ser responsável por uma política que jogaria todo o subcontinente da Índia numa confusão total enquanto o invasor japonês estava às suas portas".[106] Em vez disso, ele se ofereceu para renunciar, "se isso servisse para acalmar a opinião pública americana". É duvidoso que estivesse dizendo isso a sério, embora tenha declarado mais tarde que, se o Gabinete não o tivesse apoiado em relação à Índia, a peça central do Império, "eu não teria hesitado em depor meu fardo pessoal, que às vezes parecia maior do que um o homem podia suportar".[107]

Churchill escolheu as palavras com cautela ao redigir sua resposta. "Você sabe o peso que atribuo a tudo que me diz. Qualquer coisa parecida com uma grave diferença entre mim e você partiria meu coração, e certamente prejudicaria profundamente nossos dois países no auge desse terrível problema."[108] (Após a guerra, seu juízo, bastante diferente, foi que "Estados que não têm colônias ou possessões ultramarinas são capazes de atingir sentimentos de grande elevação e distanciamento em relação aos assuntos daqueles que as têm".)[109] Em seguida, voltou-se para a estratégia militar da Roundup:

> Estou em total acordo em princípio com tudo o que você propõe, assim como os chefes de Estado-Maior. É claro que devemos atender às emergências do dia a dia no Oriente e no Ocidente enquanto nos preparamos para o golpe principal [...]. Não tenho dúvidas de que poderei enviar-lhe nossa completa concordância. Posso dizer que pensei que as propostas feitas para uma operação intermediária em certas contingências neste ano encaram as dificuldades e incertezas de uma maneira absolutamente sensata. Se, como nossos especialistas acreditam, pudermos levar adiante todo esse plano com sucesso, será um dos grandes acontecimentos de toda a história da guerra.[110]

Isso também era insincero; Churchill sabia, a partir das atas de uma reunião dos chefes de Estado-Maior realizada em 9 de abril, que seus especialistas não acreditavam na Sledgehammer mais do que ele próprio. Outra vez, o primeiro-ministro da Grã-Bretanha tinha algo a esconder do presidente dos Estados Unidos.

Churchill abriu a reunião do Comitê de Defesa para discutir o Memorando Marshall em 14 de abril, com a presença de Hopkins e Marshall, dizendo que era

> uma proposta de peso, que já tinha sido totalmente discutida e examinada pelo Estado-Maior. Em termos pessoas, ele não hesitaria em adotar cordialmente o plano. A concepção subjacente ao plano estava de acordo com os princípios clássicos da guerra, a saber, concentração contra o inimigo principal. Porém, uma ampla ressalva deveria ser feita: era essencial continuar a defesa da Índia e do Oriente Médio. Não poderíamos enfrentar a perda de um exército de 600 mil homens e toda a mão de obra da Índia. Ademais, a Austrália e as bases insulares que ligam esse país aos Estados Unidos não poderiam cair, pois isso inevitavelmente prolongaria a guerra. Isso significa que não poderíamos deixar tudo inteiramente de lado em apoio ao objetivo principal proposto pelo general Marshall.[111]

Marshall falou longamente sobre a possibilidade de lançar a Sledgehammer antes do outono de 1942, admitindo que a contribuição norte-americana teria de ser "modesta" devido às restrições de transporte marítimo nos cinco meses seguintes.[112] A Sledgehammer fora concebida como uma forma de aliviar a pressão sobre a Rússia e, embora Moscou tivesse sobrevivido à invasão, os soviéticos ainda estavam acuados, especialmente mais ao sul. Assim, Marshall considerava que a Sledgehammer era desejável por si mesma, e deveria acontecer o mais cedo possível. Brooke observou que, se a Grã-Bretanha fosse "forçada a empreender uma operação no continente, só poderia ser em pequena escala".[113] Vários outros falaram na reunião, inclusive Hopkins, Attlee, Eden e Mountbatten, de acordo com linhas de raciocínio semelhantes. Churchill resumiu tudo dizendo que, embora os detalhes do plano da travessia do canal da Mancha ainda precisassem ser resolvidos, "estava claro que havia completa unanimidade quanto ao esquema", mas pedia ajuda no oceano Índico, "sem a qual todo o plano ficaria fatalmente comprometido". Porém, estava confiante de que "seria gradualmente percebido que os povos de língua inglesa estavam resolvidos a fazer uma grande campanha pela libertação da Europa", e prometeu a Marshall "que nada deixaria de ser cumprido por parte do governo britânico e das pessoas que poderiam contribuir para o sucesso do grande empreendimento que estavam prestes a iniciar".[114]

A própria extravagância da linguagem de Churchill, sem fornecer dados e sem especificar se estava se referindo à Sledgehammer, à Bolero ou à Roundup, deveria ter dado a Marshall um motivo para parar e pensar.[115] Churchill e Brooke certamente queriam um ataque através do canal da Mancha, mas não até que o Oriente Médio e a Índia estivessem seguros. A verdade é que Churchill sempre viu a Sledgehammer como uma jogada arriscada, preferindo muito a Gymnast, que mais tarde se tornou a Operação Torch [Tocha], no Norte da África. "Mas tive de trabalhar através da influência e da diplomacia a fim de assegurar uma ação combinada e harmoniosa com nosso querido aliado", como admitiu em suas memórias de guerra, "sem cuja ajuda nada senão a ruína aguardava o mundo. Por isso, não abri nenhuma dessas alternativas em nosso encontro do dia 14."[116] Os ingleses precisavam de um grande número de tropas norte-americanas estacionadas na Grã-Bretanha, no mínimo para proteção contra a possibilidade de uma invasão alemã, caso Hitler saísse vitorioso na Rússia. Assim, para garantir a Bolero, Churchill passou por cima de suas reservas a respeito da Sledgehammer, afirmando que os detalhes técnicos relativos a "embarcações de desembarque e tudo o mais" poderiam ser resolvidos pelas equipes.

"Todos estavam entusiasmados", registrou Ismay sobre o encontro de 14 de abril, "todos pareciam concordar com as propostas americanas na íntegra. Não se manifestou nenhuma dúvida [...]. Talvez tivesse evitado futuros desentendimentos se os britânicos tivessem expressado seus pontos de vista com mais franqueza [...]. O Comitê de Defesa aceitou as propostas em princípio", e "nossos amigos americanos foram felizes para casa, com a impressão equivocada de que havíamos nos comprometido tanto com a Roundup como com a Sledgehammer". Com sua característica inclinação para o eufemismo, Ismay acrescentou: "Esse mal-entendido estava destinado a ter resultados infelizes".[117]

Mais tarde, Marshall se convenceu de que Churchill e Brooke o haviam enganado deliberadamente, e que a oposição dos dois à Sledgehammer, surgida naquele verão, também se estendia a qualquer variação da Roundup, o que não era verdade. Ao que parece, Churchill e Brooke disseram menos do que poderiam para levar os norte-americanos a acreditar que apoiariam uma Segunda Frente em 1942. Eles precisavam persuadi-los a direcionar tropas e recursos para a estratégia da Alemanha Primeiro que em outro caso talvez fossem para o Oriente, a fim de vingar derrotas como a de Bataan.[118]

"Um encontro de grande importância em que aceitamos as propostas deles de ação ofensiva em 1942, talvez, e em 1943, com certeza", escreveu Brooke em seu diário, seguindo o palavreado de Churchill. "Eles ainda não começaram a reconhecer todas as dificuldades desse plano e todas as dificuldades que estão à nossa frente! O medo que tenho é de que se concentrem nessa ofensiva à custa de tudo o mais! Portanto, temos insistido na importância de enviar assistência americana ao oceano Índico e ao Oriente Médio."[119] Aí estava um resumo preciso da dupla encenação que Churchill e Brooke haviam montado para Marshall e Hopkins. Em uma análise posterior, Brooke explicou:

> Com a situação prevalecente na época, não era possível levar demasiado a sério os "castelos no ar" de Marshall! Devemos lembrar que naquele momento estávamos

literalmente pendurados por nossas pálpebras! A Austrália e a Índia estavam ameaçadas pelos japoneses, havíamos perdido temporariamente o controle do oceano Índico, os alemães ameaçavam a Pérsia e nosso petróleo, Auchinleck estava em situação precária no deserto e os afundamentos causados por submarinos eram pesados [...]. Estávamos desesperadamente em falta de suprimentos e não podíamos realizar operações de grande escala sem suprimentos adicionais.[120]

Em 15 de abril, Brooke testou Marshall ao perguntar: "Iremos para leste, sul ou oeste depois do desembarque [na França]? Ele não havia começado a pensar nisso!".[121]

Hopkins e Marshall permaneceram na Inglaterra até 17 de abril, e Churchill convidou Hopkins para várias reuniões do Gabinete de Guerra, nas quais as discussões se limitavam a questões de que os britânicos queriam que os norte-americanos tomassem conhecimento.[122] Ele também insistiu em levar Marshall para ver uma demonstração de bombardeio de voo baixo perto de Warminster, apesar do fato de um piloto de Spitfire ter matado vários espectadores no treinamento do dia anterior.[123] Churchill telegrafou a Roosevelt: "Concordamos completamente com sua concepção de concentração contra o inimigo principal, e aceitamos cordialmente seu plano com uma condição geral": era "essencial evitar uma junção de alemães e japoneses".[124] Tratava-se de uma condição tão ampla que poderia ter arruinado a Roundup, pois a articulação entre o Oriente Médio e o oceano Índico era tão extensa quanto vulnerável. Churchill procurou tranquilizar Roosevelt, acrescentando que "Marshall se sentiu confiante de que juntos poderíamos fornecer o que era necessário para o oceano Índico e outros teatros, e ainda assim ir adiante com seu projeto principal".[125] Ele esboçara um plano que era, na melhor das hipóteses, uma manobra diversionista e, na pior, deliberadamente enganoso. "A campanha de 1943 é direta, e estamos iniciando imediatamente planos e preparativos conjuntos", telegrafou. "Podemos, no entanto, nos sentir obrigados a agir neste ano [...]. De modo geral, o programa com que concordamos é um crescendo de atividade no continente, começando com uma progressiva ofensiva aérea tanto de dia como de noite e ataques mais frequentes e em grande escala, nos quais as tropas dos Estados Unidos participarão."[126] Isso parecia nada menos que um endosso da Sledgehammer em cinco meses, ou mesmo "antes disso", se as tropas norte-americanas começassem a chegar em peso à Grã-Bretanha.

Em 23 de abril, quando entrou na Câmara dos Comuns para a quarta das cinco sessões secretas da guerra, Churchill foi recebido com uma saudação notavelmente menos acalorada do que Cripps havia recebido quando retornou da Índia.[127] O primeiro-ministro adotou o que Nicolson definiu como "sua sólida e obstinada atitude de lavrador, enquanto relatava à Câmara todos os desastres desde Pearl Harbor, inclusive, cinco meses depois de ter ocorrido, o ataque no porto de Alexandria, mantido em segredo até então. Churchill prometeu que haveria uma investigação pública completa sobre a queda de Cingapura, assim que as circunstâncias permitissem. (Acabaram nunca permitindo.) Também teve de "admitir que a violência, a fúria, a habilidade e o poderio do Japão superaram em muito qualquer coisa que tínhamos sido levados a esperar".[128] Considerando que o Japão vinha lutando na China havia mais de dez anos, já exibindo todos esses elementos, o primeiro-ministro não deveria ter ficado tão surpreso. Ele leu um documento do Almirantado do início do ano prevendo que o *Gneisenau* e o *Scharnhorst*, então ancorados em Brest, poderiam atravessar o canal da Mancha em plena luz do dia para chegar a um lugar seguro, "porque estou ansioso para que os parlamentares percebam que nossos assuntos não são conduzidos inteiramente por patetas e cabeças-ocas como os jornais de humor tentam descrever".

"Qualquer cabeça de vento pode ter confiança em tempos de vitória, mas o teste é ter fé quando as coisas estão dando errado", discursou ele à Câmara, "e quando acontecem coisas que não podem ser explicadas em público."[129] O mais perto que chegou de criticar o Exército foi quando disse que a conduta em Cingapura de entregar 100 mil homens a um exército japonês de 30 mil "não parece estar em harmonia com o espírito passado ou presente de nossas forças".[130] Terminou sem efeitos retóricos, mas com uma declaração sobre a produção de material bélico dos Estados Unidos, e a Câmara deu-lhe uma bela ovação.[131] Até mesmo Channon descreveu o discurso de noventa minutos como "um tour de force [...]. Deixamos a Câmara confiantes de que a guerra seria, afinal, vencida, graças principalmente à estupenda produção americana".[132]

Para acrescentar-se a todas as outras preocupações de Churchill, naquele mês Randolph entrou para um destacamento de paraquedistas do Serviço Aéreo Especial (SAS) formado pelo major David Stirling com o objetivo de lutar atrás das linhas inimigas no Deserto Ocidental. Enfatizando que Randolph tinha uma esposa jovem e um bebê, para não falar de um pai que carregava um fardo terrível, Clementine escreveu ao marido: "Acho que a atitude dele é egoísta e injusta para com vocês dois e, no que diz respeito a Pamela, alguém pode imaginar que ela o traiu ou o deixou".[133] Churchill e Clementine haviam sido calorosos com a vivaz e aristocrática Pamela, que morou no número 10 da Downing Street e em Chequers durante grande parte do início da guerra, quando Randolph estava servindo no exterior. Nas raras ocasiões em que usavam o abrigo antiaéreo do Anexo, Pamela dormia no beliche superior e Churchill, que roncava tanto que fazia a estrutura de metal tremer, deitava-se no de baixo, enquanto Clementine ficava sensatamente em seu próprio quarto. A carta de Clementine indica que os dois não sabiam, naquele momento, que ela estava tendo um caso com Averell Harriman. Claro que o primeiro-ministro não poderia ter seu filho retirado de uma posição de perigo, mas Clementine sugeriu que poderia escrever a Randolph para pedir-lhe que voltasse ao 4º Regimento dos Hussardos, acrescentando algo que nenhuma mãe poderia escrever com facilidade: "Ele talvez me ouça, pois, embora não se importe comigo, sei que me respeita".[134] Clementine telefonou para Pamela, que "parece tão calma e sensata e *ela* acha que tudo é para o melhor".[135] (A disposição de Pamela de ter seu marido traído numa das unidades de maior risco do Exército pode estar aberta a uma interpretação cínica, obviamente, em especial porque ela estava tendo um caso com o jornalista americano Edward R. Murrow, além de Harriman.) Em 20 de maio, ao retornar com David Stirling e Fitzroy Maclean de um ataque no deserto, o carro de Randolph capotou duas vezes, matando um passageiro e ferindo outros, inclusive o próprio, que passou várias semanas num hospital do Cairo. Acabou contraindo pneumonia em um pulmão em consequência das contusões no peito, e os ferimentos nas vértebras o obrigaram a usar um suporte de ferro por vários meses.[136]

Outro drama familiar aconteceu no mês seguinte, quando Mary Churchill, de dezoito anos, ficou noiva de Eric, o visconde Duncannon, de 29 anos, futuro 10º conde de Bessborough. "Convenci Winston a ser firme e dizer que eles devem esperar seis meses", Clementine contou a Beaverbrook, em quem parecia confiar para questões pessoais, se não políticas: "Eles não se conhecem. Por favor, mantenha em segredo minhas dúvidas e medos".[137] As dúvidas de Clementine talvez derivassem do fato de que o pai de Duncannon a cortejara no passado.[138] O noivado acabou sendo cancelado por Mary a pedido de seus pais. Clementine podia ser um pouco esnobe, mas não estava disposta a sacrificar a felicidade futura de sua filha pela perspectiva de se tornar condessa.

Nessa época, pelo menos em uma das áreas de seus assuntos privados, Churchill foi poupado do perigo de constrangimento pessoal. Anthony Moir, seu advogado na Fladgate & Co., foi levado à Sala do Gabinete em meados de maio de 1942 para discutir se Churchill poderia apelar contra uma avaliação das autoridades responsáveis pela arrecadação do imposto de renda de que a venda a um jornal de direitos de serialização de uma obra antiga a uma quantia fixa para cada capítulo era um royalty tributável, em vez de uma simples venda não sujeita a impostos, embora ele tivesse desistido de sua condição de autor quando entrou para o governo no início da guerra. "Se eu apelar, será inteiramente em privado; alguém pode ficar sabendo disso?", perguntou Churchill. "É correto para mim, na minha posição, apelar; eu também sou o primeiro lorde do Tesouro?"[139] O apelo foi ouvido em setembro e, depois de meia hora de deliberação, os comissários gerais revogaram a avaliação.

Em 27 de abril, Charles Portal deu ao Comitê de Defesa detalhes dos principais ataques à Alemanha durante quatro dias consecutivos. Lawrence Burgis registrou o que Churchill disse: "Não falem demais sobre isso na imprensa — estamos batendo neles três vezes mais duro [...]. Comunicado um pouco sensacional demais. Baixem o tom e mantenham em proporção. Não distribuam fotos".[140] Ele não queria que círculos liberais e da Igreja denunciassem a ofensiva de bombardeios de Harris, embora ambos os grupos viessem a lançar suas críticas com toda a força seis meses depois. Na mesma reunião, Churchill condenou os velhos encouraçados da classe "R" descrevendo-os como "caixões flutuantes. Inseguros para enfrentar qualquer embarcação moderna ou ataque aéreo". Embora nenhum desses comentários tenha sido incluído nas atas oficiais, as anotações literais de Burgis deixam claro que se falou com muita franqueza na reunião.

Churchill enviava do número 10 da Downing Street uma enxurrada de comentários e perguntas para Brooke no Ministério da Guerra. Em 5 de maio, escreveu sobre um relatório da Líbia: "Qual é o significado da expressão 'fracassou em silenciar postos de metralhadoras'? Parece uma descrição estranha de uma ação. Evidentemente, o que aconteceu foi apenas uma escaramuça. Certamente a maneira de silenciar metralhadoras é trazer alguns canhões e bombardeá-las".[141] Brooke, artilheiro real, especialista reconhecido e que era um dos oficiais a que se atribuía a invenção da "barragem rolante" na Grande Guerra, não gostou de receber um sermão sobre essas questões, até porque sabia que Churchill estava ciente de que era impraticável acionar o tempo todo a artilharia para lidar com uma metralhadora que criava problemas. Dois dias depois, quando as tropas britânicas invadiram com sucesso Madagascar, Churchill ligou várias vezes para Brooke perguntando como ia a operação. "Se Churchill sofrer um ataque apoplético, vamos nos dar perfeitamente bem sem ele", escreveu o general Kennedy naquele dia. "Mas enganá-lo enquanto ele está *compos mentis* [em perfeito juízo] é uma ideia bem diferente, pois, com todos os seus defeitos, é superior aos outros políticos."[142]

Em 10 de maio, Churchill marcou seu segundo aniversário no cargo de primeiro-ministro falando pelo rádio sobre a situação da guerra. Disse a seus conterrâneos, numa brincadeira quase frívola, que Hitler havia cometido "um grande erro. Ele esqueceu o inverno. Há um inverno, vocês sabem, na Rússia. Por muitos meses a temperatura pode ficar muito baixa. Há neve, há gelo e tudo isso. Hitler esqueceu o inverno russo. Deve ter tido uma educação muito superficial. Todos nós ouvimos falar disso na escola, mas ele esqueceu. Eu nunca cometi um erro tão grave como esse".[143] Sobre a ofensiva de bombardeios contra a Alemanha, falou que a população civil tinha "uma maneira fácil de escapar dessas severidades. Tudo o que eles precisam fazer é deixar as cidades onde há fábricas de munições. Abandonem o trabalho, saiam para o campo e observem suas casas queimarem à distância. Dessa forma, talvez encontrem tempo para reflexão e arrependimento".[144] Seis dias depois, numa viagem a Leeds, discursou para uma multidão de mais de 20 mil pessoas dos degraus da prefeitura. "Chegamos a um período na guerra em que seria prematuro dizer que alcançamos a crista, mas agora vemos a crista logo adiante", disse. "O que quer que tenhamos de suportar, suportaremos, e vamos devolvê-lo em quantidade ainda maior."[145] Isso também não era apenas retórica; o primeiro ataque de mil bombardeiros foi despejado naquele mês sobre Colônia.

O rei observou que Churchill "estava em péssimo estado" no almoço de terça-feira, em 19 de maio, quando disse: "Nada está dando certo para nós, e nossos navios afundam imediatamente quando bombardeados pelos japoneses". Churchill sugeriu "que ele deveria ir a Washington em breve [...] para tentar enfiar algum juízo no almirante King [...] [que] quer que seus navios combatam o Japão, o general Marshall quer que seu exército lute contra a Alemanha, e o general Arnold não pode fornecer aviões aos dois". George VI tentou dissuadi-lo da ideia de nomear Beaverbrook como embaixador em Washington. "Acho que Winston está com medo de Beaverbrook e quer que ele vá para longe daqui", sugeriu o rei. "Achei que não adiantava discutir com ele no estado em que se encontrava."[146]

Em 20 de maio, no mesmo dia do acidente de Randolph, o ministro das Relações Exteriores soviético Viatcheslav Mólotov voou para a Grã-Bretanha a caminho de Washington, para exigir uma Segunda Frente em 1942. Também queria fazer avançar as negociações do Tratado Anglo-Soviético, que ficara preocupantemente estacionado na discussão da fronteira russo-polonesa do pós-guerra e no reconhecimento das anexações dos Estados Bálticos. Churchill convidou a comitiva russa para se hospedar em Chequers, onde a governanta ficou desconcertada ao encontrar um revólver carregado na cama de Mólotov. Em um dos jantares, Churchill reclamou da codorna seca, sem gosto e refrigerada havia muito, dizendo: "Esses ratos miseráveis nunca deveriam ter sido removidos do túmulo de Tutancâmon!".[147] Deve ter sido um bom teste para os intérpretes.

Em sua reunião sobre estratégia, Churchill disse a Mólotov que era "determinação sincera do governo britânico ver o que poderia ser feito neste ano para dar o tão necessário apoio aos valentes exércitos russos". E acrescentou: "É improvável que qualquer movimento que possamos fazer em 1942, mesmo que seja bem-sucedido, tire um grande número de forças terrestres inimigas da Frente Oriental".[148] Mólotov relatou a Stálin que considerou Churchill "manifestamente antipático".[149] A antipatia era mútua. "Eu nunca vi um ser humano que representasse mais perfeitamente a concepção moderna de um robô", Churchill escreveu mais tarde sobre Mólotov.[150] O primeiro-ministro não aprovava o tratado pendente, que em sua opinião traía os poloneses e os bálticos e era contrário à Carta do Atlântico. "Devemos lembrar que isso é uma coisa *ruim*", disse ele a Cadogan. "Não deveríamos assiná-lo, e não vou me arrepender se não o fizermos."[151] Vários dias de negociações produziram um impasse, até que Churchill, de acordo com o rei, "disse francamente a Mólotov por que estávamos lutando contra a Alemanha: para defender os direitos das nações menores".[152] Eden sugeriu que as questões territoriais poderiam ser deixadas em suspenso, e em 26 de maio um acordo de amizade de vinte anos foi assinado no lugar do tratado.

Na madrugada do dia seguinte, Rommel iniciou a Batalha de Gazala, sua ofensiva em massa de tanques no sul do Deserto Ocidental, abrindo uma cunha nas posições de Auchinleck. Conseguiu alcançar o terreno elevado entre El Adem e uma posição no deserto que o exército apelidou de Knightsbridge [Ponte dos Cavaleiros], de onde poderia ameaçar Tobruk, a chave para um ataque alemão de maior escala ao Egito. Churchill deixou bem clara a Auchinleck a importância de manter o porto, o que ele disse que poderia fazer. No segundo dia da ofensiva, Churchill enviou a Roosevelt dois telegramas que expunham suas dúvidas e as de Brooke a respeito de um ataque através do canal da Mancha em 1942, e seus próprios argumentos a favor da Operação Júpiter. "Jamais devemos deixar a Gymnast sair de nossa mente", acrescentou, insistindo no apoio norte-americano no Oriente Médio. "Todos os outros preparativos ajudariam nesse sentido, se necessário."[153] Os dois maiores problemas com uma Sledgehammer ou Roundup prematuras, explicou Churchill, eram que a Luftwaffe controlava o ar acima dos locais de chegada, e os Aliados não tinham veículos de desembarque suficientes; esperava-se que somente 383 ficassem prontos até agosto e 566 até setembro. Além disso, as tropas norte-americanas não estariam prontas até o início de 1943.

Apesar disso, depois que Roosevelt se encontrou com Mólotov em Washington, entre 29 de maio e 1º de junho, o presidente emitiu um comunicado afirmando que "se alcançou um entendimento completo em relação à tarefa urgente de criar uma Segunda Frente na Europa em 1942".[154] Os norte-americanos estavam prometendo aos russos algo que sabiam que os britânicos não queriam e não podiam cumprir. Uma vez que Churchill sem dúvida queria que a Roundup acontecesse, em 30 de maio ele ressuscitou uma ideia que propusera originalmente a Lloyd George em 1917: construir e transportar um porto artificial para as praias da invasão. "Eles precisam flutuar para cima e para baixo com a maré", escreveu Churchill a Mountbatten, chefe de operações combinadas, sobre esses portos chamados de Mulberry. "O problema da âncora deve ser dominado. Os navios devem ter uma aba lateral cortada e uma ponte levadiça longa o suficiente para ultrapassar as amarras dos pilares. Deixe-me encontrar a melhor solução. Não discuta a questão. As dificuldades falarão por si mesmas."[155]

Dois anos e uma semana depois, dois portos gigantescos de concreto, cada um do tamanho das docas de Dover, projetados e construídos de tal modo que pudessem ser montados na Grã-Bretanha e depois rebocados através do canal da Mancha, foram colocados na costa da Normandia. Ao mesmo tempo, a fim de assegurar que a invasão fosse adequadamente abastecida, instalaram-se quase cinquenta quilômetros do Oleoduto Submarino de Transporte de Petróleo (PLUTO). Se Churchill estivesse mesmo desinteressado na Operação Overlord, como se acusa com tanta frequência, não teria insistido nessas e em muitas outras iniciativas da maneira como o fez, anos antes do Dia D.

Churchill contou ao rei que queria visitar Auchinleck, pois "ele acha que as pessoas lá fora podem estar pensando em se render, em vez de entusiasmar a todos para lutar até o último homem como fariam aqui, e da mesma maneira como os russos estão lutando em seu próprio país".[156] Brooke o dissuadiu disso naquele momento.

No último fim de semana de maio, a RAF lançou um grande ataque ao Ruhr. Dos 1137 bombardeiros que decolaram, 51 foram abatidos. Com o front ucraniano estabilizado e a Batalha de Gazala ainda equilibrada, Churchill disse a Cadogan: "Já tivemos fins de semana piores".[157] Porém, na reunião do Gabinete de Guerra de 1º de junho, Pound foi obrigado a informar que um comboio da Islândia para a Rússia fora fortemente atacado. Dos 35 navios, seis foram afundados por bombardeiros e outro por um submarino, com a perda total de 147 tanques, 37 aviões e 770 veículos. Churchill queria adiar o comboio seguinte, mas Eden apontou o efeito negativo que isso teria sobre Stálin, e o carregamento foi mantido. Uma semana depois, Churchill chamou Eden à sua casa de campo, Binderton House, em Sussex, para falar sobre os relatórios "decepcionantes" da Líbia, onde Rommel estava mantendo a iniciativa, o que deprimiu os dois. "Receio que não tenhamos generais muito bons", comentou Churchill.[158] Ele também estava deprimido pela contínua oposição dos chefes de Estado-Maior à Operação Júpiter, orientada em parte pela experiência do último comboio. "Os políticos são muito atacados, mas recebem pouca ajuda ou inspiração de seus conselheiros das Forças Armadas", Churchill confidenciou a Eden, que escreveu em seu diário: "Isso dificilmente pode ser contestado".

Em junho, o rei levantou a questão do sucessor de Churchill no caso de sua morte. Concordaram em relação ao nome de Eden, mas George VI insistiu que algo deveria ser feito por escrito, e ele mesmo ajudou a redigir. (Quando Churchill alegou em suas memórias de guerra que a iniciativa fora sua, o rei lembrou-lhe que não.)[159] Churchill escreveu a carta e selou o envelope com cera vermelha, em que foram impressas uma esfinge e uma fênix. "Em caso de minha morte nesta viagem que estou prestes a empreender, valho-me da graciosa permissão de Sua Majestade para aconselhar que vocês confiem a formação de um novo governo ao sr. Anthony Eden, que é, em minha opinião, o mais destacado ministro do maior partido político da Câmara dos Comuns e do governo nacional que tenho a honra de presidir."[160] No caso de Churchill e Eden serem mortos, Churchill sugeriu que o rei convocasse Sir John Anderson para o cargo.

A viagem que Churchill mencionava em sua carta era para Washington, onde esperava persuadir Roosevelt a empreender a Operação Gymnast, a invasão conjunta anglo-americana da África do Norte francesa e adiar um ataque precoce no canal da Mancha. Também queria minimizar a concentração de forças norte-americanas no Pacífico até que a Alemanha fosse derrotada e discutir uma futura parceria em pesquisa nuclear. Se possível, esperava fazer isso passando por cima de Marshall e dos chefes do Estado-Maior Conjunto, apelando diretamente ao seu comandante-chefe. Churchill ficou muito feliz com a vitória norte-americana em Midway, em 3 de junho, que resultou no afundamento de quatro porta-aviões japoneses. "Perdas no mar produziriam sinais de medo por parte dos japoneses", afirmou ele ao Gabinete de Guerra, dizendo que era "uma chance para nós de enfiarmos os dentes na cauda deles".[161] Churchill então pediu um relatório da parte de Wavell, opinando que "quanto mais longe do perigo e da luta, mais perigos e responsabilidades parecem recair sobre os oficiais".[162]

No dia 10 de junho, houve uma reunião renhida do Gabinete de Guerra sobre a melhor forma de reagir às terríveis notícias de Lídice, na Tchecoslováquia, onde a SS havia executado 173 pessoas em represália pelo assassinato do *Obergruppenführer* Reinhard Heydrich por dois agentes tchecos treinados pela SOE. Churchill havia dito ao presidente Beneš que a RAF destruiria três vilarejos alemães em resposta, sugerindo que seria necessária uma centena de aviões para deixar cair bombas incendiárias de altitudes baixas à luz da lua, para depois anunciar o motivo. Se "julgassem que valia a pena", avisou Churchill a seus colegas, a RAF poderia "encaixar isso quando puder".[163]

Archie Sinclair disse não pensar que a vida das tripulações da RAF devesse ser arriscada numa missão de vingança. Attlee duvidou que fosse "útil entrar numa competição de medo com os alemães". Morrison disse que haveria represálias em vilarejos britânicos, e Anderson também se opôs à ideia. Eden gostava do "elemento de dissuasão", e Bevin argumentou que "a Alemanha reage à força bruta e nada mais". Bracken e Cranborne se opunham. Como de costume, Churchill estava belicoso. "Meu instinto vai fortemente no sentido oposto", anunciou. Amery perguntou: "Por que um vilarejo? Por que não uma cidade residencial?", mas Cripps observou que o argumento operacional contra isso era "muito forte". Churchill concluiu dizendo: "Submeto-me (a contragosto) à opinião do Gabinete".[164]

Numa reunião dos chefes de Estado-Maior naquela noite, Churchill disse a Brooke que tinha dúvidas sobre o espírito ofensivo de Auchinleck. "Não sei o que podemos fazer por aquele exército", repetia, "todos os nossos esforços para ajudá-los parecem ser em vão." E acrescentou impiedosamente que os soldados que defendem o Egito "vêm todos por suas rações, mas não para lutar". Antes de ir dormir, Brooke comentou com Barney Charlesworth, seu ajudante de campo: "Bem, esse é um dos dias mais sangrentos que tive nos últimos tempos".[165] Depois da guerra, Brooke reclamou de Churchill por dizer coisas como: "Por favor, explique, CIGS, como no Oriente Médio 750 mil homens sempre aparecem na hora de receber salários e rações, mas quando se trata de lutar, apenas 100 mil aparecem?! Explique-nos agora exatamente como os outros 650 mil estão ocupados!".[166] No dia 14 de junho, Churchill telegrafou a Auchinleck para avisar que "não está de forma nenhuma em questão desistir de Tobruk. Enquanto Tobruk for mantida, não é possível nenhum avanço sério do inimigo no Egito".[167] Auchinleck reiterou que "não tinha intenção de entregar Tobruk".[168]

Três dias depois, Churchill saiu de Londres em trem especial e às 23h30 estava em Stranraer, junto ao lago Ryan, na Escócia. Lá, caminhou ao longo do píer cantando a canção da Grande Guerra: "Estamos aqui porque estamos aqui". Depois partiu num hidroavião Bristol com Brooke, Ismay, o diretor de planejamento do Ministério da Guerra, brigadeiro G. M. Stewart, seu médico Charles Moran, o comandante Thompson, seu estenógrafo Patrick Kinna, John Martin e seu criado pessoal Frank Sawyers para um voo de 27 horas e 4800 quilômetros que passou sobre a Terra Nova e aterrissou no rio Potomac, em Washington, às oito da noite, horário local, no dia 18, a tempo de jantar com Halifax na embaixada britânica. Seria sua única viagem aérea transatlântica de ida e volta no período da guerra. Durante o deslocamento, ele trabalhou em seus papéis, foi de vez em quando conversar com a tripulação e "comeu uma farta refeição" de acordo com os ditames da hora da barriga.[169]

No dia seguinte, Churchill foi de avião para Hyde Park, a propriedade da família de Roosevelt às margens do rio Hudson, no norte do estado de Nova York. O presidente saiu para encontrá-lo no campo de pouso de New Hackensack em seu Ford V8 conversível, cujos controles de pedais haviam sido adaptados para operação manual, permitindo que ele dirigisse — precariamente, como recordou Churchill — na volta para casa. Churchill acrescentou uma coleção completa de seus livros, encadernados em couro vermelho, à bela biblioteca do lugar. "Passamos dois dias em Hyde Park", lembrou John Martin, "o primeiro-ministro em conferência constante com o presidente, saindo às tardes para o chá."[170] Nas discussões sobre a bomba, com apenas Hopkins presente, os dois governantes concordaram, nas palavras de Churchill, que "devemos imediatamente reunir todas as nossas informações, trabalhar juntos em igualdade de condições, e compartilhar os resultados, se houver, igualmente entre nós".[171] Churchill alegou em suas memórias que, no final de junho de 1942, os detalhes da fusão atômica total já haviam sido acordados em conversações testemunhadas por Hopkins.

Um importante historiador apontou corretamente que o relato de Churchill sobre essa discussão crucial, registrado quase uma década depois, sem anotações para guiá-lo, está repleto de "graves erros factuais".[172] Embora em suas memórias Churchill tenha descrito com muitos detalhes o local onde a reunião aconteceu, "depois do almoço" e no "calor intenso" do dia, e como haviam "estabelecido a base de um acordo", o historiador oficial do projeto atômico britânico não encontrou provas de Churchill ter sido informado sobre o Tube Alloys antes de partir para Washington, e muito menos alguma evidência de um acordo.[173] Com toda a probabilidade, Churchill teve uma conversa curta e não muito minuciosa sobre a conveniência da cooperação nuclear em termos gerais, porém mais tarde confundiu sua reunião de junho de 1942 com as discussões muito mais importantes e substanciais ocorridas em setembro de 1944, que de fato levaram a um entendimento formal conhecido como o Acordo de Hyde Park. O melhor que se pode afirmar sobre isso tudo é que as memórias de Churchill em 1950 eram confusas.[174] Na época, Roosevelt confirmou ao dr. Vannevar Bush que estava "em completo acordo" com Churchill em questões atômicas, mas, afora isso, nada sabemos sobre o que exatamente foi acordado.[175] Por não discutir em detalhes com Roosevelt fatores como a separação eletromagnética e a geração de plutônio, em que os norte-americanos estavam muito avançados, Churchill, por não ter informações a respeito, deixou-os com uma vantagem significativa.[176] A omissão sustenta a possibilidade de que nada de significativo tenha sido acordado em junho de 1942. Como o próprio Churchill costumava dizer: "Nada conta, a menos que seja por escrito".[177]

Foi em Hyde Park que Churchill deixou claras suas profundas objeções em relação à Operação Sledgehammer e a uma Roundup precoce, e defendeu com veemência a Operação Torch (antiga Gymnast). Roosevelt queria que as tropas norte-americanas já estivessem combatendo os alemães na época das eleições legislativas de meio de mandato, no início de novembro. Se os britânicos não concordassem com uma ofensiva na França em 1942, admitia que fosse no Norte da África, apesar da oposição de Marshall e dos chefes do Estado-Maior Conjunto ao que definiram como uma "estratégia de dispersão".

Churchill e Roosevelt retornaram a Washington no trem especial do presidente em 21 de junho, e Churchill mais uma vez se hospedou na Casa Branca. Foi ali, durante uma reunião no Salão Oval com Marshall e Brooke presentes, que Roosevelt lhe entregou um bilhete avisando que Tobruk havia caído. "Derrota é uma coisa, desgraça é outra", escreveu Churchill sobre esse momento devastador.[178] Mais de 33 mil soldados da Comunidade Britânica foram feitos prisioneiros por uma força do Eixo com metade do tamanho. Os enormes depósitos de combustível e munição de Tobruk não haviam sido destruídos: estavam nas mãos dos alemães. O almirante Harwood, que substituíra Cunningham no comando, teve que desviar a frota para o sul do canal de Suez; pela primeira vez em séculos, a Marinha Real era expulsa do mar Mediterrâneo. "Sou o inglês mais infeliz na América desde Burgoyne", afirmou Churchill.[179]*

* O general John Burgoyne se rendeu na Batalha de Saratoga em 1777.

"O que podemos fazer para ajudar?", Roosevelt ofereceu de imediato.[180] "Dê-nos tantos tanques Sherman quanto puder, e envie-os para o Oriente Médio o mais rápido possível", respondeu Churchill. Os norte-americanos recolheram trezentos tanques Sherman e cem canhões autopropulsados da 1ª Divisão Blindada, que estavam sendo enviados para a Irlanda do Norte, e os mandaram para o Exército Britânico no Egito. Quando um dos navios que transportavam dezenas de tanques foi torpedeado, foi imediatamente substituído sem que fosse necessário pedir. Foi uma resposta magnífica, pela qual Churchill sempre se sentiu grato. Roosevelt era menos solidário em particular. Quando sua prima Daisy Suckley perguntou de quem era a culpa pela situação no Egito, "ele disse que em parte de Churchill, principalmente dos maus generais". Suckley observou que o presidente "estava deprimido com a situação. Se o Egito for tomado, isso significa Arábia, Síria, Afeganistão etc., ou seja, os japas e os alemães controlarão tudo do Atlântico até o Pacífico — isso significa todos os poços de petróleo etc. daquelas regiões". Quando ela perguntou se a vitória era certa, Roosevelt respondeu: "Não necessariamente".[181]

# 27. Vitória no deserto

## *Junho a novembro de 1942*

> *Eu assumi o cargo de primeiro-ministro e ministro da Defesa, depois de defender meu antecessor da melhor forma possível, num momento em que a vida do Império estava por um fio.*
>
> Churchill, 2 de julho de 1942[1]

> *Grandes batalhas, ganhas ou perdidas, mudam todo o curso dos acontecimentos, criam novos padrões de valores, novos humores, novas atmosferas em exércitos e nações, aos quais todos devem adaptar-se.*
>
> Churchill, *Marlborough*[2]

Junho de 1942 foi o pior mês da guerra até então em termos de perdas aliadas e neutras nos mares: 173 navios — equivalentes a 834 196 toneladas — afundados, 83% por submarinos alemães e 60% no Caribe e no golfo do México. Numa tentativa de reabastecer Malta, apenas dois de dezessete navios mercantes conseguiram chegar à ilha. "Na Segunda Guerra, não houve momentos negros como os Dardanelos", recordou Clementine após o conflito. "Quando se tornou primeiro-ministro, ele tinha certeza de que Deus o havia criado com esse propósito." Ela enfatizou que, ao longo da guerra, "mesmo em momentos ruins, nunca tivemos dúvida da vitória ou um momento de desespero".[3] Na verdade, houve vários momentos que certamente se aproximaram do desespero: Cingapura e Tobruk foram dois deles, e haveria mais. Qualquer outra reação teria sido desumana. Churchill podia ficar abaladíssimo com certas notícias e temporariamente muitíssimo triste, mas nunca o que hoje definimos como deprimido, e sua postura era positiva e combativa. As crises anteriores de sua vida haviam lhe dado resistência mental e moral para superar esses momentos; teria sido impossível para um verdadeiro depressivo conduzir a si mesmo, àqueles ao seu redor e o próprio país através dessas crises.*

Em 23 de junho, ele recebeu mais notícias desagradáveis. O parlamentar conservador Sir John Wardlaw-Milne apresentara uma moção de desconfiança ao governo de Churchill, a ser debatida em 1º de julho. "A Câmara ficou eletrizada e regozijou-se", escreveu Channon. "Os lobbies logo começaram a zumbir e todos que vi ficaram subitamente excitados como uma virgem idosa sendo levada para a cama por seu sedutor."[4] Ele anotou que "todos concordaram que Winston deveria deixar de ser ministro da Defesa". Hore-Belisha, que junto com Roger Keyes apoiou a moção, disse a Channon: "Quando o médico está matando você, a primeira coisa a fazer é se livrar dele". O ministro da Saúde Ernest Brown acrescentou que era "extremamente difícil" para o Gabinete ser leal a Churchill, levando Channon a lamentar: "Se ao menos o sr. Chamberlain estivesse vivo. Muitos parlamentares que votaram contra ele retirariam agora de bom grado seus votos". Apesar de toda a liderança que Churchill estava proporcionando ao país, os reveses e as decepções militares e navais estavam transformando os chamberlainistas em seus críticos ferozes. Seu índice de aprovação no Gallup havia caído para 78% em julho, em comparação com os 88% de julho de 1940. Era uma queda significativa, e o índice mais baixo que registraria durante a guerra.[5] Em 25 de julho, uma eleição extraordinária na normalmente conservadora Maldon, em Essex, foi ganha pelo Partido Trabalhista Independente, com uma queda do voto tory de 53,5% para 31,3%. Em uma de suas avaliações sinceras que lhe eram características, o brigadeiro Harvie-Watt advertiu: "Seria um erro pensar que não há uma grave ansiedade na Câmara", embora ainda acreditasse que menos de vinte parlamentares votariam contra o governo na moção de desconfiança.[6]

Em 22 de junho, Churchill, que ainda estava em Washington, reuniu-se pela primeira vez com o general Dwight D. Eisenhower, o jovial e inteligente planejador do Departamento de Guerra norte-americano, com quem discutiu os aspectos técnicos das operações no canal da Mancha, e também em reuniões na Casa Branca realizadas no dia seguinte, deixando claro que ambos queriam um grande desembarque anfíbio conjunto na França em algum momento. Em 24 de

* Jock, o gato ruivo de Chartwell, morreu no mesmo dia em que Tobruk caiu, mas foi decidido que essa informação não seria transmitida a Churchill até que ele retornasse de Washington (Pawle, *Warden*, p. 119).

junho, Churchill assistiu a um salto coletivo de paraquedistas em Fort Jackson, Carolina do Sul, comandado pelo general Mark Clark. Seguiu-se um exercício de tiro ao vivo realizado pelo que Churchill chamou de "divisões americanas produzidas em massa". Quando Ismay disse que "colocar esses soldados contra as tropas alemãs seria assassinato", Churchill retrucou: "Você está errado. Eles constituem um material maravilhoso e aprenderão com muita rapidez".[7] O primeiro-ministro estava "muito impressionado com os generais americanos Eisenhower e Clark", contou Pamela a Randolph no mês seguinte, "particularmente com o último, que Winston chama de a Águia Americana".[8] Quando o grupo embarcou em Fort Jackson para o voo de volta a Washington, Sawyers, que Brooke notou que estivera o dia todo "absorvendo refrescos [...] de forma bem eficiente e estava claramente afetado pelo que havia consumido", bloqueou o caminho de Churchill e se recusou a deixá-lo passar até que ele abaixasse a aba de seu chapéu-panamá. "Winston, bastante vermelho e irado, baixou a aba", registrou Brooke. "Então Sawyers se afastou para o lado e resmungou para si mesmo: 'Assim é muito, muito melhor, muito melhor'."[9]

No dia seguinte, o Oitavo Exército foi forçado a se retirar para Mersa Matruh. Havia perdido mais de 230 tanques desde o início da ofensiva de Rommel. "Sofremos uma das mais decisivas derrotas já infligidas", escreveu Cadogan.[10] Três dias depois, o Oitavo Exército foi forçado a recuar ainda mais, para El Alamein, a última posição defensiva antes do próprio delta do Nilo, a pouco mais de cem quilômetros de Alexandria e cerca de 250 quilômetros do Cairo. Ali, o deserto se estreita para uma frente de 56 quilômetros entre o mar e a depressão de Qattara, um pântano intransponível que se estende para o sul.

Tendo conseguido tudo o que queria nos Estados Unidos, mas enfrentando sérios perigos políticos no âmbito doméstico, Churchill retornou de Washington em 25 de junho via Baltimore e Botwood, na Terra Nova, e aterrissou em Stranraer no dia 27. No almoço com Clementine, Eddie Marsh, Ronnie Tree e Pamela, disse que era maravilhoso que o país estivesse unido em torno dele "quando sou reconhecidamente o maior mercador de derrotas da história inglesa".[11] Por mais que o país como um todo estivesse ao seu lado — mais de três quartos dos entrevistados pelo Gallup ainda o apoiavam —, mesmo assim seria necessário enfrentar uma situação muito difícil perante os parlamentares.

Em 1º de julho de 1942, Wardlaw-Milne apresentou sua moção de censura na Câmara dos Comuns. Ele se oferecera para retirá-la no dia anterior, mas Churchill disse que era "imperativo que a questão avançasse para uma solução imediata".[12] No debate de dois dias, que no primeiro começou antes do almoço e terminou depois da meia-noite, Wardlaw-Milne defendeu a posição de que era preciso um "homem forte e independente" no comando das Forças Armadas, alegando que o primeiro-ministro deveria cuidar dos assuntos internos. Em seguida, destruiu seu próprio argumento dizendo que o novo homem forte deveria ser o duque de Gloucester, um afável membro da família real, mas que ninguém julgava um gênio da estratégia. "A Câmara rugiu num riso desrespeitoso", registrou Channon, "e eu vi imediatamente o rosto de Winston se iluminar, como se uma lâmpada tivesse sido acesa dentro de si, e ele sorriu cordialmente. Sabia agora que estava salvo e o pobre Wardlaw-Milne nunca mais recuperou a atenção da Câmara."[13] Outros oradores fizeram ataques ao Ministério da Informação, ao Ministério do Abastecimento, ao Ministério da Guerra e ao Ministério do Ar, enquanto vários ministros do governo eram chamados de "palermas", "incompetentes" e "o maior amigo que Hitler já teve". Churchill pessoalmente escapou, embora lorde Winterton tenha dito: "Ninguém se atreve a pôr a culpa onde deveria estar constitucionalmente: no primeiro-ministro".* No segundo dia do debate, Aneurin Bevan, um parlamentar trabalhista de esquerda de alto padrão de vida para quem Bracken cunhou a expressão "bolchevique Bollinger", observou ferinamente: "O primeiro-ministro ganha debate após debate e perde batalha após batalha. O país está começando a dizer que ele enfrenta debates como uma guerra e a guerra como um debate".[14] As perdas para submarinos alemães, o recuo na Líbia e o fato de os tanques britânicos estarem sendo superados em poder de fogo foram todos trazidos à baila.

A resposta de noventa minutos de Churchill foi franca e magistral. Ele revisitou cada derrota na Câmara, admitindo que o avanço de 640 quilômetros de Rommel era um sério revés. "Estamos neste momento na presença de uma recessão de nossas esperanças e perspectivas no Oriente Médio e no Mediterrâneo, sem igual desde a queda da França. Se houver algum candidato a aproveitador de desastres que se sinta capaz de pintar o quadro em cores mais escuras, certamente terá a liberdade de fazê-lo."[15] Ainda assim, defendeu sua conduta nessas perdas. "Diante de um governo que mantém a calma e tem nervos firmes, algumas pessoas supõem com demasiada rapidez que seus membros não sentem os infortúnios públicos tão intensamente quanto os críticos independentes", continuou. "Ao contrário, duvido que alguém sinta mais tristeza ou dor do que aqueles que são responsáveis pela condução geral de nossos assuntos."[16]

"Jamais fiz alguma previsão, exceto coisas como dizer que Cingapura resistiria", afirmou. Quando a risada geral se acalmou, comentou: "Que idiota e tolo eu seria se dissesse que cairia!".[17] Afirmou então que não pedia favores especiais:

* Churchill teve sua vingança três anos depois, quando disse sobre Winterton: "A menos que no futuro sua sagacidade e seu conhecimento da Câmara sejam considerados marcadamente superiores aos que exibiu hoje, devo advertir que ele correrá o risco muito grave de cair na senilidade antes de ser ultrapassado pela velhice" (*CS*, v. VII, p. 7127).

Sou seu servo e vocês têm o direito de me demitir quando quiserem. O que não têm o direito de fazer é me pedir que assuma responsabilidades sem ter o poder de uma ação efetiva, que assuma as responsabilidades do primeiro-ministro, mas manietado em ambos os lados [...]. Se hoje, ou em qualquer momento futuro, a Câmara viesse a exercer o seu direito inquestionável, eu poderia sair com a consciência tranquila e com a sensação de que cumpri o meu dever de acordo com a luz que me foi concedida. Há somente uma coisa que pediria a vocês nessa eventualidade. Seria dar ao meu sucessor os poderes modestos que me teriam sido negados.[18]

O governo derrotou o voto de desconfiança por 475 votos a 25, com abstenção de trinta parlamentares, entre eles Winterton, Shinwell, Southby, Nancy Astor e Megan Lloyd-George. Entre aqueles que votaram contra ele estavam Bevan, Hore-Belisha, Wardlaw-Milne e Clement Davies. Churchill então se levantou, sorriu para Clementine, que estava na galeria reservada aos visitantes recebidos pelo presidente da Câmara, e saiu. Cadogan o ouviu mais tarde conversando com um francês sobre *"les vingt-cinq canailles qui ont voté contre moi"* [os 25 canalhas que votaram contra mim].[19] "Vitórias como essa não são as coisas mais duras da nossa vida", confidenciou a Máiski no dia seguinte. O rei anotou: "Ele estava feliz por ter se livrado do que chamou de 'os confrades mais fracos' da Câmara dos Comuns".[20]

Clementine não estava tão confiante: "Se a situação no front não melhorar, quem sabe o que pode acontecer?".[21] Churchill teve de informar a Máiski que, com menos de 80 mil soldados norte-americanos na Grã-Bretanha, não havia possibilidade de uma Segunda Frente antecipada. "É preciso enganar o inimigo", falou ele, "às vezes, pode-se enganar o público em geral para seu próprio bem, mas nunca se deve enganar um aliado."[22] Solicitado a explicar as derrotas britânicas no Norte da África, foi franco: "Os alemães guerreiam melhor do que nós. Especialmente guerras de tanques. Além disso, nos falta o 'espírito russo': morra, mas não se renda!".[23] Ele atribuiu a culpa da derrota de Tobruk ao general sul-africano Hendrik Klopper, que "ficou com medo e acenou a bandeira branca 24 horas depois que o ataque alemão começou". Quando Máiski comentou que os russos teriam fuzilado um general como aquele no ato, Churchill respondeu: "Eu teria feito o mesmo. Mas experimente sugerir isso!".[24]

Churchill levou em conta as críticas substanciais levantadas no debate, ignorando os ataques pessoais, e reconfigurou Whitehall com novos ministérios, como o da Alimentação, Luz e Força, em julho de 1942, da Reconstrução, em novembro de 1943, e a instituição de residências ministeriais para o Oriente Médio, África Ocidental, Washington (para suprimentos) e noroeste da África. Mais uma vez, tivera a sorte com o momento em que ocorrera a moção de censura, porque apenas dois dias depois houve o desastre com o comboio PQ17 para Murmansk.

Em fevereiro, os alemães haviam transferido grande parte de sua frota pesada de superfície e um grande número de submarinos para o norte da Noruega. Em consequência, os comboios aliados no Ártico sofreram perdas muito maiores, mas, uma vez que a rota do Cabo via Irã tinha mais de 23 mil quilômetros, era também muito perigosa e demorava 76 dias para ser percorrida, Churchill e Roosevelt, sob pressão de Stálin, continuaram a usar a passagem pelo norte da Noruega, apesar da oposição do Almirantado e do Departamento da Marinha norte-americano. Em 18 de maio, Churchill dissera ao Gabinete de Guerra que era "nosso dever fazer esses comboios passarem, qualquer que fosse o custo".[25] Contudo, às 21h30 do dia 4 de julho, o almirante Pound, acreditando que o *Tirpitz*, então o maior encouraçado alemão em circulação, estava a caminho de interceptar o comboio anglo-americano PQ17, ordenou que seus 35 navios se dispersassem. Pound temia que, se não fizesse isso, o *Tirpitz* "afundaria todos os navios em mais ou menos uma hora".[26] No entanto, a informação estava errada, e o encouraçado não estava na área, mas sim bombardeiros e submarinos alemães. Nada menos que 23 embarcações, incluindo 118 mil das 200 mil toneladas transportadas pelo comboio, foram afundadas. Quatrocentos tanques e 210 aviões foram para o fundo do mar.

Perdas de até a metade disso equivaliam à mesma quantidade de baixas pelas quais Churchill havia denunciado Haig no primeiro dia da batalha do Somme, isso sem contar que havia mais mortos e menos feridos quando um navio afundava do que quando um batalhão era massacrado em uma terra de ninguém. "Não faz sentido enviar tanques e aviões para a ruína certa", disse Churchill a Máiski. "Daria no mesmo afundá-los no Tâmisa."[27] O Comitê de Defesa cancelou o comboio de agosto, mas o de setembro perdeu doze de seus quarenta navios. Nos dois anos seguintes, os comboios funcionaram apenas durante os meses de inverno, resultando em menos perdas.[28]

Em 8 de julho, reclamando aos chefes de Estado-Maior sobre a oposição a todos os seus conceitos estratégicos, Churchill disse sarcasticamente: "É melhor colocarmos um anúncio nos jornais pedindo ideias".[29] No dia seguinte, ficou furioso com uma decisão tomada em sua ausência sobre a continuação do racionamento em tempos de paz. "Devemos dizer ao soldado britânico que volta da guerra", ele perguntou ao gabinete de forma retórica, "que ele deve apertar o cinto e morrer de fome, para que os romenos possam engordar com o melhor da terra? Nunca ouvi falar de uma coisa dessas."[30] Cadogan escreveu sobre a discussão acalorada que então ocorreu: "Winston gostou disso mais do que ninguém".

Marshall, Hopkins e o rebarbativo almirante anglófobo Ernest J. King, chefe do Estado-Maior da Marinha dos Estados Unidos, chegaram à Grã-Bretanha para novas discussões estratégicas em 18 de julho. Roosevelt queria que os norte-americanos lutassem no teatro ocidental em breve, e essa foi a última tentativa dos chefes do Estado-Maior Conjunto de persuadir os britânicos a concordar com um ataque ao outro lado do canal da Mancha em 1942, em vez de uma invasão do Norte da África. As discussões não seriam fáceis, porque os norte-americanos pensavam, não sem razão, que em abril os britânicos haviam se pronunciado a favor de um ataque na França, ainda que com certas ressalvas. Agora, Churchill tinha mudado de ideia e induzido o presidente dos Estados Unidos a defender um ataque no Norte da África, longe do centro dos acontecimentos. O almirante King e generais norte-americanos como Albert Wedemeyer acreditavam que o motivo para isso era manter as possessões do Império Britânico no Oriente Médio, em vez de destruir Hitler o mais rápido possível. Também achavam que as experiências de Churchill e Brooke nas trincheiras da Grande Guerra significavam que não queriam enfrentar os alemães em terra até que os russos enfraquecessem o Reich de tal modo que os combates se tornassem mais fáceis. O almirante King nem sequer era um defensor da política da Alemanha Primeiro e teria preferido se concentrar no Japão, em uma campanha que seria encabeçada pela Marinha sob seu comando.

Nas conversações que começaram em 20 de julho, Brooke se recusou a executar a Operação Sledgehammer, que "só poderia levar à perda de cerca de seis divisões sem obter nenhum resultado!".[31] Ian Jacob, do secretariado do Gabinete da Guerra, resumiu a posição britânica: "A Batalha do Atlântico precisa ser vencida, o Mediterrâneo deve ser aberto ao transporte marítimo, a Itália deve ser nocauteada e a Alemanha deve ser submetida a um bombardeio cada vez maior pelo ar. Essas medidas, junto com o atrito na frente russa, podem suavizar o controle alemão sobre o noroeste da Europa e permitir que um desembarque de ataque seja bem-sucedido". É notável — apesar de Brooke tratar o primeiro-ministro em seus diários como um idiota em termos de estratégia — como esse plano reflete aquilo que Churchill propunha nos quatro memorandos que escrevera durante a travessia do Atlântico em 1941. Enquanto isso, acrescentou Jacob, "Churchill gostaria de manter todas as opções em aberto, expressão que empregava com frequência".[32] Para limparem o Mediterrâneo, as forças do Eixo precisavam ser expulsas da África, o que a Operação Torch pretendia alcançar, daí a anotação de Cadogan de 22 de julho, dizendo que Churchill estava "extremamente entusiasmado" com a estratégia norte-africana.[33]

Três considerações estratégicas dominavam a mente de Churchill naquele momento. A primeira era que uma divergência séria com Roosevelt estava fora de cogitação; a segunda era seu entusiasmo pela ação na maior escala possível assim que fosse seguro empreendê-la; e a terceira era o que Jacob descrevia como "um medo assombroso na mente de Churchill de uma invasão que resultasse num impasse estático, uma estabilização da linha e, portanto, a criação de outra frente ocidental".[34] Nessa medida, Wedemeyer e outros estavam certos ao pensar que a Grande Guerra havia influenciado o pensamento do primeiro-ministro. Muito mais influente, no entanto, foi a experiência do Exército britânico em Dunquerque em 1940, em termos da capacidade de manobra dos alemães e da incapacidade da BEF em detê-los. Churchill não comprometeria a Grã-Bretanha com as operações Sledgehammer ou Roundup enquanto não tivesse algum nível razoável de certeza de sucesso. Em sua opinião, isso exigia vitórias decisivas no Mediterrâneo e no Atlântico.

Depois que Marshall estabeleceu que Roosevelt não apoiaria sua ameaça aos britânicos com uma política de Japão Primeiro se eles não concordassem em empreender a Sledgehammer ou a Roundup em 1942, os chefes do Estado-Maior Conjunto concordaram que o foco para o resto do ano seria o Norte da África e a Operação Torch, a ser lançada antes do fim de outubro, com Eisenhower no comando. Depois que o Norte da África estivesse livre das forças do Eixo e, com isso, a segurança do Egito e a da rota para a Índia fossem garantidas, os Aliados poderiam empreender uma estratégia mediterrânea contra a Itália e escolher um caminho para a Europa ocupada que passasse pelo sul da França ou pelos Bálcãs, ou ambos, o que afastaria forças alemãs do ataque no canal da Mancha. As equipes britânica e norte-americana convenceram Churchill de que a Operação Júpiter no norte da Noruega não aconteceria. Os chefes do Estado-Maior Conjunto voaram de volta para casa descontentes, mas totalmente comprometidos em fazer a invasão norte-africana funcionar. O rei anotou: "Winston parecia muito cansado depois de sua semana extenuante convencendo os americanos de que estamos certos".[35]

Em agosto, o índice de aprovação de Churchill medido pelo Gallup já era de 82% e, em novembro de 1942, ultrapassou os 90%, patamar em que permaneceu até janeiro de 1944; caiu então para pouco abaixo dos 90%, oscilando com altas e baixas ocasionais pelo resto do ano. Os números refletiam uma aprovação a um primeiro-ministro raramente vista antes ou depois. Em abril de 1945, ele ainda mantinha a aprovação de 91% dos entrevistados.[36]

Depois de um mês de combates sem vencedores na frente norte-africana, Churchill sugeriu uma ida ao Cairo junto com Brooke. A viagem logo se transformou numa expedição ainda mais ambiciosa quando ele recebeu uma mensagem de Archie Clark Kerr, o embaixador britânico na Rússia, avisando que Stálin queria se encontrar com o primeiro-ministro em Moscou. Churchill reconheceu que Stálin não veria a Operação Torch como a Segunda Frente de que precisava — na verdade, ficaria furioso — e achou que alguém precisava dar a notícia pessoalmente. Em última análise, tinha de ser ele. "Partir para essas missões e depois fracassar em ambas seria desastroso tanto para nossa causa como para Churchill como líder político", escreveu seu secretário particular Leslie Rowan depois da guerra. "Seria muito melhor nunca ter começado. Um pensamento como esse jamais entrava na cabeça de Churchill; ele via aonde o rumo do dever o levava, e isso lhe bastava."[37] Quando Eden sugeriu que, se fosse ao Cairo, ele só atrapalharia, Churchill retrucou: "Quer dizer que eu seria como uma grande mosca-varejeira zumbindo sobre um enorme esterco de vaca?".[38] No entanto, todos os seus instintos lhe diziam que precisava ver a situação no campo de batalha com seus próprios olhos.

"Estou chocado com o último telefonema de Auchinleck", disse Churchill ao rei em 1º de agosto. O comandante-chefe do Oriente Médio informou-o de que pretendia permanecer na defensiva até meados de setembro. "O inimigo estará muito mais forte até lá! Na Rússia, também, os materiais para um encontro afortunado são escassos. Ainda assim, talvez eu possa tornar a situação menos tensa."[39] No dia seguinte, Churchill e Brooke decolaram da base de Lyneham da RAF em direção a Gibraltar. Outros se juntariam a eles, inclusive Wavell, Tedder e Cadogan.

Eles voaram no primeiro avião especificamente designado para Churchill, um quadrimotor Consolidated LB-30A, de fabricação norte-americana, baseado no bombardeiro Liberator B-24 e batizado de *Commando*. William J. Vanderkloot, um norte-americano que se apresentou como voluntário para a RAF antes de Pearl Harbor, foi o piloto pessoal de Churchill. O interior do avião era gelado, e o ruído, ensurdecedor. A comida era feita num fogão a gás, embora Churchill tenha comido sanduíches de carne fria durante o voo. "O pão deve ser muito fino", ele ordenou, "nada mais que um veículo para transportar o recheio para o estômago."[40] Sem pressurização na cabine, a aeronave raramente ultrapassava os 8 mil pés, mas ainda assim Churchill usava uma máscara de oxigênio quando dormia nos colchões colocados no piso de aço congelante do compartimento das bombas.

O voo previa a travessia do território espanhol. Vanderkloot disse que isso poderia ser feito à noite, já que não havia sido registrada nenhuma movimentação de aviões de combate espanhóis até então.[41] Churchill gostou do plano, e Moran não queria lhe dar as vacinas necessárias para a rota alternativa de 11 mil quilômetros em três dias, passando por Lagos e Cartum. Depois que aterrissou em Gibraltar, Churchill ficou "deitado na cama de roupa de baixo e falou conosco sem parar", registrou Cadogan. "Ele parecia bastante bem apesar da viagem."[42] No dia seguinte, voaram para o Cairo. Da frente do avião, Churchill viu o grande rio Nilo, no qual havia tomado um vapor com rodas de pás quando era um jovem subalterno, exatos 44 anos antes.

Churchill encontrou-se com Auchinleck às 17h30 de 3 de agosto. Àquela altura, ainda não decidira tirá-lo de seu posto de comando. Queria discutir essa possibilidade com Smuts, que tinha vindo da África do Sul para encontrá-lo e cujas opiniões não contaminadas por interesses pessoais eram sempre respeitadas. "Smuts deu conselhos magníficos", escreveu para Clementine. "Ele me fortaleceu onde sou inclinado a ter bom coração, ou seja, quando tenho de tomar medidas severas contra pessoas de que gosto."[43] Com tudo em jogo tanto na política interna como na aliança, Churchill queria ver planos para uma ofensiva decisiva na primeira oportunidade, a fim de vingar a série de derrotas sofridas pelo Oitavo Exército, silenciar os críticos e criar um movimento de pressão por ambos os lados que esmagasse Rommel quando a Operação Torch fosse desencadeada no oeste.[44] Ficou claro que Auchinleck não poderia proporcionar isso.

Churchill hospedou-se na embaixada britânica com Sir Miles Lampson, ocupando os dois quartos com ar-condicionado. Tirou uma fotografia com Auchinleck em 5 de agosto, o que poderia não ter feito se já tivesse decidido substituí-lo. Cadogan queria levá-lo para conhecer Panayotis Canellopoulos, o ministro de Estado grego, no mesmo dia. Cadogan precisou ir chamar Churchill, onde encontrou o primeiro-ministro "espojando-se como um boto e jogando sua esponja para cima e para baixo, enquanto cantava 'Canellopoulos! Can'tellopoulos! Canellopoulos…'".[45] (No fim ele acabou se encontrando com o ministro grego.) Mais tarde, num calor sufocante, visitou o quartel-general de Auchinleck, em El Alamein, que descreveu como "cheio de moscas e personagens militares importantes".[46]

No dia seguinte, no Cairo, teve uma audiência com o rei Farouk, então com 22 anos. Posicionando-se ao lado do mapa de Lampson do Norte da África, o rei pôs a mão sobre toda a Cirenaica, declarando ostensivamente que aquela costa outrora pertencera ao Egito. "Winston retrucou de imediato que não se lembrava de quando fora isso", registrou Lampson em seu diário. "Na melhor das hipóteses, pertencera à Turquia antes de ser tomada pelos italianos. Isso deixou o rei Farouk bastante aturdido."[47] Churchill estava certo: no século XIII a.C. foram as tribos da Cirenaica que fizeram incursões no Egito, e não o contrário. Durante a reunião, Farouk recostou-se na cadeira, iniciando frases com "Sabe, Churchill…", o que o primeiro-ministro comentou mais tarde com Lampson que tinha sido "um atrevimento" — e sem dúvida era tolice tentar ensinar história a um historiador profissional.[48]

Naquela noite, Churchill, Brooke e Smuts concordaram que Auchinleck precisava ser substituído pelo general Sir Harold Alexander no comando do Oriente Médio, enquanto o general de divisão William "Strafer" Gott assumiria o Oitavo Exército, que também estava sob o comando direto de Auchinleck desde junho. Churchill considerou inadequado o trabalho realizado no Cairo por um grande número de oficiais, a quem chamou de "porcos de gabardine", devido à capa de chuva usada por eles.

Churchill retirou Auchinleck do posto em seu quartel-general em El Alamein; o Auk reagiu com o que o primeiro-ministro definiu como "dignidade militar".[49] Para o general Alexander, comparou depois a experiência com matar um cervo magnífico.[50] "Foi uma coisa terrível precisar fazer aquilo", disse Churchill a Harold Nicolson mais tarde. "Foi uma coisa terrível. É difícil remover um mau general no auge de uma campanha. É atroz remover um bom general. Precisamos usá-lo novamente."[51] (Auchinleck foi nomeado comandante-chefe da Índia em 1943.) Mas o moral do Oitavo Exército estava baixo, e era necessário um comandante excepcional para derrotar Erwin Rommel no Deserto Ocidental. "Eu vi aquele exército", Churchill comentou com Nicolson. "Era um exército abalado e desnorteado, um exército em frangalhos [...]. Tomei minha decisão. Telegrafei para o Gabinete. Depois, tirei toda a roupa e rolei nas ondas. Nunca tive um banho como aquele."[52]

O que havia em comum nas dispensas ou transferências determinadas por Churchill para Ironside, Gort, Dill, Dowding, Wavell e Auchinleck era que eles estavam à beira dos sessenta anos e cansados — em alguns casos, exaustos — pelos postos de comando estressantes que ocupavam desde 1939. Algumas das principais nomeações de Auchinleck tinham deixado Churchill e Brooke decepcionados; eles também se convenceram de que Auchinleck simplesmente não tinha o carisma e o espírito ofensivo necessários para revigorar o Oitavo Exército. Churchill também ficara frustrado ao saber que os mais de trezentos tanques Sherman enviados ao Egito depois da queda de Tobruk não tinham sido usados como "massa de manobra", para usar uma expressão napoleônica, mas divididos em pequenas quantidades alocadas a formações já existentes. "Todos que conheciam Auchinleck ficaram tristes com o que aconteceu", relembrou Rowan, mas "menos coragem por parte de Churchill em [...] assumir a responsabilidade por essa decisão desagradável, ou menos capacidade de ver a verdade pura e simples de que Auchinleck tinha de ser substituído, poderia ter mudado o curso da guerra."[53]

Churchill só informou o gabinete depois que ele e Brooke já haviam consolidado sua decisão. "Por um curto período, me tornei 'o homem no centro da ação'", escreveu ele mais tarde. "Em vez de ficar em casa esperando as notícias do front, podia enviá-las eu mesmo. Isso foi revigorante."[54] "Seu dever primordial será capturar ou destruir na primeira oportunidade o exército germano-italiano comandado pelo marechal de campo Rommel, junto com todos os seus suprimentos e suas instalações no Egito e na Líbia", escreveu Churchill ao general Alexander.[55] Em 7 de agosto, "Strafer" Gott foi abatido quando voava para o Cairo a fim de assumir seu posto de comando, na mesma rota que Churchill havia feito apenas alguns dias antes. "Então o pobre Winston ficou sem fala e desesperado durante o jantar, e não conseguiu se recuperar antes da madrugada", registrou Cadogan.[56] "Imagine minha tristeza quando, no mesmo momento em que o Gabinete estava reunido em Londres, tive de telegrafar avisando que ele fora morto", escreveu Churchill a Clementine.[57]

A morte de Gott fez com que o general Bernard Montgomery, um protegido de Brooke, assumisse o Oitavo Exército. Montgomery tinha uma reputação de aspereza, mas, como Churchill comentou com a esposa, "com Montgomery, temos um soldado altamente competente, ousado e enérgico [...]. Se ele é desagradável com aqueles que o cercam, também é desagradável para o inimigo".[58] Em *Marlborough*, Churchill havia escrito que o gênio militar era "muito mais raro que os maiores e mais puros diamantes [...]. Mas quando, de tempos em tempos, ele ilumina a cena, ordem e planejamento, com um senso de quase infalibilidade, emergem do risco e da confusão".[59] As análises contemporâneas feitas em retrospectiva afirmam que Montgomery era um comandante cauteloso demais para ser considerado um gênio militar, mas Churchill precisava desesperadamente de uma vitória inequívoca, alcançada da maneira que fosse, e viu nele alguém que poderia trazer ordem e otimismo a um exército que parecia caótico e desmoralizado.*

Em 8 de agosto, em sua segunda visita ao front, Churchill fez sete discursos em quatro brigadas blindadas em seis horas.[60] De volta ao Cairo para jantar na embaixada com os dois heróis do Serviço Aéreo Especial, David Stirling e Fitzroy Maclean, ele desafiou Smuts a ver quem era capaz de recitar mais citações de Shakespeare. Depois de um quarto de hora, Smuts perdeu, e Churchill continuou falando sem parar. Poucos minutos depois, Smuts percebeu que seu oponente estava mais uma vez produzindo versos pseudoshakespearianos que não tinham relação com o bardo, e sim com a imaginação do primeiro-ministro. Mais tarde, enquanto passeavam pelo jardim, Churchill provocou Maclean insinuando que ele havia se tornado parlamentar para burlar os regulamentos que proibiam os diplomatas de entrarem para as forças militares. "Eis aqui o jovem que usou a Mãe dos Parlamentos como uma conveniência pública", disse ele a Smuts e Stirling.[61]

Depois de ter sido informado por Stirling sobre um ataque iminente a Benghazi, explicando como o SAS representava "uma nova forma de guerra" que tinha "um potencial impressionante", Churchill citou para Smuts os versos do *Don Juan* de Byron: "*He was the mildest-mannered man / That ever scuttled ship or cut a throat*".** No dia seguinte, chamou Stirling à embaixada para discutir uma grande expansão do SAS. Com o apoio de Churchill, veículos, armas, munições e per-

* O senso de humor de Churchill não o abandonou durante esse período difícil. Quando Smuts o acusou de não apelar o suficiente para motivos religiosos na política, ele retrucou: "Eu fiz mais bispos do que qualquer um desde Santo Agostinho" (Moran, *Struggle*, p. 57). Pode parecer insensível fazer piada no mesmo dia em que Gott morreu, mas, como ele escreveu anos depois: "Quem na guerra não dará suas risadas em meio aos crânios?" (WSC, *TSWW* V, p. 81).

** Em tradução livre: "Ele era o homem de modos mais suaves / Que já afundou um navio ou cortou uma garganta". (N. T.)

missões foram muito mais fáceis de ser obtidos das autoridades militares do Cairo do que até então. Churchill apelidou Stirling de "Pimpinela Escarlate" em razão da letalidade escondida por trás do cavalheirismo que exibia em público, admirando a maneira como ele conduzia sua unidade a ousadas incursões atrás das linhas inimigas, às vezes a centenas de quilômetros de distância.

Em 10 de agosto, Churchill partiu para a segunda parte de sua missão: o encontro com Stálin. Clementine caracterizou a viagem como a "visita ao ogro em sua toca"; Churchill definiu sua missão como "carregar um grande pedaço de gelo para o polo Norte".[62] Voou do Cairo para Teerã na companhia de Averell Harriman, de quem queria conselhos sobre como lidar com Stálin. Da comitiva também faziam parte Brooke, Wavell, Tedder e Cadogan. Eles permaneceram na legação britânica de verão em Gulhek, no alto das colinas dos arredores da capital, para evitar o barulho e potenciais tentativas de assassinato na cidade. Às cinco e meia da manhã de 12 de agosto, "uma linda manhã de verão" de quarta-feira, decolou para Moscou.[63] "Logo estávamos voando para o norte em direção a um vão entre as montanhas que margeiam o mar Cáspio", lembrou Tommy Thompson. "Ao longe, a leste, podíamos ver o pico coberto de neve do monte Demavend, com aparência incrivelmente majestosa sob o sol da manhã." Na viagem, Churchill atribuiu "dez deméritos" a Thompson por não conseguir que a embaixada pusesse mostarda em seus sanduíches de presunto.[64] (No voo de volta, esses deméritos foram mais do que esquecidos em troca de champanhe e caviar.)

Eles desembarcaram em Moscou no início da noite e foram recebidos por Stálin (vestido com uma camisa cáqui, calça azul e botas de meio cano), Mólotov e um grande grupo de membros do Politburo, comissários e generais; em seguida, foram levados para a Casa de Campo nº 7, a cerca de treze quilômetros de Moscou.[65] Tedder estava tão desconfiado de que o local estivesse grampeado que sensatamente escreveu "*Méfiez-vous*" (Tome cuidado!) num pedaço de papel e passou para Churchill quando ele começou a ser indiscreto.[66]

A primeira reunião de estratégia com Stálin ocorreu naquela noite. Depois de uma viagem de vinte minutos até o Kremlin num carro com janelas à prova de balas de cinco centímetros de espessura, Churchill notou, mas não mencionou, que o gabinete do governante soviético era "decorado com a magnificência escarlate e dourada desbotada dos dias tsaristas".[67] Harriman, o embaixador Sir Archibald Clark Kerr e o intérprete deles John Dunlop foram recebidos por Stálin, Mólotov, pelo marechal Kliment Vorochílov, do Comitê de Defesa do Estado, e pelo intérprete deles, Pávlov. "Eu não teria vindo a Moscou a menos que tivesse certeza de que poderia discutir fatos concretos", começou Churchill. Disse a Stálin que uma Segunda Frente na Europa era impossível a curto prazo, e "o rosto de Stálin se encolheu numa carranca", observou Dunlop.[68] "Stálin não parava de se levantar e atravessar o grande salão até uma mesa onde buscava cigarros", relatou Clark Kerr a Eden. "Ele os rasgava em pedaços e os enfiava em seu absurdo cachimbo encurvado. Por sua vez, o primeiro-ministro, depois de ter feito todo o possível, levantou-se e deu uma caminhada, puxando de suas nádegas aquecidas a parte posterior da calça que claramente estava grudada nelas. Era, de fato, uma noite quente. Havia alguma coisa naquela figura atarracada, ajeitando o traseiro, que sugeria imensa força, mas pouca distinção."[69]

Quando a linguagem de Churchill se elevou tão acima da compreensão de Pávlov que o tradutor não conseguiu transmitir a Stálin exatamente o que estava sendo dito, o líder soviético observou: "Não entendi, mas gosto do espírito".[70] A Wehrmacht havia avançado até o rio Volga — a batalha de Stalingrado começou apenas dez dias depois — e, com muitas cidades russas, bielorrussas e ucranianas em mãos alemãs, o Exército Vermelho estava se desdobrando quase até o ponto de ruptura. Mas o governante soviético captou rapidamente o potencial da Operação Torch e pareceu quase amistoso, pelo menos de início. Cadogan registrou que Churchill lhe dissera que o encontro "tinha ido muito bem. O primeiro-ministro esperava amenizar o impacto do 'nada de Segunda Frente em 1942' explicando nossos planos para a Torch [...], o que fizera com alguns detalhes. O primeiro-ministro disse que Stálin havia aceitado isso inesperadamente bem e chegou a dizer o equivalente a 'que Deus faça prosperar sua empreitada'".[71] A reunião terminou às 22h40 nesse tom positivo.

No dia seguinte, 13 de agosto, uma quinta-feira, as coisas foram bem diferentes. Na chegada ao Kremlin, Churchill recebeu um dos memorandos caracteristicamente duros de Stálin, atacando a ausência de uma Segunda Frente em 1942, ignorando por completo a Operação Torch. Era como se as discussões do dia anterior não tivessem acontecido. Quando Churchill explicou que as perdas do comboio PQ17 tinham sido duras demais para considerar o envio de outro comboio em agosto, Stálin disse: "Esta é a primeira vez na história que a Marinha britânica recua de uma batalha", uma insinuação de covardia com o objetivo de provocar Churchill.[72] Stálin disse ao primeiro-ministro que ele não havia cumprido com sua palavra, que os nazistas não eram invencíveis e que "se os britânicos pelo menos lutassem descobririam que os alemães não eram super-homens".[73] Harriman relembrou que Churchill estava enfurecido, mas manteve o controle e não mencionou "o que devia ser preponderante em sua mente", a saber, que fora o Pacto Ribbentrop-Mólotov que possibilitara o ataque alemão à Europa Ocidental. Em suas memórias não publicadas, Cadogan comparou a certa altura Churchill sob os ataques de Stálin e Mólotov a "um touro na arena enlouquecido pelas espetadas dos picadores".[74] Os britânicos trocaram de intérpretes, usando o major Arthur Birse no lugar de Dunlop, do qual Churchill se queixou por ter introduzido suas próprias opiniões às declarações, "como um barbeiro".[75]

O autocontrole de Churchill foi ainda mais notável, pois Clark Kerr acreditava que ele estava de mau humor por causa de uma ressaca.[76] A certa altura das discussões, Churchill fez um desenho para explicar a Stálin que a estratégia anglo-americana era "atacar o baixo-ventre mole do crocodilo enquanto os russos atacavam o focinho duro".[77] É surpreendente que Churchill pensasse que essa analogia fosse agradar a Stálin, mas ele também usou um globo no gabinete do soviético para explicar as vantagens geográficas de expulsar o Eixo do Mediterrâneo.

O primeiro dia inteiro de discussões terminou às duas da manhã com Stálin declarando que "era obrigado a dizer que não concordava com os argumentos do sr. Churchill".[78] Clark Kerr ficou impressionado com a "capacidade de Churchill de transformar seu rosto, do mais rosado, mais feliz, mais sorridente, bumbum de bebê com covinha e travesso, na cara de um sapo-boi raivoso e indignado!".[79] Harriman lembrou que as conversas "acabaram tendo momentos de concordância e momentos de violenta discussão".[80] Churchill telegrafou a Roosevelt e ao Gabinete de Guerra para informar que tivera uma "discussão muito desagradável" na qual Stálin dissera "muitíssimas coisas insultuosas".

Patrick Kinna, que estava na casa de campo estatal quando Churchill chegou pisando duro, recordou o que ele disse: "Acabo de ter uma reunião terrível com esse homem terrível, Stálin [...] cruel e pavoroso". Clark Kerr disse então: "Permita-me lembrar-lhe, primeiro-ministro, que todas essas salas foram grampeadas e Stálin ouvirá todas as palavras que o senhor disser".[81] Clark Kerr desempenhou um papel fundamental para acalmar Churchill depois da rejeição agressiva de Stálin. Caminhando pelo terreno da casa de campo na manhã seguinte, com Churchill usando um "ridículo chapéu de dez galões" sob o sol forte, o alto, o refinado e veterano diplomata falou francamente ao primeiro-ministro.[82] Disse que sua abordagem a Stálin estava toda errada e que não seria possível usar com ele seu dom de cativar as pessoas. Além disso, Churchill "era um aristocrata e um homem do mundo e esperava que essa gente fosse como ele. Não era. Eles vinham direto do arado ou do torno. Eram rudes e inexperientes".[83] "Mas aquele homem me insultou", retrucou Churchill. "Eu represento um grande país e não sou de natureza submissa."[84] Clark Kerr registrou que o primeiro-ministro estava "mal-humorado e com os ombros curvados" ao dizer isso. Mesmo assim o advertiu de que não era o caso de romper relações simplesmente porque fora "ofendido por um camponês que não conhecia outra maneira de agir".[85]

O humor de Stálin mudaria várias vezes ao longo dos quatro dias de conversações. Em determinado momento, Churchill precisou dizer que acabaria voltando a Londres sem que nada fosse acordado. Mas finalmente os dois chegaram a um entendimento.[86] Stálin precisava da ajuda britânica, e para Churchill era primordial que os russos continuassem lutando. A ameaça de deixar Moscou "não foi um surto de mau humor", recordou Rowan, "mas uma resposta calculada a uma ação calculada e foi bem-sucedida".[87] Em outro momento das negociações, os britânicos foram informados de que não poderiam ver Stálin por várias horas porque, segundo sua equipe, ele estava "caminhando".[88] Houve várias sessões tarde da noite, maratonas de comilança e bebedeira, com refeições de vinte pratos e longos brindes patrióticos que se prolongavam até as três da manhã. Era outra provação para a qual Churchill havia se preparado durante a vida inteira, mas que pôs à prova a resistência de vários membros de sua comitiva.

As discussões, muitas vezes em torno de mesas "abarrotadas de comida e bebida", não se limitavam à guerra. A certa altura, Churchill perguntou a Stálin qual tinha sido o momento mais preocupante de sua carreira, e ele respondeu que fora a coletivização da agricultura soviética. "O que aconteceu com os cúlaques?", perguntou então Churchill sobre os milhões de camponeses mais prósperos que acabaram mortos durante o processo. "Não houve sequer o tremor de uma pálpebra", lembrou Cadogan. "Ele [Stálin] virou-se e com um aceno indiferente da mão disse: 'Ah! Eles foram embora'."[89]

Em 15 de agosto, depois da última rodada de conversas, houve um jantar "longo e festivo" nos aposentos de Stálin no Kremlin, onde Churchill conheceu sua filha Svetlana, comeu leitão (que Stálin pegava com a mão), bebeu bastante vodca, trocou piadas com o governante soviético e discutiu com ele os méritos relativos de Marlborough e Wellington (no aniversário de Napoleão), e por fim os dois homens se entenderam depois de condenar um ao outro em público por duas décadas.[90] Ao retornar para a casa de campo na manhã seguinte, Churchill se referiu a Stálin como "aquele grande homem", e não apenas por saber que era monitorado por aparelhos de escuta. Na manhã seguinte, quando voou de volta para o Cairo via Teerã, precisou "tomar café da manhã com aspirinas".[91]

Se Churchill tinha dúvidas a respeito da sensatez de sua oposição à Operação Sledgehammer, foram enterradas três dias depois pela Operação Jubileu, o desastroso ataque combinado de lorde Louis Mountbatten contra Dieppe, que pretendia aplacar os russos, testar as defesas alemãs, atrair as forças inimigas para o oeste e elevar o moral. Acabou sendo um fiasco completo, no qual 68% dos soldados canadenses que participaram foram mortos, feridos ou capturados. Cinco dias depois, Churchill pediu a Ismay que "averiguasse os fatos" sobre o planejamento do ataque, em particular de quem fora a ideia de "atacar a cidade altamente fortificada sem primeiro tomar os penhascos em ambos os lados, e usar nossos tanques em ataque frontal a partir das praias".[92] Ismay respondeu oito dias depois, anexando o relatório de Mountbatten, que culpava Montgomery, então encarregado do Comando do Sudeste. Ocupado com muitas outras coisas, Churchill não levou a investigação adiante, mas, ao escrever suas memórias em 1950, "sentiu um cheiro de culpa e decidiu encontrar" a verdade por trás do ataque.[93]

Churchill descobriu que, na verdade, foram elaborados dois planos para atacar Dieppe: o de Montgomery, com o codinome de Operação Rutter, fora abandonado e substituído pela Jubileu, concebida por Mountbatten e posta em curso em 19 de agosto de 1942. Churchill perguntou então se os chefes de Estado-Maior, o Comitê de Defesa ou o Gabinete de Guerra haviam formalmente aprovado a Jubileu, "ou foi tudo feito por Dickie Mountbatten sozinho e sem se reportar a uma autoridade superior?".[94] Quando Ismay investigou o caso, ficou claro que a segunda era a explicação correta, e Mountbatten ficou incomodadíssimo.[95] Ele enviou diversas páginas de correções tendenciosas aos rascunhos das memórias de Churchill, sugeriu que Ismay se recusasse a dar permissão a Churchill para usar seu relatório e argumentou que o número de 68% de baixas "não era algo que nosso lado deveria enfatizar". Mountbatten inclusive implorou a Ismay — seu chefe de Estado-Maior quando ele fora vice-rei da Índia, três anos antes — que não o denunciasse como a figura por trás do planejamento da Jubileu.[96]

A tentativa de acobertamento de Mountbatten chegou ao ponto de afirmar que o comandante naval do ataque, almirante James Hughes-Hallett, havia discutido a questão com Churchill de antemão. (Hughes-Hallett disse a Ismay que não conseguia lembrar se a conversa havia ocorrido antes ou depois.) Mountbatten também declarou que os chefes de Estado-Maior não dispunham de um registro da discussão do plano da Jubileu por razões de segurança, embora operações igualmente delicadas fossem registradas de forma rotineira nas atas do Comitê dos Chefes de Estado-Maior. Sob pressão das cobranças de urgência de seus editores norte-americanos, Churchill acabou aceitando todas as revisões e emendas de Mountbatten, que, como apontou o historiador David Reynolds, "passaram a responsabilidade de volta para Churchill e os chefes, minimizaram as perdas canadenses e exageraram os benefícios da operação", que estavam em algum lugar entre o mínimo e o inexistente.[97]

Em 24 de agosto de 1942, Churchill chegou a Gibraltar a caminho de Londres. Para não ser reconhecido e pôr em risco sua segurança, ficou confinado ao Palácio do Governo, embora tenha discutido com Brooke a possibilidade de "disfarçar-se de egípcio *demi-mondain* ou de armênio sofrendo de dor de dente para poder sair".[98] Mais tarde, no mesmo dia, chegou ao aeródromo de Lyneham, onde Clementine foi encontrá-lo. "Um voo de mais de 15 mil quilômetros através de céus estrangeiros e hostis pode ser dever de jovens pilotos", diria o general norte-americano Douglas MacArthur, detentor da principal condecoração militar dos Estados Unidos, a Medalha de Honra, sobre a viagem de Churchill de Londres a Moscou, "mas para um estadista sobrecarregado com as preocupações do mundo é um ato de coragem e heroísmo inspiradores."[99]

John Martin achou que Churchill "parecia notavelmente em forma" quando desceu do avião.[100] De volta a Londres, o primeiro-ministro gabou-se para James Stuart: "Quanto a toda essa conversa sobre russos beberem muito — não é nada séria. Bebi duas vezes mais do que eles".[101] Seis semanas depois, ele comentou com Eade que, "embora o considerasse um indivíduo rude e parecido com um urso, gostava de Stálin e eles tinham muitas coisas em comum. Ao mesmo tempo, estava bem claro que a Rússia não sentia nenhum tipo de gratidão para conosco por tudo que havíamos feito para ajudá-la".[102] E acrescentou que, embora preferisse ser presidente dos Estados Unidos a ser primeiro-ministro da Grã-Bretanha, não queria ser Stálin, com autoridade para dizer: "Tirem esse homem daqui e o fuzilem".[103]

"A maior boa vontade prevaleceu e, pela primeira vez, conversamos em termos tranquilos e amistosos", relatou Churchill ao Gabinete de Guerra. "Sinto que estabeleci uma relação pessoal que será útil [...]. Agora eles sabem o pior, e tendo feito seu protesto, são totalmente amigáveis; isso apesar do fato de que este é o momento mais preocupante e angustiante para eles." Essa impressão era espantosamente ingênua. Stálin comunicou a Máiski em outubro: "Todos nós, em Moscou, ficamos com a impressão de que Churchill almeja a derrota da União Soviética, para então chegar a um acordo com a Alemanha de Hitler ou com o [ex-chanceler Heinrich] Brüning às custas do nosso país".[104] Stálin não confiava em Churchill, porque não confiava em ninguém (exceto, por dois anos, em Adolf Hitler).

No entanto, Churchill não tinha como conhecer as verdadeiras opiniões de Stálin sobre ele porque, depois de junho de 1941, os serviços de inteligência britânicos receberam ordens para não espionar o novo aliado soviético, uma política equivocada que certamente não era recíproca.[105] Logo após seu retorno, Churchill lisonjeou clamorosamente Stálin na Câmara dos Comuns: "Acima de tudo, é um homem com aquele senso de humor salvador que é de grande importância para todos os homens e todas as nações, mas em particular para grandes homens e grandes nações. Stálin também deixou em mim a impressão de uma sabedoria profunda e arejada e de uma completa ausência de ilusões de qualquer espécie".[106]* Para o rei, Churchill descreveu Stálin como "um homem frio e grosseiro, mas com uma mente compreensiva [...]. Em particular, ele e Mólotov sorriam e até riam das respostas de Winston às suas perguntas em certa medida pertinentes sobre o passado. Stálin não conhece nada do resto do mundo".[107]

* Em dezembro de 1929, Churchill havia se referido a Stálin como "subordinado na hierarquia revolucionária a Trótski, seu inferior em sagacidade, embora talvez não em atividade criminosa" (WSC, *GC*, pp. 123-5). Ele cortou esse capítulo das edições do livro na época da guerra.

* * *

Em 25 de agosto, o duque de Kent, irmão mais moço do rei, morreu numa queda de avião na Escócia enquanto servia na RAF. "Nada pode preencher a terrível lacuna", disse Churchill em seu panegírico na Câmara dos Comuns. "Nada pode amenizar ou confortar a solidão e a privação que recaem sobre a esposa e os filhos quando o ponto de apoio e o centro de seu lar são subitamente arrancados. Somente a fé numa vida após a morte num mundo mais brilhante onde os entes queridos se reencontrarão — somente isso e a passagem lenta do tempo podem proporcionar um consolo."[108] Foi a única ocasião em que Churchill expressou uma crença em algum tipo de existência depois de morte. Suas palavras eram presumivelmente destinadas a ajudar a aliviar a dor da viúva do duque, Marina, que descrevera certa vez como a mulher mais linda que já vira.[109]

Em 9 de setembro, Churchill foi informado de que o Partido do Congresso Indiano só ofereceria resistência passiva se os japoneses invadissem o subcontinente e não ajudaria os britânicos a defendê-lo. "Eu odeio os indianos", o primeiro-ministro teria dito a Amery. "Eles são um povo bestial com uma religião bestial."[110] Churchill foi criticado com razão por comentários como esses, mas os muitos elogios que fez ao Exército indiano — com 2,5 milhões de soldados, o maior contingente de voluntários da história — tendem a ser ignorados, junto com o fato de que continuou a proteger a Índia com divisões do Exército britânico que poderiam muito bem ter sido usadas em outros lugares. "A insuperável bravura de soldados e oficiais indianos, tanto muçulmanos como hindus", declarou ele, e seu "heroísmo glorioso" em campanhas da Abissínia e do Norte da África à Birmânia e à Itália "brilham para sempre nos anais da guerra".[111] Essas observações ponderadas são muito mais significativas do que os insultos raciais de mau gosto que às vezes pronunciava, muitas vezes por irritação ou para provocar seus colegas, e não porque estivesse falando a sério. "Às vezes, deve-se chamar a atenção", declarou Churchill no Guildhall em setembro de 1944, "para o fato de que, sob o domínio britânico nos últimos oitenta anos, um número incomparavelmente menor de pessoas pereceu por armas de fogo ou de aço na Índia do que em qualquer área ou comunidade similar no globo."[112] Ele considerava dever da Grã-Bretanha continuar a fazer sacrifícios para garantir que continuasse sendo assim. "Os japoneses se reproduzem como vermes e morrem como heróis", também comentou com um pequeno grupo durante um almoço na Downing Street.[113]

No fim de setembro, seis semanas depois do início da batalha de Stalingrado, que duraria cinco meses, Churchill manifestou sua "confiança na contínua resistência russa". Todas as noites, a RAF lançava nas cidades alemãs o equivalente a três vezes e meia o peso das bombas que haviam destruído Coventry, interrompendo o aumento da produção de armas do Terceiro Reich e iniciando o processo de desmoralização do povo alemão. Nesse momento singularmente desfavorável, surgiu uma nova crise política em Londres, quando Cripps ameaçou renunciar, alegando que "não estava satisfeito com a condução da guerra".[114] Ele queria a criação de uma Diretoria de Planejamento da Guerra, que podaria os poderes de Churchill.[115] Sem uma vitória no Deserto Ocidental, Churchill ainda era politicamente vulnerável, e Harold Nicolson especulou que a intenção de Cripps poderia ser "criar um governo alternativo e tomar o lugar de Winston".[116]

Ao retornar de Moscou em janeiro, Cripps descobrira que era imensamente popular. Churchill acreditava que seu período como embaixador lhe subira à cabeça e comentou: "Lá vai aquele que, não fosse pela graça de Deus, seria Deus".[117] Como que para enfatizar sua imagem de messias, Cripps tomava um café da manhã frugal nos estabelecimentos da companhia Lyons, ao lado dos trabalhadores de escritório londrinos. Se um político começa a perambular pelo país fazendo discursos sobre temas que vão além de seus campos de atuação, trata-se de um sinal infalível de que está "em manobras" visando ao cargo de premiê. Quando a empresa de pesquisas Gallup perguntou: "Se alguma coisa acontecer ao sr. Churchill, quem você gostaria que o sucedesse como primeiro-ministro?", 34% responderam Eden, mas 28% responderam Cripps e nenhum outro conseguiu mais do que 3%.[118] Naquele verão, Cripps havia começado uma série de discursos em toda a Grã-Bretanha sobre questões não relacionadas com seus deveres ministeriais, em assuntos diversos como previdência social, cortiços, educação universal, aviação civil, habitação, poupança nacional, "os extremos da riqueza ou pobreza" e como "se livrar do desemprego".[119] Ele enviou uma mensagem à China no Dia das Nações Unidas e falou na BBC sobre obedecer aos desígnios de Deus.

Cripps era de longe o membro mais ativo do Gabinete de Guerra depois de Churchill e potencial candidato a primeiro-ministro se algo desse errado com a ofensiva de Montgomery em El Alamein, planejada para o fim de outubro. Cripps chegou ao ponto de fazer algumas críticas veladas a Churchill em público. "Senti neste país desde o meu retorno uma falta de urgência", afirmou. "Sinto que não estamos 'dando tudo' em nosso esforço e determinação."[120] No fim, em 21 de setembro, Churchill, Attlee e Eden conseguiram persuadir Cripps a não renunciar antes da ofensiva de Montgomery. Churchill descartou a ideia da Diretoria de Planejamento da Guerra por considerá-la um "Truste de Cérebros sem corpo", alusão ao então popular programa de rádio da BBC Brains Trust.[121] "Vamos perder a guerra se Churchill ficar", disse Aneurin Bevan a Nicolson, mas não conseguiu convencê-lo. "Ainda vejo Winston como o Deus da Guerra", anotou Nicolson.[122]* Depois da guerra, Churchill afirmou que setembro e outubro de

* Naquele dia, solicitado a fazer na Câmara uma "denúncia categórica" do premiê de Vichy Pierre Laval, Churchill brincou: "Receio ter esgotado as possibilidades da língua inglesa" (WSC, *End*, p. 186).

1942 foram para ele os meses mais preocupantes de todo o conflito, e é fácil perceber por quê. Embora as chances de invasão fossem pequenas àquela altura, as perdas de navios dos Aliados foram as mais pesadas (em novembro, 800 mil toneladas); os alemães haviam tomado o centro de Stalingrado; Montgomery não fizera nenhum avanço a partir de El Alamein; Cripps e Beaverbrook estavam à espreita e se preparando para atacar; o Japão havia conquistado um oitavo da superfície do globo e passava a ser uma ameaça tanto à Índia como à Austrália.[123] Mesmo na hipótese extremamente improvável de um colapso alemão, havia o espectro de uma Rússia ressurgente marchando através de um continente devastado. "Seria um desastre sem tamanho", disse Churchill a Eden, "se a barbárie russa sufocasse a cultura e a independência dos antigos Estados da Europa."[124]

Beaverbrook ainda estava em campanha a favor de uma Segunda Frente fora do governo, esperançoso de uma oportunidade de substituir o primeiro-ministro em caso de um tropeço, mas parece ter sido uma influência benigna no seio da família Churchill naquele momento. "Sou muito grata a você por ser o mediador entre Randolph e Pamela *e* entre Randolph e Winston", escreveu-lhe Clementine em 8 de outubro. "Espero que agora, até que retorne ao Egito, Randolph possa ver seu pai com frequência. Ele realmente ama Winston e esse estranhamento foi uma tristeza e pesou sobre ambos."[125]

Ao receber as chaves da cidade de Edimburgo em 12 de outubro, Churchill se valeu de credenciais escocesas. "Antes de tudo, decidi nascer no dia de santo André", declarou, antes de ressaltar que tanto sua esposa como seu regimento na Grande Guerra eram escoceses, e "fui por quinze anos representante de 'Bonnie Dundee', e ainda poderia estar naquele assento se a questão tivesse ficado inteiramente em minhas mãos."[126] Ele falou das incursões dos Comandos na costa francesa, e que "de vez em quando, sai do mar uma mão de aço que arranca os sentinelas alemães de seus postos com eficiência crescente, em meio à alegria de todo o campo".[127] Como o cantor e comediante Sir Harry Lauder estava na plateia, ele acrescentou: "Gostaria de usar com vocês as palavras de seu famoso menestrel — ele está aqui hoje —, palavras que deram conforto e força renovada a muito coração atormentado: continuem até o final da estrada, continuem até o fim".[128]

No dia seguinte, quando a implementação da segregação racial existente no Exército dos Estados Unidos a restaurantes britânicos foi discutida no Gabinete, lorde Cranborne relatou que um de seus funcionários negros da Secretaria de Estado das Colônias não podia mais comer fora porque os oficiais norte-americanos tinham imposto uma política de aceitar somente brancos. "Tudo bem", disse Churchill, "se levar um banjo com ele, vão pensar que é um dos integrantes da banda!"[129] Depois de fazer essa piada insensível, Churchill passou a tratar a situação com a seriedade que merecia, e o Gabinete concluiu que o Exército norte-americano "não deve esperar que nossas autoridades, civis ou militares, os ajudem a aplicar uma política de segregação. Estava claro que, no que dizia respeito à admissão em cantinas, pubs, teatros, cinemas e assim por diante, não haveria e não deveria haver restrição das instalações até então estendidas às pessoas de cor em consequência da chegada das tropas dos Estados Unidos a este país".[130]

Em 23 de outubro de 1942, uma sexta-feira, Montgomery lançou sua ofensiva em El Alamein, que durou doze dias e noites e que Churchill queria apelidar de a "Batalha do Egito". Naquela noite, o primeiro-ministro foi a um jantar que o rei e a rainha ofereciam no Palácio de Buckingham em homenagem a Eleanor Roosevelt, a esposa do presidente norte-americano. Depois, todos assistiram ao elogio mal disfarçado de Noël Coward a Louis Mountbatten no esplêndido filme de propaganda *Nosso barco, nossa vida*. Churchill não parou de pedir informações sobre o progresso da batalha e só ficou satisfeito depois de telefonar pessoalmente para o Ministério da Guerra. Ele retornou cantando "Roll Out the Barrel" "com entusiasmo", observou Tommy Lascelles, "mas com pouca evidência de talento musical".[131]

Em 29 de outubro, Churchill e Eden já mostravam sinais de irritação com Montgomery por ainda não ter desmantelado as linhas de Rommel, mas Brooke os acalmou, convencido de que os resultados positivos estavam prestes a aparecer. Como ele esperava, em 3 de novembro, a Operação Supercharge, o mais pesado dos ataques de Montgomery até então, liderado pela 2ª Divisão da Nova Zelândia do general Bernard Freyberg, rompeu as defesas alemãs na quarta fase da batalha, forçando Rommel a iniciar seu recuo para Fuka. "Primeiro-ministro em Londres, em estado de superexcitação", observou Cadogan naquele dia.[132] Foi naquele dia, no almoço das terças-feiras com o rei, que Churchill pôde enfim dizer com certeza: "Trago-lhe vitória".[133] "Achamos que ele havia enlouquecido", comentou a rainha mais tarde. "Não tínhamos ouvido essa palavra desde o início da guerra."[134] Churchill ficou particularmente satisfeito com dois telegramas decodificados pela Ultra nos quais Rommel fazia para Hitler "um relato muito deprimente" da batalha.[135]

Numa discussão do Gabinete sobre um documento do Ministério das Relações Exteriores sobre o federalismo europeu no mundo do pós-guerra, Cadogan anotou: "É claro que o primeiro-ministro ficou empolgado com as notícias do Egito, e sua empolgação tomou a forma nada inesperada de 'dane-se a Europa: seremos fortes o suficiente para seguir o nosso próprio caminho'".[136] Em 4 de novembro, Rommel já estava em plena retirada. O exército de Montgomery havia capturado 30 mil soldados do Eixo, e naquela noite o comandante jantou com o general alemão Ritter von Thoma em sua caravana no deserto. Napoleão e Marlborough costumavam jantar com generais derrotados em suas tendas depois das batalhas; então, quando um parlamentar reclamou reservadamente sobre as ações de Montgomery, Churchill respondeu com toda a seriedade: "Pobre Von Thoma. Eu também jantei com Montgomery".[137] (Mais tarde ele disse em particular sobre o extremamente egocêntrico Monty: "Na derrota, imbatível; na vitória, insuportável".)[138]

Churchill ordenou que os sinos da igreja do país fossem tocados em 15 de novembro, um domingo, uma vez que não havia possibilidade de sucesso de um contra-ataque alemão. Quando lhe disseram que os sinos haviam provavelmente enferrujado e que os sineiros estavam servindo nas forças, sua resposta foi que "isso não importava".[139] De fato, a alegre reação popular ao ouvir os sinos das igrejas tocarem para comemorar uma vitória genuína está registrada em muitos dos diários e cartas da época.

"Não estamos celebrando a vitória final", avisou Churchill aos que o cercavam. "A guerra ainda será longa. Depois que derrotarmos a Alemanha, levaremos mais dois anos para vencer o Japão. Não que isso seja ruim. Vai nos manter ao lado dos Estados Unidos enquanto fazemos a paz na Europa. Se ainda estiver vivo, colocarei tudo o que temos no Pacífico."[140] Sua avaliação pública sobre o significado de El Alamein foi expressa em seu discurso na Mansion House em 10 de novembro, quando proclamou, num epigrama que teria deixado Edward Gibbon orgulhoso: "Agora, isso não é o fim. Não é nem o começo do fim. Mas talvez seja o fim do começo".[141]

# 28. "Um continente resgatado"

## *Novembro de 1942 a setembro de 1943*

*Os problemas da vitória são mais agradáveis que os da derrota, mas não são menos difíceis.*

Churchill, Câmara dos Comuns, novembro de 1942[1]

*Na prática, sou o comandante-chefe aqui. Naturalmente, nem sempre consigo realizar o que quero, mas sempre posso evitar o que não quero.*

Churchill para Ivan Máiski, abril de 1943[2]

Em 8 de novembro de 1942, um domingo, mais de 100 mil soldados norte-americanos e britânicos desembarcaram no noroeste africano, em três lugares da costa marroquina e também em Orã e Argel. Houve alguma resistência das forças de Vichy, que custaram a vida de 850 soldados aliados, mas, quando rapidamente se tornou claro que a Operação Torch era um ataque esmagador, o almirante Darlan, comandante-chefe de Vichy no Norte da África, negociou um cessar-fogo com Eisenhower, de acordo com o qual foi autorizado a manter um amplo controle administrativo.

"Winston regozijou-se com nosso sucesso!", escreveu Brooke no dia seguinte.[3]* Depois de uma viagem triunfante pela Strand até a Catedral de São Paulo,

* Anos depois, Brooke acrescentou: "Acho que essa foi a única ocasião em que expressou publicamente alguma apreciação ou gratidão pelo trabalho que fiz durante todo o período em que traba-

ele fez o discurso da Mansion House no almoço do lorde prefeito em 10 de novembro. "Temos uma vitória", disse ele à plateia, "uma vitória notável e definitiva. O radiante brilho alcançou os capacetes de nossos soldados e aqueceu e alegrou o coração de todos nós [...]. Os alemães foram superados e derrotados com os mesmos tipos de armas com as quais haviam derrotado tantos povos menores." Embora as forças de Vichy tivessem lutado contra os Aliados durante a Operação Torch, ele continuava a acreditar que os franceses acabariam contribuindo para a derrota da Alemanha nazista: "Declaro a vocês aqui, nesta ocasião notável, mesmo agora, quando franceses desorientados ou subornados estão atirando em seus salvadores, eu declaro a vocês minha fé de que a França ressuscitará".[4] E então acrescentou uma referência inequívoca ao Extremo Oriente e à Índia:

> Não entramos nesta guerra para obter lucro ou expansão, mas somente para honrar e cumprir nosso dever de defender o que é certo. Quero, no entanto, deixar uma coisa clara, caso haja algum engano em relação a isso em algum lugar. Queremos manter o que é nosso. Não me tornei primeiro-ministro do rei para comandar a liquidação do Império Britânico. Para essa tarefa, se alguma vez fosse prescrita, seria preciso encontrar outra pessoa.[5]

Era uma mensagem clara, não apenas para os japoneses e o Congresso Nacional Indiano, mas também para os norte-americanos, de que Churchill não acreditava que os dias do Império estavam contados. Na verdade, para ele a guerra estava sendo travada tanto pelo Império como pela Grã-Bretanha, e a instituição imperial reagira magnificamente, fornecendo homens, dinheiro e materiais em grandes quantidades, sem que lhe fosse pedido. Em troca, a Grã-Bretanha ajudou a proteger a Índia de uma invasão japonesa que, se tivesse sido sanguinária como a ocupação das Filipinas, teria deixado 50 milhões de indianos mortos. A velha e duradoura crença de Churchill no Império afetaria profundamente a estratégia que seria adotada pela Grã-Bretanha e suas relações com os norte-americanos mais tarde no conflito.

"Esse nobre Exército do Deserto, que nunca duvidou de sua capacidade de derrotar o inimigo", Churchill disse mais tarde sobre os homens de Montgomery e sua vitória em El Alamein, "e cujo orgulho sofreu cruelmente com recuos e desastres que não conseguiam entender, recuperou em uma semana seu ardor e

---

lhei para ele" (Danchev e Todman [Orgs.], *War Diaries*, p. 340). Embora isso não fosse exatamente verdade — Churchill se referiu a Brooke como "aquele grande oficial" em um discurso após o Dia D, mencionou-o em seu discurso do Dia da Vitória em 1945 e concedeu-lhe o título de visconde —, é de fato notável que Churchill pouco tenha mencionado os outros grandes estrategistas britânicos da guerra (*CS*, v. VII, p. 6976).

sua autoconfiança. Os historiadores podem explicar Tobruk. O Oitavo Exército fez melhor: vingou-se."[6] (A própria Tobruk seria retomada em 13 de novembro.) Em seguida, ele atribuiu inteligentemente a concepção da Operação Torch a Roosevelt, embora tenha sido ideia sua. "Em minha primeira visita a Washington depois que os Estados Unidos foram atacados por Japão, Alemanha e Itália, o presidente Roosevelt optou pela ideia de que a África do Norte francesa era especialmente adequada para a intervenção americana no teatro ocidental. Essa visão foi inteiramente compartilhada por nós."[7] Essa prestidigitação foi percebida por Lascelles, Ismay e alguns outros, mas Churchill esperava encorajar os norte-americanos a assumir o crédito por uma operação à qual o Estado-Maior Conjunto se opusera até o fim de julho.

Hitler reagiu ao ataque no Norte da África ocupando toda a França em novembro, o que levou os franceses a afundar sua frota em Toulon, uma medida que teria salvado 1300 vidas se houvesse sido tomada em Orã dois anos antes. Quando, em 11 de novembro, um dia sagrado para a geração da Grande Guerra, Churchill entrou na Câmara dos Comuns para anunciar que houvera 59 mil vítimas do Eixo em El Alamein, em comparação com 13 600 da Comunidade Britânica, foi recebido com vivas prolongados. "Eu certamente não sou um daqueles que precisam ser aguilhoados", disse. "Na verdade, se sou alguma coisa, é um aguilhão. Minhas dificuldades na verdade estão em encontrar a paciência e o autocontrole para esperar com ansiedade por muitas semanas que os resultados sejam alcançados."[8] Ao explicar a situação estratégica, falou da "exposição do baixo-ventre do Eixo, especialmente a Itália, ao ataque pesado".[9] Embora não tenha usado o adjetivo "mole" para descrever esse baixo-ventre, como havia feito com Stálin e depois com o general Mark Clark, bem como em outras ocasiões, a implicação era que uma campanha em território italiano poderia ser fácil.

A partir de meados de novembro, Churchill voltou a usar as decodificações da Ultra, pela primeira vez desde que admitira tê-las interpretado mal em abril. Frustrado com o que considerou uma lentidão na perseguição de Rommel por Montgomery, citou para Alexander os números de série das decodificações que mostravam "uma condição de fraqueza e ordens desencontradas de caráter muito notável entre os inimigos".[10] Mas Alexander e Montgomery tinham a exata consciência da capacidade de contra-ataque da Wehrmacht e não permitiram que as intervenções de Churchill alterassem o ritmo de seu avanço metódico e exitoso. Acabou sendo o último momento significativo em que Churchill usou as decodificações da Ultra para apoiar seus argumentos em decisões operacionais.[11] Durante o resto da guerra, ele manteve seu entusiasmo pela leitura das decifrações de mensagens alemãs, mas sua quantidade passou a ser tão grande que o Comitê Conjunto de Inteligência precisava escolher quais ele deveria ler. Mas Churchill não deixava dúvidas sobre sua importância; em agosto de 1944, disse ao major Alexander Standish, oficial-chefe da Ultra sob o comando do general Omar Bradley, "que preferia sacrificar três divisões a ter essa informação revelada, e se alguém a revelasse, intencionalmente ou sem querer, esse indivíduo seria sumariamente julgado e fuzilado".[12]

Churchill podia então voltar sua atenção para Cripps. "Agora que há sucessos e a política do governo está justificada", registrou o rei, "Winston o chama de Bomba não Detonada do Gabinete de Guerra."[13] Numa rápida reorganização, Cripps tornou-se ministro da Produção de Aeronaves, posto que não fazia mais parte do Gabinete de Guerra, onde permaneceu pelo resto do confronto. Eden assumiu o posto de Cripps de líder da Câmara dos Comuns, sem deixar o cargo de ministro de Relações Exteriores, e lorde Cranborne passou a desempenhar o outro papel de Cripps como lorde do Selo Privado. Lindemann substituiu Cranborne como tesoureiro-geral, trazendo assim outro amigo próximo e partidário seu para o Gabinete.

Os olhos de Churchill estavam agora voltados para a Itália. "Quando uma nação é completamente batida na guerra, faz todo tipo de coisas que ninguém pode imaginar de antemão", disse ele ao Gabinete de Guerra em 22 de novembro.[14] Os chefes do Comitê Combinado ainda não estavam pensando em termos de uma campanha em território italiano, mas Churchill sim, desde que escrevera seus quatro memorandos no ano anterior. Via isso como uma forma de desviar recursos alemães das praias do noroeste da França.*

Na quinta e última sessão secreta na Câmara dos Comuns, em 10 de dezembro, Churchill defendeu o acordo de Eisenhower com Darlan, segundo o qual as autoridades de Vichy continuavam a governar a Tunísia e a Argélia. Para explicar por que havia tão poucos Franceses Livres e tantos colaboracionistas, ele disse: "O Todo-Poderoso, em Sua infinita sabedoria, não achou por bem criar franceses à imagem dos ingleses".[15] O general francês Henri Giraud fugira da prisão e chegara à Argélia, mas entrou em choque com De Gaulle a respeito de quem presidiria o Comitê Francês de Libertação Nacional (CFLN), que deveria coordenar todas as forças francesas anti-Vichy, tanto na França como no exterior. Churchill comentou: "Todos pensávamos que o general Giraud era o homem para o cargo e que sua chegada seria eletrizante. Com essa opinião, o general Giraud concor-

* Numa tarde de domingo do início de dezembro, enquanto permanecia em Dorneywood, a residência em Buckinghamshire do industrial Sir Courtauld Thomson, Churchill conseguiu um muito necessário momento de relaxamento jogando bagatela coríntia, uma forma primitiva de fliperama com uma tábua de madeira, uma bola e pinos de metal. Alcançou o impressionante escore de 1015 pontos, depois de jogar por três horas. Pontuações de mais de mil estão registradas no "Golden Book" de Dorneywood, e a dele foi testemunhada por Mountbatten, Lindemann e Harriman. (Este autor também aparece no livro, tendo alcançado uma pontuação de quatro dígitos no início do século XXI.)

dou enfaticamente".[16] Churchill se referiu ao marechal Pétain — cujo nome pronunciava "Piteine" — como "aquele derrotista arcaico", e quando se sentou recebeu uma grande aclamação.

Roosevelt desenvolvera aversão a De Gaulle por seu chauvinismo francês, seu hábito de sempre priorizar os interesses franceses em detrimento dos Aliados e suas tentativas de sabotar as relações entre os Estados Unidos e Vichy. "De Gaulle está disposto a implantar o governo de um homem só na França", comentou o presidente com seu filho Elliott. "Não consigo imaginar um homem de quem eu desconfie mais."[17] Ele suspeitava erroneamente que De Gaulle era um fantoche de Churchill, porque ganhara refúgio do governo britânico, que também sustentava as forças dos Franceses Livres. "Não tenho mais apreço por ele do que você", protestou Churchill em um telegrama enviado no mesmo dia da sessão secreta, "mas eu preferiria tê-lo no Comitê a vê-lo se pavoneando como uma combinação de Joana d'Arc e Clemenceau."[18] Quando, em outra ocasião, Bracken disse que De Gaulle se considerava uma reencarnação de santa Joana, Churchill rosnou: "Sim, mas *meus* bispos não vão queimá-lo!".[19] Churchill ficava frustradíssimo e irritado com De Gaulle, mas, embora extremamente tentado, e às vezes à beira de fazê-lo, nunca retirou seu apoio ao general francês. Quem ele detestava de verdade era Darlan, que chamou em novembro de "maldito porco".[20] O assassinato de Darlan por um monarquista francês na véspera do Natal de 1942 foi atribuído a Churchill, mas sem provas.

Não era apenas a respeito das relações com De Gaulle que Churchill tinha de ser cauteloso com os norte-americanos. A exigência dos Estados Unidos de acabar com a Preferência Imperial levou-o a comentar com Herbert Morrison, que estava prestes a proferir um discurso sobre a política colonial do pós-guerra: "Considerando que por setenta ou oitenta anos mantivemos nossas colônias absolutamente abertas ao comércio do mundo, sem reivindicar a menor preferência ou impor alguma tributação, exceto para receita, e que foram os americanos, com sua política de altas tarifas, que conduziram o mundo a desencaminhar-se, é uma tremenda petulância deles querer agora nos ensinar a ter um comportamento correto. No entanto, não estou sugerindo que você use essa frase específica".[21] No dia de Ano-Novo, Churchill informou ao rei sobre a futura estratégia militar: "Temos de colaborar com os americanos nessas questões, pois não podemos abordá-las sem a ajuda deles. Eles são lentos demais em treinar seu exército e trazê-lo para cá".[22]

Churchill, Roosevelt e os chefes de Estado-Maior norte-americanos e britânicos concordaram em se encontrar no acampamento Anfa do Exército dos Estados Unidos, um antigo hotel turístico nos arredores de Casablanca, para decidir onde desferir o golpe seguinte depois que o Eixo fosse completamente expulso do Norte da África. Churchill partiu para a conferência, de codinome Símbolo, da base Lyneham da RAF em seu avião Liberator *Commando** em 12 de janeiro de 1943. O rei registrou que naquele dia ele admitiu que "terá de ser muito mais firme com FDR do que antes, e que precisa fazê-lo entender que não podemos continuar sem a ajuda que já nos prometeu".[23] O primeiro-ministro levou consigo Portal, Harriman, Moran, Pim, o comandante Tommy Thompson, o inspetor detetive Walter Thompson,** John Martin e Sawyers. Foi a primeira das quatro longas viagens que fez em 1943, que o levaram para fora da Grã-Bretanha por quase quatro meses. Quando aterrissou, Churchill deveria entrar imediatamente em um carro blindado para esconder sua identidade das pessoas que trabalhavam nos campos próximos, mas decidiu ficar para receber o avião do general Ismay, argumentando que não havia nenhum perigo real de ser reconhecido, pois levava na farda seu codinome de comodoro do ar Frankland. Isso não enganou ninguém. "Apesar da farda de Churchill, não poderia haver dúvidas sobre a silhueta", recordou Harriman.[24] Ismay observou mais tarde que ele se parecia mais com um comodoro disfarçado de primeiro-ministro do que o inverso.

Uma vez instalado na confortável Villa Mirador — no terreno do hotel de luxo, a cerca de duzentos metros da muito mais chique mansão de Roosevelt — e tendo o capitão Pim montado uma sala de mapas, Churchill convidou os generais George Marshall e Mark Clark para um almoço e o almirante King, Harriman e outros para um jantar social.*** Roosevelt chegou em 14 de janeiro, e nos nove dias seguintes, os chefes do Comitê Combinado decidiram sobre a alocação de materiais aos vários teatros de guerra. Os norte-americanos ainda precisavam ser persuadidos a adotar uma estratégia no Mediterrâneo para 1943, em vez de uma para cruzar o canal da Mancha. Mais tarde, o general anglófobo Albert Wedemeyer reclamou que eles haviam sido enganados por Churchill em Casablanca. "Eles podem dizer que eu os levei por um caminho enganador, mas em todas as etapas do caminho eles encontraram frutas deliciosas e vegetais saudáveis", replicou Churchill no ano seguinte.[25] Foi acordado em Casablanca que o alvo

* Esse avião foi perdido sobre o Atlântico em 1945.

** O filho de Walter Thompson, Fred, um dos primeiros pilotos do heroico esquadrão de Pathfinder do Comando de Bombardeiros e condecorado com a cruz DFC (Distinguished Flying Cross) ao cumprir 43 missões sobre o território inimigo, seria morto em combate pouco tempo depois, aumentando a longa lista de pessoas que Churchill conhecia pessoalmente cujos filhos haviam morrido na guerra.

*** A certa altura, durante a Conferência, Hopkins encontrou Churchill bebendo vinho no café da manhã. O primeiro-ministro explicou que tinha "uma profunda aversão ao leite desnatado e nenhum preconceito arraigado em relação ao vinho" (Sherwood [Org.], *Hopkins*, v. II, p. 685). "No Cairo, vi Winston beber uma garrafa de vinho branco no café da manhã", disse Ian Jacob ao autor (entrevista com o general Sir Ian Jacob, 28 de outubro de 1988). O romancista C. P. Snow disse uma vez que Churchill não podia ser alcoólatra, porque nenhum alcoólatra seria capaz de beber tanto.

seguinte seria a Sicília. "Eu absolutamente me recuso a ser engambelado com uma sardinha", disse Churchill quando sugeriram a Sardenha.[26] Decidiu-se também que Alexander seria o vice-comandante-chefe de Eisenhower para a campanha na Tunísia, "com a direção e o planejamento efetivos da operação principal", contou Churchill a Clementine, enquanto o general Henry "Jumbo" Maitland Wilson sucederia Alexander no comando do Oriente Médio.

No final da conferência, Churchill concordou com a proposta de Roosevelt de que os Aliados exigissem a rendição incondicional da Alemanha, impedindo assim a possibilidade de uma paz negociada com algum sucessor nazista de Hitler. Segundo os críticos à medida, isso ajudou os nazistas a convencer o povo alemão a lutar mesmo depois de saber que perderiam, mas Churchill declarou publicamente que a rendição impunha deveres claros aos vencedores. "Não significa que [os Aliados] tenham o direito de se comportar de maneira bárbara, nem que desejem obliterar a Alemanha do seio das nações da Europa", informou à Câmara dos Comuns em seu retorno. "Se temos uma obrigação, é a de estarmos obrigados por nossas próprias consciências à civilização."[27] Acreditava-se que a exigência aumentava o moral aliado, e que alguma coisa aquém disso teria certamente aumentado as suspeitas de Stálin de que os Aliados ocidentais estariam dispostos a fazer um acordo com os alemães nos estágios finais da guerra, mas Churchill nunca ficou satisfeito com esse arranjo, e sentira falta de um aviso prévio de Roosevelt a respeito de tão importante mudança.

No início da conferência, Churchill escreveu a Clementine sobre "Dom Quixote" — como se referiam entre eles a Roosevelt — que "tenho um forte senso da amizade que prevalece entre nós".[28] O primeiro-ministro e o presidente fizeram a maioria das refeições juntos e ficavam acordados até tarde, e Churchill considerou com razão que a conferência em Casablanca fora um grande sucesso. A estratégia no Mediterrâneo de atacar primeiro a Sicília e depois a Itália tinha sido aceita pelos norte-americanos; escoltas e embarcações de desembarque foram prometidas para uma eventual reconquista da Birmânia em 1944; a ajuda à Rússia seria aumentada; De Gaulle e Giraud haviam apertado as mãos (embora brevemente) para as câmeras; houve um consenso sobre a distribuição global de forças e seus comandantes-gerais. Churchill foi uma figura central, ao lado de Roosevelt, Marshall e Brooke, em todos esses acordos, e ficou encantado com o resultado produzido. "É em todos os aspectos o que desejei e propus", comentou com Clementine.[29]

Depois da última entrevista coletiva, em 24 de janeiro — "Nós encantamos todos eles", assegurou o primeiro-ministro ao presidente —, ele e Roosevelt foram de carro para Marrakesh. Chegaram à bela residência do vice-cônsul norte-americano Moses Taylor no final da tarde.[30] Churchill escreveu em suas memórias de guerra a respeito da "vida alegre da cidade, que incluía cartomantes, encantadores de serpentes, quantidades enormes de comida e bebida e, no conjunto, os maiores e mais bem organizados bordéis do continente africano. Todas essas instituições tinham uma longa e antiga reputação".[31] Ele pintou o único quadro que produziu entre 1939 e o Dia da Vitória no telhado da residência, uma paisagem de uma parte da cidade dominada por um santuário. A pintura, intitulada *A torre da mesquita Katoubia*, foi presenteada a Roosevelt.*

Roosevelt deixou Marrakesh na manhã de 26 de janeiro. Naquela noite, Churchill voou para o Cairo, onde ordenou que os comandantes-chefes britânicos se reunissem para planejar a Operação Accolade [Honraria], a captura das ilhas do Dodecaneso, com o máximo de "engenhosidade e recursos".[32] Brooke considerou que isso geraria uma distração da campanha em território italiano, mas Churchill esperava que, se pudesse retomar Creta e capturar o Dodecaneso, a Grã-Bretanha poderia restringir o movimento do inimigo no leste do Mediterrâneo, abrir o Bósforo e até mesmo os Bálcãs e inspirar a Turquia a entrar na guerra, permitindo assim o uso de bases aéreas turcas para atingir alvos do Eixo na Grécia, na Romênia e na Bulgária.[33] A operação lembrava obviamente Galípoli, e Roosevelt e Marshall se opuseram de imediato, recusando-se a participar. Três dias depois, um dos homens que poderiam ter embargado a Accolade, o brigadeiro Vivian Dykes, diretor de planos do Ministério da Guerra, morreu em um acidente de avião. Em 31 de janeiro, Churchill voou para Adana a fim de se encontrar com o presidente turco Ismet Inönü em seu trem especial perto de Yenidje. "Por favor, não se preocupem com minha segurança pessoal", ele escreveu em resposta a um telegrama do Gabinete de Guerra lhe pedindo que não corresse o risco de ser assassinado indo à Turquia, "porque posso cuidar de mim mesmo e sou muito rápido em detectar onde está o perigo."[34] Pouco antes de partir, pensando na morte de Dykes, mas também na sua, Churchill disse a Ian Jacob: "Acho que agora o caminho se tornou bem claro; até mesmo o Gabinete daria conta de se manter nele".[35]

Churchill disse ao presidente Inönü que, como os Aliados venceriam certamente a guerra, a Turquia deveria garantir os benefícios da vitória vindoura abandonando sua neutralidade. Mais tarde, informou ao Gabinete de Guerra que "fizera amizade de imediato" com Inönü e que os turcos "ansiavam por nossa vitória".[36] Ele viajou para Nicósia no dia seguinte. Mais tarde, a imprensa foi avisada de que o primeiro-ministro, que viajava sob a alcunha de "sr. Bullfinch", havia parado em Chipre para inspecionar o 4º Regimento dos Hussardos, mas na verdade estava procurando um lugar apropriado para encontrar-se com Stálin e

* Pintar exigia esforço, pois ele vinha sofrendo de uma dolorosa bursite de cotovelo, um problema que não costuma ser associado imediatamente a Winston Churchill. Embora estivesse melhorando, usava cotoveleiras especiais de proteção. A pintura hoje está em posse da atriz Angelina Jolie.

Roosevelt no segundo semestre daquele ano. "A ilha é perfeita", sugeriu a Máiski. "Facilmente isolada de qualquer lugar. Ninguém vai saber de nada."[37]

Ele estava no Cairo em 2 de fevereiro quando o marechal de campo Friedrich Paulus entregou mais de 200 mil soldados do Eixo em Stalingrado. Escreveu para parabenizar Stálin, fazendo a terrível previsão de que a Turquia entraria na guerra antes do final de 1943. "Eu disse a eles que, pela minha experiência, a União Soviética nunca rompeu um compromisso ou tratado", revelou a Stálin, numa observação insincera que teria surpreendido o Churchill dos anos 1920.[38] Além disso, comunicou a Roosevelt que em sua opinião Stálin deveria ser informado sobre seus planos para a Itália, argumentando que "ninguém é capaz de guardar um segredo melhor do que ele".[39] Sugeriu também que Stálin soubesse que "estamos planejando para agosto uma operação pesada de travessia do canal da Mancha, para a qual entre dezessete e vinte divisões britânicas e norte-americanas estarão disponíveis".[40] Mas acrescentou que as condições meteorológicas, o transporte marítimo e as embarcações de desembarque seriam fatores limitadores, e isso não poderia acontecer se enfrentassem forte resistência alemã na Sicília e na Itália continental.

Em 5 de fevereiro, saiu do Cairo para o Deserto Ocidental a fim de testemunhar a entrada formal do Oitavo Exército em Trípoli e inspecionar os grandes desfiles de 40 mil soldados. "Depois da guerra, quando perguntarem a um homem sobre o que ele fez, será suficiente que diga: 'Marchei e lutei com o Exército do Deserto'", falou aos soldados. "E, quando a história for escrita e todos os fatos forem conhecidos, seus feitos brilharão e fulgurarão, e serão fonte de canções e histórias muito tempo depois que nós que estamos aqui reunidos morrermos."[41] Brooke notou que, quando a 51ª Divisão das Terras Altas passou marchando, "com a música enlouquecida das gaitas de foles nos meus ouvidos [...] olhei para Winston e vi várias lágrimas em seu rosto".[42]

Em 7 de fevereiro, apesar de seu avião ter apresentado problemas no motor numa escala em Argel, Churchill sobrevoou o canal de Bristol e aterrissou na base Lyneham da RAF às onze horas da manhã. Sawyer havia lhe dito durante o voo: "Você está sentado em cima de sua garrafa de água quente. Isso não é uma boa ideia". "Ideia?", retrucou o primeiro-ministro. "Isso não é uma ideia, é uma coincidência."[43] Churchill foi para Binderton, a casa de campo de Eden, onde assistiu ao recém-lançado filme *Casablanca* e, de acordo com o diário do ministro, "Winston explodiu contra De Gaulle" por seu comportamento na Conferência Símbolo.[44] Ele também estava irado porque o Gabinete de Guerra havia tentado dissuadi-lo de ir à Turquia, e Eden registrou sua opinião de que "ele deve ter permissão para ir aonde quiser quando estiver no exterior [...]. De qualquer forma, se tivesse sido morto, teria sido uma boa maneira de morrer e a única diferença é que eu entraria na posse de minha herança mais cedo".

Beaverbrook ainda não havia desistido de tornar-se primeiro-ministro e àquela altura sua esperança era substituir Churchill por um triunvirato formado por ele, Eden e Bevin. Seu plano não tinha futuro, no mínimo porque Bevin, que não gostava de Beaverbrook e o via com desconfiança, contou tudo imediatamente a Churchill. Quando questionado como Churchill podia permanecer em bons termos pessoais com Beaverbrook depois disso, Bevin explicou: "Ora, veja, é assim: é como se o velho tivesse se casado com uma prostituta. Ele sabe com quem está lidando, mas a ama".[45] Beaverbrook fez um de seus pesquisadores redigir um documento de 23 páginas intitulado "As falsas profecias de Winston Churchill e algumas consequências econômicas" — uma lista de todos os supostos erros de julgamento de Churchill, entre eles os Dardanelos, o padrão-ouro, artigos de opinião da década de 1930, a crise da abdicação (na qual ele próprio fora o principal aliado de Churchill), o discurso aos neutros de janeiro de 1940, previsões de vitória em Creta e Tobruk e muito mais.[46] Tudo isso era apoiado com referências e anotações, em grande parte do Hansard e dos próprios jornais de Beaverbrook. O documento nunca foi usado, mas Beaverbrook estava preparado caso seu velho amigo mostrasse sinais de vulnerabilidade política.

No dia 9 de fevereiro, Churchill entrou na Câmara dos Comuns pela primeira vez desde seu retorno de Casablanca e foi recebido com aplausos retumbantes. "Temos que fazer com que o inimigo queime e sangre de todas as formas que sejam física e razoavelmente possíveis", discursou aos parlamentares, "da mesma forma como está sendo queimado e sangrado ao longo da vasta frente russa, desde o mar Branco até o mar Negro."[47] Em seguida, acrescentou: "Quando olho para tudo o que a Rússia está fazendo e para as vastas conquistas dos exércitos soviéticos, deveria me sentir abaixo do nível exigido pelos acontecimentos se não tivesse certeza em meu coração e minha consciência de que tudo ao alcance do poder humano está sendo feito e será feito para colocar as forças britânicas e americanas em ação contra o inimigo com a máxima velocidade e energia, e na maior escala".[48] Churchill prestou homenagem a "esse veemente e formidável general Montgomery, uma figura cromwelliana, austera, severa, talentosa, incansável, com uma vida dedicada ao estudo da guerra, que atraiu para si, em grau extraordinário, a confiança e a devoção de seu Exército".[49] Leu então uma mensagem que recebera do general Alexander após derrotar Rommel: "Os inimigos de Sua Majestade, junto com seus obstáculos, foram completamente eliminados do Egito, da Cirenaica, da Líbia e da Tripolitânia. Agora aguardo suas próximas instruções". Fez uma pausa e depois acrescentou, como se não soubesse de nada: "Bem, obviamente, teremos de pensar em outra coisa".[50] Após o discurso, reuniu parlamentares ao seu redor no Salão de Fumantes. "O que mais o impressionou parece que foi a recepção que a população italiana lhe deu na Líbia", registrou Nicolson. "'Eles me aclamaram', contou ele, 'e bateram palmas assim' — e dito isso, enfiou o charuto na boca e bateu palmas, dizendo '*Eeveever*'."[51]*

Em 16 de fevereiro, Churchill contraiu pneumonia, com uma inflamação na base do pulmão. Moran prescreveu o recém-criado antibiótico sulfonamida, conhecido como M&B (iniciais de seus criadores, May & Baker Ltd.), mas nos seis dias seguintes o primeiro-ministro ficou incapacitado. Mais uma vez, teve sorte com o momento em que a situação se deu: o M&B foi o primeiro tratamento químico inventado para a pneumonia. Quando se sentiu bem, leu *Moll Flanders* e no dia 22 escreveu ao rei, que foi visitá-lo enquanto convalescia em Chequers. "De Gaulle é hostil a este país, e eu confio muito mais em Giraud do que nele", enfatizou, embora concedendo que sua "insolência [...] pode estar fundada na estupidez e não na maldade [...]. Ele agora deseja fazer uma turnê por seus domínios, *mes fiefs* como ele os chama. Eu vetei isso, pois ele simplesmente causaria estragos e espalharia a anglofobia para onde quer que fosse."[52]** Churchill impediu que De Gaulle fosse à Síria, e o general retrucou: "*Alors, je suis prisonier*", e retornou à casa que o governo lhe emprestava em Hampstead. Churchill ligou para o oficial de ligação com De Gaulle no Ministério das Relações Exteriores e disse: "Considero você responsável pelo impedimento da fuga do Monstro de Hampstead".[53]

"Tentei convencê-lo a tomar um pouco de Ovomaltine à noite", contou Doris Miles, a enfermeira de Churchill, ao marido, Roger, "mas ele declarou que odeia 'papa' — não suporta leite ou mingau, é do tipo 'bife e cerveja' no café da manhã."[54] Em 23 de fevereiro, ela escreveu da Downing Street: "Uma coisa que pode divertir você é a tabela de ingestão de líquidos dele. É mais ou menos assim: champagne 285 ml; brandy 57 ml; suco de laranja 227 ml; uísque com soda 227 ml. Isso não faz com que sua língua fique frouxa?!".[55] Em 1º de março, Churchill já estava se sentindo muito melhor, embora ainda fraco, e Doris anotou que "ele canta muito, um tanto desafinado, e a plenos pulmões". A canção da Grande Guerra que ele gostava de cantar enquanto tomava banho dizia:

* Isto é, *Evviva* (hurra).

** Quando esta carta foi publicada nas memórias de Churchill, em 1951, a primeira frase foi omitida inteiramente, e o comentário sobre a estupidez e a "insolência" de De Gaulle foi alterado para "aspereza" (WSC, *TSSW* IV, p. 657). Também foi cortada uma observação sobre o Oitavo Exército: "O inimigo cometerá um grande erro se pensar que todas as tropas que temos lá estão no mesmo estado verde de nossos amigos dos Estados Unidos". Do mesmo modo, foi extirpado um comentário sobre a greve de fome de Gandhi: "O velho impostor Gandhi está durando muito mais tempo do que nos foi assegurado que era possível, e nos perguntamos se o jejum dele é de boa-fé" (RA PS/PSO/GVI/C/069/29).

*Wash me in the whitewash on the wall,*
*Don't wash me in the water*
*You wash your dirty daughter,*
*Wash me in the whitewash on the wall.*[56]*

Quando ele estava em condições de tomar banhos de verdade, a enfermeira Miles notou que o primeiro-ministro ficava orgulhoso de conseguir fechar as torneiras com os dedos dos pés. No começo de março, estava pronto para trabalhar, com "algumas secretárias e vários uísques" até depois da meia-noite, com muitos risos audíveis através das portas, e em 15 de março estava recuperado.

Rommel fez quatro grandes contra-ataques na Tunísia no início de março, mas todos foram repelidos por Eisenhower e Montgomery. Em 9 de março, a "Raposa do Deserto" foi mandada de volta à Alemanha para tratamento médico, mas, na verdade, era uma ação para escapar da captura. No entanto, apesar de todas as boas notícias da África, a Grã-Bretanha ainda vinha sendo bombardeada sistematicamente pela Luftwaffe. Na noite de 3 de março, 173 civis foram mortos na estação de metrô Bethnal Green, muitos deles quando caíram e foram pisoteados em meio ao pânico. Churchill queria que essa notícia fosse censurada, afirmando que era "contra dar tamanha atenção a esse incidente", ainda mais porque "dissemos anteriormente 'sem pânico': isso deixa claro que *houve* pânico".[57]

Em 21 de março, Churchill fez sua primeira transmissão pelo rádio sobre os desafios que a Grã-Bretanha enfrentaria após a guerra, uma indicação de sua confiança cada vez maior de que a vitória estava à vista. Embora estivesse doente demais para participar do debate sobre o Relatório Beveridge, em 18 de fevereiro, o discurso foi uma análise magistral, mas também uma tentativa de rivalizar politicamente com o Partido Trabalhista. Ele elogiou o trabalho de Sir William Beveridge: "Vocês podem classificar a mim e meus colegas como fortes partidários do seguro obrigatório nacional para todas as classes para todos os propósitos, desde o berço até o túmulo", e acrescentou que todos deviam trabalhar, "viessem da antiga aristocracia ou da moderna plutocracia, ou o tipo mais comum de frequentadores de pubs".[58] Ele não teve nenhum temor em afirmar: "Devemos estabelecer, em bases amplas e sólidas, um Serviço Nacional de Saúde. A respeito disso, quero dizer que não há investimento melhor para qualquer comunidade do que pôr leite em bebês. Cidadãos saudáveis são o maior patrimônio que um país pode ter". De forma igualmente radical, Churchill prometeu: "Ninguém que possa se beneficiar de uma educação superior deve ter essa chance negada. Não se pode conduzir uma comunidade moderna sem um suprimen-

* Em tradução livre: "Lave-me na cal branca da parede, / Não me lave na água em que / Você lava sua filha suja, / Lave-me na cal branca da parede". (N. T.)

to adequado de pessoas em cuja educação, seja humana, técnica ou científica, se gastou muito tempo e dinheiro".[59] Tudo isso era a linguagem clássica da Democracia Tory, com referências ao seu pai e citações de Disraeli. Ele também falou dos empregos que viriam com o "replanejamento e a reconstrução de nossas grandes e pequenas cidades", e não fez nenhuma tentativa de esconder o fato de que "devemos esperar que a tributação após a guerra seja mais pesada do que era antes da guerra, mas não pretendemos moldar nossos planos ou cobrar impostos de uma maneira que, ao remover o incentivo pessoal, destruiria a iniciativa e o empreendedorismo".[60] Ele falou de um "Plano Quadrienal" para a economia, da desmobilização, da criação de um Conselho da Europa que "se harmonizaria com os altos interesses permanentes da Grã-Bretanha, dos Estados Unidos e da Rússia" e até mesmo da chegada da televisão. Sua peroração foi pessoal. "Eu tentei aprender com os eventos", disse ele,

> e também com meus próprios erros, e eu lhes falarei sobre minha crença solene, que é a de que, se agirmos com camaradagem e lealdade ao nosso país e uns aos outros, e se pudermos fazer o empreendedorismo estatal e o livre empreendedorismo servirem ambos aos interesses nacionais e puxarem o vagão nacional lado a lado, então não há necessidade de nos depararmos com aquela queda horrível e devastadora ou com aquela época esquálida de brigas e confusão que ridicularizaram e desperdiçaram a vitória difícil que conquistamos há um quarto de século.[61]

"Você sabe que nunca deve ter medo de mim quando falo de maneira ríspida", avisou Churchill a sua nova secretária Marian Holmes, em 24 de março, "com um sorriso de querubim". "Não estou sendo ríspido com você, mas pensando no trabalho."[62] Holmes rapidamente se tornou uma de suas secretárias preferidas. Ele a levou para várias conferências e a elogiava por sua eficiência, coragem e boa aparência. Naquele mesmo mês de março, Jock Colville também voltou para a Downing Street, depois de servir dezoito meses na RAF. Considerou a mente de Churchill "tão vigorosa e seu coração tão firme como sempre, mas achou que sua aparência física mostrava sinais de desgaste".[63]

Em 26 de março, uma sexta-feira, depois de Montgomery sitiar a Linha Mareth por uma semana e pouco antes de penetrar no sul da Tunísia, Churchill mandou chamar Brooke. "Quando cheguei ao Anexo, ele estava no banho!",[64] relembrou o irlandês de mentalidade conservadora. "No entanto, ele me recebeu assim que saiu do banho, parecendo um centurião romano, vestido somente com uma grande toalha! Ele apertou calorosamente minha mão e me mandou sentar enquanto se vestia." Brooke achou aquilo "um procedimento muito interessante", enquanto o primeiro-ministro vestia uma camiseta de seda branca, depois cuecas brancas de seda e "caminhava para lá e para cá no quarto nesses trajes, parecendo um pouco 'Humpty Dumpty', com um corpo grande e pernas curtas e finas!". Quando o colarinho da camisa branca não se fechou no pescoço, Churchill simplesmente o deixou aberto e usou a gravata-borboleta para mantê-lo apertado, "à maneira de Oliver Hardy". Brooke continuou a observar, porque "o cabelo (o que ainda resta!) demandou muita atenção", e um lenço foi borrifado com perfume e, depois, esfregado em sua cabeça. "Os poucos cabelos foram então escovados e, por fim, borrifados diretamente!" Enquanto vestia calça, colete e casaco, Churchill "não parou de falar sobre a batalha de Monty e nossa proposta de visita ao Norte da África". Apesar de todas as críticas feitas a Churchill nos diários de Brooke e das brigas entre os dois, "a principal coisa que ele queria dizer era que achava que eu parecia cansado ontem à noite na reunião que tivemos e que deveria tirar uma longa folga!".[65]

Não obstante, Brooke estava de volta a Londres na segunda-feira para contar ao Gabinete de Guerra sobre a derrota de Rommel. O avanço Tunísia adentro continuou ao longo de abril, quando o Oitavo Exército se juntou aos exércitos norte-americanos vindos do oeste antes de um ataque a Túnis. O mês de abril de 1943 também testemunhou um grande aumento nos afundamentos de submarinos alemães, em parte devido a bombardeiros de longo alcance, e houve uma consequente redução nas perdas de navios aliados. Ao todo, 793 submarinos alemães foram destruídos ou capturados na Segunda Guerra Mundial; dos quase 40 mil homens que serviram nessas embarcações, três quartos morreram no mar. "Até o fim de março, havia um perigo real de o inimigo cortar nossas linhas marítimas de comunicação", lembrou o almirante James, "mas depois disso as forças de defesa conquistaram uma predominância lenta, mas constante, sobre os submarinos."[66] No verão de 1943, o Mediterrâneo pôde finalmente ser reaberto ao transporte aliado, quase um ano após a queda de Tobruk.

Em 8 de abril, quando Eisenhower especulou que a chegada de reforços alemães à Sicília poderia impedir a operação Husky — a invasão aliada da ilha marcada para julho —, Churchill ficou previsivelmente azedo. "Se a presença de duas divisões alemãs é considerada decisiva contra qualquer operação de caráter ofensivo ou anfíbio aberta aos milhões de homens que agora estão no Norte da África, é difícil ver como a guerra pode ser levada adiante", ele escreveu aos chefes de Estado-Maior. "Meses de preparação, poderio marítimo e poderio aéreo em abundância e, no entanto, duas divisões alemãs são suficientes para acabar com tudo [...]. Confio que os chefes de Estado-Maior não aceitarão essas doutrinas pusilânimes e derrotistas, de quem quer que tenham vindo [...]. O que Stálin pensaria disso, quando tem 185 divisões alemãs em seu front, não posso imaginar."[67] Era um raro exemplo de subestimação: na verdade, Stálin tinha contra si um pouco mais do que isso. A Operação Husky foi mantida.

Em 18 de abril de 1943, a Alemanha anunciou a descoberta de valas comuns na floresta de Katyn onde estavam enterrados mais de 14 mil oficiais poloneses. A União Soviética negou ser responsável pelo massacre, uma mentira que continuaria a sustentar até 1990, mas a verdade logo ficou clara quando os poloneses e a Cruz Vermelha conduziram sua investigação. No final de maio, Owen O'Malley, embaixador britânico junto ao governo polonês exilado em Londres, enviou a Eden um impactante documento que explicava em detalhes a maneira como os russos haviam massacrado os oficiais poloneses em março de 1940.[68] Churchill leu o relatório, mas decidiu que as condições do tempo de guerra exigiam silêncio por parte dele e do Ministério das Relações Exteriores. O desdém com que Stálin falara sobre o "desaparecimento" dos cúlaques na reunião que tiveram em Moscou significava que, por mais que Churchill tivesse ficado chocado, aquilo não deveria ser exatamente uma surpresa. "As atrocidades de Lênin e Trótski são incomparavelmente mais hediondas, em maior escala e mais numerosas do que qualquer outra pela qual o próprio cáiser seja responsável", escrevera Churchill em 1919. Mas agora o também brutal sucessor desses dois bolcheviques era um aliado vital.[69]

Harold Nicolson registrou em seu diário que, quando perguntou a Churchill sobre Katyn, "ele deu um sorriso amarelo: quanto menos se falar sobre isso, melhor".[70] "Mesmo que as alegações alemãs se revelem verdadeiras", Churchill disse a Máiski em Chequers, em 23 de abril, "minha postura em relação a você não mudaria. Vocês são um povo corajoso, Stálin é um grande guerreiro e, no momento, encaro tudo principalmente como um soldado interessado em derrotar o inimigo comum o mais rápido possível."[71] "Tudo pode acontecer numa guerra", acrescentou. Os escalões inferiores são capazes de "fazer coisas terríveis" ao agir por iniciativa própria.[72] Ambos sabiam que um massacre em grande escala como aquele só poderia ter ocorrido por ordens diretas do Politburo. Em termos morais, a postura de Churchill era insustentável, mas politicamente era inevitável. Foi uma das ocasiões de sua carreira em que a Realpolitik superou a moralidade e até a decência em nome da causa maior.

Em meados de abril, Churchill estava convencido de que era necessário um novo vice-rei para romper o impasse político com o Congresso Nacional Indiano, que ainda se recusava a ajudar no esforço de guerra empreendido para proteger a Índia dos japoneses. Depois de pensar em Attlee, Sinclair, Cranborne e Lampson, decidiu que o cargo deveria ser de Anthony Eden, segundo o qual o primeiro-ministro disse, depois do jantar de 21 de abril, "que seria uma calamidade ganhar esta guerra e perder a Índia [e] que estava convencido de que somente eu poderia salvar a Índia. Que eu era seu grande braço direito e único amigo realmente íntimo dentre seus colegas de governo e que, embora odiasse me perder etc. etc.".[73] Quatro dias depois, Sir Alec Hardinge telefonou para Eden e insistiu para que ficasse em Londres a fim de "ter alguma influência sobre Winston", e sugeriu que Churchill, "mesmo inconscientemente", queria "mais liberdade no âmbito doméstico". Hardinge também escreveu ao rei, argumentando que Eden "é a única pessoa que fala com o primeiro-ministro de igual para igual e pode discutir com ele sem que haja uma 'briga'! Em quem o primeiro-ministro se agarraria para confiar e discutir questões, a qualquer hora do dia e da noite? Treme-se só de pensar que poderia ser Beaverbrook".[74] Sendo essa perspectiva terrível demais, no dia seguinte o rei escreveu a Churchill propondo de forma sutil que não era desejável prescindir de Eden.

Foi somente em 8 de junho que Churchill enfim teve de aceitar, depois de uma discussão "muito franca" com Eden, que não seria capaz de persuadi-lo a assumir o vice-reinado da Índia. Uma semana depois, disse a Beatrice, esposa de Eden, que ela perdera a oportunidade de montar em elefantes.[75] Anderson foi rejeitado em parte porque os membros da nobreza achavam que sua vivaz esposa, Ava, não seria uma vice-rainha apropriada (embora Churchill gostasse dela), e Sinclair não poderia ir porque nesse caso Sir Herbert Samuel, um defensor da política de apaziguamento, lideraria os liberais. Desse modo, mesmo que ninguém, muito menos Churchill, tenha se entusiasmado muito, o cargo foi para Wavell. Tratava-se de um militar corajoso, encantador, sincero e culto, porém um diplomata e político como Eden teria o preparo necessário para negociar com Gandhi e os outros líderes nacionalistas de forma muito mais eficaz.

No momento em que as potências do Eixo estavam prestes a ser expulsas do Norte da África, e na véspera da campanha em território italiano, o almirante King questionou mais uma vez a política da Alemanha Primeiro nas discussões do Estado-Maior Conjunto norte-americano. Quando essa notícia chegou a Londres, Churchill concluiu que era necessária outra grande conferência em Washington, dizendo ao rei que, se os comandantes-chefes britânicos aceitassem os convites feitos na ocasião para irem aos Estados Unidos, precisariam de "apoio político nos escalões mais altos para evitar que fossem superados pela escola do 'Pacifico Primeiro'".[76] Ele queria os norte-americanos comprometidos com a Operação Avalanche, a invasão da Itália continental, assim que a Sicília caísse, para estabelecer uma data para o ataque ao outro lado do canal da Mancha em 1944 e discutir questões nucleares.

A iminente vitória na Batalha do Atlântico significava que a possibilidade de uma objeção significativa ao lançamento de um ataque anfíbio precoce contra a França — ou seja, que as forças expedicionárias pudessem não ser reabastecidas devido à ação de submarinos alemães — estava desaparecendo rapidamente. Em maio de 1943, a chamada Brecha Aérea — as águas ao sul da Groenlândia onde os comboios não podiam ser cobertos por aviões de bases terrestres — foi enfim fechada pelo uso de aeronaves de longuíssimo alcance (VLR), como os bombardeiros Liberator, com autonomia de quase mil quilômetros. Naquele mês, o almirante Karl Dönitz, comandante da Marinha alemã, teve de retirar todas as embarcações do meio do Atlântico.

Churchill foi às vezes criticado por alocar erroneamente as escassas esquadrilhas de bombardeiros em 1942 e no primeiro semestre de 1943, preferindo o Comando de Bombardeiros ao Comando Costeiro.[77] Na verdade, o problema estava no Comando Costeiro, que até o outono de 1942 usava a maioria dos aviões necessários para fechar a Brecha Aérea na caça a submarinos no golfo da Biscaia, em vez de fornecer apoio aos comboios no Atlântico.[78] Na primeira reunião do Comitê de Guerra Antissubmarinos, que Churchill montou e presidiu em novembro de 1942, discutiram-se soluções para o fechamento da Brecha Aérea com o uso de aviões com bases terrestres ou móveis (porta-aviões), e as primeiras foram identificadas como a melhor solução. Embora a Conferência de Casablanca tenha alocado oitenta aeronaves VLR para solucionar a questão da Brecha Aérea, o processo de modificação dos bombardeiros Liberator III do Comando Costeiro para uma aeronave VLR era demorado — era feito por uma única empresa de Prestwick, na costa oeste da Escócia — e, depois de quatro meses, apenas dois Liberators haviam sido adaptados.[79] Depois que a Brecha Aérea começou a ser sobrevoada, no primeiro semestre de 1943, quinze submarinos alemães foram afundados em março, outros quinze em abril e 41 em maio, de uma frota operacional de duzentos.[80]

Em 5 de maio, viajando dessa vez como comodoro do ar Spencer (refletindo sem dúvida seu orgulho por um de seus sobrenomes), Churchill, acompanhado por Wavell e Brooke, embarcou no *Queen Mary*, o navio de 80 mil toneladas da Cunard Line que ganhara a Flâmula Azul pela travessia mais rápida do Atlântico, agora convertido em navio de transporte de tropas e pintado de cinza-naval.[81] A embarcação levava 5 mil prisioneiros de guerra alemães que estavam sendo transferidos para o confinamento na América. Seis dias depois, o navio ancorou em Staten Island, e Churchill e sua comitiva pegaram um trem especial para Washington, onde foram recebidos pelo casal Roosevelt naquela mesma noite.

A Conferência Trident, em que foram tomadas diversas decisões importantíssimas, começou no dia seguinte e durou até 25 de maio. Após o sucesso presumido da Operação Husky, que seria lançada em julho, todas as forças do Mediterrâneo estariam disponíveis para invadir a Itália, exceto quatro divisões norte-americanas e três britânicas que seriam retiradas e mantidas em prontidão para a Operação Roundup, que aconteceria em 1º de maio de 1944. No teatro de guerra do Pacífico, as forças britânicas tinham sido obrigadas a retirar-se para a linha da costa de Arakan, na Birmânia, da qual haviam partido quase seis meses antes. Foi acordado em Washington que se realizaria uma operação combinada aliada contra as forças japonesas no local depois que a Itália tivesse se rendido. Todo esse planejamento se acelerou ainda mais em 13 de maio, quando Churchill recebeu um telegrama de Alexander anunciando: "Senhor, é meu dever informar que a campanha na Tunísia acabou. Toda resistência inimiga cessou. Somos senhores da costa norte-africana".[82] No dia 7, os norte-americanos haviam capturado Bizerta e o Exército britânico entrara em Túnis. Os sinos das igrejas tocaram novamente em toda a Grã-Bretanha pela primeira vez desde El Alamein.

Enquanto Churchill estava hospedado no retiro nas montanhas de Roosevelt em Maryland, conhecido como Shangri-Lá (atual Camp David), Clementine escreveu que Randolph estava tentando uma reaproximação com Pamela, apesar das bebedeiras e dívidas e da dolorosa descoberta do caso dela com Harriman. "Como eu gostaria que isso acontecesse", escreveu Clementine. "Talvez aconteça."[83] No dia seguinte, ainda em Shangri-Lá, Churchill soube do sucesso do "ataque dos destruidores de barragens" contra as represas Möhne, Sorpe e Eder, no Ruhr, numa operação extremamente difícil que exigia habilidade e coragem extraordinárias e que inundou 120 quilômetros quadrados de instalações industriais. "A condução das operações demonstrou o espírito enérgico e corajoso que animava suas tripulações", disse o primeiro-ministro a "Bomber" Harris, "e o alto senso de dever de todos os escalões sob o seu comando."[84] As perdas aéreas naquela ocasião foram tão altas que era estatisticamente quase impossível que as tripulações de bombardeiros completassem um ciclo de 25 missões.

Churchill fez seu segundo discurso para uma reunião conjunta do Congresso dos Estados Unidos em 19 de maio. "As experiências de uma vida longa e os impulsos do meu sangue produziram em mim a convicção de que não há nada mais importante para o futuro do mundo do que a associação fraterna de nossos dois povos num trabalho honrado, tanto na guerra como na paz", disse ele.[85] Ao avaliar a recente campanha no Norte da África, revelou que "as excursões africanas dos dois ditadores" custaram-lhes 950 mil soldados, 2,4 milhões de toneladas de navios, quase 8 mil aeronaves, 6200 canhões, 2550 tanques e 70 mil caminhões, e citou o ditado: "O huno está sempre em sua garganta ou a seus pés". E terminou declarando que tendo chegado "a esse marco na guerra, podemos dizer: 'Um continente resgatado'".[86] Churchill, obviamente, não incluiu em seu discurso nenhuma das reclamações que costumava fazer sobre os exércitos britânico e norte-americano naquela época. Chegara ao ponto de dizer ao general Kennedy que os norte-americanos eram "como um pavão — quase que só retaguarda".[87] Ele era menos circunspecto do que deveria e revelara a Máiski, no começo de fevereiro, que as divisões norte-americanas tinham mais de 18 mil soldados cada, "mas 50 mil, se contarmos todo o pessoal acompanhante".[88] E então, "com um sarcasmo descarado em sua voz, começou a enumerar [...] dois batalhões de lavanderia, um batalhão de esterilizadores de leite, um batalhão de cabeleireiros, um batalhão de alfaiates, um batalhão para animar as tropas e não sei o que mais".[89] Ele tinha alguma razão: quando o Exército norte-americano desembarcou no Norte da África, montou três fábricas completas para engarrafar Coca-Cola, mas Churchill criticava o Exército britânico quase na mesma medida: "Enviamos quase meio milhão de combatentes para o Norte da África, mas isso, na verdade, equivale a meras dez ou onze divisões".

Quando a Conferência Trident terminou, Churchill, Brooke e Marshall voaram para Argel, via Botwood, na Terra Nova, e Gibraltar, para supervisionar o planejamento da invasão da Sicília. Sobre o Atlântico, seu hidroavião Bristol foi atingido por um raio. "De repente, houve um choque e um solavanco repentino", relembrou Churchill. "Eu acordei. Alguma coisa acontecera. Não houve consequências, o que, no fim das contas, é o importante nas viagens aéreas [...]. Para um jardineiro cuidando de um gramado, pareceria uma coisa muito perigosa. Depois disso, soube que tinha havido muita preocupação."[90] Os raios eram mais perigosos para os aviões da década de 1940 do que para os de hoje. Os geradores elétricos podiam falhar, causando perda de instrumentação, e as bússolas também podiam ser afetadas. Na etapa seguinte da viagem, Churchill viajou num Avro York, um quadrimotor de passageiros britânico de asa alta, que contava com um bar, mesas com cinzeiros, janelas, livros, jornais e um assento sanitário aquecido eletronicamente. (Churchill reclamou que estava quente demais, por isso foi desligado.)[91]

Em Argel, onde se instalou em 28 de maio, Churchill ficou na mansão do almirante Cunningham, onde desfrutou da brisa fresca que vinha do mar, e estava de bom humor.[92] Marshall e Eisenhower estavam prontos para a Operação Husky. "Nenhum povo responde de maneira mais espontânea ao jogo limpo", disse Churchill a Attlee. "Se você trata bem os americanos, eles sempre querem tratá-lo melhor."[93] Ele estava contente por ter Randolph consigo; seu filho havia perdido peso, contou a Clementine, e "parece o retrato da saúde".[94] Havia um encontro marcado com De Gaulle em Argel, e Churchill avisou Clementine que esperava ter sérios desentendimentos, porque o general "se esforçará ao máximo para brigar e afirmar sua ambição pessoal".[95] Contudo, havia um razoável grau de concordância a respeito das operações futuras e zonas de influência, pelo menos a curto prazo. Os russos também estavam se comportando bem. Quando um repórter norte-americano lhe perguntou o que ele achava da decisão de Stálin de abolir o Comintern, a organização dedicada a promover a revolução global, Churchill limitou-se a dizer: "Eu gosto disso".[96]

Um dos pontos altos da viagem foi o seu discurso para mais de 3 mil soldados britânicos no anfiteatro romano de Cartago, onde a acústica era tão boa que

62. Churchill gostava de Sir Oswald Birley, que pintou este retrato em 1951, porque ele recebera a Cruz Militar na Grande Guerra.

63. Churchill usando seu "macacão", com o general Dwight D. Eisenhower, perto de Hastings, em Sussex, maio de 1944.

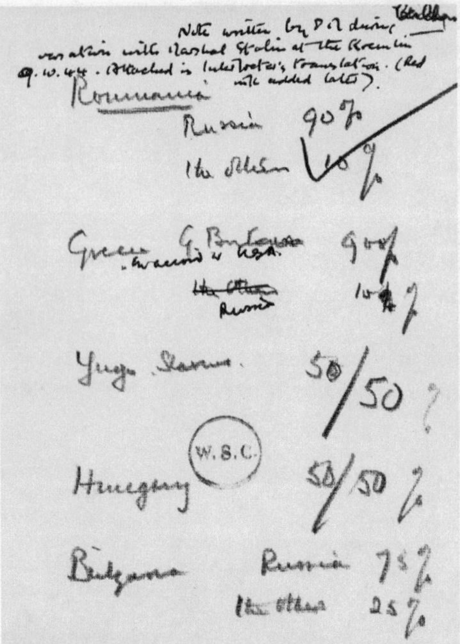

Roumania
Russia 90%
The others 10%
Greece G. Britain 90%
Russia 10%
Yugo-Slavia 50/50 %
W.S.C.
Hungary 50/50 %
Bulgaria Russia 75%
The others 25%

64. O famoso acordo de porcentagens de outubro de 1933, com o tique grande feito por Stálin. Criticado por seu cinismo, o acordo, na verdade, salvou a democracia grega.

65. Churchill percorrendo em lágrimas os Champs-Élysées no Dia do Armistício de 1944. *Da esquerda para a direita*: inspetor James Battley (guarda-costas de Eden), Alfred Duff Cooper (*atrás*), comandante "Tommy" Thompson, Eden, Churchill e De Gaulle.

66. Churchill, Roosevelt e Stálin num momento de bom humor na Conferência de Ialta, na Crimeia, em fevereiro de 1945.

67. Churchill atravessou o Reno, entrando na Alemanha, em 25 de março de 1945. Atrás dele, saindo pela prancha de desembarque, podem ser vistos o marechal de campo Brooke e a amante de Eisenhower, Kay Summersby.

68. Os secretários particulares de Churchill na escada do jardim do número 10 da Downing Street, em setembro de 1941. *Da esquerda para a direita*: John "Jock" Colville, Leslie Rowan, Churchill, John Peck, John Martin, Edith Watson, comandante Tommy Thompson, Anthony Bevit e Charles Barker.

69. Os chefes de Estado-Maior no jardim do número 10 da Downing Street na véspera do Dia da Vitória, em maio de 1945. *Sentados, da esquerda para a direita*: marechal da RAF Sir Charles Portal, marechal de campo Sir Alan Brooke, Winston Churchill, almirante da Marinha Sir Andrew Cunningham. *De pé, da esquerda para a direita*: major-general Leslie Hollis e general Sir Hastings "Pug" Ismay.

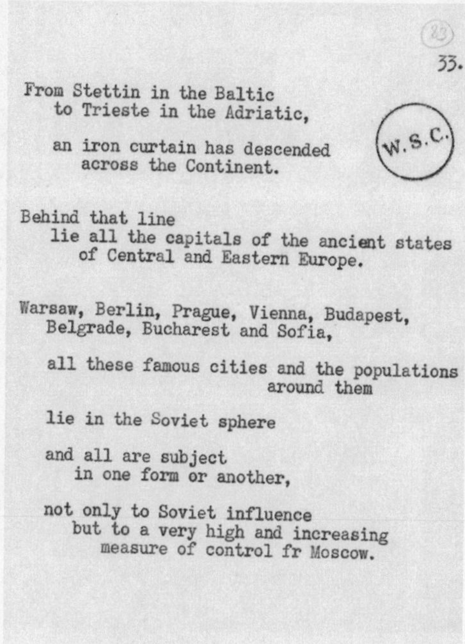

33.

From Stettin in the Baltic
to Trieste in the Adriatic,

an iron curtain has descended
across the Continent.

W.S.C.

Behind that line
lie all the capitals of the ancient states
of Central and Eastern Europe.

Warsaw, Berlin, Prague, Vienna, Budapest,
Belgrade, Bucharest and Sofia,

all these famous cities and the populations
around them

lie in the Soviet sphere

and all are subject
in one form or another,

not only to Soviet influence
but to a very high and increasing
measure of control fr Moscow.

70. Churchill apresentando seu discurso "Os sustentáculos da paz" no Westminster College, em Fulton, Missouri, em 5 de março de 1946, em que foi o primeiro a alertar sobre uma dominação soviética no Leste Europeu.

71. Página de seu discurso de Fulton, advertindo que se estabelecera na Europa uma "cortina de ferro".

72. Churchill com papagaios em Miami Beach em 1946, com Clementine e Sarah Churchill.

73. Churchill, em lágrimas, sendo aplaudido por seu discurso na reunião do Congresso da Europa em Haia, em maio de 1948.

74. Churchill aceitando alegremente um charuto em 1951.

75. O discurso bem-sucedido de Churchill na Conferência do Partido Conservador em Margate, em outubro de 1953, assegurou sua continuidade no cargo de primeiro-ministro, quatro meses depois do derrame que sofrera na Downing Street.

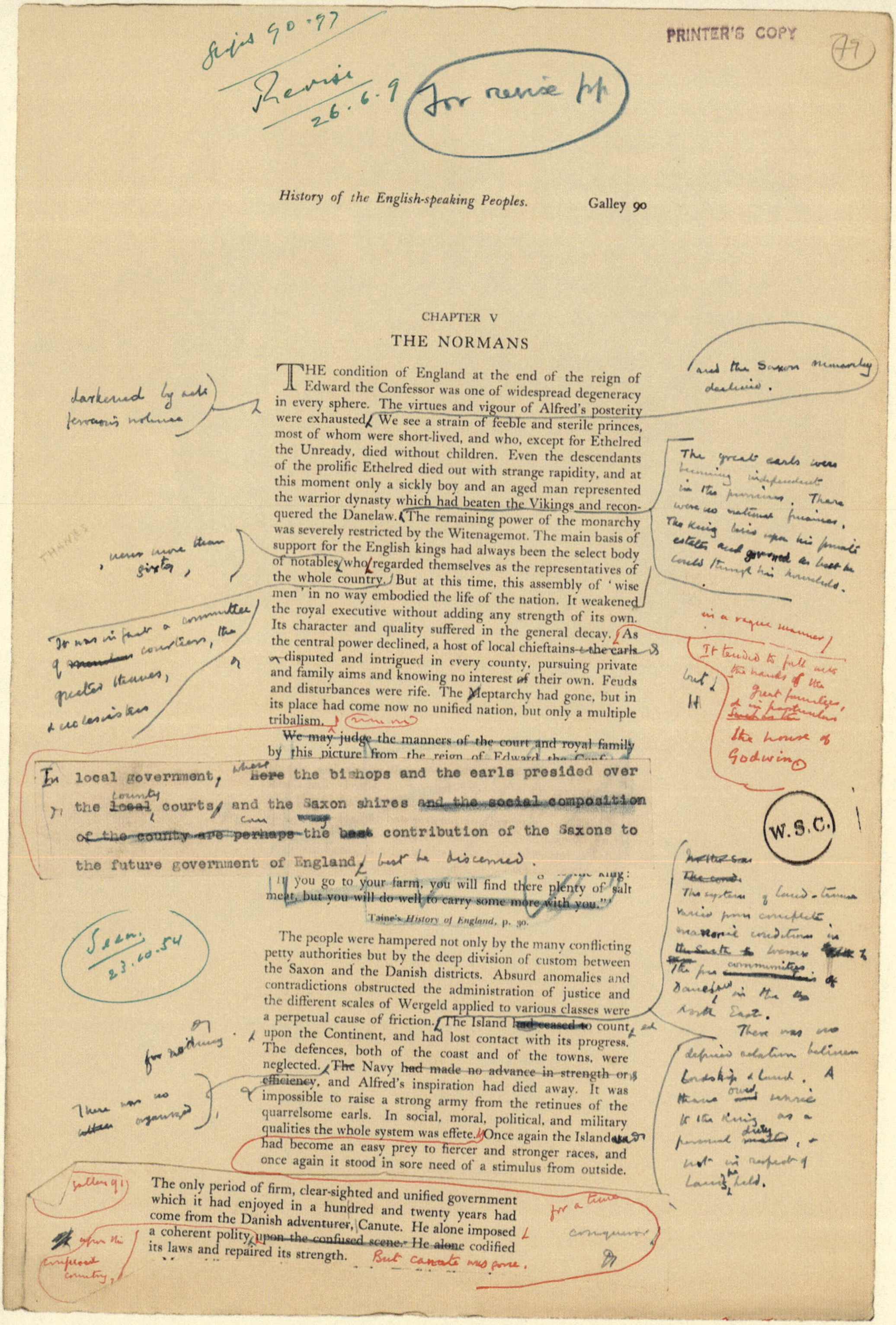

PRINTER'S COPY

*History of the English-speaking Peoples.* Galley 90

CHAPTER V

THE NORMANS

THE condition of England at the end of the reign of Edward the Confessor was one of widespread degeneracy in every sphere. The virtues and vigour of Alfred's posterity were exhausted. We see a strain of feeble and sterile princes, most of whom were short-lived, and who, except for Ethelred the Unready, died without children. Even the descendants of the prolific Ethelred died out with strange rapidity, and at this moment only a sickly boy and an aged man represented the warrior dynasty which had beaten the Vikings and reconquered the Danelaw. The remaining power of the monarchy was severely restricted by the Witenagemot. The main basis of support for the English kings had always been the select body of notables who regarded themselves as the representatives of the whole country. But at this time, this assembly of 'wise men' in no way embodied the life of the nation. It weakened the royal executive without adding any strength of its own. Its character and quality suffered in the general decay. As the central power declined, a host of local chieftains—the earls—disputed and intrigued in every county, pursuing private and family aims and knowing no interest of their own. Feuds and disturbances were rife. The Heptarchy had gone, but in its place had come now no unified nation, but only a multiple tribalism.

We may judge the manners of the court and royal family by this picture from the reign of Edward the Conf...

In local government, here the bishops and the earls presided over the local courts, and the Saxon shires and the social composition of the county are perhaps the best contribution of the Saxons to the future government of England.

"If you go to your farm, you will find there plenty of salt meat, but you will do well to carry some more with you."

Taine's *History of England*, p. 30.

The people were hampered not only by the many conflicting petty authorities but by the deep division of custom between the Saxon and the Danish districts. Absurd anomalies and contradictions obstructed the administration of justice and the different scales of Wergeld applied to various classes were a perpetual cause of friction. The Island had ceased to count upon the Continent, and had lost contact with its progress. The defences, both of the coast and of the towns, were neglected. The Navy had made no advance in strength or efficiency, and Alfred's inspiration had died away. It was impossible to raise a strong army from the retinues of the quarrelsome earls. In social, moral, political, and military qualities the whole system was effete. Once again the Island had become an easy prey to fiercer and stronger races, and once again it stood in sore need of a stimulus from outside.

The only period of firm, clear-sighted and unified government which it had enjoyed in a hundred and twenty years had come from the Danish adventurer, Canute. He alone imposed a coherent polity upon the confused scene. He alone codified its laws and repaired its strength.

76. Uma prova tipográfica de *A History of the English-Speaking Peoples*, com as emendas de Churchill em tinta vermelha. As marcações em creiom azul e tinta preta são de Denis Kelly e Eddie Marsh, respectivamente, e as respostas do revisor estão em verde.

77. Clementine, Randolph, Winston e Arabella Churchill em Monte Carlo, em 1958.

78. No mar: Churchill a bordo do *Christina*, iate de Aristóteles Onassis, saindo de Capri em julho de 1959.

não eram necessários alto-falantes. Ele disse que a vitória da Tunísia significava um encurtamento "desta guerra obstinada e um longo passo em direção à paz, ao lar e à honra".[97] Terminou com um "Deus abençoe a todos" e acenou alegremente com seu capacete no alto da bengala. "Falei onde os gritos de virgens cristãs rasgavam o ar enquanto leões rugindo as devoravam", contou depois a Ismay, Brooke, Eden e Randolph, "e, no entanto, não sou um leão e certamente não sou virgem!"[98] Eden relembrou mais tarde que aquele dia e o seguinte foram os mais felizes da guerra para ele, cavalgando com Churchill em desfiles informais e entre fileiras de soldados animados, que "estavam relaxados e felizes com a vitória, como tinham todo o direito de estar".[99] Em sua primeira página, o jornal *Stars and Stripes*, uma publicação do Exército norte-americano, contrastava a maneira como "os soldados britânicos gritaram sua aprovação [a Churchill], com os sons ecoando agudamente pelas ruínas do enorme estádio que simbolizava o outrora grande Império Romano" enquanto a sucata dos aviões do Eixo estava no não muito distante aeroporto de Túnis, "ruínas do outrora extenso império de Mussolini".[100] "O primeiro-ministro estava em ótima forma", anotou Martin quando chegou de volta à Grã-Bretanha em 5 de junho, "e desfrutou plenamente de sua 'expedição'."[101]

Em meados de junho, Churchill ofereceu de forma extremamente prematura a Brooke o posto de comandante supremo da Operação Roundup. "Ele disse muitas coisas simpáticas sobre ter total confiança em mim etc.", Brooke escreveu na época, acrescentando depois: "Essa notícia me deu uma das maiores emoções durante a guerra. Senti que seria o clímax perfeito para todas as minhas lutas".[102] No entanto, ambos deveriam ter reconhecido que a decisão sobre quem comandaria a Roundup — depois rebatizada de Operação Overlord — não seria, em última análise, dos britânicos, pois eles seriam sócios minoritários no empreendimento. Dos 1,452 milhão de soldados que viriam a desembarcar na França em 25 de julho de 1944, em torno de 56% eram dos Estados Unidos e 44% da Grã-Bretanha, do Canadá e de outros países participantes. Uma vez que os norte-americanos estavam fornecendo mais homens para a operação, só se podia esperar que seu comandante fosse um deles. Naquele ano, enquanto a Grã-Bretanha produziu 28 mil aviões de guerra e a Alemanha e a Rússia, 40 mil cada, os Estados Unidos fabricaram 98 mil. O poderio militar-industrial norte-americano era admirável e transformou dramaticamente o cálculo da guerra. Uma das razões pelas quais Churchill queria uma Conferência Imperial em julho de 1943, anotou o rei depois de um almoço no início de abril, era "discutir a questão de montar uma frente unida da Comunidade Britânica e do Império para mostrar ao mundo e aos Estados Unidos que somos uma unidade. Os americanos vivem dizendo que vão liderar o mundo do pós-guerra".[103]

* * *

Um ano após o primeiro ataque de mil bombardeiros a Colônia, Churchill começava a ter dúvidas sobre a política de saturação por ataque aéreo. No final de junho, mostraram-lhe em Chequers um filme feito pela RAF do bombardeio de Wuppertal, na Vestfália, e ele perguntou depois: "Somos animais? Estamos levando isso longe demais?".[104] Ele encomendou ao juiz Sir John Singleton um relatório sobre a política de bombardeios, que acabou por recomendar mais ênfase em ataques estratégicos do que no bombardeio indiscriminado de cidades.[105] Porém, as cidades alemãs continuaram a ser assoladas noite após noite, numa campanha que restringia severamente o aumento da produção de material de guerra do Terceiro Reich, ao custo total de mais de 55 mil aviadores do Comando de Bombardeiros.[106] "Mesmo quando estava doente", escreveu Doris Miles para o marido sobre Churchill, "ele telefonava para o Comando de Bombardeiros nas primeiras horas da manhã para saber quantas baixas tínhamos (não quantas bombas haviam sido lançadas) e quantos aviões voltaram em segurança."[107]

Se tinha dúvidas sobre os bombardeios de saturação, Churchill as guardava em grande parte para si mesmo. Em 25 de julho, Hamburgo foi devastada por uma tempestade de bombas incendiárias altamente explosivas, com os aviões protegidos pela primeira vez com o uso do dispositivo antirradar Window. Churchill havia denunciado "esses bombardeios indiscriminados e cruéis de Londres" em setembro de 1940, e agora cumpria sua promessa aos londrinos de uma vingança retaliativa completa. Foi criticado por entregar ao Comando de Bombardeiros um excesso de recursos já muito escassos, especialmente metais dos quais havia pouco suprimento e eram muito necessários para tanques e navios.

Os equipamentos de guerra britânicos sofriam também de outros tipos de carência. Em maio de 1943, os defeitos no tanque Crusader eram tão óbvios que a produção teve de ser interrompida. Mesmo assim, o Ministério do Abastecimento não conseguiu resolver o problema com a rapidez desejada. Quando o general Sir Ronald Weeks, vice-chefe do CIGS, sugeriu que todos os tanques novos, mas defeituosos, poderiam ser usados sem suas torres como armas antitanques de dezessete libras, Churchill balançou negativamente a cabeça e, tomando emprestada uma piada de seu discurso do Orçamento de 1929, disse sem se alterar: "General, o senhor me faz lembrar um homem que sai da cama de manhã, pega uma caixa de biscoitos e perambula pelas ruas de Londres, tentando encontrar um cachorro ou cachorros para dá-los".[108] Ele mostrava um grande interesse pessoal por todos os aspectos da produção de materiais de guerra, fornecendo estímulo e exortação constantes.*

* Esse interesse não se limitava apenas a tanques, navios e aeronaves. "Disseram-me que, apesar das contribuições de suprimentos civis, há atualmente uma escassez de cartas de baralho para uso

Em 2 de julho, Churchill foi o único a discordar quando o Gabinete tratou da questão da Palestina. Em dezembro de 1942, a Câmara dos Comuns fizera um minuto de silêncio em respeito aos judeus que estavam sendo exterminados no Leste Europeu pelos *Einsatzgruppen*, os esquadrões da morte da ss. Contudo, sete meses depois, no Gabinete, o ministro das Colônias Oliver Stanley acusou os judeus da Palestina de serem "totalitários, agressivos e expansionistas" na maneira como "esposavam [...] a adoção de um Estado judeu. Estão tentando administrar um Estado dentro de um Estado, de modo muito parecido com as diretrizes nazistas".[109] "Estou comprometido com a criação de um lar nacional judeu na Palestina", respondeu Churchill. "Vamos continuar com isso; no final da guerra teremos muita força para obrigar os árabes a concordar com nossos projetos. Não nos esquivemos de nossos deveres por causa de dificuldades."[110]

Attlee queria adiantar a formulação de uma política do pós-guerra na Palestina, mas Churchill achou isso inoportuno, sabendo que seria antissionista. Stanley enfatizou "a diferença entre um lar nacional judeu e um Estado judeu, que os extremistas agora exigem". Eden avisou que não poderia apoiar "um Estado nacional judeu para toda a Palestina" e achava que "os extremistas" deveriam ser advertidos a se afastarem dessa linha por uma declaração conjunta anglo-americana. Churchill relatou que havia falado com Roosevelt sobre a ideia de estabelecer colônias judaicas na Cirenaica e na Tripolitânia, mas o presidente achava que os judeus que haviam escapado dos nazistas retornariam depois da guerra "para os países europeus de origem". Um ministro anônimo disse até que temia que "a violência na Palestina pudesse causar uma nova perseguição aos judeus em todo o mundo".

Eden caracterizou a posição judaica em termos de "vocês saem do caminho e nós resolveremos com os árabes". Amery acrescentou que o governo "não pode ser apressado por extremistas judeus". Cranborne argumentou que "judeus e árabes estavam ambos jogando contra nós". A opinião de Wavell era que "do ponto de vista da segurança do Império Britânico, as atuais aspirações dos judeus na Palestina são uma ameaça real à nossa posição no Oriente Médio e subsequentemente na Índia". "Lembrem-se de que, quando a porcentagem de judeus em qualquer Estado europeu ultrapassa certo nível, o antissemitismo está fadado a aparecer", disse Herbert Morrison.[111] (A porcentagem de judeus no Gabinete era nula.) Depois de outras intervenções de Amery e Lyttelton, Churchill terminou

---

das forças e dos trabalhadores da indústria", escreveu ele a Hugh Dalton, presidente da Câmara de Comércio, em julho de 1943. "A importância de proporcionar diversão para os soldados em suas horas de lazer e em longos períodos de espera e monotonia em lugares remotos, e para os marinheiros confinados juntos em seus navios por meses, não pode ser exagerada. Nada é mais prático, mais portátil ou mais capaz de uso prolongado do que um baralho" (wsc, *TSSW* v, p. 578).

a discussão discordando de todo o resto de seus ministros, afirmando que "preferiria deixá-los [os judeus] com armas para lutar!". E depois acrescentou: "Essas armas judias se virariam a nosso favor".[112] Um comitê do Gabinete foi designado para elaborar uma política de longo prazo, uma manobra clássica de Churchill quando estava em grande desvantagem para garantir que nada fosse feito.

Dois dias depois, em 4 de julho, o general Sikorski morreu em um acidente de avião em Gibraltar. "Os soldados inevitavelmente morrem", disse Churchill em uma transmissão radiofônica às tropas polonesas sobre seu líder, que passara a apreciar e admirar muito, "mas com sua morte eles alimentam a nação que os deu à luz."[113]*

No dia seguinte, a Alemanha lançou sua ofensiva maciça contra Kursk, perto de Orel, que pela primeira vez encontrou os russos bem defendidos, foi contida e depois obrigada a recuar de vez na maior batalha de tanques da história. No ano de 1943, quando 70 mil militares ocidentais, incluindo tripulações de bombardeiros, morreram lutando contra a Alemanha, 2 milhões de soldados russos foram mortos, quase trinta vezes mais homens.

A política de Churchill de fazer todo o possível para manter a União Soviética suprida, mesmo com o efeito colateral não calculado de perder Cingapura, tinha sido claramente correta. No entanto, como Ian Jacob observou numa palestra para o Royal United Services Institute depois da guerra: "Houve pouca ou nenhuma comunicação de fatos ou ideias e não tínhamos nenhuma ideia do pensamento militar russo. A desconfiança arraigada dos russos em relação ao Ocidente, que foi temporariamente atenuada pelo ataque alemão à Rússia e nossa reação imediata, logo se restabeleceu e se manteve. Felizmente, a quase completa separação geográfica do teatro de guerra russo mitigou essas desvantagens".[114] Em vez de tentativas de estabelecer um comprometimento sincero, Stálin enviava a Churchill telegramas cheios de acusações de que os Aliados ocidentais estavam pensando em trair a Rússia. "Ele me contou que estava muito aborrecido com Stálin por sua série de telegramas grosseiros", anotou o rei depois do almoço de 29 de junho. "Mas nem ele, Eden ou o Ministério das Relações Exteriores pensavam que Stálin estava tencionando fazer uma paz separada com a Alemanha."[115]

No mesmo dia em que se iniciou a batalha de Kursk, Churchill, sempre capaz de ir do sublime ao ridículo e vice-versa, agradeceu ao dr. Herbert Evatt, ministro das Relações Exteriores da Austrália, por dar-lhe Splash, um ornitorrin-

* A teoria conspiratória de que Churchill foi responsável por assassinar Sikorski a fim de enfraquecer os poloneses em relação aos russos é totalmente infundada.

co empalhado, "e o livro muito informativo sobre a vida e os hábitos do ornitorrinco que o acompanhou".[116] Churchill colocou Splash no vestíbulo do número 10 da Downing Street e de vez em quando entretinha convidados com informações sobre sua vida amorosa, assunto sobre o qual se tornara uma autoridade. Outro presente do reino animal daquele ano, embora dessa vez vivo e cedido por um tal sr. Thompson e sua esposa, foi Rota, um leão adulto, que Churchill doou ao Zoológico de Londres. "Se houver algum defeito em seu trabalho, mandarei o senhor para ele", avisou a um funcionário sem senso de humor. "A carne anda muito em falta agora."[117] (O homem levou-o a sério e informou que o primeiro-ministro estava "num delírio".) Quando Churchill visitou Rota no zoológico, em agosto de 1943, também entrou no recinto dos cisnes e disse às aves: "Suponho que vocês gostariam de me alimentar".[118]

A Operação Husky foi lançada em 9 de julho: 160 mil soldados aliados atacaram as praias no sul da Sicília sob total cobertura aérea e com cerca de 3 mil embarcações de apoio, uma quantidade que não poderia ter sido reunida antes de a Batalha do Atlântico ter sido ganha e a costa norte-africana, esvaziada de tropas do Eixo.[119] Em julho de 1943, os alemães tinham doze divisões na Itália e nos Bálcãs, número que cresceu para mais de trinta no fim do ano.[120] Para evitar que os Aliados atingissem alvos no sul da Alemanha a partir de campos de pouso italianos, eles foram forçados a disputar a Itália com recursos que prefeririam ter usado em Kursk e para repelir o ataque aliado no canal da Mancha, justificando assim os planos de Churchill e Brooke. "O primeiro-ministro estava em forma efervescente", escreveu Marian Holmes em seu diário no dia seguinte.[121] Embora estivesse comprometido com a Overlord e não voltasse atrás nos acordos feitos em Washington, Churchill naturalmente expressava ocasionais temores pelo sucesso do que seria uma operação de dificuldade extraordinária. Em meados de julho, disse ao secretário da Guerra norte-americano Henry L. Stimson que podia antever "o canal cheio de cadáveres de Aliados derrotados".[122]

No mesmo mês, em contraste com esses pensamentos sombrios, o romantismo de Churchill ficou evidente quando o Ministério das Relações Exteriores fez objeções ao matrimônio do rei Pedro II da Iugoslávia, de vinte anos, com sua prima de 22 anos, a princesa Alexandra da Grécia e da Dinamarca,* com o argumento de que a realeza não devia se casar em tempos de guerra. Segundo os críticos, tratava-se de um princípio originalmente sérvio, mas Churchill afirmava não acreditar que uma raça marcial como a dos sérvios negasse ao rei "uma chance de perpetuar sua dinastia e, de qualquer modo, levar a cabo aqueles instintos primários aos quais os seres humanos mais humildes têm direito [...]. *Prima facie*, isso pareceria aprovar as relações extraconjugais".[123] Ele disse a Eden

* E tia pelo lado paterno do príncipe Philip, duque de Edimburgo.

que "poderíamos estar de volta aos refinamentos de Luís XIV, em vez da miséria luxuriosa do século XX [...]. Meu conselho para o rei [...] será ir ao cartório mais próximo e arriscar. E daí?".[124] Eles se casaram no ano seguinte.

Por volta de 12 de julho, Churchill queria romper com De Gaulle em razão da obstinada recusa do general em colocar as prioridades aliadas acima das que diziam respeito apenas à França, mas Eden preferia manter o apoio a ele como líder dos Franceses Livres. Numa discussão que começou depois do jantar e foi até as duas da manhã, Churchill disse que "lutaria vigorosamente até a morte" para substituir De Gaulle por alguém menos chauvinista em relação aos interesses franceses.[125] Em maio, quando Giraud e De Gaulle formaram facções separadas no Comitê Francês de Libertação Nacional, Eden e o Gabinete impediram Churchill de encerrar o apoio material britânico a De Gaulle, embora o reconhecimento oficial da França Livre como governo provisório francês só tenha ocorrido em outubro de 1944, quatro meses após o Dia D. "Eu, é claro, sou excessivamente pró-francês", afirmou Churchill; "infelizmente os franceses são excessivamente pro-vocadores."[126] Numa discussão cara a cara com De Gaulle, Churchill dissera em sua inimitável mistura de francês com inglês: "*Si vous m'obstaclerez, je vous liquiderai!*".[127] (Outra testemunha registrou a frase como "*Et, marquez mes mots, mon ami: si vous me doublecrosserez, je vous liquiderai*".)[128]

Não querendo terminar a noite brigando, Churchill desviou a discussão para um assunto sobre o qual ele e Eden estavam de acordo: "Nós discutimos o Partido Tory e ambos concordamos que gostávamos muito pouco dele e ele gostava muito pouco de nós". (Isso porque se tratava das duas pessoas que lideraram o partido entre 1940 e 1957.) "E, com essa nota harmoniosa, nos despedimos."[129] Eles tiveram outro fim de noite de discussão aos berros no dia 2 de agosto, a respeito da Operação Lifebelt [salva-vidas], um ataque aos Açores ao qual Churchill era favorável e Eden era contrário, e no fim o primeiro-ministro acabou se desculpando por ser ríspido. "Creio que fui ríspido também", escreveu Eden em seu diário. "Ah, você", retrucou Churchill, "você foi violento."[130] Poucos dias depois, Churchill disse a Eden que ser ministro das Relações Exteriores e líder da Câmara dos Comuns era um "treinamento maravilhoso" para ser premiê.[131]

No dia 19 de julho, na hora do almoço com Sir Alan "Tommy" Lascelles, que havia se tornado o novo secretário particular principal do rei depois que Hardinge renunciara no início daquele mês, e Sir Arcot Ramasamy Mudaliar, que participava às vezes das reuniões do Gabinete de Guerra representando a Índia, Churchill falou sem parar de um dos seus assuntos preferidos: os muitos benefícios do Império Britânico para seus povos nativos. "Foi somente graças à beneficência e à sabedoria do domínio britânico na Índia, livre de sinais de guerra por um período mais longo do que qualquer outro país do mundo", argumentou ele, que a Índia "foi capaz de aumentar e se multiplicar até essa espantosa extensão".[132] Não obstante, ele pensava que "essa vasta e imprevidente eflorescência de humanidade devia parar", e recomendou a Mudaliar: "Seu povo precisa praticar o controle de natalidade". Lascelles anotou: "Winston disse que a velha ideia de que o indiano era de qualquer modo inferior ao homem branco precisa acabar". Em vez disso, propôs ele, "devemos todos ser amigos juntos. Quero ver uma grande e radiante Índia, da qual possamos nos orgulhar tanto quanto nos orgulhamos de um grande Canadá ou de uma grande Austrália".[133]

Churchill já havia citado o espantoso crescimento populacional da Índia nas primeiras quatro décadas do século XX como exemplo do sucesso do Império e, em novembro de 1942, ainda se gabava para o embaixador da Espanha, o duque de Alba, que "desde a ocupação inglesa da Índia, a população nativa aumentou em 100 milhões. Desde a Guerra da Independência Americana, a população de peles-vermelhas praticamente desapareceu".[134] No entanto, ao tomarem alguns comentários ocasionais anti-indianos de Churchill totalmente fora de contexto, alguns de seus detratores afirmam que ele usou a terrível epidemia de fome de Bengala em 1943 e 1944 — na qual, segundo estimativas oficiais, 1,5 milhão de pessoas morreram, embora alguns comentaristas digam que foi o dobro disso, ou até mais — para cometer o que descrevem como "genocídio" dos bengalis.[135] Isso não poderia estar mais distante da verdade.

Em 16 de outubro de 1942, um ciclone atingiu Bengala e Orissa, destruindo a colheita de arroz. A administração local, dominada pelos muçulmanos, eleita de acordo com os termos da Lei da Índia de 1935, lidou com o problema de forma corrupta e negligente, e o vice-rei lorde Linlithgow e outras autoridades britânicas do Raj também não conseguiram remediar a situação a tempo.[136] Os comerciantes indianos, especialmente atacadistas e varejistas de arroz e grãos, viram os preços dispararem e, prevendo novos aumentos, acumularam estoques. "Há muita corrupção e patifaria", escreveu Wavell, que se tornou vice-rei em outubro de 1943, a Leo Amery, secretário de Estado para a Índia, descrevendo as atividades de "negociantes inescrupulosos".[137] Em 7 de outubro, Churchill afirmara ao Gabinete que um dos primeiros deveres de Wavell ao assumir o vice-reinado era fazer com que "a fome e as dificuldades alimentares fossem resolvidas".[138] No dia seguinte, escreveu a Wavell sobre o que chamou de "verdadeira epidemia de fome" na Índia: "As duras pressões da guerra mundial causaram pela primeira vez em muitos anos na Índia condições de escassez, chegando em algumas localidades a uma verdadeira epidemia de fome. Todos os esforços devem ser feitos, mesmo pelo desvio de transporte urgentemente necessário para fins de guerra, para lidar com a escassez local".[139] Infelizmente, como lorde Leathers, o ministro dos Transportes de Guerra, ressaltaria logo em seguida, "é impossível fornecer transporte marítimo para atender à demanda de 1,5 milhão de toneladas de grãos feita pelo governo da Índia".[140] Muito se falou sobre a recusa de Churchill de uma oferta do governo canadense de 100 mil toneladas de trigo em novembro de 1943, sob o argumento de que levaria dois meses para chegar à Índia e que "nas circunstâncias atuais seria injustificável impor pressão adicional sobre nossos recursos de transporte marítimo (especialmente se isso envolvesse buscar mais ajuda dos americanos)", porém seus detratores não citam a decisão tomada pelo mesmo Gabinete de Guerra de que, em vez disso, consideraria "numa reunião antecipada a questão de enviar mais suprimentos de grãos para a Índia, possivelmente da Austrália" — o que aconteceu de fato.[141]

Em epidemias de fome anteriores, as deficiências foram em parte compensadas pelas plantações de arroz da Birmânia e de outras regiões do Sudeste Asiático, mas o Japão controlava agora Birmânia, Tailândia, Vietnã, Malásia e Filipinas; na verdade, as tropas japonesas já estavam dentro da própria Índia, nas cidades de Kohima, em Nagaland, e de Imphal, em Manipur. Os japoneses mantinham uma grande frota na baía de Bengala desde abril de 1942 e haviam bombardeado cidades do leste indiano. A situação militar era ainda mais dificultada pela campanha de Gandhi para forçar os britânicos a deixarem o país, que não foi suspensa, apesar da iminente ameaça japonesa. Para piorar a situação, um ciclone interrompera a colheita de inverno em partes do norte da Índia, que havia fornecido ajuda em épocas de escassez no passado, e destruiu as linhas ferroviárias necessárias ao transporte de alimentos para as áreas atingidas. Os governos provinciais indianos com excedentes de alimentos, como o de Punjab, recusaram-se a abrir mão de seus recursos, e essa acumulação foi agravada pela política governamental de "indianização", que dificultava ao vice-rei emitir instruções diretas de Delhi.[142] Em junho de 1943, quando a fome estava no auge, Sir Chhotu Ram, ministro da Receita do Punjab, instruiu os agricultores a não vender seus cereais ao governo central a um preço prefixado.[143]

Em 4 de agosto de 1943, Churchill deu o aval para que 150 mil toneladas de cevada iraquiana e trigo australiano fossem enviadas para Bengala, insistindo em 24 de setembro que "algo deve ser feito"; também "enfatizou muito que os indianos não são as únicas pessoas que estão passando fome nesta guerra".[144] Essas palavras e outras parecidas, registradas por Amery em seu diário, parecem duras hoje, mas refletem a realidade e, depois de proferi-las, Churchill concordou com o envio de 50 mil toneladas adicionais de alimentos. Se a comida estivesse disponível e o transporte fosse fácil, Churchill a teria enviado, o que não constitui um desejo de cometer genocídio, da mesma forma que suas observações politicamente incorretas sobre os indianos não justificam uma acusação desse tipo. Quase todos os comentários que Amery atribuiu a Churchill eram paráfrases, e não citações diretas, e devem ser vistas à luz do que um dos secretários privados do primeiro-ministro definiu como seu "humor provocativo".[145] Essas piadas de cunho racista, que seriam hoje consideradas totalmente inaceitáveis, segundo um historiador, eram "parte da base do humor britânico da época e apareciam habitualmente na revista *Punch* durante o entreguerras e depois".[146] Isso não teve nenhuma influência sobre a política britânica em relação à epidemia de fome, cuja diretriz era enviar o que pudesse ser compartilhado sempre que possível, mas sem deixar de levar em conta a ameaça dos submarinos japoneses.

O pedido de Wavell a Londres de 1,5 milhão de toneladas de grãos no início de fevereiro de 1944 foi recusado pelo Gabinete, que respondeu que o governo de Delhi precisava implantar racionamento efetivo em todo o subcontinente, aumentar impostos e, acima de tudo, impor controles de preço das commodities diante da inflação crescente. Também havia a suspeita de que a escassez era "em parte de caráter político, causada por partidários marwari [hindus] [do Partido] do Congresso, numa tentativa de causar embaraço ao governo muçulmano de Bengala".[147] O Gabinete queria que o vice-rei fosse muito mais duro com o governo de Calcutá. Se o ciclone tivesse ocorrido em tempos de paz, o Raj provavelmente teria evitado a fome com a competência com a qual havia lidado com desastres naturais anteriores desde meados do século XIX. Mas havia uma guerra em muitas frentes, escassez de alimentos na Grã-Bretanha e uma seriíssima falta de transporte disponível. Os bengalis começaram a morrer de fome em grande número em 1943, embora o Gabinete de Churchill tenha se assegurado de que até janeiro de 1944 fossem enviadas 130 mil toneladas de cevada do Iraque, 80 mil da Austrália, 10 mil do Canadá e mais 100 mil adicionais da Austrália.[148]

"Eu certamente o ajudarei em tudo que puder", Churchill telegrafou a Wavell em fevereiro de 1944, "mas você não deve pedir o impossível."[149] O secretário de Estado para a Índia Leo Amery informou ao vice-rei no mesmo mês que Churchill "não era insensível" à situação estarrecedora, mas simplesmente não podia ceder o transporte em consequência do grande número de operações militares em curso. Reduzir as decisões morais dificílimas que Churchill e muitos outros tiveram de tomar ao nível de acusações de genocídio deliberado é tendencioso e incorreto em termos históricos. Se homens como Wavell, Amery e Claude Auchinleck, o comandante-chefe na Índia, tivessem suspeitado sequer por um momento de que Churchill queria que os bengalis morressem, não teriam continuado em seus postos.

A terrível verdade sobre a epidemia de fome é que a pressão sobre o transporte marítimo desde o início da guerra fez com que os Aliados estivessem perto do ponto de ruptura em 1943 e 1944, e o Gabinete colocou os comboios russos e transatlânticos e as necessidades militares das operações contra a Alemanha na Sicília e na Itália continental e para ataques anfíbios contra Salerno e Âncio acima da necessidade premente de alimentar os milhões de bengalis famintos — isso supondo que os navios pudessem ter atravessado a baía de Bengala com segurança. A escassez de alimentos no sul da Itália e na Grécia depois da libertação e na Holanda após o Dia D, onde a desnutrição severa era comum na população, também teve de ser levada em consideração. A opinião de lorde Leathers era de que o governo em Delhi precisava resolver sozinho seu problema de distribuição de alimentos. Wavell vinha usando o Exército para levar comida às áreas mais atingidas, mas isso estava longe de ser suficiente.

"O primeiro-ministro disse que estava claro que o governo de Sua Majestade só poderia fornecer mais socorro para a situação indiana ao custo de incorrer em graves dificuldades em outras direções", registra a ata da reunião do Gabinete de 24 de abril de 1944. "Ao mesmo tempo, sua compaixão foi grande pelo sofrimento do povo da Índia."[150] Alguns dias depois, ele pediu a Roosevelt mais meios de transporte para compensar o déficit, afirmando estar "seriamente preocupado" com a escassez de alimentos e explicando que Wavell ainda precisava de 1 milhão de toneladas adicionais e que, embora o trigo estivesse disponível na Austrália, faltavam os navios; seu pedido foi recusado com o argumento de que as embarcações eram necessárias para abastecer as operações do Pacífico e do Dia D.[151] No final de 1944, 1 milhão de toneladas de grãos já haviam sido fornecidos pela Austrália e pelo Comando do Sudeste Asiático, o que levou alguns a concluir que, sem Churchill, a epidemia de fome de Bengala teria sido pior.[152] Um historiador concluiu que "longe de tentar matar de fome a Índia, Churchill e seu Gabinete procuraram todos os meios para aliviar o sofrimento sem prejudicar o esforço de guerra".[153]

Em 19 de julho, quando lhe contaram que havia começado o bombardeio dos pátios de triagem ferroviária romanos, Churchill disse: "Bom. E acertamos no papa? Fizemos um buraco em sua tiara?".[154] Tratava-se de uma clássica brincadeira churchilliana: ele sabia perfeitamente que os pátios de triagem de Roma ficavam a mais de cinco quilômetros da Basílica de São Pedro, do outro lado do rio Tibre. O almoço naquele dia durou até as 15h15, porque Churchill queria repreender Bracken por "seus afrescalhados na BBC que falam sobre 'Syr-a-cusa', em vez de Syracuse".[155]

No dia seguinte, o gato preto de Chamberlain no número 10 da Downing Street, Munich Mouser, foi encontrado morto no Ministério das Relações Exteriores. "Winston diz que ele morreu de remorso e escolheu seu leito de morte de acordo com isso", registrou Eden. Quando o primeiro-ministro contou que temia que o gato tivesse sido jogado nas cinzas da caldeira, sendo que estaria disposto a lhe proporcionar um enterro no jardim do número 10, Eden respondeu: "Sim, uma placa de '*Requiescat in Pace Munich Mouser*' teria ficado bem lá! Rimos muito do pobre gato".[156] Mais tarde Churchill disse a Rab Butler que o antagonista de Mouser, seu gato Nelson, contribuía mais para o esforço de guerra do que o próprio Butler, porque "ele atua como uma bolsa de água quente e economiza combustível e energia".[157]

Na noite de 25 de julho, enquanto Churchill assistia a *Sous les Toits de Paris*, uma comédia musical lançada em 1930, o Serviço de Monitoramento da BBC telefonou para Chequers com a notícia de que o sucesso da Operação Husky havia encorajado o rei Vítor Emanuel e o marechal Badoglio a derrubar Mussolini e prendê-lo. "O filme foi interrompido", relembrou Marian Holmes, "as luzes se acenderam e o primeiro-ministro anunciou a boa notícia. Todos aplaudiram."[158] Churchill telefonou para Eden às 23h30 e "depois de certo júbilo e reminiscências da humilhação da visita de Neville e Edward [Halifax] a Roma, discutimos os próximos passos". O primeiro era tentar trazer os italianos para o lado dos Aliados. "Estávamos na presença de um evento de extrema importância", disse Churchill.[159] Quando apareceu na Câmara dos Comuns, dois dias depois, teve uma ótima recepção. "Deveríamos deixar os italianos, para usar uma expressão caseira, cozinhar um pouco em seu próprio caldo e esquentar o fogo ao máximo, a fim de acelerar o processo", discursou ele.[160] A BBC foi instruída para que a tradução italiana usasse a palavra *minestrone*, para não falar em "ferver em seu próprio óleo".[161]

Churchill temia que Stálin "ficasse furioso" porque se encontraria novamente em agosto com Roosevelt sem sua presença na Primeira Conferência de Quebec (codinome Quadrant), ainda que o governante soviético tenha sido chamado a participar e recusado o convite. "Se pudéssemos convencer os americanos a nos ajudarem a formar uma linha no vale do Pó este ano e assim abrir uma verdadeira Segunda Frente", comentou com Eden, "Joe poderia se tornar mais receptivo novamente."[162] Churchill e Eden embarcaram no *Queen Mary* no rio Clyde às seis da tarde de 5 de agosto, chegando a Halifax, Nova Escócia, em cinco dias e cinco horas. Faziam parte da comitiva Clementine, Mary, Averell Harriman e sua filha Kathleen, Ismay, Pound, Brooke, Portal, Martin, Leathers e Mountbatten, que Churchill descreveu como "jovem, entusiasmado e *trifíbio*".[163]* Durante a viagem, satisfez sua paixão por conhecer homens valentes ouvindo o líder de esquadrão Guy Gibson descrever o ataque dos destruidores de barragens, e o brigadeiro Orde Wingate, fundador dos Chindits,** relembrar a luta atrás das linhas japonesas na Birmânia. Quando, antes de deixarem o Clyde, Wingate dissera que sentiria falta da esposa, Lorna, já que dispunha apenas de uma

* *Triphibious*, um neologismo da Segunda Guerra para operações combinadas de terra, mar e ar. (N. T.)

** Força especial mista de soldados britânicos e indianos para ações na selva. (N. T.)

quantidade limitada de licenças antes de ter de voltar para a selva, Churchill mandou tirá-la do trem para Edimburgo e trazê-la para o navio que ia para o Canadá.

Enquanto cruzava o Atlântico, Churchill escreveu um memorando sobre codinomes:

> Operações em que um grande número de homens pode perder a vida não devem ser chamadas por codinomes que implicam um sentimento arrogante e confiante em excesso, como "Triunfante", ou, inversamente, que são calculados para dar ao plano um ar de desânimo, como "Refluxo", "Massacre", "Mixórdia", "Confusão", "Inquietação", "Frágil", "Patético" e "Icterícia" [...]. Nomes de pessoas vivas — ministros ou comandantes — devem ser evitados, por exemplo, "Bracken" [...]. O pensamento inteligente fornecerá de imediato um número ilimitado de nomes que soam bem, que não sugerem o caráter da operação nem a depreciam de algum modo e não permitem que alguma viúva ou mãe diga que seu filho foi morto numa operação chamada "Bunnyhug", ou "Ballyhoo".* Nomes próprios são bons neste campo. Heróis da Antiguidade, figuras da mitologia grega e romana, constelações e estrelas, cavalos de corrida famosos, nomes de heróis de guerra britânicos e americanos podem ser usados, desde que se enquadrem nas regras acima. Uma administração eficiente e bem-sucedida manifesta-se igualmente em questões pequenas e grandes.[164]

Ao chegar a Halifax, às quatro da tarde de 9 de agosto, Churchill tomou o trem pessoal do presidente da Ferrovia Nacional Canadense para Quebec. Multidões se reuniam em todas as paradas para acenar e aclamar o primeiro-ministro enquanto ele fazia seu sinal do V.[165] Ele ficou na Cidadela, a residência de verão do governador-geral nas colinas que davam vista para o rio St. Laurent, onde se realizou a conferência. Churchill disse a Mackenzie King "que estava bem diferente do que era em anos passados. [Ele] aprendera muito. Havia cometido muitos erros na Primeira Guerra. Estava cometendo menos nesta guerra graças aos que havia cometido antes [...]. Acima de tudo, aprendera a pensar com muito cuidado nos assuntos e a ser cauteloso".[166] (É improvável que os chefes de Estado-Maior, que estavam tentando dissuadi-lo de propor ataques à Malásia e ao norte de Sumatra na época, concordassem com isso.) Mais tarde naquele dia, a caminho da residência de Roosevelt em Hyde Park, Churchill e Mary visitaram as cataratas do Niágara, que ele havia visto pela última vez em 1900. Quando um jornalista perguntou se "elas ainda parecem iguais", Churchill respondeu: "Bem, o princípio parece o mesmo. A água continua caindo".[167]

* "Bunnyhug": literalmente, "abraço do coelho", um estilo de dança ao som de ragtime do início do século xx; "Ballyhoo": gritaria de guerra, clamor de combate, alarido, algazarra. (N. T.)

Em seus dois dias juntos em Hyde Park, Churchill e Roosevelt concordaram que a Grã-Bretanha e os Estados Unidos trocariam informações nucleares entre si, mas sem o envolvimento de outras potências, e que as armas nucleares não seriam usadas por um dos países sem a aprovação do outro. Mais uma vez, nada foi colocado no papel. Pouco depois, cientistas britânicos começaram a trabalhar na instalação nuclear de Los Alamos, no Novo México. Churchill também entregou a Roosevelt o relatório secreto de O'Malley sobre o massacre de Katyn, que descreveu como "uma história sombria e bem escrita", acrescentando que gostaria de tê-lo de volta assim que o presidente o tivesse lido, "pois não o estamos divulgando oficialmente, de nenhuma maneira".[168]

Quando Harry Hopkins pressionou para que o posto do comandante supremo da Operação Overlord fosse dado ao general Marshall em vez de Brooke, Churchill aquiesceu. Depois de ter dado a notícia a Brooke em seu retorno a Quebec, o CIGS, em suas próprias palavras, foi "inundado por uma nuvem negra de desespero", e escreveu mais tarde: "Nem por um momento ele percebeu o que isso significava para mim. Não ofereceu nenhuma solidariedade, não se arrependeu por ter mudado de ideia e tratou do assunto como se fosse de menor importância!".[169] Parte da animosidade de Brooke contra Churchill pode ser atribuída àquele momento de destruição de sonhos e decepção total, embora houvesse também muitas críticas anteriores.

Em 17 de agosto, quando Roosevelt chegou a Quebec para a conferência, toda a Sicília se encontrava nas mãos dos Aliados, e as forças alemãs estavam em retirada ao longo da frente meridional da Rússia. Ian Jacob relembrou a conferência, que aconteceu nos oito dias seguintes, como o momento em que

> a crescente força dos Estados Unidos começou a exercer influência preponderante sobre as decisões dos Aliados, o que cresceu de forma constante no decorrer dos anos de 1943 e 1944 [...]. Eles [os americanos] não estavam preparados para discutir planos futuros no Pacífico do mesmo modo como discutiam os da Europa ou do oceano Índico. Não permitiriam que ninguém discutisse a alocação de equipamentos para o Pacífico [...]. Não permitiriam que [Mountbatten, que se tornou o comandante supremo no Sudeste Asiático na conferência] controlasse as forças aéreas americanas envolvidas em abastecer a China "por cima do Cume" [uma perigosa rota aérea sobre o Himalaia] [...]. O fato surpreendente é que se tenha alcançado um grau tão grande de harmonia e trabalho combinado.[170]

Essa harmonia era quase inexistente entre Churchill e Brooke, que discordavam a respeito da principal estratégia britânica contra o Japão: Churchill queria concentrar-se na libertação das colônias britânicas em torno da baía de Bengala, ao passo que os chefes de Estado-Maior preferiam ajudar os Estados Unidos no Pacífico. Durante a conferência, Brooke vociferou em seu diário sobre "a figura de prima-dona temperamental e rabugenta do primeiro-ministro, desconfiado até os limites da imaginação, sempre temendo uma combinação de esforços dos militares contra a predominância política [...]. Ele tem sido mais irracional e difícil do que nunca desta vez [...]. Será que algum historiador do futuro poderá pintar Winston em suas verdadeiras cores?".[171] Assim que a Conferência terminou, Churchill, Brooke e Portal foram pescar no Lac des Neiges por seis dias, alojados em cabanas com banheiras quentes e lareiras acesas, protegidos por membros da Polícia Montada em fardas vermelhas. "Tudo aqui andou bem", Churchill telegrafou a Attlee em Londres antes de partirem. "Stálin, claro, ignorou cuidadosamente nossa oferta de fazer uma jornada mais longa e perigosa para realizar nosso encontro tripartite. Apesar de tudo isso, não acho que suas manifestações de mau humor e má educação sejam indicativas de uma paz separada com a Alemanha, pois os ódios entre as duas raças agora se tornaram por si sós um cordão sanitário."[172] Churchill estava tão emocionado quanto Eden, porque os dois logo se separariam. "Não sei o que devo fazer se perder todos vocês", afirmou. "Eu teria de cortar minha garganta. Não é apenas amor, embora haja muito disso, mas você é minha máquina de guerra. Brookie, Portal, você e Dickie. Eu simplesmente não conseguiria substituí-lo."[173] Churchill pode não ter elogiado muito "Brookie" em público, ou até mesmo em particular, mas se mostrava grato e até mesmo carinhoso quando falava dele.

Churchill estava hospedado na Casa Branca em 3 de setembro, quando os Aliados lançaram com sucesso a Operação Avalanche, cruzando o estreito de Messina para desembarcar na Itália continental. Naquele dia, os italianos, liderados pelo rei Vítor Emanuel III e pelo ex-comandante na África, marechal Pietro Badoglio, assinaram o Armistício de Cassibile com os Aliados, que foi anunciado cinco dias depois, tirando o país da guerra e abrindo caminho para uma rendição formal, embora os alemães tenham deixado claro que continuariam a disputar cada centímetro da península. Sempre atento à reverberação semântica e política das palavras, Churchill escreveu a Eden mais tarde para sugerir ao Ministério das Relações Exteriores que padronizasse os termos:

1. Nós "invadimos" todos os países com os quais estamos em guerra.
2. Nós "entramos" em todas as terras aliadas subjugadas que desejamos "libertar".
3. No que diz respeito a um país como a Itália, com cujo governo assinamos um armistício, nós "invadimos" em primeira instância, mas, tendo em vista a cooperação italiana, devemos considerar todos os próximos avanços feitos por nós na Itália como sendo de natureza de "libertação".[174]

"Os arranjos para dormir do primeiro-ministro tornaram-se agora bastante promíscuos", escreveu Cadogan à esposa no dia 4 de setembro. "Ele conversa com o presidente até as duas da manhã e, como consequência, passa boa parte do dia se jogando violentamente sobre a cama e para fora dela, tomando banho em momentos inadequados e andando para lá e para cá pelos corredores de roupão."[175] Em 5 de setembro, depois do almoço na Casa Branca, a sra. Ogden Reid, cujo marido era o editor do *New York Herald Tribune* e antigo defensor da independência indiana, perguntou a Churchill quando estavam sentados no Pórtico Sul: "O que o senhor pretende fazer com esses indianos miseráveis?". "Madame", respondeu Churchill, "a quem a senhora se refere? Por acaso se refere à segunda maior nação do mundo, que, sob o benigno e beneficente governo britânico, se multiplicou e prosperou extraordinariamente, ou está se referindo aos desafortunados índios do continente norte-americano que, sob sua administração, estão praticamente extintos?"[176]* Roosevelt, que a havia sentado ao lado de Churchill esperando por essa erupção, morreu de rir.**

Churchill permaneceu em Washington por onze dias, mais do que o planejado a princípio, mas queria estar com o presidente norte-americano quando a Itália se rendesse formalmente e estava decidido a não estar no meio do Atlântico quando o que chamou de "clímax italiano" ocorresse.[177] Enquanto aguardava notícias de Roma, foi de carro ao Centro Médico Naval Nacional, em Bethesda, Maryland, para visitar o capitão Pim, que havia rompido um disco da coluna. Também designou Fitzroy Maclean para o papel de oficial de ligação com o marechal Tito, o líder da resistência comunista iugoslava, cujo exército a Grã-Bretanha ajudava desde maio.*** Depois, ofereceu o castelo de Windsor para sede de uma reunião dos "Três Grandes" — Stálin, Roosevelt e ele mesmo (sem avisar o rei).[178] Mas Stálin manteve-se inflexível e disse que não se afastaria da Rússia, e Eden assinalou a "determinação de Roosevelt em não concordar com uma reunião em Londres para propósito nenhum, o que afirma ser por motivos eleitorais".[179] Eden achava isso "quase um insulto", considerando que Churchill já havia visitado o presidente quatro vezes.

Durante esse hiato, em 6 de setembro, Churchill recebeu um diploma honorário da Universidade Harvard, em Cambridge, Massachusetts. Vestindo um

* Em inglês, usa-se a mesma palavra (*Indians*) para indianos e índios. (N. T.)

** Em geral, Churchill tinha a sra. Reid em alta consideração, tendo dito a Mary em agosto de 1940 que ela estava promovendo "a campanha mais majestosa da história do jornalismo" ao apoiar uma participação ativa dos Estados Unidos na guerra (CAC M CHL 1/1/2).

*** Quando um general iugoslavo pediu para ser lançado de paraquedas nos Bálcãs, Churchill disse: "Não sei se eu conseguiria fazer um bom pouso de paraquedas. Acabaria quebrando como um ovo".

capelo e uma beca de doutor em direito civil de Oxford tomados emprestados em Nova York, que na opinião de John Martin o faziam parecer "um Henrique VIII cordial", ele fez um dos principais discursos de sua vida, transmitindo sua visão para o futuro dos povos anglófonos.[180] "Duas vezes em minha vida, o longo braço do destino se estendeu através dos oceanos e envolveu toda a vida e hombridade dos Estados Unidos em luta mortal", declarou. "Não adiantava dizer 'não queremos isso; não vamos ter isso; nossos antepassados deixaram a Europa para evitar essas brigas; fundamos um novo mundo que não tem contato com o velho'. Não havia utilidade nisso. O braço longo se estende sem remorso, e a existência, o ambiente e a perspectiva de todos passam por uma mudança rápida e irresistível."[181]

Dirigindo-se aos jovens da Grã-Bretanha e dos Estados Unidos, afirmou:

> Não há lugar de parada neste momento. Chegamos agora a um estágio na jornada em que não pode haver pausa. Devemos continuar. Será a anarquia mundial ou a ordem mundial. Ao longo de toda essa provação e da luta que é característica de nossa época, vocês encontrarão na Comunidade e no Império Britânico bons companheiros a quem estão unidos por outros laços além da política de Estado e da necessidade pública. Em grande medida, são os laços de sangue e da história. Naturalmente, eu, filho de ambos os mundos, tenho consciência disso.

Em um reconhecimento indireto de que os dias dos impérios ocidentais estavam contados, ou talvez num aceno à tradição norte-americana de anti-imperialismo, Churchill complementou: "Os impérios do futuro são os impérios da mente".[182] Era uma referência evidente à declaração de seu herói Napoleão de que "as únicas vitórias que não deixam arrependimento são aquelas que são obtidas sobre a ignorância".*

* Uma parte do discurso de Harvard foi estranhamente dedicada a um novo idioma chamado inglês básico. Inventado por Charles Kay Ogden em 1930, tinha somente 650 substantivos e duzentos verbos, e Churchill de alguma forma se convencera de que "o uso generalizado disso seria um ganho para nós muito mais duradouro e frutífero do que a anexação de grandes províncias" (WSC, *TSWW* V, p. 571). Ele também discutiu essa língua com Roosevelt na Conferência Quadrant, uma vez que se encaixava na visão que estava desenvolvendo sobre os povos anglófonos. "Propagar a nossa língua em todo o mundo é o melhor método", disse ele ao Gabinete em julho de 1945. "Este será o século de língua inglesa. Ela pode ser aprendida entre duas e quatro semanas" ("Diaries of Cabinet Secretary, Sir Norman Brook", *New York Times*, 22 jan. 2006). A insuficiência de vocabulário do inglês básico não agradava a Roosevelt. "Eu me pergunto qual teria sido o curso da história", comentou ele com Churchill, "se em maio de 1940 você pudesse oferecer ao povo britânico somente 'Sangue, trabalho, água do olho e água do rosto', que entendo ser o melhor que o inglês básico pode oferecer em relação a essas cinco famosas palavras" (Kimball [Org.], *Complete Correspondence*, v. III, p. 154).

Churchill definiu que os pontos em comum entre os povos de língua inglesa eram "lei, língua, literatura — fatores consideráveis. Concepções comuns do que é certo e decente, uma consideração marcante pelo jogo limpo, especialmente em relação aos fracos e pobres, um sentimento inflexível de justiça imparcial e, acima de tudo, o amor pela liberdade pessoal".[183] Havia alusões a isso em sua descrição em *Minha mocidade* da Religião da Mente Sadia no 4º Regimento dos Hussardos, nos anos 1890. Para os isolacionistas que acreditavam que os Estados Unidos não deviam ter entrado na guerra, ele disse:

> O preço da grandeza é a responsabilidade. Se o povo dos Estados Unidos tivesse continuado numa postura medíocre, lutando contra a imensidão da natureza, absorto em seus próprios assuntos e sendo um fator sem importância no movimento do mundo, poderia ter permanecido esquecido e imperturbado, atrás da proteção de seus oceanos: mas não é possível tornar-se, de muitas maneiras, a principal comunidade do mundo civilizado sem se envolver em seus problemas, sem se convulsionar por suas aflições e se inspirar em suas causas.[184]

Churchill havia assinado o contrato para a sua *História dos povos de língua inglesa* em 1932, e vinha fazendo discursos sobre o tema da unidade anglo-americana baseada em objetivos comuns desde os primeiros anos do século. Agora, consubstanciava seus pensamentos ao dizer: "O dom de uma língua comum é uma herança inestimável e pode um dia tornar-se a base de uma cidadania comum. Eu gosto de pensar nos ingleses e americanos movendo-se livremente nas amplas propriedades de ambos os países, praticamente desprovidos da sensação de ser estrangeiros uns para os outros".[185] Apesar de sua irritação com os Estados Unidos sobre a dívida e a construção de cruzadores na década de 1920, e por não terem repassado equipamentos de guerra em quantidade suficiente em 1940, entendera fazia muito tempo que o futuro da Grã-Bretanha dependia em grande parte de fortes laços com os Estados Unidos. "Se estamos juntos, nada é impossível. Se estamos divididos, todos fracassarão. Portanto, eu prego continuamente a doutrina da associação fraterna de nossos dois povos [...] em prol do serviço à humanidade e pela honra que cabe àqueles que servem fielmente a grandes causas."[186] Viria a ser uma doutrina que ele continuaria a proclamar pelo resto da vida.

Por fim, em 8 de setembro de 1943, a Itália se rendeu. Por um breve instante, o caminho do jardim parecia cheio de frutas deliciosas. Naquele momento, Churchill não se atreveu a adivinhar por quanto tempo os alemães continuariam a lutar, mas, quando um ministro do Gabinete reclamou que eles seguiriam qualquer um, como cordeirinhos, ele respondeu: "Ah, é muito pior do que isso; eles são cordeiros *carnívoros*!".[187]

# 29. O baixo-ventre duro

## *Setembro de 1943 a junho de 1944*

*Há apenas uma coisa pior do que lutar com aliados: lutar sem eles!*

Churchill em Chequers, abril de 1945[1]

*Não se preocupe, não importa se eu morrer agora; os planos da vitória foram estabelecidos, é apenas uma questão de tempo.*

Churchill para Sarah, Cartago, dezembro de 1943[2]

Em 12 de setembro de 1943, Churchill estava hospedado no Hyde Park quando chegou a notícia desconcertante de que Mussolini havia sido libertado de sua prisão no topo de uma colina pela invasão audaciosa de paraquedistas alemães. Depois, foi instalado como ditador de um Estado fantoche conhecido como República de Salò, com sede às margens do lago de Garda. O diário de Mary deixa claro que isso não estragou o 35º aniversário de casamento de seus pais. Churchill disse a Clementine que "a amava mais e mais a cada ano".[3] No início do retorno à Grã-Bretanha, Churchill e sua comitiva pegaram o trem presidencial de Hyde Park para Halifax, Nova Escócia. John Martin escreveu: "Passamos por uma paisagem de coloração de outono, quase inacreditavelmente vermelha e dourada, o vale do Hudson com sua melhor aparência".[4] A comitiva britânica partiu de Halifax no velho cruzador de batalha HMS *Renown* às três da tarde de 14 de setembro. No dia seguinte, o capitão Edward Parry celebrou o aniversário de 21 anos de Mary com um treino de artilharia, e Churchill jogou bastante besigue e pôquer durante a viagem. Quando chegaram à Grã-Bretanha, no dia 19, Eden observou: "Ele estava com muito boa aparência e parecia de bom humor".[5]

Dois dias depois, Churchill entrou sob aplausos calorosos na Câmara dos Comuns depois de seis semanas de ausência. Fez um discurso de duas horas, dividido ao meio por um intervalo para o almoço. "Quando ouço pessoas falando de maneira irrealista sobre largar exércitos modernos em terra aqui e ali, como se fossem fardos de mercadorias a serem jogados numa praia e esquecidos", disse, "eu realmente me admiro com a falta de conhecimento que ainda prevalece sobre as condições da guerra moderna."[6] A frase poderia muito bem ter saído de uma das anotações do diário de Brooke sobre o primeiro-ministro. A imprensa tinha sido dura com o governo nas semanas anteriores, em especial ao tratar de trivialidades em comparação com as vitórias recentes que haviam colocado a Sicília, o sul da Itália, a Sardenha, a Córsega (libertada naquele mês) e a frota italiana nas mãos dos Aliados. Churchill riu dessas críticas ao sugerir que eram parecidas com a história de um "marinheiro que pulou de um cais, acho que foi em Plymouth, para salvar um menino de afogamento. Cerca de uma semana depois, esse marinheiro foi abordado por uma mulher que perguntou: 'Foi você o homem que tirou meu filho da água na outra noite?'. O marinheiro respondeu modestamente: 'Foi, sim, senhora'. 'Ah, você é o homem que estou procurando. Onde está o boné dele?'".[7]

"A tirania nazista e o militarismo prussiano são os dois principais elementos da vida alemã que devem ser absolutamente destruídos", proclamou Churchill. "Devem ser absolutamente extirpados para que a Europa e o mundo sejam poupados de um terceiro e ainda mais assustador conflito."[8] Sobre a Itália, comentou: "Não devemos aumentar desnecessariamente o peso de nossa tarefa ou o fardo que nossos soldados suportam. Estados-satélites, subornados ou intimidados, talvez possam, se puderem ajudar a abreviar a guerra, ter permissão para reconquistar seu lar".[9] Nicolson notou que na expressão "subornados ou intimidados" Churchill havia "erguido o braço como se estivesse prestes a soltar o mais extraordinário raio de seu rico arsenal de retórica", para depois deixá-lo cair subitamente e tirar os óculos, antes de continuar com um sorriso: "Talvez possam ter permissão para reconquistar seu lar". Nicolson acreditava que "é nisso que se encontra seu domínio da Câmara. É a combinação de grandes voos de oratória com súbitas quedas no íntimo e coloquial. De todos os seus recursos, é aquele que nunca falha".[10] "O discurso de Winston foi uma obra-prima, mesmo para ele", escreveu Eden, "e devastou os críticos antecipadamente."[11]

"Ele estava com muito boa aparência", registrou o rei depois do almoço com o primeiro-ministro naquele dia, "e ficou satisfeito com o que havia conseguido em Quebec e durante sua estada com FDR em Washington. Tinha certeza de que ele e FDR confiavam um no outro e que o Comitê Combinado de Chefes de Estado-Maior estava em completo acordo quanto à estratégia futura." Mesmo assim, Churchill disse ao rei: "Os americanos pensavam originalmente em ir somente até a Sardenha!".[12]

Sir Kingsley Wood saiu da cama na manhã de 21 de setembro e caiu morto. Ele fizera um trabalho sólido como chanceler do Tesouro em tempos perigosos para a economia britânica. Apesar de ter ajudado Churchill a substituir Chamberlain em maio de 1940, Churchill nunca foi caloroso com ele, porque era o mais pró-germânico dos defensores da política de apaziguamento. Sua morte permitiu que Churchill transferisse Sir John Anderson para o Tesouro, Attlee passasse a ser o presidente do Conselho e Cranborne voltasse para seu antigo cargo de ministro dos Domínios. Isso possibilitou que Beaverbrook retornasse ao governo como lorde do Selo Privado e se tornasse de novo íntimo de Churchill, mais uma prova da magnanimidade do primeiro-ministro na vitória. Não havia mais motivos para temer as intrigas de Beaverbrook para ganhar seu cargo, agora que a guerra estava indo bem.

O Comitê do Lorde Presidente, de Attlee, assumiu a responsabilidade por muitos aspectos domésticos, assim como Chamberlain havia feito antes de sua morte. Ao todo, nada menos do que quatrocentos comitês e subcomitês do Gabinete foram formados durante a guerra, e realizaram 8 mil reuniões para examinar todas as áreas da vida nacional, surgindo e desaparecendo conforme o ir e vir das necessidades. O Comitê de Reconstrução, por exemplo, reuniu-se apenas quatro vezes em 1941, porém mais de cem vezes em 1944. Quando a guerra terminou, o Gabinete Ministerial tinha uma equipe de 576 pessoas — antes da guerra, eram menos de cinquenta.[13]

Em outubro, a Luftwaffe começou a bombardear Londres novamente. A bateria antiaérea do Hyde Park, onde estava alocada Mary, teve muito que fazer. Usando seu capacete de aço, Churchill às vezes visitava a filha sem aviso para conversar com os amigos dela, levando consigo seus convidados para o jantar, inclusive Brooke em uma ocasião. "Às vezes eu vou para a bateria de Maria", escreveu Churchill a Randolph, usando o apelido pelo qual era chamada pela família, "e ouço a criança dando ordens para os canhões dispararem."[14] Seu orgulho paterno era palpável. Com Diana como voluntária na vigilância antiaérea, Clementine fazendo serviço de observação de incêndios, Sarah na WAAF identificando posições inimigas em fotografias de reconhecimento aéreo e Randolph saltando de paraquedas na Iugoslávia ocupada em janeiro de 1944, a reputação da família Spencer-Churchill em termos de coragem pessoal e serviço público era de causar orgulho.

O fracasso de Churchill em persuadir os norte-americanos a participar da Operação Accolade — o ataque a Rhodes e às ilhas do Dodecaneso — deixou-o frustrado. "A dificuldade não é vencer a guerra", disse ele à sua secretária Marian Holmes em 7 de outubro, "é convencer as pessoas a deixarem você ganhar — persuadir os tolos."[15] O primeiro-ministro parecia angustiado e afirmou se sentir "quase disposto a largar tudo", escreveu ela em seu diário. Os norte-americanos achavam, com razão, que Churchill ansiava por uma campanha nos Bálcãs para desviar a atenção dos russos. Brooke acreditava que Churchill estava prestes a "pôr em perigo suas relações com o presidente e com os americanos, e também o futuro da campanha italiana" apenas para capturar Rhodes. "Estou lentamente me convencendo de que em sua velhice Winston está ficando cada vez menos equilibrado! Não consigo mais controlá-lo."[16]

Não é verdade que após a Conferência Trident Churchill quisesse adiar, e muito menos cancelar, a Operação Overlord, prevista para 1º de maio de 1944, como às vezes se afirmou.[17] Quando, em 14 de outubro de 1943, o rei lhe escreveu para sugerir que o Mediterrâneo era o lugar certo para lutar em vez do norte da França, Churchill respondeu que "não há possibilidade de voltar atrás no que foi acordado. Tanto o Estado-Maior americano como Stálin discordariam violentamente de nós. Deve-se lembrar que este país é o único a partir do qual nossa Força Aérea Metropolitana de Caça pode fazer sentir seu peso. Acho que há recursos para ambos os teatros".[18] Mas também era preciso haver limites ao domínio da estratégia pelos norte-americanos. Cinco dias depois, Churchill disse ao rei que os Estados Unidos "não podem ter comandantes supremos tanto aqui (Marshall) como no Mediterrâneo (Eisenhower) e não devemos permitir isso. O Mediterrâneo é assunto nosso e nós ganhamos as campanhas lá".[19]

É natural que Churchill estivesse preocupadíssimo com os riscos que a Overlord, sem dúvida, implicaria, até porque seu histórico de ataques anfíbios desde 1915 era muito questionável. No final daquele mês, ele disse abertamente a Roosevelt: "Estou mais ansioso com a campanha de 1944 do que com qualquer outra em que me envolvi".[20] No entanto, há uma enorme diferença entre se preocupar com o sucesso de uma operação e querer adiá-la ou cancelá-la. "É claro que não está em questão abandonar a 'Overlord', que continuará sendo nossa principal operação em 1944", escreveu Churchill a Eden no fim de outubro. "A retenção de embarcações de desembarque no Mediterrâneo para não perder a batalha de Roma pode causar um pequeno atraso, talvez até julho." Esse problema técnico em relação aos veículos para o desembarque de fato atrasou a Overlord para o início de junho de 1944.[21]

Em 14 de outubro, no almoço com Charles Eade, Churchill rejeitou firmemente o primeiro prato de macarrão com queijo e disse: "A posição principal é o ensopado irlandês, e não devemos nos enfraquecer atacando esses emaranhados de arame farpado".[22] Várias vezes durante o almoço ele enfiou as mãos nas cavas do colete e recostou-se na cadeira e exclamou: "Que ano tem sido! Que ano magnífico!".[23] Eade estava prestes a ir para o Extremo Oriente como assessor de imprensa de Mountbatten, e Churchill disse-lhe que, em sua opinião, quanto menos notícias houvesse sobre a guerra no Sudeste Asiático no futuro próximo, melhor. "Ele não queria que essa guerra fosse descrita e divulgada naquele momento", anotou Eade. "Seria melhor se fosse esquecida."[24] Os homens do 14º Exército, que estavam então lutando na Birmânia, haviam apelidado a si mesmos de "Exército Esquecido" e ao que parece tinham um bom motivo para isso. Churchill não queria que os Estados Unidos retirassem as quatro divisões norte-americanas e três britânicas da Itália em 1943 para preparar a Operação Overlord. A publicidade sobre o progresso que estava sendo feito precisava ser direcionada para a Itália. Ele acreditava que seria possível empreender a Overlord e atacar o norte da Itália simultaneamente, mas não fazer um ataque ao sul da França, ao qual sempre se opusera.

Em 21 de outubro, Pound morreu. Sofrera um derrame no último dia da Conferência de Quebec e, embora por algum tempo pensasse que poderia superar o problema físico, em 8 de setembro precisou avisar Churchill que não estava mais em condições de exercer seu dever. Churchill visitou Pound pouco antes de sua morte, depois de lhe conceder a Ordem do Mérito. "Seu rosto estava impassível", lembrou Churchill. "Ele não conseguia falar. Mas pegou minha mão. Morreu no dia de Trafalgar. A morte é o maior presente que Deus criou para nós."[25] O melhor amigo de Pound, vice-almirante Geoffrey Blake, registrou: "O primeiro-ministro estava, como eu previ que estaria, muitíssimo abalado e saiu do quarto do doente chorando".[26] Churchill disse que Pound fora um dos quatro homens com quem aprendera nas discussões sobre a conduta geral da guerra, sendo os outros Beaverbrook, Smuts e Bracken.[27] Isso foi um baque duro para Brooke, Eden e Portal, mas provavelmente é verdade. O sucessor de Pound como primeiro lorde dos mares e chefe do Estado-Maior da Marinha, almirante Sir Andrew Cunningham, também mantinha um diário e era tão ácido a respeito de Churchill quanto Brooke.

Em um debate realizado em 28 de outubro sobre a forma que a Câmara dos Comuns deveria ter quando fosse reconstruída após a guerra, Churchill defendeu com veemência que deveria ser uma réplica exata da que fora destruída. "Nós moldamos nossos prédios", argumentou, "e depois nossos prédios nos moldam. Tendo residido e servido por mais de quarenta anos na última Câmara, e tendo derivado muito prazer e vantagem dali, eu naturalmente gostaria de vê-la restaurada em todos os aspectos essenciais à sua antiga forma, conveniência e dignidade."[28] Ele acreditava que o sistema partidário era "muito favorecido pela forma oblonga da Câmara. É fácil para um indivíduo passar por essas gradações imperceptíveis da esquerda para a direita, mas o ato de atravessar o recinto exige consideração séria. Sou bem informado sobre essa matéria".[29] Churchill também era da opinião de que a Câmara deveria ser capaz de acolher apenas dois terços de seus membros, porque "se a Câmara for grande o suficiente para conter todos os seus membros, nove décimos de seus debates serão realizados na atmosfera deprimente de uma Câmara quase vazia ou meio vazia. A essência do bom discurso da Câmara dos Comuns é o estilo coloquial, a facilidade para interrupções e intercâmbios rápidos e informais".[30] Em geral, segundo ele, os parlamentares "precisam se aglomerar para chegar a seus lugares. E, quando é uma grande ocasião, devem permanecer nas passagens e nos corredores. Deve haver um ar de excitação. Ora, até uma boate não consegue ter sucesso se for um lugar onde todos possam se sentar ou dançar".[31]

Em 30 de outubro de 1943, Churchill recebeu 20 mil libras esterlinas (mais de 800 mil libras em dinheiro de hoje) deixados em testamento por seu amigo Sir Henry Strakosch, dono de minas e financista sul-africano.* No dia seguinte, o diário de Marian Holmes registra que Churchill estava compreensivelmente "de bom humor". Ele começou, mas não terminou, a cançoneta "Havia uma jovem dama de Crewe".[32] (Ainda bem, pois se tratava de um *limerick* obsceno e impróprio para os ouvidos de sua jovem secretária.) Com a tomada pelo Oitavo Exército de Isérnia, a 150 quilômetros de Roma, em 4 de novembro, Kiev recuperada pelos russos dois dias depois e as condições meteorológicas permitindo finalmente a restauração dos comboios de Murmansk em relativa segurança, Churchill tinha todos os motivos para se sentir otimista. Ele divertiu o rei ao contar-lhe sobre seus esforços para coagir a Turquia a entrar na guerra: "O ministro das Relações Exteriores me pergunta: 'O que devo dizer à Turquia?'. Eu lhe digo: 'Avise que o Natal está chegando'".[33]

Em outubro de 1943, uma Comissão Consultiva Europeia fora criada pelos ministérios das Relações Exteriores de Estados Unidos, União Soviética e Grã-Bretanha, dividindo a Alemanha e a Áustria em zonas de ocupação e delineando até onde cada exército poderia avançar para libertar a Europa. As zonas seriam administradas pelo AMGOT, sigla de Governo Militar Aliado para os Territórios Ocupados.** Berlim, Praga e outras importantes cidades da Europa Central se-

* Desse modo, acabando com o mito de que os judeus ricos apoiavam Churchill na esperança de ganhos futuros.

** Pouco depois, Churchill perguntou a Alec Cadogan se "Amgot" significava esterco de camelo em turco. Cadogan fez a pergunta aos linguistas do Ministério das Relações Exteriores e respondeu que "não corresponde a nenhuma palavra turca. Há, no entanto, duas palavras em turco, 'ahm' e

riam capturadas pelo Exército Vermelho pela óbvia razão operacional de estarem muito mais próximas, mas também porque, no entender de Eisenhower, os russos eram capazes de aceitar e absorver muito mais baixas do que as democracias ocidentais. Embora todas essas importantes cidades europeias fossem acabar dentro da esfera de influência soviética, o AMGOT garantiria que a Dinamarca, os países do Benelux e a parte ocidental da Alemanha liberada pelas forças anglo-americanas seriam administrados pelas potências ocidentais e, o mais importante, que não haveria confrontos entre as forças soviéticas e ocidentais por território nos estágios finais da guerra.

Em novembro de 1943, já havia grandes diferenças entre Churchill e os chefes de Estado-Maior sobre a melhor estratégia a adotar no combate ao Japão. Enquanto os chefes acreditavam que a vitória viria do apoio aos ataques norte-americanos contra as ilhas dominadas pelos japoneses no oceano Pacífico, Churchill queria se concentrar na recaptura dos antigos territórios britânicos da Birmânia, Malásia e Hong Kong, restaurando assim o prestígio imperial perdido de forma tão marcante em dezembro de 1941. Ele queria empreender a Operação Culverin contra o norte de Sumatra, por exemplo, e fazer uso de bases britânicas no Oriente Médio, Ceilão e Índia. Portanto, essa estratégia da baía de Bengala se confrontava diretamente com a preferência dos chefes por uma vitória mais rápida no centro e sudoeste do Pacífico. Ismay acreditava que a "confusão que houve por quase nove meses sobre a questão básica de nossa estratégia no Extremo Oriente será um dos pontos mais negros no registro da cúpula da direção britânica da guerra que, no conjunto, foi muito boa".[34]

A fim de estabelecerem prioridades globais, os Três Grandes prepararam-se para se reunir em Teerã no final de novembro, um lugar que não afastaria muito Stálin da União Soviética. Antes disso, Churchill queria conversar com o comando do Oriente Médio no Cairo. Estava com um forte resfriado e ligeiramente febril em consequência das vacinas contra a febre tifoide quando embarcou no HMS *Renown* em Plymouth, no entardecer de 12 de novembro, sob os cuidados de uma ajudante de campo temporária, sua filha Sarah. Quando Moran sofreu uma queda ao entrar no navio, Churchill se divertiu fazendo o papel de seu médico. "Charles, quando doente, recusa seus remédios com um ar triste de conhecimento interior", relatou.[35]

Em Malta, aonde chegou em 17 de novembro, Churchill ficou no Palácio de San Anton, residência do governador lorde Gort, onde teve reuniões com Eisenhower, Alexander, os chefes de Estado-Maior britânicos e Tedder. Gort defendia

---

'kot', que um estudioso inglês, não de forma incorreta, traduziria por 'buceta' e 'cu'" (*TCD* 19, p. 651 e n. 2). Ao saber disso, "o primeiro-ministro ficou num bom estado de espírito pelo resto do dia" (Russell [Org.], *Constant*, p. 229).

a ideia de não comer mais do que as raras rações permitidas aos sitiados malteses, mas, como Lawrence Burgis se lembrava de Ismay lhe ter contado, esse "espartanismo elevado" não atraía muito o primeiro-ministro. De maneira patética, ele puxou Ismay para um canto e implorou: "Se você está voltando para o nosso adorável navio, faça com que me mandem meio quilo de manteiga".[36] Churchill estava lendo um livro sobre William Pitt, o Jovem, que Clementine lhe enviara e que, de acordo com Sarah, "o manteve feliz por horas".[37]

Foi enquanto estava em Malta que Churchill soube da derrota britânica no Dodecaneso, o primeiro revés realmente sério desde Tobruk. Ele havia pressionado para que os italianos pró-Aliados que mantinham as ilhas fossem reforçados com tropas britânicas, numa versão reduzida da Operação Accolade, o que aconteceu em 15 de setembro. Isso provocou, a partir de 26 de setembro, um pesado bombardeio dos alemães, que nesse meio-tempo também capturaram Rhodes. Os nazistas invadiram Leros e o resto do Dodecaneso em 12 de novembro, forçando o Exército britânico a evacuar quatro dias depois, com seiscentos soldados mortos, cem feridos e 3200 feitos prisioneiros, além do afundamento de três destróieres e a perda de 115 aviões da RAF baseados em Chipre. Não foi nem de longe uma derrota com a escalada de Tobruk, mas, se Churchill tivesse dado ouvidos aos norte-americanos — ou talvez se eles não tivessem tirado sua força aérea de Chipre no final de outubro para lutar na Itália, como tinham todo o direito de fazer e avisaram que fariam —, poderia não ter acontecido. O general Kennedy culpou Churchill, que havia "forçado o arranjo como um todo da maneira mais ardorosa", e afirmou que o general Jumbo Wilson "carecia de julgamento e de coragem para dizer ao primeiro-ministro que o projeto se tornara débil e perigoso".[38] Ainda assim, Kennedy admitiu: "O primeiro-ministro em teoria tem pleno apoio profissional para tudo o que foi feito. Segundo os documentos, não pode ser culpado. No entanto, essa é uma boa ilustração do preço que temos de pagar ocasionalmente por sua ignorância sobre assuntos militares, combinada com sua confiança em seu próprio juízo militar".[39]

Churchill, agora com o codinome de coronel Warden,* telegrafou a Clementine: "Ainda estou sofrendo por Leros etc. É terrível lutar com as duas mãos amarradas nas costas".[40] Sarah escreveu em seu diário que "Leros o deixou muito infeliz, mas ocasionalmente divertiu-se e jogou muito besigue com Randolph, que foi adorável".[41] Randolph não permaneceu assim por muito tempo. "Papai voltou a ficar um pouco infeliz por causa de Randolph", ela relatou a Clementine no dia seguinte, enquanto viajavam para Alexandria, "e Randolph por causa de si mesmo e de papai." Então acrescentou de forma enigmática: "Eu me pergunto se realmente ajuda que tantas pessoas falem e expliquem uma coisa da qual nenhum de nós sabe a história completa".[42]

* Uma alusão ao seu cargo de lorde administrador (*warden*) dos Cinco Portos.

Churchill chegou a Alexandria em 21 de novembro e seguiu para o Cairo num Dakota C-47, um avião de transporte militar. Naquele dia, escreveu ao ministro do Interior Herbert Morrison pedindo que apoiasse a decisão extremamente controversa de libertar da prisão Oswald Mosley, o líder da União Britânica de Fascistas, agora que a ameaça de invasão estava descartada. Mosley estava detido sem julgamento conforme a seção 18B desde maio de 1940. "O poder do Executivo de prender um homem sem formular nenhuma acusação conhecida pela lei", argumentou Churchill, "e, em particular, negar-lhe julgamento por seus pares por um período indefinido, é odioso no mais alto grau e a base de todos os governos totalitários, sejam nazistas ou comunistas [...]. Nada pode ser mais repugnante para a democracia do que prender uma pessoa ou mantê-la na prisão porque é impopular. Este é o verdadeiro teste da civilização."[43] Mais tarde, disse a respeito da decisão do Gabinete de apoiar Morrison em face de manifestações furiosas em Trafalgar Square: "As pessoas que não estão preparadas para fazer coisas impopulares e desafiar o clamor não estão aptas a ser ministro em tempos estressantes".[44]

A conferência de cinco dias do Cairo, codinome Sextante, com Roosevelt e o generalíssimo chinês Chiang Kai-shek, realizou-se no Hotel Mena House, não muito distante das pirâmides. Churchill ficou na mansão palaciana de Richard Casey, ministro residente no Oriente Médio. Em 23 de novembro, pediu a Sarah que perguntasse se era possível conseguir um carro para levar Roosevelt à Esfinge. Quando ela descobriu que sim, "meu pai entrou na sala e disse: 'Presidente, o senhor simplesmente precisa ir ver a Esfinge e as pirâmides. Já fiz todos os arranjos para isso'".[45] Segundo consta ter sido a descrição de Churchill, foi como "as duas pessoas mais falantes do mundo se encontrando com a mais silenciosa".[46] Quando Roosevelt se inclinou para a frente sobre os braços da cadeira e tentou levantar, mas afundou de novo, Churchill se virou e disse: "Vamos esperar por você no carro". Do lado de fora, no sol cintilante, Sarah viu que seus olhos estavam cheios de lágrimas. "Eu amo aquele homem", disse simplesmente.[47]

Madame Chiang foi às reuniões com o marido. "Papai ficou impressionado com ela", observou Sarah, "e não há dúvida de que é de longe a melhor intérprete."[48] Brooke relembrou que "em um momento crítico, seu vestido justo de cetim preto com crisântemos amarelos exibiu uma fenda que se estendia até o osso do quadril e expôs uma perna das mais bem torneadas. Isso causou um rumorejo entre os que compareceram à conferência e até pensei ter ouvido um relincho reprimido vindo de um grupo de alguns dos membros mais jovens!"[49] Sarah contou a Clementine que Madame Chiang era "exótica, sinistra, suave, um pouco falsa? Deus me livre!".[50] Churchill e Brooke acharam que os norte-americanos estavam impressionados demais com os chineses, que pouco haviam feito para justificar a posição central no pós-guerra que Roosevelt planejava para eles. Tratava-se de mais uma pressuposição racial injusta. Os chineses perderam 15 milhões de pessoas lutando contra os japoneses ao longo de catorze anos, de 1931 a 1945, e mereciam reconhecimento por isso.

Em 25 de novembro, Roosevelt ofereceu um grande jantar de Ação de Graças para vinte pessoas, com um imenso peru e uma banda do Exército tocando ao fundo. O presidente fatiou a ave e, como Sarah contou à mãe, "papai e ele fizeram pequenos discursos depois. Papai com lágrimas escorrendo pelas bochechas". Então cantaram "Home on the Range" [Casa no campo]. Sarah contou a Clementine que seu pai "queria mandar aviões para pegar você!".[51] Aquela noite pode ser vista como o ponto alto da amizade entre Roosevelt e Churchill. "Nada poderia superar as relações amigáveis entre mim e o Almirante Q [o codinome de Roosevelt] e, com efeito, entre todos os nossos grandes grupos de britânicos e americanos", Churchill relatou a Clementine. "Assim, as diferenças de perspectiva podem ser conciliadas por acordos que também significam ação."[52] Entre essas diferenças estavam a oposição norte-americana à ação no Mediterrâneo oriental, a qualquer ajuda a Tito que pudesse abrir uma campanha nos Bálcãs e a pressionar a Turquia a entrar na guerra. Roosevelt também não queria discutir como lidar com Stálin quando chegassem a Teerã, o que era alarmante.[53]

"Agora, para o salto em altura", Churchill disse para sua comitiva enquanto voavam no RAF York numa viagem de cinco horas e meia até Teerã. "Atravessaremos quatro grandes rios, o Tigre, o Eufrates, o Jordão e o Nilo, e o deserto e as montanhas", acrescentou. "Não haverá lugar nenhum, se nos sentirmos cansados, onde possamos descansar os pés."[54] Na parte desértica da viagem, o olhar artístico de Sarah observou que "a maior parte era de cor sépia, mas, de vez em quando, era cortado por uma costura de cor vermelha ou verde-mar".[55] Talvez relembrando o conselho que dera a seus oficiais em janeiro de 1916, quando entraram nas trincheiras, Churchill disse a Sarah: "A guerra é um jogo que se joga com rosto sorridente, mas você acha que há risadas em meu coração? Viajamos com estilo e ao nosso redor há um grande luxo e uma aparente segurança, mas nunca esqueço o homem no fronte, as lutas encarniçadas e o fato de que homens estão morrendo no ar, na terra e no mar".[56] Quando chegaram à capital iraniana, os arranjos de segurança não eram nada bons, e os carros se arrastavam pelas ruas congestionadas. "Qualquer um poderia ter atirado no meu pai à queima-roupa ou simplesmente jogado uma bela granada em nosso colo", relembrou Sarah.[57] A certa altura, o veículo ficou totalmente parado por três minutos, com multidões circulando ao redor. Churchill sugeriu a Sir Reader Bullard, o embaixador britânico em Teerã, que no futuro o jipe cheio de soldados atrás deles deveria ser aberto. "Evidentemente, não que pudessem fazer alguma coisa para nos salvar, mas pelo menos isso os pouparia do constrangimento de não fazer nada."[58] Depois de chegar à legação britânica, Churchill leu *Oliver Twist* até a meia-noite.

A Conferência de Teerã (codinome Eureka) marcou a primeira vez que Stálin encontrou Roosevelt cara a cara, e ambos estavam determinados a fazer da ocasião um sucesso. Roosevelt chegou a concordar em mudar-se da legação norte-americana para a embaixada russa, por motivos de segurança.[59] Churchill não deixou de notar a importância disso, e o efeito que uma relação russo-americana mais estreita poderia ter sobre o prestígio e a influência da Grã-Bretanha. "Eu percebi em Teerã pela primeira vez que somos uma nação pequena", comentou Churchill com Violet Bonham Carter oito meses depois. Moran foi mais direto, observando que "o primeiro-ministro está consternado com sua própria impotência".[60]

Até hoje não sabemos até que ponto Stálin estava só provocando Churchill quando propôs em Teerã que 50 mil oficiais nazistas fossem fuzilados depois que a vitória fosse conquistada, a fim de extirpar o poderio militar alemão. Quando Roosevelt disse que o número deveria ser de 49 mil, Churchill presumiu que era tudo uma piada, até que Elliott Roosevelt fez um discurso sério concordando com a proposta de Stálin. "Diante dessa intrusão, levantei-me e deixei a mesa", escreveu Churchill em suas memórias, "caminhando para a sala ao lado, que estava na semipenumbra. Não demorou um minuto e senti mãos baterem nos meus ombros por trás, e lá estava Stálin, com Mólotov ao lado, ambos com sorrisos largos e se apressando em declarar que estavam apenas brincando, e que nada de caráter sério havia entrado na cabeça deles."[61] O que Stálin, Mólotov e Elliott Roosevelt não sabiam — embora o presidente norte-americano soubesse — era que Churchill lera o relatório de Owen O'Malley sobre Katyn e sabia que Stálin era perfeitamente capaz de cometer um crime daquele tipo sem o menor senso de vergonha.

"Stálin permitiu-se uma grande dose de 'provocação' a mim", escreveu Churchill mais tarde, "o que não me incomodou de forma nenhuma." Ao não responder com sagacidade e ironia devastadoras, o que poderia facilmente ter feito, mas teria azedado as relações, Churchill demonstrou admirável autocontrole. "Atmosfera das mais cordiais, mas problemas triangulares difíceis", foi como Churchill resumiu a conferência para Clementine.[62] Não é verdade que Roosevelt se aliou a Stálin contra Churchill em Teerã, embora tenha rido de algumas das investidas do soviético. Roosevelt também "advertiu Stálin contra levantar os problemas da Índia com Churchill, e Stálin concordou que se tratava, sem dúvida, de um assunto delicado", mas o amor do primeiro-ministro britânico pelo Raj não era nenhum segredo.[63]

No geral, a Conferência Eureka foi um sucesso. Stálin deu sua primeira indicação de que, depois que a Alemanha tivesse sido derrotada, "poderemos, com nossa frente comum, vencer o Japão", em suas próprias palavras.[64] Ele insistiu, de forma nada insensata, que os Aliados ocidentais decidissem quem comandaria a

Operação Overlord, que não acreditava que pudesse acontecer até que tomassem essa decisão.[65] Quando Stálin aprovou a divulgação de planos falsos de invasão da Overlord, Churchill disse que "em tempo de guerra, a verdade é tão preciosa que deveria estar sempre acompanhada por guarda-costas de mentiras", o que divertiu muito Stálin.[66] Houve um momento embaraçoso quando a esplêndida Espada de Stalingrado, feita em Sheffield, um presente do rei George VI, foi dada por Churchill a Stálin, que a entregou ao marechal Vorochílov, que por sua vez a deixou escapar de sua bainha e cair no chão.

Embora Roosevelt tenha sido acusado de conspirar com Stálin contra Churchill em Teerã, o registro do Ministério das Relações Exteriores britânico de uma conversa na embaixada soviética em 30 de novembro revela, muito pelo contrário, que foi Churchill quem tentou conspirar com Stálin. "O primeiro-ministro disse que era meio americano e tinha muito carinho pelo povo americano", registra o documento. "O que ele ia dizer não era para ser entendido como algo depreciativo dos americanos e ele seria perfeitamente leal a eles, mas havia coisas que era melhor ficar entre duas pessoas."[67] Enfatizou então que havia de treze a catorze divisões aliadas na Itália, das quais nove ou dez eram britânicas. "A escolha apresentada era entre manter a data da Overlord e continuar com as operações no Mediterrâneo", disse ele. "Mas isso não era a história toda."

Os norte-americanos queriam empreender a Operação Buccaneer, um ataque anfíbio para recapturar as ilhas Andaman, na baía de Bengala, em março. Churchill disse a Stálin que não gostava disso. "Os americanos nos prenderam a uma data para a Overlord, e as operações no Mediterrâneo sofreram nos últimos dois meses", explicou. "Nosso exército ficou um pouco desanimado com a remoção das sete divisões. Havíamos mandado para casa nossas três divisões e os americanos estavam mandando as suas, tudo em preparação para a Overlord. Essa foi a razão para não aproveitar ao máximo o colapso italiano. Mas também mostrou a seriedade de nossos preparativos para a Overlord."[68] Churchill não queria que Stálin acreditasse que a Grã-Bretanha não estava fazendo sua parte, ou que ele vinha cedendo na questão da data da Overlord. "Se tirassem minha camisa agora", disse Churchill a Lascelles e Cunningham depois do jantar, no mês de fevereiro seguinte, "veriam que minha barriga está doendo por rastejar diante daquele homem. Eu faço isso pelo bem do país, e por nenhuma outra razão."[69] Ele sentiu a humilhação, e foi amplamente criticado por isso, em especial quando pouco depois teve que intimidar seus corajosos aliados poloneses na discussão a respeito de suas fronteiras do pós-guerra com a Rússia, mas a Grã-Bretanha precisava que a União Soviética continuasse a conquistar grandes vitórias antes que a Operação Overlord fosse lançada, em junho.

O 69º aniversário de Churchill caiu no final da conferência, e ele convidou Roosevelt, Stálin e seus altos funcionários para um grande jantar na legação britânica.[70] Sarah achou que Stálin, "uma figura assustadora com seus olhos puxados de urso, estava com ânimo jovial".[71] Avaliou que ele tinha "um grande senso de humor, tão mordaz e rápido quanto o de papai" e que fizera a melhor piada da noite. "Quando papai, durante um dos muitos brindes, comentou que a 'Inglaterra está ficando mais cor-de-rosa', Joe interveio: 'É um sinal de boa saúde'."[72] Sarah ficou desapontada porque Randolph não propôs um brinde ao aniversário de seu pai. "Não pude deixar de pensar que há alguns anos ele nunca teria deixado isso passar!", comentou ela com a mãe. "Há uma grande mudança nele."[73] Não obstante, muitos brindes foram propostos e consumidos durante a noite, inclusive um "às massas proletárias" por Churchill; em resposta, Stálin propôs um ao Partido Conservador.[74] Roosevelt fez um brinde à saúde de Sarah, ao que Stálin se levantou e deu a volta à mesa para tilintar copos com ela. "Todo mundo muito gentil", Churchill telegrafou a Clementine no último dia da conferência. "As coisas deram uma boa guinada."[75]

Às nove e meia da manhã de 2 de dezembro, Churchill voou de volta ao Cairo, bebendo champanhe e tomando sopa de tartaruga enquanto sobrevoava Bagdá. Parecia "muito em forma e satisfeito com a reunião de Teerã" quando Lampson o encontrou mais tarde.[76] A delegação turca chegou dois dias depois, liderada pelo presidente Inönü. Naquela noite, quando Sarah enfiou Churchill em seu mosquiteiro, ela o encontrou rindo para si mesmo e perguntou por quê. "O presidente da Turquia me beijou duas vezes", contou ele. "Meu problema comigo é que sou irresistível."[77] Depois acrescentou: "Mas não conte a Anthony; ele é ciumento".[78] As conversações com os turcos, os quais Churchill queria que declarassem guerra a Hitler, continuaram a ser improdutivas, mas foi no Cairo que Roosevelt, com o empurrãozinho que recebera de Stálin em Teerã, escolheu Eisenhower para ser o comandante da Overlord, pois achava que não poderia prescindir de Marshall em Washington.

Em 8 de dezembro, Churchill jantou na embaixada do Cairo com Randolph, Fitzroy Maclean e Julian Amery, filho de Leo Amery, que, assim como Randolph, saltaria de paraquedas na Iugoslávia ocupada. Quando questionado sobre seus planos futuros na política, Churchill declarou: "Eu sou vítima de caprichos e viajo nas asas da fantasia", o que deve ter deixado Eden, que também estava presente, muito preocupado. Quando Maclean fez uma crítica ao comunismo de Tito, Churchill disse: "Você pretende morar na Iugoslávia depois da guerra?". Maclean respondeu que não. "Nem eu", completou Churchill. "Assim sendo, você não acha que deveríamos deixar para os iugoslavos decidirem sua própria forma de governo? O que mais nos preocupa agora é quem está causando mais danos aos alemães."[79] Era uma forma dura de ver as coisas, até mesmo cínica, mas também realista. Churchill tomou a decisão de apoiar Tito na Iugoslávia na crença de que seus partidários estavam matando mais alemães do que os monarquistas chetniks.

Smuts também estava presente naquela noite e, na manhã seguinte, puxou Brooke de lado para dizer que "ele não estava nada feliz com o estado do primeiro-ministro. Achava que ele estava trabalhando demais, se exaurindo, e então tinha de apelar para a bebida para estimulá-lo novamente. Disse que estava começando a duvidar se perseveraria, que vinha notando mudanças nele".[80] Churchill voou do Cairo para Túnis em 11 de novembro, com a intenção de ficar com Eisenhower por alguns dias antes de visitar Alexander na Itália. Em vez disso, teve outro ataque grave de pneumonia, com uma inflamação dos pulmões que obrigou Moran a convocar imediatamente uma equipe de seis médicos da capital egípcia, sob o comando do brigadeiro J. J. Pulvertaft, além de duas enfermeiras e uma máquina de raios X. John Martin relatou que havia tantos médicos por perto que não conseguia entrar em seu escritório. Deram-lhe mais M&B, e Moran administrou digitálicos para fortalecer o coração. O primeiro-ministro manteve seu senso de humor durante todo o tempo: quando Pulvertaft pediu uma amostra de seu sangue, ele comentou: "Você pode usar meu dedo, ou meu ouvido, e, é claro, tenho uma extensão quase infinita de traseiro".[81]

"Estou cansado no corpo, no espírito e na alma", confessou a Walter Thompson. "Tudo está planejado e pronto: em que lugar melhor eu poderia morrer do que aqui, nas ruínas de Cartago?"[82] Clementine pegou um avião imediatamente, vestindo um traje de voo acolchoado num Liberator não aquecido que decolou no nevoeiro. Em Túnis, Sarah lia *Orgulho e preconceito* em voz alta para Churchill e observava-o enquanto dormia. Em suas memórias de guerra, Churchill afirmou: "Em nenhum momento abri mão de minha parte na condução dos assuntos, e não houve o menor atraso em tomar as decisões que eram requeridas de mim".[83] Martin escreveu que havia nisso "um tanto de exagero", e que, na verdade, "durante vários dias [ele] esteve seriamente doente".[84] Foi comunicado ao público que ele estava com uma dor de garganta nevrálgica. "Ele é muito desobediente", escreveu Sarah a seu amante Gil Winant, em 22 de dezembro; "seu poder de recuperação e sua vitalidade indomável, além de uma aversão saudável a acatar ordens, estão todos bem vivos."[85] Naquele dia, Churchill começou a ditar os boletins de seus médicos sobre o progresso de sua saúde e a fumar charutos, apesar da mancha encontrada em seu pulmão.[86]

Na véspera de Natal, um grande número de oficiais da alta cúpula, entre eles cinco comandantes-chefes — Wilson, Tedder, Eisenhower, Cunningham e Alexander —, chegaram para discutir a Operação Shingle, um desembarque anfíbio em Âncio, ao norte de Nápoles, que Churchill esperava que trouxesse um resultado decisivo na Itália e até mesmo levasse à queda de Roma antes do início da Overlord. Ele presidiu uma conferência na sala de jantar usando seu roupão de seda com dragões azuis e dourados.[87] O almoço de Natal foi a primeira refeição que conseguiu fazer fora de seu quarto. "O primeiro-ministro estava pronto para a ocasião", observou Martin, "propondo toda uma série de brindes."[88] Quando lhe serviram creme de ovos enquanto todos comiam pudim de Natal, disse com inveja: "Qualquer veículo que transporte conhaque ao estômago deve ser elogiado".[89] No dia seguinte, recebeu a notícia esplêndida do afundamento do *Scharnhorst* na Batalha do Cabo Norte.

Além do acordo para lançar a Shingle em janeiro de 1944, mudanças importantes de pessoal foram realizadas assim que Churchill se recuperou: Jumbo Wilson passou a ser comandante-chefe no Mediterrâneo, Alexander, comandante-geral na Itália, e Tedder, vice-comandante supremo aliado para a Overlord; eram três britânicos em postos-chave. Churchill voou para Marrakesh em 27 de dezembro (usando oxigênio a 3500 metros de altitude) para convalescer na Villa Taylor, com seu excelente chef francês.[90] De lá, mandou buscar no Cairo uma insígnia de general de brigada, para que pudesse ser embrulhada no guardanapo de Leslie Hollis, numa primeira notificação de que estava sendo promovido.[91] Churchill também condecorou o filho de Beaverbrook, Max Aitken, um ás da aviação de caça, com a Estrela de 1939-43, cortada às pressas da segunda túnica de Jock Colville. Gestos como esses para com os que o rodeavam — e havia muitos mais, como garantir que a lareira não se apagasse nas salas que seus secretários ocupavam em Chequers — devem ser confrontados com o número similar de casos de egoísmo e monomania de Churchill.

"Winston instalado em Marrakesh agora está cheio de energia", anotou Brooke em Londres. "Como consequência, um fluxo triangular de telegramas está gradualmente resultando em confusão total. Peço a Deus que ele volte para casa e fique sob controle."[92] Churchill estivera na Grã-Bretanha por apenas cinco semanas nos cinco meses anteriores. Em 5 de janeiro de 1944, num jantar em honra do presidente Beneš — que estava indo de Moscou para Londres —, Churchill perguntou a todos à mesa se achavam que Hitler ainda estaria no poder em 3 de setembro, quinto aniversário da declaração de guerra. Churchill, Beaverbrook e Colville achavam que sim; Beneš, Smuts, Moran, Tommy Thompson, Martin, Hollis e Sarah opinaram que não.[93]

Beneš vinha tentando fazer com que os poloneses aceitassem a Linha Curzon* como fronteira com a Rússia no pós-guerra, e ele endureceu o coração de Churchill contra os poloneses de Londres, que estavam sob pressão de Stálin para que, depois da guerra, seu Estado se movesse centenas de quilômetros para o oeste a fim de acomodar a Rússia e punir a Alemanha. Em 7 de janeiro, Chur-

* Elaborada por lorde Curzon em 1919 para demarcar uma futura fronteira polonesa-russa e depois usada substancialmente no pacto nazi-soviético para a fronteira entre a Rússia e a Alemanha de 1939-41. As áreas a oeste da linha continham uma maioria etnicamente polonesa, e é aproximadamente a fronteira atual entre Polônia, Ucrânia e Bielorrússia.

chill telegrafou para Eden: "A Rússia, depois de duas guerras que lhe custaram entre 20 milhões e 30 milhões de vidas russas, tem direito à segurança inexpugnável de suas fronteiras ocidentais [...]. À Polônia atribui-se agora uma posição de grande nação independente no coração da Europa, com uma bela costa e um território melhor do que tinha antes. Se não aceitar isso, a Grã-Bretanha se desonera de todas as suas obrigações e os poloneses podem fazer seus próprios arranjos com os soviéticos".[94]

No dia seguinte, Randolph, bêbado, atacou as qualidades de Eden, ausente, como ministro das Relações Exteriores, enquanto Churchill o defendia. Maclean, que estava prestes a levar o filho do primeiro-ministro para fazer a ligação com Tito, assegurou depois a todos que "tudo ficará bem na Iugoslávia devido à ausência de uísque e a uma dieta de sopa de repolho".[95]

"A comitiva é um circo", escreveu lady Diana Cooper a seu filho John Julius em 10 de janeiro, depois de chegar de Argel, onde seu marido era o representante britânico junto ao Comitê Francês de Libertação Nacional. "Está alojado na cúpula do prazer de um milionário, cercada de mármore e laranjeiras, fontes e azulejos, no mais rico estilo maometano. Lá estava o nosso velho bebê com seus macacões, chapéu de caubói e um roupão oriental muito esfarrapado, saúde, vigor e excelente humor. Nunca o tinha visto tecer coisa mais fantástica, a trama do inglês e a urdidura da gíria."[96] Ela estava certa sobre as gírias; Churchill tinha ocasionalmente surtos de *cockney*, dizendo a Leslie Rowan: "Sem essa — para de me enrolar!". E a Marian Holmes: "Faz tempo que num vejo você". Ou quando acendia acidentalmente a ponta errada do charuto: "Eita, olha o que eu fiz!".[97]*

O convite a De Gaulle para almoçar em Marrakesh em 12 de janeiro fora duas vezes quase cancelado, quando o francês ordenou a seu general Jean de Lattre de Tassigny que não visitasse Churchill sem ele estar presente, e mais tarde mandou prender em Argel um amigo de Churchill, o ex-premiê da França Pierre-Étienne Flandin. Não obstante, o almoço aconteceu, porque Churchill desejava ser o mais conciliador possível em razão da Overlord, agendada para o final daquele ano, apesar de todas as suas dúvidas pessoais em relação a De Gaulle. "Olhe aqui! Eu sou o líder de uma nação forte e invicta", disse Churchill ao marechal. "No entanto, todas as manhãs, quando acordo, meu primeiro pensamento é como posso agradar ao presidente Roosevelt, e meu segundo pensamento é como convencer o marechal Stálin. Sua situação é muito diferente. Por que, então, o seu primeiro pensamento ao despertar deveria ser achar que pode estalar os dedos para os ingleses e americanos?"[98] A frase não causou nenhum efeito em De Gaulle. Para Martin, Churchill brincou: "Agora que o general fala inglês tão bem, entende perfeitamente o meu francês".[99]

* No original: *"Come on — stop muckin' me about!"*; *"I ain't seen you for a long time"*; *"Oh lor'. Look what I've done!"*. (N. T.)

Naquela noite, Churchill permitiu que Colville voltasse para seu esquadrão. "Você parece pensar que esta guerra está sendo travada para sua diversão pessoal", disse-lhe, complementando depois de uma pausa: "No entanto, se eu tivesse a sua idade, eu sentiria a mesma coisa, então você pode ter dois meses de licença para lutar. Mas não haverá mais feriados este ano".[100] No dia 14 de janeiro, Churchill foi de avião a Gibraltar para outra conferência sobre a Operação Shingle e de lá partiu para Plymouth a bordo do HMS *King George V*. Na viagem, passou uma hora no quarto dos guardas-marinhas, os quais estimulou a perguntar-lhe o que quisessem sobre a guerra e a política. "Eles esqueceram que ele era o primeiro-ministro", relembrou Colville, "e foi realmente maravilhoso ouvi-lo."[101]

Na manhã de 18 de janeiro, Churchill apareceu sem aviso prévio na Câmara dos Comuns, depois de dois meses fora. Harold Nicolson notou

> um suspiro de espanto passar pelos rostos do Partido Trabalhista do outro lado. De repente, eles se levantaram e começaram a gritar, agitando seus papéis [pedidos] no ar. Nós também saltamos e toda a Câmara começou a dar vivas após vivas, enquanto Winston, muito cor-de-rosa, um tanto tímido, radiante com sua travessura, arrastou-se pelo banco da frente e se acomodou em seu lugar habitual. Estava corado de prazer e emoção, e mal havia sentado quando duas grandes lágrimas começaram a escorrer por suas bochechas. Ele enxugou-as desajeitadamente com um enorme lenço branco.[102]

Durante a sessão de Perguntas ao Primeiro-Ministro, quando um parlamentar adulador sugeriu que a Câmara deveria fazer um brinde "à morte de todos os ditadores e vida longa a todos os libertadores, entre os quais o primeiro-ministro é o primeiro", Churchill respondeu, fleumático: "Ainda é muito cedo".[103]

"Ele parecia bem e descansado", anotou o rei naquele dia, "embora ainda bastante fraco das pernas, e parece ter perdido um pouco do fogo em seus olhos, por enquanto [...]. Graças aos americanos, perdemos nossa oportunidade de capturar Rhodes, e Roma ainda não é nossa. Mas finalmente temos o controle do Mediterrâneo."[104]

Em 22 de janeiro, os desembarques em Âncio começaram na costa ocidental italiana, uma operação que o capitão Harry C. Butcher, assessor naval de Eisenhower, definiu corretamente como "o projeto militar predileto do primeiro-ministro".[105] Uma divisão britânica e outra norte-americana, totalizando 36 mil homens, desembarcaram com 3 mil veículos atrás das linhas alemãs, à frente do Quinto Exército do general Clark, quase sem oposição. Churchill disse a Alexander: "Fico muito feliz por você estar demarcando reivindicações em vez de se contentar com cabeças de praia".[106] Logo, porém, ficou claro que o general John P. Lucas, que comandava a ação, era indeciso e demorava demais para se aproveitar da situação. "Eu esperava que estivéssemos soltando um gato selvagem na praia", reclamou Churchill depois de dez dias, "mas tudo o que conseguimos foi uma baleia encalhada."[107] Isso trouxe de volta lembranças terríveis da desastrosa inércia e cautela de Stopford na baía de Suvla durante a campanha de Galípoli.[108]

"Os alemães estão lutando magnificamente", contou Churchill a Colin Coote num jantar do Other Club, em 27 de janeiro. "Nunca imagine que estejam entrando em colapso. O trabalho de equipe deles é brilhantemente flexível. Eles improvisam unidades a partir de remanescentes não descansados e essas unidades lutam tão bem quanto as novas."[109] Ele pensou em voar até a cabeça de praia de Âncio, mas foi persuadido a não fazer isso.[110]

No dia 4 de fevereiro, as tropas aliadas chegaram ao mosteiro medieval de Monte Cassino, que domina o vale do Liri e a estrada para Roma, mas acharam impossível romper a obstinada resistência alemã de um lado ao outro da península. Quando Bevin sugeriu no Gabinete de Guerra que Churchill deveria enviar uma mensagem de encorajamento a Alexander, o primeiro-ministro disse: "Vou pensar" — o que dificilmente poderia ser considerado um endosso.[111] O mosteiro foi destruído por um bombardeio em meados de fevereiro; foi uma grande perda cultural, mas os comandantes locais a consideraram importante em termos táticos. No entanto, parecia que a destruição não fizera nenhum bem, e o avanço foi detido por mais três meses.

Em 11 de fevereiro, Churchill comunicou a Roosevelt que as propostas de paz que vinham do governo búlgaro não deveriam aliviar o bombardeio daquele país; com efeito, "se o remédio fez bem, que tomem mais dele".[112] Desde o Cairo, havia cada vez mais questões em que Churchill e Roosevelt divergiam. Os norte-americanos não demonstraram nenhum interesse em prolongar a monarquia italiana, e outros desentendimentos surgiram sobre questões tão diversas quanto a carne argentina (que Roosevelt queria boicotar para punir o governo do país por suas simpatias pelos fascistas, mas que a Grã-Bretanha precisava comprar), direito de aviação civil no pós-guerra, petróleo do Oriente Médio, arranjos comerciais imperiais e outros tópicos não militares nos quais Churchill sentia que os Estados Unidos, a essa altura muito mais poderosos, estavam violando os direitos do Império Britânico.[113] Em 25 de fevereiro, Churchill chegou a falar com Brooke sobre "a postura desagradável do presidente ultimamente".[114] Suas críticas nem sempre foram respondidas, pelo menos na íntegra, e quase nunca pelo próprio. Houve 373 mensagens enviadas por Churchill a Roosevelt durante a guerra a mais do que as que foram enviadas do presidente norte-americano ao primeiro-ministro britânico.

Em alguns dos maiores bombardeios da guerra desde maio de 1941, o número 10 da Downing Street foi danificado em 20 de fevereiro. Todas as janelas e seus caixilhos explodiram, e pedaços de gesso caíram do teto da sala de estar, deixando grandes buracos. "A Downing Street ficou atapetada de vidro, e uma bomba que caiu na esquina do Tesouro estourou uma grande tubulação de água", anotou Colville.[115] Churchill, que havia migrado de volta para o número 10 para reuniões e refeições, foi forçado a retornar ao Anexo durante a maior parte do tempo. Em programa de rádio transmitido de lá, ele disse: "Foi com grande prazer que ouvi do marechal Stálin que ele também estava decidido a criar e manter uma Polônia forte, independente e íntegra como uma das principais potências da Europa. Repetiu várias vezes essas declarações em público, e estou convencido de que representam uma política bem definida da União Soviética".[116] No entanto, não estava nem de longe tão convicto da confiabilidade soviética quanto seus pronunciamentos públicos sugeriam. No início de março, com "humor benevolente, mas sombrio", admitiu a seus convidados a Chequers que estava perturbado com a atitude de Stálin em relação à Polônia, comentando que tinha vontade de dizer aos russos: "Pessoalmente, luto contra qualquer tirania, independentemente do uniforme que use ou das palavras de ordem que proclame".[117]

No Salão Principal, depois de assistir a um filme enquanto fumava cigarros turcos, dizendo que eram a única coisa que já conseguira da Turquia, o primeiro-ministro voltou à questão de não ter muito tempo para viver. Com o gramofone tocando a *Marselhesa* e "Le Régiment de Sambre et Meuse",* comentou com seus convidados, entre eles Ismay e Macmillan, que "muito mais importante do que a Índia ou as colônias ou a solvência é *o ar*. Vivemos em um mundo de lobos — e *ursos*".[118] Sua intenção com isso era dizer que somente a superioridade aérea poderia afastar a ameaça russa vindoura; isso foi exatamente dois anos e um dia antes de fazer seu discurso sobre a Cortina de Ferro em Fulton, Missouri. No entanto, não se manteve taciturno por muito tempo; alguns dias depois, quando os jornalistas lhe perguntaram quem defenderia o governo em um debate futuro, Churchill respondeu: "Se o pior acontecer, talvez tente fazer isso eu mesmo".[119]

Churchill estava de mau humor, no entanto, durante o almoço com o rei, em 7 de março, e reclamou da "infeliz declaração" de Roosevelt numa coletiva de imprensa de que estava disposto a entregar um terço da frota italiana à Rússia.

> Isso, a postura russa em relação ao governo polonês no exílio a respeito da Linha Curzon e o novo avanço russo em direção a Tarnopol [Ternopol, no oeste da Ucrânia], fez Winston dizer que, com um urso bêbado com a vitória no leste, e um

* Uma marcha militar do Segundo Império de Napoleão III.

> elefante se sacudindo no oeste, nós, o Reino Unido, éramos como um burro entre os dois, o único que conhecia o caminho de casa. Ele me disse que o Gabinete de Guerra estava muito atento à postura perigosa de Stálin e o que uma Rússia poderosa poderia fazer em termos de danos ao mundo. Não queremos ter de lutar contra a Rússia após a derrota da Alemanha.[120]

Em 13 de março, Churchill escreveu a Marshall sobre a Operação Overlord: "Estou endurecendo muito em relação a essa operação à medida que o momento se aproxima, no sentido de querer atacar, se humanamente possível, mesmo que não tenhamos exatamente as condições que estabelecemos em Moscou".[121] Entre essas condições estava a de haver somente quinze divisões alemãs no norte da França, ao passo que a inteligência indicava a presença de muitas mais. Eisenhower retomou o uso de Churchill da expressão "estou endurecendo" quando a repetiu para ele em 15 de maio, para dizer que o primeiro-ministro não vinha se empenhando na Overlord antes, mas a carta para Marshall mostra que nem de longe era esse o caso.

No final de março de 1944, as relações entre Churchill e os chefes de Estado-Maior atingiram seu ponto mais baixo no que dizia respeito à estratégia no Pacífico. Os militares relutavam em comprometer recursos com a estratégia da baía de Bengala, a preferida de Churchill, e o primeiro-ministro acreditava que eles haviam agido por suas costas enquanto estava em Marrakesh, fazendo planos provisórios para uma estratégia no Oriente. "Lamento muito que os chefes de Estado-Maior tenham avançado tão longe nessa questão e chegado a tais conclusões sem de forma nenhuma procurar avaliar e levar adiante as posições do poder civil sob o qual estão servindo", escreveu ele em um duro memorando de cinco páginas. "Eles certamente têm o dever de me informar, como ministro da Defesa, e de se assegurar de que compreendo a importância que atribuem à questão."[122] Passar um sermão nos comandantes, alguns com cinco anos no cargo, como Portal, sobre suas obrigações constitucionais era tão desnecessário quanto rude (talvez até de forma deliberada), mas era também um lembrete de quem detinha o poder de aprovação final.

Ele então mudou de tática, apelando para o lado pessoal: "Considerando a intimidade e a amizade com as quais trabalhamos por muito tempo em tantas situações difíceis, nunca imaginei que os chefes de Estado-Maior entrariam numa grande questão como essa da estratégia de longa duração, na qual entram tantas considerações políticas e outras não militares, sem tentar me incluir, para que pudéssemos formar nossas opiniões juntos". Em uma frase, havia um apelo à camaradagem, uma acusação de que os comandantes militares estavam invadindo áreas nas quais não tinham autoridade para interferir, um lamento de que estava sendo na prática tirado do circuito decisório, uma insinuação de que poderia ter sido persuadido e, por fim, um aviso de que precisavam falar com uma só voz aos domínios e aos norte-americanos. E ele concluía de maneira desafiadora e inequívoca: "A baía de Bengala permanecerá, até o verão de 1945, como o centro de gravidade da guerra britânica e imperial contra o Japão".[123] Num rascunho inicial de suas memórias, Churchill encerrava o capítulo sobre a questão dizendo que suas "decisões foram aceitas e o assunto encerrado", mas, como isso se tratava de uma afirmação claramente falsa, seus pesquisadores tiveram de propor desfechos alternativos para o assunto. O parágrafo que acusava os chefes de Estado-Maior de chegarem a "conclusões estabelecidas" sem tentar "avaliar e levar adiante as posições do poder civil" foi considerado tão incendiário que foi extirpado no último momento antes da publicação, deixando uma grande lacuna na página.[124]

"Nós discutimos [...] a melhor forma de lidar com o último documento inacreditável de Winston", anotou Brooke no dia seguinte. "Está cheio de declarações falsas, deduções falsas e estratégias defeituosas. Não podemos aceitá-lo como está, e seria melhor se nós três renunciássemos, em vez de aceitar sua solução."[125] Redigiu-se uma resposta listando cinco erros factuais no memorando de Churchill, e propondo que os comandantes militares "discutissem o assunto com o primeiro-ministro e [...] sugerissem a ele que sua ação é precipitada, é tomada sem pleno conhecimento de todos os fatores e é, em todo caso, desnecessária neste estágio".[126] A partir dos papéis em poder de Brooke, fica claro que Ismay teve permissão para comentar a resposta dos chefes de Estado-Maior antes de ser entregue, e não fez alterações. Churchill foi, portanto, quase certamente advertido com antecedência, numa medida sensata.

A resposta "privada e altamente confidencial" dos chefes de Estado-Maior a Churchill foi entregue em 28 de março. Depois de um parágrafo de abertura aparentemente cordato — "Temos certeza de que ainda há algum mal-entendido quanto às nossas opiniões e propostas, e estamos abertos à oportunidade de uma discussão mais aprofundada com o senhor sobre toda a questão" —, o documento rejeitava de forma categórica todas as acusações de Churchill.[127] "Não podemos aceitar a acusação que o senhor faz", escreveram os comandantes das três armas, "de que comprometemos de algum modo o governo de Sua Majestade com alguma linha particular de política sem consultá-lo. Fizemos o melhor que pudemos para explicar as nossas opiniões sobre a estratégia de longo prazo para a guerra contra o Japão antes da Sextante,* mas suas outras preocupações, tanto antes como depois da Conferência, impediram isso. Estávamos, portanto, preocupados em assegurar que as conclusões do Comitê Combinado de Chefes de Estado-Maior fossem redigidas nos termos mais abrangentes."[128] No caso, como

* Segunda Conferência do Cairo, em dezembro de 1943.

as decisões-chave não precisaram ser tomadas até depois do Dia D, as demissões em massa foram evitadas, e a temperatura, reduzida, exceto nos diários ácidos de Brooke e Cunningham e nas cartas de Brooke a Dill, cheias de referências desdenhosas à ignorância de Churchill sobre conceitos estratégicos básicos.[129]

"Agora podemos afirmar, não apenas com esperança, mas com razão", disse Churchill à nação em 26 de março, "que chegaremos ao fim de nossa jornada em boa ordem e que a tragédia que ameaçou o mundo inteiro e poderia ter apagado todas as suas luzes e deixado nossos filhos e descendentes nas trevas e na servidão, talvez por séculos, essa tragédia não acontecerá."[130] Sobre a futura invasão da Europa continental, disse que "quando o sinal for dado, todo o círculo de nações vingadoras se lançará sobre o inimigo e arrancará a vida da tirania mais cruel que já tentou barrar o progresso da humanidade".[131] O insatisfeito Tommy Lascelles reclamou que "era o discurso de um homem velho".[132] Uma pessoa que claramente não concordou com isso foi Anne Frank, que registrou em seu diário, no sótão em que se escondia em Amsterdam, seu contentamento com "um discurso do nosso amado Winston Churchill".[133]

Para surpresa de Churchill, no dia 28 de março, o governo foi derrotado por um voto — 117 a 116 — na cláusula 82 da Lei de Educação de Butler, relativa à remuneração nas mesmas bases para professores do sexo masculino e feminino. "Se ao menos o chanceler do Tesouro pudesse ter sido induzido a entrar em um trote suave", Churchill comentou provocativamente sobre Anderson, que chegara atrasado para a votação, "o governo teria sido salvo."[134] Foi a primeira derrota do governo durante a guerra. O Gabinete foi unanimemente a favor de transformar a questão num voto de confiança, aprovado logo em seguida por 425 votos a 23. "Não vou tropeçar na minha gaiola como um canário ferido", avisou Churchill a um parlamentar. "O senhor me derrubou do meu poleiro. Agora tem de me colocar de volta no meu poleiro. Caso contrário, não cantarei." Nicolson anotou: "Todos ficaram irritados e aborrecidos" com a decisão do Gabinete de tratar um voto interno menor como sendo de desconfiança. "A única pessoa que realmente gostou disso foi o próprio Winston. Ele era só sorrisos."[135] Churchill, no entanto, queixou-se ao rei, que registrou: "A Câmara dos Comuns é uma preocupação para ele, pois é uma crítica perpétua ao governo. Winston já tem coisas suficientes para pensar e sugere que não está obtendo o apoio que merece, pelo que fez e está fazendo na condução da guerra".[136]

•

Em abril de 1944, os Aliados lançaram 80 mil toneladas de bombas na Normandia. Churchill insistiu em uma revisão cuidadosa dessa política devido aos efeitos sobre os civis. "Havia um limite para o massacre e a raiva resultante que despertaria entre os franceses, para além do qual não poderíamos ir", disse ele ao

Gabinete de Guerra.[137] Como na segunda BEF, na expedição à Grécia de 1941 e na estratégia da baía de Bengala para recapturar as possessões britânicas do Extremo Oriente antes que os norte-americanos derrotassem o Japão, Churchill estava colocando as considerações políticas acima das puramente militares.[138] Mas como ele mesmo escreveu em *The World Crisis*: "Na cúpula, a verdadeira política e a estratégia são uma coisa só".[139]

"Primeiro-ministro envelhecido, cansado e não conseguindo entender realmente as coisas", anotou Brooke em seu diário no dia 3 de abril. "É uma visão deprimente observá-lo se deteriorando aos poucos. Eu me pergunto quanto tempo durará, não o suficiente para ver o fim da guerra, receio."[140] Isso era apenas um pensamento ilusório, já que nada escapava à atenção de Churchill, que ainda estaria na vanguarda da política britânica uma década depois, quando Brooke, nove anos mais jovem, já se aposentara havia muito tempo. No dia em que Brooke escreveu essas linhas, Churchill assumiu o Ministério das Relações Exteriores enquanto Eden estava de férias e também fez um pedido ao Ministério do Interior: "Mandem-me um relatório sobre o motivo de usar a Lei da Feitiçaria de 1735 num tribunal de Justiça moderno. Qual foi o custo desse julgamento para o Estado?".[141] Ele queria saber por que os juízes estavam sendo "mantidos ocupados com toda essa tolice obsoleta, em detrimento do trabalho necessário nos tribunais".[142] Da mesma forma, escreveu para o ministro dos Transportes: "Fui retardado em minha viagem para Chequers devido a algumas obras novas na estrada. O senhor não está ciente de que há uma guerra? Por favor, pare com essa tolice".[143]

Marian Holmes apreciava os comentários cáusticos de Churchill sobre as pessoas e registrou que, no início de abril, ele se referiu a um general como "uma bexiga com um nome escrito".[144] Em certo momento, Leslie Rowan precisou sair da sala, pois ria demais das piadas de Churchill. O primeiro-ministro ainda permanecia acordado até as três e meia da manhã, o que poderia explicar a dupla preocupação de Brooke. "Ele exige demais de si mesmo", escreveu Holmes sobre Churchill dois dias antes do Dia D, "e quase adormeceu sobre seus papéis."[145] Embora fosse sem dúvida verdade que estava se cansando com mais facilidade em seu quinto ano no cargo em tempo de guerra, Churchill ainda era capaz de demonstrações extraordinárias de energia, em especial graças aos seus cochilos revigorantes diários de uma hora de duração. Se estava dormindo, com uma venda preta nos olhos, seu carro, quando chegava a Chequers, ficava estacionado diante da porta da frente até que ele acordasse.[146]

Em meados de abril de 1944, Churchill iniciou uma campanha contra a Operação Dragoon (anteriormente Anvil [Bigorna]) — o ataque ao sul da França cujo objetivo seria impedir os alemães de retirar tropas para resistir à Overlord. Ele disse a Marshall em 16 de abril que seu apoio à Anvil em Teerã havia chegado antes que o avanço dos Aliados sobre Roma tivesse sido detido em Monte Cassino. Os nazistas estavam agora mandando para a Itália as mesmas divisões que a Anvil tinha sido projetada para afastar da Overlord. "Devemos jogar nossos corações nessa batalha e fazer da Overlord uma conquista de vida ou morte", escreveu.[147] Ele não acreditava mais que a Anvil fosse ajudar nisso.[148] Tudo que soasse crítico à Overlord — como seu comentário sobre um memorando do Ministério das Relações Exteriores segundo o qual "essa batalha foi imposta a nós pelos russos e pelas autoridades militares dos Estados Unidos" — foi extirpado de suas memórias de guerra.[149] É difícil evitar a conclusão de que estava deixando deliberadamente um rastro secreto de dúvida e críticas, caso a operação viesse a ser um desastre semelhante a muitos dos ataques anfíbios que defendera no início de sua carreira.

Em 21 de abril, Churchill defendeu com veemência o Império Britânico na Câmara dos Comuns. "O que é esse milagre, pois não é nada menos que isso, que convocou homens dos confins da Terra", perguntou ele,

> alguns cavalgando por vinte dias até que pudessem alcançar seus centros de recrutamento, alguns exércitos navegando 14 mil quilômetros através dos mares antes de chegarem ao campo de batalha? O que é essa força, esse milagre que faz os governos, tão orgulhosos e soberanos quanto qualquer um que já tenha existido, deixarem imediatamente de lado todos os seus medos e se disporem imediatamente a ajudar uma boa causa e derrotar o inimigo comum? É preciso examinar muito a fundo no coração do homem, e então não se encontrará a resposta, a menos que se examine com o olho do espírito. É então que se aprende que os seres humanos não são dominados por coisas materiais, mas por ideias pelas quais estão dispostos a dar sua vida ou a obra de sua vida.[150]

Contudo, cinco dias depois, cometeu o que Colville chamou de "fiasco" ao responder à sessão de Perguntas ao Primeiro-Ministro, confundindo-se de lugar, respondendo ao questionamento errado e esquecendo o nome de importantes marajás.[151] Tinha alguns dias ruins, mas ainda eram em muito menor número do que os bons, e sua capacidade de recuperação era extraordinária.

Naquele mês, Harold Nicolson contou a Maud Russell que a "voz de Churchill soava aborrecida e bastante cansada, mas, sempre que havia uma interrupção, toda a velocidade, fogo e brilho retornavam num instante".[152] James Stuart contou a Eric Miéville, secretário particular assistente do rei, "que não conseguia entender o que se passava na mente de Winston — ele continuava falando como se estivesse prestes a morrer".[153] Churchill disse na época a Brooke que "não pulava mais da cama como costumava e sentia que ficaria bem contente em passar o dia todo deitado", comentários que eram obviamente naturais para um homem da idade dele vivendo sob tamanha tensão.[154]

* * *

Em 15 de maio, todo o alto escalão aliado reuniu-se para receber instruções sobre a Operação Overlord, no quartel-general do 21º Grupo de Exército de Montgomery, localizado em sua antiga escola St. Paul's, em Hammersmith. O rei e Churchill ganharam poltronas; todos os outros sentaram-se nas carteiras dos alunos (embora, ao contrário dos escolares, eles pudessem fumar). Eisenhower deu sua opinião sobre o que esperava que ocorresse na Normandia três semanas depois; Churchill falou depois por meia hora e, embora suas palavras não tenham sido registradas, um dos presentes, o general de brigada Kennedy, escreveu em seu diário que o primeiro-ministro se manifestou "num estilo robusto e até bem-humorado, e concluiu com uma expressão comovente de suas esperanças e bons votos. Ele [...] falou com grande vigor, insistiu numa liderança ofensiva e enfatizou o ardor pela batalha que acreditava que os homens sentiam".[155]

Monte Cassino finalmente caiu em 18 de maio e Roma, portanto, poderia ser capturada antes do Dia D, marcado para 5 de junho. Com exércitos da Comunidade Britânica, dos Estados Unidos, da França e da Polônia, todos engajados no ataque à capital italiana, Churchill queria que a contribuição britânica fosse sempre mencionada na imprensa. Caso contrário, como disse ao Gabinete de Guerra, "parece que os britânicos foram os retardatários no show".[156]

No final de maio, no almoço com o rei, Churchill disse que estaria em um dos navios de guerra que bombardeariam a Normandia no Dia D. George VI não ficou surpreso e deu a entender que também gostaria de ir, ao que Churchill "reagiu bem".[157] A rainha apoiou a ideia, mas Lascelles, Ismay, Eisenhower e, sobretudo, o almirante Ramsay, comandante-geral do lado naval da Overlord, se opuseram taxativamente à presença de ambos, em especial à escolha de Churchill do HMS *Belfast*, que estaria bombardeando a costa francesa e, portanto, exposto ao contra-ataque da Luftwaffe. No almoço de 1º de junho, no Anexo, houve uma conversa extraordinária entre o rei, seu secretário particular e o primeiro-ministro. À luz do conselho de Ramsay e dos outros, George VI disse que nenhum deles deveria ir. Churchill argumentou que não poderia recomendar ao Gabinete que o rei fosse, mas que ele mesmo certamente iria. Quando Lascelles comunicou a Churchill que o rei acharia difícil encontrar um novo primeiro-ministro no meio de uma grande invasão da França, ele retrucou: "Ah, isso tudo já está combinado", referindo-se presumivelmente à carta selada que ele e o monarca haviam escrito propondo Eden para seu sucessor.[158] Lascelles argumentou que, de acordo com as provisões constitucionais, Churchill não poderia deixar o país sem o consentimento do rei, ao que ele argumentou que, como estaria em um navio britânico, não estaria de fato no exterior. Lascelles chamou a atenção para o fato de que a embarcação estaria fora das águas territoriais britânicas e, portanto, ele também estaria.

"Estou muito preocupado com a maneira aparentemente egoísta de o primeiro-ministro encarar o assunto", escreveu o rei em seu diário naquele dia. "Ele não parece se importar com o futuro, ou o quanto depende dele."[159] Na manhã seguinte, escreveu a Churchill:

> Quero fazer-lhe mais um apelo para que não vá para o mar no Dia D. Por favor, considere minha própria posição. Sou mais jovem que você, sou marinheiro e, como rei, sou o chefe de todas as armas. Não há nada que eu gostaria mais do que ir para o mar, mas concordei em ficar; é justo, então, que você faça exatamente o que eu gostaria de fazer? Você disse ontem que seria uma coisa boa para o rei liderar suas tropas na batalha, como nos velhos tempos;* se o rei não pode fazer isso, não parece certo que seu primeiro-ministro assuma seu lugar. Depois, há sua própria posição; você verá muito pouco, correrá um risco considerável, estará inacessível em um momento crítico em que decisões vitais talvez precisem ser tomadas; e, por mais discreto que você for, sua mera presença a bordo está fadada a ser uma responsabilidade adicional muito pesada para o almirante e o capitão [...]. Peço-lhe sinceramente que considere toda a questão de novo, e não deixe que seus desejos pessoais, que eu bem entendo, o levem a se afastar de seu elevado padrão de comprometimento com o Estado.[160]

O rei não recebeu nenhuma resposta imediata de Churchill, que estava a caminho de Portsmouth, de modo que Lascelles telefonou para o trem do primeiro-ministro e obteve uma concordância "bastante indelicada" de que ele não iria.[161] Decepcionadíssimo, Churchill escreveu então uma carta um tanto petulante ao rei, em 3 de junho:

> Como primeiro-ministro e ministro da Defesa, devo poder ir aonde julgar necessário para o cumprimento do meu dever [...]. Confio em meu próprio juízo, invocado em muitos assuntos sérios, quanto aos limites apropriados de risco que uma pessoa que cumpre com meus deveres tem o direito de correr. Devo sinceramente pedir a Vossa Majestade que não se estabeleça nenhum princípio que impeça minha liberdade de movimentação quando julgo necessário familiarizar-me com as condições nos vários teatros de guerra. Uma vez que Vossa Majestade me faz a honra de preocupar-se tanto com a minha segurança pessoal nesta ocasião, devo me submeter aos desejos e, com efeito, às ordens de Vossa Majestade.[162]

* O 4º Regimento dos Hussardos, do qual Churchill fizera parte, havia lutado na Batalha de Dettingen em 1743, ocasião em que o rei George II foi o último soberano britânico a liderar suas tropas em batalha.

O rei escreveu em seu diário naquele dia: "Eu não estava levantando nenhuma questão constitucional. Pedi a ele como amigo que não colocasse sua vida em risco e, desse modo, deixasse a mim e a todos numa posição difícil".[163]

"Pessoalmente, acredito que foi tudo blefe e que ele nunca pretendeu ir", escreveu Cunningham em seu diário, mas fica claro a partir dessa correspondência — bem como de tudo que sabemos sobre o amor de Churchill por estar no local da ação — que estava enganado.[164] Churchill decidira participar das operações do Dia D e depois de ter sido impedido de fazê-lo, ficou irado a ponto de escrever uma carta ao rei, o que, apesar de seu fervoroso monarquismo, beirava um ato de *lèse-majesté*. Churchill e Smuts embarcaram numa lancha a motor e foram a Southampton Water, atravessaram o Solent até Cowes e por fim desembarcaram em um molhe de Portsmouth, tendo visto a vasta armada de navios prestes a participar do ataque.

Roma caiu no dia 4 de junho, apenas algumas horas antes do início do Dia D. De Gaulle, que enfim fora informado da iminente libertação de seu país, foi almoçar com Churchill no trem do primeiro-ministro. Valentine Lawford, o secretário particular de Eden, que estava lá, registrou em seu diário que o almoço foi "longo e não cordial [...] com De Gaulle não tinha conversa fiada, ele não conseguia dirigir uma palavra para Bevin (à sua esquerda) e se recusou a responder aos gracejos de Winston. Em certo momento, Winston inclinou-se ligeiramente para a frente em sua cadeira, virou o rosto para o general e deu um sorriso infantil e fascinante. De Gaulle [...] abriu um sorriso amarelo e parecia que alguém lhe fizera uma proposta imprópria. Aqueles dois nunca serão felizes juntos".[165] Ele estava certo. Logo depois, numa discussão sobre a administração da França pós-Ovelord, De Gaulle se referiu a Churchill como "gângster" e Churchill chamou De Gaulle de "traidor".[166] De Gaulle temia que a preponderância militar anglo-americana na França nas semanas e nos meses seguintes de alguma forma violaria a independência francesa. Sua truculência decorria não só de sua personalidade orgulhosa e espinhosa, mas dos quatro anos que passara como suplicante de Churchill e Roosevelt, dependente dos dois de uma maneira que considerava humilhante para seu senso aguçadíssimo de *amour-propre*.

Eisenhower havia proposto que, no Dia D, De Gaulle deveria falar pelo rádio ao povo francês que o dia da libertação havia chegado, pedindo que cooperasse totalmente com as forças aliadas. No dia seguinte, ao relatar para o Gabinete de Guerra a discussão que tivera no trem, Churchill disse que, ao ver o texto sugerido: "De Gaulle se recusa a transmiti-lo. Eu disse a Eisenhower para não se preocupar. Se ele não vai, não vai [...]. Estou quase no fim da minha paciência — isso não faz a menor diferença no resultado".[167] Eden tentou explicar as objeções de De Gaulle sobre a soberania francesa diante do poderio militar norte-americano, mas Churchill desconsiderou-as e definiu a recusa de De Gaulle como um "exemplo odioso de sua mesquinharia [...] nenhuma consideração por causas comuns — talvez seja preciso exibi-lo em seu verdadeiro caráter — personalidade falsa e inflada [...]. Se não falar agora, não quero mais saber dele. Nada me impedirá de falar". "Mais adiante na discussão, Churchill repetiu: "Não vou brigar com Roosevelt por causa de De Gaulle".[168] Parece extraordinário, mas, ainda na véspera do Dia D, quatro anos depois que De Gaulle estabelecera a França Livre em Londres, os governantes da Grã-Bretanha e dos Estados Unidos sentiam essa desconfiança em relação a ele. Ambos detestavam seu chauvinismo francês e temiam genuinamente que ele tentasse transformar a França numa ditadura gaullista antiocidental depois da guerra.

Em 5 de junho, uma segunda-feira, com todos os navios e homens prontos, o ataque teve de ser adiado por 24 horas devido ao mau tempo. Isso só fez crescer a atmosfera de tensão no trem de Churchill. "O primeiro-ministro parecia ansioso, mas estava amável", escreveu Marian Holmes.[169] "Meu querido", escreveu Clementine ao marido, "sinto muito por você neste momento angustiante — tão cheio de suspense que me impede de me alegrar a respeito de Roma!"[170] No Gabinete, Amery achou que "Winston estava evidentemente muito agitado e, no limite de sua paciência, nervoso, e não é de admirar. É o momento de maior ansiedade de toda a guerra".[171] Churchill anunciou a ocupação de Roma e disse que dera a Alexander os parabéns do Gabinete, por sua "habilidade administrativa, juízo, tenacidade e coragem moral — nossa grande dívida para com ele. Sua vitória — e de mais ninguém".[172] (Ele não queria que o mérito fosse para Mark Clark, que de fato tomara a cidade.) Amery também anotou que "Winston se mostrou muito decepcionado porque Brooke não podia lhe assegurar que poderíamos alcançar e destruir" todos os alemães que se retiravam de Roma.[173] Da própria Overlord, disse que o "perigo dessa operação é muito grande durante os próximos trinta ou quarenta dias". Mas "achava que desembarcaremos e estabeleceremos uma cabeça de ponte". Era uma previsão otimista para o bem do Gabinete. Sir Andrew Cunningham, o primeiro lorde dos mares, escreveu em seu diário: "Um bom almoço e, como sempre, muito vinho. Primeiro-ministro muito tenso em relação à Overlord e, na verdade, num estado quase histérico. Muita conversa. Ele é realmente um otimista incorrigível. Sempre achei que era dono de um otimismo indevido, mas ele facilmente me supera".[174]

Naquele mesmo dia, em sua *datcha* perto de Moscou, Stálin deixou sua verdadeira postura em relação tanto a Roosevelt como a Churchill abundantemente clara ao líder comunista iugoslavo Milovan Djilas. "Talvez você pense que só porque somos aliados dos ingleses nos esquecemos de quem eles são e de quem é Churchill", comentou. "Não há nada que eles gostem mais do que enganar seus aliados [...]. E Churchill? Churchill é o tipo de homem que vai roubar de seu bolso um copeque, se não ficar de olho nele. Sim, roubar um copeque de seu bolso! Por Deus, roubar de seu bolso um copeque! E Roosevelt? Roosevelt não é assim. Ele enfia a mão somente por moedas maiores. Mas Churchill? Churchill fará isso por um copeque."[175] A impressão de Stálin sobre as habilidades de trombadinha de rua de Churchill remontava provavelmente a sua intervenção na Guerra Civil Russa. Quanto ao Dia D, do qual fora informado naquela noite, Stálin disse que seria cancelado se houvesse algum nevoeiro no canal da Mancha. "Talvez eles se encontrem com alguns alemães!", continuou, acusando mais uma vez os Aliados de covardia.

Churchill evitou que a Operação Overlord ocorresse antes com sua recusa em concordar com as operações Sledgehammer ou Roundup, em 1942, e com a promoção da estratégia mediterrânea em Casablanca, em 1943. "Ninguém senão ele", escreveu Harold Macmillan em seu diário, em novembro de 1943, "e somente com extraordinária paciência e habilidade, poderia ter atraído os americanos para a guerra europeia."[176] Contudo, com a Batalha do Atlântico vencida no verão de 1943 e a superioridade aérea obtida no início de 1944, os portos artificiais Mulberry e o oleoduto PLUTO, além de uma frota aliada de 6 mil navios agora preparada, com os alemães enfraquecidos pelo contínuo ataque na Itália, e muito mais ainda pelos russos, essa grande e desgastante ação estava finalmente em andamento. De volta ao Anexo do número 10, Churchill visitou a Sala de Mapas três vezes durante a noite.[177] Antes de dormir, disse a Clementine: "Você tem noção de que, quando acordar de manhã, 20 mil homens podem ter sido mortos?".[178] Era um momento de suprema ansiedade, mas seu otimismo não era uma pose ou uma fraude: era o resultado de preparação, juízo, determinação e liderança pura.

# 30. Libertação

## *Junho de 1944 a janeiro de 1945*

> *Não há razão para supor que a guerra vai parar quando o resultado final se tornar óbvio. A Batalha de Gettysburg proclamou a vitória final do Norte, porém muito mais sangue foi derramado depois da Batalha de Gettysburg do que antes.*
>
> Churchill na Câmara dos Comuns, 30 de junho de 1942[1]

> *Nós não entramos na guerra por algum ganho, mas também não nos propomos a perder o que quer que seja por causa dela.*
>
> Churchill para Jock Colville, setembro de 1944[2]

Ao meio-dia de terça-feira, 6 de junho de 1944 — o Dia D —, Churchill anunciou a queda de Roma para a Câmara dos Comuns. E disse então: "Tenho também de anunciar à Câmara que, durante a noite e nas primeiras horas desta manhã, ocorreu o primeiro de uma série de desembarques no continente europeu".[3] A atmosfera na Câmara foi descrita como de "sussurros de assombro".[4] Depois, Churchill almoçou com o rei no Palácio de Buckingham e foi com ele para o quartel-general da Força Aérea aliada, em Stanmore, comandada pelo marechal do ar Trafford Leigh-Mallory, e depois para o Supremo Quartel-General da Força Expedicionária Aliada de Eisenhower, em Bushey, nos arredores de Londres, onde lhes mostraram o progresso da batalha em grandes mapas. Nenhuma menção foi feita aos recentes contratempos sobre em que lugar o primeiro-ministro preferiria estar.

A principal preocupação de Churchill era com as condições meteorológicas e, em especial, com o que mais tarde descreveu como "águas tempestuosas, correntes velozes e subidas e descidas de cinco metros e meio das ondas", temeroso de que pudesse destruir o lado anfíbio do ataque. "Esse era o elemento, a possível mudança no clima, que certamente pairava como um abutre postado no céu sobre os pensamentos dos mais otimistas."[5] Em suas memórias, ele observou que "os tolos ou patifes que tinham escrito 'Segunda Frente Agora' em nossas paredes nos últimos dois anos não tinham a mente atormentada por tais problemas. Já eu, havia muito tempo que pensava nelas".[6] No Dia D a chuva parara, mas ventos fortes causavam ondas altas e fortes, que no canal da Mancha afundaram várias embarcações de desembarque que transportavam tanques, porém não o suficiente para impedir que o Dia D tivesse êxito. Mais de 160 mil homens invadiram a Normandia em 24 horas, saltando de aviões e desembarcando em cinco praias cujos codinomes eram Omaha e Utah (norte-americanos), Sword e Gold (britânicos) e Juno (canadenses). Embora tenha havido mais de 9 mil baixas naquele dia, inclusive 3 mil mortos, esses números estavam no extremo mais baixo que se temia.[7] Contudo, apesar de toda a ansiedade daqueles dias, Churchill nunca perdeu seu senso de humor. Quando um congressista lhe pediu em 8 de junho que garantisse que os mesmos erros de reparações cometidos após a Grande Guerra não fossem repetidos após a vitória, o primeiro-ministro assegurou que "é isso que está mais presente em nossa mente. Tenho certeza de que os erros daquela época não serão repetidos. É mais provável que cometamos um outro conjunto de erros".[8]

Em 12 de junho, Churchill embarcou para a Normandia no destróier HMS *Kelvin*. Levava Brooke e Smuts consigo, mas não De Gaulle, com quem estava envolvido em outra briga furiosa a respeito do pessoal do novo governo provisório francês, descrevendo-o para Eden como "outro Hitler".[9] Churchill persuadiu o capitão do *Kelvin* a dar "uma descarga nos hunos", disparando contra alvos alemães, como plataformas de artilharia e afins, a uma distância de menos de seis quilômetros, enquanto Flying Fortresses, Liberators e outros bombardeiros enxameavam no céu.[10] O grupo foi para terra em um DUKW, um caminhão anfíbio de duas toneladas e meia, que desembarcou em Courseulles. Montgomery estava lá para encontrá-los com jipes, e eles seguiram até seu quartel-general em Creully, passando pela calçada avariada da praia, por aviões caídos, carros incendiados, placas de sinalização de campos minados e plantações. "Estamos cercados por um gado gordo, deitado em pastos deliciosos, com as patas cruzadas!", Churchill comentou com Brooke. Ninguém esperava ver cavalos, galinhas e um campo tão bem cuidado depois de cinco anos de guerra.[11] Martin notou uma explosão de fogo antiaéreo quando um bombardeiro alemão os sobrevoou, e "os latidos maiores dos canhões maiores (principalmente navais) estava acontecendo o tempo todo".[12] O primeiro-ministro estava em seu habitat.

Churchill foi cercado por todos os soldados que o viram. Subiu e desceu a costa de Arromanches, no rio Orne, a bordo de uma lancha, observando os navios desembarcando tropas, tanques, munições e equipamentos em imensas quantidades. "Até onde a vista alcançava, a água parecia coberta por uma massa estupenda de balsas de todos os tamanhos por quilômetros, até o horizonte", escreveu Martin.[13] Eles estavam perto o suficiente para ver a fumaça da batalha por Caen, onde os alemães apresentavam uma resistência feroz. "Primeiro-ministro parecendo um pouco eufórico com sua viagem à cabeça de praia", Cunningham anotou depois de uma reunião do Comitê de Defesa em Londres no dia seguinte, "às vezes era um pouco infantil."[14] Churchill contou ao rei que "em uma semana, mais de três vezes e meia a mais de homens e suprimentos foram desembarcados na França do que em quatro meses em 1939-40, com a ajuda dos franceses e de seus portos. Trata-se de um fato surpreendente que revoluciona novas expedições".[15]

Quando, em 15 de junho, um parlamentar tory criticou Churchill por visitar o front, sugerindo que era uma atitude autocomplacente e perigosa, Bracken atacou-o verbalmente na Câmara dos Comuns e, no final de um discurso espirituoso e apaixonado, disse: "Nem o honroso e valente parlamentar, nem qualquer um pode persuadir o primeiro-ministro a embrulhar-se em algodão. Ele é o inimigo desse tipo de conforto no pensamento, na palavra ou na ação. Com a maior humildade, garanto que, nos próximos anos, um povo grato e afetuoso dirá que Winston Churchill foi elevado à liderança pelo destino. Os homens do destino nunca contaram riscos".[16]

Em 19 de junho, o general Alexander disse a Churchill que, se suas forças saíssem intactas, poderiam invadir o vale do Pó e "eliminar finalmente os dois exércitos do general Albert Kesselring. Não haverá nada que nos impeça de marchar direto para Viena".[17] Esse plano atraiu muito Churchill, mas não Brooke, nem Marshall. Brooke contou a Churchill que, com a topografia dos Alpes e o clima invernal, "até mesmo no cálculo otimista de Alex [...] teríamos três inimigos, em vez de um".[18] Marshall concordou, argumentando que os alemães se retirariam do norte da Itália para os Alpes, posição que poderia ser facilmente mantida com um número de divisões muito menor do que o dos Aliados.

Apesar de seu nome, a Passagem de Ljubljana seria provavelmente uma armadilha, e chegar a Viena antes dos russos não era mais do que um sonho de Churchill e Alexander. Para conseguir isso, a Operação Anvil — o ataque no sul da França em meados de agosto, que Roosevelt havia prometido a Stálin em Teerã — teria de ser cancelada. No entanto, Roosevelt e Marshall estavam decididos a honrar esse compromisso. Não obstante, Churchill gastou muita energia, esforço e capital político com os chefes de Estado-Maior e Roosevelt tentando fazer com que o plano de Alexander fosse adotado, inundando o presidente com telegramas sobre o assunto e voltando a ele inúmeras vezes nas reuniões do Comitê de Defesa.

Os primeiros dos 9521 foguetes V-1* começaram a cair na Grã-Bretanha em 13 de junho. Apelidados de "bombas voadoras" e "bombas zumbidoras", forçaram Churchill a voltar ao Anexo novamente. Em 8 de setembro, as primeiras de cerca de 1500 bombas-foguetes V-2 caíram no sul da Inglaterra, e isso durou até março de 1945.

Voando a 5700 quilômetros por hora, a V-2 atacava sem aviso com uma carga de uma tonelada que podia destruir ruas inteiras. Juntos, os foguetes V-1 e V-2 mataram 8938 civis britânicos e 2917 militares, feriram gravemente 25 mil pessoas e destruíram 107 mil casas em Londres e no sudeste britânico.[19] Quando Harvie-Watt relatou que muitas pessoas estavam ficando desabrigadas, Churchill fez um círculo na palavra "desabrigadas" e escreveu em caneta vermelha: "Por quê? Elas terão que se amontoar com outras pessoas onde um fogo será suficiente para cozinhar!".[20] Quando Herbert Morrison pressionou no sentido de que a estratégia dos Aliados na França fosse alterada, para desviar forças a fim de capturar os locais de lançamento dos foguetes ao longo da costa do canal da Mancha antes de outros objetivos estratégicos mais importantes, Churchill não concordou. Não podia permitir que as armas V mudassem a estratégia. "Essa forma de ataque é, sem dúvida, de caráter penoso, de caráter preocupante", disse à Câmara dos Comuns em 6 de julho, referindo-se aos V-1, "porque se estende por todas as 24 horas, mas as pessoas precisam se acostumar com isso."[21] Em meados de junho, o capitão Pim providenciou a instalação de luzes vermelhas e verdes na Sala de Mapas do Anexo, para avisar sobre a aproximação de V-1, embora a única ação que pudesse ser tomada seria fechar as persianas de aço e avisar os convidados.[22]

Como não havia defesa contra a V-2 depois de lançada, Churchill foi obrigado a considerar a possibilidade de que os alemães pudessem adicionar armas químicas ou biológicas às ogivas. "Se o bombardeio de Londres se tornar de fato um incômodo sério e grandes foguetes com efeitos devastadores e extensos caírem sobre muitos centros de governo e trabalho", escreveu Churchill aos chefes de Estado-Maior em julho,

> devo estar preparado para fazer qualquer coisa que acerte o inimigo em um lugar letal. Certamente terei de pedir a vocês apoio para o uso de gás venenoso. Podería-

* V de *Vergeltungswaffe*, ou arma de vingança.

> mos atacar as cidades do Ruhr e muitas outras cidades da Alemanha de tal modo que a maioria da população exigisse atenção médica constante. Poderíamos parar todo o trabalho nos pontos iniciais das bombas voadoras. Não vejo por que devemos ter sempre todas as desvantagens de sermos os cavalheiros, enquanto eles têm todas as vantagens de serem os cafajestes. Há momentos em que isso pode ser assim, mas não agora.[23]

Os Chefes de Estado-Maior rejeitaram firmemente a ideia. Conscientes de que os exércitos aliados corriam o risco de ficar confinados em suas cabeças de praia e incapazes de invadir o interior mais amplo da França, Churchill também pediu aos comandantes militares que considerassem se o gás mostarda poderia ser usado "para ganhar mais terreno na Normandia, para não ficar confinado a uma área pequena".[24] Ele argumentou que, como "quase todo mundo se recupera, é inútil fingir que uma quantidade igual de explosivos poderosos não infligirá mais crueldade e sofrimento", e comparou-o ao bombardeio de cidades, considerado inaceitável na Grande Guerra, mas "agora todo mundo faz isso como uma coisa natural. É simplesmente uma questão de mudança de moda, como entre saias compridas e curtas para as mulheres".[25] Os comandantes rejeitaram essa ideia também e, em 28 de julho, Churchill, embora relutante, deixou de lado o assunto, resmungando: "Obviamente, não posso avançar contra os pastores e os guerreiros ao mesmo tempo".[26]

Em 18 de junho, a Capela dos Guardas, em Birdcage Walk, ao lado do Palácio de Buckingham, sofreu o impacto direto de um V-1, no momento em que lorde Edward Hay, com quem Churchill estabelecera amizade na Conferência do Cairo, chegava para fazer a preleção. Nada menos que 121 pessoas foram mortas nesse ataque, inclusive Hay. Churchill visitou o local logo em seguida. Um dos jovens guardas galeses presentes, o futuro historiador Kenneth Rose, lembrou-se das "luzes do arco brilhando sobre a cena e iluminando Winston Churchill, que estava nos escombros, chorando".[27] No dia seguinte, o Parlamento foi transferido de volta para a Church House, considerada uma construção mais robusta do que o Palácio de Westminster. Parecia uma medida sensata; não obstante, depois que o rei entregou medalhas numa cerimônia realizada em 4 de julho numa sala do porão no Palácio de Buckingham, perto de um abrigo antiaéreo, Churchill disse a Lascelles que em sua opinião isso estabelecia um mau exemplo quando a política do governo era continuar como se tudo estivesse normal, apesar das sirenes, e estabeleceu que, a partir de então, todas as investiduras deveriam ser realizadas acima do solo.[28]

Quando os V-1 começaram a passar voando no início da manhã de 22 de junho, Churchill perguntou a Marian Holmes, a quem estava ditando, se ela estava assustada. Ela disse que não e, mais tarde, anotou em seu diário: "Como alguém pode se sentir assustado na companhia dele?".[29] A secretária também registrou o quanto Churchill estava cansado àquela altura; em 28 de junho, quase dormiu enquanto Sawyers punha gotas de remédios em seus ouvidos para curar um acesso de dor. Churchill não bebia muito, mas o fazia de forma constante, ingerindo pequenas quantidades de uísque ou conhaque misturado com grandes quantidades de soda por horas a fio. "A certa altura da noite, o primeiro-ministro me acusou de negligenciá-lo, pois deixei seu copo secar", registrou Holmes.[30] "Eis uma garota muito bonita", disse ele a John Peck depois. "Adorável. Do tipo que prefere morrer a ter segredos arrancados dela."[31] Vindo de quem veio, não havia elogio maior.

Em junho de 1944, aconteceu o que Churchill descreveria em suas memórias como "a primeira divergência importante sobre a alta estratégia entre nós e nossos amigos americanos".[32] (Ele havia diplomaticamente esquecido a controvérsia em 1942 sobre a Operação Torch.) Sua campanha para abandonar a Operação Anvil e concentrar-se na campanha italiana foi longa, dura e às vezes amarga, mas teve o apoio total dos chefes de Estado-Maior britânicos. No entanto, enfrentou a recusa de Roosevelt e Marshall de se afastar do que havia sido acordado em Teerã. "Acho que devo concordar completamente com a posição dos chefes de Estado-Maior dos Estados Unidos", escreveu Roosevelt a Churchill em 28 de junho. "A proposta do general Wilson para o uso contínuo de praticamente todos os recursos mediterrâneos a fim de avançar no norte da Itália e de lá para o nordeste não é aceitável para mim, e eu de verdade acredito que devemos consolidar nossas operações e não espalhá-las."[33] Churchill considerava a própria Anvil uma dispersão de recursos, o que de fato era.

Os britânicos usaram decodificações da Ultra para mostrar aos chefes norte-americanos do Estado-Maior Conjunto que Hitler ordenara ao general Kesselring que impedisse os Aliados de invadir o vale do Pó a todo custo, a fim de proteger a Áustria. Não teve efeito. "Estamos profundamente tristes com o seu telegrama", escreveu Churchill a Roosevelt.

> A divisão da campanha no Mediterrâneo em duas operações, nenhuma das quais podendo fazer alguma coisa decisiva, é, na minha humilde e respeitosa opinião, o primeiro grande erro estratégico e político pelo qual nós dois temos de nos responsabilizar [...]. Nosso primeiro desejo é ajudar o general Eisenhower da maneira mais rápida e eficiente. Mas não achamos que isso necessariamente envolva a completa ruína de todos os nossos grandes assuntos no Mediterrâneo, e nos preocupamos muito que isso seja exigido de nós [...]. Penso que o tom dos chefes de Estado-Maior americano é arbitrário, e eu certamente não vejo nenhuma perspectiva de acordo nas linhas atuais. O que vai acontecer então?[34]

Churchill não mencionara os Bálcãs em seu telegrama, mas Roosevelt sabia que ele queria seguir para Trieste depois do Pó. "Meu interesse e minhas esperanças se concentram em derrotar os alemães na frente de Eisenhower e entrar na Alemanha", escreveu o presidente. "Por considerações puramente políticas daqui, eu nunca poderia sobreviver nem mesmo a um pequeno contratempo da 'Overlord' se soubessem que forças razoavelmente grandes tinham sido desviadas para os Bálcãs."[35] "Ele ficou definitivamente irritado com a resposta de FDR", observou o rei, "e lamentou que todos os nossos planos bem pensados tivessem sido ignorados por ele e seus chefes de Estado-Maior."[36] Churchill não aceitou o não de Roosevelt como resposta. Muitos dos telegramas mais mal-humorados que se seguiram não foram publicados em suas memórias; houve muitos outros que Ismay o persuadiu a não enviar e que foram então destruídos.[37] "Espero que vocês percebam que é necessário causar uma forte impressão nos americanos de que fomos maltratados e estamos furiosos", escreveu Churchill aos chefes de Estado-Maior. "Se aceitarmos tudo de forma submissa, não haverá fim para o que nos será impingido." Depois, referindo-se aos três chefes do Estado-Maior Conjunto dos norte-americanos, acrescentou: "A combinação Arnold-King-Marshall é uma das mais estúpidas equipes estratégicas já vistas".[38] Churchill reproduziu parte de seu memorando em suas memórias de guerra, mas não a última frase. "Winston está muito ressentido", observou Lascelles em 6 de julho sobre a decisão em relação à Anvil, "e não tão certo de que realmente gosta de FDR."[39] Na verdade, nem a Anvil nem os Bálcãs tinham maior significado estratégico, e Viena não cairia tão cedo. Depois que os Aliados desembarcaram no noroeste da França em junho de 1944, nem o sul da França, nem o norte da Itália importavam tanto quanto cruzar o Reno e tomar o Ruhr. No entanto, Churchill estava olhando também para a política de uma Europa do pós-guerra, onde Romênia, Bulgária, Iugoslávia, Polônia e Hungria — e talvez até a Áustria — estariam na esfera de influência soviética se não houvesse tropas aliadas em nenhum desses países quando os alemães se rendessem. Na cúpula, mais uma vez, política e estratégia eram uma coisa só.

Em 4 de julho, chegou um relatório ao Ministério das Relações Exteriores informando que o "destino desconhecido no Leste", para onde muitas das deportações de judeus da Hungria haviam ido no início daquele ano, era o campo de Auschwitz-Birkenau, na Polônia.[40] O documento resumia outro relatório de quatro fugitivos sobre extermínios no campo e estimava que os judeus húngaros estavam sendo mortos à taxa quase inacreditável de 12 mil por dia.[41] O líder judeu Chaim Weizmann encontrou-se com Eden dois dias depois e lhe pediu que bombardeasse a linha férrea Budapeste-Auschwitz. "Há algum motivo para levantar este assunto junto ao Gabinete?", questionou Churchill a Eden no dia seguinte. "Arranque qualquer coisa da Força Aérea que puder e invoque meu nome, se necessário."[42] Três dias depois, o regente húngaro, almirante Horthy, acabou com as deportações em razão de um ataque aéreo norte-americano à luz do dia a Budapeste que atingiu, por pura coincidência, as casas de várias pessoas envolvidas nessa atividade, e que o governo húngaro felizmente interpretou, ainda que de forma equivocada, como uma advertência.[43] Contudo, Auschwitz e suas linhas férreas ainda precisavam ser destruídas, pois centenas de milhares de judeus de outras partes da Europa estavam sendo transportados para o extermínio, e Horthy poderia mudar de ideia a qualquer momento.

Churchill apoiou os pedidos da Agência Judaica de uma denúncia pública das deportações. "Estou totalmente de acordo em fazer o maior protesto possível", disse a Eden.[44] Houve transmissões radiofônicas sobre Auschwitz, e os ferroviários húngaros foram advertidos em seu próprio idioma de que estavam cometendo crimes de guerra e seriam punidos.[45] Os avisos foram repetidos pela BBC em outubro: "Se esses planos forem executados, os culpados desses atos assassinos serão levados à Justiça e pagarão a pena por seus crimes hediondos".[46] No entanto, o bombardeio de longo alcance de Auschwitz e suas linhas férreas precisava ser feito à luz do dia, e a Força Aérea norte-americana, que realizava ataques diurnos, recusou o pedido de Churchill em 26 de junho e em várias ocasiões subsequentes.[47]

"Não há dúvida de que esse é provavelmente o maior e mais horrível crime já cometido em toda a história do mundo", escreveu Churchill a Eden em 11 de julho de 1944, muito antes de os campos da morte serem libertados, em janeiro e fevereiro do ano seguinte, "e foi cometido com máquinas científicas por homens nominalmente civilizados em nome de um grande Estado e uma das principais raças da Europa. Está bastante claro que todos os envolvidos nesse crime que caírem em nossas mãos, inclusive as pessoas que apenas obedeceram a ordens ao executarem as carnificinas, devem ser condenados à morte depois que sua associação com os assassinatos ficar provada."[48] Embora Churchill quisesse aliviar a política do Livro Branco de 1939 contra a imigração judaica na Palestina, bombardear Auschwitz e pressionar o general Franco, o marechal Tito e outros a dar aos judeus refúgio dos nazistas, ele não era todo-poderoso no governo britânico. Tinha pouco ou nenhum apoio do Gabinete, do Ministério das Relações Exteriores, das forças militares e das autoridades civis, muitas das quais eram insensíveis à situação dos judeus (ou coisa pior). Seus esforços eram frustrados com frequência por aqueles que estavam ao seu redor.[49] "Infelizmente AE é inflexível no que diz respeito à Palestina", escreveu Oliver Harvey, secretário particular de Anthony Eden, em seu diário de abril de 1943, por exemplo. "Ele ama os árabes e odeia os judeus."[50] Na Câmara dos Comuns, em 1º de agosto de 1946,

Churchill declarou: "Devo dizer que não tinha ideia, quando a guerra chegou ao fim, dos horríveis massacres ocorridos, dos milhões e milhões que foram massacrados. Isso começou a ficar claro para nós aos poucos, depois que a luta terminou".[51] Seu comentário a Eden de dois anos antes mostra que ele tinha mais do que uma vaga ideia da verdadeira extensão do Holocausto, mas, apesar de todo o seu filossemitismo, foi incapaz de impedi-lo. Fez o que pôde, muito mais do que outros políticos, mas não foi nem de longe suficiente.

Em 6 de julho, uma quinta-feira, Churchill ficou bêbado. "Ele estava muito cansado em virtude de seu discurso na Câmara sobre as bombas voadoras", Brooke registrou depois do que definiu como a pior reunião do Comitê de Defesa de toda a guerra; "ele tentou se recuperar com bebida. Como resultado, acabou sentimental, de mau humor e bêbado, disposto a se ofender com qualquer coisa, desconfiado de todos e com um estado de espírito altamente vingativo contra os americanos. Na verdade, tão vingativo que toda a sua visão da estratégia estava distorcida."[52] Ele ofendeu Montgomery, a quem Brooke defendeu, assim como outros generais, e a discussão durou quatro horas, até as duas da manhã, com mais críticas indiretas aos aspectos das estratégias dos comandantes militares no Oriente Médio e no Extremo Oriente que não coincidiam com suas posições. Quando Attlee, Eden e Lyttelton apoiaram os chefes de Estado-Maior, "isso enfureceu-o mais do que nunca e ele ficou cada vez mais grosseiro", entrando em "uma briga de verdade" com Attlee sobre o futuro da Índia.[53] Cunningham também escreveu que "o primeiro-ministro não estava em condições de discutir nada. Muito cansado e muito alcoolizado [...] ele estava com um humor terrível. Grosseiro e sarcástico".[54] Eden escreveu sobre "uma reunião do Comitê de Defesa de fato medonha, nominalmente sobre a estratégia no Extremo Oriente. Winston não lera o documento e talvez estivesse um tanto quanto tenso [...]. Em resumo, uma noite deplorável que não poderia ter acontecido há um ano. Há certamente uma deterioração".[55]

As pressões inimagináveis de seu trabalho sem dúvida estavam afetando Churchill, e naquela ocasião — uma única nos 2194 dias da guerra — ele estourou. Felizmente, nenhuma decisão foi tomada e não houve nenhuma acusação de embriaguez contra Churchill em alguma outra reunião da guerra. O principal ponto de discórdia havia sido a estratégia de Alexander na Itália, que, segundo Churchill, poderia ter feito um uso mais imaginativo das manobras de flanco em vez de simplesmente atacar Monte Cassino repetidamente ao longo de três meses. Hoje, muitos historiadores militares apoiam os argumentos bêbados de Churchill contra os sóbrios de Brooke. Mas Brooke tinha razão ao se queixar muitas vezes de que Churchill criticava com frequência o alto-comando britânico. Algumas noites depois, em Chequers, o primeiro-ministro descreveu um general a Marian Holmes como "um sujeito resfolegante e inútil, que bufa e arfa. Deveria estar matando moscas no boudoir de sua esposa. Eu virei a outra face com tanta frequência que não tenho mais faces para mostrar".[56]

Caen finalmente caiu em 9 de julho, depois de resistir por mais de um mês. No dia seguinte, Churchill informou ao Gabinete de Guerra que a "descarga diária" na França chegava a 25 mil homens, 7 mil veículos e 30 mil toneladas de suprimentos. Estava preocupado com os soldados alemães capturados pouco depois de montar minas de ação retardada, disparadas após sua rendição. Queria que eles fossem "responsabilizados". Àquela altura, 29 divisões aliadas (quinze dos Estados Unidos, catorze da Grã-Bretanha e da Comunidade Britânica de Nações) estavam em luta contra 23 divisões alemãs na França.

Churchill reclamara na intimidade que um dos aspectos mais marcantes da época era "a lamentável falta de Charlottes Cordays", referindo-se à jovem que assassinou o revolucionário francês Jean-Paul Marat no banho, em 1793.[57] No entanto, em 20 de julho de 1944, um pequeno grupo de generais alemães tentou matar Hitler em seu quartel-general na Prússia Oriental, o *Wolfschanze*, mas conseguiu somente rasgar suas calças. Churchill foi criticado por não demonstrar interesse em entrar em contato com elementos anti-hitleristas na Alemanha durante a guerra, mas qualquer tentativa da inteligência britânica de abordar políticos ou militares da oposição ao nazismo teria despertado suspeitas de Stálin de que os Aliados ocidentais planejavam fazer uma paz separada.[58] "Quando escapou da bomba em 20 de julho, Herr Hitler chamou sua sobrevivência de providencial", disse Churchill em setembro aos parlamentares, com grande ironia. "Penso que, de um ponto de vista puramente militar, todos podemos concordar com ele, pois certamente seria lamentável que os Aliados fossem privados, nas fases finais da luta, daquela forma de genialidade guerreira com a qual o cabo Schicklgruber* contribuiu de forma notável para a nossa vitória."[59] Mais tarde sugeriu que "mesmo os idiotas em termos militares acham difícil não ver falhas em algumas das ações dele [...]. Levando tudo em consideração, penso que é muito melhor deixar que os oficiais se insurjam da maneira que for considerada apropriada". Ele comentou que o Complô da Bomba havia mostrado que "as principais figuras do Reich alemão estão se matando umas às outras, ou tentando, enquanto os exércitos vingadores dos Aliados se aproximam do círculo condenado e cada vez mais estreito do poder deles".[60]

No dia seguinte ao fracasso do atentado, Churchill visitou o quartel-general de Montgomery, perto de Blay, no departamento de Calvados, na Normandia.

* A avó paterna de Hitler chamava-se Maria Schicklgruber, e Alois, o pai do Führer, também tinha esse nome até mudá-lo legalmente.

Inspecionou um hospital e uma padaria de campo (vinha insistindo fazia muito tempo que as tropas deveriam ter pão fresco, em vez de rações de comida, sempre que possível). Viu a artilharia em ação perto de Tilly e, a certa altura, esteve a menos de quatro quilômetros do front. Visitou também Arromanches, Bayeux e a destruída Caen, que Martin registrou estar "muito maltratada".[61] Em seu retorno, disse ao Gabinete de Guerra que "nunca havia visto um exército tão feliz — um exército de aparência magnífica".[62]

Moscou criou no fim de julho o Comitê Polonês para a Libertação Nacional em Lublin, um governo fantoche em oposição direta ao legítimo governo polonês no exílio em Londres. Dois dias depois, os poloneses do Exército da Pátria de Varsóvia, que eram leais ao governo exilado, organizaram uma revolta na capital polonesa contra a guarnição da Wehrmacht, uma luta desesperada de 63 dias pela libertação. No final, os homens tinham sido praticamente liquidados, e mulheres e crianças foram levadas para campos de extermínio. Stálin deteve suas forças nas proximidades de Varsóvia para permitir que os alemães destruíssem o Exército da Pátria, denunciou os líderes da revolta como "aventureiros criminosos" e se recusou a permitir o pouso de aviões dos Aliados para reabastecer os revoltosos. Churchill pensou em suspender os comboios de ajuda para Murmansk em protesto, mas recuou. "Gestos terríveis e até mesmo humilhantes de submissão às vezes devem ser feitos em nome do objetivo geral", escreveu ele mais tarde.[63]

Nada poderia alterar o fato crucial de que Stálin estava agora numa posição dominante em relação ao Leste Europeu. O sucesso da Operação Bagration em julho, na qual o Exército Vermelho matou, feriu ou capturou 510 mil soldados alemães do Grupo de Exércitos do Centro na Bielorrússia, foi gigantesco até mesmo em relação ao que aconteceu depois do Dia D. "Foram os exércitos russos que fizeram o trabalho principal de arrancar as entranhas do Exército da Alemanha", Churchill reconheceu prontamente na Câmara dos Comuns, em 2 de agosto. "Saúdo o marechal Stálin, o grande campeão, e acredito firmemente que nosso tratado de vinte anos com a Rússia será um dos fatores mais duradouros para preservar a paz, a boa ordem e o progresso da Europa."[64] "Os exércitos russos trazem a libertação da Polônia em suas mãos. Oferecem liberdade, soberania e independência", afirmou, embora já soubesse que isso era mais uma esperança do que uma probabilidade real.[65]

Oito dias depois, Churchill voou da base Northolt da RAF para Argel, a caminho de uma turnê para estimular o moral do Quinto Exército de Alexander, na Itália. Enquanto esteve lá, visitou o filho no hospital. Em 16 de julho, o avião Dakota, no qual Randolph estava indo de Bari, na Itália, para a Iugoslávia, sofrera uma pane a uma altura de trinta metros e caíra. Dez dos dezenove passageiros a bordo morreram; Randolph e seu amigo romancista Evelyn Waugh ficaram feridos. O filho do primeiro-ministro foi levado para o hospital em Bari e depois foi convalescer em Argel. "Nenhuma referência foi feita por nenhum de nós a assuntos familiares", relatou Churchill a Clementine. Ela lhe dera uma carta para Randolph em que pedia que o pequeno Winston, então com três anos, retirado de Chequers durante o rompimento do casal, pudesse voltar para lá. Churchill não entregou a mensagem. "Tenho certeza de que ele teria ficado profundamente aborrecido e todos os seus sentimentos reprimidos teriam encontrado um desabafo em mim", escreveu à esposa. "Por favor, perdoe-me por não fazer o que você queria. Onde as palavras são inúteis, o silêncio é melhor."[66] Mesmo assim, o bebê Winston retornou para Chequers com sua babá no fim do mês.

De Gaulle, que, a não ser por uma visita de 24 horas a Bayeux em 13 de junho, só retornou à França em 20 de agosto, recusou-se a ver Churchill enquanto ele estava em Argel, o que deixou o primeiro-ministro "consideravelmente ofendido", de acordo com seus secretários particulares, e "justamente indignado", segundo o funcionário do Ministério das Relações Exteriores Pierson Dixon.[67] O francês ficou furioso porque os britânicos e norte-americanos ainda não haviam reconhecido seu Governo Provisório,* enquanto Churchill temia que o futuro governo da França viesse a ser o mais antibritânico em meio século.[68]

Churchill foi então para Nápoles, onde em 12 de agosto se encontrou com o marechal Tito na mansão de verão da rainha Vitória. O primeiro-ministro ajudara muito seus guerrilheiros partisans e queria convencer Tito a se aliar ao Ocidente, em vez de passar para o lado dos soviéticos, após a vitória. Disse ao marechal que lamentava muito estar tão adiantado em anos para saltar de paraquedas, pois gostaria de ter lutado na Iugoslávia. "Mas você mandou seu filho", respondeu Tito, o que trouxe lágrimas aos olhos de Churchill.[69] Ao ver os imponentes guarda-costas do marechal, Boško e Prlja, ele fez uma brincadeira arriscada. Agarrando firmemente um grande estojo oblongo de ouro de charutos que a família de F. E. Smith lhe dera, "marchou na direção deles. A cerca de dois metros dos dois, tirei-o do bolso como se fosse uma pistola. Felizmente eles sorriram de alegria e ficamos amigos. Mas não recomendo esse procedimento em casos semelhantes". Fitzroy Maclean lembrou que "por um segundo, vi os dedos deles ficarem tensos no gatilho".[70] Quando se sentaram para jantar logo depois, Maclean tirou um grande lenço e enxugou o suor frio da testa. Embora as relações pessoais entre Churchill e o ditador iugoslavo fossem boas, no fim Tito manteve um delicado equilíbrio entre o Ocidente e a União Soviética após a vitória, jogando um contra o outro até sua morte, em 1980.

* No início de agosto, em Washington, De Gaulle recebera a saudação de dezessete tiros de canhão destinada a um general condecorado, em vez da salva de 21 tiros de um chefe de Estado.

Em 14 de agosto, Churchill voou para Ajaccio, na Córsega, onde se lembrava de ter visitado a casa da infância de Napoleão quando estava em férias com Clementine, em 1910. No dia seguinte, observou a operação Anvil, agora rebatizada de Dragoon, do passadiço do destróier HMS *Kimberley*. Os canhões inimigos foram silenciados por volta das oito horas da manhã. "Isso tornou o processo bastante monótono", informou ele a Clementine. "Vimos tudo isso de muito longe [...]. Eu poderia ter ido com perfeita segurança muito mais perto das praias onde ocorria a ação."[71] E continuou em tom desdenhoso: "Um dos meus motivos para tornar pública minha visita foi me associar a essa operação bem conduzida, mas irrelevante e não relacionada", e contou a ela que ficara queimado do sol. Parabenizou Roosevelt por seu sucesso, mas nunca se convenceu da necessidade da operação e continuou a afirmar em suas memórias que com "metade do que havia sido tirado de nós [...] poderíamos ter entrado no vale do Pó, com todas as possibilidades e prêmios reluzentes que se abriam em direção a Viena".[72]

Dois dias depois, Churchill participou de um piquenique com o general Sir Henry "Jumbo" Wilson, o supremo comandante aliado no Mediterrâneo, em Monte Cassino, onde disse que o terreno lembrava a fronteira noroeste de sua juventude. Durante todo o tempo, recebia relatos sobre a derrota que os Aliados estavam infligindo ao Sétimo Exército alemão no Bolsão de Falaise, a crucial área de gargalo por onde tinham de forçar a passagem para se espalharem pela França. Propôs então a Roosevelt a realização de uma nova conferência em Quebec, onde, como avisou a Clementine, "as várias diferenças que existem entre os estados-maiores, e também entre mim e os chefes de Estado-Maior americanos, devem ser levadas a uma decisão".[73] Ele expôs suas opiniões sem rodeios para a esposa, afirmando que, dos três exércitos britânicos em campo, Eisenhower comandava o que estava na França, o general Alexander "é relegado a uma situação secundária e frustrante" na Itália, e o terceiro, na Birmânia, estava "lutando no país mais insalubre do mundo, sob as piores condições possíveis, para proteger a linha aérea americana sobre o Himalaia e a China que eles tanto superestimam. Assim, dois terços de nossas forças estão sendo mal utilizados para a conveniência americana, e o outro terço está sob o comando americano".[74] Para sublinhar sua frustração, acrescentou que, das 40 mil baixas sofridas na Birmânia nos seis meses de 1944, a maioria fora em decorrência de doenças.

Depois de visitar o quartel-general de Alexander perto de Florença, Churchill encontrou-se com o papa Pio XII em Roma e estava em Siena quando Paris começou a ser libertada, em 24 de agosto. Permaneceu na Itália para assistir ao ataque do Oitavo Exército mais ao norte, ao longo da Linha Gótica de defesa do inimigo, instalado numa confortável caravana mobiliada com duas cadeiras Luís XVI "libertadas". Seu sempre presente senso histórico veio à tona quando teve o que chamou de "uma vista magnífica das muralhas de séculos passados" na chegada ao rio Metauro. "Aqui, a derrota de Asdrúbal* selara o destino de Cartago", escreveu mais tarde, "então sugeri que também atravessássemos."[75] A artilharia alemã havia cessado seus disparos apenas quinze minutos antes, e Churchill e Alexander viram tanques avançando e atirando e metralhadoras em ação a somente algumas centenas de metros à frente. "Havia uma boa quantidade de granadas voando e minas terrestres por todo o lugar", Alexander relembrou mais tarde. "Ele adorou aquilo. Ficava fascinado — no fundo, um verdadeiro guerreiro."[76]

Churchill retornou a Northolt em 29 de agosto com uma febre de 39 graus (segundo Martin, de quarenta graus) e o terceiro episódio de pneumonia em quatro anos. O raio X mostrou outra pequena mancha em seu pulmão.[77] "Seria uma tragédia se acontecesse alguma coisa com ele agora", escreveu Cunningham em seu diário, contradizendo completamente tudo o que escrevera pouco tempo antes sobre Churchill. "Com todas as suas falhas (e ele é o mais irritante dos sujeitos), ele fez um ótimo trabalho neste país e, além disso, não há mais ninguém."[78] Nenhuma informação sobre a doença foi revelada ao público. Dois dias depois, quando visitou Churchill em seu quarto no Anexo, o rei assinou a promoção de Montgomery a marechal de campo sobre o travesseiro do primeiro-ministro.

Três dias depois, sua temperatura retornou ao normal, e ele estava de volta, nas palavras de Colville, "em forma estupenda".[79] Esvaziou sua caixa vermelha de trabalho e encontrou tempo, relembrando a antiga lenda de que a Grã-Bretanha perderia Gibraltar quando os macacos deixassem o rochedo, para dizer ao ministro das Colônias que "o número de símios em Gibraltar deveria ser de 24 e todo esforço deve ser feito para alcançar esse número o mais cedo possível e mantê-lo depois disso".[80] Em conversa com Colville, já antecipava as críticas que seriam feitas ao seu adiamento da Overlord até o momento em que estivesse madura: "Pode haver uma minoria indistinta que proclame que deveríamos ter invadido em 1943", mas estavam errados. Quando Cunningham disse que o veredito sobre a Operação Dragoon dependeria de quem escrevesse a história, Churchill respondeu "que ele pretendia participar disso".[81] Era uma piada que viria a fazer depois com frequência, mas o modo como *The World Crisis* influenciara a percepção pública da Primeira Guerra não lhe deixou dúvidas sobre a importância que suas memórias teriam nas interpretações sobre a Segunda.

No início de setembro de 1944, britânicos e canadenses capturaram Antuérpia e destruíram as instalações de lançamento dos foguetes V em Pas-de-Calais e em outros lugares. Àquela altura, Churchill começava a considerar a realização de uma eleição geral em fevereiro do ano seguinte. "Só perderíamos com a demora quando o glamour passasse", comentou com Eden.[82] Em 5 de setembro

* A Batalha do Metauro (207 a.C.) foi um momento decisivo da Segunda Guerra Púnica.

— somente quatro dias depois de se recuperar da pneumonia —, ele partiu no *Queen Mary* para a Conferência Octagon, em Quebec, levando consigo uma grande comitiva, da qual faziam parte Clementine e Sarah, Moran, Brooke, Cunningham, Cherwell, Leathers, Ismay, Hollis, Colville, Martin e o brigadeiro Lionel Whitby, especialista em transfusão de sangue. No jantar regado a ostras e champanhe na primeira noite a bordo disse que, se houvesse uma grande maioria trabalhista na próxima eleição, "que fosse assim. O que é considerado bom pelo povo inglês pode ser considerado bom por mim".[83] Na viagem, ele leu os romances políticos de Trollope *Phineas Finn* e *The Duke's Children*.

Com a corrente do Golfo elevando as temperaturas para vinte e tantos graus e o efeito colateral dos comprimidos contra a malária que havia tomado na Itália e do M&B para a pneumonia, Churchill estava, nas palavras de Sarah para Mary, "abatido e não muito bem".[84] Também estava brigando muito com os chefes de Estado-Maior a respeito da campanha na Itália, que queria reforçar, mas que os comandantes, agora com razão, consideravam (na descrição de Cunningham) "uma frente secundária".[85] Em todas as reuniões de cúpula anglo-americanas, Churchill e os chefes de Estado-Maior haviam apresentado uma posição britânica unida, mas dessa vez não estavam de acordo quanto à estratégia na Europa nem no Pacífico. "Ele estava no pior de seus humores", registrou Cunningham, "acusando os chefes de Estado-Maior de se juntarem contra ele e de esconder papéis, e assim por diante."[86] Churchill também achava que os estrategistas do Comitê Combinado estavam otimistas demais a respeito de uma vitória rápida e "apostava que os alemães ainda estariam lutando no Natal".[87]

Brooke se perguntou "quanto tempo mais ele vai durar. A tragédia é que, em sua condição atual, ele pode causar um dano incalculável!".[88] Até mesmo o leal Colville observou que o primeiro-ministro estava "extremamente irascível".[89] "Acho difícil permanecer cortês. E a grande maravilha é que três quartos da população do mundo imaginam que Winston Churchill é um dos Estrategistas da História, um segundo Marlborough, e o outro quarto não tem noção da ameaça pública que ele representa e já representou ao longo desta guerra!", Brooke escreveu no dia seguinte, após outra reunião duríssima. "É muito melhor que o mundo jamais saiba e jamais suspeite dos pés de barro desse ser de outro modo sobre-humano. Sem ele a Inglaterra estaria perdida com certeza, com ele a Inglaterra esteve à beira do desastre várias vezes [...]. Nunca admirei e desprezei um homem simultaneamente na mesma medida."[90] Vale lembrar que o próprio Brooke apoiara sem reservas a política de Churchill, tal como exposta em seus quatro memorandos sobre a grande estratégia escritos em sua viagem a Washington em dezembro de 1941, de adiar o ataque através do canal da Mancha para depois que a estratégia do Mediterrâneo desse frutos, através das operações Torch, Husky e Avalanche, que expulsaram o Eixo do Norte da África e tiraram os italianos — se não a própria Itália em termos geográficos — da guerra. A animosidade de Brooke o cegou a tal ponto que ele não via que Churchill tinha sido o responsável político por tudo aquilo.

Em 10 de setembro, o *Queen Mary* ancorou em Halifax, Nova Escócia, depois do almoço. Uma multidão se reunira para recebê-los, cantando as canções da Grande Guerra "É um longo caminho para Tipperary", "Guarde seus problemas" e o hino "Deus salve o rei"; Churchill e Clementine cantaram juntos com entusiasmo.[91] A comitiva pegou o trem para Quebec, e durante a viagem a febre de Churchill subiu novamente, o que o obrigou a aceitar ser colocado na cama com uma aspirina. Na manhã seguinte, Franklin e Eleanor Roosevelt os esperavam na estação ferroviária de Quebec para levá-los à Cidadela. O presidente não parecia bem e perdera muito peso desde a última reunião. Churchill disse a Colville que temia que o Roosevelt estivesse "muito frágil".[92] Não há indicação, no entanto, de que a condição de saúde de Roosevelt tenha afetado de alguma forma as decisões que tomou em Quebec ou posteriormente em Ialta; em termos mentais, ele continuava firme como sempre.

As tropas norte-americanas cruzaram a fronteira alemã em Trier naquele mesmo dia. Durante almoço na Cidadela com o casal Roosevelt e Mackenzie King, Churchill trouxe à baila a questão da predominância militar norte-americana. De acordo com o diário de Mackenzie King: "Churchill comentou com o presidente que ele era o chefe da mais poderosa potência militar de hoje, falando de ar, mar e terra. O presidente disse que era difícil para ele perceber isso, pois não gostava disso. Não conseguia se sentir daquela maneira".[93] Para equilibrar os pesos relativos de sua contribuição geral para a guerra, que em termos de equipamentos se inclinara fortemente para os Estados Unidos, e manter a influência britânica, Churchill acrescentou: "Se a Grã-Bretanha não tivesse lutado como fez no início, enquanto outros estavam a caminho [...] os Estados Unidos teriam de lutar por sua existência. Se Hitler tivesse entrado na Grã-Bretanha e algum governo Quisling lhe tivesse dado a posse da Marinha britânica, junto com o que tinha da frota francesa, nada teria salvado este continente, e isso com o Japão pronto para atacar. O presidente estava inclinado a concordar com o fato de que poderiam não estar preparados a tempo".[94] A mensagem de Churchill era clara e não foi contestada pelo amável e cordato Roosevelt: enquanto os Estados Unidos estavam àquela altura cobrindo a maior parte dos custos em termos de homens e materiais, em 1940-1, a Grã-Bretanha (e, por implicação, o Canadá) fornecera o fator igualmente crucial do tempo.

Na primeira reunião plenária da Conferência Octagon, que começou às 11h45 de 13 de setembro na Cidadela, Churchill abriu os trabalhos com uma visão geral dos acontecimentos desde a Conferência do Cairo, em dezembro. O imperialista que havia nele ocupou mais uma vez o primeiro plano ao reiterar que "sempre defendera um avanço através da baía de Bengala e operações para recuperar Cingapura, cuja perda havia sido um duro e vergonhoso golpe para o prestígio britânico que deve ser vingado. Não bastaria que Cingapura fosse devolvida para nós na mesa da paz. Devemos recuperá-la em batalha". O primeiro-ministro inclusive parabenizou os norte-americanos pelo sucesso da Operação Dragoon, "que produzira os resultados mais gratificantes", algo em que simplesmente não acreditava.[95] Na verdade, em geral Churchill foi bastante generoso, observando que "tudo em que havíamos tocado se transformara em ouro e, durante as últimas sete semanas, houvera uma série ininterrupta de sucessos militares".[96]

As questões mais importantes a ser discutidas eram o papel que a Grã-Bretanha deveria desempenhar no Pacífico após a derrota da Alemanha, o futuro da campanha na Itália depois que Paris havia caído e os alemães estavam em retirada no leste da França, a escala em que a Lei de Empréstimo e Arrendamento continuaria a ser aplicada, a estratégia militar a ser adotada ao entrar em território alemão, que partes do país Grã-Bretanha e França deveriam ocupar e um plano do secretário do Tesouro norte-americano Henry Morgenthau de desindustrializar a Alemanha para impedir que acabasse iniciando uma terceira guerra mundial no século xx. Eram questões importantes, mas foram todas resolvidas em quatro dias de sessões plenárias, nas quais Churchill esteve constantemente em primeiro plano.

O primeiro-ministro ofereceu a frota britânica para operações contra o Japão no Pacífico central, mesmo sob o comando de um norte-americano, mas o almirante King queria empreender toda a operação somente com a Marinha dos Estados Unidos, e foi isso o que respondeu. "A oferta foi feita", disse Churchill. "Será aceita?" "Sim", respondeu o presidente, ignorando o que sabia ser o desejo do almirante.[97] Cunningham ficou surpreso com isso, pois parecia contradizer a estratégia de Churchill na baía de Bengala e sua ânsia pela libertação de Cingapura e das possessões britânicas no Extremo Oriente. A explicação estava na falta de um prazo para a oferta de Churchill. Os norte-americanos concordaram que Alexander poderia continuar lutando na Itália, a fim de segurar as divisões de Kesselring, uma concessão que foi descrita como a "última reminiscência da estratégia periférica".[98]

Churchill tentou alertar Roosevelt a respeito da "rápida invasão dos russos nos Bálcãs e a consequente disseminação perigosa da influência russa na área", mas os norte-americanos frustraram seu plano de pôr um exército em Ístria como um ponto de escala para os Bálcãs ao recusar o necessário veículo de desembarque, que disseram ser necessário em outro lugar. Churchill tentou argumentar que todos faziam parte de um "conjunto comum" de produção e que a Grã-Bretanha se concentrara em outras áreas, mas não conseguiu vencer a discussão. "Mesmo que a guerra termine repentinamente", dissera a Smuts no final de agosto, "não há razão para que nossa armadura não siga adiante e alcance [Viena]."[99] Na verdade, havia duas razões principais: a falta de apoio norte-americano e a capacidade alemã de defender as passagens nas montanhas, como fora efetivamente demonstrado no vale do Liri, abaixo de Monte Cassino. A falta de resposta efetiva por parte dos norte-americanos fora tamanha que os memorandos oficiais se limitavam a declarar: "Bálcãs: operações de nossas forças aéreas e operações do tipo comando continuam".[100] Para Roosevelt e Marshall, os Bálcãs não pareciam valer os ossos saudáveis de um único paraquedista norte-americano. Em termos estratégicos, naquele estágio da guerra, tratava-se de uma postura correta: era essencial que os Aliados se concentrassem na Alemanha. No entanto, significou a ida de grande parte dos Bálcãs para o controle soviético durante a Guerra Fria, como Churchill temia.

No final de uma reunião dos chefes de Estado-Maior em Quebec, Churchill disse a Portal que seria necessário discutir as zonas de ocupação previstas na Alemanha. Colville sabia que ele não havia tomado conhecimento das notas informativas, então as leu para o primeiro-ministro durante seu banho. "Esse procedimento bizarro foi aceito", escreveu Colville, "mas as dificuldades se acentuaram por sua inclinação a submergir inteiramente de vez em quando e, assim, ficar surdo a certos trechos."[101] Ainda assim, fechou-se o acordo segundo o qual norte-americanos e britânicos trocaram as zonas de ocupação do norte e do sul da Alemanha, o que fazia sentido geográfico.

As relações pessoais entre Churchill e Roosevelt tinham se recuperado de seu ponto baixo quando das conversas sobre as operações Anvil e Dragoon. As discussões amplas sobre estratégia foram, claro, intercaladas com ocasiões sociais. Clementine teve de apertar a mão de setecentas pessoas numa recepção. "Achei que meu braço ia cair", comentou com Sarah.[102] "O primeiro-ministro e o presidente fazem juntos as refeições e podem ter conversas constantes, sem o alarde da organização de reuniões", registrou Martin.[103] Uma ideia do presidente, ou pelo menos de Morgenthau, que Roosevelt apoiava o suficiente para mencionar numa reunião formal, era eliminar "as indústrias bélicas no Ruhr e no Sarre", transformando assim a Alemanha "num país principalmente agrícola e pastoril em seu caráter".[104] Churchill chegara a iniciar um memorando sobre o plano Morgenthau em 15 de setembro, influenciado pelo profundamente germanófobo Lindemann, mas logo mudou de ideia quando Brooke argumentou que uma Alemanha populosa seria necessária como futura aliada contra a Rússia. Depois disso, criticou o plano por razões morais, entre outras, e pouco mais se ouviu falar a respeito. A ideia de Eisenhower de montar um grande esforço do norte para cercar o Ruhr, com ataques secundários em direção a Bonn e Estrasburgo, foi aprovada. Isso contrariava Montgomery, que queria ir direto para o Ruhr, e o general George S. Patton, comandante do Terceiro Exército norte-americano, que queria ir para Berlim, mas era a estratégia correta a adotar contra um inimigo com tamanha capacidade para contra-atacar.

Depois da sessão plenária final, ao meio-dia de 16 de setembro, Churchill e Roosevelt deram uma entrevista coletiva no terraço da Cidadela, usando as becas de seus títulos honorários da Universidade McGill. Churchill declarou aos jornalistas que as decisões tomadas na Primeira Conferência de Quebec "estão agora gravadas nos monumentos da história", inclusive a Operação Overlord, que libertou "a querida e bela terra da França, mantida por tanto tempo sob o corrosivo calcanhar dos hunos". Sobre a guerra contra o Japão, Churchill disse aos norte-americanos: "Vocês não podem ter todas as coisas boas para si mesmos. Devem compartilhar".[105]

No dia seguinte, a Operação Market Garden (de forma nenhuma um título que se encaixava nos critérios de Churchill de codinomes heroicos ou clássicos) — o ambicioso plano de Montgomery para capturar uma série de pontes holandesas em torno de Eindhoven, Nijmegen e Arnhem — foi lançada, com consequências catastróficas para a 1ª Divisão Aerotransportada dos britânicos, que perdeu mais de 7 mil homens entre mortos, feridos e capturados.[106] Isso fortaleceu o argumento em favor da estratégia de "frente ampla" de Eisenhower para invadir a Alemanha e cercar o Ruhr, contra a abordagem de "investida estreita" de Montgomery e Patton, que visava avançar mais fundo e mais depressa em direção a Berlim. Apesar de todo o seu fascínio por estratégia, Churchill teve, no entanto, uma participação notavelmente pequena na tomada de decisões no teatro europeu depois que os Aliados desembarcaram no Dia D. Em março de 1945, Rowan inclusive chegou a achar que o primeiro-ministro estava "perdendo o interesse pela guerra, porque já não controla os assuntos militares. Até a Overlord ele se via como Marlborough, a autoridade suprema a quem todas as decisões militares eram submetidas. Agora, com exceção das questões de estratégia de longo prazo, ele é, pela força das circunstâncias, pouco mais do que um espectador".[107] Não que tivesse sido deliberadamente deixado de lado, e que não pudesse ter causado uma boa quantidade de problemas se discordasse dos aspectos principais da abordagem proposta, mas Eisenhower era o supremo comandante aliado e não solicitava a contribuição de Churchill nem mesmo para questões fundamentais, tais como se a invasão da Alemanha deveria ser de "frente ampla" ou de "investida estreita".

Em 18 de setembro, Churchill hospedou-se em Hyde Park, onde o duque e a duquesa de Windsor apareceram para um almoço puramente social. O primeiro-ministro pedira ao rei uma saudação fraterna que pudesse transmitir, mas tudo o que recebeu foi um telegrama dizendo: "Em qualquer discussão relacionada ao futuro dele, talvez você possa apresentar minha convicção, que já conhece, de que será mais benéfico para sua felicidade se ele constituir seu lar nos Estados Unidos.

Repito: Estados Unidos".[108] Churchill ditou "uma resposta fortíssima" a Colville, mas, como tantas outras vezes, a destruiu depois.[109] Apesar de todo o respeito e afeto mútuos, os sentimentos provocados pela crise da abdicação obviamente não haviam emudecido por completo em nenhum dos dois homens. No final, Churchill respondeu de maneira conciliatória, avisando que não havia passado a mensagem, para evitar que os Windsor fizessem exatamente o contrário.

Foi em Hyde Park que Roosevelt e Churchill rubricaram um acordo de cooperação nuclear que rejeitava firmemente o controle internacional sobre esse tipo de tecnologia, conforme defendido por Sir John Anderson e o físico nuclear Niels Bohr. Lindemann levara Bohr para se encontrar com Churchill depois da fuga do físico da Dinamarca no início daquele ano, mas o encontro fora um fracasso, pois o primeiro-ministro recebeu com profundo desagrado a opinião de Bohr de que o mundo inteiro deveria compartilhar todo o conhecimento nuclear, o que considerava perigosamente ingênuo. Chegou mesmo a pensar em internar Bohr, para que não passasse segredos nucleares aos soviéticos. Esse acordo seria a base para a cooperação nuclear anglo-americana até que os Estados Unidos o encerrassem de forma súbita e praticamente sem aviso prévio com a Lei McMahon de agosto de 1946.

O casal Churchill embarcou no *Queen Mary* em Nova York às 9h15 de 20 de setembro. Com caranguejos de casca mole e grandes bifes, Churchill "parecia bem e contente consigo mesmo", dizendo que Eisenhower acreditava que "o colapso alemão não estava muito longe".[110] Seu bom humor só se anuviou quando falou sobre De Gaulle para Leathers, Cunningham e Ismay, aos quais disse que nos últimos anos "minhas ilusões a respeito dos franceses foram muito corroídas".[111] A ingratidão do francês estava evidente no discurso que fizera no mês anterior no Hôtel de Ville, em Paris, quando dissera que a capital tinha sido "libertada por si mesma, libertada por seu povo com a ajuda dos exércitos da França, com o apoio e a ajuda de toda a França, da França que está lutando, somente da França".[112] De Gaulle também estava dando ordens diretas para a divisão da França Livre de Leclerc, apesar de estar no corpo comandado pelo general norte-americano Leonard Gerow.

Um submarino no Atlântico exigiu um desvio para o sul, o que muito aborreceu Churchill, pois queria estar na Câmara dos Comuns antes do fim do recesso parlamentar. O *Queen Mary* alcançou uma velocidade de trinta nós, e ele chegou a tempo, embora isso tenha significado que o navio de escolta HMS *Berwick* só tenha conseguido acompanhá-lo sem manter a precaução antissubmarino de ziguezaguear. Colville observou que o primeiro-ministro estava ainda mais saudosista do que costumava ser.

Seu discurso na Câmara dos Comuns, em 28 de setembro, maquiou da melhor forma possível o desastre de Arnhem. "'Não em vão' pode ser o orgulho daqueles que sobreviveram e o epitáfio daqueles que caíram", declarou ele.[113] Para quem pensava que Montgomery havia estragado tudo — como era o seu caso —, Churchill acrescentou: "Não devemos esquecer que temos uma grande dívida para com os erros — erros extraordinários — dos alemães. Eu sempre detesto comparar Hitler com Napoleão, pois parece um insulto ao grande imperador e guerreiro ligá-lo de algum modo a um sórdido chefe de panelinha e açougueiro. Mas há um aspecto em que devo traçar um paralelo entre os dois. Ambos eram temperamentalmente incapazes de abrir mão do menor pedaço de qualquer território ao qual o auge de suas frenéticas fortunas os levara".[114] Ele então deu vários exemplos da estratégia de Napoleão em 1813-4, comparando-a ao modo como "Hitler dispersou com sucesso os exércitos alemães por toda a Europa, e por obstinação em todos os pontos, desde Stalingrado e Túnis até o presente momento, e se despojou do poder de concentrar sua força principal para a luta final".[115] Harvie-Watt avaliou o discurso como "excelente", mas acrescentou que alguns parlamentares acharam que ele parecia cansado e que sua "voz não estava tão boa depois do intervalo do almoço".[116]

Depois que os alemães foram expulsos da Romênia, em setembro, da Iugoslávia em outubro e da Hungria em dezembro de 1944, a atenção voltou-se para qual forma de governo tomaria o lugar deles. O Comitê Francês de Libertação Nacional de De Gaulle foi finalmente reconhecido pelos Aliados como o governo legítimo da França naquele mês, mas ficou claro que os governos fantoches pró-Moscou seriam permitidos apenas nos países do Leste Europeu tomados pela Rússia. A esperança de Churchill de que o marechal Badoglio pudesse manter o poder na Itália não era compartilhada por Roosevelt, que enfrentaria uma eleição presidencial no mês seguinte e não queria passar a imagem de que preferia os monarquistas aos progressistas nos países libertados.

O esmagamento final da Revolta de Varsóvia, em 2 de outubro, foi um mau presságio para a democracia na Polônia. Churchill descreveu os poloneses ao Gabinete como "esse povo heroico perseguido por sua falta de tato em assuntos políticos por trezentos anos".[117] Mesmo que tivessem sido brilhantemente hábeis, é difícil ver como poderiam ter recuperado sua independência com mais de 1 milhão de soldados do Exército Vermelho estacionados em seu solo. Mais ao sul, a EAM, a ala política dos guerrilheiros comunistas gregos, e o ELAS, sua ala militar, preparavam-se para tomar o poder na Grécia e impedir o retorno do rei George II e seu governo no exílio sob o comando do ministro liberal Georgios Papandreou.*

* Com todas essas grandes questões em jogo, Churchill de algum modo encontrou tempo para providenciar que o banheiro do número 10 da Downing Street recebesse novas escovas de cabelo, o que levou Colville a observar: "Sendo um grande homem, seu tratamento de assuntos triviais é muitas vezes incomum" (Colville, *Fringes*, p. 522).

Churchill disse ao rei que havia uma necessidade urgente de outra conferência com Stálin em Moscou, para discutir a Polônia, os Bálcãs e, em especial, a Grécia, explicando que era importante que o soviético compreendesse "que não é uma questão de Roosevelt e mim de um lado e os russos do outro".[118] Era uma esperança inútil: Stálin supunha que as potências capitalistas estavam em conluio, e mais uma reunião pessoal em Moscou não faria com que mudasse essa velha opinião. Mas, como Churchill havia declarado na entrevista coletiva da Octagon, os telegramas eram "simplesmente muros em branco, mortos, comparados a contatos pessoais".[119] Ele disse a Lascelles: "Da próxima vez, precisamos que Joe Stálin *venha* nos encontrar em algum lugar — talvez em Haia. Ele está sempre resmungando sobre sua saúde e fingindo que está doente demais para viajar".[120] Churchill saiu de Northolt à meia-noite de 8 de outubro e, depois de escalas em Nápoles e no Cairo — "Passamos pelo Vesúvio", observou John Martin, "com um longo fluxo negro de lava da última erupção ainda ardente" —, chegaram a Moscou ao meio-dia do dia 9. A conferência recebeu o codinome nem um pouco impenetrável de Tolstói.

No final da primeira reunião no Kremlin, Churchill inclinou-se sobre a mesa e entregou a Stálin meia folha de papel com o que definiu "documento perverso".[121] Em sua própria caligrafia, ele apresentava a influência que sugeria que a Rússia e os Aliados ocidentais deveriam exercer na porção oriental da Europa após a guerra:

Romênia: Rússia 90%, os outros 10%.
Grécia: Grã-Bretanha em acordo com os EUA 90%:
~~Os Outros~~ Rússia 10%.
Iugoslávia: 50/50%.
Hungria: 50/50%.
Bulgária: Rússia 75%, os outros 25%.[122]

As palavras riscadas e o acréscimo apressado de "em acordo com os EUA" no original mostram como Churchill a princípio considerava a Grécia quase como um protetorado britânico, já que Roosevelt não queria participar da luta vindoura contra a aliança EAM/ELAS. Stálin não fez nenhum comentário, mas pegou um lápis azul e colocou um grande sinal de visto no papel, ao lado de "Romênia", mas endossando claramente todo o documento.

"Depois disso, houve um longo silêncio", lembrou Churchill. "O papel marcado a lápis estava no centro da mesa. Por fim, eu disse: 'Não acharão um tanto quanto cínico se parecer que tratamos dessas questões, tão sérias para milhões de pessoas, de uma maneira tão improvisada? Queimemos o papel'. 'Não, pode guardar', disse Stálin."[123] O governante soviético não se incomodava de parecer cínico; conseguira o que queria, e as chances reais de Hungria e Iugoslávia passarem a um controle dividido pela União Soviética e pelo Ocidente depois da guerra eram nulas. Churchill ficou contente por receber o documento de volta, e essa questão ficou de fora do registro oficial britânico.[124]

Considerando a situação geopolítica geral em meados de outubro de 1944, quando os russos já controlavam a Bulgária e a Romênia, a Hungria estava prestes a cair e Tito parecia estar sendo atraído para o campo pró-Moscou, enquanto a Grécia estava sob ameaça de uma insurgência comunista que poderia facilmente ter sido armada, dirigida e financiada por Stálin, o chamado "Acordo das Porcentagens" representava um bom negócio para a Inglaterra e o Ocidente.[125] Foi em grande medida graças a Churchill que a Grécia não desapareceu atrás da Cortina de Ferro em 1945. Sem nenhum norte-americano presente — Harriman jogava besigue com Churchill quase todas as noites, mas não compareceu às reuniões bilaterais com Stálin —, o primeiro-ministro tinha plena consciência da necessidade de manter Roosevelt informado a cada passo. "Preciso manter o presidente em contato constante e esse é o lado delicado", informou ele a Clementine, chamando-a de "sra. Kent" e assinando como "coronel Kent".[126] No entanto, quando escreveu a Roosevelt, não mencionou o "documento perverso". "Tive conversas muito agradáveis com o Velho Urso", escreveu ele a Clementine a respeito de Stálin. "Quanto mais eu o vejo, mais gosto dele. *Agora* eles nos respeitam aqui e tenho certeza de que desejam trabalhar conosco."[127] Em 16 de outubro, três dias antes de deixar Moscou, Churchill estava confiante de que Stálin obedeceria ao Acordo das Porcentagens a ponto de ordenar ao general de divisão Richard Scobie que ocupasse Atenas com tropas britânicas e atirasse contra os partidários do ELAS, se necessário.

A principal ausência no Acordo das Porcentagens era, claro, a da Polônia. Churchill acreditava que manter a fronteira russo-polonesa mais ou menos na Linha Curzon representava um acordo justo para os poloneses, ou pelo menos o melhor possível para eles. Stanisław Mikołajczyk, o primeiro-ministro do governo polonês no exílio, disse a Churchill em 14 de outubro, em Moscou, que a Linha Curzon era inaceitável, pois deixava muitas grandes cidades de etnia polonesa na Rússia, mas Churchill retrucou, conforme a ata dos poloneses da conversa registra, de "uma maneira muito violenta": "Vocês são uma gente insensível que quer destruir a Europa. Vou deixá-los sozinhos para resolver seus problemas. Vocês não demonstram o menor senso de responsabilidade ao querer abandonar seu povo, tratando seus sofrimentos com indiferença".[128] E acrescentou: "Vocês são absolutamente incapazes de encarar os fatos. Nunca em minha vida vi gente assim [...] vocês odeiam os russos".[129] Ele sem dúvida nenhuma tinha razão quanto a isso. E estava sendo claramente ingênuo (de novo), ou talvez dissimulado, em seu argumento de que a natureza da União Soviética havia "mudado": ao advertir Mikołajczyk de que ele e seu povo seriam "liquidados" pelos russos se não aceitassem as novas fronteiras, estava reconhecendo de forma tácita que o regime de Stálin não mudara em nada. Quando, em 1953, Moran lhe perguntou se o relato polonês daquilo que havia dito era justo, Churchill admitiu: "Veja bem, estávamos ambos muito irritados".[130]

Os russos estavam numa posição de esmagadora força militar no Leste Europeu e haviam estabelecido um "governo" fantoche em Lublin que pretendia falar em nome de todos os poloneses. "Nosso pessoal de Londres é, como Sua Majestade sabe, um bando de tolos decentes, mas fracos", escreveu Churchill ao rei sobre o governo polonês no exílio, "mas os delegados de Lublin parecem ser os maiores vilões imagináveis." Seria difícil conseguir um acordo entre os poloneses de Londres e de Lublin sem o apoio ativo do governo Roosevelt, mas tratava-se de um tema tão delicado na política norte-americana, tendo em vista os milhões de eleitores de ascendência polonesa, que um acordo rápido era improvável e, nesse caso, "teremos de abafar o assunto e prolongá-lo até depois da eleição presidencial".[131] Foi exatamente o que aconteceu.

Na Conferência Tolstói, Brooke explicou a estratégia de Eisenhower na Europa ao Alto-Comando da Rússia, e o general norte-americano John R. Deane relatou a estratégia de ignorar certas ilhas no Pacífico. Quando Deane disse que os soldados japoneses em ilhas que haviam sido contornadas seriam "forçados a subsistir com cocos e peixes até o sol se pôr", Churchill acrescentou: "Eles apodrecerão, apodrecerão".[132] (Essa foi também a postura que ele adotou em relação à guarnição alemã nas Ilhas do Canal, que só foram libertadas em maio de 1945, pois não queria ser responsável por alimentar todos os 28 mil soldados alemães que estavam lá.)[133]

Os participantes da conferência suportaram banquetes de seis horas e catorze pratos, com brindes sem fim — num dos banquetes, John Martin parou de contá-los quando chegaram a vinte — e fogos de artifício que comemoravam as vitórias do Exército Vermelho. No Teatro Bolshoi, Churchill recebeu uma ovação de pé que durou quinze minutos. "Churchill adorou e reacendia o aplauso sempre que parecia esmorecer com oportunos sinais da vitória feitos com os dedos em V", observou um espectador. "Stálin retirou-se do camarote assim que as luzes se acenderam, mas voltou depois de dez minutos para receber os aplausos com Churchill."[134] O governante soviético despediu-se dele no aeroporto de Moscou às dez da manhã do dia 19, o que foi uma honra quase sem precedentes na União Soviética.[135] "Ele parecia bem e não muito cansado", observou o rei no dia 24. (Na verdade, tivera outra febre alta perto do final da viagem a Moscou, que baixou pouco antes da volta para casa.) "Ele me contou que [...] perdera dois quilos, apesar dos banquetes e das horas tardias em Moscou. Disse que achou Stálin mais disposto a falar e não tão desconfiado."[136]*

Em 27 de outubro, Churchill declarou à Câmara dos Comuns que as negociações com os russos e iugoslavos eram muito melhores em pessoa do que por telegrama: "Face a face, as dificuldades que parecem realmente insuperáveis à distância muitas vezes são removidas completamente do nosso caminho".[137] Harold Nicolson anotou que ele estava "angelical, rosado, sólido e vociferante".** Quatro dias depois, pediu ao Parlamento que prolongasse seu próprio mandato por mais um ano, mas sugeriu que poderia acabar antes disso, quando a guerra fosse vencida. Avisou à Câmara também que não convocaria uma eleição imediatamente após a vitória. "Por trás de todos os tributos pagos à democracia está o homem comum", disse Churchill, "entrando na cabinezinha, com um lapisinho, fazendo uma cruzinha em um pedacinho de papel — nenhuma quantidade de retórica ou discussão volumosa pode diminuir a importância esmagadora disso."[138] Ele se decidira contra uma eleição antecipada para explorar o que descrevera a Eden como "o glamour" da vitória. Ao anunciar sua recusa em convocar uma eleição "cáqui",*** como Salisbury em 1900 e Lloyd George em 1918, Churchill recebeu aplausos. "Eu nunca admirei mais a postura moral de Winston do que naquela manhã", escreveu Nicolson.[139]

No dia 4 de novembro, Churchill convidou Chaim Weizmann para almoçar em Chequers. Disse que a guerra continuaria provavelmente por mais três a seis meses e, embora não pudesse fazer pronunciamentos sobre um Estado judeu na Palestina devido à oposição do Partido Conservador, se os judeus pudessem ficar com "toda a Palestina, seria uma coisa boa".[140] Ele acrescentou que seu amigo Walter Guinness, agora lorde Moyne, ministro residente no Oriente Médio, chegara a essa conclusão e que Weizmann deveria visitá-lo no Cairo.[141] Dois dias depois, Moyne foi morto a tiros em seu carro diante de sua residência pelo Lehi, uma organização terrorista sionista. Churchill ficou indignado: Moyne fora membro do Other Club, recebera Clementine em seu iate, e seu filho Bryan

* Ao voltar da discussão sobre estratégia global com um dos gigantes da época, Churchill foi imediatamente trazido de volta à política interna mundana quando encontrou o Partido Conservador em revolta contra a Lei de Planejamento da Cidade e do Campo. Durante uma "discussão violenta, embora muito amistosa" com Bracken, Churchill ameaçou renunciar à liderança do partido se a maioria dos parlamentares conservadores votasse contra o governo, o que acabaram não fazendo (Colville, *Fringes*, p. 526).

** "Collins", disse Churchill ao barman da Câmara após seu discurso, "eu gostaria de um uísque com água com gás — simples." Ele sentou-se, mas imediatamente se levantou e voltou ao bar para dizer: "Collins, exclua a palavra 'simples' e insira a palavra 'duplo'" (Nicolson [Org.], *Diaries and Letters*, v. II, p. 409).

*** Uma eleição geral convocada durante ou logo depois de uma guerra. (N. T.)

Guinness era amigo íntimo de Randolph desde o final dos anos 1920. "Se nossos sonhos para o sionismo terminarem com a fumaça das pistolas de assassinos e nossos esforços por seu futuro produzirem apenas um novo grupo de bandidos dignos da Alemanha nazista", pronunciou ele à Câmara dos Comuns no dia 17 de novembro, "muitos como eu terão de reconsiderar a posição que mantivemos de forma tão consistente e por tanto tempo no passado."[142]

No entanto, apesar desse ultraje, ele recusou uma proposta da Secretaria de Estado das Colônias feita depois do assassinato para conter a imigração judaica na Palestina e se recusou a nomear como sucessor de Moyne dois dos principais conservadores que eram conhecidos opositores do sionismo. Embora por natureza não fosse vingativo, quando soube que o governo egípcio estava planejando adiar as execuções dos assassinos, telegrafou a Lampson no fim de janeiro para avisar que isso causaria uma ruptura marcante entre a Grã-Bretanha e o Egito.[143] Eles foram enforcados em março.

Em 7 de novembro de 1944, o presidente Roosevelt foi reeleito para um inédito mandato sem precedentes, com 432 votos no colégio eleitoral, 36 estados e 25,6 milhões de votos populares, contra 99 votos no colégio eleitoral, doze estados e 22 milhões de votos para Thomas E. Dewey, o candidato republicano. Churchill ficou felicíssimo e aliviado. Três dias depois, foi a Paris para o desfile do Dia do Armistício, onde foi convidado a ficar no Quai d'Orsay. Na última vez em que estivera lá, quatro anos antes, haviam queimado documentos no pátio antes da chegada da Wehrmacht. Ele caminhou pela Champs-Élysées com Charles de Gaulle em 11 de novembro — com suas diferenças aparentemente esquecidas —, saudados por uma multidão imensa e entusiasmada que só foi impedida de se aproximar dos dois com grande dificuldade. Ismay disse mais tarde a Maud Russell que a viagem a Paris fora "muito perigosa" para Churchill, que "nunca deveria ter sido autorizado a ir, mas ninguém pode detê-lo. Nada teria sido mais fácil do que atirar de qualquer uma das muitas centenas de janelas".[144] Ismay estava logo atrás dele e a postos, caso começasse um tiroteio, para agarrá-lo e derrubá-lo ao chão. "Ele disse que o primeiro-ministro, que é muito emotivo e chora igualmente de prazer ou de tristeza, chorou e soluçou desde o momento em que pisou na França." Quando pousaram em um aeródromo que nunca havia visitado antes, onde foram recebidos por De Gaulle, Ismay pensou que ele se interessaria pelo local e faria uma série de perguntas, "mas ele estava muito ocupado chorando. Enquanto caminhavam pelas ruas de Paris, lágrimas caíam por seu rosto".[145]

Valentine Lawford, secretário particular de Eden, anotou em seu diário: "A multidão gritava incansavelmente por De Gaulle e Churchill, e não me lembro de ter visto nenhuma vez rostos tão felizes como os de todos à nossa volta e nas sacadas de ambos os lados da avenida".[146] Churchill depositou uma coroa de flores na estátua de Clemenceau, na esquina da Champs-Élysées com a avenida Nicolas II (hoje avenida Winston Churchill), disse algumas palavras à filha de Clemenceau e depois se dirigiu aos Invalides para fazer o mesmo no túmulo do marechal Foch, perto do de Napoleão, e conhecer a viúva de Foch. "Nem por um momento Winston parou de chorar", Eden contou a Nicolson, "e ele poderia ter enchido baldes quando recebeu as chaves de Paris. [...]. Eles realmente gritaram por Churchill de uma maneira que ele nunca ouvira nenhuma multidão gritar antes."[147]

No dia seguinte, Churchill falou para uma enorme multidão no Hôtel de Ville. "Vou fazer-lhes uma advertência: fiquem atentos", começou, "porque vou falar, ou tentar falar, em francês, uma tarefa tremenda que exigirá muito de sua amizade pela Grã-Bretanha."[148] Depois do discurso de quinze minutos, feito em francês fluente, mas ignorando a gramática e em meio a lágrimas em certas passagens, ele viajou com De Gaulle no trem presidencial para visitar o quartel-general do Exército francês em Maîche. A neve pesada abreviou parte do programa e, a certa altura, os auxiliares tiveram de sair e empurrar o carro deles, que ficara atolado num monte de neve. Churchill insistiu em inspecionar alguns destacamentos do exército francês sob o tempo severo com De Gaulle, o que proporcionou algumas esplêndidas fotografias de propaganda, mas preocupou sua comitiva em virtude de seus recentes ataques de pneumonia. "Acho que foi absolutamente criminoso da parte de De Gaulle levar Winston para aquela *terrível* viagem na neve", escreveu Charles Portal a Pamela Churchill, com quem estava tendo um caso, sem o conhecimento de Randolph, Harriman ou Churchill. "Teremos sorte se isso não o matar."[149] Depois de visitar o posto avançado de Eisenhower, perto de Reims, Churchill voltou a Northolt por via aérea. Naquele dia, recebeu a notícia de que o *Tirpitz*, o maior navio de guerra remanescente da Alemanha, havia sido afundado num fiorde norueguês por bombardeiros Lancaster.

De volta a Londres, continuou a dar instruções sobre assuntos menores e maiores. Um grande problema era tentar ajudar o avanço de Eisenhower enviando-lhe os canhões pesados de doze, 13,5 e até mesmo quinze polegadas que àquela altura estavam em Dover e poderiam ser colocados em plataformas ferroviárias na França. Mas ele também escreveu para Sir James Grigg, o secretário da Guerra, para avisar: "Pressione. Certifique-se de que a cerveja — dois litros por semana — vá para as tropas sob fogo [...] antes que qualquer um dos grupos na retaguarda tome um gole".[150] Estava menos preocupado do que antes com os ataques dos foguetes V-2, os quais, embora ainda ocorressem, pareciam estar matando muito menos pessoas do que originalmente se temia. De acordo com as anotações de Cunningham, ele disse que "embora todos devamos estar preparados para encontrar nosso Criador, devemos nos lembrar de que a chance de isso acontecer é de 600 mil para um!!".[151] Três dias depois, essas possibilidades aumentaram drasticamente no sudeste de Londres, quando um único V-2 atingiu um supermercado Woolworths em Deptford e matou 168 pessoas.

Até o primeiro semestre de 1944, o Império Britânico tinha entre um quarto e um terço a mais de divisões combatendo o Eixo no mundo inteiro do que os Estados Unidos, mas em janeiro de 1945 os norte-americanos já os superavam em 60%.[152] Essa crescente preponderância do poderio dos Estados Unidos levou Churchill a escrever francamente a Roosevelt em novembro: "Vocês terão a maior Marinha do mundo. Terão, espero, a maior Força Aérea. Terão o maior comércio. Terão todo o ouro. Mas essas coisas não oprimem minha mente com medo, porque tenho certeza de que o povo americano, sob sua novamente aclamada liderança, não se entregará a ambições vangloriosas, e que a justiça e a lisura serão as luzes que os guiarão".[153] A verdade, porém, era que Churchill tinha mais esperança do que certeza de que Roosevelt estaria lá para governar os Estados Unidos do pós-guerra. Essa carta ele não reproduziu em suas memórias de guerra.

Àquela altura, apesar da consideração pessoal, havia ainda mais questões políticas sobre as quais os dois governantes divergiam. Os norte-americanos estavam dispostos a desestabilizar o regime do general Franco na Espanha, por exemplo, mas Churchill se opunha. Achava que, embora Franco fosse um fascista, era também anticomunista e permanecera elogiosamente neutro no perigoso período de 1940 a 1942. Da mesma forma, um indício de censura moderada pode ser visto no telegrama de Churchill para Roosevelt de 22 de novembro: "Permaneço na posição em que você me coloca de rendição incondicional".[154] Um telegrama de Roosevelt sobre os futuros direitos da aviação civil parecia ser acompanhado por uma ameaça do que Colville descreveu como "pura chantagem", já que estava ligado à manutenção do fornecimento de suprimentos pela Lei de Empréstimo e Arrendamento. Gil Winant sentiu-se tão envergonhado com isso que não quis ficar para o almoço em Chequers, mas Churchill insistiu que "nem mesmo uma declaração de guerra deveria impedi-los de ter um bom almoço".[155]

"É um inferno ter setenta", disse Churchill a Lascelles em seu aniversário, em 30 de novembro, desculpando-se por não comparecer à abertura do Parlamento para poder trabalhar em seu discurso sobre o programa do governo, o que queria fazer na cama.[156] Enquanto isso, Clementine preocupava-se com a questão de gastar ou não seis xelins por convidado em rosas para o jantar de aniversário. Entre o enorme número de cartas e telegramas que recebeu estavam os do xá da Pérsia, do artista Harry Lauder, da rainha Mary e Rosa Lewis, do lendário proprietário do Hotel Cavendish, uma prova da amplitude de suas relações sociais.* No mês de março do ano seguinte, ao saber que o Diretório Central do Partido Conservador ordenara que ninguém com mais de setenta anos fosse aceito como candidato nas futuras eleições, Churchill escreveu a Ralph Assheton, presidente do Partido Conservador: "Naturalmente, desejo saber o mais breve possível se essa proibição se aplica a mim".[157]

Uma revolta comunista em grande escala estourou na Grécia em 3 de dezembro, com combates nas ruas de Atenas. Tropas britânicas defenderam o governo provisório grego contra o movimento político comunista EAM e suas unidades paramilitares do ELAS. Os monarquistas queriam que o rei George voltasse de Londres, embora muitos gregos preferissem que o arcebispo ortodoxo Damaskinos se tornasse regente, pelo menos naquele momento. As ações de Churchill e do general Scobie foram mal recebidas pela esquerda britânica, porque os guerrilheiros comunistas gregos haviam resistido bravamente aos alemães. Até Clementine instou o marido a não condenar os comunistas gregos em público, tendo em vista a coragem demonstrada. O governo Roosevelt, por princípio favorável ao regime republicano, opunha-se às facções monarquistas na Itália e na Grécia, e não apoiava a intervenção direta dos Aliados em nenhum dos dois países.

Churchill tinha em vista um objetivo maior, o de uma Grécia democrática. Em um telegrama para Scobie, escreveu: "Trate Atenas como uma cidade conquistada" — ou seja, ele deveria impor temporariamente o domínio britânico. Colville esqueceu-se de escrever a palavra "guarda" no telegrama, o código do Ministério das Relações Exteriores que impediria que fosse compartilhado com os norte-americanos, de modo que também foi enviado ao quartel-general dos Estados Unidos em Caserta, na Itália. De lá, foi repassado ao Departamento de Estado e à Casa Branca, de onde foi de imediato vazado para o colunista anglófobo Drew Pearson, do *Washington Post*, inflamando tanto nos Estados Unidos como na Grã-Bretanha uma imprensa que já se opunha à posição de Churchill. Quando Colville confessou seu erro, Churchill elegantemente afirmou que tinha sido culpa sua, por mantê-lo acordado até tão tarde.[158] Era parte integrante do código da liderança de Churchill nunca fazer de seus subordinados bodes expiatórios.

Havia uma sensação de negócios inacabados na política de Churchill para a Grécia. Ele não conseguira ajudar os poloneses, pelos quais a Grã-Bretanha tinha entrado na guerra em 1939, mas estava determinado a salvar os gregos, que não

* Ele guardou os cartões, tal como fez com quase toda a sua correspondência ao longo da vida, sabendo que seus biógrafos precisariam de material. Há até mesmo um bilhete sem data em seu arquivo de um secretário particular dizendo nada mais do que "O CIGS está muito ansioso para vê-lo por dez minutos amanhã. 13h parece ser um horário adequado" (CAC CHAR 20/139B/174).

conseguira proteger com sucesso em 1941. Desse modo, em 5 de dezembro, enviou mais ordens a Scobie, que sublinhou no telegrama e pôs em itálico em suas memórias: "*Temos que assegurar e dominar Atenas. Seria um grande feito você ter sucesso nisso sem derramamento de sangue, se possível, mas também com derramamento de sangue, se necessário*".[159] Scobie ajudou a evitar a tomada do poder pela aliança EAM/ELAS, intervindo decisivamente no que estava quase se transformando numa guerra civil.

No entanto, Churchill não estava otimista a respeito do resultado. "Se, como é provável, os poderes do mal prevalecerem na Grécia, devemos esperar por uma península balcânica quase bolchevique liderada pela Rússia e isso pode se espalhar para a Hungria e a Itália", comentou ele com Smuts no fim daquele mês. "Portanto, vejo grande perigo no mundo nesses lugares, mas não tenho poder, sem causar grandes tensões no governo e brigar com os Estados Unidos, para fazer alguma coisa que seja eficaz."[160] No dia 8 de dezembro, Churchill foi fulminante em outro debate sobre um voto de desconfiança, atacando aqueles que questionavam seu compromisso com a democracia na Itália e na Grécia. "A democracia não é uma prostituta para ser apanhada na rua por um homem com uma metralhadora", discursou ele. "Eu confio no povo, na massa do povo, em quase todos os países, mas gosto de ter certeza de que se trata do povo, e não de uma gangue de bandidos das montanhas ou do campo que pensam que pela violência podem derrubar a autoridade constituída, em alguns casos, Parlamentos, governos e Estados ancestrais."[161] Em resposta a um dos discursos de Aneurin Bevan, que liderava o grupo pró-EAM na Câmara dos Comuns, Churchill disse: "Acho que dificilmente seria possível afirmar o oposto da verdade com mais precisão [...]. Ele não precisa ficar tão irritado porque a Câmara ri dele; deve ficar contente quando apenas riem dele".[162] Sobre Emanuel Shinwell, acrescentou: "Não contesto o honorável cavalheiro quando deixa escapar a verdade de vez em quando por acidente".[163] Churchill ganhou o debate por 279 votos a trinta. Ao receber uma delegação trabalhista para discutir sobre a Grécia, pediu aos integrantes que se sentassem na Sala do Gabinete antes que subisse do almoço, a fim de evitar um aperto de mãos com Bevan.

Em 15 de dezembro, o rei ofereceu a Churchill a Ordem da Jarreteira. Ele "ficou todo choroso", anotou o rei em seu diário, mas mesmo assim recusou a honraria porque a guerra na Europa ainda não havia sido vencida.[164] Essa constatação foi comprovada em 16 de dezembro, com o início da ofensiva das Ardenas, o contra-ataque de 39 divisões alemãs que precipitou a chamada Batalha do Bulge.

Às 17h30 da véspera de Natal, Churchill e Eden decidiram que precisavam ir a Atenas, embora não soubessem exatamente o que esperar. Não pediram permissão ao Gabinete de Guerra nem avisaram os norte-americanos, e Mary relembrou que "minha mãe, tão estoica e tão acostumada a prioridades severas, ficou profundamente perturbada e chorou".[165] O primeiro-ministro e o ministro das Relações Exteriores decolaram à uma da manhã no dia de Natal. Ao saírem do aeroporto de Atenas, passaram por um posto de controle que o ELAS havia bombardeado com morteiros naquela manhã. Na capital grega, ficaram no HMS *Ajax*, ancorado no porto de Pireus. O capitão avisou que esperava não ter de abrir fogo, mas poderia fazer isso, se necessário, para apoiar o Exército. Churchill "pareceu encantado com a perspectiva" e respondeu: "Por favor, lembre-se, capitão, de que venho aqui como uma pomba de paz, trazendo um ramo de visco no bico, mas longe de mim me colocar no caminho da necessidade militar".[166]

Numa reunião de planejamento a bordo do *Ajax*, o contingente britânico — do qual faziam parte o general Scobie, o marechal de campo Alexander, Harold Macmillan, ministro residente no quartel-general das Forças Aliadas, e Sir Reginald Leeper, embaixador britânico na Grécia — teve de decidir qual seria a melhor maneira de abordar o primeiro-ministro monarquista Georgios Papandreou, o aspirante a arcebispo regente Damaskinos e o republicano anticomunista general Nikolaos Plastiras. (Uma comitiva do ELAS seria convidada para uma reunião em 26 de dezembro, apesar da luta em andamento.) "Bem, senhores", disse Churchill, "parece-me que não podemos fazer melhor do que investir nosso dinheiro no general Plaster-arse,* e espero que seus pés não sejam feitos de barro."[167]** Churchill referiu-se depois a Damaskinos e sua barba negra como "um intrigante prelado medieval" e um "padre pestilento da Idade Média", mas estava convencido de que o envolvimento do arcebispo era necessário para impedir uma guerra civil total, manter os comunistas afastados e preparar eleições democráticas. Os marinheiros que celebravam o Natal no *Ajax* em trajes de fantasia confundiram o arcebispo barbudo e vestido de preto, que com sua mitra tinha cerca de dois metros de altura, com um deles, quase causando um incidente internacional embaraçoso.[168]

Ao sair para o tombadilho do *Ajax* na manhã de 26 de dezembro, Churchill pôde ver a fumaça da batalha a oeste do porto de Pireus e ouvir o fogo das metralhadoras e granadas. Observou os Beaufighters da RAF enquanto atacavam uma fortaleza do ELAS ao lado de uma das colinas ao redor de Atenas.[169] Mais tarde, Churchill ditava a Marian Holmes a bordo do *Ajax* quando uma granada balançou o navio. "Você aí", gritou, "você errou a pontaria! Vamos lá — tente de novo!"[170] Enquanto estava sendo levado para a praia numa lancha, outro projétil

* Trocadilho de mau gosto com o nome de Plastiras — literalmente "cu de gesso". (N. T.)

** Tommy Lascelles disse mais tarde a um amigo: "Eu preferia ter dito aquilo a ter escrito a *Elegia* de Gray" (Hart-Davis [Org.], *King's Counsellor*, p. 282, n. 1).

caiu bem perto, e o navio precisou ser levado para mais um quilômetro e meio de distância em consequência do fogo da trincheira.[171] Churchill foi à embaixada britânica agradecer aos funcionários e, às quatro da tarde, seguiu para o Ministério das Relações Exteriores da Grécia para uma reunião entre todas as partes. A eletricidade fora cortada, e a conferência foi realizada à luz de lampiões.

Depois do início da conferência, três representantes do ELAS, descritos por Colville como "bandoleiros maltrapilhos", entraram na reunião, depois de serem revistados em busca de armas escondidas. A reação natural de Churchill foi apertar a mão deles, mas foi impedido de fazê-lo por uma "intervenção corporal" de Alexander.[172] Não obstante, fez isso mais tarde e comentou com Clementine: "Eles certamente parecem um grupo muito melhor do que os ilegítimos de Lublin".[173] Os combatentes do ELAS prestaram homenagem a Churchill, chamando-o de "nosso grande aliado", embora nem tudo pudesse ser ouvido perfeitamente devido ao barulho dos Beaufighters. As reuniões se estenderam por todo aquele dia e o seguinte, mas sem nenhum sinal de acordo. No fim, porém, Churchill e Eden decidiram transferir o apoio britânico ao rei George e Papandreou para Damaskinos e Plastiras. A curto prazo, pelo menos, acabou sendo a melhor maneira de salvar a Grécia do comunismo.

Em 27 de dezembro, antes do almoço, Churchill ficou novamente sob fogo quando uma rajada de metralhadora de longo alcance atingiu uma parede nove metros acima de sua cabeça, e uma mulher na rua foi morta. (Quando Churchill tentou obter a Ordem do Império Britânico para todas as funcionárias da embaixada em Atenas, Lascelles recusou, alegando que todos na Grã-Bretanha estavam mostrando essa mesma bravura.)[174] No dia seguinte, tendo feito tudo o que podiam, Churchill e Eden deixaram Atenas e foram para Nápoles. "O ódio entre esses gregos é terrível", escreveu ele a Clementine. "Quando um lado [o ELAS] tem todas as armas que lhes demos para lutar contra os alemães e o outro, embora muitíssimo mais numeroso, não tem nenhuma, é evidente que um massacre assustador aconteceria se nos retirássemos."[175] Quando retornaram a Londres, Churchill e Eden tentaram convencer o rei George da Grécia a aceitar a regência de Damaskinos, o que ele se recusou peremptoriamente a fazer. Depois de uma reunião noturna "tempestuosa", Churchill levantou-se da cadeira sorrindo e pôs a mão no ombro do rei dizendo: "Não deveríamos estar falando desse modo com o senhor. Tome um pouco mais de conhaque".[176] Churchill instalou Damaskinos como regente, que se autodesignou primeiro-ministro em outubro de 1945 e levou o rei de volta ao país no mês de setembro seguinte.

"Durante todo o episódio na Grécia, Churchill se sentiu mais solitário do que em qualquer outro momento da guerra", recordou Ian Jacob, "mas nunca desistiu e nunca duvidou de sua própria decisão."[177] O fato de a Grã-Bretanha não ter se retirado, e que, respeitando o Acordo das Porcentagens, os soviéticos não terem apoiado os comunistas gregos, fez com que o ELAS se rendesse em 11 de janeiro de 1945 e a Grécia permanecesse no caminho democrático. "O que está claro agora", escreveu Leslie Rowan um quarto de século depois, "é que a Grécia não teria sido um país livre se não fosse pela coragem de Churchill e sua compreensão do que era essencial."[178]

Churchill recebeu uma quantidade extraordinária de agressões na Grã-Bretanha e nos Estados Unidos por apoiar monarquistas, clérigos e "reacionários" contra comunistas e "progressistas". H. G. Wells pôs de lado a camaradagem do Other Club e censurou publicamente Churchill, chamando-o de "futuro Führer britânico", uma das observações mais idiotas de um homem que sempre se mostrou muito inteligente.[179]* No Ano-Novo de 1945, o *Times* atacou a política do governo em relação à Grécia. Churchill escreveu uma carta destruidora para o jornal, mas, como tantas vezes, decidiu não enviar. Não obstante, um ano depois, pôde dizer a Clementine, citando Zacarias: "Todos os gabinetes da Europa Central, Oriental e Meridional estão sob controle soviético, exceto em Atenas. Esse tição eu arrebatei do fogo do dia de Natal".[180]**

Sobre a contraofensiva das Ardenas, que quase chegou ao rio Meuse, Churchill disse que "preferia uma tartaruga com a cabeça para fora, mesmo que parecesse que fosse mordê-lo".[181] Em janeiro de 1945, Montgomery lançou um contra-ataque no norte que, juntamente com uma defesa heroica de Bastogne pelos norte-americanos e outra investida do general Patton, forçou os alemães a recuar para além de suas fronteiras no fim do mês. A batalha teve um custo alto: mais de 60 mil norte-americanos foram mortos ou feridos. Naquele mês, os russos tomaram Varsóvia e ficaram de posse quase completa da Prússia Oriental, enquanto o general MacArthur invadiu Luzon, e o general William Slim atravessou o Irrawaddy na Birmânia e libertou Akyab (Sittwe). Tudo isso convenceu Churchill de que era necessária outra conferência dos Três Grandes, a primeira desde 1943. Quando Roosevelt disse que só poderia passar cinco ou seis dias lá, Churchill disse a Colville que ficou "indignado". Ele escreveu a Roosevelt: "Não vejo nenhuma [...] maneira de concretizar nossas esperanças sobre a Organização Mundial em cinco ou seis dias. Até o Todo-Poderoso demorou sete".[182] Dois dias antes, especulara: "Essa pode ser uma conferência fatídica, que acontece quando os grandes aliados estão muito divididos e a sombra da guerra se estende diante

* Apesar dessa agressão, Churchill disse que tinha "grande consideração e respeito" por Wells ao contribuir para um monumento em sua homenagem quando de sua morte em 1946 (Cherwell Papers K69/ 11).

** Amós 4,11; e Zacarias 3,2.

de nós. No momento, acho que o fim desta guerra pode muito bem ser mais decepcionante que o da última".[183] Roosevelt comentou com Joseph E. Davies, ex-embaixador norte-americano em Moscou, que Churchill estava "se tornando cada vez mais vitoriano e se agarrando cada vez mais ao pensamento do século passado".[184] Isso não era verdade, mas o primeiro-ministro certamente estava começando a divagar nas reuniões do Gabinete, que passaram a durar até quatro horas e meia, como notaram Eden, Attlee, Cadogan e vários outros. A coisa ficou tão ruim que Attlee — por razões de segurança — datilografou pessoalmente uma carta muito brusca para Churchill criticando suas "longas inquirições no Gabinete", muitas vezes sobre documentos em discussão que ele claramente não lera. Também se queixou de que os pontos de vista de Beaverbrook e Bracken muitas vezes triunfavam sobre os do comitê formado pelo próprio Gabinete. Churchill ficou furioso, elaborou e reformulou uma resposta sarcástica, mas depois se acalmou e enviou um agradecimento educado.

Como acontecia com frequência, quando algumas pessoas começavam a desconsiderar Churchill, ele conseguia se valer de seu treinamento em oratória de uma vida inteira para produzir um desempenho de excelência, mostrando que estava no controle total da situação. Em 15 de janeiro, Marian Holmes viu-se limpando o uísque e a soda da dentadura de Churchill depois que ele deixou cair um copo sobre os lençóis, mas, três dias depois, o primeiro-ministro hipnotizou a Câmara dos Comuns por duas horas com mais de 12 mil palavras, um de seus discursos mais longos de toda a guerra, apesar de estar resfriado e com dor de garganta, destroçando todos os seus críticos, como Bevan e o parlamentar comunista Willie Gallacher. "A vitória militar pode estar distante, certamente será dispendiosa, mas não está mais em dúvida", afirmou. "A força física e científica que nossos inimigos arremessaram contra nós nos primeiros anos mudou de lado, e a Comunidade Britânica, os Estados Unidos e a União Soviética possuem, sem dúvida, o poder de transformar em pó e cinzas o poderio prodigioso das nações que fizeram a guerra e as conspirações que nos assaltaram."[185] Com a presença de Barrington-Ward na galeria, decidiu que chegara a hora de partir para o ataque contra o *Times*. "Não há nenhum caso em minha experiência, e certamente nenhum caso em minha experiência de guerra, em que um governo britânico foi tão caluniado e seus motivos tão difamados em nosso próprio país por órgãos importantes da imprensa", disse, e perguntou como os britânicos podiam reclamar dos jornais norte-americanos "quando testemunhamos neste país uma exibição tão melancólica como a proporcionada por alguns dos nossos periódicos mais tradicionais e responsáveis, e outros aos quais esses epítetos dificilmente se aplicariam."[186] Houve aplausos efusivos e prolongados, que, de acordo com a história oficial do *Times*, proporcionaram "o primeiro choque pesado que Barrington-Ward sofreu durante seu período de editor".[187]

"Nós sacrificamos tudo nesta guerra", disse Churchill. "Sairemos dela, por enquanto, mais golpeados e empobrecidos do que qualquer outro país vitorioso. O Reino Unido e a Comunidade Britânica são a única força indene que declarou guerra à Alemanha por livre e espontânea vontade."[188] De olho no apoio dos Estados Unidos, Churchill parafraseou o discurso de Gettysburg, dizendo que planejava para a Grécia um "governo do povo, pelo povo, para o povo, montado com base em eleições livres e sufrágio universal, com sigilo do voto e nenhuma intimidação".[189] Se o Departamento de Estado não podia apoiar isso, sugeriu, então não estava sendo fiel aos princípios norte-americanos. Duas noites depois, o primeiro-ministro convidou todos os datilógrafos, motoristas e criados para ir à Downing Street a fim de assistir a um filme com Bette Davis, Humphrey Bogart e Ronald Reagan, *Vitória amarga*. Evidentemente, Churchill nunca saberia que um dos astros desse filme seria fundamental para destruir a tirania soviética que ele odiava tanto quanto a dos nazistas.

Em 24 de janeiro de 1945, Churchill comentou com Colville que fazia meio século que seu pai havia morrido. Colville se perguntou o que lorde Randolph, seu filho Winston e seu neto Randolph tinham em comum, e concluiu que era a inegável "capacidade de ser completamente irracional".[190]

# 31. Vitória e derrota

## *Janeiro a julho de 1945*

*Aqui deve ser o fim da longa guerra e descanso e glória após a labuta. Tudo deve ser fixado. Nada deve ser esquecido, e nada deve ser retido.*

Churchill, *Marlborough*[1]

*O povo inglês sempre se voltou contra aqueles que achavam que o serviram bem em tempos difíceis.*

Churchill para John Colville, dezembro de 1944[2]

Em 29 de janeiro de 1945, uma segunda-feira, tendo a Batalha do Bulge terminado em vitória na semana anterior, Churchill embarcou na base Northolt da RAF em seu C-54 Skymaster. Levava Sarah como sua ajudante de campo para uma pequena conferência (codinome Cricket) com Roosevelt em Malta, antes de ambos seguirem para Ialta, na Crimeia, onde se realizaria a conferência dos Três Grandes (codinome Argonaut). "Se ao menos eu pudesse jantar com Stálin uma vez por semana, não haveria problema nenhum", dissera Churchill a Colin Coote um ano antes. "Nos damos bem como uma casa em chamas."[3] Quando aterrissaram às 4h30 do dia 30 de janeiro (agora podiam sobrevoar a França, o que reduzia significativamente o tempo de viagem), Churchill estava com 39 graus de febre, então ficou a bordo do avião e só se transferiu seis horas depois para o cruzador HMS *Orion*.[4] Moran quase chamou o hematologista Lionel Whitby de Bristol. "O primeiro-ministro nos deu um susto", escreveu Martin a Colville.[5]

No dia seguinte, Churchill estava bem o suficiente para manter conversas úteis com o marechal de campo Alexander, o general Marshall, o almirante King, Harry Hopkins e Edward Stettinius, o secretário de Estado norte-americano, embora tenha passado boa parte da Conferência Cricket na cama.[6] Hopkins, Eden, Harriman e Cadogan também estavam lá, e Churchill relatou a Clementine que "todas as conversas nas conferências foram muito amistosas e agradáveis".[7] Isso era verdade até mesmo em relação ao contato com Randolph, que viera de Bari, onde ainda estava convalescendo de seus ferimentos da queda do avião.*

No dia 1º de fevereiro, outro avião a caminho da conferência caiu em Lampedusa, matando o diplomata Peter Loxley, o ajudante de campo de Brooke, Baruck Charlesworth, um membro da equipe do capitão Pim da Sala de Mapas, o tenente-coronel Bill Newey, o médico de Eden e um de seus guarda-costas. Se John Martin não tivesse dissuadido Churchill de trazer um segundo secretário particular para a conferência, Jock Colville também estaria no voo. Mesmo sem a Luftwaffe no Mediterrâneo, essas viagens longas não estavam isentas de riscos. A aeronave era do mesmo tipo em que Churchill havia voado para o Norte da África, Itália, Teerã e Moscou.

Churchill estava lendo um livro então recém-publicado chamado *Veredito sobre a Índia,* do ex-pacifista e depois simpatizante do fascismo Beverley Nichols, um frequentador do Château de l'Horizon em meados da década de 1930. "O livro mostra certamente o verdadeiro caráter hindu e a triste situação à qual nos reduzimos ao perder a confiança em nossa missão", relatou Churchill a Clementine.

> Ler sobre a Índia me deprimiu, pois vejo tempestades tão feias pairando por lá que [...] podem nos alcançar. Durante algum tempo, tive um sentimento de desespero em relação às conexões britânicas com a Índia, e ainda mais a respeito do que acontecerá se forem subitamente rompidas. Enquanto isso, estamos nos aferrando a este vasto Império do qual não obtemos nada, em meio a crescentes ataques e críticas do mundo, e do nosso próprio povo, e alimentando o ódio da população indiana, que recebe propaganda constante e mortal à qual não podemos responder. No entanto, das minhas sombras saiu uma decisão renovada de continuar lutando o maior tempo possível e garantir que a bandeira não seja recolhida enquanto eu estiver no comando. Concordo com o livro e também com a sua conclusão — Paquistão.[8]

Nichols argumentava que somente um Estado de maioria muçulmana na parte noroeste do subcontinente indiano poderia proteger os direitos das minorias islâmicas se e quando os britânicos fossem embora.

* Randolph ficou furioso por não ter sido convidado para ir a Ialta, mas, para alívio de seu pai, descontou em Eden.

Roosevelt chegou ao porto de Valletta em 2 de fevereiro, a bordo do cruzador pesado USS *Quincy*. "O porto compunha um cenário perfeito para a cena espetacular da lenta passagem do navio do presidente para o seu atracadouro à nossa frente", escreveu John Martin, "com os guardas de honra em posição de sentido e a melodia do 'Star-Spangled Banner' atravessando a água."[9] Os marinheiros do *Quincy* e do *Orion* ocuparam os trilhos e todos saíram ao convés. O presidente, sentado no passadiço, acenou para Churchill, que retribuiu o cumprimento, enquanto os malteses se aglomeravam nos telhados do porto. Sarah viu Sawyers curvando-se e acenando sem parar, "agradecendo com elegância", como se as saudações fossem feitas para ele, enquanto todos os outros estavam em posição de sentido.

"Meu amigo chegou com a melhor saúde e ânimo", relatou Churchill a Clementine.[10] Isso era falso e inexplicável; quase todos os que deixaram memórias ou anotações registradas à época das conferências de Malta e Ialta comentaram que Roosevelt estava muito doente. Em março de 1944, havia sido diagnosticado com pressão arterial alta e doença coronariana, que piorou muito no ano seguinte. O diplomata britânico Gladwyn Jebb confirmou a opinião de muitos quando relembrou que ficara "muito angustiado com a aparência dele, que era, francamente, terrível".[11] Sarah precisou esconder seu choque naquele dia diante da mudança de Roosevelt desde Teerã. "Era bastante óbvio que ele estava muito doente", escreveu ela. "O charme brilhante e o coração expansivo e corajoso estavam lá, mas sua aparência afligiu gravemente meu pai e, na verdade, a todos."[12] Era inevitável que o colapso da saúde de Roosevelt — ele morreria dentro de dez semanas — fosse afetar o teor da conferência. "Meu pai e todo o grupo britânico sentiram um recuo do antigo entendimento fácil que, apesar de muitos desacordos, havia existido entre os dois governantes", lembrou Sarah.[13] Porém, isso não se estendeu a discussões sérias; Churchill queixou-se a Hopkins de que nada de importante era discutido entre ele e Roosevelt, que chegara apenas um dia antes de partir para Ialta e que demonstrou pouco interesse em formular uma posição conjunta anglo-americana para a reunião com Stálin.

A jornada de Malta para Ialta foi exaustiva: sete horas de avião e uma viagem igualmente longa pelas montanhas, embora envolvesse uma pausa nas praias do mar Negro, onde, relembrou Martin, "a mesa transbordava de caviar e o estampido de garrafas de champanhe era contínuo, como fogo de metralhadora".[14]* Na viagem de carro, usando o uniforme de coronel honorário do 4º Regimento dos Hussardos e um chapéu alto e preto de pele, Churchill recitou poesias,

* "Eu não poderia viver sem champanhe", disse Churchill à sua amiga Odette Pol-Roger em 1946. "Na vitória, eu a mereço. Na derrota, preciso dela." Ele descreveu a casa da amiga no número 44 da Avenue de Champagne, em Épernay, como "o endereço mais bebível do mundo" (*CIHOW*, p. 537).

especialmente *Childe Harold*, de Byron, por uma hora e dormiu por trinta minutos. Quando chegou ao Palácio Vorontsov, onde a delegação britânica estava alojada, que tinha por modelo um salão baronial escocês, ele foi direto para a cama.

Os britânicos não gostaram do palácio, que tinha percevejos na cama e grampos eletrônicos, além de uma combinação desastrosa de superlotação e encanamento rudimentar. (Tinha sido residência do marechal de campo Von Manstein quando os alemães ocuparam a Crimeia, mas a construção estava seriamente danificada.) Em certo momento, Sarah contou três marechais de campo esperando por um balde. Com moscas e mosquitos onipresentes, Churchill chamou Ialta de "a Riviera do Hades".[15] Nada disso foi mencionado quando Stálin o visitou, na tarde de 4 de fevereiro. "Ele é mais grisalho do que eu pensava", observou Valentine Lawford, "e não olha nos olhos daqueles com quem está falando."[16]

A Conferência de Ialta foi a maior de todas as conferências de guerra, com 750 participantes credenciados. Realizou-se no salão de baile do Palácio de Livadia, em Ialta, a residência dos norte-americanos, que tinha o melhor acesso de cadeira de rodas para Roosevelt. Fora construído em 1911 para a família Románov, que os bolcheviques assassinaram em 1918. O quarto das crianças ficava no primeiro andar, o que para Lawford significava que "havia um ar de tristeza pairando sobre o lugar".[17] As reuniões realizavam-se em torno de uma grande mesa redonda branca no antigo salão de baile.[18] Havia questões importantíssimas a tratar: a destruição final do nazismo; o papel da Rússia na guerra contra o Japão (os dois países haviam mantido uma paz incerta desde 1939); uma nova "Organização das Nações Unidas" para ajudar a manter a paz no futuro; o que deveria acontecer com a Iugoslávia; a responsabilidade britânica pela Grécia; as zonas de ocupação de Berlim; o destino dos prisioneiros de guerra não alemães; a integridade e independência da Polônia e de outros países do Leste Europeu; o problema dos refugiados e os contornos da estrutura financeira no pós-guerra.

A concepção popular de que Churchill e Roosevelt simplesmente caíram numa série de armadilhas montadas por Stálin, acreditaram nas mentiras dele e de forma ingênua permitiram que conseguisse tudo o que queria em Ialta é um mito. Havia funcionários norte-americanos na comitiva de Roosevelt que estavam trabalhando para os soviéticos, a saber, Alger Hiss, do Departamento de Estado, e o secretário adjunto do Tesouro, Harry Dexter White, mas há pouca indicação de que tenham afetado de forma significativa o que foi acordado. O que aconteceu foi muito mais complicado e sutil, com cada parte do acordo afetando todas as outras. O fato central e sempre presente por trás de tudo era que Stálin tinha um exército de mais de 6 milhões de homens no Leste Europeu, inclusive em todas as regiões da Polônia. Os Aliados ocidentais achavam que precisavam da Rússia para declarar guerra contra o Japão quando o enfrentamento à Alemanha terminasse, já que não tinham certeza de que a bomba atômica — que por razões óbvias não foi mencionada — funcionaria.

Churchill e Roosevelt queriam que os russos se envolvessem de maneira ativa na criação das Nações Unidas, que pretendiam ser uma organização global que cumprisse a promessa da Carta do Atlântico de "estabelecer um sistema mais amplo e permanente de segurança geral". Churchill defendeu o conceito de um Conselho de Segurança controlado, em última instância, pelas grandes potências. Stálin concordou que a Rússia seria membro fundador da nova organização, cujo primeiro secretário-geral foi o diplomata britânico Gladwyn Jebb. Quando Roosevelt cedeu às exigências soviéticas de que seus Estados-satélites da Ucrânia e Bielorrússia deveriam ter representação separada (e, portanto, votos) na Assembleia Geral das Nações Unidas, o Ministério das Relações Exteriores britânico mostrou o que Jebb definiu como "muita indignação", mas nada pôde ser feito a respeito.[19] Acusações como as feitas por Lawford, de que Roosevelt estava "um pouco gagá e deficiente", eram equivocadas; suas faculdades intelectuais estavam mais afiadas do que nunca; era apenas o seu pobre corpo tomado pela dor que estava cedendo.[20]

A Polônia estava na agenda de nada menos que sete das oito sessões plenárias em Ialta. Como os russos não aceitariam nada menos que a Linha Curzon como sua fronteira oriental com a Polônia, na opinião de Jebb, "a proposta dificilmente seria algo a que pudéssemos resistir mesmo que tivéssemos o poder para fazê-lo".[21] Churchill defendeu anexações mais modestas da Alemanha, dizendo: "Seria uma grande pena encher o ganso polonês com tanta comida alemã que ele morresse de indigestão", mas o território no oeste que em termos étnicos e históricos era alemão foi acrescentado à Polônia, e assim permanece até hoje.[22] Em 1950, entre 12 milhões e 14 milhões de alemães já haviam se mudado daquele território para terras do outro lado da nova fronteira da Alemanha, o maior deslocamento de pessoas na história moderna da Europa.

Outro problema era a clara intenção dos russos de instalar os poloneses de Lublin no governo de Varsóvia. "Não podemos ir para casa sem algum tipo de acordo que garanta eleições livres e irrestritas para os poloneses", anotou Lawford.[23] Em 11 de fevereiro, Churchill e Roosevelt persuadiram Stálin a assinar uma Declaração sobre a Europa Libertada, que prometia "o direito de todos os povos de escolherem a forma de governo sob a qual viverão" e "a restauração dos direitos soberanos e da autonomia política dos povos que foram privados deles pela força das nações agressoras", enquanto os Três Grandes "ajudariam em conjunto" na realização de "eleições livres", com sufrágio universal e votação secreta.[24] A Grã-Bretanha não se comprometia a aceitar nenhuma fronteira ocidental específica para a Polônia e decidiu que só reconheceria um novo governo polonês se e quando estivesse satisfeita com sua composição.

Eden estava descontente com a ausência de uma agenda anglo-americana combinada em Ialta e reclamou para Lawford que "considera Winston (e Roosevelt, infelizmente) hesitantes, sem nenhuma ideia do que viemos discutir". Mas isso é desmentido por tudo o que Churchill e Roosevelt haviam conseguido naquela semana.[25] Além disso, acreditava-se que a guerra contra a Alemanha poderia estender-se até o segundo semestre de 1945, e a guerra contra o Japão deveria durar mais dezoito meses após a vitória na Europa, talvez até o primeiro semestre de 1947.[26] Foi, portanto, um grande lance para Churchill e Roosevelt conseguir que Stálin prometesse que a União Soviética declararia guerra ao Japão o mais breve possível após a rendição alemã. Também se concordou que, caso a França fosse autorizada a se apresentar como uma potência vitoriosa, em vez de derrotada, como De Gaulle vinha exigindo, sua zona de ocupação da Alemanha teria de ser retirada do território destinado à Grã-Bretanha e aos Estados Unidos, não ao da Rússia.

Churchill prometeu manter o bombardeio de saturação da Alemanha, que ainda estava disparando foguetes V-2 contra a Grã-Bretanha. Em 5 de fevereiro, o Estado-Maior russo solicitou um bombardeio contra a cidade alemã de Dresden, um ponto nodal ferroviário, para impedir que as tropas da Wehrmacht fossem transferidas da Frente Ocidental para o leste do continente. Como consequência, oito dias depois, Dresden foi destruída por um ataque da RAF, autorizado por Attlee em Londres. Os pátios de triagem ferroviária eram um alvo legítimo, mas o incompetente *Gauleiter* local só providenciara abrigos para uma ínfima minoria da população da cidade, e em torno de 28 mil civis foram mortos. No entanto, o ataque não foi considerado particularmente incomum na época, e Churchill nunca o mencionou a Colville, o que quase com certeza teria feito se tivesse sido visto como algo fora do comum.

Havia idealismo em Ialta, bem como Realpolitik, mas também houve decisões de caráter letal. O destino das dezenas de milhares de russos, muitos deles cossacos, que haviam lutado por Hitler, mas haviam se rendido, ou estavam em processo de rendição ao general Alexander, foi discutido em 10 de fevereiro. Os britânicos não queriam manter esses prisioneiros, pois temiam não poder alimentá-los e consideraram que poderiam prejudicá-los militarmente se as relações com os partisans de Tito azedassem. Churchill perguntou a Stálin o que queria fazer com eles; Stálin respondeu que "esperava que eles pudessem ser enviados para a Rússia o mais rápido possível [...]. O governo soviético considerava todos eles cidadãos soviéticos [...]. Aqueles que haviam concordado em lutar pela Alemanha poderiam acertar as contas quando retornassem à Rússia".[27] Churchill disse que os britânicos "estavam ansiosos para que esses prisioneiros fossem repatriados". No mesmo dia, um Acordo sobre Prisioneiros de Guerra que pôs esse desejo em vigor foi assinado por Eden e Mólotov. Embora Eden, Macmillan e Alexander estivessem muito mais envolvidos em sua implementação, foi, em última instância, responsabilidade de Churchill e outro exemplo de sua ocasional crueldade, pois ele não devia ter muitas dúvidas quanto ao destino final dos prisioneiros.

Entre 18 de maio e 2 de junho de 1945, a 1ª Brigada de Guardas, parte do v Corpo Britânico que ocupou a Caríntia, província meridional da Áustria, e várias outras unidades britânicas entregaram cerca de 40 mil cossacos antissoviéticos ao Exército Vermelho, inclusive muitos que não eram e nunca tinham sido cidadãos da União Soviética. Da mesma forma, embora nesse caso não houvesse nenhum tratado que obrigasse a fazê-lo, 30 mil iugoslavos que haviam lutado contra o marechal Tito foram enviados à Iugoslávia. A maioria desses cossacos e iugoslavos foi exterminada ao chegar; os demais foram encarcerados e cruelmente castigados por anos. Quanto aos funcionários do Ministério das Relações Exteriores envolvidos, o registro histórico da culpabilidade britânica por esses eventos dá a entender que "o destino dos russos cujo retorno eles fizeram cumprir foi um sacrifício infeliz, mas inevitável, pelo objetivo maior".[28] Infelizmente, esse objetivo maior — boas relações com os soviéticos — também não foi atingido e, considerando as concepções ideológicas e a paranoia de Stálin, provavelmente nunca poderia ter sido. Não foi o melhor momento de Churchill, embora, na época, Ialta fosse considerada, como Clementine lhe escreveu, "um resultado maravilhoso, igual a uma grande vitória militar ou a toda uma campanha vitoriosa".[29]

"Cobrimos uma grande quantidade de terreno", respondeu ele, "e estou muito satisfeito com as decisões que tomamos."[30] Seria criada uma comissão de reparações, que Churchill esperava que aprendesse a lição da Grande Guerra e estabelecesse um número baixo, pois, como disse a Roosevelt: "Se você quer que seu cavalo puxe a carroça, precisa dar-lhe um pouco de feno".[31] A Grécia só foi mencionada porque Stálin declarou que "não queria interferir" nos assuntos daquele país; diante disso, Churchill respondeu que estava "muito grato".[32] Chegou-se a um acordo sobre a Iugoslávia, com Stálin prometendo que usaria sua influência sobre Tito para realizar eleições livres das quais todos os partidos políticos anteriores à guerra poderiam participar. Churchill afirmou que podia "confiar na boa vontade do marechal Stálin", e o soviético respondeu "que, quando fazia uma declaração, ele a cumpria".[33]

Quando Sarah disse boa-noite a seu pai na noite de 7 de fevereiro, Churchill disse: "Suponho que em nenhum momento da história a agonia do mundo tenha sido tão grande ou generalizada. Hoje à noite o sol se põe sobre mais sofrimento do que nunca no mundo".[34] Ialta não o aliviou de forma significativa, mas isso não foi reconhecido na ocasião. Até o cínico Valentine Lawford — que escrevera (sobre a noite em que Roosevelt e Stálin foram jantar no Palácio Vorontsov): "Winston, claro, está sempre inclinado a chorar lágrimas de conhaque em gratidão por qualquer coisa que interprete como um gesto amistoso de seu grande colega" — teve de acrescentar: "Mas pode ser que realmente estejamos começando a conviver em termos melhores com os russos".[35] Mas não estavam. "Nossas suposições esperançosas logo se revelariam falsas", admitiu Churchill uma década depois em suas memórias de guerra. "Contudo, eram as únicas possíveis na época."[36] O exército russo estivera em Varsóvia por três semanas e estava agora às margens do rio Oder; as promessas mentirosas feitas por Stálin em Ialta baseavam-se nesses fatos sólidos e incontroversos.

Os Três Grandes haviam refeito o mundo em oito dias, mas então, às 16h30 do 11º, Churchill decidiu de repente, sem dar motivos, que queria partir para Sevastópol (que naturalmente insistia em chamar de Sebastopol) imediatamente, apesar de sua partida estar programada para o dia seguinte. Deu ao secretariado e aos empregados domésticos apenas uma hora para arrumar tudo e sair, causando muita consternação. Sawyers, que havia sido visto pela última vez "naquela manhã dançando um minueto com algumas das criadas russas no corredor", sentou-se num baú e deixou sua "cabeça curiosamente rosada" afundar em suas mãos, lamentando-se: "Ele não pode fazer isso comigo!".[37] Churchill passou três noites trabalhando em Sevastópol no transatlântico *Franconia*, da Cunard Line. No caminho, visitou o campo de batalha de Balaclava, onde o 4º Regimento dos Hussardos havia atacado como parte da Brigada Ligeira. "Ou eles achavam que tinham vencido a batalha", disse sobre os russos que conhecera, "ou nunca tinham ouvido falar dela."[38] A bordo do *Franconia*, Sarah perguntou se ele estava cansado. "Estranhamente, não. Mas senti o peso de responsabilidade mais do que nunca e sinto meu coração ansioso", respondeu.[39]

Em 14 de fevereiro, Churchill deixou Sevastópol após o café da manhã e, depois de três horas e meia de carro, chegou ao campo de pouso de Saki, de onde voou para Atenas, sobrevoando um "país sombrio e coberto de neve e passando por muitos cenários da guerra", entre eles um trem que balançava pendurado sobre o vazio de uma ponte explodida.[40] Ao sobrevoarem os Dardanelos, apontaram-lhe o túmulo de seu amigo Rupert Brooke — um pontinho branco no topo de uma colina da ilha de Skyros. Ao aterrissarem, viram a Acrópole, que naquela noite, para marcar sua visita, foi iluminada pela primeira vez desde a ocupação alemã.

Churchill foi com o regente-arcebispo Damaskinos* em um carro aberto para a praça da Constituição, onde fizeram discursos curtos e improvisados através de amplificadores para uma multidão estimada entre 40 mil e 50 mil pessoas, provocando um tremendo entusiasmo e vivas repetidos.[41] "Nunca vi uma massa

* Churchill o chamou corretamente de "Sua Beatitude". Damaskinos tinha o hábito de proteger-se de interrupções pendurando um aviso em sua porta que dizia "Sua Beatitude está em oração", o que levou Churchill a comentar: "Eu gostaria de tentar isso em Downing Street, mas receio que ninguém acreditaria" (Fishman, *Clementine*, p. 100).

tão grande de gente amontoada", contou ele ao Gabinete mais tarde. "Se uma eleição extraordinária fosse realizada entre mim e Aneurin Bevan, ele não teria a menor chance."[42]

No dia seguinte, Churchill voou para Alexandria, onde subiu a bordo do USS *Quincy* para almoçar com o presidente Roosevelt. "O presidente parecia plácido e frágil. Senti que tinha um contato escasso com a vida", escreveu mais tarde. "Despedimo-nos carinhosamente."[43] Suspeitava, com razão, que seria a última vez que veria Roosevelt. Depois, foi para o Cairo, sua quarta cidade em 28 horas e, apesar de Randolph se comportar, nas palavras de Lampson, "como um coadjuvante deliberado de seu pai", as tiradas de Churchill "foram, em muitas ocasiões, indescritivelmente apropriadas e rápidas no gatilho: mais do que nunca, ele me parece um dínamo humano".[44]

Churchill passou os dois dias seguintes perto das pirâmides e depois no oásis de Fayoum, e teve encontros com o imperador Hailé Selassié da Etiópia, o rei Farouk I do Egito, o presidente Shukri al-Quwatli da Síria e o rei Ibn Saud da Arábia Saudita.[45] Da imensa comitiva de Ibn Saud faziam parte um astrólogo, um provador de comida, um servidor-chefe de café cerimonial e "diversos escravos, cozinheiros, porteiros e ajudantes de cozinha".[46] Tinham vindo de Jeddah num destróier britânico, trazendo ovelhas que haviam abatido e comido no convés. Churchill descreveu Ibn Saud como "um homem de aparência esplêndida [...] ele se vangloria de sua virilidade e da frequência com que comparece ao seu harém — deve manter fichas de registro".[47] O rei pediu a Churchill que bebesse água de Meca. Ainda que não tivesse o costume de beber muita água por conta própria, Churchill disse depois: "Não sou contra a água numa ocasião como essa". Quando o camareiro real lhe disse que fumar e beber eram proibidos na presença do rei, como mandava o Corão, Churchill respondeu que "minha religião prescrevia como um ritual sagrado absoluto fumar charutos e beber álcool antes, depois e se necessário durante todas as refeições e nos intervalos entre elas".[48] Tudo o que anotou da resposta do camareiro foi: "Rendição completa".[49]

Não houve sinal de rendição quando Churchill pediu a ajuda de Ibn Saud para promover "um acordo definitivo e duradouro entre os judeus e os árabes", através de uma Federação do Oriente Médio que ele encabeçaria, da qual a Palestina judaica seria uma parte integrante, mas autônoma. O rei rechaçou a ideia por completo. Ao retornar da reunião, Churchill insistiu em parar e inspecionar minuciosamente os camelos de sua guarda de honra. "Ele se lembrava de tudo a respeito deles da Guerra do Rio", escreveu Lampson.[50] No jantar, Churchill examinou os presentes que o rei lhe dera. Havia anéis de diamante, uma espada e adaga cravejadas de joias, perfumes exóticos e um baú cheio de vestes magníficas, que valiam um total de 3500 libras (mais de 120 mil libras de hoje); teve de entregar tudo ao Tesouro. Em troca, Churchill conseguira convencer o Tesouro a dar ao rei cem libras em perfumes. Lampson então o fez vestir os trajes, espada, anéis, touca e adaga, o que muito divertiu Churchill. "Ele compôs uma figura imponente", registrou Lampson, mas infelizmente não há nenhuma fotografia disso.[51]

Churchill desembarcou na base Lyneham da RAF, em Wiltshire, em 19 de fevereiro, depois de um voo de catorze horas. "Ele está maravilhosamente bem", disse Clementine a Mary.[52] Todo o Gabinete estava esperando no corredor do número 10 da Downing Street para lhe dar as boas-vindas em casa, e os ministros o seguiram até a Sala do Gabinete para ouvir seu relato da viagem. "Tudo muito agradável, devo dizer", Churchill resumiu sua viagem depois. "Trouxe alguns peixinhos dourados de Moscou para nadar em minha piscina e conseguimos nos defender contra os percevejos."[53] Ainda assim, pediu que suas roupas fossem fumigadas, suspeitando que haviam adquirido alguns "moradores indesejados" em Ialta.[54] No dia seguinte, foi recebido com aplausos na Câmara dos Comuns. Um pequeno grupo de tories, entre eles lorde Dunglass, opôs-se ao acordo de Ialta por não garantir a independência e a integridade da Polônia, embora eles não tenham explicado como isso poderia ter sido alcançado na prática. Mais tarde, Churchill deixou Lady Diana Cooper e Venetia Montagu experimentarem as esplêndidas roupas que Ibn Saud lhe dera, com "Lady Diana de púrpura e fazendo uma pose dramática".[55]

"O primeiro-ministro estava bastante deprimido", registrou Colville naquele fim de semana em Chequers, "pensando nas possibilidades de a Rússia voltar-se um dia contra nós, dizendo que Chamberlain confiara em Hitler como ele agora estava confiando em Stálin (embora considerasse que as circunstâncias eram diferentes)."[56] Edward Bridges e Bomber Harris também estavam hospedados em Chequers. Antes do jantar, quando Colville perguntou a Harris sobre o efeito do ataque a Dresden, o chefe do Comando de Bombardeiros respondeu: "Dresden? Não existe um lugar chamado Dresden".[57] Depois que a vitória foi conquistada, e a Alemanha, destruída, Churchill refletiu: "O que haverá entre as neves brancas da Rússia e os penhascos brancos de Dover?".[58] Talvez os russos não quisessem "estender-se até o Atlântico, ou algo poderia impedi-los, como o acidente da morte de Genghis Khan detivera os arqueiros montados dos mongóis, que se retiraram e nunca mais voltaram". Quando Harris perguntou se os russos pretendiam dominar a Europa, Churchill disse: "Quem sabe? Eles podem não querer isso. Mas há um medo inconfesso no coração de muita gente".[59] Naquela noite, ouvindo *The Mikado* no gramofone no Salão Principal, Churchill disse que a música o levava de volta à era vitoriana, que segundo ele "se comparará na história de nossa ilha à dinastia antonina" — o período de paz e estabilidade romana por volta de 96 até 180 d.C.

Ele estava com o mesmo estado de espírito quando contou ao rei sobre sua viagem. "A palavra de Stálin era confiável ou não?", anotou George VI depois do almoço. "Isso ainda precisa ser provado, mas precisamos testá-lo."[60] Por volta dessa época, Churchill disse a Hugh Dalton: "O pobre Neville Chamberlain acreditava que podia confiar em Hitler. Estava equivocado, mas não acho que eu esteja errado em relação a Stálin".[61] Contudo, ele claramente suspeitava que pudesse ser o caso, e portanto estava de olho num retrocesso soviético quanto às promessas feitas em Ialta, que não demorou a chegar. O anticomunismo de longa data de Churchill deixou-o alerta para a necessidade de confiar, mas verificar. O fato é que Stálin mentiu para Churchill e Roosevelt em Ialta sobre a independência da Polônia, as eleições livres no Leste Europeu e a influência que exerceria nessa região depois da guerra. Nenhum dos dois poderia ter certeza disso, por mais que desconfiassem na época, e havia pouco que pudessem fazer, mesmo que tivessem desconfiado. O conhecimento de que Stálin havia mentido, no entanto, só aumentou a raiva de Churchill quando passou a denunciar os soviéticos no ano seguinte.

Em público, no entanto, Churchill disse que confiava nos russos. "A impressão que trouxe da Crimeia e de todos os meus outros contatos", discursou ele em 27 de fevereiro na Câmara dos Comuns, "é que o marechal Stálin e os governantes soviéticos desejam viver em amizade e igualdade com as democracias ocidentais. Sinto também que a palavra deles é seu compromisso. Não conheço nenhum governo que cumpra suas obrigações [...] de maneira mais sólida do que o governo soviético russo. Recuso-me absolutamente a entrar aqui numa discussão sobre a boa-fé russa. É evidente que essas questões afetam todo o futuro do mundo."[62] Ainda assim, Churchill ofereceu cidadania britânica a qualquer polonês que não quisesse voltar para casa. Como disse a Harold Nicolson e ao lorde De La Warr, as tropas russas na Polônia "estão no local; nem mesmo a majestosa imensidão do Império Britânico serviria para afastá-los daquele lugar".[63] Ele também acreditava que, como Stálin não apoiara a insurgência grega, sua palavra poderia ser confiável em relação à Polônia. No dia seguinte, 25 parlamentares, na maioria conservadores, votaram contra o governo no debate sobre o acordo de Ialta e vários se abstiveram, mas 396 votaram a favor.

Entre 2 e 6 de março, Churchill percorreu a Frente Ocidental, entrou na Alemanha e visitou o quartel-general de Montgomery. Mas ainda trabalhava em suas caixas. "De jeito nenhum reduza a cevada para o uísque", alertou o ministro da Agricultura. "Leva anos para amadurecer e é uma inestimável fonte de exportação e dólares [...]. Seria muito imprudente não preservar esse elemento característico de ascendência britânica."[64] Quando chegou à Linha Siegfried, as fortificações defensivas alemãs também conhecidas como Muro Oeste, parou sua coluna de mais de vinte carros e jipes, saiu e disse aos repórteres-fotográficos:

"Esta é uma das operações relacionadas com essa grande guerra que não deve ser reproduzida graficamente".[65] Então deu as costas e urinou nas defesas de Hitler. "Eu nunca vou esquecer o sorriso infantil de intensa satisfação que se espalhou por todo o seu rosto quando ele olhou para baixo no momento crítico!", escreveu Brooke. Nessa viagem, Churchill também rabiscou as palavras "Hitler, pessoalmente" num projétil que foi carregado num canhão cuja correia puxou para disparar.[66] Um dia depois de sua volta do quartel-general de Eisenhower em Reims para Londres, os norte-americanos cruzaram o Reno em Remagen.

Entre 23 e 26 de março, Churchill visitou o front novamente, dessa vez para assistir à Operação Plunder [Pilhagem], a travessia do Reno por Montgomery, perto de Wesel. Quando Colville voltou para o quartel-general tático de Montgomery com sangue em sua túnica, depois que uma bomba de 88 milímetros caiu a dez metros de distância e cortou a artéria do motorista de seu jipe, o general o criticou por ter chegado perto demais, porém Churchill disse ao seu secretário particular: "Estou com inveja. Você teve sucesso onde eu falhei. Amanhã nada me impedirá". Então terminou poeticamente: "Durma profundamente; você poderia ter dormido ainda mais profundamente".[67]

Em 25 de março, dois dias depois dos exércitos aliados, Churchill cruzou o Reno num veículo de desembarque em Büderich, dez quilômetros ao norte do quartel-general de Eisenhower em Rheinberg, onde o rio tem perto de quatrocentos metros de largura. "O primeiro-ministro foi ter com Montgomery no início das operações", anotou o rei. "Ele anda muito inquieto e não suporta estar longe das coisas."[68] "Foi um alívio pôr Winston em casa em segurança", lembrou Brooke. "Eu sabia que ele queria estar na posição mais exposta possível. Sinceramente acredito que ele gostaria mesmo de ser morto no front neste momento de sucesso. Costumava me dizer que a maneira de morrer é desmaiar lutando, quando seu sangue está em alta e você não sente nada."[69] Parte da admiração de Churchill por Nelson devia-se a sua morte gloriosa no momento da vitória. Quando sua prima Anita Leslie lhe disse que sua insistência em ficar de pé na parte mais bombardeada da margem do rio "para ver melhor" deixara sua equipe em estado de frenesi "por medo de que algo lhe acontecesse", Churchill simplesmente sorriu e respondeu: "Eu sou um homem velho e trabalhei muito. Por que não deveria me divertir um pouco?".[70]

Churchill disse a Colville que em sua opinião os rostos alemães que via estavam "muito tensos", o que "o havia comovido e perturbado".[71] Depois de quase seis anos tentando bombardear, esmagar e matar de fome aquelas mesmas pessoas, isso poderia ser considerado hipocrisia, mas a pena pelo oprimido era uma parte instintiva de sua natureza. Se os russos estavam tão empenhados em ganhar a hegemonia europeia quanto Bomber Harris sugerira em Chequers, Churchill reconhecia que seria necessário construir uma Alemanha desnazificada o mais rapidamente possível, e o país não deveria ser desmembrado, muito menos reduzido à agricultura. Para ele, como sempre, a magnanimidade na vitória fazia sentido tanto em termos estratégicos como humanitários. "Chegou o momento em que a questão do bombardeio das cidades alemãs simplesmente para aumentar o terror, embora sob outros pretextos, deve ser revista", Churchill comunicou a Ismay em memorando no final de março, depois que houvera protestos no Parlamento e na imprensa liberal sobre o ataque aéreo a Dresden. "Caso contrário, assumiremos o controle de uma terra totalmente arruinada [...]. A destruição de Dresden continua a ser um sério questionamento da condução dos bombardeios aliados."[72] O raide provocou críticas à política de bombardeio do governo na Igreja da Inglaterra e na Câmara dos Lordes, e o memorando de Churchill se mostrou tão controverso no Ministério do Ar que teve de ser revisto e amenizado, com a remoção de todas as referências a Dresden.

Em 27 de março, dia em que o último foguete V-2 caiu sobre Londres, Churchill despediu-se de Clementine, então presidente da Ajuda da Cruz Vermelha ao Fundo da Rússia, que partia numa longa viagem à União Soviética. No mesmo dia, soube que catorze líderes poloneses que representavam partidos políticos não comunistas, entre eles o heroico general Kazimierz Okulicki, um dos ex-comandantes do Exército Nacional, haviam sido presos pelo Exército Vermelho perto de Varsóvia, apesar de garantias por escrito de salvo-conduto. Depois de semanas de silêncio, soube-se que seriam levados a julgamento em Moscou.[73] Se houve um único momento em que Churchill foi forçado a reconhecer que Stálin simplesmente mentira para ele em Ialta, e que haveria provavelmente um rompimento com a Rússia depois da rendição alemã, foi esse. Ele o descreveu em suas memórias como "episódio sinistro".[74] Depois que Stálin alegou, em 5 de maio, que a postura de Churchill "exclui a possibilidade de uma solução consensual para a questão polonesa", o primeiro-ministro escreveu a Washington no dia seguinte insistindo que "devemos manter firmemente as posições existentes ou sendo obtidas por nossos exércitos na Iugoslávia, na Áustria, na Tchecoslováquia, na frente central dos Estados Unidos e na frente britânica, chegando até Lübeck, inclusive a Dinamarca [...]. Acho que devemos examinar seriamente nossa atitude em relação aos soviéticos e mostrar a eles o quanto temos a oferecer ou reter".[75] Os norte-americanos não estavam dispostos a se unir a Churchill nessa posição firme em relação aos catorze poloneses, onze dos quais foram condenados a penas de prisão por períodos que variavam entre quatro meses e dez anos.

"Winston me disse que precisava ir devagar em relação à Polônia", anotou o rei depois de uma conversa com ele em meados de março, "pois não conseguia convencer os americanos a acompanhá-lo e não poderíamos prometer nada à

Polônia sem o apoio dos Estados Unidos."[76] Com Roosevelt perto da morte àquela altura, isso não poderia ser esperado a curto prazo. "No momento, você é o único ponto positivo nas relações anglo-russas", escreveu Churchill a Clementine, que estava em Moscou, em 2 de abril.[77] Ele achava que as chances de sucesso da Organização das Nações Unidas eram muito pequenas, porque os russos não estavam sendo "nada cooperativos no que dizia respeito à Polônia".[78]

David Lloyd George morrera em 26 de março. No panegírico feito na Câmara dos Comuns, Churchill elogiou no morto exatamente as qualidades que as pessoas mais admiravam nele próprio. "Ele transmitiu imediatamente uma sensação renovada de força, de impulso, muito mais forte do que qualquer coisa conhecida até aquele momento", disse Churchill sobre a liderança de guerra de Lloyd George em 1916, "e estendeu-se por todo o campo do governo de guerra em que cada parte era de igual interesse para ele." Churchill falou do poder de Lloyd George "de viver no presente sem, contudo, ter visão de curto prazo; e, em segundo lugar, sua capacidade de extrair do próprio infortúnio os meios para o sucesso futuro. Como homem de ação, recursos e energia criativa, em seu auge, não tinha rival. Seu nome é uma palavra familiar em toda a nossa Comunidade de Nações".[79] Churchill não mencionou, claro, a visita de Lloyd George a Hitler ou, de forma ainda mais desonrosa, sua oposição à continuação da luta da Grã-Bretanha em 1940. Dois dias depois, decidiu almoçar na cama, mas despejou vinagre em seu copo e uísque nas sardinhas. "Eu devo estar ficando maluco", comentou, enquanto Sawyers limpava a sujeira.[80]

Churchill obviamente sabia das zonas da Comissão Consultiva Europeia, mas mesmo assim disse a Eisenhower: "Considero muito importante que apertemos a mão dos russos o mais longe possível lá no leste".[81] Uma vez que o Exército Vermelho sofrera 200 mil baixas só na tomada de Berlim, Eisenhower não estava disposto a rasgar os acordos feitos com os soviéticos em Ialta e antes disso. Um lampejo de ressentimento contra os Estados Unidos ficou evidente no início de abril, quando o Departamento de Estado sugeriu que os soviéticos fossem consultados sobre o rearmamento da Grécia, o que levou Churchill a observar: "Essa é a maneira habitual como o Departamento de Estado, sem assumir a menor responsabilidade pelo resultado, faz comentários de um caráter inteiramente inútil, com um espírito de completa indiferença".[82]

No início de abril, Churchill advertiu os Domínios a respeito dos problemas da má-fé soviética. Numa reunião do Gabinete de Guerra à qual compareceram Smuts, o primeiro-ministro da Nova Zelândia Peter Fraser, Sir Feroz Khan Noon, do governo da Índia, o vice-rei Wavell e o vice-primeiro-ministro da Austrália, ele disse (de acordo com as anotações literais, mas fragmentadas, de Burgis): "Desde Ialta, grandes aflições [...]. Desde então, o espírito desapareceu. Stálin e Mólotov não são os mandachuvas que parecem, são os rapazes do quarto dos fundos.* Alteraram sua linha — mensagens rudes — espero que esse período passe [...]. Nós não somos o maior seixo na praia — Rússia e Estados Unidos têm poder físico esmagador — reflexão muito séria. Finlândia, Polônia, Tchecoslováquia — Alemanha batida — Áustria, Hungria, os Bálcãs — cordão sanitário — dominado pelos soviéticos".[83] Com exceção da ideia absurda de que Stálin e Mólotov poderiam não estar no controle da política soviética, tratava-se de um aviso claro de uma ruptura iminente, que, segundo Churchill, só poderia ser superada através da unidade da Comunidade Britânica.

As relações diplomáticas com a Rússia deterioraram-se ainda mais quando Stálin acusou os britânicos e norte-americanos de realizarem negociações secretas com os alemães em Berna, na Suíça, quando, na verdade, tudo o que Alexander fizera fora informar Kesselring sobre como se render incondicionalmente.[84] A desconfiança e a paranoia de Stálin eram óbvias. A dura resposta de Roosevelt a Stálin, em 4 de abril — "Francamente, não posso evitar um amargo sentimento de indignação em relação aos seus informantes [...] por tais deturpações vis de minhas ações" —, acaba com o mito de que ele foi fraco em relação à União Soviética nos últimos meses de vida.[85] Churchill ficou satisfeitíssimo, mas também estava bem consciente da preponderância que os Estados Unidos tinham agora nos assuntos mundiais. "Sem dúvida, sinto muita dor quando vejo nossos exércitos muito menores do que os deles", comentou com Clementine. "Sempre foi meu desejo manter o mesmo nível, mas como se pode fazer isso contra uma nação tão poderosa e uma população quase três vezes maior do que a sua?"[86] Naquele fim de semana, mostrou-se abismado ao dizer a Smuts em Chequers, enquanto jantavam ovos de maçarico e o mais fino brandy sul-africano, que "não havia maior exibição de poder na história do que a do exército americano combatendo a batalha das Ardenas com a mão esquerda e avançando de ilha em ilha em direção ao Japão com a mão direita".[87] (Sua relação com Smuts continuava íntima e confidencial como sempre. "Smuts e eu somos como dois velhos passarinhos juntos em um poleiro", explicou a George Heaton Nicholls, o alto-comissário da África do Sul em Londres, "mas ainda capazes de bicar.")[88]

"Qual é agora o melhor caminho para Hitler?", perguntou Churchill a um grupo que almoçava em Chequers no início de abril, sugerindo que o Führer poderia tentar voar para a Grã-Bretanha como Rudolf Hess e dizer: "Eu sou o responsável; vinguem-se de mim, mas poupem meu povo".[89] A duquesa de Marlborough replicou: "Nesse caso, a única saída seria levá-lo de volta e largá-lo de paraquedas sobre a Alemanha". Numa tentativa de usar a história como guia

* *"Boys in the back room"*: expressão cunhada por Beaverbrook em 1941 para se referir aos que não estavam na linha de frente, mas faziam um trabalho importante para o esforço de guerra. (N. T.)

para a ação na Itália e na Grécia, Churchill argumentou com o Ministério das Relações Exteriores que a guerra nunca teria acontecido se não fosse pela maneira como os Habsburgo e Hohenzollern foram forçados a sair de seus tronos "sob pressão americana e modernizadora". Ao "criarmos esses vácuos, abrimos caminho para o monstro hitlerista rastejar para fora do esgoto até os tronos vazios. Sem dúvida, essas opiniões estão muito fora de moda".[90] Estavam mesmo, mas isso não as tornava necessariamente erradas.

Churchill esperava que o seu Governo de Coalizão continuasse até a vitória sobre o Japão, mas em 9 de abril foi obrigado a aceitar que os trabalhistas não queriam mais ficar e que, apesar de sua promessa anterior de evitá-la, teria de haver uma eleição geral após a rendição alemã. O retorno à política partidária não o atraía, e Clementine instou-o a não participar do pleito. "Você não deve usar seu grande prestígio para levá-los ao governo de novo", aconselhou ela sobre os tories. "Eles não merecem."[91] Uma postura assim não combinava com a natureza combativa de Churchill e, além disso, apesar de todo o poder que detinha, ele não havia conquistado seu mandato para o cargo de primeiro-ministro numa eleição geral.

Franklin D. Roosevelt morreu em Warm Springs, Geórgia, em 12 de abril de 1945, uma quinta-feira. "Ele ficou muito consternado", escreveu Colville sobre Churchill. "É um momento ruim para a saída de cena da única grande figura internacional dos Estados Unidos."[92] A tristeza de Churchill era evidente na manhã seguinte. "Estou muito enfraquecido de todas as formas com essa perda", confidenciou ao capitão Pim.[93] Todas as divergências que tivera com o presidente ao longo dos anos em relação a estratégias e políticas foram legítimas, mas sua amizade pessoal estava num plano mais elevado, e em momentos fundamentais da guerra — os 250 mil fuzis em 1940, as patrulhas no meio do Atlântico, os cinquenta destróieres, a Lei de Empréstimo e Arrendamento, os tanques Sherman pós-Tobruk, o adiamento da Operação Roundup e a defesa da Operação Torch, a estratégia do Mediterrâneo, entre muitos outros — Roosevelt ajudara enormemente a Grã-Bretanha. "Ele era um grande amigo para nós", disse Churchill a Walter Thompson. "Ele nos deu uma ajuda incomensurável no momento em que mais precisávamos."[94]

"A morte de F.D.R. é um golpe terrível para nós", escreveu Eden em seu diário, "Truman nada sabe e [o novo secretário de Estado James F.] Byrnes a mesma coisa."[95] Churchill não conhecia o novo presidente Harry S. Truman e, mais tarde, escreveu sobre um "hiato mortal que existia entre o enfraquecimento do vigor do presidente Roosevelt e o crescimento da compreensão do presidente Truman do vasto problema mundial. Nesse vazio melancólico, um presidente era incapaz de agir e o outro era incapaz de saber".[96] À medida que a guerra na Europa se aproximava do fim, um grande número de importantes decisões precisava ser tomado rapidamente e, com vários ministros importantes fora do país, o rei e Lascelles convenceram Churchill a não ir a Nova York para o funeral de Roosevelt, por mais útil que pudesse ser o contato pessoal com Truman. O primeiro-ministro tomou a decisão de enviar Eden apenas três quartos de hora antes de sua partida programada. "Teria sido um grande consolo para mim estar presente no funeral de Franklin", escreveu a Harry Hopkins, "mas todos aqui acharam que meu dever na semana que vem estava em casa."[97]

Em 17 de abril, realizou-se uma missa fúnebre na Catedral de São Paulo. Chips Channon anotou que Gil Winant* acompanhou Churchill, que chorava, até a porta. "Ao virarmos para a catedral", escreveu Channon, "vimos Winston em pé, de cabeça descoberta, emoldurado entre duas colunas do pórtico, e estava soluçando quando um raio de sol caiu sobre seu rosto e as câmeras clicaram."[98] No panegírico emotivo que fez depois na Câmara dos Comuns, Churchill citou os versos de Longfellow "Navegue, ó navio do Estado" e descreveu a Lei de Empréstimo e Arrendamento como "o ato financeiro mais altruísta e incontestável de um país em toda a história".[99] Talvez falando mais sobre si mesmo do que do morto, ele acrescentou:

> Que morte invejável foi a sua! Ele conduziu seu país através do pior de seus perigos e da mais pesada de suas labutas. A vitória lançou seu raio firme e seguro sobre ele. Nos dias de paz, ele ampliou e estabilizou os alicerces da vida e da união americanas. Na guerra, elevou a força, o poder e a glória da grande República a uma altura jamais alcançada por nenhuma nação na história [...]. Para nós, resta apenas dizer que com Franklin Roosevelt morreu o maior amigo americano que já conhecemos, e o maior defensor da liberdade que já trouxe ajuda e conforto do novo para o velho mundo.[100]

No dia 21 de abril, com seu capelo não exatamente reto, Churchill conferiu títulos honorários a Ernest Bevin e A. V. Alexander na Universidade de Bristol. Falou de sua fé no povo britânico, que era parte essencial do motivo pelo qual ele sempre acreditou que a Grã-Bretanha venceria a guerra, mesmo que nos dois primeiros anos não soubesse exatamente como. "Temos nossos erros, nossas fraquezas e nossa fracassos", disse, "mas na luta que a raça desta ilha travou, se não fosse o mais forte dos fortes, se o espírito de liberdade que arde no seio britânico não fosse uma chama pura, impressionante e inextinguível, talvez ainda não estivés-

* Winant não sobreviveu sem Roosevelt por muito tempo: deprimido e endividado, suicidou-se em novembro de 1947, com apenas 58 anos.

semos perto do fim desta guerra."[101] Martin observou que esse discurso foi feito de improviso, o que não era comum. Apesar de ruas inteiras de Bristol estarem mais ou menos destruídas, Churchill pôde contar a Clementine sobre uma "multidão fantástica e uma recepção alegre".[102] Em 23 de abril, dia de São Jorge, ele fez um discurso sobre o povo inglês na sala de jantar dos membros da Câmara dos Comuns. "Algumas pessoas dizem que nossa extraordinária autorrepressão, timidez e reserva são a razão pela qual nem sempre figuramos na linha de frente das declarações triunfantes", falou, "mas quase sempre resolvemos as coisas do jeito que queremos."[103] Nesse mesmo dia, retornou ao seu velho cavalo de batalha da pronúncia de nomes de lugares estrangeiros. "Não considero que nomes que são familiares há gerações na Inglaterra devam ser alterados para estudar os caprichos dos estrangeiros que moram nessas regiões", escreveu ao Ministério das Relações Exteriores. "Constantinopla nunca deveria ser abandonada, embora para pessoas estúpidas Istambul possa ser escrito entre parênteses em seguida [...]. O azar sempre persegue pessoas que mudam os nomes de suas cidades [...]. Se não tomarmos uma posição [...] a BBC vai pronunciar Paris como 'Parri'. Nomes estrangeiros foram feitos para ingleses, não os ingleses para nomes estrangeiros. Dato este memorando do dia de São Jorge."[104]

Em 25 de abril, quando os exércitos norte-americano e russo se encontraram em Torgau, às margens do Elba, Berlim já se encontrava cercada pelo Exército Vermelho, e relatos e fotografias dos campos de concentração de Buchenwald e Belsen estavam horrorizando o mundo. Naquele dia, chegou uma mensagem de Heinrich Himmler por intermédio do conde Bernadotte, um primo do rei da Suécia, oferecendo-se para render todas as tropas no norte da Alemanha aos Aliados ocidentais em termos quase que de rendição incondicional. O comunicado declarava também que Hitler estava "moribundo com hemorragia cerebral", o que não era verdade.[105] Churchill convocou imediatamente o Gabinete e os chefes de Estado-Maior, recusou a oferta e informou Stálin. Não obstante, disse que aquilo mostrava que "eles estão liquidados".*

Mussolini foi capturado por guerrilheiros e fuzilado nas margens do lago Como em 28 de abril; dois dias depois, Adolf Hitler suicidou-se, e seu cadáver foi queimado no pátio da Chancelaria do Reich. Quando a rádio alemã anunciou

* Como em tantas outras vezes, esses grandes eventos foram acompanhados no mesmo dia por algo incrivelmente mundano; nesse caso, seu memorando para o ministro de Obras Duncan Sandys comunicando: "Um grande dano está sendo causado à grama do parque St. James pelo grande público que não obedece aos caminhos de cascalho"; ele pedia que fossem afixados avisos melhores (CAC CHUR 20/209).

que Hitler havia morrido "lutando até seu último suspiro contra o bolchevismo", Churchill comentou: "Bem, devo dizer que acho que ele estava perfeitamente certo em morrer assim".[106] Beaverbrook limitou-se a dizer que "ele obviamente não fez isso".

Na tarde de 1º de maio, a Câmara dos Comuns estava cheia, esperando um anúncio de vitória de Churchill, mas tudo o que ele fez naquele momento foi declarar: "Não tenho nenhuma declaração especial a fazer sobre a posição da guerra na Europa, exceto que é definitivamente mais satisfatória do que há cinco anos".[107] No dia 2 de maio, pôde enfim anunciar a rendição incondicional ao marechal de campo Alexander das forças alemãs na Itália, mas outros acontecimentos pareciam ameaçadores. Os soviéticos haviam instalado unilateralmente um governo fantoche em Viena, e esperava-se que haveria pressão sobre a Turquia. A rádio iugoslava anunciou que Tito havia tomado Trieste dos italianos, apoiado pela Rússia (na verdade, uma notícia falsa; Alexander venceu a corrida naquela região). Os norte-americanos ocupavam na prática grande parte da Alemanha; Montgomery controlava Hamburgo e Lübeck. Churchill pediu a Clementine que "expressasse pessoalmente a Stálin meus sentimentos cordiais e minha determinação e confiança de que um entendimento completo entre o mundo de língua inglesa e a Rússia será alcançado e mantido por muitos anos, pois essa é a única esperança do mundo".[108] Quando ela presenteou Stálin com uma caneta de ouro que Churchill lhe enviara, ele foi descortês e disse: "Eu só escrevo a lápis".[109]

"Primeiro-ministro muito cansado, muito ocupado, mas em forma maravilhosa e bem-humorada", anotou Marian Holmes em seu diário em 3 de maio. "Quando me deu boa-noite, sorriu e disse: 'É bom estar ganhando, não?'."[110] As notícias boas continuavam a chegar. Em 4 de maio, todas as forças nazistas na Holanda se renderam a Montgomery e, no dia 5, os norte-americanos chegaram a Linz e Eisenhower relatou que todas as tropas alemãs estavam à beira da rendição. Mas, como Churchill disse a Clementine naquele dia, "não preciso lhe contar que, sob esses triunfos, há políticas venenosas e rivalidades internacionais mortais".[111] Ele lhe pediu que voltasse para casa antes do dia 8, agora programado para marcar o Dia da Vitória na Europa de britânicos e norte-americanos, embora os russos adiassem o seu até o dia seguinte.[112] Houve rumores de um ataque de paraquedas dos soviéticos para libertar a Dinamarca antes de Montgomery e capturar o Kattegat, a entrada para o Báltico. Também não se confirmaram, mas eram uma indicação de como a confiança estava desaparecendo rapidamente.[113]

Quando Churchill acordou em 7 de maio, uma segunda-feira, o capitão Pim lhe trouxe notícias de que a rendição formal da Alemanha havia sido assinada pelo general alemão Alfred Jodl às 2h41 da manhã no quartel-general de Eisenhower. A guerra terminaria oficialmente à meia-noite de terça-feira, 8 de maio. Churchill leu o telegrama, rubricou e devolveu, "lembrando que, por três ou quatro anos, Pim lhe trouxera em geral más notícias, mas agora se redimira trazendo as melhores e mais bem-vindas notícias da guerra".[114]

O dia 8 de maio de 1945, uma terça-feira, foi declarado feriado. Churchill trabalhou na cama a manhã toda. Quando estava prestes a deixar a Downing Street para ir ao palácio, avistou sua cozinheira, Georgina Landemare, que tinha saído para assistir às comemorações. Ele se separou de sua comitiva, aproximou-se e apertou a mão dela e lhe agradeceu por ter cuidado dele muito bem ao longo daqueles anos. Depois do almoço com o rei, retornou ao número 10. Quando estava prestes a anunciar a vitória pelo rádio na Sala do Gabinete às três da tarde, assoou o nariz, emitindo um som que Marian Holmes descreveu como "uma tremenda trombeta" e, como era um dia de sol, pediu que baixassem as persianas.[115]

Churchill começou a transmissão dizendo ao povo britânico que Jodl havia assinado uma rendição incondicional, e que "a guerra contra a Alemanha está, portanto, no fim". A reação de júbilo na Trafalgar Square e na praça do Parlamento pôde ser ouvida na Sala do Gabinete. Ele disse que, depois que a Rússia e os Estados Unidos entraram no conflito, em 1941, "quase todo o mundo finalmente se juntou contra os malfeitores, que agora estão prostrados diante de nós". Harold Nicolson, que estava na praça do Parlamento, notou que "a multidão suspirou" ao ouvir essa frase. "Podemos nos permitir um breve período de júbilo", continuou Churchill, "mas não nos esqueçamos por um momento da labuta e dos esforços que temos pela frente. O Japão, com toda a sua traição e ganância, permanece insubmisso. O dano que infligiu à Grã-Bretanha, aos Estados Unidos e a outros países e suas detestáveis crueldades exigem justiça e punição. Devemos agora dedicar toda a nossa força e nossos recursos à conclusão da nossa tarefa, tanto em casa como no exterior. Avante, Britânia! Viva a causa da liberdade! Deus salve o rei!"[116] Observando-o na sala do Gabinete, Holmes notou que a voz de Churchill falhou um pouco de emoção quando ele pronunciou a última frase.

O carro aberto do primeiro-ministro mal conseguiu sair pelo portão dos fundos da Downing Street e ir para o Parlamento devido à enorme multidão que o cercou por todo o caminho. Na Câmara, a empolgação dos parlamentares não era muito diferente da euforia da multidão do lado de fora. Todos (exceto Ernest Millington, o novo membro do Partido da Riqueza Comum, de Chelmsford) ergueram-se, aplaudiram e agitaram lenços e papéis.[117] Churchill fez o mesmo discurso, que a maioria dos integrantes já havia ouvido na praça do Parlamento por alto-falantes. Agradeceu então à Câmara por seu "nobre apoio" nos cinco anos anteriores — embora, na verdade, esse apoio tivesse sido muitas vezes relutante, morno e nem um pouco incondicional.[118] Ele propôs que a Câmara fosse à Igreja de Santa Margarida, do outro lado da rua, para agradecer pela vitória, como fizera depois da Grande Guerra. Lá, o presidente da Câmara leu os nomes dos 21 parlamentares que morreram durante a guerra, entre eles os amigos de Churchill Ronald Cartland e Victor Cazalet. De volta à Câmara dos Comuns, um garotinho saiu correndo da multidão no saguão central e pediu: "Por favor, senhor, me dá seu autógrafo?". Churchill demorou muito para pegar os óculos e limpá-los, depois assinou o caderno, remexeu o cabelo do menino e disse: "Isso vai lembrá-lo de um dia glorioso".[119]

Às 16h30, Churchill encontrou-se com os chefes de Estado-Maior e o Gabinete de Guerra no Palácio de Buckingham. Saiu na sacada com o rei, a rainha e as duas princesas para serem saudados pela enorme população que lotava o Mall em uma das oito aparições que a família real fez naquele dia em resposta às exigências da população. Brooke apontou em seu diário: "O primeiro-ministro estava muito atrasado, pois insistiu em vir em carro aberto!".[120] Churchill então dirigiu-se ao Ministério do Interior, onde foi para outra sacada com os chefes de Estado-Maior e o Gabinete de Guerra, sendo saudado por uma enorme multidão que se estendia do Ministério da Guerra à praça do Parlamento.[121] Ainda naquela noite, falou da sacada do Ministério da Saúde, que dava para a Parliament Street e Whitehall. "Esta vitória é de vocês", disse, e a multidão gritou de volta: "Não — é sua!". Ele prosseguiu: "É a vitória da causa da liberdade em todas as terras. Em toda a nossa longa história, jamais vimos um dia melhor do que este. Cada um, homem ou mulher, fez o seu melhor. Todos se empenharam. Nem os longos anos, nem os perigos, nem os ferozes ataques do inimigo enfraqueceram de alguma forma a determinação independente da nação britânica. Deus abençoe a todos vocês".[122]

Depois que Churchill jantou no Anexo com sua família e lorde Camrose, a multidão na Parliament Street e em Whitehall estava exigindo outro discurso seu; então, às dez e meia da noite, ele voltou para a sacada do Ministério da Saúde e, empregando uma maneira quase pantomímica, lembrou-lhes o longo e perigoso ano entre Dunquerque em 1940 e a invasão da Rússia por Hitler em 1941. "Lá estávamos, sozinhos", falou ele. "Alguém queria ceder?" A multidão gritou: "Não!". "Estávamos desanimados?" "Não!", foi o grito de resposta. "Agora emergimos de uma luta mortal — um terrível inimigo foi jogado no chão e aguarda nosso julgamento e nossa misericórdia."[123]

O dia seguinte foi outro feriado. Clementine, que ainda estava em viagem pela Rússia, pediu a Churchill que assegurasse que os festejos continuassem até o Dia da Vitória da Rússia. Depois de visitar as embaixadas norte-americana, soviética e francesa, Churchill voltou à sacada do Ministério da Saúde e liderou o canto em coro da canção patriótica "Rule, Britannia". "Vocês nunca abandonaram os homens no front", disse ele à multidão.

> Ninguém pediu paz porque Londres estava sofrendo. Londres, como um grande rinoceronte, um grande hipopótamo, dizia: "Deixem que façam o pior. Londres

pode aguentar". Londres poderia aguentar qualquer coisa. Meu coração vai para os *cockneys*. Quaisquer visitantes que tenhamos aqui hoje — e muitas grandes nações estão representadas aqui, por todos aqueles que pegaram em armas conosco na luta —, eles ecoam o que digo quando digo "boa e velha Londres!" [...]. Dou meus sinceros agradecimentos a vocês por nunca terem falhado nos longos e monótonos dias e nas longas noites negras como o inferno. Deus abençoe todos vocês. Que possam permanecer por muito tempo como cidadãos de uma grande e esplêndida cidade [...]. Que vocês sejam por muito tempo o coração do Império Britânico.[124]

Seus pensamentos naquele momento de apogeu triunfal, o maior dia de sua longa vida, eram para o Império ao qual se dedicara e que era o amor mais poderoso e constante de sua carreira política.

Em 13 de maio, Churchill fez outro potente discurso pelo rádio, que deu aos ouvintes uma visão geral da guerra, celebrando a bravura do povo britânico e de seus aliados.* No entanto, fez questão de expor as ações irresponsáveis do governo da República da Irlanda à condenação pública: "Devido às ações do sr. De Valera, as aproximações aos portos e campos de pouso do sul da Irlanda que poderiam ter sido facilmente guardadas foram fechadas pelos aviões e submarinos alemães hostis. Foi, sem dúvida, um momento mortal em nossa vida e, se não fosse pela lealdade e amizade da Irlanda do Norte, seríamos forçados a entrar em choque com o sr. De Valera, ou sumir para sempre da Terra".[125] Em vez de invadirmos a República da Irlanda, disse ele, "deixamos o governo de De Valera brincar com os alemães e depois com os representantes japoneses para satisfação do coração deles". Um dos piores exemplos de tais "brincadeiras" acontecera poucos dias antes do discurso de Churchill, quando De Valera havia atravessado Dublin para visitar a legação alemã, a fim de assinar o livro de condolências pela morte de Adolf Hitler, um ato verdadeiramente extraordinário no qual, como publicou o *New Statesman* na época, "podemos ver a degradação das crenças e dos padrões civilizados que tornaram possíveis Hitler e seu regime nazista". Churchill acrescentou: "Só posso rezar para que, em anos que não verei, a vergonha seja esquecida e as glórias perdurem, e que os povos das Ilhas Britânicas, bem como da Comunidade Britânica de Nações, caminhem juntos, com

* Ao ditar um rascunho inicial da fala, colocou a ponta acesa do charuto na boca. Seguiu-se "um escarcéu de cuspidas e gagueira", mas ele assegurou aos que o rodeavam que não havia queimado a língua. Naquele dia, estava ainda mais emotivo do que o normal, recitando Tennyson "com lágrimas escorrendo pelo rosto", e dizendo a Holmes que "a morte era a única instituição democrática — chega para todos" (Diários de Marian Holmes, p. 12).

compreensão mútua e perdão".[126] Ele chorou mais uma vez ao ditar as palavras "em anos que não verei".[127]*

O fim da guerra na Europa deixou Churchill exausto. John Peck, o único de seus secretários particulares que se manteve no cargo durante toda a guerra, observou anos depois: "É difícil descrever ou imaginar a solidão de alguém na posição de Winston Churchill, com o peso da responsabilidade que carregava e o conhecimento de que, por mais que compartilhasse ou delegasse, as decisões finais eram suas".[128] Em maio de 1945, embora demonstrasse vigor em público, o peso da responsabilidade o estava desgastando de forma visível, e os sinais de esgotamento eram evidentes para aqueles mais próximos dele.** "O primeiro-ministro parece cansado e precisa lutar para ter energia a fim de lidar com os problemas com que se defronta", anotou Colville. Com grande quantidade de correspondência precisando de sua atenção, quase mais do que em tempo de guerra, Churchill disse a Colville "que duvidava que tivesse forças para continuar".[129] Ele se sentia particularmente "subjugado" diante da perspectiva de outro encontro dos Três Grandes, marcado para Potsdam em julho, e "agoniado com a responsabilidade e a incerteza".[130] Comunicou aos líderes dos outros partidos — Attlee, Sinclair e o líder do Partido Liberal Nacional Ernest Brown — que gostaria que eles ficassem na Coalizão até que o Japão fosse derrotado, mas se não desejassem, que houvesse uma eleição mais cedo ou mais tarde, pois o governo não poderia continuar "numa atmosfera de sectarismo e quase campanha eleitoral".

Em 18 de maio, Attlee ligou da Conferência do Partido Trabalhista em Blackpool para dizer que a Coalizão precisava terminar imediatamente. Churchill escreveu uma carta ao rei "para os arquivos" em 22 de maio, dizendo que precisaria formar um governo puramente conservador*** até a eleição geral marcada para 5 de julho.[131] Attlee havia percebido que os conservadores estavam muito fracos no país, apesar da popularidade do seu líder. Em janeiro e fevereiro de 1944, tinham perdido duas eleições extraordinárias para os partidos Riqueza

* O discurso foi criticado por não fazer referência ao Comando de Bombardeiros e, tendo em vista que suas memórias de guerra também não cobriram em detalhes a ofensiva de bombardeio estratégico, que Bomber Harris foi o único comandante da alta cúpula militar a não receber um título de nobreza e que nenhuma medalha especial foi criada para a campanha de bombardeios, presumiu-se que Churchill subestimava de forma deliberada o papel do Comando de Bombardeiros devido ao sentimento de culpa pela destruição que causara aos alemães por ordens suas. Churchill concedeu a Harris um baronato em 1953, mas muitos acharam que foi pouco demais, e tarde demais.

** Em 30 de abril, Peck notou que Churchill havia jogado cinzas acesas sobre o casaco do pijama, de onde saía muita fumaça do colarinho. "Com licença", disse Peck, "o senhor está pegando fogo. Posso apagá-lo?" "Sim, apague", respondeu o primeiro-ministro. (Diários de Marian Holmes, p. 21).

*** Conhecido como o Governo Interino.

Comum e Trabalhista Independente, que "fizeram uma mortalha da mais negra melancolia cair sobre o primeiro-ministro, que se aflige pessoalmente com este golpe enfático no governo", registrou Colville.[132] Harold Nicolson — para quem Churchill poderia ser um passivo eleitoral, em vez de um ativo — viu uma pichação no banheiro da estação ferroviária de Blackheath afirmando que "Winston Churchill é um filho da mãe", e foi informado por um comandante da RAF que "a maré mudou; encontramos isso em todos os lugares". Nicolson atribuiu o fenômeno à natureza humana. "Depois que chegamos ao mar aberto", escreveu, "esquecemos como nos agarramos ao piloto na tempestade."[133] Em abril de 1945, os conservadores sofreram uma esmagadora derrota na eleição de Chelmsford, onde o candidato do esquerdista Partido Riqueza Comum venceu de novo, e o voto conservador caiu de mais de 70% nas eleições de 1935 para 42%. Além do próprio Churchill, os tories não tinham nada genuinamente popular a oferecer.

"Uma cortina de ferro foi baixada no front deles", escreveu Churchill a Truman sobre os soviéticos em 12 de maio, na primeira vez em que usou essa expressão. "Não sabemos o que está acontecendo atrás dela."[134] Se os Estados Unidos se retirassem, alertou, "uma larga faixa de muitas centenas de quilômetros de territórios ocupados pela Rússia nos isolará da Polônia [...] e estaria aberta aos russos em muito pouco tempo para avançar, se quisessem, até as águas do mar do Norte e do Atlântico". Na verdade, os russos respeitaram os termos com que Mólotov havia concordado na Comissão Consultiva Europeia, delineando os limites do avanço do Exército Vermelho muitos meses antes. Churchill não inventou a expressão Cortina de Ferro, que existia desde 1918 e aparecera num livro em que a esposa de Philip Snowden, Dame Ethel Snowden, escrevera sobre o bolchevismo em 1920, mas ele a guardou em sua memória extraordinariamente ampla por um quarto de século antes de empregá-la com o máximo efeito em 1946.

Em 22 de maio, Churchill recebeu um memorando marcado como Altamente Confidencial (em letras maiúsculas vermelhas sublinhadas) da Equipe Conjunta de Planejamento do Gabinete de Guerra. A conclusão era de que, se os Estados Unidos permanecessem concentrados apenas na guerra do Pacífico, os soviéticos poderiam tomar a Europa Ocidental com facilidade e representar uma ameaça à Grã-Bretanha, que se encontraria em situação muito parecida com a de 1940, dependente das forças aéreas e marítimas para repelir uma invasão, exceto que dessa vez o inimigo teria mais foguetes que os alemães e ainda mais soldados.[135] Para resguardar-se contra essa possibilidade, Churchill ordenou aos autores do relatório (mas não ao pessoal do Estado-Maior militar, pois o tema foi considerado sensível demais) que compilassem um memorando sobre o que achavam que poderia acontecer se o Império Britânico, os Estados Unidos e os exércitos polonês e alemão tivessem de ir à guerra contra uma aliança russo-japonesa em julho de 1945, a fim de impor à Rússia "um acordo justo para a Polônia".[136]

O cenário como um todo — apropriadamente chamado de Operação Impensável — foi analisado num relatório minucioso datado de 8 de junho, com anexos que incluíam mapas e tamanhos das forças em oposição. O documento destacava que o número de russos superava o dos Aliados ocidentais em três para um na Europa, e depois examinava o efeito da guerra no continente europeu, no Oriente Médio, na Índia e no Extremo Oriente. O estudo concluía que seria uma guerra "longa e custosa", na qual era "extremamente duvidoso que pudéssemos alcançar um sucesso limitado e rápido".[137] Os documentos da Operação Impensável não implicam que Churchill fosse um anticomunista belicoso inveterado, mas mostram que o primeiro-ministro estava se preparando para qualquer eventualidade, por mais improvável ou indesejável que fosse. Também foi sublinhado que era importantíssimo para o Ocidente que a bomba atômica realmente funcionasse.

Churchill renunciou ao cargo de primeiro-ministro da Coalizão ao meio-dia de 23 de maio, uma quarta-feira. E voltou ao Palácio quatro horas depois, quando o rei lhe pediu que formasse um governo conservador. A razão pela qual o "último fiel a acreditar no Direito Divino dos Reis", como Clementine o descreveu, não se poupou dessa segunda jornada foi que estava ansioso para demonstrar o ponto constitucional um tanto arcano segundo o qual cabia ao rei escolher quem convocar. O monarca aproveitou a ocasião para lhe oferecer novamente a Ordem da Jarreteira, que ele de novo recusou, dessa vez com o argumento de que agora havia uma eleição pendente. Numa festa da vitória para todos os ministros da Coalizão, lágrimas rolaram pelas faces de Churchill quando ele lhes disse que "a luz da história brilharia em todos os seus capacetes".[138] (Outra frase militar deliberadamente atávica; ministros usavam chapéus.)

Em seu Governo Interino, Churchill designou Leslie Hore-Belisha, então parlamentar independente, para ministro do Seguro Nacional, apesar da censura que ele lhe fizera em 1942, em outro excelente exemplo de magnanimidade. Bracken recusou a Câmara de Comércio depois de uma "boa e velha briga" com Churchill sobre a política comercial e tornou-se o primeiro lorde do Almirantado. ("Eu detesto essas cenas", escreveu Eden. "São uma terrível perda de tempo e, depois da ira de meu pai,* essas tempestades só me aborrecem.")[139] A deputada tory Thelma Cazalet-Keir liderara a rebelião por igualdade de remuneração das professoras em março de 1944, quase a única derrota que o governo sofrera na

* Sir William Eden, o sétimo baronete, num dia chuvoso, jogou um barômetro nos degraus da frente de sua casa de campo que previa bom tempo para uma caçada, gritando: "Veja por si mesmo, seu idiota!".

Câmara dos Comuns em toda a guerra, mas, em outra prova de magnanimidade, Churchill lhe ofereceu o cargo de secretária parlamentar do ministro da Educação. "Muito obrigada, querido", ela respondeu. "Isso seria maravilhoso."[140]

Em 28 de maio, quando o conselheiro especial Joseph Davies, do presidente Truman, visitou Londres para avisar a Eden que o presidente norte-americano queria se encontrar com Stálin em particular antes da Conferência de Potsdam, Churchill expôs sucintamente as principais diferenças entre os aliados de guerra dos Estados Unidos e disse que seria "ferir" a Grã-Bretanha uma exclusão do primeiro encontro de Truman com Stálin. "O governo soviético tem uma filosofia diferente, ou seja, o comunismo, e usa ao máximo os métodos de governo policial que está aplicando em cada Estado que caiu vítima de suas armas libertadoras", escreveu ele.

> O primeiro-ministro não pode aceitar prontamente a ideia de que a posição dos Estados Unidos é de que a Grã-Bretanha e a Rússia soviética são as duas únicas potências estrangeiras, seis com uma e meia dúzia com a outra, com quem os problemas da última guerra devem ser ajustados. Exceto no que diz respeito à força, não há igualdade entre o certo e o errado. As grandes causas e os princípios pelos quais a Grã-Bretanha e os Estados Unidos sofreram e triunfaram não são meras questões de equilíbrio de poder. Envolvem de fato a salvação do mundo.[141]

Embora a União Soviética tivesse sofrido mais de 90% das baixas das três grandes potências, Churchill não queria que os norte-americanos se comportassem como se a ditadura totalitária stalinista tivesse algum tipo de equivalência moral em relação às democracias ocidentais. Mesmo assim, Truman foi em frente e se encontrou com Stálin em particular.

A preocupação de Churchill com a brutalidade dos novos regimes de Stálin no Leste Europeu e seu hábito de falar sobre os nazistas transbordaram, infelizmente, para sua retórica eleitoral. Em 4 de junho, transmitindo do pequeno estúdio de Chequers, ele disse ao país: "Nenhum governo socialista que conduza a vida e a indústria do país como um todo poderia permitir expressões livres, afiadas ou violentas do descontentamento público. Seria necessário recorrer a alguma forma de Gestapo dirigida, sem dúvida, de forma muito humana no primeiro momento. E isso eliminaria a opinião pela raiz; impediria as críticas quando surgissem e concentraria todo o poder no partido supremo e nos líderes do partido, erguendo-se como pináculos imponentes sobre suas vastas burocracias de servidores civis, não mais servidores e não mais civis".[142] Equiparar o respeitável Clement Attlee, que trabalhara para Churchill com lealdade e competência durante todo o Governo de Coalizão, por boa parte do mandato como seu vice, com a Gestapo era claramente absurdo, e custou votos aos conservadores. Houve quem supusesse que Beaverbrook ou Bracken haviam participado da inserção da frase, mas eles não tiveram nada a ver com isso. O original do discurso, que Colville doou para a Harrow, foi bastante alterado por Churchill, com muitos acréscimos nas margens, mas não a frase desastrosa sobre a Gestapo.[143] Clementine pedira-lhe que cortasse a frase, mas ele havia lido recentemente *O caminho da servidão*, de Friedrich von Hayek, e a deixou.[144] Colville estava na sala durante o discurso e "se divertiu ao notar que seus gestos ao microfone eram tão enfáticos quanto aqueles que ele usa num discurso político para um grande público e muito mais do que aqueles que emprega em conversas comuns [...]. Pela primeira vez, ele estava falando contra o relógio, o que fez com que se apressasse indevidamente".[145] No mês seguinte, Churchill disse a Charles Eade que chegaria a hora em que esse discurso "seria reconhecido como um dos melhores que já havia feito", mas isso ainda não aconteceu.[146]

Muitos historiadores de hoje acreditam que o comentário sobre a Gestapo fez pouca diferença para o resultado da eleição, e que a maioria dos britânicos era perfeitamente capaz de diferenciar Churchill, o grande primeiro-ministro da guerra que aclamavam em comícios eleitorais por todo o país, e o líder do Partido Conservador contra quem votaram com perfeita equanimidade. Marie Belloc Lowndes acreditava que os trabalhadores votariam nos trabalhistas pelas mesmas razões que no passado. Para ela, isso não tinha nada a ver com Churchill, e sim com "o ressentimento diante do histórico desse governo quanto a moradia, carvão e o alto custo de vida".[147]

Como seu eleitorado em Epping fora dividido em dois, Woodford e Epping, Churchill foi o candidato conservador e nacional de Woodford. Ele discursou a seus eleitores: "Posso dizer com sincera gratidão que, sem o apoio inabalável de vocês durante os onze anos em que estive no desterro político, eu não estaria em condições de ser chamado para assumir a responsabilidade suprema de guiar nosso país no momento de seu perigo mortal".[148] Os perigos representados por Thornton-Kemsley e seus partidários em Chigwell, Nazeing e em outros lugares foram generosamente esquecidos. "Sinto que minhas faculdades e energias estão tão boas como sempre foram", escreveu. "Portanto, a menos que seja aliviado pela nação, não posso evitar as tarefas que me foram confiadas. A própria guerra não está terminada."[149]

Em 20 de junho, no almoço com o rei, Churchill afirmou estar convencido de que "todos os rapazes e moças das forças militares votarão contra ele".[150] Estava certo: os 3 milhões de votos dos militares foram solidamente para o Partido Trabalhista, na esperança de obter o Estado de bem-estar social que o Relatório Beveridge prometera em 1943. Os trabalhistas ofereciam seguro nacional, construção em massa de moradias, subsídios familiares, nacionalização e uma chance de votar contra os parlamentares chamberlainistas que apoiaram a política de apaziguamento. Em sua festa de aniversário de 1943, em Teerã, em um de seus brindes, Churchill dissera que "a Inglaterra está ficando mais cor-de-rosa", e era verdade.[151] O Partido Trabalhista estava mais em sintonia com o éthos de igualdade e "cotas justas" dos tempos de guerra. Seu manifesto tinha amplo atrativo e sua máquina eleitoral não era mais inferior à dos tories. Seus líderes — como Attlee, Bevin, Dalton, Cripps e Morrison — também eram bem conhecidos do eleitorado pelos papéis importantes que exerceram em tempos de guerra, e merecidamente contavam com sua confiança.

Contudo, quando falou para grandes multidões entusiasmadas em Leeds, Bradford, Preston, Glasgow e Edimburgo, Churchill se convenceu de que ganharia, embora, como Colville sabiamente observou, fosse uma disputa parlamentar, e não presidencial. Beaverbrook, o Diretório Central Conservador e a maioria dos analistas previam uma maioria tory de cem assentos. Somente Bracken achava que os conservadores perderiam. Em 4 de julho, um dia antes da eleição, Churchill disse a Brooke que suas viagens eleitorais o haviam deixado mais cansado do que em qualquer outro momento desde sua fuga da prisão na Guerra dos Bôeres.[152]

Depois que os votos foram depositados, em 5 de julho, e no início de um processo de três semanas de coleta dos boletins de votação das forças militares por todo o mundo, Churchill tirou férias e foi pintar nos Pireneus, perto de Hendaye. "O primeiro-ministro flutuou, como um hipopótamo benevolente, no meio de um grande círculo de policiais franceses protetores que vestiram roupas de banho com esse propósito", escreveu Colville.[153] Isso não impediu que uma condessa francesa, que tinha sido uma notória colaboradora nazista, tentasse nadar para falar com ele. (Foi interceptada por detetives nadadores.) Antes de partir, pediu a Truman que lhe telegrafasse os resultados dos testes atômicos de plutônio em Alamogordo, no Novo México: "Conte-me se são um fiasco ou um estouro".[154]* Ele havia dado seu consentimento aos norte-americanos para que usassem a bomba atômica contra o Japão se os testes fossem bem-sucedidos. Em maio do ano seguinte, discutiu o aspecto moral da decisão com William Mackenzie King, dizendo-lhe "que teria de prestar contas a Deus, como fizera a sua própria consciência, pela decisão tomada que implicou matar mulheres e crianças, e em tamanha quantidade".[155] Churchill ressaltou que, sem a bomba, a guerra poderia ter durado mais um ano, elevando ainda mais o número de mortos, e com "um colapso da civilização pouco a pouco". Naquilo que definia como "um universo governado por leis morais de justiça e direito", acreditava que "havia feito o que era certo".

* No original: *"Let me know whether it is a flop or a plop"*. (N. T.)

Churchill foi de Bordeaux para Berlim em 15 de julho, para a Conferência de Potsdam (codinome Terminal). Ao visitar as ruínas da Chancelaria do Reich de Hitler, foi reconhecido por um grupo de alemães. Exceto por um velho que balançou a cabeça em desaprovação, todos os outros o saudaram. "Meu ódio morrera com a rendição deles e fiquei muito comovido com suas manifestações", escreveu mais tarde, "e também pela aparência emaciada e suas roupas gastas."[156] Ele visitou o escritório de Hitler no prédio principal e a sala em que o Führer se matara, no bunker subterrâneo. Numa mesa do quarto de Eva Braun ainda havia um vaso com um galho que fora até pouco tempo antes um ramalhete. Em suas memórias de guerra, Churchill escreveu que "desceu ao fundo e viu a sala em que ele e sua amante* haviam cometido suicídio e, quando voltamos, nos mostraram o local onde seu corpo fora queimado".[157] Ele havia finalmente rastreado a fera até seu covil.

Em 17 de julho, Churchill soube que o teste de Alamogordo era um retumbante "estouro". Um mês depois, disse aos parlamentares que "a notícia ansiosamente aguardada [...] não podia deixar dúvida na mente dos poucos que foram informados de que estávamos na presença de um novo fator nos assuntos humanos, e na posse de poderes que eram irresistíveis".[158] "O que era a pólvora?", falou a Henry Stimson alguns dias mais tarde. "Trivial. O que era eletricidade? Insignificante. Essa bomba atômica é o Segundo Advento em forma de Ira."[159] Quando a Conferência de Potsdam foi aberta, Truman pôde contar oficialmente a Stálin sobre a existência da bomba. Stálin fingiu surpresa, não revelando que seus espiões o haviam mantido completamente informado e que já estava tentando construir a sua própria. Churchill ficou impressionado ao encontrar Truman, descrevendo-o como "um homem de imensa determinação. Ele não dá atenção ao solo delicado, apenas põe o pé firmemente em cima".[160]

A Conferência de Potsdam durou de 17 de julho a 2 de agosto. Churchill foi instalado numa mansão no número 25 da Ringstrasse, onde mosquiteiros eram colocados em seu quarto e as noites eram quentes. Quando John, filho de Tommy Lascelles, se queixou indignado a Rowan de que Churchill estava exibindo o Estandarte Real em seu carro, recebeu a garantia de que, na verdade, era a flâmula de lorde administrador dos Cinco Portos. Embora Eden e Cadogan o criticassem fortemente em Potsdam por sua falta de engajamento, Churchill sabia que retornaria à Grã-Bretanha em 25 de julho para receber os resultados eleitorais e poderia não ser o primeiro-ministro na segunda metade da conferência.[161] Por esse motivo, levara consigo Attlee, que o substituiria no caso de uma vitória trabalhista.

* Uma difamação de Eva Braun, que morreu como Frau Hitler.

Menos explicável foi o que disse a Eden em Potsdam sobre Stálin — "Eu gosto daquele homem" — depois do comportamento inadmissível do ditador russo em relação ao pacto nazista-soviético, o massacre de Katyn, a Revolta de Varsóvia, a prisão de Okulicki, e assim por diante. Onde estava o Churchill de 1931, que havia denunciado o "orçamento matinal de mandados de morte" de Stálin? Ou de maio de 1945, que passara um sermão em Joseph Davies sobre a falta de equivalência moral entre o comportamento comunista e o ocidental? Não há explicação para a atração pessoal, e esse sentimento não durou muito. Na época, as queixas mais fortes de Churchill eram contra os jornalistas que cobriam a conferência, escrevendo a Clementine que era "assediado [...] por uma série de repórteres que estão furiosos por não serem capazes de passar por cima de nós. É impossível conduzir questões graves, exceto em silêncio e sigilo".[162]

Churchill estava de macacão e sentado na Sala de Mapas do Anexo com Beaverbrook e Margesson quando os resultados das eleições começaram a chegar, às dez da manhã de 26 de julho, uma quinta-feira. Os resultados eram colocados numa tela pelo capitão Pim, distrito eleitoral por distrito eleitoral, assim que o Escritório Central os anunciava e o teletipo os confirmava. Depois de meia hora, ficou claro que as coisas não iam bem. Bracken perdera em Paddington North mais cedo por uma enorme diferença de 6500 votos. "Meu pai estava sentado à cabeceira da mesa e tomava conhecimento da notícia de cada resultado com um aceno de cabeça, sem fazer nenhum comentário", lembrou Sarah. "À medida que ficava cada vez mais óbvio que se tratava de um maremoto, seu humor natural reafirmou-se, pelo menos superficialmente."[163] Ao meio-dia já estava claro que haveria uma vitória trabalhista esmagadora. "A atmosfera mais deprimente que eu poderia imaginar", escreveu Marian Holmes naquele dia. "Todo mundo no escritório estava completamente chocado."[164]

Duncan Sandys perdeu em Norwood, e Harold Macmillan em Stockton. Outros ministros que perderam seus assentos foram Leo Amery, Sir Percy Grigg, Richard Law, o ministro do Interior Sir Donald Somervell e vários outros. "Até o dia da minha morte, nunca esquecerei a coragem e a paciência que demonstraram no almoço mais infeliz depois que se soube da derrota", escreveu Margesson a Churchill logo depois. "Foi um excelente exemplo de como levar um soco no queixo sem recuar."[165] Quando Clementine disse à mesa que a derrota poderia ser uma bênção disfarçada para ele, Churchill retrucou: "No momento, parece disfarçada de forma bem eficaz".[166] Leslie Rowan, que acompanhou Churchill mais de perto naquele dia do que qualquer outro funcionário, observou: "Nenhuma palavra de condenação passou por seus lábios".[167] Quando Moran falou mais tarde da ingratidão do povo, Churchill respondeu: "Oh, não. Eu não diria isso. Eles passaram por um momento muito difícil".[168] No entanto, estava chocado com o fato de o candidato independente, que disputara a eleição com ele em Woodford, ter recebido 10 488 votos, embora ele mesmo tivesse obtido 27 688.

Os trabalhistas conquistaram 393 assentos, os conservadores, 213, os liberais, doze (sem incluir Sinclair, que perdeu em Caithness), e outros partidos ficaram com os 22 restantes. O Partido Trabalhista nunca obtivera uma maioria geral antes, muito menos uma de 146 assentos. Receberam 11,99 milhões de votos, contra 9,99 milhões dos conservadores, 2,25 milhões dos liberais e 102 800 do Partido Comunista. A porcentagem conservadora do voto popular, de 39,8%, não era tão desastrosa quanto o pequeno número de assentos do partido. Às quatro da tarde, Churchill viu Lascelles no Anexo. "Ele não parecia deprimido", escreveu Lascelles, "nem falou como se estivesse. Atribuiu sua derrota à reação do povo aos seus sofrimentos dos últimos cinco anos — eles suportaram todos os horrores e desconfortos da guerra e, automaticamente, descarregaram sobre o governo que esteve no poder durante todo o período de seu desconforto."[169] Quando Lascelles lhe passou uma mensagem do rei dizendo o quanto sentiria sua falta, Churchill ficou "emotivo". Escreveu a Attlee para dizer: "Desejo-lhe todo o sucesso no pesado fardo que você está prestes a assumir", levando Lascelles, que era zeloso com a gramática, a anotar que o queria dizer era "sucesso em suportar o fardo pesado".[170]

Naquela noite, Churchill foi ao palácio para se demitir. "Eu vi Winston às 19h, e foi um encontro muito triste", observou o rei. "Disse a ele que achava que o povo era muito ingrato depois do modo como havia sido governado na guerra. Ele estava muito calmo e falou que, com a maioria que tinham sobre os outros partidos e com uma administração cuidadosa, os socialistas poderiam permanecer no poder por anos."[171] Churchill recusou a terceira oferta do rei da Ordem da Jarreteira, tendo supostamente dito depois: "Por que eu deveria aceitar a Ordem da Jarreteira de Sua Majestade quando o povo acaba de me dar a ordem da bota?".[172] Ao voltar ao Anexo, Churchill agradeceu a todos que haviam trabalhado para ele na Sala de Mapas — Pim receberia um título de cavaleiro na lista de honrarias que lhe foram concedidas após seu pedido de demissão — e garantiu a Lawrence Burgis: "Não ficarei ocioso. Escreverei, falarei pelo rádio e ainda serei um membro do Parlamento, embora nunca retorne ao número 10".[173] No dia seguinte, enquanto se preparava para sair da Downing Street, comentou com Anthony Eden na Sala do Gabinete: "Passei trinta anos de minha vida nesta sala. Nunca mais vou me sentar nela. Você vai, mas eu não".[174]

Três dias depois da derrota, ele escreveu a Hugh Cecil, agora lorde Quickswood: "Devo confessar que achei o acontecimento de quinta bastante estranho e esquisito, especialmente depois das maravilhosas boas-vindas que havia recebido de todas as classes. Havia algo reprimido no povo britânico depois de vinte anos que exigia alívio. É como se fosse 1906 de novo".[175] O resultado das eleições foi um grande choque também para outras pessoas, em especial para os estrangeiros. Um dos amantes de Pamela Churchill na ocasião, o general de brigada Frederick Lewis Anderson, comandante da Oitava Força Aérea norte-americana, escreveu a ela: "Fiquei muito chocado com a notícia da derrota de Winston. Meu coração se revirou e senti que uma grande injustiça havia sido cometida contra um amigo muito pessoal".[176] Quando Averell Harriman tentou consolá-lo e disse que, num sistema de representação proporcional, ele ainda teria sido primeiro-ministro de uma coalizão conservadora-liberal, Churchill rejeitou indignado a ideia: "Lutarei contra os males da representação proporcional com todas as minhas forças", e explicou que a democracia só poderia ter sucesso se as pessoas soubessem qual partido era responsável e podia ser cobrado pelas decisões tomadas pelo governo.[177]

Em seu último fim de semana em Chequers, Sarah notou que as chaves de Churchill que abriam as caixas de despacho do governo, que ficavam penduradas em sua corrente de relógio desde 1939, não estavam mais lá. "Sinto falta das caixas", comentou ele. No livro dos visitantes de Chequers, na parte inferior da página de 30 de julho de 1945, estão as assinaturas de "Clementine S. Churchill" e "Winston S. Churchill". Abaixo, na caligrafia de Churchill, há uma única palavra: "Finis".

# 32. Oposição

## *Agosto de 1945 a outubro de 1951*

*A miséria do mundo inteiro me horroriza e receio cada vez mais que novas lutas possam surgir daquelas que estamos encerrando com sucesso.*

Churchill para Clementine, fevereiro de 1945[1]

*O socialismo é a filosofia do fracasso, o credo da ignorância e o evangelho da inveja.*

Churchill, Perth, maio de 1948[2]

Certa vez, Churchill perguntou a sua filha Sarah, que era atriz: "Você se incomoda quando um espetáculo termina?". "Oh, sim, terrivelmente", ela respondeu. "Eu também", completou ele.[3] Em 1945, ele havia cumprido a tarefa que previra para si mesmo em Harrow de salvar Londres, mas, apesar de ter setenta anos de idade e estar fora do cargo, não conseguia retirar-se da política. Fora rejeitado pelo eleitorado na única eleição geral que disputara como líder partidário e, por mais que pudesse explicar a derrota, ainda era muito dolorosa. Ele disse a Charles Eade que "não podia abandonar o Partido Conservador quando havia sofrido uma perda", mas depois riu e confessou a verdade maior, que "a política era fonte de vida para ele".[4] Muitos monumentos lhe foram propostos após a guerra, e inclusive foram levantadas 50 mil libras para um entalhe de sessenta metros de seu rosto nos rochedos brancos de Dover, onde um grande charuto com a extremidade permanentemente acesa em vermelho colaboraria para a segurança dos navios.[5] O monumento que ele mais queria depois do fracasso de 1945, porém, era uma vitória eleitoral, mesmo que isso significasse adiar as esperanças de Anthony Eden por mais uma década.

Como lembrança, Churchill encomendou na Spink & Son 136 medalhões de bronze de dez centímetros de diâmetro e os deu a cada um dos ministros que serviram em seu governo, além dos três chefes de Estado-Maior, de Smuts, Mountbatten, dos marechais de campo Montgomery e Alexander, do secretário do gabinete Edward Bridges, de Pug Ismay e de William Mackenzie King,* bem como um póstumo para o almirante Sir Dudley Pound, dado ao seu filho mais velho, um oficial da Marinha. Cada medalhão trazia gravadas as palavras "Salute the Great Coalition 1940-1945". "Daria um excelente peso de papel", comentou Churchill com o rei, que também recebeu um.[6]

De certo modo, a derrota foi uma bênção disfarçada para Churchill. As questões agora enfrentadas pelo governo — como a independência da Índia e a diminuição do Império, a desmobilização, a reconstrução e a austeridade financeira, a questão da moradia e desativação da zona da libra esterlina — não eram as que o estimulavam ou que exigiam aquilo que ele tinha de melhor. "Os próximos dois anos apresentarão dificuldades administrativas de caráter sem precedentes", comentou Churchill com Hugh Cecil, "e pode ser que um governo trabalhista tenha uma chance muito maior de resolver isso do que nós."[7] Ele admitiu a mesma coisa para Marian Holmes, numa despedida aos prantos. "Talvez eles possam fazer melhor do que eu, especialmente em habitação e carvão", falou ele, antes de lhe agradecer por guardar segredos, voar para conferências e "aguentar todos os meus maus humores".[8]

Havia outras vantagens em estar fora do cargo. Churchill não poderia ter alertado sobre a ameaça do comunismo stalinista se também tivesse que lidar diplomaticamente com a União Soviética no dia a dia. Deixar o número 10 da Downing Street também lhe possibilitou se desvencilhar de suas preocupações com dinheiro pela primeira vez na vida. Afinal, ele escreveria *The Second World War*, seus seis volumes de memórias totalizando mais de 4200 páginas, pelos quais receberia enormes adiantamentos, algo que nunca teria tido tempo de fazer como primeiro-ministro.

Uma razão pela qual Churchill não se sentiu arrasado pela derrota eleitoral foi o fato de ser um historiador e conhecer bem os casos similares do passado. Seu herói, Marlborough, também fora submetido ao que o primeiro duque definira como "a ingratidão ultrajante de meus compatriotas" quando a rainha Ana

* Provavelmente por ter sediado duas conferências em Quebec, já que seus equivalentes australiano e neozelandês não fizeram parte da lista.

se voltou para os conservadores.[9] Outro herói, Clemenceau, não foi escolhido como presidente em 1920, apesar de ter ganhado a Grande Guerra. "Quando a vitória foi conquistada", escreveu Churchill sobre ele em *Great Contemporaries*, "aos olhos dos estrangeiros a França pareceu ingrata."[10] Em agosto de 1941, dissera a Colville que "não esperava manter sua popularidade se vencesse a guerra para nós: ele tem diante de si os exemplos de Wellington* e Disraeli,** entre outros".[11] A derrota eleitoral de 1945, portanto, encaixava-se no grandioso tema histórico de um esforço heroico bem-sucedido seguido da remoção do poder por um povo ingrato.

Churchill também sabia que estava exausto, embora não pudesse reconhecer isso em público, e precisava desesperadamente de tempo para relaxar e recuperar as forças e energias. Durante seus 1900 dias como primeiro-ministro e ministro da Defesa, viajara 177 mil quilômetros de navio, trem e avião, tendo ido ao Cairo quatro vezes, a Washington e Moscou três vezes e a Quebec duas vezes, além de Bermuda, Teerã, Casablanca, Itália, Normandia, Paris, Malta, Ialta, Atenas, Bélgica e Berlim. Em agosto de 1944, já dissera a Rowan: "Hoje me resta metade da vida em mim"; e, em novembro de 1945, admitiu que, se tivesse vencido a eleição, "provavelmente já seria um homem morto agora".[12] Nos anos seguintes, na oposição, Churchill fortaleceu-se para outra investida ao posto de primeiro-ministro, em particular tirando meses de férias para pintar e escrever em vários climas quentes, longe dos invernos britânicos.***

Churchill assumiu os deveres como principal figura da oposição inteiramente em seus próprios termos. "Nosso líder não costumava nos agraciar com sua presença", lembrou o líder tory James Stuart, "mas obedecia a uma lei própria, participando daqueles debates dos quais desejava participar."[13] Quando estava na Inglaterra, Churchill comandava as atividades semanais do Gabinete Pa-

* Um primeiro-ministro que saiu perdedor de eleições, apesar de ter vencido a batalha de Waterloo.

** Que perdeu a eleição geral de 1880, apesar de ter salvado a paz europeia no Congresso de Berlim, dois anos antes.

*** Ao sair do número 10 da Downing Street e de Chequers, a família Churchill foi para o Hotel Claridge, enquanto procuravam uma casa em Londres. Certa noite, enquanto esperava o carro chegar, ele recitou para o porteiro um refrão da antiga música do Tivoli Music Hall: *"I've been to the North Pole, / I've been to the South Pole, / The East Pole, the West Pole, / And every other kind of pole, / The barber's pole, / The greasy pole, / And now I'm fairly up the pole, / Since I got the sack / From the Hotel Monopole"*. [Eu estive no polo Norte, / Estive no polo Sul, / No polo Leste, no polo Oeste, / E em todos os outros tipos de poste, / O poste do barbeiro, / O pau de sebo, / E agora estou na pior, / Desde que fui despedido do Hotel Monopólio] (Churchill, *Tapestry*, p. 88). O "pau de sebo" era uma referência à observação de Disraeli de que, para chegar a primeiro-ministro, era preciso subir ao topo do pau de sebo da política.

ralelo, que era formalmente chamado de Comitê Consultivo do Líder e cujos membros eram variáveis e secretos, e também oferecia um almoço quinzenal à liderança do Partido Conservador.[14] Como os trabalhistas tinham 146 assentos a mais, fazia pouco sentido a oposição por si mesma. Para compensar o fato de não ter os órgãos oficiais para fornecer informações especializadas e detalhadas, Rab Butler montou um departamento de pesquisa muito eficiente no Diretório Central Conservador, contando com Iain Macleod, Reginald Maudling, Enoch Powell e outros, que começou a fornecer novas ideias bem argumentadas e factualmente precisas.

Quando Churchill entrou na Câmara dos Comuns, que ainda se reunia na Câmara dos Lordes, pela primeira vez desde a eleição, todos os parlamentares tories se levantaram e cantaram "For He's a Jolly Good Fellow" [Ele é um bom companheiro]. Diante disso, o número muito maior de trabalhistas, tantos que transbordavam para as bancadas da oposição até o primeiro corredor, saltaram e cantaram seu hino "A bandeira vermelha". "Essa foi a primeira e última vez que aquele hino ridículo foi cantado na Câmara da Câmara dos Lordes", observou em seu diário Woodrow Wyatt, parlamentar recém-eleito pelo Partido Trabalhista, "onde anteriormente a única coisa vermelha tinha sido a cor dos bancos. Tudo muito estimulante."[15]

Em 6 de agosto de 1945, uma bomba atômica foi lançada sobre Hiroshima, no Japão, matando mais de 100 mil pessoas. A declaração do governo de Attlee, redigida por Churchill antes de sua derrota, dizia: "As revelações dos segredos da natureza, há muito tempo misericordiosamente negadas ao Homem, deveriam despertar as mais solenes reflexões na mente e na consciência de todo ser humano capaz de compreensão. Com efeito, devemos orar para que essas ações terríveis sejam feitas para conduzir à paz entre as nações e que, em vez de provocar uma destruição sem sentido em todo o globo, se tornem uma fonte perene de prosperidade mundial".[16] Três dias depois, outra bomba, lançada em Nagasáki, matou mais de 40 mil pessoas e forçou o Japão a se render. Churchill disse aos parlamentares que a única alternativa era "ter sacrificado a vida de 1 milhão de americanos e de um quarto de milhão de britânicos".[17]

"A decisão de usar a bomba atômica foi tomada pelo presidente Truman e por mim em Potsdam", revelou Churchill à Câmara dos Comuns no dia 16 de agosto, "e aprovamos os planos militares de desencadear as pavorosas forças reprimidas."[18] Ele entendia o poder da fissão nuclear desde 1924 e, depois da quantidade de dinheiro, tempo, perícia e esforço empregada na construção da bomba, seria inaceitável que centenas de milhares de soldados morressem para aliviar a consciência dos políticos a respeito de seu uso. Na época, a ação teve a aprovação esmagadora do público e, em especial, das Forças Armadas.*

Mais tarde, Churchill refletiu várias vezes sobre o aspecto moral da decisão de lançar a bomba, e não somente com Mackenzie King. Em julho de 1946, expressou a opinião de que em sua carreira "a decisão de lançar a bomba atômica talvez fosse a única coisa sobre a qual a história teria sérios questionamentos [...]. Posso até ser questionado pelo meu Criador por que a usei, mas me defenderei vigorosamente e direi: 'Por que o Senhor nos liberou esse conhecimento quando a humanidade estava envolvida em batalhas furiosas?'".[19] Como ele também dissera no debate de 16 de agosto de 1945, "a bomba trouxe a paz, mas somente os homens podem manter essa paz, e daí em diante a manterão sob penalidades que ameaçam a sobrevivência não apenas da civilização, mas da própria humanidade".[20]

Em meados de agosto de 1945, Churchill criticou o governo de Attlee na Câmara dos Comuns por ceder demais do território da Silésia alemã à Polônia, em recompensa pelo território polonês cedido à Rússia até a Linha Curzon. "Há poucas virtudes que os poloneses não possuem", brincou, "e há poucos erros que já evitaram."[21] Evidentemente, é muito improvável que o próprio Churchill pudesse ter negociado um acordo melhor para os poloneses em Potsdam do que Attlee, mas agora estava no papel de líder da oposição e lhe cabia acumular capital político partidário onde pudesse. Ele também usou a expressão "cortina de ferro" pela primeira vez em público, sobre a expulsão de milhões de alemães da nova Polônia: "Não é impossível que a tragédia em escala prodigiosa esteja se desdobrando atrás da cortina de ferro que no momento divide a Europa em duas".[22] Estava inteiramente de acordo com a crença de Churchill na magnanimidade após a vitória que ele manifestasse preocupação com o bem-estar dos milhões de alemães que estavam sendo expulsos de suas casas levando apenas o que poderiam carregar em seus carrinhos de mão. Ele já estava denunciando também o comportamento tirânico dos governos comunistas da Polônia, Hungria, Iugoslávia, Romênia e Bulgária — a "batida na porta" noturna da polícia secreta daqueles países, antes do desaparecimento dos cidadãos.[23]

Em 2 de setembro de 1945, o dia em que o Japão se rendeu formalmente, Churchill voou no Dakota do marechal de campo Alexander para o lago Como, na Itália, em férias para pintar, levando Sarah, Moran, sua secretária Elizabeth

* Nesse mesmo discurso, continuando sua prática de descontrair os ânimos sombrios, ele disse ao novo Parlamento que "um amigo meu, um oficial, estava em Zagreb quando os resultados da recente eleição geral chegaram. Uma velha senhora disse a ele: 'Pobre sr. Churchill! Suponho que agora será fuzilado'. Meu amigo conseguiu tranquilizá-la. Disse que a sentença poderia ser diminuída para uma das várias formas de trabalho forçado que estão sempre abertas aos súditos de Sua Majestade" (*CS* VII, p. 7215).

Layton, dois guarda-costas e Sawyers, para ficar na Villa La Rosa, que já pertencera a um partidário de Mussolini. Enquanto isso, Clementine completava a compra do número 28 de Hyde Park Gate, residência da família em Londres para o resto da vida de Churchill. "Eu estou muito melhor comigo mesmo", disse, "e não estou preocupado com nada [...]. Esta é a primeira vez, em muitos anos, que estou completamente fora do mundo."[24] Talvez não estivesse preocupado com isso, mas a funda que usaria até uma operação de duas horas* em junho de 1947, em consequência do ressurgimento da hérnia adquirida pulando da ponte dos Wimbornes, em 1893, era certamente inconveniente.[25]

O marechal de campo Alexander também era um pintor ocasional e, às vezes, ele e Churchill retratavam a mesma cena. "Agora venha cá, Alex, venha cá", disse Churchill diante de uma das terríveis pinturas que pendiam das paredes da casa do fascista, "olhe bem para isso, nós pintamos melhor do que o filho da mãe que pintou este aqui."[26] Numa noite quente, observando as serenas águas do lago, o silêncio quebrado apenas pelos sinos das cabras ao longe, Churchill falou aos dois jovens oficiais do Exército que estavam com ele: "De uma vida longa e uma experiência variada, o conselho mais valioso que eu poderia dar a vocês é saber como obrigar um momento a se prolongar". Um deles respondeu: "É isso que estou tentando fazer agora, senhor".[27]

Churchill estava tão descontraído na Itália que até abriu mão das sonecas da tarde — hábito que acabou abandonado pelo resto de sua vida. No entanto, não considerou desistir da política. De seu Gabinete Paralelo, escreveu a Clementine: "Não haverá falta de tópicos para discutir quando nos reunirmos novamente".[28] Contudo, quando voltou, descobriu que relativamente poucos aspectos da política atraíam seu interesse genuíno — as partições da Índia e da Palestina, o futuro da Birmânia e as relações atômicas da Rússia com esses países — e em geral ficava contente em deixar todo o resto para Eden, Butler, Woolton, Lyttelton e Macmillan.

Churchill manteve um fogo constante contra o socialismo e o Partido Trabalhista no Parlamento, chamando zombeteiramente o regime de racionamento do governo de "filatopia". "O vício inerente do capitalismo é a partilha desigual das benesses", declarou ele num debate em outubro. "A virtude inerente do socialismo é a partilha igual das misérias."[29] Aneurin Bevan era um alvo preferencial. "Eu digo hoje que, a menos que o honrado e digno cavalheiro altere sua política e seus métodos e avance sem o menor atraso", disse em dezembro do ataque de Bevan a construtores privados, "ele será uma maldição tão grande

* Que lhe rendeu uma cicatriz de vinte centímetros.

para este país em tempo de paz quanto foi um incômodo esquálido em tempo de guerra."[30] Quando um repórter lhe perguntou por que Attlee não foi a Moscou para se encontrar com Stálin, Churchill respondeu: "Ele não ousa se ausentar de seu Gabinete. Sabe muito bem que, quando o camundongo está longe de casa, os gatos brincam à vontade".[31] Quando o ex-ministro trabalhista Wilfred Paling gritou "cão sujo!" para Churchill, recebeu a resposta: "O honrado e digno parlamentar deveria se lembrar do que cães sujos fazem em estacas".[32] Ao descrever Stafford Cripps, falou "daquela agudeza e energia da mente com a qual se dedica a tantos tópicos prejudiciais à força e ao bem-estar do Estado".[33] Constantes piadas e gracejos como esses, além de sua estatura de líder da oposição, faziam com que a Câmara sempre se enchesse toda vez que Churchill assumia a palavra.

O gracejo mais célebre de Churchill — em especial porque ele (infelizmente) nunca fez o comentário sobre beber o café envenenado de Lady Astor se fosse o marido dela — aconteceu quando a trabalhista Bessie Braddock lhe disse em 1946: "Winston, você está bêbado, e o que é pior, está repugnantemente bêbado", ao que ele respondeu: "Bessie, minha querida, você é feia e, pior do que isso, é repugnantemente feia. Mas amanhã estarei sóbrio e você ainda será repugnantemente feia".[34] Mary Soames não acreditou nessa história porque seu pai nunca havia sido tão deselegante com as mulheres, e o guarda-costas de Churchill confirmou que na noite em questão ele não estava bêbado, muito menos a ponto de causar repugnância, "só cansado e vacilante".[35] Além disso, a mesma piada pode ser encontrada de forma quase literal — trocando a palavra "bêbado" por "louco" — no filme *It's a Gift* [É um presente], de W. C. Fields, de 1934. Se isso aconteceu, a observação de Braddock foi de fato um presente para Churchill, cuja memória fonográfica lhe permitiu dar a mais famosa réplica de todo o cânone.

Em fevereiro de 1946, Churchill deixou Eden responsável pelo Partido Conservador e foi visitar Cuba. Hospedou-se no Hotel Nacional em Havana e declarou numa entrevista coletiva: "No meu país, as pessoas podem fazer o que quiserem, embora muitas vezes não gostem do que fizeram".[36] Depois, foi ver Eisenhower em Washington, onde ficou na embaixada britânica e, em 26 de fevereiro, ganhou o título de doutor em direito da Universidade de Miami, uma das dezesseis honrarias acadêmicas que lhe foram concedidas por universidades de todo o mundo entre 1926 e 1954. "Estou surpreso que em minha vida adulta eu tenha me tornado tão experiente em obter diplomas, pois quando frequentava a escola tinha dificuldade para passar nos exames", disse ele em Miami. "Na verdade, pode-se quase dizer que ninguém passou em tão poucos exames e recebeu tantos diplomas."[37] As mensagens centrais de seu discurso foram que "nenhum menino ou menina deve sentir-se desanimado pela falta de sucesso em sua juventude e deve diligente e fielmente continuar a perseverar e compensar o tempo perdido" e que "o conhecimento especializado, por mais que seja indispensável, não substitui uma visão generosa e abrangente da história humana, com toda a sua tristeza e com toda a sua esperança insaciável".[38]

Churchill viajara aos Estados Unidos porque lhe ofereceram um diploma honorário do Westminster College, em Fulton, Missouri, o estado natal de Truman. O endosso manuscrito do presidente ao convite e a perspectiva de uma longa jornada em sua companhia convenceram Churchill a aceitar. Na viagem noturna no trem presidencial *Ferdinand Magellan* para Jefferson City, Missouri, Churchill disse a Clark Clifford, um dos assessores de Truman, que "existe um país onde um homem sabe que tem um futuro ilimitado: os Estados Unidos, embora eu deplore alguns de seus costumes. [...] Vocês param de beber nas refeições".[39]

Uma indicação de como era trabalhar para Churchill fica evidente numa carta que sua secretária Jo Sturdee (mais tarde, condessa de Onslow) enviou do trem aos pais, na qual conta que, embora ela estivesse tentando datilografar o discurso de aceitação do diploma honorário na embaixada, ele não a deixava em paz: "Ande, ande! Onde estão todos os meus telegramas? Não chegou nada da Inglaterra? Certamente há um jornal que posso ler. O que você fez com a minha caneta vermelha? Diga ao embaixador que quero vê-lo. Onde está Sawyers! Você ainda não abriu a correspondência?".[40]

Truman leu o discurso depois de datilografado e disse que não tinha críticas ou alterações a fazer. Em vez disso, comentou: "Clement Attlee veio me ver no outro dia. Ele me pareceu um homem muito modesto". "Ele tem muitos motivos para ser modesto", retrucou Churchill.[41] Falou isso mais porque era um gracejo rápido contra um rival político, e não porque de fato pensasse assim; em caráter privado, Churchill costumava desaprovar as críticas a Attlee, que fora importante na remoção de Chamberlain e que servira tão patrioticamente em seu Gabinete por tanto tempo. Inclusive, em março de 1946, quando Freddie Birkenhead perguntou a Churchill qual dos seus ex-colegas trabalhistas ele mais respeitava, esperando que dissesse Bevin, "para minha surpresa, ele disse sem hesitação 'Attlee'".[42]

O discurso proferido por Churchill em Fulton tinha como título oficial "Os sustentáculos da paz", mas logo ficou conhecido como "O discurso da Cortina de Ferro". "Os Estados Unidos estão neste momento no mais alto patamar de poder mundial", começou ele, falando para uma grande plateia no ginásio do Westminster College. "É um momento solene para a democracia americana. Pois, com a primazia do poder, o país também ganha uma responsabilidade assombrosa para o futuro. Se olharem ao seu redor, vocês devem sentir não apenas o senso do dever cumprido, mas também preocupação para não baixar o nível de seu desempenho."[43] Sobre as Nações Unidas, disse: "Devemos nos certificar de que seu trabalho seja frutífero, que seja uma realidade e não uma farsa, que seja uma força para a ação e não meramente uma espuma de palavras, que seja um verdadeiro templo de paz no qual os escudos de muitas nações possam algum dia ser pendurados, e não apenas uma cabine fechada numa Torre de Babel".[44] Declarou então que chegara "ao ponto crucial do que viajei até aqui para dizer. Nem a segura prevenção da guerra, nem o contínuo crescimento da organização mundial serão obtidos sem aquilo a que me referi como associação fraternal dos povos de língua inglesa. Isso significa uma relação especial entre a Comunidade Britânica, o Império e os Estados Unidos".[45] Ele queria que isso chegasse ao ponto de envolver "o uso conjunto de todas as bases navais e aéreas de posse de cada país em todo o mundo".[46]

Até aquele momento, tudo parecia positivo, e não ia muito além do que fora dito em Harvard em setembro de 1943. Mas então ele fez uma advertência tão séria e tão presciente quanto aquelas a respeito dos nazistas durante o período da política de apaziguamento. Em palavras que reverberaram sem demora ao redor do mundo, Churchill chegou ao verdadeiro ponto crucial do que viera dizer, e era mais sobre a Rússia do que sobre os povos de língua inglesa.

> De Stettin no Báltico a Trieste no Adriático uma cortina de ferro desceu sobre o continente. Por trás dessa linha estão todas as capitais dos antigos Estados da Europa Central e Oriental: Varsóvia, Berlim, Praga, Viena, Budapeste, Belgrado, Bucareste e Sófia, todas essas cidades famosas, e as populações ao seu redor estão no que devo chamar de esfera soviética, e todas estão sujeitas, de uma forma ou de outra, não só à influência soviética, mas a um grau muito alto e, em muitos casos, crescente de controle de Moscou [...]. Os partidos comunistas, que eram muito pequenos em todos esses Estados do Leste Europeu, foram elevados à preeminência e ao poder muito além de seu número de adeptos e estão buscando, em todos os lugares, obter o controle totalitário. Governos policiais prevalecem em quase todos os casos e, até agora, exceto na Tchecoslováquia, não há democracia verdadeira.[47]

"Na última vez em que vi tudo isso chegando, gritei alto para meus próprios compatriotas e para o mundo, mas ninguém prestou atenção", continuou ele.

> Até o ano de 1933, ou mesmo 1935, a Alemanha poderia ter sido salva do terrível destino que a acometeu e todos nós poderíamos ter sido poupados das desgraças que Hitler causou à humanidade. Nunca houve uma guerra em toda a história mais fácil de prevenir por uma ação em tempo oportuno do que aquela que acabou de desolar imensas áreas do globo. Creio que isso poderia ter sido evitado sem o disparo de um único tiro, e a Alemanha poderia ser poderosa, próspera e honrada

hoje; mas ninguém deu ouvidos e, um por um, fomos todos sugados pelo horrível redemoinho. Não devemos de modo algum deixar que isso aconteça de novo.[48]

Churchill disse que a guerra não era iminente e que os soviéticos não a queriam, mas "o que eles desejam são os frutos da guerra e a expansão indefinida de seu poderio e suas doutrinas". Os perigos não seriam removidos com o apaziguamento da Rússia, argumentou. "Pelo que vi de nossos amigos e aliados russos durante a guerra, estou convencido de que não há nada que eles admirem mais do que a força, e não há nada pelo qual tenham menos respeito do que a fraqueza, especialmente a fraqueza militar." Sendo assim, concluiu que "a velha doutrina do equilíbrio de poder não é válida" e, em vez disso, os Estados Unidos e a Grã-Bretanha precisavam unir-se em "associação fraterna" para defender a liberdade "não só para nós, mas para todos, não só para o nosso tempo, mas para um século por vir".[49]

A reação foi imediata e quase unanimemente acusatória. Eleanor Roosevelt, a viúva do presidente, declarou-se indignada. Trygve Lie, o secretário-geral das Nações Unidas, disse ao embaixador britânico na ONU que o discurso era perfeito para o jogo de elementos antiocidentais em Moscou.[50] Os democratas do Congresso norte-americano ficaram furiosos. A reação da imprensa, não apenas de esquerda, foi esmagadoramente negativa tanto na Grã-Bretanha como nos Estados Unidos, para não falar de outros lugares. Mais de cem parlamentares trabalhistas assinaram uma moção condenando o discurso. Eden tentou demover Churchill da ideia de alimentar qualquer "polêmica com Stálin".[51] O próprio Truman refutou o prognóstico apresentado no discurso, e Dean Acheson, seu subsecretário de Estado, recusou-se a comparecer a uma recepção para Churchill cujo convite já aceitara.[52]

Em geral, Churchill foi acusado de ser um belicista reacionário que não conseguia apreciar os sacrifícios russos na guerra e a natureza essencialmente benevolente do "tio Joe". Ainda hoje, historiadores revisionistas culpam Churchill por lançar a Guerra Fria com o discurso da Cortina de Ferro, em vez de apontar que já havia um conflito velado em curso, que o Ocidente estava perdendo. Ernest Bevin, agora ministro do Exterior, e Thomas Dewey, que viria a ser o candidato republicano à Presidência, foram dois dos poucos a não repudiar Churchill, uma vez que haviam chegado a conclusões semelhantes sobre as motivações de Stálin.

Churchill não se importou com os ataques; alguns dias depois, enquanto comia caviar no almoço da revista *Time*, disse inclusive que "tio Joe" lhe enviara suprimentos periódicos da iguaria desde 1941, mas que não esperava receber mais nada.[53] "Suponha-se que a visão de Churchill estivesse errada", escreveu Leslie Rowan em 1968, "ele talvez jamais superasse essa vergonha. Mas ele tinha a coragem de suas convicções."[54] Como nos anos 1930, o simples grau de agressividade e condenação só fez aumentar a certeza de Churchill quando as ações soviéticas logo provaram que ele tinha razão e que seu exército de críticos estava completamente errado. Ao contrário da década de 1930, havia muito mais a perder do que a reputação, mas isso não o deteve.

Ao visitar o túmulo de Roosevelt em Hyde Park, em 12 de março, Churchill se virou, "com os olhos transbordantes", e quando se afastou do túmulo alguém o escutou dizer: "Senhor, como eu amava aquele homem" — quase as mesmas palavras que dissera a Sarah nas pirâmides durante a guerra.[55] A diferença entre seu antigo companheiro de armas e o novo presidente ficou evidente em 1º de agosto, quando Truman sancionou a Lei McMahon, que pôs fim ao acesso às informações nucleares norte-americanas por qualquer outro país, até mesmo o Reino Unido e o Canadá, que participaram do Projeto Manhattan. A parceria atômica acabou, e a lei não foi alterada até 1958. O fracasso de Churchill em formalizar por escrito qualquer um dos dois Acordos de Hyde Park levou à enorme despesa que a Grã-Bretanha teve para construir sua própria bomba.

Em agosto de 1946, Eden já se queixava a lorde Cranborne de que a "inclinação patente de Churchill é continuar com tudo o tempo que puder [...]. O problema não é tanto que discordemos, embora isso naturalmente aconteça, mas que nossas mentes trabalham agora em planos bem diferentes. Não foi assim na guerra, mas agora é".[56] A tragédia para Eden era que, apesar de todos os seus defeitos e lacunas, de sua impetuosidade e de seus pontos de vista muitas vezes reacionários, Churchill era uma figura histórica mundial e um gigante no palco internacional — e ainda um grande conquistador de votos do Partido Conservador, que poderia ter sido aniquilado em 1945 sem ele. Eden não era nenhuma dessas coisas e também adoecia seriamente com frequência. (Suas úlceras o impediram de fazer campanha nas eleições gerais de 1945, por exemplo.) Assim, embora fosse havia tempos seu possível sucessor e a maior parte do resto da hierarquia conservadora quisesse que Churchill se aposentasse em 1947, não era possível insistir muito na questão e, se o público soubesse que isso estava sendo feito, a situação só pioraria.[57] Com seu instinto para conquistar poder e prestígio na política, Churchill sabia disso e parecia quase apreciar o fato. Quando James Stuart enfim o sondou sobre se aposentar, "ele reagiu violentamente, batendo no chão com sua bengala".[58] (Ele obviamente não percebia que sua dependência de uma bengala talvez acrescentasse substância ao argumento.) Pouco depois, garantiu a seus eleitores que iria "perseverar" até que tivesse acabado com os socialistas.

Em maio, ao receber a chave da cidade de Westminster, Churchill repetira seu ponto de vista da década de 1930 de que "a Índia é um continente tão grande e mais populoso do que a Europa, e não menos dividido por diferenças raciais e religiosas do que a Europa. A Índia não tem mais unidade do que a Europa, exceto aquela unidade superficial que foi criada por nosso governo e orientação nos últimos 150 anos".[59] Em 1º de agosto, alertou o público de que a independência indiana, com a qual o Partido Trabalhista estava comprometido, resultaria em grande perda de vidas, em especial na parte noroeste do subcontinente. Ele havia declarado em novembro de 1942 que "não se tornara o primeiro-ministro do rei para comandar a liquidação do Império Britânico", e agora podia criticar estando de fora. "Declaramo-nos prontos para abandonar o poderoso império e continente da Índia com todo o trabalho que fizemos nos últimos duzentos anos, território sobre o qual possuímos soberania inquestionável", discursou à Câmara dos Comuns. "O governo está, aparentemente, disposto a deixar os 400 milhões de indianos caírem em todos os horrores da guerra civil sanguinária — guerra civil em comparação com a qual o que quer que pudesse acontecer na Palestina seria microscópico. Guerra de elefantes comparada com guerra de ratos."[60]

"Foi um erro fundamental confiar o governo da Índia à casta hindu do sr. [Jawaharlal] Nehru", Churchill acrescentou na Câmara dos Comuns em março de 1947. "Ele tem boas razões para ser o inimigo mais ferrenho de qualquer conexão entre a Índia e a Comunidade Britânica.[61]* Churchill não punha os pés na Índia desde a época em que a rainha Vitória estava no trono e não tinha nenhum plano alternativo para o subcontinente além de "continuem persistindo". Mas nunca voltou atrás de fato em relação às palavras que resumiam seus sentimentos sobre o que o Partido Trabalhista estava fazendo no subcontinente: "É com profundo pesar que assisto ao estrépito da queda do Império Britânico com todas as suas glórias e todos os serviços que prestou à humanidade. Tenho certeza de que na hora de nossa vitória, não muito tempo atrás, tínhamos o poder de encontrar a solução para nossas dificuldades, que seria honrada e duradoura. Muitos defenderam a Grã-Bretanha contra seus inimigos. Ninguém pode defendê-la contra si mesma".[62]

No discurso que fez na Conferência do Partido, em outubro de 1946, Churchill também se mostrou presciente quanto aos acontecimentos no norte indiano. As enormes transferências populacionais que ocorreram quando a Grã-Bretanha

* Em 1955, após um giro de 180 graus em sua posição, ele escreveria para Nehru, então primeiro-ministro de uma Índia que havia permanecido na Comunidade Britânica: "Espero que o senhor pense na expressão 'A luz da Ásia'. Parece-me que o senhor pode ser capaz de fazer o que nenhum outro ser humano poderia ao dar à Índia a liderança em toda a Ásia, pelo menos na esfera do pensamento, em liberdade e dignidade do indivíduo como ideal, em vez do manual do Partido Comunista" (*OB* VIII, p. 1094). Sendo Churchill como era, até se queixou de uma reviravolta tão ampla: "No decorrer de minha vida, muitas vezes tive que engolir minhas palavras, e devo confessar que sempre achei uma dieta saudável" (Wheeler-Bennett [Org.], *Action*, p. 28).

entregou o poder aos Estados sucessores da Índia e do Paquistão em agosto de 1947 levaram ao massacre de um número enorme de hindus, muçulmanos e siques na província de Punjab e na fronteira noroeste. Ele culpou o governo trabalhista. "A unidade indiana criada pelo domínio britânico rapidamente perecerá", afirmou, "e ninguém pode medir a desgraça e o derramamento de sangue que engolfarão essa enorme massa de milhões de humildes indefesos, ou sob que novo poder estarão seu futuro e seu destino. Tudo isso está acontecendo todos os dias, a cada hora. O grande navio está afundando no mar calmo. Aqueles que deveriam ter dedicado seus maiores esforços para mantê-lo à tona abriram as válvulas do casco."[63] O número de mortos durante a divisão da Índia britânica em Índia e Paquistão no final de 1947 é debatido até hoje entre os historiadores: a maioria estima em mais de meio milhão, mas alguns acham que foi o dobro, e houve um deslocamento humano permanente de pelo menos 16 milhões de pessoas.

Churchill não propôs uma alternativa viável e, no mínimo, atenuou suas críticas porque Pug Ismay era chefe de gabinete do vice-rei Mountbatten, mas estava certo a respeito da miséria generalizada e do derramamento de sangue que se seguiram ao plano de partição inoportuno e mal policiado do representante britânico no subcontinente. "O massacre de 500 mil seres humanos e a desgraça de tantos milhões não são acontecimentos que mesmo os mais insensíveis e mais brutalizados seres descreveriam como triviais ou que devessem ser comparados a alguma alternativa hipotética", Churchill disse no fim de outubro de 1947. "Não são nada triviais; são um horror, que deveria causar pesar e reflexão de todos os envolvidos."[64] No mês seguinte, Churchill achou "muito comovente" o apelo do político Sir Feroz Khan Noon, que implorou ao governo britânico que o Paquistão pudesse comprar armas para se defender.[65]

Em 19 de setembro de 1946, Churchill fez outro discurso importante, dessa vez do esplêndido pódio de mármore púrpura no Salão Nobre da Universidade de Zurique, no qual retomou uma expressão de um discurso de abril de 1944 em que mencionara um futuro Estados Unidos da Europa.[66] Ele reconhecia que as duas maiores tragédias de sua época decorreram das guerras franco-alemãs e se comprometeu a construir uma nova amizade entre os dois povos que seria o primeiro passo essencial no caminho para a unidade europeia, e que também esperava que fosse um contrapeso para o comunismo soviético. Em Zurique, usou a expressão "Que a Europa se erga!".[67] Era o seu equivalente europeu ocidental ao discurso de Fulton, uma declaração apaixonada em apoio à unidade continental, que ainda hoje faz muito sentido. Em sua peroração, como de costume, deixou perfeitamente claro — como sempre fazia quando falava em público ou em particular sobre o assunto — que não pretendia que a própria Grã-Bretanha se unisse à Europa Unida: "Em toda essa obra urgente, França e Alemanha devem assumir a liderança juntas. A Grã-Bretanha, a Comunidade Britânica de Nações, os poderosos Estados Unidos da América — e confio que a Rússia Soviética, pois então tudo estaria bem — devem ser os amigos e patrocinadores da nova Europa e devem defender seu direito de viver e brilhar".[68]

Churchill fez outro apelo emocional por um continente unido numa importante reunião da organização Europa Unida no Albert Hall, em 14 de maio de 1947. Alemanha e França "formariam uma importante entidade regional" no novo mundo do pós-guerra, propôs ele. "Há os Estados Unidos com todas as suas dependências; há a União Soviética; há o Império e a Comunidade Britânica; e há a Europa, com a qual a Grã-Bretanha está profundamente misturada. Eis os quatro principais pilares do Templo da Paz." Ele pretendia que a Grã-Bretanha fosse, de acordo com suas palavras, uma amiga e patrocinadora "profundamente misturada" com a Europa Unida, embora não fosse parte integrante dela. Promoveu novamente a mesma mensagem quando abriu o Congresso da Europa em Haia, em maio de 1948. Gladwyn Jebb, o representante britânico em Bruxelas, logo percebeu que "Churchill claramente não era um 'europeu'. Se tivesse conseguido o que desejava, a Grã-Bretanha estaria 'associada' a uma Europa que se estenderia de Lisboa a Brest Litovsk [...], mas jamais faria parte dela. Nunca entendi por que os federalistas europeus aparentemente acharam em certo momento que ele estava pensando numa Grã-Bretanha membro de uma Europa federalizada. Ele sempre deixou claro que a Grã-Bretanha, se tivesse alguma coisa a ver com isso, ficaria distante".[69] Jebb tinha razão, pois, como afirmou Churchill num debate sobre política externa em 10 de dezembro de 1948:

> nós não estamos buscando no movimento europeu [...] usurpar as funções do governo. Tentei deixar isso claro várias vezes aos chefes de governo. Pedimos uma assembleia europeia sem poder executivo. Esperamos que sentimento e cultura, o esquecimento de antigas rixas, a redução e o derretimento de barreiras de todos os tipos entre países, o senso crescente de ser "um bom europeu" — esperamos que tudo isso seja o solvente final, eventual e irresistível das dificuldades que agora condenam a Europa à desgraça. A estruturação das constituições, a resolução dos problemas econômicos, os aspectos militares, tudo isso pertence aos governos. Nós não invadimos a esfera deles.[70]

Churchill foi um defensor constante da amizade com a nova e democrática Alemanha.* "Onde estão os alemães?", ele rosnou, olhando ao redor da câmara

* Os julgamentos de Nuremberg dos 22 nazistas mais preeminentes, que terminaram com o enforcamento de doze deles em outubro de 1946, levaram Churchill a dizer a Pug Ismay: "Isso mostra que, se você entrar em guerra, é extremamente importante que vença. Você e eu estaríamos em apuros se tivéssemos perdido" (Ismay, *Memoirs*, p. 157).

da Assembleia Consultiva do Conselho da Europa em Estrasburgo, em 1949. (Sabia perfeitamente bem que eles seriam convidados para a reunião seguinte, mas era uma oportunidade para fazer uma boa cena.) Richard Stokes, um parlamentar trabalhista que o criticara durante toda a guerra e agora defendia amizade com a Alemanha, perguntou-lhe, quando saíam do Salão de Fumantes da Câmara dos Comuns, se ele o perdoara. "Claro que perdoei", respondeu Churchill. "Na verdade, eu concordo com muito do que você está dizendo sobre os alemães. Muito bom. O ódio que deixei em mim — e não é muito —, eu preferiria reservá-lo antes ao futuro do que ao passado." Então se afastou, acrescentando ao círculo mais próximo: "Hmm. Uma eliminação judiciosa e econômica de bile".[71]

Em 1947, num formidável ato de generosidade e admiração, um pequeno grupo de seus amigos mais próximos e mais ricos, liderados por lorde Camrose, se uniu para comprar Chartwell por 85 mil libras esterlinas (cerca de 2,55 milhões de libras em dinheiro de hoje) e a presentearam ao National Trust, com a condição de que Churchill e Clementine pudessem residir lá pelo resto da vida sem custo. Churchill recebeu 50 mil libras, e o National Trust, 35 mil pela propriedade. Na verdade, Clementine se mudou de lá logo após a morte do marido, mas aquilo significava que sua amada casa estava garantida e, além disso, desfrutaria de um pagamento polpudo que poderia gastar num estilo de vida cada vez mais aristocrático, que já incluía férias luxuosas e jogatinas em Monte Carlo, mas que também estava prestes a contemplar as corridas de cavalos. Logo após a guerra, Churchill transformou o gazebo de Chartwell num borboletário, enchendo-o com larvas de almirante-vermelho, borboleta-pavão, casco-de-tartaruga, amarelo-nebulosa, bela-dama e vanessa. Ficava sentado por horas lá dentro, observando as borboletas surgirem de suas crisálidas, quando então gostava de libertá-las. "Houve um grande ressurgimento da população de borboletas naquela parte de Kent", registrou o lepidopterologista Hugh Newman, "graças ao sr. Churchill."[72]

Em 11 de fevereiro de 1947, Mary casou-se com Christopher Soames, um ex-oficial da Coldstream Old Guards que ganhou a Croix de Guerre quando foi ferido no Oriente Médio, onde estava ligado aos combatentes da França Livre, e que mais tarde se tornou adido militar assistente em Paris. Era para ser uma ocasião muito feliz, mas, doze dias após a cerimônia, Jack Churchill morreu em razão de um problema cardíaco. Churchill visitou seu irmão mais moço diariamente durante a doença e ficou com ele até o fim. "Sinto-me sozinho agora que ele não está aqui", comentou a Hugh Cecil, "depois de 67 anos de amor fraternal."[73] Churchill se lembrou de quando tinha cinco anos de idade e seu pai lhe revelou que ganhara um irmão, e de que Jack foi morar na Downing Street durante a guerra. "Ele não estava com medo e tinha pouca dor", contou a Hugh Cecil. "A morte parece muito fácil no fim da estrada. Você acha que nos será permitido dormir por muito tempo? Espero que sim." Para o filho de Jack, falou: "Johnny, vou tomar o lugar do seu pai. Venha a mim se você estiver em apuros. Eu serei seu pai".[74] A paternidade, fosse por sua presença ou ausência, sempre foi um elemento importante na constituição de Churchill. O jovem Winston relembrava que em Chartwell "eu lhe passava os tijolos enquanto ele misturava seu 'pug', como chamava a areia e cimento [...]. Tenho pouca dúvida de que foi por causa de seu relacionamento menos que feliz com o pai que ele me mimou como um avô tão atuante".[75]

O panfleto *Carta industrial* do Partido Conservador foi publicado em maio de 1947, reconciliando os tories com grande parte do programa trabalhista, inclusive o Estado de bem-estar social e a maior parte das nacionalizações ocorridas. O documento vendeu 2,5 milhões de exemplares, foi adotado pela Conferência do Partido em outubro e ajudou a tornar os conservadores elegíveis novamente. A reação inicial de Churchill à Carta, como comentou com seu principal autor, Butler, foi de "não concordo com uma palavra disso", mas ele viu como era importante para o partido evitar parecer reacionário.[76] Enquanto isso, lorde Woolton promovia reformas internas destinadas a atrair parlamentares jovens e capazes no lugar dos idosos chamberlainistas admitidos em 1935.

"Se eu repetisse o discurso de Fulton hoje", Churchill disse a seus eleitores em setembro, "seria considerado um fluxo de clichês mornos."[77] As execuções judiciais de Stálin nos Estados-satélites soviéticos, a repressão brutal de partidos democráticos, a anulação de eleições e as agressões constantes estavam provando que Churchill tinha razão, e o discurso acabou sendo um momento crucial para fazer a opinião pública norte-americana adotar a robustamente pró-democracia Doutrina Truman, apoiada nos anos seguintes pelo Plano Marshall (subsídios maciços dos Estados Unidos para restaurar a saúde econômica da Europa Ocidental), pela ponte aérea de Berlim e pela criação da OTAN. A inclusão soviética da Tchecoslováquia em sua esfera em 1948 apenas aumentou o reconhecimento de que Churchill estivera certo o tempo todo.

A presciência de Churchill sobre o comunismo espelhava o que ele havia dito sobre o nazismo, mas dessa vez foi possível deter a política de apaziguamento que, de outra forma, poderia se tornar novamente o mecanismo padrão do Ocidente. No final de 1947, em um dos almoços regulares de Churchill no Hyde Park Gate para novos parlamentares tories, um deles perguntou sobre a bomba atômica. "Bem", respondeu ele, "se os russos atacassem, eu os deixaria entrar, depois jogaria algumas bombas atômicas atrás deles — plonk, plonk, plonk!" E cravou os dedos na mesa com força suficiente para deixar impressões no pano, acrescentando: "Eles nunca mais voltariam!".[78]

Num debate realizado em 28 de outubro de 1947, Churchill expôs claramente uma alternativa conservadora quase libertária ao socialismo, usando mais uma expressão que teria longa vida. "Estabeleça um padrão básico para a vida e o trabalho e forneça os alimentos básicos necessários para todos", disse. "Uma vez feito isso, liberte o povo. Saia do caminho e deixe que todos façam o melhor de si e ganhem quaisquer prêmios que puderem para suas famílias e seu país [...]. Somente assim será estabelecida uma democracia ativa, independente, de proprietários de bens."[79] A expressão "democracia de proprietários de bens" foi usada a partir de então por todos os primeiros-ministros conservadores, de Anthony Eden a Margaret Thatcher. Estimulado por sua leitura de *O caminho para a servidão*, de Friedrich von Hayek, ele parecia estar inclinado a acrescentar uma alternativa de livre mercado ao seu velho paternalismo da Democracia Tory.

Em 5 de novembro, Churchill atacou a Lei de Independência da Birmânia e, em particular, as ações de U Aung San,* o líder nacionalista birmanês que apoiara os japoneses e, nas palavras de Churchill, "levantara o que poderíamos chamar de exército de Quisling para ir na esteira dos japoneses e ajudar a conquistar o país para o Japão. Grandes crueldades foram perpetradas por seu exército. Eles não foram muito eficazes no combate, mas na vingança contra os birmaneses leais — aqueles que estavam lutando patrioticamente ao lado das tropas britânicas e indianas para defender o solo da Birmânia dos conquistadores japoneses — perpetraram grandes crueldades, porque eles nos ajudaram a resistir aos japoneses".[80]

Quem respondeu ao seu discurso foi Woodrow Wyatt: "Nesta tarde tivemos uma excelente exposição do honrado representante de Woodford sobre o que realmente significa uma genuína fé dos tories no Império. A crença conservadora no Império significa: 'Seja dominado por nós. Se você não gostar, caia fora'". Depois do debate, Churchill encontrou Wyatt do lado de fora do Salão de Fumantes. "'Esse foi um discurso de debate muito bom', rosnou ele com aquela voz lenta com a qual o mundo se emocionara durante a guerra e que agora estava me emocionando", registrou Wyatt. "Eu murmurei alguma coisa sobre esperar que não tivesse sido muito rude. 'Não peço clemência', ele fez uma pausa. 'E não guardo ressentimentos.' Como alguém pode não amar um homem assim?"[81]

"Ninguém finge que a democracia seja perfeita ou totalmente sábia", disse Churchill na segunda leitura do projeto de lei do Parlamento em 11 de novembro, que emendou e fortaleceu os poderes dos Comuns em detrimento dos Lordes. "Com efeito, foi dito que a democracia é a pior forma de governo, exceto todas as outras formas que foram experimentadas de tempos em tempos; mas há um sentimento amplo em nosso país de que o povo deve governar, governar

* Pai de Aung San Suu Kyi.

continuamente, e que a opinião pública, expressa por todos os meios constitucionais, deve moldar, guiar e controlar as ações dos ministros, que são seus servidores e não seus senhores."[82] Então, voltou obstinadamente ao tom de seu discurso eleitoral da "Gestapo", acrescentando: "Como um inglês nascido livre, o que odeio é a sensação de estar à mercê de qualquer pessoa ou do poder de alguém, seja Hitler ou Attlee. Estamos nos aproximando muito da ditadura neste país, uma ditadura, digamos — serei bem sincero com a Câmara — sem sua criminalidade nem sua eficiência".[83] Churchill sabia muito bem que isso era ridículo, afinal nomeara Attlee como vice-primeiro-ministro de seu Gabinete.

Em 20 de novembro, a princesa Elizabeth casou-se com o príncipe Philip Mountbatten (ex-príncipe Philip da Grécia e Dinamarca) na Abadia de Westminster. Churchill estava tipicamente atrasado, o que lhe permitiu receber uma ovação de pé ao caminhar pela nave; com certeza, não foi a única ocasião em que retardou sua chegada para fazer uma grande entrada em cena. Em Fulton, havia segurado toda a carreata até encontrar um fósforo para acender o charuto e, em certas ocasiões, "cronometrava" o ritmo em que os fumava para garantir que os tocos fossem compridos o suficiente para os fotógrafos.[84] Essa capacidade de representar sempre fez parte de sua atuação política.

Durante um jantar em família com Randolph e Sarah em Chartwell no final de novembro, Sarah apontou para uma cadeira vazia à mesa e perguntou ao pai: "Se você pudesse sentar alguém ali, quem seria?", supondo que seria Marlborough, César, ou Napoleão. "Ah, meu pai, é claro", ele respondeu imediatamente.[85] Contou a Randolph e Sarah que havia sonhado que o pai o visitava em seu ateliê, e os dois filhos o estimularam a escrever a respeito. Alguns meses depois, ele ditou um artigo ficcional intitulado "The Dream".[86] De início, foi tido como um "Artigo privado", destinado apenas à distribuição familiar e, em seu testamento, legou-o a Clementine.

"Numa noite de nevoeiro de novembro de 1947, eu estava pintando em meu ateliê, na cabana do sopé da colina, em Chartwell", assim começava o texto.[87] Ele havia ganhado um retrato do pai e estava fazendo uma réplica, "embora eu seja muito temeroso de pintar rostos humanos". E continuava: "Eu estava apenas tentando fazer um giro de seu bigode quando de repente tive uma sensação estranha. Virei-me com a paleta na mão e lá estava, sentado em minha poltrona de couro vermelho, meu pai. Tinha exatamente a mesma aparência de quando eu o havia visto em seu auge, e como tinha lido sobre ele em seu breve ano de triunfo [1885-6]. Era baixo e magro, com o grande bigode que eu estava pintando e todo o seu ar brilhante, cativante e alegre. Seus olhos brilhavam e cintilavam. Ele estava evidentemente no melhor dos ânimos".

No entanto, quase a primeira coisa que o fantasma diz é que não achava que ele "poderia ganhar a vida daquela maneira", ou seja, pintando.[88] Ele poderia estar no melhor dos humores, mas ainda fazia questão de colocar o filho em seu lugar. "Não me lembro de nada depois de 94", diz o fantasma do ano anterior à sua morte, "fiquei muito confuso naquele ano", uma referência elíptica à doença de lorde Randolph. O fantasma queria falar de política e perguntou se a monarquia havia sobrevivido, permitindo que Churchill dissesse que estava "mais forte do que na época da rainha Vitória". O fantasma pergunta sobre o Carlton Club, que Churchill revela estar sendo reconstruído, mas, como o fantasma não sabe que houve duas guerras mundiais, supõe que foi em virtude da dilapidação com o passar do tempo, e não porque o imenso edifício de pedra vitoriana no número 100 da Pall Mall fora destruído pelas bombas alemãs na noite de 14 de outubro de 1940, e responde: "Pensei que duraria mais tempo; a estrutura parecia bastante sólida".[89] Desse modo, Winston introduz a ideia central do texto: o pai nunca adivinha que o filho foi um grande estadista que venceu a guerra, e sim supõe que não fora muito mais do que pensava dele em 1894.

Os dois então passam a conversar sobre corridas de cavalos, o americanismo "ok", a Liga Primrose que "nunca teve mais membros". Ao olhar para a arte de Winston, o fantasma estava com "aquele curioso e esquisito sorriso dele, que de imediato desarmava e desconcertava".[90] Eles discutem a Igreja da Inglaterra e Churchill revela que "temos um governo socialista, com uma grande maioria", mas não faz menção de quem derrotaram. Em vez disso, falam de Arthur Balfour, que Winston define como "um péssimo cultivador de votos", sem mencionar que ele próprio era em parte responsável pela situação. Sobre o Partido Trabalhista, Churchill acrescenta: "Sabe, papai, embora estúpidos, eles são bastante respeitáveis e cada vez mais burgueses. Não são tão ferozes quanto os velhos radicais".[91] Sobre o voto feminino, revela a seu espantado pai que as mulheres "constituem um forte apoio para os tories" e que "não saiu tão mal quanto eu pensava".[92]

Winston conta ao pai que ganha a vida como escritor, e que Blenheim ainda estava nas mãos de sua família, embora a maior parte fosse ocupada pelo MI5, um departamento do governo criado durante a guerra. "Guerra, você diz? Houve uma guerra?" "Não tivemos mais nada além de guerras desde que a democracia assumiu o controle", responde Churchill.[93] Nesse momento, o fantasma diz sobre o filho: "Eu não ia falar sobre política com um garoto como você. Último da classe! Nunca passou em nenhum exame, exceto para a Cavalaria! Escrevia-me cartas empoladas. Eu não conseguia ver como ganharia a vida com o pouco que eu poderia deixar para você e Jack, e isso só depois que sua mãe... Mas claro que você era muito jovem e eu o amava muito. Os velhos são sempre muito impacientes com os jovens. Os pais sempre esperam que os filhos tenham suas virtudes sem seus defeitos".[94]

Ele descobre que Winston se tornara um major da força voluntária de cavalaria — por alguma razão, Churchill não lhe disse que havia sido tenente-coronel nas trincheiras — e "não pareceu impressionado". A respeito das guerras mundiais, Winston explicou que a Grã-Bretanha vencera todos os seus conflitos e "nós até os obrigamos a render-se incondicionalmente". "Ninguém deveria ser obrigado a fazer isso", argumenta o fantasma. "Grandes povos esquecem os sofrimentos, mas não as humilhações." "Bem, foi assim que aconteceu, papai."[95] Haveria nesse diálogo um vestígio de crítica à política que Roosevelt fizera Churchill engolir em Casablanca, sem aviso prévio adequado? Churchill precisa explicar ao pai que a Grã-Bretanha não era mais a potência predominante como em sua época, e que esse papel cabia agora aos Estados Unidos. "Eu não me importo com isso", diz o fantasma. "Você mesmo é meio americano."[96] Eles falam da irmandade de Canadá, Austrália e Nova Zelândia, mas, quando o fantasma pergunta sobre a Índia e a Birmânia, Winston tem que admitir: "Ai! Elas foram pelo ralo". Ao ouvir isso, o pai "soltou um gemido".[97]

Questionado sobre a Rússia, Churchill diz que ainda havia um tsar, mas não um Románov: "Ele é muito mais poderoso e muito mais despótico". Contou então ao pai sobre o Holocausto durante a guerra: "Na última, 7 milhões foram assassinados a sangue-frio, principalmente pelos alemães. Eles fizeram prisões de abate humano como os currais de Chicago".[98] O fantasma do pai então diz: "Eu nunca esperei que você se desenvolvesse tanto e tão completamente. É claro que está velho demais para pensar em tais coisas, mas, quando eu o ouço falar, me pergunto se você não entrou na política [...]. Pode até ter feito um nome por si mesmo".[99] A aparição acende um cigarro e, quando o fósforo se acende, ela se desfaz. "A ilusão passara... Mas era tão vívida que eu me sentia cansado demais para continuar. Além disso, meu charuto havia apagado e as cinzas haviam caído entre todas as tintas."[100]

O texto é engraçado e cheio de ironia. "Os trabalhistas e os sindicatos olham para a monarquia não apenas como uma instituição nacional, mas nacionalizada", escreveu ele. "Até vão às festas no Palácio de Buckingham. Aqueles que têm princípios muito extremados usam suéteres."[101] As referências ao "estúpido" Partido Trabalhista, a culpa da democracia pelas guerras, a Índia indo pelo ralo, o "despótico" Stálin, tudo indicava que o "Artigo privado" deveria permanecer assim, e só foi publicado depois do primeiro aniversário de sua morte. No entanto, a ainda ardente necessidade psicológica de Churchill de ter a aprovação póstuma do pai é visível: mais de meio século depois da morte de lorde Randolph, ele põe as seguintes palavras na boca do pai: "Eu nunca esperei que você se desenvolvesse tanto e tão completamente" e "eu o amava muito".[102] Quando questionado por amigos se "The Dream" era fictício, ele "sorria e dizia: 'Não inteiramente'".[103]

"The Dream" também pode ser lido como um lamento pela morte do poderio britânico e do sentimento de certeza da era vitoriana, o que sem dúvida afligiu muito Churchill no ano em que a joia da coroa do Império Britânico foi perdida, algo que ele sempre considerou uma tragédia. Não é coincidência que o texto tenha sido concebido no final de novembro de 1947, no momento em que os massacres na fronteira noroeste e no Punjab atingiam seu apogeu. A transferência de poder na Índia foi extremamente traumática para ele, e "The Dream" pode ser quase lido como uma terapia.

Na verdade, o texto era uma reação tardia e sutil de Churchill à convicção do pai de que ele seria um fracasso na vida. Apesar de toda a modéstia de não mencionar ao pai o fato de ter sido primeiro-ministro e um dos salvadores da civilização ocidental, o leitor acaba concluindo de forma inevitável que as realizações de Churchill no tumultuado século XX foram muito maiores que as de seu pai no relativamente calmo e pacífico XIX. Ao evitar dizer isso com todas as letras, ele reforça ainda mais seu argumento. Subjacente à história está uma avaliação psicológica pungente de um menino que só queria a aprovação do pai, mas nunca a recebeu.

Num acordo fantástico negociado por seu agente literário Emery Reves (que ele conhecia desde a luta contra a política de apaziguamento), os direitos de *The Second World War* foram vendidos por 1,4 milhão de dólares nos Estados Unidos (cerca de 16,1 milhões em moeda atual) e 555 mil libras esterlinas (por volta de 16,7 milhões de libras de hoje) no Reino Unido. Churchill escreveu esses volumes já na casa dos setenta anos e com uma boa dose de ajuda de assistentes literários nos esboços iniciais. "Sua tarefa, meu rapaz, é tirar cosmos do caos", disse ao instruir um deles, Denis Kelly, na sala de documentos de Chartwell, para onde havia transferido seu enorme arquivo de memorandos e documentos da época da guerra, que tratava como se fossem propriedade privada sua, apesar de muitos estamparem a afirmação inequívoca de que pertenciam ao governo de Sua Majestade Britânica.[104] O secretário do Gabinete Norman Brook ordenou que os funcionários dessem a Churchill e seus assistentes "todas as facilidades e assistências possíveis".[105] Isso provocou acusações de favorecimento grosseiro, mas o livro se tornou uma excelente peça de propaganda britânica nos Estados Unidos e em todo o mundo.

Em meados de dezembro de 1947, Churchill foi a Marrakesh para ficar no Hotel Mamounia por um mês, numa cortesia de seus editores norte-americanos. Levou consigo William Deakin, outro assistente literário, que saltara de paraquedas na Iugoslávia ocupada a fim de fazer contato com Tito, para trabalhar nas provas do primeiro volume de *The Second World War*, que teria como título

*The Gathering Storm* [A aproximação da tempestade]. Essas férias movidas pela escrita e pela pintura foram acompanhadas por familiares, amigos, secretários, Sawyers, assistentes literários e outros funcionários diversos. Mary contou mais de cem itens de bagagem em um feriado.[106] Até a realeza àquela altura viajava de forma menos extravagante.

Na véspera de Natal, Churchill e Sarah visitaram uma boate em Marrakesh, onde ele notou uma bela dama jantando sozinha. "O cavalheiro teve que voltar para sua família", explicou Sarah. "Como você sabe disso?", ele perguntou. "Os cavalheiros não costumam voltar para o lar de suas famílias?", ela retrucou.[107] Então ele se levantou e dançou com Sarah até chegar perto da dama "sozinha, mas orgulhosa" do outro lado do salão, a quem Churchill disse: "Você é a fada do Natal, posso dançar com você?". Depois da dança, Churchill a conduziu de volta à mesa dela. Os guarda-costas ficaram preocupados que ela pudesse ser uma espiã. No dia seguinte, ele recebeu um telegrama dizendo: "O senhor nunca saberá o meu nome, mas tenho orgulho de ter dançado com Winston Churchill".

Walter Graebner, editor norte-americano de Churchill, relembrou que ele sentiu um prazer especial, com seus trajes de piquenique, quando visitaram as montanhas Atlas, ocasião que "rapidamente elevou ao nível de cerimônias formais".[108] Uma delas era fazer antigos brindes do Exército indiano. No final de um piquenique, todos se levantavam para fazer o brinde do dia. Aos domingos era "para os amigos ausentes", às segundas-feiras "aos homens", às terças "às mulheres", às quartas "à religião", às quintas "às nossas espadas", às sextas "a nós" e aos sábados "às esposas e namoradas". "Você sabe, a maioria das pessoas vai ficar muito surpresa quando chegar ao céu", disse Churchill a Graebner nessa viagem. "Esperam conhecer pessoas fascinantes como Napoleão e Júlio César. Mas é provável que nunca sejam capazes de encontrá-los, porque haverá tantos milhões de outras pessoas lá também — indianos e chineses e pessoas assim. Todos terão direitos iguais no céu. Esse será o verdadeiro estado de bem-estar social."[109]

Embora Churchill trabalhasse com Deakin na maioria dos dias passados no Marrocos, fazia isso com sol e ar limpo, longe do inverno londrino. "Não preciso de descanso", disse a Clementine, "mas a mudança é um grande refresco."[110] Um ataque de bronquite fez Moran e Clementine acorrerem, caso fosse uma nova pneumonia, e houve um boato de que Churchill estava prestes a morrer. Lascelles chegou a redigir um rascunho de declaração para o rei em resposta a um anúncio de morte.[111] Jo Sturdee se divertiu com a maneira como inúmeros repórteres de todo o mundo voaram para Marrakesh "em montes de aviões especiais, na esperança de chegar a tempo da morte, mas encontraram a Velha Raposa sentada em seu lugar habitual na sala de jantar, parecendo tão rotunda e tão firme como sempre".[112]

*The Gathering Storm*, que cobria o período entre o final da Grande Guerra e maio de 1940, foi publicado pela Houghton Mifflin nos Estados Unidos em junho de 1948 e por Cassell & Co. no Reino Unidos em outubro do mesmo ano. (As edições britânicas sempre eram lançadas alguns meses depois por razões relacionadas a direitos autorais.) Foi um best-seller imediato e enorme, de longe o livro de Churchill mais vendido até então. A edição inicial vendeu 25 vezes mais exemplares do que *The World Crisis*, e com muito mais rapidez. Foi serializado em oitenta revistas em todo o mundo e publicado em cinquenta países e 26 idiomas.

Em janeiro de 1948, num debate sobre relações exteriores, Churchill declarou: "De minha parte, considero que será muito melhor para todos deixar o passado para a história, especialmente porque me proponho a escrever essa história".[113] O público riu muito; seu livro não tinha a intenção de relatar objetivamente os fatos ocorridos na Segunda Guerra Mundial. "Isso não é história", esforçou-se para explicar a Deakin e a outros, "é o meu ponto de vista."[114] Os historiadores que se queixam de que o livro não deu ênfase suficiente a um ou outro aspecto do conflito em que o autor não estava envolvido de maneira direta não conseguiram perceber que, apesar do título aparentemente objetivo e abrangente, *A Segunda Guerra Mundial*, os seis volumes pretendiam ser, segundo as palavras do autor, a história de Churchill apoiada em documentos, assim como *The World Crisis* havia sido. Ele fez isso com tremendo sucesso, não somente em termos de livros vendidos, mas também na maneira como a estratégia e o curso daquela guerra ainda são popularmente conhecidos hoje.

Uma das poucas críticas que Churchill fez ao primeiro duque de Marlborough foi que ele nunca escrevera suas memórias: "Ele parece ter achado que os fatos contariam sua história".[115] O monumento de Churchill não seria feito "empilhando grandes pedras umas sobre as outras", como ele disse, mas por essas memórias de guerra. Grande parte do primeiro esboço foi escrito por uma equipe literária talentosa, que ele apelidou de "o Sindicato" e incluía Kelly, Deakin, Pug Ismay, o general de divisão Sir Henry Pownall para o Exército, o comodoro Gordon Allen para a Marinha e o marechal do ar Sir Guy Garrod, para a RAF, além do professor de Oxford Maurice Ashley. Transformar os primeiros rascunhos no produto acabado, depois de uma reescrita extensiva de Churchill, foi um processo trabalhoso. A maioria dos capítulos passou por uma dúzia de versões, sendo as cinco últimas "provisória semifinal", "provisória final", "quase final", "final" e "sujeita à liberdade total da correção de provas".

Em 1919, haviam pedido a Churchill o texto para um memorial de guerra francês; ele sugeriu: "Na guerra: fúria. Na derrota: desafio. Na vitória: magnanimidade. Na paz: boa vontade".[116] Essa proposta foi rejeitada, então ele a usou como "moral da obra", substituindo "fúria" por "determinação". No mesmo mês da publicação, Stálin isolou Berlim Ocidental do resto da Alemanha, de modo que a comida e os suprimentos tinham que ser transportados de avião, ao mesmo tempo que o Partido Comunista tcheco dava um golpe de Estado em Praga. *The Gathering Storm* foi, portanto, também oportuno em sua denúncia de um totalitarismo insidioso.

Nem todo mundo ficou feliz com o livro. "Acho que o Partido se ressente de suas críticas inigualáveis a Munique", observou Chips Channon.[117] Stanley Baldwin morrera em dezembro de 1947, mas seus amigos ficaram indignados com a descrição que Churchill fez dele como pouco mais do que "o maior administrador partidário que os conservadores já tiveram" e pela alegação no índice de que ele confessara ter colocado seu partido à frente de seu país em relação ao rearmamento numa eleição geral inexistente antes daquela de fato realizada em 1935.[118] Eden reclamou com Cranborne que Churchill tinha apresentado de forma equivocada sua política em relação a Mussolini, porém os mais agressivos foram Emanuel Shinwell, que rejeitou o livro por ser um "romance", e o parlamentar trabalhista recém-eleito Michael Foot,* segundo o qual, embora o livro fosse "muito mais agradável e instrutivo" do que o *Mein Kampf*, de Hitler, no que diz respeito a "vaidade pessoal e arrogância há alguma semelhança entre os dois".[119] Embora isso fosse um absurdo completo, a cobertura da crise da Renânia no livro era enganadora e, claro, Churchill era apresentado como onisciente, o que não tinha sido.[120]

Em março de 1949, Churchill publicou *Their Finest Hour* [Seu melhor momento], o segundo volume das memórias de guerra, que cobria os acontecimentos de maio de 1940 a janeiro de 1941. (A edição francesa ganhou o título de *A hora trágica*.)[121] Evidentemente, não poderia haver menção à Ultra, mas por outro lado o segundo volume era menos controverso do que o primeiro e do que os seguintes seriam. "Em que momento, ao longo de todos os séculos da história desta ilha, um tema como este teve uma caneta à sua altura?", perguntou o *Spectator*. No total, os seis volumes de memórias de guerra de Churchill somaram 2 milhões de palavras e ainda hoje podem ser lidos tanto como obra literária quanto como livros de história.

Quando, em 4 de julho de 1948, Aneurin Bevan, o ministro da Saúde, se referiu aos conservadores como "inferiores aos vermes", estava claro que Churchill, que havia muito nutria forte antipatia por ele, responderia. Seis dias depois, em Woodford, ele disse: "Falamos do ministro da Saúde, mas não deveríamos dizer ministro da Doença, pois não é o ódio mórbido uma forma de doença mental, doença moral e, de fato, uma forma altamente infecciosa? Com efeito, não

* Foot derrotou Randolph em Plymouth (Devonport), na última tentativa do filho de Churchill de entrar no Parlamento.

consigo pensar em nenhuma medida melhor para sinalizar a inauguração do Serviço Nacional de Saúde do que colocar entre seus primeiros pacientes uma pessoa que obviamente precisa de atenção psiquiátrica".[122] (Numa ocasião posterior, a propósito do ódio de Bevan em relação aos ricos, Churchill disse: "O ódio é um mau guia. Nunca me considerei bom em odiar, embora reconheça que, com frequência, o ódio acrescentou estímulo à combatividade".)[123]

Em Aix-en-Provence, em agosto, procurando o que chamava de lugares "pintáveis", Churchill deixou claro para Boothby que, em crises como a da ponte aérea de Berlim, se estivesse no número 10 da Downing Street, teria feito uso do monopólio nuclear do Ocidente. "Eu deixaria as coisas claras para eles", disse sobre os soviéticos. "Se não fizermos isso, a guerra pode vir. Eu lhe diria, bem educadamente: 'No dia em que deixarmos Berlim, vocês terão que deixar Moscou'. Não acho necessário explicar por quê." Ele acreditava que os norte-americanos estavam deixando o Kremlin pensar que tinham renunciado à alternativa nuclear, mas "comigo por perto, eles não teriam tanta certeza".[124] Não era algo que estivesse disposto a dizer em público e, sempre que se aproximava disso pisando em ovos, tanto a imprensa de esquerda como o *Times* logo o acusavam de belicista.

Na Conferência do Partido Conservador em Llandudno, no País de Gales, em 9 de outubro, Churchill revelou sua ideia de tornar a Grã-Bretanha o elo entre "os três grandes círculos entre nações livres e democracias" — o Império Britânico e sua Comunidade, os Estados Unidos e a Europa Unida —, referiu-se à "agressividade e malignidade" dos soviéticos e disse que "o único alicerce seguro da paz e da prevenção da guerra real depende da força". Também denunciou o golpe tcheco, que levou ao provável assassinato de seu amigo Jan Masaryk, ministro das Relações Exteriores: "Stálin perpetrou em 1948 exatamente o mesmo ato de agressão de Hitler quando entrou em Praga em 1939, há nove anos [...]. Tudo isso está exposto diante de nossos olhos de modo tão claro como Hitler nos contou sobre seus planos em *Mein Kampf*. Espero que as nações ocidentais e, em particular, nosso país e os Estados Unidos não caiam no mesmo tipo de armadilha mortal duas vezes".[125] Shinwell respondeu no dia seguinte: "O sr. Churchill é um grande líder de guerra, sem dúvida. É por isso que ele quer outra guerra".[126]

O *Pravda* se referiu a Churchill como "o bisonte da reação britânica", o *Daily Worker* o acusou de ser um "gângster do átomo", e o *Times* tratou suas opiniões como "perigosamente simples".[127] Churchill não recuou e falou inequivocamente num debate realizado em janeiro de 1949: "Acho que chegará o dia em que será reconhecido sem dúvida, não apenas em um lado da Câmara, mas em todo o mundo civilizado, que o estrangulamento do bolchevismo em seu nascimento teria sido uma incalculável bênção para a raça humana".[128] Em caráter privado, continuava defendendo a exploração do monopólio nuclear do Ocidente até que os soviéticos testaram com sucesso sua própria bomba, em agosto de 1949, quando ele rapidamente reavaliou a situação, reconhecendo que esse tipo de confronto se tornara impossível. A única solução poderia ser um compromisso negociado para acabar com a corrida armamentista, enquanto a pressão ideológica era mantida na esperança de que o comunismo entrasse em colapso de dentro para fora.

Em novembro de 1948, pouco antes de seu aniversário de 74 anos, Churchill mostrou sua vitalidade física ao cavalgar com o grupo da Caçada de Old Surrey e Burstow, que se reuniu em Chartwell Farm. "Foi mesmo um grande feito", relembrou Mary, "mas ficamos todos profundamente aliviados quando, depois de provar que era capaz, Winston não voltou a cultivar o hábito de cavalgar."[129] Por outro lado, em 1949, estimulado por Christopher Soames, ele aderiu às corridas de cavalos, adotando as cores de seu pai: rosa com mangas e boné cor de chocolate. Depois de comprar Colonist II, um potro francês cinzento, investiu em 37 cavalos de corrida nos anos seguintes. Conversava com seus animais antes dos páreos e, quando Colonist II chegou uma vez em quarto lugar, explicou: "Eu disse a ele que esta é uma corrida muito grande e que, se ele vencesse, nunca teria que correr de novo, mas passaria o resto da vida em agradável companhia feminina. Colonist II não se concentrou na competição".[130] Em maio de 1950, quando Colonist II venceu Above Board, o cavalo do rei, em Hurst Park, ele escreveu à princesa Elizabeth: "Eu gostaria que ambos tivéssemos sido vitoriosos, mas isso não serviria de base para as emoções e a vivacidade do turfe".[131] Na época de sua morte, já vencera setenta corridas. Isso lhe dava emoção e prazer, embora Clementine nunca tenha aprovado por completo. Alguns anos após a vitória em Hurst Park, quando foi sugerido que Colonist II fosse disponibilizado para reprodução, ele comentou: "Para dizerem que o primeiro-ministro da Grã-Bretanha está vivendo dos ganhos imorais de um cavalo?".[132]

O Estado de Israel, criado em maio de 1948, foi bem recebido por Churchill. Em janeiro de 1949, ele o descreveu a uma cética Câmara dos Comuns e ao governo trabalhista que ainda não o reconhecera como "um evento na história mundial, a ser visto da perspectiva não de uma geração ou de um século, mas da perspectiva de mil, 2 mil ou até 3 mil anos. Esse é um padrão de valores temporais que parece estar muito fora de acordo com o perpétuo clique-claque de nossos humores cambiantes e da época em que vivemos".[133] Dois meses depois, nos Estados Unidos, onde estava para se encontrar com o presidente Truman e falar no Instituto de Tecnologia de Massachusetts, disse a uma plateia predominantemente judaica de Nova York: "Lembrem-se, fui a favor de um Israel livre e independente durante os anos sombrios, quando muitos dos meus compatriotas mais distintos tinham opinião diferente. Portanto, não imaginem nem por um segundo que tenho a mais ínfima ideia de abandoná-los em sua hora de glória".[134]

Em 25 de março, num jantar oferecido pelo fundador da Time-Life Henry Luce em Nova York, Churchill afirmou que o Politburo soviético "é tão perverso quanto Hitler, mas muito mais terrível, porque Hitler tinha apenas a coisa da *Herrenvolk* e o antissemitismo [...]. Ele não tinha tema.* Mas esses catorze homens no Kremlin têm sua hierarquia e uma igreja de adeptos comunistas cujos missionários estão em todos os países como uma quinta-coluna".[135] Ele relembrou o furor que seu discurso em Fulton havia criado e disse: "Eu me lembro de algumas palavras que meu pai falou quando eu era um moleque — lembro que ele disse que um homem que não é capaz de levantar depois de tomar um soco não vale nada. Bem, eu sempre tentei viver de acordo com isso e, no geral, é um processo bastante saudável". Mas acrescentou: "O único motivo para querer nocautear um homem é para pegá-lo novamente em um melhor estado mental".[136]

Churchill então perguntou quem havia transformado o mundo nos três anos decorridos desde Fulton: "Ninguém poderia ter feito isso senão o sr. Stálin. Ele é o único".[137] Não havia mais declarações como "eu gosto desse homem", como em Potsdam. Agora ele afirmava: "Digo-lhes que não adianta discutir com um comunista. Não adianta tentar converter um comunista ou persuadi-lo". Em vez disso, a única coisa a fazer era "convencer o governo soviético de que você tem força superior" e também que "não é restringido por nenhuma consideração de ordem moral se for o caso de usar essa força com total impiedade material. E essa é a maior chance de paz, o caminho mais seguro para a paz".[138]

"Não podíamos imaginar que aquele que foi chamado de o século do homem comum teria como sua característica marcante mais homens comuns matando-se uns aos outros com maior facilidade do que nos outros cinco séculos juntos da história do mundo", discursou Churchill no Instituto de Tecnologia de Massachusetts** em 31 de março.[139] Quarenta anos antes de acontecer na Europa, Churchill previu o fim do comunismo:

> Leis justas ou injustas podem governar as ações dos homens. As tiranias podem restringir ou regular suas palavras. A máquina de propaganda pode embalar sua mente com falsidade e negar-lhes a verdade por muitas gerações. Mas a alma do homem assim mantida em transe ou congelada numa longa noite pode ser despertada por uma centelha vinda sabe Deus de onde, e em um instante toda a estrutura de mentiras e opressão está em julgamento. Os povos em cativeiro nunca precisam se desesperar.[140]

* Churchill acreditava em temas. "Leve esse pudim embora!", disse uma vez a um garçom nos anos 1950. "Não tem tema" (Christopher Soames, *Finest Hour*, nº 50, p. 16).

** Foi a experiência positiva de Churchill no MIT que o levou a pedir uma faculdade científica e tecnológica em Cambridge como seu memorial.

Era uma mensagem positiva no momento em que Berlim ainda estava sob bloqueio, e a ponte aérea continuava. Em janeiro de 1953, Churchill previu que Colville viveria para ver a derrota do comunismo e quase acertou; Colville morreu em 1987, apenas dois anos antes da queda do Muro de Berlim.[141]

Em 24 de agosto de 1949, quando estava de férias no sul da França, Churchill sofreu um pequeno derrame, o primeiro de uma série que teria nos anos seguintes. Estava jogando cartas às duas da manhã quando notou uma cãibra na perna direita e no braço direito, que ainda persistia quando acordou de manhã, bem como dificuldade para escrever. Sua fala não foi afetada, e Moran lhe disse que "um coágulo muito pequeno bloqueou uma artéria muito pequena".[142] O incidente foi mantido em segredo, mas, em retrospecto, teria sido uma boa hora para Churchill deixar a Câmara e abrir espaço para a nova geração. Cinco dias depois, porém, os soviéticos testaram com sucesso sua bomba atômica, o que o fez sentir que era imperativo permanecer na linha de frente da política.

A partir do início de 1949, a popularidade do governo trabalhista começou a cair, com as medidas de austeridade continuando a incomodar e o racionamento não mostrando sinais de ser suspenso. Ao ser informado por um funcionário do Partido de que as intenções de voto na eleição extraordinária de Hammersmith South em fevereiro estavam "confusas", Churchill perguntou: "O que você quer dizer? Confusas como?".[143] Aconteceu de os tories conquistarem mais 5,2% dos votos, não o suficiente para a vitória, mas um sinal positivo. A desvalorização de 31% da libra esterlina efetuada por Stafford Cripps em 18 de setembro — de 4,03 para 2,80 dólares — prejudicou seriamente a reputação de competência econômica do governo trabalhista (embora Churchill fosse obrigado a admitir para Clementine em janeiro seguinte que "nenhum dos males da desvalorização já se manifestou para valer; só estão começando").[144] Cripps, que era chanceler do Tesouro desde 1947, negou nove vezes que faria a desvalorização — o que acabou obrigado a fazer a fim de proteger a libra esterlina —, ganhando assim a repreensão injusta de Churchill de que havia enganado o Parlamento. Em resposta, Cripps o acusou de fazer "política de moleque de rua" e se recusou a aceitar um doutorado honorário da Universidade de Bristol que Churchill lhe ofereceu naquele mesmo ano. "O lado infantil de Winston é sempre simpático", Chips Channon registrou em 28 de setembro de 1949.

> Hoje eu o vi entrar no saguão dos membros do Parlamento [...] [e pedir] rapé, que o atendente lhe entregou em uma caixa de prata. Então, surpreendentemente, Winston olhou para a cadeira do sargento de armas* (que ele devia conhecer havia

* Oficial designado pela Câmara dos Comuns para manter a ordem no recinto. (N. T.)

> quarenta anos) como se nunca a tivesse visto na vida, sentou-se nela e ficou por cinco minutos inteiros, curvando-se e sorrindo para outros parlamentares [...]. Uma brincadeira de menino [...]. Poucos minutos depois, no entanto, fez o que seria um dos seus maiores discursos [sobre a desvalorização da libra esterlina] para uma Casa apinhada e ansiosa.[145]

A recusa de Churchill em obedecer a regras e convenções também se estendia a ignorar todos os sinais de "proibido fumar" e continuar a dar gorjetas para os servidores da Câmara dos Comuns, apesar de proibidas pelo Comitê de Cozinhas controlado pelos trabalhistas.

"Escrever um livro é uma aventura", disse Churchill ao receber o prêmio literário do *Times* em novembro. "No começo, ele é um brinquedo, uma diversão; então torna-se uma amante, e depois um mestre, e depois um tirano, e então, na última fase, quando se está prestes a reconciliar-se com a servidão, mata-se o monstro."[146] Os gracejos continuaram no final daquele mês, na festa de seus 75 anos em Hyde Park Gate; quando o fotógrafo manifestou sua esperança de fotografar também sua festa de cem anos, ele retrucou: "Não vejo por que não, rapaz, você parece razoavelmente em forma e saudável".[147] Questionado se temia a morte, respondeu: "Estou pronto para encontrar meu Criador. Se meu Criador está preparado para a grande provação de me encontrar é outra questão".[148]

Em 11 de janeiro de 1950, Attlee dissolveu subitamente o Parlamento e convocou uma eleição para 23 de fevereiro, interrompendo as curtas férias de Churchill na Ilha da Madeira. Ele convocou a liderança do partido e em nove horas foi debatido em conjunto o manifesto eleitoral, com base principalmente na *Carta industrial*.* *Este é o caminho* prometia "manter e melhorar o Serviço de Saúde" e, ao mesmo tempo, libertar "as energias produtivas da nação dos obstáculos do controle estatal autoritário e da administração burocrática". "Estou muito deprimido com o país porque, para quem vencer, não haverá nada além de amargura e conflito", disse ele a Clementine, "como os homens que lutam como selvagens numa pequena balsa que está se desintegrando."[149] Quanto ao resultado: "Tudo está em terreno desconhecido. No entanto, não haveria diversão na vida se soubéssemos o fim desde o início".[150]

Churchill se lançou na campanha, atacando uma forma embrionária de

* Quando convocou o especialista em eleições dr. David Butler, da Universidade Princeton, para uma discussão de quatro horas, ficou surpreso ao descobrir que o professor tinha somente 25 anos de idade. "Melhor se apressar, meu jovem", disse-lhe. "Napoleão tinha apenas 26 anos quando cruzou a ponte de Lodi." Butler relembrou: "Fiquei impressionado. Eu não era partidário dos conservadores, mas sabia que estava na presença do maior homem do mundo" (*Daily Telegraph*, 7 abr. 2015).

vocabulário politicamente correto num discurso feito em Cardiff no início de fevereiro.

> Espero que todos tenham dominado o jargão socialista oficial que nossos mestres, como eles mesmos se chamam, desejam que aprendamos. Vocês não devem usar a palavra "pobres"; eles são descritos como o "grupo de baixa renda". Quando se trata da questão de congelar os salários de um operário, o chanceler do Tesouro fala em "deter o aumento da renda pessoal" [...]. Há uma palavra adorável para casas e lares. No futuro, serão chamados de "unidades de acomodação". Eu não sei como vamos cantar nossa velha música "Lar, doce lar". "Unidade de acomodação, doce unidade de acomodação, não há lugar como a nossa unidade de acomodação." Espero viver para ver a democracia britânica cuspir todo esse lixo para longe de seus lábios.[151]

De forma igualmente jocosa, seis dias depois ele disse a uma plateia de Edimburgo: "Duvido que sinta muito prazer o socialista médio quando acorda de manhã para dizer a si mesmo: 'Ei, eu sou dono do Banco da Inglaterra, sou dono das ferrovias, sou dono das minas de carvão'. Mas, se isso de fato lhe dá algum prazer, certamente está pagando caro por isso".[152]

Sabendo que era provável que fosse acusado de belicismo e mais do que ciente de que a Rússia soviética se transformara em uma potência nuclear, Churchill cunhou uma nova expressão quando disse sobre os russos: "Atrai-me a ideia de um esforço supremo para superar o abismo entre os dois mundos, para que cada um possa viver a sua vida, se não em amizade pelo menos sem os ódios da Guerra Fria. Vocês devem ter o cuidado de anotar minhas palavras nessas questões, porque nem sempre me revelei errado. Não é fácil ver como as coisas poderiam piorar com uma discussão na cúpula, se é que isso seria possível".[153] Os trabalhistas rejeitaram a ideia como um "truque retórico", mas a capacidade de Churchill de popularizar expressões como "*business as usual*" e "cortina de ferro" era tamanha que todas as reuniões entre governantes passaram a ser chamadas de "cúpulas".

Churchill e seu partido tinham uma montanha formidável para escalar. O Parlamento aprovara nada menos que 347 leis entre 1945 e 1950, implementara o Relatório Beveridge na íntegra com a Lei do Seguro Nacional de 1946 e a Lei Nacional de Assistência de 1948, criara o Serviço Nacional de Saúde, construíra mais de 1 milhão de casas e aumentara a idade de saída da escola para quinze anos. Os trabalhistas também nacionalizaram as minas de carvão, as ferrovias, o gás, a eletricidade, o transporte rodoviário de mercadorias e o Banco da Inglaterra. Concederam a independência a Índia, Paquistão, Ceilão e Birmânia, retiraram-se da Palestina e ajudaram a fundar a OTAN. Muito disso constituía conquistas genuínas, mas o custo havia sido escassez de alimentos, racionamento, austeridade, tributação alta, divisões partidárias, desvalorização da libra esterlina e um Gabinete totalmente esgotado: tanto Bevin como Cripps estariam mortos dentro de dois anos.

Renovados pelo seu período fora do governo, os conservadores foram capazes de colocar em campo uma forte equipe de frente, da qual faziam parte Anthony Eden, Harold Macmillan, Rab Butler, Oliver Stanley e Oliver Lyttelton. Churchill conseguira escolher um Gabinete Paralelo de que gostava e admirava; seis dos vinte eram detentores da Cruz Militar e oito eram membros do Other Club. Suas atas mostram que suas discussões eram informais e colegiadas, até mesmo afetuosas.[154]

Com o comparecimento de 84% dos eleitores, o maior índice desde 1906 e nunca superado desde então, o Partido Trabalhista ganhou 315 assentos; o Conservador, 298; o Liberal, nove; e outros partidos, três, dando a Attlee, descontando o presidente da Câmara, uma maioria efetiva de cinco deputados. Os conservadores ganharam 85 assentos a mais (um aumento de praticamente 40%). Os trabalhistas obtiveram 13,27 milhões de votos; os conservadores, 12,5 milhões; e os liberais, 2,62 milhões. "Winston falou hoje no debate sobre Defesa por mais de uma hora e parecia estar no melhor dos humores", observou Channon em meados de março. "Ele não é nenhum vulcão extinto."[155]

Churchill estava imerso em reflexões profundas sobre as consequências da bomba soviética e sobre o conceito que veio a ser chamado de destruição mutuamente garantida, e compartilhou suas ideias num discurso olímpico feito na Câmara no fim de março. "Os moralistas podem achar um pensamento melancólico que a paz não consiga encontrar fundamentos mais nobres do que o terror mútuo", falou ele.[156] Então reprisou algumas ideias do discurso de Fulton, concluindo que "o homem neste momento de sua história exerce uma supremacia sobre as forças da natureza maior do que jamais sonhou. Tem o poder de resolver com facilidade os problemas da existência material. Venceu as feras e até os insetos e os micróbios. Estende-se diante dele, como deseja, uma era dourada de paz e progresso. Tudo está em suas mãos. Só é preciso vencer seu último e pior inimigo: ele mesmo".[157] Como diria cinco anos depois, Churchill se preocupava com o fato de que "a dissuasão não cobre o caso de lunáticos ou ditadores com disposição como a de Hitler quando se encontra em sua última trincheira".[158]

Em abril de 1950, Churchill publicou *The Grand Alliance* [A grande aliança], o terceiro volume de *The Second World War*, que tratava da entrada da União Soviética e dos Estados Unidos na guerra. Não surpreende que, tendo em vista o tema e o autor, o livro fosse comparado por alguns críticos a *Sobre as guerras gáli-*

*cas* de Júlio César.[159] "Preciso justificar-me perante a história", admitiu Churchill abertamente a um funcionário do Partido Conservador que tivera de esperar em Chartwell enquanto ele trabalhava.[160] Os direitos da publicação seriada nos Estados Unidos renderam meio milhão de dólares (cerca de 5,25 milhões em moeda de hoje) da revista *Life*. "Não estou escrevendo um livro", explicou ele. "Estou desenvolvendo uma propriedade."[161]

Em junho, Churchill atacou de forma um tanto hipócrita os trabalhistas por boicotarem uma conferência sobre o Plano Schuman, que pressagiava a Comunidade Europeia do Ferro e do Aço, e dois meses depois, em Estrasburgo, apoiou a criação de um Exército europeu, embora Eden tenha dito a Cranborne que "era provavelmente útil para reunir franceses e alemães, e Winston nunca pretendeu ir mais longe do que isso".[162] Contudo, naquele mês, quando pressionado na Câmara dos Comuns, Churchill admitiu que não podia "no momento" prever que a Grã-Bretanha viesse a ser "um membro comum de uma união federativa limitada à Europa".[163] Explicou que a principal razão para isso era a posição da Grã-Bretanha "como centro do Império Britânico e da Comunidade Britânica", além de "nossa associação fraternal com os Estados Unidos no mundo da língua inglesa". É dever de uma oposição se opor, claro, mas logo se descobriria que ele próprio não tinha intenção de fazer no cargo o que criticava os trabalhistas por se recusarem a implementar.

"Em nosso Movimento Europeu, trabalhamos com os federalistas", discursou ele à Câmara dos Comuns na mesma ocasião, "e sempre deixamos claro que, apesar de eles estarem seguindo o mesmo caminho, não estamos comprometidos com suas conclusões".[164] Os pró-europeus britânicos perderam as esperanças nele; Jebb reclamou que "Churchill decidiu fazer as coisas com um pé em cada lado", concluindo mais uma vez que "ele não era de fato [...] a favor de aderir a qualquer coisa parecida com uma Europa supranacional".[165] Jebb tinha razão e, em 12 de agosto de 1948, Churchill disse a Violet Bonham Carter que a "solução federalista" não poderia funcionar porque "um Parlamento da Europa [é] totalmente impraticável".[166]

No fim de junho de 1950, Stálin estimulou o líder comunista norte-coreano Kim Il-Sung a invadir a Coreia do Sul, a fim de testar a força de vontade dos ocidentais. Truman e Attlee reagiram de maneira firme, partindo em defesa dos sul-coreanos. "O velho é muito bom para mim", Churchill comentou com Sir David Maxwell Fyfe, parlamentar que era advogado e no futuro seria ministro do Interior. "Eu não conseguiria administrar essa situação se estivesse no lugar de Attlee. Seria chamado de fomentador de guerras."[167] Como Truman era dez anos mais novo que Churchill, Maxwell Fyfe naturalmente perguntou: "Que velho?". "Deus, Sir Donald", foi a resposta. Podemos apenas especular por que Churchill sempre chamava Sir David de Sir Donald.

A morte do marechal de campo Jan Smuts, aos oitenta anos, em 11 de setembro, levou Churchill a dar seguimento à sua tradição de falar de si mesmo nos panegíricos de seus amigos, declarando ao Other Club que Smuts fora "nosso maior membro vivo".[168] Ele o conhecera meio século antes e o admirava sem reservas, aceitando conselhos seus que não acataria de mais ninguém, exceto de Clementine.[169] Ex-inimigo na Guerra dos Bôeres, tornara-se um amigo próximo e um conselheiro de confiança, até porque Churchill sabia que Smuts não cobiçava seu cargo. Agora Beaverbrook era praticamente sua única conexão ainda viva com a geração da Grande Guerra.

Em novembro, saiu *The Hinge of Fate* [A articulação do destino], o quarto volume de suas memórias de guerra, que cobria o período entre a violenta onda de ataques do Japão após Pearl Harbor e a queda de Túnis. Como a Guerra Fria estava naquele momento esquentando consideravelmente, Churchill minimizou duas discordâncias com os norte-americanos sobre estratégia em 1942. Também foi generoso com De Gaulle, que assumiria de novo a Presidência da França em 1958: "Sempre, mesmo em seu pior comportamento, ele parecia expressar a personalidade da França — uma grande nação, com todo o seu orgulho, autoridade e ambição".[170] Como George Marshall era o secretário de Defesa dos Estados Unidos e acreditava-se que Eisenhower nutria aspirações presidenciais, enquanto Churchill estava a apenas um pulo eleitoral para retornar à Downing Street, havia a consciência de que em breve poderia ser necessário trabalhar com os três. Esse volume de suas memórias, embora também lindamente escrito, não se detém nas turbulentas discussões internas entre os Aliados. Também foi criticado por subestimar a primeira batalha defensiva de El Alamein, travada por Auchinleck, enquanto exagerava a ofensiva segunda batalha, comandada por Montgomery, no mesmo lugar.[171]*

Em meados de dezembro, num debate sobre a situação internacional, Churchill adotou a postura inesperada de elogiar a política de apaziguamento, pelo menos em algumas situações. Depois que Attlee declarou que não poderia haver apaziguamento com a Rússia, Churchill retrucou: "O apaziguamento em si pode ser bom ou ruim de acordo com as circunstâncias. O apaziguamento da fraqueza e do medo é inútil e fatal. O apaziguamento da força é magnânimo e nobre e pode ser o caminho mais seguro e talvez o único para a paz mundial".[172] Em seguida, condenou o crescente movimento para adotar a doutrina de "não usar primeiro" as armas nucleares, o que em suas palavras significava "nunca

* Um dos oficiais da equipe de Auchinleck, o general de brigada Eric Dorman O'Gowan, entrou com um processo por difamação que forçou Churchill a amenizar as críticas a Auchinleck em edições posteriores.

atire até que tenha sido morto a tiros. Isso me parece, sem dúvida, uma coisa tola de se dizer e uma posição ainda mais imprudente de se adotar. Ademais, essa determinação com certeza traria a guerra para mais perto". Channon observou que, quando Churchill foi vaiado aos berros por "centenas de socialistas enraivecidos" em resposta a esse comentário, "minha impressão foi de que havia criado deliberadamente a situação".[173]

Churchill foi passar o Natal no Hotel Mamounia e, quando retornou a Londres, circularam mais boatos sobre sua morte. "Sou informado por muita gente de que surgiu um rumor de que morri nesta manhã", declarou Churchill em meados de fevereiro. "Isso é muito falso. No entanto, é um bom exemplo da campanha de boatos que foi montada. Teria sido mais artístico deixá-la para o dia da eleição."[174] A perspectiva bem-humorada e otimista de Churchill contrastava com a óbvia aparência de exaustão do governo, por isso foi mantida. Quando Stálin acusou Attlee de ser um belicista por sua postura em relação à Guerra da Coreia e o rearmamento, Churchill afirmou que os trabalhistas pretendiam chamá-lo de belicista na próxima eleição, então "Stálin era culpado não apenas de uma inverdade, mas de violação de direitos autorais".[175]

Embora Bevan tenha sido de fato um "incômodo esquálido" durante a guerra, foi de grande utilidade para os conservadores em abril de 1951, quando ele e dois outros ministros, inclusive o futuro premiê Harold Wilson, renunciaram devido à imposição de cobranças do Serviço de Saúde numa época de rearmamento. Churchill disse a uma plateia no Albert Hall que "o sr. Attlee combina uma perspectiva limitada com fortes qualidades de resistência. Ele agora retoma a direção e liderança daquele grupo de moluscos com coração de leão [...] que estão unidos pelo desejo de manter o cargo a todo custo para suas próprias reputações e fortuna de seu país, e adiar por todos os meios disponíveis até o último momento possível qualquer contato com nosso eleitorado democrático".[176] Nesses discursos, havia traços de seus ataques ao governo Balfour em 1905. Em Woodford, em julho, Churchill cometeu outro exagero monstruoso, ao afirmar que "seis anos de governo socialista atingiram com mais força nossas finanças e economia do que Hitler foi capaz de fazer".[177] Era uma alegação completamente falsa — a Segunda Guerra Mundial custara à Grã-Bretanha quase um terço de sua riqueza líquida — e, por mais que chamasse a atenção, não era uma atitude digna para alguém como Churchill.

Em 19 de setembro, Attlee anunciou uma eleição geral para 25 de outubro, na esperança de ampliar sua maioria parlamentar de apenas cinco membros. O Gabinete Paralelo adotou o slogan "Grã-Bretanha Forte e Livre" e prometeu construir 300 mil casas em três anos. Churchill pediu a Violet Bonham Carter, então parlamentar liberal, que fizesse um programa de rádio eleitoral para os tories, na esperança de que os dois partidos pudessem até se fundir.[178]* Os liberais recusaram o pedido em nome dela e, após três dias de tentativas de persuasão, Churchill desistiu, mas por um momento pareceu uma perspectiva séria e um sinal de que ele estava priorizando os aspectos da Democracia Tory de seu pensamento político em detrimento de suas crenças libertárias não muito enraizadas. ("Nós nunca fomos tories e nunca seremos!", gritara Randolph, bêbado, para Woodrow Wyatt alguns anos antes. "Nós apenas fazemos uso do Partido Conservador.")[179]

Churchill enfrentou a acusação de belicista em 6 de outubro, falando a uma plateia de Essex que "tenho certeza de que não queremos nenhum dedo em nenhum gatilho [...]. Não creio que uma Terceira Guerra Mundial seja inevitável. Acho até que o perigo disso é menor do que era antes do imenso rearmamento dos Estados Unidos. Mas agora devo dizer que, de qualquer modo, não será um dedo britânico que desencadeará a Terceira Guerra Mundial".[180] Dois dias depois, reforçou essa posição num programa de rádio: "Não defendo que devemos nos rearmar a fim de lutar. Defendo que devemos nos rearmar a fim de conversar". Ele reiterou isso num discurso feito em Plymouth: "Se permaneço na vida pública neste momento, é porque [a paz] [...] é o último prêmio que busco conquistar".[181] Apesar disso, pouco antes do dia das eleições, o trabalhista *Daily Mirror* publicou uma foto de um revólver na primeira página, com a manchete: "De quem é o dedo no gatilho?". Outro slogan trabalhista da eleição dizia: "Vote em Churchill e pegue seu rifle; vote Trabalhista e chegue à velhice". Porém, Churchill conseguiu retratar os trabalhistas como fracos por terem permitido que Mohammed Mossaddegh, o primeiro-ministro do Irã, enfraquecesse o xá da Pérsia e nacionalizasse instalações petrolíferas de propriedade britânica, inclusive a refinaria de Abadan da Anglo-Iranian Oil Company, uma grande humilhação para a Grã-Bretanha em todo o Oriente Médio.[182]

Na quinta-feira, 25 de outubro de 1951, os conservadores conquistaram 321 assentos; os trabalhistas, 295; os liberais, seis; e outros partidos, três. Os trabalhistas receberam 13,95 milhões de votos; os conservadores, 13,72 milhões; e os liberais, 730 mil. Os conservadores, portanto, venceram as eleições com uma pequena, mas funcional maioria de dezessete membros do Parlamento, apesar de receberem menos votos populares do que os trabalhistas, o único resultado desse tipo em todo o período do pós-guerra até o momento. Em 1945, a maioria dos

* Como Churchill se saíra mal num teste para a televisão em 1949 — desenvolveu uma antipatia imediata e intensa pela nova mídia —, o único programa político de tevê do Partido Conservador durante a eleição foi feito pelo muito mais telegênico Eden. "Mesmo que tenhamos que descer a esse nível", falou Churchill sobre a televisão, "sempre precisamos acompanhar as melhorias modernas" (*CIHOW*, p. 474).

analistas acreditava que os trabalhistas permaneceriam no poder por no mínimo uma década, e alguns haviam previsto duas, mas eles saíram em apenas seis anos.[183] No final de seu romance *Savrola*, "depois que os tumultos diminuíram, os corações do povo voltaram-se novamente para o ilustre exilado que lhes havia garantido a liberdade e a quem haviam abandonado na hora da vitória".[184] Cinquenta e um anos após sua publicação, a vida de Churchill imitava sua arte.

# 33. Veranico

## *Outubro de 1951 a abril de 1955*

*Muita gente diz que eu deveria ter me aposentado depois da guerra e me tornado uma espécie de estadista ancião, mas como eu poderia? Lutei durante toda a minha vida e não posso desistir de lutar agora!*

Churchill para R. V. Jones, 1946[1]

*Ele ainda dominava o Gabinete, agora mais como Buda do que como Aquiles.*

John Colville sobre a segunda passagem de Churchill como primeiro-ministro[2]

Churchill estava a um mês de completar 77 anos quando se tornou novamente primeiro-ministro, em 26 de outubro de 1951, uma sexta-feira. Seis anos depois da derrota na eleição de 1945, ele retornava para um segundo período no cargo após uma primeira passagem em um momento historicamente complexo, algo que não fora conquistado por nenhum de seus heróis: Marlborough, Wellington, Disraeli, Clemenceau ou Lloyd George. Assim como durante a guerra, ele também assumiu o cargo de ministro da Defesa, e Eden tornou-se ministro do Exterior. Embora Eden quisesse ser vice-primeiro-ministro, como Attlee e Morrison haviam sido, o secretário do Gabinete Norman Brook e Sir Alan Lascelles argumentaram que seria uma violação da prerrogativa da Coroa, e Churchill os apoiou, apesar desses precedentes recentes. Jock Colville tornou-se o principal secretário particular de Churchill e, contra a vontade deles, os lordes Ismay e Cherwell (Prof Lindemann) concordaram em participar do Gabinete.

A natureza de "Uma única nação" pregada pela Democracia Tory foi sublinhada pela nomeação de Rab Butler para chanceler do Tesouro, do keynesiano Harold Macmillan para a Habitação e do advogado Sir Walter Monckton para ministro do Trabalho, com a ordem de preservar a paz nas relações trabalhistas a qualquer preço. O governo de Baldwin fora quase descarrilado pela greve geral; dessa vez, os sindicatos seriam comprados, por quase qualquer que fosse o custo.[3] Embora Walter Elliot quisesse ser ministro da Saúde, não atendeu ao telefonema do número 10 da Downing Street, pois ele e a esposa estavam passeando com o cachorro.[4] Churchill nunca gostara muito desse antigo defensor da política de apaziguamento, então o posto foi para Harry Crookshank, que fora diretor-geral dos Correios durante a guerra. Bracken fora eleito para o Parlamento de novo, mas sofria com problemas de sinusite graves demais para ocupar um cargo no Gabinete; em breve, ganharia um título de nobreza, mas nunca assumiu seu assento na Câmara dos Lordes. O visconde De L'Isle ao que parece ficou com o Ministério do Ar em grande parte por ter ganhado a Cruz Vitória.[5] Duncan Sandys foi para o Ministério do Abastecimento. Gwilym, filho de David Lloyd George e membro do Other Club, assumiu o importante posto de ministro da Alimentação, com ordens para abolir o racionamento o quanto antes.

Ainda na esperança de trazer os liberais para a coligação, Churchill ofereceu o Ministério da Educação ao líder deles, Clement Davies (que o ajudara a ser primeiro-ministro em 1940, mas depois votara contra ele no voto de confiança de julho de 1942). Quando Davies foi obrigado a recusar a nomeação por motivos políticos, Churchill o elogiou em lágrimas por sua abnegação.[6] A formação do governo durou uma semana: Churchill esqueceu qual o cargo que deveria oferecer a Nigel Birch (era o de subsecretário do Ministério do Ar) e levou uma hora para oferecer a John Boyd-Carpenter o cargo de secretário financeiro do Tesouro, porque se lembrou de quando havia recusado o posto, em 1905.

O próprio Churchill teve a ideia de nomear ministros que supervisionariam a coordenação das políticas de mais de um departamento, permitindo-lhe assim ter um Gabinete mais enxuto.[7] Lorde Woolton foi nomeado lorde presidente do Conselho, responsável pelo funcionamento dos Ministérios da Agricultura e Pesca e da Alimentação, enquanto lorde Leathers gerenciaria os dos Transportes, da Aviação Civil e de Combustível e Energia. Lindemann assumiu a pesquisa, o desenvolvimento e a produção científica e atômica, além de chefiar o departamento de estatística de Churchill. Eram posições em que os três aristocratas — logo apelidados de "Senhores Supremos" — haviam se destacado durante a guerra, mas todos os três tiveram um desempenho decepcionante no ambiente político, muito diferente, da paz. Havia confusão sobre se seus papéis eram executivos ou meramente consultivos, quais seriam suas relações com os ministros encarregados de cada setor e se eles eram responsáveis constitucionalmente perante o Parlamento ou apenas perante o Gabinete. Eles não receberam pessoal suficiente para exercer funções intervencionistas, mesmo que as desejassem, o que Woolton, pelo menos, não queria. Além disso, todos os três eram nobres, e portanto distantes do centro do poder legislativo na Câmara dos Comuns. A oposição, o funcionalismo público e os ministros departamentais detestaram o sistema e, com sua longa experiência no funcionamento de Westminster e Whitehall, Churchill deveria ter previsto os problemas que causaria a criação de um nível adicional de governo, que por fim acabou abandonado em setembro de 1953.

Em 23 de março de 1952, em Chequers, Churchill resumiu a agenda de seu ministério como "casas e carne e não ser afundado".[8] O governo evitaria o radicalismo daqueles conservadores que acreditavam que a Grã-Bretanha passaria a década de 1950 sendo superada por seus concorrentes globais, como a Alemanha e o Japão, se não reorganizasse suas práticas comerciais e industriais. No front interno, Churchill apoiou Macmillan contra o Tesouro em relação à construção de moradias e, em consequência, 300 mil casas foram de fato construídas em três anos, e 1 milhão até 1955. No que dizia respeito à abolição do racionamento, Churchill começou com um grave equívoco quanto à gravidade da situação da alimentação. Ele pediu a Gwilym Lloyd George que apresentasse um modelo das rações concedidas para cada adulto britânico. Então Lloyd George levou um grande prato de lata ao número 10 da Downing Street com um pedaço de carne pintado, um montinho de suposto açúcar, e assim por diante. "Não é uma refeição ruim", disse Churchill, com alguma satisfação. "Mas isso não é uma ração para uma refeição ou para um dia", explicou Lloyd George, "é para uma semana". "Uma semana!", ele exclamou, indignado. "Então as pessoas estão morrendo de fome. Isso precisa ser remediado."[9] No entanto, o racionamento persistiu por causa de uma crise no balanço de pagamentos, embora Churchill se preocupasse com a questão periodicamente e se esforçasse para aliviá-la, pois estava mais do que consciente de sua importância política. A abolição total do racionamento, conseguida por fim em julho de 1954, foi uma das realizações que mais causaram orgulho ao governo. As indústrias do aço e o setor de transporte rodoviário de mercadorias foram privatizados, mas, fora isso, o programa do governo de Attlee permaneceu quase inalterado. Churchill aprovou a quebra do monopólio da radiodifusão mantida pela BBC, que por muito tempo considerou institucionalmente de esquerda e que também o afastara das ondas do rádio em sua luta contra a política de apaziguamento na década de 1930. A empresa comercial ITV entrou no ar em setembro de 1955.

Churchill considerava os problemas da paz — a economia, o transporte rodoviário de mercadorias, as disputas comerciais, o balanço de pagamentos e assim por diante — muito mais maçantes que os da guerra. Com exceção da questão de "casas e carne", concentrou suas energias na política externa, embora seu envolvimento no conflito coreano tenha sido relativamente limitado, pois era uma operação liderada pelos norte-americanos, ainda que um grande número de soldados britânicos tenha lutado com bravura nessa guerra. Quando sugeriram que a China poderia ser invadida, ele opinou de forma acertada: "Isso seria a maior loucura. Seria como moscas invadindo o papel mata-moscas".[10] Seu agudo senso histórico dizia-lhe com razão que seu governo de veranico, como ficou conhecido, não ocuparia um centésimo do interesse — e talvez em termos de escritos para publicação nem um milésimo — do seu governo de guerra, e ele estava propenso a longas crises de nostalgia. Suas ocasionais observações reacionárias eram feitas com bom humor, e na época eram recebidas com o espírito lúdico com que a maioria delas era concebida, como quando ele disse: "Sempre considerei que a substituição do cavalo pelo motor de combustão interna foi um marco muito sombrio no progresso da humanidade".[11]

Apesar de sua saúde em geral ser boa para um homem de sua idade, a crescente surdez era agora um problema, e ele acabou por ter de usar um sistema de aparelho auditivo com um amplificador colocado em sua frente na mesa de reuniões do Gabinete. "Ele plugava os fones de ouvido, punha-os, ligava o amplificador, batia uma ou duas vezes neles e por um quarto de hora falava sem parar", relembrou lorde Mountbatten de uma visita que fez ao número 10 da Downing Street quando era comandante das forças da OTAN no Mediterrâneo.[12] Churchill só desligava o amplificador quando chegava a vez de Mountbatten responder. "Observei Winston hoje, com a mão no ouvido, escutando um colega de Parlamento no plenário da Câmara", escreveu Chips Channon na época. "Ele tem esse truque de fingir ser mais surdo do que é, quando quer se livrar de um chato ou se proteger de importunações."[13] Um repórter observou que, quando estava na oposição e precisou recorrer a aparelhos auditivos, Churchill relutava em ser visto usando-os em público. "Desde então, porém, passou a empregá-los como uma arma no debate, como seus óculos."[14]

A memória outrora prodigiosa também começava a desapontá-lo. Logo depois de nomeá-lo, esqueceu o nome de um subsecretário de seu governo, e era impossível esperar que se lembrasse de todos os parlamentares que o apoiavam. No entanto, ainda era capaz de fazer piadas sobre seus nomes; sobre Sir Alfred Bossom disse a Eden: "Mas isso é ridículo; não é uma coisa nem outra".[15] Para ajudar a si mesmo, usava apelidos; Sir Thomas Padmore era "Potsdam", e o general Sir Nevil Brownjohn, "Shorthorn", por exemplo.[16] Não obstante, era capaz às vezes de espantar o Parlamento com sua memória, como quando lhe perguntaram o nome de seu subsecretário para assuntos galeses e, depois de responder corretamente, acrescentou em galês fluente "*Mõr o gân yw Cymru i gyd*" (Todo o

País de Gales é um mar de canção).[17] Mais tarde, explicou que havia aprendido a frase num Eisteddfod (festival galês de poesia e música) a que tinha comparecido com Lloyd George mais de trinta anos antes.

"Consciente de que muitas pessoas acham que ele é velho demais para formar um governo", observou Harold Macmillan no início do ministério, "ele usou esses dias para dar uma demonstração de energia e vitalidade. Votou em todas as questões; fez uma série de pequenos discursos brilhantes; mostrou todas as suas qualidades de humor e sarcasmo, e coroou tudo isso com um notável café da manhã (às 7h30) com ovos, bacon, linguiça e café, seguido por um generoso uísque com soda e um imenso charuto. O último feito gerou admiração geral".[18] Churchill comunicou em caráter privado que pretendia ser primeiro-ministro por apenas um ano antes de entregar o governo a Eden. "Ele disse que só queria ter tempo para restabelecer a relação íntima com os Estados Unidos", registrou Colville, "e restaurar no país as liberdades que foram corroídas pelas restrições da guerra e pelas medidas socialistas do pós-guerra."[19] Uma vez que os trabalhistas haviam nacionalizado um quinto do Produto Interno Bruto do país nos últimos seis anos, a revogação de medidas socialistas demoraria obviamente mais de um ano. Além disso, sua concentração na política externa levaria de forma inevitável a confrontos com Eden, cujas coragem, integridade e energia respeitava, mas nem sempre seu julgamento. Em seu mandato de veranico, Churchill em geral ouvia mais Christopher Soames e Norman Brook, os quais elegeu para o Other Club, do que Eden.

Outra complicação no relacionamento de Churchill com Eden foi que sua sobrinha Clarissa Churchill, a linda e encantadora filha de Jack, estava namorando o ministro das Relações Exteriores, divorciado de sua primeira esposa, Beatrice. Embora Eden fosse 23 anos mais velho do que Clarissa, os dois se casaram em agosto de 1952, e a recepção foi realizada no número 10 da Downing Street. Churchill usava Clarissa como um canal para enviar mensagens ao seu futuro sobrinho agregado, como no fim de novembro daquele ano, quando o secretário particular de Eden anotou em seu diário: "O primeiro-ministro contou a Clarissa que quer desistir. Ela diz que ele está à procura de uma oportunidade e que Anthony deve ser gentil com ele".[20] Se, de fato, falou isso à sobrinha no primeiro ano do que acabaria sendo um período de três anos e meio no cargo, Churchill foi desonesto. No mês seguinte, em Chequers, quando Eden lhe perguntou diretamente quando ele pretendia sair, Churchill respondeu, depois de um longo silêncio: "Com frequência, penso que há coisas que eu poderia dizer, discursos que poderia fazer mais facilmente, se não fosse primeiro-ministro".[21] Isso beirava a mentira descarada.

Churchill já havia abandonado a prática das sestas da tarde e da leitura de madrugada das primeiras edições dos jornais do dia seguinte, mas fumava o mesmo número de charutos e, na lembrança de Colville, "embora nunca estivesse embriagado (com efeito, entre as refeições, só bebia soda com um pouquinho de uísque para dar sabor), ainda consumia, sem o menor efeito negativo, champanhe e conhaque suficientes no almoço ou no jantar para incapacitar qualquer homem menor".[22] "Quando eu era mais jovem, estabeleci uma regra de nunca tomar uma bebida forte antes do almoço", explicou Churchill ao rei em janeiro de 1952. "Agora é minha regra nunca fazê-lo antes do café da manhã."[23]

Churchill não perdeu tempo em desapontar também aqueles que queriam que a Grã-Bretanha participasse do projeto de unidade europeia, inclusive seus genros, Duncan Sandys e Christopher Soames. Em 29 de novembro de 1951, escreveu um memorando sobre o plano visionário de Robert Schuman para uma Comunidade Europeia do Ferro e do Aço — que viria a ser a base para a posterior Comunidade Econômica Europeia — em que afirmava inequivocamente:

> Nossa postura em relação a desenvolvimentos econômicos adicionais conforme os delineamentos de Schuman se assemelha à que adotamos sobre o Exército Europeu. Nós ajudamos, nos dedicamos, desempenhamos um papel, mas não nos fundimos e não abrimos mão de nosso caráter insular ou de nossa Comunidade. Nosso primeiro objetivo são a união e consolidação da Comunidade Britânica [...]. Nosso segundo, "a associação fraternal" com o mundo de língua inglesa; e terceiro, a Europa Unida, da qual somos um aliado e amigo separado, próximo e especialmente relacionado [...]. É somente quando os planos de unir a Europa tomam uma forma federalista que nós não podemos participar, porque não podemos nos subordinar ou o controle da política britânica a autoridades federalizadas.[24]

"Qual é a nossa posição?", perguntou ele à Câmara dos Comuns dezoito meses depois.

> Nós não somos membros da Comunidade Europeia de Defesa, nem pretendemos nos fundir em um sistema federalista europeu. Achamos que temos uma relação especial com ambos. Isso pode ser expresso por preposições, pela preposição "com", mas não "de" — estamos com eles, mas não somos deles. Nós temos nossa própria Comunidade e nosso Império [...]. Continuaremos a desempenhar um papel pleno e ativo nos planos da associação política, militar e econômica da Europa Ocidental com a Aliança do Atlântico Norte.[25]

Logo depois de chegar ao poder, Churchill reduziu o seu salário e o de seus colegas de ministério para dar à nação um exemplo de economia voluntária, o que foi denunciado por Woodrow Wyatt como um "gesto demagógico barato", mas que parece ter sido apreciado pelo país. "Acho que o honorável cavalheiro é um juiz de gestos demagógicos baratos", respondeu o primeiro-ministro a Wyatt, "mas não quando ele os comete."[26] Outra medida inicial foi assegurar uma pensão para o heroico general polonês Tadeusz Bór-Komorowski, que liderara a Revolta de Varsóvia, mas que na época vivia na Inglaterra e trabalhava como estofador. Ele também concedeu um título de nobreza ao general Sir George "Ma" Jeffreys, seu comandante nas trincheiras.

Embora gostasse de se mostrar mais sagaz do que os oponentes tanto quanto qualquer político durante seu governo de veranico, ele em geral evitava o partidarismo escancarado. Em 6 de dezembro de 1951, num debate sobre defesa, elogiou Attlee e até Shinwell por seus esforços patrióticos em relação ao recrutamento militar, à bomba atômica e ao rearmamento. Macmillan registrou que havia "lágrimas em seus olhos" quando fez isso.[27] Churchill fez até um elogio indireto a Aneurin Bevan no mesmo debate quando lhe deu "uma menção honrosa por, parece que por acaso, e talvez não pelo melhor dos motivos, acontecer de ter razão".[28] Essa ausência de sectarismo ideológico foi vista com mais frequência na postura que adotou para com os sindicatos. Em dezembro de 1940, dissera a Colville que, depois da guerra, "não queria liderar uma luta partidária ou uma luta de classes contra os líderes trabalhistas que agora o serviam tão bem".[29] Esse sentimento perdurou no tempo de paz e foi muito bem aproveitado pelos trabalhadores organizados, cujas demandas aumentaram em sintonia com a ação conciliadora do governo. O presidente do TUC Tom O'Brien visitaria Churchill em férias no sul da França, e a determinação do governo de buscar a paz nas relações trabalhistas a qualquer custo levou a acordos salariais inflacionários, em especial depois que os sindicatos do setor público exigiram paridade salarial com empresas privadas e o governo não conseguiu apontar as diferenças entre os dois setores, nem mesmo em termos de estabilidade no emprego. Houve uma série do que foi chamado de "Muniques trabalhistas" durante o mandato do veranico, como quando Churchill telefonou a Butler para se gabar de ter evitado uma greve dos ferroviários no Natal de 1954. O chanceler do Tesouro perguntou então nos termos de quem a disputa tinha sido resolvida. "Deles, galo velho!", foi a resposta alegre do primeiro-ministro.[30]

É duvidoso que teria sido muito diferente se Eden, em vez de Churchill, fosse primeiro-ministro. Por mais que os membros do Gabinete quisessem fazer parecer que haveria uma repetição dos dias de glória da guerra, esse seria, como Churchill havia dito sobre o mandato de 1924-9 de Baldwin, "um governo capaz e sedativo".[31] As etiquetas vermelhas desbotadas de "Ação para este dia" foram deixadas sobre a mesa do Gabinete no dia do retorno de Churchill ao cargo, mas, como nunca foram usadas, acabaram guardadas de novo numa gaveta.

"Estamos decididos a tornar esta ilha solvente, capaz de ganhar a vida e pagar suas despesas", anunciou Churchill pelo rádio em dezembro, pouco antes de partir para uma reunião de cúpula nos Estados Unidos. "Não temos nenhuma garantia de que ninguém manterá o leão britânico como animal de estimação."[32] Ele embarcou no *Queen Mary* em Southampton na véspera do Ano-Novo com uma comitiva que lembrava as grandes viagens transatlânticas dos tempos da guerra, da qual faziam parte Eden, Ismay, Lindemann, Sir William Slim (o CIGS) e Colville. Quando se descobriu que a âncora estava enredada e eles tiveram de passar a noite no porto, Mountbatten veio de sua casa de campo em Broadlands, não muito distante de lá, mas, de acordo com Colville, "só falava absurdos políticos completos [...]. O primeiro-ministro riu dele, mas Pug Ismay achou que não o humilhou o suficiente".[33]

Durante a travessia, todos trabalharam com afinco em montanhas de documentos, exceto Churchill, que afirmou estar indo para a América do Norte a fim de "restabelecer relações, não fazer negócios".[34] Na verdade, era muito mais que isso: Churchill queria o apoio norte-americano contra a exigência do Egito de que a Grã-Bretanha desistisse de suas bases na Zona do Canal de Suez e o estabelecimento de novos termos de cooperação nuclear formal entre a Grã-Bretanha e os Estados Unidos, que havia sido suspensa pela Lei McMahon.

Churchill ficou na embaixada britânica em Washington, e as conversas realizaram-se na Casa Branca. O presidente Truman foi mais amistoso do que nunca em termos pessoais, porém não quis avançar na questão de Suez nem na questão nuclear. Em 10 de janeiro, Churchill tomou um trem para Ottawa, onde faria uma visita a ambas as casas do Parlamento canadense, e tinha nas mãos um discurso escrito por Colville. "Posso me sentir obrigado a usá-lo", disse-lhe Churchill, "e nesse caso, será a primeira vez em minha carreira que usarei o discurso de outra pessoa."[35] No final, acabou por escrevê-lo ele mesmo. Quase cancelara a viagem ao saber que o governo canadense decidira que "Rule, Britannia" não deveria mais ser tocado pela Marinha ou pela Força Aérea do Canadá. Foi convencido a não fazer isso por Clementine, que, segundo Colville, ameaçou "fechar Chartwell e se mudar para um apartamento à beira-mar em Brighton" se ele não a ouvisse.[36] Quando desembarcou do trem-leito em Ottawa, a banda da Força Aérea Real Canadense tocou "Rule, Britannia". Como seria de esperar, Churchill chorou.

De volta a Washington em 17 de janeiro, Churchill fez seu terceiro e último discurso numa reunião conjunta do Congresso. (Ele ficara trabalhando no texto até o último instante na cama da embaixada e teve de sair às pressas para chegar ao Capitólio dois minutos antes do início da sessão.) "Acredito que, ao acumularmos dissuasões de todos os tipos contra a agressão, nós vamos, de fato, evitar a temível catástrofe", disse ele, "os temores que obscurecem a vida e arruínam o progresso de todos os povos do globo."[37] Sobre a Guerra da Coreia, acrescentou: "Nossos dois países concordam que, se a trégua que buscamos for alcançada apenas para ser rompida, nossa reação será rápida, resoluta e eficaz".[38] Isso foi bem recebido nos Estados Unidos, mas no âmbito doméstico foi criticado pelo Partido Trabalhista por parecer defender uma guerra nuclear contra a China. Churchill declarou que não havia implicação atômica nas palavras "rápida, resoluta e eficaz", e que, "certamente, se estamos lidando com termos gerais, elas são melhores do que 'tardia, tímida e fugaz'".[39]

Sobre Suez, Churchill discordava profundamente de Eden, que acreditava que a Grã-Bretanha deveria ceder de forma unilateral a Zona do Canal para promover boas relações com o Egito. Isso levou Churchill a dizer em tom de zombaria para Colville que "nunca soube antes que Munique se situava no Nilo". Em particular, afirmou que Eden era um fracasso como ministro das Relações Exteriores, "cansado, doente e preso a detalhes".[40] Havia muito tempo que lhe era motivo de arrependimento o fato de ter ocupado todos os grandes cargos exceto esse, e avisou a Colville que, se Eden renunciasse a Suez, ele mesmo assumiria o Ministério das Relações Exteriores.

Em 6 de fevereiro de 1952, o rei George VI morreu durante o sono na Sandringham House, com apenas 56 anos; era mais um dos amigos e paladinos de Churchill — o rei lutara na Batalha da Jutlândia — que morriam tragicamente jovens. Edward Ford, o secretário particular assistente do monarca, encontrou Churchill na cama, no número 10 da Downing Street, às 9h15, com papéis espalhados ao seu redor, e anunciou: "Primeiro-ministro, tenho uma má notícia para o senhor", e contou-lhe sobre a morte. "Má notícia?", replicou Churchill. "A pior." Ford relembrou que "ele despencou como um homem em estado de choque, profundamente abalado. Depois, empurrou os papéis para o lado e disse: 'Como esses assuntos parecem ser de pouca importância'".[41] Churchill ligou para Eden: "Anthony, imagine a pior coisa que poderia acontecer...".[42] Pouco depois, Colville encontrou Churchill sentado sozinho, com lágrimas nos olhos vidrados, recusando-se a ler os documentos oficiais e os jornais. "Eu não tinha percebido o quanto o rei significava para ele", registrou. "Tentei animá-lo dizendo que ele se daria muito bem com a nova rainha, mas tudo o que conseguiu dizer foi que não a conhecia e que ela era apenas uma criança."[43]

"Durante estes últimos meses, o rei caminhou com a morte, como se a morte fosse um companheiro, um conhecido, que ele não temia", discursou Churchill pelo rádio naquela mesma noite. "No final, a morte chegou como um amigo; e depois de um dia feliz de sol e esporte, e depois de dizer boa-noite àqueles que mais o amavam, ele adormeceu como todo homem ou mulher que se esforça para temer a Deus e nada mais no mundo pode esperar fazer."[44]

Além de chorar quando ouviu a notícia da morte de George VI, Churchill foi às lágrimas enquanto ditava seu panegírico a Jane Portal, sua secretária e sobrinha do marechal do ar, e depois ao ensaiar a transmissão pelo rádio, e mais uma vez a caminho do aeroporto de Heathrow para encontrar-se com a nova rainha, Elizabeth II, que voltava com o duque de Edimburgo do Quênia, e de novo no funeral do rei, no castelo de Windsor, em 15 de fevereiro.[45] Num gesto muito dos mais incomuns, recusou um uísque com soda na Deanery após a cerimônia fúnebre.[46] Em seu bilhete colocado sobre o caixão, Churchill escreveu as palavras "Por Coragem", a rubrica da Cruz Vitória.

Churchill terminara sua fala pelo rádio sobre a morte do rei com uma observação mais positiva, valendo-se da história como poucos seriam capazes: "Eu, cuja juventude se passou nas glórias augustas, incontestes e tranquilas da era vitoriana, posso muito bem sentir uma emoção ao invocar, uma vez mais, a oração e o hino 'Deus salve a Rainha!'". Na Câmara dos Comuns, em 11 de fevereiro, disse sobre a jovem rainha: "Com o novo reinado, devemos todos sentir nosso contato com o futuro. Uma bela e jovem figura — princesa, esposa e mãe — é a herdeira de todas as nossas tradições e glórias, jamais maiores do que nos dias de seu pai, e de todas as nossas perplexidades e perigos, jamais maiores em tempo de paz do que agora. Ela é também herdeira de toda a nossa força e lealdade".[47] Elizabeth II tinha 25 anos, mas Churchill detectara cedo nela uma figura promissora. Em janeiro de 1944, propusera que, quando ela completasse dezoito anos, em abril, deveria receber o título de princesa de Gales. O rei recusara a ideia, mas isso mostrava a confiança que Churchill já tinha nas habilidades dela. Ele estabeleceu um primeiro e excelente relacionamento com a nova monarca, pela qual, como todo o seu séquito imediatamente percebeu, ficou enfeitiçado.

"Quando Winston tinha sua audiência semanal na Bow Room do Palácio de Buckingham", escreveu Lascelles em seu diário, "eu, tendo-o acompanhado até a entrada, sentava-me ao lado da porta até ele sair, quando então compartilhávamos uísque com soda por meia hora. Eu não conseguia ouvir o que eles estavam falando, mas, na maioria das vezes, a conversa era pontuada por gargalhadas, e Winston geralmente saía enxugando os olhos. 'Ela está *en grande beauté ce soir*', disse ele certa noite em seu francês de colegial".[48] Em outra ocasião, comentou com Moran: "Se toda a gente do cinema em todo o mundo tivesse vasculhado o globo, não teria encontrado ninguém tão adequado para o papel".[49]

Quando Churchill acordou na manhã de 21 de fevereiro de 1952, percebeu que estava com dificuldade para encontrar palavras para o que queria dizer. Ele sofrera outro espasmo arterial cerebral; como explicou um historiador da saúde de Churchill, havia "indícios de uma insuficiência mais generalizada do suprimento de sangue de uma grande área da porção lateral esquerda do cérebro".[50] Moran advertiu que "poderia ser o prenúncio de um derrame iminente; caso não fosse, era um aviso claro de que, se a pressão não fosse aliviada, resultados terríveis se seguiriam em seis meses ou menos".[51] Churchill então entregou o Ministério da Defesa ao marechal de campo (agora conde) Alexander, mas não demonstrou nenhum interesse pelo conselho de Moran para que deixasse o cargo de primeiro-ministro, e Clementine, infelizmente, não insistiu no assunto.

Como acontecera tantas vezes antes, logo seus notáveis poderes de recuperação se reafirmaram. Numa festa oferecida no número 10 da Downing Street no fim daquele mês para Ismay, que estava prestes a assumir o cargo de secretário-geral da OTAN, o homenageado disse em seu discurso que lamentava deixar para trás seu rebanho de vacas Jersey em Gloucestershire. "Muito simples", interrompeu Churchill. "Ordenhe as vacas de manhã, voe para Paris e ordenhe os americanos à tarde!"[52] (Lascelles constatou nervosamente que não havia norte-americanos presentes.) Sobre a questão de saber se o Exército deveria adotar fuzis automáticos belgas, britânicos ou norte-americanos, Sir William Slim disse: "Suponho que acabaremos com alguma arma mestiça, meio britânica e meio americana". "Por favor, modere a sua língua, marechal de campo", pediu Churchill. "Essa é uma descrição exata de mim."[53]

Perto da hora do almoço, Churchill não gostava que os ministros saíssem das reuniões antes dele, mas, quando se aborrecia, ele mesmo encontrava maneiras de escapar mais cedo. John Boyd Carpenter, um membro mais jovem do Gabinete, relembrou uma reunião do Comitê de Defesa:

> De repente ele interrompeu, apontando o dedo para a janela, e disse em voz alta: "Que pássaro era aquele?". Ministros, generais e outros começaram a arriscar identificações rápidas. "Acho que era um gaio, primeiro-ministro", disse um deles. "Uma grande gaivota, primeiro-ministro", disse outro. Na confusão, ele se levantou da cadeira e começou a sair da sala do Gabinete. No caminho, passou por mim e eu ousei dizer: "Eu não vi o pássaro, primeiro-ministro". "Não havia nenhum", disse ele, com um sorriso imensamente satisfeito, e saiu feliz da sala. Obviamente, gostara de ver aqueles homens notáveis fazendo-se de tolos na tentativa de agradá-lo.[54]

(Essa tática não teria funcionado na guerra, pois Brooke era um eminente ornitólogo, sem nenhum interesse em agradá-lo.)

A retórica de Churchill às vezes transbordava das reuniões públicas e do Parlamento para suas conversas cotidianas. Em março de 1952, quando Sir Steuart Mitchell — o controlador de armas teleguiadas e eletrônicas do Ministério do Abastecimento — mostrou a Churchill e Clementine um filme sobre um míssil teleguiado, Churchill disse a ela: "Essa *engenhoca* procura o inimigo. Fareja-o. E, desprovida de ajuda humana, engloba sua destruição".[55] Seu humor irônico estava em constante exibição nas sessões de Perguntas ao Primeiro-Ministro. Quando, em 1952, ao pedir um dia nacional de oração, o pomposo parlamentar tory Raymond Gowe questionou: "O primeiro-ministro garantirá à Câmara que, embora tenhamos atendido adequadamente às necessidades físicas de defesa e de nossos outros problemas, não devemos negligenciar esses recursos espirituais que inspiraram este país no passado e sem os quais a mais nobre civilização se deterioraria?". Churchill respondeu: "Não penso que isso seja de minha exclusiva responsabilidade".[56]

Para os parlamentares trabalhistas, era difícil sobrepujá-lo em astúcia, mesmo quando ele claramente se contradizia. Certa vez, o futuro primeiro-ministro trabalhista James Callaghan destacou que o primeiro-ministro havia dito uma coisa na oposição sobre o cargo de comandante naval aliado no Mediterrâneo, mas outra bem diferente no governo. Churchill simplesmente sorriu e disse: "Minhas opiniões são um processo harmonioso que as mantém em relação com a movimentação atual dos eventos".[57] Havia vários trabalhistas no Parlamento que tentavam o tempo todo fazê-lo tropeçar, principalmente Bevan, Shinwell, Callaghan, Wyatt e Emrys Hughes, mas tamanhos eram seus esculachos que, em 1954, já se publicavam livretos com seus melhores epítetos contra eles. "Posso assegurar ao honorável cavalheiro que o espetáculo de certo número de cavalheiros de meia-idade que são meus oponentes políticos em estado de alvoroço e fúria é, na verdade, muito estimulante para mim", disse a Herbert Morrison.[58]

Em abril de 1952, Montgomery, que era um visitante habitual de Chartwell, pediu a Churchill que definisse "um grande homem" e perguntou se Hitler, por exemplo, tinha sido um. "Não", Churchill respondeu, "ele cometeu erros demais."[59] Então Montgomery o pressionou sobre Napoleão, a quem se referiu como "o Hitler do século XIX". Infelizmente, a refutação de Churchill dessa calúnia não foi registrada. "E certamente os grandes líderes religiosos eram os verdadeiros grandes homens?", prosseguiu Montgomery. "O primeiro-ministro disse que a grandeza deles era indiscutível, mas de um tipo diferente. A história de Cristo era inigualável e sua morte para salvar os pecadores, insuperável; além disso, o Sermão da Montanha era a última palavra em ética." Churchill não estava exatamente reconhecendo a divindade de Cristo, mas sua declaração de que a crucificação salvava os pecadores foi o mais próximo que chegou disso.

Em 23 de maio, pela primeira vez em sua longa carreira política, Churchill proferiu um discurso escrito por outra pessoa. Foi para um jantar de inspetores fiscais, e Colville, que o redigiu, viu nisso "um sinal de avanço da senilidade".[60] Churchill não estava de forma nenhuma se aproximando de um estado senil, apesar de não se furtar a fazer piadas sobre sua velhice. Quando um parlamentar trabalhista disse que o primeiro-ministro estava dando à Câmara menos informação do que Gladstone na época da Guerra da Crimeia, ele retrucou: "Receio não ter chegado ao alcance dos meus dedos o exato papel que o sr. Gladstone exerceu na Guerra da Crimeia; isso foi antes até do meu tempo".[61] Ele se esquivava com frequência de críticas sérias provocando risos no Parlamento, em ambos os lados do corredor.

Em junho, Churchill viu a possível eleição de Dwight Eisenhower nas eleições presidenciais de novembro como mais um motivo para permanecer no cargo, a fim de promover outra cúpula dos Três Grandes, na qual poderia negociar um acordo duradouro com os russos. Caso contrário, como disse a Colville, "o entusiasmo diminui".[62] Ele mandou instalar aquários em sua biblioteca em Chartwell e os encheu com peixes tropicais de cores vivas, cuja alimentação, reclamou Colville, "era um desvio frequente de trabalhos sérios".[63] Em julho, à custa de Beaverbrook, foi instalado um elevador em Chartwell que subia um andar, do térreo ao escritório e quarto de Churchill no primeiro andar.

No início do segundo semestre de 1952, quando Hewlett Johnson, o "deão vermelho" da Cantuária, retornou da União Soviética e da China comunista com o que alegava serem "provas robustas" de que os norte-americanos estavam usando guerra biológica na Coreia, Churchill recusou todos os pedidos para que ele fosse submetido a um inquérito, dizendo: "A liberdade de expressão traz consigo o mal de todas as coisas tolas, desagradáveis e venenosas que são ditas, mas no geral preferimos amontoá-las a acabar com elas".[64] (Mais tarde se descobriu que as provas tinham sido falsificadas.) Em agosto, Churchill conseguiu convencer Truman a assinar junto com ele uma severa advertência a Mohammed Mossaddegh sobre sua posição antiocidental. Foi a primeira vez desde 1945 que os norte-americanos ficaram ao lado dos britânicos contra uma terceira potência. Eden, que estava em lua de mel na época, deu sua aprovação.

*Closing the Ring* [Fechando o círculo], o quinto volume das memórias de guerra de Churchill, que leva o relato até a véspera do Dia D, foi publicado em setembro, durante a campanha presidencial norte-americana, e não continha censuras a Eisenhower, o candidato republicano. "Não quero críticas aos Estados Unidos em minha mesa", disse Churchill num almoço no número 10 da Downing Street. "Os americanos criticam a si mesmos mais do que o suficiente."[65] De forma surpreendente, Churchill torcia em âmbito privado para que Adlai Stevenson, o candidato democrata, derrotasse seu velho camarada de guerra, porque acreditava que Eisenhower era "violentamente russófobo" e não desejaria a conferência abrangente com os soviéticos, com a qual almejava marcar o grande final de sua carreira política.[66] O que Churchill não parecia capaz de avaliar era que tanto os Estados Unidos como a União Soviética não estavam particularmente interessados em chegar a um acordo naquela época e, mesmo que estivessem, não precisavam mais dele como agente facilitador.

Em 3 de outubro de 1952, às 9h15, horário local, a Operação Hurricane transformou a Grã-Bretanha na terceira potência nuclear do mundo, quando uma bomba atômica explodiu nas ilhas Monte Bello, no Pacífico, com uma força superior à das que destruíram Hiroshima e Nagasáki. Churchill havia preparado dois telegramas para Sir William Penney, o diretor do Centro de Pesquisa em Energia Atômica: "Obrigado, dr. Penney" se fosse um fracasso, mas "Bom trabalho, Sir William" caso se revelasse um sucesso.[67] Churchill foi informado do teste em Balmoral, de onde há algumas filmagens dele conversando com o príncipe Charles e acenando com um pedaço de madeira de naufrágio durante uma expedição de pescaria com a família real. (O príncipe Charles mais tarde lembrou que Churchill havia dito que "aguardava o monstro do lago Ness".)[68] Em pouco tempo, a tecnologia nuclear deu seu salto quântico para a bomba de hidrogênio termonuclear, com um potencial de destruição centenas de vezes maior do que tinham as de Nagasáki e Hiroshima juntas. Em junho de 1954, Churchill ordenou que se construísse uma versão britânica dessa bomba; uma delas foi testada com sucesso em 1957. Ele disse a Colville que "estamos agora tão distantes da era da bomba atômica quanto a própria bomba atômica do arco e flecha".[69]

Dwight Eisenhower foi eleito presidente em 4 de novembro de 1952. "Apenas aqui entre nós", disse Churchill a Colville, "estou muito incomodado. Acho que isso torna a guerra muito mais provável."[70] Mesmo antes da posse de Eisenhower, Churchill decidiu repetir sua viagem a Washington do ano anterior. "Ele está ficando cansado e envelhecendo visivelmente", escreveu Colville. "Acha difícil escrever um discurso e as ideias não fluem mais."[71] Antes de sua partida, no entanto, teve de enfrentar um voto de desconfiança no início de dezembro. "Tenho hoje de lidar com uma moção de censura", comentou, "e, portanto, espero ser perdoado se não me limitar inteiramente aos métodos incontroversos que costumo praticar."[72] Churchill não podia deixar passar a oportunidade sem dar uma alfinetada em Bevan, comentando que ele "retoma seu papel de indignação virtuosa reforçada pela agressão pela qual é celebrado". Os pedidos de Bevan para que Churchill renunciasse durante a guerra e sua observação de que os tories eram "inferiores a vermes" mais do que justificaram as reprimendas periódicas e contundentes do primeiro-ministro. Churchill chegou a atacar Bevan quando ele não estava diretamente envolvido numa questão em particular; ao lembrar sua própria sugestão feita em 1949 de que a China comunista deveria ser reconhecida, ele disse: "Se você reconhece alguém, isso não significa que goste dele. Todos nós, por exemplo, reconhecemos o honorável cavalheiro como representante de Ebbw Vale".[73]

Em 30 de dezembro, Churchill embarcou novamente para Nova York no *Queen Mary*, com Clementine, Mary e Christopher Soames. No trem para Southampton, falou da guerra de 1812 e do futuro do Paquistão. Queria fazer um amplo *tour d'horizon* com o presidente eleito, que incluiria Mossaddegh, o Exército Europeu, a Guerra da Coreia, o canal de Suez e o terrorismo mau-mau da tribo Quicuio contra agricultores brancos no Quênia britânico. Afirmou que pretendia "pregar a Eisenhower a importância vital de uma frente anglo-americana comum 'da Coreia a Quicuio e de Quicuio a Calais'".[74] Se o presidente eleito estava com disposição para continuar a ouvir as pregações de Churchill era outra questão.

Na viagem, Churchill lamentou a Colville que, devido à vitória de Eisenhower, teria de cortar de *Triumph and Tragedy* [Triunfo e tragédia], o sexto e último volume de suas memórias de guerra, "a história de como os Estados Unidos doaram, para agradar à Rússia, vastos trechos da Europa que haviam ocupado e como suspeitavam de seus pedidos de cautela".[75] Alegou que as eleições gerais de 1945 ocuparam tanto sua atenção que não pôde conter essa "maré fatal", e que, se Roosevelt tivesse sobrevivido, "teria visto o sinal vermelho a tempo de deter a política americana: Truman, afinal de contas, era apenas um noviço, perplexo diante da marcha dos acontecimentos e das responsabilidades que jamais esperara ter". Essa sua versão da história estava errada. Tanto a Comissão Consultiva Europeia como o Acordo de Ialta haviam precedido a Presidência de Truman e, em 1945, Churchill manifestara grande esperança e convicção de que a Polônia manteria sua integridade e independência. Os Aliados dificilmente poderiam ter feito mais pela Polônia, com o Exército Vermelho ocupando por completo o Leste Europeu e com o governo legítimo em Londres incapaz de retornar a Varsóvia sob ameaça de encarceramento ou coisa pior. Churchill estava tentando fazer um revisionismo histórico a seu favor e em detrimento de Truman, embora devesse saber que Colville conhecia a verdade e, portanto, poderia estar apenas desabafando suas queixas.

Depois do jantar no Verandah Grill do *Queen Mary*, Colville disparou trinta perguntas a Churchill que poderia esperar que lhe fizessem na entrevista coletiva ao chegar a Nova York, tais como:

COLVILLE: "Qual é sua opinião, sr. Churchill, sobre o atual impasse na Coreia?"

CHURCHILL: "Melhor um empate do que um xeque-mate."

COLVILLE: "Como o senhor justifica uma despesa tão grande com a coroação de sua rainha, quando a Inglaterra está em tamanha dificuldade financeira?"

CHURCHILL: "Todo mundo gosta de usar uma flor quando vai ver sua garota."

COLVILLE: "A política britânica na Pérsia não está jogando a Pérsia nas mãos dos comunistas?"

CHURCHILL: "Se a Grã-Bretanha e os Estados Unidos recusarem a desunião, nenhum mal poderá acontecer."[76]

O *Queen Mary* ancorou em Nova York na manhã de 5 de janeiro de 1953, e os Churchill se hospedaram no apartamento de Bernard Baruch, na Quinta Avenida, onde Eisenhower os visitou às cinco da tarde, quinze dias antes de tomar posse na Presidência. "Winston disse que um protoplasma era assexuado", registrou Colville. "Então, dividia-se em dois sexos que, no devido tempo, se uniam de novo de maneira diferente para seu benefício e gratificação comuns. Essa também deveria ser a história da Inglaterra e dos Estados Unidos."[77] Em seu diário, Eisenhower anotou que Churchill "está tão charmoso e interessante como sempre, mas mostra definitivamente os efeitos da passagem dos anos".[78] Sobre a importância de a Grã-Bretanha participar com entusiasmo do projeto da Unidade Europeia, escreveu: "É quase frustrante tentar fazer com que Winston veja como é importante [para a Grã-Bretanha mostrar] liderança em produzir esse acontecimento [...]. Ele desenvolveu uma fé quase infantil de que todas as respostas devem ser encontradas somente na parceria anglo-americana [...]. Winston está tentando reviver os dias da Segunda Guerra Mundial". Durante as conversas mais substanciais, os dois homens também discordaram a respeito da Indochina, do Irã, da evacuação da Zona do Canal de Suez, da adesão da Grã-Bretanha à proposta de um Exército europeu e especialmente de um acordo de não proliferação nuclear com os soviéticos. Os sermões que Churchill prometera pregar a Eisenhower na verdade não foram apreciados, embora a velha nostalgia da guerra, sim. Nessa viagem, Churchill também viu o duque e a duquesa de Windsor em Nova York, mas apenas por meia hora. O comportamento do casal durante a guerra acabara com qualquer resto do afeto por eles que Churchill já tivera.

Em 7 de janeiro de 1953, por sugestão de Eisenhower, John Foster Dulles, que estava prestes a ser empossado no posto de secretário de Estado, disse francamente a Churchill que era uma ideia "muito infeliz" que ele visitasse Washington no início de fevereiro, bem no começo da Presidência de Eisenhower, porque os norte-americanos pensavam que o primeiro-ministro britânico já tinha influência demais sobre a política externa do país. "Então, W[inston] sentou-se e resmungou", registrou Colville.[79] Antes de ir dormir, falou algumas coisas muito duras sobre o Partido Republicano em geral e sobre Dulles em particular, que Soames e Colville acharam "tanto injustas quanto perigosas". Disse que não queria mais nada com Dulles, de cuja "cara larga como uma laje" ele "não gostava e desconfiava".[80] Poucos dias depois, descreveu Eisenhower como "um legítimo homem de estatura limitada".[81] Desde a época de Bourke Cochran e, certamente, desde a década de 1920, Churchill simpatizava com os democratas na política norte-americana.

Em 8 de janeiro, Churchill jantou na embaixada britânica em Washington com o presidente Truman, que deixara o cargo havia menos de duas semanas. Ele fez um discurso pró-sionista do qual praticamente todos os norte-americanos presentes não gostaram, embora admitissem a Colville "que o tamanho do eleitorado judaico os impediria de discordar publicamente".[82] Foi nessa ocasião que Churchill disse a Truman: "Espero que tenha sua resposta pronta para o momento em que você e eu estivermos diante de são Pedro e ele disser: 'Eu entendo que vocês dois são responsáveis por explodir aquelas bombas atômicas'".[83] Antes que Truman pudesse responder, o secretário de Defesa norte-americano Robert Lovett interveio: "Tem certeza, primeiro-ministro, de que estará no mesmo lugar que o presidente para esse interrogatório?". Ao que Churchill respondeu: "Lovett, meu grande respeito pelo Criador deste universo e incontáveis outros me dá segurança que Ele não condenaria um homem sem uma audiência".

Depois que o presidente partiu, os norte-americanos — entre eles Harriman, Acheson e o general Walter Bedell Smith — atacaram Churchill sobre a questão da proposta de um Exército europeu, que todos apoiavam, mas que, como relatou Colville, o primeiro-ministro encarava como um "'amálgama lamacento' infinitamente menos eficaz do que uma grande aliança de exércitos nacionais".[84] Eles não conseguiram convencê-lo a abandonar sua oposição à fusão das Forças Armadas dos países europeus em um único Exército fora da OTAN, o que, portanto, nunca aconteceu.

A observação de Churchill sobre são Pedro era típica de seus pensamentos na época; enquanto se barbeava na manhã de 24 de janeiro, disse a Colville: "É o dia em que meu pai morreu. É o dia em que eu também morrerei".[85]

A morte de Ióssif Stálin em Moscou, em 5 de março de 1953, fez com que Churchill se tornasse o último sobrevivente dos Três Grandes, apesar de ser o mais velho. "O que é chamado de guerra fria — que não é um termo oficial — continua", disse ele naquele dia. "O que enfrentamos não é um puxão violento, mas prolongado. Precisamos criar forças que possam desempenhar um verdadeiro papel de elemento de dissuasão contra a agressão e também oferecer um pouco de defesa em caso de guerra."[86] Quando a morte de Stálin foi anunciada no dia seguinte, ele telegrafou a Eisenhower insistindo para que aproveitasse a nova situação em Moscou e sugerindo estar disposto a fazer o que propôs como uma "peregrinação solitária" até lá, para ver se o Ocidente e a União Soviética poderiam escrever uma nova página na história, "com algo mais coerente do que uma série de incidentes casuais e perigosos nos muitos pontos de contato entre as duas divisões do mundo".[87]

Eden estava em Boston para tratar dos efeitos de uma operação de vesícula biliar malfeita em abril, e só voltaria seis meses depois. Sua doença era tão grave que David Astor, editor do *Observer*, tentou encomendar um obituário a lorde Cranborne (que se tornara o quinto marquês de Salisbury em 1947).[88] Churchill considerou seriamente mudar-se para o Ministério das Relações Exteriores e trabalhar a partir de lá, como fizera o terceiro marquês quando fora primeiro-ministro. Sem consultar o Gabinete ou o Ministério, muito menos Eisenhower e Dulles, em maio, Churchill se aproveitou da ausência de Eden para fazer uma declaração que causou sensação entre os parlamentares. Uma "conferência no mais alto nível deveria ocorrer entre as principais potências sem demora", anunciou, "na cúpula das nações [...]. Na pior das hipóteses, os participantes [...] teriam estabelecido contatos mais próximos. Na melhor das hipóteses, poderíamos ter uma geração de paz".[89] Alguns membros do Gabinete pensaram em renunciar diante dessa manobra não autorizada e, para contrabalançá-la, Eisenhower convocou uma reunião nas Bermudas em junho, à qual, para desgosto de Churchill, também convidou os franceses. Ninguém na época sabia, mas esse seria o último discurso que o primeiro-ministro faria no Parlamento por cinco meses.

Em abril de 1953, Churchill por fim aceitou a Ordem da Jarreteira, o que permitiu que parecesse magnífico em seu manto (que usou sobre o uniforme de lorde administrador dos Cinco Portos) na coroação da rainha, dois meses depois. Era agora "Sir Winston" e podia brincar: "Agora Clemmie terá de ser finalmente uma lady".[90] Na cerimônia de investidura, usou a mesma insígnia que o primeiro duque de Marlborough em 1702. Quando Emrys Hughes perguntou na Câmara dos Comuns se ele não iria agora para "outro lugar" — ou seja, a Câmara dos Lordes —, Churchill respondeu: "Desde que o termo 'outro lugar' seja usado em seu sentido estritamente parlamentar, darei de bom grado a garantia requerida".[91]

A coroação da rainha Elizabeth II, em 2 de junho de 1953, parecia mais um bom momento para Churchill se aposentar, assim como Baldwin havia feito após a coroação anterior, mas ele não podia fazê-lo em razão da ausência de Eden, e ainda queria perseguir seu sonho de acabar com a Guerra Fria. "Fico feliz por ter estado do lado errado", disse então sobre a abdicação. "Não poderíamos ter tido um rei melhor. E agora temos essa esplêndida rainha."[92]*

Logo após a coroação, surgiu uma questão sobre se a princesa Margaret, a irmã mais moça da rainha, deveria ser autorizada a casar-se com Peter Townsend, um capitão de grupo divorciado, estribeiro de seu falecido pai. "Isso é de extrema importância", comentou Churchill com Tommy Lascelles. "Um acidente de automóvel, e essa jovem pode ser nossa rainha."[93] (Na verdade, teria de ser um que também matasse o príncipe Charles e a princesa Anne.) Ainda que em

* Em 27 de maio, antes de um almoço de coroação em Westminster Hall, Churchill deu um conselho extremamente sábio a um jovem estudante norte-americano: "Estude história, estude história. Na história estão todos os segredos da arte de governar" (*OB* VIII, p. 835).

termos emocionais Churchill gostasse da ideia de um belo e corajoso piloto de caça da Batalha da Grã-Bretanha casando-se com uma bela princesa, Lascelles chamou-lhe a atenção em Chartwell para o fato de que alguns países da Comunidade talvez não aceitassem o filho de um divorciado como seu futuro monarca; ele decidiu então que a princesa Margaret deveria renunciar ao seu direito ao trono para se casar com Townsend.[94] O principal, enfatizou ele, era causar o menor nível possível de sofrimento e preocupação à rainha. O relacionamento acabou, e a princesa Margaret culpou Lascelles por arruinar sua vida. Na verdade, fora Churchill, em consulta com lorde Salisbury e Rab Butler, mas não com o divorciado Eden, que ainda estava em Boston.

Na terça-feira, 23 de junho de 1953, na conclusão de um jantar no número 10 da Downing Street para o primeiro-ministro da Itália, Alcide De Gasperi, Churchill, que proferira um agradável discurso de improviso sobre a contribuição italiana à civilização, sofreu um AVC.[95] "Ele se sentou e quase não conseguia se mexer", escreveu Colville. "Depois que os convidados saíram, ele se apoiou pesadamente em meu braço, mas conseguiu caminhar até o seu quarto."[96] Ninguém pareceu alarmado com a fala arrastada e a instabilidade do primeiro-ministro, uma das vantagens de ser um reconhecido entusiasta das bebidas alcoólicas. Moran diagnosticou o derrame, mas a constituição física extraordinária de Churchill era tal que ele foi capaz de presidir o Gabinete na manhã seguinte, já que não estava mentalmente incapacitado.[97] Os registros médicos de seu neurologista, que se chamava apropriadamente Sir (depois lorde) Russell Brain, mostram que Churchill teve uma recuperação constante e até rápida, embora houvesse preocupações sérias na época, é óbvio. "Eu certamente não notei nada além do fato de que ele estava muito branco", lembrou Harold Macmillan da reunião do Gabinete da manhã de 24 de junho. "Ele falou pouco, mas com clareza."[98] Butler concordou que ninguém percebeu nada de estranho, exceto que o primeiro-ministro estava mais quieto do que de costume.[99] No entanto, as transcrições das atas mostram que ele falou pelo menos um parágrafo sobre quatro dos cinco diferentes assuntos em discussão.[100]

Churchill foi levado a Chartwell ao meio-dia do dia seguinte. "Devo dizer-lhe, com grande tristeza, que o primeiro-ministro está gravemente doente", escreveu Colville a Lindemann naquela tarde.

> Ele teve um espasmo arterial, ou possivelmente um coágulo, após o jantar com De Gasperi na terça-feira. Sua articulação e seus movimentos estão seriamente afetados e, a menos que — como é possível — haja uma recuperação milagrosa nas próximas 48 horas [...] ele terá de abandonar o cargo. Sua coragem está acima do elogio e a de Clemmie também; mas é angustiante estar aqui e ver a deterioração

física que se estabeleceu. Ele encontra grande dificuldade para falar e, desde esta manhã, perdeu os movimentos do braço esquerdo.[101]

Moran temia que ele não sobrevivesse ao final de semana.

Lascelles (e, portanto, a rainha), Eden, Norman Brook, Salisbury, Butler, Lindemann e Patrick Buchan-Hepburn, que havia assumido o cargo de liderança tory em 1948, foram informados sobre o AVC, quase como uma necessidade de tempo de guerra, mas nenhuma palavra foi publicada até que Churchill o mencionou de forma casual num discurso feito na Câmara um ano depois.[102] Sua amizade próxima e longa com quase todos os grandes barões da imprensa, especialmente Beaverbrook, Bracken, Camrose e Esmond Rothermere, tornou isso possível — outra grande provação para a qual se preparara sem saber havia muito tempo. O código de *omertà* de seus amigos fez o resto.

Nas três semanas seguintes, enquanto Churchill estava incapacitado em Chartwell, vários assuntos importantes foram apresentados ao Gabinete, como a Guerra da Coreia, o comércio entre Oriente e Ocidente, navios britânicos nos mares da China, a Comunidade Europeia de Defesa, um tratado com a Líbia, o preço dos alimentos, uma Lei de Regência, os xecados do golfo Pérsico, o televisionamento da abertura do Parlamento, a nomeação de uma comissão real sobre a imprensa, tarifas ferroviárias, a construção do aeroporto de Gatwick e a situação no Egito.[103] Com Eden passando por outra operação na vesícula, Rab Butler presidiu o Gabinete na segunda-feira após o derrame e informou que o primeiro-ministro "estava sofrendo de severa sobrecarga" e "diminuiria suas obrigações por no mínimo um mês", porém "continuaria a receber os documentos oficiais mais importantes".[104]

Depois de uma semana, Churchill começou a melhorar, embora Colville notasse que "seu poder de concentração parecia fraco e ele preferia os romances políticos de Trollope ao trabalho".[105] Christopher Soames ajudou a levar adiante os assuntos do governo, revisando documentos secretos do Gabinete cujo acesso não era normalmente permitido a um mero secretário particular parlamentar. (Já então, nas palavras psicologicamente perspicazes de Colville, Soames "ocupava no coração de Churchill o lugar reservado por tanto tempo a Randolph, que tinha sido incapaz de preenchê-lo".)[106] Esse estado de coisas inconstitucional, em que o genro do primeiro-ministro e um secretário privado não eleito (Jock Colville) detinham o poder executivo efetivo na Grã-Bretanha através de um secretário de Gabinete também não eleito — mesmo que não o usassem —, continuou por várias semanas, até o fim de julho, quando Churchill se restabeleceu o bastante para readquirir um interesse ativo em assuntos de Estado.[107]

Nesse meio-tempo, Moran e Brain assinaram um comunicado anódino e enganoso que não mencionava o AVC, mas declarava que Churchill estava "precisando de um repouso total" devido à tensão da coroação. Os norte-americanos também não foram informados da verdade por trás do motivo por que a Conferência das Bermudas precisaria ser adiada por nada menos que seis meses. Em retrospecto, parece extraordinário que Churchill possa ter continuado no cargo por quase dois anos depois de sofrer um sério problema médico. Clementine ou a rainha poderiam ter interferido, mas nenhuma das duas o fez; tampouco algum dos ministros quis ser acusado de conspirar contra ele. Embora Eden tenha escrito a Salisbury em 14 de julho que "confesso que fiquei surpreso por ele não chegar a nenhuma decisão final", faltava-lhe a impiedade ou ausência de humanidade para atacar.[108]

Moran afirmou em seus diários (não totalmente confiáveis) que, treze dias após o derrame, Churchill conseguiu declamar os primeiros 34 versos do poema "Rei Roberto da Sicília", de Longfellow, errando apenas meia dúzia de palavras em mais de 250.[109] Contudo, a maior parte do círculo mais próximo de Churchill acreditava que Moran também inventava e exagerava demais para que seu testemunho fosse confiável, e lorde Brain escreveu ao *Times* em 1966 para dizer: "Não posso asseverar a exatidão de tudo o que lorde Moran diz sobre as consultas que relata".[110] Mas havia algumas coisas que Moran registrou que parecem verdadeiras, como Churchill ter dito, no dia 2 de julho, que "não acreditava em outro mundo; somente em veludo negro — sono eterno".[111] Churchill também notou que, dos dezessete políticos do retrato em grupo *Alguns estadistas da Grande Guerra*, de Sir James Guthrie, ele era o único que ainda estava vivo.* No dia seguinte, Churchill falou de sua lacrimosidade crônica e disse que chorara até por *Phineas Finn*, "embora não seja de modo algum uma história comovente".[112] Em abril de 1952, derramara lágrimas no funeral de Stafford Cripps, apesar de não gostar dele.[113]

Em 24 de julho de 1953, Churchill já estava com a saúde física em grande medida recuperada, mas reclamava que sua memória vinha sofrendo sequelas. Pretendia renunciar em outubro, mas ainda estava entusiasmado com a ideia de "arrancar algo dos russos e [...] com a ideia de se encontrar frente a frente com [o sucessor de Stálin, Gueórgui] Malenkov".[114] Apesar do fim da Guerra da Coreia, ao menos com um armistício, Churchill ainda tinha baixa estima pelo governo de Eisenhower e lamentava a derrota de Adlai Stevenson no ano anterior. Disse à rainha que se aposentaria caso descobrisse que não poderia fazer o discurso do líder na Conferência do Partido Conservador, que se realizaria em Margate em outubro. Mas ainda era capaz de inventar gracejos: quando Soames disse que Harry Mackeson deveria ser removido do Ministério do Comércio Exterior,

* O ex-primeiro-ministro da Austrália William Hughes havia morrido no ano anterior.

mas não merecia um título de nobreza, Churchill respondeu: "Não, mas talvez um desaparecimento".[115]* (Ele ganhou um baronato.)

Em 18 de agosto, oito semanas após o AVC, Churchill presidiu uma reunião do Gabinete, que correu bem. No dia seguinte, decidiu que, depois de terminar *The Second World War*, cujo último volume seria publicado em novembro, começaria a publicar sua *História dos povos de língua inglesa*, cuja escrita fora suspensa em 1939. "Botarei um ovo por ano", afirmou ele, "um volume a cada doze meses não deve significar muito trabalho."[116] Nem mesmo para um primeiro-ministro que sofrera um AVC. Em 19 de agosto, um golpe apoiado pela CIA e pelo MI6 derrubou o governo de Mossaddegh do Irã e abriu o caminho para o retorno do xá. Isso teria profundas consequências internacionais, até os dias de hoje. "Ao agente da CIA que organizou o golpe, que se acredita ter sido Kermit Roosevelt Jr., neto do presidente Theodore Roosevelt, ele disse: 'Jovem, se eu fosse alguns anos mais novo, a melhor coisa que eu gostaria de ter feito seria servir sob o seu comando nessa grande aventura'."[117] Churchill foi muito criticado por essa intervenção na política interna iraniana, mas isso manteve esse país firmemente no campo ocidental por mais de um quarto de século, período além do qual nenhum estadista pode esperar prever.

Em 10 de outubro, Churchill proferiu um belo discurso de quase uma hora na Conferência do Partido Conservador em Margate, atestando sua recuperação e acabando com rumores sobre sua aposentadoria. Tomara um comprimido de anfetamina de antemão que apelidou de "Moran" e perguntou depois: "O comprimido foi maravilhoso. O que havia nele?".[118] A resposta era benzedrina, mas a dose é desconhecida.[119] Em seu discurso, comentou que os meses anteriores haviam sido "a primeira vez em minha vida política que fiquei quieto por tanto tempo", mas não explicou o motivo.[120] Saudou a volta da Alemanha "às grandes potências do mundo" e disse: "Se permaneço por enquanto, suportando o peso da minha idade, não é por amor ao poder ou ao cargo. Tive uma ampla fatia de ambos. Se fico, é porque tenho a sensação de que posso [...] ter influência sobre o que me interessa acima de tudo, a construção de uma paz segura e duradoura".[121] Enquanto isso, lorde Moran observava que, enquanto a única preocupação de seus outros pacientes depois de terem sofrido derrames cerebrais era manter-se vivo, Churchill, por sua vez, "em nenhum momento parece pensar nisso".[122]

Em 15 de outubro, Churchill soube que ganhara o prêmio Nobel. "É você, Anthony?", telefonou para Eden em Paris. "Como está? Achei que você gostaria de saber que acabei de ganhar o prêmio Nobel." Então, depois de uma pausa e

* Um trocadilho entre *peerage* e *disappearage*. (N. T.)

uma risada, ele acrescentou: "Mas não se preocupe, querido, é de Literatura, não o da Paz".[123] Churchill escrevera 37 livros, dos quais sete foram especificamente citados pelo mestre de cerimônias: *The River War*, *Lord Randolph Churchill*, *The World Crisis*, *Marlborough*, *Thoughts & Adventures*, *My Early Life* e *Great Contemporaries*. Infelizmente, a cerimônia de premiação coincidiu com a remarcada Conferência das Bermudas em dezembro, então Clementine foi a Oslo para receber o prêmio em seu nome. Em seu discurso de aceitação, ele optou por um toque de alarmismo sobre a condição do mundo. "Nunca no campo de ação os eventos pareceram tornar tão duramente menores as personalidades", leu ela para a Academia Sueca. "Na história, raramente os fatos brutais dominaram tanto o pensamento ou uma virtude individual difundida encontrou um foco coletivo tão fraco. Estamos diante de uma questão terrível: nossos problemas saíram do nosso controle? Sem dúvida, estamos passando por uma fase em que isso pode ser verdade."[124] Sua receita era "tolerância, variedade e calma".

Em 20 de outubro, Churchill tomou outro comprimido de "Moran" antes de ir à Câmara dos Comuns para responder à primeira sessão de Perguntas ao Primeiro-Ministro em dezessete semanas. Woodrow Wyatt captou o humor do Parlamento quando disse: "Posso, em primeiro lugar, perguntar ao primeiro-ministro se ele sabe [...] que a Câmara dos Comuns é um lugar mais enfadonho sem ele?".[125]

Churchill publicou *Triumph and Tragedy* em seu aniversário de 79 anos, em 30 de novembro. Ele expôs seu tema na página seguinte à de rosto: "Como as grandes democracias triunfaram e, assim, puderam retomar as loucuras que quase lhes custaram a vida". Em agosto, Churchill e Montgomery haviam listado cinco "erros capitais" que acreditavam que os norte-americanos haviam cometido na guerra, a maioria dos quais de responsabilidade de Eisenhower.[126]* Contudo *Triumph and Tragedy* não fazia críticas ao presidente dos Estados Unidos, com quem Churchill se encontraria nas Bermudas no dia seguinte. Joseph Laniel, o primeiro-ministro francês, também estaria lá. Ao sair, Churchill foi fotografado carregando um romance de C. S. Forester intitulado *Morte aos franceses* (passava-se nas guerras peninsulares, nas quais o 4º Regimento dos Hussardos lutara com distinção).

* "1. Eles haviam impedido Alexander de chegar a Túnis na primeira vez, quando ele poderia facilmente ter feito isso. 2. Fizeram em Âncio o que Stopford fez na baía de Suvla: agarraram-se às praias e não conseguiram estabelecer posições no interior como bem poderiam ter feito [...]. 3. Insistiram na Operação Anvil, impedindo assim que Alexander tomasse Trieste e Viena. 4. Na Operação Overlord, Eisenhower se recusara a permitir que Monty concentrasse seu avanço no flanco esquerdo. Ele insistiu num avanço amplo, que não podia ser apoiado, e assim permitira que Rundstedt contra-atacasse nas Ardenas e prolongasse a guerra, com terríveis resultados políticos, até o primeiro semestre de 1945. 5. Eisenhower deixara os russos ocuparem Berlim, Praga e Viena, capitais que poderiam ter sido invadidas pelos norte-americanos" (Colville, *Fringes* pp. 674-5).

Ao chegar a Hamilton, a capital das Bermudas, onde os Fuzileiros Reais Galeses desfilaram com a mascote do regimento, Churchill telegrafou para Clementine em Estocolmo: "Excelente viagem. Tudo bem. Cabra esplêndida".[127] Quando se descobriu que nenhum convidado negro fora chamado ao banquete no Palácio do Governo, Churchill insistiu para que isso acontecesse.[128]

Nas Bermudas, Churchill fracassou completamente em convencer Eisenhower e Dulles dos benefícios de conhecer Malenkov e os novos governantes soviéticos. Na primeira sessão plenária de 4 de dezembro, falou em "distensão" com a União Soviética, o que não equivalia a uma política de apaziguamento, porque ocorreria a partir de uma posição de força. Contudo, Eisenhower respondeu com uma declaração de que a União Soviética era "uma mulher da vida e se o vestido dela era novo, ou apenas o velho remendado, o certo é que era a mesma prostituta por baixo".[129] Diante disso, notou Colville, notaram-se "caretas ao redor da mesa", mas os franceses apoiaram os norte-americanos.[130] Antes do fim da sessão, Eden perguntou quando seria a próxima reunião, ao que Eisenhower respondeu: "Não sei. A minha é com um uísque com soda".[131]

Churchill e Eisenhower haviam discutido anteriormente o que aconteceria se a Coreia do Norte rompesse o armistício assinado em 27 de julho e que acabara com a guerra sem um tratado de paz. Quando os norte-americanos anunciaram a inclinação para usar a bomba atômica se os chineses voltassem a apoiar os norte-coreanos, Churchill e Eden demonstraram sua firme oposição, com o argumento de que as potências ocidentais não detinham mais o monopólio atômico.[132] Outras discussões, em 5 e 8 de dezembro, sobre o Egito — ao qual os norte-americanos estavam ameaçando fornecer armas —, sobre a Indochina e sobre o Exército europeu, foram completamente ofuscadas pela questão nuclear. Aos apelos de Eisenhower para que a Grã-Bretanha apoiasse com tropas a França na Indochina, Churchill respondeu que chegara aos oitenta anos sem nunca ter ouvido a palavra "Camboja" e não pretendia começar a se preocupar com aquele lugar agora.[133]

Em 7 de dezembro, depois do fim de mais uma sessão, Churchill disse a respeito de Dulles (pelo menos segundo Moran): "Há dez anos, eu poderia ter liquidado com ele. Mesmo agora, não fui derrotado por esse filho da mãe. Fui humilhado por minha própria decadência".[134] (Embora Churchill não tendesse a usar palavras de baixo calão, Mary Soames atestou que "ele era capaz de ser bastante grosseiro quando a ocasião exigia".)[135] Eisenhower foi embora das Bermudas antes do almoço no dia seguinte, sem ter sido persuadido por Churchill a deixar a Alemanha ingressar na OTAN, assim como o presidente não o convencera dos benefícios de um Exército europeu. "Sinto-me como um aeroplano no fim de seu voo", comentou Churchill com Butler logo após seu retorno, "no crepúsculo, com a gasolina acabando, procurando um pouso seguro."[136]

* * *

"Surgirão problemas se muitas pessoas de cor se estabelecerem aqui", disse Churchill ao Gabinete em 3 de fevereiro de 1954. "Devemos nos ocupar com problemas de cor no Reino Unido? Eles são atraídos pelo Estado de bem-estar social. A opinião pública no Reino Unido não vai tolerar isso quando ultrapassar certos limites."[137] Ainda assim, ele achava que os imigrantes da Comunidade Britânica deveriam poder continuar a entrar no país, e que era preciso tempo para que a "opinião pública se desenvolvesse um pouco mais antes de agir".[138] Naquela época, os residentes na Inglaterra nascidos no exterior somavam 60 mil pessoas, de uma população total de 38,6 milhões. Embora não gostasse da implosão do Império que tanto amava e pelo qual tanto lutara e criticasse o que chamava de "sociedade catadora", Churchill não tentou impor restrições à imigração, que só foram introduzidas no início da década de 1960. Sobre a questão da imigração das Índias Ocidentais, em outra ocasião falou ao Gabinete que um bom slogan era "Mantenham a Inglaterra branca", indicando que sua opinião sobre a questão da etnia não havia mudado de forma significativa desde sua adolescência.[139]

"Lembre-se de que não podemos esperar consertar o mundo inteiro com uma maioria de dezoito", Churchill advertiu o secretário do Gabinete Norman Brook.[140] Ele parecia estar consciente não somente da falta de entusiasmo político. Em março de 1954, na Câmara dos Comuns, no banheiro dos parlamentares, de pé ao lado de Woodrow Wyatt, "sorriu tristemente" e disse: "Pobre passarinho. Não pode mais nem sair do ninho".[141] Dois meses depois, continuou recorrendo aos comprimidos de anfetamina até mesmo antes de discursar na Conferência das Mulheres Conservadoras, no Albert Hall.

Como era preciso convocar uma eleição geral para outubro de 1956, Eden insistia cada vez mais que Churchill estabelecesse uma data definitiva para sua renúncia e a mantivesse, de modo que pudesse estar de antemão na Downing Street, com tempo suficiente para se estabelecer. Em junho, Churchill lhe disse que renunciaria no segundo semestre, mas de repente pareceu que Eisenhower poderia ter voltado atrás em sua oposição às conversações com os soviéticos e surgiu a possibilidade, pelo menos na mente de Churchill, de realmente se tornar a ponte entre ambos os lados da Guerra Fria, em um momento de rivalidade entre representantes ocidentais e soviéticos em lugares tão diversos quanto Síria, Vietnã, Irã, Tailândia, Hungria, Guiana Inglesa e África Central.

Em 24 de junho, ele partiu do aeroporto de Heathrow para Washington com Eden, Lindemann, Moran, Colville e Soames, a fim de promover a ideia de uma "cúpula" e também proporcionar, como registrou Colville, "uma ocasião para renovar os ares e criar bons sentimentos".[142] Sendo assim, também fariam parte da agenda a Indochina, a Alemanha e o Egito. Dessa vez, Churchill foi convidado a ficar na Casa Branca e, no primeiro dia de conversas, Eisenhower pareceu se comprometer com uma conferência em Londres entre Grã-Bretanha, Estados Unidos e Alemanha, para chegar a uma postura comum antes de abrir conversações com os russos. Em 26 de junho, Churchill disse às lideranças do Congresso: "Encontrar-se mandíbula com mandíbula é melhor que a guerra" (que mais tarde foi parafraseada como "mandíbula-mandíbula é melhor do que guerra-guerra").[143]*

No entanto, justamente quando Churchill achava que havia um grande avanço, em 27 de junho Dulles rebaixou a ideia da conferência de Londres para simples conversações bilaterais dos britânicos com os russos, às quais os Estados Unidos não fariam objeções.[144] Churchill disse em caráter privado sobre Dulles: "É o único caso que conheço de um touro que carrega seu armário de porcelana consigo".[145] (Mais tarde ele também criou as flexões "*dull* [chato], *duller* [mais chato], *Dulles* [o mais chato]".)[146] A comitiva britânica retornou de Washington sem ter muito que mostrar da viagem.

Churchill permitiu com relutância a retirada das bases de Suez em julho de 1954, mas o Egito nunca tinha sido uma possessão imperial governada de forma direta; em outras partes, enfrentou com decidida ação de retaguarda a insurgência mau-mau no Quênia e apoiou fortemente a luta do general Sir Gerald Templer contra os guerrilheiros comunistas durante a Emergência Malaia. No Quênia, caiu numa guerra suja em que houve atrocidades cometidas de ambos os lados e cerca de 12 mil pessoas perderam suas vidas. Churchill percebeu que a disposição popular do pós-guerra estava se voltando contra o colonialismo. "Eu poderia ter defendido o Império Britânico contra qualquer um", comentou com um assistente mais tarde, "exceto contra o povo britânico."[147] Ele cumprira sua promessa de 1942 de não promover a liquidação do Império Britânico, e nenhuma de suas partes se tornou independente durante seu mandato de primeiro-ministro, mas no ano seguinte, quando deixou o cargo, o Sudão conquistou sua autonomia, depois Gana e Malaia (atual Malásia) em 1957, além do Quênia em 1964.

No início de julho, quando sua tentativa em Washington fracassou, Churchill fixou a data provisória de 20 de setembro de 1954 para a entrega do cargo a Eden, após uma visita a Moscou no início de agosto, na qual proporia reduções de armamentos e outras medidas destinadas a promover uma mitigação geral da Guerra Fria. O Gabinete — que, em caráter privado, àquela altura queria que Churchill renunciasse, duvidava do apaziguamento com os russos e respeitava mais a liderança norte-americana nesse quesito — se opunha em bloco a uma aproximação com Moscou, e Salisbury inclusive ameaçou renunciar ao cargo de lorde presidente do Conselho por causa disso, enquanto Churchill dizia à boca

* Em inglês, "*jaw-jaw is better than war-war*". (N. T.)

pequena que "não dava a mínima" se Salisbury renunciasse. "Seu avô me odeia", comentou Churchill com Robert Cecil, então com sete anos de idade (mais tarde, 7º marquês de Salisbury), em uma visita a Hatfield. Isso não era verdade, embora Salisbury se ressentisse "do modo como essa política foi submetida ao Gabinete por Winston", conforme explicou a Eden.[148]

Como lorde Randolph Churchill havia dito a respeito de Gladstone em 1886, agora era a vez de Winston Churchill ser "um homem idoso apressado", admitindo a Colville que estava "preparado para adotar qualquer método a fim de obter uma reunião com os russos".[149] A reunião crucial do Gabinete ocorreu em 23 de julho, uma sexta-feira, quando Salisbury (de novo) e Crookshank ameaçaram renunciar se Churchill pedisse um encontro com os russos. O fim de semana se deu envolto em suspense sobre se o próprio Churchill renunciaria e assim dividiria o Gabinete e o partido. No domingo, 25 de julho, os próprios russos resolveram o problema pedindo uma reunião de 32 ministros das Relações Exteriores para discutir um plano de segurança pan-europeu. "Ministros do Exterior do mundo, se unam", gracejou Churchill, "vocês não têm nada a perder, a não ser seus empregos."[150]*

Desse modo, a reunião do Gabinete de segunda-feira não teve disputa, com lorde Salisbury "sorrindo de novo" e Churchill "achando que havia pelo menos feito o esforço".[151] Como a oferta para um encontro foi feita através de Eden, em vez de Churchill, os russos não a receberam com entusiasmo, e acabou relegada a um segundo plano. "Este é um mundo maravilhoso, cheio de novidades", disse Churchill sarcasticamente a Lawrence Burgis sobre a proliferação nuclear que não conseguira deter. "Alguns de nós que estamos prestes a falecer deixamos para vocês nossos melhores votos."[152] Em consequência de sua decepção e irritação por ter sido vencido no Gabinete, no início de agosto Churchill mudou de ideia sobre entregar o cargo para Eden naquele segundo semestre. Ele gostava do cargo, achava realmente que poderia conseguir um avanço diplomático com o Politburo pós-Stálin e estava cada vez mais desconfiado de que Eden não seria um bom sucessor. Inclusive sabia, como registrou Colville, "como seria difícil para eles *colocá-lo para fora* sem arruinar suas chances na próxima eleição".[153] Em Chartwell, queixou-se de que nunca um primeiro-ministro fora expulso "apenas porque seu segundo em comando queria o cargo"'. Escreveu a Eden uma carta que passou por seis rascunhos, na qual informava que havia decidido permanecer como primeiro-ministro até uma eleição geral, em novembro de 1955. A mensagem enfatizava que seria muito melhor para Eden assumir um novo mi-

* Quando a cozinheira italiana de Colville chegou ao trabalho grávida naquele mês, consequência de um caso com um homem numa rua de Verona depois do escurecer, Churchill brincou: "Obviamente nenhum dos Dois Cavalheiros" (Colville, *Fringes*, p. 701).

nistério, e até tentava fazer parecer que Churchill lhe estava fazendo um favor. Uma cópia foi enviada a Clementine, cujo desejo de que ele se aposentasse muito antes disso era muito bem conhecido, com os dizeres: "Espero que você me dê seu amor".[154] "Eden ficou abatido", nas palavras de Colville, "mas a verdade é que não havia nada que ele pudesse fazer a respeito."[155] Uma medida da popularidade ainda em alta de Churchill foram as 30 mil cartas e os novecentos presentes que ele recebeu em seu octogésimo aniversário, em novembro.

Para marcarem a ocasião, as duas Câmaras do Parlamento lhe deram um retrato pintado por Graham Sutherland, que ele, com deliberada ambiguidade, descreveu numa reunião conjunta dos Lordes e Comuns em Westminster Hall como "um notável exemplo de arte moderna. Certamente combina força e candura".[156] Clementine mostrara-lhe uma foto da pintura depois que almoçou com Sutherland, e ele "quase gritou" com Anthony Moir, seu advogado: "É ou não é uma difamação? Não vou aceitá-lo. Não vou entrar para a história com essa aparência".[157] Para Anthony Montague Browne, seu mais recente e último secretário particular, ele disse: "Eu pareço um bêbado indigente que foi retirado da sarjeta na Strand".[158] Em setembro de 1944, enquanto estava em Hyde Park, Clementine encontrara uma pintura de Churchill feita por Paul Maze que achou "uma caricatura horrível". Como relatou a Sarah, "eu corajosamente disse ao presidente que não gostava daquilo e ele respondeu 'nem eu'. Então perguntei: 'Pode ser retirada?'. Ele disse que 'sim' e agora está destruída".[159] Da mesma forma, em algum momento de 1955 ou 1956, com a ajuda de Grace Hamblin (então secretária de Clementine) e do irmão de sua funcionária, ela queimou o retrato feito por Sutherland em Chartwell. Uma vez que Clementine prometera a Churchill que "aquilo nunca veria a luz do dia", podemos concluir que esse auto de fé ocorreu com sua concordância.[160]

Na cerimônia em Westminster Hall, Churchill repetiu sua opinião sobre o povo britânico durante a guerra: "Sua vontade foi resoluta e implacável e, como se provou, invencível. Coube a mim expressá-la e, se encontrei as palavras certas, vocês devem lembrar-se de que sempre ganhei a vida com a caneta e com a língua. Era uma nação e uma raça que habitava todo o globo e tinha coração de leão. Tive a sorte de ser chamado para dar o rugido". Sobre sua contribuição para a estratégia como um todo, acrescentou: "Também espero que algumas vezes tenha sugerido ao leão os lugares certos para usar suas garras".[161] Nesse discurso e em outros, como nas reuniões de 10 mil veteranos de El Alamein nas quais falou em 1949 e 1950, Churchill teve o cuidado de evitar o tipo de ostentação vaidosa e exagero compulsivo que estragaria a reputação de Montgomery e Mountbatten, entre outros.

A festa de aniversário de Churchill naquela noite foi celebrada por 250 pessoas na Downing Street. "Os salões estatais", lembrou um convidado, "estavam na sua melhor aparência, com todos os seus objetos valiosos, flores maravilhosas, e as mulheres usando vestidos adoráveis e joias magníficas."[162] Pug Ismay propôs um brinde à saúde de Churchill à meia-noite e, no decorrer de sua resposta, Churchill, disse: "Eu nunca teria chegado nem permanecido aqui sem a ajuda da minha querida Clemmie".[163] Era um momento óbvio para anunciar sua renúncia, e mais um que ele deixou passar. Àquela altura, Woodrow Wyatt já dizia que ele havia adquirido a condição de um "monumento ancestral ainda vivo"; de forma mais delicada, o nome "Churchill" vinha sendo usado para apelidar várias variedades de crisântemo, margarida, fúcsia, gladíolo, jacinto, ervilha-de-cheiro e rosa.[164]

"Aqueles olhos famintos, aqueles olhos famintos!", brincou Churchill com o escultor Oscar Nemon sobre seu pretenso sucessor. "Eu realmente deveria renunciar. Não se pode esperar que Anthony viva para sempre."[165] Chamberlain poderia, claro, ter dito o mesmo dos olhos famintos de Churchill em 1939 e 1940, embora ele não fosse, de forma nenhuma, o sucessor natural. Em 21 de dezembro de 1954, Churchill teve o que Eden registrou como uma conversa "relutante" na qual se ofereceu para renunciar em junho ou julho de 1955. "O velho se sente rancoroso em relação a mim", observou Eden, "mas isso não posso evitar. Os colegas são unânimes quanto ao falar arrastado, à incapacidade de tomar decisões, à atmosfera geral de *après moi le déluge*, e alguém tem que dar uma basta."[166] É claro que a ironia era que, depois de Churchill, houve de fato um *déluge*, em razão da inépcia demonstrada por Eden na crise de Suez de 1956. Por outro lado, o veranico de Churchill mostrou que ele era capaz de restabelecer pontes ao receber antigos antagonistas como Nehru e De Valera na Downing Street e apoiar o fim da guerra na Coreia, bem como tentar desfazer sua reputação de defensor da classe aristocrática, cedendo habitualmente às demandas sindicais sobre salários e condições de trabalho.

Em 1º de fevereiro de 1955, em mais uma discussão sobre a data da entrega do cargo, Churchill disse a Eden que sairia em 5 de abril daquele ano, uma quinta-feira. Em 1º de março, em seu último discurso importante, ele disse a uma Câmara dos Comuns lotada, depois de rasgar as recomendações que recebera do Ministério das Relações Exteriores, que em termos nucleares "a segurança será a filha robusta do terror e a sobrevivência, a irmã gêmea da aniquilação".[167] E acrescentou: "Sustento que jamais devemos permitir, acima de tudo, que o crescente sentimento de unidade e fraternidade entre o Reino Unido e os Estados Unidos e em todo o mundo anglófono seja prejudicado ou retardado [...]. Pode chegar o dia em que a lisura, o amor pelo próximo, o respeito pela justiça e pela liberdade permitirão que gerações atormentadas saiam, serenas e triunfantes, da época hedionda em que somos obrigados a viver. Enquanto isso, nunca recuem, nunca se cansem, nunca se desesperem".[168] Esse reconhecimento público do que viria a ser conhecido como destruição mutuamente garantida foi sua última grande intervenção política na vida pública, e dava muito o que pensar.

Quando em 11 de março, uma sexta-feira, Sir Roger Makins, embaixador britânico em Washington, relatou que Eisenhower sugerira uma reunião com Churchill e Adenauer em Paris no início de maio para discutir um encontro com os russos, o primeiro-ministro decidiu que precisava permanecer no cargo depois de 5 de abril, vendo naquilo, como Colville notou, outra "chance de escapar de seu cronograma cada vez mais intragável".[169] Eden ficou previsivelmente furioso e, na reunião do Gabinete da manhã de segunda-feira, perguntou de forma aberta ao primeiro-ministro quando pretendia renunciar. Churchill declarou com frieza que "não era uma questão sobre a qual ele precisasse de orientação ou sobre a qual fosse habitual discutir no Gabinete".[170] Mais tarde, naquele mesmo dia, o embaixador norte-americano em Londres Winthrop Aldrich esclareceu que Eisenhower não estava de fato contemplando uma conversa com os russos. Churchill disse então a Clementine que isso "me alivia do meu dever de continuar, e me permite alimentar os famintos".[171] O que Churchill não sabia, e que Colville só descobriu por acaso depois, foi que houvera "conversas silenciosas" entre Sir Ivone Kirkpatrick, subsecretário permanente de Eden no Ministério das Relações Exteriores, e Aldrich.[172] Assim, Eden enfim conseguiu tirar o Churchill da Downing Street, procurando os norte-americanos pelas costas do primeiro-ministro.

Churchill odiou deixar o cargo. "É a primeira morte", Clementine comentou com Mary, "e para ele, uma morte em vida."[173] Churchill desenvolveu o que Colville descreveu como "ódio frio a Eden" e "tentou convencer seus amigos íntimos de que estava sendo expulso do cargo".[174] "Também disse que abandonar a política depois de quase sessenta anos era um 'baque terrível'."[175] Em 28 de março, ainda tentava dar um jeito de não ter de ir embora. Quando soube que Nikolai Bulgánin, o sucessor de Malenkov, manifestara-se a favor de conversações entre as quatro potências, disse a Colville que, com uma greve nos portos, uma greve dos jornais,* um orçamento e a data da eleição ainda por serem decididos, "ele não podia ir embora nesse momento apenas para satisfazer a fome pessoal de Anthony por poder" e ameaçou realizar uma reunião do partido sobre a questão.[176]

Mais uma vez mostrando uma percepção psicológica aguçada, Colville sugeriu a Eden que "a amabilidade deve ser a palavra de ordem", porque "o primeiro-ministro prosperava na oposição e em confrontos; mas à amabilidade ele jamais conseguia resistir".[177] Depois que o casal Churchill jantou com o casal Eden, em 29 de março, Churchill dormiu com a decisão sob o travesseiro e, na manhã seguinte, mudou de ideia pela quarta vez e concordou em deixar o cargo no dia

* O que significava que a renúncia não seria coberta pela imprensa.

5 de abril. Essa resolução fez de Churchill, na opinião de Colville, "um velho triste".[178] Ele havia insultado o governo de Attlee por ser como um molusco que se gruda ao poder, mas a tenacidade do trabalhista empalidecia diante da resistência do octogenário Churchill.

Na noite anterior à sua saída do cargo, a rainha e o príncipe Philip foram jantar no número 10 da Downing Street, uma honra sem precedentes para um primeiro-ministro. Randolph ficou bêbado, e a duquesa de Westminster enroscou o pé na cauda do vestido de Clarissa — "Isso é que é pisotear, em mais de um sentido", brincou o duque de Edimburgo —, mas, fora isso, foi um grande sucesso.[179] Naquela noite, Churchill sentou-se na cama usando a Jarreteira e a Ordem do Mérito, além de calções. Então, de repente, disse a Colville com veemência: "Não creio que Anthony consiga dar conta".[180] Parecia uma coisa cruelmente injusta para dizer sobre a pessoa que tinha sido seu braço direito durante quinze anos — o herdeiro anunciado mais antigo na história da política britânica —, mas que se revelou acertada.

Em sua última reunião ministerial, em 5 de abril de 1955, uma terça-feira, vestindo sua sobrecasaca antes de ir ao Palácio de Buckingham para se demitir, Churchill enfatizou filosoficamente aos colegas que "o Homem é espírito".[181] Também lhes deu conselhos práticos. "Nunca se separem dos americanos."[182] E despediu-se dizendo que "confiava que eles seriam capazes de aprofundar o progresso já feito na reconstrução da estabilidade interna e da força econômica do Reino Unido e em tecer de forma ainda mais intricada os fios que ligam os países da Comunidade, ou, como ele ainda preferia chamar, do Império".[183]

É impressionante como essas palavras se assemelham àquelas que escreveu quando expôs seu credo político à mãe, em dezembro de 1897, com apenas 23 anos: "Dedicarei minha vida à preservação deste grande Império e a tentar manter o progresso do povo inglês".[184] O governo de veranico de Churchill terminou com a Guerra da Coreia encerrada, 1 milhão de casas construídas, a abolição do racionamento, o fim da austeridade e o começo de um retorno à prosperidade. A Grã-Bretanha tornou-se uma potência nuclear; nenhuma parte do Império Britânico foi liquidada; a coroação foi um grande sucesso e o Monte Everest foi conquistado.[185] Em retrospectiva, e apesar da postura de conciliação com os sindicatos, a primeira metade da década de 1950 foi uma espécie de época de ouro para a Grã-Bretanha, e pelo menos parte do mérito por isso deve ser atribuída a seu primeiro-ministro.

No âmbito externo, ele tentou impedir a desintegração do Império Britânico tanto quanto podia pelo maior tempo possível. O credo disraeliano de *Imperium et Libertas* e as ideias de seu pai sobre a Democracia Tory continuaram presentes ao longo de toda a sua carreira e, embora mudasse de partido político, Churchill nunca trocou seu ideário.[186] É raro um político defender os mesmos princípios norteadores por 58 anos, e foi imensamente adequado que as últimas palavras que tenha proferido ao seu Gabinete como primeiro-ministro fossem a respeito do Império.

A rainha ofereceu-lhe um ducado, mesmo depois de seus auxiliares terem sido informados com antecedência de que Churchill o recusaria. Ele não queria atrapalhar as carreiras políticas de Randolph e de seu neto Winston e, como disse a Colville, "de verdade, eu gostaria de morrer na Câmara dos Comuns como Winston Churchill".[187] Não haviam sido criados ducados fora da realeza desde o de Westminster, no ano do nascimento de Churchill, e não eram considerados apropriados à era do Homem Comum, mas é difícil imaginar quem seria mais merecedor disso do que Winston Churchill. Ele gostava de brincar sobre o que teria acontecido se tivesse aceitado; como comprara a fazenda Bardogs, de 48 hectares, que ficava ao lado de Chartwell, imaginou que "duque de Bardogs soaria bem, e Randolph poderia ser o marquês de Chartwell".[188] Inclusive dissera a Colville: "Eu deveria ser duque de Chartwell, e Randolph seria o marquês de Toodledo".[189] Na verdade, provavelmente teria assumido o ducado de Londres, em uma celebração à sua postura desafiadora durante a Blitz.

No último fim de semana em Chequers antes de sua demissão, Churchill mandou tirar do Salão Principal a gigantesca pintura *O leão e o rato*, de Rubens, que retratava uma cena das Fábulas de Esopo. "O quadro sempre incomodou Sir Winston", lembrou Grace Hamblin, "porque ele não conseguia ver o rato."[190] Então ele pegou o pincel e pintou o bichinho com mais clareza, numa tentativa de melhorar o trabalho de Peter Paul Rubens.[191] "E se isso não é coragem", comentou Mountbatten mais tarde, "então não sei o que é!"[192]

# 34. "Longo ocaso"

## *Abril de 1955 a janeiro de 1965*

*É tolice desperdiçar lamentações sobre a fase final da vida humana. Espíritos nobres entregam-se voluntariamente às sombras que caem aos poucos e os levam a um mundo melhor ou ao esquecimento.*

Churchill sobre a morte do primeiro duque de Marlborough[1]

*"Veemente, elevada e ousada" era sua forma de pensar. A vida que viveu era a única que poderia viver; ele precisava ir até o fim.*

Churchill, *Savrola*[2]

"Estou ansioso por uma hora de lazer com agitação prazerosa", confessou Churchill ao historiador de arte Sir John Rothenstein em Chartwell, depois de deixar o cargo de primeiro-ministro; "é muito difícil escolher entre escrever, ler, pintar, alvenaria e três ou quatro outras coisas que quero fazer."[3] Além de sua vida ativa em Kent, sempre que comparecia à Câmara dos Comuns, os parlamentares se aglomeravam ao seu redor no Salão de Fumantes e nos bares, tanto para ouvir seus comentários como para dizer que falaram com uma lenda viva. O jovem parlamentar tory Angus Maude lembrava de ouvi-lo falar a um grupo deles, por exemplo, que "o segredo de beber é beber um pouco demais o tempo todo".[4]

Num tributo à administração de Churchill, na eleição geral que Anthony Eden convocou para 26 de maio de 1955, os conservadores ganharam 344 assentos, contra 277 dos trabalhistas e seis dos liberais; um total de 13,3 milhões de votos, contra os 12,4 milhões dos trabalhistas, garantiu aos conservadores uma maioria de 59 parlamentares. Churchill foi reeleito por Woodford com uma maioria de 15 808 votos. Em 11 de julho, o dr. A. L. Rowse, um deão de Oxford, visitou-o em Chartwell, depois de Churchill ter enviado seu carro para buscá-lo em All Souls, no qual tremulava a flâmula do lorde administrador dos Cinco Portos. "Felizmente, anotei tudo o que ele disse para mim", observou Rowse. "Em retrospecto, penso que ele queria que eu fizesse isso, com sua cabeça tão voltada para a história."[5] Olhando ao redor da biblioteca, Rowse viu história, biografia, memórias políticas, as correspondências de Walter Scott, Macaulay, Samuel Johnson, Marlborough e lorde Randolph Churchill e uma biografia recente de Eden. Eleitor trabalhista, Rowse ficou impressionado porque Churchill "não falava de forma nenhuma como um homem vinculado a um partido; estava acima de tudo isso. Ele se referia ao Partido Conservador como 'eles'". Churchill parecia quase libertário, ao falar de nacionalização e taxação: "Não se cria riqueza simplesmente tirando-a de outras pessoas. Deveria haver padrões mínimos para o povo e, afora isso, campo livre".[6] Eles beberam xerez Bristol Cream Harvey's antes do almoço e um bom vinho do Reno durante a refeição, e depois Churchill o pressionou para tomar vinho do Porto com queijo* e encerraram com café acompanhado de Cointreau.

Depois do almoço, "levemente alto", Rowse foi ao escritório de Churchill para discutir sobre o rei Carlos I e lhe mostrar o manuscrito de um livro seu sobre os primórdios da família Churchill, o motivo da visita. A respeito da execução de Sir James Raleigh por Jaime I, Churchill falou: "Sempre achei que era uma das piores manchas contra aquele extravagante sodomita" (ele obviamente desconhecia a orientação sexual de Rowse). Sobre o caso do primeiro duque de Marlborough com Lady Castlemaine, amante de Carlos II, ele comentou: "Ter sido seduzido aos dezesseis [na verdade, aos 21 anos] pela amante do rei deve ter sido uma experiência interessante e valiosa".[7] Alimentou então os peixinhos dourados, que chamava de seus "queridos". Ao mostrar a Rowse o cartaz da Guerra dos Bôeres que oferecia uma recompensa por sua cabeça, Churchill disse: "Vinte e cinco libras; isso é tudo o que valho". Rowse relembrou depois o episódio como "o dia mais maravilhoso que passei em minha vida".[8]

Churchill gostava de convidar visitantes para Chartwell; em certa ocasião, ofereceu um uísque com soda a um mórmon, que respondeu: "Posso beber água, Sir Winston? Os leões a bebem". "Asnos também a bebem", foi a resposta.

* "Stilton e vinho do Porto são como marido e esposa", disse Churchill. "Nunca deveriam ser separados" (Graebner, *My Dear Mr Churchill*, p. 61).

Outro mórmon presente disse: "Bebida forte enfurece e pica como uma serpente". "Há muito procuro por uma bebida assim", rebateu Churchill. Quando Anthony Montague Browne, que foi seu secretário particular pelo resto da vida, o parabenizou mais tarde por esses retruques, ele sorriu e disse: "Nada disso foi original. Eles apenas me deram a deixa".[9] Os abstêmios eram alvos essenciais de seu senso de humor. Em outubro de 1944, a morte do arcebispo William Temple, de quem Churchill não gostava por suas posições esquerdistas, o deixou, nas palavras de Colville, "com a língua bastante solta".[10] "Vejam, só 63 anos, um abstêmio", disse ele sobre o bispo, "e olhe para mim, que não sou um abstêmio, e tenho setenta."[11] Como bebedor, fumante e carnívoro, sobreviver aos abstêmios e vegetarianos nunca deixou de dar imensa satisfação a Churchill.

Em agosto de 1955, quando Montgomery o visitou para relembrar a guerra e Oscar Nemon o esculpiu, Churchill recomeçara a escrever sua *História dos povos de língua inglesa*. Quase a completara quando estava no Almirantado, no final de 1939, mas desde então estivera ocupado com outras coisas. Quando assinara originalmente o contrato (de 20 mil libras), em outubro de 1932, dissera que cobriria "os conflitos entre os povos de língua inglesa, seus infortúnios e sua reconciliação", e que seu "objetivo era enfatizar a herança comum das populações da Grã-Bretanha e dos Estados Unidos como meio de realçar sua amizade".[12] Concluiu a obra no final de 1955, auxiliado por Maurice Ashley, Bill Deakin e Denis Kelly. "O sangue americano que fluía em suas veias ajudou-o a moldar o livro", escreveu Ashley, "e seus hábitos aristocráticos nunca obscureciam suas simpatias democráticas, mesmo que atribuísse as conquistas do passado a grandes homens e não às massas."[13] Era um relato edificante e até incluía como fato histórico a lenda de Alfredo, o Grande, e seus bolos queimados. Quando Deakin apontou que o episódio era quase certamente falso, Churchill lhe disse: "Em tempos de crise, os mitos têm sua importância histórica" — um comentário que poderia se aplicar tanto a 1940 e 1941 como às guerras contra os vikings do rei Alfredo.[14] O quarto e último volume terminava em 1901, com a morte da rainha Vitória e o início do que Churchill chamaria de "o século de tempestade e tragédia", do qual já havia tratado de forma abrangente em *The World Crisis* e *The Second World War*. Apesar de toda a sua admiração por Robert E. Lee e pelos confederados como soldados, Abraham Lincoln era o herói do volume final, e a Guerra Civil Americana era descrita como "o mais nobre e menos evitável de todos os grandes conflitos de massa dos quais até então havia registro".[15]

Além de escrever, Churchill continuava a ler vorazmente; a Biblioteca de Londres fornecia-lhe Dickens, Kipling, Austen e Conrad, e as histórias de aventuras de Forester, Stevenson, Fennimore Cooper, além das novelas de Bulldog Drummond escritas por H. C. McNeile ("Sapper"). Ele também recorria muitas vezes a Shakespeare a fim de relaxar.* Embora saísse para caminhadas diárias em Chartwell e mantivesse como hobby o ofício de pedreiro, Churchill naturalmente desacelerou suas atividades físicas depois dos oitenta anos. "Faço meus exercícios como carregador do caixão de meus muitos amigos que se exercitaram durante toda a vida", ironizou ele.[16] Ainda ia a Londres habitualmente. Levado ao Boodle Club por Montague Browne, Churchill comentou: "Gosto deste clube; a maioria de seus membros é de cavalheiros decentes do campo". Quando Browne assinalou que metade das pessoas que estavam lá era de corretores da bolsa de valores, Churchill fingiu indignação e falou: "Você não deve dizer essas coisas de seus colegas! Realmente, meu querido, você deve evitar essa propensão a esperar o pior das pessoas".[17]

Em janeiro de 1956, Churchill fez a primeira de muitas visitas à bela residência de La Pausa, em Roquebrune, perto de Monte Carlo, originalmente construída por Bendor Westminster para sua amante Coco Chanel e àquela altura de propriedade de Emery Reves e Wendy Russell. Emery e Wendy só se casaram em 1964, então Clementine não quis conhecê-los, referindo-se à situação de concubinato do casal como "aquele ménage não convencional e desconfortável", embora não houvesse ali nada de desconfortável, exceto a maneira como ela se sentia a respeito.[18] Churchill nunca foi puritano quanto aos relacionamentos de outras pessoas e, além do mais, gostava da luz do sol, da generosa hospitalidade, do besigue e da chance de receber amigos. Em 6 de fevereiro, jantou a bordo do *Christina*, o iate de propriedade do fabulosamente rico armador grego Aristóteles Onassis. Clementine desaprovou o fato de seu marido passar seu tempo com aqueles plutocratas, mas Churchill achava que, depois de seus esforços, merecia um pouco de diversão e luxo em sua velhice.

Em 23 de abril, dia de São Jorge, Churchill publicou *O nascimento da Grã-Bretanha*, o primeiro dos quatro volumes de *Uma história dos povos de língua inglesa*, que Clement Attlee sugeriu que, na verdade, deveria ser intitulado "Coisas da história que me interessaram".[19] Em sua resenha no *New York Times*, Harold Nicolson observou que, para Churchill, "quase todas as reviravoltas decisivas da fortuna histórica se deveram à súbita aparição, numa era de confusão e decadência, de uma das grandes figuras da história", como Alfredo, o Grande, a rainha Elizabeth I e Pitt, o Jovem.[20] Churchill escreveu: "Alfredo defendera bem o lar da Ilha", elogiou o estudo da história do rei Alfredo e afirmou que ele teve o "poder sublime de elevar-se acima de toda a força das circunstâncias, manter-se imparcial nos extremos da vitória ou da derrota, perseverar nas garras do desastre,

* Richard Burton não achou relaxante quando Churchill foi vê-lo interpretar *Hamlet* no Old Vic, em 1953, e recitou em voz alta as palavras junto com o ator durante a encenação e depois foi aos bastidores para pedir: "Meu lorde Hamlet, posso usar seu banheiro?" (*FH*, n. 141, p. 29).

saudar a volta da fortuna com um olhar frio, ter fé nos homens após repetidas traições".[21] Embora o volume final terminasse com a morte da rainha Vitória, ficava muito óbvio para seus leitores quem era a última pessoa naquele continuum heroico. O livro vendeu muito bem e foi traduzido para onze idiomas. Ao agradecer a Churchill pelo segundo volume em novembro, David Maxwell Fyfe, agora lorde Kilmuir, escreveu com perspicácia: "Sempre acreditei que um senso vivo de história é condição sine qua non para um político. Seu volume não só confirma isso como cria esse senso em inúmeras pessoas".[22]

No início de junho de 1956, as últimas tropas britânicas deixaram a Zona do Canal de Suez, conforme o acordo que Eden havia negociado durante o governo de Churchill, e três semanas depois o coronel Gamal Abdel Nasser foi eleito presidente do Egito. Então, em 26 de julho, Nasser nacionalizou repentinamente e sem aviso prévio o canal de propriedade anglo-francesa, mergulhando seus proprietários e usuários numa crise em grande escala. Churchill a princípio se pronunciou favorável a agir "com vigor e, se necessário, com armas" para reverter a decisão e derrubar Nasser e comunicou isso a Eden. Também disse a Clementine temer que, com Eisenhower em campanha de reeleição, Eden talvez tivesse de "esperar pelos Estados Unidos, que pela terceira vez entrarão em cena muito tarde".[23] Em retrospecto, teria sido sensato que Eden tivesse feito isso, e também de acordo com o próprio conselho final de Churchill para o Gabinete: "Nunca se separem dos americanos".[24] No entanto, Eden ignorou o conselho e durante o segundo semestre daquele ano construiu uma coalizão com a França e Israel contra o Egito sem avisar Eisenhower, que, como Churchill ressaltara, estava no meio de uma campanha presidencial de reeleição. Em 20 de outubro, Churchill sofreu outro pequeno derrame e foi levado de La Pausa para casa, três dias antes de as tropas britânicas e francesas tomarem o canal de Suez. Eisenhower foi reeleito em 6 de novembro, mas sua postura hostil em relação à ação militar anglo-francesa não se abrandou de forma significativa depois que voltou para a Casa Branca.

É difícil não detectar um sentimento de *Schadenfreude* na atitude de Churchill em relação a Eden no que dizia respeito a Suez, tenha ele realmente dito ou não a Moran: "Isso é perfeitamente adequado a Anthony. Ele herdou a situação em que me colocou".[25] É certo que Churchill comentou que a operação de Suez foi "a mais mal concebida e mal executada que se possa imaginar. [...] Eu nunca teria ousado; e, se tivesse ousado, certamente nunca ousaria parar".[26] Mesmo antes de as últimas tropas britânicas terem deixado o Egito humilhadas, vítimas de uma perceptível ameaça norte-americana à libra esterlina se perseverassem na ocupação do canal, Churchill tentou restabelecer o relacionamento especial entre as duas nações. "Não me sobrou muito a fazer neste mundo e não tenho a vontade nem a força para me envolver na atual tensão e confusão política", escreveu ele a Eisenhower no final de novembro. "Mas acredito, com convicção inabalável, que o tema da aliança anglo-americana é mais importante hoje do que em qualquer outro momento desde a guerra."[27]

No entanto, os sentimentos pessoais de Churchill em relação a Eisenhower continuavam tão negativos como sempre. Em setembro, hospedando-se em La Capponcina, a casa de campo de Beaverbrook em Cap d'Ail, no sul da França, ele falou sobre o recém-publicado romance apocalíptico de Nevil Shute, *A hora final*, sobre os efeitos de uma guerra nuclear. "Penso que a Terra será destruída em breve", afirmou. "E, se eu fosse o Todo-Poderoso, não a recriaria, para que não O destruam também da próxima vez."[28] Ele achou que poderia mandar um exemplar para Nikita Khruschóv, o novo governante soviético, mas, quando questionado sobre Eisenhower, disse que seria "um desperdício de dinheiro".

"O Oriente Médio é uma das áreas mais difíceis do mundo", disse Churchill a Montague Browne em 1958. "Sempre foi disputado, e a paz só reinou quando uma grande potência estabeleceu firme influência e demonstrou que manteria sua vontade. Seus amigos devem ser apoiados com todo o vigor e, se necessário, devem ser vingados. Força ou talvez força e suborno são as únicas coisas que serão respeitadas. É muito triste, mas é melhor que reconheçamos isso. Atualmente, nossa amizade não é valorizada e nossa inimizade não é temida."[29] O desastre no Oriente Médio provocou a renúncia de Eden em 9 de janeiro de 1957, o que foi para Churchill uma tragédia familiar, além de política, porque Clarissa era sua sobrinha. "Eles suportam sua sina com coragem", Churchill comentou com Clementine.[30] Eden foi sucedido por Harold Macmillan, um sólido oponente da política de apaziguamento de quem Churchill sempre gostou e sempre promoveu.

Frederick Lindemann, o Prof e lorde Cherwell, morreu enquanto dormia em 3 de julho de 1957. Era uma amizade de 36 anos, o amigo mais próximo da vida de Churchill, ao lado de F. E. Smith e Brendan Bracken; ele compareceu ao funeral, em Christ Church, Oxford, e apesar de seu estado de saúde enfermo insistiu em acompanhar o caixão até o túmulo. "Ele era um homem de caráter único, de grande coragem tanto moral como física", disse Churchill no Other Club.[31] No mês seguinte, Anthony Beauchamp, ex-marido de Sarah, se suicidou, o que a afetou profundamente e acelerou sua queda no alcoolismo, numa época em que Randolph ainda bebia muito e Diana também não se sentia à vontade consigo mesma.[32] Dos quatro filhos sobreviventes de Churchill, Mary foi a única a permanecer intocada pelas inquestionáveis tensões de ser filha de um grande homem.

Em 1958, foi criado um fundo para a fundação do Churchill College, em Cambridge, que se concentraria em ciência e tecnologia. Quando consultado sobre a ideia de que a instituição tivesse seu nome, Churchill disse: "Enfim, isso me coloca ao lado da Trindade".[33]* Ele queria que a faculdade admitisse mulheres em igualdade de condições com os homens. "Quando penso no que as mulheres fizeram na guerra", falou ele, "tenho certeza de que merecem ser tratadas com igualdade."[34] Isso também pode ser visto como um pedido de desculpas tardio por sua oposição míope ao sufrágio feminino, quarenta anos antes.

Na primeira metade de 1958, Churchill contraiu pneumonia em La Pausa em fevereiro, sofreu uma recaída em março e depois contraiu pleurisia após uma queda em abril. Roy Howells tornou-se seu assistente em tempo integral. "Você foi muito rude comigo, sabe", Churchill disse-lhe certa vez. "Sim, mas você também foi", respondeu Howells, ao que Churchill, "apenas com um leve sorriso", disse: "Sim, mas *eu sou* um grande homem".[35]

No início de agosto de 1958, Churchill visitou três vezes Brendan Bracken, que estava morrendo de câncer do esôfago, no Hospital Westminster. Estava hospedado com Beaverbrook na Riviera Francesa quando soube da morte de Bracken, em 8 de agosto, com apenas 57 anos. "Diga-me uma coisa, Pat", perguntou Churchill a Sir Patrick Hennessy, amigo de Bracken, que estivera com ele no final. "Ele morreu corajosamente?" Ao saber que Bracken falecera de forma muito corajosa, "lágrimas lhe escorreram pelo rosto" e tudo o que ele disse foi: "Pobre, querido Brendan".[36] Bracken previra a respeito de si mesmo: "Morrerei jovem e serei esquecido". Com efeito, ele se foi ainda jovem, depois de uma vida inteira de fumante inveterado, mas o "fiel discípulo" de Churchill e seu mais confiável conselheiro político, o homem que permaneceu ao seu lado durante os anos do desterro, o bem-sucedido ministro da Informação durante a Segunda Guerra Mundial, o fundador do moderno *Financial Times* e de *History Today*, não foi esquecido. Churchill perdera seus dois melhores amigos em pouco mais de um ano. Em 20 de novembro, declarou ao Other Club: "Sofremos um grande e violento golpe. Brendan foi embora. Todos nós podemos lembrar como, em tempos sombrios, seu espírito, seu charme e sua inteligência foram capazes de se elevar acima da tristeza pessoal ou de eventos graves. Ele suportou sua doença com coragem e paciência. Agora não existe mais e todos nos sentimos mais pobres com sua perda".[37]

De 22 de setembro a 10 de outubro de 1958, Churchill fez o primeiro dos oito cruzeiros no *Christina* de que desfrutaria nos cinco anos seguintes. Sua neta, Celia Sandys, relembra que foram "extravagantemente luxuosos".[38] Ele viajou pelo Mediterrâneo, pelo Caribe e uma vez foi a Nova York, embora na ocasião estivesse doente demais para desembarcar. Mary calculou que, de 1956 a 1962,

* Referência ao Trinity College, um dos mais conceituados da Universidade de Cambridge. (N. T.)

seu pai passou uma média de dezessete semanas por ano no exterior, em climas ensolarados. "Os dias ou anos finais da vida são cinzentos e monótonos", Churchill comentou com Clementine em 14 de outubro de 1958, "mas tenho a sorte de ter você ao meu lado."[39] No final da década de 1950, a memória de Churchill começava a falhar; ele precisou perguntar quem era Herbert Morrison e, embora até se recordasse de que fora o primeiro lorde do Almirantado durante a batalha do rio da Prata, não conseguia lembrar em que guerra ela fora travada.[40] Quando participava de debates na Câmara dos Comuns, ficava em seu assento de canto, no corredor que separava a situação da oposição, lugar que ocupara durante os anos do desterro, e em 1959 tornou-se o Pai da Câmara, o membro com a mais longa presença contínua, apesar da interrupção do período em que esteve fora do Parlamento, no início da década de 1920.

Num cruzeiro feito no *Christina* em 1959, Churchill visitou Nice, Monte Carlo, a Riviera Italiana, as ilhas gregas e Istambul (que naturalmente chamava ainda de Constantinopla). Levou consigo Toby, um periquito australiano que ganhara de presente de Duncan Sandys.[41] A namorada de Onassis, a diva da ópera Maria Callas, estava a bordo, e Celia Sandys lembra que, quando Churchill cantava suas canções favoritas de salão de baile, "havia algo de incongruente em Maria Callas fingindo gostar de cantar junto 'Daisy, Daisy'".[42] Diante do templo de Poseidon, em Sounion — onde Byron gravara seu nome numa coluna —, Churchill recitou trechos de *Don Juan*. Em Rhodes, obviamente adorou o vale das Borboletas.

"Saindo de Esmirna, atravessamos os Dardanelos à noite", registrou Celia, "para evitar que provocassem lembranças ruins ao convidado de honra."[43] Porém, a verdade é que Churchill "estava bastante ciente do que estava acontecendo. Ele se referiu aos Dardanelos no jantar daquela noite, mas não se deteve no assunto, nem ninguém fez isso".[44] As mudanças de cenário ao passarem de um local magnífico para o seguinte "pareciam visivelmente estimulá-lo". Também não perdeu sua energia para as reprimendas; certa noite, Daisy Fellowes, que se casara com seu primeiro primo em 1919, estava hospedada em Cap d'Ail e disse, perto do aparentemente adormecido Churchill: "Que pena que um homem tão grande deva passar seus anos de declínio na companhia de Onassis e Wendy Reves". Ela ouviu um grunhido e o comentário dele: "Daisy, Wendy é três coisas que você nunca será. Ela é jovem, bonita e gentil".[45]

Churchill pintou em janeiro e fevereiro de 1959, em sua última visita a Marrakesh. "O tempo tem estado maravilhoso", escreveu Montague Browne a Beaverbrook, do Hotel Mamounia, no último dia das férias, "mas ele está cada vez mais afundado em torpor e lassidão, embora não exatamente melancolia, e se interessa cada vez menos pelo que está acontecendo."[46] Naquele mês, Churchill publicou sua última obra original, uma edição resumida de *The Second World*

*War*, com um epílogo sobre o período 1945-57. Em março, uma exposição individual de suas pinturas na Academia Real foi um grande sucesso, atraindo quase o dobro de visitantes do que os desenhos de Leonardo da Vinci, no ano anterior.

Churchill sofreu outro leve derrame em 19 de abril de 1959, o que lhe provocou alguma dor e dificuldade para falar.[47] No entanto, apenas três dias depois compareceu ao Other Club e após alguns dias discursou numa assembleia lotada de eleitores de Woodford, anunciando que concorreria ao Parlamento mais uma vez, declaração que foi recebida com muitos aplausos. No mês seguinte, foi assediado por uma multidão em Nova York, com pessoas segurando seus filhos acima da cabeça para que mais tarde pudessem dizer que tinham visto Winston Churchill.

Ele ficou na Casa Branca por três noites e fez seu primeiro voo num avião a jato. Também visitou magnanimamente John Foster Dulles, que estava morrendo de câncer, e George Marshall, que não conseguia falar em consequência de um AVC e morreu em outubro. Eisenhower, depois de receber Churchill, disse com tristeza à nora: "Eu só queria que você o tivesse conhecido no auge de sua vida".[48] Na viagem de avião de volta para casa, Churchill notou uma dor latejante no mindinho da mão direita, no qual se descobriu que a circulação de sangue havia cessado, talvez porque seu anel de sinete estivesse funcionando como um torniquete, e a ponta do dedo teve de ser amputada devido à gangrena seca.

Churchill fez seu último discurso político em 29 de setembro de 1959, na campanha eleitoral de Woodford. "Entre nossos oponentes socialistas há uma grande confusão", afirmou. "Alguns consideram a iniciativa privada um tigre a ser abatido. Outros a encaram como uma vaca que podem ordenhar."[49] Nesse momento, fez o gesto de puxar os úberes de uma vaca. "Apenas um punhado vê o que realmente é: o cavalo forte e disposto que puxa a carroça toda." Seu folheto eleitoral proclamava: "Jamais devemos esquecer nossa posição única de coração e centro da Comunidade Britânica e do Império e principal parceiro da Aliança Atlântica".[50] Ele foi reeleito em sua 15ª e última eleição aos 84 anos, com uma vantagem de 15 mil votos, enquanto Macmillan e os conservadores obtinham uma maioria de cem assentos. Seu último discurso público ocorreu em 31 de outubro, depois de inaugurar uma estátua sua em Woodford. Seu tema foi o povo britânico. "Pela nossa coragem, nossa resistência e nossos cérebros, abrimos nosso caminho no mundo para o benefício duradouro da humanidade", falou. "Não desanimemos. Nosso futuro é de grande esperança."[51]

A visão do futuro do próprio Churchill durante a década de 1960 era, na verdade, de desânimo sombrio. "Eu me esforcei muito e realizei muita coisa", costumava dizer a Montague Browne e outros, "para, no final, não realizar nada."[52] Talvez se referisse à sua incapacidade de obter um acordo na Guerra Fria, porém é mais provável que fosse um reflexo da recém-descoberta fraqueza britânica em termos de influência global após Suez, e do desmantelamento do Império que amara e jurara proteger. Ele fez apenas mais uma intervenção em assuntos internacionais depois de Suez quando, em 1961, tentou convencer Macmillan a adiar a visita da rainha a Gana, alegando que seu primeiro primeiro-ministro, Kwame Nkrumah, era autoritário e anglófobo.[53] A visita aconteceu e foi um sucesso considerável.

Em janeiro de 1961, o periquito australiano Toby voou pela janela do quarto de Churchill, no Hotel de Paris, em Monte Carlo, e nunca mais voltou. "Eu sofro por Toby", confessou a Clementine. "Continuo esperando, contrariando toda esperança, ouvir que ele foi recuperado são e salvo."[54] Churchill gostava de jogar, especialmente na roleta, onde outros clientes aplaudiam quando ele chegava às mesas, "espontânea e respeitosamente, muitos com lágrimas nos olhos", conforme a lembrança do guarda-costas Edmund Murray.[55] Após chegar a Nova York, no *Christina*, em 19 de abril, voltou de avião para casa dois dias depois, tendo visto o *Queen Mary* deixar o píer Cunard para sua viagem transatlântica, tal como havia feito em suas históricas viagens de 1943 e 1944, em plena guerra.

Churchill pintou seu último quadro, *O lago do peixe dourado em Chartwell*, em 1962, e o deu a Murray. Em 28 de junho, caiu em seu quarto no Hotel de Paris e fraturou o quadril e a coxa esquerdos. O raio X mostrou a fratura anterior de 1893, quando saltara da ponte dos Wimbornes, e ele foi levado de avião de volta para casa pela última vez. "Lembre-se, quero morrer na Inglaterra", avisou a Montague Browne. "Prometa-me que você cuidará disso."[56] Contra o conselho dos médicos franceses de que não deveria ser transferido, Harold Macmillan mandou uma ambulância aérea Comet da RAF no dia seguinte. Churchill ficou no Hospital Middlesex por 55 dias e, quando Montgomery foi visitá-lo, encontrou-o fumando charutos e "protestando contra a proposta da entrada da Grã-Bretanha no Mercado Comum".[57] A família Churchill censurou Montgomery por revelar isso à imprensa, e Montague Browne escreveu o que mais tarde chamou de "carta em cima do muro" para a mídia, mas ninguém realmente negou que Churchill tivesse dito aquilo. Enquanto isso, as pontas de charutos eram recolhidas das latas de lixo pelos repórteres.

A queda em Mônaco foi a última em uma longuíssima série de acidentes que começara com um tombo de triciclo aos cinco anos de idade e incluía quedas de cavalos e escadas, vários acidentes de carro e avião, um incêndio em casa, um salto de ponte, um quase afogamento e um quase atropelamento. Quando rolara a escada em Jodhpur, em 1899, brincara com sua mãe: "Acredito que o infortúnio vai acalmar os deuses — ofendidos, talvez, pelo meu sucesso e sorte em outras frentes".[58] Os deuses certamente exigiram uma dose elevadíssima de compensação, e a queda em Mônaco o desestabilizou tanto que, em setembro de 1964, ele não conseguia mais reconhecer Montgomery.

Ao longo dos anos, Churchill havia plantado arbustos em Chartwell, em especial para atrair as muitas variedades de borboletas que introduzira no terreno e, em dias ensolarados, sentava-se numa cadeira, como recordou Mary, "estrategicamente colocada diante das opulentas budleias floridas, observando com prazer enlevado o vívido e vibrante esplendor das borboletas — as almirantes-vermelhos, as borboletas-pavão e belas-damas — enquanto esvoaçavam e se banqueteavam com as flores roxas e cheias de mel".[59] Ele observara borboletas em Cuba, colecionara-as na Índia, ficara fascinado com elas na prisão na África do Sul e escrevera sobre elas em suas viagens pela África oriental e pela Califórnia; seriam o último dos muitos entusiasmos de sua longa vida enquanto sua mente lentamente se esvaía.

Em abril de 1963, foi proclamado cidadão honorário dos Estados Unidos pelo presidente Kennedy e viu Randolph ler seu discurso pela televisão em circuito fechado. Em 19 de outubro, Diana morreu de uma overdose de comprimidos para dormir; Churchill escreveu a Clementine, de Chartwell, sobre o luto dos dois, mas também sobre o amor deles.[60] Um mês depois, ele assistiu na televisão às reportagens sobre o assassinato do presidente Kennedy, a quem muito admirava, e chorou.

Churchill fez sua última visita ao Parlamento em 27 de julho de 1964 e, no dia seguinte, o primeiro-ministro Sir Alec Douglas Home e outros políticos mais velhos almoçaram em Hyde Park Gate para presenteá-lo com uma resolução unânime da Câmara sobre sua aposentadoria após mais de sessenta anos como parlamentar. Seu nonagésimo aniversário foi comemorado em Hyde Park Gate e, dez dias depois, compareceu ao Other Club pela última vez. "Tornara-se cada vez mais difícil despertar a centelha, antes tão vital", lembrou Montague Browne em *Long Sunset* [Longo ocaso], seu comovente relato dos últimos dez anos de vida de Churchill, "e tudo o que podia ser dito era que ele sabia onde estava e estava feliz em estar lá."[61]

No fim de dezembro de 1964, Churchill sofreu um espasmo arterial cerebral. Suas últimas palavras coerentes, ditas a Christopher Soames, foram "estou muito entediado com tudo isso".[62] Na noite de 9 de janeiro de 1965, sofreu um grande AVC e, a partir de então, nunca mais recuperou a consciência. Ainda assim, permaneceu vivo por quinze dias, deitado numa cama trazida para a sala de estar da casa de Hyde Park Gate. Seu gato Jock também estava lá, e havia flores e velas em seu quarto. Pouco depois das oito da manhã de 24 de janeiro de 1965, um domingo, o nobre coração de Sir Winston Spencer-Churchill bateu pela última vez.

Churchill dissera a Jock Colville, em 1953, que morreria no aniversário da morte de seu pai, e assim foi. Também não foi o último de seus tributos: ele pretendia originalmente ser enterrado sob o gramado de croquet em Chartwell, mas, tendo visitado no final dos anos 1950 os túmulos de seu pai, sua mãe e seu irmão na igreja de St. Martin em Bladon, à vista do Palácio de Blenheim, mudou de ideia e decidiu descansar junto com eles. O túmulo de lorde Randolph Churchill é hoje marcado com uma lápide que diz "Pai" e assim, ironicamente, ele é lembrado por sua relação com o filho que tanto subestimava e, na verdade, em muitos aspectos, desprezava.

"Agora a Grã-Bretanha não é mais uma grande potência", murmurou Charles de Gaulle, presidente da França desde 1959, quando soube da morte de Churchill.[63] O falecimento ocorreu num momento em que o governo trabalhista pensava em retirar todas as tropas do leste de Suez, acabando na prática com o Império Britânico. "O dia dos gigantes se foi para sempre", escreveu o historiador Sir Arthur Bryant no *Illustrated London News*. O romancista V. S. Pritchett registrou: "Estávamos olhando para um passado totalmente irrecuperável".[64]

A rainha instruiu o duque de Norfolk, conde marechal do Reino Unido, que a cerimônia de despedida de Churchill deveria ter uma "escala adequada à sua posição na história", garantindo assim que seria o maior funeral de alguém que não pertencia à realeza desde o do duque de Wellington em 1852, ofuscando até mesmo o de Gladstone em 1898. Em planejamento havia anos, os arranjos, apelidados de Operação Hope Not [Tomara que Não], precisavam ser constantemente atualizados devido à grande longevidade de Churchill. Ele mesmo desempenhara um papel relativamente pequeno no planejamento do evento, embora prometesse a Harold Macmillan que haveria "hinos animados" e dissesse a Montague Browne: "Lembre-se, quero muitas bandas militares". Ganhou nada menos que nove.

O velório de Churchill em Westminster Hall durou três dias e três noites; seu caixão estava coberto com uma bandeira do Reino Unido, sobre a qual repousava sua insígnia da Ordem da Jarreteira. Mais de 320 mil pessoas passaram pelo catafalco, vigiado em cada canto por membros das Forças Armadas que permaneciam imóveis, com a cabeça curvada em respeito e homenagem.[65] "Dois rios correm silenciosamente por Londres esta noite", escreveu um espectador, "e um é feito de gente. Escuro e silencioso como o próprio Tâmisa à noite, atravessa o Westminster Hall, fazendo um redemoinho ao pé da rocha chamada Churchill." Ainda mais pessoas poderiam ter comparecido se o termômetro não tivesse descido abaixo de zero; no dia do enterro estava tão frio que inclusive houve baixas entre os cavalos da polícia. Em todo o país, bandeiras permaneceram a meio mastro, jornais publicaram longos obituários, usaram-se braçadeiras pretas, adiaram-se partidas de futebol, lojas fecharam, e a Associação Nacional dos Professores até cancelou uma greve.

"É com profunda tristeza que o governo e o povo da Índia souberam do falecimento do Muito Honorável Sir Winston Churchill, o maior inglês que já conhecemos", escreveu o presidente indiano, Sarvepalli Radhakrishnan, à rainha. "A magia de sua personalidade e seu domínio das palavras renovaram a fé na liberdade nos anos mais difíceis da Segunda Guerra Mundial. Ele deixou sua marca na face da Europa e do mundo. Seus serviços inesquecíveis serão apreciados por séculos. Eu transmito a Vossa Majestade, ao governo britânico e ao povo da Grã-Bretanha nossa mais profunda solidariedade por vossa grande perda. Deve servir um pouco de conforto para vós saber que vossa dor é compartilhada por milhões em todo o mundo."[66]

A Catedral de São Paulo era o lugar óbvio para o funeral; nada menos do que 28 bombas caíram sobre sua estrutura durante a guerra, uma delas com uma enorme carga de mais de duzentos quilos. No entanto, a obra-prima de Sir Christopher Wren sobreviveu milagrosamente. Além disso, havia sido o lugar dos funerais de Nelson e Wellington. Uma ruptura com a tradição foi a decisão da rainha de comparecer pessoalmente, uma marca especial de favor real, pois os monarcas não costumavam ir a funerais que não fossem da família. Havia seis soberanos, seis presidentes e dezesseis primeiros-ministros presentes naquele dia.

Na manhã do funeral, 30 de janeiro, o Big Ben tocou às 9h45 da manhã quando o caixão deixou Westminster, mas depois disso permaneceu em silêncio pelo resto do dia. O catafalco foi transportado na mesma carreta de canhão usada para a rainha Vitória em 1901, foi puxada pelas ruas de Londres por 104 homens da Marinha Real, uma lembrança dos dois períodos em que Churchill fora primeiro lorde do Almirantado. A visão do cortejo ao sair do Palácio de Westminster foi comparada por um espectador à de um grande navio de guerra deixando o porto. As outras tropas que participaram da procissão, que incluíam destacamentos de dezoito unidades militares, marcharam com seus fuzis invertidos. Foram necessários quatro majores dos Hussardos Irlandeses Reais da Rainha (regimento sucessor do 4º Regimento dos Hussardos) para transportar todas as comendas e condecorações de Churchill atrás da carreta.

Quando o cortejo passou pelo Cenotáfio, em Whitehall, ergueram-se cem bandeiras trazidas por homens e mulheres dos movimentos de resistência da França, Dinamarca, Noruega e Holanda durante a guerra, numa saudação final. Depois que o caixão passou, um grupo de combatentes clandestinos dinamarqueses colocou uma coroa de lírios no Cenotáfio. Quando um jornalista perguntou seus nomes, um deles respondeu, antes de voltar para a multidão: "Nós éramos anônimos na guerra; devemos continuar assim agora".

Tal como Churchill prometera, houve de fato alguns hinos "animados". O local de nascimento de sua mãe, sua amizade com o presidente Roosevelt e sua crença no poderio dos povos de língua inglesa se refletiram na escolha do "Hino de Batalha da República", enquanto sua personalidade e sua carreira foram lembradas por "Who Would True Valour See" [Aquele que a verdadeira coragem conhece] e "Fight the Good Fight with All thy Might" [Luta o bom combate com toda a tua força]. O caixão, talhado de carvalhos ingleses de Blenheim, exigiu o esforço de oito soldados de luvas brancas da Guarda Real para subir os degraus da Catedral de São Paulo. Após a cerimônia, foi carregado para fora da catedral ao som do hino de retirada "O God, our Help in Ages Past"' [Ó Deus, nossa ajuda em eras passadas]. A pompa foi solene, soberba, sublime. Churchill tornou-se o único plebeu da história a receber uma salva de noventa canhões da Real Artilharia Montada, no parque St. James.

Cerca de 350 milhões de pessoas em todo o mundo assistiram ao funeral pela televisão; inclusive, a audiência nos Estados Unidos foi ainda maior do que a do funeral do presidente Kennedy, quinze meses antes. Nada menos que 112 países estavam representados; somente a China comunista se recusou a enviar um representante, e só a República da Irlanda não transmitiu as imagens ao vivo. Após a cerimônia, o ex-presidente Eisenhower e Sir Robert Menzies fizeram belas manifestações.

O caixão foi levado a bordo da lancha *Havengore* e, quando partiu, dezesseis aviões Lightning fizeram uma apresentação que recordou a fundação da RAF e o tributo de Churchill à Força Aérea durante a Batalha da Grã-Bretanha. Londres ainda era um dos maiores portos marítimos do mundo em 1965, com docas equipadas com muitos guindastes imensos estacionados nos inúmeros cais. Quando a *Havengore* passou, os operadores baixaram os braços dos mecanismos um de cada vez, como se até mesmo aquelas enormes estruturas metálicas estivessem inclinando a cabeça em homenagem ao chefe morto do país.

Os visitantes estrangeiros surpreenderam-se ao ver os britânicos chorando em público, contrariando sua fama de povo reservado. "Desde a guerra, não havia demonstração de tamanha emoção", escreveu o romancista Laurie Lee. Um historiador norte-americano que visitou a Grã-Bretanha especialmente para a cerimônia registrou que "na multidão vivia o espírito de 1940; houve um grande surto democrático dos ingleses, com homens usando chapéus-coco e mulheres elegantes em pé ao lado de *cockneys* e estivadores". O caixão foi retirado da *Havengore* no Pier Festival, e depois transportado por um grupo de granadeiros para um carro funerário, que o levou para o saguão da estação de Waterloo, onde foi colocado num trem. À sua passagem, as pessoas paradas nas estações e nos campos tiravam o chapéu com respeito. Em Oxfordshire, o dr. Rowse viu "o céu ocidental tomado pela luz vívida do pôr do sol de inverno; o sol se pondo no Império Britânico".[67]

Em Bladon, duas coroas de flores foram colocadas no túmulo. "Ao meu querido Winston, Clemmie", dizia um bilhete escrito à mão, e na outra: "Da nação e da Comunidade, em lembrança agradecida. Elizabeth R". Clementine, na opinião de todos os presentes e nas palavras de um repórter, "comportou-se como uma rainha". Quando se retirou para dormir depois daquele dia exaustivo e emotivo, disse com orgulho à filha Mary: "Não foi um funeral, foi um triunfo!".[68] Quando ela morreu, em dezembro de 1977, aos 92 anos, suas cinzas foram espalhadas sobre o túmulo dele.

# Conclusão

# “Caminhando com o destino”

*Conheci caráteres melhores e maiores, filósofos mais sábios, personalidades mais compreensivas, porém nenhum homem mais grandioso.*

Presidente Dwight D. Eisenhower sobre Churchill, dezembro de 1954[1]

*Ele era um filho da natureza. Venerava a tradição, mas ridicularizava as convenções.*

General lorde Ismay sobre Churchill[2]

*À medida que as fortunas se reduzem, o espírito precisa se expandir para preencher o vazio.*

Churchill para Clementine, das trincheiras, 20 de dezembro de 1915[3]

“Demasiado se escreveu e está sendo escrito sobre mim”, disse Churchill ao Prof Lindemann — e isso foi na década de 1920.[4] Apesar de toda essa atividade literária (que continuou incessante), o general Sir Alan Brooke registrou em agosto de 1943: “Pergunto-me se algum historiador do futuro conseguirá pintar Winston em suas verdadeiras cores”.[5] Em 1960, quando ele começou a redigir suas memórias, lorde Ismay disse ao presidente Eisenhower que uma biografia objetiva de Churchill só poderia ser escrita pelo menos depois do ano de 2010. De fato, foi somente na década atual que as últimas peças do quebra-cabeça arquivístico — a íntegra dos diários do rei George VI e de Ivan Máiski, transcrições literais de Lawrence Burgis das reuniões do Gabinete de Guerra, documentos privados dos filhos de Churchill e muito mais — se tornaram acessíveis aos pesquisadores. Cinquenta anos após a morte de Churchill, enfim se torna possível pintá-lo com algo que se aproxima de suas verdadeiras cores.

"Para fazer justiça a um grande homem", escreveu o próprio Churchill, "é necessária uma crítica que seja judiciosa. A bajulação, embora cause satisfação, é sempre insípida."[6] Neste livro não faltaram críticas, as quais espero que tenham sido judiciosas. No ano em que Churchill nasceu, o general Sir Garnet Wolseley assinou um tratado forçando o derrotado rei Koffee dos ashanti a acabar com o sacrifício humano; no ano em que morreu, a espaçonave *Gemini V* orbitou a Terra e os Beatles lançaram "Ticket to Ride". Nas nove décadas decorridas entre esses dois momentos, podemos ver em retrospectiva que houve muitas vezes em que o julgamento de Churchill pôde ser legitimamente questionado, como em sua oposição ao voto feminino, sua participação pessoal no cerco da rua Sidney, sua conduta na demissão do almirante Bridgeman, a designação de Jackie Fisher na Primeira Guerra Mundial e a de Roger Keyes na Segunda, a continuação da operação de Galípoli depois de março de 1915, o uso dos paramilitares Black and Tans na Irlanda, sua diplomacia arriscada durante a crise de Chanak, a proposta da Norma dos Dez Anos, a volta ao padrão-ouro, o apoio a Eduardo VIII durante a crise da abdicação, a má administração da campanha da Noruega, a utilização do rei Leopoldo III como bode expiatório, o socorro à Grécia em 1940-1, a inépcia de avaliar a capacidade militar dos japoneses, a descrição da península italiana como um "baixo-ventre mole", a subestimação da capacidade de aeronaves Stuka contra navios e tanques, a pressão sobre Stanisław Mikołajczyk para aceitar a Linha Curzon como fronteira do pós-guerra da Polônia, a insistência na campanha do Dodecaneso em 1943, a permissão para que Stálin deportasse os cossacos da Crimeia, e Tito, os iugoslavos contrários a ele, o discurso da "Gestapo" durante a campanha eleitoral de 1945, a instituição do sistema de "senhores supremos" e a conciliação com os sindicatos em seu ministério de veranico, a permanência como primeiro-ministro depois de seu derrame em 1953, e muito mais. No entanto, como ele escreveu a Clementine das trincheiras da Grande Guerra, "eu não teria feito nada se não tivesse cometido erros".[7] Vários desses equívocos surgiram de seu hábito de insistir em ver as coisas por si mesmo em primeira mão: isso muitas vezes o punha em apuros, como em Natal, na rua Sidney e em Antuérpia; com mais frequência, porém, isso lhe possibilitava insights importantes. "Não importa quantos erros se cometem na política, desde que se continue a cometê-los", disse certa vez a lorde Rosebery. "É como jogar bebês para os lobos; quando você para, a matilha alcança o trenó."[8]

* * *

Em seu obituário de Churchill, Clement Attlee declarou que "energia, em vez de sabedoria, julgamento prático ou visão, era sua suprema qualificação".[9] Isso é justo? A suposta falta de juízo de Churchill esteve pendurada em seu pescoço durante toda a sua carreira, às vezes, como vimos, com boas razões. No entanto, quando se tratou das três ameaças mortais à civilização ocidental, representadas pelos militaristas prussianos em 1914, pelos nazistas nas décadas de 1930 e 1940 e pelo comunismo soviético após a Segunda Guerra Mundial, o bom senso de Churchill esteve muito acima do demonstrado pelas pessoas que desdenharam de seus critérios. Nesses três momentos vitais, o julgamento de Churchill se provou certo, enquanto aqueles ao seu redor estavam, para parafrasear Rudyard Kipling, um de seus poetas favoritos, perdendo a cabeça e culpando-o por isso. O próprio Attlee ainda se opunha ao rearmamento e recrutamento às vésperas da Segunda Guerra Mundial, muito depois de Churchill ter pedido ambas as medidas. Quem demonstrou mais "sabedoria, julgamento prático ou visão" quando se tratava das coisas que realmente importavam na vida da Grã-Bretanha, de seu Império e da Comunidade Britânica?

Era de esperar que alguém que passou dois terços de um século diante dos olhos do público, tomando decisões importantes em muitos assuntos e opinando sobre tudo o que acontecia no mundo, cometesse erros — às vezes graves —, e muitas de suas posições não são aquelas amplamente aceitas hoje. Contudo, em comparação com seus fracassos e erros, a lista de seus sucessos é muito mais longa e importante. O poeta grego Arquíloco escreveu que "uma raposa sabe muitas coisas, mas um porco-espinho, uma coisa importante". Os detratores de Churchill o descreveram como um porco-espinho que cometeu erros sem fim, mas acertou numa coisa importante — Hitler e a ascensão do nazismo — quase por acaso estatística. Mas estão enganados. "Seus julgamentos das tendências da história foram uniformemente perceptivos e muitas vezes profundos", escreveu Henry Kissinger sobre Churchill. "Antes da Primeira Guerra Mundial, Churchill reconheceu que a França não era mais capaz de enfrentar a Alemanha sozinha e que a Grã-Bretanha precisava abandonar seu isolamento histórico em favor de uma aliança com a França. Na década de 1920, queria envolver a Alemanha na construção de uma ordem mundial, aplacando os ressentimentos de Berlim em relação ao Tratado de Versalhes."[10] Churchill também foi o homem que preparou a Grande Frota para a eclosão da guerra em 1914; o pai do tanque; aquele que deu início a uma legislação social destinada a aliviar o sofrimento dos pobres oprimidos da Grã-Bretanha eduardiana; um ministro do Interior liberal e reformista; um daqueles que ajudaram a criar o Estado Livre Irlandês e o criador do Estado da Jordânia. Resolveu dívidas da Grande Guerra, pregou a magnanimidade após a greve geral, propôs orçamentos que cortavam impostos e foi o primeiro-ministro que depois da guerra construiu 1 milhão de moradias e aboliu o racionamento. Acima de tudo, foi a primeira figura política significativa a identificar os perigos totalitários gêmeos do comunismo e do nazismo e apontar as melhores maneiras de lidar com ambos. Era uma raposa por excelência, que sabia e fazia muitas coisas, não um porco-espinho.

Churchill aprendia com seus erros e punha em uso as lições. A catástrofe de Dardanelos ensinou-o a não passar por cima dos chefes de Estado-Maior; a greve geral e os tumultos de Tonypandy ensinaram-no a deixar as questões das relações de trabalho durante a Segunda Guerra Mundial para o trabalhista Ernest Bevin; o desastre do padrão-ouro ensinou-o a aumentar a quantidade de crédito e dinheiro em circulação e manter o máximo de liquidez no sistema financeiro que as exigências do período de guerra permitissem. E também aprendia com seus sucessos. Os avanços da criptografia da Grande Guerra na Sala 40 do Almirantado ensinaram-no a apoiar Alan Turing e os decodificadores da Ultra; a campanha antissubmarino de 1917 ensinou-lhe as vantagens do sistema de comboios; sua defesa dos tanques encorajou-o a promover a invenção de novas armas, criadas pelo general Hobart e pela Diretoria do MI(R). Havia muito tempo que entendera a superioridade do Mauser sobre a lança.

Churchill estava certo quando escreveu que toda a sua vida passada tinha sido apenas uma preparação para a hora e a provação de ser primeiro-ministro durante a guerra. O domínio desde muito cedo do fraseado "nobre" da língua inglesa e sua ampla leitura quando ocupava posições subalternas permitiram-lhe produzir sua magnífica oratória do período da guerra. O tempo que passou em Cuba ensinou-lhe a frieza sob fogo e como prolongar seu dia de trabalho com sestas. A experiência na Guerra dos Bôeres o expôs às deficiências dos generais. O tempo de piloto e de secretário de Estado do Ar fez dele um defensor da RAF muito antes da Batalha da Grã-Bretanha. A escrita de *Marlborough* preparou-o para a tomada de decisões sincronizada entre aliados. A propensão para visitar pessoalmente as cenas de ação, como no cerco da rua Sidney e em Antuérpia, preparou-o para as visitas feitas a vários lugares da Grã-Bretanha que elevaram o moral do povo durante a Blitz alemã. O fascínio pela ciência, alimentado pela amizade com Lindemann, levou-o a compreender a aplicação militar da fissão nuclear. Os escritos sobre o fundamentalismo islâmico o prepararam para o fanatismo dos nazistas. A análise presciente e precisa do bolchevismo preparou o terreno para seu discurso sobre a Cortina de Ferro, e a introdução do Seguro Nacional e das pensões para idosos com Lloyd George antes da Primeira Guerra Mundial preparou-o para a consolidação do Estado de bem-estar social após a Segunda. Acima de tudo, suas experiências na Grande Guerra — preparar a Marinha, o desastre de Dardanelos, o período nas trincheiras e como ministro dos Armamentos —, tudo isso lhe deu insights vitais que ele usou durante a Segunda Guerra Mundial.

* * *

Churchill era um camaleão. Um de seus biógrafos, Robert Rhodes James, o descreveu como um "político, esportista, artista, orador, historiador, parlamentar, jornalista, ensaísta, jogador, soldado, correspondente de guerra, aventureiro, patriota, internacionalista, sonhador, pragmático, estrategista, sionista, imperialista, monarquista, democrata, egocêntrico, hedonista, romântico".[11] Ele era de fato tudo isso, mas também seria possível acrescentar: colecionador de borboletas, caçador de grandes animais, amante de animais, editor de jornal, espião, pedreiro, espirituoso, piloto, cavaleiro, romancista e chorão (este último foi o apelido que o duque e a duquesa de Windsor lhe deram). Em tudo isso, era mais animado por emoções profundas do que por análise racional, o que, durante grande parte de sua vida, fez com que as pessoas achassem que lhe faltava juízo. Acreditava apaixonadamente — e de forma equivocada — que seu pai fora mal utilizado pelo Partido Conservador, por exemplo. Acreditava que seus princípios de livre-comércio justificavam a mudança de lado na Câmara dos Comuns. Acreditava — mais uma vez incorretamente — que morreria jovem e precisava tomar atalhos para alcançar a grandeza cedo. Queria muito ser um general, de preferência outro Napoleão. E acreditava do fundo do coração — e é provável que também de modo errôneo — que poderia ter levado a Grande Guerra a uma conclusão rápida e bem-sucedida forçando o estreito de Dardanelos.

Amava Clementine e seus filhos (até mesmo Randolph); também amava seus prazeres (muitas vezes sibaritas). Amava seus amigos — muitos dos quais morreram cedo, e com a maioria dos quais brigou em algum momento — com lealdade. Odiava visceralmente Lênin, Trótski e Hitler, mas pouquíssimos outros. Churchill era tremendamente egoísta, combativo por instinto e propenso ao exagero deliberado, e costumava subestimar a impressão negativa que essas características causavam nas pessoas. Os leitores devem ter notado mais do que alguns exemplos de egoísmo, insensibilidade e impiedade de Churchill nestas páginas. "Absorto em seus próprios assuntos", escreveu o comandante Tommy Thompson, seu assistente pessoal durante a Segunda Guerra Mundial, "ele parecia a muitas pessoas brusco, vaidoso, intolerante e autoritário."[12] Também podia ser idiossincrático, teimoso, apegado demais a detalhes e intrometido. Mas transformou vários desses defeitos em forças, e algumas se mostraram necessárias para ajudá-lo nas crises que enfrentou na paz e na guerra. Também podia ser intensamente amável, quando tomado em seus próprios termos. Entre os políticos de alto escalão são poucos os que não têm um ego colossal, mas, no caso dele, e com seus talentos, não era injustificadamente inflado.

Seus momentos de profunda melancolia durante esse período e em outros de sua vida, como durante a campanha de Galípoli, não significam que fosse depressivo, muito menos maníaco-depressivo ou bipolar. Sua única referência ao "cão negro" é discutida no capítulo 10; o mito de que Churchill era depressivo, assim como o também muito disseminado mito de que era alcoólatra, não tem fundamento. Ele ficava deprimido com coisas que deixariam qualquer um assim e bebia as mesmas doses generosas como vários de seus contemporâneos dos anos 1930. (E não tragava a fumaça dos 160 mil charutos que supostamente consumiu durante a vida.) Em seu discurso de despedida ao seu batalhão na Grande Guerra, declarou: "Podem dizer o que quiserem de mim como soldado, mas pelo menos ninguém pode falar que alguma vez deixei de exibir uma apreciação adequada das virtudes do álcool".[13] Os leitores certamente concordarão com sua avaliação de que "tirei mais da bebida do que a bebida tirou de mim".[14]

Em um discurso no Grand Hall, em Victoria, em julho de 1932, para celebrar o bicentenário do nascimento de George Washington, Churchill perguntou: "A coragem, a intrepidez pessoal e cívica que Washington demonstrou em todas as situações não são necessárias tanto hoje em dia, nas preocupações e perigos da paz moderna, quanto sempre foram no fogo de guerras passadas?".[15] Com Hitler a apenas seis meses de assumir a Chancelaria, certamente eram necessárias. O próprio Churchill demonstrou notável coragem física e moral ao longo de sua vida, pois, como escreveu em *Great Contemporaries*: "Os homens e os reis devem ser julgados nos momentos difíceis da vida deles. A coragem é justamente considerada a primeira das qualidades humanas porque [...] é a qualidade que garante todas as outras".[16] Além de sua óbvia bravura nos campos de batalha de cinco guerras anteriores a 1939, uma das maneiras como sua coragem se manifestou foi nas muitas viagens que fez para fora da Grã-Bretanha durante a Segunda Guerra Mundial — nada menos que 25 trajetos de ida e volta que somaram quase 180 mil quilômetros, tendo se deslocado muito mais do que qualquer outro governante da época da guerra. Algumas foram viagens rápidas e arriscadas para o outro lado do canal da Mancha, em 1940, 1944 e 1945, mas outras duraram semanas e exigiram que fossem cruzados continentes e oceanos.[17] Ele fez isso com mais de sessenta e quase setenta anos, acima do peso e fora de forma, em muitas ocasiões em aviões desconfortáveis, barulhentos e não pressurizados e, às vezes, em considerável perigo de caírem ou serem abatidos. A lista de pessoas preeminentes que morreram em voos durante a guerra inclui o general "Strafer" Gott, o almirante Bertram Ramsay, o general Orde Wingate, o general Władysław Sikorski, o duque de Kent, o almirante Yamamoto, o ator Leslie Howard e o músico Glenn Miller. No entanto, as viagens valeram os riscos envolvidos, pois ele acabou conhecendo os outros líderes mundiais muito melhor do que eles conheciam uns aos outros. As únicas ocasiões em que Roosevelt, Stálin e Churchill estiveram juntos foram em Teerã, em 1943, e em Ialta, em 1945. Mas Churchill e Roosevelt se reuniram onze vezes, e Churchill e Stálin três, enquanto Roosevelt e Stálin nunca se encontraram a sós, exceto de forma esporádica em meio às duas reuniões trilaterais. As viagens de Churchill durante a Segunda Guerra Mundial forneceram a cola que manteve as Três Grandes potências juntas.

Além de ser física e moralmente corajoso, Churchill era um estadista notavelmente magnânimo, tanto para com as nações inimigas derrotadas como para com os oponentes pessoais. Fisher tentara destruí-lo em maio de 1915, mas ele sugeriu sua recondução como primeiro lorde dos mares no ano seguinte, e eles trocaram uma correspondência amigável até a morte do almirante. Bonar Law insistira em sua expulsão do Almirantado, mas os dois também mantinham boas relações pessoais. Lorde Alfred Douglas o difamou de forma maldosa a propósito do comunicado após a batalha da Jutlândia, mas Churchill falou: "Diga-lhe que o tempo acaba com todas as coisas".[18] Lorde Derby induziu seriamente ao erro o Comitê de Privilégios durante a investigação de Churchill no caso das Câmaras de Comércio de Manchester em 1934, mas foi perdoado. Colin Thornton-Kemsley tentou anular sua eleição ao Parlamento por Epping depois de Munique, mas no início da guerra Churchill escreveu: "No que me diz respeito, o passado está morto".[19] Ele devolveu a carta derrotista de 1940 de Eliot Crawshay-Williams "para queimar e esquecer".[20] Max Beaverbrook e Stafford Cripps foram perdoados por sua tentativa explícita de lhe tomar o posto de primeiro-ministro durante a Segunda Guerra Mundial, e Lloyd George por esperar "até que Winston seja preso". Os panegíricos que fez para Neville Chamberlain, Lloyd George e Stafford Cripps ignoraram os insultos, as brigas e os erros do passado com grande generosidade. Churchill ofereceu cargos no Gabinete a Leslie Hore-Belisha em 1945 e Clement Davies em 1951, os quais haviam votado para tirá-lo do cargo em 1942, pois não acreditava em vingança contra oponentes políticos internos, e sim naquilo que descrevia como "uma eliminação judiciosa e econômica da bile".[21] Seus muitos atos de bondade para com pessoas de origens menos privilegiadas eram motivados por sua compaixão natural e um poderoso sentimento de *noblesse oblige*, consistentes com sua visão da Democracia Tory e que aconteceriam habitualmente durante toda a sua vida.

Em todas as suas paixões, Churchill era mais extremado e extravagante do que seus contemporâneos, a maioria dos quais entrou na política por um senso de obrigação social, ambição, convicção ideológica ou apenas pelo desejo de levar uma vida interessante. Para Churchill, era nada menos que redimir um pai morto e "erguer novamente a bandeira esfarrapada", de acordo com suas palavras. Isso lhe deu uma vantagem sobre os outros, em especial quando, em 1940 e 1941, teve a oportunidade de canalizar todas as suas habilidades, experiências e paixões para a destruição "daquele homem". Em maio de 1940, Churchill prometeu ao povo britânico "sangue, labuta, lágrimas e suor", e estava disposto a dar todos os quatro — principalmente, como vimos, o terceiro item. Suas paixões e emoções potentes lhe traziam muitas vezes lágrimas aos olhos; com efeito, tal como com seu humor, ele era capaz de usar sua lacrimosidade quase como uma arma política. "Eu choro muito, sabe", disse a Anthony Montague Browne, seu último secretário particular. "Você precisa se acostumar com isso."[22] Browne lembrou que as lágrimas de Churchill costumavam ser induzidas por "histórias de heroísmo [...] um cão nobre lutando na neve para chegar ao seu dono inspirava lágrimas. Era comovente. Eu achava perfeitamente aceitável". Churchill considerava sua propensão ao pranto quase um problema de saúde, e relatou a seu médico que isso remetia a sua derrota por 43 votos na eleição extraordinária da Abadia de Westminster, em 1924. No entanto, já chorara muitas vezes antes disso; um diagnóstico mais preciso diria que Churchill era um aristocrata emotivo da Regência, até mesmo sentimental, nascido numa era vitoriana tardia e numa classe que, em vez disso, valorizava o autocontrole. Os oito almirantes que carregaram o caixão de Horatio Nelson em janeiro de 1806 choravam sem a menor inibição.

A influência paterna sobre Churchill foi um tema central deste livro. Ele escreveu uma biografia em dois volumes de lorde Randolph; seu discurso de estreia foi sobre o pai, que costumava mencionar com frequência nos debates. Sua carreira política começou como um desagravo consciente à carreira de seu pai, e ele acreditava que estava promovendo os princípios da Democracia Tory de lorde Randolph (que os herdara de Benjamin Disraeli) mesmo quando estava no Partido Liberal, dando início ao Estado de bem-estar social. Sua obsessão em conquistar a aprovação do pai não diminuiu em nada com a morte dele, como seu conto de 1947 "The Dream" deixa muito claro. Batizou seu único filho com o nome do avô, adotou muitos de seus maneirismos pessoais e até mesmo conseguiu morrer no mesmo dia, a homenagem definitiva, apesar de ter superado em muito todas as realizações de lorde Randolph. Teria sido compreensível que Churchill vivesse em competição com uma figura paterna fria e distante, mas é parte de sua grandeza de caráter que, em vez disso, ele se considerasse um difusor das ideias de seu pai e um promotor de seus princípios. "Eu sou filho da Câmara dos Comuns", discursou ele ao Congresso dos Estados Unidos em dezembro de 1941. "Fui criado na casa de meu pai para acreditar na democracia. 'Confie no povo' — era sua mensagem. Eu costumava vê-lo ser aplaudido em comícios e nas ruas por multidões de trabalhadores naqueles tempos vitorianos aristocráticos, quando, como disse Disraeli, o mundo era para os poucos, e para os muito poucos."[23]

Em virtude dos falecimentos precoces em sua família, Churchill acreditava que não viveria muito tempo, e o extraordinário número de vezes em que estivera próximo da morte, tanto dentro como fora dos campos de batalha, o deixou com um poderoso senso de destino pessoal. A razão pela qual o Arquivo Churchill da Universidade de Cambridge é tão extenso é que ele guardava tudo, pois acreditava desde cedo que seria um grande homem que tomaria grandes decisões em grandes momentos daquele que era então o maior império da história. Chegou a arquivar até mesmo suas contas domésticas do período eduardiano (o que nos revela que bebia champanhe Pol Roger desde pelo menos 1908). Mantinha as correspondências relativas aos seus animais de estimação e aos presentes que recebia (inclusive o teste em tempo de guerra de seus charutos após um grande presente da Comissão Nacional do Tabaco de Cuba), bem como menus e a disposição de lugares nas mesas. O grande volume de papéis, documentos, discursos e publicações deixados por Churchill foi acertadamente descrito como "um dos registros mais ricos do empreendimento humano".[24]

A produção escrita de Churchill foi igualmente imensa. Ele publicou 6,1 milhões de palavras em 37 livros — mais do que Shakespeare e Dickens somados — e pronunciou 5 milhões de palavras em discursos públicos, sem contar sua volumosa redação de cartas e memorandos. Em parte por ser um polímata tão prolífico, também parecia ser um poço de contradições. Sua Carta Atlântica proclamava uma crença na democracia que não se estendia à independência indiana; defendia os fracos, mas acreditou por um tempo na eugenia; era um neto de duque que acabou com o poder de veto da Câmara dos Lordes; ordenou uma ofensiva de bombardeios combinados e amava borboletas; era um soldado calejado que usava roupas íntimas de seda devido à sua "cútis sensível"; mudou de partido na Câmara dos Comuns, não uma, mas duas vezes. Em termos políticos, a maioria de suas aparentes contradições pode ser explicada pelo fato de que seus princípios de conservadorismo compassivo com base na Democracia Tory eram altamente flexíveis, e podiam envolver quase qualquer coisa sob a insígnia generalizada de "*Imperium et Libertas*". O resto pode ser explicado por sua declaração em 1927 de que "a única maneira pela qual um homem pode permanecer consistente em meio a circunstâncias cambiantes é mudar com elas enquanto preserva o mesmo propósito dominante".[25]

Em 1956, ao agradecer a Churchill pelo presente do segundo volume de *História dos povos de língua inglesa*, lorde Kilmuir lhe escreveu: "Sempre acreditei que um senso vivo da história é condição sine qua non para um político".[26] Como historiador, importava-lhe imensamente como se sairia perante o que definiu em seu panegírico de Neville Chamberlain como "o severo inquérito da História". Churchill escreveu que os 35 anos decorridos desde que saíra de Sandhurst em 1895 tinham sido "um filme interminável em que ele era um ator".[27] Sabia que escreveriam a seu respeito — inclusive ele mesmo — e por isso estava preocupado em não cair "abaixo do nível dos acontecimentos". Estava encenando cenas de seu próprio drama, sabendo que as narraria para seus leitores.[28] Como disse sua filha Mary: "Ele via eventos e pessoas como num palco, iluminado por seu próprio conhecimento da história e seu ardente sentido do destino e da marcha dos acontecimentos".[29] Em seu obituário de Churchill, Clement Attlee escreveu: "Ele estava, com efeito, sempre se perguntando: 'O que a Grã-Bretanha deve fazer agora para que o veredito da história seja favorável?'".[30] Em junho de 1940, na volta de uma conferência com líderes franceses, quando chegaram ao campo de aviação de Briare a caminho de casa, Ismay pediu que o embarque das divisões destinadas a reforçar a França deveria ser adiado de maneira discreta, já que os franceses estavam claramente à beira da rendição. "Certamente que não", respondeu Churchill. "Ficaria muito mal na história se fizéssemos uma coisa assim."[31]

Naquela ocasião, Ismay tinha razão, mas, na maioria das outras, o senso vivo de história de Churchill, em especial sua capacidade de usar analogias apropriadas com o passado britânico, servia bem a ele e a seu país. Isso lhe permitiu avaliar que os defensores do apaziguamento com os nazistas estavam agindo fora das tradições da política externa britânica, que durante séculos tinha sido proativa, combativa e às vezes até pirata para impedir que qualquer potência obtivesse hegemonia sobre o continente europeu. Ele também pôde colocar os apuros da Grã-Bretanha em 1940-1 em seu contexto histórico apropriado, dizendo ao povo britânico que ele já estivera naquela situação, e que havia prevalecido no fim. Seus discursos sobre como Drake frustrara a Armada Espanhola e como Nelson havia destruído a ameaça de invasão representada por Napoleão eram ainda mais poderosos por virem de um primeiro-ministro que também era historiador e biógrafo. Sua imaginação histórica era potente, mas também prática: destinava-se a instruir e informar. Isso valia para todos os relatos históricos que escrevera, e parte da razão pela qual, quando morreu, havia vendido mais livros de história do que qualquer outro na história.

Também foi em parte esse senso vivo da história que o encorajou a tentar reproduzir com Franklin Roosevelt a relação que o duque de Marlborough estabelecera com o príncipe Eugênio de Saboia durante a Guerra da Sucessão Espanhola. Em 1942, argumentou-se no Ministério da Guerra que nada parecido com a conjunção de soberanias implícita no conceito de um Comitê Combinado de Chefes de Estado-Maior já havia acontecido antes. Churchill sabia que não era bem assim e, como escrevera em 1934 em sua biografia sobre a amizade de seu grande ancestral com Eugênio, "sem esse fato novo nos quartéis-generais aliados, as extraordinárias operações descritas por estes capítulos, tão intricadas, tão prolongadas e contrárias em tantas ocasiões aos princípios aceitos da guerra, jamais poderiam ter sido realizadas".[32] As tensões da relação de Churchill com Roosevelt podem ser efetivamente medidas através da ladainha de queixas que fazia a George VI em seus almoços semanais de terça-feira, que deixam claras as profundezas do ressentimento de Churchill em relação ao seu mais importante aliado nos momentos-chave da guerra. No entanto, Churchill e o rei ficaram aliviados e satisfeitos quando Roosevelt foi reeleito presidente, em novembro de 1944, e sua morte em abril do ano seguinte deu margem a um panegírico quase sem precedentes por parte de Churchill, registrado no diário do monarca. Era possível sentir desapontamento e raiva e ao mesmo tempo admiração, e apesar das críticas acerbas em caráter privado não há motivo para duvidar de Churchill quando disse sobre Roosevelt em pelo menos três ocasiões: "Eu amava aquele homem".

Assim como Roosevelt, Churchill vinha do mais alto escalão de sua sociedade. Ele gostava de citar Edmund Burke: "Não espera pela posteridade quem nunca olha para trás, para seus ancestrais".[33] Churchill olhava constantemente para os seus. Sua origem aristocrática combina hoje de forma desconfortável com sua imagem de salvador da democracia, mas, se não fosse pela inconquistável autoconfiança do passado de sua casta, poderia ter adaptado sua mensagem às circunstâncias políticas dos anos 1930, em vez de tratar essa ideia com desdém. Nunca foi afetado por deferência ou ansiedade social em relação à classe média, pela simples razão de que não era dessa classe, e o que seus respeitáveis membros pensavam não era importante para aquele filho de Blenheim. Alec Douglas Home foi o último aristocrata a se tornar primeiro-ministro, mas governava com uma maioria minúscula, tinha uma personalidade completamente diferente e durou menos de um ano no número 10 da Downing Street. Churchill foi o último aristocrata a de fato governar a Grã-Bretanha.

No entanto, apesar de sua linhagem aristocrática, não era esnobe. Seus amigos mais próximos vinham de uma ampla base geográfica e social, como os filhos de um padre canadense (Max Beaverbrook), de um professor galês (Lloyd George), de um construtor irlandês (Brendan Bracken), de um corretor imobiliário de Birkenhead (F. E. Smith) e de um engenheiro alsaciano (Prof Lindemann). Ele (erroneamente) acreditava que Smith tinha sangue cigano.[34] É verdade que também era amigo dos duques de Marlborough (seu primo em primeiro grau) e Westminster, mas um verdadeiro esnobe não faria amigos tão íntimos vindos de um meio social tão amplo. Ele se aproveitaria dessa grande e ampla capacidade de cultivar amizades para um bom uso político, como foi demonstrado pelo modo como o Other Club o apoiou no Debate da Noruega em maio de 1940 e depois disso.

"Posso ver enormes mudanças sobrevindo num mundo agora pacífico", Churchill previu a seu amigo Murland Evans; "grandes sublevações, lutas terríveis; guerras que nem se imaginam; e lhe digo, Londres correrá perigo — Londres será atacada e terei um papel muito importante na defesa de Londres [...]. Vejo o futuro. Este país ficará de alguma maneira sujeito a uma tremenda invasão, por quais meios não sei, mas digo a você que estarei no comando das defesas de Londres e salvarei Londres e a Inglaterra da catástrofe [...]. Repito: Londres estará em perigo e, na alta posição que estarei ocupando, caberá a mim salvar a capital e salvar o Império."[35] Churchill não disse essas palavras em 1931, 1921, 1911 ou mesmo em 1901, mas em 1891, quando tinha apenas dezesseis anos de idade. Havia visto o seu destino quando adolescente, e o realizou. Aos 65 anos e considerado ultrapassado por muitos — inclusive Hitler —, chegou ao poder e fez exatamente o que havia prescrito para si mesmo meio século antes.

Até quem não consegue pensar em termos de destino deve admitir que Churchill foi incrivelmente afortunado, mesmo em seus dissabores. Este livro está repleto de exemplos de ocasiões em que a derrota nas urnas ou algum outro contratempo o tirou de situações políticas complicadas e permitiu que se reorientasse, como sua não eleição em três pleitos parlamentares entre 1922 e 1924, que lhe permitiram sair do Partido Liberal e entrar para o Conservador, e a decisão de MacDonald de não o nomear ministro do governo em 1931, reafirmada por Baldwin em 1935, o que lhe permitiu criticar a política de apaziguamento. "Eu fiz muitas coisas tolas que deram certo, e muitas coisas sábias que deram errado", declarou ele em entrevista à CBS em Nova York, em março de 1932. "O azar de hoje pode levar ao sucesso de amanhã."[36] A recusa contínua de sucessivos governos a empregá-lo durante a década de 1930 pareceu devastadora na época, porém depois ele sentiu que "asas invisíveis" o haviam protegido da cumplicidade em políticas das quais discordava profundamente e que mais tarde se revelaram muito prejudiciais para o país. Os anos de desterro foram úteis, mas dolorosos. "Estar tão completamente convencido e justificado numa questão de vida ou morte para o país", escreveu ele, "e não ser capaz de fazer o Parlamento e a nação darem ouvidos à advertência, ou se curvarem às provas e tomarem uma atitude foi uma experiência muito dolorosa."[37]

Churchill preparou-se para uma crise como a de 1940 durante toda a sua vida, mas o homem e o momento coincidiram por muito pouco. Se Hitler, que era quinze anos mais moço, tivesse adiado as crises da Anschluss e da Tchecoslováquia por alguns anos, Churchill provavelmente não estaria mais no primeiro escalão da política e não seria capaz de se tornar a única figura indispensável a partir de então. Ele foi indispensável durante a Segunda Guerra Mundial porque exalava uma confiança na vitória que nenhum outro personagem importante transmitia, e foi capaz de proporcionar algo que Neville Chamberlain não podia dar: esperança.

O historiador J. H. Plumb observou logo após a morte de Churchill que, "muito mais do que o escritor de livros de história", ele também era "o último grande praticante do tema histórico do destino providencial da Inglaterra".[38] Isso não derivava somente de sua autoconfiança, mas de uma crença inata no povo britânico — que ele mesmo chamava de "raça" britânica — e em seu Império, sobre o qual tinha a certeza de se tratar da maior força do bem na história da humanidade. "Nesta pequena ilha temos de fazer um sacrifício supremo para manter nosso lugar e posição", disse ele aos alunos de Harrow em 1952, "o lugar e a posição aos quais nosso gênio eterno nos dá direito."[39] O racismo biológico — a crença do darwinismo social de que a humanidade é organizada hierarquicamente por raças, com os brancos no topo — era considerado fato científico enquanto Churchill recebia sua educação, no final do século XIX. Mesmo grandes figuras da esquerda, como Beatrice Webb, Hugh Dalton e H. G. Wells, aderiram a essa ideologia, assim como Karl Marx antes deles. Por mais absurdo que pareça para nós hoje, quando Churchill estava aprendendo sobre o mundo, isso era tido como certo.

Outra verdade incômoda é que a crença de Churchill na superioridade do povo britânico em relação aos demais serviu, em última análise, à causa da democracia, convencendo-o da correção de lutar contra os alemães quando vários dos que o cercavam queriam pedir a paz. Suas referências constantes em discursos à raça britânica — ou inglesa, como dizia com frequência — não poderiam ter sido feitas por nenhum dos outros possíveis premiês da época. Simon, Halifax e Hoare, por exemplo, foram os três principais líderes da campanha pelo status de domínio para a Índia e — não por coincidência — alguns dos principais defensores da política de apaziguamento em relação à Alemanha. Eles tendiam a fugir de uma linguagem que era natural para Churchill, cujo pensamento abrangia ao mesmo tempo sua memória, seu conhecimento histórico e seus pressupostos raciais e imperiais. Às vezes, esses pressupostos o deixavam na mão, como quando o enganaram a respeito da capacidade de luta dos turcos em Galípoli e dos japoneses em 1941.

Churchill havia enfrentado Simon, Halifax e Hoare na década de 1930 nas questões referentes à Índia e, embora tivesse perdido completamente, não hesitou em combatê-los novamente por causa do apaziguamento. Edmund Burke, que Churchill lia e citava, escreveu em *Reflexões sobre a Revolução na França* que o "preconceito não deixa o homem hesitar no momento da decisão, sendo cético, intrigado e indeciso [...]. Através do preconceito justo, seu dever se torna parte de sua natureza". A crença de Churchill de que os britânicos eram superiores a todos os outros povos do mundo — inclusive os alemães — era sem dúvida um preconceito, mas não manteve sua convicção em 1940 quando a crise deixou os outros "céticos, intrigados e indecisos".

"Churchill me disse mais de uma vez ao longo dos anos", anotou Ivan Máiski em seu diário em maio de 1941, "e não tenho motivos para não acreditar nele, que o Império Britânico é seu alfa e seu ômega."[40] A crença de Churchill no Império Britânico não era apenas política, mas também espiritual. Cético como era em relação ao cristianismo, o Império era seu credo. Ele havia criado, em grande parte a partir de sua leitura dos historiadores whigs, uma teoria do progresso histórico que punha a adoção da Magna Carta pelos povos de língua inglesa, a Declaração de Direitos de 1689, a Constituição norte-americana e as instituições parlamentares no ápice do desenvolvimento da civilização, um progresso que estava sendo cuidadosa e sistematicamente estendido para as partes do mundo coloridas de rosa no mapa imperial. "Havia um forte elemento de altruísmo no tipo de imperialismo que Churchill defendia", afirmou Jock Colville, com razão.[41] O amor pelo Império e a crença nele explicam por que, em várias ocasiões, ele tomou medidas que prejudicaram sua própria carreira política, mas que considerava certas para o Império, como a campanha fadada ao fracasso para negar o autogoverno à Índia no início da década de 1930. Churchill acreditava que o Império era a razão pela qual sua época seria admirada pelas futuras gerações. Seu pai havia acrescentado a Birmânia às partes do mapa coloridas de rosa; ele próprio lutara em campos de batalha indianos, sudaneses e sul-africanos; viajou amplamente dentro de seus limites; na Secretaria de Estado das Colônias, ele tentou aprimorá-lo; vários amigos íntimos, como Max Beaverbrook e Jan Smuts, vinham de seus domínios e, na Segunda Guerra Mundial, ele insistiu numa estratégia segundo a qual suas porções orientais seriam libertadas do Japão por forças britânicas, e não norte-americanas. No segundo período em que foi primeiro-ministro, não concedeu independência a nenhuma parte do Império e, não obstante, no final de sua vida, considerava sua carreira um fracasso por não o ter defendido com sucesso.

"A insuperável bravura dos soldados e oficiais indianos, tanto muçulmanos como hindus, brilha para sempre nos anais da guerra", escreveu Churchill em suas memórias da Segunda Guerra Mundial. "Mais de 2,5 milhões de indianos se ofereceram para servir nas forças [...]. A reação dos povos indianos, não menos que a conduta de seus soldados, compõe uma gloriosa página final na história de nosso Império Indiano."[42] Não são palavras de um homem que odiasse os indianos, como seus detratores alegam. Mas não existe meio-termo quando se trata de Churchill; com ele, é tudo ou nada ("*totus porcus*", como Fisher disse num contexto diferente). O homem que desafiou Hitler e proclamou as virtudes da liberdade era o mesmo em quem Mahatma Gandhi provocava náuseas. Não se pode simplesmente deplorar sua obstinação e sua teimosia, porque ambas estavam visíveis em iguais proporções em relação à Índia nos anos 1930 e aos nazistas em 1940: tratava-se do mesmo homem e, em sua mente, estava defendendo o mesmo Império. "Gostaríamos que os gênios fossem perspicazes e moderados, que fossem um pouco mais parecidos com o resto de nós", escreveu o historiador Manfred Weidhorn. "Poucos gênios foram assim. Churchill tinha os vícios de suas virtudes."[43]

Historiadores e biógrafos argumentam com frequência que Churchill não deveria ter desperdiçado seu capital político com a Índia na década de 1930, mas tê-lo usado para combater a política de apaziguamento. Na verdade, sua credibilidade política em 1940 estava intimamente ligada à percepção do público de que ele era alguém que contava verdades impopulares da maneira como as via, seguia seu coração, defendia o Império e, acima de tudo, não era calculista como os demais políticos. A luta contra a autonomia indiana era parte dele tanto quanto as campanhas em que estava do lado vencedor. O motivo de a população confiar nele e em pouco tempo passar a amá-lo em 1940 não foi porque acreditasse que estivera certo no passado, mas porque acreditava que Churchill sempre tinha sido fiel às suas crenças, ao contrário de muitos outros políticos egoístas que exerceram altos cargos durante toda a década de 1930.

O importante a respeito de Churchill em 1940 não é que ele tenha detido uma invasão alemã naquele ano, mas que impediu o governo britânico de buscar um acordo de paz. Se Churchill não fosse o primeiro-ministro, Halifax certamente teria sido, e ele queria pelo menos descobrir quais seriam as condições de Hitler. Churchill estava errado ao supor — ou ao menos afirmar em público que supunha — que teriam sido onerosas. Na verdade, é provável que viessem a ser muito razoáveis, pois o Führer queria, em última análise, travar uma guerra de uma única frente contra a União Soviética. Halifax com certeza não era o quase traidor que às vezes foi pintado: simplesmente não era capaz de ver como a Grã-Bretanha poderia vencer depois de ter suas forças expulsas do continente, quando a França estava prestes a cair, a União Soviética era aliada da Alemanha, a Itália estava em vias de tornar-se outra e os Estados Unidos não estavam dispostos a declarar guerra aos nazistas. Halifax era apenas um racionalista lógico em um momento que exigia um romântico emotivo e teimoso. Churchill compreendeu que uma vitória alemã no Leste Europeu logo causaria um desastre para a Grã-Bretanha, e que a assinatura de um acordo de paz ignóbil teria desmoralizado os britânicos e destruído sua credibilidade junto aos norte-americanos, além de deixar-lhe uma má fama para a posteridade. Churchill não pôde oferecer aos britânicos um plano realista de vitória antes que Hitler invadisse a Rússia, os japoneses atacassem Pearl Harbor e a Alemanha declarasse guerra aos Estados Unidos em 1941, mas manteve a Grã-Bretanha na guerra. Em março de 1916, escrevera a Clementine que sua possível morte nas trincheiras seria "um empobrecimento do poder bélico da Grã-Bretanha que ninguém jamais saberá, avaliará ou lamentará".[44] Em 1940, já estava claro que era enorme sua contribuição para a capacidade de guerrear da Grã-Bretanha.

Numa decisão crucial, Churchill recusou-se a buscar a paz, mas foi muito criticado por outras razões. Como disse o general de brigada John Kennedy: "Somente a magnífica e corajosa liderança de Churchill compensou seu deplorável senso estratégico".[45] De acordo com essa análise, apenas os chefes de Estado-Maior merecem o crédito pela estratégia, e Churchill era, na melhor das hipóteses, irritante e, na pior, uma ameaça. Essa era certamente a opinião de Brooke, como seus diários deixam claro. No entanto, em setembro de 1944, falando com Jock Colville, Churchill comparou a estratégia da Segunda Guerra Mundial a uma tourada. As operações na África e na Itália "eram como as preliminares, os picadores, os *banderilleros* etc. Então veio a Operação Overlord, o matador que chega no momento crucial para matar, esperando até que a cabeça do touro caísse e sua força enfraquecesse".[46] Essa "estratégia mediterrânea" era a correta para os Aliados ocidentais, onde os pontos fortes e os sucessos anglo-americanos poderiam ser mais bem explorados, tirando a força dos alemães e adiando a Segunda Frente até que tivesse uma boa chance de sucesso.[47]

Foi essa a estratégia que Churchill propôs aos chefes de Estado-Maior enquanto cruzava o Atlântico, em dezembro de 1941, e com a qual concordaram plenamente. Além disso, foi a que vendeu aos norte-americanos em negociações cada vez mais tensas ao longo de 1942 e 1943, e que Brooke sozinho jamais poderia tê-los convencido a adotar. A maioria dos combates aconteceria na Frente Oriental, onde pereceram quatro em cada cinco alemães mortos em batalha. No entanto, é errado dizer que Roosevelt e Stálin venceram a Segunda Guerra Mundial, enquanto Churchill apenas não a perdeu.[48] Na verdade, o planejamento de Churchill e Brooke foi um componente-chave para vencer a guerra e, com todo o amargor dos diários do marechal de campo, é fácil esquecer que, nos verdadeiros fundamentos daquela estratégia, ele e seu primeiro-ministro concordavam, e cada um deles precisava muito do outro para implementá-la. Apesar de todos os planos de Brooke para a estratégia do Mediterrâneo de 1943, era necessário que Churchill convencesse os norte-americanos. "A adesão dos Estados Unidos compensa tudo", afirmou ele durante a Segunda Guerra Mundial, "e, com tempo e paciência, levará certamente à vitória."[49] Em parte, podia dizer isso porque conhecia aquele país muito melhor do que qualquer outro político britânico de sua época, tendo visitado 28 de seus 48 estados.

As críticas de Kennedy também deveriam ser consideradas junto com a observação por parte de Ian Jacob de que "se os chefes de Estado-Maior se mantivessem firmes em algo que consideravam certo, ele se alinhava com seus pontos de vista".[50] Em suas propostas de ataques à ilha de Pantelária, ao norte de Sumatra, ao norte da Noruega e a outros lugares, às quais os comandantes militares se opuseram, eles venceram. Da mesma forma, planejaram formalmente e aprovaram os detalhes de todas as derrotas, como na Noruega, em Dacar, na Grécia e em Cingapura. Apesar de os historiadores se concentrarem nas restrições de Brooke contra Churchill, ele também escreveu depois da guerra: "Agradeço a Deus por ter tido a oportunidade de trabalhar ao lado de tal homem e de ter meus olhos abertos para o fato de que, às vezes, super-homens como ele existem nesta terra".[51]

Os erros de Churchill também devem ser pesados como penas na balança contra sua outra contribuição suprema: a resistência férrea que inseriu na alma britânica quando era mais necessário. No discurso que fez em Westminster Hall, em 30 de novembro de 1954, ao completar oitenta anos, repetiu uma afirmação que fizera muitas vezes antes: "Era uma nação e uma raça que habitava todo o globo e que tinha coração de leão. Tive a sorte de ser chamado para dar o rugido".[52] Mas isso era realmente verdade? O movimento pacifista ainda era forte durante a "Guerra de Mentirinha", e tanto o Partido Comunista como a União Britânica de Fascistas se opunham ao conflito. Se Halifax tivesse negociado um tratado de paz com Hitler no início do segundo semestre de 1940, haveria maioria em ambas as Câmaras do Parlamento para aprová-lo, e o consentimento real não teria sido recusado. Churchill estava sendo indevidamente modesto em Westminster Hall: era muito mais o caso de o primeiro-ministro ter o coração de leão e também ter dado o rugido, e ao fazê-lo ensinou o povo britânico a redescobrir essa qualidade latente em si mesmo. Nove anos depois, Churchill disse que "se eu tivesse, naquele momento, vacilado na condução da nação, deveria ter sido expulso do cargo", mas isso não aconteceu, e sua liderança garantiu que a Grã-Bretanha continuasse a lutar.[53]

Em novembro de 1938, Adolf Hitler desdenhou: "Terá o Todo-Poderoso entregado a chave da democracia a pessoas como Churchill?".[54] A resposta era afirmativa. Em 1897, Churchill fora mencionado em despachos por sua "coragem e resolução" e por ter "se feito útil num momento crítico".[55] O mesmo ocorreu 43 anos depois.

"O homem razoável se adapta ao mundo", escreveu George Bernard Shaw em "O manual do revolucionário". "O irracional persiste em tentar adaptar o mundo a si mesmo. Portanto, todo progresso depende do homem irracional." O desrespeito pelas regras que colocou Churchill em dificuldades intermináveis na escola revelou-se inestimável em 1940, quando ele passou por cima das convenções de promoção em Whitehall, do conceito de "guerra cavalheiresca", do protocolo político e até da realeza, dos procedimentos do Ministério da Guerra, e assim por diante. O enfoque "Ação para hoje" de Churchill diferia profundamente daquele da "Tendência Respeitável" de políticos-empresários de todos os partidos — homens sóbrios e conscienciosos, em geral de classe média, que dominaram a política britânica entre a queda de Lloyd George em 1922 e a de Neville Chamberlain em 1940. Churchill não obedecia ao que era conhecido como "forma", um comportamento instintivamente respeitoso inculcado pelas escolas públicas, por Oxford e Cambridge, pela BBC, pelo funcionalismo público, pela corte, pela City londrina, pela Igreja da Inglaterra, pelos clubes de cavalheiros e pelos partidos políticos. Com tudo isso, tinha, na melhor das hipóteses, um relacionamento ambivalente, ou nenhum.

Nesse sentido, foi um dos maiores individualistas dos tempos modernos porque abordava tudo na vida como indivíduo, e não como parte de um grupo, desde o momento em que deixou o refeitório de seus oficiais em 1899. Churchill desprezou a escola, nunca frequentou a universidade ou trabalhou no comércio, ou no serviço público, ou nas colônias, serviu em seis regimentos (por isso nunca se apegou servilmente a nenhum deles), foi excluído de um clube e forçado a abandonar outro, deixou tanto o Partido Conservador como o Liberal e não era cristão em nenhum sentido significativo. Apesar de ser filho de um chanceler do Tesouro e neto de um duque, era um contestador e um estranho no ninho. Recusou-se a aderir ao antissemitismo tão comum nos clubes londrinos, que era uma espécie de cola social para grande parte da Tendência Respeitável, e tornou-se um sionista militante. A razão por que seus contemporâneos o consideravam profundamente perverso é porque ele de fato o era.

Também nunca se importou em ser minoria. Em fevereiro de 1927, falando sobre a legislação sindical na Câmara dos Comuns na qualidade de chanceler do Tesouro, ele relembrou os dias em que "era moda no Exército, quando um prisioneiro era trazido perante uma corte marcial, perguntar a ele se se opunha a ser julgado pelo presidente ou por qualquer um dos oficiais que compunham a corte marcial. Em certa ocasião, um prisioneiro era tão insubordinado que respondeu: 'Eu me oponho a todo esse maldito composto de vocês'".[56] Churchill exibiu essa postura desafiadora nos anos 1930, recusando-se a deixar-se intimidar pela quase completa unanimidade do establishment britânico, que pedia o apaziguamento em relação a Hitler e aos nazistas. Na década de 1940, essa mesma atitude permitiu-lhe pensar além do modo de guerrear dos poderes estabelecidos.

Sua extraordinária espirituosidade exibia-se em especial no modo como fazia piadas durante os grandes momentos de crise de sua vida e da nação. Quando foi nomeado primeiro-ministro pelo rei, em maio de 1940; quando tentou persuadir os franceses a lutar no mês seguinte, em Tours; durante os dois debates de votos de desconfiança de 1942, bem como em numerosos discursos da época da guerra e em reuniões com os chefes de Estado-Maior, Churchill fez comentários bem-humorados, muitas vezes autodepreciativos. Na verdade, quanto pior a situação, mais engraçado ele se mostrava. Em julho de 1942, ao ser atacado por Leslie Hore-Belisha pelas falhas do tanque A22 durante a moção de confiança, retrucou: "Como era de esperar, ele tinha muitos defeitos e problemas iniciais e, quando isso se tornou claro, o tanque foi apropriadamente rebatizado como 'Churchill'".[57] Alguns denunciaram seu uso do humor como frívolo, outros como uma arma cínica para conquistar popularidade, mas na verdade refletia sua extraordinária frieza sob pressão, assim como sua recusa em se deixar abater (pelo menos por muito tempo) e sua crença na necessidade de manter o moral elevado, mostrando confiança durante as crises. Ele era um epigramatista que rivalizava com Oscar Wilde, Noël Coward e até mesmo Samuel Johnson, mas, diferentemente deles, foi espirituoso enquanto governava seu país durante uma guerra de escala mundial.

Desde a invenção da internet, uma revisionista "Lenda Negra" anexou-se ao nome de Churchill, segundo a qual ele é responsável pelos naufrágios do *Titanic* e do *Lusitania*, pelo massacre dos mineiros em Tonypandy, pela ordem de bombardear e metralhar inocentes manifestantes irlandeses, por envenenar com gás tribos iraquianas, por disseminar o antissemitismo, por deliberadamente não salvar Coventry da destruição, pelo assassinato do almirante Darlan, do general Sikorski e de vários outros, por matar de fome a população de Bengala durante a epidemia de fome, e muito mais. Em sua maioria, essas alegações surgem de interpretações errôneas (às vezes intencionais) das fontes originais ou de sua completa descontextualização, embora algumas sejam simplesmente inventadas. Um retorno aos arquivos e documentos originais, como este livro demonstra, revela que são mitos, mas que sempre existirão no ciberespaço.

Em uma pesquisa com 3 mil adolescentes britânicos feita em 2008, nada menos que 20% deles achavam que Winston Churchill era um personagem fictício.[58] (Na mesma pesquisa, 58% pensavam que Sherlock Holmes e Eleanor Rigby (47%) eram pessoas reais.) Evidentemente, trata-se de um indício da quase extirpação da figura de Churchill do currículo escolar, mas, em certo sentido, é também um tremendo reconhecimento que as pessoas pensem nele, à medida que o conhecem, como alguém cuja história de vida não pode ser verdadeira, alguém que alcançou o status de mito. Parece muito improvável que uma única pessoa possa ter tido uma vida tão extraordinária. "Ele é da raça dos gigantes", escreveu MacCallum Scott, o que deve ter parecido pura hagiografia em 1905, mas quatro décadas depois parecia de uma presciência extraordinária.[59] Scott terminou aquela primeira biografia com as seguintes palavras: "Ele faz apostas altas, mas seus nervos são firmes e seu olhar é claro. De qualquer forma, ele lutará por elas, e a luta será por algo pelo qual valerá a pena ter vivido e visto".[60] Trata-se de uma previsão tão boa quanto qualquer uma feita por Churchill.

"O Homem é espírito", Churchill falou aos ministros de seu governo pouco antes de sua renúncia, em abril de 1955.[61] O sentido dessa frase era que, uma vez incorporado o espírito — e com isso queria dizer energia, inteligência, esforço, persistência, imensa coragem física e moral e, acima de tudo, a vontade de ferro que exibiu durante sua vida —, é possível ter sucesso apesar das restrições materiais. Ele mesmo foi bem-sucedido apesar da negligência dos pais, da desaprovação dos contemporâneos, do encarceramento numa prisão, de uma dúzia de quase encontros com a morte, da desgraça política, da insegurança financeira, dos desastres militares, da ridicularização pela imprensa e pelo público, dos colegas traidores, das contínuas deturpações e até, no caso de determinados setores, das décadas de ódio contra ele, entre inúmeros outros contratempos. Demonstrando seu espírito, ele acreditava que podemos nos elevar acima de qualquer coisa e fazer de nossa vida algo verdadeiramente magnífico. Seu herói John Churchill, duque de Marlborough, venceu grandes batalhas e construiu o Palácio de Blenheim. Seu outro herói, Napoleão, ganhou ainda mais batalhas e construiu um império. Winston Churchill fez mais do que os dois: as batalhas que venceu salvaram a liberdade.

# Bibliografia selecionada

Esta é somente uma lista de arquivos, livros, artigos e teses não publicadas que usei em citações. Todos os livros foram publicados em Londres, a não ser nos casos específicos mencionados. A bibliografia completa pode ser encontrada em <www.andrew-roberts.net>.

## ARQUIVOS


| | |
|---|---|
| Visconde Addison | Biblioteca Bodleiana, Oxford |
| A. V. Alexander | Centro de Arquivos Churchill, Cambridge |
| Visconde Allenby | Centro Liddell Hart, King's College, Londres |
| Julian Amery | Centro de Arquivos Churchill, Cambridge |
| Leopold Amery | Centro de Arquivos Churchill, Cambridge |
| Sir John Anderson, visconde Waverley | Biblioteca Bodleiana, Oxford |
| Lorde Ashburnham | Arquivos Parlamentares, Câmara dos Lordes, Londres |
| Herbert Asquith | Biblioteca Bodleiana, Oxford |
| Joan Bright Astley | Por gentil permissão da falecida sra. Astley |
| Clement Attlee | Biblioteca Bodleiana, Oxford e Centro de Arquivos Churchill, Cambridge |
| Stanley Baldwin | Biblioteca da Universidade de Cambridge, Cambridge |
| Arthur Balfour | Biblioteca Britânica, Londres |

| | |
|---|---|
| Harold Balfour | Arquivos Parlamentares, Câmara dos Lordes, Londres |
| Capitão de grupo Stephen Beaumont | Centro Liddell Hart, King's College, Londres |
| Lorde Beaverbrook | Arquivos Parlamentares, Câmara dos Lordes, Londres |
| Ernest Bevin | Centro de Arquivos Churchill, Cambridge |
| 2º conde de Birkenhead | Por gentil permissão do sr. John Townsend |
| Sol Bloom | Biblioteca Pública de Nova York |
| Brendan Bracken | Centro de Arquivos Churchill, Cambridge |
| Sir Edward Bridges | Biblioteca Pública de Nova York |
| Patrick Buchan-Hepburn, lorde Hailes | Centro de Arquivos Churchill, Cambridge |
| Lawrence Burgis | Centro de Arquivos Churchill, Cambridge |
| Sir Alexander Cadogan | Centro de Arquivos Churchill, Cambridge |
| Sir Henry Campbell-Bannerman | Biblioteca Britânica, Londres |
| Andrew Bonar Law | Arquivos Parlamentares, Câmara dos Lordes, Londres |
| Violet Bonham Carter | Biblioteca Bodleiana, Oxford |
| Lorde Hugh Cecil, lorde Quickswood | Hatfield House, Hertfordshire |
| Lorde Robert Cecil, lorde Cecil de Chelwood | Biblioteca Britânica, Londres e Hatfield House, Hertfordshire |
| Austen Chamberlain | Biblioteca de Pesquisa Cadbury, Universidade de Birmingham |
| Neville Chamberlain | Biblioteca de Pesquisa Cadbury, Universidade de Birmingham |
| Joseph Chamberlain | Biblioteca de Pesquisa Cadbury, Universidade de Birmingham |
| Clementine Churchill | Centro de Arquivos Churchill, Cambridge |
| Randolph Churchill | Centro de Arquivos Churchill, Cambridge |
| Lorde Randolph Churchill | Biblioteca da Universidade de Cambridge, Cambridge |
| Sarah Churchill | Centro de Arquivos Churchill, Cambridge |
| Winston Churchill | Centro de Arquivos Churchill, Cambridge |
| William Bourke Cockran | Biblioteca Pública de Nova York |
| Sir John Colville | Arquivos Churchill, Cambridge |
| Tenente-coronel James Connell | Centro Liddell Hart, King's College, Londres |
| Partido Conservador | Biblioteca Bodleiana, Oxford |
| Alfred Duff Cooper, 1º visconde Norwich | Centro de Arquivos Churchill, Cambridge |
| Lady Diana Cooper | Centro de Arquivos Churchill, Cambridge |

| | |
|---|---|
| Comandante de voo Maxwell Coote | Centro Liddell Hart, King's College, Londres |
| Sir Stafford Cripps | Biblioteca Bodleiana, Oxford |
| Sir Henry Page Croft | Centro de Arquivos Churchill, Cambridge |
| Almirante lorde Cunningham | Biblioteca Britânica, Londres |
| J. C. C. Davidson | Arquivos Parlamentares, Londres |
| Geoffrey Dawson | Biblioteca Bodleiana, Oxford |
| William Deakin | Centro de Arquivos Churchill, Cambridge |
| Marechal de campo Sir John Dill | Centro Liddell Hart, King's College, Londres |
| Charles Eade | Centro de Arquivos Churchill, Cambridge |
| Anthony Eden | Biblioteca de Pesquisa Cadbury, Universidade de Birmingham |
| General James Edmonds | Centro Liddell Hart, King's College, Londres |
| Emrys Evans | Biblioteca Britânica, Londres |
| Rei Eduardo VII | Arquivos Reais, Windsor |
| Rei Eduardo VIII | Arquivos Reais, Windsor |
| Almirante lorde Fisher | Centro de Arquivos Churchill, Cambridge |
| Fladgate | Fladgate LLP, Londres |
| Rei George V | Arquivos Reais, Windsor |
| Rei George VI | Arquivos Reais, Windsor |
| Almirante J. H. Godfrey | Centro de Arquivos Churchill, Cambridge |
| Sir (Percy) James Grigg | Centro de Arquivos Churchill, Cambridge |
| Conde de Halifax | Coleção particular |
| Grace Hamblin | Centro de Arquivos Churchill, Cambridge |
| General Sir Ian Hamilton | Centro Liddell Hart, King's College, Londres |
| Pamela Harriman | Por gentil permissão da sra. Luce Churchill |
| Roy Harrod | Biblioteca Britânica, Londres |
| Samuel Hoare, lorde Templewood | Biblioteca da Universidade de Cambridge, Cambridge |
| Marian Holmes | Por gentil permissão de Tom, Simon, Sarah e Joe Walker |
| Leslie Hore-Belisha | Centro de Arquivos Churchill, Cambridge |
| Thomas Inskip, lorde Caldecote | Centro de Arquivos Churchill, Cambridge |
| General lorde Ismay | Centro Liddell Hart, King's College, Londres |
| Sir Ian Jacob | Centro de Arquivos Churchill, Cambridge |
| Gladwyn Jebb, lorde Gladwyn | Centro de Arquivos Churchill, Cambridge |
| Almirante lorde Jellicoe | Biblioteca Britânica, Londres |
| Major-general John Kennedy | Centro Liddell Hart, King's College, Londres |
| Almirante Lorde Keys | Biblioteca Britânica, Londres |
| Sir Alan Lascelles | Centro de Arquivos Churchill, Cambridge |

| | |
|---|---|
| Valentine Lawford | Centro de Arquivos Churchill, Cambridge |
| Sir Shane Leslie | Centro de Arquivos Churchill, Cambridge |
| Sir Basil Liddell Hart | Centro Liddell Hart, King's College, Londres |
| Frederick Lindemann, lorde Cherwell | Nuffield College, Oxford |
| George Lloyd, lorde Lloyd | Centro de Arquivos Churchill, Cambridge |
| Hugh Lunghi | Centro de Arquivos Churchill, Cambridge |
| Oliver Lyttelton, lorde Chandos | Centro de Arquivos Churchill, Cambridge |
| Harold Macmillan, 1º conde de Stockton | Biblioteca Bodleiana, Oxford |
| Ian Malcolm | Arquivos Parlamentares, Câmara dos Lordes, Londres |
| David Margesson | Centro de Arquivos Churchill, Cambridge |
| Sir Edward Marsh | Centro de Arquivos Churchill, Cambridge |
| Sir Charles Masterman | Biblioteca de Pesquisa Cadbury, Universidade de Birmingham |
| Lucy Masterman | Biblioteca de Pesquisa Cadbury, Universidade de Birmingham |
| David Maxwell-Fyfe, lorde Kilmuir | Centro de Arquivos Churchill, Cambridge |
| Paul Maze | Centro Liddell Hart, King's College, Londres |
| Lady Alexandra Metcalfe | Coleção particular |
| Sir Oswald Mosley | Biblioteca de Pesquisa Cadbury, Universidade de Birmingham |
| Oscar Nemon | Centro de Arquivos Churchill, Cambridge |
| Comitê de 1922 | Biblioteca Bodleiana, Oxford |
| Lorde Normanbrook | Centro de Arquivos Churchill, Cambridge |
| Lorde Northcliffe | Biblioteca Britânica, Londres |
| The Other Club | Por gentil permissão de Sir Nicholas Soames MP |
| Sir Eric Phipps | Centro de Arquivos Churchill, Cambridge |
| Almirante Sir Dudley Pound | Centro de Arquivos Churchill, Cambridge |
| Tenente-general Sir Henry Pownall | Centro Liddell Hart, King's College, Londres |
| Almirante Sir Bertram Ramsay | Centro de Arquivos Churchill, Cambridge |
| Almirante Sir John de Robeck | Centro de Arquivos Churchill, Cambridge |
| Marechal de campo Sir William Robertson | Centro Liddell Hart, King's College, Londres |
| 3º marquês de Salisbury | Hatfield House, Hertfordshire |
| 4º marquês de Salisbury | Hatfield House, Hertfordshire |
| 5º marquês de Salisbury | Hatfield House, Hertfordshire |
| Herbert Samuel | Arquivos Parlamentares, Câmara dos Lordes, Londres |
| Duncan Sandys, lorde Duncan-Sandys | Centro de Arquivos Churchill, Cambridge |

| | |
|---|---|
| Vincent Sheean | Biblioteca Pública de Nova York |
| Archibald Sinclair, visconde Thurso | Centro de Arquivos Churchill, Cambridge |
| Marechal de campo lorde Slim | Centro de Arquivos Churchill, Cambridge |
| F. E. Smith, 1º conde de Birkenhead | Por gentil permissão do sr. John Townsend |
| Lorde (Christopher) Soames | Centro de Arquivos Churchill, Cambridge |
| Almirante Sir James Somerville | Centro de Arquivos Churchill, Cambridge |
| General Sir Louis Spears | Centro de Arquivos Churchill, Cambridge |
| Frances Stevenson | Arquivos Parlamentares, Câmara dos Lordes, Londres |
| John St. Loe Strachey | Arquivos Parlamentares, Câmara dos Lordes, Londres |
| Jo Sturdee, mais tarde condessa de Onslow | Centro de Arquivos Churchill, Cambridge |
| R. W. Thompson | Centro Liddell Hart, King's College, Londres |
| Lorde Trenchard | Centro de Arquivos Churchill, Cambridge |
| Lorde Vansittart | Centro de Arquivos Churchill, Cambridge |
| Cecil Vickers | Por gentil permissão do sr. Hugo Vickers |
| Sir George Harvie-Watt | Centro de Arquivos Churchill, Cambridge |
| Ava, viscondessa Waverley | Biblioteca Bodleiana, Oxford |
| Woodrow Wyatt | Por gentil permissão da Hon. Petronella Wyatt |

## LIVROS


ADDISON, Paul. *Churchill on the Home Front 1900-1955*. 1992.

_______. *Churchill: The Unexpected Hero*. 2004.

ADDISON, Paul; CRANG, Jeremy (Orgs.). *Listening to Britain: Home Intelligence Reports on Britain's Finest Hour — May to September 1940*. 2010.

ALDRICH, Richard J.; CORMAC, Rory. *The Black Door: Spies, Secret Intelligence and British Prime Ministers*. 2016.

ALEXANDER, Earl. *The Memoirs of Field Marshal Earl Alexander of Tunis*. 1962.

ALLDRITT, Keith. *Churchill the Writer*. 1992.

AMERY, L. S. *My Political Life: The Unforgiving Years*. 1955.

ANDREW, Christopher. *Defence of the Realm*. 2009.

_______; MITROKHIN, Vasili. *The Mitrokhin Archive*. 1999.

ARNN, Larry P. *Churchill's Trial*. 2015.

ASHLEY, Maurice. *Churchill as Historian*. 1968.

ASPINALL-OGLANDER, Cecil. *Roger Keyes*. 1951.

ASQUITH, Henry Herbert. *Memories and Reflections*. 2 v. 1928.

ASTLEY, Joan. *The Inner Circle*. 1971.

ATKINS, J. B. *Incidents and Reflections*. 1947.

ATTENBOROUGH, Wilfred. *Churchill and the "Black Dog" of Depression*. 2014.

ATTLEE, C. R. *As It Happened*. 1954.

BALFOUR, Arthur James. *Chapters of Autobiography*. 1930.

BALL, Stuart (Org.), *Parliament and Politics in the Age of Baldwin and MacDonald*. 1992.

_______. *Conservative Politics in National and Imperial Crisis*. 2014.

BARING, Maurice. *Puppet Show of Memory*. 1922.

BARNES, John; NICHOLSON, David (Orgs.). *The Empire at Bay: The Leo Amery Diaries 1929-1945*. 1988.

BARNETT, Correlli. *The Audit of War*. 1986.

BEAVERBROOK, Max. *Politicians and the War*. 1928.

BECKET, Ian (Org.). *The Memoirs of Sir James Edmonds*. 2013.

BEEVOR, Antony. *D-Day: The Battle for Normandy*. 2014.

_______. *Arnhem: The Battle for the Bridges 1944*. 2018.

BEIRIGER, Eugene Edward. *Churchill, Munitions and Mechanical Warfare: The Politics of Supply and Strategy*. Nova York, 1997.

BELL, Christopher M. *Churchill and Sea Power*. 2013.

_______. *Churchill and the Dardanelles*. 2017.

BELL, Henry Hesketh. *Glimpses of a Governor's Life*. 1946.

BENNETT, Richard. *The Black and Tans*. 2001.

BERLIN, Isaiah. *Mr Churchill in 1940*. 1949.

BEST, Geoffrey. *Churchill: A Study in Greatness*. 2001.

BEW, John. *Citizen Clem: A Biography of Attlee*. 2016.

BEW, Paul. *Churchill and Ireland*. 2016.

BIRDWOOD, marechal de campo lorde. *Khaki and Gown: An Autobiography*. 1941.

BIRKENHEAD, 1º conde de. *Contemporary Personalities*. 1924.

BIRKENHEAD, 2º conde de. *The Prof in Two Worlds: The Official Life of Professor F. A. Lindemann, Viscount Cherwell*. 1961.

_______. *Churchill 1874-1922*. 1989.

BIRSE, A. H. *Memoirs of an Interpreter*. Nova York, 1967.

BLACK, Conrad. *Franklin Delano Roosevelt*. 2003.

BLACK, Jonathan. *Winston Churchill in British Art*. 2017.

BLAKE, Robert. *The Unknown Prime Minister: The Life and Times of Andrew Bonar Law*. 1955.

BLAKE, Robert; LOUIS, William Roger (Orgs.). *Churchill*. 1993.

BLAND, Larry; STEVENS, S. R. (Orgs.). *The Papers of George Catlett Marshall*. v. III, IV, V. 1996.

BLOCH, Michael. *Operation Willi*. 1986.

BLUNT, Wilfrid Scawen. *My Diaries*. 2 v. 1932.

BOND, Brian. *The Diaries of Sir Henry Pownall*. v. I, II. 1974.

BOOTH, A. H. *The True Story of Winston Churchill*. Chicago, 1958.

BOOTHBY, Robert. *I Fight to Live*. 1947.

_______. *My Yesterday, Your Tomorrow*. 1962.

BORNEMAN, Walter R. *MacArthur at War*. 2016.

BOSSENBROEK, Martin. *The Boer War*. 2017.

BOWRA, Maurice. *Memories*. 1966.

BOYD-CARPENTER, John. *Way of Life*. 1980.

BOYLE, Andrew. *Poor, Dear Brendan*. 1974.

BRENDON, Piers. *Winston Churchill*. 2001.

_______. *Edward VIII*. 2016.

BRETT, Maurice (Org.). *Journals and Letters of Reginald, Viscount Esher*. 4 v. 1934.

BROCK, Michael; BROCK, Eleanor (Orgs.)., *H. H. Asquith: Letters to Venetia Stanley*. 1982.

BROCK, Michael; BROCK, Eleanor (Orgs.). *Margot Asquith's Great War Diary 1914-1916*. 2014.
BRODHURST, Robin. *Churchill's Anchor: The Biography of Admiral of the Fleet Sir Dudley Pound*. 2000.
BROWN, David. *The Grand Fleet*. 1999.
BROWNE, Anthony Montague. *Long Sunset*. 1995.
BRYANT, Arthur. *The Turn of the Tide*. 1957.
_______. *Triumph in the West*. 1959.
BUCZACKI, Stefan. *Churchill and Chartwell*. 2007.
BUELL, Thomas. *Master of Sea Power*.
BULLOCK, Alan. *Ernest Bevin*. 2002.
BUTCHER, Harry C. *Three Years with Eisenhower*. 1946.
BUTLER, David. *British Political Facts*. 1994.
BUTLER, R. A. *The Art of Memory*. 1982.
BUTLER, Susan (Org.). *My Dear Mr Stalin: The Complete Correspondence of Franklin D. Roosevelt and Joseph V. Stalin*. New Haven, 2005.
CALDER, Angus. *The Myth of the Blitz*. 1992.
CALLWELL, Sir C. E. *Field Marshal Sir Henry Wilson*. 2 v. 1927.
CAMPBELL, John. *F. E. Smith, First Earl of Birkenhead*. 1983.
CANNADINE, David. *The Decline and Fall of the British Aristocracy*. 1992.
_______. *In Churchill's Shadow*. 2002.
_______. *Heroic Chancellor: Winston Churchill and the University of Bristol*. 2016.
_______. *Churchill: The Statesman as Artist*. 2017.
CANNADINE, David; QUINAULT, Roland (Orgs.). *Winston Churchill in the Twenty-First Century*. 2004.
CARLTON, David. *Churchill and the Soviet Union*. 2000.
CARR, John. *The Defence and Fall of Greece 1940-1941*. 2013.
CARTER, Violet Bonham. *Winston Churchill: As I Knew Him*. 1965.
CAWTHORNE, Graham. *The Churchill Legend: An Anthology*. 1965.
CHANDOS, Oliver. *The Memoirs of Lord Chandos*. 1962.
CHAPLIN, Charlie. *My Autobiography*. 1964.
CHAPLIN, E. D. W. *Winston Churchill and Harrow*. 1941.
CHARMLEY, John. *Churchill: The End of Glory*. 1993.
CHISHOLM, Anne; DAVIE, Michael. *Beaverbrook*. 1992.
*CHURCHILL by his Contemporaries: An Observer Appreciation*. 1965.
CHURCHILL, John. *Crowded Canvas*. 1961.
CHURCHILL, Randolph S. *Twenty-One Years*. 1964.
_______. *The Official Biography*. v. I: *Winston S. Churchill: Youth 1874-1900*. 1966. v. II: *Winston S. Churchill: Young Statesman 1901-1914*. 1967.
CHURCHILL, Sarah. *A Thread in the Tapestry*. 1967.
_______. *Keep on Dancing*. 1981.
CHURCHILL, Winston S. *The Story of the Malakand Field Force*. 1898.
_______. *The River War*. 2 v. 1899.
_______. *Ian Hamilton's March*. 1900.
_______. *London to Ladysmith via Pretoria*. 1900.
_______. *Savrola: A Tale of the Revolution in Laurania*. 1900.
_______. *Mr Brodrick"s Army*. 1903.
_______. *For Free Trade*. 1906.

CHURCHILL, Winston. *Lord Randolph Churchill*. 2 v. 1906.

_______. *My African Journey*. 1908.

_______. *Liberalism and the Social Problem*. 1909.

_______. *The People's Rights*. 1909.

_______. *The World Crisis*. 5 v. 1923-31.

_______. *My Early Life*. 1930.

_______. *Thoughts and Adventures*. 1932.

_______. *Marlborough: His Life and Times*. Chicago: 2 v. 2002. 1. ed.: 4 v. 1933-8.

_______. *Great Contemporaries*. 1937.

_______. *Arms and the Covenant*. 1938.

_______. *While England Slept: A Survey of World Affairs 1932-1938*. 1938.

_______. *Into Battle*. 1941.

_______. *Great Contemporaries*. 1942.

_______. *The Unrelenting Struggle*. 1942.

_______. *The End of the Beginning*. 1943.

_______. *Onwards to Victory*. 1944.

_______. *The Dawn of Liberation*. 1945.

_______. *Secret Sessions Speeches*. 1946.

_______. *Victory*. 1946.

_______. *Maxims and Reflections*. 1947.

_______. *Step by Step 1936–1939*. 1947.

_______. *The Second World War*. 6 v. 1948-54.

_______. *The Sinews of Peace*. 1948.

_______. *Europe Unite: Speeches 1947 & 1948*. 1950.

_______. *In the Balance*. 1951.

_______. *Stemming the Tide: Speeches, 1951 and 1952*. 1953.

_______. *A History of the English-Speaking Peoples*. 4 v. 1956-8.

_______. *The Unwritten Alliance*. 1961.

_______. *India: Defending the Jewel in the Crown*. 1990.

_______. *Painting as a Pastime*. 2013.

CHURCHILL, Winston S. (neto). *His Father's Son: The Life of Randolph Churchill*. 1996.

_______. (Org.). *The Great Republic: A History of America*. 2002.

_______. *Never Give In! The Best of Winston Churchill's Speeches*. 2003.

CITRINE, Walter. *Men and Work*. 1976.

CLARKE, Peter. *The Cripps Version: The Life of Sir Stafford Cripps 1889-1952*. 2002.

_______. *Mr Churchill's Profession: Statesman, Orator, Writer*. 2012.

_______. *The Locomotive of War: Money, Empire, Power and Guilt*. 2017.

CLARKE, Tom. *My Lloyd George Diary*. 1939.

CLIFFORD, Sir Bede. *Proconsul*. 1964.

COCKETT, Richard (Org.). *My Dear Max: The Letters of Brendan Bracken to Lord Beaverbrook*. 1990.

COHEN, Ronald I. *Bibliography of the Writings of Sir Winston Churchill*. 3 v. 2006.

COLLIER, Basil. *Brasshat: A Biography of Field Marshal Sir Henry Wilson*. 1961.

COLLINGHAM, Lizzie. *The Taste of War: World War Two and the Battle for Food*. 2011.

COLVILLE, John. *Footprints in Time*. 1976.

_______. *The Churchillians*. 1981.

COLVILLE, John. *The Fringes of Power*. 1986.
COOMBS, David; CHURCHILL, Minnie. *Winston Churchill: His Life through his Paintings*. 2003.
COOTE, Colin. *The Other Club*. 1971.
COUGHLIN, Con. *Churchill's First War*. 2013.
COWARD, Harold (Org.). *Indian Critiques of Gandhi*. Nova York, 2003.
COWLES, Virginia. *Winston Churchill: The Era and the Man*. 1953.
COWLEY, Robert (Org.). *The Great War*. 2004.
COWLING, Maurice. *Religion and Public Doctrine in Modern England*. v. 2. 1985.
______. *The Impact of Hitler*. 2005.
CROFT, Rodney. *Churchill's Final* Farewell. 2014.
CROSS, Colin (Org.). *Life with Lloyd George: The Diary of A. J. Sylvester 1931-45*. 1975.
DALTON, Hugh. *The Fateful Years: Memories 1931-1945*. 1957.
DANCHEV, Alex; TODMAN, Daniel (Orgs.). *Field Marshal Lord Alanbrooke: War Diaries 1939-1945*. 2001.
DARDANELOS, COMISSÃO. Parte I: *Lord Kitchener and Winston Churchill*. 2000.
______. Parte II: *Defeat at Gallipoli*. 2000.
DAVENPORT-HINES, Richard. *Ettie: The Intimate Life and Dauntless Spirit of Lady Desborough*. 2008.
DAVIS, Richard Harding. *Real Soldiers of Fortune*. 1906.
DE GAULLE, Charles. *The Complete War Memoirs*. 1972.
DEAN, Joseph. *Hatred, Ridicule or Contempt*. 1953.
DEANE, John R. *The Strange Alliance: The Story of our Efforts at Wartime Co-Operation with Russia*. 1947.
DENNIS, Geoffrey. *Coronation Commentary*. 1937.
D'ESTE, Carlo. *Warlord: A Life of Winston Churchill at War*. 2008.
DILKS, David. *Sir Winston Churchill*. 1965.
______. *Neville Chamberlain*. 1984,
______. *The Great Dominion: Winston Churchill in Canada 1900-1954*. 2005.
______. *Churchill and Company*. 2012.
DILKS, David (Org.). *The Diaries of Sir Alexander Cadogan*. 1971.
______. *Retreat from Power: Studies in Britain's Foreign Policy of the 20th Century*. v. I. 1981.
DIMBLEBY, Jonathan. *The Battle of the Atlantic*. 2015.
DIX, Anthony. *The Norway Campaign and the Rise of Churchill*. 2014.
DJILAS, Milovan. *Conversations with Stalin*. 1962.
DOCKTER, Warren. *Winston Churchill and the Islamic World*. 2015.
DOCKTER, Warren (Org.). *Winston Churchill at the Telegraph*. 2015.
DOMARUS, Max (Org.). *The Essential Hitler*. 2007.
DONALDSON, Frances. *Edward VIII*. 1974.
DOWNING, Taylor. *Churchill's War Lab*. 2010.
DUGDALE, Blanche. *Arthur James Balfour*. v. II. 1936.
DUNDONALD, conde de. *My Army Life*. 1934.
EADE, Charles (Org.). *Churchill by His Contemporaries*. 1955.
EDEN, Anthony. *Full Circle*. 1960.
______. *Facing the Dictators*. 1962.
______. *The Reckoning*. 1965.
EGREMEONT, Max. *A Life of Arthur James Balfour*. 1980
"EPHESIAN" (Carl Eric Bechhofer Roberts). *Winston Churchill*. 1927.

ESHER, Oliver; BRETT, M. V. (Orgs.). *Journals and Letters of Reginald Viscount Esher*. 3 v. 1938.

EVANS, Trefor (Org.). *The Killearn Diaries*. 1972.

FARMELO, Graham. *Churchill's Bomb: A Hidden History of Science, War and Politics*. 2013.

FARRELL, Brian. *The Defence and Fall of Singapore*. 2005.

FEILING, Keith. *The Life of Neville Chamberlain*. 1946.

FENBY, Jonathan. *Alliance: The Inside Story*. 2006.

FERGUSSON, Bernard (Org.). *The Business of War: The War Narrative of Major-General Sir John Kennedy*. 1958.

FERRELL, R. H. (Org.). *The Eisenhower Diaries*. 1981.

FISHER, Lord. *Memories*. 1919.

FISHMAN, Jack. *My Darling Clementine: The Story of Lady Churchill*. 1963.

FITZROY, Sir Almeric. *Memoirs*. 2 v. 1923.

FLEMING, Peter. *Invasion 1940*. 1957.

FOOT, Michael. *Aneurin Bevan*. v. I. 2009.

FOOT, M. R. D. *SOE*. 1984.

FORBES-ROBERTSON, Diana. *Maxine*. 1964.

FORT, Adrian. *Prof: The Life and Times of Frederick Lindemann*. 2003.

______. *Wavell: The Life and Times of an Imperial Servant*. 2009.

FOSTER, R. F. *Lord Randolph Churchill*. 1988.

FRANK, Otto (Org.). *Anne Frank: The Diary of a Young Girl*. 1997.

FRASER, Lady Antonia. *My History: A Memoir of Growing Up*. 2015.

FRENCH, Sir John. *1914*. 2009.

FREUDENBERG, Graham. *Churchill and Australia*. 2008.

GADDIS, John Lewis. *On Grand Strategy*. 2018.

GALLUP, George H. *The Gallup International Public Opinion Polls*. 1976.

GARDINER, A. G. *Pillars of Society*. 1913.

______. *Prophets, Priests and Kings*. 1917.

GARDNER, Brian. *Churchill in His Time: A Study in a Reputation 1939-1945*. 1968.

GEORGE, William. *My Brother and I*. 1958.

GIBB, A. D. *With Winston Churchill at the Front*. 2016.

GILBERT, Martin. *Winston Churchill: The Wilderness Years*. 1981.

______. *Churchill's Political Philosophy*. 1981.

______. *Churchill: A Life*. 1991.

______. *In Search of Churchill*. 1994.

______. *Churchill at War: His "Finest Hour" in Photographs, 1940-1945*. 2003.

______. *Continue to Pester, Nag and Bite: Churchill's War Leadership*. 2004.

______. *D-Day*. 2004.

______. *Churchill and America*. 2005.

______. *Churchill and the Jews*. 2007.

______. *Winston Churchill and The Other Club* (edição privada). 2011.

______. *Churchill: The Power of Words*. 2012.

______. *The Official Biography*:

v. III: *Winston Churchill: The Challenge of War 1914-1916*. 1971. *Companion Volume* III (em duas partes).

v. IV: *Winston Churchill: World in Torment 1916-1922*. 1975. *Companion Volume* IV (em três partes).

v. V: *Winston Churchill: The Coming of War 1922-1939*. 1976. *Companion Volume* V (em três partes).

v. vi: *Winston Churchill: Finest Hour 1939-1941*. 1983. *Churchill War Papers* (em três partes).

v. vii: *Winston Churchill: Road to Victory 1941-1945*. 1986. *The Churchill Documents*. 2014. v. 17: *Testing Times*.

v. viii: *Winston Churchill: "Never Despair" 1945-1965*. 1988.

GILBERT, Martin; ARNN, Larry P. (Orgs.). *The Churchill Documents*. 2015. v. 18: *One Continent Redeemed*.

______. *The Churchill Documents*. 2017. v. 19: *Fateful Questions*.

______. *The Churchill Documents*. 2018. v. 20: *Normandy and Beyond*.

______. *The Churchill Documents*. 2018. v. 21: *Shadows of Victory*.

GILLIES, Donald. *Radical Diplomat: The Life of Archibald Clark Kerr, Lord Inverchapel*. 1999.

GILMOUR, David. *Curzon*. 1994.

GLADWYN, lorde. *Memoirs*. 1972.

GOLLAND, Jim. *Not Winston, Just William?: Winston Churchill at Harrow School*. 1988.

GOOCH, John. *The Plans of War: The General Staff and British Military Strategy c. 1900-1916*. 1974.

GORODETSKY, Gabriel (Org.). *The Grand Delusion: Stalin and the German Invasion of Russia*. 1999.

______. *The Maisky Diaries: Red Ambassador to the Court of St James's 1932-1943*. 2015.

______. *The Complete Maisky Diaries*. 3 v. 2018.

GOUGH, Barry. *Churchill and Fisher at the Admiralty*. 2017.

GOUGH, general Sir Hubert, *Soldiering On*. 1954.

"GRACCHUS" [Michael Foot e Frank Owen]. *Your MP*. 1944.

GRAEBNER, Walter. *My Dear Mr Churchill*. 1965.

GREENBERG, Joel. *Gordon Welchman*. 2014.

GRETTON, Peter. *Former Naval Person: Winston Churchill and the Royal Navy*. 1968.

GRIFFITHS, Richard. *What Did You Do during the War?*. 2016.

GRIGG, John. *Lloyd George: War Leader 1916-1918*. 2002.

GRIGG, P. J. *Prejudice and Judgment*. 1948.

GUEDALLA, Philip (Org.). *Slings and Arrows: Sayings Chosen from the Speeches of the Rt Hon. David Lloyd George*. 1929.

HABSBURG, Otto von. *Naissance d'un continent: Une Histoire de l'Europe*. Paris, 1975.

HALLE, Kay. *Winston Churchill on America and Britain*. 1970.

______. *Randolph Churchill: The Young Unpretender*. 1971.

______. *The Irrepressible Churchill*. 2010.

HAMILTON, Ian. *Listening for the Drums*. 1944.

HAMILTON, Nigel. *Monty*. 1986. v. iii: *The Field Marshal 1944-1976*.

______. *The Mantle of Command: FDR at War 1941-1942*. 2014.

HANCOCK, W. K.; GOWING, M. M. *British War Economy*. 1949.

HANFSTAENGL, Ernst. *Hitler: The Missing Years*. 1957.

HANSON, Victor Davis. *The Second World Wars: How the First Global Conflict Was Fought and Won*. 2017.

HARRIMAN, W. Averell. *Special Envoy*. 1975.

HARRIS, Frank. *My Life and Loves*. 1924.

HART-DAVIS, Duff (Org.). *End of an Era: Letters and Journals of Sir Alan Lascelles 1887-1920*. 1986.

______. *King's Counsellor: Abdication and War: The Diaries of Sir Alan Lascelles*. 2006.

HARVEY, John (Org.). *The Diplomatic Diaries of Oliver Harvey*. 1970.

HASSALL, Christopher. *Edward Marsh*. 1959.

HASSALL, Christopher (Org.). *Ambrosia and Small Beer: A Correspondence between Edward Marsh and Christopher Hassall*. 1964.

HASTINGS, Max. *Nemesis: The Battle for Japan 1944-45*. 2008.
_______. *Finest Years: Churchill as Warlord 1940-45*. 2009.
_______. *Inferno: The World at War 1939-1945*. 2011.
_______. *Catastrophe: Europe Goes to War 1914*. 2014.
HASTINGS, Max (Org.). *The Oxford Book of Military Anecdotes*. 1985.
HENRIQUES, Robert. *Sir Robert Waley-Cohen*. 1966.
HERMAN, Arthur. *Gandhi and Churchill*. 2008.
HIGGINS, Trumbull. *Winston Churchill and the Dardanelles*. 1963.
HINSLEY, F. H. *British Intelligence in the Second World War*. 4 v. 1979-88.
HOLDERNESS, Diana. *The Ritz and the Ditch: A Memoir*. 2018.
HOLLAND, James. *The Rise of Germany*. 2017.
HOSSACK, Leslie. *Charting Churchill: An Architectural History of Winston Churchill*. 2016.
HOUGH, Richard. *Former Naval Person: Churchill and the War at Sea*. 1985.
HOWARD, Anthony. *Rab: The Life of R. A. Butler*. 1987.
HOWARD, Michael. *The Mediterranean Strategy in the Second World War*. 1968.
_______. *Grand Strategy*. v. IV. 1970.
_______. *Captain Professor*. 2006.
HOWARTH, Patrick. *Intelligence Chief Extraordinary: The Life of the Ninth Duke of Portland*. 1986.
HOWELLS, Roy. *Simply Churchill*. 1965.
HYAM, Ronald. *Elgin and Churchill at the Colonial Office*. 1968.
INGRAM, Bruce (Org.). *The Illustrated London News Eightieth Birthday Tribute*. 1954.
IRVING, David. *Churchill's War*. 1987, 2 v. 2001.
ISMAY, Hastings. *Memoirs of General the Lord Ismay*. 1960.
JABLONSKY, David. *Churchill and Hitler*. 1994.
JACKSON, Ashley. *Churchill*. 2011.
JACKSON, Julian. *A Certain Idea of France: The Life of Charles de Gaulle*. 2018.
JAMES, Lawrence. *Churchill and Empire*. 2013.
JAMES, Robert Rhodes. *Lord Randolph Churchill*. 1959.
_______. *Memoirs of a Conservative: J. C. C. Davidson's Memoirs and Papers 1910-37*. 1969.
_______. *Churchill: A Study in Failure*. 1972.
_______. *Gallipoli*. 1984.
_______. *Bob Boothby: A Portrait*. 1991.
_______. *A Spirit Undaunted: The Political Role of George VI*. 1999.
JAMES, Robert Rhodes (Org.). *"Chips": The Diaries of Sir Henry Channon*. 1967.
_______. *Winston S. Churchill: His Complete Speeches*. 8 v. 1974.
_______. *Churchill Speaks*. 1981.
JENKINS, Roy. *Churchill*. 2001.
JERROLD, Douglas. *The Royal Naval Division*. 1923.
JOHNSEN, William T. *The Origins of the Grand Alliance*. 2016.
JOHNSON, Boris. *The Churchill Factor*. 2014.
JOHNSON, Paul. *Churchill*. 2009.
JOLLIFFE, John (Org.). *Raymond Asquith: Life and Letters*. 2018.
JONES, Christopher. *N. 10 Downing Street*. 1985.
JONES, Thomas. *A Diary with Letters*. 1954.
KARSLAKE, Basil. *1940: The Last Act: The Story of the British Forces in France after Dunkirk*. 1979.

KEEGAN, John. *The Second World War*. 1997.

_______. *Intelligence in War*. 2003.

KEEGAN, John (Org.). *Churchill's Generals*. 1991.

KENNEDY, John. *The Business of War*. 1957.

KENNEDY, Paul (Org.). *Grand Strategies in War and Peace*. New Haven, 1991.

KERSAUDY, François. *Churchill and De Gaulle*. 1982.

_______. *Norway 1940*. 1990.

KERSHAW, Ian. *Hitler: Hubris 1889-1936*. 1998.

_______. *Hitler: Nemesis 1936-1945*. 2000.

_______. *Making Friends with Hitler: Lord Londonderry and Britain's Road to War*. 2004.

_______. *To Hell and Back: Europe 1914-1949*. 2015.

KEYNES, John Maynard. *The Economic Consequences of Mr Churchill*. 1925.

KIMBALL, Warren. *The Most Unsordid Act: Lend-Lease*. Baltimore, 1969.

_______. *Forged in War: Churchill, Roosevelt and the Second World War*. 1997.

KIMBALL, Warren (Org.). *Churchill and Roosevelt: The Complete Correspondence*. 3 v. 1983.

KLEPAK, Hal. *Churchill Comes of Age: Cuba 1895*. 2015.

KOTKIN, Stepen. *Stalin: Waiting for Hitler*. 2017.

LACOUTURE, Jean. *De Gaulle: The Rebel 1890-1944*. 1990.

_______. *De Gaulle: The Ruler 1945-1970*. 1991.

LAIRD, Stephen; GRAEBNER, Walter. *Hitler's Reich and Churchill's Britain*. 1942.

LAMB, Richard. *Churchill as War Leader: Right or Wrong?*. 1991.

LANGWORTH, Richard. *A Connoisseur's Guide to the Books of Sir Winston Churchill*. 1998.

_______. *Churchill and the Avoidable War*. 2015.

_______. *Churchill: Myth and Reality*. 2017.

LANGWORTH, Richard (Org.). *Correspondence: Winston S. Churchill to Christine Lewis Conover*. 1996.

_______. *Winston Churchill: The Dream*. 2005.

_______. *Churchill in His Own Words*. 2012.

LAYTON, Elizabeth. *Mr Churchill's Secretary*.

LEASOR, James. *War at the Top*. 1959.

LEE, Celia. *Jean, Lady Hamilton*. 2001.

LEE, John. *A Soldier's Life: General Sir Ian Hamilton*. 2000.

LEE, John e Celia. *Winston & Jack: The Churchill Brothers*. 2007.

_______. *The Churchills*. 2010.

LEES-MILNE, James. *A Mingled Measure: Diaries 1953-1972*. 1994.

LEHRMAN, Lewis E. *Churchill, Roosevelt and Company*. 2017.

LESLIE, Anita. *Train to Nowhere*. 2017.

LEWIN, Ronald. *Churchill as Warlord*. 1973.

LLOYD GEORGE, David. *The Truth about the Peace Treaties*. V. I. 1938.

LLOYD GEORGE, Robert. *David & Winston: How the Friendship between Churchill and Lloyd George Changed the Course of History*. 2005.

LOCHNER, Louis (Org.). *The Goebbels Diaries*. 1948.

LONGFORD, Elizabeth. *Winston Churchill*. 1978.

LOUGH, David. *No More Champagne: Churchill and his Money*. 2015.

LOUIS, William Roger (Org.). *More Adventures with Britannia*. 1998.

LOWENHEIM, Francis, et al. *Roosevelt and Churchill: Their Secret Wartime Correspondence*. Nova York, 1975.

LOWNDES, Susan (Org.). *Diaries and Letters of Marie Belloc Lowndes 1911-1947*. 1971.

LUCY, Sir Henry. *The Balfourian Parliament*. 1906.

LYSAGHT, Charles Edward. *Brendan Bracken*. 1979.

LYSAGHT, Charles; WHITE, Trevor. *Churchill and the Irishman: The Unbelievable Life of Brendan Bracken*. 2016.

MACAULAY, Thomas Babington. *The History of England from the Accession of James the Second*. 5 v. 1800-1859.

MCDONALD, Iverach. *The History of the Times*. v. IV. 1984.

MCDONOUGH, Frank. *Neville Chamberlain, Appeasement and the Road to War*. 1998.

MCGINTY, Stephen. *Churchill's Cigar*. 2007.

MCGOWAN, Norman. *My Years with Churchill*. 1958.

MACINTYRE, Ben. *SAS: Rogue Heroes: The Authorized Wartime History*. 2016.

MACKENZIE, Norman; MACKENZIE, Jeanne (Orgs.). *The Diary of Beatrice Webb*. v. II. 1983.

MCMENAMIN, Michael; ZOLLER, Curt J. *Becoming Winston Churchill*. Westport, Conn., 2007.

MACMILLAN, Harold. *Winds of Change*. 1966.

_______. *The Blast of War*. 1967.

_______. *Tides of Fortune*. 1969.

_______. *Riding the Storm*. 1971.

_______. *War Diaries: The Mediterranean 1943-1945*. 1984.

MAKOVSKY, Michael. *Churchill's Promised Land*. 2007.

MALLINSON, Allan. *Too Important for the Generals: Losing and Winning the First World War*. 2016.

MARCHANT, James (Org.). *Winston Spencer Churchill: Servant of Crown and Commonwealth*. 1954.

MARDER, Arthur. *From the Dreadnought to Scapa Flow: The Royal Navy in the Fisher Era 1904-1919*. 5 v. 1961.

_______. *Winston is Back*. 1972.

_______. *From the Dardanelles to Oran: Studies of the Royal Navy in War and Peace 1915–1940*. 1974.

MARDER, Arthur (Org.). *Fear God and Dread Nought: The Correspondence of Admiral Lord Fisher*. 3 v. 1952-9.

MARSH, Edward. *A Number of People: A Book of Reminiscences*. 1939.

MARSH, Richard, *Churchill and Macaulay*. Ann Arbor, 2015.

_______. *Young Winston Churchill and the Last Victorian Church of England Anti-Ritual Campaign*. [s.d.].

MARTIN, Hugh. *Battle: The Life Story of the Rt Hon. Winston Churchill*. 1932.

MARTIN, Sir John. *Downing Street: The War Years: Diaries, Letters and a Memoir*. 1991.

MASSIE, Robert. *Castles of Steel: Britain, Germany and the Winning of the Great War at Sea*. 2003.

MASTERMAN, Lucy. *C. F. G. Masterman: A Biography*. 1939.

MAYO, Katherine. *Mother India*. 1935.

MEACHAM, Jon. *Franklin and Winston: An Intimate Portrait of an Epic Friendship*. 2003.

MEE, Charles. *Meeting at Potsdam*. Nova York, 1975.

MEEHAN, Patricia. *The Unnecessary War: Whitehall and the German Resistance to Hitler*. 1992.

MIDDLEMAS, Keith (Org.). *Thomas Jones: Whitehall Diary*. 3 v. 1969-71.

MIDDLEMAS, Keith; BARNES, John. *Baldwin*. 1969.

MIDGLEY, Peter (Org.). *The Heroic Memory: Memorial Addresses to the Rt. Hon. Sir Winston Spencer Churchill Society, Edmonton, Alberta, 1965-1989*. Edmonton, 2004.

MILLARD, Candice. *Hero of the Empire*. 2016.

MILLER, Russell. *Boom: The Life of Viscount Trenchard*. 2016.

MILTON, Giles. *The Ministry of Ungentlemanly Warfare: Churchill's Mavericks*. 2016.

MITTER, Rana. *China's War with Japan 1939-1945*. 2013.

MOGGRIDGE, D. E. *British Monetary Policy 1924-31: The Norman Conquest of $4.86*. 1972.

MONTGOMERY, visconde. *The Memoirs of Field Marshal Montgomery*. 1958.

MORAN, lorde. *Winston Churchill: The Struggle for Survival*. 1966.

MORGAN, Ted. *Churchill: The Rise to Failure 1874-1915*. 1983.

MORLEY, lorde. *Recollections*. v. II. 1917.

______. *Memorandum on Resignation*. 1928.

MUKERJEE, Madhusree. *Churchill's Secret War: The British Empire and the Ravaging of India during World War II*. 2010.

MULLER, James W. (Org.). *Churchill as Peacemaker*. 1997.

______. *Winston Churchill: Thoughts and Adventures*. 2009.

______. *Winston Churchill: Great Contemporaries*. 2012.

______. *Winston Churchill: The River War*. 2017.

MURRAY, Edmund. *I Was Churchill's Bodyguard*. 1987.

NEL, Elizabeth. *Mr Churchill's Secretary*. 1958.

______. *Winston Churchill by his Personal Secretary*. 2007.

NICHOLS, Beverley. *Verdict on India*. 1944.

______. *All I Could Never Be*. 1949.

NICOLSON, Sir Arthur. *The First Lord Carnock*. 1937.

NICOLSON, Harold. *King George V*. 1984.

NICOLSON, Nigel. *Alex: The Life of Field Marshal Earl Alexander of Tunis*. 1973.

NICOLSON, Nigel (Org.). *Harold Nicolson: Diaries and Letters*. 3 v. 1966-8.

NIESTLÉ, Axel. *German U-Boat Losses during World War II*. 2014.

NOLAN, Cathal J. *The Allure of Battle: A History of How Battles Have Been Won and Lost*. 2017.

NORWICH, John Julius (Org.). *The Duff Cooper Diaries*. 2005.

______. *Darling Monster: The Letters of Lady Diana Cooper to her Son John Julius Norwich 1939-1952*. 2013.

OGDEN, Christopher. *Life of the Party: The Life of Pamela Digby Churchill Hayward Harriman*. 1994.

OLIVER, Vic. *Mr Showbusiness*. 1954.

ORANGE, Vincent. *Dowding of Fighter Command: Victor of the Battle of Britain*. 2008.

OSSAD, Stephen L. *Omar Nelson Bradley*. 2017.

OVERY, Richard. *The Air War 1939-1945*. 1981.

______. *The Bombing War: Europe 1939-1945*. 2013.

OWEN, David. *Cabinet's Finest Hour: The Hidden Agenda of May 1940*. 2016.

OWEN, Roderic. *Tedder*. 1952.

PAKENHAM, Thomas. *The Boer War*. 1979.

PARKER, R. A. C. *Churchill and Appeasement*. 2000.

PARKER, R. A. C. (Org.). *Winston Churchill: Studies in Statesmanship*. 2002.

PAWLE, Gerald. *The War and Colonel Warden*. 1963.

PEARSON, John. *Citadel of the Heart: Winston and the Churchill Dynasty*. 1991.

PECK, John. *Dublin from Downing Street*. 1978.

PELLING, Henry. *Winston Churchill*. 1974.

PENN, Geoffrey. *Fisher, Churchill and the Dardanelles*. 1999.

PETRIE, Sir Charles. *The Carlton Club*. 1955.

PICKERSGILL, J. W.; FORSTER, D. F. (Orgs.). *The Mackenzie King Record*. v. II, III. 1968, 1970.

PILPEL, Robert H. *Churchill in America*. Nova York, 1977.

PIMLOTT, Ben. *Hugh Dalton: A Life*. 1985.

PIMLOTT, Ben (Org.). *The Second World War Diary of Hugh Dalton*. 1986.

PONTING, Clive. *Churchill*. 1994.

POSTAN, M. M. *British War Production*. 1952.

POTTER, John. *Pim and Churchill's Map Room*. 2014.

POTTLE, Mark (Org.). *Champion Redoubtable: The Diaries and Letters of Violet Bonham Carter 1914-1945*. 1998.

______. *Daring to Hope: The Diaries and Letters of Violet Bonham Carter 1946-1969*. 1999.

POTTLE, Mark; BONHAM CARTER, Mark (Orgs.). *Lantern Slides: The Diaries and Letters of Violet Bonham Carter 1904-1914*. 1996.

RAMSDEN, John. *The Age of Churchill and Eden 1940-1957*. 1995.

______. *Man of the Century: Winston Churchill and his Legend since 1945*. 2002.

RANFT, B. (Org.). *The Beatty Papers*. 2 v. 1993.

READ, Sir Herbert. *English Prose Style*. 1928.

READE, Winwood. *The Martyrdom of Man*. 1945.

REYNOLDS, David. *In Command of History: Churchill Fighting and Writing the Second World War*. 2004.

______. *From World War to Cold War*. 2006.

______. *Summits: Six Meetings That Shaped the Twentieth Century*. 2007.

______. *The Long Shadow: The Legacies of the Great War in the Twentieth Century*. 2014.

REYNOLDS, Quentin. *All About Winston Churchill*. 1964.

RICKS, Thomas E. *Churchill and Orwell: The Fight for Freedom*. 2017.

RIDDELL, lorde. *Lord Riddell's Intimate Diary of the Peace Conference and After*. 1933.

______. *Lord Riddell's War Diary*. 1933.

______. *More Pages from my Diary*. 1934.

RIFF, M. A. (Org.). *Dictionary of Modern Political Ideologies*. Manchester, 1990.

ROBERTS, Andrew. *The Holy Fox: A Life of Lord Halifax*. 1991.

______. *Eminent Churchillians*. 1994.

______. *Salisbury: Victorian Titan*. 1999.

______. *Hitler and Churchill*. 2003.

ROGERS, Anthony. *Churchill's Folly: Leros and the Aegean*. 2003.

ROOSEVELT, Elliot. *As He Saw It*. Nova York, 1946.

ROSE, Jill. *Nursing Churchill: Wartime Life from the Private Letters of Winston Churchill's Nurse*. 2018.

ROSE, Jonathan. *The Literary Churchill: Author, Reader, Actor*. 2014.

ROSE, Norman. *Churchill: An Unruly Life*. 1994.

ROSE, N. A. (Org.). *Baffy: The Diaries of Blanche Dugdale 1936-1947*. 1973.

ROSKILL, Stephen. *Hankey: Man of Secrets*. 3 v. 1970-4.

______. *Churchill and the Admirals*. 1977.

ROWNTREE, B. Seebohm. *Poverty*. 1903.

ROWSE, A. L. *The Later Churchills*. 1958.

RUANE, Kevin. *Churchill and the Bomb*. 2016.

RUMBELOW, Donald. *The Houndsditch Murders and the Siege of Sidney Street*. 1973.

RUSSELL, Douglas S. *The Orders, Decorations and Medals of Sir Winston Churchill*. 1990.

_______. *Winston Churchill, Soldier: The Military Life of a Gentleman at War*. 2008.

RUSSELL, Emily (Org.). *A Constant Heart: The War Diaries of Maud Russell*. 2017.

SANDYS, Celia. *From Winston with Love and Kisses*. 1994.

_______. *Churchill: Wanted Dead or Alive*. 1999.

_______. *Chasing Churchill: The Travels of Winston Churchill*. 2003.

_______. *Churchill: A Short Biography*. 2003.

_______. *We Shall Not Fail: The Inspiring Leadership of Winston Churchill*. 2003.

SANDYS, Edwina, *Winston Churchill: A Passion for Painting*. 2012.

SANDYS, Jonathan; HENLEY, Wallace. *God and Churchill*. 2015.

SCHROEDER, Christa. *He Was my Chief: The Memoirs of Adolf Hitler's Secretary*. 2009.

SCOTT, Alexander MacCallum. *Winston Churchill in Peace and War*. 1916.

SCOTT, Brough. *Galloper Jack*. 2003.

_______. *Churchill at the Gallop*. 2017.

SEBESTYEN, Victor. *1946: The Making of the Modern World*. 2016.

SELDON, Anthony. *Churchill's Indian Summer: The Conservative Government 1951-55*. 1981.

SELF, Robert (Org.). *The Neville Chamberlain Diary Letters*. v. I, II, III, IV. 2005.

SHAKESPEARE, Geoffrey. *Let Candles Be Brought In*. 1949.

SHAKESPEARE, Nicholas, *Six Minutes in May: How Churchill Unexpectedly Became Prime Minister*. 2017.

SHAWCROSS, William (Org.). *Counting One's Blessings: Selected Letters of the Queen Mother*. 2012.

SHEEAN, Vincent. *Between the Thunder and the Sun*. 1943.

SHEFFIELD, Gary. *The Chief: Douglas Haig and the British Army*. 2011.

SHELDEN, Michael. *Churchill: Young Titan*. 2013.

SHERIDAN, Clare. *Nuda Veritas*. 1934.

SHERWOOD, Robert (Org.). *The White House Papers of Harry L. Hopkins*. 2 v. 1949.

_______. *Roosevelt and Hopkins*. 2008.

SHUCKBURGH, Evelyn. *Descent to Suez: Diaries 1951-56*. 1986.

SINGER, Barry. *Churchill Style: The Art of being Winston Churchill*. 2012.

SITWELL, William. *Eggs or Anarchy: The Remarkable Story of the Man Tasked with the Impossible: To Feed a Nation at War*. 2016.

SKIDELSKY, Robert. *Oswald Mosley*. 1975.

_______. *John Maynard Keynes*. 1992. v. II: *The Economist as Saviour 1920-1937*.

_______. *John Maynard Keynes*. 2000. v. III: *Fighting for Britain 1937-1946*.

SMART, Nick (Org.). *The Diaries and Letters of Robert Bernays*. 1996.

SMITH, Amanda (Org.). *Hostage to Fortune: The Letters of Joseph P. Kennedy*. 2001.

SNYDER, Timothy. *Black Earth: The Holocaust as History and Warning*. 2016.

SOAMES, Mary. *A Churchill Family Album*. 1982.

_______. *Winston Churchill: His Life as a Painter*. 1990.

_______. *Clementine Churchill*. 2002.

_______. *A Daughter's Tale*. 2012.

SOAMES, Mary (Org.). *Speaking for Themselves: The Personal Letters of Winston and Clementine Churchill*. 1999.

SPEARS, Sir Edward. *Assignment to Catastrophe*. 2 v. 1954.

SPENCE, Lyndsy. *The Mistress of Mayfair: Men, Money and the Marriage of Doris Delevingne*. 2016.

STACEY, coronel C. P. *The Victory Campaign: Operations in North-West Europe 1944-1945* (Official History of the Canadian Army in the Second World War, v. III). Ottawa, 1966.

STAFFORD, David. *Churchill and Secret Service*. 1997.

STARGARDT, Nicholas. *The German War: A Nation under Arms 1939-45*. 2015.

STELZER, Cita. *Dinner with Churchill: Policy-Making at the Dinner Table*. 2013.

STEWART, Andrew. *The First Victory: The Second World War and the East Africa Campaign*. 2016.

STRACHAN, Hew. *The First World War*. 2003.

STUART, Charles. *The Reith Diaries*. 1975.

STUART, James. *Within the Fringe: An Autobiography*. 1967.

SYMONDS, Craig L. *Neptune: The Allied Invasion of Europe and the D-Day Landings 1944*. 2014.

TAYLOR, A. J. P. *Beaverbrook*. 1970.

TAYLOR, A. J. P. (Org.). *Lloyd George: A Diary by Frances Stevenson*. 1971.

______. *W. P. Crozier: Off the Record: Political Interviews*. 1973.

______. *My Darling Pussy: The Letters of Lloyd George and Frances Stevenson*. 1975.

TAYLOR, Robert Louis. *Winston Churchill: An Informal Study of Greatness*. Nova York. 1952.

TEMPLEWOOD, visconde. *Nine Troubled Years*. 1954.

THOMAS, David. *Churchill: The Member for Woodford*. 1995.

THOMPSON, Julian. *Gallipoli*. 2015.

THOMPSON, Laurence. *1940*. 1968.

THOMPSON, R. W. *The Yankee Marlborough*. 1963.

______. *Churchill and Morton*. 1976.

THOMPSON, Walter. *I Was Churchill's Shadow*. 1951.

______. *Sixty Minutes with Winston Churchill*. 1953.

THOMSON, George Malcolm. *Vote of Censure*. 1968.

THORNE, Nick (Org.). *Seven Christmases: Second World War Diaries of Lt-Commander Vivian Cox*. 2010.

THORNTON-KEMSLEY, Colin. *Through Winds and Tides*. 1974.

THORPE, Andrew; TOYE, Richard (Orgs.). *Parliament and Politics in the Age of Asquith and Lloyd George: The Diaries of Cecil Harmsworth MP*. 2016.

TILLETT, Ben. *The Transport Workers' Strike 1911*. 1912.

TODMAN, Daniel. *Britain's War*, v. I: *Into Battle 1937-1941*. 2016.

TOLPPANEN, Bradley. *Churchill in North America 1929*. Jefferson, NC. 2014.

TOLSTOY, Nikolai. *Victims of Yalta*. 1977.

TOYE, Richard. *Lloyd George and Churchill: Rivals for Greatness*. 2007.

TRAVERS, Tim. *Gallipoli 1915*. 2001.

TREE, Ronald. *When the Moon was High*. 1975.

TUNZELMANN, Alex von. *Indian Summer: The Secret History of the End of an Empire*. 2007.

UNITED STATES DEPARTMENT OF STATE. *Foreign Relations of the United States, Diplomatic Papers, 1942*. Washington, DC. 1942. v. I: *General; the British Commonwealth; the Far East*.

UDY, Giles. *Labour and the Gulag*. 2017.

VICKERS, Hugo., *Cocktails and Laughter: The Albums of Loelia Lindsay (Loelia,Duchess of Westminster)*. 1983.

______. *Cecil Beaton*. 1985.

VINCENT, John (Org.). *The Crawford Papers: The Journals of David Lindsay, Twenty-Seventh Earl of Crawford and Tenth Earl of Balcarres during the Years 1892 to 1940*. 1984.

WALDEGRAVE, William. *A Different Kind of Weather: A Memoir*. 2015.

*The War Book of Gray's Inn 1939-45*. 2015.

WARD, Geoffrey C. (Org.). *Closest Companion*. Nova York. 1995.

WATSON, Alan. *Churchill's Legacy: Two Speeches to Save the World*. 2016.

WATT, Donald Cameron. *How War Came: The Immediate Origins of the Second World War 1938-1939*. 2001.

WEEKS, Sir Ronald. *Organisation and Equipment for War*. Cambridge. 1950.

WEIDHORN, Manfred, *Churchill's Rhetoric and Political Discourse*. 1987.

WHEELER-BENNETT, John (Org.). *Action This Day: Working with Churchill*. 1968.

WILLANS, Geoffrey; ROETTER, Charles. *The Wit of Winston Churchill*. 1954.

WILLIAMS, Susan. *The People's King: The True Story of the Abdication*. 2004.

WILSON, John. *CB: A Life of Sir Henry Campbell-Bannerman*. 1973.

WILSON, Stephen Shipley. *The Cabinet Office to 1945*. 1975.

WILSON, Trevor (Org.). *The Political Diaries of C. P. Scott*. 1970.

WINDSOR, duque de. *A King's Story*. 1953.

WINTERTON, lorde. *Orders of the Day*. 1953.

WOLF, Michael (Org.). *The Collected Essays of Sir Winston Churchill*. 4 v. 1974.

WRIGHT, Robert. *Dowding and the Battle of Britain*. 1969.

WRIGLEY, Chris, *Winston Churchill: A Biographical Companion*. 2002.

YOUNG, Kenneth (Org.). *The Diaries of Sir Robert Bruce Lockhart*. 1980. v. II: *1939-1965*.

ZIEGLER, Philip. *King Edward VIII*. 1990.

ZOLLER, Curt. *Annotated Bibliography of Works about Sir Winston Churchill*. 2004.

## ARTIGOS E TESES

ADDISON, Paul. "The Three Careers of Winston Churchill". *Transactions of the Royal Historical Society*, v. 11, 2001.

ADELMAN, Paul. "The British General Election 1945". *History Review*, n. 40, set. 2001.

ALKON, Paul. "Imagining Scenarios: Churchill's Advice for Alexander Korda's Stillborn Film 'Lawrence of Arabia'". *Finest Hour*, n. 119, verão 2003.

BALL, Stuart. "Churchill and the Conservative Party". *Transactions of the Royal Historical Society*, v. XI, 2001.

BARCLAY, Gordon. "Duties in Aid of the Civil Power". *Journal of Scottish Historical Studies*, no prelo.

BAXTER, Colin. "Winston Churchill: Military Strategist?". *Military Affairs*, v. XLVII, n. 1, fev. 1983.

BELL, Christopher M. "Air Power and the Battle of the Atlantic". *Journal of Military History*, v. 79, n. 3, jul. 2015.

BLAKE, Rober. "Churchill and the Conservative Party". Palestra Crosby Kemper, Westminster College, Fulton, Mo., abr. 1987.

BOSE, Sugata. "Starvation amidst Plenty: The Making of Famine in Bengal, Honanand Tonkin, 1942-45". *Modern Asian Studies*, v. 24, n. 4, out. 1990.

BRIDGE, Carl. "Churchill, Hoare, Derby and the Committee of Privileges, April to June 1934". *Historical Journal*, v. 22, n. 1, 1979.

CANNADINE, David. "Churchill and the British Monarchy". *Transactions of the Royal Historical Society*, v. XI, 2001.

CAPET, Antoine. "Scientific Weaponry: How Churchill Encouraged the 'Boffins' and Defied the 'Blimps'". *Churchillian*, inverno 2013.

CHARMLEY, John. "Churchill's Darkest Hour: Gallipoli 100 Years On". *Conservative History Journal*, v. II, n. 4, outono 2015.

CHURCHILL, Winston S. "Man Overboard!". *Harmsworth Magazine*, v. 1, n. 6, 1898-9.

COCKS, Paul, "The Improbable Three: Virtual History, Spirituality and the Meaning of May 1940". *Agora*, v. 51, n. 4, 2016.

COHEN, Eliot. "Churchill at War". *Commentary*, v. 83, n. 5, maio 1987.

COLVILLE, John. "Churchill's England: 'He Had No Use for Second Best'". *Finest Hour*, n. 41, outono 1983.

COOMBS, David. "Sir Winston Churchill, His Life and Painting: An Account of the Sotheby's Loan Exhibition". *Finest Hour*, n. 100, outono 1998.

CORFIELD, Tony. "Why Chamberlain Really Fell". *History Today*, v. 46, n. 12, dez. 1996.

COURTENAY, Paul. "The Smuts Dimension". In: XVI Conferência Internacional sobre Churchill, 24 jul. 1999.

DEAKIN, William. "Churchill and Europe in 1944". Palestra Crosby Kemper, Westminster College, Fulton, Mo., mar. 1984.

DEVINE, Richard. "Top Cop in a Top Hat: Churchill as Home Secretary". *Finest Hour*, n. 143, verão 2009.

DILKS, David. "'The Solitary Pilgrimage': Churchill and the Russians 1951-1955". In: Discurso para a Sociedade Churchill para o Progresso da Democracia Parlamentar, nov. 1999.

______. "'Champagne for Everyone': The Greatness of Bill Deakin". *Finest Hour*, n. 131, verão 2006.

______. "The Queen and Mr Churchill". Discurso para a Royal Society of St. George, Sede da Cidade de Londres, 6 fev. 2007.

______. "Churchill and the Russians, 1939-1955". Palestra no Centro de Experiência da Segunda Guerra Mundial, out. 2016.

DOCKTER, Warren; TOYE, Richard. "Who Commanded History? Sir John Colville, Churchillian Networks and the 'Castlerosse Affair'". *Journal of Contemporary History*, mar. 2018.

ENCER, Craig. "Churchill in Turkey 1910". *Finest Hour*, n. 126, primavera 2005.

FELDSCHREIBER, Jared. "'Emotional Intelligence' in Churchill's View of Jewish National Sovereignty". *Churchillian*, outono 2012.

FOSTER, Betsy. "The Statesmanship and Rhetoric of Churchill's Maiden Speech". *Finest Hour*, n. 126, primavera 2005.

FOSTER, Russ. "Wellington, Waterloo and Sir Winston Churchill". *Waterloo Journal*, v. 38, n. 3, outono 2016.

GARDINER, Nile. "Forever in the Shadow of Churchill?: Britain and the Memory of World War Two at the End of the 20th Century". Estudos Internacionais de Segurança, Universidade Yale, 1997. Artigo ocasional n. 9.

GILBERT, Martin. "What Did Churchill Really Think about the Jews?". *Finest Hour*, n. 135, verão 2007.

______. "Churchill and Bombing Policy". *Finest Hour*, n. 137, inverno 2007-8.

______. "Churchill and Eugenics". *Finest Hour*, n. 152, outono 2011.

HATTER, David. "The Chartwell Visitors Book". *Finest Hour*, n. 130, primavera 2006.

HENNESSY, Peter. "Churchill and the Premiership". *Transactions of the Royal Historical Society*, v. XI, 2001.

HERMAN, Arthur. "Absent Churchill, India's 1943 Famine Would Have Been Worse". *Finest Hour*, n. 149, inverno 2010-1.

HEYKING, John von. "Political Friendship in Churchill's *Marlborough*". *Perspectives on Political Science*, v. 46, 2017.

IVES, William. "The Dardanelles and Gallipoli". *Finest Hour*, n. 126, primavera 2005.

JACOB, Ian. "Principles of British Military Thought". *Foreign Affairs*, v. 29, n. 2, jan. 1951.

_______. "The High Level Conduct and Direction of World War II". *RUSI Journal*, v. CI, n. 603, ago. 1956.

_______. "The Turning Point: Grand Strategy 1942-43". *Round Table*, v. 62, n. 248, out. 1972.

JAMES, Robert Rhodes. "Churchill, the Man". Palestra Crosby Kemper, Westminster College, Fulton, Mo., abr. 1986.

JONES, R. V. "Churchill as I Knew Him". Palestra Crosby Kemper, Westminster College, Fulton, Mo., mar. 1992.

KARSH, Yousuf. "The Portraits That Changed My Life". *Finest Hour*, n. 94, verão 1997.

KEOHANE, Nigel. "Sitting with the Enemy: The Asquith Coalition through a Conservative Lens". *Conservative History Journal*, v. II, n. 4, outono 2015.

KIMBALL, Warren. "'Beggar My Neighbor": America and the British Interim Finance Crisis, 1940--1941". *Journal of Economic History*, v. XXIX, n. 4, dez. 1969.

LANGWORTH, Richard. "Churchill and Lawrence". *Finest Hour*, n. 119, verão 2003.

_______. "Feeding the Crocodile: Was Leopold Guilty?". *Finest Hour*, n. 138, verão 2008.

_______. "Churchill and the Rhineland". *Finest Hour*, n. 141, inverno 2008-9.

_______. "Myth: 'Churchill Caused the 1943-45 Bengal Famine'". *Finest Hour*, n. 142, primavera 2009.

_______. "Blood, Sweat and Gears". *Automobile*, ago. 2016.

LIDDELL HART, Basil. "Churchill in War". *Encounter*, abr. 1966.

LIPPIATT, Graham. "The Fall of the Lloyd George Coalition". *Journal of Liberal History*, n. 41, inverno 2003.

MALLINSON, Allan. "Churchill's Plan to Win the First World War". *History Today*, v. 63, n. 12, dez. 2013.

MASTERMAN, Lucy. "Winston Churchill: The Liberal Phase". *History Today*, v. 14, n. 11-12, nov.-dez. 1964.

MATHER, John H. "Sir Winston Churchill: His Hardiness and Resilience". *Churchill Proceedings*, 1996-7.

_______. "Lord Randolph Churchill: Maladies et Mort". *Finest Hour*, n. 93, inverno 1996-7.

MAURER, John H. "'Winston Has Gone Mad': Churchill, the British Admiralty, and the Rise of Japanese Naval Power". *Journal of Strategic Studies*, v. 35, n. 6, 2012.

_______. "Averting the Great War? Churchill's Naval Holiday". *Naval War College Review*, v. 67, n. 3, verão 2014.

MAYNARD, Luke. "Tory Splits over Revolutionary Russia 1918-20". *Conservative History Journal*, v. II, n. 4, outono 2015.

MESSENGER, Robert. "Churchill's Friends and Rivals". *New Criterion*, out. 2008.

MULLER, James W. "'A Good Englishman': Politics and War in Churchill's Life of Marlborough". *Political Science Reviewer*, v. 18, n. 1, 1988.

_______. "Churchill's Understanding of Politics". In: BLITZ, Mark; KRISTOL, William (Orgs.). *Educating the Prince.* Lanham, MD, 2000.

NEWMAN, Hugh. "Butterflies to Chartwell". *Finest Hour*, n. 89, inverno 1995-6.

NICHOLAS, Sian. "Churchill's Radio Impostor". *History Today*, v. 51, n. 2, fev. 2001.

O'CONNELL, John F. "Closing the North Atlantic Air Gap". *Air Power History*, n. 59, verão 2012.

PEARCE, Robert. "The 1950 and 1951 General Elections in Britain". *History Review*, n. 60, mar. 2008.

PHILLIPS, Adrian. "MI5, Churchill and the 'King's Party' in the Abdication Crisis". *Conservative History Journal*, v. II, n. 5, outono 2017.

PHILPOTT, William J. "Kitchener and the 29th Division". *Journal of Strategic Studies*, v. 16, n. 3, set. 1993.

PLUMB, John. "The Dominion of History". Palestra Crosby Kemper, Westminster College, Fulton, Mo., maio 1983.

POWERS, Richard. "Winston Churchill's Parliamentary Commentary on British Foreign Policy, 1935-1938". *Journal of Modern History*, v. 26, n. 2, 1954.

QUINAULT, Roland. "Churchill and Democracy". *Transactions of the Royal Historical Society*, v. XI, 2001.

______. "Churchill and the Cunarders". *History Today*, v. 65, n. 8, ago. 2015.

RAMSDEN, John. "'That will Depend on Who Writes the History': Winston Churchill as His Own Historian". Aula inaugural no Queen Mary and Westfield College, out. 1996.

______. "How Winston Churchill Became 'The Greatest Living Englishman'". *Contemporary British History*, v. 12, n. 3, outono 1998.

REYNOLDS, David. "Churchill's Writing of History". *Transactions of the Royal Historical Society*, v. XI, 2001.

______. "Churchill the Historian". *History Today*, v. 55, n. 2, fev. 2005.

ROWSE, A. L. "A Visit to Chartwell". *Finest Hour*, n. 81, quarto trimestre 1993.

SÁENZ-FRANCÉS SAN BALDOMERO, Emilio. "Winston Churchill and Spain 1936-1945". In: RODRÍGUEZ (Org.), David Sarias. *Caminando con el destino: Winston Churchill y España*. Madri, 2011.

SANDYS, Edwina. "Winston Churchill: His Art Reflects his Life". Palestra Crosby Kemper Lecture, Westminster College, Fulton, Mo., mar. 1993.

"SCRUTATOR". "An Eye-Witness at the Dardanelles". *Empire Review*, v. XLVII, n. 329, 1928.

SEARLE, Alaric. "J. F. C. Fuller's Assessment of Winston Churchill as Grand Strategist, 1939-45". *Global War Studies*, v. 12, n. 3, 2015.

SMITH, Richard W. "Britain's Return to Gold". Tese apresentada na Universidade Harvard, 1974.

SOAMES, Mary. "Winston Churchill: The Great Human Being". Palestra Crosby Kemper, Westminster College, Fulton, Mo., abr. 1991.

SOAMES, Nicholas. "Winston Churchill: A Man in Full". Discurso para a Sociedade Churchill para o Progresso da Democracia Parlamentar, nov. 1998.

STERLING, Christopher. "Getting There: Churchill's Wartime Journeys". *Finest Hour*, n. 148, outono 2010.

STRAUSS, Leo. "Churchill's Greatness". *Weekly Standard*, v. 5, n. 3, jan. 2000.

TOLPPANEN, Bradley P. "Churchill and Chaplin". *Finest Hour*, n. 142, primavera 2009.

______. "The Accidental Churchill". *Churchillian*, inverno 2012.

VALE, Allister; SCADDING, John. "Did Winston Churchill Suffer a Myocardial Infarction in the White House at Christmas 1941?". *Journal of the Royal Society of Medicine*, v. 110, n. 12, 2017.

______. "Winston Churchill… Treatment for Pneumonia in March 1886". *Journal of Medical Biography*. Disponível em: <https://doi.org/10.1177/0967772018754646>.

VEGO, Milan. "The Destruction of Convoy PQ17". *Naval War College Review*, v. 69, n. 3, verão 2016.

WARNER, Geoffrey. "The Road to D-Day". *History Today*, v. 34, n. 6, jun. 1984.

WRIGLEY, Chris. "Churchill and the Trade Unions". *Transactions of the Royal Historical Society*, v. XI, 2001.

ZIEGLER, Philip. "Churchill and the Monarchy". *History Today*, v. 43, v. 3, mar. 1993.

# Notas

ABREVIATURAS

## *Gerais*

| | |
|---|---|
| AP | Avon Papers [Documentos Avon] nos Arquivos da Universidade de Birmingham |
| BIYU | Instituto Borthwick, Universidade de York |
| BL | Biblioteca Britânica |
| BOD | Biblioteca Bodleiana, Oxford |
| BU | Arquivos da Universidade de Birmingham |
| CAC | Arquivos Churchill no Churchill College, Cambridge |
| CHAR | Documentos Chartwell nos Arquivos Churchill, Cambridge |
| CHUR | Documentos Churchill nos Arquivos Churchill, Cambridge |
| *CIHOW* | Richard Langworth (Org.), *Churchill in His Own Words*, 2012 |
| *CS* | Robert Rhodes James (Org.), *Winston S. Churchill: His Complete Speeches*, publicado em Nova York em oito volumes em 1974 |
| CUL | Biblioteca da Universidade de Cambridge |
| *CV* | *Companion Volumes* da Biografia Oficial (OB) |
| *CWP* | Os três volumes acompanhantes dos *Churchill War Papers* publicados por Martin Gilbert entre 1993 e 2000: |
| *CWP* I | *At the Admiralty*, 1993 |
| *CWP* II | *Never surrender*, 1995 |
| *CWP* III | *The Ever-Widening War*, 2000 |
| *FH* | *Finest Hour*, a revista trimestral publicada pela Sociedade Churchill Internacional |

| | |
|---|---|
| FRUS | *Foreign Relations of the Unites States* |
| HANSARD | Debates parlamentares da Câmara dos Comuns |
| HATFIELD | Os arquivos dos marqueses de Salisbury e da família Cecil na Casa de Hatfield, Hertfordshire |
| JC | Documentos de Joseph Chamberlain nos Arquivos da Universidade de Birmingham |
| LHC | Centro Liddell Hart no King's College de Londres |
| NA | Arquivos Nacionais em Kew |
| NC | Documentos de Neville Chamberlain nos Arquivos da Universidade de Birmingham |
| NYPL | Biblioteca Pública de Nova York |
| OB | A biografia oficial de Sir Winston Churchill. Volumes I e II por Randolph S. Churchill e volumes III a VIII por (Sir) Martin Gilbert, publicada em oito volumes entre 1966 e 1988: |
| *OB* I | *Winston S. Churchill: Youth 1874-1900*, 1966 |
| *OB* II | *Winston S. Churchill: Young Statesman 1901-1914*, 1967 |
| *OB* III | *Winston S. Churchill: The Challenge of War 1914-1916*, 1971 |
| *OB* IV | *Winston S. Churchill: World in Torment 1916-1922*, 1975 |
| *OB* V | *Winston S. Churchill: The Coming of War 1922-1939*, 1976 |
| *OB* VI | *Winston S. Churchill: Finest Hour 1939-1941*, 1983 |
| *OB* VII | *Winston S. Churchill: Road to Victory 1941-1945*, 1986 |
| *OB* VIII | *Winston S. Churchill: "Never Dispair" 1945-1965*, 1988 |
| PA | Arquivos parlamentares, Câmara dos Lordes |
| RA | Arquivos reais no Castelo de Windsor |
| *TCD* | Os cinco volumes de *The Churchill Documents*, organizados e editados por Martin Gilbert e Larry P. Arn, publicados pela Hillsdale College Press, Michigan |
| *TCD* 17 | *The Churchill Documents*, v. 17: *Testing Times*, 2014 |
| *TCD* 18 | *The Churchill Documents*, v. 18: *One Continent Redeemed*, 2015 |
| *TCD* 19 | *The Churchill Documents*, v. 19: *Fateful Questions*, 2017 |
| *TCD* 20 | *The Churchill Documents*, v. 20: *Normandy and Beyond*, 2018 |
| *TCD* 21 | *The Churchill Documents*, v. 21: *Shadows of Victory*, 2018 |
| *TLS* | Suplemento Literário do *Times* |
| WSC | Livros de Winston S. Churchill (ver abaixo) |

*Obras de Churchill*

| | |
|---|---|
| *Arms* | *Arms and the Covenant*, 1938 |
| *Balance* | *In the Balance*, 1951 |
| *CE* | Michael Wolf (Org.), *The Collected Essays of Sir Winston Churchill*, 4 v, 1974. |
| *Dawn* | *The Dawn of Liberation*, 1945 |

| | |
|---|---|
| *Dream* | Langworth (Org.), *The Dream*, 2005 |
| *End* | *The End of the Beginning*, 1945 |
| *GC* | *Great Contemporaries*, 1937 |
| *HESP* | *A History of the English-Speaking Peoples*, 1956-8 |
| *India* | *India: Defending the Jewel in the Crown*, 1990 |
| *Liberalism* | *Liberalism and the Social Problem*, 1909 |
| *L to L* | *London to Ladysmith via Pretoria*, 1900 |
| *LRC* | *Lord Randolph Churchill*, 2 v., 1906 |
| *MAJ* | *My African Journey*, 1908 |
| *Marl* | *Marlborough: His Life and Times*, 2 v. Chicago, 2002 (1. ed.: 4v., 1933-8). |
| *MEL* | *My Early Life*, 1930 |
| *MFF* | *The Story of the Malakand Field Force*, 1898 |
| *Onwards* | *Onwards to Victory*, 1944 |
| *Painting* | *Painting as a Pastime*, 1948 |
| *RW* | *The River War*, 2 v., 1899 |
| *Savrola* | *Savrola: A Tale of the Revolution in Laurania*, 1900 |
| *Secret* | *Secret Sessions Speeches*,1946 |
| *Sinews* | *The Sinews of Peace*, 1948 |
| *Stemming* | *Stemming the Tide: Speeches, 1951 and 1952*, 1953 |
| *Step* | *Step by Step 1936-1939*, 1947 |
| *Thoughts* | *Thoughts and Adventures*, 1932 |
| *TSWW* | *The Second World War*, publicado em seis volumes: |
| *TSWW* I | *The Gathering Storm*, 1948 |
| *TSWW* II | *Their Finest Hour*, 1949 |
| *TSWW* III | *The Grand Alliance*, 1950 |
| *TSWW* IV | *The Hinge of Fate*, 1951 |
| *TSWW* V | *Closing the Ring*, 1952 |
| *TSWW* VI | *Triumph and Tragedy*, 1954 |
| *Unite* | *Europe Unite: Speeches 1947 & 1948*, 1950 |
| *Unrelenting* | *The Unrelenting Struggle*, 1942 |
| *Unwritten* | *The Unwritten Alliance*, 1961 |
| *Victory* | *Victory*, 1946 |
| *WC* | *The World Crisis,* publicado em cinco volumes: |
| *WC* I | *1911-1914*, 1923 |
| *WC* II | *1915*, 1923 |
| *WC* III | *1916-18*, partes 1 e 2, 1927 |
| *WC* IV | *The Aftermath 1918-1922*, 1929 |
| *WC* V | *The Eastern Front*, 1931 |
| *WES* | *While England Slept: A Survey of World Affairs 1932-1938*, 1938 |

## 1. UM NOME FAMOSO: NOVEMBRO DE 1874 A JANEIRO DE 1895 [pp. 55-81]

**1.** WSC, *Marl* I, p. 33. **2.** James, "Churchill, the Man", p. 5. **3.** *OB* I, p. 2. **4.** CAC EADE 2/2. **5.** Plumb, "Dominion", p. 2. **6.** *CS* VII, p. 6869. **7.** WSC, *Marl* I, p. 740. **8.** BU *Avon Papers* 20/1/24. **9.** *OB* I, p. 19. **10.** CAC EMAR 2. **11.** *CV* V, parte 2, p. 820. **12.** Birkenhead, *Churchill*, p. 115. **13.** Murray, *Bodyguard*, p. 92. **14.** Browne, *Sunset*, p. 118. **15.** *CV* I, parte 1, p. 192. **16.** *OB* I, p. 171. **17.** Diário de Marian Holmes, p. 3. **18.** WSC, *TSWW* I, p. 65. **19.** CARTER, *Knew Him*, p. 24. **20.** Hart-Davis (Org.), *King's Counsellor*, p. 93. **21.** *CV* V, parte 3, p. 1325. **22.** WSC, *MEL*, p. 1. **23.** Ibid., p. 2. **24.** Ibid., p. 7. **25.** Gilbert, *A Life*, p. 2. **26.** Sheridan, *Nuda Veritas*, p. 14. **27.** Brendon, Churchill, p. 8. **28.** Jenkins, *Churchill*, p. 10. **29.** CAC CHAR 28/43/42. **30.** Ibid. **31.** Ibid. **32.** Ibid. **33.** WSC, *MEL*, p. 3. **34.** CAC CHAR 28/44/2-8. **35.** Langworth, *Myth*, p. 13. **36.** CAC CHAR 28/44/5-7. **37.** CAC CHAR 28/44/7. **38.** Baring, *Puppet Show*, p. 71. **39.** Muller, "Churchill's Understanding", p. 293. **40.** WSC, *MEL*, p. 19. **41.** *CV* I, parte 1, p. 221. **42.** WSC, *MEL*, p. 87. **43.** Ibid., p. 9. **44.** Churchill, *Tapestry*, p. 43. **45.** Jackson, *Churchill*, pp. 14-5. **46.** CAC CHAR 28/44/9-10. **47.** *CIHOW*, p. 519. **48.** Sandys, *From Winston*, p. 70. **49.** Addison, *Unexpected*, p. 12. **50.** *CS* VII, p. 7357. **51.** Vale; Scadding, "Pneumonia", p. 2. **52.** Ibid., pass. **53.** James, *Lord Randolph Churchill*, p. 207. **54.** WSC, *MEL*, p. 12. **55.** Jablonsky, *Churchill and Hitler*, p. 206. **56.** Foster, *Randolph*, p. 216. **57.** Ibid., p. 270. **58.** CAC CHAR 28/11/42-3. **59.** Roberts, *Salisbury*, p. 288. **60.** WSC, *LRC* II, p. 301. **61.** RA GV/PRIV/GVD/1887: 8 ago. **62.** *OB* I, p. 97. **63.** Gilbert, *A Life*, p. 17. **64.** Colville, *Fringes*, p. 444. **65.** Eade (Org.), *Contemporaries*, p. 18. **66.** WSC, *MEL*, p. 27. **67.** Ibid., p. 52. **68.** Harrow School Archives, caixa H4/8. **69.** Eade (Org.), *Contemporaries*, p. 18. **70.** Jones, "Knew Him", p. 3. **71.** WSC, *MEL*, p. 15. **72.** *CIHOW*, pp. 58-9. **73.** *OB* I, p. 179. **74.** Nicolson (Org.), *Diaries and Letters*, v. III, p. 268. **75.** Eade (Org.), *Contemporaries*, p. 19. **76.** Ibid., p. 20. **77.** Harrow School Archives, caixa H4/8. **78.** Gardiner, *Prophets*, p. 235. **79.** Harrow School Archives, caixa H4/8. **80.** Ibid. **81.** Ibid. **82.** Ibid. **83.** Ibid. **84.** Ibid. **85.** Gilbert, *Search*, p. 215. **86.** *CS* VIII, p. 8425. **87.** Eade (Org.), *Contemporaries*, p. 19. **88.** Ibid., p. 18. **89.** *CV* I, parte 1, p. 227. **90.** *OB* I, p. 174. **91.** Ibid., p. 130. **92.** Ibid., p. 131. **93.** Ibid., p. 163. **94.** Ibid., pp. 163-4. **95.** Ibid., p. 164. **96.** Ibid., p. 165. **97.** Ibid., p. 167. **98.** *FH*, n. 140, p. 18. **99.** *OB* I, pp. 112-3. **100.** Ibid. **101.** WSC, *MEL*, p. 17. **102.** Golland, *Not Winston*, p. 31. **103.** WSC, *MEL*, p. 24. **104.** Ibid., p. 30. **105.** Ibid., p. 18. **106.** Ibid., p. 29. **107.** Ibid., pp. 34-5. **108.** *CV* I, parte 1, pp. 390-1. **109.** Blake, "Conservative", p. 2. **110.** Mather, "Maladies", pp. 24, 26. **111.** *OB* I, p. 198. **112.** Ibid., p. 200. **113.** Birkenhead, *Contemporary Personalities*, p. 113. **114.** WSC, *MEL*, p. 34. **115.** Scott, *Churchill at the Gallop*, pass. **116.** *CV* I, parte 1, p. 413. **117.** *OB* I, pp. 219-20. **118.** WSC, *MEL*, p. 43. **119.** *CV* I, parte 1, p. 531. **120.** Browne, *Sunset*, p. 122. **121.** WSC, *MEL*, p. 42. **122.** Carter, *Knew Him*, p. 27. **123.** Harrow School Archives, caixa H4/8. **124.** WSC, *MEL*, p. 51. **125.** Searle, "Fuller", p. 46. **126.** WSC, *MEL*, p. 56. **127.** Churchill, *Crowded Canvas*, p. 181. **128.** CUL, *Add* 9248/4526. **129.** CUL *ASH/B*/32/6a e 6b. **130.** WSC, *LRC* II, p. 820. **131.** Gardiner, *Prophets*, pp. 230-31. **132.** Muller (Org.), *Thoughts*, pp. 31-2.

## 2. AMBIÇÃO SOB FOGO: JANEIRO DE 1895 A JULHO DE 1898 [pp. 82-105]

**1.** WSC, *RW* I, p. 37. **2.** Gardiner, *Prophets*, p. 228. **3.** Lough, *Champagne*, pp. 35-6. **4.** WSC, *MEL*, p. 76. **5.** BL RP 6688/19. **6.** WSC, *MEL*, p. 57. **7.** CAC CHAR 28/152A/53-4. **8.** *OB* I, p. 259. **9.** Clarke, *Lloyd George Diary*, pp. 97-8. **10.** MULLER (Org.), *Thoughts*, pp. 49-50. **11.** McMenamin; Zoller, *Becoming Winston Churchill*, p. 15. **12.** Gilbert, *Search*, p. 269. **13.** Ibid. **14.** *New York Times*, 27 mar. 1893. **15.** *OB* I, pp. 282-3. **16.** *CV* I, parte 1, p. 597. **17.** Ibid., p. 599. **18.** Ibid., p. 600. **19.** WSC, *MEL*, p. 91. **20.**

Ibid., p. 73. **21.** Russell, *Churchill's Decorations*, p. 17, n. 17. **22.** WSC, *MEL*, p. 96. **23.** Klepak, *Comes of Age*, p. 129. **24.** WSC, *MEL*, p. 75. **25.** Ibid., p. 75. **26.** Ibid., p. 78. **27.** Midgley (Org.), *Heroic Memory*, p. 12. **28.** Sandys, *Chasing Churchill*, p. 33. **29.** WSC, *MEL*, p. 79. **30.** Ibid., p. 107. **31.** *CV* I, parte 1, p. 676. **32.** Ibid., **33.** WSC, *MEL*, p. 91. **34.** Ibid., p. 116. **35.** Ibid., pp. 101-2. **36.** Jackson, *Churchill*, p. 53. **37.** *Daily Telegraph*, 9 out. 1897. **38.** Diário de Marian Holmes, p. 6. **39.** WSC, *MEL*, pp. 98, 100. **40.** CAC CHAR 28/23/ 10-11. **41.** Birkenhead, *Personalities*, p. 115. **42.** CAC CHAR 28/23/ 10-11. **43.** Documentos Bod Bonham Carter 298/7. **44.** *CV* I, parte 2, pp. 757-68. **45.** Ibid., p. 760. **46.** CAC, Churchill's *Annual Register* 1874, p. 2. **47.** Ibid., p. 94. **48.** Ibid. 1875, pp. 48-9. **49.** Ibid., p. 51. **50.** Ibid., pp. 56, 119. **51.** Ibid. 1877, p. 64. **52.** *CV* I, parte 2, p. 762. **53.** Ibid., p. 766. **54.** CAC, Churchill's *Annual Register* 1881, pp. 58, 68, 72, 109. **55.** Ibid. 1885, pp. 119-20. **56.** Ibid., p. 134. **57.** *CV* I, parte 2, p. 763. **58.** Ibid., p. 765. **59.** Referência a um capítulo em William James, *The Varieties of Religious Experience* (1902). **60.** Cowling, *Religion and Public Doctrine*, p. 285. **61.** WSC, *MEL*, p. 103. **62.** *OB* VIII, p. 1161. **63.** BEST, *Greatness*, p. 10. **64.** *CV* I, Parte 2, p. 697. **65.** Ibid., p. 1044. **66.** Lough, *Champagne*, p. 68. **67.** WSC, *MEL*, p. 119. **68.** Ibid., p. 114. **69.** WSC, *MFF*, p. 9. **70.** *CV* I, parte 2, p. 696. **71.** Ibid. **72.** *CS* I, p. 27. **73.** Ibid., p. 28. **74.** WSC, *MEL*, p. 185. **75.** Ibid., p. 110. **76.** *CV* I, parte 2, p. 833; WSC, *MEL*, p. 110. **77.** Coughlin, *First War*, p. 207. **78.** *CV* I, parte 2, p. 807. **79.** Gilbert, *A Life*, p. 79. **80.** *CV* I, parte 2, p. 793. **81.** WSC, *MEL*, p. 119. **82.** Coughlin, *First War*, p. XIV. **83.** Gilbert, *A Life*, p. 80. **84.** *OB* I, pp. 355-6. **85.** *CV*, parte 2, pp. 816-8. **86.** *OB* I, p. 293. **87.** Gilbert, *A Life*, p. 173. **88.** Gardiner, *Pillars*, p. 62. **89.** *CV* I, parte 2, p. 819. **90.** Ibid. **91.** Ibid., p. 820. **92.** Ibid., pp. 816-20. **93.** Ibid., p. 821. **94.** Ibid. **95.** Ibid., p. 839. **96.** Gilbert, *A Life*, p. 86. **97.** *CV* I, Parte 2, p. 839. **98.** Ibid., p. 856. **99.** Gough, *Soldiering On*, p. 62. **100.** *OB* I, p. 371. **101.** *CV* I, parte 2, p. 879. **102.** WSC, *MFF*, pp. 117, 97. **103.** Ibid., p. 294. **104.** *The Times*, 1 out. 1897. **105.** Coughlin, *First War*, p. 1. **106.** Ibid., p. 21. **107.** WSC, *MFF*, pp. 26-7. **108.** *CV* I, parte 2, p. 936. **109.** WSC, *MEL*, p. 137. **110.** Sheffield, *The Chief*, p. 34. **111.** WSC, *WC* I, p. 234. **112.** *CV* I, parte 2, p. 971. **113.** WSC, *MEL*, p. 149. **114.** Hatfield 3M/E41. **115.** WSC, *MEL*, p. 151.

## 3. DE OMDURMAN A OLDHAM, VIA PRETÓRIA: AGOSTO DE 1898 A OUTUBRO DE 1900 [pp. 106-28]

**1.** WSC, *Savrola*, p. 114. **2.** Riddell, *More Pages*, p. 139. **3.** WSC, *MEL*, p. 153. **4.** Jackson, *Churchill*, p. 65. **5.** *OB* I, p. 402; *CV* I, parte 2, p. 968; WSC, *RW* I, pp. 34-7. **6.** WSC, *MEL*, p. 157. **7.** Ibid., p. 160. **8.** Ibid., p. 163. **9.** Langworth (Org.), *Conover*, p. 23. **10.** WSC, *RW* II, pp. 72-3. **11.** WSC, *MEL*, p. 166. **12.** Meus agradecimentos a Ben Strickland; o original está em 17º/21º Lancers Museum. **13.** WSC, *MEL*, p. 171. **14.** Ibid., p. 172. **15.** Ibid. **16.** Ibid., p. 174. **17.** Midgley (Org.), *Heroic Memory*, p. 13. **18.** WSC, *MEL*, p. 175. **19.** *OB* I, p. 414. **20.** WSC, *MEL*, pp. 192-3. **21.** WSC, *RW* II, pp. 221, 222. **22.** Blunt, *Diaries* II, p. 280. **23.** *OB* I, pp. 438-9. **24.** Blunt, *Diaries* II, p. 417. **25.** WSC, *MEL*, p. 177. **26.** Moran, *Struggle*, p. 556. **27.** *CV* I, parte 2, p. 989. **28.** Lough, *Champagne*, p. 68. **29.** Ibid., p. 56. **30.** Colville, *Churchillians*, p. 112; Lough, *Champagne*, p. 68. **31.** *OB* I, pp. 438-9. **32.** CAC CHAR 28/26/5, CHAR 28/152B/168. **33.** Mather, "Hardiness and Resilience", pp. 83-97. **34.** Langworth (Org.), *Conover*, p. 23. **35.** Ibid., p. 24. **36.** Hatfield House 3M/E41. **37.** WSC, *RW* I, p. 156. **38.** Ibid., p. 116. **39.** Ibid., p. 6. **40.** Ibid., pp. 280-1. **41.** Ibid., p. 290. **42.** Davis, *Real Soldiers*, p. 108. **43.** WSC, *RW* II, p. 162. **44.** Ibid., pp. 248-50. **45.** Harrow School Archives, caixa H4/8. **46.** Vincent (Org.), *Crawford*, pp. 54-5. **47.** Langworth (Org.), *Conover*, p. 26. **48.** *CS* I, p. 43. **49.** *OB* I, p. 449. **50.** Ibid., p. 446. **51.** WSC, *MEL*, p. 240. **52.** Ibid. **53.** Langworth (Org.), *Conover*, p. 25. **54.** *BL* Add *MS* 62516. **55.** *OB* I, p. 449. **56.** BU JC10/9/70. **57.** Atkins, *Incidents*, p. 122. **58.** Ibid., p. 123. **59.** Pakenham, *Boer War*, p. 157. **60.** Atkins, *Incidents*, p.

124. **61.** Ibid., p. 125. **62.** Ibid., p. 126. **63.** Pakenham, *Boer War*, p. 171. **64.** Atkins, *Incidents*, p. 128. **65.** Pakenham, *Boer War*, p. 172. **66.** Ibid., p. 73. **67.** Ibid., p. 278. **68.** Ibid., p. 172. **69.** Scott, *Churchill*, p. 43. **70.** Atkins, *Incidents*, pp. 193-5. **71.** Courtenay, "Smuts Dimension", p. 55. **72.** *OB* I, p. 477. **73.** WSC, *L to L*, p. 134. **74.** Pilpel, *America*, p. 30. **75.** WSC, *MEL*, p. 273. **76.** RA *VIC/MAIN/W/25/92*. **77.** *OB* I, pp. 487-8. **78.** Barnes; Nicholson (Orgs.), *Empire at Bay*, p. 50. **79.** *Strand Magazine*, dez. 1923. **80.** WSC, *L to L*, pp. 176-7. **81.** *CS* I, p. 63. **82.** WSC, *L to L*, pp. 195-7. **83.** *CS* I, p. 405. **84.** Churchill, *Crowded Canvas*, p. 106. **85.** *CS* I, p. 63. **86.** Millard, *Hero*, pp. 223-4. **87.** Pottle (Org.), *Daring*, pp. 317-8. **88.** *Natal Mercury*, 25 dez. 1899, p. 5; *FH*, n. 88, p. 43. **89.** BL RP 6515. **90.** WSC, *MEL*, p. 271. **91.** *OB* I, p. 507. **92.** Dundonald, *Army Life*, pp. 117-18. **93.** Ibid., p. 147. **94.** WSC, *L to L*, p. 292. **95.** Jackson, *Churchill*, p. 81. **96.** WSC, *L to L*, p. 137. **97.** Ibid., p. 376. **98.** Bossenbroek, *Boer War*, p. 208. **99.** WSC, *MEL*, p. 341. **100.** Jackson, *Churchill*, p. 82. **101.** Hamilton, *Listening*, p. 248. **102.** Ibid., p. 249. **103.** Langworth (Org.), *Conover*, p. 18. **104.** Eade (Org.), *Contemporaries*, p. 69; WSC, *MEL*, p. 139. **105.** WSC, *Savrola*, p. 42. **106.** Eade (Org.), *Contemporaries*, pp. 69-79. **107.** WSC, *Savrola*, p. 344. **108.** *CV* I, parte 2, p. 1162. **109.** BL Add MS 49694 ff. 20-1. **110.** JAMES, *Failure*, pp. 20-1. **111.** *CS* I, p. 61. **112.** Millard, *Hero*, p. 313. **113.** Blake (Org.), *Churchill*, p. 9. **114.** Hatfield 3M/E41. **115.** Gardiner, *Pillars*, p. 61.

## 4. MUDANDO DE LADO: OUTUBRO DE 1900 A DEZEMBRO DE 1905 [pp. 129-52]

**1.** *CWP* I, p. 833. **2.** WSC, *Marl* I p. 322. **3.** *CV* II, pp. 1043-4. **4.** *CS* I, p. 61. **5.** Hamilton, *Listening*, p. 250. **6.** NYPL Microfilme 1 de Documentos Churchill. **7.** Pilpel, *America*, p. 36. **8.** *New York Times*, 9 dez. 1900, p. 28; *FH*, n. 149, p. 40. **9.** Pilpel, *America*, pp. 36-7. **10.** Gilbert, *Churchill and America*, p. 36. **11.** *OB* I, pp. 542-3. **12.** Pilpel, *America*, pp. 54-5. **13.** *CV* I, parte 2, p. 1225. **14.** Ibid., p. 1231. **15.** *Daily Telegraph*, 11 mar. 2016. **16.** Stuart, *Within*, p. 124. **17.** Jackson, *Churchill*, p. 280. **18.** WSC, *MEL*, p. 377. **19.** Ibid., pp. 378-80. **20.** *CS* I, pp. 65-6. **21.** Ibid., p. 66. **22.** Ibid., p. 65. **23.** Ibid., p. 68. **24.** Ibid., p. 70. **25.** Ibid. **26.** Lucy, *Balfourian Parliament*, pp. 62-4. **27.** *CS* I, p. 83. **28.** Ibid., p. 79. **29.** Ibid., p. 80. **30.** Ibid., p. 83. **31.** *CIHOW*, p. 113. **32.** Mallinson, *Too Important*, p. 28. **33.** BU JC/11/9/3. **34.** Halle, *Irrepressible*, p. 61. **35.** *CS* I, pp. 110, 107. **36.** *CV* II, parte 1, pp. 104-5. **37.** Rowntree, *Poverty*, pp. 304-5. **38.** *CV* II, parte 1, p. 111. **39.** Ibid. **40.** Mackenzie; Norman; Jeanne (Orgs.), *Diary of Beatrice Webb* II, p. 287. **41.** Ibid., pp. 287-8. **42.** *OB* II, p. 35. **43.** WSC, *GC*, p. 178. **44.** James, *Failure*, p. 16. **45.** Eade (Org.), *Contemporaries*, pp. 86-7. **46.** *CS* I, p. 112. **47.** Halle, *Irrepressible*, p. 50. **48.** Ibid., p. 49. **49.** Ramsden, "Greatest", p. 13. **50.** WSC, *MEL*, p. 385. **51.** *OB* II, p. 47. **52.** BL Add MS 49694 ff. 39-40. **53.** Blake, "Conservative", p. 4. **54.** *CS* I, pp. 197-8. **55.** BL Add MS 49694 ff. 41-2. **56.** Muller (Org.), *Thoughts*, p. 10. **57.** *CS* I, pp. 192-3. **58.** CAC EADE 2/2. **59.** *CS* I, p. 215. **60.** Willans; Roetter, *Wit*, p. 40. **61.** BL Add MS 62156 f. 7. **62.** *Monthly Review* n. 13, nov. 1903, pp. 28-9. **63.** *CV* II, parte 1, p. 243. **64.** Blunt, *Diaries* II, p. 77. **65.** Gardiner, *Pillars*, p. 58. **66.** *CS* I, p. 221. **67.** Ibid., p. 224. **68.** Ibid., p. 236. **69.** Ibid., p. 237. **70.** Ibid., p. 259. **71.** Ibid., p. 261. **72.** Jackson, *Churchill*, p. 93. **73.** Blake, "Conservative", p. 4. **74.** Gardiner, *Prophets*, p. 228. **75.** *CS* I, p. 270. **76.** Ibid., pp. 272-3. **77.** HANSARD V. 133 cols. 958-1012. **78.** Jackson, *Churchill*, p. 88. **79.** Carter, *Knew Him*, p. 115. **80.** *CS* I, p. 293. **81.** Ibid., p. 441. **82.** Carter, *Knew Him*, p. 116. **83.** *CV* I, parte 2, p. 104. **84.** George, *My Brother*, p. 210. **85.** *CS* I, p. 368. **86.** CARTER, *Knew Him*, p. 116. **87.** Pawle, *Warden*, p. 179. **88.** Rowse, *Later Churchills*, p. 454. **89.** James, *Failure*, p. 21. **90.** *CIHOW*, p. 408. **91.** Muller, *Thoughts*, p. 10. **92.** Birkenhead, *Contemporary Personalities*, p. 118. **93.** *OB* II, p. 92. **94.** Ibid., p. 93. **95.** *The Times*, 31 maio 1904. **96.** *Manchester Guardian*, 31 maio 1904, p. 5. **97.** Gilbert, *Churchill and the Jews*, p. 1. **98.** Ibid., p. 13. **99.** Ibid., p. 3;

*CV* II, p. 975. **100.** CAC CHUR 1/55; Gilbert, *Churchill and the Jews*, p. 14. **101.** Gilbert, *Churchill and the Jews*, p. XVI. **102.** Ibid., p. 9. **103.** Scott, *Churchill*, p. 240. **104.** *CS* I, p. 346. **105.** Ibid., p. 414. **106.** Ibid., pp. 416-7. **107.** Scott, *Churchill*, pp. 1-2. **108.** *CV* II, parte 1, p. 393. **109.** Gilbert, *A Life*, p. 171; Petrie, *Carlton*, p. 145. **110.** *CS* I, p. 482. **111.** Ibid., p. 483. **112.** James, *Failure*, p. 21. **113.** Brett (Org.), *Esher*, v. II, p. 92. **114.** Vincent (Org.), *Crawford*, p. 83. **115.** *CS* I, p. 503. **116.** Marsh, *Number*, p. 149. **117.** Ibid.

### 5. IMPERIALISTA LIBERAL: JANEIRO DE 1906 A ABRIL DE 1908 [pp. 153-72]

**1.** WSC, *LRC* I, p. 217. **2.** Brendon, *Churchill*, p. 43. **3.** *CV* II, parte 1, p. 423. **4.** WSC, *LRC* I, p. 11. **5.** Foster, *Randolph*, p. 383. **6.** D'Este, *Warlord*, p. 74. **7.** Foster, *Randolph*, p. 395. **8.** Ibid. **9.** Ibid., pp. 396-9. **10.** Ibid. **11.** Johnson, *Churchill*, p. 26. **12.** WSC, *LRC* I, p. 217. **13.** Ibid. II, p. 489. **14.** Gilbert, *Churchill and the Jews*, p. 13. **15.** *CS* I, p. 553. **16.** Marsh, *Number*, p. 150. **17.** *CS* I, p. 523. **18.** Ibid. **19.** Ibid., pp. 530-1. **20.** Ibid., p. 545. **21.** Foster, *Randolph*, p. 383. **22.** Lorde Winterton em *The Illustrated London News Eightieth Birthday Tribute*, p. 3. **23.** Hyam, *Elgin*, p. 208; Gilbert, *A Life*, p. 183. **24.** *CS* I, p. 605. **25.** Gilbert, *Other Club*, p. 203. **26.** *CS* I, p. 658. **27.** *TCD* 18, p. 59. **28.** Courtenay, "Smuts Dimension", pp. 55-6. **29.** RA *GVI/PRIV/DIARY/COPY*/1942: 14 out. **30.** *CS* I, p. 562. **31.** Ibid., p. 571. **32.** Best, *Greatness*, p. 25. **33.** *CS* I, p. 598. **34.** Marsh, *Number*, pp. 151-2. **35.** Winterton, *Orders*, p. 19. **36.** Wilson, *CB*, p. 503. **37.** *National Review*, n. 287, jan. 1907, p. 758. **38.** *OB* II, p. 185. **39.** BU NC1/15/3/83. **40.** *CS* I, p. 649. **41.** Ibid., p. 669. **42.** Ibid., p. 693. **43.** Morgan, *Rise to Failure*, p. 202. **44.** *OB* II, p. 196. **45.** Ibid. **46.** WSC, *Liberalism*, p. 163. **47.** *CS* I, p. 677. **48.** Ibid., pp. 674-7. **49.** Ibid., p. 677. **50.** CAMPBELL, *FE*, p. 461. **51.** *FH*, n. 56, p. 17. **52.** *OB* V, p. 374. **53.** Documentos Bod Bonham Carter 298/6. **54.** Carter, *Knew Him*, p. 15. **55.** Documentos Bod Bonham Carter 298/7. **56.** Carter, *Knew Him*, p. 19. **57.** RA *VIC/MAIN/W/7/80*. **58.** *CS* I, p. 714. **59.** Ibid., p. 715. **60.** Ibid., p. 807. **61.** Ibid., pp. 808-9. **62.** George, *My Brother*, p. 211. **63.** *CS* VII, p. 7357. **64.** WSC, *MAJ*, p. 101. **65.** Gardiner, *Prophets*, p. 228. **66.** WSC, *MAJ*, pp. 11-2. **67.** Ibid., pp. 121, 104. **68.** Ibid., p. 112. **69.** Ibid., p. 14. **70.** Ibid., p. 15. **71.** Ibid., p. 21. **72.** Ibid., p. 42. **73.** Ibid., p. 94. **74.** Ibid. **75.** Ibid., p. 84. **76.** Jackson, *Churchill*, p. 101. **77.** Bell, *Glimpses*, p. 167. **78.** Ibid., p. 168. **79.** Ibid., pp. 179-80. **80.** Ibid., p. 170. **81.** *OB* II, pp. 228-9. **82.** Ibid., p. 51. **83.** Ibid., p. 46. **84.** Ibid., pp. 23-4. **85.** Ibid., pp. 25-6. **86.** Ibid., p. 127. **87.** Ibid., p. 27. **88.** Ibid. **89.** Ibid., p. 56. **90.** Ibid., pp. 56-7. **91.** RA *VIC/MAIN/W/8/87*. **92.** WSC, *MAJ*, p. 60. **93.** Ibid., pp. 122-3. **94.** Ibid., p. 124; Marsh, *Number*, p. 162. **95.** *CS* I, p. 860. **96.** Ibid., p. 863. **97.** Ibid., p. 868. **98.** Ibid., p. 903. **99.** Ibid. **100.** *FH*, n. 137, p. 58. **101.** Addison, *Unexpected*, p. 43. **102.** Masterman, *Masterman*, p. 97. **103.** Ibid., p. 98. **104.** Ibid., pp. 97-8. **105.** Soames (Org.), *Speaking*, p. 5; Documentos Birkenhead, 65/A3. **106.** Best, *Greatness*, p. 28. **107.** Colville, *Fringes*, p. 195. **108.** *OB* I p. 252. **109.** Soames (Org.), *Speaking*, p. 6. **110.** Documentos Birkenhead 65/A3.

### 6. AMOR E LIBERALISMO: ABRIL DE 1908 A FEVEREIRO DE 1910 [pp. 173-91]

**1.** Soames (Org.), *Speaking*, p. 37. **2.** *CS* II, p. 1099. **3.** Marsh, *Number*, p. 163. **4.** *CS* I, p. 944. **5.** Ibid., p. 945. **6.** Soames (Org.), *Speaking*, p. 7. **7.** Ibid., p. 8. **8.** Ibid., p. 9. **9.** *OB* II, p. 451. **10.** RA *GV/PRIV/GVD*/1908. **11.** Ramsden, *Man of the Century*, p. 39. **12.** Soames (Org.), *Speaking*, p. 9. **13.** *CS* I, p. 1025. **14.** Ibid., p. 1027. **15.** Shelden, *Titan*, p. 176. **16.** *CS* I, p. 041. **17.** Lough, *Champagne*, p. 67. **18.** Carter, *Knew Him*, p. 230. **19.** Singer, *Style*, p. 54. **20.** *CIHOW*, p. 579. **21.** Gilbert, *A Life*, p. 195. **22.** *CS* II, p. 1060. **23.** Soames (Org.), *Speaking*, p. 10. **24.** Marsh, *Number*, p. 166. **25.** *The Times*, 7 ago.

1908, p. 11; Tolppanen, "Accidental", p. 10. **26.** Documentos Birkenhead 65/A3. **27.** Soames (Org.), *Speaking*, p. 13. **28.** *OB* II, p. 267. **29.** Soames (Org.), *Speaking*, p. 12. **30.** Ibid., p. 14. **31.** Ibid. **32.** Dilks, *Dominion*, p. 31. **33.** Soames, *Clementine*, p. 30. **34.** Ibid., p. 45. **35.** Soames (Org.), *Speaking*, p. 15. **36.** Ibid., p. 16. **37.** Ibid., p. 17. **38.** *CV* II, parte 2, p. 810. **39.** Riddell, *More Pages*, p. 1. **40.** Soames, *Clementine*, p. 49. **41.** BU CFGM 4/1/2/4. **42.** *CV* II, parte 2, p. 820. **43.** Soames (Org.), *Speaking*, p. 19. **44.** Documentos Birkenhead 65/A3. **45.** Ibid. **46.** Best, *Greatness*, p. 29. **47.** BU Documentos Lucy Masterman *CFGM* 29/2/2/2. **48.** *CS* II, p. 1099. **49.** Ibid., p. 1102. **50.** Ibid., p. 1105. **51.** *OB* II, p. 322. **52.** *CS* I, pp. 1151-2. **53.** "Gracchus", *Your MP*, p. 26. **54.** *CS* II, p. 1252. **55.** *CV* II, parte 3, p. 1874. **56.** Gilbert, "Churchill & Bombing Policy". **57.** *CS* II, p. 1257. **58.** James, *Failure*, p. 35. **59.** Soames (Org.), *Speaking*, p. 21. **60.** *CS* II, p. 1273. **61.** Nicolson, *Carnock*, p. 23. **62.** *CS* II, pp. 1254-5. **63.** Ibid., pp. 1258-9. **64.** Soames (Org.), *Speaking*, p. 23. **65.** Documentos Birkenhead 65/A3. **66.** BU Documentos Lucy Masterman *CFGM* 29/2/2/2. **67.** Toye, *Lloyd George and Churchill*, p. 59. **68.** *CS* II, p. 1322. **69.** Ibid., p. 1324. **70.** James, *Undaunted*, p. 200. **71.** *CV* II, Parte 2, p. 908. **72.** Marsh, *Number*, p. 167. **73.** Vincent (Org.), *Crawford*, p. 134. **74.** Soames (Org.), *Speaking*, p. 30. **75.** *CV* II, parte 2, pp. 958-61. **76.** Blunt, *Diaries* II, p. 289. **77.** *CS* II, p. 1339. **78.** Soames (Org.), *Speaking*, p. 32. **79.** Ibid., p. 35. **80.** Ibid., p. 36. **81.** Ibid., pp. 37-8. **82.** Ibid., p. 37. **83.** Gilbert, *A Life*, p. 210; *The Times*, 15 nov. 1909. **84.** Gilbert, *A Life*, p. 210; *The Times* 15 nov. 1909. **85.** BUTLER, *British Political Facts*, p. 266. **86.** Brett (Org.), *Esher*, v. II, pp. 404-5, 422-3. **87.** *CS* II, p. 1382. **88.** Ibid., p. 1422. **89.** Ibid., p. 1424. **90.** Ibid., p. 1429. **91.** Addison, *Unexpected*, p. 46. **92.** BU Documentos Lucy Masterman *CFGM* 29/2/2/2. **93.** Documentos Birkenhead 65/A3. **94.** Ibid. **95.** Colville, *Fringes*, p. 444. **96.** *OB* II, p. 365.

## 7. MINISTRO DO INTERIOR: FEVEREIRO DE 1910 A SETEMBRO DE 1911 [pp. 192-211]

**1.** Donaldson, *Edward VIII*, p. 78. **2.** Kersaudy, *Churchill and de Gaulle*, p. 200. **3.** Lee, *Lady Hamilton*, p. 197. **4.** *OB* II, p. 418. **5.** Addison, *Home*, p. 119. **6.** Blunt, *Diaries* II, p. 416. **7.** *OB* II, p. 418. **8.** Riddell, *More Pages*, p. 29. **9.** Lee, *Lady Hamilton*, p. 197. **10.** Blunt, *Diaries*, II, p. 461. **11.** Ibid., p. 288. **12.** Colville, *Fringes*, p. 519. **13.** Vincent (Org.), *Crawford*, p. 153. **14.** Gilbert, *Other Club*, p. 11. **15.** BU CFGM 29/2/2/2. **16.** Soames (Org.), *Speaking*, p. 50. **17.** Devine, "Top Cop", p. 21. **18.** *OB* II, p. 358. **19.** Addison, *Home*, p. 128. **20.** Ibid., p. 132. **21.** Devine, "Top Cop", p. 22. **22.** *OB* II, p. 1453. **23.** *CS* II, p. 1583. **24.** BU CFGM 29/2/2/2 **25.** *CS* II, p. 1587. **26.** *OB* II, p. 341. **27.** *CS* I, p. 1598. **28.** *OB* II, p. 373. **29.** Addison, *Home*, p. 114. **30.** *OB* II, p. 387. **31.** Devine, "Top Cop", p. 23. **32.** Addison, *Unexpected*, p. 52. **33.** *OB* II, p. 391. **34.** CAC EADE 2/2. **35.** CAC EMAR 2. **36.** Higgins, *Dardanelles*, p. 19. **37.** *CV* II, parte 2, p. 1023. **38.** Blunt, *Diaries* II, p. 336. **39.** Gilbert, "Eugenics", p. 45. **40.** Documentos Bod Asquith MS 12, ff. 224-8. **41.** Devine, "Top Cop", p. 21. **42.** Ibid. **43.** Eade (Org.), *Contemporaries*, p. 369. **44.** Ibid., p. 367. **45.** Ibid., p. 370. **46.** James, *Failure*, p. 38. **47.** *CS* II, p. 1872. **48.** HANSARD, v. 26, col. 1015. **49.** Tillett, *Transport Workers' Strike*, p. 35. **50.** BU CFGM 4/2/3. **51.** *OB* II, p. 399. **52.** Ibid., p. 400. **53.** Ibid. **54.** Ibid., p. 401. **55.** *CS* II, p. 1630. **56.** Ibid., pp. 1630-1. **57.** BU CFGM 29/2/2/2. **58.** Ibid. **59.** Ibid. **60.** *CV* II, parte 2, pp. 1030-3. **61.** *CS* I, p. 794. **62.** Martin, *Battle*, p. 85. **63.** Devine, "Top Cop", p. 21. **64.** Martin, *Battle*, p. 87. **65.** Ibid., p. 88. **66.** *CV* II, parte 2, p. 1033. **67.** Ibid. **68.** Brendon, *Churchill*, p. 58. **69.** *CV* II, parte 2, p. 1033. **70.** BU CFGM 29/2/2/2. **71.** James, *Failure*, p. 19. **72.** Rumbelow, *Houndsditch*, p. 152. **73.** HANSARD, v. 21, cols. 44-122. **74.** WSC, *Thoughts*, p. 67. **75.** *OB* II, p. 418. **76.** Ibid., p. 423. **77.** Ibid. **78.** *CS* II, p. 1711. **79.** Vincent (Org.), *Crawford*, p. 179. **80.** *CS* II, p. 1744. **81.** Soames (Org.), *Speaking*, p. 43. **82.** Gilbert, *Other Club*, pp. 33, 31. **83.** Coote, *Other Club*, p. 111. **84.** Gilbert, *Other Club*, p. 239. **85.** Ibid., p. 70. **86.** CAC RDCH 1/2/46. **87.**

Ibid. **88.** Entrevista com Minnie Churchill, 7 nov. 2017. **89.** Soames (Org.), *Speaking*, p. 45. **90.** Ibid., p. 50. **91.** Ibid., p. 54. **92.** Ruane, *Bomb*, p. 5. **93.** Soames (Org.), *Speaking*, p. 52. **94.** NA CAB 38/19/50. **95.** Mallinson, *Too Important*, p. 26, nota 1. **96.** WSC, *WC* I, p. 58. **97.** Collier, *Brasshat*, p. 119. **98.** Mallinson, *Too Important*, pp. 27-8. **99.** Ibid., p. 29. **100.** PA Documentos Lloyd George C/3/15/12. **101.** Bod Bonham Carter, p. 249.

8. PRIMEIRO LORDE DO ALMIRANTADO: OUTUBRO DE 1911 A AGOSTO DE 1914 [pp. 212-40]

**1.** WSC, *WC* I, p. 188. **2.** Ibid., pp. 13-4. **3.** Higgins, *Dardanelles*, p. 31. **4.** Hough, *Former Naval Person*, p. 47. **5.** Higgins, *Dardanelles*, p. 15. **6.** WSC, *WC* I, p. 73. **7.** *CV* II, parte 3, p. 1929. **8.** Fisher, *Memories*, pp. 209-14. **9.** Callwell, *Wilson* I, p. 109. **10.** Jackson, *Churchill*, p. 121. **11.** Roskill, *Hankey*, v. I, p. 104. **12.** Jackson, *Churchill*, p. 128. **13.** WSC, *WC* I, pp. 107-8. **14.** Brown, *Grand Fleet*, p. 23. **15.** Eade (Org.), *Contemporaries*, p. 142. **16.** BU CFGM 29/2/2/2. **17.** Marder (Org.), *Fisher Correspondence* I, p. 437. **18.** Ibid., p. 469. **19.** *CV* II, parte 3, p. 1549. **20.** BL Add MS 49694, f. 84. **21.** Riddell, *More Pages*, p. 82. **22.** Best, *Greatness*, p. 46. **23.** Nicolson (Org.), *Diaries and Letters*, v. III, p. 193; *CIHOW*, p. 77. **24.** Hanson, *Wars*, p. 149. **25.** Blunt, *Diaries* II, p. 415. **26.** WSC, *WC* II, p. 280. **27.** Soames (Org.), *Speaking*, p. 58. **28.** Eade (Org.), *Contemporaries*, p. 142. **29.** Soames (Org.), *Speaking*, p. 62. **30.** Carter, *Knew Him*, p. 262. **31.** *CV* II, parte 3, p. 1678. **32.** *CS* II, p. 2042. **33.** RA *PS/PSO/GV/C/G/414/18*. **34.** Roskill, *Churchill and the Admirals*, pp. 20-1; Hough, *Former Naval Person*, pp. 36, 42-6. **35.** Gilbert, *Other Club*, p. 48. **36.** Thompson, *Yankee*, p. 180. **37.** BL Add MS 49694, f. 62. **38.** RA *PS/PSO/GV/C/F/285/1*. **39.** RA *PS/PSO/GV/C/F/285/5*. **40.** *CV* II, parte 3, p. 1665. **41.** RA *PS/PSO/GV/C/F/285/13*. **42.** Gretton, *Naval Person*, p. 88. **43.** RA *PS/PSO/GV/C/F/285/1*. **44.** Massie, *Castles*, p. 781. **45.** Soames (Org.), *Speaking*, p. 66. **46.** Addison, *Unexpected*, p. 125. **47.** Soames (Org.), *Speaking*, p. 59. **48.** Ibid., p. 60. **49.** *CS* II, p. 1907. **50.** Riddell, *More Pages*, p. 37. **51.** Ibid. **52.** James, *Failure*, p. 44. **53.** Bew, *Churchill and Ireland*, pass. **54.** *OB* II, p. 473; Gilbert, *A Life*, p. 250. **55.** *CS* II, p. 1928. **56.** Maurer, "Averting", p. 29. **57.** Ibid. **58.** WSC, *WC* II, p. 112. **59.** Maurer, "Averting", p. 29. **60.** WSC, *Step*, p. 155. **61.** Soames (Org.), *Speaking*, p. 65. **62.** CAC CSCT 2/5/4. **63.** Soames (Org.), *Speaking*, p. 62. **64.** Soames, *Clementine*, p. 93. **65.** Riddell, *More Pages*, p. 51. **66.** Ibid., p. 103. **67.** CAC RDCH 1/2/46. **68.** Nicolson (Org.), *Diaries and Letters*, v. II, p. 451. **69.** CAC NEMO 3/3. **70.** Riddell, *More Pages*, pp. 130-1. **71.** BU CFGM 29/2/2/2. **72.** Ibid. **73.** *OB* II, p. 554. **74.** Riddell, *More Pages*, p. 131. **75.** George, *My Brother*, p. 203. **76.** *CS* II, p. 2110. **77.** Ibid., p. 2111. **78.** *CV* II, Parte 3, pp. 1744-5. **79.** *OB* II, p. 557. **80.** RA *GV/PRIV/GVD*/1913: 18 set. **81.** Soames (Org.), *Speaking*, p. 76. **82.** Gilbert, *Other Club*, p. 52; Bew, *Churchill and Ireland*, pass. **83.** Gilbert, *Other Club*, p. 53. **84.** Maurer, "Averting", p. 33. **85.** Ibid., p. 30. **86.** *National Review*, n. 369, nov. 1913, p. 368. **87.** Addison, *Unexpected*, p. 63. **88.** Riddell, *More Pages*, p. 186. **89.** Soames (Org.), *Speaking*, p. 78. **90.** Ibid., p. 79. **91.** Ibid., p. 80. **92.** Ibid., p. 82. **93.** Miller, *Boom*, p. 98. **94.** Gilbert, *A Life*, p. 259. **95.** Soames (Org.), *Speaking*, p. 89. **96.** Ibid., p. 90. **97.** Ibid., p. 91. **98.** Ibid., p. 92. **99.** Beaverbrook, *Politicians*, p. 25. **100.** *CS* VIII, p. 8137. **101.** Riddell, *More Pages*, pp. 192-3. **102.** Ibid., p. 193. **103.** Henriques, *Waley-Cohen*, p. 189. **104.** Ibid., pp. 189-90. **105.** Riddell, *More Pages*, p. 197. **106.** Ibid., p. 198. **107.** Ibid., p. 199. **108.** *CS* III, p. 2245. **109.** Ibid., p. 2251. **110.** Ibid., p. 2253. **111.** Scott, *Galloper*, p. 145. **112.** *CS* III, p. 2233. **113.** Amery, *My Political Life* I, pp. 444-5. **114.** *OB* II, p. 498. **115.** Blake, "Conservative", p. 5. **116.** Scott, *Galloper*, p. 147. **117.** Gough, *Soldiering On*, p. 110. **118.** Blake, *Unknown Prime Minister*, p. 189. **119.** Vincent (Org.), *Crawford*, p. 327. **120.** Ibid., p. 332. **121.** James, *Failure*, p. 48. **122.** *Daily Mail*, 6 abr. 1914. **123.**

*OB* II, pp. 499-500. **124.** Thorpe; Toye (Orgs.), *Parliament*, p. 157. **125.** *CS* III, p. 2294. **126.** Fitzroy, *Memoirs* I, pp. 290, 544. **127.** Bew, *Churchill and Ireland*, pass. **128.** WSC, *CE* I, p. 275. **129.** Jackson, *Churchill*, p. 136. **130.** WSC, *WC* I, pp. 192-3. **131.** Gilbert, *A Life*, p. 265. **132.** Morley, *Memorandum on Resignation*, p. 4. **133.** Ibid., p. 5. **134.** George, *My Brother*, p. 242. **135.** WSC, *WC* I, pp. 212-3. **136.** Soames (Org.), *Speaking*, p. 96. **137.** Gilbert, *A Life*, p. 269. **138.** Soames (Org.), *Speaking*, p. 96. **139.** Ibid. **140.** Ibid., p. 100. **141.** Hastings, *Catastrophe*, p. 85. **142.** Ibid., p. 88. **143.** Gilbert, *Other Club*, p. 54. **144.** RA *GV/PRIV/GVD*/1914: 29 jul. **145.** Soames (Org.), *Speaking*, p. 97. **146.** Beaverbook, *Politicians*, p. 86. **147.** WSC, *WC* I, pp. 216-7; Eade (Org.), *Contemporaries*, p. 142. **148.** BL Add MS 51073 f. 99. **149.** Gilbert, *A Life*, p. 274. **150.** *The Times*, 4 ago. 1914. **151.** WSC, *WC* I, p. 224. **152.** Gilbert, *A Life*, p. 275. **153.** WSC, *WC* I, p. 122. **154.** Lee, *Lady Hamilton*, p. 114. **155.** Hastings, *Catastrophe*, p. 115. **156.** Gilbert, *A Life*, p. 275. **157.** Gardiner, *Pillars*, pp. 58, 63 **158.** Ibid., pp. 57-8.

## 9. "ESSA GLORIOSA, DELICIOSA GUERRA": AGOSTO DE 1914 A MARÇO DE 1915 [pp. 241-64]

**1.** *CS* III, p. 2331. **2.** Ibid., p. 2343. **3.** Roskill (Org.), *Hankey* I, pp. 143-4. **4.** Hastings, *Catastrophe*, p. 385. **5.** Callwell, *Wilson* I, p. 163. **6.** Taylor (Org.), *Lloyd George*, p. 41. **7.** Riddell, *Intimate*, p. 15. **8.** Jerrold, *Naval Division*, p. xvii. **9.** Ibid., p. xv. **10.** Gilbert, *A Life*, p. 279. **11.** Stafford, *Secret Service*, p. 60. **12.** Hastings, *Catastrophe*, pp. 364ss. **13.** Brock (Orgs.), *Asquith Letters*, p. 203. **14.** Brendon, *Churchill*, p. 64. **15.** *CV* III, parte 1, p. 97. **16.** *CS* III, p. 2331. **17.** Ibid. **18.** WSC, *Thoughts*, p. 95. **19.** Ibid., p. 99. **20.** *TLS* 5, dez. 1997, p. 28. **21.** Hastings, *Catastrophe*, p. 97. **22.** *CS* III, p. 2337. **23.** Eade (Org.), *Contemporaries*, p. 143. **24.** Riddell, *War Diary*, p. 14. **25.** Ibid. **26.** Olsen, "Antwerp Expedition", p. 19. **27.** Brock (Orgs.), *Asquith Letters*, pp. 258, 262. **28.** Olsen, "Antwerp Expedition", p. 36. **29.** Brock (Orgs.), *Asquith Letters*, p. 260. **30.** Mallinson, *Too Important*, p. 72. **31.** Marder, *Dreadnought to Scapa* II, p. 85; Addison, *Unexpected*, p. 74. **32.** *OB* III, pp. 111-2. **33.** *CV* III, parte 1, p. 166. **34.** Mallinson, *Too Important*, p. 72. **35.** Halle, *Irrepressible*, p. 68. **36.** Olsen, "Antwerp Expedition", p. 32. **37.** *Scribner's Magazine*, jan. 1915. **38.** *OB* III, p. 111n. **39.** Best, *Greatness*, p. 56. **40.** Brock (Orgs.), *Asquith Letters*, p. 271. **41.** Taylor (Org.), *Lloyd George*, p. 5. **42.** *OB* III, p. 124. **43.** *CV* III, parte 1, p. 178. **44.** Brock (Orgs.), *Asquith Letters*, pp. 266-7; Asquith, *Memories* II, pp. 45-6. **45.** PA Lei Bonar 37/4/21. **46.** Brock (Orgs.), *Asquith Letters*, p. 275. **47.** *Morning Post*, 23 out. 1914. **48.** WSC, *Thoughts*, pp. 11-2. **49.** Eade (Org.), *Contemporaries*, p. 145. **50.** Vincent (Org.), *Crawford*, p. 279. **51.** Massie, *Castles*, p. 175n. **52.** RA *GV/PRIV/ GVD*/1914: 29 out.; WSC, *WC* I, p. 177. **53.** WSC, *WC* I, p. 360; Brodhurst, *Anchor* p. 27. **54.** *CV* II, parte 2, p. 932. **55.** Thompson, *Gallipoli*, p. 3. **56.** Wilson (Org.), *Scott*, pp. 110-2. **57.** Eade (Org.), *Contemporaries*, p. 143. **58.** Strachan, *First World War*, p. 77. **59.** *CS* III, p. 2340. **60.** Ibid., p. 2348. **61.** *CV* III, parte 1, p. 25. **62.** Travers, *Gallipoli*, p. 20. **63.** *CV* III, parte 1, p. 361. **64.** Strachan, *First World War*, p. 113. **65.** Gooch, *Plans of War*, p. 259. **66.** Strachan, *First World War*, p. 113. **67.** Ibid., p. 114. **68.** Bew, *Citizen Clem*, pp. 13, 86. **69.** Cowley (Org.), *Great War*, p. 182. **70.** *OB* III, p. 233. **71.** Ibid., p. 236. **72.** Ibid., p. 234. **73.** *CV* III, parte 1, pp. 377-8. **74.** WSC, *WC* II, p. 71. **75.** NA CAB 41/1/12. **76.** Penn, *Fisher*, p. 124. **77.** Ibid. **78.** Brock (Orgs.), *Margot*, p. 68. **79.** Penn, *Fisher*, p. 124. **80.** WSC, *WC* II, pp. 102, 121-2. **81.** Penn, *Fisher*, p. 125. **82.** Brock (Orgs.), *Asquith Letters*, p. 375. **83.** Roskill, *Hankey*, v. I, p. 265. **84.** Brock (Orgs.), *Asquith Letters*, p. 374, n. 6. **85.** WSC, *WC* II, p. 543; Penn, *Fisher*, p. 126. **86.** *CS* III, p. 2396. **87.** Penn, *Fisher*, p. 127. **88.** Bell, *Dardanelles*, p. 359. **89.** WSC, *WC* II, p. 91. **90.** Bell, *Dardanelles*, p. 85. **91.** Brock (Orgs.), *Asquith Letters*, p. 118. **92.** Ibid., p.

375. **93.** Ibid., p. 376. **94.** Taylor (Org.), *Lloyd George*, p. 21. **95.** Penn, *Fisher*, p. 126. **96.** wsc, *WC* II, p. 551. **97.** Marder, *Fear God* III, p. 133. **98.** Ibid., pp. 141-2. **99.** PA *LG/C/4/11/3*. **100.** Ibid. **101.** Taylor (Org.), *Lloyd George*, p. 7. **102.** PA *LG/C/4/11/3*. **103.** Bell, *Dardanelles*, p. 234. **104.** *CS* III, p. 2397. **105.** Brett (Org.), *Esher*, v. III, p. 212. **106.** *OB* III, p. 273. **107.** James, *Failure*, p. 71. **108.** Ibid., p. 70. **109.** Brett (Org.), *Esher*, v. III, p. 217. **110.** Pottle (Org.), *Champion*, p. 25. **111.** Ibid. **112.** James, *Failure*, p. 69. **113.** NA CAB 42/1/47. **114.** Philpott, "29[th] Division", pp. 384-407. **115.** wsc, *Thoughts*, p. 12. **116.** BL Add MS 82379 f. 1. **117.** Bell, *Dardanelles*, p. 112. **118.** Cowley (Org.), *Great War*, p. 183. **119.** wsc, *WC* II, p. 272.

## 10. GALÍPOLI: MARÇO A NOVEMBRO DE 1915 [pp. 265-89]

**1.** wsc, *Savrola*, p. 317. **2.** wsc, *GC*, p. 131. **3.** Cowley (Org.), *Great War*, p. 183. **4.** Thompson, *Gallipoli*, p. 5. **5.** wsc, *WC* II, p. 244. **6.** Ibid. I, pp. 254-76; Bell, *Dardanelles*, p. 356; Strachan, *First World War*, p. 116; Cowley (Org.), *Great War*, p. 183. **7.** Roskill, *Hankey*, v. I, p. 168. **8.** Ives, "Dardanelles and Gallipoli", p. 3. **9.** wsc, *WC* I, pp. 254-76. **10.** John Lee in *Journal of Military History*, v. 64, n. 2, abr. 2000. **11.** wsc, *RW* I, p. 235. **12.** *CV* III, parte 1, p. 559. **13.** James, *Failure*, p. 75. **14.** Roskill (Org.), *Hankey*, v. I, p. 182. **15.** Bell, *Dardanelles*, p. 357. **16.** Thompson, *Gallipoli*, p. 6. **17.** NA CAB 42/2/17. **18.** BU *NC7/11/8/6*. **19.** Taylor (Org.), *Lloyd George*, p. 41. **20.** BL Add MS 49694 ff. 108-10. **21.** Bell, *Dardanelles*, p. 157. **22.** *The Times*, 26 abr. 1915. **23.** NYPL Coleção Berg, Winston Churchill. **24.** Jerrold, *Naval Division*, p. xvii. **25.** James, *Failure*, p. 76. **26.** Lee, *Soldier's Life*, p. 162. **27.** *Morning Post*, 29 maio 1915. **28.** Soames, *Clementine*, p. 138; Charmley, "Churchill's Darkest Hour", p. 47. **29.** Brock (Orgs.), *Margot*, pp. 107-8. **30.** Ibid., p. 108. **31.** Langworth, *Myth*, pp. 69-73. **32.** *CV* III, p. 501. **33.** wsc, *WC* III, p. 166. **34.** Brock (Orgs.), *Margot*, pp.109-10. **35.** Ibid., p. 113. **36.** Addison, *Unexpected*, p. 78. **37.** French, *1914*, p. 357. **38.** wsc, *WC* II, p. 350. **39.** Taylor (Org.), *Lloyd George*, pp. 49-50. **40.** *OB* III, p. 431; CAC F I SR 1/24/35. **41.** *OB* III, p. 884. **42.** Cowley (Org.), *Great War*, p. 121; Brock (Orgs.), *Margot*, p. 114. **43.** Brodhurst, *Anchor*, p. 28. **44.** Marder, *Fear God* III, p. 328. **45.** Nicolson, *George V*, p. 263. **46.** Taylor (Org.), *Lloyd George*, p. 50. **47.** Brock (Orgs.), *Margot*, p. 116. **48.** Ibid., p. 84. **49.** James, *Failure*, p. 54. **50.** Taylor (Org.), *Lloyd George*, p. 53. **51.** PA Lei Bonar 37/2/33. **52.** Brock (Orgs.), *Margot*, p. 118. **53.** Carter, *Knew Him*, p. 19. **54.** Brett (Org.), *Esher*, v. III, p. 237. **55.** Hamilton, *Listening*, p. 253. **56.** Brock (Orgs.), *Margot*, p. 118. **57.** Ibid., p. 120. **58.** Taylor (Org.), *Lloyd George*, p. 51. **59.** Ibid. **60.** Lee, *Lady Hamilton*, p. 123. **61.** Taylor (Org.), *Lloyd George*, p. 52. **62.** Ibid. **63.** Ibid. **64.** Ibid. **65.** *OB* III, p. 456. **66.** Bell, *Dardanelles*, p. 186. **67.** *CV* III, parte 2, p. 911. **68.** Bod Asquith caixa 27, ff. 172-5. **69.** Brock (Orgs.), *Margot*, pp. 133-4. **70.** *OB* III, p. 459; Soames, *Clementine*, p. 142. **71.** Best, *Greatness*, p. 71. **72.** *OB* III, p. 457. **73.** *CV* III, parte 2, pp. 922-4. **74.** Ibid., p. 924. **75.** Ibid., pp. 925-6. **76.** Ibid., pp. 925-7. **77.** Roskill, *Hankey*, v. I, pp. 174-5. **78.** RA *GV/PRIV/GVD*/1915: 22 maio. **79.** Carter, *Knew Him*, pp. 427-8. **80.** wsc, *WC* I, p. 234. **81.** Ibid. II, pp. 374-5. **82.** James, *Failure*, p. 80. **83.** *Observer*, 23 maio 1915. **84.** Soames, *Clementine*, p. 142. **85.** CAC RDCH 1/2/46. **86.** Soames, *Painter*, p. 20. **87.** Thompson, *Gallipoli*, p. 32. **88.** *CS* III, p. 2380. **89.** CAC THSO 1/1/2. **90.** Taylor (Org.), *Lloyd George*, p. 59. **91.** NA CAB 37/130/14. **92.** NA CAB 37/130/16. **93.** *CV* III, parte 2, p. 1042. **94.** CAC CHAR 28/43/42. **95.** *OB* VIII, p. 1154. **96.** Soames, *Painter*, p. 24. **97.** wsc, *Thoughts*, p. 336. **98.** *CIHOW*, p. 458. **99.** Sandys, *From Winston*, p. 141. **100.** wsc, *Thoughts*, pp. 331-2. **101.** *CIHOW*, p. 455. **102.** Soames (Org.), *Speaking*, p. 111. **103.** LEE, *Lady Hamilton*, p. 129. **104.** CAC THSO 1/1/3. **105.** *OB* III, p. 473. **106.** Soames, "Human Being", p. 3; Documentos Birkenhead 65/A3. **107.** Soames (Org.), *Speaking*, p. 53. **108.** Attenborough, *Black Dog*, pp. 214-5. **109.** Ibid., pp.

212-3. **110.** *CV* IV, parte 1, p. 8. **111.** CAC THSO 1/1/3. **112.** BU Austen Chamberlain C18/4/8, pp. 50-111. **113.** Taylor (Org.), *Lloyd George*, p. 57. **114.** Roskill, *Hankey*, v. I, p. 215. **115.** Taylor (Org.), *Lloyd George*, p. 59. **116.** Roskill, *Hankey*, v. I, p. 222. **117.** Wilson (Org.), *Scott*, p. 142. **118.** *CV* III, parte 2, p. 1204. **119.** WSC, *WC* II, p. 489. **120.** NA CAB 37/136/12. **121.** Roskill, *Hankey*, v. I, p. 232. **122.** Taylor (Org.), *Lloyd George*, p. 74. **123.** *CV* III, parte 2, pp. 1249-50. **124.** Taylor (Org.), *Lloyd George*, p. 74. **125.** Roskill, *Hankey*, v. I, p. 230. **126.** *CV* III, parte 2, p. 1255. **127.** *CS* III, pp. 2400-1. **128.** Ibid., p. 2399. **129.** Ibid., p. 2401. **130.** WSC, *WC* II, p. 4. **131.** WSC, *TSWW* II, p. 3. **132.** Soames (Org.), *Speaking*, p. 149. **133.** D'Este, *Warlord*, p. 295. **134.** CAC RCDH 1/2/46. **135.** Fraser, *My History*, p. 109. **136.** *The Times*, 16 nov. 1915.

### II. DE PLUG STREET À VITÓRIA: NOVEMBRO DE 1915 A NOVEMBRO DE 1918
[pp. 290-324]

**1.** WSC, *Thoughts*, p. 111. **2.** WSC, *WC* IV, p. 304. **3.** Ibid. II, p. 500. **4.** WSC, *Thoughts*, p. 110. **5.** Smart (Org.), *Bernays*, p. 124. **6.** Soames (Org.), *Speaking*, p. 113. **7.** Ibid., p. 114. **8.** Ibid., pp. 114-5. **9.** Ibid., p. 115. **10.** Ibid., p. 114. **11.** WSC, *Thoughts*, p. 110. **12.** Soames (Org.), *Speaking*, p. 123. **13.** *OB* III, pp. 578-81. **14.** Soames (Org.), *Speaking*, p. 119. **15.** Ibid., p. 115. **16.** Ibid., p. 128. **17.** Jeffrey, *1916*, pp. 15-6. **18.** Beckett, *Attlee*, p. 61. **19.** Soames (Org.), *Speaking*, pp. 152-3. **20.** Ibid., p. 116. **21.** WSC, *Thoughts*, p. 114. **22.** Soames (Org.), *Speaking*, pp. 118-9. **23.** WSC, *Thoughts*, p. 116. **24.** Soames (Org.), *Speaking*, p. 119. **25.** WSC, *Thoughts*, p. 116. **26.** Soames (Org.), *Speaking*, p. 119. **27.** Ibid., p. 133. **28.** Ibid., p. 124. **29.** Pottle (Org.), *Champion*, pp. 25-6. **30.** Soames (Org.), *Speaking*, p. 120. **31.** Ibid. **32.** Ibid., p. 121. **33.** Colville, *Fringes*, p. 127. **34.** CAC SPRS 1/76. **35.** Hunter (Org.), *Winston and Archie*, pass. **36.** Soames (Org.), *Speaking*, p. 132. **37.** WSC, *WC* II, p. 87. **38.** Soames (Org.), *Speaking*, p. 132. **39.** Ibid., p. 130. **40.** Ibid., pp. 132-3. **41.** Ibid., p. 137. **42.** Ibid., p. 139. **43.** Ibid., pp. 141-2. **44.** Sheffield, *The Chief*, p. 324. **45.** WSC, *WC* III, parte 1, p. 193. **46.** Soames (Org.), *Speaking*, p. 142. **47.** Ibid., p. 143. **48.** Ibid., p. 148. **49.** *CV* III, parte 2, p. 1354. **50.** Gibb, *Winston*, p. 68. **51.** Ibid., p. 139. **52.** *OB* III, p. 658. **53.** Gibb, *Winston*, p. 106. **54.** Ibid., p. 117. **55.** Ibid., p. 115. **56.** Soames (Org.), *Speaking*, p. 156. **57.** Ibid., p. 143. **58.** CAC RCDH 1/2/46. **59.** Soames (Org.), *Speaking*, pp. 163-4. **60.** Ibid., p. 164. **61.** Gibb, *Winston*, p. 71. **62.** Soames (Org.), *Speaking*, p. 166. **63.** Ibid., pp. 167-8. **64.** *CV* III, parte 2, p. 1416. **65.** Soames (Org.), *Speaking*, p. 169. **66.** *Strand Magazine*, mar. 1931; WSC, *Thoughts*, p. 7. **67.** Soames (Org.), *Speaking*, p. 175. **68.** *CV* III, parte 2, pp. 1432-3. **69.** George, *My Brother*, p. 253. **70.** *CS* III, p. 2410. **71.** Brock (Orgs.), *Margot*, p. 242; Gilbert, *Other Club*, p. 63; Documentos Bod Dawson 66/35-6. **72.** Bod Bonham Carter, caixa 323, pp. 45-6. **73.** Ibid., p. 47. **74.** Carter, *Knew Him*, p. 454. **75.** Bod Bonham Carter, caixa 323, pp. 48-50. **76.** Soames (Org.), *Speaking*, p. 195. **77.** Ibid., p. 196. **78.** *CV* III, parte 2, p. 1467. **79.** Soames (Org.), *Speaking*, p. 196. **80.** Ibid., p. 198. **81.** Ibid., p. 199. **82.** Ibid., p. 200. **83.** Ibid., p. 202. **84.** Hart-Davis (Org.), *Era*, pp. 196-7. **85.** *CS* III, p. 2421. **86.** Ibid., p. 2341. **87.** WSC, *WC* III, parte 1, p. 112; Hastings, *Catastrophe*, p. 357. **88.** Dean, *Hatred, Ridicule*, p. 40. **89.** Lee, *Lady Hamilton*, p. 137. **90.** Hamilton, *Listening*, pp. 253-4. **91.** Roskill (Org.), *Hankey*, v. I, p. 286. **92.** WSC, *WC* III, parte 1, p. 187. **93.** Best, *Greatness*, p. 89. **94.** Roskill (Org.), *Hankey*, v. I, p. 286. **95.** Documentos Bod Asquith, caixa 129, ff. 15-7. **96.** WSC, *GC*, p. 99. **97.** Jolliffe (Org.), *Raymond*, pp. 297-8. **98.** WSC, *WC* II, p. 21. **99.** *Daily Mail*, 3 out. 1935. **100.** *CV* III, parte 2, p. 1533. **101.** *CS* III, p. 2485. **102.** Ibid., p. 2503. **103.** *OB* III, pp. 801-2. **104.** Gilbert, *A Life*, p. 367. **105.** *The Spectator*, 2 set. 1916. **106.** Keohane, "Sitting", p. 56. **107.** James, *Davidson*, pp. 53-4. **108.** Gilbert, *Other Club*, p. 67. **109.** Eden, *Reckoning*, p. 277. **110.** WSC, *GC*, p. 185. **111.** Comissão Dardanelos, parte I, pp. 105-6. **112.** Ibid., p. 78. **113.** Ibid., p. 160. **114.** CAC FISR 8/12/4726. **115.** *OB* IV, p. 10. **116.** NA CAB 19/1. **117.** *CS* III, p. 2539. **118.** Lowndes (Org.), *Belloc Lowndes*, p. 80. **119.** WSC, *WC* III, Parte 1, p. 214. **120.** WSC, *Thoughts*, p. 137. **121.** Livro de apostas do Other Club. **122.** *OB* IV, p. 17. **123.** Ibid. pp. 5, 16-7. **124.** Gardiner, *Prophets*, p. 228. **125.** Brett (Org.), *Esher*, v. IV, p. 121. **126.** Documentos Birkenhead 65/A3. **127.** Ibid. **128.** *Morning Post*, 18 jul. 1917. **129.** *CV* IV, parte 1, p. 107. **130.** Ponting, *Churchill*, p. 207. **131.** Blake, *Unknown*, p. 361. **132.** Beiriger, *Munitions*, pass. **133.** WSC, *WC* III, Parte 2, p. 300. **134.** Roskill (Org.), *Hankey*, v. I, p. 415. **135.** BL Add MS 48992, f. 97. **136.** BL Add MS, 82379, ff. 109-22; Brodhurst, *Pound*, p. 38. **137.** Brodhurst, *Pound*, p. 38. **138.** WSC, *WC* III, p. 339. **139.** *History Today*, jan. 2015, pp. 36-7. **140.** Birkenhead, *Contemporary Personalities*, p. 121. **141.** *OB* IV, p. 38. **142.** Jackson, *Churchill*, p. 164. **143.** Museu Churchill, Londres. **144.** Marsh, *Number*, p. 252. **145.** Ibid. **146.** Ibid., p. 257. **147.** Ibid., p. 259. **148.** Ibid., p. 256. **149.** Sassoon, *Siegfried's Journey*, p. 78. **150.** Ibid., p. 79. **151.** Ibid. **152.** Ibid. **153.** *OB* IV, p. 268. **154.** Reynolds, *Long Shadow*, p. 71. **155.** WSC, *WC* II, p. 511. **156.** Lloyd George, *The Truth*, p. 325. **157.** *CS* III, p. 3011. **158.** Ibid., p. 2583. **159.** Miller, *Boom*, p. 192. **160.** Soames (Org.), *Speaking*, p. 205. **161.** WSC, *WC* III, parte 2, p. 293. **162.** RA *GV/PRIV/GVD*/1918: 19 abr. **163.** WSC, *WC* III, parte 2, p. 410. **164.** Colville, *Fringes*, p. 574. **165.** Soames (Org.), *Speaking*, p. 206. **166.** Ibid. **167.** Muller (Org.), *Contemporaries*, p. 297. **168.** Ibid., p. 298. **169.** Ibid., p. 299. **170.** Ibid., p. 300. **171.** Ibid. **172.** Gilbert, *A Life*, pp. 389-90. **173.** WSC, *WC* III, parte 2, p. 371. **174.** CAC THSO 1/1/26. **175.** Ibid. **176.** Soames (Org.), *Speaking*, p. 207. **177.** *The Lady*, 20 abr. 1999, p. 49. **178.** Lee, *Lady Hamilton*, pp. 198-9. **179.** *CS* III, p. 2615. **180.** Ibid. **181.** Ibid., pp. 2613-16. **182.** CAC THSO 1/1/26. **183.** Muller (Org.), *Contemporaries*, p. 300. **184.** Kimball (Org.), *Complete Correspondence*, v. I, p. 355. **185.** Roskill, *Hankey*, v. I, p. 424. **186.** Ibid., p. 425. **187.** Soames (Org.), *Speaking*, p. 214. **188.** Hassall, *Marsh*, p. 456. **189.** WSC, *WC* IV, p. 273. **190.** NA CAB 23/14. **191.** WSC, *WC* III, parte 2, pp. 541-4. **192.** Ibid., v. II, p. 6. **193.** Ibid., pp. 52-4. **194.** Ibid., p. 22. **195.** Ibid., p. 20.

## 12. A POLÍTICA DE COALIZÃO: NOVEMBRO DE 1918 A NOVEMBRO DE 1922 [pp. 325-54]

**1.** WSC, *CE* III, p. 28. **2.** *OB* VII, p. 1008. **3.** WSC, *MEL*, p. 73. **4.** Ibid., p. 37. **5.** Marsh, *Number*, p. 156. **6.** *CS* III, p. 2615. **7.** *CV* IV, parte 1, p. 422. **8.** *CS* III, p. 2645. **9.** *The Times*, 27 nov. 1918. **10.** WSC, *WC* IV, p. 47. **11.** *OB* IV, p. 278. **12.** Ibid., p. 179. **13.** Ibid., pp. 179-80. **14.** HANSARD, v. 113, col. 72. **15.** Riddell, *Intimate*, pp. 15-6. **16.** Borthwick Institute, York, Diário de Lorde Halifax, 30 nov. 1941. **17.** Miller, *Boom*, p. 241. **18.** CAC TREN 1. **19.** Ibid. **20.** Miller, *Boom*, p. 235. **21.** Roskill, *Hankey*, v. II, p. 47. **22.** Callwell, *Wilson*, v. II, p. 165. **23.** *CV* IV, parte 1, p. 479. **24.** Maynard, "Tory Splits", p. 25. **25.** James, *Failure*, p. 110. **26.** WSC, *WC* IV, pp. 128-9. **27.** *CS* III. p. 2671. **28.** Maynard, "Tory Splits", p. 25. **29.** *CS* IV em discursos proferidos em 3 jan. 1920, 28 jul. 1920, 20 set. 1924, 21 out. 1924, 27 out. 1924, 29 nov. 1925, 19 jun. 1926, 22 jun. 1926 e 23 jul. 1927. **30.** "Gracchus", *Your MP*, p. 16. **31.** James, *Failure*, p. 112. **32.** *CS* IV, p. 2798. **33.** James, *Failure*, p. 117. **34.** Soames (Org.), *Speaking*, p. 219. **35.** Ibid., p. 220. **36.** HANSARD, v. 131, cols. 1725-30. **37.** *CS* III, p. 3009. **38.** Ibid., p. 3010. **39.** *CV* IV, p. 649. **40.** Middlemas (Org.), *Whitehall Diary*, v. I, p. 86. **41.** CAC BRGS 1/2. **42.** WSC, *WC* IV, p. 41. **43.** James, *Failure*, p. 109, nota 1. **44.** Miller, *Boom*, p. 243; CAC CHAR 1/132/12. **45.** CAC SPRS 1/76. **46.** Miller, *Boom*, p. 243. **47.** James, *Failure*, p. 119. **48.** *CV* IV, parte 2, p. 869. **49.** Ibid., p. 870. **50.** Ibid., pp. 870, 871. **51.** Ibid., pp. 871-2. **52.** Ibid., pp. 873-4. **53.** Ibid., p. 907. **54.** Ibid., p. 874. **55.** Ibid., p. 918; James, *Failure*, p. 121. **56.** *CS* III, p. 2868. **57.** Ibid., p. 2871. **58.** WSC, *WC* IV, p. 74. **59.** James, *Failure*, p. 123. **60.** WSC, *WC* IV, p. 377. **61.** WSC, *MEL*, pp. 60-1. **62.** Gilbert, *Other Club*, p. 80. **63.** WSC,

*WC* IV, pp. 287, 289. **64.** *CV* IV, parte 2, p. 1135. **65.** Bennett, *Black and Tans*, p. 37. **66.** WSC, *WC* IV, p. 290. **67.** *Illustrated Sunday Herald*, 8 fev. 1920. **68.** Ibid. **69.** Addison, *Unexpected*, p. 99. **70.** Thompson, *Shadow*, p. 17. **71.** Udy, *Labour*, p. 52. **72.** Ibid., pp. 53-4. **73.** Roskill, *Hankey*, v. II, p. 173. **74.** *CV* IV, parte 2, pp. 1260-1. **75.** Ibid., p. 1261. **76.** Soames (Org.), *Speaking*, p. 224. **77.** Ibid., p. 228. **78.** Ibid., p. 225. **79.** *OB* IV, p. 528. **80.** Soames (Org.), *Speaking*, p. 230. **81.** *CV* IV, parte 2, p. 1355. **82.** CAC SPRS 1/76. **83.** WSC, *GC*, p. 117. **84.** LHC, Documentos Coote, caixa 1. **85.** Ibid. **86.** Ibid. **87.** *FH*, n. 89, p. 17. **88.** Eade (Org.), *Contemporaries*, p. 164. **89.** *CS* VI, p. 5715. **90.** *FH*, n. 89, p. 16. **91.** LHC Documentos Coote, caixa 1. **92.** Ibid. **93.** Ibid. **94.** Ibid. **95.** *OB* IV, p. 559. **96.** *CS* III, p. 3085. **97.** Ibid. IV, p. 3349. **98.** *FH*, n. 90, p. 13. **99.** Taylor (Org.), *Lloyd George*, p. 210. **100.** Ibid., p. 219. **101.** Roberts, *Holy Fox*, p. 13. **102.** Soames (Org.), *Speaking*, p. 281. **103.** *CV* IV, parte 3, p. 1532. **104.** Ricks, *Orwell*, p. 7. **105.** *CV* IV, parte 3, p. 1525. **106.** CAC RDCH 1/2/46. **107.** Ibid. **108.** Soames (Org.), *Speaking*, p. 239. **109.** Churchill, *Tapestry*, p. 21. **110.** Soames (Org.), *Speaking*, p. 239. **111.** Ibid., p. 245. **112.** Jones, "Knew Him", p. 7. **113.** Ibid., p. 8. **114.** Moran, *Struggle*, p. 729. **115.** Churchill, *Tapestry*, p. 37. **116.** Birkenhead, *Prof*, p. 162. **117.** Documentos Cherwell K62/2. **118.** Soames (Org.), *Speaking*, p. 238. **119.** *CS* III, p. 3133. **120.** Muller (Org.), *Thoughts*, pp. 161-2. **121.** WSC, *WC* IV, pp. 305-6. **122.** Ibid., p. 317. **123.** *CS* III, p. 3199. **124.** Ibid. V, p. 348. **125.** *OB* IV, p. 499. **126.** *CV* IV, Parte 2, p. 1055. **127.** Soames (Org.), *Speaking*, p. 258. **128.** Gilbert, *A Life*, p. 375. **129.** BL Add MS 52516. **130.** James, *Failure*, p. 143. **131.** NEL, *Personal Secretary*, p. 187. **132.** Roskill, *Hankey*, v. II, p. 287. **133.** Vincent (Org.), *Crawford*, p. 440. **134.** *OB* V, p. 865, nota 1. **135.** Stuart, *Within*, p. 85. **136.** *CIHOW*, p. 409. **137.** Chisholm; Davie, *Beaverbrook*, p. 190. **138.** *OB* IV, p. 873. **139.** Arquivo Bod do Partido Conservador [CPA] PUB 229/2/16/f. 11. **140.** Soames (Org.), *Speaking*, p. 264. **141.** Ibid., p. 265. **142.** Muller (Org.), *Thoughts*, p. 180. **143.** *CV* IV, parte 3, p. 2161. **144.** Ibid. **145.** *Strand Magazine*, set. 1931; Muller (Org.), *Thoughts*, p. 154.

## 13. REDENÇÃO: NOVEMBRO DE 1922 A MAIO DE 1926 [pp. 355-84]

**1.** *CS* IV, p. 3871. **2.** *CIHOW*, p. 518. **3.** CAC RDCH 1/2/46. **4.** Churchill, *Tapestry*, p. 28. **5.** Soames (Org.), *Speaking*, p. 268. **6.** WSC, *WC* II, p. vii. **7.** Bell, *Dardanelles*, p. 369. **8.** Dugdale, *Balfour*, v. II, p. 337. **9.** WSC, *WC* I, p. 322. **10.** Taylor (Org.), *Darling Pussy*, pp. 154, 161. **11.** *OB* V, p. 7. **12.** Read, *Prose*, p. 192. **13.** Bell, *Dardanelles*, p. 369; LHC Documentos Edmonds II/3/6. **14.** Beckett (Org.), *Edmonds*, p. 463. **15.** Ibid. **16.** LHC Documentos Edmonds II/3/pass. **17.** LHC Documentos Edmonds II/3/16. **18.** Ibid. **19.** LHC Documentos Hamilton 13/24. **20.** Riddell, *Intimate*, p. 409. **21.** Colville, *Churchillians*, p. 63. **22.** Bowra, *Memories*, pp. 205-6. **23.** Soames (Org.), *Speaking*, p. 267. **24.** Dean, *Hatred, Ridicule*, p. 41. **25.** Ibid., p. 45. **26.** Mather, "Maladies", p. 28. **27.** Soames (Org.), *Speaking*, p. 271. **28.** Ibid. **29.** Ibid. **30.** Ibid., p. 239. **31.** Churchill, *Tapestry*, p. 23. **32.** *CIHOW*, p. 13. **33.** CAC HAMB 1/2/6 1/6. **34.** Soames, "Human Being", p. 4. **35.** CAC HAMB 1/1/17; WSC, *TSSW* I, p. 62. **36.** *FH*, n. 130, pp. 34-6. **37.** Soames (Org.), *Speaking*, p. 259. **38.** Soames, "Human Being", p. 3. **39.** Documentos Cherwell K63/15. **40.** Documentos Cherwell K63/16. **41.** Documentos Cherwell K63/18. **42.** Peck, *Dublin from Downing Street*, p. 71; *CIHOW*, p. 534. **43.** Churchill, *Tapestry*, p. 28. **44.** *CIHOW*, p. 535. **45.** Soames, "Human Being", p. 3; Pawle, *Warden*, p. 119; Churchill, *Tapestry*, p. 99. **46.** CAC HAMB 1/1/20. **47.** Churchill, *Tapestry*, p. 27. **48.** Howells, *Simply Churchill*, p. 123; CAC HAMB 1/1/17. **49.** Buczacki, *Chartwell*, p. 188. **50.** *FH*, n. 67, p. 4. **51.** CAC BRGS 1/2. **52.** Soames (Org.), *Speaking*, pp. 370, 371 nota 3. **53.** Ibid., p. 275. **54.** Lysaght; White, *Irishman*, p. 36. **55.** Ibid., p. 14. **56.** Cockett (Org.), *My Dear Max*, p. 2. **57.** Ibid., p. 7. **58.** Ball, *Conservative Politics*, p. 407; Pimlott (Org.), *Dalton*

*Diary*, p. 358. **59.** CAC BBKN 2/3. **60.** Stuart, *Within*, p. 107; CAC NEMO 3/3. **61.** Stuart, *Within*, p. 106. **62.** Muller (Org.), *Thoughts*, p. 13. **63.** *CS* IV, p. 3399. **64.** Ibid., p. 3423. **65.** Muller (Org.), *Thoughts*, p. 13. **66.** *CS* IV, p. 3396. **67.** *The Times*, 18 jan. 1924. **68.** Soames (Org.), *Speaking*, p. 280. **69.** James, *Davidson*, p. 194. **70.** Bod CPA PUB 229/1/2/f. 9. **71.** Ibid. **72.** CAC SPRS 1/76. **73.** James, *Failure*, p. 153. **74.** WSC, *Thoughts*, p. 13. **75.** *CS* VII, p. 7315. **76.** Ibid. IV, p. 3453. **77.** Muller (Org.), *Thoughts*, p. 274. **78.** Ibid. **79.** Bod CPA PUB 229/4/9/f. 56. **80.** *OB* V, p. 57; CAC CHAR 2/136/4. **81.** Feiling, *Chamberlain*, p. 110. **82.** *OB* V, p. 59. **83.** Moran, *Struggle*, p. 612. **84.** *OB* V, p. 60. **85.** Soames (Org.), *Speaking*, p. 290. **86.** Middlemas (Org.), *Whitehall Diary*, v. I, p. 303. **87.** Cowles, *Era*, p. 257. **88.** *OB* V, p. 91. **89.** James, *Conservative*, p. 213; Middlemas (Org.), *Whitehall Diary*, v. II, p. 28. **90.** *CS* IV, p. 3505. **91.** Halle, *Irrepressible*, p. 53; Colville, *Fringes*, p. 345. **92.** Birkenhead, *Contemporary Personalities*, p. 113. **93.** Ibid., p. 114. **94.** Ibid., p. 115. **95.** *CS* VI, p. 6862. **96.** James, *Failure*, p. 158n; Grigg, *Prejudice*, pp. 174-7. **97.** James, *Failure*, p. 156. **98.** Middlemas (Org.), *Whitehall Diary* I, p. 307. **99.** Programa da BBC "Personality and Power", 24 nov. 1970. **100.** *CV* V, parte 1, p. 305; CAC CHUR 18/2. **101.** *CV* V, parte 1, p. 305; CAC CHUR 18/2. **102.** BU Documentos Austen Chamberlain 51/67. **103.** *CV* V, parte 1, p. 306. **104.** Ibid., p. 385. **105.** Ibid., p. 366. **106.** Maurer, "Mad", p. 776. **107.** Ranft (Org.), *Beatty Papers*, v. II, p. 277. **108.** NA FO 371/10634 e 371/10965/5787. **109.** Roskill, *Hankey*, v. II, p. 402. **110.** Maurer, "Mad", pass. **111.** Ibid., p. 793. **112.** Jackson, *Churchill*, p. 189. **113.** WSC, *TSWW* I, p. 20. **114.** *CV* V, parte 1, p. 334. **115.** Soames (Org.), *Speaking*, p. 288. **116.** *OB* V, p. 82. **117.** *CV* V, parte 1, p. 339. **118.** *The Times*, 6 mar. 1925. **119.** Rowse, *Later Churchills*, p. 439. **120.** Roskill, *Hankey*, v. II, p. 411. **121.** *CV* V, parte 1, p. 437; Grigg, *Prejudice*, pp. 182-3. **122.** Skidelsky, *Economist as Saviour*, pp. 199-200. **123.** Keynes, *Economic Consequences*, p. 10. **124.** *CV* V, parte 1, p. 412. **125.** *CS* IV, p. 3599. **126.** Ibid., p. 3634. **127.** Smith, "Return to Gold'", p. 66. **128.** Moggridge, *Monetary Policy*, p. 233. **129.** Smith, "Return to Gold", p. 64. **130.** Grigg, *Prejudice*, p. 185. **131.** Moran, *Struggle*, p. 303. **132.** HANSARD, v. 183, cols. 71-83. **133.** *CS* IV, p. 3570. **134.** *CV* V, parte 1, p. 473. **135.** Guedalla (Org.), *Slings*, p. 204. **136.** Middlemas (Org.), *Whitehall Diary*, v. I, p. 316. **137.** BU AP 20/1/5/p118. **138.** BU AP 20/1/2/p217. **139.** *CV* V, parte 1, p. 533. **140.** Soames (Org.), *Speaking*, p. 293. **141.** Gilbert, *Other Club*, p. 92. **142.** *CS* IV, p. 3821. **143.** Ibid., p. 3824. **144.** Ibid., p. 3849. **145.** Soames (Org.), *Speaking*, p. 295. **146.** Ibid., p. 297. **147.** Ibid., p. 298. **148.** *CS* IV, pp. 3952-3. **149.** Middlemas; Barnes, *Baldwin*, p. 411. **150.** James, *Davidson*, p. 242. **151.** Brendon, *Edward VIII*, p. 32. **152.** Blake, "Conservative", p. 8. **153.** *British Gazette*, 5 maio 1926. **154.** James, *Failure*, p. 172. **155.** James, *Davidson*, p. 245. **156.** Ball, *Conservative Politics*, p. 39; James, *Davidson* p. 243. **157.** Stuart (Org.), *Reith Diaries*, p. 96. **158.** Charmley, *Glory*, p. 219. **159.** Middlemas (Org.), *Whitehall Diary*, v. II, p. 41. **160.** Ball (Org.), *Conservative Politics*, p. 28. **161.** *CV* V, parte 1, p. 717. **162.** *New Statesman*, 22 maio 1926 **163.** Documentos do conde de Birkenhead, caixa 1.

## 14. A QUEBRA: JUNHO DE 1926 A JANEIRO DE 1931 [pp. 385-414]

**1.** WSC, *TSWW* I, p. 21. **2.** *CV* V, Parte 1, p. 1444. **3.** CAC CHAR 1/196/30 e 39. **4.** *The Times*, 26 fev. 1920. **5.** Diário de Marian Holmes. **6.** *CS* IV, p. 4034. **7.** Ibid. **8.** Ball (Org.), *Conservative Politics*, p. 76. **9.** Ibid., pp. 77-8. **10.** Ibid., p. 242. **11.** *OB* V, p. 185. **12.** Ibid., p. 218. **13.** "Ephesian", *Churchill*, p. 267. **14.** Soames (Org.), *Speaking*, p. 302. **15.** Ibid. **16.** CAC RDCH 1/2/46. **17.** Toye, *Lloyd George and Churchill*, p. 302. **18.** *OB* V, p. 226. **19.** BL Add MS 82379 f. 28. **20.** WSC, *WC* III, parte 1, pp. 53-4. **21.** Ibid., parte 2, pp. 541-4. **22.** *OB* V, p. 229. **23.** *CV* V, parte 1, p. 1291. **24.** Ibid., p. 985. **25.** *CS* IV p. 4189. **26.** Midgley (Org.), *Heroic Memory*, p. 15. **27.** *CS* IV, p. 4223. **28.** *CV* V, parte 1, p. 1082. **29.** Addison,

*Unexpected*, p. 125. **30.** *CV* v, parte 1, p. 1033. **31.** Ibid., p. 1342. **32.** Roskill (Org.), *Hankey*, v. II, p. 455. **33.** Ibid., p. 456. **34.** Ball (Org.), *Conservative Politics*, p. 172. **35.** Ibid., p. 173. **36.** Ibid., p. 176. **37.** BL Add MS 51073, f. 132. **38.** Ball (Org.), *Conservative Politics*, p. 176. **39.** *CV* v, parte 1, p. 1154. **40.** Ball (Org.), *Conservative Politics*, p. 239. **41.** *CV* v, parte 1, p. 1169; CAC CHUR 18/85. **42.** CAC RDCH 1/3/1. **43.** Soames (Org.), *Speaking*, p. 318. **44.** Ibid., p. 320. **45.** Ibid., p. 321. **46.** Ibid., p. 320. **47.** *CS* IV, p. 4403. **48.** *CV* v, parte 1, p. 280. **49.** Ibid., p. 1274; CAC CHUR 18/76. **50.** *CV* v, parte 1, p. 1278; CAC CHUR 18/76. **51.** NA CAB 23/15. **52.** James, *Failure*, p. 167. **53.** Soames (Org.), *Speaking*, pp. 327-8. **54.** *CV* v, parte 1, p. 1333. **55.** Soames (Org.), *Speaking*, p. 325. **56.** Kershaw, *Making Friends*, p. 306. **57.** Soames (Org.), *Speaking*, p. 328. **58.** *CV* v, parte 1, pp. 1349-50. **59.** Soames (Org.), *Speaking*, p. 329. **60.** Ibid. **61.** Ibid., p. 331. **62.** Ibid., p. 332. **63.** Gilbert, *Other Club*, p. 95. **64.** Livro de Apostas do Other Club. **65.** WSC, *WC* IV, p. 451. **66.** *OB* v, p. 319. **67.** *CS* v, p. 4575. **68.** *OB* v, p. 325. **69.** Ibid., p. 1464. **70.** *OB* v, p. 325. **71.** Bod CPA PUB 229/5/10/f. 73. **72.** Ibid. **73.** WSC, *MEL*, p. 87. **74.** Documentos Cherwell K64/7. **75.** Middlemas (Org.), *Whitehall Diary*, v. II, pp. 186, 191. **76.** BU NC/7/11/22/1. **77.** Barnes; Nicholson (Orgs.), *Empire at Bay*, p. 48. **78.** Gilbert, *Search*, p. 227; Barnes; Nicholson (Orgs.), *Empire at Bay*, p. 50. **79.** Gilbert, *Search*, p. 227. **80.** *OB* v, p. 373. **81.** Barnes; Nicholson (Orgs.), *Empire at Bay*, p. 49. **82.** Ibid., pp. 49-50. **83.** *OB* v, p. 341. **84.** Soames (Org.), *Speaking*, p. 338. **85.** Gilbert, *A Life*, p. 493. **86.** Churchill, *Crowded Canvas*, p. 67. **87.** Soames (Org.), *Speaking*, p. 338. **88.** *CV* v, parte 2, pp. 61-2. **89.** Churchill, *Crowded Canvas*, p. 69. **90.** *CV* v, parte 2, p. 96. **91.** Pilpel, *Churchill in America*, p. 89. **92.** Chaplin, *Autobiography*, p. 332. **93.** Tolppanen, "Churchill and Chaplin", p. 17; Chaplin, *Autobiography*, p. 335. **94.** *OB* v, p. 348. **95.** CAC CHAR 1/208/92. **96.** Soames (Org.), *Speaking*, p. 345. **97.** Ibid. **98.** Ibid., p. 347. **99.** *CS* v, p. 4980. **100.** Clarke, *Profession*, p. xiv. **101.** Registros Vickers da Costa n. 9, 12, 13, 16 e 25. **102.** Lough, *Champagne*, p. 187. **103.** Ibid., p. 158. **104.** Registro Vickers da Costa n. 13. **105.** *News of the World*, 20 jun. 1937. **106.** Soames (Org.), *Speaking*, p. 349. **107.** *OB* v, p. 350. **108.** Stuart, *Within*, p. 28. **109.** *New York Times*, 26 out. 1929. **110.** Lough, *Champagne*, p. 199. **111.** Ibid., p. 199. **112.** Pimlott (Org.), *Dalton Diary*, p. 126. **113.** Blake, "Conservative", p. 9. **114.** *OB* v, p. 600. **115.** *CV* v, parte 2, p. 1042. **116.** Mayo, *Mother India*, pp. 285-6, 287-314, 346-62. **117.** Tirthankar Roy, resenha literária na *Cambridge Review of International Affairs*, 2018. **118.** Mayo, *Mother India*, pp. 139-64, 165-200, 226-42. **119.** *CS* v, p. 4689. **120.** Eade (Org.), *Contemporaries*, p. 149. **121.** Ibid. **122.** James, *Failure*, p. 168. **123.** *CS* v, p. 4800. **124.** BL Add MS 71183 f. 1. **125.** *CS* v, pp. 4853-4. **126.** Ball (Org.), *Conservative Politics*, p. 334. **127.** Addison, *Home Front*, p. 300; Clarke, *Lloyd George Diary*, p. 95. **128.** Addison, *Home Front*, p. 301. **129.** Gilbert, *Wilderness*, p. 36. **130.** *Strand Magazine* abr. 1931; WSC, *GC*, p. 163. **131.** Gilbert, *Other Club*, pp. 100-1. **132.** *News of the World*, 1 mar. 1936. **133.** Documentos Birkenhead 65/A3. **134.** Ibid. **135.** Ball (Org.), *Conservative Politics*, p. 366. **136.** Vincent (Org.), *Crawford*, p. 542. **137.** *The Times*, 20 out. 1930. **138.** Ramsden, *Century*, p. 205. **139.** CAC CHAR 8/286/1. **140.** *CIHOW*, p. 195; WSC, *MEL*, p. 346. **141.** WSC, *MEL*, p. 81. **142.** Ibid., p. 59. **143.** Ibid., p. 75. **144.** Ibid., p. ix. **145.** James, *Davidson*, p. 356. **146.** Addison, *Unexpected*, p. 134. **147.** Ibid. **148.** James, *Davidson*, p. 355. **149.** Ibid. **150.** Pottle (Org.), *Champion*, p. 25. **151.** CAC SPRS 1/76.

15. NO DESTERRO: JANEIRO DE 1931 A OUTUBRO DE 1933 [pp. 415-40]

**1.** *Sunday Chronicle*, 8 nov. 1931. **2.** WSC, *TSWW* I, p. 9. **3.** Nicolson (Org.), *Diaries and Letters*, v. I, p. 67. **4.** *CS*, p. 4965. **5.** Ibid., p. 4971. **6.** Ibid., p. 4968. **7.** Ibid., p. 4972. **8.** Documentos Cherwell K64/ 9-10. **9.** Documentos Cherwell K64/14. **10.** Thomas, *Woodford*, p. 55. **11.** *CS* v, p. 4985. **12.**

Thomas, *Woodford*, p. 55. **13.** Soames (Org.), *Speaking*, p. 354. **14.** Muller (Org.), *Thoughts*, p. 9. **15.** *Strand Magazine*, mar. 1931; Muller (Org.), *Thoughts*, p. 10. **16.** *CV* v, parte 2, pp. 282-3. **17.** James, *Davidson*, p. 172. **18.** *CS* v, p. 5007. **19.** Ibid., p. 5008. **20.** Ball (Org.), *Conservative Politics*, p. 417. **21.** *CS* v, p. 5011. **22.** Ibid., p. 5017. **23.** Ibid., p. 5019. **24.** Muller (Org.), *Thoughts*, p. 15. **25.** *CS* v, p. 5023. **26.** CAC EMAR 2. **27.** WSC, *TSWW* I, p. 29. **28.** Muller (Org.), *Contemporaries*, p. 235. **29.** *CIHOW*, p. 3. **30.** Muller (Org.), *Contemporaries*, p. 34. **31.** Wrigley, *Biographical Companion*, p. 28. **32.** Bod CPA PUB 229/6/9/f. 22. **33.** Ibid. **34.** *CV* v, parte 2, p. 699. **35.** Muller (Org.), *Thoughts*, p. 200. **36.** Ibid., p. 199. **37.** Ibid., p. 289. **38.** Ibid., p. 294. **39.** Ibid. **40.** Ponting, *Churchill*, p. 351; Jenkins, *Churchill*, p. 457. **41.** Muller (Org.), *Thoughts*, p. 294. **42.** CAC THRS II 85/3. **43.** Tolppanen, "Accidental", p. 12. **44.** WSC, *CE* IV, pp. 90-1. **45.** *Daily Mail*, 5 jan. 1932. **46.** Tolppanen, "Accidental", p. 12. **47.** Ibid. **48.** CAC THRS II 85/3. **49.** Documentos Cherwell K65/4. **50.** WSC, *CE* IV, p. 94. **51.** Meus agradecimentos a Henry e Benita Black por esta informação. **52.** Clifford, *Proconsul*, p. 188. **53.** Ibid., p. 189. **54.** CAC CHAR 1/400A/46. **55.** *OB* v, p. 425, nota 1. **56.** *Chicago Tribune*, 3 fev. 1932. **57.** Gilbert, *Churchill and America*, p. 140. **58.** CAC CHAR 1/399A/ 66-79. **59.** Ibid. **60.** Ibid. **61.** *CV* v, parte 2, p. 442. **62.** Ibid., p. 394n. **63.** Lough, *Champagne*, p. 478, nota 15. **64.** KCL Documentos Hamilton 13/25. **65.** Livro de Apostas do Other Club. **66.** *CS* v, pp. 5193-4. **67.** Blake; Louis (Orgs.), *Churchill*, p. 21. **68.** *CV* v, parte 2, p. 475. **69.** *CIHOW*, p. 539. **70.** WSC, *TSWW* I, p. 65. **71.** Hanfstaengl, *Hitler*, p. 184. **72.** WSC, *TSWW* I, p. 65. **73.** Ibid. **74.** *CS* v, pp. 5199-200. **75.** Smart (Org.), *Bernays*, p. 30. **76.** Ibid., p. 45. **77.** Parker, *Appeasement*, p. 320. **78.** *CS* VII, p. 7251. **79.** LHC Documentos Liddell Hart 1/171/22. **80.** *CS* v, p. 5220. **81.** Hatfield House, QUI, maço 63. **82.** *CS* v, p. 5220. **83.** *OB* v, p. 457. **84.** *CS* v, p. 5220. **85.** Smart (Org.), *Bernays*, p. 55. **86.** *CS* v, p. 5236. **87.** Eade (Org.), *Contemporaries*, p. 23. **88.** *CS* v, p. 5263. **89.** Ibid. **90.** Ibid., p. 5261. **91.** Ibid., p. 5268. **92.** Ibid. **93.** Ibid., p. 5267. **94.** Smart (Org.), *Bernays*, p. 85. **95.** *OB* v, pp. 480-1. **96.** Livro de Comensais do Other Club, v. 1. **97.** Ibid. **98.** Ibid. **99.** Ibid. **100.** Gilbert, *Other Club*, p. 116. **101.** Ibid. **102.** Muller, "Good Englishman", pp. 89-90. **103.** *OB* I, p. 198. **104.** *FH*, n. 164, p. 19. **105.** Coote, *Other Club*, p. 112. **106.** Ashley, *Historian*, pp. 143-4. **107.** WSC, *Marl* I, pp. 19, 132. **108.** Ibid., v. II, p. 485. **109.** Ibid., v. I, p. 774. **110.** Ibid., v. I, p. 905. **111.** Ibid., pp. 740-1. **112.** Ibid., pp. 570-1. **113.** Ibid., p. 59. **114.** Ibid., p. 108. **115.** Ibid., v. II, p. 135. **116.** Ibid., v. I, p. 264. **117.** Ibid. **118.** Soames (Org.), *Speaking*, p. 370. **119.** WSC, *Marl* I, p. 309. **120.** Ibid. **121.** *FH*, n. 140, p. 43. **122.** Rose, *Literary Churchill*, pass. **123.** WSC, *Marl* I, p. 364. **124.** Ibid., p. 773. **125.** Muller, "Englishman", p. 86. **126.** Halle, *Irrepressible*, p. 6. **127.** Ibid. **128.** *CV* v, parte 2, p. 693.

## 16. SOANDO O ALARME: OUTUBRO DE 1933 A MARÇO DE 1936 [pp. 441-63]

**1.** *CS* v, p. 5377. **2.** Bod CPA PUB 227/7/9/f. 40. **3.** James, *Davidson*, p. 398. **4.** *CS* v, p. 5297. **5.** Smart (Org.), *Bernays*, p. 87. **6.** Ibid. **7.** *CS* v, pp. 5302-3. **8.** Todman, *Into Battle*, p. 67. **9.** *CS* v, p. 5324. **10.** Ibid. **11.** Ibid., p. 5325. **12.** Smart (Org.), *Bernays*, p. 119. **13.** Gilbert, *Wilderness*, p. 106. **14.** *CS* v, p. 5343. **15.** Smart (Org.), *Bernays*, p. 122. **16.** *OB* v, p. 51. **17.** Bridge, "Privileges", p. 217. **18.** Templewood, *Troubled Years*, pp. 91-9. **19.** Bridge, "Privileges", pass. **20.** HANSARD, v. 290, col. 1738. **21.** Smart (Org.), *Bernays*, p. 142. **22.** Evans (Org.), *Killearn Diaries*, p. 41. **23.** *CV* v, parte 2, p. 843. **24.** Ibid., p. 678. **25.** *History of the Times*, v. IV, parte II, p. 887. **26.** *CS* v, p. 5377. **27.** Gilbert, *Wilderness*, p. 113. **28.** Todman, *Into Battle*, p. 68. **29.** Entrevista com Jasper Rootham, 22 out. 1988. **30.** Gorodetsky (Org.), *Maisky Diaries*, p. 28. **31.** Ibid., p. 50. **32.** Soames (Org.), *Speaking*, p. 360. **33.** James (Org.), *Chips*, p. 234. **34.** Forbes-Robertson, *Maxine*, p. 208. **35.** Nichols, *All I Could*, p. 101. **36.** Pearson, *Citadel*, p. 234. **37.** Soames (Org.), *Speaking*, p. 362. **38.** Jackson, *Churchill*, p. 234. **39.** Halle, *Ir-*

*repressible*, p. 77. **40.** Smart (Org.), *Bernays*, p. 160. **41.** CAC MCHL 1/1/2. **42.** *CV* v, parte 2, p. 923. **43.** *CS* v, pp. 5434-5. **44.** BL Add MS 82379 f. 47. **45.** HANSARD, v. 295, col. 863. **46.** *CS* v, p. 5443. **47.** Ibid., p. 5449. **48.** Ibid. **49.** Carter, *Knew Him*, p. 149; Russell (Org.), *Constant*, p. 93. **50.** Soames (Org.), *Speaking*, p. 390. **51.** Ibid. **52.** Ibid., p. 366. **53.** Ibid., p. 368. **54.** Ibid., p. 366. **55.** Ibid., p. 370. **56.** Ibid., p. 376. **57.** Ibid. **58.** WSC, *CE* III, p. 176. **59.** Soames (Org.), *Speaking*, p. 374. **60.** Ibid. **61.** Ibid., p. 376. **62.** Ibid., p. 395. **63.** Spence, *Mistress*, pp. 101-2. **64.** CAC CHOH/3/CLVL/ Fita 2/Lado 3. **65.** Soames (Org.), *Speaking*, pp. 415-6. **66.** Vickers, *Cocktails*, p. 68. **67.** <https://spectator.org/ the-churchill--marriage-and-lady-castlerosse/> e também <https://www.winstonchurchill.org/publications/churchill-bulletin/bulletin-117-mar-2018/an-affair-not-to-remember/>. **68.** Soames (Org.), *Speaking*, p. 416. **69.** Sheean, *Thunder*, pp. 78, 48. **70.** CAC CHAR 1/299/77. **71.** Dockter; Toye, "Who Commanded History?", pass. **72.** Piers Brendon em *FH*, n. 180, p. 49. **73.** Spence, *Mistress*, p. 179. **74.** Muller (Org.), *Contemporaries*, p. 289. **75.** James, *Davidson*, p. 403. **76.** Cowling, *Impact of Hitler*, p. 215. **77.** James, *Davidson*, p. 403. **78.** Ibid. **79.** Soames (Org.), *Speaking*, pp. 390-1. **80.** *CS*, p. 5551. **81.** Self (Org.), *Diary Letters*, v. IV, p. 119. **82.** WSC, *TSWW* I, p. 96. **83.** Ibid., p. 110. **84.** Pawle, *Warden*, p. 212. **85.** Todman, *Into Battle*, p. 74. **86.** Soames (Org.), *Speaking*, p. 396. **87.** Ibid., p. 399. **88.** Ibid. **89.** *CS* VI, p. 5592. **90.** *CV* v, parte 3, p. 143. **91.** HANSARD, v. 301, col. 666. **92.** *CIHOW*, p. 249. **93.** CAC CHAR 2/235/79-86. **94.** *CV* v, parte 2, pp. 1169-70. **95.** Vincent (Org.), *Crawford*, p. 562. **96.** *OB* v, pp. 618-19. **97.** *CV* v, parte 2, pp. 1244-5. **98.** *CS* VI, p. 5662. **99.** Ibid., pp. 5653-56. **100.** Ibid., pp. 5662-3. **101.** Roskill, *Hankey*, v. II, p. 407. **102.** Documentos Cherwell F8/1/1. **103.** Documentos Cherwell F8/1/6. **104.** HANSARD, v. 303, cols. 540-50. **105.** *CS* VI, p. 5680. **106.** Ibid., p. 5681. **107.** HANSARD, v. 305, col. 368. **108.** BOD CPA PUB 227/7/9/f. 40. **109.** Ibid. **110.** WSC, *TSWW* I, p. 141. **111.** *OB* v, p. 587. **112.** Muller (Org.), *Contemporaries*, p. 258. **113.** *Strand Magazine*, nov. 1935. **114.** Soames (Org.), *Speaking*, p. 402. **115.** Ibid., p. 408. **116.** CAC RDCH 1/3/1. **117.** Soames (Org.), *Speaking*, p. 407. **118.** Gilbert, *Wilderness*, p. 13. **119.** Gilbert, *Churchill and the Jews*, p. 136. **120.** Oliver, *Mr Showbusiness*, p. 100. **121.** Soames (Org.), *Speaking*, p. 404. **122.** Ibid., p. 412. **123.** Ibid. **124.** Ibid., p. 410. **125.** RA EDW/PRIV/MAIN/A/2853. **126.** Todman, *Into Battle*, p. 94.

## 17. A APOTEOSE DO APAZIGUAMENTO: MARÇO DE 1936 A OUTUBRO DE 1938 [pp. 464-507]

**1.** WSC, *L to L*, pp. 172-3. **2.** *CS* v, p. 5721. **3.** Kershaw, *Nemesis*, p. xxxv. **4.** WSC, *TSWW* I, pp. 153-4. **5.** *CS* v, p. 5701. **6.** Gilbert, *A Life*, p. 552. **7.** *CS* VI, p. 5699. **8.** Ibid., p. 5701. **9.** Ibid., p. 5703. **10.** Ashley, *Historian*, pp. 163-4. **11.** James, *Davidson*, p. 410. **12.** Soames (Org.), *Speaking*, p. 414. **13.** WSC, *TSWW* I, p. 156. **14.** Self (Org.), *Diary Letters*, v. IV, p. 179. **15.** Nicolson (Org.), *Diaries and Letters*, v. I, p. 251. **16.** Langworth, "Rhineland", pp. 20-1. **17.** Gorodetsky (Org.), *Maisky Diaries*, p. 68. **18.** BU AC 41/3/77. **19.** *CS* v, p. 5721. **20.** Ibid. **21.** HANSARD, v. 310, col. 2489. **22.** BL Add MS 51073 ff. 140-1. **23.** Ibid., f. 142. **24.** Churchill, *Tapestry*, p. 32. **25.** *OB* v, p. 723. **26.** Nicolson (Org.), *Diaries and Letters*, p. 258. **27.** *CS* VI, pp. 5734-5. **28.** HANSARD, v. 310, col. 2307. **29.** Vincent (Org.), *Crawford*, p. 570. **30.** James (Org.), *Chips*, p. 62. **31.** *CS* VI, p. 5755 **32.** Ibid., p. 5757. **33.** *OB* v, p. 741. **34.** Gorodetsky (Org.), *Maisky Diaries*, p. 70. **35.** Ibid. **36.** *CS* v, p. 5765. **37.** Documentos Cherwell F8/1/12. **38.** Documentos Cherwell F8/1/14. **39.** Documentos Cherwell F8/5/6. **40.** Nicolson (Org.), *Diaries and Letters*, v. II, p. 266. **41.** Ibid. **42.** *CV* v, parte 3, p. 113. **43.** Baldomero, "Spain", pass. **44.** WSC, *Step*, pp. 38-40. **45.** *CS* VI, p. 5783. **46.** Ibid., p. 5785. **47.** Ibid., p. 5717. **48.** Ibid., pp. 5718-9. **49.** Langworth, *Myth*, p. 76. **50.** CAC SCHL 1/1/5. **51.** Ibid. **52.** Soames (Org.), *Speaking*, p. 404; Churchill, *Keep on Dancing*, p. 47. **53.** PA LG/G/19/16/8. **54.** Gilbert, *A Life*, p. 581. **55.** Addison, *Unexpected*, p. 144. **56.**

*News of the World*, 26 maio 1935; Muller (Org.), *Contemporaries*, p. 104. **57.** Browne, *Sunset*, pp. 201-2. **58.** Alkon, "Imagining Scenarios", p. 37. **59.** Ibid., p. 38. **60.** Ibid., p. 39. **61.** Ibid. **62.** Ibid., p. 41. **63.** *CS* VI, p. 5801. **64.** CAC CHAR 2/260/93. **65.** HANSARD, v. 317, cols. 309-19. **66.** *CS* VI. p. 5809. **67.** Ibid., p. 5813. **68.** Coote, *Other Club*, p. 86. **69.** *CS* VI, p. 5813. **70.** Middlemas; Barnes, *Baldwin*, p. 972. **71.** *OB* V, p. 799. **72.** WSC, *TSWW* I, p. 615. **73.** *CV* V, parte 3, p. 1307. **74.** Soames (Org.), *Speaking*, pp. 418-19. **75.** Vincent (Org.), *Crawford*, p. 575. **76.** Lowndes (Org.), *Diaries and Letters*, p. 155. **77.** Hart-Davis (Org.), *King's Counsellor*, p. 270. **78.** Zeigler, "Churchill and the Monarchy", pass. **79.** Hart-Davis (Org.), *King's Counsellor*, p. 414. **80.** Williams, *People's King*, pass. **81.** Taylor, *Beaverbrook*, p. 370. **82.** WSC, *TSWW* I, pp. 217-8; *Daily Telegraph*, 11 mar. 1965; Citrine, *Men and Work*, p. 357. **83.** James (Org.), *Chips*, p. 90. **84.** RA EDW/PRIV/MAIN/A/3045. **85.** Hart-Davis (Org.), *King's Counsellor*, p. 414. **86.** Stuart, *Within*, p. 132. **87.** WSC, *MEL*, p. 380. **88.** James (Org.), *Chips*, p. 95. **89.** Winterton, *Orders of the Day*, p. 223. **90.** James, *Failure*, p. 275. **91.** James, *Davidson*, p. 415. **92.** Nicolson (Org.), *Diaries and Letters*, v. II, p. 284. **93.** Bod CPA PUB 1922/3/109. **94.** *CS* VI, p. 5822. **95.** *CV* V, parte 3, p. 521. **96.** *OB* V, p. 829. **97.** Windsor, *A King's Story*, p. 373. **98.** *OB* V, p. 828. **99.** Brendon, *Edward VIII*, p. 64. **100.** Colville, *Fringes*, p. 196. **101.** James (Org.), *Chips*, p. 116. **102.** James, *Boothby*, pp. 166-7. **103.** Owen, *Cabinet*, p. 47. **104.** Boothby, *Fight to Live*, p. 164; McDonough, *Chamberlain*, p. 108. **105.** Soames (Org.), *Speaking*, p. 431, nota 6. **106.** RA EDW/PRIV/MAIN/A/3098. **107.** RA PS/PSO/GVI/C/069/01. **108.** BOD MS ENG C 2708/42. **109.** *OB* V, p. 834. **110.** Soames (Org.), *Speaking*, p. 420. **111.** Oliver, *Mr Showbusiness*, p. 110. **112.** Ibid., p. 107. **113.** Ibid., p. 110. **114.** Ibid., p. 116. **115.** Ibid., p. 142. **116.** Soames (Org.), *Speaking*, p. 426. **117.** WSC, *Marl* I, p. 243. **118.** CAC PJGG 2/4/55. **119.** *CIHOW*, p. 254. **120.** *CS* VI, p. 5826. **121.** *CV* V, parte 3, pp. 604-5. **122.** Ibid., p. 616. **123.** <https://richardlangworth.com/churchill-anti-semite/>. **124.** *CS* VI, p. 5850. **125.** *Guardian*, 28 nov. 2002. **126.** WSC, *CE* II, p. 395. **127.** *CS* VI, p. 5854. **128.** James (Org.), *Chips*, p. 119. **129.** Gilbert, *Other Club*, p. 131. **130.** CAC RMSY 7/6. **131.** Ibid. **132.** Soames, *Clementine*, p. 274. **133.** CAC CHAR 2/300/39. **134.** RA EDW/PRIV/MAIN/A/3266. **135.** RA EDW/PRIV/MAIN/A/3475. **136.** Gilbert, *Churchill and America*, p. 157. **137.** Soames (Org.), *Speaking*, p. 341. **138.** *CS* VI, p. 5857. **139.** Blake, "Conservative", pp. 10-1. **140.** Rose (Org.), *Baffy*, p. 39. **141.** Dilks, *Dominion*, p. 265. **142.** Halle, *Irrepressible*, p. 134. **143.** *CS* VI, p. 5858. **144.** Ibid. **145.** Soames (Org.), *Speaking*, p. 427. **146.** Muller (Org.), *Contemporaries*, p. 275. **147.** Ibid., p. xii. **148.** Ibid., p. 10. **149.** Ibid., p. xxv. **150.** Ibid. **151.** Ibid., p. xxvi. **152.** Ibid., p. 59. **153.** WSC, *GC*, p. 302. **154.** WSC, *Step*, p. 156. **155.** Muller (Org.), *Contemporaries*, p. xxvi. **156.** WSC, *CE* IV, p. 397. **157.** WSC, *Step*, p. 174. **158.** Entrevista com John Forster, arquivista de Blenheim, 22 mar. 2017. **159.** Gilbert, *Other Club*, p. 133. **160.** Ibid., p. 134. **161.** Livro de Apostas do Other Club. **162.** *CS* VI, pp. 5908-9. **163.** WSC, *Step*, pp. 189-90. **164.** WSC, *TSWW* I, p. 199. **165.** Documentos Cherwell K67/8. **166.** Sheean, *Thunder*, p. 62. **167.** Ibid., pp. 61, 66. **168.** Soames (Org.), *Speaking*, p. 433. **169.** Ibid. **170.** WSC, *TSWW* I, p. 201. **171.** Feiling, *Chamberlain*, p. 306. **172.** BU AP 20/1/23. **173.** BU AP 20/1/21. **174.** James (Org.), *Chips*, p. 122. **175.** Blake, "Conservative", p. 11. **176.** Nicolson (Org.), *Diaries and Letters*, v. I, p. 377. **177.** CAC EMAR 2. **178.** *CS* VI, p. 5924. **179.** Ibid., pp. 5925-7. **180.** Ibid., p. 5927. **181.** Nicolson (Org.), *Diaries and Letters*, v. I, p. 332. **182.** Entrevista com Jasper Rootham, 22 out. 1988. **183.** Gorodetsky (Org.), *Maisky Diaries*, p. 107. **184.** Ibid. **185.** Ibid., p. 108. **186.** Ibid. **187.** Ibid., pp. 108-9. **188.** Ibid., p. 110. **189.** HANSARD, v. 333, cols. 1405-46. **190.** *CS* VI, p. 5943. **191.** WSC, *WES*, p. 403; WSC, *Arms*, pp. 465-6. **192.** Smart (Org.), *Bernays*, p. 348. **193.** WSC, *Arms*, pp. 465-6. **194.** Self (Org.), *Diary Letters* IV, p. 312. **195.** McDonough, *Chamberlain*, p. 60; HANSARD, v. 332, cols. 235-47. **196.** *CS* VII, p. 7326. **197.** James (Org.), *Chips*, p. 155. **198.** Bew, *Churchill and Ireland*, p. 152. **199.** Amery, *My Political Life*, v. III, p. 245. **200.** Livro de Apostas do Other Club. **201.** *CS* VI, pp. 5955-6. **202.** WSC, *CE* II, p. 185. **203.** Ibid., IV, p. 438. **204.** Ibid. **205.** *CS* VI, pp. 5972-3. **206.** Ibid., p.

5973. **207.** *FH*, n. 179, p. 41. **208.** *OB* v, p. 952. **209.** Self (Org.), *Diary Letters*, v. IV, p. 332. **210.** Gilbert, *Other Club*, p. 139. **211.** Gilbert, *Wilderness*, p. 184. **212.** Ibid. **213.** *CV* v, parte 3, p. 1117. **214.** *CV* v, parte 3, p. 1119. **215.** Ibid., p. 1121. **216.** WSC, *Step*, pp. 264-5. **217.** Kershaw, *Making Friends*, p. 243. **218.** CAC INKP 1, p. 13. **219.** Self (Org.), *Diary Letters*, v. IV, pp. 348-9. **220.** Langworth, *Avoidable War*, p. 58; Meehan, *Unnecessary War*, p. 178. **221.** Rose (Org.), *Baffy*, p. 104. **222.** Jenkins, *Churchill*, p. 525. **223.** Nicolson (Org.), *Diaries and Letters*, v. I, pp. 370-1. **224.** *OB* v, p. 987. **225.** KCL Documentos Liddell Hart 1/171/31. **226.** *Daily Telegraph*, 12 mar. 1965. **227.** Ibid. **228.** WSC, *CE* IV, p. 444. **229.** *OB* v, p. 898. **230.** Gilbert, *Other Club*, p. 140. **231.** Ibid. **232.** Cooper, *Old Men Forget*, p. 241. **233.** Gilbert, *Other Club*, p. 141. **234.** James, *Undaunted*, p. 143. **235.** HANSARD, v. 339 cols. 29-40. **236.** CAC DUFC 2/14. **237.** HANSARD, v. 110, col. 1394. **238.** Ibid., col. 1397. **239.** *CS* VI, p. 6004. **240.** Ibid., pp. 6004-5. **241.** Ibid., p. 6005. **242.** Ibid., p. 6007. **243.** Ibid., p. 6009. **244.** Ibid., p. 6008. **245.** Ibid., p. 6010. **246.** Ibid., pp. 6008-9. **247.** Ibid., p. 6011. **248.** Ibid., p. 6013; CAC CHAR 9/130/ 354-79. **249.** James (Org.), *Chips*, p. 173; Barnes; Nicholson (Orgs.), *Empire at Bay*, p. 527; Thomas, *Woodford*, pp. 92-3. **250.** Self (Org.), *Diary Letters*, v. IV, p. 351. **251.** Gardner, *Churchill in his Time*, p. 11. **252.** Thomas, *Woodford*, p. 93. **253.** Self (Org.), *Diary Letters*, v. IV, pp. 351-2. **254.** Muller (Org.), *Contemporaries*, p. 297.

## 18. REPARAÇÃO: OUTUBRO DE 1938 A SETEMBRO DE 1939 [pp. 508-31]

**1.** WSC, *Marl* I, p. 919. **2.** *CS* VI, p. 6030. **3.** Ibid., p. 6017. **4.** Ibid., p. 6016. **5.** Ibid. **6.** Ibid., p. 6017. **7.** Ibid., p. 6016. **8.** Griffiths, *What*, p. 76. **9.** *CS* VI, pp. 6018-9. **10.** Ibid., p. 6019. **11.** Eade (Org.), *Contemporaries*, p. 209. **12.** Ibid., p. 210. **13.** *CV* v, parte 3, p. 1264. **14.** Vincent (Org.), *Crawford*, p. 591. **15.** Kershaw, *Making Friends*, p. 260. **16.** Watt, *How War Came*, p. 89. **17.** *CV* v, parte 3, p. 1277. **18.** *CS* VI, pp. 6020-1. **19.** *CV* v, parte 3, p. 1280. **20.** *CS* VI, p. 6047. **21.** Self (Org.), *Diary Letters*, v. IV, p. 369. **22.** *CV* v, parte 3, p. 1305. **23.** A carta não está entre os volumes acompanhantes da biografia oficial, e sim em meio aos documentos privados de Randolph recentemente abertos: CAC RDCH 1/3/1. **24.** *CV* v, parte 3, p. 1305. **25.** CAC RDCH 1/3/1. **26.** *CV* v, parte 3, p. 1309. **27.** CAC DSND 11. **28.** Ibid. **29.** Soames (Org.), *Speaking*, p. 443. **30.** Ibid., p. 442. **31.** *CV* v, parte 3, p. 1316. **32.** Ibid., p. 1318. **33.** Ibid., p. 1325. **34.** Ibid., p. 1320. **35.** *CS* VI, p. 6004. **36.** *CV* v, parte 3, p. 1332. **37.** Ibid., p. 1213, nota 3. **38.** *New Statesman*, 7 jan. 1939. **39.** Soames (Org.), *Speaking*, p. 446. **40.** Ibid., p. 448. **41.** *CV* v, parte 3, p. 1345. **42.** Soames (Org.), *Speaking*, p. 449. **43.** Gilbert, *Search*, p. 23. **44.** *CV* v, parte 3, pp. 1349-50. **45.** Ibid., p. 1349. **46.** Domarus (Org.), *Essential*, p. 579. **47.** Hatfield House 5M/62/1. **48.** Thomas, *Woodford*, p. 98. **49.** Ibid. **50.** Thornton-Kemsley, *Winds and Tides*, p. 96. **51.** Thomas, *Woodford*, p. 100. **52.** Ibid., p. 101. **53.** Ibid., p. 102. **54.** Ibid., p. 104. **55.** *OB* v, pp. 1043 e 1043, nota 2. **56.** Ibid., p. 1044. **57.** *CS* VI, p. 6082. **58.** Ibid. **59.** Gorodetsky (Org.), *Maisky Diaries*, p. 163. **60.** *CS* VI, p. 6095. **61.** Ibid. **62.** Macmillan, *Winds*, p. 592. **63.** Self (Org.), *Diary Letters*, v. IV, p. 403. **64.** *CS* VI, p. 6105. **65.** Self (Org.), *Diary Letters*, v. IV, p. 407. **66.** Ibid. **67.** James (Org.), *Chips*, p. 194. **68.** HANSARD, v. 346, col. 497. **69.** James (Org.), *Chips*, p. 195. **70.** WSC, *Step*, p. 344. **71.** Addison, *Unexpected*, p. 154. **72.** James, *Davidson*, p. 424. **73.** Ibid. **74.** Pickersgill (Org.), *Mackenzie King*, p. 78. **75.** *CS* VI, p. 6123. **76.** Ibid., pp. 6123-4. **77.** Ibid., p. 6125. **78.** Nicolson (Org.), *Diaries and Letters*, v. I, p. 403. **79.** Ibid. **80.** *OB* v, p. 866. **81.** Ibid., p. 1103, nota 1. **82.** Gorodetsky (Org.), *Maisky Diaries*, p. 206. **83.** Self (Org.), *Diary Letters*, IV, p. 431. **84.** *OB* v, p. 1081. **85.** Ibid., p. 1082. **86.** Gilbert, *Other Club*, p. 148. **87.** HANSARD, v. 350, col. 2440. **88.** Self (Org.), *Diary Letters*, v. IV, pp. 437-43. **89.** Hatfield House 5M/62/1. **90.** *CS* VI, p. 6151. **91.** Pawle, *Warden*, p. 42. **92.** *OB* v, p. 1101. **93.** Ibid., p. 1102. **94.** Soames (Org.), *Speaking*, p. 451. **95.** WSC, *TSWW* III, p. 316. **96.** Thompson, *Shadow*, p. 11. **97.** Ibid.,

p. 15. **98.** Ibid., p. 14. **99.** Ibid. **100.** Ibid., p. 16. **101.** Ibid., p. 17. **102.** HANSARD, v. 351, col. 35. **103.** CAC INKP 2, p. 38. **104.** Watt, *How War Came*, p. 580. **105.** Ibid., p. 579. **106.** *CV* v, parte 3, p. 1603. **107.** Watt, *How War Came*, p. 588. **108.** Pawle, *Warden*, p. 81. **109.** WSC, *TSWW* I, p. 319. **110.** Thompson, *Shadow*, p. 19. **111.** *CS* VI, p. 6152. **112.** Ibid., p. 6153. **113.** Self (Org.), *Diary Letters*, v. IV, p. 445. **114.** Addison, *Unexpected*, p. 154. **115.** WSC, *TSWW* I, p. 320. **116.** Thompson, *Shadow*, p. 20. **117.** Oliver, *Mr Showbusiness*, p. 126. **118.** Ibid., pp. 126-7. **119.** Vincent (Org.), *Crawford*, p. 603. **120.** *Life*, 3 set. 1939. **121.** Eade (Org.), *Contemporaries*, p. 397. **122.** WSC, *TSWW* I, p. 321. **123.** Pawle, *Warden*, p. 19. **124.** *OB* v, p. 1115. **125.** Ibid.

19. "WINSTON VOLTOU": SETEMBRO DE 1939 A MAIO DE 1940 [pp. 532-65]

**1.** WSC, *GC*, p. 137. **2.** Longford, *Churchill*, p. 205. **3.** Hanson, *Wars*, p. 149. **4.** Eade (Org.), *Contemporaries*, p. 150. **5.** Ibid., p. 151. **6.** Ibid. **7.** Pawle, *Warden*, p. 39; *CWP* I, pp. 487, 914. **8.** Marder, *Dardanelles to Oran*, p. 110, nota 10. **9.** Ibid., p. 110. **10.** Colville, *Fringes*, p. 368. **11.** Brodhurst, *Pound*, p. 133. **12.** BL Add MS 52565 **13.** NA ADM 205/4, ADM 199/1928. **14.** Brodhurst, *Pound*, p. 132. **15.** *CWP* I, p. 497. **16.** WSC, *TSWW* I, p. 365; Brodhurst, *Pound*, p. 132. **17.** Potter, *Pim*, p. 1. **18.** Ibid., p. 2. **19.** Pawle, *Warden*, p. 30. **20.** Ibid. **21.** Ibid. **22.** *The Churchillian*, primavera 2014. **23.** Colville, *Fringes*, p. 129. **24.** Fort, *Prof*, p. 201. **25.** Colville, *Fringes*, p. 31. **26.** RA GVI/PRIV/DIARY/COPY/1939: 5 set. **27.** Fleming, *Invasion*, p. 146, nota 1. **28.** Self (Org.), *Diary Letters*, v. IV, p. 448. **29.** *CWP* I, pp. 111-12. **30.** Kimball (Org.), *Complete Correspondence*, v. I, p. 24. **31.** Mcgowan, *My Years*, p. 120. **32.** CAC BRGS 1/3. **33.** Ibid. **34.** Roberts, *Holy Fox*, p. 177. **35.** Self (Org.), *Diary Letters*, v. IV, p. 448. **36.** Eade (Org.), *Contemporaries*, p. 150; CAC INKP 2, pp. 52-3. **37.** James (Org.), *Chips*, p. 220. **38.** Pawle, *Warden*, p. 29. **39.** Ibid. **40.** Shakespeare, *Let Candles*, pp. 230-2. **41.** CAC CHUR 19/3. **42.** Baxter, "Military Strategist", p. 8. **43.** CAC INKP 2, p. 54. **44.** *CV* v, parte 3, pp. 13-37; CAC INKP 2, p. 56. **45.** Nicolson (Org.), *Diaries and Letters*, v. II, p. 37. **46.** Ibid. **47.** James (Org.), *Chips*, p. 222. **48.** Vincent (Org.), *Crawford*, p. 603. **49.** *CS* VI, p. 6159. **50.** Nicolson (Org.), *Diaries and Letters*, v. II, p. 37. **51.** Ibid., p. 36. **52.** Ibid., p. 38. **53.** *CS* VI, p. 6161. **54.** Ibid. **55.** Davenport-Hines, *Ettie*, p. 334. **56.** RA GVI/PRIV/DIARY/COPY/1939: 2 out. **57.** Carlton, *Soviet Union*, p. 1. **58.** Nicolson (Org.), *Diaries and Letters*, v. II, p. 38. **59.** Uma característica recorrente dos escritos dos historiadores revisionistas Maurice Cowling, Alan Clark e John Charmley. **60.** Gilbert, *A Life*, p. 627. **61.** Russell (Org.), *Constant*, p. 70. **62.** Gorodetsky (Org.), *Maisky Diaries*, p. 230. **63.** Ibid. **64.** Ibid., p. 231. **65.** Ibid. **66.** Ibid., p. 232. **67.** Ibid. **68.** RA GVI/PRIV/DIARY/COPY/1939: 9 out. **69.** Roberts, *Holy Fox*, p. 177. **70.** James (Org.), *Chips*, p. 223. **71.** Ibid., p. 224. **72.** CAC INKP 2, p. 77; Brodhurst, *Pound*, p. 129. **73.** Thompson, *Shadow*, p. 23. **74.** Colville, *Fringes*, p. 310. **75.** Ibid., p. 170. **76.** Gilbert, *Other Club*, p. 153. **77.** Thompson, *Shadow*, p. 26. **78.** Eade (Org.), *Contemporaries*, p. 396. **79.** BU NC 18/1/1125. **80.** CAC INKP 2, pp. 78-9. **81.** Ibid., p. 79. **82.** Pawle, *Warden*, p. 28. **83.** Halle, *Irrepressible*, p. 159. **84.** Eade (Org.), *Contemporaries*, p. 150; Pawle, *Warden*, p. 28; Gladwyn, *Memoirs*, p. 96. **85.** Taylor (Org.), *Crozier*, p. 105. **86.** Gorodetsky (Org.), *Maisky Diaries*, p. 237. **87.** Ibid., p. 238. **88.** Ibid., p. 239. **89.** Gilbert, *Other Club*, p. 155; Pawle, *Warden*, p. 38; Thompson, *Shadow*, p. 24. **90.** Pawle, *Warden*, p. 40. **91.** CAC MCHL 1/1/2. **92.** Pawle, *Warden*, p. 40. **93.** *CS* VI, p. 6193. **94.** Ibid. **95.** Ibid. **96.** Thompson, *Shadow*, p. 34. **97.** WSC, *TSWW* I, pp. 432-3. **98.** Eade (Org.), *Contemporaries*, p. 396. **99.** Ibid., p. 398. **100.** RA GVI/PRIV/DIARY/COPY/1940: 16 jan. **101.** *CS* VI, p. 6184. **102.** Ibid. **103.** Self (Org.), *Diary Letters*, v. IV, p. 492. **104.** Roberts, *Holy Fox*, p. 189. **105.** Self (Org.), *Diary Letters*, v. IV, p. 492. **106.** CAC MCHL 1/1/2. **107.** *CS* VI, p. 6185. **108.** Ibid., pp. 6185-6. **109.** Ibid., p. 6184. **110.** *CWP* I, pp. 668-9. **111.** Ibid., p. 679. **112.**

*CIHOW*, p. 305. **113.** Thorne (Org.), *Seven Christmases*, p. 89. **114.** Niestlé, *U-Boat Losses*, p. 188. **115.** Ibid., pp. 189-97. **116.** *CWP* I, p. 1134. **117.** CAC GDFY 1/7/327-8. **118.** Waldegrave, *Weather*, p. 193. **119.** *CS* VI, pp. 6186-9. **120.** Ibid., p. 6187. **121.** Thompson, *Shadow*, p. 32. **122.** Pawle, *Warden*, p. 46. **123.** Vincent (Org.), *Crawford*, p. 613. **124.** Dilks (Org.), *Cadogan*, p. 252. **125.** CAC AVAR 5/4/1. **126.** Pawle, *Warden*, p. 46. **127.** CAC GDFY 1/7/326. **128.** Dilks (Org.), *Cadogan*, p. 264. **129.** CAC CHAR 9/143/107-14. **130.** Ibid. **131.** James (Org.), *Chips*, p. 234. **132.** Vincent (Org.), *Crawford*, p. 614. **133.** HANSARD, V. 358, cols. 411-529. **134.** *CWP* I, p. 914. **135.** BU AP/20/1/20. **136.** Pawle, *Warden*, p. 49. **137.** *CWP* I, pp. 925-6. **138.** Taylor (Org.), *Crozier*, p. 155. **139.** Ibid. **140.** *CS* VI, p. 6199. **141.** Ibid., p. 6200. **142.** Griffiths, "What", pp. 66-7. **143.** BU AP/20/1/20. **144.** Gilbert, *Other Club*, p. 158. **145.** Russell (Org.), *Constant*, p. 268. **146.** Wheeler-Bennett (Org.), *Action*, p. 250. **147.** Butler, *Facts*, p. 268. **148.** Dix, *Norway*, p. 206. **149.** Ibid., p. 83. **150.** CAC INKP 2, p. 104. **151.** Robert Blake em *TLS*, 22 abr. 1994. **152.** Eade (Org.), *Contemporaries*, p. 153. **153.** Kersaudy, *Norway*, pass.; Shakespeare, *Six Minutes*, pass. **154.** Pawle, *Warden*, p. 50. **155.** Marder, *Winston is Back*, p. 54. **156.** WSC, *TSWW* I, p. 495. **157.** Ibid., p. 480. **158.** Dix, *Norway*, p. 204. **159.** BU AP/20/1/20. **160.** CAC INKP 2, p. 105. **161.** *CS* VI, p. 6209. **162.** Gorodetsky (Org.), *Maisky Diaries*, pp. 270-1. **163.** RA GVI/PRIV/DIARY/COPY/1940: 17 abr. **164.** *CWP* I, p. 1152. **165.** Self (Org.), *Diary Letters*, v. IV, p. 520. **166.** Ibid. **167.** Nicolson (Org.), *Diaries and Letters*, v. II, p. 73. **168.** RA GVI/PRIV/DIARY/COPY/1940: 24 abr. **169.** Gilbert, *Other Club*, p. 156. **170.** James (Org.), *Chips*, p. 242. **171.** Self (Org.), *Diary Letters*, v. IV, p. 522. **172.** Nicolson (Org.), *Diaries and Letters*, v. II, p. 74. **173.** RA GVI/PRIV/DIARY/COPY/1940: 30 abr. **174.** Self (Org.), *Diary Letters*, v. IV, pp. 526-7. **175.** *CWP* I, p. 1169. **176.** James (Org.), *Chips*, p. 243. **177.** Colville, *Fringes*, p. 115. **178.** James (Org.), *Chips*, p. 244. **179.** Ibid. **180.** CAC GLLD 5/9, parte. **181.** DIX, *Norway*, p. 205. **182.** Self (Org.), *Diary Letters*, v. IV, p. 527. **183.** Ibid., p. 528.

## 20. AGARRANDO O CARGO DE PRIMEIRO-MINISTRO: MAIO DE 1940 [pp. 566-86]

**1.** Scott, Churchill, p. 153. **2.** Muller (Org.), *Contemporaries*, p. 141. **3.** HANSARD, V. 360, col. 1290. **4.** Roberts, *Holy Fox*, p. 196. **5.** HANSARD, V. 360, cols. 1075, 1082. **6.** Ibid., col. 1081. **7.** Ibid., cols. 1093-4. **8.** Ibid., cols. 1173, 1296. **9.** Ibid., cols. 1127-8. **10.** Ibid., cols. 1129-30. **11.** Ibid., col. 1150. **12.** Ibid., col. 1165. **13.** Ibid., cols. 1252, 1263. **14.** Ibid., col. 1266. **15.** Ibid., col. 1281. **16.** Ibid., cols. 1282-3. **17.** Roberts, *Holy Fox*, p. 265. **18.** HANSARD, V. 360, col. 1283. **19.** Ibid., cols. 1307-8. **20.** Nicolson (Org.), *Diaries and Letters*, v. II, p. 78. **21.** Ibid., pp. 78-9. **22.** James (Org.), *Chips*, p. 246. **23.** Ibid. **24.** HANSARD, V. 360, col. 1361. **25.** Ibid., cols. 1361-2. **26.** Gorodetsky (Org.), *Maisky Diaries*, p. 274. **27.** Stuart (Org.), *Reith Diaries*, p. 249. **28.** CAC ATLE 1/16. **29.** Amery, *My Political Life*, p. 368. **30.** RA GVI/PRIV/DIARY/COPY/1940: 8 maio. **31.** CAC MCHL 1/1/2. **32.** Gorodetsky (Org.), *Maisky Diaries*, p. 275. **33.** Ibid. **34.** Nicolson (Org.), *Diaries and Letters*, v. II, p. 79. **35.** James (Org.), *Chips*, p. 246. **36.** Colville, *Fringes*, p. 310. **37.** Lysaght, *Bracken*, p. 172. **38.** PA BBKN 2/3. **39.** BIYU Diário Halifax. **40.** Gilbert, *Other Club*, p. 175. **41.** BU AP/20/1/20, AP 20/1/23. **42.** BU AP 20/1/23. **43.** BIYU Diário Halifax, 9 maio 1940. **44.** Roberts, *Holy Fox*, p. 199. **45.** Feiling, *Chamberlain*, p. 422. **46.** Taylor (Org.), *Crozier*, p. 175. **47.** Thompson, *1940*, p. 91. **48.** CAC ATLE 1/16. **49.** Thompson, *1940*, p. 87. **50.** Attlee, *As It Happened*, p. 113. **51.** RA GVI/PRIV/DIARY/COPY/1940: 9 maio. **52.** Dilks (Org.), *Cadogan*, p. 280. **53.** WSC, *TSWW* I, p. 523. **54.** Thompson, *1940*, p. 85. **55.** PA BBK/G/11/11. **56.** Ibid. **57.** BU AP/20/1/20. **58.** Smith (Org.), *Hostage to Fortune*, p. 476. **59.** BIYU Diário Halifax, 31 mar. 1942. **60.** Evans (Org.), *Killearn Diaries*, p. 234. **61.** Moran, *Struggle*, p. 323. **62.** Stuart, *Within*, p. 87. **63.** Pawle, *Warden*, p. 53. **64.** RA GVI/PRIV/DIARY/COPY/1940: 10 maio. **65.** Self (Org.), *Diary Letters*, v. IV, p. 407. **66.** Gilbert,

*Search*, p. 215. **67.** *CWP* I, p. 1264. **68.** BU AP/20/1/20. **69.** *CV* VI, parte 1, p. 1276. **70.** Roberts, *Holy Fox*, p. 207. **71.** BU AP 20/1/23. **72.** CAC ATLE 1/16. **73.** James (Org.), *Chips*, p. 249. **74.** Ibid. **75.** RA GVI/PRIV/DIARY/COPY/1940: 10 maio. **76.** WSC, *TSWW* I, p. 525. **77.** RA GVI/PRIV/DIARY/COPY/1940: 10 maio. **78.** Thompson, *Shadow*, p. 37. **79.** CAC ATLE 1/16. **80.** Colville, *Fringes*, p. 122. **81.** Ibid. **82.** Halle, *Irrepressible*, p. 135. **83.** James (Org.), *Chips*, p. 248. **84.** Ibid., p. 250. **85.** Howard, *Rab*, p. 94. **86.** BOD Documentos Dawson 56/89. **87.** WSC, *TSWW* I, pp. 526-7. **88.** Moran, *Struggle*, p. 324.

## 21. A QUEDA DA FRANÇA: MAIO A JUNHO DE 1940 [pp. 589-636]

**1.** Soames (Org.), *Speaking*, p. 475. **2.** WSC, *TSWW* II, p. 105. **3.** WSC, *RW* II, p. 162. **4.** *CS* I, p. 83. **5.** *CS* I, pp. 197-8. **6.** *CV* II, parte 3, p. 1874. **7.** *CS* III, p. 2245. **8.** WSC, *TSWW* I, p. 124. **9.** *OB* IV, p. 38. **10.** WSC, *Thoughts*, p. 264. **11.** WSC, *WC* III, parte 1, p. 193. **12.** Jackson, *Churchill*, p. 162. **13.** *CS* III, p. 2331. **14.** Ibid., p. 2348. **15.** Ibid., v. V, p. 5203. **16.** Ibid., v. III, p. 2341. **17.** WSC, *Marl* II, p. 485. **18.** Gilbert, *A Life*, pp. 389-90. **19.** Jackson, *Churchill*, p. 130. **20.** WSC, *Marl* I, p. 774. **21.** *CS* V, p. 5268. **22.** Muller (Org.), *Contemporaries*, p. 300. **23.** WSC, *TSWW* I, p. 328. **24.** Self (Org.), *Diary Letters*, v. IV, p. 530. **25.** Lysaght, *Bracken*, p. 176. **26.** Dalton, *Fateful Years*, p. 321; Young (Org.), *Bruce Lockhart*, p. 532; Lysaght, *Bracken*, p. 176; Gorodetsky (Org.), *Maisky Diaries*, p. 280. **27.** Colville, *Fringes*, p. 128. **28.** *OB* VI, p. 454. **29.** Gorodetsky (Org.), *Maisky Diaries*, p. 239. **30.** James (Org.), *Chips*, p. 257; PA BBK G/11/11. **31.** Moran, *Struggle*, p. 26. **32.** *CIHOW*, p. 324. **33.** Ibid. **34.** Gilbert, *Other Club*, p. 175. **35.** BU AP/20/1/20. **36.** Stuart (Org.), *Reith Diaries*, p. 251. **37.** Colville, *Fringes*, p. 130. **38.** Eade (Org.), *Contemporaries*, p. 274. **39.** James, *Boothby*, pp. 245-6. **40.** *CS* VI, p. 6333. **41.** PA LG F/9/1/5 **42.** Harriman, *Special Envoy*, p. 59. **43.** Stuart (Org.), *Reith Diaries*, p. 250. **44.** WSC, *TSWW* II, p. 15. **45.** Boothby, *Fight to Live*, p. 145. **46.** Bew, *Citizen Clem*, p. 23. **47.** Eade (Org.), *Contemporaries*, pp. 68-9. **48.** Jacob, "High Level", p. 365. **49.** WSC, *TSWW* II, p. 20. **50.** Colville, *Fringes*, p. 129. **51.** Soames, *Daughter's Tale*, p. 153. **52.** Ismay, *Memoirs*, p. 116. **53.** James (Org.), *Chips*, p. 252. **54.** Nicolson (Org.), *Diaries and Letters*, v. II, p. 85. **55.** Foot, *Bevan* I, p. 316. **56.** Gorodetsky (Org.), *Maisky Diaries*, p. 277. **57.** Blake, "Conservative", p. 12. **58.** BIYU Diário Halifax, 13 maio 1940. **59.** HANSARD, v. 360, col. 1502. **60.** Nicolson (Org.), *Diaries and Letters*, v. II, p. 85. **61.** *CS* VI, p. 6219. **62.** James (Org.), *Chips*, p. 252. **63.** HANSARD, v. 360, col. 1511. **64.** Cross (Org.), *Life with Lloyd George*, p. 281. **65.** Gorodetsky (Org.), *Maisky Diaries*, p. 521. **66.** Dilks (Org.), *Cadogan*, p. 283. **67.** Pawle, *Warden*, p. 57. **68.** *CV* VI, parte 2, p. 32. **69.** WSC, *CE* I, pp. 394-5. **70.** Ibid., pp. 424-5. **71.** Wright, *Dowding*, p. 10. **72.** Ibid. **73.** Lewin, *Warlord*, p. 31 e nota. **74.** Ibid., p. 31. **75.** Wright, *Dowding*, p. 112. **76.** Owen, *Cabinet*, p. 97. **77.** Dilks (Org.), *Cadogan*, p. 264. **78.** Kimball (Org.), *Complete Correspondence*, v. I, p. 37. **79.** Ibid. **80.** Ibid. **81.** Ibid., pp. 37-8. **82.** RA GVI/PRIV/DIARY/COPY/1940: 16 maio. **83.** Harvey (Org.), *Diaries*, p. 359. **84.** WSC, *TSWW* II, p. 42. **85.** Owen, *Cabinet*, pp. 97-8. **86.** Spears, *Assignment*, v. I, p. 148; Colville, *Fringes*, p. 261; Ismay, *Memoirs*, pp. 1, 28-9. **87.** Spears, *Assignment*, v. I, p. 148. **88.** Colville, *Fringes*, pp. 177, 261. **89.** Pawle, *Warden*, p. 57. **90.** LHC Documentos Dill 3/1/8. **91.** Ibid. **92.** Dilks (Org.), *Cadogan*, p. 285. **93.** Colville, *Fringes*, p. 134. **94.** Ibid., p. 132. **95.** *CWP* II, p. 62. **96.** Colville, *Fringes*, p. 133. **97.** Ibid. **98.** Ibid., p. 134. **99.** Karslake, *1940*, p. 82. **100.** Dilks (Org.), *Cadogan*, p. 285. **101.** Karslake, *1940*, p. 83. **102.** Nicolson (Org.), *Diaries and Letters*, v. II, p. 86. **103.** Self (Org.), *Diary Letters*, v. IV, p. 531. **104.** Ibid., p. 532. **105.** Ibid., pp. 535-7. **106.** RA GVI/PRIV/DIARY/COPY/1940: 17 maio. **107.** Colville, *Fringes*, p. 135. **108.** NA PREM 4/19/5. **109.** Colville, *Fringes*, pp. 134-5. **110.** Dilks (Org.), *Cadogan*, p. 286. **111.** BU AP/20/1/20. **112.** Colville, *Fringes*, p. 135. **113.** Ibid. **114.** *CS* VI, pp. 6222-3. **115.** Addison; crang (Orgs.), *Listening to Britain*, p. 12. **116.** Dilks (Org.),

*Cadogan*, p. 287. **117.** Kimball (Org.), *Complete Correspondence*, v. I, p. 40. **118.** Ibid. **119.** *CV* VI, parte 2, p. 93. **120.** Colville, *Fringes*, p. 136. **121.** *CWP* II, p. 97. **122.** Colville, *Fringes*, p. 137. **123.** Ibid., p. 138. **124.** PA BBK C/92. **125.** Dilks (Org.), *Cadogan*, p. 288. **126.** Colville, *Fringes*, p. 177. **127.** WSC, *TSWW* V, p. 635. **128.** Griffiths, "What", pp. 97-8. **129.** Blake; Louis (Orgs.), *Churchill*, p. 422. **130.** Christopher Andrew em *Literary Review*, jun. 2006, p. 16. **131.** Hinsley, *British Intelligence*, v. I, p. 160 e Apêndice 6. **132.** Blake; Louis (Orgs.), *Churchill*, p. 410. **133.** Dilks (Org.), *Cadogan*, p. 288. **134.** Owen, *Cabinet*, p. 116. **135.** Potter, *Pim*, p. 5. **136.** Ibid. **137.** RA GVI/PRIV/DIARY/COPY/1940: 23 maio. **138.** *CWP* II, pp. 138-9. **139.** WSC, *TSWW* II, p. 53. **140.** *CWP* II, p. 139. **141.** WSC, *TSWW* II, p. 73. **142.** Ibid. **143.** Colville, *Fringes*, p. 213. **144.** *FH*, n. 136, p. 51. **145.** NA CAB 66/7 WP (40) 168. **146.** Dilks (Org.), *Cadogan*, p. 289. **147.** Ibid., p. 290. **148.** Ibid. **149.** Ibid. **150.** NA CAB 65/13 WM 142 (40). **151.** BU NC 2/24A; NA CAB 65/13 Anexos Confidenciais. **152.** BU NC 2/24A. **153.** Owen, *Cabinet*, p. 21. **154.** WSC, *TSWW* II, p. 157. **155.** NA CAB 65/13 WM 142. **156.** Owen, *Cabinet*, p. 127. **157.** *CWP* II, p. 168. **158.** Dilks (Org.), *Cadogan*, p. 291. **159.** Langworth, "Feeding the Crocodile", pass. **160.** RA GVI/PRIV/DIARY/COPY/1940: 30 maio. **161.** Colville, *Fringes*, p. 182; Habsburg, *Naissance*, p. 175; RA GVI/PRIV/DIARY/COPY/1940: 30 maio. **162.** *CWP* II, pp. 169-80. **163.** Colville, *Fringes*, p. 141. **164.** Dilks (Org.), *Cadogan*, p. 291. **165.** Colville, *Fringes*, p. 141. **166.** Ibid. **167.** *CS* VI, p. 6224. **168.** RA GVI/PRIV/DIARY/COPY/1940: 28 maio. **169.** NA CAB 65/13 WM 145 (40) 1. **170.** *OB* VI, p. 419. **171.** Dilks (Org.), *Cadogan*, p. 290. **172.** WSC, *TSWW* II, p. 81. **173.** CAC BRGS 1/3. **174.** Reynolds, *World War*, p. 82. **175.** *CWP* II, pp. 182-3, 183, nota 2. **176.** Thompson, *Shadow*, p. 56. **177.** Pawle, *Warden*, p. 59; Browne, *Sunset*, p. 204. **178.** Plumb, "Dominion", p. 2. **179.** Colville, *Fringes*, p. 344. **180.** Rowse, "Visit", pp. 8-13. **181.** WSC, *TSWW* II, p. 88. **182.** Potter, *Pim*, p. 6. **183.** Ibid., p. 11. **184.** LHC Documentos Dill 3/1/8. **185.** Colville, *Fringes*, p. 143. **186.** *CWP* II, p. 200. **187.** Harvey (Org.), *Diaries*, p. 374. **188.** Thompson, *Shadow*, p. 41. **189.** Karslake, *1940*, p. 122. **190.** Pawle, *Warden*, p. 59. **191.** Harvey (Org.), *Diaries*, p. 375. **192.** Dilks (Org.), *Cadogan*, p. 293. **193.** *OB* VI, p. 449; NA PREM 7/2. **194.** Colville, *Fringes*, p. 145. **195.** Karslake, *1940*, p. 122. **196.** Colville, *Fringes*, pp. 146-7. **197.** Holland, *Rise of Germany*, p. 308. **198.** Jackson, *Churchill*, p. 269; RA GVI/PRIV/DIARY/COPY/1940: 9 jun. **199.** Pawle, *Warden*, p. 68. **200.** *CS* VI, p. 6226. **201.** Ibid., p. 6227. **202.** Ibid. **203.** Ibid., p. 6229. **204.** Ibid. **205.** Ibid., p. 6230. **206.** James (Org.), *Chips*, p. 256. **207.** Nicolson (Org.), *Diaries and Letters*, v. II, p. 93. **208.** Ibid. **209.** Ronald Golding para Richard Langworth, 1985. **210.** Dilks (Org.), *Cadogan*, p. 294. **211.** Colville, *Fringes*, pp. 148-9. **212.** Ibid., p. 149. **213.** Gilbert, *D-Day*, p. 24. **214.** Colville, *Fringes*, p. 152. **215.** Ibid., p. 163. **216.** Pawle, *Warden*, p. 62. **217.** Karslake, *1940*, p. 173; LHC Documentos Dill 3/1/8. **218.** *TCD* 19I, p. 573. **219.** Pawle, *Warden*, p. 62. **220.** RA GVI/PRIV/DIARY/COPY/1940: 12 jun. **221.** Pawle, *Warden*, p. 63. **222.** RA GVI/PRIV/DIARY/COPY/1940: 12 jun. **223.** Ismay, *Memoirs*, p. 139. **224.** Ibid., p. 140. **225.** Ibid.; LHC Documentos Ismay 2/1/25. **226.** Ismay, *Memoirs*, pp. 141-2. **227.** *OB* VI, p. 522. **228.** Ismay, *Memoirs*, p. 142. **229.** Blake; Louis (Orgs.), *Churchill*, p. 249. **230.** Colville, *Fringes*, p. 175. **231.** RA GVI/PRIV/DIARY/COPY/1940: 12 jun. **232.** Colville, *Fringes*, p. 154. **233.** Thompson, *Shadow*, p. 55. **234.** Pawle, *Warden*, p. 59. **235.** KCL Documentos Beaumont, cap. 8, f. 146. **236.** Pawle, *Warden*, p. 64. **237.** Dilks (Org.), *Cadogan*, p. 298. **238.** Pawle, *Warden*, p. 64. **239.** Thompson, *Shadow*, p. 56. **240.** Pawle, *Warden*, p. 64. **241.** Spears, *Assignment*, v. II, pp. 205-6; *OB* VI, p. 507. **242.** CAC CHAR 23/2. **243.** PA BBK/D/480. **244.** Thomson, *Vote of Censure*, p. 45. **245.** WSC, *TSSW* II, p. 162. **246.** Pawle, *Warden*, p. 65. **247.** Russell (Org.), *Constant*, p. 105. **248.** Thompson, *Shadow*, p. 56. **249.** Danchev; Todman (Orgs.), *War Diaries*, p. 81. **250.** Jackson, *Churchill*, p. 26. **251.** Pawle, *Warden*, p. 119. **252.** *CIHOW*, p. 534. **253.** Dilks (Org.), *Cadogan*, p. 299. **254.** Colville, *Fringes*, p. 157. **255.** Ibid., p. 158. **256.** Ibid. **257.** Ibid. **258.** Ibid. **259.** Ibid., p. 161. **260.** Ibid., p. 504. **261.** Ibid., p. 160. **262.** Ibid. **263.** Ibid. **264.** Roberts, *Holy Fox*, p. 232. **265.** Ibid. **266.** Ibid., p. 161. **267.** Martin, *Downing Street*, p. 11. **268.** Dilks (Org.), *Cadogan*, p. 304. **269.** Martin, *Downing Street*, p. 6.

## 22. A BATALHA DA GRÃ-BRETANHA: JUNHO A SETEMBRO DE 1940 [pp. 637-68]

**1.** Colville, *Fringes*, p. 194. **2.** *Washington Post*, 23 set. 1940 **3.** Stuart, *Within*, p. 34. **4.** WSC, *TSWW* II, p. 451. **5.** Martin, *Downing Street*, p. 14. **6.** *CS* VI, p. 6232. **7.** Ibid., pp. 6238-9. **8.** Ibid., p. 6234. **9.** Fleming, *Invasion*, p. 141. **10.** *CS* VI, p. 6328. **11.** Gorodetsky (Org.), *Maisky Diaries*, p. 287. **12.** Nicolson (Org.), *Diaries and Letters*, v. II, p. 97. **13.** RA GVI/PRIV/DIARY/COPY/1940: 19 jun. **14.** Colville, *Fringes*, p. 165. **15.** Ibid., pp. 165-6. **16.** *OB* VI, pp. 584-5. **17.** Aldrich; Cormac, *Black Door*, p. 17. **18.** WSC, *TSWW* II, p. 339. **19.** Jones, "Knew Him", pp. 10-1. **20.** Jones, *Most Secret*, pp. 107-8. **21.** Capet, "Scientific", p. 4. **22.** Ibid. **23.** Colville, *Fringes*, p. 197. **24.** Dilks (Org.), *Cadogan*, p. 307. **25.** James, *Davidson*, p. 427. **26.** Colville, *Fringes*, p. 170. **27.** RA GVI/PRIV/DIARY/COPY/1940: 25 jun. **28.** Bloch, *Operation Willi*, pass. **29.** RA GVI/PRIV/DIARY/COPY/1940: 25 jun. **30.** CAC MCHL 1/1/2. **31.** Colville, *Fringes*, p. 172. **32.** Soames (Org.), *Speaking*, p. 454. **33.** Colville, *Fringes*, p. 281. **34.** Ibid., pp. 172-3. **35.** Colville, "Second", p. 7. **36.** Colville, *Fringes*, p. 273. **37.** Russell (Org.), *Constant*, pp. 121-2. **38.** CAC MRGN 1/6/1. **39.** NA PREM 3/479. **40.** *CWP* II, p. 436. **41.** Catálogo de vendas de manuscritos da Christie's, 2003. **42.** Colville, *Fringes*, pp. 186-7. **43.** Ibid., p. 178. **44.** Martin, *Downing Street*, p. 13. **45.** Colville, *Fringes*, p. 179. **46.** Ibid., pp. 179-80. **47.** Ibid., p. 180. **48.** Ibid., p. 182. **49.** Harvey (Org.), *Diaries*, p. 378. **50.** Bryant, *Turn of the Tide*, p. 199. **51.** Montgomery, *Memoirs*, p. 69. **52.** Pawle, *Warden*, p. 70. **53.** Gallup, *Opinion Polls*, p. 34. **54.** Colville, *Fringes*, p. 217. **55.** Gallup, *Opinion Polls*, pp. 34-61. **56.** Leasor, *War at the Top*, p. 45. **57.** Holland, *Rise of Germany*, p. 327. **58.** CAC CHUR 20/9; *OB* VI, p. 705. **59.** Colville, *Fringes*, p. 184. **60.** CAC CHAR 20/31A/16 e 30. **61.** CAC CHAR 20/31A/51. **62.** RA GVI/PRIV/DIARY/COPY/1940: 7 jul. **63.** Pawle, *Warden*, p. 71. **64.** PA BBK/D/480. **65.** Eade (Org.), *Contemporaries*, p. 154. **66.** Ibid. **67.** Pawle, *Warden*, pp. 183-4. **68.** CAC MCHL 1/1/2. **69.** Martin, *Downing Street*, p. 14. **70.** CAC MCHL1/1/2. **71.** Nicolson (Org.), *Diaries and Letters*, v. II, p. 100. **72.** Colville, *Fringes*, p. 185. **73.** Mitter, *China's War*, pp. 221-2. **74.** CAC GLLD 519, parte 1. **75.** Dilks (Org.), *Cadogan*, p. 311. **76.** Rose (Org.), *Baffy*, p. 173. **77.** WSC, *TSWW* II, p. 238. **78.** Colville, *Fringes*, p. 187. **79.** RA GVI/PRIV/DIARY/COPY/1940: 10 jul. **80.** Soames, *Clementine*, p. 322. **81.** Martin, *Downing Street*, p. 6. **82.** Fleming, *Invasion*, p. 98. **83.** Colville, *Fringes*, p. 189. **84.** Ibid., p. 190. **85.** Norwich (Org.), *Monster*, p. 38. **86.** Colville, *Fringes*, p. 192. **87.** Ibid. **88.** Ibid. **89.** Ibid., pp. 192-3. **90.** Ibid., p. 193. **91.** Ibid., p. 194. **92.** Ibid., p. 195. **93.** Best, *Greatness*, p. 187. **94.** *CS* VI, p. 6247. **95.** Ibid., p. 6248. **96.** Ibid., p. 6249. **97.** Addison; Crang (Orgs.), *Listening*, p. 232. **98.** Nicolson (Org.), *Diaries and Letters*, v. II, p. 102. **99.** Colville, *Fringes*, p. 197. **100.** CAC MCHL 1/1/2. **101.** Colville, *Fringes*, p. 197. **102.** *CWP* II, pp. 532-3. **103.** Ibid., p. 533. **104.** Ibid., p. 534. **105.** Eade (Org.), *Contemporaries*, p. 211. **106.** Colville, *Fringes*, p. 200. **107.** BU AP/20/1/20. **108.** WSC, *TSWW* III, p. 663. **109.** Midgley (Org.), *Heroic Memory*, p. 42. **110.** WSC, *TSWW* III, p. 660. **111.** Pimlott (Org.), *Dalton Diary*, p. 62. **112.** Colville, *Fringes*, p. 306; *New Statesman*, 29 jan. 1965. **113.** Milton, *Ungentlemanly*, p. 63. **114.** Foot, *SOE*, p. 105. **115.** Para críticas à SOE, ver Keegan, *Intelligence in War*, pass.; Richard J. Aldrich em *Contemporary British History*, outono 1997, pp. 159-60; Roger Fontaine em *History: Reviews of New Books*, v. 26, n. 4, 1998, pp. 217-21, disponível em <http://www.tandfonline.com/doi/abs/10.1080/03612759.1998.10528264>. **116.** Milton, *Ungentlemanly*, pass. **117.** BU AP/20/1/20. **118.** Danchev; Todman (Orgs.), *War Diaries*, p. 100. **119.** BU AP/20/1/20. **120.** PA BBK C/92. **121.** Addison; Crang, *Listening*, p. 309. **122.** CAC BRGS 1/3. **123.** De Gaulle, *War Memoirs*, p. 104. **124.** Colville, *Fringes*, pp. 214-5. **125.** BA AP/20/1/20. **126.** RA GVI/PRIV/DIARY/COPY/1940: 16 jul. **127.** Colville, *Fringes*, p. 223. **128.** Ibid., p. 219. **129.** Ibid., p. 220. **130.** Ibid., p. 223. **131.** Colville, *Churchillians*, p. 143. **132.** Colville, *Fringes*, p. 223. **133.** Ibid., p. 224. **134.** CAC MCHL 1/1/2. **135.** Martin, *Downing Street*, p. 19. **136.** Colville, *Fringes*, p. 196. **137.** *CS* VI, p. 6265. **138.** Ibid., p. 6267. **139.** Ibid. **140.** Ibid.,

p. 6269. **141.** Colville, *Fringes*, p. 227. **142.** Gorodetsky (Org.), *Maisky Diaries*, p. 305. **143.** Wheeler-Bennett (Org.), *Action*, p. 257. **144.** *CS* I, p. 365. **145.** CAC EADE 2/2. **146.** *CS* VII, p. 7885. **147.** Colville, *Fringes*, p. 258. **148.** BU AP/20/1/20. **149.** Ibid. **150.** Colville, *Fringes*, p. 229. **151.** NA CAB 65/14 WM (40) 232. **152.** RA GVI/PRIV/DIARY/COPY/1940: 24 ago. **153.** Hancock; Gowing, *British War Economy*, p. 234. **154.** Kimball, "Beggar my Neighbour", p. 765. **155.** Colville, *Fringes*, p. 232. **156.** Pawle, *Warden*, p. 74. **157.** Colville, *Fringes*, p. 230. **158.** *OB* VI, p. 803. **159.** Nicolson (Org.), *Diaries and Letters*, v. II, pp. 121-2. **160.** RA GVI/PRIV/DIARY/COPY/1940: 27 ago. **161.** Colville, *Fringes*, p. 231. **162.** Ibid., pp. 232-3. **163.** Wheeler-Bennett (Org.), *Action*, p. 112. **164.** Colville, *Fringes*, p. 233. **165.** Ibid., p. 238. **166.** Ibid., p. 234. **167.** Ibid. **168.** Ibid., p. 235. **169.** Ibid., p. 237. **170.** Ibid., pp. 234, 238. **171.** Ibid., p. 238. **172.** NA CAB 65/8 WM (40) 227. **173.** Colville, *Fringes*, p. 223; Kimball (Org.), *Complete Correspondence*, v. I, p. 60. **174.** Eade (Org.), *Contemporaries*, p. 154. **175.** RA GVI/PRIV/DIARY/COPY/1940: 3 set. **176.** NA CAB 66/11 WP (40) 352. **177.** Stargardt, *German*, pp. 111-2. **178.** *CS* VI, p. 6275. **179.** Gilbert, *Other Club*, p. 166. **180.** Skidelsky, *Fighting for Britain*, p. 80.

23. A BLITZ: SETEMBRO DE 1940 A JANEIRO DE 1941 [pp. 669-708]

**1.** WSC, *TSWW* II, p. 555. **2.** Ibid., p. 246. **3.** Gilbert, *Other Club*, p. 166. **4.** Ismay, *Memoirs*, p. 183. **5.** Ibid., pp. 183-4. **6.** WSC, *TSWW* II, p. 308. **7.** Calder, *Myth of the Blitz*, pass. **8.** Colville, *Fringes*, p. 231. **9.** Sitwell, *Eggs or Anarchy*, pass. **10.** Colville, *Footprints*, p. 98. **11.** CAC CHOH/3/CLVL **12.** James, *Undaunted*, p. 207. **13.** Ibid., p. 209 **14.** *CS* VI, p. 6277. **15.** Ibid. **16.** CAC CHOH/3/CLVL. **17.** Gorodetsky (Org.), *Maisky Diaries*, p. 311. **18.** WSC, *TSWW* II, pp. 295-6. **19.** Martin, *Downing Street*, p. 25. **20.** Ibid. **21.** WSC, *TSWW* II, p. 297. **22.** *CS* VI, p. 6283. **23.** Ibid. **24.** Nicolson (Org.), *Diaries and Letters*, v. II, p. 114. **25.** Colville, *Fringes*, p. 241. **26.** *CS* VI, p. 6279. **27.** Martin, *Downing Street*, p. 26. **28.** Colville, *Fringes*, p. 243. **29.** Thompson, *Shadow*, p. 63. **30.** Ibid. **31.** Colville, *Fringes*, p. 243. **32.** Ibid., p. 245. **33.** Ibid. **34.** Ibid. **35.** Ibid., p. 246. **36.** Ibid., p. 248. **37.** RA GVI/PRIV/DIARY/COPY/1940: 1 out. **38.** Dilks (Org.), *Cadogan*, p. 328. **39.** Colville, *Fringes*, p. 249. **40.** James (Org.), *Chips*, p. 268. **41.** WSC, *TSWW* II, pp. 436-7. **42.** RA GVI/PRIV/DIARY/COPY/1940: 1 out. **43.** RA GVI/PRIV/DIARY/COPY/1940: 25 set. **44.** RA GVI/PRIV/DIARY/COPY/1940: 24 set. **45.** Colville, *Fringes*, p. 252. **46.** *CWP* II, p. 845. **47.** Ibid., p. 890. **48.** BU AP/20/1/20. **49.** Ibid. **50.** BU NC 20/1/202. **51.** PA FF/5/6. **52.** Kennedy, *Business*, p. 275. **53.** Ibid., p. 173. **54.** BU AP/20/1/20. **55.** Colville, *Fringes*, p. 248. **56.** *CS* VI, p. 6315. **57.** BA AP/20/1/20. **58.** *CS* VI, pp. 6286-7. **59.** BU AP/20/1/20. **60.** *OB* VIII, p. 308. **61.** Churchill, *His Father's Son*, p. 183. **62.** WSC, *TSWW* II, p. 439. **63.** *CS* VI, p. 6295. **64.** *CV* II, parte 1, p. 243. **65.** Colville, *Fringes*, p. 262. **66.** Ibid. **67.** Ibid., p. 264. **68.** Ibid., p. 265. **69.** Ibid., p. 266. **70.** Ibid., p. 265. **71.** WSC, *TSWW* II, p. 305. **72.** Ibid., p. 306. **73.** Martin, *Downing Street*, pp. 30-1. **74.** CAC BRGS 1/2. **75.** Thompson, *Shadow*, p. 59. **76.** CAC GLLD 519, parte 1. **77.** RA GVI/PRIV/DIARY/COPY/1940: 15 out. **78.** Ibid. **79.** Peck, *Dublin from Downing Street*, p. 72. **80.** Jones, *No. 10 Downing Street*, p. 138. **81.** Colville, *Fringes*, p. 341. **82.** Pawle, *Warden*, p. 82. **83.** Martin, *Downing Street*, p. 29. **84.** Colville, *Fringes*, p. 268. **85.** Hastings, *Finest Years*, p. 102. **86.** Colville, *Fringes*, p. 280. **87.** Pawle, *Warden*, p. 80. **88.** Ibid. **89.** Ibid., p. 81. **90.** Colville, *Fringes*, p. 270. **91.** Pawle, *Warden*, p. 81. **92.** Thompson, *Shadow*, p. 62. **93.** Ibid. **94.** Colville, *Fringes*, p. 341. **95.** Thompson, *Shadow*, p. 58. **96.** Ibid., p. 60. **97.** Ibid. **98.** Peck, *Dublin from Downing Street*, p. 71. **99.** Thompson, *Shadow*, p. 61. **100.** Colville, *Fringes*, p. 244. **101.** LHC LH 15/15/1. **102.** Ibid. **103.** Martin, *Downing Street*, p. 11. **104.** Colville, *Fringes*, pp. 154-5. **105.** Wheeler-Bennett (Org.), *Action*, pp. 50-1. **106.** Pawle, *Warden*, p. 101. **107.** Wheeler-Bennett (Org.), *Action*, p. 20. **108.** Stuart, *Within*, p. 96. **109.** *FH*, n. 84, p. 8. **110.** Thompson, *Shadow*, p. 47. **111.** WSC,

*TSWW* III, p. 639. **112.** Ibid. II, p. 560. **113.** CAC CHOH/3/CLVL **114.** Colville, *Fringes*, p. 291. **115.** Marsh, *Number*, p. 246. **116.** Laird; Graebner, *Hitler's Reich*, p. 55. **117.** WSC, *MEL*, p. 95. **118.** Thompson, *Shadow*, p. 44. **119.** Ibid. **120.** WSC, *TSWW* I, p. 201. **121.** Singer, *Style*, p. 172. **122.** Colville, *Fringes*, p. 245. **123.** Eade (Org.), *Contemporaries*, p. 397. **124.** Peck, *Dublin from Downing Street*, p. 76. **125.** Martin, *Downing Street*, p. 8. **126.** *CS* VI, p. 6297. **127.** *CIHOW*, p. 485. **128.** Colville, *Fringes*, p. 272. **129.** Ibid., p. 283. **130.** Dilks (Org.), *Cadogan*, p. 340. **131.** WSC, *WC* IV, p. 302. **132.** *CS* VI, p. 6341. **133.** Stuart, *Within*, p. 90. **134.** Colville, *Fringes*, p. 366. **135.** Ibid., p. 273. **136.** Ibid. **137.** Carr, *Fall of Greece*, p. 38. **138.** Colville, *Fringes*, p. 277. **139.** Tree, *When the Moon*, p. 136. **140.** WSC, *TSWW* II, p. 472. **141.** Colville, *Fringes*, p. 284. **142.** Ibid., p. 283. **143.** Kimball, *Unsordid*, p. 235. **144.** Kimball (Org.), *Complete Correspondence*, v. I, p. 40. **145.** Colville, *Fringes*, p. 278. **146.** *OB* VI, pp. 949-50. **147.** Colville, *Fringes*, p. 282. **148.** Ibid., p. 284. **149.** Ibid., p. 291. **150.** *CS* VI, p. 6303. **151.** Nicolson (Org.), *Diaries and Letters*, v. II, p. 125. **152.** WSC, *TSWW* II, p. 489; CAC MCHL 1/1/2. **153.** WSC, *TSWW* II, p. 501. **154.** Ibid. **155.** James (Org.), *Chips*, p. 276. **156.** Ibid., p. 273. **157.** Ibid. **158.** *CS* VI, p. 6307. **159.** Ibid. **160.** James (Org.), *Chips*, p. 276. **161.** Colville, *Fringes*, p. 292. **162.** *CIHOW*, p. 331. **163.** Nicolson (Org.), *Diaries and Letters*, v. II, p. 129. **164.** Stuart, *Within*, p. 87. **165.** Tree, *When the Moon*, p. 130; *FH*, n. 165, pp. 38-41. **166.** *CIHOW*, p. 518. **167.** Martin, *Downing Street*, p. 33. **168.** CAC MCHL 1/1/2. **169.** *The Times*, 28 ago. 1976; CAC SOAM 7/6C. **170.** Martin, *Downing Street*, p. 33. **171.** Colville, *Fringes*, p. 295. **172.** *Standpoint*, nov. 2015, p. 55. **173.** Langworth, *Myth*, pp. 132-6. **174.** Colville, *Fringes*, p. 297. **175.** Ibid., p. 299. **176.** Best, *Greatness*, p. 198. **177.** Kimball (Org.), *Complete Correspondence*, v. I, p. 103. **178.** Ibid., pp. 108, 100. **179.** WSC, *TSWW* III, p. 35. **180.** BU AP/20/1/20. **181.** Pawle, *Warden*, p. 95. **182.** Aspinall-Oglander, *Keyes*, p. 399. **183.** Colville, *Fringes*, p. 305. **184.** BU AP/20/1/20 **185.** RA GVI/PRIV/DIARY/COPY/1940: 10 dez. **186.** Colville, *Fringes*, p. 312. **187.** James (Org.), *Chips*, pp. 278-9. **188.** *CS* VI, p. 6317. **189.** Colville, *Fringes*, p. 309. **190.** Ibid., p. 275. **191.** Ibid., p. 310. **192.** Ibid., pp. 215-6. **193.** Ibid., p. 216. **194.** Ibid., pp. 312-3. **195.** WSC, *TSWW* III, p. 638. **196.** Pawle, *Warden*, p. 77. **197.** Colville, *Fringes*, p. 319. **198.** Ibid. **199.** *CS* VI, p. 6314. **200.** CAC CHOH/3/CLVL. **201.** Colville, *Fringes*, p. 321. **202.** RA GVI/PRIV/DIARY/COPY/1940: 24 dez. **203.** Colville, *Fringes*, p. 322. **204.** BU AP/20/1/20. **205.** Documentos Birkenhead 65/A3. **206.** BU AP/20/1/21. **207.** Martin, *Downing Street*, p. 36. **208.** Ibid. **209.** Colville, *Fringes*, p. 314. **210.** Martin, *Downing Street*, p. 37. **211.** CAC MCHL 1/1/2. **212.** Colville, *Fringes*, p. 323. **213.** Ibid., p. 325. **214.** Ibid., p. 327. **215.** RA PS GVI C 069/07. **216.** Hamilton, *Listening*, p. 238. **217.** Blake; Louis (Org.), *Churchill*, p. 407. **218.** Ibid., p. 414. **219.** Ibid., p. 415. **220.** Ibid. **221.** *CS* VI, p. 6328. **222.** Wheeler-Bennett (Org.), *Action*, p. 252. **223.** WSC, *TSWW* III, p. 21. **224.** Pawle, *Warden*, p. 92. **225.** Colville, *Fringes*, p. 333. **226.** Ibid. **227.** Ibid., p. 394. **228.** Sherwood (Org.), *Hopkins*, v. I, p. 242. **229.** Colville, *Fringes*, p. 335. **230.** Ibid. **231.** Ibid. **232.** Ibid. **233.** Dilks (Org.), *Cadogan*, p. 349. **234.** Martin, *Downing Street*, p. 40. **235.** Pawle, *Warden*, p. 92. **236.** Martin, *Downing Street*, p. 42. **237.** Gilbert, *A Life*, p. 688.

## 24. "CONTINUEM PERSISTINDO": JANEIRO A JUNHO DE 1941 [pp. 709-42]

**1.** WSC, *Marl* I, p. 569. **2.** LHC Documentos Edmonds II /3/53b. **3.** *CS* VI, p. 6337. **4.** Nicolson (Org.), *Diaries and Letters*, v. II, p. 140. **5.** Colville, *Fringes*, p. 340. **6.** *CS* VI, p. 6333. **7.** Colville, *Fringes*, p. 340. **8.** Ibid., p. 341. **9.** Ibid. **10.** Gallup, *Opinion Polls*, p. 41. **11.** Colville, *Fringes*, p. 341. **12.** Ibid., p. 342. **13.** Ibid. **14.** Sherwood (Org.), *Hopkins*, v. I, p. 257. **15.** James, *Undaunted*, p. 231. **16.** Colville, *Fringes*, pp. 345-6. **17.** Ibid., p. 346. **18.** Ibid., p. 348. **19.** Ibid., p. 346. **20.** Ibid. **21.** Ibid. **22.** Ibid., p. 347. **23.** Ibid., pp. 347-8. **24.** Johnsen, *Origins*, pass. **25.** Potter, *Pim*, p. 13. **26.** Colville, *Fringes*, p. 349.

**27.** RA GVI/PRIV/DIARY/COPY/1941: 4 fev. **28.** *CS* VI, p. 6343. **29.** Dilks (Org.), *Cadogan*, p. 353. **30.** Colville, *Fringes*, p. 355. **31.** *CS* VI, p. 6344. **32.** Ibid., p. 6346. **33.** Ibid., p. 6351. **34.** RA GVI/PRIV/DIARY/COPY/1941: 8 e 9 fev. **35.** WSC, *TSWW* III, p. 63. **36.** Kennedy, *Business*, p. 79. **37.** Ibid. **38.** Norwich (Org.), *Monster*, p. 108. **39.** Ibid. **40.** Martin, *Downing Street*, p. 43. **41.** Gorodetsky (Org.), *Maisky Diaries*, p. 238. **42.** RA GVI/PRIV/DIARY/COPY/1941: 25 fev. **43.** Colville, *Fringes*, p. 358. **44.** *CS* VI, p. 6355. **45.** Colville, *Fringes*, p. 361. **46.** Ibid., p. 360. **47.** Ibid. **48.** Ibid., p. 361. **49.** CAC EADE 2/2. **50.** Ibid. **51.** Ibid. **52.** Ibid. **53.** Ibid. **54.** Ibid. **55.** RA GVI/PRIV/DIARY/COPY/1941: 4 mar. **56.** *CS* VI, p. 6505. **57.** Danchev; Todman (Orgs.), *War Diaries*, pp. 144-5. **58.** RA GVI/PRIV/DIARY/COPY/1941: 11 mar. **59.** Dilks (Org.), *Cadogan*, p. 431. **60.** Kimball, *Unsordid*, p. 237 **61.** Pawle, *Warden*, p. 141. **62.** Dilks (Org.), *Cadogan*, p. 364. **63.** Thorne (Org.), *Seven Christmases*, p. 134. **64.** Thompson, *Shadow*, p. 21. **65.** CAC EADE 2/2. **66.** Colville, *Fringes*, p. 366. **67.** Thorne (Org.), *Seven Christmases*, p. 107. **68.** Ogden, *Life of the Party*, p. 128. **69.** Churchill, *Dancing*, p. 58. **70.** CAC SCHL 1/2/1. **71.** Eade (Org.), *Contemporaries*, p. 155. **72.** WSC, *TSWW* III, p. 107. **73.** Ibid., v. II, p. 529. **74.** Dilks (Org.), *Cadogan*, p. 364. **75.** Pawle, *Warden*, p. 98. **76.** WSC, *TSWW* III, pp. 100-1. **77.** Ibid., p. 142. **78.** *CS* VI, p. 6373. **79.** Colville, *Fringes*, pp. 367-8. **80.** *CS* VI, p. 6367. **81.** Ibid. **82.** Ibid., p. 6369. **83.** Colville, *Fringes*, p. 368. **84.** Ibid., p. 369. **85.** Ibid., pp. 366-8. **86.** Dilks (Org.), *Cadogan*, p. 368. **87.** WSC, *TSWW* III, p. 668. **88.** *FH*, n. 140. p. 17. **89.** Colville, *Fringes*, p. 372. **90.** Pawle, *Warden*, p. 105. **91.** Stewart, *First*, p. 104. **92.** Hinsley, *British Intelligence*, v. I, p. 395. **93.** Colville, *Fringes*, p. 371. **94.** Kotkin, *Waiting for Hitler*, pp. 850-1. **95.** RA GVI/PRIV/DIARY/COPY/1941: 8 abr. **96.** Nicolson (Org.), *Diaries and Letters*, v. II, p. 162. **97.** *CS* VI, p. 6377. **98.** Moran, *Struggle*, p. 612; Cannadine, *Heroic Chancellor*, pass. **99.** Gilbert, *Search*, p. 236. **100.** Colville, *Fringes*, p. 373. **101.** Pawle, *Warden*, p. 102. **102.** Ibid., p. 4. **103.** Ibid., p. 103. **104.** *CS* VII, p. 6823. **105.** Ibid., v. VI, p. 6377. **106.** Addison, *Unexpected*, p. 169. **107.** Pawle, *Warden*, p. 4. **108.** CAC BRGS 1/2. **109.** Dilks (Org.), *Cadogan*, p. 372. **110.** RA GVI/PRIV/DIARY/COPY/1941: 23 abr. **111.** James (Org.), *Chips*, p. 301. **112.** Colville, *Fringes*, pp. 432-3. **113.** Leasor, *War at the Top*, p. 148, n. 1. **114.** *CS* VI, p. 6381. **115.** Ibid., p. 6379. **116.** Ibid. **117.** Ibid., p. 6381. **118.** Ibid., p. 6385. **119.** Ibid. **120.** *CWP* III, p. 556. **121.** Ibid., pp. 556-7; Farrell, *Defence and Fall*, p. 399. **122.** Wheeler-Bennett (Org.), *Action*, p. 241. **123.** Ibid., p. 245. **124.** Ibid., p. 263. **125.** Ibid., pp. 248-9. **126.** Ibid., pp. 221-2. **127.** Peck, *Dublin from Downing Street*, p. 69. **128.** BU AP/20/1/21 **129.** Hassall (Org.), *Ambrosia*, p. 165. **130.** Colville, *Fringes*, p. 381. **131.** Ibid., p. 382. **132.** Ibid., p. 383. **133.** Ibid., p. 382. **134.** Ibid. **135.** Colville, "Second", p. 7. **136.** *CS* VI, p. 6387. **137.** Eade (Org.), *Contemporaries*, pp. 207, 212. **138.** Schroeder, *Chief*, p. 55. **139.** RA GVI/PRIV/DIARY/COPY/1941: 6 maio. **140.** Ibid. **141.** NA CAB 69/2 DO (41) 24, 25 e 26. **142.** *CS* VI, p. 6388. **143.** Ibid., p. 6390. **144.** Ibid., p. 6393. **145.** Ibid., p. 6396. **146.** Ibid., p. 6399. **147.** Colville, *Fringes*, p. 384. **148.** Gorodetsky (Org.), *Maisky Diaries*, p. 354. **149.** Ibid. **150.** Pawle, *Warden*, p. 107. **151.** Colville, *Fringes*, p. 387. **152.** WSC, *TSWW* III, p. 43; Sherwood (Org.), *Hopkins*, p. 294; Addison, *Unexpected*, p. 185. **153.** Colville, *Fringes*, pp. 387-8. **154.** Pawle, *Warden*, p. 108. **155.** *OB* VI, p. 1087. **156.** RA GVI/PRIV/DIARY/COPY/1941: 13 maio. **157.** Ibid. **158.** Ibid., 4 mar. **159.** Blake; Louis (Orgs.), *Churchill*, p. 421. **160.** Jackson, *Churchill*, p. 284. **161.** Pawle, *Warden*, p. 106. **162.** Colville, *Fringes*, p. 389. **163.** BU AP/20/1/21. **164.** Colville, *Fringes*, p. 391. **165.** Rowse, "Visit", pp. 8-13. **166.** Pawle, *Warden*, p. 108. **167.** Ibid., p. 106. **168.** Oliver, *Mr Showbusiness*, p. 143. **169.** Colville, *Fringes*, p. 391. **170.** Dilks (Org.), *Cadogan*, pp. 380-1. **171.** BU AP/20/1/21. **172.** Potter, *Pim*, p. 15. **173.** Nicolson (Org.), *Diaries and Letters*, v. II, p. 169; Martin, *Downing Street*, p. 50. **174.** RA GVI/PRIV/DIARY/COPY/1941: 27 maio. **175.** *CWP* III, p. 750. **176.** RA GVI/PRIV/DIARY/COPY/1941: 5 jun. **177.** James (Org.), *Chips*, p. 307. **178.** Dilks (Org.), *Cadogan*, p. 386. **179.** RA GVI/PRIV/DIARY/COPY/1941: 10 jun. **180.** *CS* VI, p. 6417. **181.** Ibid., p. 6426. **182.** Colville, *Fringes*, p. 400. **183.** Blake; Louis (Orgs.), *Churchill*, p. 418. **184.** Pawle, *Warden*, p. 118. **185.** Dilks (Org.), *Cadogan*, p. 389.

**186.** BU AP/20/1/21. **187.** Gilbert, *Other Club*, p. 176. **188.** Colville, *Fringes*, p. 404. **189.** Ibid. **190.** Ibid., p. 405. **191.** *CS* VI, p. 6428. **192.** Ibid., p. 6429. **193.** Ibid., p. 6431. **194.** Ibid. **195.** Colville, *Fringes*, pp. 405-6. **196.** Ibid., p. 406. **197.** *OB* VI, pp. 1122-3. **198.** Hassall (Org.), *Ambrosia* p. 178. **199.** Colville, *Fringes*, p. 405.

## 25. "TENDO SE REUNIDO": JUNHO DE 1941 A JANEIRO DE 1942 [pp. 743-89]

**1.** Muller (Org.), *Contemporaries*, p. xxix. **2.** WSC, *Marl* I, p. 775. **3.** RA GVI/PRIV/DIARY/COPY/1941: 24 jun. **4.** James (Org.), *Chips*, p. 308. **5.** *CS* VI, p. 6432. **6.** Ibid. **7.** Ibid., p. 6438. **8.** Ruane, *Bomb*, pp. 24-6. **9.** Farmelo, *Bomb*, pp. 37-8; Ruane, *Bomb*, pass. **10.** Ruane, *Bomb*, p. 26. **11.** Capet, "Scientific", p. 9. **12.** Pawle, *Warden*, p. 123. **13.** Colville, *Fringes*, pp. 412-3. **14.** Ibid., p. 412. **15.** Ibid. **16.** *CS* VI, p. 6450. **17.** Ibid., p. 6451. **18.** WSC, *TSWW* III, p. 344. **19.** Gorodetsky (Org.), *Maisky Diaries*, p. 374. **20.** Kennedy, *Business*, p. 80. **21.** CAC HARV 3/1/parte 2. **22.** CAC HARV 1/1; BU AP 20/1/23. **23.** Colville, *Fringes*, p. 415. **24.** WSC, *Unrelenting*, p. 198. **25.** *Spectator*, 22 out. 2016, p. 33. **26.** Colville, *Fringes*, p. 416. **27.** Ibid., p. 417. **28.** CAC EADE 2/2. **29.** Ibid. **30.** Ibid. **31.** Pawle, *Warden*, p. 123. **32.** James, *Undaunted*, p. 226. **33.** *CS* VI, pp. 6460-1. **34.** Gorodetsky (Org.), *Maisky Diaries*, pp. 377-8. **35.** Colville, *Fringes*, p. 423. **36.** Ibid., p. 424. **37.** CAC ACAD 7/2. **38.** Ibid. **39.** Martin, *Downing Street*, p. 56. **40.** CAC ACAD 7/2. **41.** Pawle, *Warden*, p. 126. **42.** WSC, *TSWW* III, p. 381. **43.** Potter, *Pim*, p. 18. **44.** Stuart (Org.), *Reith Diaries*, p. 283. **45.** Pawle, *Warden*, p. 127. **46.** Dilks (Org.), *Cadogan*, pp. 396-7. **47.** Pawle, *Warden*, p. 127. **48.** Martin, *Downing Street*, p. 57. **49.** Pawle, *Warden*, p. 126. **50.** Dilks (Org.), *Cadogan*, p. 396. **51.** Ibid. **52.** Potter, *Pim*, p. 18. **53.** Pawle, *Warden*, p. 127. **54.** CAC ACAD 7/2. **55.** WSC, *TSWW* I, p. 345. **56.** Ward (Org.), *Closest Companion*, p. 141. **57.** WSC, *Marl* I, p. 825. **58.** Colville, *Fringes*, p. 624. **59.** WSC, *TSWW* III, p. 724. **60.** CAC ACAD 7/2. **61.** WSC, *TSWW* III, p. 384. **62.** Martin, *Downing Street*, p. 58. **63.** CAC ACAD 7/2. **64.** Potter, *Pim*, p. 21. **65.** Pawle, *Warden*, p. 128. **66.** Martin, *Downing Street*, p. 60. **67.** Dilks (Org.), *Cadogan*, p. 402. **68.** RA GVI/PRIV/DIARY/COPY/1941: 19 ago. **69.** Roberts, *Eminent Churchillians*, pp. 256-8. **70.** Gretton, *Naval Person*, pp. 300-1. **71.** *CS* VI, p. 64. **72.** Snyder, *Black Earth*, p. 146. **73.** *CS* VI, p. 6477. **74.** WSC, *Unrelenting*, pp. 310-1. **75.** Colville, *Fringes*, p. 432. **76.** Ibid., p. 434. **77.** Ibid., p. 433. **78.** Ibid., p. 434. **79.** Gorodetsky (Org.), *Maisky Diaries*, p. 386. **80.** Ibid. **81.** Ibid., pp. 386-7. **82.** Ibid., p. 387. **83.** Ibid., pp. 386-7. **84.** Colville, *Fringes*, p. 437. **85.** CAC BRGS 1/3. **86.** Dilks (Org.), *Cadogan*, p. 405. **87.** BA AP/20/1/21. **88.** Ibid. **89.** Martin, *Downing Street*, p. 61. **90.** RA GVI/PRIV/DIARY/COPY/1941: 11 set. **91.** Colville, *Fringes*, p. 439. **92.** NA CAB 65/23 WM (41) 94. **93.** NA CAB 65/23 WM (41) 98. **94.** Kennedy (Org.), *Grand Strategies*, p. 59. **95.** Ibid., p. 60. **96.** BU AP/20/1/21. **97.** Colville, *Fringes*, p. 439. **98.** *CIHOW*, p. 548. **99.** Colville, *Fringes*, p. 440. **100.** WSC, *TSWW* III, p. 737. **101.** Colville, *Fringes*, p. 441. **102.** Ibid. **103.** Ibid., p. 442. **104.** Pawle, *Warden*, p. 134. **105.** Colville, *Fringes*, p. 443. **106.** Ibid. **107.** NA PREM 8/724. **108.** LHC Documentos Dill 3/1/12. **109.** Ibid. **110.** Colville, *Fringes*, p. 275. **111.** Ibid., p. 443; CAC SCHL 1/2/1. **112.** *CS* VI, p. 6495. **113.** Aspinall-Oglander, *Keyes*, p. 409. **114.** Martin, *Downing Street*, p. 64. **115.** RA GVI/PRIV/DIARY/COPY/1941: 7 out. **116.** Pawle, *Warden*, p. 133. **117.** Bryant, *Turn of the Tide*, p. 261. **118.** Blake; Louis (Orgs.), *Churchill*, p. 423. **119.** BU AP/20/1/21. **120.** Ibid. **121.** Ibid. **122.** Ibid. **123.** Kimball (Org.), *Complete Correspondence*, v. I, pp. 249-50. **124.** Farmelo, *Bomb*, p. 195. **125.** Ibid., pp. 191-2. **126.** Churchill, *Twenty-One Years*, p. 127. **127.** NA CAB 69/2 D (41) 64. **128.** Danchev; Todman (Orgs.), *War Diaries*, p. 192. **129.** Greenberg, *Welchman*, p. 46. **130.** Nicolson (Org.), *Diaries and Letters*, v. II, p. 189. **131.** CAC HARV 1/1 **132.** *CWP* III, pp. 1391-2. **133.** *CS* VI, p. 6499. **134.** Ibid., p. 6501. **135.** WSC, *Dawn*, p. 24. **136.** James (Org.), *Chips*, p. 313. **137.** *CS* VI, p. 6510. **138.** Colville, *Fringes*, p. 188. **139.**

Todman; Danchev (Orgs.), *War Diaries*, p. xvi. **140.** WSC, *WC* III, p. 193. **141.** Moran, *Struggle*, p. 113. **142.** Taylor (Org.), *Crozier*, p. 142. **143.** *FH*, n. 130, pp. 34-6. **144.** Howarth, *Intelligence Chief Extraordinary*, p. 166. **145.** Macmillan, *War Diaries*, p. 295. **146.** Martin, *Downing Street*, p. 64. **147.** CAC BRGS. **148.** CAC EADE 2/2. **149.** Ibid. **150.** Ibid. **151.** Ibid. **152.** Ibid. **153.** Danchev; Todman (Orgs.), *War Diaries*, p. 207. **154.** Sherwood, *Roosevelt and Hopkins*, p. 349; Pawle, *Warden*, pp. 143, 6-7; Martin, *Downing Street*, p. 67. **155.** *CS* VI, p. 6504. **156.** HANSARD, v. 376, col. 1359. **157.** WSC, *TSWW* III, pp. 542-3. **158.** CAC EADE 2/2. **159.** WSC, *TSWW* III, pp. 539-40. **160.** Ibid., p. 540. **161.** Ramsden, "Historian", p. 14, nota 46. **162.** WSC, *End*, p. 173. **163.** WSC, *TSWW* III, p. 568. **164.** Kimball (Org.), *Complete Correspondence*, v. I, p. 283. **165.** WSC, *TSWW* III, p. 608. **166.** RA PS/PSO/GVI/C/069/12. **167.** Nicolson (Org.), *Diaries and Letters*, v. II, p. 194. **168.** James (Org.), *Chips*, pp. 313-4. **169.** RA GVI/PRIV/DIARY/COPY/1941: 9 dez. **170.** RA GVI/PRIV/DIARY/COPY/1942: 23 jan. **171.** Pawle, *Warden*, p. 144. **172.** WSC, *TSWW* IV, p. 43. **173.** Pawle, *Warden*, p. 144. **174.** *CS* VI, p. 6533. **175.** CAC HARV 1/1. **176.** Ibid. **177.** Martin, *Downing Street*, p. 68. **178.** *OB* VI, p. 1274. **179.** RA GVI/PRIV/DIARY/COPY/1941: 12 dez. **180.** Thorne (Org.), *Seven Christmases*, p. 103. **181.** Soames (Org.), *Speaking*, p. 459. **182.** Ibid. **183.** Ibid. **184.** Martin, *Downing Street*, p. 69. **185.** Pawle, *Warden*, p. 146. **186.** Thorne (Org.), *Seven Christmases*, p. 104. **187.** Soames (Org.), *Speaking*, p. 460. **188.** Thorne (Org.), *Seven Christmases*, p. 104. **189.** *CWP* III, p. 1633. **190.** Ibid., p. 1634. **191.** Ibid., p. 1635. **192.** Ibid., p. 1636. **193.** Ibid., p. 1639. **194.** Ibid., p. 1642. **195.** Ibid. **196.** Ibid., p. 1643. **197.** Ibid., p. 1650. **198.** Thorne (Org.), *Seven Christmases*, p. 111; CAC JACB 1/12. **199.** Stelzer, *Dinner with Churchill*, p. 65. **200.** Thorne (Org.), *Seven Christmases*, p. 122. **201.** Pawle, *Warden*, p. 151; Martin, *Downing Street*, p. 69. **202.** Symonds, *Neptune*, p. 33. **203.** Pawle, *Warden*, p. 150. **204.** Martin, *Downing Street*, p. 548. **205.** *CS* VI, p. 6535. **206.** BIYU Diário Halifax, 25 dez. 1941. **207.** Meacham, *Franklin and Winston*, p. 86. **208.** *CS* VI, p. 6537. **209.** Ibid. **210.** Ibid., p. 6539. **211.** Ibid., p. 6540. **212.** Moran, *Struggle*, p. 16. **213.** Vale; Scadding, "Myocardial Infarction", pass.; Mather, "Hardiness and Resilience", pp. 83-97. **214.** Kennedy (Org.), *Grand Strategies*, p. 53. **215.** NA CAB 80/33 COS (42) 77. **216.** *CS* VII, p. 6776. **217.** WSC, *WC* II, p. 22. **218.** Freudenberg, *Churchill and Australia*, p. 1. **219.** Ibid. **220.** Hancock; Gowing, *British War Economy*, pp. 367-8, 373; Postan, *Production*, p. 247. **221.** Pawle, *Warden*, p. 152. **222.** *CS* VI, p. 6543. **223.** Ibid., p. 6545. **224.** Weidhorn, *Rhetoric*, p. 134, nota 14. **225.** Karsh, "Portraits", pp. 13-4. **226.** Pawle, *Warden*, p. 152. **227.** Dilks, *Dominion*, p. 220. **228.** WSC, *TSWW* III, pp. 605-7. **229.** *CIHOW*, p. 365. **230.** Pawle, *Warden*, p. 153. **231.** Martin, *Downing Street*, p. 72. **232.** Pawle, *Warden*, p. 155. **233.** BIYU Diário Halifax, 18 fev. 1942. **234.** Martin, *Downing Street*, p. 73. **235.** BIYU Diário Halifax, 18 fev. 1942. **236.** Martin, *Downing Street*, p. 73. **237.** WSC, *TSWW* IV, pp. 727-8. **238.** Bryant, *Turn of the Tide*, p. 231.

## 26. DESASTRE: JANEIRO A JUNHO DE 1942 [pp. 790-822]

**1.** WSC, *TSWW* IV, p. 78. **2.** Nicolson (Org.), *Diaries and Letters*, v. II, p. 238. **3.** CAC BRGS 2/11, 18 jan. 1942. **4.** Ibid. **5.** Ibid. **6.** Ibid. **7.** RA GVI/PRIV/DIARY/COPY/1942: 19 jan. **8.** *Manchester Guardian*, 19 jan. 1942. **9.** Dilks (Org.), *Cadogan*, p. 429. **10.** *OB* VII, p. 40. **11.** Kimball (Org.), *Complete Correspondence*, v. I, p. 337. **12.** James (Org.), *Chips*, p. 317. **13.** Nicolson (Org.), *Diaries and Letters*, v. II, p. 206. **14.** NA CAB 69/4/23. **15.** BU A P 20/1/22. **16.** WSC, *TSWW* II, p. 15. **17.** CAC HARV 2/1, parte 1. **18.** *CS* VI, p. 6555. **19.** Ibid. **20.** HANSARD, v. 377, col. 685. **21.** *CS* VI, p. 6559. **22.** Ibid., p. 6565. **23.** Ibid., p. 6558. **24.** *OB* VII, p. 51. **25.** *CS* VI, p. 6571. **26.** Nicolson (Org.), *Diaries and Letters*, v. II, p. 209. **27.** Dilks (Org.), *Cadogan*, p. 433. **28.** Ibid., p. 4. **29.** CAC BRGS 2/11 2 fev. 1942. **30.** WSC, *TSWW* IV, p.

87. **31.** RA GVI/PRIV/DIARY/COPY/1942: 3 fev. **32.** Dilks (Org.), *Cadogan*, pp. 432-3. **33.** RA GVI/PRIV/DIARY/COPY/1942: 10 fev. **34.** Brodhurst, *Anchor*, p. 208. **35.** Dilks (Org.), *Cadogan*, p. 433. **36.** Nicolson (Org.), *Diaries and Letters*, v. II, p. 211. **37.** Soames (Org.), *Speaking*, pp. 463-4. **38.** James (Org.), *Chips*, p. 321. **39.** Overy, *Air War*, pp. 122-5. **40.** LHC Documentos Kennedy 4/2/4. **41.** *CS* VI, p. 6587. **42.** Ibid., p. 6584. **43.** Ibid., p. 6585. **44.** Ibid., p. 6587. **45.** Ibid. **46.** Nicolson (Org.), *Diaries and Letters*, v. II, p. 212. **47.** LHC Documentos Kennedy 4/2/4. **48.** Lochner (Org.), *Goebbels Diaries*, p. 9. **49.** Pawle, *Warden*, p. 163. **50.** Potter, *Pim*, pp. 22-3. **51.** Kennedy (Org.), *Grand Strategies*, p. 55. **52.** *OB* VII, p. 34. **53.** Livro de Apostas do Other Club. **54.** James, *Undaunted*, p. 224. **55.** RA GVI/PRIV/DIARY/COPY/1942: 16 fev. **56.** Gorodetsky (Org.), *Maisky Diaries*, p. 411. **57.** James (Org.), *Chips*, p. 322. **58.** *CS* VI, p. 6597. **59.** Lloyd George, *David & Winston*, p. 238. **60.** BIYU Diário Halifax, 20 fev. 1942. **61.** Hart-Davis (Org.), *King's Counsellor*, p. 210. **62.** Chisholm; Davie, *Beaverbrook*, p. 429. **63.** CAC MRGN 1/4/8. **64.** CAC MRGN 1/4/9. **65.** Nicolson (Org.), *Diaries and Letters*, v. II, p. 213. **66.** Stuart (Org.), *Reith Diaries*, p. 59. **67.** RA GVI/PRIV/DIARY/COPY/1942: 24 fev. **68.** Brodhurst, *Anchor*, p. 208. **69.** CAC CHAR 20/53A/ 98-9. **70.** Dilks (Org.), *Cadogan*, p. 440. **71.** LHC Documentos Kennedy 4/2/4. **72.** Ibid. **73.** Nicolson (Org.), *Diaries and Letters*, v. II, p. 223. **74.** *Sunday Dispatch*, 8 mar. 1942. **75.** CAC BRGS 2/11, 9 mar. 1942. **76.** Ibid. **77.** RA GVI/PRIV/DIARY/COPY/1942: 21 mar. **78.** *CS* VII, p. 7445. **79.** Riff (Org.), *Dictionary*, p. 170. **80.** Coward (Org.), *Gandhi*, p. 243. **81.** Tunzelmann, *Indian Summer*, pp. 110-1. **82.** Herman, *Gandhi and Churchill*, p. 446. **83.** Roberts, *Holy Fox*, p. 72. **84.** RA GVI/PRIV/DIARY/COPY/1942: 10 mar. **85.** Ibid.: 17 mar. **86.** Gorodetsky (Org.), *Maisky Diaries*, p. 417. **87.** Ibid., p. 419. **88.** Ibid., p. 420. **89.** Ibid., p. 421. **90.** Ibid. **91.** CAC BRGS 2/12 23 mar. 1942. **92.** Borneman, *MacArthur at War*, p. 173. **93.** Ibid. **94.** Kimball (Org.), *Complete Correspondence*, v. I, p. 421. **95.** WSC, *TSWW* IV, p. 202. **96.** Ibid., p. 454. **97.** CAC BRGS 2/12, 30 mar. 1942. **98.** Danchev; Todman (Orgs.), *War Diaries*, p. 243. **99.** LHC Documentos Kennedy 4/2/4. **100.** BU AP 20/1/22. **101.** Ibid. **102.** Hatfield House 5M/62/1. **103.** Blake; Louis (Orgs.), *Churchill*, p. 424. **104.** Roberts, *Masters and Commanders*, pp. 137-66. **105.** Kimball (Org.), *Complete Correspondence*, v. I, p. 446. **106.** Sherwood, *Roosevelt and Hopkins*, pp. 530-1. **107.** WSC, *TSWW* IV, p. 195. **108.** Lowenheim, *Wartime Correspondence*, p. 204. **109.** WSC, *TSWW* IV, p. 185. **110.** Kimball (Org.), *Complete Correspondence*, v. I, pp. 448-9. **111.** NA CAB 69/4/59. **112.** NA CAB 69/4 Comitê cos, n. 118, 14 abr. 1942. **113.** *OB* VII, p. 89. **114.** NA CAB 69/4 Comitê de Defesa, n. 10, 14 abr. 1942. **115.** NA CAB 69/4/ 61-2. **116.** WSC, *TSWW* IV, pp. 289-90. **117.** Ismay, *Memoirs*, p. 250. **118.** Moran, *Struggle*, p. 35. **119.** Danchev; Todman (Orgs.), *War Diaries*, p. 248, **120.** Ibid. **121.** Ibid., p. 249. **122.** Kimball (Org.), *Complete Correspondence*, v. I, p. 450. **123.** Pawle, *Warden*, p. 168. **124.** Kimball (Org.), *Complete Correspondence*, v. I, p. 523. **125.** Ibid. **126.** Ibid., pp. 458-9. **127.** Nicolson (Org.), *Diaries and Letters*, v. II, p. 223. **128.** *CS* VI, p. 6615. **129.** Ibid. **130.** Nicolson (Org.), *Diaries and Letters*, v. II, p. 223. **131.** Ibid., p. 224. **132.** James (Org.), *Chips*, p. 327. **133.** Soames (Org.), *Speaking*, p. 464. **134.** Ibid., p. 465. **135.** Ibid. **136.** CAC RDCH 1/2/46. **137.** PA BBK C/92. **138.** Colville, *Fringes*, p. 195. **139.** Arquivos Fladgates, Doc. Moir, cap. II. **140.** NA CAB 195/1 WM (42) 53º. **141.** WSC, *TSWW* IV, p. 755. **142.** LHC Documentos Kennedy 4/2/4. **143.** *CS* VI, p. 6631. **144.** Ibid., p. 6633. **145.** Ibid., p. 6637. **146.** RA GVI/PRIV/DIARY/COPY/1942: 19 maio. **147.** Pawle, *Warden*, p. 172. **148.** Kimball (Org.), *Complete Correspondence*, v. I, p. 497. **149.** Gorodetsky (Org.), *Maisky Diaries*, p. 432. **150.** WSC, *TSWW* I, pp. 288-9. **151.** Dilks (Org.), *Cadogan*, p. 450. **152.** RA GVI/PRIV/DIARY/COPY/1942: 28 maio. **153.** Kimball (Org.), *Complete Correspondence*, v. II, p. 494. **154.** FRUS, 1942, III, p. 594. **155.** WSC, *TSWW* V, p. 66. **156.** RA GVI/PRIV/DIARY/COPY/1942: 30 jun. **157.** Dilks (Org.), *Cadogan*, p. 456. **158.** BU AP 20/1/22. **159.** James, *Undaunted*, p. 238. **160.** RA PS/PSO/GVI/C/069/17. **161.** CAC BRGS 2/12, 8 jun. 1942. **162.** Ibid. **163.** NA CAB 195/1 WM (42) 74º. **164.** Ibid. **165.** LHC Documentos Kennedy 4/2/4. **166.** Danchev; Todman (Orgs.), *War Diaries*, p. 279. **167.** LHC Documentos Kennedy 4/2/4. **168.** *TCD* 17, p. 795. **169.** Pawle, *Warden*, p. 173. **170.** Mar-

tin, *Downing Street*, p. 81. **171.** WSC, *TSWW* IV, p. 341. **172.** Reynolds, *Command*, p. 334. **173.** Ibid. **174.** Ibid., p. 335. **175.** Ruane, *Bomb*, p. 43. **176.** Ibid., pp. 44-5. **177.** LHC Documentos Kennedy 4/2/4, 23 jun. 1942. **178.** WSC, *TSWW* IV, p. 344. **179.** Halle, *Irrepressible*, p. 200. **180.** WSC, *TSWW* IV, p. 344. **181.** Ward (Org.), *Closest Companion*, p. 167.

## 27. VITÓRIA NO DESERTO: JUNHO A NOVEMBRO DE 1942 [pp. 823-45]

**1.** *CS* VI, p. 6661. **2.** WSC, *Marl* II, p. 381. **3.** Documentos Birkenhead 65/A3. **4.** James (Org.), *Chips*, p. 333. **5.** Gallup, *Opinion Polls*, p. 61. **6.** CAC HARV 2/1, parte 1. **7.** WSC, *TSWW* IV, p. 347 **8.** CAC RDCH 1/3/1. **9.** Danchev; Todman (Orgs.), *War Diaries*, p. 271. **10.** Dilks (Org.), *Cadogan*, p. 429. **11.** Hassall (Org.), *Ambrosia*, pp. 220-1. **12.** WSC, *TSWW* IV, p. 353. **13.** James (Org.), *Chips*, p. 334. **14.** HANSARD, v. 381, col. 528. **15.** *CS* VI, p. 6646. **16.** Ibid., p. 6649. **17.** Ibid., p. 6657. **18.** Ibid., p. 6661. **19.** Dilks (Org.), *Cadogan*, p. 460. **20.** RA GVI/PRIV/DIARY/COPY/1942: 7 jul. **21.** Gorodetsky (Org.), *Maisky Diaries*, p. 440. **22.** Ibid., p. 442. **23.** Ibid. **24.** Ibid., p. 443. **25.** NA CAB 65/30 WM (42) 64. **26.** Gorodetsky (Org.), *Maisky Diaries*, p. 449. **27.** Ibid., p. 448. **28.** VEGO, "PQ17", p. 84. **29.** Dilks (Org.), *Cadogan*, p. 461. **30.** Ibid., p. 462. **31.** Danchev; Todman (Orgs.), *War Diaries*, p. 282. **32.** Jacob, "Grand Strategy", p. 532. **33.** Dilks (Org.), *Cadogan*, p. 463. **34.** Jacob, "Grand Strategy", p. 533. **35.** RA GVI/PRIV/DIARY/COPY/1942: 28 jul. **36.** Gallup, *Opinion Polls*, pp. 61-113. **37.** Wheeler-Bennett (Org.), *Action*, p. 252. **38.** Eden, *Reckoning*, p. 333. **39.** RA PS/PSO/GVI/C/069/19. **40.** Pawle, *Warden*, p. 189. **41.** Ibid. **42.** Dilks (Org.), *Cadogan*, p. 466. **43.** Courtenay, "Smuts", p. 59. **44.** Keegan (Org.), *Churchill and his Generals*, pp. 129-30. **45.** Dilks (Org.), *Cadogan*, p. 467. **46.** WSC, *TSWW* IV, p. 414. **47.** Evans (Org.), *Killearn Diaries*, p. 245. **48.** Ibid., pp. 245-6. **49.** WSC, *TSWW* IV, pp. 412-24. **50.** Keegan (Org.), *Churchill and his Generals*, p. 11. **51.** Nicolson (Org.), *Diaries and Letters*, v. II, p. 259. **52.** Ibid. **53.** Wheeler-Bennett (Org.), *Action*, p. 254. **54.** WSC, *TSWW* IV, p. 412. **55.** *CS* VI, p. 6751. **56.** Dilks (Org.), *Cadogan*, p. 469. **57.** Soames (Org.), *Speaking*, p. 467. **58.** Ibid. **59.** WSC, *Marl* I, p. 569. **60.** Soames (Org.), *Speaking*, p. 467. **61.** Macintyre, *Rogue Heroes*, p. 167. **62.** Soames (Org.), *Speaking*, p. 466; *OB* VII, p. 172. **63.** CAC ACAD 7/2. **64.** Pawle, *Warden*, p. 5. **65.** Ibid., p. 194. **66.** Owen, *Tedder*, p. 171. **67.** Pawle, *Warden*, p. 195; WSC, *TSWW* IV, pp. 428-9. **68.** *FH*, n. 140, p. 29. **69.** NA FO 800/300/50, p. 123. **70.** Owen, Tedder, p. 171. **71.** CAC ACAD 7/2. **72.** Pawle, *Warden*, p. 6. **73.** Ibid., pp. 6, 194. **74.** CAC ACAD 7/2. **75.** CAC KENN 4/2/4, p. 302. **76.** Gillies, *Radical*, p. 131. **77.** WSC, *TSWW* IV, p. 433. **78.** Ibid., p. 432; *OB* VII, p. 178. **79.** Gillies, *Radical*, p. 131. **80.** Pawle, *Warden*, p. 5. **81.** *Daily Telegraph*, obituário de Patrick Kinna, 18 mar. 2009. **82.** NA FO 800/300/ 138-45. **83.** Ibid. **84.** Gillies, *Radical*, p. 135. **85.** NA FO 800/300/ 138-45. **86.** Gillies, *Radical*, p. 133. **87.** Wheeler-Bennett (Org.), *Action*, p. 255. **88.** CAC ACAD 7/2. **89.** Ibid. **90.** Birse, *Memoirs*, p. 103; Moran, *Struggle*, p. 63. **91.** Gillies, *Radical*, p. 133; Pawle, *Warden*, p. 194. **92.** Reynolds, *Command*, p. 345. **93.** Ibid., p. 346. **94.** CAC CHUR 4/25A/21-3. **95.** CAC ISMAY 2/3/261/1. **96.** Reynolds, *Command*, pp. 347-8, 503. **97.** Ibid., p. 348. **98.** Danchev; Todman (Orgs.), *War Diaries*, p. 313. **99.** Soames (Org.), *Speaking*, p. 469. **100.** Martin, *Downing Street*, p. 84. **101.** Stuart, *Within*, p. 130. **102.** CAC EADE 2/2. **103.** Ibid. **104.** Andrew; Mitrokhin, *Mitrokhin Archive*, p. 157. **105.** Dilks, "Churchill and the Russians", p. 8. **106.** *CS* VI, p. 6675. **107.** RA GVI/PRIV/DIARY/COPY/1942: 27 ago. **108.** *CS* VI, p. 6665. **109.** Colville, *Fringes*, p. 350. **110.** Barnes; Nicholson (Orgs.), *Empire at Bay*, p. 833. **111.** Herman, *Gandhi and Churchill*, p. 498. **112.** *CS* VII, p. 6995. **113.** CAC EADE 2/2. **114.** Dilks (Org.), *Cadogan*, p. 480. **115.** Ibid., p. 477. **116.** Nicolson (Org.), *Diaries and Letters*, v. II, p. 241. **117.** Browne, *Sunset*, p. 76. **118.** Gallup, *Opinion Polls*, p. 62. **119.** Documentos Cripps SC11/2/74, 75, 76, 81, 82. **120.** Documentos Cripps SC11/2/84. **121.** Nicolson (Org.), *Diaries and Letters*, v. II, p. 241. **122.** Ibid., p. 244. **123.** Martin, *Downing Street*, p. 88. **124.** *OB*

VII, p. 239. **125.** PA BBK C/92. **126.** *CS* VI, p. 6680. **127.** WSC, *End*, p. 241. **128.** Ibid., p. 243. **129.** Dilks (Org.), *Cadogan*, p. 483. **130.** *TCD* 17, p. 1278. **131.** Hart-Davis (Org.), *King's Counsellor*, pp. 66-7. **132.** Dilks (Org.), *Cadogan*, p. 486. **133.** RA GVI/PRIV/DIARY/COPY/1942: 3 nov. **134.** James, *Undaunted*, p. 223. **135.** RA GVI/PRIV/DIARY/COPY/1942: 3 nov. **136.** Dilks (Org.), *Cadogan*, p. 488. **137.** Lorde Chalfont in Hastings (Org.), *Anecdotes*, p. 413. **138.** Hassall (Org.), *Ambrosia*, p. 259. **139.** Dilks (Org.), *Cadogan*, p. 489. **140.** Nicolson (Org.), *Diaries and Letters*, v. II, p. 260. **141.** *CS* VI, p. 6693.

## 28. "UM CONTINENTE RESGATADO": NOVEMBRO DE 1942 A SETEMBRO DE 1943 [pp. 846-81]

**1.** *CS* VI, p. 6704. **2.** Gorodetsky (Org.), *Maisky Diaries*, p. 510. **3.** Danchev; Todman (Orgs.), *War Diaries*, p. 340. **4.** *CS* VI, p. 6695. **5.** Ibid. **6.** Ibid., p. 6707. **7.** Ibid., p. 6701. **8.** Ibid., p. 6698. **9.** Ibid., p. 6702. **10.** Hinsley, *British Intelligence*, v. I, pp. 456-7. **11.** Blake; Louis (Orgs.), *Churchill*, p. 424. **12.** Ossad, *Bradley*, p. 240. **13.** RA GVI/PRIV/DIARY/COPY/1942: 17 nov. **14.** Howard, *Grand Strategy* IV, p. 231. **15.** WSC, *Secret*, p. 81. **16.** Ibid., p. 83. **17.** Roosevelt, *As He Saw It*, p. 73. **18.** Halle, *Irrepressible*, p. 212. **19.** Ibid., p. 213. **20.** Hart-Davis (Org.), *King's Counsellor*, p. 76. **21.** *TCD* 18, pp. 59-60. **22.** RA GVI/PRIV/DIARY/COPY/1943: 1 jan. **23.** Ibid.: 12 jan. **24.** Pawle, *Warden*, p. 3. **25.** Colville, *Fringes*, p. 461; *OB* VII, p. 634. **26.** Ismay, *Memoirs*, p. 287. **27.** *S* VII, p. 6893. **28.** Soames (Org.), *Speaking*, p. 473. **29.** Ibid., p. 475. **30.** Ibid. **31.** WSC, *TSWW* IV, p. 622. **32.** Rogers, *Folly*, p. 25. **33.** Ibid., p. 24. **34.** NA CAB 120/77. **35.** CAC BRGS 1/3. **36.** NA CAB 120/77. **37.** Gorodetsky (Org.), *Maisky Diaries*, p. 482. **38.** NA CAB 120/77. **39.** Ibid. **40.** Ibid. **41.** *CS* VII, p. 6741. **42.** Danchev; Todman (Orgs.), *War Diaries*, p. 379. **43.** Sandys, *Chasing Churchill*, p. 159. **44.** BU AP 20/1/23. **45.** Stuart, *Within*, p. 157. **46.** PA BBK/D/480. **47.** *CS* VII, p. 6742. **48.** Ibid., p. 6749. **49.** Ibid., p. 6751. **50.** Ibid., p. 6752. **51.** Nicolson (Org.), *Diaries and Letters*, v. II, p. 279. **52.** RA PS/PSO/GVI/C/069/29. **53.** Nicolson (Org.), *Diaries and Letters*, v. II, p. 284. **54.** Rose, *Nursing Churchill*, p. 158. **55.** Ibid., p. 159. **56.** Ibid., p. 164. **57.** *New York Times*, 22 jan. 2006. **58.** *CS* VII, p. 6760. **59.** Ibid., p. 6762. **60.** Ibid., p. 6763. **61.** Ibid., p. 6765. **62.** Diário de Marian Holmes, p. 1. **63.** Hart-Davis (Org.), *King's Counsellor*, p. 117. **64.** Danchev; Todman (Orgs.), *War Diaries*, p. 389. **65.** Ibid., pp. 389-90. **66.** Eade (Org.), *Contemporaries*, p. 155. **67.** Howard, *Grand Strategy*, v. IV, p. 369. **68.** Dilks, "Churchill and the Russians", p. 11. **69.** *CS* III, p. 2771. **70.** Nicolson (Org.), *Diaries and Letters*, v. II, p. 291. **71.** Gorodetsky (Org.), *Maisky Diaries*, p. 509. **72.** Ibid., p. 510. **73.** BU AP 20/1/23. **74.** RA PS/PSO/GVI/C/069/31. **75.** BU AP 20/1/23. **76.** RA PS/PSO/GVI/C/069/34. **77.** Roskill, *Admirals*, pp. 229-30; O'Connell, "Air Power Gap"; Dimbleby, *Battle of the Atlantic*, pass. **78.** Bell, "Air Power", p. 693. **79.** Ibid., p. 717. **80.** Ibid., p. 718. **81.** Sterling, "Getting", p. 14. **82.** CAC CHAR 20/111. **83.** Soames (Org.), *Speaking*, p. 481. **84.** WSC, *Victory*, p. 174. **85.** *CS* VII, p. 6775. **86.** Ibid., p. 6782. **87.** Kennedy, *Business*, p. 274. **88.** Gorodetsky (Org.), *Maisky Diaries*, p. 481. **89.** Ibid. **90.** WSC, *TSWW* IV, p. 727. **91.** Sterling, "Getting", p. 13. **92.** Soames (Org.), *Speaking*, p. 484. **93.** WSC, *TSWW* IV, p. 730. **94.** Soames (Org.), *Speaking*, p. 484. **95.** Ibid. **96.** Gorodetsky (Org.), *Maisky Diaries*, p. 522. **97.** *Stars and Stripes*, 7 jun. 1943. **98.** Danchev; Todman (Orgs.), *War Diaries*, p. 416. **99.** Eden, *Reckoning*, p. 389. **100.** *Stars and Stripes*, 7 jun. 1943. **101.** Martin, *Downing Street*, p. 104. **102.** Danchev; Todman (Orgs.), *War Diaries*, pp. 420-1. **103.** RA GVI/PRIV/DIARY/COPY/1943: 6 abr. **104.** *OB* VII, p. 437. **105.** Gilbert, *Other Club*, p. 168. **106.** Overy, *Bombing War*, p. 408. **107.** Rose, *Nursing Churchill*, p. 152. **108.** Weeks, *Organisation and Equipment*, p. 8. **109.** NA CAB 195/1 WM (43) 92º. **110.** Ibid. **111.** Ibid. **112.** Ibid. **113.** WSC, *Onwards*, p. 136. **114.** Jacob, "High Level", p. 367. **115.** RA VI/PRIV/DIARY/COPY/1943: 29 junho. **116.** *TCD* 18, p. 1811. **117.** WSC, *TSWW* IV, pp. 651-2. **118.** Martin, *Downing Street*, p. 109. **119.** Eade (Org.), *Contemporaries*, p. 155. **120.** Kennedy (Org.), *Grand Strategies*, p. 64. **121.** Diário de Marian Holmes, p. 3. **122.** Lamb, *War Leader*, p. 225. **123.** WSC, *TSWW* v, p. 572. **124.** Ibid. **125.** BU AP 20/1/23. **126.** Hart-Davis (Org.), *King's Counsellor*, p. 138. **127.** Kersaudy, *Churchill and de Gaulle*, p. 248; Nicolson (Org.), *Diaries and Letters*, v. II, p. 303. **128.** Hart-Davis (Org.), *King's Counsellor*, p. 231. **129.** BU AP 20/1/23. **130.** Ibid. **131.** Ibid. **132.** Hart--Davis (Org.), *King's Counsellor*, p. 143. **133.** Ibid. **134.** James (Org.), *Chips*, p. 345. **135.** Mukerjee, *Churchill's Secret War*, pass.; Langworth, *Myth*, pp. 149-54; Herman, "Absent Churchil"; Mitter, *China's War with Japan*, p. 273; <https://winstonchurchill.hillsdale.edu/did-churchill-cause-the-bengal-famine/>. **136.** James, *Churchill and Empire*, p. 304; Fort, *Wavell*, p. 361. **137.** Fort, *Wavell*, p. 362. **138.** *TCD* 19, p. 414. **139.** CAC CHUR 23/11; Langworth, *Myth*, p. 150. **140.** NA CAB 65/41, 14 fev. 1944. **141.** *TCD* 19, p. 755. **142.** Fort, *Wavell*, p. 364. **143.** Collingham, *Taste of War*, p. 148. **144.** Barnes; Nicholson (Orgs.), *Empire at Bay*, pp. 933-4. **145.** Browne, *Sunset*, p. 133. **146.** James, *Churchill and Empire*, p. 184. **147.** NA CAB 65/41, 7 fev. 1944. **148.** *TCD* 19, p. 1543. **149.** Herman, "Absent Churchil", p. 51. **150.** *TCD* 19, p. 2554. **151.** Kimball (Org.), *Complete Correspondence*, v. III, p. 117. **152.** *FH*, n. 142, p. 35. **153.** <https://winstonchurchill.hillsdale.edu/churcills-secret-war-bengal-famine-1943/>. **154.** Hart-Davis (Org.), *King's Counsellor*, p. 143. **155.** Ibid. **156.** BU AP 20/1/23. **157.** Gilbert, *Search*, p. 225. **158.** Diário de Marian Holmes, pp. 3-4. **159.** BU AP 20/23. **160.** *CS* VII, p. 6811. **161.** Nicolson (Org.), *Diaries and Letters*, v. II, pp. 308-9. **162.** BU AP 20/23. **163.** *OB* VII, p. 467. **164.** WSC, *TSWW* v, p. 583. **165.** Martin, *Downing Street*, p. 110. **166.** Dilks, *Dominion*, p. 265. **167.** *OB* VII, p. 469. **168.** Kimball (Org.), *Complete Correspondence*, v. III, pp. 389-402. **169.** Danchev; Todman (Orgs.), *War Diaries*, pp. 441-2. **170.** Jacob, "Grand Strategy", p. 534. **171.** Danchev; Todman (Orgs.), *War Diaries*, pp. 447, 450-51. **172.** WSC, *TSWW* v, pp. 83-4. **173.** *OB* VII, p. 484. **174.** CAC CHUR 20/152. **175.** Dilks (Org.), *Cadogan*, p. 559. **176.** Pawle, *Warden*, p. 150; Pilpel, *America*, p. 199; Midgley (Org.), *Heroic Memory*, pp. 25-6. **177.** Hart-Davis (Org.), *King's Counsellor*, p. 158. **178.** Ibid. **179.** BU AP 20/23. **180.** Martin, *Downing Street*, p. 116. **181.** *CS* VII, pp. 6823-4. **182.** WSC, *Onwards*, p. 185. **183.** *CS* VII, p. 6824. **184.** Ibid. **185.** Ibid., p. 6825. **186.** Ibid., p. 6827. **187.** *CIHOW*, p. 139.

### 29. O BAIXO-VENTRE DURO: SETEMBRO DE 1943 A JUNHO DE 1944 [pp. 882-910]

**1.** Danchev; Todman (Orgs.), *War Diaries*, p. 680. **2.** Churchill, *Tapestry*, p. 69. **3.** Soames, *Clementine*, p. 340. **4.** Martin, *Downing Street*, p. 116. **5.** BA AP 20/23. **6.** *CS* VII, p. 6839. **7.** Ibid. **8.** Ibid., p. 6840. **9.** Ibid. **10.** Nicolson (Org.), *Diaries and Letters*, v. II, p. 321. **11.** BA AP 20/23 **12.** RA GVI/PRIV/DIARY/COPY/1943: 23 set. **13.** Wilson, *Cabinet Office*, p. 45. **14.** *OB* VII, p. 710. **15.** Diário de Marian Holmes, p. 5. **16.** Danchev; Todman (Orgs.), *War Diaries*, p. 459. **17.** Hamilton, *Mantle of Command*, pass. **18.** RA PS/PSO/GVI/C/069/340. **19.** RA GVI/PRIV/DIARY/COPY/1943: 14 out. **20.** WSC, *TSWW* v, p. 280. **21.** CAC CHUR 20/122. **22.** CAC EADE 2/2. **23.** Ibid. **24.** Ibid. **25.** Moran, *Struggle*, p. 122. **26.** Brodhurst, *Anchor*, p. 5. **27.** Potter, *Pim*, p. 38. **28.** *CS* VII, p. 6869. **29.** Ibid., p. 6871. **30.** Ibid. **31.** Midgley (Org.), *Heroic Memory*, p. 23. **32.** Diário de Marian Holmes, p. 5. **33.** Hart-Davis (Org.), *King's Counsellor*, p. 176. **34.** Baxter, "Strategist?", p. 8. **35.** Churchill, *Tapestry*, p. 59. **36.** CAC BRGS 1/2. **37.** Churchill, *Tapestry*, p. 58. **38.** LHC Documentos Kennedy 4/2/5. **39.** Ibid. **40.** SOAMES (Org.), *Speaking*, p. 485. **41.** CAC SCHL 1/1/7. **42.** Ibid. **43.** WSC, *TSWW* v, p. 635. **44.** Ibid., p. 637. **45.** Churchill, *Tapestry*, p. 62. **46.** Martin, *Downing Street*, p. 127. **47.** Churchill, *Tapestry*, pp. 62-3. **48.** CAC SCHL 1/1/7. **49.** Danchev; Todman (Orgs.), *War Diaries*, p. 478. **50.** CAC SCHL 1/1/7. **51.** Ibid. **52.** Soames (Org.), *Speaking*, p. 487. **53.** Ibid. **54.** Churchill, *Tapestry*, p. 63. **55.** Ibid. **56.** Ibid. **57.** Ibid., p. 64. **58.** Ibid. **59.** Martin, *Downing Street*, p. 122. **60.** Moran, *Struggle*, p. 141. **61.** WSC, *TSWW* v, p. 330. **62.** Soames (Org.), *Speaking*, p. 489. **63.** Sherwood (Org.), *Hopkins* II, p. 772. **64.** Ibid., p. 774. **65.** *TCD* 19,

p. 999. **66.** WSC, *TSWW* v, p. 338. **67.** NA CAB 120/113. **68.** Ibid. **69.** Hart-Davis (Org.), *King's Counsellor*, p. 194. **70.** Stelzer, *Dinner with Churchill*, pp. 105-13. **71.** Churchill, *Tapestry*, p. 65. **72.** CAC SCHL 1/1/7. **73.** Ibid. **74.** *OB* VII, p. 586. **75.** NA CAB 120/120. **76.** Evans (Org.), *Killearn Diaries*, p. 267. **77.** Churchill, *Tapestry*, p. 67. **78.** Eden, *Reckoning*, p. 429. **79.** *CIHOW*, p. 184. **80.** Danchev; Todman (Orgs.), *War Diaries*, p. 493. **81.** *CIHOW*, p. 510. **82.** Thompson, *Sixty*, p. 77. **83.** WSC, *TSWW* v, p. 373. **84.** Martin, *Downing Street*, p. 124. **85.** CAC SCHL 1/8/1. **86.** Martin, *Downing Street*, p. 132. **87.** Colville, *Fringes*, p. 457. **88.** Martin, *Downing Street*, p. 132. **89.** CAC BRGS 1/3. **90.** Martin, *Downing Street*, p. 1303. **91.** Recordações do major Buckley nos Documentos Astley. **92.** Bryant, *Triumph in the West*, pp. 93-4. **93.** Colville, *Fringes*, p. 463. **94.** CAC CHUR 20/179. **95.** Colville, *Fringes*, p. 464. **96.** Norwich (Org.), *Monster*, pp. 165-6. **97.** Diário de Marian Holmes, pp. 5, 20. **98.** *OB* VII, p. 646; Rose (Org.), *Baffy*, p. 211. **99.** Martin, *Downing Street*, p. 134. **100.** Colville, *Fringes*, p. 465. **101.** Colville, "Second", p. 6; Potter, *Pim*, p. 47. **102.** Nicolson (Org.), *Diaries and Letters*, v. II, pp. 344-5. **103.** WSC, *Dawn*, p. 53. **104.** RA GVI/PRIV/DIARY/COPY/1944: 18 jan. **105.** Butcher, *Three Years*, p. 404. **106.** WSC, *TSWW* v, p. 426. **107.** Ibid., p. 432. **108.** Colville, *Fringes*, pp. 674-5. **109.** *OB* VII, p. 663. **110.** Colville, *Fringes*, p. 476. **111.** CAC BRGS 2/19. **112.** CAC CHUR 20/156. **113.** Meacham, *Franklin and Winston*, p. 274. **114.** Danchev; Todman (Orgs.), *War Diaries*, p. 525. **115.** Colville, *Fringes*, p. 475. **116.** *CS* VII, p. 6893. **117.** Colville, *Fringes*, p. 476. **118.** Ibid. **119.** WSC, *Dawn*, p. 54. **120.** RA GVI/PRIV/DIARY/COPY/1944: 7 mar. **121.** WSC, *TSWW* v, pp. 521, 542-3; *OB* VII, p. 706. **122.** CAC CHAR 20/188A/ 64-5. **123.** CAC CHAR 20/188A/ 67-8. **124.** Reynolds, *Command*, pp. 403-4. **125.** Danchev; Todman (Orgs.), *War Diaries*, p. 533. **126.** LHC ALAB 6/3/9. **127.** Ibid. **128.** CAC CHAR 20/188B/128. **129.** LHC ALAB 6/3/10. **130.** *CS* VII, p. 6907. **131.** Ibid., p. 6916. **132.** Hart-Davis (Org.), *King's Counsellor*, p. 209. **133.** Frank (Org.), *Anne Frank Diary*, p. 239. **134.** James (Org.), *Chips*, p. 391. **135.** Nicolson (Org.), *Diaries and Letters*, v. II, p. 358. **136.** RA GVI/PRIV/DIARY/COPY/1944: 28 mar. **137.** CAC CAB 69/6 DO (44) 6. **138.** Cohen, "Churchill at War", pp. 40-9. **139.** WSC, *WC* II, p. 21. **140.** Danchev; Todman (Orgs.), *War Diaries*, p. 537. **141.** WSC, *TSWW* v, p. 618. **142.** Ibid. **143.** James, *Within*, p. 112. **144.** Diário de Marian Holmes, p. 9. **145.** Ibid., p. 11. **146.** Colville, *Fringes*, p. 486. **147.** Bland; Stevens (Orgs.), *Marshall Papers*, v. IV, p. 405. **148.** Ibid. **149.** Reynolds, *Command*, p. 393. **150.** *CS* VII, p. 6921 **151.** Colville, *Fringes*, p. 485. **152.** Russell (Org.), *Constant*, p. 245. **153.** Hart-Davis (Org.), *King's Counsellor*, p. 230. **154.** Danchev; Todman (Orgs.), *War Diaries*, p. 544. **155.** Fergusson (Org.), *Business of War*, p. 328. **156.** CAC BRGS 2/20. **157.** RA PS/PSO/GVI/C/069/47. **158.** James, *Undaunted*, p. 256. **159.** RA PS/PSO/GVI/C/069/34. **160.** James, *Undaunted*, p. 257. **161.** Ibid., p. 258. **162.** RA PS/PSO/GVI/C/069/45. **163.** RA GVI/PRIV/DIARY/COPY/1944: 3 jun. **164.** BL Cunningham Add Mss 52577/28. **165.** CAC LWFD2/7. **166.** Beevor, *D-Day*, p. 21. **167.** CAC BRGS 2/21. **168.** Ibid. **169.** Diário de Marian Holmes, p. 11. **170.** Soames (Org.), *Speaking*, p. 496. **171.** Barnes; Nicholson (Orgs.), *Empire at Bay*, p. 986. **172.** CAC BRGS 2/21. **173.** Barnes; Nicholson (Orgs.), *Empire at Bay*, pp. 986-7. **174.** BL Cunningham Add Mss 52577/8. **175.** Djilas, *Conversations with Stalin*, p. 61. **176.** Macmillan, *Blast*, p. 423. **177.** Potter, *Pim*, p. 50. **178.** Pawle, *Warden*, p. 302; Soames (Org.), *Speaking*, p. 497; *OB* VII, p. 794.

### 30. LIBERTAÇÃO: JUNHO DE 1944 A JANEIRO DE 1945 [pp. 911-45]

**1.** *CS* VI, p. 6657. **2.** Colville, *Fringes*, p. 510. **3.** *CS* VII, p. 6947. **4.** Nicolson (Org.), *Diaries and Letters*, v. II, p. 375. **5.** *CS* VII, p. 6972. **6.** WSC, *TSWW* v, p. 67. **7.** Stacey, *Victory Campaign* III, pp. 119, 652. **8.** WSC, *Dawn*, p. 120. **9.** BU AP 20/1/24. **10.** *OB* VII, p. 807. **11.** Danchev; Todman (Orgs.), *War Diaries*, p. 557. **12.** Martin, *Downing Street*, p. 152. **13.** Ibid., p. 153. **14.** BL Cunningham Add Mss 52577/32. **15.** RA GVI/PRIV/DIARY/COPY/1944: 13 jun. **16.** HANSARD, v. 400, cols. 2293-300. **17.** Nicolson, *Alexander*, p. 259. **18.** Bryant, *Triumph in the West*, p. 223. **19.** *CIHOW*, pp. 290-1. **20.** CAC HARV 4/1/parte 2. **21.** *CS* VII, p. 6957. **22.** Potter, *Pim*, p. 51. **23.** *OB* VII, p. 841. **24.** Ibid. **25.** Blake; Louis (Orgs.), *Churchill*, p. 426. **26.** Ibid. **27.** *Spectator*, 8 fev. 2014, p. 11. **28.** Hart-Davis (Org.), *King's Counsellor*, p. 240. **29.** Diário de Marian Holmes, p. 12. **30.** Ibid. **31.** Ibid., p. 14. **32.** WSC, *TSWW* VI, p. 50. **33.** Bland; Stevens (Orgs.), *Marshall Papers*, v. IV, p. 498. **34.** Kimball (Org.), *Complete Correspondence*, v. III, pp. 212-3. **35.** Ibid., p. 223. **36.** RA GVI/PRIV/DIARY/COPY/1944: 4 jul. **37.** Hart-Davis (Org.), *King's Counsellor*, p. 240. **38.** *OB* VII, p. 843. **39.** Hart-Davis (Org.), *King's Counsellor*, p. 240. **40.** Gilbert, *Churchill and the Jews*, p. 211. **41.** Ibid. **42.** NA PREM 4/51/10. **43.** Gilbert, *Churchill and the Jews*, pp. 212-3. **44.** NA PREM 4/51/10. **45.** Gilbert, *Churchill and the Jews*, p. 213. **46.** NA FO 371/39454. **47.** *OB* VII, p. 847 e nota 1. **48.** Ibid., p. 847. **49.** Gilbert, *Churchill and the Jews*, pp. 189-90. **50.** Harvey (Org.), *Diaries*, p. 249. **51.** *CS* VII, p. 7376. **52.** Danchev; Todman (Orgs.), *War Diaries*, p. 566. **53.** Bew, *Citizen Clem*, p. 316. **54.** BL Cunningham Add Mss 52577/42. **55.** BU AP 20/1/24. **56.** Diário de Marian Holmes, pp. 13-4. **57.** Colville, *Fringes*, p. 419. **58.** Deakin, "1944", p. 19. **59.** *CS* VII, p. 6996. **60.** Ibid., p. 6982. **61.** Martin, *Downing Street*, p. 157. **62.** CAC BRGS 2/2. **63.** WSC, *TSWW* VI, p. 124. **64.** *CS* VII, p. 6977. **65.** Ibid., p. 6982. **66.** Soames (Org.), *Speaking*, p. 498. **67.** *OB* VII, pp. 887-8. **68.** Soames (Org.), *Speaking*, p. 501. **69.** Churchill, *Father's Son*, p. 264. **70.** *CIHOW*, p. 285. **71.** Soames (Org.), *Speaking*, p. 500. **72.** WSC, *TSWW* VI, p. 96. **73.** Soames (Org.), *Speaking*, p. 501. **74.** Ibid. **75.** WSC, *TSWW* VI, pp. 106-7. **76.** *OB* VII, p. 915. **77.** Colville, *Fringes*, p. 506; Martin, *Downing Street*, p. 158; BL Cunningham Add Mss 52577. **78.** BL Cunningham Add Mss 52577/60. **79.** Colville, *Fringes*, p. 507. **80.** WSC, *TSWW* VI, p. 607. **81.** BL Cunningham Add Mss 52577/94. **82.** BU AP 20/1/24. **83.** Colville, *Fringes*, p. 509. **84.** CAC SCHL 1/2/1. **85.** BL Cunningham Add Mss 52577/70. **86.** Ibid. **87.** Colville, *Fringes*, p. 511. **88.** Danchev; Todman (Orgs.), *War Diaries*, p. 590. **89.** Colville, *Fringes*, p. 511. **90.** Danchev; Todman (Orgs.), *War Diaries*, p. 590. **91.** Potter, *Pim*, p. 53. **92.** Colville, *Fringes*, p. 513. **93.** Pickersgill; Forster (Orgs.), *Mackenzie King Record*, v. II, p. 67. **94.** Ibid. **95.** LHC ALAB 6/1/5/p236. **96.** WSC, *TSWW* VI, p. 132. **97.** Buell, *Master of Sea Power*, pp. 470-1. **98.** Deakin, "1944", p. 6. **99.** *OB* VII, p. 914. **100.** Deakin, "1944", p. 6. **101.** Colville, *Fringes*, p. 513. **102.** CAC SCHL 1/2/1. **103.** Martin, *Downing Street*, p. 161. **104.** *OB* VII, p. 965. **105.** Ibid., p. 967. **106.** Beevor, *Arnhem*, pass. **107.** Colville, *Fringes*, p. 574. **108.** CAC CHUR 20/148. **109.** Colville, *Fringes*, p. 516. **110.** BL Cunningham Add Mss 52577/75. **111.** Colville, *Fringes*, p. 517. **112.** Lacouture, *De Gaulle*, v. I, p. 575. **113.** *CS* VII, p. 6991. **114.** Ibid., p. 6996. **115.** Ibid. **116.** CAC HARV 4/1/parte 2. **117.** CAC BRGS 2/22. **118.** RA PS/PSO/GVI/C/069/51. **119.** *OB* VII, p. 968. **120.** Hart-Davis (Org.), *King's Counsellor*, p. 261. **121.** *OB* VII, p. 992. **122.** NA PREM 3/434/2. **123.** WSC, *TSWW* VI, p. 198. **124.** Deakin, "1944", p. 11. **125.** Ibid. **126.** Soames (Org.), *Speaking*, p. 506. **127.** Ibid. **128.** *OB* VII, p. 1015. **129.** Dilks, *Churchill & Company*, p. 195. **130.** Moran, *Struggle*, p. 200. **131.** RA PS/PSO/GVI/C/069/52. **132.** Deane, *Strange Alliance*, p. 245. **133.** CAC BRGS 2/22 **134.** Deane, *Strange Alliance*, p. 155. **135.** Martin, *Downing Street*, p. 167. **136.** RA GVI/PRIV/DIARY/COPY/1944: 24 out. **137.** *CS* VII, p. 7015. **138.** *CS* VII, p. 7023. **139.** Nicolson (Org.), *Diaries and Letters*, v. II, p. 409. **140.** Gilbert, *Churchill and the Jews*, p. 223. **141.** Ibid., pp. 224-5. **142.** *CS* VII, pp. 7034-5. **143.** Evans (Org.), *Killearn Diaries*, p. 318. **144.** Russell (Org.), *Constant*, p. 268. **145.** Ibid. **146.** CAC LWFD 2/7. **147.** Nicolson (Org.), *Diaries and Letters*, v. II, p. 412. **148.** *CS* VII, p. 7031. **149.** Documentos Pamela Harriman, 13 nov. 1944. **150.** Best, *Greatness*, pp. 198-9. **151.** BL Cunningham Add Mss 52577/102. **152.** Hancock; Gowing, *British War Economy*, p. 367. **153.** Kimball (Org.), *Complete Correspondence*, v. III, p. 421. **154.** Ibid., p. 409. **155.** Colville, *Fringes*, p. 528. **156.** Hart-Davis (Org.), *King's Counsellor*, p. 274. **157.** WSC, *TSWW* VI, p. 632. **158.** Colville, *Fringes*, p. 533. **159.** WSC, *TSWW* VI, p. 252. **160.** Ibid., p. 311. **161.** *CS* VII, p. 7052. **162.** Ibid., p. 7055. **163.** Ibid., p. 7059. **164.** Hart-Davis (Org.), *King's Counsellor*, p. 277. **165.** Soames (Org.), *Speaking*, p. 508. **166.** Pawle, *Warden*, pp. 338–9. **167.** Hart-Davis (Org.), *King's Counsellor*, p. 282n. **168.** Informação proveniente de Mark Foster-Brown, neto do contra-almirante Roy Foster-Brown. **169.** Colville, *Fringes*, p. 540. **170.** *OB* VII, p. 1121. **171.** Colville, *Fringes*, p. 552. **172.** Ibid., p. 540 **173.** NA CAB 120/169. **174.** Hart-Davis (Org.), *King's Counsellor*, p. 281. **175.** NA PREM 3/208. **176.** Hart-Davis (Org.), *King's Counsellor*, p. 278. **177.** Wheeler-Bennett (Org.), *Action*, p. 258. **178.** Ibid. **179.** Hastings, *Finest Years*, pp. 528-9. **180.** Soames (Org.), *Speaking*, p. 541. **181.** BL Cunningham Add Mss 52577/109. **182.** *OB* VII, p. 1138. **183.** Kimball (Org.), *Complete Correspondence*, v. III, p. 502. **184.** Documentos de Joseph E. Davies, Biblioteca do Congresso, caixa 16. **185.** *CS* VII, p. 7100. **186.** McDonald, *The Times* v, pp. 121-2. **187.** Ibid., p. 122. **188.** *CS* VII, p. 7102. **189.** *OB* VII, p. 1151. **190.** Colville, *Fringes*, p. 555.

## 31. VITÓRIA E DERROTA: JANEIRO A JULHO DE 1945 [pp. 946-77]

**1.** WSC, *Marl* II, p. 603. **2.** Colville, *Fringes*, p. 537. **3.** *OB* VII, p. 664. **4.** Martin, *Downing Street*, p. 175. **5.** Ibid., p. 178. **6.** Ibid., p. 179. **7.** Soames (Org.), *Speaking*, p. 512. **8.** Ibid. **9.** Martin, *Downing Street*, p. 179. **10.** Soames (Org.), *Speaking*, p. 513. **11.** Gladwyn, *Memoirs*, p. 153. **12.** Churchill, *Tapestry*, p. 76. **13.** Ibid. **14.** Martin, *Downing Street*, p. 179. **15.** CAC SCHL 1/1/8. **16.** CAC LWFD 2/8. **17.** Ibid. **18.** Gladwyn, *Memoirs*, p. 153. **19.** Ibid., p. 155. **20.** CAC LWFD 2/8. **21.** Gladwyn, *Memoirs*, p. 153. **22.** *OB* VII, p. 1189. **23.** CAC LWFD 2/8. **24.** Gilbert, *A Life*, p. 823. **25.** CAC LWFD 2/8. **26.** *CS* VII, p. 7293. **27.** Tolstoy, *Victims of Yalta*, p. 96. **28.** Ibid., p. 430. **29.** Soames (Org.), *Speaking*, p. 517. **30.** NA PREM 4/78/1. **31.** Gilbert, *A Life*, p. 818. **32.** Ibid., p. 820. **33.** Ibid., p. 821. **34.** Churchill, *Tapestry*, p. 80. **35.** CAC LWFD 2/8. **36.** WSC, *TSWW* VI, p. 352. **37.** CAC LWFD 2/8. **38.** CAC BRGS 1/2. **39.** Churchill, *Tapestry*, p. 83. **40.** Martin, *Downing Street*, p. 185. **41.** Ibid., p. 177. **42.** CAC BRGS 1/3 **43.** WSC, *TSWW* VI, p. 348. **44.** Evans (Org.), *Killearn*, p. 325. **45.** Soames (Org.), *Speaking*, p. 518. **46.** Martin, *Downing Street*, p. 186. **47.** CAC BRGS 1/3. **48.** Gilbert, *A Life*, p. 825. **49.** Ibid. **50.** Evans (Org.), *Killearn*, p. 325. **51.** Ibid., p. 331. **52.** Soames (Org.), *Speaking*, p. 518. **53.** CAC BRGS I/3. **54.** *Daily Telegraph*, obituário de Patrich Kinna, 18 mar. 2009. **55.** Colville, *Fringes*, p. 562. **56.** Ibid. **57.** Ibid. **58.** Ibid., p. 563. **59.** Ibid. **60.** RA GVI/PRIV/DIARY/COPY/1945: 28 fev. **61.** Pimlott (Org.), *Dalton Diary*, p. 835. **62.** *CS* VII, p. 7117. **63.** Nicolson (Org.), *Diaries and Letters*, v. II, p. 437. **64.** WSC, *TSWW* VI, p. 638. **65.** Danchev; Todman (Orgs.), *War Diaries*, pp. 667-8. **66.** Taylor, *Winston Churchill*, p. 388. **67.** Colville, *Footprints*, p. 187. **68.** RA GVI/PRIV/DIARY/COPY/1945: 25 mar. **69.** Danchev; Todman (Orgs.), *War Diaries*, p. 678. **70.** Leslie, *Train to Nowhere*, p. 210. **71.** Colville, *Fringes*, p. 579. **72.** *OB* VII, p. 1257. **73.** WSC, *TSWW* VI, p. 434. **74.** Ibid. **75.** Ibid., p. 437. **76.** RA GVI/PRIV/DIARY/COPY/1945: 13 mar. **77.** Soames (Org.), *Speaking*, p. 521. **78.** Colville, *Fringes*, p. 581. **79.** *CS* VII, pp. 7138-9. **80.** Diários de Marian Holmes, p. 21. **81.** WSC, *TSWW* VI, p. 409. **82.** Colville, *Fringes*, p. 582. **83.** CAC BRGS 2/24. **84.** Colville, *Fringes*, p. 582. **85.** Butler (Org.), *Dear Mr Stalin*, p. 315. **86.** Soames (Org.), *Speaking*, p. 523. **87.** Colville, *Fringes*, p. 583. **88.** Courtenay, "Smuts", p. 61. **89.** Colville, *Fringes*, p. 585. **90.** WSC, *TSWW* VI, p. 640. **91.** Pottle (Org.), *Champion*, p. 314. **92.** Colville, *Fringes*, p. 587. **93.** Potter, *Pim*, p. 62. **94.** Thompson, *Shadow*, p. 153. **95.** BU AP 20/25. **96.** WSC, *TSWW* VI, p. 399. **97.** *OB* VII, p. 1294. **98.** James (Org.), *Chips*, p. 402. **99.** *CS* VII, p. 7139. **100.** Ibid., p. 7141. **101.** Ibid., p. 7149. **102.** Soames (Org.), *Speaking*, p. 528. **103.** *TCD* 21, p. 658. **104.** WSC, *TSWW* VI, pp. 642-3. **105.** Colville, *Fringes*, p. 592. **106.** Ibid., p. 596. **107.** *CS* VII, p. 7149. **108.** Soames (Org.), *Speaking*, p. 529. **109.** Ibid., p. 524. **110.** Diários de Marian Holmes, p. 21. **111.** Soames (Org.), *Speaking*, p. 530. **112.** Ibid. **113.** Colville, *Fringes*, p. 596. **114.** Potter, *Pim*, p. 62. **115.** Diário de Marian Holmes, p. 22. **116.** *CS* VII, p. 7153. **117.** James (Org.), *Chips*, p. 402. **118.** *OB* VII, p. 1345. **119.** Nicolson (Org.), *Diaries and Letters*, v. II, p. 458. **120.** Danchev; Todman (Orgs.), *War Diaries*, p. 688. **121.** Ibid. **122.** *CS* VII, p. 7154. **123.** *OB* VII, p.

1348. **124.** *CS* VII, pp. 7156-7. **125.** Ibid., p. 7158. **126.** WSC, *TSWW* VI, p. 667. **127.** Diários de Marian Holmes, p. 22. **128.** Peck, *Dublin from Downing Street*, p. 68. **129.** Colville, *Fringes*, p. 599. **130.** Ibid. **131.** Ibid., p. 601. **132.** Ibid., p. 474. **133.** Nicolson (Org.), *Diaries and Letters*, v. II, p. 347. **134.** *OB* VIII, p. 7. **135.** NA CAB 120/691. **136.** Ibid. **137.** Ibid. **138.** Dalton, *Fateful Years*, p. 462. **139.** BU AP 20/25. **140.** Stuart, *Within*, p. 138. **141.** *TCD* 21, p. 1530. **142.** *CS* VII, p. 7172. **143.** Arquivos da Harrow School, Caixa H4/8. **144.** Soames, *Clementine*, p. 382. **145.** Colville, *Fringes*, p. 606. **146.** CAC EADE 2/2. **147.** Lowndes (Org.), *Belloc Lowndes*, p. 260. **148.** BOD CPA PUB 229/8/8/f. 73. **149.** Ibid. **150.** Hart-Davis (Org.), *King's Counsellor*, p. 336. **151.** CAC SCHL 1/1/7. **152.** Danchev; Todman (Orgs.), *War Diaries*, p. 702. **153.** Colville, *Fringes*, p. 610. **154.** Ibid. **155.** Pickersgill; Forster (Orgs.), *Mackenzie King*, v. III, p. 236. **156.** WSC, *TSWW* VI, p. 545. **157.** Ibid., pp. 545-6. **158.** *CS* VII, p. 7211. **159.** Mee, *Potsdam*, p. 164. **160.** *CIHOW*, p. 375. **161.** BU AP 20/25; Dilks (Org.), *Cadogan*, p. 765. **162.** Soames (Org.), *Speaking*, p. 532. **163.** Churchill, *Tapestry*, p. 86. **164.** Diários de Marian Holmes, p. 25. **165.** Gilbert, *Other Club*, p. 191. **166.** Potter, *Pim*, p. 66; WSC, *TSWW* VI, p. 583; Soames (Org.), *Speaking*, p. 536, nota. 3. **167.** Wheeler-Bennett (Org.), *Action*, p. 262. **168.** Moran, *Struggle*, p. 307. **169.** Hart--Davis (Org.), *King's Counsellor*, p. 342. **170.** Ibid., p. 343. **171.** RA GVI/PRIV/DIARY/COPY/1945: 26 jul. **172.** *CIHOW*, p. 41. **173.** CAC BRGS 1/3. **174.** Eden, *Reckoning*, p. 551. **175.** Hatfield House, QUI, maço 63. **176.** Documentos Pamela Harriman, 1/8/1945. **177.** Pawle, *Warden*, p. 7.

## 32. OPOSIÇÃO: AGOSTO DE 1945 A OUTUBRO DE 1951 [pp. 978-1013]

**1.** Soames (Org.), *Speaking*, pp. 512-13. **2.** WSC, *Unite*, p. 347. **3.** Churchill, *Tapestry*, pp. 18-9. **4.** CAC EADE 2/2. **5.** Ramsden, "Greatest", p. 9. **6.** Gilbert, *Search*, p. 307; CAC CHUR 2/495. **7.** Hatfield House, QUI, maço 63. **8.** Diários de Marian Holmes, p. 25. **9.** WSC, *Marl* III, p. 25. **10.** Muller (Org.), *Contemporaries*, p. 301. **11.** Colville, *Fringes*, p. 428. **12.** Diários de Marian Holmes, p. 25; RA PS/PSO/GVI/C/069/34. **13.** Stuart, *Within*, p. 139. **14.** Ibid. **15.** Documentos Woodrow Wyatt, 9 abr. 1946. **16.** WSC, *TSWW* VI, p. 224. **17.** *CS* VII, p. 7211. **18.** Ibid. **19.** *OB* VIII, p. 249. **20.** *CS* VII, p. 7211. **21.** Ibid., p. 7213. **22.** Ibid., p. 7214. **23.** Ibid., pp. 7214-5. **24.** Soames (Org.), *Speaking*, p. 535. **25.** Mather, "Hardiness and Resilience", pp. 83-97. **26.** Churchill, *Tapestry*, p. 95. **27.** Ibid., p. 98. **28.** Soames (Org.), *Speaking*, p. 541. **29.** *CS* VII, p. 7235. **30.** Ibid., p. 7269. **31.** Nicolson (Org.), *Diaries and Letters*, v. III, p. 82. **32.** Colville, "Second", p. 7. **33.** *CS* VII, p. 7417. **34.** *CIHOW*, p. 550. **35.** Ibid. **36.** Gilbert, *A Life*, p. 864. **37.** *CS* VII, pp. 7283-4. **38.** Ibid., p. 7285. **39.** Halle, *America and Britain*, pp. 34-5. **40.** CAC ONSL 2, parte 2. **41.** *CIHOW*, p. 321. **42.** Documentos conde de Birkenhead 65/A3. **43.** *CS* VII, p. 7286. **44.** Ibid., p. 7287. **45.** Ibid., p. 7289. **46.** Ibid. **47.** Ibid., p. 7290. **48.** Ibid., pp. 7292-3. **49.** Ibid. **50.** Gladwyn, *Memoirs*, p. 185. **51.** Hatfield House 5M/62/1. **52.** Sebestyen, *1946*, p. 185. **53.** Ramsden, "Historian", p. 22. **54.** Wheeler-Bennett (Org.), *Action*, p. 258. **55.** PILPEL, *America*, p. 225. **56.** Hatfield House 5M/62/1. **57.** *OB* VIII, p. 341. **58.** Stuart, *Within*, p. 147. **59.** *CS* VII, p. 7317. **60.** Ibid., p. 7377. **61.** Ibid., p. 7443. **62.** Ibid., p. 7447. **63.** Ibid., p. 7386. **64.** Ibid., p. 7549. **65.** CAC CHUR 2/174/146, CHUR 2/100/ 57-8, CHUR 2/43/214. **66.** WSC, *Sinews*, p. 134. **67.** *CS* VII, p. 7379. **68.** Ibid., p. 7382. **69.** Gladwyn, *Memoirs*, p. 218. **70.** *CS* VII, p. 7765. **71.** Eade (Org.), *Contemporaries*, p. 433. **72.** Newman, "Butterflies at Chartwell", p. 39. **73.** Hatfield House, QUI, maço 63. **74.** Churchill, *Crowded Canvas*, p. 181. **75.** WSC, *Dream*, p. 59. **76.** Howard, *Rab*, p. 156. **77.** *CS* VII, p. 7525. **78.** PA DR/182. **79.** *CS* VII, p. 7545. **80.** HANSARD, v. 443, col. 1848. **81.** Documentos Woodrow Wyatt. **82.** *CS* VII, p. 7566. **83.** Ibid., p. 7571. **84.** Ramsden, "Greatest", p. 18. **85.** *OB* VIII, p. 364. **86.** WSC, *Dream*, p. 10. **87.** *OB* VIII, p. 364. **88.** Ibid., p. 365. **89.** Ibid. **90.** Ibid., p. 366. **91.** Ibid., p. 368. **92.** Ibid. **93.** Ibid., p. 369. **94.** Ibid., p. 370. **95.** Ibid. **96.** Ibid. **97.** Ibid., p. 371. **98.** Ibid. **99.** Ibid., p. 372. **100.** Ibid. **101.** Ibid., p.

367. **102.** CAC BRDW/V/2/9. **103.** WSC, *Dream*, p. 12. **104.** *OB* VIII, p. 331. **105.** Reynolds, *Command*, p. 405. **106.** Soames, *Life as a Painter*, p. 180. **107.** CAC SCHL 1/1/9. **108.** Graebner, *My Dear*, pp. 77-8. **109.** Ibid., p. 25. **110.** Soames (Org.), *Speaking*, p. 548. **111.** CAC LASL 8/7/2. **112.** CAC ONSL 2, parte 2. **113.** *CS* VII, p. 7587. **114.** *OB* VIII, p. 315. **115.** WSC, *Marl* II, pp. 1036, 754. **116.** WSC, *MEL*, p. 346. **117.** James (Org.), *Chips*, p. 426. **118.** WSC, *TSWW* I, pp. 26, 615. **119.** Hatfield House 5M/62/1. **120.** Ashley, *Historian*, p. 163. **121.** Reynolds, *Long Shadow*, p. 317. **122.** *CS* VII, p. 7679. **123.** Ibid., p. 8123. **124.** Boothby, *My Yesterday*, p. 212. **125.** *CS* VII, p. 7709. **126.** *The Times*, 11 nov. 1948. **127.** Ibid. **128.** *CS* VII, p. 7774. **129.** Soames, *Churchill Family Album*, p. 370. **130.** Halle, *Irrepressible*, p. 285. **131.** *OB* VIII, p. 613. **132.** Halle, *Irrepressible*, p. 285. **133.** *CS* VII, p. 7777. **134.** Pilpel, *America*, p. 235. **135.** *CS* VII, p. 7797. **136.** Ibid. **137.** Ibid. **138.** Ibid., p. 7799. **139.** Ibid., p. 7803. **140.** Ibid., p. 7807. **141.** *CIHOW*, p. 500. **142.** Moran, *Struggle*, p. 334. **143.** PA DR/182. **144.** Soames (Org.), *Speaking*, p. 553. **145.** James (Org.), *Chips*, p. 439. **146.** *CS* VII, p. 7883. **147.** *CIHOW*, p. 552. **148.** McGowan, *Years*, p. 96. **149.** Soames (Org.), *Speaking*, p. 453. **150.** Ibid. **151.** *CS* VII, p. 7927. **152.** WSC, *Balance*, p. 201. **153.** *CS* VII, p. 7944. **154.** CPA LCC 1/1/6, p. 6. **155.** James (Org.), *Chips*, p. 442. **156.** *CS* VIII, p. 7985. **157.** Ibid., p. 7987. **158.** Ibid., p. 8360. **159.** Ramsden, "Historian", p. 4. **160.** Ibid., p. 10. **161.** Booth, *True*, pp. 135-6. **162.** Documentos Hatfield House. **163.** HANSARD, v. 476, cols. 2157-8. **164.** Ibid., col. 2156. **165.** Best, *Greatness*, p. 285. **166.** Pottle (Org.), *Daring*, p. 55. **167.** Nicolson (Org.), *Diaries and Letters* III, p. 178. **168.** Gilbert, *Other Club*, p. 203 **169.** Courtenay, "Smuts", pass. **170.** WSC, *TSWW* IV, p. 611. **171.** Jackson, *Churchill*, p. 358. **172.** *CS* VIII, p. 8143. **173.** James (Org.), *Chips*, p. 451. **174.** *OB* VIII, p. 511. **175.** *CS* VIII, p. 8170. **176.** Ibid., p. 8196. **177.** Ibid., p. 8226. **178.** BOD CPA LCC 1/1/6, p114. **179.** Documentos Woodrow Wyatt. **180.** *CS* VIII, p. 8253. **181.** Ibid., p. 8283. **182.** Pearce, "1950 and 1951 Elections", pass. **183.** Ibid. **184.** WSC, *Savrola*, p. 344.

## 33. VERANICO: OUTUBRO DE 1951 A ABRIL DE 1955 [pp. 1014-45]

**1.** JONES, "Knew Him", p. 11. **2.** Colville, *Fringes*, p. 632. **3.** Roberts, *Eminent Churchillians*, pp. 243-85. **4.** Gilbert, *Other Club*, p. 107. **5.** Colville, *Fringes*, p. 127. **6.** Entrevista com Christopher Clement-Davies, 1 mar. 2017. **7.** Seldon, *Indian Summer*, pp. 102-6. **8.** Colville, *Fringes*, p. 644. **9.** Macmillan, *Tides*, p. 491. **10.** Browne, *Sunset*, p. 437. **11.** Halle, *Irrepressible*, p. 312. **12.** Midgley (Org.), *Heroic Memory*, p. 30. **13.** James (Org.), *Chips*, p. 461. **14.** Willans; Roetter, *Wit*, pp. 18-9. **15.** Midgley (Org.), *Heroic Memory*, p. 30. **16.** Colville, *Fringes*, p. 635. **17.** *CIHOW*, p. 88. **18.** Ramsden, *Age*, p. 99. **19.** Colville, *Fringes*, pp. 632-3. **20.** Shuckburgh, *Descent*, p. 62. **21.** Ibid., p. 66. **22.** Colville, *Fringes*, p. 635. **23.** Ismay, *Memoirs*, p. 457. **24.** NA CAB 129/48C(51)32. **25.** *CS* VIII, p. 8481. **26.** *CIHOW*, p. 550. **27.** Macmillan, *Tides*, p. 493. **28.** *CS* VIII, p. 8310. **29.** Colville, *Fringes*, p. 310. **30.** Butler, *Art of Memory*, p. 137. **31.** WSC, *TSWW* I, p. 21. **32.** *CS* VIII, p. 8317. **33.** Colville, *Fringes*, p. 637. **34.** Ibid. **35.** Ibid., p. 639. **36.** Dilks, "Solitary", pp. 10-1. **37.** WSC, *Stemming*, pp. 226-7. **38.** *CS* VIII, p. 8327. **39.** Ibid., p. 8333. **40.** Shuckburgh, *Descent*, p. 75. **41.** Entrevista com Sir Edward Ford. **42.** *FH*, n. 135, p. 51. **43.** Colville, *Fringes*, p. 640. **44.** *CS* VIII, p. 8338. **45.** *OB* VIII, p. 697; Moran, *Struggle*, p. 372. **46.** Murray, *Bodyguard*, p. 145. **47.** *CS* VIII, p. 8342. **48.** Hart-Davis (Org.), *King's Counsellor*, p. 430. **49.** Moran, *Struggle*, pp. 425, 429. **50.** Mather, "Hardiness and Resilience", pp. 83-97. **51.** Colville, *Fringes*, p. 642. **52.** Hart-Davis (Org.), *King's Counsellor*, p. 406. **53.** Cawthorne, *Legend*, p. 32. **54.** Boyd-Carpenter, *Way of Life*, pp. 90-1. **55.** *OB* VIII, p. 714. **56.** HANSARD, v. 498, col. 204. **57.** Lyttelton, *Chandos*, p. 168; HANSARD, v. 500, cols. 32-3. **58.** HANSARD, v. 501, col. 529. **59.** Colville, *Fringes*, p. 648. **60.** Ibid., p. 649. **61.** HANSARD, v. 501, cols. 1366-7. **62.** Colville, *Fringes*, p. 651. **63.** Ibid. **64.** HANSARD, v. 503, col. 1978. **65.** CAC NEMO 3/3. **66.** Gilbert, *A Life*, p. 916. **67.** Ruane, *Bomb*, p. 214. **68.** Ibid., p.

vii. **69.** Colville, *Fringes*, p. 676. **70.** Ibid., p. 654. **71.** Ibid. **72.** *CS* VIII, p. 8435. **73.** HANSARD, v. 503, col. 286. **74.** Colville, *Fringes*, pp. 657-8. **75.** Ibid., p. 658. **76.** Ibid., p. 659. **77.** Ibid. **78.** Ferrell (Org.), *Eisenhower Diaries*, pp. 222-3. **79.** Colville, *Fringes*, p. 661. **80.** Ibid., p. 662. **81.** Ibid., p. 665. **82.** Ibid., p. 663. **83.** Ibid. **84.** Ibid. **85.** Colville, "Second Best", p. 7. **86.** *CS* VIII, p. 8455. **87.** Dilks, "Solitary", p. 13. **88.** Hatfield House 5M/E41. **89.** HANSARD, v. 515, cols. 897-8. **90.** Hart-Davis (Org.), *King's Counsellor*, p. 344, nota 1. **91.** HANSARD, v. 514, col. 1757. **92.** *CIHOW*, p. 352. **93.** Hart-Davis (Org.), *King's Counsellor*, p. 399. **94.** CAC LASL 8/7/6/25A/21. **95.** Dilks, "Solitary", p. 14. **96.** Colville, *Fringes*, p. 668. **97.** Mather, "Hardiness and Resilience", pp. 83-97. **98.** Macmillan, *Tides*, p. 516. **99.** Colville, *Fringes*, p. 668n. **100.** NA CAB 128/26/36. **101.** Cherwell Papers K70/6. **102.** Colville, *Fringes*, p. 669; Documentos Cherwell K70/6. **103.** NA CAB 128/26/ 38-44. **104.** NA CAB 128/26/37. **105.** Colville, *Fringes*, p. 668. **106.** Ibid., p. 669. **107.** Ibid., p. 670. **108.** Hatfield House 5M/E41. **109.** Moran, *Struggle*, pp. 425-6; *Sunday Express*, 22 maio 1966. **110.** *Sunday Express*, 10 e 22 maio 1966. **111.** Moran, *Struggle*, p. 444. **112.** Ibid., pp. 419-20. **113.** Clarke, *Cripps Version*, p. 538. **114.** Colville, *Fringes*, p. 672. **115.** Ibid., p. 675. **116.** Moran, *Struggle*, p. 486. **117.** Rose, *Unruly*, p. 336. **118.** Moran, *Struggle*, p. 477. **119.** *British Medical Journal*, v. 310, 10 jun. 1995, p. 1537. **120.** *CS* VIII, p. 8496. **121.** Ibid. **122.** Moran, *Struggle*, p. 528. **123.** CAC HAIS 4/3. **124.** *CS* VIII, p. 8515. **125.** HANSARD, v. 518, col. 1803. **126.** Colville, *Fringes*, pp. 674-5. **127.** Soames (Org.), *Speaking*, p. 576. **128.** Colville, *Fringes*, p. 682. **129.** Ibid., p. 683. **130.** Ibid. **131.** Ibid. **132.** Ibid., p. 685, nota 1. **133.** Hart-Davis (Org.), *King's Counsellor*, p. 430. **134.** Moran, *Struggle*, pp. 540-1. **135.** Lady Soames para Richard Langworth em set. 2005. **136.** Best, *Greatness*, p. 315. **137.** Diários de Norman Brook, *Sunday Telegraph*, 5 ago. 2007. **138.** Roberts, *Eminent Churchillians*, pp. 217-41. **139.** Addison, *Unexpected*, p. 233. **140.** Diários de Norman Brook, *Sunday Telegraph*, 5 ago. 2007. **141.** Documentos Woodrow Wyatt. **142.** Colville, *Fringes*, p. 691. **143.** *FH*, n. 122, p. 15. **144.** Colville, *Fringes*, p. 693. **145.** Halle, *Irrepressible*, p. 305. **146.** *CIHOW*, p. 32. **147.** Ibid., p. 93. **148.** Hatfield House 5M/E41. **149.** Colville, *Fringes*, p. 702. **150.** Ibid. **151.** Ibid., p. 703. **152.** CAC BRGS 1/3. **153.** Colville, *Fringes*, p. 703. **154.** Soames (Org.), *Speaking*, p. 587. **155.** Colville, *Fringes*, p. 705. **156.** WSC, *Unwritten*, p. 202. **157.** Arquivos Fladgate, Doc. Moir, cap. III. **158.** Browne, *Sunset*, p. 171. **159.** CAC SCHL 1/2/1. **160.** Soames, *Clementine*, p. 549. **161.** *CS* VIII, pp. 8608-9. **162.** Arquivos Fladgate, Doc. Moir, cap. III. **163.** Ibid. **164.** Ramsden, "Greatest", p. 15; Brendon, Churchill, p. xx. **165.** CAC NEMO 3/3. **166.** BU AP 20/25. **167.** *CS* VIII, p. 8625. **168.** Ibid., p. 8633. **169.** Colville, *Fringes*, p. 706. **170.** Ibid., p. 705. **171.** Soames (Org.), *Speaking*, p. 590. **172.** Colville, *Fringes*, p. 706. **173.** Soames (Org.), *Speaking*, p. 590. **174.** Colville, *Fringes*, p. 706. **175.** Ibid. **176.** Ibid., p. 707. **177.** Ibid. **178.** Ibid., p. 708. **179.** Ibid. **180.** Ibid. **181.** *OB* VIII, p. 1123. **182.** Ibid. **183.** Ibid. **184.** *CV* I, parte 2, p. 839. **185.** Seldon, *Indian Summer*, pass. **186.** Gilbert, *Churchill's Political Philosophy*, pass. **187.** Colville, *Fringes*, p. 709. **188.** *OB* VIII, p. 327. **189.** Ibid., p. 704. **190.** CAC HAMB 1/1/8. **191.** Ibid. **192.** Midgley (Org.), *Heroic Memory*, p. 29.

## 34. "LONGO OCASO": ABRIL DE 1955 A JANEIRO DE 1965 [pp. 1046-60]

**1.** WSC, *Marl* II, p. 1036. **2.** WSC, *Savrola*, p. 35. **3.** Marchant (Org.), *Servant*, p. 141. **4.** Entrevista com Francis Maude, 26 jul. 2016. **5.** Rowse, "Visit", pp. 8-13. **6.** Ibid. **7.** Ibid. **8.** Ibid. **9.** Browne, *Sunset*, p. 305. **10.** Colville, *Fringes*, pp. 526-7. **11.** James (Org.), *Chips*, p. 396. **12.** *OB* V, p. 441. **13.** Ashley, *Historian*, p. 210. **14.** Reynolds, "Churchill the Historian". **15.** WSC, *HESP* IV, pp. 182, 263. **16.** *CIHOW*, p. 522. **17.** Browne, *Sunset*, p. 120. **18.** Soames (Org.), *Speaking*, p. 604. **19.** Halle, *Irrepressible*, p. 313. **20.** *New York Times*, 22 abr. 1956. **21.** WSC, *HESP* I, pp. 95, 99. **22.** CAC KLMR 6/9. **23.** Soames (Org.), *Speaking*, p. 610. **24.** *OB* VIII, p. 1123. **25.** Moran, *Struggle*, p. 748. **26.** Colville, *Fringes*, p. 392. **27.** Macmillan, *Riding*, p. 175. **28.** Lees-Milne, *Mingled Measure*, p. 68. **29.** Browne, *Sunset*, pp.

166-7. **30.** Soames (Org.), *Speaking*, p. 619. **31.** Gilbert, *Other Club*, p. 216. **32.** Soames (Org.), *Speaking*, p. 622. **33.** CAC CHOH/3/CLVL. **34.** Colville, *Churchillians*, p. 123. **35.** Howells, *Simply Churchill*, p. 61. **36.** Lysaght, *Brendan*, p. 349. **37.** Gilbert, *Other Club*, p. 218. **38.** Sandys, *Chasing Churchill*, p. 1. **39.** Soames (Org.), *Speaking*, p. 627. **40.** Halle, *Irrepressible*, p. 337; Midgley (Org.), *Heroic Memory*, p. 30. **41.** Sandys, *Chasing Churchill*, p. 1. **42.** Ibid., p. 9. **43.** Ibid., p. 13. **44.** Ibid., p. 14. **45.** *CIHOW*, p. 368. **46.** PA BBK/3/70. **47.** Soames (Org.), *Speaking*, p. 632. **48.** *CIHOW*, p. 341. **49.** WSC, *Unwritten*, p. 324. **50.** BOD CPA PUB 229/12/7/f. 44. **51.** *CS* VIII, p. 8707. **52.** *CIHOW*, p. 530; Churchill, *Tapestry*, p. 17. **53.** *CIHOW*, p. 161. **54.** Soames (Org.), *Speaking*, p. 635. **55.** Murray, *Bodyguard*, p. 202. **56.** Gilbert, *A Life*, p. 957. **57.** *FH*, n. 117, p. 7; Browne, *Sunset*, pp. 273-4; *OB* VIII, p. 1337. **58.** CAC CHAR 28/26/5. **59.** Soames, "Human Being", p. 8. **60.** Soames (Org.), *Speaking*, p. 646. **61.** Browne, *Sunset*, p. 325. **62.** Soames, *Clementine*, p. 535. **63.** Ramsden, *Man of the Century*, p. 3. **64.** *Commentary Magazine*, 1 out. 1966. **65.** O melhor relato do funeral pode ser encontrado em Croft, *Final Farewell*, p. 62. **66.** *The Times*, 25 jan. 1965. **67.** Rowse, *Memories*, p. 12. **68.** Soames, *Clementine*, p. 545.

## CONCLUSÃO: "CAMINHANDO COM O DESTINO" [pp. 1061-80]

**1.** Blake; Louis (Orgs.), *Churchill*, p. 406. **2.** Ismay, *Memoirs*, pp. 269-70. **3.** *CV* III, parte 2, p. 1339. **4.** Documentos Cherwell K70/4. **5.** Danchev; Todman (Orgs.), *War Diaries*, pp. 450-1. **6.** WSC, *RW* II, p. 375. **7.** Soames (Org.), *Speaking*, p. 149. **8.** *OB* II, p. 34. **9.** *Churchill by his Contemporaries*, disponível em: <https://winstonchurchill.hillsdale.edu/clement-attlee-part-2/>. **10.** *New York Times Book Review*, 16 jul. 1995. **11.** Muller (Org.), *Peacemaker*, p. 6. **12.** Pawle, *Warden*, p. 179. **13.** Taylor, *Winston Churchill*, p. 291. **14.** Eade (Org.), *Contemporaries*, p. 248. **15.** *CS* V, p. 5197. **16.** WSC, *GC*, p. 137. **17.** Sterling, "Getting", p. 10. **18.** Dean, *Hatred, Ridicule*, p. 45. **19.** *OB* V, p. 1115. **20.** Catálogo de Vendas de Manuscritos da Christie's, 2003. **21.** Eade (Org.), *Contemporaries*, p. 433. **22.** Browne, *Sunset*, p. 119. **23.** *CS* VI, p. 6537. **24.** Arnn, *Churchill's Trial*, p. xiv. **25.** *Pall Mall Magazine*, jul. 1927; WSC, *Thoughts*, p. 23. **26.** CAC KLMR 6/9. **27.** WSC, *MEL*, p. 73. **28.** Rose, *Literary Churchill*, pass. **29.** Soames, "Human Being", p. 4. **30.** Eade (Org.), *Contemporaries*, pp. 14-35. **31.** Ismay, *Memoirs*, p. 142. **32.** WSC, *Marl* II, p. 331. **33.** *CS* VIII, p. 8321. **34.** Muller (Org.), *Contemporaries*, p. 189. **35.** Gilbert, *Search*, p. 215. **36.** CAC CHAR 1/399A/ 66-79. **37.** WSC, *TSWW* I, p. 96. **38.** Reynolds, "Churchill the Historian". **39.** *CS* VIII, p. 8422. **40.** Gorodetsky (Org.), *Maisky Diaries*, p. 353. **41.** CAC CHOH/3/CLVL. **42.** WSC, *TSWW* IV, p. 182. **43.** WSC, *India*, pp. xxxix-xl. **44.** *CV* III, parte 2, p. 1467. **45.** Kennedy, *Business*, p. 115. **46.** Colville, *Fringes*, p. 507. **47.** Baxter, "Military Strategist", p. 9; Howard, *Mediterranean Strategy*, pp. 31-2. **48.** *FH*, n. 140, p. 31. **49.** *OB* VI, p. 1274. **50.** Jacob, "High Level", p. 373. **51.** Danchev; Todman (Orgs.), *War Diaries*, p. 713. **52.** *CS* VIII, p. 8608. **53.** WSC, *TSWW* II, p. 88. **54.** Eade (Org.), *Contemporaries*, p. 209. **55.** Gilbert, *A Life*, p. 79. **56.** *CS* IV, p. 4143; *CIHOW*, p. 72. **57.** *CS* VI, p. 6655. **58.** <http://www.telegraph.co.uk/news/uknews/1577511/Winston-Churchill-didnt-really-exist-say-teens.html>. **59.** Scott, *Churchill*, p. 2. **60.** Ibid., p. 266. **61.** *OB* VIII, p. 1123.

# Índice remissivo

# Sobre o autor

Andrew Roberts nasceu em 1963, em Londres, e é historiador e escritor. Fellow da Royal Society de literatura e história e membro da International Churchill Society, escreveu mais de uma dezena de livros, incluindo a premiada biografia *Napoleon the Great*. Atualmente é professor visitante no King's College, em Londres, e pesquisador visitante na Hoover Institution, na Universidade Stanford.

<www.andrew-roberts.net>

1ª EDIÇÃO [2020] 4 reimpressões

ESTA OBRA FOI COMPOSTA EM DANTE PELO ACQUA ESTÚDIO E IMPRESSA
PELA GEOGRÁFICA EM OFSETE SOBRE PAPEL PÓLEN DA SUZANO S.A.
PARA A EDITORA SCHWARCZ EM OUTUBRO DE 2024